LAROUSSE

diccionario
EDUCATIVO
juvenil

LAROUSSE

Mallorca 45   *Londres 247*   *21 Rue du Montparnasse*   *Valentín Gómez 3530*
08029 Barcelona   *México 06600, D. F.*   *75298 París Cedex 06*   *1191 Buenos Aires*

NI UNA FOTOCOPIA MÁS

D.R. © MMIII, por Ediciones Larousse S. A. de C. V.
          Londres núm. 247, México 06600, D. F.

ISBN 970-22-0696-0
     978-970-22-0696-5

CUARTA EDICIÓN — 8ª reimpresión

Impreso en México — Printed in Mexico

Equipo Editorial Larousse

Lexicografía y Director editorial:
Aarón Alboukrek

Editor asociado:
Luis Ignacio de la Peña

Coordinación editorial:
Verónica Rico

Redacción:
Equipo Editorial Larousse Latinoamérica

Colaboración especial:
Gloria Fuentes

Formación y composición tipográfica:
Ricardo Viesca

Diseño, composición del suplemento
enciclopédico y portada:
Salvador Martínez

Apoyo logístico:
Arcadio Gutiérrez

A LOS LECTORES Y LECTORAS:

Hemos hecho para ti un diccionario tan útil, práctico y ameno que tal vez hasta llegues a hojearlo por puro gusto. En él encontrarás palabras de muchas clases, definidas de manera clara y ejemplificadas de forma precisa y didáctica. Ciencias, tecnología, historia, arte, biografías y muchos temas más enriquecen los ejemplos que te ayudarán a entender mejor el significado de las palabras.

Hemos elaborado una guía llamada **CÓMO USAR TU DICCIONARIO** que te muestra todos los elementos que forman este libro y de qué manera están presentados.

Además, hemos incluido un **MANUAL DE MODELOS DE CONJUGACIÓN** de los verbos del español que te ayudará a solucionar con gran facilidad tus dudas sobre las conjugaciones verbales.

Este diccionario te servirá en tu vida cotidiana, en tus estudios, en tus investigaciones y en tu placer por conocer más y mejor el inmenso acervo de una lengua que hablan más de 400 millones de personas.

A través de sus páginas podrás conocer no sólo palabras y expresiones que compartimos todos los hispanohablantes, sino también palabras, usos y expresiones propios de los países de América Latina y de España. El diccionario que ahora tienes en tus manos es como un espejo que refleja esa fantástica diversidad léxica del español.

Esperamos que este instrumento de cultura que es el diccionario respalde tu necesidad de conocimiento del idioma español, cuya fuerza histórica ya ha logrado trascender el umbral del tercer milenio.

AARÓN ALBOUKREK

ABREVIATURAS USADAS EN ESTE DICCIONARIO

adj.	adjetivo	loc.	locución
adv.	adverbio	*m.*	sustantivo masculino
Amér.	América		
Amér. C.	América Central	Méx.	México
		m. y *f.*	sustantivo de género común
Amér. Merid.	América Meridional		
		Nicar.	Nicaragua
ANT.	Antónimo	Pan.	Panamá
Antill.	Antillas	Par.	Paraguay
Argent.	Argentina	pl.	plural
art.	artículo	*prep.*	preposición
Bol.	Bolivia	P. Rico	Puerto Rico
Colomb.	Colombia	*pron.*	pronombre
conj.	conjunción	prnl.	pronominal
C. Rica	Costa Rica	R. de la P.	Río de la Plata
Desp.	despectivo	R. Dom.	República Dominicana
Ecuad.	Ecuador		
Esp.	España	Salv.	El Salvador
f.	sustantivo femenino	SIN.	Sinónimo
		tr.	transitivo
Fam.	familiar	Urug.	Uruguay
Guat.	Guatemala	*vb.*	verbo
Hond.	Honduras	Venez.	Venezuela
impers.	impersonal	*vb. irreg.*	verbo irregular
interj.	interjección	Vulg.	vulgar
intr.	intransitivo		

La entrada en negritas y con mayor tamaño para distinguirla con facilidad.

Separación de las categorías gramaticales.

Clara y pedagógica separación de acepciones.

Definiciones sencillas y precisas.

Marcas de nivel de lengua.

Ejemplos didácticos en palabras usuales.

Ejemplos en palabras difíciles para una mejor comprensión.

Regionalismos latinoamericanos y españoles.

Marcas gramaticales en negritas cursivas para su inmediata identificación.

Préstamos lingüísticos.

Ejemplos enciclopédicos que contribuyen al acervo cultural del lector.

Sinónimos y antónimos por acepción.

La palabra de la entrada se resalta en los ejemplos.

acróbata *m.* y *f.* Persona que realiza suertes en el trapecio, la cuerda, etc.

alba *f.* Primera luz del día: *Viajaron durante toda la noche y llegaron a la ciudad al alba.*

ateniense *adj.* / *m.* y *f.* Originario de Atenas, capital de Grecia.

bait *m.* Palabra de origen inglés. Unidad de medida de la memoria de una computadora, equivalente a 8 bits.

bañar *vb.* {tr. y prnl.} **1.** Meter el cuerpo o sumergir una cosa en un líquido. **2.** Lavar: *Ya es hora de bañar al bebé.* **3.** Tocar algún paraje el agua del mar o de un río: *El Océano Pacífico baña las costas de la parte occidental de América.* **4.** Cubrir una cosa con una capa de otra substancia: *El joyero bañó en oro la sortija de plata.*

capital *f.* Ciudad donde reside el gobierno de un país: *Paris es la capital de Francia.*

chip *m.* Palabra inglesa. Placa pequeña hecha de silicio, que sirve de soporte a un circuito integrado, como el de las computadoras: *Pedro compró unos chips para ampliar la memoria de su computadora.*

debut *m.* Palabra de origen francés. Inicio de una actividad: *Nuestra obra de teatro tuvo un debut que fue un éxito, el teatro estaba lleno y todos aplaudieron mucho.*

dicharachero, ra *adj.* Fam. Que emplea bromas y dichos: *Mi tía Gladys es muy dicharachera, siempre dice un refrán o hace una broma cuando platicamos.*

emperatriz *f.* **1.** Esposa de un emperador: *Catalina I de Rusia fue nombrada emperatriz cuando se casó con Pedro el Grande.* **2.** Soberana de un imperio: *Isabel de Portugal fue reina de España y emperatriz de Alemania.*

fobia *f.* Temor incontrolable a ciertas situaciones, personas, etc.: *Pablo siempre prefiere subir por las escaleras porque le tiene fobia a los ascensores.*

gigantesco, ca *adj.* Referido a lo que es enorme: *Construir el Canal de Panamá fue una empresa gigantesca.* Sin. descomunal. Ant. minúscula.

ídolo *m.* **1.** Representación física de un ser inanimado al que se le atribuyen poderes mágicos o divinos y se le rinde culto: *Los antiguos egipcios le rendían culto al ídolo llamado Gueb que simbolizaba la tierra y era representado como un hombre con una oca en la cabeza.* **2.** Persona admirada: *El ídolo de rock and roll saltó al escenario y sus admiradoras gritaron de emoción.*

interestelar *adj.* Se refiere al espacio que hay entre los astros: *La nave de los astronautas flotaba en el espacio interestelar.*

judería *f.* Esp. Barrio donde habitaban los judíos.

julepear *vb.* {tr. y prnl.} **1.** Colomb. Insistir de manera molesta: *Por más que el niño julepeó toda la tarde, su madre no lo dejó salir a jugar.* **2.** P. Rico. Gastar bromas a alguien o molestarlo: *Maura julepea hasta que pone de mal humor a los demás.* **3.** Argent., Par. y Urug. Asustar o asustarse: *Arturo se ha dedicado a julepearnos con una araña de plástico que trae.*

Cornisas con las tres primeras letras correspondientes a la primera o última entradas, para facilitar la localización de palabras.

Guía digital.

Ejemplos de uso en regionalismos.

lambetear *vb.* [tr.] *Amér. C.* y *Amér. Merid.* Lamer: *El perro lambeteó el caramelo del niño.*

maravillar *vb.* [tr. y prnl.] Admirar, asombrar: *"Niños y adultos por igual se maravillan ante los actos del mago ruso que se presenta en el Teatro del Pueblo", decía el anuncio de la radio.*

Clasificación de los verbos por su significado.

Identificación de verbos irregulares.

materializar *vb. irreg.* [tr. y prnl.] Modelo 16. *1.* Representar algo bajo forma material. *2.* Realizar, llevar a cabo: *Sus sueños de tener una mascota se materializaron cuando le regalaron un perro.*

Remisión a los cuadros de conjugación de verbos.

Flexión de femeninos.

nuestro, tra *pron.* Pronombre posesivo que indica pertenencia a la primera persona del plural: *La casa de mis primos es nueva y la nuestra ya tiene veinte años.*

ojo *m.* *1.* Órgano de la visión: *Polifemo era un cíclope, pues tenía un solo ojo.* *2.* Abertura o agujero de ciertos objetos: *No es fácil meter el hilo por el ojo de la aguja.* *3.* loc. *Fam.* **No pegar el** ~, no poder dormir: *El perro ladró toda la noche, por su culpa yo no pegué el ojo y ahora estoy muy cansado.*

Locuciones.

Símbolo que substituye la voz de la entrada en locuciones y frases hechas.

Homónimos separados en diferente entrada.

pago *m.* *1.* Entrega de lo que una persona debe a otra, en especial dinero: *No me han dado el pago por la traducción que hice, espero que me la paguen la semana próxima.* *2.* Recompensa: *Como pago por haber denunciado al ladrón, a Braulio le dieron una importante suma de dinero.*

pago *m.* *Argent., Par., Perú y Urug.* Lugar donde ha nacido o habita una persona: *En las vacaciones iré a mi pago para visitar a los abuelos.* SIN. **terruño.**

parasíntesis *f.* En lingüística, modo de formación de palabras en que se combinan la composición y la derivación.

Campos temáticos indicados dentro del contexto de la definición y/o del ejemplo.

Variante ortográfica en la misma entrada.

quiromancia o **quiromancía** *f.* Sistema de adivinación basado en el estudio de las líneas de la mano: *La lectura del café y la quiromancia son dos de los métodos que existen para intentar adivinar el futuro.*

RAM *adj.* Abreviatura de *Random Access Memory* (memoria de acceso directo), término de computación que se usa para designar lo relativo a la memoria cuyo contenido puede ser leído, borrado o modificado a voluntad: *Se necesita una computadora con mucha memoria RAM para que puedan funcionar los programas de diseño.*

Desglose de siglas.

Términos científicos y técnicos de actualidad.

transgénico *adj.* Relativo a los organismos que han sido creados por ingeniería genética, al mezclar ADN de otros organismos en sus genes: *Algunos científicos piensan que los alimentos transgénicos serán el futuro alimenticio de la humanidad.*

Identificación de verbos regulares, que pueden corresponder a los modelos ó 1 ó 20 ó 45 de los cuadros de conjugación.

wolframio *m.* Ver **volframio.**

zapatear *vb.* [tr.] Dar golpes en el suelo con los pies calzados.

Remisiones.

CÓMO USAR TU DICCIONARIO

Aa

a *f.* Primera letra del alfabeto español y primera de sus vocales.

a *prep.* **1.** Expresa idea de movimiento y dirección: *Alejandro fue a la fiesta que organizaron sus amigos.* **2.** Introduce complementos del adjetivo: *Tu hermano es muy parecido a ti.* **3.** Introduce complementos del verbo (directo, indirecto y distintos circunstanciales): *Escribí una carta a mi amiga que vive en el extranjero.*

a posteriori *loc.* Después, con posterioridad: *En el laboratorio es posible confirmar, a posteriori, tus hipótesis sobre el experimento que hiciste.*

a priori *loc.* Antes, con anterioridad: *El detective Sherlock Holmes, personaje inventado por el escritor inglés Conan Doyle, siempre hace juicios a priori que resultan acertados.*

ábaco *m.* Instrumento para hacer cálculos, formado por un marco pequeño con barrotes o alambres paralelos por los que corren esferitas móviles: *Los niños orientales suman y restan con ábacos.*

abad, desa *m.* y *f.* Persona que hace de director o directora en una abadía o monasterio: *El abad fue elegido entre todos los monjes del monasterio.*

abadía *f.* Convento donde viven frailes o monjas: *En Londres, la abadía de Westminster es un monumento espectacular que alguna vez fue habitado por monjes.*

abajo *adv.* En la parte inferior o en posición baja: *"¡No vayas a atropellar al perro que se escondió abajo del automóvil!", grité a mi madre.* ANT. **arriba.**

abalanzarse *vb. irreg.* {prnl.} Modelo 16. Lanzarse o impulsarse de manera violenta hacia alguien o algo: *El águila se abalanzó sobre su presa.*

abanderado, da *m.* y *f.* Persona que lleva la bandera en desfiles y procesiones: *El abanderado siempre va adelante de todos en los desfiles de mi escuela.*

abandonar *vb.* {tr. y prnl.} **1.** Dejar solo o desamparar: *Sería incorrecto abandonar a ese hombre herido, ¡debemos ayudarlo!* **2.** Dejar por algo: *Pedro abandonó sus estudios porque debe trabajar para ayudar a su madre.* **3.** Alejarse de un lugar: *Jesús abandonó el salón de clases porque se sentía enfermo.* **4.** Descuidar la apariencia personal: *Luis Mario se ha abandonado tanto que ya ni se afeita.*

abandono *m.* Hecho de dejar o desamparar a una persona, animal o cosa de la cual se tiene la obligación de cuidar o atender: *Los canarios se murieron por el abandono de Rocío: se fue a la playa y los dejó cinco días sin comida ni agua.*

abanicar *vb. irreg.* {tr. y prnl.} Modelo 17. Echar aire con el abanico o con un objeto similar: *Hacía tanto calor que Elena se abanicaba con la revista.*

abanico *m.* **1.** Objeto formado por varillas y una banda de tela o de papel plegado que sirve para echarse aire. **2.** Conjunto o gama de opciones o posibilidades: *El profesor nos ofreció un abanico de posibilidades, ya que podemos escoger cualquier animal de la selva para hacer nuestro trabajo final.*

abarajar *vb.* {tr.} **1.** *Argent., Par. y Urug.* Parar los golpes de un adversario con un cuchillo. **2.** *Argent.* Adivinar las intenciones de otro.

abaratar *vb.* {tr.} Bajar el precio de una cosa: *Las tiendas abarataron los precios para vender más.*

abarcar *vb. irreg.* {tr.} Modelo 17. **1.** Ceñir, rodear: *Ese árbol es tan grueso que no puedo abarcarlo con los brazos.* **2.** Encerrar, comprender o implicar: *La clase de español abarca el estudio de la gramática y de la ortografía.* **3.** Alcanzar con la vista: *Desde lo alto de esa torre se abarca gran parte del valle.*

abarrotar *vb.* {tr.} Ocupar totalmente un espacio o lugar: *La gente abarrotaba el estadio para ver el partido.*

abarrotería *f. Amér. C.* Ferretería. SIN. **tlapalería.**

abarrotes *m.* pl. *Amér.* Artículos de comercio como conservas alimenticias, especias, papel higiénico, etc.: *Compré una lata de atún en la tienda de abarrotes de la esquina.*

abastecer *vb. irreg.* {tr. y prnl.} Modelo 39. Proporcionar alimentos u otros productos: *El río abastece de agua a la ciudad.*

abasto *m.* **1.** Provisión de víveres. **2.** *Amér. Merid.* Matadero. **3.** *Venez.* Tienda de comestibles. **4.** *loc.* Dar ~, ser suficiente: *Una sola empleada no se da abasto para atender a todos los clientes de la tienda, ¡son demasiados!*

abatimiento *m.* Decaimiento físico o moral: *Juan sufre un gran abatimiento desde la muerte de su abuelo.* SIN. **desánimo, desaliento, depresión.**

abatir *vb.* {tr. y prnl.} **1.** Derribar, echar por tierra: *El huracán ha abatido varios árboles.* **2.** Desanimar, entristecer: *La derrota abatió a los futbolistas.* **3.** Descender en su vuelo las aves, sobre todo las de rapiña: *El halcón se abatió sobre el conejo.*

abdicar *vb. irreg.* {intr.} Modelo 17. Renunciar un rey, soberano o persona con autoridad, a un trono o a otros cargos: *Por su edad avanzada ya se le dificultaba gobernar y el rey abdicó el trono a favor de su hijo, quien ahora será el nuevo rey.*

abdomen *m.* **1.** Vientre, parte del cuerpo donde se encuentran el estómago, los intestinos y otros órganos: *El médico palpó el abdomen de Luisa para ver si tenía apendicitis.* **2.** Parte posterior del cuerpo de los artrópodos.

abdominal *adj.* Relativo al abdomen.

abdominales *m.* pl. Ejercicios de gimnasia para fortalecer el abdomen: *Durante un mes hice **abdominales** y ahora siento fuerte mi abdomen.*

abecedario *m.* Serie ordenada de las letras de un idioma. SIN. **alfabeto**.

abedul *m.* Árbol que crece en los países fríos, puede alcanzar los 30 m de altura, su madera es blanca y se usa para elaborar papel.

abeja *f.* Insecto que vive en colmenas, tiene aguijón y produce miel y cera: *Las **abejas** utilizan el néctar de las flores para fabricar la miel.*

abejorro *m.* Insecto de cuerpo velloso y trompa, parecido a la abeja pero de mayor tamaño, que zumba al volar.

aberración *f.* Contrario a lo que es o parece natural y lógico: *Maltratar a un niño es una **aberración.***

abertura *f.* **1.** Acción y efecto de abrir o abrirse: *La **abertura** de tu boca cambia según la letra que pronuncies, por ejemplo: al decir a la abres mucho.* **2.** Agujero o rendija: *La puerta no estaba bien cerrada y dejaba una **abertura** por la que se colaba el frío.* SIN. **fisura**.

abeto *m.* Árbol resinoso, de gran tamaño, su madera se aprovecha para la carpintería.

abicharse *vb.* {prnl.} Argent., Chile, Par. y Urug. Agusanarse una planta o la herida de un animal.

abierto, ta *adj.* **1.** Comunicado con el exterior. **2.** Separado o extendido: *El primer ejercicio que hicimos consistía en saltar con los brazos **abiertos** y las piernas juntas.* **3.** Respecto a un lugar, despejado, sin obstáculos: *En campo **abierto** se tiene una visión muy amplia del paisaje.* **4.** Franco, espontáneo, dispuesto a aceptar otras ideas: *Juan hace nuevos amigos con facilidad gracias a su carácter **abierto.***

abigarrado, da *adj.* **1.** De varios colores mal combinados: *Luisa llegó a la fiesta con un vestido de tela **abigarrada** que tenía unas enormes flores rosas, amarillas, moradas y azules.* **2.** Heterogéneo, diverso, mezclado: *El discurso del escritor era tan **abigarrado** que fue difícil entender lo que decía.* SIN. **colorinche**.

abisal *adj.* Relativo a las profundidades oceánicas adonde no llega la luz solar: *El benthosaurus es un pez **abisal.***

abismo *m.* **1.** Profundidad muy grande y peligrosa: *La escena más emocionante fue cuando el personaje estaba a punto de caer en un **abismo.*** **2.** Oposición grande: *Entre lo que dice y hace Gerardo hay un **abismo**, ya que presume de ser honesto pero muchas veces miente.*

ablandar *vb.* {tr. y prnl.} **1.** Poner blando: *Josefina **ablandó** la carne dejándola cocer durante una hora.* **2.** Disminuir el enojo, enternecer: *Su papá **se ablandó** después de que Ana, llorosa, se disculpó.*

ablución *f.* **1.** Acción de lavarse. **2.** En algunas religiones, ceremonia de purificación mediante el agua.

abnegación *f.* Sacrificio o renuncia del interés propio en beneficio de los demás: *Se necesita **abnegación** para ser una buena enfermera.*

abocarse *vb. irreg.* {prnl.} Modelo 17. Méx. y R. de la P. Dedicarse plenamente a algo: *Luis **se ha abocado** a su profesión de médico.*

abochornar *vb.* {tr. y prnl.} **1.** Causar molestia el exceso de calor: *El calor del verano nos **abochorna** y a veces no tenemos ganas de jugar.* **2.** Avergonzar: *Me **abochorné** cuando el viento me levantó el vestido.*

---

abofetear *vb.* {tr.} Dar bofetadas a una persona: *Pedro **abofeteó** con tanta fuerza al hombre que ofendió a su madre, que le dejó la cara roja.* SIN. **guantear**.

abogado, da *m.* y *f.* Persona que ha estudiado Derecho o Leyes y que alega en un juicio a favor de otra.

abogar *vb. irreg.* {intr.} Modelo 17. **1.** Defender en un juicio. **2.** Interceder, hablar en favor de alguien: *Liliana **abogó** por Pedro para que su madre no lo castigara injustamente.*

abolición *f.* Acción y efecto de suprimir una costumbre o ley: *En muchos países se ha votado por la **abolición** de la pena de muerte.*

abolicionismo *m.* Doctrina que defendía la desaparición de la esclavitud.

abolir *vb. irreg.* {tr.} Modelo 71. Suprimir, dejar sin efecto una ley, precepto o costumbre: *Muchos gobiernos del mundo **abolieron** la esclavitud durante los últimos dos siglos.* ANT. **restaurar, restablecer**.

abollar *vb.* {tr.} Hundir, deformar una superficie con un golpe: *Julio golpeó el auto contra un poste y lo **abolló.***

abombar *vb.* {tr. y prnl.} **1.** Dar forma curva. **2.** Adoptar una superficie una forma curva: *Con la humedad, la madera **se abombó** y ahora la puerta no cierra.*

abombar *vb.* {tr. y prnl.} **1.** Aturdir: *El ruido de la motocicleta me **abombó** la cabeza y ya no pude trabajar.* **2.** Empezar a descomponerse: *"Quita esa carne del sol para que no se **abombe**", me dijo mi madre.* **3.** R. de la P. Aturdirse por la bebida, la comida o el cansancio. **4.** Chile, Ecuad. y Nicar. Embriagarse.

abominable *adj.* Que merece ser condenado, detestado o temido: *Anoche vi un filme donde salía el **abominable** hombre de las nieves, y ¡era horrible!*

abominar *vb.* {tr. e intr.} **1.** Condenar, maldecir: *La sociedad **abomina** el asesinato.* **2.** Aborrecer, detestar: *Esteban **abomina** la violencia, así que dudo que acepte pelear con Ricardo.*

abonar *vb.* {tr.} **1.** Dar pagos parciales por un préstamo o por algo que no se compró al contado: *Mi padre **abonó** cien pesos al carpintero por la mesa que le pidió hacer.* **2.** Poner en la tierra substancias para mejorar su estado y hacer que produzca más: ***Abonamos** la tierra y mejoró la producción de manzanas.*

abono *m.* **1.** Cada uno de los pagos parciales que se hacen por un préstamo o por alguna compra: *Le di otro **abono** a Sara por el dinero que me prestó.* **2.** Fertilizante, substancia que se pone en la tierra para que produzca más. **3.** Pase o billete que permite entrar cierto número de veces a un lugar de espectáculos o utilizar un servicio por tiempo determinado: *Compré un **abono** para toda la temporada de danza.*

abordaje *m.* Acción de abordar, en particular cuando la tripulación de un barco ocupa otro barco enemigo.

abordar *vb.* {tr. e intr.} **1.** Comenzar o emprender algún negocio o asunto: *Por fin se decidió José a **abordar** ese problema y pudo resolverlo fácilmente.* **2.** Acercarse a alguien para tratar algún asunto o hacer una petición: *Eloísa **abordó** a un hombre en la calle y le preguntó la hora.* **3.** Llegar una embarcación a un puerto.

aborigen *adj./m.* y *f.* Originario o natural de un lugar: *Los quechuas son los **aborígenes** de Perú.* ANT. **extranjero**.

aborrecer *vb. irreg.* {tr.} Modelo 39. Tener aversión o rechazar algo que no gusta: *Laura **aborrece** la carne* de cerdo porque tiene cisticercos, prefiere la de pollo. SIN. **despreciar, detestar, odiar.** ANT. **gustar, querer, amar.**

abortar *vb.* {tr. e intr.} *1.* Expulsar a un hijo del vientre de la madre embarazada, voluntaria o accidentalmente, antes de tiempo: *Susana* **abortó** *a consecuencia de una caída por la escalera. 2.* Fracasar, malograrse: *Es muy posible que el plan de viajar* **aborte** *por la enfermedad de mi madre.*

aborto *m.* Expulsión antes de tiempo, de manera voluntaria o accidental, de un hijo del vientre de la madre embarazada.

abotagarse o **abotargarse** *vb. irreg.* {prnl.} **Modelo 17.** *1.* Hincharse el cuerpo, generalmente por enfermedad. *2. Fam.* Atontarse: *El calor* **me abotagó** *tanto que hice mal todas las cuentas.*

abotonar *vb.* {tr.} Cerrar o ajustar una prenda de vestir por medio de botones.

abra *f. 1. Amér. C. y Amér. Merid.* Campo abierto y amplio situado entre bosques. *2. Colomb.* Hoja de una ventana o de una puerta.

abrasar *vb.* {tr. y prnl.} *1.* Quemar, reducir algo hasta las cenizas: *El incendio* **abrasó** *gran parte de los árboles del bosque. 2.* Sentir mucho calor o ardor: *Ayer me corté y hoy siento que la herida* **me abrasa.**

abrazar *vb. irreg.* {tr. y prnl.} **Modelo 16.** *1.* Rodear o ceñir con los brazos: *Roberto* **abrazó** *a sus padres antes de salir de viaje. 2.* Aceptar y seguir una idea o convicción: *El pueblo entero decidió* **abrazar** *el cristianismo y ahora todos creen en Jesucristo.*

abrelatas *m.* Utensilio que sirve para abrir latas.

abrevadero *m.* Lugar donde el ganado toma agua: *El vaquero se encargó de llenar de agua el* **abrevadero.**

abrevar *vb.* {tr.} Tomar agua el ganado y los animales en general.

abreviar *vb.* {tr. e intr.} Reducir, acortar, resumir: *Para que cupiera en una página,* **abrevié** *la redacción de mi trabajo, pues era muy largo.* ANT. **alargar, ampliar, extender.**

abreviatura *f.* Representación abreviada de una palabra en la escritura: *La* **abreviatura** *Sr. se usa en lugar de la palabra señor.*

abridor *m.* Utensilio para destapar botellas. SIN. **destapador.**

abrigar *vb. irreg.* {tr. y prnl.} **Modelo 17.** *1.* Resguardar de las inclemencias del tiempo. *2.* Tener ideas, afectos o deseos: **Abrigo** *la esperanza de llegar a ser un gran médico, por eso estudio mucho.*

abrigo *m. 1.* Prenda de vestir larga que se pone sobre la demás ropa y sirve para protegerse del frío. *2.* Lugar para resguardar o protegerse del ambiente: *Una cueva nos sirvió de* **abrigo** *contra la nieve.*

abril *m.* Cuarto mes del año: *En México, el Día del Niño se celebra el 30 de* **abril.**

abrillantar *vb.* {tr.} Hacer que algo brille: *Lograron* **abrillantar** *el piso con la cera que le pusieron.*

abrir *vb. irreg.* {tr. y prnl.} **Modelo 45.** *1.* Descubrir o destapar lo que está cerrado u oculto: *Ya quiero* **abrir** *el regalo de cumpleaños que me dio Rogelio. 2.* Mover el mecanismo que cierra un conducto: *No sale agua aunque* **abro** *totalmente la llave del grifo. 3.* Extender o desplegar: *"Si no* **abres** *el paraguas pronto, nos vamos a mojar", dije a Mariana. 4.* Separar las hojas de una puerta, descorrer un cerrojo, jalar parcialmente un cajón. *5.* Rasgar, dividir: **Abriré** *el sobre para poder leer la*

carta que está dentro. *6.* Ir adelante en una formación: *El abanderado* **abre** *el desfile y luego vienen los músicos de la banda. 7.* Inaugurar: *Después de muchos preparativos, por fin mis padres* **abrirán** *mañana la cafetería. 8. Amér.* Hacerse a un lado en un asunto, desentenderse: *Romualdo había prometido ayudarme, pero se* **abrió** *y tuve que pintar la casa yo sola.*

abrochadora *f. Argent. y Urug.* Engrapadora, engrampadora. SIN. **grapadora.**

abrochar *vb.* {tr. y prnl.} Cerrar o sujetar una prenda de vestir con broches o botones: *Hacía frío, así que* **me abroché** *el abrigo hasta el cuello.* ANT. **desabrochar.**

abrumar *vb.* {tr.} *1.* Agobiar, oprimir: *El jefe nos* **abruma** *con tanto trabajo. 2.* Avergonzar o molestar: *A ese pintor le* **abruman** *los elogios excesivos, pues dice que son falsos.*

abrupto, ta *adj.* Terreno escarpado, con pendientes y dificultades para recorrerlo: *El camino era muy* **abrupto** *y el automóvil avanzaba con dificultad.*

absceso *m.* Acumulación de pus: *La uña que me corté mal se me infectó y me salió un* **absceso.**

abscisa *f.* En matemáticas, primera de las dos coordenadas con que se fija la posición de un punto en un plano.

ábside *m. y f.* En arquitectura, parte posterior de una iglesia, semicircular, que sobresale del resto del edificio.

absolutismo *m.* Sistema político en que el gobernante tiene poder ilimitado sobre todas las personas y las cosas: *En los siglos XVII y XVIII reinó el* **absolutismo** *en Europa.*

absoluto, ta *adj. 1.* Total, sin restricción, limitación ni condición: *Tengo confianza* **absoluta** *en el juicio de Germán, ya que es una persona muy honesta. 2. loc.* **En ~,** de ninguna manera: *"En absoluto* pienso contestar tus groserías", dije a Roberto.

absolver *vb. irreg.* {tr.} **Modelo 29.** *1.* Liberar de algún cargo u obligación: *El juez* **absolvió** *al acusado por falta de pruebas. 2.* Perdonar los pecados un sacerdote: *Durante la confesión, el cura* **absuelve** *a los fieles de sus pecados.*

absorbente *adj. 1.* Que absorbe bien y con rapidez: *Las servilletas se hacen con un papel* **absorbente.** *2.* Persona que quiere imponerse a los demás y que exige mucha atención: *Muchas personas son* **absorbentes** *durante la adolescencia.*

absorber *vb.* {tr.} *1.* Atraer y retener una substancia: *Las aspiradoras* **absorben** *el polvo y la basura. 2.* Hacer que una empresa forme parte de otra: *La empresa extranjera* **absorbió** *a las empresas nacionales. 3.* Atrapar la atención: *Cuando Ana está leyendo la* **absorbe** *tanto la lectura que no hace caso a nadie.*

absorción *f.* Acción de absorber: *A través de la digestión se realiza la* **absorción** *de los alimentos.*

absorto, ta *adj.* Concentrado, aislado de la realidad: *Rafael estaba* **absorto** *oyendo el disco y no se dio cuenta de que ya eran las dos de la madrugada.*

abstemio, mia *adj./m. y f.* Que no bebe alcohol.

abstención *f.* Acción y efecto de abstenerse, renunciar a algo por decisión propia.

abstenerse *vb. irreg.* {prnl.} **Modelo 26.** *1.* Privarse de algo por decisión propia: *Como estoy a dieta* **me abstuve** *de comer una segunda rebanada de tarta durante la cena. 2.* No participar en una votación.

abstinencia *f.* **1.** Acción de abstenerse, de renunciar a algo por decisión propia. **2.** Privación de comer carne por motivos religiosos.

abstracto, ta *adj.* **1.** Que señala ideas y cosas no materiales: *Bondad, alegría, amor, son palabras* **abstractas.** **2.** Relacionado al arte que se caracteriza por no representar de manera exacta la forma de las cosas reales.

abstraer *vb. irreg.* {tr. y prnl.} **Modelo 38. 1.** Aislar mentalmente o considerar por separado las cualidades de un objeto: *"Debes* **abstraer** *la idea más importante del cuento para que puedas analizarlo correctamente."* **2.** Concentrarse en sí mismo: *Cuando Ana trabaja se* **abstrae** *y no oye nada ni a nadie.*

absurdo, da *adj.* Contrario a la razón, que no tiene sentido: *"Es* **absurdo** *esperar un regalo de él, ya sabes que no gasta su dinero en obsequios."*

abuchear *vb.* {tr.} Dar muestras ruidosas de desagrado o protesta: *El público* **abucheó** *a los jugadores del equipo favorito por no haber intentado meter otro gol.*

abuelo, la *m.* y *f.* Padre o madre del padre o de la madre.

abulia *f.* Falta de voluntad o ánimo. ANT. **entusiasmo.**

abulón *m.* Animal marino comestible, de caparazón con reflejos de distintos colores, que abunda en las costas mexicanas de Baja California: *Comí rebanadas de* **abulón** *con cebolla, salsa de tomate, limón y cilantro.*

abultar *vb.* {tr. e intr.} **1.** Aumentar el volumen de una cosa: *Esa blusa tan gruesa dentro del pantalón te* **abulta** *mucho la cintura y te ves gorda.* **2.** Exagerar: *Mi primo* **abultó** *tanto sus aventuras en vacaciones, que al final nadie le creyó.* **3.** Ocupar mucho espacio: *Este vestido* **abulta** *mucho mi equipaje, creo que es mejor dejarlo.*

abundancia *f.* Gran cantidad. ANT. **escasez, pobreza.**

abundante *adj.* En gran cantidad: *Como tenía mucha hambre, me serví un* **abundante** *plato de guiso.*

abundar *vb.* {intr.} **1.** Haber gran cantidad de una cosa: *Durante la primavera* **abundan** *las mariposas.* **2.** Agregar información sobre un tema: *Después de que el maestro* **abundó** *sobre la raíz cuadrada, entendí cómo se resolvía.*

aburrido, da *adj.* Que aburre o cansa, que no es divertido: *El fútbol me parece* **aburrido,** *no me gusta jugarlo; en cambio, el baloncesto me parece más divertido.*

aburrimiento *m.* Sensación molesta de cansancio: *Para evitar el* **aburrimiento,** *Ana lee un cuento, luego ve televisión, después recorta sus muñecas de papel y por último juega con su vecinita.*

aburrir *vb.* {tr. y prnl.} **1.** Molestar, cansar: *El cuento les* **aburrió** *tanto que prefirieron ir a jugar.* **2.** Sufrir un estado de ánimo producido por falta de estímulo o distracción: *Los niños se* **aburren** *cuando no tienen nada qué hacer.* ANT. **distraer, divertir.**

abusado, da *adj.* Guat. y Méx. Fam. Listo, despierto: *Hay que ser muy* **abusado** *para resolver el acertijo.*

abusar *vb.* {intr.} **1.** Utilizar algo con exceso: *Los borrachos* **abusan** *de la bebida.* **2.** Aprovecharse de otra persona: *Julio se queja porque su hermano mayor* **abusa** *de él cuando lo manda a lavar su automóvil.*

abuso *m.* **1.** Utilización de algo con exceso o de manera indebida: *Mi madre dice: Tomar una copa de vino no está mal, lo malo es el* **abuso.** **2.** Hecho de aprovecharse de una persona o de tratarla de manera injusta: *Es un* **abuso** *que Jorge coma más que sus hermanos sólo porque él quiere.*

acá *adv.* **1.** Denota un lugar cercano, como aquí, pero más indeterminado: *"Por* **acá** *todo está bien. ¿Y allá?", pregunté a mi hermana que vive en París.* **2.** Denota el presente: *La situación económica de la familia ha mejorado de tres años para* **acá.**

acabar *vb.* {tr. y prnl.} **1.** Dar fin, terminar: *Cuando* **acabe** *el trabajo de la escuela, voy a ver la televisión.* **2.** Consumir, extinguir o extinguirse algo por completo: *Me* **acabé** *toda la leche, ahora tendré que ir a comprar más para que tomen mis hermanos.*

acacia *f.* Árbol propio de climas templados, que tiene espinas largas y flores blancas de olor agradable.

academia *f.* **1.** Sociedad o institución científica, literaria o artística: *La Real* **Academia** *Española hace un diccionario de nuestra lengua.* **2.** Centro docente de carácter privado: *Luisa va dos veces por semana a la* **academia** *de danza.*

acaecer *vb. irreg.* {intr.} **Modelo 39.** Suceder, acontecer, pasar: *El accidente* **acaeció** *al anochecer.*

acallar *vb.* {tr.} **1.** Hacer callar: *María* **acalló** *el llanto del niño con una canción de cuna.* **2.** Aplacar, calmar, tranquilizar: *Pedro creyó que podía* **acallar** *su conciencia dando una limosna.*

acalorar *vb.* {tr. y prnl.} **1.** Ocasionar calor: *Este vestido me* **acalora** *porque está hecho de tela muy gruesa.* **2.** Exaltarse durante una discusión: *Cuando una persona discute con otra y se* **acalora,** *no razona con claridad.* SIN. **enojarse, enfadarse.**

acampar *vb.* {intr.} Detenerse e instalarse temporalmente en un lugar al aire libre: *Durante las vacaciones* **acampamos** *en la playa.*

acantilado *m.* Costa rocosa cortada casi verticalmente: *El mar se veía precioso desde el* **acantilado.**

acanto *m.* Planta de hojas largas, rizadas, espinosas, y de flores blancas que se usan como adorno.

acaparar *vb.* {tr.} **1.** Adquirir o tomar el total o la mayor parte de algo: *¡No pude comer pan, porque Raúl* **acaparó** *todo el que quedaba!* **2.** Absorber la atención o el tiempo: *Cuando el famoso actor de cine entró al restaurante,* **acaparó** *la atención de toda la gente.*

acápite *m.* Amér. C. y Amér. Merid. Párrafo.

acaramelar *vb.* {tr. y prnl.} **1.** Bañar de caramelo: *Voy a* **acaramelar** *estas manzanas para comerlas como postre.* **2.** Mostrarse muy cariñoso.

acariciar *vb.* {tr.} **1.** Pasar la mano con suavidad, hacer caricias: *A mi gato le encanta que lo* **acaricie.** **2.** Complacerse en pensar algo con la esperanza de conseguirlo: *Acaricio la idea de obtener el primer premio en el concurso.*

ácaro *adj./m.* Se dice de ciertos arácnidos muy pequeños, que pueden transmitir enfermedades.

acarrear *vb.* {tr.} **1.** Transportar algo pesado en algún vehículo: *Acarrearon al ganado en el tren de carga.* **2.** Causar: *La gran mentira que dijiste te* **acarreará** *problemas.*

acaso *adv.* **1.** Quizá, tal vez: *"Acaso venga mañana, pero no estoy segura", me dijo mi amiga.* **2.** loc. **Por si ~,** en previsión: *"Lleva un poco más de dinero al viaje* **por si acaso** *lo necesitas", me aconsejó Rosalía.*

acatar *vb.* {tr.} Obedecer una orden o regla: *"Para poder jugar fútbol, tienes que* **acatar** *las reglas", me dijo el instructor.*

acatarrarse *vb.* {prnl.} Contraer catarro. SIN. **resfriarse.**

acaudalado, da *adj.* Rico, adinerado. ANT. **pobre, necesitado.**

acaudillar *vb.* (tr.) Ponerse al frente de un ejército, un partido, etc.

acceder *vb.* (intr.) **1.** Consentir en lo que otro quiere: *Insistí para ir a la fiesta y al final mis papás* **accedieron** *y me dieron permiso.* **2.** Tener paso o entrada a un lugar: *"Si quieres* **acceder** *a la universidad, debes estudiar mucho", me dijo mi maestro.* **3.** Conseguir un puesto o categoría superior: *Ramiro ha* **accedido** *al puesto de subgerente porque trabaja mucho.*

accesible *adj.* **1.** Lugar al que se puede llegar: *La cima de la montaña sólo es* **accesible** *caminando.* **2.** De fácil trato: *Mi maestro es* **accesible**, *así que se puede hablar con él.* **3.** Que se entiende con facilidad: *Este libro se lee rápidamente porque es muy* **accesible**.

acceso *m.* **1.** Acción de llegar o acercarse: *El* **acceso** *a ese manantial en lo más profundo del bosque resulta difícil.* **2.** Entrada o paso: *La casa tiene dos* **accesos**, *uno por la fachada principal y otro por la parte de atrás.* **3.** Ataque, arrebato: *Al profesor le dio un* **acceso** *de tos y ya no pudo continuar dando la clase.*

accesorio *m.* Utensilio auxiliar: *El martillo es un* **accesorio** *de la construcción y la carpintería.*

accesorio, ria *adj.* Lo que no es necesario o principal: *En mi resumen quité todas las ideas* **accesorias** *y sólo dejé lo más importante.*

accidente *m.* **1.** Suceso inesperado y por lo general infeliz: *Juan tuvo un* **accidente** *y se rompió la pierna.* **2.** Lo que altera la uniformidad: *Bahías, golfos, montañas y valles son* **accidentes** *geográficos.* **3.** Variación que pueden sufrir algunas palabras: *Género (niño-niña) y número (niño-niños) son* **accidentes** *gramaticales de las palabras.*

acción *f.* **1.** Efecto de hacer: *"Dejemos de hablar y pasemos a la* **acción**, *vamos a reparar el automóvil", propuso Esteban.* **2.** Efecto que algo produce sobre otra cosa: *El metal se funde por la* **acción** *del calor.* **3.** Hechos que ocurren en narraciones, representaciones, etc.: *La* **acción** *del filme tiene lugar en la selva.* **4.** Batalla, combate. **5.** En economía, cada una de las partes en que se divide el capital de una sociedad o empresa: *Pablo es dueño de una parte de la empresa de su padre desde que compró algunas* **acciones** *de dicha empresa.*

accionar *vb.* (tr.) Hacer funcionar un mecanismo o parte de él: *"Para* **accionar** *el freno tienes que tirar de esta palanca."*

accionista *m.* y *f.* Dueño de acciones de una empresa: *Pablo es* **accionista** *de la tienda y por eso cada año obtiene ganancias según lo que se haya vendido.*

acechar *vb.* (tr.) Observar, aguardar con cautela y con alguna finalidad: *El gato* **acecha** *al ratón porque quiere comérselo.* SIN. **espiar, vigilar, pispiar, vichar.**

acéfalo, la *adj.* Que no tiene cabeza: *En el filme que vimos el sábado salía un monstruo* **acéfalo** *que se veía muy raro, porque tenía los ojos en el pecho.*

aceite *m.* Substancia fluida y grasosa de origen mineral, animal o vegetal: *Hay que cuidar que el motor tenga suficiente* **aceite**, *porque si no puede descomponerse.*

aceitoso, sa *adj.* **1.** Parecido al aceite o que tiene aceite: *"¡No bebas de esa agua! ¿No ves que está* **aceitosa***?", advertí a mi hermanito.* **2.** Con demasiado aceite, grasoso: *Me gusta ese tipo de comida, pero como poca, porque es muy* **aceitosa**.

aceituna *f.* Fruto del olivo, de color verde o negro, redondo y pequeño: *De las* **aceitunas** *se obtiene el aceite de olivo.*

acelerador *m.* Mecanismo del motor de un vehículo que sirve para variar la velocidad: *"No pises tanto el* **acelerador** *que ya vamos muy rápido", dije a mi hermano.*

acelerar *vb.* (tr. y prnl.) **1.** Aumentar la velocidad. **2.** Dar prontitud o rapidez: *"Si quieres hacer ese viaje debes* **acelerar** *los trámites", me aconsejó mi madre.*

acelga *f.* Planta de hojas grandes y comestibles.

acento *m.* **1.** Intensificación de la voz en una sílaba de una palabra. **2.** Signo gráfico con que se indica esta intensificación. **3.** Manera particular de hablar y pronunciar un idioma: *Los costeños tienen un* **acento** *inconfundible, hablan como si estuvieran cantando.* **4.** Importancia que se da a alguna cosa, énfasis: *Quiero poner el* **acento** *en la honestidad de Ricardo, porque lo conozco desde que éramos niños.*

acentuar *vb. irreg.* (tr.) Modelo 10. **1.** Dar o poner acento a las palabras. **2.** Aumentar: *El gobierno* **acentuó** *las medidas de seguridad.* **3.** Subrayar, hacer que algo se destaque: *Los labios rojos de Blancanieves* **acentuaban** *su palidez.*

acepción *f.* Significado o sentido que tiene una palabra o frase: *La palabra "gato" tiene varias* **acepciones***: no es lo mismo el gato que levanta el automóvil para cambiar el neumático, que el gato que me araña.*

aceptación *f.* **1.** Hecho de aceptar o admitir: *Mis padres dieron su* **aceptación** *para que mi hermana se case con su novio.* **2.** Aprobación, aplauso: *La* **aceptación** *del público al pianista fue emocionante, no paraban de aplaudir.*

aceptar *vb.* (tr.) Recibir uno voluntariamente lo que se le da, ofrece o encarga: *Juan* **aceptó** *hacer el trabajo que le pidió mi padre.*

acequia *f.* Canal o zanja que sirve para conducir el agua: *El agua de esta* **acequia** *llega a la huerta.*

acera *f.* Parte a ambos lados de una calle, que está reservada a los peatones: *Por precaución hay que caminar sobre la* **acera** *y no debajo de ella.* SIN. **vereda.**

acerbo, ba *adj.* **1.** Áspero al gusto: *Muchos medicamentos tienen sabor* **acerbo**, *pero curan.* **2.** Cruel, riguroso: *Después de esa crítica* **acerba** *es posible que el libro se venda menos.*

acerca de, *loc.* Expresa el asunto de que se trata: *El cuento es* **acerca de** *una niña que visita a su abuelita.*

acercar *vb. irreg.* (tr. y prnl.) Modelo 17. Poner cerca o estar a menor distancia: *Conforme pasan las semanas ¡se* **acercan** *las vacaciones!*

acero *m.* Hierro que ha sido aleado o mezclado con una pequeña proporción de carbono.

acérrimo, ma *adj.* Muy fuerte, decidido o tenaz: *Alejandro pertenece a un grupo ecologista y es defensor* **acérrimo** *de la naturaleza, por eso siempre lucha por evitar la caza de animales en peligro de extinción.*

acertar *vb.* (tr.) **1.** Dar en el punto previsto o propuesto. SIN. **atinar.** **2.** Hacer lo conveniente. **3.** Dar con la solución o el resultado de algo: *La policía* **acertó** *cuando dijo que el mayordomo era el asesino de la anciana millonaria, y así se resolvió el caso.*

acertijo *m.* Juego que consiste en un enigma cuyo resultado hay que descubrir.

acervo *m.* **1.** Montón de cosas menudas. **2.** Patrimonio, riqueza, posesiones de una institución o comunidad: *El* **acervo** *de la biblioteca se compone de treinta mil libros.*

acético, ca *adj.* Relativo al ácido que da al vinagre su sabor agrio inconfundible.

acetileno *m.* Hidrocarburo gaseoso, empleado para el alumbrado, la soldadura, etc.

acetona *f.* Líquido incoloro, volátil e inflamable, que se utiliza como disolvente: *Me quité la pintura de uñas con* **acetona.**

achacar *vb. irreg.* {tr.} **Modelo 17.** Atribuir, imputar, en especial una acción mala: *El testigo* **achacó** *el robo de la joyería a un hombre vestido de negro y con una cicatriz grande en la cara.*

achaparrado, da *adj.* De forma o figura baja: *Mi casa se ve* **achaparrada** *al lado de ese rascacielos.*

achaque *m.* Malestar o indisposición habitual: *Los* **achaques** *que tiene Gerardo son propios de la vejez, pero en realidad es bastante joven.*

achatar *vb.* {tr. y prnl.} Poner chato: *Choqué contra un poste y* **achaté** *el frente del automóvil.*

achicar *vb. irreg.* {tr. y prnl.} **Modelo 17. 1.** Disminuir el tamaño: *El pantalón se* **achicó** *cuando lo lavé.* **2.** Fam. Humillar, acobardar: *Pedro siempre* **se achica** *ante los problemas y por eso no los resuelve.*

achicharrar *vb.* {tr. y prnl.} Freír o tostar en exceso: *La carne se* **achicharró** *porque la dejé sobre el fuego mucho tiempo.*

achicoria *f.* Planta herbácea de cuya raíz se prepara una bebida parecida al café.

achiote *m.* **1.** *Amér. C., Bol. y Méx.* Árbol de pequeño tamaño de cuyo fruto se extrae la pulpa para utilizarla como condimento. **2.** *Amér. C., Bol. y Méx.* Condimento que se extrae del árbol del achiote: *Mi mamá nos preparó para la cena un delicioso pollo en* **achiote** *y todos nos manchamos la ropa.*

achira *f.* *Amér. Merid.* Planta herbácea cuya raíz se utiliza en medicina popular.

achuchar *vb.* {tr. y prnl.} **1.** Azuzar, irritar a una persona o a un animal, en especial a un perro. **2.** *Fam.* Aplastar, estrujar. **3.** *Argent., Par. y Urug.* Tener escalofríos.

achunchar *vb.* {tr.} *Bol., Chile, Ecuad. y Perú.* Avergonzar o atemorizar a alguien.

achura *f.* *Amér. Merid.* Intestino o menudo de res, cabra o borrego.

aciago, ga *adj.* Desafortunado, de mal agüero: *Aquel* **aciago** *día en que hubo una devaluación de la moneda marcó el principio de la crisis económica.*

acicalar *vb.* {tr. y prnl.} Adornar: *Marta se* **acicaló** *toda la tarde para ir muy guapa a la cita con su novio.*

acicate *m.* **1.** Espuela con una sola punta de hierro. **2.** Estímulo: *La promesa del premio al mejor estudiante le sirvió como* **acicate** *para mejorar sus calificaciones.*

ácido *m.* **1.** Compuesto químico hidrogenado que actúa sobre las bases y sobre numerosos metales formando sales: *Me quemé el dedo con el* **ácido** *que usamos en el laboratorio.* **2.** Droga que provoca alucinaciones.

ácido, da *adj.* **1.** Agrio: *El limón es una de las frutas más* **ácidas** *que conozco.* **2.** De carácter o humor áspero.

acierto *m.* **1.** Acción y efecto de obtener un buen resultado: *Fue un* **acierto** *reservar las entradas; de otra manera no hubiéramos entrado al concierto.* **2.** Destreza, habilidad. **3.** Solución correcta: *Daniel jugó en la quiniela y sólo tuvo dos* **aciertos.**

aclamar *vb.* {tr.} Aplaudir, gritar, lanzar exclamaciones en honor de alguien: *Los espectadores* **aclamaron** *al vencedor.*

aclarar *vb.* {tr., intr. y prnl.} **1.** Hacer menos obscuro o menos espeso. **2.** Poner en claro, explicar: *Rubén y Emma* **aclararon** *sus malos entendidos y otra vez son amigos.* **3.** Amanecer. **4.** Mejorarse el clima: *El día* **aclaró** *cuando dejó de llover.*

aclimatar *vb.* {tr. y prnl.} Acostumbrar a un ser orgánico a un ambiente que no le es habitual: *Siento más frío que tú porque yo vengo de la costa y todavía no* **me aclimato** *a este lugar en las montañas.*

acné *f.* Enfermedad de la piel que provoca la aparición de barros y espinillas.

acobardar *vb.* {tr. y prnl.} Amedrentar, causar miedo: *Me* **acobardé** *cuando vi a ese perro bravo tan cerca.*

acogedor, ra *adj.* Hospitalario, cómodo, agradable: *Uno se siente bien en tu casa porque es muy* **acogedora.**

acoger *vb. irreg.* {tr.} **Modelo 41. 1.** Admitir uno en su casa o compañía a otra persona. **2.** Proteger, amparar: *El asilo* **acoge** *a los ancianos que ya no viven con su familia.* **3.** Aceptar, aprobar: *El gobierno* **acogió** *la propuesta del diputado.*

acolchonar *vb.* {tr.} *Amér.* Poner lana o algodón entre dos telas e hilvanarlas: *Cosimos y* **acolchonamos** *dos telas para hacer una almohada.*

acólito *m.* **1.** Monaguillo. **2.** Persona que acompaña y sirve a otra.

acomedirse *vb. irreg.* {prnl.} **Modelo 47.** *Amér.* Prestarse espontáneamente a hacer un servicio: *Luisa se* **acomidió** *a regar mis plantas porque vio que yo no tenía tiempo.* SIN. **comedirse.**

acometer *vb.* {tr.} **1.** Embestir, arremeter, atacar: *En el filme español que vi, el toro* **acometió** *al torero por la espalda.* **2.** Emprender, intentar: **Acometió** *el nuevo trabajo con entusiasmo.*

acomodado, da *adj.* De buena posición económica: *Como eres* **acomodado** *puedes darte ciertos lujos.*

acomodar *vb.* {tr. y prnl.} **1.** Ajustar una cosa con otra, adaptar: *El carpintero cortó un poco a la puerta para* **acomodarla** *en el marco pequeño.* **2.** Poner en sitio conveniente o cómodo: *Me* **acomodé** *en el sillón grande de para ver el filme de manera cómoda.*

acompañamiento *m.* **1.** Acción y efecto de acompañar: *Las papas son un buen* **acompañamiento** *para la carne.* **2.** Gente que acompaña. SIN. **séquito, cortejo, comitiva. 3.** En música, parte instrumental o vocal que da soporte a una principal: *El cantante tuvo* **acompañamiento** *de guitarra.*

acompañante *adj./m. y f.* Persona que está o va en compañía de otro: *Sara fue en el barco con una* **acompañante,** *porque todavía es muy joven para viajar sola.*

acompañar *vb.* {tr. y prnl.} **1.** Estar o ir en compañía de otro: *Teresa me pidió que la* **acompañara** *al médico porque le da miedo ir sola.* **2.** Juntar, añadir: *"Tienes que* **acompañar** *la solicitud de empleo con tus datos personales", me dijo la secretaria.* **3.** Poner música para apoyar la voz o instrumentos principales: *Un pianista lo* **acompañó** *en su recital de flauta.*

acompasar *vb.* {tr.} En música, poner al mismo ritmo o compás: *Por fin los músicos lograron* **acompasarse,** *porque al principio cada uno iba por su lado y las canciones se oían muy mal.*

acomplejar vb. {tr. y prnl.} Causar sentimiento de inferioridad o incomodidad: *Tanto se burlaron de ella que la acomplejaron con su gordura y ahora no quiere usar pantalones.*

acondicionar vb. {tr.} Disponer una cosa a un determinado fin: *Acondicionamos la sala empujando la mesa hasta una esquina para que se pudiera bailar en la fiesta.* Sin. **adaptar.**

acongojar vb. {tr. y prnl.} Afligir, preocupar: *Se acongojó cuando vio que había sacado una mala calificación.*

aconsejar vb. {tr.} Dar consejo: *Debido a la tormenta que se acercaba, me aconsejaron viajar en tren y no por carretera.* Sin. **sugerir.**

acontecer vb. irreg. {intr.} **Modelo 39.** Suceder, ocurrir un hecho.

acontecimiento m. Suceso importante: *Las Olimpiadas son un acontecimiento deportivo internacional.*

acopiar vb. {tr.} Juntar, reunir en gran cantidad.

acoplado m. Amér. Merid. Remolque, vehículo remolcado.

acoplar vb. {tr. y prnl.} **1.** Unir o encajar dos piezas de modo que ajusten. **2.** Amér. Merid. Unir un vehículo a otro para que lo remolque. **3.** Llevarse bien, congeniar: *"Mi hermano y el tuyo se acoplan tan bien que son grandes amigos", comentaron las amigas.* **4.** Unirse una persona a otras para hacer algo juntas.

acoquinar vb. {tr. y prnl.} **1.** Acobardar. **2.** Méx. Fam. Molestar a alguien insistiendo mucho sobre algo: *"Deja de acoquinarme con ir al cine, ya te dije que no puedo."*

acorazado m. Buque de guerra blindado, de gran tamaño y con poderosos cañones.

acorazado, da adj. Que tiene coraza.

acordar vb. irreg. {tr. y prnl.} **Modelo 5. 1.** Resolver algo varias personas de común acuerdo: *Los dirigentes de la empresa, acordaron aumentar el sueldo de los trabajadores.* Sin. **convenir, determinar. 2.** Recordar: *"Me acuerdo mucho de tu hermano aunque no lo vea", dije a Rosalba.*

acorde adj. Conforme con alguien o algo.

acorde m. En música, notas que se tocan de manera simultánea.

acordeón m. **1.** Instrumento musical portátil de viento, con fuelle y teclado. **2.** Méx. Entre estudiantes, papel que se lleva oculto para copiar en los exámenes: *El maestro me sorprendió con un acordeón y ahora me pondrá una mala nota.* Sin. **machete.**

acordonar vb. {tr.} **1.** Ceñir o sujetar con un cordón. **2.** Rodear un sitio para aislarlo: *Los policías acordonaron la zona del incendio para evitar que pasara la gente.*

acorralar vb. {tr.} **1.** Tener rodeada a una persona o animal para que no pueda escaparse: *Acorralaron al conejo para poder meterlo en una jaula.* **2.** Dejar confundido y sin respuesta: *Rogelio se quedó mudo después de que el maestro lo acorraló con preguntas sobre ecuaciones muy difíciles.*

acortar vb. {tr., intr. y prnl.} Disminuir la longitud, duración o cantidad de algo: *Acortaron el periodo de vacaciones de tres a dos semanas.* Ant. **alargar.**

acosar vb. {tr.} **1.** Perseguir sin descanso: *Los lobos acosaron a la oveja hasta atraparla.* **2.** Importunar, molestar. *Cada vez que compro dulces, mi hermanito me acosa para que le dé algunos.*

acostar vb. irreg. {tr. y prnl.} **Modelo 5. 1.** Tender a una persona para que descanse, especialmente en la cama: *Mi madre acostó a mi hermanito tan pronto dieron las nueve.* **2.** Tener relaciones sexuales.

acostumbrar vb. {tr., intr. y prnl.} **1.** Hacer que alguien o algo adquiera una costumbre: *Acostumbré a mi gato a dormir en mi cama y ahora no quiere dormir en ningún otro lugar.* **2.** Tener un hábito o costumbre: *Acostumbro tomar un café al levantarme.* **3.** Familiarizarse: *El perro se ha acostumbrado a nosotros y todos lo queremos mucho.*

acotación f. Nota o señal al margen de un escrito: *El maestro escribió que debo cuidar la ortografía en la acotación que puso a mi examen.*

acotamiento m. Méx. Espacio que hay entre el canal y la carretera: *Paramos en el acotamiento para ponerle agua al automóvil.*

acracia f. Doctrina que niega la necesidad de un poder y de una autoridad política.

acre adj. Áspero y picante al gusto y al olfato: *El olor del cloro o lejía es tan acre que produce lagrimeo.*

acre m. Medida inglesa de superficie equivalente a 4 046 metros cuadrados.

acrecentar vb. irreg. {tr. y prnl.} **Modelo 3.** Aumentar: *La lectura es un modo de acrecentar tus conocimientos.* Ant. **disminuir.**

acreditar vb. {tr. y prnl.} **1.** Hacer digno de crédito: *Este certificado me acredita como dueño de la casa.* **2.** Afamar, dar reputación: *La medalla de oro lo acredita como un buen deportista.*

acreedor, ra adj./m. y f. Que tiene derecho a pedir el cumplimiento de una deuda: *Los acreedores de Lorenzo lo perseguían hasta los domingos porque les debía mucho dinero.*

acribillar vb. {tr.} **1.** Llenar de agujeros. **2.** Hacer muchas heridas o picaduras: *Los zancudos me acribillaron durante las vacaciones en la playa.* **3.** Fam. Hacer algo en gran cantidad y frecuencia: *Los periodistas acribillaron al artista con tantas preguntas que tuvo que huir de ellos.*

acrílico, ca adj. **1.** Fibra textil sintética. **2.** Tipo de pintura soluble en agua: *Voy a poner pintura acrílica de color verde en las paredes de la cocina para poder limpiarlas cuando quiera.*

acritud f. **1.** Calidad de acre o agrio. **2.** Aspereza en el carácter.

acrobacia f. Maniobra o movimiento difícil realizado con habilidad: *El público aplaudió emocionado las acrobacias de los trapecistas.*

acróbata m. y f. Persona que realiza suertes en el trapecio, la cuerda, etc.

acromático, ca adj. **1.** En física, que deja pasar la luz blanca sin descomponerla en sus partes. **2.** Relativo a los componentes celulares que no se pintan con los colorantes.

acrónimo m. Palabra formada por las iniciales o siglas de otras palabras: *Ovni es un acrónimo que significa Objeto Volador No Identificado.*

acrópolis f. Parte más elevada en las antiguas ciudades griegas que estaba fortificada y servía como ciudadela: *La acrópolis de Atenas es uno de los monumentos de la antigüedad más famosos del mundo.*

acróstico, ca adj./m. Se dice de la composición poética en que las letras iniciales, medias o finales de los versos forman, leídas verticalmente, una palabra o frase.

ACT

acta *f. 1.* Relación escrita de lo tratado o acordado en una junta: *Todos los asistentes a la reunión firmaron el* **acta** *en la que todos acordaban vender la casa.* **2.** Certificado en que se hace constar un hecho. **3.** loc. *Méx.* **~ de nacimiento**, documento en el que se asienta el lugar y la fecha en que nació una persona, así como el nombre de sus padres.

actinio *m.* Elemento químico radiactivo, de símbolo Ac y número atómico 89.

actitud *f. 1.* Postura del cuerpo humano que normalmente expresa algo: *Hay una escultura muy famosa que representa a un hombre en* **actitud** *de estar pensando, se llama "El Pensador".* **2.** Disposición de ánimo: "*Con esa* **actitud** *negativa no vas a resolver el problema que tienes con tus padres", aconsejé a Sebastián.*

activar *vb.* (tr. y prnl.) *1.* Hacer funcionar un mecanismo: *Los ladrones no pensaron que las alarmas iban a* **activarse** *en el momento que entraran al banco.* **2.** Acelerar, avivar. **ANT. aplazar, atrasar.**

actividad *f. 1.* Calidad de lo que trabaja o está en acción: *La construcción de ese edificio se logró por la gran* **actividad** *de todos los trabajadores.* **2.** Conjunto de tareas propias de una persona o entidad: *Mi abuela siempre se dedicó a las* **actividades** *propias del hogar como lavar ropa, cocinar, etc.*

activo *m.* Conjunto de bienes: *El banco tiene un* **activo** *muy elevado.*

activo, va *adj. 1.* Que realiza cierta acción o actividad: *En este país hay volcanes* **activos** *que a veces arrojan vapor.* **2.** Diligente: *Maruja es muy* **activa** *y no para de trabajar desde la mañana hasta la noche.* **3.** Eficaz: *Me curé en seguida porque el medicamento que me recetó el doctor era muy* **activo**.

acto *m. 1.* Hecho o acción: "*Te tienes que responsabilizar de tus* **actos***, ya que si no estudias, reprobarás el examen", me regañó el maestro.* **2.** Hecho público o solemne: *Asistieron muchas autoridades al* **acto** *de inauguración.* **3.** Cada una de las partes en que se dividen las obras teatrales. **4.** loc. **~ seguido**, a continuación: *Le dijo que se iba y,* **acto seguido***, empacó sus cosas.* **5.** loc. **En el ~**, en seguida, en el momento: *Llamamos al doctor de urgencias y llegó* **en el acto**.

actor, triz *m.* y *f.* Persona que representa personajes en obras de teatro y cine. **SIN. artista.**

actuación *f. 1.* Hecho de realizar alguien acciones propias de su naturaleza o trabajo: *La* **actuación** *oportuna de la policía impidió el asalto del banco.* **2.** Hecho de representar un personaje en el teatro, cine o televisión: *La* **actuación** *de la estrella fue malísima, no sé por qué es tan famosa si hay otras que actúan mejor que ella.*

actual *adj. 1.* Presente, que ocurre o sucede ahora: *Las noticias de la televisión informan todos los días sobre los sucesos* **actuales***.* **2.** Que se usa en el presente, que está de moda. **ANT. anticuado.**

actualidad *f. 1.* Tiempo presente: *En la* **actualidad** *muchísima gente tiene televisión.* **2.** Lo que atrae la atención y el interés en un momento determinado: "*Es un filme de gran* **actualidad***, así que hay que llegar temprano para evitar las filas largas", dije a mis amigos.*

actualizar *vb. irreg.* (tr.) **Modelo 16.** Convertir una cosa pasada en actual: *Tengo que* **actualizar** *mis apuntes de matemáticas, porque no he asistido a la escuela durante dos semanas.*

actuar *vb. irreg.* (intr.) **Modelo 10.** *1.* Hacer una persona o cosa acciones propias de su naturaleza u oficio: *Los bomberos* **actuaron** *con rapidez y apagaron pronto el incendio.* **2.** Representar un papel en obras de teatro y cine: *En el filme que quiero ver* **actúa** *mi artista favorito.*

acuarela *f. 1.* Pintura sobre papel, con colores diluidos en agua. **2.** *pl.* Colores con los que se hacen esas pinturas.

acuario *adj./m.* y *f.* Uno de los doce signos del zodiaco, comprendido entre el 21 de enero y el 18 de febrero, su símbolo es un hombre con un cántaro de agua.

acuario *m.* Lugar o recipiente donde se colocan, cuidan y exhiben plantas y animales acuáticos.

acuático, ca *adj. 1.* Que vive en el agua: *Los peces son animales* **acuáticos***.* **2.** Relativo al agua: *El esquí* **acuático** *parece más fácil que el esquí de nieve, pero para los dos hay que ser muy cuidadosos.*

acuchillar *vb.* (tr. y prnl.) Cortar o matar con cuchillo o con otras armas cortantes.

acuciar *vb.* (tr.) Estimular, dar prisa: **Acucia** *al caballo si quieres que vaya más rápido.*

acudir *vb.* (intr.) *1.* Ir a un sitio: *Jacinto* **acudió** *a su cita con el dentista.* **2.** Ir en ayuda de alguien: *Los bomberos* **acudieron** *rápidamente a la llamada de auxilio y lograron apagar el incendio.*

acueducto *m.* Construcción en forma de puente que contiene un canal para transportar agua.

acuerdo *m. 1.* Unión, armonía: *María y Chela estuvieron de* **acuerdo** *en jugar después de terminar la tarea escolar.* **2.** Resolución tomada en común por varias personas. **SIN. pacto. 3.** *Argent.* Reunión de ministros organizada por el presidente. **4.** *Colomb.* y *Méx.* Reunión de una autoridad con sus colaboradores para tomar una decisión.

acuífero, ra *adj.* Que contiene agua: *El manto* **acuífero** *proporciona parte del agua que utilizamos en las ciudades.*

acumulador *m.* Batería, fuente de energía: *El* **acumulador** *le da energía al auto para encender.* **SIN. pila.**

acumular *vb.* (tr.) Juntar o amontonar cosas: *Las hormigas* **acumulan** *comida durante el verano y se la comen en invierno.*

acunar *vb.* (tr.) Mecer al niño en la cuna: *Como el niño no dejaba de llorar, lo* **acuné** *para que se durmiera.*

acuñar *vb.* (tr.) *1.* Imprimir o fabricar monedas: *El banco nacional* **acuñó** *monedas especiales para conmemorar las olimpiadas.* **2.** Crear frases y conceptos con una forma específica: *Algunos escritores* **acuñan** *expresiones o frases célebres que se conservan a lo largo de los años.*

acupuntura *f.* Método de la medicina tradicional de las culturas orientales que consiste en clavar agujas en determinados puntos del cuerpo: *Los chinos llevan muchos siglos curándose por medio de la* **acupuntura***.*

acurrucarse *vb. irreg.* (prnl.) **Modelo 17.** Encogerse sobre uno mismo: *Me* **acurruqué** *en el sillón porque tenía frío.*

acusado, da *adj.* Destacado, evidente: *Los rasgos de la cara de mi abuelo son* **acusados***, su nariz es grande y ancha y su barbilla es puntiaguda.*

acusado, da *m.* y *f.* Persona a quien se acusa: *El* **acusado** *respondió a las preguntas del juez.*

acusar *vb.* (tr. y prnl) *1.* Culpar o denunciar a alguien de un delito o culpa: *Lo* **acusaron** *de haber robado el*

8

banco. **2.** Reflejar, manifestar: *Lleva tres días durmiendo mal; su cara acusa el cansancio.*

acústica *f.* **1.** Parte de la física que trata de los sonidos. **2.** Características de un local respecto a la irradiación del sonido: *Este teatro tiene una pésima acústica y cuesta trabajo entender lo que dicen los actores.*

acutángulo *adj.* Dícese del triángulo que tiene los tres ángulos agudos: *El triángulo equilátero es un acutángulo.*

adagio *m.* **1.** Dicho o refrán breve, por lo general con un contenido moral. **2.** En música, parte lenta de una composición más amplia.

adalid *m.* Caudillo militar.

adaptar *vb.* {tr. y prnl.} **1.** Acomodar, acoplar una cosa a otra: *Adaptamos la cortina vieja a la nueva ventana.* **2.** Acostumbrarse, aceptar nuevas condiciones: *Al niño le ha costado trabajo adaptarse a su nueva recámara.*

adecentar *vb.* {tr. y prnl.} Arreglar algo o a alguien: *Estaba muy mal vestido, pero terminó por adecentarse para ir a la fiesta.*

adecuado, da *adj.* Conveniente, apropiado: *Alquilamos una camioneta, porque era el vehículo adecuado para ir al paseo por la montaña.*

adecuar *vb. irreg.* {tr. y prnl.} **Modelo 11.** Acomodar, adaptar una cosa a otra: *Hay que adecuar el mantel al tamaño de la mesa, porque lo compramos muy grande.*

adefesio *m.* Persona o cosa que puede parecer muy fea o extravagante: *La niña se veía como un adefesio con tanta pintura en los labios.* **SIN.** mamarracho.

adelantar *vb.* {tr., intr. y prnl.} **1.** Mover o llevar hacia adelante: *Adelanté mi silla para ver mejor el pizarrón.* **2.** Anticipar: *El reloj de la cocina se atrasa, así que hay que adelantarlo de vez en cuando.* **3.** Progresar: *He adelantado mucho en mis conocimientos de ortografía después de tomar el curso de verano.* **4.** Llegar antes de lo esperado o convenido: *Nos adelantamos para ayudar en los preparativos de la fiesta.*

adelante *adv.* **1.** Más allá, enfrente: *"Debes mirar hacia adelante para que no te caigas", me aconsejó mi abuelo.* **2.** Marcar un tiempo futuro: *"Primero prepara el examen y deja la diversión para más adelante", me dijo mi padre.* **3.** *loc.* **En ~**, a partir de este momento: *"De hoy en adelante debes estudiar más si no quieres volver a obtener mala calificación", dijo el maestro.*

adelanto *m.* **1.** Anticipo, dinero pagado antes de tiempo: *Mi papá pidió un adelanto de su sueldo porque tenía que hacer un pago urgente.* **2.** Progreso: *Los adelantos de la medicina han hecho que desaparezcan algunas enfermedades.* **3.** Lo que sucede antes del momento señalado: *El avión llegó a las 11:20 en vez de a las 11:30, es decir, con diez minutos de adelanto.*

adelfa *f.* Arbusto parecido al laurel, de grandes flores rosadas, blancas o amarillas.

adelgazar *vb. irreg.* {tr. e intr.} **Modelo 16.** **1.** Perder kilos y volumen: *Adelgazó tres kilos con la dieta que hizo.* **2.** *Méx.* Diluir una substancia: *"Pueden adelgazar la pintura con este disolvente", dijo el maestro.*

ademán *m.* **1.** Gesto, movimiento con que se manifiesta una actitud: *Después de pensar un poco, el profesor me hizo un ademán de que mi respuesta era correcta.* **2.** *pl.* Modales: *Sus ademanes al saludar son prueba de buena educación.*

además *adv.* Aparte de, también: *Lucero es lista y además, guapa, por eso todos los chicos de la escuela la persiguen.*

adentrarse *vb.* {prnl.} Ir hacia la parte más interna u oculta de un lugar o asunto: *Durante la excursión nos adentramos en el bosque.*

adentro *adv.* **1.** Al interior o en el interior: *El dinero está adentro de mi cartera.* **2.** En dirección hacia el interior: *"Vamos adentro de la casa, que tengo mucho frío aquí en el jardín", dije a mis amigos.* **3.** *pl.* Lo interior del ánimo o pensamiento de una persona: *Julián piensa para sus adentros que su amigo le miente.*

adepto, ta *adj./m. y f.* Seguidor de una persona o idea, miembro de una asociación o movimiento: *El fútbol es tan popular, que cada vez tiene más adeptos que van a los estadios y lo ven por televisión.*

aderezar *vb. irreg.* {tr.} **Modelo 16.** Condimentar o sazonar los alimentos: *Antes de comer la carne hay que aderezarla para que sepa mejor.*

adeudar *vb.* {tr.} Deber dinero por algo que se recibió: *Pedro todavía adeuda cien pesos de los quinientos que le prestaron.*

adherir *vb. irreg.* {tr., intr. y prnl.} **Modelo 50.** **1.** Pegar, unir: *"Si no adhieres bien la estampilla, podría desprenderse y la carta no llegará a su destino", recomendé a Eliseo.* **2.** Unirse a una doctrina, partido, asociación: *René se adherirá al partido político en el que está Pablo.*

adhesión *f.* Acción y efecto de unirse a una doctrina, partido, asociación.

adhesivo, va *adj.* Que puede pegarse: *"Hay que cerrar la caja con cinta adhesiva para evitar que se abra."*

adicción *f.* Necesidad que se crea en el organismo por el consumo constante de ciertas substancias, como las drogas y el alcohol: *Perico ya tiene adicción al alcohol y se siente mal si no lo toma.*

adición *f.* Acción de sumar.

adicto, ta *adj.* Dominado por el uso de ciertas drogas tóxicas.

adicto, ta *m. y f.* Apegado o aficionado a algo: *Juanjo es un adicto a la música clásica, le gusta tanto que tiene una gran colección de discos.*

adiestrar *vb.* {tr. y prnl.} **1.** Enseñar, instruir a una persona o animal para que realice ciertas tareas: *Adiestraron a esos perros para la caza.* **2.** Ejercitarse en alguna actividad o en el manejo de algún aparato: *Elena se adiestró en el manejo de la computadora y ya lo hace muy bien.*

adinerado, da *adj.* Rico, que posee gran cantidad de dinero. **SIN.** acaudalado.

adiós *m.* Acto de despedirse: *¿Por qué será tan triste el momento del adiós?*

¡adiós! *interj.* Expresión que se usa para despedir o despedirse de alguien: *René se despidió de todos diciendo "¡adiós!"* **SIN.** ¡chao!, ¡chau!.

adiposo, sa *adj.* Lleno de grasa: *"Tienes que hacer una dieta, porque tu figura se ve adiposa", aconsejé a mi amiga.*

aditivo *m.* Substancia que se añade a otras para mejorar sus cualidades: *Hay que ponerle un aditivo al aceite del automóvil para que el motor dure más tiempo.*

adivinanza *f.* Pasatiempo que consiste en encontrar la respuesta a un acertijo: *Juan nos dijo una adivinanza: ¿qué animal es dos animales en uno? Y la respuesta era "El gato, porque araña."*

adivinar *vb.* {tr.} **1.** Predecir el futuro o descubrir lo desconocido por medios sobrenaturales o por conjeturas:

9

A María le gusta que le lean las cartas para que le **adivinen** su futuro. **2.** Acertar, descubrir, descifrar: "**Adivina** quién viene a cenar... ¡Sí, tu tía Amelia!", dijo mi madre con gusto.

adivino, na *m.* y *f.* Persona que predice el futuro o descubre lo desconocido: *El* **adivino** *se puso frente a su bola de cristal y le dijo a Esperanza lo que iba a pasar en su vida.*

adjetivo *m.* Parte variable de la oración que sirve para calificar o determinar al sustantivo: *En la oración "Me gusta esa casa grande y bonita",* esa, grande y bonita son **adjetivos**.

adjetivo, va *adj.* Que se refiere a una cualidad o accidente: *Una frase* **adjetiva** *es la que tiene la misma función que un adjetivo.*

adjudicar *vb. irreg.* [tr. y prnl.] **Modelo 17. 1.** Declarar que algo pertenece a alguien, cuando hay varias personas que quieren ese algo: *De entre todos los competidores, le* **adjudicaron** *el primer premio a Miguel.* **2.** Apropiarse de una cosa: *El abusivo de Juan* **se adjudicó** *la rebanada más grande de pan.*

adjuntar *vb.* [tr.] Enviar o acompañar una cosa junto a otra: **Adjunté** *mi fotografía a la solicitud de trabajo.* SIN. **añadir, anexar.**

adjunto, ta *adj.* Unido o añadido a otra cosa: *Este catálogo de ropa lleva* **adjunta** *una lista de precios, para saber el precio de cada prenda.*

administración *f.* **1.** Control y organización que generalmente incluye lo económico: *Hasta hace un mes mi hermana llevaba la* **administración** *del edificio donde vivimos.* **2.** Acción y efecto de dar: *El médico recomendó la* **administración** *de un medicamento para aliviar la enfermedad de mi tío.* **3.** Acción y efecto de gobernar: *La* **administración** *del presidente ha resultado buena.*

administrador, ra *m.* y *f.* Persona que maneja el dinero, las propiedades y los negocios de otra persona: *La mamá de Ramón tiene un rancho, pero es el* **administrador** *quien se encarga de manejarlo mientras ella trabaja en la ciudad.*

administrar *vb.* [tr.] **1.** Racionar una cosa para que resulte suficiente: *Si* **administramos** *bien nuestro sueldo, quizá no tengamos que pedir prestado.* **2.** Suministrar, dar: *El doctor le* **administró** *a Manuel un medicamento para la tos.* **3.** Gobernar.

administrativo, va *adj.* Relativo al control y a la organización: *El personal* **administrativo** *del club se reunió para decidir los aumentos de las cuotas.*

admiración *f.* **1.** Reconocimiento del alto valor de algo o alguien: *Siento gran* **admiración** *por la gente que ayuda a los enfermos de sida.* **2.** Signo ortográfico que se coloca al principio (¡) y final (!) de una palabra o cláusula exclamativa.

admirar *vb.* [tr. y prnl.] **1.** Tener en gran estima a una persona o cosa que sobresale: **Admiro** *el buen corazón de Elena, es una persona muy noble.* **2.** Ver o contemplar con sorpresa y placer: *Durante toda la fiesta, Gerardo se dedicó a* **admirar** *a la guapa muchacha del vestido rojo.*

admitir *vb.* [tr.] **1.** Dar entrada, acoger: *Arturo* **fue admitido** *en la universidad.* **2.** Aceptar, consentir, decir que sí: *Después de mucho insistirle, María* **admitió** *que estaba Pedro.* **3.** Permitir, tolerar: *"No* **admito** *que me contestes de esa manera tan grosera", me dijo mi madre.*

ADN *m.* Abreviatura de ácido desoxirribonucleico, substancia presente en las células de todos los seres vivos y por la que se transmite la herencia.

adobar *vb.* [tr.] **1.** Poner salsa para sazonar y conservar carnes y pescados: **Adobé** *el pollo antes de meterlo al horno para que tomara mejor sabor.* **2.** Curtir pieles.

adobe *m.* Masa de barro mezclado con paja, que se moldea en forma de ladrillo y se pone a secar al sol hasta que endurece: *El* **adobe** *es un material de construcción típico de las poblaciones rurales.*

adobo *m.* **1.** Acción y efecto de poner salsa para sazonar y conservar carnes y pescados. **2.** Salsa utilizada para adobar.

adoctrinar *vb.* [tr.] Instruir, impartir una doctrina.

adolecer *vb. irreg.* [intr.] **Modelo 39.** Tener alguna enfermedad, defecto o vicio: *Rocío* **adolece** *de asma desde su infancia.*

adolescencia *f.* Etapa que va del final de la niñez al inicio de la edad adulta: *La* **adolescencia** *se acaba aproximadamente a los 18 años.*

adolescente *adj./m.* y *f.* Persona que pasa por el periodo comprendido entre los 12 y los 18 años aproximadamente. SIN. **joven.**

adónde *adv.* A qué parte: *"¿***Adónde** *vas? No te levantes, que todavía no has terminado de comer", me dijo mi madre.*

adonde *adv.* Lugar al que alguien va o se dirige: *La playa* **adonde** *iremos en vacaciones es muy bonita.*

adopción *f.* Hecho de tomar legalmente como hijo al que no lo es naturalmente: *Renata y Sergio se decidieron por la* **adopción** *cuando el médico les dijo que no podrían tener hijos propios.*

adoptar *vb.* [tr.] **1.** Tomar legalmente como hijo al que no lo es naturalmente: *Como Isabel no puede tener hijos,* **adoptará** *un niño.* **2.** Admitir algo ajeno como si fuera propio: *Durante la expansión del Imperio Romano muchos pueblos* **adoptaron** *el latín como su idioma.* **3.** Adquirir o empezar a tener, sobre todo una actitud: *Maricela* **adoptó** *una conducta tan grosera cuando le dije que su hijo era un desobediente, que decidí alejarme de ella.*

adoquín *m.* Bloques pequeños de piedra que se usan para pavimentar las calles: *Los* **adoquines** *son bonitos, pero se rompen más fácilmente que el hormigón o concreto.*

adorable *adj.* Que inspira simpatía y cariño: *Este bebé es* **adorable**, *tiene una sonrisa angelical.*

adoración *f.* Sentimiento de amor, respeto y admiración.

adorar *vb.* [tr.] **1.** Rendir culto y respeto a un dios o a un ser: *Los mexicas* **adoraban** *a Tláloc.* **2.** Amar o gustar profundamente: *Ana* **adora** *tanto la música, que cada semana compra un disco.*

adormecer *vb. irreg.* [tr. y prnl.] **Modelo 39. 1.** Causar sueño: *Este programa es tan aburrido que* **adormece** *a cualquiera.* **2.** Calmar, sosegar: *El medicamento que le dio el doctor* **adormeció** *su dolor de espalda.* **3.** Empezar a dormirse: *Me* **adormecí** *en el teatro y no vi el final de la obra.*

adormidera *f.* Planta de cuyo fruto se extrae el opio.

adormilarse *vb.* [prnl.] Quedarse medio dormido: *Después de comer, mi abuelo* **se adormila** *un rato en su sillón preferido.*

adornar *vb.* [tr.] **1.** Embellecer con adornos: **Adornamos** *la casa con guirnaldas de papel y con flores para la* fiesta. Sin. **ataviar. 2.** Tener virtudes una persona: *A Celia la* **adornan** *muchas cualidades: inteligencia, belleza, sensatez.*

adorno *m.* **1.** Cosa que sirve para embellecer: *Compré* **adornos** *para el árbol de Navidad.* **2.** loc. **De ~,** que no tiene utilidad: *"Yo creo que tienes los patines* **de adorno,** *porque nunca los usas", dijo mi abuelo.*

adosar *vb.* {tr.} Arrimar una cosa a otra por su espalda o envés: *"**Adosa** el sillón a la pared para que ocupe menos espacio", me pidió Ricardo.*

adquirir *vb.* *irreg.* {tr.} **Modelo 62. 1.** Ganar, conseguir: *Con el tiempo he* **adquirido** *más experiencia en este trabajo.* **2.** Comprar: *Al* **adquirir** *una prenda de ropa, se obsequia una muestra de perfume.*

adquisición *f.* Acción y efecto de comprar o adquirir: *Habrá que pensar en la* **adquisición** *de una cama más grande para los niños.*

adrede *adv.* Con intención, a propósito: *Gerardo rompió un vidrio con el balón, pero no lo hizo* **adrede,** *sólo estaba jugando y el balón se le escapó.*

adrenalina *f.* Hormona que acelera el ritmo cardiaco y estimula el sistema nervioso central: *Cuando alguien se asusta, la* **adrenalina** *corre por su cuerpo y hace que el corazón lata más rápido.*

aduana *f.* Oficina pública que controla a personas y mercancías que pasan la frontera entre países: *Cuando se viaja al extranjero se tiene que pasar por la* **aduana.**

aducir *vb.* *irreg.* {tr.} **Modelo 57.** Presentar pruebas y razones: *Adujo su inocencia de manera tan contundente que el juez le dio la libertad.*

adueñarse *vb.* {prnl.} Apoderarse de una cosa: *Fernando se* **adueñó** *del automóvil de mi mamá y ahora sólo lo usa él.*

adulación *f.* Halago excesivo hecho con el fin de conseguir algo: *Es dado a la* **adulación** *y las personas desconfían de él porque no creen que sea sincero.*

adular *vb.* {tr.} Halagar en exceso con un fin determinado: *Ese niño no para de* **adular** *a su maestra porque quiere que le suba la calificación.*

adulterar *vb.* {tr.} Alterar la pureza de una cosa, mezclándola con una substancia extraña: *Se nota que esta leche está* **adulterada** *con agua, porque está muy aguada.*

adulterio *m.* Acción de tener alguien relaciones sexuales con otra persona que no es su esposo o esposa: *El* **adulterio** *es una de las razones por las que hay divorcios.*

adulto, ta *adj./m.* y *f.* Que ha llegado al término de la adolescencia: *Mis padres y mis tíos son* **adultos,** *pues ya tienen más de veinte años.*

adusto, ta *adj.* **1.** Seco, yermo, quemado: *Es una tontería pensar en la compra de ese terreno* **adusto** *para sembrar flores.* **2.** Relacionado a la persona de carácter huraño, rígido, seco: *El tío de Ramón tiene el ceño tan* **adusto** *que me da miedo saludarlo.*

advenedizo, za *adj./m.* y *f.* Que busca a toda costa figurar entre gente de mayor posición social.

adverbio *m.* Parte invariable de la oración que modifica al verbo, al adjetivo, a otro adverbio o a una oración completa: *Las palabras terminadas en -mente, como "lentamente", son* **adverbios** *de modo.*

adversario, ria *m.* y *f.* Persona contraria o enemiga: *Nuestros* **adversarios** *de juego pelearon fuerte, pero no pudieron vencernos.*

adversidad *f.* Infortunio, desgracia, mala suerte: *La* **adversidad** *quiso que se quedara huérfano desde muy chico.*

adverso, sa *adj.* Contrario, desfavorable: *Navegar con viento* **adverso** *fue una irresponsabilidad, ya que pudimos accidentarnos.*

advertencia *f.* Llamada de atención sobre algo: *La* **advertencia** *de la maestra fue clara: no debemos llegar tarde a su clase.*

advertir *vb.* *irreg.* {tr.} **Modelo 50. 1.** Percibir, darse cuenta de algo: *De pronto* **advertimos** *que en el árbol había un nido.* Sin. **hallar. 2.** Llamar la atención sobre algo, avisar: *"Te* **advertí** *que para aprobar el curso tenías que estudiar", me dijo mi padre.*

adyacente *adj.* Colocado junto a otra cosa, próximo: *En geometría, los ángulos* **adyacentes** *son los que tienen un lado común.*

aéreo, a *adj.* Relativo al aire: *Los aviones son un medio de transporte* **aéreo.** Ant. **terrestre.**

aerobio, bia *adj./m.* Relativo a los seres vivos cuya existencia depende de la presencia de oxígeno.

aerodinámica *f.* Parte de la mecánica que estudia el movimiento entre los cuerpos y el aire que los rodea.

aerodinámico, ca *adj.* Relativo a la forma que tiene o se da a un objeto para reducir al mínimo la resistencia del aire: *Los constructores de aviones se ocupan en mejorar sus diseños* **aerodinámicos** *para que puedan desplazarse a mayor velocidad.*

aeródromo *m.* Terreno preparado para el despegue y aterrizaje de aviones.

aeromodelismo *m.* Actividad consistente en la construcción de aviones de tamaño reducido que reproducen de manera fiel las características de los modelos reales.

aeromoza *f. Amér. Merid.* y *Méx.* Azafata: *Cuando subí al avión una* **aeromoza** *me llevó hasta mi asiento y me ofreció una bebida.* Sin. **azafata, cabinera.**

aeronáutica *f.* Ciencia de la navegación aérea: *La* **aeronáutica** *es un área de estudio obligada para quien quiere ser piloto.*

aeronave *f.* Nombre dado a todos los aparatos capaces de volar: *Los aviones y helicópteros son* **aeronaves.**

aeroplano *m.* Avión.

aeropuerto *m.* Conjunto de instalaciones destinadas al tráfico regular de aviones: *Era el último día de vacaciones y el* **aeropuerto** *estaba lleno de gente que quería regresar a la ciudad de origen.*

aeróstato o **aerostato** *m.* Aeronave que navega utilizando un gas más ligero que el aire: *Los globos y zepelines son* **aeróstatos.**

afable *adj.* Amable, cordial: *Esa cajera tiene un carácter tan* **afable** *que da gusto tratar con ella.*

afamado, da *adj.* Ilustre, famoso: *Van a presentar un libro del* **afamado** *escritor que ganó el premio Nobel de literatura el año pasado.*

afán *m.* **1.** Esfuerzo con que se hace algo: *Obtuvo muy buenas calificaciones porque estudió con* **afán.** **2.** Anhelo muy grande: *Su* **afán** *es llegar a ser un gran futbolista, por eso entrena todos los días.*

afanador, ra *m.* y *f. Méx.* y *Nicar.* Persona que hace la limpieza de un edificio público.

afanarse *vb.* {prnl.} Esforzarse por conseguir algo: *Joaquín necesitaba aprobar el curso y se* **afanó** *para lograrlo.*

afear *vb.* {tr. y prnl.} Hacer o poner feo: *"Tanto maquillaje te* **afea,** *porque no deja ver tu verdadero rostro que es bello", dije a Maruja.*

afección f. *1.* Enfermedad: *No puede hacer mucho ejercicio porque tiene una afección cardiaca. 2.* Afición, inclinación.

afectar vb. {tr. y prnl.} *1.* Perjudicar: *El terremoto afectó los muros de la casa, están agrietados. 2.* Atañer, tener relación algo con alguien: *El alza de la cuota escolar va a afectar a todos los padres de los alumnos. 3.* Poner un cuidado excesivo en las palabras o movimientos: *Juan afecta la voz al hablar; se cree locutor de radio. 4.* Impresionar: *La noticia del accidente me afectó mucho y tuve que hacer un esfuerzo para tranquilizarme.*

afecto m. Cariño: *Siento mucho afecto por Esteban, pero no estoy enamorada de él.*

afecto, ta adj. Aficionado a algo o a alguien: *Pablo es muy afecto a los juegos electrónicos.*

afectuoso, sa adj. Amoroso, cariñoso: *Mi vecina es muy afectuosa con los niños y puede pasarse toda la tarde contándoles cuentos y haciéndoles postres.*

afeitar vb. {tr. y prnl.} Cortar el pelo, sobre todo de la barba y el bigote: *Saúl se afeita todos los días porque le sale mucha barba.*

afelio m. En astronomía, punto más alejado del Sol en la órbita de un planeta.

afeminado, da adj. Que tiene ademanes o características que se consideran propios de una mujer.

aféresis f. Supresión de algún sonido al principio de una palabra: *Cuando se dice "ora" en vez de "ahora" se está haciendo una aféresis.*

aferrar vb. {tr. y prnl.} *1.* Agarrar fuertemente: *Aferró las riendas del caballo para evitar caerse. 2.* Obstinarse en una idea u opinión: *Se aferró a la idea de ir a esa fiesta y no hubo poder humano que la hiciera cambiar de opinión.*

afianzar vb. irreg. {tr. y prnl.} **Modelo 16.** *1.* Asegurar, poner fijo: *Afianzaron la cerca que se estaba cayendo y ahora está firme. 2.* Consolidar: *Después de estudiar mucho, ya estoy afianzando mis conocimientos de geografía.*

afiche m. Escrito o ilustración en que se anuncia algún espectáculo y que se coloca a la vista del público.

afición f. *1.* Inclinación, gusto o apego hacia una persona o cosa: *Pedro tiene afición por la música clásica y cada vez que puede se compra un disco de este tipo de música. 2.* Grupo de personas que comparten gusto e interés por una actividad: *La afición del fútbol estará contenta con el próximo encuentro entre los dos equipos favoritos.*

aficionado, da adj. Que cultiva algún arte, profesión o deporte sin tenerlo por oficio: *Enrique es médico, pero toca como violinista aficionado en una orquesta.*

aficionado, da m. y f. Persona que está muy interesada en algo o que gusta mucho de algo: *¿Crees que en América Latina haya más aficionados al fútbol que a otro deporte?* SIN. **barra, hincha, seguidor.**

aficionar vb. {tr. y prnl.} Hacer que a alguien le guste una persona o cosa: *A Gloria le gustan tanto las mariposas que ya aficionó también a Saúl.*

afilar vb. {tr.} Sacar filo o punta a un arma o instrumento: *Antes de rebanar la carne, el carnicero afila el cuchillo que por corte mejor.*

afiliar vb. {tr. y prnl.} Hacer entrar a una persona como miembro de una sociedad, grupo o partido.

afín adj. Que se parece o tiene semejanza con otra persona o cosa: *"Tú y yo somos afines porque nos gustan los mismos filmes y comidas", dije a Reyna.*

afinar vb. {tr., intr. y prnl.} *1.* Hacer fino o delgado: *La cuerda es muy vieja y se ha ido afinando con el uso. 2.* Perfeccionar: *"Si quieres ganar en el concurso de tiro, tienes que afinar tu puntería", me aconsejó Daniel. 3.* Poner los instrumentos musicales en el tono justo: *El piano sonaba mal, pero el músico lo afinó y ahora suena muy bien.*

afincarse vb. irreg. {prnl.} **Modelo 17.** Fijar la residencia en un lugar.

afinidad f. Analogía o semejanza de una cosa con otra: *Las ranas y los sapos tienen afinidades biológicas.*

afirmación f. Hecho de afirmar, de asegurar algo: *"Me gusta jugar baloncesto" es una afirmación.*

afirmar vb. {tr. y prnl.} *1.* Dar firmeza, asegurar: *Pedro afirmó la mesa vieja con clavos porque se balanceaba. 2.* Asentir, decir que sí: *Mi hermana afirmó cuando mi madre le preguntó si quería casarse con Gerónimo y ahora ya están preparando la boda. 3.* Dar por cierta una cosa: *La señora afirma que el hombre tuerto le robó su cartera.*

aflicción f. Pena o preocupación fuerte: *Tiene una gran aflicción por la muerte de su abuelo.*

afligir vb. irreg. {tr. y prnl.} **Modelo 61.** Poner o ponerse triste o preocupado: *Me aflige que tengas tantos problemas en el trabajo.*

aflojar vb. {tr., intr. y prnl.} *1.* Disminuir la presión o la fuerza: *Voy a aflojar las cuerdas de la guitarra para que no se vayan a romper. 2.* Fam. Perder su fuerza o intensidad: *"No salgan a jugar a la calle mientras no afloje la lluvia", nos dijo mi madre. 3.* Fam. Dar dinero: *Para hacer la fiesta hay que aflojar veinte pesos por cabeza.*

aflorar vb. {intr.} Aparecer algo que estaba oculto: *Las raíces de ese árbol están aflorando a la superficie.*

afluente m. Corriente de agua que desemboca en otra: *Los ríos Trombetas y Paru son afluentes del Amazonas, y éste es el río más caudaloso del mundo.*

afluir vb. irreg. {intr.} **Modelo 59.** *1.* Acudir en abundancia: *Los manifestantes afluyeron a la plaza. 2.* Desembocar, llegar: *La sangre afluye al cerebro. 3.* Verter un río o arroyo sus aguas en las de otro o en las de un lago o mar.*

afonía f. Pérdida total o parcial de la voz, debida a alguna enfermedad.

afónico, ca adj. Que ha perdido la voz temporalmente o que apenas se le oye cuando habla: *De tanto gritar y cantar me quedé afónico.*

aforismo m. Sentencia breve que presenta una norma o enseñanza.

afortunado, da adj. *1.* Que tiene buena suerte: *"Les advierto que soy muy afortunado en el juego, así que seguro les gano", advirtió Sebastián. 2.* Feliz: *Se siente muy afortunado por haber conocido a la mujer que ahora es su esposa.*

afrancesar vb. {tr. y prnl.} Hacer que alguien o algo parezca francés.

afrenta f. Agravio, deshonor que resulta de algo que se dijo o hizo: *En la novela, él le hace una afrenta a su esposa cuando afirma que el bebé es hijo de otro hombre.*

africano, na adj./m. y f. Originario de África: *Egipto es un país africano.*

afroantillano, na adj./m. y f. Relativo a lo que es de origen africano, combinado con las características desarrolladas por la gente de raza negra del archipiélago de las Antillas: *Me gusta la música **afroantillana** porque su mezcla de ritmos africano y tropical invita a bailar.*

afrodisiaco, ca o **afrodisíaco, ca** adj./m. Que excita el deseo sexual.

afrontar vb. (tr.) Desafiar a un enemigo, enfrentar un peligro o dificultad: *El explorador **afrontó** las dificultades de la travesía.*

afuera adv. **1.** Hacia el exterior: *"Vamos **afuera**, al jardín", propuse a mi amiga.* **2.** En el exterior: *Hay gente **afuera** del cine que espera para entrar.* **3.** pl. Zona de los alrededores de una población: *Casi todas las industrias están en las **afueras** de la ciudad.*

agachada f. **1.** Chile. Inclinación, adulación. **2.** Argent. y Urug. Pretexto que se da para evitar una responsabilidad o compromiso.

agachado, da adj. Tímido, cobarde.

agachar vb. (tr. y prnl.) **1.** Inclinar o bajar alguna parte del cuerpo o todo el cuerpo: *Hay que **agacharse** para levantar cosas del suelo.* **2.** Amér. Aceptar algo, disminuir la resistencia a algo, someterse.

agalla f. **1.** Órgano de los peces que les permite respirar: *Las **agallas** están a ambos lados de la cabeza de los peces.* **2.** loc. pl. **Tener ~**, ser valiente: *Se necesita **tener agallas** para meterse en la jaula del león.*

ágape m. Banquete, comida con muchos invitados que se ofrece para festejar algo.

agarradera f. Asa o mango de algunos objetos: *"Para que no te quemes, toma la cacerola por las **agarraderas**", aconsejó mi madre.*

agarrado, da adj. Fam. Mezquino, avaro.

agarrar vb. (tr. y prnl.) **1.** Tomar con la mano: *"**Agarra** fuertemente al niño al cruzar la calle, ya que es muy pequeño y podría tropezar", dijo Ricardo.* **2.** Sujetar con fuerza: *El águila **agarró** a su presa para que no se le escapara.* **3.** Contraer una enfermedad: *¡Cuánto estornudo!, seguro ya **te agarró** un resfriado.*

agarrón m. Amér. Riña, discusión: *Las niñas se dieron tal **agarrón** que terminaron tirándose de los cabellos.*

agarrotarse vb. (prnl.) Ponerse rígida alguna parte del cuerpo, en particular las extremidades: *El corredor no pudo llegar a la meta porque **se le agarrotó** la pierna.*

agasajar vb. (tr.) Festejar o halagar a alguien por alguna razón: *El día de mi cumpleaños me **agasajaron** con una fiesta y con muchos regalos.*

ágata f. Tipo de cuarzo que se considera piedra semipreciosa y que tiene franjas de colores.

agave m. Planta de gran tamaño y hojas carnosas que florece una sola vez en su vida y de la que se obtienen tequila y pulque, bebidas alcohólicas originarias de México. SIN. **maguey, pita.**

agazaparse vb. (prnl.) Agacharse, encogerse con intención de esconderse: *El gato **se agazapó** tras la cortina y de pronto saltó sobre el ratón.*

agencia f. Empresa comercial que ofrece servicios a sus clientes: *Fuimos a una **agencia** de viajes para que nos organizaran las vacaciones.*

agenciar vb. (tr. y prnl.) **1.** Conseguir con esmero o maña: *No sé cómo lo hizo, pero en menos de una hora **se agenció** el libro que necesitaba.* **2.** Arreglarse con

los propios medios: *"**Agénciatelas** como puedas, porque ya me cansé de ayudarte", dije a Georgina.*

agenda f. Cuaderno donde se apunta lo que conviene recordar: *Perdí mi **agenda** y ahora ya no me acuerdo si mi cita era a las 2 ó a las 3.*

agente m. y f. **1.** Persona que está autorizada para actuar en representación de otra: *Muchos actores tienen **agentes** que se ocupan de sus contratos y sueldos.* **2.** Trabajador del gobierno que se ocupa del orden y la seguridad pública: *Hay un **agente** de tránsito a la salida de la escuela para controlar el tráfico.* **3.** Aquello que produce un efecto: *El agua y el viento son **agentes** que logran la erosión de las rocas.*

ágil adj. Ligero, que se mueve con rapidez y facilidad: *El mago es muy **ágil** con las manos, por eso no descubrimos cómo hace sus trucos.*

agilidad f. Calidad que permite hacer las cosas con ligereza y facilidad: *La **agilidad** de las gacelas les permite dar saltos muy largos.*

agitar vb. (tr. y prnl.) **1.** Mover con frecuencia y fuerza: *Antes de tomar el jarabe hay que **agitarlo** para que se mezcle bien.* **2.** Fam. Inquietar, promover disturbios: *Cuando el árbitro marcó la falta, **se agitaron** los seguidores del equipo.*

aglomeración f. Reunión desordenada de cosas o personas: *La llegada de los ciclistas ganadores a la meta produjo una gran **aglomeración** de gente.*

aglomerar vb. (tr. y prnl.) Reunir, amontonar: *Los curiosos **se aglomeraron** a la salida del edificio en llamas.*

agobiar vb. (tr. y prnl.) Causar fatiga, preocupación o abatimiento: *La maestra **nos agobia** con tantos trabajos escolares.* ANT. **aliviar.**

agolparse vb. (prnl.) Juntarse de golpe: *Cuando te sonrojas, es porque la sangre **se te agolpa** en la cara.*

agonía f. **1.** Momento de la vida anterior a la muerte: *Tuvo una **agonía** tranquila y cuando murió parecía que estaba dormido.* **2.** Gran sufrimiento: *Esta espera es una verdadera **agonía**: ya quiero saber el resultado de mis exámenes finales.*

agonizar vb. irreg. (intr.) Modelo 16. **1.** Estar a punto de morir: *El herido **está agonizando** y ya no hay esperanza de que se salve.* **2.** Estar por acabarse: *El partido político **agonizaba** y otros surgían con fuerza para substituirlo.*

ágora f. Plaza pública en las antiguas ciudades griegas, centro de la vida política, religiosa y económica.

agorero, ra adj./m. y f. **1.** Que adivina por señales o augurios, o cree en ellos. **2.** Que predice males: *Algunas personas supersticiosas piensan que los cuervos son animales **agoreros**.*

agosto m. Octavo mes del año: *Antiguamente, en Europa **agosto** era el mes de las cosechas.*

agotador, ra adj. Que agota, que causa fatiga: *Este niño no se queda quieto ni un segundo, es **agotador** cuidarlo.*

agotamiento m. Gran cansancio, falta de energía: *El **agotamiento** de los maratonistas era evidente, después de tres horas de competencia algunos apenas podían caminar.*

agotar vb. (tr. y prnl.) **1.** Gastar totalmente: *Ya **agotamos** todos los dulces, hay que ir a comprar más.* **2.** Cansar demasiado: *Me **agoté** en esa carrera y necesito descansar para recuperarme.*

agraciado, da adj. **1.** Que es hermoso o lindo: *Sofía es muy **agraciada** y nunca le faltan enamorados.* **2.** Que ha ganado o ha sido elegido: *Los agraciados con el premio de la lotería están muy contentos, pues ahora tienen mucho dinero.*

agraciar *vb.* (tr.) **1.** Dar gracia y belleza: *Ese lunar que tiene junto al labio la agracia.* **2.** Conceder una gracia: *El hada agració a la princesa con belleza, simpatía e inteligencia.*

agradable *adj.* **1.** Que complace o brinda bienestar: *Este lugar tranquilo y con un bello paisaje es muy agradable.* **2.** Se dice de la persona simpática y amable: *Mi tío es una persona muy agradable que siempre está de buen humor y me ayuda cuando tengo problemas.*

agradar *vb.* (intr.) Complacer, gustar: *El concierto agradó tanto a los espectadores, que éstos aplaudieron de pie durante varios minutos.*

agradecer *vb. irreg.* (tr.) **Modelo 39.** Expresar o mostrar gratitud: *Cenicienta agradeció a su hada madrina por ayudarla a ir al baile del castillo.*

agradecido, da *adj.* Que agradece los favores que se le hacen o la atención que se le presta: *Se despidió de su maestra muy agradecida por sus consejos.*

agradecimiento *m.* Demostración de gratitud: *Como agradecimiento a sus cuidados, mandó un ramo de flores a la doctora que la atendió.*

agrado *m.* **1.** Afabilidad, buen modo: *El portero respondió con agrado a mis preguntas.* **2.** Gusto o satisfacción: *"Si comes sólo lo que sea de tu agrado, puede que no te estés alimentando bien", aconsejó el médico.*

agrandar *vb.* (tr. y prnl.) Hacer más amplio: *Decidieron agrandar la casa construyendo un nuevo cuarto.*

agrario, ria *adj.* Relativo al campo: *La agricultura es una actividad agraria.*

agravar *vb.* (tr. y prnl.) Empeorar, hacer más grave o peligroso: *Durante el juicio, la declaración de un testigo que había visto el robo agravó la situación del ladrón acusado.*

agravio *m.* **1.** Ofensa al honor o dignidad: *Esos insultos fueron un agravio para él, ya que sin ninguna causa le dijeron que era un ladrón.* **2.** Perjuicio: *"Le causaste un agravio a Manuel al no ayudarlo", dije a Roberto.* Sin. **daño.**

agredir *vb.* (tr.) Lanzarse sobre alguien o atacarlo con palabras para hacerle daño.

agregar *vb. irreg.* (tr. y prnl.) **Modelo 17. 1.** Añadir algo a lo ya dicho o escrito: *El escritor agregó una nota al final de su novela.* **2.** Unir personas o cosas a otras: *No los habían invitado pero de todas formas se agregaron a la fiesta.*

agresión *f.* Acción y efecto de agredir: *Mi hermana fue víctima de una agresión callejera y llegó muy asustada a la casa.*

agresivo, va *adj.* Que actúa de manera violenta: *Entiendo que se haya enojado, pero no justifico que se haya portado tan agresivo con su secretaria.*

agriar *vb.* (tr. y prnl.) **1.** Poner agrio: *La leche se agrió, así que hay que tirarla.* **2.** Descomponer el humor: *El divorcio le agrió el carácter y ya nunca ríe.*

agricultor, ra *m.* y *f.* Persona dedicada al cultivo de la tierra para obtener alimentos: *Comemos frutas y verduras gracias al trabajo de los agricultores.*

agricultura *f.* Actividad de cultivar la tierra para obtener frutos útiles al hombre.

agridulce *adj.* Que tiene combinación de sabores agrio y dulce: *Algunos guisos de la comida china se condimentan con salsas agridulces.*

agrietar *vb.* (tr. y prnl.) Abrir o abrirse aberturas largas y estrechas: *Con el temblor, algunas paredes del edificio se agrietaron.*

agrimensor, ra *m.* y *f.* Persona que mide con gran precisión los terrenos: *Llamaron al agrimensor para hacer el mapa de mi pueblo y sus alrededores.*

agrimensura *f.* Técnica para medir los terrenos.

agrio, gria *adj.* **1.** De sabor parecido al del limón o el vinagre. **2.** Poco amable: *Roxana tiene una expresión tan agria que ni ganas dan de saludarla.*

agro *m.* Campo de cultivo: *El agro produce abundantes frutas y cereales.*

agronomía *f.* Ciencia del cultivo de la tierra.

agropecuario, ria *adj.* Que tiene relación con la agricultura y la ganadería.

agrupación *f.* Grupo de personas que se juntan para algún fin: *Los vecinos de mi barrio formaron una agrupación para mantener limpias nuestras calles.*

agrupar *vb.* (tr. y prnl.) Reunir en grupo: *Para jugar por equipos, agrupamos las bolitas o canicas según sus colores.*

agua *f.* **1.** Líquido transparente sin color, olor ni sabor, compuesto de oxígeno e hidrógeno. **2.** Lluvia: *Esta temporada es de mucha agua y por eso las calles se inundan.* **3.** pl. Zona del mar no muy lejana de la costa: *Se celebraron las regatas en aguas del Uruguay.* **4.** loc. Argent. y Urug. **~ viva,** medusa. **5.** loc. **Con el ~ al cuello,** en una situación muy difícil: *Espero que me preste el dinero que le pedí, porque con tantas deudas, ahora sí estoy con el agua al cuello.* **6.** loc. **Hacerse ~ la boca,** antojarse: *Me gustan tanto las ensaladas de frutas, que cuando pienso en alguna se me hace agua la boca.* **7.** loc. **~ oxigenada,** solución líquida compuesta por dos moléculas de oxígeno y dos de hidrógeno, que sirve para desinfectar heridas y decolorar.

aguacate *m.* Fruto comestible, de corteza verde o negra y pulpa espesa, dado por un árbol tropical del mismo nombre: *El guacamole es una ensalada mexicana que se prepara con cebolla, tomate, aguacate y ají o chile.* Sin. **palta.**

aguacero *m.* Lluvia abundante, intensa y de poca duración: *Regresamos empapados del paseo porque nos cayó un aguacero.* Sin. **chaparrón, chubasco.**

aguachento, ta *adj.* Amér. C. y Amér. Merid. Lo que pierde sustancia por estar impregnado de agua: *Me gusta el café con sabor fuerte; no me lo vayas a dar aguachento.*

aguada *f.* Amér. Merid. Abrevadero, lugar donde se toma agua potable: *No sé si las aguadas que hay serán suficientes para que beba todo el ganado.*

aguafiestas *m.* y *f.* Persona que echa a perder una diversión: *La estábamos pasando muy bien hasta que llegó el aguafiestas de Fernando con sus bromas pesadas.*

aguantar *vb.* (tr. y prnl.) **1.** Sostener: *"Ven a ayudarme porque esta caja pesa mucho y ya no la aguanto", pedí a mi hermano.* **2.** Tolerar o sufrir algo molesto o desagradable: *Ahora tengo que aguantar el regaño de mi mamá, porque me comporté de manera grosera.* **3.** Contenerse, reprimirse: *Me aguanté las ganas de ir al baño por no perderme el final del filme.*

aguar *vb. irreg.* {tr. y prnl.} Modelo 11. *1.* Mezclar agua con vino u otro licor: *Si el vino sabe muy fuerte, lo podemos* **aguar.** *2.* Estropear una fiesta o diversión: *Por el mal tiempo se nos* **aguó** *el paseo a la playa.*

aguará *m. R. de la P.* Animal parecido a un perro grande de rojizo y de crin negra.

aguardar *vb.* {tr.} Esperar: **Aguardamos** *con impaciencia las vacaciones de fin de año.*

aguardiente *m.* Bebida alcohólica muy fuerte que se obtiene por destilación del vino o de otras substancias.

aguaribay *m. Amér. C. y Amér. Merid.* Árbol de tronco torcido y corteza rugosa, cuyo fruto es una baya de color rojizo.

aguarrás *m.* Líquido que sirve para disolver la pintura: *Después de pintar la casa, lavamos las brochas con* **aguarrás.**

agudeza *f. 1.* Ingenio, inteligencia: *Su* **agudeza** *le permitió resolver el acertijo muy rápidamente.* *2.* Intensidad de un dolor: *La* **agudeza** *del dolor de oídos que padecía lo hizo llorar.* *3.* Intensidad y penetración de los sentidos: *El águila tiene una* **agudeza** *visual fuera de lo común, por eso puede ver cosas muy pequeñas en el suelo aunque vaya volando muy alto.*

agudizar *vb. irreg.* {tr. y prnl.} Modelo 16. *1.* Hacer agudo: *Se le* **ha agudizado** *el ingenio y nos hace reír a todos con sus bromas.* *2.* Agravarse, empeorar: *El doctor dijo que la enfermedad de Román* **se ha agudizado** *y tendrán que hospitalizarlo.*

agudo, da *adj. 1.* Que tiene filo o punta: *Me gusta escribir con lápices de punta muy* **aguda.** *2.* Sutil, perspicaz: *Para ser buen detective hay que ser muy* **agudo.** *3.* Gracioso. *4.* Dícese del sonido de tono alto: *Los niños tienen la voz más* **aguda** *que los adultos.* *5.* En matemáticas, el ángulo de menos de 90°: *Cuando son las doce y diez, las manecillas del reloj forman un ángulo* **agudo.** *6.* Relacionado con la palabra que tiene un acento en la última sílaba: *"Ratón" y "matiz" son palabras* **agudas.**

agüero *m. 1.* Presagio, señal, pronóstico. *2. loc.* **Mal ~,** mala suerte: *Mi tía cree que los gatos negros son de* **mal agüero** *y por eso les tiene miedo.*

aguerrido, da *adj.* Valiente y hábil en el combate: *Los príncipes de los cuentos siempre son* **aguerridos** *y luchan sin temor.*

aguijón *m.* Órgano puntiagudo con que pican algunos insectos: *Cuando me picó una abeja, me dejó enterrado su* **aguijón** *y tuvieron que sacármelo con unas pinzas.*

águila *f.* Ave de presa de gran tamaño, que vuela muy alto y tiene muy buena vista: *Las* **águilas** *cazan para comer otras aves, así como animales del tamaño de los conejos.*

aguileño, ña *adj.* Que tiene la nariz curva y delgada, como pico de águila: *No sé cuál me gusta más, una nariz* **aguileña** *o una chata.*

aguilucho *m. 1.* Ave rapaz parecida al halcón, de cuerpo alargado, delgado y fuerte. *2.* Pollo del águila: *En el nido había dos* **aguiluchos** *que abrían el pico para que su madre les diera comida.*

aguinaldo *m. 1.* Regalo que se da con motivo de una fiesta, por lo general en Navidad: *Muchos niños cantan villancicos en la calle para recibir su* **aguinaldo.** *2. Amér.* Sueldo extra o gratificación que reciben los emplea-

dos a fin de año: *Con el* **aguinaldo** *que me den en el trabajo voy a mandar tapizar el sofá.*

aguja *f. 1.* Barrita de metal, puntiaguda y con un ojo por donde se pasa el hilo con que se cose: *Mi mamá se pinchó el dedo con la* **aguja** *y le salió una gotita de sangre.* *2.* Barrita de metal, puntiaguda y hueca, que sirve para introducir medicamentos en el cuerpo: *Me da miedo que me inyecten, aunque la* **aguja** *sea delgada.* *3.* Manecilla de reloj: *Cuando salí del trabajo, las* **agujas** *marcaban las cinco y media de la tarde.* *4.* Riel móvil que sirve para realizar los cambios de las vías de los trenes. *5. pl.* Barras de metal, puntiagudas, que sirven para tejer: *No puedo seguir tejiendo porque no encuentro una de las* **agujas.**

agujerear *vb.* {tr.} Hacer uno o más agujeros a una cosa: *Hay que coser los calcetines porque el niño ya los* **agujereó.**

agujero *m. 1.* Abertura más o menos redonda: *Mi papá quemó su camisa con un cigarrillo y ahora tiene un agujero.* SIN. **hoyo.** *2. loc.* **~ u hoyo negro,** en astronomía, astro con un campo de gravitación tan poderoso que impide que cualquier radiación salga de él.

agujeta *f. 1. Méx.* Cordel para atarse los zapatos: *"Amárrate las* **agujetas** *de los zapatos para que no te caigas al caminar".* *2. pl. Esp.* Dolor muscular a consecuencia de un ejercicio físico intenso: *Ayer hice ejercicios de gimnasia y hoy tengo* **agujetas.**

agutí *m.* Roedor de cuerpo delgado, coloración amarillento verdosa y cola corta, propio de América Central y Meridional.

aguzar *vb. irreg.* {tr.} Modelo 16. *1.* Sacar punta: *Es lo mismo sacarle punta al lápiz que* **aguzar** *el lápiz.* *2.* Forzar o estimular el entendimiento o los sentidos: *Por más que* **aguzo** *la vista no alcanzo a ver el castillo que está entre los árboles del bosque.*

ahí *adv. 1.* En o a ese lugar: *"Deja el dinero* **ahí,** *sobre la mesa", me dijo Adriana.* *2.* Lugar indeterminado: *"Estuve por* **ahí,** *dando un paseo", contesté a mi madre.*

ahijado, da *m. y f.* Cualquier persona respecto a sus padrinos: *Es mi* **ahijada,** *porque soy su madrina de bautismo.*

ahínco *m.* Esfuerzo, empeño grande: *Pablo estudió con* **ahínco** *y consiguió mejorar su calificación en la escuela.*

ahíto, ta *adj. 1.* Que padece indigestión. *2.* Repleto, lleno: *A las horas pico, las calles de la ciudad están* **ahítas** *de gente.* *3.* Cansado o fastidiado.

ahogar *vb. irreg.* {tr. y prnl.} Modelo 17. *1.* Matar o morir por asfixia: *La anaconda* **ahogó** *a su presa enrollándose alrededor de su cuerpo.* *2.* Extinguir, apagarse por falta de oxígeno: *Los niños* **ahogaron** *el fuego de la hoguera por poner muchos troncos a la vez.* *3.* Sofocarse: *Sentí que* **me ahogaba** *cuando entró tanta gente al autobús.*

ahondar *vb.* {tr., intr. y prnl.} *1.* Hacer más hondo: *Necesitamos* **ahondar** *más el pozo para conseguir agua.* *2.* Penetrar: *Las raíces de los árboles* **ahondan** *en la tierra.* *3.* Estudiar un asunto a fondo: *Hay que* **ahondar** *en el problema para saber por qué se dio esa guerra.*

ahora *adv. 1.* En el momento presente: *"**Ahora** mismo me voy a conseguir lo que me pediste", dije a mi tía.* *2. loc.* **~ bien,** sin embargo. *3. loc.* **Por ~,** por el momento: *No quiero hacer natación* **por ahora;** *prefiero terminar primero con las clases de tenis.*

ahorcar *vb. irreg.* {tr. y prnl.} **Modelo 17.** *1.* Matar a alguien colgándolo por el cuello hasta que se asfixia: *En el filme que vimos el martes,* **ahorcaron** *al ladrón que asaltaba los ferrocarriles colgándolo de un árbol. 2.* Apretar el cuello una prenda de vestir: *No puedo ajustarme más la corbata porque siento que* **me ahorca.**

ahorrador, dora *adj.* Que guarda dinero o que no gasta más de lo necesario: *Salvador es muy* **ahorrador,** *y como es muy amable, siempre está dispuesto a prestarme dinero.*

ahorrar *vb.* {tr. y prnl.} *1.* Reservar dinero separándolo del gasto ordinario: *Abrí una cuenta en el banco y* **ahorraré** *un poco de dinero cada mes. 2.* No gastar más de lo necesario: *Tenemos que* **ahorrar** *el papel, porque ya nos queda poco y hasta la semana próxima nos darán más.* Sin. **economizar.**

ahorro *m.* Lo que no se gasta: *Con mis* **ahorros** *voy a comprar el regalo de cumpleaños de mi mamá.*

ahuecar *vb. irreg.* {tr.} **Modelo 17.** *1.* Poner hueco: *Los indios* **ahuecaban** *los troncos de los árboles para hacer sus canoas. 2. loc. Fam.* **– el ala,** marcharse, irse: *Hay que* **ahuecar el ala** *antes de que se haga noche.*

ahumado, da *adj. 1.* Relativo al alimento que se ha puesto a conservar por la acción del humo. *2.* De color obscuro: *Como la luz le molesta mucho, el doctor le dijo que usara anteojos con cristales* **ahumados.**

ahumar *vb. irreg.* {tr. y prnl.} **Modelo 13.** Llenar de humo: *Decir que una chimenea* **se ahúma** *quiere decir que se pone negra y tiene hollín.*

ahuyentar *vb.* {tr.} *1.* Hacer huir a personas o animales: *Los gatos* **ahuyentan** *a los ratones.* Sin. **espantar.** *2.* Desechar lo que molesta o asusta: *Hay que* **ahuyentar** *los malos pensamientos.*

aimara o **aimará** *adj./m. y f.* De un pueblo indígena que habita en Perú y Bolivia: *Ésta es una tela* **aimara** *que me trajeron de regalo.*

aimara o **aimará** *m.* Lengua que habla este pueblo: *La maestra nos pidió que investigáramos alguna palabra en* **aimara.**

airado, da *adj.* Que habla mostrando enojo: *La maestra nos habló con tono* **airado** *por habernos burlado de nuestro compañero.*

aire *m. 1.* Mezcla de gases de la atmósfera terrestre que respiran los seres vivos: *El* **aire** *del campo es más puro que el de las grandes ciudades. 2.* Viento: *Voy a cerrar la ventana porque hay mucho* **aire** *y se van a caer los papeles. 3.* Aspecto, apariencia: *Ese señor tiene* **aire** *de buena persona. 4.* En música, melodía, canción. *5. loc.* **– acondicionado,** aparato que permite templar la temperatura de una habitación: *En el hotel había* **aire acondicionado,** *así que nos salvamos del terrible calor que había en la calle. 6. loc. Fam.* **Darse –,** presumir: *Desde que ganó la carrera, Pedro* **se da aires** *de gran deportista y no hay quien lo aguante. 7. loc.* **Quedar en el –,** sin respuesta: *Mi pregunta al maestro se* **quedó en el aire,** *así que sigo con la duda.*

airear *vb.* {tr.} *1.* Ventilar: *Cuando se levanten de la cama por la mañana,* **aireen** *la habitación para que no acumule malos olores. 2.* Divulgar una noticia: *Le conté un secreto y se dedicó a* **airearlo** *por toda la escuela.*

airoso, sa *adj. 1.* Que tiene garbo, gracia: *Es tan* **airosa** *para caminar que se ve bien aunque esté mal vestida. 2.* Que realiza algo con éxito: *El clavadista salió*

airoso *de esa competencia tan difícil y obtuvo el primer premio.*

aislado, da *adj. 1.* Solo, sin compañía: *Un ermitaño vive* **aislado,** *lejos de cualquier otra persona. 2.* Poco frecuente, excepcional: *La enfermedad de ese niño fue un caso* **aislado,** *dudo que se repita en otra persona.*

aislar *vb. irreg.* {tr. y prnl.} **Modelo 15.** Dejar o quedar solo y separado: *David* **se aisló** *durante una semana para preparar su examen de química.*

¡ajá! *interj. Fam.* Se usa para mostrar aprobación, sorpresa o disgusto: *¡Ajá, te agarré con las manos en la masa!*

ajar *vb.* {tr. y prnl.} Maltratar, deslucir: *La piel de la cara* **se aja** *con el paso de los años.*

ajedrez *m.* Juego entre dos personas para el que se utiliza un tablero de 64 cuadros blancos y negros, con 32 piezas que se mueven según ciertas reglas: *Para jugar* **ajedrez** *se necesita mucha concentración.*

ajeno, na *adj. 1.* Que pertenece a otra persona: *La ley castiga a los que se apropian de las cosas* **ajenas.** *2.* Extraño: *No entiendo la astronomía, porque es un tema totalmente* **ajeno** *para mí.*

ajetreado, da *adj.* Que tiene muchas ocupaciones: *En la época de fin de cursos, los maestros andan muy* **ajetreados** *preparando y calificando exámenes.*

ajetreo *m.* Trabajo o actividad muy intensos: *No había podido llamarte porque tuve unos días de mucho* **ajetreo** *con los preparativos de la boda.* Ant. **sosiego, tranquilidad.**

ají *m. Amér. Merid.* y *Antill.* Pimiento pequeño y picante. Sin. **chile.**

ajo *m. 1.* Planta de bulbo blanco redondeado que se utiliza como condimento: *Le puse un diente de* **ajo** *al arroz que cociné, para darle mejor sabor. 2. loc. Fam.* **Estar en el –,** estar al tanto o al corriente de algo: *Mi tío* **está en el ajo** *de los manejos de la bolsa de valores.*

ajolote *m. 1.* Animal anfibio, vertebrado, que rara vez llega a la edad adulta, capaz de reproducirse cuando todavía es una larva: *Los* **ajolotes** *son originarios de los lagos de México y de Estados Unidos. 2.* Renacuajo, rana en su etapa infantil.

ajonjolí *m. 1.* Planta de flores blancas o rosadas, que florece una vez al año y tiene semillas oleaginosas comestibles. Sin. **sésamo.** *2. loc. Méx.* **Ser – de todos los moles,** se dice de la persona que siempre asiste a todos los eventos: *"¿Cómo crees que Mayra iba a faltar a la fiesta si* **es ajonjolí de todos los moles."**

ajuar *m.* Conjunto de muebles, ropas y enseres que aporta la mujer al contraer matrimonio.

ajustadores *m. pl. Cuba.* Prenda interior femenina para el busto. Sin. **sostén, brasier, corpiño, sujetador.**

ajustar *vb.* {tr. y prnl.} *1.* Adaptar una cosa de modo que quede bien con otra: *Mi mamá* **ajustó** *mis pantalones porque me quedaban un poco anchos. 2.* Conformar, hacer que las cosas funcionen simultáneamente: *Tenemos que* **ajustar** *nuestros horarios para coincidir a la hora de salida de la escuela. 3.* Concertar los distintos intereses: *"Si quieres jugar fútbol, tienes que* **ajustarte** *a las reglas", dijo el maestro.*

ajusticiar *vb.* {tr.} Aplicar la pena de muerte a un reo: *En la obra de teatro,* **ajusticiaron** *al asesino inyectándole un veneno.* Sin. **ejecutar.**

al Contracción de la preposición a y el artículo el: *"Fui al parque a dar un paseo"*, dije a mi madre.

ala f. **1.** Miembro de las aves e insectos que les sirve para volar: *El cazador hirió al pato en un ala y éste cayó al suelo.* **2.** Cada una de las partes planas que permiten sostenerse a un avión en vuelo. **3.** Cada una de las partes o secciones de un edificio: *La señorita dice que la oficina del director está en el ala este.* **4.** Parte de los sombreros que rodea a la copa y protege del sol: *Este sombrero está bien para la playa, porque tiene el ala muy ancha.* **5.** loc. Fam. **Traer de un ~**, tener a alguien embobado o muy enamorado: *Mónica pone en ridículo a Hugo, porque sabe que lo trae de un ala.*

alabanza f. Palabras que se dicen a favor de una persona o cosa: *El equipo de fútbol obtuvo grandes alabanzas en la escuela porque ganó un importante torneo.* Sin. **elogio.** Ant. **ofensa.**

alabar vb. (tr.) Celebrar con palabras a una persona o hecho: *El maestro alabó nuestro trabajo, dijo que estaba muy bien hecho.*

alabastro m. Piedra blanca y traslúcida: *En el museo vimos una escultura de alabastro.*

alacena f. Mueble, con puertas y estantes, que se coloca en la pared y en el que se guardan alimentos: *"Pon las latas de atún en la alacena"*, me pidió mi madre.

alacrán m. Arácnido cuya cola termina en un aguijón venenoso: *"Tienes que cuidarte de los alacranes, porque su picadura es dolorosa y puede ser mortal."*

alado, da adj. Con alas: *La mosca es un insecto alado.*

alambique m. Aparato que sirve para destilar o depurar: *En las industrias de licores se usan alambiques para producir el alcohol que tienen esas bebidas.*

alambrada f. Cerca de alambres afianzada en postes: *Los ganaderos pusieron una alambrada para que las vacas no se metieran al otro terreno.*

alambre m. Hilo de metal.

alameda f. Camino o paseo en el que hay álamos u árboles de cualquier otro tipo: *El domingo fuimos a pasear a la alameda que está al río.*

álamo m. Árbol de gran tamaño, de madera blanca y ligera, que por lo general crece en terrenos muy húmedos.

alarde m. Ostentación que se hace de una cosa: *Me cae mal Gerónimo porque no para de hacer alarde de su gran inteligencia.*

alargado, da adj. Que es más largo que ancho: *El cuello de la jirafa es alargado para que pueda alcanzar su alimento en lo alto de los árboles.*

alargar vb. irreg. (tr. y prnl.) Modelo 17. Dar más longitud o duración: *Alargamos el cable porque no llegaba al enchufe.* Ant. **acortar.**

alargue m. Argent. Cable que se añade a un aparato eléctrico para que pueda conectarse desde más lejos. Sin. **extensión.**

alarido m. Grito, en especial el de dolor o espanto: *María daba de alaridos cuando se cayó del árbol porque se había roto un brazo y le dolía mucho.*

alarma f. **1.** Señal con que se avisa que hay un peligro o algo anormal: *Cuando los ladrones entraron a la tienda empezó a sonar la alarma.* **2.** Inquietud, temor: *Cuando se rompió la presa, se extendió la alarma por todo el pueblo.*

alarmante adj. Que asusta o preocupa: *El estado del enfermo es alarmante pues no quiere beber, comer ni dormir.*

alarmar vb. (tr. y prnl.) Inquietar, asustar, poner o ponerse alguien alerta: *Juan se alarmó cuando se dio cuenta de que los frenos de su automóvil no funcionaban.*

alazán, na adj./m. y f. Dícese del caballo o yegua de pelo color rojizo, parecido al de la canela.

alba f. Primera luz del día: *Viajaron durante toda la noche y llegaron a la ciudad al alba.* Sin. **madrugada.**

albahaca f. Planta aromática de flores blancas que se usa en medicina y como condimento: *Patricia preparó una ensalada con queso, tomate y la condimentó con albahaca.*

albanés, sa adj./m. y f. Originario de Albania, país de Europa Oriental.

albañil m. Persona que se dedica a realizar obras de construcción: *Los albañiles están pegando ladrillos para levantar los muros de la casa.*

albañilería f. Actividad que consiste en la construcción y reparación de casas y edificios: *Están haciendo trabajos de albañilería en la casa de mi abuela.*

albardón m. Argent., Par. y Urug. Loma o elevación situada en terrenos bajos y que se convierte en islote cuando suben las aguas.

albaricoque m. Fruta parecida al durazno pero más pequeña, de piel color anaranjado, pulpa amarillenta o rosada y con un hueso grande en el centro. Sin. **chabacano.**

albaricoquero m. Árbol frutal de flores blancas, su madera es utilizada en la fabricación de muebles y su fruto se llama albaricoque. Sin. **chabacano.**

albatros m. Ave marina de gran tamaño que tiene plumas blancas, pico más largo que la cabeza y alas largas y estrechas: *Los albatros son excelentes voladores.*

albedrío m. Facultad para decidir y obrar por voluntad propia.

alberca f. **1.** Méx. Piscina: *Fuimos de vacaciones y nadé en el mar y en la alberca del hotel.* Sin. **pileta.** **2.** Depósito artificial de agua.

albergar vb. irreg. (tr. y prnl.) Modelo 17. **1.** Tener ciertos sentimientos, ideas o intenciones: *Albergo la esperanza de hacer ese viaje para fin de año.* **2.** Dar o tomar albergue: *Nos albergamos en el hotel de la costa.*

albergue m. Lugar o edificio donde uno puede alojarse: *Durante las vacaciones se quedaron en un albergue para jóvenes.*

albino, na adj./m. y f. Que padece falta de pigmento en la piel, ojos y pelo: *A las personas albinas les molesta mucho la luz del sol.*

albo, ba adj. Blanco: *En la obra de teatro sobre la época del Imperio Romano, los actores vestían albas túnicas y sandalias doradas.*

albóndiga f. Bola de carne o pescado picada, frita y guisada de diferentes maneras: *Me encantan las albóndigas rellenas de huevo y en salsa de tomate.*

albor m. **1.** Luz del alba. **2.** Comienzo: *El maestro de historia nos habló de los albores de la civilización griega.*

albornoz m. Bata de tejido de toalla que se usa para después del baño: *Cuando termina de bañarse, Laura se pone su albornoz y se enrolla una toalla en la cabeza.*

alborotador, ra adj. Que altera el orden y hace ruido: *La maestra lo sacó de la clase por alborotador.*

alborotar vb. {tr., intr. y prnl.} **1.** Alterar, desordenar: *Estuve buscando mis llaves y alboroté todo mi cuarto.* **2.** Causar alboroto o ruido: *En el hospital no se debe alborotar, pues los enfermos necesitan tranquilidad para aliviarse.*

alboroto m. Griterío o estrépito y desorden: *Cuando terminó la clase, los niños salieron del salón con gran alboroto.* SIN. **bulla, algazara.**

alborozo m. Gran regocijo, placer o júbilo: *Mis padres recibieron con alborozo la noticia de mi casamiento.*

albricias f. pl. Felicitación o alegría por una buena noticia.

albufera f. Extensión de agua salada separada del mar por un trozo largo y estrecho de tierra o de arena: *Fuimos a pescar a la albufera y encontramos muchos cangrejos.*

álbum m. **1.** Libro en blanco cuyas hojas se llenan con firmas, fotografías u otras cosas: *Ignacio clasifica sus estampillas en un álbum.* **2.** Disco o discos que forman un conjunto: *Mi primo compró un álbum de cinco discos con toda la música de su compositor preferido.*

albúmina f. Proteína contenida en la clara del huevo, en la leche y en otros productos.

albur m. **1.** Azar al que se deja el resultado de algo: *"Si dejas al albur las respuestas del examen, no vas a aprobarlo, mejor estudia", recomendó mi maestro.* **2.** Méx. y R. Dom. Juego de palabras con doble sentido. **3.** P. Rico. Mentira.

alcachofa f. Planta comestible cultivada en huertas, de hojas carnosas que se agrupan de manera apretada: *Lo más sabroso de la alcachofa es su corazón.*

alcahuete, ta m. y f. Persona que encubre o facilita un amor: *Juan es un alcahuete: siempre me anda buscando novio.*

alcalde, desa m. y f. Jefe del ayuntamiento, persona que gobierna una ciudad o pueblo.

alcance m. **1.** Distancia a que llega el brazo o mano de una persona: *Yo te puedo pasar la flor que está a mi alcance, pero no la que está más lejos.* **2.** Capacidad o talento: *Es una persona de pocos alcances, así que hay que explicarle varias veces las cosas.* **3.** Trascendencia, importancia: *Cuando crezcas te darás cuenta del alcance que tiene formarse hábitos de disciplina desde la infancia.*

alcancía f. Recipiente con una ranura, donde se guarda el dinero que quiere ahorrarse: *Me regaló una alcancía con forma de cerdo.* SIN. **guaca, hucha.**

alcanfor m. Substancia blanca, volátil, de olor fuerte.

alcantarilla f. Conducto subterráneo de las ciudades, que sirve para recoger las aguas sucias y las de lluvia: *Se le cayó una moneda a la alcantarilla y ya no pudo recuperarla.* SIN. **cloaca.**

alcantarillado m. Red de tubos que van por debajo de muchas poblaciones y que sirven para recoger las aguas sucias y las de lluvia: *Sin alcantarillado sería muy difícil mantener limpia una ciudad.*

alcanzar vb. irreg. {tr. e intr.} Modelo 16. **1.** Llegar a juntarse con una persona o cosa que va delante: *El atleta iba retrasado, pero aceleró el paso y alcanzó al que iba a la cabeza.* **2.** Dar o acercar algo a alguien: *Por favor alcánzame la sal, pues está lejos de mí y no puedo tomarla.* **3.** Lograr, conseguir: *Marta alcanza todas las metas que se propone.* **4.** Bastar: *Con la tela que tenía alcanzó para que mi mamá me hiciera una blusa.*

alcaparra f. **1.** Arbusto espinoso de flores blancas y fruto pequeño. **2.** Yema o botón de la flor de este arbusto, que se usa como condimento: *Las alcaparras se combinan con aceitunas en muchos guisos españoles.*

alcatraz m. **1.** Ave de gran tamaño, plumaje pardo con tonos amarillos en el dorso y blanco en el pecho, que anida en las costas rocosas: *Me pasé horas viendo cómo los alcatraces se metían al mar para atrapar peces.* **2.** Méx. Flor blanca en forma de cono, que tiene un pistilo largo y amarillo: *El pintor mexicano Diego Rivera hizo varios cuadros de indígenas con alcatraces.*

alcázar m. **1.** Palacio fortificado construido en un lugar estratégico para la seguridad y defensa del gobernador de una ciudad. **2.** Casa o palacio real.

alce m. Mamífero parecido al ciervo, de cornamenta aplanada, que vive en Escandinavia, Siberia y Canadá.

alcoba f. Dormitorio: *En el museo de historia estaba reproducida la alcoba del emperador, con su cama y los otros muebles.*

alcohol m. **1.** Líquido incoloro, de olor fuerte, que arde fácilmente: *Le limpiaron la herida con alcohol, ya que así podía evitarse una infección.* **2.** Bebida que contiene alcohol: *Como tomó un poco de alcohol, estaba mareado y prefirió no manejar.*

alcohólico, ca adj./m. y f. **1.** Que contiene alcohol: *El vino y la cerveza son bebidas alcohólicas.* **2.** Que toma alcohol en exceso: *Ya aceptó que es alcohólico y decidió buscar ayuda médica.*

alcoholismo m. Enfermedad causada por el abuso de bebidas alcohólicas: *Estuvo en una clínica especial para curar su alcoholismo.*

alcornoque m. **1.** Árbol de tronco áspero y color muy obscuro, de su corteza se extrae el corcho: *Esta silla es de madera de alcornoque.* **2.** Persona necia y de poca inteligencia: *Es un alcornoque y por más que le explico, no entiende nada.*

aldaba f. Pieza metálica, a veces en forma de puño cerrado, para llamar a las puertas: *Donde vive mi amigo es una casa antigua y en lugar de timbre hay una aldaba.*

aldea f. Pueblo pequeño, con pocos habitantes.

aldeano, na adj./m. y f. Habitante u originario de una aldea: *Aquellos aldeanos conocían muy bien el bosque, porque vivían muy cerca de él.*

aleación f. Substancia de características metálicas obtenida por la incorporación de uno o varios elementos a un metal: *El bronce es una aleación de cobre y estaño.*

aleatorio, ria adj. Que depende de la suerte o del azar: *El maestro escogió de manera aleatoria a los alumnos que iban a jugar fútbol.*

aleccionar vb. {tr. y prnl.} Instruir, enseñar: *El empleado nos aleccionó sobre la manera de consultar los ficheros de una biblioteca.*

aledaño, ña adj. Zona localizada en las cercanías de un lugar: *Los niños juegan en el parque aledaño a la escuela.*

alegar vb. irreg. {tr.} Modelo 17. Exponer y aportar pruebas o disculpas: *El abogado alegó tener pruebas de la inocencia de su cliente.*

alegato m. **1.** Razonamiento escrito o discurso que hace un abogado para defender a su cliente. **2.** Amér. Disputa, pelea, altercado: *Estaban metidos en un alegato tan feo, así que mejor me fui de la fiesta.*

alegoría f. Representación simbólica de ideas, fenómenos naturales, atributos del ser humano, ciencias o artes: *Para muchos artistas, los vestidos blancos y las azucenas son* **alegoría** *de la pureza.*

alegórico, ca *adj.* Relacionado con la alegoría: *En el desfile vi un carro* **alegórico** *adornado con flores, que representaba la naturaleza.*

alegrar *vb.* {tr. y prnl.} *1.* Causar alegría: *Las calificaciones de Juan* **alegraron** *a sus padres, porque logró obtener las mejores calificaciones de su clase. 2.* Ponerse contento, alegre: *Mi hermana* **se alegrará** *cuando sepa que va a ser tía.*

alegre *adj. 1.* Que siente, manifiesta o causa alegría: *María está muy* **alegre** *porque se sacó un premio. 2.* Vivo, con mucha luz: *A María le gusta la ropa de colores* **alegres,** *como rojo o verde y no los obscuros como marrón y negro. 3. Fam.* Un poco bebido: *Alberto se pone alegre con un par de copas.*

alegría *f.* Sentimiento de placer originado por una satisfacción: *Daba saltos de* **alegría** *cuando se enteró de que había sido seleccionada en el concurso.*

alejamiento *m.* Acción de colocar algo más lejos, de distanciar: *Mi amiga y yo tuvimos un problema y, como dejó de hablarme por un tiempo, hubo un* **alejamiento** *entre nosotras.*

alejandrino *m.* Verso de catorce sílabas, compuesto de dos partes de siete sílabas.

alejandrino, na *adj./m.* y *f.* Originario de Alejandría, Egipto.

alejar *vb.* {tr. y prnl.} Poner o irse lejos o más lejos de donde se estaba antes, poner distancia: *Juan* **alejó** *su plato de sopa y, frunciendo la nariz, dijo que olía horrible y que no estaba dispuesto a comérsela.*

alelado, da *adj.* Atontado, embobado, lelo: *Lucía se quedó* **alelada** *cuando vio aparecer sobre el escenario a su cantante favorito.*

aleluya *m.* y *f. 1.* Canto litúrgico: *En muchas ceremonias religiosas, se entona el* **aleluya** *en los templos para manifestar gozo. 2.* Expresión de alegría o gusto: *"¡Aleluya, mañana empiezan las vacaciones!"*

alemán *m.* Lengua germánica hablada en Alemania y Austria: *Antonio estudia* **alemán** *en una escuela de idiomas.*

alemán, na *adj./m.* y *f.* Originario de Alemania, país de Europa: *La cerveza* **alemana** *tiene fama mundial.*

alentar *vb. irreg.* {tr. y prnl.} **Modelo 3.** Animar, infundir aliento: *El buen recibimiento del público lo* **alentó** *a seguir estudiando piano.*

alergia *f.* Sensibilidad anormal a determinadas substancias, que produce ciertas reacciones físicas: *Tiene* **alergia** *al polvo y no paró de estornudar mientras estuvimos en esa vieja casona.*

alero *m.* Parte del tejado que sale de la pared: *Las golondrinas anidan en los* **aleros.**

alerón *m.* Pieza articulada de las alas de un avión, que permite variar la inclinación del aparato.

alerta *f.* Señal que previene de algún peligro: *Cuando oímos la señal de* **alerta** *de incendio en la escuela, todos corrimos hacia el patio.*

alerta *adv.* Con cuidado y atención: *Hay que andar* **alerta** *con los ladrones.*

aleta *f. 1.* Cada uno de los miembros que permiten nadar a muchos animales acuáticos: *Supimos que por ahí andaba un tiburón cuando vimos que su* **aleta** *sobresalía del mar. 2. pl.* Piezas de plástico con forma de

este miembro, que se ponen en los pies para nadar mejor: *Cuando nado con* **aletas,** *avanzo mucho más rápido. 3.* Parte de la nariz, que se encuentra a los lados inferiores: *En la calle vi a un muchacho que usaba un aro en la* **aleta** *de la nariz.*

aletargar *vb. irreg.* {tr. y prnl.} **Modelo 17.** Causar o sentir una especie de sueño: *Los medicamentos* **aletargaron** *al paciente mientras conversaba con su visita y después no se acordaba de lo que había dicho.*

aletear *vb.* {intr.} Mover un ave las alas, sin echar a volar: *Al ruiseñor de mi abuela se le cayeron algunas plumas después de que* **aleteó** *en su jaula.*

alevosía *f.* Cautela de la persona que quiere asegurar la ejecución de un delito: *Los ladrones actuaron con* **alevosía** *para que nadie descubriera su robo.*

alfabetizar *vb. irreg.* {tr.} **Modelo 16.** *1.* Poner en orden alfabético: *El maestro* **alfabetizó** *la lista de alumnos según sus apellidos. 2.* Enseñar a leer y escribir: *Hay personas encargadas de* **alfabetizar** *a los adultos que no pudieron ir a la escuela cuando eran niños.*

alfabeto *m. 1.* Abecedario. *2.* Conjunto de signos empleados en un sistema de comunicación: *El* **alfabeto** *Morse, compuesto de puntos y rayas, sirve para enviar telegramas.*

alfalfa *f.* Hierba cultivada como alimento para animales: *Las vacas, los asnos y los conejos comen* **alfalfa.**

alfarería *f.* Técnica para fabricar vasijas de barro con las manos: *Como trabajo para su clase de* **alfarería,** *Manuel moldeó unas tazas de arcilla.*

alfarero, ra *m.* y *f.* Persona que se dedica a fabricar objetos de barro con las manos: *Fui a un taller y vi cómo el* **alfarero** *hizo un florero de arcilla.*

alférez *m. Esp.* Oficial del ejército español con grado inmediatamente inferior al de teniente.

alfil *m.* Pieza de ajedrez que se mueve en diagonal.

alfiler *m. 1.* Clavo metálico delgado: *La costurera usa los* **alfileres** *para marcar el lugar por donde después debe coser la ropa. 2.* Joya que se prende en la ropa como adorno. *3. loc.* ~ **de seguridad,** tipo de alfiler, doblado, que tiene en uno de los extremos un mecanismo, llamado caperuza, donde se mete el otro extremo: *Se me cayó en la calle el botón del pantalón y en su lugar me puse un* **alfiler de seguridad.** **SIN. imperdible, seguro. 4. loc. No caber ni un ~,** estar muy lleno: *Tuve que traer una bolsa de ropa en la mano, porque en mi equipaje ya* **no cabía ni un alfiler.**

alfombra *f.* Pieza de tejido grueso con que se cubre el piso para decorar o para proteger del frío: *Mi mamá puso una* **alfombra** *de lana en la sala.* **SIN. moqueta.**

alforja *f.* Tira de material resistente con dos bolsas en los extremos, que se cuelga sobre el hombro o en el lomo de las caballerías: *El burro llevaba las* **alforjas** *llenas de melones.*

alga *f.* Planta sin raíces, que vive en el agua o en ambientes húmedos: *Muchos peces se alimentan de* **algas.**

algarabía *f.* Griterío confuso: *Se armó una* **algarabía** *de gusto cuando el maestro nos dijo que al día siguiente no habría clases.* **ANT. silencio.**

algazara *f.* Ruido de voces, por lo general alegres. **SIN. alboroto, bulla.**

álgebra *f.* Rama de las matemáticas: *En la clase de* **álgebra** *nos enseñaron teoría de conjuntos.*

álgido, da *adj.* **1.** Muy frío. **2.** Culminante, decisivo: *Estaban en el momento **álgido** de la discusión cuando entró el maestro y ya no pudieron seguir.*

algo *pron.* **1.** Pronombre indefinido que indica una cosa, sin decir cuál con exactitud: *Me comería **algo**, porque empiezo a tener hambre.* **2.** Cantidad indeterminada: *Me queda **algo** de dinero para comprar el regalo de mi hermano.*

algo *adv.* Un poco, no del todo, hasta cierto punto: *Mi tío entiende **algo** de francés.*

algodón *m.* **1.** Planta de semillas envueltas en una borra blanca: *El **algodón** se cultiva en ambientes húmedos y calurosos.* **2.** Hilo o tela que se fabrica con la borra llamada algodón: *Para el calor, Andrés se compró una camisa de **algodón** de manga corta.*

algonquino *m.* Lengua hablada por los algonquinos, la cual presenta gran cantidad de dialectos.

algonquino, na *adj./m.* y *f.* Pueblo amerindio de América del Norte que se extendió por Canadá y Estados Unidos de Norteamérica y comprendía numerosas tribus: *Los mohicanos, delaware, cheyenes y pies negros, son tribus **algonquinas**.*

alguien *pron.* Pronombre indefinido que indica alguna persona: *Me dijeron que **alguien** había venido a buscarme, pero no dijo su nombre.*

algún *adj.* Apócope del adjetivo indefinido alguno: *¿Tienes **algún** libro de Historia Universal que puedas prestarme?*

alguno, na *adj./pron.* Adjetivo y pronombre indefinido que se aplica a personas, animales o cosas indeterminadas: ***Alguna** de mis amigas debe haber visto ese filme... Voy a preguntarles.*

alhaja *f.* Pieza hecha de metales y piedras preciosas que se usa como adorno: *Cuando Angélica no usa su sortija de esmeraldas, la guarda con las demás **alhajas**.* SIN. **joya.**

alhajero *m.* *Amér.* Cofre en que se guardan las alhajas.

alharaca *f.* Demostración ruidosa y excesiva por algún motivo de poca importancia: *No es que el partido esté muy emocionante, lo que pasa es que a mis hermanos les gusta hacer **alharaca** por todo.*

alhelí *m.* Planta de jardín de flores aromáticas que se cultiva como adorno: *Me encantan los **alhelíes** por sus distintos colores y sobre todo por su olor.*

alhóndiga *f.* Casa pública destinada a la compra y venta de granos.

aliado, da *adj./m.* y *f.* Dícese de la persona o país que se ha unido a otro u otros para conseguir algo: *María y Graciela son **aliadas** de travesuras y nunca se delatan entre ellas.*

alianza *f.* **1.** Acuerdo que se hace entre personas o naciones: *Esos dos países tienen una **alianza** que los compromete a ayudarse en caso de guerra.* **2.** Parentesco por casamiento. **3.** Anillo de boda: *En la ceremonia de su boda, los novios se dieron **alianzas** de plata.*

aliarse *vb. irreg.* {prnl.} Modelo 9. Unirse una persona o país a otra u otro para conseguir algo: *En la Segunda Guerra Mundial, Inglaterra, Francia y Estados Unidos se **aliaron** para luchar contra Alemania, Italia y Japón.*

alias *m.* Apodo: *Al desaparecido actor mexicano Mario Moreno se le conoce más por su **alias**, "Cantinflas".* SIN. **seudónimo.**

alias *adv.* Por otro nombre: *Jean Baptiste Poquelin, alias Molière, fue un escritor francés muy importante.*

alicaído, da *adj.* Triste y desanimado: *Anda **alicaído** desde que lo dejó su novia.*

alicates *m. pl.* Tenaza de acero de puntas fuertes que sirve para sujetar, torcer o cortar: *Utilizamos unos **alicates** para doblar el alambre.*

aliciente *m.* Estímulo que lleva a hacer algo: *Su proyecto de viajar a Italia ha sido un **aliciente** para aprender italiano.*

aliento *m.* **1.** Respiración: *Subí corriendo la escalera y llegué sin **aliento**.* **2.** Aire que se expulsa de la boca al respirar: *Como se lavó los dientes con pasta dental, su **aliento** olía a menta.* **3.** Apoyo que se da para animar a alguien: *Su padre le dijo unas palabras de **aliento** para que siguiera estudiando igual que como lo había hecho hasta ese momento.*

aligerar *vb.* {tr. y prnl.} **1.** Hacer menos pesado: *Quitamos algunos trastes para **aligerar** el peso, porque el mueble se estaba inclinando peligrosamente.* **2.** Acelerar: *O **aligeramos** el paso, o llegamos tarde.*

alimaña *f.* **1.** Animal que se alimenta de ganado o caza menor: *La zorra y el lince son **alimañas** porque se comen al ganado.* **2.** *Fam.* Cualquier insecto o bicho, sobre todo los feos y dañinos.

alimentación *f.* Cantidad de comida que se necesita para mantenerse con vida, o cantidad de substancias para el funcionamiento de una máquina: *Una **alimentación** balanceada ayuda al crecimiento y a la salud de los niños.*

alimentar *vb.* {tr. y prnl.} **1.** Dar alimentos: *Las aves **alimentan** a sus crías hasta que éstas pueden comer solas.* **2.** Renovar las fuerzas: *Esa fogata se apagará si no la **alimentas** con más leña.*

alimenticio, cia *adj.* Que tiene propiedades nutritivas: *La leche es un producto **alimenticio** necesario para el crecimiento de los niños.*

alimento *m.* **1.** Substancia que proporciona al organismo la energía necesaria para mantenerse con vida: *Existen pueblos tan pobres, que la gente muere por falta de **alimento**.* SIN. **comida.** **2.** Sustento, motivación: *Para muchos alumnos, las buenas calificaciones son el **alimento** del estudio.*

alimón *Al* ~, *loc. Fam.* Conjuntamente, en colaboración: *Decir que dos autores hicieron un libro **al alimón** significa que lo escribieron entre los dos.*

alinear *vb.* {tr. y prnl.} **1.** Situar en línea recta o en fila: *Los niños se **alinearon** según sus estaturas.* **2.** Incluir a un jugador en un equipo deportivo: *Hace tiempo que el entrenador no me **alinea** en los partidos y yo también quiero jugar.*

aliñar *vb.* {tr.} **1.** Condimentar, aderezar: *Me gusta **aliñar** la ensalada con sal y limón.* **2.** *Chile.* Colocar en su sitio los huesos dislocados o zafados.

alioli *m.* Salsa de huevo, ajo y aceite.

alisar *vb.* {tr.} Dejar plano: *"**Alísate** el vestido, porque se arrugó cuando te sentaste", dijo la madre a su hija.*

alistarse *vb.* {prnl.} Inscribirse en el ejército.

aliteración *f.* Repetición de uno o varios sonidos en una palabra u oración: *En "vagaba la alada maga a través de la terraza" hay una **aliteración**.*

aliviar *vb.* {tr. y prnl.} Disminuir un mal físico o moral: *El medicamento **aliviará** tu dolor y te sentirás mejor.*

alivio *m.* Disminución de un mal físico o moral: *Es un **alivio** saber que no reprobé matemáticas.*

aljibe *m.* Depósito de agua: *Algunas casas tienen **aljibes** para aprovechar el agua de la lluvia.*

allá *adv.* **1.** En un lugar lejano: *Allá, a lo lejos, puede verse una cabaña entre las montañas.* **2.** En un tiempo lejano: *Este libro se escribió allá por el año de 1850.* **3.** loc. **El más ~**, lo que hay después de la muerte.

allanar *vb.* {tr.} **1.** Poner plano: *Allanaron el terreno porque van a construir una carretera.* **2.** Vencer una dificultad. **3.** Entrar por la fuerza y sin permiso en casa ajena: *Los ladrones allanaron nuestra casa y se llevaron muchas cosas.*

allegado, da *m.* y **f.** Pariente o amigo: *Los allegados a los novios que asistieron a la boda les lanzaron arroz al salir del templo.*

allende *adv.* De la parte de allá, más allá de: *Si estás en América, Europa está allende el mar.*

allí *adv.* **1.** En aquel lugar determinado: *"Pon ese libro allí, sobre la mesa", le dije a Rodrigo.* **2.** Entonces, en tal ocasión: *El guapo de la historia se roba a la princesa, a partir de allí, el filme mejora.*

alma *f.* **1.** Parte espiritual de una persona: *Las religiones se ocupan de los asuntos del alma.* SIN. **espíritu**. **2.** Persona o cosa que da vida y fuerza: *Juan sabe muchos chistes, por eso siempre es el alma de las fiestas.* **3.** Persona: *Hacía tanto frío que no había un alma en la calle.* **4.** loc. **Como un ~ en pena**, solo y triste: *Desde que terminó con su novia anda como un alma en pena.* **5.** loc. **En el ~**, de manera honda, de manera profunda: *Su burla me dolió en el alma.*

almacén *m.* **1.** Depósito para guardar cosas: *El agricultor guardó su cosecha de trigo en el almacén de granos.* **2.** Amér. Merid. Tienda de comestibles.

almacenar *vb.* {tr.} **1.** Guardar en almacén: *Los dueños de esa tienda almacenan sus productos en una bodega cercana.* **2.** Reunir muchas cosas: *Las ardillas almacenan alimentos para el invierno, así no sufren hambre en caso de que no hubiera comida fresca.*

almanaque *m.* Calendario en el que están incluidos todos los días del año, las semanas y los meses, y que contiene indicaciones sobre las fases de la Luna, fechas importantes, etc.: *Colgué un almanaque en la pared para ir marcando el paso de los días.*

almeja *f.* Molusco comestible con dos valvas: *A mi tío le gustan mucho los mariscos, por eso cocinó arroz con almejas.*

almena *f.* Cada una de las partes que coronan los muros de una fortaleza o castillo: *Los soldados del rey disparaban sus flechas colocados entre las almenas del castillo.*

almendra *f.* Fruto ovalado de cáscara dura que nace en los almendros: *Me encantan las almendras bañadas con dulce.*

almendro *m.* Árbol de flores blancas o rosadas, cuyo fruto es la almendra.

almíbar *m.* Azúcar disuelta en agua y espesada a fuego lento: *Compré una lata de duraznos en almíbar para comerlos como postre.*

almidón *m.* Substancia blanca extraída de los cereales, que se utiliza para que la ropa tome rigidez: *Le puse mucho almidón a la camisa y ahora está muy tiesa.*

almidonar *vb.* {tr.} Impregnar la ropa con almidón para que se ponga rígida: *La maestra nos dijo que almidonáramos el vestido para el festival.*

almirante *m.* Persona que desempeña el cargo más importante en la marina.

almizcle *m.* Substancia grasosa, de origen animal y olor muy fuerte, que se utiliza en perfumería.

almohada *f.* Especie de cojín que sirve para apoyar la cabeza cuando se está en la cama: *No puedo dormir con almohadas muy altas porque me duele el cuello.*

almohadilla *f.* Cojín pequeño que se coloca sobre asientos duros: *Se llevó una almohadilla para usarla en el estadio, porque se cansa de estar sentado sobre el cemento.*

almohadón *m.* Cojín grande utilizado para sentarse, recostarse o apoyar los pies en él: *Al enfermo de la cama 23 le pusieron un almohadón en la espalda para que pudiera comer de manera cómoda.*

almorrana *f.* Inflamación de las venas del ano. SIN. **hemorroide**.

almorzar *vb. irreg.* {tr. e intr.} Modelo 6. Comer el almuerzo: *Todos los días almorzamos a las once, pero hoy lo hicimos a las diez.*

almuerzo *m.* **1.** Comida que se hace a media mañana: *En la escuela, todos los días nos dan un descanso entre la clase para el almuerzo.* **2.** Comida del mediodía o de las primeras horas de la tarde: *En mi familia, el almuerzo es fuerte y en cambio, cenamos ligero por la noche.*

aloja *f.* Argent., Bol. y Chile. Bebida refrescante hecha generalmente con semillas machacadas y fermentadas.

alojado, da *m.* y **f.** Chile y Ecuad. Huésped.

alojamiento *m.* **1.** Lugar para pasar la noche: *Voy a buscar alojamiento en un hotel mientras encuentro una casa donde pueda vivir de manera permanente.* **2.** Hospitalidad, espacio que se brinda a alguien para que lo habite por un tiempo: *Le ofrecí alojamiento en mi casa mientras tuviera que quedarse en la ciudad.*

alojar *vb.* {tr. y prnl.} **1.** Dar o tomar un lugar para quedarse ahí: *Cuando vamos de vacaciones, nos alojamos en un hotel.* SIN. **hospedar**. **2.** Introducirse una cosa dentro de otra: *La bala se alojó en la pierna del hombre y lo hirió.*

alondra *f.* Ave de dorso pardo y vientre blanco que se alimenta de insectos, anida en campos de cereales y tiene un canto muy agradable.

alpaca *f.* **1.** Mamífero rumiante de América del Sur, parecido a la llama. **2.** Pelo de este animal y tejido hecho con él: *Mi hermana me trajo de Perú un abrigo de alpaca que es muy caliente.* **3.** Aleación de estaño y otros metales, de aspecto parecido al de la plata, utilizado en la elaboración de cubiertos: *Mis papás compraron unos cubiertos de alpaca que se ven como si estuvieran hechos de plata.*

alpargata *f.* Calzado de tela resistente con suela de esparto trenzado: *"Si quieres unos zapatos cómodos para el viaje, llévate unas alpargatas."*

alpinismo *m.* Deporte que consiste en ascender a las cumbres de las montañas altas.

alpinista *m.* Persona que practica el ascenso a las montañas altas: *La tempestad de nieve sorprendió a los alpinistas a mitad de la montaña.*

alpino, na *adj.* Relativo a los Alpes o a las altas montañas: *El paisaje alpino es maravilloso por la gran altura y belleza de sus montañas, muchas de ellas siempre están nevadas.*

alpiste *m.* Planta de semillas que sirven de alimento a los pájaros: *"Ya puse agua y alpiste en la jaula del canario", dije a Ricardo.*

alquilar vb. (tr.) Dar o tomar una cosa para su uso temporal por un precio convenido: Este verano **alquilaremos** una casa en la playa durante quince días.

alquiler m. Precio por el que se alquila alguna cosa: Pago el **alquiler** de mi departamento durante los primeros días de cada mes, porque así lo acordé con el dueño de la casa.

alquimia f. Rama de la filosofía natural que buscaba el remedio para todos los males e intentaba convertir los metales en oro.

alrededor adv. **1.** Denota la situación de lo que rodea alguna cosa: La Tierra gira **alrededor** del Sol. **2.** Cerca, poco más o menos: Estuvo estudiando inglés **alrededor** de tres años y ahora lo habla bastante bien.

alrededores m. pl. Periferia, zona que rodea a una población: El aeropuerto está en los **alrededores** de la ciudad.

alta f. Orden de salida del hospital, que se da al que está restablecido: El médico me dio de **alta** y ya puedo dejar el hospital e irme a mi casa.

altanería f. Orgullo, soberbia: No soporto la **altanería** de Gabriela: no sé por qué se siente superior a los demás. Ant. **humildad**.

altanero, ra adj. Relativo a la muestra de orgullo o vanidad: Ese modo **altanero** no te va a llevar a ninguna parte, tienes que aprender a ser más sencillo y humilde.

altar m. Mesa sobre la que el sacerdote u oficiante celebra el ritual religioso.

altavoz m. Aparato que reproduce los sonidos en un volumen fuerte: El **altavoz** de la estación anunciaba la llegada y salida de los trenes.

alteración f. **1.** Cambio que se hace a alguna cosa: Hubo una **alteración** en los planes y salimos de viaje un día después de lo que habíamos pensado. **2.** Sobresalto por malas noticias: Julieta demostró gran **alteración** cuando supo que su hermano había sufrido un accidente.

alterar vb. (tr. y prnl.) **1.** Cambiar una cosa: Si **alteras** la cantidad de pintura azul en esa mezcla con pintura blanca, el color final será diferente al que tienes ahora. **2.** Perturbar, inquietar: Me **alteró** mucho saber que tenían que operar a mi abuela. **3.** Enojarse mucho: No te **alteres** mamá, que ahora te explico cómo se rompió tu jarrón nuevo.

altercado m. Disputa o discusión violenta: Mi hermano y yo tuvimos un **altercado** porque no nos poníamos de acuerdo, pero ya aclaramos nuestras diferencias.

alternador m. Aparato que produce corriente eléctrica: Se descompuso el **alternador** y nos quedamos sin luz.

alternar vb. (tr. e intr.) **1.** Hacer diferentes cosas por turno y sucesivamente: Pedro **alternó** muy bien su tiempo de estudio con el del juego y pudo hacer bien ambas cosas. **2.** Tener trato las personas entre sí: Ella sólo quiere **alternar** con la alta sociedad, lo cual demuestra su soberbia.

alternativa f. Opción entre dos cosas: Mi mamá tiene la **alternativa** de aceptar o no esa propuesta de trabajo.

alternativo, va adj. Que va uno y después otro, en un orden que se repite.

alterno, na adj. **1.** Alternativo. **2.** En física, corriente eléctrica que cambia periódicamente de sentido.

alteza f. Tratamiento que se da a los príncipes: Cuando el súbdito se dirigió al hijo del rey, lo llamó "**alteza**".

altibajos m. pl. **1.** Desigualdad de un terreno: La aplanadora eliminó los **altibajos** de la carretera. **2.** Fam. Conjunto de cambios bruscos en el estado de ánimo: Todavía no se repone totalmente de su pena, por eso tiene tantos **altibajos**, a veces está muy contento y otras veces muy triste.

altiplanicie f. Meseta de gran extensión y altitud: La Paz y México son ciudades construidas en **altiplanicies**.

altiplano m. Meseta de gran extensión y altitud: La Paz, capital de Bolivia, está construida en un **altiplano**.

altitud f. Altura de un punto con relación al nivel del mar: La montaña tiene 3 000 metros de **altitud**.

altivez f. Orgullo excesivo que muestra alguien que se cree superior: Juan trata a la gente con tanta **altivez** que nadie lo aprecia.

altivo, va adj. Se dice de quien se cree superior a las demás personas y las trata mal: Es muy bonita, pero también muy **altiva**, por eso ningún muchacho la busca. Sin. **orgulloso, arrogante**.

alto, m. **1.** Altura: Esta mesa mide un metro de **alto**. **2.** Detención o parada: Hicimos un **alto** en el camino para descansar un poco. **3.** Amér. C. y Amér. Merid. Montón: María tenía un **alto** de ropa sin lavar. **4.** pl. Piso o conjunto de pisos altos de una casa: En los **altos** están los dormitorios de la casa. **5.** Luz roja del semáforo que indica que hay que detenerse.

alto adv. **1.** En lugar o parte superior: La mesa de mi casa mide un metro de **alto** y dos de ancho. **2.** Con voz fuerte: Cree que con hablar **alto** la van a obedecer, yo no lo creo. **3.** loc. **Pasar por –**, omitir, callar: Le contó toda la travesura a su mamá, pero **pasó por alto** un detalle: él fue quien tuvo la idea.

alto, ta adj. **1.** De tamaño vertical considerable: Hay un árbol muy **alto** en el jardín, sus ramas alcanzan el cuarto piso de los edificios. Ant. **bajo**. **2.** De categoría, calidad o condición superior: César tiene mucha influencia porque ocupa un **alto** puesto en la compañía. **3.** De valor o fuerza superiores a lo normal: Mi vecina pone el volumen de la televisión muy **alto** y nos molesta a todos. **4.** Muy bueno: Consiguió un promedio de calificaciones muy **alto**, así que no será difícil que le den la beca.

altoparlante m. Amér. C. y Amér. Merid. Altavoz: Los **altoparlantes** que usaron en esa fiesta eran muy fuertes, así que la música se oía en todo el barrio.

altozano m. Monte de poca altura en terreno llano: Subimos a un **altozano** para ver el pueblo desde arriba.

altruismo m. Cuidado que una persona da desinteresadamente a otras: Por **altruismo**, el escritor donó el premio que se ganó para que construyeran un asilo de ancianos. Ant. **egoísmo**.

altura f. **1.** Elevación que tiene un cuerpo sobre la superficie de la tierra: Ese pino tiene quince metros de **altura**. **2.** Dimensión de los cuerpos, perpendicular a su base: ¿Puedes calcular la **altura** de este triángulo? **3.** Mérito, valor: Entraron al concurso artistas de gran **altura**. **4.** pl. Cielo: El avión despegó y se remontó a las **alturas**. **5.** loc. pl. **A estas –**, cuando han llegado las cosas a este punto: La semana próxima terminará el curso y **a estas alturas** todavía no logro entender un problema de matemáticas.

alubia f. Hortaliza de fruto verde y alargado. Sin. **judía, habichuela**.

alucinación f. Visión o percepción de cosas irreales, con la idea de que son reales: Llevaba muchos días en el desierto y ya veía **alucinaciones** porque no había comido ni bebido nada.

alucinar *vb.* [tr.] *1.* Producir o sufrir alucinaciones: *La fiebre lo hacía alucinar y decía que estaba volando.* *2.* Fam. Sentir molestia o desagrado: *Ya alucino la sopa de fideos que nos dan cada tercer día.*

alucinógeno, na *adj./m.* Dícese de la substancia natural o artificial que produce alucinaciones: *Hay grupos indígenas que toman alucinógenos durante sus ceremonias rituales.*

alud *m.* *1.* Gran masa de nieve que se desprende de los montes: *Por suerte, los alpinistas no quedaron atrapados por el alud.* SIN. avalancha. *2.* Lo que se desborda y precipita con ímpetu: *Un alud de gente entró en el local para ver a su actor favorito.*

aludir *vb.* [intr.] Hacer referencia, pero sin mayor especificación: *Cuando nos regañó, el jefe aludió al personal que siempre llega tarde, pero no dijo nombres.*

alumbrado *m.* Conjunto de luces que ilumina un lugar: *El alumbrado de esta calle es insuficiente. Deberían poner más lámparas.*

alumbrar *vb.* [tr. e intr.] *1.* Iluminar, dar luz: *Como anoche no había luz en la casa, tuvimos que alumbrarnos con una vela.* *2.* Parir la mujer: *Rosalía alumbró un niño sano y robusto.*

aluminio *m.* Metal ligero e inoxidable, de símbolo Al y número atómico 13, es el metal más abundante en la Tierra y se usa en la fabricación de automóviles y aviones, en la industria eléctrica, la construcción, etc.: *Pusieron ventanas de aluminio en toda la casa porque es un material ligero y resistente.*

alumno, na *m.* y *f.* Cualquier discípulo respecto de su maestro, de la materia que aprende o de la escuela donde estudia: *Los alumnos entregaron el trabajo de investigación a su profesor.*

alunizaje *m.* Momento en el que una nave espacial se posa sobre la Luna: *La nave llegó a la órbita de la Luna sin problemas, pero el alunizaje fue difícil.*

alunizar *vb. irreg.* [intr.] **Modelo 16.** Posarse una nave espacial en la superficie de la Luna: *Los astronautas alunizaron y después salieron de su nave para recoger muestras del suelo lunar.*

alusión *f.* Referencia a alguien o algo sin mayor especificación: *El maestro hizo alusión a hechos de la Segunda Guerra Mundial para explicarnos una situación actual.*

aluvión *m.* Abundancia repentina de algo: *El deportista se desconcertó ante el aluvión de preguntas de los reporteros.*

alveolo o **alvéolo** *m.* *1.* Especie de saquitos en los que terminan las últimas ramificaciones de los bronquios. *2.* Cavidad en que está metido cada uno de los dientes. *3.* Celdilla del panal.

alza *f.* Elevación, aumento, subida: *Hubo un alza en el precio del litro de leche, antes costaba tres pesos y ahora cuesta cuatro.*

alzado, da *adj./m.* y *f.* *1.* Amér. Dícese del animal en celo. *2.* Amér. Merid. Dícese del animal doméstico que se vuelve bravo. *3.* Engreído e insolente: *Vicente es un alzado a quien nadie soporta.*

alzamiento *m.* *1.* Acción y efecto de alzar o alzarse. *2.* Movimiento de protesta contra la autoridad: *Con el alzamiento militar dio inicio la Guerra Civil Española.*

alzar *vb. irreg.* [tr. y prnl.] **Modelo 16.** *1.* Mover de abajo hacia arriba, levantar: *El ganador alzó los brazos en señal de triunfo.* *2.* Aumentar, subir: *Cuando estás en* un lugar ruidoso, tienes que **alzar** la voz para que te oigan. *3.* Rebelar, sublevar: *El movimiento campesino se alzó contra el gobierno para que se hiciera una justa distribución de la tierra.* *4.* Construir, edificar: *Alzaron un edificio de cinco pisos donde antes había un parque.*

amabilidad *f.* Trato cortés y educado con los demás: *¡Qué amabilidad! Da gusto arreglar los asuntos con ese empleado público.*

amable *adj.* Atento, cordial: *"Tu tía fue muy amable al ofrecerme su ayuda", dije a Rosa.*

amado, da *adj./m.* y *f.* Persona a la que se ama: *Después de terminar su tarea escolar, Beto pasa toda la tarde escribiendo poemas a su amada.*

amaestrar *vb.* [tr.] Enseñar, adiestrar o domar a los animales para que obedezcan órdenes: *El cazador amaestra a su perro para que le traiga los animales que ha cazado.*

amainar *vb.* [intr.] Aflojar, perder su fuerza el viento, la lluvia, la nieve, etc.: *Cuando la tormenta amainó, los pescadores salieron a pescar.*

amalgama *f.* *1.* Aleación de mercurio con otro metal: *Para cubrir los orificios que quedan en las muelas después de quitar las caries, los dentistas usan amalgama.* *2.* Mezcla.

amamantar *vb.* [tr.] Dar de mamar, alimentar la madre con su propia leche a su hijo: *Los mamíferos amamantan a sus crías.*

amancebamiento *m.* Vida de pareja de un hombre y una mujer sin estar casados.

amanecer *m.* Tiempo en que amanece: *Durante las vacaciones pasadas vi un amanecer a la orilla del mar.*

amanecer *vb. irreg.* [impers.] **Modelo 39.** Comenzar a haber luz de día o salir el sol por la mañana: *En invierno amanece más tarde que en verano.*

amanerado, da *adj.* Que tiene movimientos propios de las mujeres.

amanita *f.* Hongo de diversos colores, con un anillo bajo el sombrero, que puede ser comestible o venenoso.

amansado, da *adj.* Domado, que ya se volvió obediente: *Este caballo era muy salvaje pero ya está amansado, así que ahora puedes montarlo.*

amansar *vb.* [tr. y prnl.] *1.* Domar, hacer o volver tranquilo y obediente: *Mientras no amansen a ese perro no hay que quitarle el bozal, porque puede morder a alguien.* *2.* Sosegar, apaciguar: *Después de la tormenta el tiempo se amansó.*

amante *m.* y *f.* *1.* Persona que tiene relaciones amorosas con otra, sin estar casados: *Dicen las malas lenguas que Raquel es amante de Lucio.* *2.* Persona que siente pasión por algo: *Luis es amante de la pintura.*

amañar *vb.* [tr. y prnl.] *1.* Arreglar, planear algo con astucia: *Juan es muy tramposo, amañó los papeles para que a él le tocara el mejor premio.* *2.* Darse maña: *Le faltaba una pieza especial para arreglar el motor, pero se las amañó para que funcionara con un pedazo de metal.*

amapola *f.* Planta herbácea de flores rojas: *Las amapolas nacen en los campos de cereales.*

amar *vb.* [tr.] Sentir amor hacia personas o cosas: *Ramón y Sara se aman al grado de querer estar juntos todo el día.*

amaranto *adj./m.* Relativo al color rojo o carmesí: *Se compró un vestido largo, de fino lino color amaranto.*

amaranto m. Nombre de una planta con diversas variedades, algunas de ellas apreciadas por sus flores rojas y otras por sus semillas alimenticias.

amargar vb. irreg. (tr., intr. y prnl.) **Modelo 17. 1.** Tener o dejar alguna cosa sabor amargo: Me gusta el té negro ligero, porque si está fuerte, me **amarga** la boca. **2.** Causar disgusto: La mala noticia nos **amargó** la tarde. **3.** Entristecerse o permanecer disgustado: Ya saldrá otra oportunidad de trabajo, así que no **te amargues** por no haber conseguido ése.

amargo, ga adj. **1.** Que tiene sabor áspero y desagradable: De las cinco almendras que me comí, una estaba muy **amarga** y las demás muy sabrosas. **2.** Que causa o denota tristeza y disgusto: La muerte de mi abuelo fue un momento muy **amargo** para mí porque lo quería mucho.

amarillo, lla adj./m. Uno de los tres colores básicos: Cuando los pollitos de las gallinas son pequeños, su plumaje es de color **amarillo.**

amarra f. Cuerda gruesa que sirve para asegurar las embarcaciones en los puertos: "Ata bien las **amarras** para que no se vaya el bote con el movimiento de las olas", me pidió mi abuelo.

amarrado, da adj. **1.** Antill. y Chile. Dícese de la persona de acciones y movimientos lentos. **2.** Cuba y Méx. Persona a la que no le gusta gastar ni regalar nada. Sin. **mezquino, tacaño, codo.**

amarrar vb. (tr.) Atar, asegurar algo con cuerdas o cadenas: Él deja la bicicleta en la calle, pero la **amarra** al poste con un cordel grueso. Sin. **atar.**

amasandería f. Chile, Colomb. y Venez. Panadería.

amasar vb. (tr.) **1.** Hacer masa al mezclar diferentes ingredientes: Para hacer pan dulce hay que **amasar** primero la harina con leche, huevos y azúcar. **2.** Reunir, juntar: Don Carlos **amasó** una gran fortuna gracias a su negocio.

amasiato m. C. Rica, Méx. y Perú. Amancebamiento.

amasijo m. Conjunto de muchas cosas distintas amontonadas: Creo que se mueve mucho cuando duerme, porque su cama siempre es un **amasijo** de sábanas y mantas.

amate m. **1.** Árbol que crece en las regiones cálidas de México. **2.** Papel hecho con la corteza del árbol llamado amate: Rodolfo tiene un **amate** en el que está pintado un pueblito: la iglesia, el parque, las calles, todo en colores muy vivos.

amateur adj./m. y f. **Palabra francesa.** Que no es profesional: Siempre ha sido un fotógrafo **amateur,** pero a decidió volverse profesional.

amatista f. Piedra fina, de color violeta, muy apreciada en joyería: En la antigüedad, los griegos creían que la **amatista** hacía que la gente no se emborrachara cuando tomaba alcohol.

amazona f. Mujer que monta a caballo: Aunque es muy buena **amazona,** el caballo la tiró. Sin. **jinete.**

ambages m. pl. Rodeos de palabras: Martha le pidió a su médico que le dijera sin **ambages** cómo había salido la operación.

ámbar m. **1.** Resina fósil amarillenta, muy utilizada para adornos y joyería. **2.** Color amarillo anaranjado: El conductor sabe que cuando el semáforo se pone en **ámbar** debe detenerse, ya que significa que viene la luz roja.

ambición f. Pasión por conseguir fama, dinero u otros bienes: La mayor **ambición** de Jesús es obtener el puesto más alto en la empresa.

ambicionar vb. (tr.) Desear, tener ambición por una cosa: Felipe **ambiciona** ser director de cine.

ambicioso, sa adj./m. y f. **1.** Que es muy importante y de largo alcance: Rebeca tiene proyectos **ambiciosos** para su nueva empresa. **2.** Que tiene ansias por conseguir algo: Los **ambiciosos** sólo piensan en obtener lo que se proponen, así que por lo general son unos egoístas.

ambidiestro, tra adj./m. y f. Que emplea con la misma habilidad cualquiera de las dos manos: Mariana es **ambidiestra,** así que cuando se cansa de escribir con la mano derecha, escribe con la izquierda.

ambientar vb. (tr. y prnl.) **1.** Poner un ambiente o medio determinado: El escritor **ambientó** su novela en el siglo XIII, por eso escribió acerca de un castillo feudal y batallas de caballeros. **2.** Acostumbrarse a nuevas condiciones: Los atletas se fueron a la montaña para **ambientarse** a la altura del lugar donde será la competencia.

ambiente m. **1.** Aire que nos rodea: En primavera, el **ambiente** es tibio y agradable. **2.** Circunstancias que rodean a una persona o cosa: Creció en un **ambiente** de músicos, así que no resultó extraño que se dedicara a tocar el piano. **3.** Situación animada y agradable: Nadie quería irse de la fiesta, porque había mucho **ambiente** y todos estábamos muy contentos. **4.** Argent., Chile, Par., Perú y Urug. Habitación de una casa.

ambiguo, gua adj. **1.** Que se puede interpretar de distintas maneras: Me dio una respuesta tan **ambigua** que no sé si me dio permiso de ir a la fiesta o no. **2.** loc. Género ~, en lingüística, género dado a los sustantivos que pueden usarse en masculino o en femenino: La palabra "mar" es de **género ambiguo:** se puede decir "el mar" o "la mar".

ámbito m. Espacio entre límites determinados: El estudio de las plantas corresponde al **ámbito** de la botánica, no al de la medicina.

ambo m. Argent., Chile y Urug. Conjunto de saco y pantalón cortados de la misma tela.

ambos, bas pron. El uno y el otro, los dos: Uno de los dos niños terminó la carrera antes, pero **ambos** lo hicieron muy bien.

ambulancia f. Vehículo que sirve para transportar enfermos o heridos y que tiene una sirena para abrirse paso: La **ambulancia** llegó a tiempo para socorrer a los heridos.

ambulante adj. Que va de un lugar a otro sin tener sitio fijo: Mi mamá compró un mantel a un vendedor **ambulante** que tocó a la puerta.

ameba f. Amiba.

amedrentar vb. (tr. y prnl.) Infundir o sentir miedo o susto: Las duras palabras del maestro **amedrentaron** a los alumnos y ahora nadie quiere hablarle. Sin. **acobardar.**

amén m. Voz que significa así sea, con la que terminan algunas oraciones religiosas: Todos los fieles dijeron "**amén**" al mismo tiempo cuando terminaron de rezar.

amenaza f. Aviso o advertencia de que hay un peligro: La bomba atómica es una **amenaza** para el mundo, pues si explotara, a todos nos causaría un enorme daño.

amenazador, ra adj. Que indica que puede pasar algo malo: El león lanzó un rugido **amenazador** al domador y éste decidió salir de la jaula antes de que el león se enojara más.

amenazar vb. irreg. (tr. e intr.) **Modelo 16. 1.** Avisar que se quiere o puede hacer algún mal a otro: El jefe lo **amenazó** con despedirlo si seguía llegando tarde.

2. Presagiar la proximidad de algún peligro o inconveniente: *Cuando el cielo está muy obscuro, casi siempre se debe a que **amenaza** una tormenta.*

ameno, na *adj.* Grato, entretenido, divertido: *Es un programa muy **ameno**, por eso me gusta verlo.*

americanismo *m.* Palabra o giro propio de los hablantes del español que habitan en América Latina.

americano, na *adj./m. y f.* Originario del continente llamado América: *Un **americano** es cualquiera que nazca en el continente, de Canadá hasta la Patagonia.*

americio *m.* Elemento químico artificial y radiactivo, de símbolo Am y número atómico 95.

amerindio, dia *adj.* Se refiere a los indios nativos de América.

ameritar *vb.* [intr.] *Amér. C. y Méx.* Merecer: *Esta lección **amerita** mayor estudio porque es complicada.*

amerizar *vb. irreg.* [intr.] **Modelo 16.** Posarse en el agua una nave que vuela: *El hidroavión **amerizó** cerca de la costa.*

ametralladora *f.* Arma de fuego que dispara muchas balas continuas a gran velocidad: *"¡Era de esperarse que en el filme de guerra el hombre de la **ametralladora** venciera al que tenía un cuchillo!"*

amianto *m.* Mineral fibroso resistente al fuego y al calor: *Los trajes de los bomberos son de **amianto**.*

amiba *f.* Ser unicelular que vive en el agua y que, según la especie, puede ser un parásito de los seres humanos: *"El médico me dijo que Joaquín tiene **amibas** y me dio un tratamiento para desparasitarlo", le dijo mi madre a mi padre refiriéndose a mí.*

amígdala *f.* **1.** Cada uno de los dos órganos situados a ambos lados de la entrada de la faringe: *A mi hermano lo operaron para quitarle las **amígdalas**.* **2.** *Méx.* Angina.

amigo, ga *adj./m. y f.* Que tiene relación amistosa con otra u otras personas: *Raquel hizo una reunión en su casa, pero invitó sólo a sus **amigos** cercanos y no a todos los compañeros del salón.* SIN. **camarada, compañero, cuate.**

amilanar *vb.* [tr. y prnl.] **1.** Causar miedo: *Los ladridos del perro **amilanaron** al cartero, por eso no se acercó a dejar el paquete.* **2.** Abatirse, acobardarse: *Cuando supe las difíciles condiciones para concursar **me amilané** y ya no me inscribí.*

aminoácido *m.* Substancia orgánica que constituye la base de las proteínas.

aminorar *vb.* [tr.] Disminuir: *Le pedí al taxista que **aminorara** la velocidad porque me daba miedo ir tan rápido.*

amistad *f.* **1.** Afecto personal, desinteresado y recíproco: *Entre Ricardo y yo hay una **amistad** sincera.* **2.** *pl.* Personas por las que se siente este afecto: *A la fiesta llegaron familiares y **amistades**.*

amistoso, sa *adj.* **1.** Con amistad, amable: *Tenemos un trato **amistoso** con los nuevos vecinos, aunque todavía no nos conocemos bien.* **2.** Dicho de encuentros deportivos, no oficial: *Jugamos un partido **amistoso** de fútbol antes del campeonato.*

amnesia *f.* Disminución o pérdida total de la memoria: *Después del accidente, el conductor sufrió **amnesia** y no se acordaba ni de su nombre.*

amniótico, ca *adj.* Dícese del líquido que rodea al feto: *Para cuidar de su embarazo, los médicos tuvieron que hacerle un análisis del líquido **amniótico** a mi prima.*

amnistía *f.* Perdón que el gobierno concede a presos políticos.

amo *m.* Poseedor o propietario de alguna cosa: *El perro sigue a su **amo** por todas partes.*

amodorrar *vb.* [tr. y prnl.] Causar o sentir modorra, es decir, mucha fiaca y sueño.

amolado, da *adj.* **1.** *Méx. Fam.* Que tiene problemas, sobre todo económicos: *Está muy **amolado** porque le pagan poco en su trabajo.* **2.** *Méx. Fam.* Enfermo: *He andado un poco **amolada** últimamente por la infección que tengo en el estómago.*

amolar *vb. irreg.* [tr. e intr.] **Modelo 5. 1.** Afilar un arma o instrumento con la muela. **2.** *Méx. Fam.* Hacer que a alguien no le vaya muy bien: *El aumento de precio del kilo de tortilla nos **amoló**, porque también subió el precio de la harina, del pan, etc.*

amoldar *vb.* [tr. y prnl.] **1.** Ajustar una cosa a otra: *Si no **amoldas** tus diversiones a tu horario de trabajo, te van a correr.* **2.** Ajustarse a normas o pautas: *Aunque vino de otro país, **se amoldó** rápidamente a las costumbres de aquí.*

amonestar *vb.* [tr.] Llamar la atención, castigar por haber cometido alguna falta: *El árbitro **amonestó** al jugador por haber golpeado al portero del equipo contrario.*

amoníaco o **amoniaco** *m.* Gas de olor muy penetrante, formado por nitrógeno e hidrógeno combinados.

amontonar *vb.* [tr. y prnl.] **1.** Poner en montón: ***Amontoné** la ropa sucia en ese rincón.* **2.** Acumularse: *Por hacer cosas sin importancia, **se me amontonó** el trabajo y no sé cuándo me voy a poner al corriente.*

amor *m.* **1.** Sentimiento de atracción y afecto hacia una persona: *Supe lo que es el **amor** cuando conocí a mi novio.* **2.** Persona amada: *Ya sabes que quiero casarme contigo porque eres mi único **amor**.* **3.** Gusto profundo por algo: *Su **amor** por la música lo llevó a estudiar piano, guitarra y batería.* **4.** Esmero y gusto con que se hace algo: *Te hice este postre con mucho **amor**.* **5.** *loc.* ~ platónico, el que idealiza a una persona amada sin establecer con ella una relación real: *Se casó con Claudia, pero Aidé fue su **amor** platónico de toda la vida.*

amoral *adj./m. y f.* Que no tiene valores morales.

amordazar *vb. irreg.* [tr.] **Modelo 16.** Poner un objeto en la boca para impedir que la persona hable o grite: *Los ladrones **amordazaron** al cajero de la tienda con un pañuelo para que no gritara.*

amorfo, fa *adj.* Sin forma regular o bien determinada: *Los gases y los líquidos son substancias **amorfas**.*

amoroso, sa *adj.* **1.** Relativo al amor. **2.** Que siente amor y que lo demuestra: *Es un nieto **amoroso**, a pesar de tener mucho trabajo, visita a sus abuelos con frecuencia para hacerles compañía.*

amortajar *vb.* [tr.] Envolver a un difunto con una tela: ***Amortajaron** el cuerpo y después lo metieron al ataúd.*

amortiguador *m.* Dispositivo que sirve para disminuir la violencia de un choque, la intensidad de un sonido o la vibración de una máquina: *El automóvil brincaba mucho al pasar por los baches porque tenía roto un **amortiguador**.*

amortiguar *vb. irreg.* [tr.] **Modelo 11.** Disminuir la fuerza: *Pusieron paredes de corcho para **amortiguar** el ruido de la maquinaria.*

amotinar *vb.* [prnl.] Rebelarse o sublevarse una multitud: *En el filme que vieron el sábado, después de varias semanas de viaje, los marineros **se amotinaron** contra el capitán por la desesperación.*

AMO

AM

25

amparar vb. (tr. y prnl.) Proteger o ayudar: *El asilo amparó al anciano que no tenía ningún familiar.*

amperio m. Unidad de intensidad de la corriente eléctrica en el Sistema Internacional.

ampliar vb. irreg. (tr.) **Modelo 9. 1.** Hacer más extenso: *Ampliaron el plazo para inscribirse al concurso, ahora es de dos semanas en vez de dos días.* **2.** Reproducir en tamaño mayor: *Voy a ampliar esta fotografía de mi novio porque me gusta mucho.*

amplificador m. Aparato que permite aumentar la intensidad de una magnitud física, sonido, etc.: *Con este amplificador vamos a poder oír muy bien los discos.*

amplio, plia adj. **1.** Extenso, espacioso: *Se cambiaron a una casa más amplia, porque ya no cabían en la otra.* **2.** Abierto, comprensivo: *Da gusto platicar con él, porque es alguien de criterio amplio y siempre respeta las ideas de los demás.*

amplitud f. Extensión: *La amplitud de esta sala nos permite hacer aquí una fiesta.*

ampolla f. Vejiga llena de líquido que se forma en la piel: *Me quemé el dedo y me salió una ampolla.* SIN. vesícula.

ampolleta f. **1.** Recipiente de vidrio que contiene un medicamento: *El instructivo dice que hay que abrir la ampolleta y disolver su contenido en agua.* **2.** Chile. Bombilla eléctrica. SIN. foco.

ampuloso, sa adj. Solemne y redundante: *No soporto el estilo ampuloso que tiene al hablar; él cree que expresarse de manera rebuscada lo hace parecer inteligente.*

amputar vb. (tr.) Cortar o separar un miembro del cuerpo: *Tuvieron que amputarle el brazo derecho y ahora tiene que aprender a hacer todo con el izquierdo.*

amueblar vb. (tr.) Poner muebles en algún lugar: *Los novios están amueblando la casa donde van a vivir.*

amuleto m. Objeto al que se atribuye alguna virtud: *Como tiene una racha de mala suerte, dijo que iba a conseguir un amuleto para ver si le va mejor.* SIN. talismán.

amurallado, da adj. Cercado por una muralla o muro grueso.

amurallar vb. (tr.) Cercar con muro o muralla: *Antes se amurallaban las ciudades para protegerlas contra cualquier ataque.*

anaconda f. Serpiente de gran tamaño, no venenosa, que vive en lagunas y ríos tropicales de América: *Las anacondas se alimentan de aves y mamíferos.*

anacoreta m. y f. Religioso que vive en lugar solitario y se dedica a la contemplación espiritual y a la penitencia.

anacronismo m. Error de cronología que consiste en atribuir a una época elementos pertenecientes a otra: *En ese filme había un anacronismo, porque el automóvil del protagonista era modelo 1980 y la acción trataba de la época de la Primera Guerra Mundial.*

ánade m. y f. Pato o cualquier ave que tenga parecido con él.

anaerobio, bia adj./m. En biología, microorganismo que no necesita del oxígeno para vivir.

anafre m. Méx. Utensilio portátil en el que se pone leña o carbón para preparar o calentar alimentos: *Me gusta mucho el sabor especial que toma la carne asada en el anafre.*

anal adj. Relativo al ano: *Los supositorios son medicamentos de aplicación anal.*

anales m. pl. Obra que refiere lo sucedido a lo largo del año.

analfabetismo m. Condición en la que no se sabe leer ni escribir: *El analfabetismo de ese país es muy alto pues el 30 por ciento de la gente no sabe leer ni escribir.*

analfabeto, ta adj./m. y f. Persona que no sabe leer ni escribir: *Jaime da cursos nocturnos a jóvenes analfabetos y algunos ya aprendieron a leer y escribir.*

analgésico m. Substancia que quita o disminuye el dolor: *Tomé un analgésico porque me dolía la cabeza.*

análisis m. **1.** Estudio de una cosa y sus partes para entender en qué consiste: *El maestro hizo el análisis gramatical de una oración y la separó en sujeto y predicado.* **2.** Examen detallado de una cosa: *El médico me mandó hacer un análisis de sangre para saber si tengo anemia o no.*

analítico, ca adj. Que examina alguna cosa o fenómeno en sus partes para comprenderlo mejor.

analizar vb. irreg. (tr.) **Modelo 16.** Estudiar con cuidado las partes que componen algo para entenderlo o para saber cómo está hecho: *Quiero analizar la manera en que se juega al béisbol, porque me gusta mucho.* SIN. examinar.

analogía f. Relación de semejanza entre dos o más cosas distintas: *Existen analogías entre el perro y el gato porque ambos son mamíferos y ambos pueden ser mascotas.* SIN. semejanza.

ananá o **ananás** m. **1.** Planta de hojas rígidas, de bordes espinosos, con flores de color morado y fruto grande carnoso. **2.** Fruto de la planta ananá, carnoso, de color amarillo y con una corona de hojas. SIN. piña.

anaquel m. Parte de un armario en la que se colocan cosas: *En el anaquel de la cocina se guardan los platos.*

anaranjado, da adj./m. Color comprendido entre el rojo y el amarillo y se forma al mezclarlos. SIN. naranja.

anarquía f. **1.** Falta de gobierno en un Estado. **2.** Situación en la que se pierde el control de los acontecimientos: *El equipo jugaba con anarquía porque el entrenador no daba ninguna instrucción y cada jugador hacía lo que quería.* SIN. confusión, descontrol.

anarquismo m. Movimiento político que rechaza toda autoridad y basa sus ideas en la libertad absoluta del individuo.

anatomía f. **1.** Estudio de la estructura y forma del organismo de los seres vivos: *Genaro analiza la anatomía de las ranas en la materia de biología.* **2.** Disposición y tamaño de las partes externas del cuerpo humano y del cuerpo de los animales: *La anatomía de la mujer es diferente a la del hombre.*

anca f. Mitad en que se divide la parte posterior de algunos animales: *Las ancas de la rana son comestibles.*

ancestral adj. Relativo a los antepasados más antiguos: *El descubrimiento del fuego es ancestral, aunque nadie sabe exactamente cuando ocurrió.* SIN. antiguo, viejo.

ancho, cha adj. Que es amplio: *El puente es tan ancho que pueden pasar por él cuatro automóviles al mismo tiempo.* SIN. holgado, guango.

anchoa f. Pescado pequeño, comestible, que se conserva con sal y aceite.

anchura f. Espacio que existe entre dos lados paralelos: *He medido la anchura de la mesa.*

anciano, na *adj./m.* y *f.* Persona de muchos años: *Don Ernesto es un anciano con cuatro hijos y ocho nietos, ya tiene 85 años.* SIN. **viejo.** ANT. **joven.**

ancla *f.* Instrumento que inmoviliza las embarcaciones en el mar: *El capitán ordenó echar el ancla cuando el barco llegó al puerto.*

áncora *f.* 1. Ancla para sujetar una nave. 2. Pieza de relojería que regula el movimiento del péndulo.

andamio *m.* Plataforma de madera o metal para trabajar en sitios altos: *Los albañiles prepararon un andamio para subir a pintar el décimo piso del edificio.*

andanada *f.* 1. Descarga cerrada de artillería. 2. Localidad cubierta y con gradas en la parte más alta de las plazas de toros. 3. Forma de dirigirse a alguien de manera grosera o severa: *Ernesto recibió una andanada del vecino porque rompió sus flores con el balón.*

andante *m.* Parte de una composición musical que se interpreta de manera lenta: *El guitarrista tocó un andante que emocionó al público.*

andanza *f.* Aventura, suceso: *El abuelo cuenta sus andanzas por el mundo con gran entusiasmo.*

andar *m.* Modo de caminar de las personas.

andar *vb. irreg.* {tr., intr. y prnl.} Modelo 12. 1. Recorrer un lugar: *Anduvimos toda la tarde por la calle sin encontrar un hotel donde dormir.* 2. Funcionar un mecanismo: *El reloj no anda porque le faltan pilas.* 3. Ir de un lugar a otro dando pasos.

andén *m.* En estaciones de tren, acera que se extiende a lo largo de las vías: *Los andenes de la estación están llenos de gente que abordará los trenes.*

andino, na *adj./m.* y *f.* Originario de la región de los Andes, en América Latina.

andrajo *m.* Trozo de ropa muy usada: *"No te vistas con esos andrajos que te dan mala apariencia", me aconsejó mi madre.* SIN. **harapo.**

androceo *m.* Conjunto de órganos masculinos de la flor.

andrógino, na *adj.* Ser vivo que presenta caracteres de ambos sexos.

androide *m.* Robot de figura humana.

anécdota *f.* Relato breve de algún suceso curioso: *El anciano nos contó algunas anécdotas que nos tuvieron entretenidos toda la tarde, por ejemplo, de cuando abordó el avión equivocado y llegó a Sudáfrica en vez de Argentina.*

anegar *vb. irreg.* {tr. y prnl.} Modelo 17. Inundar, cubrir con agua u otro líquido: *La casa de Hugo se anegó con la fuerte lluvia de ayer.* SIN. **inundar.**

anélido, da *adj./m.* Tipo de gusanos anillados, sin patas, como la lombriz.

anemia *f.* Disminución de glóbulos rojos en la sangre, lo que causa debilidad y fatiga: *El doctor le recetó unas inyecciones para combatir la anemia.*

anemómetro *m.* Instrumento que indica la velocidad del viento.

anémona o **anemona** *f.* 1. Planta herbácea de flores grandes. 2. Animal marino que vive fijo en el suelo, con muchos tentáculos que le dan aspecto de flor.

anestesia *f.* Substancia que elimina la sensibilidad del cuerpo o que produce sueño: *El médico me puso una anestesia ligera cuando me operó de las amígdalas.*

anestesiar *vb.* {tr.} Poner anestesia para una operación médica o dental.

anestesista *adj./m.* y *f.* Médico especialista encargado de poner la anestesia al paciente durante la operación.

anexar *vb.* {tr. y prnl.} Unir una cosa a otra y depender de ella: *El ingeniero anexó a su proyecto una lista de los honorarios que cobra por su trabajo.*

anexo, xa *adj./m.* Unido a otra cosa: *El conserje vive en una casa anexa al edificio.*

anfetamina *f.* Droga estimulante del sistema nervioso central.

anfibio, bia *adj./m.* y *f.* Que puede vivir dentro y fuera del agua: *Las ranas y las salamandras son animales anfibios.*

anfiteatro *m.* 1. Conjunto de asientos instalados en la parte alta de cines, teatros y auditorios: *Vimos la función de circo sentados en el anfiteatro porque no había lugares en la planta baja.* 2. Edificio circular con asientos alrededor para que el público vea un espectáculo: *En Grecia existen anfiteatros muy antiguos donde se representaban tragedias de autores clásicos.*

anfitrión, na *m.* y *f.* Persona que recibe invitados: *La anfitriona organizó una recepción para su amiga que llegó de Europa a visitarla y preparó una sabrosa cena para ella.*

ánfora *f.* Vasija alta y estrecha, a veces con asas, usada por griegos y romanos.

ángel *m.* 1. En algunas religiones, enviado, nuncio o mensajero de Dios que auxilia a la gente. 2. Persona buena, bondadosa: *Elena es un ángel, me ayudó en mi trabajo de matemáticas que estaba muy difícil.* 3. Gracia, atractivo, simpatía: *Gloria tiene mucho ángel, por eso le cae bien a toda la gente.*

angina *f.* 1. Inflamación de las amígdalas: *"Parece que Petronio tiene anginas", dijo el médico al ver dentro de la boca abierta del niño.* 2. loc. ~ **de pecho,** afección del corazón que se presenta con crisis dolorosas. 3. *Méx.* Amígdala, cada uno de los dos órganos situados a ambos lados de la entrada de la faringe.

angiospermo, ma *adj./m.* y *f.* En botánica, planta fanerógama cuyas semillas están encerradas en un fruto.

anglicanismo *m.* Doctrina de la iglesia oficial de Inglaterra.

anglicismo *m.* Término de origen inglés, usado en otra lengua: *La palabra chutar es un anglicismo; en español se dice patear.*

anglosajón *m.* Lengua germánica de la cual procede el inglés.

anglosajón, na *adj./m.* y *f.* Procedente de los pueblos germánicos que invadieron Inglaterra.

angora *f.* Fibra textil de origen animal con la que se elaboran prendas de vestir: *Como este suéter es de angora, se llena de pelo el resto de mi ropa.*

angosto, ta *adj.* Estrecho, con poca distancia de un lado a otro: *El puente que cruzamos era muy angosto y tuvimos que pasar uno por uno.* ANT. **ancho.**

anguila *f.* Pez de cuerpo alargado de 1 m de longitud, vive en los ríos.

angula *f.* Cría de la anguila.

ángulo *m.* 1. Porción de plano comprendida entre dos líneas rectas con el mismo origen: *Mi madre colocó una planta en un ángulo de la sala.* SIN. **esquina.** 2. Cada una de las perspectivas desde las que se puede observar alguna cosa: *Yo veo el problema desde un ángulo distinto porque tengo más experiencia en el asunto.*

angurria f. *Amér.* Hambre que no puede controlarse: *La angurria de Horacio hace que cada día esté más gordo.*

angustia f. Sensación de inquietud o tristeza profunda. Sin. **ansiedad, desconsuelo.** Ant. **serenidad.**

anhelar vb. {tr.} Desear algo con intensidad: *Anhelo hacer un viaje a Europa.*

anhídrido m. En química, antigua denominación de los óxidos no metálicos.

anhidro, dra adj. En química, substancia que no contiene agua.

anidar vb. {intr.} Preparar las aves un nido para vivir: *Afuera de mi casa hay un árbol donde anidan muchos pájaros.*

anilina f. Substancia química usada para elaborar colorantes.

anilla f. **1.** Aro de metal o de madera para sujetar cosas. **2.** pl. Aros metálicos que penden de cuerdas: *En el gimnasio hay unas anillas que sirven para hacer ejercicios.*

anillo m. **1.** Pieza que se lleva en los dedos de la mano como adorno: *Mercedes usa muchos anillos, se pone uno en cada dedo.* **2.** Aquello que tiene forma circular: *El planeta Saturno tiene varios anillos a su alrededor.* **3.** loc. **Como ~ al dedo,** muy bien, oportunamente: *El florero que trajiste me viene como anillo al dedo, porque me acaban de regalar unas flores.*

ánima f. Alma: *Muchos cuentos de horror tratan de ánimas en pena, o sea fantasmas.*

animación f. **1.** Viveza y expresión en acciones y movimiento: *Hubo una gran animación por parte del público durante todo el partido, todos gritaban y aplaudían.* **2.** Técnica para diseñar los movimientos de los dibujos en televisión, cine o computación: *Algunos juegos de vídeo tienen excelente animación que los hace verse muy reales.*

animado, da adj. **1.** Con deseos de hacer algo: *Roberto está muy animado con el juego del próximo domingo.* **2.** Estar alegre o divertido: *Estuvimos en una fiesta muy animada.* **3.** Dotado de movimiento: *Los dibujos animados que veo en la televisión me gustan mucho.*

animadversión f. Sentir rechazo por algo o alguien: *La animadversión por mi primo me ha llevado a no hablarle.* Sin. **odio, enemistad, antipatía.**

animal adj. Relacionado con los seres vivos: *Los humanos, las mariposas y los tigres pertenecen al reino animal.*

animal adj./m. **1.** Ser vivo dotado de movimiento y sensibilidad: *El lobo es un animal en peligro de extinción.* **2.** Fam. Persona grosera y sin educación: *"No seas animal y trata a tu hijo con delicadeza", dijo mi padre a mi tío.*

animar vb. {tr. y prnl.} Despertar el interés de alguien sobre algún asunto: *Debemos animar a Pablo para que siga en la escuela.* Sin. **alentar, confortar, estimular.**

anímico, ca adj. Relacionado con la forma de sentirse en lo emocional: *Su estado anímico no era muy bueno porque se había muerto su perro.*

ánimo m. **1.** Estado emocional que le permite al ser humano realizar cosas: *Hay que tener ánimo para subir hasta la cima de la montaña.* **2.** Querer hacer algo: *Hay buen ánimo en la oficina para empezar el nuevo proyecto.*

animosidad f. **1.** Enemistad, antipatía. **2.** Valor, energía que se pone al hacer algún trabajo.

animoso, sa adj. Se dice de alguien que realiza algo con ánimo y valor: *Daniel es un muchacho muy animoso, así que fue de gran ayuda en la mudanza.*

aniquilar vb. {tr. y prnl.} Destruir por completo: *La plaga de la langosta aniquiló la cosecha de avena.*

anís m. **1.** Planta aromática: *El anís sirve para quitar la inflamación de los intestinos y también para perfumar postres.* **2.** Bebida alcohólica que se elabora de esa planta: *Después de comer, algunos adultos beben una copa de anís.*

aniversario m. Día en que se cumplen años de algún suceso: *Mañana es el décimo aniversario de boda de mis padres.*

ano m. **1.** Orificio externo del recto: *Los excrementos salen por el ano.* **2.** Vulg. Culo.

anoche adv. La noche que pasó ayer: *Anoche tuve un sueño desagradable.*

anochecer m. Tiempo en que la luz del día disminuye poco a poco: *Cuando llega el anochecer hay que encender la luz para ver bien.*

anochecer vb. irreg. {impers.} Modelo 39. Ocultarse el Sol al finalizar el día: *En invierno anochece más temprano que en verano.*

anodino, na adj. **1.** Persona incapaz de hacer las cosas por ella misma. **2.** Persona o cosa insignificante, sin gracia: *Ese perro, encima de feo, es anodino.*

ánodo m. Electrodo de carga positiva.

anofeles adj./m. Tipo de mosquito cuya hembra transmite el paludismo.

anomalía f. Irregularidad, situación que rompe con lo habitual: *Ramiro cometió una anomalía al salirse de la fila antes de tiempo, creo que debió esperar a que nos permitieran entrar al cine.*

anómalo, la adj. Algo que está fuera de lo normal: *Es un caso anómalo encontrar un recién nacido que tenga dientes.* Sin. **extraño, irregular.**

anonadado, da adj. Asombrado por algo: *Se quedó anonadado cuando le dije que me iba a vivir a otra ciudad, porque no sabía nada sobre mi proyecto.* Sin. **maravillado, sorprendido.**

anonadar vb. {tr. y prnl.} Desconcertar, sorprender a alguien: *Me anonadé cuando me dijo que a pesar de todos los preparativos no iba a casarse.*

anónimo, ma adj./m. **1.** Obra o escrito que no lleva el nombre de su autor: *Hay novelas anónimas que tienen un gran valor literario.* **2.** Escrito no firmado en el que se dice algo ofensivo o amenazador contra alguien: *Al licenciado le enviaron un anónimo donde lo amenazaban de muerte.*

anorexia f. Enfermedad que consiste en la pérdida del apetito debida a causas psicológicas.

anormal adj. Dícese de lo que se halla fuera de lo común: *El ascensor no se detiene cuando uno se lo pide, por lo que tiene un funcionamiento anormal.*

anormal m. y f. Persona o animal que tiene algún defecto mental o corporal: *En una sala de la feria vimos a los anormales: una vaca con dos cabezas, un camello con tres jorobas y un perro con tres ojos.*

anotar vb. {tr.} **1.** Poner notas en un escrito, cuenta, libro etc. **2.** Conseguir puntos en un partido: *El jugador delantero del partido de fútbol anotó dos goles.*

anquilosarse *vb.* {prnl.} *1.* Disminuir el movimiento de una articulación: *La rodilla se me ha anquilosado y ahora camino con un poco de dificultad.* *2.* Envejecer, inmovilizarse.

ansia *f.* Anhelo, deseo: *Su ansia de triunfo hace que Rebeca duerma poco, pues pasa muchas horas estudiando.*

ansiar *vb. irreg.* {tr.} *Modelo 9.* Anhelar, desear.

ansiedad *f.* Sensación que se produce cuando se está excitado, preocupado o temeroso: *Había mucha ansiedad entre la gente por la llegada de su artista favorito.*

ansioso, sa *adj.* Que está muy inquieto: *Está ansioso por conocer sus calificaciones, creo que reprobó el curso.*

antagónico, ca *adj.* Que es contrario a algo: *Algunos partidos políticos tienen ideas antagónicas.*

antagonismo *m.* Oposición entre dos partes: *Hay mucho antagonismo entre estas dos hermanas, porque una quiere pintar la cocina de rosa, y la otra de azul.*

antagonista *m.* y *f.* Persona o cosa contraria a otra: *En el teatro y en el cine, el actor que hace de malo es el antagonista del héroe.*

antaño *adv.* Que pasó en tiempo antiguo: *Antaño, las mujeres no usaban pantalones, en la actualidad esta prenda se considera una de las más prácticas.*

antártico, ca *adj.* Relativo al polo sur y a las regiones que lo rodean.

ante *m.* *1.* Mamífero rumiante parecido al ciervo. *2.* Piel curtida de textura aterciopelada: *Mi hermana compró unos zapatos de ante.*

ante *prep.* En presencia de, delante de: *Los vasallos se inclinaron ante su majestad.*

anteanoche *adv.* Durante la noche de anteayer.

anteayer *adv.* El día inmediatamente anterior a ayer.

antebrazo *m.* Parte del brazo entre el codo y la muñeca.

antecedente *m.* *1.* Circunstancia anterior que sirve para fundamentar asuntos presentes o futuros: *El accidente del avión no tiene ningún antecedente que pueda explicarlo, ya que nunca antes había pasado algo así.* *2.* Información sobre algún asunto.

anteceder *vb.* {tr.} Suceder antes: *Durante la inauguración de las olimpiadas, la participación de la banda musical antecedió a la de los atletas.* SIN. **preceder.**

antecesor, ra *m.* y *f.* *1.* Persona que precedió a otra en un empleo o cargo: *El nuevo director de la escuela elogió a su antecesor.* *2.* Antepasado: *Los antecesores del hombre moderno vivían en cuevas.*

antedicho, cha *adj.* Dicho con anterioridad.

antelación *f.* Anticipación de una cosa respecto a otra: *La cosecha de este año ha madurado con cierta antelación respecto a la del año pasado.*

antemano. De ~, *loc.* Anticipadamente: *De antemano le doy las gracias por el favor que va a hacerme.*

antena *f.* *1.* Aparato metálico que sirve para difundir o recibir las emisiones de radio o televisión: *La antena de la televisión está rota y no puedo ver el filme que me gusta.* *2.* Prolongaciones articuladas y móviles en la cabeza de algunos animales: *Los grillos tienen unas antenas muy largas.*

anteojos *m.* pl. Instrumento óptico que sirve para ver bien los objetos: *Ese hombre necesita anteojos porque no ve bien de lejos.* SIN. **gafas.**

antepasado, da *m.* y *f.* Persona más o menos lejana de quien se desciende: *Mis antepasados por parte de mi papá eran indígenas.* SIN. **ascendiente.** ANT. **descendiente.**

anteponer *vb. irreg.* {tr. y prnl.} *Modelo 27.* *1.* Poner delante. *2.* Dar importancia: *Manuel es un egoísta que siempre antepone sus intereses a los de los demás.*

antera *f.* Parte del estambre de las flores que contiene el polen.

anterior *adj.* Que precede en lugar o tiempo: *Enero es anterior a febrero.* ANT. **posterior.**

antes *adv.* *1.* En un espacio y tiempo que ya han pasado: *El atleta que ganó la competencia llegó a la meta cinco segundos antes que los demás.* *2.* Implica preferencia: *Mi deseo, antes que nada, es hacer ese viaje, ya que llevo seis meses preparándolo.*

antesala *f.* Pieza o habitación que se encuentra antes de la sala principal.

antiaéreo, a *adj.* Que defiende o se defiende de los ataques de aviones.

antibiótico *m.* Substancia capaz de destruir bacterias: *El médico me recetó un antibiótico para combatir la infección estomacal.*

anticiclón *m.* Centro de altas presiones atmosféricas que produce buen tiempo.

anticipar *vb.* {tr. y prnl.} Hacer que ocurra u ocurrir algo antes del tiempo señalado: *Anticipé mi viaje de regreso cuando me dijeron que mi nieto ya iba a nacer.*

anticonceptivo, va *adj./m.* Relativo a los métodos y productos que evitan el embarazo: *Algunas mujeres toman pastillas anticonceptivas porque no desean tener hijos.*

anticongelante *m.* Producto que se añade al agua del radiador de un motor para impedir que se forme hielo.

anticuado, da *adj.* Que no está de moda o no se usa ya: *Aún se escucha música anticuada en algunas estaciones de radio.* ANT. **actual.**

anticuario, ria *m.* y *f.* Persona que comercia con objetos antiguos.

anticucho *m.* *Bol., Chile y Perú.* Pedazo pequeño de carne asada o frita que se vende ensartada en un palillo de madera o de metal.

anticuerpo *m.* Substancia de defensa que aparece en el organismo por la introducción de algo agresivo y dañino al cuerpo: *Si hubiera tenido más anticuerpos no me hubiera dado esa infección.*

antídoto *m.* Substancia que actúa en contra de un tóxico determinado: *Afortunadamente hay un antídoto contra el veneno de serpiente, gracias a eso se salvan muchas vidas.*

antifaz *m.* Objeto de cartón, tela o papel con agujeros para los ojos, que cubre la parte superior del rostro: *En carnaval, la gente lleva antifaces de muchos diseños y colores.* SIN. **mascarilla.**

antígeno *m.* Substancia que puede provocar la formación de anticuerpos en el organismo.

antigüedad *f.* *1.* Se refiere a lo que es antiguo, de mucho tiempo atrás. *2.* Tiempo que lleva trabajando una persona: *Mi padre tiene diez años de antigüedad en la empresa donde trabaja.* *3.* pl. Objetos artísticos de hace mucho tiempo que tienen gran valor: *Los museos poseen antigüedades valiosas.*

antiguo, gua *adj.* *1.* Que existe desde hace mucho tiempo: *Ese edificio es antiguo, creo que lo construyeron en* el siglo XVIII. SIN. **ancestral. 2.** Que sucedió hace mucho: *El problema de su vista se debe a un **antiguo** golpe que se dio cuando era niño.* **3.** Se dice de la persona que lleva mucho tiempo en un empleo, profesión, comunidad, etc.: *Ayer conocí al empleado más **antiguo** de la empresa, lleva treinta y dos años trabajando aquí.*

antillano, na *adj./m. y f.* Originario de las Antillas, islas localizadas al noroeste de América Central.

antílope *m.* Animal rumiante parecido al ciervo.

antimonio *m.* Cuerpo simple, de color blanco con tonos azules, quebradizo, parecido al arsénico, de símbolo Sb y número atómico 51.

antipatía *f.* Sentimiento de rechazo hacia algo que no gusta: *Los fumadores me inspiran cierta **antipatía** porque me molesta el humo del cigarrillo.*

antipático, ca *adj.* Persona poco agradable: *Ese muchacho anda siempre solo porque es muy **antipático**, por eso nadie lo quiere.* SIN. **desagradable, infumable.** ANT. **simpático.**

antipirético, ca *adj./m.* Que reduce la fiebre.

antípoda *adj./m. y f.* Habitante de la Tierra que vive en un lugar opuesto con respecto a otro.

antisemitismo *m.* Hostilidad hacia los judíos.

antiséptico, ca *adj./m.* Substancia que previene las infecciones.

antojarse *vb.* (prnl.) Desear algo repentinamente: *Se me **antojó** un chocolate con almendras y salí a comprarlo rápidamente.*

antojo *m.* Deseo momentáneo, pasajero: *Tengo **antojo** de comer helado, pero si espero un poco se me van a pasar las ganas.*

antología *f.* **1.** Reunión en un solo volumen de obras literarias, musicales, pictóricas, etc.: *La **antología** de poemas que leí me pareció muy hermosa.* **2.** loc. Fam. **De ~**, que es extraordinario o se admira: *"La fiesta del sábado estuvo **de antología**", opinamos todos los amigos que asistimos.*

antónimo, ma *adj./m.* Palabras de significados opuestos: *Las palabras amable y grosero son **antónimos**.*

antorcha *f.* Objeto para alumbrar, por lo general de madera, que se lleva en la mano y tiene una flama en uno de sus extremos.

antracita *f.* Tipo de carbón que arde con dificultad.

antro *m.* Lugar de mal ambiente o mala reputación.

antropocentrismo *m.* Doctrina que sitúa al hombre como centro del Universo.

antropófago, ga *adj./m. y f.* Que come carne humana.

antropología *f.* Ciencia que estudia al hombre como un ser animal y social.

antropomorfo, fa *adj.* Que es de figura humana: *Algunas esculturas prehistóricas presentan figuras **antropomorfas**.*

anual *adj.* Que sucede cada año: *El carnaval es una fiesta **anual** que siempre se realiza antes de la celebración cristiana de la cuaresma.*

anuario *m.* Publicación que aparece una vez por año: *A mi papá le ofrecieron un **anuario** sobre política.*

anudar *vb.* (tr. y prnl.) Unir con nudos o hacer nudos: *A los niños pequeños les cuesta trabajo **anudar** sus zapatos.*

anuencia *f.* Autorización para llevar a cabo algo: *Se casaron con la **anuencia** de sus padres.*

anular *adj.* Todo lo que tiene que ver con la forma de los anillos: *El estadio de fútbol tiene forma **anular**.*

anular *m.* Cuarto dedo de la mano, empezando a contar desde el dedo pulgar: *Hay gente que, cuando se casa, se pone un anillo en el **anular** de la mano izquierda.*

anular *vb.* (tr.) Suprimir alguna cosa: *Espero que algún día **anulen** la pena de muerte en todos los países del mundo.*

anunciar *vb.* (tr. y prnl.) **1.** Dar la noticia de una cosa para que la gente se entere: *Sergio y Ana **anunciaron** la fecha de su boda.* **2.** Poner un anuncio comercial: *Los dueños del almacén se **anunciaron** en el diario para aumentar su clientela.*

anuncio *m.* Mensaje usado para comunicar algo: *Leo los **anuncios** de los diarios para encontrar un empleo.*

anverso *m.* Lado principal de una moneda o medalla. ANT. **reverso.**

anzuelo *m.* **1.** Ganchito puntiagudo puesto al final del hilo de pescar para atrapar a los peces. **2.** Maña que se usa para atraer la atención de alguien: *Las ofertas que anuncian las tiendas de ropa, son un buen **anzuelo** para que la gente compre.*

añadir *vb.* (tr.) Agregar una cosa a otra: *Me gustaría **añadir** unas líneas al final de mi trabajo.*

añejo, ja *adj.* Que es de hace mucho tiempo: *Este licor es muy **añejo**: la etiqueta dice 1898.*

añicos *m. pl.* Trozos pequeños de algo que se rompió: *Se me cayó un vaso al suelo y se hizo **añicos**.*

añil *adj.* Parecido al color azul obscuro.

añil *m.* **1.** Color azul obscuro: *El sexto color del arco iris es el **añil**.* **2.** Arbusto leguminoso de cuyas hojas y tallos se obtiene un colorante azul.

año *m.* **1.** Periodo que tarda la Tierra en dar la vuelta al Sol. **2.** loc. **~ bisiesto**, periodo de tiempo de 366 días. **3.** loc. Méx. Fam. **del ~ de la canica**, de hace mucho tiempo: *Ese pantalón ya no me gusta: se nota que es del **año de la canica** y está fuera de moda.*

añoranza *f.* Melancolía por la ausencia o la pérdida de algo.

añorar *vb.* (tr.) Extrañar con nostalgia algo que ya pasó: *Añoro mis últimas vacaciones.*

aorta *f.* Arteria principal del sistema circulatorio animal que permite repartir la sangre a todo el cuerpo.

apabullar *vb.* (tr.) Dejar confuso o turbado: *El profesor lo **apabulló** con tantas preguntas sobre geografía, que ya no sabía si Perú estaba en América o en Europa.*

apacentar *vb.* irreg. (tr.) **Modelo 3.** Llevar al ganado por el campo a comer hierba: *El granjero **apacienta** a sus vacas una vez al día.*

apache *adj./m. y f.* Individuo de un antiguo pueblo de América del Norte: *Los **apaches** eran excelentes guerreros.*

apacible *adj.* Persona agradable y tranquila: *Es un bebé tan **apacible** que a veces ni parece que está aquí.*

apaciguar *vb.* irreg. (tr. y prnl.) **Modelo 11.** Controlar el temperamento de alguien: *Intenté **apaciguar** la cólera de Ernesto para que no gritara más.*

apadrinar *vb.* (tr.) Dar apoyo o protección a una persona o empresa: *Un jugador famoso **apadrinó** esta asociación y ahora, como reconocimiento a su apoyo, lleva su nombre.*

apagado, da *adj.* **1.** De carácter poco alegre: *Mi amiga tiene una actitud muy **apagado** y por eso casi nadie habla con ella.* **2.** Se dice cuando un color es opaco, que refleja poca luz: *Hemos pintado la casa con un color un poco **apagado** que la hace ver obscura.*

apagar *vb. irreg.* (tr. y prnl.) **Modelo 17.** *1.* Extinguir el fuego o interrumpir la corriente de luz: *Por la noche debo apagar la luz antes de acostarme, porque si no lo hago no puedo dormir. 2.* Desconectar un aparato para que deje de funcionar: *Apagué la televisión porque me dio sueño. 3.* Hacer que disminuya o termine una sensación: *Apagó su sed tomando mucha agua. 4.* Terminar con el fuego: *Los bomberos apagaron el incendio.*

apagón *m.* Corte súbito de la energía eléctrica: *Hubo un apagón en mi casa y estuvimos en tinieblas durante una hora.*

apaisado, da *adj.* Que es más ancho que alto: *Mi cuaderno de dibujo es de forma apaisada y así es más fácil dibujar paisajes.*

apalabrar *vb.* (tr.) Ponerse de acuerdo con alguien sólo de palabra: *He apalabrado con un amigo la compra de su casa, pero ahora vamos a firmar un contrato.*

apalear *vb.* (tr.) Sacudir o golpear, en especial con un palo: *Un hombre cruel apaleó a un perro porque dijo que le molestaban sus ladridos.*

apañar *vb.* (tr.) *1. Fam.* Apoderarse de algo sin derecho: *El muchacho apañó los lápices de su compañero de clase. 2. Argent., Bol., Nicar., Perú y Urug.* Ocultar a alguien.

aparador *m. 1.* Mueble para guardar la vajilla y todo lo necesario para el servicio del comedor: *En el aparador están la vajilla y los vasos que mi abuela le dio a mi mamá. 2.* Lugar de las tiendas donde se colocan productos para que sean vistos desde la calle: *En el centro de la ciudad hay tiendas con aparadores muy llamativos.* SIN. **escaparate, vitrina, vidriera.**

aparato *m. 1.* Máquina o instrumento que realiza trabajos o tareas específicas: *En casa compraron un nuevo aparato de sonido que suena muy bien. 2.* Grupo de órganos del cuerpo humano que se combinan para realizar la misma función: *El corazón, las arterias y las venas forman el aparato circulatorio. 3.* Utilización de muchos recursos para festejar algún evento: *Se usó todo un aparato decorativo para la obra de teatro.*

aparatoso, sa *adj.* Objeto o suceso espectacular: *Llevaba un sombrero tan aparatoso que no podíamos dejar de verlo, era muy grande y con círculos morados y rojos.*

aparcar *vb. irreg.* (tr.) **Modelo 17.** *Esp.* Situar en un lugar un vehículo: *Mi tío aparcó su automóvil nuevo cerca de su oficina.* SIN. **estacionar, parquear.**

aparear *vb.* (tr. y prnl.) *1.* Unir una cosa con otra para que formen un par. *2.* Juntar dos animales para procrear: *El domingo llevamos a mi perra a que se aparea-ra con un perro de su misma raza, ya que quiero que tenga cachorros.*

aparecer *vb. irreg.* (intr. y prnl.) **Modelo 39.** *1.* Presentarse de repente: *Dimos un gran salto porque el monstruo apareció cuando menos lo esperábamos. 2.* Hallarse algo: *Después de haberla buscado por toda la casa, al fin apareció una fotografía que estaba perdida.*

aparecido *m.* Espectro de un difunto: *En el cuento que leímos salía un aparecido que tenía una sonrisa horrible.*

aparejador, ra *m. y f.* Persona que ayuda al arquitecto a construir edificios.

aparejos *m. pl. 1.* Conjunto de objetos necesarios de una profesión u oficio: *El albañil llevó los aparejos para la construcción de la casa. 2.* Modo en que aparecen colocados los ladrillos en una construcción.

aparentar *vb.* (tr.) Hacer creer algo que no es: *Carlota aparentó estar feliz durante la fiesta, pero estaba enojada porque no llegó toda la gente que esperaba.*

aparente *adj. 1.* Que parece cierto pero no lo es: *Su entusiasmo es sólo aparente; en realidad está aburrido. 2.* Que se muestra a la vista: *El rasgo más aparente de su carácter es la simpatía.*

aparición *f.* Hecho de presentarse algo o alguien de manera repentina: *La aparición de Carlos en la reunión fue muy comentada porque nadie esperaba verlo ahí.*

apariencia *f. 1.* Aspecto exterior de algo o alguien: *La apariencia verdosa de esa carne indica que ya no podemos comerla. 2.* Algo que no es del todo cierto: *Rodolfo es simpático en apariencia, porque si lo conoces más a fondo en realidad es antipático.*

apartado, da *adj.* Que se encuentra lejos: *No venimos mucho a la ciudad porque vivimos en un pueblo apartado.*

apartado *m. 1.* Parte de un todo: *El decreto que leyó el juez tenía tres apartados. 2. loc.* ~ *postal,* sección de una oficina de correos donde se recoge la correspondencia particular.

apartamento *m.* Vivienda situada en un edificio: *Donde vivo es un edificio de tres pisos, hay doce apartamentos, cuatro por cada nivel.* SIN. **piso, departamento.**

apartar *vb.* (tr. y prnl.) *1.* Poner lejos de algo o alguien: *"Aparta de mí esa horrible araña que dices es tu mascota", dije a Germán. 2.* Reservar las cosas: *Apartamos los regalos de Navidad con anticipación para no tener que hacer compras de última hora. 3.* Separar una cosa de otra: *Mi primo se apartó de la familia hace muchos años y desde entonces no lo he visto.*

aparte *adv. 1.* En otro lugar, separado: *Pondré este libro aparte para que no se confunda con los demás. 2.* Con distinción, de forma separada: *Joel es un caso aparte para las matemáticas, resuelve los problemas rápido y bien, sin necesidad de escribir las operaciones.*

apasionar *vb.* (tr. y prnl.) *1.* Emocionar, entusiasmar: *La obra de teatro apasionó a los espectadores, quienes aplaudieron y lanzaron flores al escenario. 2.* Interesarse mucho por las cosas: *José Luis se apasiona viendo el fútbol.*

apatía *f.* Desinterés de una persona por las cosas: *Óscar hace el trabajo escolar con apatía y por eso no obtiene buenas calificaciones.* SIN. **desinterés, indiferencia.** ANT. **entusiasmo, interés.**

apátrida *m. y f.* Persona que no tiene patria.

apeadero *m.* En los viajes por tren, punto de parada en el que únicamente suben y bajan viajeros: *El tren se detiene muy poco tiempo en el apeadero, pero pasa más tiempo en la estación.*

apear *vb.* (tr. y prnl.) Desmontar o bajar de un vehículo o caballo: *Ayudé a Cecilia a apearse del automóvil porque todavía tiene la pierna lastimada.*

apedrear *vb.* (tr.) Lanzar piedras a algo: *Los muchachos apedrearon la ventana y rompieron el vidrio.*

apego *m.* Cariño hacia alguien o algo: *Le tengo apego a esta casa y no quisiera tener que mudarme.*

apelar *vb.* (intr.) Acudir a alguien que ayude a solucionar situaciones: *Apelé a su amistad para que me ayudara a sacar adelante el trabajo.*

apelativo *m.* Nombre que se usa para designar a una persona en vez de hacerlo con su propio nombre: *El apelativo con que llamamos a mi hermano pequeño es "enano".* SIN. **apodo.**

apellido *m.* Palabra con que se distinguen las personas de diferente familia: *El apellido de Gonzalo es Ramírez y el mío, Hernández.*

apenar *vb.* {tr. y prnl.} **1.** Causar o sentir pena hacia alguien o algo: *El accidente que sufrió mi prima apenó a quienes la conocen.* **2.** *Méx.* Avergonzarse: *El niño se apena mucho cuando lo ponen a cantar en público.*

apenas *adv.* **1.** Muy poco, solamente: *De mi casa al colegio hay apenas cien metros.* **2.** Inmediata sucesión de dos acciones: *Apenas terminé de comer, llegaste tú.*

apéndice *m.* **1.** Lo que se añade a un todo: *Al final del libro de biología hay un apéndice sobre insectos.* **2.** En anatomía, prolongación delgada y hueca del intestino ciego que forma parte del cuerpo de una persona o un animal: *Me operaron para quitarme el apéndice, porque se me infectó.*

apendicitis *f.* Inflamación del apéndice del intestino ciego.

apercibir *vb.* {tr. y prnl.} **1.** Preparar lo necesario para realizar alguna cosa: *Ayer apercibí unas verduras cocidas para llevar a la excursión.* **2.** Observar cosas: *El maestro se apercibió de que Laura trataba de copiar en el examen.*

aperitivo *m.* Bebida alcohólica que se toma antes de la comida.

apero *m.* *Amér. Merid.* y *P. Rico.* Pieza que se utiliza para ensillar el caballo: *Hay que asegurarse de que el apero esté bien ajustado.*

aperos *m.* pl. Instrumentos que son útiles para el trabajo de campo: *El agricultor tiene listos los aperos de labranza.*

apertura *f.* **1.** Acto de descubrir o abrir lo que está cerrado u oculto: *La multitud esperaba la apertura del estadio para entrar a ver el partido.* **2.** Dar inicio a una actividad: *La apertura del congreso es mañana temprano.*

apesadumbrar *vb.* {tr. y prnl.} Estar preocupado por algún motivo: *Raúl está todo apesadumbrado porque desde ayer su perro no ha regresado.*

apestar *vb.* {tr. e intr.} Tener mal olor: *Ese bote de basura apesta muchísimo, por favor ya lávalo.*

apétalo, la *adj.* Que carece de pétalos.

apetecer *vb. irreg.* {tr.} **Modelo 39.** Desear alguna cosa: *Apetezco un helado de vainilla como postre.*

apetito *m.* Tendencia a satisfacer las necesidades del cuerpo, especialmente la de comer: *Después de jugar tengo un apetito feroz.*

apiadarse *vb.* {prnl.} Sentir piedad por alguien o algo: *Debemos apiadarnos de los niños que no tienen dónde vivir y ayudarlos para que tengan un hogar y se alimenten bien.*

ápice *m.* **1.** Extremo superior o punta de alguna cosa: *Me ha salido un grano en el ápice de la lengua.* **2.** Parte demasiado pequeña, casi nada: *No entendí un ápice de lo que ha dicho el profesor, voy a pedirle que repita la lección.*

apicultura *f.* Cría y cuidado de las abejas.

apilar *vb.* {tr.} Poner varias cosas unas sobre otra: *Apilamos las cajas en un rincón del cuarto para tener más espacio.*

apiñar *vb.* {tr. y prnl.} Juntar o agrupar estrechamente: *Nos tuvimos que apiñar en el autobús porque había poco lugar.*

apio *m.* Planta comestible de tallo grueso y jugoso con la que se preparan ensaladas y bebidas.

apisonar *vb.* {tr.} Aplanar: *Apisonaron el pavimento de la calle y ahora sí está nivelada.*

aplacar *vb. irreg.* {tr. y prnl.} **Modelo 17.** Suavizar, tranquilizar o mitigar: *Los vecinos aplacaron a los niños que estaban peleando.*

aplanadora *f.* Máquina de enormes y pesados rodillos que sirve para hacer más planas las superficies: *Usaron una aplanadora para nivelar la tierra del camino.*

aplanar *vb.* {tr.} **1.** Poner en forma plana: *"Aplana bien el pliego de papel antes de empezar a dibujar", me aconsejó el maestro.* **2.** Perder el vigor, desalentarse: *La noticia de la catástrofe nos aplanó tanto que ya no quisimos ir a la fiesta.*

aplastar *vb.* {tr.} **1.** Deformar una cosa aplanándola o disminuyendo su grueso: *Un automóvil aplastó mi bicicleta y quedó torcida e inservible.* **2.** Vencer por completo a alguien: *El ejército aplastará al enemigo para que ya no cause más problemas.*

aplaudir *vb.* {tr.} Dar palmadas en señal de aprobación y entusiasmo: *El público no paraba de aplaudir a los cantantes.*

aplauso *m.* Muestra de entusiasmo que se produce al golpear las palmas de las manos una contra la otra para aplaudir: *Las excelentes bromas del payaso provocaron grandes aplausos.*

aplazar *vb. irreg.* {tr.} **Modelo 16.** **1.** Retrasar la ejecución de algo: *Aplazamos el viaje a la playa por el mal tiempo, pero iremos cuando mejore.* **2.** *Amér.* Suspender a alguien en un examen. **SIN. reprobar.**

aplicado, da *adj.* Que estudia o trabaja con interés: *Laura es aplicada y por eso lleva unas excelentes calificaciones en la escuela.*

aplicar *vb. irreg.* {tr. y prnl.} **Modelo 17.** **1.** Poner una cosa sobre o en contacto con otra: *"Dejemos secar un poco la base y después aplicamos la pintura", propuso Ricardo.* **2.** Utilizar lo que se sabe para conseguir algo: *Pablo aplicó todos sus conocimientos para resolver el problema de matemáticas.* **3.** *Fam.* Dedicarse con esmero a un asunto: *María se aplicó en la costura y ahora tiene un vestido precioso.*

aplomo *m.* Serenidad para salir de situaciones difíciles: *Raúl demostró aplomo cuando la maestra le llamó la atención de manera injusta, ya que no se alteró ni lloró.*

apocado, da *adj.* Relativo a una persona que es tímida: *Este niño no se atreve a hacer nada solo porque es muy apocado.*

apócope *f.* Supresión de uno o más sonidos al final de una palabra: *Mi maestra me dijo que la palabra "primer" es un apócope de "primero".*

apoderar *vb.* {tr. y prnl.} **1.** Otorgar permiso a una persona para que represente a otra: *Si la directora no puede llegar a la junta, apoderará a alguna maestra para que hable con los padres de familia.* **2.** Tomar una cosa ajena como si fuera propia: *Los ladrones se apoderaron de todo el dinero del banco.*

apodo *m.* Sobrenombre que se da a una persona: *El apodo de Francisco es "El huesito", porque está muy flaco.* **SIN. alias.**

ápodo, da *adj.* En zoología, animal sin pies.

apogeo *m.* Momento cuando se alcanza el grado máximo en el proceso de una cosa: *Ese futbolista está en el apogeo de su carrera deportiva, ya que nunca había jugado tan bien.* **SIN. auge, esplendor. ANT. decadencia.**

apolillar vb. {tr.} Roer la polilla la ropa u otra cosa: *Estos bichos **apolillaron** el mueble, mira todos los agujeritos que tiene.*

apolítico, ca adj. Ajeno a la política: *El hermano de Ignacio dice que es **apolítico** y que por eso nunca vota por ningún partido político.*

apología f. Defensa o elogio a alguien o algo: *"Tu **apología** del tabaco no convenció a nadie, porque seguimos pensando que fumar es malo", aseguré a Daniela.*

apoplejía f. Conjunto de síntomas que tiene una persona después de que ha sufrido una hemorragia cerebral.

apoquinar vb. {tr.} Fam. Pagar uno, por lo general sin ganas, lo que le corresponde: *Por fin Raúl **apoquinó** el dinero que les debía a sus amigos de la escuela desde hace tres meses.*

aporrear vb. {tr. y prnl.} Golpear a una persona u otra cosa: *Elena dice que toca el piano; yo diría que más bien **aporrea** las teclas, porque no es muy musical que digamos.*

aportar vb. {tr.} Dar algo para obtener un beneficio a cambio, ya sea material o espiritual: *Mi familia **aportó** una cantidad de dinero para que terminaran la construcción del asilo.* SIN. **proporcionar.**

aposentar vb. {tr. y prnl.} Alojar a una persona en un lugar determinado: *El dueño de la casa **aposentó** a los cansados viajeros en unas cómodas habitaciones.* SIN. **hospedar.**

aposento m. Cuarto o habitación de una casa.

aposición f. Construcción gramatical que especifica características de una palabra: *En la oración "París, la capital de Francia, es una bella ciudad",* la capital de Francia es una **aposición.**

apostar vb. irreg. {tr.} Modelo 5. 1. Arriesgar dinero u otra cosa en un pronóstico: *Aposté un libro a que Juan ganaba el concurso, y gané.* 2. Confiar en alguien o algo: *Mi padre **ha apostado** todo para que yo salga adelante en la escuela y no quiero desilusionarlo.*

apostilla f. Nota que interpreta, aclara o completa un texto.

apóstol m. 1. Persona que defiende una doctrina: *Gandhi, el líder de la India, fue **apóstol** de la no violencia.* 2. En el cristianismo, nombre dado a cada uno de los doce discípulos de Jesucristo, que se dedicaron a enseñar el Evangelio: *Pedro fue uno de los doce **apóstoles** de Jesucristo.*

apostolado m. 1. Misión de los apóstoles y tiempo que dura. 2. Predicación de una doctrina.

apóstrofe m. y f. 1. Interpelación brusca. 2. Figura de estilo consistente en dirigirse a personas o cosas personificadas.

apóstrofo m. Signo gráfico que indica la supresión de una vocal: *En español no se usan los **apóstrofos,** pero hay idiomas como el francés, en que son comunes; por ejemplo, en "l'homme", que quiere decir "el hombre".*

apotegma m. Sentencia breve e instructiva, normalmente atribuida a una persona ilustre.

apotema f. En matemáticas, perpendicular trazada desde el centro de un polígono regular a uno de sus lados.

apoteosis f. 1. Gran alabanza a alguien o algo. 2. Final espectacular de un evento público: *El encuentro de fútbol llegó a su **apoteosis** cuando el equipo de casa anotó un gol en el último momento.*

apoyar vb. {tr. y prnl.} 1. Hacer que una cosa descanse sobre otra: *El carpintero **apoyó** la madera en la pared.* 2. Favorecer, ayudar a alguien para que consiga lo que desea: *Apoyamos a mi amigo en la elaboración de su trabajo escolar, ya que estaba muy difícil.* 3. Servirse de una persona o cosa como sostén, soporte, protección o fundamento: *Mi abuelo dice que mi padre debe **apoyarse** en la tradición de la familia para educarnos.* SIN. **animar, alentar.**

apoyo m. 1. Lo que sirve para sostener: *Las vigas sirven de **apoyo** al techo de la casa.* 2. Lo que hace más segura una idea u opinión: *Tengo pruebas como **apoyo** de lo que estoy diciendo.* 3. Que protege y ayuda: *Salí adelante gracias al **apoyo** de un amigo.*

apreciación f. 1. Juicio hecho para valorar algo: *Las **apreciaciones** de la profesora sobre el pintor italiano Leonardo da Vinci me parecieron muy interesantes.* 2. Aumento del valor de una moneda.

apreciar vb. {tr.} 1. Sentir afecto o cariño: *Yo **aprecio** mucho a mis amigos.* SIN. **estimar, querer.** 2. Reconocer el mérito o la importancia de algo: *Todos **apreciamos** el valor de los bomberos.* SIN. **valorar.** ANT. **despreciar.** 3. Percibir algo: *Aprecié cierta picardía en sus ojos, como si estuviera pensando hacer una travesura.*

aprecio m. Acción y efecto de apreciar: *El **aprecio** de la gente que me rodea es invaluable.*

aprehender vb. {tr.} Prender, detener a alguien: *Ayer **aprehendieron** a unos ladrones de bancos.*

apremiar vb. {tr.} Dar prisa en algún asunto: *El profesor **apremió** a Elena para que entregara el examen, porque ya se había terminado el tiempo.* SIN. **apresurar.**

apremio m. Acción de dar prisa, de hacer que alguien realice algo lo más pronto posible.

aprender vb. {tr.} Adquirir el conocimiento de algo, ya sea a través del estudio o de la práctica constante: *Voy a la escuela para **aprender** matemáticas, español, gramática, historia, biología, etcétera.*

aprendiz m. y f. Persona que inicia el aprendizaje de un arte u oficio: *Pablo es **aprendiz** en un taller que repara vehículos y después será un verdadero mecánico.*

aprendizaje m. Tiempo durante el que se aprende algo: *"Todavía estás en la etapa de **aprendizaje,** así que es normal que cometas errores", me dijo el maestro.*

aprensión f. Temor o desconfianza hacia lo que pueda ocurrir o por las acciones de otras personas: *Sufre de **aprensión** porque en su casa todos tienen varicela y él no quiere enfermarse.*

apresar vb. {tr.} 1. Sujetar a alguien con garras o colmillos impidiendo sus movimientos: *La leona **apresó** al ciervo.* 2. Privar a alguien de su libertad por cometer ciertos delitos: *El estafador **ha sido apresado** por la policía.* SIN. **atrapar, capturar, detener.** ANT. **liberar, soltar.**

aprestar vb. {tr. y prnl.} Preparar, disponer lo necesario: *Eric se **aprestó** para su viaje por carretera: preparó su equipaje y revisó que su automóvil estuviera en buen estado.*

apresurar vb. {tr. y prnl.} Realizar algo con prisa: *Apresuré mis pasos para llegar a la parada del autobús.* SIN. **acelerar, apurar.** ANT. **retrasar, frenar.**

apretar vb. irreg. {tr.} Modelo 3. 1. Estrechar con fuerza: *Luis **apretó** la mano de Carlos para saludarlo.* SIN. **estrechar.** 2. Quedar justo y sin espacio para mo-

33

verse: *A Lalo le **apretaban** los pantalones.* **3.** Hacer un esfuerzo: *Al final de la carrera, el atleta **apretó** el paso para llegar en primer lugar.* **4.** Obrar con mayor fuerza de lo normal: *En otoño las lluvias **aprietan** y hay que utilizar paraguas.* Ant. **aflojar.**

apretujar *vb.* {tr. y prnl.} **1.** Oprimir mucho: *Si quieres meter más ropa en tu equipaje, tendrás que **apretujarla** para hacerla caber.* **2.** Apretarse varias personas en un recinto reducido: *En las ciudades grandes, la gente se **apretuja** en los autobuses para llegar a tiempo a su trabajo.*

aprieto *m.* Conflicto, apuro: *Mi familia está en un **aprieto** económico y no sabe cómo resolverlo.*

aprisa *adv.* Con rapidez: *"No puedo ir a tu lado, porque tú vas caminando muy **aprisa**", dije a mi padre.*

aprisco *m.* Lugar donde se recoge el ganado.

aprisionar *vb.* {tr.} Sujetar alguna cosa de manera que le resulta imposible o muy difícil moverse: *Las puertas del autobús **aprisionaron** a ese hombre y ya no pudo bajar.*

aprobación *f.* Hecho de aprobar, de aceptar o de consentir en algo: *Cuando la mamá de René dio su **aprobación**, él aceptó la invitación de su amigo para pasar las vacaciones en la montaña.*

aprobar *vb. irreg.* {tr.} **Modelo 5. 1.** Estar de acuerdo y aceptar la opinión o acción de otro u otros: *El director **aprobó** las decisiones del subdirector.* **2.** Alcanzar en un examen la calificación suficiente: *Aprobé el examen de matemáticas con calificación de 10.*

apropiado, da *adj.* Que es adecuado para algo: *El compás es el instrumento **apropiado** para trazar círculos.*

apropiarse *vb.* {prnl.} Hacerse dueño de una cosa: *Noé se **apropió** del último pedazo de tarta sin preguntar si alguien más quería otro poco.*

aprovechado, da *adj./m. y f.* Que saca beneficio de cualquier cosa o situación: *Tu nuevo amigo no me cae bien: me da la impresión de que es un **aprovechado** y de que todo lo hace pensando en lo que puede obtener a cambio.*

aprovechar *vb.* {tr. y prnl.} **1.** Emplear útilmente una cosa: *Mi padre **aprovechó** la oferta para comprar el espejo que necesitábamos.* Ant. **desperdiciar. 2.** Sacar utilidad de alguien o algo, con astucia o abuso: *Los dos hermanos mayores se **aprovecharon** de los más pequeños y los mandaron a comprar algo de comer.*

aprovisionar *vb.* {tr.} Conseguir lo necesario, abastecer, proveer: *Mi madre **aprovisiona** la despensa cada semana con los productos de primera necesidad, como leche, huevo, carne, etcétera.*

aproximar *vb.* {tr. y prnl.} Poner algo cerca de otra cosa, arrimar: *"Aproxima tu silla a la mía para que también puedas leer la carta de la tía", dijo mi madre.* Sin. **acercar.** Ant. **alejar.**

áptero, ra *adj.* Que no tiene alas: *La pulga es un insecto **áptero**.*

aptitud *f.* Disposición y capacidad para realizar bien alguna actividad: *Mi **aptitud** para nadar me ha hecho ganar tres premios.*

apto, ta *adj.* Que es capaz o adecuado: *Ese juego de mesa es **apto** para niños de 5 a 8 años, así que lo voy a comprar para mi hijo que tiene 7.*

apuesta *f.* Acuerdo al que llegan varias personas por medio del cual se compromete a pagar quien se equivoque: *Fabiola y yo hicimos una **apuesta** y como yo*

perdí, tuve que darle mi blusa preferida, tal como habíamos quedado.

apuesto, ta *adj.* Persona atractiva, elegante: *Todas las chicas miraban al muchacho más **apuesto** de la fiesta.*

apunarse *vb.* {prnl.} *Amér. Merid.* Indisponerse por la falta de oxígeno que hay en las grandes alturas.

apuntado, da *adj.* Que termina en punta.

apuntador, ra *m. y f.* En el teatro, persona que dicta al actor lo que debe decir cuando a éste se le olvida parte del diálogo en una representación teatral.

apuntalar *vb.* {tr. y prnl.} Poner madera para sostener la pared o alguna otra cosa: *Los albañiles **apuntalaron** las paredes del viejo edificio para evitar que se derrumbaran.*

apuntar *vb.* {tr., intr. y prnl.} **1.** Señalar hacia algún lugar: *Apunté con el dedo hacia la tienda de ropa para indicar a la señora dónde queda.* **2.** Tomar nota por escrito: *Todos **apuntamos** lo dicho por el profesor, pues no debemos olvidarlo.* **3.** Dirigir un arma hacia algo o alguien: *Apuntó al blanco y disparó exactamente al centro.* **4.** Dictar a alguien lo que debe decir. **5.** Empezar a manifestarse alguna cosa: *Apuntaba el día cuando aterrizó el avión en el aeropuerto y poco después, el sol brilló.* **6.** Anotar en una lista o en un grupo a una o varias personas: *Me **apunté** en el equipo de fútbol de la escuela.*

apunte *m.* **1.** Nota que se toma por escrito. **2.** Resumen de las explicaciones de un profesor: *"¿Podrías prestarme tus **apuntes** de la clase de historia?", le pedí a Estela.*

apuntillar *vb.* {tr.} Rematar al toro con la puntilla.

apuñalar *vb.* {tr.} Herir a una persona con un cuchillo o puñal: *En el filme de ayer, el asesino siempre **apuñalaba** a sus víctimas.*

apurar *vb.* {tr. y prnl.} **1.** Acabar con algo, sin que quede nada: *Mi amigo **apuró** el vaso de limonada y luego ya no tuvo más para beber.* **2.** Realizar las cosas con prisa: *"Apurémonos para llegar antes que los demás", dije a mis compañeros de equipo.* **3.** Sentir preocupación por algún evento: *"No te **apures**, no va a pasar nada si no terminas hoy de leer el libro", me aconsejó Rogelio.*

apuro *m.* **1.** Dificultad, escasez grande: *Hay familias que tienen **apuros** económicos y pierden sus casas.* **2.** Vergüenza o situación incómoda provocada por algo: *"Me da **apuro** que mis amigos me vean así, en pijama y sin peinar", dijo la vanidosa de mi hermana.*

aquel, lla *adj.* Adjetivo demostrativo que designa lo que está más lejos de la persona que habla y de la persona con quien se habla: *No me gusta esta bicicleta, prefiero **aquella** motocicleta de color negro.*

aquél, lla *pron.* Pronombre demostrativo que se utiliza en lugar del nombre que designa lo que está más lejos de la persona que habla y de la persona con quien se habla: *No quiero este libro, sino **aquél** de atrás.*

aquelarre *m.* Fiesta ritual hecha por brujos: *El pintor español Francisco de Goya realizó unas tintas de **aquelarres** en las que se ven brujos y brujas danzando a mitad del bosque.*

aquello *pron.* Pronombre demostrativo neutro que significa aquella cosa.

aquenio *m.* Fruto seco con una sola semilla: *La bellota es un **aquenio**.*

aqueo, a *adj./m. y f.* Perteneciente a un pueblo de la antigua Grecia.

aquí adv. **1.** En este lugar: *Estamos aquí desde que llegó el tren por la mañana.* **2.** Ahora, en este momento: *Espero poder regresar a mi casa de aquí a tres días.*

aquiescencia f. Conformidad, que se hace con consentimiento o autorización: *Gracias a la aquiescencia del director pudimos salir adelante en el proyecto.*

aquietar vb. (tr. y prnl.) Ponerse o poner a otros en un estado de tranquilidad: *Los niños andaban gritando por todo el salón hasta que llegó el director y los aquietó.*

aquilatar vb. (tr.) **1.** Medir los quilates de una piedra o metal preciosos: *Le pedí al joyero que aquilatara mi anillo de oro para saber cuánto vale.* **2.** Apreciar el valor o mérito de una persona o cosa: *Decidió tomar el trabajo después de que aquilató todas las ventajas.*

ara f. **1.** Altar. **2.** loc. pl. **En ~ de,** en honor de, por: *Casi todos los héroes de la televisión luchan en aras de la justicia.*

árabe adj./m. y f. **1.** Originario de Arabia. **2.** Relativo a los pueblos islámicos.

árabe m. Lengua hablada por los pueblos árabes: *Mi hermano habla bien el árabe porque vivió muchos años en Arabia.*

arabesco m. Decoración pintada o esculpida, a base de figuras geométricas entrelazadas, que se usa en la arquitectura árabe.

arabismo m. Palabra o giro árabe incorporado a otra lengua: *Las palabras "noria" y "ojalá" son arabismos del idioma español.*

arácnido, da adj./m. Relativo a los artrópodos sin antenas, con cuatro pares de patas y con cefalotórax: *La araña y el escorpión son arácnidos.*

arado m. Instrumento que sirve para hacer surcos en la tierra.

arameo m. Lengua que en la antigüedad tuvo gran difusión en el oeste de Asia.

arameo, a adj./m. y f. De un antiguo pueblo nómada semita.

arancel m. Impuesto que se exige en las aduanas.

arándano m. **1.** Arbusto de fruto comestible. **2.** Fruto de este arbusto.

arandela f. Pieza plana y redonda, con un agujero en el centro.

araña f. **1.** Arácnido de ocho patas, con un par de uñas en la boca y órganos que producen hilos de seda con los que hace una especie de red para atrapar a sus presas. **2.** Lámpara de techo con varios brazos.

arañar vb. (tr.) Rasgar ligeramente la piel con las uñas o con algún objeto con filo: *El gato me arañó el brazo.*

arar vb. (tr.) Abrir surcos en la tierra con el arado: *Los campesinos aran antes de sembrar las semillas.*

arauaco, ca adj./m. **1.** Pueblo amerindio que se extendió por toda la costa norte de América del Sur, hasta el río Paraguay, y que ocupó también parte de las Antillas: *Los arauacos aún visten con taparrabos; son un pueblo que ya casi desaparece.*

arawak m. Familia lingüística de América del Sur que comprende más de cien dialectos, aunque es hablada por muy pocas personas pertenecientes a las tribus de arauacos.

araucano, na adj./m. y f. De un pueblo amerindio que vive en Chile y Argentina.

arazá m. *Argent., Par.* y *Urug.* Árbol originario de Uruguay que mide hasta 7 metros de alto, de copa ancha

y de madera dura y flexible, de sus frutos se hacen dulces.

arbitrariedad f. Acto regido por la voluntad o el capricho: *"Considero que fue una arbitrariedad haber castigado tan duro a los niños, porque en realidad no se lo merecían", dijo el director de la escuela a un profesor.*

arbitrario, ria adj. **1.** Que depende del arbitrio. **2.** Que procede con arbitrariedad.

arbitrio m. Facultad de decidir por cuenta propia: *Tú puedes usar tu arbitrio para decidir si quieres usar la blusa blanca o la azul", dije a mi hermana.*

árbitro m. **1.** Persona que dirige un encuentro deportivo: *El árbitro amonestó por segunda ocasión al mejor delantero del equipo.* SIN. **réferi. 2.** Persona elegida para solucionar un conflicto: *El abogado se convirtió en el árbitro del divorcio.*

árbol m. **1.** Planta que puede alcanzar gran altura, con tallo grueso que se ramifica: *Creo que los robles son mis árboles favoritos.* **2.** Representación convencional o cuadro descriptivo de una estructura: *Pedro elaboró un árbol de los componentes químicos más importantes y sus derivados.* **3.** loc. **~ genealógico,** descripción que indica la ascendencia o descendencia de los miembros de una familia: *Mis padres, mis tíos, mis abuelos, mis hermanos y yo formamos un árbol genealógico.*

arboleda f. Sitio poblado de árboles: *La carretera cruza una arboleda y poco después hay un claro donde está nuestra cabaña.*

arbóreo, a adj. Que es semejante al árbol o relativo a él.

arbotante m. En arquitectura, arco exterior que se ve sobre todo en las iglesias y monasterios góticos.

arbusto m. Planta más pequeña que un árbol, cuyas ramas crecen desde el suelo: *Como no hay suficiente espacio en el jardín, decidieron plantar arbustos en vez de árboles.*

arca f. Caja grande de madera, con tapa plana: *Mi mamá guarda los manteles en un arca porque no caben en un cajón, que es más pequeño.*

arcabuz m. Antigua arma de fuego: *Los arcabuces se usaron entre los siglos XIV y XVI.*

arcada f. **1.** Serie de arcos: *Hay plazas que tienen una bella arcada de piedra.* **2.** Contracción del estómago que precede al vómito: *Oler huevo podrido me produce arcadas.* SIN. **asco, náusea.**

arcaico, ca adj. Que es muy antiguo: *En tiempos arcaicos el hombre primitivo habitaba en cuevas.*

arcaísmo m. Voz o frase que ya no está en uso.

arcángel m. Ángel de un orden superior: *La Biblia menciona a los arcángeles Gabriel, Miguel y Rafael.*

arcano, na adj./m. y f. Cosa oculta y difícil de conocer. SIN. **secreto.**

arce m. Árbol de gran altura y madera muy dura, que crece en las regiones templadas y tiene frutos secos.

archiduque, quesa m. y f. Título que se le da a los príncipes y princesas de la casa de Austria: *El archiduque Maximiliano, emperador de México de 1864 a 1867, era hermano del emperador Francisco José.*

archipiélago m. Conjunto de islas cercanas entre sí, por lo que forman un grupo: *Cuba, Jamaica, Puerto Rico y Santo Domingo pertenecen al archipiélago de las Antillas.*

archivar *vb.* {tr.} Guardar papeles clasificados de manera debida en un lugar específico: *La maestra archivó en un cajón de su escritorio los exámenes del mes pasado, después de haberlos calificado.*

archivo *m.* **1.** Mueble o local en que se guardan documentos: *En muchos países hay archivos donde se guardan papeles importantes para la historia.* **2.** Conjunto de documentos que se guardan en un local o mueble llamado archivo: *Ese dentista lleva un archivo de la situación en que están todos sus pacientes, y así controla mejor su salud dental.* **3.** En informática, conjunto de datos a los que se pone un título: *En mi computadora tengo un archivo con todos mis datos personales.*

arcilla *f.* Roca sedimentaria impermeable que mezclada con agua sirve para hacer vasijas y adornos: *Mi hermanito rompió el jarrón de arcilla que le regalé a mi mamá el día de su cumpleaños.*

arco *m.* **1.** Parte de curva comprendida entre dos puntos: *Esa ventana está construida en forma de arco no de cuadrado.* **2.** Arma para lanzar flechas: *Muchos pueblos primitivos cazaban con arco y flecha.* **3.** En arquitectura, construcción en forma de curva. **4.** En música, varilla con la que se hace vibrar las cuerdas de un instrumento: *Para tocar el violín se utiliza un arco que hace sonar las cuerdas.* **5.** *loc.* ~ **iris**, líneas curvas de varios colores que aparecen en el cielo cuando hay lluvia y sol al mismo tiempo: *El cuento dice que al final del arco iris hay una olla llena de monedas de oro.*

arder *vb.* {intr.} **1.** Estar encendido o quemándose algo: *La leña seca arde bien.* **2.** Estar muy agitado por una pasión o estado de ánimo: *Pablo está que arde de coraje porque lo han despedido injustamente.*

ardid *m.* Artimaña para lograr algún fin: *Antonio utilizó un ardid para poder ir a la fiesta, porque sus padres no querían darle permiso.*

ardiente *adj.* **1.** Que es o está muy caliente: *En verano, la arena de la playa se pone tan ardiente que nos quema los pies.* **2.** Relativo a la pasión.

ardilla *f.* Mamífero roedor de cola larga y tupida, muy inquieto y ágil: *Me pasé un buen rato viendo las ardillas que subían y bajaban del árbol.*

ardor *m.* **1.** Energía con la que se realiza algo: *Trabajamos con ardor en el experimento que nos dejó el maestro de biología.* **2.** Sensación de calor tan fuerte que molesta: *No me gusta estar mucho tiempo en la playa por el ardor que me producen los rayos del sol.* **3.** Encendimiento de las pasiones: *En la obra de Shakespeare, Romeo y Julieta se amaron con ardor hasta que tuvieron una muerte inesperada.*

arduo, dua *adj.* Muy difícil: *Subir una cuesta en bicicleta es un esfuerzo arduo.*

área *f.* **1.** Terreno comprendido entre unos límites concretos: *El avión acaba de llegar al área de aterrizaje.* **2.** Medida de superficie que equivale a cien metros cuadrados. **3.** Conjunto de asignaturas o ideas vinculadas con un tema: *En el área de medicina también se enseñan biología, química y anatomía.* **4.** En el fútbol, zona del terreno de juego situada junto a la portería.

arena *f.* **1.** Grupo de partículas que se forma cuando se rompe un mineral: *Hay playas donde la arena es tan fina que parece talco.* **2.** Lugar de combate o lucha: *En la arena "Los dos de tres" se enfrentaron ayer dos luchadores muy famosos.* **3.** Ruedo de las plazas de toros.

arenal *m.* Extensión grande de terreno arenoso.

arenga *f.* Discurso solemne y que enciende los ánimos: *El entrenador dirigió una arenga a sus jugadores para animarlos a obtener el triunfo.*

arenisca *f.* Roca formada por pequeños granos de cuarzo.

arenoso, sa *adj.* Que está cubierto o lleno de arena: *Acampamos en un terreno arenoso, porque era la única manera de no alejarnos demasiado del mar.*

arenque *m.* Pez semejante a la sardina, de 20 a 30 centímetros de largo, apreciado por su carne.

areola o **aréola** *f.* En anatomía, círculo rojizo que rodea el pezón.

arepa *f.* *Amér. C.* y *Amér. Merid.* Pan de maíz, amasado con huevos y manteca.

arequipe *f.* *Colomb.* y *Perú.* Postre de leche.

arete *m.* Pendiente que se usa en las orejas: *Después de arreglarse cuidadosamente, la joven se puso unos aretes de plata que destacaban en sus orejas pequeñas: ya estaba lista para su cita.*

argamasa *f.* Mezcla de cal, arena y agua, que se utiliza en construcciones: *Los albañiles prepararon la argamasa para ponerla entre los ladrillos y así poder pegarlos.*

argelino, na *adj./m.* y *f.* Originario de Argelia, país del noroeste de África.

argentífero, ra *adj.* Mineral o roca que contiene plata.

argentino, na *adj./m.* y *f.* Originario de Argentina, país de América del Sur.

argolla *f.* Aro grueso que sirve para sujetar algo a él: *La vaca está atada a la argolla que está en el establo.*

argón *m.* Elemento químico gaseoso e incoloro que se halla en el aire, de símbolo Ar y número atómico 18.

argot *m.* Palabra francesa. Lenguaje específico de un grupo social o profesional: *Cuando mi primo empieza a hablar de química no entiendo el argot que utiliza.*

argucia *f.* Argumento falso presentado con agudeza: *Con una argucia inteligente, Manuel se salvó de que lo sacaran del salón de clases.*

argüir *vb. irreg.* {tr.} Modelo 59. Dar razones a favor o en contra de algo: *Rogelio arguyó en su propia defensa que el otro conductor era culpable del choque porque estaba ebrio.* SIN. **argumentar.**

argumentar *vb.* {tr.} Presentar argumentos o pruebas.

argumento *m.* **1.** Asunto de una obra: *El argumento de la novela Robinson Crusoe trata de un náufrago que sobrevive durante mucho tiempo en una isla deshabitada.* SIN. **guión, trama. 2.** Razonamiento empleado para apoyar o negar una afirmación: *Damián dio un argumento para convencer a su madre de que lo dejara ir a la fiesta y al final la convenció.*

aria *f.* En música, composición escrita para la voz, que se acompaña con uno o más instrumentos: *El tenor interpretó un aria que conmovió a los espectadores.*

árido, da *adj.* **1.** Lugar seco y estéril: *Los desiertos son zonas áridas.* **2.** Que es difícil, complicado: *Ese filme resultó muy árido y entonces decidí ver otro más entretenido.*

aries *adj./m.* y *f.* Uno de los doce signos del zodiaco, comprendido entre el 21 de marzo y el 19 de abril, su símbolo es un carnero.

ariete *m.* En fútbol, delantero centro de un equipo.

ario, ria *adj./m.* y *f.* **1.** De un pueblo primitivo originario del centro de Asia. **2.** En las doctrinas racistas, de raza blanca: *Los nazis consideraban que los alemanes eran de raza aria y, por lo tanto, eran superiores.*

arisco, ca *adj.* Persona o animal huidizo y malhumorado: *El nuevo empleado es muy arisco, por eso no tiene amigos.* SIN. **huraño, insociable.** ANT. **sociable, agradable.**

arista *f.* En matemáticas, línea de intersección de dos planos que se cortan.

aristocracia *f.* Grupo de personas que poseen títulos nobiliarios: *Los condes y los duques forman parte de la aristocracia.*

aristócrata *m.* y *f.* Persona que posee título de nobleza: *En la clase de historia el maestro nos habló de los aristócratas del siglo XVIII, y nos dijo que vivían en grandes palacios y vestían lujosamente.*

aritmética *f.* Ciencia que estudia las propiedades de los números y las operaciones numéricas: *Las sumas, restas, multiplicaciones y divisiones son operaciones de la aritmética.*

arlequín *m.* Bufón que lleva traje con rombos de distintos colores: *En la fiesta del otro día había payasos y arlequines que nos hacían reír.*

arma *f.* **1.** Instrumento o medio para atacar o defenderse: *Las armas de algunos animales son sus dientes y sus garras.* **2.** loc. **~ de dos filos,** aquello que puede ser muy bueno, pero que también puede volverse contra uno: *Correr para llegar antes a un lugar es un arma de dos filos, ya que puedes ser el primero en llegar, o puedes caerte y llegar al último.* **3.** loc. **De ~ tomar,** persona decidida: *Elena es de armas tomar y no dudó en tomar el empleo aunque nunca ha trabajado en ese ramo.* **4.** loc. pl. **Pasar por las ~,** fusilar a una persona: *Durante las guerras, los ejércitos pasan por las armas a mucha gente.*

armada *f.* Fuerzas navales de un Estado: *La armada de mi país cuida las fronteras marítimas.*

armadillo *m.* Mamífero con el cuerpo cubierto por un caparazón: *Los armadillos se enroscan cuando se sienten amenazados.*

armador, ra *m.* y *f.* Persona que equipa un barco con fines comerciales.

armadura *f.* Traje metálico que se usaba antes para proteger el cuerpo de los soldados: *En la Edad Media, los guerreros se cubrían con fuertes armaduras que sólo dejaban los ojos descubiertos.*

armamento *m.* Armas y material bélico utilizado por los ejércitos: *Las granadas forman parte del armamento que un soldado usa para combatir al enemigo.*

armar *vb.* [tr., intr. y prnl.] **1.** Proveer de armas: *El general decidió armar a sus soldados para la batalla.* **2.** Fam. Provocar algún suceso: *Un hombre violento armó un escándalo al final de la fiesta.* **3.** Montar las diferentes partes que forman un objeto: *Mis hermanos armaron el rompecabezas que les regalaron.* **4.** Disponer el ánimo para lograr o soportar algo: *"Ármate de valor y pasarás la prueba sin problemas", dije a mi sobrino.*

armario *m.* Mueble grande que tiene estantes, cajones y perchas para guardar ropa: *"Guarda tu saco en el armario", me dijo el anfitrión de la fiesta.* SIN. **ropero.**

armatoste *m.* Cosa grande, tosca, pesada y poco útil: *Mi vieja televisión es un armatoste, porque es grandísima y no se ve bien.*

armazón *m.* y *f.* Conjunto de piezas sobre las que se arma o sostiene algo: *Los pintores instalaron un armazón de madera para alcanzar a pintar la fachada de la casa.*

armero *m.* El que fabrica, vende o custodia armas.

armiño *m.* Mamífero pequeño, parecido a la comadreja, de piel parda en verano y muy blanca en invierno: *La piel blanca del armiño se ha utilizado para hacer prendas de vestir, pero ya está prohibida su caza.*

armisticio *m.* Suspensión de las hostilidades entre dos bandos enemigos: *Cuando se declaró el armisticio, los soldados dejaron de pelear.* SIN. **tregua.**

armonía o **harmonía** *f.* **1.** Arte de formar los acordes musicales: *Durante el concierto, los instrumentos sonaron con armonía y la sinfonía se escuchó preciosa.* **2.** Proporción y concordancia de unas cosas con otras: *El maestro de arte me dijo que faltaba armonía en mi trabajo, ya que hice los gatos más grandes que los árboles.*

armónica *f.* Instrumento musical de viento, con lengüetas que vibran al soplar y al aspirar: *"No debes soplar muy fuerte a la armónica para que no se distorsione el sonido", me dijo el maestro.*

armónico, ca *adj.* De sonido agradable: *Muchas aves tienen canto armónico.*

armonioso, sa *adj.* **1.** Que suena agradablemente: *Los cantantes de ópera poseen una voz armoniosa.* **2.** Que tiene equilibrio: *En la danza clásica, los movimientos de los bailarines son armoniosos.*

ARN *m.* Abreviatura de "ácido ribonucleico", agente fundamental en la síntesis de las proteínas.

arnés *m.* Armadura de guerra: *El guerrero se ponía el arnés cuando iba a luchar, para protegerse.*

árnica *f.* Planta medicinal, de unos cincuenta centímetros de altura, de flores y raíces muy olorosas, que se usa para aliviar inflamaciones producidas por golpes o torceduras.

aro *m.* **1.** Pieza en forma de circunferencia: *Alrededor de los barriles se ponen aros metálicos.* **2.** loc. **Entrar al ~,** dejar de resistirse a hacer algo, disciplinarse: *"Tendrás que hacerme caso y entrar al aro para que podamos vencer al otro equipo", me exigió el entrenador.*

aroma *m.* Perfume, olor muy agradable: *Me gustan los jazmines porque tienen un aroma maravilloso.*

arpa *f.* Instrumento musical de cuerda, de forma triangular, que se toca con las dos manos: *Anoche escuchamos a un músico que tocó un concierto de arpa.*

arpegio *m.* En música, ejecución sucesiva de las notas de un acorde: *A Macaria le gusta estudiar piano y disfruta particularmente los ejercicios de arpegios que le deja su maestro.*

arpía *f.* **1.** Ser fantástico de la mitología griega, con cabeza de mujer y cuerpo de ave. **2.** Fam. Mujer perversa.

arpillera *f.* Tejido tosco de estopa que se utiliza para hacer sacos.

arpón *m.* Instrumento con mango y punta de hierro, usado para la pesca: *Antes se usaba el arpón para pescar ballenas.*

arquear *vb.* [tr. y prnl.] Dar o tomar la forma de arco: *La gimnasta arqueó la espalda y se mantuvo con las manos y los pies en el piso.*

arqueolítico, ca *adj.* Relativo a la Edad de Piedra.

arqueología *f.* Ciencia que analiza los restos de actividad humana para estudiar las civilizaciones antiguas:

Mi hermano estudió **arqueología** y ahora trabaja en un lugar donde descubrieron una pirámide maya.

arqueólogo, ga *m.* y *f.* Persona que se dedica a buscar y estudiar restos de las antiguas civilizaciones.

arquero *m.* **1.** Persona que utiliza arco y flechas para disparar: *El héroe legendario inglés Robin Hood fue un arquero muy famoso.* **2.** Jugador de fútbol que cuida que no anote el equipo contrario; es el único jugador que puede tocar el balón con las manos: *En los últimos minutos del partido, el arquero detuvo el veloz remate del jugador delantero.* SIN. **portero, guardameta, guardavalla.**

arquetipo *m.* Modelo ideal de personas o cosas: *Las estatuas griegas y romanas son el arquetipo de la belleza física.*

arquitecto, ta *m.* y *f.* Persona encargada de dibujar los planos de una construcción o dirigir su realización: *El arquitecto nos dijo que la construcción de la casa se llevará alrededor de seis meses.*

arquitectura *f.* **1.** Arte de proyectar y construir edificios: *Yo creo que ese niño va a estudiar arquitectura, porque siempre está haciendo planos e ideando construcciones.* **2.** Grupo de edificios de una época que representan un mismo estilo: *La antigua ciudad de Chichén Itzá, en Yucatán, México, es un ejemplo de la arquitectura que desarrollaron los antiguos mayas.*

arquitrabe *m.* En arquitectura, parte inferior del techo o parte superior de una construcción.

arrabal *m.* Barrio situado en las afueras de una población.

arracada *f.* Arete, por lo general en forma circular: *Su mamá perforó las orejas a la niña recién nacida y le puso unas pequeñas arracadas de oro.* SIN. **zarcillo.**

arraigar *vb. irreg.* {intr. y prnl.} **Modelo 17. 1.** Echar raíces una planta: *El árbol ha arraigado en el jardín.* **2.** Establecerse en un lugar: *Cuando mis abuelos llegaron de España a América, vivieron en diferentes países durante algunos años y luego se arraigaron en México.*

arrancar *vb. irreg.* {tr. e intr.} **Modelo 17. 1.** Sacar con violencia una cosa del lugar al que está adherida o sujeta: *El campesino arranca de la tierra las hierbas dañinas para su cosecha.* **2.** Iniciar el funcionamiento de una máquina: *El automóvil no arrancaba porque falló la batería.* **3.** Obtener algo con violencia, esfuerzo o astucia: *El ladrón le arrancó el collar a la señora que iba caminando por la calle.*

arranque *m.* **1.** Parte o mecanismo que permite poner en movimiento algo, en particular a una máquina o motor: *No pudimos llegar a tiempo porque el arranque del auto tuvo problemas.* **2.** Ímpetu de un sentimiento o una acción: *Evita esos arranques de gritos violentos que no te llevan a ningún lado.*

arras *f. pl.* En algunos lugares, donación que el novio hace a la novia cuando contraen matrimonio religioso.

arrasar *vb.* {tr. y prnl.} **1.** Echar por tierra, destruir: *El huracán arrasó el pueblo y ahora van a tener que reconstruirlo.* **2.** Llenarse los ojos de lágrimas: *Cuando supo la mala noticia, se le arrasaron los ojos de lágrimas.*

arrastrar *vb.* {tr. y prnl.} **1.** Mover a una persona o cosa por el suelo, tirando de ella: *Mis amigos y yo arrastramos el armario para cambiarlo de lugar.* **2.** Humillarse indignamente para conseguir algo: *"No debes arrastrarte ante tu jefe para conseguir el aumento de salario, mejor actúa con dignidad", aconsejé a mi hermana.*

arrayán *m.* Árbol de unos tres metros de altura con follaje siempre verde, de pequeñas flores blancas y olorosas, con su fruto, que es ácido y perfumado, se preparan dulces. SIN. **mirto.**

¡arre! *interj.* Se usa para arrear a las bestias: *El caballo no quería avanzar por más que tiraba de las riendas y le decía: "¡arre!"*

arrear *vb.* {tr.} **1.** Estimular a las bestias para que anden. **2.** *Fam.* Apresurar a una persona: *Hay que arrear a tu hermano para que termine de comer porque siempre se tarda mucho.*

arrebatar *vb.* {tr.} Tomar, quitar o llevarse con violencia, fuerza o precipitación: *Un ladrón arrebató el bolso a una señora.*

arrebato *m.* Sentimiento repentino que provoca que se haga algo sin pensarlo: *Tuvo un arrebato de cólera y golpeó a uno de nuestros amigos.*

arrebujar *vb.* {tr. y prnl.} **1.** Arrugar cosas, especialmente las prendas de vestir: *Como no tuve tiempo de guardarlo, arrebujé en la cama el pantalón que me puse ayer.* **2.** Cubrir y envolver bien con ropa: *Era tal el frío que mi tío se arrebujó con una colcha enorme.*

arreciar *vb.* {tr. e intr.} Aumentar en fuerza o intensidad: *La lluvia arrecia en las tardes de otoño.*

arrecife *m.* Grupo de rocas que se encuentra bajo el mar a muy poca profundidad.

arreglar *vb.* {tr. y prnl.} **1.** Reparar lo estropeado: *Mis primos arreglaron mi bicicleta y ahora ya puedo usarla otra vez.* **2.** Poner algo en la forma necesaria o con aspecto agradable: *Mi madre se arregló para la reunión poniéndose un vestido elegante y unos bonitos aretes.*

arreglo *m.* **1.** Acción y efecto de arreglar o arreglarse: *El arreglo de flores que compramos para el cumpleaños de mi mamá tenía claveles, rosas y crisantemos, acomodados con mucha armonía.* **2.** Acuerdo o trato: *Todos llegamos a un arreglo con el maestro sobre las fechas para entregar los trabajos.* **3.** Transformación de una obra musical: *El arreglo moderno que Rubén le hizo a una canción tradicional entusiasmó a los oyentes.*

arremangar *vb.* {tr. y prnl.} **Modelo 17.** Recoger hacia arriba las mangas o la ropa: *Se arremangó la camisa para no ensuciarla y, diciendo "manos a la obra", se puso a arreglar el motor.*

arremeter *vb.* {intr.} Acometer con violencia: *El toro arremetió contra el torero y lo dejó tirado en la arena.*

arremolinarse *vb.* {prnl.} Amontonarse con desorden: *La gente se arremolinaba a la salida del hotel donde estaba el actor famoso de cine, pues todos querían verlo en persona.*

arrendamiento *m.* Pago por usar temporalmente una cosa: *El arrendamiento de la oficina ha subido tanto que tal vez el próximo mes tengamos que buscar una más barata.* SIN. **inquilinaje, inquilinato.**

arrendar *vb. irreg.* {tr.} **Modelo 3.** Ceder o disfrutar el uso temporal de una cosa, por un precio determinado: *Los vecinos ya se van de aquí porque arrendaron una casa que queda más cerca de su trabajo.*

arreo *m.* **1.** *Amér. Merid.* Conjunto de animales que se trasladan de un campo a otro. **2.** *pl.* Correas y demás objetos que se utilizan para montar caballerías.

arrepentirse *vb. irreg.* {prnl.} **Modelo 50.** Lamentar haber hecho o dejado de hacer alguna cosa: *Me arrepiento de haberle hablado groseramente a mi amiga.*

arrestar *vb.* {tr.} Detener a alguien que se supone cometió un delito, privándolo de su libertad. Sɪɴ. **apresar, capturar.** Aɴᴛ. **liberar, soltar.**

arresto *m.* **1.** Detención provisional de un presunto culpable: *El policía realizó el arresto del supuesto ladrón.* **2.** Reclusión por un tiempo breve, como castigo: *Julián no puede salir del cuartel porque está bajo arresto, pero mañana podrá irse a su casa.*

arriar *vb. irreg.* {tr.} **Modelo 9.** Bajar una vela o bandera que estaba izada: *Después de la ceremonia, arriaron la bandera para doblarla y guardarla.*

arriba *adv.* **1.** En lugar superior o más alto: *Mi oficina está arriba, en el segundo piso.* Sɪɴ. **encima.** Aɴᴛ. **abajo.** **2.** loc. **De ~ abajo,** con detalle: *He estudiado la lección de español de arriba abajo para poder contestar el examen.* **3.** loc. **Patas ~,** en desorden: *La vecina tiene la casa patas arriba, los platos en la cama y la ropa en la cocina.*

arribar *vb.* {intr.} Llegar una nave al puerto: *El barco arribó a las seis de la tarde.*

arribista *adj./m. y f.* Persona que quiere progresar por medios rápidos y sin escrúpulos: *Como es un arribista, Jaime está tratando de seducir a Mariana, que es de familia rica e influyente.*

arriero *m.* El que tiene por oficio movilizar bestias de carga.

arriesgado, da *adj.* Que se atreve a enfrentar situaciones riesgosas o complicadas.

arriesgar *vb.* {tr. y prnl.} Poner en peligro: *Ángel arriesgó su vida para sacarme del mar cuando me estaba ahogando.*

arrimar *vb.* {tr. y prnl.} Acercar una cosa o persona a otra para entrar en contacto: *Anoche arrimé mi cama a la de mi hermana porque tenía miedo.* Sɪɴ. **aproximar.** Aɴᴛ. **alejar.**

arrinconar *vb.* {tr.} **1.** Dejar a un lado algo que no se va a utilizar: *Mi abuela arrinconó los muebles viejos en el desván.* **2.** Perseguir a alguien hasta atraparlo: *Los policías arrinconaron al ladrón a dos calles del lugar del asalto y así pudieron atraparlo.*

arritmia *f.* Falta de ritmo regular en los latidos del corazón: *A mi abuela le detectaron una arritmia, así que debe estar bajo control médico.*

arroba *f.* Unidad de peso, utilizada en España y en América del Sur, que equivale aproximadamente a 11 kilos: *En el mercado compré una arroba de naranjas.*

arrobar *vb.* {tr. y prnl.} Quedar sorprendido frente a alguien o algo: *La gran belleza de las rosas me arrobó y decidí pintar un cuadro de ellas.*

arrodillarse *vb.* {prnl.} Hincarse, ponerse de rodillas: *El príncipe y la princesa se arrodillaron ante el rey y éste los declaró marido y mujer.*

arrogante *adj.* Persona que se cree superior a quienes le rodean: *Paco es un arrogante que piensa que todas las mujeres se mueren por él.* Sɪɴ. **orgulloso.** Aɴᴛ. **humilde.**

arrogarse *vb. irreg.* {prnl.} **Modelo 17.** Apropiarse indebidamente de algo: *Ricardo se arrogó el derecho de hablar por mí, cuando en realidad yo no lo había dado.*

arrojar *vb.* {tr. y prnl.} **1.** Lanzar con violencia: *El deportista arrojó la jabalina a muchos metros de distancia.* **2.** Echar a alguien de algún lugar: *El empleado de seguridad arrojó al borracho del bar, porque éste no quería dejar de beber.* **3.** Lanzarse sobre algo: *Me arrojé sobre el balón para evitar que entrara a la portería.* **4.** Tirar

algo o a alguien: *Arrojé al cesto de basura los papeles que no servían.*

arrojo *m.* Valor para realizar algo: *Manuel se lanzó a la piscina con arrojo y rescató al niño que se ahogaba.*

arrollar *vb.* {tr.} **1.** Pasar una cosa por encima de algo o alguien: *Un motociclista circulaba sin precaución y arrolló a mi perro.* Sɪɴ. **atropellar.** **2.** Derrotar o vencer con gran éxito: *Mi equipo favorito arrolló a todos los demás durante el torneo.* Sɪɴ. **derrotar.**

arropar *vb.* {tr. y prnl.} Abrigar, cubrir con ropa: *"Arrópate bien cuando salgas a la calle porque hace frío."*

arrostrar *vb.* {tr.} Resistir cualquier situación: *El equipo de fútbol de la escuela arrostró con valor el difícil partido del sábado.*

arroyo *m.* Corriente de agua de escaso caudal: *Cerca de la escuela hay un arroyo donde los niños nadan en verano, y no corren peligro porque no es profundo.*

arroz *m.* Planta cultivada en terrenos muy húmedos de la que surge un grano que se come: *Mi abuela prepara un delicioso pollo con arroz.*

arrozal *m.* Terreno destinado al cultivo del arroz: *Los arrozales son lugares muy húmedos.*

arruga *f.* **1.** Pliegue de la piel, generalmente por efecto de la edad: *Mi tía tiene arrugas en la cara porque ya cumplió 65 años.* **2.** Forma irregular que se hace en cualquier cosa que se dobla o frunce: *Plancha la camisa, por favor, para quitarle esas arrugas.*

arrugar *vb. irreg.* {tr. y prnl.} **Modelo 17. 1.** Hacer arrugas: *"Ya arrugaste el papel que iba a utilizar para envolver el regalo, ahora necesito comprar otro", dijo mi abuelo.* **2.** *Fam.* Acobardarse.

arruinar *vb.* {tr. y prnl.} **1.** Destruir o hacer daño: *El mal carácter de Pablo arruinó la armonía que había en su familia.* **2.** Perder su dinero: *El dueño de la tienda se ha arruinado por no saber organizar sus gastos, ya que gasta más de lo que gana.*

arrullar *vb.* {tr.} **1.** Adormecer a un niño cantándole suavemente: *Como el bebé estaba inquieto, Mara lo arrulló durante un rato y por fin se durmió.* **2.** Atraer el palomo a la hembra por medio de su canto.

arrumar *vb.* {tr.} *Colomb.* y *Venez.* Amontonar.

arrume *m.* Montón, conjunto de cosas desordenadas.

arsenal *m.* Almacén de armas y objetos de guerra.

arsénico *m.* Elemento químico, de símbolo As y número atómico 33, de color gris y brillo metálico, tiene componentes tóxicos.

arte *m.* **1.** Actividad creativa del ser humano, que requiere la aplicación de sus facultades sensoriales, estéticas e intelectuales: *El cocinero de ese restaurante hace de la cocina un arte. Sus guisos son originales y muy sabrosos.* **2.** Conjunto de obras artísticas en un país, una región o una época: *El arte barroco europeo se desarrolló en el siglo* xvii. **3.** Conjunto de reglas que rigen en una profesión: *Dominar el arte de tocar el violín exige muchas horas de entrenamiento.* **4.** Habilidad para realizar algo: *El profesor posee el arte de hacer amena la clase.*

artefacto *m.* **1.** Máquina, aparato: *Ese artefacto salió defectuoso, a veces enciende y a veces no.* **2.** Cualquier carga explosiva: *Los soldados prepararon un artefacto para dinamitar el puente.*

artejo *m.* En zoología, pieza articulada que forma los apéndices de los artrópodos.

arteria f. *1.* Conducto que lleva la sangre del corazón al resto de los órganos del cuerpo. *2.* Calle de una ciudad, con más tránsito que las demás: *Esta avenida es la principal* **arteria** *de la ciudad.*

arteriosclerosis f. Enfermedad que consiste en el endurecimiento progresivo de las paredes de las arterias.

artesa f. Recipiente de madera que sirve para preparar el pan: *Ya no quedaba masa en la* **artesa**, *así que el panadero dio por terminada su labor.*

artesanal adj. Relativo a la artesanía: *Compré un mantel* **artesanal** *que estaba cosido y bordado a mano.*

artesanía f. Trabajo artístico que se hace con las manos: *En algunos países, como Perú y México, se pueden encontrar* **artesanías** *de cerámica muy hermosas.*

artesano, na m. y f. Persona que elabora objetos a mano: *Ayer llegaron unos* **artesanos** *a la ciudad para vender su mercancía.*

ártico, ca adj. Relativo al polo norte y a las regiones que lo rodean: *Las tierras* **árticas** *son en realidad una enorme masa de hielo.* SIN. **boreal.**

articulación f. *1.* Acción y efecto de articular: *Unimos las* **articulaciones** *del robot para que funcionara.* *2.* Punto de unión entre las partes de un mecanismo: *El agua se escapa por una* **articulación** *de la tubería que está mal sellada.* *3.* En anatomía, zona de unión entre dos o más huesos: *Me duele la* **articulación** *del codo porque jugué tenis sin hacer un poco de ejercicio antes.* *4.* En lingüística, posición y movimientos de los órganos de la voz para la pronunciación de un sonido: *El punto de* **articulación** *de la b son los labios.*

articulado, da adj. Que tiene una o varias articulaciones: *Si los huesos no estuvieran* **articulados**, *no podríamos movernos y estaríamos como estatuas.*

articular vb. {tr.} *1.* Producir los sonidos de una lengua: *La maestra de inglés nos dice cómo* **articular** *las palabras, es decir, cómo pronunciarlas.* *2.* Unir las partes de un todo en forma funcional: *Para que funcione mi reloj de manera adecuada, el relojero* **articuló** *bien todas las piezas.*

artículo m. *1.* Escrito publicado en un diario o revista: *El* **artículo** *que leí en el diario sobre protección del ambiente me sirvió para elaborar mi trabajo.* *2.* Mercancía o producto que se compra o se vende: *Los* **artículos** *para el hogar se encuentran en el segundo piso de la tienda.* *3.* Disposición numerada que aparece dentro de un texto legal: *Respetar cada* **artículo** *de la Constitución nacional asegura la paz.* *4.* En lingüística, palabra que indica el género y número del sustantivo que le sigue: *Existen los* **artículos** *definidos (el, la, los, las) y los indefinidos (un, una, uno, unas, unos).*

artificial adj. *1.* Hecho por la mano del hombre: *En el parque que está cerca de mi casa hicieron un lago* **artificial**. ANT. **natural.** *2.* Falso, falto de naturalidad: *En el escenario apareció un actor* **artificial** *que no convenció a nadie con su mala actuación.*

artificio m. *1.* Habilidad para hacer algo: *Este aparato está hecho con gran* **artificio**, *se nota que fue complicado armarlo.* *2.* loc. **Fuegos de ~,** preparación química detonante y luminosa empleada en festejos: *Los* **fuegos de artificio** *dieron brillantez a la fiesta del pueblo.*

artillería f. *1.* Arte de construir armas de guerra: *Mi hermano lee con entusiasmo un libro sobre* **artillería**,

creo que quiere ser soldado. *2.* Conjunto de armas de tierra: *La* **artillería** *fue fundamental en las guerras antes de que inventaran el avión.* *3.* Cuerpo militar destinado a usar armas de artillería.

artillero, ra m. y f. Soldado que maneja cañones u otras armas de artillería.

artilugio m. Trampa, maña o enredo: *En realidad no hubo ningún incendio, nosotros lo inventamos como* **artilugio** *para salir temprano de la escuela, por eso mi madre nos castigó.*

artimaña f. Astucia, disimulo para engañar a alguien: *Juegan tan mal que sólo con* **artimañas** *podrían vencernos.* SIN. **ardid, triquiñuela.**

artista m. y f. *1.* Persona que ejercita algún arte: *Mi abuela era una* **artista** *para bordar.* *2.* Persona que actúa frente al público presentando un espectáculo: *El famoso* **artista** *salió disfrazado al escenario para iniciar la obra de teatro.* SIN. **actor.**

artístico, ca adj. Que se relaciona con el arte: *En un museo hay obras* **artísticas** *muy antiguas y valiosas.*

artritis f. Inflamación de una articulación: *A mi papá le duelen las manos porque tiene* **artritis**.

artrítico, ca adj./m. y f. Relativo a la inflamación de las articulaciones.

artrópodo adj./m. Animal invertebrado de cuerpo dividido en partes articuladas: *Los insectos como la hormiga son* **artrópodos**.

artrosis f. Afección de las articulaciones: *La artritis es una forma de* **artrosis**.

arveja f. *Argent., Chile, Colomb. y Urug.* Semilla leguminosa comestible, verde y redonda. SIN. **guisante, chícharo.**

arzobispo m. En la jerarquía de la Iglesia Católica, sacerdote de alto rango encargado de una provincia eclesiástica, superior al obispo.

as m. *1.* Naipe que representa el número uno. *2.* Persona que sobresale en algo: *Pablo es un* **as** *en el manejo de la bicicleta, la hace saltar sobre un solo neumático.*

ASA Abreviatura de American Standard Association. Siglas que marcan la sensibilidad a la luz de los rollos de fotografía.

asa m. Parte que sobresale de un objeto y que sirve para sujetarlo: *A la cacerola le falta el* **asa**, *por eso es muy difícil sujetarla.* SIN. **asidero.**

asado m. Plato o guiso a base de carne preparada al horno o a la parrilla: *Después de la sopa, comimos un delicioso* **asado**.

asado, da adj. Que ha estado en el fuego: *Esta carne* **asada** *tomó el sabor del carbón con que la cociné.*

asador m. Instrumento de hierro que sirve para asar carne: *El domingo pasado preparamos carne con unas cebollas en el* **asador** *nuevo que compraron mis padres.*

asalariado, da adj./m. y f. Persona que percibe un pago por su trabajo. SIN. **empleado.**

asaltante m. Persona que asalta: *Los* **asaltantes** *se llevaron todo el dinero de la tienda.*

asaltar vb. {tr.} *1.* Tomar un lugar o atacar a una persona, en especial para efectuar un robo: *Dos individuos que traían máscaras* **han asaltado** *a ese hombre.* *2.* Llegar una idea de repente: *Lo* **asaltó** *una duda en la clase de física y por eso preguntó al maestro.*

asalto m. *1.* Hecho en que se toma por sorpresa un lugar o a una persona con el fin de robar: *El* **asalto** *al banco resultó un fracaso para los ladrones porque la* policía los atrapó. SIN. **robo. 2.** Parte de un combate de boxeo: *En el cuarto* **asalto,** *el campeón cayó inconsciente.*

asamblea *f.* Reunión de personas convocadas para algún fin: *En la* **asamblea** *de maestros de la escuela, todos votaron a favor, de Ernesto para elegirlo como representante.*

asar *vb.* {tr. y prnl.} **1.** Preparar un alimento directamente en el fuego: *La cocinera* **asó** *un delicioso pollo a las brasas.* **2.** Sentir mucho calor: *Siento que* **me aso** *en esta habitación tan pequeña y sin ventilación.*

asaz *adv.* Bastante, muy: *Elena luce* **asaz** *delicada de salud, ya que se ve pálida y delgada.*

ascendencia *f.* Antecedentes familiares de una persona: *Mi abuelo tiene* **ascendencia** *francesa aunque él nació en Bolivia.*

ascendente *adj.* Se dice de lo que asciende: *El precio* **ascendente** *de los libros hace difícil comprar alguno.*

ascender *vb. irreg.* {intr.} Modelo 24. **1.** Pasar a un lugar más alto o a una categoría superior: *Los jugadores de fútbol de la escuela* **ascendieron** *del segundo al primer lugar de la tabla general.* SIN. **subir. 2.** Aumentar una cantidad: *Con los intereses, el préstamo* **ascendió** *de 800 mil pesos a un millón.*

ascendiente *m.* y *f.* Dentro de una familia, parientes como el padre y la madre de los que se nace, y otros de los que se desciende: *Mis* **ascendientes** *por parte de mi papá son indígenas.* SIN. **antepasado.** ANT. **descendiente.**

ascensión *f.* Acción de subir: *La* **ascensión** *a la pirámide les tomó diez minutos.*

ascenso *m.* **1.** Subida, acción y efecto de subir: *El* **ascenso** *a la cumbre de la montaña fue difícil.* ANT. **descenso. 2.** Cambio de puesto a un nivel superior: *Cristóbal obtuvo un* **ascenso** *su empeño en el trabajo y ahora ya es jefe.* SIN. **promoción.**

ascensor *m.* Aparato para transportar personas de un piso a otro de un edificio: *Debes subir por las escaleras porque no hay* **ascensor.** SIN. **elevador.**

asceta *m.* y *f.* Persona que practica una vida austera con fines espirituales o religiosos. SIN. **anacoreta, ermitaño.**

asco *m.* **1.** Alteración física producida por repugnancia: *Me da tanto* **asco** *la carne cruda que siento ganas de vomitar nada más de imaginármela.* **2.** Impresión desagradable causada por algo que repugna: *El filme resultó un* **asco** *por las malas actuaciones de los actores principales.*

ascua *f.* **1.** Pedazo de materia que arde sin dar llama. **2.** *loc. pl.* **En ~,** estar intranquilo por no saber nada: *"Como te fuiste sin llegar a un acuerdo conmigo me quedé* **en ascuas.** *¿Me vas a pagar o no?", le exigí a Genaro.*

aseado, da *adj.* Que es o está limpio y arreglado: *"Guarda tus juguetes para que tu habitación luzca* **aseada",** *me pidió mi madre.*

asear *vb.* {tr. y prnl.} Limpiar lo que está sucio y desarreglado: *Antes de salir al parque, debes* **asear** *la cocina y lava tu ropa.* SIN. **ordenar.** ANT. **ensuciar, desordenar.**

asechanza *f.* Engaño para dañar a otro. SIN. **emboscada.**

asediar *vb.* {tr.} **1.** Cercar un lugar enemigo para atacarlo o impedir que salgan los que están en él: *Los solda-*dos **asediaron** *la ciudad para tomar por sorpresa a sus enemigos.* SIN. **sitiar. 2.** Importunar continuamente a alguien: *Los periodistas* **asediaron** *con preguntas a la nueva actriz y no la dejaban hablar.*

asedio *m.* Acción y efecto de asediar: *Ya estoy cansado del* **asedio** *de Paulina, le he dicho mil veces que no quiero ser su novio y ella no deja de insistir.*

asegurar *vb.* {tr. y prnl.} **1.** Fijar sólidamente: **Aseguré** *el retrato a la pared con un clavo.* **2.** Garantizar que se va a llevar a efecto una cosa: *El arquitecto nos* **aseguró** *que la casa estaría lista en dos meses, ya que sólo faltaban algunos arreglos.* **3.** Elaborar un contrato que proteja algo de valor: *Manuel* **aseguró** *su automóvil contra robo y daños. Ahora, si se lo roban, la compañía aseguradora le pagará el daño.*

asemejar *vb.* {tr. y prnl.} Parecerse o hacer semejante una cosa a otra: *Las dos hermanas* **se asemejan** *mucho: se peinan, se visten igual y se parecen físicamente.*

asentaderas *f. pl. Fam.* Nalgas: *Por sentarse sin fijarse, mi primo puso sus gordas* **asentaderas** *en mi juguete y lo rompió.*

asentar *vb. irreg.* {tr. y prnl.} Modelo 3. **1.** Colocar una cosa firmemente: *Los albañiles* **asentaron** *la viga para que no se cayera el andamio.* **2.** Anotar algo en un libro: *La maestra* **asentó** *la calificación que Germán merecía por su mal comportamiento.* **3.** Establecerse un pueblo en un sitio: *Los primeros pueblos de la historia* **se asentaron** *en lugares cercanos a ríos.* **4.** Establecerse en un lugar: *Los exploradores* **se asentaron** *en la colina para pasar la noche.* **5.** Posarse al fondo de un líquido: *Le faltó sabor al caldo porque los condimentos* **se asentaron** *en la cacerola.*

asentir *vb. irreg.* {intr.} Modelo 50. **1.** Mover la cabeza de manera afirmativa. **2.** Admitir como cierta una cosa o aceptarla como buena: *Héctor nos propuso ir a la playa y todos* **asentimos** *porque nos pareció una buena idea.* SIN. **aceptar, aprobar.**

aseo *m.* Limpieza de algo o alguien para quedar presentable: *Roberto me hizo notar el mal* **aseo** *de mis zapatos, ya que estaban llenos de tierra.*

asepsia *f.* **1.** Ausencia de microorganismos patógenos: *Una sala de operaciones requiere una excelente* **asepsia.** **2.** Método para proteger al organismo de gérmenes dañinos.

aséptico, ca *adj.* Sin gérmenes infecciosos.

asequible *adj.* Que se puede conseguir o alcanzar: *El precio de la bicicleta es* **asequible** *para mi economía.* SIN. **accesible.**

aserción *f.* Proposición en que se afirma alguna cosa: *La* **aserción** *del científico convenció a quienes asistieron a la conferencia y todos coincidieron en que era verdad lo que decía.* SIN. **afirmación.**

aserradero *m.* Lugar donde se hacen tablas de madera.

aserrín *m.* Ver **serrín.**

aserto *m.* Aserción, afirmación. ANT. **negativa.**

asesinar *vb.* {tr.} Matar intencionalmente a una persona: *El dictador mandó* **asesinar** *a sus adversarios.*

asesinato *m.* Acción y efecto de quitar la vida a una persona: *Durante el robo al banco, los ladrones cometieron un* **asesinato.** SIN. **crimen.**

asesino, na *adj.* Que mata, condena o reprueba: *Maruca le dirigió a Lauro una mirada* **asesina** *después de que éste dijo que estaba bien copiar en los exámenes.*

asesino, na *m.* y *f.* Persona que mata voluntariamente: *No era la primera víctima de ese asesino, ya que antes había matado a otras dos personas.* SIN. **criminal.**

asesor, ra *m.* y *f.* Persona que da consejos o información sobre algún tema o asunto: *Consultó a un asesor legal antes de abrir el negocio, para no cometer errores en los trámites.*

asesorar *vb.* {tr. y prnl.} Dar consejo para llevar una acción a buen fin: *La maestra nos asesoró en el examen final.*

asestar *vb.* {tr.} Descargar contra alguien o algo un proyectil o un golpe: *El niño mayor asestó tal golpe a su compañero que éste empezó a sangrar de la nariz.*

aseverar *vb.* {tr.} Asegurar lo que se dice: *El locutor de la radio aseveró que ese filme era el mejor del año.*

asexuado, da *adj.* Que carece de sexo o parece que no lo tiene: *En la obra de teatro, los artistas tenían apariencia asexuada, y no se distinguían hombres de mujeres.*

asexual *adj.* Sin sexo: *En algunas plantas se da la reproducción asexual, la cual se realiza sin intervención de las células reproductoras.*

asfalto *m.* Substancia derivada del petróleo, que se utiliza para cubrir calzadas y carreteras: *Pusieron nuevo asfalto en la avenida después de que se lo pedimos a las autoridades.*

asfixia *f.* Resultado de suspender o de hacer difícil la entrada de aire oxigenado al cuerpo: *Dos buzos murieron por asfixia cuando se les acabó el oxígeno y no pudieron salir a la superficie.*

asfixiante *adj.* Que impide la entrada de aire para respirar: *El cine estaba tan lleno que era asfixiante permanecer allí.*

asfixiar *vb.* {tr. y prnl.} Provocar que alguien muera por falta de oxígeno o hacer que sea difícil respirar: *Había tanto humo de cigarrillo dentro del restaurante que sentí que me asfixiaba.*

así *adv.* *1.* De esta o esa manera: *El ingeniero dijo que la casa estaba bien así, pero ayer se cayó.* *2.* Precedido de la conjunción y, introduce una consecuencia: *Se casaron y así vivieron juntos muchos años.*

asiático, ca *adj./m.* y *f.* Originario de Asia.

asidero, ra *m.* y *f.* Parte por donde se agarra algo: *Toma la taza por el asidero para que no te quemes.*

asiduo, dua *adj./m.* y *f.* Que se hace constantemente, con frecuencia: *Julián es un asiduo colaborador del diario de la escuela, cada semana escribe un artículo.*

asiento *m.* *1.* Cualquier mueble destinado para sentarse en él: *El asiento favorito de papá es el sofá verde.* *2.* Parte de un mueble que sirve para sentarse: *Los asientos del carro son muy cómodos.* *3.* Anotación o registro en un libro: *El asiento de los gastos del año pasado está archivado en su libreta correspondiente.* *4.* Sólido que se puede separar de un líquido: *El vinagre de alcohol o de frutas deja un asiento en el fondo de las botellas.*

asignación *f.* Dinero que se da como compensación a una labor hecha: *Por limpiar el patio, mis padres me dan una pequeña asignación para mis gastos.*

asignar *vb.* {tr.} Señalar lo que corresponde a una persona o cosa: *Asigné lugares a mis compañeros del salón de clases para que todos pudieran ver la función cómodamente: los más bajos adelante y los altos atrás.*

asignatura *f.* Materia que forma parte de un plan de estudios: *La asignatura de anatomía es mi favorita.*

asilo *m.* *1.* Casa donde se ayuda a personas sin recursos económicos: *Cerca de la escuela hay un asilo de ancianos.* *2.* Protección que se ofrece a alguien: *El gobierno de mi país dio asilo a varias personas que tenían problemas en otros lugares.*

asimetría *f.* Posición de los elementos de un conjunto en la que varían las alturas, las distancias, etc.: *René buscó la asimetría al colgar sus cuadros, es decir, no puso las mismas distancias entre ellos.*

asimilación *f.* *1.* Capacidad de comprender lo que se nos explica: *Los alumnos tuvieron una muy buena asimilación de lo que enseñó la maestra de matemáticas.* *2.* En biología, propiedad de los organismos vivos de aprovechar las substancias o alimentos.

asimilar *vb.* {tr. y prnl.} *1.* Comprender lo que se dice sobre algún tema: *Juan asimiló lo que dijo el profesor de geografía sobre las zonas boscosas y ahora hace un trabajo sobre ello.* SIN. **entender.** *2.* Transformar el cuerpo una substancia para poder aprovecharla: *El organismo humano asimila todos los alimentos para mantenerse en forma.* *3.* Aceptar y adaptarse a una situación: *Mi mamá no ha asimilado la muerte de mi papá, ya que está muy deprimida y llora a diario.*

asimismo o **así mismo** *adv.* De este o del mismo modo: *Para aprobar la materia deben participar en clase. Asimismo, es requisito elaborar todos sus trabajos y entregarlos a tiempo.*

asíndeton *m.* Eliminación de los términos de enlace en una frase o entre dos frases: *Si en una enumeración no pongo una "y" entre los dos últimos términos, estoy utilizando un asíndeton. Por ejemplo: "un perro, un gato, un loro, un elefante".*

asir *vb. irreg.* {tr. y prnl.} **Modelo 70.** *1.* Tomar algo con la mano: *Pedro asió a su hermana antes de que ella cayera al piso.* SIN. **coger.** *2.* Sujetarse a algo con mucha fuerza: *Me así a una rama para no caerme del árbol.* SIN. **agarrarse.**

asistencia *f.* *1.* Ayuda que se le proporciona a alguien: *Después del accidente, los heridos necesitaban asistencia médica.* SIN. **auxilio, cuidado.** *2.* Cantidad de personas que asisten a un evento: *En el partido de fútbol hubo una gran asistencia, ya que el estadio estaba repleto.* SIN. **concurrencia.**

asistente *m.* y *f.* Persona que ayuda a otra o cuida de ella: *El asistente de mi jefe es muy trabajador y responsable, siempre cumple con lo que le piden.*

asistir *vb.* {tr.} *1.* Estar presente en algún lugar: *Todos mis amigos asistieron a mi graduación.* SIN. **acudir.** *2.* Ocuparse de una persona o de varias personas: *La Cruz Roja asiste a los heridos en los accidentes.* SIN. **atender.**

asma *m.* Problema respiratorio que se manifiesta por sofocación, ahogo o tos: *Manuel tiene asma y a veces le cuesta mucho trabajo respirar.*

asmático, ca *adj.* Que tiene problemas respiratorios: *Roberto es asmático y por eso le afecta mucho la contaminación.*

asno, na *m.* y *f.* *1.* Mamífero más pequeño que el caballo, que se utiliza como animal de carga: *El asno es uno de los animales de carga que más ayudan al hombre.* SIN. **burro, borrico, jumento.** *2.* *Fam.* Persona ruda o sin educación: *Raúl a veces se comporta como un **asno** y empieza a dar manotazos a los compañeros del salón.*

asociación f. **1.** Relación que existe entre varias cosas para alcanzar un fin. **2.** Gente unida para lograr un fin: *La **asociación** de padres de familia de la escuela organiza eventos importantes para juntar dinero y así mejorar la escuela.* SIN. **agrupación, sociedad.**

asociar vb. {tr. y prnl.} **1.** Juntar personas o cosas para que lleguen a un mismo fin: *Mi padre **se ha asociado** con unos amigos para formar un club de ajedrez.* **2.** Relacionar ideas, sentimientos, recuerdos, etc.: *Siempre **asocio** las vacaciones de verano con la playa.*

asolar vb. irreg. {tr.} Modelo 5. Destruir completamente algo: *El terremoto **asoló** la ciudad y dejó muchos muertos.* SIN. **arrasar, devastar.**

asoleada f. *Chile, Colomb., Guat. y Méx.* Insolación.

asolear vb. {tr. y prnl.} **1.** Poner al sol una cosa por algún tiempo: *Mi mamá puso a **asolear** los pantalones en el patio de la casa.* **2.** Acalorarse tomando el sol: *Durante las vacaciones **nos asoleamos** todo el día en la playa.* **3.** Fam. Fastidiar a alguien: *El policía nos traía **asoleados** con tantas preguntas, pues insistía en que nosotros conocíamos a unos ladrones.*

asomar vb. {tr., intr. y prnl.} **1.** Empezar a mostrarse: *Detrás de la colina, el Sol empieza a **asomarse** con sus grandes rayos.* SIN. **aparecer, surgir. 2.** Sacar una cosa por una abertura: *Mi vecino **asomó** la mano por la ventana para saludar a sus amigos.* SIN. **sacar.** ANT. **ocultar, esconder.**

asombrar vb. {tr. y prnl.} Crear sorpresa o admiración por algo: *La espectacular voz de la cantante **asombró** a todo el público.* SIN. **sorprender, maravillar.**

asombro m. Espanto, sorpresa o admiración que produce algo inesperado: *Todos miraron con **asombro** el truco que realizó el mago: ¡desapareció un automóvil!* SIN. **admiración, sorpresa.**

asombroso, sa adj. Que es desconcertante y produce sorpresa: *Este edificio tiene una altura **asombrosa**, nunca había visto uno tan alto.* SIN. **extraordinario, sorprendente.**

asomo m. Señal que permite percibir un suceso que va a pasar: *Julián muestra un **asomo** de mejoría de la enfermedad que padece, pues ya no tiene fiebre.*

asonancia f. En dos o más versos, igualdad de los sonidos de las vocales a partir de la última vocal acentuada.

asonante adj. Relativo a la rima en que sólo son iguales las vocales.

aspa f. Figura en forma de X o de cruz que gira impulsada por un motor o a causa del viento: *Las **aspas** del ventilador de aire estaban funcionando a su máxima potencia.*

aspaviento m. Demostración excesiva de un sentimiento a través de gestos: *Elena hizo tanto **aspaviento** por el filme de horror, que mejor decidimos ver un programa musical.*

aspecto m. Manera en la que se perciben las cosas por medio de la mirada: *El murciélago es un mamífero, aunque tiene **aspecto** de ave.* SIN. **apariencia.**

aspereza f. **1.** Cualidad de una superficie que no es suave: *La **aspereza** de la piel de tus manos se debe a que no las cuidas.* **2.** Cualidad de algo que no es agradable: *La **aspereza** de su carácter hizo que terminara*

peleándose con su mejor amigo. **3.** Característica de una superficie que no es lisa: *La principal cualidad del papel de lija es su **aspereza**.*

asperjar vb. {tr.} Esparcir un líquido en gotas pequeñas: *El cocinero **asperjó** aceite de olivo en la ensalada.*

áspero, ra adj. **1.** Falto de suavidad al tacto: *Este árbol tiene la corteza **áspera**.* SIN. **liso, suave. 2.** Que no es amable en el trato hacia los demás: *Mi compañero de trabajo tiene un trato **áspero**, y por eso los clientes lo evitan.*

aspersión f. Forma de lanzar un líquido en pequeñas gotas.

áspid m. Víbora muy venenosa, parecida a la culebra común, que vive en Europa y en el norte de África.

aspiración f. **1.** Hecho de meter aire en los pulmones. ANT. **espiración. 2.** Hecho de intentar algo que se desea: *Jorge tiene la **aspiración** de ser un actor famoso, por eso toma cursos de actuación.* SIN. **ambición, deseo, pretensión. 3.** En lingüística, acción de emitir un sonido acompañándolo de un soplo que se puede percibir.

aspiradora f. Aparato eléctrico que recoge el polvo: *Se me regó la harina en el suelo, pero con la **aspiradora** limpié todo en un instante.*

aspirante m. y f. Individuo que busca obtener algo de un suceso importante: *"Tu participación en clase ha sido muy brillante, por lo que eres **aspirante** a ser el mejor alumno de la escuela", me dijo el director.* SIN. **candidato.**

aspirar vb. {tr. e intr.} **1.** Meter aire en los pulmones: *Necesito **aspirar** aire puro, porque siento que me asfixio con tanta contaminación.* **2.** Pretender una cosa: *Mi vecino **aspira** a ser diputado y por eso nos pide nuestro apoyo en las elecciones.* **3.** Quitar el polvo de un tapete o del piso con una máquina que aspira.

aspirina f. Nombre comercial del derivado del ácido salicílico, usado para combatir la fiebre y como analgésico: *Como me dolía la cabeza tomé una **aspirina**.*

asquear vb. {tr. y prnl.} **1.** Causar o sentir asco: *El olor a pescado podrido **asquea** a cualquiera.* SIN. **desagradar, repugnar. 2.** Sentir rechazo hacia algo o alguien: *El filme era tan violento, que **me asqueó** ver tanta sangre y me salí antes de que terminara.* SIN. **fastidiar.**

asqueroso, sa adj. Que produce asco, que no es agradable: *Me parece **asqueroso** el sabor de ese postre.* SIN. **desagradable, repugnante.** ANT. **limpio.**

asta f. **1.** Palo de lanza o flecha. **2.** Palo que sirve para poner una bandera: *Construyeron un **asta** muy alta para que la bandera pueda verse desde lejos.* **3.** Partes duras que salen de la cabeza de algunos animales: *Los ciervos poseen unas **astas** enormes que les permiten defenderse de sus enemigos.* SIN. **cuerno.**

astato m. Elemento químico artificial y radiactivo de símbolo At y número atómico 85.

astenia f. Estado de agotamiento sin causa física.

astenosfera f. En geografía, capa viscosa situada en el interior de la Tierra, sobre la cual se encuentra la litosfera.

asterisco m. Signo ortográfico en forma de estrella (*).

asteroide m. En astronomía, especie de planeta pequeño que circula entre las órbitas de Marte y Júpiter.

astigmatismo m. Defecto del ojo: *Necesito anteojos para evitar que aumente el **astigmatismo** que tengo.*

astil *m.* Mango del hacha o azada: *Mi tío construyó un* **astil** *de madera que resistiera el peso de la nueva hacha para cortar troncos.*

astilla *f.* Fragmento que se desprende de la madera y de los minerales al romperse: *A Mario se le clavó una* **astilla** *mientras cortaba madera.*

astillero *m.* Lugar donde se construyen y reparan barcos: *Los barcos que salieron dañados por el huracán fueron llevados al* **astillero** *más cercano.*

astracán *m.* Piel de cordero recién nacido, muy fina y con el pelo rizado.

astrágalo *m.* **1.** En anatomía, hueso del tarso articulado con la tibia y el peroné. **2.** En arquitectura, moldura entre el capitel y el fuste.

astringente *adj./m.* **1.** Que contrae los tejidos: *Ángeles se compró una loción* **astringente** *para cerrar los poros de la piel de su cara.* **2.** Que produce estreñimiento.

astro *m.* **1.** Cuerpo celeste que existe en el Universo: *Las estrellas y los planetas del Universo son* **astros** *que aún encierran muchos enigmas para nosotros.* **2.** Persona excelente en su actividad, que por lo mismo es muy conocida: *Raúl es un* **astro** *en el manejo de la pelota, ya que ninguno de nosotros juega mejor que él.*

astrofísica *f.* Parte de la astronomía que estudia los cuerpos celestes.

astrolabio *m.* Instrumento antiguo que se utilizaba para observar la posición de los astros.

astrología *f.* Estudio de la influencia de los astros en las personas.

astrólogo, ga *m.* y *f.* Persona que estudia la influencia de las posiciones de los astros en la vida de las personas: *El* **astrólogo** *le hizo un estudio sobre cómo estaban colocados los planetas el día en que nació.*

astronauta *m.* y *f.* Piloto o pasajero de una astronave: *Los* **astronautas** *caminaron por primera vez sobre la Luna en 1969.*

astronáutica *f.* Navegación por el exterior de la atmósfera.

astronave *f.* Vehículo espacial: *En los libros de ciencia ficción se describen extraordinarias* **astronaves** *que son capaces de ir a planetas que están a años luz de la Tierra.*

astronomía *f.* Ciencia que estudia los astros.

astronómico, ca *adj.* **1.** Relativo al estudio de los astros: *Los cálculos* **astronómicos** *sirvieron para calcular la distancia que existe entre el Sol y la Tierra.* **2.** Que implica aumento exagerado de algo: *El precio del carro resultó* **astronómico** *y no lo compré. ¡Cuesta el doble que hace tres meses!* SIN. **enorme**.

astrónomo, ma *m.* y *f.* Persona que estudia y analiza a los astros.

astucia *f.* Habilidad para engañar o evitar ser engañado: *Con* **astucia**, *hice que Tomás creyera que mi papá es extraterrestre.* SIN. **sagacidad**.

astuto, ta *adj.* Hábil para engañar o evitar el engaño: *Laura fue más* **astuta** *que Ricardo y no se dejó engañar por él.* SIN. **sagaz**. ANT. **ingenuo**.

asueto *m.* Descanso breve: *El dueño de la fábrica les dio tres días de* **asueto** *a los trabajadores como premio a su labor.*

asumir *vb.* {tr.} Hacerse cargo de una cosa, aceptando la responsabilidad: *Con una gran emoción,* **asumió** *la dirección de la empresa.*

asunción *f.* Hecho de aceptar algo que requiere de responsabilidad o trabajo: *Ayer se efectuó la* **asunción** *del nuevo ministro.*

asunto *m.* **1.** Materia de la cual se habla: *El* **asunto** *del que trató la conferencia nos entusiasmó y todos asistimos, ya que deseábamos saber más sobre el nuevo grupo de rock.* SIN. **tema**. **2.** Situación en la que se ocupa una persona: *Mis primos trataron el* **asunto** *del préstamo con el gerente del banco.* SIN. **negocio**.

asustar *vb.* {tr. y prnl.} Causar o sentir miedo: *La explosión de gas* **asustó** *a todos los transeúntes que caminaban por la calle.* SIN. **espantar, sobresaltar**. ANT. **calmar, tranquilizar**.

atacar *vb. irreg.* {tr.} Modelo 17. **1.** Lanzarse contra alguien o algo para causarle daño: *El ladrón* **atacó** *a dos mujeres que miraban los regalos de la tienda y les robó su dinero.* SIN. **agredir**. ANT. **defender**. **2.** Destruir o dañar algo: *Una plaga* **atacó** *la cosecha y pudimos salvar muy poco trigo.* **3.** Criticar algo o a alguien: *El candidato* **atacó** *los argumentos de su contrincante con palabras justas y precisas.*

atado *m.* Amér. Cajetilla de cigarrillos.

atadura *f.* **1.** Acción y efecto de mantener sujeto a alguien o algo: *El prisionero rompió las* **ataduras** *y se escapó.* **2.** Forma de unión, cosa con que se une o ata.

atajar *vb.* {tr.} **1.** Impedir el curso de una cosa: *El médico* **atajó** *la enfermedad de manera radical y es imposible que el paciente vuelva a caer enfermo.* **2.** Ir por el camino más corto: *Atajamos por el parque para llegar más pronto a la reunión.*

atajo *m.* Senda que acorta el camino: *Tomamos un* **atajo** *para no tener que caminar tanto.* SIN. **trocha**.

atalaya *f.* Lugar alto desde el que se observa a lo lejos: *Desde la* **atalaya** *miraron el avance del enemigo y se prepararon para luchar.* SIN. **vigía**.

atañer *vb. irreg.* {intr.} Modelo 42. Concernir algún asunto a alguien: *Lo que estamos platicando te* **atañe**, *así que pon atención.* SIN. **importar, concernir**.

atapasco *m.* Familia de lenguas habladas por las tribus atapasco.

atapasco, ca *adj./m.* y *f.* Grupo de pueblos amerindios distribuidos a lo largo de la costa occidental de América del Norte, desde Alaska hasta la parte norte de México: *Algunas tribus pertenecientes al grupo* **atapasco** *son los apaches, los jicarilla y los navajos.*

ataque *m.* **1.** Acción ofensiva para conseguir un objetivo: *El ejército lanzó un* **ataque** *por sorpresa.* **2.** Acceso repentino de una enfermedad o de un sentimiento: *Este muchacho a veces sufre* **ataques** *de nervios cuando se acercan los días de exámenes.*

atar *vb.* {tr.} **1.** Sujetar con ligaduras o nudos: *Atamos el paquete con una cuerda para asegurarlo bien.* SIN. **amarrar**. ANT. **desatar**. **2.** Relacionar cosas o ideas: *Los policías* **ataron** *los cabos de las pistas dejadas por los ladrones y así pudieron atrapar a la banda de malhechores.*

atarantar *vb.* {tr. y prnl.} Confundirse y no saber cómo reaccionar ante un hecho: *El niño se* **atarantó** *con el golpe de balón que recibió durante el partido.*

ataraxia *f.* Quietud absoluta del alma que es, según algunas corrientes filosóficas, el principio de la felicidad.

atarazana *f.* Astillero.

atardecer *m.* Tiempo en que atardece: *Cuando salgo de vacaciones, me gusta caminar por la playa durante el atardecer.*

atardecer *vb. irreg.* [impers.] **Modelo 39.** Comenzar a caer la tarde: *En invierno atardece más temprano que en verano.*

atareado, da *adj.* Con mucho trabajo: *Estuvimos muy atareados con la mudanza, pero ya casi todo está listo.*

atarear *vb.* [tr. y prnl.] **1.** Hacer trabajar mucho a alguien. **2.** Entregarse mucho al trabajo: *Nos atareamos con todas las tareas de biología y todavía no terminamos el trabajo de matemáticas.*

atascar *vb. irreg.* [tr. y prnl.] **Modelo 17. 1.** Obstruir el paso algún objeto: *Un pedazo de madera atascó el tubo de agua y por eso no salía agua por el grifo.* **2.** Quedarse detenido sin posibilidad de movimiento: *Muchos automóviles se atascaron a la mitad del camino por la tormenta de nieve que cayó.*

ataúd *m.* Caja donde se coloca un cadáver para enterrarlo: *Los parientes eligieron un ataúd de metal para el difunto.*

ataviar *vb. irreg.* [tr. y prnl.] **Modelo 9.** Vestir o arreglar a una persona o cosa: *En algunas fiestas populares, la población se atavía con trajes típicos.* SIN. **adornar.**

atavío *m.* Vestido o adorno usado para las grandes ocasiones: *Me vestí con mis mejores atavíos para ir a la fiesta.*

atavismo *m.* Reaparición de caracteres de un antepasado, no manifestados en generaciones intermedias.

ateísmo *m.* Manera de pensar de las personas que no creen en la existencia de Dios.

atemorizar *vb. irreg.* [tr. y prnl.] **Modelo 16.** Causar o sentir temor: *El disfraz de monstruo atemorizó a los niños.* SIN. **asustar, espantar.**

atemperar *vb.* [tr. y prnl.] Moderar o calmar alguna acción: *La aparición del director de la escuela atemperó los ánimos de los compañeros que estaban listos para pelearse.*

atenazar *vb. irreg.* [tr.] **Modelo 16.** Sujetar fuertemente: *El águila atenazó a su presa sin darle posibilidad de escapar.*

atención *f.* **1.** Cuidado que se pone a alguien o algo: *Pusimos atención a las explicaciones del guía de turistas durante el recorrido.* **2.** Demostración de cortesía: *El gerente tuvo muchas atenciones con nosotros y nos regaló café con galletas aunque no nos conocía.*

atender *vb. irreg.* [tr. e intr.] **Modelo 24. 1.** Satisfacer un deseo o mandato: *Las autoridades atendieron la petición que hicimos sobre la construcción del puente.* SIN. **aceptar. 2.** Aplicar el entendimiento a algo: *Los alumnos atendieron a las explicaciones del maestro para poder aprobar la materia.* **3.** Cuidar a una persona o cosa: *El médico de la familia atiende con mucho cuidado la enfermedad del abuelo.* SIN. **cuidar.**

ateneo *m.* Asociación que se forma con fines culturales: *En la Universidad a la que asiste, la generación de mi hermano fundó un ateneo de filósofos para dar a conocer sus trabajos e inquietudes.*

atenerse *vb. irreg.* [prnl.] **Modelo 26.** Ajustarse a lo pensado con anterioridad: *La decisión la tomé yo y me atengo a las consecuencias, sean buenas o malas.*

ateniense *adj./m.* y *f.* Originario de Atenas, capital de Grecia.

atentado *m.* Agresión contra una persona o una autoridad: *Hubo un atentado contra el presidente de mi país, del que salió herido.* SIN. **ataque.**

atentar *vb.* [tr. e intr.] **1.** Realizar acciones que dañan a otras personas, a la naturaleza o a uno mismo: *Contaminar el ambiente es atentar contra nuestra propia vida.* SIN. **agredir. 2.** Ejecutar o realizar una cosa ilegal: *Los terroristas atentaron contra la vida de mucha gente al poner una bomba en el aeropuerto internacional.*

atentatorio, a *adj.* Que va en contra de algo o alguien: *Cazar ballenas es atentatorio del equilibrio ecológico.*

atento, ta *adj.* **1.** Que tiene fija la atención en algo: *Julio siempre está atento a las explicaciones de sus maestros.* SIN. **aplicado.** ANT. **distraído, malcriado. 2.** Que tiene buenos modales: *Claudia es muy atenta con los adultos, siempre les habla de manera educada.* SIN. **cortés, educado.** ANT. **grosero.**

atenuar *vb. irreg.* [tr.] **Modelo 10.** Disminuir una cosa: *Atenuamos el color con que vamos a pintar la casa porque nos pareció demasiado fuerte.* SIN. **suavizar, mitigar.** ANT. **aumentar.**

ateo, a *adj./m.* y *f.* Persona que niega la existencia de Dios.

aterciopelado, da *adj.* Semejante al terciopelo: *Mi padre compró un sillón aterciopelado de color negro.*

aterir *vb. irreg.* [tr. y prnl.] **Modelo 71.** Enfriar en exceso.

aterrar *vb.* [tr. y prnl.] Producir o sentir mucho miedo: *A Lauro le aterran los insectos, en especial las avispas.* SIN. **asustar, atemorizar.**

aterrizaje *m.* Momento en el que descienden y tocan tierra los aviones y otras aeronaves que van volando: *Fue un aterrizaje forzoso, porque el avión tenía una falla.*

aterrizar *vb. irreg.* [intr.] **Modelo 16.** Posarse sobre el suelo una aeronave que iba bolando: *El avión aterrizó en la pista del aeropuerto.* ANT. **despegar.**

aterrorizar *vb. irreg.* [tr. y prnl.] **Modelo 16.** Provocar o sentir terror: *El perro que ladraba aterrorizó al niño que caminaba por la calle.* SIN. **asustar, atemorizar, espantar.**

atesorar *vb.* [tr.] Reunir y guardar dinero o cosas de valor: *La familia de mi padre atesora una enorme fortuna en objetos antiguos.* SIN. **guardar, acumular.** ANT. **derrochar, malgastar.**

atestado, da *adj.* Que está totalmente lleno: *El circo estaba atestado porque mucha gente quería ver el nuevo espectáculo.*

atestar *vb.* [tr.] Llenar una cosa al máximo: *Manuel atestó su equipaje con objetos inservibles.*

atestiguar *vb. irreg.* [tr.] **Modelo 11.** Declarar como testigo de algún asunto: *Cuatro personas atestiguaron sobre el asalto al banco, porque pudieron ver todo desde el edificio de enfrente.*

atezar *vb.* [tr. y prnl.] Poner la piel morena.

atiborrar *vb.* [tr. y prnl.] **1.** Llenar al máximo: *Los maestros atiborraron el salón de juegos de mi escuela con alumnos de otro colegio cuando organizamos un festival.* **2.** *Fam.* Hartar de comida: *Los niños se atiborraron de dulces y después ya no quisieron cenar.*

ático *m.* Último piso de un edificio.

ático, ca *adj./m.* y *f.* Originario del Ática o Atenas, Grecia.

atildar *vb.* [tr. y prnl.] Asear con esmero minucioso: *Elena atilda sus uñas porque le gusta tenerlas muy bonitas.*

atinar vb. {intr.} **1.** Localizar lo que se busca: *Después de revisar la guía atiné con la dirección que buscaba.* Sin. **encontrar. 2.** Dar en el punto exacto: *Con el rifle de municiones atiné a dos muñecos y me gané un premio en la feria.* Sin. **acertar.** Ant. **fallar.**

atingencia f. Amér. Conexión, relación.

atípico, ca adj. Que se sale de la normalidad: *En el laboratorio estudiamos una rana atípica que tenía tres patas traseras en vez de dos.*

atisbar vb. {tr.} **1.** Observar disimuladamente: *A Roque le encanta enterarse de la vida ajena y no deja de atisbar a los vecinos por la ventana.* **2.** Ver débilmente, con dificultad: *A lo lejos, el marinero atisbó una isla.*

atisbo m. Sospecha o indicio de algo: *La respuesta correcta del alumno fue un atisbo de inteligencia que el maestro aplaudió de inmediato.*

atizar vb. irreg. {tr.} **Modelo 16. 1.** Remover el fuego: *Atizamos el fuego de la hoguera para que no se apagara.* **2.** Fam. Golpear: *Jugando fútbol me atizaron una patada que me hizo doblarme de dolor.*

atlante m. Estatua en forma de hombre que sirve de columna.

atlántico, ca adj. Relativo al Océano Atlántico o a los países o regiones que lo bordean.

atlas m. Colección de mapas en forma de libro: *En la asignatura de geografía utilizamos el atlas para localizar todas las regiones del planeta.*

atleta m. y f. Persona que practica el atletismo u otro deporte: *Las Olimpíadas se inauguran con un desfile de atletas.*

atlético, ca adj. Que posee buena figura corporal: *Mi primo tiene una constitución atlética por el ejercicio que hace diariamente.*

atletismo m. Conjunto de deportes individuales que comprende carreras, saltos y lanzamientos: *En la escuela practicamos atletismo y lo que más me gusta es la carrera de cien metros.*

atmósfera f. **1.** Capa gaseosa que envuelve la Tierra. **2.** Unidad de medida de presión.

atol o **atole** m. Guat. y Méx. Bebida caliente de harina de maíz disuelta en agua o leche: *Tomamos atole antes de ir a la escuela, porque nos da energía.*

atolladero m. Situación difícil o comprometida: *Estoy metido en un atolladero, porque choqué en el carro de mi papá y todavía no se lo digo.* Sin. **apuro, dificultad.**

atolón m. Isla de coral.

atolondrado, da adj. Que actúa sin serenidad ni reflexión: *Mi perro es muy atolondrado, siempre anda tropezándose solo.* Sin. **despistado.**

atolondramiento m. Aturdimiento, falta de reflexión: *Fui a la escuela a inscribirme y mi atolondramiento hizo que se me olvidaran los papeles que debía llevar.*

atómico, ca adj. **1.** Relativo al átomo. **2.** Que utiliza la energía almacenada en los átomos: *Las bombas atómicas utilizan la enorme energía que liberan algunos átomos cuando se dividen.*

atomizar vb. irreg. {tr.} **Modelo 16.** Dividir en partes muy pequeñas.

átomo m. Partícula mínima con las características de un elemento químico simple.

atonal adj. En música, que no está sujeto a una tonalidad determinada.

atonía f. Falta de ánimo o energía.

atónito, ta adj. Pasmado o estupefacto frente a un suceso: *El espectáculo de luz y sonido me dejó atónito y sólo pude aplaudir ante tanta belleza.* Sin. **estupefacto.**

átono, na adj. Dícese de la palabra, sílaba o vocal que carece de acento: *En la palabra "casa", sa es la sílaba átona.*

atontado, da adj. Que queda aturdido y sin ganas de nada: *Me sentí atontado después de responder tantas preguntas del examen.*

atontar vb. {tr. y prnl.} **1.** Aturdir por una sensación que no se esperaba: *Los juegos de la feria me atontan con tantas vueltas.* **2.** Volver o volverse tonto: *Si continúas viendo la tele tantas horas al día te vas a atontar.*

atorar vb. {tr., intr. y prnl.} **1.** Obstruir, atascar: *Las piedras atoraron el paso de la corriente de agua del arroyo.* **2.** Trabarse al hablar: *Estaba tan nervioso cuando vio a su enamorada, que se atoró y no supo qué decirle.* **3.** Atragantarse: *¡Se me atoró una espina del pescado en la garganta!*

atormentar vb. {tr. y prnl.} Causar gran molestia física o moral: *El dolor de muelas me atormenta y no me deja dormir.* Sin. **molestar.** Ant. **aliviar.**

atornillar vb. {tr.} Introducir un tornillo y sujetar con él algún material: *Con mucho cuidado atornillamos las sillas nuevas al suelo para que nadie las mueva.*

atorrante, ta m. y f. **1.** Argent., Bol., Chile, Par. y Urug. Fam. Vagabundo, holgazán. **2.** Argent., Par. y Urug. Fam. Persona desvergonzada.

atosigar vb. irreg. {tr. y prnl.} **Modelo 17.** Molestar a alguien con prisas y exigencias: *Tanto nos atosigó Raúl para que le compráramos ese juguete, que decidimos no darle nada.* Sin. **molestar.**

atracadero m. Sitio donde se detienen las embarcaciones menores: *Después del paseo por el río, la lancha se dirigió al atracadero en el que nos esperaba mi padre.*

atracar vb. irreg. {tr. y prnl.} **Modelo 17. 1.** Asaltar con armas para robar: *Los asaltantes atracaron el banco y se llevaron todo el dinero.* Sin. **robar. 2.** Arrimarse una embarcación a otra o a tierra: *Los marineros atracaron los barcos en el muelle.* **3.** Comer y beber en exceso: *"Si te atracas de chocolates te dolerá el estómago", me advirtió mi madre.* Sin. **hartarse.**

atracción f. **1.** Gusto o deseo que provoca algo: *El circo es de gran atracción para los niños.* **2.** Fuerza con que se puede atraer una cosa: *La Tierra ejerce una atracción sobre la Luna que no le permite alejarse más a nuestro satélite.* **3.** pl. Conjunto de espectáculos o diversiones: *El domingo iremos al parque de atracciones para divertirnos un rato.*

atraco m. Acción que se realiza para robar: *Unos ladrones realizaron un atraco y se llevaron miles de dólares del banco.*

atracón m. Fam. Hecho de comer y beber en abundancia: *Pepe se dio un atracón de papas fritas y ya no quiso comer nada más en todo el día.*

atractivo, va adj. **1.** Que atrae y despierta interés: *Esta lectura es atractiva para nosotros, porque nos habla de lo que hicieron nuestros antepasados.* Sin. **ameno, interesante.** Ant. **pesado, aburrido. 2.** Cualidad de una persona que produce gusto a los demás: *En la escuela hay varios muchachos que son atractivos y simpáticos.* Sin. **guapo.**

atraer *vb. irreg.* {tr.} Modelo 38. *1.* Traer o hacer venir algo hacia uno: *Con su belleza, la reina* **atrajo** *las miradas de todo el mundo.* *2.* Atrapar la atención de algo o alguien: *A Carlos le* **atrae** *la música romántica.* SIN. **cautivar, encantar.** *3.* Hacer venir una persona o cosa hacia otra: *El imán* **atrae** *cosas de metal.*

atragantarse *vb.* {prnl.} No poder tragar algo: *Mi hermano come tan rápido que se* **atraganta** *a cada momento.*

atrancar *vb. irreg.* {tr.} Modelo 17. Asegurar una puerta o ventana con una tranca: *Todas las noches* **atrancamos** *la puerta de entrada con una gran vara de metal para que ningún ladrón pueda entrar.*

atrapar *vb.* {tr.} *1.* Prender o apresar algo que huye: *Los perros* **atraparon** *al conejo.* SIN. **capturar, detener.** ANT. **dejar, liberar, soltar.** *2.* Conseguir con habilidad o suerte algo: *Felipe* **atrapó** *el balón sin dificultad.*

atrás *adv. 1.* Hacia la parte posterior: *Tuvimos que dar unos pasos* **atrás**, *porque había un hoyo que no dejaba pasar.* *2.* Detrás: *En la fila de la escuela, Emiliano se quedó* **atrás** *de nosotros porque era el más alto de todos.* *3.* En un tiempo pasado: *Pocos días* **atrás** *le habían comunicado la mala noticia y todavía se sentía muy triste.*

atrasar *vb.* {tr. y prnl.} *1.* Hacer algo más tarde del tiempo previsto: *Hemos* **atrasado** *nuestras vacaciones porque mi tía no se siente bien, tal vez nos vayamos la semana próxima.* *2.* Poner el reloj a una hora que ya pasó: *Mi abuela* **ha atrasado** *diez minutos el reloj del comedor: aunque son las 10:10, ella lo puso a las 10 en punto.* *3.* Quedarse atrás en el desarrollo de un objetivo: *El maestro dijo que* **nos atrasaríamos** *en el tema si no poníamos atención.*

atraso *m. 1.* Algo que se hace más tarde del tiempo previsto: *La ceremonia de boda tuvo un* **atraso** *de media hora porque no llegaba el cura.* *2.* Dinero que no ha sido cobrado: *Le dije a Manuel que tenía dos* **atrasos** *conmigo.*

atravesar *vb. irreg.* {tr. y prnl.} Modelo 3. *1.* Cruzar un lugar: *Atravesé la calle con mucha precaución.* *2.* Colocar algo de modo que cruce otra cosa: *Atravesamos una viga en la puerta de la casa para impedir que el perro entre.* *3.* Poner algo que entre por una parte y salga por otra: *Hay aretes que lastiman cuando* **atraviesan** *los lóbulos de las orejas.*

atreverse *vb.* {prnl.} Tener valor para hacer algo: *El nuevo maestro de matemáticas se* **atrevió** *a cuestionar las reglas del director.* SIN. **arriesgarse, osar.**

atrevido, da *adj. 1.* Que no tiene miedo a nada: *Rafael es muy* **atrevido** *cuando se trata de trepar a los árboles.* SIN. **arriesgado.** ANT. **cobarde, miedoso.** *2.* Que falta al respeto: *Marco fue* **atrevido** *con Rosa y ésta le dio una bofetada.* SIN. **irrespetuoso.**

atrevimiento *m.* Audacia para hacer cosas sin pensar en las consecuencias: *Fue un* **atrevimiento** *de Jacobo hablarle de esa manera tan grosera al jefe y por eso lo despidieron.*

atribución *f.* Hecho de señalar una cosa como propia de alguien: *Mi hermana se tomó una* **atribución** *que no le correspondía cuando me dijo que no me daba permiso de ir a la fiesta.*

atribuir *vb. irreg.* {tr. y prnl.} Modelo 59. Aplicar cualidades u obras a una persona o cosa: *La pintura que se encuentra en la oficina del director se* **atribuye** *a un pintor español del siglo XVII.*

atributo *m. 1.* Cualidad de las personas que las distingue de los demás: *El mayor* **atributo** *de los seres humanos es su inteligencia.* *2.* Insignias o condecoraciones que realzan la figura de una persona: *La corona es el* **atributo** *del rey.*

atril *m.* Objeto para sostener libros o papeles, que permite leer con mayor comodidad: *Compré un* **atril** *de madera en el que puedo colocar mis libros más grandes.*

atrincherar *vb.* {tr. y prnl.} *1.* Fortificar con trincheras: *El ejército* **atrincheró** *el pueblo para que el enemigo no pudiera entrar.* *2.* Ponerse en trincheras a salvo del enemigo: *Durante las guerras, la gente se* **atrinchera** *en sótanos o guaridas.*

atrio *m.* Espacio que sirve de acceso a algunos templos, palacios o casas: *En el* **atrio** *de la iglesia hicieron un pequeño festival en homenaje al santo del pueblo.*

atrocidad *f. 1.* Brutalidad muy grande: *Matar a una persona es una* **atrocidad.** SIN. **crueldad.** *2.* Grosería, insolencia que se expresa en estado de exaltación: *Las* **atrocidades** *que le dijeron al árbitro los jugadores que perdieron se oyeron por televisión.* SIN. **insulto.**

atrofia *f.* Incapacidad que impide el desarrollo de una parte del cuerpo: *Jorge sufre de* **atrofia** *en el brazo derecho y por eso lo tiene más corto que el izquierdo.*

atronar *vb. irreg.* {tr.} Modelo 5. Producir ruido que perturba: *Los juegos pirotécnicos* **atronaron** *en la festividad del pueblo.*

atropellar *vb.* {tr. e intr.} *1.* Pasar con violencia por encima de algo o alguien: *Un carro que iba a gran velocidad* **atropelló** *a un perro y le rompió una pata.* SIN. **arrollar.** *2.* Actuar sin miramiento o respeto.

atropello *m.* Hecho de proceder o actuar abusando: *Al quitarle sus bienes a mi abuelo, ese mal abogado cometió un* **atropello** *terrible.*

atroz *adj. 1.* Inhumano, cruel: *Cerca de mi casa cometieron un asesinato* **atroz** *que salió en las noticias.* *2.* Muy grande: *Ponte una camisa muy ligera, porque hace un calor* **atroz.** *3.* Muy malo: *Anoche vimos un filme* **atroz** *en el que nunca sucedió algo interesante.* SIN. **pésimo.**

atuendo *m.* Ropa con la que se viste una persona: *El actor se quitó el* **atuendo** *medieval cuando terminó la obra de teatro.* SIN. **indumentaria, vestido.**

atufar *vb.* {tr. y prnl.} Producir un olor desagradable y molesto: *Las cosas que se queman o descomponen.*

atún *m.* Pez de mar apreciado por su carne, que se come fresca o en conserva: *Compré tres latas de* **atún** *para hacer una ensalada.*

atunero, ra *adj.* Relativo al atún: *El barco* **atunero** *regresó al mediodía y desembarcó muchos pescados.*

aturdimiento *m. 1.* Perturbación de los sentidos causada por un golpe o una mala noticia. *2.* Falta de serenidad: *Hacer las tareas escolares con prisa me produce* **aturdimiento** *y por eso me equivoco.*

aturdir *vb.* {tr. y prnl.} *1.* Provocar, un golpe o una mala noticia, incapacidad para darse cuenta de lo que pasa alrededor: *El fuerte golpe en la cabeza me* **aturdió** *y ya no me di cuenta de nada más.* SIN. **atontarse.** *2.* Confundirse sin saber qué hacer: *Los gritos muy altos me* **aturden** *y no puedo leer.* SIN. **molestar, turbar.**

atusar *vb.* {tr.} Arreglar o alisar el pelo con la mano o el peine.

audacia *f.* Osadía, valor para hacer cosas a las que otras personas no se atreven: *El alpinista mostró una gran audacia al subir la montaña más alta del mundo.* SIN. **atrevimiento, coraje, osadía.** ANT. **cobardía, prudencia.**

audaz *adj.* Capaz de lograr algo novedoso o arriesgado: *Un piloto de carros de carreras debe ser audaz para mantener el control de su automóvil.* SIN. **atrevido, valiente.** ANT. **cauteloso, prudente.**

audible *adj.* Que se puede oír: *La música que tocaron en la escuela era poco audible, porque estaban fallando los aparatos de sonido.*

audición *f.* **1.** Facultad de oír: *Bruno tiene problemas de audición, por eso el médico le recetó un aparato que lo ayude a oír mejor.* **2.** Sesión musical: *El flautista dio una audición musical que fue ampliamente comentada por televisión.* **3.** Sesión de prueba de un artista: *Para la obra de teatro hicieron muchas audiciones, porque necesitaban escoger buenos actores y bailarines.*

audiencia *f.* **1.** Acto de oír una autoridad a quienes solicitan algo: *Pedimos una audiencia con el juez para hablar sobre nuestro caso.* **2.** Público que sigue las emisiones de los medios de comunicación: *Los programas de concursos en televisión tienen mucha audiencia porque a la gente le gusta obtener regalos.* **3.** Tribunal de justicia: *El abogado fue a la Audiencia para conseguir la libertad de sus clientes.*

audífono *m.* **1.** Artefacto para sordos, que amplifica los sonidos: *Mi abuelo está sordo y le han puesto un audífono en el oído izquierdo.* **2.** pl. Aparato que sirve para oír la radio o la televisión sin que el sonido salga al aire.

audio *adj.* Técnica que permite la transmisión de los sonidos.

audiovisual *adj./m.* Que combina sonido e imagen: *El maestro de biología nos pasó un audiovisual de las células del cuerpo humano. Me gustaron las fotografías y la explicación que se daba de ellas.*

auditivo, va *adj.* Relativo al oído: *El nervio auditivo se encarga de transmitir los sonidos al cerebro.*

auditor *m.* Revisor de la contabilidad de una empresa: *El auditor pidió que le enseñáramos los libros de contabilidad del mes pasado.*

auditoría *f.* Revisión de la contabilidad de una empresa: *En la auditoría realizada en la empresa donde trabajo, los auditores encontraron errores en unas compras hechas el año pasado.*

auditorio *m.* **1.** Conjunto de oyentes que van a un espectáculo: *Todo el auditorio escuchaba en silencio el concierto de guitarra.* SIN. **espectadores, público.** **2.** Local acondicionado para celebrar eventos importantes: *El auditorio de la escuela sirvió para realizar la fiesta de fin de cursos.*

auge *m.* Momento de mayor intensidad o esplendor: *La fama de este escritor llegó a su auge con su libro más reciente.* SIN. **apogeo.** ANT. **decadencia, ocaso.**

augurar *vb.* [tr.] Intuir lo que va a pasar antes de que suceda: *Estas nubes tan negras auguran una tormenta.* SIN. **predecir, presagiar.**

augurio *m.* Señal que anuncia lo que puede suceder en el futuro: *El augurio del brujo era que no llovería durante todo el año y así fue.*

augusto, ta *adj.* Digno de respeto y veneración: *La figura augusta del rey dio realce a la ceremonia.*

aula *f.* Sala destinada a dar clases en un centro de enseñanza: *En la nueva aula de la escuela caben 50 alumnos.*

aullar *vb. irreg.* [intr.] **Modelo 13.** Dar aullidos: *El perro y el lobo aúllan cuando algo les produce tristeza o dolor.*

aullido *m.* Grito agudo y prolongado del lobo, del perro, etc.: *Cuando estábamos en el bosque, oímos el aullido de los lobos y nos dio miedo.*

aumentar *vb.* [tr., intr. y prnl.] Hacer más grande, numeroso o intenso: *Las autoridades anunciaron que va a aumentar el precio de la leche.* SIN. **subir.**

aumentativo, va *adj.* Que implica aumento: *El aumentativo de la palabra perro es "perrote" o "perrazo".*

aumento *m.* **1.** Hecho de crecer en cantidad o cualidad: *El aumento al precio del transporte público afecta a toda la población.* ANT. **disminución, reducción.** **2.** Potencia de ciertos cristales para ver más grandes las cosas: *La lupa tiene aumento y así sí puedo leer estos libros de letra pequeña.*

aun *adv.* Incluso, hasta, también: *Todos nos asustamos con la tormenta, aun mi hermano mayor.*

aún *adv.* Todavía: *Comí bastante ensalada, pero aún tengo hambre.*

aunar *vb. irreg.* [tr. y prnl.] **Modelo 13.** Unir cosas distintas para lograr un fin: *Aunemos nuestras fuerzas para levantar este pesado mueble.* SIN. **unir.**

aunque *conj.* Introduce una objeción u oposición: *Aunque estoy enfermo, no faltaré al trabajo.*

aura *f.* **1.** Viento suave y apacible: *El aura entró por la ventana dando frescura a la habitación.* **2.** Irradiación luminosa que algunas personas dicen percibir alrededor de los cuerpos.

áureo, a *adj.* De oro o parecido a él: *El atleta ganó la medalla áurea en la competencia de caminata.*

aureola *f.* **1.** Círculo que los artistas suelen poner detrás de la cabeza de las imágenes sagradas. **2.** Fama o admiración que rodea a alguien. **3.** Círculo luminoso que rodea un astro o un objeto. **4.** Marca que deja un anillo o la base de un objeto cilíndrico sobre una superficie porosa.

aurícula *f.* Cavidad del corazón que recibe sangre de las venas.

auricular *adj.* Perteneciente o relativo al oído o a las aurículas.

auricular *m.* Parte del teléfono que se pone en el oído para escuchar a la persona que está llamando: *Al oír el teléfono, tomé el auricular con entusiasmo porque pensé que era mi mejor amigo quien llamaba.*

aurora *f.* Luz difusa que se da antes de la salida del Sol: *Nos despertamos con la aurora para salir temprano de campamento.* SIN. **alba, amanecer, madrugada.** ANT. **anochecer, atardecer, ocaso.**

auscultación *f.* Acción de revisar los sonidos que producen los órganos del cuerpo humano: *La auscultación del médico fue muy detallada, pues quería conocer todos los padecimientos del enfermo.*

auscultar *vb.* [tr.] Explorar los sonidos que se producen en el cuerpo: *El médico ausculta el corazón del enfermo porque le ayuda a conocer su estado de salud.*

ausencia *f.* **1.** Tiempo en que alguien está lejos: *Estaba triste por la larga ausencia de mis amigos que salieron de viaje tres meses.* **2.** Falta de algo: *El sabor de esta* ensalada está muy simple por la **ausencia** de cebolla y condimentos. Sin. **falta.** Ant. **abundancia.**

ausentarse *vb.* {prnl.} Alejarse o separarse de una persona o lugar: *Durante las vacaciones **nos ausentamos** por dos semanas de la ciudad.*

ausente *adj./m.* y *f.* Separado o alejado de alguna persona o lugar: *Los alumnos que estén **ausentes** la próxima clase, tendrán menos posibilidades de aprobar la materia.*

auspiciar *vb.* {tr.} Favorecer el desarrollo de alguna cosa con fines no lucrativos: *El gobierno municipal **auspicia** el festival de primavera.* Sin. **patrocinar, sostener.**

auspicio *m.* **1.** Agüero, pronóstico: *Inició su empresa con los mejores **auspicios** ya que es inteligente, trabajador y muy organizado.* **2.** Apoyo para lograr ciertos fines: *El proyecto para ayudar a los indígenas se pudo realizar gracias al **auspicio** de mucha gente.* Sin. **ayuda, patrocinio, protección.**

austeridad *f.* Calidad de austero, reducido a lo necesario: *En algunos países se vive una gran **austeridad** por las crisis económicas y la gente no puede comprar cosas de lujo.*

austero, ra *adj.* Que se reduce a lo necesario y deja de lado lo que no lo es.

austral *adj.* Perteneciente o relativo al polo o al hemisferio sur. Ant. **boreal.**

australiano, na *adj./m.* y *f.* Originario de Australia, continente del hemisferio austral.

austriaco, ca o **austríaco, ca** *adj./m.* y *f.* De Austria, país de Europa.

autarquía *f.* Autosuficiencia económica de un Estado.

autenticidad *f.* Hecho de no ser falso: *La **autenticidad** del contrato está basada en la firma de las autoridades.*

auténtico, ca *adj.* Que es cierto y positivo: *Estos cuadros son **auténticos** y han sido valuados en gran cantidad de dinero, no son falsos, como los de ese hombre.* Ant. **falso.**

autillo *m.* Ave nocturna de tamaño pequeño, alas y patas largas, pico corto muy curvo hacia la base y plumaje de color gris claro.

autismo *m.* Aislamiento del que se encierra en sí mismo a causa de una enfermedad mental.

autista *adj./m.* y *f.* Persona que se encierra en sí misma, a causa de una enfermedad mental, sin importarle lo que sucede alrededor: *El niño **autista** nunca hablaba ni siquiera con sus papás y nada parecía interesarle.*

auto *m.* **1.** Composición dramática breve de carácter religioso o simbólico, que se representaba en las plazas públicas durante la Edad Media. **2.** Automóvil: *El **auto** nuevo tuvo una falla mecánica a los tres días de haberlo comprado.* **3.** En derecho, proceso judicial contra alguien: *Al ladrón le dictaron **auto** de formal prisión y ahora empieza el juicio.*

autobiografía *f.* Vida de una persona escrita por ella misma: *Ya terminé mi **autobiografía** que comencé a escribir desde que tenía quince años.*

autobiográfico, ca *adj.* Relativo a la propia vida de una persona: *Ayer conté a mis amigos un hecho **autobiográfico** que me ocurrió cuando era niño.*

autobús *m.* Vehículo que sirve para transportar gran cantidad de gente de un lugar a otro: *Cada hora pasa un **autobús** por la esquina de mi casa.*

autocar *m.* Automóvil de transporte colectivo.

autocarril *m. Bol., Chile* y *Nicar.* Carro de ferrocarril propulsado por un motor.

autocensura *f.* Censura que efectúa alguien sobre su propia obra: *Marco es muy dado a la **autocensura** y elimina gran parte de sus escritos cuando los revisa.*

autocracia *f.* Sistema político en el que el gobernante dispone de poder absoluto.

autócrata *m.* y *f.* Persona que ejerce toda la autoridad: *El rey resultó ser un **autócrata** que no defendía los derechos del pueblo.*

autocrítica *f.* Juicio que alguien realiza sobre su propia persona u obra: *La **autocrítica** es saludable para ir corrigiendo nuestros errores.*

autóctono, na *adj./m.* y *f.* Originario del país que habita: *Mis primos son **autóctonos** de España y vamos a visitarlos durante las vacaciones.*

autodeterminación *f.* Derecho de un pueblo a decidir por sí mismo el régimen político que le conviene.

autodidacto, ta *adj./m.* y *f.* Que se instruye por sí mismo: *Mi madre fue **autodidacta**, porque sus padres no pudieron mandarla a la escuela y aprendió ella sola a leer y escribir.*

autódromo *m.* Lugar de esparcimiento en el que hay competencias de automóviles: *La carrera comenzó tarde en el **autódromo**, pero el público no se desanimó.*

autoescuela *f.* Escuela donde se enseña a conducir automóviles.

autogestión *f.* En economía, gestión u organización interna de una empresa en la que participan sus trabajadores: *La **autogestión** ayuda a que los empleados se sientan más relacionados con la empresa en la que trabajan.*

autógrafo *m.* Firma de una persona famosa: *Después del concierto le pedí su **autógrafo** a mi cantante favorito.*

autómata *m.* Máquina que imita la figura y los movimientos de un ser vivo: *En un filme vimos a unos **autómatas** que controlaban la Tierra porque todos pensaban que eran humanos.*

automático, ca *adj.* **1.** Que trabaja o se regula por sí mismo: *Mi madre tiene una lavadora de ropa **automática** que es una maravilla, sólo oprimes un botón y trabaja ella sola.* **2.** Movimiento que se realiza de manera involuntaria o inconsciente: *De manera **automática** se colocó los anteojos y no se dio cuenta que no eran los suyos.*

automatización *f.* Tarea o actividad que funciona sin la intervención directa del hombre: *La **automatización** de la fábrica se debió al avance de la tecnología.*

automóvil *m.* Vehículo provisto de un motor y destinado al transporte de pocas personas. Sin. **auto, carro.**

automovilismo *m.* Deporte que consiste en correr automóviles: *A José le encanta el **automovilismo** y no se pierde ninguna carrera.*

automovilista *m.* y *f.* Persona que conduce un automóvil: *Jorge es un **automovilista** cuidadoso y por eso casi nunca tiene accidentes.*

autonomía *f.* Hecho de no depender de nadie, más que de sí mismo, para lograr sus objetivos. Sin. **independencia, libertad.**

autónomo, ma *adj.* Que funciona sin depender de factores externos.

autopista *f.* Carretera para la circulación rápida de automóviles: *La nueva **autopista** nos permite llegar a otras ciudades en menos tiempo.* Sin. **autovía.**

autopsia *f.* Examen de un cadáver para determinar las causas de su muerte: *Con la* **autopsia**, *los médicos descubren por qué murió el paciente.*

autor, ra *m.* y *f.* **1.** Persona que realiza algo: *La policía ha detenido al* **autor** *del robo.* SIN. **responsable. 2.** Persona que realiza una obra artística: *El* **autor** *favorito de Óscar es Jorge Luis Borges, quien escribió muchos cuentos y poemas.*

autoridad *f.* Persona que tiene algún poder o mando: *El director de la escuela tiene la* **autoridad** *para cancelar las inscripciones de los alumnos.*

autoritario, ria *adj.* Que impone su poder: *Este año nos ha tocado un maestro de educación física* **autoritario** *que nos ofende cuando no lo obedecemos.*

autoritarismo *m.* Ejercicio absoluto del poder: *El* **autoritarismo** *no permite que haya democracia en un país.*

autorización *f.* Hecho de permitir, de aprobar que se haga alguna cosa: *Voy a la fiesta porque tengo la* **autorización** *de mis papás.*

autorizar *vb. irreg.* {tr.} **Modelo 16.** Dejar que se hagan las cosas: *El médico* **autorizó** *al enfermo a que se levantara porque consideró que ya estaba sano.*

autorretrato *m.* Retrato que uno mismo se hace: *El* **autorretrato** *de Beatriz es una obra de arte. Supo captar muy bien la expresión de sus propios ojos.*

autoservicio *m.* Establecimiento donde el cliente se sirve a sí mismo.

autostop *m.* **Palabra de origen inglés.** Modo de viajar por carretera que consiste en parar un vehículo particular y pedir que lo lleve a uno gratuitamente. SIN. **aventón.**

autosuficiente *adj.* Que se basta a sí mismo: *En lo económico mi hermano siempre ha sido* **autosuficiente**, *porque desde que vive solo, no depende de nadie más.*

autótrofo, fa *adj./m.* y *f.* En biología, dícese de los vegetales capaces de elaborar su alimento a partir de elementos minerales.

autovía *f. Esp.* Carretera con accesos laterales y cruces a nivel. SIN. **autopista.**

auxiliar *adj.* En lingüística, verbos que sirven para formar los tiempos compuestos de otros verbos o para expresar diversos matices del pensamiento: *En español, los verbos* **auxiliares** *son* haber *y* ser. *Por ejemplo, en "yo he comido", he es el verbo* **auxiliar**.

auxiliar *m.* y *f.* Funcionario subordinado: *El* **auxiliar** *dio la clase en ausencia del profesor.*

auxiliar {tr.} Dar ayuda a alguien: *El barco* **auxilió** *a los náufragos del bote que se hundió por la tormenta.*

auxilio *m.* Ayuda que se da a quien está en peligro: *Hay que prestar* **auxilio** *a los heridos.* SIN. **asistencia, socorro, ayuda.**

auyama *f. Antill., C. Rica y Venez.* Calabaza.

aval *m.* Documento o firma con que se garantiza el pago de un crédito o préstamo: *El banco le pidió a mis padres el* **aval** *de alguien que garantizara que van a devolver el dinero que les presten.*

avalancha *f.* Masa de nieve o de alguna otra materia que se desprende y cae con fuerza: *Una* **avalancha** *de nieve cayó sobre los alpinistas.* SIN. **alud.**

avance *m.* **1.** Hecho de moverse hacia delante de la posición que se ocupaba antes. **2.** Progreso: *Ramiro está contento con el* **avance** *de su novela y cree terminarla en un par de meses.*

avanzada *f.* Grupo de soldados que se envía por delante de la demás tropa para observar de cerca al enemigo: *Los militares escogieron a su grupo de* **avanzada**.

avanzado, da *adj.* Que se encuentra adelante de otros: *Mi trabajo de inglés está más* **avanzado** *que el de matemáticas, por eso creo que lo terminaré antes.*

avanzar *vb. irreg.* {tr. e intr.} **Modelo 16. 1.** Mover o prolongar hacia adelante: *Si* **avanzo** *un lugar más en el juego de mesa, voy a llegar a la meta.* **2.** Progresar: **Avanzo** *rápidamente en el aprendizaje del portugués, creo que pronto voy a hablarlo muy bien.* **3.** Ir hacia adelante: *El chófer hizo* **avanzar** *el automóvil con mucho cuidado por el camino resbaloso.*

avaricia *f.* Afán excesivo por poseer riquezas: *La* **avaricia** *de los vecinos los ha llevado a robar y abusar de la gente.* SIN. **avidez, codicia.** ANT. **generosidad.**

avaro, ra *adj./m.* y *f.* Que lo guarda todo sin gastar nada: *El dueño de la tienda de dulces es un* **avaro**: *es rico, pero nunca ayuda a las personas pobres.* SIN. **tacaño, codo, amarrado, mezquino.**

avasallar {tr.} **1.** Someter a obediencia, dominar: *Los triunfadores en la batalla* **avasallaron** *al ejército derrotado.* **2.** Atropellar, actuar sin consideración con el otro: *"Deja de* **avasallar** *a tu hermano con tantas preguntas, que vas a provocar que llore."* SIN. **dominar, oprimir, someter.**

ave *f.* **1.** Animal cubierto de plumas, con pico, dos patas y alas que le sirven para volar: *El canario, la gallina y el águila son* **aves**. **2.** *loc.* **~ rapaz** *o* **de rapiña**, la que tiene garras grandes y potentes y pico fuerte: *El halcón es un* **ave rapaz** *que atrapa a sus presas con sus garras.*

avecinar *vb.* {tr. y prnl.} Estar muy cerca o aproximarse algo: *El campesino nos dijo que se* **avecinaba** *una tormenta porque las nubes se veían obscuras.* ANT. **alejar.**

avecindarse *vb.* {prnl.} Establecerse en algún lugar para vivir.

avejentar *vb.* {tr. y prnl.} Hacerse parecer o hacer que alguien parezca más viejo: *El pelo canoso* **avejenta** *el aspecto de mi hermano aunque sólo tiene 30 años.*

avellana *f.* Fruto del avellano, casi esférico, que suele comerse tostado: *Compré una barra de chocolate con* **avellanas**, *pero no puedo darte porque ya me la comí.*

avellano *m.* Arbusto de hojas anchas que crece en los bosques, alcanza una altura máxima de 7 m y que se cultiva tanto por su fruto como por su madera.

avena *f.* Cereal con granos que se llaman del mismo nombre y se utilizan para la alimentación: *Desayuné un jugo de naranja y un plato de* **avena** *con leche.*

avenencia *f.* Acuerdo entre dos o más personas.

avenida *f.* Vía o calle ancha rodeada de árboles: *Fuimos a pasear por una* **avenida** *cerca del centro de la ciudad.*

avenirse *vb. irreg.* {prnl.} **Modelo 49. 1.** Entenderse bien dos o más personas: *Madre e hija* **se avienen** *y es raro que se enojen una con otra.* **2.** Ponerse de acuerdo, amoldarse: *El jefe y los empleados* **se avinieron** *a las condiciones que establece el contrato, por eso casi nunca tienen problemas laborales.*

aventajar *vb.* {tr. y prnl.} Adelantar sobre los demás: *El caballo que venía al último corrió muy rápido y logró* **aventajar** *a los demás.* SIN. **adelantar, superar.**

aventar *vb. irreg.* {tr. y prnl.} **Modelo 3. 1.** Echar algo lejos, lanzar: **Aventé** *una piedra al lago.* **2.** *Cuba.* Exponer el azúcar al sol y al aire. **3.** *Méx.* Arrojar, tirar: *Cuando estábamos cerca de la piscina se nos ocurrió* **aventar** *a Joaquín con todo y pantalones.* **4.** *Colomb.* y *Méx.* Arrojarse sobre algo o alguien: *Los jugadores* **se aventaron** *sobre el balón para tratar de tomarlo.* **5.** *P. Rico.* Comenzar la carne a corromperse.

aventón *m.* *Méx.* *Fam.* Manera de viajar sin pagar, pidiendo a un vehículo que lo lleve a uno: *Mi hermano nos dio un* **aventón** *y llegamos temprano a la fiesta, porque ya no tuvimos que viajar en autobús.* Sin. **autostop.**

aventura *f.* **1.** Suceso extraordinario o peligroso: *Soñé que vivía una* **aventura** *por el Amazonas y yo era el héroe porque vencía a las serpientes y salvaba a la princesa.* **2.** Relación amorosa pasajera: *Cuentan que mi abuelo tuvo una* **aventura** *con un artista de su época, pero luego conoció a quien es ahora mi abuela y se casó con ella.*

aventurar *vb.* {tr. y prnl.} Arriesgar o arriesgarse a hacer o decir algo: **Aventuré** *una hipótesis que resultó cierta después de los experimentos en el laboratorio.*

aventurero, ra *adj.* Que es aficionado a correr aventuras y riesgos: *Siempre he sido un* **aventurero** *y por eso conozco muchos lugares.*

avergonzar *vb. irreg.* {tr. y prnl.} Modelo 6. Sentir vergüenza o hacer que alguien la sienta: *Durante la fiesta, Luciana* **se avergonzó** *frente a los invitados y ya no pudo seguir diciendo la poesía.*

avería *f.* Desperfecto que impide el funcionamiento de un aparato, vehículo, etc.: *La televisión tiene una* **avería** *y no podemos oírla.* Sin. **daño, desperfecto.**

averiarse *vb. irreg.* {prnl.} Modelo 9. Descomponerse, estropearse: **Se averió** *el motor de la lavadora de ropa y no sé si todavía tendrá arreglo.*

averiguación *f.* Investigación de algún suceso: *Antes de detener al supuesto asesino hicieron una* **averiguación** *para ver si realmente era el culpable.*

averiguar *vb. irreg.* {tr.} Modelo 11. Indagar la verdad de una cosa: *Los policías tratan de* **averiguar** *quién cometió el asalto al banco y por qué no sonó la alarma.*

aversión *f.* Odio, repugnancia: *Siento* **aversión** *hacia las arañas porque cuando era niña me mordió una.* Sin. **asco.**

avestruz *m.* Ave corredora de gran tamaño, con patas y cuello largos y cabeza pequeña, que vive en África y está incapacitada para volar: *La* **avestruz** *pone unos huevos enormes porque es el ave más grande que existe.*

aviación *f.* Transportación que utiliza aviones: *La industria de la* **aviación** *comenzó a principios de este siglo.*

aviador, ra *adj./m.* y *f.* Se dice de la persona que pilotea un avión.

avícola *adj.* Relativo a las aves: *Pascual tiene una empresa* **avícola** *y se dedica a vender huevos.*

avicultor, ra *m.* y *f.* Persona que se dedica a criar y vender aves: *Este año el* **avicultor** *no tuvo mucho éxito con la venta de sus aves.*

avicultura *f.* Actividad que consiste en criar y reproducir aves para aprovechar sus productos.

avidez *f.* Deseo muy intenso de hacer o tener algo: *La* **avidez** *de Franco por la comida es insaciable, todo el día tiene algo dentro de la boca.*

ávido, da *adj.* Que desea algo con ansia: *Esta niña está* **ávida** *de conocimientos y por eso hace tantas preguntas.* Sin. **ansioso.**

avieso, sa *adj.* **1.** Torcido, irregular. **2.** Perverso o mal intencionado.

avinagrar *vb.* {tr. y prnl.} **1.** Poner agrio con respecto al sabor: *El vino de la botella que abrí la otra noche ya* **se avinagró,** *así que no podemos beberlo.* **2.** *Fam.* Volverse áspera y malhumorada una persona: *Ojalá Claudia entienda que es tonto* **avinagrarse** *porque las cosas no resultan como ella quiere.*

avión *m.* Vehículo con alas y motor, que sirve para viajar por aire: *Los* **aviones** *vuelan muy rápido y por eso recorren grandes distancias en poco tiempo.*

avisar *vb.* {tr.} **1.** Anunciar: *En la estación había un cartel que* **avisaba** *sobre el cambio de horario del tren.* **2.** Advertir sobre algún asunto: *El médico me avisó que si sigo fumando, mi salud va a empeorar cada vez más.*

aviso *m.* **1.** Noticia que se da a otras personas: *El* **aviso** *en la puerta indicaba la cancelación de las inscripciones.* **2.** Indicio o señal de algo: *La prolongada tos era un* **aviso** *de que estaba enfermo y que necesitaba ir al médico.*

avispa *f.* Insecto de cuerpo amarillo con bandas negras y que posee aguijón.

avispado, da *adj.* *Fam.* Que es vivaz y activo. *El nuevo compañero de clase resultó bastante* **avispado** *y pronto se convirtió en el líder del grupo.*

avispón *m.* Avispa de gran tamaño de picadura muy dolorosa.

avistar *vb.* {tr.} Alcanzar algo con la vista: *El capitán del barco* **avistó** *otra nave a lo lejos.*

avitaminosis *f.* Falta de vitaminas en el organismo.

avituallar *vb.* {tr.} Proveer de víveres o alimentos: *Poco antes de salir* **avituallamos** *la canasta para la excursión con quesos, ensalada, pan y una botella de vino.*

avivar *vb.* {tr.} Dar viveza, animar: *Sus bromas* **avivaron** *la reunión.*

avutarda *f.* Ave zancuda de vuelo corto y pesado, carrera rápida, y apreciada por su sabrosa carne.

axial o **axil** *adj.* Relativo al eje.

axila *f.* Parte del cuerpo que se halla debajo del brazo, donde éste se une al tronco. Sin. **sobaco.**

axioma *m.* Proposición que se toma como verdadera sin necesidad de demostración.

axis *m.* Segunda vértebra cervical.

¡ay! *interj.* Expresa aflicción o dolor: *"¡Ay! me pisaste"* me gritó Genoveva.

ayate *m.* *Méx.* Tela de hilo de maguey que se utiliza para fabricar objetos: *Con el* **ayate,** *los indígenas hacen hermosas artesanías.*

ayer *adv.* Día que ocurrió inmediatamente antes al de hoy: **Ayer** *fui al cine, hoy al teatro y mañana iré al circo.*

ayo, ya *m.* y *f.* Persona encargada de criar o educar a un niño: *El* **aya** *enseñó a Ruperto a usar los cubiertos.*

ayote *m.* *Amér. C.* Calabaza.

ayuda *f.* Auxilio, asistencia o cooperación que una persona da a otra: *Manuel me pidió* **ayuda** *porque su trabajo escolar estaba muy difícil.*

ayudante *m.* y *f.* Persona que ayuda a otra para realizar alguna actividad: *El* **ayudante** *de Ramiro se encarga de hacer todos sus pagos a tiempo.*

ayudar *vb.* {tr. y prnl.} **1.** Prestar cooperación para conseguir algo: *Todos* **ayudaron** *a pintar el salón de clases y quedó muy bonito.* **2.** Valerse de algo: *El mecánico* **se ayudó** *con un destornillador para reparar el motor del automóvil.*

ayunar *vb.* (intr.) Abstenerse de comer o beber: *Mi madre ayuna cada vez que tiene que ir al hospital a que le hagan análisis.*

ayuno *m.* Periodo en el cual no se come ni se bebe durante la mañana, todo el día o, incluso, varios días.

ayuntamiento *m.* Corporación que gobierna un municipio, y el edificio donde realiza sus labores: *El ayuntamiento del pueblo se encuentra cerca de la plaza principal.* SIN. **comuna.**

azabache *adj.* Color negro brillante: *Me gustan más los caballos con pelaje azabache que los de color claro.*

azabache *m.* Piedra muy negra y dura que se utiliza en joyería: *Liliana tiene un collar de azabache.*

azada *f.* Instrumento de hierro, de forma alargada y plana, que sirve para trabajar la tierra.

azadón *m.* Instrumento de hierro parecido a la azada, pero de mayor tamaño: *Los campesinos usan el azadón para quitar las hierbas que podrían dañar el sembradío.*

azafata *f.* Empleada que atiende a los pasajeros en los aviones: *Las azafatas nos explicaron cómo abrocharnos los cinturones de seguridad.* SIN. **aeromoza, cabinera.**

azafate *m. Perú.* Pieza plana para servir, llevar o poner cosas. SIN. **bandeja, charola.**

azafrán *m.* Planta que se emplea como condimento en la comida: *A la paella se le pone azafrán; por eso el arroz toma su típico color amarillo.*

azahar *m.* Flor blanca y muy perfumada del naranjo, del limonero y del cidro.

azalea *f.* Arbusto originario de Asia que se cultiva por la belleza de sus flores: *En el jardín había azaleas blancas y rosas rojas.*

azar *m.* Casualidad: *Mi amigo y yo nos encontramos por azar en el restaurante y nos fuimos juntos de compras.*

azararse *vb.* (prnl.) *Chile, Guat., Hond., Nicar.* y *Perú.* Avergonzarse.

ázimo *adj.* Relativo al pan sin levadura.

azogue *m.* Mercurio.

azolve *m. Méx.* Basura o lodo que tapa un conducto de agua.

azoospermia *f.* Ausencia de espermatozoides: *Después de unos análisis médicos le avisaron a Alejandro que padecía azoospermia y que por lo tanto no podía tener hijos.*

azor *m.* Ave rapaz diurna de gran tamaño, cabeza pequeña y pico muy curvado.

azorar *vb.* (tr. y prnl.) Turbar por algún hecho inesperado: *El grupo se azoró cuando se enteró de la muerte del joven profesor.*

azotaina *f. Esp. Fam.* Zurra, paliza: *El perro recibió una azotaina por defecar sobre la cama.*

azotar *vb.* (tr. y prnlÿ) *1.* Golpear a alguien: *En algunas prisiones azotan a los presos que tienen mala conducta. 2.* Golpear repetida y violentamente una cosa: *Las olas azotaban con fuerza las rocas que estaban en la orilla del mar durante la tormenta.*

azote *m. 1.* Golpe dado con algún instrumento que lastima: *El caballo rebelde recibió varios azotes con el látigo. 2.* Golpe que se repite constantemente.

azotea *f.* Parte plana y espaciosa en lo alto de un edificio o casa: *Desde la azotea de mi casa puedo ver las montañas.*

azteca *adj./m.* y *f.* Relativo al antiguo pueblo que habitaba en el centro del actual México: *Los aztecas construyeron una gran ciudad llamada Tenochtitlan.*

azúcar *m.* y *f.* Substancia granulada dulce, que se extrae de la caña de azúcar o remolacha y se usa en algunos alimentos y bebidas: *Le puse azúcar a los duraznos con crema y ahora están más dulces.*

azucarera *f.* Recipiente en el que se guarda el azúcar: *Puso en la mesa una charola con las tazas de té, la azucarera y la cremera.*

azucena *f.* Planta herbácea de flores grandes, blancas y olorosas.

azufre *m.* Elemento químico no metálico, sólido, insípido, inodoro, de color amarillo, símbolo S y número atómico 16.

azul *adj./m.* Uno de los tres colores básicos: *El mar se ve azul por el reflejo del cielo.*

azulejo *m. 1.* Pájaro de unos 17 cm de longitud, de color azul celeste. *2.* Pieza de cerámica lisa y vidriada que se usa para cubrir suelos y paredes: *El azulejo del baño es verde con flores amarillas.*

azulejo, ja *adj. Amér.* Que tiende al azul.

azuzar *vb. irreg.* (tr.) **Modelo 16.** *1.* Incitar o provocar a los animales para que ataquen: *El hombre azuzó al perro para que atacara al ladrón. 2.* Irritar, estimular.

Bb

b *f.* Segunda letra del abecedario español, también llamada *b* grande o *b* labial. Su nombre es *be*.

baba *f.* **1.** Saliva de los animales. **2.** Jugo viscoso de algunas plantas. **3.** *Fam.* Saliva: *Dejé la almohada mojada de baba porque dormí con la boca abierta.*

babero *m.* Prenda infantil usada en el pecho: *"Ponle el babero al bebé antes de darle de comer para que no se ensucie", me dijo mi mamá.*

babilonio, nia *adj./m.* y *f.* Originario de Babilonia, antigua ciudad de Irak.

babor *m.* Costado izquierdo de un barco, si se le mira de popa a proa. ANT. **estribor**.

babosa *f.* Molusco terrestre parecido al caracol, pero sin caparazón.

baboso, sa *adj. Desp.* Persona tonta.

babucha *f.* Zapatillas de cuero, sin tacón: *Llegué de la escuela, me puse mis babuchas para descansar los pies, y me senté a mirar la televisión.*

babuino *m.* Simio africano de gran tamaño y cara alargada como la del perro.

bacalao *m.* Pez marino de los mares árticos, es comestible: *Mi mamá me da perlas de hígado de bacalao porque ayudan a mejorar la vitalidad de mi cuerpo.*

bacanal *adj./f.* Antigua fiesta dedicada a Baco, dios romano del vino.

bache *m.* **1.** Hoyo en una calzada o camino. **2.** *Fam.* Dificultad: *"Debemos esforzarnos por mejorar en los estudios y no desanimarnos por los baches que encontremos."*

bachiller *m.* y *f.* **1.** *Esp.* Estudiante que ha obtenido el grado de enseñanza media. **2.** *Esp.* Grado así obtenido. **3.** *Amér.* Estudiante que cursa la enseñanza media superior.

bachillerato *m.* **1.** Estudios de enseñanza media o media superior. **2.** Grado alcanzado por un bachiller.

bacilo *m.* Microbio en forma de bastoncillo: *La tuberculosis es producida por bacilos.*

bacín *m.* Recipiente metálico profundo comúnmente usado para orinar. SIN. **orinal**.

bacinica o **bacinilla** *f.* Recipiente profundo, por lo general de metal o plástico, usado para orinar y defecar: *El niño todavía usa pañales, pero ya está aprendiendo a orinar en la bacinica.* SIN. **bacín**.

bacteria *f.* Microorganismo unicelular que no tiene núcleo: *Cuando algunas bacterias entran en el cuerpo, pueden causar enfermedades graves.* SIN. **microbio, germen**.

bactericida *adj.* Que tiene un efecto antibiótico.

bactericida *m.* Cualquier agente o substancia capaz de eliminar bacterias: *La penicilina es el bactericida más conocido.* SIN. **antibiótico**.

bacteriología *f.* Parte de la microbiología que estudia las bacterias.

bacteriológico, ca *adj.* **1.** Que tiene relación con las bacterias. **2.** Que utiliza gérmenes patógenos: *Arrojar una bomba bacteriológica causa terribles enfermedades a la población sobre la que cae.*

báculo *m.* Bastón ritual: *En la Biblia se narra cómo Moisés usó su báculo para abrir las aguas del Mar Rojo.*

badajo *m.* Pieza que cuelga dentro de una campana para golpearla y hacerla sonar.

bádminton *m.* Palabra de origen inglés. Juego de origen inglés en que se confrontan dos adversarios con raquetas ligeras golpeando un proyectil de corcho o goma para pasarlo sobre una red sin que caiga al piso.

bafle *m.* Palabra de origen inglés. Soporte rígido de un altavoz o bocina.

bagaje *m.* **1.** Equipaje. **2.** Conjunto de conocimientos de que dispone una persona: *El profesor tiene un extenso bagaje histórico, por eso puede hablar de la civilizaciones antiguas, de los inventos importantes, de diferentes reinados, etcétera.*

bagatela *f.* Cosa de poco valor o insignificante: *"Deja de perder tiempo con bagatelas, mejor ocúpalo en cosas importantes como tus estudios."*

bagazo *m.* Residuo de la caña de azúcar después de ser exprimida: *El bagazo de la caña puede aprovecharse como alimento para el ganado.*

bagre *m.* **1.** Pez comestible de ríos cálidos, con una especie de bigotes y de carne amarillenta. **2.** *Méx.* Pez bandera.

bagual, la *adj. Amér. Merid.* Indócil, salvaje.

bagual *m. Amér. Merid.* Caballo o potro no domado.

bahía *f.* Parte de la costa donde el mar entra en la tierra: *Los barcos se refugian de las tormentas en la bahía.*

bailar *vb.* {tr. e intr.} Mover el cuerpo al compás de la música: *Mi novio y yo fuimos a bailar a un salón donde tocaban música moderna.*

bailarín, na *adj./m.* y *f.* Persona que baila, en especial si se dedica profesionalmente al baile: *La bailarina se paró de puntas y se desplazó por todo el escenario con mucha gracia.*

baile *m.* **1.** Pieza musical que se baila. **2.** Fiesta en la que la gente baila: *Los muchachos se fueron al baile para celebrar el fin de cursos.*

bait *m.* Palabra de origen inglés. Unidad de medida de la memoria de una computadora, equivalente a 8 bits.

baja *f.* **1.** Disminución de un monto o valor: *La baja en el precio del petróleo afecta la economía del país.* **2.** Pérdida, muerte: *El ejército sufrió muchas bajas en la batalla porque el enemigo era más poderoso.* **3.** Cese, suspensión: *El alumno fue dado de baja de la escuela por su mal comportamiento.*

BAJ

bajada *f.* **1.** Hecho de bajar. Sin. **descenso. 2.** Camino o lugar por donde se baja: *En los autobuses, normalmente la bajada es por la puerta de atrás.* Ant. **subida.**

bajamar *f.* Tiempo en el que baja la marea: *Durante la bajamar, se puede caminar entre el arrecife rocoso.* Ant. **pleamar.**

bajar *vb.* [tr., intr. y prnl.] **1.** Ir desde un lugar a otro que esté más bajo: *Cuando hay un terremoto, lo mejor es bajar de los edificios por la escalera de emergencia.* **2.** Disminuirse alguna cosa: *El pan no está esponjado, se bajó porque abrí el horno antes de que terminara de cocerse.* **3.** Poner alguna cosa en lugar más bajo: *Le pedí a Roberto que bajara el frasco de la alacena, porque yo no lo alcanzaba.* **4.** Apearse: *Hay que tener precaución al bajar de un automóvil.*

bajeza *f.* Acción despreciable: *Traicionar a otra persona es una bajeza.*

bajío *m.* **1.** Elevación del fondo en los mares, ríos y lagos. **2.** *Amér.* Terreno de poca altura: *En el bajío hay un tipo de vegetación que no se encuentra en la montaña.*

bajo *m.* **1.** Instrumento de cuerdas que emite sonidos graves. Sin. **contrabajo. 2.** Instrumento de aliento de gran tamaño y sonido grave. **3.** Cantante masculino que tiene el registro de voz más grave de todos.

bajo *adv.* **1.** Abajo. **2.** En tono que apenas se oiga: *En las bibliotecas se debe hablar bajo para no molestar a las personas que estudian.*

bajo *prep.* Debajo de, dominado o sometido: *La Colonia (aproximadamente del año 1500 al 1800) es el periodo histórico en que los hispanoamericanos vivieron bajo el control europeo.*

bajo, ja *adj.* **1.** De poca altura: *El edificio donde vivo es bajo porque sólo tiene dos niveles, pero Pedro vive en uno muy alto que tiene veinte niveles.* Sin. **chaparro, retaco, petizo.** Ant. **alto. 2.** Situado a poca distancia del suelo: *Yo vivo en la planta baja del edificio, pero me gustaría cambiarme a un piso de arriba para recibir más luz.* **3.** Inferior: *La camisa que compré era de tan baja calidad, que se despintó a la primera lavada.* **4.** Sonido grave.

bajorrelieve *m.* Escultura sobre un plano en la que el relieve tiene menor altura que la figura.

bala *f.* Cualquier proyectil de arma de fuego: *El cazador puso las balas a su rifle y le disparó al conejo.*

balada *f.* **1.** Composición poética que desarrolla un tema legendario. **2.** Género musical, generalmente de armonías simples que acompañan a la voz: *El cantante interpretó una balada que gusta mucho al público.*

baladí *adj.* Poco importante. Sin. **fútil.**

baladrón, na *adj./m.* y *f.* Fanfarrón.

balalaica *f.* Instrumento parecido a un laúd triangular con tres cuerdas, usado en la música popular rusa.

balance *m.* **1.** Equilibrio. **2.** Cuenta que se hace de los gastos y las ganancias de un negocio para determinar su situación económica. **3.** Valoración: *Antes de continuar con el proyecto, debemos hacer un balance de nuestros logros.*

balancear *vb.* [tr., intr. y prnl.] **1.** Mover un objeto de un lado a otro. **2.** Poner en equilibrio.

balanceo *m.* **1.** Acción y efecto de balancear. **2.** *Méx.* y *R. de la P.* Igualación del peso de las ruedas de un automóvil.

balancín *m.* **1.** Barra movible que se usa para estabilizar o balancear diferentes objetos: *El equilibrista utiliza un balancín para poder caminar sobre la cuerda sin caerse.* **2.** Silla para mecerse. Sin. **mecedora, hamaca. 3.** Asiento

colgante: *Puso un balancín en el patio para mecerse y disfrutar sus momentos de descanso.* Sin. **columpio, hamaca.**

balandro, dra *m.* y *f.* Embarcación pequeña con cubierta y un solo mástil.

balanza *f.* **1.** Instrumento que se usa para pesar: *El vendedor puso las naranjas en la balanza para ver si eran los tres kilos que yo quería.* **2.** Situación comparativa de intercambio entre dos países: *La balanza comercial de un país es favorable cuando se vende más de lo que se compra.*

balar *vb.* [intr.] Emitir balidos: *Las ovejas asustadas por el fuego balaban muy fuerte.*

balata *f.* *Chile* y *Méx.* Parte del mecanismo de freno de algunos vehículos motorizados.

balaustrada *m.* Barandal, barandilla: *La terraza del castillo estaba separada de los jardines por una balaustrada de mármol.*

balaustre o **balaústre** *m.* Cada una de las columnas que forman una balaustrada.

balazo *m.* **1.** Resultado de disparar un arma de fuego: *Anoche escuché un balazo en la calle, espero que no haya resultado algún herido.* **2.** Herida causada por una bala: *Durante el asalto, uno de los policías recibió un balazo que le quebró un hueso del hombro.* **3.** En los diarios, la oración que aparece sobre el encabezado en letras de menor tamaño y que lo complementa.

balboa *m.* Moneda de Panamá.

balbucear *vb.* [tr. e intr.] o **balbucir** *vb. irreg.* [tr. e intr.] Modelo 58. Hablar de manera vacilante y confusa: *El bebé todavía no sabe hablar bien, pero se pasa el día balbuceando.*

balcón *m.* Apertura o saliente de una habitación, que da al exterior y está rodeada por una ventana o barandal: *Puse flores en el balcón de la casa y se ven muy bonitas.*

balda *f.* Tabla horizontal en un armario o alacena.

baldar *vb.* [tr. y prnl.] **1.** Impedir una enfermedad o accidente el uso de un miembro: *No puede caminar, porque se baldó las piernas cuando chocó el tren en el que viajaba.* **2.** *Esp.* Fatigarse en exceso.

balde *m.* **1.** Cubo para sacar y transportar agua. **2.** *loc.* **De ~,** de forma gratuita. **3.** *loc.* **En ~,** en vano, sin resultado: *Fuimos a visitar a José y como no estaba en su casa, hicimos el viaje en balde.*

baldío, día *adj.* **1.** Vano, sin fundamento. **2.** Terreno abandonado, sin labrar. **3.** *Amér.* Terreno urbano sin edificar. Sin. **solar.**

baldosa *f.* Ladrillo fino que sirve para recubrir suelos: *Elegimos baldosas blancas para ponerlas en la cocina.*

balero *m.* **1.** *Argent., Colomb., Ecuad., Méx., P. Rico* y *Urug.* Juguete compuesto por una esfera de madera con un orificio y atada a un palo; el juego consiste en introducir el palo en la esfera. **2.** *Argent.* y *Urug.* *Fig.* y *Fam.* Cabeza humana. **3.** *Méx.* Parte mecánica de un vehículo que une al eje con la rueda.

balido *m.* Voz que emiten algunos animales como el borrego, el ciervo y la cabra.

balística *f.* Estudio de las armas de fuego y sus efectos.

baliza *f.* Señal fija o móvil que indica un peligro o delimita vías de circulación marítima, aérea y terrestre.

ballena *f.* Una de las distintas especies marinas de mamíferos cetáceos: *La ballena azul puede llegar a medir 30 m de largo.*

ballenato *m.* Cría de ballena: *Las ballenas migran a mares tropicales para parir a sus ballenatos.*

54

ballesta *f.* **1.** Arma portátil para lanzar flechas. **2.** Muelle en forma de arco utilizado en la suspensión de algunos vehículos.

ballet *m.* **Palabra francesa. 1.** Danza clásica de origen europeo: *La niña quiso tomar clases de ballet porque le encanta bailar.* **2.** Música compuesta para este tipo de danza. **3.** Compañía que interpreta danzas: *Anoche fui a ver el ballet francés que se presentó en el Teatro Nacional.*

balneario *m.* Establecimiento público para tomar baños, en especial medicinales.

balompié *m. Esp.* Juego entre dos equipos de once participantes cada uno, que consiste en introducir un balón en la portería del contrario, impulsándolo con los pies o la cabeza. Sin. **fútbol.**

balón *m.* **1.** Pelota grande, casi siempre redonda, formada por una esfera hinchada de aire y recubierta de cuero: *Ve por el balón para que juguemos fútbol un rato.* **2.** *Chile, Colomb. y Perú.* Recipiente metálico utilizado para contener gas combustible.

baloncesto *m.* Juego de equipos que consiste en introducir un balón en un aro elevado sujeto a un tablero, valiéndose de las manos. Sin. **basquetbol.**

balonmano *m.* Juego de equipos que consiste en introducir un balón en la portería contraria, valiéndose de las manos.

balonvolea *m. Esp.* Deporte que se juega entre dos equipos, lanzando un balón que se golpea con la mano, por encima de una red. Sin. **voleibol o volibol.**

balsa *f.* **1.** Depresión del terreno que se llena de agua. **2.** Embarcación formada por una plataforma de maderos unidos: *Para salir de la isla solitaria, el hombre construyó una balsa con maderos y lianas.* **3.** Madera tropical muy ligera: *Algunos modelos de avión a escala se hacen de la madera conocida con el nombre de balsa.*

bálsamo *m.* **1.** Resina aromática que segregan ciertos árboles. **2.** Consuelo, alivio: *Tener la oportunidad de verte nuevamente es un bálsamo para mis ojos.* **3.** Medicamento de uso externo: *"Úntate este bálsamo para el dolor muscular de la espalda."* Sin. **ungüento.**

báltico, ca *adj./m.* y *f.* Perteneciente o relativo al mar Báltico.

baluarte *m.* **1.** Saliente pentagonal de las fortificaciones. **2.** Amparo, defensa.

baluma o **balumba** *f. Ecuad.* Tumulto, alboroto.

bambalina *f.* **1.** Lienzo que cuelga del telar de un foro y que oculta a los actores cuando no están en escena. **2.** loc. pl. **Tras ~,** que no se ve, bajo la mesa: *La decisión final del jurado se discutió tras bambalinas, y nadie sabía quién iba a ganar el concurso.*

bambolear *vb.* (tr. y prnl.) Balancear de un lado a otro sin cambiar de sitio: *Durante el examen, ella estaba tan nerviosa que no dejaba de bambolear las piernas.*

bambú *m.* Planta gramínea, originaria de la India, de tallo hueco, leñoso, flexible y resistente: *El panda se alimenta exclusivamente de bambú.*

banal *adj.* Trivial, vulgar: *No vale la pena pelear por cosas banales que se pueden arreglar fácilmente.*

bananero, ra *adj.* **1.** Relativo al cultivo de bananas o plátanos. **2.** *Desp.* Se dice de los regímenes políticos inestables o sometidos a intereses extranjeros.

banano, na *m.* y *f.* **1.** Planta de hojas largas y fruto comestible. **2.** Fruto comestible de la planta del banano, de forma alargada y color amarillo. Sin. **plátano.**

banasta *f. Esp.* Cesto grande.

bancada *f.* **1.** *Méx.* y *R. de la P.* Conjunto de legisladores de un mismo partido político. **2.** Partidarios de un equipo.

bancario, ria *adj.* Relativo a las actividades de la banca: *Mi hijo me mandó dinero del extranjero por medio de un giro bancario.*

bancarrota *f.* Quiebra de una empresa o negocio: *Una persona que está en bancarrota no puede pagar sus deudas.*

banco, ca *m.* y *f.* **1.** Asiento de madera: *Voy a traer el banco de la cocina para sentarme con ustedes alrededor de la mesa.* **2.** Entidad financiera donde se realizan operaciones de crédito, préstamos, cambio, etc.: *Fui al banco para cobrar el cheque con el que me pagaron mi sueldo.*

banco *m.* **1.** Grupo de peces. Sin. **cardumen. 2.** loc. **~ de datos,** conjunto de informaciones accesibles por medio de una computadora.

banda *f.* **1.** Listón o cinta ancha: *Me puse una banda en la cabeza porque me dolía mucho.* **2.** *Fam.* Grupo de personas relacionadas: *Fui a la playa con mi banda de amigos.* Sin. **palomilla, pandilla, patota. 3.** Lado: *El jugador pasó por la banda izquierda de la cancha y anotó un gol.* **4.** Conjunto o grupo musical. **5.** loc. **~ sonora,** parte del filme en la que se registra el sonido.

bandada *f.* Grupo de aves. Sin. **parvada.**

bandazo *m.* **1.** Golpe brusco de un barco hacia babor o estribor. **2.** *Fam.* Cambio inesperado de dirección: *El nuevo profesor de matemáticas nos la pasa dando bandazos: primero dice una cosa y luego lo contrario.*

bandeja *f.* **1.** Pieza plana con borde para servir, llevar o poner cosas. Sin. **charola, azafate. 2.** loc. **Servir en ~,** dar grandes facilidades para conseguir algo.

bandera *f.* Tela decorada que representa generalmente a una nación. Sin. **lábaro.**

banderilla *f.* En los toros, palo adornado que se clava en la cruz o parte alta del lomo del toro durante el segundo tiempo.

banderín *m.* Bandera de tamaño pequeño: *Durante el partido de fútbol, los niños ondeaban banderines con los colores de su escuela.* Sin. **banderola.**

banderola *f.* **1.** Bandera pequeña. Sin. **banderín. 2.** *R. de la P.* Ventana que se encuentra en la parte superior de una puerta.

bandido, da *m.* y *f.* Fugitivo de la justicia: *En el filme del viejo oeste los bandidos asaltaron la diligencia y huyeron en sus caballos.* Sin. **bandolero.**

bando *m.* **1.** Edicto o mandato solemne: *El gobernador emitió un bando contra la delincuencia.* **2.** Facción o partido: *Su forma de pensar ha cambiado mucho desde que se pasó al bando contrario.*

bandolera *f.* Cinta de cuero que cruza el pecho para portar armas o municiones.

bandolero, ra *m.* y *f.* Bandido.

bandoneón *m.* Instrumento musical parecido al acordeón: *El tango es un tipo de música tradicional de Argentina que suele tocarse con bandoneón.*

bandurria *f.* Instrumento musical de doce cuerdas, semejante a la guitarra.

banjo *m.* Instrumento musical de cuerda, con caja de resonancia circular, cubierta por una piel tensada: *El banjo es usado en la música tradicional del sureste de los Estados Unidos de Norteamérica.*

banquero, ra *m.* y *f.* Persona que posee, dirige o trabaja en un banco.

banqueta f. **1.** Asiento o banco pequeño. **2.** *Guat.* y *Méx.* Acera: *Mi mamá me dijo que siempre debía caminar por la banqueta, y no entre los automóviles.*

banquete m. Comida abundante y deliciosa: *La Navidad pasada disfrutamos de un verdadero banquete, comimos pavo, ensalada y muchos postres.*

banquillo m. **1.** Asiento que se ocupa cuando se declara frente a un tribunal: *El juez pidió al testigo que pasara al banquillo para interrogarlo.* **2.** Lugar que ocupan los jugadores suplentes y el entrenador durante un partido.

bañadera f. **1.** *Amér. C.* y *Amér. Merid.* Pila para bañarse. SIN. **tina, bañera. 2.** *Urug.* Autobús por lo común viejo que se alquila para transportar a un grupo de personas.

bañado m. *Amér. C.* y *Amér. Merid.* Terreno húmedo y cenagoso.

bañado, da adj. **1.** Que ha tomado un baño: *El niño ya está bañado, así que podemos acostarlo en su cuna para que se duerma.* SIN. **limpio. 2.** Que está cubierto de agua.

bañador m. *Esp.* Prenda de vestir que se usa para nadar.

bañar vb. {tr. y prnl.} **1.** Meter el cuerpo o sumergir una cosa en un líquido. **2.** Lavar: *Ya es hora de bañar al bebé.* **3.** Tocar algún paraje del agua del mar o de un río: *El Océano Pacífico baña las costas de la parte occidental de América.* **4.** Cubrir una cosa con una capa de otra substancia: *El joyero bañó en oro la sortija de plata.*

bañera f. *Esp.* Pila para bañarse. SIN. **tina, bañadera.**

baño m. **1.** Acción y efecto de bañarse: *Llegué muy acalorado del partido de fútbol y decidí darme un baño.* **2.** Cuarto para el aseo personal: *El baño de mi casa tiene un mueble donde guardamos las toallas y los jabones.* **3.** Bañera, pila para bañarse. **4.** Capa con que queda cubierta la cosa bañada: *Llevé mi pulsera de plata al joyero para que le diera un baño de oro.*

baobab m. Árbol de gran diámetro y altura, propio de regiones tropicales de África.

baptisterio m. Pila bautismal y lugar donde se encuentra.

baqueano, na adj./m. y f. *Amér. C.* y *Amér. Merid.* Dícese de la persona conocedora de un terreno y sus caminos.

baquelita f. Resina sintética con la que pueden hacerse imitaciones de ámbar o carey.

baqueta f. **1.** Varilla para limpiar las armas de fuego. **2.** Nombre que se da a cada uno de los palos con que se golpea un tambor.

baquiano adj./m. Ver **baqueano.**

bar m. Lugar público de ambiente tranquilo y refinado, donde se sirven bebidas alcohólicas que la gente puede tomar sentada en bancos altos alrededor de una barra, o en sillas alrededor de mesas: *Los amigos quedaron de encontrarse en el bar de la esquina.*

bar m. Unidad de medida de la presión atmosférica.

bar mitzvah m. Ritual judío de iniciación que celebran los niños a los 13 años para pasar a formar parte de la comunidad religiosa.

barahúnda o **baraúnda** f. Ruido y confusión: *Había una gran barahúnda en la calle con motivo del carnaval.*

baraja f. Número de naipes o cartas: *La baraja española tiene 48 cartas.*

barajar vb. {tr.} Revolver los naipes o cartas: *Para jugar póquer, primero se barajan todos los naipes y después se reparten cinco a cada jugador.*

barandal m. Especie de valla que sirve de protección y apoyo en balcones y escaleras: *Mi hermanito se sujeta del barandal para no caerse cuando baja por la escalera.* SIN. **barandilla.**

barandilla f. *Esp.* Barandal. SIN. **barandal.**

barata f. *Méx.* Venta a bajo precio: *Aproveché la barata de la tienda de ropa para comprar un pantalón que me hacía falta.* SIN. **oferta.**

baratija f. Cosa de poco valor: *Entré a una tienda de baratijas donde compré juguetitos para los niños.* SIN. **chuchería.**

baratillo m. *Esp.* y *Argent.* Tienda de mercancías de poco valor. SIN. **boliche.**

barato adv. Por poco precio: *En esa tienda venden muy barato, pagué por la leche la mitad del precio que en las demás tiendas.*

barato, ta adj. De bajo precio: *Conseguí un carrito barato, así que se lo compré al niño.*

barba f. **1.** Parte de la cara debajo de la boca: *La niña tiene un hoyuelo en la barba.* SIN. **mentón, barbilla. 2.** Pelo de la cara: *Carlos se está dejando crecer la barba, así que ya no se afeita.*

barbacoa f. **1.** Parrilla para asar carne o pescado al aire libre. **2.** *Méx.* Guiso de carne de cordero o chivo, cocido en horno de tierra.

barbada f. *Bol.* y *Perú.* Barbiquejo.

barbado, da adj. Que tiene pelo en la cara. SIN. **barbudo.**

barbaján, jana adj./m. y f. *Cuba* y *Méx.* Tosco, grosero, maleducado.

barbaridad f. **1.** Calidad de bárbaro. **2.** Dicho o hecho tonto, necio o temerario: *Cuando Rosalía se dio cuenta de la barbaridad que había dicho, enrojeció de vergüenza.* SIN. **disparate. 3.** *Fam.* Mucho, en exceso: *En la fiesta había una barbaridad de comida, todos cenamos mucho y sólo se terminaron la mitad de los guisos.*

barbarie f. **1.** Según los evolucionistas, segunda etapa del desarrollo humano entre el salvajismo y la civilización. **2.** *Desp.* Atraso en un pueblo o falta de cultura. ANT. **civilización. 3.** Crueldad.

barbarismo m. Error del lenguaje que consiste en faltas de pronunciación, ortografía o acentuación, o en emplear vocablos arcaicos o extranjeros innecesarios.

bárbaro, ra adj./m. y f. **1.** Relativo a los pueblos germánicos que en el siglo v invadieron el Imperio Romano. **2.** Bruto, cruel: *Cuando su marido bebe alcohol, se comporta como un bárbaro, es grosero y violento.* **3.** Temerario. **4.** Inculto, tosco.

barbechar vb. {tr.} Arar la tierra como preparación para la siembra, o ararla antes de dejarla sin sembrar.

barbecho m. **1.** Periodo en que un campo se deja sin cultivar uno o más años: *Durante el barbecho, la tierra recupera sus nutrientes.* **2.** Campo que se deja sin cultivar uno o más años.

barbero m. **1.** Persona que tiene por oficio afeitar y cortar el pelo. SIN. **peluquero. 2.** *Méx. Fam.* Persona que adula, que halaga, y que sólo busca agradar: *No lo han despedido de la empresa porque es un barbero con los jefes y siempre les da regalos.* SIN. **zalamero.**

barbijo m. **1.** *Argent.* y *Bol.* Herida en la cara hecha por un cuchillo u otro objeto cortante. **2.** *Bol.* y *R. de la P.* Barbiquejo.

barbilampiño, ña adj. Sin pelo en la cara.

barbilla f. Punta de la barba. SIN. **mentón.**

barbiquejo m. *1.* Cinta para sujetar el sombrero por debajo de la barbilla. SIN. **barbada, barbijo**. *2.* Perú. Pañuelo que se ata rodeando la cara.

barbitúrico, ca adj./m. Dícese de una medicina que provoca efectos sedantes o hipnóticos: *A Juliana le recetaron unos **barbitúricos**, porque no podía dormir.*

barbudo, da adj. Que tiene pelo en la cara. SIN. **barbado**.

barca f. Embarcación pequeña: *Cuando estuvimos en el puerto, salimos a dar un paseo en **barca**.* SIN. **lancha**.

barcarola f. Tipo de canción popular veneciana cantada por los gondoleros.

barcaza f. Barca grande para carga y descarga.

barco m. Construcción flotante destinada al transporte de personas o mercancías: *Mis tíos viajaron en **barco** de América a Europa y visitaron muchos puertos.*

barda f. *1.* Argent. Ladera acantilada. *2.* Méx. Tapia que rodea o separa un terreno o construcción de otro. SIN. **muro**.

bardo m. Poeta: *En esa historieta aparece un **bardo** que canta sus poesías con una voz muy fea.*

baricentro m. *1.* Centro de gravedad de los cuerpos. *2.* En un triángulo, punto en el que se cruzan las medianas.

bario m. Elemento químico de símbolo Ba, metal alcalino blanco amarillento, dúctil, difícil de fundir, de número atómico 56.

barisfera f. Núcleo de la Tierra.

barita f. Mineral cristalino de sulfato de bario de donde se suele obtener el bario.

barítono m. Voz masculina de tono medio entre la de tenor y la de bajo: *El domingo pasado se presentó un **barítono** italiano con la compañía de ópera de Roma.*

barlovento m. En navegación, dirección de donde viene el viento. ANT. **sotavento**.

barniz m. Disolución de una resina en un líquido volátil que se extiende sobre pinturas o maderas para protegerlas: *Le puse **barniz** a la puerta de la casa para evitar que el sol y la humedad la perjudiquen.*

barómetro m. Instrumento para medir la presión atmosférica.

barón, nesa m. y f. Título nobiliario originado en la Edad Media europea que en España sigue al de vizconde.

barquilla f. Cesto de un globo aerostático: *Cuando el globo empezó a elevarse por el aire, Camila, que iba en la **barquilla**, agitó la mano para saludarnos.*

barquillo m. Hoja de pasta de harina con azúcar y canela, de forma triangular o de tubo: *Cuando fuimos al circo, comimos **barquillos** con helado encima.*

barra f. *1.* Cualquier objeto rígido o semirrígido, mucho más largo que ancho: *Después de subir al autobús me sujeté a una **barra** de metal para no caerme a causa del movimiento.* *2.* Mostrador de un bar o cafetería: *Podemos esperar a que nos den una mesa o podemos sentarnos en la **barra**.* *3.* Banco de arena en la boca de un río. *4.* Tubo fijo para hacer ejercicio, especialmente de ballet. *5.* Signo gráfico que sirve para separar: *En ese diccionario, las marcas gramaticales de una palabra se separan con una **barra** inclinada (/).* *6.* Agrupación de profesionistas: *Fernando pertenece a una **barra** de abogados.* SIN. **colegio**. *7.* Amér. Merid. Público que asiste a las sesiones de un tribunal. *8.* Amér. Merid. Grupo de amigos. *9.* Amér. Merid. Conjunto de seguidores de un equipo. SIN. **hincha**.

barrabasada f. *1.* Acción perversa, con mala intención sin pensar y dice **barrabasadas**, como que la capital de Argentina es Montevideo.

barraca f. *1.* Caseta construida con materiales ligeros o de desecho. *2.* Amér. C. y Amér. Merid. Almacén de productos. *3.* Chile. Maderería. *4.* Urug. Edificio destinado al depósito y venta de materiales de construcción.

barracón m. Construcción simple de una sola habitación, usualmente destinada a albergar soldados.

barracuda f. Pez voraz de forma alargada y dientes prominentes que se encuentra en los mares tropicales.

barranco, ca m. y f. *1.* Depresión abrupta en la superficie de un terreno. SIN. **despeñadero, precipicio**. *2.* Surco profundo que hacen en la tierra las corrientes de agua.

barrendero, ra m. y f. Persona que tiene por oficio barrer: *El **barrendero** recogió las hojas de los árboles que se habían juntado en el suelo.*

barreno m. Agujero que resulta al perforar.

barreno, na m. y f. Herramienta de acero para perforar.

barrer vb. {tr.} *1.* Limpiar el suelo con una escoba: *Antes de lavar el piso con agua y jabón, es necesario **barrerlo** para quitar la basura.* *2.* Vencer, llevarse todo: *Vamos a prepararnos muy bien, para que cuando vayamos a las olimpiadas podamos **barrer** con las medallas.*

barrera f. *1.* Cualquier objeto que obstaculiza el paso: *El tronco atravesado en la carretera era una **barrera** que impedía el paso de los automóviles.* *2.* Valla de madera que circunda el ruedo en las plazas de toros. *3.* Impedimento: *Mi tía dijo que la edad no es **barrera** para seguir estudiando y regresó a la escuela cuando tenía 50 años.*

barreta f. *1.* Barra pequeña. *2.* Herramienta en forma de barra larga de fierro sólido que se utiliza como pico o palanca.

barriada f. *1.* Barrio. *2.* Zona habitacional de bajo nivel económico: *Con el poco dinero que gano sólo puedo vivir en una **barriada**, por eso estoy buscando un mejor empleo.*

barrica f. Barril: *Fui a una bodega donde había muchas **barricas** de vino.*

barricada f. Barrera improvisada que se levanta en un camino para entorpecer el paso al enemigo.

barriga f. Fam. Vientre, estómago: *¡Me duele la **barriga** porque comí muchos dulces!* SIN. **panza**.

barril m. *1.* Depósito cilíndrico de madera para transportar y conservar líquidos. SIN. **tonel**. *2.* Unidad de medida inglesa usada para el petróleo, equivalente a 36 galones ó 163.66 litros.

barrilete m. *1.* Prensa de carpintero para asegurar la madera al banco. *2.* Argent. y Urug. Juguete volador formado por una estructura de madera que sostiene un papel o tela y con un cordel para sujetarlo. SIN. **cometa, papalote**.

barrio m. *1.* Cada una de las partes en que se divide un pueblo o ciudad: *Cada **barrio** de mi pueblo tiene su propia fiesta.* *2.* Zona marginada de una ciudad. *3.* Zona específica de una ciudad: *En esta ciudad hay un **barrio** turístico donde se agrupan restaurantes, centros comerciales, hoteles, etc.*

barritar vb. {intr.} Emitir su voz un elefante.

barrizal m. Sitio lleno de barro.

barro m. *1.* Masa que se forma cuando se mezclan tierra y agua. SIN. **fango, lodo**. *2.* Arcilla: *Los alfareros usan **barro** para hacer jarrones y otras artesanías.* *3.* Grano de sebo en la piel: *Me salió un **barro** en la punta de la nariz; eso me pasa por comer tantos chocolates.*

barroco *m.* Estilo artístico dominante en Europa e Hispanoamérica entre finales del siglo XVI y principios del XVII caracterizado por la abundancia de elementos.

barroco, ca *adj.* Excesivamente saturado, rebuscado o complejo: *Mi amigo es muy barroco al hablar, usa palabras extrañas y forma oraciones muy complicadas.*

barrote *m.* Barra gruesa de fierro o madera: *Las jaulas del zoológico tienen barrotes para que no escapen los animales.*

bártulos *m.* pl. Grupo de objetos o enseres necesarios para hacer algo. SIN. **cacharpas, trebejos.**

barullo *m.* **1.** Confusión, desorden. **2.** Ruido: *El barullo que están haciendo todos en la fiesta no me permite oír lo que me dices.*

barzón *m.* *Méx.* Aro de cuero u otro material, que tiene el yugo, por el que pasa el timón del arado.

basa *f.* Cuerpo que sostiene una columna, estatua, etc. SIN. **pedestal.**

basal *f.* Lo que se toma como punto de partida o referencia: *La temperatura basal del cuerpo humano es de 37°C. Si se eleva quiere decir que tenemos fiebre.*

basalto *m.* Roca volcánica sólida de color negro vidrioso.

basamento *m.* Parte que soporta una estructura. SIN. **cimiento.**

basar *vb.* [tr. y prnl.] **1.** Asentar sobre una base. **2.** Fundar, apoyar: *El abogado ganó el juicio porque se basó en pruebas que convencieron al jurado.*

basca *f.* **1.** Náusea, asco: *El olor de la leche agria me produce basca.* **2.** *Esp. Fam.* Pandilla.

báscula *f.* Aparato para medir peso: *Pon esas zanahorias en la báscula para ver si ya son dos kilos.*

base *f.* **1.** Fundamento o apoyo principal de una cosa. **2.** Línea o cara de las figuras geométricas sobre la que se supone descansan: *El triángulo isósceles tiene dos lados iguales y su base es desigual.* **3.** Cantidad que ha de elevarse a una potencia dada: *En 4^2, el número 4 es la base, y está elevado a la potencia 2.* **4.** Compuesto químico de sabor amargo que forma sales al ser combinado con un ácido. **5.** Lugar donde se concentra un grupo de trabajo: *El equipo de fútbol al que pertenece mi hermano, tiene su base en el jardín de mi casa.* **6.** loc. **- de datos,** programa que almacena información en una computadora.

basenji *m.* Raza de perros originaria del sur de África, de pelo corto color marrón y blanco, conocida por no ser capaz de ladrar.

basic *m.* **Palabra inglesa.** Uno de los lenguajes de programación para computadoras.

básico, ca *adj.* Fundamental, necesario: *Los chocolates no son básicos para conservar la salud, pero los vegetales sí.*

basílica *f.* Iglesia católica de gran tamaño o importancia.

basilisco *m.* **1.** Animal fabuloso con rasgos de reptil que mataba con la mirada o el aliento. **2.** Reptil parecido a la iguana de las zonas tropicales de América que se caracteriza por tener una cresta sobre el lomo. **3.** *Fam.* Persona furiosa: *Le retrasaron por tercera vez su pago y llegó a la casa hecha un basilisco.*

basquetbol *m.* **Palabra de origen inglés.** Juego entre dos equipos que consiste en introducir un balón en un aro elevado que está sujeto a un tablero, valiéndose de las manos. SIN. **baloncesto.**

basta *f.* Hilván: *Antes de coser definitivamente la blusa, une todos los trozos de la tela con bastas para que puedas probártela.*

bastante *adv.* Suficiente: *Creo que ella es lo bastante capaz para dar clases, ya que tiene conocimientos y experiencia como maestra.*

bastar *vb.* [intr. y prnl.] Tener o ser suficiente: *Para sentirme mejor, me bastaría con que se disculpara por la grosería que me dijo.*

bastardo, da *adj. Desp.* Relativo al hijo no reconocido o nacido fuera del matrimonio.

bastidor *m.* **1.** Armazón en el que se sostiene un lienzo para pintar o una tela para bordar. **2.** Decorado lateral de un escenario. **3.** *Amér. C.* Soporte para colchón hecho de tela metálica. **4.** *Chile.* Protección hecha de madera o de metal que se pone en las ventanas y que tiene una serie de tiras horizontales que se mueven para dar paso a la luz. SIN. **celosía.**

bastilla *f.* Dobladillo hilvanado que se hace a una tela para que no se deshile: *Si te quedan largos los pantalones, súbeles la bastilla.* SIN. **dobladillo, hilván.**

bastión *m.* Fuerte, baluarte.

basto, ta *adj.* **1.** Tosco, sin pulimento: *Esta tela es muy basta como para hacer un vestido con ella.* **2.** Inculto, grosero.

bastón *m.* Vara o palo que sirve para apoyarse al andar.

bastonera *f.* Mueble donde se guardan bastones y paraguas.

bastonero, ra *m.* y *f.* Quien porta o maneja un bastón en los desfiles.

bastos *m.* pl. Palo de la baraja española: *La baraja española tiene cuatro palos: los bastos, los oros, las copas y las espadas.*

basura *f.* **1.** Lo que se desecha o desperdicia: *Todos debemos separar la basura para que sea más fácil reciclar materiales que podemos volver a usar.* **2.** Cosa despreciable, inmunda o sucia: *"¡Ese trabajo es una basura, la redacción es mala y los datos son falsos!", me dijo la maestra.*

basural *m.* *Amér. C.* y *Amér. Merid.* Basurero.

basurero *m.* Lugar donde se arroja la basura: *Si tapamos el basurero, no se acercan las moscas.*

basurero, ra *m.* y *f.* Persona que tiene por oficio recoger la basura.

bat *m.* **Palabra inglesa.** Palo con que se golpea la pelota en el béisbol.

bata *f.* **1.** Prenda holgada, por lo general de tela ligera que se usa para estar en casa. **2.** Prenda abierta de tela resistente que usan las personas para desempeñar sus trabajos. **3.** *Perú.* Vestido que se pone al niño para bautizarlo.

batacazo *m.* **1.** Golpe fuerte que se da al caer. SIN. **porrazo, guamazo. 2.** *Argent., Par., Perú y Urug.* Triunfo que no se esperaba, en especial en carreras de caballos.

batalla *f.* Combate entre dos fuerzas militares: *Dentro de una guerra, a veces se llevan a cabo muchas batallas.*

batallar *vb.* [intr.] **1.** Luchar con armas. **2.** Disputar, debatir. **3.** Realizar una acción con dificultad: *Los niños batallaron mucho con ese ejercicio porque las operaciones de matemáticas eran complicadas.* SIN. **afanarse.**

batallón *m.* **1.** Unidad de infantería compuesta de varias compañías. **2.** Grupo numeroso de personas.

batán *m.* Máquina preparatoria de la hilatura del algodón.

batata *f.* **1.** Planta de tallo rastrero, cultivada por sus tubérculos comestibles. **2.** Tubérculo de esta planta. SIN. **boniato, camote.**

bate *m.* **Palabra de origen inglés.** Palo con que se golpea la pelota en el béisbol.

batea f. *Amér.* Bandeja o artesa para lavar.

batear vb. (tr.) Golpear la pelota con un bate: *Ese jugador de béisbol batéo con tanta fuerza la pelota, que la sacó de la cancha.*

batel m. Barco pequeño, bote.

batería f. **1.** Aparato que almacena energía eléctrica: *Los automóviles suelen usar una batería de seis celdas que les da la energía eléctrica que necesitan para andar.* SIN. **acumulador, pila. 2.** En la milicia, conjunto de piezas de artillería. **3.** Conjunto de utensilios de cocina para guisar: *Con motivo de su boda, les regalé a los novios una batería de aluminio.* **4.** Conjunto de instrumentos de percusión en algunas bandas musicales: *Mi hermano tocaba la batería en un grupo musical que formó con sus amigos.* **5.** loc. **En ~**, se dice de los automóviles estacionados uno al costado de otro en vez de uno detrás de fila.

batey m. *Cuba.* Lugar donde se ubica la maquinaria de un ingenio de azúcar.

batiburrillo m. *Esp.* Mezcla de cosas que no guardan relación entre ellas.

batida f. Grupo de personas coordinado para encontrar algo perdido o escondido: *La policía organizó una batida para alcanzar a los asaltantes que habían escapado.*

batido, da adj. Dícese del camino muy andado.

batido m. Bebida que se obtiene al batir leche y frutas. SIN. **licuado.**

batiente m. **1.** Parte del marco en que se detienen las puertas o ventanas al cerrarse. **2.** Hoja de una puerta o ventana: *Hace mucho calor, abre al menos un batiente de la ventana para que entre un poco de aire fresco.*

batimetría f. Estudio y medida de las profundidades de mares y ríos.

batir vb. (tr. y prnl.) **1.** Remover una cosa para hacerla más fluida o para condensarla: *Para preparar una tarta, es necesario batir la pasta antes de hornearla.* **2.** Mover con fuerza y rapidez algo. **3.** Golpear con fuerza. **4.** Derrotar: *Al final del partido logramos batir al equipo contrario por 3 goles a 1.* **5.** Superar: *Nuestro atleta batió la marca mundial.* **6.** Enfrentar: *En la obra de teatro, los dos caballeros decidieron batirse en un duelo a muerte.* **7.** Registrar un lugar en busca de algo oculto o perdido: *Los cazadores batieron el bosque en busca de la zorra.* **8.** *Méx. Fam.* Ensuciar, derramar algo sobre una superficie.

batiscafo m. Antiguo aparato sumergible para explorar el fondo del mar.

batista f. Tela muy fina de lino o algodón.

batracio, cia adj./m. Clase de animales anfibios: *El sapo y la rana son batracios.*

batuta f. **1.** Varilla con la que el director de una orquesta marca el compás. **2.** loc. **Llevar la ~**, coordinar o dirigir algo: *Cuando un grupo va de campamento, la persona que conoce el lugar es quien debe llevar la batuta.*

baúl m. **1.** Cofre, arca: *El pirata guardó las joyas que robó en un gran baúl de madera.* **2.** *Argent. y Urug.* Lugar de un vehículo donde se lleva el equipaje. SIN. **maletero, cajuela.**

bautismo m. En el cristianismo, ceremonia en la que se borra el pecado original por el contacto con agua bendita.

bautista adj./m. y f. **1.** Iglesia protestante que realiza el bautismo en adultos, por inmersión total en el agua. **2.** Persona que pertenece a esta iglesia.

bautizar vb. irreg. (tr.) Modelo 16. **1.** Administrar el bautismo: *El sacerdote bautizó al hijo de mi hermana con*

agua bendita. **2.** Poner nombre: *Al bebé lo bautizaron con el nombre de mi abuelo.* **3.** *Méx. Fam.* Adulterar con agua: *Su vaca le da 10 litros de leche y él vende 12 porque la bautiza.*

bautizo m. Fiesta que se ofrece cuando se realiza un bautismo.

baya f. Fruto pequeño y carnoso, sin hueso y con semillas: *Hay muchos tipos de bayas como la uva, el tomate, la manzana, etc.*

bayeta f. Paño de tejido absorbente usado para la limpieza.

bayoneta f. Arma blanca, parecida a una navaja, que se adapta al cañón del fusil para el combate cuerpo a cuerpo.

baza f. Número de cartas de la baraja que recoge el que gana la mano o el turno. SIN. **pozo, monte.**

bazar m. **1.** Mercado oriental de productos no comestibles: *Mis vecinos fueron a Persia y compraron en un bazar la alfombra que tienen en la sala de su casa.* **2.** Tienda de productos varios: *Por fin conseguí en un bazar el aparato de radio y el vestido que necesitaba.*

bazo m. Víscera que poseen los vertebrados a la izquierda del estómago: *Una de las funciones del bazo es producir glóbulos blancos.*

bazofia f. **1.** Desperdicios de comida. **2.** Comida muy mala: *Esta hamburguesa es una bazofia: la carne es de color verde, el pan está duro y el tomate seco.* **3.** Cosa despreciable: *"Tus poemas me parecen pura bazofia porque no tienes talento y están muy mal escritos", dije a Liliana.*

bazuca m. Arma portátil en forma de tubo para lanzar cohetes contra tanques.

beagle m. **Palabra inglesa.** Perro de caza originario de Gran Bretaña, pequeño, de cuerpo compacto, orejas largas y corto de color blanco, negro y marrón.

beatificar vb. irreg. (tr.) Modelo 17. Declarar el Vaticano que un muerto es digno de culto: *Pidieron al Papa que beatificara al obispo de esa ciudad porque durante su vida, además de su bondad, mostró que podía hacer milagros.*

beatitud f. Dicha o felicidad completa: *Traes un aire de beatitud que me hace pensar que te pasó algo maravilloso.*

beato, ta adj. **1.** Difunto declarado digno de culto por el Vaticano. **2.** *Fam.* Demasiado devoto: *Esa señora es una beata; va a la iglesia todos los días.*

beato, ta m. y f. Bienaventurado.

bebé o bebe m. Niño muy pequeño, recién nacido o de algunos meses: *Los bebés se pasan la mayor parte del tiempo durmiendo.* SIN. **crío, guagua, nene, criatura.**

bebedero m. Lugar donde el ganado toma agua.

bebedizo m. **1.** Bebida supuestamente mágica que provoca enamoramiento: *Ramiro quiere mucho a su novia; parece como si ella le hubiera dado algún bebedizo.* **2.** Bebida venenosa: *La gente rumora que un famoso pintor se murió por culpa de un bebedizo que le dieron un bebedizo.*

beber vb. (tr.) **1.** Ingerir un líquido: *Es recomendable hervir el agua antes de beberla.* **2.** Consumir bebidas alcohólicas. SIN. **tomar.**

bebida f. Líquido para beber, en especial el que contiene alcohol: *Si quieres, te invito una bebida en algún lugar del centro.*

bebido, da adj. Ebrio, borracho: *Como llegó bebido a su casa, su esposa se enojó con él.*

beca *f.* Ayuda económica que percibe un estudiante, un investigador o un artista: *Como Efraín tiene muy buenas calificaciones, le dieron una beca para estudiar en Brasil.*

becario, ria *m.* y *f.* Estudiante, investigador o artista que tiene una beca: *Rubén no trabaja porque es becario en la Universidad, es decir, recibe dinero para sus estudios.*

becerro, rra *m.* y.*f.* Novillo o ternera que no ha cumplido tres años de edad.

bechamel *f.* Salsa blanca hecha con harina, leche y mantequilla.

bedel, la *m.* y *f. Esp.* Empleado subalterno de los centros oficiales de enseñanza.

beduino, na *adj./m.* y *f.* Árabe nómada del desierto: *Mi tío me contó un cuento sobre beduinos que recorrían el Desierto del Sahara en sus camellos.*

begonia *f.* Planta perenne, de hojas grandes y flores de diversas formas pero siempre de color blanco, rojo o rosado.

beige *adj./m.* **Palabra francesa.** Color castaño claro o blanco amarillento: *El color natural de la lana es beige.*

béisbol o **beisbol** *m.* Juego entre dos equipos en el que los jugadores recorren cuatro bases de un circuito luego de golpear una pelota con un bate o palo especial de madera.

bejucal *m.* Lugar donde crece el bejuco.

bejuco *m.* Nombre de diversas plantas tropicales, de tallos largos, delgados y flexibles.

bejuquear *vb.* [tr.] *Amér. C., Ecuad.* y *P. Rico.* Golpear con un bejuco: *Lo bejuquearon por andar haciendo travesuras y ahora está llorando.* **Sin. apalear.**

bel *m.* Unidad de medida de la intensidad del sonido: *Un bel es igual a diez decibelios.*

beldad *f.* Mujer de gran belleza: *La heroína del filme era una beldad que fascinaba a todos los galanes.*

belén *m.* Representación del nacimiento de Jesús por medio de figuras.

belermo *m. Ecuad.* Muñeco de papel o tela, objeto con forma extraña o grotesca.

belfo *m.* Cada uno de los labios de los animales: *A los perros se les ven los colmillos detrás de los belfos.*

belga *adj./m.* y *f.* Originario de Bélgica, país de Europa.

beliceño, ña *adj./m.* y *f.* Originario de Belice, país de Centroamérica.

bélico, ca *adj.* Perteneciente o relativo a la guerra: *Una pistola, un cañón y un misil son armas bélicas.*

beligerante *adj./m.* y *f.* Que está en pie de guerra: *Las fuerzas de paz de las Naciones Unidas se establecieron entre las dos partes beligerantes para ayudar a su reconciliación.*

belio *m.* Bel.

bellaco, ca *adj./m.* y *f.* **1.** Persona que engaña: *El muy bellaco le robó dinero al anciano pobre.* **2.** *Amér. C.* y *Amér. Merid.* Dícese del caballo difícil de gobernar.

belladona *f.* Planta herbácea venenosa, utilizada en medicina.

belleza *f.* Conjunto de cualidades que son agradables a los sentidos. **Ant. fealdad.**

bello, lla *adj.* **1.** Que tiene belleza: *David ha pintado un bello retrato de su madre.* **Ant. feo. 2.** Bondadoso, amable, considerado: *Qué bella persona es Romualdo: siempre está dispuesto a ayudar a los demás.* **Ant. desgraciado.**

bellota *f.* Fruto del encino y del roble, de cáscara dura.

beluario *m.* Domador de fieras.

bembo, ba *m.* y *f.* **1.** *Antill.* Labio grueso. **2.** *Antill.* Boca.

bembón, na *adj. Antill.* y *Méx.* De labios o boca grande: *Mi prima es bembona y cuando se pinta los labios parecen un gran corazón rojo.*

bemol *adj./m.* Nota musical cuya entonación es medio tono más bajo que su sonido natural: *En la escala musical, entre el "do" y el "re" está el "re bemol".*

benceno *m.* Hidrocarburo transparente, volátil e inflamable, usado como solvente y que se utiliza también en productos como detergentes e insecticidas.

bencina *f.* **1.** Mezcla de hidrocarburos empleada como combustible en los motores. **2.** *Chile.* Nafta o gasolina.

bendecir *vb. irreg.* [tr.] **Modelo 55. 1.** Invocar la protección divina sobre alguien o algo: *Muchas personas acostumbran bendecir sus alimentos antes de tomarlos.* **2.** *Esp.* Alabar, ensalzar.

bendición *f.* Acción y efecto de bendecir: *Antes de salir de la casa mi mamá siempre me da su bendición.*

bendito, ta *adj./m.* y *f.* **1.** Que es sagrado o está relacionado con lo divino. **2.** Dichoso, bienaventurado: *Los bebés duermen como benditos cuando están sanos.*

benefactor, ra *adj./m.* y *f.* Bienhechor, persona que ayuda y protege: *La Asociación de Amigos del Museo es la principal benefactora de esa institución.*

beneficencia *f.* **1.** Virtud de hacer bien. **2.** Institución del gobierno o privada que se dedica a la asistencia social.

beneficiar *vb.* [tr. y prnl.] **1.** Brindar una ayuda o provecho: *Mi tío se benefició cuando nombraron como nuevo director de la empresa a su mejor amigo.* **Sin. favorecer. 2.** Transformar los minerales en metal puro.

beneficiario, ria *m.* y *f.* **1.** Que recibe un bien o ayuda. **2.** Quien está señalado como receptor de una herencia, póliza o seguro: *Se reunieron los beneficiarios para escuchar la lectura del testamento del abuelo.*

beneficio *m.* **1.** Bien que se hace o se recibe. **2.** Utilidad, provecho: *Limpiar el río de toda la basura fue un beneficio para todos.* **3.** Lugar donde se transforman los minerales: *Cerca de mi ciudad construyeron un beneficio porque hay minas de plata.*

benéfico, ca *adj.* Que hace bien: *Comer fruta tiene resultados benéficos para la salud.*

benemérito, ta *adj.* Que se aprueba y admira por sus méritos.

beneplácito *m.* Aprobación, permiso: *Los enamorados se casaron con el beneplácito de sus padres.*

benévolo, la *adj.* Que es bueno y tolerante: *Me gusta visitar a la abuela porque tiene carácter benévolo y es muy cariñosa.* **Sin. chévere.**

bengala *f.* Fuego artificial que despide luces muy brillantes de diferentes colores.

benigno, na *adj.* **1.** Afable, apacible, suave: *Este invierno fue benigno, así que no pasamos demasiado frío.* **2.** Enfermedad o afección que no es grave: *Un resfrío es una afección benigna que se cura pronto.*

benjamín *m.* Hijo menor: *Luis es el benjamín de una familia con cinco hijos.* **Sin. puchusco.**

benjuí *m.* Pomada o ungüento aromático medicinal obtenido de la resina que produce un árbol de la India.

benzoico, ca *adj./m.* Ácido blanco cristalino que se utiliza en perfumería.

beodo, da *adj./m.* y *f.* Ebrio, borracho: *Se quedó sin trabajo porque llegó beodo a la oficina y su jefe lo despidió.*

berberecho *m.* Molusco comestible con dos valvas, que vive en la arena de las playas.

berbiquí *m.* Instrumento mecánico usado para taladrar.

beréber o **bereber** *adj./m.* y *f.* Perteneciente a uno de los pueblos musulmanes del norte de África.

berenjena *f.* **1.** Planta cultivable de flores moradas. **2.** Fruto comestible de esta planta, de forma alargada, sabor un poco amargo y color morado por fuera y blanquecino por dentro.

berenjenal *m.* **1.** Terreno plantado de berenjenas. **2.** *Fam.* Enredo o lío: *Jaime se metió en un* **berenjenal** *porque el maestro lo sorprendió copiando durante el examen.*

bergamota *f.* Árbol de frutos agrios parecidos a la lima, de los que se obtiene un aceite para perfumería.

bergante *m.* y *f.* Persona pícara, sinvergüenza.

bergantín *m.* Velero de dos palos, trinquete y vela mayor: *Los piratas usaban* **bergantines** *para asaltar otros barcos.*

berilio *m.* Elemento químico de símbolo Be, metal alcalino ligero, de color blanco y sabor dulce, de número atómico 4. SIN. **glucinio**.

berilo *m.* Silicato de aluminio y berilio, que presenta diversos colores: *El* **berilo** *verde es la esmeralda, el* **berilo** *azul claro es la aguamarina.*

berkelio *m.* Elemento químico artificial de símbolo Bk, de la serie del actinio, de número atómico 97.

berlina *f.* Coche grande y cerrado, de cuatro ruedas y tirado por caballos.

berma *f. Chile.* Franja lateral exterior de una carretera. SIN. **acotamiento**.

bermejo, ja *adj.* De color rojizo.

bermellón *m.* Polvo de cinabrio usado para obtener color rojo vivo.

bermudas *m.* y *f.* pl. Pantalón holgado que llega hasta las rodillas: *Para las vacaciones en la playa sólo llevé* **bermudas** *y camisas ligeras, ya que hacía mucho calor.*

berrear *vb.* (intr.) **1.** Emitir o pronunciar berridos: *Justo a la mitad del bosque, escuché* **berrear** *a un venado.* **2.** Gritar de forma escandalosa.

berrendo *m.* Mamífero rumiante de color castaño y pecho blanco, originario de México y parecido al ciervo: *Algunos investigadores consideran que el* **berrendo** *ya es un animal extinto.*

berrido *m.* **1.** Sonido que producen el becerro, el ciervo y otros animales. **2.** Grito o chillido demasiado fuerte: *El bebé despertó a toda la familia cuando se cayó de la cama y comenzó a dar* **berridos** *de llanto.*

berrinche *m. Fam.* Rabieta, enfado o llanto violento y corto: *Mi hermano hace un* **berrinche** *cuando no le dan lo que pide, pero se le olvida pronto y deja de llorar.*

berro *m.* Planta herbácea comestible, de hojas verdes y sabor fuerte.

berza *f. Esp.* Repollo o col.

besar *vb.* (tr. y prnl.) Tocar con los labios en señal de amor, amistad o reverencia: *El filme de amor se acaba cuando él y ella* **se besan**.

beso *m.* **1.** Acción de besar: *En muchos países las personas se dan un* **beso** *como forma de saludarse.* **2.** loc. ~ **de judas**, traición.

bestia *adj. Desp.* Rudo e ignorante: *El muy* **bestia** *de René creía que Francia y París eran dos países diferentes, no sabía que París es la capital de Francia.*

bestia *f.* Cualquier animal cuadrúpedo, en especial el animal doméstico de carga: *Después de que las* **bestias** *terminaron de arar la tierra, el hombre les dio agua.*

bestial *adj.* Irracional, brutal: *El cuento que leí anoche trata de un delincuente que cometía asesinatos* **bestiales**, *como despedazar a sus víctimas.*

bestiario *m.* Libro que trata sobre animales imaginarios.

besugo *m.* Pez comestible de mar, de carne blanca y ojos grandes, común en la península Ibérica.

besuquear *vb.* (tr.) Llenar de besos: *Le dio tanto gusto encontrar a su perro perdido que no podía parar de* **besuquearlo**.

beta *m.* Pez tropical de pelea.

beta *f.* **1.** Segunda letra del alfabeto griego. **2.** loc. **Ondas** ~, frecuencia detectada en un encefalograma y que predomina durante los periodos en que los humanos están despiertos.

betabel *m. Méx.* Bulbo comestible de color rojo obscuro, parecido a la remolacha: *Comí una ensalada de lechuga con* **betabeles** *y la boca me quedó pintada de rojo.* SIN. **beterava, beterraga, remolacha**.

beterava *f.* **1.** *Argent.* Remolacha, planta herbácea con raíz carnosa de color rojo obscuro que es comestible. **2.** *Argent.* Raíz comestible de la planta beterava, de color rojo obscuro. SIN. **betabel, beterraga, remolacha**.

beterraga *f.* **1.** *Chile.* Remolacha, planta herbácea con raíz carnosa de color rojo obscuro que es comestible. **2.** *Chile.* Raíz comestible de la planta beterraga, de color rojo obscuro. SIN. **betabel, beterava, remolacha**.

betún *m.* **1.** Materia mineral natural, rica en carbono e hidrógeno. **2.** Substancia pastosa con la que se lustra el calzado. **3.** Cualquier substancia cremosa: *En mi fiesta comimos una tarta cubierta con* **betún** *de manzana.*

bezote *m.* Joya metálica prehispánica usada como adorno en el labio inferior.

biberón *m.* Botella usada para la lactancia artificial: *Mi mamá le da a mi hermanito leche en* **biberón** *desde que no lo amamanta.* SIN. **tetero, mamila, mamadera, pacha**.

biblia *f.* **1.** Se escribe con "B" mayúscula, es una palabra proveniente del griego, que significa "libro" y designa las escrituras sagradas compuestas por el Antiguo y el Nuevo Testamentos. **2.** *Fam.* Cualquier libro considerado fundamental en un tema o campo.

bíblico, ca *adj.* Relacionado con la Biblia: *Moisés es un personaje* **bíblico**, *y su vida se narra en el Antiguo Testamento.*

bibliófilo, la *m.* y *f.* Persona aficionada a los libros.

bibliografía *f.* Relación de libros sobre un determinado tema o autor: *Para investigar acerca de la vida de los elefantes, debes consultar* **bibliografía** *sobre animales.*

bibliomancia *f.* Técnica adivinatoria que consiste en abrir un libro al azar.

bibliorato *m. Argent., Par.* y *Urug.* Carpeta de anillos.

biblioteca *f.* **1.** Local donde se tienen libros ordenados para su consulta. **2.** Conjunto de estos libros: *Con este volumen voy a completar mi* **biblioteca** *de novelistas españoles.*

bibliotecario, ria *m.* y *f.* Persona que cuida, ordena y presta los libros de una biblioteca: *Si no sabes dónde encontrar un libro, pregúntale al* **bibliotecario**.

bicarbonato *m.* Carbonato ácido y en particular, sal de sodio: *Tomar* **bicarbonato** *de sodio alivia el dolor de estómago.*

bicéfalo, la *adj.* Que tiene dos cabezas: *El príncipe tenía que luchar con un dragón* **bicéfalo** *al que le salía*

BIC

fuego por las dos fauces y lo vigilaba con sus cuatro enormes ojos.

bíceps *m.* Músculo doble situado en los brazos: *Se me desarrolló el bíceps por hacer ejercicio y ahora tengo los brazos muy gruesos y fuertes.*

bicho *m.* **1.** Insecto o animal pequeño: *Durante la noche, la luz de las bombillas o focos atrae a bichos voladores.* **2.** *Fam.* Persona de mala intención.

bicicleta *f.* Vehículo mecánico de dos ruedas movido por medio de pedales.

bicoca *f. Fam.* Cosa que cuesta poco. SIN. **ganga.**

bicolor *m.* Que tiene dos colores: *Uno de los disfraces de arlequín es bicolor, mitad blanco y mitad negro.*

bicúspide *adj.* Que tiene dos puntas o cimas: *Algunas muelas son bicúspides porque tienen dos raíces.*

bidé *m.* Mueble de baño usado para la higiene íntima.

bidón *m.* Recipiente hermético para el transporte de líquidos: *Cuando un bidón contiene líquidos peligrosos, como productos químicos, debe mantenerse bien cerrado y marcarse con la palabra "peligro".*

biela *f.* Barra que en las máquinas sirve para transformar el movimiento de vaivén en otro de rotación, o viceversa.

bien *m.* **1.** Lo que es bueno, correcto o favorable: *La paz es un bien que la humanidad debe cuidar.* **2.** pl. Riquezas: *El presidente debe proteger los bienes de la nación.* **3.** pl. Mercancías.

bien *adv.* **1.** Como es debido, de manera acertada: *Tienes que portarte bien en la escuela obedeciendo a tus profesores.* **2.** Sin inconveniente o dificultad: *Todo salió bien en la operación y el enfermo pudo salir pronto del hospital.* **3.** loc. **Tener a ~,** considerar justo o conveniente: *Esperamos tengan a bien mandar las medicinas que solicitamos, ya que aquí mucha gente está enferma.*

bienal *adj.* Que sucede cada dos años: *El concurso de poesía de mi escuela es bienal: cada dos años organizan uno.*

bienal *f.* Festival artístico que tiene lugar cada dos años: *Mi amiga mandó uno de sus cuadros a la bienal de pintura organizada por ese museo.*

bienaventurado, da *adj.* Se dice de la persona que tiene buena suerte, que vive de manera feliz. SIN. **afortunado, dichoso.**

bienaventuranza *f.* **1.** Según las religiones, estado de felicidad espiritual absoluta. **2.** Dicha, prosperidad.

bienestar *m.* **1.** Conjunto de elementos necesarios para vivir cómodamente: *Mi papá trabaja mucho porque busca el bienestar para nosotros, por ejemplo, quiere comprar una casa más grande.* **2.** Tranquilidad de espíritu: *"Si dejas de pelear con tu hermanita, darás un gran bienestar a tu mamá", dije a Luis.*

bienhechor, ra *adj./m.* y *f.* Que hace bien a otro: *Los tíos de Luis son sus bienhechores, ellos compran los libros que necesita en la escuela y lo ayudan para que siga estudiando.*

bienio *m.* Periodo de dos años: *Me gusta tanto el fútbol, que me gustaría que el campeonato mundial fuera cada bienio.*

bienvenida *f.* Recibimiento con buenos deseos que se da a alguien por haber llegado: *El primer día de clases el director nos dio la bienvenida al colegio.*

bienvenido, da *adj.* Recibido con alegría: *La familia de Roberto es muy amable, por eso sus amigos siempre son bienvenidos en su casa.*

bies *m.* Tira de tela que se coloca en los bordes de las prendas de vestir: *Ya le pegué el bies al vestido, así que ya puedo hacer el dobladillo.*

bifásico, ca *adj.* Sistema de dos corrientes eléctricas alternas que proceden del mismo generador.

bife *m.* **1.** *Argent.* Trozo grueso de carne de res. **2.** *Argent., Par., Perú y Urug. Fam.* Bofetada. SIN. **cachetada.**

bífido, da *adj.* Dividido en dos: *La lengua de muchas serpientes es bífida, y parece que tienen dos lenguas muy delgadas en vez de una sola.*

bifocal *adj.* Que tiene dos enfoques: *Las gafas del abuelo tienen lentes bifocales: con la parte de abajo lee y con la de arriba mira a lo lejos.*

bifurcarse *vb. irreg.* {prnl.} **Modelo 17.** Dividirse en dos ramales, brazos o puntas: *Cuando una carretera se bifurca, debes decidir si sigues por la izquierda o por la derecha.*

bigamia *f.* Condición de estar formalmente casado con dos personas a la vez.

bígamo, ma *adj.* Persona que se casa por segunda vez sin haberse divorciado o haber enviudado de la primera pareja.

bígaro *m.* Animal marino comestible de caparazón obscuro.

bigote *m.* Pelo que crece arriba del labio superior.

bikini *m.* Prenda de vestir de dos piezas usada por las mujeres para nadar.

bilabial *adj.* Dícese del sonido que se pronuncia con los dos labios: *La b, la m y la p son sonidos bilabiales.*

bilateral *adj.* **1.** Que tiene dos lados o partes. **2.** Que obliga o atañe a dos partes o lados: *Los dos países firmaron un tratado bilateral de paz en el que se comprometieron a no pelear entre sí.*

bilé *m. Méx.* Lápiz de labios: *Pregúntale a Susana si tomó el bilé color rojo de mi bolso, porque no lo encuentro y quiero pintarme la boca.*

biliar *adj.* Relativo a la bilis.

bilingüe *adj.* **1.** Que habla dos lenguas: *Paraguay es un país bilingüe que reconoce al español y al guaraní como lenguas nacionales.* **2.** Que está escrito en dos lenguas.

bilingüismo *m.* Uso habitual de dos lenguas: *En las comunidades indígenas se da el bilingüismo porque la gente habla español con los mestizos y su propia lengua entre ellos.*

bilis *f.* Líquido verde amarillento y amargo que segrega el hígado y se acumula en la vesícula biliar.

billar *m.* **1.** Juego en que se impulsan bolas sólidas de marfil con la punta de un palo, llamado taco, sobre un paño verde en una mesa rectangular, que tiene en las esquinas depósitos para que caigan esas bolas. **2.** Lugar donde se practica dicho juego: *Renato fue al billar y ahí se pasó toda la tarde.*

billete *m.* **1.** Documento que da derecho a entrar en un local o a viajar en un vehículo. SIN. **boleto, entrada. 2.** Documento que acredita la participación en una lotería o rifa. **3.** Dinero en forma de papel: *Una moneda se maltrata menos que un billete cuando lo usa la gente.*

billetera *f.* Artículo de tela o cuero donde se guardan los billetes. SIN. **cartera.**

billón *m.* Un millón de millones.

bimestral *adj.* **1.** Que ocurre cada dos meses: *Esa revista es bimestral, así que se publican seis números durante todo el año.* **2.** Que dura dos meses.

bimestre *m.* Periodo de dos meses: *El primer bimestre del año comprende los meses de enero y febrero.*

bimotor *adj.* Que tiene dos motores.

bimotor *m.* Avión impulsado por dos motores.

binario, ria *adj.* **1.** Compuesto de dos partes o elementos: *Una estrella binaria es, en realidad, un conjunto de dos estrellas que actúan juntas.* **2.** loc. **Sistema ~,** que pertenece a una numeración cuya base es el número dos.

bingo *m.* Juego de azar parecido a la lotería.

binocular *m.* Aparato para mirar con ambos ojos, sobre todo cosas que se encuentran lejanas. Sin. **gemelos.**

binomio *m.* **1.** Expresión algebraica formada por la suma o la diferencia de dos términos. **2.** *Fam.* Par, pareja: *En la equitación, el jinete y el caballo forman un binomio.*

biodegradable *adj.* Que puede ser reintegrado al ecosistema: *Los desechos de comida son biodegradables, pero los plásticos no lo son.*

biodegradación *f.* Proceso de descomposición de una substancia en elementos más simples que no echan a perder el ecosistema.

biodiversidad *f.* Variedad de las especies vivientes y sus características genéticas: *Proteger selvas y bosques de la tala inmoderada significa proteger la biodiversidad que existe en ellos.*

biofísica *f.* Estudio de los fenómenos físicos observables en los seres vivos.

biografía *f.* Historia de la vida de alguien o estudio sobre la vida de una persona: *En la biografía de un pintor encontramos cuándo y cómo pintaba sus cuadros, entre otros datos.*

biología *f.* Ciencia que estudia la vida y sus procesos.

biológico, ca *adj.* **1.** Relacionado con la biología: *El ciclo biológico implica: nacimiento, crecimiento, reproducción y muerte.* **2.** Que respeta al medio ambiente: *Los aerosoles biológicos no dañan la capa superior de ozono.*

biombo *m.* Especie de pared plegable formada por la unión de paneles, que se usa para dividir espacios: *En su consultorio, el doctor tiene un biombo para que te cambies de ropa detrás de éste.* Sin. **mampara.**

biometría *f.* Análisis estadístico de datos vitales de los seres vivos.

biopsia *f.* Examen general y microscópico de un trozo de tejido tomado de un ser vivo: *Le salió una bolita en el brazo y los doctores le hicieron una biopsia para analizarla.*

bioquímica *f.* Estudio de la composición y las reacciones químicas de los seres vivos.

biosfera *f.* Capa atmosférica de la Tierra donde se desarrollan los seres vivos.

biosíntesis *f.* Producción de substancias orgánicas complejas en un ser vivo.

biota *f.* Conjunto de la flora y la fauna de un lugar determinado.

biotecnología *f.* Estudio y manejo de células vivas para obtener de ellas productos útiles al hombre.

biotipo *m.* Forma propia que caracteriza a cada especie de planta o animal. Sin. **nicho ecológico.**

biotopo *m.* Zona geográfica que tiene las condiciones ambientales que permiten desarrollarse a un tipo específico de seres vivos.

bióxido *m.* Molécula formada por un radical y dos átomos de oxígeno.

bipartición *f.* División en dos partes o secciones: *Cuando una célula se divide en dos partes iguales y cada parte se convierte en otra célula, quiere decir que se reprodujo por bipartición.*

bipartidismo *m.* Sistema formado por dos partidos políticos alternantes en el poder.

bipartito, ta *adj.* Que está formado por dos partes o grupos.

bípedo, da *adj./m.* **1.** Que se desplaza utilizando dos pies. **2.** Que tiene dos pies: *Los seres humanos somos animales bípedos.*

biplano *m.* Avión cuyas alas forman dos planos paralelos: *Los biplanos fueron muy comunes hasta la Segunda Guerra Mundial.*

biquini *m.* Ver bikini.

birimbao *m.* Instrumento musical de una cuerda metálica tensada por un arco, común en la música brasileña.

birlar *vb.* {tr.} Hurtar, quitar algo sin violencia y valiéndose de intrigas: *Ese hombre me entretuvo con su plática y mientras, su amigo me birló la billetera.*

birmano, na *adj./m. y f.* Originario de Birmania, país de Indochina.

birome *f.* R. de la P. Bolígrafo, instrumento para escribir que tiene en su interior una carga de tinta y en la punta una esfera metálica. Sin. **bolígrafo, pluma, esfero, estilográfica.**

birrete *m.* Gorro ceremonial, sin ala y con borla, distintivo de catedráticos, magistrados o jueces.

birria *f.* **1.** *Esp.* Persona o cosa de poco valor, fea o ridícula. **2.** *Méx.* Guiso de carne de borrego o chivo en un caldo picante.

bis *adj.* Que está repetido o debe repetirse: *Al final de la canción está escrita la palabra bis, eso quiere decir que debe cantarse dos veces.*

bisabuelo, la *m. y f.* Padre o madre del abuelo o de la abuela de una persona.

bisagra *f.* Instrumento formado por dos láminas metálicas unidas por un eje, que permite girar una puerta o tapa: *La puerta hace ruido al cerrarla porque sus bisagras necesitan aceite.* Sin. **gozne.**

bisbisear *vb.* {tr.} *Fam.* Hablar entre dientes. Sin. **musitar.**

biscocho *m.* Bizcocho.

bisectriz *f.* Línea que parte del vértice de un ángulo y divide una figura geométrica en dos partes iguales.

bisel *m.* Corte oblicuo, es decir inclinado, en el borde de una lámina o filo de un vidrio.

biselar *vb.* {tr.} Cortar oblicuamente la orilla de un objeto plano: *"Después de biselar ese vidrio ya no te cortas al tocarlo, porque ya no tiene filo la orilla."*

bisemanal *adj.* **1.** Que ocurre cada dos semanas. **2.** Que ocurre dos veces a la semana. Sin. **quincenal.**

bisexual *adj.* Que tiene caracteres de los dos sexos: *Algunas plantas bisexuales pueden fecundarse a sí mismas porque tienen órganos reproductores femeninos y masculinos.* Sin. **hermafrodita.**

bisexual *m. y f.* Persona que mantiene relaciones sexuales con personas de los dos sexos.

bisiesto *adj./m.* Se dice del año de 366 días: *Cuando un año es bisiesto, el mes de febrero tiene 29 días.*

bisílabo, ba *adj.* Que tiene dos sílabas: *Cor-cho, ga-to y ro-jo son palabras bisílabas.*

bismuto *m.* Elemento químico de símbolo Bi, metal pesado, de color gris con tonos rojos, muy frágil y que se funde fácilmente, de número atómico 83.

bisnieto, ta *m.* y *f.* Hijo o hija del nieto o de la nieta.

bisojo, ja *adj./m.* y *f.* Bizco.

bisonte *m.* Mamífero de gran tamaño, originario de las planicies norteamericanas, semejante al toro. SIN. **búfalo.**

bisoñé *m.* Peluca masculina que cubre parte de la cabeza.

bisoño, ña *adj./m.* y *f.* Novato, falto de experiencia: *Los alumnos le hacen bromas al nuevo maestro porque es bisoño y tiene poca autoridad.*

bisté o **bistec** *m.* Corte delgado de carne de res, para asar o freír.

bisturí *m.* Instrumento cortante, semejante a una navaja, empleado en cirugía.

bisutería *f.* Joyería de imitación.

bit *m.* **Palabra inglesa.** La más pequeña unidad de información que se emplea para medir la capacidad de memoria de una computadora: *Un megabite es igual a un millón de bits.*

bitácora *f.* **1.** Soporte o mueble de un barco donde se coloca la brújula. **2.** Libro donde se anotan los incidentes o sucesos de un viaje.

bitoque *m.* **1.** *Chile* y *Colomb.* Caña de la jeringa. **2.** *Colomb.* Llave de agua, grifo.

bivalente *adj.* Que tiene dos valencias, dos funciones, o dos significados.

bivalvo, va *adj.* Que tiene dos valvas o caparazones: *Las ostras y las almejas son moluscos bivalvos, por, eso, para comerlos hay que abrir sus valvas.*

bizantino, na *adj./m.* y *f.* Originario de Bizancio, después Constantinopla, hoy Estambul.

bizantino, na. Discusión ~, loc. Discusión sin sentido o confusa: *Llevan rato con una discusión bizantina que ya ni ellos entienden de qué se trata.*

bizarro, rra *adj.* **1.** Valiente, esforzado. **2.** Espléndido, generoso.

bizco, ca *adj./m.* y *f.* Que tiene los ojos o la mirada mal alineados: *A Isabel, como es bizca, le van a operar los ojos para hacer que mire en la misma dirección.* SIN. **bisojo, estrábico.**

bizcocho *m.* Panecillo horneado hecho con harina, huevos y azúcar.

biznaga *f.* **1.** *Esp.* Ramillete de jazmines. **2.** *Méx.* Planta cactácea comestible, de gran tamaño y forma cilíndrica o redonda.

blanca *f.* Figura musical que equivale a la mitad de una redonda.

blanco *m.* **1.** Hueco entre dos cosas: *Al escribir, debe dejarse un espacio en blanco entre palabra y palabra.* **2.** Objeto sobre el que se dispara: *Compré un blanco de madera para tirar dardos y practicar mi puntería.*

blanco, ca *adj./m.* y *f.* **1.** Color que resulta de la combinación de todos los colores del espectro luminoso. ANT. **negro.** **2.** Persona de origen europeo.

blancura *f.* Que tiene la calidad del color blanco.

blandir *vb. irreg.* (tr.) **Modelo 71.** Mover un arma u otra cosa de forma amenazadora: *El ciclista blandió un palo que traía para hacer huir al perro que siempre lo perseguía.*

blando, da *adj.* **1.** Que cede fácilmente al tacto: *La gelatina tiene consistencia blanda y si la tocas, tu dedo se hunde.* **2.** *Fam.* Que cede ante la presión: *En esa clase los niños gritan mucho porque su profesor es demasiado blando y no los controla.* **3.** De genio y trato suaves. **4.** loc. **Crédito ~,** crédito a largo plazo y con bajos intereses.

blanquear *vb.* (tr.) **1.** Poner blanco: *La lejía y el cloro sirven para blanquear la ropa.* **2.** Poner cal o yeso diluido en agua a las paredes o techos.

blanquillo *m.* **1.** *Chile* y *Perú.* Durazno de cáscara blanca. **2.** *Guat.* y *Méx.* Huevo: *"Ve a la tienda a comprar un kilo de blanquillo para preparar el desayuno."*

blasfemia *f.* **1.** Palabra ofensiva contra seres o cosas que se consideran sagradas. **2.** *Fam.* Insulto grave contra alguien.

blasón *m.* Cada una de las figuras que forman un escudo de armas.

blástula *f.* Fase de desarrollo del embrión en la que se forma una esfera hueca constituida por una sola capa de células.

bledo *m.* **1.** Planta comestible de tallo rastrero. **2.** loc. **Importar un ~,** tener sin cuidado, desinteresar: *Laura es una egoísta, sólo se preocupa por ella y los demás le importan un bledo.*

blenda *f.* Sulfuro natural de cinc.

blenorragia *f.* Enfermedad venérea que se caracteriza por un flujo mucoso y por la inflamación de la uretra.

blindar *vb.* (tr.) **1.** Reforzar con chapas metálicas. **2.** Proteger contra los efectos de los proyectiles.

blindado, da *adj.* Que resiste el impacto de los proyectiles: *Los vehículos que transportan el dinero son blindados para evitar que los ladrones puedan robárselo.*

bloc *m.* **Palabra de origen inglés.** Cuaderno. SIN. **libreta.**

bloque *m.* **1.** Trozo grande de piedra sin labrar: *El escultor llevó un bloque de mármol a su casa y elaboró una hermosa figura con él.* **2.** Conjunto de casas. SIN. **manzana, cuadra.**

bloquear *vb.* (tr.) Interrumpir un movimiento o proceso: *El árbol se cayó por la tormenta y bloqueó el paso de los automóviles por la carretera.*

bloqueo *m.* **1.** Acción de bloquear. **2.** Prohibición impuesta por un Estado sobre el comercio o libre tráfico de otro: *Cuando un país impone un bloqueo económico a otro, le impide vender y comprar libremente productos a otros países.*

blues *m.* **Palabra inglesa.** Estilo musical del folklore negro norteamericano.

blusa *f.* Prenda exterior femenina, holgada y generalmente con mangas: *La blusa de mi uniforme escolar es blanca y en las mangas tiene unas franjas azules y rojas.*

boa *f.* Serpiente de gran tamaño, vivípara y no venenosa, originaria de zonas selváticas de América Central y Meridional.

boato *m.* Ostentación en el lujo y la riqueza: *La fiesta se realizó con un boato derrochador y exagerado, las mesas tenían muchos adornos y los platos eran de oro y plata.*

bobada *f.* *Desp.* Tontería, necedad: *Me parece una bobada que los vecinos del edificio quieran pintarlo en vez de arreglar el techo dañado.*

bobina *f.* **1.** Pieza cilíndrica en donde se enreda un hilo o cinta. SIN. **carrete.** **2.** Componente de un generador eléctrico.

bobo, ba *adj./m.* y *f.* *Desp.* De poca inteligencia: *Mi vecino es tan bobo que sembró unas monedas pensando que nacerá un árbol de dinero.*

boca *f.* **1.** Órgano donde da inicio la ingestión de los alimentos y que articula la emisión de sonidos. **2.** Entrada o salida: *Debemos reunirnos en la boca de la cueva antes de comenzar el recorrido.* **3.** Abertura, agujero: Limpia la **boca** de la botella para que no se contamine el vino cuando lo sirvas. **4.** loc. **A pedir de ~**, a la medida de las expectativas.

bocabajo adv. Con la cara o la boca hacia abajo: *"Deja los vasos **bocabajo** después de lavarlos para que no les caiga polvo dentro"*, me dijo Ana. SIN. **de bruces**.

bocacalle f. Entrada de una calle.

bocadillo m. Alimento ligero y salado que se come antes o en substitución de la comida principal.

bocado m. **1.** Porción de comida que cabe en la boca. **2.** Pieza metálica que entra en el hocico del caballo y que sirve de freno.

bocajarro. A ~, loc. **1.** Desde muy cerca: *El jugador delantero disparó **a bocajarro** a la portería y así fue más fácil meter el gol.* **2.** De improviso: *"No le des la mala noticia **a bocajarro**, prepáralo antes para que no se asombre tanto"*, le dije a Rubén.

bocamanga f. Puño de camisa.

bocana f. Paso estrecho de mar, por el que se llega a un puerto.

bocanada f. Porción de humo o aire que se toma o se echa de una sola vez por la boca: *Se le quedó mirando, echó una **bocanada** de humo y entonces le contestó.*

bocatero, ra adj./m. y f. Cuba y Venez. Fanfarrón, presumido.

bocazas m. y f. Esp. Persona que habla más de lo debido: *"No comentes nuestro secreto con Gonzalo, porque es un **bocazas** y lo va a decir a todos"*, me dijo Noé.

boceto m. Dibujo a carbón del proyecto de una obra artística: *Antes de pintar el cuadro final, el alumno le presentó el **boceto** al profesor para saber si le agradaba.* SIN. **bosquejo**.

bochinche m. Jaleo, barullo: *Hubo tanta gente bailando y hablando durante la fiesta, que se produjo un gran **bochinche**.* SIN. **alboroto**.

bochorno m. **1.** Calor sofocante: *Con el **bochorno** del verano me dan ganas de dormir durante el día.* **2.** Vergüenza, rubor: *El mal comportamiento de mi hijo delante de los invitados me produjo un gran **bochorno** y me puse roja de vergüenza.*

bocina f. **1.** Instrumento cónico de metal con que se amplifica un sonido. **2.** Aparato sonoro de los automóviles: *El sonido de las **bocinas** de los automóviles es una fuente de contaminación ambiental: la contaminación por ruido.* SIN. **claxon**. **3.** Altavoz, amplificador: *Aunque estábamos lejos, pudimos escuchar el discurso del profesor porque las **bocinas** permitieron que su voz llegara hasta nosotros.*

bocio m. Enfermedad que produce un aumento en el tamaño de la glándula tiroides: *El **bocio** es común en las regiones montañosas.*

bocón, na adj./m. y f. **1.** Persona de boca grande. **2.** Que habla mucho, difamador, murmurador: *Es un **bocón** y estoy seguro de que pronto va a contar todos los secretos que te has dicho.*

boda f. Casamiento y fiesta con que se legitima una unión matrimonial.

bodega f. **1.** Lugar donde se guarda el vino. **2.** Almacén: *Ve por una botella de aceite a la **bodega**, porque ya se terminó el que había en la cocina.* **3.** Esp. Tienda de vinos.

bodegón m. **1.** Taberna. **2.** Pintura en que se representan objetos de cocina, frutos y jarrones: *Cecilia se inspiró en la cocina de su casa y pintó **bodegones** para su exposición.*

bodeguero, ra m. y f. Persona encargada de una bodega.

bodoque m. **1.** Relieve de un bordado. **2.** Persona torpe o inexperta. **3.** Méx. Fam. Bebé.

bodrio m. Cosa mal hecha: *Este filme es un **bodrio**, prefiero irme a dormir.*

bofe m. **1.** Pulmón, en especial el de la res cortada en canal. **2.** loc. Fam. **Echar el ~**, trabajar o ejercitarse hasta el límite de las fuerzas: *Corrí tres kilómetros y vengo **echando el bofe**. ¡Estoy muy cansado!*

bofetada f. Golpe que se da en la mejilla con la mano abierta. SIN. **cachetada**, **bife**.

bofo, fa adj. Méx. y Amér. C. Se dice de las cosas blandas, sin consistencia.

boga f. **1.** Acción de bogar. **2.** loc. **Estar en ~**, estar de moda: *El ciclismo **está** muy **en boga** entre mis amigos y todas las tardes salimos a pasear juntos en bicicleta.*

bogar vb. irreg. {intr.} **Modelo 17.** Remar: *Los remeros **bogaban** al mismo tiempo y con ritmo durante la competencia.*

bogavante m. Crustáceo marino muy parecido a la langosta.

bogotano, na adj./m. y f. Originario de Bogotá, Colombia.

bohemio, mia adj./m. y f. **1.** Persona que gusta de la vida urbana nocturna, sin apego a las convenciones sociales: *Mi tío era un solterón **bohemio** que vivía de noche y dormía de día.* **2.** Forma de vida de esta persona: *El abuelo de Román fue un músico que siempre llevó una vida muy **bohemia**.*

bohío m. Amér. Cabaña de madera cubierta de cañas, ramas o paja.

boicot m. **Palabra de origen inglés.** Acuerdo tácito o explícito que se hace en contra de un individuo o país para obligarlo a ceder en algo: *Como Raúl no quería que fuéramos a su fiesta, decidimos hacerle un **boicot** y así conseguimos que no nos invitara a todos.*

boicotear vb. {tr.} **1.** Realizar un boicot. **2.** Entorpecer o abstenerse de participar en un acto o proceso: *Los consumidores **boicotearon** esa fábrica al dejar de comprar sus jabones, porque eran muy caros y de mala calidad.*

bóiler m. **Palabra de origen inglés.** Méx. Calentador de agua. SIN. **calefón**.

boina f. Gorra redonda, plana y con visera corta o sin ella: *Mucha gente usa **boinas** de lana durante el invierno para no sentir frío en la cabeza.*

bojote m. Colomb., Ecuad., Hond., P. Rico y Venez. Paquete, bulto.

bol m. **Palabra de origen inglés.** Tazón grande y sin asas: *Los chinos suelen comer arroz en un **bol**.*

bola f. **1.** Cualquier cuerpo esférico o redondo. **2.** Esp. Fam. Mentira. **3.** Méx. Grupo indeterminado de personas: *No pude entrar al cine porque había una **bola** de gente que no me dejó llegar a la taquilla.* **4.** Méx. Conjunto grande de cosas: *En el armario encontré una **bola** de ropa que mi hermana dejó en desorden.* **5.** pl. Arg., Chile, Méx., Par. y Urug. Vulg. Testículo. **6.** loc. **No dar pie con ~**, no acertar: *Cuando llegó su novia, se puso tan nervioso que ya **no dio pie con bola** y se dedicó a hacer pura tontería en el partido de fútbol.*

boldo m. Arbusto originario de Chile, con cuyas hojas se prepara una infusión para el tratamiento de algunas enfermedades del hígado.

boleadoras f. R. de la P. Arma para arrojar, que se utiliza para cazar animales, formada por dos o tres bolas unidas por una cuerda.

bolear *vb.* [tr. y prnl.] *1.* Jugar, sin entrar en competencia, un deporte que requiera bola o pelota: *Antes de empezar el partido podemos* **bolear** *un rato para calentar los músculos. 2. R. de la P.* Arrojar las boleadoras a un animal. *3. Méx.* Lustrar los zapatos: *Ya tengo que* **bolear** *mis botas, porque están muy sucias.*

bolera *f. Esp.* Lugar donde se practica el juego de bolos.

bolero *m. 1.* Género musical cantado, originario de Cuba y muy desarrollado en México. *2. Guat.* y *Hond.* Sombrero. *3. Méx.* Limpiabotas, persona que limpia zapatos.

boleta *f. 1.* Papeleta donde se registran datos. SIN. **cédula.** *2.* Factura, recibo: *Mi mamá fue a pagar la* **boleta** *de empeño para que nos devolvieran la televisión.*

boletería *f. Amér. C.* y *Amér. Merid.* Taquilla.

boletín *m. 1.* Publicación periódica sobre una materia. *2.* Informe breve de noticias transmitido por televisión o radio.

boleto *m. 1.* Papel que comprueba el derecho de participar en una rifa o sorteo de lotería: *Tienes que llevar tu* **boleto** *al canal de televisión para que te entreguen la bicicleta que te ganaste. 2.* Billete, entrada: *Ya compré los* **boletos** *para la función del cine de mañana, así que no tenemos que llegar mucho tiempo antes. 3. Argent.* y *Urug. Fam.* Mentira, embuste. *4. loc. Méx. Fam. De ~,* de manera fácil y rápida.

boletus *m. 2.* Hongo, planta que recibe un género de hongos, en su mayoría comestibles.

boliche *m. 1. Chile* y *R. de la P.* Establecimiento comercial modesto dedicado a la venta de bebidas y comestibles. *2. Argent.* y *Urug. Fam.* Local público de ambiente popular, donde se sirven bebidas alcohólicas y alimentos; también se pueden practicar algunos juegos como el dominó. SIN. **cantina.** *3. Argent.* y *Urug. Fam.* Local público donde los jóvenes bailan y escuchan música. SIN. **discoteca.** *4.* Juego de bolos y lugar donde se juega.

bólido *m. 1.* Meteorito visible al momento de entrar en la atmósfera. *2. Fam.* Vehículo que se desplaza a gran velocidad.

bolígrafo *m.* Utensilio para escribir que tiene en su interior una carga de tinta espesa y en la punta una bolita metálica. SIN. **pluma, estilográfica, birome.**

bolina *f. 1.* Cuerda de una vela de barco que permite recibir mejor el viento. *2. loc. Cuba.* **A ~,** se dice de la cometa a la que se le rompe la cuerda.

bolilla *f. 1. R. de la P.* Bola pequeña usada en los sorteos. *2. R. de la P.* Parte del programa de una asignatura escolar.

bolillo *m. 1.* Palito para hacer encajes: *Compré un maravilloso encaje hecho con* **bolillo,** *para adornar esta sábana. 2. Méx.* Pan blanco: *Una comida tradicional de México se prepara con un* **bolillo** *relleno de jamón y queso o de otros alimentos.*

bolita *f. Argent.* y *Urug.* Canica.

bolívar *m.* Moneda de Venezuela.

boliviano, na *adj./m.* y *f.* Originario de Bolivia, país de América del Sur.

bollo *m. 1.* Panecillo de harina amasada y horneada. *2.* Golpe y el abultamiento que produce: *Al caer me hice un* **bollo** *en la frente.* SIN. **chichón.** *3. Chile.* Cantidad de barro necesaria para hacer una teja. *4. Colomb.* Empanada de maíz con carne, que se cuece envuelta en hojas de maíz.

bolo *m. 1.* Pieza de madera torneada, con base plana para que pueda tenerse en pie, usada en el juego del mismo nombre: *Se llama "chuza" al tiro en que caen todos los* **bolos** *al mismo tiempo. 2. Cuba* y *Méx.* Dinero que da el padrino en los bautizos como obsequio a los invitados. *3. pl.* Juego que consiste en lanzar una bola hacia un grupo de bolos, con el fin de derribarlos. *4. loc. ~ alimenticio,* masa de alimento masticado y ensalivado.

bolsa *f. 1.* Saco pequeño o depósito flexible, para llevar o guardar cosas: *No se te olvide llevar la* **bolsa** *cuando vayamos al mercado, para poder cargar todas las verduras que compremos. 2. loc. ~ de valores,* lugar donde se negocia el valor de productos, acciones o títulos de empresas. *3. loc. ~ de trabajo,* lugar donde se concentran las ofertas de empleo.

bolsillo *m. 1.* Bolsa hecha en la ropa para llevar alguna cosa: *Perdí mi dinero porque lo guardé en el* **bolsillo** *roto de mi pantalón. 2. loc. De ~,* de tamaño pequeño: *Compré un libro de* **bolsillo** *para poder llevarlo a todos lados.*

bolso *m.* Bolsa femenina en la que se llevan objetos de uso personal. SIN. **cartera.**

boludo, da *adj. R. de la P. Vulg.* Persona torpe o inútil.

bomba *f. 1.* Aparato para aspirar o comprimir gases o fluidos. *2.* Cualquier artefacto explosivo: *Leí en el diario que había estallado una* **bomba** *en una tienda de Londres. 3. Chile.* Estación de nafta o gasolina. *4. Colomb., Hond.* y *R. Dom.* Burbuja. SIN. **pompa. 5. Cuba.** Chistera.

bombachas *f. pl. Amér. C.* y *Amér. Merid.* Calzones femeninos.

bombacho *adj./m.* Se dice del pantalón muy ancho de arriba y pegado en la parte inferior: *Los pantalones* **bombachos** *son muy cómodos pero me hacen ver muy gorda.*

bombardear *vb.* [tr.] *1.* Arrojar proyectiles sobre un objetivo. *2.* Aplicar radiación a un cuerpo.

bombardero *m.* Avión diseñado para arrojar bombas.

bombear *vb.* [tr.] *1.* Mover agua u otro líquido por medio de una bomba: *Si no* **bombeas** *con fuerza nunca va a salir agua del pozo. 2.* Dar al balón una dirección elevada: *En voleibol,* **bombear** *la pelota es pasarla muy por encima de la red.*

bombero, ra *m.* y *f.* Persona encargada de apagar incendios.

bombilla, llo *m.* y *f. 1.* Globo de vidrio con un filamento que, al paso de la corriente eléctrica, se pone incandescente e ilumina. SIN. **foco, ampolleta.** *2. f. Amér. Merid.* Caña o tubo delgado que se usa para sorber el mate.

bombín *m.* Sombrero hecho por lo general de fieltro, con la copa baja y redondeada. SIN. **hongo.**

bombo *m. 1.* Tambor grande que se toca con una sola baqueta. *2.* Caja redonda y giratoria, destinada a contener las bolas de un sorteo.

bombón *m. 1.* Dulce esponjado de azúcar y color blanco o rosado. *2.* Confite o chocolate relleno, especialmente de malvavisco, licor o crema.

bombona *f.* Vasija metálica con tapa hermética usada para contener gases o líquidos. SIN. **tanque.**

bombonera *f.* Caja o recipiente con tapa en la que se guardan los dulces: *Regalé a mi mamá una* **bombonera** *llena de chocolates.*

bonachón, na *adj./m.* y *f.* Persona amable, de buen carácter y disposición: *La mamá de Ricardo es muy* **bonachona,** *siempre está de buen humor y nos regala fruta cuando la visitamos.*

bonaerense *adj./m.* y f. De Buenos Aires, Argentina.

bonanza f. *1.* Tiempo de prosperidad: *Hay que aprove-char la* **bonanza** *en el negocio para construir otro piso a la casa con el dinero que estamos ganando.* *2.* Clima tranquilo en el mar.

bondad f. *1.* Calidad de bueno. *2.* Inclinación a hacer el bien: *Javier se distingue por su* **bondad** *hacia la gente por-que siempre ayuda a quien lo necesita.* ANT. **maldad.** *3.* Amabilidad: *Cuando llegué al consultorio del médico, su secretaria me dijo: "Tenga la* **bondad** *de esperar".*

bondadoso, sa *adj.* Que está dispuesto a ayudar y servir a la gente.

bonete *m.* Birrete.

bonetería f. *1.* Mercería. *2.* *Méx.* Tienda de lencería: *Tengo que pasar a la* **bonetería** *para comprar unas medias de nailon.*

bongó *m.* Tambor doble que se toca con la palma de las manos, usado en la música caribeña.

bongosero, ra *m.* y f. Persona que toca el bongó.

boniato *m.* Batata. SIN. **camote.**

bonificación f. *1.* Cantidad previamente pagada que se añade al costo total. *2.* Cantidad que se añade como premio: *A fin de año, además de mi salario, recibí una* **bonificación** *en efectivo de mi jefe, dijo que me la gané por mi responsabilidad.*

bonificar *vb. irreg.* {tr.} Modelo 17. Añadir una cantidad a otra: *Tu pago se* **bonificó** *al dinero que me debes, por eso ahora me tienes que pagar menos que antes.*

bonito *m.* Pez marino comestible, de carne obscura, parecido al atún.

bonito, ta *adj.* Bello, agraciado: *En la tienda vi unos zapatos muy* **bonitos** *y no pude resistir la tentación de comprarlos.* ANT. **feo.**

bono *m.* *1.* Vale canjeable por algún artículo: *Ayer com-pré una televisión en la tienda, y me dieron de regalo un* **bono** *que voy a cambiar por un radio.* *2.* Documento que avala una deuda o el pago de un servicio: *El* **bono** *de transporte que compré me da derecho a viajar en autobús durante un mes.*

bonsái *m.* *1.* Técnica japonesa de cultivo, por la que se reduce al mínimo el tamaño normal de un árbol. *2.* Árbol cultivado con esta técnica: *Un* **bonsái** *es como un árbol normal, pero en miniatura.*

bonzo *m.* Sacerdote budista.

boñiga f. Excremento del ganado vacuno o caballar: *Llegué tarde a la escuela porque pisé por accidente una* **boñiga** *y me tuve que limpiar mi zapato.*

boomerang *m.* Ver bumerang.

boquear *vb.* {intr.} Abrir y cerrar la boca de manera re-petida, como lo hacen los peces.

boquera f. Inflamación superficial que molesta en las comisuras o bordes de los labios.

boquerón *m.* Pez comestible, más pequeño que la sardi-na: *Los* **boquerones** *preparados en salmuera se llaman anchoas.*

boquete *m.* Agujero: *Mira qué* **boquete** *le hiciste a ese calcetín con las tijeras.*

boquiabierto, ta *adj.* *1.* Que tiene la boca abierta. *2.* Pasmado, asombrado: *Cuando me invitaste a tu boda me quedé* **boquiabierto,** *porque decías que nunca ibas a casarte.*

boquilla f. *1.* Pieza hueca de los instrumentos de viento por donde se sopla. *2.* Filtro pequeño para fumar ciga-

rrillos: *La* **boquilla** *de los cigarrillos detiene una mínima parte de las substancias peligrosas del tabaco.*

borbollar *vb.* {intr.} Borbotar.

borbollón *m.* Borbotón.

borbotar o **borbotear** *vb.* {intr.} Manar o hervir el agua de manera impetuosa.

borboteo *m.* Sonido y movimiento del agua al hervir: *Por el* **borboteo** *que se oye, puedo decirte que el agua ya está hirviendo.*

borbotón *m.* Emanación ó burbujeo del agua: *En una fuente, el agua sale a* **borbotones.** SIN. **borbollón.**

borceguí *m.* *Esp.* Bota con cintas.

borda f. *1.* Borde superior del costado de un buque: *Caer por la* **borda** *significa caer al agua desde un barco.* *2.* loc. Echar por la ~, arruinar: *Juan* **echó** *por la* **borda** *su carrera profesional cuando cometió el fraude a la em-presa, y ahora no podrá conseguir un buen empleo.*

bordado *m.* Labor decorativa hecha con hilo y aguja sobre una tela.

bordar *vb.* {tr.} Hacer bordados.

borde *m.* Extremo, orilla: *"No dejes los vasos al* **borde** *de la mesa porque se pueden caer", le dijo a Luis.*

bordear *vb.* {tr.} Recorrer una superficie por la orilla: *"Si quieres cruzar este lago puedes hacerlo nadando, pero si no sabes nadar, deberás* **bordearlo",** *me dijo Juan.* SIN. **rodear.**

bordillo *m.* *Esp.* Borde de una acera o de un andén.

bordo *m.* *1.* Costado exterior de un barco. *2.* *Méx.* y *Amér. C.* Relieve hecho en el terreno para encauzar el agua. *3.* loc. A ~, en un barco o en un avión: *Salí tan tarde de mi casa que llegué al aeropuerto cuando ya to-dos los pasajeros estaban a* **bordo** *del avión en que yo iba a viajar.*

bordona f. *R. de la P.* Cualquiera de las tres cuerdas de sonido más grave de la guitarra, sobre todo la sexta.

boreal *adj.* *1.* Perteneciente o relativo al polo Norte. ANT. **austral.** *2.* loc. Aurora ~, fenómeno atmosférico en el que las partículas solares causan una luminosidad de muchos colores en el cielo polar.

bórico, ca *adj.* Dícese de un ácido oxigenado derivado del boro.

boricua *adj./m.* y f. Originario de Puerto Rico, isla de las Antillas. SIN. **puertorriqueño, borinqueño.**

borinqueño, ña *adj./m.* y f. Puertorriqueño, originario de Puerto Rico, isla de las Antillas. SIN. **boricua.**

borla f. *1.* Conjunto de hilos o cordones, sujetos por un extremo, que se emplea de adorno: *Mi mamá le puso* **borlas** *al mantel de la mesa y mi hermanito siempre las jala.* *2.* Utensilio para empolvarse la cara: *Mi abuela utili-zaba una* **borla** *para ponerse polvos de arroz en la cara.*

boro *m.* Elemento químico no metálico de símbolo B, de color obscuro, sólido y duro, de número atómico 5.

borona f. Migaja de pan: *"Te he dicho que no comas pan en el sofá porque lo dejas lleno de* **boronas",** *me dijo mi madre.* SIN. **morona.**

borra f. *1.* Lana sin hilar o sin tratar. *2.* Pelusa.

borrachera f. Alteración de la conciencia por beber al-cohol: *Le dimos varias tazas de café para que se le bajara la* **borrachera,** *pero no dejaba de hacer locuras.*

borracho, cha *adj.* Se dice de quien está trastornado por beber alcohol: *Dice muchas tonterías porque está* **borracho.**

borracho, cha *m.* y f. Persona que se embriaga habi-tualmente: *Su esposa y sus hijos lo abandonaron, porque* cuando se volvió un **borracho** dejó de trabajar y se comportaba muy violento. SIN. **alcohólico.**

borrador *m.* **1.** Escrito que se hace y se corrige para sacar de él un texto definitivo: *Le pedí a mi maestro que leyera el borrador de mi cuento para que me ayudara a corregirlo.* **2.** Utensilio que se emplea para borrar. SIN. **goma.**

borraja *f.* Planta anual de hojas grandes, tallo espinoso y flores azules, que se utiliza con fines medicinales.

borrar *vb.* {tr. y prnl.} **1.** Desaparecer lo escrito o dibujado con un borrador: *Es mejor borrar los errores ortográficos que escribir sobre ellos.* **2.** Quitar, desvanecer: *Borramos nuestras huellas en la arena para que no pudieran seguirnos los demás niños.*

borrasca *f.* **1.** Región atmosférica de bajas presiones. **2.** Tempestad: *Los marineros que estaban en el barco se protegieron en la playa cuando vieron venir la borrasca.*

borrascoso, sa *adj.* Agitado, discontinuo: *Ahora él es muy tranquilo, pero cuando era joven su vida fue muy borrascosa.* SIN. **tempestuoso.**

borrego, ga *m.* y *f.* **1.** Mamífero rumiante del que se aprovecha su lana y carne. SIN. **oveja.** **2.** *Fam.* Persona que permite que otros tomen decisiones por ella: *No puedes confiar en él, porque es un borrego y hará todo lo que diga su jefe aunque no esté de acuerdo.* **3.** *Cuba y Méx.* Noticia engañosa y falsa.

borrico, ca *m.* y *f.* Asno, burro. SIN. **jumento.**

borrón *m.* Mancha en el papel hecha al intentar borrar algo: *Vas a tener que repetir el trabajo escolar porque se ve muy feo ese borrón.*

borroso, sa *adj.* Confuso, impreciso: *Aunque tengo un recuerdo borroso de mi infancia, todavía recuerdo los juegos y los paseos con mi abuelo.*

boruca *f.* *Méx.* Ruido, alboroto: *Mis hermanitos han hecho boruca toda la tarde y los vecinos ya se quejaron con mi mamá.*

boscoso, sa *adj.* Se dice del lugar donde abundan o se concentran los árboles: *El cuento dice que la bruja se llevó a los niños a una cabaña que estaba en un lugar boscoso.*

bosnio, nia *adj./m.* y *f.* Originario de Bosnia, país de Europa Oriental.

bosque *m.* Extensión de terreno cubierto de árboles: *El bosque produce el oxígeno que necesitamos para vivir.*

bosquejar *vb.* {tr.} Trazar de manera tentativa un dibujo o una idea: *El pintor bosquejó mi cara antes de pintar mi retrato.* SIN. **esbozar.**

bosquejo *m.* Primeros trazos de un dibujo o idea: *Luis hizo un bosquejo del trabajo y se lo mostró al profesor para que lo ayudara a completarlo.* SIN. **boceto.**

bostezar *vb. irreg.* {intr.} Modelo 16. Abrir la boca de manera involuntaria, por sueño o aburrimiento, e inhalar aire para exhalarlo después en forma lenta y prolongada: *La conferencia fue larga, y como Gabriel estaba muy aburrido no paraba de bostezar.*

bostezo *m.* Acto de abrir la boca de manera involuntaria, por sueño o aburrimiento: *Mario estaba tan aburrido durante la fiesta que se la pasó bostezo tras bostezo.*

bota *f.* **1.** Calzado que cubre el pie por arriba del tobillo: *El soldado usa botas de cuero, y el bombero las usa de caucho o hule.* **2.** Recipiente de cuero, con forma de pera, usado para poner vino.

botador, ra *m.* y *f.* **1.** *Amér. C., y Ecuad.* Persona que no mide sus gastos, que despilfarra el dinero. **2.** *Méx.* Persona que cuida la puerta en los centros nocturnos.

botadura *f.* Acción de echar o lanzar un barco al agua.

botamanga *f.* *Amér. Merid.* Doblez de la parte inferior de la pierna del pantalón.

botana *f.* **1.** *Guat. y Méx.* Pequeña cantidad de comida que suele tomarse antes o en substitución de la comida principal: *Nos dieron aceitunas como botana y después sirvieron la sopa.* SIN. **tapa.** **2.** *Cuba y Méx.* Vaina de cuero que se pone a los gallos de pelea en los espolones.

botánica *f.* Ciencia que estudia el reino vegetal: *Andrés recoge y examina muchas plantas diferentes porque estudia botánica.*

botánico, ca *adj.* Relativo a la rama de la biología que estudia el reino vegetal: *En el jardín botánico puedes conocer muchos tipos de plantas.*

botánico, ca *m.* y *f.* Persona dedicada al estudio del reino vegetal: *Como mi tía es botánica conoce muchas plantas.*

botar *vb.* {tr.} **1.** Echar, arrojar: *Botar la basura en la calle es malo porque contamina el medio ambiente.* **2.** Echar al agua una embarcación. **3.** Saltar o levantarse una pelota u otra cosa al chocar contra una superficie: *Deja de botar la pelota dentro de la casa, porque podrías romper algo.* SIN. **rebotar.** **4.** Malgastar, derrochar: *Deberías ahorrar tu dinero y dejar de botarlo en cosas que no necesitas.*

botarate *adj./m.* y *f.* **1.** Derrochador: *El tío Osvaldo trabaja mucho, pero es un botarate que se acaba su dinero comprando todo lo que puede.* **2.** *Esp. Fam.* Que tiene poco juicio.

bote *m.* **1.** Acción de botar o saltar: *En el juego de tenis, la pelota sólo puede dar un bote en el suelo, porque si da más, es punto malo para el jugador que la arroja.* **2.** Recipiente pequeño, generalmente cilíndrico. SIN. **tarro, lata.** **3.** Barco pequeño, sin cubierta, movido por remos: *Fuimos al lago a remar en bote.* SIN. **lancha, barca.**

botella *f.* Recipiente de cuello estrecho para guardar líquidos: *En las botellas de vidrio se conserva mejor el vino que en los recipientes de plástico.*

botica *f.* Local donde se venden medicamentos: *Ve a la botica a comprar estos medicamentos para tu hermano que está enfermo.* SIN. **farmacia, droguería.**

boticario, ria *m.* y *f.* Persona que atiende o posee una botica o farmacia. SIN. **farmacéutico.**

botijo, ja *m.* y *f.* Vasija de vientre abultado, con asa, boca y un pitón para beber.

botín *m.* **1.** Producto de un robo o, en una batalla, armas y propiedades que el vencedor quita al vencido: *En el filme, los piratas asaltaron el barco y enterraron el botín en una isla desierta.* **2.** Calzado que cubre el pie y el tobillo.

botiquín *m.* Mueble o maleta pequeña en la que se guardan medicamentos: *Por seguridad, siempre debe haber en casa un botiquín de primeros auxilios.*

botocudo, da *adj./m.* y *f.* Pueblo amerindio que se ubica en los alrededores de la cuenca del río Doce, en el estado de Minas Gerais, Brasil.

botón *m.* **1.** Flor sin abrir: *¡Mira cuántos botones tiene el ramo de rosas que me regalaron! Espero que mañana se abran los pétalos.* SIN. **capullo.** **2.** Pieza pequeña que, al introducirla en un orificio, sirve para cerrar la ropa: *A mi blusa le falta un botón, por eso no puedo cerrarla bien.* **3.** Pieza que se oprime en ciertos aparatos para hacerlos funcionar: *Si aprietas el botón para encender la radio y no la conectas antes, no puedes esperar que funcione.* **4.** Broche redondo con publicidad: *El candidato a diputado repartió botones con su fotografía.*

botonadura f. Juego de botones: La **botonadura** del traje de torero es muy fina y elegante.

botones m. Mozo de hotel que hace encargos y lleva las maletas: Cuando llegamos al hotel, le pedí al **botones** que subiera las maletas a la habitación y me comprara un diario.

botulismo m. Enfermedad producida por la ingestión de alimentos contaminados por haber sido envasados en malas condiciones.

boulevard m. Palabra francesa. Avenida.

boutique f. Palabra francesa. **1.** Tienda de ropa. **2.** Tienda especializada en vender artículos selectos: Compré café de Indonesia en una **boutique** en la que venden alimentos exóticos de Oriente.

bouquet m. Palabra francesa. **1.** Ramillete: Mi novio me regaló un hermoso **bouquet** de flores blancas por mi cumpleaños. **2.** Aroma del vino: El **bouquet** del vino tinto se aprecia mejor a temperatura ambiente.

bóveda f. **1.** Tipo de techo arqueado o curvo que se construye entre dos muros o varios pilares. **2.** Habitación con este tipo de techo.

bóvido m. Género de mamíferos rumiantes con cuernos: La cabra y el búfalo pertenecen a la familia de los **bóvidos**.

bovino, na adj. **1.** Relativo al toro, al buey o a la vaca. **2.** Ganado formado por toros.

box m. Palabra inglesa. **1.** Boxeo. **2.** Méx. Parte baja de la cama que sostiene el colchón.

boxeador, ra m. y f. Palabra de origen inglés. Persona que practica el boxeo.

boxeo m. Actividad física que se practica entre dos personas, que consiste en golpearse mutuamente con los puños envueltos en unos guantes especiales: La cancha donde se practica el **boxeo** se llama ring o cuadrilátero.

bóxer m. Palabra de origen inglés. **1.** Raza de perros medianos de origen alemán, de pelo corto color marrón claro y pecho blanco. **2.** pl. Calzoncillo que llega hasta la mitad del muslo.

boya f. **1.** Objeto flotante que indica por dónde deben circular los barcos: La entrada del puerto marítimo está indicada por unas **boyas**. **2.** Corcho que se pone en las redes de pescar para que floten.

boyada f. Manada de bueyes.

boyante adj. Próspero: El dueño de la tienda se siente muy contento, porque dice que su negocio está **boyante**.

boyar vb. {intr.} Flotar.

boyero m. **1.** El que guía o cuida bueyes. **2.** Raza de perros grandes de pelo grueso y largo, originaria de Flandes, Bélgica, usada para el cuidado de bovinos.

bozal m. Pieza que se pone en el hocico a algunos animales para evitar que lo abran y hagan daño a alguien: El veterinario le puso un **bozal** a mi perro para poder inyectarlo.

bozo m. Vello sobre el labio superior: Mi hermano Daniel todavía no se rasura pero ya tiene un **bozo** muy fino.

bracear vb. {intr.} Mover los brazos, especialmente al nadar.

bracero, ra m. **1.** Amér. Merid. Jornalero agrícola o trabajador no calificado. **2.** Méx. Persona que va a trabajar ilegalmente a Estados Unidos.

bradicardia f. Ritmo muy lento del corazón.

bragas f. Esp. Calzones femeninos.

braguero m. Aparato o vendaje para contener las hernias.

bragueta f. Abertura delantera del pantalón: Olvidaste cerrar la **bragueta** del pantalón y se te ven los calzoncillos.

braguetazo m. Desp. Matrimonio por conveniencia que forma un hombre pobre con una mujer rica.

brahmanismo m. Prácticas y creencias religiosas surgidas en la India y basadas en unos himnos sagrados llamados Vedas: Según el **brahmanismo**, el mundo está compuesto por tres principios: Brahma el creador, Visnú el conservador y Siva el destructor.

braille m. Sistema de escritura en relieve que permite leer a los ciegos a través del tacto: Un hombre francés apellidado Braille que era ciego desde los tres años, inventó la escritura **Braille** para poder leer con las yemas de los dedos.

bramadero m. Amér. C. y Amér. Merid. Poste al cual se ata a los animales para herrarlos, domesticarlos o matarlos.

brama f. Época de celo de algunos animales.

bramar vb. {intr.} Dar gritos, bramidos o hacer ruido estrepitoso: El mar estaba tan agitado durante la tormenta, que se oía cómo **bramaba** cuando las olas chocaban contra las rocas.

bramido m. **1.** Mugido: En mi pueblo todavía pueden escucharse en la mañana los **bramidos** de las vacas lecheras. **2.** Ruido fuerte y continuo: Cuando fuimos al bosque, se escuchaba el fuerte **bramido** del viento al golpear contra los árboles.

brandy m. Palabra inglesa. Bebida alcohólica destilada de uva. Sin. coñac.

branquia f. Órgano respiratorio de los peces y otros animales acuáticos.

brasa f. **1.** Resto incandescente de cualquier materia combustible: Después del incendio, sólo quedaron **brasas** de la casa quemada. **2.** pl. loc. A las ~, forma de asar la comida con carbón: La carne asada a **las brasas** tiene un sabor a carbón que me gusta mucho.

brasero m. Instrumento de metal o arcilla en el que se hace lumbre para calentar el ambiente o para cocinar: En invierno nos gusta sentarnos alrededor del **brasero** para no sentir frío.

brasier m. Palabra de origen francés. Prenda femenina que sostiene y da forma a los senos. Sin. ajustadores, sostén, sujetador, corpiño.

brasilense adj./m. y f. Originario de Brasilia, capital de Brasil.

brasileño, ña adj./m. y f. Originario de Brasil, país de América del Sur.

bravata f. Amenaza, reto: Juan es una persona muy agresiva que siempre sale con sus **bravatas** cuando no quiero hacer lo que me pide.

bravío, a adj. Feroz, indómito, rebelde: Ése es un caballo **bravío**, así que no intentes montarlo.

bravo, va adj. **1.** Valiente: El **bravo** jinete logró domar al caballo salvaje. **2.** Referido a animales, feroz, agresivo: El perro de Dante es muy **bravo**, por eso lo mantienen encadenado. Ant. manso. **3.** Violento: Jorge se pone muy **bravo** cuando toma vino y quiere pelear con todo el mundo.

¡bravo! interj. Señala entusiasmo: La función de teatro fue tan buena, que cuando terminó los asistentes aplaudieron y gritaron: "¡Bravo, bravo!"

bravucón, na adj./m. y f. Fam. Que presume de ser valiente sin serlo: Antonio es un **bravucón** porque grita mucho pero se acobarda cuando tiene que enfrentar un problema.

bravura f. **1.** Valentía: *En el filme, los soldados demostraron su bravura durante la batalla y ninguno se acobardó ante el poder del enemigo.* **2.** Fiereza de los animales.

braza f. **1.** Medida de longitud que equivale a 1.67 m. **2.** *Esp.* Nado de pecho.

brazada f. **1.** Movimiento del brazo, sobre todo al nadar: *El maestro de natación me dijo que debía hacer mejor la brazada si quería avanzar más rápido en el agua.* **2.** *Colomb.* y *Venez.* Braza, medida de longitud.

brazalete m. Aro de adorno que se lleva en la muñeca. SIN. **pulsera.**

brazo m. **1.** Miembro del cuerpo humano que comprende desde el hombro hasta la extremidad de la mano: *Cuando el policía atrapó al ladrón, le ordenó que arrojara la pistola al suelo y que levantara los brazos.* **2.** Cada una de las partes que se ramifica algo: *El candelabro que compramos tiene cinco brazos, por eso puede sostener cinco velas.* **3.** loc. **Dar su ~ a torcer**, cambiar de opinión, ceder: *Mi madre no quería darme permiso de ir a la fiesta, pero se lo pedí tantas veces que al final dio su brazo a torcer.* **4.** loc. **Ser el ~ derecho,** ser la persona de mayor confianza: *Susana es el brazo derecho de su jefe, por eso se queda en su lugar cuando él viaja.*

brea f. Substancia viscosa obtenida por destilación de ciertas maderas, que tiene usos medicinales.

brebaje m. Bebida de aspecto o sabor extraño.

brecha f. **1.** Abertura en una pared o muro. **2.** *Méx.* Camino estrecho y sin pavimentar: *Para llegar al pueblo donde vivo hay que salir de la carretera y tomar una brecha.* **3.** loc. *Méx.* **Abrir ~,** crear una nueva posibilidad: *Las investigaciones científicas sobre el cáncer están abriendo brecha para descubrir la vacuna contra esta enfermedad.*

brécol m. *Esp.* y *Méx.* Brócoli.

bregar vb. irreg. (intr.) Modelo 17. **1.** *Esp.* Reñir, pelear. **2.** *Esp.* Trabajar con mucho afán.

breñal m. Terreno irregular y pedregoso lleno de maleza.

brete m. **1.** Brazalete metálico con que se sujetaba la cadena de los esclavos o reos. **2.** Aprieto, dificultad: *Rodrigo está metido en un brete terrible porque debe mucho dinero y no puede pagarlo.* **3.** *R. de la P.* Pasadizo para conducir el ganado.

breva f. **1.** Primeros frutos de la higuera. **2.** loc. *Esp.* **No caerá esa ~,** será difícil conseguir algo que se desea con fuerza: *Me dijo que va a devolverme el dinero que le presté, pero creo que no caerá esa breva.*

breve adj. **1.** De corta extensión o duración: *El director de la escuela nos dio un breve mensaje de un minuto con motivo del fin de cursos.* **2.** loc. **En ~,** muy pronto: *En breve conoceremos los resultados del examen final que acabamos de hacer, es decir, dentro de sólo diez minutos.*

brevedad f. Corta extensión o duración de algo: *La brevedad de la vida del músico austriaco Mozart, no impidió que realizara bellísimas obras musicales. ¡Sólo vivió 35 años!*

breviario m. **1.** Libro poco extenso sobre un tema. **2.** Libro que contiene el rezo eclesiástico de todo el año.

brezo m. Arbusto con muchas ramas y de madera muy dura: *Con la madera del brezo se pueden hacer pipas.*

briaga f. *Méx. Fam.* Borrachera.

briago, ga m. y f. *Méx. Fam.* Borracho.

bribón, na adj./m. y f. Persona que abusa, engaña o estafa: *Javier es un bribón, engañó a la anciana para pagarle menos dinero por los dulces que le compró.* SIN. **sinvergüenza.**

bricolaje m. **Palabra de origen francés.** Conjunto de trabajos manuales realizados por uno mismo para el arreglo o decoración de la casa.

brida f. Conjunto de fierros y correas que permiten conducir y frenar un caballo.

bridge m. **Palabra inglesa.** Juego de naipes para cuatro personas, dos contra dos, con baraja de 52 cartas o naipes.

bridón m. Caballo ensillado y con brida.

brigada f. **1.** Unidad militar integrada por dos regimientos. **2.** Conjunto de personas organizadas para alguna actividad: *En mi vecindario se organizó una brigada que se encarga de evitar el desperdicio de agua.*

brigadier m. General de brigada.

brillante adj. **1.** Que tiene brillo. SIN. **reluciente. 2.** Digno de admiración: *Gustavo siempre obtuvo premios y diplomas en la escuela porque fue un alumno brillante que estudiaba mucho.*

brillante m. Diamante tallado.

brillantina f. Cosmético usado para dar brillo al cabello. SIN. **gomina.**

brillar vb. (intr.) **1.** Emitir o reflejar luz un cuerpo: *Las estrellas brillan porque tienen luz propia, y los planetas porque la reflejan.* **2.** Sobresalir por alguna cualidad: *Miguel brilla en las fiestas porque tiene un gran sentido del humor y siempre nos hace reír a todos.* **3.** loc. *Fam.* **~ por su ausencia,** se dice de lo que, debiendo estar presente, no se encuentra: *Joaquín prometió traer flores el día de mi cumpleaños, pero no cumplió su promesa y las flores brillaron por su ausencia.*

brillo m. Luz reflejada o emitida por un cuerpo: *El brillo que nos llega de la Luna es el reflejo de la luz solar.*

brincar vb. irreg. (intr.) Modelo 17. **1.** Saltar, dar brincos: *El jugador de baloncesto brincó muy alto para meter el balón en la canasta.* **2.** Pasar por alto: *La maestra brincó mi nombre cuando leyó los nombres de todos los alumnos y por eso creía que yo no estaba en el salón de clases.*

brinco m. Salto, hecho de despegar los pies del piso con impulso: *Di un brinco para ver si tocaba el techo, pero como soy bajo no lo alcancé.*

brindar vb. (tr. e intr.) **1.** Ofrecer: *En este hotel deseamos brindar la mejor atención a todos los clientes.* **2.** Beber a la salud de alguien: *Todos brindamos por mi hermana en su fiesta de cumpleaños.*

brindis m. **1.** Acción de brindar: *Al final de la boda hubo un brindis a la salud de los novios y todos les deseamos un feliz matrimonio.* **2.** Lo que se dice al brindar.

brío m. Fuerza, energía, resolución: *No tengo bríos para pedirle perdón a mi novio por la grosería que le hice ayer.*

briófito, ta adj./m. Dícese de la planta criptógama sin raíces ni vasos, pero provista de hojas, como el musgo.

brioso, sa adj. Que tiene energía: *El cachorro que compró mi padre es muy brioso, pasa el día jugando y haciendo travesuras.*

brisa f. Viento suave y agradable: *Hace mucho calor, pero en la tarde corre una brisa que viene del mar y nos refresca.* **2.** *Esp.* Viento del noreste.

brisca f. Juego de naipes en el que se dan tres cartas por jugador.

británico, ca adj./m. y f. Originario de Gran Bretaña, conjunto de países de Europa.

brizna f. Filamento o parte muy fina de una cosa: *Le di un trozo de pan al bebé y lo hizo briznas en vez de comérselo.*

broca *f.* Pieza metálica en espiral usada para perforar: *Al taladro puedes ponerle **brocas** de diferente grosor, dependiendo del tamaño del agujero que quieras hacer.* Sin. **barreno** o **barrena**.

brocado *m.* **1.** Tela fina entretejida con hilo de oro o plata. **2.** Paño de seda con dibujos de color y textura distintos a los del paño sobre el que se dibujan.

brocal *m.* Pretil o borde alrededor de la boca de un pozo: *Desde el **brocal** podíamos ver el agua en el fondo del pozo.*

brocha *f.* Instrumento para pintar, parecido a un pincel muy grueso: *Compré una **brocha** y una lata de pintura para pintar mi habitación.* Sin. **hisopo**.

brochazo *m.* Mancha de pintura hecha con una brocha: *Luis dijo que me ayudaría a pintar la casa, pero sólo dio algunos **brochazos** a la pared y se cansó.*

broche *m.* **1.** Conjunto de dos piezas que encajan una en otra para cerrar algo: *El **broche** de mi collar no funciona y cuando trato de ponérmelo se cae.* **2.** Joya o adorno que se lleva prendido en la ropa. Sin. **prendedor, imperdible**. **3.** Tenaza metálica que se utiliza para mantener unidos pliegos u hojas de papel. **4.** loc. **Cerrar con ~ de oro**, terminar de la mejor manera: *Cerró con **broche de oro** el curso porque obtuvo muy buenas calificaciones en sus exámenes finales.*

brocheta *f.* Forma de preparar la carne y otros alimentos, asándolos ensartados en una aguja larga: *Preparamos las **brochetas** poniendo en la aguja un trozo de carne, luego un pedazo de cebolla y otro de pimiento.*

brocol o **brócoli** *m.* Vegetal comestible parecido a la coliflor pero de color verde. Sin. **brécol**.

broma *f.* Burla sin mala intención: *Gustavo es tan gruñón que no acepta ni una **broma**.*

bromear *vb.* [intr.] Actuar de manera informal y graciosa para divertirse o hacer reír: *Me encanta visitar a mi tío porque siempre está de buen humor y le gusta **bromear** conmigo.*

bromista *m. y f.* Persona aficionada a hacer bromas: *No se puede hablar de un asunto serio con Rubén porque es muy **bromista** y se ríe de cualquier cosa.*

bromo *m.* Elemento químico líquido no metálico de símbolo Br, tóxico y corrosivo, de número atómico 35.

bromuro *m.* En química, combinación del bromo con un radical simple o con uno compuesto.

bronca *adj.* Méx. Se dice de la leche que no ha sido limpiada de gérmenes: *La leche **bronca** no ha sido hervida ni pasteurizada.*

bronca *f.* **1.** Pelea: *Durante el partido de fútbol hubo una **bronca** entre los dos equipos y un jugador resultó herido.* **2.** Amér. Fam. Enfado, rabia: *Me da mucha **bronca** que mis hijos no obedezcan cuando les pido que limpien su habitación.*

bronce *m.* Aleación de cobre con cinc y estaño, de color amarillo obscuro: *En las competencias deportivas, se da medalla de **bronce** al ganador del tercer lugar.*

bronceador *m.* Aceite o crema para broncear la piel que evita las quemaduras por el sol: *"Asegúrate de usar **bronceador** cuando te expongas al sol por periodos largos", me dijo el médico.*

broncear *vb.* [tr. y prnl.] **1.** Recubrir con bronce. **2.** Tomar la piel color moreno por la acción del sol: ***Broncearse** demasiado puede provocar enfermedades en la piel.*

broncíneo, nea *adj.* De color semejante al del bronce.

bronconeumonía *f.* Inflamación que afecta a bronquios y pulmones: *Mi hermano se sentía débil, tenía fiebre y tos, y cuando fue al hospital le dijeron que tenía **bronconeumonía**.*

bronquear *vb.* [tr. y prnl.] Pelear, reprender.

bronquio *m.* Cada uno de los dos conductos en que se divide la tráquea antes de llegar a los pulmones.

bronquiolo o **bronquíolo** *m.* Cada una de las ramificaciones en las cuales se dividen los bronquios.

bronquitis *f.* Inflamación de los bronquios.

brotar *vb.* [tr. e intr.] **1.** Surgir, comenzar: *A mi hermanita le **brotó** ayer el primer diente y apenas se ve una puntita blanca en su encía.* **2.** Comenzar a salir la planta de la tierra: *En mayo deberá **brotar** el trigo que sembramos ahora.* **3.** Comenzar a salir en la planta hojas, flores, o ramas nuevas: *Después de podar el rosal, le **brotaron** ramas nuevas rápidamente.* **4.** Salir el agua del manantial: *En la montaña el agua **brota** de entre las rocas.* Sin. **manar**.

brote *m.* **1.** Acción de surgir, de comenzar. **2.** Botón que aparece en una planta antes de que salga un tallo, hoja o rama: *Es muy interesante ver cómo sale un pequeño **brote** de un grueso tronco de árbol.* **3.** Principio de una enfermedad infecciosa: *Hace mucho tiempo que no se detectan **brotes** de viruela en el mundo.*

broza *f.* **1.** Restos de las plantas: *Mi madre recoge la **broza** del jardín y la ocupa para abonar los árboles.* **2.** Desecho de alguna cosa.

bruces. De ~, loc. Bocabajo: *Gabriel estaba jugando, se cayó **de bruces** contra el suelo y se lastimó la nariz y la frente.*

bruja *adj./m. y f.* Antill. y Méx. Fam. Pobre, miserable: *Ayer me robaron todo mi sueldo, por eso ando bien **bruja** y no tengo dinero para comer.*

brujería *f.* **1.** Conjunto de artes y conocimientos ocultos que, gracias a un pacto con fuerzas sobrenaturales, permiten actuar a distancia sobre la realidad: *Romualdo tiene un libro de **brujería** que dice cómo obtener dinero, salud y amor.* Sin. **hechicería, magia**. **2.** Efecto de dichas artes y saberes: *Mi hermana dice que su novio le hizo **brujería** y que por eso no puede dejar de pensar en él.* Sin. **embrujo, hechizo, sortilegio**.

brujo, ja *m. y f.* **1.** Persona que se cree causa diferentes efectos a distancia por manejar fuerzas ocultas: *En el cuento, el **brujo** le dio un amuleto a la princesa para protegerla de cualquier daño.* Sin. **hechicero**. **2.** Desp. Mujer malhumorada, fea y vieja: *Esa secretaria es una **bruja** que me regaña cada vez que le pregunto algo.*

brújula *f.* Instrumento para orientarse, en el que una aguja imantada señala siempre la dirección norte-sur: *La aguja de una **brújula** es atraída por los polos magnéticos de la Tierra.*

brulote *m.* Argent. Crítica fuerte hecha en público.

bruma *f.* Niebla espesa, en particular la del mar: *Cuando hay **bruma** en el mar los barcos no se ven entre sí y por eso suenan sus sirenas.*

brumoso, sa *adj.* Poco claro o visible: *Mi papá maneja con especial cuidado en una noche **brumosa** porque es muy peligroso y podríamos sufrir un accidente.*

bruñido *m.* Acción de bruñir o abrillantar: *Hice una escultura y sólo me falta el **bruñido** para que esté lista para la exposición.*

bruñir *vb. irreg.* [tr.] **Modelo 69.** Sacar brillo a un metal o piedra. Sin. **pulir**.

brusco, ca *adj.* **1.** Poco considerado o delicado: *El maestro de matemáticas es muy brusco con todos los alumnos y sólo se comporta amable con las maestras.* **2.** Rápido, repentino: *El vehículo perdió los frenos y dio un giro muy brusco antes de pegar contra el muro.*

brusquedad *f.* **1.** Hecho de ser poco considerado o delicado: *"Aunque tú tenías la razón, no debiste contestar con esa brusquedad, la amabilidad nunca sale sobrando."* **2.** Acción o procedimiento brusco: *La madre tomó con brusquedad a su hijo para evitar que se golpeara con un poste que el niño no había visto.*

brutal *adj.* De gran magnitud y violencia: *La fuerza del huracán era tan brutal que arrancó muchos árboles y dañó edificios cuando cruzó por la ciudad.*

brutalidad *f.* Acción desproporcionada y sin sentido: *Usar armas atómicas es una brutalidad que mata mucha gente y perjudica al mundo entero.*

bruto, ta *adj.* **1.** *Desp.* Necio, torpe, ignorante: *Felipe es un niño muy bruto que comete errores y nunca los reconoce.* **2.** Tosco, sin pulimento. **3.** Sin considerar pérdidas o deducciones: *El salario bruto de un empleado no toma en cuenta los impuestos que debe pagar ni las gratificaciones que le da su patrón.* **4.** Que considera envase y líquido: *El peso bruto de una lata de sardinas cocinadas, incluye las sardinas, el recipiente, el aceite y la salsa.*

buba *f.* Bubón: *Las crónicas de la Conquista relatan que los soldados españoles se enfermaban de bubas.*

bubón *m.* Inflamación de un ganglio linfático, especialmente de las extremidades.

bubónica. Peste ~, *loc.* Enfermedad infecciosa producida por bacterias y transmitida por pulgas, que se caracteriza por fiebre, vómito, diarrea y bubones.

bucal *adj.* Relativo a la boca: *Para cuidar tu limpieza bucal, debes cepillar tus dientes tres veces al día.*

bucanero *m.* Pirata del siglo XVII: *Los bucaneros asaltaban a barcos españoles en las islas del mar Caribe.*

búcaro *m.* Jarrón.

bucear *vb.* {intr.} Nadar o mantenerse bajo el agua, en especial con tanques de oxígeno.

buceo *m.* **1.** Acción de nadar por debajo del agua. **2.** Deporte en que se nada bajo el agua: *Para practicar el buceo se necesita mucho entrenamiento, porque hay que aprender a respirar con tanques de oxígeno.*

buchaca *f.* *Colomb., Cuba y Méx.* Receptáculo de una mesa de billar donde deben caer las bolas.

buche *m.* **1.** Órgano en que las aves guardan la comida antes de pasarla al estómago. **2.** Bocanada de líquido: *Después de cepillar tus dientes hay que hacer buches con agua limpia para desechar los restos de comida.*

bucle *m.* Rizo de cabello.

bucólico, ca *adj.* En la poesía, lo que pertenece o caracteriza al campo y a los pastores.

budín *m.* Postre elaborado con pan, leche, azúcar y frutas secas. **SIN. pudín.**

budismo *m.* Prácticas y creencias religiosas fundadas por Sidarta Gautama en la India: *El budismo surgió en la India en el año 500 a. de C.*

budista *adj./m.* y *f.* Relativo al budismo y a las personas que lo profesan.

buen *adj.* Apócope de bueno: *Éste será un buen año para la agricultura porque no ha habido sequía y la tierra es fértil.* **ANT. mal.**

buenaventura *f.* **1.** Buena suerte, fortuna. **2.** Adivinación: *Se dice que las gitanas dicen la buenaventura leyendo la mano.*

bueno *adv.* Se emplea para expresar conformidad: *Le pregunté a Laura si quería un poco de tarta y ella me contestó: Bueno, dame una rebanada pequeña.*

bueno, na *adj.* **1.** Que tiene bondad: *Mi mamá es muy buena porque nos cuida y le gusta ayudar a las personas.* **2.** Útil, conveniente: *La luz solar es buena para las plantas porque les ayuda a crecer.* **3.** Gustoso, agradable: *Qué bueno que las clases van a terminar pronto, porque en las vacaciones iré a la playa con mi familia.* **4.** Sano: *El aire del bosque es muy bueno porque no está contaminado y ayuda a que me sienta mejor.* **5.** *loc. pl.* **De ~ a primeras,** de repente: *Rosalía me visitaba todos los días, pero de buenas a primeras se fue a otra ciudad y dejó de venir a mi casa.* **6.** *loc. pl.* **Por las ~,** de manera voluntaria.

buey *m.* **1.** Macho bovino al cual se le extirpan los órganos genitales: *El buey es usado como animal de tiro, porque es muy manso y fuerte.* **2.** *Méx. Fam.* Persona torpe o tonta.

búfalo *m.* **1.** Mamífero bovino africano, de cuernos rugosos, curvos y bajos. **2.** Bisonte.

bufanda *f.* Prenda larga y angosta con que se abriga el cuello: *Debes ponerte una bufanda para cubrir el cuello porque hace frío y podrías enfermarte.*

bufar *vb.* {intr.} Expulsar aire con fuerza, por la boca y nariz, sobre todo para expresar ira.

bufete *m.* **1.** Escritorio. **2.** Despacho de abogados: *Mi hermano ya terminó de estudiar en la universidad y lo contrataron como abogado en un bufete jurídico.*

buffet *m.* Palabra francesa. Forma en que se pone la comida para autoservicio: *El hotel donde nos alojamos servía un buffet en la noche y comí un poco de cada uno de los guisos.*

bufido *m.* Acción de expulsar aire con fuerza por la boca y la nariz: *Escuchamos un bufido atrás de los arbustos y salimos corriendo porque creímos que había un oso.*

bufón, na *m.* y *f.* Antiguamente, persona que vivía en los palacios y que se ocupaba de hacer reír a la gente de la corte. **SIN. payaso.**

buganvilla o **bugambilia** *f.* Arbusto gigante de origen sudamericano, propio de clima caliente, con hojas ovales y numerosas flores de colores que van del blanco al morado. **SIN. santarrita.**

buhardilla *f.* Pequeña habitación en el tejado de una casa: *En Europa, muchos estudiantes rentan una buhardilla para vivir, porque es más barato que rentar un departamento.* **SIN. desván.**

búho *m.* Ave cazadora nocturna, de ojos grandes y pico en forma de gancho.

buhonero, ra *m.* y *f.* Persona que vende artículos de cocina, mercería y ropa femenina en una tienda ambulante.

buitre *m.* **1.** Ave de rapiña de gran tamaño y hábitos diurnos que se alimenta de animales muertos. **SIN. zopilote. 2.** *Desp.* Persona interesada y oportunista: *Ernesto y Carlos son unos buitres que buscan alguna oportunidad para ganar dinero de manera fácil.*

buje *m.* **1.** En las ruedas de los vehículos, pieza central atravesada por el eje. **2.** *Argent.* Cojinete de una sola pieza.

bujía *f.* **1.** Pieza del motor de explosión que produce la chispa en los cilindros: *Tengo que cambiar las bujías del automóvil porque ya no arranca.* **2.** Vela de cera o de parafina: *En los bautizos, el padrino lleva una bujía encendida.*

bula *f.* **1.** Documento que lleva el sello del Papa. **2.** Decreto hecho por el Papa.

bulbo *m.* **1.** Tallo subterráneo, ancho o redondo, de algunas plantas: *El puerro, el ajo y la cebolla son bulbos.* **2.** Parte abultada y blanda de algunos órganos: *El bulbo raquídeo se encuentra en la nuca, justo abajo del cerebelo.*

bule *m.* Méx. Calabaza.

bulevar *m.* Ver **boulevard.**

búlgaro *m.* **1.** Lengua eslava hablada en Bulgaria. **2.** Microorganismo con el que se produce yogur.

búlgaro, ra *adj./m.* y *f.* Originario de Bulgaria, país de Europa Oriental.

bulimia *f.* Enfermedad psicológica caracterizada por comer en exceso y sin control.

bulla *f.* Ruido, griterío: *Anoche no pude dormir porque los vecinos hicieron una fiesta y la bulla duró hasta la madrugada.* SIN. **alboroto, algazara.**

bullanguero, ra *adj./m.* y *f.* Alborotador, fiestero: *Sofía es tan bullanguera que busca cualquier oportunidad para irse de fiesta.*

bulldog *adj./m.* **Palabra inglesa.** Raza de perros de tamaño pequeño; cara ancha y chata, cuerpo robusto y pelo corto.

bullicio *m.* Ruido que causa mucha gente reunida: *Los domingos hay un gran bullicio en la plaza porque todo el pueblo se reúne para bailar y cantar.*

bullir *vb. irreg.* **{intr.} Modelo 69. 1.** Hervir: *Las instrucciones dicen que hay que poner la pasta en la olla cuando el agua empieza a bullir.* **2.** Moverse, agitarse: *La gente bullía en la tienda porque todos querían aprovechar las ofertas y comprar ropa barata.*

bulón *m.* Argent. y Urug. Tornillo grande con cabeza de forma redonda.

bulto *m.* **1.** Volumen: *Tu pañuelo hace mucho bulto en tu bolsillo y parece una pelota de golf.* **2.** Objeto que se percibe de forma imprecisa: *A lo lejos se veía un bulto sobre la carretera, y al acercarnos a él notamos que era una piedra.* **3.** Fardo, maleta: *Fui al mercado y compré cuatro bultos de tierra para que mis plantas crezcan mejor.* **4.** loc. Fam. Escurrir el ~, no enfrentar un problema: *Terminó de estudiar hace dos años y cuando le pregunto sobre su tesis, escurre el bulto para no confesarme que no la ha hecho.*

bumerang *m.* **Palabra de origen inglés.** Arma de madera, de origen australiano, en forma de V: *Un bumerang regresa al mismo lugar del que salió si lo arrojas de manera correcta.*

bungalow *m.* **Palabra inglesa.** Cabaña, casa pequeña de descanso en el campo o la playa: *Cuando fuimos a la playa, en vez de ir a un hotel, alquilamos un bungalow que estaba muy cerca del mar.*

búnker *m.* Refugio subterráneo que sirve para protegerse de ataques armados.

buñuelo *m.* Especie de pan, hecho de harina batida y frita, que se cubre con azúcar o miel.

buque *m.* Embarcación de gran tamaño: *Los buques deben atracar en alta mar o en puertos muy grandes, porque en los pequeños no caben.*

burbuja *f.* **1.** Bolsa de aire u otro gas que se forma en un líquido. SIN. **pompa.** **2.** Esfera.

burbujeante *adj.* Que forma burbujas: *La lava volcánica es burbujeante por el calor con que sale del interior de la Tierra.*

burdel *m.* Casa de prostitución.

burdo, da *adj.* **1.** Tosco, basto: *Compré una tela burda para hacer una maleta resistente.* **2.** Mal hecho, sin sutileza: *No pienso aceptar una mentira tan burda, me dijiste que estabas enfermo y te vi bailando en una fiesta.*

bureta *f.* Tubo de vidrio graduado usado en química.

burgo *m.* Antiguamente, pueblo pequeño.

burgomaestre *m.* Antiguamente, alcalde.

burgués, sa *adj./m.* y *f.* **1.** Relativo al burgo y a la burguesía. **2.** Privilegiado, acomodado. **3.** Miembro de la burguesía.

burguesía *f.* **1.** Antiguamente, sector social que se dedicaba al comercio. **2.** Capa social mejor acomodada que los obreros y campesinos.

buril *m.* Punzón de acero que sirve para grabar piedras y metales.

burla *f.* Acción o palabra con que se pone en ridículo a una persona: *Las burlas de sus compañeros hicieron llorar a la niña.*

burladero *m.* Valla en la plaza de toros donde se resguarda el torero: *Cuando el torero vio acercarse a gran velocidad al toro, se metió al burladero y la bestia no pudo lastimarlo.*

burlar *vb.* **{tr., intr. y prnl.} 1.** Eludir, esquivar: *Cuando fuimos al concierto logramos burlar la vigilancia y entramos gratis.* **2.** Poner en ridículo a una persona: *El vestido de Rosalía era tan feo, que cuando llegó a la fiesta todos se burlaron de ella.*

burlesque *m.* Género de comedia musical.

burlón, ona *adj./m.* y *f.* Que siempre está poniendo en ridículo a otra u otras personas: *Roberto es un burlón que humilla a la gente con sus comentarios agresivos.*

buró *m.* Méx. Mesa de noche: *Siempre pongo el reloj despertador en el buró para poder escucharlo por la mañana.* SIN. **velador.**

burocracia *f.* Conjunto de personas que trabajan en las oficinas de gobierno.

burócrata *m.* y *f.* Persona que trabaja para el gobierno.

burrada *f.* Necedad, tontería, disparate: *Cometí una burrada al escribir baca en vez de vaca.*

burro *m.* **1.** Instrumento de gimnasia: *El salto de burro es una de las competencias de gimnasia que más me gusta.* **2.** Méx. Tabla de planchar: *Compré un burro, porque cuando plancho sobre la mesa, la ropa queda con arrugas.* **3.** loc. Argent. y Urug. ~ de arranque, dispositivo eléctrico que sirve para hacer que arranque un automóvil.

burro, rra *adj.* Fam. Que es rudo y de poco entendimiento: *Ya le expliqué cinco veces la operación de matemáticas, pero es tan burro que no la entiende.*

burro, rra *m.* y *f.* Animal mamífero parecido al caballo pero más pequeño y de orejas largas, usado para cargar. SIN. **asno, borrico, jumento.**

bursátil *adj.* En economía, relativo a la bolsa de valores: *Los problemas económicos de un país perjudican a su mercado bursátil.*

burucuyá *f.* **1.** R. de la P. Planta trepadora de flores blancas y olorosas y fruto comestible. **2.** R. de la P. Flor y fruto de la planta llamada burucuyá. SIN. **pasionaria, maracuyá.**

burundés, sa *adj./m.* y *f.* Originario de Burundi, país de África Central.

bus *m.* Apócope de autobús.

buscar *vb. irreg.* {tr. e intr.} **Modelo 17. 1.** Actuar para hallar a una persona o cosa: *Sólo puede obtener la felicidad quien la* **busca** *todo el tiempo.* **2.** *Fam.* Provocar: *No me sigas* **buscando,** *porque te puede costar un golpe.*

buseta *f. Colomb., Ecuad.* y *Venez.* Autobús pequeño. Sin. **microbús.**

búsqueda *f.* Acción de buscar: *Cuando supimos que los alpinistas se habían extraviado en la montaña, organizamos un grupo de* **búsqueda.**

busto *m.* **1.** Parte del cuerpo humano entre el cuello y la cintura. **2.** Pecho femenino. **3.** Escultura que representa la cabeza y parte superior del tórax: *En el museo hay una sala donde exhiben* **bustos** *de personajes famosos.*

butaca *f.* **1.** Silla blanda y cómoda, con brazos. **2.** Asiento de un teatro: *Cuando dieron la tercera llamada nos sentamos en nuestras* **butacas,** *porque iba a comenzar la función de teatro.*

butano *adj./m.* Hidrocarburo gaseoso empleado como combustible, que se vende envasado a presión: *Recuerda que el gas* **butano** *es muy tóxico.*

butifarra *f.* Embutido español de carne de cerdo.

buzo *m.* **1.** Persona que trabaja sumergida en el agua: *Los* **buzos** *rescataron los restos del barco que se hundió en el mar.* **2.** *Chile.* Overol. **3.** *Argent., Perú* y *Urug.* Prenda de tela afelpada que cubre del frío. Sin. **sudadera.**

buzón *m.* Depósito por el que se echan las cartas para el correo y lugar donde las deja el cartero cuando las reparte: *"Revisa el* **buzón** *para saber si ya llegó la carta que esperamos", me dijo mi padre.*

byte *m.* **Palabra inglesa.** *Ver* **bait.**

Cc

c f. Tercera letra del abecedario español. Su nombre es ce.

C 1. Grados centígrados o Celsius. **2.** En la numeración romana, letra que representa la cifra que vale 100: *El 110 en números romanos se escribe así: CX.*

cabal *adj.* **1.** Completo, perfecto, exacto. **2.** Sensato, justo: *Sé que puedes confiar en la decisión de Samuel, porque es un hombre cabal que no engaña a los demás.* SIN. **íntegro.**

cábala *f.* **1.** Interpretación simbólica y mística que hacen los judíos de la Torá o ley, conocida de manera general como Antiguo Testamento. **2.** *Argent.* y *Urug. Fam.* Acción supersticiosa para evitar la mala suerte.

cabalgar *vb. irreg.* (tr. e intr.) **Modelo 17.** Andar a caballo o en alguna otra bestia. SIN. **montar.**

cabalgata *f.* **1.** Paseo a caballo. **2.** Desfile de caballos y carruajes.

cabalístico, ca *adj.* **1.** Relativo a la cábala. **2.** Oculto, misterioso. **3.** Que posee significados que sólo pueden entender quienes participan de un conocimiento secreto.

caballa *f.* Pequeño pez marino de carne rojiza, parecido a la sardina, que se suele conservar en aceite.

caballar *adj.* Relacionado con los caballos.

caballerango *m. Méx.* Persona encargada de cuidar a los caballos.

caballeresco, ca *adj./m.* y *f.* **1.** Relativo al caballero. **2.** Género literario de la Edad Media, en que los héroes andan a caballo: *El Cantar de Roldán y el Cantar de mío Cid son obras caballerescas muy antiguas.*

caballería *f.* **1.** Parte de un ejército formada por soldados montados a caballo. **2.** Cabalgadura, animal que sirve para ser cabalgado.

caballeriza *f.* Sitio o cobertizo donde se guardan los caballos. SIN. **cuadra.**

caballero *m.* **1.** Hombre, sobre todo el bien educado y gentil. **2.** Miembro de una orden de caballería.

caballeroso, sa *adj.* **1.** Que actúa con buenos modales y educación. **2.** Actitud o comportamiento que indica cortesía hacia otra persona.

caballete *m.* **1.** Soporte de madera que le sirve al pintor para apoyar el cuadro que está pintando: *El cuadro que pintó Roldán era tan grande que necesitó usar dos caballetes para sostenerlo.* **2.** Mueble formado por una barra horizontal apoyada en unas patas. **3.** Puente de la nariz: *Mis anteojos me lastiman y tengo una pequeña herida en el caballete.*

caballo *m.* **1.** Animal doméstico de cuatro patas usado como medio de transporte o como bestia para tirar de los carruajes. SIN. **corcel. 2.** Aparato de gimnasia sobre el que se realizan saltos, giros y otros movimientos. **3.** Una de las piezas del ajedrez, con forma de caballo. **4.** loc. **A ~,** entre dos cosas: *Mi abuelo vivió a caballo entre el siglo pasado y éste, porque nació en 1890 y murió en 1961.* **5.** loc. **~ de batalla,** cosa o tema sobre la que se vuelve una y otra vez: *Desde que mi padre trabaja en el aeropuerto, los aviones se han vuelto su caballo de batalla y siempre está hablando de ellos.* **6.** loc. **~ de fuerza,** unidad de medida de la potencia de una máquina, equivalente a 745.7 wats. **7.** Carta de la baraja española.

cabaña *f.* Casa de campo pequeña, sencilla y rústica. SIN. **choza.**

cabarga *f. Bol.* y *Perú.* Envoltura de cuero que se le pone en la pata al ganado en lugar de la herradura.

cabe *prep.* Antiguamente se usaba para señalar "cerca de", "junto a": *Me senté cabe la fuente porque quería refrescarme con la brisa del agua.*

cabeceador *m. Chile* y *Méx.* Correa del caballo.

cabecear *vb.* (intr.) **1.** Quedar medio dormido con la cabeza inclinada: *La abuela cabecea recostada en su sillón cuando comienza a anochecer.* **2.** Mover la cabeza en distintas direcciones: *Los caballos cabecean mirando para todos lados cuando están nerviosos.* **3.** En fútbol, golpear el balón con la cabeza.

cabecera *f.* **1.** Parte superior de la cama, a veces con adornos, en la que se apoya la cabeza para descansar. **2.** Parte principal de alguna cosa: *Los recién casados se sentaron en la cabecera de la mesa y alrededor estaban todos los invitados.*

cabecilla *m.* y *f.* Líder de un movimiento o grupo: *La policía atrapó al cabecilla de la banda y ahora los demás ladrones ya no organizan más asaltos.* SIN. **jefe.**

cabellera *f.* Pelo de la cabeza, especialmente el largo y extendido sobre la espalda: *Todas las marcas de productos para el pelo prometen lo mismo: una maravillosa cabellera.*

cabello *m.* **1.** Cada uno de los pelos que nacen en la cabeza de las personas: *La sopa tenía un cabello y el niño ya no quiso comérsela.* **2.** Conjunto de cabellos: *La bella mujer tiene el cabello negro y largo hasta la cintura.*

caber *vb. irreg.* (intr.) **Modelo 35. 1.** Haber espacio para meterse una cosa dentro de otra: *La mesa es tan grande que no cabe en el comedor.* **2.** Haber espacio para pasar por un lugar: *El hombre era tan gordo que no cabía por la puerta.* **3.** Ser posible: *Raúl sabe que hizo mal en ofender a su madre, por lo que cabe pensar que va a disculparse.*

cabestrillo *m.* Venda que se amarra al cuello para sostener una mano o un brazo lastimado: *Mario se rompió el brazo y lo trae en cabestrillo para no moverlo.*

75

cabestro *m.* *1.* Correa que se ata a la cabeza de los caballos para sujetarlos o conducirlos: *Sostuvimos al inquieto caballo con el **cabestro** para evitar que se escapara.* *2.* Buey manso que guía al ganado: *El **cabestro** de la manada dirigía a los toros hacia el río.*

cabeza *f.* *1.* Parte superior del cuerpo, arriba del cuello, en la que está la cara y que contiene al cerebro. *2.* Persona más importante de un grupo o sociedad: *El padre y la madre son la **cabeza** de una familia.* *3.* Persona, individuo, ser humano: *Cada niño cooperó para la fiesta con 5 monedas por **cabeza**.* *4.* Unidad de medida para contar el ganado: *Miles de **cabezas** de ganado están sufriendo por la sequía en mi pueblo, ya que no tienen qué comer.* *5.* loc. **A la ~**, que se encuentra hasta adelante: *El caballo número 3 va **a la cabeza de la** competencia, así que es probable que gane.* *6.* loc. **~ de ajo**, dientes de ajo unidos en un solo bulbo: *"No se te olvide comprar una **cabeza de ajo** para cocinar el pescado", me dijo mi madre.* *7.* loc. **~ de chorlito**, persona poco lista o que no retiene nada. *8.* loc. **~ dura**, persona a quien le es difícil entender. *9.* loc. **Echar de ~**, delatar o culpar a alguien. *10.* loc. **Perder la ~**, perder la razón, enloquecer. *11.* loc. **Romperse la ~**, pensar mucho un asunto: *Todos nos **rompimos la cabeza** con el problema de matemáticas, hasta que Alberto encontró la solución.*

cabezada *f.* *1.* Movimiento involuntario que hace con la cabeza el que se duerme sentado: *Di varias **cabezadas** en el sillón y después decidí que era mejor irme a la cama.* *2.* Conjunto de correas que sujetan la cabeza de los caballos, del que sale una cuerda para conducirlos.

cabezazo *m.* Tope, golpe fuerte dado con la cabeza: *Un niño derribó a Jorge de un **cabezazo** y comenzó a salirle sangre de la nariz.*

cabezón, na *adj./m.* y *f.* *1.* Fam. Necio, que no cambia de manera de pensar. SIN. **terco**. *2.* Fam. De cabeza grande: *A Saúl no le cabe el sombrero porque es muy **cabezón**.*

cabezudo, da *m.* y *f.* Figura con cabeza muy grande que se suele sacar por las calles en las fiestas populares: *Los **cabezudos** desfilaron en el carnaval e impresionaron a toda la gente por su gran tamaño.*

cabida *f.* Capacidad, espacio para algo quepa: *El nuevo teatro del pueblo tiene **cabida** para mil personas.*

cabildear *vb.* (intr.) Preparar y realizar un plan a fin de convencer a un grupo de personas para que actúen a favor de una causa concreta: *Los empresarios **cabildearon** en la Cámara Legislativa por la eliminación del nuevo impuesto.*

cabildo *m.* *1.* Ayuntamiento. *2.* Comunidad de sacerdotes de una catedral. *3.* Junta que realizan algunos monjes para elegir a sus superiores.

cabina *f.* *1.* Lugar pequeño y aislado: *Le hablé a mi amiga desde una **cabina** telefónica cercana a su casa para pedirle que saliera a recibirme.* SIN. **caseta**. *2.* Espacio donde se encuentran los mandos o controles en aviones, barcos y otros vehículos.

cabinera *f.* Colomb. Azafata. SIN. **aeromoza**.

cabizbajo, ja *adj.* Con la cabeza baja por preocupación o desánimo: *Efraín salió del examen triste y **cabizbajo** porque sabía que iba a reprobar.* SIN. **alicaído**.

cable *m.* *1.* Hilo metálico, recubierto de plástico, usado para conducir electricidad. *2.* Cuerda muy resistente usada para mover grandes pesos: *Los muchachos subieron el piano hasta el tercer piso con unos **cables**.* *3.* Medida inglesa de distancia marina equivalente a 185 m. *4.* Mensaje enviado por telégrafo.

cabo *m.* *1.* Final o extremo de algo: *"Ata el **cabo** de la cuerda al tronco para que el caballo no se vaya", me pidió mi tío.* *2.* Porción de terreno que entra en el mar. *3.* Uno de los grados más bajos en el ejército, sólo superior al del soldado raso: *El **cabo** obedeció al sargento sin decir nada.* *4.* Cuerda. *5.* loc. **Al ~ de**, al fin, al último: *Al **cabo** de una hora de ver la televisión, me quedé dormido.* *6.* loc. **~ suelto**, aspecto o asunto que queda sin resolver: *En este crimen sólo queda un **cabo suelto**: ¿quién compró el arma?* *7.* loc. **De ~ a rabo**, de principio a fin: *Joaquín sabe las tablas de multiplicar de **cabo a rabo** porque las ha estudiado muy bien.* *8.* loc. pl. **Atar ~**, relacionar dos cosas diferentes para descubrir o concluir algo: ***Atando cabos** sobre las huellas que dejó el delincuente y un trozo de tela roto, la policía dio con el ladrón.*

cabotaje *m.* *1.* Navegación o circulación que se hace sin perder de vista la costa de un país. *2.* loc. Argent. **de ~**, transporte público aeronáutico entre puntos de un mismo país.

cabra *f.* *1.* Mamífero doméstico rumiante con cuernos arqueados hacia atrás y pelo liso. *2.* loc. **~ montés**, especie silvestre que habita en zonas rocosas y tiene los cuernos más grandes que la cabra doméstica.

cabrear *vb.* (tr. y prnl.) Vulg. Enojar, poner de mal humor: *Mi hermano Juan **se cabrea** con mis padres cuando no le prestan el automóvil.* SIN. **irritar**.

cabrío, a *adj.* Que se relaciona o tiene que ver con las cabras: *A veces se representa al diablo como un macho **cabrío**.*

cabriola *f.* Voltereta o salto que se da en el aire: *El perro del circo hacía **cabriolas** después de pasar a través de un aro.*

cabriolé *m.* Carruaje antiguo de dos ruedas, con techo plegable y tirado por un caballo.

cabrito *m.* Cría de la cabra hasta que deja de mamar: *La carne de **cabrito** es muy suave.*

cabro *m.* Bol., Perú, Chile y Ecuad. Chico, niño.

cabrón, na *m.* y *f.* *1.* Macho de la cabra. *2.* Vulg. Persona malvada o abusiva.

cabronada *f.* Vulg. Maldad, acción intencionada que perjudica a otro.

cábula *adj./f.* *1.* Méx. Se dice de quien hace bromas pesadas constantemente. *2.* Argent. Cábala, acción supersticiosa para evitar la mala suerte. *3.* Méx. Persona tramposa.

cabús *m.* Último vagón de un tren carguero, usado para la tripulación.

caca *f.* Restos del alimento digerido que el cuerpo expulsa por el ano: *El niño se hizo **caca** en los calzones porque todavía no sabe avisar.* SIN. **excremento, mierda**.

cacahuate o **cacahuete** *m.* *1.* Planta originaria de zonas cálidas de América y cuyos frutos, de cáscara seca y quebradiza, maduran bajo tierra. *2.* Semilla obtenida del fruto de dicha planta: *Del **cacahuate** se puede obtener aceite.* SIN. **maní**.

cacao *m.* *1.* Árbol tropical americano de flor amarilla y fruto rojizo del que se obtiene el chocolate. *2.* Semillas de dicho fruto.

cacarear vb. (intr.) Emitir su voz característica las aves de corral: *La gallina no dejaba de cacarear mientras le arrojábamos el maíz.*

cacareo m. Sonido que emiten el gallo o la gallina.

cacarizo, za adj. *Méx.* Se dice de la persona que tiene pequeñas cicatrices en forma de hoyos o marcas en la piel: *De joven, Mario tuvo muchos barros y espinillas y por eso la piel le quedó cacariza.*

cacatúa f. Pájaro originario de Oceanía parecido al loro, de plumas blancas o gris claro, con un gran penacho amarillo o rojo en la cabeza.

cacería f. Excursión organizada para ir a cazar animales: *En el cuento que leí, un cazador iba todos los días de cacería por la mañana y regresaba con algún conejo o pato para la cena.*

cacerola f. Utensilio de cocina, metálico, redondo, más ancho que hondo y con asas: *Puse en la cocina la cacerola con pollo para calentarlo y comérmelo.*

cacha f. Mango de las navajas, cuchillos y pistolas.

cachaco, ca adj. **1.** *Colomb.* Joven elegante, servicial y caballeroso. **2.** *Colomb., Ecuad.* y *Venez.* Joven que presume de elegante y cuida demasiado su apariencia. **3.** *Perú. Desp.* Policía o soldado uniformado.

cachalote m. Mamífero parecido a la ballena, pero con dientes, que llega a medir unos 20 metros de largo.

cachar vb. (tr.) **1.** Atrapar o tomar algo con las manos: *Los jugadores de baloncesto saben cachar muy bien el balón.* **2.** *Argent., Chile, Méx.* y *Urug. Fam.* Sorprender a alguien cuando está haciendo algo: *Mi hermana cachó a su novio besando a otra muchacha y por eso cortó su relación con él.* **3.** *Amér. C., Chile* y *Colomb.* Dar cornadas. **4.** *Amér. C.* Robar. **5.** *Amér. Merid.* y *C. Rica. Fam.* Hacer bromas o burlarse de alguien.

cacharpas f. pl. *Amér. Merid.* Conjunto de trastos. SIN. **bártulos, trebejos.**

cacharro m. **1.** Recipiente pequeño que se usa en la cocina: *Mi abuelo me dijo: "Si no encuentras una taza, sírveme el café aunque sea en ese cacharro."* **2.** *Fam.* Cachivache, máquina vieja que funciona mal: *Este automóvil es un verdadero cacharro, se descompone todos los días.*

cachaza f. **1.** Lentitud, calma, sosiego. **2.** Aguardiente que se saca de la caña de azúcar.

cachear vb. (tr.) **1.** Registrar a alguien para ver si lleva algo escondido entre la ropa. **2.** *Chile.* Dar cornadas.

cachetada f. Golpe que se da en la cara con la palma de la mano. SIN. **bofetada, bife.**

cachete m. Mejilla: *Mi hermano jugó y corrió tanto con sus amigos que traía los cachetes rojos.*

cachetear vb. (tr.) Golpear en la cara con la mano abierta: *Un niño cacheteó a Alan y le dejó los dedos marcados en la cara.* SIN. **abofetear.**

cachifo m. *Venez.* Muchacho del servicio doméstico.

cachifo, fa m. y f. *Colomb. Desp.* Muchacho, niño.

cachimba f. Pipa para fumar.

cachimbo m. **1.** *Amér. C.* y *Amér. Merid.* Cachimba. **2.** *Perú.* Estudiante. **3.** *Perú. Desp.* Guardia nacional.

cachiporra f. Palo abultado en un extremo, usado por la policía para golpear.

cachivache m. Objeto viejo o cosa que ya no se usa: *El desván está lleno de cachivaches: un radio viejo, fotografías antiguas y los juguetes que usaba mi abuela.* SIN. **tiliche, cacharro.**

cacho m. Parte pequeña de alguna cosa: *"¿Me das un cacho de tu chocolate?", me dijo Raúl.* SIN. **pedazo, trozo.**

cacho m. **1.** *Amér. Merid.* Cuerno de animal. **2.** *Amér. Merid.* Cubilete para jugar a los dados. **3.** *Argent., Par.* y *Urug.* Racimo de bananas o plátanos. **4.** *Chile* y *Guat.* Objeto inservible. **5.** *Ecuad.* Chiste, por lo general grosero.

cachondearse vb. (prnl.) *Vulg.* Burlarse.

cachorro, rra m. y f. Cría de gato, perro o de algún otro mamífero: *Mi perra tiene dos cachorros muy juguetones que muerden todo lo que encuentran.*

cachucha f. **1.** Gorra con visera para protegerse del sol: *Mi papá me compró una cachucha con el escudo de mi equipo favorito de baloncesto.* **2.** *Esp.* Baile de Andalucía.

cacique m. **1.** Jefe de algunos pueblos indígenas de América. **2.** Persona que domina o ejerce violentamente su autoridad en una región o localidad.

caco m. Ladrón: *En este barrio viven muchos cacos que roban automóviles.* SIN. **ratero, rata.**

cacofonía f. Repetición de un sonido en una frase o palabra: *En "tres tristes tigres tragaban trigo" hay cacofonía.*

cacomiztle o **cacomixtle** m. Pequeño mamífero carnívoro originario de Norte y Centroamérica conocido por tener una cola peluda con bandas color negro y marrón o café.

cactáceo, a adj./f. De la familia de los cactos: *La chumbera o nopal es una cactácea comestible.*

cacto o **cactus** m. Planta de regiones áridas, con espinas y capaz de almacenar mucha agua: *En el desierto vi un cacto que varios pájaros ocupaban como nido.*

cacumen m. *Fam.* Inteligencia, ingenio: *Se nota que Ricardo tiene mucho cacumen porque entiende rápidamente todo lo que dice el profesor.* SIN. **materia gris.**

cacuy m. Ave de canto quejumbroso, que vive en Argentina.

cada adj. **1.** Palabra que distingue uno por uno los elementos de que se compone algo: *La maestra le revisó el trabajo a cada uno de los alumnos.* **2.** Sirve para intensificar lo que se dice: *"Se te ocurre cada cosa... ¡Cómo piensas que voy a regalar a mi hermanito!", le dije a Ramiro.*

cadalso m. Tablado que se construye para ejecutar a una persona: *Antiguamente, los asesinos eran condenados a morir en el cadalso.*

cadáver m. Cuerpo muerto: *Un cadáver apareció flotando sobre el río tres días después de que se hundió el barco.*

cadavérico, ca adj. Que se asemeja a un cuerpo muerto: *Vestirse de negro y pintarse la cara de color blanco le da un aire cadavérico a las personas.*

cadena f. **1.** Sucesión de anillos metálicos unidos unos a otros: *Ana recibió como regalo de cumpleaños una bonita cadena que luce en el cuello.* **2.** Conjunto de establecimientos comerciales. **3.** Grupo de canales de televisión que pertenecen a una misma empresa. **4.** Conjunto de átomos unidos linealmente. **5.** loc. **~ montañosa,** conjunto de montañas: *Los Andes son la mayor cadena montañosa de América.* **6.** loc. **~ perpetua,** castigo que consiste en pasarse toda la vida preso: *Por matar a su marido, condenaron a Rocío a cadena perpetua.*

cadencia f. Ritmo: *Deja que tu cuerpo siga la cadencia de la música para que puedas bailar con gracia*.

cadeneta f. Punto del bordado o del crochet en forma de cadena: *En la escuela me enseñaron a bordar en cadeneta e hice un mantel para mi madre*.

cadera f. Cada una de las dos partes que salen en la parte baja del tronco de los seres humanos.

cadete m. Alumno de una academia militar.

cadmio m. Uno de los elementos metálicos, de símbolo Cd, número atómico 48, de color blanco azulado y consistencia flexible, usado en amalgamas dentales y en baterías eléctricas.

caducar vb. irreg. {intr.} Modelo 17. **1.** Perder vigencia o utilidad después de cierto tiempo: *"Su seguro por enfermedad caduca en marzo, así que tendrá que renovarlo", le dijo el vendedor a mi padre*. **2.** Echarse a perder algo pasado después de un tiempo: *Mi madre me dijo que la leche ya había caducado y que mejor no la tomara*.

caducidad f. Pérdida o deterioro del valor de algo por el paso del tiempo: *La fecha de caducidad del queso viene escrita en la parte de atrás del empaque*.

caduco, ca adj. **1.** Viejo, anticuado, pasado de moda: *Abuelo, pensar que los hombres no deben cocinar es una idea caduca*. SIN. **obsoleto**. **2.** Se dice de las hojas de los árboles que caen al llegar el otoño: *El fresno, a diferencia del pino, es un árbol de hojas caducas*.

caer vb. irreg. {intr. y prnl.} Modelo 37. **1.** Irse hacia abajo algo que estaba arriba: *Un meteorito cayó en medio del campo de fútbol y todos nos asustamos muchísimo*. **2.** Perder el equilibrio: *Raúl se cayó por las escaleras porque no vio los escalones al bajar corriendo*. **3.** Ser atrapado mediante un engaño: *Los delincuentes engañaron a Mario diciéndole que iban a regresarle su dinero y él cayó en la trampa*. **4.** Encontrarse de pronto en algún lugar o circunstancia: *Mis primos y yo caímos en este pueblo desconocido después de andar tres horas perdidos*. **5.** Tener un efecto bueno o malo algo que se come o que se hace: *La comida me cayó de maravilla porque tenía mucha hambre*. **6.** Decaer algo que estaba en su apogeo o punto más alto: *Cuando cayó la tarde comencé a sentir frío porque el sol ya no calentaba*. **7.** loc. ~ **bajo**, hacer algo vergonzoso. **8.** loc. ~ **bien** o **mal a alguien**, simpatizarle o no a alguien: *Me cayó bien desde que la conocí y ahora somos amigas*. **9.** loc. ~ **del cielo**, llegarle algo a uno como por milagro y en el momento oportuno: *No tenía empleo y necesitaba dinero, así que este trabajo me cayó del cielo*.

café adj./m. Méx. y R. de la P. Color que resulta de la combinación entre el verde y el rojo. SIN. **marrón**.

café m. **1.** Semilla de la planta del café, con la que se prepara una bebida obscura y muy olorosa del mismo nombre. **2.** Cafetería: *A mi padre le gusta ir al café de la esquina a leer el diario mientras bebe un capuchino*.

cafeína f. Substancia de efectos estimulantes contenida en el café: *Si tomo mucho café se me quita el sueño por la cafeína que contiene*.

cafetal m. Lugar donde se siembran las plantas del café.

cafetalero, ra adj. Que produce café: *Colombia es un país cafetalero, ya que produce y exporta mucho café*.

cafetera f. **1.** Máquina o utensilio para hacer o servir café: *Se descompuso la cafetera y no puedo preparar*

café. **2.** Fam. Automóvil destartalado. SIN. **carcacha, cacharro**.

cafetería f. Lugar donde se sirve café y otras bebidas. SIN. **café**.

cafetero, ra adj. Aficionado a tomar café: *Mi papá es muy cafetero, toma hasta cinco tazas en la mañana*.

cafre m. y f. Méx. Persona que conduce sin precaución ni cortesía: *Ese cafre se pasó la luz roja y casi provoca un accidente*.

cagar vb. irreg. {tr., intr. y prnl.} Modelo 17. **1.** Defecar: *Ese perro se caga en la alfombra pues aún no le enseñan buenos modales*. **2.** Vulg. Echar a perder algo. **3.** Vulg. Tener miedo. **4.** Vulg. Enojarse.

cagón, na m. y f. **1.** Que defeca con frecuencia. **2.** Fam. Miedoso, cobarde: *Dejar de ser muy valiente, pero en realidad es un cagón que huye de sus responsabilidades*.

caguama f. Especie de tortuga marina de gran tamaño, común en los mares antillanos.

caída f. **1.** Irse algo de arriba hacia abajo: *Las autoridades dijeron que habrá una caída en los precios del azúcar y que un kilo costará 3 pesos que ahora*. **2.** Pérdida del equilibrio o estabilidad: *El ánimo de Anabel no ha mejorado de la caída que sufrió con la muerte de su esposo*. **3.** Derrumbe: *Todos los problemas que tiene Javier podrían causar la caída de sus buenas calificaciones en la escuela*. **4.** Forma en que una tela cae a causa de su peso y/o del tipo de material del que está hecha. **5.** loc. ~ **libre**, la que experimenta un cuerpo por la acción de la gravedad sobre su masa.

caído, da adj. **1.** Se dice de la parte del cuerpo que no está en la posición normal, sino que está más inclinada: *Esther tiene los hombros caídos desde que sufrió un accidente*. **2.** Que murió defendiendo una causa o una creencia: *En muchos países hay monumentos en honor a los soldados caídos en combate*.

caimán m. Reptil muy parecido al cocodrilo, pero de trompa más ancha y corta, que vive en los ríos de zonas tropicales de América. SIN. **lagarto**.

cairel m. Fleco, rizo de pelo.

caja f. **1.** Objeto hueco y con tapa que sirve para guardar cosas: *Su novio le regaló a Ana una caja llena de chocolates el día de su cumpleaños*. **2.** Fam. Ataúd: *Metieron al muerto en la caja y lo llevaron a enterrar*. **3.** Lugar donde se paga algo: *En la tienda hay 10 cajas y solamente una está abierta*. **4.** loc. ~ **de ahorros**, cuenta que se abre en un banco para depositar los ahorros. **5.** loc. ~ **de cambios**, mecanismo para cambiar las velocidades en un vehículo: *Se dañó la caja de cambios del automóvil y no pasa de la primera a la segunda velocidad*. **6.** loc. ~ **de música**, pequeña maquinaria que, al abrirse, reproduce una pieza musical: *Esa caja de música me trae recuerdos de mi infancia porque toca una canción de cuna*. **7.** loc. ~ **negra**, aparato que registra los datos del vuelo de un avión: *Aún no se ha encontrado la caja negra, por lo que no se pueden determinar las causas del accidente*.

cajero, ra m. y f. **1.** Persona que maneja el dinero en un banco o comercio: *"Pídele al cajero que te cambie este billete de diez pesos por dos de a cinco", me dijo mi madre*. **2.** loc. ~ **automático**, cabina bancaria donde hay una máquina que permite sacar o depositar dinero: *Los cajeros automáticos son muy prácticos porque funcionan las 24 horas del día*.

cajeta *f. Amér. C. y Méx.* Dulce hecho de leche quemada de cabra, azúcar y vainilla, entre otros ingredientes.

cajetilla *f.* Caja pequeña, sobre todo para guardar fósforos y cigarrillos: *El médico le dijo a mi tío que si sigue fumando media **cajetilla** diaria de cigarrillos, su enfermedad del pulmón será peor.* SIN. **petaca, cigarrera, pitillera.**

cajón *m. 1.* Pieza que se mete o se saca de un mueble y que sirve para guardar cosas: *Mis calcetines están en el primer **cajón** del ropero.* **2.** *Fam.* Ataúd. **3.** Lugar marcado por líneas en el suelo donde se estaciona un vehículo: *Luisa no pudo estacionar el automóvil porque no había **cajones** libres.* **4.** *Argent. y Chile.* Cañada larga por cuyo fondo corre un río o arroyo.

cajuela *f. Méx.* Parte de un automóvil que sirve para guardar el equipaje: *A la **cajuela** de tu automóvil le caben muchas maletas y bolsas porque es muy grande.* SIN. **baúl, maletero.**

cal *f.* Óxido de calcio que, mezclado con agua, sirve para argamasa y para blanquear paredes.

cala *f.* Corte o prueba hecha en algo: *¿Me hace por favor una **cala** en esta sandía para saber si está madura?*

calabacín o **calabacita** *f.* Calabaza pequeña, verde por fuera y blanca por dentro, que puede tener forma alargada o redonda.

calabaza *f. 1.* Se dice de las distintas hortalizas de cáscara gruesa y centro blando que normalmente se cuecen para ser comidas. SIN. **zapallo.** **2.** loc. pl. *Fam. Dar ~*, rechazar a un enamorado: *La novia de Ricardo le **dio calabazas** y por eso él está muy triste.*

calabozo *m.* Lugar obscuro y subterráneo donde se encerraba a la gente: *El caballero del filme pasó dos meses encadenado en el **calabozo** del castillo.*

calado *m.* Profundidad que alcanza el cuerpo de un buque: *El gran **calado** de ese barco sólo le permite navegar en aguas muy profundas.*

calado, da *adj./m. y f.* Que está adornado con agujeritos y aberturas: *Para la fiesta me voy a poner la blusa **calada** para no sentir mucho calor.*

calafatear *vb.* {tr.} Tapar las junturas o uniones de un barco.

calamar *m.* Molusco marino comestible, parecido al pulpo pero con diez tentáculos y de cabeza alargada: *Los **calamares** arrojan tinta, como el pulpo.*

calambre *m.* Dolor intenso que se siente cuando un músculo se contrae de manera involuntaria: *El corredor cayó antes de llegar a la meta a causa de un fuerte **calambre** en la pierna.*

calamidad *f. 1.* Desgracia, mala suerte: *La **calamidad** persigue a Julio: primero le robaron su automóvil y luego se quedó sin empleo.* **2.** Persona torpe o que hace todo mal: *"Otra vez rompió la vajilla esa **calamidad** de muchacha", gritó mi madre.*

calandria *f.* Ave canora, o sea que canta, parecida a la alondra.

calandria *f. Méx.* Tipo de carruaje tirado por caballos.

calaña *f. Desp.* Índole, naturaleza: *No puedo ser amigo de gente de esa **calaña**, ya que son tramposos y mentirosos.*

calar *vb.* {tr.} *1.* Hacer una prueba o tomar una muestra de algo: *Pedí al vendedor que **calara** el mamey para saber si estaba bueno.* **2.** Hacer una hendidura o canal: *Debemos **calar** el borde de los escalones para que no*

resbalemos. **3.** Trabajar una tela abriendo espacios entre los hilos. SIN. **deshilar.**

calato, ta *adj. Perú. Fam.* Desnudo. SIN. **pilucho.**

calavera *m.* Hombre vicioso al que le gustan las diversiones libertinas: *José es un **calavera** que llega casi todos los días a las 3 de la mañana.*

calavera *f. 1.* Huesos que forman la cabeza: *La bandera de los piratas tiene dibujada una **calavera**.* **2.** *Méx.* Cada una de las luces traseras de un automóvil. **3.** *Méx.* Versos ingeniosos y satíricos que se hacen con motivo del Día de Muertos: *El 2 de noviembre los diarios mexicanos publican **calaveras** dedicadas a personas conocidas.*

calcar *vb. irreg.* {tr.} Modelo 17. *1.* Copiar algo, poniendo encima un papel fino y casi transparente: *La maestra nos dijo que **calcáramos** un mapa del libro.* **2.** Imitar.

calcáreo, a *adj.* Que tiene cal: *Las famosas pirámides de Egipto fueron construidas con rocas **calcáreas**.*

calce *m. Amér. C. y Méx.* Parte inferior de un escrito: *La firma debe ir al **calce** de la carta.*

calcedonia *f.* Piedra traslúcida u opaca de la familia del cuarzo, se presenta en gran variedad de colores y se utiliza en joyería.

calceta *f.* Prenda de vestir que cubre el pie y parte de la pantorrilla, más larga que el calcetín: *Mis **calcetas** me protegen del frío porque son gruesas y me llegan hasta las rodillas.*

calcetín *m.* Prenda más corta que la calceta que cubre el pie y parte de la pantorrilla. SIN. **soquete.**

calcinar *vb.* {tr. y prnl.} Quemar, abrasar: *El fuego **calcinó** la carne, es decir, la dejó carbonizada.*

calcio *m.* Elemento químico, de símbolo Ca y número atómico 20, importante para el cuerpo humano: *La leche, el queso y el yogur son ricos en **calcio**.*

calco *m.* Imitación de algo: *Rosa compró una blusa que es un **calco** de una mía que le gusta mucho.*

calcomanía *f.* Imagen, por lo general de colores, que se puede pegar encima de cualquier superficie: *Mi amiga me regaló una **calcomanía** de un cocodrilo y la pegué en el libro de biología.*

calculador, ra *adj./m. y f.* Que actúa pensando en la ventaja o provecho que puede sacar: *Rogelio es una persona **calculadora**, me visitó cuando estaba enfermo porque quería que le prestara dinero.*

calculadora *f.* Máquina que hace automáticamente operaciones matemáticas tales como sumas, restas, multiplicaciones y divisiones: *La **calculadora** es muy útil, pero es mejor aprender a resolver operaciones sin ella.*

calcular *vb.* {tr.} *1.* Realizar operaciones matemáticas para llegar a un resultado: *Como tarea escolar, la maestra nos pidió que **calculemos** la superficie de tres figuras geométricas.* **2.** Prever algo a partir de la información que se tiene: *Mi padre **calculó** que los trabajadores tardarán dos semanas en acabar de arreglar la casa porque todavía les falta pintarla.*

cálculo *m. 1.* Operación matemática que se realiza para llegar a un resultado. **2.** Nombre de varias ramas de las matemáticas: *El álgebra es un tipo de **cálculo** matemático que utiliza letras en vez de números para obtener sus resultados.* **3.** Piedra que se forma en algunos órganos o conductos del cuerpo: *A mi tío lo operaron para sacarle un **cálculo** que tenía en el riñón.*

calchaquí *adj./m.* y *f.* Pueblo y cultura amerindios prehispánicos, que se desarrollaron en las llanuras argentinas.

caldear *vb.* {tr. y prnl.} **1.** Calentar: "*Enciende la chimenea para caldear la habitación*", me pidió mi abuelo. **2.** Excitar: *La discusión se caldeó y los invitados a la fiesta acabaron dándose golpes.*

caldera *f.* Aparato que calienta el agua y la distribuye a través de tubos por la casa.

calderilla *f.* Conjunto de monedas de poco valor.

caldo *m.* Guiso líquido que se prepara hirviendo carne o verduras en agua: *Julia guisó el pollo en caldo con verduras.*

calefacción *f.* Aparatos que se instalan para calentar un lugar: "*Si tienes frío, prende la calefacción para que se caliente el ambiente en la casa*", me dijo mi madre.

calefón *m.* *Argent.* Calentador.

calefón o **cálifon** *m.* *Chile.* Calentador.

caleidoscopio *m.* Aparato óptico hecho con un tubo en cuyo interior se ponen vidrios de colores, que al hacerse girar forman diferentes combinaciones de figuras y colores.

calendario *m.* **1.** Folleto u hoja impresa en que puede verse la división de los días, las semanas y los meses de un año: *Miré en el calendario que mi cumpleaños caerá en lunes este año.* SIN. **almanaque. 2.** Ordenamiento de una actividad en un tiempo dado: *Me dieron el calendario de filmes que transmitirán en el cine durante los próximos seis meses.* **3.** Manera de dividir los años, los meses y los días: *El calendario maya es diferente al que usamos en la actualidad porque sus meses son de veinte días.*

calentador *m.* **1.** Aparato para calentar que funciona con gas o electricidad. **2.** pl. Medias sin pie hechas de lana que sirven para calentar las piernas: "*Ponte tus calentadores para la clase de ballet y así no sentirás frío en las piernas*", me dijo la maestra.

calentar *vb. irreg.* {tr. y prnl.} **Modelo 3. 1.** Hacer subir la temperatura. **2.** Ejercitar los músculos antes de realizar un deporte. **3.** *Fam.* Enojar, irritar: *José se calentó porque su vecino ofendió a su mamá y por eso lo golpeó.* **4.** *Vulg.* Excitar o excitarse sexualmente.

calentura *f.* Fiebre.

calenturiento, ta *m.* y *f.* **1.** Que tiene fiebre o calentura. **2.** *Vulg.* Que se excita sexualmente con facilidad.

calesita *f.* *Argent.* y *Urug.* Carrusel, tiovivo.

caleta *f.* Pequeña entrada de mar en la tierra: *En la caleta las olas son menores que en el mar abierto.*

calibrar *vb.* {tr.} **1.** Calcular la medida diametral de un objeto cilíndrico. **2.** Medir o calcular algo: *Calibré mis posibilidades de ganar y, como son escasas, mejor no entraré al concurso.*

calibre *m.* **1.** Medida del diámetro exterior de un objeto cilíndrico sólido, o medida del diámetro interior de uno hueco: *El calibre de un arma indica el diámetro de su cañón.* **2.** Tamaño o importancia de algo: *El alpinista que escaló la montaña más alta del mundo realizó una hazaña de mucho calibre.*

calidad *f.* **1.** Valor propio de un objeto o persona: *La mesa se rompió fácilmente porque era de mala calidad.* **2.** Superioridad en su línea, categoría, importancia: "*Ahora que sí estudiaste, hiciste un examen de calidad*", afirmó mi maestra.

calidad *adv.* Función o carácter: *Mi profesor vino a visitarme en calidad de amigo cuando estuve enfermo.*

cálido, da *adj.* **1.** Caliente. **2.** Afectuoso: *Cuando nos vemos Sandra y yo siempre me abraza porque es una persona muy cálida.*

calidoscopio *m.* Caleidoscopio.

caliente *adj.* **1.** Que posee o contiene calor. **2.** Que da calor: *Esta cobija es caliente porque es gruesa y está hecha de lana.* **3.** Enojado: *Ricardo se quedó caliente con la grosería que le dijiste y por eso ahora no quiere hablar contigo.* **4.** *Fam.* Grito usado en los juegos cuando un niño se acerca al objeto escondido: "*¡Caliente, caliente!, sigue buscando y encontrarás el regalo*", le dije a Roberto. **5.** loc. *Fam.* **En ~**, en el mismo momento o cuando algo acaba de pasar: *Voy a ducharme en caliente para salir a jugar pronto.*

califa *m.* Jefe supremo de la comunidad islámica después de la muerte de Mahoma: *El califa tiene ante todo una función espiritual.*

califato *m.* **1.** Dignidad de califa. **2.** Territorio sometido a su autoridad. **3.** Duración de su reino.

calificación *f.* Resultado de un examen: *La maestra le puso la mejor calificación a Lidia porque acertó todas las preguntas.*

calificar *vb. irreg.* {tr.} **Modelo 17. 1.** Juzgar o considerar de manera positiva o negativa algo o a alguien: *Lombardo calificó al hombre de charlatán cuando se dio cuenta de todas las mentiras que le había dicho.* **2.** Decidir la nota que corresponde en un examen: *Estudié muy bien, estoy segura de que el profesor me calificará con un diez.*

calificativo, va *adj./m.* Adjetivo que le agrega alguna cualidad al sustantivo: *Si digo "mar bello" la palabra bello es un adjetivo calificativo porque dice cómo es el mar.*

californio *m.* Elemento químico radiactivo de símbolo Cf y número atómico 98, que se obtiene de manera artificial.

caligrafía *f.* **1.** Arte de escribir con buena letra. **2.** Rasgos que caracterizan la forma de escribir de alguien.

caligrama *m.* Poema en el que las letras y las palabras son al mismo tiempo las líneas de un dibujo en la página.

cáliz *m.* **1.** Vaso en el que se consagra el vino en la misa. **2.** Envoltura verde de la flor, que se rompe para permitir que la flor se abra.

calizo, za *adj.* Que contiene cal.

callado, da *adj.* **1.** Que no es dado a hablar. **2.** Se dice de lo hecho en silencio y con reserva: *En mi barrio se duerme bien porque es callado de noche.*

callampa *f.* *Chile, Ecuad.* y *Perú.* Hongo, seta.

callana *f.* *Amér. Merid.* Vasija tosca para tostar granos.

callar *vb.* {tr., intr. y prnl.} **1.** No decir lo que se siente o lo que se sabe. **2.** Guardar silencio: *Los alumnos se callaron para escuchar a la maestra.*

calle *f.* **1.** Lugar por donde transitan los vehículos en una ciudad o población: *Vivo donde termina la calle Independencia.* **2.** Espacio ubicado fuera de la casa: *Los niños salieron a la calle a jugar fútbol.* **3.** Clase de la gente común y corriente: *Los diarios son escritos para el hombre de la calle y no para las personas importantes.* **4.** loc. *Fam.* **Dejar en la ~**, hacer que alguien quede en la pobreza y sin medios para vivir. **5.** loc. *Fam.*

Llevarse de ~, superar a alguien ampliamente, dejarlo atrás: *Julia se llevó de calle a todas las corredoras y llegó cinco minutos antes que las demás.*

callejear *vb.* (intr.) Andar paseando por las calles. SIN. **pindonguear.**

callejero, ra *adj.* **1.** Que vive o suele estar en la calle: *Cada vez hay más perros callejeros que no tienen casa ni dueño.* **2.** Que le gusta andar en la calle: *Tengo un amigo muy callejero, casi nunca está en su casa.*

callejón *m.* **1.** Paso estrecho y largo entre paredes. **2.** Corredor situado entre la barrera y el público en una plaza de toros. **3.** loc. **~ sin salida,** situación que parece no tener solución: *Desde que me abandonó mi esposa y me echaron del trabajo me siento en un callejón sin salida y no sé qué hacer.*

callo *m.* **1.** Endurecimiento que se forma por fricción en las manos o en los pies. **2.** loc. Fam. **Tener ~,** poseer experiencia en algo: *Mi tío tiene callo para fabricar artesanías porque todos los días elabora muchas.*

calma *f.* **1.** Tranquilidad, serenidad: *"Trata de mantener la calma aunque las otras personas estén gritando", me aconsejó mi padre.* **2.** Estado de la atmósfera o del mar cuando no hay viento: *El refrán que dice: "Después de la tempestad, viene la calma" quiere decir que las cosas comienzan a arreglarse después de algún problema grave.*

calmar *vb.* (tr. y prnl.) **1.** Mantener tranquilo algo o a alguien. **2.** Aliviar un dolor o malestar: *La comida me hizo daño, pero mi madre me dio un medicamento y se me calmó el dolor.*

calmécac *m.* Entre los mexicas, escuela en la que estudiaban los hijos de reyes y nobles.

caló *m.* Conjunto de los términos provenientes de la lengua de los gitanos.

calor *m.* **1.** Elevación de la temperatura. **2.** Sensación que se produce en el cuerpo cuando se eleva la temperatura. **3.** Afecto, cariño: *En esta casa hay calor de hogar, pues todos nos queremos y respetamos.*

caloría *f.* Unidad de medida de la energía que proporciona la comida: *El chocolate es dulce y grasoso, por eso tiene muchas calorías.*

calostro *m.* Primera leche de las hembras de los mamíferos y de la mujer después de parir, que contiene anticuerpos.

calpulli *m.* En el México anterior a la llegada de los españoles, territorio donde habitaba un clan.

calumnia *f.* Acusación falsa: *Asegurar que él robó las monedas sería una calumnia si no estás seguro de lo que dices.*

calumniar *vb.* (tr.) Acusar a alguien de manera falsa para perjudicarlo. SIN. **embarrar.**

caluroso, sa *adj.* **1.** Se dice de lo que da o proporciona calor. **2.** Que da afecto o cariño: SIN. **afectuoso.**

calva *f.* Parte de la cabeza que no tiene pelo.

calvario *m.* **1.** Lugar donde fue crucificado Jesús, se escribe con "C" mayúscula cuando designa este lugar: *El Calvario también recibe el nombre de Gólgota, nombre de origen arameo.* **2.** Fam. Se escribe con "c" minúscula cuando indica sufrimiento que parece no tener fin.

calvo, va *adj./m.* y *f.* Que ha perdido el pelo de la cabeza.

calzada *f.* Parte de una vía reservada a la circulación de vehículos.

calzado *m.* Prenda que sirve para cubrir y resguardar el pie.

calzado, da *adj.* Relativo al animal que tiene las patas de color distinto al resto del cuerpo.

calzador *m.* Instrumento que ayuda a ponerse los zapatos: *Tuve que usar calzador para que mis pies pudieran entrar en los zapatos.*

calzar *vb. irreg.* (tr. y prnl.) **Modelo 16. 1.** Poner zapatos en los pies: *Daniel se calzó unas botas de cuero para montar a caballo.* **2.** Impedir que algo se mueva poniéndole un objeto que lo fije: *"Si calzas la puerta con una cuña impedirás que la cierre el viento."*

calzón *m.* **1.** Prenda interior masculina o femenina que cubre la región del sexo y todo o parte del trasero. **2.** Pantalón corto: *Los jugadores del otro equipo de fútbol traen calzón negro y el nuestro es blanco.*

calzoncillo *m.* Calzón de hombre. SIN. **trusa.**

cama *f.* Mueble para dormir.

camada *f.* Conjunto de cachorros nacidos en un solo parto: *Mi perra tuvo una camada de doce perritos.*

camafeo *m.* Piedra usada como alhaja, con una figura en relieve, tallada en su superficie.

camaleón *m.* Pequeño reptil que cambia de color para confundirse con lo que lo rodea y que caza insectos con su lengua larga y pegajosa.

camalote *m.* Amér. Merid., Argent. y Salv. Planta acuática que crece en las orillas de los ríos y lagunas, y tiene hojas y flores que flotan.

camanchaca *f.* Chile y Perú. Niebla espesa y baja.

cámara *f.* **1.** Máquina que sirve para captar imágenes: *Compré una cámara fotográfica antes de salir de viaje.* **2.** Habitación reservada para ocasiones especiales: *Los esposos durmieron en la cámara nupcial del hotel la noche después de casarse.* **3.** Organismo, asociación: *Mi padre es dueño de una tienda y es miembro de la cámara de comercio.* **4.** Tubo circular inflable de caucho o hule que se pone adentro de los neumáticos. SIN. **llanta, tripa.**

camarada *m.* y *f.* Compañero. SIN. **amigo, cuate.**

camaradería *f.* Relación solidaria que une a los amigos y compañeros.

camarero, ra *m.* y *f.* Persona que se dedica al servicio de habitación en hoteles o que sirve a los clientes en restaurantes y bares. SIN. **mesero.**

camarilla *f.* Grupo de personas que influye en las decisiones de alguien que tiene un puesto en el poder: *Sólo algunos licenciados forman parte de la camarilla del director de la empresa.*

camarín *m.* **1.** Capilla pequeña situada detrás de un altar. **2.** Camerino.

camarógrafo, fa *m.* y *f.* Persona que maneja una cámara de cine o televisión, sobre todo de manera profesional.

camarón *m.* Pequeño crustáceo marino comestible: *El camarón es un marisco muy apreciado por el rico sabor de su carne.* SIN. **gamba.**

camarote *m.* Dormitorio de un barco: *El niño se mareó tanto, que tuvo que ir a su camarote para acostarse.*

camastro *m.* Cama pobre y tosca.

cambado, da *adj.* Colomb., R. de la P. y Venez. Patizambo.

cambalache *m.* **1.** Fam. Intercambio. **2.** Urug. Tienda donde se compran y venden objetos usados.

cambiar *vb.* (tr., intr. y prnl.) **1.** Dar o tomar una cosa por otra: *"Te cambio mi lápiz por tu caramelo", me pro-*

puso Javier. **2.** Modificar una cosa, ponerla de forma diferente a como está: *Muchas personas queremos **cambiar** el mundo porque hay demasiada violencia y hambre.* SIN. **transformar. 3.** Mudarse de casa o de ropa: *Jaime **se cambió** el pantalón porque estaba manchado de grasa.*

cambio m. **1.** Proceso a través del cual una cosa se hace distinta a como era: *La ciudad ha sufrido un gran **cambio** desde hace algunos años, ahora es mucho más grande y ruidosa.* **2.** Hecho de substituir una cosa por otra o una persona por otra. **3.** Dinero que se devuelve cuando se paga con una moneda o un billete de más valor que lo comprado: *El dulce costaba 3 pesos, pagué con una moneda de 5 pesos y me devolvieron 2 de **cambio**.* SIN. **vuelto. 4.** Monedas o billetes de baja denominación: *"No traigo **cambio** para pagar el autobús", le dije al chófer.* **5.** Mecanismo para acelerar la velocidad de un vehículo: *A este automóvil no le entran bien los **cambios** y por eso avanza muy lento.* **6.** loc. **A las primeras de ~**, cuando se empieza a hacer algo o comienza a suceder algo: *Samuel se sintió derrotado **a las primeras de cambio** y no quiso seguir estudiando.* **7.** loc. **En ~**, al contrario: *Su esposa es muy alta; Raúl, **en cambio**, es de baja estatura.*

cambista m. Persona que se dedica a realizar algunas operaciones bancarias.

camboyano, na adj./m. y f. Originario de Camboya, país de Indochina.

cámbrico, ca adj./m. Primer periodo de la era paleozoica.

cambullón m. **1.** Chile y Perú. Enredo, trampa, confabulación. **2.** Colomb. Intercambio, trueque, cambalache.

camelar vb. {tr.} **1.** Esp. Fam. Tratar de enamorar o seducir a una mujer. **2.** Fam. Engañar a alguien elogiándolo exageradamente.

camelero, ra adj./m. y f. Argent. Fam. Mentiroso.

camelia f. Flor sin aroma de color blanco, rojo o rosado que crece de un arbusto del mismo nombre.

camelo m. **1.** Galanteo. **2.** Burla. **3.** Argent. Mentira.

camello, lla m. y f. Animal rumiante originario de las zonas desérticas de Medio Oriente, con dos jorobas llenas de grasa, que sirven como reserva de agua.

camerino m. Habitación donde se visten los artistas antes de salir a escena: *La cantante recibió a sus admiradores en el **camerino** al terminar el concierto.*

camilla f. Cama ligera que se usa para transportar enfermos y heridos: *Los enfermeros llevaron al herido hasta la ambulancia en una **camilla** y luego lo trasladaron al hospital.*

camillero, ra m. y f. Persona encargada de transportar enfermos o heridos en una camilla.

caminante adj./m. y f. **1.** Que camina. **2.** Que camina o se traslada a pie: *El **caminante** recorrió veinte kilómetros de su pueblo a la ciudad.*

caminar vb. {tr. e intr.} **1.** Recorrer a pie una distancia de un lado a otro. **2.** Dirigirse hacia algún lugar: *El cura dijo que todos **caminamos** hacia la muerte.*

caminata f. Viaje a pie: *Mis amigos y yo hicimos una **caminata** de tres horas por el bosque.*

camino m. **1.** Vía de comunicación que lleva de un lugar a otro: *Luisa y Alejandra se encontraron en el **camino** que va del pueblo al río.* SIN. **vereda. 2.** Proceso que hay que seguir para hacer algo: *Estoy en cami-*

no de resolver mis problemas económicos, creo que pronto conseguiré un empleo.

camión m. **1.** Vehículo grande para transportar carga. **2.** Méx. Vehículo para transportar carga o pasajeros: *Los niños regresan a su casa en el **camión** escolar.*

camionero, ra adj./m. y f. **1.** Que tiene que ver con los camiones. **2.** Chófer de un camión: *Mi tío trabaja de **camionero** y lleva tomates del campo a la ciudad.*

camioneta f. Vehículo de carga más pequeño que el camión.

camisa f. **1.** Prenda de vestir con cuello, mangas y abotonada por delante. **2.** loc. **~ de fuerza**, prenda de mangas muy largas que se amarran a la espalda para impedir que se mueva la persona que está amarrada: *Rodolfo sufrió un fuerte ataque de nervios y le pusieron una **camisa de fuerza** para que no se lastimara a sí mismo.* **3.** loc. **Meterse en ~ de once varas**, meterse en complicaciones: *"En vez de escoger la solución más fácil, **te metiste en camisa de once varas**", aseguró mi madre.*

camisería f. Lugar donde se venden camisas.

camiseta f. **1.** Prenda interior que se usa debajo de la camisa y no tiene cuello. **2.** Prenda que se usa para hacer ejercicio y que cubre de la cintura al cuello. **3.** Prenda informal, usualmente de algodón: *Para ir a la playa me pondré una **camiseta** y unos pantalones cortos.* **4.** loc. Fam. **Sudar la ~**, hacer todo el esfuerzo posible: *Antonio fue el vendedor del año porque es de los que **sudan la camiseta** por cumplir con su trabajo.*

camisón m. Prenda suelta que usan las mujeres para dormir y cubre el cuerpo hasta las rodillas o los tobillos: *Me regalaron un **camisón** de seda y me gusta mucho porque es cómodo para dormir.*

camomila f. Palabra de origen francés. Manzanilla.

camorra f. **1.** Fam. Pelea: *A ese muchacho le gusta buscar **camorra** y por eso su madre se preocupa por él.* **2.** Organización de la mafia italiana.

camorrista adj./m. y f. Que siempre anda buscando pelea.

camote m. **1.** Amér. Tubérculo comestible de una planta del mismo nombre. SIN. **batata, boniato. 2.** Vulg. Órgano sexual masculino. **3.** loc. Méx. Fam. **Tragar ~**, aguantarse: *Tuve que **tragar camote** cuando me regañó mi madre porque me había comportado mal en la escuela.*

campal adj. Que sucede a campo abierto: *El partido de fútbol se convirtió en una batalla **campal** sobre la cancha.*

campamento m. Espacio en terreno abierto donde se instalan, por un tiempo, excursionistas o fuerzas militares.

campana f. **1.** Instrumento semicónico de metal que se hace sonar golpeándolo por dentro con un badajo: *Las **campanas** sonaron en la torre de la iglesia anunciando el comienzo de la misa.* **2.** Objeto hueco que sirve para cubrir o proteger algo: *"Tapa esos panes con la **campana** de vidrio para que no se pongan duros", le pedí a Romualdo.* **3.** Aparato de cocina que sirve para aspirar el humo que se produce al guisar: *"Prende la **campana** antes de que nos ardan los ojos con el humo de la carne quemada."* **4.** loc. pl. **Echar las ~ al vuelo**, celebrar algo: *Cuando supimos que mi hermana no estaba enferma, **echamos las campanas al vuelo** y organizamos una fiesta.*

campanario *m.* Torre de las iglesias donde están las campanas.

campanilla *f. 1.* Campana pequeña que tiene un mango para agarrarla: *El sacristán de la iglesia tomó la campanilla y la hizo sonar.* 2. Músculo pequeño que cuelga al fondo del paladar: *Si abres la boca frente al espejo, puedes ver tu campanilla al fondo.* Sin. **úvula.** 3. Planta con flores azules, blancas o rosadas, que tienen figura parecida a la de una campana.

campante *adj. Fam.* Alegre, satisfecho, sin preocupaciones: *Emiliano es un cínico que reprobó el curso y sigue campante.*

campaña *f. 1.* Expedición militar: *En el filme de guerra, las tropas de un país salieron en campaña al territorio enemigo.* 2. Conjunto de actividades organizadas para conseguir algo: *El candidato inició su campaña para intentar ganar las elecciones.*

campeador *adj.* Que sobresale en el campo de batalla.

campear *vb.* [intr.] Sobresalir en la batalla o en alguna otra actividad: *Los soldados campearon sobre sus contrincantes y los vencieron.*

campechano, na *adj./m.* y *f. Fam.* Franco, cordial: *Las personas originarias de la costa tienen fama de ser campechanas.*

campeón, na *m.* y *f.* Persona o equipo que gana un campeonato.

campeonato *m. 1.* Competencia en la que se ofrece un premio al ganador: *Mañana comienza el campeonato de fútbol y el equipo que gane obtendrá un balón de oro.* 2. Triunfo obtenido en esa competencia: *Todos los equipos lucharon por el campeonato de baloncesto y ganó el mejor.*

campero, ra *adj./m.* y *f. 1. Amér. C.* y *Amér. Merid.* Que es muy hábil en los trabajos del campo o para viajar por caminos peligrosos: *La mula de Gustavo es una campera porque anda por la montaña como si fuera su casa.* 2. *f. Argent., Chile* y *Urug.* Prenda exterior de vestir, de mangas largas, que cubre del cuello a las caderas: *Le dije que se pusiera la campera o se iba a resfriar a causa del viento frío.* Sin. **chamarra, chaqueta.**

campesino, na *m.* y *f.* Persona que vive y trabaja en el campo: *Los campesinos siembran las semillas del maíz poco antes de la temporada de lluvias.*

campestre *adj.* Que está en el campo o tiene que ver con él: *Ricardo vive en una zona campestre, a treinta kilómetros de distancia de la ciudad.*

camping *m. Palabra inglesa.* Campamento.

campiña *f.* Superficie en el campo, muy extensa y cubierta de sembradíos: *Inglaterra es famosa por la belleza de sus campiñas.*

campirano, na *adj./m.* y *f. Méx.* Que tiene que ver con la vida o con las costumbres del campo: *El corrido es un género musical campirano que cantan principalmente los campesinos.*

campo *m. 1.* Terreno extenso fuera de las poblaciones: *Ayer salimos a pasear al campo, pues queríamos alejarnos del ruido de la ciudad.* 2. Terreno preparado para hacer algo en él: *Era un campo muy bueno para el cultivo, pero la basura de la ciudad lo arruinó.* 3. Conjunto de temas que son investigados por una ciencia en especial: *El estudio de los insectos es un campo de la biología.* 4. loc. - **de concentración,** lugar donde se encierra a los prisioneros en una guerra: *Seis millones de judíos fueron asesinados en los campos de concentración nazis durante la Segunda Guerra Mundial.*

camposanto *m.* Lugar donde se entierran los muertos: *Los familiares del muerto acompañaron el ataúd hasta el camposanto.*

campus *m.* Lugar donde están situados los edificios de una universidad: *Durante el día hay muchos estudiantes en el campus universitario.*

camuflaje *m.* Traje o pintura que sirve para confundirse con el medio ambiente y pasar desapercibido: *El camuflaje ayudó a que los soldados se escondieran y huyeran del enemigo.*

camuflar *vb.* [tr.] Cubrir algo para que se confunda con lo que lo rodea: *El soldado camufló el avión cubriéndolo con ramas y así no lo descubrieron sus enemigos.*

can *m.* Perro.

cana *m. Argent.* y *Urug. Fam.* Policía: *Un cana ayudó a mi padre a encontrar al delincuente que lo había golpeado.*

cana *f. 1.* Cabello blanco: *A mi papá le salieron canas a los cuarenta años.* 2. *Argent., Bol., Colomb., Par.* y *Urug. Fam.* Cárcel.

canadiense *adj./m.* y *f.* Originario de Canadá, país de América del Norte.

canal *m. 1.* Surco o zanja que se construye para llevar agua de un lugar a otro: *Las autoridades abrieron un canal para llevar agua al pequeño pueblo que no tenía.* 2. Paso de agua que une dos mares y que puede ser natural o artificial: *El canal de Panamá une al Océano Atlántico con el Pacífico.* 3. Banda o frecuencia de las ondas televisivas: *A mi padre le gusta ver el canal de programas policiacos.* 4. loc. **Abrir en ~,** dividir en dos un cuerpo de arriba abajo: *Los carniceros abren las reses en canal y después las cortan en pedazos pequeños.*

canalizar *vb. irreg.* [tr.] **Modelo 16.** *1.* Abrir canales para regar un campo. 2. Hacer que un río corra en una dirección particular y determinada. 3. Hacer que algo vaya hacia donde se quiere: *"Canaliza toda tu energía hacia el estudio para que logres aprobar el curso" me aconsejó mi padre.*

canalla *m.* y *f. Fam.* Persona ruin y despreciable: *El muy canalla culpó a su amigo del robo que él cometió.*

canallada *f.* Acción ruin y despreciable.

canalón *m.* Tubo que se pone en el techo de las casas para desaguar el agua de la lluvia: *El agua de la lluvia cae sobre el techo de mi casa, se acumula en los canalones y luego cae al suelo.*

canana *f.* Cinturón para cargar cartuchos: *En el filme, los soldados que iban a la guerra llevaban su canana cruzada sobre el pecho.*

canapé *m. 1.* Sofá. 2. Galleta o rebanada pequeña de pan en la que se pone algún alimento y que sirve en las fiestas o como comida ligera: *En la reunión sirvieron canapés de queso de cabra con aceite de olivo.*

canario *m.* Pequeña ave que canta, tiene plumas por lo general amarillas, anaranjadas o verdes y voz musical: *Colgué la jaula del canario en el patio para que se asoleara y comenzara a cantar.*

canasto, ta *m.* y *f. 1.* Cesto de mimbre, de boca ancha y con agarraderas: *Llené una canasta con las manzanas que recogí en el campo.* 2. En el baloncesto, aro con una red que se coloca en alto y a través del cual se hace pasar el balón. SIN. **cesta. 3.** Anotación que se consigue cuando se logra meter el balón por el aro: *En el baloncesto, una canasta puede valer 1, 2 ó 3 puntos.*

canastilla *f.* Cesta pequeña: *Georgina guardó las agujas en la canastilla de la costura.*

cancán *m.* **Palabra de origen francés.** Baile francés típico de los cabarets, que se bailaba alzando alternativamente la pierna derecha y después la izquierda: *El tango en Buenos Aires y el cancán en París son bailes que causaron gran escándalo en su época.*

cancela *f.* Reja que se pone a la entrada de una casa: *Ana y Fernando platicaban a través de la cancela de la casa de ella.*

cancelar *vb.* {tr.} **1.** Hacer que algo deje de tener validez: *Mi padre canceló su tarjeta de crédito para que los ladrones que se la robaron no pudieran usarla.* **2.** Suspender algo que se tenía planeado o que iba a tener lugar: *Cancelaron su viaje a Londres debido a problemas familiares.*

cáncer *adj./m.* Uno de los doce signos del zodiaco, comprendido entre el 22 de junio y el 22 de julio; su signo es un cangrejo.

cáncer *m.* Enfermedad que destruye los tejidos del cuerpo y que puede causar la muerte: *Fumar produce enfermedades graves como diferentes tipos de cáncer, enfisema pulmonar y tos crónica.*

cancerbero *m.* **1.** Perro de tres cabezas que, según los griegos antiguos, cuida la entrada de los infiernos. **2.** Portero de un equipo de fútbol: *El balón se quedó en las manos del cancerbero y no entró en la portería.*

cancerígeno, na *adj.* Que puede producir cáncer: *Es importante usar filtro solar porque se ha comprobado que el exceso de sol en la piel puede ser cancerígeno.*

canceroso, sa *adj./m.* y *f.* Que está afectado por el cáncer: *El médico le dijo a Ernesto que el tumor que tiene no es canceroso sino benigno.*

cancha *f.* **1.** Terreno donde se juega algún deporte: *Los jugadores abandonaron la cancha al terminar el partido.* **2.** *loc. Amér.* **Abrirse ~,** hacerse un espacio: *Todavía queda lugar en esa banca, así que voy a abrirme cancha para sentarme ahí.*

canchero, ra *adj./m.* y *f.* **1.** *Amér. Merid.* Experto en alguna actividad. **2.** *Argent.* y *Chile. Desp.* Astuto, pícaro.

canciller *m.* **1.** Embajador de un país en otro: *El canciller argentino fue recibido por el presidente de Uruguay en el aeropuerto de Montevideo.* **2.** En algunos países de Europa, jefe del gobierno.

cancillería *f.* Oficina de la embajada de un país en otro: *"Para renovar su permiso de entrar a Chile, vaya usted a la cancillería que está aquí en el centro de Guatemala", le dijo la empleada a mi padre.*

canción *f.* Composición musical que tiene letra y se canta: *La maestra de música les enseñó muchas rimas y canciones a sus alumnos.*

cancionero *m.* Colección de poesías o canciones compuestas por varios autores: *Los boleros y los corridos forman parte del cancionero popular mexicano.*

canco *m.* **1.** *Bol.* y *Chile.* Nalga. **2.** *Chile.* Olla de uso doméstico. **3.** *Chile.* Maceta. **4.** *pl. Chile.* En la mujer, caderas anchas.

candado *m.* Cerradura suelta que asegura puertas, cofres, etc.: *Se fueron de vacaciones y dejaron la casa cerrada con candado.*

candela *f.* **1.** Vela, cilindro largo de cera o parafina que sirve para alumbrar. **2.** Energía: *"Ponle candela al trabajo escolar y acabarás antes de lo que te imaginas", me aconsejó Rocío.*

candelabro *m.* Objeto que sirve para sostener velas y que se fija a la pared o se apoya en una base: *Los salones del elegante palacio estaban iluminados por candelabros de bronce.* SIN. **candelero.**

candelero *m.* **1.** Objeto que sirve para sostener una o varias velas: *Como el cuarto estaba obscuro, antes de entrar fui a buscar un candelero para alumbrar.* **2.** *loc.* **Estar en el ~,** ocupar un lugar muy visible e importante: *Ese actor pasó a estar en el candelero cuando participó en un filme muy famoso.* SIN. **candelabro.**

candente *adj.* **1.** Ardiente, enrojecido por el fuego. **2.** Que suscita discusiones o escándalos: *La discusión sobre el aborto es un asunto candente, porque mucha gente está a favor de practicarlo y mucha gente no.* ANT. **frío.**

candidato, ta *m.* y *f.* Persona que aspira a ocupar un puesto: *Cada partido político tiene su candidato a la presidencia.*

candidatura *f.* Postulación o nombramiento de una persona que aspira a ocupar un puesto: *La candidatura de Irma a la presidencia de alumnos fue apoyada por todos sus amigos.*

candidez *f.* Ingenuidad o inocencia: *"Eres una persona con una gran candidez: crees todo lo que te cuentan", le dije a Emilia.*

cándido, da *adj./m.* y *f.* Ingenuo, fácil de engañar: *Luis es cándido y cree que su novia se va a casar con él porque lo ama, pero ella lo que quiere es su dinero.*

candil *m.* Lámpara de aceite: *Cuando todavía no inventaban la luz eléctrica, la gente se alumbraba con candiles.*

candilejas *f. pl.* Luces de un teatro situadas en hilera entre el escenario y los espectadores: *La obra de teatro comenzó cuando se apagaron las candilejas.*

candombe *m. Amér. Merid.* Baile de origen africano que se baila en América del Sur.

candor *m.* Ingenuidad, inocencia: *En los ojos de los niños brilla el candor de la infancia.*

candoroso, sa *adj.* Ingenuo, simple: *Javier cree todo lo que le dicen sus papás porque es muy candoroso.*

caneca *f.* **1.** *Colomb.* Bote de basura: *"Tapa siempre la caneca para que no se acerquen las moscas."* **2.** *Colomb.* y *Ecuad.* Recipiente grande y cilíndrico de hojalata para guardar petróleo y otros líquidos.

canela *f.* Condimento aromático de color marrón o café con tonos rojos: *Al arroz con leche se le pone canela para darle un sabor más sabroso.*

canelo *m.* Árbol de cuya corteza se saca la canela.

canelón *m.* Comida italiana que consiste en un rollo de pasta relleno de carne o de espinacas.

canesú *m.* Parte principal de un vestido o de una camisa, a la que se le cosen después el cuello y las mangas: *El sastre terminó ya el canesú, así que la próxima semana tendrá lista la camisa.*

cangalla *f.* **1.** *Argent., Bol.* y *Chile.* Desperdicios de una mina. **2.** *Bol.* Instrumento que se usa para que los animales transporten carga.

cangallar *vb.* {tr.} **1.** *Bol.* y *Chile.* Robar en las minas. **2.** *Chile.* Cometer un fraude en el pago de los impuestos.

cangrejal *m.* *Argent.* y *Urug.* Terreno pantanoso en el que abundan los cangrejos.

cangrejo *m.* Animal comestible de mar o de río, que tiene una cubierta dura y grandes pinzas en la parte delantera: *Los cangrejos caminan de lado y viven entre las rocas.*

canguro *m.* **1.** Animal australiano que avanza dando saltos y cuyas crías crecen en una bolsa que tiene la hembra en el vientre: *Los canguros son marsupiales porque la bolsa que tiene la hembra en el vientre se llama marsupia.* **2.** Especie de bolsa con tirantes que sirve para cargar a los bebés: *"Si te llevas al bebé a la calle, no olvides ponerte el canguro para que así tengas las manos libres."*

canguro, ra *m.* y *f.* *Esp.* Persona que cuida a los niños cuando salen sus padres. Sin. **niñera.**

caníbal *adj./m.* y *f.* Persona que come carne humana. Sin. **antropófago.**

canibalismo *m.* Costumbre de comer carne humana. Sin. **antropofagia.**

canica *f.* **1.** Pequeña bola de barro o de vidrio de colores usada en un juego infantil. Sin. **bolita. 2.** pl. Juego que se lleva a cabo con la bola llamada canica: *"¿Quieres jugar canicas, o prefieres el balón?", le pregunté a José.* **3.** loc. *Méx. Fam.* **Botársele** a alguien la **~**, enloquecer, actuar como loco: *Se le botó la canica a Ernesto y empezó a gritar en el salón de clases.*

canícula *f.* Época del año en la que el clima es más caluroso: *Mi abuelo siempre trae una sombrilla cuando llega la canícula porque así se protege del sol.*

cánido *adj./m.* Perteneciente a la familia de los perros: *El lobo y el coyote son cánidos y se alimentan de carne.*

canijo, ja *adj./m.* y *f.* **1.** Enfermizo, débil. **2.** *Méx. Desp.* Malo: *El patrón de Lombardo es un canijo que lo pone a trabajar hasta la madrugada.* **3.** *Méx. Fam.* Difícil, complicado: *Está canijo pagar las deudas si no se tiene trabajo.*

canilla *f.* **1.** Hueso largo de la pierna o del brazo. **2.** *Argent.* y *Chile.* Espinilla, parte de enfrente de la pierna. **3.** *Argent., Colomb., Par.* y *Urug.* Grifo o llave de agua. **4.** *Colomb., Méx.* y *Perú.* Pantorrilla.

canillera *f.* **1.** *Amér. C.* Temblor de piernas causado por el miedo. **2.** *Argent.* y *Chile.* Almohadilla que protege la espinilla en algunos deportes. Sin. **espinillera.**

canillita *m.* *Amér. Merid.* y *R. Dom.* Muchacho que vende diarios o billetes de lotería.

canino *m.* Cada uno de los dientes puntiagudos que están entre los incisivos y las muelas. Sin. **colmillo.**

canino, na *adj./m.* y *f.* Relacionado con los perros: *En la exposición canina había perros de todas las razas y de todas las edades.*

canje *m.* Intercambio, trueque entre dos o más personas.

canjear *vb.* {tr.} Intercambiar algo: *Dijeron en la televisión que si juntas diez envolturas de chocolate, te las canjean por una pelota.*

cannabis *m.* Marihuana.

cano, na *adj.* Canoso: *Mi abuelito está completamente cano.*

canoa *f.* Bote ligero que se impulsa a remo: *Muchos indígenas de Sudamérica se transportan en canoas a través de los ríos.*

canódromo *m.* Lugar donde se efectúan las carreras de perros galgos. Sin. **galgódromo.**

canon *m.* **1.** Regla o norma, en especial la que establece por el uso: *Los cánones de la buena educación*

señalan que no se debe coger la comida con las manos. **2.** Composición musical en que las voces van entrando sucesivamente y cada voz repite el canto de la anterior: *El canon y la fuga fueron dos formas de composición muy usadas en la música religiosa antigua.*

canónico, ca *adj.* **1.** Conforme a las normas de la Iglesia. **2.** Que establece una regla o un conjunto de reglas o que va conforme a ellas: *La obra de ese pintor es canónica, siempre pinta como le enseñaron en la escuela.*

canónigo *m.* El que tiene un beneficio dentro de la Iglesia: *Después de muchos años de servicio, el padre Chávez fue nombrado canónigo de la catedral.*

canonizar *vb. irreg.* {tr.} Modelo 16. Nombrar santo a alguien de manera solemne: *Teresa de Jesús, religiosa y escritora, fue canonizada en 1622.*

canoso, sa *adj.* Que tiene el cabello blanco o con canas: *Es común que los ancianos tengan el cabello canoso.*

canotaje *m.* Deporte que consiste en hacer carreras de canoas: *El equipo de canotaje entrena en el río todos los días para la próxima competición.*

cansancio *m.* Falta de fuerzas: *Corrimos todo el día y nos entró el cansancio por la tarde.* Sin. **fatiga.**

cansar *vb.* {tr. y prnl.} **1.** Hacer que alguien se quede sin fuerzas: *El bebé tiene tanta energía que se cansó a sus padres y él sigue jugando.* **2.** Molestar, aburrir: *Óscar le hablaba a Fabiola tantas veces por teléfono, que la cansó y ahora ella no quiere verlo.*

cansino, a *adj.* Lento, pesado: *El profesor aburrió a los alumnos con su voz cansina y algunos se quedaron dormidos.* Sin. **monótono.**

cantaleta *f.* Frase que alguien repite una y otra vez: *Para justificar su flojera, Rodrigo dice todos los días la misma cantaleta: "No tuve tiempo para hacer mi trabajo escolar."*

cantante *m.* y *f.* Persona que se dedica a cantar: *El grupo musical de mi hermano está compuesto por un guitarrista, un baterista y una cantante.*

cantaor *m.* *Esp.* Cantante de un tipo de música popular española llamada flamenca.

cantar *m.* Canción breve y de origen popular: *En los pueblos pequeños se conservan todavía los cantares de hace varios siglos.*

cantar *vb.* {tr. e intr.} Emitir sonidos musicales con la voz: *En la fiesta se pusieron todos a cantar y a bailar al ritmo de la música.*

cantarín, na *adj.* Que le gusta mucho cantar: *Mis canarios son muy cantarines y todo el día los escucho.*

cántaro *m.* Recipiente de barro con asas que sirve para transportar líquidos: *La mujer iba caminando tan distraída que se le cayó su cántaro lleno de agua y se le rompió.*

cantata *f.* Composición musical escrita para una o varias voces: *Las cantatas del compositor alemán Juan Sebastián Bach son las más célebres del mundo.*

cantautor, ra *m.* y *f.* Cantante popular moderno que escribe él mismo sus canciones: *Los cantautores venden sus canciones o las interpretan ellos mismos ante el público.*

cante *m.* *Esp.* Canto popular español llamado también flamenco.

cantegril *m.* *Urug.* Barrio de una ciudad habitado por gente pobre que construye sus casas con los materiales que tiene a la mano.

cantera *f.* *1.* Terreno del que se saca piedra para construir: *El padre de Ana trabajó en las cantera cortando y cargando piedra.* *2.* Lugar donde se entrenan y de donde salen muchas personas hábiles en algún deporte: *A Jaime le gusta mucho ir al club deportivo porque es cantera de gimnastas olímpicos y aprende mucho con ellos.*

cantero *m.* *1.* Trabajador que saca piedra de las canteras, o que se dedica a labrarla. *2. Amér. C. y Amér. Merid.* Parte de jardín sembrada de flores o de árboles.

cántico *m.* Canto religioso en el que se expresa agradecimiento y alabanza a Dios: *En la misa del domingo, los jóvenes del coro nos enseñaron un cántico que habla sobre Moisés.*

cantidad *f.* *1.* Calidad de lo que puede ser contado o medido. *2.* Porción de alguna cosa: *Necesitamos la cantidad de tres kilos de pollo para preparar el guiso que comeremos en la fiesta.* *3.* Suma no determinada de dinero: *Mi padre ahorra una cantidad de su sueldo porque quiere comprar un automóvil nuevo.* *4.* En matemáticas, objetos de la misma clase que pueden ser sumados o comparados con otros: *Sumé 3 + 5 y me dio la cantidad correcta: 8.*

cantimplora *f.* Recipiente en forma de frasco aplanado, que a veces está cubierto de cuero y sirve para cargar bebidas en viajes y excursiones: *Los viajeros llevaban una cantimplora muy grande cuando fueron al desierto.*

cantina *f.* Local público de ambiente popular donde se sirven bebidas alcohólicas y alimentos, y pueden practicarse algunos juegos como el dominó: *En el filme que vimos ayer, el vaquero entró a la cantina y se emborrachó con sus amigos.* **Sin. boliche.**

canto *m.* *1.* Acción y efecto de cantar: *El canto de unos pájaros que estaban en el árbol me despertó esta mañana.* *2.* Arte de cantar: *Mariana quiere ser cantante cuando crezca, por eso está estudiando canto.* *3.* Orilla o borde de algo: *"Si te fijas, verás que el canto de algunas monedas tiene rayas."*

cantor, ra *adj.* Que canta o que es aficionado al canto: *El ruiseñor es un famoso pájaro cantor.*

canturrear *vb.* (intr.) Cantar a media voz, tararear: *Cada vez que prende la radio se pone a canturrear las canciones que escucha.*

caña *f.* *1.* Tallo de algunas plantas, en particular las gramíneas. *2.* Vaso cilíndrico, alto y estrecho: *Mi tío se sirvió una caña de cerveza muy fría porque hacía mucho calor.* *3. loc. – de pescar,* vara larga y flexible, que se emplea para pescar: *Maruja se puso muy contenta cuando sintió que su caña de pescar se doblaba, porque eso quería decir que había atrapado un pez.*

cañada *f.* *1.* Paso estrecho entre dos montañas. *2. Argent., Par. y Urug.* Terreno bajo entre lomas, bañado de agua y con vegetación propia de tierras húmedas: *Fuimos de vacaciones a una casa que está cerca de una cañada con muchos árboles y un río muy bonito.*

cañamazo *m.* Tela que se emplea para bordar: *Rosario está haciendo un tapiz sobre un cañamazo. Cuando lo termine, lo colgaremos en la pared de la sala.*

cáñamo *m.* *1.* Planta cultivada por su tallo, que proporciona una excelente fibra textil. *2.* Fibra textil obtenida de esta planta: *Con el cáñamo se fabrican cuerdas y cierto tipo de telas.*

cañaveral *m.* Terreno poblado de cañas: *Los patos anidan entre los cañaverales que existen en las orillas de los ríos y lagos.*

cañería *f.* Conducto de caños o tubos por donde pasa el agua: *Mi padre cambió la cañería del baño, porque estaba muy vieja y tenía fugas de agua.*

caño *m.* Conducto o tubo de desagüe: *El caño de la fuente está tapado; hay que destaparlo para poder vaciar el agua.*

cañón *m.* *1.* Pieza hueca y larga de diversos objetos: *Esa escopeta tiene dos cañones, por eso salen dos balas en vez de una.* *2.* Arma de fuego de gran tamaño, que tiene forma de tubo: *Los barcos piratas disparaban sus cañones y dejaban una nube de humo.* *3.* Valle estrecho y profundo: *Los vaqueros llevaron el ganado por el cañón, rodeados por la belleza de las montañas.*

cañonazo *m.* *1.* Fuerte ruido producido por los disparos de un cañón: *Durante el desfile, nos tapábamos los oídos cada vez que sonaba un cañonazo.* *2.* En deportes, disparo muy fuerte: *El jugador tiró un cañonazo y anotó un gol.*

caoba *f.* Árbol cuya madera rojiza es muy apreciada para fabricar muebles: *Felipe compró una mesa de caoba muy cara y elegante.*

caos *m.* Confusión, desorden: *Debo arreglar mi habitación, porque es un verdadero caos y no encuentro mi ropa.*

capa *f.* *1.* Prenda de vestir larga, sin mangas y abierta por delante: *El superhéroe usaba una capa roja sobre un traje azul.* *2.* Baño, revestimiento: *Cubrí las manzanas con una capa de caramelo para comerlas como postre.* *3.* Conjunto de placas puestas una sobre otra: *En los polos de nuestro planeta hay gruesas capas de hielo.* *4.* Clase social: *Las capas bajas de la sociedad son las que tienen menos dinero.*

capacha *f. Bol. y Chile.* Cárcel.

capacidad *f.* *1.* Espacio de una cosa para contener otra: *La capacidad de esa botella es para litro y medio de líquido.* *2.* Aptitud, talento o disposición para algo: *Juana tiene gran capacidad para la música.*

capacitar *vb.* (tr. y prnl.) Hacer que uno aprenda a realizar alguna cosa: *Capacitaron a mi hermano en el manejo de esa máquina y ahora la usa con gran habilidad.*

capar *vb.* (tr.) Quitar los órganos genitales, castrar: *El veterinario capó al gato para que no tuviera más cachorros.*

caparazón *m.* Cubierta dura y sólida que protege las partes blandas de diversos animales: *La tortuga escondió patas y cabeza en su caparazón cuando vio que se acercaba la víbora.* **Sin. concha.**

capataz *m.* *1.* Persona que dirige y vigila a un grupo de trabajadores: *El capataz pidió a los albañiles que subieran los sacos de cemento al camión.* *2.* Persona que está a cargo de vigilar los trabajos y llevar la administración de una hacienda.

capaz *adj.* Que tiene capacidad o disposición para una cosa: *"No la ayudes con esas sumas: mi hija es capaz de resolverlas", le dijo mi madre a Ricardo.*

capcioso, sa *adj.* Engañoso, que induce a error: *La pregunta capciosa fue "¿de qué color era el caballo blanco de Napoleón?" y la respuesta fue "blanco" por supuesto.*

capear *vb.* (tr.) *1.* Torear con la capa. *2.* Entretener con largas o evasivas. *3. Méx.* En cocina, cubrir alimentos con una capa de huevo batido y después freírlos: *Esther* **capeó** *unos aros de cebolla y los comimos con salsa de mayonesa: ¡estaban deliciosos!* **4.** *Chile* y *Guat.* Faltar a clase.

capellán m. Sacerdote que ejerce sus funciones en una institución religiosa: *En el convento hay un* **capellán** *que organiza las actividades religiosas.*

caperuza f. Capucha o gorro sujeto al cuello del abrigo: *Como hacía mucho frío, me puse la* **caperuza** *en la cabeza para cubrirme las orejas.* SIN. **capucha**.

capia f. *Argent.*, *Colomb.* y *Perú.* Maíz blanco muy dulce que se usa para preparar golosinas.

capicúa f. Relativo al número que es igual leído de izquierda a derecha que de derecha a izquierda: *El número 2662 es* **capicúa**.

capilar adj. **1.** Relativo al cabello: *Mi papá usa una loción* **capilar** *que le ayuda a no perder tanto pelo.* **2.** Relativo a las últimas ramificaciones de los vasos sanguíneos: *La sangre circula por todo el cuerpo a través de venas, arterias y vasos* **capilares**.

capilla f. Iglesia pequeña que forma parte de una construcción mayor: *Esa* **capilla** *tiene un altar muy bello, pero es más hermoso el altar de la iglesia principal.*

capirote m. **1.** Caperuza con que se cubre la cabeza de las aves de caza, como el águila y el halcón. **2.** Cucurucho usado en las procesiones religiosas.

capital adj. Principal, importante: *Ese libro de biología es* **capital**, *ya que no podré terminar mi trabajo escolar si no lo consigo.*

capital f. Ciudad donde reside el gobierno de un país: *París es la* **capital** *de Francia.*

capital m. **1.** Conjunto de los bienes materiales que tiene una persona: *Una casa y un terreno son su* **capital**. **2.** Dinero.

capitalismo m. Sistema económico y social basado en el dinero y en la propiedad privada.

capitán, na m. y f. **1.** Oficial de grado intermedio entre el teniente y el comandante: *El* **capitán** *le dio una orden al teniente.* **2.** Persona que tiene el mando de un buque: *El* **capitán** *le dijo a los marineros que se prepararan porque se acercaba una tormenta.* **3.** Jefe de un equipo deportivo: *La* **capitana** *del equipo estaba muy enojada por la derrota.*

capitel m. En arquitectura, parte superior de una columna: *Las columnas de estilo corintio llevan en el* **capitel** *adornos en forma de hojas de una planta llamada acanto.*

capitolio m. Edificio majestuoso y elevado.

capitulación f. Convenio en el que se señalan las condiciones de una rendición: *El ejército vencido firmó una* **capitulación** *en la que se comprometía a entregar sus armas y a no luchar más.*

capítulo m. División que se hace en los libros y otros escritos para ordenar los temas: *Esta novela tiene 30* **capítulos** *y cada uno corresponde a un año en la vida del personaje principal.*

capo m. Jefe de la mafia: *En el filme, el* **capo** *traía siempre un puro en la boca y andaba con guardaespaldas.*

capó m. Cubierta metálica del motor de un vehículo: *El mecánico abrió el* **capó** *para revisar si la máquina tenía suficiente aceite.* SIN. **cofre**.

caporal m. **1.** Persona que se encarga del ganado. **2.** *Amér.* Capataz de una estancia ganadera.

capota f. Cubierta plegable de un automóvil: *Como era un día luminoso, quitamos la* **capota** *del auto para disfrutar del paisaje de la carretera.*

capote m. **1.** Prenda parecida a la capa, con mangas. **2.** Capa corta que usan los toreros.

capricho m. Deseo, antojo, exigencia: *A José le consienten todos sus* **caprichos**, *por eso grita cada vez que no le dan lo que pide.*

caprichoso, sa adj. Que actúa por capricho o exigencia: *Natalia es una niña* **caprichosa**: *si no le das lo que quiere, se tira al piso llorando.*

capricornio adj./m. y f. Uno de los doce signos del zodiaco, comprendido entre el 23 de diciembre y el 22 de enero; su signo es una cabra.

cápsula f. **1.** Envoltura en forma de tubo muy pequeño que contiene un medicamento en polvo: *El médico le dijo que tomara esas* **cápsulas** *diariamente hasta que se curara de la diarrea.* **2.** Casquillo metálico que cierra ciertas botellas. SIN. **corcholata**. **3.** Parte de una nave espacial en la que se puede habitar: *Los astronautas pueden permanecer en la* **cápsula** *espacial sin tener que usar casco.* **4.** loc. ~ **informativa**, breve espacio noticioso en la radio o en la televisión: *Están pasando* **cápsulas informativas** *en las que piden ayuda para los damnificados por las inundaciones.*

captar vb. {tr. y prnl.} **1.** Percibir, comprender: *No capté lo que dijo el profesor porque no estaba poniendo atención.* **2.** Recibir una emisión de radio: *Javier* **captó** *en su radio un mensaje en clave y está muy intrigado porque no sabe qué quiere decir.* **3.** Atraer, conseguir: *Ese alumno* **captaba** *la atención del maestro por sus comentarios tan inteligentes.*

captura f. Hecho de detener o cazar: *La* **captura** *del león fue muy difícil, ya que después de escapar del zoológico se escondió en un parque muy grande.*

capturar vb. {tr.} Aprehender o detener a alguien a quien se busca: **Capturaron** *al hombre que había asaltado la joyería.* SIN. **apresar**, **atrapar**.

capucha f. Prenda de vestir unida al abrigo o saco que sirve para cubrir la cabeza. SIN. **caperuza**.

capuchino m. Café con leche caliente que se distingue por su color claro y por la espuma de la leche con que se prepara: *Después de comer, pedí un* **capuchino** *y una rebanada de tarta como postre.*

capuchino, na adj./m. y f. Relativo al religioso descalzo perteneciente a un grupo salido de la orden de los franciscanos.

capullo m. **1.** Envoltura en la que cierto tipo de insectos se envuelven para hacerse adultos: *Las mariposas salen del* **capullo** *que tejen las orugas.* **2.** Yema floral a punto de abrirse: *El rosal tiene un nuevo* **capullo** *que pronto se convertirá en flor.* SIN. **botón**.

caqui adj. De color verdoso casi marrón o café: *Me compré una falda* **caqui**; *me la pondré con mi blusa negra.*

caqui m. **1.** Árbol japonés de fruto comestible. **2.** Fruto color anaranjado de este árbol. SIN. **pérsimo**. **3.** Color entre el verde y el marrón o café.

cara f. **1.** Parte delantera de la cabeza de las personas: *El payaso se despintó la* **cara** *después de la función en el circo.* SIN. **rostro**. **2.** Parte delantera de una moneda: *Pedro lanzó la moneda al aire y dijo: "Si sale* **cara**, *ganas tú; si sale cruz, gano yo."* **3.** Expresión en el rostro: *Juliana traía* **cara** *de tristeza, yo creo que la regañó* su papá. **4.** Descaro: *"Con qué cara vas a pedirle más dinero prestado a tu hermana si todavía no le pagas el que le debes", me dijo mi madre.* **5.** En matemáticas, cada una de las superficies planas de un cuerpo geométrico. **6.** loc. **Dar la ~,** responder de los propios actos: *"Si tú rompiste el vidrio, tienes que **dar la cara** y pagarlo", me aseguró Evaristo.* **7.** loc. **Echar en ~,** reprochar: *Ricardo me **echó en cara** que no lo ayudé cuando me necesitó.*

carabela f. Antigua embarcación de vela: *Cristóbal Colón llegó a América a bordo de una **carabela**.*

carabina f. Arma de fuego de cañón largo, pero más corto que un fusil.

carabinero m. Soldado armado con una carabina.

caracol m. **1.** Animal de mar o de tierra que guarda su cuerpo en un caparazón en espiral: *Los **caracoles** se arrastran porque no tienen patas.* **2.** Rizo de pelo. **3.** Parte del oído interno en forma de espiral.

carácter m. **1.** Conjunto de características que forman la conducta de cada persona: *Renata tiene buen **carácter**, siempre es amable y está de buen humor.* **2.** Condición, naturaleza: *Mi tío le hizo a mi padre una visita de **carácter** privado, por eso conversaron en la oficina los dos solos.* **3.** Energía, genio, firmeza: *El profesor es una persona de **carácter** y no le gustan las bromas tontas.*

característica f. *Argent.* y *Urug.* Conjunto de números que se marcan para hacer llamadas telefónicas de larga distancia.

característico, ca adj./f. Lo que distingue a alguien o algo de los demás: *El rasgo **característico** de mi gato es que tiene un ojo azul y otro verde.*

caracterizar vb. irreg. {tr. y prnl.} Modelo 16. **1.** Determinar a alguien o algo por sus cualidades: *La franqueza de Rodrigo es una cualidad que lo **caracteriza**, por eso puedes confiar en él.* **2.** Representar un actor su papel: *Ramiro **caracterizó** al príncipe azul en la obra de teatro de su escuela.*

caracú m. *Amér.* Hueso con tuétano usado en guisos.

caradura adj./m. y f. Sinvergüenza, descarado: *Luis es un **caradura**: a sus 30 años sigue sin trabajar y su padre lo mantiene.*

caramanchel m. **1.** *Chile.* Cantina. **2.** *Colomb.* Tugurio, lugar miserable. **3.** *Ecuad.* Puesto del vendedor ambulante. **4.** *Perú.* Sitio que sirve para resguardar hombres o animales. SIN. **cobertizo.**

¡caramba! interj. Marca extrañeza o enfado: *"¡Caramba!, pensé que su hijo era menor. ¡Cómo ha pasado el tiempo!", le dijo la señora a mi madre.*

carambola f. **1.** Jugada del billar que consiste en que la pelota con que se juega toque a otras dos. **2.** *Méx.* Por extensión, choque de varios objetos o automóviles.

caramelo m. **1.** Azúcar fundida y tostada: *Comí un flan delicioso que tenía encima una capa de **caramelo**.* **2.** Golosina compuesta de azúcar cristalizada y distintos sabores.

carancho m. **1.** *Argent.* y *Urug.* Ave de presa, de color pardo, que se alimenta de animales muertos, insectos, etc. **2.** *Perú.* Búho.

caraota f. *Venez.* Judía, alubia.

caraqueño, ña adj./m. y f. Originario de Caracas, capital de Venezuela.

carátula f. **1.** Careta, máscara. **2.** *Argent.* Cubierta con que se resguardan y presentan documentos administrativos. **3.** Portada de un libro o funda de un disco: *Me compré el disco que quería, el que trae un camello en la **carátula**.* **4.** *Méx.* Esfera del reloj: *Lucía mandó limpiar la **carátula** del viejo reloj, porque ya casi no se distinguían los números de lo sucia que estaba.*

caravana f. **1.** Hilera de personas, animales o vehículos que viajan juntos. **2.** Remolque acondicionado para vivienda. **3.** Inclinación de la cabeza y el cuerpo en señal de respeto: *En el filme que vimos ayer, los caballeros hicieron una **caravana** al saludar al rey.*

carayá m. *Argent., Colomb.* y *Par.* Nombre de dos especies de monos americanos, de cola larga y pelaje espeso.

carbohidrato m. Substancia orgánica que aporta energía al organismo: *En una buena alimentación deben balancearse las proteínas, los **carbohidratos** y las grasas.*

carbón m. **1.** Combustible sólido de color negro, de origen vegetal: *La cabaña tenía una cocina de **carbón** en la que preparábamos la comida.* **2.** Especie de lápiz hecho con el combustible llamado carbón: *En clase de artes plásticas dibujamos con **carbón**.* SIN. **carboncillo.**

carbonato m. Sal derivada del ácido carbónico.

carboncillo m. Barrita de carbón usada para dibujar: *Mi amigo me regaló un **carboncillo** en la clase de pintura, porque el mío se me acabó antes de terminar un retrato.*

carbonífero, ra adj. Relativo al quinto periodo de la Era Paleozoica, en el cual aparecieron los anfibios y se dieron las condiciones que permitieron la formación de gas y petróleo.

carbonizar vb. irreg. {tr. y prnl.} Modelo 16. Quemar completamente: *Roberto dejó la carne sobre las brasas para asarla, pero se le olvidó y la carne se **carbonizó**.*

carbono m. Elemento químico no metálico, esencial en los carbones naturales y los compuestos orgánicos, de símbolo C y número atómico 6.

carburador m. Aparato que prepara la mezcla de nafta o gasolina y aire en ciertos motores: *El automóvil no funcionó y el mecánico me dijo que era por una falla en el **carburador**.*

carcacha f. Automóvil viejo, dañado o en malas condiciones de funcionamiento: *La **carcacha** de Rodolfo se descompuso otra vez: cuando la llevó al mecánico parecía cafetera de tanto vapor que echaba.*

carcajada f. Risa ruidosa: *Reímos a **carcajadas** con los excelentes chistes que contó Lucio.*

carcamal adj./m. Fam. Viejo y achacoso: *Sonia no aceptó la propuesta de Fernando: dice que es un **carcamal** que ya no debería pensar en casamiento.*

cárcel f. Edificio destinado a encerrar a los presos: *El culpable del asalto al banco ha sido condenado a permanecer cinco años en la **cárcel**.* SIN. **prisión, presidio.**

carcelero, ra m. y f. Persona que trabaja vigilando a los presos que están en la cárcel.

cardenal m. **1.** Sacerdote de alta jerarquía en la Iglesia Católica: *Los **cardenales** de todos los países eligen al Papa.* **2.** Ave de color rojo escarlata, con un penacho característico.

cardenal m. Mancha morada en la piel producida por un golpe: *Cuando Óscar se cayó de la bicicleta se hizo un **cardenal** en la pierna.* SIN. **moretón.**

cardiaco, ca o **cardíaco, ca** adj./m. y f. Relativo al corazón: *Llevaron a Rubén al hospital porque tuvo un paro* **cardiaco**.

cardinal adj. **1.** Principal, fundamental. **2.** loc. **Puntos ~**, los cuatro puntos de referencia que permiten orientarse: norte, sur, este y oeste.

cardiología f. Parte de la medicina que estudia las enfermedades del corazón.

cardiólogo, ga m. y f. Doctor especializado en enfermedades del corazón: *El* **cardiólogo** *dice que mi corazón trabaja perfectamente.*

cardiopatía f. Enfermedad del corazón: *La taquicardia es una* **cardiopatía**.

cardo m. **1.** Planta de hojas grandes y espinosas: *Me hice rasguños en las piernas cuando pasé por un campo en el que había* **cardos**. **2.** Fam. Persona arisca.

cardumen m. Grupo de peces de la misma especie: *En el río había un* **cardumen** *de truchas; llegó el pescador, lanzó su red y pescó muchas truchas que nadaban juntas.*

carecer vb. irreg. [intr.] Modelo 39. Tener carencia de algo: *Hay personas muy pobres que* **carecen** *hasta de lo indispensable, como el alimento.*

carencia f. Falta de alguna cosa: *La* **carencia** *de alimentos que le den energía al cuerpo ocasiona debilidad.*

carestía f. **1.** Precio elevado de las cosas: *La población protestó contra la* **carestía** *de la leche y de la carne.* **2.** Escasez, carencia: *Durante las guerras hay* **carestía** *de alimentos y de medicinas.*

careta f. **1.** Máscara para cubrir la cara: *La gente se pone* **caretas** *en las fiestas del carnaval.* **2.** Mascarilla de alambre usada en esgrima.

carey m. **1.** Tortuga marina de caparazón muy vistoso: *El* **carey** *entierra sus huevos en la arena de la playa.* **2.** Material que se obtiene del caparazón de este animal.

carga f. **1.** Cosa que se transporta: *El camionero puso la* **carga** *de manzanas en el camión y la llevó a la ciudad.* **2.** Peso sostenido: *El panadero traía una* **carga** *de harina muy grande sobre su espalda.* **3.** Repuesto de cierto material: *La* **carga** *del bolígrafo se está acabando, por eso ya no escribe bien.* **4.** Cantidad de materia que asegura una explosión: *Los mineros pusieron una* **carga** *de dinamita para hacer un hoyo en la montaña.*

cargado, da adj. **1.** Fuerte, espeso, que contiene cosas encima: *Mi padre tomó tres tazas de café muy* **cargado** *y no pudo dormir en toda la noche.* **2.** Relativo al tiempo que amenaza lluvia.

cargador m. Pieza metálica de las armas de fuego que contiene las balas: *El* **cargador** *de las ametralladoras es largo para que quepan muchos proyectiles.*

cargador, ra m. y f. Persona que transporta cosas: *Cuando nos mudamos, un* **cargador** *llevó los muebles a la nueva casa.*

cargamento m. Conjunto de mercancías para ser cargadas: *El barco pesquero transporta un* **cargamento** *de atún.*

cargar vb. irreg. [tr., intr. y prnl.] Modelo 17. **1.** Poner peso sobre una persona, un animal o un vehículo para su transporte: *Los hombres* **cargaron** *las mulas con madera y comida y emprendieron el viaje a las montañas.* **2.** Culpar de algo a alguien: *Mi madre le* **ha cargado** *a Rodrigo la culpa de haber roto el jarrón.* **3.** Poner balas o cartuchos en las armas de fuego: **Cargó** *el rifle y practicó su puntería disparando sobre latas de cerveza.* **4.** Acumular electricidad: *Para que funcione el teléfono celular*

hay que **cargar** *su batería.* **5.** Incomodar, molestar: *Me* **cargó** *que mi hermana me dijera que yo no la amaba, porque ella sabe que no es cierto.* **6.** Inclinarse una cosa: *La torre de tu maqueta se* **carga** *hacia la izquierda, debes hacer algo para mantenerla derecha.* **7.** Llegar a tener mucho de algo: *Se* **cargó** *de deudas y ahora no sabe cómo pagar.*

cargo m. **1.** Empleo o puesto: *Ser director de una escuela es un* **cargo** *de mucha responsabilidad.* **2.** Falta que se atribuye a uno: *Uno de los* **cargos** *de que acusan a Efraín es haber robado una cartera.*

cargoso, sa adj. *Argent., Chile y Urug.* Se dice de la persona que siempre está molestando: *Maura es una* **cargosa**, *cuando más ocupada me ve, más le gusta interrumpirme.*

caribe adj./m. y f. Relativo a un grupo de pueblos del continente americano.

caribeño, ña adj./m. y f. Originario del Caribe, región tropical de América que comprende parte de México, las Antillas, América Central, parte de Colombia y parte de Venezuela.

caricatura f. **1.** Dibujo cómico: *Bernardo hizo la* **caricatura** *de su mejor amigo: lo dibujó con una nariz muy grande, con labios gruesos y con unos cuantos cabellos.* **2.** Méx. Dibujos animados: *Me gusta ver las* **caricaturas** *de la televisión porque son muy divertidas.*

caricia f. Demostración cariñosa que se hace rozando con la mano: *Laura le hizo una* **caricia** *a su perro y éste empezó a mover la cola de gusto.*

caridad f. **1.** Actitud de ayuda para el necesitado: *Es bueno practicar la* **caridad** *dando comida a los pobres.* **2.** Limosna: *El ciego decía: "Déme una* **caridad**, *por el amor de Dios."*

caries f. Infección del diente que, si no se atiende, produce su destrucción: *Fui al dentista y me dijo que tenía una* **caries** *en una muela, me la arregló y me recomendó no comer tantos dulces.*

cariño m. **1.** Sentimiento y expresión de amor y afecto: *Mi amiga y yo nos tenemos mucho* **cariño**. **2.** Esmero con que se hace algo: *Preparé este postre con mucho* **cariño** *para regalárselo a mi hermana.*

cariñoso, sa adj. Que siente o demuestra amor o afecto: *María es una niña muy* **cariñosa**, *mira cómo besa y acaricia a su hermanito.*

carioca adj./m. y f. Originario de Río de Janeiro, Brasil.

carmelita adj./m. y f. Relativo al religioso o la religiosa de la orden del Carmen.

carmesí m. Color grana o rojo muy vivo: *Sara se compró un vestido* **carmesí** *que la hace ver muy bella.*

carmín m. **1.** Pigmento rojo, que se extrae de un insecto llamado cochinilla. **2.** Color rojo intenso. **3.** Barra para colorear los labios: *Rosalía se peinó, se puso un poco de* **carmín** *y salió a la calle a ver a su novio.*

carnada f. Cebo para pescar o cazar: *Puse una* **carnada** *en la caña de pescar y lancé el cordón al río en espera de que un pez mordiera el anzuelo.*

carnal adj. **1.** Relativo a la carne, en oposición al espíritu. **2.** Dícese de los parientes de primer grado de proximidad: *Pedro es mi tío* **carnal**: *es hermano de mi mamá.*

carnaval m. Periodo de tres días, antes del Miércoles de Ceniza: *La gente se disfraza durante el* **carnaval** *con máscaras y vestidos multicolores.*

carne *f.* *1.* Substancia fibrosa del cuerpo que está entre la piel y los huesos. *2.* Substancia animal comestible: *En la carnicería venden carne de vaca, de cordero y de pavo.* *3.* Parte blanda de la fruta: *La carne del mango es muy sabrosa, pero la cáscara y el hueso no se comen.* *4.* loc. *~ de gallina*, piel humana cuando el vello se eriza por frío, miedo, emoción o alguna otra sensación: *Cuando metí los pies en la fría piscina se me puso la carne de gallina por el frío.*

carnero *m.* Rumiante doméstico, macho de la oveja que se cría por su carne y su lana: *El carnero se llama cordero cuando es pequeño, y borrego cuando tiene dos años.*

carnero, ra *adj.* *Argent., Chile, Par.* y *Perú.* Sin voluntad ni iniciativa.

carnicería *f.* Tienda donde se vende carne: *Fui a la carnicería y compré trozos de ternera para cocinarlos.*

carnicero, ra *adj.* Relativo al animal que mata para comer: *Los leones son felinos carniceros.*

carnicero, ra *m.* y *f.* Persona que vende carne: *El carnicero cortó la carne en filetes y se los dio a mi madre.*

carnívoro, ra *adj./m.* y *f.* Relativo al mamífero que se alimenta de carne: *Los perros y los gatos son carnívoros.*

carnoso, sa *adj.* Se dice de las frutas y vegetales blandos y llenos de jugo: *La sandía y el melón son frutas carnosas con las que pueden prepararse refrescantes jugos.*

caro, ra *adj./adv.* De precio elevado: *Compré un pantalón en esta tienda porque en aquélla es más caro: cuesta 10 pesos más que aquí.* SIN. **salado.**

carozo *m.* *Amér.* Hueso de fruta.

carpa *f.* *1.* Pez de agua dulce, comestible: *Las carpas tienen el lomo verdoso y el vientre amarillo.* *2.* Lona grande que cubre un lugar: *Los trabajadores del circo estaban montando la carpa para la función de esta noche.* *3.* *Amér. C.* y *Amér. Merid.* Tienda de campaña.

carpeta *f.* Par de cubiertas de cartón o plástico que sirven para guardar papeles.

carpintería *f.* Taller donde se arreglan y fabrican muebles de madera: *Llevé la silla rota a la carpintería y la arreglaron muy bien.*

carpintero, ra *m.* y *f.* Persona que trabaja la madera, arreglando y haciendo muebles: *Le pedí al carpintero que hiciera una mesa para la cocina.*

carpo *m.* Conjunto de los huesos de la muñeca.

carraspera *f.* Aspereza en la garganta que pone ronca la voz: *Ya se le quitó la gripe, pero le quedó carraspera y por eso su voz se le oye distinta.*

carrasposo, sa *adj.* *Colomb., Ecuad.* y *Venez.* Áspero al tacto, que raspa la mano.

carrera *f.* *1.* Hecho de correr cierto espacio: *Va a empezar la carrera de los cien metros y los corredores están listos.* *2.* Competición o competencia de velocidad: *El domingo iré a ver una carrera de motocicletas.* *3.* Conjunto de estudios que capacitan para ejercer una profesión: *Mi primo estudia la carrera de medicina y cuando termine va a trabajar en un hospital.*

carrerilla. De ~, loc. *Fam.* De memoria, sin reflexión: *Rubén repitió la lección de carrerilla y cuando la maestra le hizo una pregunta sobre lo que acababa de decir, no pudo contestar.* SIN. **de paporreta.**

carreta *f.* Vehículo de madera arrastrado por caballos o mulas: *El campesino transporta su cosecha en una carreta que avanza lento.*

carrete *m.* Cilindro sobre el que se enrolla hilo, películas, etc.: *Se me cayó el carrete de hilo y el gato se puso a jugar con él.* SIN. **bobina.**

carretera *f.* Vía de transporte que sirve para la circulación de vehículos: *Viajamos en automóvil por una carretera entre las montañas.*

carretilla *f.* Carro pequeño con una rueda, que se empuja con las manos: *El albañil transporta el cemento en una carretilla y luego lo vacía en el suelo.*

carril *m.* *1.* Parte de una vía o camino destinada al tránsito de una sola fila de vehículos: *Esta calle tiene tres carriles para que circulen tres filas de automóviles.* *2.* Cada una de las dos barras paralelas de hierro por donde circulan trenes y tranvías.

carrillo *m.* Parte de la cara, desde la mejilla hasta la mandíbula: *Antes de irme a la escuela, mi madre me da un beso en el carrillo.*

carro *m.* *1.* Carruaje de dos ruedas, jalado por animales: *El labrador usa un carro para transportar el trigo.* *2.* *Amér. C., Colomb., Méx., Perú, P. Rico* y *Venez.* Automóvil: *A Luis se le descompuso el carro y tuvo que irse caminando a su casa.*

carrocería *f.* Parte exterior de los vehículos que cubre el motor y otras partes, y que sirve para transportar pasajeros o carga: *El golpe abolló la carrocería del automóvil y ahora se ve chueco.*

carroña *f.* Carne descompuesta, podrida: *Los buitres se alimentan de carroña, por ejemplo, de vacas muertas.*

carroñero, ra *adj./m.* y *f.* Relativo al animal que se alimenta de carne podrida: *Las bestias carroñeras, como la hiena, comen animales que tienen días de haber muerto.*

carroza *f.* *1.* Carro lujoso cubierto, tirado por caballos: *El hada madrina le dijo que debía regresar en la carroza a las doce en punto.* *2.* *Argent., Chile, Méx., Par.* y *Urug.* Vehículo especial en que se transporta a los muertos al cementerio.

carruaje *m.* Vehículo montado sobre ruedas, jalado por caballos: *Visité un museo de carruajes antiguos donde había uno negro, con asientos de piel y ruedas enormes.*

carrusel *m.* Juego mecánico en forma circular que gira alrededor de un eje, con una serie de figuras en las que uno se monta: *Me subí a un caballito del carrusel de la feria y me divertí muchísimo.* SIN. **tiovivo.**

carta *f.* *1.* Escrito dirigido a una persona ausente: *Recibí una carta de mi amigo Antonio en la que me cuenta sus vacaciones en la montaña.* *2.* Lista de alimentos y bebidas de un restaurante, menú: *Después de consultar la carta, pedí al camarero que me trajera un filete con papas fritas.* *3.* Mapa: *La carta de navegación ayudó al capitán a llegar a la costa de Venezuela.* *4.* Naipe: *Ayer jugaron a las cartas y Raúl les ganó a todos.* *5.* loc. pl. *Tomar ~ en el asunto*, intervenir en un asunto: *Renato tuvo que tomar cartas en el asunto y así evitar una pelea entre los dos hermanos.*

cartearse *vb.* {prnl.} Escribirse cartas de manera recíproca: *Carlos y Adriana se cartean desde que Carlos se fue a vivir a otra ciudad.*

cartel *m.* Lámina grande de papel que sirve de anuncio o propaganda: *En el cine colgaron un cartel en el que anunciaban que ya no había entradas.* SIN. **póster.**

cartelera *f.* *1.* Lugar que sirve para fijar carteles: *En el colegio tenemos una cartelera en la que podemos pe-*

gar noticias y anuncios. **2.** En los diarios, sección donde se anuncian los espectáculos: *En la* **cartelera** *de este diario dice que la obra de teatro empieza a las ocho de la noche.*

cartera *f.* **1.** Objeto rectangular que cabe en un bolsillo, y que sirve para llevar dinero y documentos personales: *Tengo una* **cartera** *de piel negra en la que guardo los billetes y las tarjetas de crédito.* Sin. **billetera. 2.** Bolsa con asa, para llevar papeles. Sin. **portafolios.**

carterista *m.* y *f.* Ladrón de carteras de bolsillo: *Un hábil* **carterista** *le robó su cartera a José: sacó su cartera del bolsillo sin que él se diera cuenta.*

cartero, ra *m.* y *f.* Persona que reparte las cartas del correo: *¡El* **cartero** *me trajo hoy la carta que tanto esperaba!*

cartílago *m.* Tipo de tejido del esqueleto más elástico que los huesos: *A Fernando le gusta tanto el pollo, que chupa los huesos y los deja limpios: se come hasta los* **cartílagos.**

cartilla *f.* **1.** Libro para aprender las letras del alfabeto. **2.** *Méx.* Documento de identidad de los individuos que han cumplido el servicio militar obligatorio.

cartografía *f.* Técnica de hacer cartas y mapas geográficos: *Miguel se pasa horas revisando mapas de ciudades, tal vez decida estudiar* **cartografía.**

cartomancia *f.* Arte de adivinar el futuro por medio de las cartas o naipes: *Laura toma tan en serio la* **cartomancia,** *que cuando te va a leer las cartas se concentra muchísimo.*

cartón *m.* Lámina gruesa hecha de pasta de papel endurecida: *Metí los cuadernos viejos en una caja de* **cartón** *y la guardé debajo de mi cama.*

cartoncillo *m. Méx.* Cartón delgado, fino y liso: *Ángeles hizo un dibujo muy bonito en un* **cartoncillo** *para regalárselo a su mamá.*

cartucho *m.* **1.** Cilindro que contiene la carga para un arma de fuego: *El cazador disparó unos* **cartuchos** *al aire para probar su arma.* **2.** Repuesto de ciertos instrumentos: *Necesito un nuevo* **cartucho** *de tinta para mi impresora, porque ya se acabó el que tiene.*

cartulina *f.* Cartón delgado, fino y liso: *La maestra nos pidió que hiciéramos un dibujo en* **cartulina** *blanca.*

casa *f.* **1.** Vivienda, lugar donde habita una persona o grupo de personas: *La* **casa** *donde vive mi tía es antigua y tiene una escalera de madera.* **2.** Grupo de personas que habitan juntas un lugar: *Elena es la hermana mayor de su* **casa:** *ella tiene 10 años y su hermano tiene 3.* **3.** Establecimiento comercial, tienda: *Siempre compro telas en ésta* **casa,** *porque tienen mucho surtido.* **4.** loc. **~ de citas,** lugar donde se tienen relaciones sexuales a cambio de dinero. **5.** loc. **Como Pedro por su ~,** con mucha confianza: *¡No entres* **como Pedro por su casa** *y por lo menos salúdame!*

casaca *f.* Chaqueta con faldones y manga larga: *Los porteros de los hoteles lujosos visten* **casaca** *para verse elegantes.*

casamiento *m.* **1.** Hecho de casarse: *Los novios anunciaron a la familia que su* **casamiento** *se llevaría a cabo el 23 de marzo.* **2.** Ceremonia en la que se casan dos personas: *El* **casamiento** *de mi hermano y su novia fue en una iglesia y hubo una gran fiesta.*

casar *vb.* (tr., intr. y prnl.) **1.** Contraer matrimonio: *Después de tres años de noviazgo, Héctor y Olga* **se casaron.**

2. Dar o unir en matrimonio: *El señor Romualdo* **casó** *a su hijo Martín con la hija de su jefe.* **3.** Ordenar cosas para que armonicen: *Estoy tratando de hacer que* **casen** *estas piezas del rompecabezas.*

cascabel *m.* Bola de metal, hueca y agujereada, con algo dentro para que suene al moverla: *El gato de Georgina tiene en el cuello un lazo con un* **cascabel,** *así que ella siempre sabe dónde encontrarlo.*

cascada *f.* Caída de agua desde cierta altura: *Fui a visitar una* **cascada** *que tiene la forma de una cola de caballo.*

cascajo *m.* Fragmento de un material: *Los albañiles tiraron la pared y después vino un camión para llevarse el* **cascajo** *que quedaba.*

cascar *vb. irreg.* (tr. y prnl.) **Modelo 17. 1.** Romper una cosa quebradiza: *Mi hermana* **cascó** *cuatro huevos para preparar la masa del pan.* **2.** *Fam.* Pegar, golpear.

cáscara *f.* Corteza o cubierta exterior de algunas cosas: *"¡No te comas la naranja con* **cáscara!",** *me dijo mi madre.*

cascarrabias *m.* y *f. Fam.* Persona que se irrita o enoja fácilmente: *"Eres un* **cascarrabias,** *¡cada vez que cambio el canal de televisión te enojas muchísimo!",* *le dije a mi hermano*

casco *m.* **1.** Pieza que cubre la cabeza para protegerla: *Antes de subir a una bicicleta o motocicleta, es importante ponerse un* **casco.** **2.** Botella para contener líquidos: *Separé los* **cascos** *vacíos de la basura para darlos a reciclar.* **3.** Uña de las caballerías: *Antes de ponerle las herraduras a los caballos, se les liman los* **cascos.** **4.** Cuerpo de un buque o avión: *Vimos el* **casco** *de un barco que se hundió hace muchos años.*

caserío *m.* **1.** Conjunto de casas en el campo que no llegan a formar un pueblo: *Alain nació en un* **caserío:** *es un lugar con ocho casas que está a 20 km del pueblo.* **2.** Casa aislada en el campo.

casero, ra *adj.* **1.** Que se hace en casa: *Esa familia sólo come pan* **casero,** *ellos lo preparan y es delicioso.* **2.** *Chile y Perú.* Relativo al cliente habitual de un establecimiento.

casero, ra *m.* y *f.* Persona que tiene una casa o departamento y lo alquila a otra: *Vino el* **casero** *a cobrarle a mi madre el alquiler de la casa.*

caseta *f.* **1.** Lugar pequeño colocado en la entrada de un edificio para vigilar quién entra y sale: *El portero está en la* **caseta;** *a él puedes dejarle el libro que le presté.* **2.** *Méx.* Cabina telefónica. **3.** loc. *Méx.* **~ de cobro,** construcción levantada en determinados puntos de las carreteras de cuota para que los conductores paguen por el servicio: *Cuando voy a mi ciudad natal, tomo una carretera que tiene tres* **casetas de cobro** *y en cada una debo pagar.*

casete *m.* y *f.* Pequeña caja de plástico que contiene una cinta en la que pueden grabarse o reproducirse sonidos.

casi *adv.* Cerca de, por poco, aproximadamente: *"Son* **casi** *las ocho de la mañana, así que apúrate si no quieres llegar tarde a la escuela", me dijo mi madre.*

casilla *f.* **1.** Cada uno de los compartimentos de un casillero: *El cartero coloca las cartas en la* **casilla** *correspondiente a cada departamento del edificio.* **2.** Cada uno de los cuadros que componen el tablero de algunos juegos: *"¿Por qué saltaste dos* **casillas** *en el juego? ¡Te tocaba saltar una!", me dijo Roberto.* **3.** *Cuba.* Trampa para cazar pájaros. **4.** *Ecuad.* Retrete, excusado. **5.** *loc. pl.* **Sacar a alguien de sus ~**, hacer que alguien se enoje o se ponga nervioso: *El niño desobedeció tantas veces a su mamá, que la sacó de sus casillas.*

casillero *m.* Mueble con compartimentos o casillas: *Clasifico los papeles en un casillero: una casilla para la cuenta de la luz; otra para la del teléfono; otra para la del gas, y así sucesivamente.*

casino *m.* Sitio público donde hay bailes, juegos, recreaciones, diversiones, etc.: *Mis padres fueron al baile de gala que organiza el casino de la ciudad.*

caso *m.* **1.** Suceso, acontecimiento: *"¿Te enteraste del caso del niño que se salvó en el incendio?", me preguntó Ana.* **2.** Oportunidad, ocasión: *"No te desesperes, llegado el caso todos podemos ayudarte con tu trabajo escolar", me dijeron mis hermanos.* **3.** Asunto: *El hombre llevó el caso de su divorcio a un abogado para que lo aconsejara.*

caspa *f.* Pequeñas escamas blancas que se forman en el cuero cabelludo: *Ricardo se compró un producto especial para lavar su cabello, porque está harto de tener caspa.*

casquillo *m.* **1.** Cartucho metálico vacío: *Vi en la televisión unos casquillos de bala: son como unos vasitos de metal.* **2.** Parte metálica de la bombilla o foco, que permite conectarla con el circuito eléctrico.

cassette *m.* y *f.* **Palabra francesa.** *Ver* **casete.**

casta *f.* Grupo social muy cerrado que constituye una clase especial: *La India está organizada socialmente por castas y la gente de una casta no puede pasar a otra.*

castaña *f.* Fruto comestible del castaño, de piel dura color marrón o café y carne amarillenta dulce en su interior.

castaño *m.* Árbol grande, de copa ancha, cuyo fruto es la castaña: *La madera del castaño sirve para fabricar muebles, y su fruto para comerlo.*

castaño, ña *adj.* Dícese del color pardo obscuro: *Me gusta más cómo se me ve el cabello castaño, creo que me va mejor que el rubio.*

castañuela *f.* Instrumento musical compuesto de dos piezas de madera, que se hacen chocar entre sí: *Las bailarinas españolas tocan las castañuelas cuando bailan.*

castellano *m.* Idioma español.

castidad *f.* Renuncia o moderación en el placer sexual: *Los miembros de algunas congregaciones religiosas hacen votos de castidad.*

castigar *vb. irreg.* {tr.} **Modelo 17. 1.** Someter a un castigo o pena al que ha cometido una falta: *Castigarán a los ladrones que asaltaron el banco con dos años de cárcel.* **2.** Escarmentar, corregir: *Los papás de Bruno lo castigaron por decir mentiras, así que durante una semana no podrá salir a jugar las tardes.*

castigo *m.* **1.** Pena impuesta al que ha cometido un delito o falta: *El profesor me puso un castigo por haber copiado en el examen.* **2.** Tormento, daño: *El peor castigo del señor Manuel fue ver cómo la enfermedad iba acabando poco a poco con su hijo.*

castillo *m.* **1.** Edificio de muros muy gruesos y rodeado de murallas para defenderse de los ataques enemigos: *Cuando mi tío fue a Francia, visitó un castillo de la Edad Media que fue construido sobre una colina.* **2.** *loc. pl.* **Hacer ~ en el aire**, hacerse falsas ilusiones: *Salma le dijo a Raúl que ya no lo quiere, pero él hace castillos en el aire y cree que van a casarse.*

casto, ta *adj.* Que practica la castidad o abstinencia sexual: *Las monjas son castas.*

castor *m.* Mamífero roedor pequeño, de patas posteriores palmeadas y cola aplastada, que vive cerca de los ríos: *Los castores construyen presas en los ríos con troncos que cortan con sus largos dientes.*

castrar *vb.* {tr.} Extirpar o quitar los órganos genitales: *El veterinario dijo que después de que mi perra tenga a sus primeros cachorros, la castrará para que nunca más tenga perritos.*

castrense *adj.* Relacionado con el ejército y los militares.

casual *adj.* Que no se había planeado ni previsto: *Mi hermana conoció en un encuentro casual al que ahora es su esposo: los dos iban distraídos en la calle y chocaron.*

casualidad *f.* Suceso imprevisto: *Fue una casualidad que las dos lleváramos vestidos iguales a la fiesta.*

casulla *f.* Vestido que usa el sacerdote católico durante la misa.

cataclismo *m.* Catástrofe o trastorno natural: *Los terremotos son cataclismos, es decir, las personas no los provocan y tampoco pueden impedirlos.*

catacumbas *f. pl.* Conjunto de galerías subterráneas para uso funerario, en especial en la Antigua Roma.

catalejo *m.* Anteojo de larga vista: *El pirata puso el ojo en el catalejo y miró el lejano barco que iba a atacar.*

catálogo *m.* Lista ordenada de personas, cosas o sucesos: *En el catálogo de la ropa que venden en esa tienda hay un vestido que me gustaría comprar.*

catapulta *f.* Máquina antigua de guerra para lanzar piedras: *Con la catapulta, los hombres lanzaban grandes piedras a la puerta del castillo para que ésta se cayera y así pudieran entrar.*

catar *vb.* {tr.} Probar algo para examinar su sabor: *El conocedor cató el vino después de tenerlo unos segundos en la boca y afirmó que era de excelente calidad.*

catarata *f.* **1.** Caída de agua en el curso de un río, de mayor altura que la cascada: *Las cataratas del Niágara están entre Canadá y Estados Unidos.* **2.** Enfermedad de los ojos que opaca el cristalino impidiendo una buena visibilidad: *Operaron a la tía Luisa de la catarata que tenía en el ojo izquierdo y ahora ya puede ver bien.*

catarina *f.* *Méx.* Pequeño insecto de color anaranjado rojizo con siete puntos negros: *Las catarinas son útiles porque se alimentan de insectos que dañan las plantas.* SIN. **mariquita.**

catarro *m.* Inflamación de las mucosas nasales, acompañada de un aumento en la secreción de mocos: *Salió al frío sin cubrirse y le dio catarro, por eso ahora se limpia muchas veces la nariz.* SIN. **resfrío, resfriado.**

catástrofe *f.* Suceso desgraciado, desastre: *Fue una catástrofe que se perdieran las cosechas por la sequía, ahora no sabemos qué hacer para conseguir alimento.*

catecismo *m.* Enseñanza de la doctrina cristiana: *El niño va a hacer la primera comunión, por eso va al catecismo todas las tardes.*

catedral *f.* Iglesia muy grande, la más importante de una zona o ciudad: *El obispo celebró misa en la catedral de la ciudad.*

catedrático, ca *m.* y *f.* Profesor que da clases en la Universidad.

categoría *f.* **1.** Cada uno de los grupos en que se pueden clasificar personas o cosas: *Esa señora pertenece a la categoría de personas que se dejan llevar por las*

apariencias. **2.** Nivel, calidad: *Este hotel es de gran categoría, por eso es tan caro.*

categórico, ca *adj.* Que afirma o niega de una manera terminante o definitiva: *Mi papá fue categórico: no
me dejará ir a la playa, así que ya no vale la pena insistir.*

cateto *m.* En matemáticas, cada uno de los dos lados
que forman el ángulo recto en un triángulo rectángulo.

catire, ra *adj./m.* y *f. Colomb., Cuba, Perú* y *Venez.*
Relativo a la persona rubia de ojos verdosos o amari-
llentos.

catolicismo *m.* Religión de los cristianos que reco-
nocen la autoridad del Papa en relación al dogma y
a la moral: *Según la enseñanza del catolicismo Jesucristo dejó como jefe de su Iglesia a San Pedro, y ahora
es el Papa.*

catre *m.* Cama plegadiza y ligera para una persona:
*Como vino mi prima de visita, me acosté en un catre y
él durmió en mi cama.*

catrín, na *adj./m.* y *f. Guat.* y *Nicar.* Muy rico.

catrín, na *m.* y *f. Amér. C.* y *Méx.* Persona elegante y
presumida: *Rocío andaba muy catrina, yo creo que iba
a ver a su novio.*

caucásico, ca *adj./m.* y *f.* Relativo a la raza blanca.

cauce *m.* **1.** Lecho de ríos y arroyos: *El río se desbordó
de su cauce por las abundantes lluvias.* **2.** Procedimiento, modo: *El cauce para obtener el área de un cuadrado es multiplicar un lado al cuadrado.*

caucho *m.* Substancia elástica y resistente que se halla en ciertos árboles: *Las ruedas de los automóviles
son de caucho.* SIN. **hule.**

caudal *adj.* Relativo a la cola: *El pez movía la
aleta caudal y se impulsaba con ella para nadar.*

caudal *m.* **1.** Cantidad de agua de un curso fluvial:
*El caudal del río se reduce mucho durante la época de
sequía.* **2.** Dinero y riqueza que se posee: *El caudal
del señor Martínez es considerable: tiene tres casas, una
estancia y un edificio.*

caudaloso, sa *adj.* De mucha agua: *Los barcos nave-
gan en ríos muy caudalosos, pero no pueden hacerlo
en ríos pequeños.*

caudillo *m.* Jefe militar o persona que manda y dirige
un grupo: *El caudillo guió a sus tropas al encuentro del
ejército enemigo.*

caula *f. Chile, Guat.* y *Hond.* Treta, engaño, trampa.

causa *f.* Razón, motivo: *La causa del enojo de Roberta
es que vio a su novio besando a otra muchacha.*

causar *vb.* {tr.} Producir un efecto: *Un conductor causó el accidente en la carretera por no tener precaución.*

cautela *f.* Precaución, reserva, cuidado: *"Acércate
con cautela al animal; como está herido, puede ser agresivo", me advirtió Ricardo.*

cauteloso, sa *adj.* Que actúa con prudencia, con precaución: *Es un niño cauteloso que se fija muy bien antes
de atravesar una calle.*

cautivar *vb.* {tr.} Atraer, seducir, gustar mucho: *El protagonista del filme me cautivó: ¡es tan guapo!*

cautivo, va *adj./m.* y *f.* Prisionero, persona a quien le
han quitado su libertad: *Uno de los más famosos cau-
tivos de la literatura ha sido El Hombre de la Máscara de
Hierro.*

cauto, ta *adj.* Que actúa con cautela, con cuidado:
*Tolomeo siempre es muy cauto, se fija muy bien antes
de cruzar una calle porque no quiere sufrir accidentes.*

cava *f.* Lugar subterráneo donde se guarda el vino: *El
mesero bajó a la cava y trajo una botella de vino de una
cosecha especial.*

cava *m.* Vino español blanco y espumoso, parecido a
la champaña.

cavar *vb.* {tr. e intr.} Hacer un hoyo o zanja: *El jardinero
cavó un hoyo para plantar un árbol.*

caverna *f.* Gruta o cueva natural, grande y profunda:
*Las cavernas sirvieron de casa a los primeros hombres
que existieron en la Tierra.*

cavidad *f.* Espacio hueco dentro de un cuerpo: *Con el
tiempo, la fuerza de las olas ha hecho grandes cavidades en las rocas y ha formado cuevas.*

cavilar *vb.* {tr. e intr.} Pensar mucho sobre algo, reflexionar: *Luego de considerar la situación, el héroe de
la película caviló mucho antes de ponerse en acción.*

cayado *m.* Bastón curvo por la parte superior: *El pastor de ovejas es un anciano que se apoya en su cayado
cuando camina por el monte.*

cayuco *m. Amér.* Pequeña embarcación parecida a
una canoa, pero más angosta.

cayuco, ca *adj./m.* y *f. Antill.* y *Méx.* Dícese de las personas que tienen la cabeza estrecha y alargada.

caza *f.* Hecho de cazar, de matar animales: *La caza
debería estar prohibida cuando sólo es por diversión,
por eso hay especies animales que están en peligro de
desaparecer.*

caza *f.* Avión de combate de gran velocidad.

cazabe *m. Amér. C., Antill., Colomb.* y *Venez.* Torta
hecha de harina de mandioca.

cazador, ra *adj./m.* y *f.* Dícese de los que se dedican
a matar animales: *Los cazadores persiguieron a la zorra
pero ésta pudo escapar de los disparos.*

cazadora *f. Esp.* Chaqueta o chamarra que llega hasta
la cintura: *Como hacía frío, me puse una cazadora antes de salir a la calle.*

cazar *vb. irreg.* {tr.} **Modelo 16. 1.** Perseguir animales
para apresarlos o matarlos: *Actualmente, en muchos lugares del mundo está prohibido cazar y los animales están
protegidos.* **2.** Sorprender a alguien: *Mi mamá me cazó
comiendo los chocolates que ella había escondido.*

cazo *m.* Vasija con asas o mango que sirve para calentar o preparar alimentos: *Se cayó el cazo que tenía
leche y se derramó en el suelo.*

cazoleta *f.* Cavidad pequeña de algunos objetos: *Mi
papá pone tabaco en la cazoleta de su pipa y luego lo
vuelve a fumar.*

cazón *m.* Especie de tiburón, de alrededor de 2 m de
largo, de carne comestible.

cazuela *f.* Vasija redonda hecha de barro, más ancha
que honda, usada para guisar: *La cocinera colocó el
bacalao en una cazuela y lo puso a fuego lento.*

CD-ROM *m.* Abreviatura de las palabras en inglés
Compact Disc-Read Only Memory. Disco compacto de
gran memoria para almacenar textos, imágenes y sonido, y que sólo permite la lectura: *Me compraron una
enciclopedia en CD-ROM la vi en mi computadora.*

cebada *f.* Cereal que se parece al trigo y cuyo grano
sirve de alimento a diversos animales: *De la cebada se
obtienen el whisky y la cerveza.*

cebar *vb.* {tr. y prnl.} **1.** Alimentar a un animal para
engordarlo: *Mis abuelos cebaron al pavo durante varios meses para comérselo en Navidad.* **2.** *Amér. Merid.*

Preparar el mate, poniendo agua tibia en una especie de guaje o calabaza con yerba dentro: *Para que el mate sepa bien, hay que saberlo cebar.* **3.** *Méx. Fam.* Echarse a perder o venirse abajo algo: *Jaime pensaba irse de vacaciones, pero el plan se le cebó porque le robaron su dinero.*

cebo *m.* Porción de alimento que se usa en la cacería o en la pesca para atraer y atrapar a los animales: *El pescador pone lombrices en el anzuelo como cebo para atraer a los peces.*

cebolla *f.* Bulbo comestible, blanco o morado, de una planta del mismo nombre, de olor fuerte y sabor picante, que sirve para condimentar la comida: *Con la cebolla pueden prepararse sopas, salsas, ensaladas y muchos otros guisos.*

cebra *f.* Animal parecido al burro, con rayas negras y blancas, que vive en África: *En el programa de televisión, una leona perseguía a una manada de cebras que corrían por el campo africano.*

cebú *m.* Animal parecido al buey, con una o dos jorobas: *En algunos países se come carne de cebú.*

ceca *f.* **1.** Lugar donde antiguamente se fabricaban monedas. **2.** *Argent.* Reverso de la moneda: *Decir "cara o ceca" en Argentina es como decir "águila o sol" en México.* **3.** *loc.* **De la ~ a la Meca,** de una parte a otra, de aquí para allá: *Anduve de la Ceca a la Meca para conseguir esos botones porque no los encontraba en ninguna tienda.*

cecear *vb.* (intr.) Pronunciar la *s* como los españoles pronuncian la *c* y la *z.*

cecina *f.* Carne de res o de cerdo, que se conserva salándola y poniéndola a secar.

cedazo *m.* **1.** Instrumento que sirve para colar: *Mi mamá pasó la leche por un cedazo porque a mi hermana no le gusta la nata.* **Sin.** **coladera, colador.** **2.** Red grande para pescar.

ceder *vb.* (tr. e intr.) **1.** Dar, entregar o dejar: *Se veía tan apurada, que le cedí mi lugar en la fila para entrar al baño.* **2.** Aceptar algo que antes se rechazaba: *"Debemos aprender a ceder cuando nos demuestren que estamos equivocados".* **3.** Debilitarse la fuerza de algo: *Cuando la lluvia cedió pudimos salir a jugar con la pelota.* **Ant.** **resistir.**

cedilla *f.* Letra compuesta de una *c* y una pequeña coma debajo (ç): *En francés es común el uso de la cedilla, como en la palabra "ça", que significa "eso".*

cedro *m.* Árbol muy alto, de madera fina y olorosa: *Los muebles de cedro son más caros que los de pino.*

cedrón *m.* Planta americana, cuyas semillas se utilizan como antídoto para el veneno de las serpientes.

cédula *f.* **1.** Documento oficial en el que se informa algo. **2.** *loc. Argent., Chile, Par. y Urug.* **~ de identidad,** credencial que le sirve a una persona para identificarse: *El policía le pidió que enseñara su cédula de identidad para demostrar que se llamaba Susana García.*

céfiro *m.* Viento suave que viene del oeste.

cegar *vb. irreg.* (tr. e intr.) *Modelo 18.* **1.** Dejar ciego por un momento: *La luz de los reflectores me cegó y no pude distinguir si mi amigo estaba entre toda le gente del público.* **Sin.** **deslumbrar.** **2.** Hacer que se actúe irracionalmente o que no se vea lo que en otras circunstancias se vería con claridad: *La ira lo cegó y, sin pensarlo, le dio una patada al árbitro.* **Sin.** **obstinarse.**

3. Tapar algo que estaba abierto: *El pozo fue cegado para evitar que los niños cayeran en él.*

cegatón, na *adj./m. y f. Fam.* Que no ve bien: *Me acerqué a él y lo saludé, pero está tan cegatón que no me vio.*

ceguera *f.* Imposibilidad de ver: *Julián padeció ceguera desde niño, pero una operación le devolvió la vista.*

ceja *f.* **1.** Conjunto de pelos que crecen en la parte baja de la frente, arriba de los ojos, y que tienen forma ligeramente arqueada. **2.** *loc.* **Tener a alguien entre ~ y ~,** no aguantarlo: *La secretaria tiene a su jefe entre ceja y ceja desde que la hace trabajar horas extras.*

cejar *vb.* (intr.) Dejar de hacer un esfuerzo para conseguir algo: *El alpinista no cejó hasta alcanzar la cumbre de la montaña.* **Sin.** **flaquear, desistir.**

cejijunto, ta *adj.* Que tiene las cejas casi juntas: *Mi padre es cejijunto y parece que tiene una sola ceja larga en vez de tener dos.*

celada *f.* **1.** Trampa, emboscada: *Los soldados cayeron en la celada del enemigo y fueron hechos prisioneros.* **2.** Pieza de la armadura que cubría la cabeza: *El caballero andante protegía su rostro detrás de la celada cuando se enfrentaba en batalla.*

celador, ra *m. y f.* Persona encargada de vigilar un lugar: *El celador de la escuela cierra todas las puertas y ventanas de las aulas después de que terminan las clases.*

celar *vb.* (tr.) Vigilar a alguien del que se sospecha algo: *El viejo celaba a su esposa por miedo a que lo abandonara por alguien más joven y apuesto.*

celda *f.* **1.** Habitación donde se encierra a una persona: *La celda de la cárcel es pequeña, obscura y está aislada por grandes barrotes.* **2.** Cada una de las divisiones que las abejas construyen en su panal.

celebérrimo, ma *adj.* Muy famoso: *Hace cinco años fue un escritor celebérrimo, pero hoy nadie lo recuerda.*

celebración *f.* Acto en el que se festeja a alguien o algo: *Hubo cohetes y fuegos artificiales en la celebración de la independencia del país.*

celebrar *vb.* (tr.) Festejar algo: *Para celebrar el cumpleaños de mi papá compramos un delicioso postre de chocolate.*

célebre *adj.* Que es muy famoso: *Los caballeros andantes se hicieron célebres por sus arriesgadas hazañas.*

celebridad *f.* **1.** Fama. **Sin.** **nombradía.** **2.** Persona que goza de fama y reconocimiento: *Ese artista es toda una celebridad, muchas personas ven sus filmes y van a sus conciertos.*

celentéreos *m. pl.* Grupo de los animales marinos provistos de tentáculos: *La medusa y la hidra son celentéreos.*

celeridad *f.* Velocidad o prontitud con que se hace algo: *Darío se dirige al cine con celeridad porque ya es tarde y el filme pronto comenzará.* **Sin.** **velocidad, prontitud, rapidez.** **Ant.** **lentitud.**

celeste *adj.* **1.** Relativo al cielo, al firmamento: *Los planetas y las estrellas son cuerpos celestes.* **Sin.** **espacial, cósmico.** **2.** Aplicado a lo que es de color azul claro: *La niña lleva puesto un vestido color celeste y se combina con sus ojos azules.* **3.** Color azul claro: *El celeste se obtiene mezclando azul con blanco.*

celestial *adj.* **1.** Relativo al cielo como lugar divino: *La expresión Señor celestial se refiere a Dios porque se* considera que el cielo es su casa. SIN. **divino**. **2**. Fam. Aplicado a lo que es perfecto o muy agradable: *A mi hermano le gusta tanto el rock, que piensa que es una música celestial.*

celestina *f.* Persona que facilita o encubre una relación amorosa entre dos personas: *Débora andaba de celestina entre Julio y Susana y al final llegaron a ser novios.*

celiaco, ca o **celíaco, ca** *adj.* Relativo al vientre o a los intestinos: *La arteria celiaca es una ramificación de otra más grande y riega de sangre una parte del vientre.*

celibato *m.* **1.** Estado de una persona que no se ha casado, en especial por motivos religiosos: *Los sacerdotes católicos se obligan a guardar celibato.* **2.** Estado civil exigido por la Iglesia católica. ANT. **divorcio.**

célibe *adj./m.* y *f.* Persona soltera: *Don Rómulo es un hombre célibe, nunca se casó y nadie se lo conoció jamás una novia.* SIN. **soltero.** ANT. **casado.**

celo *m.* **1.** Cuidado y esmero que se pone al hacer algo: *El cajero del banco pone mucho celo al hacer las cuentas porque no quiere equivocarse.* SIN. **atención, interés, afán. 2.** Época en que aumenta el apetito sexual de algunos animales: *Muchos animales sólo se aparean cuando las hembras entran en celo, en cambio el ser humano puede tener relaciones sexuales en cualquier momento del año.* **3.** pl. Temor de que otra persona pueda ser más querida que uno: *La niña tiene celos de su hermano porque piensa que sus papás lo prefieren a él.* **4.** pl. Sentimiento de incomodidad que se tiene cuando alguien corre con más suerte que uno: *Mauricio sintió celos cuando Manuela recibió el primer premio y él tuvo que conformarse con el segundo.* SIN. **envidia, rivalidad.**

celofán *f.* Película transparente y flexible: *Adornamos el regalo con papel celofán y un gran moño rojo.*

celoma *m.* Cavidad interna del cuerpo de los animales superiores en la que se encuentran los órganos más importantes: *El corazón, el estómago y los intestinos se encuentran en el celoma.*

celosía *f.* Protección hecha de madera, plástico o metal, que se pone en las ventanas y que tiene una serie de tiras horizontales que se mueven para que entre la luz: *Las celosías permiten ver hacia afuera sin que desde afuera se pueda ver hacia adentro.*

celoso, sa *adj.* Referido al que pone mucho cuidado y esmero al hacer algo: *Ese empleado es muy celoso de su trabajo y no permite que nadie haga lo que le toca a él.*

celoso, sa *adj./m.* y *f.* Aplicado al individuo que siente temor de que otra persona pueda ser más querida o tener más suerte que él: *Carlos es tan celoso que encierra a su esposa con llave cuando él se va a trabajar. ¿Puedes creerlo?*

celta *adj./m.* y *f.* Relativo a lo que es de un antiguo pueblo indogermánico que ocupó el centro y occidente de Europa: *Los pueblos celtas se establecieron en Europa a partir del siglo III a. de C.*

celta *m.* Idioma de origen indogermánico de algunos pueblos del centro de Europa y Bretaña, País de Gales, Irlanda y Galicia: *Algunas palabras del celta se incorporaron al idioma latín.*

céltico, ca *adj.* Relativo a los celtas: *El arte céltico se conoce gracias a los estudios arqueológicos modernos.*

célula *f.* **1.** Parte mínima fundamental de los seres vivos que puede verse con la ayuda de un microscopio:

La célula tiene una membrana que encierra una substancia llamada protoplasma, en esta substancia se encuentra el núcleo de la célula. **2.** Unidad que forma parte de una organización.

celular *adj.* Relativo a lo que está formado por células, celdas o cavidades: *Visto al microscopio, el tejido celular de la cebolla tiene la apariencia de una pared construida con ladrillos y cada uno es una célula.*

celular *adj./m.* Teléfono que tiene un sistema electrónico que hace que no necesite cable para poder usarse: *Los celulares son cada vez más pequeños y ligeros y captan mejor la señal telefónica.*

celulitis *f.* En el cuerpo humano, inflamación del tejido bajo la piel: *La celulitis hace que se formen pequeños pozos en la piel, dándole una apariencia de cáscara de naranja.*

celuloide *m.* Materia plástica muy inflamable, dura y transparente, que al calentarse puede moldearse de muchas formas: *El celuloide se usa para fabricar rollos de película para fotografía y cine, peines, bolas de billar y otros objetos.*

celulosa *f.* Substancia sólida, de origen vegetal, que se usa en la industria: *En la industria del papel se utiliza celulosa como materia prima.*

cementar *vb.* (tr.) Calentar un metal y ponerlo en contacto con otro elemento para modificar su composición: *El hierro cementa con el carbón y se convierte en acero.*

cementerio *m.* Terreno destinado para enterrar a los muertos: *En el cementerio del pueblo están las tumbas de mis antepasados.* SIN. **camposanto.**

cemento *m.* **1.** Materia en polvo que forma con el agua una pasta capaz de endurecerse y formar bloques cuando se seca: *Los ladrillos de una casa están pegados con cemento.* **2.** loc. ~ armado, el que tiene varillas de hierro en su interior y se usa para dar firmeza a las partes de una construcción que soportan más peso: *En un edificio que todavía no tiene paredes se puede ver la estructura hecha con cemento armado, que sirve para hacerlo más fuerte.*

cemita *f.* Amér. Pan hecho con una mezcla de salvado y harina.

cempasúchil *m.* **1.** Méx. Planta que da flores de color amarillo o anaranjado, de las que se obtienen colorantes y otros productos industriales. **2.** Méx. Flor de la planta llamada cempasúchil, muy usada como ofrenda el Día de Muertos.

cena *f.* Comida que se hace por la noche: *La cena es la última comida del día.*

cenáculo *m.* Reunión de personas que tienen los mismos intereses artísticos o son aficionados a una misma cosa: *Todos los jueves se realiza un cenáculo literario en el que los poetas leen sus más recientes obras.* SIN. **círculo.**

cenaduría *f.* Méx. Lugar al que se puede ir a comer alimentos preparados pagando un precio por ellos. SIN. **fonda.**

cenagal *m.* Lugar lleno de cieno o lodo: *El automóvil se quedó atascado en el cenagal y ya no pudo moverse.*

cenagoso, sa *adj.* Se aplica al lugar que está lleno de cieno o lodo: *Por este camino cenagoso será imposible subir a la montaña porque podemos resbalar.*

cenar *vb.* (intr. y tr.) **1.** Tomar, por la noche, la última comida del día: *Hoy no quiero cenar, mejor ya me voy* a dormir. **2.** Comer algo en la cena: *Hoy* **cenaremos** *toda la familia sopa de pescado.*

cencerro *m.* Campanilla tosca que se sujeta al cuello de algunos animales para que suene cuando se muevan: *Gracias al sonido del* **cencerro** *el pastor pudo encontrar a la vaca que se había perdido.* SIN. **campana.**

cenefa *f.* Dibujo cuyos elementos se repiten en forma de tira o lista, que adorna los bordes de una superficie: *Esas cortinas tienen una hermosa* **cenefa** *bordada a mano en toda la orilla.* SIN. **franja, ribete.**

cenicero *m.* Recipiente que sirve para tirar la ceniza y apagar las colillas de los cigarrillos.

ceniciento, ta *adj.* Aplicado a lo que es de color gris, parecido al de la ceniza: *Esa blusa negra se destiñó al lavarla y ahora tiene un tono* **ceniciento.** SIN. **cenizo.**

cenit *m.* **1.** Punto en el cielo que corresponde verticalmente al punto en la tierra donde está un observador: *Al mediodía, el Sol se encuentra en el* **cenit.** ANT. **nadir. 2.** *Fam.* Momento en que algo alcanza su máximo esplendor: *El director Steven Spielberg alcanzó el* **cenit** *de su carrera cuando dirigió el filme "E.T.".* SIN. **apogeo, cúspide.**

ceniza *f.* **1.** Polvo mineral que queda luego de que algo se ha quemado por completo: *En la chimenea sólo quedaron las* **cenizas** *de la leña que ardió durante la noche.* **2.** *pl.* Residuos de un cadáver quemado por completo: *Las* **cenizas** *del abuelo están en una urna de esa iglesia.*

cenizo, za *adj.* Aplicado a lo que es de color gris, parecido al de la ceniza: *Los ancianos tienen el cabello* **cenizo** *a causa de las canas.* SIN. **ceniciento.**

cenote *m.* *Guat., Hond.* y *Méx.* Pozo natural situado bajo tierra, lleno de agua dulce de manantial.

cenozoico, ca *adj./m.* Cuarta y última era geológica de la historia de la Tierra, que se extiende desde finales de la era mesozoica hasta la actualidad. Se divide en los periodos terciario y cuaternario. En esta era se formaron cadenas montañosas como los Andes y el Himalaya.

censar *vb.* {tr. e intr.} Hacer una lista de los habitantes o de los bienes y riquezas de un lugar: *Al* **censar** *a la población se apunta el nombre, la edad, la profesión y el domicilio de las personas.*

censo *m.* Lista de la población o de los bienes y riquezas de un lugar: *Por el* **censo** *de población se conoce la cantidad de habitantes de un país, y por el* **censo** *económico se conoce su riqueza.* SIN. **padrón, registro, inventario.**

censor *m.* Trabajador público que tiene autoridad legal para examinar, desde el punto de vista moral y político, el contenido de los libros, revistas, filmes, etc. y determinar si pueden darse a conocer al público: *El* **censor** *prohíbe la distribución de las revistas y libros inmorales.*

censura *f.* **1.** Juicio o criterio que se hace de algo, especialmente si es negativo: *El actor se expuso a la* **censura** *del público al comportarse de esa forma tan agresiva.* SIN. **crítica, reprobación.** ANT. **elogio, aprobación. 2.** Organismo oficial que determina, desde el punto de vista moral o político, si una obra puede darse a conocer al público o debe prohibirse: *A principios del siglo* xx*, la* **censura** *ordenaba que se quitaran todos los besos en la boca que aparecían en los filmes, porque los consideraban inmorales.*

censurar *vb.* {tr.} **1.** Juzgar o criticar algo negativamente: *Por medio de la comedia, los autores antiguos* **censuraban** *los vicios y defectos de la sociedad.* SIN. **reprobar.** ANT. **aprobar. 2.** Prohibir la difusión de una obra o de una de sus partes: *Censuraron algunos párrafos de esta novela porque las autoridades juzgaron que su contenido ofendía la moral y las buenas costumbres.* SIN. **eliminar.**

centauro *m.* Ser fabuloso de la mitología griega con el cuerpo mitad hombre y mitad caballo: *Los* **centauros** *tienen cuatro patas y lomo como los caballos, y pecho, brazos y cabeza como los hombres.*

centavo *m.* Cada una de las cien partes en que se divide la unidad monetaria de algunos países americanos: *En algunos países, dos monedas de 50* **centavos** *equivalen a 1 peso.*

centella *f.* **1.** Descarga eléctrica que sucede en la atmósfera, entre dos nubes o una nube y la Tierra, y que se ve como una línea de luz que se apaga rápidamente: *Una* **centella** *tiene menos intensidad que un rayo y se produce cuando hay tormenta.* SIN. **relámpago. 2.** Partícula caliente que emite una luz rojiza: *La madera que arde en la chimenea echa* **centellas.** SIN. **chispa. 3.** *Fam.* Lo que es muy veloz: *Carlos corrió como una* **centella** *para alcanzar el autobús que se iba.*

centellear *vb.* {intr.} Despedir rayos luminosos: *El oro* **centellea** *con la luz.* SIN. **brillar, relucir, relumbrar.**

centelleo *m.* Hecho de despedir rayos de luz: *Siempre recordaré el* **centelleo** *de sus ojos cuando vio el ramo de flores que le regalé.* SIN. **brillo, fulgor.**

centena *f.* Conjunto de cien unidades: *Al multiplicar 10 por 10 se obtiene una* **centena.** SIN. **ciento, centenar.**

centenar *m.* Conjunto de cien unidades: *Los novios alquilaron un* **centenar** *de sillas para la boda, porque habían invitado a cien personas.* SIN. **centena.**

centenario *m.* Día en que se cumplen una o más centenas de años de algún suceso: *En 1999 se celebra el cuarto* **centenario** *del nacimiento de ese pintor que nació en 1599.*

centenario, ria *adj.* Referido al que tiene cien años de edad o a lo que tiene cien años de existir: *Es una construcción* **centenaria** *y sin embargo está en muy buenas condiciones.*

centenario, ria *m.* y *f.* **1.** Persona que tiene cien años de edad: *Pocos ancianos llegan a* **centenarios,** *pues casi todos mueren antes.* **2.** Espacio de cien años: *Para que un bosque de robles vuelva a reproducirse es necesario esperar uno o dos* **centenarios,** *porque los robles son árboles que crecen muy despacio.* SIN. **siglo.**

centeno *m.* Cereal parecido al trigo, cuya harina es más obscura: *Con* **centeno** *se hace un tipo de pan de tono obscuro llamado pan negro.*

centesimal *adj.* Relativo a lo que se subdivide en cien partes iguales: *Los grados centígrados son unidades* **centesimales.**

centésima *f.* Unidad que cabe cien veces en un todo: *Con este cronómetro pueden medirse las* **centésimas** *de segundo.*

centésimo, ma *adj./m.* y *f.* **1.** Referido a lo que ocupa el último lugar en una serie de cien: *En la página* **centé-**

sima de este libro aparece una ilustración. **2.** Se aplica a lo que cabe cien veces en un todo: *Esa substancia es tan peligrosa, que la **centésima** parte del frasco alcanza para matar a un elefante.* SIN. **céntimo.**

centígrado, da *adj.* Relativo a lo que tiene una escala dividida en cien grados: *Hoy estamos a una temperatura de 28 grados **centígrados.***

centigramo *m.* Medida de peso equivalente a la centésima parte de un gramo: *En los laboratorios químicos algunas substancias livianas se pesan por **centigramos.***

centilitro *m.* Medida de capacidad equivalente a la centésima parte de un litro: *Para poder usar este detergente concentrado es necesario disolver cinco **centilitros** en dos litros de agua.*

centímetro *m.* Medida de longitud que equivale a la centésima parte de un metro: *Esta regla de madera mide treinta **centímetros.***

céntimo *m.* Cada una de las cien partes en que se divide la unidad monetaria de algunos países: *En España, una peseta se divide en cien **céntimos.***

céntimo, ma *adj.* Aplicado a lo que cabe cien veces en un todo: *Los cien ladrones se repartieron el botín y a cada uno le tocó una **céntima** parte del dinero.* SIN. **centésimo.**

centinela *m. y f.* **1.** Soldado que está de vigilancia en un puesto: *En la entrada del cuartel hay un **centinela** que cuida por las noches.* SIN. **guardia, vigía, vigilante.** **2.** *Fam.* Persona que vigila algo: *La **centinela** que está en ese balcón es una señora que quiere enterarse de todo lo que sucede en el barrio.* SIN. **observador.**

centolla *f.* Animal marino, comestible y de tamaño grande: *La **centolla** es un crustáceo que tiene un caparazón redondo y unas patas largas con pinzas.*

centrado, da *adj.* **1.** Se aplica a lo que tiene su centro bien colocado: *La foto está mal **centrada**, por eso no salieron las cabezas de las personas.* **2.** Se refiere a lo que se encuentra entre dos o más cosas y está a la misma distancia de todas: *Ese mueble está **centrado** con respecto a las dos ventanas de esa pared, hay medio metro de cada lado entre los extremos del mueble y el principio de las ventanas.* ANT. **descentrado.** **3.** *Fam.* Referido a la persona que se comporta con sensatez: *Rogelio es un muchacho **centrado** que no comete locuras, por eso la gente confía en él.*

central *adj.* **1.** Relativo al centro o a lo que está en él: *Esa fuente redonda tiene una escultura en la parte **central.*** **2.** Referido a lo más importante de algo: *"Como no tengo mucho tiempo te contaré el problema **central** de la historia para que sepas de qué se trata", le dije con rapidez a mi amiga.* SIN. **principal, fundamental, capital.** **3.** Aplicado a lo que es útil o necesario para todo un conjunto de cosas: *Con la calefacción **central**, todos los departamentos de ese edificio pueden calentarse y tener agua caliente.*

central *f.* **1.** Lugar con las instalaciones necesarias para transformar la energía del agua, del viento o nuclear, en energía eléctrica: *La **central** eléctrica estaba en una zona desértica por razones de seguridad.* **2.** Establecimiento en el que se encuentra la oficina principal de una empresa: *Algunos problemas no pueden solucionarse en la sucursal del banco y es necesario acudir a la **central** para hablar con una persona autorizada.*

centralismo *m.* Sistema en que los poderes político y administrativo están concentrados en un gobierno único: *La división política de un país en estados independientes se hace para evitar el **centralismo.***

centralita *f.* Aparato que conecta todas las líneas telefónicas de una empresa: *La telefonista de la **centralita** pasó una llamada al director y la otra al encargado de ventas.* SIN. **conmutador.**

centralización *f.* Hecho de reunir algo en un lugar o centro: *La **centralización** de las actividades administrativas en la capital del país hace que algunos trámites sean más difíciles para la gente que vive en provincia.*

centralizar *vb. irreg.* {tr.} **Modelo 16.** Reunir algo en un lugar o centro: *En ese mercado se **centralizan** todas las verduras que llegan a la ciudad y los vendedores de los mercados pequeños van ahí para conseguir lo que ellos venderán después.*

centrar *vb.* {tr., intr. y prnl.} **1.** Determinar en una cosa el punto que se encuentra en el medio o, cuando se trata de muchas cosas, determinar el punto que se encuentra a la misma distancia de todas: *"Si **centras** el dardo en el tablero me ganas, porque el mío no pegó exactamente en el centro", dije a Evaristo.* **2.** Colocar una cosa de manera que su centro coincida con el centro de otra cosa: *Daniel **centró** tres círculos de distintos tamaños y el más pequeño quedó adentro de los otros dos.* **3.** En algunos deportes, lanzar la pelota hacia la zona de anotación para que otro jugador anote el tanto o punto: *El jugador **centró** la pelota, su compañero la pateó y... ¡gol!* **4.** Orientar las acciones hacia una meta determinada: *"Si quieres aprobar el curso debes **centrarte** en estudiar para aprobar el examen."*

céntrico, ca *adj.* Relativo al centro o a lo que está en el centro: *Las calles **céntricas** de la ciudad siempre tienen mucho tráfico.*

centrifugar *vb. irreg.* {tr.} **Modelo 17.** Aplicar la fuerza centrífuga para separar los componentes de una mezcla: *Hay un método para secar la ropa que consiste en **centrifugarla** metiéndola en un recipiente que gira muy rápido, de modo que el agua sale de la tela.*

centrífugo, ga *adj.* Relativo a lo que tiende a alejarse del centro: *La fuerza **centrífuga** hace que un auto tienda a salirse de una curva cuando avanza rápidamente.*

centrípeto, ta *adj.* Relativo a lo que tiende a aproximarse al centro: *La fuerza **centrípeta** hace que las cosas se adhieran a la superficie de la Tierra, por eso cuando sueltas el juguete se cae al piso.*

centro *m.* **1.** Punto que se encuentra a igual distancia de todos los puntos de una circunferencia: *Todos los rayos de la rueda de la bicicleta se juntan en una pieza que está en el **centro.*** ANT. **periferia.** **2.** Punto situado a igual distancia de los extremos de una cosa: *El jarrón con flores está en el **centro** de la mesa.* SIN. **medio, mitad.** **3.** Lugar de donde parten al que se dirigen distintas acciones: *Esa chica es el **centro** de la atención de todos los muchachos porque es muy inteligente y bonita.* SIN. **foco.** **4.** Organismo dedicado a una actividad: *En el **centro** cultural hay un teatro, un cine y una sala de conciertos.* **5.** *Fam.* Calles o zona de una ciudad en donde se concentra la mayor actividad: *Mi tía Ofelia prefiere ir al **centro** a comprar cosas porque allí hay muchas tiendas y es más barato.* **6.** Conjunto de tendencias políticas situadas entre la derecha o grupo conservador, y la izquierda o grupo de opiniones avanzadas: *Los partidos de centro no son ni muy conservadores ni muy liberales.* **7.** En fútbol, tiro de pelota dirigido a la zona de anotación con la intención de que un jugador la reciba para anotar el gol: *El jugador número once pateó el centro y el jugador ocho anotó un excelente gol.*

centroafricano, na *adj./m. y f.* **1.** Originario de África Central. **2.** Originario de la República Centroafricana.

centroamericano, na *adj./m. y f.* Originario de Centroamérica: *Honduras y Panamá son dos países centroamericanos.*

céntuplo, pla *adj.* Referido al producto de la multiplicación de una cantidad por cien: *Doscientos es céntuplo de dos.*

centuria *f.* **1.** Número de cien años: *Este mueble antiguo tiene casi una centuria, ya que estamos en el año 1999 y lo hicieron en 1900.* SIN. **siglo, centena. 2.** En la antigua Roma, grupo militar o político formado por cien hombres: *Las centurias participaban en la administración del Estado.*

centurión *m.* Jefe de una centuria en la milicia romana: *El centurión dio órdenes estrictas a sus cien soldados.*

cenzontle *m.* Méx. Pájaro de color gris pardo que puede imitar los cantos de otras aves: *Se dice que el cenzontle tiene cuatrocientas maneras de cantar.*

ceñir *vb. irreg.* {tr., intr. y prnl.} **Modelo 66. 1.** Rodear una cosa a otra: *La corona ciñe la cabeza de la reina durante las ceremonias elegantes.* SIN. **abarcar, envolver.** ANT. **soltar. 2.** Colocar o colocarse algo de manera que ajuste o apriete: *Mi padre se ciñe el pantalón al cuerpo con su cinturón, para que no se le caiga.* SIN. **apretar, oprimir, estrechar.** ANT. **soltar, aflojar. 3.** Limitarse a una cosa o asunto: *El joven estudiante se ciñó en sus gastos porque tenía poco dinero.*

ceño *m.* **1.** Lugar de la cara de una persona en que se juntan la nariz y las cejas: *Javier es una persona tranquila que siempre tiene el ceño relajado y está de buen humor.* SIN. **entrecejo. 2.** loc. **Fruncir el ~,** gesto de disgusto que consiste en juntar las cejas y arrugar la frente: *Cuando el maestro frunce el ceño todos los alumnos guardan silencio porque saben que se ha enojado.*

ceñudo, da *adj.* Se aplica a la persona que está seria o de mal humor: *Darío debe tener algún problema porque anda ceñudo.*

cepa *f.* **1.** Parte del tronco de una planta que está unida a las raíces: *La cepa no se puede ver porque está cubierta por la tierra.* **2.** Tronco y planta de la vid: *De las cepas nacen las uvas con las que se hace el vino.* **3.** Fam. Familia de la que desciende alguien: *Ese joven es de buena cepa porque desciende de una familia de doctores famosos.* SIN. **linaje.**

cepillar *vb.* {tr. y prnl.} **1.** Limpiar algo usando un cepillo: *Después de aplicar el betún o grasa, cepilló los zapatos para darles brillo.* **2.** Peinar o peinarse usando un cepillo: *Las personas que tienen el cabello largo deben cepillarse varias veces al día para que su cabello no se enrede.* **3.** Alisar la superficie de un trozo de madera usando un cepillo de carpintero: *Cepillaré esas tablas para construir una mesa.*

cepillo *m.* **1.** Cajón pequeño con una ranura para recoger limosnas: *En la iglesia, doña Filomena depositó una moneda en el cepillo.* SIN. **alcancía. 2.** Utensilio

que está formado por un mango de madera u otro material que tiene uno de sus lados cubierto de cerdas, paja o hilos gruesos de plástico o metal cortados al mismo nivel y que sirve para peinarse o limpiar algo: *No encuentro mi cepillo de dientes y no sé cómo los voy a limpiar.* **3.** Herramienta de carpintero que consiste en una caja pequeña, de madera o metal, con una cuchilla afilada: *El cepillo de carpintería sirve para alisar la madera.*

cepo *m.* **1.** Dispositivo que inmoviliza o aprisiona: *El cepo está hecho con dos vigas de madera con huecos semicirculares que aprisionan las piernas, o las manos y el cuello de los presos cuando se cierran.* **2.** Trampa para cazar animales: *El lince logró escapar del cepo y huyó hacia el bosque.*

cera *f.* **1.** Substancia sólida y grasosa, de color amarillo, elaborada por las abejas: *Las celdillas del panal están construidas con cera.* **2.** Nombre que se da a algunas substancias parecidas a la cera de abeja: *Me gusta ver cómo se derrite la cera de las velas cuando están encendidas.* **3.** Substancia que producen los oídos para evitar que el polvo y los microbios penetren: *Hay que limpiarse bien los oídos para que no se forme demasiada cera que impida oír.* SIN. **cerilla, cerumen.**

cerámica *f.* **1.** Arte de elaborar objetos de arcilla cocida: *Alfredo aprendió a elaborar jarrones en un curso de cerámica.* **2.** Cualquier pieza hecha con arcilla cocida: *Las cerámicas griegas son de una gran belleza.*

ceramista *m. y f.* Persona que fabrica objetos de arcilla cocida: *Los ceramistas tienen un taller al aire libre y un horno para cocer sus piezas.* SIN. **alfarero.**

cerbatana *f.* Tubo largo y hueco en el que se introducen piedritas o dardos para lanzarlos soplando con fuerza: *Algunos indios americanos usaban cerbatanas para cazar.*

cerca *f.* Valla con que se rodea algún espacio: *La casa está rodeada por una cerca de madera que la protege.* SIN. **tapia, verja.**

cerca *adv.* **1.** Denota proximidad inmediata en el espacio: *Luis dejó su automóvil estacionado cerca del de mi madre y desde aquí puedo ver los dos automóviles juntos.* SIN. **junto, próximo, inmediato.** ANT. **lejos. 2.** loc. **~ de,** casi: *La clase de música dura cerca de una hora.*

cercado *m.* **1.** Terreno rodeado por una valla: *En el cercado han sembrado cebollas y el perro no puede pisarlas porque se lo impide la valla.* **2.** Valla con que se rodea algún espacio: *Ese cercado está hecho con cactos para evitar que las vacas se acerquen a los árboles frutales.* SIN. **cerca. 3.** Bol. y Perú. Territorio donde se encuentra la capital de un estado o provincia y los pueblos que dependen de ella.

cercado, da *adj.* Referido al espacio rodeado por una valla que lo protege y delimita: *El prado estaba cercado para que las vacas no se escaparan.*

cercanía *f.* **1.** Proximidad en el espacio o en el tiempo: *El comienzo del frío anuncia la cercanía del invierno.* ANT. **lejanía. 2.** pl. Alrededores de un pueblo o ciudad: *Anastasia vive en una casa con jardín en las cercanías de la ciudad.*

cercano, na *adj.* **1.** Se dice de lo que está a poca distancia: *Flavio vive en un barrio cercano al puerto y desde su casa se pueden ver los barcos.* SIN. **próximo,**

vecino. Ant. **lejano, remoto. 2.** Aplicado a una relación unida por lazos estrechos o por parentesco directo: *Ramón es un amigo **cercano** de la familia, siempre lo hemos tratado como a un hermano.* Ant. **lejano.**

cercar *vb. irreg.* [tr.] **Modelo 17. 1.** Rodear un sitio con una cerca o valla: *Cercaron la casa de campo con una valla de piedras.* Sin. **tapiar, vallar. 2.** Rodear mucha gente a una persona o cosa: *Los policías **cercaron** al ladrón antes de atraparlo.* **3.** Bloquear un lugar para evitar la entrada o salida de personas y cosas: *El ejército **cercó** la ciudad para impedir que entraran los militares enemigos.* Sin. **sitiar, asediar.**

cercenar *vb.* [tr.] Cortar una cosa desde el borde: *Han **cercenado** las ramas de ese árbol porque se enredaban con los cables de electricidad.*

cerciorarse *vb.* [prnl.] Asegurarse de la exactitud de algo: *"Antes de acusarlo es necesario **cerciorarse** de que él fue el ladrón", aseguró el juez.* Sin. **confirmar, corroborar.**

cerco *m.* **1.** Cosa que rodea algo: *El jardinero sembró un **cerco** de rosas alrededor de la fuente.* Sin. **cerca, valla, marco. 2.** Círculo que se forma alrededor de algo: *Se hizo un **cerco** de niños alrededor del payaso porque todos querían verlo.* **3.** Asedio a un lugar para impedir la entrada o salida de personas y cosas: *El **cerco** de la ciudad duró muchos meses y se acabaron los alimentos y el agua.* Sin. **sitio, bloqueo.**

cerda *f.* Pelo grueso y duro que se saca de la piel del cerdo o de la cola de algunos animales y que se usa para fabricar cepillos y pinceles: *Puedo cepillarme muy bien el cabello con este cepillo porque tiene **cerdas** muy resistentes y flexibles.* Sin. **fibra.**

cerdo, da *adj. Fam.* Se dice de la persona sucia o grosera, o que tiene mala intención: *Ese hombre es un **cerdo** a quien no le gusta bañarse.* Sin. **sucio.** Ant. **limpio.**

cerdo, da *m. y f.* Animal mamífero de patas cortas y cuerpo gordo, trompa chata y cola corta en forma de tirabuzón, que se cría en granjas: *El jamón se hace con carne de **cerdo**.* Sin. **marrano, puerco, chancho cochino.**

cereal *m.* **1.** Planta que da granos que sirven para la alimentación, como el trigo: *El trigo, el maíz, el centeno, la cebada, la avena y el arroz son **cereales**.* **2.** Grano o semilla de esta planta: *Necesito pegar distintos **cereales** en esta cartulina para ilustrar mi trabajo escolar sobre la agricultura.*

cerebelo *m.* Centro nervioso situado debajo y atrás del cerebro: *El **cerebelo** regula y coordina los movimientos del cuerpo.*

cerebral *adj.* **1.** Relativo al cerebro: *Ese joven tiene una lesión **cerebral**, por eso no puede hablar de forma correcta.* **2.** Referido al que actúa de acuerdo a su razón e inteligencia: *Víctor es un hombre **cerebral** que siempre razona antes de actuar.*

cerebro *m.* **1.** Centro nervioso situado dentro de la cabeza de los animales vertebrados y de las personas: *El **cerebro** se encuentra protegido por los huesos del cráneo y controla las funciones más importantes del cuerpo.* Sin. **seso. 2.** Conjunto de las facultades mentales de una persona: *Guillermo es un **cerebro** privilegiado, resuelve los problemas de matemáticas con gran rapidez.* Sin. **inteligencia, talento, entendimiento. 3.** Persona de inteligencia destacada: *Muchos científicos se van a otros países porque les ofrecen mejores trabajos, a esto se le llama fuga de **cerebros**.* Sin. **sabio, especia-**

lista. **4.** Persona que dirige a otras en una acción: *El **cerebro** de la banda de música ideó el plan de hacer un disco nuevo.* Sin. **líder. 5.** *loc.* **~ electrónico**, máquina que realiza operaciones parecidas a las que hace el cerebro humano: *Una computadora es un **cerebro electrónico** que puede realizar operaciones y guardar información.* **6.** *loc.* **Lavar el ~**, hacer que alguien deje de pensar por sí mismo y acepte determinadas ideas ajenas como si fueran propias: *En el filme de vaqueros, los ladrones intentaron **lavarle el cerebro** al policía para que no lo llevara a la cárcel, pero no lo consiguieron.*

ceremonia *f.* **1.** Acto solemne que se celebra según ciertas normas establecidas: *La **ceremonia** de inauguración de los Juegos Olímpicos se realizará en el estadio de fútbol.* Sin. **acto, rito, protocolo. 2.** Actitud que resulta muy formal: *Nuestros vecinos nos recibieron con muchas **ceremonias** cuando llegamos a vivir al barrio, como si fuéramos sus invitados de honor.* Sin. **solemnidad, deferencia.**

ceremonioso, sa *adj.* **1.** Relativo a lo que sigue las reglas establecidas al realizar un acto solemne: *Rafael odia los actos **ceremoniosos** porque no le gusta vestir con traje y corbata.* Sin. **solemne, formal.** Ant. **sencillo, humilde. 2.** Aplicado a lo que resulta muy formal: *Osvaldo es tan **ceremonioso** que sus amigos se aburren cuando platican con él.* Ant. **sencillo, natural.**

cereza *f.* Fruta pequeña, redonda y roja, de piel lisa y con un hueso duro en su interior, que suele estar unida de dos en dos por un rabito: *La **cereza** es una fruta de sabor agridulce que se usa mucho para hacer postres.*

cerezo *m.* **1.** Árbol de tamaño mediano, cuyo fruto es la cereza: *El **cerezo** de mi casa tiene unas hermosas flores blancas.* **2.** Madera de este árbol.

cerilla *f.* **1.** Substancia amarillenta que se forma en los oídos para protegerlos del polvo y de los microbios: *Me limpié los oídos con un algodón y quedó manchado por la **cerilla**.* Sin. **cera, cerumen. 2.** Fósforo: *Siempre es bueno tener velas y **cerillas** en casa, por si la energía eléctrica falla.* Sin. **cerillo.**

cerillo *m. Méx.* Palito de madera o de papel encerado que tiene en un extremo una gota de una substancia que produce una chispa y se enciende en fuego cuando se raspa: *Mamá usa **cerillos** para encender las velas.* Sin. **fósforo, cerilla.**

cerio *m.* Metal duro y brillante de símbolo Ce y número atómico 58.

cerner *vb. irreg.* [tr. y prnl.] **Modelo 24. 1.** Separar con el cedazo o colador lo grueso de lo fino: *La señora **cierne** la harina para quitarle las impurezas y luego preparar la tarta.* Sin. **colar, cribar, harnear.** Ant. **mezclar. 2.** *Fam.* Amenazar algún mal: *La desgracia **se cernía** sobre la vida de Joe, ya que su madre cada día estaba más enferma.* **3.** Mantenerse las aves en el aire: *La gaviota **se cierne** sobre el mar con las alas extendidas cuando busca un pez para comer.* Sin. **sobrevolar, remontarse, planear.** Ant. **bajar, caer.**

cernícalo *m.* Ave de rapiña de pequeño tamaño y plumaje rojizo: *El **cernícalo** es un ave europea.*

cernidor *m.* Instrumento formado por un aro que sostiene una tela metálica y que sirve para separar de una substancia lo grueso de lo fino: *La abuela puso una taza de azúcar en el **cernidor** y lo movió, entonces el azúcar cayó de forma pareja sobre la tarta.* Sin. **cedazo.**

cernir vb. irreg. [tr.] Modelo 67. Ver **cerner**.

cero adj. Ninguno, nada: *Nuestro equipo ha ganado por dos goles a* **cero** *contra el equipo de la otra escuela.*

cero m. **1.** Número cardinal 0, que indica el valor nulo de una cantidad: *El* **cero** *colocado a la derecha de un número aumenta diez veces su valor, por ejemplo: 10, 100, 1000.* **2.** En física, punto de partida de la escala de graduación de un instrumento de medida: *Hace mucho frío, estamos a* **cero** *grados centígrados.* **3.** loc. **Ser un – a la izquierda,** ser una nulidad o no ser tomado en cuenta: *Junto al nuevo empleado tan trabajador, Ricardo* **es un cero a la izquierda***; inepto y mal preparado.*

cerrado, da adj. **1.** Se aplica a lo que no está abierto: *El cine está* **cerrado** *porque van a repararlo.* **2.** Se dice de lo incomprensible: *No comprendo este poema, tiene un sentido* **cerrado.** SIN. **oculto.** ANT. **claro, comprensible. 3.** Fam. Se refiere a lo que tiene mucho de una cosa: *Ese hombre tiene una barba* **cerrada***, con mucho pelo.* SIN. **tupido, nutrido. 4.** Aplicado a la persona o grupo de personas que no admite otras ideas o no acepta las costumbres de otras: *Ignacio está dentro de una comunidad* **cerrada** *que no se relaciona con la gente que tiene otra religión.* SIN. **intransigente, rígido.** ANT. **abierto. 5.** Referido a la vocal pronunciada con un achicamiento de la boca que disminuye el paso del aire: *La i y la u son vocales* **cerradas.**

cerradura f. Mecanismo que cierra con llave: *Los bomberos rompieron la* **cerradura** *de la casa para entrar a rescatar a la familia que estaba adentro.* SIN. **candado.**

cerrajería f. Oficio y taller del cerrajero: *Lucía fue a la* **cerrajería** *a que le hicieran una copia de la llave de su casa.*

cerrajero, ra m. y f. Persona que hace o arregla cerraduras: *El* **cerrajero** *vino a abrir la puerta del baño porque se quedó cerrada y no tenemos llave.*

cerrar vb. irreg. [tr., intr. y prnl.] Modelo 3. **1.** Asegurar con cerradura: *Julio* **cerró** *con llave la puerta de su casa para que nadie pudiera entrar.* ANT. **abrir. 2.** Hacer que el interior de un lugar quede incomunicado del exterior: **Cerraré** *la ventana para que los ruidos de la calle no nos molesten.* ANT. **abrir. 3.** Concluir una cosa: *La obra de teatro* **cerró** *con un final feliz, de modo que a todos nos gustó mucho.* SIN. **terminar, finalizar, acabar.** ANT. **abrir, empezar, comenzar. 4.** Tapar una abertura: *Los albañiles hicieron un muro de ladrillos para* **cerrar** *el espacio de una antigua ventana.* ANT. **abrir. 5.** Encajar en su marco la hoja de una puerta: *"***Cierra** *la puerta, vas a meter ese perro", me dijo mi madre.* SIN. **atrancar.** ANT. **abrir. 6.** Juntar los extremos que están separados: *El niño* **cerraba** *la boca porque no quería tomar la medicina.* SIN. **unir.** ANT. **abrir. 7.** Doblar algo que estaba extendido: **Cerramos** *el paraguas, porque ya había dejado de llover.* SIN. **plegar.** ANT. **abrir, desplegar. 8.** Hacer que lo que está abierto deje de estarlo: *Mi hermano* **cerró** *el cajón después de guardar su ropa en él.* SIN. **atrancar.** ANT. **abrir. 9.** Impedir la entrada o el paso: *No podemos avanzar porque un árbol cayó sobre la carretera y la* **cerró.** SIN. **obstruir.** ANT. **abrir. 10.** Dejar de funcionar algo: *La vieja fábrica* **ha cerrado** *y ahora hay muchos obreros sin trabajo.* SIN. **clausurar, suspender. 11.** Ir en último lugar de una fila o serie: *En clase de gimnasia Humberto* **cerraba** *la fila porque era el más alto de todos.* **12.** Cicatrizarse

las heridas: *Cuando* **se cierre** *la cortada le quitaré la venda.* **13.** Mostrarse necio en algo: *Durante la discusión* **se cerró** *en sus ideas y nadie pudo hacerlo cambiar de opinión.*

cerrazón f. **1.** Obscuridad del cielo lleno de nubes cuando está por comenzar una tormenta: *La* **cerrazón** *del cielo indicaba que pronto se desataría una tormenta.* **2.** Incapacidad de comprender algo: *No hemos pintado la casa por la* **cerrazón** *de Rocío que no acepta que es mejor usar un color claro.*

cerro m. Elevación poco extensa de un terreno, que puede ser rocosa o de tierra y no es tan alta como un monte o una montaña: *Las ovejas están pastando en aquel* **cerro.** SIN. **loma, colina.** ANT. **llanura, planicie.**

cerrojo m. Pieza metálica en forma de barra que se mueve entre las dos partes de una cerradura para asegurarla mejor: *Puse el* **cerrojo** *porque el viento era muy fuerte y abría la ventana.* SIN. **pasador, pestillo.**

certamen m. Concurso abierto para estimular el cultivo de determinadas actividades, como las culturales: *Leonardo ha participado en un* **certamen** *de ciencia.* SIN. **competición, prueba.**

certero, ra adj. **1.** Aplicado al que es hábil tirando al blanco: *El personaje del filme era un comisario* **certero** *que no desperdiciaba sus balas ni fallaba sus disparos.* SIN. **seguro, diestro. 2.** Referido al tiro o golpe que da justo en el blanco: *El bombero tumbó la puerta de un golpe* **certero** *y pudo entrar a apagar el fuego.* **3.** Se dice de lo que es verdadero o exacto: *El abogado dio pruebas* **certeras** *de que su cliente era inocente y lo dejaron libre.* SIN. **cierto, correcto.**

certeza f. Conocimiento seguro de las cosas: *Tengo la* **certeza** *de que el perro rompió este libro, porque aquí están las huellas de sus dientes.* SIN. **certidumbre, seguridad, convicción.** ANT. **incertidumbre, inseguridad.**

certidumbre f. Conocimiento seguro de las cosas: *Yo tengo la* **certidumbre** *de que voy a aprobar el examen porque estudié muy bien.* SIN. **certeza, seguridad, convicción.** ANT. **incertidumbre, inseguridad.**

certificado m. Documento oficial que indica que lo que allí está escrito es verdadero: *Al terminar la escuela primaria se entregan* **certificados** *de estudios a los alumnos que aprobaron todo el curso.*

certificado, da adj. Se aplica al envío hecho por correo asegurando que será entregado en la mano de la persona a quien va dirigido: *Llegó una carta* **certificada** *para Griselda y tiene que firmar un recibo para que se la entreguen.*

certificar vb. irreg. [tr.] Modelo 17. **1.** Afirmar una cosa que es cierta o verdadera: *Galileo Galilei* **certificaba** *que la Tierra giraba alrededor del Sol.* SIN. **asegurar, confirmar.** ANT. **negar. 2.** Pagar una cantidad suplementaria para que un envío hecho por correo sea entregado en la mano de la persona a quien va dirigido: *Cuando* **certificas** *una carta te dan un recibo para que reclames en caso de que se pierda.*

cerúleo, a adj. Referido a un tono de azul claro: *El azul* **cerúleo** *es como el de un cielo despejado al mediodía.*

cerumen m. Substancia amarillenta y pegajosa que se forma en los oídos para protegerlos del polvo y de los microbios: *Mi abuelo no oye bien porque no se quita los tapones de* **cerumen** *de los oídos.* SIN. **cera, cerilla.**

cervato *m.* Ciervo recién nacido: *La cierva dejó escondido a su cervato entre la hierba, mientras ella distraía a los curiosos que visitaban el parque.*

cervecería *f.* **1.** Fábrica de cerveza: *En la cervecería elaboran cerveza con granos de cebada.* **2.** Establecimiento donde se vende cerveza: *El hombre se sentó en la barra de la cervecería y pidió una cerveza bien fría porque tenía mucho calor.* SIN. **bar, cantina.**

cerveza *f.* Bebida alcohólica espumosa de color amarillo transparente, hecha con granos de cebada: *La cerveza hace espuma blanca al servirla.*

cervical *adj.* Relativo a la parte de atrás del cuello: *Un golpe fuerte en la región cervical puede matar a una persona porque es una parte del cuerpo muy delicada.*

cervical *f.* Vértebra del cuello: *Las cervicales del cuerpo humano son siete.*

cerviz *f.* Parte posterior del cuello: *No puedo girar la cabeza porque me duele la cerviz.* SIN. **nuca.**

cesar *vb.* (intr.) **1.** Acabar algo o dejar de hacer una cosa: *Ha cesado de llover, ya podemos salir a jugar.* SIN. **suspender, terminar, parar.** ANT. **comenzar, empezar, iniciar. 2.** Dejar de desempeñar un empleo o cargo: *El director de la empresa cesó en su cargo porque se enfermó.* SIN. **dimitir, renunciar.**

cesárea *f.* Operación quirúrgica que se hace cuando un bebé no puede nacer de manera natural: *La cesárea es un corte que se hace en el vientre de la madre para sacar al bebé.*

cese *m.* **1.** Término de una acción o de un suceso: *El capitán ordenó el cese al fuego cuando el otro barco se rindió.* SIN. **suspensión, alto. 2.** Hecho de dejar alguien de desempeñar su cargo o empleo: *Al empleado le han dado el cese y tendrá que buscar otro trabajo.*

cesio *m.* Metal alcalino de número atómico 55 y símbolo químico Cs: *El cesio es un elemento químico parecido al potasio.*

césped *m.* Hierba corta y tupida que cubre el suelo: *Me gusta tumbarme en el césped del jardín y mirar las nubes pasar.* SIN. **pasto, gramilla.**

cesta *f.* **1.** Recipiente portátil, generalmente hecho de mimbre o de bejuco trenzado, que se usa para transportar o guardar cosas: *La señora lleva las verduras que compró en una cesta.* SIN. **canasta, cesto. 2.** En el baloncesto, aro de metal con una red sin fondo, fijado a un tablero a cierta altura del suelo, por el que hay que pasar la pelota para hacer una anotación: *La pelota rebotó en el tablero y cayó en la cesta.* SIN. **canasta.**

cesto *m.* Recipiente portátil, más ancho que alto, generalmente hecho de mimbre o de bejuco trenzado, que se usa para transportar o guardar cosas: *El panadero lleva el pan en un cesto que se pone sobre la cabeza.* SIN. **canasta, cesta.**

cetáceo, a *adj./m.* pl. Relativo a un orden de mamíferos marinos de gran tamaño, entre los que se encuentran la ballena, el cachalote y el delfín: *Los animales cetáceos viven en el mar aunque no son peces.*

cetrería *f.* **1.** Arte de criar halcones y otras aves para la caza: *La cetrería todavía se practica en Inglaterra.* **2.** Caza con aves de presa: *La cetrería era común en Europa durante la Edad Media.*

cetrino, na *adj.* Se dice del color amarillo con tonos verdes: *Julián estaba enfermo de hepatitis, por eso tiene el rostro cetrino.*

cetro *m.* Bastón de mando que llevan los reyes como símbolo de su autoridad: *El rey tiene en la mano un cetro de oro.* SIN. **báculo.**

chabacanería *f.* Falta de gusto, grosería: *Gerardo no dejaba de hacer chabacanerías y toda la gente en la fiesta se sintió muy incómoda.* SIN. **vulgaridad.**

chabacano *m.* Méx. Fruta redonda de color amarillo, del tamaño de la ciruela pero de piel suave como la franela, carnosa y dulce, con un hueso duro en su interior. SIN. **albaricoque.**

chabacano, na *adj.* Se dice de lo que resulta de mal gusto: *Esa señora tiene un gusto chabacano para vestirse: usa grandes collares de colores y vestidos con moños por todos lados.* SIN. **vulgar, tosco, ordinario.** ANT. **refinado, elegante.**

chabola *f.* Esp. Vivienda pobre en los suburbios de las ciudades. SIN. **barraca, choza.** ANT. **mansión, palacio.**

chacal *m.* Mamífero carnívoro, parecido al lobo, que se alimenta de restos de animales muertos: *El chacal es un animal de Asia y África.*

chacarera *f.* **1.** Baile zapateado de Argentina y Uruguay, de ritmo rápido: *El grupo de baile folklórico presentó una chacarera que a todos les gustó mucho.* **2.** Música y letra de este baile: *La chacarera tiene un ritmo alegre.*

chacarero, ra *m.* y *f.* Amér. C. y Amér. Merid. Dueño o trabajador de una finca pequeña en la que se cría ganado y se cultivan huertos.

chacha *f.* Fam. Empleada doméstica que se dedica al cuidado de los niños: *La chacha bañó al niño, lo puso en su cuna y lo arrulló hasta que se durmió.* SIN. **niñera, nana, aya.**

cha-cha-chá *m.* Baile de origen cubano que combina ritmos de la rumba y el mambo.

chachalaca *f.* Amér. C. y Méx. Animal parecido a la gallina, con las plumas de la cola largas, de color verde con tonos tornasol, cuya carne es comestible.

cháchara *f.* **1.** Fam. Conversación sobre asuntos sin importancia: *Las dos abuelas se la pasan en la cháchara mientras tejen.* SIN. **charla, plática. 2.** Fam. Cosa o adorno de poco valor: *Doris compró unas chácharas para regalarle a sus sobrinos.* SIN. **baratija, chuchería.**

chacharear *vb.* (intr.) **1.** Fam. Conversar sobre asuntos sin importancia: *Los niños estaban jugando fútbol mientras las niñas chachareaban.* SIN. **charlar, platicar. 2.** Méx. Fam. Ver y a veces comprar algo no indispensable.

chacharero, ra *m.* y *f.* Méx. Persona que vende objetos usados o de poco valor. SIN. **buhonero.**

chacho, cha *adj./m.* y *f.* Amér. C. Se dice del hermano que ha nacido en el mismo parto. SIN. **gemelo.**

chacota *f.* **1.** Alegría que se expresa haciendo mucho ruido: *"Ya basta de chacota, váyanse a dormir porque mañana deben ir a la escuela", nos dijo mi madre a mis hermanos y a mí.* SIN. **bulla, algazara.** ANT. **seriedad. 2.** Burla que se hace sobre algo: *Ricardo y Ernesto estuvieron haciendo chacota de los nuevos pantalones de Adrián.* SIN. **broma, chanza. 3.** loc. Tomar a ~, tomar a broma: *"Ya no voy a contarte mis problemas porque tomas todo a chacota", dije a Rubén.*

chacotear *vb.* (intr.) Burlarse, divertirse haciendo mucho ruido: *Los muchachos pasaron la tarde chacoteando; se reían tanto y tan fuerte que los oíamos hasta con la puerta cerrada.*

chacra *f. Amér. C. y Amér. Merid.* Terreno de extensión reducida destinado al cultivo de hortalizas y a la cría de animales de granja. SIN. **granja, finca, rancho.**

chacuaco *m. 1. Méx.* Chimenea alta de una fábrica o refinería. **2.** *Méx.* loc. **Fumar como un ~,** fumar mucho.

chafa *adj. Méx. Fam.* Se aplica a lo que está mal hecho o es de mala calidad.

chafar *vb.* (tr. y prnl.) Aplastar algo de modo que queda roto o estropeado: *"Si sigues brincando sobre el sillón lo vas a chafar",* me dijo mi madre. SIN. **reventar.**

chaflán *m.* Plano que se obtiene cortando la esquina de un cuerpo sólido: *Le pedí al vidriero que hiciera chaflanes en las esquinas del espejo para que en lugar de ser rectangular, sea octagonal.*

chagra *m. y f. Ecuad.* Persona que trabaja en el campo. SIN. **campesino.**

chagüí *m. Ecuad.* Pájaro pequeño, parecido al gorrión, que debe su nombre al sonido de su canto.

chahuiztle *m. 1. Méx.* Hongo que ataca el maíz y otros granos, echándolos a perder. **2.** *Méx.* loc. **Caerle a alguien el ~,** ocurrirle algo que lo perjudica cuando no lo esperaba.

chaira *f. 1.* Cuchilla que usan los zapateros para cortar la suela: *La chaira tiene empuñadura y una hoja corta, curva y filosa.* **2.** Instrumento formado por un mango y una barra de acero, que usan los carniceros para afilar sus cuchillos: *El carnicero sostiene la chaira con una mano y con la otra pasa encima varias veces la hoja del cuchillo para afilarlo.*

chajá *m. Argent., Par. y Urug.* Ave zancuda de color generalmente grisáceo y un copete de plumas en la cabeza, que debe su nombre al sonido de su grito característico.

chal *m.* Prenda de vestir, parecida a un pañuelo grande, que se ponen las mujeres sobre los hombros: *Los chales pueden ser de lana, de seda o de cualquier otro hilo, y en forma alargada o de triángulo.* SIN. **pañoleta, mantón, manto.**

chala *f. Amér. Merid.* Hoja que envuelve la mazorca del maíz y que una vez seca se usa para liar o hacer cigarros. SIN. **farfolla.**

chalado, da *adj. 1. Fam.* Se dice del que está medio loco: *Esa chica está un poco chalada y le da por irse a la calle sin zapatos.* **2.** *Fam.* Se aplica al que se encuentra muy enamorado: *Rogelio está chalado por Fernanda, cuando la ve se ruboriza y tiembla de pies a cabeza.*

chalán *m. 1.* Persona que hace tratos de compra y venta de caballos y ganado. **2.** *Colomb. y Perú.* Domador de caballos. **3.** *Méx.* Ayudante de albañil y, por extensión, cualquier ayudante.

chalana *f.* Embarcación de fondo plano que se usa para transportar mercancías por ríos y canales: *Los cargadores llenaron la chalana con cajas de fruta.* SIN. **embarcación.**

chalar *vb.* (tr. y prnl.) **1.** Enloquecer: *Comer y dormir poco durante mucho tiempo chala a la gente.* SIN. **chiflar. 2.** Enamorarse: *Los ojazos de Paola me han chalado y ya sólo pienso en ella.*

chalé o **chalet** *m.* **Palabra de origen francés.** Casa de madera y ladrillo, estilo suizo, con el techo en forma de triángulo, generalmente rodeada de un jardín: *En ese enorme chalé vive una sola mujer que tiene mucho dinero.*

chaleco *m.* **1.** Prenda de vestir, sin mangas, que se pone encima de la camisa: *El chaleco del traje se pone encima de la camisa y debajo del saco.* **2.** loc. **~ antibalas,** protección que se pone en el pecho y la espalda para evitar que las balas penetren al cuerpo: *Algunos policías usan chalecos antibalas para evitar que algún disparo les haga daños graves.* **3.** loc. **~ salvavidas,** protección que se pone en el pecho y la espalda y sirve para flotar en el agua: *Debajo del asiento del avión hay un chaleco salvavidas para cada pasajero.*

chalina *f. Argent., Colomb., C. Rica y Méx.* Prenda de vestir ligera, parecida a un pañuelo grande, que se ponen las mujeres sobre los hombros. SIN. **pañoleta.**

chalupa *f.* Embarcación pequeña que puede tener distintas formas según el uso que se le dé: *Esa chalupa amarilla transporta pasajeros por el lago de la presa.* SIN. **lancha, bote, canoa.**

chamaco, ca *m. y f. Méx.* Niño o persona joven. SIN. **muchacho, chico, mozalbete.**

chamagoso, sa *adj. Méx.* Se aplica a la persona o cosa que se encuentra sucia.

chamal *m. Argent., Bol. y Chile.* Prenda de vestir que usan los indios araucanos. SIN. **túnica.**

chamán *m.* Entre los pueblos indígenas, persona que practica la medicina tradicional. SIN. **curandero.**

chamarilero, ra *m. y f. Esp.* Persona que se dedica a la compra y venta de cosas usadas. SIN. **ropavejero.**

chamarra *f. 1. Amér. C. y Venez.* Manta o frazada que tiene una abertura para pasar la cabeza y así usarse como poncho. **2.** *Méx.* Prenda de vestir que cubre la espalda y el pecho hasta la cintura, con mangas y con botones o cierre por delante para abrir y cerrar. SIN. **cazadora, chaqueta, saco.**

chamba *f. 1. Fam.* Casualidad favorable, suerte: *Me saqué la lotería de pura chamba porque casi nunca juego.* SIN. **chiripa, azar, fortuna.** ANT. **desgracia. 2.** *Méx. Fam.* Trabajo que se hace para lograr algo o para ganar dinero: *En las mañanas estudio y en la tarde tengo una chamba como lavaplatos en una cafetería.* **3.** *Méx. Fam.* Lugar donde se trabaja: *Me voy corriendo a la chamba, porque ya se me hizo un poco tarde.*

chambear *vb.* (intr.) *Méx.* Trabajar para lograr algo o para ganar dinero.

chambelán *m.* **Palabra de origen francés.** *Méx.* Joven que hace de acompañante de la jovencita que celebra sus quince años.

chambergo *m.* Sombrero blando que tiene copa en forma de campana y ala ancha levantada por un lado: *La dama ha sujetado el ala de su chambergo con un hermoso adorno dorado.*

chambón, na *adj./m. y f. Fam.* Aplicado a la persona que tiene poca habilidad para hacer algo: *El chambón de Rubén se pasó el juego corriendo detrás de la pelota para recogerla en vez de jugar.* SIN. **torpe, inepto.**

chambra *f.* Prenda de vestir femenina, a modo de camisa, por lo general hecha en casa, que usaban antes las mujeres.

chambrita *f. Méx.* Chaquetita tejida para bebé.

chamiza *f.* Hierba silvestre que nace en las tierras húmedas: *La chamiza tiene uso medicinal y también se usa para techar chozas.*

chamizo *m.* **1.** Choza que tiene el techo de hierba silvestre o chamiza: *Cuando empezó a llover, los agricultores que estaban en el campo se refugiaron en el chamizo para no mojarse.* SIN. **cabaña. 2.** Leño medio quemado: *El anciano tomó un chamizo de la fogata y encendió con él su cigarrillo.* SIN. **tizón.**

champán o **champaña** *m.* y *f.* **Palabra de origen francés.** Vino blanco espumoso, originario de Champagne, en Francia.

champiñón *m.* **Palabra de origen francés.** Hongo comestible que se cultiva en lugares húmedos y obscuros: *Pamela preparó unos champiñones con ajo y cebolla para acompañar la carne.*

champú *m.* **Palabra de origen inglés.** Jabón líquido para lavarse el cabello: *Este champú huele a hierbas y deja el cabello brillante.*

champurrado *m. Méx.* Bebida que se toma caliente, hecha de masa de maíz con agua y chocolate.

chamullar *vb.* (intr.) *Fam.* Hablar: *Los dos muchachos chamullaban en la esquina mientras esperaban el autobús.* SIN. **charlar, decir.**

chamuscar *vb. irreg.* (tr. y prnl.) Modelo 17. Quemar algo o quemarse por encima: *El pan se ha chamuscado porque Daniel se distrajo y lo dejó sobre el fuego.* SIN. **tostar, torrar.**

chancaca *f. Amér. C., Chile y Perú.* Dulce sólido hecho con melaza de caña de azúcar y maní o cacahuate molido.

chancar *vb. irreg.* (tr.) Modelo 17. **1.** *Amér. C., Argent., Bol., Chile y Perú.* Triturar, machacar. **2.** *Chile y Ecuad.* Ejecutar una cosa mal o a medias. **3.** *Chile y Perú.* Apalear, maltratar. **4.** *Perú.* Estudiar con empeño.

chance *m.* y *f. Amér.* **Palabra inglesa.** Lo que se hace o sucede en el momento conveniente. SIN. **oportunidad.**

chancear *vb.* (intr.) Hacer bromas: *Luis es un bobo que chancea por cualquier cosa.* SIN. **bromear.**

chanchada *f.* **1.** *Amér. C. y Amér. Merid. Fam.* Suciedad. **2.** *Amér. C. y Amér. Merid. Fam.* Asunto feo o cosa que se hace con mala intención.

chanchería *f. Amér. C. y Amér. Merid.* Lugar donde se vende carne de cerdo y embutidos.

chancho, cha *adj. Amér. C. y Amér. Merid. Fam.* Se dice de la persona sucia o grosera. SIN. **sucio, maleducado, puerco.** ANT. **limpio, educado.**

chancho, cha *m.* y *f.* **1.** *Amér. C. y Amér. Merid.* Animal mamífero que se cría en granjas, de patas cortas y cuerpo gordo, trompa chata y cola corta en forma de tirabuzón. SIN. **marrano, puerco, cerdo. 2.** *Argent.* loc. **Quererla ~ y los veinte,** desear tener todo.

chanchullo *m. Fam.* Asunto o negocio que se realiza fuera de la ley para obtener provecho: *En esa carrera hubo chanchullo: el ganador fue adelantado en automóvil sin que nadie lo notara.* SIN. **embrollo, artimaña.**

chancla o **chancleta** *f.* Zapato abierto, sin talón, que sólo tiene la parte de abajo y se sujeta por arriba con una tira de cuero o de otro material: *Cuando estoy en casa y quiero descansar los pies me pongo unas chancletas.* SIN. **zapatilla, pantufla, chinela.**

chanclazo *m.* Golpe dado con una chancla o chancleta: *Maté la cucaracha de un chanclazo.*

chancletear *vb.* (intr.) Andar en chanclas o chancletas: *Cuando Rodrigo chancletea por la casa se escu-*

chan los golpes de la suela contra su pie como si fuera un aplauso.

chanclo *m.* Zapato de goma o hule que se pone sobre el pie calzado, para proteger al zapato del barro o del agua: *Cuando llueve en mi pueblo, los niños usan chanclos para no mojarse los zapatos al ir a la escuela.*

chancro *m.* Enfermedad que se transmite por contacto sexual: *Para evitar el chancro es necesario mantener la higiene de la región genital.*

chaneque *m.* **1.** *Salv.* Persona que conoce muy bien un territorio. SIN. **guía. 2.** *Méx.* Personaje de la tradición oral maya, descrito como un enano o un hombrecito que se dedica a hacer travesuras, especialmente cambiar cosas de lugar para que uno no las encuentre. SIN. **duende.**

chanfle *m. Argent., Chile, Méx. y Urug.* En algunos deportes, golpe que se da a la pelota para que vaya girando en el aire formando una curva.

changa *f.* **1.** *Amér. Merid.* Trabajo que no es fijo, sino eventual. **2.** *Amér. Merid. y Cuba.* Broma, burla.

changador *m. Argent., Bol. y Urug.* Hombre o muchacho que en las estaciones y aeropuertos se ofrece para llevar cargas. SIN. **maletero.**

changarro *m. Méx.* Tienda pequeña donde se venden algunos artículos para el hogar, bebidas y caramelos.

chango, ga *adj./m.* y *f.* **1.** *Chile.* Se aplica a la persona que molesta porque es muy torpe. **2.** *P. Rico, R. Dom. y Venez.* Se dice de la persona que hace bromas. SIN. **bromista.**

chango, ga *m.* y *f.* **1.** *Argent. y Bol.* Niño o persona joven. SIN. **chico, muchacho. 2.** *Méx. y Venez.* Mono, en general cualquier simio.

changuito *m. Argent.* Carrito con ruedas, hecho de metal, que sirve para cargar las compras que se hacen en el mercado.

chantaje *m.* **Palabra de origen francés. 1.** Amenaza de escándalo o daño que le hace una persona a otra, a fin de obtener de ella dinero u otro provecho: *Ese señor hizo chantaje: le dijo a Luis que si no le daba dinero, le diría a su esposa que salía con otra mujer.* SIN. **extorsión, coacción, intimidación. 2.** Presión moral que se hace sobre alguien para que sienta la obligación de hacer algo: *"Es un chantaje muy feo el dejarme de hablar porque no pude ir a tu fiesta", dije a Manuel.*

chantajear *vb.* (tr.) **1.** Amenazar alguien a otra persona con hacerle un daño o escándalo, a fin de obtener de ella dinero u otro provecho: *El fotógrafo chantajeaba a la artista con mostrar esas fotos vergonzosas, porque quería quitarle dinero.* SIN. **intimidar. 2.** Presionar en lo moral a alguien para que se sienta obligado a hacer algo: *Felisa está haciendo el trabajo de Alberto porque la chantajeó diciendo que si no lo ayudaba, no jugaría nunca más con ella.*

chantajista *m.* y *f.* Persona que amenaza a otra con hacerle un daño o un escándalo si ésta no le da dinero: *Los chantajistas querían obtener mucho dinero por no asesinar al hombre rico, pero fueron capturados por la policía.*

chantar *vb.* (tr.) *Argent., Chile, Ecuad. y Perú.* Decirle algo a alguien, cara a cara, sin reparo ni miramiento.

chantilli o **chantilly** *m.* y *f.* **Palabra de origen francés.** Crema o nata batida con azúcar hasta que se espon-

103

ja: *A Mariana le encanta comer duraznos en almíbar con crema* **chantillí.**

chanza *f.* Dicho alegre y gracioso: *Las* **chanzas** *de Manuel son muy divertidas y siempre nos hacen reír.* Sin. **burla.**

¡chao! *interj.* Expresión de origen italiano que se emplea para despedirse: *Cuando me despido de mis amigos les digo* **¡chao!** **¡adiós!, ¡chau!**

chapa *f.* **1.** Trozo plano, delgado y de grosor uniforme de cualquier material duro: *El carpintero le puso a la mesa una* **chapa** *de madera nueva para que la superficie quedara lisa.* Sin. **hoja, lámina, plancha. 2.** Parte de metal de un vehículo: *Mi papá llevó el automóvil al taller para que arreglaran la* **chapa** *y lo pintaran.* **3.** Mecanismo hecho de metal que se pone en las puertas y que sirve para abrir, cerrar y echar llave: *En esta puerta han puesto dos* **chapas** *de seguridad para que ningún ladrón pueda abrirla.* Sin. **cerradura. 4.** Rubor que sale en el rostro o que se pinta artificialmente: *Cuando Sandra cantó en público se le hicieron* **chapas** *porque estaba nerviosa.*

chapado, da. ~ a la antigua, *loc.* Se aplica al que es muy apegado a las costumbres antiguas: *Dolores es una niña* **chapada a la antigua** *que nunca usa pantalones.*

chapalear *vb.* (intr.) Sonar el agua al moverla con los pies o las manos: *Los niños* **chapalean** *a la orilla del lago porque están muy contentos.* Sin. **chapotear.**

chaparro, rra *adj./m.* y *f.* Méx. Se aplica a la persona de baja estatura. Sin. **bajo, petiso, retaco.**

chaparrón *m.* Lluvia fuerte, de corta duración: *Un* **chaparrón** *echó a perder nuestro día de campo, y cuando estábamos bien mojados, volvió a salir el sol.* Sin. **aguacero, chubasco.**

chapeado, da *adj.* Méx. Se dice de la persona saludable que tiene las mejillas sonrosadas: *La novia de mi hermano es una muchachita regordeta y está* **chapeada** *como si se pintara las mejillas de rojo.*

chapisca *f.* Amér. C. Recolección del maíz.

chapopote *m.* Méx. Substancia negra obtenida del petróleo que se usa para cubrir carreteras y para impermeabilizar techos.

chapotear *vb.* (intr.) Sonar el agua y salpicarla al moverla con los pies o las manos: *Mientras los niños* **chapoteaban** *en la piscina, los adultos preparaban la comida.* Sin. **chapalear, salpicar.**

chapoteadero *m.* Méx. Piscina de pequeñas dimensiones y poca profundidad, especial para los niños que no saben nadar.

chapoteo *m.* Ruido y salpicaduras que se hacen al mover el agua con los pies o las manos: *Todos se llenan de alegría al escuchar los* **chapoteos** *que hace el bebé cuando lo están bañando.*

chapucear *vb.* (tr.) **1.** Trabajar rápido y mal: *El jefe despidió al empleado que se pasaba el tiempo* **chapuceando,** *porque podía causar un accidente con su irresponsabilidad.* **2.** Méx. Actuar fuera de las reglas o hacer que alguien crea algo que no es verdad para sacar provecho propio. Sin. **engañar, trampear.**

chapucero, ra *adj./m.* y *f.* **1.** Se dice de lo que está hecho toscamente: *No voy a comprar esos muebles* **chapuceros,** *prefiero comprar unos más caros pero bien hechos.* Sin. **tosco. 2.** Se aplica a la persona que trabaja rápido y mal: *Ese* **chapucero** *echa a perder el trabajo que los demás hacen bien.* Sin. **torpe, inepto. 3.** Méx.

Se aplica a la persona que actúa fuera de las reglas o hace creer a otros algo que no es verdad para sacar provecho propio. Sin. **tramposo, mentiroso.**

chapulín *m.* Amér. C. y Méx. Insecto de cabeza redonda, que tiene las patas de atrás más grandes que las demás y que salta para moverse. Sin. **langosta, saltamontes.**

chapuza *f.* **1.** Trabajo que no vale mucho porque está mal hecho: *La casa quedó tan mal pintada, que doña Eugenia no pagará ni un peso por esa* **chapuza. 2.** Méx. Trampa, engaño.

chapuzón *m.* Entrada rápida y por poco tiempo al agua: *Mi padre se dio un* **chapuzón** *en la piscina para refrescarse antes de continuar cortando el césped.* Sin. **zambullida.**

chaqueta *f.* Prenda de vestir con mangas que se usa encima de la ropa y que llega a la altura de las caderas: *"Si vas a salir, usa una* **chaqueta** *para protegerte del frío", me dijo mi madre.* Sin. **chamarra, saco, cazadora.**

chaquira *f.* Amér. C., Amér. Merid. y Méx. Cuentas de vidrio de distintos colores, muy pequeñas, con las que se hacen collares y pulseras.

charal *m.* **1.** Méx. Pez pequeño, comestible, de cuerpo comprimido que abunda en los lagos y lagunas. **2.** Méx. Fam. Persona muy flaca.

charanga *f.* Banda de música formada únicamente por instrumentos de viento: *Mi tío es trompetista y toca en una* **charanga.**

charango *m.* Amér. Merid. Instrumento musical de cuerdas, parecido a una guitarra pequeña, cuya caja de resonancia está hecha con el caparazón de un armadillo.

charca *f.* Lugar donde el agua queda detenida en el terreno de forma natural o artificial: *En esa* **charca** *hay muchas ranas e insectos.*

charco *m.* Lugar de pequeñas dimensiones donde el agua queda detenida en el terreno de forma natural o artificial: *Un* **charco** *es más pequeño que una charca.*

charcutería *f.* Palabra de origen francés. *Esp.* Establecimiento donde se venden jamones, salchichas y otros embutidos. Sin. **salchichonería.**

charla *f.* **1.** Conversación entre dos o más personas: *La* **charla** *entre las amigas duró más de dos horas porque tenían mucho que decirse.* Sin. **plática, coloquio, diálogo. 2.** Conferencia sobre un tema que alguien da ante un público: *En la facultad de ciencias un maestro dio una* **charla** *sobre energía nuclear.* Sin. **discurso, plática, coloquio.**

charlar *vb.* (intr.) Fam. Hablar entre dos o más personas: *Hoy vinieron mis hermanos de visita y estuvimos* **charlando** *toda la tarde.* Sin. **conversar, platicar, dialogar.**

charlatán, na *adj./m.* y *f.* Se aplica a la persona que habla mucho: *Esas niñas* **charlatanas** *no dejan escuchar lo que dice la maestra.* Sin. **parlanchín, hablador, cotorra.** Ant. **callado, reservado.**

charlatán *m.* Vendedor que engaña a la gente para que le compre su producto: *No compres medicinas a los* **charlatanes** *porque podrían engañarte, mejor ve a la farmacia.* Sin. **impostor.**

charlatanería *f.* **1.** Capacidad de hablar mucho y no decir nada importante: *Llevamos veinte minutos hablan-*

do **charlatanerías**, *necesitamos comenzar la clase.* Sin. **verborrea**. Ant. **discreción, reserva. 2.** pl. Cosas que se dicen por decir y que no son del todo ciertas: *Eso de que mi tía es bruja son charlatanerías.* Sin. **habladuría, chisme.**

charlestón *m.* **Palabra de origen inglés.** Baile de ritmo rápido de origen estadounidense: *El charlestón estuvo de moda en 1925.*

charol *m.* Cuero tratado con un barniz que brilla mucho: *Cuando tengo una fiesta uso mis zapatos de charol.*

charola *f.* **1.** *Amér. C., Bol., Colomb., Cuba, Ecuad., Méx. y Perú.* Pieza plana, redonda o rectangular, que tiene el borde levantado y que se usa para llevar platos, vasos y otras cosas que se van a servir en la mesa. Sin. **bandeja, azafate. 2.** *Méx. Fam.* Documento de identificación, en especial el que tienen los agentes de policía y algunos periodistas.

charolear *vb.* [intr.] *Méx. Fam.* Reflejar brillo una superficie: *El retrato no se ve bien, porque con la luz charolea el vidrio.*

charqui o **charque** *m.* *Amér. Merid.* Carne salada y secada al sol. Sin. **cecina, tasajo.**

charro, rra *adj.* *Méx.* Se aplica a los elementos de vestuario, fiestas, música y otras cosas propias de los charros.

charro, rra *m.* y *f.* *Méx.* Jinete que viste un traje de chaqueta corta con bordados, pantalón ajustado, camisa blanca y sombrero cónico de ala ancha.

charrúa *adj./m.* y *f.* Se aplica a lo que pertenece a un grupo indígena originario de lo que es hoy el Uruguay y, por extensión, se aplica a lo que es de Uruguay.

chascarrillo *m.* *Fam.* Cuento pícaro o frase graciosa: *Lo que dijo mi tío sobre mí fue un chascarrillo, por eso no me lo tomo en serio.* Sin. **anécdota, chiste, ocurrencia.**

chasco *m.* Decepción que se produce cuando algo no es como esperábamos: *El filme fue un chasco, lo anunciaban como muy bueno pero en realidad es aburridísimo.* Sin. **desilusión.**

chasis *m.* Armazón que sostiene la carrocería del automóvil: *Ese automóvil no tiene arreglo porque al chocar se maltrató el chasis.*

chasquear *vb.* [tr.] Producir algo un ruido breve y fuerte, parecido a un estallido: *El domador hacía chasquear su látigo contra la tierra para hacer que los leones le obedecieran.*

chasquido *m.* **1.** Ruido seco y repentino: *Oí un chasquido en la cocina y supuse que se había roto algo.* **2.** Ruido producido con la lengua al separarla rápidamente del paladar: *Julio hizo un chasquido para indicarle a su caballo que se tranquilizara.*

chatarra *f.* **1.** Hierro viejo: *Este automóvil viejo no tiene arreglo, sólo puede venderse como chatarra.* **2.** loc. **Comida ~**, comida que se vende hecha, no es nutritiva y por lo general son frituras de harina o golosinas: *Ese muchacho come sólo comida chatarra y nunca prueba las verduras ni las frutas, por eso se ve gordo y al mismo tiempo es débil.*

chatarrero, ra *m.* y *f.* Persona que compra y vende hierro viejo: *El chatarrero va por las calles y la gente lo llama y le vende las cosas de metal que ya no sirven.*

chato, ta *adj./m.* y *f.* **1.** Se aplica al que tiene la nariz pequeña y aplastada: *Ese boxeador tiene la nariz chata por tantos golpes que ha recibido, en cambio yo la tengo*

chata desde que nací. Ant. **narigudo. 2.** Se dice de lo que es bajo y aplanado: *La montaña de arena está chata porque mi hermanito le dio un manotazo.* Sin. **romo, obtuso.**

¡chau! *interj. Argent. Fam.* Expresión que se usa para despedirse. Sin. **¡chao!, ¡adiós!**

chaucha *f.* **1.** *Argent.* Vaina que envuelve algunas semillas, como las de la algarroba. **2.** *Argent.* y *Urug.* Vaina comestible del poroto o frijol cuando todavía está verde. Sin. **ejote.**

chaval, la *adj./m.* y *f.* *Esp. Fam.* Se aplica al que es niño o muy joven. Sin. **muchacho.**

chaveta *f.* **1.** Clavo que se introduce a presión en una ranura abierta, entre dos piezas que se van a ajustar: *La chaveta que sujeta la pata de la silla está oxidada.* **2.** loc. **Perder la ~**, perder el juicio: *Raúl perdió la chaveta de alegría cuando supo que iba a ser papá.* Sin. **enloquecer.**

chavo *m.* *Méx. Fam.* Niño o persona joven. Sin. **muchacho, chico.**

¡che! *interj. Argent., Bol., Par. y Urug.* Expresión que se usa para llamar a una persona a quien se le habla de tú.

checar *vb.* *irreg.* [tr.] **Modelo 17. Palabra de origen inglés. 1.** *Méx.* Asegurarse de que es cierto algo de lo que se dudaba. Sin. **verificar, comprobar. 2.** *Méx.* Registrar las horas de entrada y salida del trabajo.

checo *m.* Idioma que se habla en Bohemia, Moravia y una parte de Silesia: *El checo es una lengua eslava que se habla en Europa Oriental.*

checo, ca *adj./m.* y *f.* Se aplica a lo que es de la República Checa.

checoeslovaco, ca o **checoslovaco, ca** *adj./m.* y *f.* Relativo a lo que era de Checoslovaquia, país de Europa Oriental que en la actualidad ya no existe: *Los checoslovacos se dividieron en checos y eslovacos a finales del siglo xx.*

chef *m.* y *f.* **Palabra francesa.** Jefe de cocina en restaurantes y hoteles: *El chef es un hombre experto en cocinar.*

chelín *m.* **Palabra de origen inglés. 1.** Moneda británica que valía una vigésima parte de la libra esterlina. **2.** Unidad monetaria principal de Austria y Somalia.

chepa *f.* *Fam.* Deformidad de la columna vertebral que hace que se forme un bulto en la espalda: *Ese anciano tiene una chepa y como está muy encorvado, tiene que andar con bastón.* Sin. **joroba, giba, corcova.**

cheque *m.* Documento en que una persona ordena a un centro bancario el pago de una cantidad de dinero con cargo a su cuenta personal: *Escribe el cheque a mi nombre, porque si lo haces "al portador" cualquiera lo puede cobrar.*

chequeo *m.* Examen médico que observa el estado general de la salud del paciente: *Horacio se hizo un chequeo y su doctor le dijo que estaba en perfecto estado de salud.* Sin. **reconocimiento, control.**

chequera *f.* *Amér.* Talonario de cheques y especie de billetera donde se guarda dicho talonario: *Cada chequera tiene 25 ó 50 cheques y lleva impreso el número de cuenta y el nombre del dueño.*

cheroki, cheroqui o **cherokee** *adj./m.* y *f.* Pueblo amerindio de América del Norte perteneciente al grupo iroqués: *Actualmente, los cheroki viven en Carolina del Norte y Oklahoma, Estados Unidos de Norteamérica.*

chévere adj. **1.** Colomb. y Venez. Se dice de lo que está muy bien. Sin. **excelente, estupendo. 2.** Cuba, Perú y Venez. Se refiere al que es bueno o de buen carácter. Sin. **benévolo, indulgente. 3.** Ecuad., Perú, P. Rico y Venez. Se aplica a lo que es agradable. Sin. **gracioso.**

cheyene o **cheyenne** adj./m. y f. Pueblo amerindio de América del Norte que actualmente habita en Montana y Oklahoma, Estados Unidos de Norteamérica: Los cheyene hablan una lengua derivada del algonquino.

chía f. Méx. Semilla muy pequeña y negra que al mojarse se hincha formando una substancia transparente y espesa, que estimula el funcionamiento de los intestinos cuando se ingiere.

chibcha adj./m. y f. Pueblo amerindio precolombino originario de los altiplanos de la cordillera oriental de Colombia: Los chibchas se llamaban a sí mismos "muiscas" y fueron excelentes orfebres.

chibcha m. Familia lingüística amerindia cuyos hablantes en su mayoría pertenecen a tribus ya extintas.

chicano, na adj./m. y f. Relativo a la persona de origen mexicano que habita en los Estados Unidos de Norteamérica: Los chicanos tienen una cultura diferente a la mexicana y a la estadounidense.

chicha f. **1.** Amér. Merid. Bebida que resulta de la fermentación del maíz en agua azucarada. **2.** Chile. Bebida que se obtiene de la fermentación del zumo de la uva o la manzana. **3.** loc. Fam. **No ser ni ~ ni limonada,** no valer nada: Ese filme no era ni chicha ni limonada. De haberlo sabido, me hubiera quedado en la casa.

chícharo m. **1.** Planta de flores blancas o rojizas que se cultiva por sus semillas comestibles que crecen en vaina: En esa huerta han sembrado chícharo. Sin. **guisante, arveja. 2.** Semilla redonda y verde de esta planta: En el interior de cada vaina verde hay cerca de siete chícharos. Sin. **guisante, arveja.**

chicharra f. **1.** Insecto de color verde amarillento que produce un sonido intenso al batir sus alas: En el campo, al atardecer, se escucha el sonido de las chicharras. Sin. **cigarra. 2.** Timbre eléctrico de sonido sordo: Enrique fue a buscar a su hermana a la casa de un amigo y tocó la chicharra para que le abrieran la puerta.

chicharrón m. Méx. Piel de cerdo que se fríe en aceite muy caliente hasta que se esponja y se pone crujiente y entonces se come: En México es común el guiso de chicharrón en salsa de ají o chile verde.

chiche m. **1.** Amér. C. y Amér. Merid. Juguete de los niños pequeños. **2.** Salv. Pecho de la mujer. Sin. **teta, seno.**

chichi f. Méx. Pecho de la mujer. Sin. **teta, mama, seno.**

chichicuilote m. Méx. Ave pequeña, parecida a la paloma, de color gris, de pico delgado y recto, que vive cerca del mar, lagos o pantanos, su carne es comestible.

chichimeca adj./m. y f. Relativo a un pueblo indígena originario del norte de México que se asentó en la Meseta Central a finales del siglo XII y principios del siglo XIII.

chichón m. Bulto que se forma en el lugar de la cabeza donde se ha recibido un golpe. Sin. **inflamación, chipote.**

chicle m. Golosina hecha de una goma endulzada que se mastica y no se traga: Hay chicles de muchos sabores y con algunos se puede hacer bombas.

chico, ca adj. Se dice de lo que tiene poco tamaño: Este pantalón me queda chico porque ya crecí. Sin. **pequeño.** Ant. **grande.**

chico, ca m. y f. Niño, muchacho. Sin. **changa.**

chicote m. Amér. Instrumento formado por un mango y una tira de cuero flexible que se utiliza para golpear. Sin. **látigo.**

chiflado, da adj./m. y f. **1.** Se aplica al que está un poco trastornado de la mente: Ese hombre habla solo porque está chiflado. Sin. **loco.** Ant. **sensato. 2.** Se dice de alguien muy enamorado de algo o de alguien: Gregorio está chiflado por esa muchacha y quiere que sea su novia a toda costa.

chifladura f. Falta de juicio o del buen uso de la razón: Mi hermana tiene unas chifladuras increíbles: pasa todo el día oyendo una misma canción de su cantante favorito y ni siquiera se da tiempo para comer. Sin. **locura.** Ant. **sensatez, cordura.**

chiflar vb. {intr. y prnl.} **1.** Hacer sonar el aire soplando con la lengua doblada o la boca contraída, o emitir una cosa un sonido agudo cuando el aire pasa a través de ella: La tetera chifla cuando el agua está muy caliente. Sin. **silbar. 2.** Fam. Perderse la razón por algo o alguien que nos gusta mucho: Cuando Rebeca baila tan bonito, todos los muchachos se chiflan por ella. Sin. **enloquecer.**

chifle m. Argent. y Urug. Recipiente hecho de cuerno de animal vacuno, se usa para beber y llevar agua y otros líquidos.

chiflido m. Sonido agudo que se produce soplando el aire con la lengua doblada o la boca contraída, o cuando el aire pasa a través de algo hueco: Estos pajaritos de cerámica emiten un chiflido cuando les soplas por el rabo. Sin. **silbido.**

chiflón m. Amér. Corriente de aire: Voy a cerrar la ventana porque está entrando un chiflón que puede hacerme daño. Sin. **viento.**

chilacayote m. Méx. Variedad de calabaza cuyo fruto es comestible y se emplea en la elaboración de diversos guisos y dulces.

chilaquiles m. pl. Méx. Guiso hecho con tortillas de maíz fritas y sumergidas en salsa de chile picante.

chilar m. Terreno sembrado de chile: El chilar tiene muchas flores, eso quiere decir que pronto tendremos chiles.

chile m. **1.** Planta de flores blancas, violetas o verdosas que da un fruto que produce picor o ardor, generalmente alargado y hueco, de color verde, rojo o amarillo, con semillas aplanadas en su interior: El chile es una planta muy resistente que se adapta bien a distintos tipos de terreno. Sin. **ají. 2.** Fruto de esta planta: El chile contiene vitamina C.

chileno, na adj./m. y f. Originario de Chile, país de América del Sur.

chillar vb. {intr.} **1.** Dar chillidos o gritos agudos: El bebito chillaba porque tenía hambre. Sin. **llorar. 2.** Reñir dando voces: "Ya no estés chillando por el desorden que hay, mejor ayúdanos a ordenar", dije a Sofía. Sin. **gritar, vociferar.**

chillido m. Sonido de la voz agudo, fuerte y desagradable: Rosa lanzó un chillido cuando vio a la rata. Sin. **alarido, grito.**

chillón, na adj. **1.** Se dice de los colores demasiado vivos o mal combinados: "Con ese vestido color amarillo **chillón** te van a ver desde lejos". SIN. **estridente, llamativo.** ANT. **sobrio. 2.** Se dice del sonido demasiado agudo y desagradable: *Doña Elsa tiene una voz chillona que es difícil de soportar.* SIN. **estridente.** ANT. **grave. 3.** Fam. Aplicado al que llora o se queja mucho: *Mi hermanito es un chillón que grita por cualquier cosa.* SIN. **llorón, gritón.** ANT. **callado.**

chillón, na m. y f. Fam. Persona que llora o se queja mucho: *Julieta no quiere jugar con su hermana porque es una chillona que por cualquier cosa hace escándalo.*

chilpayate m. Méx. Fam. Niño pequeño.

chimenea f. **1.** Conducto de salida de humo: *Las chimeneas de las fábricas son tubos altos y delgados que se ven desde lejos y dejan salir humo.* **2.** Lugar preparado para encender el fuego dentro de una casa, que tiene una salida para que el humo se vaya hacia arriba y hacia afuera: *En invierno, mi padre enciende la chimenea para calentar el ambiente de la casa.* SIN. **hogar, fogón. 3.** Conducto de un volcán por el que la lava sale al exterior: *La chimenea de ese volcán está tapada con grandes rocas.*

chimpancé m. Mono originario de África, de cabeza grande, nariz chata y brazos largos, que no tiene cola: *En el circo había dos chimpancés vestidos como seres humanos.*

chimuelo, la adj. Méx. Se aplica a la persona a la que le falta uno o más dientes: *El muchachito chimuelo sonreía y enseñaba los huecos de los dientes que se le acababan de caer.*

china f. **1.** Piedra pequeña y a veces redondeada: *Los niños estuvieron tirando chinas al agua del estanque mientras conversaban.* SIN. **guijarro. 2.** Amér. C. y Amér. Merid. Mujer indígena que presta servicio como niñera o como sirvienta. **3.** Argent. Mujer del gaucho.

chinampa f. Méx. Parte de terreno flotante construida sobre carrizos, donde se cultivan verduras y flores.

chinche adj./m. y f. Se dice de la persona que siempre está molestando: *Ernesto es un chinche que en vez de hacer sus trabajos escolares viene a visitarme todas las tardes para quitarme el tiempo.*

chinche f. **1.** Insecto de cuerpo aplastado y rojo, que chupa la sangre humana y produce irritación en la piel por sus picaduras: *Las chinches huelen mal y se crían en las camas sucias y en las casas viejas.* **2.** Clavo pequeño con la cabeza redonda y aplastada, que se usa para fijar papeles a la pared: *Sujeté el mapa a la pared con cuatro chinches.* SIN. **chincheta.**

chincheta f. Esp. Clavo pequeño con la cabeza redonda y aplastada, que se usa para fijar papeles a la pared: SIN. **chinche.**

chinchilla f. Animal mamífero y roedor originario de América del Sur, parecido al conejo pero de orejas más cortas, con pelo y la cola más largos de color gris: *Con la suave piel de la chinchilla se hacen abrigos finos y caros.*

chinchón m. R. de la P. Juego de baraja en el que se deben formar escaleras con números de un mismo palo y tríos de números iguales.

chinchorro m. **1.** Red que se usa para pescar: *El chinchorro es una red pequeña que mi padre cuando sale a pescar.* **2.** Antill., Colomb., Méx. y Venez. Hamaca hecha de red, que se tiende entre dos palos y sirve para descansar.

chinchudo, da adj./m. y f. Argent. Fam. Se aplica a la persona que está de mal humor. SIN. **malhumorado, irritable, enojón.**

chinchulín m. Bol., Ecuad. y R. de la P. Intestino de la oveja o de la vaca que se prepara trenzado y se come asado al carbón. SIN. **tripa.**

chinela f. Calzado sin talón, generalmente hecho de tela, que se usa adentro de la casa: *El perro de Mercedes ha escondido una de sus chinelas y ella anda por la casa brincando sobre un pie.* SIN. **chancla, babucha.**

chinesco m. Instrumento musical de percusión formado por una placa de cobre con forma de sombrero de la que cuelgan cascabeles o tubitos de metal: *La puerta de la tienda golpea al chinesco cada vez que se abre y así el sonido le avisa al dueño que alguien llega.*

chinesco, ca adj. **1.** Se aplica a lo que es o parece ser de la China: *Esas letras de aspecto chinesco están hechas con tinta china.* **2.** loc. **Sombras ~,** figuras de cartón recortado cuyas sombras se proyectan sobre una pantalla.

chinga f. **1.** Méx. Vulg. Trabajo duro que causa mucha fatiga. **2.** Méx. Vulg. Palabras agresivas que se dicen a alguien para llamar la atención sobre su mala conducta. SIN. **regaño.**

chingar vb. irreg. [tr. y prnl.] Modelo 17. **1.** Méx. Vulg. Quitarle a otro algo que le pertenece. SIN. **robar. 2.** Méx. Vulg. Quitarle la vida a una persona. SIN. **matar. 3.** Méx. Vulg. No dejar que alguien esté tranquilo. SIN. **molestar, fastidiar. 4.** Méx. Vulg. Consumir o estropear completamente algo. SIN. **terminar, acabar. 5.** Méx. Vulg. Forzar a alguien a realizar el acto sexual. SIN. **violar. 6.** R. de la P. Estar un vestido más largo de un lado que del otro.

chingo m. Méx. Vulg. Cantidad exagerada de algo. SIN. **mucho.**

chingón, na adj. Méx. Fam. Se aplica a lo que es muy bueno o está muy bien. SIN. **estupendo, genial.**

chingón, na m. y f. Méx. Fam. Persona muy hábil para hacer algo. SIN. **diestro, capaz.**

chino m. **1.** Idioma que se habla en China: *El chino es un idioma que se escribe con un alfabeto distinto del español.* **2.** loc. **Hablar o estar en ~,** se dice del lenguaje difícil de entender: *Cuando el maestro de matemáticas explicó la raíz cuadrada parecía que hablaba en chino, nadie le entendió.*

chino, na adj. **1.** Relativo a lo que es de China, país de Asia: *La cultura china es la más antigua del mundo.* **2.** Amér. Merid. Se aplica a la persona con rasgos indígenas. **3.** Méx. Se dice del pelo rizado y de la persona que así lo tiene. SIN. **crespo.**

chino, na m. y f. **1.** Persona nacida en China: *Los chinos tienen un calendario diferente del occidental.* **2.** Méx. Rizo del cabello y persona que tiene el pelo rizado. **3.** Piedra pequeña: *Durante el paseo por el campo estuve juntando chinas para ponerlas en mi acuario.*

chip m. Palabra inglesa. Placa pequeña hecha de silicio, que sirve de soporte a un circuito integrado, como el de las computadoras: *Pedro compró unos chips para ampliar la memoria de su computadora.*

chipa f. **1.** Colomb. Cesto de paja que se usa para recoger frutas y legumbres. **2.** Colomb. Rosca de trapo o rodete de pelo que se usa para cargar en la cabeza y mantener en pie una vasija redonda. SIN. **yagual.**

chipa o **chipá** *m.* y *f.* *Argent.* y *Par.* Pan de harina de mandioca o maíz.

chipichipi *m.* *Méx.* Lluvia ligera. SIN. **llovizna**.

chípil *adj.* *Méx.* Se dice del niño que llora porque siente celos de un hermano que va a nacer.

chípil *m.* y *f.* *Méx.* Hijo penúltimo de la familia.

chipote *m.* *Guat.* y *Méx.* Hinchazón que se forma después de haber recibido un golpe en la cabeza. SIN. **chichón**.

chipriota *adj./m.* y *f.* Originario de Chipre, isla del Mediterráneo: *Los chipriotas declararon su independencia de Gran Bretaña en 1960.*

chiquear *vb.* (tr.) *Cuba* y *Méx.* Tratar a alguien con ternura y cariño: *Me gusta chiquear al gato, porque el sonido de su ronroneo me parece muy agradable.* SIN. **mimar, acariciar**.

chiqueo *m.* *Cuba* y *Méx.* Hecho de tratar a alguien con ternura y cariño. SIN. **mimo, caricia**.

chiquero *m.* Corral donde se encierran los cerdos: *En el chiquero está la cerda dando de mamar a sus lechones.* SIN. **pocilga**.

chiquigüite o **chiquihuite** *m.* *Guat.*, *Hond.* y *Méx.* Cesto o canasta sin asas.

chiquilín *m.* *Fam.* Niño: *Cuando era chiquilín me gustaba perseguir a las gallinas de mi madre, pero nunca las alcanzaba.* SIN. **chico, pibe, chavo**.

chiquillada *f.* Comportamiento propio de niños: *Ponerle a un compañero una cola de papel sin que se dé cuenta es una chiquillada.* SIN. **niñería, travesura**.

chiquillería *f.* *Fam.* Multitud de niños: *La chiquillería corre y juega durante el recreo escolar.*

chiquillo, lla *adj./m.* y *f.* Se aplica al que es niño o muy joven: *Julieta quiere usar zapatos altos y pintarse la boca pero su madre no la deja porque todavía está chiquilla.* SIN. **chico, niño, muchacho**.

chiquito, ta *adj./m.* y *f.* Se aplica a lo que es muy pequeño: *Natalia cosió un vestido chiquito para ponérselo a su muñeca.*

chiribita *f.* **1.** Partícula encendida que salta de algo que se está quemando: *Al soldar dos metales brincan muchas chiribitas, por eso los trabajadores usan máscaras de hierro como protección.* SIN. **chispa. 2.** pl. *Fam.* Conjunto de luces que dificultan la visión: *Celia estuvo mirando durante un rato una vela encendida y después dijo que tenía chiribitas en los ojos.*

chirimbolo *m.* *Fam.* Cosa que puede tener alguna utilidad: *Don Julián ha guardado un montón de chirimbolos a lo largo de toda su vida, porque dice que va a usarlos algún día.* SIN. **trasto, chisme**.

chirimoya *f.* Fruta de color verde por fuera y blanco por dentro, que tiene semillas negras en su interior: *La chirimoya es una fruta muy dulce y perfumada.*

chiripa *f.* Acierto en el juego que se gana por casualidad: *Ganamos de chiripa, creo que el equipo contrario estaba mejor entrenado que nosotros.* SIN. **suerte, azar**.

chiripá *m.* *Amér. Merid.* Prenda de vestir del gaucho que consiste en un paño pasado entre las piernas y sujeto a la cintura por la faja.

chiripada *f.* *Méx. Fam.* Hecho afortunado: *Fue una chiripada que se me ocurriera entrar a esa librería donde tenían en oferta el diccionario que me pidieron en la escuela.* SIN. **suerte**.

chirle *adj.* **1.** *Fam.* Se dice de lo que no tiene sabor: *Esta sopa está chirle, parece pura agua con sal.* SIN. **insípido. 2.** *Argent.* y *Urug.* Se aplica a lo que no tiene suficiente consistencia.

chirlo *m.* *Argent.* y *Urug. Fam.* Golpe dado en el trasero con la mano abierta. SIN. **nalgada**.

chirona *f.* *Fam.* Edificio donde se encierra a las personas que han cometido algún delito: *"El flaco" está en chirona porque se robó un autobús y lo detuvo la policía.* SIN. **cárcel, prisión, presidio**.

chirriar *vb. irreg.* (intr.) **Modelo 9.** Producir un sonido agudo y molesto al roce de un objeto con otro: *Estas ruedas chirrían, les pondré aceite para que giren bien.*

chirrido *m.* Voz o sonido agudo y desagradable: *El chirrido de la puerta del viejo castillo asustó a los visitantes.*

chirrión *m.* **1.** Carro fuerte, de dos ruedas y eje móvil: Antiguamente los chirriones se usaban para transportar basura. **2.** loc. *Méx.* **¡Ah** o **Ay ~!**, se usa para expresar sorpresa o asombro: *"¡Ay chirrión, no me había dado cuenta de que hoy es el día del examen!"*

chisguete *m.* Chorro delgado de líquido que sale con fuerza: *Con su pistola de agua, Bruno aventó un chisguete a una telaraña y la rompió.*

chisme *m.* Noticia verdadera o falsa sobre la que se murmura o con la que se pretende difamar a alguien: *Se corrió el chisme de que un cantante famoso está de vacaciones en esta ciudad.* SIN. **habladuría, rumor**. ANT. **discreción, verdad**.

chisme *m.* *Fam.* Cosa de poco valor que puede tener alguna utilidad: *Hortensia no sabe qué hacer con tantos chismes que ha guardado porque ocupan mucho espacio en su habitación.* SIN. **trasto, chirimbolo, cacharro**.

chismear o **chismorrear** *vb.* (intr.) *Fam.* Dar noticias acerca de los demás sin tener la seguridad de que son verdaderas: *Las amigas chismeaban acerca de una compañera nueva, pero ni siquiera la conocían.* SIN. **murmurar**.

chismoso, sa *adj./m.* y *f.* Se aplica a la persona que da noticias sobre los demás sin tener la seguridad de que son verdad: *Esas niñas chismosas le dijeron a la maestra quién había hecho la travesura de dibujar en la pared.* SIN. **chivato, soplón, indiscreto**. ANT. **discreto, serio, veraz**.

chispa *f.* **1.** Partícula encendida que salta de algo que se está quemando: *La chimenea tiene una valla para que las chispas que saltan de la madera no caigan en la alfombra y provoquen un accidente.* SIN. **pavesa, chiribita. 2.** Luces que se producen a causa de una descarga eléctrica: *El cable de la plancha está roto y arroja chispas cuando lo conectamos.* SIN. **rayo, centella. 3.** Viveza de ingenio: *Filiberto tiene chispa para contar historias y hace reír a todos con sus comentarios.* SIN. **ingenio, gracia, agudeza. 4.** Gota de lluvia: *Cayeron unas chispas y luego comenzó a llover muy fuerte.* **5.** loc. pl. *Fam.* **Echar ~**, estar furioso: *El hombre echaba chispas porque rompí el cristal de su ventana.*

chispazo *m.* **1.** Hecho de saltar una chispa de algo que se está quemando: *Los bomberos creen que un chispazo que saltó de una hoguera mal apagada provocó el incendio en el bosque.* **2.** Salto violento de una chispa a causa de una descarga eléctrica: *Durante la tormenta se* rompió un cable en la calle y la luz de los **chispazos** se veía desde mi casa. SIN. **centelleo, fulgor, resplandor.**

chispeante adj. Fam. Se aplica a lo que tiene muchos detalles de ingenio y agudeza: Toda la familia está maravillada porque la niña tiene una inteligencia **chispeante.**

chispear vb. {intr. e impers.} **1.** Echar partículas encendidas algo que se está quemando: Aunque afuera hace frío, la casa está caliente porque en la chimenea **chispea** un hermoso fuego. SIN. **chisporrotear. 2.** Brillar: La corona del rey **chispeaba** bajo el sol. SIN. **relucir, destellar. 3.** Caer unas pocas gotas de lluvia o una lluvia muy fina: Rosario no abrió su paraguas porque sólo estaba **chispeando.** SIN. **lloviznar.**

chisporrotear vb. {intr.} Producir muchas chispas algo que se está quemando: Esa leña **chisporrotea** porque usaron alcohol para encenderla. SIN. **crepitar, chasquear.**

chisporroteo m. Hecho de producir muchas chispas algo que se está quemando: Los niños leyeron cuentos en voz alta junto al alegre **chisporroteo** de la fogata.

chisquero m. Encendedor de bolsillo: Esteban encendió un cigarrillo con su **chisquero.** SIN. **mechero, encendedor.**

chistar vb. {intr.} Se usa en frases negativas, con el significado de no intentar hablar: Mientras sus padres lo regañaban, el niño los escuchaba sin **chistar.**

chiste m. **1.** Anécdota relatada o dibujada que provoca risa: Mientras su padre lee las noticias del diario, Eduardo lee la página de **chistes.** SIN. **historieta. 2.** Gracia que tiene algo: Fue una fiesta sin **chiste,** no nos divertimos. **3.** Méx. Asunto importante u objetivo que se persigue al hacer algo: El **chiste** del juego es averiguar qué significan las palabras que van saliendo en las tarjetas.

chistera f. Fam. Sombrero de copa alta que tiene la parte de arriba plana: Sólo los hombres usan **chistera,** especialmente los magos, que de allí sacan conejos, flores y pañuelos.

chistoso, sa adj. **1.** Se dice de lo que hace reír: Mauricio hizo una expresión **chistosa** para que su hija dejara de llorar y empezara a reír. SIN. **gracioso, humorístico. 2.** Se aplica a la persona que hace o dice cosas graciosas: Algunos payasos son **chistosos.** SIN. **cómico, ocurrente.**

chistoso, sa m. y f. Persona que dice o hace cosas que hacen reír.

chivar vb. {tr. y prnl.} **1.** Amér. C. y Amér. Merid. No dejar tranquilo a alguien. SIN. **fastidiar, molestar. 2.** Amér. Merid. y Guat. Perderse la calma y el buen humor.

chivas f. pl. Méx. Fam. Conjunto de objetos personales.

chivatazo m. Fam. Aviso que se da en secreto para alertar acerca de un delito que se va a cometer: Alguien dio el **chivatazo** del asalto a la joyería y la policía pudo atrapar a los ladrones. SIN. **delación, denuncia.**

chivatear vb. {intr.} Delatar, decir algo que perjudica a otro: El robo hubiera sido un éxito si no fuera porque uno de la banda los **chivateó.** SIN. **acusar, soplar.**

chivato, ta adj./m. y f. Se aplica a la persona que acusa o denuncia a otros en secreto: Nadie quiere hablarle porque el muy **chivato** acusó a un amigo. SIN. **delator, soplón.**

chivear vb. {tr. y prnl.} **1.** Méx. Fam. Sentir vergüenza o miedo de algo. **2.** Méx. Fam. Correr y jugar los niños sin descanso: **Chivearon** toda la tarde y ahora están sucios y cansados.

chivo, va m. y f. **1.** Cría de la cabra desde que deja de mamar hasta que llega a la edad adulta: Los **chivos** comen hierba. **2.** loc. ~ **expiatorio,** persona sobre la que recae la culpa de algo que en realidad es culpa de otro u otros: Como no lograron descubrir al culpable, las autoridades detuvieron a un **chivo expiatorio** y lo encarcelaron.

chocador, ra adj. Se aplica a lo que golpea violentamente contra una cosa.

chocante adj. **1.** Se aplica a lo que disgusta o causa extrañeza: Las costumbres de ese lugar nos resultan **chocantes** porque fuimos educados de otra manera. **2.** Argent., Colomb., C. Rica, Ecuad., Méx. y Perú. Se aplica a la persona o a la situación que incomoda o desagrada. SIN. **antipático, presuntuoso.**

chocar vb. irreg. {intr. y prnl.} Modelo 17. **1.** Encontrarse violentamente una cosa con otra: **Chocaron** dos automóviles en esa esquina y vino una ambulancia por los heridos. SIN. **topar. 2.** Ser contrarias o enfrentarse dos cosas: Los dos ejércitos **chocaron** al amanecer y la batalla duró unas horas. SIN. **pelear. 3.** Causar algo disgusto o extrañeza: A Mariana le **choca** que Alberto la ignore cuando él está con sus amigos. SIN. **molestar, incomodar, sorprender. 4.** loc. Fam. **Chocarla,** darse la mano dos personas en señal de amistad: "**Chócala,** amigo, entre nosotros no hay ningún problema."

chochear vb. {intr.} **1.** Fam. Debilitarse las facultades mentales a causa de la edad avanzada: Mi abuelita **chochea** y a veces me confunde con mi hermana. **2.** Fam. Estar muy enamorado de una persona o de algo: Alejandro acaba de ser papá y **chochea** por su hija.

chocho, cha adj. **1.** Se aplica a la persona anciana que ha comenzado a perder algunas de sus capacidades mentales: El viejo **chocho** ya no se acuerda de muchas cosas. **2.** Se refiere a la persona que está muy contenta por algo o muy enamorada de alguien: Nicolás está **chocho** porque su hijito ganó el primer lugar en las competencias de velocidad.

choclo m. **1.** Amér. Merid. Mazorca tierna de maíz. SIN. **elote. 2.** loc. Argent. Fam. Un ~, mucho, demasiado.

chocolate m. **1.** Pasta dura de color marrón hecha de cacao y azúcar: Alicia está comiendo una barra de **chocolate** con almendras. **2.** Bebida que se prepara con esta substancia disuelta en leche o agua: Hoy cenamos **chocolate** con pan.

chocolatería f. Establecimiento donde se hace o se vende chocolate: Fueron a la **chocolatería** a comprar una caja de bombones para regalárselos a la maestra.

chocolatero, ra adj. Se aplica al que gusta comer o tomar mucho chocolate: En casa somos muy **chocolateros,** siempre tomamos una taza de chocolate caliente por la noche.

chocolatero, ra m. y f. **1.** Persona a quien le gusta comer o tomar mucho chocolate: Es increíble que una **chocolatera** como Adela ya no pruebe ni un chocolate porque quiere adelgazar. **2.** Persona que hace o vende chocolates: El **chocolatero** es muy amable y me regaló un pedazo de chocolate.

chocolatín m. Barra pequeña de chocolate o bombón de chocolate: Doña Eugenia escondió la caja de **chocolatines** para que sus nietos no la encontraran.

chófer o **chofer** m. y f. Palabra de origen francés. Conductor de automóvil o de transporte público: El **chófer** recoge todas las mañanas a los niños y los lleva a la escuela.

cholla *f. Fam.* Cabeza: *Rodrigo recibió un golpe en la cholla y le salió sangre.*

cholo, la *adj./m.* y *f. 1. Amér. C.* y *Amér. Merid.* Se aplica al que es hijo o hija de un hombre blanco y una mujer indígena. SIN. **mestizo.** *2. Amér. Merid. Desp.* Persona de clase baja y de mal gusto.

chomba o **chompa** *f. Amér. Merid.* Prenda de vestir para abrigar que se pone sobre la camisa y cubre el pecho, la espalda y los brazos. SIN. **jersey, suéter, tricota, pulóver.**

chompipe *m. Amér. C.* Ave gallinácea originaria de América del Norte, cuyo macho tiene verrugas rojas en la cabeza y puede enderezar las plumas de la cola. SIN. **pavo, guajolote.**

chongo *m. 1. Guat.* Rizo de pelo. *2. Méx.* Peinado de mujer que se hace enrollando muy bien el cabello y sujetándolo en lo alto de la cabeza. *3. pl. Méx.* Dulce típico preparado con leche cuajada, azúcar y canela. *4.* loc. *Méx.* **Agarrarse del ~,** pelearse dos personas: *Esas dos niñas se agarraron del chongo porque querían jugar con la misma muñeca.*

chono *adj./m.* y *f.* Pueblo amerindio que habitó el archipiélago de los Chonos, en Chile.

chopo *m.* Árbol de tronco gris que en invierno pierde sus hojas: *El camino rodeado de chopos está cubierto de hojas secas porque es invierno.* SIN. **álamo.**

choque *m.* Encuentro violento entre dos cosas, personas o ejércitos: *El choque de trenes fue una desgracia terrible, mucha gente salió lastimada.* SIN. **colisión, impacto.**

choque *m.* En medicina, estado de confusión mental que se produce por haber recibido un golpe o una impresión fuerte: *Cuando supo que su marido había muerto, Rosario tuvo un choque nervioso.* SIN. **conmoción.**

chorcha *f. Méx.* Reunión alegre de amigos que se juntan para charlar. SIN. **plática.**

chorear *vb.* [tr., intr. y prnl.] *1. Chile.* No dejar que alguien esté tranquilo. SIN. **molestar, fastidiar.** *2. Méx. Fam.* Hablarle mucho a alguien para convencerlo de algo.

chorizo *m. 1.* Pedazo de tripa rellena de carne de cerdo picada y adobada: *Los chorizos tienen forma alargada y se comen acompañados con pan, mezclados con huevo o en guiso. 2. Argent., Par.* y *Urug.* Carne ubicada a cada lado del espinazo de las reses.

chorlito *m. 1.* Ave de patas largas y delgadas, con pico recto: *Los chorlitos viven en las costas y hacen sus nidos en el suelo. 2.* loc. **Cabeza de ~,** persona distraída o de poca inteligencia: *Mi hermano es una cabeza de chorlito que siempre se deja engañar por sus amigos.*

choro *m. Méx. Fam.* Discurso largo que se le dice a una persona para convencerla de algo.

choro, ra *adj./m.* y *f. 1. Chile. Fam.* Se dice de la persona valiente y decidida. *2. Chile.* Persona que roba. SIN. **ladrón.**

chorote *m. 1. Colomb.* Vasija de barro. *2. Cuba.* Chocolate o bebida muy espesa.

chorreado, da *adj. Amér.* Se aplica a lo que está sucio porque le ha caído encima algún líquido o pasta que se ha escurrido hasta secarse. SIN. **sucio.**

chorrear *vb.* [intr.] Caer un líquido formando chorros: *Llegamos tan mojados por la lluvia que nuestras ropas chorreaban.*

chorrillo *m. 1.* Salida continua de un líquido: *El jardinero dejó la manguera con un chorrillo abierto para que el huerto se mojara bien. 2. Méx. Fam.* Salida continua y abundante de excremento líquido debido a un trastorno intestinal. SIN. **diarrea.**

chorro *m. 1.* Líquido o gas que sale o cae con fuerza y continuidad: *Verónica está mirando el chorro de agua que sale de la fuente. 2.* loc. pl. **A ~,** de manera abundante: *Mi tío tenía dinero a chorros y vivía en una casa muy grande.* SIN. **mucho.**

chotear *vb.* [tr. y prnl.] *Fam.* Burlarse de alguien: *Sus amigos chotearon a Ignacio porque tenía la marca de un beso en la mejilla.*

choto, ta *adj. Argent.* y *Urug. Vulg.* Se aplica a lo que es feo o está mal hecho y también a la persona que tiene mala intención. SIN. **chafa.**

choto, ta *m.* y *f.* Cría de la cabra mientras mama: *En el rebaño hay tres chotos, siete chivos y diez cabras.*

choza *f.* Casa pequeña y rústica, con paredes de madera y techo de paja: *En esa isla la gente vive en chozas que construye con los materiales que hay en el lugar.* SIN. **cabaña.**

choznо, na *m.* y *f. 1.* Lo que es respecto a una persona el papá o la mamá de su tatarabuelo o tatarabuela: *Son raras las familias en las que los niños tienen choznos que todavía viven. 2.* Lo que es respecto a una persona el hijo o hija de un tataranieto o tataranieta: *El hijo de mi tataranieto será mi chozno.*

chubasco *m.* Lluvia fuerte, con mucho viento, que dura poco tiempo: *En los países tropicales suelen caer chubascos durante el verano.* SIN. **chaparrón, aguacero.**

chuchería *f. 1.* Bocado ligero que se come para calmar el apetito cuando todavía no llega la hora de la comida: *Por comer chucherías, a la hora de la cena Damián ya no tenía apetito.* SIN. **dulce, golosina. 2.** Cosa sin mucho valor, pero bonita. SIN. **baratija, bagatela, fruslería.**

chucho *m. 1. Amér.* Fiebre intermitente. *2. Amér. C.* y *Amér. Merid.* Estremecimiento, escalofrío. *3. Argent.* y *Urug. Fam.* Miedo.

chucho, cha *m.* y *f. Fam.* Perro: *"¡Alguien haga callar a ese chucho que no deja de ladrar!"* SIN. **can.**

chueco, ca *adj. 1.* Se aplica al que tiene las puntas de los pies torcidas hacia adentro: *Daniel es chueco, usa zapatos especiales que le ayudan a pisar bien. 2.* Se refiere a lo que está torcido: *El niño todavía no sabe cortar con tijeras y cuando lo intenta, el corte le sale chueco. 3. Méx.* Se dice de lo que es injusto o tramposo.

chufa *f.* Planta que crece en los lugares húmedos, de raíz comestible y dulce.

chulada *f. Méx.* Lo que es bonito o agradable. SIN. **belleza.**

chulear *vb.* [tr.] *Méx.* Decir piropos a alguien o elogiar algo. SIN. **piropear, halagar.**

chuleta *f.* Costilla de ternera, carnero o cerdo, cubierta de carne: *"¿Quieres comer chuletas de ternera con puré de papas, o prefieres otra cosa?", me preguntó Maura.*

chuleta *f. Esp.* Entre estudiantes, pequeño papel con información, que se lleva oculto para copiar en los exámenes: *El maestro me sorprendió con una chuleta y ahora me pondrá una mala nota.* SIN. **acordeón.**

chulo, la *adj. Méx., Hond.* y *Guat.* Se aplica a lo que es bonito o agradable. SIN. **lindo, bello, precioso.**

chumbera *f.* Planta de la familia de los cactos, con hojas carnosas cubiertas de espinas que tiene por fruto el higo chumbo o tuna: *El fruto de la* **chumbera** *tiene espinas, pero su interior es dulce y jugoso.* SIN. **nopal.**

chunches *m.* pl. *Amér. C. y Méx.* Cosas, cachivaches.

chunga *f. Fam.* Broma, burla: *Ellos se están tomando a* **chunga** *todo lo que hace Ramón y por eso ríen tanto.* SIN. **pitorreo, guasa.**

chupada *f.* Hecho de sacar el jugo o la substancia de algo apretando con los labios y la lengua: *El elefantito recién nacido pronto le dio unas cuantas* **chupadas** *a la teta de su madre.* SIN. **succión, chupetón.**

chupado, da *adj. Fam.* Se dice de la persona muy flaca o que está muy dormida ni comido bien: *Tiene el rostro* **chupado** *porque no ha dormido ni comido bien.*

chupamirto *m. Méx.* Ave muy pequeña, generalmente de color verde y azul, de pico largo y redondo como un tubo pequeño, que puede quedarse suspendida en un punto del aire gracias a que agita sus alas a gran velocidad. SIN. **colibrí, picaflor.**

chupar *vb.* {tr., intr. y prnl.} **1.** Sacar o atraer con los labios el jugo o la substancia de una cosa: *Los dos amigos solían pasar las tardes* **chupando** *naranjas sentados en lo alto del muro.* SIN. **succionar, sorber, mamar. 2.** Absorber líquido un cuerpo sólido o el aire por un tubo: *La aspiradora* **chupa** *toda la tierra que está en la alfombra.* SIN. **absorber, aspirar. 3.** Humedecer o tocar una cosa con la lengua: *Los helados se* **chupan.** SIN. **lamer. 4.** Ponerse flaca una persona: *La pobre enferma se* **fue chupando** *hasta quedar demasiado delgada.* SIN. **adelgazar. 5.** *Amér. Fam.* Beber bebidas alcohólicas. SIN. **tomar. 6.** loc. Estar algo para ~ los dedos, ser un alimento delicioso. **7.** loc. *Méx. Fam.* ~ faros, morir.

chupe *m.* **1.** *Chile y Perú.* Guiso hecho a base de papas cocidas con huevo, carne o pescado, queso, ají o chile, tomate y condimentos. **2.** *Méx. Fam.* Cualquier bebida alcohólica.

chupete *m.* Objeto en forma de pezón femenino que se da a chupar a los niños pequeños: *El niño ya tiene cuatro años y todavía usa* **chupete.** SIN. **chupón.**

chupetear *vb.* {intr.} Chupar muchas veces algo: *Rosana* **chupeteaba** *un dulce mientras miraba un programa de televisión.*

chupetón *m.* Hecho de sacar con mucha fuerza el jugo o la substancia de algo apretando con los labios y la lengua: *El bebé daba fuertes* **chupetones** *al biberón porque no salía la leche.* SIN. **chupada.**

chupón *m.* Objeto en forma de pezón femenino que se da a chupar a los niños pequeños: *Hay madres que creen que si sus bebés usan* **chupón,** *después no se chuparán el dedo.* SIN. **chupete.**

churrasco *m. Amér. Merid.* Carne asada al carbón.

churrería *f.* Establecimiento donde se hacen y se venden churros: *Hacía mucho que no íbamos a la* **churrería** *a tomar chocolate con churros.*

churrero, ra *m. y f.* Persona que hace o vende churros: *El* **churrero** *lleva una canasta llena de churros para vender.*

churrigueresco, ca *adj.* Se refiere a un estilo de arquitectura sobrecargado de adornos que se dio en Europa a principios del siglo XVIII: *El estilo* **churrigueresco** *debe su nombre al arquitecto Churriguera.*

churro *m.* **1.** Masa de harina y agua, de forma alargada, frita en aceite y bañada de azúcar: *David compró*

una docena de **churros** *y fue a visitar a su novia; esperaba que ella lo invitara a tomarlos con chocolate caliente.* **2.** *Fam.* Casualidad favorable: *Llegamos tan tarde a la estación, que fue un* **churro** *que alcanzáramos el tren.* **3.** *Méx.* Filme largo y de mala calidad.

churruscarse *vb. irreg.* {prnl.} Modelo 17. Empezar a quemarse una cosa: *Algo se* **ha churruscado,** *aquí huele a quemado.* SIN. **chamuscarse.**

churumbel *m. Esp. Fam.* Niño.

chusco, ca *adj.* Se dice de lo que tiene gracia y picardía: *La obra de teatro tuvo varias escenas* **chuscas** *y el público se rió mucho.* SIN. **gracioso.**

chusma *f. Desp.* Conjunto de mucha gente, en especial grosera o vulgar.

chusmear *vb.* {intr.} *Argent. y Urug. Fam.* Hablar o curiosear sobre los asuntos de los demás. SIN. **chismorrear, husmear.**

chutar *vb.* {tr., intr. y prnl.} Palabra de origen inglés. **1.** En el fútbol, golpear con fuerza el balón con el pie: *El entrenador de fútbol ha contratado a ese jugador porque* **chuta** *muy bien.* **2.** *Méx. Fam.* Soportar algo de principio a fin. SIN. **aguantar, soplarse.**

chuza *f. Chile y Méx.* En el juego de los bolos, tiro que derriba todos los pinos de una sola vez.

cian *adj./m.* Se refiere a un tono de color azul intenso: *En esta pintura, el mar tiene un color azul* **cian.**

cianuro *m.* Sal venenosa que se obtiene del ácido cianhídrico, también conocido como ácido prúsico: *El* **cianuro** *es un veneno muy fuerte.*

ciática *f.* Dolor intenso del nervio ciático: *El abuelo tiene* **ciática** *y le duele mucho la pierna.*

ciático, ca *adj.* **1.** Relativo a la cadera: *Por el agujero* **ciático** *pasa un nervio desde el hueso sacro hacia las piernas.* **2.** Se aplica al nervio que nace en la cadera y recorre los músculos del muslo y de la pierna: *El nervio* **ciático** *es uno de los más grandes del cuerpo humano y es casi tan grueso como un dedo pulgar.*

ciberespacio *m.* Espacio percibido a partir de un entorno de realidad virtual.

cibernética *f.* Ciencia que estudia los mecanismos de transmisión y control tanto en las máquinas como en los seres vivos.

cibernético, ca *adj.* Relativo a la ciencia que estudia los mecanismos de transmisión y control tanto en las máquinas como en los seres vivos: *Los sistemas de computación son productos* **cibernéticos.**

cibernético, ca *m. y f.* Especialista en cibernética: *En la facultad de ciencias un* **cibernético** *dará una conferencia sobre los satélites artificiales.*

cicatear *vb.* {intr.} *Fam.* Acumular bienes y riquezas sin darles uso ni compartirlas: *Es increíble que en esa casa* **cicateen** *la comida cuando todo el mundo sabe que tienen mucho dinero.* ANT. **compartir, dar.**

cicatería *f.* Acumulación de bienes y riquezas que no se comparten con los demás: *Ese hombre rico murió debido a su* **cicatería,** *porque estaba enfermo y no quiso pagarle a un médico para que lo curara.* SIN. **mezquindad, avaricia.** ANT. **generosidad.**

cicatero, ra *adj./m. y f.* Se aplica a la persona que acumula bienes y riquezas en gran cantidad y no las usa ni las comparte: *"No seas* **cicatero,** *ya vi que tienes dinero y no quieres invitarme un helado", le dije a mi hermano.* SIN. **avaro, tacaño, mezquino.** ANT. **generoso.**

cicatriz f. Señal que queda en la piel después de que se ha curado una herida: *Esa cicatriz me quedó desde que me operaron del apéndice.* Sin. **marca.**

cicatrización f. Hecho de cerrarse una herida: *La cicatrización fue rápida porque el enfermo mantuvo limpia y ventilada su herida.* Sin. **curación.**

cicatrizante adj. Se aplica a lo que ayuda a que una herida cierre de forma rápida: *El médico le recetó una pomada cicatrizante para curar la herida.*

cicatrizar vb. irreg. {tr., intr. y prnl.} **Modelo 16.** Cerrar o curarse una herida o llaga: *No se preocupe, si cosemos esta herida va a cicatrizar en pocos días.* Sin. **sanar, curar, secar.** Ant. **herir, sangrar.**

cicerone m. y f. Persona que enseña y explica a otras las curiosidades de un lugar: *Como Gonzalo ya ha venido muchas veces a las pirámides, anda de cicerone explicándoles a todos lo que sabe.* Sin. **guía, acompañante, intérprete.**

cíclico, ca adj. Se aplica a lo que comienza de nuevo, en un orden específico, una vez que ha terminado de suceder: *Los planetas siguen una trayectoria cíclica en su movimiento alrededor del Sol.* Sin. **periódico, regular, constante.** Ant. **irregular, variable.**

ciclismo m. Ejercicio y deporte que se practica con la bicicleta: *Daniel y sus amigos practican ciclismo: todas las mañanas andan en bicicleta durante dos horas.*

ciclista adj. Relativo al deporte que se practica en bicicleta: *Cerraron las calles porque habrá una carrera ciclista.*

ciclista m. y f. Persona que anda en bicicleta o que se dedica al deporte de andar en bicicleta: *Los ciclistas aficionados sólo salen a pedalear poco tiempo durante la semana, mientras que los profesionales entrenan todos los días durante varias horas.*

ciclo m. **1.** Sucesión de periodos o fenómenos que se repiten en un orden determinado: *El ciclo de las estaciones comprende la primavera, el verano, el otoño y el invierno.* Sin. **lapso, etapa. 2.** Sucesión de hechos que forman un todo: *El ciclo del embarazo dura nueve meses en el ser humano.* **3.** Cada una de las partes en que están divididos los planes de estudio escolar: *Todos los años comienza un nuevo ciclo escolar y los alumnos pasan a un grado más alto.* **4.** Serie de actos culturales relacionados entre sí: *Ha iniciado un ciclo de cine latinoamericano en el que habrá filmes de Argentina, Brasil, México, Cuba y otros.*

ciclón m. Tormenta con vientos y lluvias muy fuertes que gira en grandes círculos: *A cada ciclón se le pone un nombre de persona para distinguirlo, y algunos son tan fuertes que destrozan casas, levantan automóviles y tumban árboles.* Sin. **huracán, vendaval, tifón.**

cíclope o **ciclope** m. Gigante que, según la mitología griega, tenía un solo ojo en medio de la frente: *Los cíclopes eran herreros que forjaban los rayos del dios Zeus.*

ciclostil o **ciclostilo** m. Aparato que sirve para copiar muchas veces un escrito o dibujo.

cicuta f. Planta venenosa parecida al perejil: *La cicuta crece entre los escombros de los edificios abandonados y a los lados de los caminos, tiene pequeñas flores blancas agrupadas en ramilletes.*

cidra f. Fruto del cidro: *La cidra se parece a un limón muy grande, tiene cáscara amarilla y gruesa.*

cidro m. Árbol que no pierde sus hojas en otoño, de tronco liso y flores encarnadas y olorosas, su fruto es la cidra.

ciego m. Parte inicial del intestino grueso: *El ciego se encuentra entre el íleon y el colon.*

ciego, ga adj. **1.** Aplicado a un tubo que no tiene salida o a un muro que no tiene aberturas o huecos: *En ese edificio abandonado todas las ventanas ciegas daban a un jardín.* **2.** Se aplica a la persona que no piensa claramente porque se encuentra enojada o confundida: *El hombre, ciego de ira, persiguió al ladrón sin pensar en que éste lo lastimaría con su navaja.* Ant. **razonable, comprensivo.**

ciego, ga adj./m. y f. **1.** Se refiere a la persona que tiene un defecto en los ojos y no puede ver: *El hombre ciego usa un bastón para poder caminar.* Sin. **invidente. 2.** Se dice de la persona que no ve algo evidente: *Está ciego de amor y no se da cuenta de que ella no lo quiere.*

cielo m. **1.** Espacio infinito que vemos desde la Tierra y que limita el horizonte. Sin. **firmamento.** Ant. **tierra. 2.** Lugar donde reside la Divinidad y las almas de los justos después de su muerte. *El cielo es un lugar donde no existe el sufrimiento.* Sin. **gloria.** Ant. **infierno. 3.** Palabra cariñosa dirigida a una persona: *"Cielo, tú eres mi amor, te quiero mucho", le dije a mi novio.*

ciempiés m. Animal pequeño, de cuerpo alargado formado por anillos, provisto de numerosas patas: *Los ciempiés viven en la tierra, bajo las piedras o en lugares obscuros y húmedos.*

cien adj. Diez veces diez: *Tengo cien libros en mi librero.* Sin. **centena, ciento.**

ciénaga f. Lugar lleno de cieno o lodo: *Para cruzar la ciénaga usamos botas de caucho o hule, pero de todas maneras nos llenamos de barro.* Sin. **lodazal, pantano, barrizal.**

ciencia f. **1.** Conocimiento cierto de las cosas por sus principios y causas: *Los avances de la ciencia se deben al estudio y la experiencia acumulados a través del tiempo.* **2.** Conjunto de conocimientos sobre un tema, organizados de acuerdo a un método: *La biología y la medicina son ciencias.* Sin. **disciplina, teoría. 3.** Conjunto de conocimientos que alguien tiene: *El investigador es un hombre de ciencia que ha descubierto nuevos medicamentos.* Sin. **erudición, cultura, sabiduría.** Ant. **ignorancia, incultura. 4.** pl. Conjunto de disciplinas basadas fundamentalmente en el cálculo matemático y la observación de la naturaleza: *Las matemáticas, la física y la química corresponden al área de ciencias.* **5.** loc. **A ~ cierta,** con seguridad: *Felipe no sabe a ciencia cierta qué carrera elegir para estudiar.* **6.** loc. **~ ficción,** literatura que habla de supuestos adelantos de la ciencia o de la vida en el futuro: *Con algunas historias de ciencia ficción se han hecho filmes entretenidos, por ejemplo con algunos libros de Julio Verne.* **7.** loc. pl. **~ exactas,** matemáticas: *Enrique estudió la carrera de ciencias exactas porque le gustan mucho las matemáticas.*

cieno m. Lodo que se forma en el fondo de los ríos, lagos, etc.: *Cuando el río Nilo se desborda deja una capa de cieno que fertiliza la tierra.* Sin. **barro, fango, limo.**

científico, ca adj. Relativo al conocimiento cierto de las cosas por sus principios y sus causas: *Los avances científicos han permitido que el hombre llegue a la Luna.*

científico, ca *m.* y *f.* Aplicado a la persona que se dedica a la investigación científica: *Andrés es un científico que trabaja en el departamento de astronomía de la Universidad.*

ciento *adj./m.* **1.** Conjunto formado por cien unidades: *Cientos de personas hacían fila para entrar al cine a ver un filme muy famoso.* SIN. **centenar. 2.** Número 100: *Diez veces diez es un ciento.*

ciernes. En ~, loc. En potencia, en el inicio: *La construcción de la casa todavía se encuentra en ciernes, el arquitecto dijo que hasta dentro de seis meses podremos mudarnos a ella.*

cierre *m.* **1.** Hecho de cerrar: *El cierre del estadio se debe a que lo están remodelando.* SIN. **clausura.** ANT. **apertura. 2.** Lo que sirve para cerrar: *Este frasco tiene un cierre hermético para conservar lo que se guarda en su interior.* **3.** Accesorio que se cose en las prendas de vestir formado por dos partes de tela con una serie de dientes de metal o plástico que, al mover una pieza que corre sobre ellos, se encajan o se desencajan para cerrar o abrir: *Ya casi no hay pantalones de hombre que lleven botones, la mayoría llevan cierres.* SIN. **cremallera. 4.** Unión de las partes de una cosa para que no se vea su interior: *A Pamela se le dificultó el cierre del paraguas porque el viento se lo impedía.* **5.** Fin de algo que se ha estado haciendo: *Celebramos el cierre de cursos con un festival en el patio de la escuela.* SIN. **término, interrupción, cese.** ANT. **apertura, inicio.**

cierto *adv.* **1.** Sí, con certeza: *¿Papá, verdad que hoy iremos al zoológico? –Cierto, hijo.* **2.** loc. **Por ~,** ahora que me acuerdo: *Por cierto, tengo que decirte algo importante ahora porque después se me podría olvidar.* **3.** loc. **Saber algo de ~,** estar seguro de algo: *Si no lo sabes de cierto, es mejor que no digas nada porque podrías perjudicarte, aconsejó mi madre.*

cierto, ta *adj.* **1.** Se dice de lo que no se puede poner en duda porque es verdadero o seguro: *"Debes creerle a tu madre cuando te dice que es importante que te cuides, pues es cierto."* SIN. **verídico. 2.** Alguno: *Tengo ciertas dudas acerca de qué carrera quiero estudiar.* ANT. **ninguno.**

ciervo, va *m.* y *f.* Animal mamífero de cuerpo esbelto y pelo color pardo rojizo, que se alimenta de hierbas: *Los ciervos tienen en la cabeza un par de cuernos largos con forma de ramas; las ciervas no tienen cuernos.* SIN. **venado, gamo.**

cifra *f.* **1.** Cada uno de los signos con que se representan los números: *Tanto el 1 como el 221 son cifras.* **2.** Una cantidad: *Era sorprendente la alta cifra de accidentes ocurridos durante ese año.* SIN. **número. 3.** Escritura secreta: *Ese papel estaba escrito en cifra, así que no pudimos entender el mensaje.* SIN. **clave.**

cifrar *vb.* [tr. y prnl.] **1.** Escribir en clave: *El experto en claves secretas cifró un documento para que sólo su cómplice pudiera entenderlo.* ANT. **descifrar. 2.** Reducir a una sola cosa: *El padre cifraba todos sus proyectos en su único hijo.* SIN. **resumir.**

cigarra *f.* Insecto de color amarillo verdoso o pardo grisáceo que produce un sonido estridente y monótono: *El sonido agudo de las cigarras se escucha en las noches de verano.* SIN. **chicharra.**

cigarrera *f.* Caja en la que se llevan o se guardan los cigarros o puros: *Emilio tiene una cigarrera de plata que compró su abuelo cuando visitó Cuba.* SIN. **pitillera, petaca, cajetilla.**

cigarrería *f. Amér.* Tienda en la que se vende tabaco: *En la cigarrería venden puros, cigarrillos, cigarreras, pipas y otros artículos para fumadores.*

cigarrillo *m.* Cilindro pequeño y delgado de papel de arroz, relleno de tabaco picado: *Fumar muchos cigarrillos al día puede causar enfermedades graves.* SIN. **cigarro.**

cigarro *m.* **1.** Rollo grueso y largo de hojas de tabaco para fumar: *En Cuba se elaboran los cigarros más famosos del mundo.* SIN. **habano, puro. 2.** Cilindro pequeño y delgado de papel de arroz, relleno de tabaco picado: *El humo del cigarro hace que se irriten mis ojos.* SIN. **cigarrillo.**

cigoto *m.* Célula que resulta de la fecundación y de la cual crecerá el nuevo ser vivo: *Cuando el espermatozoide fecunda al óvulo se forma el cigoto.* SIN. **huevo.**

cigüeña *f.* Ave grande que llega a medir más de dos metros, de cuerpo blanco y alas negras, su pico y sus patas son muy largas: *Las cigüeñas migran en invierno hacia las zonas cálidas.*

cigüeñal *m.* Pieza del motor que transforma el movimiento recto en circular: *El cigüeñal hace que gire la rueda.*

cilantro *m.* Hierba aromática, medicinal y comestible, de hoja pequeña y verde obscuro.

ciliado, da *adj./m.* pl. Relativo a los microorganismos y células que tienen filamentos o cilios: *Los microorganismos ciliados sólo pueden verse a través de un microscopio.*

cilindrada *f.* Capacidad de los cilindros de un motor de explosión: *Ese automóvil tiene un motor de gran cilindrada, por eso es tan potente.*

cilíndrico, ca *adj.* Relativo a lo que tiene forma de tubo o cilindro: *Puse a congelar un vaso con agua y se formó un hielo cilíndrico.*

cilindro *m.* **1.** Cuerpo geométrico que tiene forma de tubo. SIN. **rollo, tubo. 2.** Pieza de un motor de explosión en cuyo interior se mueve un pistón que controla el flujo de combustible.

cilio *m.* Especie de hilo delgado que tienen ciertos protozoos: *Los cilios, vistos al microscopio, parecen pelitos delgados que rodean a los microorganismos que los tienen.*

cima *f.* **1.** Parte más alta de algunas cosas, especialmente de una montaña: *En la cima de esa montaña hay un mirador desde donde se ve toda la ciudad.* SIN. **cúspide, cumbre, pico.** ANT. **base, falda, fondo. 2.** Momento o lugar más alto de un proceso: *El médico estaba en la cima de su carrera, tenía muchos pacientes y era reconocido por todos sus colegas.* SIN. **apogeo, cumbre.**

cimarrón, na *adj.* Se aplica al animal doméstico que se vuelve salvaje: *En la llanura había una manada de caballos cimarrones y no dejaban que alguien se les acercara.* SIN. **montaraz, montés.**

címbalos *m.* pl. Instrumento musical de percusión formado por dos platillos de metal que se tocan golpeándolos entre sí o golpeando uno de ellos con una baqueta: *Los címbalos dan un sonido metálico.*

cimbrar o **cimbrear** *vb.* [tr. y prnl.] Hacer vibrar un objeto flexible: *Aunque parecen sólidos, el terremoto cimbró los edificios de la ciudad.*

cimbreante *adj.* Se aplica a lo que vibra con facilidad por ser delgado y flexible: *El caminar* **cimbreante** *de mi abuela mostraba las consecuencias de su enfermedad.*

cimentar *vb. irreg.* [tr.] **Modelo 3.** *1.* Construir la base sobre la cual se levantará un edificio o casa: *Ese edificio se cayó porque lo* **cimentaron** *mal.* Sin. **basar, asentar, apoyar.** *2.* Establecer los principios sobre los que se desarrollará algo: **Cimentaremos** *nuestra amistad en el respeto mutuo y así evitaremos muchos conflictos.* Sin. **fundar, consolidar, crear.**

cimiento *m.* *1.* Parte del edificio que está debajo de la tierra y que lo sostiene: *Los albañiles ya construyeron los* **cimientos** *de la nueva casa, ahora comenzarán a levantar las paredes.* Sin. **basamento, fundamento.** *2.* Principio y raíz de algo: *La escuela primaria es el* **cimiento** *de una buena educación posterior.* Sin. **base.**

cimitarra *f.* Sable curvo que usan los pueblos orientales: *El jefe árabe tenía una* **cimitarra** *muy afilada.*

cinc o **zinc** *m.* Elemento metálico de número atómico 30 y símbolo Zn: *El* **cinc** *es un metal de color blanco con tonos azules que se emplea en aleaciones con otros metales.*

cincel *m.* Herramienta que consta de un mango con punta de metal rematada en un filo plano y corto, que se usa para labrar piedras y metales: *La punta del* **cincel** *se apoya en la piedra y con el martillo se le golpea por atrás, de este modo se puede esculpir.*

cincelar *vb.* [tr.] Darle forma a un material valiéndose de un cincel: *Ese artista* **ha cincelado** *una de las esculturas más hermosas de todos los tiempos.* Sin. **esculpir, labrar.**

cincha *f.* Faja con que se asegura la silla sobre la cabalgadura: *Se rompió la* **cincha** *mientras el jinete galopaba y por eso se cayó al suelo.* Sin. **cincho.**

cinchar *vb.* [intr.] *Argent.* y *Urug. Fam.* Trabajar con esfuerzo.

cincho *m.* *Chile* y *Méx.* Banda de cuero que se amarra por debajo del vientre del caballo. Sin. **cincha.**

cinco *adj./m.* *1.* Número que resulta de sumar 4 y 1: *El signo que representa al* **cinco** *es 5.* *2. loc.* **No tener un ~,** no tener dinero: *No puedo ir de vacaciones porque* **no tengo un cinco.**

cincuenta *adj./m.* Número que resulta de sumar 49 y 1: *El signo que representa al* **cincuenta** *es 50.*

cine *m.* *1.* Local destinado a la proyección de filmes o películas: *Fui al* **cine** *que está en la esquina de mi casa y vi un filme de terror.* *2.* Técnica y arte de hacer filmes: *Mi hermano estudia* **cine** *y como examen final tiene que hacer un filme corto.*

cinemática *f.* Parte de la mecánica que estudia el movimiento, independientemente de las fuerzas que lo producen.

cinematografía *f.* Arte de realizar filmes.

cinética *f.* Parte de la mecánica que trata del movimiento.

cingalés, sa *adj./m.* y *f.* De Sri Lanka, país de Asia Meridional.

cíngaro, ra *adj./m.* y *f.* Gitano.

cínico, ca *adj./m.* y *f.* Se dice de quien no tiene vergüenza, que es descarado: *Héctor es un* **cínico** *y no le importa que se descubran todas sus mentiras.*

cinismo *m.* Falta de vergüenza: *Me molesta el* **cinismo** *de Ana, ya es la segunda vez que la oigo hacer promesas que después no cumple.*

cinta *f.* *1.* Tira larga y estrecha de material flexible: *Carolina se recogió el pelo con una* **cinta** *porque tenía mucho calor.* *2.* Tira flexible de un material que sirve para grabar sonidos o imágenes: *Pusimos la* **cinta** *en la grabadora y grabamos los balbuceos del bebé.* Sin. **casete.** *3. loc.* **~ métrica,** tira larga y flexible con los centímetros y milímetros marcados y que sirve para medir: *Renata midió la ventana con la* **cinta métrica** *para saber cuánta tela necesitaba para las cortinas.*

cintillo *m.* *1. Chile.* Diadema. *2. Colomb.* Cinta elástica que se usa para sujetar el cabello.

cinto *m.* Faja para ceñir la cintura. Sin. **cinturón.**

cintura *f.* *1.* Parte del cuerpo humano entre el tórax y las caderas: *Andrea tiene una* **cintura** *muy delgada, así que siempre tiene que usar cinto para que no se le caigan los pantalones.* *2.* Parte de las prendas de vestir que corresponde a la cintura del cuerpo: *Le pedí a la costurera que hiciera un poco más ancha la* **cintura** *del pantalón, porque me aprieta.*

cinturón *m.* Tira de cuero o de tejido fuerte que sujeta las prendas de vestir en el talle o cintura: *Me compré un* **cinturón** *negro de piel, con hebilla plateada.*

cipe *adj.* *C. Rica, Hond.* y *Salv.* Dícese del niño enfermizo.

cipote *m.* *1. Hond., Nicar.* y *Salv.* Muchacho. *2. Esp. Vulg.* Pene.

circo *m.* *1.* Espectáculo en que intervienen acróbatas, payasos y domadores: *Los trapecistas del* **circo** *son muy buenos y su participación fue lo más emocionante de todo el espectáculo.* *2.* Lugar donde se representa este espectáculo: *Fuimos al* **circo** *que se instaló sobre las canchas deportivas que están cerca del parque central.* *3.* En la antigua Roma, lugar destinado a espectáculos públicos.

circonio o **zirconio** *m.* Metal gris de símbolo Zr, número atómico 40, parecido al titanio y al silicio.

circuito *m.* *1.* Terreno con curvas, donde se realizan carreras: *En la carrera del próximo domingo, los autos recorrerán un* **circuito** *de diez kilómetros.* *2.* En física, conjunto de cables por donde circula la corriente eléctrica.

circular *adj.* De figura en forma de círculo: *Me compré unos platos que, en lugar de tener la clásica forma* **circular,** *son cuadrados.*

circular *f.* Escrito dirigido a varias personas para notificar algo: *El gerente envió una* **circular** *para notificar las fechas de vacaciones oficiales.*

circular *vb.* [intr.] *1.* Moverse, transitar: *Los autos* **circulan** *más rápidamente en la carretera que en la ciudad.* *2.* Correr o pasar una cosa de una persona a otra: **Circuló** *la noticia del próximo casamiento de los dos actores de teatro.*

circulatorio, ria *adj.* Relativo a la circulación: *Mi papá fue con el médico porque tiene problemas* **circulatorios.**

círculo *m.* *1.* Superficie curva a la que delimita una circunferencia: *Los discos son* **círculos** *hechos con materiales en los que se puede grabar música.* *2.* Superficie en forma circular: *Un tonel tiene dos* **círculos,** *uno en cada una de sus bases.* *3.* Casino, asociación: *Pertenezco a un* **círculo** *deportivo que se reúne los fines de semana.* *4. loc.* **~ vicioso,** situación que no puede resolverse porque lo que origina el problema es al mismo tiempo su consecuencia: *Me siento en un* **círculo**

so: no me dan trabajo porque me falta experiencia, y no tengo experiencia porque no me dan trabajo.

circuncisión f. Operación que consiste en seccionar el prepucio: Al niño le hicieron la **circuncisión** porque el médico dijo que era una manera de evitar infecciones.

circundar vb. (tr.) Cercar, rodear: Los policías **circundaron** la joyería para evitar que se escaparan los ladrones.

circunferencia f. Línea curva cerrada, cuyos puntos están a la misma distancia del centro: Un anillo es una **circunferencia**.

circunflejo, ja adj. Relativo al acento que se representa como un ángulo con el vértice hacia arriba (^): En el idioma francés se usa el acento **circunflejo**, por ejemplo con la palabra francesa "fenêtre", que significa ventana.

circunloquio m. Modo de expresar algo por medio de rodeos: Eliseo habla con puro **circunloquio** en lugar de hacerlo directamente y eso me desespera.

circunscribir vb. (tr. y prnl.) **1.** Reducir a ciertos límites: "Deben **circunscribir** su trabajo de historia a la Segunda Guerra Mundial, que solamente estudien los años 1939 a 1945", nos dijo el profesor. **2.** Trazar una figura de modo que otra quede dentro de ella: El pintor Leonardo da Vinci hizo una ilustración muy famosa en la que la figura de un hombre **se circunscribe** en un círculo.

circunspecto, ta adj. Prudente: Lo vi caminar por la sala con las manos enlazadas atrás de la espalda y la actitud **circunspecta**, por eso pensé que debía tener algún problema.

circunstancia f. **1.** Situación o hecho que puede influir en una persona o cosa: Creo que haber estudiado y mi gusto por la materia son **circunstancias** que me ayudarán a aprobar el examen. SIN. **condición. 2.** Situación que acompaña a un hecho.

circunstancial adj. Que no es esencial, determinante o común: Es **circunstancial** que la maestra no haya venido hoy, pues nunca falta.

circunvolución f. Vuelta de alguna cosa alargada: El cerebro humano tiene muchas **circunvoluciones** y por eso se ve como si estuviera enredado.

cirílico, ca adj. Dícese del alfabeto usado en el idioma ruso y otras lenguas eslavas.

cirio m. Vela de cera, larga y gruesa: En la iglesia había **cirios** encendidos delante de la imagen de la Virgen.

cirquero, ra adj. **1.** Relativo al circo. **2.** Argent. Fam. Extravagante, histriónico.

cirquero, ra m. y f. Amér. Persona que trabaja en un circo: Los **cirqueros** siempre están viajando de una ciudad a otra.

cirro m. Nube blanca y alta, que tiene la forma de rizos de cabellos.

cirrosis f. Enfermedad en la que un órgano, en especial el hígado, se va destruyendo poco a poco: Es común que las personas que toman mucho alcohol se enfermen de **cirrosis**.

ciruela f. Fruta redonda, de color amarillo o rojo, producida por el ciruelo.

ciruelo m. Árbol frutal, de tamaño pequeño y flor blanca, que produce las ciruelas.

cirugía f. Parte de la medicina que cura mediante operaciones, en las que el paciente es intervenido con diversos instrumentos, entre ellos el bisturí.

ciruja m. y f. Argent. Persona que busca, entre los desperdicios, objetos para vender. SIN. **pepenador**.

cirujano, na m. y f. Médico que ejerce la cirugía: Julia me presentó al **cirujano** que la operó del apéndice.

cisne m. Ave palmípeda blanca o negra, parecida a los patos, pero de cuello largo y flexible: En el parque vi unos **cisnes** que nadaban en el lago.

cisterna f. Depósito en el que se recoge el agua de la lluvia o la que llega de la tubería: En el edificio donde vivo casi nunca falta el agua porque hay una **cisterna** muy grande.

cisticerco m. Larva de la tenia o solitaria que vive en la carne del cerdo y también puede vivir en el hombre: Para evitar tener **cisticercos** hay que cocer muy bien la carne de res y la de cerdo.

cistitis f. Enfermedad que consiste en la inflamación de la vejiga urinaria.

cisura f. Rotura o hendidura delgada o fina: En el piso del baño había siempre agua, y entendí por qué cuando vi una **cisura** en un tubo. SIN. **fisura**.

cita f. **1.** Asignación de día, hora y lugar para el encuentro de dos o más personas: Tengo una **cita** con Julio hoy a las ocho de la noche en la entrada del cine. **2.** Texto de otro autor que un escritor u orador utiliza para apoyar lo que escribe o dice: En mi trabajo sobre la evolución puse **citas** de Darwin.

citar vb. (tr.) **1.** Precisar día, hora y lugar para encontrarse con otra u otras personas: La maestra me **citó** en su oficina el lunes a las diez de la mañana para platicar sobre mi trabajo escolar. **2.** Mencionar a una persona o cosa: En la fiesta de ayer hablaron sobre los insectos y **citaron** un libro de biología.

cítara f. Instrumento musical antiguo parecido a la lira.

citología f. Parte de la biología que estudia la célula.

citoplasma m. Parte de la célula que contiene el núcleo.

cítrico m. Fruta agridulce o ácida: Los **cítricos** como el limón contienen vitamina C, buena para aumentar las defensas del cuerpo.

cítrico, ca adj. Relativo a las frutas que son ácidas: El limón es una fruta **cítrica**.

ciudad f. **1.** Población grande en la que hay muchos edificios, casas y avenidas, y donde vive mucha gente: Hay gente que prefiere la tranquilidad de un pueblo porque no le gusta el ruido y movimiento de las **ciudades**. **2.** Conjunto de edificios que tienen un fin determinado: Guadalupe va todos los días a la **ciudad** universitaria para tomar sus cursos de medicina.

ciudadano, na adj. Relativo a la ciudad: La organización **ciudadana** logró que se hicieran nuevas calles para los peatones.

ciudadano, na m. y f. **1.** Persona que habita en una ciudad. **2.** Persona que tiene ciertos derechos y deberes por pertenecer a un país.

ciudadela f. Fortaleza en el interior de una ciudad: En la **ciudadela** de esa ciudad acaban de abrir un museo.

cívico, ca adj. **1.** Relativo a la ciudad o a los ciudadanos: Todos los años se organiza un acto **cívico** para celebrar el aniversario de la Independencia. **2.** Que se preocupa por mantener buenas condiciones de vida en la ciudad: No tirar basura en la calle es muestra de una actitud **cívica**.

civil adj. **1.** Relacionado con los ciudadanos. **2.** Que no es militar ni eclesiástico: Mis amigos se casaron por

115

la ley **civil** el sábado en la mañana y la semana próxima se casarán por la ley de la Iglesia.

civilización *f.* Conjunto de conocimientos, cultura y formas de vida de un pueblo: *La maestra nos habló de la civilización griega y nos pidió que leyéramos un fragmento de La Ilíada.*

civilizar *vb. irreg.* (tr. y prnl.) **Modelo 16.** *1.* Sacar del estado salvaje o poco desarrollado. *2.* Educar a alguien: *A Luis lo civilizó la escuela, porque era un niño muy huraño y enojón.*

civismo *m.* Cualidad de buen ciudadano: *No molestar a nuestros vecinos es una muestra de civismo.*

cizalla *f.* Instrumento parecido a las tijeras, que sirve para cortar metales.

cizaña *f. 1.* Planta perjudicial para los cultivos: *La cizaña nace entre los cereales y no los deja crecer.* *2.* Discordia, enemistad: *Joel me parece mala persona porque siempre está metiendo cizaña entre los amigos.*

clamar *vb.* (intr.) *1.* Pedir algo con intensidad: *La madre clamó justicia contra el asesino de su hijo.* *2.* Quejarse o pedir ayuda.

clamor *m.* Grito colectivo: *La gente interrumpía al cantante con clamores de entusiasmo.*

clan *m.* Grupo de la misma familia o de personas unidas por un interés común.

clandestino, na *adj.* Secreto, oculto y que se hace contra el orden establecido: *Durante la Segunda Guerra Mundial, en muchos países se organizaron grupos clandestinos para resistir al enemigo.*

clara *f.* Materia transparente que rodea la yema del huevo: *Las claras de huevo se ponen blancas al cocerse.*

claraboya *f.* Ventana en el techo o en la parte alta de una pared: *El arquitecto dijo que la escalera estará iluminada de forma natural por la luz que entrará desde la claraboya.* **SIN. tragaluz.**

clarear *vb.* (tr., intr. e impers.) *1.* Dar claridad: *Esta ventana clarea la habitación.* **SIN. iluminar.** *2.* Empezar a amanecer: *En la casa nos levantamos cuando el día empieza a clarear.* *3.* Irse disipando las nubes: *Parece que el cielo está clareando poco a poco, así que ya no va a llover otra vez.*

claridad *f. 1.* Calidad de iluminado: *Una gran ventana permite que la habitación tenga mucha claridad.* *2.* Orden y sistematicidad en las ideas: *La maestra nos explicó con claridad las reglas del juego, así que todos las entendimos rápidamente.*

clarín *m.* Instrumento musical de viento, parecido a la trompeta, pero más pequeño: *El sonido del clarín es más agudo que el de la trompeta.*

clarinete *m.* Instrumento musical de viento, compuesto por un tubo de madera con agujeros que se cubren con llaves, y con una boquilla con lengüeta: *Los clarinetes y las flautas son instrumentos que suenan gracias al aire que se les sopla.*

clarividencia *f.* Capacidad para percibir algo que otros no perciben.

claro *m.* Espacio que queda entre ciertas cosas: *En aquel bosque hay claros porque han cortado muchos árboles.* **ANT. espesura.**

claro *adv.* Que no deja dudas: *"Lo mejor es que le dejes claro que no te casarás con él o va a seguir ilusionándose", aconsejé a mi hermana.*

claro, ra *adj. 1.* Que recibe mucha luz: *La habitación es muy clara, por eso creo que es mejor ocuparla como biblioteca y no como dormitorio.* **SIN. iluminado.** *2.* Que es preciso, que se distingue bien: *Esta fotografía salió muy clara y puedo ver bien todos los detalles del paisaje.* *3.* Limpio, transparente: *El agua de esta fuente es clara y fresca.* *4.* Se dice del matiz de un color que lleva gran cantidad de blanco en su composición: *Si al azul marino le pones color blanco, te queda un azul claro.* *5.* Poco espeso: *Me gusta el café claro, porque si lo tomo muy cargado me quita el sueño.* *6.* Fácil de comprender: *El profesor nos dio una explicación clara y después pudimos hacer los ejercicios sin dificultad.*

claroscuro *m.* Contraste de luces y sombras en un cuadro: *Los cuadros de Rembrandt son famosos por el manejo del claroscuro que hacía este pintor.*

clase *f. 1.* Cada una de las categorías en que se pueden clasificar las personas o las cosas: *Eladio es de la clase de niños que sólo quiere jugar sin preocuparse de nada más.* *2.* Grupo de personas de la misma condición social: *En este barrio elegante todos los habitantes son de clase acomodada.* *3.* Conjunto de estudiantes que reciben un mismo grado de enseñanza: *Los niños de la clase de tercero representaron un cuento de hadas para el día de las madres.* *4.* Salón de clase, aula: *Los alumnos adornaron la clase con flores porque se acercaba la primavera.* **SIN. aula.** *5.* En biología, cada una de las grandes divisiones de un tipo de seres vivos. *6.* Categoría: *Compré un billete de tren para viajar en segunda clase porque tengo poco dinero.*

clásico, ca *adj. 1.* Relativo a la antigüedad griega y romana: *El Partenón, en Atenas, es un monumento clásico que todavía se conserva.* *2.* Referido a la música culta: *A Jorge le encanta la música clásica y se ha comprado muchos discos con las obras de Mozart, Haendel y otros músicos importantes.*

clásico, ca *m.* y *f. 1.* Autor u obra que se tiene como modelo digno de imitación: *Si quieres conocer a un autor clásico, podrías buscar un libro de Cervantes y leerlo con mucho cuidado.* *2.* Lo que se ha establecido por uso: *Salió con el clásico pretexto de que su mala calificación se debe a que el maestro lo odia.*

clasificación *f. 1.* Separación y ordenación de las cosas o personas en grupos a partir de las características de sus componentes: *Hice una clasificación de los libros de la biblioteca y puse juntos los de literatura y en otro lugar junté todos los de matemáticas.* *2.* En deportes, colocación de los equipos según los resultados de los juegos: *Ya se confirmó la clasificación del equipo de fútbol de mi escuela.*

clasificar *vb. irreg.* (tr.) **Modelo 17.** *1.* Ordenar o colocar cosas o personas por grupos según sus características: *"¿Quieres ayudarme a clasificar esas mariposas según su tamaño?", le pedí a mi hermano.* *2.* Obtener determinado puesto en una competencia.

clasista *adj./m.* y *f.* Que está de acuerdo con las diferencias de clase, o es partidario de ellas: *Arturo es un clasista que trata muy mal a las personas que no tienen dinero. ¡Eso es horrible!*

claudicar *vb. irreg.* (intr.) **Modelo 17.** *1.* Faltar a los deberes o principios: *¿Cómo pudo claudicar Juan a su deseo de terminar la carrera, si sus calificaciones eran* muy buenas? **2.** Aceptar algo: *Mara le dijo que no a Rogelio durante unas semanas, pero al final claudicó y se van a casar pronto.*

claustro *m.* **1.** Pasillo o corredor con columnas que rodea el patio principal de un monasterio, templo, universidad: *Los monjes pasean por el claustro del monasterio.* **2.** Junta de profesores: *El director habló durante la reunión del claustro de profesores.*

claustrofobia *f.* Fuerte temor a los espacios cerrados: *Mi hermana no soporta ir al cine porque padece claustrofobia.*

cláusula *f.* **1.** Conjunto de palabras que expresan un pensamiento completo. **2.** Cada una de las disposiciones de un contrato: *En la tercera cláusula del contrato del alquiler dice que se prohíbe poner música a todo volumen después de las diez de la noche.*

clausura *f.* **1.** Acto o ceremonia especial para señalar el fin de una actividad: *Mi papá llegó tarde al festival y sólo pudo ver la clausura.* Sin. **final. 2.** Vida religiosa en el interior de un convento, de donde está prohibido salir: *Las monjas de clausura pasan su vida sin salir a la calle.* **3.** Suspensión de las actividades de un local o edificio por orden del gobierno: *Las autoridades decidieron la clausura del edificio porque estaba mal construido y podía caerse.* Sin. **cierre.**

clausurar *vb.* (tr.) **1.** Cerrar por orden del gobierno: *Las autoridades clausuraron un restaurante porque vendía alimentos en mal estado.* **2.** Poner fin solemne a un acto: *La junta directiva de la escuela clausuró los juegos deportivos.*

clavado *m.* Deporte que consiste en arrojarse al agua desde cierta altura: *Los clavadistas compitieron para ver quién hacía los mejores clavados desde 10 metros de altura.*

clavar *vb.* (tr. y prnl.) **1.** Introducir una cosa puntiaguda en un cuerpo: *Clavé las agujas en el alfiletero para que no se perdieran.* **2.** Asegurar con clavos: *Clavamos una tabla en la puerta para tapar el agujero.* **3.** Fijar, poner: *Enrique clavó la mirada en una estrella que estaba estudiando y así se quedó dormido.* **4.** *Méx. Fam.* Quedarse con dinero u objetos que pertenecen a otra persona: *Joel se clavó el dinero que habíamos juntado para comprar un balón nuevo, y el cínico dijo que se le perdió.* Sin. **robar. 5.** *Méx. Fam.* Enamorarse: *Mauricio se clavó tanto con Luisa que ya no se fija en ninguna otra muchacha.*

clave *f.* **1.** Información necesaria para entender bien una cosa: *La clave para entender por qué la Luna gira alrededor de la Tierra está en la fuerza de gravedad de nuestro planeta.* **2.** Conjunto de signos que se usan para formar mensajes secretos y que conocen sólo determinadas personas: *No pude entender lo que Maruja le escribió a su novio porque estaba en clave.* **3.** En arquitectura, piedra central con que se cierra un arco. **4.** En música, signo que se coloca al principio del pentagrama para determinar el nombre de las notas: *Una partitura de piano está normalmente escrita en clave de sol para la mano derecha, y en clave de fa para la izquierda.*

clavel *m.* Planta de tallos delgados y nudosos, hojas puntiagudas y flores olorosas de borde dentado: *Compré claveles rojos y blancos para el jarrón de la sala.*

clavicémbalo *m.* Instrumento musical de cuerdas y teclado, parecido al piano, pero más pequeño y de sonido más metálico.

clavicordio *m.* Instrumento musical de cuerdas, antepasado del piano.

clavícula *f.* Cada uno de los dos huesos largos de la parte superior del pecho, que van del cuello a los hombros: *Me caí de la bicicleta sobre el hombro y se me rompió la clavícula.*

clavija *f.* **1.** Pieza parecida a un clavo que se encaja en un agujero para sujetar o juntar cosas: *Los alpinistas pasan las cuerdas por las clavijas que han fijado en las rocas para no caerse.* **2.** Pieza que se conecta a un tomacorriente o enchufe, y establece el contacto con la corriente eléctrica: *Mi madre tuvo que cambiar la clavija de la plancha porque ya estaba rota.* **3.** Pieza pequeña de madera o metal que sirve para tensar las cuerdas de un instrumento musical: *El violinista hizo girar las clavijas hasta que encontró la afinación correcta.*

clavo *m.* **1.** Pieza metálica, larga y delgada, con cabeza y punta: *Puse un clavo en la pared para colgar el cuadro.* **2.** Flor seca muy aromática que sirve de condimento y tiene forma de clavo. **3.** *Argent. y Chile.* Artículo de comercio que no se vende. **4.** *loc. Fam.* **Dar en el ~,** descubrir una respuesta que parecía inexplicable: *Fabián dio en el clavo del difícil problema de matemáticas después de tratar de resolverlo durante varias horas.* Sin. **acertar. 5.** *loc. Fam.* **No tener un ~,** no tener dinero: *No puedo irme de vacaciones porque no tengo un clavo.*

claxon *m.* Bocina de los vehículos: *En algunas ciudades está prohibido tocar el claxon.* Sin. **bocina.**

clemencia *f.* Piedad que se siente por el dolor ajeno y que lleva a castigar una culpa de manera más suave: *El juez dio prueba de gran clemencia al perdonar al culpable.*

cleptomanía *f.* Enfermedad mental que consiste en que la persona afectada no puede evitar cometer robos: *La cleptomanía puede curarse con ayuda de un psicólogo.*

clerecía *f. Ver clero: El Mester de clerecía fue un género literario usado por las personas cultas en la Edad Media.*

clérigo *m.* Miembro del clero de una Iglesia.

clero *m.* Conjunto de los clérigos de una religión, de un país, de una ciudad, etc.: *Los sacerdotes, los obispos y los monjes forman parte del clero católico.*

cliché *m.* Concepto o expresión que se repite mucho y que por lo común es poco significativo o poco real: *Es un cliché decir que las rubias son más bonitas que las morenas.*

cliente, ta *m. y f.* Persona que utiliza los servicios de un profesional, un establecimiento o una empresa: *Esta tienda tiene muchos clientes porque vende muy barato.*

clima *m.* **1.** Conjunto de condiciones atmosféricas que caracterizan una región: *El clima de Cuba es muy diferente al que hay en Rusia.* Sin. **tiempo. 2.** Ambiente, conjunto de circunstancias que existen en un momento dado o que rodean a una persona: *En la escuela se respira un clima de nerviosismo en la época de exámenes.*

climatizar *vb. irreg.* (tr.) *Modelo 16.* Acondicionar la temperatura de un lugar: *En el club deportivo climatizan la piscina durante el invierno, así el agua permanece templada aunque el clima esté frío.*

climatología *f.* Ciencia que estudia y describe los climas.

clímax *m.* Momento culminante de un proceso o una obra: *El clímax de la obra de teatro es cuando el héroe tiene una terrible lucha contra el monstruo.*

clínica *f.* Hospital privado, por lo general pequeño. Sin. **sanatorio.**

clínico, ca *adj.* Relativo a la parte práctica de la medicina: *El médico le pidió a mi madre que se hiciera análisis clínicos para confirmar su embarazo.*

clip *m.* **1.** Pequeño instrumento de metal que sirve para sujetar papeles: *Al trabajo de historia le puse un clip verde y al de geografía, uno azul para no confundirlos.* **2.** Broche con resorte que sirve para cerrar a presión: *No me gustan los aretes de clip, porque me lastiman las orejas.*

clisé *m.* Ver **cliché.**

clítoris *m.* Pequeña porción carnosa saliente y muy sensible, situada en la parte superior de la vulva u órgano sexual femenino.

cloaca *f.* **1.** Conducto subterráneo para conducir las aguas sucias o las inmundicias: *Las cloacas son lugares donde huele muy mal.* Sin. **alcantarilla. 2.** Parte final del intestino de las aves y de los reptiles.

clon *m.* Reproducción exacta de un individuo a partir de una célula originaria.

clorhídrico, ca *adj.* En química, ácido compuesto de cloro e hidrógeno.

cloro *m.* Elemento gaseoso verde con tonos amarillos, de olor sofocante, símbolo Cl y número atómico 17: *El cloro se utiliza para desinfectar.*

clorofila *f.* Substancia propia de los vegetales, que les da el color verde: *Para formarse, la clorofila necesita la luz del sol.*

cloroformo *m.* Líquido volátil e incoloro: *Hace mucho tiempo, los pacientes eran anestesiados con cloroformo cuando iban a operarlos.*

cloroplasto *m.* Corpúsculo de las células vegetales coloreado por la clorofila, que asegura la fotosíntesis.

cloruro *m.* En química, combinación del cloro con un cuerpo simple o compuesto que no es el oxígeno.

clóset *m.* **Palabra de origen inglés.** *Amér. C., Argent., Colomb., Chile y Méx.* Armario empotrado que se utiliza para guardar ropa y otros objetos personales: *Acomodé mi clóset porque la ropa estaba tan desordenada que ya no cabía.* Sin. **placard.**

club *m.* **Palabra inglesa.** Asociación deportiva, cultural o política: *Ismael se inscribió en un club deportivo y ahora va a nadar todos los fines de semana.*

clueco, ca *adj./f.* Se dice del ave cuando empolla o cuando cuida a los polluelos.

clutch *m.* *Méx.* **Palabra inglesa.** Pedal de los vehículos que sirve para cambiar de velocidades: *Cuando aprendí a conducir sacaba el clutch muy rápidamente y entonces se apagaba el motor del automóvil.* Sin. **embrague.**

coa *f.* **1.** *Méx., Pan. y Venez.* Especie de pala usada para labrar: *Los indios de América utilizaban la coa para hacer hoyos en los que ponían las semillas.* **2.** *Venez.* Siembra.

coacción *f.* Violencia con que se obliga a alguien a hacer o decir una cosa: *Si se utiliza la coacción es posible que una persona confiese un delito que no ha cometido.*

coadyuvar *vb.* {tr. e intr.} Ayudar para que algo se consiga: *El alcalde dijo que el nuevo alcantarillado coadyuvará a mejorar el drenaje de la ciudad.*

coagular *vb.* {tr. y prnl.} Cuajar, hacer sólido lo líquido: *La sangre se coagula con el aire.*

coartada *f.* Prueba que utiliza un acusado para demostrar que no estuvo presente en el momento y lugar del delito: *Como coartada, el acusado dijo que a la hora del asesinato él estaba con su madre.*

coartar *vb.* {tr.} Limitar o impedir la libertad de alguien: *Un padre no puede coartar a su hijo la posibilidad de realizar estudios superiores.*

coatí *m.* *Amér. Merid.* Mamífero carnicero de pelo color pardo rojizo, y cola obscura con anillos blancos: *El coatí habita desde el norte de México hasta el norte de Argentina.*

coautor, ra *m. y f.* Persona que elabora o crea algo junto con otra u otras: *Carlos es coautor de ese libro: su maestro hizo los primeros dos capítulos y él los dos últimos.*

coba *f.* *Fam.* Halago fingido: *Esa niña le da mucha coba a su maestra porque quiere aprobar el curso.*

cobalto *m.* Metal de color blanco rojizo, duro y maleable, de símbolo Co y número atómico 27: *El cobalto se usa para preparar algunos colorantes, en general azules.*

cobarde *adj.* Poco valiente: *La gente que no tiene valor adopta una actitud cobarde ante los problemas.*

cobarde *m. y f.* Miedoso y sin valor: *Mauricio es un cobarde: primero tira piedras y después se esconde.*

cobardía *f.* **1.** Falta de valor: *Beatriz dejó que castigaran a su hermano por cobardía, ya que no se atrevió a confesar que ella rompió la lámpara.* **2.** Hecho reprobable o vil: *Fue una cobardía golpear a esa anciana.*

cobayo, ya *m. y f.* Pequeño mamífero roedor, parecido al conejo, pero de orejas pequeñas y redondas, muy utilizado en experimentos médicos: *El cobayo se conoce también como conejillo de Indias.*

cobertizo *m.* Tejado que sobresale de una pared: *El cobertizo nos resguarda del sol y de la lluvia.* Sin. **porche.**

cobertor *m.* **1.** Colcha. **2.** Tela de lana que sirve para abrigarse cuando se está en la cama. Sin. **manta.**

cobertura *f.* **1.** Lo que sirve para tapar o resguardar algo: *Esa cobertura de plástico protegerá los muebles del polvo.* Sin. **cubierta. 2.** Hecho de cubrir. **3.** Apoyo militar.

cobija *f.* **1.** *Amér.* Manta, cobertor: *Cuando llega el invierno, ponemos una cobija gruesa sobre la cama.* **2.** pl. *Amér.* Ropa de cama.

cobijar *vb.* {tr. y prnl.} Dar refugio o protección: *Las aves cobijan a sus polluelos con las alas.*

COBOL *m.* Abreviatura inglesa que designa a un lenguaje simbólico para la programación de computadoras.

cobra *f.* Serpiente venenosa que puede llegar a medir 4 m de longitud: *Las cobras son originarias de las regiones cálidas de África y Asia.*

cobrador, ra *m. y f.* Persona encargada de recibir los pagos de los demás: *Pagué al cobrador el abono de la televisión que compré.*

cobrar *vb.* {tr.} **1.** Recibir una cantidad como pago de algo: *Javier me dijo que me invitaba a comer a un res-*

taurante y al final me **cobró** lo que me comí. **2.** Adquirir, conseguir: *Angélica ha empezado a* **cobrar** *fama como escritora.*

cobre *m.* **1.** Metal rojizo, dúctil, maleable y brillante, de símbolo Cu y número atómico 29: *El* **cobre** *es muy buen conductor de la electricidad.* **2.** loc. **Enseñar** o **mostrar el ~,** poner una persona de manifiesto su falta de cualidades morales: *El novio de Silvia parecía muy buen chico, pero después de casados* **enseñó el cobre** *y descubrimos que era egoísta y grosero.*

coca *f.* **1.** Arbusto de cuyas hojas se extrae la cocaína. **2.** *Fam.* Cocaína.

cocacho *m.* **1.** *Amér. Merid.* Coscorrón. **2.** *Perú.* Variedad de poroto o frijol que se endurece al cocerse.

cocada *f.* **1.** *Bol., Colomb.* y *Perú.* Especie de turrón. **2.** *Chile* y *Méx.* Dulce de coco. **3.** *Perú.* Provisión de hojas de coca.

cocaína *f.* Substancia extraída de las hojas de coca, utilizada como droga: *La* **cocaína** *es un polvillo blanco que crea adicción si se consume.*

cocción *f.* Tiempo que deben estar los alimentos en el fuego para que dejen de estar crudos: *La* **cocción** *de las lentejas tarda alrededor de cuarenta minutos.*

cóccix *m.* Ver coxis.

cocear *vb.* {intr.} Golpear los caballos y burros violentamente con sus patas traseras: *¡Cuidado! El caballo se puso a* **cocear** *y puede golpearte.*

cocer *vb. irreg.* {tr.} **Modelo 30. 1.** Preparar los alimentos por la acción del fuego: *Voy a* **cocer** *unos huevos para el día de campo.* **2.** Poner algo al fuego para que se seque y endurezca: *El alfarero* **coció** *los floreros y después los pintó.*

cocha *f.* *Ecuad.* Charco, laguna.

cochambre *m.* y *f.* *Fam.* Suciedad pegajosa: *Hay que lavar muy bien la cocina, para que no se llene de co-chambre.*

cochayuyo *m.* *Amér. Merid.* Alga marina comestible, que tiene el tallo en forma de cinta.

coche *m.* **1.** Vehículo con motor, volante y cuatro ruedas: *Había muchos* **coches** *en la autopista y nos tardamos en llegar media hora más de lo acostumbrado.* SIN. **automóvil. 2.** Vagón del tren: *Los* **coches** *de segunda clase tienen una línea de color para diferenciarlos de los de primera clase.* **3.** loc. **~ cama,** vagón de ferrocarril con camas: *Para un viaje tan largo, te conviene subirte en un* **coche cama** *para que puedas dormir.* **4.** Vehículo tirado por caballos. **5.** *Amér. C.* y *Méx.* Cerdo, puerco.

cochera *f.* Lugar, por lo general cubierto, donde se guardan los automóviles: *Sé cuando mi papá llega, porque oigo cómo abre la* **cochera.** SIN. **garaje.**

cochinada *f.* **1.** Objeto sucio, muy feo o muy viejo: *"Deberías tirar tus zapatos de fútbol porque ya son una* **cochinada",** *le propuse a mi hermano.* **2.** Tema o asunto que se considera fuera de la moral: *Mis papás me prohíben ver algunos canales de televisión porque dicen que enseñan puras* **cochinadas.**

cochinilla *f.* Pequeño crustáceo que vive en lugares húmedos y que se hace bolita para protegerse: *Debajo de las piedras del parque encontramos varias* **cochinillas.**

cochinilla *f.* *Méx.* Insecto de color rojo que vive como parásito en los cultivos, sobre todo en los frutales:

Cuando las **cochinillas** *se disecan y se hacen polvo, sirven como pintura roja.*

cochino, na *adj./m.* y *f.* Dícese de la persona sucia: *"No seas* **cochina** *y deja de meterte el dedo en la nariz", me regañó mi tío.*

cochino, na *m.* y *f.* Cerdo.

cocho *m.* *Chile.* Mazamorra de harina tostada.

cocho, cha *m.* y *f.* Cochino, cerdo.

cocido *m.* Guiso de carne, tocino y vegetales.

cociente *m.* En matemáticas, resultado de la división: *El* **cociente** *de veinte dividido entre cuatro es cinco.*

cocina *f.* **1.** Habitación de la casa donde se prepara la comida: *Mantenemos muy limpia la* **cocina** *de mi casa para evitar que la invadan las cucarachas.* **2.** Técnica para preparar distintos guisos y platos: *Decidí tomar clases de* **cocina** *y ahora ya sé preparar guisos complicados y sabrosos.* **3.** Guisos distintivos de un lugar: *La pizza y el espagueti son guisos típicos de la* **cocina** *italiana.*

cocinar *vb.* {tr. e intr.} Preparar alimentos utilizando fuego: *Para la cena,* **cocinamos** *un pavo relleno según la receta tradicional.* SIN. **guisar.**

cocinero, ra *m.* y *f.* Persona que tiene por oficio preparar guisos y postres.

cocinería *f.* *Chile* y *Perú.* Tienda donde se venden comidas preparadas.

coco *m.* **1.** Fruto del cocotero, de cáscara dura, interior blanco y carnoso, y agua de agradable sabor: *Cuando estoy en la playa, no me canso de tomar agua de* **coco** *porque me refresca.* **2.** Bacteria de forma redondeada. **3.** *Fam.* Cabeza: *"Si te duele el* **coco,** *tómate una píldora", me aconsejó Germán.* **4.** *Fam.* Golpe ligero dado en la cabeza: *Le di un* **coco** *a mi perro cuando me mordió la pierna.* **5.** *Fam.* Fantasma con que se asusta a los niños: *Los papás le decían al niño que si no se dormía, el* **coco** *iba a venir a buscarlo.* **6.** loc. *Fam.* **Lavar el ~,** convencer a una persona de algo: *Sus amigos le* **lavaron el coco** *para que se cambiara de escuela.*

cocodrilo *m.* Reptil anfibio de gran tamaño, de piel escamosa, que vive en los ríos de países cálidos: *Vi a un* **cocodrilo** *con su gran hocico lleno de dientes, abierto durante horas.*

cocol *m.* **1.** *Amér. C.* y *Méx.* Figura en forma de rombo: *El uniforme que usamos en mi escuela está hecho con una tela de* **cocoles** *azules y amarillos.* **2.** *Amér. C.* y *Méx.* Pan dulce en forma de rombo: *A mi hermano le gusta comer* **cocoles** *con chocolate.*

cocotero *m.* Palmera tropical cuyo fruto es el coco: *En esa ciudad costera las avenidas están adornadas con co-coteros.*

cóctel o **coctel** *m.* **Palabra de origen inglés. 1.** Mezcla de licores y jugos de frutas con hielo: *En la fiesta preparaban* **cocteles** *de muchos colores.* **2.** Reunión que no dura más de tres horas, en que los invitados toman alimentos ligeros, por lo general de pie: *El modisto ofreció un* **cóctel** *cuando terminó el desfile de modas.* **3.** Mezcla de cosas iguales o diferentes, como frutas, mariscos, etc.

cocuyo *m.* *Amér.* Especie de luciérnaga: *En la noche, el campo estaba lleno de las lucecitas de los* **cocuyos.**

codazo *m.* Golpe dado con el codo: *Manuel me dio un* **codazo** *para que me diera cuenta de que Raúl estaba diciendo mentiras.*

codear *vb.* {intr. y prnl.} **1.** Mover los codos o golpear con ellos: *Estaba tan desesperada porque se me hacía tarde, que para abrirme paso empecé a **codear** a la gente.* **2.** Tratarse de igual a igual con otra persona: *Mi maestra se **codea** con los mejores profesores de las universidades latinoamericanas.*

codera *f.* Refuerzo que se pone en los codos: *Desde que me lastimé el músculo, tengo que ponerme una **codera** cuando hago deportes.*

códice *m.* Libro manuscrito antiguo.

codicia *f.* Deseo exagerado de tener cosas o riquezas: *Es tanta su **codicia** que sólo hace favores por dinero.*

codiciar *vb.* {tr.} Desear con ansia algo: *El atleta se preparó intensamente porque **codiciaba** el primer lugar.*

codificar *vb. irreg.* {tr.} **Modelo 17.** Formular un mensaje según las reglas de un código: *El pirata **codificó** el mapa para que sólo él supiera dónde estaba enterrado el tesoro.*

código *m.* **1.** Recopilación ordenada de leyes: *El código laboral contiene todas las leyes sobre los trabajadores.* **2.** Sistema de signos y reglas que permite formular y comprender un mensaje: *Los signos que señalan curvas, pavimentos resbaladizos, etc., componen un **código** que deben entender los conductores.* **3.** loc. ~ **postal**, serie de números que utiliza la oficina de correos para facilitar la clasificación y reparto de la correspondencia: *"Antes de que me mandes el paquete, no olvides incluir el **código postal** en la dirección", le dije a mi hermano cuando hablamos por teléfono.*

codillo *m.* En los cuadrúpedos, articulación del brazo próxima al pecho.

codo *m.* **1.** Parte posterior de la articulación que permite doblar el brazo: *Me di un golpe en el **codo** y sentí como un toque eléctrico.* **2.** *Méx.* Persona a la que no le gusta gastar ni compartir sus cosas: *Tiene mucho dinero pero es muy **coda** y siempre te ofrece muy poca comida cuando te invita a su casa.* SIN. **amarrado, tacaño, avaro. 3.** loc. **Empinar el ~,** beber mucho alcohol: *Es muy bueno para el trabajo, pero no puedo tenerle confianza porque le gusta mucho **empinar el codo. 4.** loc. pl. **Hablar hasta por los ~,** hablar mucho: *Me cae muy bien pero, como **habla hasta por los codos,** me quita mucho tiempo.*

codorniz *f.* Ave migratoria parecida a la perdiz, de pequeño tamaño, color marrón y cola muy corta.

coetáneo,a *adj./m.* y *f.* De la misma edad o época: *Mi papá es mayor que el tuyo, no es **coetáneo** de tu abuelo.*

coexistir *vb.* {intr.} Existir al mismo tiempo: *A veces **coexisten** las modas de la minifalda y de la falda larga.*

cofia *f.* Tocado femenino que recoge el pelo: *Las enfermeras usan **cofias** blancas.*

cofradía *f.* Congregación o hermandad: *Algunas cofradías de estudiantes organizan eventos culturales y deportivos.*

cofre *m.* **1.** Caja para guardar objetos de valor: *Mi abuelo guardó las monedas viejas en un **cofre. 2.** *Méx.* Tapa que protege el motor de los automóviles: *El automóvil recibió un golpe en el **cofre** y ahora se ve hundido en la parte del frente.* SIN. **capó.**

coger *vb. irreg.* {tr. y prnl.} **Modelo 41. 1.** Asir, agarrar, tomar: ***Cogió** las llaves que estaban sobre la mesa antes de irse a trabajar.* **2.** Apresar: *La policía **cogió** al ladrón que asaltó el banco.* **3.** Adquirir, contraer o padecer:

*Me mojé con la lluvia y **cogí** un resfrío.* **4.** Montar en un vehículo: *"Tienes que **coger** un taxi para llegar más rápido a la cita", aconsejé a mi tía.* **5.** Captar una señal: *Mi radio de onda corta **coge** programas de África y Asia.* **6.** *Amér. Vulg.* Realizar el acto sexual. **7.** *Esp.* Hallarse, encontrarse: *La oficina **coge** lejos de mi casa.*

cogollo *m.* Parte interior de las hortalizas, como la lechuga y el repollo o col: *Me gusta más el **cogollo** de la lechuga que sus hojas exteriores.*

cogote *m.* Parte superior y posterior del cuello: *Me duele el **cogote,** yo creo que dormí en una mala posición.*

cogotudo,da *adj./m.* y *f. Amér. C.* y *Amér. Merid. Fam.* Que es adinerado y orgulloso.

cohabitar *vb.* {intr.} Vivir con otra persona.

cohecho *m.* Soborno a un juez o funcionario público: *El juez fue despedido cuando se descubrió que había aceptado un **cohecho.*** SIN. **mordida, coima.**

coherencia *f.* Relación lógica de una cosa con otra.

coherente *adj.* Que tiene una relación lógica con otra cosa: *Su respuesta fue tan **coherente,** que no pude decir nada en contra de ella.*

cohesión *f.* Unión de personas o cosas entre sí.

cohete *m.* **1.** Vehículo impulsado por propulsión a chorro, que se envía al espacio: *Lanzaron un **cohete** con un aparato que realizará estudios en Marte.* **2.** Fuego artificial que asciende y estalla en el aire: *Durante la fiesta del pueblo se lanzaron **cohetes** de muchos colores.*

cohibir *vb. irreg.* {tr. y prnl.} **Modelo 72. 1.** Refrenar, reprimir: *En el laboratorio hicimos un experimento para **cohibir** el crecimiento de una planta.* **2.** Incomodarse, sentir timidez: *Jesús es tímido y se **cohíbe** al estar con gente desconocida.*

coima *f. Argent., Chile, Ecuad., Perú* y *Urug.* Soborno: *Un mal trabajador le pidió a mi padre una **coima** para ayudarlo a resolver su problema.* SIN. **mordida, cohecho.**

coimear *vb.* {tr.} *Chile, Ecuad., Perú* y *Urug.* Dar o recibir soborno: *Los trabajadores de la empresa **coimearon** al gerente del banco para obtener el préstamo.*

coincidir *vb.* {intr.} **1.** Estar de acuerdo o ser iguales dos o más personas o cosas: *Edith y yo **coincidimos** en la manera de ver la vida: las dos somos muy optimistas.* **2.** Ocurrir dos o más cosas al mismo tiempo: *Coincidieron las fechas del concierto y de la obra de teatro, así que tuve que elegir entre ambos.*

coirón *m. Bol.* y *Chile.* Planta gramínea de hojas duras y punzantes, que se utiliza principalmente para poner techos a las casas.

coito *m.* Unión sexual.

cojear *vb.* {intr.} **1.** Andar con dificultad, inclinándose de lado: *Mi abuela **cojea** porque se torció el tobillo.* **2.** Balancearse: *Esta silla **cojea** porque tiene una pata más corta que las otras.* **3.** loc. ~ **del mismo pie,** tener los mismos problemas o defectos dos o más personas: *Pierdo mucho tiempo viendo televisión, pero como mi hermana mayor **cojea del mismo pie,** no puede llamarme la atención.* **4.** loc. **Saber de qué pie ~ alguien,** conocer sus defectos: *Llegó a la fiesta sin regalo, pero no me sorprendió porque **sé de qué pie cojea:** es un mezquino.*

cojín *m.* Pieza de tela rellena de material blando, que sirve para sentarse o para recargarse: *Puso un **cojín** en el respaldo de la silla para estar más cómodo.* SIN. **almohadón.**

cojo, ja *adj./m.* y *f.* Que cojea o le falta una pierna o pata: *Mi vecino camina con muletas pues quedó cojo desde que tuvo un accidente.*

col *f.* Planta hortense comestible de hojas anchas y tallo grueso.

cola *f.* **1.** Parte posterior de numerosos vertebrados: *El perro jugaba a morderse la cola dando vueltas alrededor de sí mismo.* SIN. **rabo. 2.** Plumas que tienen las aves en la parte trasera del cuerpo: *Cuando el pavo real extiende la cola, ésta se ve como un gran penacho.* **3.** Parte posterior o final de una cosa: *El tren estaba repleto de gente y sólo encontré lugar en el vagón de la cola.* **4.** Hilera de personas que esperan su turno: *Había una cola tan larga para entrar al cine, que mejor nos fuimos a otro lado.* **5.** loc. **Con la ~ entre las patas,** que está triste o apenado por algo que sucedió: *Miguel llegó a la casa con la cola entre las patas cuando se enteró que había reprobado el examen.* **6.** loc. **Tener alguien ~ que le pisen,** tener alguien algo que pueda echársele en cara: *Rafael no se defendió porque sabe que tiene cola que le pisen.*

cola *f.* **1.** Pasta fuerte y pegajosa que cuando se disuelve en agua caliente sirve para pegar: *El carpintero usa cola para pegar los muebles.* SIN. **goma. 2. ~ de caballo,** coleta en la que se sujeta todo el cabello por detrás de la cabeza.

colaboración *f.* Hecho de trabajar con otros en una misma obra: *Era un proyecto muy grande y salió adelante gracias a la colaboración de muchas personas.*

colaborador, ra *m.* y *f.* Persona que trabaja con otras personas en un mismo asunto: *La jefa del laboratorio tiene dos colaboradores que ayudan a hacer los análisis.*

colaborar *vb.* {intr.} Trabajar con otros en una misma obra: *Fernando colabora en una revista escribiendo un artículo semanal.*

colación *f.* **1.** Comida ligera. **2.** Amér. Golosina recubierta con un baño de azúcar: *En Navidad me dieron una bolsa de colación.* SIN. **confite. 3.** loc. **Sacar a ~,** mencionar: *Cuando me habló de sus vacaciones, sacó a colación el dinero que yo le debía para que se lo pagara.*

coladera *f.* Utensilio de metal o plástico, con agujeros, que sirve para colar o filtrar un líquido. SIN. **colador, cedazo.**

colador *m.* Utensilio de metal o plástico, con agujeros, que sirve para colar cosas: *Si no te gusta la nata, pasa la leche por el colador.* SIN. **coladera, cedazo.**

colágeno *m.* Proteína compleja que constituye la substancia fundamental de algunos tejidos del ser humano: *Mi tía compró una crema con colágeno para que le ayude a tener pocas arrugas.* ·

colar *vb. irreg.* {tr. y prnl.} **Modelo 5. 1.** Filtrar un líquido: *Para cocinar espagueti debes cocer la pasta, luego colarla y al final le pones la salsa.* **2.** En una hilera de personas, colocarse delante de otros de manera ventajosa: *Unos niños se colaron antes que yo y me tocó esperar más para que llegara mi turno de entrar al cine.* **3.** Introducirse de manera oculta en un lugar: *David se coló en el circo sin pagar pasando por debajo de la carpa.*

colateral *adj.* Que está a uno y otro lado: *Entramos al palacio y vimos una gran ventana al centro y dos ventanitas colaterales.*

colcha *f.* Cubierta de cama, que sirve de adorno y abrigo: *La colcha de mi cama es del mismo color que las cortinas.*

colchón *m.* Pieza plana, rellena de material que la haga cómoda, que se pone sobre la cama para dormir en ella: *Prefiero los colchones duros porque con los blandos me duele la espalda.*

colchoneta *f.* Pieza parecida al colchón, pero mucho más delgada y estrecha: *Llegaron muchos invitados y tuvimos que dormir en colchonetas puestas en el piso, porque no alcanzaron las camas.*

colear *vb.* {tr.} **1.** Chile. Frustrar a alguien un intento o pretensión. **2.** Méx. y Venez. Tirar de la cola a una res para derribarla.

colección *f.* Conjunto ordenado y clasificado de cosas de una misma clase: *Luis tiene una colección de monedas de Venezuela del siglo XIX.*

coleccionar *vb.* {tr.} Reunir y clasificar cosas de una misma clase: *Mi amigo colecciona estampas de jugadores de fútbol porque le gusta mucho este deporte.*

coleccionista *m.* y *f.* Persona que reúne, ordena y clasifica algo: *Los coleccionistas de estampillas tienen álbumes donde las clasifican y las pegan.*

colecta *f.* Dinero que dan las personas para ayudar a otras o para realizar alguna obra: *Los habitantes de esa calle organizaron una colecta para pintar todas las casas.*

colectividad *f.* Conjunto de personas reunidas para un fin.

colectivo *m.* Amér. Transporte público, autobús o taxi con recorrido fijo.

colectivo, va *adj.* Relativo a un grupo: *En la exposición colectiva que se inauguró ayer, hay una pintura de mi hermana y otra de un amigo.*

colega *m.* y *f.* **1.** Persona que tiene la misma profesión que otra: *Cuando mi hermana fue a un congreso, conoció a un colega alemán que también es médico.* **2.** Fam. Compañero, amigo.

colegial, la *m.* y *f.* Persona que asiste a cualquier colegio: *Las colegialas iban a clases uniformadas con bata azul y falda blanca.*

colegiatura *f.* Méx. Cantidad de dinero que debe pagarse cada mes, cada año o cada seis meses en una escuela privada a cambio de los servicios educativos: *El papá de René y Rosario dice que las colegiaturas de sus hijos son más caras ahora que han entrado a la universidad.*

colegio *m.* **1.** Centro de enseñanza, por lo común de carácter privado: *El colegio donde estudio es nuevo y el edificio es bonito.* **2.** Asociación que forman varias personas con la misma profesión: *El Colegio de Médicos organizó unas conferencias sobre enfermedades infantiles.*

colegir *vb. irreg.* {tr.} **Modelo 60.** Inferir, deducir una cosa de otra: *René me había dicho que sí iba a viajar y ahora dice que ya no, así que colijo que no pudo conseguir el dinero.*

coleóptero, ra *adj./m.* Relativo a un tipo de insectos que tienen boca masticadora y alas posteriores plegables: *El escarabajo y la mariquita son coleópteros.*

cólera *f.* Ira, enojo muy violento: *Cuando se enteró de que le habían robado el auto, le dio un ataque de cólera.*

cólera *m.* Enfermedad infecciosa, que provoca vómitos y diarrea: *Para evitar el cólera debemos hervir el agua antes de beberla y no comer alimentos crudos.*

colérico, ca *adj.* Que se deja llevar por el enojo o que siente enojo a la menor provocación: *Está colérico porque le pagaron menos de lo que le habían prometido.*

colesterol *m.* Substancia grasa presente en muchas células, en la sangre y en la bilis de los animales: *Mi abuelo tiene alto el colesterol y tuvo que dejar de comer alimentos grasosos.*

coleta *f.* Pelo recogido en forma de cola: *Los toreros usan coleta.*

coletazo *m.* **1.** Movimiento y golpe dados con la cola: *La vaca da coletazos para espantar a las moscas que se le acercan.* **2.** Últimos movimientos antes de dejar de existir: *Sacamos al pez del agua, dio unos coletazos y se murió.*

colgar *vb. irreg.* (tr., intr. y prnl.) **Modelo 19. 1.** Poner una cosa suspendida de otra, sin que llegue al suelo: *Yo cuelgo mi ropa en el armario.* **2.** Cortar una comunicación telefónica: *Sara se enojó por lo que le dije y entonces colgó.* **3.** Ahorcar a alguien: *He visto varios programas de vaqueros en los que cuelgan a los bandidos cuando los atrapan.* **4.** Estar una cosa pendiente o asida de otra: *La lámpara cuelga del techo y se mueve con el viento.* **5.** *Méx. Fam.* Tardarse en hacer algo: *Se colgó para llegar al auditorio y no pudimos entrar al concierto.*

colibrí *m.* Ave de pequeño tamaño, pico muy largo y delgado, y plumaje brillante: *Cuando los colibríes meten su pico en las flores vuelan de tal manera que parece que están suspendidos.* SIN. **chupamirto, picaflor.**

cólico *m.* Dolor agudo en el vientre, con contracciones: *Algunas mujeres sufren de cólicos durante la menstruación.*

coliflor *f.* Variedad de col cuyos brotes forman una masa blanca cubierta por hojas verdes: *La coliflor se cultiva en huertas.*

coligarse *vb. irreg.* (prnl.) **Modelo 17.** Unirse o asociarse para algún fin.

colilla *f.* Extremo del cigarrillo que ya no se fuma: *Voy a limpiar el cenicero porque está lleno de colillas.*

colina *f.* Elevación de terreno menor que la de un monte: *Subimos a una colina para ver la ciudad.*

colindar *vb.* (intr.) Ser dos o más lugares fronterizos entre sí: *Mi terreno y el tuyo colindan, así que somos vecinos.*

colirio *m.* Medicamento para molestias o enfermedades de los ojos: *Como tenía los ojos muy irritados, mi papá me puso colirio.*

coliseo *m.* Teatro de los antiguos romanos: *En los coliseos se representaban dramas y comedias.*

colisión *f.* Choque de dos o más objetos: *Por fortuna no resultaron heridos por la colisión de autos.*

colista *adj./m.* y *f.* Que va al último en una competencia.

collado *m.* **1.** Colina, pequeña elevación. **2.** Depresión por donde se puede cruzar de manera fácil entre montañas.

collage *m.* **Palabra francesa.** Obra y técnica pictórica que consiste en pegar sobre una superficie diversos materiales, especialmente papeles: *Fuimos al museo a ver una exposición de collages de grandes pintores del siglo XX.*

collar *m.* **1.** Adorno que se pone alrededor del cuello: *Mi madre fue a una fiesta elegante y se puso un vestido negro y un collar de perlas.* **2.** Correa que se coloca alrededor del pescuezo de los animales domésticos: *Le puse a mi gato un collar con un producto para acabar con las pulgas.*

colmar *vb.* (tr.) **1.** Llenar algo hasta el borde: *"Si sigues comportándote de manera tan grosera vas a colmar mi paciencia y tendré que castigarte", le dijo mi madre a mi hermana.* **2.** Satisfacer plenamente: *Se colmaron de felicidad con el nacimiento de su hijo.*

colmena *f.* Lugar o recipiente en el que viven las abejas: *Las abejas depositan la cera y la miel en las colmenas.*

colmillo *m.* **1.** Diente puntiagudo situado entre los incisivos y las muelas: *Bernardo tiene los colmillos tan largos que lo apodan "niño Drácula".* **2.** Cada uno de los dos incisivos de los elefantes: *El elefante es una especie en peligro de extinción por culpa de los cazadores que quieren el marfil de sus colmillos.*

colmo *m.* **1.** Extremo al que se puede llegar, rebasar la medida: *Doña Rosa le dijo a su hijo que era el colmo de la desobediencia haberse escapado de su casa para ir a la fiesta sin permiso.* **2.** loc. **Y para ~**, se usa antes de decir la última cosa de una serie y denota algo negativo: *¡Qué día! Llegué tarde al trabajo, el jefe me regañó, perdí mi billetera y para colmo, mi novia no quiere verme.*

colocación *f.* **1.** Hecho de poner a una persona o cosa en su lugar: *La colocación de las tablas fue difícil, porque tenía que asegurarlas para que no se cayeran con el peso de los libros.* **2.** Empleo, trabajo con paga: *Por fin consiguió una colocación, a partir de mañana va a trabajar como empleado en la farmacia.*

colocar *vb. irreg.* (tr. y prnl.) **Modelo 17. 1.** Poner a una persona o cosa en su debido lugar: *Después de dibujar, debes colocar el cuaderno y los colores en orden para que otro alumno pueda usarlos.* **2.** Proporcionar o conseguir un empleo: *Después de mucho buscar, Laura se colocó como secretaria en un despacho.*

colofón *m.* **1.** Anotación al final de un libro en la que se menciona el lugar y la fecha en que se imprimió, el número de ejemplares que se hicieron, la persona encargada de cuidar la edición, etc.: *Si quieres saber cuántos ejemplares se imprimieron de este diccionario, fíjate en el colofón.* **2.** Término, remate.

colombiano, na *adj./m.* y *f.* Originario de Colombia, país de América del Sur.

colombino, na *adj.* Relativo a Cristóbal Colón: *Cuando alguien habla de la hazaña colombina, se refiere al descubrimiento de América.*

colon *m.* Parte del intestino grueso, entre el ciego y el recto: *El médico me dijo que tenía colitis, es decir, que mi colon estaba inflamado.*

colón *m.* Moneda de El Salvador y Costa Rica.

colonia *f.* **1.** Territorio ocupado y administrado por una potencia extranjera: *Los países latinoamericanos fueron colonias de España y Portugal.* **2.** Grupo de individuos de un país, que viven en otro: *La colonia china es muy abundante en Lima, Perú.* **3.** Grupo de seres vivos de la misma especie que habitan juntos: *Vi un programa sobre la Antártida en el que mostraban una colonia de pingüinos.* **4.** *Amér.* Época histórica en la que los países latinoamericanos vivían bajo el dominio de Europa: *La Colonia duró tres siglos, del XVI al XIX.* **5.** *Méx.* Barrio urbano: *Cuando se casó, mi hermano se fue a vivir a otra colonia de la ciudad.*

colonia *f.* Perfume compuesto de agua, alcohol y esencias aromáticas: *Raúl siempre se pone colonia después de bañarse.*

coloniaje *m. Amér. C. y Amér. Merid.* Periodo que duró la colonia española en América. SIN. **colonia.**

colonización *f.* **1.** Ocupación y control de una nación en el territorio de otra: *En Hispanoamérica se habla español gracias a la colonización española.* **2.** Establecimiento de personas en un lugar deshabitado, para vivir y trabajar en dicho lugar.

colonizar *vb. irreg.* (tr.) **Modelo 16.** Establecer colonias en un territorio: *Los ingleses comenzaron a colonizar la India en el siglo XVIII.*

colono *m.* **1.** Persona que se establece en un lugar deshabitado para vivir y trabajar ahí. **2.** Habitante de una colonia en la ciudad: *Los colonos nos organizamos para pedir a las autoridades que mejoraran el drenaje.*

coloquial *adj.* Relativo al lenguaje usado corrientemente en la conversación: *En lenguaje coloquial es más fácil decir "endulzar" que "desacerbar".*

coloquio *m.* **1.** Discusión que se hace para tratar sobre algún tema determinado: *Hay un coloquio sobre cine francés al que quiero asistir.* **2.** Conversación entre dos o más personas.

color *m.* **1.** Cualidad de las cosas que se distingue por la vista, gracias a la luz que reflejan: *Los ojos ven, además del tamaño y la forma, los colores de los objetos.* **2.** Tono de la cara: *El enfermo no tiene buen color, se ve de un tono amarillo pálido.* **3.** Substancia que sirve para pintar: *La maestra nos pidió que ilumináramos con colores de madera el dibujo que nos dio.* **4.** loc. **– de rosa,** con optimismo: *El maestro nos pintó las cosas color de rosa, pero la verdad es que la competencia será muy difícil.*

colorado, da *adj.* De color rojo: *La amapola es una flor colorada.*

colorante *adj./m.* Que colorea o tiñe: *Muchas bebidas con gas tienen colorante artificial, pero yo preferiría que no les pusieran nada.*

colorear o **colorar** *vb.* (tr.) Dar color: *Coloreamos los letreros de la tienda para volverlos más brillantes.*

colorete *m.* Cosmético que se aplica sobre las mejillas: *Mi madre no se maquilla mucho, sólo usa colorete y lápiz labial.*

colorido *m.* **1.** Disposición de los colores: *Le encantó el colorido de la tela y entró rápido a la tienda para comprarla.* **2.** Animación, viveza: *La fiesta de ese pueblo siempre tiene gran colorido, porque todos sus habitantes son muy alegres.*

colorinche *adj. Amér. Fam.* Relativo a la mala combinación de colores, con resultado chillón. SIN. **abigarrado.**

colosal *adj.* De tamaño o calidad muy superior a lo normal: *Fue un partido colosal, así que nadie pudo despegarse de la televisión mientras duró.* SIN. **extraordinario.**

coloso *m.* **1.** Estatua que excede mucho del tamaño natural: *El coloso de Rodas, una de las siete maravillas del mundo antiguo, era una estatua de 32 m de altura.* **2.** Persona o cosa que sobresale en algo.

columna *f.* **1.** Pieza vertical, generalmente cilíndrica, que sirve de apoyo y sostén en una obra de arquitectura: *En la entrada de la casa construyeron un arco sostenido por dos columnas.* **2.** Bloque de cosas colocadas unas sobre las otras o formando grupos compactos: *Este diccionario tiene dos columnas de texto en cada página.* **3.** Grupo de soldados formados en líneas angostas y largas. **4.** loc. **– vertebral,** conjunto de huesos que forman el eje del esqueleto y que van del cuello hasta el final de la espalda: *El doctor me dijo que tenía un poco desviada la columna vertebral y que debía usar una faja para enderezarla.* SIN. **espinazo.**

columnista *m. y f.* Colaborador de un diario que tiene a su cargo la redacción de una sección especial: *Mi primo es columnista de deportes en el diario de mi pueblo.*

columpiar *vb.* (tr. y prnl.) Balancear algo hacia adelante y hacia atrás: *La niña columpiaba las piernas porque la silla era alta y no alcanzaba el suelo con los pies.*

columpio *m.* Asiento colgado de dos cuerdas o cadenas, que sirve para mecerse: *Cuando voy al parque, siempre juego un rato en los columpios.* SIN. **balancín.**

coma *f.* Signo ortográfico (,) que indica una pausa breve en la oración: *La maestra me dijo que al leer me fijara cómo se usan las comas, porque en mis trabajos me sobran o me faltan.*

coma *m.* Estado de un enfermo en el que éste ha perdido la conciencia y la capacidad para moverse: *Los doctores no dan muchas esperanzas, porque Ramiro está en coma.*

comadre *f.* **1.** Madrina de un niño respecto de sus padres, y madre del niño respecto a los padrinos de éste: *Mi madrina y mi mamá son comadres entre sí.* **2.** *Fam.* Vecina y amiga muy cercana.

comadreja *f.* Mamífero carnívoro nocturno, de cuerpo alargado de color marrón y blanco, patas cortas y que también come huevos.

comadrón, na *m. y f.* Auxiliar médico que ayuda en los partos: *Mi hermana tuvo a su hijo en la casa con la ayuda de una comadrona.*

comal *m. Amér. C. y Méx.* Objeto en forma de disco plano y delgado, de metal o barro sin vidriar, que se usa para asar alimentos, tostar granos y cocer tortillas: *En México, tradicionalmente las tortillas se cuecen en comal.*

comanche *adj./m.* Pueblo amerindio de América del Norte que fue prácticamente extinguido durante el siglo pasado: *Los pocos comanches que sobreviven actualmente viven en una reserva en Oklahoma, Estados Unidos de Norteamérica.*

comandante *m.* **1.** Oficial del ejército: *El grado de comandante está entre el de capitán y el de teniente coronel.* **2.** Piloto de mando de naves aéreas: *Cuando los pasajeros subieron al avión, el comandante les deseó un feliz viaje.*

comando *m.* Pequeño grupo de soldados entrenados para realizar misiones especiales, por lo general riesgosas: *Gerardo pertenecía a un comando encargado de desactivar minas.*

comarca *f.* Territorio con características propias, más pequeño que una región: *Me compré un mapa que tiene señaladas las regiones y las comarcas.*

comba *f.* **1.** Curva que toman algunos cuerpos sólidos: *Esta mesa tiene mucha comba, así que no pode-*

mos usarla para dibujar. **2.** *Esp.* Juego de niños en que se salta con una cuerda. Sin. **reata, cuerda.**

combate *m.* **1.** Lucha, especialmente entre gente armada: *Los ejércitos de los dos países tuvieron* **combates** *muy duros pero ahora ya han firmado la paz.* **2.** Lucha que se realiza para terminar con algo: *El* **combate** *contra el deterioro de la naturaleza debe ser constante.*

combatiente *m.* Persona que toma parte directa en un combate, guerra o riña: *El ejército perdió muchos* **combatientes** *en la batalla.*

combatir *vb.* {tr. y prnl.} **1.** Oponerse: *Si no se* **combate** *la contaminación, será muy difícil vivir en la Tierra.* **2.** Luchar contra para que desaparezca: *Nos pusimos delante del fuego para* **combatir** *el frío.*

combinación *f.* **1.** Acción y efecto de unir o mezclar cosas diferentes: *Mi papá hizo una* **combinación** *de licores para obtener un cóctel.* **2.** Prenda interior femenina de una sola pieza: *Como el vestido es de tela muy transparente, lo uso con una* **combinación** *debajo.* Sin. **fondo.**

combinar *vb.* {tr.} **1.** Unir cosas diversas de manera que formen algo equilibrado: *Marta se veía bonita para la fiesta,* **combinó** *muy bien el vestido con los zapatos y el saco.* **2.** Disponer elementos para conseguir un fin: *Si* **combinamos** *tu guiso con mis verduras, comeremos muy bien el día de hoy.*

combustible *adj.* Que arde con facilidad: *La madera seca es un material* **combustible.**

combustible *m.* Material cuya combustión produce energía: *La nafta o gasolina se usa como* **combustible** *para hacer funcionar muchos vehículos.*

combustión *f.* Acción y efecto de arder o quemar: *La* **combustión** *de la leña de la chimenea calienta la casa.*

comedia *f.* **1.** Obra de teatro o de cine divertida y de final feliz: *Vi una* **comedia** *que me hizo reír todo el tiempo.* **2.** Farsa o fingimiento: *Su mamá le dijo que dejara de hacer esa* **comedia** *del dolor de cabeza, porque quería engañarla para no ir a la escuela.*

comediante, ta *m. y f.* **1.** Persona que trabaja como actor de cine o teatro: *Si Ramón sigue actuando así, llegará a ser un buen* **comediante.** **2.** Persona farsante y mentirosa: *Julieta es una buena* **comedianta** *y nunca sé cuándo creerle.*

comediógrafo, fa *m. y f.* Persona que escribe comedias.

comedir *vb. irreg.* {tr. y prnl.} **Modelo 47. 1.** Moderarse, contenerse: *Le dije que tenía que* **comedir** *sus expresiones de amor, porque todavía no sabe si ella siente lo mismo por él.* **2.** *Amer.* Ofrecerse o disponerse para alguna cosa: *El abuelo se* **comidió** *a llevar a los niños al circo.*

comedor *m.* **1.** Habitación donde se come: *Nos dijeron que pasáramos al* **comedor,** *porque la comida ya estaba servida.* **2.** Conjunto de muebles que se utilizan en el lugar donde se come: *Mis tíos compraron un* **comedor** *con una mesa redonda y seis sillas.* **3.** Local donde se sirve la comida: *Muchos estudiantes frecuentan el* **comedor** *de la Universidad.*

comelón, lona *adj./m. y f.* Que come mucho: *El muy* **comelón** *pidió tres guisos diferentes cuando comimos.*

comensal *m. y f.* Cada una de las personas que comen en una misma mesa: *Después de cenar, los* **comensales** *se quedaron charlando mientras tomaban el café.*

comentar *vb.* {tr.} **1.** Explicar o hablar de algo para entenderlo mejor: *En clase* **comentamos** *las lecturas y después escribimos sobre ellas.* **2.** Divulgar una información que no debería contarse: *Raúl es una persona indiscreta que* **comenta** *todo lo que pasa en la oficina.*

comentario *m.* Opinión que se dice o escribe sobre alguien o algo: *Los* **comentarios** *del locutor de fútbol me permitieron entender la importancia de algunas jugadas del delantero.*

comenzar *vb. irreg.* {tr. e intr.} **Modelo 4.** Empezar, dar principio a algo: *El año* **comienza** *el primero de enero.*

comer *vb.* {tr. e intr.} **1.** Tomar alimento: *No es posible vivir sin* **comer. 2.** Tomar la comida principal del día: *En mi casa siempre* **comemos** *a las dos de la tarde.* **3.** Gastar o destruir: *El sol se* **ha comido** *la pintura de la puerta de mi casa.* **4.** En algunos juegos de mesa, ganar piezas: *Se acabó la partida de damas cuando uno de los jugadores se* **comió** *todas las fichas del otro.*

comercial *adj.* Relativo al comercio: *En un centro* **comercial** *encontrarás muchos tipos de tiendas.*

comercial *m. Méx. y R. de la P.* Mensaje de la televisión o de la radio en el que se hace la publicidad de algún producto: *No me gusta ver filmes en la televisión porque siempre los interrumpen para pasar* **comerciales.**

comerciante *m. y f.* Persona que se gana la vida vendiendo productos: *Muchos* **comerciantes** *cierran sus negocios los domingos.*

comerciar *vb.* {intr.} Comprar y vender productos: *Mi tío* **comercia** *con libros usados.*

comercio *m.* **1.** Acción y efecto de comprar y vender cosas: *Su hermana se dedica al* **comercio** *de cremas de belleza.* **2.** Tienda: *El* **comercio** *de mi madre está en la calle de Cedros número 25.*

comestible *adj.* Que se puede comer: *Algunos hongos son* **comestibles** *y otros son venenosos.*

comestible *m.* Producto alimenticio: *Andrés tiene una tienda de* **comestibles** *en el centro de la ciudad.*

cometa *f.* Juguete de tela o papel colocado en un armazón plano y ligero, que se hace volar mediante una larga cuerda: *Los niños dejaron de jugar con sus* **cometas** *cuando vieron aparecer nubes de lluvia.* Sin. **papalote, barrilete.**

cometa *m.* Astro con un núcleo poco denso y una larga cola luminosa: *El* **cometa** *Halley se puede ver desde la Tierra cada 76 años.*

cometer *vb.* {tr.} Realizar una acción que se considera falta, error o delito: *Rubén* **cometió** *una infracción por manejar a muy alta velocidad y tuvo que pagar la multa.*

cometido *m.* Comisión, encargo: *Cecilia tiene el cometido de atender a las visitas mientras sus padres terminan de preparar la cena.*

comezón *f.* **1.** Picor, sensación que hace que uno quiera rascarse: *Los piquetes de moscos dan* **comezón. 2.** Inquietud, impulso: *Tengo la* **comezón** *de ir a gastarme el dinero que me regalaron por mi cumpleaños.*

cómic *m.* Palabra de origen inglés. Libro, revista o tira que cuenta una historia por medio de dibujos: *Mi mamá me dijo que podía leer mis* **cómics** *cuando terminara el trabajo escolar.*

comicios *m.* pl. Elecciones: *Los* **comicios** *para elegir presidente tendrán lugar el próximo domingo.*

cómico, ca *adj.* **1.** Que hace reír: *El programa de televisión estuvo tan* **cómico** *que me hizo reír toda la tarde* cada vez que lo recordaba. **2.** Relativo a las comedias, obras divertidas y de final feliz.

cómico, ca *m.* y *f.* Actor que hace reír: *Charles Chaplin fue uno de los mejores cómicos del siglo* xx.

comida *f.* **1.** Conjunto de substancias que nutren al organismo: *Me gusta preparar mi comida con productos frescos.* SIN. **alimento. 2.** Alimento que se toma al mediodía: *Siempre hago un desayuno ligero, una comida fuerte y para la cena sólo como una fruta.*

comidilla *f.* *Fam.* Tema o motivo de chisme o murmuración: *La gente de mi pueblo es muy conservadora y, como Laura vive sola, se ha vuelto la comidilla del pueblo.*

comienzo *m.* Principio, origen: *El comienzo del curso es en septiembre.*

comillas *f.* *pl.* Signo ortográfico con que se encierran las citas o expresiones inusuales o que se quieren destacar: *Hay varios tipos de comillas: las simples (' '), las normales (" ") y las angulares (« »).*

comilona *f.* Comida variada y muy abundante: *Me invitaron a una fiesta y me advirtieron que iba a haber una comilona, así que más me vale no comer nada antes.*

comino *m.* **1.** Planta de flores rojas o blancas y semillas aromáticas: *El arroz quedó muy rico porque le puse un poco de comino.* **2.** loc. **Un ~,** cosa de muy poco valor: *Me importa un comino los chismes que digan de mí, porque sé que son mentiras.*

comisaría *f.* *Esp.* Oficina de la policía.

comisariato *m.* *Colomb., Nicar. y Pan.* Almacén.

comisión *f.* **1.** Encargo: *El ayudante cumplió la comisión que su jefe le encomendó.* **2.** Porcentaje que cobra un vendedor: *Trabaja en una tienda de ropa y cobra una comisión del 3% por cada prenda que vende.* **3.** Conjunto de personas encargadas de algo: *Una comisión de vecinos habló a las autoridades de los problemas que hay en el barrio.*

comisura *f.* Punto de unión de los labios y de los párpados: *Laura se ve rara porque no se pintó las comisuras de los labios, sino sólo la parte central.*

comité *m.* Grupo pequeño de personas encargadas de tratar algún asunto a nombre de una colectividad mayor.

comitiva *f.* Conjunto de personas que acompañan a otra de rango mayor: *El embajador llegó rodeado por su comitiva de secretarios y ayudantes.* SIN. **séquito.**

como *adv.* **1.** Según, conforme: *Haz tus demás ejercicios de matemáticas como lo indica el ejemplo.* **2.** Indica idea de que una cosa es equivalente, parecida o igual a otra: *María tiene un vestido como el de Chela.* **3.** De manera aproximada: *En el teatro había como cincuenta espectadores viendo la obra.* **4.** En calidad de: *Horacio fue llamado como testigo en el caso del robo a la joyería.*

cómo *adv.* **1.** De qué modo o manera: *"No sé cómo resolver este problema matemático", me dijo mi hermano menor.* **2.** Por qué motivo: *"¿Cómo dices eso? A mí no me molesta que vengas a dormir a mi casa", dije a mi amiga.*

como *conj.* **1.** Porque: *Como llegué tarde al teatro, ya no pude entrar a ver la obra.* **2.** Si, en caso que: *"Como me desobedezcas, no te daré permiso de ir a la fiesta" me dijo mi madre.*

¡cómo! *interj.* Denota enfado o extrañeza: *"¡Cómo!, ¿no sabes que Leoncio reprobó dos materias?", me dijo Santiago.*

cómoda *f.* Mueble con tablero de mesa y cajones: *Puse los calcetines en el segundo cajón de la cómoda y en el tercero puse los pantalones.*

comodidad *f.* **1.** Calidad de lo que da bienestar, de lo que no molesta: *"Estás ocupando toda la cama porque sólo piensas en tu comodidad", dije a mi hermano.* **2.** Conjunto de ventajas que hacen que alguien viva a gusto y de manera confortable: *Esta casa tiene todas las comodidades, por eso no quiero mudarme.*

comodín *m.* **1.** En algunos juegos de naipes, carta que toma el valor que quiera darle el que la tiene: *Me faltaba una carta para ganar, pero como me salió un comodín les gané a todos.* **2.** Lo que sirve para fines diversos: *Pablo es el comodín del equipo de baloncesto, por eso el entrenador lo coloca en el lugar que más le conviene.*

comodino, na *adj.* *Méx.* Que no quiere hacer esfuerzos: *Mi hermano es tan comodino que se las arregla para que todos limpiemos la casa y él no haga nada.*

cómodo *m.* *Méx.* Recipiente que usan para defecar los enfermos que no pueden levantarse de la cama.

cómodo, da *adj.* **1.** Que contribuye a que uno se sienta a gusto: *Esta silla es más cómoda que aquélla porque es más grande y suave.* **2.** Que resulta fácil: *La máquina de coser eléctrica es más cómoda que la mecánica.*

comoquiera *adv.* De cualquier manera.

compacto, ta *adj.* De textura apretada y poco porosa: *El pan sin levadura es compacto porque no puede esponjarse.*

compadecer *vb. irreg.* {tr. y prnl.} Modelo 39. Compartir la desgracia ajena: *Me compadezco de los niños que no tienen comida y por eso trato de ayudarlos.*

compadre *m.* **1.** Padrino de un niño respecto a sus padres: *Mi padrino es compadre de mi papá.* **2.** *Fam.* Amigo, compañero.

compadrear *vb.* {intr. y prnl.} *Argent., Par. y Urug.* Jactarse, vanagloriarse.

compaginar *vb.* {tr. y prnl.} Poner en buen orden cosas que guardan relación: *Antes de coser el vestido es necesario compaginar los dos trozos de tela.*

compañerismo *m.* Relación que hace las personas que se ayudan y se entienden: *Existe gran compañerismo entre esos dos niños, por eso se ayudan en todo.*

compañero, ra *m.* y *f.* Persona que juega, trabaja o vive con otra: *Iré a la playa con mis compañeros de escuela.*

compañía *f.* **1.** Efecto de acompañar: *A Raúl le gusta la compañía de Blanca porque ella es muy inteligente y amable.* **2.** Persona o cosa que acompaña: *Estuvimos en el hospital para hacerle compañía a mi tío que está enfermo.* **3.** Sociedad comercial: *Eduardo trabaja en una compañía de seguros.* **4.** Unidad al mando de un capitán: *Durante la guerra mi abuelo perteneció a una compañía de infantería.* **5.** Grupo de actores: *La compañía de teatro de mi escuela representó una obra clásica de la literatura española.*

comparable *adj.* Que tiene cosas o rasgos en común con otro objeto: *Estos dos dibujos son comparables porque en los dos hay un paisaje con un río y montañas.*

comparación *f.* Análisis de dos o más personas o cosas para ver sus parecidos o sus diferencias: *Hicimos la comparación entre los dos cuentos y estuvimos de acuerdo en que el primero era mejor que el segundo.*

comparar *vb.* {tr.} Examinar o analizar dos o más cosas para descubrir sus diferencias o semejanzas:

Ya comparé los precios entre esas cuatro tiendas y nos conviene comprar la comida en la segunda que visité.

comparativo, va *adj.* Que compara o sirve para comparar: *La maestra nos explicó que "Pedro es más grande que Julio" es una frase comparativa.*

comparecer *vb. irreg.* {intr.} Modelo 39. Acción de presentarse alguien en un lugar cuando se le pide: *El juez le pidió a mi padre que compareciera en su oficina porque fue testigo de un robo.*

comparsa *m.* y *f.* Persona que representa papeles de poca importancia en el teatro.

compartimento o **compartimiento** *m.* Cabina o departamento en que está dividida una cosa o lugar: *Había seis personas en el compartimiento del tren en el que viajé.*

compartir *vb.* {tr.} **1.** Tener o usar cosas entre varias personas: *Andrea compartió con su amiga los dulces que le regalaron.* **2.** Ser de la misma opinión.

compás *m.* **1.** Instrumento de dos brazos que se abren y cierran, acabados en punta, que sirve para trazar curvas y medir distancias: *En la clase de matemáticas me pidieron una regla, una escuadra y un compás para hacer figuras geométricas.* **2.** En música, ritmo de una pieza musical: *Cuando llegó el director, nos pusimos nerviosos y perdimos el compás de la canción.*

compasión *f.* Sentimiento de lástima por el padecimiento ajeno: *Mi madre regala juguetes a los niños de ese hospital porque siente compasión por ellos.*

compasivo, va *adj.* Que siente lástima por el dolor y la desgracia de los demás: *Es tan compasiva, que le daría de comer a todos los perros callejeros si tuviera dinero para hacerlo.*

compatibilidad *f.* **1.** Calidad de compatible: *La compatibilidad de gustos entre Laura y Sofía las ha convertido en buenas amigas.* **2.** En informática, el que una computadora pueda ejecutar programas escritos para otra sin necesidad de traducción o de reescritura.

compatible *adj.* Que puede ocurrir o hacerse junto con otra cosa: *El trabajo y el estudio de mi hermano son compatibles: estudia por la mañana y trabaja por la tarde.*

compatriota *m.* y *f.* Persona nacida en el mismo país que otra: *Cuando me fui de viaje a Japón, encontré a un grupo de compatriotas que también estaban de visita allá.*

compendio *m.* Breve exposición de lo más esencial de una materia: *Adquirí un compendio de jardinería porque quiero empezar a aprender sobre el tema.*

compenetrarse *vb.* {prnl.} Identificarse y entenderse muy bien dos o más personas entre ellas: *José y yo nos hemos compenetrado y por eso trabajamos muy bien juntos.*

compensar *vb.* {tr. y prnl.} **1.** Nivelar o equilibrar el efecto de una cosa con el de otra: *Julio compensa su falta de belleza con su gran simpatía.* **2.** Dar o hacer una cosa en pago del daño causado: *Llegué a la cita con media hora de retraso y compensé mi tardanza con unas flores para mi novia.*

competencia *f.* **1.** Rivalidad: *La competencia entre los dos equipos es muy grande porque ambos son muy importantes.* **2.** Argent., Colomb., Méx., Par., Perú y Venez. Prueba deportiva en la que se busca la victoria. Sin. **competición.**

competencia *f.* **1.** Aptitud, capacidad para hacer algo: *Luis tiene competencia para resolver problemas de álgebra, creo que podría ser un buen matemático.* **2.** Obligación de hacer una cosa: *La persecución de los delitos es competencia de la policía.*

competente *adj.* Experto, apto: *Margarita es muy competente en su trabajo, por eso sus jefes le aumentaron el salario.* Ant. **incompetente.**

competer *vb.* {intr.} Pertenecer, tocar o incumbir a uno una cosa: *A mis padres les compete darme de comer y a mí ser buen estudiante.*

competición *f.* Hecho de enfrentarse dos o más personas para lograr lo mismo, sobre todo en deportes. Sin. **competencia.**

competidor, ra *m.* y *f.* Persona que participa en una lucha con otras por conseguir la misma cosa: *Los competidores de los cien metros planos salieron casi volando cuando sonó la señal.*

competir *vb. irreg.* {intr.} Modelo 47. Luchar dos o más personas para lograr la misma cosa: *Los atletas compiten por llegar en primer lugar a la meta.*

compilar *vb.* {tr.} Reunir en una sola obra partes o textos de otras: *El autor compiló en este libro los cuentos más famosos de sus otros libros.*

compinche *m.* y *f. Fam.* Compañero, camarada, socio, amigo: *El ladrón y su compinche fueron a parar a la cárcel después de que los agarró la policía.*

complacer *vb. irreg.* {tr. y prnl.} Modelo 39. **1.** Ceder a lo que otra persona quiere: *Mi hermano complació a su novia y dejó de fumar.* **2.** Hallar plena satisfacción en una cosa: *Me complace que León haya ganado la carrera porque es muy buen deportista.*

complaciente *adj.* Se dice de la persona que hace cosas para agradar a otras: *La vendedora es muy complaciente y te muestra de manera amable toda la ropa que le pidas.*

complejo *m.* **1.** Conjunto de cosas: *Están construyendo un complejo comercial cerca de mi casa.* **2.** Sentimiento de inferioridad: *Tiene complejo de tonto porque siente que no es tan inteligente como su hermano.* **3.** loc. **Número ~,** en matemáticas, número que consta de una parte real y otra imaginaria.

complejo, ja *adj.* Que es difícil: *No puedo resolver este cálculo porque está muy complejo.* Sin. **complicado.**

complemento *m.* Cosa que se añade a otra para completarla: *El complemento de su vestido blanco con flores serían unos zapatos de color claro.*

completar *vb.* {tr.} Hacer que algo quede terminado: *Ayer completé mi colección porque conseguí las dos figuras que me faltaban.*

completivo, va *adj./f.* En lingüística, oración subordinada que tiene la función de complemento directo: *En la oración "Mi mamá me dijo que fuera a ver esa obra de teatro", "que fuera a ver esa obra de teatro" es una oración completiva.*

completo, ta *adj.* **1.** Entero, íntegro: *Tengo una colección completa de música cubana porque me gusta muchísimo.* **2.** Acabado, perfecto: *Tu dibujo no está completo, tienes que terminarlo para que te califique la maestra.* **3.** Esp. Lleno, sin lugar disponible: *No pude ver la obra porque el teatro estaba completo.*

complexión *f.* Constitución física de una persona o animal.

complicación f. **1.** Contratiempo, cosa imprevista: *No pude llegar a tiempo porque tuve una complicación en la escuela.* **2.** Dificultad: *Es muy difícil este problema, tiene muchas complicaciones pero lograré resolverlo.*

complicado, da adj. Que es difícil de comprender: *Esta historia es muy complicada, así que voy a tener que leerla otra vez.* SIN. **complejo.**

complicar vb. irreg. (tr. y prnl.) **Modelo 17.** Dificultar, enredar, confundir.

cómplice m. y f. Persona que colabora en un delito: *El ladrón denunció a sus cómplices en el asalto.*

complot m. Palabra francesa. Planes secretos para atacar a alguien: *Se descubrió un complot de unos fanáticos para secuestrar al artista famoso.* SIN. **conspiración.**

componedor m. Argent., Chile y Colomb. Persona diestra para curar dislocaciones de huesos.

componente adj./m. Que forma parte de la composición de algo: *El oxígeno y el hidrógeno son los componentes del agua.*

componer vb. irreg. (tr. y prnl.) **Modelo 27. 1.** Reunir varios elementos para formar una cosa: *Estos once niños componen el equipo de fútbol.* **2.** Reparar lo estropeado o roto: *El técnico va a componer la televisión que no sirve.* **3.** Producir obras literarias o musicales: *El famoso músico Beethoven compuso nueve sinfonías.* **4.** Argent., Chile, Colomb., Guat., Perú y Urug. Colocar en su lugar los huesos dislocados. **5.** Constituir, formar: *El esqueleto se compone de huesos.* **6.** Ponerse más bonito: *Los gatitos son feos cuando nacen, pero a los pocos días se componen.*

comportamiento m. Conjunto de conductas propias de un individuo: *Carlos tiene muy buen comportamiento, no desobedece a sus padres y le gusta tener sus cosas bien ordenadas.*

comportar vb. (prnl.) Tener un comportamiento determinado: *Este alumno se comportó mal en la clase y el profesor le llamó la atención.*

composición f. **1.** Mezcla de los elementos que forman algo: *En el laboratorio estudiamos la composición del oro y otros minerales.* **2.** Obra científica, literaria o musical: *El músico alemán Bach escribió muchas composiciones musicales.* **3.** Redacción o texto breve sobre un tema determinado: *La maestra nos encargó hacer una composición sobre la primavera.*

compositor, ra m. y f. Persona que crea y escribe música: *El músico austriaco Wolfgang Amadeus Mozart fue un gran compositor.*

compostura f. **1.** Reparación de una cosa descompuesta: *La compostura de la televisión me costó más dinero que si hubiera comprado una nueva.* **2.** Moderación, prudencia: *Claudia guardó la compostura durante la discusión, aunque su hermana no dejaba de insultarla.*

compra f. **1.** Hecho de obtener una cosa a cambio de una cantidad de dinero: *"Tengo que ir de compras, porque me hacen falta cosas para la comida", dijo mi madre antes de ir al mercado.* **2.** Lo adquirido a cambio de dinero: *Este libro fue la última compra que hice ayer en la tienda.*

comprador, dora m. y f. Persona que adquiere algo a cambio de dinero: *Hay varios compradores interesados en esta casa.*

comprar vb. (tr.) **1.** Adquirir algo por dinero: *Mi hermano comprará una bicicleta con el dinero que ha ahorrado.* **2.** Fam. Sobornar: *El acusado quiso comprar a las autoridades para salir libre, pero no lo consiguió.*

comprender vb. (tr.) **1.** Abarcar, incluir dentro de sí: *Esta enciclopedia de historia comprende cinco tomos.* **2.** Entender: *No comprendo el japonés porque nunca lo he estudiado.*

comprensible adj. Que se puede entender bien: *Habla de manera más comprensible, porque no entiendo lo que dices.*

comprensión f. Facultad para entender algo: *Este problema es de fácil comprensión, no como el otro, que nadie entiende.*

comprensivo, va adj. Que es tolerante con los demás porque entiende sus ideas, motivos y comportamiento: *Mis papás son muy comprensivos y puedo hablar con ellos de cualquier cosa.*

compresa f. Lienzo fino o gasa para usos médicos: *Al paciente le pusieron una compresa con alcohol para desinfectarle la herida.*

compresor m. Aparato que sirve para disminuir el volumen de los gases o líquidos.

comprimido m. Pastilla curativa: *Tenía tos y el médico me dijo que tomara unos comprimidos para curarme.*

comprimido, da adj. Reducido a menor volumen.

comprimir vb. (tr. y prnl.) Reducir por presión el volumen de algo: *Tuve que comprimir la basura para que cupiera en el cesto.*

comprobar vb. irreg. (tr.) **Modelo 5.** Verificar, confirmar una cosa mediante una prueba: *Comprobé las sumas y los resultados eran correctos.*

comprometer vb. (tr. y prnl.) **1.** Hacer que una persona decida sobre algún asunto: *Comprometí a mi hermano para que me ayudara a dibujar porque sé que le gusta mucho hacerlo.* **2.** Exponer a un riesgo o peligro: *Ramiro está comprometiendo su calificación final por no hacer los trabajos escolares.* **3.** Asignar o adquirir una obligación: *Se comprometió a entregar mañana el trabajo, pues dijo que un problema le impidió entregarlo hoy.*

compromiso m. **1.** Promesa u obligación: *Tengo el compromiso de participar en esa reunión porque todos mis amigos me lo pidieron.* **2.** Dificultad, apuro: *Se vio en un compromiso porque no llevaba suficiente dinero para pagar lo que había comprado.*

compuerta f. Dispositivo que sirve para cortar o graduar el paso del agua de un canal, presa, etc.

compuesto m. Substancia formada por dos o más ingredientes.

compuesto, ta adj. Que está formado por varios elementos: *"Mediodía" es una palabra compuesta, porque está formada por medio y día.*

compungido, da adj. Que siente dolor, tristeza, aflicción: *Pepito anda compungido porque su mejor amigo se fue a vivir a otra ciudad.*

computador m. o **computadora** f. Máquina electrónica que procesa, guarda, analiza y proporciona información: *Hice mi trabajo de matemáticas en la computadora y las gráficas quedaron muy bien.* SIN. **ordenador.**

computar vb. (tr.) Determinar una cantidad por el cálculo de ciertos datos: *Hay que computar el precio del hotel, de las comidas y del transporte, y sabremos el costo aproximado de las vacaciones.*

COM

comulgar vb. irreg. {tr. e intr.} **Modelo 17. 1.** En algunas religiones, dar o recibir la comunión. **2.** Coincidir en ideas o sentimientos con otra persona: *Guadalupe comulga con las ideas de ese grupo social, así que decidió formar parte de él.*

común adj. **1.** Compartido por varios a la vez: *Los soldados duermen en un dormitorio común.* **2.** Frecuente, usual: *Es común que haga calor en esta época del año porque es verano.* **3.** Que es como la mayoría: *Es un concierto común, ni bueno, ni malo.* **4.** loc. **En ~,** que se comparte entre dos o más personas: *Los vecinos del edificio tenemos un jardín en común.*

comuna f. **1.** Organización de personas que viven en comunidad. **2.** Amér. C. y Amér. Merid. Municipio, ayuntamiento.

comunicación f. **1.** Acción y efecto de comunicar o comunicarse: *Recibí una comunicación del director de la escuela.* **2.** Medio de unión entre lugares: *Entre la cocina y el comedor hay una puerta de comunicación.* **3.** loc. **Medios de ~,** conjunto de técnicas que sirven para transmitir información a gran número de lugares y personas: *La radio, la televisión y la prensa son medios de comunicación.*

comunicado m. Aviso o información que se da en los diarios, en la radio o en la televisión: *El comunicado del presidente fue claro: habrá más empleos el año próximo.*

comunicar vb. irreg. {tr., intr. y prnl.} **Modelo 17. 1.** Hacer que alguien sepa una cosa: *Andrés nos comunicó su proyecto de casarse.* **2.** Tratar con alguien de palabra o por escrito: *Gerardo y yo sólo nos comunicamos por teléfono, porque vivimos en diferentes ciudades.* **3.** Establecer paso de un lugar a otro: *Entre los dos pueblos hay un puente que los comunica.* **4.** Esp. Dar un teléfono la señal de línea ocupada.

comunidad f. **1.** Calidad de común, de compartido: *Para solucionar los problemas del edificio debemos trabajar en comunidad todos los vecinos.* **2.** Grupo social o agrupación de personas con intereses comunes: *Los monjes viven en comunidad.*

comunión f. **1.** Hecho de tener ideas y metas comunes: *La comunión de ideas entre el equipo permitió que el trabajo saliera muy bien.* **2.** En el catolicismo, sacramento de la Eucaristía. **3.** loc. **Primera ~,** ceremonia en la que un niño o niña recibe la Eucaristía por primera vez.

comunismo m. Doctrina que habla de la desaparición de la propiedad privada y sostiene que todas las cosas deben ser para todas las personas.

con prep. **1.** Significa el instrumento, medio o modo para hacer algo: *Escribí la nota con un lápiz.* **2.** En compañía: *Miguel llegó con su novia a la fiesta.* **3.** Expresa el modo de hacer algo: *Eduardo estudió con seriedad y mejoró sus calificaciones.* **4.** Muestra el contenido de algo: *Rellené las empanadas con carne y queso.* **5.** A pesar de: *¡Con lo joven que es y ya compró una casa!*

conato m. Acción o suceso que no llega a realizarse totalmente: *Mi papá tuvo un conato de infarto y el doctor le dijo que ahora debe tomar medicamentos.*

concadenar o **concatenar** vb. {tr.} Unir o enlazar unas cosas con otras: *Teresa concadenó una idea con otra y terminó inventando un cuento para dormir al niño.*

cóncavo, va adj. Que tiene la superficie curva hacia el interior: *En un espejo cóncavo se ve deformada tu figura.*

concebir vb. irreg. {tr.} **Modelo 47. 1.** Quedar embarazada una mujer o una hembra: *Mi hermana concibió su primer hijo a los 25 años.* **2.** Formar en la mente una idea de algo: *Marta acaba de concebir un proyecto para que le den el trabajo que quiere.*

conceder vb. {tr.} **1.** Dar, otorgar: *El hada madrina concedió tres deseos a la princesa.* **2.** Aceptar lo que otra persona dice o afirma: *Concedo que me equivoqué al no querer escucharte cuando tuviste un problema.*

concejal, la m. y f. Persona que colabora con el alcalde, miembro de un ayuntamiento.

concejo m. Ayuntamiento o municipio.

concentración f. **1.** Reunión de personas o cosas: *Había una gran concentración de personas que querían ver a la actriz cuando llegó al teatro.* **2.** Capacidad de pensar de manera profunda sin distraerse: *No estudia demasiado, pero como escucha las clases con concentración, obtiene buenas calificaciones.*

concentrar vb. {tr. y prnl.} **1.** Reunir en un mismo lugar: *El entrenador concentró a sus jugadores en el estadio porque iba a comenzar el partido de fútbol.* **2.** Disminuir el líquido de una substancia: *En esta fábrica concentran el jugo de tomate para volverlo espeso.* **3.** Fijar la atención: *No avanzo con esta novela porque no logro concentrarme en la lectura.*

concéntrico, ca adj. Relativo a las figuras geométricas que tienen un mismo centro: *Los nueve planetas del Sistema Solar tienen órbitas concéntricas alrededor del Sol.*

concepción f. Acción y efecto de algo que se origina: *Estar relajado me ayuda a la concepción de ideas inteligentes.*

concepto m. **1.** Idea abstracta: *El concepto de belleza no es el mismo para todas las culturas.* **2.** Pensamiento expresado con palabras: *La maestra no tiene muy buen concepto de Julia, porque ya se dio cuenta de que es una niña mentirosa.* **3.** Calidad, título: *"Toma este dinero por concepto de los zapatos que me vendiste", dije al joven vendedor.*

concernir vb. irreg. {intr.} **Modelo 67.** Tener algo que ver con uno: *El problema de la destrucción de la naturaleza nos concierne a todos.* **SIN. afectar, atañer.**

concertar vb. irreg. {tr. y prnl.} **Modelo 3.** Pactar, acordar algo dos o más personas: *Concertaron la cita para el miércoles en la tarde.*

concesión f. Acción y efecto de conceder: *Si mi hermano no hace algunas concesiones, no dejará de tener dificultades con su novia.*

concha f. **1.** Caparazón o cubierta dura de algunos animales: *Las almejas y los caracoles tienen una concha que los protege.* **2.** Amér. C. y Amér. Merid. Vulg. Órgano genital de la mujer. **3.** Méx. Pan dulce que tiene una cubierta de azúcar: *Me gusta comer conchas con chocolate caliente y espumoso.* **4.** Méx. Fam. Lentitud, indiferencia, calma: *¡Qué concha tiene Ricardo! No importa qué tan grave sea el problema, él lo toma con una tranquilidad que desespera.*

conchabar vb. {tr. y prnl.} **1.** Unir, asociar. **2.** Amér. Merid. y Méx. Tomar un sirviente a sueldo. **3.** Chile. Cambiar una cosa por otra. **4.** Fam. Confabularse. **5.** Méx. Fam. Conseguir algo sin esfuerzo.

conchudo, da adj./m. y f. **1.** Amér. Fam. Persona que engaña o que comete actos no correctos. **2.** Amér. C.

y *Amér. Merid. Vulg.* Estúpido, bobo. **3.** *Méx.* Indiferente, desentendido. **4.** *Méx.* Perezoso y cínico: *Gabriela es una conchuda: teníamos que hacer el trabajo entre las dos y ella no hizo nada.*

conciencia *f.* **1.** Conocimiento que el ser humano tiene de sí mismo, de su existencia y de las cosas que le rodean: *Pedro se desmayó y cuando recobró la conciencia no recordó dónde estaba.* **2.** Juicio acerca de lo que está bien y lo que está mal: *César no tiene la conciencia tranquila, porque sabe que no debió haber robado el dinero a su madre.* **3.** loc. **A ~,** con cuidado y esfuerzo: *Estudié a conciencia y mejoré la calificación.*

concierto *m.* **1.** Hecho de poner de acuerdo dos o más cosas o de ponerse de acuerdo personas. **2.** Sesión en la que se interpretan obras musicales: *Anoche fui al concierto que hubo en el auditorio de la Universidad.* **3.** Obra musical: *Compré un disco con el primer concierto para piano y orquesta de Béla Bartók.*

conciliábulo *m.* Junta para tratar algo cuyo resultado se desea mantener en secreto.

conciliar *adj.* Relativo a los concilios: *En una reunión conciliar, los obispos trataron asuntos de primera importancia.*

conciliar *vb.* {tr.} **1.** Poner de acuerdo: *Los amigos lograron conciliar sus ideas después de discutir durante media hora.* **2.** loc. **~ el sueño,** dormirse: *Estaba muy preocupado y no logré conciliar el sueño en toda la noche.*

concilio *m.* **1.** Junta en la que se trata algún asunto. **2.** Asamblea regular de obispos y otros religiosos para tratar algún tema de la Iglesia: *Durante el concilio de Trento, que duró de 1545 a 1563, la Iglesia Católica reafirmó sus dogmas para enfrentar al protestantismo.*

conciso, sa *adj.* Que es breve y preciso en el modo de expresarse: *El director de la escuela dio un discurso claro y conciso de dos minutos cuando nos dio la bienvenida al nuevo curso.*

conciudadano, na *m.* y *f.* Cada una de las personas que nacieron o habitan en una ciudad, respecto de los demás.

cónclave o **conclave** *m.* Asamblea o reunión de cardenales para elegir al Papa: *La señal de que el cónclave ha elegido nuevo Papa es el humo blanco.*

concluir *vb. irreg.* {tr. e intr.} **Modelo 59. 1.** Acabar, llegar algo a su fin: *Ya concluyeron los exámenes y empezaron las vacaciones.* **2.** Inferir, llegar a una conclusión: *Diana no quería hablar con Alejandro ni verlo, por eso Alejandro concluyó que ella quería terminar con el noviazgo.*

conclusión *f.* **1.** Finalización, terminación: *Después de la conclusión de las obras para arreglar el estadio de fútbol, hicieron una gran fiesta para celebrar.* **2.** Consecuencia de haber razonado sobre un tema o asunto: *Después de mucho reflexionar, llegué a la conclusión de que prefiero el vestido blanco y no el verde.* **3.** loc. **En ~,** para terminar.

concomitancia *f.* Hecho de acompañar una cosa a otra, u obrar junto con ella.

concordancia *f.* Correspondencia entre dos o más cosas: *Entre el sujeto y el verbo de una oración tiene que haber concordancia.*

concordar *vb. irreg.* {tr. e intr.} **Modelo 5. 1.** Decir o expresar lo mismo varias personas. **2.** Coincidir una cosa con otra: *Tus sumas no concuerdan con las mías, así que debemos buscar el error.* **3.** Tener concordancia las partes variables de la oración: *Si en una frase tenemos un sustantivo masculino, el artículo y el adjetivo que acompañen al sustantivo deben concordar con él: también deben ser masculinos y estar en plural.*

concordia *f.* Acuerdo, armonía: *Los niños jugaron en total concordia, así que no escuché protestas en toda la tarde.*

concretar *vb.* {tr. y prnl.} Precisar, reducir a lo esencial: *Cuando vamos a hacer un examen, debemos concretarnos a estudiar lo más importante y no perder tiempo en lo superfluo.*

concreto *m. Amér.* Cemento armado: *En la esquina de la escuela están construyendo un edificio de concreto con vidrios de color azul.* **SIN.** hormigón.

concreto, ta *adj.* **1.** Que se trata de un objeto determinado: *En concreto quiero comprar un vestido que sea azul con flores blancas, no cualquier vestido nuevo.* **2.** Preciso, exacto: *El vendedor me dio cifras concretas de lo que me costaría arreglar el automóvil.*

concubina *f.* Mujer que hace vida de casada con un hombre que no es su esposo.

concuñado, da *m.* y *f.* Hermano de uno de los cónyuges, respecto al hermano del otro cónyuge: *La cuñada de mi hermana es mi concuñada.*

concuño, ña *m.* y *f.* Cónyuge de un cuñado: *El esposo de mi cuñada es mi concuño.*

concupiscencia *f.* Deseo enorme de bienes y placeres terrenos.

concurrencia *f.* Asistencia de diferentes personas, sucesos o cosas en un mismo lugar o tiempo: *El director de la escuela habló delante de una concurrencia de niños y padres durante el festival.*

concurrido, da *adj.* Lleno de gente: *Este restaurante es muy concurrido porque la comida que venden es barata y muy sabrosa.*

concurrir *vb.* {intr.} Juntarse en un mismo lugar o tiempo, diferentes personas, sucesos o cosas: *Muchas personas concurrieron a la boda de mi hermana.*

concursante *m.* y *f.* Persona que participa en una competencia con el fin de ganar algo: *Se presentaron veinte concursantes para la elección de la reina del carnaval.*

concursar *vb.* {intr.} Participar en una competencia con el fin de ganar algo: *Félix concursó en un programa de televisión y ganó muchos premios.*

concurso *m.* Competencia en la que se intenta conseguir un premio con un trabajo: *Mi hermano participó en un concurso de baile y ganó un viaje.* **SIN.** certamen, prueba.

conde, desa *m.* y *f.* Título de nobleza inferior al de marqués.

condecoración *f.* Galardón que se entrega a una persona como reconocimiento por algo que ha hecho: *A mi maestra le dieron una condecoración, ya que ha trabajado 25 años dando clases en la escuela.*

condecorar *vb.* {tr.} Dar un galardón a una persona como reconocimiento por algo que ha hecho: *Condecoraron a don Antonio con un anillo de oro porque ha trabajado muy bien en la empresa.*

condena *f.* **1.** Castigo que se impone a quien comete una falta: *Al asesino le dieron una condena de 20 años por el crimen que cometió.* **2.** Hecho de reprobar algo.

129

condenar *vb.* (tr. y prnl.) *1.* Dictar sentencia el juez imponiendo una pena o castigo: *El juez condenó al ladrón a dos años de cárcel.* Sin. **castigar, sentenciar.** *2.* Reprobar, desaprobar: *Cualquier tipo de violencia es un acto que se debe condenar.* Sin. **rechazar.** *3.* En religión, hacerse merecedor de un castigo eterno.

condensar *vb.* (tr. y prnl.) Reducir el volumen de algo, dándole mayor densidad: *En esta industria condensan la leche volviéndola más espesa y concentrada.*

condescender *vb. irreg.* (intr.) **Modelo 24.** Adaptarse a lo que dicen o piensan otras personas: *A Gerardo le gusta condescender con sus hermanos pequeños y juega lo que ellos quieren.*

condescendiente *adj.* Que se adapta a lo que dice o piensa otro: *Alicia es muy condescendiente con sus hijos y habla con ellos en vez de regañarlos.*

condición *f. 1.* Naturaleza o propiedad que tienen las cosas: *Los errores son parte de la condición humana porque no somos perfectos.* *2.* Circunstancia para que una cosa ocurra: *Le dije a Mirna que iré a la fiesta con la condición de que no regresemos tarde porque estoy cansada.* *3.* pl. Aptitud, capacidad: *Este joven deportista tiene condiciones para correr en la maratón.*

condicional *adj.* Que incluye una condición: *El ladrón salió de la cárcel con libertad condicional y si comete alguna falta lo encerrarán otra vez.*

condicional *adj./f.* En lingüística, oración subordinada que establece una condición para que se cumpla lo expresado en la principal.

condicional *m.* En lingüística, tiempo verbal que indica una acción futura, respecto de otra pasada: *En la oración "Me dijo que me daría permiso si hacía el trabajo escolar", daría es ejemplo de un condicional.*

condicionar *vb.* (tr.) Establecer condiciones para que algo ocurra: *El clima condicionará el éxito de la fiesta que queremos hacer en el jardín.*

condimentar *vb.* (tr.) Añadir ciertas substancias a un alimento para hacerlo más sabroso: *Condimentamos el pollo con ajo, cebolla y pimienta.* Sin. **sazonar, aliñar.**

condimento *m.* Substancia que se emplea para hacer más sabrosos los alimentos: *La sal y la pimienta son condimentos.*

condolerse *vb. irreg.* (prnl.) **Modelo 29.** Compadecerse: *Todos mis amigos se condolieron por la muerte de mi abuelo.*

condón *m.* Especie de envoltura de caucho o hule látex que usan los hombres durante las relaciones sexuales para evitar el embarazo de la mujer y el contagio de ciertas enfermedades: *Los condones se usan para evitar el contagio del sida.* Sin. **preservativo.**

condominio *m. 1.* Departamento: *Mis papás tienen un condominio en un edificio del centro de la ciudad.* *2.* loc. Méx. **~ horizontal,** conjunto de casas con fachada similar, por lo general bardeadas.

condonar *vb.* (tr.) Perdonar una pena o deuda: *A mi hermano le condonaron el último abono de su automóvil por haber pagado siempre a tiempo.*

cóndor *m.* Ave rapaz de gran tamaño, parecida al buitre, sin plumas en la cabeza y parte del cuello, con el cuerpo cubierto de plumas color negro con tonos azules y una especie de collar de plumas blancas: *El cóndor es un ave originaria de América.*

conducción *f.* Hecho de conducir algo o a alguien: *La conducción de esa máquina requiere de un entrenamiento especial.*

conducir *vb. irreg.* (tr. y prnl.) **Modelo 57.** *1.* Llevar, transportar: *El autobús nos conduce todos los días a la escuela.* *2.* Guiar o dirigir: *La maestra conduce nuestros estudios.* *3.* Manejar un vehículo automotor: *Mi papá me dijo que me prestaría su automóvil si conducía con precaución.* *4.* Comportarse: *Silvia es una niña bien educada que se conduce con respeto hacia las otras personas.*

conducta *f.* Manera de conducirse o comportarse: *Israel tiene buenas calificaciones en sus materias, pero tiene problemas con la maestra por su mala conducta.*

conductividad *f.* En física, propiedad que tienen los cuerpos de transmitir el calor o la electricidad.

conducto *m. 1.* Canal o tubo por el que circula un fluido: *El conducto del gas pasa por la cocina.* *2.* Medio o vía que se sigue para hacer algo.

conductor *adj./m.* En física, cuerpo capaz de transmitir calor o electricidad: *Los metales son buenos conductores.*

conductor, ra *adj./m. y f.* Que conduce un vehículo: *Está prohibido platicar con el conductor del autobús de la escuela, ya que puede distraerse.*

conductor, ra *m. y f.* Animador, presentador de programas de radio o de televisión, o maestro de ceremonias de un espectáculo: *No me gusta ese programa de televisión porque el conductor me parece grosero.*

conectar *vb.* (tr.) *1.* Poner dos cosas en contacto, unir: *La nueva carretera conecta mi pueblo con la capital del país.* *2.* Poner un aparato en contacto con la fuente de electricidad a través de un cable: *Pensé que la radio no servía y lo que pasaba es que había olvidado conectarla.*

conejera *f. 1.* Casa de los conejos, que es construida por ellos mismos. *2.* Jaula o sitio donde viven los conejos domesticados.

conejo, ja *m. y f.* Mamífero roedor, de orejas largas, patas traseras grandes, pelaje espeso y suave, cola pequeña y redonda y carne comestible: *Los conejos viven en bosques o se crían en granjas.*

conexión *f.* Relación o enlace entre personas, cosas o ideas: *La conexión de los dos cables estaba mal hecha y hubo un corto circuito.*

confabularse *vb.* (prnl.) Ponerse de acuerdo para efectuar algo, generalmente en contra de alguien: *Darío y Toño se confabularon para hacerme esa broma de mal gusto.*

confección *f.* Hecho de realizar algo formado por varias partes o elementos, especialmente prendas de vestir: *La niña toma clases de corte y confección y ya hizo una blusa.*

confeccionar *vb.* (tr.) Hacer algo combinando sus diversos elementos: *En esta fábrica se confeccionan artículos para caballeros.*

confederación *f.* Alianza entre personas, grupos o Estados.

conferencia *f. 1.* Exposición en público de un tema: *El matemático de la escuela dio una conferencia sobre la numeración romana.* *2.* Reunión para tratar un asunto: *Las autoridades hicieron una conferencia para tratar de solucionar la huelga.* *3.* loc. **~ de prensa,** reunión en la que se informa sobre un asunto a los reporteros de los medios de comunicación: *El actor llamó a con-*

ferencia de prensa para anunciar su nuevo programa de televisión.

conferenciante o **conferencista** *m.* y *f.* Persona que habla sobre un determinado asunto ante el público: *El conferencista del museo de antropología dio una interesante charla sobre los antiguos egipcios.*

conferir *vb. irreg.* (tr.) **Modelo 50. 1.** Conceder a alguien dignidad, empleo o facultades: *Don Manuel quiere dejar de trabajar y por eso va a conferirle a su hijo el manejo de la tienda.* **2.** Atribuir una cualidad no física: *Gabriel escribió un cuento y le confirió a su personaje la capacidad de volverse invisible.*

confesar *vb. irreg.* (tr. y prnl.) **Modelo 3. 1.** Manifestar algo que se había mantenido voluntariamente oculto: *Héctor me confesó que está enamorado de Juliana.* **2.** Reconocer o declarar la verdad: *Por fin el niño confesó que él había roto el vaso.* **3.** Declarar los pecados a un sacerdote: *Mi abuela se confiesa cada ocho días, porque así la acostumbraron desde pequeña.*

confesión *f.* **1.** Acto de revelar o manifestar lo que se había mantenido oculto: *El criminal ya firmó su confesión y ahora va a ir a la cárcel.* **2.** Hecho de declarar los pecados a un sacerdote.

confeso, sa *adj./m.* y *f.* Que ha declarado su delito o falta.

confesor *m.* **1.** En la religión católica, sacerdote a quien las personas confiesan sus pecados. **2.** Persona a quien se confían secretos de manera voluntaria. SIN. **confidente.**

confeti *m.* Papelitos de colores que se arrojan en algunas fiestas: *Traigo el cabello lleno de confeti porque fui al carnaval.*

confiado, da *adj.* Se dice de quien es crédulo, que confía en las personas, en las cosas o en sus propias capacidades: *Ángel está muy confiado en que conseguirá el trabajo porque es muy inteligente.*

confianza *f.* **1.** Seguridad que se tiene en alguien o en algo o que se tiene en sí mismo: *Tengo confianza en Noé y sé que hará muy bien su trabajo.* **2.** Trato natural, sencillo y familiar: *Joel me habla con toda confianza de sus problemas porque somos amigos desde hace mucho tiempo.*

confiar *vb. irreg.* (tr., intr. y prnl.) **Modelo 9. 1.** Poner una persona o cosa al cuidado de alguien: *Roberto es muy responsable y por eso su padre le confió el cuidado de su tienda.* **2.** Tener confianza, seguridad: *Me dijo que confiaba en sus amigos y que por eso les prestaba su casa durante las vacaciones.* **3.** Pensar que algo sucederá: *Confío en que mi calificación de matemáticas será alta porque estudié mucho.*

confidencia *f.* Revelación de secretos: *Javier es mi mejor amigo y sólo a mí me cuenta sus confidencias.*

confidente *m.* y *f.* Persona a la que se le tiene confianza como para contarle secretos: *Se hicieron tan amigos que se volvieron confidentes uno del otro.* SIN. **confesor.**

configurar *vb.* (tr. y prnl.) Dar o tomar una forma determinada: *Me gusta ver las nubes, porque a veces se configuran como caballos, ángeles o dragones.*

confín *m.* Último punto que alcanza la vista.

confinar *vb.* (tr., intr. y prnl.) **1.** Desterrar. **2.** Lindar, limitar. **3.** Encerrarse, recluirse: *La reina se confinó en el convento cuando murió el rey.*

confirmación *f.* **1.** Hecho de comprobar que algo es cierto: *Mi mamá hizo la confirmación de los asistentes a la fiesta para saber cuánta comida comprar.* **2.** Para los católicos, ceremonia en la que se fortalece el bautismo.

confirmar *vb.* (tr. y prnl.) Corroborar algo, darlo por cierto: *Necesito saber cuántas personas vendrán a la fiesta ¿puedes confirmar tu asistencia?*

confiscar *vb. irreg.* (tr.) **Modelo 17.** Quitar las autoridades los bienes de alguien: *La policía confiscó las armas a los ladrones de bancos.*

confite *m.* Dulce o golosina azucarada rellena de almendra, maní, piñón o anís: *Cuando bautizaron a Adriana, su madrina nos regaló bolsitas llenas de confites.* SIN. **colación.**

confitería *f.* **1.** Establecimiento donde se hacen o venden dulces. **2.** *Amér. Merid.* Cafetería.

confitura *f.* Fruta cocida con azúcar: *Me gusta comer confitura de durazno con galletas.* SIN. **mermelada.**

conflictivo, va *adj.* Se dice de lo que es muy difícil, o de la persona que se complica o que complica la vida a los demás: *Javier se encuentra en una situación conflictiva: no tiene dinero ni trabajo.*

conflicto *m.* **1.** Combate, lucha: *El problema de las fronteras provocó el conflicto entre esos dos países.* **2.** Apuro, dificultad: *Luisa está en un conflicto porque reprobó una materia y no se lo ha dicho a sus padres.*

confluencia *f.* Lugar donde se reúnen dos o más personas o cosas: *La ciudad de Buenos Aires, en Argentina, se halla en la confluencia de los ríos Paraná y Uruguay.*

confluir *vb. irreg.* (intr.) **Modelo 59.** Juntarse en un punto varias personas o cosas: *La multitud confluyó en la plaza central para escuchar el concierto.*

conformar *vb.* (tr. y prnl.) **1.** Dar forma: *A medida que iba conformando mis ideas, entendía con mayor claridad cuál era la solución al problema.* **2.** Aceptar sin protesta algo malo o insuficiente: *Cuando sus papás le dijeron que no podían comprarle el juguete caro, Ismael se conformó con un balón.*

conforme *adj.* **1.** De acuerdo con una cosa u opinión: *Estoy conforme con lo que decidió mi mamá para la fiesta de esta noche.* **2.** Resignado, que acepta sin protestar.

conforme *adv.* **1.** Según, con arreglo a. **2.** Tan pronto como, a medida que: *Conforme vayas terminándote las galletas, ve pidiéndome más.*

confort *m.* **Palabra francesa.** Bienestar, comodidad: *Siempre al mismo hotel por el confort que ofrece el lugar.*

confortable *adj.* Que proporciona comodidad y bienestar: *Cuando estoy muy cansado me siento en este sofá porque es el más confortable de la casa.*

confortar *vb.* (tr. y prnl.) **1.** Animar o consolar a alguien o a sí mismo: *Estaba muy triste y me confortaron las palabras de mi mamá.* **2.** Dar vigor: *Después de haberme mojado con la lluvia me conforté con una taza de chocolate bien caliente.*

confraternizar *vb. irreg.* (intr.) **Modelo 16.** Tratarse con amistad y compañerismo.

confrontar *vb.* (tr.) **1.** Cotejar o comparar dos o más cosas: *Cuando confronté las dos ediciones del mismo libro, me di cuenta de que había algunas diferencias.* **2.** Enfrentar a dos personas para que defiendan sus afirmaciones.

131

confundir vb. {tr. y prnl.} **1.** Tomar erróneamente una cosa por otra: *Confundo a los dos hermanos porque se parecen mucho.* **2.** Hacer que se pierdan los límites entre las cosas para que no se noten fácilmente: *Los ladrones se confundieron entre toda la gente que había en la calle y los policías no pudieron encontrarlos.* **3.** Dejar a alguien sin saber qué hacer, desorientarlo: *Con tus jugadas lograste confundir a tu rival y por eso le ganaste en el juego de ajedrez.*

confusión f. **1.** Desorden, mezcla: *En mi recámara hay un poco de confusión porque algunas cosas están fuera de lugar.* **2.** Equivocación, error: *Disculpa mi confusión: te di un papel que no era tuyo.*

confuso, sa adj. **1.** Obscuro o dudoso: *Me dio una explicación confusa a los que resultó al lugar que iba.* **2.** Difícil de distinguir: *Es un programa de televisión muy viejo y la imagen es confusa.* **3.** Turbado, desorientado: *Me siento confusa, pues un día el maestro alaba mi trabajo y al día siguiente me pone en ridículo delante de todos los alumnos.*

conga f. Danza popular cubana, de origen africano.

congelación f. Hecho de poner cosas a temperaturas muy bajas hasta que se hielan: *La congelación de los alimentos permite conservarlos mucho tiempo.*

congelador, ra m. y f. Aparato que sirve para mantener cosas a muy bajas temperaturas, para que logren conservarse por más tiempo: *Puse una parte de la carne en el congelador, porque compré más de la que necesitamos para hoy.*

congelar vb. {tr. y prnl.} **1.** Transformar un líquido en sólido por efecto del frío: *Hay países donde los lagos se congelan durante el invierno.* SIN. **helar.** **2.** Poner algo al frío para su conservación. **3.** Sentir mucho frío: *Se me ocurrió ir al parque, pero hace tanto frío que me congelé y mejor regresé a la casa.*

congeniar vb. {intr.} Entenderse bien una persona con otra: *Mi hermano y yo congeniamos muy bien y casi nunca discutimos.*

congénito, ta adj. Cualidad o defecto con el que se nace: *Jacobo nunca ha podido ver porque su ceguera es congénita.*

congestión f. Acumulación de una cosa en un lugar en especial: *Tengo una congestión en la nariz que no me deja respirar.*

conglomerado m. Unión de fragmentos de una o varias substancias que forman una masa compacta.

congoja f. Preocupación o pena intensa: *Sintió una gran congoja cuando supo que su amigo se había accidentado.*

congoleño, ña adj./m. y f. De la República del Congo, estado de África ecuatorial.

congraciar vb. {tr. y prnl.} Ganar la bondad o el afecto de alguien.

congratular vb. {tr. y prnl.} Manifestar alegría y satisfacción a la persona que ha tenido un suceso feliz: *Nos congratulamos por el nacimiento del bebé de Julia.*

congregar vb. irreg. {tr. y prnl.} Modelo 17. Reunir en un mismo lugar a buen número de personas: *La multitud se congregó en el parque para oír el concierto de rock.*

congreso m. **1.** Junta de muchas personas para tratar sobre algún asunto: *En esa ciudad se está celebrando un congreso de medicina.* **2.** Conjunto de representantes de una comunidad, que se ocupan de hacer las leyes: *El Congreso votó en contra de la instauración de la pena de muerte.* **3.** Edificio donde se reúnen para trabajar los representantes de una comunidad: *Los diputados asisten al Congreso para participar en las sesiones parlamentarias.*

congrio m. Pez marino comestible, de cuerpo cilíndrico muy largo, parecido a la anguila.

congruencia f. Conexión precisa de ideas, palabras, etc.: *Entendimos ese problema tan difícil porque la maestra lo explicó con mucha congruencia.*

cónico, ca adj. De forma de cono: *Las brujas usan un sombrero cónico.*

conífero, ra adj./f. Relativo a ciertos árboles resinosos, que mantienen sus hojas durante todo el año, como el pino.

conjetura f. Juicio que se forma después de seguir muestras o pistas.

conjeturar f. {tr.} Hacer un juicio después de seguir indicios o pistas: *Conjeturamos que algo bueno le había pasado porque tenía cara de felicidad.*

conjugación f. Accidente propio del verbo, que adopta formas distintas según la persona, el número, el tiempo, el modo y la voz: *La maestra pidió que hiciéramos oraciones con verbos en sus tres conjugaciones: ar, er, ir.*

conjugar vb. irreg. {tr. y prnl.} Modelo 17. **1.** Enumerar un verbo en todas las formas, tiempos y modos, en todas las personas del singular y del plural: *El maestro nos pidió que conjugáramos el verbo "amar" en el tiempo presente del modo indicativo.* **2.** Unir o combinar dos o más cosas entre sí: *En la vida hay que saber conjugar trabajo y diversión.*

conjunción f. **1.** En astronomía, encuentro aparente de dos o más astros en la misma parte del cielo. **2.** En lingüística, parte invariable que une palabras u oraciones: *"Y", "pero", "pues", son conjunciones.*

conjuntiva f. Membrana mucosa que cubre la parte anterior del ojo.

conjuntivitis f. Inflamación de la membrana que cubre el ojo, llamada conjuntiva: *El oftalmólogo le dijo a Juliana: "Usted tiene conjuntivitis, por eso le arden los ojos."*

conjunto m. **1.** Agrupación de personas o cosas que constituyen un todo: *En la clase de matemáticas estudiamos los conjuntos.* **2.** Grupo de personas que tocan y cantan: *Mi amiga Silvia canta en un conjunto de rock.*

conjurar vb. {tr., intr. y prnl.} **1.** Usar exorcismos o ritos en contra del demonio. **2.** Conspirar, obrar un grupo de personas en contra de alguien o de algo.

conjuro m. **1.** Acción y efecto de conjurar. **2.** Conjunto de palabras mágicas que se utilizan para conjurar.

conllevar vb. {tr.} **1.** Soportar con paciencia: *La enfermedad de mi abuela es muy dolorosa, por eso la conlleva de manera difícil.* **2.** Implicar, suponer: *Aunque el profesor no me felicitó por mis buenas calificaciones, sus palabras amables conllevan una felicitación.*

conmemoración f. Ceremonia o fiesta para recordar un acontecimiento o a una persona famosa: *Se celebró la conmemoración de la independencia en la plaza de la capital.*

conmemorar vb. {tr.} Celebrar de manera solemne el recuerdo de un acontecimiento o de una persona famosa: *En la escuela conmemoramos cada año el día de la Constitución.*

conmigo *pron.* Forma del pronombre personal *mí* cuando lleva antes la preposición *con: Luisa fue **conmigo** al cine y luego fuimos a cenar.*

conmiseración *f.* Compasión o tristeza por la desgracia ajena: *Sentí **conmiseración** por la señora que perdió su dinero, porque no tendrá para dar a sus hijos de comer.*

conmoción *f.* **1.** Trastorno, perturbación del ánimo o del cuerpo: *La noticia de su muerte ha causado gran **conmoción**, sobre todo porque era muy joven y sano.* **2.** loc. ~ **cerebral**, pérdida pasajera de la conciencia: *Tuvo una **conmoción cerebral** después de golpearse en la cabeza, pero el doctor dijo que no era de cuidado.*

conmovedor, dora *adj.* Emocionante, que altera o inquieta el ánimo.

conmover *vb. irreg.* {tr. y prnl.} Modelo 29. Provocar una fuerte sensación de alegría o de tristeza: *Javier me **conmovió** cuando se puso a llorar y casi se me salen las lágrimas a mí también.*

conmutador *m.* Argent., Colomb., C. Rica, Salv., Méx. y P. Rico. Central telefónica: *Manuela trabaja como operadora en el **conmutador** de una fábrica.*

conmutar *vb.* {tr.} Trocar, cambiar, permutar: *Le **conmutaron** la cadena perpetua por 20 años de cárcel.*

connatural *adj.* Propio de la naturaleza de cada ser: *Ser cazador es **connatural** a los felinos.*

cono *m.* Cuerpo geométrico limitado por una base circular y con una superficie generada por rectas que unen la base con el vértice: *El barquillo de mi helado tiene forma de **cono**.*

conocedor, ra *adj.* Que está muy bien informado sobre algo: *Eric es un buen **conocedor** de vinos porque ha leído varios libros sobre este tema y además trabajó en un restaurante.*

conocer *vb. irreg.* {tr. y prnl.} Modelo 39. **1.** Averiguar cómo son las cosas y cómo las cosas se relacionan entre sí: *Leí con mucha atención un libro sobre los felinos y ahora los **conozco** muy bien.* **2.** Tener trato con una persona: *Sara y Emma se **conocen** desde que eran niñas; por eso son tan buenas amigas.*

conocido, da *adj.* **1.** Que se conoce de antes: *Ese perfume me parece **conocido**, estoy casi seguro que es el que usaba mi abuela.* **2.** Reconocido, con fama: *Seguramente sabes quién es el protagonista de la obra de teatro, porque es un actor muy **conocido**.*

conocido, da *m.* y *f.* Persona con quien se tiene trato, pero no amistad: *"Puedes tener muchos **conocidos**, pero los grandes amigos no se encuentran en cualquier lugar."*

conocimiento *m.* **1.** Acción y efecto de conocer. **2.** Conciencia de que existe o ocurre alrededor de uno mismo: *Perdió el **conocimiento** y el doctor dijo que se debía a la anemia.* **3.** pl. Conjunto de informaciones que se adquieren sobre algún asunto: *Tiene muchos **conocimientos** de biología, porque no se cansa de leer libros sobre la materia.*

conque *conj.* Anuncia una consecuencia de lo dicho o de lo ya sabido: *"Sé que me estás mintiendo, **conque** puedes empezar a decirme la verdad", me dijo mi madre.*

conquista *f.* **1.** Acto de ganarse algo o de obtener algo por el propio esfuerzo. **2.** Hecho de apoderarse de una población por la fuerza. **3.** Hecho de enamorar a una persona: *Monserrat es la más importante **conquista** de Pedro y creo que pronto van a casarse.*

conquistador, ra *m.* y *f.* **1.** Persona que consigue un lugar o una cosa: *Los **conquistadores** españoles colonizaron la mayor parte de lo que ahora se conoce como América Latina.* **2.** Persona que enamora a otras con mucha facilidad: *Julio es un **conquistador** y no hay chica que no quiera salir con él.*

conquistar *vb.* {tr.} **1.** Apoderarse, hacerse dueño de una población o territorio por medio de la fuerza: *En la Antigüedad, los romanos **conquistaron** muchos territorios.* **2.** Ganar la voluntad o el amor de otro: *El nuevo compañero de curso nos **ha conquistado** con su simpatía.*

consabido, da *adj.* **1.** Que se sabe o conoce de antemano: *Ramiro dio muestras de su **consabido** mal humor y con sus groserías echó a perder la reunión.* **2.** Habitual: *La ceremonia de inicio de cursos empezó con el **consabido** discurso.*

consagrar *vb.* {tr. y prnl.} **1.** Hacer o convertir algo en sagrado. **2.** Dedicar, emplear: *El profesor se **ha consagrado** a sus alumnos durante treinta años.* **3.** Dar a alguien fama o reputación: *La novela Cien años de soledad **consagró** al escritor colombiano Gabriel García Márquez.*

consanguinidad *f.* Característica común de los que pertenecen a un mismo tronco de familia.

consciencia *f.* Ver **conciencia**.

consciente *adj.* **1.** Que tiene conciencia o conocimiento: *Mi abuelo estuvo **consciente** hasta poco antes de morir.* **2.** Que sabe lo que hace: *Estoy **consciente** de que esta investigación será muy difícil, pero quiero hacerla porque me gusta mucho la materia.*

consecuencia *f.* **1.** Hecho que resulta o sigue de otro: *Fumar tiene graves **consecuencias** porque puede provocar enfermedades.* **2.** loc. **A ~ de**, como resultado de: *Las encías me sangran **a consecuencia de** una infección en la boca.*

consecuente *adj.* Referido a la persona que se comporta de acuerdo con sus propias ideas: *Fernando actuó de manera **consecuente** cuando no aceptó comer carne de cerdo porque sabe que es dañina.*

consecutiva *adj./f.* En lingüística, oración subordinada que expresa consecuencia de lo indicado en otra.

consecutivo, va *adj.* Que viene después de otra cosa: *El dos y el tres son números **consecutivos**.*

conseguir *vb. irreg.* {tr.} Modelo 56. Alcanzar, obtener lo que se pretende o se desea: *No **conseguí** el permiso para ir a la fiesta, así que me voy a quedar en la casa viendo televisión.*

consejero, ra *m.* y *f.* **1.** Persona que aconseja o informa a otra u otras: *Mis papás fueron a ver a un **consejero** matrimonial porque tienen muchos problemas entre ellos.* **2.** Miembro de un consejo: *Se reunieron los **consejeros** universitarios para elegir al nuevo rector.*

consejo *m.* **1.** Opinión hecha a alguien sobre lo que se debe hacer o cómo hacerlo: *El **consejo** de mi hermano fue genial y ahora armo los rompecabezas con mayor facilidad.* SIN. **sugerencia**. **2.** Organismo de consulta, de administración o de gobierno. **3.** Reunión celebrada por un organismo de consulta, de administración o de gobierno.

consenso *m.* Acuerdo: *Por **consenso** decidimos que Estela fuera quien guiara la excursión.*

consentimiento *m.* Aceptación, autorización: *El director dio su consentimiento para que organicemos un viaje a la playa.*

consentir *vb. irreg.* {tr.} **Modelo 50. 1.** Permitir algo, condescender. **2.** Hacer mimos o cariños a alguien.

conserje *m.* y *f.* **Palabra de origen francés.** Persona que custodia un edificio o establecimiento público: *El conserje se encarga de abrir y cerrar las puertas y de cuidar el edificio del colegio.* Sin. **vigilante.**

conserva *f.* Alimento preparado y envasado para que se mantenga en buen estado durante mucho tiempo: *Compré verduras y frutas en conserva antes de salir de viaje.*

conservación *f.* Hecho de mantener una cosa en buen estado: *El frío permite la conservación de los alimentos.*

conservador, ra *adj.* Que es tradicionalista, que no admite cambios: *Mi abuelo tiene costumbres conservadoras y no nos permite salir de noche.*

conservador, ra *m.* y *f.* Partidario de mantener el orden social establecido: *Los conservadores votaron contra el cambio en los asuntos políticos.*

conservar *vb.* {tr. y prnl.} **1.** Mantener una cosa o cuidar de su permanencia: *El termo conserva caliente el café.* **2.** Guardar con cuidado: *Clara conservó durante toda su vida las cartas que le escribió su primer novio.*

conservatorio *m.* Escuela oficial de música: *Voy al conservatorio a aprender piano y canto.*

considerable *adj.* Importante, digno de consideración: *Le ofrecieron al fotógrafo una cantidad considerable de dinero por sus fotografías.*

consideración *f.* **1.** Hecho de tener en cuenta: *Tu hermano siempre toma en consideración las opiniones de la gente antes de hacer algo.* **2.** Respeto: *Mi maestra goza de la consideración de sus compañeros porque hace muy bien su trabajo.*

considerado, da *adj.* Prudente, respetuoso: *La maestra es muy considerada y nunca deja demasiado trabajo a sus alumnos.*

considerar *vb.* {tr. y prnl.} **1.** Pensar una cosa con atención, examinar: *Mónica consideró las ventajas que le podría traer el trabajo que le ofreció mi padre y decidió aceptarlo.* **2.** Tratar con respeto. **3.** Juzgar, estimar: *Considero a Hugo mi mejor amigo desde hace muchos años.*

consigna *f.* **1.** Orden dada a un subordinado: *El empleado obedece la consigna que le da su jefe.* Sin. **orden.** **2.** Lugar de una estación de ferrocarril o de otro medio de transporte donde se puede guardar el equipaje.

consignar *vb.* {tr.} **1.** Señalar en un presupuesto una cantidad para determinado fin: *Consigné una parte de mi sueldo para comprar un vestido nuevo.* **2.** Poner por escrito: *El periodista consignó en el diario del domingo una entrevista que le hizo al artista famoso.*

consigo *pron.* Forma del pronombre personal reflexivo de la tercera persona *sí* cuando va precedido de la preposición *con: Leonel llevó consigo una tienda de campaña cuando fue de vacaciones a la montaña.*

consiguiente *adj.* Que depende y se deduce de otra cosa: *Lauro dijo que se iba a casar, por consiguiente, va a buscar un lugar dónde vivir con su esposa.*

consistencia *f.* Duración, estabilidad, solidez: *La consistencia del acero lo hace un material adecuado para construir las estructuras de grandes edificios.*

consistente *adj.* Que es o está duro, firme, resistente: *La pasta está muy consistente, creo que debemos agregarle un poco de leche para ablandarla.*

consistir *vb.* {intr.} Ser, estar formado por lo que se indica: *Su trabajo en la oficina consiste en escribir a máquina.*

consola *f.* **1.** Mesa de adorno, larga y angosta, que por lo común se coloca cerca de la pared: *En la consola de casa están las fotografías de toda la familia.* **2.** En informática, terminal de la computadora que comunica con la unidad central.

consolar *vb. irreg.* {tr. y prnl.} **Modelo 5.** Aliviar la pena o aflicción de uno: *Consolé a Socorro cuando lloraba por la muerte de su mascota.*

consolidar *vb.* {tr. y prnl.} Dar firmeza o solidez: *Consolidó sus conocimientos del idioma inglés cuando pasó un mes en Estados Unidos.*

consomé *m.* Caldo, en especial el de carne: *Estaba enferma y sólo comí un consomé de pollo porque no tenía hambre.*

consonante *f.* Sonido articulado por el cierre completo o parcial de la boca, seguido de una apertura y la letra que lo representa: *La palabra lápiz tiene tres consonantes:* l, p, y z.

consorte *m.* y *f.* Cónyuge, esposo o esposa: *Lalo y Sara están casados: Lalo es el consorte de Sara y Sara es la consorte de Lalo.*

conspicuo, cua *adj.* Ilustre, sobresaliente: *El Premio Nobel se otorga a personas conspicuas en una actividad en especial.*

conspiración *f.* Alianza entre algunas personas para hacer daño a alguien: *La policía descubrió una conspiración para secuestrar a la actriz de cine.*

conspirar *vb.* {intr.} Obrar de acuerdo con otros contra alguien o algo: *Una banda de ladrones conspiraba contra los habitantes de la ciudad.*

constancia *f.* Perseverancia de una persona para terminar lo que ha empezado: *La constancia en el estudio me ha ayudado a mejorar mis calificaciones.*

constancia *f.* **1.** Certeza, seguridad. **2.** Comprobante, papel que atestigua algo: *En la oficina de impuestos le dieron una constancia de que ya no debe nada.*

constante *adj.* **1.** Que tiene constancia, que no se interrumpe: *Si quieres tocar bien el piano, debes ser constante y estudiar todos los días.* **2.** Muy frecuente: *Sus propuestas de amor son constantes, por más que ya le he dicho que no lo quiero.*

constar *vb.* {intr.} **1.** Ser cierto y evidente: *A Rodolfo le consta que estudié toda la tarde porque él me vio hacerlo.* **2.** Tener un todo determinadas partes: *El paquete deportivo consta de dos raquetas, una pelota y una red, todo para jugar tenis.*

constatar *vb.* {tr.} Comprobar un hecho o dar constancia de él: *Cuando vi que el trabajo de Irma era tan bueno, constaté que había hecho un gran esfuerzo.*

constelación *f.* Grupo de estrellas que presentan una figura convencional: *Por la noche pueden verse muchas constelaciones en el cielo, por ejemplo, la cabra y las osas.*

consternación *f.* Alteración del ánimo, dolor o pena muy profundo: *La muerte de su hermano le produjo una gran consternación.*

consternar *vb.* {tr. y prnl.} Inquietar mucho o vencer el ánimo.

constipado *m.* Resfrío o catarro: *Estornudo muchas veces porque tengo un fuerte* **constipado**.

constipado, da *adj.* Que tiene gripe o resfrío: *Se quedó en su casa porque está muy* **constipado** *y se siente mal.*

constiparse *vb.* (prnl.) Resfriarse o acatarrarse: *Debes abrigarte bien cuando hace frío si no quieres* **constiparte**.

constitución *f.* **1.** Ley fundamental de la organización de un Estado: *La* **constitución** *de un país contiene las leyes que establecen los derechos y deberes de los ciudadanos.* **2.** Conjunto de características del cuerpo de una persona: *Mi hermana es de* **constitución** *débil y por eso se enferma con frecuencia.*

constituir *vb. irreg.* (tr.) **Modelo 59.** **1.** Ser varias personas o cosas parte de otra cosa: *El padre, la madre y los hijos* **constituyen** *la familia básica.* **Sin. formar.** **2.** Suponer, representar: *La impuntualidad de Jeremías* **constituye** *uno de sus peores defectos.*

constreñir *vb. irreg.* (tr. y prnl.) **Modelo 66.** **1.** Obligar o ser obligado a hacer algo. **2.** Limitar, reducir: *Debemos* **constreñir** *nuestros gastos al dinero que tenemos y no gastar más de lo necesario.*

construcción *f.* **1.** Hecho de construir algo: *Los albañiles trabajan en la* **construcción** *de las casas y edificios.* **2.** Disposición sintáctica de las palabras y oraciones: *Iván no habla bien el español y comete errores en la* **construcción** *de frases, por ejemplo: yo comer pollo quiero.* **3.** loc. *Amér. Merid.* y *P. Rico.* ~ **de material,** obra hecha de ladrillos.

constructivo, va *adj.* Se dice del comentario u opinión que no solamente ataca, sino que sirve para aprender: *El consejo de mi madre fue muy* **constructivo** *y evitó que cometiera un grave error.*

constructor, ra *adj./m.* y *f.* Persona o empresa que se dedica a construir casas y edificios: *La* **constructora** *está haciendo el cine de la esquina.*

construir *vb. irreg.* (tr.) **Modelo 59.** **1.** Hacer una obra juntando los elementos según un plan: *Construimos este rompecabezas entre mi hermano y yo.* **2.** Ordenar y enlazar las palabras en una oración o frase como es debido: *El maestro nos pidió que* **construyéramos** *dos oraciones con el verbo "jugar".*

consuegro, gra *m.* y *f.* Padre o madre de un cónyuge respecto del padre o madre del otro: *Mis papás son* **consuegros** *de los papás de mi esposo.*

consuelo *m.* Lo que sirve de alivio: *En esta desgracia es un* **consuelo** *saber que tengo verdaderos amigos.*

consuetudinario, ria *adj.* Que es por costumbre: *Es un bebedor* **consuetudinario** *y sólo dejará de tomar alcohol si lo ayuda un especialista.*

cónsul *m.* y *f.* Persona que representa a su país en una nación extranjera: *Cuando vivía en el extranjero, fui a ver al* **cónsul** *de mi país para que me reemplazara el pasaporte que había perdido.*

consulado *m.* Oficina donde trabaja el cónsul: *Si vas a permanecer largo tiempo en otro país, siempre infórmate dónde queda el* **consulado** *de tu nación.*

consulta *f.* **1.** Pregunta para pedir opinión, para solicitar información sobre algo: *Mi padre le hizo una* **consulta** *al abogado porque no sabía qué documentos tenía que mostrarle al juez.* **2.** Búsqueda de datos y orientación en un libro o texto: *Hice una* **consulta** *en el diccionario para saber el significado de la palabra "iglú".* **3.** Atención que da un médico: *Mi tío es médico pero no da* **consultas** *a domicilio, sólo atiende a los pacientes en el hospital.*

consultar *vb.* (tr.) **1.** Pedir opinión a otro: *Antes de operar a mi perro* **consultamos** *a varios veterinarios para estar seguros de que la operación era necesaria.* **2.** Buscar datos o información en un libro o texto: *Para mi trabajo de historia* **consulté** *la enciclopedia.*

consultorio *m.* Despacho donde el médico recibe a los enfermos: *El doctor Martín atiende por las tardes en el* **consultorio** *que tiene en su casa.*

consumar *vb.* (tr.) Realizar totalmente una cosa: *El ladrón no pudo* **consumar** *el robo porque llegó la policía.*

consumidor, ra *m.* y *f.* Persona que compra determinado producto o que utiliza determinado servicio: *Hubo una queja de los* **consumidores** *cuando se dieron cuenta de que esa tienda vendía alimentos viejos.*

consumir *vb.* (tr. y prnl.) **1.** Utilizar una cosa como fuente de energía o para satisfacer necesidades: *Los habitantes de China* **consumen** *mucho arroz.* **2.** Extinguir, gastar: *Las velas se* **consumen** *poco a poco por la acción del calor de la llama.*

consumismo *m.* Conducta que consiste en provocar que se compren, o comprar, incluso cosas que no se necesitan: *El* **consumismo** *hace que muchas personas adquieran cosas que luego no pueden pagar.*

consumo *m.* Utilización de un bien para satisfacer necesidades: *El* **consumo** *de energía aumenta en invierno porque hace frío y la gente la utiliza para calentarse.*

contabilidad *f.* **1.** Disciplina encargada de llevar las cuentas de una empresa o sociedad: *Mi hermano tomó cursos de* **contabilidad** *antes de abrir su papelería.* **2.** Conjunto de esas cuentas: *Tú vas a llevar la* **contabilidad** *de la empresa.*

contabilizar *vb. irreg.* (tr.) **Modelo 16.** Apuntar cantidades en los libros de cuentas.

contable *adj.* Que puede ser contado: *Los granos de maíz que hay en una mazorca son* **contables**.

contable *m.* y *f.* Persona que lleva la contabilidad. **Sin. contador.**

contactar *vb.* (intr.) Establecer o mantener comunicación: *Por medio de algunos sistemas de computación, se puede* **contactar** *a personas de todo el mundo.*

contacto *m.* **1.** Relación entre cosas que se tocan: *Hay enfermedades que se contagian por un simple* **contacto**. **2.** Trato entre personas: *Todavía mantengo* **contacto** *con mis amigos de la primaria.* **3.** Conexión entre dos partes de un circuito eléctrico.

contado, da *adj.* **1.** Raro, escaso: *No nos conocemos bien, sólo hemos platicado en* **contadas** *ocasiones.* **2.** loc. **Al ~,** pagar con dinero: *La cajera me preguntó si iba a pagar al* **contado** *o con tarjeta de crédito.*

contador, ra *m.* y *f.* **1.** Persona que se ocupa de llevar las cuentas de una empresa o de otra persona. **Sin. contable.** **2.** *Esp.* Aparato que mide lo que se ha gastado: *El encargado miró el* **contador** *del agua, para ver cuánta quedaba.* **Sin. medidor.**

contagiar *vb.* (tr. y prnl.) **1.** Transmitir por contacto una enfermedad: *Aislaron al enfermo en una habitación porque podía* **contagiar** *a las demás personas.* **2.** Transmitir un estado de ánimo, una costumbre o un vicio: *Estaba tan contento que me* **contagió** *su alegría.*

contagio *m.* Hecho de transmitir una enfermedad o estado de ánimo.

contagioso, sa *adj.* Que se transmite fácilmente de un ser vivo a otro ser vivo: *La gripe es una enfermedad contagiosa.*

contaminación *f.* Suciedad en el aire, el agua o en cualquier otra substancia: *Esa fábrica de papel es la responsable de la contaminación del río.*

contaminar *vb.* {tr. y prnl.} *1.* Ensuciar el aire, el agua o cualquier otra substancia: *El humo de los automóviles contamina el aire de la ciudad.* *2.* Contagiar: *"Si te enfermas de sarampión debes permanecer en cuarentena para que no contamines a otras personas."*

contar *vb. irreg.* {tr. e intr.} **Modelo 5.** *1.* Dar un número a los elementos de un conjunto para saber cuántos hay: *Rosa contó las naranjas que hay en la bolsa.* *2.* Decir los números en orden: *Esteban ya sabe contar del uno al diez.* *3.* Referir, narrar: *Mis papás le cuentan una historia a mi hermanita todas las noches para que se duerma.* *4.* Tener en cuenta algo o a alguien: *Lupe me cuenta entre sus mejores amigas.* *5.* loc. ~ con, confiar: *Tengo mucho trabajo, pero ya sé que cuento con mi hermano para que me ayude.*

contemplar *vb.* {tr.} *1.* Mirar con atención o con gusto: *Sergio se pasó horas contemplando el paisaje.* *2.* Tener en cuenta algo o a alguien, considerar: *Contemplamos la posibilidad de cambiarnos de casa porque es muy pequeña en la que vivimos.*

contemporáneo, nea *adj.* De la época actual: *El correo electrónico es un invento contemporáneo.*

contemporáneo, nea *adj./m.* y *f.* Que existe al mismo tiempo: *Tu abuelo y mi abuelo fueron contemporáneos.*

contender *vb. irreg.* {intr.} **Modelo 24.** *1.* Pelear contra otro, luchar. *2.* Competir con otros por conseguir un triunfo: *Esos dos atletas contienden por la medalla de oro.*

contenedor *m.* Recipiente grande de metal o plástico: *En algunos países llaman contenedores a los botes que ponen en los edificios o en la calle para que todos los vecinos tiren ahí la basura.*

contener *vb. irreg.* {tr. y prnl.} **Modelo 26.** *1.* Llevar o tener dentro de sí: *Esa botella contiene aceite para cocinar.* SIN. **incluir.** *2.* Dominar un impulso o sentimiento: *El señor Miguel contuvo las ganas de gritarle a su hijo cuando el niño le contestó de manera tan grosera.*

contenido *m.* *1.* Lo que está dentro de una cosa: *El contenido de esta botella es una combinación de alcohol con hierbas y sirve para curar heridas.* *2.* Asunto del que trata un escrito, un discurso, etc.

contenido, da *adj.* Que no deja salir sus emociones.

contentar *vb.* {tr. y prnl.} *1.* Alegrar o complacer a otro o a sí mismo: *Mis papás estaban enojados conmigo, pero los contenté comportándome bien todo el fin de semana.* *2.* Sentirse conforme con algo: *Este niño no se contenta con todo lo que le dan sus padres y siempre está pidiendo más juguetes.*

contento *m.* Alegría, satisfacción: *Mostró su contento bailando y jugando con sus amigos durante la fiesta.*

contento, ta *adj.* Alegre, satisfecho: *Estoy muy contenta por la colección de libros que me regalaron en mi cumpleaños.*

contesta *f.* Amér. Respuesta.

contestación *f.* Respuesta que se da: *La maestra me hizo una pregunta y la contestación que le di fue correcta.*

contestador, ra *m.* y *f.* Aparato conectado al teléfono usado para grabar llamadas cuando nadie las contesta: *Le hablé anoche a Ricardo, pero como no estaba en su casa, le dejé un mensaje en la contestadora.*

contestar *vb.* {tr.} Responder a lo que se pregunta, se habla o se escribe: *Carlos contestó rápidamente la carta que le mandé la semana pasada.*

contexto *m.* Conjunto de circunstancias en que se sitúa un hecho.

contienda *f.* Lucha, combate o riña: *Muchas personas han muerto en la contienda entre esos dos países.*

contigo *pron.* Forma del pronombre personal de segunda persona tú cuando va precedido de la preposición con: *"¿Puedo ir al parque contigo?", me preguntó mi hermana.*

contiguo, gua *adj.* Que está junto a otra cosa: *Su casa y mi casa están contiguas, por eso somos vecinos.*

continental *adj.* Relativo a los continentes de la Tierra: *Honduras es un país continental porque forma parte del Continente Americano.*

continente *adj.* Que contiene en sí a otra cosa.

continente *m.* Extensa superficie de tierra separada de otras por los océanos: *Europa, Asia, América, África y Oceanía son los continentes de la Tierra.*

contingencia *f.* *1.* Posibilidad de que una cosa suceda o no. *2.* Riesgo: *La erupción de un volcán es una contingencia para la que debemos prepararnos.*

contingente *adj.* Que puede suceder o no.

contingente *m.* Tropa o agrupación que forma parte de un ejército.

continuación *f.* *1.* Lo que prolonga otra cosa: *Este camino pequeño es la continuación de la carretera.* *2.* loc. A ~, Detrás o inmediatamente después: *Mi casa está a continuación de la tienda de Rafael.*

continuar *vb. irreg.* {tr., intr. y prnl.} **Modelo 10.** *1.* Proseguir, llevar adelante lo comenzado: *Ángeles continuó el trabajo escolar en la noche porque no lo terminó durante la tarde.* *2.* Durar, permanecer algo como está: *La alegría de los niños continuó después de haber ganado el partido de fútbol.* *3.* Seguir algo más allá de un lugar, extenderse: *La carretera 95 continúa hasta la siguiente ciudad.*

continuidad *f.* Hecho de no interrumpir algo: *Su éxito se debió a la continuidad de sus esfuerzos.*

continuo, nua *adj.* *1.* Sin interrupción: *Los buenos alumnos trabajan de manera continua durante todo el curso.* *2.* Constante, frecuente: *No puedo concentrarme en la novela por tus continuas interrupciones.*

contonearse *vb.* {prnl.} Mover con exageración los hombros y caderas al caminar: *La gente en la calle volteá a ver a Rosalía porque se contonea como barco en altamar.*

contorno *m.* Conjunto de líneas que rodean una figura: *Antes de pintarse los labios, se marca su contorno con un lápiz delgado.*

contorsión *f.* Posición forzada del cuerpo o de una parte de él: *El acróbata del circo hacía tales contorsiones con piernas y brazos que parecía de goma.*

contorsionista *m.* y *f.* Persona entrenada para hacer movimientos forzados con el cuerpo.

contra *prep.* *1.* Señala oposición o contrariedad: *"Estoy contra el viaje a la playa porque habrá mucha gente, mejor vamos a otro lugar", dije a mis amigos.* *2.* Sirve para señalar apoyo de una cosa en otra: *"Coloca la mesa contra la pared, así tendremos más espacio para bailar"*, dije a Esteban.

contrabajo *m.* El mayor y más grave de los instrumentos de la familia del violín, que se toca de pie, apoyándolo en el piso y con un arco que se pasa por sus cuerdas. SIN. **bajo.**

contrabandista *m.* y *f.* Delincuente que introduce a un país, a escondidas y de manera ilegal, mercancías de otro país: *La policía llegó a la casa del contrabandista y encontró relojes, radios, televisiones y computadoras japonesas.*

contrabando *m.* Acción que consiste en introducir a un país, a escondidas y de manera ilegal, mercancías de otro país: *La ley castiga el contrabando porque es una actividad que perjudica la economía de los países.*

contracción *f.* **1.** Hecho de reducir algo a menor volumen o extensión: *Durante el parto, las contracciones del vientre de la madre provocan la salida del niño.* **2.** Unión de dos palabras en una sola con la desaparición de una vocal: *De la contracción de la preposición de y el artículo el se forma del.*

contradecir *vb. irreg.* {tr. y prnl.} Modelo 54. Decir lo contrario de lo que otro afirma o lo que uno mismo afirmó antes: *Lucas se contradice: un día dice que le gusta el chocolate y al siguiente dice que lo odia.*

contradicción *f.* Hecho de decir lo contrario a lo que se ha dicho antes: *"Me dijiste que fuiste con Julia a la tienda y ahora me aseguras que no saliste de tu casa, eso es una contradicción"*, dije a Maura.

contraer *vb. irreg.* {tr. y prnl.} Modelo 38. **1.** Reducir una cosa: *El frío contrae muchos materiales, como la madera.* SIN. **encoger. 2.** Adquirir una enfermedad u obligación: *Contraje una deuda con el banco y ahora debo darle pagos durante dos años.*

contrafuerte *m.* **1.** En arquitectura, pilar unido a un muro para reforzarlo. **2.** Trozos de cuero que refuerzan los talones de los zapatos: *Rompí los contrafuertes de mis zapatos viejos porque me gusta caminar con ellos por la casa.*

contrahecho, cha *adj./m.* y *f.* Que tiene algún defecto notorio en el cuerpo: *El viejecito está contrahecho, tiene una joroba y por eso camina tan agachado.*

contraindicación *f.* Circunstancia que se opone al empleo de un medicamento: *Esta medicina marca contraindicación en caso de embarazo porque puede ser peligroso para la madre y para su hijo que va a nacer.*

contralor *m.* Chile, Colomb., Méx. y Venez. Empleado que controla los gastos públicos.

contraloría *f.* Amér. Oficina encargada de revisar las cuentas del gobierno.

contralto *m.* En música, voz más grave de mujer, entre la de la soprano y la del tenor.

contraluz *f.* Iluminación de un objeto que recibe la luz del lado opuesto al que se mira: *Tu vestido se transparenta a contraluz, así que se ven tus piernas.*

contraofensiva *f.* Operación militar que responde a un ataque del enemigo.

contraorden *f.* Orden con que se cancela otra anterior: *Nos habían dicho que el horario de trabajo sería sólo en la mañana, pero después llegó la contraorden, y ahora trabajamos por la mañana y por la tarde.*

contrapartida *f.* Cosa con que se compensa: *Me robaron un anillo y, como contrapartida, mis papás me regalaron otro.*

contrapelo. A ~, loc. **1.** Contra la dirección natural del pelo. **2.** De manera violenta, contra el modo natural de una cosa.

contrapeso *m.* Peso que equilibra otro peso: *Debes poner un juguete de un lado de la bicicleta, y como contrapeso, un juguete en el otro lado para que la equilibre.*

contraponer *vb. irreg.* {tr. y prnl.} Modelo 27. **1.** Comparar dos o más cosas para conocer sus diferencias: *El entrenador contrapuso la velocidad de Ramiro con la de Justino.* **2.** Oponer una cosa con otra, principalmente oponer una idea con otra.

contraportada *f.* Última página de una revista, tapa de atrás de un libro o de un disco: *Me encantó esta novela, leí el resumen que viene en la contraportada para que sepas de qué se trata.*

contraproducente *adj.* Que tiene efectos opuestos a los que se quiere: *Este medicamento resultó contraproducente y ahora me siento peor que antes.*

contrapunto *m.* En música, unión armoniosa de melodías superpuestas.

contrariar *vb. irreg.* {tr.} Modelo 9. **1.** Enojar o provocar enojo: *A mi abuelo lo contraría que lo desobedezcamos.* **2.** Oponerse a algo o alguien: *Manuel no contraría a sus padres porque sabe que ellos quieren lo mejor para él.*

contrariedad *f.* Contratiempo, suceso negativo e inesperado: *Fue una contrariedad perdernos en el camino, por eso llegamos tarde al cine.*

contrario, ria *adj.* **1.** Opuesto: *"Bonito" y "feo" son dos palabras contrarias.* **2.** Que daña o perjudica: *La nueva ley es contraria a los intereses de algunos ciudadanos.*

contrario, ria *m.* y *f.* **1.** Enemigo, adversario: *El tenista ganó de manera fácil a su contrario.* **2.** loc. **Al ~,** al revés, de manera opuesta: *Al contrario de lo que crees, yo sí quiero a mi novio.* **3.** loc. **Llevar la ~,** oponerse: *Berenice es una niña necia, porque casi siempre lleva la contraria a lo que le pide su madre.*

contrarreforma *f.* Se escribe con "C" mayúscula, movimiento producido por el catolicismo en el siglo XVI en oposición a la reforma de los protestantes, iniciado en 1545 por el Papa Paulo III y concluido por Pío IV.

contrarrestar *vb.* {tr.} Neutralizar una cosa los efectos de otra: *El precio bajo del hotel contrarrestó el precio excesivo de los pasajes de avión y así nuestras vacaciones no resultaron muy caras.*

contras *m. pl.* Las desventajas de algo: *Voy a analizar los pros y los contras de ese trabajo antes de aceptarlo o rechazarlo.*

contrasentido *m.* Acción, actitud o razonamiento contrario a la lógica o al sentido común: *Es un contrasentido pensar que todos tus juguetes pueden caber en esa caja tan pequeña.*

contraseña *f.* Señal convenida para reconocerse: *Cuando di la contraseña, me dejaron entrar al club.*

contrastar *vb.* {tr. e intr.} **1.** Poner a prueba una cosa. **2.** Mostrar dos cosas notable diferencia entre ellas: *"Tu calma contrasta con la impaciencia de tu novio", comenté a la novia durante la boda.*

137

contraste *m.* Diferencia notable entre dos cosas o personas: *Hay un gran contraste entre los dos hermanos: uno es alto y gordo y el otro es bajo y delgado.*

contratar *vb.* (tr.) **1.** Hacer un convenio en el que una persona trabaja para otra persona a cambio de dinero: *Hemos contratado a una señora que cuide al niño mientras salimos a trabajar.* **2.** Hacer un contrato para poder disponer de manera temporal de algo a cambio de dinero: *Mi padre contrató un salón para la boda de mi hermana.*

contratiempo *m.* Accidente negativo e inesperado: *El automóvil se descompuso y por ese contratiempo no pudimos ir al campo de vacaciones.*

contratista *m.* y *f.* Persona que tiene una empresa de construcción: *Mi tío le encargó a un contratista que arreglara el techo de la casa.*

contrato *m.* Pacto por el que dos o más personas se obligan a cumplir una cosa: *En el contrato se marcó el precio que Amelia debía pagar por la casa y el día en que Héctor debía entregársela a Amelia.*

contravenir *vb. irreg.* (tr.) **Modelo 49.** Obrar en contra de lo mandado: *Gerónimo contravino las órdenes llegando más tarde de lo que le habíamos dicho.*

contrayente *adj./m.* y *f.* Relativo a la persona que se casa: *Los contrayentes recibieron las felicitaciones de sus amigos durante la fiesta.* **SIN. cónyuge.**

contribución *f.* **1.** Pago de impuestos: *Mi padre paga cada año sus contribuciones al gobierno.* **2.** Cooperación de varias personas para conseguir algo: *La contribución de Julieta a la reunión fue una tarta deliciosa.*

contribuir *vb. irreg.* (tr. e intr.) **Modelo 59. 1.** Pagar impuestos. **2.** Cooperar con otros para conseguir algo: *Lalo contribuyó a organizar la fiesta. Fue él quien se encargó de contratar a los músicos.*

contrición *f.* Arrepentimiento sincero de una falta o pecado.

contrincante *m.* y *f.* Rival, competidor: *Liliana y Claudia son contrincantes porque las dos persiguen el primer lugar en la clase de historia.*

control *m.* **1.** Comprobación, inspección: *El director de la escuela tiene a su cargo el control de las actividades de los profesores.* **2.** Mando, limitación de la libertad de algo o alguien: *Los medicamentos mantienen el control de las enfermedades.* **3.** loc. **~ remoto**, aparato que permite manejar objetos a distancia: *A mí me gusta ver la televisión con el control remoto en la mano, porque así veo varios programas al mismo tiempo.*

controversia *f.* Discusión, polémica: *La controversia giraba alrededor de cuál de los dos equipos era mejor. Ramiro aseguraba que los rojos, mientras que Saúl insistía en que eran los azules.*

contubernio *m.* Alianza o unión para hacer algo malo o reprobable: *Hubo un contubernio entre los partidos políticos para derrocar al presidente.*

contumaz *adj.* Que insiste en mantener un error.

contundente *adj.* Que no deja lugar a dudas, que convence: *La afirmación sobre la necesidad de defender la naturaleza es contundente.*

contusión *f.* Lesión interna producida por un golpe sin que haya una herida exterior: *Me caí por la escalera y el doctor me dijo que tenía contusiones en los brazos y las piernas.*

convalecencia *f.* Estado de la persona que se recupera de una enfermedad y tiempo que dura esa recuperación: *La convalecencia de Luciana va a ser larga porque su operación fue muy delicada.*

convalecer *vb. irreg.* (intr.) **Modelo 39.** Recobrar las fuerzas perdidas por una enfermedad: *Rebeca está convaleciendo de la hepatitis que tuvo durante un mes, yo creo que en unos días podrá levantarse de la cama.*

convaleciente *adj.* Que se está recuperando de una enfermedad, operación o accidente: *El enfermo está convaleciente de varicela y debe permanecer en reposo algunos días.*

convalidar *vb.* (tr.) Confirmar, hacer válido lo ya aprobado: *Como me cambié de escuela, tuvieron que convalidarme los estudios que había hecho en la otra.*

convección *f.* En física, movimiento de un fluido debido a los cambios en la temperatura.

convencer *vb. irreg.* (tr. y prnl.) **Modelo 40.** Conseguir que alguien haga, crea o acepte cierta cosa: *Marisa convenció a Lucio de que la ayudara a arreglar su jardín.*

convencimiento *m.* Seguridad, certeza: *Tengo el convencimiento de que es importante cuidar la naturaleza.*

convención *f.* **1.** Pacto, acuerdo. **2.** Reunión de personas para tratar un asunto: *Rosario fue a una convención sobre enfermedades mentales que se lleva a cabo en París.* **3.** Norma o práctica que se admite sin necesidad de explicación: *Las señales de tráfico se aceptan por convención, por eso casi todo el mundo sabe que el color rojo de los semáforos significa "alto".*

convencional *adj.* **1.** Establecido por costumbre. **2.** Que sigue las reglas y costumbres sin proponer cambios: *Javier es una persona convencional que no viola las leyes y no se queja.*

conveniencia *f.* Cosa o situación en beneficio o interés de una persona: *Encontramos una casa a nuestra conveniencia, tiene el tamaño y el precio que necesitábamos.*

conveniente *adj.* Útil, provechoso: *No es conveniente que comas puros dulces, debes balancear tu dieta para tener buena salud.*

convenio *m.* Acuerdo, pacto: *Manuel y José firmaron un convenio para comprar la casa entre los dos.*

convenir *vb. irreg.* (tr., intr. y prnl.) **Modelo 49. 1.** Llegar a un acuerdo: *Convenimos en el precio del departamento después de negociar mucho con el hombre que nos lo vendió.* **2.** Ser de un mismo parecer. **3.** Ser oportuno, útil: *Conviene llegar temprano al estadio, antes de que se junte toda la gente en la entrada.*

conventillo *m.* Amér. Merid. y R. de la P. Casa grande de gente humilde, que contiene muchas viviendas reducidas.

convento *m.* Casa donde vive una comunidad religiosa.

convergencia *f.* Coincidencia, unión: *Para ir al parque debes llegar a la convergencia de las dos avenidas y dar vuelta a la derecha.*

converger *vb. irreg.* (intr.) **Modelo 41** o **convergir** *vb. irreg.* (intr.) **Modelo 61.** Dirigirse o unirse en un mismo punto: *Los ríos pequeños convergen en el río grande.*

conversación *f.* Acción y efecto de hablar unas personas con otras: *Sólo íbamos a tomar una taza de café, pero la conversación estaba tan interesante que nos tomamos cinco tazas cada uno.*

conversar *vb.* (intr.) Hablar unas personas con otras: *La maestra los regañó porque se pasan el tiempo conversando en vez de atender a la clase.* Sin. **platicar.**

conversión *f.* **1.** Hecho de cambiar: *El calor provoca la conversión del hielo en agua.* **2.** Hecho de adoptar una religión o creencia distinta a la que se tenía. **3.** Hecho de transformar una medida expresada en unidades de un sistema, a unidades de otro sistema, como metros a pies, galones a litros, etc.

converso, sa *adj./m.* y *f.* Se dice de quien se convierte a otra religión.

convertir *vb. irreg.* (tr. y prnl.) **Modelo 50. 1.** Cambiar, hacer que una cosa se transforme en otra: *Mi tío convirtió un cuarto de su casa en sala de billar.* **2.** Cambiar alguien su religión.

convexo, xa *adj.* Que tiene la superficie más abultada en el centro. Ant. **cóncavo.**

convicción *f.* **1.** Seguridad, certeza: *Tengo la convicción de que el bebé que va a nacer será niña.* **2.** pl. Conjunto de ideas o creencias: *Heriberto nunca actúa en contra de sus convicciones, por eso no quiere ir a ese tipo de reuniones.*

convicto, ta *adj.* Relativo al preso cuyo delito ha sido probado.

convidado, da *m.* y *f.* Invitado: *Había cien convidados al banquete.*

convidar *vb.* (tr.) Invitar: *Mi novio me convidó a cenar en un restaurante muy bonito.*

convincente *adj.* Que convence: *Una tormenta de nieve es una razón convincente para no ir a la montaña.*

convite *m.* Comida, banquete o reunión a la que uno es invitado. Sin. **ágape.**

convivencia *f.* Hecho de vivir o relacionarse con otras personas: *Si vamos a vivir bajo el mismo techo, más vale hacer que la convivencia sea fácil.*

convivir *vb.* (intr.) Vivir en compañía de otro u otros: *Durante mi viaje conviví por primera vez con mis primos, a los que conocía muy poco.*

convocar *vb. irreg.* (tr.) **Modelo 17.** Llamar a varias personas para que coincidan en un lugar, en un acto o para que realicen una actividad: *La maestra convocó a los padres de familia para organizar la fiesta de fin de cursos.*

convocatoria *f.* Escrito con que se llama a diferentes personas para que concurran a un lugar, a un acto o a realizar una actividad: *Ya salió la convocatoria para el concurso de historietas. ¿Concursamos?*

convoy *m.* Palabra de origen francés. **1.** Escolta o guardia. **2.** Conjunto de vehículos de transporte que tienen el mismo destino. **3.** Serie de vagones unidos unos a otros y arrastrados por la misma máquina.

convulsión *f.* **1.** Movimiento brusco e involuntario de los músculos del cuerpo. Sin. **contracción. 2.** Agitación violenta: *El asesinato del rey provocó una convulsión en todo el reino.* Sin. **trastorno.**

convulsionar *vb.* (tr. y prnl.) Producir algo agitación violenta en el cuerpo, en un grupo social o en la corteza terrestre: *La fiebre tan alta provocaba que Ana se convulsionara y hablara sola.*

convulsivo, va *adj.* Se aplica a lo que está acompañado de movimientos bruscos o violentos.

convulso, sa *adj.* Referido al que padece convulsiones.

conyugal *adj.* Relativo a la relación que existe entre marido y mujer: *Mis padres han estado casados durante veinte años y llevan una buena relación conyugal.* Sin. **matrimonial.**

cónyuge *m.* y *f.* Lo que es el marido respecto de su mujer y la mujer respecto de su marido: *Los cónyuges salieron felices del registro civil en donde se casaron.* Sin. **consorte, esposo.**

coñac o **coñá** *m.* Palabra de origen francés. Bebida alcohólica fuerte, hecha a partir de vinos añejados en toneles de roble.

coño *m.* Esp. Vulg. Parte externa del aparato genital femenino.

¡coño! *interj.* Vulg. Exclamación que denota enfado o extrañeza.

cooperación *f.* Hecho de ayudar para lograr algo: *Con la cooperación de los padres de familia, pudimos pintar y arreglar la escuela.* Sin. **colaboración, contribución, ayuda.**

cooperador, ra *adj.* Se dice de la persona que trabaja con otros para ayudar: *Jonás es un amigo cooperador que siempre nos ayuda cuando lo necesitamos.*

cooperar *vb.* (intr.) Obrar de manera conjunta con otros para lograr algo: *Olga y Rocío han cooperado con la reunión cocinando para todos los invitados.* Sin. **colaborar, contribuir, ayudar.**

cooperativa *f.* Asociación de consumidores, comerciantes o productores con intereses comunes: *En una cooperativa, las pérdidas y las ganancias se reparten por igual entre todos los participantes.*

coordenadas *f.* pl. Líneas que sirven para determinar la posición de un punto en el espacio: *El piloto del avión que tuvo un aterrizaje forzoso, envió sus coordenadas a la torre de control para que pudieran localizarlo.*

coordinación *f.* **1.** Hecho de ordenar adecuadamente las distintas partes de algo para lograr que todo cumpla su función: *La coordinación de los movimientos voluntarios del cuerpo se realiza en el cerebelo.* **2.** Estado de las cosas ordenadas para cumplir en conjunto con una función: *En el festival de música cubana hubo una buena coordinación y todos pudimos ver a los artistas.*

coordinador, ra *adj./m.* y *f.* Se aplica al que se ocupa de ordenar de manera adecuada las distintas partes de algo para que todo cumpla su función: *"Necesitaremos un coordinador para llevar a cabo el festival de fin de año porque hay muchas cosas qué hacer y podríamos cometer errores", acordamos todos los amigos.*

coordinar *vb.* (tr.) **1.** Ordenar de manera adecuada las distintas partes de algo para lograr que todo cumpla su función: *El director general coordina los trabajos de la empresa.* **2.** Hacer dos o más cosas al mismo tiempo o hacerlas de forma ordenada: *Trata de coordinar el movimiento de tu mano haciendo círculos sobre la superficie de la mesa mientras golpeas el piso con tu pie.*

copa *f.* **1.** Vaso con un pie rematado en una base circular, que se usa para beber: *Las copas de cristal fino resuenan al golpearlas suavemente con la uña, y son muy frágiles.* **2.** Bebida alcohólica que se sirve en una copa: *El hombre bebió una copa antes de salir de viaje.* **3.** Conjunto de las ramas y hojas de un árbol: *En oto-*

COP

CO

139

COP

ño, las **copas** de algunos árboles pierden sus hojas y sólo quedan las ramas. **4.** Parte hueca del sombrero: *Los magos usan sombreros de copa alta para hacer sus trucos.* **5.** Trofeo que se da al ganador del primer lugar en algunos eventos deportivos: *Los jugadores estaban contentos por haber ganado la copa del campeonato nacional.* SIN. **galardón, premio, trofeo. 6.** pl. Uno de los cuatro palos de la baraja española, que tiene dibujadas unas copas: *Cuando repartieron la baraja, me tocó el as de copas.*

copal *m.* Resina que se extrae de algunos árboles tropicales: *Con el copal se fabrica barniz e incienso.*

copar *vb.* **1.** Conseguir alguien todos los puestos en una elección. **2.** *Argent.* Gustar, satisfacer, entusiasmar.

copartícipe *adj. Fam.* Se aplica a la persona que interviene en una acción que otro realiza: *Ricardo tomó los chocolates sin permiso, pero tú fuiste copartícipe de su falta porque también comiste.*

copear *vb.* (intr.) Tomar copas: *Los muchachos copearon anoche para festejar el cumpleaños de Alberto.*

cópec, copeca o **copek** *m.* Moneda rusa que equivale a un centavo de rublo.

copete *m.* **1.** Parte del cabello que se lleva levantado sobre la frente: *A los héroes de cine como James Bond, el agente 007, aunque tengan muchas aventuras nunca se les despeina el copete.* SIN. **mechón. 2.** Grupo de plumas que adorna la cabeza de algunas aves: *El pavo real tiene copete.* **3.** Pico en forma de cono, de crema o helado, que sobresale de una copa o vaso: *Quiero un postre con un gran copete de crema.*

copetín *m. R. de la P.* Combinación de bebidas alcohólicas y en ocasiones jugos aromáticos. SIN. **cóctel.**

copia *f.* **1.** Reproducción exacta de un escrito, obra, etc.: *Necesito una copia de ese libro para poder estudiar.* SIN. **duplicado, calco.** ANT. **original. 2.** Cosa que intenta ser igual a otra. SIN. **imitación.** ANT. **original. 3.** Lo que se parece mucho a algo: *Daniel es una copia de su padre.*

copiar *vb.* (tr.) **1.** Reproducir exactamente un escrito, obra, etc.: *Angelina quiere una copia de mi casete porque le gusta mucho esa música.* SIN. **reproducir, calcar. 2.** Escribir o dibujar lo mismo que se está leyendo o viendo: *Los niños copiaron lo que estaba escrito en el pizarrón.* SIN. **transcribir. 3.** Imitar algo: *Lucía copia los gestos de su amiga porque quiere ser como ella.*

copihue *m. Chile.* Planta del tipo de los arbustos, trepadora, de flores rojas y blancas, que produce una baya semejante al ají.

copiloto *m.* Persona que se sienta al lado de quien conduce un vehículo para ayudarlo durante el viaje: *Durante la carrera de automóviles, el copiloto le indicaba al piloto cuál era el camino correcto.*

copión, na *adj./m. y f.* Se aplica a quien siempre imita lo que otros hacen: *Antes del examen, la maestra separó a los alumnos copiones de los alumnos estudiosos.*

copioso, sa *adj.* Se dice de lo que es abundante: *Este año ha habido una copiosa cosecha de manzanas: hay tantas que se pueden vender frescas y también hacer conservas, mermeladas y jugos.* SIN. **abundante, cuantioso.**

copista *m. y f. Fam.* Persona que se dedica a hacer copias: *Cuando no existía la imprenta, los copistas escribían los libros a mano copiándolos del original.*

copla *f.* **1.** Composición de cuatro versos muy usada en las canciones populares: *El guitarrista cantó una copla pícara y otro guitarrista le contestó con otra copla, en un diálogo cantado.* SIN. **estrofa, canción. 2.** pl. *Fam.* Versos: *El orador recitó unas coplas que narraban una historia de amor.*

coplanario, ria *adj.* En matemáticas, se aplica a los elementos geométricos que se encuentran en el mismo plano: *Las rectas paralelas son coplanarias.*

copo *m.* **1.** Pequeña masa de hielo que cae cuando nieva: *Los copos caen lentamente, pintando de blanco el paisaje.* **2.** Trozo de lana, lino o algodón que todavía no ha sido hilado: *Cuando la princesa quiso hilar el copo de lino, se picó el dedo y cayó dormida.*

copón *m.* Copa de gran tamaño para usos sagrados o rituales, por lo general adornada con piedras preciosas: *En el Museo de la Torre de Londres se exhibe un copón que ha sido utilizado en las coronaciones de varios reyes de Inglaterra.*

copra *f.* Parte fibrosa del coco que envuelve al fruto: *La mujer encendió el fuego utilizando un trozo de copra seca.*

coproducción *f.* Crear o hacer algo utilizando dinero o recursos de varios interesados: *Este filme es de coproducción francesa y española.*

copropietario, ria *adj./m. y f.* Persona que es una de las dueñas de algo: *Felipe es copropietario de esa fábrica de chocolates; su hermano y su primo son los otros dueños.*

copto *m.* Idioma que hablaban los antiguos egipcios.

copto, ta *adj./m. y f.* Relativo a lo que pertenece al pueblo descendiente de los habitantes del antiguo Egipto.

cópula *f.* Unión sexual de dos individuos de distinto sexo: *Mi gata quedó preñada después de la cópula con un gato y pronto nacerá su cría.*

copulativo, va *adj.* Se aplica a la palabra que une dos elementos de una oración o dos oraciones: *La palabra "y" es una conjunción copulativa que sirve para unir palabras y frases, como "el perro y el gato juegan".*

copyright *m. Palabra inglesa.* Derecho de autor de una obra científica, artística o literaria: *Los libros publicados tienen una página legal en la que aparece la fecha del copyright junto al nombre del autor.*

coque *m.* Combustible sólido de gran poder calorífico: *El coque es un carbón poroso que se obtiene de la hulla.*

coquear *vb.* (intr.) *Argent. y Bol.* Mascar la hoja de la planta llamada coca.

coqueta *f.* Mueble formado por una mesa pequeña, con cajoneras y un espejo, que se usa para el arreglo personal. SIN. **tocador.**

coquetear *vb.* (intr.) Tratar de atraer a otros con gestos y actitudes de una simpatía estudiada: *Daniela coquetea cuando ve a Lorenzo porque él le gusta.* SIN. **seducir, cortejar, enamorar.**

coqueteo *m.* Intento de atraer a otros con gestos y actitudes de una simpatía estudiada.

coquetería *f.* Deseo de gustar a los demás: *La coquetería con que Filomena se viste tiene locos a los chicos de su barrio.*

coqueto, ta *adj.* **1.** Referido a lo que tiene aspecto agradable y cuidadoso: *Ese matrimonio tiene un coqueto departamento que está ordenado y decorado con buen gusto.* **2.** Se aplica al que trata de agradar con actitudes estudiadas: *A don Justino no le agrada que su hija sea tan* **coqueta**, *él opina que las mujeres deben ser reservadas.*

coqueto, ta *m.* y *f.* **1.** Persona que cuida su aspecto de manera excesiva: *El* **coqueto** *de Jaime sólo piensa en ponerse ropa bonita y estar bien peinado.*

coquetón, na *adj.* Fam. Se aplica a la cosa que es agradable o atractiva: *¡Mira qué flores tan* **coquetonas** *ha comprado Ramiro para adornar la mesa!*

coraje *m.* **1.** Decisión para actuar sin miedo: *Se necesita* **coraje** *para decir la verdad porque a veces ocasiona problemas, pero afrontarlos es mejor que mentir.* SIN. **valor, audacia.** ANT. **cobardía. 2.** Sensación violenta y desagradable que se tiene cuando algo nos resulta molesto: *Cecilia sintió* **coraje** *porque su hijo rompió el jarrón que le había regalado su madre.* SIN. **ira, enojo, rabia.** ANT. **mansedumbre, serenidad. 3.** *Méx.* loc. **Hacer ~,** tener una rabieta o berrinche: *Mauricio* **hizo coraje** *porque no lo dejaron ir al cine, pero después se calmó y se puso a leer un libro.*

corajudo, da *adj.* **1.** *Fam.* Aplicado al que actúa sin miedo: *Cuando el barco se estaba hundiendo, el capitán solicitó hombres* **corajudos** *que sirvieran como voluntarios para salvar a los que habían caído al mar.* SIN. **valiente, audaz.** ANT. **miedoso, cobarde. 2.** *Fam.* Referido a quien se enoja con facilidad: *No seas tan* **corajudo**, *mejor aprende a entender a los demás.* ANT. **tranquilo, pacífico.**

coral *adj.* Relativo al coro: *En la radio hubo un programa de música* **coral** *que interpretaron los Niños Cantores de Viena.*

coral *f.* **1.** Música compuesta para ser cantada a coro: *El maestro de música nos hizo escuchar una* **coral** *de Bach.* **2.** Víbora muy venenosa de América, mide menos de un metro de largo.

coral *m.* Animal muy pequeño que vive en colonias en los mares cálidos y que segrega una substancia sólida de color rojo, rosado o blanco que se usa en joyería: *El buzo tomó fotografías de unos arrecifes de* **coral** *que hay en el Océano Pacífico, parecen jardines con plantas y piedras de muchos colores.*

coralillo *f.* Víbora pequeña de colores brillantes, muy venenosa, originaria de América del Sur: *"Tengan cuidado al caminar por la selva porque puede haber una* **coralillo**", *nos advirtió el leñador.*

corán *m.* Se escribe con "C" mayúscula, libro sagrado de los musulmanes: *En los versos del* **Corán** *se explica la religión cuyo dios es Alá.*

coras *m.* pl. Grupo indígena que habita la sierra de Nayarit, al occidente de México: *En un ritual de los* **coras**, *los hombres se pintan el cuerpo con dibujos blancos.*

coraza *f.* **1.** Armadura que sirve para proteger el pecho y la espalda: *El caballero que luchó en la batalla salvó su vida gracias a la protección de su* **coraza**. **2.** Parte de metal que recubre los barcos: *La* **coraza** *está oxidada porque el barco es viejo.* **3.** Envoltura sólida que protege el cuerpo de algunos animales: *La* **coraza** *del cangrejo lo protege de los golpes de las olas del mar.* SIN. **caparazón, concha.**

corazón *m.* **1.** Órgano del cuerpo que, con sus movimientos regulares, hace la sangre que circula por las venas y arterias: *El* **corazón** *forma parte del aparato circulatorio y está dividido en cuatro partes: dos aurículas y dos ventrículos.* **2.** Dedo de la mano humana, el más

largo y que está al centro de los cinco que la forman: *Este anillo es demasiado grande para usarlo en el dedo anular, lo usaré en el* **corazón**. SIN. **cordial. 3.** Parte central de algo: *Ellos viven en el* **corazón** *de la ciudad.* SIN. **centro, interior, núcleo.** ANT. **exterior, afuera. 4.** Figura o símbolo que se parece al órgano del cuerpo llamado corazón: *Mara tiene una camisa blanca de* **corazones** *verdes.* **5.** Manera cariñosa de dirigirse a alguien: *"Duérmete* **corazón**, *porque mañana debes ir a la escuela", me dijo mi madre.* SIN. **amor. 6.** Sentimiento, afecto humano: *Julio es una persona con mucho* **corazón** *que siempre ayuda a los demás.* SIN. **ánimo, valor, generosidad. 7.** loc. **Con el ~ en la mano,** con franqueza. **8.** loc. **De ~,** de manera sincera: *"Acepta este consejo, te lo digo* **de corazón** *porque no quiero que te ocurra algo malo", le dije a Ricardo.* **9.** loc. **Encogérsele** o **helársele a uno el ~,** Aterrorizarse, impresionarse o sorprenderse mucho: *Los gritos de la persona herida* **nos encogían el corazón**. **10.** loc. **No tener ~,** ser insensible, frío. **11.** loc. **Partírsele a uno el ~,** sentir tristeza: *Se me* **partió el corazón** *al ver a esos niños huérfanos.*

corazonada *f.* Creencia, sentimiento que hace pensar que algo está por suceder: *Ulises tenía la* **corazonada** *de que no llegaría temprano a casa, y pasó algo que le impidió llegar.* SIN. **presentimiento, intuición, sospecha.**

corbata *f.* **1.** Prenda de vestir masculina formada por una tira de tela que se anuda alrededor del cuello y que cuelga cubriendo los botones delanteros de la camisa: *David está vestido con un traje negro y* **corbata** *de rombos.* **2.** loc. **~ de moño,** prenda de vestir formada por una tira de tela que se anuda alrededor del cuello formando un moño: *Los actores de cine usaron traje negro y* **corbata de moño** *cuando fue la ceremonia de entrega de los premios.*

corbeta *f.* Embarcación de guerra, más pequeña que la fragata: *En el filme de piratas que vi el sábado, hundieron tres* **corbetas** *durante la batalla en el mar.*

corcel *m.* Caballo veloz: *El caballero montó su* **corcel** *y partió en busca de aventuras.* SIN. **caballo.**

corchea *f.* Figura musical que señala la duración de una nota y equivale a la mitad de la duración de una negra: *Dos* **corcheas** *hacen una negra y cuatro* **corcheas** *hacen una blanca.*

corchete *m.* **1.** Broche compuesto por un gancho de metal que se introduce en una anilla y que sirve para cerrar o sujetar una prenda: *El* **corchete** *está formado por una pieza que se llama "macho" y otra que se llama "hembra".* **2.** Signo ortográfico, [ ], equivalente al paréntesis: *Escribí esta oración entre* **corchetes** *porque ya había usado paréntesis para explicar otro tipo de cosas.*

corcho *m.* **1.** Tejido vegetal que reviste el tallo y la raíz del árbol llamado alcornoque: *El* **corcho** *es liviano, se usa para fabricar tapones, suelas de zapatos y flotadores para redes de pescar, entre otras cosas.* **2.** Tapón hecho con la corteza del alcornoque: *La botella de vino está tapada con un* **corcho**.

corcholata *f.* *Méx.* Tapón metálico que tiene una lámina de corcho o de plástico al fondo, usado para tapar las botellas de bebidas gaseosas.

¡córcholis! *interj.* Palabra que se exclama cuando algo no sale bien o cuando algo nos sorprende: *¡Córcholis!, llegué tarde y el tren ya se fue.* SIN. **¡caramba!**

corcova f. **1.** Abultamiento en una parte de la espalda debido a una desviación de la columna: *Se le ha formado una corcova en la espalda a ese hombre viejo.* SIN. **joroba, giba. 2.** *Bol., Ecuad. y Perú.* Prolongación de una fiesta que dura más de un día en la que se festeja un santo o cumpleaños.

corcovado, da adj./m. y f. Referido al que tiene un abultamiento en la espalda debido a una malformación de la columna vertebral: *El corcovado del pueblo dedicó su vida a estudiar porque no podía hacer esfuerzos físicos.* SIN. **jorobado, giboso.**

corcovear vb. {intr.} **1.** Saltar un animal doblando su lomo: *El caballo corcovea cuando alguien quiere montarlo porque todavía no está domado.* **2.** *Méx.* Sentir miedo.

corcovo m. Movimiento brusco que hace un animal al saltar doblando su lomo: *El caballo hizo unos corcovos porque vio una serpiente en el camino y se asustó.*

cordados m. pl. Tipo de animales que presentan un cordón esquelético dorsal.

cordel m. Cuerda delgada: *Martín ató el paquete con un cordel antes de enviarlo por correo a su novia.* SIN. **hilo, piolín.**

cordero, ra m. y f. **1.** Cría de la oveja: *Los corderos son las ovejas que tienen menos de un año.* **2.** *Fam.* Persona muy mansa y buena: *Ese hombre es un cordero, es incapaz de hacer daño a los demás.*

cordial adj. Se dice de quien es afectuoso: *Nuestros amigos son cordiales, siempre que los visitamos nos tratan muy bien.* SIN. **amable, cariñoso, simpático.**

cordial m. **1.** Dedo de la mano humana que está al centro de los cinco que la forman: *El cordial es el dedo más largo de la mano.* SIN. **corazón. 2.** Bebida, generalmente alcohólica, que se toma para reconfortar: *Don Horacio le ofreció un cordial a un viejo amigo que llegó a visitarlo.*

cordialidad f. Trato afectuoso entre las personas: *La cordialidad de la familia Alarcón es conocida en el barrio, porque siempre tratan bien a la gente.* SIN. **amabilidad.**

cordillera f. Conjunto de montañas enlazadas entre sí: *En la cordillera de los Andes se encuentra el Aconcagua, que es la montaña más alta del Continente Americano.*

córdoba m. Moneda de Nicaragua: *Los nicaragüenses pagan sus compras con córdobas.*

cordón m. **1.** Cordel, cuerda redonda y delgada: *La cortina del dormitorio se cierra tirando de un cordón.* SIN. **cuerda, piolín, mecate. 2.** Barrera formada por personas colocadas en línea: *La policía formó un cordón para separar a la gente de la zona del desfile.* SIN. **obstáculo. 3.** Cable que tienen algunos aparatos: *Ten cuidado, no toques el cordón de la plancha cuando la estoy usando, es peligroso.* **4.** *Amér. Merid. y Cuba.* Borde que separa la acera de la calle. **5.** loc. ~ umbilical, especie de tripa que une el ombligo del bebé que aún no ha nacido, al cuerpo de la madre: *Por medio del cordón umbilical el bebé recibe los nutrientes que lo alimentan hasta antes de nacer.*

cordonazo m. Golpe que se da con una cuerda: *En el barco se soltó una vela y el marinero recibió un cordonazo accidental.*

cordura f. Razón, buen juicio: *El padre le recomendó a su hijo que actuara con cordura durante su viaje.* SIN. **prudencia, sensatez.** ANT. **locura.**

142

coreano m. Idioma que se habla en Corea: *El coreano es una lengua oriental que se escribe con un alfabeto distinto del español.*

coreano, na adj./m. y f. Originario de Corea, países de Asia Oriental: *Los coreanos viven en una península situada entre el mar de Japón y el mar Amarillo.*

corear vb. {tr.} **1.** Recitar o cantar varias personas a la vez: *El director de la orquesta indicó el momento en que los cantantes debían empezar a corear.* **2.** Repetir lo que otro canta o dice: *El público coreaba las canciones que interpretaba el cantante.*

coreo m. En música, combinaciones que se hacen con los coros: *El coreo de esa canción tiene un efecto muy bonito porque las distintas voces se entrelazan.*

coreografía f. Arte de componer una danza: *Isabel hizo la coreografía de una novela antigua, indicó a los bailarines cómo debían moverse en el escenario.*

coreográfico, ca adj. Relativo al arte de componer una danza: *Los bailarines hicieron unos cuantos ejercicios coreográficos antes de escoger uno para la representación.*

coreógrafo, fa m. y f. Persona que dirige los movimientos de los bailarines en escena: *El coreógrafo del ballet nacional es un hombre estricto que exige a los bailarines mucha disciplina.*

corifeo m. Jefe del coro en las tragedias griegas: *El corifeo dijo: "¡Se me eriza el cabello de espanto y amargura...!"*

corintio, tia adj./m. y f. **1.** Relativo a lo que es de Corinto, Grecia: *Los corintios fundaron numerosas colonias en Grecia y fueron derrotados por los romanos en el año 146 a.C.* **2.** loc. **Orden ~**, parte de la arquitectura griega caracterizada por columnas que tienen el capitel o remate adornado con hojas de acanto: *La arquitectura griega se divide para su estudio en tres órdenes: el jónico, el dórico y el orden corintio.*

corista m. y f. **1.** Persona que canta en un coro: *Los coristas se reúnen en la iglesia para ensayar los cantos navideños.* **2.** En los espectáculos musicales, mujer que forma parte del coro.

cornada f. **1.** Golpe dado con el cuerno: *Los machos cabríos luchaban dándose cornadas.* SIN. **tope. 2.** Herida producida a la punta del cuerno: *El torero recibió una cornada y lo llevaron a un hospital.*

cornamenta f. Conjunto de los cuernos de un animal: *La cornamenta de los venados y los ciervos es grande y ramificada.* SIN. **cuerno.**

córnea f. Membrana del ojo que se encuentra en la parte de adelante, cubriendo el globo ocular: *La córnea es transparente.*

corneja f. Ave parecida al cuervo pero de menor tamaño.

córneo, a adj. Relativo al cuerno o a lo que tiene forma de cuerno: *Tomé vino en un vaso córneo que estaba hecho con el cuerno de un toro.*

córner m. Palabra de origen inglés. En fútbol, esquina del campo de juego y acción de sacar el balón con el pie desde una esquina de la cancha.

corneta f. Instrumento musical de viento, hecho de metal, sin llaves ni pistones: *Para tocar la corneta hay que hacer vibrar los labios y soplar con fuerza.*

cornetín m. Instrumento musical de viento hecho de metal, con tres pistones.

cornisa f. **1.** Parte que sobresale del tejado de un edificio: *En el filme que vimos, el ladrón de joyas entraba al edificio deslizándose por la* **cornisa***, con riesgo de caer y matarse.* **2.** Zona que bordea un lugar alto.

corno m. Instrumento musical de viento, hecho de metal, formado por un tubo enrollado que se hace cada vez más ancho desde la boquilla hasta la salida del aire: *El* **corno** *tiene un sonido grave.*

cornudo, da adj. **1.** Referido al animal que tiene cuernos: *El toro es un animal* **cornudo***.* **2.** *Fam.* Hombre a quien su mujer engaña con otros hombres.

coro m. **1.** Cantantes que interpretan juntos una composición musical: *Tomás canta en el* **coro** *de su escuela.* **2.** Pieza musical que varias personas cantan juntas: *Los* **coros** *de esta música antigua se cantan en latín.* **3.** Parte de los templos o iglesias donde se ubican las personas que cantan juntas durante el culto: *La catedral tiene un* **coro** *en la parte de atrás.* **4.** loc. **A ~,** al mismo tiempo: *Los alumnos respondieron* **a coro** *que sí querían visitar el zoológico.*

coroides f. Membrana del ojo ubicada entre la retina y la esclerótica: *La* **coroides** *se encuentra en la parte de atrás del ojo.*

corola f. Conjunto de pétalos de la flor: *La* **corola** *de la flor llamada margarita es blanca y su centro es amarillo.*

corolario m. Proposición que se deduce de algo que está demostrado. Sin. **consecuencia.**

corona f. **1.** Adorno de forma circular que ciñe la cabeza en señal de premio o dignidad: *Le pusieron una* **corona** *de flores porque ganó el concurso de poesía.* Sin. **diadema, guirnalda. 2.** Reino o monarquía: *La* **corona** *de Inglaterra conquistó hace muchos años el territorio que ahora se llama Estados Unidos.* **3.** Parte visible de una muela: *El dentista me puso una* **corona** *de metal porque mi muela estaba rota.* **4.** Unidad monetaria de Dinamarca, Islandia, Suecia y otros países: *El actor recorría diferentes ciudades y pueblos de Suecia para ganarse unas* **coronas***.* **5.** Pieza con que se da cuerda al reloj y se mueven las manecillas para ponerlo en hora: *El relojero arreglará la* **corona** *de mi reloj y podré usarlo nuevamente.* **6.** Círculo luminoso que suele rodear al Sol o a la Luna: *En las noches frías, la Luna tiene* **corona***.* Sin. **halo.**

coronación f. **1.** Momento en que un rey recibe la corona como símbolo de que inicia su gobierno o reinado. **2.** Final de una cosa. Sin. **remate.**

coronar vb. {tr. y prnl.} **1.** Poner una corona a alguien: *Durante la ceremonia, el obispo* **coronó** *al rey, que estaba hincado.* **2.** Recibir o ganar una corona: *El gimnasta* **se coronó** *en los Juegos Olímpicos al ganar la medalla de oro en el ejercicio de las barras.* **3.** Completar una obra: *Los alpinistas* **coronaron** *su escalada poniendo una bandera en la cima de la montaña.*

coronaria adj. Se aplica a las dos arterias que llevan la sangre al corazón: *Por las arterias* **coronarias** *circula una gran cantidad de sangre.*

coronel, la m. y f. **1.** Jefe militar que manda un regimiento. **2.** Mujer del jefe militar que tiene la categoría de coronel: *La* **coronela** *es una mujer de mucho carácter.*

coronilla f. **1.** Parte superior y posterior de la cabeza humana: *La* **coronilla** *está en la parte de atrás de la* cabeza, alineada con la columna vertebral. **2.** *Fam.* loc. **Estar hasta la ~,** estar harto: *Estoy hasta la* **coronilla** *del ruido de la ciudad, me voy unos días al campo.*

coronta f. *Amér. Merid.* Mazorca de maíz desgranada.

corotos m. pl. *Colomb. y Venez.* Trastos, cosas.

corpachón m. *Fam.* Cuerpo grande: *Julio ya tiene un* **corpachón***, ha crecido mucho.*

corpazo m. *Fam.* Cuerpo grande: *Ese boxeador tiene un* **corpazo** *enorme, parece que no va a pasar por la puerta.*

corpiño m. Prenda de vestir femenina que se usa encima o debajo de la ropa y sirve para afinar el talle o cubrirlo: *Para darle de mamar a su hijo, la señora se quitó el* **corpiño***.* Sin. **brasier, sostén.**

corporación f. Asociación o comunidad de personas que se establece con una finalidad determinada: *El Colegio de Medicina es una* **corporación** *que agrupa a todos los médicos de la ciudad.* Sin. **sociedad, organismo, colegio.**

corporal adj. Relativo al cuerpo: *Caminar, correr y sentarse son movimientos* **corporales***.*

corporativo, va adj. Relativo a la asociación o comunidad de personas que se establece con una finalidad determinada: *El informe* **corporativo** *que presentó el director del Colegio de Abogados fue breve pero importante.*

corpóreo, a adj. **1.** Que tiene cuerpo: *Una mesa es algo* **corpóreo** *porque la puedes tocar.* Ant. **incorpóreo. 2.** Relativo al cuerpo. Sin. **corporal.**

corpulencia f. Tamaño de un cuerpo: *La* **corpulencia** *de un delfín es menor a la* **corpulencia** *de una ballena.*

corpulento, ta adj. Referido al que es de cuerpo grande: *Entre los boxeadores, los que pelean en la categoría de peso completo son más* **corpulentos** *que quienes pelean en la categoría de peso pluma.* Sin. **grueso, robusto.**

corpus m. Recopilación de materiales sobre una misma materia, doctrina, etc.: *El* **corpus** *de su investigación sobre animales lo obtuvo cuando fue a la biblioteca a leer e investigar.*

corpuscular adj. Relativo a las partículas o elementos que constituyen el átomo: *Los físicos estudian el comportamiento* **corpuscular***.*

corpúsculo m. Partícula, cuerpo muy pequeño: *El átomo es un* **corpúsculo** *que no se ve a simple vista porque es demasiado pequeño.*

corral m. **1.** Lugar descubierto y cercado donde se guardan animales: *El* **corral** *de las ovejas está hecho con trozos de madera y alambre.* **2.** Patio descubierto situado entre varios edificios, que se utilizaba para la representación teatral: *La noche de aquel sábado, en el* **corral***, los actores pusieron en escena una comedia.* **3.** Mueble cuadrado o rectangular protegido con barrotes en el que se pone a los bebés que ya gatean para que jueguen: *Mientras la mamá hacía el aseo de la casa puso al niño en el* **corral***.*

corralón m. **1.** Sitio cercado y descubierto donde se guardan animales: *El* **corralón** *es más grande que un corral.* **2.** Lugar donde se almacenan maderas: *El carpintero compra su madera en el* **corralón***.* **3.** *Méx.* Lugar donde se guardan los automóviles de los conductores que han cometido una infracción de tránsito grave.

correa *f.* Tira de cuero o de un material resistente: *El perro bravo estaba atado con una correa para que no mordiera a nadie.*

corrección *f.* **1.** Indicación de lo que está mal: *El maestro de matemáticas hizo la corrección de los exámenes y después se los regresó a sus alumnos.* **2.** Hecho de corregir un error o enmendar una falta: *Georgina hizo las correcciones de ortografía que la maestra le había indicado.* SIN. **enmienda. 3.** Buena educación o buen comportamiento: *Rolando trató con corrección a la anciana que le hizo varias preguntas.* SIN. **cortesía, educación. 4.** Ausencia de errores: *El trabajo de Paula era de una corrección extraordinaria y por eso obtuvo la mejor calificación.* SIN. **perfección.**

correccional *f.* Lugar parecido a una cárcel donde se encierra a los menores de edad que han cometido un delito: *En la correccional, los jóvenes delincuentes terminan sus estudios mientras cumplen su condena.* SIN. **reformatorio.**

correctivo *m.* Castigo: *El padre puso a trabajar a sus hijos como un correctivo por su mala conducta.*

correctivo, va *adj.* Referido a lo que enmienda un error o castiga una falta: *Este medicamento correctivo ayudará al enfermo a recuperarse.*

correcto, ta *adj.* **1.** Referido a lo que es o está libre de errores o defectos: *El concursante que dijo la respuesta correcta se ganó un viaje a Costa Rica para dos personas.* **2.** Se aplica al que se comporta con educación: *Ella es una mujer correcta que no dice groserías y trata a la gente de manera amable.* SIN. **educado, cortés, gentil.**

corrector *m.* *Méx. y R. de la P.* Líquido blanco con que se tapan las letras equivocadas en un texto: *La secretaria escribió corezón, puso corrector sobre la letra "e" que estaba equivocado y escribió encima una "a".*

corrector, ra *adj.* Se aplica a quien señala lo que está mal o a lo que disminuye un defecto: *Le pusieron un aparato corrector en el zapato porque tiene una pierna más corta que la otra.*

corrector, ra *m. y f.* Persona que lee las pruebas de un libro o documento que se va a publicar y señala los errores para que el libro tenga la menor cantidad de defectos posible: *Mi hermana trabaja como correctora en una editorial.*

corredera *f.* Tapa de madera que se desliza por una ranura o carril y que sirve para cerrar y abrir: *El sótano está cerrado con una corredera.*

corredor *m.* **1.** Parte larga y angosta de una casa o edificio, que sirve como comunicación entre las diferentes habitaciones o departamentos: *Estas escaleras llevan al corredor del primer piso, allí verás la puerta del departamento que buscas.* SIN. **pasillo. 2.** Persona que trabaja como intermediaria entre el comercio y los negocios: *Clemente trabaja como corredor de seguros.* SIN. **intermediario.**

corredor, ra *adj./m. y f.* Se aplica al que corre: *Los corredores de fondo o fondistas corren distancias largas como el maratón o los 40 kilómetros.*

corredoras *f. pl.* Aves de gran tamaño, incapaces de volar y con patas fuertes que les permiten alcanzar gran velocidad: *El avestruz y el ñandú pertenecen al orden de las corredoras.*

corregible *adj.* Se aplica a lo que presenta un problema que puede solucionarse: *"No te preocupes si te equivocas, como estás escribiendo con lápiz cualquier error es corregible, es decir, que se puede borrar", me dijo el maestro.*

corregir *vb. irreg.* {tr. y prnl.} Modelo 60. **1.** Cambiar lo que está equivocado o defectuoso por lo que está bien: *Los anteojos corrigen los defectos de la vista.* SIN. **enmendar, modificar. 2.** Señalar y enmendar un error: *La maestra corrigió las faltas de ortografía con un lápiz rojo.* **3.** Cambiar de actitud al reconocer que se ha obrado mal: *El niño travieso se corrigió cuando su padre empezó a ponerle más atención.*

correlación *f.* Relación entre dos o más cosas, en la que cada una depende o influye sobre la otra: *Existe correlación entre la cantidad de tiempo que dedicas a estudiar y las calificaciones que obtienes, si estudias poco tus calificaciones son malas, y al revés.* SIN. **unión.**

correlacionar *vb.* {tr.} Poner juntas dos o más cosas de modo que cada una dependa o influya sobre la otra: *Este juego se trata de correlacionar los nombres de las capitales que están en esta columna con los nombres de los países de esta otra.* SIN. **conectar, unir.**

correligionario, ria *adj./m. y f.* Se aplica al que tiene la misma religión o ideas políticas que otro: *Todos los militantes de ese partido son correligionarios porque tienen las mismas opiniones.*

correlón, na *adj.* **1.** *Colomb., Guat. y Venez.* Se aplica a quien corre. SIN. **corredor. 2.** *Guat., Méx. y Venez.* Se aplica al que tiene miedo. SIN. **cobarde.**

correntada *f.* *Amér. Merid.* Corriente fuerte de un río o arroyo.

correntoso, sa *adj.* *Amér. C. y Amér. Merid.* Se aplica al curso de agua de un río o arroyo que tiene corriente muy rápida.

correo *m.* **1.** Servicio público de transporte y entrega de cartas y paquetes: *Para enviar una carta por correo hay que ponerle una estampilla.* **2.** Conjunto de cartas y paquetes que se envían o se reciben: *El cartero reparte el correo.* SIN. **correspondencia. 3.** Edificio donde se venden las estampillas o timbres y se reciben las cartas para ser transportadas y entregadas: *El correo está en el centro de la ciudad.* **4.** loc. ~ electrónico, sistema de transmisión de mensajes escritos a través de una computadora: *Por medio del correo electrónico los mensajes llegan inmediatamente a cualquier lugar del mundo.*

correoso, sa *adj.* Se dice de lo que es flexible y fuerte al mismo tiempo: *Esteban es un atleta correoso porque es delgado, fuerte y con mucha resistencia para correr.*

correr *vb.* {tr., intr. y prnl.} **1.** Andar de manera veloz, de tal modo que los dos pies quedan por un instante en el aire: *La muchacha corría por la calle para no perder el autobús.* **2.** Hacer algo con rapidez: *Ordené mi habitación corriendo para poder salir a jugar.* **3.** Fluir: *El agua del río corre hacia el mar.* **4.** Pasar: *"Apúrate hijo, que el tiempo corre", me dijo mi madre.* SIN. **transcurrir. 5.** Hacer que una noticia circule, que la conozcan otras personas: *Corrió la noticia de que Felipe se ganó la lotería.* **6.** Participar los deportistas en una competencia de velocidad: *En esta carrera correrán quince automovilistas.* **7.** Hacerse cargo de algo: *El pago de la luz de mi casa corre por cuenta de mi hermana.* SIN. **corresponder. 8.** Extender o recoger los velos, cortinas, etc.: *"Niños, corran las cortinas para que entre la luz del sol"*, nos dijo mi padre. SIN. **abrir** o **cerrar.** **9.** Estar expuesto a peligros: *"No corras riesgos, cuídate mucho"*, aconsejó mi madre. SIN. **peligrar. 10.** Mover o apartar a una persona o cosa: *Santiago corrió el florero que estaba sobre la mesa para poder escribir de manera cómoda.* **11.** Recorrer diferentes lugares: *Adolfo trabaja en una agencia de viajes y ha corrido todo el mundo.* SIN. **viajar. 12.** Echar a alguien: *Lo corrieron de su trabajo porque siempre llegaba tarde.* SIN. **despedir, expulsar. 13.** Extenderse una mancha o un agujero en una tela, papel o alguna superficie parecida: *Se corrió la tinta del bolígrafo porque el papel estaba húmedo.* SIN. **cundir. 14.** Moverse o apartarse: *"Córrase a la izquierda, por favor, que necesito pasar"*, pedí a un hombre en el cine.

correría f. 1. Entrada de un grupo armado a un territorio enemigo: *Los soldados iniciaron la correría en el otro país durante la madrugada.* SIN. **incursión. 2.** Viaje corto.

correspondencia f. 1. Relación equilibrada que existe entre dos cosas: *No hay correspondencia entre un edificio tan grande y una piscina tan pequeña.* SIN. **conexión, relación.** ANT. **contradicción. 2.** Comunicación por carta entre dos personas: *Mantengo correspondencia con mi amiga que vive en otro país y cada semana le escribo una carta y ella me responde.* **3.** Cartas y paquetes que se envían o reciben: *Ahí viene el cartero, creo que trae alguna correspondencia para nosotros.* SIN. **correo. 4.** Comunicación entre dos lugares o dos vehículos: *En este punto, la línea dos del tren tiene correspondencia con la línea cuatro.*

corresponder vb. {intr. y prnl.} **1.** Dar algo equivalente a cambio de lo que se ha recibido: *Correspondimos a los regalos que nos dio mi tío invitándolo a cenar.* SIN. **compensar. 2.** Ser algo responsabilidad de alguien: *Le corresponde a los padres mantener a sus hijos y enviarlos a la escuela.* **3.** Pertenecer a: *Me corresponde la mitad del dinero que nos dio mi madre a mi hermano y a mí.* SIN. **concernir. 4.** Estar conectado o relacionada una cosa o situación con otra: *A una familia grande le correspondería vivir en una casa grande para que todos estuvieran cómodos.* **5.** Demostrarse el afecto entre dos personas: *Víctor quiere a Sofía y ella le corresponde.* **6.** Mantener trato por correo con otra persona: *A Filemón le gusta corresponderse con sus amigos que viven en otras ciudades.*

correspondiente adj. Aplicado a lo que tiene relación de pertenencia o proporción con otra cosa: *En esta columna se encuentra Colombia y en la otra columna, la capital correspondiente es Bogotá.*

corresponsal adj. Aplicado a la persona que se comunica con otra por carta: *Marcela, que vive en Montevideo, y Gabriela, que vive en Río de Janeiro, son corresponsales porque se escriben por lo menos dos cartas al mes.*

corresponsal m. y **f.** Periodista que se encuentra fuera de su país y manda información de lo que sucede en ese lugar a los medios de su país.

corresponsalía f. Cargo que tiene el periodista que se encuentra en un lugar lejano y envía a su país la información que allí ocurre: *La corresponsalía del diario tiene un grupo de reporteros que mandan la información desde el interior del país y desde distintas ciudades del mundo.*

corretear vb. {intr.} **1.** *Fam.* Correr por diversión de un lado a otro en un lugar: *El hombre soltó al perro para que corretee mientras él corta el césped del jardín.* SIN. **retozar. 2.** *Fam.* Ir de un lado a otro sin dirección fija: *La oveja perdida correteaba por el bosque buscando al rebaño.* SIN. **errar.**

correteo f. Hecho de correr de un lado a otro, jugando o errando: *Después de tanto correteo por el jardín, los niños estaban sedientos.*

correveidile m. y **f.** Persona que lleva y trae chismes: *Ya no voy a decir mis secretos al correveidile de mi hermano, porque un rato después de que le cuento algo, ya lo sabe todo el barrio.* SIN. **chismoso.** ANT. **discreto.**

corrida f. 1. Espectáculo de toros en una plaza cerrada: *La corrida será este domingo en la plaza de toros.* SIN. **lidia. 2.** Carrera: Hay ocho atletas en la pista de la corrida de los cien metros planos.*

corrido m. Composición musical de origen mexicano en la que se narra una historia o un acontecimiento: *Ese corrido habla de un caballo que se rompió la pata mientras cruzaba un río.*

corrido, da adj. 1. Relativo a lo que es continuo, sin interrupciones: *Los trabajadores tienen horario corrido: entran a las ocho de la mañana y salen a las cuatro de la tarde.* **2.** *Fam.* Se aplica al que tiene mucha experiencia: *Ese marinero está más corrido que un pirata viejo.* **3.** loc. **De corrido** o **de corrida**, de modo continuo, sin interrupción: *El niño aprendió muy pronto las letras y ya lee de corrido.* **4.** loc. **De corridito**, de memoria: *Él se aprendió la lección de corridito, pero la maestra le pidió que la dijera con sus propias palabras.*

corriente adj. 1. Se aplica a lo que corre: *En esta casa hay agua corriente.* **2.** Referido a lo que es como muchos otros o se usa de manera cotidiana: *Cuando voy al parque me visto con ropa corriente porque la ropa fina se puede maltratar.* SIN. **ordinario, habitual, común. 3.** Se dice de lo que es de mala calidad: *"Estas sábanas son de tela muy corriente, prefiero comprar aquéllas que son de mejor calidad"*, dijo mi tía. **4.** Se dice de lo que siempre sucede igual y por lo tanto ya se sabe: *En los países que están cerca del polo Norte y del polo Sur es corriente que caiga nieve en invierno.* SIN. **habitual. 5.** Relativo al día, mes o año actual: *La expedición comenzará el diez de diciembre del año corriente y terminará en enero del próximo año.*

corriente f. 1. Fluido gaseoso o líquido que corre por un cauce o conducto: *Tengo frío porque hay una corriente de aire que entra por debajo de la puerta.* **2.** Electricidad transmitida por un conductor: *No hay luz porque se fue la corriente.* **3.** Conjunto de ideas que tiene un grupo de personas, que las diferencia de los demás: *Los artistas de distintas corrientes del arte se reunieron para discutir sobre el teatro.* **4.** loc. **Contra ~**, al revés, en contra de la mayoría: *Remigio va contra corriente: cuando todos quieren algo él dice que no, y si alguien piensa como él, entonces él opina algo distinto.* **5.** loc. **Llevarle** o **seguirle la ~ a alguien**, hacerle pensar que se está de acuerdo con él.

corrillo m. Grupo de personas que se juntan para divertirse y hablar: *En ese café se reúne un corrillo de poetas.* SIN. **círculo.**

corro m. 1. Grupo de personas que se acomodan en círculo: *Un corro de gente se quedó mirando al hombre que estaba cantando en la esquina de la plaza. **2.** Espacio más o menos circular.

corroboración *f.* Hecho de confirmar que algo es cierto o sucedió como se dijo: *La policía estuvo en el lugar del crimen para la* **corroboración** *de los datos.* Sin. **confirmación, afirmación.**

corroborar *vb.* {tr. y prnl.} Confirmar una idea o teoría con nuevos argumentos o datos: *Dos testigos* **corroboraron** *lo que dijo la víctima del robo: "El hombre era alto, moreno y estaba vestido de negro".* Sin. **confirmar, afirmar.**

corroer *vb. irreg.* {tr. y prnl.} **Modelo 44. 1.** Desgastar lentamente una cosa: *El sol y la lluvia* **han corroído** *la pintura del automóvil.* **2.** *Fam.* Sentir los efectos de una gran pena o preocupación. Sin. **atormentar.**

corromper *vb.* {tr. y prnl.} **1.** Echar o echarse a perder algo: *Voy a tirar el pescado porque el calor lo* **corrompió** *y ya no se puede comer.* Sin. **pudrir, estropear. 2.** Echar o echarse a perder las buenas costumbres de alguien: *Era una persona honesta pero* **se corrompió** *cuando comenzó a ganar mucho dinero.* Sin. **pervertir.**

corrosión *f.* Desgaste lento y paulatino: *La* **corrosión** *de los metales se debe a la humedad y la cantidad de sales que hay en el ambiente.* Sin. **erosión.**

corrosivo, va *adj.* **1.** Se dice de lo que desgasta una cosa de manera lenta: *"No uses amoníaco puro para limpiar el baño porque es muy* **corrosivo** *y dañará el esmalte de los muebles", dije a la sirvienta.* **2.** *Fam.* Se aplica a la persona que hiere a los demás con sus palabras o su actitud: *El joven es inteligente pero muy* **corrosivo***, por eso nadie quiere hablar con él.*

corrupción *f.* **1.** Alteración o cambio en la estructura o la forma de algo: *La* **corrupción** *del agua del río se debe a los desechos de una industria.* Sin. **alteración. 2.** Hecho de pudrir, dañar o echar a perder algo: *Como la nevera no funcionaba, la* **corrupción** *de la carne no pudo evitarse.* Sin. **putrefacción. 3.** Hecho de recibir dinero al margen de la ley: *La* **corrupción** *es un delito.* Sin. **soborno. 4.** Acción de echar a perder las buenas costumbres de alguien. Sin. **vicio.**

corruptela *f.* Acción en la que no hay honradez, en especial la que va contra la ley: *El dueño de la tienda estaba cansado de* **corruptelas** *de sus empleados y despidió a los culpables.*

corruptible *adj.* Referido a lo que puede descomponerse, volverse malo o pudrirse si se trata de una materia orgánica: *Las verduras son* **corruptibles***, por eso es mejor comerlas frescas o guardarlas en un lugar donde no haga calor.*

corrupto, ta *adj.* Se aplica a lo que está descompuesto, viciado o a la materia que se ha podrido: *Las latas se cayeron y cuando las abrí, el atún estaba* **corrupto***, olía horrible y tenía un color obscuro.*

corrupto, ta *m. y f.* Funcionario público que se enriquece al margen de la ley, aprovechándose del poder de su cargo: *Yolanda no votó por ese* **corrupto***, sino por un político menos conocido pero honesto.*

corruptor, ra *adj./m. y f.* Que cambia, descompone, vuelve malo o intenta viciar, en especial a los niños.

corrusco *m. Fam.* Pedazo de pan duro: *"Moja el* **corrusco** *en la leche para que se ablande y lo puedas comer", me recomendó Tita.* Sin. **mendrugo.**

corsario, ria *adj./m. y f.* Relativo a los tripulantes y a la embarcación con que se atacaba a barcos mercantes de otros países; los corsarios y los piratas se diferencian en que los primeros trabajaban por encargo y los segundos eran independientes.

corsé *m.* **Palabra de origen francés.** Prenda interior femenina que se ajusta al cuerpo: *Para hacer que su cintura pareciera más delgada, las señoras de antes usaban* **corsé***.*

cortada *f.* **1.** Herida hecha con un instrumento cortante. **2.** *Argent.* Calle corta sin salida.

cortado, da *adj.* **1.** Relativo a lo que no es continuo, que presenta interrupciones o que está separado de algo: *Tengo unas telas* **cortadas** *que sobraron del último vestido que hice.* **2.** *Fam.* Se aplica a la persona tímida o que está sorprendida y se queda callada: *Dolores se quedó* **cortada** *cuando su amiga le dijo que ya no quería jugar con ella.*

cortado, da *m. y f.* Café con algo de leche: *Don Eduardo siempre se toma un* **cortado** *antes de salir a caminar.*

cortador, ra *m. y f.* Persona que trabaja en una sastrería y que corta la tela usando los moldes: *El oficio de* **cortador** *es apreciado porque la ropa queda mejor si tiene un buen corte.*

cortadura *f.* Tajo o incisión hecha en un cuerpo con un instrumento filoso: *El niño se cayó al correr y se hizo una* **cortadura** *en la frente.*

cortafuego *m.* Vereda que se deja en los bosques para que no se propaguen los incendios: *Este* **cortafuego** *parece un pequeño camino de tierra en medio del bosque.*

cortalápices *m.* Aparato que sirve para sacar punta al lápiz: *Necesito un* **cortalápices** *porque mi lápiz no tiene punta y no puedo escribir.* Sin. **sacapuntas.**

cortante *adj.* **1.** Se dice de lo que tiene filo y corta: *El cuchillo y las tijeras son instrumentos* **cortantes***.* Sin. **afilado, agudo. 2.** Se dice de la persona poco amable.

cortapapeles *m.* Instrumento que tiene la forma de un cuchillo pero que no está afilado: *Mi padre usa un* **cortapapeles** *para abrir los sobres de las cartas que recibe.*

cortapisa *f. Fam.* Condición o pone para limitar el exceso de confianza de alguien o para estorbar el avance de algo.

cortaplumas *m.* Cuchillo pequeño y muy filoso que se dobla en dos, con el filo hacia adentro para guardarse y poder llevarlo en el bolsillo: *Cuando va de campamento, Gustavo lleva su* **cortaplumas** *porque es útil.* Sin. **navaja.**

cortar *vb.* {tr. y prnl.} **1.** Dividir una cosa o separar sus partes con un instrumento afilado: *Lorena* **ha cortado** *el pan con un cuchillo.* Sin. **partir. 2.** Impedir el paso o la continuación de algo: *Cortaron el tránsito de los automóviles hacia el centro de la ciudad porque hay un desfile.* Sin. **suspender, interrumpir. 3.** Dividir o atravesar algo: *La vía del tren* **corta** *la ciudad de norte a sur.* **4.** Quitar o ahorrarse una parte: *Este sendero* **corta** *el camino hacia el pueblo.* **5.** Separar una baraja en dos montones: *"Tú* **cortas** *los naipes y yo los reparto a cada jugador", le dije a Julia.* **6.** Tener filo: *Los cuchillos* **cortan***, por eso los niños no deben tocarlos.* **7.** Dar por terminada una relación: *Daniel* **cortó** *con su novia y se siente un poco triste.* **8.** Cruzar o cruzarse una cosa con otra. **9.** Separar o separarse los componentes de la leche, salsas, etc.: *Mi abuela batía la mayonesa a mano* y lo hacía con mucho cuidado para que no **se cortara** la mezcla. **10.** Turbarse, no saber qué decir: *Cuando él te hable con esa voz tan fuerte, no **te cortes**, responde con calma.* **11.** Hacerse una abertura en algún lugar del cuerpo con un instrumento afilado: *"¡Ay, **me corté** en una pierna con las tijeras!", gritó Gerardo.*

cortaúñas *m.* Instrumento de metal para cortar las uñas: *El **cortaúñas** es pequeño y tiene un filo redondeado que sigue la forma de la uña.*

corte *f.* **1.** Lugar donde vive el rey: *En los siglos pasados, la **corte** de Italia estaba en Roma.* **2.** Grupo de personas que componen la familia y los acompañantes de los monarcas: *La **corte** de la reina estaba formada por seis damas que la acompañaban a todas partes.* SIN. **comitiva**. **3.** Tribunal de justicia: *El caso del robo al banco llegó a la **corte** y el juez dictó sentencia de diez años a los ladrones.* **4.** loc. **Hacer la –**, tratar de enamorar a alguien con atenciones y respeto: *Darío le **hace la corte** a Flora porque quiere casarse con ella.* SIN. **cortejar**. **5.** pl. *Esp.* Poder Legislativo, formado por el Senado y el Congreso de los diputados.

corte *m.* **1.** Hecho de quitar, separar o dividir algo: *Le hicieron un **corte** de pelo porque lo tenía muy largo.* **2.** Filo de un arma o instrumento: *El **corte** del hacha necesita afilarse porque ya tiene poco filo.* **3.** Abertura más larga que ancha causada por un instrumento filoso: *Haré varios **cortes** en la tela para poder pasar una cinta de colores y adornarla.* SIN. **tajo, ranura, cortadura**. **4.** Abertura en el cuerpo humano por la que sale sangre: *Samuel se hizo unos cuantos **cortes** al caerse de la bicicleta.* SIN. **herida, tajo**. **5.** Técnica que aprenden las modistas y los sastres para cortar las telas usando un molde: *Este traje tiene un **corte** elegante.* **6.** Trozo de tela que sirve para hacer ropa: *Compré un **corte** de algodón para hacerle un vestido a mi muñeca.* **7.** Hecho de interrumpir o detener: *El director de cine dijo "¡corte!", y se suspendió la filmación de la escena.* **8.** Estilo de una cosa: *A mi padre le gusta la música de **corte** tradicional.* SIN. **carácter**.

cortedad *f.* **1.** Poca extensión: *La **cortedad** de la minifalda escandaliza a las abuelas porque ellas estaban acostumbradas a usar vestidos largos.* SIN. **pequeñez**. **2.** *Fam.* Poca inteligencia, o falta de estudios o dinero: *Esa familia vive con **cortedad** porque habitan en una casa muy pequeña y tienen poco dinero.* SIN. **escasez**.

cortejar *vb.* {tr.} Procurar captar el amor de una mujer: *La **cortejaré** hasta que me diga que sí.* SIN. **halagar**.

cortejo *m.* **1.** Intento de captar el amor de una mujer: *Antes el **cortejo** de una muchacha se iniciaba regalándole unas flores y unos chocolates.* SIN. **halago**. **2.** Acompañamiento que se hace en algunas ceremonias, en el que las personas van siguiendo a quien se le hace el homenaje: *El **cortejo** fúnebre está formado por los parientes y amigos del muerto que van acompañando el ataúd hasta el cementerio.* SIN. **séquito**.

cortés *adj.* Se aplica a quien respeta las normas sociales establecidas: *Ella es **cortés** con él porque no quiere ofenderlo, pero la verdad es que le cae muy mal.* SIN. **atento, amable**. ANT. **desagradable, grosero, maleducado**.

cortesana *f. Desp.* Mujer que gana dinero por realizar el acto sexual. SIN. **prostituta, puta, ramera**.

cortesano, na *adj./m.* y *f.* Relativo a la comitiva del rey: *Entre las actividades **cortesanas** estaba la de entretener al rey con juegos y música.*

cortesía *f.* **1.** Calidad de quien está bien educado y se comporta de manera correcta: *El hombre, como un gesto de **cortesía**, ofreció su brazo a la mujer para bajar las escaleras.* SIN. **urbanidad**. **2.** Demostración de respeto: *Fue una **cortesía** de Luis preocuparse por la enfermedad de mi padre.* SIN. **amabilidad, cordialidad, gentileza**. ANT. **grosería**. **3.** Regalo: *Cuando llegamos al restaurante me dijeron que la cena era **cortesía** de la empresa porque yo estaba celebrando mi cumpleaños, así que no tuvimos que pagarla.* SIN. **atención, gentileza**.

corteza *f.* **1.** Capa exterior del tronco y las ramas de los árboles: *La **corteza** de los árboles puede ser rugosa o lisa.* **2.** Parte exterior y dura de algo: *Me gusta comer la **corteza** del pan cuando está dorada.* SIN. **cáscara, costra**. **3.** Zona de la tierra que está en contacto con el aire: *La **corteza** terrestre tiene ríos, montañas, planicies, desiertos, selvas, etc.*

cortical *adj.* Relativo a la corteza: *La contaminación ha dañado la capa **cortical** de los árboles del bosque.*

cortijo *m. Esp.* Hacienda o estancia y casa de trabajo de Andalucía, España.

cortina *f.* **1.** Tela que se cuelga para cubrir puertas, ventanas, etc.: *Las **cortinas** sirven para que no entre la luz del sol y también para que el interior del lugar no se vea desde afuera.* **2.** Lo que cubre u oculta algo: *Una **cortina** de niebla en el camino provocó un accidente entre varios automóviles.*

cortinaje *m.* Conjunto de las cortinas de un lugar: *El mayordomo abrió el **cortinaje** de la mansión porque ya había salido el sol.*

cortisona *f.* Compuesto químico que se extrae de la glándula suprarrenal y que se usa para desinflamar los tejidos del cuerpo que están hinchados o irritados: *La **cortisona** es peligrosa y antes de usarla es necesario consultar al médico.*

corto *m.* Película o filme de cine que dura menos de media hora: *Vimos un **corto** de diez minutos sobre la vida de las tortugas.* SIN. **cortometraje**. ANT. **largometraje**.

corto, ta *adj.* **1.** Referido a lo que tiene poca longitud o extensión: *Hasta los trece años, mi papá usó pantalones **cortos**.* SIN. **reducido**. ANT. **largo**. **2.** Relativo a lo que es de poca duración: *El partido de tenis fue **corto** porque uno de los jugadores ganó muy rápido.* SIN. **breve, fugaz, momentáneo**. ANT. **largo, duradero, prolongado**. **3.** Se dice de lo que es menor o tiene poca cantidad: *La ración de comida fue **corta** y nos quedamos con hambre.* SIN. **escaso, insuficiente**. **4.** Aplicado a que tiene poco talento o inteligencia: *Yo pensaba que era **corto** hasta que me di cuenta de que el profesor no me explicaba bien.* SIN. **lento**. ANT. **agudo, listo**. **5.** Referido a poca intensidad: *Cuando se viaja de noche por carretera se deben usar las luces **cortas** para no molestar a las personas que vienen de frente.* SIN. **bajo, débil**. ANT. **largo, alto, fuerte**.

cortocircuito *m.* Descarga eléctrica que se produce al unirse por accidente dos conductores: *El cable estaba pelado y al tocarse con otro se produjo un **corto** en la corriente eléctrica.*

cortometraje *m.* Filme o película de cine que dura menos de treinta minutos: *Este **cortometraje** es un documental sobre una mina abandonada.* SIN. **corto.**

corva *f.* Parte de la pierna que está detrás de la rodilla: *Las **corvas** se cierran cuando la rodilla se dobla.*

corveta *f.* Movimiento del caballo cuando camina con las patas delanteras levantadas: *El caballo hizo una **corveta** antes de salir corriendo hacia el campo.*

corvina *f.* Pez marino comestible: *En el mar de Argentina se pescan **corvinas.***

corvo, va *adj.* Relativo a lo que tiene una forma que sigue la línea del círculo: *El águila tiene el pico **corvo.*** SIN. **curvo.**

corzo, za *m.* y *f.* Animal europeo parecido al ciervo, de cuerpo color rojizo, sin rabo y de cuernos cortos: *El **corzo** es un rumiante un poco más grande que la cabra.*

cosa *f.* **1.** Todo lo que existe, sea corporal o espiritual, real o abstracto: *La imaginación es una **cosa** y la realidad es otra **cosa.*** **2.** Todo lo que no tiene vida: *Andrés tiene muchas **cosas** para jugar, entre ellas un muñeco de pilas, un balón y una bicicleta.* SIN. **objeto. 3.** Ocupación: *"Tengo muchas **cosas** qué hacer, prefiero no salir a jugar", dije a mis amigos.* **4.** Ocurrencia. SIN. **idea, chiste. 5.** Algo: *Tengo una **cosa** en la espalda y no puedo ver qué es.* **6.** En oraciones negativas, nada: *No hay **cosa** que se interponga en su camino cuando está decidido a algo.* **7.** loc. **Como quien no quiere la ~,** con disimulo: *Se fue de la reunión **como quien no quiere la cosa** y no se despidió de nadie.* **8.** loc. **Como si tal ~,** como si no hubiera pasado nada: *Después de la pelea que sostuvieron, Jacinto fue a visitar a Leopoldo **como si tal cosa.*** **9.** loc. **~ de,** aproximadamente: *Rebeca asistió a un curso de inglés que duró **cosa de dos meses.*** **10.** loc. **Ser poca ~,** no tener importancia: *Ese golpe **fue poca cosa** comparado con el que me di yo cuando caí por las escaleras.*

cosaco, ca *adj./m.* y *f.* Relativo al que es de una población del sur de Rusia.

coscolino, na *adj./m.* y *f.* **1.** *Méx.* Se aplica al que hace travesuras o es muy inquieto. **2.** *Méx.* Se aplica a la persona que es muy coqueta.

coscomate *m.* *Méx.* Construcción hecha con adobe que sirve para guardar el maíz.

coscorrón *m.* Golpe dado en la cabeza con los nudillos o con una cosa dura: *El bebé se cayó de la cama y se dio un **coscorrón** en el piso.*

cosecha *f.* **1.** Conjunto de legumbres, verduras, cereales y frutos maduros obtenidos de la tierra: *Este año la **cosecha** de arroz será buena porque ha llovido mucho.* **2.** Hecho de recoger los productos de la tierra: *Pablo se fue al campo a trabajar en la **cosecha** de manzanas.* SIN. **recolección. 3.** Tiempo de recoger el fruto de lo que se ha sembrado: *Ya es verano, llegó la **cosecha** de sandías.* **4.** loc. **Ser algo ~ de alguien,** ser una cosa invento de esa persona: *Estos versos **son de mi cosecha** y voy a mandarlos al concurso de poesía.*

cosechadora *f.* Máquina que corta y limpia los cereales de manera automática: *La **cosechadora** está montada en un tractor y funciona mientras el vehículo avanza por el campo de trigo.*

cosechar *vb.* {tr. e intr.} **1.** Recoger las legumbres, verduras, cereales y frutos maduros obtenidos del cultivo de la tierra. SIN. **recoger, recolectar. 2.** Obtener el re-

sultado de un trabajo o esfuerzo: *La actriz **ha cosechado** muchos aplausos por su actuación en la obra de teatro.*

coseno *m.* En matemáticas, razón entre el cateto adyacente a un ángulo agudo de un triángulo rectángulo y la hipotenusa: *El símbolo del **coseno** es "cos".*

coser *vb.* {tr.} **1.** Unir con hilo y aguja pedazos de tela, cuero u otros materiales: *He **cosido** unos ositos de tela en la sábana que usa mi hijo.* ANT. **descoser. 2.** Hacer a alguien muchas heridas en el cuerpo con un arma cortante. SIN. **atravesar.**

cosido, da *adj.* Hecho de estar un material unido con hilo y aguja a otro: *Los botones de mi blusa no estaban bien **cosidos** y se cayeron cuando los toqué.*

cosmética *f.* Arte de preparar y aplicar cosméticos: *Marcela estudió **cosmética** y trabaja maquillando a los actores de teatro.*

cosmético *m.* Producto que sirve para limpiar o embellecer el cuerpo, en especial el rostro, las uñas y el cabello: *Las secretarias usan muchos **cosméticos** porque deben pintarse las uñas y los ojos e ir bien vestidas al trabajo.*

cosmético, ca *adj.* Relativo al producto que embellece y limpia la piel.

cósmico, ca *adj.* Relativo al Universo, al mundo o a todo lo que existe: *Las nubes **cósmicas** se ven con el telescopio.*

cosmogonía *f.* Ciencia que estudia el origen del Universo: *Algunos científicos han propuesto varias **cosmogonías** que explican la formación del Universo.*

cosmografía *f.* Descripción del Universo, de las estrellas y de los planetas: *Las leyes de la gravitación universal forman parte de la **cosmografía,** porque describen el comportamiento de los astros.*

cosmógrafo, fa *m.* y *f.* Persona que se dedica a estudiar y describir el Universo, las estrellas y los planetas: *Los **cosmógrafos** son científicos que observan el cielo y hacen mapas con la ubicación de las estrellas.*

cosmología *f.* Ciencia que estudia el Universo y las leyes que lo regulan: *Si quieres estudiar **cosmología** debes saber física y matemáticas.*

cosmonauta *m.* y *f.* Persona que viaja afuera de la Tierra en una nave espacial: *El **cosmonauta** vio al planeta Tierra desde su nave y se emocionó mucho.* SIN. **astronauta.**

cosmopolita *adj./m.* y *f.* **1.** Relativo a lo que es común a muchos países. **2.** Se dice de la persona que considera al mundo como su patria o que ha vivido en diversos países: *Rodolfo ha viajado mucho, por eso tiene costumbres **cosmopolitas** que ha ido tomando de los distintos lugares en donde ha vivido.*

cosmos *m.* Unidad formada por todo lo que existe en el cielo: *La Tierra y los planetas forman parte del **cosmos.*** SIN. **Universo, Espacio.**

coso *m.* **1.** *Esp.* Plaza de toros. **2.** *Esp.* Calle principal en algunos pueblos o ciudades.

cosquillas *f.* pl. Sensación que provoca risa involuntaria y que se produce cuando alguien le toca a uno ciertas partes del cuerpo: *Jacobo tiene **cosquillas** en las axilas, en el cuello y en los pies.*

cosquillear *vb.* {tr.} Hacer que alguien sienta ganas de reírse de manera involuntaria al tocarle ciertas partes del cuerpo: *Ramiro **cosquilleaba** a Julia tocándole suavemente la punta de la nariz con una pluma de pájaro.*

cosquilleo *m.* Hecho de sentir en el cuerpo algo que hace reír de manera involuntaria: *Los niños pequeños sienten mucho cosquilleo y a veces se ríen antes de que alguien los toque.*

cosquilloso, sa *adj.* **1.** Referido al que se ríe con facilidad cuando le tocan ciertas partes del cuerpo: *Daniel es un niño tan cosquilloso, que a veces se ríe cuando se viste porque la camisa le roza la axila.* **2.** Relativo a la persona a quien nada le parece bien: *Germán es un cosquilloso que se queja de todo.* SIN. **delicado, quisquilloso.**

costa *f.* **1.** Cantidad que se paga por algo: *Compró unos muebles a poca costa porque su amigo se los vendió baratos.* **2.** loc. **A toda ~,** sin limitación de gasto: *Tengo ganas de conocer Londres y pienso ir a toda costa.* **3.** loc. **A ~ de,** con esfuerzo: *Mariela logró aprobar el examen a costa de estudiar.*

costa *f.* Tierra que está en contacto con el mar o cerca de él: *Sandra nació en un pueblo de la costa y su casa está muy cerca del mar.* SIN. **litoral, orilla.**

costado *m.* **1.** Parte del cuerpo humano que se encuentra entre el pecho y la espalda. SIN. **lado.** **2.** Parte que se encuentra en los extremos, entre el frente y el fondo de algo: *Al costado de la casa están sembrados los rosales.* SIN. **lado.** **3.** loc. pl. **Por los cuatro ~,** por todos lados: *Se rompió la manguera y salía agua por los cuatro costados.*

costal *adj.* Relativo a las costillas: *El hombre que se accidentó sufrió una fractura costal.*

costal *m.* Bolsa grande, rústica, hecha de tela o de fibras, que se usa para transportar productos a granel: *En ese costal hay harina y en este otro, semillas de maíz.*

costalada o **costalazo** *f.* y *m.* Golpe que alguien se da al caer de espaldas o de costado: *Estaba comenzando a patinar y se dio unos cuantos costalazos antes de aprender bien.*

costanero, ra *adj.* **1.** Relativo a lo que está en una cuesta: *"Subiendo por esa calle costanera encontrarás la casa que buscas", le dije al muchacho.* **2.** Referido a lo que se encuentra cerca del mar: *Desde esos edificios costaneros se puede ver la playa y el mar.* SIN. **costeño, costero.**

costar *vb. irreg.* {intr.} Modelo 5. **1.** Valer una cosa determinada cantidad de dinero: *El vestido que quiero comprarme cuesta veinte pesos.* **2.** Causar una cosa muchos esfuerzos, disgustos o molestias: *Me costó mucho resolver el problema de matemáticas, pero al fin pude hacerlo.* **3.** loc. **~ caro,** ocasionar algo mucho daño: *Deja de molestarme o te va a costar caro.* SIN. **perjudicar.**

costarricense o **costarriqueño, ña** *adj./m.* y *f.* Originario de Costa Rica, país de América Central: *San José es la capital costarricense.*

coste *m. Esp.* Cantidad de dinero que se paga por algo. SIN. **costo.**

costear *vb.* {tr., intr. y prnl.} **1.** Pagar el precio de una cosa: *La tienda tiene muchos clientes y por eso puede costear la alimentación de los trabajadores.* **2.** *Méx.* Resultar algo buen negocio: *Me costeó cambiar con Joaquín mis discos por libros, ya que gracias a eso pude ampliar mi colección.* **3.** *Argent., Chile y Urug.* Tomarse la molestia de ir hasta un lugar distante o de difícil acceso.

costear *vb.* {tr.} Navegar bordeando la costa: *El barco ha costeado Sudamérica desde Colombia hasta el norte de Brasil.*

costeño, ña *adj./m.* y *f.* **1.** Relativo a lo que está cerca de la orilla del mar: *Muchos pueblos costeños trabajan para el turismo.* SIN. **costanero, costero.** **2.** Persona que vive o ha nacido en una zona cercana al mar: *Los costeños reciben a los turistas que pasan sus vacaciones en la playa.*

costero, ra *adj./m.* y *f.* Referido a lo que está cerca de la orilla del mar: *Ese barco es sólo para navegación costera porque no tiene equipo para internarse en alta mar.* SIN. **costanero, costeño.**

costilla *f.* **1.** Cada uno de los huesos largos y arqueados que parten de la columna vertebral y se cierran por delante del pecho protegiendo los pulmones y el corazón: *El cuerpo humano tiene doce pares de costillas.* **2.** Cada una de las maderas que forman los lados de una embarcación: *En el astillero están reparando las costillas del barco.*

costillar *m.* **1.** Conjunto de las costillas: *El carnicero está rebanando un costillar de vaca para venderlo.* **2.** Parte del cuerpo en la que se encuentran las costillas: *Jugando fútbol, se cayó y recibió una patada en el costillar.*

costo *m.* Dinero que se paga por algo o trabajo que se hace para conseguir algo: *Quedarme en mi casa a estudiar fue el costo de la buena calificación en el examen.* SIN. **precio, importe.**

costoso, sa *adj.* Aplicado a lo que tiene un precio alto o que cuesta mucho trabajo obtener: *Ese automóvil costoso está fuera del alcance de nuestro presupuesto.* SIN. **caro.** ANT. **barato.**

costra *f.* **1.** Parte exterior, dura y seca, de algo: *La costra de ese queso está cubierta con cera pintada de rojo.* SIN. **corteza, cáscara.** **2.** Sangre endurecida y seca que cubre una herida o raspón del cuerpo: *Rogelio se cortó con un cuchillo y ahora se le ha formado una costra.*

costumbre *f.* **1.** Modo de obrar adquirido por la repetición de los mismos actos: *Tengo la costumbre de levantarme todos los días a las 6 de la mañana.* SIN. **hábito, uso, rutina.** **2.** Modo de obrar según la tradición propia de un grupo o de una nación. SIN. **estilo, tradición.**

costumbrismo *m.* Género literario y pictórico que concede especial atención al reflejo de las costumbres de un lugar: *El costumbrismo fue un movimiento literario del siglo xix y de principios del siglo xx.*

costumbrista *adj./m.* y *f.* Relativo al género literario y pictórico que concede especial atención al reflejo de las costumbres de un lugar: *Benito Pérez Galdós, Emilia Pardo Bazán y Manuel Payno fueron escritores costumbristas.*

costura *f.* **1.** Hecho de unir con hilo y aguja tela u otro material: *La costura de un traje la lleva a cabo el sastre.* **2.** Lo que está unido con hilo y aguja: *Hay que planchar cada costura para que el vestido quede bien hecho.* **3.** Lo que se está uniendo con hilo y aguja: *Adriana dejó la costura sobre la mesa mientras iba por las tijeras.* SIN. **labor.**

costurero *m.* Caja o mesa con cajones que sirve para guardar los instrumentos para coser: *En el costurero se guardan agujas, hilos, tijeras, botones, alfileres y la cinta para medir.*

CO

COS

costurero, ra *m.* y *f.* Persona que trabaja cosiendo ropa: *Mamá compró la tela y le encargó a una costurera que nos hiciera un vestido a mi hermana y otro a mí.* SIN. **modista.**

costurón *m.* Fam. Herida que ya ha sanado pero que dejó una marca en la piel: *Reconocí al malo del filme porque tenía un costurón en la cara.* SIN. **cicatriz.**

cota *f.* Número que aparece en los planos y que indica la altura de un punto geográfico: *Según la cota, la ciudad de México se encuentra a 2 200 m sobre el nivel del mar.*

cota. ~ de malla. *loc.* Armadura antigua que protegía pecho, brazos y parte superior de las piernas, y que estaba hecha con alambre de hierro entrelazado para permitir el movimiento: *Los reyes usaban la cota de malla cuando salían a luchar.*

cotangente *f.* En matemáticas, tangente de un ángulo o arco complementario: *El símbolo de la cotangente es "cotg".*

cotejar *vb.* {tr.} Revisar de manera cuidadosa dos cosas para asegurarse de que son iguales o valorar sus diferencias: *Al cotejar el trabajo de Gustavo con el de Carlos, la maestra se dio cuenta de que se habían copiado.* SIN. **comparar, confrontar.**

cotejo *m.* Hecho de revisar cuidadosamente dos cosas para asegurarse de que son iguales o valorar sus diferencias. SIN. **comparación.**

cotense *m.* Bol., Chile y Méx. Tela rústica hecha con hilo de cáñamo.

coterráneo, nea *adj.* Relativo a la persona que nació en el mismo pueblo o país que otra: *Ella es coterránea del jugador de fútbol Pelé porque también nació en Brasil.*

cotidiano, na *adj.* Referido a lo que sucede o se hace todos los días: *La limpieza de la casa es un trabajo cotidiano.* SIN. **diario, habitual, usual.**

cotiledón *m.* Parte de la semilla que contiene los nutrientes que alimentan al embrión cuando comienza a nacer la planta: *La semilla de maíz tiene un cotiledón y la semilla de la lenteja tiene dos cotiledones.*

cotiledóneas *f. pl.* Grupo en el que antiguamente se subdividía el reino vegetal: *Entre las cotiledóneas estaban las semillas como el maíz, la lenteja y el poroto o frijol, entre otras.*

cotilla *m.* y *f.* Fam. Persona chismosa.

cotillón *m.* Palabra de origen francés. **1.** Baile y fiesta con que se celebra un día señalado y en la que se distribuyen obsequios. **2.** Obsequio que se reparte a los invitados durante una fiesta: *En el cumpleaños de Verónica regalaron cotillones.*

cotinga *m.* Pájaro americano de plumaje coloreado de forma bella: *Los cotingas están parados sobre una rama.*

cotizable *adj.* Referido a la cosa cuyo valor puede establecerse en el mercado: *Este automóvil es tan viejo que ya no es cotizable.*

cotización *f.* Hecho de señalar el valor que una cosa tiene en el mercado: *La cotización del dólar varía de un país a otro.* SIN. **valoración.**

cotizar *vb. irreg.* {tr. y prnl.} **Modelo 16. 1.** Pagar una cuota. **2.** Dar a conocer el precio alcanzado por un valor en la bolsa de valores: *Las acciones de la fábrica cotizaron muy bien esta semana.* SIN. **valorar.**

150

coto *m.* **1.** Terreno que tiene marcas que lo delimitan y que se usa para determinado fin: *Los cazadores sólo pueden cazar dentro de su coto.* **2.** loc. **Poner ~,** poner fin o límite: *Voy a poner coto a este desorden, a partir de ahora cada cosa estará en su lugar.*

cotón *m.* Méx., Chile, Guat., C. Rica, Pan. y Venez. Camisa de trabajo hecha de tela de algodón.

cotorra *f.* **1.** Ave trepadora de colores, sobre todo verde, rojo y amarillo, que aprende a imitar sonidos y a decir palabras: *La cotorra puede imitar la voz humana y decir algunas palabras.* **2.** Fam. Persona que habla demasiado. SIN. **hablador, parlanchín, charlatán.**

cotorrear *vb.* {tr. e intr.} **1.** Bromear, burlarse de alguien como juego: *"No te enojes, ¿no ves que te está cotorreando?", le dije a Miguel.* **2.** Hablar en exceso sin decir cosas interesantes: *Las niñas cotorrean el lunes sobre lo que hicieron el fin de semana.* SIN. **charlar, platicar.**

cotorreo *m.* **1.** Hecho de engañar a alguien en tono de burla, sin mala intención: *Fue un cotorreo, no es cierto que le van a dar el Premio Nobel al mejor estudiante de primaria.* **2.** Hecho de hablar mucho: *El cotorreo de las señoras distrajo a Felipe que estaba estudiando.*

coturno *m.* Entre los griegos y romanos, zapato con suela muy alta que utilizaban los actores de las tragedias para elevar su estatura en el escenario: *El actor se puso unos coturnos y una máscara que cubre su rostro.*

covacha *f.* **1.** Cueva pequeña: *El ratón de campo corrió a esconderse en su covacha.* **2.** Habitación pequeña ubicada debajo de la escalera de una casa. SIN. **barraca.**

covadera *f.* Perú y Chile. Lugar donde hay guano acumulado, del que se extrae lo necesario para venderlo como fertilizante natural.

covalencia *f.* En química, unión entre dos átomos que se establece cuando comparten electrones.

coxal *adj.* Relativo a la cadera: *Los huesos coxales son el hueso ilíaco, el sacro y el coxis.*

coxis o **cóccix** *m.* Hueso pequeño formado por la fusión de varias vértebras, que está en la extremidad inferior de la columna: *Donde termina el coxis empieza la separación de las dos nalgas.*

coy *m.* Tela de lona que se cuelga por sus dos extremos para formar una cama suspendida en el aire: *El marinero estaba descansando en su coy, mecido por el movimiento del barco.* SIN. **hamaca.**

coya *m.* y *f.* Indígena del Altiplano Andino: *Los coyas usan un gorro tejido de muchos colores que les cubre las orejas.*

coyote *m.* Mamífero carnívoro parecido al lobo y al chacal, de piel grisácea, que vive en México y América Central.

coyotear *vb.* {intr. y prnl.} Méx. Trabajar como intermediario en la compra y venta de mercancías o en el trámite de documentos.

coyotito *m.* Méx. Fam. Siesta, sueño corto: *Estaba muy cansado, así que dijo que iba a echarse un coyotito de quince minutos para recuperar fuerzas.*

coyunda *f.* **1.** Tira de cuero o soga que se usa para sujetar los cuernos de los bueyes que arrastran un arado o una carreta. **2.** Nicar. Látigo.

coyuntura *f.* **1.** Parte del cuerpo en que se juntan dos huesos: *El codo se dobla porque es una de las coyunturas del cuerpo.* SIN. **articulación.** **2.** Fam. Conjunto de circunstancias que constituyen una situación determinada: *Hay que aprovechar esta coyuntura favorable en* la familia para comprar una casa nueva. SIN. **oportunidad, ocasión.**

coz f. **1.** Golpe dado con las patas traseras por un caballo, asno o mulo: *El caballo estaba tirando* **coces** *al aire porque no quería que el jinete lo montara*. **2.** Golpe dado por una persona que echa con violencia su pie hacia atrás: *Una* **coz** *es un golpe que duele mucho.*

CPU m. Abreviatura de *Central Processing Unit* (unidad central de procesamiento): *El* **CPU** *es la parte de la computadora en la que están los discos de la memoria principal, la unidad que realiza operaciones aritméticas y lógicas, y los registros de control.*

crac m. **1.** Sonido que emite algo que se quiebra: *La silla vieja hizo* **"crac"** *porque no podía soportar el peso de una persona.* **2.** Desastre económico: *El* **crac** *que hubo en Estados Unidos en el año 1929 provocó la ruina de mucha gente.* SIN. **quiebra.**

craneal o **craneano, na** o **craniano, na** adj. Relativo a los huesos que forman la cabeza: *Una fractura* **craneana** *puede causar la muerte.*

cráneo m. Grupo de huesos que forman la cabeza: *Adentro del* **cráneo** *está el cerebro.* SIN. **calavera.**

crápula m. y f. Persona que tiene el vicio de tomar bebidas alcohólicas y que lleva una vida desorganizada: *"Por favor, no te juntes con ese* **crápula** *porque no te va a hacer ningún bien", me pidió mi madre.* SIN. **vicioso.**

craso, sa adj. **1.** Se dice de lo que tiene grasa: *El aceite es una substancia crasa.* SIN. **grueso, gordo. 2.** Se aplica a lo que es muy grave: *He cometido un* **craso** *error de ortografía cuando escribí "horno" sin hache.*

cráter m. Parte abierta en lo alto de un volcán por donde sale lava, cenizas y humo cuando el volcán entra en erupción: *Cuando un volcán no está en actividad se puede visitar su* **cráter.** SIN. **boca.**

crátera f. Copa grande que usaban los antiguos griegos: *Enrique visitó el museo y vio una* **crátera** *de bronce decorada con delfines de oro.*

creación f. **1.** Conjunto de seres vivos, planetas y estrellas que forman el Universo: *Elvira piensa que el canto de las aves es lo más hermoso de la* **creación.** SIN. **Universo, Cosmos. 2.** Hecho de formar o de iniciar algo: *La* **creación** *de un club de amigos de la radio fue idea de Raúl.* **3.** Obra de arte o producto del ingenio humano: *La* **creación** *de los instrumentos musicales melódicos marcó un paso muy grande en la evolución de la música.*

creador m. Se escribe con "C" mayúscula, Ser Supremo, Dios: *Dice la Biblia que el* **Creador** *hizo al mundo en seis días y descansó el séptimo.*

creador, ra adj./m. y f. Referido al que hace obras de arte o inventa algo nuevo: *Los* **creadores** *de la samba fueron los brasileños.* SIN. **autor, inventor.**

crear vb. {tr. y prnl.} **1.** Hacer algo de la nada. SIN. **hacer. 2.** Dar comienzo a algo que antes no existía: *Entre varios poetas* **crearon** *una revista literaria en la que publicarán sus poemas.* SIN. **fundar, establecer, instituir. 3.** Componer algo de manera artística o intelectual: *El escritor* **creó** *en su novela personajes cómicos que se metían en muchos problemas.* SIN. **inventar, imaginar, idear. 4.** Causar o causarse algo. SIN. **provocar.**

creatividad f. Capacidad para inventar cosas nuevas: *La* **creatividad** *de los niños aumenta con los juegos.* SIN. **imaginación, ingenio.**

creativo, va adj. Referido a la persona que tiene capacidad de inventar y referido también a las cosas que inspiran. SIN. **original, imaginativo, ingenioso.** ANT. **común, ordinario.**

crecer vb. irreg. {intr. y prnl.} Modelo 39. **1.** Evolucionar un ser vivo de acuerdo con su naturaleza: *Cuando el cordero* **crezca** *será una linda oveja.* **2.** Aumentar de tamaño o altura: *El árbol* **ha crecido** *desde hace un año que lo sembramos.* **3.** Aumentar en cantidad o en extensión: **Creció** *el número de alumnos en la clase, antes éramos 21 y ahora somos 28.* SIN. **aumentar.** ANT. **disminuir, mermar, reducir. 4.** Tomar uno mayor seguridad o atrevimiento: *Cuando vio a su novia entre el público, el boxeador* **se creció** *y peleó con más ganas.*

creces. Con ~, loc. De manera amplia, con aumento: *Andrés trabajó durante varios años en su negocio y ya recuperó su dinero* **con creces,** *es decir, invirtió 200 pesos y ahora tiene 350 pesos.*

crecida f. **1.** Aumento en la cantidad de agua que tiene un río: *La* **crecida** *se produjo a causa de las fuertes lluvias que han caído desde hace tres días.* SIN. **desbordamiento, inundación. 2.** Momento en que el volumen del mar aumenta, avanzando hacia la costa: *Los barcos esperan la* **crecida** *para entrar al puerto.* SIN. **creciente.**

crecido, da adj. Relativo a lo que es grande o numeroso: *Juliana está muy* **crecida** *desde hace un año que la vi.*

creciente adj. **1.** Relativo a lo que está aumentando de tamaño, altura, cantidad o extensión. **2.** loc. **Cuarto ~,** momento en que el aumento del tamaño de la Luna, vista desde la Tierra, se encuentra justo a la mitad entre el novilunio y el plenilunio: *Cuando la Luna está en* **cuarto creciente** *parece una "D".*

creciente f. Fenómeno natural en el mar, cada determinada cantidad de horas, aumenta su volumen avanzando hacia la costa: *Las* **crecientes** *del mar están en relación con la fuerza de atracción de la Luna.* SIN. **crecida.**

crecimiento m. **1.** Proceso de desarrollo de un ser vivo: *A los diez años, un niño está en pleno* **crecimiento.** **2.** Proceso en algo aumenta: *El* **crecimiento** *de la empresa se debe al esfuerzo que realizan todos los que trabajan en ella.* SIN. **aumento.** ANT. **disminución.**

credencial f. Documento que demuestra el cargo de una persona: *Ya tengo la* **credencial** *del club deportivo, así que iré a nadar y a jugar fútbol los fines de semana.* SIN. **identificación.**

credibilidad f. Calidad de lo que puede creerse porque es cierto: *La* **credibilidad** *de ese político ha sido puesta en duda porque la gente se ha dado cuenta de que no cumple sus promesas.*

crédito m. **1.** Dinero que se pide prestado a un banco: *Daniel pidió un* **crédito** *para comprar una camioneta, y devolverá el dinero pagando al banco una cantidad cada mes.* SIN. **préstamo. 2.** Aceptación de algo como verdadero: *Cuando me dice que vendrá, le doy* **crédito** *porque él es una persona responsable.* **3.** Buena fama: *Puedes encontrar esta novela en todas las librerías de la ciudad porque su autor es un hombre de* **crédito.** SIN. **confianza, autoridad. 4.** Plazo que se da para devolver un dinero o para pagar algo: *Tengo tres meses de* **crédito** *para pagar la televisión que compré.* **5.** loc. **A ~,** que se obtiene por adelantado y se va pagando poco a poco: *Compró un automóvil* **a crédito** *y en dos años termi-*

nará de pagarlo. **6.** loc. **No dar ~**, no creer algo: *"No doy crédito a lo que veo: ¡hay una vaca sobre mi cama!"*

credo *m.* **1.** Ideas y principios en los que se basa una doctrina, opinión o conducta: *Esos dos candidatos a la presidencia pertenecen a credos políticos opuestos.* **2.** Se escribe con "C" mayúscula cuando designa a la oración que contiene los principales fundamentos de la fe católica.

credulidad *f.* Tendencia a creer en cualquier cosa que se diga: *Su credulidad es tan grande que si le dices que una vaca vuela, la busca en el cielo.*

crédulo, la *adj.* Aplicado al que cree en cualquier cosa que se le diga: *Los niños pequeños son crédulos porque no tienen experiencia para distinguir algo cierto de algo falso.*

creencia *f.* **1.** Seguridad que se tiene de que algo es verdad: *La creencia en que las enfermedades pueden prevenirse, impulsó al científico francés Luis Pasteur a descubrir la vacuna contra la rabia.* SIN. **convicción**. **2.** Lo que se cree: *Mucha gente tiene la creencia de que en el Universo existen otros planetas habitados por seres inteligentes.* SIN. **opinión, idea, pensamiento**. **3.** Conjunto de ideas religiosas. SIN. **religión, fe**.

creer *vb. irreg.* (tr., intr. y prnl.) Modelo 32. **1.** Pensar: *Creo que es una buena persona.* SIN. **imaginar, suponer**. **2.** Dar por cierta una cosa: *Cuando era niño creía que la Luna era de queso.* **3.** Dar por cierto lo que alguien dice. **4.** Pensar que algo es posible o verosímil: *Yo creí que iba a llover, pero sólo hay algunas nubes en el cielo.* **5.** Tener una religión: *Mucha gente, sobre todo en Asia, cree en Buda.*

crema *f.* **1.** Substancia grasosa de la leche: *La mantequilla se hace batiendo la crema.* SIN. **nata**. **2.** Cosmético o medicamento de consistencia pastosa: *Después de lavar la ropa, Daniela se pone crema en las manos para mantenerlas suaves.* **3.** Sopa o bebida: *Hoy tomamos crema de espárragos en la comida.* **4.** Dulce hecho con leche, huevo, azúcar y algún sabor: *Voy a preparar una crema de vainilla como postre.* **5.** *Fam.* Grupo de personas que se considera mejor que las demás.

crema *f.* Signo (¨) que en español se coloca sobre la u: *La u de "paragüitas" lleva crema, para indicar que debe ser pronunciada.* SIN. **diéresis**.

cremación *f.* Hecho de quemar hasta convertir en cenizas el cuerpo de un muerto: *Algunas personas prefieren la cremación de los muertos al entierro.* SIN. **incineración**.

cremallera *f.* Cierre para ropa, con dos hileras de dientes que se traban y destraban al mover una pieza que los une: *Mi pantalón tiene cremallera y el de Darío tiene botones.*

cremar *vb.* (tr.) Quemar el cuerpo de un muerto hasta convertirlo en cenizas: *En su testamento, el abuelo dejó dicho que quería que lo cremaran.* SIN. **incinerar**.

crematorio *m.* Lugar con un horno donde se queman los cadáveres: *La funeraria tiene un crematorio.*

cremería *f. Méx.* Comercio que vende quesos, mantequilla y otros productos lácteos.

cremoso, sa *adj.* **1.** Relativo a la crema o a lo que tiene consistencia de crema: *Este bronceador es cremoso y aquel otro es aceitoso.* **2.** Aplicado a lo que tiene mucha crema: *Para mi cumpleaños quiero un postre cremoso.*

crencha *f.* **1.** *Argent.* Raya que divide el cabello en dos partes: *Eugenia se hizo la crencha torcida.* **2.** *Argent.* Cada una de las partes del cabello que ha sido dividida por una raya: *Doña Socorro trenzó las crenchas de su hija.*

crepa *f.* Masa redonda y delgada que se come rellena de algo dulce o salado: *Las crepas se hacen con huevo, leche y harina.* SIN. **panqueque**.

crepería *f.* Lugar donde se hacen y se venden crepas: *Me gusta ir a esa crepería porque preparan las crepas muy ricas.*

crepé *m.* Palabra de origen francés. **1.** Tejido de apariencia rugosa, parecido al crespón: *Papel ~*, papel de colores, de textura rugosa: *En el carnaval, las niñas iban disfrazadas con vestidos de papel crepé.*

crepitación *f.* Ruido que produce algo que se está quemando: *La chimenea estaba encendida para calentar el ambiente y escuchamos la crepitación del leño que ardía.* SIN. **chisporroteo**.

crepitar *vb.* (intr.) Hacer ruido algo que se está quemando. SIN. **chisporrotear**.

crepuscular *adj.* Relativo al momento en que el sol está entre el amanecer y el día, o entre el anochecer y la noche: *La luz crepuscular es tenue y rojiza.*

crepúsculo *m.* Luz que da el sol cuando está entre el amanecer y el día, o entre el anochecer y la noche: *El crepúsculo de la mañana se llama aurora y el de la tarde se llama ocaso.*

crescendo *m.* Aumento gradual de la intensidad de los sonidos: *Esta parte de la pieza musical comienza de manera suave y luego viene un crescendo hasta que llega a un sonido fuerte.*

crespo, pa *adj.* Referido al cabello rizado: *Adrián usa un peine de dientes separados para que le sea fácil peinarse, porque tiene el cabello crespo.* SIN. **chino**.

crespón *m.* **1.** Tela de gasa o de seda, de textura ondulada. **2.** Tela negra que se pone en las fachadas de las casas o que usan las personas en un brazo en señal de luto.

cresta *f.* **1.** Carnosidad que algunas aves tienen en la cabeza: *Una cresta roja adorna la cabeza del gallo.* **2.** Lo que tiene una forma parecida a la carnosidad que algunas aves tienen en la cabeza: *Elvira se peinó con cresta porque así se peina su cantante favorita.* SIN. **penacho**. **3.** Cima de una ola o de una montaña: *Las nubes cubren la cresta de la montaña.* SIN. **cumbre**.

crestado, da *adj.* Relativo a las aves que tienen una carnosidad en la cabeza: *El gallo y la gallina son aves crestadas.*

creta *f.* Carbonato de calcio: *La creta es un polvo blanco que los pintores usan para preparar la tela en la que van a pintar.*

cretácico, ca *adj./m.* Se aplica al último periodo de la era mesozoica. En él aparecieron por primera vez las plantas con flores, se formaron numerosas cordilleras y los mamíferos ocuparon cada vez más lugares del planeta: *El periodo cretácico ocurrió después del periodo jurásico.*

cretense *adj./m. y f.* Relativo a lo que es de Creta, isla del Mediterráneo que pertenece a Grecia: *Algunos murales cretenses del siglo IV antes del nacimiento de Jesucristo representan acróbatas haciendo ejercicios.*

cretino, na *adj./m.* y *f.* Se dice de quien es necio o estúpido: *Ese cretino me empujó mientras estaba subiendo la escalera y por eso me caí.*

creyente *adj./m.* y *f.* Aplicado a la persona que cree en las ideas de una religión.

cría *f.* **1.** Hecho de alimentar y cuidar a un animal o a una persona, desde que es recién nacido hasta que crece. Sin. **crianza. 2.** Animal o grupo de animales recién nacidos o tan jóvenes que todavía dependen de sus padres: *La cría de la perra son seis cachorritos que todavía no han abierto los ojos.* **3.** Cuidado que brinda el ser humano, con alimento y protección, a una especie animal para que se desarrolle: *Marcial se dedica a la cría de caballos.*

criadero *m.* **1.** Lugar donde están los animales que el ser humano cuida con alimento y protección para que se desarrollen: *Ismael tenía un criadero de perros en el jardín de su casa y siempre se escuchaban muchos ladridos.* **2.** Lugar donde hay gran cantidad de un mineral. **3.** Lugar donde se ponen los árboles pequeños para que crezcan antes de ser sembrados: *Salió un camión del criadero con muchos pinos pequeños para reforestar la montaña.*

criadilla *f.* Testículo de algunos animales.

criado, da *m.* y *f.* Persona empleada en el servicio doméstico: *En esa casa grande hay varios criados que se encargan de la limpieza y la jardinería.* Sin. **sirviente, mozo, camarero.** Ant. **patrón, amo, señor.**

criador, ra *m.* y *f.* Persona que cuida y alimenta a una especie animal para que se desarrolle: *Lucila es una excelente criadora de conejos y cada vez nacen más conejitos.*

crianza *f.* **1.** Hecho de cuidar y alimentar a un animal o a una persona desde que es recién nacido hasta que crece: *La crianza de algunos animales es difícil porque no les gusta estar cerca del ser humano.* Sin. **cría. 2.** Época de la lactancia: *Durante la crianza, la madre tiene leche en los senos para alimentar a su bebé.*

criar *vb. irreg.* {tr. y prnl.} **Modelo 9. 1.** Alimentar la madre al hijo: *La madre cría a su hijo dándole de mamar.* Sin. **nutrir. 2.** Cuidar, alimentar y educar a alguien mientras crece: *A esos niños los crió su abuela porque su mamá trabajaba todo el día.* **3.** Hacer que se reproduzcan plantas o animales: *La tierra cría las plantas con que se alimentan los animales y el ser humano.* Sin. **producir. 4.** Tener cría la hembra de un animal: *En el zoológico juntaron a una pareja de leopardos para que críen.* **5.** Desarrollarse: *Humberto se crió en el campo y ahora vive en la ciudad.* Sin. **crecer.**

criatura *f.* **1.** Toda cosa creada: *En el programa de ciencia ficción había unas criaturas extrañas con forma de hormiga gigante.* **2.** Niño recién nacido o de poca edad: *Esa pareja tiene dos criaturas, una niña de 1 año y un niño de 3 años.* Sin. **crío, nene, guagua, bebé.**

criba *f.* Instrumento redondo con una tela de alambre extendida, que sirve para separar lo menudo de lo grueso: *La criba se parece a un colador muy grande.* Sin. **tamiz.**

cribar *vb.* {tr.} Separar lo menudo de lo grueso usando un instrumento redondo, con una tela de alambre: *He cribado las semillas de trigo para quitarles las basuras.* Sin. **limpiar, harnear, cerner.**

criboso, sa *adj.* Se dice de lo que está lleno de orificios: *El vagabundo estaba vestido con un saco criboso.*

críquet *m.* Palabra de origen inglés. Juego de pelota inglés: *El críquet se juega sobre el césped y se trata de impulsar la pelota con un objeto de madera, tratando de hacer pasar la pelota por unos arcos de metal clavados en la tierra.*

crimen *m.* **1.** Delito grave: *En la cárcel están los presos cumpliendo la condena por sus crímenes.* Sin. **atentado. 2.** Delito en que se mata a alguien: *Según el inspector de policía, el crimen se cometió entre la una y las dos de la madrugada.* Sin. **asesinato, homicidio. 3.** *Fam.* Cosa mala: *Es un crimen que siendo tan inteligente no quieras estudiar una carrera.*

criminal *adj.* **1.** Relativo al delito grave: *La policía se encarga de prevenir los actos criminales.* **2.** *Fam.* Se dice de algo que está mal o es muy malo: *No quiso salir a jugar porque hacía un frío criminal.* **3.** Referido al que comete un delito grave: *Por fin la banda de criminales fue detenida por haber secuestrado a varias personas.* Sin. **malhechor.**

criminal *m.* y *f.* Persona que mata a otra de manera intencional: *El famoso detective descubrió al criminal.* Sin. **asesino.**

criminalidad *f.* Conjunto de los delitos graves que ocurren en un lugar determinado: *Todos los ciudadanos debemos combatir la criminalidad.*

crin *f.* Conjunto de pelos largos y duros que tienen algunos animales en la cabeza, el cuello y la cola: *Ese caballo blanco tiene las crines largas.*

crinolina *f. Méx.* Especie de armazón que las mujeres usaban bajo las faldas del vestido para hacerlas más amplias y con forma redondeada. Sin. **miriñaque.**

crío, a *m.* y *f.* Niño recién nacido o de corta edad: *Ella no quiere ser mi novia porque dice que todavía soy un crío.* Sin. **criatura, nene, guagua, bebé.**

criollo, lla *adj./m.* y *f.* **1.** Relativo al que es hijo de padres europeos y ha nacido en algún otro país del mundo: *Los hijos criollos de los ingleses que vivían en la India, iban a Inglaterra para estudiar.* **2.** Aplicado al que es hijo de españoles y ha nacido en algún país de América. **3.** Se dice de las cosas originarias de un lugar, por contraposición a lo que viene de afuera: *En este país hay buenos caballos criollos.*

cripta *f.* Lugar subterráneo en que los muertos son sepultados: *En las criptas cristianas de Roma hay pinturas murales.*

criptógamo, ma *adj./f.* Relativo a un grupo de plantas que carecen de flores, frutos y semillas: *Los helechos son plantas criptógamas.*

criptografía *f.* Técnica de escribir con claves secretas: *La criptografía se usa en la guerra para evitar que el enemigo entienda los mensajes.*

criptograma *m.* Documento escrito en una clave secreta.

criptón *m.* Elemento gaseoso de número atómico 36 y símbolo Kr: *El criptón es un gas noble que se encuentra en la atmósfera en pequeñas cantidades.*

crisálida *f.* Estado intermedio entre la oruga y la mariposa: *La oruga se guarda en su crisálida para llevar a cabo la metamorfosis que la convertirá en mariposa.* Sin. **ninfa.**

crisantemo *m.* Planta y flor que se cultivan para ser usadas como adorno: *Las flores del crisantemo son de colores variados y bellos.*

CRI

crisis f. *1.* Momento decisivo y grave en un asunto: *El enfermo ha entrado en una crisis de su enfermedad y van a tener que operarlo.* *2.* Situación en la que hace falta algo: *La crisis económica significa que no hay trabajo ni dinero suficiente para todos.* SIN. **escasez.**

crisma f. Fam. Cabeza: *"Si te caes de las escaleras te podrías romper la crisma, ten cuidado", me dijo mi madre.*

crisol m. Recipiente para fundir metales: *Los crisoles son de porcelana, hierro, platino o cualquier otro material que resista temperaturas muy altas.*

crispar vb. (tr. y prnl.) *1.* Fam. Poner o ponerse nervioso alguien: *Me crispa el escándalo del tránsito de automóviles que circulan por la avenida grande.* SIN. **irritar, exasperar, impacientar.** *2.* Contraer un músculo: *Ese gato es desconfiado y se crispa cuando alguien lo quiere tocar.*

cristal m. *1.* Material sólido y transparente que se rompe si se golpea: *El cristal es una substancia mineral compuesta por sílice, óxido de plomo y potasa.* SIN. **vidrio.** *2.* Hoja de vidrio que se pone en las ventanas: *El cristal deja pasar la luz y evita que entre el ruido y el polvo.* *3.* Mineral con forma geométrica.

cristalera f. *1.* Mueble que tiene cristales en sus puertas superiores y se usa para guardar la vajilla: *Las copas y los platos están en la cristalera.* SIN. **vitrina, vidriera.** *2.* Puerta de vidrio que da acceso a un lugar: *La entrada al cine es por la cristalera.*

cristalería f. *1.* Lugar donde se fabrican o se venden objetos de vidrio: *Fui a la cristalería a comprar un espejo para ponerlo en el baño.* SIN. **vidriería.** *2.* Objetos hechos de vidrio: *Filomena vende adornos de cristalería.* *3.* Conjunto de vasos, copas y jarras que se usan en el servicio de mesa: *Cuando hay invitados a cenar, Dorotea pone la mesa con la mejor vajilla y cristalería.* SIN. **servicio.**

cristalino m. Membrana transparente del ojo, situada detrás de la pupila: *El cristalino es una parte importante del ojo: si se daña, la vista se pierde.*

cristalino, na adj. *1.* Relativo al cristal: *El cuarzo es un mineral cristalino.* *2.* Aplicado a lo que es tan transparente como el cristal: *Me gusta mirar la fuente porque el agua que salta es cristalina.* SIN. **claro.** ANT. **opaco, turbio.**

cristalización f. *1.* Hecho de endurecerse un mineral tomando formas geométricas: *Las estalactitas y las estalagmitas de una cueva son producto de la cristalización de minerales.* *2.* Cosa cristalizada: *Guardé durante varios meses un frasco de miel y se produjo una cristalización.*

cristalizado, da adj. Referido a la substancia que al endurecerse ha adquirido apariencia de cristal o cristales: *La miel cristalizada por el frío tiene apariencia blanquecina y opaca.*

cristalizar vb. irreg. (intr. y prnl.) Modelo 16. *1.* Tomar una substancia formas geométricas al endurecerse: *La sal se cristaliza en forma cúbica.* *2.* Fam. Tomar forma clara y precisa algo que antes estaba confuso.

cristiandad f. *1.* Conjunto de países, pueblos o personas que son seguidores del cristianismo: *La cristiandad está formada por católicos, protestantes y evangelistas, entre otros.* *2.* Comunidad universal de los cristianos: *La catedral de Nôtre Dame es el símbolo de la cristiandad francesa.*

cristianismo m. Conjunto de las religiones fundadas a partir de las enseñanzas de Jesús.

cristiano, na adj. *1.* Relativo al cristianismo: *Muchas iglesias cristianas tienen una cruz en el altar.* *2.* Se aplica a la persona que cree en el cristianismo como religión: *Las familias cristianas celebran la Navidad para recordar el nacimiento de Jesús.*

cristiano, na m. y f. *1.* Persona que tiene al cristianismo como religión: *Los cristianos se bautizan siguiendo el ejemplo de Jesucristo.* *2.* Fam. Persona: *Cuando llegué al salón de clases no había ni un cristiano porque era domingo.* *3.* loc. En ~, en el mismo idioma, con palabras que se puedan entender: *"Háblame en cristiano porque no entiendo lo que dices", le pedí a Rogelio.*

criterio m. *1.* Capacidad para juzgar o entender: *Puedes confiar en los consejos de tu padre porque es un hombre con criterio.* SIN. **discernimiento, juicio, opinión.** *2.* Norma o regla que se establece para tomar decisiones: *La estatura es uno de los criterios que se usa para seleccionar a los jugadores de baloncesto.*

crítica f. *1.* Análisis y juicio que se hace acerca de una obra de arte: *En la revista de crítica literaria se habló bien del nuevo cuento que publicó mi tío.* *2.* Juicio severo: *El profesor hizo una crítica sobre el comportamiento de algunos alumnos que son muy groseros.* SIN. **censura.** *3.* Murmuración: *La actriz ha provocado muchas críticas a raíz de su divorcio.*

criticable adj. *1.* Referido a lo que tiene algún error o imprecisión que puede comentarse: *El maestro encontró varios aspectos criticables en el trabajo escolar de Armando y se los señaló con una marca roja.* *2.* Referido a lo que puede o debe censurarse porque está mal: *Actuar apoyándose en mentiras es una actitud criticable.*

criticar vb. irreg. (tr.) Modelo 17. *1.* Analizar y juzgar una obra artística: *El periodista que criticó la obra de teatro es un experto en el tema.* *2.* Juzgar algo negativamente: *Ella ha criticado mucho a su amiga porque no está de acuerdo con lo que hace.* SIN. **censurar, reprobar, reprochar.** *3.* Murmurar sobre alguien o algo: *Las vecinas ociosas critican a todos sus conocidos porque les divierte hablar de la gente.* SIN. **desacreditar.**

crítico, ca adj. *1.* Relativo al análisis y juicio de una obra artística: *Para hacer un análisis crítico de una pintura hay que estudiarla con cuidado.* *2.* Referido a un asunto difícil que puede tener consecuencias importantes en el futuro: *El momento crítico de la enfermedad ha terminado, ahora el doctor dice que el enfermo se recuperará.*

crítico, ca m. y f. Persona que se dedica al análisis y juicio de obras artísticas: *Los críticos de arte se han reunido para discutir sus puntos de vista acerca de una pintura de Leonardo da Vinci.*

criticón, na adj./m. y f. Se dice de la persona que juzga todo de manera negativa: *No sé si a una criticona como Georgina le va a gustar mi regalo.*

croar vb. (intr.) Cantar los sapos o las ranas: *Algunas personas dicen que las ranas croan cuando va a llover.*

croata adj./m. y f. Originario de Croacia, país de Europa: *Zagreb es la capital croata.*

croata m. Idioma que se habla en Croacia.

crocante adj. Se aplica a los alimentos secos y duros que hacen ruido al quebrarse: *Elisa moja sus galletas en leche, pero Laura prefiere comerlas crocantes.*

154

crocante *m.* Golosina dulce y dura hecha con semillas y caramelo: *El niño quiere un crocante de nuez y la niña un crocante de almendras.* Sin. **turrón, palanqueta.**

croché *m.* **Palabra de origen francés.** Labor que se teje con una aguja de gancho y con lana o hilo: *Las cortinas de la casa de mi abuela son de croché.* Sin. **ganchillo.**

cromado, da *adj./m.* Aplicado a lo que está cubierto con una capa de metal inoxidable: *El manubrio o manillar de mi bicicleta es cromado y refleja la luz del sol.*

cromar *vb.* {tr.} Cubrir con una capa de metal inoxidable: *El cromo es el metal que se usa para cromar objetos.*

cromático, ca *adj.* **1.** Relativo a los colores: *La escala cromática va del rojo al violeta, pasando por el anaranjado, el amarillo, el verde y el azul.* **2.** En música, se aplica a los sonidos que varían en la mitad de un tono: *Al tocar la escala cromática debes considerar las notas sostenidas, así: do, do sostenido, re, re sostenido, mi, fa, fa sostenido, sol, sol sostenido, la, la sostenido y si.*

cromatina *f.* Substancia formada por DNA y proteínas, que se encuentra en el núcleo de las células y cuando se condensa forma los cromosomas: *La cromatina se tiñe fácilmente al estar expuesta a un colorante.*

cromo *m.* Elemento metálico de número atómico 24 y símbolo Cr: *El cromo es un metal inoxidable y si está bien pulido es muy brillante.*

cromo *m.* Estampa, grabado: *Daniel tiene una colección de cromos con imágenes de su programa de televisión favorito.*

cromosfera *f.* Capa media de la atmósfera del Sol: *La cromosfera es de color rojo.*

cromosoma *m.* Elemento que se encuentra en el núcleo de la célula: *Los cromosomas contienen la información genética que hace que los hijos se parezcan a sus padres.*

crónica *f.* **1.** Recopilación de hechos históricos que sigue el orden del tiempo del pasado al presente: *Para escribir un libro de historia del siglo XVI, el investigador consultó las crónicas de esa época.* Sin. **anales.** **2.** Artículo periodístico que trata un tema de actualidad: *En la crónica deportiva se narran las últimas competencias y sus resultados.*

crónico, ca *adj.* **1.** Relativo a cualquier enfermedad larga, que no se cura con facilidad: *Emilio tiene una tos crónica; empezó hace meses y todavía sigue tosiendo.* **2.** Se dice de lo que dura mucho tiempo: *Por desgracia, la violencia se ha convertido en un problema crónico de la sociedad.* Sin. **permanente.**

cronista *m. y f.* **1.** Autor de una crónica: *El cronista de la ciudad cuenta cómo ha cambiado la arquitectura desde el siglo pasado hasta ahora.* Sin. **historiador.** **2.** Persona que narra un evento deportivo: *El cronista de fútbol va describiendo cómo se desarrolla el partido para la gente que lo ve por televisión o lo escucha por radio.*

cronología *f.* **1.** Ciencia que determina el orden y las fechas de los sucesos históricos: *Leí en mi libro de historia una cronología de los inventos más importantes del siglo XIX.* **2.** Ordenación de sucesos según sus fechas: *Hice una cronología en la que describí las actividades que realicé del primero al último día de mis vacaciones.*

cronológico, ca *adj.* Relativo a la ordenación de los hechos en el tiempo: *En el libro de historia universal hay un resumen cronológico al final de cada capítulo.*

cronometrar *vb.* {tr.} Medir el tiempo exacto de algo que se hace o sucede, utilizando un reloj que marca con precisión décimas, segundos, minutos y horas: *Es necesario cronometrar las competencias de los Juegos Olímpicos; los atletas pueden ganar o perder tan sólo por unas décimas de segundo.*

cronómetro *m.* Reloj de alta precisión: *Con un cronómetro, el buzo midió cuánto tiempo podía estar bajo el agua sin respirar.*

croqueta *f.* Masa de harina y huevo, rebozada y frita, que contiene carnes, pescados o verduras: *Martha preparó croquetas de pescado con papas y sabían deliciosas.*

croquis *m.* Dibujo rápido o esquemático: *Martín hizo un croquis para explicarle a su amigo cómo llegar al cine.* Sin. **boceto, apunte.**

crótalo *m.* **1.** Serpiente venenosa de América, víbora de cascabel: *El crótalo mide dos metros de largo y su mordedura es mortal.* **2.** Instrumento musical pequeño formado por placas circulares de metal que se golpean entre sí para emitir el sonido: *El crótalo es un instrumento de percusión que tiene un sonido metálico.*

cruce *m.* **1.** Hecho de pasar de una parte a otra: *El cruce del río fue una aventura emocionante.* **2.** Hecho de poner una cosa sobre otra, especialmente formando una cruz. **3.** Acción por la que dos cosas que van en sentidos opuestos se encuentran: *El cruce entre la gente que entra y la que sale del tren subterráneo siempre provoca un tumulto junto a las puertas.* **4.** Unión de un macho y una hembra para procrear: *Los cachorros nacieron de un cruce entre mi perra y el perro del vecino.* **5.** Hecho de intercambiar palabras, sonrisas o miradas: *El cruce casual de sus miradas hizo sonreír a los dos muchachos.* **6.** Punto donde se cruzan dos o más líneas: *En el cruce de estas líneas en el mapa se encuentra el tesoro.* **7.** Paso en el que se juntan dos o más calles: *Hay un semáforo en ese cruce de calles.* **8.** Interferencia telefónica: *Esta tarde hubo un cruce de líneas telefónicas y cuando intenté llamar a Gerardo escuché la conversación que sostenían otras personas.*

crucería *f.* Sistema constructivo propio del estilo gótico, que sirve para reforzar las bóvedas de una iglesia.

crucero *m.* **1.** Espacio donde se cruzan las naves central y transversal de una iglesia. **2.** Viaje turístico en barco: *Nuestros amigos han hecho un crucero por el Mar Caribe y se detuvieron en varias islas de las Antillas.* Sin. **travesía.**

cruceta *m.* Méx. Palo con los extremos terminados en cruz.

crucial *adj.* Aplicado a lo que es decisivo o fundamental: *Elena está en un momento crucial de su vida porque tiene que decidir si se va a vivir a otro país o se queda aquí.* Sin. **esencial.** Ant. **trivial.**

crucificar *vb. irreg.* {tr.} **Modelo 17.** Clavar o atar a alguien a una cruz para castigarlo: *Antiguamente crucificaban a quienes cometían algún delito.*

crucifijo *m.* Cruz en la que se representa a Jesús crucificado: *En las iglesias católicas hay muchos crucifijos.*

crucifixión *f.* Hecho de atar o clavar a alguien a una cruz para castigarlo: *La crucifixión de Jesús ha sido llevada al arte por muchos pintores y escultores.*

crucigrama *m.* Pasatiempo que consiste en averiguar palabras y transcribirlas en casillas: *No pude resolver*

CRU

CR

155

CRU

este **crucigrama** porque hay algunas palabras que no conozco.

cruda f. *Méx.* Estado que sobreviene al día siguiente de haber bebido mucho alcohol y que se caracteriza por un fuerte dolor de cabeza y mucha sed. SIN. **resaca, goma.**

crudeza f. **1.** Estado de lo que no ha sido cocinado o no ha madurado: *Cuando una zanahoria ha hervido durante unos minutos pierde su* **crudeza. 2.** Estado del clima frío y con viento: *La* **crudeza** *del clima de la Patagonia no permite que viva mucha gente allí.* **3.** Aspecto duro y cruel de una situación o de una cosa. SIN. **rigor, aspereza.**

crudo m. Petróleo sin refinar: *El* **crudo** *se vende por barriles.*

crudo, da adj. **1.** Relativo a lo que no está cocido: *La cebolla se puede comer* **cruda** *o cocida.* **2.** Se dice del color entre blanco y amarillento, o de la tela que no ha sido teñida y tiene su color natural: *Margarita se compró una camisa de lana* **cruda. 3.** Aplicado al clima frío y con viento: *Antes de salir me puse guantes de lana y un gorro porque el invierno es* **crudo** *en la ciudad donde vivo.* **4.** Aplicado al petróleo sin refinar: *El petróleo* **crudo** *es de color negro.* **5.** Se refiere a la situación o la cosa que muestra un aspecto duro y cruel. **6.** *Méx.* Se dice del que, después de haber bebido mucho alcohol, al día siguiente se siente descompuesto y con dolor de cabeza.

cruel adj. **1.** Referido al que se complace en hacer sufrir: *Una persona* **cruel** *no se compadece del dolor de los demás.* ANT. **dulce, humano. 2.** Aplicado a lo que hace sufrir o es muy duro: *Durante la guerra, los soldados viven cosas* **crueles.**

crueldad f. **1.** Carencia de compasión ante el dolor de los otros: *Ese hombre es despreciado por su* **crueldad,** *nunca quiso ayudar a nadie.* SIN. **maldad, inclemencia, dureza.** ANT. **compasión, caridad, piedad. 2.** Hecho de hacer sufrir a otros: *Es una* **crueldad** *de parte de Genoveva patear a su mascota.* SIN. **atrocidad, barbarie, ferocidad.** ANT. **dulzura, suavidad, bondad.**

cruento, ta adj. Se refiere a lo que causa derramamiento de sangre: *Las guerras siempre son* **cruentas.** SIN. **sangriento.**

crujía f. **1.** Espacio de una casa, más largo que ancho, al que dan las puertas de las habitaciones. SIN. **corredor, pasillo, galería. 2.** Parte de un barco por la que se puede caminar de proa a popa: *El capitán ordenó al marinero que limpiara la* **crujía** *porque la tormenta la había ensuciado mucho.*

crujido m. Ruido que emite algo cuando se rompe o se mueve: *El* **crujido** *que hace la puerta vieja cuando se abre es fuerte y agudo.* SIN. **chasquido, chirrido.**

crujiente adj. Se refiere a lo que emite un ruido al romperse o moverse: *Las papas fritas son un alimento* **crujiente.** SIN. **ruidoso.**

crujir vb. [intr.] Hacer ruido los cuerpos al moverse, frotarse o romperse: *El tronco del árbol* **crujió** *al caer.* SIN. **rechinar, chirriar.**

crustáceo m. Animal que no tiene huesos internos, sino que su cuerpo está cubierto por un caparazón: *El camarón, el langostino y el cangrejo son* **crustáceos.**

cruz f. **1.** Figura formada por dos líneas que se cruzan en ángulo recto: *Las instrucciones del examen decían que señaláramos con una* **cruz** *la respuesta correcta.* **2.** Objeto que tiene forma de cruz: *En las iglesias cristianas hay* **cruces** *porque son el símbolo de esta religión.* **3.** Reverso de una moneda: *Yo escogí cara y Oswaldo escogió* **cruz,** *y cuando la moneda cayó al suelo nos dimos cuenta de que él había ganado.* **4.** Cosa o suceso que causa sufrimiento o pesadumbre.

cruzada f. **1.** Expedición militar que se hizo desde Europa hacia el Oriente, durante los siglos XI al XIII, con la finalidad religiosa de liberar las tierras cristianas que estaban en poder de los musulmanes: *Durante los siglos XI, XII, y XIII se hicieron ocho* **cruzadas. 2.** Actividad organizada que tiene un fin humanitario: *Varios artistas y cantantes organizaron una* **cruzada** *a favor de los ancianos abandonados.*

cruzado m. Relativo a los hombres que en los siglos XI al XIII hicieron expediciones para liberar las tierras cristianas de Palestina que estaban en poder de los musulmanes: *Los* **cruzados** *dejaron a sus familias para emprender un viaje peligroso y difícil a tierras lejanas.*

cruzado, da adj. Aplicado a lo que está atravesado o en cruz: *El árbol que está* **cruzado** *en el camino no deja pasar a los vehículos.*

cruzar vb. irreg. [tr. y prnl.] **Modelo 16. 1.** Atravesar pasando de una parte a otra: *Paola* **cruza** *toda la ciudad para ir de su casa a su trabajo porque ella vive al norte y su trabajo está al sur.* SIN. **pasar, cortar. 2.** Poner una cosa sobre otra en forma de cruz: *Víctor* **ha cruzado** *los brazos mientras escucha la conferencia.* **3.** Juntar sexualmente un animal macho y una hembra para que tengan cría: *La mula nace cuando se* **cruzan** *caballo y burra.* **4.** Intercambiar palabras o señales: *Los ancianos* **cruzan** *saludos cuando se encuentran por la calle.* **5.** Encontrarse de frente: *Esta mañana me* **crucé** *con Darío en el mercado y me dijo que pronto vendrá a visitarnos.* **6.** Ponerse delante o surgir de manera súbita algo: *"No te* **cruces** *conmigo cuando caminemos por la calle porque podríamos caernos", me pidió mi tía.* **7.** Mezclarse dos o más cosas: *Como Sergio tiene mala memoria,* **se le cruzan** *los nombres de los autores de los libros que ha leído.*

cuache, cha adj./m. y f. **1.** *Guat.* Se dice de las cosas que constan de dos partes iguales. **2.** *Guat.* Aplicado a los hermanos que han nacido en el mismo parto. SIN. **gemelo, cuate, mellizo, chacho.**

cuaco m. *Méx.* Caballo: *El domingo fuimos a un rancho y nos prestaron unos* **cuacos** *para montar.*

cuaderna f. Cada uno de los elementos rígidos que unen de manera transversal el armazón de un barco: *Las costillas del barco se sostienen con las* **cuadernas.**

cuaderno m. Conjunto de pliegos de papel en blanco, en forma de libro, que se usa para escribir en él: *En mi escuela uso tres* **cuadernos** *y dos libros.*

cuadra f. **1.** Lugar cubierto donde se guardan los caballos: *Los caballos y los burros descansan en la* **cuadra.** SIN. **caballeriza. 2.** Conjunto de caballos de un mismo dueño: *El caballo campeón es de la* **cuadra** *de Don Julián.* **3.** *Amér.* Parte de una calle, que va de una esquina a la otra: *La escuela está a cinco* **cuadras** *de mi casa.* SIN. **bloque, manzana. 4.** *Perú.* Sala para recibir visitas.

cuadrado m. **1.** Figura geométrica que tiene cuatro lados iguales y cuatro ángulos rectos: *El* **cuadrado** *es un polígono regular.* SIN. **cuadrilátero. 2.** Resultado de multiplicar un número por sí mismo: *El cuadrado de 2 es 4 y el cuadrado de 3 es 9.*

cuadrado, da *adj.* **1.** Referido a lo que tiene cuatro lados iguales y cuatro ángulos rectos: *Esa mesa es cuadrada y cuatro personas pueden comer en ella porque en cada lado cabe una persona.* **2.** Se aplica a lo que sigue una forma muy rígida para buscar la perfección.

cuadragésimo *m.* Parte que equivale a una entre cuarenta partes iguales: *Un cuadragésimo de esa tarta pequeña será una porción muy chica, por eso prefiero un cuadragésimo de aquella tarta grande.*

cuadragésimo, ma *adj.* Adjetivo ordinal que corresponde, en orden, al número cuarenta: *Este año es el cuadragésimo aniversario de boda de mis padres, porque se casaron hace cuarenta años.*

cuadrangular *adj.* Aplicado a lo que tiene cuatro ángulos: *La base de la pirámide de Keops, en Egipto, es cuadrangular.*

cuadrante *m.* **1.** Cuarta parte de una circunferencia o círculo: *El cuadrante está limitado por dos líneas llamadas radios que se abren en ángulo recto desde el centro hasta el perímetro del círculo.* **2.** *Méx.* Cinta numerada que, en un aparato de radio, indica la ubicación de las diferentes estaciones que se pueden sintonizar.

cuadrar *vb.* {tr., intr. y prnl.} **1.** Dar figura cuadrada a una cosa: *El carpintero cuadró la mesa que antes era redonda.* **2.** Quedarle bien o mal una cosa a una persona: *Abuela, esa blusa escotada no te cuadra, mejor usa tu vestido floreado.* SIN. **sentar. 3.** Ajustarse una cosa con otra: *Ernesto no midió el espacio de la cama y no cuadraron los muebles que compró.* SIN. **adaptar. 4.** Salir exactas las cuentas: *Al comerciante no le cuadraban las cuentas y se quedó hasta muy tarde buscando el error.* **5.** Ponerse una persona en posición erguida y firme, juntando los talones de los pies: *Los soldados se cuadran cuando pasa otro militar de grado superior.* **6.** *Venez.* Lucirse, quedar airoso alguien. **7.** *Chile.* Suscribirse con una importante cantidad de dinero. **8.** *Méx.* Gustarle a alguien algo: *Me cuadra mucho ese comedor, pero no me alcanza el dinero para comprarlo.*

cuadratín *m.* Medida que se usa en la imprenta para determinar el tamaño de un espacio.

cuadratura *f.* **1.** Hecho de dar figura cuadrada a una cosa. **2.** Fenómeno astrológico en el que dos planetas se encuentran a una distancia de un cuarto de círculo o de tres cuartos de círculo.

cuádriceps *m.* Músculo que se encuentra en la parte anterior del muslo: *El cuádriceps está formado por cuatro haces o manojos de fibras musculares.*

cuadrícula *f.* Conjunto de cuadrados que resultan de cortarse dos series de rectas paralelas: *Para hacer dibujos geométricos utilizo una cuadrícula porque es más fácil.*

cuadriculado, da *adj.* Referido a lo que está dividido por líneas que se cruzan formando muchos cuadrados iguales: *Para la materia de matemáticas usamos un cuaderno cuadriculado.*

cuadricular *adj.* Relativo al conjunto de cuadrados que resultan de cortarse dos series de rectas paralelas: *Las calles que muestra el plano de esta ciudad tienen forma cuadricular.*

cuadricular *vb.* {tr.} Hacer dos series de líneas rectas que se cruzan formando cuadrados: *Para copiar ese dibujo la maestra nos pidió que cuadriculáramos una hoja blanca.*

cuadriga *f.* Carro tirado por cuatro caballos colocados uno junto al otro: *En el Imperio Romano, uno de los espectáculos que se ofrecían en el circo eran las carreras de cuadrigas.*

cuadril *m.* Hueso del anca o cadera de una res: *Del cuadril de las vacas se obtiene una carne muy buena.*

cuadrilátero *m.* **1.** Figura geométrica que tiene cuatro lados: *El cuadrado, el rombo, el trapecio y el rectángulo son cuadriláteros.* **2.** En boxeo, lugar donde ocurre el combate: *El cuadrilátero está limitado por cuerdas.*

cuadrilla *f.* **1.** Grupo de personas reunidas para desempeñar un trabajo: *Una cuadrilla de quince albañiles construyó esta casa.* SIN. **banda, grupo, pandilla. 2.** Grupo de toreros que acompaña a otro de más categoría: *Cuando el toro le arrancó su capote al torero, la cuadrilla salió a distraer al toro para que el torero pudiera escapar.*

cuadro *m.* **1.** Figura en forma de cuadrado: *Por el cuadro de la ventana se ve un hermoso paisaje.* **2.** Pintura ejecutada sobre papel o tela y colocada en un marco: *Elvira ha pintado varios cuadros que adornan las paredes de su casa.* SIN. **pintura. 3.** Situación o hecho que impresiona: *El periodista estaba impresionado por el cuadro de dolor que encontró en aquel país africano.* SIN. **escena, espectáculo. 4.** Conjunto de datos y cifras colocados de tal manera que se puede apreciar la relación que existe entre ellos: *En este cuadro se relaciona la llegada de Cristóbal Colón a América con lo que estaba sucediendo en ese mismo año en Europa.* **5.** Grupo de personas que forman una organización: *El cuadro de tenistas de mi país que participará en la competencia mundial está integrado por quienes han tenido el mejor rendimiento.* SIN. **equipo. 6.** Armazón de una bicicleta: *El cuadro de la bicicleta es la parte metálica que sostiene las ruedas, el manillar o manubrio y los pedales.* **7.** Cada una de las divisiones de una obra de teatro, que exige cambio de decoración: *En esta obra de teatro hay tres cuadros diferentes.* **8.** loc. ~ clínico, conjunto de síntomas de una enfermedad: *El médico estudia cada semana el cuadro clínico de los pacientes del hospital para saber en qué estado se encuentran.*

cuadrúpedo, da *adj./m.* Se refiere al animal que tiene cuatro patas: *Los cuadrúpedos pueden ser vegetarianos como el ciervo o carnívoros como el perro.*

cuádruple o **cuádruplo, pla** *adj./m.* Referido al número cuatro o al número que contiene a otro número cuatro veces exactamente: *Para vestir a las cuatrillizas hay que comprar toda la ropa cuádruple.*

cuadruplicar *vb. irreg.* {tr.} Modelo 17. Multiplicar por cuatro una cantidad: *Roberto cuadruplicó la apuesta que hizo con Javier porque estaba seguro de que su equipo favorito ganaría el partido.*

cuajada *f.* Parte de la leche que sirve para elaborar el queso: *La cuajada se separa del suero, se mezcla muy bien con sal, se pone en una horma y se deja reposar para que el queso madure.*

cuajado, da *adj.* **1.** *Fam.* Inmóvil y asombrado: *Bruno se quedó cuajado cuando se enteró de que había ganado el premio de la lotería.* **2.** *Fam.* Dormido profunda-

mente: *Los niños jugaron mucho y se quedaron* **cuajados** *poco tiempo después de cenar.*

cuajar *m.* Última de las cuatro cavidades del estómago de los rumiantes.

cuajar *vb.* {tr., intr. y prnl.} **1.** Espesar o espesarse un líquido para convertirlo en sólido: *La mayonesa no cuajó porque Josefina la batió mal.* **2.** Llegar a realizarse una cosa: *Sus esfuerzos cuajaron y logró conseguir una beca para estudiar en la universidad que quería.* **3.** *Fam.* Llenarse: *El estadio se cuajó de gente y no quedaba un solo lugar libre.* **4.** *Fam.* Dormirse profundamente: *"No necesitas hablar en voz baja, el niño se ha cuajado, así que no creo que se despierte", dije a mi amiga.*

cuajo *m.* **1.** Materia que se agrega a la leche para separar la parte sólida del suero: *El cuajo sirve para espesar la leche.* **2.** loc. **De ~,** de raíz: *El viento del huracán era tan fuerte que arrancó un árbol de cuajo.*

cuál *adj./pron.* Adjetivo y pronombre interrogativo que pregunta sobre las personas o cosas: *Le pregunté a una niña cuál era su nombre y me contestó "Juliana".*

cual *pron.* **1.** Pronombre relativo que cuando va precedido de un artículo, equivale a *que*: *Este es el libro del cual te hablé ayer.* **2.** loc. **Cada ~,** cada uno: *Cada cual come lo que más le gusta.*

cual *adv.* **1.** Se usa en oraciones comparativas, y equivale a *como*: *La sonrisa de Ana se abrió cual una rosa cuando vio a Tomás.* **2.** loc. **Tal ~,** de la misma manera: *"Si preparas la carne tal cual dice la receta, verás que quedará como en la fotografía", le dije a Germán.*

cualesquier *pron.* Plural de *cualquier*: *Para protegerse del frío podrán tomar cualesquier abrigos de los que están sobre la cama.*

cualesquiera *pron.* Plural de *cualquiera*.

cualidad *f.* **1.** Lo bueno que hace que una persona o cosa valga lo que es: *Las cualidades de una persona son sus aspectos positivos, como la honestidad, sinceridad, amabilidad, etc.* SIN. **propiedad, característica, virtud.** **2.** Capacidad que distingue a alguien de los demás: *Este alumno tiene muchas cualidades, es muy inteligente y estudioso.* SIN. **aptitud, habilidad.**

cualitativo, va *adj.* Relativo a la cualidad: *La nueva cocinera ha logrado un cambio cualitativo en el sabor de la comida porque le puso otros ingredientes.*

cualquier *adj.* Apócope del adjetivo indefinido *cualquiera*, que se usa antes del sustantivo para indicar una cosa que no está determinada: *Este trabajo escolar es tan fácil que cualquier alumno puede hacerlo muy rápido.*

cualquiera *adj.* Adjetivo indefinido que expresa de manera indistinta una entre varias personas o cosas en una serie: *Un alumno cualquiera llevó el mensaje de la maestra a la directora de la escuela.*

cualquiera *f. Desp.* Mujer que gana dinero por relacionarse sexualmente con los hombres. SIN. **prostituta.**

cualquiera *m. y f. Desp.* Persona vulgar: *No tiene derecho a hablarte de esta manera porque es un cualquiera, ni siquiera te conoce.*

cualquiera *pron.* Pronombre indefinido que indica una persona que no está determinada: *Cualquiera puede aprobar un examen si estudia bien.*

cuan *adv.* Apócope de *cuanto*, que se usa para enriquecer o dar fuerza a la idea expresada por el adjetivo: *Se acostó en la cama cuan largo era, y como era muy grande, ocupó todo el espacio.*

cuán *adv.* Apócope de *cuánto*, que se usa entre signos de admiración para enriquecer o dar fuerza a la idea expresada por el adjetivo o el adverbio: *Cuán feliz se sentía Olga desde que pudo conseguir un empleo mejor.*

cuándo *adv.* **1.** En qué tiempo: *Le escribí una carta a mi amigo que vive en otra ciudad y le pregunté: "¿Cuándo vendrás a visitarme?"* **2.** loc. **¡De ~ acá?,** expresa extrañeza: *"¿De cuándo acá Dorotea es matemática, si desde que la conozco no sabe sumar?"*

cuando *conj.* **1.** En el tiempo, en el momento en que: *"Llegué cuando te ibas, por eso te vi en la puerta de la casa", dije a mi hermana.* **2.** En caso de que, puesto que, si: *Cuando Miguel dice algo debe de ser verdad, porque él es muy honesto.* **3.** loc. **De ~ en ~,** o **de vez en ~,** a veces: *El tío de Pamela vive en otra ciudad y sólo visita a su familia de cuando en cuando.*

cuantía *f.* Cantidad o importancia: *Ni Fernando mismo conoce la cuantía de su fortuna porque es demasiado rico.*

cuantioso, sa *adj.* Se dice de lo que es mucho o tiene gran cantidad de elementos: *Los agricultores recogieron una cosecha cuantiosa porque este año llovió demasiado.* SIN. **grande, numeroso.** ANT. **escaso, poco.**

cuantitativo, va *adj.* Relativo a la cantidad: *Un aumento cuantitativo del personal de una empresa significa que se contrataron más empleados.*

cuanto *m.* En física, cantidad mínima de energía que puede ser emitida o absorbida por un átomo.

cuanto *adv.* Tan pronto como: *"En cuanto termine de llover podremos salir a jugar", dijimos todos los amigos.*

cuánto, ta *adj./pron.* **1.** Adjetivo y pronombre interrogativo que sirve para preguntar la cantidad o intensidad de una cosa: *¿Cuánta carne necesitas para preparar este guiso?* **2.** Pronombre exclamativo que se usa para enriquecer o dar fuerza a una expresión que indica cantidad: *"¡Ojalá supieras cuánto te quiero!", escribió el novio a su amada.*

cuanto, ta *pron.* **1.** Pronombre relativo que se usa para indicar una cantidad indeterminada: *Cuanto más platico con mi amiga, más la quiero.* **2.** Todo lo que: *La muchacha leía cuanta novela encontraba de su escritor favorito.*

cuarenta *adj./m.* Cuatro veces diez: *Cuarenta es la palabra para nombrar al número 40.*

cuarentena *f.* **1.** Conjunto de cuarenta unidades: *En mi salón de clases hay una cuarentena de alumnos y un maestro.* **2.** Periodo de cuarenta días de aislamiento que deben pasar personas, animales o lugares afectados por alguna epidemia, o por sospecharse que puedan tener algún virus o microbio: *Cuando los astronautas que fueron a la Luna regresaron a la Tierra, tuvieron que guardar cuarentena para prevenir cualquier enfermedad extraña.*

cuarentón, na *adj./m. y f.* Se refiere a la persona que tiene alrededor de cuarenta años: *La mujer cuarentona se ha pintado el cabello para cubrir sus primeras canas.*

cuaresma *f.* Periodo de 46 días de abstinencia y recogimiento que guardan los católicos entre el miércoles de ceniza y el domingo de Pascua: *Los viernes de cuaresma no se puede comer carne roja.*

cuarta *f.* Medida que se toma con la mano abierta, desde el pulgar hasta el meñique extendido. Sɪɴ. **palmo**.

cuartear *vb.* (tr. y prnl.) Romperse un material formando líneas delgadas, largas y profundas: *La pared se cuarteó con el temblor, hay que repararla*.

cuartel *m.* **1.** Edificio donde se alojan los soldados: *En el cuartel, los soldados viven y se entrenan.* **2.** Descanso que se concede a un enemigo vencido: *El ejército dio cuartel al enemigo y permitió regresar a su país a muchos soldados que habían sido apresados.*

cuartería *f.* *Chile, Cuba y R. Dom.* Casa en la que viven varios vecinos pagando una cantidad de dinero como alquiler. Sɪɴ. **vecindad, conventillo**.

cuarterón *m.* Medida de peso igual a la cuarta parte de una libra.

cuarterón, na *adj.* Se dice de quien es hijo de una persona de piel blanca y de una persona mestiza: *Cuando los europeos y los indígenas americanos tuvieron hijos nacieron mestizos y cuarterones.*

cuarteta *f.* Estrofa de una composición poética formada por cuatro versos de ocho sílabas cada uno, que riman el primero con el cuarto y el segundo con el tercero: *El poeta español Francisco de Quevedo escribió algunos poemas utilizando la cuarteta.*

cuarteto *m.* **1.** Estrofa de una composición poética formada por cuatro versos de once o de catorce sílabas cada uno: *Un soneto está compuesto por dos cuartetos y dos tercetos.* **2.** Conjunto de cuatro músicos o cantantes: *Ese cuarteto de cuerdas está formado por dos violines, una viola y un violonchelo.*

cuartilla *f.* Hoja de papel que mide la cuarta parte de un pliego de papel entero: *Una hoja tamaño carta equivale a una cuartilla.*

cuartillo *m.* Nombre para varias medidas, equivalente a poco más de un kilo, cuando se trata de masas, y a medio litro, cuando se trata de líquidos: *Cuando mi abuela era joven, compraba todos los días un cuartillo de arroz en el mercado.*

cuarto *m.* Cada una de las habitaciones de una casa: *La casa de Darío tiene cinco cuartos: la cocina, el baño, el comedor y dos dormitorios.* Sɪɴ. **pieza, recámara, habitación**.

cuarto, ta *adj./m. y f.* **1.** Adjetivo ordinal que corresponde en orden, al número cuatro: *Acabo de empezar el cuarto grado en la escuela.* **2.** Aplicado a cada una de las cuatro partes iguales en que se divide un todo: *Te daré la cuarta parte de este queso.*

cuarto, ta *m. y f.* **1.** El que ocupa en orden el número cuatro: *La maestra le hizo una pregunta al cuarto de la lista de asistencia.* **2.** Cada una de las cuatro partes en que se divide un todo: *Le pregunté a mi hermana si quería la mitad de mi chocolate, y ella me contestó que sólo quería un cuarto.*

cuarzo *m.* Mineral muy duro, de diferentes colores o transparente, es uno de los más abundantes en nuestro planeta: *El cuarzo, también conocido como "cristal de roca", es tan duro que puede rayar el acero.*

cuate, ta *adj./m. y f.* **1.** *Guat. y Méx.* Aplicado al que tiene una relación de amistad con uno. Sɪɴ. **amigo, compañero, camarada**. **2.** *Méx.* Referido al hermano que ha nacido en el mismo parto. Sɪɴ. **mellizo, gemelo**.

cuaternario, ria *adj./m.* Relativo al segundo y último periodo de la era cenozoica que, a su vez, es la última era de la formación geológica de la Tierra.

cuatrapeado, da *adj.* *Méx. Fam.* Aplicado a lo que ha sido alterado en su ordenación o serie: *Javier escribió las cifras cuatrapeadas y el 48 estaba antes que el 36.*

cuatrero, ra *m. y f.* Ladrón de ganado: *En el programa de vaqueros, los cuatreros robaron mil cabezas de ganado y las vendieron en un territorio lejano.*

cuatrillizo, za *adj./m. y f.* Aplicado a cada uno de los cuatro hermanos que han nacido en un mismo parto: *Entre los seres humanos, es muy raro que nazcan hermanos cuatrillizos.*

cuatrimestral *adj.* **1.** Relativo al periodo que dura cuatro meses: *Rosario tomó un curso cuatrimestral de francés que empezó en marzo y terminó en junio.* **2.** Aplicado a lo que ocurre cada cuatro meses: *En mi escuela hacemos una revista cuatrimestral, es decir, sale tres veces al año.*

cuatrimestre *m.* Periodo que dura cuatro meses: *En esta universidad los cursos son por cuatrimestre, de modo que se toman tres cursos al año.*

cuatrimotor *m.* Avión que tiene cuatro motores: *Ricardo es piloto aviador de un cuatrimotor.*

cuatro *adj.* **1.** Relativo al número 4: *El número cuatro es un número mayor que el tres y un número menor que el cinco.* **2.** Referido a lo que corresponde, en orden, al cuarto: *El día cuatro de febrero saldremos de vacaciones a la playa.* **3.** Se aplica a lo que es poca cantidad: *Le puse cuatro gotas de leche a mi café y quedó de color marrón obscuro.*

cuatro *m.* **1.** Cifra que resulta de sumar 3 y 1: *En esta familia somos cuatro: papá, mamá y dos hijos.* **2.** *Méx.* Acción llevada a cabo con disimulo, que tiene el objetivo de engañar a alguien. Sɪɴ. **trampa, celada.** **3.** *P. Rico y Venez.* Guitarra pequeña de cuatro cuerdas.

cuatrocientos, tas *adj./m.* Relativo al número 400.

cuba *f.* **1.** Recipiente grande, hecho con tablas curvadas y sostenidas por aros de metal, cerrado por arriba y por abajo: *En las cubas se hace fermentar el mosto para producir el vino.* Sɪɴ. **tonel.** **2.** Recipiente de madera abierto en su cara superior, que se usa para contener líquidos: *Ella saca agua del pozo con una cuba que sujeta con una cuerda.* Sɪɴ. **cubeta.** **3.** Persona que ha bebido mucho: *Mauricio salió del bar hecho una cuba.* Sɪɴ. **borracho, ebrio.**

cubano, na *adj./m. y f.* Originario de Cuba, isla de las Grandes Antillas.

cubeta *f.* **1.** Recipiente de madera, metal o plástico, abierto en su cara superior, que tiene una sola asa para sujetarse desde arriba y se usa para contener o transportar líquidos: *Esa cubeta está llena de la leche que ordeñó mi tío Manuel en la mañana.* Sɪɴ. **cuba, cubo, balde.** **2.** Recipiente rectangular, más amplio que alto, usado en los laboratorios químicos o fotográficos: *El fotógrafo puso los fijadores químicos en la cubeta y metió las ampliaciones de las fotografías que acababa de revelar.*

cúbico, ca *adj.* **1.** Referido al cuerpo geométrico con seis lados que tienen forma de cuadrado: *Estos hielos que pusiste en el agua de limón tienen forma cúbica.* **2.** Relativo al cubo o a la potencia tres: *La potencia cúbica de 2 es 8.* **3.** Se aplica a las unidades de

159

medida de volúmenes: *Este recipiente contiene tres metros cúbicos de agua.*

cubículo *m.* Habitación de pequeñas dimensiones: *Cada investigador de este instituto tiene un cubículo para trabajar.*

cubierta *f.* **1.** Lo que cubre una cosa para taparla o resguardarla: *La cubierta de este libro está rota porque se me cayó.* SIN. **funda, tapa. 2.** Banda de caucho o hule que recubre exteriormente la rueda de un vehículo: *El automovilista compró unas cubiertas nuevas para su camioneta.* SIN. **llanta, neumático, goma. 3.** Cada uno de los suelos que dividen a un barco en diferentes alturas: *Los pasajeros tomaban el sol en la cubierta principal del barco.*

cubierto *m.* **1.** Juego de tenedor, cuchara y cuchillo, o cada uno de estos instrumentos por separado: *Federico trajo los cubiertos y los puso en la mesa junto a los platos.* **2.** Servicio de mesa para un comensal: *En este restaurante de lujo cobran una cantidad de dinero por cada cubierto, aparte de la comida.*

cubierto, ta *adj.* **1.** Participio irregular de *cubrir: El cielo se ha cubierto de nubes obscuras, creo que va a llover.* **2.** Aplicado a lo que no se puede ver porque tiene algo encima: *Mario dejó su automóvil cubierto con una tela gruesa para protegerlo del polvo y el sol.*

cubil *m.* Lugar donde las fieras se recogen para dormir: *Esa cueva es el cubil de un puma.* SIN. **madriguera.**

cubilete *m.* Vaso de cuero usado para remover los dados en algunos juegos.

cubismo *m.* Movimiento artístico de principios del siglo XX que se caracteriza por el empleo de formas geométricas: *Los pintores Pablo Picasso, Juan Gris y Georges Braque fueron los iniciadores del cubismo.*

cubista *adj./m.* y *f.* Aplicado a la expresión artística que emplea formas geométricas: *Los cubistas a veces pintaban juntos un mismo cuadro y no le ponían sus nombres.*

cubito *m.* Trozo pequeño de hielo que se usa para enfriar bebidas: *Le puso tres cubitos a su vaso porque quería que su limonada estuviera fría.*

cúbito *m.* Hueso del antebrazo: *El cúbito es el hueso más ancho y largo del antebrazo.*

cubo *m.* Recipiente más ancho por la boca que por el fondo, con asa, que puede estar hecho de distintos materiales: *Ángela lleva el agua del pozo a su casa en un cubo de plástico.* SIN. **cuba, cubeta, balde.**

cubo *m.* **1.** Cuerpo geométrico cuyos lados tienen forma de cuadrado: *Las aristas y los ángulos de un cubo son iguales.* **2.** Número que es el resultado de multiplicar un factor dos veces por sí mismo: *Tres por tres es nueve y nueve por tres es veintisiete, eso quiere decir que tres al cubo es igual a veintisiete.*

cubrecama *m.* Objeto de tela que se pone encima de la cama: *"Después de extender las sábanas sobre la cama, se pone encima el cubrecama", me enseñaba mi madre.* SIN. **colcha.**

cubrir *vb.* {tr. y prnl.} **1.** Poner una cosa encima para ocultar o proteger otra: *Elena se cubrió la cara con las manos para ocultar su risa.* SIN. **tapar, esconder.** ANT. **descubrir, destapar. 2.** Poner gran cantidad de una cosa extendiéndola sobre otra: *Cubriré con mantequilla el pan antes de poner la mermelada.* SIN. **embadurnar. 3.** Disimular algo: *Me puse un abrigo para cubrir*

mi pantalón roto. SIN. **esconder, disfrazar.** ANT. **descubrir. 4.** Pagar un gasto o deuda: *Rosalía cubrió con su sueldo las deudas de su casa: teléfono, luz, agua y gas.* **5.** Defender o defenderse de un peligro: *Un jugador cubrirá esa zona del campo para detener al jugador contrario.* SIN. **proteger. 6.** Ocupar u ocuparse de algo: *El periodista que cubrirá las noticias en Francia tomó el primer avión de la mañana.* SIN. **atender. 7.** Poner un techo: *El albañil cubrió una parte del patio para tener un poco de sombra.* **8.** Recorrer una distancia: *Los viajeros cubrieron el camino en tres días.* **9.** Llenar o llenarse de algo: *El cielo se ha cubierto de nubes, creo que pronto lloverá.* **10.** Juntarse sexualmente el macho con la hembra: *El perro cubrió a la perra y ahora va a nacer un cachorro.* **11.** Ponerse un sombrero o un abrigo: *Don Cosme siempre se cubre antes de salir a la calle.*

cucaña *f.* Palo resbaladizo por el que se tiene que trepar para ganar un premio: *Traté de trep_r la cucaña pero me resbalaba cada vez que intentaba subir.* SIN. **palo ensebado.**

cucaracha *f.* Insecto de cuerpo aplanado, corredor y nocturno: *Las cucarachas son sucias y abundan en los lugares cálidos donde hay desperdicios de alimento.*

cuchara *f.* **1.** Utensilio de mesa compuesto de un mango y una parte cóncava que se usa para tomar los alimentos líquidos: *La cuchara se utiliza para tomar sopa, caldo, café caliente, postres, etc.* **2.** *Amér.* Herramienta que usan los albañiles para poner cemento en la pared: *La cuchara de albañil tiene una lámina en forma de rombo.*

cucharada *f.* Porción de algo que cabe en una cuchara: *Rosario toma el té con dos cucharadas de azúcar.*

cucharilla o **cucharita** *f.* Cuchara pequeña para azúcar o para dar vueltas a un líquido: *Para tomar este postre se necesita una cucharita porque es líquido.*

cucharón *m.* **1.** Cuchara grande: *Con el cucharón se sirve la sopa, el agua fresca, etc.* **2.** *Guat.* Tucán.

cucheta *f.* *Argent.* y *Urug.* Cama pequeña.

cuchichear *vb.* {intr.} Hablar a alguien en voz baja o al oído: *Lorena cuchicheó algo al oído de Sonia para que no pudieran escuchar los demás.* SIN. **susurrar, murmurar.**

cuchicheo *m.* Lo que se dice en voz baja al oído de alguien: *Los cuchicheos de mis hermanos me provocan curiosidad, ¿qué estarán diciendo?*

cuchilla *f.* **1.** Herramienta con mango y una hoja de metal grande y afilada, que sirve para cortar: *El carnicero corta la carne con una cuchilla.* **2.** Hoja de acero afilada que se usa para cortar: *En la imprenta no pueden cortar el papel porque las cuchillas de la máquina no tienen suficiente filo.* **3.** Hoja pequeña de acero, filosa y delgada, que se usa para cortar la barba de los hombres: *Lorenzo puso una cuchilla nueva en el rastrillo y se afeitó la barba.* **4.** *Argent., Cuba* y *Urug.* Cadena de montañas formada por cerros bajos.

cuchillada *f.* Corte que se hace al golpear con el filo del cuchillo y herida que resulta de esta acción: *Anastasio recibió una cuchillada en el brazo durante la pelea y le salió mucha sangre.*

cuchillo *m.* **1.** Instrumento cortante compuesto de una hoja de acero y un mango: SIN. **puñal, daga, navaja. 2.** Cubierto con filo que se usa para cortar algunos alimentos: *David cortó el pan con un* **cuchillo** *y me dio una rebanada.*

cuchitril *m.* Habitación pequeña y sucia: *Mi madre me dijo que arreglara mi dormitorio porque parecía un* **cuchitril.**

cuchufleta *f. Fam.* Cosa que se dice en broma: *"Ya déjate de* **cuchufletas** *y háblame en serio", le exigí a Roberto.* SIN. **burla, tontería.**

cuclillas. En ~, loc. Agachado, con las piernas flexionadas, hasta casi tocar el suelo con el trasero: *Los niños están jugando y se han puesto* **en cuclillas** *para mover sus camiones de madera.*

cuclillo *m.* Ave pequeña, con plumas de color gris y cola negra con puntos blancos: *El* **cuclillo** *come insectos y pone sus huevos en los nidos de otros pájaros.*

cuco, ca *adj. Fam.* Se dice de lo que es bonito y gracioso: *Rosalía se ve muy* **cuca** *con ese vestido nuevo.* SIN. **mono.** ANT. **feo.**

cuco, ca *m.* y *f.* Se aplica al que hace trampa o aparenta ser lo que no es: *Carlos es un* **cuco** *porque nos ha dicho a todos que es rico y no es verdad.*

cucurbitáceo, a *adj./f.* Relativo a una familia de plantas trepadoras o rastreras de frutos grandes y carnosos: *El pepino es una planta* **cucurbitácea.**

cucurucho *m.* **1.** Papel enrollado en forma cónica y, por extensión, lo que contiene: *Compré un* **cucurucho** *de nueces para comerlas mientras caminábamos por la plaza.* **2.** Cono hecho con masa de galleta en el que se pone el helado: *Quiero un* **cucurucho** *de chocolate y vainilla.* SIN. **barquillo. 3.** Sombrero en forma de cono: *El payaso llevaba puesto un* **cucurucho** *de color rojo con puntos amarillos.* SIN. **bonete.**

cueca *f.* **1.** *Amér. Merid.* Baile suelto de pareja que se baila agitando pañuelos. **2.** *Chile.* Baile popular originario de Perú que se baila por parejas, de ritmo alegre.

cuello *m.* **1.** Parte del cuerpo que está entre el tronco y la cabeza: *Se puso una bufanda para abrigarse el* **cuello** *porque hacía mucho frío.* SIN. **pescuezo. 2.** Parte más estrecha y delgada de una cosa: *Esta botella se ha roto por el* **cuello. 3.** Parte de una prenda de vestir que rodea el agujero por el que pasa la cabeza: *El* **cuello** *de la camisa está sucio.*

cuenca *f.* **1.** Cavidad de los huesos del cráneo en la que está el ojo: *La calavera tiene las* **cuencas** *vacías.* SIN. **cavidad, órbita. 2.** Territorio que tiene una pendiente y que envía todas las aguas de los ríos y arroyos hacia un mismo río: *La* **cuenca** *del río Amazonas es la más grande del mundo.* **3.** Terreno rodeado de montañas: *Se necesitan caballos para bajar a los pueblos de esta* **cuenca.** SIN. **valle. 4.** Región en la que hay un yacimiento mineral: *Ese lugar es una* **cuenca,** *es decir, tiene yacimientos de carbón.*

cuenco *m.* Recipiente de barro hondo y ancho, sin borde ni asas.

cuenta *f.* **1.** Hecho de averiguar la cantidad de unidades que tiene un conjunto: *La* **cuenta** *de los números es infinita porque nunca se termina.* **2.** Cálculo aritmético: *El comerciante hace sus* **cuentas** *para saber cuánto dinero ha ganado.* SIN. **operación. 3.** Nota en la que consta el precio que se debe pagar: *Ya llegó la* **cuenta** *de la luz y debemos pagarla antes de cinco días.* SIN. **importe, factura. 4.** Razón que se da acerca de algo: *Sergio dio* **cuenta** *a sus padres de lo que hizo*

durante su viaje a Brasil. SIN. **explicación. 5.** Bola perforada con la que se hacen collares: *El collar está hecho con* **cuentas** *de madera pintadas de azul y negro.* **6.** Asunto que está al cuidado de una persona en especial: *La organización de la fiesta fue por* **cuenta** *de Pablo: él se ocupó de conseguir la música y de comprar la comida y las bebidas.* **7.** loc. **Caer en la ~** o **darse ~,** comprender o tomar conciencia sobre algo: *Cuando Ernesto* **cayó en la cuenta** *de que lo habían engañado, fue a denunciar a los delincuentes con la policía.* **8.** loc. **Tener** o **tomar en ~,** considerar, poner atención: *Griselda está enojada porque no* **tuvieron en cuenta** *que ella no quería que le regalaran un vestido sino un libro.*

cuentagotas *m.* Objeto pequeño que tiene una perforación en su extremo inferior y en su parte superior un dispositivo que se aprieta para verter un líquido gota a gota: *El medicamento que me recetaron tiene un* **cuentagotas** *y debo vaciar cinco gotas en un vaso con agua para tomarlo.* SIN. **gotero.**

cuentakilómetros *m.* Aparato que sirve para indicar el número de kilómetros recorridos por un vehículo: *Mi hermano siempre ve el* **cuentakilómetros** *de su automóvil para saber qué distancia recorre de un lugar a otro.*

cuentear *vb.* {intr.} **1.** *Amér.* Hablar mucho, chismorrear. **2.** *Méx. Fam.* Engañar, decir mentiras.

cuentero, ra *adj./m.* y *f.* Se aplica a quien narra las cosas exagerándolas o diciendo mentiras. SIN. **chismoso.**

cuentista *m.* y *f.* Escritor de cuentos: *El escritor argentino Jorge Luis Borges fue un* **cuentista** *muy importante.*

cuento *m.* **1.** Historia inventada que se escribe y se caracteriza por ser breve: *A mí me encantan los* **cuentos** *de Las mil y una noches.* SIN. **relato, narración, fábula. 2.** Cosa que se dice como cierta pero que no es verdad: *Ya no quiero escuchar tus* **cuentos,** *¿por qué no me dices la verdad?* SIN. **mentira, engaño, chisme. 3.** loc. **Venir algo a ~,** ser algo oportuno o adecuado en algún momento: *Estamos hablando de cine, ese comentario sobre el clima no* **viene a cuento. 4.** loc. **~ chino,** gran mentira: *Eso de que tu papá te llevó al África son* **cuentos chinos,** *yo sé que sólo fueron al zoológico.*

cuerda *f.* **1.** Conjunto de hilos retorcidos entre sí, formando uno solo, grueso y flexible: *Estamos jugando a saltar la* **cuerda.** SIN. **soga, comba. 2.** Hilo hecho de tripa, de plástico o de metal, que se usa en algunos instrumentos musicales como el arpa, el violín o la guitarra: *Las* **cuerdas** *de los instrumentos musicales producen un sonido cuando se hacen vibrar.* **3.** Mecanismo que tienen algunos objetos, que se hace girar para ponerlos en funcionamiento: *Al niño le gustan los juguetes de* **cuerda** *porque parece que caminan solos.* **4.** Segmento que une dos puntos de una curva: *El profesor de geometría explicó cómo trazar la* **cuerda** *que une dos extremos de un círculo.* **5.** loc. **~ floja,** cable tendido a cierta distancia del suelo, que se usa para hacer acrobacias: *Las personas que caminan por la* **cuerda floja** *se llaman equilibristas o acróbatas.* **6.** loc. **~ vocales,** membranas que están en la laringe y que al vibrar producen voz: *Las* **cuerdas vocales** *están en la garganta.* **7.** pl. Conjunto de los instrumentos musicales que tienen hilos o cuerdas para producir melodías: *Las* **cuerdas** *de una orquesta están formadas por los violines, las violas, los violonchelos y los contrabajos.*

cuerdo, da *adj./m.* y **f.** Referido a quien es normal y puede razonar, así como a los actos que hace una persona cuerda. Sin. **razonable**. Ant. **loco, demente**.

cuerear *vb.* [tr.] **1.** Bol., Colomb., Ecuad., Méx. y Nicar. Azotar. **2.** Argent., Chile y Urug. Separar en una res, el cuero de la carne. Sin. **desollar, despellejar**.

cuerno *m.* **1.** Abultamiento duro y puntiagudo que tienen en la cabeza algunos animales rumiantes: *Las jirafas tienen cuernos cortos.* Sin. **cornamenta, asta**. **2.** Protuberancia que tiene el rinoceronte en la nariz: *El rinoceronte golpeó con su cuerno el autobús en el que viajaban los fotógrafos.* **3.** Bocina hecha con un asta de animal: *El cazador sopló el cuerno para dar inicio a la cacería.* **4.** Cualquier objeto que por su forma parece un cuerno de animal: *En los dibujos animados, al diablo casi siempre lo dibujan de color rojo, con cuernos y rabo.* **5.** Méx. Pan de forma curva, como una letra C, que no es muy dulce ni muy salado. **6.** loc. **Irse algo al ~**, echarse a perder, lograrse mal algo: *La fiesta en el jardín se fue al cuerno cuando empezó a llover.* **7.** loc. **Mandar al ~**, dejar de hacer algo o dejar de estar con alguien: *Evaristo quiso disculparse pero Marcela lo mandó al cuerno porque estaba muy enojada.* **8.** loc. **Poner** o **meter los ~**, ser infiel: *Joel le puso los cuernos a Elvira y cuando ella se dio cuenta rompió su relación.*

¡cuernos! *interj.* Expresión que se usa para negar algo: *Cuando le pedí a mi hermano mayor que me invitara al cine, él levantó el índice y el meñique de la mano y me dijo: "¡cuernos!" y yo dije "ni modo".*

cuero *m.* **1.** Piel de los animales: *El cuero del rinoceronte es tan resistente que las balas comunes no pueden perforarlo.* **2.** Pellejo curtido de un animal: *Los zapatos pueden ser de cuero o de plástico.* Sin. **piel. 3.** loc. **~ cabelludo**, piel del cráneo en la que crece el cabello: *La caspa es una enfermedad del cuero cabelludo.* **4.** loc. pl. Fam. **En ~**, desnudo: *El niño anda en cueros porque no le gusta que su mamá lo vista.* **5.** loc. Méx. **Ser alguien un ~**, ser guapo.

cuerpear *vb.* [intr.] R. de la P. Mover el cuerpo para evitar un golpe. Sin. **esquivar, eludir, evadirse**.

cuerpo *m.* **1.** Substancia o cosa que ocupa un lugar en el espacio y tiene límites: *Hay cuerpos inorgánicos como las piedras o el agua, y cuerpos orgánicos, como los vegetales y animales.* **2.** Parte material de un ser vivo: *El cuerpo de un ser humano es distinto al cuerpo de una lombriz.* Sin. **organismo. 3.** Parte de un ser vivo que no incluye la cabeza ni las extremidades: *Raquel tiene el cuerpo gordo, pero sus brazos y sus piernas son delgadas.* Sin. **tronco. 4.** Cadáver: *La policía está esperando a las personas que identificarán el cuerpo.* **5.** Cada una de las partes de una cosa: *Esta escuela tiene tres cuerpos: el primero son los salones, el segundo es el patio y el tercero las oficinas de los profesores.* **6.** Conjunto de personas que ejercen la misma profesión o que forman una comunidad: *El cuerpo de bomberos está formado por hombres fuertes y valientes.* Sin. **brigada, organización, compañía. 7.** Distancia que se mide tomando como unidad el tamaño del cuerpo: *El caballo ganó la carrera por medio cuerpo.* **8.** loc. **~ cortado**, sensación de malestar que aparece antes de la gripe. **9.** loc. **~ del delito**, objeto que prueba la existencia de un delito: *El investigador encontró el cuerpo del delito escondido en un cajón: era un cuchillo con sangre.* **10.** loc. **En ~ y alma**, totalmente, sin dejar nada: *Para ser un buen músico, es necesario dedicarse en cuerpo y alma a la música.* **11.** loc. **Tomar ~**, llegar a tener consistencia un líquido o hacerse realidad una cosa: *La mayonesa tomó cuerpo después de batir durante un tiempo el huevo con el aceite.*

cuervo *m.* Ave de tamaño mediano, de plumaje, patas y pico negros: *El cuervo come carne y granos de maíz.*

cuesco *m.* **1.** Hueso de la fruta: *Pon los cuescos de las aceitunas en este plato.* **2.** Vulg. Ventosidad que produce ruido. **3.** Chile. Hombre enamorado. **4.** Méx. Masa redonda de mineral de gran tamaño.

cuesta *f.* **1.** Terreno que tiene una inclinación: *Para llegar a esa casa en la montaña, hay que subir una cuesta.* Sin. **pendiente. 2.** loc. pl. **A ~**, sobre los hombros: *Cuando Julieta se torció el tobillo, la tuvimos que llevar a cuestas a su casa porque no podía caminar.*

cuestión *f.* **1.** Asunto de que se trata algo y que debe resolverse: *La beca que necesito para seguir estudiando es una cuestión importante para mí.* Sin. **materia, objeto, tema. 2.** Punto dudoso que se presta a discusión o que plantea interrogantes: *"Ser o no ser, ésa es la cuestión", se decía Hamlet, el personaje de una obra del escritor inglés William Shakespeare.* Sin. **pregunta, duda.**

cuestionable *adj.* Se aplica a lo que resulta dudoso o es problemático: *Su actitud es muy cuestionable porque dice que estudia mucho y sus calificaciones siguen siendo malas.*

cuestionar *vb.* [tr.] Discutir un asunto, ponerlo en duda: *Eliseo cuestionó lo que dijo Javier porque pensó que le estaba mintiendo.* Sin. **discutir.**

cuestionario *m.* Lista de preguntas sobre un tema o materia: *Tengo que responder un cuestionario de veinte preguntas sobre historia del siglo xix.*

cuete *m.* Méx. Borrachera.

cueva *f.* Agujero que hay en las montañas o en la tierra: *Esa cueva está llena de murciélagos.* Sin. **caverna, gruta, cavidad.**

cuico *m.* Méx. Agente de policía.

cuidado *m.* **1.** Atención que se pone en hacer bien una cosa: *Mónica hizo su trabajo con cuidado porque quería que le quedara muy bien.* Sin. **esmero, exactitud.** Ant. **descuido, abandono. 2.** Atención que se brinda a alguien: *Los niños pequeños necesitan muchos cuidados de su madre.* Sin. **vigilancia. 3.** Atención que se pone para evitar un peligro: *"Ten cuidado al cruzar la calle", me aconsejó Bernardo.* Sin. **precaución. 4.** Preocupación: *No tengas cuidado, tu hermano es muy fuerte y saldrá bien de la operación.* Sin. **miedo, recelo. 5.** loc. **Ser de ~**, ser grave: *Su herida es de cuidado porque ha perdido mucha sangre, debemos llevarlo al hospital.*

¡cuidado! *interj.* Expresión que se usa para llamar la atención sobre algo: *¡Cuidado con el plato, lo vas a tirar!*

cuidador, ra *m.* y **f. 1.** Referido al que trabaja vigilando algo: *Lombardo era cuidador de una joyería, pero se quedó dormido y entraron los ladrones.* Sin. **vigilante. 2.** Persona que trabaja cuidando o vigilando algo: *Los cuidadores del zoológico dan de comer a los animales todas las mañanas.*

cuidadoso, sa *adj.* Se refiere a quien pone mucha atención al hacer algo para que le salga bien: *Yolanda es* una muchacha **cuidadosa** que ayuda a su jefe a resolver todos los problemas de la empresa. SIN. **atento, ordenado.** ANT. **descuidado.**

cuidar vb. (tr., intr. y prnl.) **1.** Poner atención en la ejecución de una cosa: *Leopoldo cuida su ortografía porque le gusta escribir bien.* ANT. **descuidar. 2.** Asistir a un enfermo: *La enfermera cuidó que el enfermo tomara todos los medicamentos que recetó el médico.* SIN. **atender, vigilar, velar.** ANT. **descuidar. 3.** Poner atención en la salud de uno mismo para evitar enfermedades: *Durante la época de invierno debemos cuidarnos de las enfermedades respiratorias.* SIN. **atender, vigilar.** ANT. **descuidarse.**

cuija f. *Méx.* Lagartija pequeña.

cuita f. Aflicción, tristeza: *"Cuéntame tus cuitas, tal vez pueda ayudarte", le pedí a mi amiga.* SIN. **pena.**

cuitado, da adj. **1.** Se dice de quien está afligido: *Rogelio se siente cuitado porque se quedó sin trabajo.* SIN. **triste. 2.** Se aplica al que es tímido: *Carlos es un muchacho cuitado y no se atreve a hablarle a la muchacha que le gusta.* SIN. **apocado.**

cuitlacoche o **huitlacoche** m. *Méx.* Hongo comestible que afecta las mazorcas de maíz hinchando los granos y volviéndolos de color obscuro.

culata f. **1.** Parte de atrás del cuerpo del caballo. SIN. **anca. 2.** Parte posterior de un arma de fuego portátil: *Antes de disparar, el cazador apoyó bien la culata del fusil en su hombro.* **3.** loc. Fam. **Salir** a alguien **el tiro por la ~,** fracasar, salir todo al revés: *Quiso arreglar el problema, pero le salió el tiro por la culata y las cosas quedaron peor que antes.*

culatazo m. Golpe dado con la parte de atrás de un arma de fuego.

culebra f. Nombre de diversos reptiles no venenosos, parecidos a las serpientes.

culebrear vb. (intr.) Moverse de un lado para otro formando eses o en zig-zag como una culebra: *El río culebrea al bajar de la montaña porque se tuerce cuando encuentra algún obstáculo.*

culebreo m. Hecho de moverse de un lado para otro formando eses o en zig-zag: *Con un culebreo rápido, el jugador se escapó del contrario y avanzó hacia la zona de gol.*

culebrilla f. Enfermedad de la piel que se da en las zonas tropicales.

culebrón m. **1.** Serpiente grande: *Íbamos por el campo y vimos un culebrón que medía más de dos metros de largo.* **2.** *Cuba, Ecuad., Esp. y Venez.* Serie de televisión o filme largo y de mala calidad. SIN. **churro.**

culero, ra adj. Se aplica a quien siempre hace todo después que los demás: *Federico siempre llega culero porque corre más despacio que todos sus amigos.*

culinario, ria adj. Relativo a la cocina: *Ese cocinero es un maestro del arte culinario, hace unos guisos deliciosos.*

culminación f. **1.** Llegada al punto más importante de algo: *Lograr que su libro fuera publicado fue la culminación de sus esfuerzos como escritor.* **2.** Final de algo: *La culminación del encuentro de científicos se llevó a cabo en el auditorio de la facultad de ciencias.*

culminante adj. Relativo a lo más elevado o importante de una cosa: *La actriz está en un momento culminante de su carrera porque es muy famosa y todos los directores quieren trabajar con ella.*

culminar vb. (tr. e intr.) **1.** Dar fin: *El festival culminará con una cena para todos los participantes.* **2.** Llegar una cosa a su punto más alto o importante: *Allá donde culmina esa montaña hay un refugio para alpinistas.*

culo m. **1.** *Fam.* Parte de atrás del cuerpo, entre las piernas y la espalda. SIN. **nalga, trasero, asentaderas. 2.** *Fam.* Agujero por el que sale el excremento. SIN. **ano. 3.** *Fam.* Extremidad inferior o posterior de una cosa: *Lavó bien el culo de la botella porque había estado apoyada sobre la tierra.*

culón, na adj. *Vulg.* Referido a quien tiene las nalgas grandes.

culpa f. **1.** Falta cometida de manera voluntaria: *Si has llegado tarde a la escuela es culpa tuya, por no levantarte temprano.* SIN. **falta, error, responsabilidad. 2.** Responsabilidad, causa de un hecho que le corresponde a alguien: *La culpa del accidente fue del automovilista que no respetó la luz roja del semáforo.* **3.** Acción que causa un resultado dañoso o penado por la ley: *Los delincuentes pagan su culpa en la cárcel.* SIN. **delito.**

culpabilidad f. Calidad de culpable: *El delincuente confesó su culpabilidad cuando el juez lo interrogó.*

culpable adj./m. y f. **1.** Relativo a la persona que comete una falta de manera voluntaria o a la cosa que provoca un problema o un daño: *El culpable de que llegara tarde a la escuela fue el reloj despertador que no funcionó.* SIN. **responsable. 2.** Aplicado a quien ha cometido un delito: *El juez lo declaró culpable del asesinato.* ANT. **inocente.**

culpar vb. (tr. y prnl.) Señalar a alguien como el autor de un delito o el responsable de un daño: *No me culpes a mí, yo no rompí tus figuras de porcelana.* SIN. **acusar.**

culteranismo m. Estilo literario caracterizado por el empleo de metáforas violentas, es decir, de recursos rebuscados, sintaxis complicada, palabras de origen latino, etc.

cultismo m. Vocablo tomado de una lengua clásica: *Este libro tiene muchos cultismos que no entiendo.*

cultivable adj. Referido a la tierra que puede sembrarse: *Este terreno es cultivable porque tiene una tierra muy fértil y está abonado.*

cultivar vb. (tr.) **1.** Dar a la tierra y a las plantas lo necesario para dar frutos: *Los agricultores cultivan la tierra.* **2.** Criar seres vivos para investigación científica o para venderlos: *En muchos laboratorios cultivan bacterias para estudiarlas y buscar maneras de luchar contra las enfermedades.* **3.** Ejercitar una ciencia o arte: *El escritor mexicano Octavio Paz cultivó el ensayo y la poesía.* **4.** Cuidar algo para que se mantenga y se desarrolle: *Rossana tiene treinta años y cultiva a sus amistades de la primaria para no perder contacto con ellas.* SIN. **conservar, mantener.** ANT. **descuidar, olvidar.**

cultivo m. **1.** Hecho de brindar los cuidados necesarios a una tierra, a una cosa o a una relación para que se mantenga y se desarrolle: *El cultivo de la tierra es un trabajo duro pero muy importante para todos.* **2.** Tierra cultivada: *Los agricultores estaban preocupados porque la lluvia dañó sus cultivos de tomate.* **3.** Cría de seres vivos para investigación científica o para su comercialización.

culto m. **1.** Homenaje que el hombre hace a un dios: *Muchos pueblos prehispánicos rendían culto al Sol.* **2.** Admiración que se siente por algo: *El artista rinde culto a la belleza indígena con este hermoso retrato.*

culto, ta *adj.* Se aplica a la persona que sabe mucho sobre distintos temas: *Es interesante hablar con una persona* **culta**, *porque siempre aprendo algo nuevo.* SIN. **instruido, sabio.** ANT. **inculto, ignorante.**

cultura *f.* **1.** Conjunto de conocimientos adquiridos: *Ese hombre tiene una* **cultura** *muy amplia, pues ha leído mucho y ha estudiado lo que sucede en el mundo.* **2.** Conjunto de conocimientos y manifestaciones de una sociedad: *La* **cultura** *china es muy interesante, es una de las más antiguas del mundo.* SIN. **civilización.**

cultural *adj.* Relativo a la cultura: *Las autoridades de la Universidad organizaron actividades* **culturales**, *como un recital de música, una obra de teatro y una exposición de fotografía, para celebrar el fin de cursos.*

cumbamba *f. Colomb.* Parte inferior de la mandíbula. SIN. **quijada, barba.**

cumbanchar *vb.* {tr.} *Antill.* Divertirse.

cumbia *f.* Baile típico de Colombia.

cumbre *f.* **1.** Parte más alta de una montaña: *Las* **cumbres** *de muchas montañas tienen nieve.* **2.** Lugar más importante al que se puede llegar cuando se desempeña una actividad: *Ulises está en la* **cumbre** *de su carrera, tiene gran experiencia y hace trabajos muy buenos.* **3.** Reunión de gobernantes y personas con poder para tratar asuntos de importancia: *En la* **cumbre** *realizada en Europa entre los Presidentes del mundo se discutió acerca de la contaminación.*

cumpleaños *m.* Aniversario del nacimiento de una persona: *Mi* **cumpleaños** *es el día 24 de marzo.*

cumplido *m.* Palabra o frase que se dice para halagar a alguien: *Con tantos* **cumplidos** *que ha recibido acerca de su belleza, la joven se ha puesto nerviosa y le brillan los ojos.* SIN. **atención, cortesía.**

cumplido, da *adj.* **1.** Referido a lo que está completo. **2.** Aplicado a la persona puntual y responsable: *Recomendaron a Luciano para este trabajo porque es un hombre* **cumplido.**

cumplidor, ra *adj.* Referido a la persona que hace lo que promete: *Santiago es muy* **cumplidor**, *nunca falta a sus obligaciones.* SIN. **responsable, formal, diligente.**

cumplimentar *vb.* {tr.} **1.** Saludar con determinadas normas formales a alguien, en señal de respeto: *El presidente* **cumplimentó** *al artista que acababa de ganar un premio internacional.* SIN. **felicitar. 2.** Ejecutar una orden o trámite: *Antes de un mes debo* **cumplimentar** *este trabajo que me pidió mi maestro.* SIN. **cumplir.**

cumplir *vb.* {tr. e intr.} **1.** Hacer algo de manera debida: *Él ha* **cumplido** *con el trabajo escolar como le pedí que lo hiciera.* SIN. **ejecutar. 2.** Tener un número determinado de años o meses: *Ayer* **cumplí** *nueve años.* **3.** Poner en práctica algo que se ha dicho: *Bruno* **cumplirá** *su palabra de llevar al cine a Felisa.* **4.** Hacer algo sólo por quedar bien: *Felipe fue a la boda de su hermano para* **cumplir** *con la familia, pero él en realidad quería estar con sus amigos.* **5.** Hacer uno lo que debe.

cúmulo *m.* **1.** Montón: *"¿Adónde pondrás ese* **cúmulo** *de cosas, si ya no caben en tu dormitorio?", me preguntó mi madre.* SIN. **pila. 2.** *Fam.* Montón de cosas no materiales: *Ha dicho un* **cúmulo** *de tonterías y yo le he pedido que se calle.* **3.** Nube blanca y grande, de aspecto parecido al algodón: *Los* **cúmulos** *en el cielo a veces son señal de lluvia.* SIN. **nube.**

cuna *f.* **1.** Cama especial para bebés que por lo general tiene barandal: *La* **cuna** *se mece para arrullar al bebé.* **2.** Familia de origen, lugar de nacimiento: *Esa persona es de una* **cuna** *de pintores y a ella también le gusta pintar.* SIN. **patria, estirpe, familia. 3.** Lugar de origen o principio de algo: *Grecia es la* **cuna** *de la civilización occidental.* **4.** *loc.* **Casa ~,** lugar donde se cuida a los bebés que no tienen familia: *Los niños pequeños se crían en la* **casa cuna** *hasta que alguien los adopta.*

cundir *vb.* {tr. e intr.} **1.** Extender o extenderse algo: *"¡Cuidado!, si cae una gota de aceite en el mantel* **cundirá** *con rapidez haciendo una mancha grande", me advirtió mi abuelo.* **2.** Propagarse algo: **Cundió** *la noticia de que Óscar se irá a trabajar al extranjero.*

cuneiforme *adj.* Relativo a la escritura de los pueblos asirios, persas y medos: *La escritura* **cuneiforme** *lleva este nombre porque sus signos tienen forma de cuñas o clavos.*

cunero *m. Méx.* Sala de un hospital de maternidad en la que están todos los bebés recién nacidos mientras las mamás descansan.

cuneta *f.* Canal angosto o zanja que bordea una carretera o un camino y que tiene la función de recoger el agua de lluvia: *El automóvil se ha caído en la* **cuneta** *y llamarán a una grúa para sacarlo.*

cuña *f.* **1.** Objeto de forma triangular, hecho de metal o madera, que se mete entre dos cosas o superficies para ajustarlas: *Puse una* **cuña** *debajo de la pata más corta de la mesa para que no se moviera.* SIN. **taco, tarugo. 2.** Breve espacio publicitario en la radio o en la televisión: *En la radio, cada diez o veinte minutos sale al aire una* **cuña** *que explica cómo evitar contagiarse del cólera.* SIN. **cápsula informativa.**

cuñado, da *m.* y *f.* **1.** Hermano de una persona casada con respecto a su esposo o esposa: *Mi esposo es el* **cuñado** *de mis dos hermanas.* **2.** Esposo o esposa de una persona con respecto a su hermano o hermana: *La mujer de mi hermano es mi* **cuñada.**

cuño *m.* **1.** Molde metálico con el que se sellan las monedas y otros objetos: *El* **cuño** *que se usa para fabricar las monedas de un país está guardado en una caja fuerte de alta seguridad.* SIN. **troquel. 2.** Impresión que deja un sello metálico sobre una moneda u otro objeto: *El* **cuño** *de esta medalla tiene la imagen de un atleta griego.* **3.** Marca característica que permite reconocer que algo fue hecho por determinada persona: *Esta obra maestra lleva el* **cuño** *de su autor.* SIN. **huella, señal.**

cuota *f.* Cantidad de dinero que paga alguien a cambio de un servicio: *Todos los meses los socios del club deportivo pagan una* **cuota** *que cubre los gastos de mantenimiento del lugar.*

cupo *m. Méx.* y *R. de la P.* Número de personas que pueden entrar en un lugar o inscribirse en una escuela.

cupón *m.* **1.** Papel que se puede desprender fácilmente de un documento o del envase de un producto y que tiene un valor asignado: *Están juntando los* **cupones** *que vienen en la envoltura de este dulce para canjearlos por un juguete.* SIN. **bono, vale. 2.** Papel que tiene un número y que sirve para participar en un sorteo: *Todos los viernes ella compra un* **cupón** *de lotería.* SIN. **billete.**

cúprico, ca *adj.* Relativo al cobre o a la cosa que contiene cobre: *Este papel no es dorado ni plateado, sino que tiene un brillo* **cúprico.**

cúpula f. **1.** Techo en forma de media esfera: *Muchas iglesias antiguas tienen cúpulas.* SIN. **bóveda. 2.** Grupo de personas que forman la dirección de una empresa o de una organización: *La cúpula de empresarios tendrá una reunión el próximo martes.*

cura f. **1.** Hecho de sanar o sanarse de un padecimiento: *La cura de una herida depende en gran parte de la higiene con que se trate.* **2.** Método que se usa para curar una enfermedad: *El médico le recetó una cura de limones y miel para controlar la inflamación de su garganta.* SIN. **remedio. 3.** loc. **No tener ~,** ser incorregible: *Ese muchacho travieso no tiene cura, me lo imagino a los veinte años todavía haciendo alguna maldad a sus maestros.*

cura m. Sacerdote encargado de un curato. *Ver* **curato.**

curable adj. Aplicado a lo que puede curarse o a quien puede volver a estar sano: *El cólera es una enfermedad curable, ya que existen medicamentos que acaban con ella.*

curación f. **1.** Hecho de recuperar la salud: *La curación de una hepatitis es lenta.* SIN. **cura. 2.** Hecho de atender con medicinas y cuidados a un enfermo: *Para que sane esta herida tendremos que hacerle varias curaciones.* SIN. **cura. 3.** Proceso de preparación de un alimento para que se conserve por mucho tiempo: *La curación de los jamones se hace con sal gruesa.*

curado m. Méx. Bebida de pulque al que se le agrega algún sabor de fruta natural.

curado, da adj. Fam. Relativo al material que ha sido sometido a un proceso de preparación para poder ser usado: *La olla de barro curada ya puede usarse para cocinar.* ANT. **crudo.**

curador, ra adj./m. y f. Aplicado a la persona que cuida algo o a alguien: *Los curadores del museo son los responsables del cuidado de las obras de arte.*

curandero, ra m. y f. Persona que no ha estudiado medicina en una universidad pero que cura a la gente con prácticas tradicionales o procedimientos naturales: *El curandero del pueblo usa hierbas medicinales para sanar a sus pacientes.*

curar vb. {tr., intr. y prnl.} **1.** Recobrar la salud: *Ya me curé del resfrío que tenía, así que puedo ir al parque contigo.* SIN. **restablecer, sanar. 2.** Aplicar a un enfermo el remedio a su enfermedad: *Este jarabe curará la tos de su hijo.* SIN. **sanar. 3.** Preparar un alimento para su conservación: *La esposa del pescador curó el bacalao con sal para poder guardarlo durante mucho tiempo sin que se echara a perder.* SIN. **ahumar, salar, secar. 4.** Someter un material a un proceso de preparación que permita su uso: *He curado con cal esta piel de chivo para que no se pudra.* SIN. **curtir.**

curativo, va adj. Relativo a lo que sirve para recuperar la salud: *Tomar muchos líquidos y descansar es el mejor método curativo para la enfermedad que tiene usted.*

curato m. **1.** Cargo que ocupa un sacerdote católico: *Este joven sacerdote ejercerá su curato en un pueblo alejado de la ciudad.* **2.** Lugar donde se ejerce el cargo de sacerdote católico: *Esta noche habrá una reunión en el curato para organizar la fiesta del santo del pueblo.* SIN. **parroquia.**

cúrcuma f. Planta de la India cuya raíz se usa para fabricar una tinta.

curda f. Fam. Borrachera: *Tomó mucho vino y se puso una curda tremenda.*

curia f. Conjunto de los organismos que gobiernan desde la Santa Sede a la Iglesia Católica: *La curia toma las decisiones importantes de la Iglesia Católica.*

curio m. Elemento radiactivo de número atómico 96 y símbolo Cm: *El curio se descubrió en 1945.*

curiosear vb. {tr. e intr.} **1.** Procurar enterarse de lo que tienen los demás: *No me gusta que curiosees mis papeles.* SIN. **fisgar, fisgonear, husmear. 2.** Mirar lo que hay en un lugar: *Las tres amigas fueron a curiosear qué había de nuevo en las tiendas de moda.*

curiosidad f. **1.** Deseo de saber o averiguar alguna cosa: *Tengo curiosidad de leer esa novela.* SIN. **interés. 2.** Interés que tiene alguien por enterarse de lo que no le importa. SIN. **indiscreción. 3.** Cosa que no se ha visto antes: *Esta casa está llena de curiosidades porque su dueño viajaba mucho y compraba objetos raros.*

curioso, sa adj. Que llama la atención y motiva la curiosidad: *¡Qué animal tan curioso, nunca había visto uno así!* SIN. **raro, interesante, novedoso.**

curioso, sa adj./m. y f. **1.** Relativo a la persona que trata de averiguar lo que no le importa: *Tengo una hermana curiosa que siempre investiga en mi dormitorio para enterarse de mi vida privada.* SIN. **fisgón. 2.** Se aplica a la persona que tiene el interés de saber o conocer muchas cosas: *Ofelia es una niña curiosa que lee mucho y pregunta todo lo que no entiende.*

curriculum vitae m. Conjunto de datos personales y aptitudes profesionales de una persona: *El currículum vitae es un escrito en el que se anota todo lo que se ha estudiado y los lugares donde se ha trabajado.*

cursar vb. {tr.} Estudiar una materia en un centro educativo: *Cuando termine la primaria cursaré la secundaria en esa escuela.*

cursi adj./m. y f. Aplicado a la persona o cosa que intenta ser fina y elegante, o tierna y dulce, sin serlo: *Algunas telenovelas me parecen tan cursis que me hacen reír en vez de llorar.* SIN. **ridículo.**

cursilería f. Cosa o actitud que pretende ser fina y elegante, o tierna y dulce, sin lograrlo: *"No compres esa cursilería, mejor busquemos algo realmente fino", aconsejó mi amigo.*

cursillo m. **1.** Curso de poca duración: *Tomaré un cursillo de inglés para recordar algunas cosas que he olvidado de ese idioma.* **2.** Breve serie de conferencias acerca de una materia: *Estos tres profesores darán un cursillo sobre ciencias que durará dos semanas.*

cursiva f. Letra inclinada a la derecha: *Estas palabras que ahora lees están escritas en letras cursivas.*

curso m. **1.** Movimiento del agua que corre: *El curso del río puede verse desde esta montaña.* **2.** Desarrollo de una cosa: *Si nuestro trabajo sigue este curso, terminaremos todo el proyecto antes que termine el mes.* SIN. **secuencia. 3.** Conocimientos que se dan durante un periodo: *Tomás asiste a un curso de computación que durará seis meses.* **4.** Tiempo del año en que se va a la escuela: *El curso escolar dura diez meses.* **5.** Cada una de las partes en que se divide una materia o un periodo de estudios: *Ya pasé el primer curso de matemáticas y ahora cursaré el segundo.*

CUR

CU

165

CUR

cursor *m.* Señal que se mueve por la pantalla de una computadora: *El cursor indica en qué punto de la pantalla se está trabajando.*

curtiduría o **curtiembre** *m. Amér. C.* y *Amér. Merid.* Lugar donde se curten las pieles.

curtir *vb.* (tr. y prnl.) *1.* Someter a un proceso de preparación las pieles u otros materiales para poder usarlos: *Antes de hacer objetos de piel se debe curtir el cuero.* Sin. **preparar.** *2.* Endurecer o tostar al sol la piel de una persona: *El sol curte la piel de los campesinos volviéndola más dura y morena.* Sin. **broncear.** *3.* Acostumbrar o acostumbrarse a la vida dura: *Él se curtió con las dificultades que tuvo que superar.* Sin. **endurecer.**

curul *f.* Lugar que ocupan los senadores y diputados en las cámaras legislativas de un país: *En estas elecciones el partido político que apoya mi padre ganó más curules que en la elección pasada.*

curva *f.* *1.* Línea con forma curvada: *Para escribir la "U" hay que hacer una curva.* *2.* En una carretera o camino, tramo que no es recto: *El camino que cruza la montaña está lleno de curvas.*

curvado, da *adj.* Aplicado a lo que se dobla siguiendo la línea de un arco o de un círculo: *Estas maderas no sirven para hacer la mesa porque están curvadas.* Sin. **curvo.**

curvar *vb.* (tr.) Hacer que algo tome una forma que sigue la línea de un arco o de un círculo. Sin. **encorvar.**

curvatura *f.* Desvío de una línea recta para seguir la forma de un arco o de un círculo: *La curvatura de la joroba de un camello es muy pronunciada.*

curvilíneo, a *adj.* Formado por líneas curvas: *La forma de una guitarra es curvilínea.*

curvo, va *adj.* Aplicado a la línea o a la forma que se aparta de la dirección recta para seguir la de un arco o un círculo, sin formar ángulos: *El manillar o manubrio de mi bicicleta es curvo.*

cúspide *f.* *1.* Parte más alta de una montaña: *Los alpinistas colocaron una bandera en la cúspide de la montaña.* Sin. **cumbre, cima, pico.** *2.* Parte más alta de una cosa: *Ellos subieron hasta la cúspide de ese edificio alto para contemplar la ciudad.* *3.* Momento más importante en el desarrollo de una actividad: *El actor está en la cúspide de su carrera.*

custodia *f.* Hecho de cuidar o de vigilar algo: *La custodia de los hijos corresponde al padre y a la madre.*

custodiar *vb.* (tr.) Guardar algo o vigilar con cuidado: *Un grupo de guardaespaldas custodiaba al cantante famoso para evitar que le pasara algo malo.* Sin. **cuidar, proteger, velar.**

custodio *adj./m.* Relativo al que guarda o vigila algo con cuidado.

cutáneo, a *adj.* Relativo a la piel: *Un medicamento de aplicación cutánea es un líquido o una crema que se unta en la piel.*

cúter *m.* **Palabra de origen inglés.** Navaja filosa que se usa para cortar papel, cartón delgado, cartulina, etcétera.

cutícula *f.* Piel delgada que crece en la raíz de la uña.

cutis *m.* Piel del rostro: *Hay que lavarse bien la cara para cuidar el cutis.*

cuyo, ya *pron.* Pronombre relativo y posesivo que se usa en lugar del nombre de algo de lo que ya se ha hablado: *El amigo a cuya casa me dirijo, vive a sólo tres cuadras de aquí.*

Dd

d *f.* Cuarta letra del alfabeto español. Su nombre es *de*.

D *f.* Cifra que en números romanos equivale a 500.

dable *adj.* Que puede ocurrir o hacerse.

dactilar *adj.* Relacionado con los dedos: *Para poner la huella **dactilar** de mi pulgar, manché el dedo con tinta y después lo apoyé en el papel.*

dactilografía *f.* Mecanografía, técnica de escribir por medio de una máquina: *En la secundaria me enseñaron **dactilografía** y ahora escribo muy rápido mis trabajos escolares.*

dactiloscopia *f.* Estudio de las huellas de los dedos para la identificación de personas: *El policía dijo que después de la **dactiloscopia** se supo quién era el asesino.*

dádiva *f.* Obsequio que se da sin obtener nada a cambio: *El hombre rico dio al director del hospital una **dádiva** de dinero que sirvió para comprar camas y medicamentos.*

dado *m.* Pieza en forma de cubo que en sus caras tiene señalados puntos, desde el uno hasta el seis, y sirve para varios juegos: *Cuando tiré el **dado** deseaba que cayera un seis para poder ganar y ¡zaz!, que sale un cuatro.*

daga *f.* Arma parecida a un puñal de hoja corta pero muy filosa.

daguerrotipo *m.* Dispositivo que permite registrar una imagen sobre una placa de metal: *El **daguerrotipo** se utilizó en el siglo XIX para hacer fotografías.*

dakota *adj./m.* y *f.* Pueblo amerindio que fue uno de los más importantes y fuertes de América del Norte: *Los **dakota** viven actualmente en reservas; ellos siempre han sido un pueblo muy respetuoso de la naturaleza.*

dalia *f.* **1.** Planta de jardín que presenta muchas variedades, cultivada por sus vistosas flores. **2.** Flor de la planta llamada dalia.

dálmata *adj./m.* y *f.* **1.** Originario de Dalmacia, región de un país de Europa llamado Croacia. **2.** Raza de perros de pelaje blanco con manchas negras.

daltónico, ca *adj./m.* y *f.* Persona que tiene una enfermedad en los ojos que no le permite distinguir bien los colores: *Lauro es **daltónico** y confunde los colores, sobre todo el rojo y el verde.*

daltonismo *m.* Defecto de los ojos que consiste en no distinguir los colores o en confundirlos.

dama *f.* **1.** Mujer distinguida. **2.** *pl.* Juego de tablero con 24 fichas en el que participan dos jugadores: *Decidimos jugar una partida de **damas** para entretenernos en la tarde lluviosa.*

damajuana *f.* Recipiente voluminoso y de cuello corto: *Mi tío José compró una **damajuana** de vino.*

damasco *m.* Tejido de seda o de lana con dibujos complicados: *En la elegante oficina del abogado había una gran cortina de **damasco.***

damasquinar *vb.* (tr.) Incrustar hilos de oro o plata en acero o fierro.

damisela *f.* Muchacha educada y elegante.

damnificado, da *adj./m.* y *f.* Que ha sufrido un gran daño ocasionado por situaciones inesperadas: *Hubo muchos **damnificados** que perdieron sus casas a causa del sismo.*

dancing *m.* Palabra inglesa. Lugar público donde la gente va a bailar.

dandi *m.* Palabra de origen inglés. Hombre refinado y elegante: *Óscar es un **dandi** que ocupa la mayor parte de su dinero en comprarse ropa y cuidar su apariencia.*

dandismo *m.* Forma de ser basada en la elegancia y el modo de vida refinado.

danés *m.* Lengua nórdica hablada en Dinamarca.

danés, sa o **dinamarqués, sa** *adj./m.* y *f.* Originario de Dinamarca, país de Europa.

dantesco, ca *adj.* Palabra derivada del escritor italiano Dante Alighieri; se aplica a lo que tiene cualidades que producen terror: *La escena de la obra de teatro era **dantesca** y todos estábamos asustados.*

danza *f.* Sucesión de movimientos ejecutados según un ritmo musical: *Mi hermana ha estudiado **danza** desde niña y ahora ya entró en una compañía de ballet que se presenta en los auditorios.*

danzante *m.* Persona que baila: *Los **danzantes** africanos estaban vestidos con trajes típicos y bailaban al ritmo de un tambor.*

danzar *vb. irreg.* (intr.) **Modelo 16.** Ejecutar una serie de movimientos al ritmo de la música: *Antes de iniciar el espectáculo, los bailarines **danzaron** durante una hora para corregir los últimos errores.*

dañar *vb.* (tr.) Producir dolor a alguien o perjuicios a algo: *Ricardo **dañó** los sentimientos de Laura cuando la engañó con otra muchacha, por eso ella lo dejó.*

dañino, na *adj.* Que ocasiona daño: *La plaga de langostas fue muy **dañina** para las cosechas.* SIN. **nocivo, perjudicial.** ANT. **bueno, beneficioso.**

daño *m.* **1.** Perjuicio sufrido por alguien o algo: *Son numerosos los **daños** que sufrió el edificio por el incendio.* **2.** Dolor producido por alguien o algo: *La pérdida de un ser querido produce un **daño** que puede durar mucho tiempo.*

dar *vb. irreg.* (tr., intr. y prnl.) **Modelo 8.** **1.** Ceder de manera gratuita: *El dueño de la empresa **dio** varios regalos a sus empleados con motivo de las fiestas de fin de año.* **2.** Entregar algo a una persona: *El vendedor* dio a sus clientes el nuevo catálogo de libros. **3.** Proporcionar algo para realizar una acción: *El maestro nos* **dará** *los materiales y herramientas para el trabajo de carpintería.* **4.** Producir un beneficio: *El árbol del jardín* **ha dado** *mucha fruta este año.* **5.** Comunicar algún asunto: *Le* **di** *la noticia a Martha de que su madre ya había sanado y se puso feliz.* **6.** Ejecutar una acción: *Mis primos* **dieron** *un paseo por el campo y cortaron algunas flores para su mamá.* **7.** Organizar: *Heriberto* **dio** *una fiesta en su casa para celebrar su cumpleaños.* **8.** Acertar o encontrar: *Le* **di** *a la lotería y ahora voy a comprar una casa.* **9.** Suceder algo: *Se han* **dado** *muchos asaltos en esta colonia en los últimos meses.*

dardo m. Toda arma arrojadiza, en especial la que está entre la flecha y la jabalina: *Mi hermano tiene un círculo de corcho en el que tira* **dardos** *para practicar su puntería.*

dársena f. Lugar construido en un puerto, en el que se cargan, descargan y se reparan barcos.

datación f. Acción de ponerle fecha a algo.

datar vb. {tr. e intr.} **1.** Poner fecha: *Los arqueólogos* **dataron** *las pirámides después de hacer muchas investigaciones.* **2.** Existir desde una determinada época: *Esos huesos* **datan** *de hace dos mil años, según dijo el paleontólogo durante la conferencia.*

dátil m. Fruto comestible del datilero o palma datilera, con pulpa dulce y nutritiva: *Me comí una tarta de* **dátiles** *que estaba deliciosa.*

dato m. Información que sirve de base para aprender algo o resolver un problema: *Los* **datos** *que encontré en la enciclopedia me permitieron hacer la tarea escolar de historia.*

de prep. 1. Sirve para explicar la materia de que está hecha una cosa: *Mi abuelo tenía en su casa una mesa* **de** *madera muy fina.* **2.** Denota posesión o pertenencia: *La computadora que está sobre el escritorio es* **de** *mi papá.* **3.** Expresa asunto o tema: *La lección* **de** *biología me parece muy interesante.* **4.** Indica el origen de donde procede alguien o algo: *El avión que está pasando viene* **de** *París.* **5.** Denota la causa de algo: *Rosalba llora* **de** *tristeza porque murió su gato.* **6.** Sirve para expresar el modo de realizar algo: *Debes atender a los clientes* **de** *manera amable.* **7.** Indica lo que contiene algo: *Éste es un vaso lleno* **de** *agua.*

deambular vb. {intr.} Andar sin dirección ni propósito determinado: *Después de discutir con sus padres, Joaquín* **deambuló** *por las calles durante un largo rato porque se sentía muy triste.*

debacle f. Palabra de origen francés. Catástrofe o desastre ocasionado por alguna causa: *La* **debacle** *de ese país fue provocada por un terremoto muy fuerte.*

debajo adv. Localizado en un lugar inferior: **Debajo** *de la mesa encontré el juguete que estaba buscando.*

debate m. Diálogo en el que se intercambian ideas: *En la escuela hubo un* **debate** *sobre el problema de la contaminación.*

debatir vb. {tr. y prnl.} Discutir sobre algún asunto: *Durante más de dos horas* **debatimos** *sobre cómo vamos a organizar el nuevo equipo de baloncesto.*

deber m. Obligación de actuar de algún modo: *El* **deber** *de la policía es cuidar a los ciudadanos y detener a los delincuentes.*

deber vb. {tr. y prnl.} **1.** Estar obligado a realizar algo: **Debo** *estudiar más para mejorar mis calificaciones.*

2. Tener obligación de cumplir una deuda de dinero: *Pablo me* **debe** *cuarenta pesos que le presté la semana pasada.* **3.** Ser consecuencia: *Su fracaso en el trabajo* **se debe** *a que no se esforzó lo suficiente.*

débil adj./m. y f. Falto de fuerza o resistencia: *David es un muchacho muy* **débil***, no pudo mantenerse en pie después de la caminata.* **Ant. fuerte, duro.**

debilidad f. 1. Falta o pérdida de fuerza física o moral: *La* **debilidad** *de Eduardo se debe a que sólo come dulces y golosinas.* **Sin. fragilidad. 2.** Gusto hacia alguien o algo: *Las papas fritas son mi* **debilidad***, ¡me gustan mucho!*

debilitar vb. {tr. y prnl.} Disminuir la fuerza o poder: *Manuel* **se debilita** *mucho durante las prácticas deportivas porque no está acostumbrado a hacer deporte y además no come bien.* **Ant. reforzar, fortalecer.**

debut m. Palabra de origen francés. Inicio de una actividad: *Nuestra obra de teatro tuvo un* **debut** *que fue un éxito, el teatro estaba lleno y todos aplaudieron mucho.*

debutante adj./m. y f. Palabra de origen francés. Persona que se inicia en una actividad: *El guitarrista es un* **debutante** *que sólo ha tocado en dos conciertos durante su carrera.*

debutar vb. {intr.} **Palabra de origen francés.** Realizar una actividad por primera vez: *Mi hermano* **debutó** *en el cine cuando participó como actor extra en un filme de indios y vaqueros.*

década f. Periodo de diez años: *Estuve en esa escuela durante una* **década** *y ahora estaré cuatro años en la universidad.*

decadencia f. Proceso por el que una cosa tiende a debilitarse y perder sus cualidades: *La* **decadencia** *de la cultura maya de México es un misterio para los investigadores.*

decadente adj. Que refleja disminución de cualidades.

decaedro m. En matemáticas, cuerpo de diez caras.

decaer vb. irreg. {intr.} **Modelo 37.** Ir a menos, ir perdiendo el vigor. *La fama de mi actor favorito* **decayó** *muy rápido cuando comenzó a beber alcohol.*

decágono m. En matemáticas, polígono de diez lados.

decaimiento m. Debilidad o flaqueza: *Después de su enfermedad, Rosalba padeció un* **decaimiento** *que duró algunos días.*

decálogo m. Conjunto de diez leyes o normas: *En el salón de clases decidimos inventar un* **decálogo** *que nos ayudara a no tener conflictos.*

decámetro m. Medida de longitud equivalente a diez metros.

decano, na m. y f. Persona con más experiencia dentro de una comunidad o institución: *El* **decano** *de nuestra Universidad tiene mucha experiencia y nos ayuda a solucionar problemas.*

decapitación f. Hecho de cortar la cabeza.

decapitar vb. {tr.} Cortar la cabeza: *Durante la Revolución Francesa* **decapitaron** *a muchas personas.*

decatlón m. Prueba de atletismo combinada en la que se realizan diez especialidades distintas.

decena f. Conjunto de diez unidades: *Estoy viendo una serie de televisión que se compone de una* **decena** *de episodios.*

decenio m. Periodo de diez años: *El primer* **decenio** *en la vida de mi primo fue difícil porque era un niño muy enfermizo.*

decente adj. **1.** Que actúa según la moral y las buenas costumbres aceptadas por la mayoría: *Enrique me dijo que mi nuevo jefe es una persona amable y decente, así que no debía preocuparme.* Sin. **honesto, honrado.** Ant. **indecente, inmoral. 2.** Que es de buena calidad sin ser extraordinario: *En ese restaurante nos sirvieron una comida decente pero a precios elevados.* Ant. **escaso, malo.**

decepción f. Sensación de tristeza y desilusión producida por un desengaño: *Cuando Isaura se enteró de que su novio no la quería, sufrió una tremenda decepción.*

decepcionar vb. {tr.} Causar decepción, desilusionar: *Emilio me ha decepcionado como amigo porque no es sincero.* Sin. **frustrar.** Ant. **alegrar, satisfacer.**

deceso m. Hecho de morir: *El deceso de mi abuelo se debió a un paro cardiaco.*

dechado m. Modelo que puede imitarse: *Mi hermana dice que su esposo es un dechado de virtudes, pero yo creo que lo ve con ojos de amor.*

decibelio o **decibel** m. En física, unidad para definir la escala de intensidad de los sonidos; su abreviatura es *db.*

decidido, da adj. Resuelto y audaz.

decidir vb. {tr. y prnl.} Tomar una determinación: *Mi papá decidió que nos mudáramos a otra casa más grande porque en la que vivíamos era muy pequeña.* Ant. **dudar, vacilar.**

decilitro m. Décima parte de un litro, su símbolo es *dl:* *En un litro caben diez decilitros.*

decimal adj. **1.** Se dice de cada una de las diez partes iguales en que se divide algo: *El sistema decimal va del 0 al 9.* **2.** Número que expresa una cantidad no entera: *.53 es un número decimal.*

decímetro m. Décima parte de un metro, su símbolo es *dm:* *Un metro está compuesto por diez decímetros.*

décimo, ma adj. **1.** Adjetivo ordinal que corresponde en orden al número diez: *Vivo en el décimo piso de un edificio.* **2.** Cada una de las diez partes iguales en que se divide un todo: *Cada integrante de la familia comió una décima parte del postre.*

decimonónico, ca adj. **1.** Relativo al siglo XIX: *En la clase de literatura leímos un poema del escritor decimonónico José Martí.* **2.** Anticuado: *En algunas actitudes, mi abuelo es decimonónico y no le interesa conocer cosas nuevas.*

decir vb. irreg. {tr. y prnl.} **Modelo 54. 1.** Manifestar con palabras el pensamiento: *"Tienes que decirle a tu padre lo que piensas estudiar para que él pueda ayudarte a ingresar a la escuela que quieres", me aconsejó Daniel.* **2.** Dar una opinión: *Facundo dijo que nuestra aventura en el río había sido peligrosa.* **3.** Hablarse uno mismo, reflexionar: *Cuando vi ese vestido tan bonito en oferta, me dije que era una buena oportunidad para comprarlo.* **4.** loc. **El qué dirán,** la opinión de las demás personas de lo que hace uno: *"No debes preocuparte por el qué dirán, sino hacer lo que tú creas que es correcto."* **5.** loc. **Es ∼,** frase que se coloca antes de explicar lo que se acaba de decir: *Los canarios son animales bípedos, es decir, de dos patas.*

decisión f. **1.** Resolución o determinación que se toma sobre un asunto: *La dirección de la Universidad tomó la decisión de aumentar el número de becas.* **2.** Firmeza de carácter. Sin. **seguridad.** Ant. **inseguridad.**

decisivo, va adj. Que es importante para acciones futuras: *El matrimonio es un hecho decisivo en la vida de una persona.*

declamador, ra m. y f. Persona que declama o recita.

declamar vb. {tr. e intr.} Hablar o recitar en voz alta: *Durante quince minutos el alumno declamó un poema muy bonito que él mismo compuso.*

declaración f. Hecho de anunciar o decir algo de manera pública para que se conozca: *La declaración del grupo de rock sobre su próximo concierto en la ciudad alegró mucho a sus seguidores.*

declarante m. y f. Persona que presenta su testimonio ante un juez o tribunal.

declarar vb. {tr., intr. y prnl.} **1.** Comunicar algo para que lo conozca la gente: *El futbolista declaró a los periodistas que se sentía feliz por el desempeño de su equipo.* **2.** Determinar el juez la culpabilidad de alguien: *Después de escuchar a todos los testigos, el juez declaró que el acusado sólo debía pagar una multa.* **3.** Manifestar ante el juez: *El acusado declaró ante el juez que era inocente.* **4.** Decir a alguien que se está enamorado de él: *Mario se ha declarado a Cristina y ella le dijo que también lo ama.* **5.** Producir o producirse algo de manera imprevista: *Se ha declarado una epidemia de cólera en ese pueblo cercano a la costa.*

declinar vb. {tr. e intr.} **1.** Rehusar hacer algo: *Rosendo piensa declinar la candidatura para ser el presidente de los alumnos de la escuela porque dijo que tenía que hacer otras cosas importantes.* **2.** Disminuir una cosa: *El precio de las manzanas declinó porque este año se cosechó una gran cantidad de esta fruta.* **3.** Aproximarse una cosa a su fin: *Declinaba la tarde cuando comenzaron a verse las estrellas.*

declive m. Desnivel de una superficie: *Omar hizo un declive en el jardín para que el agua de la lluvia no inundara las plantas que sembró.*

decolorante m. Substancia química que permite que desaparezcan o se aclaren los colores de los objetos.

decolorar vb. {tr.} Quitar o rebajar el color: *Mis pantalones se decoloraron cuando los lavé con cloro.*

decoración f. Manera armoniosa en que están arregladas las cosas: *La decoración de la casa fue idea de mi hermana.*

decorado m. Conjunto de muebles y adornos que componen el ambiente de una escena de teatro o de cine: *El decorado de la obra de teatro era de colores azul y verde.* Sin. **escenografía.**

decorador, ra m. y f. Persona encargada de darle a los lugares un ambiente cómodo y agradable.

decorar vb. {tr.} Colocar adornos en un lugar para hacerlo más agradable: *Rómulo decoró su dormitorio con cuadros de su pintor favorito.*

decorativo, va adj. Que decora, que adorna un lugar determinado.

decoro m. Respeto y dignidad.

decrecer vb. irreg. {intr.} **Modelo 39.** Disminuir algo de tamaño: *La corriente del río decreció porque ya dejó de llover.*

decrépito, ta adj./m. y f. Que está en decadencia: *La vejez hace que algunas personas se vuelvan decrépitas, es decir, pierden su agilidad y se enferman fácilmente.*

decretar vb. {tr.} Ordenar una autoridad la vigencia de una regla o ley: *Las autoridades de la escuela*

169

decretaron que debemos llegar con cinco minutos de anticipación.

decreto m. Decisión tomada por una autoridad: *El director dio a conocer un decreto por el cual se va a castigar a quienes lleguen tarde a la escuela.*

decurso m. Sucesión o transcurso del tiempo.

dedal m. Objeto pequeño y duro que se pone en el dedo y que sirve para no pincharse al empujar la aguja mientras se cose: *Esa costurera usa dos dedales para proteger sus dedos.*

dedicación f. Constancia, perseverancia: *Mis padres me felicitaron por la dedicación con la que hago los trabajos escolares.*

dedicar vb. irreg. [tr. y prnl.] Modelo 17. *1.* Dirigir algo a una persona como obsequio: *Josefina me dedicó una tarjeta en el día de mi cumpleaños. 2. Emplear algo para un fin: El sábado lo dedico a leer y a practicar el baloncesto. 3. Tener una actividad: En mis ratos libres me dedico a dibujar paisajes.*

dedicatoria f. Carta o nota que se escribe en un obsequio que se da a alguien: *Encontré en una librería a mi escritor favorito y me regaló un libro con una dedicatoria.*

dedo m. *1.* Cada una de las partes en que terminan las manos y los pies de algunos seres vivos: *El hombre tiene cinco dedos en cada mano y cinco en cada pie. 2.* loc. **Chuparse el ~**, que se le engaña con facilidad: *Raúl no se chupa el dedo, por eso descubrió la trampa. 3.* loc. pl. **Contarse con los dedos**, que son pocos: *El público de la sala se contaba con los dedos porque la obra de teatro era muy aburrida. 4.* loc. **No mover un ~**, no molestarse por hacer nada: *Mi madre me regañó por culpa de mi hermano y él no movió un dedo para defenderme. 5.* loc. **No quitar el ~ del renglón**, mostrar insistencia por algo: *"No quitaré el dedo del renglón hasta conseguir que me den permiso de ir a la fiesta", aseguró Carina.*

deducción f. Razonamiento que conduce a un fin.

deducir vb. irreg. [tr.] Modelo 57. *1.* Obtener un resultado después de razonar determinada información. *2.* Descontar de una cantidad: *Mi madre deduce una parte del dinero de su sueldo porque está ahorrando para nuestras próximas vacaciones.*

defecar vb. irreg. [tr. e intr.] Modelo 17. Salir los excrementos por el ano: *El perro defecó en la alfombra y mi mamá se enojó muchísimo.* SIN. **obrar**, **cagar**.

defecto m. Problema, imperfección, carencia: *Uno de mis amigos tiene un defecto en la boca y no puede hablar bien.*

defectuoso, sa adj. Que presenta algún problema o imperfección: *El juguete nuevo está defectuoso y tengo que ir a la tienda para cambiarlo.*

defender vb. irreg. [tr. y prnl.] Modelo 24. *1.* Proteger a alguien: *Roberto defendió a su amigo de los muchachos que lo estaban molestando. 2.* Hablar en favor de alguna idea, persona o cosa: *El abogado defendió a su cliente porque sabía que era inocente.*

defensa f. *1.* Forma de proteger algo: *Los soldados organizaron la defensa del castillo en contra del ejército enemigo. 2.* Abogado defensor: *Durante el juicio la defensa presentó todas las pruebas que mostraban la inocencia de su cliente. 3.* En algunos deportes, jugador o jugadores que intentan evitar que el equipo contrario anote un punto.

defensivo, va adj. *1.* Que sirve para defenderse: *Los jugadores de fútbol americano usan un equipo defensivo para evitar que los lastimen los golpes que reciben. 2.* loc. **A la ~**, actuar de tal manera que se evite perder o salir lastimado: *Heladio se puso a la defensiva cuando se dio cuenta de que los ladrones querían robarle su dinero.*

defensor, ra adj./m. y f. Que protege y defiende: *Patricia es una defensora de los animales y no permite que los maltraten.*

defeño, ña adj./m. y f. Que es de la Ciudad de México, Distrito Federal, en la República Mexicana.

deferencia f. Muestra de respeto hacia alguien. SIN. **cortesía**.

deficiencia f. Defecto o imperfección: *El programa de cómputo tuvo una deficiencia y no pudimos imprimir el trabajo.*

deficiente adj. Insuficiente, que no cumple con lo que se le pide: *El trabajo de historia que entregó Luis era deficiente, por eso sacó una baja calificación.*

déficit m. Cantidad que falta: *Este comerciante tiene un déficit en su negocio porque gasta más dinero del que gana por sus ventas.*

definición f. Explicación sobre algo o alguien: *El profesor de ciencias naturales me dio una buena definición de la palabra "ecología".*

definir vb. [tr. y prnl.] *1.* Explicar con exactitud el significado de una palabra o concepto: *Gracias a mi diccionario definí de una manera correcta las palabras que el maestro de español nos pidió. 2.* Mostrar alguien su manera de ser o de pensar: *Susana se definió como artista moderna después de su segunda exposición de pintura.*

definitivo, va adj. Que decide o concluye: *El cierre de la escuela fue definitivo, por eso me cambié a otra.*

deflagrar vb. [intr.] Arder algo de manera rápida con llama y sin explosión.

deflexión f. En física, cambio de dirección de un haz luminoso.

deforestación f. Hecho de quitar plantas y árboles de un terreno boscoso: *El gobierno está preocupado por la deforestación que llevan a cabo en los bosques algunas empresas papeleras.*

deforestar vb. [tr.] Quitar plantas y árboles de un terreno boscoso.

deformación f. Acción de alterar una cosa en su forma natural: *El niño nació con una deformación en la oreja izquierda y tuvieron que operarlo.*

deformar vb. [tr. y prnl.] *1.* Alterar una cosa en su forma: *A causa de la lluvia se deformó uno de mis mejores juguetes de madera. 2.* Cambiar las cosas: *Una revista deformó la noticia sobre la muerte de mi cantante favorito y ahora mucha gente cree algo que es falso.*

deforme adj. Que tiene forma diferente a la usual: *Mi perro está deforme, su rabo es más largo que el cuerpo, sus patas muy cortas y tiene los ojos chuecos.*

deformidad f. Defecto en la forma: *En mi clase de cerámica hice una taza que tiene una deformidad, quedó inclinada y parece que se la va a llevar el viento.*

defraudar vb. [tr.] *1.* Eludir el pago de los impuestos. *2.* Decepcionar a alguien: *Octavio defraudó a la empresa donde trabajaba cuando robó el dinero de la caja y se fue a otra ciudad.*

defunción f. Muerte de una persona: *Nos dolió mucho la defunción de mi abuelo.*

degenerado, da adj./m. y f. **1.** Que tiene comportamientos dañinos para sí mismo o para otras personas. **2.** Que ha pasado a un estado o condición en que ha perdido sus cualidades. SIN. **descompuesto.**

degenerar vb. (intr.) Pasar algo de una condición a otra peor o perder sus cualidades: *La enfermedad de mi gato degeneró y el pobre ya no puede caminar.*

deglutir vb. (tr. e intr.) Tragar los alimentos: *Mi perro deglute lentamente los alimentos porque ya está muy viejo.*

degollar vb. irreg. (tr.) Modelo 5. Cortar el cuello: *Mi abuelita degolló con un cuchillo a la gallina que iba a preparar para la cena.* SIN. **yugular.**

degradar vb. (tr. y prnl.) **1.** Hacer que algo pierda sus cualidades: *El humo de los vehículos degrada la calidad del aire.* **2.** Deponer o rebajar a una persona de sus dignidades: *Degradaron al director de la escuela por su mal comportamiento y ahora es asistente de un profesor.*

degustar vb. (tr.) Probar una comida o bebida para valorar su sabor: *Francisco degustó el vino chileno que compró y se dio cuenta de que era muy fino.*

dehesa f. Terreno grande y cerrado destinado a pastos: *Las vacas de Manuel se alimentan en la dehesa.*

deidad f. Cualquiera de los seres considerados divinos en las diferentes mitologías: *La deidad de las cosechas para los antiguos griegos se llamaba Ceres.*

deificar vb. irreg. (tr.) Modelo 17. Hacer que algo se vuelva divino: *Los antiguos romanos deificaban a sus héroes y emperadores.*

dejante prep. Chile, Colomb. y Guat. Aparte de, además de.

dejar vb. (tr. y prnl.) **1.** Poner algo en algún sitio: *Dejé los libros sobre la mesa, si quieres puedes tomar uno.* **2.** Otorgar un permiso para realizar algo: *Mis padres me dejaron ir a la fiesta del sábado.* **3.** Irse de un lugar determinado: *Ayer dejé la escuela antes de terminar las clases porque me sentía mal.* **4.** Prestar una cosa: *Jaime me dejó su cámara fotográfica porque se la pedí para tomar algunas fotografías en el festival de fin de cursos.* **5.** Abandonarse sin interesar nada: *Al enterarse de que su enfermedad no tenía curación, Irma dejó de tomar medicamentos y se dejó morir.* **6.** Parar una acción: *Dejamos de platicar cuando el maestro entró al salón de clase.*

del Contracción de la preposición de y el artículo el.

delación f. Hecho de denunciar o comunicar un delito a una autoridad: *La delación contra los ladrones evitó que cometieran más asaltos.*

delantal m. Prenda que protege la ropa por delante y que se ata a la cintura: *El carnicero se compró un delantal de plástico para no mancharse durante su trabajo.* SIN. **mandil.**

delante adv. **1.** Que está más adelante de algo o alguien: *Dejé el paquete delante de su puerta, así que cuando la abra, se encontrará con una sorpresa.* **2.** En presencia de algo o alguien: *No me gusta decir nada delante de tu hermano porque es muy chismoso.*

delantero, ra adj. **1.** Que está o va delante: *A mi abuelita le gusta viajar en el asiento delantero del automóvil.* **2.** Parte anterior de algo: *Con el choque se abolló la parte delantera del autobús.*

delantero, ra m. y f. En algunos deportes, jugador que forma parte de la línea de ataque: *El balón llegó hasta*

la red de la portería después de que el **delantero** disparó muy fuerte.

delatar vb. (tr. y prnl.) **1.** Denunciar a alguien por alguna falta o algún delito: *Un alumno de otro grupo delató a Esteban por la travesura que cometió.* **2.** Descubrir, revelar: *Los nervios me delataron, por eso Ramiro se dio cuenta de que estaba diciéndole mentiras.*

delator, ra m. y f. Persona que denuncia a alguien.

delectación f. Lo que produce deleite o placer.

delegación f. Nombre dado a determinados organismos de la administración pública.

delegado, da m. y f. Persona que administra una delegación.

delegar vb. irreg. (tr.) Modelo 17. Transferir el poder de una persona a otra: *El maestro delegó en su asistente la responsabilidad de revisar los exámenes.*

deleitar vb. (tr.) Producir placer: *Nos deleitamos escuchando el magnífico concierto de música clásica.*

deleite m. Placer o satisfacción: *Fue un verdadero deleite saborear esas galletas mientras veíamos nuestro programa favorito.*

deletrear vb. (tr. e intr.) Decir por orden las letras de una palabra: *En la clase de francés deletreamos unas palabras para aprender su pronunciación.*

delfín m. Mamífero marino de color gris y blanco, de aproximadamente 2 m de largo, con boca en forma de pico: *Los delfines viven en grupos y se alimentan de peces.*

delgadez f. Calidad de quien está falto de carnes y de grasa: *A esa muchacha no le gustan los alimentos con mucha grasa y come vegetales porque quiere mantener su delgadez.*

delgado, da adj. **1.** Persona o animal que tiene poca carne y grasa: *Efraín estaba gordo, pero comenzó a hacer ejercicio y dejó de comer alimentos grasosos y ahora está delgado.* **2.** Que no es grueso: *El pincel debe ser delgado para que puedas pintar esas líneas tan finas.*

deliberado, da adj. Hecho a propósito.

deliberar vb. (intr.) Examinar lo bueno y lo malo antes de tomar la decisión de hacer algo: *El jurado deliberó durante tres horas para elegir al ganador del concurso porque todos los trabajos eran muy buenos.*

delicadeza f. Esmero y ternura con que se hacen las cosas: *La enfermera inyectó con delicadeza a la niña, por eso le dolió muy poco.*

delicado, da adj. **1.** Fácil de deteriorar, lastimar o romper. SIN. **frágil. 2.** Que no se encuentra bien de salud: *Raúl aún está delicado porque lo operaron la semana pasada.* **3.** Difícil o problemático: *Nuestro padre nos dijo que tendremos que gastar menos dinero porque nuestra situación económica es delicada.* **4.** Relativo a la persona que cuida todos los detalles de algo.

delicia f. Lo que causa alegría o placer: *"¡Qué delicia saber que se acercan las vacaciones!"*

delicioso, sa adj. Que es agradable o placentero: *Los mangos son deliciosos para mi hermano, pero a mí no me gustan.*

delicuescencia f. En química, propiedad que tienen ciertos cuerpos de convertirse en líquidos.

delimitar vb. (tr.) Señalar dónde empieza o termina algo: *Cada equipo de baloncesto delimitó su área y después empezó el juego.*

DEL

delincuencia *f.* Actividad relacionada con el hecho de cometer delitos o crímenes: *La policía lucha contra la delincuencia que hay en las calles de la ciudad.*

delincuente *adj./m.* y *f.* Que se dedica a cometer delitos o crímenes: *Por fin detuvieron al delincuente que asaltó el banco.*

delinquir *vb. irreg.* (intr.) **Modelo 65.** Cometer un delito: *Evaristo delinquió al robar el dinero de la empresa donde trabaja.*

delirar *vb.* (intr.) Decir o hacer cosas extrañas: *El enfermo deliraba a causa de la fiebre que tenía.*

delirio *m.* Trastorno por el cual se sufren alucinaciones.

delito *m.* Acto que va contra la ley.

delta *m.* y *f. 1.* Cuarta letra del alfabeto griego. *2.* Terreno triangular formado por un río que desemboca en algún lugar: *El río Nilo desemboca en el mar formando un gran delta. 3.* Planeador de forma triangular.

demacrar *vb.* (tr. y prnl.) Poner pálido y delgado: *Otilia se demacró por la enfermedad que tuvo durante un mes.*

demagogia *f.* Utilización de halagos para ganar el apoyo de la gente, en especial cuando lo hacen los políticos.

demanda *f. 1.* Solicitud de algún beneficio: *La demanda de los empleados consiste en un aumento de salario. 2.* En derecho, petición que se hace en un juicio: *El abogado hizo una demanda al juez para que llamaran a los testigos del crimen. 3.* En economía, cantidad de algo que los consumidores están dispuestos a comprar: *La alta demanda de ese juguete ha hecho que los productores fabriquen más de lo que habían pensado.*

demandar *vb.* (tr.) *1.* Solicitar algo: *El director de la escuela demandó la ayuda de los padres de familia para que entre todos pinten los salones de clase. 2.* En derecho, formular una demanda ante los tribunales: *Gustavo demandó a la empresa donde trabajaba porque no le pagaron el dinero que le debían.*

demarcar *vb. irreg.* (tr.) **Modelo 17.** Señalar los límites de un país o terreno.

demás *pron.* Pronombre indefinido que indica el resto de una parte: *Felipe y los demás muchachos llegaron juntos a la fiesta.*

demasiado *adv.* Con exceso: *Comí demasiado, por eso ahora tengo diarrea.*

demasiado, da *adj.* En mayor cantidad de la conveniente: *"Pusiste demasiada sal al guiso y sabe mal."*

demencia *f.* Enfermedad que consiste en perder el juicio. SIN. **locura.** ANT. **cordura.**

demente *adj./m.* y *f. 1.* Que actúa de manera anormal: *Evaristo manejaba el automóvil como un demente, por eso lo detuvo la policía. 2.* Que padece demencia: *Por lo general, los dementes son llevados a hospitales psiquiátricos.*

demiurgo *m.* Según la filosofía del pensador griego Platón, alma de todo el Universo, dios creador del mundo.

democracia *f.* Forma de gobierno en la que el pueblo elige a sus gobernantes por medio de votación.

demócrata *adj./m.* y *f.* Que practica la democracia: *Martín ha ido a votar porque es un demócrata convencido.*

democrático, ca *adj.* Relativo a la democracia, partidario de la democracia.

demografía *f.* Materia que estudia el número de personas que habita en un lugar, las que se desplazan o

viajan y cuántas nacen y mueren: *La demografía es una rama de la geografía.*

demoler *vb. irreg.* (tr.) **Modelo 29.** Derribar una construcción: *En la zona más vieja de la ciudad demolieron varios edificios para construir una zona habitacional nueva.*

demolición *f.* Hecho de destruir una construcción: *La demolición del edificio duró varios días.*

demonio *m. 1.* Para el cristianismo, ser maligno contrario a Dios que vive en el infierno y fomenta el mal: *Casi siempre se representa al demonio con cuernos y cola. 2. Fam.* Persona nefasta, peligrosa: *Ese muchacho es un demonio que no va a la escuela y le gusta molestar a la gente en la calle. 3.* Espíritu, genio, ser sobrenatural: *En los cuentos de Las Mil y una Noches aparecen demonios llamados "efrits".*

demora *f.* Tardanza, retraso: *Llegamos con demora al aeropuerto y ya no pudimos abordar el avión.*

demorar *vb.* (tr. y prnl.) *1.* Retardar el avance de algo o alguien: *A causa de la lluvia se demoraron los vuelos en el aeropuerto, así que el avión despegó dos horas después de lo debido.* SIN. **retrasar.** *2.* Detenerse en algún lugar: *"Iba a llegar antes, pero me demoré conversando con mi vecina", explicó Adela.*

demostración *f. 1.* Comprobación, prueba de que algo es cierto. *2.* Exhibición pública de fuerza, riqueza, habilidad, etc.: *El ejército desfiló para hacer una demostración de sus nuevas armas.*

demostrar *vb. irreg.* (tr.) **Modelo 5.** *1.* Probar algo con ejemplos. *2.* Enseñar por medio de la práctica: *El vendedor nos demostró cómo funcionaba la televisión que compramos.*

demostrativo *adj./m.* En lingüística, relativo a los adjetivos y pronombres que sirven para señalar una persona o cosa: *En el ejemplo "Estas mesas y esas sillas son de Rosalba", las palabras estas y esas son adjetivos demostrativos.*

demudar *vb.* (tr. y prnl.) Cambiarse de manera repentina el gesto del rostro: *Sus caras alegres se demudaron cuando supieron la mala noticia.*

denario *m.* Antigua moneda romana de plata.

denegar *vb. irreg.* (tr.) **Modelo 18.** No conceder lo que se pide o se solicita: *El director de la escuela me denegó la beca porque mis calificaciones no son muy buenas.*

dengue *m. 1.* Enfermedad que transmite un mosquito y que se manifiesta por fiebre, dolor y granitos en la piel: *El médico nos dijo que la fiebre que tiene Andrea se debe al dengue. 2. Méx.* Berrinche: *Ese niño caprichoso hace unos dengues horribles si no le dan lo que pide.*

denigrante *adj.* Que insulta o humilla a una persona: *Algunas empresas contratan personal en condiciones denigrantes, pues las pagan muy mal y además lo maltratan.*

denigrar *vb.* (tr.) Hablar mal de una persona o cosa para afectar su buena fama.

denominador *m.* En matemáticas, término inferior de una fracción.

denominar *vb.* (tr. y prnl.) Aplicar un nombre o sobrenombre a una persona o cosa: *El héroe venezolano Simón Bolívar fue denominado "El libertador".* SIN. **llamar, nombrar.**

denotar *vb.* (tr.) Indicar, anunciar, significar: *Se ve que no ha dormido bien, porque su rostro denota cansancio.*

densidad *f. 1.* Calidad de algo que tiene mucha materia en poco espacio: *La densidad del hierro es mayor* que la del algodón. **2.** En física, relación entre la masa y el volumen de un cuerpo. **3.** loc. **Alta ~,** en computadoras, disquete flexible que puede almacenar 1.44 megabaites de memoria: *La información de ese archivo largo cupo en un disquete de alta densidad.* **4.** loc. **Doble ~,** en computadoras, disquete flexible que puede almacenar 720 kilobaites de memoria.

denso, sa *adj.* **1.** Que tiene mucho de algo en poco espacio: *Este bosque es muy denso, hay tantos árboles que casi no entra luz.* **2.** Que es difícil de captar: *No entendí el razonamiento del maestro, era muy denso y además usó frases complicadas.* SIN. **confuso.**

dentado, da *adj.* Que tiene abultamientos en forma de dientes: *La cadena de la bicicleta pasa por dos ruedas dentadas que dan vuelta cuando avanza la bicicleta.*

dentadura *f.* Conjunto de dientes de una persona o animal: *Todas las noches la anciana pone su dentadura postiza en un vaso de agua.*

dental *adj.* Relativo a los dientes: *Uso hilo dental para quitar los residuos de comida que quedan entre mis dientes después de cepillarlos.*

dentellada *f.* Herida que hacen los dientes al morder: *Héctor tiene una herida por la dentellada que le hizo el perro de Paola.* SIN. **mordedura.**

dentición *f.* Formación, número y orden de los dientes: *Nos dimos cuenta que la dentición del bebé está empezando porque le sale baba de la boca y se rasca las encías.*

dentífrico *m.* Substancia usada para limpiar los dientes: *El dentífrico que usa mi papá tiene un fuerte sabor a menta que me pica.*

dentista *m. y f.* Médico especializado en la conservación y reparación de los dientes: *Cada seis meses voy al dentista para que me revise y cure cualquier caries que haya salido.*

dentro *adv.* **1.** En la parte interior de un espacio: *He puesto los libros dentro de una bolsa para llevarlos a la escuela.* **2.** Durante un periodo o al final de dicho periodo: *Llamé al médico y me dijo que llegará dentro de quince minutos.*

denuedo *m.* Actitud de hacer algo con brío y esfuerzo: *El boxeador luchó con denuedo y logró vencer a su contrincante.*

denuncia *f.* Procedimiento para avisar sobre un delito: *Un grupo de vecinos presentó una denuncia contra el dueño de la tienda por vender más caro de lo debido.*

denunciar *vb.* {tr.} **1.** Comunicar a la autoridad sobre un delito: *Mis vecinos denunciaron el robo de su automóvil a la policía.* **2.** Declarar de manera oficial que algo es ilegal, irregular o indebido: *El alumno denunció con el director los malos tratos de la maestra.*

deparar *vb.* {tr.} Poner delante, presentar.

departamento *m.* **1.** *Amér.* Cada una de las partes en que se divide un edificio: *El departamento donde vive mi hermano es el número 5.* SIN. **piso, apartamento. 2.** Nombre de algunas divisiones administrativas: *Algunos países, como Bolivia y Perú, están divididos en departamentos; otros, como México, en estados.* **3.** En una empresa, grupo de personas que se ocupan de determinadas funciones: *Isabel trabaja en el departamento de ventas y Luisa en el departamento de producción de la empresa.*

departir *vb.* {intr.} Conversar, hablar: *Durante la reunión en casa de mi amigo, todos departimos con mucha alegría.*

dependencia *f.* **1.** Vínculo entre dos cosas, en el que una está sometida a la otra: *Por tres siglos, la mayor parte de América estuvo bajo la dependencia de España.* **2.** Adicción a algo para sentirse bien: *Para aliviar su dependencia al alcohol, Efraín se sometió a un tratamiento médico y psicológico.* **3.** Oficina que se relaciona con otra de mayor jerarquía: *Judith trabaja en una dependencia del gobierno.*

depender *vb.* {intr.} Estar subordinado a una persona o cosa: *Para pagar mis estudios dependo de la beca que me dio la escuela.*

dependiente, ta *m. y f.* Persona que ayuda a los trabajos de una tienda: *El dependiente acomoda los productos que compra para la tienda y espera a que lleguen los clientes a comprar.*

depilar *vb.* {tr. y prnl.} Quitar el pelo o el vello de algunas partes del cuerpo: *Linda dice que se depila las piernas para no parecer mono.*

deplorar *vb.* {tr.} Lamentar algo: *El presidente de ese país deploró la muerte de los pasajeros del avión que cayó al mar.*

deponer *vb. irreg.* {tr.} Modelo 27. **1.** Privar a una persona de su empleo: *El jefe depuso al vendedor porque se dio cuenta de que estaba robándole dinero.* **2.** *Guat., Hond., Méx. y Nicar.* Vomitar. **3.** loc. **~ las armas,** abandonar las armas como símbolo de paz: *Los soldados depusieron las armas a la mitad de la batalla porque no querían luchar más.*

deportación *f.* Traslado de un condenado hasta un lugar específico, por lo general lejos del país donde cometió el delito.

deportar *vb.* {tr.} Desterrar por motivos políticos o como castigo: *Las autoridades deportaron a varios delincuentes a sus países de origen.*

deporte *m.* Ejercicio físico que se practica según ciertas reglas: *El baloncesto es un deporte que se juega entre dos equipos de cinco jugadores.*

deportista *adj./m. y f.* Persona que practica algún deporte, sea como aficionado o como profesional.

depositar *vb.* {tr.} **1.** Poner algo valioso bajo el cuidado de alguien: *Roberto ha depositado su dinero en el banco.* **2.** Colocar algo en un sitio: *Mi madre depositó los vegetales sobre la mesa cuando llegó del mercado.*

depositario, ria *adj./m. y f.* Persona o entidad que guarda bienes confiados por otros.

depósito *m.* **1.** Algo que se deja en un lugar específico. **2.** Lugar para guardar alguna cosa: *Tiras los restos de comida en el depósito de basura.* SIN. **almacén, bodega.**

depreciar *vb.* {tr. y prnl.} Disminuir el valor o precio de una cosa: *La casa de la abuela se ha depreciado porque está muy descuidada y necesita muchos arreglos.*

depredador, ra *adj./m. y f.* Relativo al animal que caza a otros animales para devorarlos: *El león y el leopardo son animales depredadores.*

depresión *f.* **1.** Lugar hondo y profundo localizado en una superficie elevada: *Este pueblo se halla en una depresión entre las montañas.* **2.** Estado de abatimiento que produce tristeza y desgano: *La muerte de su esposa hizo que Miguel cayera en una depresión que le duró más de tres semanas.*

deprimir *vb.* {tr. y prnl.} **1.** Provocar depresión alguna cosa. **2.** Estar triste y desanimado: *Rodolfo se deprimió cuando supo que Alejandra no se iba a casar con él.*

deprisa *adv.* Con rapidez: *Eladio hizo deprisa el trabajo y cometió algunos errores porque no puso el cuidado necesario.*

depurar *vb.* {tr.} Quitar las impurezas o lo que ya no sirve: *Es importante depurar el agua antes de beberla.*

derecha *f.* Conjunto de las organizaciones políticas y personas de ideas conservadoras: *Las organizaciones políticas de izquierda tienen ideas opuestas a las organizaciones de derecha.*

derecho *m.* **1.** Conjunto de leyes a que están sometidos los hombres, y ciencia que las estudia. **2.** Facultad de hacer o exigir algo: *"Tengo derecho a entrar al concierto porque compré mi billete desde hace una semana", dije al empleado del auditorio.* **3.** pl. Cantidad que se paga por algo: *Mi hermano pagó a la Universidad los derechos para poder ir a clases.*

derecho *adv.* En posición o línea recta: *Ese hombre no camina derecho porque está ebrio.*

derecho, cha *adj.* **1.** Se dice de las partes del cuerpo que se encuentran en el lado opuesto al corazón: *Yo escribo con la mano derecha y Javier escribe con la izquierda.* **2.** Que está recto y sin inclinaciones: *La planta que sembré en el jardín creció derecha.* **3.** Que es razonable y honesto: *Confío en Rafael porque es un amigo muy derecho.*

deriva *f.* Desviación o pérdida del rumbo: *El barco quedó a la deriva por una falla en el motor.*

derivación *f.* **1.** Camino o cable que se separa de su origen: *Este camino es una derivación de la carretera principal.* **2.** En lingüística, procedimiento de formación de palabras a partir de otras ya existentes: *"Corporal" es una derivación de la palabra "cuerpo".*

derivada *f.* En matemáticas, magnitud que indica la relación entre la variación de una función y la variación de su variable.

derivado, da *adj.* Que procede de otra cosa: *Muchos tipos de plástico son derivados del petróleo.*

derivar *vb.* {intr. y prnl.} **1.** Proceder una cosa de otra: *El divorcio entre Luis y Mariana deriva de un antiguo problema.* **2.** En lingüística, venir una palabra de otra: *La palabra "lechería" deriva de leche.*

dermatología *f.* Parte de la medicina que trata de las enfermedades de la piel.

dermis *f.* Capa de piel que está debajo de la epidermis o membrana que cubre el cuerpo.

derogar *vb. irreg.* {tr.} **Modelo 17.** Anular la acción de una orden o ley: *El gobierno derogó la ley que permitía la esclavitud.*

derramar *vb.* {tr. y prnl.} Tirar algo sobre otra cosa: *Por un descuido, Ana derramó leche sobre su blusa.*

derrapar *vb.* {intr.} Patinar de lado un vehículo: *En época de lluvias los automóviles derrapan fácilmente en las carreteras si van a alta velocidad.*

derredor *m.* Contorno de una cosa: *En derredor de mi casa hay un jardín con árboles.*

derretir *vb. irreg.* {tr. y prnl.} **Modelo 47.** Disolver un sólido por medio de calor: *Los cubitos de hielo se derritieron rápidamente por el calor del ambiente.* SIN. **fundir.**

derribar *vb.* {tr.} **1.** Echar abajo una construcción: *Ayer derribaron un edificio viejo que estaba enfrente de mi casa.* **2.** Hacer caer al suelo a alguien o algo: *Cuando corría hacia el parque derribé a otro niño porque no lo vi.*

derriscar *vb.* {tr. y prnl.} *Cuba y P. Rico.* Despeñar, caerse o hacer caer desde un lugar elevado.

derrocar *vb. irreg.* {tr.} **Modelo 17.** Hacer perder a una persona su empleo, poder o dignidad por medios violentos.

derrochar *vb.* {tr.} Malgastar el dinero o los bienes: *Evaristo derrocha su dinero en las apuestas.*

derroche *m.* Gasto que no es necesario: *Fue un derroche comprar ese vestido que no volveré a usar después de la fiesta del sábado.*

derrota *f.* Hecho de fracasar en el intento de algo: *La derrota del equipo se debió a que los jugadores estaban cansados.* ANT. **victoria.**

derrotar *vb.* {tr.} Vencer a alguien en una competición o en la guerra: *Después de mucho esfuerzo, logré derrotar a los otros corredores durante la competencia.*

derrotero *m.* **1.** Línea, dirección o camino que sigue un barco. **2.** Camino, dirección: *La vida nos lleva por derroteros que no conocemos.*

derrotista *adj./m. y f.* Persona que siempre es pesimista sobre los resultados de cualquier intento o empresa.

derruir *vb. irreg.* {tr.} **Modelo 59.** Derribar un edificio: *El abandono y el descuido fueron derruyendo poco a poco la casa de la familia López.*

derrumbamiento o **derrumbe** *m.* Hecho de hundir o derribar una construcción: *El terremoto provocó el derrumbamiento del puente.*

derrumbar *vb.* {tr. y prnl.} **1.** Derribar una construcción: *Los albañiles derrumbaron la casa vieja para empezar a construir una nueva.* **2.** Fam. Hundirse la moral de alguien: *Nos derrumbamos después de que el otro equipo metió tres goles.*

desabrido, da *adj.* Que no tiene sabor: *La sopa estaba desabrida y le puse sal, pimienta y un poco de ajo.*

desabrigado, da *adj.* Que no trae ropa que cubra del frío: *No salgas a la calle desabrigado pues hace frío.*

desabrigar *vb. irreg.* {tr. y prnl.} **Modelo 17.** Quitar o quitarse la ropa que abriga.

desabrochar *vb.* {tr. y prnl.} Soltar los botones, cierres o broches de una prenda de vestir para que quede abierta: *Los niños pequeños no saben desabrochar sus camisas y pantalones.* ANT. **abrochar.**

desacato *m.* **1.** Falta de respeto: *El director nos acusó de desacato porque nos burlamos de un maestro y seremos castigados.* **2.** En Derecho, delito que se comete insultando a una autoridad en el ejercicio de sus funciones.

desacierto *m.* Error: *Fue un desacierto acusar a tu amigo de ladrón si no estabas seguro de que fuera culpable.*

desacomodar *vb.* {tr. y prnl.} Alterar el orden de algo: *El niño desacomodó mis papeles y ahora no encuentro un documento que necesito.*

desaconsejar *vb.* {tr.} Convencer a alguien de no hacer lo que se había resuelto o convenido: *Ezequiel desaconsejó que fuéramos a la playa porque el día estaba nublado.*

desacostumbrado, da *adj.* Que está fuera del uso o de la costumbre: *Rodolfo es un hombre desacostumbrado a practicar deportes y se agotó después de correr un poco.*

desacreditar *vb.* {tr. y prnl.} Disminuir el crédito o valor de alguien o algo.

desactivar *vb.* {tr.} Anular el sistema detonador de un artefacto explosivo o anular la actividad de un proceso: *Los bomberos desactivaron a tiempo la bomba que se encontraba en el centro comercial.*

desacuerdo *m.* Discordia, inconformidad.

desafecto, ta *adj.* Que no estima una cosa.

desafiar *vb. irreg.* {tr.} **Modelo 9. 1.** Provocar a un duelo, combate o una discusión: *En el programa de televisión, el héroe* **desafió** *a su enemigo y lucharon hasta que el hombre malo se rindió.* **2.** Afrontar una situación con valentía: *Los toreros deben* **desafiar** *a la muerte cada vez que salen al ruedo.*

desafinar *vb.* {intr. y prnl.} En música, apartarse de la debida entonación: *En un momento del concierto un violinista* **desafinó** *y los demás músicos no supieron cómo disimular el error.*

desafío *m.* Hecho de provocar a otra persona para participar en una competencia: *Mi amigo me ha hecho un* **desafío** *para ver quién saca mejor nota en el examen.*

desafortunado, da *adj.* Que no debería ser, que no es acertado: *Decirle a mi madre que no me gustó el guiso que preparó fue un comentario* **desafortunado** *porque ella se sintió ofendida.*

desafortunado, da *adj./m. y f.* Sin fortuna, desgraciado: *Heberto es* **desafortunado** *en el baloncesto, siempre pierde su equipo.*

desafuero *m.* Acto violento contra la ley o la razón.

desagradable *adj.* Que resulta molesto: *El olor a comida podrida es muy* **desagradable.**

desagradar *vb.* {intr. y prnl.} No gustar o causar rechazo: *La actitud violenta del nuevo compañero de clase* **desagradó** *al resto de los alumnos.*

desagradecido, da *adj./m. y f.* Que no muestra agradecimiento: *Inés es una* **desagradecida** *que piensa que sus padres deben cumplir todos sus caprichos.*

desagraviar *vb.* {tr. y prnl.} Reparar la ofensa hecha a alguien: *Como la había ofendido, Lorenzo* **desagravió** *a Amelia con una invitación a cenar.*

desagüe *m.* **1.** Hecho de sacar agua de algún lugar: *El* **desagüe** *de la piscina duró una hora.* **2.** Conducto o canal por donde sale el agua: *El* **desagüe** *está tapado con hojas de árboles, voy a limpiarlo para que el agua de la lluvia pueda irse.*

desahogar *vb. irreg.* {tr. y prnl.} **Modelo 17.** Expresar de manera libre un sentimiento: *Esther* **desahogó** *todos sus problemas con su madre y después se sintió más tranquila.*

desahogo *m.* Alivio de una pena, de un trabajo pesado o de una deuda: *Fue un* **desahogo** *terminar de pagar la deuda que teníamos con el banco.*

desahuciar *vb.* {tr., intr. y prnl.} Considerar el médico que un enfermo no tiene ninguna posibilidad de salvación.

desairar *vb. irreg.* {tr.} **Modelo 15.** Despreciar a alguien: *Roberto* **desairó** *a Magdalena cuando rechazó su invitación para ir a cenar.*

desaire *m.* Forma de rechazo: *Elena le hizo un* **desaire** *a Pedro al rechazar su invitación a la fiesta.*

desajustar *vb.* {tr. y prnl.} Producir falta de ajuste: *El reloj se* **desajustó** *después de la caída y ahora se atrasa.*

desalentar *vb. irreg.* {tr. y prnl.} **Modelo 3.** Quitar el ánimo: *Las malas calificaciones me* **desalentaron** *mucho, pero he decidido seguir estudiando.*

desaliño *m.* Descuido en el aseo personal.

desalmado, da *adj./m. y f.* Cruel, malvado: *En la obra de teatro, el asesino era un* **desalmado** *que torturaba a sus víctimas.*

desalojar *vb.* {tr.} Sacar de un lugar a una persona o cosa: *Desalojaron a los vecinos porque no habían pagado el alquiler de la casa.*

desamor *m.* Falta de amor: *Rubén adora a Sara, pero ella sólo le da muestras de* **desamor.**

desamparar *vb.* {tr.} Abandonar a alguien o algo: *Camilo* **desamparó** *a sus padres cuando más lo necesitaban.*

desandar *vb. irreg.* {tr.} **Modelo 12.** Retroceder en el camino ya andado: **Desandé** *varias calles, porque olvidé un libro y tuve que regresar a mi casa por él.*

desangelado, da *adj.* Falto de gracia: *La fiesta estuvo* **desangelada** *porque la música era fea y casi nadie bailó.*

desangrar *vb.* {tr. y prnl.} **1.** Perder sangre: *El hombre se* **desangraba** *porque se cayó y tenía una herida en la pierna.* **2.** Sacar mucha sangre a una persona o animal: *Después de matar a los pollos, es necesario* **desangrarlos** *y quitarles las plumas para poder cocinarlos.*

desanimar *vb.* {tr. y prnl.} Perder el ánimo para hacer algo: *La falta de dinero nos* **desanimó** *y ya no hicimos planes para las vacaciones.*

desaparecer *vb. irreg.* {intr.} **Modelo 39. 1.** Ocultar una persona u objeto: *Durante el descanso, mis amigos* **desaparecieron** *uno de mis libros para jugarme una broma.* **2.** Dejar de existir algo o alguien: *El café que había en la esquina* **desapareció** *cuando construyeron en ese mismo lugar un edificio muy grande.*

desaparecido, da *adj./m. y f.* Que deja de existir: *Los dodos fueron una clase de aves ahora* **desaparecidas** *porque el hombre las exterminó en el siglo XVII.*

desaparición *f.* Ausencia repentina de algo o alguien: *Las noticias anunciaron la* **desaparición** *de un niño.*

desapego *m.* Falta de afición, afecto o interés: *Germán empieza a mostrar* **desapego** *por su novia, creo que ya no la quiere.*

desapercibido, da *adj.* Que no se nota: *Para pasar* **desapercibido** *el famoso artista se puso una gorra, lentes obscuros y se perdió entre la multitud.*

desaprobar *vb. irreg.* {tr.} **Modelo 5.** Opinar que alguien ha actuado mal o considerar que algo está mal hecho: *El profesor* **desaprobó** *nuestra actitud agresiva frente a nuestras compañeras.*

desaprovechar *vb.* {tr.} Desperdiciar o emplear mal una cosa: *Mi hermano* **desaprovechó** *un trabajo en el que iba a ganar mucho dinero.*

desarmador *m.* *Méx.* Herramienta que se usa para meter o sacar tornillos. SIN. **destornillador.**

desarmar *vb.* {tr.} **1.** Desunir, separar las piezas de las que se compone un objeto: **Desarmamos** *el juguete para arreglarlo y ahora funciona otra vez.* **2.** Quitar a una persona las armas: *En el programa de vaqueros, el alguacil* **desarmó** *con facilidad al pistolero.*

desarme *m.* Reducción o supresión de armas militares: *La conferencia ha tratado sobre la necesidad del* **desarme** *mundial.*

desarreglar *vb.* {tr. y prnl.} Desordenar las cosas: *Emilio* **desarregló** *su cuarto porque buscaba un juguete que había perdido la semana pasada.*

desarrollar *vb.* {tr. y prnl.} **1.** Hacer que una cosa aumente o progrese: *Con el ejercicio constante, mi primo* **desarrolló** *los músculos de sus brazos.* **2.** Explicar una ley o idea: *La maestra de física* **desarrolló** *de manera* clara la teoría de la relatividad. **3.** Suceder, ocurrir, acontecer: *La fiesta se desarrolló bien y todos nos divertimos mucho.*

desarrollo *m.* **1.** Crecimiento o transformación, física o mental: *El desarrollo de las niñas comienza antes que el desarrollo de los niños.* **2.** Progreso o avance de algo.

desarropar *vb.* {tr. y prnl.} Quitar o apartar la ropa: *"No es bueno que te desarropes porque estás sudando y podrías enfermar",* me advirtió mi padre.

desarrugar *vb. irreg.* {tr. y prnl.} **Modelo 17.** Quitar las arrugas: *No me gusta ponerme esa blusa porque es muy difícil desarrugarla con la plancha.*

desarticular *vb.* {tr.} Deshacer un plan o una organización: *La policía desarticuló una banda de asaltantes.*

desaseo *m.* Hecho de no ser limpio: *Si Camilo no cambia ese aspecto de desaseo, no creo que Fernanda quiera salir con él.*

desasir *vb. irreg.* {tr. y prnl.} **Modelo 70.** Soltar lo que está sujeto.

desasistir *vb.* {tr.} No prestar a alguien la ayuda que necesita.

desasosiego *m.* Situación o estado de ánimo en el que falta la tranquilidad: *Se notaba el desasosiego en la cara de los padres del niño enfermo.*

desastre *m.* **1.** Desgracia grande producida por un hecho inesperado: *El hundimiento del barco fue un desastre que ocasionó muchas muertes.* **2.** Hecho frustrado o perjudicial: *Nuestras vacaciones en la playa se convirtieron en un desastre a causa de la lluvia.*

desastroso, sa *adj.* **1.** Que causa daño: *El sida es una enfermedad desastrosa porque todavía no tiene cura.* **2.** Que es demasiado malo: *Hice un examen desastroso porque no estudié nada.*

desatar *vb.* {tr. y prnl.} **1.** Liberar a alguien o algo de sus ataduras: *En la noche desatamos al perro para que cuide la casa.* **2.** Aparecer algo de manera violenta y repentina: *Se desató una tormenta en el mar que hizo peligrar las pequeñas embarcaciones.* SIN. **desencadenar. 3.** Hacer a un lado el temor o la timidez que impedían realizar algo: *Al fin Emiliano se desató y empezó a hablar con todos sus compañeros de clase.*

desatascar *vb. irreg.* {tr. y prnl.} **Modelo 17.** Dejar libre un objeto que estaba atorado: *Desatascamos el automóvil del barro en el que había caído.*

desatender *vb. irreg.* {tr.} **Modelo 24.** No prestar atención o no hacer caso: *Llegué en el último lugar de la carrera porque desatendí las instrucciones de mi entrenador.*

desatento, ta *adj.* Que no pone atención: *Armando es desatento en la clase de francés porque no le gusta aprender otros idiomas.* SIN. **distraído.**

desatento, ta *m.* y *f.* Persona que no es amable, que es descortés. SIN. **grosero.** ANT. **atento.**

desatino *m.* Falta de tacto y acierto al hacer algo: *Fue un desatino comprar ese reloj tan caro cuando tenemos poco dinero.*

desatornillar *vb.* {tr. y prnl.} Dar vueltas a un tornillo para sacarlo.

desatrancar *vb. irreg.* {tr.} **Modelo 17.** Quitar a una puerta lo que impide abrirla: *Por la mañana mi tía Rosario desatranca la puerta de su tienda para que entren los clientes.*

desautorización *f.* Hecho de no permitir que algo se realice, o de no aprobarlo.

desautorizar *vb. irreg.* {tr. y prnl.} **Modelo 16.** Prohibir, impedir: *La ley del deporte desautorizó el uso de cualquier substancia química que ayude a los deportistas a ganar.*

desavenencia *f.* Falta de acuerdo o armonía: *El respeto y la tolerancia evitan muchas desavenencias.* SIN. **discrepancia.**

desayunador *m.* **1.** Méx. Habitación pequeña contigua a la cocina que se utiliza como comedor informal. **2.** Méx. Mesa y sillas que están en la habitación llamada desayunador.

desayunar *vb.* {tr., intr. y prnl.} Tomar, por la mañana, el primer alimento del día: *Hoy desayuné cereal con leche y frutas.*

desayuno *m.* Primer alimento del día, que se toma por la mañana: *Me gustan los desayunos abundantes con jugo, cereal, fruta y huevos.*

desazón *f.* Molestia o inquietud a causa de algún suceso.

desbancar *vb. irreg.* {tr.} **Modelo 17.** Quitar a alguien de un puesto y ocuparlo uno mismo: *Rocío desbancó a Renata del primer lugar en calificaciones.*

desbandada *f.* Algo que se dispersa de manera confusa: *La desbandada de caballos dejó mucho polvo en el camino.*

desbandarse *vb.* {prnl.} Huir en desorden.

desbarajuste *m.* Desorden y confusión.

desbaratar *vb.* {tr.} Deshacer o arruinar una cosa: *Desbaratamos la maqueta pequeña para hacer una más grande.*

desbastar *vb.* {tr.} Quitar las partes más toscas de una cosa: *El joyero desbasta el diamante original para quedarse con la parte preciosa que utiliza para hacer joyas.*

desbloquear *vb.* {tr.} Eliminar un obstáculo que bloquea un proceso.

desbocarse *vb. irreg.* {prnl.} **Modelo 17.** Correr un caballo sin que se le pueda controlar: *El jinete cayó al suelo cuando el caballo se desbocó.*

desbordamiento *m.* Hecho de salirse de los bordes: *Ayer hubo un desbordamiento del río a causa de las lluvias.*

desbordar *vb.* {tr., intr. y prnl.} **1.** Salir de los bordes: *El café se desbordó porque Laura seguía sirviéndolo y no vio que la taza ya estaba llena.* **2.** Manifestar de manera viva un sentimiento o una pasión: *Javier desbordó toda su alegría en la fiesta bailando y jugando.*

descabalgar *vb. irreg.* {intr.} **Modelo 17.** Desmontar de un caballo.

descabellado, da *adj.* Que no tiene sentido: *El plan de ir a la playa en un día tan frío me parecía descabellado.*

descabellar *vb.* {tr.} Matar al toro hiriéndolo en la cerviz.

descabezar *vb. irreg.* {tr.} **Modelo 16.** Cortar la cabeza o la parte superior de algo.

descafeinado, da *adj./m.* Relativo a las bebidas sin cafeína: *Voy a tomar un café descafeinado, porque la cafeína me quita el sueño.*

descalabrar *vb.* {tr. y prnl.} Herir o herirse en la cabeza: *Rosalía se descalabró al caerse de un árbol.*

descalificación *f.* Hecho de descalificar, desacreditar, excluir: *La descalificación del corredor se debió a que hizo trampa durante la carrera.* SIN. **eliminación.**

descalificar *vb. irreg.* {tr.} **Modelo 17. 1.** Restar estimación y valor a una persona o un hecho. **2.** Eliminar de una competencia: *Descalificaron a Andrés de la carrera por empujar a otro corredor.*

descalzar *vb. irreg.* {tr. y prnl.} **Modelo 16.** Quitar los zapatos: *La mamá descalzó al niño y después le quitó el pantalón y la ropa para bañarlo.*

descalzo, za *adj.* Que anda con los pies desnudos: *Me gusta correr descalzo por la playa porque es muy agradable sentir la arena bajo mis pies.*

descaminado, da *adj.* Que está mal orientado.

descamisado, da *adj./m. y f.* Que no usa camisa.

descampado *m.* Terreno descubierto y sin malezas: *Nos detuvimos a comer en un descampado que estaba cerca de la montaña.*

descansar *vb.* {tr. e intr.} **1.** Aliviar la fatiga: *Por recomendación del médico, mi padre descansó tres días porque se sentía muy agotado.* **2.** Apoyar una cosa sobre otra: *Descansé la raqueta en la pared cuando terminó el juego.* **3.** Dejar de hacer una actividad o trabajo para reponer las fuerzas: *Por las tardes Braulio descansa del esfuerzo hecho a lo largo del día.*

descansillo *m. Esp.* Plataforma entre los tramos de una escalera: *Mi abuelita sube los primeros escalones, se detiene en el descansillo un momento para tomar fuerzas, y luego sube el resto de los escalones.* SIN. **descanso.**

descanso *m.* **1.** Hecho de parar el trabajo: *Tomé un descanso para después continuar con mi trabajo escolar.* **2.** Intermedio en un espectáculo o acto público: *Durante el concierto hubo dos descansos de cinco minutos para que el cantante se cambiara de ropa.* **3.** Espacio de una escalera para descansar un momento y después seguir subiendo: *Nos encontramos en el descanso y platicamos un momento.* SIN. **descansillo.**

descarado, da *adj./m. y f.* Que habla u obra con desvergüenza: *Todos opinamos que Alfonso era un descarado al hablarle de manera tan grosera al maestro.*

descarapelar *vb.* {intr. y prnl.} Eliminar o empezar a caerse lo que protege una cosa: *La humedad ha provocado que se descarapele la pared, debemos pintarla otra vez.*

descararse *vb.* {prnl.} Atreverse a hacer o decir cosas: *Después de pensarlo durante mucho tiempo, Julio se descaró con Amelia y le dijo que la quería.*

descarga *f.* **1.** Acción y efecto de descargar: *Durante la madrugada se inicia en los mercados la descarga de frutas y verduras.* **2.** Fenómeno que se produce cuando un cuerpo electrizado pierde su carga.

descargar *vb. irreg.* {tr. e intr.} **Modelo 17. 1.** Quitar o reducir la carga: *Los hombres descargaron con cuidado los objetos frágiles.* **2.** Extraer la carga de un arma: *El cazador descargó su rifle después de la cacería.* **3.** Disparar con arma de fuego: *El asesino descargó su pistola sobre el público.* **4.** Anular una carga eléctrica: *El frío y la humedad descargaron la batería de mi automóvil y por eso no enciende.* **5.** Dar un golpe con violencia.

descarnado, da *adj.* Se dice de una descripción cruda o realista: *La escena del campo de batalla después del enfrentamiento era descarnada, con todos esos muertos y heridos.*

descarnar *vb.* {tr. y prnl.} Quitar la carne al hueso.

descaro *m.* Actitud de quien no tiene vergüenza ni respeto: *Antonio habla con descaro delante de su abuelita y no le importa que ella sea muy conservadora.*

descarriar *vb. irreg.* {tr. y prnl.} **Modelo 9. 1.** Apartar a una persona o cosa de su camino: *Uno de nuestros amigos se descarrió por la droga y nunca pudo hacer nada bueno de su vida.* **2.** Apartarse del rebaño una o varias reses: *Los perros pastores ayudan a evitar que las ovejas se descarríen.*

descarrilamiento *m.* Suceso en el que un tren se sale de las vías.

descarrilar *vb.* {intr. y prnl.} Salir de su carril un tren o tranvía: *El tren se descarriló antes de llegar a la ciudad, pero por fortuna no hubo heridos.*

descartar *vb.* {tr.} Rechazar a una persona o cosa: *Descartamos el apoyo de Efraín para hacer el trabajo porque él es muy flojo.*

descastado, da *adj./m. y f.* Que muestra poco cariño hacia sus parientes o amigos.

descendencia *f.* Conjunto de descendientes: *Mi abuelo tiene mucha descendencia: ocho hijos, veinte nietos y trece bisnietos.*

descender *vb. irreg.* {intr.} **Modelo 24. 1.** Bajar a un lugar: *El alpinista descendió al pueblo.* **2.** Poner en un lugar de menos valor: *En el torneo de béisbol descendimos al tercer lugar después de perder el último partido.* **3.** Proceder de una persona o linaje: *Yo desciendo de mis padres.*

descendiente *m. y f.* Persona que desciende de otra. SIN. **hijo, sucesor.**

descenso *m.* **1.** Hecho de pasar a un lugar más bajo: *Mi equipo favorito tuvo un descenso por no haber ganado un solo partido durante la temporada.* **2.** Hecho de disminuir el valor o la cantidad de algo: *El descenso de la temperatura va a provocar que nieve.*

descentralizar *vb. irreg.* {tr.} **Modelo 16.** Alejar del centro una cosa para hacerla independiente: *El nuevo gobierno descentralizó varias oficinas generales.*

descentrar *vb.* {tr. y prnl.} Sacar una cosa de su centro.

descharchar *vb.* {tr.} *Amér. C.* Dejar a uno sin su empleo.

deschavetarse *vb.* {prnl.} *Chile, Colomb., Méx., Perú y Urug.* Perder el juicio, enloquecer.

descifrar *vb.* {tr.} Entender algo obscuro y complicado: *El maestro de historia nos contó cómo Champollion descifró los jeroglíficos que se encuentran en las ruinas egipcias.*

desclavar *vb.* {tr.} Arrancar o quitar los clavos de una cosa: *Tuve que desclavar la mesa, porque me había quedado chueca.*

descocado, da *adj./m. y f.* Que actúa sin vergüenza.

descodificación *f.* Hecho de volver a su forma original una información que fue codificada.

descodificar *vb. irreg.* {tr.} **Modelo 17.** Volver a su forma original información que fue codificada.

descolgar *vb. irreg.* {tr.} **Modelo 19. 1.** Bajar o quitar lo que está colgado: *Descolgué uno de los cuadros de la sala para limpiarlo.* **2.** Separar el auricular del teléfono: *Jaime no descolgó el teléfono cuando sonó porque no quería hablar con nadie.* **3.** Bajar de manera lenta algo o alguien que está sujeto a una cuerda: *Para bajar el piano desde el quinto piso del edificio tuvieron que descolgarlo por la ventana.*

descollar *vb. irreg.* {intr. y prnl.} **Modelo 5.** Sobresalir en algo: *Roberto y Belisario descuellan en los estudios porque siempre sacan las mejores calificaciones.*

descolorido, da *adj.* Que ha perdido su color natural: *Ese vestido está descolorido porque lo lavé con un jabón muy fuerte.*

descomedido, da *adj./m.* y *f.* **1.** Que está fuera de lugar. **2.** Que no tiene atenciones hacia los demás.

descompensar *vb.* (tr. y prnl.) Hacer que se pierda el equilibrio: *En la época de fiestas se descompensó mi economía porque compré muchos regalos.*

descomponer *vb. irreg.* (tr. y prnl.) **Modelo 27. 1.** Corromperse un cuerpo o alimento produciendo mal olor: *La comida se descompone con el calor.* **2.** Separar las partes que forman un todo: *Al descomponer el tema en varios capítulos, resulta más fácil estudiarlo.* **3.** Argent., Méx., Par. y Urug. Averiar, estropear una cosa: *Por no leer las instrucciones, Felipe descompuso la televisión cuando intentaba hacerla funcionar.* **4.** Cambiar negativamente el gesto de una persona: *Se me descompuso la cara cuando vi el accidente automovilístico.*

descompostura *f.* Falla que hace imposible que funcione un objeto: *No puedo usar el automóvil mientras no mande arreglar la descompostura que tiene.*

descompresión *f.* Reducción de la presión a que ha estado sometido un gas o un líquido.

descompuesto, ta *adj.* Se dice cuando un alimento está podrido o cuando algo no funciona: *Mi computadora está descompuesta, por eso estoy escribiendo mi trabajo a mano.* SIN. **degenerado.**

descomunal *adj.* Que está fuera de lo normal: *El tamaño del lagarto que está en el zoológico es descomunal: ¡mide cuatro metros!* SIN. **extraordinario.**

desconcertante *adj.* Que sorprende: *Tuvo un comportamiento desconcertante; no sé si estaba preocupado o si se había enojado conmigo por alguna razón.*

desconcertar *vb. irreg.* (tr. y prnl.) **Modelo 3.** Sorprender: *Mi ausencia en la escuela desconcertó al maestro, pero después le expliqué que había estado enfermo.*

desconchabar *vb.* (tr. y prnl.) Amér. C., Chile y Méx. Descomponer, descoyuntar: *El autobús se desconchabó después del choque.*

desconcierto *m.* Hecho de causar extrañeza: *El desconcierto de todos fue muy grande, nadie esperaba el anuncio de Sabrina acerca de que se haría monja.*

desconectar *vb.* (tr. y prnl.) Interrumpir una conexión eléctrica: *Desconecté el televisor para llevarlo a otro lugar.* SIN. **desenchufar.**

desconfianza *f.* Acción y efecto de lo que produce recelo, sospecha: *Ramiro me inspira desconfianza porque me ha dado cuenta de que dice mentiras.*

desconfiar *vb. irreg.* (intr.) **Modelo 9.** Recelar o sospechar de algo o alguien: *Don José desconfía de Hilda porque ha visto que no es sincera.*

descongelar *vb.* (tr.) **1.** Devolver un producto congelado a su estado ordinario: *"Antes de guisar el pescado debemos descongelarlo", propuso mi madre.* **2.** Liberar precios que se hallaban inmovilizados: *Los comerciantes descongelaron los precios de la leche y ahora cuesta el doble.*

descongestionar *vb.* (tr. y prnl.) **1.** Reducir o eliminar la acumulación anormal de sangre u otro fluido en algún órgano: *El médico le recetó un medicamento que descongestionará sus pulmones.* **2.** Disminuir la aglomeración: *No sé qué podríamos hacer para descongestionar el tráfico del centro de la ciudad.*

desconocer *vb. irreg.* (tr.) **Modelo 39. 1.** Ignorar, no conocer: *Desconozco el filme en que participó mi actor favorito porque hace mucho tiempo que no voy al cine.* **2.** No reconocer: *Por la fiebre tan alta que tenía, Jorge desconoció a su prima y le preguntó varias veces quién era.*

desconocido, da *adj./m.* y *f.* Que nunca se ha visto u oído hablar de él: *Nunca debes conversar con algún desconocido que se te acerque en la calle.*

desconsideración *f.* Falta de educación y respeto: *Es una desconsideración no cederles el asiento a los ancianos, a los enfermos o a las mujeres embarazadas que viajan en autobús.*

desconsolar *vb. irreg.* (tr. y prnl.) **Modelo 5.** Afligir, entristecer.

desconsuelo *m.* Aflicción, tristeza: *La niña siente un gran desconsuelo porque su gatito se murió.*

descontado, da. Dar por ~, *loc.* Con toda seguridad: *"Puedes dar por descontado que te ayudaré con tu trabajo escolar, el día que quieras estaré en tu casa", aseguré a mi amiga.*

descontar *vb. irreg.* (tr.) **Modelo 5.** Rebajar cierta cantidad a algo: *Como soy su cliente, el vendedor me descontó el diez por ciento sobre el costo de la televisión que compré.*

descontento *m.* Disgusto, decepción, enojo: *Todos mostramos nuestro descontento cuando el maestro nos dijo que se había cancelado la excursión a la montaña.*

descontento, ta *adj./m.* y *f.* Que no es feliz: *Romualdo está descontento porque en vacaciones tiene que dedicarse a estudiar geografía mientras todos salimos a jugar.*

descontrol *m.* Falta de control, de orden: *Vive en un total descontrol: se despierta y se duerme muy tarde, no estudia, no trabaja y come poco.* SIN. **anarquía.**

descontrolar *vb.* (tr. y prnl.) Perder o hacer perder el control o dominio: *La mujer se descontroló cuando cayó cerca de ella el balón, porque no había visto cuando lo arrojaron.*

descorazonador, ra *adj.* Que desanima o desalienta: *Esa mala calificación fue muy descorazonadora para mí porque había estudiado mucho para el examen.*

descorazonar *vb.* (tr. y prnl.) Desalentar, perder o hacer perder el ánimo.

descorchar *vb.* (tr.) Quitar el corcho a una botella: *Para celebrar su cumpleaños, descorchamos una botella de champaña y brindamos a su salud.* SIN. **destapar.**

descorrer *vb.* (tr.) **1.** Plegar lo que estaba estirado: *"Por favor descorre las cortinas para que entre la luz", me pidió mi abuela.* **2.** Dar al cerrojo el movimiento necesario para abrir: *"¿Cómo quieres que la puerta se abra, si te falta descorrer el cerrojo?", me preguntó Andrés.*

descortés *adj./m.* y *f.* Que carece de cortesía: *"No seas descortés y da las gracias a tus amigos por los regalos que te trajeron", me dijo mi padre.* SIN. **maleducado.**

descortesía *f.* Falta de cortesía, de educación.

descoser *vb.* (tr. y prnl.) Soltar, deshacer las puntadas de lo que está cosido: *La maestra me dijo que descosiera esta parte de la blusa porque la había cosido mal.*

descosido *m.* Parte que se ha abierto en la costura de una prenda: *Renato no se ha dado cuenta de que trae un descosido en el pantalón y se le ve la pierna.*

descoyuntar *vb.* (tr. y prnl.) Dislocar, desencajar un hueso: *Saltó para arrojar el balón a la canasta, pero cayó mal y se descoyuntó el tobillo.*

descrédito *m.* Pérdida del crédito o reputación: *El **descrédito** de Rosa comenzó cuando entregó un trabajo mal hecho y sucio.*

descreído, da *adj./m. y f.* Que no tiene fe.

descremado, da *adj.* Relativo a productos lácteos a los que se les ha quitado la grasa: *Viviana compra leche descremada porque dice que así engorda menos.*

descremar *vb.* (tr.) Quitar la crema o la grasa a la leche, el yogur, etc.

describir *vb.* (tr.) **1.** Delinear, dibujar: *La Tierra describe una órbita cuando da la vuelta alrededor del Sol.* **2.** Representar por medio del lenguaje: *El profesor nos describió cómo son las pirámides de Egipto.*

descripción *f.* Hecho de explicar cómo es una cosa: *Me hizo la descripción física de su hermano y cuando fui a buscarlo al aeropuerto lo reconocí fácilmente.*

descuartizar *vb. irreg.* (tr.) Modelo 16. Dividir un cuerpo en cuartos o pedazos: *El carnicero descuartiza la res para venderla por partes.*

descubierto, ta *adj.* Que no está cubierto o tapado: *Me mojé porque estaba en un lugar descubierto cuando comenzó a llover.* ANT. **cubierto.**

descubrimiento *m.* Hecho de descubrir, sobre todo territorios o asuntos científicos: *El descubrimiento del fuego ayudó mucho al progreso de los pueblos primitivos.*

descubrir *vb.* (tr. y prnl.) **1.** Destapar lo cubierto: *La mujer descubrió su rostro, que estaba tapado por un velo, y entonces el hombre se dio cuenta de que ella era su hermana desaparecida.* **2.** Enterarse de algo ignorado u oculto: *Ayer descubrí en un programa de televisión que muchos tipos de insectos son comestibles.* **3.** Inventar algo: *El médico británico Alexander Fleming descubrió la penicilina, un antibiótico que sirve para curar muchas infecciones.* **4.** Quitarse el sombrero de la cabeza: *El caballero se descubre la cabeza cada vez que encuentra a una persona conocida.*

descuento *m.* Reducción del precio de alguna cosa: *Me hicieron un 20 por ciento de descuento cuando compré los libros, así que gasté menos de lo que pensaba.* SIN. **rebaja.**

descuidar *vb.* (tr., intr. y prnl.) **1.** No poner el cuidado debido: *La mujer descuidó por un momento al niño y el ladrón aprovechó para robárselo.* **2.** Hacer que otra persona no se preocupe por algo: *"Descuida, mi madre le pedirá permiso a tu mamá para que puedas ir a dormir a mi casa", dije a Carmen.*

descuido *m.* Falta de cuidado: *Por un descuido se quemó el pan que estaba horneando.*

desde *prep.* **1.** Indica punto de origen o procedencia en el tiempo o en el espacio: *Le diga a mi madre que desde hoy haré el trabajo escolar en cuanto regrese de la escuela y no por la noche.* **2.** Después de: *Desde que sufrió el accidente, mi tío cojea un poco.*

desdecirse *vb. irreg.* (prnl.) Modelo 54. Retractarse o echarse para atrás en lo dicho: *Primero me dijo que sí era mi novia y después se desdijo, por eso estoy enojado con ella.*

desdentado, da *adj./m.* **1.** Sin dientes: *El anciano tiene la boca desdentada, por eso tiene que usar dientes postizos.* **2.** Relativo a un orden de mamíferos sin dientes, como el oso hormiguero.

desdicha *f.* Desgracia, tristeza: *La grave enfermedad de mi tío ha causado la desdicha de toda la familia.* ANT. **alegría, felicidad.**

desdoblar *vb.* (tr. y prnl.) Extender lo que estaba doblado o plegado: *Juana desdobla el mantel para ponerlo sobre la mesa.*

desear *vb.* (tr.) **1.** Querer algo de manera intensa: *Deseo que pronto lleguen las vacaciones porque me siento muy cansada.* **2.** Sentir atracción sexual.

desecar *vb. irreg.* (tr. y prnl.) Modelo 17. Secar, eliminar la humedad de un cuerpo: *La madera debe desecarse antes de utilizarla para hacer muebles, porque si se usa húmeda puede deformarse.*

desechar *vb.* (tr.) Tirar, deshacerse de algo que ya no se quiere: *Deseché esta blusa porque me queda corta.*

desecho *m.* **1.** Sobrante de algo después de haber escogido lo mejor o lo que se puede utilizar: *El cascarón del huevo es el desecho, sólo nos comemos la clara y la yema.* **2.** Cosa que se tira por inútil: *"Pon los desechos de la comida en la basura", le pedí a la sirvienta.*

desembarazar *vb. irreg.* (tr. y prnl.) Modelo 16. **1.** Dejar una cosa libre de obstáculos: *Desembarazamos el camino de las piedras que no nos dejaban pasar.* **2.** Apartar de sí lo que estorba: *Me desembaracé de ese vecino chismoso cuando le dije que tenía una enfermedad contagiosa y que necesitaba dos años para curarme.*

desembarcar *vb. irreg.* (tr., intr. y prnl.) Modelo 17. Descender de un barco: *Los viajeros desembarcaron cuando llegaron al puerto.*

desembocadura *f.* **1.** Lugar al que llega un río: *La desembocadura del río Orinoco se encuentra en el Océano Atlántico.* **2.** Salida de una calle: *Mi casa está en la desembocadura de esa avenida.*

desembocar *vb. irreg.* (intr.) Modelo 17. **1.** Entrar una corriente de agua en el mar: *El río Nilo desemboca en el mar Mediterráneo.* **2.** Tener salida una calle a un lugar: *Esa calle desemboca en la plaza que están construyendo.* **3.** Tener una situación o asunto un resultado: *La discusión era muy agresiva y desembocó en pelea.*

desembolsar *vb.* (tr.) Pagar una cantidad de dinero: *Desembolsé mucho dinero para pagar los billetes del avión que me llevará a Madrid.*

desempañar *vb.* (tr.) Limpiar una cosa empañada o cubierta de vapor: *Abrí las ventanillas del automóvil para desempañar el parabrisas, porque no podía ver a los otros vehículos.*

desempeñar *vb.* (tr.) **1.** Recuperar lo que estaba en poder de otro como garantía de pago: *Como ya me pagaron por el trabajo que hice, voy a desempeñar las joyas de mi madre.* **2.** Cumplir, hacer aquello a lo que uno está obligado: *Joel desempeña su trabajo con esmero, por eso van a aumentarle el sueldo.* **3.** Representar, interpretar un papel, especialmente en obras de teatro: *La actriz desempeñó el papel de una bruja en esa obra de teatro.*

desempleo *m.* Falta de trabajo: *El alto nivel de desempleo es un problema que preocupa a los gobernantes de muchos países del mundo.*

desempolvar *vb.* (tr. y prnl.) **1.** Quitar el polvo: *Saqué unos libros viejos del librero y les soplé para desempolvarlos un poco.* **2.** Volver a usar algo abandonado u olvidado: *Desempolvó su vieja máquina de escribir e hizo una carta para su amigo.*

179

desencadenar *vb.* {tr. y prnl.} **1.** Soltar lo que está amarrado o con cadenas: *Cuando el perro dejó de ladrar, Natalia lo* **desencadenó** *para que anduviera por todo el jardín.* **2.** Traer como consecuencia, provocar: *Los chistes del payaso* **desencadenaron** *la risa de los niños pequeños.* **3.** Estallar una pasión o fuerza natural: *El viento* **desencadenó** *un fuerte oleaje que impidió nuestro paseo en barco.*

desencaminar *vb.* {tr.} Apartar del camino: *Las malas compañías lo* **desencaminaron** *de su proyecto de entrar a la universidad.*

desenchufar *vb.* {tr.} Desconectar de la red eléctrica: *Debemos* **desenchufar** *la plancha cuando terminemos de usarla para evitar accidentes.* Sin. **desconectar.**

desenfrenar *vb.* {tr. y prnl.} Entregarse a vicios y pasiones.

desenganchar *vb.* {tr. y prnl.} Soltar, desprender lo que está enganchado: *Los campesinos* **desengancharon** *a los bueyes cuando terminaron de arar la tierra.*

desenlace *m.* Final de un suceso o una obra: *El desenlace de la obra ocurrió cuando el novio de la heroína murió en los brazos de su amada.*

desenmarañar *vb.* {tr.} Deshacer el enredo, los nudos que se han formado. Sin. **desenredar.**

desenmascarar *vb.* {tr. y prnl.} **1.** Quitar la máscara: *Cuando se termina el carnaval, la gente que participa* **se desenmascara** *y se cambia de ropa.* **2.** Dar a conocer los verdaderos propósitos de una persona: *Julia está muy triste porque sus amigos* **desenmascararon** *a su novio y le demostraron que no la quería.*

desenredar *vb.* {tr. y prnl.} Quitar los nudos que se han formado: *Elisa tiene el cabello muy rizado, por eso le lleva mucho tiempo* **desenredárselo.**

desenrollar *vb.* {tr.} Extender una cosa arrollada o enrollada: *El vendedor* **desenrolló** *la tela para cortar los dos metros que la señora quería comprar.*

desenroscar *vb.* {tr. y prnl.} **Modelo 17. 1.** Extender o extenderse lo que está hecho rosca: *Cuando la culebra* **se desenroscó** *nos dimos cuenta de que era larguísima.* **2.** Sacar lo que está enroscado dándole vueltas: **Desenrosqué** *el tapón de la botella y tomé agua.*

desentenderse *vb. irreg.* {prnl.} **Modelo 24. 1.** Fingir ignorancia: *Cuando le pregunté a Irma dónde estaba mi libro,* **se desentendió** *diciendo que no lo había visto, pero yo sabía que ella lo tenía.* **2.** No tomar parte en alguna cosa: *Ricardo* **se desentiende** *siempre de los trabajos que debemos hacer juntos, así que yo termino haciendo todo.*

desenterrar *vb. irreg.* {tr.} **Modelo 3. 1.** Sacar lo enterrado: *Los piratas* **desenterraron** *un cofre lleno de joyas que estaba cerca de un árbol.* **2.** Recordar lo olvidado: *Mi abuelita* **estuvo desenterrando** *viejos recuerdos cuando la visitaron sus hermanas.*

desentonar *vb.* {intr.} **1.** Estar fuera de tono, desafinar: *Cuando la banda de la escuela dio un concierto, el trombón* **desentonó** *tanto que todos comenzamos a reír.* **2.** Contrastar algo de manera desagradable con lo que hay alrededor: *Esa lámpara moderna* **desentona** *con la decoración antigua de la casa.*

desenvoltura *f.* **1.** Agilidad, soltura: *Juliana actuó con* **desenvoltura** *en la obra de teatro.* **2.** Falta de timidez: *Tiene tal* **desenvoltura** *que llegó a la fiesta como si conociera a todos y en realidad no conocía a nadie.*

desenvolver *vb. irreg.* {tr. y prnl.} **Modelo 29. 1.** Destapar lo envuelto: *Los recién casados* **desenvolvieron** *los regalos que les dieron todos sus amigos.* **2.** Actuar con soltura, hacer bien algo: *Francisco* **se desenvuelve** *muy bien en su trabajo, por eso pensamos que pronto va a recibir un aumento de sueldo.*

deseo *m.* Hecho de querer algo: *Mi* **deseo** *es hacer un viaje alrededor del mundo.*

desertar *vb.* {tr., intr. y prnl.} **1.** Abandonar una causa o actividad: *Javier* **desertó** *de la Universidad porque dijo que no le gustaba estudiar.* **2.** Abandonar un soldado su puesto sin autorización: *La policía busca a cinco soldados que* **han desertado** *del ejército.*

desértico, ca *adj.* **1.** Deshabitado, vacío: *Cuando llegamos al teatro, estaba* **desértico** *y tuvieron que suspender la obra por falta de público.* **2.** Propio del desierto: *Ese camino atraviesa una zona* **desértica** *en la que no hay agua ni vegetación.*

desesperar *vb.* {tr., intr. y prnl.} **1.** Impacientar, exasperar: *Me* **desespera** *tener que aguardar a mi novio cuando llega tarde a las citas.* **2.** Sentir disgusto por algo: **Desesperamos** *a mi madre cuando no la obedecemos.*

desfachatez *f.* Descaro, insolencia: *Ha sido una* **desfachatez** *de mi hermana usar mi vestido nuevo sin pedírmelo.* Ant. **respeto.**

desfallecer *vb. irreg.* {intr.} **Modelo 39. 1.** Perder fuerzas, debilitarse: **Desfallezco** *de hambre porque no he comido nada en todo el día.* **2.** Desmayarse, perder el sentido: *Cuando le dieron la noticia del accidente que sufrió su esposa, Rubén* **desfalleció** *y tuvieron que sostenerlo para que no cayera al piso.* **3.** Perder el ánimo: *"Si nos lo proponemos, llegaremos hasta el final sin* **desfallecer***", nos dijo el entrenador del equipo.*

desfavorable *adj.* Malo, poco favorable, adverso: *Es un momento* **desfavorable** *para pedirle permiso a tu mamá, porque está enojada contigo.*

desfigurar *vb.* {tr. y prnl.} **1.** Deformar, afear. **2.** Modificar un suceso al momento de contarlo. **3.** Turbarse por una emoción, susto, etc.: *Su cara* **se desfiguró** *cuando vio a su novia con otro muchacho.*

desfiladero *m.* Paso estrecho entre montañas. Sin. **cañón, garganta, barranco.**

desfilar *vb.* {intr.} **1.** Marchar en fila: *Los niños* **desfilarán** *durante la ceremonia a la bandera.* **2.** Pasar las tropas en orden ante un superior: *El día de la fiesta nacional de muchos países, el ejército* **desfila** *ante el Presidente.*

desfile *m.* Hecho de marchar la gente en fila: *El desfile empezaba con cuatro niños que tocaban el tambor.*

desfondar *vb.* {tr. y prnl.} Romper el fondo: *La bolsa de las compras* **se desfondó** *porque tenía demasiadas cosas dentro.*

desgajar *vb.* {tr. y prnl.} **1.** Arrancar una rama del tronco: *Su madre regañó a Pilar porque* **desgajó** *ese árbol.* **2.** Separar una parte de una cosa unida: *Marcia* **desgajó** *su naranja y repartió los gajos entre sus amigas.*

desgano *m.* Falta de gana o deseo de hacer una cosa: *Ricardo debe estar enfermo, siempre es muy activo y ahora se le ve el* **desgano***, ni siquiera quiere jugar.*

desgañitarse *vb.* {prnl.} Fam. Gritar con gran esfuerzo: *Por más que* **me desgañitaba** *llamándolos, mis hermanos seguían jugando y no venían a comer.*

desgarbado, da *adj.* Falto de elegancia, de gracia: *Esa joven se compra ropa bonita, pero no se ve bien porque camina* **desgarbada.**

desgarrar *vb.* {tr. y prnl.} **1.** Rasgar, romper: *Martha* **desgarró** *el sobre para leer la carta.* **2.** Herir los sentimientos: *Patricia le* **desgarrará** *el corazón a su novio cuando le diga que se enamoró de otro muchacho.*

desgastar *vb.* {tr. y prnl.} Gastar o volver vieja una cosa: *La suela de mis zapatos* **se desgasta** *cada vez que camino con ellos.*

desgracia *f.* **1.** Mala suerte: *¡Qué* **desgracia!** *Casi me gano la lotería, pero fallé por un solo número.* **2.** Suceso malo y triste: *Fue una* **desgracia** *para la familia que el padre perdiera su trabajo.* Sin. **calamidad.**

desgraciado, da *adj./m. y f.* **1.** Que padece o implica desgracia. **2.** Persona que inspira compasión: *El pobre* **desgraciado** *tiene un hijo que está muy enfermo en el hospital.* **3.** *Fam. y Desp.* Mala persona: *El* **desgraciado** *de Rubén tiene tres hijos y no se ocupa de ellos.*

desgranar *vb.* {tr. y prnl.} **1.** Sacar los granos de una cosa: **Desgranamos** *los elotes para preparar el guiso.* **2.** Soltarse las piezas ensartadas.

deshabitar *vb.* {tr.} Irse del sitio que se habitaba, dejar un lugar sin habitar: *Nadie vive en esa casa desde que la* **deshabitaron** *los vecinos.*

deshacer *vb. irreg.* {tr. y prnl.} Modelo 23. **1.** Destruir lo que estaba hecho: *María* **deshizo** *las trenzas de la niña antes de bañarla.* **2.** Derretir algo sólido, fundir: **Deshice** *la mantequilla en la cacerola y puse a freír la carne.* **3.** Quitarle vigencia a algo: *Estas naciones* **deshicieron** *el tratado de paz que habían firmado y ahora están en guerra otra vez.* **4.** Estropear una cosa: *El aire le* **deshizo** *el peinado que le costó tanto trabajo hacerse.* **5.** Tener muchos deseos de algo: *Me* **deshago** *por ir al concierto de mi cantante favorito.*

desharrapado, da o **desarrapado, da** *adj./m. y f.* Mal vestido, lleno de harapos: *"¿Cómo van a darle ese trabajo en el que piden buena presentación si siempre anda* **desharrapado?",** *dijo Germán.*

desheredar *vb.* {tr.} Excluir a una persona de la herencia: *Su padre le dijo a Clarisa que la* **desheredaría** *si se casaba con ese hombre malo.*

deshidratar *vb.* {tr. y prnl.} Eliminar o perder el agua un cuerpo: *Le dio tanto sol que* **se deshidrató** *y se sentía muy débil.*

deshielo *m.* Hecho de convertirse en agua la nieve y el hielo: *Con el calor de la primavera comienza el* **deshielo** *en las montañas elevadas.*

deshilar *vb.* {tr. y prnl.} Sacar hilos de una tela.

deshilvanado, da *adj.* Desorganizado, relativo al discurso sin conexión entre sus partes: *Estaba tan nervioso que hizo un discurso* **deshilvanado** *y ella no entendió que le estaba declarando su amor.*

deshinchar *vb.* {tr. y prnl.} Quitar la inflamación de algo que está hinchado: *Con una bolsa de hielo* **deshinché** *el chichón que me hice en la frente al pegarme con la ventana.*

deshojar *vb.* {tr. y prnl.} Quitar o arrancar las hojas a una planta o los pétalos a una flor: *Fue* **deshojando** *la margarita hasta que no quedó ningún pétalo.*

deshollinador *m.* Utensilio que se usa para quitar el hollín que se acumula en las chimeneas.

deshollinador, ra *m. y f.* Que tiene por oficio limpiar chimeneas: *Está muy sucia la chimenea, debemos llamar al* **deshollinador.**

deshonesto, ta *adj.* Falto de honestidad, inmoral.

deshonra *f.* **1.** Vergüenza: *Es una* **deshonra** *decir que no sabes nada de matemáticas después de haber tomado un curso de dos años.* **2.** Ofensa, falta de honra: *Saber que él era el ladrón fue una* **deshonra** *para su familia.*

deshora o **deshoras. A ~,** *loc.* Fuera de hora o tiempo: *Siempre llega a comer* **a deshora,** *cuando ya todos hemos terminado.*

deshuesar *vb.* {tr.} Quitar los huesos: *Ayúdame a* **deshuesar** *este pollo para que pueda cocinarlo.*

desidia *f.* Negligencia, descuido, dejadez: *"No sé qué hacer con ese niño, por* **desidia** *nunca limpia su cuarto", dijo doña Martha.*

desierto *m.* Lugar seco de escasa vegetación: *Los camellos son buenos animales para el* **desierto** *porque almacenan agua y pueden vivir varios días sin beberla.*

desierto, ta *adj.* No poblado, vacío: *Conocimos un pueblo* **desierto** *en el que hacen filmes de terror.*

designar *vb.* {tr.} **1.** Nombrar a una persona o cosa por su nombre o rasgo distintivo. **2.** Señalar una persona o cosa para algo preciso: **Designaron** *al señor Arango como representante de los vecinos ante las autoridades.* **3.** Fijar o escoger: *El maestro* **designó** *el último día de mes para hacer el examen de química.*

desigual *adj.* **1.** Diferente: *Partimos la tarta de manera* **desigual,** *por eso hay unas rebanadas más grandes que otras.* **2.** No liso: *Como el terreno es* **desigual,** *los albañiles tendrán que emparejarlo antes de construir la casa.* **3.** Variable: *Vivo en una ciudad con clima* **desigual:** *por la mañana llueve, por la tarde hace calor y por la noche hace frío.*

desigualdad *f.* **1.** Hecho de ser o estar desigual: *Debido a la* **desigualdad** *que hay entre los dos equipos, será más fácil la victoria de los verdes.* **2.** Injusticia: *Es terrible la* **desigualdad** *con que está repartida la riqueza en el mundo: ¿cómo puede haber personas tan pobres y otras tan ricas?*

desilusión *f.* **1.** Pérdida de las ilusiones. **2.** Decepción, chasco: *Su* **desilusión** *fue grande cuando se dio cuenta de que su mejor amigo era hipócrita y traidor.*

desilusionar *vb.* {tr. y prnl.} Tener o hacer que otro tenga una desilusión o desengaño: *Margarita* **se desilusionó** *cuando descubrió que su novio era un mentiroso.*

desinfectar *vb.* {tr. y prnl.} Destruir gérmenes infecciosos: *Hay que* **desinfectar** *frutas y verduras antes de comerlas y así evitamos enfermedades.*

desinflar *vb.* {tr. y prnl.} Sacar o salirse el aire de un cuerpo: *"Desinfla un poco el globo porque está demasiado lleno y se puede reventar", me dijo Dante.*

desintegrar *vb.* {tr. y prnl.} Separar los diversos elementos que forman un todo.

desinterés *m.* **1.** Apatía, falta de interés: *Reprobó el curso por el* **desinterés** *que tenía hacia las matemáticas.* **2.** Generosidad: *Es bueno hacer favores con* **desinterés.**

desinteresado, da *adj.* Generoso, que no actúa por interés: *Tu mamá te da consejos* **desinteresados,** *lo único que quiere es tu bien.*

desistir *vb.* {intr.} Abandonar un propósito o intento: *Mi padre* **desistió** *de cobrarle a Evaristo el dinero que le debe, porque sabe que no tiene trabajo.* Sin. **renunciar.**

deslenguado, da *adj.* Que dice malas palabras cuando habla y no siente vergüenza por decirlas: *"¡Ese muchacho deslenguado no para de decir groserías!"*

deslizar *vb. irreg.* {intr. y prnl.} **Modelo 16.** *1.* Correr los pies u otro cuerpo por encima de una superficie lisa o mojada: *El niño jugaba deslizando su carrito sobre la mesa. 2.* Escaparse, escabullirse o entrar en un lugar sin ser notado.

deslucir *vb. irreg.* {tr. y prnl.} **Modelo 58.** Quitar o perder la buena apariencia, la gracia o el atractivo.

deslumbrar *vb.* {tr. y prnl.} *1.* Molestar a la vista un exceso de luz: *Las luces de los otros automóviles me deslumbran cuando viajo de noche. 2.* Fascinar, impresionar: *La belleza de las pirámides prehispánicas deslumbra a los visitantes europeos.*

desmadrarse *vb.* {prnl.} *Fam.* Excederse, actuar sin freno.

desmayo *m.* Pérdida momentánea del conocimiento: *El desmayo del nadador se debió al gran esfuerzo físico que había hecho durante la competencia.*

desmedido, da *adj.* Falto de medida o proporción, excesivo: *Mi tía siente un apego desmedido por ese perro viejo, creo que va a sufrir mucho cuando el animal se muera.*

desmejorar *vb.* {tr., intr. y prnl.} *1.* Estropear, deslucir. *2.* Ir perdiendo la salud: *El médico dijo que la salud de mi abuelo ha desmejorado mucho desde que se cayó por la escalera.*

desmemoriado, da *adj./m.* y *f.* Torpe de memoria, que olvida las cosas fácilmente: *Me dijo que vendría a mi casa hoy, pero como es tan desmemoriado creo que lo olvidó.*

desmentir *vb. irreg.* {tr.} **Modelo 50.** Decir que algo no es verdad: *El cantante desmintió la noticia de su próximo casamiento y dijo que ya no tiene novia.*

desmenuzar *vb. irreg.* {tr. y prnl.} **Modelo 16.** Deshacer una cosa en partes menudas: *Desmenucé el pan para dárselo a los pájaros.*

desmesurado, da *adj./m.* y *f.* Fuera de proporción, excesivo: *En el mercado vi una calabaza de tamaño desmesurado, creo que pesaba por lo menos cuarenta kilos.*

desmontar *vb.* {tr., intr. y prnl.} *1.* Desunir las piezas de una cosa: *El técnico desmontó la televisión para arreglarla porque no funciona bien. 2.* Bajar alguien de una caballería: *Después de galopar un buen rato, desmontó y se fue a dar una ducha.*

desmoralizar *vb. irreg.* {tr. y prnl.} **Modelo 16.** Perder o hacer perder el ánimo, desalentar: *Carmen se desmoralizó cuando el maestro de música le dijo que no tenía voz suficiente para ser una cantante de ópera.*

desmoronar *vb.* {tr. y prnl.} *1.* Deshacer y arruinar poco a poco: *Ese antiguo edificio se está desmoronando porque está vacío y nadie lo arregla. 2.* Decaer, venir a menos: *Su ánimo se desmoronó por la enfermedad de su hijo.*

desnatar *vb.* {tr.} Quitar la nata a la leche o a otro producto lácteo.

desnivel *m.* Diferencia de altura entre dos o más puntos.

desnucar *vb. irreg.* {tr. y prnl.} **Modelo 17.** Fracturar los huesos de la nuca: *Sofía cayó por la escalera, se golpeó en el cuello y por fortuna no se desnucó.*

desnudo *m.* En las bellas artes, figura humana sin ropas: *Su maestra de artes plásticas lo felicitó por el desnudo tan bello que pintó.*

desnudo, da *adj. 1.* Sin ropa: *El niño está desnudo porque su papá va a bañarlo. 2.* Sin adornos: *Andrés trabaja en una oficina desnuda, que sólo tiene una mesa y una silla.*

desnutrición *f.* Estado de debilidad por una alimentación deficiente: *Muchos niños pobres en el mundo mueren por desnutrición.*

desobedecer *vb. irreg.* {tr.} **Modelo 39.** No obedecer a lo que se manda: *Rafael desobedeció a su madre al no hacer su trabajo escolar y ahora no podrá ir a la fiesta.*

desobediencia *f.* Hecho de no obedecer: *La desobediencia de ese niño provocó que su profesor lo castigara.*

desobligado *m. Méx.* Irresponsable: *Javier es un padre desobligado que no se ocupa de su hijo.*

desocupación *f.* Situación en la que no se tiene ocupación, trabajo o empleo.

desocupar *vb.* {tr.} Dejar libre un lugar o sacar lo que hay dentro: *Ya desocupé ese cajón para que puedas poner tu ropa.*

desodorante *m.* Producto que elimina el olor corporal, en especial de las axilas y los pies: *Mi hermana se ducha todos los días, se afeita los vellos de las axilas y se pone desodorante.*

desoír *vb. irreg.* {tr.} **Modelo 53.** Desatender, no prestar atención: *Desoyó los buenos consejos de su familia y por eso perdió el empleo.*

desollar *vb. irreg.* {tr. y prnl.} **Modelo 5.** Quitar la piel o pellejo: *El vaquero desolló la vaca muerta para curtir la piel y hacerse unas botas.*

desorden *m.* Falta de orden: *"Si no acomodas el desorden que hay en tu dormitorio, no podrás ver televisión", me dijo mi padre.*

desordenar *vb.* {tr.} Alterar o modificar el orden o arreglo de las cosas: *"¡Enrique vino a desordenar todos los juguetes de mis cajones!, ahora deberá acomodar todo."*

desorejado, da *adj. 1. Amér. C.* y *Colomb.* Tonto. *2. Amér. Merid.* y *Pan.* Que tiene mal oído para la música. *3. Cuba.* Derrochador, gastador en exceso.

desorganizar *vb. irreg.* {tr. y prnl.} **Modelo 16.** Destruir el orden u organización de algo: *Tenía todos mis papeles ordenados, pero cuando busqué uno desorganicé los demás y ahora todo es un desastre.*

desorientar *vb.* {tr. y prnl.} *1.* Hacer perder la orientación, la dirección: *Se desorientó y ya no supo cómo llegar a la dirección que le habían dado. 2.* Confundir: *Los diferentes canales de televisión desorientaron a la gente al dar varias versiones de la misma noticia.*

desovar *vb.* {intr.} Depositar sus huevos las hembras de los peces, insectos y anfibios: *Las tortugas salen del mar para desovar en la arena.*

despachar *vb.* {tr. e intr.} *1.* Concluir algún trabajo: *Hoy despachamos pronto el trabajo, pues queríamos salir temprano. 2.* Enviar: *Hoy despaché el paquete que tenía que enviarte, mañana te llegará. 3.* Despedir de un empleo: *El jefe despachó a la secretaria cuando descubrió que era una ladrona. 4.* Atender a los compradores en un comercio: *La vendedora despachó a la señora que quería comprar una botella de vino.*

despacho *m. 1.* Habitación para trabajar: *"Ve a llamar a tu papá que está en su despacho y dile que venga a comer", me pidió mi madre.* SIN. **estudio, oficina.** *2.* Comunicación oficial: *El despacho que mandó el* jefe decía que a partir del día 15, todos los empleados debían llegar 15 minutos más temprano. **3.** Chile. Tienda pequeña de comestibles.

despacio *adv.* **1.** Poco a poco, lentamente: *"Camina despacio abuela, porque el jardín tiene agujeros y podrías caerte", me advirtió Roberto.* **2.** *Amér. C. y Amér. Merid.* En voz baja: *Para que nadie más oyera, me dijo despacio cuál de los niños le gustaba.*

despampanante *adj. Fam.* Asombroso, llamativo: *Mi madre se puso un vestido despampanante para el baile, se veía tan bonita que parecía la princesa de los cuentos.*

desparasitar *vb.* {tr. y prnl.} Quitar los parásitos por medio de medicamentos o hierbas medicinales: *Roberto dice que esas píldoras para desparasitarse son muy fuertes, está seguro que acabará con las amibas.*

desparpajo *m.* **1.** *Fam.* Desenvoltura, soltura para decir o hacer algo. **2.** *Amér. C. Fam.* Desorden, confusión.

despavorido, da *adj.* Lleno de pavor, de miedo intenso: *Fermín salió despavorido porque creyó que había un fantasma en su habitación; en realidad, era Romualdo cubierto con una sábana.*

despectivo, va *adj.* Que desprecia o indica desprecio: *Me enojé con Óscar porque me habló con un tono despectivo que me molestó mucho.*

despedazar *vb. irreg.* {tr. y prnl.} Modelo 16. Romper, hacer pedazos: *Se cayó de la mesa el florero de cristal y se despedazó.*

despedir *vb. irreg.* {tr. y prnl.} Modelo 47. **1.** Lanzar, arrojar, soltar: *Esas flores despiden un olor muy agradable.* **2.** Acompañar a una persona para decirle adiós: *Fuimos a despedir a mis tíos a la estación del tren.* **3.** Echar de un empleo: *Despidieron a Berta, porque no servía para ese trabajo.* SIN. **correr.**

despegar *vb. irreg.* {tr., intr. y prnl.} Modelo 17. **1.** Separar una cosa de otra a la que está pegada: *Mi mamá despegó la marca del frasco de mermelada y la envió a un concurso de televisión.* **2.** Separarse del suelo donde está parada una aeronave.

despeinar *vb.* {tr. y prnl.} Deshacer el peinado, desordenar el cabello: *Elena se despeinó porque movió mucho la cabeza al bailar.*

despejar *vb.* {tr. y prnl.} **1.** Desocupar un lugar: *Los policías nos pidieron que despejáramos el área para que los bomberos pudieran apagar el incendio.* **2.** En deporte, alejar un equipo el balón de su propio campo. **3.** En matemáticas, aislar una incógnita en una ecuación. **4.** Aclarar lo confuso: *Ramón despejará a 'dudas una vez que lea este texto en inglés, porque él sabe muy bien esa lengua.* **5.** Aclararse el cielo: *Ya se despejó el cielo, así que no lloverá más.*

despellejar *vb.* {tr. y prnl.} **1.** Quitar o arrancar la piel o el pellejo: *Primero despellejas las pechugas y luego las cocinas con cebolla, tomate y ajo.* **2.** *Fam.* Criticar con mucha crueldad: *En su ausencia, sus compañeras despellejaron a Celia: dijeron que era tonta, fea, antipática, soberbia, y todos los demás defectos.*

despensa *f.* Lugar de la casa donde se guardan los alimentos: *Por favor, tráeme una lata de atún de la despensa.*

despeñadero *m.* Precipicio, declive alto con pendiente empinada y llena de piedras: *El filme terminó cuando las dos mujeres se arrojaron en su automóvil por un despeñadero.*

despeñar *vb.* {tr. y prnl.} Arrojar o caer desde un precipicio: *Las cabras pueden caminar por terrenos muy inclinados sin despeñarse.*

desperdiciar *vb.* {tr.} Malgastar algo o no usarlo: *No desperdicies la gran oportunidad que te ofrecen en la escuela para viajar a otros países.*

desperdicio *m.* Residuo que no se aprovecha: *Podemos darle los desperdicios del guiso de pollo al perro.*

desperezarse *vb. irreg.* {prnl.} Modelo 16. Estirar los miembros para quitarse la pereza: *Después de dormir durante horas, la gata se levantó y se desperezó.*

desperfecto *m.* Leve deterioro o defecto: *El departamento tiene algunos desperfectos: las paredes están sucias y no cierra bien una puerta, pero los arreglamos antes de mudarnos.*

despertador *m.* Reloj con timbre para despertar: *El despertador de mi casa timbra a las seis de la mañana todos los días que voy a la escuela.*

despertar *vb. irreg.* {tr., intr. y prnl.} Modelo 3. **1.** Interrumpir el sueño: *Tengo que despertar a mi hermano a las siete de la mañana para que se vista, desayune y vaya a la escuela.* **2.** Estimular, provocar: *Josefina es una persona muy agradable que despierta simpatía a quienes la conocen.* **3.** Hacerse más listo, darse cuenta de las cosas: *"Es hora de que despiertes y te des cuenta de que tu novio te está engañando", le dije a Susana.*

despiadado, da *adj.* Inhumano, cruel: *El hombre que acaba de pasar es un ser despiadado que maltrata a niños y animales.*

despido *m.* Hecho de expulsar o correr a alguien de un empleo: *Los compañeros de la oficina han protestado por el despido de Juanita.*

despierto, ta *adj.* **1.** Espabilado, listo, inteligente: *Javier es un chico muy despierto que entiende todo lo que le explica el profesor.* **2.** Que ha salido del sueño.

despilfarrador, ra *adj./m.* y *f.* Que derrocha, que malgasta el dinero: *Evaristo es un despilfarrador que gasta todo su dinero comprando cosas que no necesita el mismo día que le pagan.*

despilfarrar *vb.* {tr.} Derrochar, malgastar el dinero: *Josefina despilfarra todo el dinero que le dan sus padres en dulces y adornos para su cabello.*

despintado, da *adj.* Aquello a lo que se le está perdiendo el color: *La fachada de la casa está despintada, vamos a pintarla otra vez.*

despintar *vb.* {tr. y prnl.} **1.** Retirar la pintura: *Amelia se despintó las uñas del color morado que tenían y las pintó de rojo.* **2.** Chile, Colomb. y P. Rico. Apartar la vista.

despistado, da *adj.* Que no presta mucha atención, que anda en las nubes: *Olga es una niña despistada que nunca recuerda dónde dejó las llaves de su casa.*

despistar *vb.* {tr. y prnl.} Desorientar, desconcertar, confundir: *Los delincuentes dejaron rastros falsos para despistar a los policías.*

desplante *m.* Dicho o hecho que es arrogante, descarado o insolente.

desplayado *m. Argent., Guat. y Urug.* Descampado, terreno sin maleza.

desplazado, da *adj./m.* y *f.* Desalojado, trasladado a algún lugar que no es el suyo original: *Las personas desplazadas por las inundaciones tendrán que vivir en casas de cartón por un tiempo.*

desplazar *vb. irreg.* {tr. y prnl.}/**Modelo 16.** *1.* Trasladar, mover: *Desplazamos la mesa del jardín para ponerla en un lugar con sombra.* *2.* Desalojar un cuerpo, al flotar o sumergirse, un volumen de líquido igual al de su parte sumergida: *Cuando pones un cubo de hielo en un vaso con agua, el nivel del agua sube porque lo* **desplaza** *el hielo.*

desplegado *m.* Manifiesto que se hace público: *Los obreros en huelga publicaron un* **desplegado** *en el que explican a la gente cuáles son sus demandas.*

desplegado, da *adj.* Abierto, extendido: *Pusimos el mapa* **desplegado** *sobre la mesa y buscamos el lugar donde se encuentra el tesoro del pirata.*

desplegar *vb. irreg.* {tr. y prnl.} **Modelo 18.** *1.* Extender lo que está plegado o doblado: *Antes de empezar a volar, el pájaro* **desplegó** *sus alas.* *2.* Ejercitar una actividad o manifestar una cualidad: *Desde que era niña le gusta dibujar y con los cursos que está tomando* **ha desplegado** *una gran habilidad.*

desplomarse *vb.* {prnl.} *1.* Caer una cosa con todo su peso: *El techo de la casa* **se desplomó** *a causa del terremoto.* *2.* Caer sin vida o sin conocimiento una persona: *David* **se desplomó** *cuando sintió el fuerte dolor en el pecho a causa de un infarto.*

desplumado, da *adj. 1.* Que se le han quitado las plumas: *Leoncio se ocupa de matar a los pollos y Virginia los deja* **desplumados** *para después venderlos.* *2.* Fam. Pobre, sin recursos económicos: *La familia está* **desplumada** *desde que el padre se quedó sin trabajo.*

desplumar *vb.* {tr. y prnl.} Quitar las plumas a un ave: *"¿Cómo quieres guisar el pollo si no lo* **has desplumado**?", dije a Hortensia.*

despoblado *adj./m.* Lugar donde no hay gente o población: *Se le descompuso el automóvil en* **despoblado** *y caminó durante una hora para llegar al pueblo más cercano.*

despoblar *vb. irreg.* {tr. y prnl.} **Modelo 5.** Disminuir la gente o población de un lugar: *El campo* **se está despoblando** *debido a que la gente va a vivir a las ciudades.*

despojar *vb.* {tr. y prnl.} *1.* Quitar a alguien lo que tiene, casi siempre con violencia: *El ladrón los* **despojó** *de lo que llevaban: dinero, relojes, anillos, tarjetas de crédito, etc.* *2.* Quitar a una cosa algo que la completa, cubre, etc.: *El artista* **despojó** *su pintura nueva de la tela roja que la cubría para mostrarla a sus amigos.* *3.* Quitarse la ropa: *Se* **despojó** *del pantalón, los zapatos y la camisa para meterse al mar.* Sin. **desvestirse.**

despojo *m. 1.* Hecho de despojar o despojarse. *2.* pl. Conjunto de residuos: *Después del huracán, la gente intentó recuperar algunas cosas que quedaban entre los* **despojos** *de sus casas.* *3.* pl. Conjunto de vísceras de aves y reses. *4.* pl. Cadáver, restos mortales.

desposado, da *adj./m.* y *f.* Persona casada: *Esos jóvenes* **desposados** *tendrán un hijo pronto.*

desposar *vb.* {tr. y prnl.} *1.* Unir el sacerdote en matrimonio a una pareja: *La palabra* **desposar** *proviene del latín "desponsare", que significa prometer.* Sin. **casar.** *2.* Contraer matrimonio: *Se* **desposaron** *en una ceremonia a la que asistieron sus familiares y amigos.* Sin. **casar.**

desposeer *vb. irreg.* {tr.} **Modelo 32.** Privar a alguien de lo que tiene.

despostar *vb.* {tr.} Amér. Merid. Descuartizar una res o ave.

despostillado, da *adj.* Amér. Merid. Boca, extremo u orilla deteriorada de una taza, vaso, plato, etc.: *Esa cacerola está* **despostillada** *porque la hemos tirado varias veces.*

despostillar *vb.* {tr.} Méx. Deteriorar una cosa en su borde u orilla: *Voy a tirar este vaso porque se* **despostilló** *y podríamos lastimarnos al beber en él.*

déspota *adj./m.* Persona que abusa de su poder o autoridad: *No me gusta trabajar bajo las órdenes de ese hombre porque es* **déspota** *y trata mal a sus empleados.*

despótico, ca *adj.* Que muestra una actitud de abuso de poder: *Las personas* **despóticas** *no permiten que nadie las critique.*

despotismo *m. 1.* Autoridad absoluta. *2.* Abuso de poder: *El* **despotismo** *es una tentación para quienes están en el poder.*

despotricar *vb. irreg.* {intr. y prnl.} **Modelo 17.** Hablar sin reparo, diciendo lo que a uno se le ocurre.

despreciable *adj.* Digno de desprecio, de reprobación: *Ramiro es un ser* **despreciable** *que le quitó a su madre la casa que era de ella.*

despreciar *vb.* {tr.} *1.* Considerar a una persona o cosa indigna de aprecio o estima: *Adolfo se cree muy inteligente y* **desprecia** *a quienes él piensa son tontos.* *2.* Rechazar, desdeñar: *Rosita* **despreció** *a Hipólito cuando lo invitó a cenar y ahora él está muy triste.*

desprecio *m.* Desdén, falta de estima o respeto.

desprender *vb.* {tr. y prnl.} *1.* Desunir lo unido. *2.* Despedir o soltar de sí algo: *Mi ropa* **desprende** *un olor fresco después de que la lavo.* *3.* Renunciar a una cosa: *Cuando Javier entró al monasterio tuvo que* **desprenderse** *de todas sus cosas.* *4.* Llegar a una conclusión, deducirse algo: *Van a operar a Beatriz mañana, de eso* **se desprende** *que no podrá ir de vacaciones con nosotros.*

desprendido, da *adj.* Generoso, desinteresado: *Laura es una persona* **desprendida** *que me ayuda cuando lo necesito y me invita a comer cuando no tengo dinero.*

desprendimiento *m.* Acción en la que algo se separa, se desprende: *En la ladera de ese monte hay* **desprendimientos** *de tierra cuando llueve.*

despreocupación *f.* Estado en el que no hay inquietudes o preocupaciones: *Después de que mi padre consiguió un nuevo empleo, entramos en un estado de* **despreocupación.**

despreocupado, da *adj.* Fácil, que no tiene inquietudes o preocupaciones: *Como su familia siempre ha sido rica, Andrés vive de manera* **despreocupada** *con respecto al dinero.*

despreocuparse *vb.* {prnl.} Librarse de una inquietud o preocupación: *El doctor dijo que podíamos* **despreocuparnos** *porque mi tío ya estaba comenzando a sanar.*

desprestigiar *vb.* {tr. y prnl.} Quitar o perder la buena reputación, desacreditar: *El alcoholismo de ese cantante famoso lo* **desprestigió** *y ahora mucha gente no quiere ir a sus conciertos.*

desprestigio *m.* Falta de buena reputación: *Esa mujer no ha podido librarse del* **desprestigio** *que carga por haber maltratado a sus hijos.*

desprevenido, da *adj.* Que no está preparado para algo: *Como estaba* **desprevenido**, *me caí cuando la perra puso sus patas encima de mí.*

despropósito *m.* Acto o expresión sin razón o inoportuna.

desprovisto, ta *adj.* Que no tiene lo necesario: *Es un hospital casi abandonado que está* **desprovisto** *de medicamentos, termómetros, jeringas y otras cosas importantes.*

después *adj.* Siguiente: *Un año* **después** *de haber empezado a estudiar inglés ya puedo leer libros cortos.*

después *adv.* **1.** Indica que algo sigue a la cosa de que se habla: *No es muy buena idea acostarse a dormir poco tiempo* **después** *de cenar.* **2.** Indica que algo o alguien sigue en un orden: *El subdirector de la escuela está* **después** *del director.*

después *conj.* Se usa con valor adversativo: *Después de todo el esfuerzo que realizó durante la carrera, no consiguió ningún premio.*

despuntar *vb.* {tr., intr. y prnl.} **1.** Quitar o gastar la punta de alguna cosa: *Mi lápiz* **se despuntó** *porque apoyé demasiado la mano sobre el papel.* **2.** Sobresalir: *Desde la primera clase Carlos* **despuntó** *como el mejor de los alumnos, siempre obtiene buenas calificaciones.* **3.** Empezar a manifestarse algo: *Al* **despuntar** *el día, se escucha el canto de los gallos en el campo.*

despunte *m. Argent. y Chile.* Leña delgada.

desquiciado, da *adj.* Falto de juicio, de razón, de orden: *El tráfico de la ciudad estaba* **desquiciado** *y tardé tres horas en llegar de la escuela a mi casa.*

desquiciado, da *m. y f.* Persona que carece de juicio, de razón: *Los actos* **desquiciados** *que cometió mi vecino hicieron que su papá lo llevara a un hospital para enfermos mentales.* **SIN. loco.**

desquiciar *vb.* {tr. y prnl.} **1.** Desencajar una cosa. **2.** Trastornar: *El ruido de los vehículos* **desquicia** *a la gente y la pone muy nerviosa.*

desquitar *vb.* {tr. y prnl.} Obtener una compensación: *Una buena calificación* **desquita** *todo el esfuerzo de un curso.*

desquite *m.* Compensación: *Como el equipo perdió el primer partido, pidió el* **desquite** *con un segundo juego.*

desrielar *vb.* {intr. y prnl.} *Amér. C., Bol., Chile, Méx. y Perú.* Salirse del tren de los rieles: *El mal estado de las vías ocasionó que el tren* **se desrielara.** *Lo bueno es que no hubo víctimas.* **SIN. descarrilar.**

destacamento *m.* Grupo de soldados con una misión: *En cuanto comenzaron las inundaciones en los pueblos más necesitados, el gobierno envió un* **destacamento** *para ayudarlos.*

destacado, da *adj.* Sobresaliente, notorio: *Fue muy* **destacada** *la participación de ese alumno en el concurso de poesía, al final todos lo felicitaron.*

destacar *vb. irreg.* {tr., intr. y prnl.} **Modelo 17. 1.** Poner de relieve, realzar: *Al entregarle el primer premio, el director* **destacó** *la gran inteligencia y dedicación del ganador.* **2.** Separar una parte de tropa para que realice un trabajo específico. **3.** Sobresalir, notarse: *Paola* **destaca** *entre los otros alumnos por su inteligencia.*

destajo *m.* Trabajo cuyo pago se ajusta a una proporción convenida: *Elena es una costurera que trabaja a* **destajo:** *si cose mucho gana más dinero y si cose poco, gana menos.*

destapador *m.* Utensilio que sirve para quitar la tapa o el tapón de botellas: *"¿Sabes dónde está el* **destapador?,** *quiero abrir esta botella de agua mineral."*

destapar *vb.* {tr. y prnl.} **1.** Quitar la tapa o tapón: *"Por favor,* **destapa** *esa cacerola y ve si ya está cocida la carne", pedí a Omar.* **2.** Quitar o quitarse algo de ropa:

"¡No me **destapes,** *tengo frío!", dije a Estela.* **SIN. desarropar. 3.** *Méx. Fam.* Revelar el nombre de un candidato a un puesto público: *Ese partido* **destapó** *el nombre de su candidato para la presidencia.*

destape *m. Méx. Fam.* Revelación del nombre de un candidato a un puesto público, como diputado, senador o presidente.

destartalado, da *adj.* Deteriorado, desarmado: *El automóvil de Jaime está* **destartalado** *y por eso no puede usarlo para viajar en carretera.*

destazar *vb. irreg.* {tr.} **Modelo 16.** Cortar en pedazos una res.

destellar *vb.* {intr.} Brillar de manera intermitente: *Las estrellas* **destellan** *en la noche.*

destellante *adj.* Que brilla de manera intermitente, que destella: *En las noches sin nubes, sobre el cielo negro se ven muchas estrellas* **destellantes.**

destello *m.* **1.** Ráfaga de luz intensa y breve: *El diamante parecía desprender* **destellos** *al tocarlo el rayo de sol.* **2.** Manifestación momentánea de algo: *La mujer tuvo un* **destello** *de caridad al regalar juguetes a unos niños pobres.*

destemplado, da *adj.* **1.** Que siente frío y malestar físico: *El helado hizo que me quedaran los dientes* **destemplados.** **2.** Que es brusco o está irritado: *Ese jefe despidió a la secretaria ladrona con gritos* **destemplados.** **3.** Aplicado a un instrumento musical que no está afinado: *La guitarra está* **destemplada** *y suena mal.*

destemplar *vb.* {tr. y prnl.} **1.** Alterar el orden de una cosa. **2.** Desafinar un instrumento musical: *El violín* **se destempló** *por ponerlo acostado sobre sus cuerdas.* **3.** Quitar el temple al acero. **4.** Sentir frío y malestar físico: *Se dio cuenta de que le daría gripe cuando sintió que el cuerpo se le* **destemplaba.** **5.** Perder la moderación o el temple.

desteñido, da *adj.* Que ha perdido el tinte: *El pantalón está* **desteñido** *por tantas lavadas, voy a teñirlo otra vez.*

desteñir *vb. irreg.* {tr., intr. y prnl.} **Modelo 66.** Borrar los colores del tinte: *Por accidente metí la blusa en una substancia que la* **destiñó:** *era azul y ahora es blanca.*

desternillarse *vb.* {prnl.} Reírse mucho: *Luis es tan simpático y se sabe tantos chistes, que* **nos tuvo desternillándonos** *de risa durante toda la comida.*

desterrado, da *adj./m. y f.* Expulsado de su lugar de origen: *Ese delincuente salió* **desterrado** *de su país y no pudo regresar nunca.*

desterrar *vb. irreg.* {tr.} **Modelo 3. 1.** Expulsar a uno a un lugar por causas políticas: *El rey* **desterró** *a uno de sus caballeros porque le informaron que estaba preparando una traición en su contra.* **2.** Apartar de sí, desechar: *Es mejor que* **destierres** *cualquier sentimiento en contra de tu hermana, ella no quiso lastimarte.*

destetar *vb.* {tr. y prnl.} Hacer que deje de mamar el niño o un animal: *A mi hermanito lo* **destetó** *mi madre cuando tenía ocho meses.*

destete *m.* Acción en la que se deja de dar la teta al niño o animal: *Mi mamá dice que el* **destete** *de los gatitos será en unos dos meses y que entonces se regalaremos uno.*

destiempo. A ~, *loc.* Fuera de plazo, en momento no oportuno: *La maestra no aceptó mi trabajo porque fue entregado a* **destiempo:** *ella lo pidió para el día 20 y quise dárselo el 25.*

destierro m. Pena del desterrado y lugar donde reside. SIN. **exilio**.

destilación f. Acción en la que se purifica o se destila un líquido: *Las bebidas alcohólicas tienen que pasar por un proceso de destilación para eliminar sus residuos dañinos.*

destilado, da adj. Filtrado: *"Debes ponerle agua destilada a la plancha de vapor para que no se tapen los conductos", aconsejé a Federico.*

destilar vb. {tr., intr. y prnl.} **1.** Separar un líquido volátil mediante calor. **2.** Correr un líquido gota a gota: *En el aparato llamado alambique se destilan las bebidas alcohólicas.* **3.** Filtrar: *El techo de esa caverna destila de manera natural el agua de lluvia.*

destilería f. Fábrica donde se destilan bebidas alcohólicas: *La policía cerró una destilería clandestina, donde se preparaban bebidas alcohólicas sin el cuidado necesario.*

destinación f. Lugar al que se va: *"¿Cuál es la destinación del tren que va a salir dentro de una hora?", pregunté al empleado de la estación.* SIN. **destino**.

destinado, da adj. Señalado para hacer algo.

destinar vb. {tr.} Señalar o utilizar una cosa para un fin concreto: *Voy a destinar esta caja para poner mis juguetes viejos.*

destinatario, ria m. y f. Persona a quien va dirigida una cosa: *El nombre del destinatario de una carta se coloca casi siempre en el centro del sobre.*

destino m. **1.** Encadenamiento de los sucesos considerado como necesario o fatal: *Siempre creyó que su destino era ser médico en un país pobre y ahora está curando enfermos en un país lejano.* **2.** Lugar al que se dirige una persona o cosa: *Cuando estaba en el aeropuerto escuché una voz que decía: "Pasajeros con destino a la ciudad de Nueva York, favor de abordar el avión 36 por la puerta 6."*

destitución f. Acción de quitar a alguien de su empleo: *Después de la destitución del jefe, se tardaron varios días en nombrar a uno nuevo.*

destituir vb. irreg. {tr.} Modelo 59. Desposeer a alguien de su empleo o cargo: *Cometió un fraude y cuando su jefe se dio cuenta lo destituyó de su puesto.*

destornillador o **desatornillador** m. Utensilio compuesto de un mango y una barra de acero con punta aplanada o en forma de cruz, que sirve para meter y sacar tornillos: *"Pásame un destornillador para cambiar ese tornillo por uno nuevo", dije a Esteban.* SIN. **desarmador**.

destornillar vb. {tr.} Sacar un tornillo dándole vueltas: *Para cambiar un neumático del automóvil, primero hay que destornillar las tuercas que sostienen la rueda.* SIN. **desatornillar**.

destreza f. Agilidad, habilidad: *La práctica de sus ejercicios ha hecho que ese atleta adquiera gran destreza.*

destronado, da adj. Que ha sido echado del trono: *El rey destronado huyó al exilio donde vivió hasta su muerte.*

destronar vb. {tr.} Echar del trono a un rey: *La Revolución Francesa destronó al rey Luis XVI.*

destrozado, da adj. **1.** En pedazos, en trozos, roto: *Los platos que estaban dentro de esa caja quedaron destrozados cuando se cayeron.* **2.** Destruido en lo físico o en lo moral: *Jaime se sintió destrozado cuando su novia le dijo que no quería volver a verlo.*

destrozar vb. irreg. {tr. y prnl.} Modelo 16. **1.** Romper, hacer trozos: *"Si no guardas los papeles que dejaste encima del escritorio la gatita podría destrozarlos", me dijo Arturo.* **2.** Causar gran daño moral: *La noticia del accidente de su hermana destrozó a Javier, por eso se ve tan triste.*

destrozos m. pl. Daños, lo que queda después de una destrucción o catástrofe: *Todavía no han calculado el costo de los destrozos que ocasionó la inundación.*

destrucción f. Hecho de arruinar, deshacer una cosa material: *Después de que pasó el huracán por el pueblo, pudimos ver la destrucción que ocasionó.* SIN. **devastación**.

destructor m. Buque de guerra.

destructor, ra adj. Que destruye: *Es un niño destructor que rompe todos los juguetes que le regalan.*

destruido, da adj. Deshecho o muy dañado: *Muchas ciudades europeas quedaron casi destruidas después de la Segunda Guerra Mundial.*

destruir vb. irreg. {tr. y prnl.} Modelo 59. Deshacer una cosa material o inmaterial: *Mi tía tiene en su oficina una máquina que destruye todas las hojas de papel que ya no se usan.*

desunión f. Separación de lo que estaba unido: *Las constantes peleas desunieron a los miembros del equipo y ahora todos los jugadores están en diferentes clubes deportivos.*

desunir vb. {tr. y prnl.} Separar lo que está unido: *La maestra de costura me dijo que desuniera las piezas del vestido porque estaban mal cosidas.*

desuso m. Hecho de ya no usar algo: *Las televisiones antiguas que funcionaban con bulbos ya han caído en desuso.*

desvaído, da adj. **1.** De color pálido: *Su pantalón es de color azul desvaído, se parece al color del cielo.* **2.** Poco definido, impreciso.

desvalido, da adj. Falto de ayuda y protección: *Cuando los niños quedaron huérfanos y desvalidos, su abuelita se hizo cargo de ellos.*

desvalido, da m. y f. Persona que no tiene protección ni ayuda.

desvalijado, da adj. Que fue robado o despojado: *Después del robo encontraron el automóvil desvalijado sin neumáticos, radio, ni asientos.*

desvalijar vb. {tr.} Robar o despojar a alguien de lo que tiene: *Atraparon a una banda que desvalijaba automóviles que estaban en las calles.*

desván m. Especie de habitación en la parte más alta de la casa, debajo del tejado: *Los muebles y las cosas que no utilizamos son guardadas en el desván de la casa.*

desvanecer vb. irreg. {tr. y prnl.} Modelo 39. **1.** Separar las partículas de un cuerpo hasta hacerlo desaparecer. **2.** Evaporarse algo: *A medida que avanza el día, el aroma del perfume que él se pone por la mañana se va desvaneciendo.* **3.** Desmayarse: *Cuando escuchó que había ganado el premio mayor de la lotería, se desvaneció de la emoción.*

desvanecido, da adj. **1.** Que ha perdido el sentido: *Lisa cayó desvanecida por el olor tóxico de esa substancia química.* **2.** Que va perdiendo la intensidad: *El color del automóvil era rojo cuando lo compramos, pero está tan desvanecido por el sol que ahora parece anaranjado.*

desvariar vb. irreg. (intr.) Modelo 9. Decir locuras: *La fiebre tan alta hizo que el enfermo desvariara, decía que estaba en una isla desierta y moría de hambre y sed.*

desvarío m. Locura.

desvelado, da adj./m. y f. Que pasa parte de la noche despierto: *Los chicos regresaron de la fiesta a su casa a las cinco de la madrugada, muy desvelados.*

desvelar vb. (tr. y prnl.) 1. Esp. Descubrir algo, revelar lo que estaba oculto: *El detective finalmente desveló el misterio y dijo quién era el asesino.* 2. Quitar, impedir el sueño a alguien: *Gerónimo dice que las deudas que tiene lo desvelan todas las noches.*

desvelo m. Actividad placentera o desagradable que quita el sueño: *Después de muchos esfuerzos logró terminar el trabajo que tantos desvelos le causó.*

desvencijado, da adj. Que no está en buen estado: *Como tenía poco dinero, Raúl sólo pudo comprarse un automóvil viejo y desvencijado.* SIN. descompuesto.

desvencijar vb. (tr. y prnl.) Arruinar una cosa por el uso continuado o maltrato.

desventaja f. Situación menos favorable de una persona o cosa con respecto a otra: *Los niños que no comen bien están en desventaja con respecto a los niños que han tenido una buena alimentación.*

desventajoso, sa adj. Que representa algo menos favorable, que no es conveniente.

desventura f. Desgracia, mala suerte: *A partir de la quiebra de su negocio, la desventura cayó sobre la familia.*

desventurado, da adj./m. y f. Que sufre una desgracia, una desventura: *Hicieron un viaje desventurado, porque les robaron su dinero y tuvieron muchos problemas en el hotel.*

desvergonzado, da adj./m. y f. Que carece de vergüenza o de pudor: *Ese niño desvergonzado no hizo el trabajo escolar y además dijo que no le importaba.*

desvergüenza f. 1. Insolencia: *Joel le pidió un préstamo a Gerardo y ahora tiene la desvergüenza de decirle que nunca le va a pagar.* 2. Dicho o hecho considerado contra la moral: *La abuela dijo que era una desvergüenza que su nieta usara vestidos tan cortos.*

desvestido, da adj. Que no tiene ropa, que no está vestido.

desvestir vb. irreg. (tr. y prnl.) Modelo 47. Quitar la ropa, desnudar: *A Valeria le encanta jugar con su muñeca; la viste y la desviste, le da de comer, la duerme...*

desviación f. Ruta que aparta del camino principal: *Como había un accidente en la carretera, tuvimos que tomar una desviación por un camino de tierra.*

desviado, da adj. Que se ha apartado del camino.

desviar vb. irreg. (tr. y prnl.) Modelo 9. Apartar de su camino a una persona o cosa: *El policía está desviando a los vehículos hacia otra calle porque ésa está inundada.*

desvío m. 1. Vía o camino que se separa de otro principal. 2. Amér. Merid. y P. Rico. Apartadero de una línea de ferrocarril.

desvirgar vb. irreg. (tr.) Modelo 17. Quitar la virginidad a una mujer.

desvirtuar vb. irreg. (tr. y prnl.) Modelo 10. Quitar la virtud o mérito de algo: *En esa revista siempre intentan desvirtuar los discos de mi cantante favorito.*

desvivirse vb. (prnl.) Mostrar gran afecto e interés por una persona o cosa: *Desde que se recuperó de una* larga enfermedad, sus padres se desviven para que Genoveva no vuelva a enfermarse.

detallado, da adj. Que considera todos los detalles: *El arquitecto hizo un plano detallado de la casa que va a construir, con medidas, ventanas, puertas, etc.*

detallar vb. (tr.) 1. Relatar con detalle. 2. Vender al por menor.

detalle m. 1. Pormenor, circunstancia o parte de algo: *No me contó los detalles, sólo me dijo que había ido de viaje por Europa.* 2. Expresión de cortesía, atención o delicadeza: *Marisa tuvo un detalle amable hacia su prima al invitarla de vacaciones.*

detallista adj. Que cuida mucho de los detalles: *Roberto es una persona detallista a quien no se le olvida agradecer cualquier favor que le hagan.*

detallista m. y f. Comerciante que vende al por menor.

detección f. Localización, ubicación: *Un sencillo análisis médico ayuda a la detección de varios tipos de cáncer.*

detectar vb. (tr.) 1. Localizar con ayuda de aparatos: *Por medio de una ecografía los médicos detectaron que mi hermana embarazada tendrá gemelos.* 2. Notar, captar: *Cuando mi madre comenzó a hablarme detecté que estaba enojada conmigo por mis malas calificaciones.*

detective m. y f. Persona dedicada a la investigación privada: *Algunos detectives se dedican a localizar a personas desaparecidas.*

detectivesco, ca adj. De investigación, relativo al trabajo de los detectives: *Para localizar el libro que se le había perdido, mi padre llevó a cabo un trabajo detectivesco por toda la casa.*

detector m. 1. Aparato para localizar o identificar algo: *En esa planta nuclear hay un detector de radiación que es fundamental para la seguridad de sus empleados.* 2. loc. ~ de mentiras, aparato que mide la temperatura y la presión arterial, las cuales se alteran cuando las personas mienten.

detención f. Arresto a una persona que ha cometido un delito: *Después de la detención, un funcionario interrogó al delincuente.*

detener vb. irreg. (tr. y prnl.) Modelo 26. 1. Parar, cesar el movimiento o en la acción: *El automóvil que se detuvo de repente ocasionó un choque.* 2. Arrestar, poner en prisión: *Los detuvieron cuando iban a abrir la caja fuerte del banco.* SIN. apresar, capturar, atrapar. 3. Pararse a considerar una cosa: *Creo que no se ha detenido a pensar en el alcoholismo lo está llevando a la desgracia.*

detenido, da adj. 1. Que ha sido parado: *El tren detenido a la mitad de la calle impedía el paso de los automóviles.* 2. Que está en prisión: *Después de la pelea callejera, algunas personas quedaron detenidas en la delegación de policía.*

detentar vb. (tr.) Atribuirse uno lo que no le pertenece.

detergente m. Substancia o producto que limpia: *Hay detergentes muy fuertes que despintan poco a poco la ropa.*

deteriorado, da adj. Dañado, estropeado: *Encontré después de muchos años a un chico que fue mi novio y lo vi muy deteriorado por todos los problemas que ha tenido.*

deteriorar vb. (tr. y prnl.) Estropear, dañar: *La ropa se va deteriorando a lo largo del tiempo por el uso.*

deterioro m. Hecho de estropearse o echarse a perder una cosa: *Los restauradores del museo de arte in-*

tentan corregir el **deterioro** que sufren las pinturas del siglo XVIII. SIN. **daño.**

determinación f. Decisión, resolución: *Con gran **determinación** decidí entrar a la oficina de mi jefe para pedirle un aumento de sueldo.*

determinado, da adj. Relativo al artículo que presenta un sustantivo ya conocido por el hablante, como *el*: *Los artículos **determinados** son el, la, los y las.*

determinante adj. Decisivo, de gran importancia: *El arrepentimiento del ladrón fue **determinante** para que el juez no lo condenara a muchos años de prisión.*

determinante m. Término que concreta al sustantivo, como los artículos y los adjetivos: *Si a la palabra mesa le agregas los **determinantes** la y azul, sabes que ya no se trata de cualquier mesa, sino de la mesa de color azul.*

determinar vb. {tr. y prnl.} **1.** Fijar los términos de algo: *Primero hay que **determinar** cuáles son los datos que nos dan en este problema de matemáticas y después qué operaciones debemos hacer para resolverlo.* **2.** Sentenciar: *El juez **determinó** que el muchacho pasaría quince días detenido por el delito que había cometido.* **3.** Precisar el sentido de una palabra: *Antes de seguir leyendo, voy a buscar en el diccionario esta palabra para **determinar** qué significa exactamente.* **4.** Tomar o hacer tomar una decisión: *Después de muchas reflexiones, mi hermana **determinó** que quería estudiar medicina.*

detestable adj. Que es aborrecible, muy malo.

detestar vb. {tr.} Aborrecer, odiar: *Jorge me parece un poco exagerado en su forma de vestir, **detesta** que la ropa tenga una arruga aunque sea pequeña.*

detonación f. Explosión: *El edificio viejo se cayó después de la **detonación** de los explosivos que colocaron para demolerlo.*

detonante m. Lo que ocasiona una explosión: *La pólvora es una substancia **detonante.***

detonante m. 1. Substancia que ocasiona una explosión: *Después de poner explosivos en todo el edificio, colocaron el **detonante** que iba a provocar la explosión.* **2.** Factor que desencadena algún resultado: *Ellos estaban un poco disgustados, pero un chisme fue el **detonante** que provocó la horrible pelea.*

detonar vb. {intr.} Dar un estampido o trueno: *Antes de **detonar** los explosivos, los trabajadores se cubrieron atrás de una valla.*

detractar vb. {tr.} Dañar la reputación de otro diciendo mentiras. SIN. **difamar.**

detractor, ra adj./m. Que difama, que daña la reputación de otros: *En esa revista sólo se publican reportajes **detractores** contra los cantantes de rock, porque los editores piensan que todos están locos.*

detrás adv. En la parte posterior: *Mario se escondió **detrás** de la puerta porque quería asustar a su hermana cuando entrara a la casa.*

detrimento m. Daño, perjuicio: *El humo de los vehículos provoca el **detrimento** de la calidad del aire.*

deuda f. Obligación que uno tiene de regresar dinero a otro que se lo prestó: *Mi padre va a terminar de pagar muy pronto la **deuda** que tiene con el banco.*

deudo, da m. y f. Pariente, familiar, en especial de un muerto: *Los **deudos** caminaron detrás del ataúd hasta el lugar donde iban a enterrar al difunto.*

deudor, ra m. y f. Persona que debe dinero: *Como el banco aumentó los intereses, los **deudores** han tenido muchas dificultades para pagar.*

devaluación f. Acción mediante la cual la moneda de un país disminuye en su valor: *La última **devaluación** afectó a toda la población, porque los precios empezaron a subir.*

devaluado, da adj. Que no vale tanto como antes: *La moneda de ese país está muy **devaluada** con respecto al dólar.*

devaluar vb. irreg. {tr.} Modelo 10. **1.** Disminuir el valor de la moneda de un país: *El gobierno anunció que **devaluaría** un diez por ciento la moneda para hacer que sus productos sean más baratos en el extranjero.* **2.** Disminuir el valor de algo: *La imagen de Esteban se **devaluó** cuando nos enteramos de que había robado un libro de la escuela.*

devanar vb. {tr.} Arrollar o enrollar en forma de ovillo o bola.

devaneo m. 1. Pasatiempo vano, distracción indebida. **2.** Amorío pasajero: *Después de varios **devaneos**, ahora mi hermano tiene una novia con quien se va a casar.*

devastación f. Destrucción: *Europa tardó mucho en recuperarse de la gran **devastación** que sufrió con la Segunda Guerra Mundial.*

devastado, da adj. 1. Arrasado, destruido: *Muchas partes de la antigua Yugoslavia quedaron **devastadas** después de la guerra que sufrió al final del siglo xx.* **2.** Destruido en lo moral.

devastar vb. {tr.} Destruir, arrasar: *El huracán **devastó** las palmeras que había en la playa.*

devengar vb. irreg. {tr.} Modelo 17. Adquirir derecho a retribución por trabajo, servicios, etc.: *Los trabajadores que **devengan** salarios deben pagar impuestos.*

devenir vb. irreg. {intr.} Modelo 49. **1.** Ocurrir, suceder. **2.** Llegar a ser: *El estudiante finalmente **devino** en un excelente médico.*

devoción f. 1. Predilección, cariño, respeto: *Siente una verdadera **devoción** por su abuela porque ella fue quien lo crió y lo educó.* **2.** Veneración y fervor religiosos: *Mucha gente alrededor del mundo siente **devoción** por Nuestra Señora de Lourdes y la visita en su santuario en Francia.*

devolución f. Hecho de devolver, regresar o restituir algo: *La plancha que compré no funciona bien, por eso fui a pedir la **devolución** de mi dinero.*

devolver vb. irreg. {tr. y prnl.} Modelo 29. **1.** Volver una cosa a su estado original. **2.** Restituir o regresar algo a donde estaba: *El cartero nunca encontró al destinatario de la carta y la **devolvió** al remitente.* **3.** Corresponder a algo: *Le **devolví** el saludo después de que ella me saludó cuando nos cruzamos por la calle.* **4.** Vomitar, arrojar lo contenido en el estómago: *Rodolfo comió tantos caramelos que le hicieron daño y los **devolvió**.* **5.** Dar el dinero que sobra a quien ha hecho un pago con una moneda o billete mayor al precio de lo comprado. **6.** Amér. Regresar, volverse: *Como se le olvidó un libro en su casa, se **devolvió** por él.*

devónico, ca adj./m. Correspondiente al cuarto periodo de la era paleozoica, en el que abundaron los peces y se desarrollaron los primeros vertebrados terrestres.

devorador, ra adj. 1. Que come con ansia y de manera apresurada: *Los leones son animales **devoradores** de carne.* **2.** Que consume algo con ansia: *Amelia es* una gran **devoradora** de libros, lee por lo menos uno cada semana.

devorar *vb.* [tr.] **1.** Comer con ansia y de manera apresurada: *"Tengo tanta hambre que quisiera* **devorar** *todo en un minuto", dijo Carlos.* **2.** Comer los animales su presa: *Los leones* **devoraron** *al pequeño antílope que acababan de atrapar.* **3.** Hacer algo con ansia, con mucho interés: *Le interesó tanto el libro, que lo* **devoró** *en unas horas.*

devoto, ta *adj./m. y f.* Persona dedicada con mucha entrega a algo o alguien: *Daniel es* **devoto** *de los cuentos, por eso siempre está leyendo uno.*

deyección *f.* **1.** Expulsión de los excrementos. **2.** Excremento: *La diarrea se caracteriza por la abundancia de* **deyecciones** *líquidas.*

día *m.* **1.** Tiempo que tarda la Tierra en dar una vuelta sobre su eje: *En verano se dice que los* **días** *son más largos que en invierno porque hay luz del Sol durante más tiempo.* **2.** Tiempo que dura la claridad del Sol: *Mi padre prefiere manejar de* **día** *en carretera porque dice que de noche es más peligroso.* **3.** Tiempo atmosférico: *Dijeron en el noticiero que hoy hará buen* **día***, no lloverá ni habrá demasiado calor.* **4.** pl. Periodo que dura una vida: *Una mañana el poeta llegó al final de sus* **días***, cuando tenía ya 84 años.*

diabetes *f.* Enfermedad caracterizada por un exceso de azúcar en la sangre, provocada por la falta de una substancia llamada insulina: *Las personas con* **diabetes** *padecen de mucha sed, hambre y continua necesidad de orinar.*

diabético, ca *adj.* Persona que padece diabetes: *Como es* **diabética***, mi amiga tiene que medir con cuidado la cantidad de azúcar y el tipo de alimentos que come.*

diablito *m. Méx.* Cable que se conecta a una línea de electricidad para robarse la corriente.

diablo *m.* **1.** Espíritu maligno: *Al diablo también se le conoce como Satán, quien es la representación por excelencia del mal.* **2.** *Fam.* Persona traviesa e inquieta: *Juan es un* **diablo** *que no se queda quieto ni un momento.* **3.** **Al ~ (con)**, expresión de disgusto hacia una persona o cosa: *"¡Al diablo con la dieta!", dijo Susana, y se comió una tablilla de chocolate.* **4.** loc. **Mandar (a una persona o cosa) al ~**, apartar o rechazar con enojo: *Luisa mandó* **al diablo** *a Josefina porque se hartó de sus chismes.*

diablo *m.* Carrito vertical de dos ruedas que se usa para transportar cosas pesadas.

diablura *f.* Travesura: *Humberto hace* **diabluras** *como amarrarle las orejas al perro.*

diabólico, ca *adj.* **1.** Relativo al diablo. **2.** *Fam.* Malo, perverso.

diábolo *m.* Juguete que se baila con un cordón y dos palos.

diácono *m.* Hombre de la Iglesia Católica, que ha recibido el título inmediatamente inferior al de sacerdote.

diacrítico, ca *adj.* Relativo al signo gráfico que da a una letra un valor especial, como el acento.

diacronía *f.* Estudio de los hechos sociales a través del tiempo.

diadema *f.* **1.** Corona. **2.** Tocado en forma de medio círculo, como corona pequeña: *La princesa se puso una* **diadema** *con perlas y diamantes para el baile de gala.*

diáfano, na *adj.* **1.** Que permite el paso de la luz: *Hay un domo en el techo que es* **diáfano***, por eso entra mucha luz solar a la casa.* **2.** Claro, limpio: *"Podemos beber del agua* **diáfana** *de ese manantial."*

diafragma *m.* **1.** Músculo que separa la cavidad torácica de la cavidad abdominal. **2.** Disco regulador de luz de las cámaras fotográficas. **3.** Membrana artificial que se usa como método anticonceptivo femenino.

diagnosis *f.* Conocimiento de los síntomas de las distintas enfermedades.

diagnosticar *vb. irreg.* [tr.] Modelo 17. Determinar una enfermedad por sus síntomas: *Después de revisarme, el médico* **diagnosticó** *que tengo una infección en el estómago.*

diagnóstico *m.* Determinación de una enfermedad por sus síntomas: *Una vez que tiene los elementos suficientes, el médico puede hacer el* **diagnóstico** *de la enfermedad.*

diagonal *adj.* Se dice de la recta que muestra una inclinación: *Recargué la escalera en la pared de manera* **diagonal** *y luego me subí en ella.*

diagonal *f.* Recta que tiene una inclinación.

diagrama *m.* Figura que representa gráficamente una cosa: *Para ilustrar la fotosíntesis, la maestra llevó un* **diagrama** *que mostró a los alumnos.*

diagramar *vb.* [tr.] Organizar, planificar una secuencia de trabajos o funciones.

diaguita *adj./m. y f.* Pueblo amerindio actualmente extinto que habitó un vasto territorio en lo que hoy es Argentina.

dialéctica *f.* Arte del diálogo y de la discusión: *Entre los antiguos griegos, los sabios practicaban la* **dialéctica***.*

dialéctico, ca *adj.* **1.** Relacionado con el diálogo y la discusión. **2.** Relacionado con algo y su contrario.

dialectal *adj.* Relacionado con un dialecto o variedad regional de una lengua: *Pierre habla un francés* **dialectal** *que es propio de una región al norte de Francia.*

dialecto *m.* Variedad regional de una lengua.

diálisis *f.* Eliminación artificial de los desechos de la sangre: *Mi tío es sometido una vez por semana a una* **diálisis** *porque los riñones no le funcionan bien.*

dialogar *vb. irreg.* [intr.] Modelo 17. Intercambiar impresiones e ideas: *El gobierno y los guerrilleros finalmente se sentaron a* **dialogar** *y ya terminaron los conflictos.* SIN. **conversar, platicar, charlar.**

diálogo *m.* Conversación o plática entre dos o más personas: *El maestro sostuvo un* **diálogo** *con los padres del niño en el que hablaron de su gran inteligencia y la necesidad de fomentarla.*

diamante *m.* Piedra preciosa de gran dureza, compuesta de carbono cristalizado: *Para formalizar su compromiso, Fernando le regaló a Mirna un anillo con un* **diamante***.*

diamantino, na *adj.* Que tiene las características del diamante.

diametral *adj.* De un lado al otro: *Rocío tomó hoy una decisión* **diametral** *a lo que había decidido ayer.*

diametralmente *adv.* **1.** De un extremo al opuesto. **2.** Completamente: *Lo bueno y lo malo son ideas* **diametralmente** *opuestas.*

diámetro *m.* Recta que, pasando por el centro, une dos puntos opuestos de una circunferencia: *La mesa* redonda que hay en mi casa tiene un **diámetro** de un metro y veinte centímetros.

diana f. **1.** Punto central de un blanco de tiro. **2.** Toque militar para despertar a la tropa: *Los soldados se despiertan todos los días cuando toca la **diana** a las cinco de la madrugada.*

diapasón m. Instrumento que al vibrar da un tono: *Los músicos afinaron sus instrumentos con el sonido del **diapasón**.*

diapositiva f. Imagen fotográfica transparente, hecha para ser proyectada en una pantalla: *El biólogo ilustró su conferencia con **diapositivas** sobre las células de los animales y los vegetales.*

diariero, ra m. y f. *Amér. Merid.* Vendedor de diarios y revistas. SIN. **voceador.**

diario m. **1.** Libro personal en que se recogen sucesos y reflexiones: *Mi amiga María Luisa escribe en su **diario** desde hace más de treinta años.* **2.** Publicación que se edita todos los días: *Las personas leen el **diario** para saber qué ocurre en el mundo cada día.* SIN. **periódico.**

diario, ria adj. Que corresponde o que ocurre todos los días: *Después de su ejercicio **diario**, Evaristo toma una refrescante ducha.*

diarrea f. Conjunto de evacuaciones del vientre líquidas y frecuentes.

diástole f. Movimiento de dilatación del corazón: *El corazón hace dos movimientos básicos: uno es la sístole o contracción, y el otro es la **diástole**.*

diatriba f. Discurso o escrito violento u ofensivo: *Antes de partir a la batalla, el general pronunció frente a los soldados una **diatriba** en contra del enemigo.*

dibujante m. y f. Persona que se dedica a dibujar o que tiene por profesión dibujar: *Ese despacho de arquitectos tiene en su equipo varios **dibujantes**.*

dibujar vb. {tr. y prnl.} Representar una figura por medio de líneas y sombras: *Benjamín aprendió a **dibujar** desde pequeño y ahora es un pintor famoso.*

dibujo m. **1.** Hecho de dibujar: *A Joaquín le gusta el **dibujo** desde que era niño, perfeccionó su habilidad y ahora hace dibujos para una revista.* **2.** Imagen dibujada: *Los niños hicieron una tarjeta con un **dibujo** para regalársela a su mamá.*

dicción f. Manera de hablar, escribir o pronunciar.

diccionario m. Recopilación de las palabras de una lengua, de una materia, etc., colocadas de manera alfabética y seguidas de su definición o traducción a otra lengua: *"Si no sabes qué quiere decir esa palabra, puedes buscarla en el **diccionario**", dije a Alberto.*

dicha f. Felicidad, alegría: *Su corazón se llenó de **dicha** cuando le informaron que había pasado el examen de admisión a la Universidad.*

dicharachero, ra adj. *Fam.* Que emplea bromas y dichos: *Mi tía Gladys es muy **dicharachera**, siempre dice un refrán o hace una broma cuando platicamos.*

dicho m. **1.** Palabra o conjunto de palabras con que se expresa una idea o un concepto: *Hay un **dicho** que dice: "haz el bien y no mires a quién".* **2.** Ocurrencia ingeniosa y oportuna.

dichoso, sa adj. **1.** Se dice de quien siente felicidad: *Mi hermana se siente **dichosa** porque va a tener un hijo.* **2.** *Fam.* Molesto, fastidioso: *El **dichoso** despertador no sonó como siempre a las seis de la mañana, por eso llegué tarde a mi trabajo.*

diciembre m. Duodécimo y último mes del año: *En muchos países que están al norte de la Tierra, **diciembre** es uno de los meses más fríos del año.*

dicotiledóneo, a adj./m. y f. Relativo a las plantas angiospermas, es decir, con semillas encerradas en un fruto y que tienen dos cotiledones.

dictado m. **1.** Hecho de dictar: *El profesor de español nos hizo un **dictado**.* **2.** pl. Conjunto de preceptos de la razón o de la conciencia: *Siempre ha seguido los **dictados** de su conciencia que le dice que no haga daño a nadie.*

dictador, ra m. y f. Gobernante que concentra en sí todos los poderes políticos de un país: *En América Latina, muchos países tuvieron **dictadores** durante varios años.*

dictadura f. Ejercicio del poder absoluto.

dictáfono m. Aparato que recoge y reproduce lo que se habla.

dictamen m. Opinión que se forma sobre una cosa: *A mi profesora de literatura le pidieron emitir un **dictamen** sobre la primera novela de un joven escritor.*

dictaminar vb. {tr. e intr.} Evaluar una situación y emitir un juicio acerca de dicha situación: *El acusado espera que el juez **dictamine** si es culpable o inocente.*

dictar vb. {tr.} **1.** Decir algo para que otro lo escriba: *El jefe le **dictó** una carta a la secretaria.* **2.** Promulgar leyes, fallos, etc. **3.** Inspirar, sugerir algo a alguien.

didáctica f. Ciencia que estudia los métodos de enseñanza: *En las escuelas para maestros dan muchos cursos de **didáctica**.*

didáctico, ca adj. Que tiene por objeto enseñar: *Es una obra teatral **didáctica** que sirve para que los niños aprendan historia.*

diedro adj./m. Se dice del ángulo formado por dos planos que se cortan.

diente m. **1.** Cada una de las piezas de tejido duro engastadas en las mandíbulas: *Al bebé le escurre saliva de la boca porque pronto le saldrá su primer **diente**.* **2.** Cada una de las puntas de ciertas herramientas o mecanismos: *Mi bicicleta tiene dos ruedas de metal con **dientes** que están unidas por una cadena.* **3.** loc. Hincar el ~, emprender un asunto y resolver las dificultades que tiene este asunto: *Por fin pude hincarle el **diente** a la novela que quería leer desde hace meses.*

dientón, na adj. Que tiene los dientes grandes: *A José le dicen "El conejo" porque es **dientón**.*

diéresis f. **1.** Pronunciación de dos vocales consecutivas, en dos sílabas. **2.** Signo (¨) que en español se coloca sobre la u: *La u de "agüero" lleva **diéresis**, para que sea pronunciada.*

diesel m. **Palabra inglesa. 1.** Motor en el que la explosión del combustible en el cilindro se produce sin necesidad de bujía: *La mayor parte de los camiones grandes tienen motor **diesel**.* **2.** Tipo de nafta o gasolina usada por motores sin bujías: *El **diesel** es el combustible que usan los camiones; los automóviles usan nafta o gasolina.*

diestra f. Mano derecha: *El anfitrión le pidió que se sentara a su **diestra**, en el lugar de honor.*

diestro, tra adj. Hábil, experto: *Ese cocinero es **diestro** para preparar comida francesa.*

diestro, tra m. y f. Persona que usa con preferencia la mano derecha: *Los **diestros** escriben con la mano derecha y los zurdos con la izquierda.*

dieta *f.* **1.** Régimen en las comidas: *Como está enfermo del corazón, tiene una **dieta** en la que no debe comer sal ni alimentos con grasa.* **2.** Retribución que se da a un empleado por trabajar fuera de su residencia habitual.

dietética *f.* Ciencia que trata de la alimentación: *Los nutriólogos son especialistas en **dietética**.*

dietético, ca *adj.* Relacionado con el régimen en las comidas: *Siempre toma bebidas **dietéticas** porque dice que no quiere engordar.*

diez *adj./m. y f.* **1.** Número que resulta de sumar nueve y uno: *El número de la palabra **diez** es 10.* **2.** Décimo: *Fueron al teatro y se sentaron en la fila **diez**, así que pudieron ver muy bien a los actores.*

diezmar *vb.* (tr.) **1.** Sacar uno de cada diez. **2.** Causar gran mortandad: *La última epidemia de cólera **diezmó** a la población de esa ciudad.*

difamación *f.* Hecho de perjudicar la reputación de alguien: *Ese actor demandó a una revista por difamación, dice que publicaron mentiras sobre su vida.* SIN. **descrédito.**

difamar *vb.* (tr.) Disminuir o perjudicar la reputación de alguien: *Rosario dijo que Carmela la **había difamado** al acusarla del robo que ella no cometió.* SIN. **desacreditar.**

diferencia *f.* **1.** Cualidad por la que una cosa se distingue de otra: *Ese juego consiste en encontrar las **diferencias** entre un dibujo y el otro.* **2.** Desacuerdo, disputa: *Después de mucho hablar no lograron resolver sus **diferencias** y se divorciaron.* **3.** Resultado de una resta: *Si se restan cinco a siete, la **diferencia** es dos.*

diferenciar *vb.* (tr. y prnl.) **1.** Hacer distinción o señalar diferencias entre las cosas: *Los catadores de vinos saben **diferenciar** entre las variedades que existen.* **2.** Distinguirse, no ser igual: *Los muchachos de ese grupo usan los mismos anteojos para **diferenciarse** de los demás chicos.*

diferendo *m.* *Amér. Merid.* Diferencia, desacuerdo entre instituciones o estados.

diferente *adj.* Que no es igual: *Ninguno de los siete enanos de Blancanieves es igual, todos son **diferentes**: uno es gruñón, otro dormilón, otro tímido, etc.*

diferente *adv.* Se aplica a la cosa que no es igual a otra o que no es lo mismo: *Cristina habla **diferente** de los demás porque viene de Inglaterra y su idioma materno es el inglés.*

diferido, da *adj.* Que no ocurre en el mismo momento: *La transmisión del concierto del tenor italiano Luciano Pavarotti fue **diferida** y pudimos verlo cuatro horas después de que ocurrió.*

diferir *vb. irreg.* (intr.) Modelo 50. Ser diferente, distinto: *Mi opinión **difiere** de la tuya porque yo pienso que este cantante tiene una voz muy bonita y tú piensas que su voz es fea.*

difícil *adj.* Que requiere esfuerzo para hacerlo o entenderlo: *Al principio, esas fórmulas de química me parecían **difíciles** y ahora que ya las aprendí resuelvo los ejercicios con facilidad y rapidez.*

dificultad *f.* **1.** Calidad de difícil: *Cada vez que comienzo un nuevo curso me doy cuenta de que la **dificultad** de las materias va aumentando.* **2.** Situación o cosa difícil: *Erika está en una **dificultad**, porque aceptó salir a cenar con Javier y ahora no sabe cómo decirle que tiene novio.*

dificultar *vb.* (tr.) Poner dificultades u obstáculos a la realización de una cosa: *Lo contrario de **dificultar** es*

facilitar, es decir, permitir que algún problema se solucione de manera fácil.

difteria *f.* Enfermedad infecciosa de la garganta: *Antes, la **difteria** era una enfermedad mortal, pero descubrieron una vacuna y ahora la gente ya puede evitarla.*

difuminación *f.* Efecto de esfumar los trazos hechos con lápiz o carbón: *El retrato que hizo el dibujante mejoró mucho después de la **difuminación**, porque le habían quedado algunas líneas muy gruesas que así se ven más suaves.*

difuminar *vb.* (tr.) Extender los trazos de lápiz o carboncillo: *Difuminé los contornos de mi dibujo para hacer que la figura pareciera un fantasma.*

difundir *vb.* (tr. y prnl.) **1.** Extender, esparcir: *Esa lámpara **difunde** muy poca luz, cambiaré la bombilla por una de mayor potencia.* **2.** Hacer que una noticia llegue a mucha gente: *La noticia de la boda de la famosa actriz **se difundió** rápidamente en su país y el extranjero.*

difunto, ta *m. y f.* Persona muerta: *Hubo mucha gente en el funeral porque el **difunto** era una persona querida en todo el pueblo.*

difusión *f.* Hecho de difundir o difundirse: *La exposición tuvo mucho éxito porque su **difusión** fue buena, la anunciaron en los diarios, la radio, la televisión y además enviaron invitaciones a mucha gente.*

difuso, sa *adj.* **1.** Tenue: *La luz **difusa** le da un ambiente de calma a la habitación.* **2.** Poco preciso: *Tenía ideas **difusas** sobre lo que quería estudiar, pero ahora que creció ya sabe qué carrera va a escoger.*

digerir *vb. irreg.* (tr.) Modelo 50. Hacer la digestión: *La comida grasosa y condimentada es difícil de **digerir**.*

digestión *f.* Transformación de los alimentos en substancias que nutren: *La **digestión** empieza desde que se introduce algún alimento a la boca.*

digestivo *m.* Substancia que facilita la digestión: *Después de la abundante comida, se tomó un **digestivo** que le ayudara a no sentirse mal.*

digestivo, va *adj.* Relacionado con las partes del organismo que realizan la digestión: *Los intestinos y el estómago forman parte del aparato **digestivo**.*

digital *adj.* **1.** Relativo a los dedos: *Cada huella **digital** es diferente a las otras, no existen dos que sean iguales.* **2.** Que se expresa por medio de números.

dígito *m.* Número que se expresa con una sola cifra: *El número 3894 está formado por cuatro **dígitos**.*

dignarse *vb.* (prnl.) Consentir en hacer algo: *Rafael es un grosero que no **se dignó** saludar a nadie cuando llegó a la fiesta.*

dignatario *m.* Persona que tiene un cargo o dignidad elevados: *Los dos **dignatarios** extranjeros llegaron a ese país y se entrevistaron con el presidente.*

dignidad *f.* Cualidad de la persona que es merecedora del respeto de los demás: *El empleado prefirió renunciar a la empresa porque tiene **dignidad** y no quería que su jefe lo insultara.*

digno, na *adj.* **1.** Que merece alguna cosa, como un premio, castigo, etc.: *Por su valentía durante el incendio, el bombero se hizo **digno** de un premio y una felicitación de su jefe.* **2.** Se aplica a las personas y las acciones merecedoras de respeto.* SIN. **decente, honesto.**

digresión *f.* Parte de un discurso que se aleja del tema.

DIG

DI

191

dilacerar *vb.* (tr. y prnl.) Desgarrar los tejidos: *La mordida del perro dilaceró los músculos de la pierna del niño y tuvieron que coserle la herida.*

dilación *f.* Hecho de retrasar o retrasarse algo por un tiempo: *La lluvia ocasionó una dilación de dos horas en la salida de los aviones del aeropuerto.* SIN. **retraso, demora.**

dilapidar *vb.* (tr.) Malgastar, acabar con los bienes: *Pablo es un irresponsable que dilapidó la fortuna que sus padres habían reunido con mucho esfuerzo.* SIN. **despilfarrar.**

dilatación *f.* **1.** Aumento del calibre de un conducto natural. **2.** Aumento de tamaño de un cuerpo sin cambios en su naturaleza: *Al inflar un globo, el caucho se dilata.*

dilatar *vb.* (tr. y prnl.) **1.** Aumentar la longitud o el volumen: *Los cuerpos se dilatan con el calor.* **2.** Hacer que una cosa se retrase o dure más tiempo: *Se fue a comer y se dilató tres horas en regresar a la oficina.*

dilecto, ta *adj.* Querido, amado con predilección: *Las cartas que Anselmo escribe a Patricia siempre empiezan con "mi dilecta amiga".*

dilema *m.* Duda entre dos cosas que se presentan al mismo tiempo: *La aceptaron en dos universidades; ahora el dilema es a cuál irá.*

diletante *adj./m. y f.* Que cultiva un arte por afición y sin la preparación necesaria: *Los domingos, en el parque, los pintores diletantes intentan vender alguna de sus pinturas.*

diligencia *f.* **1.** Cuidado y rapidez en hacer una cosa: *En cuanto le dieron el trabajo, se puso a hacerlo con diligencia, por eso su jefe está muy contento de haberlo empleado.* **2.** Carruaje tirado por caballos, que servía para el transporte de viajeros: *Durante el siglo pasado, los bandidos asaltaban las diligencias.* **3.** Acta en la que se consignan las actuaciones judiciales. **4.** Gestión, encargo: *"Tengo un día muy ocupado, debo hacer muchas diligencias", me dijo Carla.* SIN. **trámites.**

diligente *adj.* Que es activo y hace las cosas con cuidado, que está dispuesto a ayudar: *Javier consiguió un mensajero diligente que lleva muy rápido todas las pizzas que piden los clientes por teléfono.*

dilucidar *vb.* (tr.) Aclarar un asunto: *El detective tiene que dilucidar los motivos del asesinato para encontrar la solución.*

diluir *vb. irreg.* (tr. y prnl.) **Modelo 59.** Disolver, rebajar: *Ese tono de amarillo es demasiado intenso, dilúyelo con un poco de blanco para que quede más claro.*

diluvio *m.* Lluvia muy abundante: *No pudo salir de casa por el diluvio que caía.*

diluyente *m.* Substancia que hace más líquida una solución.

dimanar *vb.* (intr.) **1.** Brotar el agua de sus manantiales. **2.** Provenir o proceder una cosa de otra: *Las garantías individuales dimanan de la Constitución de cada país.*

dimensión *f.* **1.** Cada una de las magnitudes, como la longitud, el área, etc.: *El arquitecto fue a ver el terreno para conocer sus dimensiones y luego hizo el proyecto de la casa.* **2.** loc. **Cuarta ~**, en la teoría de la relatividad, el tiempo.

dimes. ~ y diretes, loc. *Fam.* Contestaciones, réplicas, debates entre dos o más personas.

diminutivo *m.* Palabra formada con los sufijos *-ito* o *-ico*, que indica el menor tamaño de una cosa o el tono afectuoso: *En casa de Julia todos dicen sus nombres en diminutivo como Carlitos, Toñito, etc.*

diminuto, ta *adj.* Muy pequeño: *Debajo del largo vestido de la dama se asomaba un diminuto pie del que apenas se veía la punta.*

dimisión *f.* Renuncia a un empleo o cargo: *Como no estaba de acuerdo con lo que hacían sus jefes, entregó su dimisión y ahora está buscando un nuevo trabajo.*

dimitir *vb.* (tr. e intr.) Renunciar a un empleo o cargo: *Mi tía no quería renunciar a la empresa pero tuvo que dimitir porque está enferma y no puede moverse.*

dimorfismo *m.* **1.** Propiedad de los minerales de cristalizarse de dos formas diferentes. **2.** En biología, caracteres que diferencian a dos integrantes de una especie como el macho y la hembra.

dimorfo, fa *adj.* Que puede revestir o tener dos formas diferentes.

dina *f.* Unidad de medida de fuerza. que equivale a 10^5 newton.

dinamarqués, sa o **danés, sa** *adj./m. y f.* Originario de Dinamarca, país de Europa.

dinámica *f.* **1.** Parte de la mecánica que estudia las relaciones entre las fuerzas y los movimiento causados por ellas. **2.** Funcionamiento, manera de operar: *Le enseñaron la dinámica de la oficina al nuevo empleado para que sepa cómo funciona.*

dinámico, ca *adj.* **1.** Relativo a la dinámica. **2.** *Fam.* Activo, enérgico: *Es un vendedor tan dinámico, que sacó el primer premio por ser quien vendió más jabones de su empresa.*

dinamismo *m.* Energía, inquietud: *Julián tiene un gran dinamismo para trabajar, hace muy bien su trabajo y aparte ayuda a sus compañeros.*

dinamita *f.* **1.** Explosivo compuesto de nitroglicerina: *La dinamita debe ser utilizada sólo por especialistas porque es muy peligrosa.* **2.** Algo que provoca sorpresa, que atrae la atención: *La noticia de la boda de los dos artistas fue dinamita y ahora más gente ve el programa que ellos hacen.*

dinamitar *vb.* (tr.) Hacer explotar con dinamita: *La manera más rápida de destruir ese edificio es dinamitarlo.*

dinamo o **dínamo** *f.* Máquina que transforma la energía mecánica en energía eléctrica.

dinamómetro *m.* Instrumento para medir fuerzas.

dinar *m.* Moneda de Croacia, Iraq, Libia y otros países islámicos.

dinastía *f.* Serie de soberanos de una misma familia: *La dinastía de la familia del rey es muy antigua, ellos han gobernado durante quinientos años en ese país.*

dinástico, ca *adj.* Relacionado con una dinastía: *En la antigua China hubo imperios dinásticos que duraban cientos de años.*

dineral *m.* *Fam.* Mucho dinero: *Se compraron una casa muy grande y bonita que les costó un dineral.*

dinero *m.* **1.** Moneda corriente: *Desde que Enrique era niño sus padres le dan un poco de dinero cada semana y él ahorra una parte en el banco.* **2.** Caudal, fortuna: *Esa familia ganó mucho dinero con su tienda.*

dinosaurio *m.* Reptiles del periodo mesozoico que comprenden animales como el diplodoco, el pterodáctilo y el tiranosaurio: *Los dinosaurios se extinguieron antes de que hubiera hombres en la Tierra.*

dintel *m.* Barra horizontal que va en la parte de arriba de puertas o ventanas: *Para la fiesta de la boda colocaron flores como adorno en los dinteles de todas las puertas y ventanas que hay en la casa.*

diócesis *f.* En la religión católica, territorio bajo el gobierno de un obispo.

dioico, ca *adj.* Relativo a las plantas que tienen las flores femeninas y las masculinas en pies o troncos separados.

dioptría *f.* Unidad de potencia de una lente.

dios *m.* **1.** En las religiones monoteístas, supremo ser creador del Universo, el mundo y principio de todas las cosas; se escribe con "D" mayúscula: *En el libro bíblico del Génesis, se nos dice que en el principio Dios creó los cielos y la tierra.* SIN. **todopoderoso. 2.** Se escribe con "d" minúscula cuando designa a un ser superior y sobrenatural, al que se le atribuye un poder mágico: *Moloc fue un dios cananeo y fenicio al que se le ofrecían sacrificios humanos.* SIN. **ídolo. 3.** loc. **~ mediante,** si nada se interpone: *Terminaré mi trabajo, Dios mediante, esta misma tarde.* **4.** loc. **Gracias a ~,** se usa para expresar alivio o alegría por haber superado una situación difícil o por haber terminado un trabajo muy pesado: *"Mi hijo tuvo un accidente, pero gracias a Dios salió ileso", comentó el señor López.* **5.** loc. **Lo que ~ quiera,** se usa para indicar que no se debe forzar alguna situación: *Los médicos ya hicieron todo lo posible por salvar la vida de ese paciente, ahora será lo que Dios quiera.* **6.** loc. **¡Válgame ~!,** expresa sorpresa, disgusto o admiración por alguna cosa: *¡Válgame Dios! es tardísimo y no podré llegar a tiempo a mi cita.*

diosa *f.* Divinidad de sexo femenino: *Minerva era la diosa que representaba la sabiduría, las artes, las letras, la música y la inteligencia entre los antiguos romanos.*

dióxido *m.* **1.** Óxido que contiene dos átomos de oxígeno. **2.** loc. **~ de carbono,** óxido que contiene dos átomos de oxígeno y uno de carbono, producto principal de la combustión y la respiración aerobia, y utilizado por las plantas en la fotosíntesis.

diplodoco *m.* Dinosaurio de alrededor de 25 metros de largo, de cuerpo grande, cuello largo y cabeza pequeña: *El diplodoco vivió en América durante el periodo cretácico.*

diploma *m.* Documento que acredita que alguien posee un título, premio, etc.: *Cuando terminó de estudiar la primaria le dieron un diploma.*

diplomacia *f.* **1.** Ciencia de las relaciones internacionales. **2.** *Fam.* Habilidad para tratar a las personas.

diplomado *m.* **1.** Persona que ha obtenido un título o diploma por haber terminado estudios universitarios o algún curso especial. **2.** Curso especializado que dura por lo general un año: *Andrés ya es cocinero y ahora toma un diplomado en repostería, porque quiere aprender a hacer postres.*

diplomático, ca *adj.* **1.** Relativo a la diplomacia: *Le acaban de dar otro cargo diplomático: antes era consejero cultural y ahora es embajador.* **2.** Que tiene habilidad para tratar a la gente: *Javier es muy diplomático, por eso siempre lo mandamos a hablar con el maestro para pedirle algún permiso.*

diplomático, ca *m.* y *f.* Persona que interviene en negocios internacionales de un Estado: *Como su padre*

fue *diplomático, Roberto vivió varios años en otros países del mundo.*

dipneo, a *adj./m.* y *f.* Animal que puede respirar con las branquias y los pulmones.

díptero *m.* Orden de insectos con dos alas y órganos de la boca chupadores, como la mosca.

díptero, ra *adj.* Que tiene dos alas: *Los colibríes son dípteros.*

díptico *m.* Obra de arte compuesta por dos paneles o dos hojas.

diptongo *m.* Unión de dos vocales diferentes que se pronuncian en una sola sílaba: *En la palabra "cuerda" el diptongo está formado por las vocales u y e.*

diputación *f.* Cargo que ocupa un diputado en una cámara legislativa: *El señor Rodríguez ha ocupado esa diputación durante dos periodos consecutivos.*

diputado, da *m.* y *f.* Persona elegida para formar parte de una cámara legislativa y representar a una parte del pueblo: *Para ser diputado se necesita ganar la mayoría de votos en el lugar que uno quiere representar.*

dique *m.* **1.** Muro para contener las aguas: *Como se veía que el río iba a desbordarse los hombres construyeron un dique en poco tiempo.* **2.** Cavidad en un puerto donde se limpian y reparan los buques.

dirección *f.* **1.** Sentido o rumbo de un cuerpo en movimiento: *El piloto nos informó que el avión va en dirección al sur del país.* **2.** Cargo y oficina del director: *Le pidieron que pasara a la dirección a firmar unos documentos importantes.* **3.** Señas de un lugar: *Elena me dio la dirección de la casa donde habrá una fiesta el sábado.* **4.** Mecanismo que guía a un vehículo: *Ese automóvil se maneja con suavidad porque tiene dirección hidráulica.*

directiva *f.* **1.** Norma, regla, precepto: *Las directivas de esa escuela son muy estrictas y los niños parecen soldados pequeños.* **2.** Mesa o junta de gobierno: *Los jugadores de ese equipo de fútbol culpan a la directiva del club por sus derrotas, pues dicen que no los han preparado bien para los partidos.*

directivo, va *adj.* Que tiene facultad para dirigir: *Noemí tiene muchas capacidades directivas, yo creo que pronto tendrá algún trabajo importante.*

directivo, va *m.* y *f.* Persona que dirige algo.

directo, ta *adj.* **1.** En línea recta. **2.** Que va de una parte a otra sin detenerse: *Después de salir del trabajo, Eva se regresa directo a su casa.* **3.** Que aborda un tema sin rodeos: *Sandra es una persona directa que siempre dice lo que piensa.* **4.** Que se hace sin intermediarios: *Hizo la compra directa con el pintor, por eso consiguió la pintura más barata si se hubiera ido a la galería.* **5.** loc. **Objeto ~,** elemento que completa el significado de un verbo transitivo: *En la frase "le regaló un libro", un libro es el objeto directo del verbo regalar.*

director, ra *m.* y *f.* Persona que dirige y está a la cabeza de una empresa, servicio, etc.: *La directora dijo que haríamos un festival para celebrar el día de las madres.*

directorio *m.* **1.** Libreta donde se anotan nombres, direcciones y teléfonos: *Cada dos años, mi prima se compra un directorio nuevo para anotar los datos de las personas que ha conocido en ese tiempo.* **2.** Espacio de un disco de computadora que contiene ficheros: *En ese disquete sólo hay dos directorios y cada uno tiene alrededor de veinte archivos.* **3.** loc. **~ telefónico,**

DIR

DI

193

libro que contiene nombres, teléfonos y direcciones de las personas de un área, ciudad, etc.: *Como la ciudad ha crecido mucho, el **directorio telefónico** se publica ahora en dos gruesos volúmenes.*

directriz *f.* **1.** Norma, regla: *Las escuelas deben seguir las **directrices** que dan las autoridades encargadas de la educación.* **2.** Línea sobre la que se apoya de manera constante otra línea llamada generatriz, para engendrar o dar lugar a una superficie.

dirham *m.* Moneda de los Emiratos Árabes y de Marruecos.

dirigible *m.* Globo alargado, inflado con gas, que tiene una cabina para los pilotos y pasajeros: *El conde Ferdinand von Zeppelin construyó en 1890 el primer **dirigible**.* SIN. **aeróstato**.

dirigir *vb. irreg.* {tr. y prnl.} Modelo 61. **1.** Guiar, encaminar una cosa hacia determinado lugar: *Después de salir de la escuela **me dirigí** a mi casa.* **2.** Poner el nombre y la dirección en una carta: *"Debes **dirigir** tu petición de la beca al inspector de la zona escolar", le dijo la empleada a Edna.* **3.** Gobernar, regir: *El Presidente **dirige** el gobierno de su país.* **4.** Aconsejar, guiar: *Los estudiantes necesitan que sus padres y profesores los **dirijan** por el camino correcto.*

dirimir *vb.* {tr.} **1.** Deshacerse, disolver, anular: *Las autoridades decidieron **dirimir** el matrimonio de esos jóvenes porque ya no querían estar juntos.* **2.** Resolver una controversia: *Los dos niños discutieron por la propiedad de unos juguetes hasta que el papá llegó y **dirimió** el problema: el carrito era de uno de ellos y el caballo era del otro.*

discar *vb. irreg.* {tr.} Modelo 17. *Argent.* y *Urug.* Marcar un número de teléfono.

discernimiento *m.* Capacidad de razonar para distinguir unas cosas de otras: *Más que aprenderse las cosas de memoria, los estudiantes deberían aprender a usar su **discernimiento**.*

discernir *vb. irreg.* {tr.} Modelo 67. Distinguir una cosa de otra: *Es necesario enseñar a los niños a **discernir** lo que está bien y lo que está mal.*

disciplina *f.* **1.** Respeto a las leyes: *En esa escuela, la **disciplina** es casi tan importante como los estudios.* **2.** Sujeción de las personas a determinadas leyes. **3.** Asignatura, materia: *En la educación superior se estudian varias **disciplinas** y cada maestro enseña una.* **4.** Arte, facultad o ciencia: *La **disciplina** que más le interesa es la música, por eso va a entrar al Conservatorio.*

disciplinado, da *adj.* Que respeta un orden, una disciplina: *Sergio es un joven **disciplinado**, lo primero que hace al llegar a casa son sus trabajos escolares y después sale a jugar.*

disciplinar *vb.* {tr.} Someter a una disciplina, a un orden: *La señorita Martha se encarga de **disciplinar** a los estudiantes revoltosos.*

disciplinario, ria *adj.* Que sirve para imponer orden, disciplina: *En ese colegio usan un método **disciplinario** que consiste en enseñarles a los alumnos a distinguir lo que es correcto y lo que es incorrecto.*

discípulo, la *m.* y *f.* Persona que sigue a un maestro o escuela para aprender de ella: *Los **discípulos** de esa maestra le llevaron una flor el día de su cumpleaños.*

disco *m.* **1.** Cuerpo cilíndrico más ancho que alto. **2.** Placa circular que registra y reproduce sonidos, imá-

genes o datos informáticos. **3.** loc. ~ **compacto**, disco que utiliza la técnica de grabación digital del sonido: *Antes de que existieran los **discos compactos**, se usaban unos discos grandes de vinil.* **4.** loc. ~ **duro**, unidad por lo general integrada al ordenador o computadora, que sirve para almacenar memoria no sujeta a eliminación: *Guardé la información en el **disco duro** de la computadora y también la guardé en un disquete.* **5.** loc. ~ **interactivo**, sistema constituido por un microprocesador y un lector de discos compactos para la exploración interactiva de sonido, imagen y texto. **6.** loc. ~ **óptico**, disco en el que la grabación y la lectura se hacen por procedimiento óptico.

díscolo, la *adj./m.* y *f.* **1.** Desobediente, rebelde. **2.** Fam. Envidioso, poco generoso: *"No seas **díscolo** y regálame uno de tus chocolates", le dije a César.*

discontinuo, nua *adj.* Que se interrumpe: *Esa calle es **discontinua**, pues el parque interrumpe la recta.*

discordante *adj.* Que no está acorde: *Como los instrumentos no están afinados, las notas que emiten son **discordantes** y la música se oye mal.*

discordar *vb. irreg.* {intr.} Modelo 5. **1.** Diferenciarse entre sí dos o más cosas: *Los dos arquitectos **discuerdan** en la manera de hacer ese proyecto: uno quiere algo muy moderno y el otro quiere algo tradicional.* SIN. **discrepar**. **2.** No estar acordes las voces o instrumentos: *Para no **discordar**, los músicos afinan sus instrumentos antes del concierto.*

discordia *f.* Falta de acuerdo: *En esa junta imperó la **discordia** y no se llegó a ninguna conclusión.*

discoteca *f.* **1.** Colección de discos: *Alberto es aficionado a la música clásica y tiene una **discoteca** muy grande.* **2.** Local donde se baila y escucha música grabada.

discreción *f.* **1.** Sensatez, prudencia y tacto para hacer o decir algo sin causar molestia a otros: *Con **discreción** le dije que su vestido le quedaba mal y lo comprendió.* **2.** Capacidad para guardar un secreto: *Después de contarme su problema me pidió **discreción**, porque no quiere que nadie más se entere.*

discrepancia *f.* Diferencia en la opinión y en la manera de ver las cosas: *Las **discrepancias** entre Mario y su jefe eran muchas, por eso él decidió buscar otro empleo.*

discrepante *adj.* **1.** Diferente de otra cosa con la que se compara. **2.** Que discrepa de la opinión de otro, que piensa distinto: *Sergio tiene una manera de ser muy particular, siempre **discrepa** de lo que opina la mayoría de las personas.*

discrepar *vb.* {intr.} Estar en desacuerdo: *Discrepo de lo que dices, tú piensas que Ramiro es una persona seria y yo pienso que es grosero.*

discreto, ta *adj./m.* y *f.* Que es sensato, prudente y tiene tacto: *No se le puede confiar nada a Ricardo porque no es una persona **discreta** y cuenta hasta el secreto más íntimo.* ANT. **indiscreto**.

discriminación *f.* Trato de inferioridad a una persona o a una colectividad: *Los nazis **discriminaron** a los judíos al grado de intentar exterminarlos.*

discriminante *adj.* Que discrimina, que hace distingos: *"¿Por qué tienes esa actitud **discriminante** contra las mujeres?, no veo en qué eres superior a ellas", dije a David.*

discriminar *vb.* {tr.} **1.** Separar, diferenciar una cosa de otra: *Mi hermanito es demasiado pequeño para dis-*

criminar entre lo que está bien y lo que está mal. **2.** Dar trato de inferioridad a una persona o colectividad: *En los Estados Unidos algunos grupos de blancos todavía* **discriminan** *a los negros.*

disculpa *f.* Razón que se da para excusarse de una culpa o para demostrar que no se es responsable de algo: *El maestro ofreció una* **disculpa** *por llegar tarde, dijo que había mucho tráfico.*

disculparse *vb.* [prnl.] Pedir perdón, presentar excusas: *Después de reflexionar unos minutos, mi jefe* **se disculpó** *por haberme hablado de manera tan violenta.*

discurrir *vb.* [intr.] **1.** Pasar de manera continua por un sitio: *El río* **discurre** *entre las montañas y llega al mar.* **2.** Transcurrir el tiempo: *Casi sin darse cuenta* **discurrieron** *los dos años que debía esperar para ser mayor de edad.* **3.** Razonar, pensar: *Carlos se sentó frente a la puerta descompuesta a* **discurrir** *cómo podría arreglarla.*

discurso *m.* Exposición hablada en público: *Esperanza fue la encargada de dar el* **discurso** *de despedida cuando su generación terminó de estudiar la primaria.*

discusión *f.* **1.** Hecho de examinar una cuestión: *En mi casa organizamos una* **discusión** *para decidir a dónde iremos de vacaciones.* **2.** loc. Sin ~, sin duda: *Éste es, sin* **discusión***, el mejor helado de chocolate que he comido en mi vida.*

discutible *adj.* Que se puede o se debe discutir y examinar: *Araceli hizo una propuesta* **discutible** *que vamos a analizar antes de decidir si queremos jugar baloncesto o fútbol.*

discutir *vb.* [tr. e intr.] **1.** Examinar y tratar una cuestión: *El lunes* **discutimos** *en clase el tema de los animales vertebrados.* **2.** Contender y alegar razones contra el parecer de otro: *Es difícil que las personas que* **discuten** *sobre temas religiosos lleguen a algún acuerdo.*

disecado, da *adj.* Lo que se ha conservado después de muerto con un proceso especial: *En el Museo de Historia Natural hay muchos animales* **disecados***.*

disecar *vb. irreg.* [tr.] Modelo 17. **1.** Preparar los animales muertos para conservarlos con la apariencia de vivos: *Los taxidermistas se dedican a* **disecar** *animales que casi siempre están en los museos.* **2.** Abrir un organismo para su estudio.

disección *f.* Acción y efecto de disecar, de abrir un organismo para estudiarlo: *En la clase de biología el maestro hizo la* **disección** *de una rana.*

diseminación *f.* Acción de desparramar, de esparcir: *El viento de la primavera provoca la* **diseminación** *del polen entre las flores para que se reproduzcan.*

diseminar *vb.* [tr. y prnl.] Desparramar, esparcir: *A causa del viento las flores se* **diseminaron** *por el parque.*

disensión *f.* **1.** Desacuerdo: *Las* **disensiones** *entre los dos amigos fueron tan fuertes que dejaron de hablarse durante un tiempo.* **2.** Riña, contienda, disputa.

disentería *f.* Enfermedad que se manifiesta con fiebre y diarrea sangrante: *Si no se trata pronto, la* **disentería** *puede provocar deshidratación y llevar a la muerte.*

disentir *vb. irreg.* [intr.] Modelo 50. Estar en desacuerdo, discrepar: *En el salón de clases el maestro nos permite* **disentir** *a lo que él opina, dice que esto nos ayuda a formar nuestra propia opinión.*

diseñador, ra *m. y f.* Persona que diseña de manera profesional ropa, muebles, etc.: *Primero era ayudante y*

después de mucho esfuerzo, ahora es el principal **diseñador** *de esa tienda de ropa.*

diseñar *vb.* [tr.] **1.** Trazar modelos: *Ese modisto está muy ocupado* **diseñando** *la colección de vestidos que presentará el próximo verano.* **2.** Planear algo: **Diseñamos** *la trayectoria de nuestro viaje antes de comenzarlo.*

diseño *m.* Trazado de un modelo: *El arquitecto hizo un* **diseño** *muy moderno para la casa que va a construir.*

disertación *f.* Trabajo en el que se razona de manera detenida y ordenada sobre algún tema: *La maestra les pidió que escribieran una* **disertación** *corta sobre la contaminación.*

disertar *vb.* [intr.] Razonar de forma detenida y ordenada sobre una materia, sea por escrito o hablando en público: *Como parte de su examen final, el maestro de literatura le pidió* **disertar** *sobre una novela.*

disfraz *m.* Traje o máscara para aparecer como otro, que se utiliza en fiestas y carnavales: *Las mamás confeccionaron* **disfraces** *de abejas, conejos y mariposas para el festival de primavera de los niños pequeños.*

disfrazado, da *adj.* Que tiene ropa que lo hace aparecer como otra persona: *Llegó* **disfrazado** *de Napoleón a la fiesta del carnaval.*

disfrazar *vb. irreg.* [tr. y prnl.] Modelo 16. **1.** Vestirse una persona o ponerse una máscara para imitar a otra: *Para la fiesta por su quinto cumpleaños, mi primo Abel* **se disfrazó** *de vaquero.* **2.** Encubrir o disimular algo mostrando una cosa distinta: **Disfrazaron** *la verdad diciendo que el culpable no era Rubén, sino Lauro.*

disfrutar *vb.* [tr. e intr.] **1.** Beneficiarse de las utilidades de una cosa: *Luis podrá* **disfrutar** *de la herencia que le dejó su abuelo hasta que cumpla 18 años.* **2.** Sentir placer: *Como* **disfruta** *mucho oír música clásica, Betina va a conciertos cada vez que puede.*

disfunción *f.* Trastorno de la función de un órgano del cuerpo: *La grave* **disfunción** *de un riñón de Pablo ha hecho que su médico le diga que van a operarlo.*

disgregación *f.* Separación de lo que estaba unido: *La* **disgregación** *de las ovejas se debió al comienzo de la tormenta.*

disgregar *vb. irreg.* [tr. y prnl.] Modelo 17. Separar lo que estaba unido: *Cuando crecimos, mi familia se* **disgregó***: mis padres murieron y mis hermanos se fueron a vivir a ciudades diferentes.*

disgustar *vb.* [tr. y prnl.] **1.** Causar o sentir enojo o inquietud: *El maestro* **se disgusta** *cada vez que un niño dice una grosería.* **2.** Enojarse con alguien: *Mi hermana y yo* **nos disgustamos** *por una tontería, pero ya nos contentamos.*

disgusto *m.* Molestia grande, irritación por lo que se considera un contratiempo o una desgracia: *Fue un gran* **disgusto** *para su padre saber que había abandonado la carrera de música para dedicarse a la delincuencia.*

disidencia *f.* Hecho de separarse de una doctrina, de un partido, de una corriente dominante.

disidente *adj./m. y f.* Que se separa de una doctrina o partido: *Los* **disidentes** *de ese partido se unieron y formaron uno nuevo.*

disímil *adj.* Distinto, diferente: *Tengo una impresión* **disímil** *a la tuya; a ti te parece que Roberto es un grosero y yo creo que se comporta así porque es muy tímido.*

disimilitud *f.* Diferencia: *Le gusta buscar las* **disimilitudes** *entre las novelas y sus adaptaciones al cine.* 195

disimulación f. Hecho de ocultar una cosa para que no se vea o no se note: *Eva es una maestra de la disimulación, estaba muy enojada y nadie se dio cuenta.*

disimular vb. {tr. e intr.} *1.* Ocultar algo: *El niño disimuló la mancha en la pared con una cortina, para que su mamá no la viera. 2.* Encubrir la intención o los sentimientos: *A Samuel le molesta la presencia de esa persona, pero logra disimularlo y puede hasta sonreírle.*

disimulo m. Hecho de ocultar u ocultarse para que algo no se note: *Como no quería despedirse de todos, Erika salió con disimulo de la fiesta.*

disipación f. *1.* Acción de volver algo menos denso, de comenzar a desaparecerlo *2.* Entrega excesiva a los placeres.

disipado, da adj./m. y f. Entregado con exceso a los placeres *Julio llevó una vida disipada, por eso enfermó desde que era joven.*

disipar vb. {tr. y prnl.} *1.* Desvanecer, disolver, evaporar algo volátil o inmaterial: *Los contaminantes en la atmósfera se disiparon cuando sopló el viento. 2.* Hacer desaparecer: *Tus dudas sobre esta pintura se disiparán si lees este libro que trata de la vida del artista que lo pintó.*

diskette m. **Palabra inglesa.** Ver **disquete.**

dislate m. Disparate, cosa absurda.

dislexia f. Dificultad para aprender a leer y escribir: *La dislexia se puede superar con terapias especiales.*

disléxico, ca adj. Persona que padece de dislexia o de cierta dificultad para aprender a leer y escribir.

dislocación f. Separación de las partes de un todo, de manera especial en un miembro del cuerpo: *El fuerte jalón que Joaquín me dio en el brazo, me provocó la dislocación del codo.* SIN. **luxación.**

dislocar vb. irreg. {tr. y prnl.} **Modelo 17.** *1.* Desencajar un hueso o miembro del cuerpo: *La fuerte ola que revolcó a Úrsula le dislocó el hombro al azotarla contra la arena. 2.* Fam. Alterar. El estado de ánimo de los niños *se disloca durante la adolescencia.*

disminución f. Hecho de hacer menor la extensión, intensidad, importancia o número de algo: *Cuando llega la vejez es común que las personas sientan una disminución en la energía y la salud.* SIN. **reducción.**

disminuir vb. irreg. {tr., intr. y prnl.} **Modelo 59.** Reducir o reducirse la extensión, intensidad, importancia o número de algo: *La comezón le ha disminuido desde que se unta la pomada que recetó el médico.*

disociar vb. {tr. y prnl.} Separar dos cosas unidas. ANT. **asociar.**

disolución f. *1.* Hecho de separar lo unido: *La disolución del matrimonio de Ana y Javier es un hecho, porque ya se van a divorciar. 2.* Relajación de la moral. *3.* Hecho de mezclar de manera homogénea dos o más substancias.

disoluto, ta adj./m. y f. Entregado a los vicios.

disolvente m. Líquido incorporado a las pinturas y barnices: *Los disolventes de las pinturas producen mareos y dolores de cabeza si se les aspira durante mucho tiempo.*

disolver vb. irreg. {tr. y prnl.} **Modelo 29.** *1.* Deshacer una substancia en un líquido hasta conseguir una mezcla homogénea: *"Saca un poquito de pintura roja del frasco, disuélvela en agua y pinta la lengua del perro de cartón que hicimos en clase", me dijo el maestro. 2.* Separar lo que está unido: *Los socios disolvieron la sociedad en la que trabajaron diez años.*

disonante adj. Que suena mal: *Mi abuelita piensa que la música moderna son sólo ruidos disonantes.*

disonar vb. irreg. {intr.} **Modelo 5.** *1.* Sonar mal: *Las dos guitarras disonaban porque una estaba desafinada. 2.* Discrepar, no haber conformidad.

dispar adj. Desigual, diferente: *"No puedes jugar así con tu hermanito, sus fuerzas son dispares, él tiene 4 años y tú tienes 12 años", le dije a Gustavo.*

disparada f. Argent., Méx., Nicar. y Urug. Acción de echar a correr de repente o de partir con precipitación. SIN. **fuga, huida.**

disparado adv. Que es lanzado con violencia: *Al ver la víbora, el caballo se detuvo de repente y Raúl, que lo iba montando, salió disparado.*

disparar vb. {tr., intr. y prnl.} *1.* Lanzar un proyectil con un arma: *Se cree que al presidente de los Estados Unidos John F. Kennedy le dispararon desde un edificio. 2.* Accionar una cámara fotográfica: *Cuando todos estaban listos y sonrientes, disparé y tomé una fotografía muy bonita. 3.* Méx. Fam. Invitar: *Hoy le tocó a Magdalena disparar los cafés y mañana me tocará a mí.*

disparatado, da adj. Absurdo, poco razonable o ilógico: *"¿Qué idea más disparatada: ¿cómo puedes pensar que los elefantes vuelan?", dije a Alberto.*

disparate m. Cosa absurda: *"Lo que acabas de decir es un disparate, ¿cómo puedes creer que una bicicleta es más cara que un automóvil?", le dije a Pedro.*

disparejo, ja adj. Que no es parejo, que no es igual: *"El vestido que cosiste quedó disparejo, está más largo de adelante que de atrás", le dije a Martha.*

disparo m. Detonación de un arma.

dispendio m. Gasto excesivo: *Para ahorrar, lo primero que se debe hacer es poner fin al dispendio.*

dispendioso, sa adj. Que gasta dinero de manera irresponsable: *Lorenzo dice que no puede ahorrar porque Pepita es muy dispendiosa con los gastos de la casa.*

dispensar vb. {tr. y prnl.} *1.* Perdonar: *Les dije a mis amigos que me dispensaran, porque estaba muy cansado y quería dormir. 2.* Librar de una obligación: *Lo dispensaron de hacer deportes porque tenía un brazo fracturado.*

dispensario m. Local donde se proporciona atención médica sin que los pacientes sean hospitalizados: *El médico que atiende en el dispensario de la iglesia no cobra por sus servicios.*

dispersar vb. {tr. y prnl.} Separar y alejar lo que está unido: *La policía dispersó a la multitud que se había reunido frente al teatro para ver de cerca a los cantantes de rock.*

displicencia f. *1.* Desagrado o indiferencia en el trato: *Silvia trata con displicencia a Martín, ya que está enojada por la mentira que le dijo. 2.* Desaliento o vacilación en la ejecución de alguna cosa: *Con tanto calor, los jugadores le pegan al balón con displicencia.* SIN. **negligencia.**

displicente adj. Indiferente: *Ese empleado atiende a los clientes de una manera displicente, en cambio Esteban es muy atento y amable con todas las personas que entran en la tienda.*

disponer vb. irreg. {tr., intr. y prnl.} **Modelo 27.** *1.* Preparar de manera conveniente: *Hay que disponer las maletas para el viaje. 2.* Ordenar, mandar: *Mi madre dispuso que nos mudemos a otra ciudad porque ésta* es demasiado peligrosa. **3.** Valerse de una persona o cosa: *El nuevo empleado le dijo a su jefe que* **dispusiera** *de él para todo lo que necesitara.* **4.** Prepararse para hacer algo: *Llegó una persona a visitarnos cuando nos* **disponíamos** *a comer.*

disposición *f.* **1.** Estado de ánimo para hacer algo: *Está en buena* **disposición** *para reconciliarse con su hermano, porque ya no quiere que estén enojados.* **2.** Orden de una autoridad: *La* **disposición** *del general es que los soldados salgan a correr al campo todas las mañanas.*

dispositivo *m.* **1.** Mecanismo, aparato, máquina. **2.** Pequeño aparato que se coloca en el útero de las mujeres como método anticonceptivo.

disprosio *m.* Metal del grupo de las tierras raras, de símbolo químico Dy y número atómico 66.

dispuesto, ta *adj.* Preparado para llevar a cabo cierta cosa: *La mesa está* **dispuesta** *para la cena.*

disputa *f.* Pelea, discusión, riña: *Cuando se murió la madre, los hijos tuvieron una* **disputa** *por la herencia.*

disputar *vb.* {tr., intr. y prnl.} **1.** Discutir, pelear: *Dos borrachos* **disputaban** *en la calle a gritos y despertaron a todo el barrio.* **2.** Competir: *Alemania y los Estados Unidos se* **disputaron** *el primer lugar del campeonato de tenis.*

disquete *m.* Disco magnético para usarse en las computadoras u ordenadores, en el que se guarda información.

distancia *f.* Espacio o tiempo entre dos cosas o sucesos: *"¿Qué* **distancia** *hay de la Tierra a la Luna?", pregunté a la maestra.*

distanciamiento *m.* Enfriamiento o alejamiento en una relación: *Después de la discusión que tuvieron, ha habido un* **distanciamiento** *entre ellos.*

distanciarse *vb.* {prnl.} Apartarse, alejarse, dejar de verse con frecuencia dos personas: *Desde que salieron de la universidad, las amigas* **se han distanciado** *porque sus trabajos no les dejan mucho tiempo libre.*

distante *adj.* **1.** Que no está cerca: *Se mudaron a una casa* **distante** *del centro de la ciudad.* SIN. **lejano.** **2.** Que no acepta familiaridades en su trato: *Ese jefe mantiene una actitud* **distante** *con sus empleados, siempre habla con todos de manera muy formal.* SIN. **altivo.**

distar *vb.* {intr.} Estar apartadas dos cosas en el espacio o el tiempo: *Entre la boda de mi prima y el nacimiento de su primer hijo* **distaron** *dos años.*

distensión *f.* **1.** Relajación de una situación tensa: *En cuanto comenzaron a hablar Gerardo y Luis se percibió una* **distensión** *del problema que tenían.* **2.** Tensión brusca y dolorosa en un músculo.

distender *vb. irreg.* {tr. y prnl.} **Modelo 24.** **1.** Aflojar lo que está tenso: *Cuando le dijeron que había aprobado, se* **distendió** *los músculos de la cara y sonrió con alivio.* **2.** Causar una tensión brusca en los tejidos: *En los tiempos extras, los futbolistas empezaron a quejarse de que los músculos se les* **distendían.**

distinción *f.* **1.** Honor, privilegio: *El premio que le dieron fue una* **distinción** *por ser una persona trabajadora.* **2.** Elegancia: *Diana siempre se ha vestido con mucha* **distinción** *y, además, luce bien todo lo que se pone.*

distinguido, da *adj.* Que tiene elegancia o que es ilustre: *En la cena, el embajador hizo un brindis en honor de los* **distinguidos** *invitados.*

distinguir *vb. irreg.* {tr. y prnl.} **Modelo 65.** **1.** Reconocer la diferencia entre las personas o las cosas: *Sólo*

puedo **distinguir** a los gemelos por sus voces: uno la tiene más ronca que el otro. **2.** Caracterizar: *La razón* **distingue** *al hombre de otros animales.* **3.** Ver con claridad: *No logro* **distinguir** *lo que dice aquel letrero porque está muy lejos.* **4.** Otorgar a alguien un privilegio: **Distinguieron** *a ese alumno con un diploma por sus buenas calificaciones durante todo el año.* **5.** Hacer que una cosa se diferencie de otra por medio de alguna señal: *Para* **distinguir** *sus juguetes de los de sus amigos, Juan les pintó un punto negro.* **6.** Sobresalir: *Alejandro se* **distingue** *entre los demás niños por ser el más alto.*

distintivo *m.* Insignia, señal: *El* **distintivo** *de mi equipo es un escudo azul con negro.*

distintivo, va *adj.* Que es propio de algo: *El hombre se asustó cuando sintió en el brazo izquierdo el dolor* **distintivo** *de los infartos.*

distinto, ta *adj.* Que no es lo mismo, que es otro o que no es igual: *Cada cachorro de mi perra es* **distinto:** *uno es gris y travieso, el otro es negro y más tranquilo.*

distorsión *f.* Hecho de deformar, de torcer las cosas. SIN. **deformación.**

distorsionar *vb.* {tr.} Deformar, alterar: *Algunos periodistas* **distorsionan** *los hechos para fabricar noticias.*

distracción *f.* **1.** Acción de quitar la atención hacia una cosa para llevarla hacia otra: *Por una* **distracción,** *Eloísa olvidó comprar lo que su mamá le había pedido.* **2.** Cosa que atrae la atención, en especial lo que divierte o entretiene: *Ha trabajado tanto que se merece alguna* **distracción,** *vamos a convencerla de ir al cine.*

distraer *vb. irreg.* {tr. y prnl.} **Modelo 38.** **1.** Entretener, divertir: *Fuimos al parque y había unos payasos que* **distraían** *a los niños.* **2.** Apartar la atención: *A los niños les piden que no lleven juguetes a la escuela para evitar que* **se distraigan** *en clase.*

distraído, da *adj.* Que le cuesta trabajo mantener la atención fija en algo: *Felipe es tan* **distraído** *que una vez se fue a trabajar con pantuflas y no se dio cuenta hasta que todos comenzaron a reírse.*

distribución *f.* **1.** Repartición de algo que se hace de forma adecuada: *La Cruz Roja se ocupó de la* **distribución** *de los alimentos entre los afectados por las inundaciones.* SIN. **repartición.** **2.** Ordenación y reparto de las distintas piezas que hay dentro de una vivienda: *La casa es bonita pero tiene un defecto de* **distribución,** *es necesario pasar por el baño para llegar a la sala.*

distribuido, da *adj.* Que se reparte entre varias personas: *Las riquezas del mundo están mal* **distribuidas,** *pocas personas tienen mucho dinero y muchas personas tienen diferentes carencias.*

distribuir *vb. irreg.* {tr. y prnl.} **Modelo 59.** **1.** Repartir una cosa entre varias personas: **Distribuyamos** *el trabajo de limpieza entre todos para poder terminar pronto.* **2.** Dar a cada cosa su colocación o destino.

distrito *m.* **1.** Subdivisión territorial de carácter político y administrativo. **2.** loc. **Distrito Federal,** capital de algunas repúblicas federales: *La capital de México es un* **Distrito Federal.**

disturbio *m.* Alteración del orden público: *La policía puso fin a los* **disturbios** *que provocaron los seguidores del equipo que perdió el partido.*

disuadir *vb.* {tr.} Convencer a alguien a cambiar de parecer: *Sus padres lo* **disuadieron** *de abandonar la escuela, porque desean que Rubén estudie.*

DIS

disuasión *f.* Convencimiento para que alguien cambie de parecer.

disyuntiva *f.* Alternativa entre dos posibilidades: *Se enfrenta a la disyuntiva entre trabajar en este país o trabajar en el extranjero.*

dita *f.* Amér. C. y Chile. Deuda.

diurético *m.* Substancia que hace orinar: *Como tenía la presión alta me recetaron un diurético, ya que cuando se elimina agua del cuerpo la presión de la sangre baja.*

diurético, ca *adj.* Que hace orinar: *El té y el café son diuréticos.*

diurno, na *adj.* Relativo al día: *Mi abuelo es una persona diurna que se duerme a las ocho de la noche y se levanta a las cinco de la mañana.*

divagar *vb. irreg.* [intr.] **Modelo 17.** Apartarse del asunto de que se trata: *Cuando ya era anciana, mi tía abuela divagaba mucho y a veces olvidaba nuestros nombres.*

diván *m.* Especie de sofá, con o sin brazos, y sin respaldo.

divergente *adj.* Que se separa de una línea: *"Sigue por esa avenida y luego tomas una calle divergente hacia la derecha", indiqué a Esteban.*

divergir *vb. irreg.* [intr.] **Modelo 61. 1.** Irse apartando dos o más líneas o superficies. **2.** No estar de acuerdo, discrepar: *Esos dos amigos divergían en sus opiniones porque uno pensaba que el dinero era lo único importante en la vida y el otro decía que no.*

diversidad *f.* **1.** Diferencia, variedad: *La diversidad de caracteres entre los dos hermanos es notable, Víctor es obediente y Gustavo es rebelde.* **2.** Abundancia de cosas o personas distintas: *Prefiero ir a una tienda grande porque hay más diversidad de artículos y así puedo escoger lo que yo quiera.* **3.** loc. ~ biológica, variedad de especies vivas: *La selva amazónica tiene una gran diversidad biológica, en ella viven muchos tipos de animales y de plantas.*

diversificar *vb. irreg.* [tr. y prnl.] **Modelo 17.** Variar, hacer diferente una cosa de otra: *La industria de jabones decidió diversificarse y comenzó a fabricar detergentes.*

diversión *f.* **1.** Hecho de pasar un tiempo o rato agradable, hecho de divertirse: *Se pasa la vida trabajando y no dedica tiempo a la diversión.* **2.** Cosa que se divierte: *En el jardín del restaurante tienen algunos juegos mecánicos que son la diversión de los niños.*

diverso, sa *adj.* Variado, diferente: *Le mostré a Heriberto diversos libros sobre juegos para la computadora que podrían interesarle.*

divertido, da *adj.* Alegre, placentero: *Pasaron una tarde divertida jugando con el balón en el jardín.*

divertir *vb. irreg.* [tr. y prnl.] **Modelo 50.** Producir alegría o placer algo a alguien: *Contrataron a un payaso para que divirtiera a los niños durante la fiesta.*

dividendo *m.* **1.** Parte del beneficio que corresponde a cada accionista de una empresa: *Los dividendos que produce la empresa familiar sostienen a todos los hermanos.* **2.** En una división, número que se divide entre otro: *En la división "veinticinco entre cinco igual a cinco", veinticinco es el dividendo.*

dividir *vb.* [tr. y prnl.] **1.** Partir, separar en partes: *Dividieron un terreno grande para construir seis casas pequeñas.* **2.** Distribuir, repartir: *La hermana mayor fue la encargada de dividir los dulces entre sus hermanos.*

3. Hallar cuántas veces el divisor está contenido en el dividendo: *Si dividimos veinte entre cinco, nos da cuatro.*

divinidad *f.* **1.** Naturaleza divina. **2.** Ser divino. SIN. **Dios. 3.** *Fam.* Persona o cosa dotada de gran hermosura: *A la fiesta llegó una divinidad de muchacha con quien todos los chicos querían bailar.*

divino, na *adj.* **1.** Relativo a Dios o a un dios: *Las leyes de la Biblia se consideran divinas porque fueron inspiradas por Dios.* **2.** Extraordinario, exquisito, adorable, maravilloso: *Vi un vestido divino en la tienda, pero era demasiado caro y no lo compré.*

divisa *f.* **1.** Señal exterior que distingue: *La divisa del equipo de baloncesto de mi escuela era un águila con las alas extendidas.* **2.** Moneda extranjera: *En ese banco venden y compran divisas extranjeras, como dólares, francos y libras esterlinas.*

divisar *vb.* [tr. y prnl.] Ver de manera confusa o a distancia un objeto: *A lo lejos se alcanzaba a divisar una figura humana, pero no estaba seguro de quién era.*

divisible *adj.* **1.** Que se puede dividir. **2.** La cantidad que contiene a otra un número exacto de veces: *Quince es divisible entre tres.*

división *f.* **1.** Hecho de separar en partes, hecho de repartir: *La división de la tarta fue hecha en diez rebanadas porque diez personas querían comer de ella.* **2.** Parte de un cuerpo del ejército: *El general ordenó que la cuarta división fuera al frente de las otras.* **3.** Agrupación de los equipos según méritos o categoría: *Jugaron tan mal en el torneo esta temporada, que bajaron de la primera a la segunda división.* **4.** Operación de dividir: *En la clase de matemáticas me enseñaron a hacer divisiones.*

divisor *m.* Cantidad que divide a otra: *En "veinte entre cuatro igual a cinco", cuatro es el divisor.*

divo, va *m.* y *f.* Artista o cantante de gran mérito: *María Callas era una diva de la ópera.*

divorciado, da *adj./m.* y *f.* Que se ha separado de manera legal de su cónyuge: *Los padres de Andrés están divorciados, por eso él vive con su madre y pasa los fines de semana con su padre.*

divorciar *vb.* [tr. y prnl.] Separarse de manera legal un matrimonio: *Se divorciaron pues ya no se aman.*

divorcio *m.* **1.** Disolución legal de un matrimonio: *Le pidió el divorcio porque ya no aguantaba sus malos tratos.* **2.** Falta de acuerdo: *Hay un divorcio entre lo que piensa mi hermana y lo que piensa mi abuelita.*

divulgación *f.* Hecho de poner información o conocimientos al alcance de mucha gente: *En algunos consultorios médicos hay revistas de divulgación sobre algunas enfermedades y cómo prevenirlas.* SIN. **publicación.**

divulgar *vb. irreg.* [tr. y prnl.] **Modelo 17.** Hacer que una información o conocimiento llegue a mucha gente: *Se ha divulgado la noticia de que ese actor tiene una enfermedad mortal.* SIN. **publicar, difundir.**

do *m.* Primera nota de la escala musical: *Después de la nota do viene re.*

dobladillo *m.* Costura que se hace en el borde de una tela: *Como los pantalones le quedaban largos, hubo que hacerles un dobladillo ancho.*

doblado, da *adj.* Plegado: *Estela pone la ropa limpia y doblada dentro de los cajones.*

198

doblar vb. {tr., intr. y prnl.} **1.** Aumentar una cosa otro tanto. **2.** Substituir los diálogos de un filme o película por su traducción en otro idioma: *En ese país se permite que los programas extranjeros de televisión se doblen en lugar de ponerles subtítulos.* **3.** Cambiar de dirección: *Al doblar a la derecha encontró el restaurante que buscaba.* **4.** Torcer algo que estaba derecho o hacer que algo forme un ángulo: *Se doblaron algunas páginas del libro que guardé en la maleta.* **5.** Plegar una cosa flexible: *Doblé las sábanas limpias y las guardé en el cajón.*

doble adj./m. **1.** Que contiene dos veces lo que se dice: *México tiene el doble de habitantes que Argentina.* **2.** Compuesto por dos cosas iguales o de la misma especie: *Me puse doble abrigo antes de salir a la calle, porque hacía mucho frío afuera.*

doble m. y f. Persona muy parecida a otra: *Cuando vi a esa mujer pensé que era Hilaria hasta que me di cuenta de que era su doble.*

doble adv. Dos veces más: *Como había perdido el billete, tuve que pagar el doble.*

doblegar vb. irreg. {tr. y prnl.} **Modelo 17. 1.** Doblar una cosa encorvándola: *El fuerte viento doblega las ramas del árbol.* **2.** Someter, obligar a obedecer: *Durante la conquista, los españoles doblegaron a los indios americanos.*

dobles m. pl. En tenis, partido por parejas: *En los dobles hay cuatro jugadores en la cancha.*

doblez m. **1.** Parte de una cosa que se dobla o pliega: *Para evitar los dobleces preferí enrollar la cartulina en la que hice mi dibujo.* **2.** Señal que queda por donde se ha doblado una cosa: *Esta blusa tiene marcados los dobleces, voy a plancharla.* **3.** Hecho de actuar dando a entender lo contrario a lo que se siente: *El nuevo empleado es un hombre con muchos dobleces y es mejor no confiar en él, porque no se puede saber cuándo es sincero.* SIN. **hipocresía.**

doblón m. Antigua moneda de oro española: *Los piratas miraban asombrados los doblones y las joyas que contenía el cofre que robaron.*

doce adj./m. **1.** Número que resulta de sumar diez y dos: *El doce está entre el once y el trece.* **2.** Duodécimo: *Mi mamá está en la fila doce del teatro.*

docena f. Conjunto de doce unidades: *La maestra compró una docena de lápices para sus doce alumnos.*

docencia f. Enseñanza: *Dedicó su vida a la docencia, fue maestro durante más de treinta años.*

docente adj. **1.** Que enseña: *El personal docente de mi escuela está formado por veinte profesores y dieciocho profesoras.* **2.** Relativo a la enseñanza: *Una buena práctica docente debe incluir la participación de los alumnos y no sólo la exposición del maestro.*

docente m. y f. Persona que enseña: *Los docentes decidieron organizar un festival para despedir a los alumnos del último grado.* SIN. **maestro.**

dócil adj. **1.** Tranquilo, obediente: *María es una niña muy dócil que obedece a sus padres sin rezongar.* **2.** Que se labra con facilidad: *La plata es un metal dócil, no es difícil darle la forma deseada.*

docilidad f. Cualidad de las personas y animales que hace fácil educarlos: *La docilidad de los perros labradores los hace excelentes guías para ciegos.* SIN. **obediencia.**

docto, ta adj./m. y f. Que sabe mucho, que tiene muchos conocimientos: *Mi maestro es un hombre docto en la historia de las religiones, ha estudiado mucho y ha viajado a muchos países.* SIN. **sabio.**

doctor, ra m. y f. **1.** Persona que posee un doctorado: *Para dar clases de historia en la universidad se necesita ser doctor en esa disciplina.* **2.** Persona que ha estudiado para curar enfermedades: *Si esas manchas no se te quitan pronto, tendrás que ir con un doctor.* SIN. **médico.**

doctorado m. Grado más elevado conferido por una universidad, y estudios necesarios para obtenerlo: *Juan obtuvo un doctorado en Biofísica en una universidad de los Estados Unidos.*

doctrina f. **1.** Enseñanza. **2.** Conjunto de ideas o principios.

documentación f. Conjunto de documentos o papeles oficiales: *Mi padre entregó la documentación de mi hermana al director de la escuela para que la inscribieran.*

documentado, da adj. Que se basa en conocimientos sólidos: *El abogado hizo una defensa documentada de su cliente y eso ayudó a que ganara el juicio.* SIN. **enterado.**

documental m. Filme cinematográfico que instruye o informa: *Vi un documental muy interesante sobre la vida de los esquimales.*

documentar vb. {tr. y prnl.} Apoyar con documentos: *Para comprobar que la casa era suya, Andrés tuvo que documentar lo que estaba diciendo.*

documento m. Escrito que sirve como prueba de algo: *Para entrar a la universidad le pidieron el documento que compruebe que terminó la educación media superior.*

dodo o **dodó** m. Ave que habitó las islas del Océano Pacífico, extinguida por el hombre a fines del siglo XVIII. Su cuerpo era gordo con plumaje suave de color gris y pequeñas alas que no le servían para volar: *La extinción de los dodos fue la primera advertencia de cómo el planeta puede ser destruido si abusamos de los recursos naturales.*

dogma m. Conjunto de principios de una doctrina en los que deben creer sus seguidores.

dólar m. Moneda de los Estados Unidos, Australia, Canadá y otros países.

dolencia f. Enfermedad, indisposición: *Desde hace años se vio aquejado por una dolencia que le ha hecho perder la vista poco a poco.*

doler vb. irreg. {intr. y prnl.} **Modelo 29. 1.** Sentir que algo nos hace daño en una parte del cuerpo: *El exceso de comida hizo que le doliera el estómago.* **2.** Causar o sentir disgusto o tristeza: *A Genaro le dolió que su novia le dijera que no se va a casar con él.* **3.** Quejarse, lamentarse: *Se duele de no haber estudiado cuando tuvo oportunidad.*

doliente m. y f. Persona a la que se le ha muerto un familiar: *Los dolientes acompañaron el ataúd hasta el cementerio.*

dolmen m. Monumento funerario en forma de mesa, construido por hombres prehistóricos: *Un dolmen está formado por bloques verticales que sostienen una losa horizontal, parece mesa.*

dolo m. Hecho de actuar de mala fe, con mala intención: *En la novela, el mal hombre le dijo con dolo a*

Teresa que su novio había muerto porque él quería casarse con ella.

dolor m. **1.** Sensación de sufrimiento físico: *El doctor le recetó pastillas para el dolor de cabeza.* **2.** Tristeza, pesar: *Sentía un profundo dolor por la muerte de su perro.*

doloroso, sa adj. Que duele, que produce sufrimiento: *La operación que le hicieron en la columna vertebral fue muy dolorosa y molesta.*

domador, ra m. y f. Persona que quita la bravura a ciertos animales: *El domador mete la cabeza dentro del hocico del león sin que lo muerda.*

domar vb. {tr.} **1.** Hacer dócil a un animal: *No es fácil domar animales salvajes como el tigre y el león.* Sin. **amaestrar. 2.** Someter, reprimir: *Creyó que domarían al niño rebelde en una escuela militar.* **3.** Fam. Adecuar, ablandar: *Los zapatos están muy duros porque son nuevos, pero con el tiempo los domaré.*

domesticación f. Hecho de volver dócil y obediente: *No es posible la domesticación de los lobos porque son demasiado salvajes.*

domesticado, da adj. Que se ha hecho dócil y obediente: *Era un caballo salvaje, pero ahora ya está domesticado.*

domesticar vb. irreg. {tr.} Modelo 17. Hacer dócil y obediente a un animal salvaje.

doméstico, ca adj. **1.** Relativo a la casa: *Ese horno es para uso doméstico, no se puede utilizar en restaurantes porque es muy pequeño.* **2.** Se refiere al animal que se cría en compañía del hombre: *El más doméstico de los animales es el perro.*

domicilio m. Casa donde uno habita o se hospeda: *"Por favor, escriba en esta línea su nombre y domicilio", me pidió la empleada de la escuela.*

dominante adj. **1.** Que tiene dominio. **2.** Persona que gusta de ejercer control o dominio: *Elena es una persona dominante, quiere que los demás hagan lo que ella manda.*

dominar vb. {tr., intr. y prnl.} **1.** Tener bajo control, bajo dominio: *Los antiguos griegos dominaron gran parte de Europa.* **2.** Conocer a fondo una ciencia o arte: *Después de tantos años de estudiarla y practicarla, ahora domina la pintura.* **3.** Sobresalir, ser alguien o algo mejor que los que están a su alrededor: *Ese luchador dominó rápidamente a su contrario y ganó la pelea.* **4.** Predominar, resaltar, ser algo más notorio que lo demás: *En mi casa dominan los muebles de colores azul y negro.*

domingo m. Último día de la semana, contando a partir del lunes: *Mi papá trabaja de lunes a sábado y sólo descansa el domingo.*

dominical adj. Relativo al domingo: *La rutina dominical de José consiste en levantarse a las diez, leer el diario con calma, comer en un restaurante, ir al cine y descansar.*

dominical m. Suplemento que algunos diarios editan los domingos: *El dominical siempre tiene un reportaje sobre los nuevos filmes.*

dominicano, na adj./m. y f. Originario de la República Dominicana, país de las Antillas, y de su capital, Santo Domingo.

dominico, ca adj./m. Persona que pertenece a la orden religiosa católica de Santo Domingo.

dominio m. **1.** Poder y control que se tiene sobre personas o cosas. **2.** Derecho de propiedad. **3.** Conocimiento profundo de algo: *Su dominio del inglés es muy bueno, lo conoce como si fuera su lengua materna.* **4.** Campo de una ciencia, arte, etc.: *Tiene talento para cualquier actividad dentro del dominio artístico, así que podría ser músico, escultor, pintor o bailarín.*

dominó m. Juego en el que se usan 28 fichas rectangulares, divididas en dos partes, con puntos que significan números: *Le tocó jugar primero en el dominó porque tenía una ficha con doce puntos.*

domo m. **1.** Bóveda semiesférica que funciona como techo de algunas construcciones: *El domo del Museo de Arte es famoso por sus grandes dimensiones.* Sin. **cúpula. 2.** Méx. Fragmento de techo cubierto con vidrio u otro material transparente que permite el paso de luz: *Es una habitación muy iluminada, porque tiene un domo además de las ventanas.*

don m. **1.** Regalo: *Una de las hadas le dio a la joven princesa el don de la inteligencia y otra, el de la belleza.* **2.** Talento, habilidad: *Tiene un raro don para convencer a la gente de que haga lo que ella quiere.*

don m. Tratamiento de cortesía que se antepone al nombre de pila masculino: *Fuimos al restaurante de don Gabriel, él es un amigo de mi abuelo.*

dona f. Amér. C., Méx. y P. Rico. Rosquilla de masa esponjada, frita en aceite y cubierta con chocolate o azúcar: *A mí me gustan las donas de canela, mi hermano las prefiere de chocolate.*

donaire m. **1.** Gracia en el hablar. **2.** Chiste u ocurrencia graciosa. **3.** Garbo, soltura en el cuerpo: *Todos los chicos voltearon a ver a Pamela cuando entró al salón con mucho donaire.*

donación f. Regalo, cesión: *Ese hombre rico hace donaciones de dinero a lugares donde cuidan y ayudan a los niños huérfanos.*

donar vb. {tr.} Dar, ceder, regalar: *Después de que el escritor murió, su hijo donó la biblioteca de su padre a la universidad.*

donativo m. Regalo, en especial el que se da para fines de caridad: *Esa fundación para ayudar a los niños sin hogar se sostiene con los donativos de muchas personas.*

doncel m. En la Edad Media, joven antes de ser armado caballero.

doncel, lla m. y f. Joven adolescente y virgen.

doncella f. Sirvienta: *La señora rica llamó a la doncella con una campanilla de plata.*

donde adv. **1.** Lugar donde ocurre algo o ya ocurrió: *Estoy seguro de que ahí fue donde dejé las llaves.* **2.** Lugar hacia el que uno se dirige: *Cuando tengas pasaporte, tendrás autorización para viajar a donde tú quieras.*

dónde adv. **1.** En qué lugar: *Ayer te busqué por todos lados, ¿dónde estabas?* **2.** Hacia qué lugar: *"¿Dónde vas a ir de vacaciones?", pregunté a mi amiga.*

dondequiera adv. **1.** En cualquier lugar: *"Pon ese cuaderno dondequiera", me dijo Germán.* **2.** loc. ~ que, cualquiera que sea el lugar: *"Dondequiera que vivas, te escribiré", dije a mi amiga antes de que subiera al avión.*

dong m. Moneda de Vietnam, país del sureste asiático.

donjuán m. Hombre que se dedica a conquistar mujeres, seductor: *Dicen que Ramiro es un donjuán porque ha tenido cuarenta novias.*

doña f. Tratamiento de cortesía que se antepone al nombre de pila femenino: *Apenas llegó a la ciudad, Rosario fue a visitar a **doña** Themis.*

dopado, da adj. **Palabra de origen inglés.** Que está bajo los efectos de alguna droga: *En las pruebas que se hicieron en el laboratorio, se descubrió que algunos atletas estaban **dopados**.*

dopar vb. {tr.} **Palabra de origen inglés.** Administrar fármacos o estimulantes para mejorar el rendimiento: *Las leyes son estrictas contra los entrenadores que **dopan** deportistas.*

doquier o **doquiera** adv. Cualquier lugar: *El enamorado le cantaba a su novia: "**Doquiera** yo vaya, pensaré en ti".* SIN. **dondequiera.**

dorada f. Pez con piel de tonos metálicos y una mancha dorada en la cabeza, de carne muy apreciada: *La **dorada** vive en el Océano Atlántico y en el Mar Mediterráneo.*

dorado, da adj. De color de oro o parecido a él: *La niña tenía el pelo **dorado** pero luego se le obscureció.*

dorar vb. {tr. y prnl.} **1.** Recubrir con una capa de oro: *Pidió que **doraran** el marco en el que pondría una fotografía muy antigua de su madre.* **2.** Freír o asar algo hasta que adquiere un color de oro: *Antes de ponerles la salsa, se deben **dorar** los filetes de pescado.* **3.** Tomar color dorado: *Las espigas se **doran** en el campo.*

dórico, ca adj. En arquitectura griega, relativo a las columnas lisas y con remate sin adornos: *Las columnas griegas más usadas eran de estilo **dórico**, jónico y corintio.*

dormido, da adj. Que se encuentra en el estado de sueño: *Cuando llegué temprano a buscarla, Rosalinda todavía estaba **dormida**.*

dormilón, na adj./m. y f. Que le gusta dormir: *Ignacio es un **dormilón**, se acuesta a las 8 de la noche y se despierta a las 8 de la mañana todos los días.*

dormir vb. irreg. {tr., intr. y prnl.} **Modelo 51. 1.** Permanecer en estado de reposo y sueño para reponer las energías físicas y mentales: *Estaba tan cansado que se **durmió** en cuanto puso la cabeza sobre la almohada.* **2.** Descansar, reposar, pasar la noche en algún lugar: *Perdió el tren de regreso y se tuvo que quedar a **dormir** en aquella ciudad.* SIN. **pernoctar. 3.** Anestesiar: *La **durmieron** antes de llevarla a la sala de operaciones.* **4.** Quedarse un miembro sin sensibilidad: *Como tuve cruzada la pierna mucho tiempo, se me **durmió**.*

dormitar vb. {intr.} Dormir con sueño poco profundo: *El abuelo **dormita** frente a la televisión encendida, pero si la apagas se despierta de inmediato.*

dormitorio m. Habitación para dormir y muebles que la ocupan: *Los **dormitorios** de mi casa están en la parte de arriba y en el piso de abajo están el comedor, la sala y la cocina.*

dorsal adj. **1.** Relativo al dorso o espalda: *Esos peces tienen aletas pectorales, laterales y **dorsales**. 2.* El sonido en cuya articulación interviene el dorso de la lengua, como el que representan d, ñ y k. **3.** loc. **Espina** ~, columna vertebral: *Como tiene un poco torcida la **espina dorsal**, debe ir a una terapia cada semana.*

dorsal f. Línea continua de montañas terrestres o submarinas.

dorso m. **1.** Espalda. **2.** Revés de una cosa: *En el dorso de la carta encontró el nombre de quien se la envió.*

dos adj./m. **1.** Número que resulta de sumar uno y uno: *La maestra le pidió a Ernesto que le enseñara las **dos** manos, porque sabía que en una de ellas estaba el papel que escondía.* **2.** Segundo: *Por sus buenas calificaciones, Ramiro es el número **dos** de su clase.*

DOS m. Abreviatura de *Disk Operating System* (sistema operativo en disco), uno de los sistemas operativos para computadoras que realiza un solo proceso.

doscientos, tas adj./m. **1.** Número que resulta de sumar dos veces cien. **2.** Que corresponde en orden al número doscientos: *Rita está en el lugar **doscientos** de la fila para entrar al cine y sólo hay 199 lugares, eso es tener mala suerte.*

dosel m. **1.** Cortina de adorno que se pone encima de un trono o de una cama. **2.** Cubierta de tela delgada que sirve para aislar una cama y proteger a quien duerme en ella: *La madre acondicionó un **dosel** en la cuna del bebé para evitar que, lo piquen los mosquitos.*

dosificar vb. irreg. {tr.} **Modelo 17.** Establecer una cantidad determinada de algo: *Mis papás **dosificaron** mis alimentos porque estoy un poco obeso.*

dosis f. **1.** Cantidad de medicamento que se toma de una sola vez: *Una cucharada de jarabe tres veces al día es la **dosis** que recomendó el doctor.* **2.** Cantidad o porción de algo: *Una rebanada de tarta a la semana es mi **dosis**, no me puedo quedar con las ganas.*

dossier m. **Palabra francesa. 1.** Expediente, documento. **2.** Conjunto de informaciones acerca de una persona o asunto: *La abogada dijo que traía un **dossier** sobre el caso del robo de ganado, para que lo investigaran.*

dotado, da adj. Capacitado, provisto: *Es un hombre **dotado** de una gran inteligencia, por eso entiende todo muy rápido y tiene ideas brillantes.*

dotar vb. {tr.} **1.** Dar dote a la mujer. **2.** Dar la naturaleza cualidades a una persona o cosa: *La naturaleza la **dotó** de una gran belleza e inteligencia.*

dote f. **1.** Conjunto de bienes que aporta la mujer al matrimonio o que entrega al convento una que ingresa: *La **dote** de la mujer que se casa en esa tribu consiste en animales domésticos y comestibles, como el cerdo o las gallinas.* **2.** pl. Conjunto de cualidades que posee una persona: *Como no tiene **dotes** para la actuación, Gustavo prefirió dedicarse a otra cosa.*

dracma f. Moneda de Grecia, país del sureste de Europa.

dragar vb. irreg. {tr.} **Modelo 17.** Limpiar el fondo de los puertos de mar, los ríos, etc.

dragón m. **1.** Monstruo fabuloso con alas y con cola de serpiente: *El cuento dice que había un caballero que tuvo que pelear contra un **dragón** para rescatar a la princesa.* **2.** Reptil parecido al lagarto.

drama m. **1.** Género literario que comprende las obras que se escriben para ser representadas. **2.** Suceso capaz de conmover: *Los noticieros anunciaron la muerte de esa princesa como un **drama** que conmovió al mundo.*

dramático, ca adj. **1.** Relativo al teatro. **2.** Grave, que conmueve o impresiona: *Tuvo un accidente **dramático** en el que casi perdía la vida.*

dramatizar vb. irreg. {tr.} **Modelo 16. 1.** Dar condiciones de drama: *Como tuvo tanto éxito la novela, la **dramatizaron** y presentaron como obra de teatro.* **2.** Exagerar algo: *"No **dramatices**, no es grave que te cortes y* te salgan dos gotas de sangre", dije a María mientras la curaba.

dramaturgo, ga m. y f. Persona que escribe obras de teatro: El escritor William Shakespeare es uno de los *dramaturgos* más famosos de todos los tiempos.

drástico, ca adj. **1.** Que actúa de manera rápida y violenta: Como la infección era fuerte, el médico se decidió por un tratamiento *drástico* para el enfermo. **2.** Enérgico, de gran severidad: La disciplina de ese colegio es *drástica* y castigan con mucha dureza las faltas que cometen los alumnos.

drenaje m. **1.** Eliminación del agua de una zona: Los antiguos romanos diseñaron un *drenaje* en las ciudades. **2.** Técnica de evacuación de secreciones del organismo.

drenar vb. (tr.) Extraer líquido: Las autoridades *drenaron* el canal para evitar que se desbordara.

driblar vb. (tr. e intr.) Palabra de origen inglés. En el fútbol o el baloncesto, giro rápido que permite burlar al contrario: En el partido de baloncesto, Michael Jordan *dribló* a tres jugadores con facilidad y encestó.

droga f. **1.** Substancia que produce efectos alucinógenos o estimulantes y que puede crear hábito: Lo mejor que se puede hacer con las *drogas* es no acercarse a ellas. **2.** Nombre de ciertas substancias usadas en química, medicina, etc. SIN. **medicamento**.

drogadicción f. Enfermedad que consiste en la necesidad de consumir alguna droga: La *drogadicción* era su gran problema, pero estuvo en una clínica y ya tiene dos años sin tomar ninguna droga.

drogadicto, ta adj./m. y f. Relativo a la persona que tiene una necesidad incontrolable de tomar alguna droga. SIN. **toxicómano**.

droguería f. **1.** Amér. C. Farmacia. **2.** Esp. Tienda de productos de limpieza y pinturas.

dromedario m. Animal parecido al camello, pero con una sola joroba: El *dromedario* es utilizado para montar o como bestia de carga en los desiertos de África y Arabia.

dualidad f. Lo que está formado por dos partes relacionadas de manera íntima entre sí: Para muchas culturas antiguas, el Sol y la Luna formaban una *dualidad* divina.

dubitativo, va adj. Que muestra o implica duda: Cuando le propusieron un nuevo empleo, el joven se quedó *dubitativo* un momento y luego dijo que aceptaba.

ducado m. **1.** Título o dignidad de duque. **2.** Territorio del duque. **3.** Antigua moneda de oro.

ducha f. Aplicación de agua, en forma de chorro, sobre el cuerpo: Cuando hace mucho calor, algunas personas toman hasta dos *duchas* en el mismo día para refrescarse.

ducho, cha adj. Diestro, hábil, experto: Emiliano es muy *ducho* para componer pequeños desarreglos en los aparatos eléctricos.

duchar vb. (tr. y prnl.) Bañarse, no en bañera o tina, sino recibiendo el agua en forma de chorro: Lo primero que Pedro hace por la mañana es *ducharse*, luego se viste y desayuna.

duda f. **1.** Falta de determinación entre dos decisiones: Tengo una *duda*, no sé si debo ponerme el vestido rojo o el azul ¿tú qué opinas? **2.** Sospecha: Al abogado siempre le quedó la *duda* de si su cliente había asesinado a su esposa o no. **3.** loc. Sin ~, con toda seguridad: "No te preocupes, Juan se retrasó pero *sin duda* vendrá", me aseguró Andrés.

dudar vb. (tr. e intr.) **1.** Dar poco crédito: *Dudo* que todos los alumnos puedan aprobar ese examen, porque la mayoría no ha estudiado bien. **2.** Estar en duda: Samuel *duda* entre estudiar química o estudiar matemáticas. SIN. **vacilar**.

dudoso, sa adj. Que no es seguro ni cierto: Me parece *dudosa* la explicación que dio Pablo, sospecho que nos contó una mentira.

duelo m. Combate entre dos adversarios: En la obra de teatro, el barón se sintió ofendido y retó a *duelo* al conde.

duelo m. **1.** Demostración de pesar por la muerte de alguien: Se vistió de negro un mes en señal de *duelo* por la muerte de su padre. **2.** Reunión de personas en un entierro.

duende m. **1.** Espíritu o ser fantástico. SIN. **gnomo, nomo, genio**. **2.** Esp. Encanto de una persona o cosa. SIN. **ángel.**

dueño, ña m. y f. Persona que posee una cosa: "¿Quién será el *dueño* de esa casa tan grande?"

dueto m. Grupo musical formado por dos integrantes: Paz y Eva formaron un *dueto* que llegó a ser muy famoso.

dulce adj. **1.** Que causa al paladar una sensación azucarada: El postre estaba tan *dulce* que me dolieron los dientes. **2.** Grato, amable.

dulce m. Tipo de comida hecho o cocido con azúcar, miel o almíbar: No se deben comer muchos *dulces* porque nos harían daño.

dulcificar vb. irreg. (tr.) Modelo 17. **1.** Hacer dulce: El café está fuerte y amargo, ¿podrías *dulcificarlo* un poco? **2.** Suavizar: Intentó *dulcificarle* la mala noticia para que no se sintiera muy triste.

dulzura f. **1.** Calidad de dulce: En esta ensalada la *dulzura* de las frutas se mezcla con la acidez del limón y el resultado es muy sabroso. **2.** Bondad: Valentín, el veterinario, siempre trata con *dulzura* a los animales que atiende. **3.** Suavidad, deleite: Siente la *dulzura* de esta tela, hacer unas sábanas con ella.

duna f. Colina formada por un montón de arena: Las *dunas* en el desierto tienen formas cambiantes por los efectos del viento.

dúo m. Pieza musical para dos voces o instrumentos: En el *dúo* de piano y flauta, Rebeca tocó la flauta y Mario el piano.

duodeno m. Segmento del intestino delgado, que va desde el estómago hasta el yeyuno.

duplicación f. Lo que se hace dos veces, que se repite: Las autoridades están intentado simplificar los trámites para evitar *duplicaciones*.

duplicado m. **1.** Copia de un escrito que se hace por si el original se pierde o se necesitan más ejemplares: "Escribe tu renuncia con un *duplicado* y guárdala para cualquier aclaración", me dijo la empleada. **2.** Repetición exacta, duplicación o réplica de un objeto: Saqué un *duplicado* de la llave para que puedas entrar a mi casa cuando yo no esté.

duplicar vb. irreg. (tr. y prnl.) Modelo 17. **1.** Multiplicar por dos: Si *duplicamos* diez, tendremos veinte. **2.** Hacer doble algo: Fue un buen negocio porque el dinero *se duplicó*, Pepe invirtió cien y ahora tiene doscientos.

duplo m. Un número que es el doble de otro: El *duplo* de cinco es diez.

duque, quesa m. y f. Título nobiliario inferior al de príncipe y superior al de marqués y conde.

duración f. Tiempo en el que transcurre algo: *El vuelo a Buenos Aires tendrá una duración de dos horas con veinte minutos.*

duradero, ra adj. Que se prolonga a lo largo del tiempo, que se queda: *La viruela produce marcas duraderas en la piel.*

durante prep. Denota el espacio de tiempo en que dura algo: *Como estaba desvelado, Esteban se quedó dormido durante el concierto.*

durar vb. [intr.] **1.** Estar ocurriendo algo en un espacio de tiempo: *"¿Cuánto dura el programa de televisión que vamos a ver?", pregunté a mi madre.* **2.** Seguir existiendo, permanecer: *Los enormes árboles de algunos bosques han durado cientos de años, es importante cuidarlos.*

durazno m. 1. Melocotonero y variedades de este árbol. **2.** Fruto del árbol del durazno.

dureza f. 1. Calidad de duro: *El diamante es el mineral de mayor dureza y ningún otro puede rayarlo.* **2.** Callo, endurecimiento de la piel: *Martha tiene durezas en la planta de los pies porque camina descalza.*

duro m. *Esp.* Moneda que vale cinco pesetas.

duro m. Con fuerza: *"Tienes que pegarle duro al coco para que se rompa", me dijo Andrés.*

duro adv. Con fuerza, con violencia: *"Tienes que pegarle duro al coco para que se rompa", me dijo Andrés.*

duro, ra adj. 1. Que no es blando u ofrece resistencia a ser modificado: *El pan estaba tan duro que ni siquiera pude morderlo.* **2.** Difícil, trabajoso, penoso: *La vida de Eloísa ha sido dura, desde muy joven ha trabajado para mantener a sus hermanos y a su madre enferma.* **3.** Insensible, cruel.

Ee

e *f.* Quinta letra del abecedario español y segunda de sus vocales.

e *conj.* Substituye a la y ante palabras que empiezan con *i* o con *hi*: "*Mi diccionario es práctico, útil e instructivo.*"

ebanista *m.* y *f.* Carpintero especializado en muebles y trabajos finos.

ébano *m.* **1.** Árbol originario de África ecuatorial. **2.** Madera del árbol llamado ébano, que es negra, pesada y dura: *Mi tío trajo de África una preciosa escultura de* **ébano**: *es una mujer con los ojos cerrados y el cabello trenzado.*

ebrio, ria *adj./m.* y *f.* Borracho: *Si las personas no condujeran su automóvil* **ebrias**, *se podrían evitar muchos accidentes.* ANT. **sobrio.**

ebullición *f.* **1.** Hervor: "*Cuando el caldo entre en* **ebullición**, *tapa la olla para que se cueza el pollo*", me indicó mi madre. **2.** loc. **Punto de ~,** temperatura a la cual comienza a hervir un líquido.

ebúrneo, nea *adj.* De marfil o parecido al marfil.

eccema *m.* Enfermedad de la piel que produce enrojecimiento, inflamación y escamas: *El doctor le recetó a María una pomada para el* **eccema** *que tiene en la espalda.*

echador, ra *adj./m.* y *f.* Cuba, Méx. y Venez. Fanfarrón: *Juan es un* **echador** *que siempre está diciendo que es el mejor del equipo de baloncesto.*

echar *vb.* [tr., intr. y prnl.] **1.** Arrojar, tirar, lanzar: "*No* **eches** *la basura a la calle porque contaminas.*" **2.** Despedir algo de sí: *El boxeador* **echaba** *sangre por la nariz después de la pelea.* **3.** Hacer salir a uno de un lugar: *Los* **echaron** *del bar por molestar a los otros clientes.* **4.** Poner: *Por seguridad, siempre que salgamos debemos* **echar** *llave a la puerta de la casa.* **5.** Brotar: *Después de un año, el árbol que planté ya había* **echado** *raíces profundas.* **6.** Tenderse, acostarse: *Mi perro se* **echa** *a dormir frente a la puerta de la casa.* **7.** loc. **~ a perder,** malograr, descomponer: *La helada* **echó a perder** *toda la cosecha de tomate.*

eclampsia *f.* Enfermedad producida durante o después del embarazo, relacionada con un aumento en la presión sanguínea y con la retención de líquidos.

eclecticismo *m.* **1.** Método utilizado por los filósofos para crear un nuevo sistema después de escoger lo mejor de otros. **2.** Actitud de interés hacia todos los campos y todos los temas y de rechazo a las doctrinas o normas impuestas.

ecléctico, ca *adj./m.* Que adopta lo que le parece mejor dentro de un conjunto de ideas o de opiniones.

eclesiástico *m.* Sacerdote, clérigo, religioso.

eclesiástico, ca *adj.* Relativo a la Iglesia Católica: *La principal sede* **eclesiástica** *se encuentra en el Vaticano.*

eclipsar *vb.* [tr. y prnl.] **1.** Provocar un eclipse: *La Luna va a* **eclipsar** *al Sol cuando se interponga entre él y la Tierra.* **2.** Opacar una persona o cosa las cualidades de otra con las suyas propias: *La hermana mayor* **eclipsa** *a la menor con su belleza e inteligencia.*

eclipse *m.* Ocultación de un astro porque otro se pone entre él y el Sol que lo ilumina: *Durante el* **eclipse** *de Sol, el cielo se obscureció como si fuera de noche y eran apenas las 10 de la mañana.*

eclíptica *f.* Circuito aparente que el Sol hace en el cielo, y plano determinado por este circuito.

eclosión *f.* Brote, nacimiento, aparición repentina: *Durante la primavera se da una maravillosa* **eclosión** *de flores.*

eco *m.* **1.** Repetición de un sonido cuando las ondas chocan contra un obstáculo: *Gritábamos desde la colina y pudimos escuchar el* **eco** *de nuestra voz.* **2.** Resonancia o difusión de un acontecimiento o una noticia: *Las palabras del candidato tuvieron* **eco** *en los votantes, por eso se ganó.*

ecografía *f.* Método de exploración de los órganos del cuerpo mediante ultrasonidos.

ecología *f.* **1.** Ciencia que estudia las relaciones entre los seres vivos y su medio ambiente. **2.** Medio ambiente: *Proteger la* **ecología** *es proteger nuestra vida.*

ecológico, ca *adj.* Relacionado con la ecología: *Un derrame de petróleo en el mar puede provocar un desastre* **ecológico**, *porque el mar se contamina y muchos animales mueren.*

ecologista *m.* y *f.* **1.** Especialista en ecología. **2.** Persona interesada en proteger el medio ambiente o que forma parte de movimientos ecológicos: *Vino un* **ecologista** *a la escuela y nos habló de la necesidad de conservar los árboles y los animales.*

economía *f.* **1.** Estudio de la administración y reparto de la riqueza. **2.** Manejo de los recursos: *Mi mamá y mi papá cooperan en la* **economía** *familiar.* **3.** Dinero y riqueza que se tiene: *Como la* **economía** *de la familia no está muy bien, no podremos ir de vacaciones.* **4.** loc. **~ sumergida** o **subterránea,** actividad económica al margen de la ley.

económico, ca *adj.* **1.** Relativo a la economía. **2.** Poco costoso: *Resulta más* **económico** *comer en casa que comer en un restaurante.* SIN. **barato.**

economista *m.* y *f.* Persona especializada en economía: *Mi hermano es* **economista** *porque estudió economía en la universidad.*

economizar *vb. irreg.* [tr. e intr.] Modelo 16. Reducir gastos: *Si todos* **economizamos** *el agua, ayudamos a* que haya suficiente en el mundo para cuando tengamos hijos y nietos. Sin. **ahorrar**.

ecosistema *m.* Conjunto de organismos vivos relacionados entre sí, considerados junto con el ambiente en que se desarrollan.

ectoparásito *adj./m.* Parásito que vive adherido a la superficie de un ser vivo: *Las garrapatas son **ectoparásitos** del ganado y también pueden vivir en los humanos.*

ectoplasma *m.* **1.** Parte externa de la célula. **2.** Según los espiritistas, fluido o emanación material de un fantasma.

ecu *m.* Siglas de *European Currency Unit*. Antigua unidad monetaria de la Unión Europea.

ecuación *f.* Igualdad entre dos expresiones numéricas, que contiene una o más incógnitas: *La **ecuación** A + B = A + C sólo puede ser verdadera si B es igual a C.*

ecuador *m.* Círculo imaginario de la esfera terrestre, equidistante de los polos, que divide a la Tierra en dos partes iguales.

ecualizador *m.* Aparato que separa una señal sonora en diferentes frecuencias.

ecuanimidad *f.* **1.** Serenidad, constancia de ánimo. **2.** Imparcialidad: *Aun cuando el crimen sea horrendo, el juez debe juzgar el caso con **ecuanimidad**.*

ecuatoriano, na *adj./m.* y *f.* Originario de Ecuador, país de América del Sur.

ecuestre *adj.* Relativo al caballo: *La equitación es un deporte **ecuestre**.*

ecuménico, ca *adj.* **1.** Universal. **2.** Que se interesa por la unión de todas las Iglesias.

ecumenismo *m.* Movimiento que busca la unión de todas las Iglesias en una sola.

eczema *m.* Ver **eccema**.

edad *f.* **1.** Tiempo que una persona ha vivido desde su nacimiento: *"¿Qué **edad** tienes?", me preguntó un compañero.* **2.** Cada uno de los periodos de la historia: *Durante la **Edad** Media florecieron las artes con motivos religiosos.* **3.** loc. **Mayoría de ~**, años de vida que la ley considera suficientes para que una persona sea plenamente responsable.

edafología *f.* Ciencia que estudia la composición de los suelos.

edecán *m.* y *f.* **1.** Auxiliar, acompañante. **2.** Persona que en actos oficiales o públicos, atiende a los invitados o participantes: *Alicia es **edecán** en los congresos que se celebran en la universidad.*

edema *m.* Hinchazón de una parte del cuerpo.

edén *m.* **1.** Lugar donde la Biblia sitúa el paraíso terrenal, se escribe con "E" mayúscula: *Adán y Eva fueron expulsados del **Edén** cuando desobedecieron a Dios.* **2.** Lugar muy agradable.

edición *f.* **1.** Publicación o grabación de una obra escrita o musical. **2.** Conjunto de ejemplares de una obra impresos de una sola vez: *Después de que se vendieron todos los ejemplares, tuvieron que hacer una segunda **edición** del diccionario.*

edificante *adj.* Que alimenta el espíritu: *La lectura de buenos libros siempre es **edificante**.*

edificar *vb. irreg.* {tr.} Modelo 17. Fabricar, construir: *En el parque donde jugábamos de niños **edificaron** un centro comercial.*

edificio *m.* Construcción hecha con materiales resistentes, que tiene varios niveles, destinada a vivienda o a otros usos: *Pablo vive en el quinto piso de un **edificio** azul que está en la esquina.*

editar *vb.* {tr.} **1.** Elaborar y publicar un libro, diario, revista o disco. **2.** Cortar y ordenar las escenas de un filme o película.

editor, ra *m.* y *f.* Persona o entidad que edita una obra.

editorial *adj.* Relativo al editor o a la edición: *El trabajo **editorial** requiere de un cuidadoso manejo de las palabras.*

editorial *f.* Empresa que publica diarios, revistas o libros: *La **editorial** Larousse elaboró el diccionario que estás leyendo.*

editorial *m.* Texto sin firma, que refleja la opinión de la dirección de un diario o revista: *El **editorial** del diario de hoy trató sobre las próximas elecciones.*

edredón *m.* Cobertor relleno de plumas o de otro material: *Como empezó el invierno, pusimos los **edredones** sobre las camas de la casa.*

educación *f.* **1.** Formación, instrucción: *Los profesores deben preocuparse por la **educación** de sus alumnos.* **2.** Conocimiento de los hábitos y modales de la sociedad: *Pablo come de manera correcta porque es un niño con **educación**.*

educado, da *adj.* Que tiene buena educación o buenos modales: *Un niño **educado** respeta a los demás.*

educando, da *adj./m.* y *f.* Que está recibiendo educación: *El director de la escuela dio la bienvenida a todos los **educandos** nuevos.*

educar *vb. irreg.* {tr.} Modelo 17. Desarrollar las capacidades intelectuales, morales o físicas. Sin. **instruir, enseñar.**

edulcorante *m.* Substancia que endulza alimentos y medicamentos.

efebo *m.* Muchacho, adolescente.

efectivo *m.* **1.** Dinero contante y disponible: *Mi papá fue al banco a retirar **efectivo** de su cuenta de ahorros.* **2.** pl. Tropas que componen una unidad del ejército: *Durante el desfile en honor a la bandera vimos a muchos **efectivos** marchando.*

efectivo, va *adj.* Que produce el efecto esperado: *Esta medicina es muy **efectiva** para quitar el dolor de cabeza.* Sin. **eficaz.**

efecto *m.* **1.** Resultado de lo que es causado por otra cosa: *El médico nos explicó los **efectos** nocivos que el alcoholismo tiene en la gente.* Ant. **causa.** **2.** Impresión viva causada en el ánimo: *La nueva maestra causó un buen **efecto** en los alumnos porque es inteligente y amable.* **3.** En algunos deportes, movimiento que se da a una bola para que su trayectoria sea irregular: *Un buen lanzador en béisbol sabe dar **efecto** a la pelota.* **4.** pl. Objetos, enseres: *El policía pidió al detenido que dejara sus **efectos** sobre la mesa y luego lo llevó a la cárcel.* **5.** loc. pl. **~ especiales**, trucos de cine: *El filme sobre los dinosaurios no es muy bueno, pero los **efectos especiales** son impresionantes.* **6.** loc. **Tener ~**, tener lugar: *La boda de mi hermana **tendrá efecto** en la calle Bolívar el día 3 de mayo.*

efectuar *vb. irreg.* {tr. y prnl.} Modelo 10. Realizar, llevar a cabo: *En el mes de junio de cada cuatro años se **efectúan** las Olimpiadas.*

efeméride *f.* Suceso notable ocurrido en el mismo día, pero en diferentes años: *El día 15 de septiembre se celebra la **efeméride** de la independencia de México.*

efervescencia f. Desprendimiento de pompas o burbujas de un producto que está dentro de un líquido: *La efervescencia de este medicamento sirve para aliviar las molestias estomacales.*

efervescente adj. Que desprende gases y hace burbujas al entrar en contacto con algún líquido: *Tomé una tableta efervescente porque me dolía la cabeza.*

eficacia f. Funcionamiento adecuado: *Hace muchos años quedó demostrada la eficacia de las vacunas para reducir la aparición de enfermedades.*

eficaz adj. Que produce el resultado deseado: *Este insecticida es muy eficaz para eliminar hormigas.* SIN. **efectivo.**

eficiencia f. Facultad para lograr un objetivo determinado: *Los empleados fueron recompensados por su eficiencia en el trabajo que les dejó el jefe.*

eficiente adj. Que hace bien su trabajo.

efigie f. Imagen de una persona real. SIN. **busto, retrato.**

efímero, ra adj. De corta duración: *La vida de las flores es efímera, algunas nacen y mueren el mismo día.*

efusión f. Expresión viva de sentimientos de cariño: *Como no se habían visto en muchos años, las dos amigas se abrazaron con efusión cuando se encontraron.*

efusividad f. Cualidad de la persona o de actitud efusiva: *La efusividad de Carmen molesta a las personas que tienen carácter seco e inexpresivo.*

efusivo, va adj. Que demuestra de manera intensa sus sentimientos: *Su maestra la felicitó con un efusivo abrazo por su triunfo en la competencia deportiva.* SIN. **afectuoso.**

egipcio, cia adj./m. y f. Originario de Egipto, país del Noreste de África.

egiptología f. Estudio de la antigua civilización egipcia.

égloga f. Composición poética que trata de pastores y del campo.

ego m. **1.** En psicoanálisis, parte consciente de la personalidad. **2.** Fam. Amor propio: *Cuando le dijeron al artista que sus dibujos eran muy malos le lastimaron el ego.*

egocentrismo m. Tendencia a considerarse el centro del universo: *El egocentrismo de Ramón es terrible: piensa que no hay nadie más importante que él.*

egoísmo m. Tendencia a considerar solamente el interés personal: *Su egoísmo lo lleva a no dejar que nadie se acerque a sus cosas.*

egoísta adj. Que demuestra egoísmo: *Alejandro es un egoísta que sólo piensa en lo que a él le interesa.* ANT. **altruista.**

ególatra adj. Que cultiva la egolatría o el amor excesivo a su persona.

egolatría f. Culto excesivo de la propia persona.

egregio, gia adj. Ilustre, distinguido.

egresado, da adj./m. y f. Amér. Que ha terminado los estudios formales en la universidad o alguna otra institución de educación superior: *El año pasado mi hermano fue uno de los egresados de la facultad de medicina y ahora trabaja en un hospital.*

egresar vb. (intr.) Amér. Terminar un ciclo de estudios con la obtención del título correspondiente. ANT. **ingresar.**

einstenio m. Elemento químico artificial de símbolo Es, de la serie de los actínidos, con 12 isótopos conocidos, de número atómico 99.

eirá m. Argent. y Par. Pequeño carnívoro semejante al hurón.

eje m. **1.** Barra que atraviesa un cuerpo y le permite girar: *Cada rueda está unida al automóvil por un eje.* **2.** Línea imaginaria alrededor de la cual se mueve un cuerpo: *El eje de la Tierra va del polo Norte al polo Sur.*

ejecución f. **1.** Hecho de ejecutar: *Para la ejecución de su plan necesitaban harina, azúcar, mantequilla y huevos: ¡qué sorpresa le darían a mamá cuando la tarta estuviera lista!* **2.** Manera de hacer o ejecutar algo: *La ejecución de esa violinista fue mucho mejor hoy que en el concierto pasado.*

ejecutable adj. En computación, se dice de los archivos que inician un programa: *Todos los archivos que terminan en .exe son ejecutables.*

ejecutar vb. (tr.) **1.** Realizar algo: *Un soldado siempre ejecuta las órdenes de sus superiores.* **2.** Matar a un condenado. SIN. **ajusticiar.**

ejecutivo, va adj./m. y f. **1.** Persona que hace tareas o trabajos directivos en una empresa. **2.** loc. **Poder ~,** el que lleva a cabo la autoridad del Estado y controla al gobierno.

ejemplar adj. Que sirve de ejemplo o enseñanza: *El comportamiento de los padres debe ser ejemplar para sus hijos.*

ejemplar m. Cada una de las obras obtenidas de un mismo original: *Se imprimieron 200 ejemplares de mi libro de poesía.*

ejemplificar vb. irreg. (tr.) Modelo 17. Dar un ejemplo para explicar o probar lo dicho: *El maestro ejemplificó la conjugación de los verbos terminados en "ar" con el verbo "amar".*

ejemplo m. **1.** Caso o hecho digno de ser imitado, o que puede ser motivo de imitación: *Sigan el ejemplo de sus compañeros más estudiosos y no el de los perezosos.* **2.** Caso, hecho o cosa que se cita para ilustrar algo: *Un ejemplo de animal carnívoro es el león.*

ejercer vb. irreg. (tr. e intr.) Modelo 40. Realizar los trabajos propios de una profesión: *Mi hermano es médico y ejerce en un hospital.*

ejercicio m. **1.** Movimientos del cuerpo que sirven para mantenerse en forma. **2.** Hecho de dedicarse a una actividad o profesión, o de hacer uso de una cualidad: *La inteligencia es una capacidad que requiere de práctica para desarrollarse.* **3.** Cualquier esfuerzo que tenga por objeto la adquisición o conservación de una facultad o aptitud física o mental: *El maestro nos pidió un ejercicio de geometría para que practiquemos las fórmulas que nos enseñó.*

ejercitar vb. (tr. y prnl.) **1.** Practicar para lograr habilidad en una aptitud o facultad: *Rubén lee en voz alta para ejercitar la oratoria.* **2.** Usar un poder o facultad legal. **3.** Acondicionar los músculos: *Para ejercitarse, Elena corre todos los días por el parque durante quince minutos.*

ejército m. Conjunto de las fuerzas militares de una nación o país, en especial las fuerzas terrestres: *El ejército tiene como objetivo defender la nación frente a un enemigo.*

ejidatario, ria m. y f. Cada uno de los titulares o dueños de tierras en un ejido.

ejido m. **1.** Campo común de un pueblo. **2.** Méx. Terreno que el Estado concede a un grupo de campesinos para su explotación.

ejote m. Amér. C. y Méx. Vaina verde del poroto o frijol. SIN. **chaucha.**

él *pron.* Pronombre personal masculino que indica tercera persona del singular y funciona como sujeto o como complemento: *Yo vi a Héctor en casa de Mayra*, **él** *fue a cenar"*, *me dijo Ana.*

el *art.* Artículo determinado que se antepone a los sustantivos para indicar género y número: *Cuando digo "**el** jarrón", sé que hay un solo jarrón y que la palabra es masculina.*

elaborado, da *adj.* Que requiere mucho trabajo para realizarse: *Hicimos un dibujo muy **elaborado** que tenía muchos detalles y cambios de color, por eso nos tardamos tanto tiempo.*

elaborar *vb.* (tr.) **1.** Hacer un producto: *En mi pueblo **elaboran** dulces muy sabrosos y los venden en otros lugares.* **2.** Idear un proyecto o teoría: *En la universidad, los investigadores **elaboraron** un sistema para reciclar la basura.*

elasticidad *f.* Propiedad de los cuerpos de recuperar su forma inicial después de ser estirados o deformados: *Las ligas tienen **elasticidad** y por eso puedo estirarlas y cuando las suelto regresan a su tamaño original.*

elástico *m.* Fibra de goma que se estira: *Se me cae el pantalón que uso para el rompió el **elástico.***

elástico, ca *adj.* **1.** Relativo al cuerpo deformado que puede recobrar la forma original **2.** Que se ajusta: *La ropa que uso para hacer ejercicio es **elástica.***

elección *f.* **1.** Decisión que se toma de entre dos o más opciones: *Los dos muchachos le declararon su amor a Maura, ahora la **elección** es de ella.* **2.** *pl.* Fecha en que se vota para elegir a personas que ocuparán cargos públicos. Sin. **comicios.**

electo, ta *adj./m.* y *f.* Que fue elegido para un cargo: *Mi amigo resultó **electo** como jefe de grupo en su salón de clases.*

elector, ra *m.* y *f.* Persona que vota en unas elecciones: *En esa casilla hubo muchos **electores**, por eso terminaron muy tarde de contar las boletas.*

electoral *adj.* Relativo a las elecciones o votaciones, al proceso de prepararlas y a los electores.

electricidad *f.* **1.** Fenómeno físico que resulta de la liberación de energía por la creación de una carga eléctrica en los átomos. **2.** Corriente eléctrica usada como fuente de energía. Sin. **luz.**

electricista *m.* y *f.* Persona especializada en la conducción y aplicación de la electricidad.

eléctrico, ca *adj.* Que pertenece a la electricidad o produce, funciona o utiliza este tipo de energía: *Compré un despertador **eléctrico** que no funciona cuando no hay luz en mi casa.*

electrificar *vb. irreg.* (tr.) **Modelo 17.** Dotar de instalación eléctrica.

electrizar *vb. irreg.* (tr. y prnl.) **Modelo 16.** Producir una carga electrostática en un cuerpo.

electrocardiograma *m.* Evaluación gráfica de los latidos del corazón: *El médico mandó a que le hagan a mi abuelo un **electrocardiograma** para revisar si su corazón trabaja de manera correcta.*

electrochoque *m.* Aplicación de una descarga eléctrica al cerebro como forma curativa para las enfermedades mentales.

electrocutar *vb.* (tr. y prnl.) Matar o morir por descarga eléctrica: *No debes usar aparatos eléctricos cuando estés mojado, porque puedes **electrocutarte.***

electrodo *m.* Extremo de cada uno de los conductores fijados a los polos de un generador eléctrico.

electrodoméstico *m.* Aparato eléctrico diseñado para usarse en el hogar: *Fui al departamento de **electrodomésticos** de la tienda, porque quería comprar un tostador de pan.*

electroimán *m.* Barra metálica que se comporta como imán natural por la aplicación de una corriente eléctrica: *Un **electroimán** pierde sus propiedades magnéticas cuando es desconectado.*

electrólisis o **electrolisis** *f.* Descomposición de un cuerpo o substancia mediante el paso de una corriente eléctrica: *Entre otras cosas, la **electrólisis** se utiliza para quitar el vello de la cara.*

electrólito o **electrolito** *m.* Compuesto químico que puede descomponerse por electrólisis.

electromagnetismo *m.* Parte de la física que estudia la interacción entre corrientes eléctricas y campos magnéticos: *Maxwell demostró las leyes más importantes sobre el **electromagnetismo.***

electrómetro *m.* Instrumento para medir cargas eléctricas.

electrón *m.* Partícula subatómica con carga negativa, de vida media estable y cuya masa, igual a 1, es usada como medida de otras partículas subatómicas.

electrónica *f.* Parte de la física que estudia las magnitudes eléctricas.

electrónico, ca *f.* **1.** Relativo a los electrones. **2.** Relativo a la electrónica: *Las televisiones son aparatos **electrónicos.***

electroscopio *m.* Instrumento que permite detectar la presencia de una carga eléctrica.

electroshock *m.* Ver **electrochoque.**

electrostática *f.* Parte de la física que trata de los fenómenos de los cuerpos electrizados en reposo.

elefante, ta *m.* y *f.* Mamífero de gran tamaño, piel gruesa y trompa prensil que tiene a sus lados largos colmillos: *Existen dos tipos distintos de **elefantes**, el africano y el asiático.*

elegancia *f.* Hecho de ser gracioso, de buen gusto, bello: *La **elegancia** del vestido de Irene contrastaba con lo feo de sus zapatos.*

elegante *adj.* Que tiene buen porte y viste con buen gusto.

elegía *f.* Poema lírico por la muerte de una persona.

elegido, da *m.* y *f.* **1.** Persona escogida por una elección. **2.** En religión, persona o pueblo predestinado por Dios para la salvación.

elegir *vb. irreg.* (tr.) **Modelo 60.** Preferir a una persona, animal o cosa entre otros semejantes: *Tengo un vestido verde y un vestido rojo, pero **elegí** el rojo para la fiesta porque me gusta más.* Sin. **escoger.**

elemental *adj.* **1.** Fundamental, que es lo más importante: *Es **elemental** que hagas el postre como dice la receta, ya que es la única manera de que se vea igual que en la fotografía.* **2.** De fácil comprensión: *El problema de matemáticas fue tan **elemental** que todos los alumnos lo resolvimos de manera correcta y rápida.*

elemento *m.* **1.** Parte integrante de una cosa: *La comprensión es un **elemento** indispensable en una relación amorosa.* **2.** *pl.* Conjunto de fuerzas de la naturaleza: *Cuando el fierro queda expuesto a los **elementos** de la naturaleza, va oxidándose y desintegrándose.*

elenco *m.* Conjunto de actores de un espectáculo: *No fui a ver la obra de teatro porque no me gusta el elenco que tiene.*

elevado, da *adj.* **1.** Alto, de gran altura: *Desde este edificio se puede ver toda la ciudad porque es muy elevado.* **2.** Superior: *Para el trabajo de traductor se exige un nivel muy elevado en el manejo de las palabras.*

elevador *m.* Antill., Méx. y Pan. Ascensor: *Como el elevador se descompuso tuve que subir caminando siete pisos hasta el departamento donde vivo.* SIN. **ascensor.**

elevar *vb.* [tr. y prnl.] **1.** Alzar, levantar, poner o llevar algo a un nivel más elevado del que estaba antes: *El avión en que viajamos se elevó más allá de las nubes.* SIN. **alzar, levantar. 2.** Mejorar la condición de una persona o cosa: *Gabriela ha elevado mucho su promedio escolar, antes sus notas eran regulares y ahora son muy buenas.* SIN. **ascender. 3.** Calcular la potencia de un número.

elidir *vb.* [tr.] Suprimir una letra o palabra al hablar, ya sea por regla o por error: *En la palabra del, estamos elidiendo una letra e al juntar la preposición de y el artículo el.*

eliminación *f.* Acción y efecto de eliminar o suprimir: *La eliminación de la mancha en la tela no va a ser total porque esa pintura es muy resistente.*

eliminar *vb.* [tr.] **1.** Desechar algo o a alguien al hacer una selección: *Durante las competencias de natación, muchos atletas fueron eliminados y al final sólo quedaron los tres mejores.* **2.** Quitar algo de algún lugar de manera definitiva: *Lavé mi vestido con un jabón muy efectivo que me ayudó a eliminar las manchas.* **3.** Arrojar fuera del organismo: *Comer frutas y cereales que contengan fibra ayuda a que tu cuerpo elimine de manera más fácil los desechos.* SIN. **expulsar.**

eliminatoria *f.* Prueba selectiva que se hace a los participantes en una competencia: *En la primera eliminatoria el número de competidores pasó de 100 a 30.*

eliminatorio, ria *adj.* Que sirve para seleccionar o eliminar: *Son tres pruebas eliminatorias, sólo puedes hacer la segunda prueba después de pasar la primera.*

elipse *f.* Curva cerrada, simétrica respecto de dos ejes perpendiculares entre sí: *La Tierra, al girar alrededor del Sol, describe una trayectoria en forma de elipse.*

elipsis *f.* Frase u oración en la que se suprime o quita una o más palabras: *La frase "Pedro se comió dos chocolates, Marina, tres, y yo, uno", es un ejemplo de elipsis, porque el verbo "comer" no se repite.*

elite o **élite** *f.* Palabra de origen francés. Minoría selecta: *Mi tía hizo una gran fiesta para la élite cultural; solamente asistieron poetas, escritores y pintores famosos.*

elitista *adj.* Relativo a las élites: *Javier es un hombre rico y elitista a quien no le importan las necesidades de la gente pobre.*

elitista *m.* y *f.* Partidario del predominio de las élites.

élitro *m.* Ala externa de algunos insectos, que parece de cuero y que protege el ala membranosa posterior cuando está en reposo. *Los élitros de las mariquitas o catarinas son rojos y tienen puntos negros.*

elíxir o **elixir** *m.* **1.** Bebida maravillosa: *La anciana reina envió a sus caballeros en busca del elixir de la juventud.* **2.** Remedio disuelto en alcohol, para administrarlo como licor medicinal.

ella *pron.* **1.** Pronombre personal femenino de tercera persona singular, que funciona como sujeto: *En la frase "ella fue al cine", ella es un pronombre personal que funciona como sujeto.* **2.** Parte de la oración que funciona como complemento si lleva preposición: *En la frase "fui de compras con ella", ella es complemento.*

ello *pron.* **1.** Pronombre personal neutro de tercera persona, que funciona como sujeto: *En la frase "ello es terrible", ello es sujeto.* **2.** Parte de la oración que funciona como complemento neutro si lleva preposición: *En la frase "me quedé con ello", ello es complemento.*

ellos, ellas *pron.* **1.** Pronombre personal de tercera persona, masculino y femenino, plural, que funciona como sujeto: *En la frase "ellos no vinieron", ellos es sujeto.* **2.** Parte de la oración que funciona como complemento plural si lleva preposición: *En la frase "salió con ellas", ellas es complemento.*

elocuencia *f.* Capacidad de hablar o escribir de modo eficaz para convencer, conmover o deleitar: *El escritor que leyó sus poemas conmovió tanto al público con su elocuencia, que muchas señoras que estaban ahí se pusieron a llorar.*

elocuente *adj.* Que tiene capacidad de hablar o escribir con elocuencia: *Yo no quería participar en el concurso, pero mi maestro fue tan elocuente que me convenció.*

elogiable *adj.* Que merece alabanza o elogio: *El empeño que pones en estudiar es elogiable, si continúas así serás un gran profesionista.*

elogiar *vb.* [tr.] Resaltar las cualidades de alguien o algo al momento de hablar de ello: *Elogiaron mucho la casa de Elisa, porque la arregló muy bien y tiene muebles y objetos muy bonitos.*

elogio *m.* Alabanza dirigida a alguien o algo: *Su novela era tan buena que recibió grandes elogios del público.*

elote *m.* Amér. C. y Méx. Mazorca tierna de maíz: *Al salir de la escuela me gusta comprar un elote con limón y sal.* SIN. **choclo, jojoto.**

elucidar *vb.* [tr.] Explicar o aclarar un problema. *Sherlock Holmes, el detective de las novelas policiacas de Sir Arthur Conan Doyle, es un experto en elucidar crímenes.* SIN. **dilucidar, resolver.**

eluctable *adj.* Que se puede dominar con esfuerzo: *El cáncer es una enfermedad eluctable. Si vas al médico a tiempo, es casi seguro que te curarás.* ANT. **inevitable, fatal.**

elucubración *f.* Creencia de que algo existe sin tener pruebas sólidas para creerlo: *Hasta que no vea a los marcianos con mis propios ojos, seguiré pensando que la vida en Marte es solamente una elucubración.* SIN. **suposición.**

elucubrar *vb.* [tr.] Pensar de manera profunda sobre algo: *Muchos científicos elucubran durante toda su vida explicaciones sobre el origen del hombre, pero no han podido probarlas.*

eludible *adj.* Que se puede evitar con ingenio: *La cita con Javier es eludible, sólo tienes que decirle que estás enferma de diarrea.* ANT. **ineludible, inevitable.**

eludir *vb.* [tr.] Evitar o librarse de una dificultad o molestia con algún pretexto: *Pude eludir la pregunta de mi madre fingiendo tener prisa.*

emanación *f.* **1.** Proceso por el cual las substancias volátiles abandonan, en forma gaseosa, el cuerpo que las contiene: *Las **emanaciones** del cloro que ponen en la piscina me producen ardor en los ojos.* **2.** En química, cuerpo simple gaseoso que proviene de la desintegración del radio, torio o del actinio y que, respectivamente, se denomina radón, torón o actinón.

emanar *vb.* {tr. e intr.} **1.** Desprenderse el olor o la luz de un cuerpo: *Un delicioso olor a chocolate **emana** del postre recién horneado.* **2.** Provenir de algo: *Muchas enfermedades **emanan** de la suciedad y falta de higiene.*

emancipación *f.* **1.** Liberación: *El movimiento feminista lucha por la **emancipación** de las mujeres que se hallan dominadas por sus padres, esposos y hermanos.* **2.** Práctica jurídica por la cual un hijo menor de edad puede hacerse cargo de su persona y responder por sus actos ante la sociedad. **3.** Proceso por el cual un país colonizado reclama su independencia política: *Los antiguos reinos hispanoamericanos se convirtieron en repúblicas independientes después de largas luchas por su **emancipación**.*

emancipar *vb.* {tr. y prnl.} **1.** Liberar o liberarse de la dominación: *Los esclavos lograron **emanciparse** de la tiranía de sus amos.* **2.** En derecho, el acto de acabar con el control que los padres ejercen sobre un hijo menor de edad. **3.** Luchar por la disolución del vínculo colonial entre dos países: *José Olaya fue un luchador peruano que sacrificó su vida por **emancipar** a Perú de España.*

embadurnamiento *m.* Hecho de untar o ensuciar: *"¡Deja de estar haciendo **embadurnamientos** en la mesa con el puré de espinacas!", me dijo mi madre.*

embadurnado, da *adj.* Manchado, embarrado: *Mi tía se asomó por la ventana de su dormitorio con la cara **embadurnada** de una crema blanca que la hacía verse rara.*

embadurnar *vb.* {tr. y prnl.} Untar, embarrar, ensuciar: *Los niños regresaron de la fiesta con la cara **embadurnada** de los postres y dulces que comieron.*

embajada *f.* **1.** Mensajes o correo que intercambian los jefes de Estado a través de los empleados que están bajo sus órdenes: *El príncipe de Dinamarca hizo llegar una **embajada** urgente al príncipe de Mónaco.* **2.** Cargo y oficina del embajador: *El padre de una amiga está a cargo de la **embajada** de México en Noruega.* **3.** Funcionarios que trabajan con el embajador y cumplen sus mandatos: *El embajador ordenó que su **embajada** se encargara de fomentar el intercambio cultural.* **4.** Edificio donde se encuentran las oficinas del embajador: *La **embajada** de Perú está en el centro de la capital de México.*

embajador, ra *m.* y *f.* **1.** Diplomático que representa a su país en una nación extranjera: *El **embajador** declaró a la prensa que su país estaba enviando ayuda a las zonas damnificadas por el huracán.* **2.** Emisario, mensajero.

embalar *vb.* {tr. e intr.} **1.** Empaquetar lo que se va a llevar: *Hay que **embalar** con cuidado los platos y las copas para que no se rompan cuando los llevemos a la nueva casa.* **2.** Introducir la bala en un cañón sin poner carga de pólvora: *El soldado no pudo disparar el cañón porque lo **embaló**.*

embalarse *vb.* {prnl.} **1.** Adquirir rapidez al hacer alguna actividad: *El corredor **se embaló** poco antes de llegar a la meta y obtuvo el primer lugar.* **2.** Dejarse dominar por un deseo, afán o sentimiento.

embaldosado *m.* Suelo cubierto de ladrillos finos.

embaldosar *vb.* {tr.} Revestir el suelo con bloques finos de arcilla: *Los albañiles terminaron de **embaldosar** el camino que va desde la calle a mi casa.*

emballenar *vb.* {tr.} Armar con láminas flexibles de metal o plástico una prenda de vestir para que no se arrugue: *La costurera **emballenó** el cuello de mi camisa para que no se arrugara.*

embalsamar *vb.* {tr. y prnl.} **1.** Preparar un cadáver con substancias aromáticas y antisépticas para evitar su putrefacción o descomposición: *En la antigüedad, los egipcios **embalsamaban** a sus faraones después de que morían.* **2.** Perfumar, aromatizar: *Por la tarde, los jazmines del jardín **embalsaman** el ambiente.*

embalse *m.* **1.** Líquido retenido en un depósito: *El **embalse** del río provocó que el agua se desbordara e inundara muchas casas del pueblo.* **2.** Depósito artificial que se hace para almacenar agua: *Los campesinos construyeron un **embalse** para regar sus campos de cultivo.*

embarazar *vb. irreg.* {tr. y prnl.} Modelo 16. **1.** Estorbar, provocar que sea difícil moverse: *El vestido que me compró mi mamá el año pasado **embaraza** mis movimientos porque ahora me queda pequeño.* **2.** Hacer que alguien se sienta avergonzado: *Eliseo **se embaraza** cuando tiene que hablar delante de todos los compañeros porque es tímido.* **3.** Poner o quedarse encinta una mujer: *Luego de tres años de casados, Julián **embarazó** a Romina y pronto nacerá su hija.*

embarazo *m.* Estado y tiempo que dura el desarrollo de un nuevo bebé dentro del útero de la mujer: *Mi hermana tiene ocho meses de **embarazo**; sólo falta uno más para que nazca su hija.*

embarcación *f.* Objeto flotante que sirve para transportarse en el agua: *A mis primos les encanta pasar varias horas en el puerto contemplando las **embarcaciones** e imaginando que son marineros.* SIN. **barco.**

embarcadero *m.* **1.** Sitio en un puerto al que llegan y del que parten las embarcaciones que transportan pasajeros: *El puerto de Veracruz, en México, y el del Callao, en Perú, son dos **embarcaderos** muy importantes.* **2.** Muelle construido sobre piedras arrojadas al fondo del mar para facilitar el embarque y desembarque de objetos: *Mi padre trabajó durante diez años en el **embarcadero** metiendo y sacando grandes cajas de los barcos.* **3.** Pendiente o pequeña escalera de cemento por la cual se puede bajar a la orilla de los ríos o del mar: *Durante las vacaciones, todas las mañanas bajaba por el **embarcadero** hasta llegar al mar y nadaba un rato.* **4.** Especie de plataforma o instalación móvil a la misma altura que los vagones de ferrocarril o la caja de los camiones, desde los que se meten los productos: *Daniel sube todas las mañanas al **embarcadero** y mete en el tren la cosecha.*

embarcar *vb. irreg.* {tr., intr. y prnl.} Modelo 17. **1.** Introducir a una persona, cosa o mercancía en un avión, barco o ferrocarril: *Llegué al aeropuerto en el momento en que mi madre se **embarcaba** en el avión que la llevaría a París.* **2.** Incluir a alguien o meterse uno en una empresa o negocio, por lo general peligroso o difícil: *Luis me **embarcó** en el negocio de compra y venta de libros usados prometiéndome que ganaría mucho dinero.* **3.** Entre los toreros, tirar de la res con el capote o la muleta para dominarla.

embargar vb. irreg. (tr.) **Modelo 17.** *1.* Embarazar, estorbar, impedir: *Ana llevaba un pantalón tan ceñido que* **le** **embargaba** *el movimiento de las piernas y casi no podía caminar.* *2.* Turbar los sentidos: *Es tan grande la tristeza que* **me embarga** *por la muerte de mi padre, que no sé si es de día o de noche.* *3.* En derecho, quitarle los bienes a alguien por orden de los jueces: *Le* **embargaron** *su automóvil porque debía mucho dinero.*

embargo m. *1.* Hecho de quitar los bienes a alguien por mandato judicial: *Si no termino de pagar pronto la deuda, ordenarán el* **embargo** *de los aparatos electrónicos de mi casa.* *2.* loc. **Sin ~**, no obstante: *El doctor me había prohibido comer chocolates y* **sin embargo** *me comí una caja entera, por eso ahora estoy enfermo.*

embarrancar vb. irreg. (tr., intr. y prnl.) **Modelo 17.** *1.* Encajarse una embarcación en la arena: *Después de estar varios días en medio de la bahía, el bote* **embarrancó** *en la playa.* *2.* Atorarse en una zanja: *El autobús* **se embarrancó** *en un gran agujero que había en la autopista, y tuvieron que llamar a una grúa para que lo sacara.*

embarrar vb. (tr. y prnl.) *1.* Cubrir o manchar con barro o con otra substancia: *Cada vez que comes chocolates* **te embarras** *la boca y las manos.* *2.* Amér. Calumniar: *Irma anda por ahí* **embarrándome** *ante todos mis amigos, dice que yo robé su dinero y eso es falso.* *3.* Amér. Fam. Cometer algún delito o equivocación: *¡Ya la* **embarré!** *Me olvidé de hacer lo que mi madre me pidió y creo que ahora sí se va a enojar conmigo.* *4.* Amér. y Méx. Involucrar a alguien en un asunto sucio: *José* **embarró** *a Marco en el robo a una joyería y ahora los dos están en la cárcel.*

embarullar vb. (tr. y prnl.) *1.* Fam. Mezclar de manera desordenada cosas o ideas: *"¡Toda tu ropa está* **embarullada**, *ahora entiendo por qué nunca encuentras nada de lo que quieres ponerte!", me dijo mi padre.* *2.* Fam. Hacer o decir cosas de manera atropellada: *Cuando tengo que hablar ante mis compañeros de clase me pongo nerviosa y* **embarullo** *las palabras, por eso nadie entiende lo que digo.*

embastar vb. (tr.) Dar puntadas largas en una tela para sujetarla de manera provisional: *La costurera* **embasta** *las telas que corta para probárselas a sus clientes y luego las cose.* **Sin.** hilvanar.

embate m. *1.* Golpe fuerte del mar: *Los* **embates** *del embravecido oleaje hundieron el barco.* *2.* Ataque impetuoso: *En un* **embate**, *el toro arrojó por los aires al torero.* *3.* Vientos periódicos del Mediterráneo al finalizar el verano.

embaucar vb. irreg. (tr.) **Modelo 17.** Engañar, engatusar a alguien: *"No debes dejarte* **embaucar** *por Pedro, él quiere que le prestes dinero pero no piensa devolvértelo", aconsejé a mi hermano.*

embeber vb. irreg. (tr., intr. y prnl.) **Modelo 20.** *1.* Absorber un cuerpo sólido otro en estado líquido: **Embebí** *un algodón con alcohol y me lo puse en la herida para desinfectarla.* *2.* Encogerse, apretarse algo: *Lavé mi saco de lana y* **se embebió**; *las mangas me quedan cortas y ya no puedo cerrar los botones.* *3.* Fam. Ensimismarse, embelesarse: *La televisión se ha vuelto para Rocío una obsesión terrible: pasa los días tan* **embebida** *que ni siquiera se acuerda de comer.* *4.* Fam. Instruirse a fondo, hacerse experto en una materia: *"Mario está*

muy **embebido** *en la geografía, le puedes hacer preguntas difíciles y él sabe la respuesta", dije a Andrés. 5.* En tauromaquia, quedarse el toro parado y con la cabeza erguida al recibir la estocada.

embejucar vb. irreg. (tr. y prnl.) **Modelo 17.** *1.* Antill., Colomb. y Venez. Cubrir algo con plantas tropicales de tallos largos llamadas bejucos: *Los hombres* **embejucaron** *el techo de la cabaña de la playa.* *2.* Colomb. Enfadarse, enojarse: *Se* **embejucó** *porque tomaste su libro sin pedírselo antes.*

embeleco m. *1.* Embuste, engaño: *"¡Déjate de* **embelecos** *y dime qué has hecho con mi dinero!", le exigí a Gerardo.* *2.* Fam. Persona o cosa que causa molestias: *Esteban es un* **embeleco** *que llega a mi casa todas las tardes a quitarme el tiempo.*

embelesar vb. (tr. y prnl.) Cautivar los sentidos, encantar, proporcionar tanto placer que es posible olvidarse de todo: *Estaba tan* **embelesado** *viendo a la muchacha que se tropezó y cayó al piso como si fuera un saco de papas.*

embellecer vb. irreg. (tr. y prnl.) **Modelo 39.** Transformar algo para que sea hermoso: *El alcalde* **está embelleciendo** *la ciudad con grandes parques y museos.*

embestir vb. irreg. (tr. e intr.) **Modelo 47.** *1.* Arrojarse con ímpetu un toro: *El toro* **embistió** *al torero con tanta fuerza, que salió volando por el aire.* *2.* Fig. y Fam. Pedir algo con impertinencia: *Mientras Zaida caminaba por el parque, un borracho la* **embistió** *para que le diese dinero, y a ella de tanto miedo que se fue corriendo.*

emblema m. *1.* Símbolo acompañado de una leyenda explicativa. *2.* Figura u objeto que sintetiza una idea abstracta.

embobar vb. (tr. y prnl.) *1.* Causar admiración: *Es tan guapo que* **emboba** *a cualquier muchacha.* *2.* Quedarse admirado o absorto: *Me* **embobé** *al ver la enorme cantidad de dinero que Maruja gasta en maquillajes.*

embocadura f. *1.* Hecho de embocar o meter por la boca. *2.* Sabor de los vinos: *El vino tenía una buena* **embocadura**; *todos los invitados pidieron que les sirvieran más.* *3.* Sitio por el que los barcos entran o salen de un canal, río o puerto. *4.* En música, boquilla de un instrumento de viento: *Acabo de comprar una nueva* **embocadura** *para mi trompeta.*

embocar vb. irreg. (tr.) **Modelo 17.** *1.* Meter por la boca: *Como el niño no quería comer, la madre tuvo que taparle la nariz y le* **embocó** *una buena cantidad de papilla.* *2.* Entrar por un paso estrecho una embarcación. *3.* En música, aplicar los labios a la boquilla de un instrumento de viento: *Hay que* **embocar** *de manera correcta la flauta para que produzca un buen sonido.*

embolatar vb. (tr. y prnl.) *1.* Colomb. Dilatar, demorar: *El avión* **se está embolatando** *demasiado, nos dijeron que llegaría a las tres y ya son más de las cinco.* *2.* Colomb. y Pan. Engañar: *"¡No trates de* **embolatarme**, *tú dijiste que hoy me pagarías mi dinero!", dije a Ricardo.* *3.* Colomb. y Pan. Enredar, enmarañar un asunto o situación: *Elena* **embolató** *la organización de la fiesta y todo terminó siendo un desastre.* *4.* Colomb. Estar absorbido en un asunto, entretenerse: *Se* **embolató** *leyendo la nueva novela que compró y no quiere salir a jugar.*

embolia f. Obstrucción de un vaso sanguíneo por un coágulo transportado por la sangre: *Mi abuelo se murió porque se le reventó una pequeña vena en el cerebro; es lo que los médicos llaman* **embolia** *cerebral.*

émbolo m. *1.* Objeto que se mueve dentro de una máquina que aspira un líquido o un gas, y lo empuja en una dirección, como en una jeringa. *2.* En medicina, elemento extraño en la sangre, que impide la circulación y produce una embolia: *Una burbuja de aire en el sistema sanguíneo es un* **émbolo**, *y puede causar la muerte.*

embolsar vb. (tr. y prnl.) *1.* Guardar algo en una bolsa: *Hay que* **embolsar** *estos panes para que los insectos no se paren sobre ellos.* *2.* Fam. Ganar dinero, en especial en un juego o negocio: *Pedro tiene mucha suerte, hace dos años se* **embolsó** *una fortuna que ganó en la lotería y ahora pasea por el mundo entero.*

embonar vb. (tr. e intr.) *1.* Cuba, Ecuad. y Méx. Empalmar o hacer coincidir una cosa con otra: *Para fabricar una silla, se* **embonan** *las patas con el asiento y el respaldo.* *2.* En los barcos, forrar exteriormente con tablas el cuerpo de un buque para ensancharlo: *Para hacerlo más resistente a las olas, los ingenieros mandaron* **embonar** *el barco.*

emboquillar vb. (tr.) Poner boquillas a los cigarrillos: *Sonia* **emboquilla** *sus cigarrillos porque dice que así los pulmones se dañan menos: casi toda la nicotina se queda en la boquilla.*

emborrachar vb. (tr. y prnl.) *1.* Poner o ponerse ebrio: *El hombre se* **emborrachó** *durante la fiesta y al salir a la calle comenzó a decir tonterías y luego se cayó.* *2.* Perturbar, atontar, adormecer: *El perfume de mi hermana me* **emborracha** *por el olor tan fuerte.* *3.* Mezclarse los colores: *"Si no tienes cuidado al pintar el paisaje, el amarillo del cielo se va a* **emborrachar** *con el azul del cielo", me dijo el maestro.*

emborronar vb. (tr.) *1.* Hacer borrones en un escrito o dibujo: *La maestra le puso una mala calificación en el trabajo escolar porque lo* **emborronó** *tanto que casi no se podía leer.* *2.* Desp. y Fam. Escribir mal o de manera defectuosa. *3.* Fam. Escribir de manera apresurada y sin cuidado: *Mi hermana contestó una llamada importante para mí pero* **emborronó** *el mensaje y no pude leerlo.*

emboscada f. *1.* Hecho de colocar a un grupo de gente en un sitio, para atacar por sorpresa a quien que acudirá a él: *Los delincuentes planearon una* **emboscada** *contra un hombre rico para robarle su dinero.* *2.* Asechanza o intriga: *Lo animaron para que hurtara unas manzanas, diciéndole que nadie lo vería. Sin embargo, se trató de una* **emboscada**, *ya que el lugar estaba muy bien vigilado.* *3.* Operación de guerra que consiste en ocultar una tropa para atacar a otra por sorpresa: *El sargento preparó una* **emboscada** *al ejército enemigo: mandó que su tropa se escondiera en el bosque y esperara la señal para atacar el otro ejército.*

embotar vb. (tr. y prnl.) *1.* Engrosar el filo o punta de un instrumento que corta: *"Dame otro cuchillo para cortar la carne porque ya se me* **embotó** *el que tengo y no sirve", me pidió mi padre.* *2.* Debilitar o quitar la eficacia de los sentidos: *Tanto alcohol le* **ha embotado** *la mente; ya ni siquiera entiende lo que le dicen.*

embotellamiento f. Entorpecimiento o falta de circulación de los vehículos.

embotellar vb. (tr.) *1.* Poner en botellas: *Mi madre me pidió que* **embotelle** *el jugo de caña que preparó.* *2.* Entorpecer el tráfico: *Muchos automóviles* **embotellan** *las carreteras al terminar las vacaciones.* *3.* Impedir que naves enemigas salgan al mar.

embozar vb. irreg. (tr. y prnl.) **Modelo 16.** *1.* Cubrir el rostro por la parte inferior con un paño: *No pudo identificar a los asaltantes porque se* **habían embozado** *y sólo se les veían los ojos.* *2.* Fam. Disfrazar u ocultar lo que uno piensa o siente: *Toto no es sincero; siempre está* **embozando** *sus verdaderos pensamientos y deseos.* *3.* Obstruir un conducto: *Se* **embozó** *la cañería por los restos de comida.*

embozo m. *1.* Parte de una prenda de vestir con que uno cubre la mitad inferior de la cara: *En muchos países del Medio Oriente las mujeres deben usar un* **embozo** *cuando salen a la calle.* *2.* Doblez de la sábana por la parte que toca el rostro. *3.* Disimulo con que se dice o hace algo.

embragar vb. irreg. (tr.) **Modelo 17.** Establecer la comunicación entre el motor y las partes que debe poner en movimiento.

embrague m. *1.* Mecanismo que permite poner en movimiento una máquina acoplándola al motor. *2.* Pedal que sirve para accionar dicho mecanismo. SIN. **clutch**.

embriagar vb. irreg. (tr. y prnl.) **Modelo 17.** *1.* Emborracharse, beber alcohol hasta quedar ebrio: *Ese hombre no tiene remedio, todas las noches va al bar de la esquina y se* **embriaga** *hasta caer al suelo.* *2.* Fam. Cautivar, enajenar, extasiar: *La belleza de Marina lo* **embriaga** *tanto que decidió pedirle que sea su novia.*

embrión m. *1.* Organismo en vías de desarrollo que va desde el huevo fecundado hasta un ser con vida activa y autónoma: *Entre los seres humanos, el* **embrión** *que tiene más de tres meses se llama feto.* *2.* Principio, todavía sin forma, de algo: *Su novela todavía está en* **embrión**, *pues apenas ha escrito algunas páginas.*

embrollo m. *1.* Enredo, lío: *Cada vez que le pregunto algo a ese profesor todo lo vuelve un* **embrollo** *y al final quedo más confundido que antes.* *2.* Mentira, embuste: *Nos dijo que en la fiesta cantaría un grupo de rock pero fue un* **embrollo** *pues sólo escuchamos la radio.* *3.* Situación embarazosa de la que no se sabe cómo salir: *Estoy metida en un* **embrollo** *horrible: debo dinero a mucha gente y no tengo una moneda para pagar.*

embromar vb. (tr. y prnl.) *1.* Gastar una broma: *Se divierte mucho* **embromando** *a sus amigas con un ratón de plástico.* *2.* Engañar por diversión y sin deseo de dañar: *"Deja de* **embromarme** *y ya dime si es cierto que me gané el primer premio de la lotería", dije a Maura.* *3.* Argent., Colomb., Cuba, Chile, Perú, P. Rico y Urug. Fastidiar, perjudicar: *Coco me* **embromó** *ante el maestro; le dijo que yo había copiado el examen.* *4.* Chile, Méx. y Perú. Hacer perder el tiempo: *"No me estés* **embromando**, *porque ya tengo que ir a la escuela", dije a mi hermana.*

embrujar vb. (tr.) *1.* Hechizar o realizar sobre alguien acciones de brujería que resultan dañinas: *Dice la gente en el pueblo que Anabel se enfermó porque alguien que le tenía mucha envidia la* **embrujó**. *2.* Ejercer un atractivo extraordinario: *La belleza de Cleopatra* **embrujó** *a Marco Antonio tanto, que por amor a ella se quedó a vivir para siempre en Egipto.*

embrujo m. *1.* Hechizo que se hace.

embrutecer vb. irreg. (tr.) **Modelo 39.** Entorpecer las facultades del espíritu: *Tomar demasiado alcohol* **embrutece**, *ya que se pueden cometer actos horribles sin darse cuenta.*

embuchado *m.* *1.* Tripa rellena de carne de cerdo picada: *Tengo ganas de comerme un gran pan con* **embuchado**. Sin. **morcilla**. *2.* *Fam.* Asunto tras el que se oculta algo más grave e importante: *Me dijo que le había dado un pequeño golpe a mi automóvil, pero eso fue un* **embuchado** *porque la verdad es que mi automóvil estaba deshecho.* *3.* *Fam.* Introducción ilegal y tramposa de votos en una urna electoral: *Los miembros de ese partido ganaron las elecciones por los* **embuchados** *que realizaron, pero las autoridades se dieron cuenta y castigaron a los culpables.* *4.* *Fam.* Palabras que inventa un actor de teatro en su papel y que no estaban escritas: *Es un comediante muy bueno, cuando no recuerda bien lo que tiene que decir introduce* **embuchados** *muy graciosos.*

embudo *m.* *1.* Utensilio en forma de cono para pasar líquidos de un depósito a otro: *"Pásame el* **embudo** *para vaciar el vino del vaso a la botella", dijo Gerardo a Rosalía.* *2.* loc. *Fam.* **Ley del ~**, norma que se aplica de manera desigual: *Tus papás aplicarían la* **ley del embudo** *si por hacer la misma travesura, a ti te castigaran y a tu hermana no.*

emburujar *vb.* {tr. y prnl.} *1.* *Cuba.* Embarullar, confundir, mezclar cosas: *Esta niña* **se emburuja**; *primero dice que quiere ser doctora y luego dice que la sangre la asusta.* *2.* *Colomb., Guat., Hond., P. Rico y Venez.* Arrebujarse, arroparse, cubrirse bien el cuerpo: *"Emburújate o te vas a resfriar."*

embuste *m.* Mentira: *"Ya me cansé de tus* **embustes**; *dijiste que no te habías comido mis chocolates y encontré la caja vacía entre tu ropa", dije a mi hermano.*

embutido *m.* *1.* Hecho de meter una cosa dentro de otra y apretarla. *2.* Tripa rellena de carne de cerdo u otra carne picada y aderezada o sazonada: *Entre todos los* **embutidos** *me gusta, sobre todo, la salchicha.*

embutir *vb.* {tr.} *1.* Llenar una cosa con otra y apretarla con fuerza: *Mi oso de peluche se descosió y se le estaba saliendo todo el relleno; entonces mi madre lo* **embutió** *de algodón y lo cosió bien.* *2.* Introducir carne y condimentos en un trozo de intestino de cerdo, para hacer embutidos: *Está* **embutiendo** *lomo, perejil y pimienta en una tripa.* *3.* Martillear una pieza de metal para darle una forma determinada: *Los artesanos* **embuten** *láminas de cobre para hacer ceniceros.* *4.* Encajar de manera artística materias diferentes o de distintos colores en un objeto: *Es una obra artística muy buena, su autor* **embutió** *cartón, óleo, acrílico, soga y cerámica.* *5.* *Fam.* Condensar un contenido cualquiera: *Tengo que* **embutir** *este texto de más de cien páginas en sólo veinte y exponerlo en la clase de mañana.*

emergencia *f.* *1.* Suceso urgente: *La sala de cine tiene varias salidas que van directas a la calle para que la gente salga pronto si ocurre alguna* **emergencia**. *2.* Hecho de brotar o salir de algo: *De pronto contemplamos la* **emergencia** *de una docena de ballenas en medio del mar.*

emerger *vb.* irreg. {intr.} **Modelo 41.** *1.* Salir algo del agua u otro líquido: *Un sapo* **emergió** *del pantano, llevando en la boca del anillo de oro que la princesa había perdido.* *2.* Surgir, aparecer del interior o de atrás de algo: *De la leche fermentada* **emergen** *bacterias que producen el yogur.*

emersión *f.* *1.* Movimiento de un cuerpo que sale de un fluido en el que estaba sumergido: *Los hombres* rana lograron la **emersión** *de un barco español que había estado hundido por doscientos años.* *2.* En astronomía, reaparición de un astro que se había ocultado detrás de otro: *Durante un eclipse ocurre una* **emersión**. *3.* En geología, levantamiento de los continentes, motivado por alguna fuerza profunda o por el descenso del nivel medio del mar: *La* **emersión** *de Europa, Asia, África, Oceanía y América ocurrió hace millones de años.*

emigración *f.* Hecho de dejar el propio país para vivir en otro.

emigrar *vb.* {intr.} *1.* Dejar el propio país para establecerse en otro: *Hace más de cincuenta años mi padre decidió dejar su pueblo natal en Italia, y* **emigrar** *a la Argentina.* *2.* Cambiar de lugar algunas especies animales por razones climáticas, reproductivas o alimenticias: *Cuando llega el invierno, las golondrinas* **emigran** *hacia el sur a regiones más cálidas.*

eminencia *f.* *1.* Elevación del terreno: *Nos dirigimos hacia aquella* **eminencia** *para, desde ahí, tener una mejor vista del pueblo.* *2.* Persona que logra ser la mejor en el desarrollo de su actividad: *Ese cirujano es una* **eminencia** *en trasplantes de corazón; todas las operaciones que ha hecho fueron exitosas.* *3.* Título que se da a los obispos y cardenales: *Su* **eminencia**, *el obispo de Cuzco, se dirigió hacia el altar de la catedral y dio inicio a la celebración de la misa.*

eminente *adj.* *1.* Alto, elevado: *Para que se vea mejor, la estatua de ese personaje famoso debe colocarse sobre un terreno* **eminente**. *2.* Que sobresale entre los de su clase: *Es un* **eminente** *político, por eso quieren proponerlo para presidente del país.*

emir *m.* Entre los árabes, jefe político o militar: *Muchos personajes de los cuentos de Las mil y una noches son* **emires** *encargados de impartir justicia y defender las ciudades.*

emisario, ria *m.* y *f.* *1.* Mensajero, generalmente encargado de una misión secreta: *El rey enemigo envió sus* **emisarios** *al otro rey para comunicarle la rendición de sus tropas.* *2.* Canal que evacúa los sobrantes de una laguna o lago: *El lago Titicaca tiene un* **emisario** *al sur, llamado río Desaguadero.* *3.* Canal de desagüe de las aguas negras o sucias.

emisión *f.* *1.* Hecho de que una cosa produzca otra que sale de ella: *Durante la última semana, el volcán ha tenido una* **emisión** *de vapor y cenizas.* *2.* Serie de cosas producidas en una sola vez: *La nueva* **emisión** *de sellos postales trae retratos de grandes escritores: Miguel de Cervantes, William Shakespeare, Dante Alighieri.*

emisor, ra *adj.* Que produce o pone algo en circulación: *El Sol es un cuerpo* **emisor** *de calor.*

emisor, ra *m.* y *f.* Persona que envía un mensaje: *Cuando hablo soy el* **emisor** *de un mensaje, y cuando yo escucho soy el receptor.*

emisora *f.* Establecimiento desde el cual se difunden noticias, música, etc.: *Me gustaría tener mi propio programa de rock en una* **emisora** *de radio.*

emitir *vb.* {tr. e intr.} *1.* Despedir una cosa hacia afuera: *Antes de morir, mi perro* **emitió** *un profundo aullido de dolor.* *2.* Exponer o manifestar algo: *Aunque no te guste,* **voy a emitir** *mi opinión acerca de tu mal comportamiento.* *3.* Poner en circulación: *La oficina de* correo **emitirá** nuevos sellos postales en honor a un cantante de ópera. **4.** Transmitir por radio o televisión: *El partido de fútbol se* **emite** *en vivo desde el estadio.*

emoción *f.* Agitación del ánimo que nace de una causa pasajera: *Al ver a mi hermana después de diez años sentí tanta* **emoción** *que lloré.*

emolumento *m.* Retribución por un trabajo: *Cada mes recibo mi* **emolumento** *por trabajar como secretaria en una oficina.*

emotivo, va *adj.* **1.** Relativo a la emoción o a lo que produce emoción: *Sus palabras fueron tan* **emotivas** *que todos nos sentimos con ganas de saltar de alegría.* **2.** Que tiende a ser afectado por las emociones: *Cuando leyó que la ballena se había tragado a Pinocho empezó a llorar, es una niña* **emotiva.**

empacar *vb. irreg.* {tr., intr. y prnl.} **Modelo 17. 1.** Meter algo en un empaque: *"Debes* **empacar** *con cuidado los huevos para que no se rompan", me dijo mi madre.* **2.** *Méx.* Poner en conserva: *En la despensa tenemos muchos recipientes de vidrio con duraznos, ciruelas, zanahorias y coliflor que mi madre* **empaca** *durante el verano.* **3.** *Amér.* Hacer el equipaje: *"Está bien, me iré a tu casa; pero antes voy a* **empacar** *mis cosas", dije a mi amiga.* **4.** *Amér. C. y Amér. Merid.* Pararse una caballería y no querer avanzar: *En medio del desfile los caballos se* **empacaron***, los soldados no sabían qué hacer y el público comenzó a reír.* **5.** *Méx. Fam.* Comerse algo: *Fui a hablar por teléfono y cuando regresé, Memo se* **había empacado** *mi ensalada.*

empachar *vb.* {tr. y prnl.} **1.** Causar indigestión: *Sergio no fue a clases porque está* **empachado***, ayer comió tantos dulces que terminó con un terrible dolor de estómago.* **2.** Avergonzarse o turbarse: *"Me* **empacha** *tener que pedirte dinero prestado, pero ya no tengo y lo necesito", dije a Gerardo.*

empadronar *vb.* {tr. y prnl.} Inscribir a uno en un padrón o registro: *Las autoridades* **empadronan** *a la población para saber cuántos somos, qué edad tenemos, a qué nos dedicamos, cuánto ganamos, etc.*

empalagar *vb. irreg.* {tr., intr. y prnl.} **Modelo 17. 1.** Hartar un alimento dulce: *Después de comerse diez postres diferentes, dijo que el flan le* **había empalagado***.* **2.** *Fam.* Fastidiar, hastiar, aburrir: *Me* **empalaga** *estudiar latín; prefiriría aprender francés.*

empalar *vb.* {tr. y prnl.} **1.** Atravesar con un palo o una estaca: *Durante la excursión cazamos un conejo y lo* **empalamos** *para asarlo en una fogata.* **2.** *Chile.* Sentir entumidas partes del cuerpo: *Ese frío tan intenso me* **empaló** *las manos y casi no puedo moverlas.* **3.** *Chile y Perú.* Llenarse de orgullo.

empalizada *f.* **1.** Cerca o valla hecha con tablas clavadas en el suelo: *Mi padre está construyendo una* **empalizada** *alrededor del jardín para que los perros no se metan a orinar sobre las flores.* **2.** Entre los militares, defensa formada por palos amarrados con alambres: *La* **empalizada** *que mandó construir el coronel no sirvió de mucho, porque el enemigo atacó con balas de cañón.*

empalmar *vb.* {tr., intr. y prnl.} **1.** Unir dos cosas: *Para que funcione la grabadora debes* **empalmar** *esos dos alambres.* **2.** Unir dos ferrocarriles o carreteras: *"Camina dos kilómetros hacia el norte; ahí el camino se* **empalma** *con una carretera que te llevará a la ciudad", indiqué al viajero.* **3.** Seguir una cosa a continuación de otra sin*

interrupción: **Empalmé** *mi clase de matemáticas con la de literatura y saliendo de una, entro a la otra.*

empanada *f.* **1.** Alimento que consiste en una envoltura de pan rellena de distintos ingredientes: *Mi abuela está horneando unas ricas* **empanadas** *de carne.* **2.** *Fam.* Hecho de disimular algo: *Es muy afecta a las* **empanadas***; hace cosas incorrectas y después dice que ella no lo hizo.*

empanadilla *f.* Alimento pequeño en forma de media luna y relleno de pollo, arroz o cualquier otro ingrediente: *Mi abuela preparó* **empanadillas** *de carne y de frutas para la cena.*

empanar *vb.* {tr. y prnl.} **1.** Rellenar una empanada: **Empané** *una con carne picada, cebolla, aceitunas y pasas.* **2.** Pasar alguna carne por huevo batido y harina o pan rallado, para luego freírla: *Alicia* **empanó** *los filetes de pescado y luego los puso en el aceite hirviendo.* SIN. **empanizar. 3.** Sofocarse los sembrados por exceso de semilla: *Nuestros campos se* **empanaron** *porque sembramos demasiadas semillas de papa.*

empantanar *vb.* {tr. y prnl.} **1.** Inundar un terreno: *Todas mis plantas se ahogaron porque dejé la manguera abierta todo un día y el jardín* **se empantanó***.* **2.** *Fam.* Detener, obstaculizar o dilatar el curso de un asunto: *Este abogado no me gusta; creo que está* **empantanando** *el juicio para que le demos más dinero.*

empañar *vb.* {tr. y prnl.} **1.** Envolver a un niño en pañales: *Ya tiene cuatro años pero aún hay que* **empañarlo** *porque orina los pantalones.* **2.** Perder o quitar el brillo o la transparencia: *Esas joyas se* **empañaron***, pero las limpié y ahora lucen como nuevas.* SIN. **opacar. 3.** Cubrirse un cristal por el vapor del agua: *El agua de la bañera estaba tan caliente que los espejos del baño se* **empañaron***.* **4.** *Fam.* Desacreditar o manchar la reputación o mérito de alguien: *Sus enemigos trataron de* **empañar** *su fama de gran pintor cuando lo acusaron de no ser el verdadero autor de sus pinturas.*

empañetar *vb.* {tr.} **1.** *Amér. C., Ecuad. y P. Rico.* Fabricar una pared con barro, paja y excremento de animal: *Eran tan pobres que sólo pudieron* **empañetar** *los cuatro muros de su casa y poner un techo fabricado con hojas de palmera.* **2.** *Colomb., Ecuad. y P. Rico.* Recubrir las paredes con una pasta hecha a base de cal, para que presenten una superficie lisa.

empapar *vb.* {tr. y prnl.} **1.** Penetrar mucho líquido en un cuerpo: *"Cámbiate de ropa, que el sudor* **empapó** *la que traes", me dijo mi madre.* SIN. **mojar. 2.** Absorber: *Florinda trajo una esponja para* **empapar** *el café que tiré sobre la mesa.* **3.** *Fam.* Enterarse bien de algo: *"Cuando te* **empapes** *del problema de matemáticas, me gustaría que me ayudaras a resolverlo, porque yo no le entiendo", dije a mi hermano mayor.* **4.** Hartarse de comida: *Comí tantos postres que me* **empapé***, y ahora tengo náuseas.*

empapelar *vb.* {tr.} **1.** Cubrir con papel: *Quiero* **empapelar** *mi habitación de color azul.* **2.** Formar una acusación criminal o expediente administrativo contra alguien: *El reo* **fue empapelado** *por las autoridades antes de ser llevado a la prisión: le hicieron muchas preguntas y una secretaria escribía cada respuesta que él iba dando.* **3.** *Perú.* Censurar, criticar, poner en evidencia a alguien.

empaque *m.* **1.** Hecho de atar un conjunto de ropas o telas: *Llevé el* **empaque** *de la ropa sucia al lavadero y* *me puse a lavarla.* **2.** *Colomb., Méx. y P. Rico.* Trozo de material para mantener cerradas de manera herméticamente dos piezas distintas. **3.** *Colomb., C. Rica y Méx.* Pieza de caucho o hule que sirve para apretar las junturas de dos piezas de un aparato.

empaque *m.* **1.** Seriedad con algo de pedantería o falta de naturalidad: *Percibí cierto empaque en el maestro, creo que finge ser más estricto de lo que en verdad es.* **2.** *Chile, Perú y P. Rico.* Descaro, desfachatez: *Este hombre tiene un empaque asombroso, no me paga lo que me debe y todavía quiere que le preste más dinero.* **3.** *Amér.* Acción y efecto de pararse un animal y no querer seguir la marcha: *Ya estoy cansada de los empaques de este asno. La última vez se detuvo en medio del camino durante más de tres horas.*

empaquetar *vb.* {tr.} **1.** Envolver objetos: *"Quiero que empaquetes estos adornos de Navidad y que los guardes en el sótano para que utilizarlos el próximo año", me dijo mi madre.* **2.** *Fam.* Meter en una habitación un número excesivo de personas. **3.** *Fam.* Imponer un castigo: *"Si sigues portándote mal voy a tener que empaquetarte y no podrás salir a jugar con tus amigos", me dijo mi tío.* **4.** *Argent. y Urug. Fam.* Engañar a alguien: *Evaristo empaquetó a Nélida; le dijo que se casaría con ella pero nunca lo hizo.*

emparamar *vb.* {tr. y prnl.} **1.** *Colomb. y Venez.* Quedarse helado por el frío: *El frío de la tarde te está emparamando; mejor entra a casa y bebe algo caliente.* **2.** *Colomb. y Venez.* Mojar mucho la lluvia o la humedad: *La lluvia de anoche emparamó la ropa que dejaste en el jardín.*

empardar *vb.* {tr.} *Argent. y Urug.* Empatar, de manera particular en el juego de cartas: *Hubo dos ganadores en el juego de póker porque Coco y Olenka empardaron.*

emparedado *m.* Bocadillo preparado con rebanadas de pan: *Cuando no tengo tiempo de almorzar, como un emparedado de jamón y queso.* SIN. **sándwich**.

emparedado, da *adj.* Encerrado o preso por castigo o penitencia: *En el cuento había una princesa emparedada, su padre la había encerrado en la torre más alta del castillo por haberlo desobedecido.*

emparedar *vb.* {tr. y prnl.} **1.** Encerrar a una persona en un lugar que carece de comunicación con el exterior: *Por pelearse con otro preso, fue emparedado en un sótano durante varias semanas.* **2.** Ocultar algo en una pared, o entre dos muros: *"Tuviste mucha suerte en encontrar el tesoro que el abuelo emparedó en los muros de la biblioteca hace veinte años", me dijo mi hermano.*

emparejar *vb.* {tr., intr. y prnl.} **1.** Formar una pareja: *Gregorio y Marcela se conocieron, se enamoraron, se emparejaron y ahora forman una familia con tres hijos.* **2.** Poner una cosa a nivel con otra: *De un lado tengo el pelo más corto y de otro más largo; voy a ir a la peluquería para que me emparejen.* **3.** Alcanzar a alguien que iba adelante: *Al principio tenía las peores calificaciones de su clase, pero estudió tanto que logró emparejarse con los demás.* **4.** Ser pareja una cosa con otra. **5.** En zoología, aparear: *Mi gato y su gata se emparejaron, y ya nacieron seis hermosos cachorros.* SIN. **cruzar**. **6.** *Méx.* Equilibrarse en la economía a través de una actividad secundaria: *No gano mucho dinero como profesora de inglés, por eso me emparejo vendiendo tartas que yo misma preparo.*

emparentar *vb. irreg.* {intr.} Modelo 3. Contraer parentesco por medio de casamiento: *"Cuando te cases con mi hermana emparentaremos; tú y yo seremos cuñados", dije a Rodrigo.*

empastar *vb.* {tr. y prnl.} **1.** Rellenar el hueco de una caries dental: *El dentista quitó la caries de la muela y luego la empastó.* **2.** Proteger y embellecer la cubierta de los libros: *Miguel cuida mucho sus libros, cada libro que compra uno nuevo lo empasta para que se vea bonito y no se maltrate.* **3.** *Argent. y Chile.* Padecer gases intestinales el ganado que ha comido pasto. **4.** *Chile, Méx. y Nicar.* Convertir en prado un terreno: *El alcalde mandó empastar la plaza del pueblo para que se vea mejor.* **5.** *Chile.* Llenarse de maleza un terreno sembrado: *El sembradío se empastó porque no lo cuidamos.*

empatar *vb.* {tr. e intr.} **1.** Obtener el mismo número de votos en una elección dos o más candidatos: *Si dos candidatos empatan, entonces habrá una segunda vuelta electoral.* **2.** En deportes, obtener el mismo número de tantos o puntos los jugadores: *No hubo ganador en el partido de fútbol, porque los dos equipos empataron.* **3.** *Colomb., C. Rica, Méx., P. Rico y Venez.* Empalmar una cosa con otra: *Para hacer el vestido, mi madre cortó dos telas, las empató y las cosió.* **4.** *Colomb.* Gastar el tiempo en cosas molestas.

empate *m.* Igualdad entre dos o más concursantes o equipos, que obtienen los mismos tantos en un encuentro: *Nadie ganó el partido, fue un empate a dos goles.*

empecinarse *vb.* {prnl.} Obstinarse, aferrarse: *Leonardo va a salir de viaje a pesar de estar enfermo, pues ya se empecinó en ello.*

empedernido, da *adj.* Que tiene muy arraigada una costumbre o vicio: *Es un fumador empedernido, no deja el cigarrillo aunque sabe que está dañando su salud.*

empedrar *vb. irreg.* {tr.} Modelo 3. **1.** Cubrir el suelo con piedras. **2.** *Fam.* Cubrir una superficie con objetos extraños a ella: *Los orfebres hicieron la corona de la reina con oro y la empedraron con diamantes.*

empeine *m.* Parte superior del pie, entre el tobillo y el principio de los dedos: *Los niños pequeños tienen el empeine muy abultado, parece una papa.*

empellón *m.* Empujón fuerte: *Vino corriendo y me dio un empellón tan fuerte que caí al suelo.*

empelotarse *vb.* {prnl.} **1.** *Fam.* Entrar en desorden o confusión. **2.** *Argent. Vulg.* Aburrirse, hartarse. **3.** *Cuba y Méx.* Enamorarse apasionadamente: *Evaristo se empelotó con su secretaria, y se casó con ella después de dos semanas de conocerla.* SIN. **encamotarse**.

empeñar *vb.* {tr. y prnl.} **1.** Dar una cosa como garantía de un préstamo: *Tuve que empeñar mi reloj para conseguir el dinero que necesitaba.* **2.** Emplear a alguien como mediador para conseguir algo. **3.** Endeudarse. **4.** Insistir con tesón en algo: *Se la pasa estudiando alemán todo el día porque se empeña en aprender ese idioma.* **5.** Interceder para que alguien consiga lo que pretende.

empeño *m.* **1.** Obligación de pagar que tiene la persona que deja un objeto en garantía de un préstamo. **2.** Deseo intenso por conseguir algo: *Tengo un gran empeño por ese libro caro; ahorraré para poder comprarlo.* **3.** Tesón y constancia: *Pone mucho empeño en aprender a leer, por eso pronto leerá sin dificultad.* **4.** Intento o misión: *El príncipe murió en el empeño de salvar a su amada.* **5.** *Méx.* Casa de empeños o lugar autorizado al que se acude para obtener dinero, dejando en prenda algún objeto de valor: *Le dije a Paula que no se preocupara por el dinero; que yo lo conseguiría llevando una joya al* **empeño**.

empeorar *vb.* (tr., intr. y prnl.) Poner o ponerse peor, desmejorar: *Tuvimos que llevar al niño al hospital, porque su resfrío* **empeoró**.

empequeñecer *vb.* *irreg.* (tr., intr. y prnl.) **Modelo 39. 1.** Hacer o hacerse una cosa más pequeña. **2.** Disminuir o quitar importancia a algo, al compararlo con otras cosas: *Mi problema me parecía enorme, pero al ver los sufrimientos graves de otras personas, el mío* **se empequeñeció**.

emperador *m.* **1.** Soberano de un imperio: *Carlomagno fue* **emperador** *del Sacro Imperio Romano.* **2.** Título transitorio que se daba en Roma a los generales victoriosos: *Cuando el gran guerrero conquistó el reino vecino, lo homenajearon nombrándolo* **emperador**. **3.** Pez marino que mide hasta 4 m de longitud, de piel con tonos negros y blancos sin escamas; su nariz es larga y rígida, por lo que también se le conoce como *pez espada*.

emperatriz *f.* **1.** Esposa de un emperador: *Catalina I de Rusia fue nombrada* **emperatriz** *cuando se casó con Pedro el Grande.* **2.** Soberana de un imperio: *Isabel de Portugal fue reina de España y* **emperatriz** *de Alemania.*

emperifollar *vb.* (tr. y prnl.) *Fam.* Adornar en exceso: *Mi hermana* **se emperifolla** *cada vez que su novio viene a visitarla.*

empero *conj.* Pero, sin embargo: *El caballero cantó bajo el balcón de su amada,* **empero** *ella jamás salió a verlo porque era sorda.*

emperrarse *vb.* (prnl.) *Fam.* Empeñarse u obstinarse en una cosa: *Se* **emperró** *en casarse a pesar de que todos le dijimos que su novia lo engaña con otro muchacho.*

empezar *vb.* *irreg.* (tr. e intr.) **Modelo 4. 1.** Dar principio a algo: *La clase de matemáticas* **empieza** *a las diez de la mañana.* **2.** Principiar a consumir algo: **Empecé** *mi postre antes de comer el guiso y mi madre me regañó.* **3.** Pasar una cosa de no existir, hacerse u ocurrir, a existir, hacerse u ocurrir: *Pensé que la planta se había muerto, pero un día* **empezó** *a retoñar.* **4.** Seguido de la preposición "a" y de un verbo en modo infinitivo, expresa comienzo de la acción indicada por ese infinitivo: **Empezaré** *a servir la cena a las siete de la noche.*

empinar *vb.* (tr. y prnl.) **1.** Enderezar y levantar en alto una cosa: *Entre mis amigos y yo* **empinamos** *el árbol que se había caído.* **2.** Levantarse alguien sobre las puntas de los pies, o un animal sobre las patas traseras levantando las delanteras: *Cuando le voy a dar un beso a mi padre tengo que* **empinarme**, *porque es alto y no lo alcanzo.* **3.** *Fam.* Alcanzar gran altura las montañas, torres y árboles. **4.** loc. *Fam.* ~ **el codo**, beber mucho vino o licor: *Roberto se pasó la fiesta* **empinando el codo** *y ahora está muy ebrio y enfermo.*

empipada *f. Chile, Ecuad.* y *P. Rico.* Atracón, hecho de comer de manera abundante: *Ayer me di una* **empipada** *de pan con queso porque tenía un antojo terrible.*

empírico, ca *adj.* Que se apoya en la experiencia: *Francisca es una partera* **empírica** *porque nunca fue a la escuela, pero ha ayudado a más de cien mujeres a dar a luz.*

empírico, ca *m.* y *f.* En filosofía, partidario del empirismo.

empirismo *m.* Corriente filosófica según la cual el conocimiento proviene de la experiencia: *Cuando me baso en el* **empirismo** *quiero decir que toda afirmación que hago debe tener pruebas que se puedan oler, tocar, gustar, oír o ver.*

empitonar *vb.* (tr.) Prender el toro algo o alguien con el pitón o extremo superior del asta: *El torero fue* **empitonado** *por el toro y lo llevaron al hospital a que le curaran la herida.*

emplasto *m.* **1.** Preparado que posee propiedades curativas y cuyo uso es sólo externo: *Mi abuela me colocó un* **emplasto** *de hierbas en el tobillo para que me quitara el dolor que me causó la torcedura.* **2.** *Fam.* Arreglo poco satisfactorio: *Mi contrato de trabajo es un verdadero* **emplasto**; *tuve que aceptar un sueldo muy bajo y un horario largo porque me urge trabajar.* **3.** *Fam.* Persona delicada de salud: *Desde chico ha sido un* **emplasto**; *siempre está enfermo de algo.* **4.** *Fam.* Parche, pegote: *La maestra lo reprendió porque le entregó el trabajo en una hoja de papel llena de* **emplastos**. **5.** Defecto superficial en una pieza de fundición, formado por una mezcla de arena y metal fundido: *El herrero tuvo que reparar la herradura porque tenía un pequeño* **emplasto** *que lastimaba al caballo.*

emplazar *vb.* *irreg.* (tr.) **Modelo 16. 1.** Citar a alguien en determinado tiempo y lugar: **Emplacé** *a Marina para que nos encontremos en un restaurante a las cinco de la tarde.* **2.** Requerir de manera judicial a una persona para que acuda ante los tribunales: *La señora Márquez* **fue emplazada** *por la Corte para que rinda su testimonio pasado mañana.*

emplazar *vb.* *irreg.* (tr.) **Modelo 16.** Situar, acomodar algo en un lugar determinado: *El ministerio de educación* **emplazó** *sus nuevas oficinas en el centro de la ciudad.*

emplear *vb.* (tr. y prnl.) **1.** Usar, utilizar: *"Debes emplear harina integral y miel en la preparación de estas galletas", me dijo mi abuelita.* **2.** Destinar dinero a la compra de cosas: **Emplearé** *mis ahorros en la compra de una bicicleta nueva.* **3.** Invertir una cosa para hacer o conseguir algo: **Emplearemos** *todas nuestras energías en encontrar la solución al problema de matemáticas.* **4.** Dar empleo: *Hace más de veinte años que me* **emplearon** *en esta empresa.*

empleo *m.* **1.** Hecho de dar trabajo a alguien: *Mi tío ofreció darme un* **empleo** *de vendedor de dulces en el zoológico.* **2.** Ocupación, trabajo retribuido: *Tengo un buen* **empleo** *en la tienda de ropa, me dan el dinero que necesito para seguir estudiando.* **3.** Entre los militares, cada uno de los escalones de su jerarquía: *El empleo de general es más importante que el de coronel.*

emplomar *vb.* (tr.) **1.** Cubrir o soldar con plomo: *Ernesto es un artista que* **emploma** *trozos de cristal con los que hace lámparas muy bonitas.* **2.** *Argent.* y *Urug.* Rellenar con una pasta especial los huecos dejados en los dientes por las caries: *Mientras comía se me salió el empaste de la muela y tuve que ir con el dentista para que la* **emplomara** *otra vez.*

emplumar *vb.* (tr.) **1.** Poner plumas a algo: *Laura* **emplumó** *una funda de tela y le quedó una bonita almohada.* **2.** Castigar a alguien cubriéndole el cuerpo con alguna substancia grasosa a la que se adhieren plumas: *Los jefes de la tribu* **emplumaban** *a los jóvenes que no querían trabajar.* **3.** *Fam.* Arrestar, condenar: *Lo*

emplumaron porque los policías lo descubrieron robando en una casa. **4.** Amér. C. y Cuba. Engañar: Por no fijarme bien me **emplumaron**: pagué un kilo de queso y me dieron sólo medio kilo. **5.** Ecuad. Enviar a alguien a algún sitio de castigo: La esquina del salón de clases es el lugar donde el maestro **empluma** a los alumnos que se portan mal. **6.** Chile, Colomb., Ecuad. y P. Rico. Huir.

empobrecer vb. irreg. {tr., intr. y prnl.} **Modelo 39. 1.** Quitar o disminuir a alguien los medios de subsistencia. **2.** Caer en un estado en el que no se tiene lo necesario para vivir: Durante las guerras, muchas personas **empobrecen** porque las cosas suben de precio y no hay trabajo.

empollar vb. {tr., prnl. e intr.} **1.** Incubar o calentar el ave los huevos para que nazcan polluelos: Esa pequeña ave no se mueve del nido desde hace varios días porque es una hembra que está **empollando**. **2.** Fam. Estudiar mucho. SIN. **matarse. 3.** Producir cría las abejas: Las abejas reinas **empollan** y las obreras cuidan y alimentan a las larvas. **4.** Levantar ampollas: Como mis zapatos nuevos me aprietan, se me **empolló** el pie. SIN. **ampollar.**

empolvar vb. {tr. y prnl.} **1.** Echar polvo: ¡No sacudas la manta en la sala porque estás **empolvando** los muebles! **2.** Cubrirse de polvo: En el siglo XVIII, los caballeros de las cortes europeas se **empolvaban** la cara.

emponzoñar vb. {tr. y prnl.} **1.** Dar ponzoña, envenenar: La malvada reina **emponzoñó** la manzana que le dio a Blancanieves para que muriera y así ser ella la más bonita. **2.** Fam. Corromper, envilecer: Los chismes de una mala amiga **emponzoñaron** el noviazgo de Javier y Araceli.

emporio m. **1.** Lugar de gran importancia comercial, al que acude gente de diversas naciones: En el siglo XVII, la ciudad de Amsterdam era un gran **emporio**: ingleses, franceses, italianos y españoles acudían a ella para comprar y vender productos. **2.** Fam. Lugar famoso por sus actividades culturales o artísticas: París es el **emporio** de la moda; ahí es donde están los más grandes diseñadores de ropa y los modelos más famosas. **3.** Amér. Gran establecimiento comercial, en el que se encuentra todo lo necesario para una casa.

empotrar vb. {tr.} Hincar algo en la pared o en el suelo, asegurándolo con hormigón o alguna clase de pegamento: Hizo un agujero en la pared de la cocina para **empotrar** el horno de microondas que compró.

emprender vb. {tr.} Dar principio a una obra o empresa: Mi padre invertirá una fuerte cantidad de dinero para **emprender** un negocio de exportación de artesanías.

empresa f. **1.** Hecho de empezar algo y cosa que se comienza: Ya estoy metido en la **empresa** de obtener un buen empleo y no voy a detenerme hasta conseguirlo. **2.** Obra o mandato llevado a cabo, sobre todo cuando intervienen varias personas: Los empleados realizaron de manera satisfactoria la **empresa** que les ordenó su jefe. **3.** En economía, sociedad industrial o de comercio que produce o vende algo: La familia campesina es una **empresa**; padre, madre e hijos comparten las labores de siembra y venta de la cosecha.

empresario, ria m. y f. **1.** Dueño o director de una empresa, industria o negocio: El **empresario** de la compañía de bebidas gaseosas es un hombre muy rico. **2.** Persona contratada para la realización de una obra

y que consigue los servicios de otras personas a cambio de un pago: Hoy publicaron en el diario quién será el **empresario** que construirá la nueva carretera.

empréstito m. Préstamo que toma el Estado o una corporación: Dreyfus fue un hombre francés que en el siglo XIX proporcionó **empréstitos** a los gobernantes peruanos para hacer ferrocarriles.

empujar vb. {tr.} **1.** Hacer fuerza contra una cosa para moverla: El automóvil se descompuso en la calle y tuvimos que **empujarlo** hasta la casa. **2.** Fam. Hacer que alguien salga de su puesto u oficio: Su jefe lo **empujó** porque era irresponsable y no cumplía bien con su trabajo. **3.** Fam. Hacer presión, intrigar para conseguir una cosa: **Empujó** a su padre durante varios días para que le diera permiso de ir a la fiesta y al fin lo consiguió.

empuje m. **1.** Hecho de desplazar alguna cosa de su lugar, ejerciendo fuerza. SIN. **empujón. 2.** Energía o brío con que se enfrenta algo: Rodrigo obtuvo el primer premio en el concurso de poesía porque tuvo **empuje** para hacer un buen poema. **3.** En física, fuerza ascendente que sufre un cuerpo sumergido en un líquido.

empujón m. **1.** Impulso dado con mucha fuerza para mover a alguien o algo: ¡Ese hombre grosero nos sacó a **empujones** de la fila para entrar al cine! **2.** Avance rápido dado a una obra trabajando con empeño en ella: Los nuevos obreros están dándole un buen **empujón** a la construcción de la casa que estará terminada.

empuntar vb. {tr., intr. y prnl.} **1.** Colomb. y Ecuad. Encaminar, dirigir: Los padres tienen la obligación de enseñarles a sus hijos qué está bien y qué está mal; es decir, deben **empuntarlos** por el buen camino. **2.** Colomb. y Ecuad. Irse, marcharse: Ayer se **empuntó** de la casa sin despedirse de nadie. **3.** Venez. Obstinarse, ponerse necio.

empuñadura f. Mango de la espada, fusil, bastón o paraguas.

empuñar vb. {tr.} **1.** Asir por el puño una cosa: En el programa de televisión, el vaquero **empuñó** su arma y fue tras el asesino de su hermano. **2.** Tomar una cosa abarcándola con la mano: El niño **empuñó** su pequeño oso de peluche y se quedó dormido. **3.** Chile. Cerrar la mano para formar el puño: Los alumnos de la escuela levantaron las manos y las **empuñaron** en señal de alegría por el fin de cursos.

emular vb. {tr. y prnl.} Imitar las acciones de otro: Admira tanto a su padre que lo **emula** hasta en la manera de caminar.

emulsión f. **1.** Preparación farmacéutica que contiene una substancia capaz de mantener en suspensión partículas insolubles: Tomé una **emulsión** que sabía horrible, pero que me alivió el dolor de estómago. **2.** Mezcla gelatinosa sensible a la luz, depositada en forma de capa sobre películas o papeles usados en fotografía: Los fotógrafos utilizan una serie de **emulsiones** para fijar las imágenes en el papel.

en prep. **1.** Indica el tiempo, lugar o modo en que se determina la acción: Vive en la ciudad desde hace ocho años que salió de su pueblo. **2.** Expresa materia, medio o instrumento: Cuando visité a mi tía en Europa viajé **en** avión. **3.** Antes de un verbo en modo infinitivo, forma oraciones adverbiales: Se esfuerza **en** bajar de peso, porque está muy gordo. **4.** Antes de ciertos sustantivos y adjetivos da origen a modos adverbiales: "Ya deja de *jugar y habla **en** serio, porque ese tema es importante",* dijimos a Ricardo.

enagua *f.* **1.** Prenda interior femenina, que se lleva bajo la pollera o falda: *"Acomódate el vestido porque se te ve la **enagua**", me dijo mi madre.* **2.** Méx. Pollera o falda: *En el pasado, uno de los bienes más preciados que tenía una campesina era su **enagua** de fiesta.*

enajenación *f.* **1.** Acto de transmitir a alguien el dominio de una cosa: *La **enajenación** de las tierras de los campesinos ocasionó que se rebelaran.* **2.** Fam. Distracción, falta de atención: *A Maura le produce tanta **enajenación** ver a Rodrigo, que parece olvidar el lugar donde está.* **3.** Locura: *A causa de la **enajenación** que sufría tuvieron que internarlo en un hospital psiquiátrico.*

enajenar *vb.* {tr. y prnl.} **1.** En derecho, transmitir a otro una propiedad: *Hace muchos años un hombre bueno y rico **enajenó** parte de sus tierras para los habitantes de este pequeño pueblo.* **2.** Fam. Sacar fuera de sí: *El escritor inglés William Shakespeare escribió una obra en la que Otelo, **enajenado** por los celos, asesinó a su esposa Desdémona.* **3.** Embelesar, producir algo a alguien tal deleite que pueda quedarse absorto en su contemplación o gozo: *El nuevo disco de rock de su grupo favorito **enajenó** a mi hermano; todo el día lo escucha.* **4.** Desprenderse o privarse de algo.

enaltecer *vb. irreg.* {tr. y prnl.} **Modelo 39.** Ensalzar, alabar o elogiar.

enamorar *vb.* {tr. y prnl.} **1.** Despertar un sentimiento de atracción en una persona: *Hernán conoció a Isabel y se **enamoró** de ella; lo malo es que ella estaba enamorada de su novio Roberto.* **2.** Cortejar: *Creo que ese muchacho **está enamorando** a nuestra hija; ayer le trajo un ramo de flores y hoy una caja de chocolates.* **3.** Prendarse de alguien: *Romeo y Julieta se **enamoraron** con tanta fuerza que murieron el uno por el otro.* **4.** Aficionarse a una cosa: *Se **enamoró** de una lámpara que vio en la tienda y la compró en ese momento.*

enancarse *vb. irreg.* {prnl.} **Modelo 17. 1.** Amér. Montar en las ancas: *El muchacho vino corriendo y se **enancó** en el caballo.* **2.** Argent. Aprovechar una oportunidad, acoplarse a una propuesta: *José es muy necio, le dije que no se metiera en los problemas de otras personas y sigue **enancándose**.*

enanismo *m.* Trastorno del crecimiento que impide a quien lo padece alcanzar la talla normal dentro de su especie o raza: *Mauro padece de **enanismo**, tiene quince años y apenas mide un metro de estatura.*

enano, na *adj.* **1.** De tamaño pequeño, diminuto: *Un bonsái es un árbol **enano**.* **2.** Fam. Referido a una persona muy pequeña: *Yo soy un **enano** si me comparo con un jugador de baloncesto de Estados Unidos.*

enano, na *m. y f.* **1.** Persona afectada de enanismo: *Efraín es un **enano** que trabaja en el circo.* **2.** Fam. Se usa como apelativo cariñoso dirigido a los niños: *Hoy es el cumpleaños de mi pequeña sobrina, mi casa está invadida por un ejército de **enanos** que han venido a jugar y a comer dulces.* **3.** En astronomía, estrellas pequeñas y de débil luminosidad: *Algunas **enanas** sólo pueden verse usando potentes telescopios.*

enarbolar *vb.* {tr. y prnl.} **1.** Levantar en alto un estandarte, bandera, etc.: *Todas las mañanas los soldados **enarbolan** la bandera en la plaza central de la ciudad.* **2.** Enfadarse, enfurecerse: *Jaime se **enarboló** con el*

camarero porque en lugar de traerle arroz con pollo le trajo ensalada de atún.

enardecer *vb. irreg.* {tr. y prnl.} **Modelo 39. 1.** Excitar o avivar el ánimo, en especial hacia una pelea: *Durante la discusión se **enardecieron** tanto los ánimos que los chicos comenzaron a pelear.* **2.** Hincharse alguna parte del cuerpo.

encabezado *m.* Argent., Chile, Guat. y Méx. Titular de un diario: *Ayer apareció en todos los **encabezados** la triste noticia de la muerte del poeta famoso.*

encabezamiento *m.* Fórmula inicial de un escrito o preámbulo: *Los **encabezamientos** por lo general hablan del tema principal del texto.*

encabezar *vb. irreg.* {tr.} **Modelo 16. 1.** Iniciar una lista: *Tú **encabezas** la lista de alumnos del salón porque tu apellido comienza con la letra "A".* **2.** Poner el encabezamiento: *Mi trabajo como editora de este diario consiste en **encabezar** los artículos que traen los colaboradores.* **3.** Acaudillar o estar al frente de algo: *Los policías apresaron a quienes **encabezaron** los asaltos a las joyerías.* **4.** Agregar alcohol a los vinos para aumentar su graduación.

encabritarse *vb.* {prnl.} **1.** Empinarse el caballo: *En medio de la carrera, el animal se **encabritó** y arrojó al suelo al jinete.* **2.** Fam. Enojarse, cabrearse: *Es un niño muy rebelde; se **encabrita** cada vez que no le permites hacer lo que él quiere.* **3.** Fam. Levantarse la parte delantera de una embarcación o aeroplano: *El mar estaba tan agitado que el barco se **encabritaba** a cada momento.*

encachar *vb.* {tr. y prnl.} **1.** Formar una capa de cimentación a base de piedras piramidales sobre la cual se construye el hormigón o concreto de una carretera: *Ya llegaron los obreros que van a **encachar** el camino que une los dos pueblos.* SIN. **empedrar. 2.** Poner el mango a un cuchillo: *Esta navaja necesita que la **encachen** de nuevo.* **3.** Chile. Adornar, arreglar. **4.** Chile. Resistirse, obstinarse.

encadenar *vb.* {tr. y prnl.} **1.** Atar con cadena: *Mi perro es tan bravo que tengo que **encadenarlo** cada vez que llega algún invitado para que no lo muerda.* **2.** Fam. Dejar a uno sin movimiento y sin acción: *Este trabajo de oficinista me **encadena** a pasar doce horas en la oficina.* **3.** Enlazar cosas: *Todavía te falta **encadenar** mejor las ideas de tu trabajo porque está un poco confuso.*

encajar *vb.* {tr. e intr.} **1.** Meter una cosa dentro de otra de manera ajustada: *La ventana se hinchó con la lluvia y ahora será necesario lijarla para que **encaje** en el marco otra vez.* **2.** Fam. Reaccionar bien ante una desgracia, contratiempo o advertencia. **3.** Fam. Hacer que alguien escuche algo causándole molestia: *Ayer me encontré con Tita y me **encajó** un aburrido relato sobre sus viajes y sus riquezas.* **4.** Dar un golpe o puñetazo a alguien: *El boxeador le **encajó** tal puñetazo a su adversario en la cara, que el pobre hombre cayó al suelo con la nariz rota.* **5.** Fam. Hacer que alguien tome o acepte una cosa, engañando o molestando al tomar: *A Rosita no le gusta la sopa pero su madre siempre logra **encajársela** con algunos engaños.* **6.** Coincidir o completarse dos noticias o informaciones: *Ambos ladrones se pusieron de acuerdo para que sus declaraciones **encajaran** y la policía no sospechara de ellos.* **7.** Ponerse una prenda de vestir con rapidez o de manera brusca:*

perté muy tarde y tuve que **encajarme** lo primero que encontré antes de correr a la escuela. **8.** *Fam.* Venir al caso, ser adecuado para algo: *"Este vestido corto que quieres comprar* **encaja** *con la fiesta informal a la que vas a ir", me dijo mi madre.* **9.** Realizar el feto el descenso en la cavidad pelviana de su madre: *El bebé de mi hermana ya* **encajó** *y no tardará mucho tiempo en nacer.*

encaje *m.* **1.** Hecho de introducir una cosa en otra: *Dice mi hermana que el nuevo sostén que se compró tiene un* **encaje** *perfecto, lo cual quiere decir que le queda bien.* **2.** Tejido calado que forma un fondo de redecilla decorado con dibujos: *Su vestido de novia costó mucho porque estaba elaborado de* **encaje** *hecho a mano.*

encajonar *vb.* (tr. y prnl.) **1.** Meter una cosa en un cajón. **2.** Plantar semillas en una caja llena de tierra: *Decidí tener mi propio huerto y comencé la obra* **encajonando** *semillas de varias frutas y verduras.* **3.** Meter en un sitio estrecho: *"No puedes* **encajonar** *estas aves en una jaula tan pequeña, porque no podrán moverse de manera cómoda", me dijo mi madre.* **4.** Meterse una corriente o arroyo en sitios estrechos entre las montañas: *El pueblo de mi abuelo está en un lugar en el que el río* **se encajona** *y se pierde en medio de las montañas.*

encalambrarse *vb.* (prnl.) **1.** Tener calambre o contracción involuntaria, dolorosa y brusca de algún músculo: *Cuando estoy sentado durante mucho tiempo se me* **encalambran** *las piernas.* SIN. **acalambrarse.** **2.** *Colomb.* y *P. Rico.* Entumecerse, aterirse: *Después de caminar durante horas en medio del frío* **se encalambró** *y llegó a su casa a darse un baño con agua caliente.*

encalamocar *vb. irreg.* (tr. y prnl.) Modelo 17. *Colomb. y Venez.* Alelar o embobar: *Se* **encalamocó** *con su nueva novia y le compra muchos regalos caros.*

encalar *vb.* (tr.) **1.** Blanquear con cal: *La fachada de la casa se ve sucia, si la* **encalamos** *se verá mejor.* **2.** Meter en cal o espolvorear algo con ella. **3.** Esparcir cal en los terrenos de cultivo para mejorarlos: *En esta época, los campesinos* **encalan** *sus campos para que la próxima cosecha sea más abundante.*

encallar *vb.* (intr. y prnl.) **1.** Quedar una embarcación inmovilizada en arena o entre piedras: *La marea arrojó la pequeña embarcación a la orilla donde* **encalló.** **2.** *Fam.* No poder salir adelante en una empresa: *He* **encallado** *en esta investigación sobre la esclavitud en América porque no encuentro suficiente material.*

encallecer *vb. irreg.* (tr., intr. y prnl.) Modelo 39. **1.** Endurecerse la carne a manera de callo, hacerse callos: *El trabajo en el campo le ha* **encallecido** *las manos a Hortensia, por eso se le ve la piel gruesa y agrietada.* **2.** *Fam.* Acostumbrarse, curtirse.

encaminar *vb.* (tr. y prnl.) **1.** Poner a alguien en el camino correcto: *El turista me preguntó cómo podía llegar al centro de la ciudad, y yo lo* **encaminé** *lo mejor que pude.* **2.** Dirigir hacia un punto o fin: *Terminada su carrera, el médico se* **encaminó** *hacia su pueblo donde lo esperaba su madre.* **3.** *Fam.* Guiar, enseñar el camino: *Los padres* **encaminan** *a sus hijos hacia la superación.*

encamotarse *vb.* (prnl.) *Amér. Merid.* y *C. Rica.* Enamorarse.

encandilar *vb.* (tr. y prnl.) **1.** Deslumbrar, casi siempre con falsas apariencias: *Se ha* **encandilado** *con los lu-*

jos de sus nuevos amigos ricos y ahora nos desprecia porque somos pobres. **2.** Provocar un deseo o ilusión, enamorar: *Fue amor a primera vista: la había visto tres veces y* **se encandiló** *de ella.* **3.** Encenderse los ojos por el alcohol o la pasión. **4.** *P. Rico.* Enfadarse, enojarse.

encanecer *vb. irreg.* (intr. y prnl.) Modelo 39. **1.** Ponerse el cabello blanco: *Mi padre* **ha encanecido** *mucho desde hace tres años.* **2.** Envejecer una persona: *Hacía mucho tiempo que no veía a Germán,* **encaneció** *y ahora se ve como un anciano.*

encantado, da *adj.* **1.** Distraído o embobado: *Creo que si continúa* **encantado** *va a reprobar el curso en la escuela.* **2.** Muy complacido: *Me sentí* **encantado** *cuando la maestra me felicitó frente a los padres de todos los alumnos.*

encantador, ra *adj.* Muy amable, agradable, simpático o bonito: *Rodrigo es una persona* **encantadora,** *es amable, limpio y caballeroso.*

encantar *vb.* (tr. y prnl.) **1.** Ejercer sobre algo o alguien artes de magia. **2.** Gustar o complacer: *Me* **encanta** *el chocolate, todos los días como dos barras por lo menos.* **3.** Permanecer inmóvil contemplando una cosa o distraerse de lo que se está haciendo: *No escuché lo que me dijiste porque* **me encanté** *con esta mariposa que está volando por la sala.*

encanto *m.* **1.** Artes de magia que se ejercitan sobre alguien o algo: *El hada mala del bosque lanzó un* **encanto** *para que la princesa cayera en un profundo sueño, del cual solamente el príncipe podría sacarla.* **2.** Persona o cosa que embelesa, que atrae mucho: *Este vestido es un* **encanto;** *le pediré a mi padre que me lo compre.* **3.** Conjunto de atractivos físicos: *Las modelos tienen que cuidar sus* **encantos** *para no perder su empleo, por ello siempre están en gimnasios y haciendo dietas.*

encañonar *vb.* (tr.) Apuntar con un arma de fuego: *Los ladrones se metieron en un taxi,* **encañonaron** *al chófer con sus pistolas y le dijeron que los llevara al aeropuerto para escapar.*

encapotar *vb.* (tr. y prnl.) **1.** Ponerse el capote o capa con mangas: *Al salir de su casa* **se encapotó** *bien porque esa noche hacía mucho frío y llovía fuerte.* **2.** Cubrirse el cielo de nubes: *Creo que hoy no iremos a la playa porque* **se encapotó** *el cielo.* **3.** *Fam.* Poner el rostro ceñudo: *Cuando vi que* **se encapotó** *le pregunté qué era lo que la estaba molestando.*

encapricharse *vb.* (prnl.) Empeñarse en conseguir un antojo: *El niño* **se ha encaprichado** *con ese juguete de la tienda y no dejará de llorar hasta que se lo compre.*

encaramar *vb.* (tr. y prnl.) **1.** Subir a una persona o cosa o subirse uno a un lugar elevado: *Se encaramó en el árbol como si fuera un mono y desde ahí pudo ver mejor el desfile.* **2.** *Fam.* Elevar, colocar en puestos altos y honoríficos.

encarar *vb.* (tr. y prnl.) **1.** Contraponer dos aspectos de algo. **2.** Poner cara a cara o hacer frente a alguien: *El boxeador* **encaró** *a su oponente en el ring.* **3.** Apuntar hacia algún sitio con un arma: *Los ladrones* **encararon** *al vendedor con una gran pistola y lo obligaron a darles todo el dinero de la tienda.* **4.** *Fam.* Afrontar una situación difícil o penosa: *Mi prima* **encaró** *con mucha valentía su terrible enfermedad y nunca la oí quejarse ni lamentarse aunque sufría de fuertes dolores.*

encarcelar *vb.* (tr.) **1.** Encerrar en la cárcel, apresar a alguien: *Ayer* **encarcelaron** *a los delincuentes que asalta-*

ron el banco de la esquina. **2.** Asegurar con yeso o cemento una pieza de hierro o madera: *Encarcelaron las bancas del parque para evitar que algún ladrón se las robe.*

encarecer *vb. irreg.* {tr., intr. y prnl.} **Modelo 39. 1.** Aumentar el precio: *En los últimos tiempos los alimentos se han encarecido mucho, por ejemplo un litro de leche hoy cuesta tres veces más que hace dos años.* **2.** Ponderar o alabar mucho algo: *El maestro encareció el bello poema que Mariano había escrito a su madre.* **3.** Fam. Recomendar con empeño.

encargado, da *m. y f.* Persona que tiene a su cargo un negocio o establecimiento y que representa al dueño o interesado: *El encargado de la tienda tiene tantos clientes que ya no puede atender a todos.*

encargar *vb. irreg.* {tr. y prnl.} **Modelo 17. 1.** Decirle a alguien que haga algo: *"Te encargo que compres dos docenas de tomates en el mercado", me pidió mi tía.* **2.** Poner una cosa bajo la responsabilidad de uno: *Me encargó que cuidara al niño mientras iba de compras al mercado.* Sin. **encomendar. 3.** Arg., Méx. y Perú. Quedar embarazada una mujer: *Me acabo de enterar que Marisa ya encargó, y que dentro de seis meses nacerá su bebé.*

encariñar *vb.* {tr. y prnl.} Tomar cariño a alguien: *Muy pronto se encariñó con los gatitos que dejaron abandonados en la puerta de su casa.*

encarnación *f.* **1.** Acto por el que un ser espiritual o una divinidad toman la apariencia de un ser vivo. **2.** Persona o cosa que representa una realidad abstracta: *Para la mayor parte de las antiguas culturas mesoamericanas, la serpiente era la encarnación de la vida.*

encarnado, da *adj.* Rojo, colorado: *Con el frío se le puso la nariz encarnada.*

encarnar *vb.* {tr., intr. y prnl.} **1.** Fam. Representar alguna idea o doctrina: *Ese juez encarna la justicia porque es imparcial y honesto.* _**2.**_ Representar un personaje en el teatro o el cine: *A mí me tocó encarnar al padre de Hansel y Gretel en la obra teatral que se presentó en el colegio.* **3.** Tomar forma carnal un espíritu: *Los miembros de esa lejana tribu creen que la gente que muere encarna después en mariposas y caracoles.* **4.** Introducirse una uña en la carne produciendo dolor: *Tengo un dedo del pie hinchado porque se me ha encarnado la uña.* Sin. **enterrarse.**

encarnizarse *vb. irreg.* {prnl.} **Modelo 16. 1.** Mostrar saña los animales hacia su presa: *Las peleas de gallos son desagradables, porque el ave más fuerte siempre se encarniza con la más débil y la hace sufrir mucho antes de matarla.* **2.** Fam. Mostrarse muy cruel: *Durante las peleas de box, a veces uno de los peleadores se encarniza con su oponente que va perdiendo.*

encarpetar *vb.* {tr.} **1.** Guardar algo, sobre todo papeles en cárpetas o en un par de cubiertas de papel: *La secretaria de la empresa encarpeta copias de todas las cartas que su jefe envía.* **2.** Suspender la tramitación de un expediente o solicitud: *Mis padres tuvieron que encarpetar el permiso para construir la nueva casa porque no tienen dinero.*

encarrerarse *vb.* {prnl.} **1.** Méx. Acelerar el paso: *"Encarrérate o vamos a llegar tarde a la escuela", me dijo mi hermana.* **2.** Méx. Encarrilarse o dirigir un vehículo para que siga el camino debido.

encarrilar *vb.* {tr. y prnl.} **1.** Colocar sobre carriles, impulsar un vehículo por el carril que le corresponde. **2.** Encaminar o poner a uno en el camino: *Encarrilé a mi hijo hacia la escuela.*

encartar *vb.* {tr. y prnl.} **1.** En juegos de baraja, echar un naipe o carta del palo que el otro tiene que seguir: *Encarté un seis de corazones y ninguno de mis compañeros de juego tenía un naipe de corazones, así que gané el juego.* **2.** En derecho, incluir a una persona para que sea juzgada durante un juicio: *Encartaron al empleado de la empresa por haber cometido un fraude.* **3.** En juegos de baraja, tomar naipes o quedarse con ellos sin poder deshacerse de los que perjudican.

encartuchar *vb.* {tr. y prnl.} **1.** Chile, Colomb., Ecuad. y P. Rico. Enrollar en forma de cucurucho o cono: *Al salir de la escuela, siempre me compro algunos chocolates que el vendedor encartucha en una hoja de papel.* **2.** Meter la pólvora en los cartuchos.

encasillar *vb.* {tr.} **1.** Poner en casillas o lugares pequeños y aislados: *El cartero encasilla las cartas que recibe todos los días y luego las reparte en las casas.* **2.** Clasificar personas o cosas: *Los diccionarios encasillan palabras según un orden alfabético.*

encasquetar *vb.* {tr. y prnl.} **1.** Poner o ponerse el sombrero: *Antes de salir de casa, la madre arropó bien al niño y le encasquetó un gorro de lana que su abuela había tejido.* **2.** Fam. Persuadir a uno de algo a fuerza de insistencia: *Durante semanas estuvo encasquetando a su madre que necesitaba nuevos zapatos, hasta que finalmente logró que se los comprara.*

encasquillar *vb.* {tr. y prnl.} **1.** Poner casquillos o cartuchos metálicos en algún objeto. **2.** Amér. C. y Amér. Merid. Herrar una caballería: *Vi que la yegua cojeaba porque se había salido una herradura, entonces le dije al herrero que la encasquillara nuevamente.* **3.** Atascarse un arma de fuego con el casquillo de la bala al disparar: *Al ladrón se le encasquilló su pistola, por eso Eugenio logró escaparse.*

encausar *vb.* {tr.} Proceder de manera judicial contra alguien: *Lo encausaron por haber evadido impuestos y lo condenaron a pagar trescientos pesos de multa.*

encauzar *vb. irreg.* {tr.} **Modelo 16. 1.** Conducir una corriente por un lecho: *El río se salió de su cauce e inundó las casas de los campesinos, entonces llegó un grupo de ingenieros que logró encauzarlo nuevamente.* **2.** Fam. Encaminar, dirigir, regular: *El maestro encauzó de manera adecuada a sus alumnos y todos obtuvieron buenas calificaciones.*

encéfalo *m.* Órgano principal del sistema nervioso, se encuentra en el cráneo y está formado por el tronco encefálico, el cerebro y sus estructuras, y el cerebelo: *El accidente automovilístico que tuvo le afectó el encéfalo y desde entonces no puede hablar bien.*

encenagarse *vb. irreg.* {prnl.} **Modelo 17. 1.** Meterse en el barro o lodo: *Los cerdos se encenagan para refrescarse.* **2.** Fam. Envilecerse: *Fue encenagándose poco a poco; comenzó robando en su oficina para pagar sus apuestas de juego y terminó asaltando un banco.*

encendedor *m.* Utensilio de pequeño tamaño que sirve para hacer fuego: *Acercó el encendedor al cigarrillo que su novia tenía en los labios y por accidente le quemó el cabello.* Sin. **mechero.**

encendedor, ra *adj.* Que origina luz o fuego.

encender vb. irreg. (tr. y prnl.) **Modelo 24.** **1.** Originar luz o fuego en algo: *Hacía mucho frío y decidió encender la chimenea para calentarse.* **2.** Conectar un circuito eléctrico: *Cuando empezó a anochecer encendí las luces de la casa.* **3.** Fam. Despertar pasiones: *Al ver que el animal no le obedecía, el arriero se encendió en ira y lo golpeó con una vara.* **4.** Ruborizarse, avergonzarse: *Julián se encendió de vergüenza cuando su maestro lo sorprendió sacándose los mocos.*

encerado m. **1.** Hecho de cubrir algo con substancias que proporcionan brillo y protección a las cosas: *"Te quedó muy bien el encerado del piso, antes estaba opaco y ahora brilla como espejo", dije a la sirvienta.* **2.** Tela o lienzo recubierto con cera: *Compré varios metros de encerado para forrar los sillones de la sala.* **3.** Cuadro de caucho o hule usado para escribir en él con tiza o gis: *El maestro de matemáticas utiliza un encerado para explicarnos mejor la clase.* SIN. pizarra, pizarrón. **4.** Capa ligera de cera con la cual se cubren los muebles: *El gato dañó con sus uñas el encerado de mi mesa.*

encerar vb. (tr.) Aplicar cera: *Enceré los pisos de toda la casa y ahora se ven muy brillantes.*

encerrar vb. irreg. (tr. y prnl.) **Modelo 3.** **1.** Meter en un sitio cerrado: *Encerró al gato en el baño porque no dejaba de hacer travesuras.* **2.** Fam. Contener o resumir: *Caminar por la calle de noche encierra muchos peligros.* **3.** Poner letras o palabras entre signos que las separan del resto del escrito: *"Encierra entre comillas el nombre de la obra de teatro sobre la que estás escribiendo", me dijo el maestro.* **4.** En el juego de damas, poner al jugador contrario en situación de no poder desplazar las piezas: *Perdí la partida porque Raúl me encerró y no podía mover ninguna de mis fichas.* **5.** Recluirse por propia voluntad en un lugar apartado de los demás: *Hace varios años que se encerró en el convento para dedicarse a orar.*

encerrona f. **1.** Fam. Trampa. **2.** En el dominó, cierre del juego cuando quedan muchas fichas en manos de los jugadores. **3.** Corrida de toros celebrada en un local cerrado y sin público que haya pagado su entrada: *Entre las festividades del pueblo, hubo una encerrona a la que asistieron solamente los vecinos.* **4.** Perú. Fiesta en la que los invitados no salen de la casa del anfitrión durante varios días: *Por su cumpleaños organizó una encerrona con sus amigos en la que durante tres días cantaron, bailaron y comieron.*

encestar vb. (tr.) **1.** En baloncesto, introducir el balón en la canasta: *Fue la estrella del partido, encestó quince veces el balón.* **2.** Introducir cosas en un cesto o canasta: *"¡Encesta los panes con queso y las frutas, que ya nos vamos al campo!", indicó la madre al niño.*

encharcar vb. irreg. (tr. y prnl.) **Modelo 17.** **1.** Cubrir de agua un terreno: *Luisa encharcó la cocina porque se puso a hablar por teléfono y olvidó que había dejado la llave del agua abierta.* **2.** Fam. Causar empacho de estómago al beber demasiado.

enchilada f. Guat., Méx. y Nicar. Tortilla de maíz rellena y bañada con salsa de chile o ají: *Cuando fui a México comí unas ricas enchiladas con pollo y queso.*

enchinar vb. (tr. y prnl.) **1.** Méx. Formar rizos o chinos en los cabellos: *Fue a la peluquería y pidió que le enchinaran el pelo porque quería verse diferente.* SIN. enrular, ensortijar. **2.** Méx. Ponerse la piel como carne de galli-

na: *Me espanté tanto con el filme de terror que la piel se me enchinó.* **3.** Empedrar el suelo con piedras pequeñas o porcelanas: *Utilizó unas piedras pequeñas que recogió del río para enchinar una parte del patio.*

enchinchar vb. (tr. y prnl.) **1.** Guat. y Méx. Fastidiar, molestar: *No aguanto las groserías de Andrés, cada vez que me ve empieza a enchincharme.* **2.** Amér. Enojarse.

enchironar vb. (tr.) Vulg. Encarcelar: *Lo enchironaron por asaltar un banco.*

enchuecar vb. irreg. (tr. y prnl.) **Modelo 17.** Chile y Méx. Fam. Torcer, encorvar: *Enchuequé el clavo cuando intenté meterlo en esa pared tan dura.*

enchufar vb. (tr. y prnl.) **1.** Empalmar dos piezas similares introduciendo el extremo de una en el de otra: *Las cañerías del desagüe se fabrican enchufando varios tubos.* **2.** Hacer una conexión eléctrica, encajando las dos piezas de un tomacorriente o enchufe: *Enchufé la lámpara que está cerca de mi cama y me puse a leer un cuento.* **3.** Esp. y Perú. Fam. Obtener un empleo por medio de recomendaciones o influencias: *Consiguió el cargo de administrador de la empresa porque unos amigos lo enchufaron con el dueño.*

enchufe m. **1.** Hecho de hacer encajar dos objetos iguales. **2.** Clavija que conecta un aparato a la red eléctrica: *El enchufe de la licuadora ya no sirve, hay que cambiarlo por uno nuevo.* **3.** Esp. Fam. Cargo que se obtiene por recomendaciones o influencias: *El puesto que tiene como gerente de la empresa es un enchufe, pues se lo dio su tío que es el dueño.*

encía f. Carne que rodea la base de los dientes: *Un correcto cepillado de dientes te ayuda a mantener sanas tus encías.*

encíclica f. Carta que el Papa dirige a los obispos y fieles: *El Papa León XIII promulgó la encíclica llamada "Rerum novarum" en mayo de 1891.*

enciclopedia f. **1.** Conjunto de todas las ciencias o de todos los componentes de una ciencia: *Las ciencias exactas, las humanas y las artes constituyen la enciclopedia de nuestra civilización.* **2.** Obra en que se expone el conjunto de los conocimientos humanos o los referentes a una ciencia: *Los franceses Voltaire y Rousseau colaboraron en la famosa enciclopedia que Diderot, otro francés, dirigió en el siglo XVIII con el objeto de reunir por orden alfabético todo el conocimiento del mundo.*

encierro m. **1.** Hecho de guardar o meter en un sitio del cual no hay escape: *Las autoridades a veces someten al encierro a delincuentes que cometen delitos graves.* **2.** Lugar donde se encierra: *Cuando murió su esposo, la reina decidió hacer de su castillo un encierro del cual ya nunca salió.* **3.** Acto de conducir los toros al toril antes de la corrida. **4.** Fiesta popular española en la cual se corre delante de los toros: *En el pueblo de mi abuelo se celebra cada año un encierro que a veces termina con algunos hombres accidentados.*

encima adv. **1.** En lugar más alto que otro: *Coloqué azúcar encima de las galletas y me las comí.* SIN. arriba. **2.** Fam. En una situación superior: *El director de la empresa está encima de todos los demás empleados.* **3.** Expresa un peso o responsabilidad sobre algo o alguien: *Cuando se casó, se echó encima el deber de mantener a toda su familia.* **4.** Sobre sí o consigo: *No llevo encima dinero, por eso no puedo prestarte la cantidad que necesitas.* **5.** Cerca: *Ya están encima las fies-*

tas y todavía no preparo nada. **6.** Además: *Encima de que ganó el premio al mejor estudiante, le dieron una beca para estudiar en el extranjero.*

encina *f.* **1.** Árbol de tronco grueso con ramas que es típico de la Península Ibérica, cuyo fruto es la bellota: *Fuimos a un hermoso bosque, lleno de encinas y ardillas que comían bellotas.* **2.** Madera del árbol llamado encina: *Mi padre compró un comedor nuevo hecho de encina.*

encinta *adj.* Relativo a la mujer que está embarazada y va a tener un hijo: *Algunas leyendas cuentan que las mujeres encinta no deben mirar la Luna porque ésta puede encantar a su hijo.*

enclaustrar *vb.* {tr. y prnl.} **1.** Encerrar en un claustro o en otro sitio: *Antiguamente los nobles que no tenían dinero para casar a sus hijas, las enclaustraban en los conventos.* **2.** Apartarse de la vida social para llevar una existencia aislada: *Algunas personas deciden enclaustrarse porque no soportan el ruido y la agitación de una ciudad grande.*

enclavar *vb.* {tr. y prnl.} **1.** Colocar algo en un lugar: *El arquitecto ha enclavado su casa de campo en medio del bosque.* **2.** *Fam.* Traspasar, atravesar de parte a parte. **3.** Colocar un clavo en el tratamiento de una fractura de un hueso largo: *Cuando me rompí el hueso de la pierna, me lo tuvieron que enclavar.*

enclave *m.* Territorio o grupo humano incluido en otro: *Amsterdam fue el más importante enclave comercial de toda Europa; ahí se realizaban grandes compras y ventas de oro, esclavos, especias, etc.*

enclenque *adj./m. y f.* Enfermizo, débil, raquítico: *Federico Chopin, el famoso músico polaco, fue una persona enclenque que falleció siendo muy joven.*

encoger *vb. irreg.* {tr., intr. y prnl.} **Modelo 41. 1.** Reducir a menor volumen o extensión: *Después de lavar mi blusa de algodón me di cuenta de que encogió y ahora me queda corta.* **2.** *Fam.* Acobardarse, dejarse dominar por una situación: *No es una persona valiente porque se encoge ante cualquiera.*

encolar *vb.* {tr.} **1.** Pegar con cola o pegamento una cosa: *"Debes encolar el florero que rompiste ayer", me dijo mi abuelo.* **2.** Aplicar una o más capas de cola caliente a una superficie que ha de pintarse al temple, es decir, con una mezcla de pigmentos, goma y agua: *El pintor dijo que sobre la tela que acababa de encolar pintaría un retrato de la reina.* **3.** Limpiar vinos o separar los sedimentos que contienen, con gelatina y clara de huevo: *Los licores que se producen en el pueblo de mi padre tienen impurezas que es necesario encolar antes de beber.*

encolerizar *vb. irreg.* {tr. y prnl.} **Modelo 16.** Poner o ponerse furioso, enojado: *Georgina se encolerizó conmigo porque le dije que su vestido nuevo era horrible.*

encomendar *vb. irreg.* {tr. y prnl.} **Modelo 3. 1.** Encargar a alguien a que haga un trabajo o que cuide de una persona o cosa: *Antes de salir de vacaciones, mi vecina me encomendó a su perro.* **SIN. encargar. 2.** Confiarse al amparo de alguien.

encomiar *vb.* {tr.} Alabar, celebrar: *El maestro encomió la investigación que hice sobre los pueblos incaicos, me dijo que era muy interesante.*

encomienda *f.* **1.** Hecho de pedirle a alguien que realice una cosa por uno: *Le dejé la encomienda de que*

regara mis plantas durante los días que yo estaré de viaje. **2.** Cosa encomendada: *Antes de morir me confió la encomienda de que encuentre a su hermano extraviado desde hace veinte años y que le entregue una carta.* **3.** *Amér. Merid., C. Rica, Guat., Pan.* y *Perú.* Paquete postal: *Mi abuela me mandó desde el pueblo una encomienda con los dulces que ella misma elabora.* **4.** Durante los siglos XVI al XVIII de la Colonia en América, institución que consistía en entregar el rey grupos de indios a unos protectores o encomenderos que se encargaban de enseñarles religión y protegerlos a cambio de que trabajaran para ellos: *La primera encomienda implantada en América fue la de Santo Domingo y se caracterizó por los muchos abusos que se cometieron contra los indígenas.*

enconar *vb.* {tr. y prnl.} **1.** Inflamar una herida: *No desinfectó la herida de su pierna y ahora se le ha enconado.* **2.** Intensificar una lucha.

encono *m.* Odio, rencor: *Todavía siente encono por la maestra que le hizo vivir una mala noticia.*

encontrado, da *adj.* **1.** Puesto enfrente: *Guardé los dos retratos encontrados para que no se rompieran los vidrios.* **2.** Que es opuesto a otro: *Esos dos hermanos tienen características encontradas: uno es alto y el otro bajo; uno rubio y el otro moreno; uno flaco y el otro gordo.*

encontrar *vb. irreg.* {tr., intr. y prnl.} **Modelo 5. 1.** Hallar a una persona o cosa que se busca: *Desordené toda la casa pero al fin encontré el libro que estaba buscando.* **SIN. hallar. 2.** Topar de manera violenta con dos cosas: *Los dos carros de juguete se encontraron de frente y en el choque se le cayó una rueda a uno de ellos.* **3.** Reunirse dos o más personas en un mismo lugar: *Mis amigos y yo nos encontramos en un café para platicar.* **SIN. reunirse.**

encorajinar *vb.* {tr. y prnl.} Irritar o enfadar mucho: *Se encorajinó porque le dije que no estaba de acuerdo con lo que decía, es una persona que no acepta otras opiniones.*

encordadura *f.* Conjunto de las cuerdas de un instrumento musical: *La encordadura de esta guitarra está muy vieja, creo que voy a cambiarla por una nueva.*

encordar *vb. irreg.* {tr.} **Modelo 5.** Poner cuerdas a un instrumento musical: *Cuando entré al estudio, el bajista encordaba su instrumento porque se le habían reventado dos de las cuatro cuerdas de su bajo.*

encorsetar *vb.* {tr. y prnl.} Poner corsé: *En el filme antiguo que vi, las mujeres se encorsetaban hasta quedar con una cintura muy pequeña. ¡No sé cómo podían respirar!*

encorvar *vb.* {tr. y prnl.} Hacer que alguien o algo tome forma curva: *A medida que pasan los años, la espalda de mi abuelo se encorva más y más.*

encrespar *vb.* {tr. y prnl.} **1.** Ensortijar, rizar: *Delia fue armando las rosas de papel después de encrespar cada uno de los pétalos para que parezcan rosas abiertas.* **2.** Erizarse el pelo, plumaje, etc., por alguna emoción fuerte: *El pelaje del gato se encrespó cuando vio al perro frente a él.* **3.** *Fam.* Levantarse y alborotarse las olas del mar. **4.** Irritar, enfurecer a una persona o animal.

encrucijada *f.* **1.** Cruce de caminos: *Para llegar a la escuela, caminé hasta la encrucijada y ahí tomé la calle de la izquierda.* **2.** Situación difícil en que no se sabe qué conducta seguir: *Manolo está en una encrucijada:*

ENC

sale con dos chicas y dice que está enamorado de las dos, pero debe decidirse por una de ellas. Sin. **dilema**.

encuadernar *vb.* {tr.} Coser las hojas de un libro y ponerles tapa.

encuadrar *vb.* {tr.} **1.** Colocar algo en un marco o cuadro: *Encuadré la fotografía de toda la familia para ponerla sobre el piano.* Sin. **enmarcar. 2.** Incluir una cosa dentro de un límite: *Para tomar una buena fotografía debes encuadrar tu objetivo para que tomes lo que realmente quieres.*

encubrir *vb. irreg.* {tr.} **Modelo 45.** Ocultar algo: *Se hizo cómplice al encubrir la travesura que había hecho su hermano, ahora los dos recibirán un castigo.*

encuentro *m.* **1.** Hecho de encontrar o encontrarse dos o más personas o cosas: *El encuentro con mis primos fue muy agradable.* **2.** Entrevista entre dos o más personas con el fin de resolver o preparar algún asunto: *Durante su encuentro, los dos presidentes firmarán un acuerdo comercial.* **3.** Competición, prueba deportiva: *Hoy iré al estadio para ver el encuentro entre los dos mejores equipos de la temporada.*

encuesta *f.* Estudio que se hace sobre un tema y en el que se reúnen testimonios, experiencias, documentos, etc., de muchas personas.

encularse *vb.* {prnl.} **1.** *Argent. Vulg.* Enojarse. **2.** *Méx. Vulg.* Enamorarse.

encumbrar *vb.* {tr. y prnl.} **1.** Levantar en alto: *El atleta encumbró la antorcha olímpica para que brillara en medio de la oscuridad.* **2.** *Fam.* Ensalzar, exaltar: *El jefe está tan contento con el trabajo de Rebeca que no para de encumbrarla.*

ende. Por ~, *loc.* Por tanto, como consecuencia: *"No estudiaste, no obedeciste, no acomodaste tu ropa, por ende, no tendrás permiso para ir a la fiesta", me dijo mi padre.*

endeble *adj.* Débil, poco resistente: *"Ten cuidado con esa silla porque es muy endeble y podría romperse cuando te sientes", dije a Georgina.*

endecasílabo, ba *adj./m.* Relativo al verso de once sílabas.

endemoniado, da *adj./m.* y *f.* **1.** Poseído por el demonio: *Leí una obra que trata de un muchacho endemoniado al que un sacerdote le arrojó agua bendita para que el demonio saliera de su cuerpo.* **2.** Malo, perverso. **3.** Que fastidia, molesta o da mucho trabajo: *"¡No puedo resolver este endemoniado problema! Tú eres bueno en matemáticas, ¿podrías ayudarme?", dije a Gerardo.* **4.** De muy mala calidad o muy desagradable: *"Tápate la nariz porque vamos a pasar por una tienda que vende pescado y despide un olor endemoniado", me advirtió mi amigo.*

enderezar *vb. irreg.* {tr., intr. y prnl.} **Modelo 16. 1.** Poner derecho lo torcido o inclinado: *Como el arbolito estaba creciendo de lado, mi papá lo ató a un palo para enderezarlo.* **2.** Corregir, reprender, enmendar.

endeudarse *vb.* {prnl.} **1.** Llenarse de deudas: *Le robaron su dinero y tuvo que endeudarse para pagar el alquiler de su casa.* **2.** Reconocer que uno debe favores o atenciones a alguien: *Me endeudé con ellos porque me trataron muy bien durante mi estancia en su casa. Ahora voy a corresponderles de la misma manera cuando vengan.*

endiablado, da *adj.* **1.** Que fastidia, molesta o es difícil de resolver: *"¡Qué endiablado desorden! Voy a ne-*

cesitar ayuda para poner todo en su lugar", dijo mi madre.* **2.** Que es muy malo o muy desagradable: *Hace un frío endiablado, cada vez me cubro con más ropa y sigo helándome.*

endilgar *vb. irreg.* {tr.} **Modelo 17.** *Fam.* Encajar, encomendar algo desagradable: *"No me endilgues la tarea de pedirle permiso a tu papá, tú debes hablar con él aunque no quieras", dije a mi amigo.*

endiosar *vb.* {tr. y prnl.} **1.** Tratar a alguien como si fuera una divinidad: *Javier endiosó a su novia porque la quería mucho, pero luego se dio cuenta de que ella lo engañaba.* **2.** Hacerse engreído, soberbio: *Como ha recibido muchas felicitaciones, se ha endiosado y no hay quién lo aguante.*

endocarpo o **endocarpio** *m.* En botánica, la parte más interna del fruto.

endocrino, na *adj.* Relativo a las hormonas o a las glándulas de secreción interna, como la hipófisis: *La diabetes es una enfermedad endocrina que es causada por el mal funcionamiento del páncreas.*

endomingarse *vb. irreg.* {prnl.} **Modelo 17.** Vestirse con ropa de fiesta: *Angélica se endominga cada vez que sale a pasear con su novio.*

endoplasma *m.* Parte interna de una célula.

endosar *vb.* {tr.} **1.** Ceder a otro un documento de crédito: *Como me debía dinero, me endosó el cheque de su salario y yo lo cambié en el banco.* **2.** Encargar a alguien una cosa molesta: *"No dejes que te endose a su perro durante todas las vacaciones, porque es un animal muy molesto", dije a Ricardo.*

endosfera *f.* Núcleo central de la esfera terrestre.

endrogarse *vb. irreg.* {prnl.} **Modelo 17. 1.** *Chile, Méx. y Perú.* Contraer deudas: *Mi padre se endrogó con un automóvil nuevo y tendrá que pagar mensualidades durante cuatro años.* **2.** *P. Rico y R. Dom.* Tomar drogas.

endulzar *vb. irreg.* {tr. y prnl.} **Modelo 16. 1.** Hacer dulce una cosa: *Voy a endulzar el té ¿qué le pondré, azúcar o miel?* **2.** Atenuar, suavizar: *Este trabajo es muy aburrido pero la compañía de mis amigos lo endulza un poco, qué bueno que decidimos hacerlo juntos.*

endurecer *vb. irreg.* {tr. y prnl.} **Modelo 39. 1.** Poner dura una cosa: *Guardé el helado en el congelador y se endureció mucho, ahora no puedo meterle la cuchara para servirme un poco.* **2.** Hacer a alguien cruel o insensible: *Ese engaño la endureció mucho, antes era alegre y confiada y ahora desconfía de todos.*

enema *m.* Introducción de un tubo a través del ano para aplicar un líquido en el recto con fines terapéuticos. Sin. **lavativa**.

enemigo, ga *adj.* Contrario, opuesto: *Leonardo juega en el equipo enemigo y Andrés en el equipo de nuestra escuela.*

enemigo, ga *m.* y *f.* Persona que hace mal a otra o que busca dañarla.

enemistar *vb.* {tr. y prnl.} Perder o hacer perder la amistad: *Eran buenos amigos, pero se han enemistado desde que los dos compiten por el primer lugar de la clase. ¡Qué tontería!*

energético, ca *adj.* Relativo a la energía: *He comido alimentos energéticos y me siento muy activo.*

energía *f.* **1.** Poder de un cuerpo, que le permite realizar actividades: *Los niños bien alimentados crecen con energía y vitalidad.* **2.** Fuerza de voluntad: *Tuvo la ener-*

222

gía suficiente para dejar de fumar, porque sabía que se estaba haciendo daño. **3.** En física, facultad que posee un cuerpo para producir un trabajo mecánico.

energizar *vb. irreg.* (tr., intr. y prnl.) **Modelo 16. 1.** *Colomb.* Estimular, dar energía. **2.** *Colomb.* Obrar con energía y pasión.

energúmeno, na *m.* y *f.* Persona muy furiosa o violenta: *Joel es un energúmeno que golpea a sus hijos por cualquier razón.*

enero *m.* Primer mes del año.

enésimo, ma *adj.* **1.** Que se repite un número indeterminado de veces: *"Te he dicho por enésima vez que por favor bajes el volumen de la música. ¿Acaso no oyes?", me dijo mi padre.* **2.** En matemáticas, que ocupa un lugar indeterminado en una sucesión.

enfadar *vb.* (tr. y prnl.) Enojar, disgustar: *"Me enfada que alguien me diga mentiras", dije a mi novio.*

enfado *m.* Enojo, disgusto, aburrimiento: *¡Qué enfado! Tengo que ir al mercado otra vez porque olvidé comprar los huevos.*

enfangar *vb. irreg.* (tr. y prnl.) **Modelo 17.** Meter en el barro o lodo o cubrir con él: *Voy a lavar el automóvil porque se enfangó en ese camino de tierra húmeda.*

énfasis *m.* Entonación especial de la voz, o subrayado, para marcar lo importante que se dice o que se escribe.

enfermar *vb.* (tr. y prnl.) **1.** Contraer o causar una enfermedad: *Comí tanto postre que me enfermé y ahora tengo que tomar medicamento.* **2.** Causar enojo a alguien una molestia: *Me enferma que Elías diga que no ha encontrado trabajo, si es claro que no lo ha buscado.*

enfermedad *f.* Pérdida de la salud: *El cáncer es una enfermedad muy grave.* **Sin.** *padecimiento.*

enfermero, ra *m.* y *f.* Persona que cuida y atiende a los enfermos: *Las enfermeras del hospital son muy amables y han cuidado a mi abuelo enfermo.*

enfermizo, za *adj.* **1.** Que tiene poca salud: *Es un niño enfermizo porque está mal alimentado.* **2.** Propio de un enfermo: *"Tienes aspecto enfermizo, ¿te sientes mal?", me dijo la maestra.*

enfermo, ma *adj./m.* y *f.* Que ha perdido su salud: *En el hospital hay varios enfermos de la garganta porque ha hecho mucho frío últimamente.*

enfilar *vb.* (tr., intr. y prnl.) **1.** Poner en fila varias cosas: *El niño enfiló los carros y jugó a que estaban en un desfile.* **2.** Ir o dirigirse a un lugar: *Enfilamos por una calle que nos llevó a un parque muy grande.*

enfisema *m.* En medicina, hinchazón del tejido celular por introducción de aire o gas.

enfocar *vb. irreg.* (tr.) **Modelo 17. 1.** Centrar la imagen en el visor de una cámara: *Remedios nos enfocó, pidió que sonriéramos y nos tomó una fotografía.* **2.** Considerar, analizar, estudiar o examinar un asunto para resolverlo de manera adecuada.

enfrascar *vb. irreg.* (tr.) **Modelo 17.** Guardar algo en un frasco.

enfrascarse *vb. irreg.* (prnl.) **Modelo 17.** Hacer algo con mucha atención e interés: *Cuando Francisco se enfrasca en la lectura parece como si viviera dentro del libro.*

enfrentar *vb.* (tr., intr. y prnl.) **1.** Poner frente a frente en una comparación, competición, lucha, etc. **2.** Hacer frente: *Se enfrentó con valor a los problemas económicos y ahora ya tiene un nuevo trabajo.* **Sin.** *afrontar.*

enfrente *adv.* Delante, en el lado opuesto: *Vivimos enfrente del mar y te aseguro que no hay nada mejor que dormir arrullado por el murmullo de las olas.*

enfriar *vb. irreg.* (tr., intr. y prnl.) **Modelo 9. 1.** Ponerse o hacer que se ponga fría una cosa: *Enfrié con hielos el agua recién hervida y preparé una fresca limonada.* **2.** Hacer más suave o menos fuerte la intensidad de los sentimientos: *Después de la pelea que tuvieron, su amistad se enfrió y ya nunca volvió a ser como antes.* **3.** Enfermarse con un resfrío: *Se empapó con la tormenta de ayer y se enfrió, por eso tiene dolor de cuerpo y fiebre.*

enfundar *vb.* (tr. y prnl.) **1.** Poner una cosa dentro de su funda: *El caballero enfundó su espada y dejó libre a su rival derrotado.* **2.** Cubrirse con una prenda de vestir: *Se enfundó unos pantalones y una blusa y salió a comprar el diario a la esquina.*

enfurecer *vb. irreg.* (tr. y prnl.) **Modelo 39.** Enojar, irritar, enfadar a uno: *A mi padre le enfurece que yo llegue a casa después de la hora establecida, porque dice que debo acostumbrarme a cumplir mis acuerdos.*

enfurruñarse *vb.* (prnl.) *Fam.* Enfadarse, enojarse: *"No te enfurruñes, sólo vamos a llegar diez minutos después de que empiece el concierto."*

engalanar *vb.* (tr. y prnl.) Arreglar con galas y adornos: *Engalanaron las calles con luces y adornos porque ya pronto será la fiesta del pueblo.*

enganchar *vb.* (tr., intr. y prnl.) **1.** Agarrar con un gancho o colgar algo de él: *Enganché mi ropa para que no se maltrate.* **2.** Unir, acoplar dos unidades o vehículos: *Ya engancharon los vagones del tren que partirá a Montevideo.* **3.** Hacerse adicto a una droga.

enganche *m.* **1.** Hecho de enganchar: *Fue difícil el enganche de los caballos al carruaje porque uno de los animales estaba muy nervioso y agitado.* **2.** *Méx.* Cantidad de dinero que se da como anticipo para comprar algo a plazos: *Ya pagamos el enganche de una casa y en dos meses empezaremos a dar las mensualidades.* **Sin.** *pie.*

engañar *vb.* (tr. y prnl.) **1.** Hacer creer algo que no es verdad: *Mi hermano me engañó, pues me dijo que Plutón era el planeta más cercano a la Tierra.* **2.** Ser infiel al cónyuge cometiendo adulterio: *Victoria dejó a su esposo porque descubrió que lo engañaba con otra mujer.* **3.** Negarse a aceptar la realidad: *Javier se engaña al creer que lo van a subir el sueldo; en realidad su jefe busca una oportunidad para despedirlo.*

engaño *m.* Hecho de engañar o engañarse: *El hijo mantuvo en un engaño a su familia haciéndole creer que estaba en la universidad, pero en realidad pasaba el tiempo vagando.*

engarrotar *vb.* (tr. y prnl.) Entumecerse los miembros por el frío o la enfermedad: *Estuvimos jugando con bolas de nieve y se nos engarrotaron los dedos.*

engarzar *vb. irreg.* (tr.) **Modelo 16. 1.** Trabar una cosa con otra para formar cadenas: *Engarzó unas flores y se las regaló a las maestras durante el festival.* **2.** Encajar piedras en oro, plata u otro metal: *El joyero engarzó un diamante en el anillo que Marcelo regalará a Sonia.* **Sin.** *engastar.*

engastar *vb.* (tr.) Encajar piedras en oro, plata u otro metal. **Sin.** *engarzar.*

engatusar *vb.* (tr.) *Fam.* Ganarse a alguien con halagos y engaños: *Mi hermano se dejó engatusar por una mujer que le quitó todo su dinero.*

223

engendrar *vb.* (tr.) Producir los animales y las personas seres de su misma especie: *El gato y la gata* **engendraron** *cuatro gatos preciosos.*

engendro *m.* Ser desproporcionado, que causa repulsión o rechazo.

englobar *vb.* (tr.) Reunir varias cosas en un conjunto.

engolado, da *adj.* **1.** Se dice de quien canta o habla produciendo el sonido en la garganta. **2.** Presuntuoso, que de manera fingida habla con un tono más grave de voz.

engolosinar *vb.* (prnl.) Tomar excesiva afición por lo que se viene haciendo: *Alberto* **se engolosinó** *con los juegos de vídeo y gastó todo su dinero.*

engorda *f.* **1.** Chile y Méx. Acción de dar mucho alimento a los animales: *Tenemos a los pollos en* **engorda** *porque los cocinaremos para la boda de mi hermana.* **2.** Chile y Méx. Conjunto de animales a los que se les da mucho alimento para la matanza: *En la granja de mi tío hay diez vacas de* **engorda**.

engordar *vb.* (tr. e intr.) **1.** Subir de peso o talla: *Cuando fui de vacaciones* **engordé** *un poco y ahora los pantalones me aprietan.* **2.** Dar mucho alimento a los animales.

engorrar *vb.* (tr.) P. Rico y Venez. Fastidiar, molestar.

engorro *m.* Fam. Tarea difícil y molesta: *Andrea dice que limpiar la casa es un* **engorro** *que la agota mucho.*

engrampadora *f.* Bol., Guat., Perú y Urug. Aparato que sirve para unir papeles por medio de una grapa, grampa o broche. Sin. **engrapadora, abrochadora, grapadora.**

engranaje *m.* Conjunto de ruedas dentadas que sirve para mover una maquinaria: *Los relojes de cuerda funcionan gracias a un fino* **engranaje**.

engranar *vb.* (tr. e intr.) Hacer que encajen, que se combinen dos o más piezas, en especial engranajes.

engrandecer *vb.* irreg. (tr. y prnl.) Modelo 39. **1.** Aumentar el tamaño de una cosa. Sin. **agrandar. 2.** Aumentar el valor o la estima de algo: *Los éxitos que he tenido en la escuela* **engrandecen** *a mis padres.* Sin. **enaltecer.**

engrane *m.* Rueda dentada para maquinaria.

engrapadora *f.* Amér. C., Bol., Méx., Perú y Venez. Aparato que sirve para unir papeles por medio de una grapa, grampa o broche: *"Con la* **engrapadora** *une las hojas de tu trabajo para que no se pierda ninguna", me dijo mi maestro.* Sin. **grapadora, abrochadora.**

engrapar *vb.* (tr.) Sujetar o asegurar con grapas: *El empleado* **engrapó** *la foto en la credencial y después le puso un sello, ahora ya podré entrar al club.*

engrasar *vb.* (tr. y prnl.) Untar con grasa para lubricar: **Engrasó** *el motor de su automóvil y ahora ya no hace ruidos extraños.*

engreído, da *adj.* Quien se considera más valioso que los demás: *Rosa es una* **engreída** *que piensa que es la única que sabe hacer bien los trabajos escolares.* Sin. **ególatra.**

engrosar *vb.* irreg. (tr. y prnl.) Modelo 5. **1.** Aumentar las cosas o personas su anchura o grosor: *Debemos disminuir la generación de contaminantes para que pueda* **engrosar** *la capa atmosférica de ozono.* **2.** Crecer o hacer crecer en tamaño o número: *Por desgracia la contaminación* **ha engrosado** *durante los últimos años.*

engrudo *m.* Pegamento hecho con harina o almidón y agua.

engullir *vb.* irreg. (tr. e intr.) Modelo 69. Tragar o comer la comida de manera rápida y casi sin masticarla: *Mi perro* **engulle** *las galletas sin masticarlas.*

enharinar *vb.* (tr.) Llenar o cubrir con harina: *Después de engrasarlo bien,* **enharina** *el molde y luego cúbrelo con la pasta para la tarta.*

enhebrar *vb.* (tr.) **1.** Pasar el hilo por el ojo de la aguja: *Siempre le ayudo a mi abuela a* **enhebrar** *la aguja porque ya no ve bien.* **2.** Unir diferentes cosas con hilo: *Para hacer un collar,* **enhebra** *las perlas con un hilo delgado y ponle un broche.* Sin. **ensartar.**

enhiesto, ta *adj.* Que se encuentra levantado o erguido: *Con la bandera* **enhiesta** *marcharon los soldados durante el desfile.*

enhorabuena *f.* Expresión con que se felicita: *Germán recibió la* **enhorabuena** *de sus profesores cuando se graduó en la universidad.*

enigma *m.* Cosa que debe adivinarse a partir de unos datos: *La extinción de los grandes dinosaurios sigue siendo un* **enigma** *para los científicos.*

enjabonar *vb.* (tr.) Cubrir con jabón: *"Debes* **enjabonarte** *bien la cabeza, después frotarla y al final enjuagarla para que el cabello te quede limpio", me dijo mi tío.*

enjambre *m.* Conjunto de abejas con su reina: *El panal es la casa donde vive todo el* **enjambre**.

enjaular *vb.* (tr.) Encerrar en una jaula: *El veterinario* **enjauló** *al león herido y lo llevó al hospital de animales para curarlo.*

enjuagar *vb.* irreg. (tr. y prnl.) Modelo 17. **1.** Aclarar con agua limpia lo que se ha enjabonado: *"Enjuaga bien los vasos para que no les queden residuos de jabón", me dijo mi padre.* **2.** Limpiar la boca y los dientes con agua: *Ezequiel* **se enjuaga** *la boca con bicarbonato para desinfectarla.*

enjuiciar *vb.* (tr.) **1.** Someter a la crítica: *Algunos diarios* **enjuiciaron** *muy fuerte la obra de teatro y el director se puso muy triste.* **2.** En derecho, iniciar una causa: *Enjuiciaron al ladrón por haber robado la joyería.*

enjuto, ta *adj.* Que tiene cuerpo delgado y seco: *Esteban es un anciano* **enjuto**, *pero todavía conserva algo de su antigua fuerza.*

enlace *m.* **1.** Unión: *Los invitamos al* **enlace** *matrimonial de Luis y Verónica.* **2.** En química, unión de átomos en una combinación.

enlatadora *f.* Industria donde se mete algún producto en latas: *Fui con mi grupo escolar a una* **enlatadora** *de vegetales y vimos cómo metían zanahorias en latas y luego las cerraban.*

enlatar *vb.* (tr.) Meter en un recipiente metálico y cerrarlo al alto vacío: *Para* **enlatar** *productos comestibles primero se debe desinfectar la lata para evitar que el alimento se descomponga.*

enlazar *vb.* irreg. (tr. y prnl.) Modelo 16. **1.** Sujetar con el lazo. **2.** Conectar o relacionar dos o más cosas: *Es fácil* **enlazar** *el llanto de mi hermana y el viaje de su novio, ella llora porque él se fue.* **3.** En comunicación, establecer contacto con una señal.

enloquecer *vb.* irreg. (tr. e intr.) Modelo 39. Perder o hacer perder la razón: *Llevaron a ese hombre a un hospital para enfermos mentales porque* **enloqueció**.

enlutar *vb.* (tr. y prnl.) **1.** Vestir o vestirse de luto: *Carmela* **se enlutó** *por la muerte de su marido y sigue vistiéndose de negro después de cinco años.* **2.** Sufrir una familia la pérdida de uno de sus miembros: *La semana pasada la familia Jiménez se enlutó por la muerte del abuelo Simón.*

enmarañar *vb.* {tr. y prnl.} Revolver o enredar: *Un pelo tan largo como el tuyo se enmaraña si no lo cuidas.*

enmarcar *vb. irreg.* {tr.} **Modelo 17.** Encerrar en un marco o cuadro una pintura o fotografía: *Enmarqué la pintura que me regalaron y ya está lista para colgarse.*

enmascarar *vb.* {tr. y prnl.} *1.* Cubrirse el rostro para no ser reconocido: *Los asaltantes se enmascararon, así que la policía no pudo identificarlos.* *2.* Disfrazar, disimular los pensamientos o las intenciones.

enmendar *vb. irreg.* {tr. y prnl.} **Modelo 3.** *1.* Corregir un error o rectificar una falla: *Mi madre me ordenó que le pidiera disculpas a la maestra para enmendar mi conducta grosera hacia ella.* *2.* Reparar el daño causado: *Debes enmendar el dolor que le causaste a tu hermana cuando la maltrataste, ofrécele una disculpa.*

enmicar *vb. irreg.* {tr.} **Modelo 17.** *Méx.* Proteger papeles o documentos con una funda plástica: *Llevé mi identificación a enmicar para que no se dañe.*

enmienda *f.* *1.* Eliminación de un error o defecto. *2.* Modificación de un escrito: *Después de escribir mi trabajo lo revisé, decidí hacerle algunas enmiendas y quedó mucho mejor.*

enmudecer *vb. irreg.* {tr. e intr.} **Modelo 39.** *1.* Hacer callar: *La joven era tan hermosa que hizo enmudecer a los cinco amigos que la vieron caminando por la calle.* *2.* Quedar mudo o permanecer callado: *Cuando vi acercarse a un perro bravo enmudecí de miedo.*

enmugrar *vb.* {tr.} *Chile, Colomb. y Méx.* Cubrir de mugre o suciedad. **SIN. ensuciar.**

enmugrecer *vb. irreg.* {tr. y prnl.} **Modelo 39.** *Esp.* Cubrir de suciedad. **SIN. ensuciar.**

ennoblecer *vb. irreg.* {tr. y prnl.} **Modelo 39.** Dignificar y dar esplendor: *Cuidar de los animales ennoblece los sentimientos de los niños.*

enojar *vb.* {tr. y prnl.} Provocar una sensación de rabia y molestia, enfadarse: *"¡Si vuelves a desordenar mi ropa me voy a enojar contigo!", dije a mi hermano.*

enojo *m.* Alteración del ánimo por algo que molesta: *"Tu grosera actitud me provoca tanto enojo que prefiero no verte", dije a Ricardo.* **SIN. enfado.**

enorgullecer *vb. irreg.* {tr. y prnl.} **Modelo 39.** Llenar de orgullo: *"Tu padre se va a enorgullecer de ti cuando vea tus magníficas calificaciones", me dijo mi madre.*

enorme *adj.* Demasiado grande: *Tengo tanta sed que me tomaré un enorme vaso de agua.* **ANT. diminuto.**

enormidad *f.* Cantidad que resulta demasiado abundante o tamaño muy grande: *Nos divertimos una enormidad el domingo en el parque de diversiones.*

enraizar *vb. irreg.* {intr.} **Modelo 15.** *1.* Echar raíces: *Algunas plantas tienen ramas que pueden enraizar después de cortarlas del tronco y formar otra planta.* *2.* Tomar arraigo o firmeza: *Se enraizó en ese país extranjero varios años después de haber llegado a él.*

enrarecer *vb. irreg.* {tr., intr. y prnl.} **Modelo 39.** *1.* Hacer menos respirable: *El humo de tantos vehículos enrarece el aire de las grandes ciudades.* *2.* Hacer tenso o incómodo: *Con la llegada de Víctor y sus amigos agresivos se enrareció el ambiente de la fiesta.*

enredadera *f.* Planta trepadora: *La planta que da la uva es una enredadera.*

enredar *vb.* {tr. y prnl.} *1.* Desordenar, enmarañar, revolver: *Tengo el pelo tan delgado que se me enreda fácilmente.* *2.* Involucrar a alguien en un asunto difícil o peligroso: *Ernesto es buena persona pero por desgracia se enredó con un ladrón que le trajo problemas con la policía.* *3.* Complicar un asunto: *Gabriela quiso ayudar a Susana en su examen, pero sólo logró enredar más las cosas.*

enredista *m. y f.* *Argent., Chile, Colomb. y Perú.* Chismoso, murmurador. **SIN. intrigante.**

enredo *m.* *1.* Conjunto desordenado de cosas: *"¡Con este enredo de papeles no encuentro el documento que necesito!" 2. Guat.* Vestimenta propia de las mujeres indígenas. *3.* Confusión, lío: *Estudié toda la noche, pero ya tengo un enredo entre los héroes de la Conquista y los de la Colonia. 4. loc. pl.* **Comedia de enredos,** estilo literario en el que la confusión entre personajes y roles forma la trama de la historia.

enrejado *m.* Conjunto de barras de metal o madera que forman una reja.

enrejar *vb.* {tr.} Rodear o cubrir con una reja: *Están enrejando el árbol pequeño para que nadie lo dañe.*

enrevesado, da *adj.* Difícil de hacer o entender: *Estaba muy nervioso y decía cosas enrevesadas que no podíamos comprender.*

enriquecer *vb. irreg.* {tr., intr. y prnl.} **Modelo 39.** *1.* Prosperar un país o una empresa: *La industria enriquece al país. 2.* Hacer o hacerse rico: *El abuelo se enriqueció cuando encontró un tesoro enterrado en su jardín.*

enriquecido, da *adj.* *1.* Mejorado en condición o imagen: *Este cereal de maíz está enriquecido con vitaminas. 2.* Que ha prosperado o aumentado su capital.

enrojecer *vb. irreg.* {tr., intr. y prnl.} **Modelo 39.** *1.* Poner rojo o dar color rojo a una cosa: *El sol se enrojeció cuando se acercó al horizonte. 2.* Sentir rubor: *La joven enrojeció de vergüenza cuando le dije que era muy bonita.* **SIN. ruborizar.**

enrolar *vb.* {tr. y prnl.} *1.* Inscribir o inscribirse, en especial marineros, en la lista de tripulantes de una embarcación. *2.* Alistar o alistarse en el ejército o en alguna otra agrupación formal.

enrollar *vb.* {tr. y prnl.} *1.* Dar o tomar forma de rollo: *"Para preparar el postre extiende la masa, ponle azúcar y trozos de fruta, enróllala y métela al horno", me dijo mi madre. 2.* Hablar mucho o de manera confusa. *3. Fam.* Liarse en un asunto. **SIN. enredar.**

enroque *m.* En ajedrez, movimiento especial que permite proteger al rey y desplazar la torre al mismo tiempo: *En el enroque largo el rey se mueve dos cuadros a la izquierda y en el corto, dos a la derecha.*

enroscar *vb. irreg.* {tr. y prnl.} **Modelo 17.** *1.* Dar o tomar forma de aro o espiral: *La serpiente se enroscó alrededor de la rama del árbol para no caerse. 2.* Dar vuelta a un objeto con rosca para cerrarlo o para introducirlo en otro: *"Debes enroscar bien la tapa del frasco para que no se derrame el aceite", dije a Eloísa.*

enrular *vb.* {tr.} *Amér. Merid.* Hacer rizos: *Iré a la peluquería a que me enrulen el pelo porque ya no lo quiero liso.* **SIN. ensortijar, enchinar.**

ensalada *f.* Alimento fresco preparado a base de vegetales o frutas que se cortan y aderezan: *Es muy bueno para la salud comer ensaladas todos los días.*

ensaladera *f.* Recipiente en el que se prepara o sirve una ensalada: *"Lleva la* **ensaladera** *a la mesa y ponla en el centro para que todos se sirvan", me dijo mi tío.*

ensalmo *m.* Oración con supuestos poderes mágicos para curar. **SIN. conjuro.**

ensalzar *vb. irreg.* {tr. y prnl.} **Modelo 16.** Exaltar los logros o las virtudes: *Los maestros* **ensalzaron** *la gracia de la niña para bailar.* **SIN. elogiar.**

ensamblar *vb.* {tr.} Unir las diferentes partes que forman un objeto mayor: *En la fábrica de Demetrio* **ensamblan** *televisiones con piezas que traen de Japón.*

ensanchar *vb.* {tr.} Extender, ampliar: *Se* **ensanchó** *la puerta de madera por el agua de la lluvia y ahora no cierra bien.*

ensangrentar *vb. irreg.* {tr. y prnl.} **Modelo 3.** Manchar con sangre, cubrir con sangre: *La herida* **ensangrentó** *mi pantalón cuando me caí de la bicicleta.*

ensañarse *vb.* {prnl.} Deleitarse causando dolor: *Los terribles asesinos* **se ensañaron** *con sus víctimas y los torturaron antes de matarlos.*

ensartar *vb.* {tr.} **1.** Unir varias cosas atravesándolas con hilo o alambre: *"***Ensarta** *las salchichas en ese alambre para asarlas al fuego", le dije a Germán.* **2.** Atravesar el ojo de una aguja con un hilo: *"Por favor,* **ensarta** *la aguja para que pueda coser tu ropa", me dijo mi abuela.* **SIN. enhebrar. 3.** Atravesar algo con un objeto puntiagudo. **4.** *Fam.* Hacer caer en un engaño o trampa: *Creo que* **me ensartaron** *con la compra de esta enciclopedia: pensaba que me había costado muy barata hasta que vi que cuesta menos en esa librería.*

ensayar *vb.* {tr., intr. y prnl.} **1.** Hacer pruebas antes de ejecutar o aplicar algo: *Algunas vacunas se* **ensayan** *primero con animales para conocer sus efectos y luego se aplican en seres humanos.* **2.** Intentar, probar hacer algo: *Quiero* **ensayar** *estos colores para saber si se ven bien en la pintura que estoy haciendo.*

ensayo *m.* **1.** Prueba realizada para conocer el funcionamiento de algo: *En el año de 1998 la India realizó un* **ensayo** *nuclear.* **2.** Trabajo de preparación que se hace antes de las presentaciones en público de un espectáculo: *Ayer asistí al* **ensayo** *de una obra que se estrenará el próximo mes.* **3.** Género literario encaminado a reflexionar sobre el tema desarrollado.

enseguida o **en seguida** *adv.* **1.** A continuación, inmediatamente después: *Enseguida tenemos a la sexta y última señorita que participa en el concurso.* **2.** Sin tardanza, rápido: *Por favor no cuelgue el teléfono;* **enseguida** *le contestará la persona con quien quiere usted hablar.*

enseñanza *f.* **1.** Hecho de instruir y difundir el conocimiento: *Javier se dedica a la* **enseñanza** *de lenguas indígenas.* **2.** Lo que queda de la experiencia: *Fue un error, pero nos servirá de* **enseñanza** *para no equivocarnos de nuevo.* **3.** *pl.* Conjunto de saberes que un maestro transmite a sus alumnos.

enseñar *vb.* {tr.} **1.** Hacer que alguien aprenda algo: *La profesora de matemáticas nos va a* **enseñar** *geometría.* **2.** Obtener por experiencia: *Tu cariño me* **enseñó** *a confiar en mí mismo.* **3.** Mostrar algo a alguien o dejar ver algo de manera involuntaria: *"¿Quieres que te* **enseñe** *una rana que atrapé en el río?", dije a mi amiga.*

enseres *m. pl.* Conjunto de muebles y utensilios: *"Puedes enviar los* **enseres** *a tu nueva casa en un camión", dije a Rosalba.*

ensillar *vb.* {tr.} Poner la silla a un burro o caballo para montarlo: **Ensillaron** *sus caballos y se fueron a dar un paseo por el campo.*

ensimismarse *vb.* {prnl.} **1.** Quedar fuera de la realidad a causa de los propios pensamientos: *Le grité varias veces, pero caminaba tan* **ensimismado** *que no me escuchó.* **2.** *Chile y Colomb.* Volverse despectivo hacia los demás, presumido o soberbio.

ensombrecer *vb. irreg.* {tr. y prnl.} **Modelo 39. 1.** Cubrir de sombras: *Estábamos nadando cuando unas nubes* **ensombrecieron** *la playa y tuvimos que suspender el nado.* **2.** Tornarse triste o sombrío: *Su vida* **se ensombreció** *con la muerte de su perro.*

ensopar *vb.* {tr. y prnl.} *Amér. Merid.* Mojar completamente: *Caminaba por la calle cuando comenzó una tormenta que me* **ensopó** *por completo.* **SIN. empapar.**

ensordecer *vb. irreg.* {tr., intr. y prnl.} **Modelo 39. 1.** Quedar o dejar con la capacidad auditiva disminuida o nula de manera temporal: *El ruido de tantos camiones y autobuses me* **ensordeció** *por un momento.* **2.** Perder o hacer perder el sentido del oído de manera definitiva. **3.** En lingüística, convertir una consonante sonora en sorda: *Antiguamente, los aragoneses de España* **ensordecían** *la consonante sonora j de "mejor" y pronunciaban "mexor".*

ensortijar *vb.* {tr. y prnl.} Rizar el cabello: *Laura* **se ensortijó** *el cabello porque no le gusta tenerlo liso.* **SIN. enrular, enchinar.**

ensuciar *vb.* {tr. y prnl.} Dejar manchado o sucio: *"Puedes ir a jugar pero no vayas a* **ensuciar** *tu pantalón nuevo", me dijo mi madre.* **ANT. limpiar.**

entablar *vb.* {tr.} **1.** Cubrir o asegurar con tablas: *Han* **entablado** *las ventanas porque se acerca un huracán.* **2.** Dar comienzo a algo: *No conocía a nadie en la fiesta, pero un rato después* **entablé** *una plática muy agradable con otra niña y al final me divertí mucho.*

ente *m.* Aquello que es o existe: *Dicen que los ovnis están tripulados por* **entes** *de otros planetas.*

entelerido, da *adj. C. Rica, Hond. y Venez.* Flaco, enclenque.

entenado, da *m.* y *f.* Hijo que no es propio, sino que se tiene por el matrimonio con su padre o madre. **SIN. hijastro.**

entender *vb. irreg.* {tr. y prnl.} **Modelo 24. 1.** Percibir el sentido o conocer las causas de algo: *No logro* **entender** *por qué comienzan las guerras.* **2.** Comprender un problema o materia: *Edilberto* **entiende** *muy bien de carpintería porque desde pequeño le ha gustado hacer cosas de madera.* **3.** Interpretar o deducir: *"Por tu cara de enferma,* **entiendo** *que no quieres ir a la fiesta", me dijo mi madre.* **4.** Darse cuenta del significado: *"Ahora* **entiendo** *lo que querías decirme, después de tu larga explicación", dije a mi amiga.* **5.** Estar de acuerdo o relacionarse bien: *El capitán y el piloto se* **entienden** *tan bien que a veces no necesitan hablarse y saben lo que piensa el otro.*

entendido, da *adj.* Que sabe mucho sobre algo: *Aunque no es abogado, Don Hernán es muy* **entendido** *en leyes.* **SIN. conocedor.**

entendimiento *m.* **1.** Facultad para conocer y comprender lo que nos rodea. **SIN. razón. 2.** Capacidad para distinguir el bien del mal: *El alcohol disminuye el* **entendimiento** *de las personas, por eso cuando se bebe* mucho pueden cometerse imprudencias sin darse cuenta. **3.** Habilidad para actuar de común acuerdo: *Antes tenían problemas, pero han logrado un buen* **entendimiento** *y ahora son grandes amigos.*

enterado, da *adj./m.* y *f.* Informado de algo: *Estoy* **enterado** *de que irás de viaje a Brasil porque me lo dijo tu madre.*

enterar *vb.* (tr. y prnl.) **1.** Hacer que otro sepa algo: *"Debemos* **enterar** *a tus padres de que vamos a casarnos", dije a mi novia.* SIN. **informar. 2.** Informarse de algo: *"Debes leer el diario para que* **te enteres** *de lo sucedido en otros lugares del mundo", me recomendó el profesor.*

entereza *f.* Firmeza de ánimo, fortaleza: *A pesar de que lo castigaron de manera injusta, Juan mantuvo la* **entereza** *y no dijo nada.*

enternecer *vb. irreg.* (tr. y prnl.) **Modelo 39.** Provocar ternura: *Me* **enterneció** *ver al hombre tan grande arrullando entre sus brazos al bebé para que se durmiera.*

entero *m.* En matemáticas, cualquier número racional, positivo o negativo, diferente a los decimales: *Los números 1, 2, -4, 15, ó 238 son* **enteros**; *pero -2.5, 0.43 ó 56.2 son decimales.* SIN. **integral.**

entero, ra *adj.* **1.** Sin falta o carencia: *Con el último cuento que compré, ya tengo* **entera** *la colección.* SIN. **completo. 2.** Que tiene carácter firme: *A pesar del dolor que sentía en la rodilla, el portero se mantuvo* **entero** *durante todo el partido de fútbol.*

enterrar *vb. irreg.* (tr. y prnl.) **Modelo 3. 1.** Cubrir con tierra: *La avalancha* **enterró** *los automóviles y se necesitaron varias grúas para sacarlos de la tierra.* **2.** Sepultar un cadáver: *Mi papá me ayudó a* **enterrar** *al gato muerto bajo un árbol.* **3.** *Amér.* Clavar, hincar algo punzante: *Me* **enterré** *la aguja mientras cosía un pantalón.*

entibiar *vb.* (tr. y prnl.) Moderar la temperatura: *Voy a esperar a que se* **entibie** *el agua antes de entrar en la bañera pues está muy caliente.*

entidad *f.* **1.** Ser o realidad, que no es material: *El hombre que nos contaba historias de terror decía que los fantasmas son* **entidades** *que habitan las casas viejas.* **2.** Cualquier dependencia de gobierno o asociación de personas.

entierro *m.* Ceremonia que se realiza para enterrar un cadáver: *Cuando la tía de Ana murió, fuimos todas sus amigas al* **entierro** *para acompañar a su familia.* SIN. **funeral.**

entomología *f.* Parte de la zoología que estudia los insectos: *A Rodolfo siempre le han gustado mucho los insectos y acaba de decidir que va a estudiar* **entomología.**

entonación *f.* **1.** En música, manejar los registros correctos con la voz: *Su voz es agradable pero su* **entonación** *al cantar es mala.* **2.** Cambios en el tono de la voz cuando se habla; estos cambios pueden hacerse de manera intencional a causa de una emoción: *Al leer un poema, la* **entonación** *debe ser marcada para darle más sentimiento a la lectura.*

entonar *vb.* (tr., intr. y prnl.) **1.** Dar el tono debido al cantar: *Los muchachos* **se entonaron** *con el "la" del piano y empezaron a cantar.* ANT. **desentonar. 2.** Seguir con la voz una melodía: *Vamos a* **entonar** *una canción que están tocando por la radio mientras llegamos al pueblo.* **3.** *Fam.* Animarse: **Entonamos** *la velada con una guitarra.*

entonces *adv.* **1.** En ese momento u ocasión: *Hablé con Ana y* **entonces** *me enteré de que ya no es tu novia.* **2.** Expresa una consecuencia de lo dicho.

entornar *vb.* (tr.) Cerrar algo de manera incompleta, entrecerrar: *No estaba dormido sino que* **entorné** *los ojos un momento.*

entorno *m.* Conjunto de circunstancias que rodean a personas o cosas: *El niño creció en un* **entorno** *de amor y cuidados, por eso es tan alegre.*

entorpecer *vb. irreg.* (tr. y prnl.) **Modelo 39. 1.** Perder o tener menos agilidad física o mental: *Con la edad, mis reflejos* **se han entorpecido**, *por eso ya no conduzco mi automóvil.* **2.** Retardar, dificultar: *La enfermedad* **entorpeció** *su desarrollo escolar, por eso tardó tres años para terminar el curso que todos terminamos en dos años.*

entrada *f.* **1.** Abertura o parte por donde se entra a algún lugar: *"Deja abierta la puerta de* **entrada** *para que puedan pasar los clientes".* **2.** Hecho de entrar: *La* **entrada** *al estadio fue muy lenta porque había muchísima gente.* SIN. **acceso. 3.** Billete para entrar a un espectáculo: *Quien llegue primero debe comprar las* **entradas** *para el concierto.* SIN. **boleto. 4.** En un diccionario, palabra que encabeza un artículo: *Las* **entradas** *de este diccionario están escritas en letras gruesas para localizarlas más fácilmente.* **5.** Primer guiso de una comida: *En la cena de aniversario sirvieron de* **entrada** *una ensalada de lechuga con tomate y queso.* **6.** Ingreso económico. **7.** *Cuba.* Zurra, golpiza.

entrador, ra *adj.* **1.** *Argent.* y *C. Rica.* Simpático, agradable. **2.** *Chile.* Entrometido, intruso. SIN. **metiche. 3.** *Perú* y *Venez.* Que se lanza de manera fácil a empresas arriesgadas.

entrampar *vb.* (tr. y prnl.) **1.** Tender trampas a un animal. **2.** Detenerse un proceso: *Las negociaciones entre los dos países* **se entramparon** *y por eso no han firmado el acuerdo de paz.*

entrañas *f. pl.* **1.** Cada uno de los órganos que se encuentran en el interior de la cavidad torácica o abdominal: *Mi abuela hizo un corte a lo largo del pollo y le sacó las* **entrañas**. **2.** Parte más profunda u oculta de una cosa: *Los mineros extraen riquezas de las* **entrañas** *de la Tierra.* **3.** Conjunto de sentimientos.

entrañable *adj.* Que produce un sentimiento muy cercano al corazón: *"Nuestra relación ha sido breve pero* **entrañable**, *por eso te voy a extrañar cuando te vayas de la ciudad", dije a mi amiga.*

entrar *vb.* (tr. e intr.) **1.** Pasar al interior: *Vamos a* **entrar** *en esta tienda, quiero comprar un caramelo.* **2.** Quedar insertado o meter en algo: *"Aprieta bien la ropa para que* **entre** *en el equipaje", me dijo Ricardo.* **3.** Ser admitido: *Me gustaría* **entrar** *en el equipo de baloncesto de mi escuela.* **4.** Empezar a sentir algo: *Me está* **entrando** *mucho sueño, voy a mi cama a dormir.* **5.** loc. **~ en detalles**, detenerse en algunas partes de lo relatado para explicarlas mejor.

entre *prep.* **1.** Señala una situación o estado en medio de dos o más personas o cosas: *El eclipse ocurrió* **entre** *las diez y las once de la mañana.* **2.** Indica participación o relación en un grupo o situación: *Le dije a ese muchacho que no puede haber nada más que amistad* **entre** *nosotros.* **3.** Dentro, en lo interior: *El leopardo se escondió* **entre** *la espesura del bosque para no ser visto por el jabalí que iba a cazar.* **4.** En matemáticas, marca

227

que una cifra se divide con la siguiente: *Diez entre dos es igual a cinco.* **5.** Indica igualdad o comparación: *El trabajo escolar lo hicimos entre los cuatro.*

entreabrir *vb.* {tr. y prnl.} Abrir un poco o a medias: *"Deja la cortina entreabierta para que entre un poco la luz del sol", dije a mi hermana.*

entreacto *m.* Intermedio entre los actos de un espectáculo: *Salí a comprar dulces en el entreacto.*

entrecejo *m.* Espacio que hay entre ceja y ceja: *Cuando mi papá se enoja frunce el entrecejo.* SIN. ceño.

entrecortado, da *adj.* Que no es fluido o constante: *Como no dejaba de llorar, su voz era muy entrecortada.*

entrecomillar *vb.* {tr.} Poner comillas antes y después de una palabra u oración: *La maestra nos pidió que entrecomilláramos la palabra "reloj".*

entredicho *m.* Duda sobre la veracidad de alguien o algo: *Aunque no lo encontraron culpable, quedó en entredicho su inocencia.*

entrega *f.* **1.** Acción y efecto de entregar o entregarse: *La entrega de premios a los mejores estudiantes se realizó en el patio de la escuela.* **2.** Atención o esfuerzo en apoyo de una tarea o persona: *Todos los concursantes mostraron una gran entrega durante la competencia.* **3.** Cosa que se da o se envía de una sola vez: *El premio consiste en una entrega mensual de libros durante un año.*

entregar *vb. irreg.* {tr. y prnl.} **Modelo 17. 1.** Poner en poder de otro: *El cartero me entregó una carta de mi hermana que vive en España.* **2.** Ponerse alguien en manos de uno: *Los asaltantes se entregaron a la policía cuando supieron que no podrían escapar.* **3.** Dedicarse enteramente a algo: *Inés se ha entregado a leer una novela que le gusta mucho, por eso sale de su casa muy poco.*

entrelazar *vb. irreg.* {tr. y prnl.} **Modelo 16.** Enlazar una cosa con otra: *Dividió su cabello en tres manojos y lo entrelazó para hacerse una trenza.*

entremés *m.* **1.** Alimento ligero que se sirve antes del primer guiso en una comida: *Sirvieron unos entremeses durante la reunión que se celebró por la tarde.* SIN. botana. **2.** Pieza corta de teatro cómico clásico.

entrenador, ra *m.* y *f.* Persona encargada del entrenamiento de los deportistas, caballos, etc.: *El nuevo entrenador es muy estricto con los jugadores.*

entrenamiento *m.* Tiempo en el cual se prepara un deportista o un animal de competición, y la preparación en sí: *Dedico varias horas al día a mi entrenamiento de gimnasia porque quiero participar en las próximas competencias.*

entrenar *vb.* {tr. y prnl.} Adiestrar o ejercitar para la práctica de un deporte u otra actividad: *He estado entrenando a mi perro para que proteja la casa.*

entretanto *adv.* Mientras sucede algo: *"Tú sigue trabajando; entretanto, yo busco algo de comer", dije a Francisco.*

entretecho *m.* Chile y Colomb. Desván.

entretejer *vb.* {tr.} Mezclar, trabar: *Entretejí unos hilos de colores y me hice un collar.*

entretener *vb. irreg.* {tr. y prnl.} **Modelo 26. 1.** Atraer la atención de alguien para que haga algo diferente a lo que hacía: *Llegué tarde porque me entretuve hablando con unos amigos.* **2.** Divertir, recrear el ánimo, hacer algo por diversión: *Me gusta ir al cine porque me entretengo mucho.*

entretenido, da *adj.* Divertido o agradable: *Los niños estuvieron muy entretenidos con el espectáculo de los animales amaestrados.*

entretenimiento *m.* Actividad o cosa que entretiene o divierte.

entrever *vb. irreg.* {tr.} **Modelo 31.** Ver algo con dificultad: *A lo lejos en el bosque entreví un venado.* SIN. vislumbrar.

entreverar *vb.* {tr. y prnl.} **1.** Introducir una cosa entre otras. **2.** Argent. Enfrentarse en una discusión de manera desordenada.

entrevista *f.* **1.** Reunión acordada: *Mi padre irá a una entrevista de trabajo hoy a las cuatro de la tarde.* **2.** Género periodístico en el que se busca obtener la opinión de alguien sobre temas específicos: *Es importante escribir las preguntas antes de realizar una entrevista.*

entrevistar *vb.* {tr. y prnl.} **1.** Obtener la opinión de alguien sobre un tema específico: *Juan y Luis fueron a entrevistar a unos obreros para saber qué hacen en sus trabajos.* **2.** Reunirse para discutir sobre algún asunto: *Decidimos entrevistarnos para intercambiar opiniones.*

entristecer *vb. irreg.* {tr. y prnl.} **Modelo 39.** Sentir decaído el ánimo: *Nos entristecimos mucho al saber que había muerto nuestro maestro.*

entrometerse *vb.* {prnl.} Meterse alguien donde no le llaman: *Es un chismoso que siempre se entromete en la vida de los demás.*

entrometido, da *adj.* Que se ocupa de asuntos ajenos: *Vámonos antes de que venga la entrometida de Vanessa y nos pregunte qué estamos haciendo.*

entrón, na *adj.* Méx. Fam. Animoso, atrevido, valiente: *No me preocupa el futuro de Eduardo, porque es entrón y sé que va a resolver su vida.*

entroncar *vb. irreg.* {intr.} **Modelo 17. 1.** Unir una línea o un camino con otro: *Este camino entronca con la carretera panamericana.* **2.** Cuba, Perú y P. Rico. Empalmar dos líneas de transporte: *La línea de autobuses de mi pueblo entroncó con la línea nacional.*

entronizar *vb. irreg.* {tr. y prnl.} **Modelo 16.** Colocar a alguien en un lugar muy alto, especialmente un trono: *Han entronizado a Maura como reina de la belleza en su escuela.*

entubar *vb.* {tr.} Poner tubos o meter tubos: *Por fin entubaron las autoridades el canal de aguas sucias, ahora ya no tendremos que soportar malos olores en el barrio.*

entumecer *vb. irreg.* {tr. y prnl.} **Modelo 39.** Entorpecer el movimiento de un miembro: *Cargué durante mucho tiempo al bebé y se me entumeció el brazo.*

entumir *vb.* {tr. y prnl.} Méx. Provocar un adormecimiento en un miembro por permanecer en una mala postura: *Se me entumió la pierna y siento como si tuviera hormigas dentro.* SIN. entumecer.

enturbiar *vb.* {tr. y prnl.} Disminuir la transparencia: *"Si remueves el fondo del río se enturbia el agua", me dijo mi tío.* ANT. aclarar.

entusiasmo *m.* Gran excitación ante un hecho o acción: *Cuando al fin cayó el primer gol aumentó el entusiasmo del público.*

enumerar *vb.* {tr.} Ordenar siguiendo una secuencia numérica: *La maestra enumeró las tres reglas para saber cuándo debemos acentuar las palabras agudas: 1. cuando terminan en n, 2. cuando terminan en s y, 3. cuando terminan en vocal.*

enunciado *m.* **1.** Acción y efecto de enunciar. **2.** Secuencia de palabras que conforman una idea: *La oración es un enunciado compuesto por sujeto y predicado.*

enunciar *vb.* {tr.} Expresar de forma oral o por escrito: *Después de que las autoridades enuncian una ley, ésta debe cumplirse.*

envalentonar *vb.* {tr. y prnl.} **1.** Provocar que alguien tome una conducta desafiante o atrevida: *La presencia de su novia envalentonó a Javier para tratar de ganar el primer lugar en la carrera.* **2.** Tomar una actitud desafiante: *Ezequiel se envalentonó después de ganarle el trofeo a Pedro.*

envasar *vb.* {tr.} Guardar en un recipiente cualquier substancia u objeto: *Después de preparar la mermelada debes envasarla en un frasco de vidrio.*

envasado *m.* Hecho de guardar en un recipiente que puede cerrarse: *La leche dura más tiempo cuando el envasado se hace al vacío.*

envase *m.* **1.** Acción de envasar. **2.** Objeto que permite guardar líquidos o sólidos: *"Trae los duraznos en almíbar que están en un envase de vidrio en la nevera", me dijo mi madre.*

envejecer *vb. irreg.* {tr., intr. y prnl.} **Modelo 39.** Hacer o hacerse viejo: *Cuando envejezca quisiera ser tan alegre como es ahora mi abuelo.*

envejecimiento *m.* Acción de hacerse viejo: *Fumar y beber alcohol en exceso produce un envejecimiento prematuro.*

envenenar *vb.* {tr. y prnl.} **1.** Hacer enfermar o matar a un ser vivo con una substancia tóxica: *El plomo del aire puede llegar a envenenar la sangre.* **2.** Poner veneno en algo: *Mi abuelo envenenó azúcar y la esparció en el patio para matar a las hormigas.*

envergadura *f.* **1.** Importancia de un suceso: *El congreso sobre la paz mundial será de gran envergadura porque asistirán personajes importantes de muchos países.* **2.** Largo de las alas de un avión o un ave: *El cóndor es el ave que alcanza la mayor envergadura de todos los animales que vuelan en el mundo.* **3.** Ancho de una vela.

envés *m.* Lado opuesto de la cara principal de una cosa, en especial de una hoja: *El envés de las hojas es de color más claro que el de la cara principal.* ANT. **haz.**

enviado, da *m.* y *f.* Persona a la que se encarga de realizar un trabajo en otro país: *Las noticias sobre el campeonato de fútbol en aquel país llegarán aquí gracias a los enviados que estarán informándonos de todo lo que suceda allá.*

enviar *vb. irreg.* {tr.} **Modelo 9.** Hacer que alguien o algo vaya a otra parte: *"Mañana te enviaré el cheque para que compres los útiles escolares", me dijo mi padre por teléfono.* SIN. **mandar.**

enviciar *vb.* {tr. y prnl.} **1.** Provocarse o provocar que alguien adquiera algún hábito dañino. **2.** Aficionarse de manera obsesiva a algo: *Juan está enviciado con los juegos de vídeo, por eso ya no lee ni estudia.*

envidia *f.* Sentimiento de malestar o disgusto por el bien ajeno: *Laura tiene mucha envidia porque Jorge me invitó al baile y ella quería ir con él.*

envidioso, sa *adj.* Se dice de la persona que desea las posesiones o los logros de otros: *Roberto es un envidioso: me compraron el tren eléctrico y él quería uno igual, después me mandaron de vacaciones a la playa y él le pidió a sus papás que también lo mandaran.*

envinado *adj.* Méx. Que tiene vino o que es del color del vino: *Preparamos un postre envinado que estaba delicioso: bañamos el pan con un jarabe de vino blanco, canela y pasas.*

enviudar *vb.* {intr.} Perder al cónyuge por muerte de éste: *El señor Alfonso se volvió a casar después de diez años de haber enviudado.*

envoltorio *m.* Objeto que resulta de envolver algo: *Haz un envoltorio con la ropa sucia y llévala a lavar.* SIN. **paquete.**

envoltura *f.* Capa exterior que envuelve una cosa: *"No tires la envoltura de tu caramelo en la calle, espera a encontrar un bote de basura", me dijo mi madre.*

envolver *vb. irreg.* {tr. y prnl.} **Modelo 29.** **1.** Cubrir a una persona o cosa rodeándola con algo: *"Antes de sacarlo a la calle, envuelve al bebé con una manta para que no sienta frío", dijo Gabriela a Rocío.* **2.** Mezclar o mezclarse en un asunto: *La policía lo envolvió en el robo porque es amigo de los asaltantes, pero en realidad no hizo nada malo.*

enyesar *vb.* {tr.} **1.** Tapar o cubrir con yeso: *Ya enyesamos la casa, ahora vamos a pintarla.* **2.** Inmovilizar un miembro con yeso: *A Luis le enyesaron el brazo porque se cayó por las escaleras y se rompió el hueso.*

enzima *f.* Substancia soluble que provoca o acelera una reacción bioquímica.

eoceno *m.* Nombre que dan los geólogos al segundo periodo de la era terciaria, que ocurrió desde hace 53 millones de años hasta hace 37 millones de años aproximadamente.

eólico, ca *adj.* Relativo al viento o producido por él: *Los molinos de viento holandeses aprovechan la energía eólica.*

epazote *m.* Méx. Hierba de olor de flores pequeñas, que se usa como condimento y como remedio para problemas digestivos: *Le puse una ramita de epazote al guiso de champiñones y le dio un sabor muy rico.*

epicarpio *m.* Capa externa que cubre el fruto de las plantas: *Los duraznos tienen un epicarpio muy suave que puedes quitar y también comer.*

epiceno *adj.* Género de los sustantivos que tienen una misma terminación y artículo para el masculino y el femenino: *La palabra "perdiz" tiene género epiceno, porque se dice "la perdiz" sin importar que sea macho o hembra.*

epicentro *m.* Punto de la superficie terrestre justo encima de donde se inicia un sismo: *Por lo general, el epicentro de un terremoto se ubica a lo largo de una fractura de la corteza terrestre.*

épico, ca *adj.* Género literario en el que se narran las hazañas de un héroe o un pueblo: *La Ilíada es un antiguo poema épico en el que se narra la guerra contra una ciudad llamada Troya.*

epicúreo, rea *adj./m.* y *f.* Dedicado a la búsqueda de placer: *Quien toma una actitud epicúrea frente a la comida es alguien que la disfruta mucho.*

epidemia *f.* Enfermedad contagiosa que afecta una región o población extensa: *En el pueblo que sufrió la inundación se ha declarado una epidemia de cólera.*

epidermis *f.* Tejido celular que cubre el cuerpo de los animales. SIN. **piel.**

epífito, ta *adj./m.* y *f.* Género de plantas que viven unidas a otras sin alimentarse de ellas: *Las orquídeas son plantas epífitas que viven en las ramas de los árboles.*

epiglotis f. Cartílago que cierra el paso a los alimentos en la garganta: *Los bebés regurgitan con facilidad porque su epiglotis no está bien desarrollada.*

epígrafe m. Cita que se pone entre el encabezado y el texto de un escrito, ilustrando sobre su contenido: *Rubén escribió un cuento al que le puso un epígrafe que sacó del poeta que más admira y que le sirvió de modelo.*

epilepsia f. Desorden del sistema nervioso caracterizado por la pérdida temporal de control muscular, sensorial o psicológico: *Como sufre de epilepsia, el joven debe tomar píldoras para evitar que le den ataques.*

epílogo m. Parte final de un texto que concluye o resume la obra: *En el epílogo de este libro se incluyen las últimas palabras del héroe muerto.* ANT. **prólogo.**

episcopal adj. Relacionado con la dignidad de obispo: *Una catedral es una iglesia grande que funciona como sede episcopal de una ciudad.*

episodio m. Cada parte que forma una historia o narración: *En esta novela no sospechas quién es el asesino sino hasta el último episodio.*

epistemología f. Estudio filosófico sobre el origen y la naturaleza del conocimiento científico.

epístola f. Texto o carta íntima o formal: *Ernesto es mi enamorado de hace tiempo, me manda tantas epístolas, que con ellas podría publicar un libro muy grueso.* SIN. **misiva.**

epistolar adj. Género literario formado por cartas reales o supuestas.

epitafio m. Escrito grabado en un sepulcro o tumba: *El epitafio decía: "A nuestra querida Rebeca, a quien recordaremos siempre."*

epitelio m. Membrana celular que recubre cualquier órgano de un ser vivo: *El epitelio externo de las frutas se llama epicarpio y el de los animales, epidermis.*

epíteto m. Adjetivo que da al sustantivo una cualidad que ya tiene de por sí: *En la frase "La noche es negra", la palabra negra es un epíteto, porque las noches casi siempre son negras.*

época f. Momento de la historia marcado por un hecho: *En la época prehistórica los hombres vivían de la caza y sus casas eran las cuevas.*

epopeya f. Poema extenso que relata hechos heroicos.

equidad f. Trato justo y proporcional: *La equidad entre los sexos no significa que sean iguales, sino que deben ser tratados de igual forma.*

equidistante adj. Que se encuentra a la misma distancia de otra cosa: *Todos los puntos de un círculo son equidistantes del centro.*

equilátero, ra adj. Que tiene todos los lados iguales: *Un triángulo es equilátero cuando sus tres lados miden lo mismo.*

equilibrar vb. {tr. y prnl.} Poner en balance o equilibrio: *No equilibró el peso en la repisa y se cayó porque las cosas ligeras estaban de un lado y las pesadas del otro.*

equilibrio m. **1.** Estado de reposo que resulta de la acción de fuerzas contrarias pero equivalentes. **2.** Posición vertical del cuerpo humano: *Tiene un problema de oído que lo hace perder el equilibrio y caerse.* **3.** Ecuanimidad, sensatez en los juicios y actos.

equilibrista adj./m. y f. Que realiza ejercicios de equilibrio acrobático: *Fuimos al circo y vimos un equilibrista que bailaba sobre un alambre.*

equino, na adj./m. y f. Relativo al caballo: *La llama andina es un animal emparentado con los equinos.*

equinoccio m. Cada una de las dos fechas de un año en que el día y la noche tienen la misma duración: *Durante el equinoccio la trayectoria del Sol cruza sobre la línea del ecuador.*

equinodermo adj./m. Relativo a un tipo de animales marinos que tiene cinco miembros del mismo tamaño y ventosas: *La estrella de mar es un equinodermo.*

equipaje m. Conjunto de cosas que se llevan en un viaje: *Cuando regresamos de nuestras vacaciones trajimos tantos regalos que en el aeropuerto nos cobraron más dinero por exceso de equipaje.*

equipar vb. {tr. y prnl.} Proveer de lo necesario: *Fuimos a la tienda de deportes a equiparnos para el viaje a la montaña: compramos zapatos especiales, cuerdas, tiendas de campaña y bolsas para dormir.*

equiparar vb. {tr.} Considerar iguales a dos personas o cosas: *Nora es una chica vanidosa, piensa que su belleza se puede equiparar con la de una actriz de cine.* SIN. **comparar.**

equipo m. **1.** Conjunto de cosas necesarias para un fin: *Antes de salir a pescar, debemos revisar si llevamos el equipo completo: cañas, anzuelos y botas de caucho.* **2.** Grupo de personas con un objetivo común: *Durante el campeonato de fútbol veremos competir a los mejores equipos del mundo.*

equitación f. Arte y deporte de montar a caballo.

equitativo, va adj. Que guarda una relación de igualdad: *Repartimos el postre de manera equitativa y todos comimos un trozo de flan del mismo tamaño.*

equivalente adj./m. y f. **1.** Que tiene el mismo valor que otra cosa. **2.** En geometría, relativo a las figuras o cuerpos que tienen forma distinta pero el mismo volumen o área: *Este rectángulo y este círculo son equivalentes porque su superficie mide lo mismo.*

equivocar vb. irreg. {tr. y prnl.} **Modelo 17.** Tener o tomar una cosa por otra: *Se equivocó al tomar la desviación y llegó a una ciudad que no conocía.*

equívoco m. Error, malentendido: *Hubo un equívoco en el correo y recibí una carta que no era mía.*

equívoco, ca adj. **1.** Relativo a la palabra que tiene varios significados totalmente diferentes. **2.** Relativo a la persona que hace cosas que pueden parecer inmorales: *Teodoro tiene una actitud equívoca, porque no se sabe si realmente quiere a Elena o si se casó con ella por su dinero.*

era f. **1.** Escala geológica de medición temporal muy amplia: *Los periodos triásico, jurásico y cretácico forman parte de la era mesozoica.* **2.** Periodo de la historia marcado por una fecha o acontecimiento específico: *La era del rock and roll comenzó en la década de 1950.*

era f. Espacio donde se trillan los cereales.

erario m. Tesoro público, dinero que tiene una nación.

erbio m. Metal del grupo de los lantánidos, de símbolo Er y de número atómico 68.

erección f. **1.** Acción y efecto de erguir o erguirse. **2.** Estado de rigidez del pene.

eréctil adj. Que puede levantarse o ponerse rígido.

erecto, ta adj. Que toma una posición recta o rígida: *El homo erectus recibe su nombre por ser el primer primate que caminó erecto sobre sus pies y sin apoyarse en sus manos.*

eremita m. y f. Persona que voluntariamente se aísla del contacto con la gente. SIN. **asceta, ermitaño.**

ergo *conj.* Por tanto, en consecuencia: *La frase del filósofo René Descartes: "cogito, ergo sum" significa: "pienso, luego existo".*

erguir *vb. irreg.* {tr. y prnl.} **Modelo 68.** Levantar o poner derecha una cosa, en especial el cuerpo, el cuello, la cabeza, etc.: *Su mamá le dice que debe erguirse al caminar y al sentarse, porque si no lo hace después va a tener problemas con su columna vertebral.*

erigir *vb. irreg.* {tr. y prnl.} **Modelo 61. 1.** Construir o fundar: *Los vencedores erigieron un monumento en el patio del castillo, para celebrar su victoria.* **2.** Elevar a cierta condición: *Para resolver el conflicto, uno de los presentes fue erigido juez.*

eritrocito *m.* Glóbulo rojo: *Los eritrocitos transportan el oxígeno en la sangre.*

erizar *vb. irreg.* {tr. y prnl.} **Modelo 16.** Levantar o poner algo rígido, en especial el pelo: *A mi perro se le eriza el pelo del lomo cuando se enoja.*

erizo *m.* **1.** Mamífero insectívoro con el cuerpo cubierto de púas. **2.** *loc.* ~ **de mar,** equinodermo marino cubierto de espinas.

ermita *f.* Capilla en las afueras de una población: *Antiguamente los religiosos se detenían a orar en las ermitas durante sus largas peregrinaciones.*

ermitaño, ña *adj./m. y f.* **1.** Se dice de la persona que se aísla del contacto humano: *Mi abuelo se volvió un ermitaño que vive solo en una cabaña en el monte.* Sin. **anacoreta. 2.** Pequeño cangrejo de playa, que vive dentro de caparazones abandonados de otros animales.

erogación *f.* **1.** Acción de distribuir dinero o bienes: *Las autoridades realizaron la erogación de la casa y las joyas que nos heredó la abuela.* **2.** *Bol.* y *Méx.* Desembolso de dinero. Sin. **pago.**

erógeno, na *adj.* Que produce o es sensible a la excitación sexual.

erosión *f.* Desgaste producido en un cuerpo por el roce de otro: *La erosión del agua en la montaña ha formado unos cañones muy profundos.*

erótico, ca *adj.* Relacionado al amor sexual.

erradicar *vb. irreg.* {tr.} **Modelo 17.** Arrancar de raíz, eliminar completamente: *El desarrollo de la medicina ha permitido erradicar muchas enfermedades.*

errar *vb. irreg.* {tr., intr. y prnl.} **Modelo 14. 1.** No acertar o equivocarse: *En el juego de baloncesto traté de encestar desde afuera del área pero erré el tiro.* **2.** Vagar sin rumbo: *Fuimos al centro de la ciudad y erramos por las calles durante horas.*

errata *f.* **1.** Equivocación en un texto impreso: *Con los modernos programas de computadora para edición es difícil que aparezcan erratas en los libros.* **2.** *loc. pl.* **Fe de erratas,** hoja que señala los errores de imprenta que contiene una publicación: *La revista traía una fe de erratas con dos columnas: una con la frase "Donde dice" y otra con "Debe decir".*

errático *adj.* Que tiene un curso irregular: *A causa de la tormenta el avión avanzaba en forma errática y los pasajeros estaban asustados.*

erróneo, nea *adj.* Que está equivocado: *El profesor me regresó el examen calificado y vi que tengo dos respuestas erróneas.*

error *m.* Acción que se hace de manera equivocada: *"Tomé tu libro por error pensando que era el mío", me dijo Ismael.*

eructar *vb.* {intr.} Arrojar por la boca y con ruido los gases acumulados en el estómago: *Las bebidas gaseosas hacen eructar.*

erudición *f.* Conocimiento profundo de diversidad de temas o materias: *La erudición de Ignacio se debe a todos sus años de estudio.*

erupción *f.* **1.** Explosión violenta de algo contenido en un sitio: *Cuando el volcán hizo erupción, la lava roja y espesa bajaba por la cuesta arrastrando todo a su paso.* **2.** Irritación o lesiones que aparecen en la piel como reacción a algo: *"Te está saliendo una erupción en la cara, debes dejar de asolearte", me recomendó mi tía.*

esbelto, ta *adj.* Que tiene un cuerpo delgado o alto: *La ropa de moda se diseña siempre para gente esbelta. ¿O acaso has visto un desfile de modas para gente gorda?*

esbirro *m.* **1.** Persona que tiene por oficio detener a otras personas o ejecutar de manera personal órdenes de las autoridades. **2.** Persona despreciable que se presta para realizar acciones violentas a cambio de un pago.

esbozar *vb. irreg.* {tr.} **Modelo 16.** Trazar a grandes rasgos un proyecto o dibujo: *Para pintar un cuadro, hay que esbozar primero las figuras con carbón.* Sin. **bosquejar.**

escabeche *m.* Salsa preparada con vinagre y especias para conservar alimentos: *Preparamos hongos en escabeche para comerlos con la carne.*

escabroso, sa *adj.* **1.** Que es muy abrupto o irregular: *Cuando el terreno se volvió más escabroso, decidimos no seguir subiendo la montaña.* **2.** Delicado o difícil de resolver: *Debemos ser más fuertes y maduros para abordar temas escabrosos.*

escabullirse *vb. irreg.* {prnl.} **Modelo 69.** Irse con disimulo: *Aunque era un compromiso, logramos escabullirnos de una fiesta aburrida.*

escafandra *f.* Casco sellado que se usa para respirar bajo el agua o en el espacio: *El buzo se ajustó la escafandra antes de sumergirse en el mar.*

escala *f.* **1.** Escalera de mano: *"Asienta la escala de manera firme antes de subir para que no te vayas a caer", me recomendó mi madre.* **2.** Serie graduada para medición: *La escala de Richter permite medir la intensidad de los sismos.* **3.** Sucesión de notas musicales: *La escala musical cuenta con siete tonos: do, re, mi, fa, sol, la, si.* **4.** Parada de un barco o un avión en su trayecto: *Cuando regresamos de España, el avión hizo escala en Nueva York durante dos horas.* **5.** Relación proporcional entre dimensiones reales y representadas: *Los mapas se pueden dibujar a escala para que un milímetro de mapa sea igual a un kilómetro real.*

escalable *adj.* En computación, equipo que puede ser actualizado agregándole partes más avanzadas: *Mi computadora es modelo 486 pero es escalable a pentium.*

escalafón *m.* Jerarquía de cargos: *Según el escalafón de la empresa, el puesto de supervisor recibe mayor salario que el de vendedor.*

escalada *f.* **1.** En deportes, hecho de subir, de ascender: *La escalada de esta montaña requiere un equipo especial.* **2.** Aumento de la intensidad de un conflicto: *El enviado de la organización de paz ha podido controlar la escalada de violencia en esa ciudad.*

escalar *vb.* {tr.} **1.** Subir a un lugar o condición más elevada: *El gatito escaló el árbol muy rápido pero des-*

pués no podía bajar. **2.** En computación, substituir las partes anticuadas de una computadora por unas más actualizadas: *Con este paquete usted podrá* **escalar** *su equipo viejo hasta igualarlo con equipos nuevos.*

escaldar *vb.* (tr. y prnl.) Bañar una cosa o quemarse con agua hirviendo.

escaleno *adj.* Triángulo que tiene los tres lados de diferente longitud.

escalera *f.* Cualquier objeto mueble o inmueble formado por escalones, que sirva para subir y bajar: *Todos los días subo la* **escalera** *para llegar a mi departamento que está en el tercer piso del edificio.*

escalinata *f.* Escalera muy amplia, que está en la parte exterior de un edificio: *Su casa es muy lujosa y tiene una* **escalinata** *de mármol que lleva a la parte de arriba, donde están los dormitorios.*

escalofrío *m.* Encogimiento o temblor de corta duración que se siente en la piel por frío o miedo: *Tengo dolor de cabeza y* **escalofrío**, *estoy seguro de que me voy a resfriar.*

escalón *m.* Cada uno de los descansos de una escalera: *La niña se entretenía subiendo y bajando los* **escalones** *de dos en dos.* SIN. **peldaño**.

escalpelo *m.* Instrumento empleado en cirugía que sirve para cortar: *Me desmayé de miedo cuando llegó la doctora con el* **escalpelo** *en la mano.* SIN. **bisturí**.

escama *f.* **1.** Laminilla dura y casi transparente que recubre la piel de algunos peces y reptiles: *El vendedor abrió el pescado, lo limpió y le quitó las* **escamas**. *Cuando llegué a la casa, lo lavé y lo guisé con ajos y tomates.* **2.** En medicina, formación de piel seca propia de algunas enfermedades: *La caspa produce* **escamas** *muy pequeñas en el cuero cabelludo.*

escamar *vb.* (tr.) **1.** Quitar las escamas a los peces: *Antes de cocinar un pescado se le debe* **escamar** *porque las escamas no se comen.* **2.** *Fam.* Causar o tener desconfianza o recelo: *El perro de esa casa me* **ha escamado** *porque siempre ladra cuando paso frente a su puerta.*

escamotear *vb.* (tr.) Quitar algo a otro de forma indebida: *El otro equipo nos* **escamoteó** *la victoria porque sobornaron al árbitro.* SIN. **robar, hurtar**.

escampar *vb.* (intr.) Dejar de llover: *No pueden salir a jugar mientras no* **escampe**, *porque no quiero que se mojen.*

escándalo *m.* **1.** Acción que atrae la reprobación del público: *El divorcio del presidente fue un* **escándalo** *y la gente quería obligarlo a renunciar.* **2.** Ruido grande o alboroto: *Los niños hicieron un gran* **escándalo** *durante la fiesta.*

escandinavo, va *adj./m. y f.* Originario de la región que comprende Noruega, Suecia y Dinamarca: *Los vikingos eran navegantes* **escandinavos**.

escandio *m.* Cuerpo simple metálico, de símbolo Sc y de número atómico 21.

escáner *m.* Palabra de origen inglés. Aparato electrónico que convierte y organiza imágenes o letras de un papel para poder incorporarlos a una computadora: *Con un* **escáner** *copié las fotos de la revista y ahora puedo verlas en la pantalla de mi computadora.*

escaño *m.* **1.** Antiguamente, asiento grande con respaldo alto. **2.** Lugar que ocupa un diputado en las cámaras legislativas. SIN. **curul**.

escapar *vb.* (intr. y prnl.) **1.** Salir huyendo de un lugar: *Nos* **escapamos** *del tráfico por una calle pequeña.* **2.** Dejar un encierro: *Anoche* **escaparon** *de su jaula los pájaros de mi abuela.* **3.** Evitar un mal: *Jaime logró* **escapar** *de los delincuentes que querían asaltarlo.* **4.** Filtrarse un gas o fluido de su recipiente.

escaparate *m.* Espacio en las fachadas de las tiendas que sirve para exponer las mercancías: *Me gusta mirar los* **escaparates** *de las tiendas aunque no compre nada.* SIN. **aparador, vidriera**.

escape *m.* **1.** Pérdida de un gas o fluido por una fisura o abertura: *Por el olor supimos que había un* **escape** *de gas en la casa.* **2.** Tubo por donde se expulsan los gases del motor: *El* **escape** *del automóvil tiene un aparato que sirve para disminuir el ruido que producen las explosiones del motor.* **3.** *loc.* **Velocidad de ~**, la que debe tomar un objeto en movimiento para vencer la fuerza gravitacional de la Tierra.

escapulario *m.* **1.** Antiguamente, parte del vestido usado por los monjes, formado por dos trozos de tela que cubrían el dorso y el pecho. **2.** Pequeña imagen religiosa elaborada en tela, que sirve de amuleto y se cuelga del cuello con una cinta.

escarabajo *m.* Cualquier insecto coleóptero caracterizado por tener un par de alas falsas que, por ser duras, cubren y protegen a las verdaderas: *El* **escarabajo** *caminaba lentamente y cuando lo asusté desplegó las alas, pero no voló.*

escaramuza *f.* Combate de poca importancia o escasa duración: *Los caballeros sostuvieron una* **escaramuza** *con unos bandidos antes de regresar al castillo.*

escarbar *vb.* (tr. y prnl.) **1.** Remover la tierra: *Debemos* **escarbar** *en el lugar que indica el mapa para encontrar el tesoro.* **2.** Adentrarse buscando algo: *"Si* **escarbas** *en tu bolsa tal vez encuentres el dinero que estás buscando", recomendó a Ricardo.* SIN. **hurgar**.

escarceo *m.* Oleaje pequeño que se levanta en la superficie del mar.

escarcha *f.* Capa de rocío congelado que aparece en las mañanas muy frías: *Es muy bonito ver un rayo de sol brillando sobre la* **escarcha** *al amanecer.*

escardar *vb.* (tr.) Entresacar las hierbas de los sembradíos: *Cuando inician las lluvias, mi abuelo* **escarda** *el jardín para que no se llene de hierbas que dañen las flores.*

escarlata *adj./m.* De color rojo vivo: *Para mi cumpleaños, quiero que me regalen un vestido rojo* **escarlata**.

escarlatina *f.* Enfermedad contagiosa, reconocible por la aparición de manchas rojas en la piel.

escarmentar *vb. irreg.* (tr. e intr.) **Modelo 3.** Aprender a partir de un error doloroso: *Espero que Tito* **escarmiente** *con lo que le pasó: se metió a robar manzanas del árbol del vecino y el perro guardián lo mordió.*

escarmiento *m.* **1.** Enseñanza que se obtiene después de un error doloroso. **2.** Castigo fuerte: *Como* **escarmiento** *por tu grosería no tienes permiso de ir a la fiesta.*

escarnio *m.* Burla humillante y ofensiva: *El muchacho sufrió el* **escarnio** *de la gente cuando no pudo evitar orinarse por el miedo.*

escarola *f.* Variedad de lechuga de hojas rizadas y pequeñas.

escarpado, da *adj.* Con mucha pendiente o declive: *El camino al pueblo es muy* **escarpado**, *así que vamos a caminar más despacio para no cansarnos muy rápido.*

escasear *vb.* {intr.} Hacer falta: *Durante la temporada de sequía escasea el agua en muchos lugares.* ANT. **abundar.**

escasez *f.* Situación de carencia, de tener menos de lo que se necesita: *La escasez de trabajo hace que la gente venda cosas en la calle.*

escaso, sa *adj.* Relativo a lo que hay en poca cantidad: *Es un hombre de escaso entendimiento, por eso hay que repetirle varias veces lo que tiene que hacer.*

escatimar *vb.* {tr.} Dar lo menos posible de algo: *Debemos escatimar en gastos que no sean importantes y usar el dinero para comprar lo que realmente necesitamos.*

escatología *f.* **1.** Doctrina filosófica relacionada con el fin del hombre y del Universo. **2.** Estudio de los excrementos.

escatológico, ca *adj.* **1.** Relacionado con la filosofía que habla del fin del hombre y del Universo. **2.** Relacionado con las heces y las demás secreciones del cuerpo.

escena *f.* **1.** Cada unidad temporal de una obra teatral: *Durante la última escena de la obra de teatro se descubrió quién era el asesino del anciano rico.* **2.** Lugar donde ocurre algo. **3.** loc. **A ~**, llamada para que los actores pasen a ocupar su lugar. **4.** loc. **Hacer una ~**, comportarse en forma vergonzosa: *Tuvimos que irnos cuando Laura comenzó a hacer una escena con su esposo.* **5.** loc. **Puesta en ~**, proceso de montar una obra teatral para su representación: *Mañana vamos a comenzar el ensayo de la puesta en escena de la obra Hamlet.*

escenario *m.* **1.** Lugar del teatro donde se representan las obras: *Cuando terminó la obra, subimos a correr al escenario y un hombre nos regañó y nos dijo que nos bajáramos de ahí.* **2.** Lugar donde ocurre algo. **3.** Conjunto de cosas que rodean a algo o a alguien: *Los zoológicos modernos presentan a los animales en su escenario natural.*

escenografía *f.* **1.** Arte de hacer decorados para teatro, cine o televisión: *Pasé dos años en la escuela de arte dramático estudiando escenografía.* **2.** Conjunto de utilería, muebles y decorados de una obra teatral: *Necesitamos un camión para llevar la escenografía al nuevo teatro.*

escéptico *adj.* Que pone en duda lo que no puede comprobar por sí mismo: *José siempre ha sido un escéptico en el tema de los extraterrestres: dice que no cree en ellos porque no le han presentado pruebas claras.*

escepticismo *m.* **1.** Actitud de duda ante la veracidad de algo: *El juez escuchaba con escepticismo la declaración del testigo porque estaba seguro de que mentía.* **2.** Doctrina filosófica que pone en duda la posibilidad de conocer la realidad de las cosas.

escindir *vb.* {tr. y prnl.} Separar lo que estaba unido, dividir: *La guerra en la antigua Yugoslavia escindió el territorio en diferentes regiones que ahora son países independientes.*

esclarecer *vb. irreg.* {tr.} **Modelo 39.** Poner en claro: *Después de investigar durante varios días, hemos empezado a esclarecer las dudas que tenemos.*

esclava *f.* Cadena de adorno que se lleva en la muñeca: *Me regaló una esclava de oro con mi nombre grabado.*

esclavitud *f.* **1.** Sistema económico basado en considerar a algunas personas como cosas que pueden comprarse y venderse: *Durante la esclavitud, cada trabajador valía por su fuerza y no por su experiencia.* **2.** Condición de quien vive como esclavo: *La esclavitud es una forma de vida que degrada a la especie humana.* ANT. **libertad.**

esclavo, va *m.* y *f.* **1.** Persona que no tiene libertad porque se encuentra bajo el dominio de otra a quien se llama amo: *La colonización de América, de los siglos XVI al XVIII, impulsó el comercio de esclavos africanos.* **2.** Persona que está sujeta o que depende demasiado de alguien o algo: *"Puedes elegir entre ser un esclavo de las drogas o vivir libre sin adicciones", recomendé a mi amigo.*

esclusa *f.* Recinto en un canal que permite a los barcos pasar con un desnivel: *El canal de Panamá está formado por esclusas que sirven de escalones a los barcos.*

escoba *f.* **1.** Utensilio de fibras gruesas para barrer: *Las escobas se pueden hacer con fibras vegetales o sintéticas.* **2.** C. Rica, Méx. y Nicar. Arbusto con el cual se hacen escobas.

escobilla *f.* Utensilio de fibras gruesas para la limpieza: *"Para quitar las manchas de la ropa frótalas con una escobilla"*, me dijo mi madre. SIN. **cepillo.**

escocer *vb. irreg.* {intr. y prnl.} **Modelo 30.** **1.** Causar o sentir ardor: *Mientras nadaba, toqué una medusa y me escoció la piel.* **2.** Ponerse irritadas algunas partes del cuerpo: *A Daniel le escuece la nuca, porque su camisa está hecha con una tela muy dura.*

escocés, sa *adj./m.* y *f.* Originario de Escocia, Gran Bretaña, país de Europa.

escoger *vb. irreg.* {tr.} **Modelo 41.** Tomar una o más cosas o personas de entre otras: *No sé cuál guiso escoger: ¿la carne o el pollo?* SIN. **elegir.**

escolar *adj.* Relativo a la escuela o al estudiante: *Mi maestra me entregó la lista de materiales escolares que debo comprar para el próximo curso.*

escolaridad *f.* Total de grados cursados en la escuela y tiempo durante el que se cursan estos grados: *Aunque ya tiene 30 años, el hombre lee con dificultad porque su escolaridad llegó hasta tercer año de primaria.*

escolarizar *vb. irreg.* {tr.} **Modelo 16.** Incorporar al régimen de instrucción escolar: *Las autoridades afirmaron que los niños deben empezar a escolarizarse a los cinco años de edad.*

escollar *vb.* {intr.} **1.** Tropezar una embarcación con un escollo. **2.** Argent. y Chile. Malograrse un proyecto.

escollo *m.* Peñasco a poca profundidad bajo el agua y difícil de ver: *Los barcos muy grandes no deben acercarse a la playa porque pueden golpearse con un escollo.*

escolta *f.* Conjunto de personas que acompañan a otra para protección o vigilancia: *La cantante llegó al auditorio con una escolta de diez hombres guapos.*

escoltar *vb.* {tr.} Acompañar para proteger o vigilar: *En la escuela me eligieron para escoltar la bandera porque tengo buenas calificaciones.*

escombro *m.* Desecho que queda de una construcción o de la explotación de una mina o de una industria: *Después de que derribaron la casa, llegó un camión muy grande a recoger el escombro que quedaba.*

esconder *vb.* {tr. y prnl.} **1.** Situar en un lugar secreto: *El día de mi cumpleaños mi mamá escondió mis regalos y jugamos a que yo los buscara por toda la casa.* **2.** Encerrar, incluir o contener en sí una cosa que no ven los demás: *El mar esconde muchas especies animales y vegetales muy importantes para la vida en el mundo.*

escondite m. **1.** Lugar oculto y retirado donde se esconde algo o alguien: *El gato no ha podido sacar al ratón de su escondite.* **2.** Juego infantil en el cual uno de los jugadores busca a sus compañeros escondidos.

escopeta f. Arma de fuego portátil que dispara municiones o perdigones: *El cazador salió con la escopeta al hombro y regresó con un conejo para la cena.*

escorbuto m. Enfermedad producida por la carencia de vitamina C: *Los antiguos marineros sufrían de escorbuto porque en sus largos viajes no comían frutas ni verduras, que son alimentos que contienen la vitamina C.*

escoria f. **1.** Impurezas que flotan en la superficie al fundir metales. **2.** Se dice de lo que es tan despreciable que no merece consideración: *Los criminales son la escoria de la sociedad.*

escorpión m. **1.** Animal de cuerpo articulado, con dos pinzas y una cola en cuyo extremo lleva un aguijón venenoso: *Los escorpiones localizan a su presa por las vibraciones que produce al moverse.* **2.** Uno de los doce signos del zodiaco, comprendido entre el 23 de octubre y el 22 de noviembre.

escotado adj. Que tiene escote: *No pienso llevar el vestido escotado a la fiesta, porque será de noche y podría sentir frío.*

escote m. Abertura alrededor del cuello, por el frente y la parte de atrás, en una prenda de vestir: *La actriz llevaba un elegante vestido negro con un escote que dejaba ver toda la espalda.*

escozor m. Ardor en la piel, picor: *Desde que regresamos del campo tengo una sensación de escozor en las piernas, creo que me picó algún insecto.*

escribir vb. {tr. e intr.} **1.** Representar ideas, imágenes o sonidos con letras, palabras u otros signos convencionales trazados en papel o en otra superficie: *Muchos pueblos antiguos escribían su historia con dibujos.* **2.** Comunicar a alguien algo por escrito: *"Te escribí una carta para invitarte a mi boda", me dijo mi amiga.* **3.** Poner música en el lenguaje de notas musicales: *Ramiro escribía la melodía de una canción que estaba inventando en un papel pautado, y la letra la escribía abajo de las notas que iba dibujando.*

escrito m. **1.** Cualquier papel manuscrito o impreso que contenga palabras. **2.** Obra científica o literaria: *Javier entregó su escrito para el concurso de novela.* **3.** En derecho, documento en el que se solicita o informa algo: *Mandamos un escrito a las autoridades solicitándoles que construyan un parque.*

escritor, ra m. y f. Persona que tiene como profesión escribir, sobre todo libros: *Octavio Paz fue un escritor mexicano muy conocido en el mundo.*

escritorio m. Mueble para guardar papeles o escribir sobre él: *"Siéntate frente a tu escritorio y termina de hacer el trabajo escolar", me dijo mi padre.*

escritura f. **1.** Representación del pensamiento por signos gráficos convencionales: *La escritura musical se hace con signos llamados notas.* **2.** En derecho, documento legal en que consta una operación comercial: *Después de pagar todas las mensualidades, nos dieron la escritura de la casa.* **3.** pl. Se escribe con "E" mayúscula para designar al conjunto de libros de la Biblia: *Las Sagradas Escrituras se dividen en el Antiguo y el Nuevo Testamentos.*

escroto m. Parte de la piel en forma de bolsa que en su interior guarda los testículos de los animales mamíferos y del hombre.

escrúpulo m. Duda o inquietud que surge por realizar un hecho que se considera malo: *Andrés es un hombre sin escrúpulos que lastima a sus hijos.*

escrupuloso, sa adj. Que actúa con sumo cuidado y esmero: *Su trabajo ha sido tan escrupuloso que no encontramos ningún error.*

escrutador, ra m. y f. Persona encargada de contar los votos en una elección: *Después de que todos los ciudadanos votaron, los escrutadores contaron los votos.*

escrutar vb. {tr.} **1.** Examinar algo de manera cuidadosa. **2.** Contabilizar los votos en una elección o los billetes en una apuesta: *A media noche terminaron de escrutar los votos en todas las casillas de la ciudad.*

escrutinio m. **1.** Examen detallado de algo: *Se hizo un escrutinio cuidadoso de los prisioneros para saber quiénes habían escapado.* **2.** Recuento de votos: *No hubo problemas durante el escrutinio electoral.*

escuadra f. **1.** Instrumento de dibujo que tiene un ángulo recto: *La escuadra es una regla en forma de triángulo.* **2.** Grupo de soldados a las órdenes de un cabo: *La escuadra avanzaba en silencio buscando a las víctimas del huracán.*

escuadrón m. **1.** Unidad de caballería al mando de un capitán. **2.** Unidad táctica y administrativa de las fuerzas aéreas.

escuálido, da adj. De figura débil y delgada: *A mí me gustan los muchachos deportistas y fuertes, no los escuálidos.*

escualo m. Pez marino de cuerpo casi cilíndrico, piel rasposa sin escamas y hocico con muchos dientes puntiagudos, que tiene hábitos carnívoros. SIN. **tiburón.**

escuchar vb. {tr., intr. y prnl.} Prestar atención a lo que se oye: *No escuché lo que el maestro decía porque estaba distraído.*

escudar vb. {tr. y prnl.} **1.** Defender o defenderse de algún peligro: *Durante la inundación, mucha gente se escudó en los edificios altos de la ciudad y en las montañas.* **2.** Usar algo como pretexto: *Se escuda en su enfermedad para poder faltar a clases.*

escudería f. Equipo de competición que representa a un club de automóviles: *La escudería francesa ganó los dos primeros lugares en la carrera de Le Mans.*

escudero m. Paje que acompañaba a un caballero: *El escudero cargaba la lanza mientras su amo no la utilizaba.*

escudilla f. Vasija pequeña semiesférica para servir sopa y caldo.

escudo m. **1.** Arma de defensa que se lleva en el brazo: *Antiguamente los gladiadores cargaban el mazo en una mano y el escudo en la otra.* **2.** Símbolo o figura que representa de manera oficial una institución, agrupación, etc.: *Todos llevamos camisetas con el escudo de nuestro equipo favorito.* **3.** Moneda de Portugal y de Cabo Verde.

escudriñar vb. {tr.} Examinar algo de manera cuidadosa: *El astrónomo escudriñaba el cielo con su telescopio en busca de alguna estrella nueva.*

escuela f. **1.** Lugar donde se enseña: *Vamos a la escuela para aprender cosas que nos servirán cuando seamos grandes.* SIN. **colegio.** **2.** Método de enseñanza.

3. Conjunto de seguidores de un maestro, estilo o doctrina: *En Europa, la* **escuela** *impresionista modificó la forma de entender la pintura.* **4.** loc. **Tener buena –**, mostrar la calidad adquirida: *El muchacho hace lámparas muy bonitas porque* **tiene buena escuela** *de su padre que le enseñó.*

escueto, ta *adj.* Que es breve y sin rodeos: *Las respuestas del cantante fueron claras y* **escuetas** *cuando le preguntaron sobre la muerte de su madre.*

escuincle, cla *m.* y *f.* Méx. Fam. Niño: *Sofía es una escuincla muy simpática que le cae bien a toda la gente.*

esculpir *vb.* {tr.} Labrar piedra, madera, etc., con fines artísticos: *Los antiguos griegos* **esculpían** *figuras en mármol.*

escultor, ra *m.* y *f.* Persona que labra piedra, madera, etc., con fines artísticos: *El* **escultor** *golpeaba la piedra con un martillo y un cincel, y poco a poco apareció la figura de un hombre sentado.*

escultura *f.* **1.** Arte de esculpir: *Inicié clases de* **escultura** *en la escuela de arte.* **2.** Obra de arte tridimensional: *El Pensador, la* **escultura** *más conocida del artista francés Augusto Rodin, representa a un hombre sentado con la cara apoyada sobre la mano y con actitud de estar concentrado en algún pensamiento.*

escupidera *f.* Recipiente pequeño que se usa para escupir.

escupir *vb.* {tr. e intr.} Arrojar saliva, flema o un objeto por la boca: *La sopa estaba tan caliente que me quemó la boca y tuve que* **escupirla.**

escupitajo *m.* Flema que se escupe.

escurridizo, za *adj.* Que escapa o se desliza con facilidad: *Sujetar con las manos un pez que está dentro del agua es difícil, porque es muy* **escurridizo.**

escurrir *vb.* {tr., intr. y prnl.} **1.** Hacer que una cosa mojada suelte el agua: *"Después de lavar la camisa déjala* **escurrir** *para que se seque", me dijo mi madre.* **2.** Fam. Deslizarse una cosa entre la manos: *Se me* **escurrió** *el vaso de las manos y cayó al suelo.*

escusado *m.* Recipiente con un depósito de agua y conectado a una tubería, que sirve para orinar y defecar. SIN. **retrete, excusado.**

esdrújulo, la *adj./f.* En lingüística, palabra que tiene su acento en la antepenúltima sílaba: *"Máximo" y "mecánica" son palabras* **esdrújulas.**

ese, esa, esos, esas *adj.* Adjetivos demostrativos que expresan proximidad en el espacio o el tiempo respecto a la persona que escucha: *Ese perro va a morder la pelota y aquél sólo ve y ladra porque está más lejos.*

ése, ésa, ésos, ésas *pron.* Pronombres demostrativos que reemplazan al nombre de una persona o cosa que se encuentra cerca de la que escucha: *El vestido azul me parece bonito, pero* **ése** *me parece horrible.*

esencia *f.* **1.** Naturaleza propia y necesaria de cada ser. **2.** Parte fundamental o permanente de una cosa: *Ahora soy más viejo, pero en* **esencia** *sigo siendo el mismo ser humano.* **3.** Substancia olorosa muy concentrada: *Ayer le regalé una* **esencia** *de sándalo a mi novia.* SIN. **perfume.**

esencial *adj.* **1.** Que se refiere a la esencia. **2.** Lo principal o más importante de algo: *Para hacer un resumen busca lo* **esencial** *de la lectura.*

esfera *f.* **1.** Cuerpo geométrico con forma circular: *Una* **esfera**, *por ejemplo un balón de fútbol, es un obje-*

to en el que cualquier punto de su superficie tiene la misma distancia al centro. **2.** Campo de acción o influencia: *Su papá trabaja en la* **esfera** *de la educación: da clases en una escuela y hace investigaciones.*

esfinge *f.* **1.** Monstruo mitológico con cuerpo de león y cabeza humana. **2.** Antigua escultura egipcia con cuerpo de león y cabeza humana: *La* **esfinge** *es un monumento arqueológico de Egipto, muy visitado por el turismo.*

esfuerzo *m.* Empleo enérgico de las fuerzas físicas, intelectuales o morales para conseguir algo: *Para ganar el partido de baloncesto tendremos que hacer un* **esfuerzo** *mayor que el del equipo contrario.*

esfumar *vb.* {tr. y prnl.} **1.** Rebajar los contornos de las figuras en un cuadro o pintura. SIN. **desvanecer. 2.** Irse de manera rápida de un lugar: *Después de romper el vidrio con la pelota, todos los niños* **se esfumaron.**

esgrima *f.* Arte del manejo del florete, la espada y el sable: *La* **esgrima** *es un deporte olímpico.*

esgrimir *vb.* {tr.} Usar una cosa o argumento como arma para atacar o defenderse: *El cazador* **esgrimía** *un cuchillo contra el feroz león que lo atacaba.*

esguince *m.* Distensión o torcedura de los ligamentos de una articulación: *Mi hermano se provocó un* **esguince** *por jugar tenis sin calentar antes sus músculos.*

eslabón *m.* Pieza que, enlazada con otras, forma una cadena.

eslavo, va *adj./m.* y *f.* Grupo cultural y lingüístico indoeuropeo que conforman lenguas como el ruso, el serbio y el eslovaco.

eslogan *m.* Palabra de origen inglés. Frase publicitaria breve y expresiva: *El nuevo* **eslogan** *de esas papas fritas es muy divertido, la primera vez que lo oí me dio mucha risa.* SIN. **lema.**

eslora *f.* Longitud de un barco de proa a popa.

eslovaco *m.* Lengua hablada en Eslovaquia.

eslovaco, ca *adj./m.* y *f.* Originario de Eslovaquia, pueblo de Europa Oriental.

esloveno *m.* Lengua hablada en Eslovenia.

esloveno, na *adj./m.* y *f.* Originario de Eslovenia, pueblo de Europa Oriental.

esmalte *m.* **1.** Barniz con terminado como de vidrio con el que se recubren algunos objetos: *La pintura cubierta con* **esmalte** *dura más tiempo.* **2.** Substancia dura y blanca que recubre los dientes: *El azúcar de los dulces daña el* **esmalte** *y esto permite la aparición de las caries.*

esmeralda *f.* Piedra preciosa de color verde: *En su aniversario, mi papá le regaló a mi mamá un anillo con una* **esmeralda.**

esmeril *m.* **1.** Roca negruzca de gran dureza: *Con el polvo de* **esmeril** *se puede dibujar sobre el vidrio.* **2.** Polvo de la roca llamada esmeril, que sirve para pulir o afilar: *Los joyeros usan* **esmeril** *para pulir piedras preciosas.*

esmero *m.* Máxima atención en hacer las cosas: *Mostró tanto* **esmero** *en la escuela, que terminó como el primero de su clase.*

esmirriado, da *adj.* Flaco, raquítico: *Encontré un gatito* **esmirriado** *en la calle y lo traje para darle de comer y cuidarlo.*

esmog *m.* Palabra de origen inglés. Gases y partículas suspendidas que contaminan el aire de ciudades y de zonas industriales: *En algunas ciudades, la concentración de* **esmog** *es tan alta que arden los ojos.* SIN. **smog.**

esmoquin *m.* **Palabra de origen inglés.** Chaqueta masculina con solapas de raso, sin faldones: *Mi papá se vistió con* **esmoquin** *cuando celebramos la boda de mi hermana.* SIN. **smoking.**

esnob *adj./m.* y *f.* **Palabra de origen inglés.** Persona que adopta costumbres que están de moda en los lugares que supuestamente son distinguidos: *Brígida es una chica* **esnob** *que se viste sólo con la ropa que ve en los anuncios de televisión.*

esófago *m.* Conducto que va de la faringe hasta el estómago: *Los alimentos llegan al estómago pasando por el* **esófago.**

esotérico, ca *adj.* Se dice del conocimiento oculto que sólo se enseña a los discípulos o miembros de un grupo: *Es una persona* **esotérica** *que lee la palma de la mano y dice que adivina el futuro de la gente.*

espacial *adj.* Relacionado con el exterior de la atmósfera terrestre: *El transbordador* **espacial** *es un avión que puede salir al espacio y regresar a la Tierra muchas veces.*

espaciar *vb.* (tr. y prnl.) **1.** Separar los acontecimientos en el tiempo o las cosas en el espacio: *En el campo, se deben* **espaciar** *los árboles frutales para que puedan crecer mejor y dar buenos frutos.* **2.** Separar las palabras, las letras o los renglones con espacios: *"Espacia más las líneas de tu escrito para que pueda leerse con mayor facilidad, así como están se ven apretadas", me dijo mi maestra.*

espacio *m.* **1.** Extensión del Universo donde se ubican los cuerpos celestes: *El satélite soviético Spútnik fue el primer objeto hecho por seres humanos en salir de la atmósfera terrestre y llegar al* **espacio.** **2.** Campo tridimensional (altura, anchura y profundidad), donde se ubica la realidad material: *Los objetos ocupan un lugar en el* **espacio** *y pueden ser percibidos por los sentidos.* **3.** Distancia entre objetos: *La precaución indica que cuanto mayor sea la velocidad de dos vehículos, mayor debe ser el* **espacio** *que los separe.* **4.** En escritura e imprenta, separación entre palabras.

espada *f.* **1.** Arma larga y cortante: *Una* **espada** *es igual que un cuchillo, pero más larga.* **2.** pl. Palo de la baraja española: *Esa baraja tiene cuatro palos: bastos, oros, copas y* **espadas.**

espadachín *m.* Persona hábil en el manejo de la espada: *La parte más emocionante del filme es cuando los dos grandes* **espadachines** *se enfrentan.*

espagueti *m.* Comida de origen italiano, hecha a base de pasta de harina y huevo, elaborada en forma de tiras delgadas, que se sirve acompañada con salsa y queso: *Mi mamá guisó un delicioso* **espagueti** *con tomate, cebolla y champiñones.*

espalda *f.* **1.** Parte posterior del cuerpo humano y de algunos animales, desde los hombros hasta la cintura: *En la playa, Sergio se acostó boca abajo para broncearse la* **espalda.** SIN. **dorso.** ANT. **pecho. 2.** Parte posterior de una cosa: *Adriana está planchando la* **espalda** *de la camisa.* SIN. **reverso, envés. 3.** loc. pl. **A espaldas de alguien,** a escondidas de una persona: *Las personas que hablan mal de alguien* **a sus espaldas** *no son sinceras.* **4.** loc. pl. **Caerse de espaldas,** sentir gran sorpresa: *Mi papá* **se cayó de espaldas** *cuando le mostré mis excelentes calificaciones.* **5.** loc. **Dar la ~ a alguien,** apartarse de

alguien que tiene algún problema o no ayudarlo: *Desde que salió de la cárcel, todos le* **dan la espalda**: *nadie le ofrece empleo y sus amigos no quieren verlo.*

espantadizo, za *adj.* Se refiere al que se asusta o espanta con facilidad: *El caballo* **espantadizo** *dio un brinco cuando una víbora cruzó su camino.*

espantajo *m.* **1.** Objeto que se coloca para producir miedo o asustar. **2.** Fam. Persona fea o de mal aspecto: *Esa señora es un* **espantajo**: *no se baña, no se arregla y su ropa está muy sucia.* SIN. **esperpento.**

espantapájaros *m.* Monigote que se coloca en árboles y sembradíos para ahuyentar a los pájaros: *El campesino hizo un* **espantapájaros** *con dos palos cruzados y una calabaza, lo vistió con ropa vieja y lo puso en su huerta.*

espantar *vb.* (tr., intr. y prnl.) **1.** Hacer huir o alejar: *La vaca mueve la cola para* **espantar** *las moscas que se acercan.* SIN. **ahuyentar.** ANT. **atraer. 2.** Causar miedo, dar susto: *La obra de teatro de vampiros* **espantó** *a mi hermano y se puso a llorar.* SIN. **asustar. 3.** Sentir miedo: **Me espanté** *cuando la puerta se cerró de golpe a causa del viento.*

espantasuegras *m.* Méx. Juguete hecho de papel enrollado, por el que se sopla para que se desenrolle y emita un sonido. SIN. **matasuegras.**

espanto *m.* **1.** Miedo muy fuerte, terror: *La explosión del depósito de gas causó* **espanto** *en la gente que salió corriendo a refugiarse.* SIN. **terror.** ANT. **valor. 2.** Cosa fea o desagradable. **3.** Méx. Aparición del alma de un muerto. SIN. **fantasma.**

espantoso, sa *adj.* **1.** Se refiere a lo que causa miedo o susto: *Fue un incendio* **espantoso**, *la gente estaba muy asustada porque parecía que el fuego iba a acabar con todo el edificio.* SIN. **terrible. 2.** Referido a lo que es muy feo: *Elena no quiere ponerse ese vestido porque dice que es* **espantoso**, *prefiere usar pantalón.* SIN. **horrible. 3.** Se aplica a lo que es muy grande o abundante: *Tengo un frío* **espantoso** *y ya no sé qué más ponerme encima.*

español *m.* Idioma que se habla en España y en muchos países de América Latina: *Aproximadamente 400 millones de personas en el mundo hablamos* **español.** SIN. **castellano.**

español, la *adj./m.* y *f.* Originario de España, país de Europa: *Los* **españoles** *son vecinos de los franceses y de los portugueses.*

esparadrapo *m.* Tira de tela o de papel que tiene pegamento por un lado y que se usa para sujetar las vendas, el algodón o las gasas que cubren una herida: *La enfermera sujetó la venda con un* **esparadrapo.**

esparcimiento *m.* Recreación, diversión: *Después de trabajar toda la semana, los domingos Nicolás disfruta de unas horas de* **esparcimiento.** SIN. **entretenimiento.**

esparcir *vb. irreg.* (tr. y prnl.) **Modelo 64. 1.** Extender lo que estaba junto: *El campesino* **esparció** *las semillas sobre la tierra.* **2.** Dar a conocer una noticia a muchas personas: *La noticia de la muerte del poeta se* **esparció** *muy rápido entre la población.* SIN. **divulgar, propagar. 3.** Divertirse o recrearse: *Todas las personas necesitan* **esparcirse** *además de estudiar y trabajar.*

espárrago *m.* Parte comestible de una planta llamada esparraguera, que crece bajo el suelo: *El* **espárrago** *tiene forma alargada, es blanco y de punta verde con hojas pequeñas que parecen un pincel.*

esparraguera f. Planta de tallo subterráneo del que nacen unos brotes comestibles llamados espárragos: *Las esparragueras se siembran en huertas.*

espartano, na adj. Fam. Se dice del que es muy disciplinado y también de lo que no tiene adornos: *Esa escuela es muy estricta, educan a los alumnos con una disciplina espartana.* Sin. **austero.**

espartano, na adj./m. y f. Originario de Esparta, ciudad-estado de la antigua Grecia: *Los espartanos eran excelentes guerreros.*

esparto m. Planta de hojas duras y largas que tiene uso industrial: *Con las hojas de esparto se hacen cuerdas, canastas, esteras y otros objetos.*

espasmo m. Contracción dolorosa e involuntaria de los músculos, por lo general de las piernas o brazos: *Al ciclista lo atacó un doloroso espasmo en la pierna y su masajista corrió a ayudarlo.* Sin. **calambre.** Ant. **relajación.**

espátula f. Utensilio en forma de pala pequeña y plana de metal, con mango de madera: *Hay distintos tipos de espátulas según las vayan a usar los pintores, escultores, albañiles o cocineros.*

especia f. Substancia aromática de origen vegetal, que se usa para darle sabor a los guisos: *La pimienta, la canela y el azafrán son especias.*

especial adj. **1.** Se dice de lo que se aplica solamente a una cosa: *Todos los demás alumnos reciben el mismo trato, pero José que es muy rebelde recibe un trato especial.* Sin. **particular. 2.** Relativo a lo que es apropiado para algún fin: *Este cuaderno pautado es especial para escribir música.* **3.** Se aplica a lo que resulta diferente o raro: *Para Joaquín, su amigo Edgar es una persona especial, porque lo quiere mucho.*

especialidad f. **1.** Particularidad de una persona o cosa que la distingue de lo demás: *La especialidad de este restaurante es el pato al horno.* **2.** Cada una de las partes de una ciencia o arte a la que una persona se dedica: *Erick estudió odontología y luego estudió la especialidad de ortodoncia.*

especialista adj./m. y f. **1.** Se aplica a la persona que tiene conocimientos especiales sobre algo: *Para construir el puente colgante, la empresa contrató a un ingeniero especialista en puentes.* Sin. **experto, perito. 2.** Se dice del que es hábil en alguna actividad: *Mario es especialista en preparar tartas de manzana, le quedan deliciosas.* Sin. **diestro, hábil.**

especializarse vb. irreg. (prnl.) Modelo 16. Dedicarse a algo en particular, estudiando y practicando todo lo relacionado con eso: *Yolanda estudia medicina y piensa especializarse en pediatría porque quiere curar a los niños enfermos.*

especie f. **1.** Conjunto de objetos que pueden agruparse en una misma categoría: *En esa tienda venden sólo una especie de ropa: la que usan las mujeres embarazadas.* Sin. **clase, tipo. 2.** Categoría biológica que agrupa a los seres vivos que tienen caracteres comunes y se reproducen entre sí: *La especie de los felinos tiene variedades entre las que se encuentran los leones, los tigres y los gatos domésticos.* **3.** loc. **- de** algo, parecido a una cosa: *Un garfio es una especie de gancho.*

especiero m. Mueble pequeño en el que se guardan los frascos que contienen las especias que se usan para condimentar la comida: *Carlota compró un espe-*

ciero de madera que tiene cuatro cajas pequeñas para guardar orégano, canela, pimienta y tomillo.

especificar vb. irreg. (tr.) Modelo 17. Determinar o precisar las particularidades de una cosa: *Al llenar la solicitud para entrar a la universidad tuve que especificar en qué escuela había estudiado antes y dónde estaba esa escuela.* Sin. **detallar, explicar.**

específico, ca adj. Relativo a lo que caracteriza al grupo de individuos que forman una especie: *Caminar en cuatro patas es una característica común de muchos animales, pero tener una trompa muy larga es específico de los elefantes.*

espécimen m. Individuo o cosa que sirve como muestra de otros individuos o cosas de su misma naturaleza: *El coleccionista de mariposas tiene varios especímenes raros y muy hermosos.* Sin. **ejemplar, modelo.**

espectacular adj. Se refiere a lo que llama la atención e impresiona: *La fiesta de bienvenida fue algo espectacular, hubo fuegos artificiales, dos grupos de música y muchos invitados.*

espectáculo m. **1.** Cualquier acción que se realiza en público para divertir o recrear: *Si tengo que elegir entre un concierto, una obra de teatro o el circo, el espectáculo que más me gusta es el circo.* **2.** Todo lo que impresiona o es notable a la vista: *Cada puesta de sol es un espectáculo único porque todas son diferentes aunque parezcan iguales.*

espectador, ra adj./m. y f. Se aplica a quien asiste a un espectáculo para verlo o disfrutarlo: *Los espectadores aplaudieron con emoción cuando terminó la obra de teatro.*

espectro m. **1.** Imagen fantástica y horrible: *El niño comenzó a gritar y llorar porque creyó que había visto el espectro de un monstruo, pero era la sombra de un árbol.* Sin. **fantasma. 2.** Conjunto de rayos de luz de distintos colores que se forma al descomponer la luz blanca al pasar a través de un prisma: *El arco iris es un espectro de colores.*

especulación f. Conjunto de operaciones bancarias, comerciales o financieras que tienen la finalidad de obtener ganancias: *Ese hombre hizo fortuna porque tiene mucha habilidad para la especulación financiera.* Sin. **negocio.**

especulador, ra adj./m. y f. Referido a la persona que realiza operaciones bancarias, comerciales o financieras con la finalidad de obtener ganancias: *Los comerciantes especuladores han guardado el azúcar para provocar que haya un aumento de precio por la escasez.*

especular vb. (tr. e intr.) **1.** Pensar: *El filósofo especula sobre las distintas consecuencias que puede tener lo que acaba de escribir.* Sin. **reflexionar, meditar. 2.** Hacer operaciones bancarias, comerciales o financieras con la finalidad de obtener ganancias fáciles: *Ese comerciante especula con granos de trigo y con café.* Sin. **comerciar.**

espejismo m. Imagen que parece real pero que sólo es una ilusión causada por el reflejo de la luz en la lejanía: *A causa del calor y del brillo del sol, los viajeros que atravesaban el desierto tuvieron un espejismo: creyeron ver un lago que en realidad no existía.* Sin. **visión, ilusión.**

espejo m. Superficie pulida que refleja la luz y las imágenes de los objetos: *Me miro en un espejo para peinarme.*

espeluznante *adj.* Referido a lo que causa tanto miedo que hace erizarse el cabello: *El viajero les contó a los niños un cuento espeluznante sobre una casa embrujada.*

espera *f.* Hecho de quedarse en un lugar donde se sabe o se cree que ha de llegar alguien o va a suceder algo: *La espera se hizo larga y aburrida porque los invitados tardaron mucho en llegar.*

esperanto *m.* Idioma artificial creado para servir como lengua universal: *El esperanto fue inventado por Luis Lázaro Zamenhof en 1887.*

esperanza *f.* Confianza de que ocurra o se logre lo que se desea: *Julieta tiene la esperanza de pasar las vacaciones en casa de su mejor amiga.* Sin. **confianza**, **ilusión**.

esperar *vb.* {tr.} **1.** Tener confianza en que ocurrirá o se logrará algo que se desea: *Alicia espera obtener una buena calificación en su examen porque estudió mucho.* Sin. **confiar**. Ant. **desesperar. 2.** Permanecer en un sitio hasta que llegue alguien o suceda algo: *Diego esperó a sus amigos en la entrada del cine.* Sin. **aguardar. 3.** Creer que algo va a suceder: *Todos en casa esperamos que mi abuela venga a visitarme el día de mi cumpleaños.* **4.** Dejar de hacer cierta cosa hasta que ocurra otra cosa: *El autobús se detuvo y esperó a que pasara el tren para seguir su camino.*

esperma *m.* y *f.* Líquido que secretan las glándulas reproductoras masculinas y que contiene los espermatozoides o células sexuales masculinas. Sin. **semen**.

espermatozoide *m.* Célula sexual masculina que se produce en los testículos y está destinada a fecundar el óvulo en la reproducción sexual: *De los millones de espermatozoides que están en el semen, sólo uno llega a fecundar al óvulo.*

esperpento *m. Fam.* Persona o cosa fea y ridícula: *Mi hermana parece un esperpento con ese sombrero rojo altísimo.* Sin. **espantajo**.

espesar *vb.* {tr. y prnl.} **1.** Convertir en espeso o más espeso algo líquido: *El cocinero deja hervir la sopa durante quince minutos para que espese.* Sin. **condensar. 2.** Volverse tupido algo: *Entre más avanzamos, la vegetación del bosque se espesó tanto que ya no había espacio para seguir caminando.*

espeso, sa *adj.* **1.** Se dice del líquido que fluye con dificultad: *El pintor le agregó agua a la pintura porque estaba demasiado espesa.* **2.** Se refiere a la cosa cuyas partes están muy próximas unas a otras: *Los hombres se internaron en la selva espesa, todos llevaban machetes para abrirse camino entre la vegetación.* **3.** Perú. Se aplica a la persona que molesta. Sin. **pesado**, **impertinente**.

espesor *m.* **1.** Grosor de un cuerpo sólido: *Esta pared tiene dos metros de altura, cinco metros de ancho y veinte centímetros de espesor.* Sin. **grosor**, **solidez. 2.** Característica de aquello que tiene sus partes muy juntas y apretadas: *El espesor de la niebla no dejaba ver el campo.* Sin. **solidez**, **volumen**.

espesura *f.* **1.** Característica del líquido que fluye con dificultad: *La espesura de la sopa cremosa me gusta más que la liquidez del caldo.* **2.** Lugar donde la vegetación crece muy junta y apretada: *Desde el campo abierto, todos vimos cómo el cazador se internaba en la espesura.*

espía *m.* y *f.* Persona que vigila las acciones de otros sin que se den cuenta y luego cuenta lo que vio y

escuchó: *Los espías trabajaban durante la guerra tratando de obtener información del enemigo.*

espiar *vb. irreg.* {tr.} **Modelo 9.** Observar con disimulo, en especial para tratar de obtener información secreta: *Luis puso un pañuelo para cubrir el ojo de la cerradura de su habitación porque no quería que lo espiaran.* Sin. **vigilar**.

espiga *f.* Conjunto de flores o de frutos pequeños dispuestos a lo largo de un tallo: *Las espigas de trigo contienen los granos con que se hace la harina.*

espigado, da *adj. Fam.* Se aplica a la persona delgada y alta: *Cuando era niña estaba regordeta, pero ahora que ha crecido es una muchacha espigada y bonita.* Sin. **esbelto**.

espina *f.* **1.** Hueso delgado, largo y puntiagudo que forma parte del esqueleto de un pez: *Este pescado tiene muchas espinas, hay que comerlo con cuidado.* **2.** Parte en forma de punta dura y filosa que tienen algunas plantas en el tronco, en el tallo o las hojas: *Los cactos, las zarzas y los rosales tienen espinas.* **3.** Trozo pequeño de madera, con forma alargada y puntiaguda: *Al cortar la madera me clavé una espina en un dedo.* Sin. **astilla. 4.** *Fam.* Dolor o tristeza que se siente: *Desde que su novio rompió el compromiso, ella tiene una espina clavada en el alma.* **5.** *loc.* **Dar** algo **mala ~,** causar algo desconfianza o sospecha: *El ruido que está haciendo el motor del automóvil me da mala espina, creo que algo anda mal.* **6.** *loc.* **~ dorsal,** columna vertebral: *Las vértebras son los huesos que forman la espina dorsal y tienen forma de anillo.*

espinaca *f.* Planta comestible con tallos rojizos y hojas anchas color verde obscuro: *La espinaca contiene muchas vitaminas y hierro.*

espinal *adj.* Relativo a la columna vertebral o espinazo: *La médula espinal está formada por los nervios que comunican el cerebro con las distintas partes del cuerpo.*

espinazo *m. Fam.* Conjunto de huesos que se encuentra en el centro de la espalda y que va desde el cuello hasta el coxis en los humanos y hasta la cola en los animales: *El espinazo está formado por una serie de huesos llamados vértebras.* Sin. **columna vertebral**.

espinilla *f.* **1.** Parte de adelante de la pierna, entre la rodilla y el tobillo, que coincide con el hueso llamado tibia: *Roberto estaba jugando fútbol y un jugador contrario por accidente le dio una patada en la espinilla.* **2.** Grano pequeño que sale en la piel: *Cuando Anel entró en la adolescencia le brotaron espinillas en la cara.*

espinillera *f.* Pieza de plástico u otro material que se usa para proteger la parte delantera de la pierna, entre la rodilla y el tobillo: *Los futbolistas usan espinilleras para cubrirse de alguna patada.*

espino *m.* Árbol de ramas con espinas que da unas flores blancas y olorosas: *El espino crece en zonas montañosas.*

espinoso, sa *adj.* **1.** Se refiere a lo que tiene puntas duras y agudas o espinas: *Alicia no caminó por ese sendero porque hay muchas plantas espinosas y podría lastimarse.* **2.** *Fam.* Se dice de lo que resulta difícil. Sin. **complicado**, **delicado**.

espionaje *m.* Serie de acciones que se realizan para obtener información de un rival o competidor sin que el rival se entere: *Una red de espionaje industrial logró robar la fórmula para fabricar una bebida refrescante.*

ESP

ES

espiración *f.* Acción de soltar el aire que ha entrado a los pulmones: *La acción de respirar consiste en una aspiración y una espiración.* SIN. **exhalación.**

espiral *f.* Curva que se desarrolla alrededor de un punto, del que se va alejando cada vez más: *Algunos cuadernos tienen una espiral que une todas las hojas.*

espirar *vb.* [tr. e intr.] Expulsar el aire que ha entrado a los pulmones: *El médico le hizo contener la respiración y luego, cuando dijo "espire", el paciente echó el aire por la boca.* SIN. **exhalar, expeler.** ANT. **inspirar, aspirar.**

espiritismo *m.* Creencia según la cual los seres vivos pueden entrar en comunicación con los muertos.

espíritu *m.* **1.** Nombre que se le da a la parte inmaterial del ser humano que le capacita para pensar, querer y sentir: *Los seres humanos tienen cuerpo y espíritu.* SIN. **alma.** ANT. **materia. 2.** Ser imaginario: *Se dice que los duendes son espíritus que habitan en los bosques.* SIN. **fantasma, espectro. 3.** Energía con que se realiza una acción: *Mi abuelo tiene 70 años y todavía conserva un espíritu joven, siempre está activo.* SIN. **ánimo, actitud. 4.** Tendencia que muestra alguien hacia determinada cosa: *La familia de Germán siempre ha tenido un espíritu de justicia y de paz.*

espiritual *adj.* **1.** Del espíritu: *El interés del hombre por su vida espiritual ha originado las filosofías.* **2.** Relativo al dominio de la inteligencia, el espíritu y la moral sobre lo material: *La generosidad y la compasión son valores espirituales.* ANT. **corporal, material.**

espléndido, da *adj.* **1.** Se dice de lo que es tan bueno o hermoso que impresiona: *Hicimos un paseo espléndido, todos nos divertimos y conocimos lugares muy bonitos.* **2.** Se aplica a la persona que da o comparte lo que tiene: *El dueño de esa casa es una persona espléndida que siempre trata muy bien a sus invitados.*

esplendor *m.* **1.** Brillo, luminosidad: *Era primavera, no había nubes y el sol brillaba en su máximo esplendor.* **2.** Riqueza o grandiosidad de algo: *El esplendor del palacio, con sus habitaciones decoradas de manera lujosa, llamaba la atención de los curiosos.* **3.** *Fam.* Momento en que algo alcanza el punto de máximo desarrollo: *El Imperio Incaico tuvo su época de mayor esplendor durante el siglo XV.* SIN. **apogeo, auge.** ANT. **decadencia.**

esplendoroso, sa *adj.* Relativo a lo que resplandece o brilla: *En un día esplendoroso los tres niños fueron a pescar al río.*

espolear *vb.* [tr.] **1.** Picar con la espuela al caballo: *El jinete espoleó a su caballo para que corriera.* **2.** *Fam.* Estimular a alguien para que haga algo: *Don Ignacio espoleaba a los muchachos para que trabajaran con entusiasmo.*

espolón *m.* **1.** Hueso que tienen en las patas algunas aves: *Los gallos tienen espolones.* **2.** Construcción en forma de muralla que sirve para contener las aguas de un río o del mar: *Las olas del mar chocan contra el espolón haciendo espuma.*

espolvorear *vb.* [tr.] Extender algo que está hecho polvo sobre una superficie: *La cocinera espolvoreó el queso sobre la sopa.* SIN. **esparcir.**

esponja *f.* **1.** Nombre común de diversas especies de animales de mar con esqueleto poroso y elástico: *Las esponjas son colonias de animales muy pequeños.* **2.** Objeto hecho de un material suave, elástico y lleno de agujeros pequeños que se usa para el aseo de las personas o de las cosas: *La esponja absorbe mucha agua.*

esponjar *vb.* [tr.] Hacer que algo se llene de espacios vacíos enmedio de sus partes: *La levadura esponja la masa para hacer el pan.*

esponjoso, sa *adj.* Se aplica a lo que está lleno de pequeños agujeros, pesa poco y es suave: *Necesito un material esponjoso para rellenar este muñeco de tela.* SIN. **blando.** ANT. **duro, macizo.**

esponsales *m.* *pl.* Promesa formal de matrimonio que se hacen el uno al otro entre novio y novia: *Los padres de los novios estuvieron presentes durante los esponsales.* SIN. **compromiso.**

espontaneidad *f.* Expresión natural y fácil que se lleva a cabo sin pensarse mucho: *Laura respondió con espontaneidad a todas las preguntas del juez, por eso supo que ella no estaba mintiendo.* SIN. **naturalidad, sencillez.**

espontáneo, a *adj.* Se dice de la acción que procede de un impulso natural e interior y que no se ha pensado antes: *Estaba enojada con él, pero cuando volvió a verlo sintió una alegría espontánea y corrió a saludarlo.* SIN. **franco, natural.** ANT. **hipócrita.**

espora *f.* Célula reproductora de una planta que no necesita ser fecundada.

esporádico, ca *adj.* Se refiere a lo que sucede de vez en cuando: *Antes venía todos los días, pero desde que vive lejos, mi amigo sólo hace visitas esporádicas, viene una vez cada dos meses.*

esposar *vb.* [tr.] Poner a alguien un par de aros de hierro alrededor de las muñecas para sujetarle las manos: *Los policías esposaron al preso para evitar que huyera.*

esposas *f.* *pl.* Par de aros de hierro que se ponen alrededor de las muñecas para sujetarle las manos a alguien: *El preso robó la llave de las esposas, las abrió y se las quitó.*

esposo, sa *m.* y *f.* Persona casada con respecto de su cónyuge: *Mi madre y mi padre son esposos.* SIN. **cónyuge, consorte.**

esprea *f.* *Méx.* Tapa o mecanismo que deja pasar la nafta o gasolina del depósito al motor del automóvil.

espuela *f.* Objeto de metal que se ajusta al talón de la bota, tiene una rueda con puntas y se usa para picar al caballo cuando se está montado en él: *El caballo aceleró el paso cuando el jinete lo picó con las espuelas.*

espulgar *vb. irreg.* [tr. y prnl.] *Modelo 17.* Quitar las pulgas o piojos: *La mona espulgaba a su cría y se comía los piojos que iba arrancando de entre sus pelos.*

espuma *f.* Conjunto de pompas o burbujas que se forma en la superficie de un líquido: *El jabón hace que se forme espuma al mezclarlo con el agua.*

espumadera *f.* Cuchara grande y plana, con agujeros, que sirve para sacar de la sartén los alimentos fritos: *El cocinero usa la espumadera para sacar las papas fritas del aceite hirviendo.*

espumante *adj.* Referido a lo que hace espuma, en especial algunos tipos de vinos: *La champaña es una bebida espumante.*

espumoso, sa *adj.* Aplicado a lo que hace o tiene mucha espuma: *El cantinero le sirvió un espumoso tarro de cerveza al sediento viajero.*

239

ESP

esputo m. Moco que se escupe por la boca: *El señor carraspeó y lanzó un esputo al suelo.* Sin. **escupitajo, gargajo.**

esqueje m. Brote tierno de una planta que se introduce en tierra para que dé origen a un nuevo tallo: *La mujer cortó un esqueje de esa planta y lo sembró en una maceta para que crezca otra planta igual a la primera.*

esquela f. **1.** Notificación de la muerte de una persona, que se envía a varias personas o se publica en un diario: *La familia del escritor famoso mandó publicar una esquela en el diario para que toda la gente supiera que había muerto.* **2.** Carta breve: *Como debía partir de inmediato, dejó una esquela a su novia indicando el motivo de su viaje.*

esquelético, ca adj. **1.** Relativo a los huesos del cuerpo: *Los paleontólogos hallaron unas piezas esqueléticas que pertenecieron a un animal prehistórico.* **2.** Fam. Se aplica a la persona que es tan delgada que se le notan los huesos por debajo de la piel. Sin. **escuálido, flaco.** Ant. **obeso, gordo.**

esqueleto m. **1.** Conjunto de huesos y partes duras que sostienen el cuerpo humano o el de un animal: *En clase de anatomía utilizamos un esqueleto humano para estudiar los huesos y sus nombres.* Sin. **osamenta.** **2.** Armazón o armadura que sostiene una cosa: *El esqueleto de ese edificio es de hierro y está cubierto de cemento y vidrios obscuros.* **3.** Colomb., C. Rica, Guat., Méx. y Nicar. Papel escrito y con espacios en blanco que se rellenan con información. Sin. **machote.**

esquema m. **1.** Dibujo sencillo, hecho con líneas y signos, que se usa para representar algo: *Les di a mis amigos un esquema con la ubicación de mi casa para que supieran cómo llegar.* Sin. **esbozo.** **2.** Cuadro o resumen en el que se anotan solamente los puntos más importantes de un tema. Sin. **apunte.**

esquemático, ca adj. Se refiere al dibujo o escrito sencillo que se usa para representar o apuntar los puntos principales de algo: *No es necesario que dibujes los detalles del mapa, sólo haz un dibujo esquemático de los cinco continentes.*

esquí m. **1.** Plancha larga y estrecha de madera, metal u otro material, que se usa para deslizarse sobre la nieve o el agua: *Laura se ajustó los esquíes a las botas antes de bajar por la pista de nieve.* **2.** Deporte practicado sobre tablas llamadas esquíes sujetas a los pies: *El esquí se practica en los lugares donde hay nieve o en las montañas nevadas.* **3.** loc. ~ acuático, deporte que se practica sobre el agua usando el deportista unas tablas llamadas esquíes sujetas a los pies y siendo remolcado por una lancha de motor a la que se une con una cuerda: *El esquí acuático se practica en el mar y en algunos lagos.*

esquiador, ra m. y f. Persona que practica el deporte del esquí: *Los esquiadores bajan a gran velocidad por la rampa nevada, dan un salto largo y alto, y tratan de caer de pie para ganar la prueba.*

esquiar vb. irreg. {intr.} Modelo 9. Deslizarse sobre la nieve o el agua usando esquíes: *Este invierno esquiaremos en aquella montaña nevada.*

esquife m. Bote que se lleva en el barco y que se usa para llegar a tierra: *El barco ancló a la entrada de la bahía y los marineros usaron el esquife para llegar a la playa.*

esquila f. Hecho de cortar la lana o el pelo de un animal, y temporada en que esta acción se lleva a cabo: *La esquila de la oveja se hace al terminar el invierno.*

esquilar vb. {tr.} Cortar el pelo o lana de un animal: *Se esquila a las ovejas para aprovechar la lana y para que estos animales se sientan frescos durante la primavera y el verano.*

esquimal adj./m. y f. Originario de un pueblo de raza mongólica que habita en zonas del extremo norte de la Tierra, en el Continente Americano y Groenlandia: *Los esquimales son expertos en el entrenamiento de perros que utilizan para tirar de sus trineos.*

esquimal m. Idioma hablado por los esquimales.

esquina f. **1.** Lugar donde se unen dos partes de algo, en especial la que resulta del encuentro de las paredes de una construcción: *En una esquina de la sala hay un sofá y una lámpara para sentarse a leer.* Sin. **ángulo, arista.** **2.** Lugar donde se cruzan dos calles o caminos: *En la esquina hay un semáforo.*

esquinera f. o **esquinero** m. Amér. Mueble que se coloca en un rincón o esquina de una habitación. Sin. **rinconera.**

esquirla f. Trozo pequeño y puntiagudo que se desprende de un hueso, piedra, madera u otro material: *La enfermera guardaba las esquirlas de hueso roto que el médico iba sacando al operar al accidentado.* Sin. **astilla.**

esquite m. C. Rica, Hond. y Méx. Grano de maíz tostado o hervido que se come con algún condimento.

esquivar vb. {tr.} Hacerse a un lado para evitar algo: *Con un movimiento rápido pude esquivar el balón que venía hacia mi cara.* Sin. **rehuir, eludir.**

esquivo, va adj. Que evita el trato con la gente: *Su actitud esquiva me hizo pensar que ya no quería verme más.* Sin. **huraño, arisco.** Ant. **sociable.**

estabilidad f. Capacidad de un cuerpo de mantener el equilibrio: *Emilio es trapecista y debe mantener la estabilidad cuando trabaja en el circo.* Sin. **equilibrio, firmeza.**

estabilizar vb. irreg. {tr. y prnl.} Modelo 16. Hacer que algo mantenga el equilibrio o la constancia: *La mesa estaba débil pero se estabilizó después de que metí un clavo nuevo en cada pata.*

estable adj. Se aplica a lo que no se mueve, lo que se mantiene sin cambios bruscos: *El noviazgo de Ana y Julián es muy estable, creo que pronto se casarán.* Sin. **firme, seguro.** Ant. **inestable, inseguro.**

establecer vb. irreg. {tr. y prnl.} Modelo 39. **1.** Crear algo en un lugar: *Ellos establecieron su tienda junto a una carnicería del mercado.* Sin. **fundar, instalar.** **2.** Disponer, ordenar: *La carta de derechos de los niños establece que todos los niños y niñas deben tener la oportunidad de estudiar.* Sin. **decretar.** **3.** Fijar uno su lugar de residencia en alguna parte: *Mi primo irá a establecerse a España porque le ofrecieron un nuevo empleo en ese país.*

establecimiento m. **1.** Hecho de crear algo en un lugar o de fijar el principio de algo: *Llegar al establecimiento de los acuerdos de paz entre esos dos países llevó varios meses.* **2.** Lugar donde se ejerce una industria, una profesión o una actividad comercial: *Han abierto un nuevo establecimiento comercial en la planta baja de ese edificio.* Sin. **empresa, comercio, tienda.**

establo *m.* Lugar cubierto donde se encierra el ganado: *Las vacas y los caballos duermen en el* **establo** *y durante el día salen al campo.* SIN. **caballeriza, cuadra.**

estaca *f.* Palo con punta en uno de sus extremos y que se clava: *La vaca tiró una de las* **estacas** *de la valla.*

estacar *vb. irreg.* {tr. y prnl.} **Modelo 17. 1.** Atar un animal a una estaca para que no se vaya: *El niño estacó la cabra para que no se escapara.* **2.** *Amér. C. y Amér. Merid.* Extender alguna cosa sujetándola con estacas. **3.** *Colomb., C. Rica. y Méx.* Clavarse una astilla.

estacazo *m.* Golpe dado con un palo grueso o estaca: *El pastor dio un* **estacazo** *al lobo que atacó a la oveja.* SIN. **garrotazo.**

estación *f. 1.* Temporada en que sucede algo: *Durante la* **estación** *de lluvias, todos los días llueve.* SIN. **tiempo, periodo. 2.** Cada uno de los cuatro periodos en que se divide el año: *Las* **estaciones** *del año son primavera, verano, otoño e invierno.* **3.** Lugar donde paran los trenes o los autobuses para que se suban o bajen los pasajeros o las mercancías: *El abuelo subió al tren y nosotros nos quedamos en la* **estación** *diciéndole adiós.* SIN. **terminal, parada. 4.** loc. ~ **de servicio,** lugar que está junto a una carretera, donde se vende nafta o gasolina y alimentos, hay baños y otros servicios necesarios para las personas que viajan: *Se detuvieron en una* **estación de servicio** *para ir al baño y comprar comida, luego continuaron su viaje.*

estacionamiento *m. 1.* Hecho de dejar un vehículo detenido y acomodado en un lugar: *En esta calle está prohibido el* **estacionamiento. 2.** Lugar destinado a dejar un vehículo detenido y acomodado: *Han construido un nuevo* **estacionamiento** *en el aeropuerto, tiene varios pisos y caben muchos vehículos.*

estacionar *vb.* {tr. y prnl.} **1.** Dejar un vehículo detenido y acomodado en un lugar: *Dimos vueltas por varias calles y no encontramos un lugar para* **estacionar** *el automóvil.* SIN. **aparcar. 2.** Quedarse algo estancado, dejar de progresar: *El agua* **se ha estacionado** *en ese pozo y ya comienza a oler mal.*

estacionario, ria *adj.* Se aplica a lo que permanece fijo, estancado o sin cambios: *El enfermo continúa en estado* **estacionario,** *no empeora pero tampoco está sanando.*

estadía *f.* Periodo que se permanece en un lugar. SIN. **estancia.**

estadio *m. 1.* Lugar destinado a competencias deportivas, con gradas para que el público se siente: *El próximo domingo iré al* **estadio** *a ver la carrera.* **2.** Grado de desarrollo de un proceso: *El crecimiento del ser humano puede dividirse en varios* **estadios** *desde que es bebé hasta que envejece.* SIN. **fase, etapa.**

estadista *m.* y *f.* Persona que ejerce un cargo político: *Para resolver los problemas políticos, económicos y sociales, se necesitan* **estadistas** *honestos y responsables.* SIN. **gobernante, político.**

estadística *f. 1.* Ciencia cuyo objeto es reunir información sobre hechos de un mismo tipo para poder expresarlos con números: *Las encuestas, censos y conteos son métodos que la* **estadística** *emplea para reunir datos.* **2.** Grupo de informaciones sobre hechos de un mismo tipo expresadas en números: *Según las* **estadísticas,** *el diez por ciento de la población de este pueblo viaja a otras ciudades para trabajar.* SIN. **censo, padrón, registro.**

estadístico, ca *adj.* Relativo a la estadística: *Las autoridades solicitaron un análisis* **estadístico** *del crecimiento de la población en los últimos años.*

estado *m. 1.* Situación en que está una persona o cosa: *La casa se encuentra en mal* **estado** *porque hace años que nadie vive en ella.* **2.** Modo en que puede estar un cuerpo: *Los tres* **estados** *de la materia son: sólido, líquido y gaseoso.* **3.** Conjunto de los órganos de gobierno de una nación: *Elvira trabaja en una oficina del* **Estado.** SIN. **gobierno, administración, poder. 4.** Territorio o población correspondiente a una nación: *Este país tiene buenas relaciones con sus* **estados** *vecinos.* SIN. **nación, país. 5.** loc. ~ **civil,** clase o condición de una persona en el orden social: *El* **estado civil** *de mi padre es casado, y mi* **estado civil** *es soltero.*

estadounidense o **estadunidense** *adj./m.* y *f.* Originario de los Estados Unidos de Norteamérica: *Nueva York es una ciudad* **estadounidense.**

estafa *f.* Engaño por el que alguien se apropia de un bien ajeno: *Ese hombre cometió una* **estafa** *cuando vendió una casa que en realidad no existe.* SIN. **fraude, timo.**

estafador, ra *m.* y *f.* Persona que se apodera de un bien ajeno por medio del engaño: *Los* **estafadores** *son ladrones que, en lugar de asaltar, engañan a la gente para quitarle dinero o cosas.* SIN. **timador, tramposo.**

estafar *vb.* {tr.} Obtener dinero o cosas de valor con engaño o ánimo de no pagar: *El carnicero me* **estafó,** *me dio carne de mala calidad y me la cobró como si fuera la mejor.* SIN. **engañar, timar.**

estafeta *f.* Oficina de correos en la que se despachan y reciben cartas y paquetes: *Lucio fue a la* **estafeta** *porque quería enviar una caja con regalos a su madre que vive en otra ciudad.* SIN. **correo.**

estalactita *f.* Materia sólida que cuelga del techo de una caverna y que termina en punta hacia abajo: *Las* **estalactitas** *se forman por la filtración de agua de la tierra.*

estalagmita *f.* Material sólido que se forma en el suelo de una caverna y que termina en punta hacia arriba: *Las estalactitas y* **estalagmitas** *de esa cueva se han juntado formando columnas.*

estallar *vb.* {intr.} **1.** Romperse o reventar de golpe una cosa haciendo un fuerte ruido: *Cuando* **estalló** *un depósito de gas en la industria, se rompieron los vidrios de varias casas que están cerca.* SIN. **explotar, detonar. 2.** Sobrevenir algo de forma repentina: *La desgracia de María* **estalló** *cuando murió su esposo en un accidente.* **3.** Manifestar un sentimiento de repente y de manera violenta: *Estaba tan asustada que* **estalló** *en llanto sin poder explicar lo que sucedía.*

estambre *m. 1.* Hebra larga hecha de lana o de otras fibras: *Noemí fue a comprar* **estambre** *rojo para tejer un suéter.* SIN. **lana. 2.** Órgano reproductor masculino de algunas flores en el que se encuentra el polen: *Cuando la abeja camina sobre los* **estambres** *de la flor, el polen se adhiere a sus patas.*

estampa *f. 1.* Figura impresa sobre un papel: *La niña tiene un libro con muchas* **estampas** *de dinosaurios.* SIN. **grabado, lámina. 2.** *Fam.* Arte de reproducir textos e ilustraciones sobre papel, de tal manera que puedan obtenerse muchas copias. **3.** *Fam.* Apariencia, figura: *El hombre tenía* **estampa** *de cansancio porque no había dormido durante tres días.*

estampado, da *adj.* Se aplica a la tela o tejido adornado con figuras de colores que se imprimen sobre el fondo liso: *Compró una tela estampada con flores para hacer un mantel.*

estampar *vb.* {tr., intr. y prnl.} **1.** Reproducir textos o ilustraciones sobre papel, de tal manera que puedan obtenerse muchas copias: *El arquitecto mandó estampar unas tarjetas con su nombre y dirección.* **2.** Dejar huella una cosa en otra: *Daniel ha estampado la suela de su zapato al pisar la tierra húmeda.* **3.** *Fam.* Arrojarse, chocar o lanzar algo contra una cosa: *El automóvil se estampó contra el árbol y por fortuna no hubo heridos.*

estampida *f.* Carrera rápida de un grupo de animales o personas que huen de algo: *Las vacas escucharon los disparos y salieron en estampida rompiendo la valla que las rodeaba.*

estampido *m.* Ruido fuerte: *El estampido del globo que explotó asustó al niño.*

estampilla *f.* *Amér.* Trozo pequeño de papel que se usa como señal de pago de algún derecho fiscal o del costo de un envío por correo: *Metió la carta en el sobre, escribió el nombre y la dirección, le pegó una estampilla y la llevó al correo.* **SIN. timbre, sello.**

estancar *vb. irreg.* {tr. y prnl.} **Modelo 17.** Detener o detenerse el movimiento de una cosa: *Al llegar al llano, el agua del río se estancó y formó un lago grande y de poca profundidad.*

estancia *f.* **1.** Habitación de una casa: *La sala es la estancia donde mi familia convive.* **SIN. cuarto. 2.** Permanencia en un lugar durante un tiempo: *Durante mi estancia en el extranjero, un amigo cuidó a mi gato.* **SIN. estadía. 3.** *Amér. Merid.* Establecimiento que está en el campo, destinado especialmente a la ganadería y la agricultura. **SIN. hacienda, rancho, hato. 4.** *Cuba, R. Dom. y Venez.* Casa de campo con huerto, cercana a la ciudad.

estanciero *m.* *Amér. Merid.* Dueño o encargado de una estancia o finca agrícola y ganadera. **SIN. ganadero, hacendado, ranchero.**

estándar *adj.* Aplicado a lo que está unificado respecto a un modelo: *Las tiendas venden ropa de medidas estándar, por eso fui con una costurera para que me haga un vestido con mi medida exacta.*

estandarte *m.* Bandera que usan algunas corporaciones y los cuerpos militares que van montados a caballo: *El jinete lleva un estandarte rojo y amarillo que distingue a su compañía.* **SIN. insignia.**

estanque *m.* Depósito artificial de agua: *En el parque hay un estanque con peces de colores.*

estanquillo *m.* **1.** *Ecuad.* Establecimiento donde se venden vinos y licores para beber allí. **SIN. taberna. 2.** *Méx.* Establecimiento pequeño donde se venden algunos productos de uso cotidiano como fósforos, cigarrillos, jabón, etc. **SIN. tienda.**

estante *m.* Tabla horizontal que forma parte de un mueble o está pegada a la pared: *Puse el adorno nuevo en el estante de la sala.* **SIN. repisa.**

estantería *f.* Mueble formado por varias tablas horizontales dispuestas a cierta distancia una arriba de otra: *Yamil guarda sus libros y sus juguetes en la estantería que está en su dormitorio.*

estaño *m.* Metal blanco y blando de número atómico 50 y símbolo Sn: *Para unir esos dos alambres usaron soldadura de estaño.*

estaqueadero *m.* *Amér. Merid.* Lugar donde se ponen pieles de animales estiradas y sujetas por estacas para que se sequen con el aire.

estaquear *vb.* {tr.} *Argent. y Urug.* Estirar el cuero o la piel de un animal fijándola al piso con estacas.

estar *vb. irreg.* {intr. y prnl.} **Modelo 2. 1.** Hallarse una persona o cosa en un lugar o situación: *Marcela ha estado en su casa toda la tarde.* **2.** Tener algo en un determinado momento la calidad expresada por un adjetivo: *La calle está sucia porque no la hemos limpiado.* **3.** Señala un valor, cantidad, etc.: *Las naranjas están muy caras.* **4.** Expresarse a favor de algo o alguien. **5.** *loc.* ~ **de**, encontrarse haciendo una cosa: *Mañana estaremos de fiesta porque se va a casar mi hermano.* **6.** *loc.* ~ **de más**, salir sobrando una persona o cosa: *Hay palabras que están de más en tu trabajo, creo que debes revisarlo y corregirlo.* **7.** *loc.* ~ **en algo**, encontrarse enterado u ocupado en un asunto o cosa: *No se preocupe por la construcción de su casa, estamos en eso.* **8.** *loc.* ~ **para**, encontrarse dispuesto a algo. **9.** *loc.* ~ **por**, acercarse el momento en que algo va a suceder: *No te impacientes, ya estamos por llegar a la casa.*

estatal *adj.* Relativo al estado: *Los gastos estatales se pagan con el dinero de los impuestos.*

estática *f.* Parte de la mecánica que estudia las leyes del equilibrio.

estático, ca *adj.* **1.** Se aplica a lo que no presenta cambios y permanece en un mismo estado: *Las estatuas son los objetos estáticos que adornan este jardín y los gansos son los adornos con movimiento.* **2.** Se aplica al que se queda detenido por el asombro: *Cuando recibió la noticia de que se había ganado el premio de la lotería, el hombre se quedó estático.*

estatua *f.* Escultura que representa una figura humana: *Vi una exposición de estatuas que estaban hechas de piedra, madera, metal, mármol, y casi todas representaban a mujeres.* **SIN. escultura.**

estatura *f.* Altura de una persona, considerada desde los pies hasta la cabeza: *Elena mide un metro cincuenta centímetros de estatura.*

estatus *m.* Posición social: *Esa familia elevó su estatus cuando su hija se casó con un empresario rico.*

estatuto *m.* Conjunto de normas que rigen la organización y vida de una comunidad: *El estatuto de la escuela establece que los alumnos deben llevar uniforme.* **SIN. reglamento.**

este *m.* Punto cardinal por donde sale el Sol: *El Océano Atlántico está al este de América.* **SIN. oriente.**

este, esta, estos, estas *adj.* Adjetivos demostrativos que designan lo que está más cerca en el espacio o en el tiempo con respecto a la persona que habla: *Este domingo iremos a pescar y el siguiente domingo iremos a la playa.*

éste, ésta, esto, éstos, éstas *pron.* **1.** Pronombres demostrativos que corresponden al adjetivo anterior y señalan lo que está más cerca de la persona que habla: *Aquel caballo que anda en la loma es más viejo que éste.* **2.** *loc.* **En esto,** mientras algo sucede: *Estábamos sentadas en el cine y, en esto, oímos pasar un helicóptero.*

estela *f.* Rastro que deja en el agua una embarcación, o en el aire un cuerpo luminoso: *La estela del barco es una línea de espuma sobre el agua.* **SIN. huella, señal.**

estelar *adj.* **1.** Relativo a las estrellas o astros: *Los astrónomos usan telescopios para observar el comportamiento estelar.* **2.** *Fam.* Se aplica a lo más importante: *Mi amiga fue la actriz estelar en la obra de teatro de la escuela.* SIN. **principal.**

estentóreo, a *adj.* Se aplica a lo que es muy fuerte, ruidoso o retumbante: *Para llamar la atención de la multitud el hombre dio un grito estentóreo y todos callaron.*

estepa *f.* Terreno llano y extenso, con poca vegetación: *Las estepas son terrenos secos, con poca vegetación, en los que es muy difícil sobrevivir.*

estera *f.* Tejido grueso, hecho de esparto, junco u otro material, que sirve para cubrir el suelo: *Algunos campesinos duermen sobre esteras que colocan en el suelo.* SIN. **tapete.**

estercolero *m.* Lugar donde se recoge y amontona el excremento de los animales: *El estercolero huele a excremento de vaca.*

estereofonía *f.* Técnica de reproducción del sonido, caracterizada por la reconstitución espacial de las fuentes sonoras.

estereofónico, ca *adj.* Relativo a la técnica de reproducción de sonidos, con la cual se logra la impresión de que el sonido sale de varias partes a la vez: *A Pedro y Lucrecia les gusta ir a ese cine porque además de que proyectan muy buenos filmes, tiene sonido estereofónico.*

estereoscopio *m.* Instrumento parecido a un binocular que tiene dos lentes para mirar al mismo tiempo con los dos ojos, en el que se colocan dos imágenes planas e iguales que, al mirarlas con este aparato, se sobreponen una a la otra y dan la sensación de relieve: *Al mirar estas fotografías con el estereoscopio, se ve con mucha claridad cuáles son las personas que están cerca y cuáles las que están lejos.*

estereotipo *m.* *Fam.* Concepción simplificada y aceptada de manera común que se tiene acerca de alguien o algo: *El estereotipo del hombre indica que debe ser fuerte, audaz y valiente, aunque muchos hombres, en realidad, son sensibles, tímidos y tranquilos.*

estéril *adj.* **1.** Se dice del que no puede tener hijos: *Cuando Diana supo que era estéril tomó la decisión de adoptar un hijo.* **2.** Se refiere a lo que no da fruto o no produce un resultado: *Por efecto de la erosión, aquellas tierras ahora son estériles; no ha de pena sembrar nada porque no crecería.* SIN. **improductivo. 3.** Referido a lo que está libre de los gérmenes que pueden producir enfermedades: *Las heridas se tapan con gasas estériles para evitar que se infecten.*

esterilizar *vb. irreg.* (tr. y prnl.) **Modelo 16. 1.** Hacer que algo o alguien pierda su capacidad de dar fruto, de reproducirse o de producir un resultado: *El veterinario esterilizó a la gata para que ya no pueda tener cachorros.* **2.** Destruir los gérmenes que pueden producir enfermedades: *Los médicos y dentistas esterilizan sus instrumentos inmediatamente después de haberlos utilizado para evitar el contagio de enfermedades entre las personas.*

esterilla *f.* *Argent., Chile, C. Rica, Ecuad. y Urug.* Tejido en forma de rejilla parecido a la del cañamazo o tela de hilos dobles que se emplea para bordar.

esternocleidomastoideo *m.* Músculo del cuello: *El esternocleidomastoideo une la clavícula con la cabeza y permite los movimientos del cuello.*

esternón *m.* Hueso plano situado en el centro del pecho: *Las costillas nacen en la columna vertebral y se unen por delante en el esternón.*

estero *m.* **1.** Zona de la costa que se inunda durante la marea alta. **2.** Terreno bajo y pantanoso cubierto de hierbas. SIN. **ciénaga, pantano. 3.** *Chile y Ecuad.* Río pequeño por el que corre poca agua. SIN. **arroyo.**

estertor *m.* Respiración difícil propia de los moribundos: *El príncipe herido, entre estertores, pronunció el nombre de su amada y murió.*

estética *f.* **1.** Ciencia que trata de la belleza en el arte y en la naturaleza: *En este artículo de estética se habla de los sentimientos que la naturaleza despierta en nosotros.* **2.** *Méx.* Lugar donde se aplican tratamientos de belleza, se hacen cortes de cabello, se arreglan y pintan las uñas, etc.

esteticista *m. y f.* Especialista en tratamientos y técnicas para el embellecimiento corporal: *El esteticista le recomendó que se operara la nariz para que se vea más bonita.*

estético, ca *adj.* **1.** Relativo a la ciencia que trata de la belleza en el arte y en la naturaleza: *La arquitectura antigua tenía un sentido estético muy diferente del actual.* **2.** Se dice de lo que es bello o artístico: *Estos sofás, además de estar cómodos, son muy estéticos, pues decoran la casa con sus vivos colores.* **3.** loc. **Cirugía ~,** operación quirúrgica que se realiza para el embellecimiento corporal: *A Diana le hicieron una cirugía estética para quitarle de la cara una fea cicatriz.*

estetoscopio *m.* Instrumento que usan los médicos para escuchar los sonidos del corazón y del pecho de un paciente: *El estetoscopio tiene dos tubos de metal que el médico se coloca en las orejas, estos tubos están unidos a un tubo flexible que termina en una pieza de forma redonda y plana, que se apoya en el pecho del paciente.*

estibador *m.* Hombre que trabaja acomodando la carga de un barco: *Los estibadores están subiendo los sacos de harina a la embarcación.* SIN. **cargador.**

estibar *vb.* (tr.) Acomodar de manera conveniente la carga que transportará un barco: *Para estibar la carga no sólo se necesita ser fuerte, hay que saber dónde colocarla para no causar un accidente por mala distribución del peso sobre el barco.* SIN. **cargar.**

estiércol *m.* **1.** Excremento de los animales: *El joven limpia el corral y recoge con una pala el estiércol de las vacas.* SIN. **guano. 2.** Mezcla de excrementos y restos vegetales que se usa para enriquecer la tierra de cultivo: *En el campo, el estiércol se usa para abonar la tierra.*

estigma *m.* **1.** Marca o señal permanente que está en el cuerpo desde el nacimiento o queda después de haber recibido un golpe o tener una herida: *Ese lunar en la nariz es el estigma de la familia del rey.* SIN. **huella, cicatriz. 2.** Parte superior del pistilo de la flor, que recibe el polen proveniente de los estambres: *El estigma de las azucenas y otras flores está cubierto por una substancia viscosa, para que el polen se adhiera mejor.*

estigmatizar *vb. irreg.* **Modelo 16.** Señalar o condenar a alguien: *Esa persona cometió un grave error en su juventud y desde entonces lo han estigmatizado como una persona deshonesta, aunque no ha cometido otro delito.*

estilar *vb.* (tr., intr. y prnl.) Estar de moda o tener la costumbre de usar o hacer algo: *Ahora ya no se*

estila usar sombrero, y antes no se **estilaba** salir a la calle sin sombrero.

estilete m. **1.** Especie de cuchillo de hoja muy estrecha y punzante: El bandido amenazó con un **estilete** al muchacho a quien estaba asaltando. Sin. **puñal, daga.** **2.** Instrumento filoso que usan los cirujanos para operar: El doctor pidió el **estilete** a la enfermera que lo ayudaba durante la cirugía.

estilizar vb. irreg. [tr.] **Modelo 16.** Interpretar la forma de un objeto, haciendo resaltar tan sólo sus rasgos elementales: Esta escultura representa una mujer **estilizada**, por eso no tiene rostro y su cuello, brazos y piernas son más largos de lo normal.

estilo m. **1.** Instrumento con punta que se usaba antes para escribir sobre tablillas de piedra caliza. **2.** Modo o manera en que alguien hace algo: Sara tiene un **estilo** especial para vestirse, siempre usa ropa de flores con colores brillantes. Sin. **forma.** **3.** Conjunto de características propias de una obra, un artista, un género, una época o un país: Esa catedral está construida en **estilo** gótico. **4.** loc. **Por el ~,** indica que algo es parecido a otra cosa que se menciona: El programa se llamaba "Una aventura increíble" o algo **por el estilo**, ya no recuerdo el nombre exacto.

estilográfica adj./f. Relativo o perteneciente al instrumento de escritura con un mango que contiene un depósito de tinta: El abogado usó su **estilográfica** para firmar los documentos.

estima f. Sentimiento que se tiene hacia algo que nos gusta o alguien cuya forma de ser nos agrada: A este viejo reloj le tengo mucha **estima** porque me lo regaló mi abuelo. Sin. **afecto, aprecio.**

estimable adj. Se refiere a lo que destaca por su importancia o por su valor: Como regalo de cumpleaños recibió una cantidad **estimable** de dinero y piensa ocuparlo en un viaje. Sin. **apreciable.**

estimación f. **1.** Valoración que se hace de una cosa: El ingeniero entregó a mi padre una **estimación** de los gastos de la nueva casa que van a construir para nosotros. **2.** Aprecio o aceptación de algo o alguien: La obra de teatro se ha ganado la **estimación** de los críticos, quienes hablan muy bien de ella.

estimar vb. [tr.] **1.** Dar valor a algo o apreciar algo por su valor: "Estimo la ayuda que me diste cuando tuve problemas." **2.** Juzgar o creer algo a partir de ciertos datos: El jardinero **estimó** que del árbol nacerán manzanas dentro de un año. **3.** Sentir afecto por alguien: "Te **estimo** porque eres una persona amable y honesta."

estimular vb. [tr.] **1.** Animar a alguien a una cosa: El maestro **estimuló** al niño para que escribiera un cuento. Sin. **animar, alentar.** Ant. **desalentar. 2.** Avivar una actividad, operación o función: El médico le recomendó a mi madre que hiciera ejercicios que **estimulen** su circulación sanguínea.

estímulo m. Impulso que provoca un movimiento o una acción: Aunque no era el mejor alumno, Federico logró terminar sus estudios gracias al **estímulo** de sus padres. Sin. **aliciente.**

estío m. Estación más caliente del año: Los poetas llaman **estío** al verano. Sin. **verano.**

estipendio m. Dinero que se obtiene como pago por haber trabajado: Pablo consiguió un trabajo en el que le pagan un buen **estipendio.** Sin. **sueldo, salario.**

estiptiquez f. Amér. C., Chile, Colomb., Ecuad. y Venez. Dificultad para defecar. Sin. **estreñimiento.**

estipulación f. Acuerdo o pacto hablado: Entre otros asuntos que se trataron en la reunión, estuvo la **estipulación** de un nuevo horario de trabajo.

estipular vb. [tr.] Hacer un acuerdo o pacto: Las autoridades **estipularon** que no habrá un alza en los precios de la leche durante los próximos dos años. Sin. **convenir, concertar.**

estirado, da adj. Fam. Se dice de la persona que se cree mejor que los demás: Ella es una chica **estirada** que habla sólo con la gente que tiene dinero. Sin. **orgulloso.**

estirar vb. [tr. y prnl.] **1.** Alargar una cosa tirando de sus extremos: **Estira** bien la cuerda para que la ropa colgada no toque el suelo. Sin. **extender.** Ant. **encoger. 2.** Desentumecerse, extender las partes del cuerpo, por lo general después de estar quieto un rato o dormir: Todas las mañanas, cuando me despierto, me **estiro** antes de levantarme. **3.** loc. Fam. **~ la pata,** morirse: El viejo caballo de mi abuelo ya **estiró la pata.**

estirón m. **1.** Acción de alargar algo tirando de sus extremos: Como el perro quería correr, el amo le dio un **estirón** a la correa para obligarlo a quedarse quieto. Sin. **tirón. 2.** Crecimiento repentino de alguien: Mi primo dio un **estirón** en este año, era más bajo y ahora está mucho más alto que yo.

estirpe f. Raíz y tronco de una familia: Estaba vestido como un pobre, pero en realidad era un hombre de **estirpe** aristocrática.

estival adj. Relativo al verano: En la temporada **estival** muchas personas van de vacaciones al mar.

estocada f. Golpe que se da con la punta de la espada y herida que produce: El toro recibió la **estocada** que le dio el torero.

estofado m. Guiso de carne cocida a fuego lento y condimentada con especias.

estoicismo m. Fam. Fortaleza y dominio de los sentimientos: Los rehenes soportaron con **estoicismo** la falta de alimentos durante el secuestro. Sin. **austeridad.**

estoico, ca adj. Fam. Se aplica a la persona que muestra una gran fortaleza en el dominio de sus sentimientos: Aunque lo amaba, Laura rechazó **estoica** al hombre que la había engañado con otra mujer.

estola f. **1.** Prenda de vestir parecida a la túnica, usada por los antiguos griegos y romanos. **2.** Prenda de vestir femenina, parecida a una bufanda pero más ancha, hecha de piel o de otro material.

estoma m. Cada una de las aberturas microscópicas de la epidermis de las hojas o partes verdes de una planta.

estomacal adj. Relativo al estómago: Doña Filomena sólo puede comer carnes asadas y verduras cocidas porque tiene problemas **estomacales** y la comida grasosa le hace daño.

estómago m. Órgano en forma de bolsa donde se digieren los alimentos, que es parte del aparato digestivo: El **estómago** está situado entre el esófago y el duodeno.

estonio m. Idioma que se habla en Estonia: El **estonio** es una lengua ugrofinesa.

estonio, nia adj./m. y f. Originario de Estonia, país de Europa Oriental: Los **estonios** formaron parte de la Unión Soviética durante un largo periodo del siglo xx.

estopa *f.* Hilo rústico, de color blanco, sobrante del lino, del cáñamo o del algodón: *La estopa se hace con hilos enredados y se usa para limpiar, pulir y rellenar muñecos.*

estoque *m.* Espada estrecha, afilada sólo en la punta: *El torero mata al toro con el estoque.* Sin. **espada.**

estorbar *vb.* (tr.) **1.** Obstaculizar la ejecución de una cosa: *La niebla estorbaba la visión de la carretera y los vehículos se detuvieron porque no podían avanzar así.* **2.** Causar molestias o incomodidad: *La música muy alta estorba a las personas que estudian.*

estorbo *f.* Cosa que molesta o que obstaculiza la ejecución de algo: *Ese juguete tirado a mitad de las escaleras es un estorbo, porque alguien podría caerse si tropiezan con él.*

estornino *m.* Pájaro de plumaje obscuro con reflejos verdes y blancos, fácil de domesticar: *El estornino es un pájaro que come insectos.*

estornudar *vb.* (intr.) Arrojar de manera violenta y ruidosa el aire de los pulmones por la boca y la nariz: *Cuando estornudamos es imposible mantener los ojos abiertos.*

estornudo *m.* Salida violenta y ruidosa del aire de los pulmones por la boca y la nariz.

estrabismo *m.* Defecto de la vista que hace que un ojo mire en distinta dirección que el otro: *Ese joven padece estrabismo, cuando me ve uno de sus ojos se dirige a mí y el otro se dirige hacia abajo.*

estrado *m.* Construcción de madera que sirve para poner en un lugar más alto que el piso un trono o la mesa de un acto solemne: *El poeta subió al estrado para que todo el público pudiera verlo y recitó varios poemas de su nuevo libro.* Sin. **tarima.**

estrafalario, ria *adj. Fam.* Se dice de lo que es raro o poco común: *Era un hombre estrafalario que usaba pantalones cortos, zapatos verdes, chaleco amarillo y sombrero de copa.* Sin. **extravagante, estrambótico.**

estrago *m.* Destrucción: *El terremoto causó estragos en la ciudad, varios edificios se derrumbaron.* Sin. **daño, catástrofe.**

estragón *m.* Planta aromática que se usa como condimento.

estrambótico, ca *adj. Fam.* Se refiere a lo que es raro o poco común: *Liliana llegó a la fiesta con un vestido estrambótico que le daba apariencia de bruja.* Sin. **extravagante, estrafalario.**

estrangulación *f.* Hecho de impedir la respiración oprimiendo el cuello: *La policía determinó que el hombre había muerto por estrangulación porque tenía horribles marcas en el cuello.*

estrangulador, ra *adj./m. y f.* Relativo a la persona que mata a otros oprimiéndoles el cuello hasta que no pueden respirar más: *Por fin atraparon al estrangulador que había asesinado a varias personas.*

estrangular *vb.* (tr. y prnl.) Ahogar a una persona o animal apretándole el cuello: *Las boas constrictoras estrangulan a sus presas apretándolas hasta asfixiarlas.*

estratagema *f.* Engaño o trampa que se hace con inteligencia para obtener algo: *Javier inventó una estratagema para que Ana aceptara salir con él y ella cayó en la trampa.* Sin. **ardid, astucia, artimaña.**

estrategia *f.* Habilidad para dirigir un asunto hasta conseguir el objetivo propuesto: *El ajedrecista utilizó la estrategia de sacrificar a la reina para ganar el juego.* Sin. **táctica, maniobra.**

estratégico, ca *adj.* Relativo a la estrategia: *El fotógrafo se colocó en un lugar estratégico desde el que podía ver todo lo que sucedía en la calle.*

estrato *m.* **1.** Cada una de las capas de materiales que constituyen un terreno: *El geólogo analiza los estratos del terreno para determinar si hay petróleo en la zona.* **2.** *loc.* ~ **social**, clase o nivel social al que pertenece una persona.

estratosfera o estratósfera *f.* Zona superior de la atmósfera terrestre, situada entre los doce y los cien kilómetros de altura: *En la estratosfera la temperatura es constante.*

estraza *f.* **1.** Tela rústica o de desecho: *La señora usa trozos de estraza para encerar y pulir sus pisos.* **2.** *loc.* **Papel de ~**, papel áspero y rústico de color grisáceo: *Fabián compró verduras y frutas y se las dieron envueltas en papel de estraza.*

estrechar *vb.* (tr. y prnl.) **1.** Disminuir o ajustar el tamaño de algo: *La modista estrechó el vestido porque estaba demasiado amplio.* Sin. **ceñir. 2.** Aumentar la relación o el cariño entre dos personas: *Las vacaciones que pasó con sus compañeros de escuela ayudaron a estrechar los lazos de amistad entre ellos.* **3.** Abrazar, ceñir con los brazos o las manos: *Los dos amigos se estrecharon las manos al despedirse.*

estrechez *f.* **1.** Escasez de anchura: *Las ciudades antiguas se caracterizan por la estrechez de sus calles.* Ant. **anchura, holgura. 2.** Escasez de los medios necesarios para sobrevivir: *Desde que su papá no tiene trabajo, la familia de Rita ha pasado por muchas estrecheces.* Sin. **aprieto, apuro, pobreza.**

estrecho *m.* Paso angosto en el mar entre dos costas: *El Estrecho de Magallanes es una porción de mar al sur de Argentina y Chile, que comunica al Océano Atlántico con el Pacífico.*

estrecho, cha *adj.* **1.** Se refiere a lo que tiene poca anchura: *Por esa carretera estrecha sólo puede pasar un automóvil a la vez.* Sin. **angosto.** Ant. **ancho. 2.** Se aplica a lo que resulta ajustado o apretado: *Subí dos kilos y el pantalón me queda estrecho.* Ant. **holgado. 3.** Referido a lo que resulta exigente o severo: *Mis padres tienen a mi hermano bajo estrecha vigilancia porque se ha portado mal en las últimas semanas.* **4.** Se dice de una relación fuerte o profunda: *Ellos han llevado una amistad estrecha por más de veinte años.*

estregar *vb. irreg.* (tr. y prnl.) **Modelo 18.** Frotar con fuerza una cosa contra otra para limpiarla o pulirla: *Ella estriega el piso con un cepillo para quitarle la mugre.* Sin. **restregar.**

estrella *f.* **1.** Astro con luz propia: *En las noches claras se pueden ver muchas estrellas.* **2.** Suerte favorable: *Lucía tiene buena estrella, casi siempre consigue lo que desea.* Sin. **destino, sino. 3.** Persona que destaca en su profesión, de manera especial si es artista o deportista: *A las estrellas de cine les gusta vivir con mucho lujo.* **4.** Cualquier objeto o figura que representa a uno de estos cuerpos celestes y que por lo general tiene cinco o puntas o más: *La estrella de David tiene seis puntas.* **5.** *loc.* ~ **de mar**, animal marino que no tiene huesos, cuyo cuerpo es aplanado y tiene cinco brazos o extremidades: *Ramiro encontró una estrella de mar en la playa.* **6.** *loc.* ~ **fugaz**, cuerpo luminoso que atraviesa el cielo y desaparece de manera rápida: *¡Mira, una estrella fugaz acaba de cruzar el cielo!* **7.** loc. pl. **Ver las estrellas** o **ver estrellas** o **ver estrellitas**, sentir dolor fuerte en el cuerpo: *Cuando me caí de la bicicleta me di un golpe tan fuerte que me hizo **ver las estrellas**.*

estrellar *vb.* {tr. y prnl.} **1.** *Fam.* Arrojar con violencia una cosa contra otra, haciéndola pedazos: *Estaba tan enojado que agarró un jarrón y lo **estrelló** contra el piso.* **2.** Chocar o golpearse de manera violenta contra algo: *Un automóvil **se estrelló** contra un árbol del parque.* **3.** Freír huevos de manera que la yema quede entera: *El cocinero **estrelló** dos huevos y al servirlos les puso tomates y cebolla.*

estremecedor, ra *adj.* Se refiere a lo que conmueve o hace temblar: *Lorenzo leyó un cuento **estremecedor** que se trataba de vampiros y fantasmas.*

estremecer *vb. irreg.* {tr. y prnl.} **Modelo 39. 1.** Hacer temblar: *El trueno fue tan fuerte que **estremeció** los vidrios de la ventana.* Sin. **sacudir. 2.** Ocasionar o sufrir un sobresalto: *El triple salto mortal que dio el trapecista **estremeció** a la gente que estaba en el circo.* Sin. **impresionar. 3.** Temblar con movimiento agitado y repentino: *En invierno, al salir de la ducha, **me estremezco** de frío.*

estremecimiento *m.* Hecho de conmoverse o temblar: *Todos sentimos un hondo **estremecimiento** al enterarnos de que había muerto el abuelo de Óscar.*

estrenar *vb.* {tr. y prnl.} **1.** Hacer uso por primera vez de una cosa: *Patricia **estrenó** un vestido para ir a la fiesta.* **2.** Representar por primera vez un espectáculo: *La compañía de teatro **estrenará** hoy una comedia.* Sin. **debutar. 3.** Empezar a desempeñarse en un empleo o darse a conocer en el arte: *Ignacio **se estrenó** como director de cine haciendo un cortometraje.*

estreno *m.* **1.** Hecho de usar por primera vez algo: *Leticia está de **estreno** porque lleva vestido y zapatos nuevos.* **2.** Primera representación en una obra de teatro, filme o espectáculo: *Se han vendido todas las entradas para el **estreno** de la obra de teatro.*

estreñido, da *adj.* Se refiere al que tiene dificultad para defecar: *Estoy **estreñido** porque en los últimos días no he comido ni verduras ni frutas.*

estreñimiento *m.* Dificultad para eliminar excrementos: *Para evitar el **estreñimiento** hay que comer alimentos que contengan fibra como los cereales.*

estreñir *vb. irreg.* {tr. y prnl.} **Modelo 66.** Dificultar o retrasar la eliminación de excremento del cuerpo: *Después de comer arroz es probable **estreñirse.***

estrépito *m.* Ruido fuerte: *El **estrépito** de nuestra fiesta podía oírse desde varias calles antes de llegar a la casa donde estábamos.*

estrepitoso, sa *adj.* Que produce gran cantidad de ruido: *La motocicleta es un vehículo **estrepitoso**, y más aún cuando no tiene puesto un aparato silenciador.*

estrés *m.* **Palabra de origen inglés.** Estado de gran tensión nerviosa causado por la ansiedad o el exceso de trabajo, entre otras cosas: *El médico le recomendó que tomara vacaciones para aliviarse del **estrés**.* Sin. **tensión.**

estría *f.* Surco o raya en forma de línea que tienen algunos cuerpos: *La corteza de este árbol viejo no es lisa, tiene **estrías**.*

estribar *vb.* {intr.} *Fam.* Apoyarse una idea o cosa en otra idea o cosa: *La necesidad de comer verduras y frutas **estriba** en el deseo de conservar una buena salud.* Sin. **consistir.**

estribillo *m.* Verso o conjunto de versos que se repiten al final de cada estrofa de una composición poética o canción: *Guillermo cantaba la canción y sus amigos lo acompañaban coreando el **estribillo**.*

estribo *m.* **1.** Anillo de metal que se encuentra atado por una correa a cada lado de la silla de montar y sobre el cual el jinete apoya el pie: *El jinete puso un pie en el **estribo** para subir al caballo.* **2.** Especie de escalón que tienen ciertos vehículos para subir o bajar: *Está prohibido viajar en el **estribo** del autobús porque es peligroso.* **3.** loc. pl. **Perder los estribos**, impacientarse: *Mi perro es un cachorro desobediente que me hace **perder los estribos**.*

estribor *m.* Lado derecho de una embarcación, mirando hacia el frente: *Si te paras en un barco mirando hacia la dirección en la que se mueve, adelante está la proa, atrás, la popa, a la derecha, **estribor** y a la izquierda, babor.* Ant. **babor.**

estricto, ta *adj.* Se refiere a lo que se ajusta a la ley o al deber sin desviarse en lo absoluto: *Tenemos una maestra **estricta** que nos hace estudiar mucho y no tolera desobediencias.*

estridente *adj.* Se dice del ruido agudo, penetrante y desagradable: *Filomena tiene una voz **estridente** que se escucha desde lejos.*

estrofa *f.* Grupo de versos que forman una unidad en una composición poética o canción: *Sólo recuerdo dos **estrofas** de esta hermosa canción.*

estroncio *m.* Elemento metálico de número atómico 38 y símbolo Sr: *El **estroncio** es un metal amarillo y blando.*

estropajo *m.* Trozo de esparto o de otro material, que sirve principalmente para fregar y limpiar: *La señora friega la cacerola sucia con un **estropajo** mojado y enjabonado.*

estropear *vb.* {tr. y prnl.} **1.** Provocar que una cosa quede dañada o inservible: *Las flores del jardín se **estropearon** con la fuerte lluvia.* **2.** Echar o echarse a perder algo: *Mi resfrío **estropeó** el paseo que pensaba dar durante el fin de semana.*

estropicio *m.* Destrozo o rotura de algo, con mucho ruido: *El gato entró a la cocina perseguido por el perro y entre los dos hicieron un **estropicio**.*

estructura *f.* **1.** Distribución y orden de las distintas partes de un todo: *Estamos estudiando la **estructura** del cuerpo humano y hemos empezado por la cabeza.* **2.** Conjunto de piezas que sirve para sostener una cosa: *El campesino hizo la **estructura** de un espantapájaros con dos palos cruzados.* Sin. **armazón, soporte.**

estructurar *vb.* {tr.} Ordenar las distintas partes de un todo: *El escritor **ha estructurado** su novela en dos partes que contienen diez capítulos cada una.*

estruendo *m.* Ruido muy fuerte: *El **estruendo** de la música no me dejaba oír lo que decía Irma.* Sin. **estrépito.**

estrujar *vb.* {tr.} Apretar una cosa o a una persona: *Mi abuelo me **estruja** cada vez que llego a visitarlo porque le da mucho gusto verme.*

estuario *m.* Desembocadura de un río, con una abertura muy amplia.

estuche *m.* Caja o funda adecuada para guardar objetos: *El* **estuche** *del bolígrafo es una caja pequeña de color negro.*

estuco *m.* Masa de yeso blanco, agua y cola: *Las paredes de ese edificio antiguo están cubiertas de* **estuco.**

estudiante *m.* y *f.* Persona que asiste a un centro de enseñanza para aprender lo que allí se enseña: *Los* **estudiantes** *asisten a clases, leen, resuelven cuestionarios y presentan exámenes para demostrar sus conocimientos.*

estudiantina *f.* Grupo de estudiantes vestidos con capas adornadas con cintas de colores, que salen por las calles cantando y tocando instrumentos.

estudiar *vb.* {tr. e intr.} **1.** Ejercitar el entendimiento para comprender o aprender algo: *Para* **estudiar** *las plantas, Sofía lee un libro de biología.* **2.** Asistir a un centro de enseñanza para aprender lo que allí se enseña: *Mi primo* **estudia** *medicina en la universidad.* **3.** Reflexionar sobre algo: *La madre de Diana* **estudió** *el comportamiento del joven que pretendía ser novio de su hija.* SIN. **examinar.**

estudio *m.* **1.** Trabajo del entendimiento que se hace para comprender o aprender algo: *En época de exámenes dedico más horas al* **estudio.** **2.** Texto en que un autor trata sobre una cuestión: *En este* **estudio** *de astronomía se explican las distintas teorías sobre los hoyos negros y el nacimiento de las estrellas.* **3.** Despacho o local donde trabajan artistas o profesionales: *El pintor nos citó en su* **estudio** *para enseñarnos los cuadros que había pintado.* SIN. **taller, oficina. 4.** pl. Conjunto de salas donde se elaboran filmes de cine o se graban programas de televisión o de radio: *Los turistas pudieron visitar los* **estudios** *de cine y conocer algunas de las escenografías usadas en filmes famosos.* **5.** pl. Serie completa de materias que se imparten en un centro de enseñanza para cursar una carrera o un ciclo escolar: *A Rosalía le falta un año para terminar sus* **estudios** *universitarios.*

estudioso, sa *adj./m.* y *f.* Se dice de quien lee, observa e investiga, dedicando muchas horas al aprendizaje: *Una persona* **estudiosa** *es alguien a quien le gusta estudiar.*

estudioso, sa *m.* y *f.* Persona que se dedica a la observación e investigación sobre un tema en especial: *Algunos* **estudiosos** *del medio ambiente opinan que la contaminación puede solucionarse.*

estufa *f.* **1.** Aparato que produce calor y se usa para calentar una habitación o un recinto: *En invierno enciende la* **estufa** *para calentar la casa.* **2.** *Méx.* Mueble de metal en el que se prende fuego para cocinar. SIN. **fogón, hornalla.**

estupefaciente *m.* Substancia que actúa sobre los nervios de quien la consume y produce sueño o sensaciones anormales, además de que crea adicción: *Muchos* **estupefacientes** *son considerados drogas y sólo pueden usarse bajo vigilancia médica.*

estupefacto, ta *adj.* Asombrado, sorprendido: *Doris se quedó* **estupefacta** *cuando le anunciaron que se había ganado la lotería.*

estupendo, da *adj.* Se refiere a lo que resulta muy bueno o excelente: *La obra de teatro fue* **estupenda,** *hacía años que no veía una tan buena.* SIN. **chévere.**

estupidez *f.* Falta de inteligencia o de habilidad: *Fue una* **estupidez** *dejar las ventanas abiertas durante la tormenta porque ahora está inundada la casa.*

estúpido, da *adj./m.* y *f.* Se aplica a la persona o a la acción torpe o de poca inteligencia. SIN. **idiota.**

estupor *m.* **1.** Asombro causado por una mala noticia: *Eugenia nos miró con* **estupor** *cuando le dijimos que su jefe acababa de morir en un accidente.* SIN. **pasmo. 2.** Disminución de las facultades físicas e intelectuales de una persona: *Había ingerido tantas bebidas alcohólicas que quedó sumido en un estado de* **estupor** *y no se daba cuenta de lo que sucedía.*

estupro *m.* Delito que consiste en el contacto sexual que un adulto realiza con un menor de edad: *El* **estupro** *es un delito que debe denunciarse y castigarse con la cárcel.*

esturión *m.* Pez marino que nada a contracorriente en los ríos para poner las huevas y reproducirse: *El* **esturión** *es un pez de cuerpo largo y de carne comestible, con sus huevas se elabora el caviar.*

esvástica *f.* Cruz con las puntas dobladas hacia un lado: *Los alemanes seguidores de Hitler usaron la* **esvástica** *como símbolo de su partido.*

etapa *f.* **1.** Tramo recorrido entre dos paradas: *La carrera se dividió en tres* **etapas,** *que los ciclistas debían recorrer en tres días.* **2.** Fase en el desarrollo de una acción o proceso: *Aquella fue la* **etapa** *más feliz de mi vida.*

etcétera *m.* Palabra que substituye el final de una enumeración larga para indicar que la enumeración podría continuar: *El hierro sirve para fabricar automóviles, aviones, barcos,* **etcétera.**

éter *m.* Nombre común del óxido de etilo, líquido que se usa como anestésico: *Antes de operarlo, lo durmieron con* **éter** *para que no sintiera dolor.*

etéreo, a *adj.* *Fam.* Se usa en poesía para referirse a lo inmaterial o lo celestial: *Su* **etérea** *presencia era tan delicada como el perfume de una flor.*

eternidad *f.* **1.** Lo que no tiene principio ni fin. **2.** Se escribe con "E" mayúscula cuando se refiere a la vida eterna, la vida futura: *Los religiosos cumplen con las normas de su religión para alcanzar un lugar en la* **Eternidad.** SIN. **inmortalidad. 3.** *Fam.* Espacio de tiempo muy largo: *A Rosa se le hizo una* **eternidad** *el tiempo que pasó en la sala de espera.*

eterno, na *adj.* **1.** Relativo a lo que no tiene principio ni fin: *Los seres vivos no somos* **eternos,** *sino que morimos.* SIN. **inmortal. 2.** Aplicado a lo que tiene larga duración: *Este mueble es* **eterno,** *perteneció a mi abuelo y lo heredará mi hija.* **3.** Se dice de lo que se repite con frecuencia: *Y mi madre me dirá su* **eterna** *recomendación: «cuídate mucho, hijo».*

ética *f.* Parte de la filosofía que trata de la moral y de las obligaciones del ser humano: *La* **ética** *intenta proponer un modelo de comportamiento humano.*

ético, ca *adj.* Relativo al conjunto de normas morales que dirigen la conducta de las personas: *Ese doctor tuvo una actitud* **ética** *al negarse a cobrar por un tratamiento que no dio resultado.*

etimología *f.* **1.** Origen de una palabra: *Muchas palabras del idioma español tienen* **etimologías** *latinas porque provienen del latín.* SIN. **procedencia. 2.** Ciencia que estudia el origen de las palabras: *La* **etimología** *estudia cómo han cambiado las palabras a lo largo del tiempo.*

etíope o **etiope** *adj./m.* y *f.* Originario de Etiopía, país de África: *En las cálidas tierras* **etíopes** *se cultivan algodón y café.*

etiqueta f. **1.** Trozo de papel u otro material que se adhiere a un objeto para identificarlo o clasificarlo: *Pablo guardó el café en una lata y le puso una etiqueta para acordarse de que ahí estaba guardado.* SIN. **rótulo.** **2.** Ceremonia que se debe observar en ciertos actos oficiales o solemnes: *La etiqueta obliga a servir la comida primero a las señoras.* SIN. **protocolo.**

etnia f. Grupo humano de una misma raza y con un origen, lengua, religión y cultura propios: *Una etnia es una agrupación natural de personas que comparten costumbres, arte, religión e idioma.*

étnico, ca adj. Relativo a una nación o raza: *Los estudios étnicos permiten conocer cómo se fue integrando la cultura de un país.*

etnografía f. Rama de la antropología cuyo objetivo es el estudio de las etnias para poder describirlas: *Rosario estudió etnografía y se dedica a clasificar las distintas etnias que vivieron hace muchos años en este país.*

etnología f. Rama de la antropología que se centra en el estudio comparativo de razas, pueblos y culturas: *Sergio estudió etnología y sabe mucho acerca de las diferentes costumbres que tiene la gente de algunos países.*

etología f. Estudio científico del comportamiento de los animales en su medio natural: *La etología ha logrado grandes avances gracias a las cámaras de vídeo con que ahora se registra la vida de los animales.*

etrusco m. Idioma que se hablaba en Etruria, antigua región de Italia: *El etrusco es un idioma que se hablaba alrededor del siglo x a.C.*

etrusco, ca adj./m. y f. Originario de Etruria, antigua región de Italia, hoy Toscana: *La vida de los etruscos se conoce principalmente por las obras artísticas que aún se conservan.*

eucalipto m. Árbol de gran altura, de hojas muy aromáticas, alargadas y curvas: *De las hojas del eucalipto se extrae un aceite perfumado con el que se fabrican medicamentos.*

eucaristía f. Sacramento que para la Iglesia Católica transforma de manera real y substancial el pan y el vino en cuerpo y sangre de Jesucristo. SIN. **comunión.**

euforia f. Sensación de bienestar tan grande que llega a la exaltación o al júbilo: *La noticia de que había obtenido la beca que anhelaba la provocó tal euforia, que no dejaba de brincar.* SIN. **entusiasmo, optimismo.**

eunuco m. Hombre al que se le han cortado o extirpado los órganos sexuales para que pierda su capacidad de reproducción: *En los países musulmanes de Medio Oriente, los eunucos cuidaban el harén donde vivían las esposas del califa o jefe.*

¡eureka! interj. Expresión que denota alegría por el hallazgo de algo que se buscaba con afán.

euro m. Unidad monetaria de la Comunidad Económica Europea, cuyo símbolo es €.

europeo, a adj./m. y f. Originario de Europa: *Francia es un país europeo.*

europio m. Metal del grupo de las tierras raras, de símbolo Eu y de número atómico 63.

eutanasia f. Hecho de poner fin a la vida de un enfermo incurable, para evitarle una agonía prolongada: *La eutanasia está prohibida en muchos países.*

evacuación f. **1.** Salida de un lugar que se encuentra en peligro o que ya no puede habitarse: *Los bomberos realizaron la evacuación de la gente que estaba en el edifi-*

cio que se incendió. **2.** Expulsión de los excrementos del cuerpo: *Elena tiene evacuaciones continuas porque está enferma de diarrea.*

evacuar vb. {tr.} **1.** Sacar de un sitio o abandonar un lugar que se encuentra en peligro o que ya no puede habitarse: *Si el volcán hace erupción, evacuarán los pueblos cercanos para proteger la vida de las personas y de los animales.* SIN. **desocupar, desalojar. 2.** Expulsar los excrementos y la orina del cuerpo: *Se deben evacuar los excrementos todos los días.*

evadir vb. {tr. y prnl.} **1.** Evitar una dificultad, un peligro o el cumplimiento de una obligación: *El maestro le preguntó a Fabián quién había roto el vidrio y él evadió la pregunta porque no quería delatar a su amigo.* SIN. **cuerpear, rehuir.** ANT. **enfrentar. 2.** Fugarse, escaparse de un lugar. SIN. **huir.**

evaluación f. **1.** Procedimiento mediante el cual se califica el avance que ha logrado un alumno durante un curso: *Todos estamos nerviosos porque dentro de una hora comienza la evaluación final.* SIN. **calificación. 2.** Cálculo que se hace para fijar cuánto vale una cosa: *Un ingeniero hizo la evaluación del edificio y nos dijo a qué precio se puede vender.*

evaluar vb. irreg. {tr.} **Modelo 10. 1.** Calificar el avance que ha logrado un alumno durante un curso: *Evaluaré el rendimiento de los alumnos teniendo en cuenta su participación en clase y los resultados que hayan obtenido en los exámenes.* **2.** Determinar el valor de una cosa: *Era difícil evaluar los daños causados por el terremoto.* SIN. **valorar, estimar.**

evanescente adj. Se aplica a lo que se desvanece haciéndose cada vez más suave o sutil: *Éste es un perfume evanescente porque dura sólo unas horas y desaparece.*

evangelio m. Historia de la vida, doctrina y milagros de Jesucristo narrada en cada uno de los cuatro libros del Nuevo Testamento de la Biblia: *En el Evangelio se afirma que Jesús dijo: "Dejad que los niños vengan a mí".*

evangelista m. **1.** Según el Nuevo Testamento, autores de los evangelios de Jesús: Mateo, Marcos, Lucas y Juan son los cuatro evangelistas. **2.** *Méx.* Persona que tiene por oficio escribir cartas u otros papeles que necesita la gente que no sabe escribir.

evangelizar vb. irreg. {tr.} **Modelo 16.** Enseñar el Evangelio y la fe cristiana: *Fray Bartolomé de las Casas fue un religioso español que evangelizó y fue defensor de muchos indígenas americanos.*

evaporación f. Transformación de un líquido en vapor: *El calor del sol produce la evaporación del agua de ríos y lagos, que luego se condensa en el cielo formando las nubes.*

evaporar vb. {tr. y prnl.} **1.** Convertir o convertirse un líquido en vapor: *El agua se evapora cuando hierve.* **2.** Desaparecer algo o irse alguien sin ser notado: *Nadie se dio cuenta de que Roberto se evaporó de la fiesta hasta que alguien preguntó por él.*

evasión f. **1.** Hecho de esquivar o evitar una dificultad, un peligro o el cumplimiento de una obligación: *La evasión del pago de impuestos es un delito.* **2.** Hecho de huir de un lugar: *La evasión del prisionero ocurrió durante la noche.* SIN. **fuga, huida.**

evasiva f. Excusa o pretexto que se da para no hacer algo: *Cuando le pido que me ayude a ordenar la biblioteca me responde con una evasiva y al final, no hace nada.*

evasivo, va *adj.* Se aplica a lo que se usa para evitar una dificultad, un peligro o el cumplimiento de una obligación: *El joven dio una respuesta evasiva a la pregunta de si sabía en dónde estaba escondido su amigo.*

evento *m.* Cosa que sucede.

evidencia *f.* **1.** Prueba de algo: *El equipaje preparado fue la evidencia de que su amigo estaba a punto de salir de viaje.* **2.** Amér. Prueba de un delito usada en un juicio legal.

evidente *adj.* Se refiere a lo que es cierto y claro, que no deja lugar a dudas: *Era evidente que se había comido un chocolate porque tenía la boca y las manos manchadas de color marrón.*

evitar *vb.* {tr.} **1.** Impedir que suceda algún mal, peligro o molestia: *La presencia del perro guardián ha evitado que los ladrones entren a la casa.* **2.** Procurar no hacer cierta cosa.

evocar *vb.* *irreg.* {tr.} Modelo 17. Traer algo a la memoria o a la imaginación: *A mi abuelita le gusta evocar los momentos más felices de su juventud.*

evolución *f.* **1.** Cambio que le ocurre a alguien o a algo paso a paso: *La evolución de la medicina ha hecho posible que muchas enfermedades que no tenían cura, ahora se puedan curar.* SIN. **desarrollo, avance, adelanto.** **2.** Serie de transformaciones sucesivas de los seres vivos: *Según Charles Darwin, el mono se convirtió en hombre después de una lenta evolución.*

evolucionar *vb.* {intr.} Cambiar, desarrollarse pasando de un estado a otro paso a paso: *La sociedad ha evolucionado debido a los avances técnicos y científicos y a los cambios en la forma de pensar de la gente.*

exabrupto *m.* Hecho o dicho brusco, grosero o inconveniente: *"Estoy cansado de tus exabruptos, tienes que aprender a no decir groserías", dije a Germán.* SIN. **brusquedad.**

exacerbar *vb.* {tr. y prnl.} Causar o sentir enojo: *Cuando la perra vio que atacaban a su amo, se exacerbó y comenzó a ladrar de manera furiosa.* SIN. **enfadar, irritar.**

exactitud *f.* Calidad de aquello que se ajusta de manera perfecta a la regla o a la verdad: *En carpintería, la exactitud de las medidas es importante para que los trabajos salgan bien.* SIN. **precisión.**

exacto, ta *adj.* Aplicado a lo que ha sido medido, calculado o expresado con todo rigor: *Él siempre llega a la hora exacta, ni un minuto antes, ni un minuto después.*

exageración *f.* Cosa que sobrepasa el límite de lo justo y verdadero: *Darle a un niño un kilo de helado para él solo es una exageración.* SIN. **exceso.**

exagerado, da *adj.* **1.** Se refiere a lo que es mucho o que sobrepasa los límites establecidos: *La señora decidió no comprar el pescado porque le pareció exagerado, mejor compró vegetales.* **2.** Se aplica a la persona que tiende a deformar los pensamientos, las palabras o los actos al aumentarlos o al hacerlos parecer más importantes de lo que son: *Cuando su amigo le dijo que ya no quería seguir jugando, Francisco tuvo una reacción exagerada gritándole que era un mal amigo.*

exagerado, da *m. y f.* Persona que tiende a deformar los pensamientos, las palabras o los actos al aumentarlos o al hacerlos parecer más importantes de lo que son.

exagerar *vb.* {tr. e intr.} Deformar los pensamientos, las palabras o los actos al darles más importancia de la que tienen: *El periodista exageró la noticia y la gente pensó*

que se trataba de un incendio grave cuando en realidad había sido muy pequeño. SIN. **agrandar, abultar.**

exaltar *vb.* {tr. y prnl.} **1.** Hacer que los demás noten las cualidades de una persona u obra: *El escritor exaltó su novela, diciendo que era la mejor que la gente había leído en mucho tiempo.* **2.** Enojarse: *Cómo no iba a exaltarse si vio a su novio besando a su mejor amiga.*

examen *m.* **1.** Estudio cuidadoso de las cualidades y estado de algo: *El biólogo hizo un examen del bosque y recomendó cuidar a los animales y plantas que allí habitan.* SIN. **observación.** **2.** Prueba que se realiza para demostrar las aptitudes o los conocimientos que una persona tiene: *El maestro nos dará mañana los resultados del examen de historia.* SIN. **evaluación.**

examinar *vb.* {tr. y prnl.} **1.** Someter algo a un estudio cuidadoso para conocer su estado y sus características: *El doctor examinó al paciente para conocer su estado de salud.* **2.** Juzgar las aptitudes o los conocimientos de alguien haciendo pruebas: *El maestro examinará a sus alumnos para comprobar qué han aprendido.*

exánime *adj.* **1.** Se refiere a lo que no da señal de vida o está sin vida: *El hombre lloró junto al cuerpo exánime de su esposa.* **2.** Se dice de quien se encuentra muy debilitado: *El hombre que cruzó el desierto a pie cayó exánime al llegar al pueblo.*

exasperar *vb.* {tr. y prnl.} Dar motivo de enojo o perder la calma: *"No le hagas cosquillas en la nariz porque se exaspera", dije a mi hermana.* SIN. **enfurecer.**

excarcelar *vb.* {tr. y prnl.} Liberar a un preso: *Han excarcelado al convicto por su buena conducta.*

excavación *f.* **1.** Hecho de cavar un agujero en la tierra: *Los arqueólogos iniciaron la excavación para descubrir la pirámide.* **2.** Agujero cavado en la tierra: *Las cavernas son excavaciones naturales.*

excavadora *f.* Máquina para sacar o desplazar tierra de un lugar a otro: *La excavadora saca la tierra con una gran pala.*

excavar *vb.* {tr.} Hacer hoyos en un terreno: *Tres hombres excavaron en la playa buscando un tesoro que nunca encontraron.*

excedente *adj./m.* Se refiere a lo que sobra o está de más: *La costurera fabrica muñecos con la tela excedente de los vestidos que hace.*

exceder *vb.* {tr. y prnl.} **1.** Pasar el nivel de algo: *"Al manejar, no excedas los límites de velocidad", me recomendó mi madre.* SIN. **rebasar.** **2.** Ir más allá de lo justo o razonable: *Se excedió comiendo y ahora le duele el estómago.*

excelente *adj.* Referido a lo que sobresale porque es muy bueno o porque tiene muchos méritos: *Josefina presentó un examen excelente, no cometió ningún error.*

excelso, sa *adj.* Se refiere a lo que es de elevada categoría: *Ese palacio está adornado con un lujo excelso.*

excéntrico, ca *adj./m. y f.* **1.** Se aplica a lo que es o está fuera de lo normal o que es poco común: *Un excéntrico hace cosas que la mayoría de la gente no haría.* **2.** En geometría, situado fuera del centro.

excepción *f.* Lo que se separa de la regla general: *Ya habían cerrado las inscripciones al curso pero hicieron una excepción con ella y la inscribieron fuera de fecha.*

excepcional *adj.* **1.** Se aplica a lo que se aparta de la regla general o a lo que ocurre rara vez: *Como algo excepcional por ser mi cumpleaños, mi tío me* dejó manejar su camioneta. **2.** Se dice de lo que es único o de una calidad muy superior: *Hoy hizo un día **excepcional**, el tiempo estaba tan lindo que decidimos ir de paseo.*

excepto *prep.* Menos una cosa o sin tener en cuenta algo: *Mi padre trabaja todos los días **excepto** los domingos.* SIN. **salvo.**

exceptuar *vb. irreg.* {tr. y prnl.} Modelo 10. Excluir algo o a alguien del grupo general de que se trata o de la regla común: *Si **exceptuamos** al portero, todos los jugadores del equipo llevan camisetas iguales.*

excesivo, va *adj.* Se refiere a lo que sobrepasa el límite de algo o se sale de lo que se considera normal o adecuado.

exceso *m.* Parte que sobrepasa la medida o regla: *Como iba demasiado rápido, un policía lo ha multado por **exceso** de velocidad.*

excitación *f.* Hecho de provocar una actividad o de hacer que algo se ponga en actividad: *Pensar en un limón con sal me produce **excitación** en la boca y mi saliva parece agua.* SIN. **nerviosismo, ansiedad.**

excitante *adj.* Se refiere a lo que produce un aumento anormal o exagerado de la actividad del organismo: *El café es una bebida **excitante**, porque si bebes mucho, te puede quitar el sueño.*

excitar *vb.* {tr. y prnl.} **1.** Provocar algún sentimiento, pasión o movimiento: *El juego de fútbol resultó tan emocionante que **excitó** a toda la gente que estaba en el estadio.* SIN. **estimular, agitar, provocar. 2.** Alterarse por el enojo o la alegría: *"No debes **excitarte** por cosas sin importancia, mejor cálmate", me recomendó mi padre.*

exclamación *f.* **1.** Grito o frase que expresa con intensidad un sentimiento: *No pude evitar una **exclamación** de alegría cuando volví a ver a mi hermana después de cinco años.* **2.** Signo ortográfico (¡!) con el que se representa una exclamación: *Si quieres que el lector se dé cuenta de que el personaje grita de dolor, escribe "¡Ay!" entre **exclamaciones**.*

exclamar *vb.* {tr.} Gritar o decir algo de manera brusca: *Y el joven **exclamó**: "¡Yo también te amo, Griselda!"*

excluir *vb. irreg.* {tr.} Modelo 59. Dejar fuera de un grupo a alguien o algo: *Lo han **excluido** del juego porque es muy brusco y ha lastimado a una niña.* SIN. **eliminar, suprimir.**

exclusiva *f.* Privilegio por el que una entidad o persona es la única autorizada para algo: *Esa empresa tiene la **exclusiva** para vender esos productos en este país.* SIN. **autorización, concesión.**

exclusivo, va *adj.* **1.** Referido a lo que deja algo o a alguien fuera de un grupo: *Fabiana no pertenece a ese club porque es **exclusivo** para niños.* **2.** Único: *Ese es un vestido **exclusivo** que un diseñador de modas hizo para ella.* **3.** Se refiere a lo que sólo puede ser usado por la persona o personas autorizadas: *El baño de ese restaurante es **exclusivo** para la gente que va a comer ahí.*

excremento *m.* Conjunto de desechos de la digestión que el organismo elimina de forma natural por el ano. SIN. **heces, caca, mierda.**

excretar *vb.* {intr.} Sacar un organismo fuera de sí el excremento, la orina o el sudor: *Las glándulas sudoríparas **excretan** el sudor.*

excursión *f.* Viaje de corta duración con fines didácticos o recreativos: *Hoy los alumnos del quinto gra-*

do fueron de **excursión** al museo de historia. SIN. **paseo, caminata.**

excusa *f.* **1.** Explicación con que una persona se disculpa o justifica: *Te presento mis **excusas** por haber llegado tarde.* **2.** Pretexto que se da para hacer o dejar de hacer algo: *Decir que te duele el estómago es una **excusa** para no ir a la escuela.*

excusado *m.* Mueble con forma de asiento que está en el baño y que sirve para defecar y orinar. SIN. **escusado, retrete, inodoro.**

excusar *vb.* {tr. y prnl.} Perdonar a alguien por una falta cometida o disculparse uno por haber cometido una falta: *La maestra **excusó** a Patricia por no traer el trabajo escolar, porque la niña había estado enferma.*

exentar *vb.* {tr.} Liberar, quitar una responsabilidad: *A Rebeca la **han exentado** de la clase de gimnasia porque le duele la cabeza.* SIN. **eximir.**

exento, ta *adj.* Se aplica al que ha quedado libre de cumplir con una obligación: *Gracias a sus excelentes calificaciones durante el curso, Federico está **exento** de presentar el examen final.*

exequias *f. pl.* Ceremonia religiosa que se hace por alguien que ha muerto: *Don Benito falleció ayer y mañana serán las **exequias**.*

exhalación *f.* Acción de sacar el aire por la nariz o la boca hacia afuera de los pulmones: *Cuando se encontró fuera de peligro, el hombre soltó una **exhalación** de alivio.* SIN. **espiración.** ANT. **inhalación.**

exhalar *vb.* {tr.} **1.** Despedir gases, vapores u olores: *Cuando se quema, el azufre **exhala** un olor desagradable.* SIN. **desprender. 2.** Sacar el aire de los pulmones por la nariz o la boca: *Cuando el doctor te dice «inhala» debes llenar tus pulmones de aire, cuando te dice "exhala" debes soltar el aire.* SIN. **espirar.** ANT. **inhalar.**

exhaustivo, va *adj.* Se refiere a lo que se hace a fondo, sin descuidar detalle: *El científico hizo estudios **exhaustivos** para asegurarse de que el nuevo medicamento no causaría problemas a los enfermos que lo tomaran.*

exhausto, ta *adj.* Se dice del que está tan cansado que ya no puede más: *Después de cuidar a sus tres nietos durante todo el día, la abuela ha quedado **exhausta**.*

exhibición *f.* Muestra pública de una serie de cosas interesantes: *En el museo hay una **exhibición** de cuadros de pintores del siglo pasado.* SIN. **exposición.**

exhibir *vb.* {tr. y prnl.} **1.** Mostrar o enseñar algo en público: *El agente viajero **exhibió** su pasaporte al entrar al país.* SIN. **presentar, enseñar. 2.** Mostrarse uno para ser visto por la gente: *El actor y la actriz ganadores del premio se **exhibieron** juntos ayer por la noche en un famoso restaurante.*

exhortar *vb.* {tr.} Alentar a alguien para que realice o deje de realizar una acción valiéndose de razones o ruegos: *Rómulo **exhortó** a su amigo a que dijera la verdad.* SIN. **animar.**

exhumar *vb.* {tr.} Desenterrar un cadáver que se encontraba sepultado: *Por orden del juez, los policías **exhumaron** el cuerpo para que se le realizara una autopsia.*

exigencia *f.* Pedido que se hace con energía, basado en un derecho o por la fuerza: *No puedo cumplir con todas tus **exigencias**, creo que deberías moderarte un poco.*

exigente *adj./m. y f.* Se refiere al que solicita una cosa basado en un derecho o por la fuerza y que no se conforma con otra cosa: *Al final del curso todos le agradecimos al maestro haber sido tan **exigente** con nosotros, ya que eso nos ayudó a terminar la carrera.* **SIN. severo, estricto.**

exigir *vb. irreg.* {tr.} **Modelo 61. 1.** Pedir algo que corresponde por derecho. **2.** Pedir o reclamar algo con energía: *El jefe de la empresa **exige** a sus empleados que cumplan con sus obligaciones.* **3.** Necesitar o requerir algo: *Ese camino en la montaña **exige** montar a caballo porque el automóvil no puede pasar.*

exiliado, da *adj./m. y f.* Se aplica a quien ha tenido que abandonar su país por motivos políticos: *Los **exiliados** esperan que cambie la situación política de su país para poder regresar.*

exiliar *vb.* {tr. y prnl.} **1.** Obligar a alguien a dejar su patria: *El rey mandó **exiliar** al duque porque lo traicionó.* **SIN. desterrar. 2.** Abandonar alguien su patria por motivos políticos: *El ex presidente tuvo que **exiliarse** porque la gente pedía que se le hiciera un juicio.*

exilio *m.* Separación de una persona de la tierra donde nació o vive: *Después de veinte años de **exilio**, el poeta ha vuelto a su patria.* **SIN. destierro.**

eximir *vb.* {tr. y prnl.} Liberar a alguien o liberarse uno de una obligación. **SIN. exentar.**

existencia *f.* **1.** Acto de existir: *La **existencia** de hongos en esta madera se debe a la humedad del ambiente.* **SIN. presencia. 2.** Vida del ser humano: *Fue una persona amable que durante toda su **existencia** se dedicó a ayudar a los demás.* **3.** *pl.* Mercancías que están almacenadas en espera de ser vendidas: *El empleado le entregó al jefe una lista de las **existencias** que están en la bodega.* **4.** *loc.* **En ~,** en la bodega o disponible: *Ese tornillo que busca no lo tenemos **en existencia**, traerán más la próxima semana.*

existir *vb.* {intr.} **1.** Ser real o verdadera una cosa material o espiritual: *Los elefantes voladores no **existen**.* **2.** Tener vida: *La semana pasada, su abuelo dejó de **existir**, por eso Daniela está triste.* **SIN. vivir. 3.** Haber o hallarse: *"¿Tú crees que **existe** algún lugar donde la gente no necesite comer para vivir?", preguntó a mi madre.*

éxito *m.* **1.** Buen resultado: *El **éxito** de la investigación se basa en la colaboración de todos.* **SIN. triunfo. 2.** Obra o cosa que la gente acepta con agrado: *Ese cantante tiene mucho **éxito** entre los jóvenes.*

éxodo *m.* Traslado de un grupo o pueblo para ir a habitar otro lugar: *A principios del siglo XX hubo un gran **éxodo** de gente del campo hacia las ciudades.*

exonerar *vb.* {tr. y prnl.} Liberar a alguien o librarse uno de una carga u obligación: *Esa prueba **exoneró** al acusado del delito por el que se le estaba juzgando, de modo que el juez lo declaró inocente.*

exorbitante *adj.* Se aplica a la cosa que es tan grande o importante que se sale de lo normal: *Me pareció **exorbitante** el precio del disco, así que no lo compré.* **SIN. excesivo, exagerado.**

exorcismo *m.* **1.** Ceremonia a través de la cual se exorciza. **2.** Oración destinada a exorcizar.

exorcista *m.* Persona que exorciza, que conjura a los demonios: *El filme "El Exorcista", fue famoso en todo el mundo en los años setenta.*

exorcizar *vb. irreg.* {tr.} **Modelo 16. 1.** Exorcizar a un demonio es amenazarlo, expulsarlo por medio de oraciones especiales en un ritual. **2.** Exorcizar a alguien o

a un lugar es liberarlo de un demonio por medio de exorcismos.

exótico, ca *adj.* **1.** Relativo a lo que es de un país lejano y con costumbres que se conocen poco: *El explorador italiano Marco Polo viajó de Venecia a la China, que en esa época era considerada un país **exótico**.* **2.** Se dice de lo que es raro o que sale de lo común: *Ricardo tiene la costumbre **exótica** de dormir sobre las ramas de ese árbol cuando hace mucho calor.*

expandir *vb.* {tr. y prnl.} **1.** Hacer o hacerse algo más grande, más amplio o más extenso: *Las cosas hechas de plástico **se expanden** con el calor.* **2.** Difundir una noticia, hacerla pública: *La noticia de que el perro de Hugo se había perdido **se expandió** por todo el pueblo y todos comenzamos a buscarlo.*

expansión *f.* **1.** Desarrollo del tamaño de algo: *La empresa contrató más empleados porque se encuentra en **expansión**.* **SIN. crecimiento. 2.** Descanso o recreo: *Después de estudiar tantas horas necesitas un momento de **expansión**; te invito al cine.* **SIN. diversión.**

expansivo, va *adj.* **1.** Relativo a lo que puede hacerse más grande o más extenso: *El gas es **expansivo**, por eso explota con facilidad.* **2.** *Fam.* Se aplica a la persona comunicativa: *Mi hijo es un niño **expansivo** a quien le gusta mucho conocer gente y hablar.* **SIN. sociable. ANT. tímido.**

expatriar *vb. irreg.* {tr. y prnl.} **Modelo 9.** Hacer que alguien abandone su patria o abandonar uno su patria por alguna razón. **SIN. exiliar.**

expectación *f.* Gran interés con que se espera alguna cosa: *Los niños sienten mucha **expectación** por los regalos que recibirán al finalizar el año.*

expectativa *f.* **1.** Esperanza de conseguir una cosa: *Tengo la **expectativa** de obtener la beca que solicité a las autoridades de mi escuela.* **2.** *loc.* **A la ~,** esperando lo que pueda ocurrir: *Todavía no desocupan la casa que queremos comprar, estamos **a la expectativa**.*

expectorar *vb.* {tr.} Expulsar por la boca los mocos o flemas que se forman en la garganta o en los pulmones: *Cordelia tiene tos y el médico acaba de recetarle un jarabe que ayuda a **expectorar**.*

expedición *f.* **1.** Viaje o marcha que se hace con una finalidad, y personas que realizan este viaje: *Un grupo de científicos realizó una **expedición** al Polo Norte para estudiar los componentes minerales de la tierra en esa zona.* **2.** Envío de una cosa: *La **expedición** de un paquete puede hacerse por correo aéreo, marítimo o terrestre.*

expediente *m.* Conjunto de documentos relacionados con un asunto: *Cuando solicité mi pasaporte, abrieron un **expediente** con mi nombre y guardaron allí todos los documentos que presenté.*

expedir *vb. irreg.* {tr. y prnl.} **Modelo 47. 1.** Enviar una cosa a otro lugar: *La compañía **expidió** una caja llena de artesanías que se venderán en otro país.* **2.** Hacer un documento que contiene una orden o resolución: *En el juzgado **expidieron** la orden de aprehensión contra el sospechoso.* **3.** *Chile y Urug.* Desenvolverse en asuntos o actividades.

expeditivo, va *adj.* **1.** Se aplica al que obra con eficacia y rapidez: *En ese trabajo se necesitan hombres **expeditivos** porque el ahorro de tiempo es importante* en el éxito de la empresa. **2.** Se refiere a lo que permite hacer las cosas de manera rápida.

expedito, ta *adj.* Se aplica a lo que está libre de estorbo y permite actuar con rapidez: *Ahora que ha presentado todos los documentos necesarios, el trámite será* **expedito.**

expeler *vb.* (tr.) Arrojar algo su contenido hacia afuera de manera violenta: *Si una arteria se corta,* **expele** *sangre.*

expendedor, ra *m.* y *f.* Persona que vende una o algunas mercancías en especial: *El* **expendedor** *de cervezas llega a surtir la tienda todos los días.*

expender *vb.* (tr.) Vender mercancías al por menor: *En la lechería compran leche al por mayor y la* **expenden** *a la gente que compra uno o dos litros al día.*

expendio *m.* **1.** *Amér. Merid.* y *Méx.* Venta de mercancías al por menor. **2.** *Méx.* Lugar donde se vende de manera exclusiva algún producto como cigarrillos, dulces, pan, bebidas, jabón y artículos de primera necesidad.

expensar *vb.* (tr.) *Chile.* Pagar los gastos de algún negocio. Sin. **costear.**

expensas *f.* pl. **1.** Gastos que genera algo: *María Eugenia administra las* **expensas** *de la casa.* **2.** loc. **A ~ de,** a costa de o por cuenta de: *Ese hombre no trabaja, vive* **a expensas del** *dinero que le da su esposa.*

experiencia *f.* **1.** Conocimiento que se aprende en la práctica: *La* **experiencia** *en un trabajo o en la vida se adquiere a través de los años.* Ant. **inexperiencia. 2.** Hecho o suceso que se vive o se ha vivido: *Horacio nos contó sus* **experiencias** *durante el viaje que realizó al África.*

experimental *adj.* **1.** Relativo al conocimiento que se adquiere en la práctica: *La medicina es una ciencia* **experimental** *porque ha obtenido éxitos después de hacer pruebas en el laboratorio.* **2.** Relativo a las pruebas o experimentos que se hacen para examinar las condiciones o propiedades de algo: *Todavía no sacan a la venta el nuevo tinte para el cabello porque el producto se encuentra en su fase* **experimental.**

experimentar *vb.* (tr.) **1.** Examinar las condiciones o propiedades de algo a través de pruebas o experimentos: *Los científicos* **experimentan** *las medicinas en animales antes de usarlas en el ser humano.* Sin. **probar. 2.** Conocer o sentir una cosa por uno mismo. **3.** Sufrir un cambio: *"Después de tomar la medicina, su perro* **experimentará** *una mejoría", me dijo el médico.*

experimento *m.* Acción que consiste en la provocación de un fenómeno con el fin de estudiarlo o estudiar sus consecuencias: *Los alumnos hicieron un* **experimento** *en el laboratorio para comprobar cómo se forma el vapor.*

experto, ta *adj./m.* y *f.* Se aplica a quien tiene muchos conocimientos prácticos acerca de algo: *Para manejar el transporte público se necesitan conductores* **expertos.**

expiar *vb. irreg.* (tr.) **Modelo 9.** Pagar un crimen o borrar una culpa mediante un castigo o un sacrificio: *El asesino* **expiará** *su delito en prisión.*

expirar *vb.* (intr.) **1.** Acabarse la vida de alguien: *El anciano* **expiró** *mientras dormía.* Sin. **morir. 2.** Acabarse un periodo: *Mañana* **expirará** *el plazo para inscribirse en el concurso.*

explanada *f.* Espacio de tierra llano o allanado: *En esa* **explanada** *se puede jugar fútbol.*

explayarse *vb.* (prnl.) **1.** *Fam.* Extenderse mucho al hablar: *La señora se* **explayó** *contando durante una hora*

cómo fue que encontró y compró un vestido. **2.** Tener un momento de descanso y diversión: *Los jóvenes se* **explayaron** *jugando con un balón.*

explicación *f.* **1.** Declaración de algo con palabras que resultan fáciles de entender: *Los alumnos escucharon la* **explicación** *que dio el maestro sobre cómo se forman las nubes.* **2.** Razón que se da para justificarse: *El joven llegó muy tarde a casa y su madre le pidió una* **explicación.**

explicar *vb. irreg.* (tr. y prnl.) **Modelo 17.** **1.** Hablar sobre algo de manera que sea más fácil de entender: *El maestro siempre nos* **explica** *todo lo que no entendemos.* Sin. **aclarar. 2.** Dar a conocer la causa de una cosa: *El niño* **explicó** *que su hermano se cayó por la escalera al intentar saltar tres escalones de una sola vez.* **3.** Decir lo que uno piensa o siente: *Teresa se vio en la necesidad de* **explicarse** *frente a sus amigas por no querer ir al cine con ellas.* **4.** Llegar a comprender: *Adelaida no se* **explica** *cómo fue que perdió el dinero.* Sin. **entender.**

explícito, ta *adj.* Se dice de lo que está expresado de forma clara: *"Creo que fui* **explícito** *cuando te pedí que no juegues con cuchillos porque es peligroso", me dijo mi padre.* Sin. **claro.**

exploración *f.* **1.** Recorrido de un lugar con la intención de conocerlo: *Durante la* **exploración** *de la cueva encontramos un nido de murciélagos.* Sin. **expedición. 2.** Observación de una parte interna del cuerpo para formar un diagnóstico: *Después de la* **exploración,** *el médico pudo asegurar que el paciente no estaba enfermo de cáncer.* Sin. **estudio.**

explorador, ra *m.* y *f.* Persona que se dedica a recorrer un lugar con la intención de conocerlo: *David estuvo hablando con un* **explorador** *que conoce muy bien esta zona del país.*

explorar *vb.* (tr.) **1.** Recorrer un lugar, un país o un planeta para conocerlo: *Los buzos* **han explorado** *el fondo del mar buscando los restos del barco hundido.* **2.** En medicina, reconocer u observar una parte interna del cuerpo para formar un diagnóstico: *El doctor* **exploró** *los pulmones de su paciente dándole pequeños golpecitos en la espalda y escuchando con atención su forma de respirar.*

explosión *f.* **1.** Hecho de reventar un cuerpo de manera violenta y ruidosa: *La* **explosión** *del globo asustó al niño.* **2.** *Fam.* Manifestación repentina y fuerte de un sentimiento o estado de ánimo: *La buena noticia causó una* **explosión** *de alegría.*

explosivo *m.* Substancia que al quemarse o calentarse produce una explosión: *La dinamita es un* **explosivo.**

explosivo, va *adj.* **1.** Relativo a lo que hace o puede provocar una explosión: *Donde hay substancias* **explosivas** *está prohibido fumar o encender fuego.* **2.** Se refiere a la persona que manifiesta de manera repentina y con fuerza un sentimiento o un estado de ánimo: *Ese hombre siempre ha tenido un carácter* **explosivo,** *por cualquier cosa se enfada y grita.*

explotación *f.* **1.** Conjunto de elementos necesarios para la instalación de una industria o un negocio: *En ese pueblo han creado una* **explotación** *ganadera en la que se produce leche y carne.* **2.** Aprovechamiento de los recursos naturales: *Ese país obtiene muchas ganancias por la* **explotación** *de sus pozos petroleros.* **3.** Aprovechamiento, en beneficio de pocos individuos, de los recursos y ganancias que produce el trabajo de un conjunto de personas: *Los sindicatos obreros se establecieron para controlar la* **explotación** *excesiva del trabajo humano.*

explotar *vb.* {tr.} **1.** Sacar provecho de algo: *Una empresa maderera* **explotará** *ese bosque instalando un aserradero.* Sin. **aprovechar. 2.** Hacer trabajar a alguien, abusando de él, para sacar provecho propio: *Si te ha hecho trabajar catorce horas al día pagándote poco y sin darte vacaciones, te* **ha explotado.**

explotar *vb.* {intr.} **1.** Reventarse un cuerpo de manera violenta y ruidosamente. Sin. **estallar, detonar. 2.** Estallar, manifestar de manera repentina un estado de ánimo: *Había pasado por tantas angustias y se encontraba tan nerviosa que* **explotó** *en llanto.*

exponente *m.* **1.** Persona o cosa representativa de lo más característico en un género: *Ese pianista es un gran* **exponente** *de la música clásica.* **2.** En matemáticas, signo o cifra que indica la potencia a la que se eleva una cantidad: *En la operación* 2^4 *el* **exponente** *es el número cuatro y se escribe con número más pequeño a la derecha y arriba del dos.*

exponer *vb. irreg.* {tr. y prnl.} Modelo 27. **1.** Presentar una cosa para que sea vista: *Siete pintores famosos* **expondrán** *su obra en el museo de arte de la ciudad.* Sin. **exhibir. 2.** Someter a la acción de algo: *Los bañistas* **exponen** *su piel al sol para broncearse.* **3.** Decir o escribir algo: *Rodolfo* **expuso** *las razones por las que desconfía de ese hombre.* Sin. **explicar. 4.** Arriesgar o arriesgarse: *"Cuídate de los peligros, no* **te expongas"**, *me recomendó mi madre.*

exportación *f.* **1.** Envío de productos nacionales a otros países para su venta: *La* **exportación** *de café produce ganancias al país productor del grano.* Ant. **importación. 2.** loc. De ~, para venta fuera del país de origen: *Estos quesos* **de exportación** *son de muy buena calidad.*

exportador, ra *adj./m. y f.* Que envía a países extranjeros productos del país para venderlos: *Es una compañía* **exportadora** *de café muy poderosa, por eso puedes beber café de tu país en Europa, en Asia y en Australia.*

exportar *vb.* {tr.} Enviar productos nacionales a otros países para su venta: *Colombia es un país que* **exporta** *mucho café.*

exposición *f.* **1.** Hecho de exponer algo o exponerse uno: *Una* **exposición** *prolongada de la piel a los rayos del sol puede provocar quemaduras graves.* **2.** Presentación pública de objetos diversos como obras de arte o productos industriales: *Fuimos a una* **exposición** *industrial y vimos unas máquinas impresionantes.* **3.** Conjunto de las cosas que se presentan en público: *La* **exposición** *constaba de ochenta cuadros y tres esculturas.* **4.** Explicación escrita o hablada de un tema o asunto: *Después de escuchar una* **exposición** *de las necesidades de la escuela, los padres de familia decidieron colaborar con el mantenimiento del edificio.*

expósito, ta *adj./m. y f.* Se dice del recién nacido que ha sido abandonado o dejado en un establecimiento de beneficencia: *Los niños* **expósitos** *no conocieron a sus padres.* Sin. **huérfano.**

expositor, ra *m. y f.* Persona que presenta en público su obra plástica, escrita o hablada: *De todas las personas que están en la galería, ¿quién es el* **expositor?**

exprés *adj.* Palabra de origen francés. **1.** Se refiere a lo que funciona con rapidez: *El jefe pidió a los obreros que hicieran un trabajo* **exprés** *porque tenía que entregar la mercancía pronto.* **2.** loc. Café ~, tipo de café muy concentrado.

expresar *vb.* {tr. y prnl.} **1.** Hacer, decir, cantar o moverse mostrando lo que uno piensa o siente: *El cuerpo doblado de la bailarina* **expresaba** *un dolor de muerte.* Sin. **manifestar, exteriorizar. 2.** Manifestarse, hacer público un pensamiento por medio de la palabra: *Aunque su idioma natal es el inglés, John* **se expresa** *muy bien en español.*

expresión *f.* **1.** Hecho de manifestar o expresar lo que se siente: *La risa es la* **expresión** *de la alegría.* **2.** Palabra o frase: *Cuando hablamos debemos aprender a utilizar las* **expresiones** *correctas.* **3.** Gesto o aspecto del rostro que muestra un sentimiento: *Esa máscara tiene una* **expresión** *de enojo.*

expresionismo *m.* Tendencia artística que surgió en Europa en el siglo xx, que se caracteriza por la transformación del aspecto real de las cosas según la sensibilidad del artista: *El* **expresionismo** *se distingue por un lenguaje espontáneo.*

expresivo, va *adj.* Se aplica a la persona o cosa que expresa con gran viveza una emoción, un sentimiento o un estado de ánimo: *Braulio es muy* **expresivo**, *con sólo ver su cara uno se da cuenta si se siente bien o mal, si está cansado o contento.*

expreso *m.* **1.** Tren rápido que no hace paradas intermedias: *"¿Cuánto tarda el* **expreso** *en llegar a su destino?", preguntó al empleado de la estación.* **2.** Correo extraordinario: *El* **expreso** *es un servicio de correo que entrega la correspondencia y los paquetes que se envían más rápidamente que por el sistema del correo normal.*

expreso, sa *adj.* **1.** Se refiere a lo que es claro o evidente: *Hay una prohibición* **expresa** *de fumar en el cine.* **2.** Aplicado al tren rápido, que no hace paradas intermedias: *Marcelo tomará el tren* **expreso** *que sale de la estación a las tres de la tarde.* **3.** Se dice de un tipo de café muy concentrado. Sin. **exprés.**

exprimidor *m.* Utensilio que sirve para sacar el jugo de las frutas: *Rosa usó el* **exprimidor** *para preparar el jugo de naranja.*

exprimir *vb.* {tr.} **1.** Extraer el jugo o líquido de una cosa apretándola o retorciéndola: *Jacinta* **exprime** *las sábanas que ha lavado antes de colgarlas a secar.* **2.** Abusar de una persona, sacar todo el provecho posible de algo: *El director de teatro* **exprimió** *todo el talento de sus actores para lograr una obra excelente.* Sin. **agotar.**

expropiar *vb.* {tr.} Quitar de manera legal a alguien una propiedad a cambio de una propiedad o una compensación en dinero: *Han* **expropiado** *todos esos terrenos para construir la carretera.*

expuesto, ta *adj.* **1.** Se aplica a lo que resulta peligroso: *Esa carretera es muy* **expuesta**; *mejor utiliza la autopista, es más segura.* **2.** Se refiere a lo que se ha dado a conocer o se ha dicho: *Las imágenes* **expuestas** *en estas fotografías muestran cómo ha ido creciendo el árbol desde que mi padre lo sembró.*

expulsar *vb.* {tr.} **1.** Echar fuera a alguien: **Expulsaron** *del cine a un borracho que estaba molestando a la gen-*

te. Sin. **desalojar**. **2.** Echar fuera algo: *El organismo expulsa los excrementos, el sudor, etc.* Sin. **eliminar, arrojar**.

expulsión *f.* **1.** Acto de echar fuera a alguien: *Nunca creí que esa travesura causara mi expulsión de la escuela.* **2.** Acto de echar algo fuera: *La expulsión de vapor del volcán nos asustó a todos en la ciudad.*

exquisito, ta *adj.* Se aplica a lo que es de extraordinaria calidad, primor o buen gusto: *"Prueba esta fruta, tiene un sabor exquisito", me dijo Adela.* Ant. **ordinario**.

extasiarse *vb. irreg.* (prnl.) Modelo 9. Sentir el gozo de la belleza: *Georgina se extasiaba contemplando cómo las mariposas volaban en su jardín.*

éxtasis *m.* Estado del alma que se encuentra llena de un intenso sentimiento de gozo, alegría o admiración: *El éxtasis es un placer muy grande que se siente a causa de algo o alguien.*

extender *vb. irreg.* (tr. y prnl.) Modelo 24. **1.** Hacer que una cosa ocupe más espacio: *El viento ha extendido el fuego por toda la montaña.* **2.** Separar lo que estaba junto para que ocupe más lugar: *Orlando extendió las piezas del rompecabezas antes de comenzar a armarlo.* **3.** Abrir algo que estaba doblado: *El pirata ha extendido el mapa que guardaba en su bolsillo y lo mira con atención.* Sin. **desdoblar, desplegar**. **4.** Poner por escrito un documento: *Mauricio extendió un cheque para pagar su deuda.* **5.** Ocupar cierto espacio o tiempo: *El Continente Americano se extiende entre los Océanos Pacífico y Atlántico.* **6.** Darse a conocer algo: *Esa creencia se ha extendido en todo el pueblo, pero no es verdad.*

extensible *m.* Méx. Cinta de cuero, metal o plástico con que se sujeta a la muñeca un reloj de pulsera.

extensión *f.* **1.** Hecho de extender o extenderse: *La extensión de la pintura sobre la pared debe hacerse de forma pareja para que quede bien pintada.* **2.** Tamaño de la superficie que algo ocupa: *La extensión de esta huerta es de seis hectáreas.* Sin. **dimensión**. **3.** Duración en el tiempo: *Los trabajos para reconstruir la pirámide han tenido una extensión de tres años.* **4.** Línea telefónica complementaria que está conectada a la línea principal: *Susana llamó al conmutador y dio el número de extensión de la oficina de su mamá para que la comunicaran.* **5.** Méx. Cable que se le añade a un aparato eléctrico para que pueda conectarse desde más lejos. Sin. **alargue**.

extenso, sa *adj.* Se aplica a lo que ocupa mucha superficie o que es muy amplio en su contenido: *El maestro me pidió que acortara un poco el cuento que escribí porque era demasiado extenso.*

extensor, ra *adj./m.* Se refiere a los músculos que facilitan el estiramiento de brazos y piernas: *Los extensores de la pierna unen el tobillo con la rodilla y la rodilla con la cadera.*

extenuado, da *adj.* Se aplica al que se encuentra sin fuerzas por el cansancio: *"Hoy tu padre trabajó mucho y está extenuado, por favor no hagas ruidos fuertes", me dijo mi madre.*

extenuar *vb. irreg.* (tr. y prnl.) Modelo 10. Cansar o cansarse mucho. Sin. **agotar, fatigar**.

exterior *adj.* **1.** Se aplica a lo que está en la parte de afuera: *En el jardín está la puerta exterior de la casa.* Sin. **externo**. Ant. **interior**. **2.** Relativo a otros países:

El secretario de Relaciones Exteriores se reunió con el presidente para nombrar a los embajadores.

exterior *m.* **1.** Superficie externa de una cosa: *El exterior del edificio es de color rojo.* Sin. **aspecto, fachada**. **2.** Espacio al aire libre: *Adentro de la casa está prendido el fuego y en el exterior está lloviendo.* **3.** Respecto de un país, cualquier país extranjero: *Julio está estudiando en el exterior, no sabemos cuándo regresará al país.* Sin. **extranjero**.

exteriorizar *vb. irreg.* (tr. y prnl.) Modelo 16. Mostrar o manifestar algo: *Gustavo exteriorizó sus sentimientos cuando Ana le preguntó por qué la invitaba a salir.*

exterminar *vb.* (tr.) Acabar del todo con algo: *Los cazadores exterminaron la manada de venados que habitaba este bosque.* Sin. **eliminar, extinguir**. Ant. **crear, proteger**.

exterminio *m.* Destrucción completa de algo: *Algunas especies animales han desaparecido porque la caza sin control produce su exterminio.*

externo, na *adj.* Se refiere a lo que viene de afuera o está fuera: *Decidimos pintar la parte externa de la casa, porque la antigua pintura ya se está cayendo.* Ant. **interno**.

extinción *f.* **1.** Hecho de apagar el fuego o la luz: *La extinción total de una fogata en el bosque ayuda a prevenir incendios.* **2.** Hecho de acabarse o desaparecer paso a paso una cosa: *Las tortugas marinas están en peligro de extinción.*

extinguir *vb. irreg.* (tr. y prnl.) Modelo 65. **1.** Hacer que cese el fuego o la luz: *Los bomberos extinguen el incendio echándole encima paladas de tierra.* Sin. **apagar, sofocar, ahogar**. **2.** Desaparecer o hacer que desaparezca lentamente: *Los dinosaurios se extinguieron hace muchos años.* Sin. **desaparecer**.

extintor *m.* Aparato que se usa para apagar incendios: *Los extintores son tubos de metal generalmente pintados de rojo, con una válvula que permite la salida de una substancia que apaga el fuego.*

extirpar *vb.* (tr.) Cortar una parte de un órgano del cuerpo o quitarlo por completo en una operación quirúrgica: *El hombre aceptó que le extirparan un riñón para donárselo a su hijo y así salvarle la vida.* Sin. **extraer**.

extorsión *f.* Delito por el que se obtiene algo de alguien mediante la violencia y la amenaza: *El hombre malvado extorsionó a la muchacha amenazándola con matar a su hijo si no le daba una gran cantidad de dinero.*

extra *adj.* **1.** Se aplica a lo que es muy bueno, mejor de lo normal: *Este café es extra y no se consigue en cualquier tienda.* Sin. **extraordinario, superior**. **2.** Se refiere a lo que se hace o se da por añadidura: *Hoy trabajaré horas extras y por eso saldré de la oficina más tarde de lo normal.*

extra *m.* **1.** Parte o cosa que se hace o da por añadidura: *Gregorio, además de su sueldo, recibe dos extras al año.* Sin. **complemento, suplemento**. **2.** Persona que participa en un filme o película sin un papel determinado: *Los extras del filme actuaban como pasajeros del barco mientras los actores principales desarrollaban la historia.*

extracción *f.* Hecho de sacar algo del lugar donde estaba: *El dentista aplicó anestesia para realizar la extracción de la muela.*

extracto *m.* **1.** Resumen que se hace de un escrito, tomando sólo sus partes más importantes: *Hice un extracto del cuento que leí para poder explicarlo en* clase. **2.** Substancia extraída de otra por evaporación o cocción: *Marisa se perfuma con extracto de jazmín.* Sin. **esencia.**

extractor *m.* **1.** Aparato que sirve para sacar algo al exterior: *En la cocina del restaurante hay un extractor de vapor.* **2.** Aparato que sirve para extraer el jugo de algunas raíces y frutas: *Usaré el extractor para preparar un jugo de zanahoria.*

extraer *vb. irreg.* {tr.} **Modelo 38. 1.** Sacar o arrancar algo del lugar donde estaba: *Teresa extrajo un lápiz de la caja y comenzó a dibujar.* **2.** Sacar o exprimir la substancia de algunos frutos u otros cuerpos: *De las uvas se extrae el vino.* **3.** Calcular la raíz de un número: *El matemático extrajo la raíz cuadrada de un número.*

extralimitarse *vb.* {prnl.} Pasar una autoridad el límite de sus facultades o poderes: *El director de la empresa se extralimitó cuando insultó a su empleado.*

extranjero *m.* Toda nación que no es la propia: *Guillermo viajará al extranjero la próxima semana.*

extranjero, ra *adj./m.* y *f.* Relativo a lo que procede o es de otro país: *Los extranjeros deben presentar pasaporte y visa al ingresar al país.* Sin. **forastero.**

extrañar *vb.* {tr. y prnl.} **1.** Encontrar que una cosa es rara o extraña: *Me extrañó verte en el aeropuerto cuando llegué, porque habías dicho que no vendrías a buscarme.* **2.** Echar de menos a alguna persona o cosa: *"Hace mucho que no te veo, te extraño", dije a mi padre por teléfono.*

extrañeza *f.* Admiración o sorpresa que se siente ante algo extraño o que no es normal: *Me causa extrañeza su actitud reservada, cuando siempre ha sido una persona comunicativa.* Sin. **asombro, sorpresa.**

extraño, ña *adj./m.* y *f.* **1.** Se dice de lo que es diferente de lo normal: *"Mira qué bicicleta tan extraña, tiene una rueda muy grande adelante y una muy pequeña atrás", me dijo Germán.* **2.** Se aplica a lo que es distinto por venir de otra nación, familia, oficio o condición: *Mi madre me dice que no hable con extraños cuando camino solo por la calle.*

extraordinario, ria *adj.* **1.** Se refiere a lo que se encuentra fuera de lo natural o común. Sin. **especial. 2.** Aplicado a lo que es mayor o mejor que lo normal: *"Te felicito, tu actuación en la obra de teatro fue extraordinaria", me dijo el maestro.*

extraterrestre *adj.* Se aplica a lo que está fuera del globo terráqueo o Tierra: *El satélite de comunicaciones está suspendido en el espacio extraterrestre.*

extraterrestre *m.* y *f.* Habitante de otro planeta: *No se sabe si los extraterrestres existen.*

extravagante *adj./m.* y *f.* Se dice de lo que sale de lo común, que es raro.

EYA

extravertido, da o **extrovertido, da** *adj./m.* y *f.* Se dice de la persona comunicativa que está muy interesada en el mundo que le rodea: *Pablo es un niño extrovertido que no se pone nervioso al hablar con los adultos.*

extraviar *vb. irreg.* {tr. y prnl.} **Modelo 9. 1.** Perder o hacer perder el camino: *Ya conozco ese cuento de la niña que se extravió en el bosque y se encontró un lobo.* **2.** Perder alguien una cosa: *"Extravié mi reloj, podrías ayudarme a buscarlo", dije a Rosalía.*

extremar *vb.* {tr.} Llevar una cosa al extremo, hasta su límite: *La policía del barrio extremó las medidas de seguridad cuando se supo que un delincuente rondaba la zona.* Sin. **exagerar.**

extremaunción *f.* En la Iglesia Católica, sacramento que se administra a un enfermo en peligro de muerte a través de la aplicación de los santos óleos en su frente o manos.

extremidad *f.* **1.** Parte extrema o última de una cosa. **2.** pl. Cabeza, patas, manos y cola de los animales, o bien, pies y manos, o brazos y piernas del ser humano: *El cuerpo humano se compone de cabeza, tronco y extremidades.*

extremo *m.* Parte que está al principio o al final de una cosa: *Esteban ató un automóvil de juguete al extremo de un cordel y tiró del otro extremo para llevarlo rodando tras de él.*

extremo, ma *adj.* **1.** Se dice de lo que es muy intenso, excesivo, que llega a su límite: *Este verano hace un calor extremo y las flores se están marchitando.* **2.** Se dice del grado máximo que alcanza una cosa: *El ciclista demostró una resistencia extrema en su esfuerzo por ganar la carrera.*

exuberancia *f.* Abundancia excesiva o desarrollo exagerado de algo: *Siempre me ha maravillado la exuberancia de la vida en las selvas tropicales: muchas plantas, muchos animales y mucha agua.*

exuberante *adj.* Se refiere a lo que es muy abundante o que se ha desarrollado en exceso: *Los animales se escondían entre la vegetación exuberante.*

exudar *vb.* {tr. e intr.} Salir un líquido fuera de su recipiente, conducto o glándula: *Las glándulas ubicadas bajo el brazo exudan un líquido conocido como sudor.* Sin. **sudar.**

eyaculación *f.* Emisión rápida y violenta de un líquido, especialmente del semen a través del pene: *Durante la eyaculación, el semen sale del cuerpo del hombre y riega los órganos genitales femeninos.*

eyacular *vb.* {tr.} Lanzar con fuerza un líquido que se encontraba dentro de un órgano o glándula, de manera especial el semen a través del pene.

EX

255

Ff

f *f.* Sexta letra del abecedario español. Su nombre es *efe*.

fa *m.* Cuarta nota de la escala musical.

fabada *f.* Guiso de porotos o frijoles con chorizo y otros ingredientes, típico de Asturias, España.

fábrica *f.* Edificio e instalaciones donde se elaboran determinados productos en serie: *La Ford fue una de las primeras fábricas de automóviles.* SIN. **factoría**.

fabricación *f.* Hecho de elaborar o construir algo: *La gente compra cada vez más televisiones, por eso su fabricación no deja de aumentar.*

fabricante *m.* y *f.* Persona o compañía que elabora o construye algo: *Como en la tienda no tenían la pieza para reparar la radio, tuvimos que acudir al fabricante.*

fabricar *vb. irreg.* (tr.) Modelo 17. **1.** Hacer un producto industrial por medios mecánicos. **2.** Construir, elaborar: *Con unas latas usadas fabricamos unos barquitos para jugar.*

fábula *f.* **1.** Narración corta que transmite una moraleja, muchas veces con animales que actúan como personas: *La fábula de la liebre y la tortuga es una de las más conocidas de Esopo.* **2.** Relato inventado, ficción. **3.** *loc.* **De ~**, maravilloso: *Mi hermano acaba de hacer un viaje de fábula por la India.*

fabuloso, sa *adj.* **1.** Inventado, imaginario. **2.** Fantástico: *El dragón es un animal fabuloso.* **3.** *Fam.* Sensacional.

faca *f.* Cuchillo con la hoja arqueada.

facción *f.* **1.** Grupo de personas que se rebela o que se distingue del resto: *Una facción del partido decidió separarse por no compartir las mismas ideas que los demás.* **2.** Cualquier parte del rostro humano: *Ruperto tiene las facciones muy parecidas a las de su madre.*

faccioso, sa *adj.* Que pertenece a una facción.

faceta *f.* **1.** Lado o cara de un poliedro. **2.** Aspecto que se puede considerar en un problema o asunto.

facha *f.* Traza, figura, aspecto: *La facha de Luis muestra que no se ha duchado ni peinado.*

fachada *f.* **1.** Parte exterior de un edificio: *La fachada de la basílica de San Pedro en el Vaticano da a una bellísima plaza diseñada por el artista Miguel Ángel.* **2.** Aspecto exterior.

fachinal *m.* *Argent.* Lugar cubierto de vegetación que se inunda con frecuencia.

fachoso, sa *adj.* **1.** *Chile, Ecuad.* y *Méx.* Presuntuoso. **2.** *Méx.* Que viste de forma inadecuada: *A Noé le gusta verse fachoso y siempre usa pantalones rotos, camisas grandes y no se arregla el cabello.*

facial *adj.* Relativo al rostro: *Algunas personas se someten a operaciones faciales para que se les vean menos arrugas.*

fácil *adj.* **1.** Que no supone gran esfuerzo, sencillo. **2.** Probable: *"Es fácil que llueva porque está nublado", dijo Germán después de ver hacia el cielo.*

fácil *adv.* *Méx. Fam.* Seguro: *Terminaré fácil el trabajo escolar en quince minutos, después podré salir a jugar.*

facilidad *f.* **1.** Sencillez, calidad de algo que es fácil de hacerse. **2.** Disposición para hacer una cosa sin gran trabajo: *Desde pequeño, el músico austriaco Mozart mostró gran facilidad para la música.*

facilitar *vb.* (tr.) Hacer fácil, posible o sencilla una cosa: *Con su explicación, Romualdo me facilitó la solución del problema de matemáticas.*

facineroso, sa *adj./m.* y *f.* **1.** Delincuente habitual, malhechor: *Al Capone fue uno de los facinerosos más célebres de los años veinte en Estados Unidos de Norteamérica.* **2.** Hombre canalla, malvado.

facón *m.* *Argent.* y *Urug.* Cuchillo grande y puntiagudo usado por la gente del campo.

facsímil o **facsímile** *m.* Reproducción exacta de firmas, escritos, pinturas, documentos, etc.: *El jefe sólo firma el original de los documentos y la secretaria pone en las copias un sello con el facsímil de su firma.*

factible *adj.* Que es posible de realizar: *"Es mejor pensar en proyectos factibles y no en sueños imposibles."*

factor *m.* **1.** Cosa que contribuye a causar un efecto: *El agua es un factor importante en el crecimiento de las plantas.* **2.** En matemáticas, cada uno de los números que figuran en un producto.

factoría *f.* Lugar donde se elaboran productos iguales en serie utilizando maquinaria. SIN. **fábrica**.

factura *f.* **1.** Hechura, ejecución: *Esta cajita de jade tiene buena factura, los grabados que la adornan son muy detallados.* **2.** Cuenta detallada: *"No olvides pedir la factura al comprar tus artículos escolares", me dijo mi madre.* **3.** *Argent.* Toda clase de panecillos dulces que suelen elaborarse y venderse en las panaderías.

facturar *vb.* (tr.) **1.** Extender facturas. **2.** Registrar en las estaciones, puertos, etc., mercancías o equipajes para que sean enviados a su destino.

facultad *f.* **1.** Aptitud, potencia física o moral: *Hay gente que piensa que los videntes tienen la facultad de adivinar el futuro.* **2.** Poder, derecho para hacer una cosa: *Los jueces tienen facultad para sentenciar a los delincuentes.* **3.** Centro universitario que coordina las enseñanzas de una determinada rama del saber: *"Voy a tomar clases de diseño en la facultad de arquitectura", dijo mi hermano.*

facultativo, va *adj.* **1.** Perteneciente a una facultad. **2.** Voluntario: *En la Universidad hay materias facultativas y hay otras que son obligatorias.*

facultativo, va *m.* y *f.* Médico: *El informe del facultativo indicó que, después de la operación, el enfermo estaba fuera de peligro.*

fado *m.* Canción popular portuguesa, de tono melancólico.

faena *f.* **1.** Trabajo corporal o mental: *En mi casa, cada uno de los hermanos tenemos una faena: mi hermano lava los platos, mi hermana limpia el piso y yo preparo la comida.* **2.** Fam. Mala pasada: *"Se fueron al cine sin esperarme. ¡Qué faena me han hecho!"* **3.** Chile. Cuadrilla de obreros.

fagocito *m.* Célula del organismo que, como medida de protección, es capaz de englobar a cuerpos extraños para digerirlos.

fagot *m.* **Palabra francesa. 1.** Instrumento musical de viento de la familia de los oboes, con sonido grave: *Los fagotes son tubos de madera delgados y largos, que tienen una boquilla especial por donde el músico sopla.* **2.** Persona que toca el fagot en una orquesta.

fainá *f.* R. de la P. Masa fina de harina de garbanzos cocida al horno: *Pedimos cuatro porciones de pizza y dos de fainá.*

faisán *m.* Ave de alas cortas con brillante plumaje y de carne apreciada: *El faisán macho tiene una cola larga y sus plumas son mucho más vistosas que las plumas de la hembra.*

faja *f.* Tira de cualquier material que rodea a una persona o una cosa ciñéndola, apretándola: *Mi hermana se puso una faja que le protege el vientre porque la operaron la semana pasada del hígado.*

fajina *f.* Méx. En el trabajo del campo, comida que se hace al mediodía.

fajo *m.* Paquete, conjunto de cosas largas y delgadas puestas unas sobre otras: *Toda la gente en la tienda veía al hombre que sacó un gran fajo de dinero para pagar un pantalón.*

falacia *f.* Engaño, mentira, fraude: *En la estación de radio me dijeron que me regalarían una televisión si contestaba una pregunta pero fue una falacia, pues sólo me dieron un bolígrafo.*

falange *f.* **1.** Cada uno de los huesos de los dedos. **2.** Cuerpo armado.

falaz *adj.* Embustero, falso: *Un hombre falaz quería vendernos unas copas de aluminio haciéndolas pasar por copas de plata.*

falca *f.* Méx. y Venez. Especie de canoa grande con techo.

falda *f.* **1.** Prenda de vestir, especialmente femenina, que cae de la cintura hacia abajo: *Me compré una falda a cuadros que voy a usar con la blusa azul.* SIN. **pollera. 2.** Ladera o parte baja de las montañas.

faldeo *m.* Argent., Chile y Cuba. Falda de un monte.

faldón *m.* **1.** En algunas prendas de vestir, parte que cae suelta desde la cintura. **2.** Pollera o falda grande. **3.** Vertiente triangular de un tejado.

faldriquera *f.* Ver **faltriquera**.

falencia *f.* **1.** Argent., Colomb., Chile, Hond., Nicar., Par. y Perú. Quiebra de un comerciante. **2.** Argent. Carencia, defecto.

falible *adj.* Que puede faltar o fallar: *"Las personas somos falibles, no entiendo por qué exiges tanta perfección a tu hijo", le dijo Roberto a Gerardo.*

falla *f.* **1.** Defecto material de una cosa: *La falla de la televisión fue provocada por una descarga eléctrica.* **2.** Fractura de las capas de la Tierra, acompañada de un desplazamiento de los bloques: *Cada vez que se acomoda la falla de San Andrés en California, Estados Unidos de Norteamérica, se produce un temblor en esa región.* **3.** Fallo, deficiencia.

fallar *vb.* {tr.} Decidir un jurado o un tribunal: *El juez fallará su sentencia mañana.*

fallar *vb.* {tr. e intr.} **1.** Frustrarse o salir mal una cosa: *Fallé todos los tiros al blanco y no me gané el juguete que quería.* **2.** Perder resistencia.

fallecer *vb. irreg.* {intr.} Modelo 39. Morir, expirar: *Ayer falleció la abuelita de mi amiga; hoy iremos a su funeral.*

fallecimiento *m.* Muerte de alguien: *El fallecimiento del actor ha entristecido a sus admiradores.*

fallido, da *adj.* Frustrado: *Antes de poder sostenerse en la bicicleta, Andrés llevó a cabo varios intentos fallidos.*

fallo *m.* Sentencia del jurado o tribunal: *El jurado dará su fallo, es decir, determinará si el acusado es culpable o inocente.*

fallo *m.* Falta, error.

falluto, ta *adj.* Argent. y Urug. Fam. Hipócrita.

falo *m.* Pene.

falsear *vb.* {tr.} Alterar o corromper una cosa: *Para no pagar impuestos, algunas empresas falsean su contabilidad.*

falsedad *f.* Dicho o hecho falso: *Como sorprendí a Javier diciendo mentiras, ahora creo que todo lo que dice son falsedades.*

falsete *m.* Voz artificial, más aguda que la natural.

falsificar *vb. irreg.* {tr.} Modelo 17. **1.** Imitar o elaborar una copia falsa de algo: *Falsificar dinero es un delito grave.* **2.** Falsear, alterar o corromper una cosa.

falso, sa *adj.* **1.** Que no es verdadero o auténtico: *Andrés pretendía hacer pasar como bueno un billete falso de tres pesos, por eso la policía lo detuvo.* **2.** Hipócrita. **3.** loc. En ~, sin el apoyo suficiente: *Di un paso en falso y me lastimé el tobillo.*

falta *f.* **1.** Ausencia de alguien o algo: *No pude ver el partido de fútbol por falta de tiempo.* **2.** Error, equivocación: *Carla cometió una falta de ortografía al escribir "borrador" con "v".* **3.** Acción que va contra una regla o ley: *El tenista sacó la pelota de la raya y el juez de línea marcó la falta.*

faltar *vb.* {intr.} **1.** No estar una persona o cosa donde debiera: *Como Carmelita tenía sarampión, faltó a la escuela durante diez días.* **2.** No haber una cosa o ser insuficiente: *"No podemos hacer la tarta de manzanas porque falta azúcar", me dijo Higinia.* **3.** Quedar poco tiempo para algo: *"Faltan sólo tres días para que comiencen las vacaciones, ¡qué alegría!"* **4.** Quedar alguna acción sin realizar: *Terminé casi todo mi trabajo, sólo falta acomodar las herramientas que usé.* **5.** Ofender: *Mucha gente considera que quitarse la ropa en público es faltar a la moral.*

falto, ta *adj.* Defectuoso o necesitado de una cosa: *Rafael es un jefe falto de carácter, por eso su empleado toma todas las decisiones.*

faltriquera *f.* Bolsillo de las prendas de vestir.

fama *f.* **1.** Circunstancia de ser alguien o algo muy conocido. **2.** Opinión sobre alguien o algo: *A Miguel le gustan mucho las muchachas; tiene fama de ser un enamorado.*

famélico, ca *adj.* Que tiene mucha hambre.

familia f. *1.* Conjunto de personas formado por una pareja y sus hijos o, de manera más amplia, los parientes. *2.* Descendencia, hijos: *Fernando y Nora tendrán familia después de tres años de haberse casado. 3.* Conjunto de cosas con características iguales: *Las palabras flor, florero y florería pertenecen a la misma familia de palabras porque tienen el mismo origen. 4.* En biología, unidad sistemática de clasificación que comprende varios géneros y es inferior al orden: *Los leopardos, los tigres y los gatos son animales de la familia de los felinos.*

familiar adj. *1.* Relativo a la familia. *2.* Sencillo, sin ceremonia: *"Para el cumpleaños de Erika haremos una fiesta familiar, no tienes que vestirte elegante para asistir." 3.* Conocido: *En algún lugar la he visto, su cara me parece familiar.*

familiar m. y f. Pariente: *Llegó un familiar de visita a casa de Tere, creo que es su tío que vive en Europa.*

familiaridad f. Confianza: *Aunque no somos amigos íntimos Enrique y yo, nos tratamos con familiaridad.*

famoso, sa adj. Que tiene fama buena o mala: *La Madre Teresa de Calcuta fue famosa no sólo en la India sino en todo el mundo.*

fan m. y f. Palabra inglesa. Fanático, seguidor de una persona, un equipo deportivo o una moda: *Las fans del grupo de rock llegaron al auditorio cuatro horas antes de que empezara el concierto.*

fanático, ca m. y f. Que defiende con excesivo celo y apasionamiento una creencia, una causa, etc.: *Los fanáticos de ese equipo van a todos los partidos, aunque jueguen en ciudades lejanas.*

fanatismo m. Manera de actuar en la que se adoptan actitudes radicales: *El fanatismo elimina los pensamientos críticos y destruye cualquier posibilidad de verdad.*

fandango m. Baile popular español y música con que se acompaña.

fanega f. *1.* Medida de capacidad para granos. *2.* Medida agraria, del tamaño de un terreno donde se puede sembrar una fanega de grano.

fanerógamo, ma adj. Relativo a un grupo de plantas que se reproducen por flores y semillas.

fanfarrón, na adj. Se dice de la persona que presume excesivamente de alguna cualidad: *Rogelio es un fanfarrón, el gran barco que me había presumido en realidad es una lancha.* SIN. echador, hocicón.

fango m. Mezcla de tierra y agua. SIN. lodo.

fantasía f. *1.* Facultad de la mente para representar cosas que no existen: *A muchos niños les gusta escaparse al mundo interior de su fantasía. 2.* Producto de la imaginación: *En sus fantasías, Rosaura se veía como una famosa actriz de cine.*

fantasma m. Aparición de algo imaginado o de un ser inmaterial, como el espectro de un difunto: *En el filme de terror vi ayer, el dueño del castillo se disfrazaba de fantasma para espantar a sus invitados.* SIN. espanto.

fantasmagoría f. Representación de figuras por medio de ilusiones ópticas.

fantasmal adj. Que tiene un aspecto misterioso e inquietante: *La luz de la luna daba a las rocas un aspecto fantasmal.*

fantástico, ca adj. *1.* Producto de la fantasía: *Las sirenas y los dragones son seres fantásticos.* SIN. fabuloso. *2.* Estupendo: *"Me parece fantástico que vayas de viaje a Francia", me dijo mi hermano.*

fantoche m. *1.* Títere, marioneta. *2.* Persona de figura ridícula o grotesca: *"Te ves como un fantoche con ese abrigo enorme y viejo", dije a Ricardo. 3.* Persona sin autoridad o sin personalidad débil: *Perico me desespera; es un fantoche que hace lo que le dice la gente y no lo que él desea. 4.* Fanfarrón, engreído.

fañoso, sa adj. Antill., Méx. y Venez. Gangoso.

faquir m. *1.* En la India, persona religiosa que se dedica a cultivar el espíritu por encima de las necesidades materiales del cuerpo. *2.* Artista de circo que hace actos espectaculares, como caminar sobre objetos filosos.

faradio m. Unidad de medida de capacidad eléctrica.

farallón m. Roca alta y en pico que sobresale en el mar.

farándula f. Lo relacionado con el arte del espectáculo, el cine, el teatro y la televisión.

faraón m. Soberano del Antiguo Egipto: *Las famosas pirámides de Egipto se construyeron en la época de los faraones.*

fardar vb. [intr.] Fam. Alardear, ostentar: *A Rubén le gusta fardar cualquier cosa nueva que compra.*

fardo m. Paquete grande y apretado.

farfolla f. Envoltura de las panochas o mazorcas del maíz, mijo y panizo. SIN. chala.

farfullar vb. [tr.] Fam. Hablar de prisa y de manera atropellada: *Al iniciar la entrevista, la bailarina estaba tan nerviosa que sólo pudo farfullar su nombre.*

faringe f. Región entre la boca y el esófago, común a las vías digestivas y respiratorias: *Con tanta tos, me duele la faringe.*

faringitis f. Inflamación de la faringe.

fariña f. Argent., Bol., Colomb., Par., Perú y Urug. Harina gruesa de mandioca.

fariseo m. Miembro de una secta judía del siglo II a. de C. que pretendía observar la Ley de Moisés con rigurosidad.

farmacéutico, ca adj. Relacionado con los medicamentos: *"Esas píldoras son productos farmacéuticos, no dulces, así que se toman sólo para combatir alguna enfermedad", me dijo mi madre.*

farmacéutico, ca m. y f. Persona que ha realizado estudios universitarios para preparar medicamentos.

farmacia f. Local donde se venden los medicamentos. SIN. botica, droguería.

fármaco m. Medicamento, medicina: *Para comprar algunos fármacos, se necesita receta de un médico.*

farmacodependencia f. Estado de quien experimenta una necesidad intensa por ingerir, cada determinado tiempo, alguna substancia química, como ciertos medicamentos.

farmacopea f. Relación de indicaciones relativas a los medicamentos más comunes: *La farmacopea indica que no es bueno mezclar bebidas alcohólicas con pastillas para dormir.*

faro m. *1.* Torre con una potente bombilla o foco luminoso para guiar de noche a los navegantes. *2.* Proyector de luz que llevan los vehículos en la parte delantera.

farol m. Caja hecha de material transparente, dentro de la cual va una luz.

farolazo m. Amér. C. y Méx. Trago de licor.

farra f. Hecho de salir de noche para divertirse. SIN. juerga, jarana.

farragoso, sa *adj.* Desordenado y confuso: *No entendí el discurso de María Rosa porque fue demasiado farragoso.*

farruco, ca *adj. Esp. Fam.* Valiente.

farruto, ta *adj. Bol.* y *Chile.* Enfermizo.

farsa *f.* **1.** Pieza cómica breve. **2.** Enredo para aparentar o engañar: *Carolina dice que está enferma, pero a mí me parece que es una farsa para no ir a la escuela.*

farsante *m. y f.* Persona que miente o aparenta lo que no es: *"No creas en Ricardo, porque es un farsante que me ha engañado en varias ocasiones", me dijo Laura.*

fascículo *m.* Cada uno de los cuadernos en que se suele dividir un libro que se publica y vende por partes.

fascinar *vb.* {tr.} Atraer de manera irresistible: *A Elvira le fascina ese cantante y cuando fue a verlo a un concierto, se abalanzó para darle un beso.*

fascismo *m.* Régimen establecido por Benito Mussolini en Italia de 1922 a 1945, fundado sobre la dictadura de un partido único y la exaltación del nacionalismo: *El régimen del militar alemán Adolfo Hitler se basaba en el fascismo.*

fascista *adj./m. y f.* Relacionado con el fascismo: *El horrible régimen fascista de Hitler sostenía que la raza aria era superior a todas las demás.*

fase *f.* **1.** Cada uno de los cambios sucesivos de un fenómeno en evolución: *La adolescencia es una fase en la vida de los seres humanos en la que hay cambios físicos y psicológicos muy importantes.* SIN. **etapa.** **2.** Cada uno de los aspectos que presentan la Luna y algunos planetas según los ilumina el Sol: *Las fases de la Luna son: cuarto creciente, luna llena, cuarto menguante y luna nueva.*

fastidiar *vb.* {tr. y prnl.} **1.** Causar molestia: *La música tan alta me fastidiaba al tratar de hacer mi trabajo escolar.* **2.** Enojar, enfadar: *Me fastidia la impuntualidad de Amauri, nunca llega a tiempo a nuestras citas.* **3.** *Amér. Merid.* y *Méx.* Echarse a perder, descomponerse: *Si se fastidió la televisión, habrá que llevarla a reparar.*

fastidio *m.* **1.** Disgusto, molestia, repugnancia: *¡Qué fastidio! Siempre tenemos que esperar más de una hora a la impuntual de Olga.* **2.** Aburrimiento, enfado: *Leer un libro es buen remedio para combatir el fastidio.*

fasto *m.* Abundancia de riqueza. SIN. **lujo.**

fasto, ta *adj.* Memorable, venturoso: *Para celebrar el fasto acontecimiento de la llegada de su hija, el rey decretó una semana de festejos.*

fastuoso, sa *adj.* Ostentoso, amigo del lujo: *La boda entre el príncipe Carlos de Inglaterra y la princesa Diana fue una de las más fastuosas del siglo.*

fatal *adj.* **1.** Inevitable. **2.** Desgraciado, funesto: *"Hoy fue un día fatal en el que todo lo que hice salió mal."* **3.** Mortal: *La caída de mi perro fue fatal pues murió al poco tiempo.*

fatídico, ca *adj.* Que anuncia desgracias o las trae.

fatiga *f.* **1.** Agotamiento, cansancio: *El explorador logró llegar a la cima de la montaña aunque su fatiga era muy fuerte.* **2.** Dificultad al respirar.

fatigar *vb. irreg.* {tr. y prnl.} Modelo 17. **1.** Cansar: *Me fatigó nadar durante media hora seguida, pues hace tiempo que no lo practicaba.* **2.** Molestar: *Me fatiga el ruido de la televisión, baja el volumen por favor.*

fatuo, tua *adj.* Presuntuoso, presumido: *Pepe es guapo pero fatuo, así que no me interesa hablar con él.*

fauces *f. pl.* Parte posterior de la boca de los mamíferos, desde el paladar hasta la faringe: *En el circo, el domador metió la cabeza en las fauces del león.*

fauna *f.* Conjunto de especies animales que viven en un país o región: *La fauna de Australia tiene animales que no existen en ningún otro lugar en el mundo.*

fausto, ta *adj.* Feliz, afortunado: *El cumpleaños número cien de la abuela es un fausto acontecimiento.*

favela *f. Amér.* Vivienda de los suburbios, referida de manera especial a Brasil.

favor *m.* **1.** Ayuda, beneficio, servicio o protección gratuita. **2.** Apoyo, aprobación: *La cantante famosa tiene el favor del público que asiste a sus conciertos.*

favorable *adj.* Conveniente: *La exportación de algodón será favorable para la economía del país.*

favorecer *vb. irreg.* {tr.} Modelo 39. **1.** Ayudar, socorrer a uno o apoyarlo. **2.** Sentar bien, ayudar a mejorar el aspecto: *A las personas rubias les favorece el color rojo.*

favorito, ta *adj.* Que se prefiere entre los demás: *Por su gran inteligencia, la hija favorita del sultán era la menor de las cuatro que tenía.*

fax *m.* Aparato que transmite documentos, fotografías, etc., a través de la línea telefónica. SIN. **telefax.**

faz *f.* **1.** Rostro o cara: *La faz del hombre palideció cuando le dieron la mala noticia de la muerte de su madre.* **2.** Superficie: *La faz de Marte es arenosa y de color rojizo.*

fe *f.* **1.** Creencia basada en argumentos no demostrados: *Muchas personas tienen fe en que el cáncer se cura con polvo de piel de víbora.* **2.** Confianza, buena opinión que se tiene de una persona o cosa: *"Tengo fe en que obtendrás buenas calificaciones en tus exámenes", me dijo mi padre.* **3.** Hecho de creer en Dios y en las verdades religiosas reveladas: *Aproximadamente 400 millones de personas en el mundo siguen la fe cristiana.* SIN. **religión. 4.** loc. **Dar ~,** asegurar, acreditar: *El abogado dio fe de que la firma del papel era la de su cliente.*

fealdad *f.* Calidad de feo. ANT. **belleza.**

febrero *m.* Segundo mes del año y el único que tiene 28 días; 29 los años bisiestos.

febril *adj.* **1.** Relativo a la fiebre. **2.** Muy intenso: *Como se acercaba el día de las competencias, el deportista llevaba a cabo un entrenamiento febril.*

fecal *adj.* Relativo a los excrementos: *El análisis de la materia fecal mostró que Genoveva tenía amibas.*

fecha *f.* **1.** Indicación del tiempo en que se hace u ocurre algo: *El 16 de septiembre de 1810 es la fecha en que comenzó la lucha por la independencia de México.* **2.** Tiempo o momento actual.

fechoría *f.* Acción especialmente mala, desmán: *Después de cometer su fechoría, los ladrones se repartieron el botín.*

fécula *f.* Substancia compuesta de granos de almidón, abundante en algunos tubérculos como la papa.

fecundación *f.* Proceso por el cual una célula masculina y una femenina se unen y así forman una nueva vida.

fecundar *vb.* {tr.} **1.** Hacer productiva una cosa. **2.** Unirse el elemento reproductor masculino al femenino para dar origen a un nuevo ser.

fecundidad *f.* Hecho de ser muy productivo.

fecundo, da *adj.* **1.** Que produce o se reproduce: *Los conejos son animales fecundos que tienen muchas crías*

FED

cada vez que paren. **2.** Que produce mucho: *El huerto que tenemos en mi casa es* **fecundo** *pues todo el año nos da las frutas y verduras que comemos.*

federación f. 1. Agrupación de estados autónomos bajo una autoridad central: *Los Estados Unidos de Norteamérica son una* **federación** *desde el año 1789.* **2.** Agrupación orgánica de colectividades humanas: *La* **Federación** *Internacional de Fútbol Asociación (FIFA) organiza cada cuatro años el Campeonato Mundial de Fútbol.*

federal adj. Relativo al sistema de gobierno que reúne a estados autónomos pero sujetos a las decisiones de una autoridad central sobre los asuntos de interés general.

federalismo m. Sistema político en el que varios estados independientes comparten soberanía con una autoridad superior.

féferes m. pl. *Colomb., C. Rica, Ecuad. y R. Dom.* Bártulos, trastos.

fehaciente adj. Que da fe o atestigua como cierto: *Para demostrar cuál es su verdadero nombre las personas usan un documento* **fehaciente**, *como su pasaporte.*

feldespato m. Silicato natural de potasio, sodio y calcio: *El* **feldespato** *forma parte de muchas rocas.*

felicidad f. Estado de ánimo en el que se siente alegría, satisfacción o gusto.

felicitación f. Hecho de desear a otro felicidad, dicha o fortuna: *Recibí la* **felicitación** *de mis parientes y amigos cuando terminé mis estudios.*

felicitar vb. (tr. y prnl.) **1.** Expresar a una persona la alegría que se siente por algún hecho favorable para esa persona: *Hay que* **felicitar** *a Esteban por haber obtenido el primer lugar de su clase.* **2.** Expresar el deseo de que una persona sea afortunada o feliz: *En la época navideña, mucha gente* **felicita** *a sus familiares y amigos.*

félido, da adj. Relativo a una familia de mamíferos carnívoros con garras que puede esconder, como el gato. Sin. **felino.**

feligrés, sa m. y f. Miembro de una parroquia o de una congregación religiosa.

felino, na adj. 1. Relativo al gato: *Los movimientos de los animales* **felinos** *son ágiles y rápidos.* **2.** Félido: *El tigre, el león y el leopardo son* **felinos.**

feliz adj. 1. Que tiene u ocasiona felicidad. **2.** Oportuno: *Adela tuvo la* **feliz** *ocurrencia de asegurar su automóvil unos días antes del accidente.*

felonía f. Falta de lealtad, traición.

felpa f. 1. Tela aterciopelada de algodón, seda, lana, etc.: *Tengo una bata de* **felpa** *que uso cuando termino de ducharme.* **2.** *Méx. Fam.* Golpiza.

felpear vb. (tr.) *Argent. y Urug.* Reprender de manera áspera.

felpudo m. Alfombrilla que se coloca a la entrada de las casas: *El* **felpudo** *sirve para limpiarse, antes de entrar a una casa, la suciedad que haya en los zapatos.*

femenino, na adj. 1. Propio de la mujer: *Los vestidos son* **femeninos** *porque sólo los usan las mujeres.* **2.** Que tiene la forma gramatical atribuida a los nombres que designan, en principio, seres del sexo femenino: *"Casa" es un sustantivo* **femenino.**

feminismo m. Doctrina y movimiento que defiende la igualdad social, laboral, etc., entre el hombre y la mujer: *El* **feminismo** *lucha porque el hombre y la mujer sean iguales.*

femoral adj. Relativo al fémur: *La arteria* **femoral** *es una de las más importantes del cuerpo humano.*

fémur m. Hueso largo de la pierna, ubicado entre la cadera y la rodilla.

fenecer vb. irreg. (intr.) **Modelo 39.** Morir, fallecer: *Ayer* **feneció** *mi abuelo y hoy vamos a sepultarlo.*

fenicio, cia adj./m. y f. Originario de Fenicia, antigua región de Asia.

fénix m. Ave mitológica que renace de sus cenizas.

fenol m. En química, sustancia que se obtiene de la destilación del alquitrán, derivado oxigenado del benceno.

fenomenal adj. Muy grande, que sorprende: *El anuncio del aumento de sueldo fue una noticia* **fenomenal**, *a todos los trabajadores les alegró mucho.*

fenómeno m. 1. Cualquier manifestación material o espiritual: *Los tornados son* **fenómenos** *temibles de la naturaleza.* **2.** Cosa extraordinaria o sorprendente: *A finales del siglo* xix, *algunos circos exhibían enanos en la carpa de los* **fenómenos.**

fenotipo m. Conjunto de características hereditarias que se manifiestan de manera visible en un individuo.

feo, a adj. 1. Que carece de belleza. **2.** loc. **Hacer el ~,** despreciar, desairar: *Le* **hicieron el feo** *a Rosita, nadie comió de la tarta que llevó a la fiesta.* Ant. **bonito.**

féretro m. Ataúd, caja para muerto.

feria f. 1. Mercado o exposición que se celebra en lugar y fecha determinados: *En Frankfurt, Alemania, se lleva a cabo cada año una de las* **ferias** *de libros más importantes del mundo.* **2.** Lugar con espectáculos y diversiones: *Lo que más me gusta de la* **feria** *es la rueda de la fortuna.* **3.** *Méx. Fam.* Dinero menudo, cambio.

fermentación m. 1. Degradación de substancias orgánicas por la acción de microorganismos: *El vino se produce a partir de la* **fermentación** *de las uvas.* **2.** Proceso de cambio: *A mediados del siglo* xviii, *la sociedad francesa pasaba por un importante proceso de* **fermentación** *política.*

fermentar vb. (tr. e intr.) **1.** Hacer que una substancia se degrade por la acción de microorganismos: *La levadura* **fermenta** *la masa de harina de trigo, por eso el pan se esponja.* **2.** Sufrir una substancia degradación por la acción de microorganismos: *La cerveza necesita* **fermentar** *a través de un proceso químico.*

fermento m. Substancia que provoca la fermentación.

fermio m. Elemento químico artificial, de símbolo Fm y número atómico 100.

ferocidad f. Hecho de ser fiero, cruel: *Las leonas demuestran su* **ferocidad** *a quien quiera lastimar a sus cachorros.*

feroz adj. Fiero, cruel: *Las hienas son animales* **feroces.**

férreo, a adj. 1. De hierro: *La estructura* **férrea** *de la Torre Eiffel se ha conservado desde el año 1889.* **2.** Duro, tenaz: *Gracias a su* **férreo** *carácter, el músico alemán Beethoven siguió componiendo música después de quedarse sordo.* **3.** Relativo al ferrocarril: *Las vías* **férreas** *deben mantenerse en buen estado para que los trenes siempre puedan circular con seguridad.*

ferretería f. Tienda donde se venden herramientas, clavos, alambres y otros objetos de hierro o metal.

ferrocarril m. 1. Camino con dos rieles paralelos, sobre los cuales ruedan los trenes. **2.** Tren.

ferrocarrilero, ra adj./m. y f. **1.** Amér. Relacionado con los ferrocarriles. **2.** Amér. Persona que conduce un tren.
ferroso, sa adj. Relativo al compuesto de hierro divalente.
ferroviario, ria adj./m. y f. **1.** Relativo al ferrocarril: Por fortuna, el accidente **ferroviario** no ocasionó ninguna muerte. **2.** Empleado del ferrocarril. SIN. **ferrocarrilero.**
ferruginoso, sa adj. Que contiene hierro: La espinaca es una verdura **ferruginosa.**
fértil adj. **1.** Que produce mucho: Lope de Vega fue un escritor de imaginación muy **fértil. 2.** El ser vivo que puede reproducirse: Las conejas tienen fama de ser muy **fértiles** porque pueden parir muchos hijos y quedan preñadas de manera frecuente.
fertilidad f. Capacidad para producir o reproducir.
fertilizante m. Mezcla de materiales, naturales o industrializados, que se le pone a la tierra para que produzca más: Mi hermano puso **fertilizante** en su huerto para que sus plantas crezcan mejor y nazcan más frutas. SIN. **abono.**
fertilizar vb. irreg. {tr.} Modelo 16. Hacer que algo produzca mucho, de manera especial la tierra: El estiércol es una substancia que se usa para **fertilizar** la tierra.
férula f. **1.** Tablilla para inmovilizar miembros fracturados. **2.** Autoridad y dominio: En la antigüedad, casi toda Europa estaba bajo la **férula** de Roma. **3.** Especie de vara a la que se castigaba a los niños en la escuela.
fervor m. Sentimiento religioso intenso: Con gran **fervor** la mujer juntó las manos y cerró los ojos para pedirle a Dios que sanara a su hijo.
festejar vb. {tr. e intr.} **1.** Celebrar fiestas: Edith **festejará** su cumpleaños con una fiesta en el jardín de su casa. **2.** Cortejar a una mujer.
festejo m. Celebración, fiesta: Los **festejos** por el aniversario de mi pueblo se celebran en agosto.
festín m. Banquete espléndido: Asistimos a un **festín** en el que hubo mucha comida sabrosa.
festival m. Gran fiesta, especialmente musical: Este año, Gabriela bailará un tango en el **festival** de fin de cursos.
festividad f. Fiesta o ceremonia con que se celebra algo: El 2 de noviembre se celebra en México la **festividad** de los muertos.
festivo, va adj. **1.** Alegre: Me divierto mucho con Eduardo porque tiene un carácter muy **festivo. 2.** Día de fiesta en que no se trabaja: El primero de mayo es un día **festivo** porque se celebra el Día del Trabajo.
festón m. Bordado en forma de ondas o puntas, que adorna la orilla de una cosa.
feta f. Argent. y Urug. Rebanada delgada de jamón o de otros embutidos.
fetiche m. **1.** Ídolo u objeto de veneración. **2.** Objeto de superstición: Algunas personas usan patas de conejo como **fetiche,** pues creen que les traen buena suerte.
fetichismo m. Culto a los fetiches.
fétido, da adj. Que huele mal: "Cúbrete la nariz, porque estas cañerías despiden un olor **fétido**", le dije a mi hermanito.
feto m. Producto de la concepción que no ha llegado a nacer, pero que ya tiene las formas de la especie a que pertenece: Mi madre va al hospital cada mes desde que está embarazada para que revisen que el **feto** esté sano.

feudalismo m. Sistema económico, político y social de la Edad Media: El **feudalismo** comenzó al caer el Imperio Carolingio en el siglo X de nuestra era, y se prolongó hasta el siglo XV.
feudo m. En la Edad Media, tierra u otro bien entregado por el rey o un señor a su vasallo a cambio de servicios y obligaciones.
fez m. Gorro de fieltro rojo usado por turcos y moros.
fiaca f. Argent., Chile, Méx. y Urug. Fam. Pereza.
fiador, ra m. y f. **1.** Persona que responde por la deuda de otra: Cuando mi padre rentó un departamento le pidieron el nombre de un **fiador** que pueda pagar su renta. **2.** Chile y Ecuad. Cinta que sujeta el sombrero por debajo de la barba. SIN. **barbiquejo.**
fiambre m. Alimento cocinado y preparado para comerse frío.
fiambrera f. **1.** Recipiente con tapa ajustada para llevar comida. **2.** Argent., Chile y Urug. Armario de tela metálica que permite la ventilación de los alimentos y los protege de las moscas.
fiambrería f. Argent., Chile y Urug. Tienda en la que se venden o preparan fiambres.
fianza f. Garantía prestada para el cumplimiento de una obligación: El juez le dio a escoger entre pagar una **fianza** o permanecer 30 días en la cárcel.
fiar vb. irreg. {tr.} Modelo 9. **1.** Hacerse responsable alguien de que otro pagará o cumplirá algo. **2.** Vender algo sin cobrar el precio para recibir el pago después: "No tengo para pagar el azúcar, ¿me la **fía** y se la pago mañana?" **3.** Confiar: "Si te **fío** un secreto, ¿no se lo cuentas a nadie?", le dije a mi amiga.
fibra f. **1.** Especie de hilo de ciertos tejidos animales, vegetales y minerales: El pan integral es bueno para la digestión porque contiene **fibra. 2.** Filamento artificial usado en la industria textil: Prefiero usar ropa con **fibras** naturales, como el algodón, a las sintéticas como el poliéster. **3.** Fam. Energía, fuerza: Para escalar esa montaña se necesita mucha **fibra** y muy empinada.
ficción f. **1.** Acción y efecto de fingir. **2.** Cosa inventada: "Lo que viste en ese programa no es verdad, es **ficción**", me dijo mi padre.
ficha f. **1.** Pequeña pieza de cartón, metal, etc., a la que se asigna un uso o valor convencional: En esa mano de póquer ganó veinte **fichas,** y cada una vale un peso. **2.** Cada una de las piezas que se mueven en ciertos juegos de mesa. **3.** Hoja de papel o cartulina para anotar datos.
fichar vb. {tr.} Llenar una ficha con datos y clasificarla donde corresponda.
fichero m. **1.** Caja o mueble para guardar fichas. **2.** Conjunto de datos agrupados en una unidad independiente de tratamiento de la información: En ese **fichero** la policía guarda los nombres y direcciones de todos los delincuentes capturados por robo.
ficticio, cia adj. Falso, no verdadero.
fidedigno, na adj. Digno de fe: El testigo juró sobre la Biblia que haría una declaración **fidedigna.**
fideicomiso m. Disposición por la que una persona deja su herencia a otra para que haga con ella lo que se le señala.
fidelidad f. **1.** Hecho de ser fiel. **2.** loc. **Alta ~,** sistema de reproducción de sonido con una gran calidad.

fideo *m.* Pasta de harina de trigo, en forma de hilo más o menos delgado.

fiebre *f.* **1.** Elevación de la temperatura normal del cuerpo debida a una enfermedad: *Cuando me enfermé de los pulmones tuve fiebre y por eso sentía escalofríos y sudaba.* **2.** Estado de tensión o de agitación de una persona o grupo: *En el siglo pasado, en Norteamérica se dio la fiebre del oro y todos querían ir a buscar minas para hacerse ricos.*

fiel *adj.* **1.** Se dice de la persona o ser que corresponde a quien le da y pide de él amor, amistad o deber: *El perro era fiel a su amo y lo seguía a todas partes.* **2.** Exacto: *Las autoridades certificaron que este documento es una copia fiel del original.*

fiel *m.* **1.** Persona que practica una religión. **2.** Persona que frecuenta de manera habitual un grupo cualquiera.

fieltro *m.* Especie de paño o tela que no va tejido, sino prensado: *Mi muñeca está hecha de tela y tiene un sombrero de fieltro.*

fiera *f.* **1.** Animal o persona salvaje y cruel. **2.** loc. **Hecho una ~,** muy enojado: *Como le negaron la entrada a la discoteca, estaba hecho una fiera y comenzó a ofender a los empleados.*

fiero, ra *adj.* Cruel, violento: *Los hunos fueron guerreros muy fieros.*

fierro *m.* Amér. Hierro.

fiesta *f.* **1.** Reunión social para divertirse o celebrar algún acontecimiento: *La fiesta de fin de cursos será el próximo sábado.* **2.** Día no laborable.

figura *f.* **1.** Forma exterior: *Ese actor tiene muy buena figura; es fuerte, alto y guapo.* **2.** Persona de renombre: *El deportista Michael Jordan una figura en el mundo del baloncesto.* **3.** Cosa que representa otra: *"¿Ya encontraste la figura del árbol que está escondido en este dibujo?", me preguntó Daniel.* **4.** En música, representación de una nota que indica su duración.

figurado, da *adj.* Que se aparta de su sentido literal: *Cuando digo que me podría comer una vaca entera, lo digo en sentido figurado para expresar que tengo mucho apetito.*

figurar *vb.* {tr.} **1.** Aparentar. **2.** Estar entre determinadas personas o cosas: *Benjamín Franklin figura entre los inventores más conocidos del mundo.* **3.** Imaginarse: *"Figúrate un jardín donde los árboles son de chocolate y la fuente tiene limonada en lugar de agua", me dijo mi hermanito.*

figurativo, va *adj.* **1.** Que es o sirve de representación de una cosa. **2.** El arte que representa cosas, figuras de la realidad tal como las ve el ojo: *Un pintor figurativo es quien representa en sus cuadros árboles, casas, personas, etc., de manera que todas las personas que los ven puedan reconocerlos.*

fijación *f.* **1.** Acción y efecto de fijar, de poner algo de modo que no se mueva. **2.** Obsesión, manía: *Tiene la fijación de abrir todas las ventanas de la habitación a la que llega.*

fijador *m.* **1.** Producto que sirve para fijar los cabellos y mantenerlos peinados. **2.** Producto utilizado para fijar las pinturas y barnices a la superficie donde se aplican.

fijar *vb.* {tr. y prnl.} **1.** Poner fijo: *Hay que fijar esa mesa en el suelo para que no se tambalee.* **2.** Determinar, establecer: *Una vez que se han fijado las bases del* concurso, no es posible hacer ningún cambio. **3.** Centrar la atención, la mirada: *El mecánico fijó los ojos en el motor, buscando la pieza que fallaba.* **4.** Darse cuenta de algo, percibir: *"¿Te fijaste que Alberto traía un calcetín a rayas y otro de puntitos?", le pregunté a Martha.*

fijo, ja *adj.* **1.** Sujeto a algo, inmóvil: *El librero debe quedar fijo a la pared para que no se caiga.* **2.** No sujeto a cambios: *Los precios en esa tienda son fijos, no hacen ninguna rebaja.*

fila *f.* Serie de personas o cosas puestas en hilera: *La fila para comprar entradas para la ópera era muy larga porque todos querían entrar a verla.*

filamento *m.* Cualquier cosa larga y delgada, que parece hilo: *Dentro de las bombillas o focos hay unos filamentos a través de los cuales se transmite la electricidad.*

filantropía *f.* Amor al género humano: *Por filantropía, el millonario donó dinero para construir un hospital.*

filatelia *f.* Estudio y colección de los sellos de correos.

filete *m.* Lonja o trozo delgado de carne o de pescado: *Después de la sopa comí un filete de ternera.*

filiación *f.* **1.** Conjunto de datos personales. **2.** Procedencia.

filial *adj.* Relativo a los hijos: *Los hijos demostraron su amor filial cuidando a su padre enfermo.*

filial *f.* Establecimiento u organismo que depende de otro principal: *La tienda principal está en Londres, pero hay filiales en muchas capitales latinoamericanas.*

filiforme *adj.* Que tiene forma de hilo.

filigrana *f.* **1.** Trabajo de orfebrería hecho con hilos de plata u oro. **2.** Obra de gran habilidad y finura.

filípica *f.* Discurso o censura violenta: *Después del desfile, el capitán pronunció una filípica a los soldados que habían marchado mal.* SIN. **invectiva**.

filipino, na *adj./m.* y *f.* Originario de Filipinas, país del sureste de Asia.

filisteo, a *adj./m.* y *f.* De un antiguo pueblo originario de las costas del Mar Mediterráneo al norte de Egipto.

filmar *vb.* {tr.} Grabar imágenes con una cámara: *Mi hermana filma a su bebé cada mes para ver cómo va creciendo.*

filme *m.* Película de cine: *"El acorazado Potemkín" es uno de los filmes mudos más famosos del cine mundial.* SIN. **película**.

filmografía *f.* Conjunto de filmes o películas cinematográficas de un género, un director, etc.

filmoteca *f.* Lugar donde se guardan filmes o películas.

filo *m.* **1.** Lado afilado de un instrumento cortante como cuchillo, navaja o tijeras: *Siempre hay que tomar un cuchillo por el mango, nunca por el filo, porque corta.* **2.** Orilla: *Es peligroso caminar por el filo del acantilado.*

filogenia *f.* Estudio de la formación y encadenamiento de líneas evolutivas animales o vegetales.

filología *f.* Estudio de una lengua y de los documentos escritos que la dan a conocer.

filólogo, ga *m.* y *f.* Persona que se dedica al estudio de la lengua: *Varios filólogos hicieron este diccionario.*

filón *m.* Fisura de terreno llena de roca eruptiva o mineral: *Los hombres encontraron un filón de oro en ese terreno.*

filoso, sa *adj.* Que tiene filo: *"Pásame con cuidado un cuchillo más filoso, porque con éste no puedo cortar la carne", me dijo mi madre.*

filosofía *f.* Conjunto de reflexiones sobre los principios del conocimiento, pensamiento y acción humanos.

filósofo, fa *m.* y *f.* Persona que se dedica a la filosofía, en especial la que crea un sistema de pensamiento: *Platón, un gran filósofo griego, creía que los hombres debían buscar la belleza, la justicia y el bien.*

filtrar *vb.* {tr. y prnl.} *1.* Hacer pasar un líquido por un filtro: *Con una tela filtramos el agua de la botella porque tenía un insecto dentro.* SIN. **colar.** *2.* Dejar un cuerpo sólido que un fluido pase a través de sus poros o espacios: *Hay que componer el techo, porque se está filtrando agua de la lluvia.* *3.* Dar a conocer una noticia que no tendría que conocerse aún: *Entre los medios periodísticos se filtró la noticia de que el presidente hará un anuncio extraordinario por la noche.*

filtro *m.* *1.* Cuerpo poroso a través del cual se hace pasar un fluido para quitarle las impurezas. *2.* Poción a la que se atribuyen poderes mágicos: *El brujo le dio un filtro a Julieta para que pareciera muerta, cuando en realidad sólo dormía.*

fin *m.* *1.* Hecho de terminarse una cosa: *Y cuando al terminar el filme vimos la palabra "fin", apagamos la televisión y nos fuimos a dormir.* *2.* Finalidad o motivo de algo: *El fin de este curso es que aprendan a dibujar.* *3.* loc. **A ~ de,** para: *A fin de aclarar los hechos, la policía inició una investigación.* *4.* loc. **Al ~ y al cabo,** se emplea para afirmar una cosa que está en oposición con algo dicho anteriormente: *Después de que le negué el permiso de ir a la fiesta, el niño me contestó que no importaba, que al fin y al cabo no quería ir.*

finado, da *m.* y *f.* Persona muerta, difunto.

final *adj.* *1.* Que termina, remata, cierra o perfecciona una cosa: *"Les voy a ganar porque mi ficha ya casi llega al final del tablero de juego", dije a mis amigos.* *2.* Relativo a la oración subordinada que indica finalidad.

final *m.* y *f.* *1.* Fin, término: *"Quédate hasta el final del programa, para que sepas quién fue el asesino", me dijo Amalia.* *2.* Última y decisiva competición de un campeonato o torneo: *Ese tenista ha ganado tres veces la final de tenis en Wimbledon.*

finalidad *f.* Objetivo o utilidad de algo.

finalista *m.* y *f.* Que llega a la prueba final: *Entre las finalistas del concurso de la mujer más bella del mundo, casi siempre hay alguna mujer latinoamericana.*

finalizar *vb. irreg.* {tr. e intr.} **Modelo 16.** Terminar, acabar: *"Primero debes finalizar tu trabajo escolar y después puedes ir a jugar", me dijo mi padre.*

financiar *vb.* {tr.} Dar dinero para fomentar un negocio o actividad: *El gobierno financió la construcción del puente.*

financista *m.* y *f.* *Amér.* Persona que financia.

finanzas *f.* pl. Conjunto de actividades relacionadas con la inversión del dinero.

finca *f.* Propiedad inmueble, casi siempre en el campo: *Durante las vacaciones, los vecinos se van a una finca que tienen cerca de la montaña.*

fincar *vb.* {intr.} *Méx.* Construir una casa.

finés *m.* Lengua hablada en Finlandia.

finés, sa *adj./m.* y *f.* Originario de Finlandia, país de la península de Escandinavia, Europa. SIN. **finlandés.**

fingir *vb. irreg.* {tr. y prnl.} **Modelo 61.** Hacer creer con palabras, gestos o acciones algo que no es verdad: *No finjas que duermes, sé que estás despierto.*

finiquitar *vb.* {tr.} *1.* Pagar por completo una cuenta: *Al fin, después de un año, finiquité la deuda que tenía con el banco.* *2.* *Fam.* Acabar.

finisecular *adj.* Relativo al fin de un siglo determinado.

finito, ta *adj.* Que tiene fin: *El fondo del mar es finito.* ANT. **infinito.**

finlandés, sa *adj./m.* y *f.* Originario de Finlandia, país de la península de Escandinavia, Europa. SIN. **finés.**

fino, na *adj.* *1.* De poco grosor: *En el siglo pasado estaba de moda que las mujeres tuvieran cinturas finas.* *2.* De buena calidad: *El caballo que ganó la carrera es muy fino.* *3.* Educado, cortés: *Es un hombre fino que trata a todas las mujeres como si fueran princesas.*

finta *f.* Ademán o movimiento que se hace con intención de engañar a otro: *El jugador hizo la finta de que iba a golpear el balón para el lado derecho y al final lo desvió hacia el izquierdo.*

fiordo *m.* Antiguo valle glaciar invadido por el mar.

fique *m.* *Colomb., Méx.* y *Venez.* Fibra de la pita.

firma *f.* *1.* Nombre de una persona, casi siempre acompañado de un trazo o línea que la hace original: *"Por favor, ponga su firma al final de la solicitud", me pidió la secretaria.* *2.* Acción de firmar: *A la firma del contrato matrimonial se presentaron los novios con dos testigos.* *3.* Empresa comercial: *Esa firma tiene más de cien años de haber sido fundada.*

firmamento *m.* Cielo: *Anoche pudimos ver muchas estrellas en el firmamento porque no había nubes.*

firmar *vb.* {tr.} Poner alguien su firma en un escrito o documento: *Los novios firmaron el acta y quedaron legalmente casados.*

firme *adj.* *1.* Que no se mueve ni vacila: *Luego de un largo viaje por mar, los marineros ansían llegar a tierra firme.* *2.* Con firmeza.

firmeza *f.* *1.* Estabilidad, solidez: *Gracias a la firmeza de la construcción, el terremoto no dañó la casa.* *2.* Entereza, fuerza moral.

firulete *m.* *Amér. Merid.* Adorno superfluo y de mal gusto.

fiscal *adj.* Relativo al fisco o al oficio del fiscal: *Mi papá le entregó los documentos fiscales al contador para que hiciera los pagos a las autoridades.*

fiscal *m.* y *f.* *1.* Persona que representa al ministerio público en los tribunales: *El fiscal mostró pruebas en contra del acusado.* *2.* *Bol.* y *Chile.* Persona que no pertenece al clero, y se encarga de cuidar una capilla rural.

fiscalizar *vb. irreg.* {tr.} **Modelo 16.** *1.* Sujetar a inspección fiscal. *2.* *Fam.* Controlar todos los movimientos de una persona.

fisco *m.* Tesoro público.

fisgar *vb.* {tr.} Procurar enterarse de cosas ajenas: *Las vecinas que fisgan pasan mucho tiempo enterándose de las vidas ajenas.*

fisgón, na *adj./m.* y *f.* Persona que hace todo por enterarse de las cosas ajenas: *Esa vecina es una fisgona y siempre está en la ventana para enterarse de lo que hacemos todos en el edificio.*

fisgonear *vb.* {tr.} Curiosear lo que hacen los demás: *Fisgonear a las otras personas es de mala educación.*

física *f.* Ciencia que estudia las propiedades de la materia y las leyes que rigen los fenómenos naturales.

físico, ca adj. *1.* Relativo a la física. *2.* Del cuerpo: *Tener las piernas torcidas es un problema físico que debe tratar un especialista.*

físico, ca m. y f. *1.* Persona que se dedica a la física. *2.* Aspecto exterior de una persona: *El físico de Ana ha cambiado mucho con todo el ejercicio que hace.*

fisiología f. Ciencia que estudia los órganos y sus funciones.

fisión f. División del núcleo de un átomo pesado en dos o varios fragmentos.

fisioterapia f. Tratamiento médico con medios naturales, como luz, agua, calor, frío, masajes o ejercicio.

fisonomía f. Aspecto del rostro de una persona: *La fisonomía de Juana se distingue de todos nosotros porque ella tiene pecas y ojos color gris.*

fístula f. Conducto anormal que comunica un órgano del cuerpo con el exterior o con otro órgano.

fisura f. Grieta, raja: *Con el sismo se hizo una fisura en el techo por la que entra un poco de agua cuando llueve.*

fitófago, ga adj. Que se alimenta de vegetales: *Algunos hervíboros como los koalas son fitófagos.*

fitoplancton m. Conjunto de seres de pequeñas dimensiones que están suspendidos en el agua de mar o en el agua dulce: *El fitoplancton, a diferencia del zooplancton, tiene clorofila en sus células.*

fláccido, da o **flácido, da** adj. Blando, flojo: *Decidí comenzar a hacer ejercicio, porque se me ven los músculos fláccidos y me siento débil.*

flaco, ca adj. *1.* Se dice de la persona o animal que tiene pocas carnes. SIN. **magro.** ANT. **gordo.** *2.* Endeble, sin fuerza.

flacura f. Condición de la persona o animal que está flaco: *La flacura de las modelos hace pensar que se alimentan con muy poca comida.*

flagelar vb. {tr. y prnl.} Dar a alguien golpes con una especie de cuerda o flagelo.

flagelo m. *1.* Objeto para azotar. *2.* Filamento móvil de ciertos protozoos.

flagrante adj. Claro, evidente: *Sorprendieron al ladrón en flagrante delito, con la bolsa del dinero robado en la mano.*

flama f. Llama: *La flama de la vela se va a apagar por el viento, hay que cerrar la ventana.*

flamante adj. *1.* Brillante, resplandeciente: *Los zapatos limpios de Maura lucían flamantes.* *2.* Nuevo, reciente: *Jacobo compró un flamante automóvil que le costó mucho dinero.*

flamboyán m. Méx. Árbol de tronco ramificado y abundantes flores rojas, de alrededor de 15 metros de altura: *Los flamboyanes pertenecen a la familia de las leguminosas.*

flamear vb. {intr.} *1.* Despedir llamas. *2.* Ondear las velas o las banderas.

flamenco m. *1.* Idioma hablado en Flandes. *2.* Ave zancuda de gran tamaño y plumaje rosa, escarlata y negro: *El flamenco tiene el cuello largo y flexible.*

flamenco, ca adj./m. y f. *1.* Originario de Flandes, región de Europa. *2.* Conjunto de cantos y bailes gitanos influidos por rasgos andaluces y orientales.

flamígero, ra adj. *1.* Que arroja llamas o imita la figura de las llamas. *2.* El último periodo del estilo gótico, en que los adornos de las construcciones se hicieron en forma de llamas.

flan m. Dulce hecho con yemas de huevo, leche y azúcar batidos y cuajados en un molde: *Después de comer un guiso de mi madre nos dio un flan como postre.*

flanco m. Costado, lado: *En los gruesos y fuertes flancos del caballo se nota que ha sido bien alimentado.*

flanquear vb. {tr.} Estar colocado o colocarse al flanco de una cosa: *Dos guardaespaldas altos y fuertes flanqueaban a la famosa cantante.*

flaquear vb. {intr.} Debilitarse, ir perdiendo la fuerza: *"Ya casi llegamos a la cima de la montaña, no flaquees", me dijo mi padre para animarme.* SIN. **cejar.**

flaqueza f. *1.* Acción criticable o digna de regaño cometida por debilidad. *2.* Cualidad de flaco.

flash m. Palabra inglesa. Aparato que produce fuertes destellos luminosos y que sirve para iluminar cuando se toman fotografías en lugares donde la luz natural no es suficiente.

flato m. Acumulación de gases en el tubo digestivo. SIN. **pedo.**

flauta f. Instrumento musical de viento en forma de tubo con orificios: *En el cuento, el héroe atraía a las ratas hacia el agua con la música de su flauta.*

flautista m. y f. Persona que toca la flauta.

flebitis f. Enfermedad que consiste en la inflamación de una o varias venas.

flecha f. *1.* Arma arrojadiza consistente en una punta triangular afilada unida a una vara: *En muchos filmes aparecen los indios disparando flechas con sus arcos.* *2.* Cosa que tiene forma de flecha.

flechazo m. *1.* Herida causada por una flecha disparada. *2.* Enamoramiento súbito: *Lo de Juliana y Salvador fue un flechazo: se vieron y se enamoraron en ese mismo instante.*

fleco m. *1.* Adorno compuesto por una serie de hilos o cordeles que cuelgan de una tira de tela. *2.* Méx. Cerquillo de pelo que cae en la frente: *A esa niña hay que cortarle un poco el fleco porque ya le cubre los ojos.*

flema f. *1.* Mucosidad que se arroja por la boca. *2.* Lentitud, calma.

flemón m. Inflamación de las encías: *Fui al dentista para que me curara el flemón que tenía.*

flequillo m. Cerquillo de cabello sobre la frente. SIN. **fleco.**

fletante m. y f. Chile y Ecuad. Persona que da en alquiler un vehículo o una bestia para transportar personas o mercancías.

fletar vb. {tr. y prnl.} *1.* Contratar un vehículo para el transporte de personas o mercancías: *Fletamos un camión para llevar los muebles a la nueva casa.* *2.* Argent., Chile y Urug. Despedir a alguien de un trabajo. *3.* Chile y Perú. Soltar palabras inconvenientes. *4.* Cuba. Marcharse de pronto. *5.* Méx. Fam. Encargarse a disgusto de un trabajo pesado: *Me fleté a limpiar el piso de toda la casa porque mi perro lo ensució.*

flete m. *1.* Carga de un buque. *2.* Argent., Méx. y Urug. Vehículo que hace transporte de mercancías a cambio de un pago. *3.* Argent. y Urug. Caballo ligero.

fletero, ra adj. Amér. Dícese del vehículo que se alquila.

fletero, ra m. y f. Amér. Persona que tiene por oficio transportar mercancías.

flexible adj. *1.* Que puede doblarse de manera fácil. *2.* Dispuesto a ceder: *Mi maestro aceptó que respon-*

diera el examen después porque es **flexible** y sabe que estuve enfermo. ANT. **rígido**.

flexión f. **1.** Hecho de doblar o doblarse: *En la clase de gimnasia hacemos **flexiones** de brazos y piernas.* **2.** Alteración de las voces que se conjugan y declinan con el cambio de terminaciones.

flexionar vb. {tr. y prnl.} Doblar el cuerpo o un miembro, por lo general cuando se hacen ejercicios: *En su clase de baile, Martha se lastimó la rodilla porque la **flexionó** en una mala postura.*

flexo m. Lámpara de mesa con brazo flexible.

flexor m. Músculo que ejerce un movimiento de flexión.

flirtear vb. {intr.} Palabra de origen inglés. Coquetear.

flojear vb. {intr.} Haraganear, no trabajar lo suficiente: *El profesor me llamó la atención por **flojear** en los estudios; ahora he vuelto a estudiar las lecciones con más dedicación.*

flojera f. Actitud de quien no tiene interés en esforzarse o trabajar: *Luis sintió **flojera** de estudiar y por eso obtuvo una nota baja en el examen.* SIN. **pereza**.

flojo, ja adj. **1.** Mal atado, poco tirante: *Prefiero las ropas **flojas** porque no me gusta sentirme apretado.* **2.** Falto de vigor: *Evodio es un hombre **flojo** que no trabaja y le gusta estar acostado casi todo el día.*

flor f. **1.** Órgano reproductor de muchas plantas, formado por hojas de vivos colores llamadas pétalos. **2.** loc. **Echar una ~**, decir un piropo a alguien: *Josefa es muy bonita, por eso sus amigos le **echan tantas flores** cuando la ven.* **3.** loc. **~ y nata**, lo mejor y más selecto, lo más granado: *A esa fiesta elegante fue la **flor y nata** de la sociedad.*

flora f. Conjunto de las especies vegetales de una región: *Tengo un libro en el que se describen todas las especies que forman la **flora** de América.*

florecer vb. irreg. {intr.} **Modelo 39. 1.** Brotar flores de las plantas: *La mayor parte de las plantas **florecen** durante la primavera.* **2.** Prosperar, llegar a un buen momento: *Dice el cuento que al llegar a la edad adulta, el patito feo **floreció** y se convirtió en un hermoso cisne.*

floreciente adj. Que está en un momento próspero, de desarrollo: *Actualmente, la venta de computadoras es un negocio **floreciente**, ya que estos aparatos son utilizados por cada vez más personas.* SIN. **próspero**.

florería f. Comercio de flores y arreglos florales y local donde se venden.

florero m. Jarrón que sirve para poner flores: *Puse en un **florero** los claveles que me regalaron.*

floresta f. Bosque frondoso o lugar poblado de vegetación.

florete m. Espada delgada que se emplea en esgrima.

floricultura f. Cultivo de las flores.

florido, da adj. Que tiene flores: *El rosal del jardín se ve muy bonito porque está **florido** en todas las ramas.*

florín m. Moneda de los Países Bajos, Suriname y Hungría.

floritura f. Adorno en el canto.

flota f. **1.** Conjunto de navíos: *La **flota** pesquera partió del muelle poco antes del amanecer.* **2.** Chile. Multitud: *Durante el carnaval vimos una **flota** de jóvenes bailando y cantando.* **3.** Colomb. Autobús de servicio intermunicipal. **4.** Colomb. Fanfarronada.

flotador m. Salvavidas: *Cuando era pequeño usaba un **flotador** porque no sabía nadar.*

flotante adj. Que se mantiene en la superficie del agua: *Como el corcho es un material **flotante**, podemos hacer con él un barco de juguete para ponerlo en el lago.*

flotar vb. {intr.} Sostenerse un cuerpo en la superficie de un líquido o en suspensión en un medio gaseoso.

flote m. **1.** Hecho de mantenerse en la superficie de un líquido. **2.** loc. **A ~**, sobre el agua, sin hundirse: *El barco no pudo mantenerse a **flote** a causa de la fuerte tormenta.* **3.** loc. **Salir a ~**, salir del peligro o de la dificultad: *A pesar de todos mis problemas económicos, pude salir a **flote** y ahora ya tengo un nuevo empleo.*

fluctuar vb. {intr.} Variar, oscilar: *Este año el valor del peso argentino ha **fluctuado** poco con respecto al valor del dólar.* **2.** Dudar en la resolución de algo: *Claudia **fluctúa** entre comprarse un vestido rojo o uno negro.*

fluido, da adj. **1.** Relativo a los cuerpos que toman siempre la forma del recipiente que los contiene: *El agua y el gas son **fluidos**.* **2.** Que transcurre con facilidad, sin contratiempos: *La sesión de los diputados fue muy **fluida**, no hubo discusiones largas y tomaron decisiones de manera rápida.*

fluir vb. irreg. {intr.} **Modelo 59. 1.** Correr o brotar un fluido: *Los ríos **fluyen** desde las montañas hacia el mar.* **2.** Surgir de forma fácil y natural: *Cuando comencé a concentrarme en mi trabajo las ideas **fluyeron** con rapidez y terminé de escribir pronto.*

flujo m. **1.** Movimiento de las cosas fluidas: *Cerraron la compuerta de la presa y se detuvo el **flujo** del agua.* **2.** Subida de la marea. ANT. **reflujo**. **3.** Secreción externa, normal o patológica. **4.** Movimiento: *El **flujo** de dinero se detuvo por la crisis económica y ahora nadie compra ni vende cosas.*

fluminense adj./m. y f. Originario de Río de Janeiro, en Brasil. SIN. **carioca**.

flúor m. Cuerpo simple gaseoso de color amarillo verdoso, símbolo F y número atómico 9, que es utilizado por los dentistas para proteger los dientes contra la caries.

fluorescencia f. Propiedad de algunos cuerpos de emitir luz cuando reciben una radiación.

fluorescente adj. Que emite una luz brillante al ser bañado con algún tipo de radiación: *Algunas señales de tránsito son **fluorescentes**.*

fluorita f. Mineral compuesto de flúor y calcio.

fluvial adj. Relativo a los ríos: *La navegación **fluvial** no es posible en los ríos poco profundos.*

flux m. Colomb. y Venez. Traje completo de hombre.

fobia f. Temor incontrolable a ciertas situaciones, personas, etc.: *Pablo siempre prefiere subir por las escaleras porque le tiene **fobia** a los ascensores.*

foca f. Mamífero de costumbres acuáticas, dotado de aletas y el cuerpo cubierto de un pelo espeso y brillante.

foco m. **1.** Lámpara que emite una luz potente. **2.** Punto central de donde proviene algo: *Para combatir la enfermedad, los médicos debían localizar el **foco** de la infección.* **3.** Punto de donde parten o donde se concentran radiaciones u ondas. **4.** Méx. Bombilla eléctrica. SIN. **bombilla, ampolleta**. **5.** Amér. C. y Amér. Merid. Faro o farola.

fofo, fa adj. Esponjoso, blando y de poca consistencia: *Los cojines rellenos de algodón son **fofos**, yo prefiero que sean más consistentes.*

fogata *f.* Fuego que levanta llama: *Cuando fuimos al campo encendimos una fogata con ramas y hojas secas para calentarnos.*

fogón *m.* **1.** Sitio en las cocinas adecuado para hacer fuego y guisar. Sin. **estufa, hornalla. 2.** *Argent., Chile, C. Rica y Urug.* Fogata.

fogoso, sa *adj.* Ardiente.

folclor o **folclore** *m.* Ver **folklore.**

foliáceo, a *adj.* Relativo o parecido a las hojas.

foliación *f.* **1.** Numeración de los folios u hojas de un manuscrito, libro, etc. **2.** Acción de echar hojas las plantas.

folículo *m.* **1.** Fruto seco que se abre por una sola hendidura. **2.** Órgano pequeño en forma de saco.

folio *m.* Hoja de un libro o cuaderno.

folíolo o **foliolo** *m.* Cada división de una hoja compuesta.

folklore *m.* **Palabra inglesa.** Cultura popular, costumbres, creencias, leyendas y artesanías de un pueblo: *El tango forma parte del folklore argentino.*

follaje *m.* Conjunto de hojas de un árbol.

folletín *m.* **1.** Trabajo literario publicado por entregas, es decir por partes, en un diario: *Una de las novelas francesas de folletín más famosas en el siglo XIX fue Los misterios de París, de Eugenio Sue.* **2.** Novela, telenovela o filme de enredos, larga y que por lo general exagera situaciones.

folleto *m.* Obra impresa de corta extensión: *"En este folleto encontrará información sobre el curso de pintura que va a comenzar la semana próxima", me dijo el empleado de la escuela.*

follisca *f. Amér. C., Antill. y Colomb.* Riña.

follón *m. Esp.* Alboroto, discusión tumultuosa.

fomentar *vb.* [tr.] Aumentar la actividad o intensidad de algo: *Es importante fomentar el hábito de la lectura desde la infancia.*

fonación *f.* Emisión de la voz o articulación de la palabra.

fonda *f.* Establecimiento donde se da hospedaje o se sirven comidas. Sin. **cenaduría.**

fondear *vb.* [tr., intr. y prnl.] **1.** Asegurar una embarcación con anclas o pesos. **2.** *Chile.* Aislar, esconder.

fondo *m.* **1.** Parte inferior de una cosa hueca. **2.** Parte opuesta a la entrada. **3.** Suelo del mar, de un río, etc.: *A finales del siglo XIX muchas personas buscaban oro en el fondo de los ríos de California.* **4.** Lo esencial o constitutivo de algo: *El profesor dio ya a descubrir el fondo del extraño robo de lápices en el salón de clases.* **5.** *Cuba.* Caldera usada en los ingenios azucareros. **6.** *Méx.* Especie de vestido ligero que las mujeres llevan debajo del vestido: *"Necesitas ponerte un fondo porque ese vestido es transparente", me dijo mi madre.* Sin. **combinación.**

fondos *m.* pl. Dinero disponible: *No le pagaron el cheque a Luis porque la cuenta no tenía fondos.*

fonema *m.* Cada una de las unidades sonoras mínimas del lenguaje.

fonendoscopio *m.* Instrumento médico empleado para auscultar.

fonética *f.* Estudio de los sonidos del lenguaje desde el punto de vista de su articulación o de su recepción auditiva.

fonético, ca *adj.* Relativo a los sonidos del lenguaje.

foniatría *f.* Estudio de los trastornos que algunas personas tienen al hablar: *Algunas personas tartamudas pueden hablar mejor con ayuda de la foniatría.*

fónico, ca *adj.* Relativo a los sonidos o a la voz.

fonología *f.* Ciencia lingüística que estudia los fonemas.

fonoteca *f.* Lugar donde se conservan documentos sonoros como discos, casetes y discos compactos.

fontana *f.* Fuente.

fontanero, ra *m.* y *f. Esp.* Persona que tiene por oficio instalar y arreglar cañerías. Sin. **plomero, gásfiter, pajero.**

forajido, da *adj./m.* y *f.* Malhechor que huye de la justicia.

foráneo, a *adj.* Forastero, que es del extranjero.

forastero, ra *m.* y *f.* De otro país o lugar: *Ese alejado pueblo en las montañas casi nunca recibe visitas de forasteros.* Sin. **extranjero.**

forcejear *vb.* [intr.] Hacer fuerza para vencer una resistencia: *Los jóvenes que no pudieron entrar al concierto estuvieron forcejeando con los vigilantes para tratar de meterse por la fuerza.*

fórceps *m.* Instrumento de cirugía para partos difíciles.

forense *adj./m.* y *f.* Relativo al médico especializado en los aspectos legales de la medicina: *El informe del médico forense indicaba que el hombre muerto había sido envenenado con arsénico.*

forestal *adj.* Relativo a los bosques: *El guardia forestal detectó el incendio a tiempo y llamó a los bomberos.*

forestar *vb.* [tr.] Poblar un terreno con plantas forestales.

forjar *vb.* [tr.] **1.** Dar forma al metal: *El herrero forjó una campana para la iglesia en su taller.* **2.** Inventar, imaginar.

forma *f.* **1.** Figura y aspecto exterior de la materia: *Mis libros tienen forma rectangular.* **2.** Manera de hacer o proceder: *"Tienes que cuidar la forma en que hablas, no debes decir groserías", le dije a Roberto.* **3.** *loc.* Estar en ~, tener buena condición física: *César no está en forma, respiraba con mucho esfuerzo cuando apenas habíamos subido las escaleras del primer piso.*

formación *f.* Hecho de formar o formarse: *El entrenador se encargó de la formación del equipo y ahora empieza la temporada de prácticas.*

formal *adj.* **1.** Relativo a la forma. **2.** Que es responsable, puntual, cumplido, etc.: *Gustavo es un hombre muy formal que siempre llega a tiempo a su trabajo.*

formalidad *f.* **1.** Seriedad, responsabilidad: *La formalidad de ese vendedor le ha ayudado a conseguir muchos clientes.* **2.** Requisito indispensable para alguna cosa. Sin. **trámite.**

formalizar *vb. irreg.* [tr.] **Modelo 16.** Dar a una cosa carácter legal: *Firmaron un contrato para formalizar la venta de la casa.*

formar *vb.* [tr. y prnl.] **1.** Hacer algo dándole la forma que le es propia: *El ceramista formó una figura humana con un trozo de arcilla.* **2.** Juntar diferentes cosas o personas para algún fin: *Juan reunió a sus amigos y entre todos han formado una banda musical.* **3.** Adiestrar, educar: *Formar a un niño es responsabilidad de los padres y de la escuela.* **4.** Disponer las tropas en orden: *Para el desfile, los soldados se formaron en filas de cuatro.* **5.** *loc.* ~ parte, pertenecer: *Marcos forma parte del equipo de fútbol.*

formato *m.* Tamaño y forma de un libro, fotografía, etc.: *Muchos libros para niños pequeños tienen un formato grande y colorido.*

fórmico, ca adj. Relativo al ácido orgánico que se encuentra en ortigas, hormigas, orugas, etc.

formidable adj. **1.** Magnífico: *El concierto del grupo musical fue formidable, la música era de gran calidad y el espectáculo de luces muy creativo.* **2.** Muy grande: *Las pirámides de Egipto sorprenden por su formidable tamaño.* **3.** Muy temible, que inspira miedo: *Hace millones de años hubo sobre la tierra algunos dinosaurios de tamaño y aspecto formidables, que tenían grandes colmillos para destrozar a sus presas.*

formol m. Solución acuosa de aldehído fórmico, utilizada como desinfectante.

fórmula f. **1.** Forma establecida para expresar o realizar alguna cosa: *Al principio de la carta escribí "Querido Jorge", que es una fórmula de cortesía.* **2.** Conjunto de símbolos y de números que expresan una ley física o matemática, o la composición de una combinación química: *La fórmula del agua es H_2O.*

formular vb. {tr.} Reducir un pensamiento o hecho a términos claros y precisos: *Es fácil comprender lo que nos explica mi maestro porque formula sus ideas de manera clara.*

formulario m. **1.** Impreso en el que se hacen preguntas que los interesados han de responder. **2.** Libro de fórmulas.

fornicar vb. irreg. {intr.} Modelo 17. Tener relaciones sexuales fuera del matrimonio.

fornido, da adj. Robusto: *Los héroes de los filmes casi siempre son fornidos y guapos.*

foro m. **1.** Plaza de las antiguas ciudades romanas donde se trataban los asuntos públicos. **2.** Coloquio, debate, reunión pública para discutir asuntos que interesan a un grupo grande de personas. **3.** En teatro, fondo del escenario.

forofo, fa adj./m. y f. Esp. Fam. Seguidor apasionado.

forraje m. Pasto para alimentar a los animales.

forrar vb. {tr. y prnl.} **1.** Revestir una cosa con algún material para protegerla: *Antes de comenzar un nuevo curso forro mis libros con plástico para que no se dañen.* **2.** Fam. Hacerse de mucho dinero: *Lucas se ganó el premio de la lotería y se forró de dinero.*

forro m. **1.** Material con que se reviste una cosa: *Tengo que poner un forro nuevo a mi computadora porque éste se rompió y deja pasar el polvo.* **2.** Tela que se pone en el interior de algunas prendas de vestir: *El abrigo de lana tiene un forro de tela suave.*

fortalecer vb. irreg. {tr. y prnl.} Modelo 39. Dar fuerza material o moral: *El ejercicio físico fortalece los músculos.*

fortaleza f. **1.** Fuerza: *La fortaleza de mi tío le ayudó a recuperarse pronto de su enfermedad.* SIN. **vigor. 2.** Capacidad para soportar las adversidades. ANT. **debilidad. 3.** Lugar protegido: *El rey y sus caballeros se refugiaron en la fortaleza para defenderse del enemigo.*

fortificar vb. irreg. {tr. y prnl.} Modelo 17. **1.** Fortalecer, hacer fuerte: *Con una dieta sana, el médico desea fortificar la salud del niño.* **2.** Proteger con obras de defensa: *Los soldados del rey fortificaron las entradas del castillo antes de la llegada del ejército enemigo.*

fortín m. Fuerte pequeño.

FORTRAN m. **Palabra de origen inglés.** Abreviatura de FORmula TRANslator (traductor de fórmulas), lenguaje de programación utilizado por algunas computadoras, de manera especial para los cálculos científicos y técnicos.

fortuito, ta adj. Que sucede o se da por casualidad: *Nuestro encuentro en el centro comercial fue fortuito, no habíamos planeado vernos.*

fortuna f. **1.** Causa indeterminable a la que se atribuyen los sucesos: *Ismael tuvo buena fortuna y ahora ha conseguido el trabajo que necesitaba.* **2.** Suerte favorable: *Daniel tuvo la fortuna de conocer a una buena mujer, se enamoraron y ahora se va a casar con ella.* **3.** Conjunto de bienes, dinero, etc.: *La fortuna del tío Rufo le permitía viajar por todo el mundo.*

forúnculo m. Grano doloroso, inflamado y lleno de pus que suele aparecer cuando se infecta un poro de la piel.

forzar vb. irreg. {tr. y prnl.} Modelo 6. **1.** Hacer que algo ceda mediante la violencia: *"No me puedes forzar a que te acompañe al cine, no quiero ir contigo", dije a mi hermano.* **2.** Obligar a que se realice una cosa: *La falta de empleo forzó a Jorge, que es matemático, a trabajar como taxista.*

forzoso, sa adj. Necesario, obligado: *"Es forzoso que respondas un examen para aprobar el curso", me dijo el profesor.* SIN. **inevitable.**

forzudo, da adj. Que tiene mucha fuerza física: *Mi primo es tan forzudo que no necesita ayuda para cargar cien kilos.*

fosa f. **1.** Hoyo hecho en la tierra para que sirva como sepultura: *El músico austriaco Mozart era tan pobre cuando murió, que lo enterraron en una fosa donde había otros muertos.* SIN. **sepultura. 2.** Nombre dado a algunas estructuras óseas del organismo: *Las fosas nasales son parte del aparato respiratorio.* **3.** Depresión alargada del fondo de los océanos.

fosfato m. Sal del ácido fosfórico, que se emplea como fertilizante.

fosforescencia f. Propiedad de ciertos cuerpos de desprender luz: *Las luciérnagas se ven en la obscuridad por la fosforescencia de su cuerpo.*

fosfórico, ca adj. Que contiene fósforo.

fósforo m. **1.** Cuerpo simple, de símbolo P y número atómico 15, muy inflamable y luminoso en la obscuridad. **2.** Trozo pequeño de madera o cartón con cabeza, que sirve para encender fuego: *"Enciende la hoguera con un fósforo", me dijo Esteban.* SIN. **cerilla, cerillo.**

fósil m. Resto orgánico que se ha conservado petrificado en los sedimentos geológicos: *Gracias a los fósiles que han encontrado, los científicos han podido reconstruir a los dinosaurios.*

foso m. **1.** Hoyo, hondura hecha en la tierra. **2.** Espacio situado debajo del escenario de un teatro. **3.** Excavación que rodea un castillo o fortaleza: *Los puentes levadizos servían para cruzar los fosos de los castillos medievales.*

foto f. Apócope de fotografía. Ver **fotografía.**

fotocopia f. Reproducción fotográfica instantánea de un documento: *Tengo que hacer una fotocopia de mi solicitud de ingreso al club.*

fotocopiadora f. Máquina que sirve para hacer fotocopias.

fotocopiar vb. {tr.} Hacer fotocopias: *En la biblioteca fotocopié varias páginas de un libro, porque es muy viejo y no lo venden en librerías.*

fotogénico, ca adj. Que es adecuado para la reproducción fotográfica: *Silvia es fotogénica, siempre se ve muy bien en las fotografías.*

fotografía f. **1.** Arte de fijar, por medio de la luz, la imagen de los objetos sobre una superficie sensible. **2.** Imagen obtenida por medio de la fijación sobre una superficie sensible. Sin. **foto.**

fotografiar vb. irreg. {tr.} Modelo 9. Tomar fotografías de algo o alguien: *Fui al zoológico y con mi cámara fotografié a las jirafas y a los elefantes.*

fotógrafo, fa m. y f. Persona cuya profesión es tomar fotografías.

fotómetro m. Instrumento que mide la intensidad de la luz.

fotón m. Partícula mínima de energía luminosa.

fotosfera f. Superficie luminosa que delimita el contorno aparente del Sol y de las estrellas.

fotosíntesis f. Proceso mediante el cual las plantas elaboran una substancia orgánica, que les sirve de alimento, con ayuda de la energía luminosa.

fototropismo m. Fenómeno por el cual las plantas inclinan sus tallos hacia el lugar de donde proviene la luz.

frac m. Palabra francesa. Chaqueta masculina de ceremonia, con dos faldones en la parte posterior: *En la elegante ceremonia los invitados se vistieron con frac y las ninfas con vestidos largos.*

fracasar vb. {intr.} Frustrarse una pretensión o un proyecto: *El plan para realizar el viaje a Europa fracasó; nunca pudo llevarse a cabo.*

fracaso m. Acción de fracasar, de no conseguir el resultado que se esperaba: *La fiesta fue un fracaso, todos nos aburrimos.*

fracción f. **1.** División de un todo en partes: *Sólo una pequeña fracción de los estudiantes reprobó el curso, pues la mayoría obtuvo buenas calificaciones.* **2.** Expresión que indica la división de dos cantidades.

fraccionadora f. Méx. Agencia que se ocupa de la venta de casas. Sin. **inmobiliaria.**

fraccionamiento m. Méx. Terreno urbanizado y dividido en lotes para la construcción de casas.

fractura f. Ruptura, hecho de romperse alguna cosa: *Con la caída, el hueso de mi brazo sufrió una fractura y ahora lo tengo enyesado.*

fracturar vb. {tr. y prnl.} Romper o quebrar algo de manera violenta: *Un tubo de mi bicicleta se fracturó cuando la arrojé por la escalera.*

fragancia f. Olor suave y delicioso: *Me gusta oler la fragancia de las rosas, pues me parece muy agradable.*

fragata f. Buque de tres palos con velas: *La fragata avanzaba por el mar con rapidez gracias a la fuerza del viento.*

frágil adj. **1.** Que se rompe de manera fácil: *El vidrio es frágil, por eso debemos manejarlo con cuidado.* **2.** Débil, precario: *La salud del recién nacido era muy frágil, por lo que tuvo que permanecer varios días en el hospital.*

fragilidad f. Delicadeza, poca resistencia que hace que las cosas se rompan con facilidad.

fragmento m. Cada una de las partes en que se rompe o divide algo: *"No leas el poema completo, sólo un fragmento", me dijo la maestra.*

fragor m. Ruido grande que es producido por un hecho violento: *El fragor de los cañones y de los disparos atemorizaba a los soldados.*

fragua f. Fogón para forjar metales: *Las fraguas de las herrerías alcanzan muy altas temperaturas.*

fraguar vb. irreg. {tr.} Modelo 11. **1.** Forjar el metal: *Según la mitología griega, Vulcano fraguaba las espadas de los dioses del Olimpo.* **2.** Idear, planear: *Los bandidos fraguaron un cuidadoso plan para robar el banco central.*

fraile m. Religioso de ciertas órdenes de la religión católica. Sin. **monje, religioso.**

frambuesa f. Fruto del frambueso, pequeño, de color rojo y parecido a la frutilla o fresa.

frambueso m. Planta parecida a la zarza, que se cultiva por sus frutos, llamados frambuesas: *El frambueso es de la familia de las rosáceas.*

francés m. Lengua oficial de Francia.

francés, sa adj./m. y f. Originario de Francia, país de Europa.

francio m. Metal alcalino radiactivo de símbolo Fr y número atómico 87.

franciscano, na adj./m. y f. **1.** De la orden religiosa católica fundada por Francisco de Asís. **2.** Que sigue las ideas y conducta del religioso católico Francisco de Asís: *Con una actitud franciscana Alfredo recogió a los cachorros abandonados en la calle y los llevó a su casa para alimentarlos.*

franco m. **1.** Relativo o perteneciente a Francia. Sin. **francés. 2.** Moneda de Francia, Bélgica, Rwanda y otros países.

franco, ca adj. **1.** Sincero: *Le di un abrazo franco a Patricia porque la quiero mucho.* **2.** Exento, no sujeto a pago: *En la zona franca cerca del país, los artículos que traen de otros países son más baratos porque no pagan impuestos.* **3.** Relativo a los pueblos germanos que conquistaron el territorio que ahora es Francia.

francotirador, ra m. y f. Tirador que actúa de manera aislada y hace disparos precisos desde una posición oculta.

franela f. Tela de tejido fino y suave: *Tengo un pantalón para dormir que es de franela y cuando me lo pongo, por la noche no siento frío.*

franja f. **1.** Faja o tira: *En los concursos de belleza, las jóvenes llevan una franja con el nombre de su país de origen.* **2.** Zona de forma alargada: *Alrededor del río Amazonas hay una franja de selva muy extensa y hermosa.*

franquear vb. {tr.} **1.** Atravesar, pasar, abrirse paso: *Después de franquear la puerta secreta, el explorador se encontró en el interior de un gran templo.* **2.** Poner los sellos a una carta o paquete.

franqueza f. Sinceridad: *Le dije a mi madre con franqueza que no me gustaba el guiso que había preparado.*

franquicia f. **1.** Eliminación del pago de ciertos derechos. **2.** Contrato por el que un comerciante vende a otro el derecho de usar una marca, organización o imagen publicitaria: *Muchos restaurantes de comida rápida venden franquicias a particulares.*

frasco m. Recipiente estrecho de diferentes formas, por lo general de vidrio y que sirve para contener y conservar líquidos: *Ana colecciona frascos de perfumes.*

frase f. **1.** Unidad lingüística formada por más de una palabra y que tiene sentido. Sin. **oración. 2.** loc. ~ **hecha,** la que tiene una forma que no puede cambiarse o alterarse.

fraternal adj. Propio de hermanos.

fraternidad f. **1.** Unión y afecto entre hermanos o entre los que se tratan como tales. **2.** Sociedad en la que los miembros tienen relaciones de lealtad y solidaridad: *Para ingresar a algunas* **fraternidades** *universitarias es necesario pasar una serie de pruebas.*

fraterno, na adj. Fraternal, de hermanos.

fratricidio m. Asesinato de un hermano: *Según la Biblia, Caín cometió el primer* **fratricidio** *en el mundo al matar a su hermano Abel.*

fraude m. **1.** Engaño: *El empleado cometió un* **fraude** *contra la empresa donde trabajaba: robó dinero poco a poco y luego renunció.* **2.** Acto que ignora una disposición legal.

fray m. Apócope de fraile que se usa antes del nombre de un religioso católico: **Fray** *Juan de Zumárraga fue un religioso español que se convirtió en arzobispo en la Nueva España en el año 1546.*

freático, ca adj. Relativo a la capa de agua subterránea formada por la filtración de las aguas de lluvia: *El suelo de las ciudades impide que la capa* **freática** *se renueve, porque impide el paso del agua hacia el subsuelo.*

frecuencia f. **1.** Repetición de un acto o suceso: *Le gusta ir al cine con* **frecuencia**, *cada semana ve un filme.* **2.** En un fenómeno periódico, número de vibraciones por unidad de tiempo: *Cuando un bebé va a nacer, la* **frecuencia** *de las contracciones del útero de la madre es de unos cuantos minutos.*

frecuentar vb. (tr.) Ir a menudo a alguna parte: *Es una persona muy sociable, le gusta* **frecuentar** *las casas de sus amigos.*

fregadero m. Pila o recipiente para fregar los utensilios de cocina.

fregado, da adj. **1.** Amér. Grosero, fastidioso. **2.** Colomb., Ecuad. y Perú. Terco, persona molesta, pesada. **3.** C. Rica, Ecuad. Bellaco, pícaro. **4.** C. Rica, Ecuad. y Pan. Severo. **5.** Méx. Fam. Dañado, lastimado, pobre: *Está* **fregado** *desde que el banco se quedó con su casa.*

fregar vb. irreg. (tr.) Modelo 18. **1.** Restregar una cosa con otra: **Fregué** *la olla manchada y ahora está reluciente.* **2.** Limpiar algo restregándolo con un cepillo, bayeta, etc. **3.** Amér. Fam. Molestar.

freidora f. Aparato electrodoméstico que se usa para guisar alimentos en aceite hirviendo.

freír vb. irreg. (tr. y prnl.) Modelo 48. Guisar un alimento en aceite hirviendo.

fréjol m. Planta herbácea de hojas grandes y flores blancas, su fruto se encuentra en vainas aplastadas y su semilla es comestible. Sin. **frijol, poroto. 2.** Fruto y semilla de la planta del fréjol. Sin. **frijol, poroto.**

frenada f. **1.** Argent., Bol., Chile, Salv., Méx. y Par. Acción y efecto de frenar de manera súbita o violenta. **2.** Argent. y Chile. Fam. Reto, llamada de atención.

frenar vb. (tr. e intr.) **1.** Parar con el freno: *El conductor* **frenó** *el autobús cuando vio el semáforo en rojo.* **2.** Moderar los ímpetus, la violencia o la actividad.

frenesí m. **1.** Delirio furioso. **2.** Violenta exaltación del ánimo.

frenético, ca adj. **1.** Fam. Furioso: *El hincha estaba* **frenético** *porque su equipo favorito había perdido el campeonato.* **2.** Poseído de frenesí.

frenillo m. Membrana que sujeta la lengua por debajo: *Ese niño habla con un acento un poco extraño por-*

que tiene el **frenillo** *muy grande, pero después de una pequeña operación quedará bien.*

freno m. **1.** Mecanismo destinado a disminuir o detener el movimiento de una máquina o vehículo. **2.** Pieza de hierro que se coloca en la boca de las caballerías para dirigirlas. **3.** pl. Aparato que el especialista en ortodoncia coloca a los pacientes que necesitan alinear sus dientes.

frente m. **1.** Zona de combate: *Durante las guerras muchos soldados mueren en el* **frente** *de batalla.* **2.** Coalición o unión de partidos políticos, organizaciones, etc. **3.** Parte superior de la cara: *Algunas personas piensan que una* **frente** *amplia es señal de inteligencia.* **4.** Parte delantera de una cosa. **5.** loc. **Hacer ~**, aceptar un compromiso o resistir situaciones difíciles: *La empresa quebró y el dueño ya no pudo* **hacer frente** *a sus deudas.*

fresa adj. Méx. Fam. Relativo a la persona, por lo general de clase alta, que es ingenua, convencional y que le gusta fingir.

fresa f. **1.** Planta herbácea rastrera de fruto color rojo comestible, de sabor agridulce. **2.** Fruto de la planta de la frutilla o fresa. Sin. **frutilla.**

fresa f. Herramienta giratoria cortante, como la que usan los dentistas para eliminar las caries.

fresar vb. (tr.) Trabajar los materiales por medio de la fresa o fresadora.

fresco m. **1.** Aire un poco frío: *Me gusta el* **fresco** *de la montaña.* **2.** Pintura hecha sobre una pared todavía húmeda: *La Capilla Sixtina está cubierta de* **frescos** *pintados por el artista italiano Miguel Ángel.*

fresco, ca adj. **1.** Que es un poco frío pero sin molestar: *Me gustan las bebidas* **frescas**, *porque las que están muy frías hacen que me duelan los dientes.* **2.** Reciente: *Las noticias de la radio son las más* **frescas. 3.** Fam. Descarado: *Benjamín es un* **fresco**, *se bebió toda la leche y metió el envase vacío al refrigerador.* **4.** Que todavía no seca: *No pises por ahí, porque la pintura está* **fresca** *y puedes mancharte.*

fresno m. Árbol de tronco grueso y madera blanca amarillenta y flexible: *La madera del* **fresno** *es muy apreciada para la elaboración de muebles.*

fresquera f. Lugar para conservar frescos los alimentos.

fresquería f. Amér. C., Ecuad. y Venez. Establecimiento donde se hacen y venden bebidas frías y helados.

freza f. Puesta de huevos de la hembra del pez.

frialdad f. **1.** Sensación de frío: *El mármol se caracteriza por su* **frialdad. 2.** Indiferencia: *Mauricio me recibió con mucha* **frialdad** *y me imaginé que por alguna razón estaba enojado conmigo.*

fricativo, va adj./f. Sonido cuya articulación hace salir el aire con fricción entre los órganos bucales, como las que representan las letras *f, j, s, z.*

fricción f. **1.** Acción y efecto de frotar, de fregar. **2.** Roce, enfrentamiento, discordia: *El empleado renunció de la empresa porque tenía muchas* **fricciones** *con su jefe.*

friccionar vb. (tr.) Dar friegas, restregar.

friega f. **1.** Acción de frotar con energía una parte del cuerpo: *Las* **friegas** *con alcohol sirven para bajar la fiebre.* **2.** Amér. Fam. Molestia, fastidio: *"¡Qué* **friega** *tener que quedarme a limpiar la casa cuando mis hermanos se van a la playa!"*

FRI

FO

269

frigidez f. Ausencia anormal de deseo o de goce sexual de la mujer.

frigorífico m. Cámara que mantiene a temperatura baja los alimentos. SIN. **nevera, refrigerador, heladera**.

frigorífico, ca adj. Que produce frío.

frijol o **fríjol** m. **1.** Planta herbácea anual, de 3 a 4 metros de longitud, cuyo fruto en vaina contiene semillas. **2.** Semilla comestible que se encuentra en la vaina del poroto o frijol. SIN. **judía, poroto, fréjol**.

frío m. Estado del clima opuesto al calor: Cuando hace mucho **frío** debemos abrigarnos bien.

frío, a adj. **1.** Que tiene menos temperatura de la conveniente: Los brazos del niño están **fríos**, debemos ponerle un suéter. **2.** Indiferente: Después de tantos años de separación, su actitud al verla fue muy **fría**, lo cual indica que ya no siente cariño por ella.

friolento, ta adj. Muy sensible al frío: Mi papá siempre busca el lugar más cálido de la casa porque es muy **friolento**.

friolera f. Desp. Gran cantidad de cosas, en especial de dinero: Ese automóvil de lujo le costó la **friolera** de cincuenta mil dólares.

friso m. En arquitectura, conjunto de elementos decorativos en forma de faja muy alargada y seguida: En los templos de la antigüedad griega y romana había **frisos** con relieves.

fritar vb. {tr.} Argent., Colomb. y Urug. Freír.

frito, ta adj. Se dice del alimento guisado en aceite hirviendo.

frívolo, la adj. Que sólo le interesan las ligerezas y las superficialidades: Las hermanas de la Cenicienta eran **frívolas**. SIN. **insubstancial**.

fronda f. Conjunto de hojas.

frondoso, sa adj. Con abundantes hojas y ramas: Los árboles grandes y **frondosos** dan buena sombra.

frontal adj. **1.** Relativo a la frente. **2.** Situado en la parte delantera.

frontal adj./m. Uno de los huesos que forman la cavidad craneal, colocado donde se encuentra la frente, y lo relacionado con este hueso: Las cejas están al final del hueso **frontal**.

frontera f. Línea que separa dos estados o países: Estados Unidos de Norteamérica tiene **frontera** con Canadá y con México. SIN. **límite**.

frontispicio m. **1.** Parte delantera de un edificio, mueble, etc. **2.** En arquitectura, remate en forma de triángulo o de semicírculo en lo alto de la fachada principal de un edificio.

frontón m. **1.** Edificio o cancha propia para jugar a la pelota vasca. **2.** En arquitectura, remate triangular de la fachada principal de una construcción.

frotar vb. {tr. y prnl.} Pasar una cosa sobre otra de manera repetida y con fuerza: Para encender un fósforo hay que **frotarlo** sobre un papel de lija.

fructífero, ra adj. Que produce fruto.

fructificar vb. irreg. {intr.} Modelo 17. Dar fruto: Muchos árboles **fructifican** en verano.

fructosa f. Azúcar contenida en la fruta.

frugal adj. Que se alimenta poco y vive de manera simple: Los monjes medievales llevaban una vida **frugal**: se alimentaban de pan, agua y cebolla, y durante las frías noches se cubrían sólo con una manta delgada.

frugívoro, ra adj. Que se alimenta de frutos: La ardilla es un animal **frugívoro**.

fruición f. Goce intenso: Con gran **fruición** realizó su gran deseo: subir a Machu Picchu, en Perú.

fruncido, da adj. **1.** Fam. Que carece de simpatía. SIN. **vanidoso, arrogante**. **2.** Arrugado: El vestido está **fruncido**, creo que se atoró en algún lugar.

fruncir vb. irreg. {tr.} Modelo 64. **1.** Arrugar la frente, las cejas, una tela, etc.: Cuando vi que el maestro **fruncía** las cejas al leer mi trabajo, supe que había hecho algo mal. **2.** Esp. Reducir de tamaño: Como los pantalones me quedaban grandes, mi madre los **ha fruncido**.

fruslería f. Cosa de poco valor.

frustración f. Desengaño: ¡Qué **frustración**! Nadie recordó que ayer fue mi cumpleaños.

frustrar vb. {tr. y prnl.} **1.** Estorbar, impedir que se realice algo: Los policías **frustraron** el intento de fuga de los presos. **2.** Privar a uno de lo que esperaba: Se **frustró** el paseo por la playa porque comenzó a llover.

fruta f. Producto comestible de un árbol o arbusto: Me gustan todas las **frutas** menos la guayaba.

frutal adj. Se dice de la planta que se cultiva para la producción de frutas comestibles: Yo tengo un huerto de árboles **frutales** en el que hay naranjos y manzanos.

frutero m. Recipiente en el que se ponen las frutas: En el centro de la mesa hay un **frutero**, toma la fruta que más se te antoje.

frutilla f. **1.** R. de la P. Planta herbácea rastrera de fruto rojo comestible. SIN. **fresa**. **2.** Fruto de la planta de la frutilla o fresa. SIN. **fresa**.

fruto m. **1.** Órgano que contiene las semillas de una planta y que procede por lo general del ovario de la flor. **2.** Producto, utilidad: El libro de historia que se publicó fue el **fruto** de una larga investigación.

fucsia adj./m. Color rojo violáceo.

fucsia f. Arbusto de jardín, de hojas ovaladas y flores de color rojo violáceo.

fuego m. **1.** Desprendimiento de calor, luz y llamas, producido por la combustión de un cuerpo: "Enciende el **fuego** en la chimenea", me dijo mi padre. **2.** Incendio: Los bomberos lograron apagar el **fuego** en el bosque. **3.** Fogata, hogar: Después de la cena, la familia se reunía alrededor del **fuego** a conversar. **4.** Méx. Erupción dolorosa de la piel, ulceración, por lo general en la boca.

fuel o **fuel-oil** m. **Palabra inglesa**. Combustible líquido de color marrón obscuro o negro.

fuelle m. **1.** Instrumento para soplar o producir aire. **2.** Pieza plegable que aumenta o disminuye el volumen o la capacidad de ciertos objetos: Los acordeones están formados por un **fuelle** y un teclado.

fuente f. **1.** Manantial de agua que brota de la tierra. **2.** Construcción hecha con tubos unidos por donde sale el agua. **3.** Plato grande para servir la comida: La ensalada de frutas que sirvieron en el banquete estaba en una gran **fuente** de cristal. **4.** Origen de algo: La **fuente** del saber es la curiosidad.

fuera adv. **1.** En la parte exterior de un espacio: Mi perro duerme **fuera** de la casa porque es travieso y le gusta morder los muebles por la noche. **2.** Antes o después de tiempo: Ya no aceptaron mi solicitud porque la entregué **fuera** de tiempo. **3.** loc. ~ **de**, menos, excepto: *Fuera de un pequeño raspón, el niño no se lastimó al caer de la bicicleta.*

fuero *m.* **1.** Cada uno de los derechos o privilegios concedidos a un territorio o persona: *Los diplomáticos en un país extranjero gozan de ciertos fueros, por ejemplo, la policía no los puede aprehender.* **2.** Compilación de leyes y área donde estas leyes se aplican: *Las faltas cometidas por soldados son juzgadas por el fuero militar.*

fuerte *adj.* **1.** Que tiene fuerza y resistencia: *Según la mitología griega, Atlas era tan fuerte que podía sostener al mundo sobre sus hombros.* **2.** Robusto, corpulento. **3.** Intenso: *La música fuerte me molesta porque me impide concentrarme en mi trabajo.*

fuerte *m.* Construcción protegida, fortaleza: *Los extranjeros blancos construyeron fuertes para combatir a las tribus de Norteamérica y así invadir sus territorios.*

fuerte *adv.* Con fuerza: *El profesor tuvo que hablar fuerte porque los alumnos gritaban y no lo escuchaban.*

fuerza *f.* **1.** Resistencia, capacidad de soportar un peso o de oponerse a un impulso. **2.** Utilización del poder físico o moral: *En el filme de ciencia ficción, el héroe utilizó su gran fuerza para levantar un autobús con una sola mano.* **3.** Autoridad, poder. **4.** Causa capaz de deformar un cuerpo o de modificar su velocidad: *La fuerza del viento en contra obligó al velero a girar.* **5.** pl. Conjunto de tropas, armas y potencial de los ejércitos.

fuete *m.* Méx. y Perú. Látigo.

fuga *f.* **1.** Acción y efecto de escaparse: *La fuga de ese maleante fue espectacular, un helicóptero lo levantó del patio de la cárcel.* **2.** Escape de un fluido o gas: *Hay que revisar con frecuencia las tuberías del gas, porque una fuga no detectada puede ocasionar una explosión.*

fugarse *vb. irreg.* (prnl.) Modelo 17. Escaparse, huir: *Hace varios años los administradores de la cárcel de Alcatraz, en California, presumían que ningún preso había logrado fugarse de ahí.*

fugaz *adj.* Que dura poco, que desaparece con rapidez: *Las personas mayores opinan que la juventud es una etapa fugaz de la vida.*

fugitivo, va *adj./m.* Que está en fuga o huye: *Juana es una fugitiva de la justicia que vive en un lugar diferente cada mes, porque teme que la policía la encuentre.*

fulana *f.* Prostituta.

fulano, na *m.* y *f.* **1.** Desp. Voz con que se suple el nombre de una persona: *"Vino a buscarte un fulano muy grosero que no me dijo ni su nombre", le dije a mi hermano.* **2.** Persona indeterminada: *Cuando entré a la tienda había tres fulanos y dos fulanas.* **3.** loc. ~ o **mengano**, cualquier persona.

fulgir *vb. irreg.* (intr.) Modelo 60. Resplandecer, brillar: *En el campo se ven fulgir las estrellas más claramente que en la ciudad.*

fulgor *m.* Brillo, resplandor: *El fulgor del sol reflejado en el mar es de distintos colores.*

fullería *f.* Trampa, engaño: *Jaime ganó el juego con fullería al sacar un as de su manga.* SIN. **astucia, treta.**

fulminante *adj.* **1.** Que arroja rayos. **2.** Que estalla o hace estallar. **3.** Rápido: *El señor Gómez murió de una enfermedad fulminante, estuvo sólo unas horas en cama y luego murió.*

fulminante *m.* Méx. Pequeña carga de pólvora en forma de lenteja, que estalla al ser golpeada y se usa en pistolas de juguete.

fulminar *vb.* (tr.) **1.** Arrojar rayos. **2.** Herir, matar o causar daños un rayo. **3.** Matar con armas o explosivos. **4.** loc. ~ **con la mirada**, ver a alguien fijamente y con gran enojo: *Ella lo fulminó con la mirada cuando él empezó a decir cosas que la perjudicaban.*

fumador, ra *m.* y *f.* Persona que fuma.

fumar *vb.* (tr. e intr.) **1.** Aspirar y despedir el humo del tabaco, opio, etc.: *Fumar puede causar enfermedades respiratorias y cáncer.* **2.** Cuba y P. Rico. Dominar a alguien. **3.** Méx. Fam. Hacer caso: *Empecé a contarle a Luis la obra de teatro pero no me fumó, así que mejor fui a contársela a mi otro amigo.*

fumarola *f.* Emisión de gases de origen volcánico: *Cuando un volcán emite fumarolas quiere decir que está en actividad.*

fumigar *vb. irreg.* (tr.) Modelo 17. Eliminar animales nocivos o desinfectar espacios amplios por medio de substancias en forma de humo o vapor.

funámbulo, la *m.* y *f.* Equilibrista que hace ejercicios sobre la cuerda floja o el trapecio.

funche *m.* Cuba y P. Rico. Alimento parecido a las gachas, pero de harina de maíz.

función *f.* **1.** Actividad particular que corresponde a alguien o algo: *"Tu función en esta empresa consistirá en ayudarle al director", me dijo la secretaria.* SIN. **misión. 2.** Representación teatral: *Esta función de cine empieza a las cuatro de la tarde y termina a las seis.* **3.** Papel sintáctico de un elemento dentro de una frase: *La función del adjetivo es calificar o modificar a un sustantivo.*

funcional *adj.* Práctico, utilitario: *Un ascensor es funcional para subir y bajar en edificios que tienen más de cuatro pisos.*

funcionamiento *m.* Hecho de que una máquina o un ser vivo realice la actividad que le corresponde.

funcionar *vb.* (intr.) **1.** Ejecutar algo o alguien las funciones que se son propias: *De pronto la licuadora ya no funcionó, debo llevarla al técnico para que la repare.* **2.** Operar: *Quiero saber cómo funciona una cámara fotográfica.*

funcionario, ria *m.* y *f.* Empleado público de cierta jerarquía.

funda *f.* Cosa que sirve para cubrir o resguardar otra cosa.

fundación *f.* **1.** Hecho de establecer o fundar. **2.** Institución benéfica, cultural, etc., sin intención de obtener dinero para sí misma: *Con el dinero que recauda esa fundación se construyen casas-hogar para niños huérfanos.*

fundador, ra *m.* y *f.* Persona que crea o establece algo: *Esos hombres fueron los fundadores del club.*

fundamental *adj.* Que sirve de base o es lo principal: *El oxígeno es fundamental para la vida en la Tierra.*

fundamentar *vb.* (tr.) **1.** Echar los cimientos de un edificio. **2.** Establecer o poner fundamentos, bases: *No me convence lo que dices, tienes que fundamentar más tus opiniones.*

fundamento *m.* **1.** Cimiento de un edificio: *Mientras más alto sea el edificio, más profundos tienen que ser sus fundamentos.* **2.** Principio o base de una cosa: *Uno de los fundamentos de la física son las matemáticas.* **3.** Razón, motivo.

fundar *vb.* (tr.) Crear una ciudad, negocio, asociación, etc.: *Dice una leyenda que Rómulo y Remo fundaron la ciudad de Roma.*

fundición *f.* *1.* Hecho de convertir un sólido en líquido mediante calor: *Se necesitan temperaturas muy altas para lograr la fundición del hierro.* *2.* Fábrica donde se funden metales.

fundido, da *adj.* *1.* *Amér. Merid., Argent.* y *Méx. Fam.* Muy cansado, abatido: *Después de trabajar diez horas en la mina, volvió fundido a su casa.* *2.* Derretido: *Sumergir trozos de pan en queso fundido es una costumbre francesa.* *3.* *Amér. Fam.* Arruinado.

fundir *vb.* (tr. y prnl.) *1.* Transformar en líquido un cuerpo sólido calentándolo: *Para hacer caramelo hay que fundir el azúcar a fuego muy bajo, sin quemarlo.* *2.* Unir ideas, intereses, etc.: *Si fundimos las propuestas de Margarita y Enrique, tendremos un magnífico proyecto.* *3.* *Amér. Fam.* Arruinar: *El fiscal presentó el arma homicida; esa prueba terminó por fundir al acusado.*

fundo *m.* *Chile* y *Perú.* Finca, hacienda, estancia.

fúnebre *adj.* *1.* Relativo a los difuntos: *En los entierros se pronuncian oraciones fúnebres para rogar por el alma de los muertos.* *2.* Muy triste y sombrío: *Mucha gente considera el negro como un color fúnebre.*

funeral *m.* Ceremonia en la que se entierra a los difuntos: *Los funerales de los gobernantes casi siempre son ceremonias solemnes, a las que asisten altos funcionarios de otros países.* SIN. **entierro.**

funeraria *f.* Empresa que se dedica a todo lo relacionado con los entierros e incineraciones de difuntos.

funerario, ria *adj.* Relativo al entierro o a la incineración de un muerto: *En algunas iglesias hay lugares especiales para las urnas funerarias.*

funesto, ta *adj.* Que causa o atrae desgracia: *La influencia de las malas compañías fue funesta para Sergio, ahora ya no va a la escuela y bebe mucho alcohol.*

fungi *m.* Reino que agrupa a los hongos.

fungicida *m.* Substancia que combate los hongos.

funicular *m.* Vehículo usado sobre todo en zonas montañosas, con tracción que se efectúa por medio de un cable.

furgón *m.* Vagón de equipajes en el tren.

furgoneta *f.* Vehículo más pequeño que el autobús, destinado al transporte.

furia *f.* *1.* Cólera, ira. *2.* Ímpetu: *Con gran furia el gigante derribó la puerta del castillo y entró a robarse a la princesa.*

furibundo, da *adj.* Lleno de furia, colérico: *La maestra le lanzó a Fernando una mirada furibunda cuando oyó la grosería que dijo.*

furioso, sa *adj.* Que está muy enojado: *Me puse furioso cuando mi perro mordió mis zapatos nuevos.*

furor *m.* *1.* Gran enojo, ira exaltada. *2.* Afición excesiva por personas o cosas: *En los años 60 y 70 del siglo XX, los Beatles desataron el furor de los jóvenes.*

furtivo, va *adj.* Acción que se hace de manera oculta: *Es importante evitar que los cazadores furtivos maten animales que están en peligro de extinción.*

furúnculo *m.* Ver **forúnculo.**

fusa *f.* Nombre de la figura musical que equivale a un treintaidosavo de la unidad: *En la partitura había muchas fusas, pero como el tiempo era lento, no había que tocarlas con demasiada rapidez.*

fuselaje *m.* Cuerpo central de un avión: *En los aviones de pasajeros, los asientos se colocan en la parte interior del fuselaje.*

fusible *m.* Pequeña pieza metálica que se coloca en un circuito eléctrico para impedir el paso excesivo de corriente.

fusiforme *adj.* En forma de huso; delgado, esbelto.

fusil *m.* Arma de fuego portátil, de cañón largo: *El fusil se parece a la escopeta, pero tiene un solo cañón.*

fusilamiento *m.* Hecho de ejecutar a alguien con tiros de fusil: *El general ordenó el fusilamiento de los prisioneros.*

fusilar *vb.* (tr.) Matar a alguien con descargas de fusil.

fusión *f.* *1.* Unión de varias cosas: *De la fusión entre un óvulo y un espermatozoide surge un nuevo ser vivo.* *2.* Paso del cuerpo sólido al estado líquido. *3.* Unión de varios átomos ligeros, a temperatura muy elevada y con gran desprendimiento de energía.

fusionar *vb.* (tr. y prnl.) Reunir varias cosas en una sola: *Esas dos empresas medianas se fusionaron y ahora forman una gran empresa.*

fusta *f.* Látigo delgado y flexible.

fustán *m.* *1.* Tejido cerrado de algodón, con pelo en una de sus caras. *2.* *Amér. Merid.* Enagua o falda ancha de algodón.

fuste *m.* *1.* En arquitectura, parte de la columna entre la base y el capitel. *2.* Vara o palo. *3.* Nombre de las dos piezas de madera que conforman la silla de montar.

fustigar *vb. irreg.* (tr. y prnl.) **Modelo 17.** *1.* Dar azotes, castigar: *En Filipinas, algunos fanáticos se fustigan con una cuerda durante las procesiones de Semana Santa.* *2.* Censurar con dureza: *El maestro fustigó a los alumnos por su irresponsabilidad.*

fútbol o **futbol** *m.* Juego entre dos equipos de once participantes cada uno, que consiste en introducir en la portería del contrario un balón, impulsándolo con los pies o la cabeza. SIN. **balompié.**

futbolista *m.* y *f.* Deportista que tiene por profesión jugar fútbol.

fútil *adj.* De poca importancia, nimio: *Las personas vanidosas se preocupan por cosas fútiles, como la apariencia de su peinado o el color de sus uñas.* SIN. **baladí.**

futre *m.* *1.* *Chile.* Persona bien vestida. *2.* *Chile.* En zonas rurales, patrón.

futuro *m.* *1.* Tiempo verbal que expresa acción por venir: *El futuro de "yo como" es "yo comeré".* *2.* Tiempo que ha de venir: *En el cuento, la hormiga pensó en el futuro y guardó comida para el invierno, no así la cigarra.*

futuro, ra *adj.* Que está por venir o suceder: *Esperemos que en una era futura los humanos aprendan a cuidar más la naturaleza.*

Gg

g *f.* Séptima letra del abecedario. Su nombre es **ge**.

gabacho, cha *adj./m. y f.* **1.** *Méx. Fam.* Originario de los Estados Unidos de Norteamérica. **2.** *Esp. Desp.* Francés.

gabán *m.* Abrigo, sobretodo: *Rufino lleva su gabán gris cuando viaja a Europa en diciembre.*

gabardina *f.* Abrigo de tejido impermeable: *Cuando llueve, me pongo la gabardina para no mojarme.* SIN. **impermeable**.

gabarra *f.* Especie de lancha utilizada en los puertos para mover cargas: *Esa gabarra lleva cajas de vino, queso y conservas de fruta al barco que zarpará mañana.* SIN. **embarcación**.

gabela *f.* **1.** *Esp.* Tributo, impuesto. **2.** *Colomb., Ecuad., P. Rico, R. Dom. y Venez.* Provecho, ventaja.

gabinete *m.* **1.** Habitación destinada a recibir visitas de confianza: *Mis amigas y yo tomamos café en el gabinete.* **2.** Conjunto de ministros del gobierno de un país: *El gabinete se reunió para decidir cómo usarán el dinero en este año.* **3.** Despacho donde están los instrumentos y objetos destinados al estudio de una ciencia o arte: *El médico examina a sus pacientes en el gabinete.*

gacela *f.* Animal de color marrón y vientre blanco, de patas finas y largas, y cuernos curvos: *La gacela es un antílope africano, ágil y hermoso.*

gaceta *f.* Publicación periódica de carácter cultural o científico: *Leí un estupendo poema en la gaceta de la universidad.*

gacha *f.* **1.** *Colomb. y Venez.* Recipiente de loza o arcilla. **2.** *pl.* Comida hecha de harina cocida con agua y sazonada.

gacho, cha *adj.* **1.** Inclinado hacia abajo: *Alicia camina con la cabeza gacha porque está triste.* **2.** *Méx. Fam.* Feo, de mal gusto o de mala intención.

gachumbo *m.* *Amér.* Corteza leñosa del coco. SIN. **copra**.

gachupín *m.* *Méx. Desp.* Español que vino a establecerse en América.

gadolinio *m.* Metal del grupo de las tierras raras, de símbolo Gd y número atómico 64.

gaélico *m.* Lengua de los celtas hablada en Irlanda y Escocia: *El gaélico debe su nombre a que se habla en el País de Gales.*

gaélico, ca *adj.* Relativo al País de Gales.

gafas *f. pl.* Anteojos.

gafe *adj./m. y f.* *Esp. Fam.* Que trae mala suerte.

gag *m.* Palabra inglesa. Situación cómica en un filme o presentación teatral: *Mi primo, que es actor, está ensayando un gag para una nueva obra de teatro que va a presentar.*

gaita *f.* Instrumento musical de viento formado por una bolsa de cuero a la cual van unidos tres tubos: *La gaita suena cuando se aprieta la bolsa de cuero.*

gaje *m.* **1.** Salario aparte del sueldo: *Felipe consiguió un gaje que le ayudará a pagar su automóvil nuevo.* SIN. **bono**. **2.** *loc. pl. Fam.* **Gajes del oficio**, molestias que acarrea un empleo u ocupación: *Las enfermedades de los riñones son gajes del oficio de un chófer, porque pasa sentado demasiadas horas.*

gajo *m.* **1.** Cada una de las porciones interiores de los cítricos: *El gajo de una naranja es más fácil de desprender que el gajo de un limón.* **2.** Rama que se desprende de un árbol: *Durante la tormenta, un rayo arrancó un gajo al árbol que está fuera de mi casa.*

gala *f.* **1.** Cualquier cosa que da hermosura o elegancia a otra: *Los ramos de flores son la gala de mi habitación, la hacen verse fresca y agradable.* **2.** Presentación excepcional de un espectáculo: *Esta noche, la compañía de teatro ofrecerá la función de gala de "El Lago de los Cisnes".* **3.** *loc.* **Hacer ~ de**, presumir de una cosa: *Alejandro hace gala del reloj que le regalaron en su cumpleaños.*

galáctico, ca *adj.* Que pertenece a la galaxia.

galán *m.* **1.** Hombre guapo y atractivo: *Federico se cree muy galán porque todas las niñas quieren sentarse junto a él en clase.* **2.** Actor que hace el papel de héroe joven en una obra de teatro o en un filme o película. **3.** *Fam.* Novio: *Susana ya tiene galán.*

galante *adj.* Atento, cortés: *Si Julio fuera más galante, me dejaría entrar primero al salón.* SIN. **amable, educado**. ANT. **grosero**.

galanura *f.* Elegancia, gracia: *Ese elegante vestido realza la galanura natural de Alicia.*

galápago *m.* Animal de agua dulce parecido a la tortuga, del que se conocen 80 especies: *Existen galápagos vegetarianos y otros carnívoros.*

galardón *m.* Premio, distinción: *Obtuve un galardón por ser el más rápido en resolver las operaciones de matemáticas.* SIN. **recompensa**.

galardonar *vb.* (tr.) Premiar, recompensar: *En 1971 galardonaron al escritor chileno Pablo Neruda con el Premio Nobel de Literatura.*

galaxia *f.* Conjunto de estrellas y planetas agrupados en una determinada región del espacio: *En la galaxia llamada Vía Láctea se encuentra el Sistema Solar al que pertenece la Tierra.*

galbana *f.* Pereza.

galbanear *vb.* (tr.) *Fam.* Holgazanear: *Después de galbanear durante horas, Lourdes al fin se levantó y comenzó a limpiar el piso de la casa.*

gálea *f.* Casco de los antiguos soldados romanos.

galena *f.* Sulfuro de plomo: *La galena es un mineral.*

galeno *m.* Palabra derivada del nombre del famoso médico griego Claudio Galeno; es una manera de llamar a quienes ejercen la medicina: *Ese galeno atiende a los enfermos que llegan de emergencia al hospital durante la noche.*

galeno, na *adj./m. y f.* Relativo al viento suave que sopla en el mar: *Las gaviotas juegan en las brisas galenas volando por encima del mar.*

galeón *m.* Antiguo barco de vela: *El galeón iba cargado de oro, sedas y especias.*

galeote *m.* Persona condenada a remar en las galeras: *Los galeotes movían los remos al compás de un tambor.*

galera *f.* **1.** Antiguo barco de remo y vela: *La galera encalló en un arrecife de coral y se hundió.* **2.** En imprenta, prueba de una obra que sirve para corregir errores antes de publicarla. **3.** *Amér. C. y Méx.* Cuarto de grandes dimensiones. **4.** *Argent., Chile y Urug.* Sombrero de copa. SIN. **chistera.**

galería *f.* **1.** Pasillo largo y amplio con grandes ventanas: *Los ancianos toman el té en la galería porque así disfrutan la luz de la tarde.* SIN. **mirador. 2.** Camino subterráneo: *Cuando sea grande formaré un equipo de valientes para explorar la galería de la mina abandonada.* **3.** Asientos de la parte más alta de un cine o teatro: *Las entradas para la galería del teatro son las más baratas.* SIN. **gayola. 4.** *loc.* ~ de arte, sala donde se expone una colección de obras de arte: *Fui a la galería de arte a ver las esculturas del artista Augusto Rodin.* SIN. **museo, pinacoteca. 5.** *pl.* Centro comercial: *Recorrimos las galerías buscando un regalo bonito para el día de las madres.*

galerón *m. Méx.* Construcción grande que suele utilizarse como bodega.

galés *m.* Idioma que se habla en el País de Gales.

galés, esa *adj./m. y f.* Originario del País de Gales, integrante de Gran Bretaña, en Europa.

galgo, ga *m. y f.* Perro delgado, de nariz y patas largas, muy veloz: *El galgo es un perro de caza y también de carreras.*

galgódromo *m.* Pista especial para carreras de perros, en especial las de galgos: *Los galgódromos son ovalados y más pequeños que los hipódromos, que es donde corren caballos.* SIN. **canódromo.**

galicismo *m.* Palabra de origen francés empleada en otro idioma: *La palabra "cruasán" es un galicismo del idioma español que salió de la palabra francesa croissant.*

galimatías *m.* **1.** *Fam.* Lenguaje confuso, difícil de entender: *La maestra me dijo que mi redacción era un galimatías y me ordenó que volviera a escribir el trabajo.* SIN. **guirigay. 2.** *Fam.* Confusión, lío: *Los niños dejaron el cuarto hecho un galimatías después de jugar.*

galio *m.* Elemento metálico, parecido al aluminio, de número atómico 31 y símbolo Ga.

gallardete *m.* Bandera de forma triangular.

gallardía *f.* **1.** Elegancia, buena presencia: *El joven camina con gallardía y por eso llama mucho la atención.* **2.** Valor y nobleza en las acciones.

gallardo, da *adj.* **1.** Elegante, de buena presencia. SIN. **guapo. 2.** Valiente: *El gallardo joven salvó a la princesa del fuego que lanzaba el dragón.*

galleta *f.* Pasta hecha con masa de harina, dulce o salada, cocida al horno.

galleta *f.* **1.** *Amér. Merid.* Calabaza pequeña y chata, abierta por la parte de arriba, que sirve para tomar mate. SIN. **mate. 2.** *Esp. Fam.* Bofetada, golpe dado con la mano abierta.

galletería *f.* Fábrica de galletas: *La galletería del barrio perfuma el aire con olor a canela.*

galletero *m.* Fabricante de galletas: *El galletero usa ropa blanca para dar la impresión de limpieza.*

galliforme *adj.* Ave que se parece a un gallo o gallina: *Los faisanes y las perdices son aves galliformes.*

gallina *f.* Ave doméstica, hembra del gallo, de pico corto, cuerpo redondo y que no vuela: *La gallina está empollando cuatro huevos grandes.*

gallina *m. y f.* **1.** Persona cobarde. SIN. **miedoso. 2.** *loc.* Piel de ~, cuando se erizan los vellos de la piel por el frío o el miedo: *Bajó la temperatura y se me puso la piel de gallina.*

gallináceas *f. pl.* Uno de los órdenes o grupos en los que están clasificadas las aves: *Las gallináceas no vuelan.*

gallináceo, cea *adj.* Relativo a las gallinas: *La voz gallinácea se llama cacareo.*

gallinazo *m.* Buitre americano de plumaje totalmente negro. SIN. **zopilote, zamuro.**

gallinero *m.* **1.** Corral cubierto donde se crían las aves de granja. **2.** *Fam.* Lugar ruidoso: *Cuando se va la maestra nuestro salón es un gallinero.* SIN. **barullo. 3.** *Fam.* Asientos de la parte más alta de un cine o teatro.

gallineta *f.* *Amér. Merid.* Ave acuática salvaje, más pequeña que una gallina.

gallito *m.* **1.** *Fam.* Persona que intenta imponerse a las demás. SIN. **fanfarrón. 2.** *Argent., Chile y Méx.* Objeto de corcho o plástico, con plumas, con el que se juega bádminton.

gallo *m.* **1.** Ave doméstica de cresta roja y carnosa: *El gallo tiene plumas vistosas y canta en la madrugada anunciando el amanecer.* **2.** Pez comestible de cuerpo plano, parecido al lenguado: *El gallo es un pez que vive en el mar; se le llama así porque su aleta dorsal se parece a la cresta de un gallo.* **3.** Sonido agudo y desentonado que una persona emite al hablar o cantar: *Al cantante se le escapó un gallo y algunas personas comenzaron a reírse.* **4.** *Méx.* Serenata. **5.** *Méx.* Gargajo, escupitajo. **6.** *loc.* **Dormírsele a uno el** ~, distraerse, no actuar cuando se debe o quedarse dormido: *A Raquel se le durmió el gallo y bajó mal la calificación en el examen de geografía.* **7.** *loc.* **En menos de lo que canta un** ~, rápidamente, en un instante: *Para poder ir a la función de cine limpiaré mi dormitorio en menos de lo que canta un gallo.* **8.** *loc.* **Pelar** ~, desaparecerse, huir: *Felipe invitó a Inés a la fiesta y cuando llegó el momento de ir, peló gallo y la dejó plantada.*

galo *m.* Idioma que se hablaba en la antigua Galia, hoy Francia.

galo, la *adj./m. y f.* Originario de la antigua Galia, hoy Francia.

galón *m.* **1.** Cinta de tejido fuerte que se usa como adorno o distintivo: *En muchos países, la gente se pone en el pecho un galón con los colores de su bandera nacional para festejar alguna fecha importante.* **2.** *pl.* Cintas en forma de ángulo que indican el grado al que pertenece un soldado del ejército: *Esos galones de seda bordada en oro son para un general.*

galón m. Unidad de medida para líquidos, que equivale a 4.546 litros en Inglaterra y a 3.785 litros en Estados Unidos de Norteamérica.

galopar vb. (intr.) **1.** Andar los caballos a paso rápido, correr: *El potro* **galopaba** *hacia el abismo cegado por la lluvia y el miedo.* **2.** Cabalgar: *Julieta* **galopó** *con destreza intentando ganar ese concurso de salto de obstáculos.*

galope m. **1.** Marcha rápida de un caballo: *El* **galope** *de ese potro es elegante.* **2.** loc. **Al ~**, andar a caballo rápidamente: *Los bandidos iban* **al galope** *huyendo del jinete que los perseguía a poca distancia.*

galpón m. *Amér. Merid.* y *Nicar.* Cobertizo grande, con o sin paredes, que se ocupa como almacén.

galucha f. *Colomb., Cuba, P. Rico* y *Venez.* Galope.

galuchar vb. (intr.) *Colomb., Cuba, P. Rico* y *Venez.* Galopar.

galvanizado, da adj. Cubierto con una capa de cinc para evitar que se oxide: *Los tubos de mi bicicleta es-tán* **galvanizados** *y así puedo andar por lugares húme-dos sin que se dañe.*

galvanizar vb. irreg. (tr.) Modelo 16. Cubrir un metal con una capa de cinc para que no se oxide.

gama f. Hembra del gamo.

gama f. **1.** Escala musical: *La* **gama** *musical tiene siete notas básicas.* **2.** Escala de colores: *La* **gama** *de verdes de este paisaje va del verde muy claro al verde obscuro.* **3.** Serie de cosas iguales con pequeñas variaciones de tamaño, sonido, color o tipo: *El diseñador de modas ha sorprendido al público con su nueva* **gama** *de vesti-dos elegantes.* **4.** Tercera letra del alfabeto griego. SIN. **gamma.**

gamada adj. Relativo a la cruz de cuatro brazos igua-les doblados en forma de codo: *La cruz* **gamada** *era un símbolo religioso de las antiguas culturas de la India que indicaba buena suerte.* Ver **esvástica.**

gamba f. **1.** Camarón grande. **2.** *Argent., Chile* y *Urug.* Pierna. **3.** *Argent.* y *Chile.* Hablando de dinero, cien pe-sos. **4.** loc. *Argent., Chile* y *Urug.* **Hacer ~**, ayudar.

gamberro, rra adj./m. y f. Persona que rompe las reglas de educación.

gambeta f. **1.** Paso de danza en el que se hace un mo-vimiento especial con las piernas. **2.** *Amér. C* y *Amér. Merid.* Movimiento que hace un futbolista para conser-var el balón y eludir al contrario. **3.** *Argent.* y *Bol.* Ade-mán hecho con el cuerpo para evitar un golpe o caída.

gambetear vb. (intr.) *Amér. C* y *Amér. Merid.* Correr en zigzag.

gambusino m. *Méx.* Persona que busca yacimientos de oro. SIN. **aventurero.**

gameto m. Célula sexual especializada en la función reproductora: *El* **gameto** *tiene la mitad de cromosomas de una célula normal.*

gamezno m. Gamo recién nacido: *Un* **gamezno** *es un animal indefenso.*

gamma f. Tercera letra del alfabeto griego. SIN. **gama.**

gamo m. Animal parecido al ciervo, pero con los cuer-nos terminados en forma de pala.

gamonal m. *Amér. C* y *Amér. Merid.* Cacique de pueblo.

gamopétalo, la adj. Se refiere a la flor en forma de campana, con sus pétalos unidos entre sí: *El floripondio es una flor* **gamopétala.**

gamosépalo, la adj. Se refiere a la flor que tiene el cáliz en forma de olla: *"Si miras la parte verde que sos-*

tiene el nacimiento de un clavel, verás que es **gamo-sépalo."**

gamuza f. **1.** Animal salvaje, de cuernos negros y lisos, parecido a una cabra grande: *En las montañas de Euro-pa, la* **gamuza** *brinca de manera ágil de un peñasco a otro.* **2.** Cuero blando, suave al tacto: *En esa tienda venden zapatos y abrigos de* **gamuza.** **3.** Paño suave que se usa para limpiar el polvo: *Gumersindo tiene una* **gamuza** *roja que usa para darle brillo a su guitarra.* SIN. **franela.**

gana f. **1.** Deseo, inclinación o disposición para hacer algo: *"Tengo* **ganas** *de leer un libro divertido", le dije a Rufino.* **2.** loc. **De buena ~**, con voluntad de hacer algo: *"De buena* **gana** *me quedaría jugando un rato más, pero mi mamá me está llamando", dije a mis amigos.* **3.** loc. **De mala ~**, sin voluntad de hacer algo: *Hugo siempre contesta* **de mala gana** *cuando la maestra le hace una pregunta.* **4.** loc. **Darle a uno la ~**, tener voluntad de hacer algo: *"Comeré cuando* **me dé la gana,** *así que no me esperen", nos dijo mi hermano.*

ganadería f. **1.** Actividad relacionada con la cría y comercio de vacas, cerdos, caballos y otros rebaños de animales: *Una persona que se dedica a la* **ganadería** *debe saber montar a caballo para recorrer los campos.* **2.** Conjunto de los ganados de un país o región: *La* **ganadería** *de México se encuentra principalmente en los estados del norte.*

ganadero, ra adj. Referido al tipo de finca o granja en que se crían vacas, cerdos, caballos y otros animales.

ganadero, ra m. y f. Dueño y criador de reses que comercia con ellas.

ganado m. **1.** Rebaño de reses o de cerdos que el hombre cría para aprovechar su carne y sus produc-tos: *En el llano pastan rebaños de* **ganado** *vacuno y en la montaña se cría el* **ganado** *cabrío.* **2.** loc. **Cabeza de ~**, unidad para contar reses: *Pablo es dueño de 25 cabezas de* **ganado,** *es decir, de 25 reses.*

ganador, ra adj. Relativo a la persona, animal o cosa que triunfa en una competición: *El arreglo de flo-res* **ganador** *del concurso lo hizo doña Lola.* SIN. **vence-dor, campeón.** ANT. **perdedor.**

ganador, ra m. y f. Persona, animal o cosa que triunfa: *La* **ganadora** *de la medalla de oro en natación fue una amiga mía.*

ganancia f. Cantidad a favor: *"Este año obtuve una buena* **ganancia** *con la venta de frutas", dijo el comer-ciante.* SIN. **beneficio, lucro, rendimiento.**

ganar vb. (tr., intr. y prnl.) **1.** Obtener un beneficio en un negocio o en el trabajo: *"Si fueras médico* **ganarías** *más dinero que si fueras enfermero", le dije a mi hermano.* **2.** Vencer: *Lidia y Raúl* **ganaron** *el campeonato de aje-drez.* **3.** Mejorar: *Con el nuevo decorado, el aspecto de la sala* **ganó** *mucho.* ANT. **empeorar.** **4.** Hacerse merece-dor de algo: *Por su buena ortografía, Lauro* **ganó** *un libro ilustrado.* **5.** Conquistar se la buena voluntad de otros: *El payaso* **se ha ganado** *la simpatía de niños y adultos.*

ganchillo m. **1.** Varilla con uno de sus extremos más delgado y terminado en una punta doblada, que se usa para tejer: *"Necesitaré un* **ganchillo** *más delgado para tejer el hilo que me regalaste", me dijo mi abuela.* SIN. **gancho.** **2.** Labor hecha con la aguja llama-da ganchillo: *Mi abuela tejió un mantel de* **ganchillo** *para cubrir la mesa.*

GAN

gancho *m.* **1.** Instrumento de metal que termina en una punta doblada hacia arriba que sirve para agarrar o colgar algo: *Las grúas de carga utilizan* **ganchos** *para mover cargas muy pesadas.* **SIN. garfio. 2.** En boxeo, golpe corto de abajo hacia arriba: *El boxeador ganó la pelea cuando le colocó un* **gancho** *al hígado a su adversario.* **3.** Aguja terminada en punta doblada, que se usa para tejer. **SIN. ganchillo. 4.** *Fam.* Atractivo: *Roberto no es muy guapo, pero tiene* **gancho** *con las muchachas.* **5.** *Méx.* Pinza para sujetar la ropa recién lavada. **6.** *Méx.* Objeto de alambre, madera u otro material en que se cuelga la ropa para evitar que se arrugue. **SIN. percha. 7.** *Amér. Merid.* Horquilla para sujetar el cabello. **SIN. pasador. 8.** *Argent.* loc. **Hacer ~,** ayudar.

ganchudo, da *adj.* Que tiene forma de gancho: *Los buitres tienen el pico* **ganchudo.**

gandalla *adj./m.* y *f. Méx. Fam.* Aprovechado, malo, abusivo.

gandul, la *adj./m.* y *f.* Persona perezosa.

ganga *f.* Ave parecida a la paloma, que habita en los desiertos de Asia y África.

ganga *f.* **1.** Cosa apreciable que se consigue sin esfuerzo o que se obtiene con poco trabajo: *Pasar el examen de matemáticas fue una* **ganga** *porque estudié muy bien.* **2.** Cosa de buena calidad a bajo precio: *Comprar cuatro camisas por el precio de una es una* **ganga.**

ganglio *m.* Bolsa de tejido nervioso ubicada debajo de la quijada y en las ingles para proteger partes delicadas del cuerpo: *Cuando tenemos fiebre los* **ganglios** *se inflaman porque producen anticuerpos.*

gangoso, sa *adj./m.* y *f.* Referido a la voz nasal.

gangoso, sa *m.* y *f.* Persona que habla con voz nasal porque tiene un defecto en la estructura interna de la nariz: *Al* **gangoso** *que vive en la casa de la esquina le cuesta trabajo darse a entender.*

gangrena *f.* Muerte y putrefacción del tejido de alguna parte del cuerpo, causada por una falta de circulación: *Por no atender a tiempo una herida, al carnicero le dio* **gangrena** *y tuvieron que cortarle la mano.*

gangrenado, da *adj.* Relativo al tejido del cuerpo que se pudre por falta de circulación: *Cualquier parte del cuerpo que esté* **gangrenada** *pone en riesgo de muerte al enfermo.*

gangrenarse *vb.* {prnl.} Morir un tejido del cuerpo por falta de circulación y de higiene: *Al hombre que estuvo atrapado en la nieve durante varios días* **se le gangrenaron** *las orejas y los dedos de los pies.* **SIN. podrir.**

gángster *m.* Palabra de origen inglés. Miembro de una banda de pistoleros que se dedica a actividades contra la ley: *Cuando llegó la policía, el* **gángster** *estaba atrapado entre dos montones de cajas de licor.* **SIN. bandido, malhechor.**

ganguear *vb.* {intr.} Hablar con resonancia nasal: *Leonora* **ganguea** *porque está resfriada.*

gangueo *m.* Voz nasal: *El* **gangueo** *se produce al sacar el sonido por la nariz.*

ganoso, sa *adj.* Se refiere a la persona que desea algo: *Elisa está* **ganosa** *de conseguir un vestido nuevo para su muñeca.*

gansada *f.* Tontería, payasada: *Liliana estaba enferma y Luis hizo una* **gansada** *para alegrarla un poco.*

ganso, sa *m.* y *f.* Ave de la que se conocen varias especies salvajes y una especie doméstica, de plumaje color gris y pardo, y pico anaranjado: *En invierno los* **gansos** *salvajes emigran a zonas cálidas para poder alimentarse.*

ganzúa *f.* Pequeña varilla de metal con un gancho en uno de sus extremos, que sirve para abrir las cerraduras: *El cerrajero usó una* **ganzúa** *para abrir la puerta de mi casa, porque perdí la llave.*

gañán *m.* **1.** Joven que ayuda en el cultivo de los campos: *Cuando llegue la cosecha, mi padre contratará un* **gañán** *para que nos ayude.* **2.** Hombre rudo. **3.** *Méx. Desp.* Hombre grosero y sin educación: *En el autobús, un* **gañán** *le quitó el asiento a una anciana.*

gañido *m.* Aullido de dolor: *Los* **gañidos** *de los perros cuando los maltratan me parecen un sonido estremecedor.*

gañir *vb. irreg.* {intr.} **Modelo 69.** Aullar el perro u otros animales similares para quejarse.

garabatear *vb.* {tr. e intr.} **1.** Escribir algo de manera rápida, con letra poco clara: *El doctor* **garabateó** *los nombres de los medicamentos en la receta mientras nos explicaba para qué sirven.* **2.** Dibujar al azar: *Alicia* **garabateó** *sobre un papel para probar los colores de los lápices que le regalé.*

garabateo *m.* Acción de garabatear: *Mi madre regañó a mi hermano por el* **garabateo** *que hizo en la pared.*

garabato *m.* Letras y líneas mal formadas, hechas con el lápiz o el bolígrafo: *Mi hermanito llenó de* **garabatos** *mi trabajo escolar y ahora tendré que hacerlo otra vez.*

garaje *m.* Palabra de origen francés. Local donde se guardan automóviles. **SIN. cochera.**

garantía *f.* Acción de asegurar durante un tiempo el buen funcionamiento de algo que se vende: *El refrigerador tiene una* **garantía** *de tres años.*

garantizar *vb. irreg.* {tr.} **Modelo 16.** Responsabilizarse de que algo es cierto o de que se va a cumplir.

garañón *m.* **1.** Macho del asno, del camello, del caballo u otros animales, destinado a la reproducción. **2.** *Amér. C., Chile, Méx.* y *Perú.* Caballo semental. **3.** *Chile* y *Méx. Fam.* Mujeriego.

garapiñado, da o **garrapiñado, da** *adj.* Se refiere a la fruta o semilla bañada en caramelo: *Las nueces garapiñadas están cubiertas por una capa dura de azúcar de color marrón.*

garbanzo *m.* **1.** Planta de huerta que da una semilla comestible redonda, de color amarillento. **2.** Semilla de la planta del garbanzo: *El* **garbanzo** *se come en ensaladas, sopas, guisos y también se usa para preparar harina.* **3.** loc. **Ser un ~ de a libra,** sobresalir por cualidades positivas: *Marina* **es un garbanzo de a libra** *porque es muy inteligente, sencilla y amable.*

garbo *m.* Desenvoltura en la manera de caminar y de actuar: *Los modelos de modas deben andar con* **garbo** *para lucir la ropa que muestran.* **SIN. porte, elegancia.**

gardenia *f.* Nombre dado a una flor blanca de pétalos carnosos, muy perfumada: *Puse una* **gardenia** *seca entre mis pañuelos y ahora huelen muy bien.*

garduña *f.* Animal parecido a la comadreja, de pelaje color marrón grisáceo y patas cortas: *Una* **garduña** *se metió al gallinero y se comió un pollito.*

garete. Ir al ~, loc. **1.** No tener un rumbo fijo. **2.** *Amér. Fam.* Fracasar: *El negocio* **fue al garete** *y todos nos pusimos a buscar trabajo.*

276

garfio *m.* Gancho de hierro: *El pirata se puso un terrible garfio en vez de la mano que perdió durante una lucha.* SIN. **gancho.**

gargajo *m.* Mucosidad espesa que se escupe. SIN. **flema, escupitajo.**

garganta *f.* **1.** Parte delantera del cuello: *El estrangulador dejó sus dedos marcados en la garganta de la víctima.* **2.** Interior del cuello, faringe: *Me duele la garganta al tragar saliva porque estoy enfermo.* **3.** Camino angosto entre montañas. SIN. **desfiladero.**

gargantilla *f.* Collar, adorno femenino que se pone ceñido al cuello: *Para el baile, se puso su vestido negro escotado y como adorno usó una gargantilla de plata.*

gárgara *f.* Acción de mantener un líquido en la garganta, sin tragarlo, y sacar aire por la faringe: *Marta hace gárgaras con un medicamento para desinflamar sus amígdalas.*

gárgola *f.* Escultura que adorna el tubo de desagüe de un tejado o de una fuente: *Las gárgolas de las iglesias góticas tienen formas feas de animales o demonios.*

garigoleado, da *adj.* Méx. Adornado en exceso.

garita *f.* **1.** Caseta destinada al abrigo de los centinelas: *Por las noches, el policía del barrio se resguarda en la garita que está en el cruce de las avenidas.* **2.** Méx. Oficina o puesto de aduana.

garito *m.* Casa ilegal de juego: *En el garito se reúnen los apostadores para jugar a la ruleta y a la baraja.*

garlopa *f.* Cepillo de carpintero: *Con la garlopa se alisan las tablas de madera rugosa para evitar que se desprendan astillas.*

garlopín *m.* Cepillo pequeño de carpintero.

garnacha *f.* **1.** *Esp.* Variedad de uva dulce de color rojo obscuro. **2.** Méx. Tortilla de maíz ligeramente frita, a la que se le pone encima carne o verduras y salsa picante.

garra *f.* **1.** Pata de animal, con uñas fuertes: *Las garras de las águilas son muy fuertes.* SIN. **zarpa. 2.** loc. **Tener ~,** tener fuerza o tenacidad: *Ese jugador no es muy hábil pero tiene garra.*

garrafa *f.* **1.** Botella ancha y redonda con asa, de cuello largo y estrecho: *Antes se guardaba en garrafas el vino que se preparaba en casa.* SIN. **damajuana. 2.** *Argent.* y *Urug.* Cilindro de gas doméstico.

garrafal *adj.* Se dice de una equivocación grande o grave: *Cometí un error garrafal en el examen de historia y mi calificación es muy baja.*

garrafón *m.* Garrafa grande sin asa, hecha de vidrio o plástico: *Todos los miércoles compramos un garrafón de agua purificada para beber.*

garrapata *f.* Animal parásito similar a la araña que vive de sangre, clavado en la piel de algunos mamíferos: *El perro aullaba de dolor cuando mamá le arrancó las garrapatas, pero no hizo para evitar que el animal se enfermara.*

garrapatear *vb.* (tr.) Ver **garabatear.**

garrocha *f.* **1.** Palo largo con punta en un extremo, usado para hacer que el ganado camine. **2.** Vara larga que usan los atletas para saltar sobre una varilla horizontal colocada a una altura considerable: *El salto con garrocha es un deporte olímpico.*

garronear *vb.* (tr.) *Argent.* y *Urug. Fam.* Pedir prestado.

garronero, ra *adj./m.* y *f. Argent.* y *Urug. Fam.* Referido a la persona que pide prestado con insistencia. SIN. **gorrón.**

garrotazo *m.* Golpe fuerte que se da con un palo.

garrote *m.* **1.** Palo grueso. SIN. **macana. 2.** loc. **~ vil,** Antiguo instrumento de tortura que apretaba la cabeza con un torniquete: *El reo del filme del siglo XVII fue condenado a morir en el garrote vil.*

garrotear *vb.* (tr.) **1.** Amér. C y Amér. Merid. Apalear. **2.** Chile. Cobrar precios excesivos sin justificación.

garúa *f. Amér. C.* y *Amér. Merid.* Llovizna. SIN. **chipichipi, páramo.**

garuar *vb. irreg.* (impers.) **Modelo 10.** Argent., Bol., Par. y Urug. Lloviznar. SIN. **neblinear, harinear.**

garufa *f. Argent.* y *Urug.* Diversión.

garza *f.* Ave zancuda de cuello largo y sinuoso que vive en las riberas de los lagos y en zonas pantanosas: *Las garzas rosadas descansan apoyadas en una sola pata.*

gas *m.* **1.** Materia que a temperatura ambiente fluye sin forma ni volumen propios: *El aire es un gas.* **2.** Combustible utilizado para prender fuego: *Una fuga de gas es muy peligrosa porque puede causar una explosión.* **3.** pl. Restos gaseosos acumulados en el intestino.

gasa *f.* Tela de hilo de algodón, de tejido abierto y flojo: *La gasa se usa para cubrir las heridas porque permite el paso del aire y protege del polvo.*

gaseosa *f.* Bebida refrescante con burbujas: *Flavio pidió una gaseosa con hielos para acompañar su comida.* SIN. **refresco, soda.**

gaseoso, sa *adj.* **1.** Que se halla en estado de gas: *El vapor es un elemento gaseoso.* **2.** Relativo al líquido que contiene o del que se desprenden gases.

gásfiter o **gasfíter** *m. Chile.* Plomero, fontanero. SIN. **pajero.**

gasfitería *f. Chile, Ecuad.* y *Perú.* Plomería, fontanería.

gasificar *vb. irreg.* (tr.) **Modelo 17. 1.** Convertir en gas. **2.** Disolver gas en un líquido: *Las sodas están gasificadas, por eso tienen burbujas.*

gasoducto *m.* Tubería por la que se hace llegar el gas combustible del lugar donde se produce a las ciudades y a las casas.

gasolina *f.* Combustible líquido obtenido de la destilación del petróleo, que sirve para que funcionen algunos motores. SIN. **nafta.**

gasolinería *f.* Lugar donde se vende nafta o gasolina, aceite y otros productos y servicios automovilísticos: *De camino a la playa nos detuvimos en una gasolinería para ponerle aire a los neumáticos del autobús.*

gastadero *m. Fam.* Derroche de dinero: *Fuimos de compras, hicimos un gastadero terrible y ahora ya no tenemos dinero.*

gastador, ra *adj.* Que no cuida su dinero al momento de comprar o pagar: *Mario es muy gastador, compra todo lo que anuncian en la televisión.*

gastar *vb.* (tr. y prnl.) **1.** Utilizar dinero para comprar alguna cosa: *Habría gastado menos dinero si hubiera comparado los precios de los productos.* ANT. **ahorrar. 2.** Deteriorar con el uso, acabar: *Mónica necesita un par de zapatos nuevos porque ya gastó los que usa.* SIN. **desgastar. 3.** loc. **~ bromas,** hacer travesuras o chascarrillos, bromear: *No me gusta que me gasten bromas groseras.* **4.** Méx. loc. **Andar** o **estar gastado,** no tener dinero.

gasterópodo *adj./m.* Se dice de los caracoles de tierra y marinos porque caminan arrastrándose sobre el vientre.

gasto *m.* **1.** Cosa que se utiliza o se consume: *En las grandes ciudades, el gasto de agua es excesivo, porque hay mucha gente que la desperdicia.* **2.** Cantidad de dinero que se emplea para algo: *El gasto más impor-*

GAS

tante de mi hermana que va a la Universidad, es comprar sus libros. **3.** *Méx.* Dinero que se ocupa de manera cotidiana en una casa: *El marido le dio cien pesos para el* **gasto** *y la mujer puso otros cien pesos.*

gástrico, ca *adj.* Relativo al estómago: *El jugo* **gástrico** *participa en la digestión.*

gastritis *f.* Inflamación de las mucosas del estómago: *"Si no comes a la misma hora todos los días, podrías enfermar de* **gastritis***", me dijo mi madre.*

gastronomía *f.* Arte de preparar una buena comida: *La* **gastronomía** *argentina tiene muchos guisos diferentes en cada región.* SIN. **cocina.**

gastrónomo, ma *m. y f.* Persona a la que le gusta la buena comida. SIN. **gourmet.**

gástrula *f.* Una de las etapas del desarrollo embrionario de los animales.

gata *f. Amér. C.* Pez marino de color pardo amarillento.

gatas. A ~, *loc.* Hecho de caminar apoyado en rodillas y manos: *Jacinta andaba* **a gatas** *por todo el dormitorio buscando el arete que se le había caído.* SIN. **gatear.**

gateado, da *adj. Argent. y Urug.* Se dice del caballo de color obscuro y con rayas como la cebra.

gatear *vb.* [intr.] Andar con las manos y las rodillas apoyadas en el suelo: *Los bebés* **gatean** *antes de aprender a caminar.*

gatera *f.* **1.** Agujero en la pared o puertecilla en una puerta para que los gatos entren y salgan. **2.** Sitio para que duerman los gatos, o especie de jaula con asa para transportarlos.

gatero, ra *m. y f.* **1.** *Bol., Ecuad. y Perú.* Verdulera. **2.** *Chile.* Cueva de ratones. **3.** *Perú.* Vendedor.

gatillo *m.* Palanca que acciona el disparo de un arma de fuego.

gato *m.* Instrumento mecánico para levantar pesos de abajo hacia arriba: *Con el* **gato** *se levanta el automóvil para cambiarle los neumáticos.*

gato *m. Argent.* Baile folklórico zapateado, ejecutado por una o dos parejas.

gato, ta *m. y f.* **1.** Felino doméstico de pelaje suave: *Un* **gato** *es un felino pequeño que maúlla y ronronea, pero también araña.* **2.** *loc.* **Dar ~ por liebre,** dar una cosa de mala calidad como si fuera de buena: *Ese comerciante es un tramposo: siempre les* **da gato por liebre** *a sus clientes.* **3.** *loc. pl.* **Dos, tres** (o cualquier número reducido) **~,** poca gente: *Éramos sólo* **cuatro gatos** *en la fiesta, pero nos divertimos muchísimo.* **4.** *loc.* **Haber ~ encerrado,** haber algo oculto o secreto en una situación: *En esa historia de los fantasmas que rondan la casa abandonada* **hay gato encerrado.**

gatuno, na *adj.* Relativo a los felinos: *La pisada* **gatuna** *es silenciosa, pues los felinos tienen las patas acojinadas.*

gauchada *f. Argent., Bol. y Urug. Fam.* Servicio, favor.

gaucho *m. Argent. y Urug.* Hombre de campo que vive en las llanuras del Río de la Plata y se dedica a los trabajos ganaderos.

gaucho, cha *adj. Argent. y Urug.* Que posee buenas cualidades, que es valiente, noble, amable y simpático.

gaveta *f.* **1.** Cajón de un escritorio. **2.** Archivero, mueble con varios cajones: *Las listas de calificaciones de la escuela están guardadas en una* **gaveta** *cerrada con llave.*

gavilán *m.* Ave más pequeña que el halcón y de plumaje color gris azulado en la parte superior y pardo en la cola: *El* **gavilán** *es un ave rapaz.*

gavilla *f.* Atado de cereal maduro: *Cuando voy al campo y veo las* **gavillas** *amontonadas me parece que son casas de indios apaches.*

gaviota *f.* Ave de plumaje gris y blanco que vive en las costas del mar y se alimenta de peces: *A las* **gaviotas** *les gusta mucho volar y se acercan a los barcos pesqueros para que les arrojen pedazos de pescado.*

gay *adj./m.* Palabra inglesa. Referido a la persona que siente amor por otra persona de su mismo sexo: *En mi ciudad, una vez al año los* **gays** *hacen una marcha a favor de sus derechos.* SIN. **homosexual.**

gayola *f. Méx. Fam.* Parte más alta de la gradería de un teatro, cine o estadio. SIN. **galería.**

gazapo *m.* **1.** Conejo recién nacido. **2.** Error al hablar o al escribir.

gaznápiro, ra *adj./m. y f.* Que es torpe, tonto.

gaznatada *f. Amér. C., P. Rico y Venez.* Bofetada.

gaznate *m.* **1.** Garganta. **2.** Cilindro o cono de masa frita, relleno de alguna pasta dulce. **3.** *Méx.* Dulce hecho de piña o coco.

gazpacho *m.* Sopa hecha con pan, aceite, tomate y cebolla, que se toma fría: *El* **gazpacho** *es un alimento sabroso y refrescante.*

gea *f.* Conjunto de los minerales de un país: *La palabra* **gea** *quiere decir "tierra".*

géiser *m.* Chorro de agua caliente que sale de la tierra: *El agua de un* **géiser** *es de origen volcánico.*

geisha *f.* Muchacha japonesa que baila, canta y hace compañía a los hombres: *Antiguamente, las* **geishas** *recibían una educación rigurosa, tocaban instrumentos musicales y llevaban a cabo la ceremonia del té.*

gel *m.* Substancia translúcida, de consistencia viscosa, que se utiliza para dar forma a un peinado o como base para cosméticos y medicamentos: *Miguel siempre se levanta con el cabello revuelto y tiene que ponerse mucho* **gel** *para peinarse.*

gelatina *f.* Substancia sólida, blanda y transparente, que tiene diferentes usos: *Existen varios tipos de* **gelatina**, *por ejemplo la que se usa para tomar fotografías y la que se come como postre.*

gélido, da *adj.* Que es muy frío: *"Hace un viento* **gélido**, *ponte un abrigo", me dijo mi padre.*

gema *f.* Piedra preciosa: *Los diamantes, los zafiros y los rubíes son* **gemas.**

gemación *f.* Modo de multiplicación de algunas células, en que se dividen en dos partes desiguales.

gemelo *m.* **1.** Músculo que está atrás de la parte inferior de la pierna: *Lucio practica ciclismo, por eso tiene tan desarrollados los* **gemelos.** **2.** *pl.* Instrumento hecho con lentes de aumento colocadas en dos tubos, que sirve para ver lo que está lejos: *Como mi lugar en el teatro estará muy lejos del escenario, llevaré unos* **gemelos** *para ver de cerca a los actores.* SIN. **prismáticos, binoculares. 3.** *pl.* Juego de botones que se ponen en los puños de la camisa. SIN. **mancuernillas, mancuernas.**

gemelo, la *adj./m. y f.* **1.** Referido a cada uno de los hermanos nacidos en un mismo parto y que son idénticos entre sí. SIN. **cuate, guare, mellizo, chacho. 2.** Se dice de dos cosas iguales.

gemido *m.* Queja que expresa tristeza o dolor: *Cuando se lastimó mi perro, sus* **gemidos** *me entristecieron mucho.* SIN. **lamento.**

278

geminado, da *adj.* **1.** Doble o dispuesto en par. **2.** Dividido, partido.

géminis *adj./m.* y *f.* Signo del zodiaco, comprendido entre el 22 de mayo y el 22 de junio, su símbolo son unos gemelos.

gemir *vb. irreg.* (intr.) **Modelo 47.** Expresar de manera natural, con sonidos y voz lastimera, una pena o dolor: *Leonor quiso clavar un clavo, se golpeó con el martillo y comenzó a gemir.*

gemología *f.* Ciencia que estudia las piedras preciosas.

gemólogo, ga *m.* y *f.* Persona que estudia las piedras preciosas.

gen o **gene** *m.* Elemento que se encuentra en el núcleo de las células y que hace que los hijos se parezcan a sus padres y otros parientes.

gendarme *m.* Agente de policía: *Cuando visitamos París, le preguntamos a un gendarme cómo llegar al Museo del Louvre.*

genealogía *f.* Estudio de los antepasados de una persona: *Para saber si María Estuardo merecía ser reina, los estudiosos discutieron acerca de su genealogía.*

genealógico, ca *adj.* **1.** Relativo a los antepasados. **2. Árbol ~,** escrito en el que se ordenan en forma de árbol los nombres de los hijos, los padres, los abuelos y los tatarabuelos de una familia: *Rafael estuvo haciendo su árbol genealógico y descubrió que uno de sus tatarabuelos había nacido en Alemania.*

generación *f.* **1.** Función reproductora o creadora. **2.** Sucesión de descendientes de una familia: *Mis abuelos hablaban zapoteco, nosotros somos la segunda generación en mi familia que habla español.* **3.** Conjunto de personas nacidas en la misma época y que por lo mismo han recibido una misma educación y han vivido experiencias parecidas: *El español Federico García Lorca fue un poeta que perteneció al grupo de escritores conocidos como la "Generación del 27".*

generador *m.* Máquina que produce energía eléctrica: *En el hospital hay un generador que permite que haya luz aunque se corte la corriente eléctrica normal.*

general *adj.* **1.** Que es común a todos o a muchos: *Hubo una asamblea general en el edificio para hablar sobre la limpieza de las escaleras.* **2.** De manera amplia, sin detalles: *La maestra habló de manera general sobre el comportamiento que tenemos en clase los alumnos.* **3.** Que sucede o es usado con frecuencia: *Por lo general me gusta vestirme de azul, ¿a ti de qué color te gusta vestirte?* **4.** Se refiere a la persona que tiene el cargo más alto en una organización o empresa: *Ella es la directora general de esa empresa, por eso es quien dirige todas las acciones.*

general *m.* Oficial superior del ejército. Sin. **jefe.**

generalidad *f.* **1.** Mayoría: *La generalidad de los niños que estudian en mi escuela tienen entre seis y doce años.* **2.** Imprecisión en lo dicho o escrito: *Este libro trata de generalidades de historia, yo necesito uno que trate de manera especial acerca de la Guerra Civil Española.*

generalizar *vb. irreg.* (tr. y prnl.) **Modelo 16.** **1.** Hacer extensiva a un grupo una opinión sobre todos sus miembros: *Palmira estaba generalizando cuando dijo que éramos unos traviesos; en realidad, sólo María y Joaquín lo son.* **2.** Hacer común una cosa: *En muchos países se han generalizado las clases de inglés en las escuelas primarias.*

generar *vb.* (tr.) **1.** Producir algo: *La sequía ha generado hambre en la región.* Sin. **provocar, ocasionar. 2.** Dar vida a un nuevo ser. Sin. **engendrar, procrear.**

generatriz *adj./f.* Línea cuyo desplazamiento produce una superficie.

genérico, ca *adj.* Que es común a todos los elementos de un conjunto: *Las figuras con boca de labios gruesos son rasgo genérico de la cerámica olmeca de México.*

género *m.* **1.** Grupo de cosas o seres parecidos entre sí por tener uno o varios caracteres comunes: *El género humano está formado por diferentes razas.* **2.** Clase de persona o cosa. Sin. **naturaleza, tipo. 3.** Categoría de clasificación de plantas y animales. **4.** Clasificación gramatical en masculino, femenino y neutro: *La palabra "diccionario" es un sustantivo de género masculino.* **5.** Categoría de clasificación de obras literarias según sus características comunes: *Muchas de las obras clásicas griegas están escritas en género dramático.* **6.** Tela: *Herlinda se hizo un vestido nuevo y con el género que le sobró hizo una blusa para mi muñeca.*

generosidad *f.* Modo de ser de las personas que comparten lo suyo, que dan a los demás: *Ese hombre es de gran generosidad, siempre trata de ayudar a los demás.* Sin. **desprendimiento.** Ant. **egoísmo, avaricia.**

generoso, sa *adj.* **1.** Que acostumbra a o compartir lo que tiene: *Es agradable ser generoso con los amigos.* Sin. **desprendido. 2.** Noble, magnánimo: *El juez fue generoso al aplicar una sentencia corta al acusado.* **3.** Abundante, repleto: *Manuel se comió un generoso plato de frutas.*

génesis *f.* Origen de una cosa. Sin. **principio.**

genética *f.* Ciencia que estudia cómo se transmiten los caracteres hereditarios de los organismos: *Gracias a la genética se pueden adaptar algunas especies de animales para su crianza en otros países.*

genético, ca *adj.* Relativo a la gestación de nuevos seres, a los genes y a la transmisión de los caracteres hereditarios: *Los especialistas estudian el origen genético de algunas enfermedades.*

genial *adj.* **1.** Que revela talento creador: *El músico alemán Juan Sebastián Bach fue un músico genial.* **2.** Fam. Excelente, estupendo: *El nuevo maestro de computación es genial: explica la clase muy bien, practica deporte, le gusta mucho leer y es amable.* Sin. **sobresaliente.**

genialidad *f.* **1.** Talento para hacer cosas nuevas y sobresalientes: *Albert Einstein desarrolló su genialidad siendo adulto; de niño, todos decían que era tonto.* **2.** Obra de un creador sobresaliente: *El invento de la bombilla eléctrica fue una genialidad.*

genio *m.* **1.** Carácter de cada persona: *Francisca tiene un genio tranquilo, casi nunca se enoja y suele estar de buen humor.* Sin. **temperamento. 2.** Talento para crear: *El artista español Pablo Picasso fue un genio de la pintura.* Sin. **aptitud. 3.** Humor poco amable: *Cuidado con Pedro porque se levantó de genio y va a empezar a gritar por cualquier cosa.*

genio *m.* Personaje fantástico con capacidades mágicas, proveniente de la literatura del Medio Oriente: *El genio más famoso habita en la lámpara de Aladino.* Sin. **duende.**

genital *adj./m.* Relativo a los órganos reproductores: *El pene y los testículos son parte de los órganos genitales masculinos.*

genitales *m.* pl. Órganos sexuales externos masculinos o femeninos: *La vulva y el clítoris forman parte de los genitales femeninos.*

genocidio *m.* Exterminio de un grupo social: *Por desgracia, en muchos países del mundo se cometen genocidios a causa de las diferencias de raza o de religión.*

genoma *m.* Conjunto de los cromosomas de una célula: *En el genoma se encuentran las características hereditarias.*

genotipo *m.* Información que se guarda en los cromosomas de un organismo, y que contiene las características heredadas de los padres: *El genotipo hace, por ejemplo, que tus manos se parezcan a las de tu mamá y que tus piernas sean como las de tu papá.*

gente *f.* 1. Conjunto de personas: *Mucha gente fue al estadio para ver jugar a su equipo favorito.* 2. Amér. Persona, individuo.

gentil *adj.* 1. Relativo al que es apuesto, guapo: *Una muchacha gentil dejó esta carta para Mauricio.* 2. Que es amable, cortés: *"Es usted muy gentil por permitirme subir primero al autobús", me dijo una anciana.*

gentil *m.* y *f.* Persona del pueblo: *En la Edad Media la sociedad se dividía en nobles o gentiles y plebeyos.*

gentileza *f.* Cortesía, amabilidad. SIN. **atención, respeto.**

gentilicio, cia *adj./m.* Se dice del sustantivo o adjetivo que expresa origen o nacionalidad: *"Colombiano" es el gentilicio para las personas nacidas en Colombia.*

gentío *m.* Muchas personas reunidas en un mismo lugar: *No pudimos entrar a ver al cantante porque había un gentío y se llenó el teatro.* SIN. **multitud, muchedumbre.**

gentuza *f.* Desp. Persona o grupo de personas despreciables.

genuflexión *f.* Acción de doblar una rodilla en señal de respeto o reverencia: *El cortesano hizo una genuflexión para saludar a la reina.*

genuino, na *adj.* Puro, auténtico: *Sus sentimientos son genuinos; cuando dice que te quiere, es verdad.* ANT. **falso.**

geocéntrico, ca *adj.* Relativo al centro de la Tierra o a un sistema que tiene a la Tierra como centro: *La astrología se basa en teorías geocéntricas.*

geodesia *f.* Ciencia que estudia la forma y las dimensiones de la Tierra.

geodésico, ca *adj.* Que es de forma parecida a la de la Tierra: *Eugenia y su familia visitaron la carpa geodésica que está en la Ciudad de México.*

geofísica *f.* Ciencia que estudia la estructura del globo terrestre y los movimientos que lo afectan: *La geofísica estudia, entre otras cosas, los efectos de la inclinación del eje de nuestro planeta.*

geografía *f.* Ciencia que estudia los fenómenos físicos y humanos de la Tierra: *Mañana debo entregar a la maestra de geografía un mapa que señale todos los países que hay en el Continente Americano.*

geográfico, ca *adj.* Que se refiere a las formaciones montañosas, los desiertos, los océanos y otros aspectos de la superficie terrestre.

geógrafo, fa *m.* y *f.* Persona que se dedica a estudiar los diferentes aspectos de la superficie de la Tierra: *Un geógrafo conoce sobre montañas, ríos, desiertos, bosques, etcétera.*

geología *f.* Ciencia que estudia la historia de la Tierra y la formación de sus materiales: *La geología se basa en la observación de rocas y minerales.*

geológico, ca *adj.* Relativo a la ciencia que estudia de qué está hecha la Tierra.

geólogo, ga *m.* y *f.* Persona que se dedica al estudio de la formación de los materiales de la Tierra: *Los geólogos pueden decirnos si una montaña es un volcán o no.*

geómetra *m.* y *f.* Persona que se dedica a la disciplina matemática que estudia el espacio y las formas.

geometría *f.* Disciplina matemática que estudia las propiedades, medidas, líneas y superficies de los cuerpos: *Esteban tiene facilidad para la geometría; dibuja muy bien figuras difíciles.*

geométrico, ca *adj.* 1. Perteneciente a la geometría. 2. Fam. Que es regular, muy exacto: *Los árboles del jardín están colocados de forma geométrica.*

geopolítica *f.* Estudio de las relaciones entre la naturaleza y la política.

geopolítico, ca *adj.* Que se refiere al territorio de un país y a sus estructuras sociales y políticas: *Para comprender la ubicación de los países de Europa, la maestra nos dejó de tarea colorear un mapa geopolítico.*

geoquímica *f.* Estudio de la composición química del suelo.

georgiano *m.* Idioma que se habla en la República de Georgia: *El georgiano es una lengua poco conocida en el Continente Americano.*

georgiano, na *adj./m.* y *f.* Originario de Georgia, república rusa.

geranio *m.* Planta de jardín con flores de vivos colores y aroma agradable, que brotan unidas en ramilletes: *Los geranios adornan los balcones con sus flores blancas, rojas y rosadas.* SIN. **malvón.**

gerencia *f.* Oficina de dirección en una empresa. SIN. **administración.**

gerente *m.* y *f.* Persona que dirige una empresa, sobre todo en aspectos administrativos: *Sergio tuvo que hablar con el gerente para pedir un aumento de sueldo.* SIN. **administrador, director.**

geriatra *m.* y *f.* Médico que se especializa en el tratamiento de ancianos.

geriatría *f.* Parte de la medicina que estudia la vejez y las enfermedades propias de esta etapa de la vida.

gerifalte *m.* Halcón de gran tamaño, con plumaje de color marrón claro o blanco: *La imagen del gerifalte se usó en los escudos de algunas familias feudales europeas.*

germánico *m.* Idioma de origen indoeuropeo del que derivan el inglés, el alemán y el escandinavo.

germánico, ca *adj./m.* y *f.* 1. De Germania, antigua región de Europa Central, entre los ríos Rin y Vístula. 2. Persona o cosa de origen alemán. SIN. **germano.**

germanio *m.* Elemento metálico de símbolo Ge y número atómico 32.

germano, na *adj./m.* y *f.* Persona o cosa de origen alemán. SIN. **germánico.**

germen *m.* 1. Causa, origen: *El proyecto para construir el parque tuvo su germen en la necesidad de la gente de tener un lugar para hacer ejercicio y pasear.* 2. Primer brote de una semilla. 3. Microorganismo que puede provocar enfermedades: *El agua para beber se hierve para matar los gérmenes.* SIN. **microbio.**

germinación f. Acto de brotar una planta de una semilla: *La germinación de esta semilla de naranja ya empezó, le está saliendo una raicilla.*

germinado m. Grano que tiene un brote tierno: *En el restaurante vegetariano preparan ensalada de germinados de soya.*

germinado, da adj. Se dice de un grano que tiene un brote tierno: *Las lentejas germinadas se usan para preparar guisos con carne o verduras y son muy nutritivas.*

germinar vb. {intr.} Brotar y empezar a crecer una planta: *Algunos cultivos como el arroz se siembran una vez que sus semillas han germinado.*

gerontología f. Parte de la medicina que estudia la vejez y las enfermedades propias de esta etapa de la vida. Sin. **geriatría**.

gerundio m. Forma no personal del verbo que expresa una acción que se está efectuando: *El gerundio termina en -ando o en -iendo, como cuando dices "estoy jugando" o "voy corriendo".*

gesta f. Conjunto de hazañas o hechos heroicos: *El cruce del héroe José de San Martín a través de la Cordillera de los Andes fue una gesta memorable.*

gestación f. 1. Desarrollo del óvulo fecundado, desde la fecundación hasta el nacimiento de un nuevo ser: *La gestación de un ser humano tarda aproximadamente nueve meses.* Sin. **embarazo**. 2. Preparación, organización: *La gestación del movimiento muralista mexicano fue en 1922.*

gestar vb. {tr.} Llevar la madre en su vientre y alimentar por el cordón umbilical a su hijo hasta el momento del parto: *La elefanta está gestando un elefantito en su vientre.*

gesticulación f. Mueca, movimiento de la cara, manos y cuerpo para expresarse: *Muchas veces, lo que no se puede decir con varias palabras puede expresarse con una sola gesticulación.*

gesticulador, ra adj. Que hace gestos, muecas y movimientos para comunicarse: *Los payasos deben ser buenos gesticuladores para captar la atención del público.*

gesticular vb. {intr.} Hacer muecas o gestos, mover la cara, las manos y el cuerpo para expresarse: *Los turistas japoneses gesticulaban para dar a entender que buscaban un hotel.*

gestión f. 1. Administración y dirección de una empresa o asunto. 2. Acción destinada a resolver o conseguir algo: *Jacinto está haciendo gestiones para comprar una casa nueva.* Sin. **diligencia**.

gestionar vb. {tr.} Hacer trámites, dar los pasos necesarios para conseguir algo: *Antes de viajar a Estados Unidos de Norteamérica, mi padre gestionó su visa en la embajada.*

gesto m. 1. Expresión del rostro, las manos o el cuerpo: *Felipe tiene un gesto de tristeza porque su gato se murió ayer.* Sin. **expresión**, **mueca**. 2. Gesticulación, mueca. 3. Rasgo de amabilidad: *A pesar de los favores que le hicimos, el ingrato de mi primo nunca tuvo un gesto de agradecimiento para nosotros.*

gestoría f. Empresa que se dedica a arreglar asuntos y proporcionar documentos a las personas que lo necesitan: *Como Rodolfo necesitaba poner en orden los documentos de su casa, acudió a una gestoría.*

giba f. Bulto grande en la espalda del ser humano o en el lomo de algunos animales, ocasionado por la acumulación de líquidos y grasa o por una deformidad en la columna vertebral: *Los camellos almacenan agua en sus dos gibas para tener reservas en sus travesías por el desierto.* Sin. **joroba**.

gíbaro, ra adj./m. y f. Ver jíbaro.

giboso, sa adj. 1. Que tiene protuberancia o un bulto en el lomo o en la espalda: *El dromedario y el camello son animales gibosos.* 2. Relativo a la persona que tiene la espalda abultada debido a una deformidad en la columna vertebral. Sin. **jorobado**.

gigante adj. De gran tamaño, enorme: *Esta casa es gigante, por más muebles que le pone mi padre, sigue viéndose vacía.* Ant. **diminuto**.

gigante, ta m. y f. 1. Persona o personaje muy grande y alto: *En el filme que vimos el domingo, el gigante usaba como sombrero un barco muy grande.* Ant. **enano**. 2. Muñeco de gran altura que es dirigido por una persona colocada dentro, y que se usa en carnavales y desfiles.

gigantesco, ca adj. Referido a lo que es enorme: *Construir el Canal de Panamá fue una empresa gigantesca.* Sin. **descomunal**. Ant. **minúscula**.

gigantismo m. Enfermedad caracterizada por un crecimiento excesivo del tamaño del cuerpo.

gigoló m. Palabra de origen francés. Joven amante de una mujer, por lo general madura y rica, que lo protege en lo económico.

gil, la adj./m. y f. Argent., Chile y Urug. Fam. Se dice de quien es tonto, incauto.

gilipollas adj./m. y f. Esp. Desp. Vulg. Referido a la persona que hace o dice tonterías.

gimnasia f. Arte de ejercitar, fortalecer y desarrollar el cuerpo mediante ejercicios físicos adecuados: *Julieta hace gimnasia desde que era niña y ahora va a participar en las olimpiadas.*

gimnasio m. Local con aparatos especiales para hacer ejercicios físicos: *En el barrio hay un gimnasio al que mi papá va todos los días.*

gimnasta m. y f. Atleta que se dedica de manera profesional a hacer ejercicios de gimnasia: *Las gimnastas rumanas son famosas por su elasticidad y buena preparación.*

gimnospermo, ma adj. Relativo a las plantas que tienen las semillas al descubierto.

gimotear vb. {intr.} Fam. Lloriquear: *Mi hermanita gimotea en lugar de pedir las cosas hablando.*

gimoteo m. Lloriqueo.

ginebra f. Aguardiente de semillas, aromatizado con bayas de enebro: *Cuando el abuelo tenía tos, la abuela le preparaba un vaso de leche caliente con ginebra.*

gineceo m. 1. Órgano reproductor femenino de la flor. 2. En la antigua Grecia, lugar de las casas reservado para las mujeres.

ginecología f. Rama de la medicina que estudia las enfermedades de la mujer, así como su capacidad reproductiva.

ginecólogo, ga m. y f. Médico que se especializa en enfermedades propias de la mujer y en la capacidad reproductiva de ésta: *La ginecóloga nos dijo que el bebé había nacido bien y era una niña.*

gira f. 1. Recorrido o viaje de una o varias personas que se hace por varios lugares. 2. Serie de presentaciones de una compañía teatral o artística en diferentes lugares: *La compañía de danza está de gira, se presentará en las ciudades más importantes del país.*

girar *vb.* (tr. e intr.) **1.** Dar vueltas alrededor de algo o sobre uno mismo: *La Luna ha girado alrededor de la Tierra por miles de años.* **2.** Cambiar de dirección: *Cuando llegó ese muchacho guapo a la fiesta, todas las chicas giraron su atención hacia él.* **3.** Enviar dinero por correo o telégrafo: *Nayeli espera que su marido le gire dinero desde Los Ángeles.* **4.** Expedir letras u órdenes de pago: *Lucio girará el cheque a nombre de Federico Guzmán.* **5.** *Méx. Fam.* Ocuparse de una actividad determinada, cumplir cierta función, papel, etc.: *"Yo me dedico a escribir guiones para cine; y tú, ¿de qué la giras?*

girasol *m.* Planta de flor redonda, grande y amarilla con el centro obscuro, cultivada por sus semillas de las que se extrae un aceite para guisar: *De las semillas de girasol se extrae aceite para cocinar.* SIN. **tornasol**.

giratorio, ria *adj.* Que da vueltas alrededor de un eje: *Para entrar al hotel hay que pasar por una puerta giratoria que tiene cristales adornados con dibujos de flores.*

giro *m.* **1.** Acción y efecto de girar: *El giro de la rueda de la fortuna me marea.* **2.** Dirección que toma un asunto, un negocio, etc.: *A Mario no le gustaba el giro que tomó la conversación, por eso se fue.* **3.** Expresión, frase propia de un lugar en particular: *Rudimiro habla con muchos giros propios de Buenos Aires.* **4.** Envío de dinero a través de un banco, del correo o del telégrafo: *Nayeli espera el giro que prometió mandarle su marido que trabaja en Nueva York.*

giro, ra *adj. Amér.* Se dice del gallo o la gallina que tiene el plumaje matizado de amarillo con plumas rojas y negras.

giroscopio *m.* Instrumento formado por discos circulares que giran sobre un eje libre, que sirve para estabilizar barcos y naves espaciales, dirigir torpedos y hacer funcionar pilotos automáticos: *El físico francés León Foucault inventó el giroscopio en 1852 y con él demostró la rotación de la Tierra.*

gis *m. Méx.* Barrita compacta y seca, blanca o de colores, que sirve para escribir en el pizarrón o pizarra. SIN. **tiza**.

gitano, na *adj.* Relativo a lo que es propio de los descendientes de un pueblo nómada procedente de la India.

gitano, na *m.* y *f.* Persona que desciende de un pueblo de vida nómada, procedente de la India, que se estableció en distintas partes del mundo: *Algunos gitanos dicen que adivinan el futuro de las personas.*

glaciación *f.* Formación de grandes masas de hielo en diferentes regiones de la Tierra, provocadas por fuertes cambios en el clima como parte de la evolución del planeta: *Hace millones de años, durante las glaciaciones, muchas especies de animales y de plantas dejaron de existir.*

glacial *adj.* Frío hasta el grado en que se forma hielo, helado: *"Con este frío glacial es necesario usar mucha ropa para protegerse", nos dijo mi madre.* SIN. **gélido**. ANT. **cálido, ardiente**.

glaciar *adj.* Relativo a los ríos de hielo que se forman en los polos y en algunas montañas: *Durante la primavera se forman muchos arroyos de agua glaciar que baja por las montañas.*

glaciar *m.* Acumulación de nieve transformada en hielo o río de hielo: *El glaciar se mueve lento sobre el agua del Océano Glacial Ártico.*

gladiador *m.* En el circo romano, luchador: *El gladiador se defendió de los fieros leones con su escudo y su espada.*

gladiolo o **gladíolo** *m.* Planta que nace de un bulbo, de flores que se abren en forma de espiga en la punta de un tallo largo: *Hay gladiolos rojos, rosados, blancos, amarillos y anaranjados.*

glamoroso, sa *adj.* **Palabra de origen inglés.** Que tiene encanto o es fascinante: *Las actrices de cine usan vestidos glamorosos para llamar la atención del público.*

glamour *m.* **Palabra inglesa.** Seducción, encanto, fascinación.

glande *m.* Cabeza del pene.

glándula *f.* Órgano del cuerpo que produce ciertas substancias necesarias para el organismo: *El páncreas es una glándula que ayuda en la digestión.*

glandular *adj.* Propio de las glándulas: *El buen funcionamiento de los órganos glandulares es necesario para conservar la salud.*

glaseado, da *adj.* **Palabra de origen francés.** Brillante, lustroso, satinado: *Los niños chilenos llaman "papel glaseado" al tipo de material que los niños mexicanos llaman "papel lustre".*

gleba *f.* **1.** Terrón que se levanta con el arado. **2.** Tierra de labor.

glena *f.* Cavidad del hueso en la que encaja otro hueso: *La pierna puede moverse porque se articula el hueso ilíaco se articula al fémur.*

glicerina *f.* Líquido incoloro y viscoso que se utiliza como antiséptico y suavizante de la piel: *Algunas cremas para la piel contienen glicerina.*

glifo *m.* **1.** Pequeño canal o hueco que adorna monumentos arquitectónicos. **2.** Signo utilizado en las representaciones del lenguaje de algunos grupos prehispánicos.

global *adj.* Total, considerado en conjunto. SIN. **completo**. ANT. **relativo, parcial**.

globo *m.* **1.** Cuerpo esférico: *Para cambiar la bombilla, Roberto quitó primero el globo de la lámpara.* **2.** Vehículo aéreo formado por una bolsa llena de gas y una barquilla: *"Sería maravilloso viajar en globo", dije a mis padres.* **3.** Juguete que consiste en una esfera hecha de material flexible y llena de aire o gas: *Herlinda compró globos para la fiesta de su hija.* **4.** loc. ~ **ocular**, el ojo: *En el globo ocular se encuentran el iris, la córnea y la retina.* **5.** loc. ~ **terráqueo**, objeto esférico que representa al planeta Tierra y está ilustrado con los mapas geográficos o políticos del mundo: *En la biblioteca pública hay un globo terráqueo en el que pude ver dónde está Australia.*

glóbulo *m.* **1.** Cuerpo esférico pequeño: *El médico le recetó que tomara tres glóbulos de vitamina por día.* **2.** loc. ~ **blanco**, célula de la sangre encargada de la defensa contra las enfermedades: *Los glóbulos blancos nos ayudan a mantenernos sanos.* SIN. **leucocito**. **3.** loc. ~ **rojo**, célula de la sangre coloreada por la hemoglobina: *Las personas anémicas tienen pocos glóbulos rojos.* SIN. **hematíe**.

gloria *f.* **1.** Fama: *Alejandro Magno alcanzó la gloria por sus conquistas.* **2.** Persona que sobresale por su perfección o méritos en una actividad: *David Alfaro Siqueiros, Diego Rivera y José Clemente Orozco son glorias de la pintura mexicana*. **3.** Manifestación de la majestuosidad, omnipotencia y santidad de Dios. **4.** loc. **Época de ~**, periodo de auge: *El Imperio Romano tuvo su época de gloria y después su etapa de decadencia*. **5.** loc. **Estar en la ~**, estar feliz: *Cuando Felipe sale con su novia se comporta como si estuviera en la gloria*. **6.** loc. **Saber algo a ~**, tener muy buen sabor un alimento, estar delicioso: *El chocolate caliente que tomaba en mi infancia me sabía a gloria*.

glorieta *f.* **1.** Espacio redondo en medio de un jardín: *En la glorieta hay una escultura que conmemora la fundación de esta ciudad*. **2.** Plaza donde desembocan varias calles: *La Plaza Roja de Moscú, en Rusia, es una de las glorietas más impresionantes del mundo*.

glorificar *vb. irreg.* (tr.) Modelo 17. Honrar a alguien. SIN. **alabar, magnificar, loar**.

glorioso, sa *adj.* Que es digno de fama o que ha triunfado: *Las hazañas gloriosas de Ulises se narran en La Odisea*.

glosa *f.* Explicación o comentario de un texto: *El profesor de literatura hizo una glosa del poema para que sus alumnos la comprendieran mejor*.

glosario *m.* Catálogo de palabras, con su explicación: *Por suerte el texto de biología estaba acompañado de un glosario en el que se explican las palabras complicadas*. SIN. **vocabulario**.

glotis *f.* Espacio en la laringe, entre las cuerdas vocales.

glotón *m.* Mamífero carnívoro parecido a la marta, que habita en el norte de Europa y de América.

glotón, na *adj.* Referido al que come con exceso y ansiedad: *Lucrecia es una glotona, se comió toda la tarta que había preparado para mis ocho amigos*.

glotonería *f.* Inclinación a comer en exceso: *Debido a su glotonería, Óscar tiene indigestión; ahora, aunque no quiera, tendrá que seguir una dieta más sana*.

glucemia *f.* Presencia de azúcar o glucosa en la sangre: *La glucemia es una enfermedad que aparece cuando hay más de un gramo de glucosa por litro de sangre*.

glucinio *m.* Ver **berilio**.

glucógeno *m.* Reserva de glucosa en el hígado y los músculos.

glucosa *f.* Forma simple del azúcar, presente en la fruta y en la sangre: *La uva es más dulce que la naranja porque contiene más glucosa*.

glúteo *m.* Cada uno de los tres músculos, mayor, mediano y menor, que forman las nalgas: *El glúteo mayor trabaja cuando se mueve la pierna*.

glúteo, a *adj.* Relativo a la nalga: *Los músculos glúteos son muy resistentes*.

gnomo o **nomo** *m.* Ser fantástico, de pequeña estatura y con poder sobrenatural que vive en lugares subterráneos y resguarda las riquezas de la naturaleza: *El gnomo que vivía en el bosque era malhumorado pero de buen corazón*. SIN. **duende**.

gnoseología *f.* Ciencia de la teoría del conocimiento.

gobernación *f.* **1.** Hecho de gobernar o de ser gobernado. **2.** Conjunto de organismos políticos y personas que dirigen un país. SIN. **gobierno**.

gobernador, ra *m.* y *f.* Jefe superior de una provincia o estado: *El gobernador de la provincia ordenó la construcción de una nueva carretera*.

gobernante *m.* y *f.* Persona que gobierna un país o cualquier territorio dentro de ese país: *Los gobernantes de América Latina se reunieron con los presidentes de Canadá y Estados Unidos para establecer acuerdos comerciales*.

gobernar *vb. irreg.* (tr. e intr.) Modelo 3. **1.** Dirigir un país o una colectividad dando las órdenes o normas necesarias: *El presidente electo gobernará por los siguientes seis años*. SIN. **mandar**. **2.** Conducir: *La tormenta hacía muy difícil gobernar el barco, pero al fin el capitán lo llevó a puerto sano y salvo*. SIN. **guiar, manejar, maniobrar**.

gobierno *m.* **1.** Hecho de dirigir un país o una colectividad: *Gracias al buen gobierno del equipo, pudieron obtener el primer lugar en la competencia*. SIN. **administración, dirección, mando**. **2.** Grupo de organismos políticos y personas que dirigen un país: *El gobierno ha tomado la decisión de construir más escuelas*. SIN. **gobernación**.

goce *m.* **1.** Acción de gozar o disfrutar de algo: *"Para mí es un goce pasear en bicicleta", me dijo Octavio*. SIN. **delicia, placer**. **2.** loc. **~ de sueldo**, dinero que se recibe en pago por una actividad: *El ayudante trabajó sin goce de sueldo hasta que aprendió el oficio*.

godo, da *adj./m.* y *f.* Relativo a la persona o cosa originaria de un antiguo pueblo germánico que invadió gran parte del Imperio Romano.

gofio *m.* *Amér. Merid.* Harina gruesa de maíz, trigo o cebada, tostada y con azúcar.

gol *m.* Palabra de origen inglés. En algunos deportes, acción de meter el balón en la meta o portería: *El equipo ganó por tres goles a dos*. SIN. **punto, tanto**.

goleada *f.* *Amér.* En fútbol, resultado muy favorable para uno de los equipos contrincantes: *El equipo azul le metió una goleada de siete goles a cero al equipo amarillo*.

goleador, ra *m.* y *f.* Jugador de un equipo deportivo que es hábil para anotar puntos: *El goleador del equipo de hockey sobre hielo que se enfrentará al nuestro, es un hombre rudo y decidido*.

golear *vb.* (tr.) Anotar muchos goles un equipo, en contra de otro, en un juego de fútbol.

goleta *f.* Velero ligero, de dos o tres palos.

golf *m.* Palabra inglesa. Deporte que consiste en introducir una pelota pequeña en hoyos hechos en el suelo, golpeándola con palos especiales: *El golf se juega en campos sembrados de césped*.

golfa *f.* Prostituta.

golfear *vb.* (intr.) Vivir en la vagancia.

golfo *m.* Amplia entrada del mar en la tierra.

golfo, fa *m.* y *f.* Pillo, vago: *Ese golfo pretende ser nuestro amigo y cada vez que nos ve quiere que le prestemos dinero*.

golilla *f.* *Argent.* y *Urug.* Pañuelo de cuello que usa el gaucho.

golondrina *f.* Ave pequeña de lomo negro y vientre blanco, las puntiagudas y cola recortada: *Las golondrinas emigran en invierno en busca de climas cálidos*.

golondrino *m.* **1.** Pollo de la golondrina: *En el nido hay tres golondrinos*. **2.** *Fam.* Bulto que se forma en las axilas al inflamarse una glándula sudorípara: *Los golondrinos no son una enfermedad peligrosa, pero sí muy molesta*.

golosina *f.* Cosa dulce que se come no para alimentarse, sino por gusto: *Mi madre compró muchas golosinas para regalárselas a los niños durante la fiesta.*

goloso, sa *adj./m.* y *f.* Aficionado a comer golosinas: *Laura es una golosa que siempre trae muchos dulces en sus bolsillos.*

golpe *m.* **1.** Efecto del encuentro brusco entre dos cuerpos: *Venía corriendo y se dio un golpe en la cabeza con aquella rama.* Sin. **colisión, choque. 2.** Asalto, atraco: *Los ladrones dieron el golpe al banco poco antes del amanecer.* **3.** Lo que sucede de manera inesperada y produce tristeza: *Saber que tendrá que cursar otra vez el mismo grado escolar fue un golpe para Ricardo.* Sin. **desgracia. 4.** Aparición inesperada de síntomas de una enfermedad que se alivian pronto: *El bebé tuvo un golpe de fiebre pero ya está bien.* Sin. **ataque, acceso. 5.** Méx. Instrumento de hierro parecido a un mazo. **6.** loc. Méx. Fam. **A ~ de calcetín,** a pie, caminando. **7.** loc. **De ~** o **de ~ y porrazo,** de manera repentina: *Primero lloraba inconsolable y después, de golpe, empezó a reírse, así son los niños.* **8.** loc. **~ bajo,** acción dirigida a perjudicar a otro: *Graciela recibió un golpe bajo cuando sus amigas dejaron de hablarle sin razón.* **9.** loc. **~ de Estado,** apropiación del poder político por medios ilegales. **10.** loc. **~ de vista,** mirada rápida que permite comprender una cosa, una situación o a alguien: *De un golpe de vista, Gerardo supo que Estela era bailarina.*

golpeador *m.* Colomb. y Chile. Aldaba, objeto fijo a una puerta que sirve para llamar a quien está adentro.

golpeador, ra *adj./m.* y *f.* Referido a la persona que pega a los otros.

golpear *vb.* {tr., intr. y prnl.} Dar uno o más golpes: *Como no funcionaba el timbre, el cartero golpeó la puerta para que le abrieran.* Sin. **pegar.**

golpista *adj./m.* y *f.* Relativo al golpe de Estado o a la persona que participa en él: *En la época golpista no se podía salir a la calle después de las diez de la noche.*

golpiza *f.* Amér. Paliza.

goma *f.* **1.** Substancia elástica e impermeable obtenida del jugo de algunas plantas tropicales, que se endurece con el aire y forma con el agua disoluciones pegajosas: *Con la goma se elaboran botas, suelas de zapatos, accesorios para las máquinas y también pegamento.* Sin. **hule. 2.** Utensilio que se usa para borrar letras o dibujos sobre un papel: *Con la goma puedo borrar el resultado equivocado de esta suma.* Sin. **borrador. 3.** Pegamento: *Usaré goma para pegar las fotografías en mi álbum.* Sin. **cola. 4.** Amér. C. Malestar después de una borrachera. Sin. **cruda, resaca. 5.** Argent. Rueda de un vehículo. Sin. **neumático, llanta. 6.** Colomb. Afición, manía, deseo vehemente. **7.** loc. **~ de mascar,** golosina que se masca: *La goma de mascar se mastica pero no se traga.* **8.** loc. Méx. Fam. **Mandar algo o a alguien a la ~,** terminar una relación o una amistad: *Mandó a la goma a su novio cuando se enteró de que también enamoraba a su mejor amiga.*

gomera *f.* Argent. Horquilla o rama de árbol en forma de y, con una cinta elástica que une las dos puntas, que sirve para tirar piedras. Sin. **tirachinas, resortera.**

gomería *f.* Argent. y Urug. Lugar de venta o reparación de neumáticos. Sin. **vulcanizadora.**

gomero *m.* **1.** Amér. Merid. Árbol que produce goma. Sin. **hule. 2.** Argent. y Urug. Persona que se dedica a la reparación y venta de neumáticos de vehículos.

gomina *f.* Fijador para el cabello: *A Rubén le gusta peinarse con gomina porque su cabello no se acomoda con facilidad.* Sin. **brillantina.**

gónada *f.* Glándula que produce las células sexuales o gametos.

góndola *f.* **1.** Embarcación larga y plana, movida por un solo remo, típica de Venecia, Italia: *El paseo en góndola por Venecia es una atracción turística.* **2.** Chile. Transporte colectivo de pasajeros. Sin. **ómnibus.**

gondolero *m.* Hombre que conduce una góndola.

gong o **gongo** *m.* Palabra inglesa. Instrumento musical de percusión que consiste en un disco de metal que cuelga de manera vertical y se toca con una especie de martillo, para producir un sonido vibrante: *En China, el gong se utilizaba en ceremonias oficiales.*

gonocito *m.* Célula embrionaria de los animales.

gordinflón, na *m.* y *f.* Fam. Persona demasiado gorda: *La gordinflona no puede pasar por la puerta.*

gordita *f.* Méx. Tortilla de maíz gruesa y rellena de carne, queso u otros ingredientes.

gordo *m.* Premio mayor de la lotería: *Ricardo se sacó el gordo y se compró una casa con un gran jardín.*

gordo, da *adj.* **1.** Referido a una persona o animal que tiene muchas carnes o grasas: *Jaime está gordo, necesita usar pantalones más amplios porque esos le aprietan.* Ant. **flaco, delgado. 2.** Que es más grueso de lo común: *Me pregunto qué historia cuenta ese libro tan gordo.* Sin. **grande. 3.** loc. **Algo ~,** algo importante: *En la esquina debe estar sucediendo algo gordo, porque hay mucha gente y policías alrededor del edificio.* **4.** loc. Méx. **Caer alguien ~,** caer mal, no ser simpático, desagradar: *Ramiro me cae muy gordo: cree que es el más guapo y listo de todos.*

gordolobo *m.* Planta de flores algodonosas y amarillentas, que crece en lugares silvestres y tiene propiedades medicinales: *Como mi mamá tenía tos se preparó un té de gordolobo para curarse.*

gordura *f.* **1.** Grasa del cuerpo: *La señora piensa que su gordura se debe a alguna enfermedad, ya que de repente comenzó a engordar.* Ant. **delgadez, flacura. 2.** R. de la P. Nata de la leche.

gorgojo *m.* Insecto que se alimenta de los granos de arroz, trigo, poroto o frijol, etc.

gorgorear *vb.* {intr.} Chile y Méx. Quebrar la voz al cantar. Sin. **gorjear.**

gorgoritos *m.* pl. Quiebros que se hacen con la voz al cantar: *No me gustó el concierto, la soprano se la pasó haciendo gorgoritos y desafinó varias veces.*

gorgoteo *m.* Ruido producido por un líquido al moverse en el interior de una cavidad o recipiente: *Tengo un silbato de barro que se llena de agua y, cuando lo soplas, produce un gorgoteo.*

gorgotear *vb.* {intr.} **1.** Hacer burbujas. **2.** Producir ruido al burbujear un líquido que está encerrado en una cavidad o recipiente.

gorila *m.* **1.** Mono grande del África ecuatorial, de piel negra y aspecto parecido al hombre, que se alimenta de frutas: *Algunos gorilas miden cerca de 2 m y llegan a pesar 200 kg.* **2.** Fam. Persona que sabe luchar y que por lo general va armada; su trabajo consiste en proteger a otra persona. SIN. **guardaespaldas, guarura.**

gorjear *vb.* (intr.) Cantar algunas aves haciendo quiebros en la voz: *Los pájaros gorjeaban alegres porque el día era hermoso, lleno de sol.* SIN. **cantar.**

gorjeo *m.* Voz o canto de algunas aves: *A Ismael le gustaba levantarse temprano para oír los gorjeos de los pájaros.*

gorra *f.* *1.* Prenda para abrigar la cabeza, algunas veces con visera: *La gorra de lana me protegerá del viento frío.* SIN. **boina.** *2.* loc. Fam. **De ~,** de modo que pague otra persona: *Ernesto es un tacaño que siempre come de gorra.*

gorrear *vb.* (intr.) Vivir sin pagar los gastos propios, procurando que otros los paguen.

gorrino, na *m.* y *f.* Cerdo de menos de cuatro meses. SIN. **lechón.**

gorrión, na *m.* y *f.* Pájaro pequeño, de plumaje pardo con manchas negras y rojizas: *A los gorriones les gusta comer migas de pan y semillas de mijo.*

gorro *m.* *1.* Prenda para cubrir y abrigar la cabeza, sin alas ni visera: *Siempre me ha divertido ver la fotografía de mi tío en la que trae puesto un gorro de dormir que le tapa casi toda la cara.* *2.* loc. Fam. **Estar hasta el ~,** estar harto de algo: *Hermenegildo estaba hasta el gorro de las bromas groseras de Luis, así que se enojó con él y ya dejaron de ser amigos.*

gorrón, na *adj./m.* y *f.* Persona que no paga sus gastos y vive a costa de otros: *Un gorrón siempre se va a otro lugar cuando hay que pagar la cuenta.*

gota *f.* *1.* Pequeña cantidad de un líquido. *2.* Enfermedad causada por la mala eliminación de substancias tóxicas para el organismo: *La gota provoca inflamación y dolor en los dedos de los pies.* *3.* loc. **Ni (una) ~,** absolutamente nada: *Armando no tiene ni gota de sentido del humor, todo lo ofende.*

goteado *m.* Chile. Bebida fresca preparada con pisco, que es una bebida alcohólica de uva.

goteado, da *adj.* Manchado con gotas: *A Diego le gustó la tela verde goteada de amarillo para que le haga un pantalón.*

gotear *vb.* (intr.) *1.* Caer un líquido gota a gota: *Habrá que hacer reparar ese grifo que gotea, porque así se desperdicia mucha agua.* *2.* Fam. Dar o recibir poco a poco.

gotera *f.* Filtración de agua a través de un techo o pared: *Esa gotera no tiene arreglo, así que más vale que cambiemos los libros de lugar para que no se mojen cuando llueva.*

gotero *m.* Amér. Utensilio que sirve para verter líquidos gota a gota. SIN. **cuentagotas.**

goterón *m.* Gota muy grande de agua de lluvia: *Va a caer una tormenta, mira cómo están cayendo los primeros goterones.*

gótico *m.* Estilo de arte europeo desarrollado desde el siglo XII hasta el Renacimiento: *El gótico vino después del arte románico.*

gótico, ca *adj.* Relativo a los godos: *Las iglesias góticas tienen unas torres muy altas y adornadas.*

gourde *m.* Unidad monetaria de Haití.

gourmet *m.* Palabra francesa. Persona a quien le gusta la buena comida. SIN. **gastrónomo.**

gozar *vb. irreg.* (tr., intr. y prnl.) Modelo 16. *1.* Experimentar gozo y alegría: *Los niños gozaron las vacaciones.*

SIN. **disfrutar.** ANT. **padecer, sufrir.** *2.* Disponer de algo útil, ventajoso o agradable: *El anciano goza de buena salud, por eso está siempre activo y de buen humor.*

gozne *m.* Dos piezas de metal unidas por un lado, que se ponen en las uniones de puertas y ventanas para que éstas se puedan abrir y cerrar: *Los goznes de las puertas de esta casa vieja rechinan.* SIN. **bisagra.**

gozo *m.* Placer, alegría, felicidad: *Admirar el paisaje montañoso llenaba de gozo el corazón de Beatriz.*

gozoso, sa *adj.* Que está feliz: *El padre está gozoso de ver a su hijo recién nacido.* SIN. **dichoso.**

grabación *f.* *1.* Hecho de registrar sonidos o imágenes en una cinta magnetofónica, un disco o un filme, que después se pueden oír o ver muchas veces. *2.* Cinta o disco en el que están registrados sonidos o imágenes: *Julio tiene la grabación del concierto de mi grupo favorito.*

grabado *m.* *1.* Arte de dibujar sobre madera, piedra o metal imágenes o letras valiéndose de instrumentos filosos y con punta: *El grabado en madera se llama xilografía.* *2.* Imagen estampada en un papel hecha con alguna de las técnicas del grabado: *Este grabado representa a Don Quijote de la Mancha y fue hecho por el artista alemán Alberto Durero.* SIN. **gráfica, estampa.**

grabador, ra *m.* y *f.* *1.* Artista que se dedica a dibujar imágenes o letras sobre madera, piedra o metal para imprimirlas sobre papel: *El pintor Pablo Picasso también fue un excelente grabador.* *2.* Aparato electrónico que sirve para registrar y reproducir sonidos o música.

grabar *vb.* (tr., intr. y prnl.) *1.* Abrir y labrar un hueco raspando sobre una superficie un letrero, figura o representación de cualquier objeto: *He grabado nuestros nombres en la corteza de ese árbol.* *2.* Registrar imágenes o sonidos en una cinta magnetofónica para que se puedan reproducir: *Grabaremos una canción en esta cinta y la mandaremos al programa de radio.* *3.* Memorizar algo: *Ya me he grabado la tabla del ocho, ahora voy a estudiar la del nueve.*

gracia *f.* *1.* Cualidad de hacer reír: *Ese chiste tiene mucha gracia, todos reímos mucho cuando lo escuchamos.* *2.* Acción o cuento que hace reír: *Con las gracias que ha hecho Manuel pasamos una tarde estupenda.* SIN. **chiste.** *3.* Elegancia, atractivo: *Linda recibe piropos de sus amigos porque camina con mucha gracia.* SIN. **donaire.** *4.* Favor especial que Dios o alguien poderoso otorga a una persona: *Las hadas le concedieron una gracia a la Bella Durmiente: dormir hasta que se deshiciera el hechizo.* SIN. **don.** *5.* Armonía.

gracias *f.* pl. *1.* Expresión de agradecimiento: *"Muchas gracias por ayudarme con mi trabajo escolar", le dije a Rubén.* *2.* loc. **~ a algo o a alguien,** hecho de que suceda un bien o se evite un mal debido a alguien o algo: *Gracias a que no había tráfico, llegamos a tiempo al cine.*

grácil *adj.* Delgado, delicado, ligero: *La grácil señorita, más que caminar, parecía deslizarse por el suelo.* SIN. **sutil.**

gracioso, sa *adj.* Que hace reír: *El salto del payaso fue tan gracioso que el público lo festejó con risas y aplausos.* SIN. **chistoso.**

grada *f.* *1.* Peldaño: *"¡Ten cuidado con la grada, no te vayas a caer!", me dijo mi madre.* SIN. **escalón.** *2.* Asiento colocado en una hilera que, junto con otros, forma una especie de escalón: *Para ver de cerca el desfile conseguimos lugares en la primera **grada**.* **SIN. gradería.**

grada *f.* Instrumento de labranza para allanar la tierra.

gradación *f.* Serie de cosas muy parecidas entre sí, que tienen pequeñas variaciones de tamaño, sonido, color o tipo. **SIN. gama.**

graderío *m.* o **gradería** *f.* Conjunto de gradas: *Durante el concierto el público se ubicó en la **gradería**.*

gradiente *m.* Amér. Merid. Pendiente, declive.

grado *m.* **1.** Cada uno de los estados, valores o calidades que puede tener algo. **2.** Cada una de las divisiones de una escala adaptada a un aparato de medida: *Tuvimos un **grado** de diferencia en nuestras dos mediciones de la temperatura.* **3.** Cada una de las 360 partes iguales en que puede dividirse la circunferencia: *El círculo está formado por seis ángulos de sesenta **grados** cada uno.* **4.** Cada uno de los títulos que se otorga al terminar un nivel de los estudios de enseñanza media o superior: *Presentó el examen y obtuvo el **grado** de doctor.* **5.** *loc.* ~ **centígrado**, medida de temperatura que tiene 100 divisiones entre el 0, que equivale a la temperatura del hielo en fusión, y el 100, que equivale a la temperatura del vapor de agua hirviendo: *Hace mucho calor, la temperatura no ha bajado de 38 **grados centígrados** desde hace varias horas.* **6.** *loc.* ~ **Fahrenheit**, medida de temperatura que tiene 180 divisiones entre el 32, que equivale a la temperatura del hielo en fusión, y el 212, que equivale a la temperatura del vapor de agua hirviendo: *En Estados Unidos y otros países miden la temperatura en **grados** Fahrenheit.*

grado *m.* **1.** En gramática, intensidad relativa del significado de un adjetivo o un adverbio: *El adjetivo "limpio" está en **grado** positivo cuando se dice "limpio", en **grado** comparativo cuando se dice más limpio que, y en **grado** superlativo cuando se dice limpísimo.* **2.** *loc.* A tal ~, de manera cercana al límite: *Emiliano estuvo molestando a su hermana **a tal grado**, que acabó con su paciencia y lo regañó.* **3.** *loc.* De buen o mal ~, con o sin voluntad: *"Estoy tan cansada que **de buen grado** tomaría unas vacaciones", me dijo mi madre.*

graduación *f.* **1.** Acción de dividir en partes o grados una medida determinada. **2.** Acción de recibir un título por haber estudiado y acabado un ciclo escolar: *La fiesta de **graduación** de los alumnos del último año será el sábado próximo.* **3.** Proporción de alcohol que tiene una bebida: *La cerveza tiene menor **graduación** alcohólica que el ron.*

graduado, da *adj.* **1.** Relativo a lo que está dividido en grados: *Ella necesita usar anteojos **graduados** para ver bien.* **2.** Referido al que tiene un título por haber estudiado: *El director felicitó a los nuevos **graduados**.*

graduado, da *m.* y *f.* Persona que adquirió un título por haber terminado un nivel de estudios: *Los **graduados** organizaron una fiesta para celebrar el fin de la carrera.*

gradual *adj.* Que está por grados o que va de grado en grado, de manera progresiva: *La recuperación de mi hermano ha sido **gradual** y ahora, dos semanas después del choque, ya puede caminar.*

graduar *vb. irreg.* [tr. y prnl.] Modelo 10. **1.** Regular una cosa hasta darle el nivel necesario o correspondiente: *"**Graduemos** la salida del agua, porque ahora sale demasiada y se está desperdiciando", me dijo mi padre.*

2. Medir el grado de algo: *Para saber qué anteojos recetar, el oculista **gradúa** la miopía de su paciente utilizando un aparato.* **3.** Darle a alguien o recibir alguien un grado o título: *Luciano **se graduó** de medicina y ahora podrá curar a los enfermos.* **4.** Desarrollar algo de manera progresiva: *Graduaré mi entrenamiento físico, porque si empiezo con ejercicios muy difíciles, voy a lastimarme.*

graffiti *m.* Dibujos y escritos en las paredes o muros de una ciudad: *Los muchachos están haciendo un **graffiti** en el muro con pintura de aerosol.*

grafía *f.* Signo o conjunto de signos con que se representa un sonido en la escritura: *La **grafía** china es distinta de la española.* **SIN. escritura.**

gráfica *f.* Representación de datos mediante magnitudes geométricas o figuras: *En su exposición sobre demografía, Saúl presentó unas **gráficas** para mostrar el aumento de la población en los últimos 30 años.*

gráfico, ca *adj.* **1.** Relativo a la escritura: *Estos signos **gráficos** son muy antiguos y no han podido descifrarse, así que no sabemos qué significan.* **2.** Relativo a lo que se representa por medio del dibujo, la fotografía o el grabado: *El museo de arte ha convocado a un concurso de artes **gráficas** al que se han presentado cien artistas.* **3.** Fam. Que tiene claridad para comunicar algo: *El profesor tiene una forma muy **gráfica** de explicar las cosas, por eso todos entendemos bien.*

grafismo *m.* **1.** Manera de escribir o dibujar: *Por sus **grafismos** puntiagudos, se ve que Santiago es una persona nerviosa.* **2.** Aspecto estético de lo escrito: *Estela escribe los nombres en los diplomas con **grafismos** elegantes.*

grafito *m.* Carbono puro cristalizado: *La mina o punta de los lápices es de **grafito**.*

grafología *f.* Estudio de la personalidad a través de los rasgos de la escritura: *Los psicólogos se apoyan en la **grafología** para comprender mejor a sus pacientes.*

grafólogo, ga *m.* y *f.* Persona que estudia la personalidad a través de la forma de la letra de cada individuo.

gragea *f.* Pastilla medicinal redonda y pequeña: *Juana tomó una **gragea** para aliviar su dolor de cabeza.* **SIN. píldora, tableta.**

grajo *m.* Antill., Colomb., Ecuad. y Perú. Olor desagradable del sudor.

grajo, ja *m.* y *f.* Ave parecida al cuervo, de color obscuro, con el pico y las patas rojas y las uñas negras.

grama *f.* Planta silvestre de raíz medicinal, de flores en forma de espigas, perteneciente a la familia de las gramíneas.

gramalote *m.* Colomb., Ecuad. y Perú. Hierba que se utiliza como alimento para el ganado.

gramática *f.* **1.** Estudio y descripción del lenguaje como sistema: *Estudiar **gramática** ayuda a expresarse de manera correcta al escribir.* **2.** Libro en el que se reúnen conocimientos de gramática: *"Necesito una **gramática** de inglés para estudiar los verbos", le dije a mi madre.*

gramatical *adj.* **1.** Relacionado con el estudio del lenguaje y con la organización de las palabras en oraciones: *El análisis **gramatical** de una oración permite localizar el sujeto, el verbo y los distintos complementos.* **2.** *loc.* Signo ~, signo de puntuación: *El punto, la coma, el punto y coma, los dos puntos, los puntos suspensivos y los guiones son **signos gramaticales**.*

gramático *m.* Persona que estudia el lenguaje como sistema: *El gramático estaba comparando el español con el alemán para entender sus diferencias.*

gramático, ca *adj.* Relativo al lenguaje. SIN. **gramatical.**

gramil *m.* Instrumento de carpintería utilizado para trazar líneas paralelas en la madera.

gramilla *f.* Amér. Merid. Nombre que se da a diversos pastos de la familia de las gramíneas. SIN. **césped, pasto.**

gramíneas *f.* pl. Familia de plantas monocotiledóneas, de tallos huecos divididos por nudos, y flores en espiga: *El trigo pertenece a la familia de las gramíneas.*

gramíneo, a *adj.* Relativo a las plantas que dan flores en espiga y frutos reducidos a granos: *Los cereales son plantas gramíneas.*

gramo *m.* Medida de peso que equivale a la unidad en el sistema métrico decimal: *Un kilogramo está compuesto por mil gramos.*

gramófono *m.* Aparato antiguo que reproduce discos grabados: *Debido a los nuevos aparatos de sonido, los gramófonos se han convertido en piezas de museo.*

gramola *f.* Gramófono en forma de mueble: *En 1960 todavía se podía oír música en la gramola de los abuelos.*

grampa *f.* Pieza de hierro con los extremos doblados que se clava para unir dos cosas. SIN. **grapa, broche.**

gran *adj.* **1.** Apócope de grande: *Mis tíos viven en una gran casa.* **2.** Que tiene muchas cualidades: *Ese maestro es paciente y bondadoso; es una gran persona.* **3.** Principal, primero: *El gran premio de ese concurso consistía en un automóvil nuevo.*

grana *f.* **1.** Color rojo obscuro: *El grana fue el color preferido de los reyes, por eso lo usaban con frecuencia en capas y tronos.* **2.** Insecto del que se obtiene una tinta roja. SIN. **cochinilla.**

granada *f.* **1.** Fruto redondeado de color amarillo rojizo que contiene unos granos pequeños, rojos y transparentes: *La granada es de sabor agridulce.* **2.** Proyectil que puede lanzarse a corta distancia con la mano: *Las granadas parecen piñas pequeñas de color metálico y tienen una anilla que se jala para que exploten.*

granadero *m.* **1.** Soldado que se especializa en arrojar granadas. **2.** Individuo que forma parte de un cuerpo especial de la policía.

granadina *f.* Jarabe que se prepara con el zumo o jugo de la granada: *Tomar un vaso de granadina con hielo es refrescante.*

granadino, na *adj./m.* y *f.* Originario de Granada, isla de las pequeñas Antillas, en América.

granado *m.* Arbusto de flores rojas cuyo fruto es la granada: *El granado se da en los países mediterráneos, en México y en la India.*

granar *vb.* (intr.) Formarse y crecer el grano en la espiga: *El trigo sembrado ya está granando.*

granate *adj.* Se refiere a lo que es de color rojo obscuro: *En este retrato, la capa color granate hace lucir más pálida la piel del rey.*

granate *m.* **1.** Color rojo obscuro: *El granate es el color del vino tinto.* **2.** Piedra semipreciosa de color rojo obscuro: *El collar de granates era precioso y destacaba sobre el vestido blanco.*

grande *adj.* **1.** Que tiene mayor dimensión o importancia que lo demás: *El edificio más grande de esta ciudad cuenta cuarenta pisos.* SIN. **enorme, inmenso, su-**

---

perior. 2. Que es adulto: *Esta fiesta es para gente grande, así que los niños se van a dormir.*

grandeza *f.* **1.** Tamaño grande. **2.** Nobleza de espíritu: *La grandeza de este hombre es tal que hace el bien sin esperar nada a cambio.*

grandilocuencia *f.* Hablar exagerando lo que se dice: *La grandilocuencia de su plática hizo que todos pensáramos que estaba mintiendo.*

grandioso, sa *adj.* Que causa admiración por su tamaño o cualidades: *El circo que llegó a la ciudad es grandioso: hay leones, elefantes, camellos y muchos payasos.* SIN. **excelente, magnífico, sobresaliente.**

grandote, ta *adj.* Fam. Que es muy grande: *Un elefante es un animal grandote.*

grandulón, na *adj.* Fam. Se refiere a alguien que está muy alto o muy grande para la edad que tiene: *Rodolfo se ha puesto grandulón, sus amigos son de la misma edad que él y apenas le llegan al hombro.*

grandulón, na *m.* y *f.* Fam. Persona que se comporta como si fuera más joven o más pequeña de lo que es: *El grandulón de la fiesta aburrió a los demás niños con sus tonterías.*

granel. A ~, loc. **1.** Sin envase, sin empaquetar: *Compran aceitunas a granel porque son más baratas que las que venden en frasco.* **2.** En abundancia: *Los actores eran muy buenos y recibieron aplausos a granel.*

granero *m.* Lugar destinado a almacenar granos: *Los sacos de maíz están apilados en el granero.*

granito *m.* Roca dura que se utiliza en la construcción: *Los pisos de esta iglesia son de granito pulido.*

granívoro, ra *adj.* Que se alimenta de granos: *Muchas aves son granívoras.*

granizada *f.* Lluvia fuerte en la que caen trocitos de hielo: *El suelo se veía blanco a causa de la granizada.*

granizado, da *m.* y *f.* **1.** Argent. Agua de sabor o bebida gaseosa congelada en parte. **2.** Argent. Helado de sabor que tiene granitos de chocolate.

granizar *vb. irreg.* (intr.) **Modelo 16.** Caer con la lluvia trocitos de hielo: *Cuando graniza, el paraguas no es suficiente para protegerse.*

granizo *m.* Trocitos de hielo que caen con la lluvia: *El granizo repiqueteaba en los cristales de la ventana.*

granja *f.* **1.** Casa de campo rústica, con huerto y establo: *Pasamos las vacaciones en la granja del tío Alberto.* SIN. **chacra. 2.** Lugar destinado a la cría de animales de corral: *En la granja había patos, gallinas, una vaca y un par de caballos.*

granjear *vb.* (intr., tr. y prnl.) **1.** Ganar dinero con el comercio de alguna mercancía, traficar. **2.** Conseguirse algo, atraerse la buena voluntad de alguien. **3.** Chile. Robar.

granjero, ra *m.* y *f.* Persona que cuida o es dueña de una granja: *El granjero ordeñaba la vaca todas las mañanas.*

grano *m.* **1.** Semilla y fruto de los cereales y otras plantas gramíneas: *Los granos de maíz se muelen para hacer harina.* **2.** Pequeño bulto en la piel, de apariencia fea pero de corta duración: *A Mónica la mordió un insecto y ahora tiene un grano en la frente.* SIN. **espinilla, barro. 3.** Trozo muy pequeño de algo: *"¿Cuántos granos de arena habrá en esta playa?", preguntó a mi madre.* **4.** loc. **Ir al ~,** decir lo fundamental de un asunto, sin dar rodeos: *"Ya ve al grano y dime qué favor quieres pedirme", me dijo Andrés.*

granuja m. y f. Fam. Travieso, pillo: "Ese **granuja** se ha comido un trozo de tarta sin mi permiso", dijo mi madre señalándome. SIN. **bribón, pícaro.**

granulado, da adj. Relativo a lo que tiene granos o está formado por pequeños granos: Al moler el azúcar **granulada** se obtiene azúcar en polvo.

granuladora f. Máquina para triturar piedra: En la construcción de la carretera utilizaron una **granuladora.**

granular adj. Se dice de lo que está formado por pequeños granos: La sal es **granular** y el azúcar también.

granular vb. (tr. y prnl.) 1. Desmenuzar una cosa en granos: En la mina **han granulado** las rocas para separar el estaño del oro. 2. Cubrirse de granos el cuerpo: Luis se **ha granulado** porque tiene sarampión.

granza f. 1. Carbón mineral lavado y triturado. 2. Argent. Ladrillo triturado que cubre los senderos en plazas y parques.

granzón m. Méx. y Venez. Arena gruesa.

grao m. Playa que sirve de desembarcadero: En el **grao** están las barcas esperando que suba la marea.

grapa f. 1. Pieza pequeña, de metal, con las puntas dobladas hacia un mismo lado, que sirve para unir o sujetar papeles, telas, tablas, etc.: Para evitar que se desordenen, uniré estos papeles con una **grapa.** SIN. **broche, grampa.** 2. Argent., Chile y Urug. Bebida alcohólica que se obtiene de la uva.

grapadora f. Aparato en el que se ponen muchas grapas y que, al apretarse, sujeta con una de ellas los papeles, telas, tablas, etc. SIN. **abrochadora, engrapadora, engrampadora.**

grapar vb. (tr.) Sujetar con grapas. SIN. **abrochar, engrapar.**

grasa f. 1. Substancia amarillenta, de origen animal o vegetal, que se derrite con el calor: La **grasa** del cerdo hace mucho daño a la salud. SIN. **sebo, manteca.** 2. Todo cuerpo graso que sirve para lubricar o proteger: A esa rueda le hace falta **grasa,** por eso no gira bien.

grasiento, ta adj. Resbaloso, sucio o pegajoso por estar lleno de grasa: "¡Lávate esas manos **grasientas** antes de comer!", ordenó mi abuelita.

graso, sa adj. Relativo a lo que contiene grasa: La mantequilla y el aceite son substancias **grasas.** SIN. **aceitoso, grasoso, untuoso.** ANT. **magro, seco.**

grasoso, sa adj. 1. Se dice de lo que está elaborado con mucho aceite o grasa: Las frituras son comidas **grasosas.** 2. Relativo a lo que está formado con substancias grasas o las contiene: Los osos polares tienen la piel **grasosa** y esto les ayuda a protegerse del frío.

gratificación f. Recompensa: El joven obtuvo una **gratificación** por su buen desempeño. SIN. **propina.**

gratificar vb. irreg. (tr.) Modelo 17. 1. Recompensar a alguien por algo: Mi padre **gratificará** con cien pesos a quien encuentre a nuestro perro que se perdió ayer. 2. Complacer, satisfacer.

gratificante adj. Se dice de aquello que produce alegría al recibirse: Tomar unas vacaciones fue **gratificante** para la familia.

gratis adj. Que se obtiene sin necesidad de dar dinero a cambio: Conseguimos dos entradas al cine **gratis.** SIN. **gratuito, regalado.**

gratis adv. Sin cobrar o sin pagar nada: Los niños menores de tres años viajan **gratis** en el autobús.

gratitud f. Acción de agradecer un beneficio o atención recibida: En señal de **gratitud** por haberle ayuda-

do con su trabajo, me invitó a comer a su casa. SIN. **reconocimiento, agradecimiento.** ANT. **ingratitud.**

grato, ta adj. 1. Que produce agrado: No me es **grato** salir a la calle cuando hace mucho frío. SIN. **placentero, agradable.** ANT. **ingrato, desagradable.** 2. loc. Bol. y Chile. Le estoy ~, quedo agradecido, quedo obligado.

gratuito, ta adj. 1. Que se obtiene sin necesidad de dar dinero a cambio: Los domingos, la entrada al museo es **gratuita.** SIN. **gratis.** 2. Sin justificación: Leonor le dio a Eliseo un regaño **gratuito** porque él no era culpable de la travesura.

grava f. Piedra machacada que se usa para allanar caminos: En el jardín hay un camino de **grava** por el que caminamos para no pisar el césped.

gravamen m. Impuesto, obligación fiscal: Cuando se venden terrenos y casas hay que pagar un **gravamen** al gobierno.

gravar vb. (tr.) Imponer una carga u obligación fiscal: El gobierno **ha gravado** los productos que vienen de otros países.

grave adj. 1. De mucha importancia: El asalto con armas de fuego es un delito **grave.** SIN. **serio, considerable, grande.** ANT. **superficial.** 2. De difícil solución: Julio está metido en un problema **grave** y me ha pedido ayuda, pero no sé cómo ayudarlo. SIN. **complicado.** ANT. **fácil, sencillo.** 3. Que está muy enfermo: Aldo fue atropellado y está **grave.** SIN. **delicado.** ANT. **sano.** 4. Que es serio, circunspecto: Ese hombre siempre tiene una expresión **grave,** casi nunca se ríe. SIN. **formal, reservado.** ANT. **alegre.** 5. Relativo al sonido hueco y bajo: El contrabajo suena con tonos más **graves** que el violín. SIN. **bajo.** ANT. **agudo.** 6. Relativo a la palabra que tiene su acento en la penúltima sílaba: Las palabras árbol, rosa, loco, son **graves.** SIN. **llana.**

grave f. Palabra que tiene su acento en la penúltima sílaba: Las **graves** no llevan acento cuando terminan en n, s o vocal. SIN. **llana.**

grave m. Sonido hueco y bajo: En esta pieza de música, los **graves** deben acentuarse para apoyar la melodía.

gravedad f. 1. Calidad de grave: Cuando me dio la mala noticia entendí por qué me miró con tanta **gravedad.** SIN. **seriedad.** 2. Fuerza con que la Tierra atrae a los cuerpos situados en su superficie o cerca de ella: La fuerza de **gravedad** de la Tierra hace que caigan al suelo los objetos que lanzamos al aire.

gravidez f. Estado de la hembra preñada o de la mujer embarazada: La **gravidez** de la ballena tiene muy contentos a los trabajadores del acuario porque verán cómo nace un ballenato.

gravitación f. Fenómeno por el cual todos los cuerpos materiales se atraen entre sí: Gracias a la **gravitación,** los planetas se mantienen ordenados en sistemas.

gravitar vb. (intr.) 1. Obedecer un planeta o cuerpo celeste las leyes de atracción universal: La Tierra **gravita** dentro del Sistema Solar. 2. Descansar un cuerpo sobre otro: Nosotros **gravitamos** sobre la Tierra. 3. Fam. Moverse alrededor de algo, hacer evoluciones.

gravoso, sa adj. 1. Se dice de lo que es molesto o pesado. 2. Que ocasiona mucho gasto: Vendieron uno de sus dos automóviles porque resultaba muy **gravoso** mantener los dos. SIN. **costoso, oneroso.**

graznar *vb.* (intr.) Emitir graznidos las aves como el cuervo, el ganso, el grajo, etc.: *En el lago graznaban los patos y los gansos.*

graznido *m.* Voz del cuervo, el ganso, el grajo, etc.: *El ganso dio un graznido tan fuerte que Roberto pensó que algo malo le sucedía.*

greca *f. 1.* Banda o tira adornada con motivos geométricos: *En esa greca se combinan triángulos con círculos.* *2. Antill., Colomb.* y *Venez.* Cafetera de filtro.

greco, ca *adj./m.* y *f.* Originario de Grecia, país de Europa. **Sin. griego.**

grecolatino, na *adj.* Que es común a griegos y romanos o latinos: *De las culturas grecolatinas proviene la civilización occidental.*

grecorromano, na *adj.* Relativo a lo que pertenece a la civilización nacida del encuentro de las culturas griega y romana: *La lucha grecorromana es un deporte olímpico.*

gregario, ria *adj.* Se dice de la persona o animal que gusta estar en compañía de otros formando un grupo: *Rosaura y Juan son gregarios, prefieren invitar a sus amigos que salir solos.* **Sin. sociable.**

gregoriano, na *adj. 1.* Relativo al canto religioso católico que reformó el Papa Gregorio I en el que sólo participan voces masculinas. *2.* Relativo al calendario reformado en 1582 por Gregorio XIII, quien ejerció su papado entre 1572 y 1585.

greguería *f. 1.* Griterío confuso, algarabía. *2.* Género literario en prosa que presenta una visión humorística o sorprendente de la realidad: *La greguería fue creada en 1912 por Ramón Gómez de la Serna.*

gremial *adj.* Relativo a los grupos de personas que tienen el mismo oficio: *Los zapateros de la ciudad tendrán una junta gremial para hablar de sus problemas.*

gremialismo *m. 1.* Tendencia a formar grupos de personas que trabajan en lo mismo o tienen el mismo oficio: *El gremialismo es una forma de organización que tienen los trabajadores para protegerse unos a otros.* *2.* Sindicalismo, teoría que está a favor de la formación de gremios.

gremio *m.* Conjunto de personas que tienen un mismo oficio: *El gremio de artesanos ha decidido crear una escuela de capacitación.* **Sin. reunión, grupo, corporación.**

greña *f. 1.* Mechón de pelo enredado y desarreglado: *Silvia se levanta de la cama con las greñas sobre la cara, pero luego se ducha y se peina.* *2.* Cosa enredada, maraña: *El gato dejó el ovillo de lana hecho una greña.* *3. loc.* Andar de la ~, pelear, reñir: *Rodrigo y Juliana andan de la greña y ya están pensando en divorciarse.*

gres *m.* Pasta de arcilla y arena que se utiliza para hacer cerámica: *Daniel compró una vasija de gres color rojo.*

gresca *f. 1.* Alboroto, bulla: *Durante el festival de la primavera hubo gresca en el patio de la escuela.* **Sin. ruido. Ant. silencio, tranquilidad.** *2.* Riña, disputa: *Como los vecinos no se ponían de acuerdo, se armó la gresca y la policía intervino para evitar un problema mayor.* **Sin. pelea.**

grey *f. 1.* Rebaño: *El niño pastor toca un flautín mientras la grey bebe agua fresca del río.* *2.* Congregación religiosa bajo la autoridad de un pastor espiritual: *Ese hombre ha guiado a su grey con el buen ejemplo.* *3. Fam.* Conjunto de individuos con caracteres comunes como la nacionalidad, la raza o las costumbres: *En esa grey africana las mujeres se casan siendo muy jóvenes.*

grial *m.* Copa que, según la leyenda medieval, sirvió a Jesús para la institución de la eucaristía: *Los caballeros del rey Arturo buscaban el santo grial.*

griego *m.* Idioma que se habla en Grecia: *El griego se escribe con un alfabeto distinto del español.*

griego, ga *adj./m.* y *f.* Originario de Grecia, país de Europa: *El alfabeto griego se usa en matemáticas.* **Sin. greco.**

grieta *f.* Quebradura que se forma en la tierra o en cualquier cuerpo sólido: *Las grietas en la carretera pueden causar un accidente.* **Sin. hendidura, abertura.**

grifa *f. Fam.* Marihuana.

grifero, ra *m.* y *f. Perú.* Empleado de una estación de nafta o gasolina.

grifo *m. 1.* Llave que regula la salida del líquido de una cañería: *"Abre el grifo para que salga el agua", le dije a Jacobo.* **Sin. canilla, llave.** *2.* Animal fabuloso con cuerpo de león, y cabeza y alas de águila: *El grifo que estaba dibujado en el libro tenía un aspecto amenazador.* *3. Perú.* Estación donde se vende nafta o gasolina.

grifo, fa *adj. 1.* Relativo al cabello crespo. **Sin. rulo.** *2. Méx. Fam.* Se dice de la persona que fuma marihuana. *3. Colomb.* Dícese de quien está bajo los efectos del alcohol o de la droga.

grill *m.* Palabra inglesa. *1.* Enrejado de metal sobre el que se ponen las carnes para asarlas. **Sin. parrilla.** *2.* Restaurante en el que se venden carnes asadas.

grilla *f. 1. Méx. Fam.* Actividad política, en especial la que se vale de intrigas. *2. Méx. Fam.* Discusión en torno a asuntos políticos. *3. Ecuad.* Molestia.

grillar *vb.* (tr.) *1. Méx. Fam.* Hacer política, en especial a base de intrigas. *2. Méx. Fam.* Remover o quitar a alguien de su puesto en el trabajo valiéndose de intrigas políticas.

grillete *m.* Anillo de hierro con cadenas que se usaba para sujetar las manos, el cuello o los pies de los presos: *Los guardias le pusieron grilletes al prisionero para que no escapara.*

grillo *m.* Insecto pequeño, de color negro, patas traseras grandes y cabeza redonda, que produce un sonido agudo y monótono: *Los grillos hacen "cri-cri", casi siempre al anochecer.*

grillo, lla *m.* y *f. Méx. Fam.* Se refiere a la persona que se dedica a las actividades políticas.

grillos *m. pl.* Anillos de hierro unidos por una pieza fija de metal, que se usaban para sujetar los pies de los presos.

grima *f.* Sentimiento desagradable, disgusto: *Me produce grima ver cómo se pelea la gente.* **Sin. irritación, desazón.**

grimillón *m. Chile.* Multitud, muchedumbre.

gringo, ga *m.* y *f. 1. Amér.* Persona o cosa de origen extranjero, de manera especial estadounidense. *2. Chile.* Persona que se comporta de manera extraña.

gripa o **gripe** *f.* Enfermedad viral que se presenta con fiebre y catarro: *En invierno muchos niños faltan a clases porque les da gripa.* **Sin. resfrío.**

gripal *adj.* Relativo a la enfermedad infecciosa que presenta fiebre y catarro como síntomas: *El estado gripal en que se encuentra el enfermo hace que tenga fiebre y la nariz congestionada.*

gris *adj.* Relativo al color que resulta de la mezcla del blanco y el negro: *Las ratas grises no me gustan; en cambio, las blancas me parecen bonitas.*

gris *m.* **1.** Color que resulta de la mezcla del blanco y el negro: *El gris es el color de las nubes cuando está a punto de llover.* **2.** *Fam.* Apagado, triste, mediocre: *No puedo hablar mucho con una persona tan gris como Laura porque me aburro.*

grisáceo, cea *adj.* Relativo a lo que es de un color que tiene algo de gris: *El azul grisáceo se logra añadiendo una gota de negro y otra de blanco al color azul.*

grisalla *f.* **1.** Pintura realizada en diferentes tonos de gris, que produce la ilusión de relieve esculpido. SIN. **claroscuro. 2.** *Méx.* Chatarra.

grisma *f.* *Chile, Guat., Hond.* y *Nicar.* Brizna, pizca.

grisú *m.* Gas inflamable que se desprende de las minas de carbón: *El grisú puede explotar si entra en contacto con fuego.*

gritar *vb.* (intr.) Levantar mucho la voz: *Los náufragos gritaron tanto para llamar la atención de los que iban en el barco, que se quedaron afónicos.* SIN. **chillar, vociferar, vocear.** ANT. **susurrar.**

griterío, ría *m.* y *f.* Confusión de voces altas y desentonadas: *Con este griterío no alcanzo a oír si tocan a la puerta.*

grito *m.* **1.** Hecho de levantar mucho la voz forzando las cuerdas vocales: *El grito de horror que lanzó la heroína al ver al monstruo estremeció al público en el cine.* SIN. **chillido, alarido. 2.** *loc. Méx. Fam.* **A ~ pelado,** a gritos. **3.** *loc.* **Al último ~ de la moda,** actualizado con lo que se usa en el momento presente: *Esa mujer frívola siempre anda al último grito de la moda, porque no hace otra cosa que ver y copiar lo que aparece en las revistas europeas.* **4.** *loc.* **Poner el ~ en el cielo,** escandalizarse, indignarse: *La gente puso el grito en el cielo cuando subió el precio del pan.*

gritón, na *adj.* Se refiere al que alza mucho la voz al hablar: *Ese hombre es muy gritón, desde lejos se oye todo lo que dice.*

grizzli *m.* Oso norteamericano de piel color gris rojizo: *Los grizzlis son los animales carnívoros terrestres más grandes del mundo.*

groenlandés, sa *adj./m.* y *f.* Originario de Groenlandia.

grogui *adj.* Palabra de origen inglés. **1.** Se dice del que está atontado, no sabe lo que pasa: *El boxeador recibió un golpe en la cabeza y quedó grogui.* **2.** *Fam.* Se refiere al que está medio dormido o un poco mareado: *"Me siento grogui porque anoche dormí poco", me dijo Laura.*

grosella *f.* Fruto en baya de color rojo y de sabor agridulce.

grosería *f.* **1.** Descortesía, falta de atención o respeto: *Es una grosería empujar a otros para pasar primero.* ANT. **educación. 2.** Mala palabra: *Cuando el carpintero se golpeó con el martillo, empezó a decir groserías.* SIN. **vulgaridad, insulto. 3.** Acción destinada a molestar a otro: *Ese niño nadie juega porque se la pasa haciendo groserías.* SIN. **impertinencia.** ANT. **gentileza.**

grosero, ra *adj.* **1.** Referido a lo que es ordinario: *Las bolsas para cargar granos se hacen con tela grosera porque es más resistente.* SIN. **basto.** ANT. **fino. 2.** Se dice del que es descortés: *Margarita es muy grosera, cuando la señora le pidió que se comportara bien,*

empezó a burlarse. SIN. **maleducado, majadero.** ANT. **cortés, gentil.**

grosero, ra *m.* y *f.* Persona descortés.

grosor *m.* Espesor de un cuerpo: *El grosor de una tabla de madera es mayor que el de una hoja de papel.* ANT. **delgadez.**

grosso modo *loc.* Sin detalle, de manera aproximada: *Para ahorrar tiempo, el arquitecto explicó su proyecto grosso modo y después nos enseñó los planos.*

grotesco, ca *adj.* **1.** Se dice de lo que resulta extravagante: *Estaba mal vestido, su aspecto era grotesco.* **2.** Se refiere a lo que es de mal gusto o deforme: *La grotesca figura del jorobado de Notre-Dame proyectaba su sombra sobre las calles desiertas de París.*

grúa *f.* Máquina con un brazo giratorio que sirve para levantar, desplazar o depositar objetos: *Las grúas del puerto trabajan todo el día cargando y descargando las mercancías de los barcos.*

gruesa *f.* Doce docenas de algunas cosas: *En la escuela compraron una gruesa de lápices para que todos los alumnos escriban.*

grueso *m.* **1.** Anchura de una cosa: *El grueso de la punta de este lápiz no permite hacer letras pequeñas.* SIN. **grosor. 2.** Parte principal o mayor de un todo: *El grueso de los alumnos de esta escuela son hombres.*

grueso, sa *adj.* **1.** Que es corpulento o abultado: *El hombre grueso ocupó todo el asiento en el autobús y Justino tuvo que quedarse de pie.* SIN. **gordo.** ANT. **delgado. 2.** Que es más grande de lo común: *Leticia tiene un problema grueso y no sabe cómo resolverlo.* ANT. **pequeño. 3.** *Méx. Fam.* Que es impresionante o rudo. ANT. **suave.**

grulla *f.* Ave zancuda de gran tamaño, de plumaje gris, cuello largo y cola pequeña: *Las grullas descansan parándose sobre una sola pata.*

grumete *m.* Aprendiz de marinero: *Los grumetes ayudan a la tripulación del barco en sus tareas.*

grumo *m.* Bola pequeña y endurecida que flota en una masa líquida: *"Bate bien la harina para que no se formen grumos", me dijo mi abuela.*

grumoso, sa *adj.* Se dice de la masa líquida que tiene bolas pequeñas que no se han disuelto: *El cocinero cuela la sopa de zanahoria para quitarle lo grumoso.*

gruñido *m.* **1.** Voz ronca del cerdo y otros animales: *Por los gruñidos de los cerdos, Sergio se da cuenta si tienen hambre o sed.* **2.** Sonidos roncos que emite una persona como señal de enfado: *Cuando el abuelo está dormido y le hablas te responde con un gruñido.*

gruñir *vb. irreg.* (intr.) **Modelo 69. 1.** Emitir gruñidos el cerdo y otros animales: *Las vacas mugen, los leones rugen y los cerdos gruñen.* **2.** Murmurar entre dientes palabras o sonidos que expresan enojo: *Raquel se la ha pasado gruñendo porque no le dieron permiso de ir a la fiesta.* SIN. **refunfuñar.**

gruñón, na *adj.* Que es malhumorado o regañón: *Este año nos tocó una maestra gruñona, vamos a extrañar a la otra maestra que era muy gentil.*

grupa *f.* Parte de la pierna trasera del caballo que se une al cuerpo: *Cuando Luis va al campo le gusta subirse a la grupa del caballo y que su tío vaya adelante.* SIN. **anca.**

grupo *m.* **1.** Seres o cosas que están reunidas en un mismo lugar o tienen características o intereses comunes: *Roberto y sus amigos han formado un **grupo** de rock y hacen pequeños conciertos en su casa.* Sin. **conjunto. 2.** loc. **~ sanguíneo,** tipo o clase de sangre que alguien tiene: *El médico necesita saber de qué **grupo sanguíneo** es el paciente que va a operar.*

gruta *f.* Cavidad abierta en el seno de la tierra: *Los hombres primitivos vivían en **grutas.*** Sin. **caverna.**

guabán *m. Cuba.* Árbol del que se aprovecha la madera para fabricar herramientas.

guabico *m. Cuba.* Árbol de madera dura y fina.

guabina *f. Antill., Colomb. y Venez.* Pez de agua dulce, sin escamas, de carne suave y sabrosa.

guabirá *m. Par. y Bol.* Árbol grande, de tronco liso y blanco, de fruto comestible parecido a una frutilla o fresa de color amarillo.

guabiyú *m. Argent.* Árbol con propiedades medicinales, de fruto comestible parecido a una aceituna.

guaca *f.* **1.** *Amér. C. y Amér. Merid.* Tesoro enterrado. **2.** *Amér. C. y Amér. Merid.* Tumba o yacimiento arqueológico de la época precolombina. **3.** *Bol., C. Rica y Cuba.* Objeto en el que se guarda el dinero para ahorrarlo. Sin. **hucha, alcancía. 4.** *C. Rica y Cuba.* Hoyo donde se depositan frutas verdes para que maduren.

guacal *m.* **1.** *Amér. C.* Árbol que produce un fruto redondo con el que se hacen vasijas. **2.** *Amér. y Méx.* Recipiente hecho con el fruto de esta planta. **3.** *Colomb., Méx. y Venez.* Canasta o jaula de varillas que se utiliza para transportar mercancías. Sin. **huacal.**

¡guácala! *interj. Méx. Fam.* Expresión de disgusto o asco.

guacamayo *m.* o **guacamaya** *f.* Ave americana parecida al papagayo, de plumaje rojo, azul y amarillo y cola muy larga: *El pico de la **guacamaya** es corto y curvo, y casi tan fuerte como una tenaza.*

guacamole o **guacamol** *m. Amér. C., Cuba y Méx.* Ensalada de palta o aguacate con cebolla, tomate, cilantro y chile o ají verde.

guácara *f. Méx. Fam.* Comida a medio digerir que se devuelve por la boca. Sin. **vómito.**

guacarear *vb.* {tr.} *Méx. Fam.* Echar por la boca lo que había en el estómago. Sin. **vomitar, devolver.**

guachafa *adj. Perú. Fam.* Que es de mal gusto.

guachafita *f. Colomb. y Venez.* Alboroto, bullicio.

guachapear *vb.* {tr.} *Chile.* Hurtar, arrebatar.

guache *m. Colomb. y Venez.* Hombre vulgar, patán.

guachimán *m.* **1.** *Amér. C., Chile, Perú y R. Dom.* Guardia, vigilante. **2.** *Nicar.* Sirviente.

guacho, cha *adj.* **1.** *Amér. C. y Amér. Merid.* Se refiere a la cría que ha perdido la madre. **2.** *Chile.* Que no tiene pareja. **3.** *Argent., Colomb., Chile, Perú y Urug.* Huérfano. **4.** *Argent. y Urug. Desp.* Se refiere al que es ruin, despreciable.

guacho, cha *m. y f. Argent., Chile, Colomb., Perú y Urug.* Huérfano, abandonado.

guácima o **guásima** *f. Antill., Colomb. y C. Rica.* Árbol cuyo fruto y hojas sirven de alimento al ganado.

guaco *m.* **1.** Planta americana de flores blancas, que se utiliza para curar llagas, picaduras venenosas, etc.: *El **guaco** tiene un olor desagradable.* **2.** Ave casi tan grande como el pavo, de carne apreciada, abundante en América: *Los **guacos** tienen un copete de plumas y el plumaje de su cuerpo es blanco y negro.* **3.** *Amér. C. y Amér. Merid.* Objeto, casi siempre de cerámica, que se encuentra en una tumba o yacimiento precolombino. **4.** *C. Rica.* Ave con el cuerpo color negro y el vientre blanco.

guadalupano, na *adj. Méx.* Relativo a la Virgen de Guadalupe.

guadalupano, na *m. y f. Méx.* Persona que es devota de la Virgen de Guadalupe.

guadaña *f.* Herramienta hecha con un palo largo y una cuchilla curva grande, que sirve para cortar la hierba a ras del suelo: *La **guadaña** es útil para segar el trigo.*

guagua *f.* **1.** *Antill. y Cuba.* Vehículo que transporta pasajeros. Sin. **autobús, camión, colectivo. 2.** *Cuba y R. Dom.* Insecto pequeño de color blanco o gris que destruye los naranjos y limoneros.

guagua *m. y f. Amér. Merid.* Niño pequeño. Sin. **bebé, crío, nene.**

guagual o **guagualón, na** *adj. Chile.* Se dice del que es simple, bobalicón. Sin. **menso.**

guaguasí *m.* Árbol resinoso de Cuba: *El **guaguasí** tiene propiedades medicinales, sirve como purgante.*

guagüero, ra *adj. Antill.* Se dice de la persona que vive sin pagar sus propios gastos. Sin. **garronero, gorrón.**

guaguón *m. Perú.* Muñeco, juguete de niños.

guaicurú *m. Argent. y Urug.* Hierba con propiedades medicinales, de tallo áspero, hojas vellosas y largas, y flores moradas.

guaina *m. Argent. y Par.* Muchacha. Sin. **chava.**

guairabo *m. Chile.* Ave nocturna de plumaje blanco, con la cabeza y el dorso negros.

guaje *adj. Hond. y Méx. Fam.* Se dice de la persona que hace tonterías. Sin. **bobo, necio.**

guaje *m. Hond. y Méx.* **1.** Planta rastrera, que da una calabaza de base ancha que sirve para llevar líquidos. **2.** Árbol que da vainas de color rojo obscuro, con semillas comestibles, aplanadas y de color verde claro.

guajiro, ra *adj./m. y f. Cuba.* Relativo a la persona que vive en el campo.

guajiro, ra *m. y f. Cuba.* Campesino.

guajolode *adj. Méx. Fam.* Se dice de la persona que hace tonterías. Sin. **bobo, necio.**

guajolote *m. Méx.* Ave de corral más grande que una gallina, de cola en forma de abanico y cresta y cuello con carnosidades que enrojecen cuando el animal se enoja. Sin. **pavo, chompipe, pisco.**

gualdo, da *adj.* Se refiere a lo que es de color amarillo dorado: *El equipo con camiseta color **gualdo** jugará contra el equipo con camiseta azul.*

gualdrapa *f.* Paño largo con que se cubren las ancas de los caballos: *Aquel caballo lleva una **gualdrapa** roja y blanca.*

gualeta *f.* **1.** *Chile.* Aleta de peces y reptiles. **2.** *Chile.* Parte saliente, casi siempre flexible, de cualquier objeto. **3.** *Chile.* Aleta para bucear.

gualicho *m.* **1.** *Amér. Merid.* Nombre que se da en el campo al espíritu del mal. **2.** *Argent. y Urug.* Hechizo, maleficio.

gualve *m. Chile.* Terreno pantanoso.

guamazo *m. Amér. C. y Méx. Fam.* Bofetada, manotazo: *Como Jacinto le robó la novia, René se enojó y le dio unos **guamazos** a Jacinto.*

guamil *m. Hond.* Planta que nace sin que la hayan sembrado.

guampa f. *Amér. Merid.* Asta o cuerno del animal vacuno. Sin. **cacho**.

guamúchil m. *Méx.* Árbol espinoso de la familia de las leguminosas, de madera dura y pesada y de frutos comestibles.

guanábana f. Fruta de sabor agridulce, verde por fuera y blanca por dentro, con semillas grandes y obscuras: *Con la guanábana se preparan aguas frescas y postres.*

guanábano m. Árbol americano cuyo fruto es la guanábana: *El guanábano se cultiva en los países de clima cálido.*

guanaco m. Animal mamífero y rumiante que habita en los Andes meridionales, parecido a la llama, de cabeza pequeña, cuello largo, cola corta y color pardo obscuro: *El guanaco escupe cuando está enojado, pero es una buena bestia de carga y su lana se utiliza para hacer abrigos.*

guango, ga adj. *Méx.* Se dice de la ropa cuando queda grande, y de las telas de tejido flojo: *He adelgazado tanto que toda la ropa me queda guanga.* Sin. **ancho, holgado**.

guangoche m. *Amér. C. y Méx.* Tela rústica con la que se hacen sacos para empacar productos. Sin. **arpillera**.

guano m. **1.** Excremento de las aves marinas y de los murciélagos, que se utiliza como abono en la agricultura: *En las costas de Perú y del norte de Chile se encuentran capas espesas de guano, porque en sus peñascos se acumula el excremento de muchas aves que viven ahí.* **2.** Abono mineral que se fabrica imitando las propiedades de los excrementos de las aves y los murciélagos: *Los campesinos pusieron guano en la tierra para fertilizarla.* **3.** *Amér. Merid. y Méx.* Excremento de los animales. Sin. **estiércol**. **4.** *Cuba.* Nombre que se aplica en general a todas las plantas del tipo de las palmas. **5.** *Amér. C.* Dinero.

guantazo m. *Fam.* Manotazo, bofetada: *Sara le dio un guantazo a Simón porque la estaba molestando.*

guante m. **1.** Prenda que cubre o protege la mano: *Los guantes de un boxeador son diferentes de los guantes que usas para protegerte del frío.* **2.** loc. **Echar el ~**, atrapar: *Le echaron el guante al ladrón cuando iba a escapar.* Sin. **apresar, agarrar, coger**.

guantear vb. [tr.] *Amér. C. y Méx.* Golpear con la mano abierta. Sin. **abofetear**.

guantera f. Caja cerrada que, en el interior de un automóvil, se encuentra a la derecha del conductor y sirve para guardar cosas: *"El mapa de la ciudad está en la guantera. ¿Puedes buscar la calle a la que vamos?", me pidió Roberto.*

guao m. Árbol de México, Cuba y Ecuador, de flores pequeñas y rojas: *Con la semilla del guao se alimenta a los cerdos y con la madera se hace carbón.*

guapear vb. [intr.] *Argent., Chile y Urug.* Comportarse de manera valiente, demostrar coraje.

guapetón, na adj. *Fam.* Se refiere a la persona que es atractiva o va bien vestida: *Roque es un muchacho guapetón, pero no le persiguen tantas chicas.*

guapo m. **1.** Persona peleonera: *El guapo del barrio persiguió a los que intentaron robar la tienda.* **2.** Actor que hace el papel principal en obras de teatro o filmes: *El guapo del filme salvó la vida a su chica.* Sin. **galán**.

guapo, pa adj. **1.** Se dice del que es bien parecido en lo físico. Sin. **bonito, bello**. **2.** Se refiere a la persona

que va bien vestida o arreglada con cuidado: *Hoy César iba muy guapo al trabajo, se veía muy bien.* Sin. **elegante**. **3.** loc. *Fam.* **Verse ~ con alguien**, ser generoso, quedar bien: *Gerardo se vio guapo conmigo al acompañarme a tomar el autobús.*

guaraca f. *Amér. Merid.* Correa, látigo.

guaracha f. Canción festiva de origen antillano, que se baila acompañada de música de guitarra, trompeta y maracas: *Durante las fiestas del pueblo se bailaron guarachas y la gente se divirtió mucho.*

guarache m. Ver **huarache**.

guaraná f. **1.** Arbusto de tallos largos, y frutos de los que se extrae una semilla que contiene substancias tonificantes: *El guaraná se cultiva en Brasil.* **2.** Bebida refrescante y tonificante que se prepara con las semillas del guaraná: *Eugenia fue de visita al Brasil y trajo guaraná para que lo probáramos.*

guarandinga f. *Venez.* Objeto sin valor. Sin. **baratija**.

guarango, ga adj. *Amér. Merid.* Se dice de la persona que hace o dice groserías. Sin. **grosero, maleducado, majadero**.

guaraní adj./m. y f. Relativo a la persona o cosa perteneciente a un pueblo amerindio que en el siglo XVI ocupaba la costa atlántica de América del Sur y que ahora ocupa la zona en que se limitan Argentina, Bolivia, Brasil y Paraguay: *Ese joven guaraní es el guía que lleva a los turistas a conocer las cataratas del Iguazú.*

guaraní m. **1.** Idioma que hablan los pueblos guaraníes de Argentina, Bolivia, Brasil y Paraguay: *Del guaraní, el español ha tomado palabras como ananás, mandioca y tapir.* **2.** Moneda de Paraguay.

guarapo m. *Amér.* Jugo extraído de la caña de azúcar.

guarapón m. *Chile y Perú.* Sombrero de ala ancha.

guarda m. y f. **1.** Persona que cuida algo: *El guarda vigila que el faro esté prendido de noche y durante los días de niebla.* **2.** *Amér. C. y Amér. Merid.* Franja con que se adornan los bordes de vestidos, cortinas y telas en general. **3.** *R. de la P.* Persona que cobra el pasaje en trenes y transportes colectivos.

¡guarda! interj. *R. de la P. Fam.* ¡Cuidado!, ¡mira! Sin. **¡aguas!**

guardabarros m. Pieza semicircular que cubre las ruedas de un vehículo para evitar que el lodo salpique al conductor o a los pasajeros: *Choqué y el guardabarros de mi bicicleta se torció.* Sin. **salpicadera, guardafango, guardalodos**.

guardabosque o **guardabosques** m. Guardia forestal, encargado de la vigilancia de los bosques: *El guardabosque avisó a los bomberos que había comenzado un incendio entre los árboles.*

guardacostas m. Embarcación que vigila las costas para evitar el comercio ilegal: *El guardacostas detuvo al barco que pescaba camarones sin permiso del gobierno.*

guardaespaldas m. y f. Persona que acompaña a otra para protegerla: *Algunos guardaespaldas tienen permiso de portar armas de fuego.* Sin. **guarura**.

guardagujas m. y f. Persona que maneja las agujas de una vía de tren: *El guardagujas mueve las palancas que cambian el sentido de las vías y así evita los accidentes.*

guardameta m. y f. En algunos deportes por equipo, jugador que cuida la meta para evitar goles o puntos en contra: *Ese guardameta es muy hábil, no deja pasar ni una anotación del grupo contrario. **SIN. portero, arquero, guardavalla.**

guardamonte m. **1.** Pieza que protege el gatillo de un arma de fuego portátil para evitar que se dispare de manera accidental. **2.** *Méx., Argent., Bol. y Urug.* Pieza de cuero que cuelga de la parte delantera de la montura de una caballería y sirve para proteger las piernas del jinete.

guardapolvo m. Bata larga de tela ligera que se pone encima de la ropa con el fin de protegerla de la suciedad: *En las escuelas primarias de Argentina los niños usan guardapolvos blancos en lugar de uniformes.* **SIN. bata.**

guardar vb. (tr. y prnl.) **1.** Vigilar o defender algo: *Estos tres perros entrenados guardarán la casa mientras la familia se va de vacaciones.* **SIN. cuidar, proteger. 2.** Cumplir y observar lo que cada uno debe hacer por obligación: *El policía detuvo a los conductores que no guardaban los límites de velocidad.* **3.** Cuidar o conservar: *"Si llegas primero al cine, guárdame un lugar junto a ti", dije a Joaquín.* **SIN. reservar, apartar. 4.** Poner una cosa en el sitio correcto: *Doris guardó sus vestidos de invierno y sacó los de verano porque ya comienza a sentirse calor.* **SIN. meter, ordenar. 5.** Apartar algo para evitar gastarlo o consumirlo: *Daniel ha guardado un poco de dinero para poder comprarse un balón.* **SIN. ahorrar. 6.** Precaverse, cuidarse, evitar riesgos: *"Guárdense de hablar con extraños cuando vayan solos por la calle", recomendó mi madre.* **7.** loc. ~ cama, permanecer en cama: *Horacio tiene hepatitis y debe guardar cama por un mes.* **8.** loc. ~ rencor, odiar, estar resentido: *Carlos le guarda rencor a Julieta por no haber llegado a la cita que tenían.*

guardarropa m. **1.** Mueble o habitación donde se guardan las prendas de vestir: *Esa actriz tiene más de doscientos vestidos en su guardarropa.* **SIN. armario, clóset, placard. 2.** Conjunto de prendas de vestir: *Como iba a estar mucho tiempo de viaje, se llevó todo su guardarropa consigo.*

guardavalla m. *Amér. C. y Amér. Merid.* En algunos deportes por equipo, jugador que cuida la meta para evitar goles o puntos en contra. **SIN. guardameta, portero, arquero.**

guardería f. Lugar destinado al cuidado de los bebés y niños menores de cuatro años: *Mis hermanos menores van a la guardería porque mis papás trabajan y yo voy a la escuela.*

guardia f. **1.** Vigilancia: *En el campamento hubo tres turnos de guardia nocturna.* **2.** Turno nocturno o turnos en horarios poco usuales, que se realiza en algunas actividades en las que se da servicio las 24 horas del día: *Los médicos hacen guardias por las noches para atender los casos urgentes que llegan al hospital.* **3.** Nombre de algunos cuerpos armados: *La guardia presidencial escoltó al presidente al aeropuerto.* **SIN. custodia, escolta. 4.** loc. Ponerse en ~, ponerse a la defensiva o estar atento: *En el partido de fútbol, el portero se puso en guardia mientras el delantero contrario tomaba impulso para patear el balón.*

guardia m. Individuo de ciertos cuerpos armados que trabaja defendiendo o cuidando algo: *El guardia de la tienda detuvo al hombre que intentaba robar unos zapatos.* **SIN. agente, centinela, policía.**

guardián, na m. y f. Persona, animal o espíritu que cuida algo o a alguien: *La perra guardiana estaba enferma y aun así se levantó para perseguir a los ladrones.*

guarecer vb. irreg. (tr. y prnl.) **Modelo 39. 1.** Preservar a alguien de algo que podría dañarle, brindar protección: *Cuando comenzó la tormenta de nieve, el hombre no encontraba con qué guarecer a sus hijos del frío.* **2.** Refugiarse, ponerse a salvo: *Finalmente, se guarecieron de la lluvia en una cueva.*

guarén m. *Chile.* Rata grande y nadadora que tiene los dedos unidos con una membrana y vive a orillas de los ríos.

guares adj. *P. Rico.* Relativo a las personas o cosas que son semejantes o iguales.

guares m. pl. *P. Rico.* Hermanos que han nacido en el mismo parto. **SIN. gemelos, cuates.**

guarida f. **1.** Lugar abrigado donde se refugian los animales. **2.** *Fam.* Escondite: *Aquella casa abandonada servía de guarida a unos ladrones hasta que la policía los descubrió.* **SIN. refugio.**

guarismo m. Signo o conjunto de signos que expresan un número: *El matemático escribió unos guarismos en su libreta de notas.* **SIN. cifra.**

guarnecer vb. irreg. (tr.) **Modelo 39. 1.** Adornar un vestido con una cinta, un encaje, etc.: *La costurera guarnecerá el vestido de novia con un encaje tejido a mano.* **2.** Dotar, proveer, equipar: *Para escalar el monte, el capitán de los alpinistas guarneció a sus hombres con mantas, alimentos y herramientas.* **SIN. suministrar.**

guarnición f. **1.** Alimento que se sirve para acompañar carnes o pescados: *Me sirvieron la carne acompañada con una guarnición de papas fritas.* **SIN. acompañamiento. 2.** Grupo de soldados que permanece en un poblado para defenderlo o protegerlo: *La guarnición mostró su valentía cuando la torre fue atacada.* **SIN. tropa. 3.** Adorno de las ropas: *La guarnición floreada del vestido azul obscuro le da un toque de alegría.* **4.** *Méx.* Borde del hormigón o concreto que delimita las aceras.

guaro m. **1.** *Amér. C.* Bebida alcohólica fuerte hecha a base de caña. **SIN. aguardiente. 2.** *Venez.* Ave de pico curvo y grueso, casi siempre de plumaje color verde, con algunos adornos de otros colores en la cabeza y en la cola. **SIN. loro.**

guarro, rra adj. Se aplica a las personas, animales o cosas sucias: *Eliseo es un guarro, hace tres días no se cambia de ropa.*

guarro, rra m. y f. Cerdo, animal de granja: *Mi tía me dijo: Vamos a darle de comer a los guarros y verás cómo dejan de hacer tanto ruido.* **SIN. cochino, marrano.**

guarura m. *Méx. Fam.* Persona que acompaña a otra para protegerla usando la fuerza física si es necesario. **SIN. guardaespaldas, gorila.**

guasa f. *Fam.* Burla o broma que se hace o se dice a alguien: *No pongas esa cara, Lalo; cuando te dije que Georgina tenía novio, fue una guasa.* **SIN. ironía, broma.**

guasada f. *R. de la P.* Falta de respeto, grosería.

guasca f. *Amér. Merid. y Antill.* Tiras de cuero crudo que se emplean como riendas o látigos.

guaso, sa adj. *Amér. Merid.* Se dice de quien no es cortés. **SIN. maleducado, grosero.**

guasón, na adj./m. y f. *Fam.* Se refiere a la persona que es burlona o que gusta de hacer bromas: *Los*

GUA

amigos de Tomás son muy **guasones**, se pasan las tardes haciendo payasadas. Sɪɴ. **bromista, irónico**.

guata f. **1.** Algodón que se usa como relleno de colchones y ropa de abrigo. **2.** *Argent., Bol., Chile. y Perú. Fam.* Barriga, vientre. **3.** *Cuba.* Mentira. **4.** *Ecuad. y Salv.* Amigo inseparable. Sɪɴ. **cuate**.

guatemalteco, ca *adj./m. y f.* Originario de Guatemala, país de América Central, y de su capital: *Los turistas compraron unas hermosas y coloridas telas **guatemaltecas** hechas en telar de cintura.*

guateque m. *Fam.* Fiesta en una casa particular: *Anoche, durante el **guateque**, la gente bailó mucho.* Sɪɴ. **reventón**.

guato m. **1.** *Bol.* Cordel para amarrar cosas. Sɪɴ. **mecate, soga**. **2.** *Méx. Fam.* Montón de algo.

guatuso, sa *adj./m. y f. Salv.* Se refiere a la persona que tiene el cabello claro. Sɪɴ. **rubio, güero**.

guaxmole m. *Méx.* Comida hecha de carne de cerdo guisada con semillas de guaje.

guayaba f. Fruta redonda, del tamaño de la ciruela, amarilla por fuera y con interior casi blanco, o rosado, lleno de semillas pequeñas: *La **guayaba** es muy sabrosa y tiene un perfume especial que la caracteriza.*

guayabate m. Dulce de guayaba: *Ayer comimos **guayabate** como postre.*

guayabera f. Camisa suelta de tela ligera, propia para climas cálidos: *En la península de Yucatán, en México, muchos hombres acostumbran usar **guayaberas** de colores claros.*

guayabo m. Árbol americano, de copa reducida, cuyo fruto es la guayaba: *Con las hojas del **guayabo** se prepara un té medicinal.*

guayacán o **guayaco** m. Árbol tropical de América, apreciado por su madera negruzca, dura y olorosa.

guayanés, sa *adj./m. y f.* Originario de la Guayana Francesa, país de América del Sur.

guayar vb. {tr.} *R. Dom.* Desmenuzar una cosa con el rallador. Sɪɴ. **rallar, moler**.

guayuco m. *Colomb., Pan. y Venez.* Vestimenta pequeña que usan los indios, que cubre los genitales y el trasero. Sɪɴ. **taparrabo**.

guayule m. *Méx.* Árbol que produce el hule.

gubernamental *adj.* Relativo al gobierno de un país o provincia: *La política **gubernamental** busca ofrecer más oportunidades de trabajo.*

gubia f. Utensilio que consta de un mango de madera y una punta de metal filosa en forma de "u" o de "v", usada en carpintería para tallar madera.

güegüenche m. *Méx.* Entre los indígenas, anciano que tiene a su cargo la organización de las danzas festivas del pueblo.

güemul m. Animal sudamericano parecido al ciervo, de cola corta y blanca, orejas grandes y pelaje pardo. Sɪɴ. **huemul**.

guepardo m. Animal felino de piel clara con manchas obscuras, parecido al leopardo, pero de cabeza más pequeña: *El **guepardo** es uno de los animales más veloces del planeta.*

güero, ra *adj./m. y f. Méx. y Venez.* Relativo a la persona que tiene el cabello claro. Sɪɴ. **rubio, guatuso**.

guerra f. **1.** Lucha armada entre sociedades humanas: *Casi todos los países han perdido a muchos de sus ciudadanos durante las **guerras**.* Sɪɴ. **conflicto, lucha**.

Aɴт. **paz**. **2.** *loc.* Dar ~, molestar: *Lucía le estuvo **dando** guerra a su hermano para que la ayudara a podar el césped.*

guerrear vb. {intr.} Pelear, hacer la guerra: *En la Edad Media los señores feudales **guerreaban** contra sus vecinos para obtener más tierras o para aumentar su poder.* Sɪɴ. **luchar, combatir, batallar**.

guerrero, ra *adj.* Relativo a la lucha armada, o a quien la practica: *En la antigua Grecia, Esparta era una ciudad **guerrera** y Atenas una ciudad culta.* Sɪɴ. **bélico, marcial**. Aɴт. **pacífico**.

guerrero, ra *m. y f.* Persona que practica la lucha armada: *Los **guerreros** defendieron las costas en las que estaba desembarcando el enemigo.* Sɪɴ. **combatiente, soldado**. Aɴт. **pacifista**.

guerrilla f. Grupo de civiles organizados como ejército que hace la guerra a base de pequeños ataques por sorpresa, trampas y emboscadas: *Los franceses organizaron una **guerrilla** de resistencia para defenderse de la invasión nazi durante la Segunda Guerra Mundial.*

guerrillero m. Persona que combate en la guerrilla.

gueto m. **1.** Lugar o barrio donde viven las personas que se encuentran separadas de la sociedad por motivos raciales, culturales, religiosos, etc. **2.** Grupo de personas que viven separadas de la sociedad por motivos raciales, culturales, religiosos, etc.

guía f. **1.** Cosa que dirige u orienta. **2.** Manual que contiene mapas, planos e información sobre ciudades y países: *En la **guía** de la ciudad encontraremos el domicilio que buscamos.* **3.** Manual que contiene información sobre algún tema en particular: *En la **guía** del explorador se explica cómo encender una fogata en el bosque sin causar un accidente.*

guía m. y f. Persona que encamina o enseña a otras: *El **guía** del museo de arte llevó a los visitantes de una sala a otra dando explicaciones muy claras de las obras que observaban.* Sɪɴ. **chaneque**.

guiar vb. irreg. {tr. y prnl.} Modelo 9. **1.** Acompañar a alguien mostrándole el camino: *Julio **guió** a sus amigos hasta el río porque era el único que sabía cómo llegar.* Sɪɴ. **llevar, indicar**. **2.** Conducir un vehículo: *Federico nunca **había guiado** una motocicleta y, sin embargo, lo hizo muy bien.* Sɪɴ. **manejar, conducir**. **3.** Dirigir por medio de enseñanzas o consejos: *Por fortuna, el maestro aceptó **guiarme** en la elección de los libros que debo estudiar para el examen.* Sɪɴ. **aconsejar, instruir**.

guija f. Piedra pequeña redondeada por la erosión: *Los niños se divertían tirando **guijas** al agua.* Sɪɴ. **guijarro**.

guijarro m. Piedra pequeña redondeada por la erosión. Sɪɴ. **guija**.

guillotina f. **1.** Instrumento de castigo en el que la cabeza del condenado se sujeta debajo de una cuchilla filosa que, al caer, produce la muerte por decapitación: *La **guillotina** es un invento francés.* **2.** Máquina con una cuchilla muy filosa que se usa para cortar papel: *En la imprenta hay una **guillotina** grande que corta muchas hojas a la vez.*

guillotinar vb. {tr.} **1.** Matar a alguien cortándole la cabeza con la guillotina: *Durante la Revolución Francesa el rey Luis xvi **fue guillotinado**.* Sɪɴ. **matar, decapitar, degollar**. **2.** Cortar papel con una guillotina: *El papel debe **guillotinarse** para lograr cortes precisos.*

güinca *adj.* *Chile.* Nombre con que los indios se refieren a los blancos.

güinca *m.* *Chile.* *Fam.* Amigo.

guinche *m.* *Argent.* y *Urug.* Máquina con un brazo giratorio para levantar, desplazar y depositar cosas pesadas. SIN. **grúa.**

guinda *adj./m.* y *f.* Relativo a lo que es de color rojo muy obscuro.

guinda *m.* y *f.* *1.* Color rojo muy obscuro: *Uno de los colores de la flor de buganvilla es el* **guinda**. *2.* Fruta redonda del tamaño de una uva grande que se presenta en pares y es de color rojo obscuro: *Las* **guindas** *son un poco más ácidas que las cerezas.*

guindo o **guindal** *m.* Árbol parecido al cerezo, que da un fruto llamado guinda: *El* **guindo** *está lleno de pájaros que han venido a comerse la fruta.*

guinea *adj.* Se dice de la gallina que tiene el plumaje de color mezclado entre obscuro y claro: *En el gallinero hay tres gallinas* **guineas** *y una gallina blanca.*

guinea *f.* Antigua moneda británica.

guineano, na o **guineo, nea** *adj./m.* y *f.* Originario de Guinea, país de África Occidental.

guineo *m.* Variedad de banana o plátano en algunas zonas de América: *El* **guineo** *es un plátano pequeño y dulce.*

guiñapo *m.* *1.* Prenda de vestir rota y sucia: *El cachorro se puso a jugar con el pantalón que Leoncio dejó tirado y lo dejó hecho un* **guiñapo**. SIN. **jirón, trapo.** *2.* Persona enferma, cansada, sucia o que se siente mal moralmente: *Laura anda hecha un* **guiñapo** *a causa de su enfermedad.*

guiñar *vb.* {tr. y prnl.} Cerrar y abrir un ojo con rapidez, dejando el otro abierto: *En cuanto Pedro vio a Magdalena, le* **guiñó** *un ojo en señal de simpatía.*

guiño *m.* Gesto de cerrar y abrir un solo ojo con rapidez: *Luis le hizo un* **guiño** *a Silvia para darle a entender que estaba bromeando.*

guiñol *m.* Palabra de origen francés. Teatro pequeño de marionetas en el cuerpo en forma de guante, que se manejan introduciendo una mano en ellas: *En el* **guiñol** *representaron un cuento de Las mil y una noches.*

guión *m.* *1.* Apunte escrito en forma breve que sirve de guía para desarrollar un tema: *La maestra les aconsejó a los niños que hicieran un* **guión** *con los asuntos más importantes que tratarían en la reunión de alumnos.* SIN. **apunte, sinopsis.** *2.* Texto con los diálogos y sucesos que se desarrollarán en un filme, un programa de televisión o de radio: *El* **guión** *del filme fue modificado al momento de la grabación.* SIN. **argumento, trama.** *3.* Signo ortográfico (-) que se utiliza para partir palabras cuando no caben en el renglón: *El* **guión** *debe ponerse separando la palabra en sílabas.*

guionista *m.* y *f.* Persona que elabora el guión de un filme o de un programa de radio o televisión. SIN. **autor.**

güipil *m.* Ver **huipil.**

güira *f.* *1.* Árbol tropical de tronco torcido, que da un fruto globoso parecido a la calabaza con el que se fabrican tazas, vasos e instrumentos musicales. *2.* Fruto de la güira: *Con la pulpa de la* **güira** *se prepara dulce.*

guirigay *m.* *1.* Lenguaje difícil de entender por enredado e incomprensible. SIN. **galimatías.** *2.* Griterío y confusión: *Aquellos traviesos andan haciendo* **guirigayes** *en todos lados.*

guirlache *m.* Dulce duro hecho con almendras tostadas y caramelo. SIN. **turrón.**

guirnalda *f.* Cinta o corona hecha con ramas, flores o papel trenzado, que se usa como adorno en patios, habitaciones o edificios: *Colgaremos unas* **guirnaldas** *en el patio para la fiesta de cumpleaños.*

güiro *m.* *Antill.* Instrumento musical hecho con un tipo de calabaza alargada, a la que se hacen rayaduras en la parte superior: *Al frotar el* **güiro** *con un hueso, produce un sonido rítmico.*

guisa *f.* *1.* Manera, modo. *2.* loc. **A ~ de**, a modo: *Chinos y japoneses usan palillos* **a guisa de** *cubiertos.*

guisado *m.* Comida hecha a base de carne de res, pollo o pescado, cocida con verduras o salsa: *El* **guisado** *tenía zanahorias, papas y tomate.* SIN. **guiso.**

guisante *m.* *1.* Planta trepadora cultivada por su vaina comestible, de color verde con semillas redondas y pequeñas: *El* **guisante** *es una legumbre.* SIN. **arveja, chícharo.** *2.* Semilla de esta planta del guisante.

guisar *vb.* {tr.} Preparar los alimentos cocinándolos al fuego: *El papá de Daniel* **guisó** *pollo con verduras y sabe delicioso.* SIN. **cocinar.**

guiso *m.* Comida hecha a base de carne de res, pollo o pescado, cocida con verduras o salsa: *Hoy comimos* **guiso** *de pescado con zanahorias.* SIN. **guisado.**

güisqui *m.* *Esp.* Bebida alcohólica hecha a partir de ciertos cereales. SIN. **whisky.**

guita *f.* *R. de la P.* *Fam.* Dinero. SIN. **plata, lana, feria.**

guitarra *f.* Instrumento musical formado por una caja de madera con curvas y un agujero redondo al centro, un mástil con barritas de metal y seis cuerdas: *La* **guitarra** *suena al apretar las cuerdas con una mano y rasparlas con la otra.*

guitarrista *m.* y *f.* Persona que se dedica a tocar la guitarra, en especial el que lo hace de manera profesional: *El* **guitarrista** *interpretó la obra llamada Concierto de Aranjuez.*

guitarrón *m.* Instrumento musical mexicano parecido a la guitarra pero de mayor tamaño: *En ese cuarteto de cuerdas hay un violín, dos guitarras y un* **guitarrón**.

gula *f.* Exceso en el comer y en el beber: *Gabriel se comió por* **gula** *otra rebanada de tarta y ahora le duele el estómago.*

guri, risa *m.* y *f.* *Argent.* y *Urug.* Niño, muchacho.

gurdo *m.* Moneda de Haití.

gusano *m.* Nombre dado a los animales de cuerpo blando y alargado, sin patas ni esqueleto: *Un tipo de* **gusanos** *se convierten en mariposas después de una metamorfosis.* SIN. **lombriz, oruga.**

gustar *vb.* {tr. y prnl.} *1.* Percibir el sabor: *Gustamos dos tipos de fruta, una dulce y otra ácida, antes de escoger la que preferíamos.* SIN. **probar, saborear, degustar.** *2.* Resultar algo agradable o atractivo a alguien: *A Gloria le* **gusta** *Martín.* SIN. **querer, agradar.** *3.* Desear algo: *"¿Te* **gustaría** *ir de vacaciones a la playa?", le dije a mi hermano.* SIN. **apetecer, desear.**

gusto *m.* *1.* Sentido que permite distinguir los sabores: *"Con una gripe tan fuerte como la que tienes se pierde el* **gusto**, *por eso no le encuentras sabor a la comida", me dijo mi madre.* *2.* Sabor de un alimento: *"Esta sopa tiene* **gusto** *a cebolla", le dijo a Ricardo.* *3.* Placer: *"Me da mucho* **gusto** *volver a verte después de seis meses", dije a mi hermana.* *4.* Facultad de sentir o apreciar las cosas: *Tienen* **gustos** *diferentes: uno prefiere oír música, el otro, trepar a los árboles.* **5.** Decisión voluntaria de hacer algo: *Liliana fue por su* **gusto** *a ayudar a su tía.* **6.** loc. **Tomar (el) ~,** aficionarse: *Le ha* **tomado gusto** *a la lectura y ahora se pasa el día con un libro en las manos.*

gustillo *m.* Saborcillo que queda en el paladar al probar alguna cosa: *El dulce de guayaba tenía un agradable* **gustillo** *a canela.*

gustoso, sa *adj.* Que siente gusto o hace con gusto una cosa: *"En cuanto termine mi trabajo, te acompañaré* **gustoso** *al cine", me dijo mi hermano.*

gutural *adj.* Relativo a la garganta: *"Grrr" es un sonido* **gutural***.*

guyanés, sa *adj./m. y f.* Originario de Guyana, país de América del Sur: *Los* **guyaneses** *se independizaron de los ingleses en el año 1966.*

Hh

h *f.* Octava letra del abecedario español. Su nombre es **hache**.

haba *f.* **1.** Planta de huerta cultivada por sus semillas que nacen en vaina verde y que son utilizadas en la alimentación humana y animal: *El haba es una planta leguminosa que se come fresca y también se come seca.* **2.** Fruto y semilla de esta planta: *Las habas secas son amarillas y con ellas se prepara una sopa espesa y sabrosa.*

habanero, ra o **habano, na** *adj./m. y f.* Originario de La Habana, Cuba, isla de las Antillas Mayores.

habano *m.* Cigarro grueso como el dedo de una persona adulta, largo y perfumado, elaborado en Cuba: *Los habanos se elaboran de forma manual, enrollando varias hojas de tabaco tratado de manera especial para que conserven su aroma y su frescura.* SIN. **puro.**

habano, na *adj.* De color ocre o castaño claro, como la hoja del tabaco: *El vestido de color habano tiene reflejos dorados.*

haber *m.* **1.** Conjunto de bienes que posee alguien: *La casa, el automóvil y un terreno en las afueras de la ciudad son los haberes de Héctor.* SIN. **fortuna, hacienda.** **2.** Parte de una cuenta en la que se apuntan los ingresos. SIN. **activo, caudal.**

haber *vb. irreg.* (impers.) Modelo 22. **1.** Verbo auxiliar que seguido de un participio, forma los tiempos compuestos: *De haber llegado a tiempo al cine, habríamos podido entrar a la función.* **2.** Estar en alguna parte: *Había mucha gente en la sala de conciertos.* SIN. **hallarse.** **3.** Existir: *"No hay problema, puedes traer el trabajo escolar mañana", me dijo mi maestra.* **4.** Suceder: *El sábado pasado hubo un terremoto en Guatemala pero por fortuna no se registraron muertes.* SIN. **producirse, ocurrir.** **5.** Realizarse: *El día 25 de este mes habrá una reunión para conmemorar los cincuenta años de la fundación de la escuela.* SIN. **celebrarse. 6.** Seguido de la preposición *de* y un verbo en infinitivo, expresa la acción como obligatoria o necesaria: *Ellos han de estudiar si realmente quieren aprobar la materia.* **7.** loc. **Hay que**, es necesario u obligatorio hacer algo: *"Hay que ir a la casa de Néstor para ayudarle a reparar el techo que se cayó por la tormenta", me dijo Andrés.* **8.** loc. **No hay de qué**, expresión de cortesía que se utiliza para responder cuando alguien da las gracias: *—Muchas gracias por acompañarme. —No hay de qué.* SIN. **de nada.**

habichuela *f.* **1.** Planta trepadora cultivada en las huertas, que da una vaina comestible de color verde con semillas blancas: *La habichuela es una planta leguminosa.* **2.** Fruto de la planta de la habichuela. SIN. **chaucha, ejote. 3.** Semilla de la planta de la habichuela: *Una manera de cocinar las habichuelas es con perejil y ajo, así saben deliciosas.* SIN. **frijol, judía, poroto.**

hábil *adj.* **1.** Se dice de la persona que puede hacer las cosas bien: *El caballero del cuento era hábil en el manejo de la espada.* SIN. **capaz, competente, diestro.** ANT. **incapaz, torpe, inepto. 2.** Relativo a aquello que resulta adecuado: *Rosaura entretuvo a la maestra con hábiles preguntas hasta que terminó la clase.* SIN. **pertinente, oportuno.**

habilidad *f.* Cualidad de quien tiene capacidad para hacer algo bien: *Hugo conduce muy bien y gracias a su habilidad evitó un terrible accidente.* SIN. **destreza.** ANT. **torpeza.**

habilidoso, sa *adj.* Se refiere a la persona que hace bien las cosas: *Rosina es una chica habilidosa: cosió un hermoso vestido de novia para su hermana y además, preparó una comida deliciosa para la fiesta.* SIN. **capaz, competente.** ANT. **incapaz, torpe, inepto.**

habilitar *vb.* (tr.) **1.** Hacer hábil o apto a alguien para que pueda valerse por sí mismo: *El entrenador habilitó a los atletas jóvenes para que puedan participar en la categoría profesional.* SIN. **entrenar. 2.** Arreglar un lugar para que pueda utilizarse: *Han habilitado esa casa vieja y ahora funciona como restaurante.* SIN. **acondicionar.**

habitación *f.* **1.** Sitio donde se vive: *Pedro está buscando habitación, porque va a casarse el mes próximo.* SIN. **domicilio. 2.** Cada uno de los espacios con techo que forman una casa: *Esa casa tiene cinco habitaciones y un jardín.* SIN. **cuarto, pieza, recámara.**

habitáculo *m.* **1.** Lugar donde se vive: *Según la mitología, el Monte Olimpo era el habitáculo de los dioses griegos.* SIN. **habitación, vivienda. 2.** Espacio natural que presenta condiciones favorables para vivir en él: *El jardín de mi casa es el habitáculo de unas hormigas.* SIN. **hábitat.**

habitante *m. y f.* **1.** Poblador de un país, región, ciudad o barrio: *Los monos, tucanes, jaguares y otros animales son los habitantes de la selva.* **2.** Cada una de las personas que forman la población de una ciudad o del mundo: *Esta ciudad tiene tres millones de habitantes.* SIN. **ciudadano, residente.**

habitar *vb.* (tr.) **1.** Vivir en un lugar: *Los canguros habitan en Australia.* SIN. **poblar. 2.** Vivir en una casa: *Una familia de amigos habitará con nosotros hasta que encuentre un departamento para alquilar.* SIN. **morar, residir.**

hábitat *m.* **1.** Territorio que presenta las condiciones adecuadas para la vida de una especie animal o vegetal: *El hábitat de los delfines es el mar.* **2.** Conjunto de condiciones de vida de los ciudadanos: *El hábitat rural es muy diferente al de la ciudad.*

HAB

hábito *m.* *1.* Disposición que se adquiere por hacer ciertas cosas de manera frecuente: *Elisa tiene el hábito de levantarse temprano para hacer ejercicio.* SIN. **costumbre.** *2.* Traje o vestimenta usado por religiosos: *El hábito de los monjes franciscanos es de tela rústica.* *3.* loc. **El ~ no hace al monje,** señala que a veces la apariencia de alguien no corresponde con la realidad.

habitual *adj.* Relativo a lo que se hace u ocurre siempre de un mismo modo: *Un vaso de leche y una fruta: ése es mi desayuno habitual.* SIN. **común, normal, ordinario.** ANT. **excepcional, inusitado.**

habituar *vb. irreg.* (tr. y prnl.) Modelo 10. Acostumbrar o acostumbrarse a hacer algo como parte de la vida normal: *Este gato se habituó desde pequeño a orinar en un cajón de arena.* SIN. **acostumbrar, enseñar.**

habla *f.* *1.* Facultad, acción y efecto de expresarse por medio de palabras: *Los animales no están dotados de habla.* *2.* Uso individual que hacen los hablantes de una lengua: *Casi 400 millones de personas en el mundo somos de habla española.* SIN. **idioma.** *3.* loc. **Dejar** o **quedarse sin ~,** guardar silencio a causa de una sorpresa: *Las preguntas del niño acerca del sexo dejaron sin habla a sus padres.* SIN. **enmudecer.** *4.* loc. **Estar** o **ponerse al ~,** estar en comunicación: *Rosalía se puso al habla con Julián para decidir la fecha en que iniciarían el viaje.*

hablador, ra *adj.* Se dice de la persona que habla demasiado: *Julieta es tan habladora, que se pasa una hora hablando cuando alguien le pregunta cómo le va.* SIN. **charlatán, parlanchín.** ANT. **callado, reservado.**

hablador, ra *m.* y *f.* Persona que tiende a mentir o exagerar al contar algo: *La habladora logró que todos se preocuparan por algo que no había sucedido.*

habladuría *f.* Cosas que se dicen y no son del todo ciertas: *"Elena sigue yendo a la escuela como siempre, nunca pensó en dejar de estudiar; lo que oíste fueron puras habladurías."* SIN. **chisme, mentira, rumor.**

hablar *vb.* (tr., intr. y prnl.) *1.* Articular palabras: *El bebé está empezando a hablar.* SIN. **pronunciar.** *2.* Expresar el pensamiento utilizando palabras: *Yo hablo mucho con mis padres, ellos siempre me explican lo que no entiendo.* SIN. **conversar, charlar, platicar.** *3.* Decir algo a un público reunido: *El director de la escuela habló en la inauguración de la nueva biblioteca.* *4.* Darse a entender de algún modo: *Los mimos hablan con el cuerpo.* SIN. **expresar, decir.** *5.* Sostener una conversación: *Rodolfo y Federico no se hablan desde el viernes porque se pelearon.* *6.* Tratar sobre un asunto: *El libro habla de un continente perdido llamado Atlántida.* SIN. **razonar.** *7.* Murmurar o criticar. *8.* Conocer y utilizar un idioma: *Mi amigo William habla inglés y yo hablo español.* *9.* loc. **~ hasta por los codos,** hablar demasiado: *Mi hermanita habla hasta por los codos, a veces termino aburrida de tanto oírla.* *10.* loc. **Ni ~,** se usa para negarse a hacer algo o para aceptar hacerlo con cierta resignación: *Mi madre no me dio permiso para ir a la fiesta y ni hablar, no iré.*

hacedor, ra *adj./m.* y *f.* Referido a la persona que hace una cosa. SIN. **creador.**

hacendado, da *adj./m.* y *f.* *1.* Se refiere a la persona que tiene tierras en propiedad: *Los primos de Lucrecia son grandes hacendados, tienen varios terrenos en el campo, en algunos cultivan frutas y en otros crían ga-*

nado. SIN. **rico.** *2.* Argent. y Urug. Dueño de tierras dedicadas a la cría de ganado. SIN. **ganadero, estanciero, ranchero.**

hacendoso, sa *adj.* Se refiere a la persona que trabaja con esmero en las tareas del hogar.

hacer *vb. irreg.* (tr., intr., prnl. e impers.) **Modelo 23.** *1.* Elaborar cosas materiales: *Las abejas hacen la miel.* *2.* Crear: *Horacio hace cine y su hermano Raúl, que es poeta, hace versos.* SIN. **inventar, componer, producir.** *3.* Obligar a algo: *Les hizo tomar la sopa hasta la última gota.* SIN. **ordenar, obligar.** *4.* Actuar: *A Rodrigo le tocó hacer del príncipe en la obra de teatro de la escuela.* *5.* Realizar: *El año en que todos nos reunimos, Anita no estuvo porque había hecho un viaje a Francia.* *6.* Producir una causa o un efecto determinado: *La fuerza de gravedad hace que los objetos caigan a tierra.* SIN. **provocar.** *7.* Componer, arreglar: *Antes de ir a la escuela hago mi cama.* *8.* Disimular: *Diego se hacía el sordo cada vez que Fernando lo saludaba porque no quería hablar con él.* SIN. **fingir, aparentar.** *9.* Convertirse, volverse: *Julia se ha hecho cantante de ópera.* SIN. **dedicarse.** *10.* Habituar, acostumbrar: *"Si te vas a vivir a Finlandia, tendrás que hacerte al frío del Norte", me dijo mi tío.* *11.* Moverse en alguna dirección: *"Hazte a un lado, necesito pasar", me dijo Jacobo.* *12.* Haber transcurrido cierto tiempo: *"Hoy hace un año que nos conocimos", me dijo mi amiga Daniela.* *13.* Haber ciertas condiciones atmosféricas: *El último invierno hizo más frío que otros años.* *14.* loc. **~ del baño** o **hacer caca,** evacuar el vientre: *El bebé hizo caca en el pañal.* SIN. **cagar.** *15.* loc. **~ pedazos,** romper: *El golpe del balón hizo pedazos el cristal de la ventana.* *16.* loc. **Hacerse de algo,** conseguir algo: *"Me hice de una bicicleta nueva", le dije a Rodrigo.* *17.* loc. **Hacérsele a alguien algo,** suponer que algo sucede o sucederá: *"Se me hace que Ernesto me invitará al cine esta noche", me dijo mi hermana.* *18.* loc. **Qué se le va a ~,** expresión que se usa para aceptar que algo es inevitable: *"Qué se le va a hacer, la casa que nos gustaba ya está vendida, tendremos que conseguir otra", nos dijo mi padre.*

hacha *f.* *1.* Herramienta compuesta de una cuchilla cortante de hoja ancha y pesada, unida a un mango de madera: *Con el hacha se corta la leña.* *2.* loc. Fam. **Ser un ~,** ser sobresaliente en algo: *Ramón es un hacha para las matemáticas, siempre resuelve las operaciones antes que todos.*

hachar o **hachear** *vb.* (tr.) Cortar la madera utilizando un hacha: *El guardabosque hachó las ramas secas de los árboles para prevenir incendios.*

hachazo *m.* *1.* Golpe dado con un hacha: *Los bomberos abrieron la puerta a hachazos para salvar a la víctima del incendio.* *2.* Argent. y Urug. Golpe violento dado de filo con un cuchillo, espada o navaja.

hachís *m.* Resina obtenida de una variedad del cáñamo que se usa como droga.

hacia *prep.* *1.* Indica dirección o tendencia: *El niño corrió hacia su padre con los brazos abiertos.* *2.* Indica proximidad temporal: *"Volveremos a vernos hacia fines de mes", me dijo mi amiga antes de subir al avión.*

hacienda *f.* *1.* Finca agrícola y ganadera: *En la hacienda tienen caballos, vacas, gallinas y un huerto de manzanas.* SIN. **estancia, rancho.** *2.* Conjunto de bienes y propiedades: *Considerando sus tres casas, los terrenos* y otras propiedades, don Horacio posee una gran **hacienda**, es realmente muy rico. **3.** Amér. C. y Amér. Merid. Conjunto de ganado que hay en una propiedad rural.

hacinamiento *m.* Acción de amontonar: *En los barrios pobres de las ciudades suele haber un gran hacinamiento de casas hechas con materiales como cartón y lámina.*

hacinar *vb.* {tr. y prnl.} **1.** Amontonar algo: *Darío hacinó la leña junto al granero.* SIN. **acopiar. 2.** Amontonarse: *El rebaño de vacas se ha hacinado para protegerse de la lluvia.*

hada *f.* Ser imaginario de sexo femenino, dotado de poder mágico: *En el cuento "La bella durmiente" el hada mala hechizó a la princesa para que muriera al picarse con una aguja, pero las hadas buenas lograron cambiar el hechizo de muerte en sueño.*

hado *m.* Fuerza que desde tiempos antiguos se supone que influye de manera irresistible sobre los sucesos y las personas: *Los reyes antiguos consultaban a los adivinos para saber si el hado los favorecería en la guerra.* SIN. **destino, suerte.**

hafnio *m.* Metal del grupo de las tierras raras, de número atómico 72 y símbolo Hf.

haitiano *m.* Idioma que se habla en Haití, isla de las Antillas Mayores.

haitiano, na *adj./m.* y *f.* Originario de Haití, isla de las Antillas Mayores.

halagador, ra *adj.* **1.** Relativo a la persona que expresa su admiración con elogios: *Ese hombre es halagador con todas las personas que conoce, siempre encuentra una virtud en los demás.* **2.** Relativo a las palabras que expresan elogios o cumplidos: *"Tus palabras son halagadoras, me alegra saber que mi vestido nuevo te ha gustado", me dijo mi novia.*

halagar *vb. irreg.* {tr.} Modelo 17. Dar muestras de afecto o admiración: *Rosa halagó a Enrique con sus comentarios acerca de su buena actuación en la obra de teatro.* SIN. **adular, lisonjear, ensalzar.**

halago *m.* Lo que se dice para agradar a otro poniendo en alta estima sus virtudes: *Los halagos recibidos por haber ganado el concurso han hecho de Guillermo un engreído.* SIN. **alabanza, cumplido.** ANT. **insulto, desprecio.**

halagüeño, ña *adj.* **1.** Relativó a la persona que expresa su admiración con elogios: *Julia ha sido muy halagüeña con Eduardo, en lo mejor está enamorada de él.* **2.** Que promete éxito o una mejora: *El cartero trajo noticias halagüeñas acerca del estado de salud de doña Josefa.* **3.** Relativo a lo que atrae por su dulzura y suavidad: *Los cantos halagüeños del ruiseñor ablandaron el corazón del furioso rey.*

halar *vb.* {tr.} Cuba. Tirar de algo atrayéndolo hacia uno. SIN. **jalar.**

halcón *m.* Ave rapaz de menor tamaño que el águila, con vista aguda y pico fuerte y curvo, que puede domesticarse: *El halcón caza animales pequeños y lo hace durante el día.*

halconera *f.* Lugar donde en la antigüedad se guardaban los halcones de caza.

hálito *m.* **1.** Aire que despide la boca: *El hálito empaña los cristales porque es tibio; es una señal de vida.* SIN. **aliento. 2.** Fam. Soplo suave del aire: *Por la ventana abierta entró un hálito perfumado a jazmines en flor.*

halitosis *f.* Mal aliento: *Alimentos como el ajo causan halitosis.*

hallar *vb.* {tr. y prnl.} **1.** Dar con una persona o cosa: *En el fondo de la bahía han hallado los restos de un barco hundido.* SIN. **encontrar.** ANT. **perder, extraviar. 2.** Descubrir una cosa nueva o un nuevo modo de hacer algo: *Los científicos trabajan sin descanso confiando en que un día hallarán el remedio para esa terrible enfermedad mortal.* SIN. **descubrir, inventar. 3.** Darse cuenta de algo que está ahí: *Roberto halló varios errores de ortografía en la carta que escribió su hermano y los corrigió.* SIN. **advertir, notar, observar. 4.** Estar en determinado lugar, situación o estado: *Si mis padres se dan cuenta de que mi hermano Jacobo rompió el cristal, se hallará en problemas.* SIN. **encontrarse.** ANT. **perderse, extraviarse.**

hallazgo *m.* **1.** Acción de encontrar algo novedoso o darse cuenta de una cosa: *El hallazgo del tesoro del faraón hizo felices a los arqueólogos.* SIN. **encuentro, descubrimiento. 2.** Cosa hallada: *La vacuna contra la poliomielitis fue un hallazgo importante para la salud de los niños de todo el mundo.* SIN. **descubrimiento, invención.**

halo *m.* **1.** Círculo luminoso formado por varios colores, que a veces rodea al Sol o a la Luna a causa de la refracción de la luz al pasar por la lluvia o la nieve. **2.** Círculo de luz difusa alrededor de un cuerpo luminoso. **3.** Círculo que los artistas suelen poner detrás o arriba de la cabeza de las imágenes sagradas.

halofita, to *adj.* Se dice de los vegetales que crecen en lugares donde la tierra es salada.

halógeno *m.* Elemento de la familia del cloro: *Los halógenos son muy tóxicos en estado puro.*

halógeno, na *adj.* **1.** Se refiere a los elementos no metálicos de la familia del cloro: *El cloro, el flúor, el yodo y el bromo son materiales halógenos que se caracterizan por presentar algún color en su estado gaseoso.* **2.** Se refiere a las lámparas que dan una luz blanca y potente: *En las oficinas se utilizan lámparas halógenas para ver mejor.*

haltera *f.* Instrumento formado por una barra de acero en cuyos extremos se colocan círculos de metal con diferentes pesos: *La haltera es un aparato de gimnasia.*

halterofilia *f.* Deporte que consiste en el levantamiento de pesas: *Los hombres que practican la halterofilia tienen los músculos desarrollados y son muy fuertes.*

hamaca *f.* **1.** Tela o red que se cuelga de dos árboles o dos paredes, y sirve de cama: *En la playa hay hamacas; la gente se acuesta en ellas y se bambolea de manera suave para arrullarse.* SIN. **coy. 2.** Argent. y Urug. Silla que tiene dos palos curvos en la patas de tal forma que se mueve para atrás y para adelante.* SIN. **mecedora, balancín. 3.** Argent. y Urug. Juego de patio hecho con una tabla sujeta por cadenas o cuerdas, que cuelga de un soporte alto.* SIN. **columpio, balancín.**

hamacar *vb. irreg.* {tr. y prnl.} Modelo 17. **1.** Amér. C. y R. de la P. Mover una silla o una cuna hacia adelante y hacia atrás.* SIN. **mecer. 2.** Amér. C. y R. de la P. Jugar a moverse hacia adelante y hacia atrás sentado en una tabla sujeta por cadenas o cuerdas a una estructura de metal.* SIN. **columpiarse.**

hamaquear *vb.* {tr. y prnl.} **1.** Amér. C. y Amér. Merid. Moverse a un lado y otro mientras se está recostado en una hamaca.* SIN. **hamacar, mecer, columpiar. 2.** Cuba, P. Rico y Venez. Sacudir algo o a alguien moviéndolo con energía.* SIN. **zarandear.**

hambre *f.* *1.* Deseo o necesidad de comer: *Teresa se preparó un pan con manteca porque tenía* **hambre** *y aún no estaba lista la comida.* SIN. **apetito.** *2.* Falta de alimentación suficiente para mantener vivo el organismo: *En algunos países pobres los niños mueren de* **hambre** *pues los alimentos no alcanzan para todos.* *3.* *Fam.* Deseo ardiente de algo: *Rodrigo tiene* **hambre** *de conocimiento, siempre está haciendo nuevas preguntas a la maestra y lee muchísimo.* SIN. **ansiedad, avidez.** *4. loc. Fam.* **Matar el ~,** comer algo: *Mario* **mató el hambre** *con un bocadillo de queso y siguió trabajando.*

hambriento, ta *adj./m.* y *f.* *1.* Se refiere a la persona o animal que no ha comido y tiene hambre: *Los niños regresaron del partido de fútbol tan* **hambrientos,** *que acabaron con toda la fruta que había en la cocina de su casa.* *2. Fam.* Referido a la persona deseosa de algo: *Después de un difícil año escolar, los niños están* **hambrientos** *de tomar vacaciones.*

hambruna *f.* Hambre colectiva que se prolonga por días, semanas o meses, a causa de la sequía o la falta de recursos económicos.

hamburguesa *f.* Filete redondo hecho de carne picada y sazonada, que por lo general se sirve entre dos rebanadas de pan y con diferentes ingredientes.

hampa *f.* *1.* Organización de maleantes que se dedican al robo y a los negocios ilegales: *El criminal estadounidense llamado Al Capone era el rey del* **hampa** *cuando en su país estaba prohibida la venta de alcohol durante la década de 1920 a 1930.* *2.* Tipo de vida que llevan los maleantes organizados: *Los pícaros y bandidos viven en el* **hampa.**

hampón *adj./m.* Delincuente, persona que pertenece a una organización de maleantes: *La policía capturó a un peligroso* **hampón** *que pertenecía a una banda de secuestradores.*

hámster *m.* Animal roedor de pelo suave, parecido al ratón pero sin cola y con orejas pequeñas: *En Alemania hay muchos* **hámsters.**

hándicap *m.* Palabra de origen inglés. Desventaja en cualquier actividad que se realiza: *Los niños están jugando a perseguirse unos a otros, pero Rodolfo no los alcanza debido a su* **hándicap:** *tiene una pierna enyesada.*

hangar *m.* Cobertizo donde se guardan y reparan los aviones: *En el* **hangar** *presidencial están los aviones que utiliza el presidente cuando sale de viaje.*

haragán, na *adj./m.* y *f.* Persona que no quiere trabajar y pasa el tiempo sin hacer nada: *La muy* **haragana** *no ha ordenado su dormitorio ni ha lavado los platos, sólo ha estado viendo la televisión.* SIN. **perezoso, holgazán.**

haraquiri o **harakiri** *m.* Modo japonés de suicidio honorable, que se realiza abriéndose el vientre con un cuchillo o daga; después, un compañero corta la cabeza del suicida con una espada.

harapiento, ta o **haraposo, sa** *adj.* Relativo a la ropa vieja y rota: *Mi esposa insiste que tire a la basura mi* **harapiento** *pantalón, pero a mí me encanta usarlo para trabajar en el jardín.*

harapo *m.* Tela o prenda de vestir vieja y rota: *Mi hermano llegó de la escuela con el pantalón hecho* **harapos** *porque se subió a un árbol y se le atoró.* SIN. **andrajo, guiñapo.**

hardware *m.* Palabra inglesa. Conjunto de partes físicas que integran una computadora: *El* **hardware** *de* una computadora está formado, entre otras cosas, por el disco duro, la pantalla, el teclado, el ratón, las bocinas, las tarjetas de memoria y la impresora.

harén o **harem** *m.* *1.* En los países musulmanes, lugar de la casa destinado a las mujeres: *El* **harén** *está vigilado para que ningún hombre extraño entre y moleste a las mujeres.* SIN. **gineceo.** *2.* Conjunto de mujeres que viven en una casa como esposas de un hombre: *El* **harén** *del sultán está formado por treinta mujeres.*

harina *f.* Polvo que resulta de moler los cereales y algunas legumbres y tubérculos: *Las tortillas mexicanas se hacen con* **harina** *de maíz y el pan se hace con* **harina** *de trigo.*

harinear *vb.* {intr.} *Venez.* Caer una lluvia ligera. SIN. **garuar.**

harinero, ra *adj.* Relativo a la harina: *En el molino* **harinero** *muelen los granos para producir la harina.*

harinero, ra *m.* y *f.* Persona que fabrica y vende harina: *El panadero compra la harina a un* **harinero.**

harinoso, sa *adj.* *1.* Se refiere a lo que tiene mucha harina: *"Este pan está seco y* **harinoso,** *le falta mantequilla", le dije a Roberto.* *2.* Se refiere a lo que se parece a la harina: *El viento levantó un polvo* **harinoso** *que se metió en todos los rincones de la casa.*

harmonía *f.* Ver **armonía.**

harnear *vb.* {tr.} *Chile* y *Colomb.* Pasar los granos, minerales y otros productos por un colador redondo y grande para quitar las impurezas. SIN. **cribar, cerner.**

harpía o **arpía** *f.* Águila de cabeza grande y garras muy fuertes, que habita en América del Sur.

harpía o **arpía** *f.* Ser fantástico de la mitología griega con cuerpo de ave y cabeza de mujer.

hartar *vb.* {tr. y prnl.} *1.* Saciarse por completo o en exceso el hambre o la sed: *El hombre comió hasta* **hartarse** *y después se echó a dormir.* SIN. **llenar.** *2.* Satisfacer el deseo de una cosa. *3.* Fastidiar, cansar: *Se* **hartó** *de escuchar sus chismes y le pidió que guardara silencio.*

harto *adv.* *1.* Saciado, incluso con exceso, el apetito o el gusto de algo: *Estamos* **hartos** *de escuchar siempre el mismo disco una y otra vez.* *2. Chile, Cuba* y *Méx. Fam.* Mucho, gran cantidad: *Comí* **hartas** *nueces saladas y ahora tengo mucha sed.*

harto, ta *adj.* *1.* Saciado: *Marisa ya no puede probar ni un bocado más, está* **harta** *de comida.* SIN. **lleno, satisfecho.** *2.* Cansado de repetir lo mismo, aburrido: *Horacio está* **harto** *de las travesuras de sus hijos, los va a inscribir a una escuela de deportes para que ahí se entretengan.*

hasta *prep.* *1.* Expresa el límite del cual no se pasa, ya sea con relación al espacio, al tiempo o a la cantidad: *"Pon agua en la botella* **hasta** *la mitad y tráemela por favor", me dijo mi abuela.* *2.* Introduce una frase que expresa sorpresa: *Esta máquina es tan sencilla de manejar que* **hasta** *un niño puede coser con ella.* *3.* Introduce una frase que indica el momento en que algo sucede: *Lo esperó* **hasta** *que se quedó dormida.* *4.* Conjunción copulativa y adverbial equivalente a *incluso; aun y también:* *Consiguieron un buen trabajo; hasta podrán ahorrar para comprarse una casa.* *5. loc.* **~ luego,** expresión de despedida: *"Bueno, ya me voy.* **Hasta luego."**

hastiar *vb. irreg.* {tr.} **Modelo 9.** Causar molestia: *El joven hastió a su novia con tantos celos que ella terminó por pedirle que la dejara en paz.* SIN. **fastidiar, aburrir, cansar.**

hastío *m.* Sensación de aburrimiento: *El hastío lo abrumaba, así que decidió hacer deporte para recobrar su entusiasmo perdido.* Sin. **disgusto, tedio.**

hatajo *m.* Conjunto pequeño de gente, de animales o de cosas: *Un hatajo de ocho amigos fue a visitar a Roque al hospital pero, como la visita no es de muchas personas, tuvieron que pasar uno por uno.*

hatillo *m.* Bulto pequeño de cosas amarradas para su transportación: *El anciano bajó del autobús cargando un hatillo con regalos para sus nietos.* Sin. **paquete.**

hato *m.* **1.** Rebaño pequeño de ganado: *En el monte hay un hato de veinte cabras.* **2.** Cosas personales envueltas que se llevan de un lugar a otro: *El viajero lleva su hato de ropa limpia para cambiarse.* **3.** Amér. Merid. y Antill. Propiedad rural destinada a la cría de ganado. Sin. **hacienda.**

hawaiano, na *adj./m.* y *f.* Originario de Hawai, estado de Estados Unidos de Norteamérica que es un archipiélago de Polinesia: *Los collares hawaianos de flores son un obsequio de bienvenida a los visitantes.*

haya *f.* Árbol grande de corteza gris y madera blanca y dura, que se usa para construir muebles: *Las hayas miden hasta 40 m de altura.*

hayuco *m.* Fruto de la haya.

haz *m.* **1.** Atado que se hace de cosas con forma alargada: *En el campo hay montones de haces de trigo recién segado.* Sin. **manojo. 2.** Conjunto de rayos luminosos: *Por el agujero de las cortinas viejas se filtra un haz de luz.* Sin. **rayo. 3.** Parte superior de una hoja: *El haz de la hoja es de color más obscuro que el de la parte inferior.* Ant. **envés.**

hazaña *f.* Acción heroica o asunto que requiere valentía para realizarse: *Escalar esa montaña será una hazaña peligrosa.* Sin. **proeza, gesta, récord.**

hazmerreír *m.* Fam. Persona que divierte a los demás por su forma ridícula de actuar: *Roberto se emborrachó y fue el hazmerreír de la fiesta.* Sin. **bufón, mamarracho.**

he *adv.* Adverbio que junto con *aquí, allí* y *ahí*, o unido a los pronombres *me, te, la, las* y *los*, sirve para señalar: *"He aquí el dinero que buscabas y heme ahora avergonzado por haberlo tomado de tu bolsa", le dije a mi madre.*

hebilla *f.* Pieza de metal que une los dos extremos de una cinta, o una cinta con otra: *La hebilla de mi zapato está descosida y por eso no puedo cerrarlo.*

hebra *f.* **1.** Cada uno de los hilos que forman una tela: *Esta camisa está hecha con hebras muy delgadas de seda.* **2.** Porción de hilo que se introduce en la aguja para coser: *Susana cose el pantalón de Gregorio con una hebra azul.* **3.** Cualquier materia formada por fibras: *Alimento a mi pez con finas hebras de carne de marisco.*

hebreo *m.* Idioma que antiguamente hablaban los hebreos y que en la actualidad es la lengua oficial de Israel: *El hebreo se escribe de derecha a izquierda y fue el primer alfabeto silábico que se inventó.*

hebreo, a *adj./m.* y *f.* Originario de Israel, país del Cercano Oriente.

hebroso, sa o **hebrudo, da** *adj.* Se refiere al material que tiene muchas fibras: *Esta carne está muy hebrosa, podemos cocerla, deshebrarla y preparar una ensalada con ella.*

hecatombe *f.* Suceso en el que muere mucha gente: *El terremoto ocasionó una hecatombe; muchas personas* quedaron sepultadas bajo los edificios. Sin. **catástrofe, desastre, matanza.**

heces *f.* pl. **1.** Residuos sólidos de la fermentación del vino que se asientan al fondo de la botella: *"Este vino tinto tiene muchas heces, no muevas demasiado la botella para evitar que se levanten del fondo", dije a Daniel.* Sin. **asiento, desecho. 2.** Fam. Residuos de la digestión que el cuerpo desecha por el ano: *Las heces huelen mal.* Sin. **caca.**

hechicería *f.* Arte y acto de someter a otro a influencias que pueden resultar maléficas, valiéndose de conjuros y otras prácticas de origen supersticioso.

hechicero, ra *adj./m.* y *f.* Relacionado con la magia: *La hechicera del programa de televisión lanzaba arañas y pelos de conejo a una olla con agua caliente.* Sin. **brujo.**

hechicero, ra *adj./m.* y *f.* Fam. Relativo a la persona que por su belleza cautiva a los demás: *Los ojos hechiceros de la hermosa muchacha hicieron que el chico se enamorara de ella.* Sin. **atractivo, encantador.**

hechizar *vb. irreg.* {tr.} Modelo 16. **1.** Ejercer un poder mágico sobre algo o alguien: *La bruja del cuento hechizó al príncipe y lo convirtió en un sapo gordo y feo.* Sin. **encantar, embrujar. 2.** Despertar admiración y afecto en otros: *Julia ha hechizado a Roberto con su bella manera de hablar.*

hechizo *adj.* Chile y Méx. Se dice de la cosa, máquina o instrumento que está hecha de forma rudimentaria, copiando un artículo de fábrica: *En lugar de comprar una silla antigua muy cara conseguí una muy parecida, pero hechiza.*

hechizo *m.* **1.** Acción y efecto de ejercer un poder mágico sobre algo o alguien: *Víctima de un hechizo que no le permitía recordar su nombre, vagó como un mendigo por las calles del pueblo del que había sido rey.* **2.** Lo que se emplea para hechizar: *Este hechizo consta de una sola palabra: "abracadabra".*

hecho *m.* **1.** Obra, acción. **2.** Suceso: *Los hechos políticos de la semana fueron transmitidos en el noticiero de la televisión.* **3.** loc. De –, en efecto: *La maestra nos advirtió que el examen sería difícil y, de hecho, así fue.*

hecho, cha *adj.* Relativo a lo que está acabado, perfecto o maduro: *El postre ya está hecho, puedes comerlo cuando quieras.*

hechura *f.* Acción y efecto de hacer o realizar algo: *Mi mamá tardó tres días en la hechura del vestido.* Sin. **ejecución.**

hectárea *f.* Unidad de medida de superficie de símbolo ha, que equivale a 10 000 metros cuadrados: *Una hectárea en una ciudad equivale a una manzana de 100 m de largo por cada lado.*

hectogramo *m.* Medida de peso de símbolo hg, que equivale a 100 gramos: *Un cuarto de kilo de queso es igual a dos hectogramos y medio.*

hectolitro *m.* Medida de capacidad de símbolo hl, que equivale a 100 litros: *En ese tanque caben dos hectolitros de agua, es decir, se le pueden vaciar doscientos litros de agua.*

hectómetro *m.* Medida de longitud de símbolo hm, que equivale a 100 metros: *En la carrera de los cien metros planos, los velocistas corren un hectómetro.*

heder *vb. irreg.* {intr.} Modelo 24. Despedir mal olor: *El pantalón de mi hermano hiede porque lleva cinco días sin cambiárselo.* Sin. **apestar.**

hediondo, da *adj.* **1.** Relativo a lo que despide mal olor: *El agua de los alcantarillados es hedionda.* **2.** Se dice de lo que es repugnante: *En el Museo de Historia Natural vi unas cosas hediondas, entre ellas, el feto de un borrego con dos cabezas.*

hedonismo *m.* Doctrina que hace del placer el objetivo de la vida.

hedor *m.* Olor desagradable: *El huevo estaba podrido y al romperse, impregnó el ambiente de la cocina con su hedor.* SIN. **peste, pestilencia.** ANT. **aroma, perfume.**

hegemonía *f.* Superioridad de alguien sobre otro: *Los países poderosos compiten por mantener su hegemonía sobre los países más pobres.* SIN. **supremacía.**

hégira o **héjira** *f.* Emigración del profeta Mahoma desde La Meca hasta Medina, que tuvo lugar en el año 622: *La cronología musulmana inicia con la hégira, así como la cristiana toma el nacimiento de Jesús como punto de partida.*

helada *f.* Capa de rocío hecho hielo que cae por la madrugada en los países de clima frío: *Hubo helada durante la noche y en la mañana el techo de la casa se veía blanco por el hielo.*

heladera *f.* Amér. Merid. Aparato eléctrico que produce frío y que se utiliza para guardar los alimentos. SIN. **nevera, frigorífico, refrigerador.**

heladería *f.* Local donde se venden helados: *En la heladería conservan los helados de distintos sabores en recipientes grandes y fríos.*

heladero, ra *m.* y *f.* Persona que vende helados o que es dueño de una heladería: *El heladero siempre me pregunta de qué sabor quiero mi helado, y yo le contesto que lo quiero de chocolate.*

helado *m.* Postre congelado dulce de distintos sabores, hecho a base de crema batida: *A Gregorio le gusta el helado de chocolate pero su hermana prefiere el helado de nuez.*

helado, da *adj.* **1.** Se dice de lo que está muy frío: *La casa está helada, será necesario prender la chimenea.* **2.** Se refiere a la persona que se encuentra muy impresionada: *Todos nos quedamos helados cuando mi padre nos dijo que le habían robado el automóvil.* SIN. **sorprendido.**

helar *vb. irreg.* [tr., prnl., impers.] **Modelo 3.** **1.** Volver o volverse sólida una materia líquida por efecto del frío excesivo: *Durante el invierno se hiela un lago que está cerca de mi casa y la gente va a patinar sobre él.* SIN. **congelar, enfriar.** **2.** Estar alguien muy impresionado a causa de un suceso o una noticia: *La forma arriesgada en que Lorenzo detuvo al caballo heló de susto a su madre que lo estaba observando.* SIN. **sorprender.** **3.** Morirse las plantas o los animales a causa del frío: *Con el clima tan frío se helaron las plantas y se echaron a perder las cosechas.* SIN. **congelar, enfriar.** **4.** Formarse hielo a causa de las bajas temperaturas.

helecho *m.* Planta que crece en la sombra, de largas hojas verdes que forman líneas horizontales: *Las hojas del helecho se parecen a un peine.*

helénico, ca *adj.* Se aplica a lo que es griego: *El arte helénico influyó en toda Europa.* SIN. **griego.**

helenismo *m.* **1.** Periodo de la civilización griega que ocurrió aproximadamente del año 275 a. C. al 146 a. C., caracterizado por un gran desarrollo político, económico y cultural. **2.** Influencia que la civilización griega tuvo en otras culturas europeas: *El helenismo influyó en forma muy importante sobre la cultura romana.* **3.** Frase o palabra propia del idioma griego: *Existen muchos helenismos aceptados en el idioma español.*

heleno, na *adj./m.* y *f.* Se refiere a lo que es de origen griego. SIN. **griego, helénico.**

hélice *f.* Pieza de metal formada por aspas o aletas que giran alrededor de un eje: *Algunos barcos tienen hélices que mueven el agua para hacer que avancen.*

helicoidal *adj.* Se aplica a lo que tiene forma de hélice. SIN. **espiral.**

helicóptero *m.* Vehículo volador con una cabina y una cola equilibrante, que vuela gracias a una hélice horizontal colocada en el techo de la cabina: *A diferencia de los aviones, el helicóptero puede despegar en forma vertical y mantenerse fijo en el aire, por eso es muy utilizado en labores de rescate.*

helio *m.* Elemento gaseoso de número atómico 2 y símbolo He: *El helio es un gas sin color, sin olor y sin sabor.*

heliocéntrico *adj.* Se refiere al sistema que considera al Sol como su centro: *La Tierra forma parte de un sistema heliocéntrico en el que todos los planetas giran alrededor del Sol.*

helioscopio *m.* Instrumento que tiene lentes especiales que permiten examinar al Sol: *Los astrónomos utilizan el helioscopio para observar las manchas solares.*

heliotropo *m.* Planta de jardín, originaria del Perú, que da flores de color blanco o violeta: *El perfume del heliotropo es suave y delicado.*

helipuerto *m.* Aeropuerto especial para helicópteros: *En la pista del helipuerto hay círculos pintados que indican el lugar exacto donde un helicóptero debe aterrizar.*

helmintos *m. pl.* Nombre de un tipo de parásitos intestinales: *La tenia o solitaria es un helminto; sus huevecillos se encuentran en las verduras mal lavadas y en la carne de cerdo que no cumple con las reglas de higiene.* SIN. **gusano.**

helor *m.* Frío muy penetrante: *Durante el invierno pegamos cartones en las ventanas para evitar que entre el helor.* SIN. **frío.** ANT. **calor.**

helvecio, cia o **helvético, ca** *adj./m.* y *f.* Originario de la antigua Helvecia, hoy Suiza. SIN. **suizo.**

hematie *m.* Uno de los nombres que reciben los glóbulos rojos de la sangre: *En un milímetro cúbico de sangre humana se encuentran más de cinco millones de hematíes.* SIN. **eritrocito.**

hematina *f.* Substancia que da el color rojo a la sangre: *Cada glóbulo rojo contiene una cantidad de hematina.* SIN. **hemoglobina.**

hematología *f.* Parte de la medicina que estudia todo lo relacionado con la sangre: *Jorge fue al Instituto de Hematología a que le hicieran un análisis de sangre para saber si estaba enfermo o no.*

hematoma *m.* Mancha morada que se forma en la piel al recibir un golpe fuerte: *Me caí de la bicicleta y me salió un hematoma en la pierna.* SIN. **moretón, cardenal.**

hematosis *f.* Proceso mediante el cual la sangre de las venas recibe oxígeno y se transforma en sangre fresca que circula por las arterias: *La hematosis se produce cuando los eritrocitos o glóbulos rojos toman el oxígeno de los pulmones.*

hembra *f.* **1.** Animal de sexo femenino: *La vaca es la hembra del toro.* ANT. **macho.** **2.** Persona de sexo femenino: *La mujer es la hembra del hombre.* SIN. **mujer.** ANT. **hombre, varón. 3.** Fam. Pieza con un hueco o agujero por donde otra se introduce y encaja.

hemeroteca f. Biblioteca en que se guardan y clasifican diarios y revistas de años anteriores para que el público pueda consultarlos: *Eduardo fue a la hemeroteca a leer las noticias del año pasado para hacer su investigación.*

hemiciclo m. **1.** Cada una de las partes de un círculo que ha sido dividido en dos. SIN. **semicírculo. 2.** Espacio central de una sala de un parlamento, teatro, etc., rodeado de asientos que forman un semicírculo: *La orquesta dará un concierto esta tarde en el hemiciclo del parque.* SIN. **anfiteatro.**

hemiplejia o **hemiplejía** f. Parálisis que afecta la mitad del cuerpo: *Ese hombre anda en silla de ruedas porque padece hemiplejia.*

hemíptero, ra adj./m. pl. Orden de insectos que tienen cuatro alas, una trompa chupadora y sólo sufren una metamorfosis incompleta: *La cigarra, el pulgón y la chinche son hemípteros.*

hemisferio m. **1.** Cada una de las partes de una esfera que ha sido dividida en dos. **2.** Cada una de las mitades del globo terrestre, al norte o al sur del ecuador: *Australia se encuentra en el Hemisferio Sur, mientras que Alaska está en el Hemisferio Norte.*

hemofilia f. Enfermedad hereditaria que se caracteriza por la dificultad de la sangre para coagularse: *Los enfermos de hemofilia no deben lastimarse porque sus heridas no cicatrizan bien.*

hemoglobina f. Substancia que da el color rojo a la sangre: *La hemoglobina se encuentra en los eritrocitos o glóbulos rojos.* SIN. **hematina.**

hemorragia f. Flujo de sangre que sale del cuerpo a causa de una herida o de la menstruación: *Los médicos han detenido la hemorragia y el paciente podrá salvarse.*

hemorroide f. Inflamación de las venas que rodean el ano: *Marcelo tiene hemorroides y no se puede sentar porque le duelen las venas que están inflamadas.* SIN. **almorrana.**

henchir vb. irreg. {tr. y prnl.} Modelo 47. Llenar de manera plena: *Daniela ayudó a su abuela a henchir de plumas unas fundas de tela para hacer almohadas.* SIN. **llenar, hartar.**

hender vb. irreg. {tr.} Modelo 24. **1.** Hacer una abertura en una cosa con un objeto cortante: *Hendí con un cuchillo una sandía para ver si estaba madura.* SIN. **cortar, rajar, rasgar. 2.** Atravesar un fluido una cosa en movimiento.

hendidura f. Abertura larga y delgada: *A causa del terremoto, esta pared tiene una hendidura por donde se filtra el agua de la lluvia.* SIN. **grieta, ranura, fisura.**

hendija f. Abertura larga y delgada. SIN. **rendija, ranura.**

hendir vb. Ver hender.

henequén m. Planta mexicana que crece al ras del suelo, con hojas alargadas, duras y que se abren en torno a un punto central: *Del henequén se extrae una fibra resistente con la que se fabrican cordeles.*

heno m. Hierba que una vez cortada y seca, se utiliza como alimento para el ganado: *Han sembrado heno en este campo para alimentar a las vacas.*

hepática f. Planta parecida al musgo, que crece sobre la tierra, sobre las rocas o adherida a los árboles:

Esta hepática de color verde intenso ha crecido sobre una piedra.

hepático, ca adj. Relativo al hígado: *Las personas que padecen enfermedades hepáticas no deben tomar bebidas alcohólicas.*

hepatitis f. Inflamación del hígado: *Luciano tiene hepatitis, por eso su piel se puso amarilla y él debe permanecer en cama durante un mes.*

heptaedro m. Cuerpo geométrico que tiene siete caras: *En la clase de geometría construimos un heptaedro recortando con las tijeras siete trozos de cartulina y pegándolos.*

heptágono m. Polígono de siete lados: *Con ayuda de una escuadra, un compás y un lápiz, dibujé un heptágono en la clase de geometría.*

heptasílabo m. Verso que tiene siete sílabas.

heptasílabo, ba adj. Relativo a la palabra que tiene siete sílabas.

heráldica f. Conjunto de conocimientos sobre los escudos de armas o blasones: *En heráldica los colores se llaman de diferente manera, por ejemplo gualda es amarillo, gules significa rojo y azur es el azul.*

heráldico, ca adj. Relativo a los escudos de armas o blasones: *La flor de lis y el águila son dos figuras heráldicas comunes.*

heraldo m. Persona que estaba al servicio de un rey y que se ocupaba de anunciar las declaraciones de guerra y dar mensajes, entre otras cosas: *El heraldo del rey viajó al país vecino con un mensaje de paz.* SIN. **mensajero, emisario.**

herbáceo, a adj. Relativo a las hierbas: *Las plantas herbáceas son frágiles y no producen madera.*

herbario m. **1.** Libro en el que se explican las propiedades de las plantas: *En el herbario están dibujadas las plantas y se explica para qué es útil cada una.* **2.** Colección de plantas secas: *Luis estudia botánica y tiene un herbario con muchas hojas diferentes que ha recogido en los bosques y en el campo.*

herbazal o **hierbazal** m. Terreno cubierto de pastos verdes: *"Ha crecido un herbazal en aquel terreno."* SIN. **hierbal.**

herbicida adj./m. Producto químico que destruye las hierbas: *El uso de herbicidas en los campos puede contaminar los vegetales que comemos y perjudicar a muchas especies animales.*

herbívoro, ra adj./m. y f. Animal que se alimenta de vegetales: *Los elefantes son herbívoros.*

herbolaria f. Estudio de las características y propiedades de las hierbas y plantas.

herbolario m. Tienda donde se venden plantas y hierbas medicinales: *En el herbolario consiguieron una planta que ayudará a curar la tos del niño.*

herbolario, ria m. y f. Persona que vende hierbas y plantas medicinales: *La herbolaria conoce las propiedades medicinales de muchas plantas.*

hercio, hertz o **hertzio** m. Unidad de medida de frecuencia de los movimientos vibratorios, expresada en ciclos por segundo.

heredable adj. Referido a lo que se puede heredar: *Son características heredables el color de los ojos y el tipo de cabello.*

heredad f. Grupo de tierras y cosas que pertenecen a una persona: *La heredad de Marco está formada por trescientas cabezas de ganado y un terreno de 3 hectáreas.*

heredar *vb.* (tr. y prnl.) *1.* Recibir los bienes que tenía una persona cuando ésta muere: *Teresa ha heredado una casa que le dejó su tía. 2.* Recibir aquellas cosas que otra persona ya no utiliza pero que son aprovechables: *Mi primo creció y me heredó estos pantalones casi nuevos porque ya no le quedaban. 3.* Tener los hijos características biológicas similares a las de los padres, abuelos u otros familiares: *Francisco heredó el cabello negro de su madre y el carácter fuerte de su abuelo.*

heredero, ra *adj./m.* y *f.* Que puede heredar, o que hereda los bienes dejados por una persona antes de morir: *La heredera de don Felipe fue una sobrina lejana, porque él no tuvo hijos.*

hereditario, ria *adj.* Que se transmite de padres a hijos: *Algunas enfermedades son hereditarias y también es hereditaria la buena salud.*

hereje *m.* y *f.* Persona que sostiene o profesa una herejía.

herejía *f. 1.* Doctrina de origen cristiano, contraria a la fe católica y condenada por la Iglesia. *2.* Idea o pensamiento contrario a lo establecido: *Hace muchos años fue considerada una herejía la idea de que la Tierra gira alrededor del Sol.*

herencia *f. 1.* Acción y derecho de recibir los bienes que una persona deja al morir: *Matías ha recibido de un tío lejano una herencia que no esperaba.* SIN. **sucesión.** *2.* Bienes que se reciben al heredar: *El escritor dejó su biblioteca como herencia a una escuela. 3.* Conjunto de características biológicas que la naturaleza tiende a reproducir a una generación a otra: *La herencia se transmite por medio de los genes.* SIN. **inclinación, propensión.**

herida *f. 1.* Lesión en la piel producida por un golpe o corte: *Se hizo una herida al caer y sangró un poco, pero ya está bien. 2.* Fam. Lo que ofende al amor propio o al honor: *Las heridas del corazón son producto del desengaño en el amor.* SIN. **ofensa.**

herido, da *adj./m.* y *f. 1.* Persona o animal que está lastimado debido a un golpe o corte: *A causa del accidente hubo varios heridos y la ambulancia los llevó al hospital para ser atendidos. 2.* Fam. Se dice de la persona que está afligida porque ha sido ofendida: *Estela está herida porque Gertrudis la ofendió.*

herir *vb. irreg.* (tr. y prnl.) **Modelo 50.** *1.* Romper de un modo violento los tejidos del cuerpo de un ser vivo: *La leona hirió al venado de un zarpazo.* SIN. **dañar.** *2.* Fam. Provocar una aflicción a alguien: *Daniel ha herido los sentimientos de Sara al no ir a la fiesta que ella ofreció el día de su cumpleaños.* SIN. **ofender, zaherir.**

hermafrodita *adj./m.* y *f.* Relativo al ser tiene los órganos reproductores de los dos sexos al mismo tiempo: *Las flores hermafroditas se reproducen por sí mismas.*

hermanar *vb.* (tr. y prnl.) *1.* Juntar dos cosas por su afinidad: *Este pantalón negro hermana más con la camisa azul que con la roja.* SIN. **unir, acoplar.** *2.* Crear un lazo espiritual o de amistad con otro ser humano: *Gerardo y Pedro se han hermanado desde que se ayudaron en aquel grave problema.* SIN. **unir.**

hermanastro, tra *m.* y *f.* En un matrimonio, hijo que ya tiene uno de los cónyuges respecto al hijo que ya tiene del otro cónyuge: *Fabiola tiene tres hermanastras porque su padre murió, su madre se casó otra vez y su nuevo esposo tiene tres hijas.*

hermandad *f. 1.* Parentesco entre hermanos o hermanastros: *Federico y Paula tienen lazos de hermandad porque son hijos de los mismos padres.* SIN. **fraternidad.** *2.* Amistad profunda y cercana: *Es agradable ver a un grupo de jóvenes convivir en hermandad. 3.* Asociación de tipo religioso o de ideas afines: *Las hermandades son grupos de personas que comparten ciertas costumbres, disciplinas e ideas.* SIN. **cofradía.**

hermano, na *m.* y *f. 1.* Persona que con respecto a otra, tiene los mismos padres: *Mis dos hermanos mayores son hombres y mi hermana menor tiene dos años. 2.* Miembro de una congregación religiosa. *3.* Fam. Se dice de dos cosas que se parecen entre sí: *Perdí el hermano de mi zapato derecho. 4.* loc. **~ gemelo,** hermano que nació en el mismo parto que otro: *Estos dos niños son muy parecidos porque son hermanos gemelos.* SIN. **mellizo. 5.** loc. **~ político,** persona que está casada con uno de nuestros hermanos: *La esposa de mi hermano es mi hermana política.* SIN. **cuñado.**

hermenéutica *f.* Arte de interpretar textos, de manera especial los sagrados.

hermético, ca *adj. 1.* Se dice de lo que está cerrado de manera exacta: *Las latas de conservas son herméticas, no dejan entrar el aire y por esto la comida no se pudre.* SIN. **impenetrable, cerrado. 2.** Fam. Persona reservada en el trato con los demás: *Es muy difícil saber lo que Héctor está pensando porque tiene un carácter hermético.* SIN. **reservado, incomprensible.**

hermosear *vb.* (tr.) Embellecer, volver algo más bonito de lo que era: *Las flores que crecen entre las piedras hermosean el jardín.* ANT. **afear.**

hermoso, sa *adj. 1.* Referido a lo que tiene belleza. SIN. **precioso, lindo, bello. 2.** Relativo a quien es bueno y generoso: *Ricardo tuvo un gesto hermoso hacia su amigo, cuando le prestó dinero para que mantuviera a sus hijos mientras conseguía un nuevo trabajo. 3.* Se dice que tiene buena salud y está fuerte: *Los niños se han puesto hermosos en estos meses que vivieron en el campo.* SIN. **robusto, saludable.**

hermosura *f.* Belleza, calidad de lo que es hermoso o muy agradable de oír o de ver: *Este ramo de flores es una hermosura.* SIN. **belleza.** ANT. **fealdad.**

hernia *f.* Víscera que se sale de manera total o parcial de su lugar natural, debido a un rompimiento de los tejidos que la sostienen: *Entre los bebés es frecuente que se produzcan hernias de ombligo debido al esfuerzo que hacen al nacer.*

héroe *m. 1.* Hombre que se distingue por su valentía excepcional: *El bombero entró al edificio en llamas como un héroe, y salvó a la familia que estaba atrapada.* SIN. **valiente.** ANT. **cobarde. 2.** Personaje masculino y principal de un poema épico, un cuento, una historia, una obra de teatro o un filme: *En este cuento, los héroes luchan contra los extraterrestres.*

heroicidad *f.* Valentía: *La heroicidad de estos soldados será recordada por siglos.* SIN. **hazaña, proeza, heroísmo.**

heroico, ca *adj. 1.* Relativo al hecho o acción que requiere valentía y esfuerzo para realizarse: *Cruzar el desierto para salvar a las víctimas del accidente fue una acción heroica. 2.* Relativo a la historia, poema o canción que narra las hazañas de los héroes: *En este poema heroico se narran las hazañas de Ulises.*

heroína *f.* **1.** Mujer que se distingue por su valentía excepcional: *Esa anciana fue una* **heroína** *que luchó por la defensa de su pueblo durante la guerra.* **2.** Personaje femenino y principal de un poema épico, un cuento, una historia, una obra de teatro o un filme: *La* **heroína** *del filme era una mujer sencilla y buena, pero de carácter firme, que no se dejó engañar por los ladrones.*

heroína *f.* Droga que se obtiene de la morfina y que produce fuerte adicción.

heroísmo *m.* Lo que es propio de valientes: *El heroísmo de la gente de ese pueblo triunfó sobre el enemigo invasor.* **SIN. audacia, valentía, heroicidad.**

herpes o **herpe** *m.* Enfermedad infecciosa transmitida por virus, que se manifiesta con erupción en la piel formada por un racimo de ámpulas o pequeñas vesículas llenas de líquido: *Existen tres tipos de* **herpes**: *el simple que es el de los "fuegos" en la boca; el zoster (que significa zona) que produce la varicela, y el genital, que se transmite sólo por contacto sexual con una persona infectada.*

herradura *f.* Pieza semicircular de hierro (Ω), que se clava en las pezuñas de los caballos para que no se hagan daño al andar: *Los caballos salvajes no tienen* **herraduras**, *es como si anduvieran descalzos por el monte.*

herraje *m.* **1.** Conjunto de piezas de metal que sirve para cerrar o asegurar algo: *Los* **herrajes** *del baúl y de las puertas son de metal dorado.* **2.** Conjunto de herraduras y clavos para sujetarlas: *El* **herraje** *de los caballos está guardado en un cajón, debajo de la mesa de trabajo.*

herramienta *f.* Utensilio que se utiliza para trabajar, sobre todo en labores manuales: *Un martillo es una* **herramienta**. **SIN. instrumento.**

herrar *vb. irreg.* {tr.} Modelo 3. **1.** Clavar las herraduras en las pezuñas del caballo: *El próximo domingo* **herrarán** *a los caballos jóvenes que todavía no tienen herradura.* **2.** Marcar la piel con hierro candente: *Los rebaños de vacas se* **hierran** *con la marca del ganadero para que sepan a quién pertenecen.*

herrero, ra *m.* y *f.* Persona que trabaja el hierro: *El* **herrero** *golpea el metal caliente para darle la forma deseada.*

herrumbrar *vb.* {tr.} Cubrirse de óxido el hierro: *Junto al mar los metales se* **herrumbran** *debido a la humedad y a la sal que hay en el ambiente.* **SIN. oxidar.**

herrumbre *f.* Óxido que se forma en el hierro: *La herrumbre no debe ingerirse porque es muy venenosa.*

herrumbroso, sa *adj.* Relativo a lo que está oxidado: *Estos tubos han estado en contacto con la humedad y por eso están* **herrumbrosos**, *al tocarlos me ensucié las manos con un polvo rojizo.*

hertz *m.* Ver **hercio**.

hervidero *m.* **1.** Movimiento de los líquidos al hervir: *El* **hervidero** *del agua está llenando de vapor la cocina.* **2.** Multitud de personas, abundancia de animales: *Tumbaron el árbol viejo porque debajo de él había un* **hervidero** *de gusanos.*

hervir *vb. irreg.* {tr. e intr.} Modelo 50. **1.** Calentar un líquido hasta que empiece a hacer pompas o burbujas, lo que ocurre alrededor de los 100° Celsius: *Si viviera en la montaña, el agua* **herviría** *a temperaturas más bajas cuando más en lo alto estuviera mi casa.* **2.** Cocinar un alimento sumergiéndolo en un líquido que ha comenzado a desprender burbujas por efecto del calor: *Her-*

viré una coliflor y unas zanahorias para la cena. **3.** *Fam.* Abundar, tener mucho: *"Ese perro* **hierve** *en pulgas, debemos lavarlo con un jabón especial", me dijo mi madre.*

hervor *m.* Acción y efecto de calentar un líquido hasta que empiece a hacer pompas o burbujas: *"Hay que darle un* **hervor** *a la leche para matar los gérmenes que pueda tener", le dije a mi hermana.*

heterodoxo, xa *adj./m.* y *f.* Relativo a lo que contiene ideas diferentes de las teorías y doctrinas aceptadas de forma común, en especial lo que se refiere a religión. **ANT. ortodoxo.**

heterogéneo, a *adj.* Se refiere a lo que está compuesto de partes de diversa naturaleza: *Esta escultura está hecha con materiales* **heterogéneos**: *tiene cartón, madera, plástico, bronce y pintura.* **ANT. homogéneo.**

heterosexual *adj./m.* y *f.* Se refiere al hombre que experimenta atracción sexual por una mujer o a la mujer que experimenta atracción sexual por un hombre: *Entre los seres humanos lo común es que se formen parejas* **heterosexuales**, *porque de este modo se propicia la reproducción.* **ANT. homosexual.**

heterótrofo, fa *adj./m.* y *f.* Relativo al ser vivo que se alimenta de substancias orgánicas elaboradas por otros seres vivos: *Los seres humanos somos animales* **heterótrofos**.

hexaedro *m.* Cuerpo sólido de seis caras: *El cubo es un* **hexaedro** *regular.*

hexagonal *adj.* Relativo a los polígonos que tienen seis lados: *Las celdas de un panal de abejas, vistas de frente, son* **hexagonales**.

hexágono *m.* Polígono de seis lados.

hez *f.* Sedimento sólido que se forma por la fermentación del vino: *Al servir el vino cayó en la copa una* **hez**, *pequeña como una lenteja y delgada como la cáscara de una uva.* **SIN. desecho, borra, heces.**

hialografía *f.* Arte de dibujar sobre el vidrio: *En la* **hialografía** *se utilizan diferentes ácidos que corroen el vidrio, formando así las líneas y planos del dibujo.*

hiato *m.* **1.** Sonido que se forma cuando una palabra termina con la misma vocal con que empieza la palabra siguiente: *En la frase "El italiano va a América" se forma un* **hiato** *con la letra "a" en "va a América."* **2.** Vocales juntas que se pronuncian en sílabas distintas: *En la palabra "he-ro-ís-mo" hay* **hiato** *porque las vocales oí pertenecen a sílabas distintas.*

hibernación *f.* Sueño profundo y pesado de ciertos animales durante el invierno: *Los osos han entrado en* **hibernación**, *no volveremos a verlos hasta la primavera.*

hibernar *vb.* {intr.} Pasar el invierno en un sitio.

híbrido, da *adj.* **1.** Relativo a la cría animal que resulta del cruce de dos especies distintas: *La mula es un* **híbrido** *de la yegua y el burro.* **2.** *Fam.* Se refiere a lo que está formado por elementos de distinta naturaleza: *Este horrible edificio es un* **híbrido** *del estilo antiguo que tenía y los detalles modernos que le agregaron.*

hidalgo, ga *adj.* Se refiere a la persona distinguida, noble y generosa: *En esa familia tienen costumbres* **hidalgas**, *reciben de manera cortés a sus visitas y son generosos con ellas.*

hidalgo, ga *m.* y *f.* Miembro de la antigua nobleza castellana: *El ingenioso* **hidalgo** *don Quijote de la Mancha es el principal personaje de una obra del escritor español Miguel de Cervantes Saavedra.* **SIN. caballero.**

HID

hidra f. **1.** Animal de agua dulce provisto de tentáculos, parecido a la medusa. **2.** Víbora acuática venenosa que habita en el Océano Pacífico. **3.** Monstruo de la mitología griega que tenía siete cabezas: *Según la mitología, el poderoso Hércules mató a la peligrosa hidra.*

hidrargiro m. Nombre con que antiguamente se conocía al mercurio: *El símbolo químico del mercurio es Hg, porque antes se llamaba hidrargiro.* SIN. azogue, mercurio.

hidratado, da adj. Relativo a lo que está mezclado con agua: *"Esta bebida está hecha con leche en polvo hidratada, fruta y azúcar" decía la etiqueta del frasco.*

hidratar vb. {tr. y prnl.} Incorporarse agua a un cuerpo o substancia: *El deportista está entrenando muy duramente y el médico le ha recetado suero oral para hidratarse y recuperar la sal que pierde al sudar.* ANT. deshidratar.

hidrato m. **1.** Combinación de un cuerpo con el agua. **2. Hidrato de carbono,** el azúcar, el almidón, la celulosa, etc.: *"Los hidratos de carbono le dan energía al cuerpo pero ingerirlos en exceso causa problemas a la salud", nos dijo el médico de la escuela.* SIN. carbohidrato.

hidráulica f. Parte de la mecánica que estudia el equilibrio y movimiento de los fluidos y el uso energético del agua: *La hidráulica tiene muchas aplicaciones, entre ellas, la producción de energía eléctrica y el aprovechamiento de los ríos para el riego de los campos.*

hidráulico, ca adj. Se aplica a lo que funciona con ayuda de agua o de algún otro líquido, y a los estudios sobre esa parte de la mecánica: *El ingeniero hidráulico participa en la construcción del túnel de desagüe de la ciudad.*

hidroavión m. Avión que tiene flotadores, gracias a ellos puede posarse en el agua y despegar desde allí: *Los hidroaviones se utilizan en el rescate de víctimas cuando hay un naufragio.*

hidrocarburo m. Compuesto químico de carbono e hidrógeno: *El petróleo es un hidrocarburo.*

hidrodinámica f. Parte de la física que estudia el equilibrio y movimiento de los líquidos: *Gracias a la hidrodinámica se puede calcular si una presa resistirá el movimiento del agua durante un terremoto.*

hidroeléctrico, ca adj. Relativo a la electricidad que se obtiene del aprovechamiento de la fuerza del agua: *En la central hidroeléctrica hay muchos carteles que dicen "peligro, alta tensión", porque allí se trabaja con energía eléctrica.*

hidrófilo m. Género de insectos que viven dentro del agua.

hidrófilo, la adj. Se refiere a lo que absorbe el agua con facilidad: *El algodón es un material hidrófilo.*

hidrofobia f. Enfermedad contagiosa que ataca al sistema nervioso: *Los perros que padecen hidrofobia se ponen muy agresivos y les sale espuma por la boca.* SIN. rabia.

hidrógeno m. Elemento gaseoso de número atómico 1 y símbolo H: *El agua está formada por dos moléculas de hidrógeno y una de oxígeno.*

hidrografía f. Parte de la geografía que estudia el conjunto de aguas corrientes y estables que se encuentran en un territorio: *La hidrografía de un país está formada por sus ríos, lagos y mar que lo rodea.*

hidrólisis f. Descomposición de un compuesto orgánico por acción del agua o de un ácido.

hidrología f. Ciencia que estudia las aguas: *La hidrología puede determinar el grado de pureza o de contaminación del agua de un río.*

hidropesía f. Acumulación anormal de líquido en una cavidad o tejido del organismo: *La hidropesía produce inflamación del órgano afectado.*

hidrosfera f. Parte líquida del globo terráqueo: *La hidrosfera está formada por todos los mares, océanos, ríos, lagos, lagunas y manantiales que hay en nuestro planeta.*

hidróxido m. Combinación de un hidroxilo con un óxido, que puede ser metálico o no metálico: *El hidróxido de carbono es un contaminante del aire que se encuentra en las ciudades muy pobladas.* SIN. base.

hidroxilo m. Radical que contiene un átomo de hidrógeno y otro de oxígeno.

hiedra f. Planta trepadora de hojas siempre verdes: *El muro de la casa está cubierto de hiedra.* SIN. yedra.

hiel f. **1.** Jugo amargo y verdoso producido por el hígado. SIN. bilis. **2.** Fam. Sentimiento de amargura. SIN. disgusto.

hielera f. **1.** Argent., Chile, Méx., Par. y Urug. Recipiente de metal o de material aislante en el que se mantienen los hielos. SIN. helera. **2.** Méx. Utensilio de plástico o de metal con divisiones en forma de cuadrícula, que se llena de agua y se guarda en el congelador para que se hagan los hielos.

hielo m. **1.** Agua que se ha hecho sólida a causa del frío: *El hielo flota en el agua.* **2.** Fam. Frialdad, indiferencia, falta de demostración de los sentimientos.

hiena f. Animal mamífero y salvaje, parecido a un perro grande de pelo color gris o rojizo, que habita en Asia y África: *Las hienas comen la carne de los animales que ya están muertos y producen un sonido semejante a la risa humana.*

hierático, ca adj. **1.** Conforme a las normas de una tradición religiosa. **2.** Fam. Referido al que tiene una actitud tan solemne que no permite ver sus sentimientos. **3.** loc. escritura~, escritura egipcia que era una forma abreviada de jeroglíficos: *La escritura hierática se encuentra en los muros de las tumbas de los faraones.*

hierba f. Cualquier planta verde y baja, de tallo tierno que brota y muere en periodos menores a un año: *Las ovejas y vacas están pastando la hierba que cubre los campos.*

hierbabuena f. Planta aromática de hojas pequeñas y redondeadas, que se usa como condimento y también se bebe en infusión: *Doña Fidelia tiene una hierbabuena en maceta y le corta ramitas para condimentar el caldo de pollo.*

hierbal m. Chile. Terreno cubierto de pastos verdes. SIN. herbazal.

hierbatero m. Chile. Hombre que vende hierbas al por menor.

hierbazal o **herbazal** m. Terreno cubierto de pastos verdes: *En el hierbazal hay anís, pastos, gramillas y otras plantas bajas y tiernas.*

hierbero, ra m. y f. **1.** Cuba y Méx. Persona que vende hierbas medicinales. **2.** Cuba y Méx. Persona que conoce las propiedades de las plantas medicinales y cura con ellas. SIN. curandero.

306

hierra f. *1.* Amér. Acción de marcar el ganado con hierros muy calientes que tienen el símbolo de sus dueños, para saber a quién pertenece. *2.* Amér. Temporada de fiesta en que se marca el ganado con hierros.

hierro m. *1.* Metal de color gris plateado, símbolo Fe y número atómico 26, que tiene uso industrial: *Con el **hierro** se elaboran automóviles, locomotoras y una gran variedad de herramientas y máquinas.* *2.* Marca que se ponía a los presos y aún se le pone al ganado utilizando un hierro candente: *Los **hierros** marcaban de por vida la piel de los presos.* *3.* Fam. Arma: *El **hierro** del asesino fue encontrado a pocos metros del cadáver.* *4.* loc. **De ~**, inflexible y fuerte: *Mi abuelita tiene una salud **de hierro**, a sus ochenta años está sana y hasta practica gimnasia.*

hígado m. Órgano que ocupa la parte derecha del abdomen y que segrega la bilis: *El **hígado** es el laboratorio del cuerpo humano, allí se transforman las substancias alimenticias para que la sangre pueda asimilarlas.*

higiene f. *1.* Parte de la medicina que se ocupa de la conservación de la salud y los métodos para la prevención de enfermedades: *Los restaurantes deben cumplir con las normas de **higiene** para evitar enfermedades entre sus clientes.* *2.* Limpieza, aseo: *La **higiene** del cuerpo se lleva a cabo duchándose con agua y jabón, cepillándose los dientes y lavándose las manos antes de comer y después de defecar.*

higiénico, ca adj. Relativo a lo que está limpio y no contiene gérmenes de enfermedades: *Los basureros son lugares no **higiénicos**.* SIN. **aseado, limpio.**

higienizar vb. irreg. {tr.} Modelo 16. Lavar muy bien y desinfectar de manera adecuada para evitar que se acumule suciedad y gérmenes de enfermedades: *Los baños públicos se deben **higienizar** de manera constante.* SIN. **limpiar, desinfectar, asear.**

higo m. *1.* Fruto de la higuera, con forma de gota de agua y tamaño de una ciruela, de cáscara verde o negra e interior dulce y rojizo: *Los **higos** son frutas delicadas que al madurar se ponen blandas, por eso los venden en mermelada o cubiertos de azúcar.* *2.* loc. **~ chumbo**, fruto de un tipo de cacto, de cáscara verde o roja con pequeñas espinas e interior jugoso, dulce, y lleno de semillas pequeñas, redondas y negras: *El **higo chumbo** es un fruto jugoso y fresco.* SIN. **tuna.**

higrometría f. Ciencia que determina la humedad de la atmósfera: *En la **higrometría** se utilizan aparatos hechos con cabellos humanos porque éstos son muy sensibles a la humedad del ambiente.*

higuera f. Árbol de madera blanda y hojas grandes y ásperas, cuyo fruto es el higo: *La madera de la **higuera** no es aprovechable, pero la planta da buena sombra y sus frutos son deliciosos.*

hijastro, tra m. y f. Relación que tiene el hijo o hija de un matrimonio con respecto a una nueva pareja de alguno de sus padres: *Rodolfo tiene un **hijastro** porque se casó con una viuda que ya tenía un hijo.*

hijo, ja m. y f. *1.* Persona o animal con respecto a sus padres: *Mis abuelos materos tuvieron tres **hijos** y una **hija**, que es mi mamá.* SIN. **vástago, descendiente.** *2.* Brote o retoño de una planta: *El rosal que podaron en invierno ya está empezando a dar **hijos** otra vez porque ya es primavera.*

hila f. *1.* Acción de convertir en hilo las fibras textiles: *Antiguamente, la **hila** era una actividad importante en la economía de los pueblos.* *2.* Arreglo de cosas o de personas dispuestas una detrás de otra: *Junto a la carretera han sembrado una **hila** de árboles.* SIN. **hilera, fila, línea.**

hilacha f. *1.* Hilo que se desprende de la tela: *El niño tiró de la **hilacha** que salía de su pantalón y la prenda se descosió.* *2.* loc. R. de la P. **Mostrar la ~**, ponerse al descubierto alguien que ha estado fingiendo.

hilachos m. pl. Amér. Merid. y Méx. Ropas desgastadas y pobres. SIN. **andrajos, harapos.**

hilado m. Porción de fibras textiles que ya han sido convertidas en hilo: *Los **hilados** de algodón se utilizan para fabricar telas.*

hilar vb. {tr.} *1.* Convertir en hilo las fibras textiles: *Antes, las mujeres aprendían a **hilar** en la rueca.* *2.* Elaborar su hilo animales como el gusano de seda o la araña. *3.* Fam. Relacionar unas ideas con otras, encontrando una secuencia lógica: *Hilando los hechos, el detective descubrió al culpable del asalto.* SIN. **deducir, comprender.**

hilarante adj. Relativo a lo que hace reír: *La obra de teatro estaba llena de situaciones **hilarantes**, y por eso las carcajadas del público se oían hasta fuera del teatro.* SIN. **cómico.**

hilaridad f. Explosión de risa: *El payaso despertó la **hilaridad** de los niños con sus torpes gestos y graciosos chistes.*

hilera f. Formación de cosas una detrás de la otra: *La **hilera** de alumnos entró al salón de clases en orden.* SIN. **línea, fila.**

hilo m. *1.* Fibra delgada, larga y flexible, hecha de una materia textil: *El **hilo** se introduce en la aguja y se utiliza para coser.* SIN. **hebra.** *2.* Tela de fibra de lino: *Las sábanas de **hilo** han sido substituidas por las sábanas de algodón.* *3.* Materia metálica delgada y alargada: *El náufrago ató unas tablas con un **hilo** de alambre para hacer una balsa que lo sacara de la isla desierta.* *4.* Curso que siguen las cosas o las ideas: *Estaba distraído, perdí el **hilo** del programa de televisión y ahora no entiende de qué se trata.* SIN. **desarrollo, secuencia.** *5.* Línea escasa de líquido: *De la herida en mi brazo escurría un **hilo** de sangre.*

hilván m. *1.* Costura que se hace con puntada floja para preparar el cosido definitivo: *Después de la costura definitiva se quitan los **hilvanes** y se plancha la prenda de vestir.* *2.* Venez. Doblez cosido que se hace en las orillas de las prendas de vestir para ajustar el largo y evitar que se deshile la tela. SIN. **dobladillo, bastilla.**

hilvanar vb. {tr.} *1.* Coser con puntada floja para preparar la costura definitiva: *En el taller de costura, Elisa **hilvana** los vestidos y Marta los cose con una máquina.* SIN. **embastar.** *2.* Enlazar o coordinar: *El muchacho se puso nervioso y no podía **hilvanar** sus ideas durante el examen.*

himen m. Piel delgada y frágil que se encuentra en la vagina de la mujer.

himenóptero, ra adj./m. Relativo a un orden de insectos que poseen dos pares de alas membranosas: *Las abejas son **himenópteras**.*

himnario m. Libro en el que se encuentran registradas las letras y notas musicales de los cantos de alabanza: *Durante la ceremonia cantamos muy bien una composición que íbamos leyendo en el **himnario** y la maestra nos felicitó.*

HI

307

himno *m.* **1.** Poema o composición musical de estilo solemne que se escribe o interpreta para honrar a alguien o celebrar un hecho importante: *En las iglesias se cantan himnos de alabanza a Dios.* **2.** loc. **~ nacional,** canción o marcha oficial que tiene un país: *Cuando entregaron los premios, izaron las banderas y tocaron los himnos nacionales de los países ganadores.*

hincapié *m.* **1.** Acción de apoyar el pie para hacer fuerza. **2.** *Fam.* **Hacer ~,** insistir mucho: *La maestra hizo hincapié en que si queríamos ir a la excursión, necesitábamos un permiso firmado por nuestros padres.*

hincar *vb. irreg.* (tr. y prnl.) **Modelo 17.** **1.** Introducir, clavar o apoyar una cosa en otra: *Cuando los alpinistas llegaron a la cima de la montaña, hincaron allí su bandera.* Sin. **clavar.** **2.** Apoyar con fuerza una cosa en otra. **3.** Arrodillarse, postrarse: *Gracias a la máquina pulidora, Sara ya no necesita hincarse para limpiar los pisos.* Sin. **arrodillarse.**

hincha *m.* y *f.* **1.** *Amér. C.* y *Amér. Merid.* Seguidor entusiasta de un equipo deportivo. Sin. **aficionado, partidario, fanático. 2.** *Argent.* y *Urug. Fam.* Persona molesta.

hinchada *f.* *Amér. C.* y *Amér. Merid.* Conjunto de seguidores entusiastas de un equipo deportivo.

hinchar *vb.* (tr. y prnl.) **1.** Llenar de aire o gas un cuerpo flexible: *Hincharon el bote inflable utilizando un inflador de neumáticos.* Sin. **llenar, inflar. 2.** Abultarse una parte del cuerpo: *A Rosario se le hinchó la rodilla porque se golpeó con la escalera.* Sin. **inflamar. 3.** *Fam.* Poseer gran cantidad de una cosa: *Ese hombre se hinchó de dinero vendiendo hamburguesas; cuando comenzó era pobre y ahora es rico.* **4.** *Fam.* Hartarse de comer: *En la fiesta de cumpleaños Roberto se hinchó de caramelos.* Sin. **llenarse.**

hinchazón *f.* Efecto de aumentar el volumen de un cuerpo flexible: *La hinchazón de mi mano ya está bajando.* Sin. **inflamación, protuberancia.**

hindi *m.* Idioma oficial de la India: *Los hindúes hablan hindi.*

hindú *adj./m.* y *f.* **1.** Practicante del hinduismo. **2.** Originario de la India. Sin. **indio.**

hinduismo *m.* Prácticas y creencias religiosas originadas en la India y basadas en los textos sagrados llamados Vedas: *El hinduismo está basado en la creencia de que el ser individual forma parte del ser universal o absoluto.*

hinojo *m.* Planta de bulbo comestible, dulce y blanco, de forma parecida a la cebolla y con tallos verdes y aromáticos como el anís: *El hinojo es una planta medicinal.*

hipar *vb.* (tr.) **1.** Tener hipo. **2.** Producir un jadeo corto después de haber llorado mucho: *Lucía está hipando de tanto llorar.* Sin. **gimotear.**

hipérbaton *m.* Forma de hablar o de escribir una frase alterando el orden lógico de las palabras: *Decir "un bello poema cantaba la niña" en lugar de "la niña cantaba un poema bello" es un hipérbaton.* Sin. **inversión.**

hipérbola *f.* Curva simétrica formada por puntos cuya distancia respecto de dos puntos fijos, o focos, es constante.

hipérbole *f.* Forma de hablar o de escribir una frase exagerando la realidad: *Decir "un coloso" en lugar de "un hombre fuerte" es una hipérbole.*

hipermetropía *f.* Defecto de la visión que impide ver bien de cerca: *Quienes padecen hipermetropía tienen que alejar de sí lo que leen para poder distinguir bien las letras.*

hipersensible *adj.* Referido a la persona que tiene una gran sensibilidad: *Katia es una chica hipersensible, si alguien le habla con voz fuerte ella se pone muy nerviosa y quiere llorar.*

hipertexto *m.* Técnica de consulta de textos en una computadora, que permite saltar de un documento a otro.

hípico, ca *adj./f.* Relativo al caballo y a la equitación: *En el campo hípico se está llevando a cabo una competencia de salto de caballos.*

hipismo *m.* Deporte que se realiza a caballo: *Humberto está aprendiendo hipismo en una academia en la que rentan caballos y practican en un campo.*

hipnosis *f.* Estado de disminución de la conciencia provocado por sugestión y usado para diferentes fines terapéuticos: *Algunos psicoanalistas utilizan la hipnosis para curar a sus pacientes.*

hipnotismo *m.* Conjunto de técnicas para provocar un estado de hipnosis: *En el espectáculo de hipnotismo, el mago hizo que una persona del público cantara como si estuviera en la ópera.*

hipnotizador, ra *m.* y *f.* Persona capaz de hipnotizar: *El hipnotizador utilizó su reloj de bolsillo para dormir al hombre que se quejaba de estar nervioso y provocó en él un estado de relajación.*

hipnotizar *vb. irreg.* (tr.) **Modelo 16.** **1.** Producir en una persona un estado de hipnosis. **2.** *Fam.* Fascinar o ejercer influencia sobre alguien: *Laura hipnotizaba a sus amigos con su belleza angelical.*

hipo *m.* Movimiento involuntario que altera la respiración y ocasiona un pequeño ruido: *El hipo no deja hablar bien, las palabras se cortan cuando de repente aparece un hipo.*

hipocampo *m.* Pequeño animal marino que tiene el perfil de un caballo y cuyo cuerpo termina en una cola que se cierra en espiral hacia adelante: *El hipocampo es un animal diferente a los demás porque el macho lleva los huevos fecundados en una bolsa.*

hipocentro *m.* Región del interior de la corteza terrestre donde tiene su origen un movimiento sísmico.

hipocondría *f.* Preocupación obsesiva por la propia salud: *La hipocondría es una enfermedad nerviosa.*

hipocorístico, ca *adj./m.* Diminutivo de un nombre propio utilizado en forma cariñosa: *El hipocorístico de Dolores es Lola, el de José es Pepe y el de Francisco es Pancho o Paco.*

hipocresía *f.* Falta de sinceridad: *Sandra se comportó con hipocresía al felicitar a Ricardo durante la fiesta cuando todos sabemos que no lo estima.* Sin. **engaño, falsedad.** Ant. **franqueza, naturalidad, sinceridad.**

hipócrita *adj./m.* y *f.* Se dice de la persona que finge o aparenta tener o sentir algo que es falso: *Rogelio es un hipócrita con su novia, le dice que se quiere casar con ella porque la ama pero en realidad quiere su dinero.* Sin. **falso, farsante, impostor.**

hipodermis *f.* Parte profunda de la piel, formada por tejidos capaces de acumular grasas como reserva de energía: *La piel está formada por tres capas: la epidermis, la endodermis y la hipodermis.*

hipódromo *m.* Lugar que tiene una pista ovalada de tierra, destinada a las carreras de caballos, y gradas para que el público pueda verlas.

hipófisis *f.* Glándula situada en el interior de la cabeza, debajo del encéfalo, que produce hormonas que regulan el funcionamiento del organismo.

hipogrifo *m.* Animal imaginario con cabeza de águila y cuerpo de caballo: *Los hipogrifos son animales fantásticos que aparecieron en las leyendas europeas antiguas.*

hipopótamo *m.* Animal mamífero de cuerpo y cabeza grandes, de boca muy amplia, patas cortas y piel gruesa y obscura, que vive en los ríos de África y sale a la orilla para pastar.

hipotálamo *m.* Región del encéfalo situada en la base del cerebro, que regula las actividades del sueño y la vigilia y el balance de la temperatura del cuerpo: *El hipotálamo manda una señal al cerebro cuando hay que despertarse.*

hipoteca *f.* Contrato por el que se garantiza el cumplimiento de una obligación usando un bien como garantía: *Luis no pagó la hipoteca y el banco le quitó su casa.*

hipotecar *vb. irreg.* [tr.] Modelo 17. Asegurar el pago de un préstamo de dinero comprometiendo para ello la propiedad de una casa o de un terreno: *Estos terrenos no están en venta porque los dueños los hipotecaron para construir su casa.*

hipotecario, ria *adj.* Relativo al préstamo de dinero cuyo pago está garantizado con una propiedad: *Para que le dieran el crédito hipotecario a Humberto, su madre puso su casa como garantía de pago.*

hipotermia *f.* Disminución anormal de la temperatura del cuerpo: *La hipotermia es lo contrario de la fiebre.*

hipotenusa *f.* Lado opuesto al ángulo recto en un triángulo rectángulo: *La hipotenusa es la línea más larga de las tres que forman un triángulo rectángulo.*

hipótesis *f.* Suposición de que algo es posible: *Todavía no se ha confirmado la hipótesis de que el accidente se produjo a causa de la lluvia.* SIN. **supuesto, posibilidad.**

hipotético, ca *adj.* Relativo a la suposición de que algo es posible: *Han detenido al hipotético autor del crimen, aunque todavía no hay pruebas de que es culpable.* SIN. **supuesto, dudoso, incierto.**

hippy *adj.* Palabra de origen inglés. Se aplica a los objetos artesanales y costumbres propias de las personas que a partir de la década de los años sesenta reaccionaron contra los valores de la sociedad: *La vestimenta hippy de los hombres chocaba con lo acostumbrado, porque ellos usaban el pelo largo, zapatos de tacón, collares y camisas floreadas.*

hippy *m.* y *f.* Palabra de origen inglés. Persona que formó parte de la corriente que a partir de la década de los años sesenta reaccionó contra los valores de la sociedad.

hiriente *adj.* Relativo a lo que puede lastimar: *Sus palabras hirientes me hicieron llorar.*

hirsuto, ta *adj.* Se aplica al pelo áspero y duro: *La cabellera hirsuta de Paola resulta difícil de peinar.*

hirviente *adj.* Se refiere al líquido que está tan caliente que hace pompas o burbujas: *Cuando un volcán hace erupción arroja materia hirviente llamada lava.*

hisopo *m.* **1.** *Argent.* y *Méx.* Palillo que tiene algodón fijo en uno o en ambos extremos: *El médico limpió la herida con un hisopo mojado en alcohol.* **2.** *Amér. Merid.* Pincel ancho y plano que se utiliza para pintar pare-

des. SIN. **brocha. 3.** *Chile* y *Colomb.* Pincel ancho y redondo que se utiliza para enjabonar la cara cuando se va a afeitar la barba.

hispánico, ca *adj./m.* y *f.* Originario de España o que tiene costumbres e idioma heredados de los españoles: *La literatura hispánica es el conjunto de todas las obras escritas en lengua española.* SIN. **español, hispano.**

hispanidad *f.* Conjunto de características y costumbres propias de los pueblos de cultura e idioma español: *La hispanidad es un rasgo común entre los españoles y los habitantes de América que hablan español.*

hispano, na *adj.* Relativo a lo que es de España o de alguno de los países de América donde se habla español: *En el mundo hay cerca de 400 millones de personas de habla hispana.* SIN. **español, hispanoamericano.**

hispano, na *m.* y *f.* **1.** Persona nacida en España o en alguno de los países de América donde se habla español. SIN. **español, hispanoamericano. 2.** Se aplica a las personas de origen mexicano, centroamericano y de otros países de habla española que viven en los Estados Unidos de Norteamérica.

hispanoamericano, na *adj.* Relativo a lo que es común a España y a alguno de los países de América en que se habla español: *La semana pasada se firmó un acuerdo de comercio hispanoamericano entre España y algunos países de América del Sur.*

hispanoamericano, na *m.* y *f.* Persona nacida en alguno de los países de América en que se habla español.

hispanohablante *adj./m.* y *f.* Relativo a la persona que habla español: *En su mayoría, los hispanohablantes habitan en el Continente Americano y en España.*

histeria *f.* **1.** Enfermedad nerviosa que afecta la inteligencia, la sensibilidad y el movimiento: *La histeria se manifiesta con convulsiones, parálisis, sofocos y otros síntomas que aparecen generalmente después de un disgusto.* SIN. **neurosis. 2.** *Fam.* Nerviosismo fuerte que sobreviene después de haber recibido un susto o un disgusto: *La histeria de las personas afectadas por la inundación dificultó el rescate de las víctimas.* SIN. **nerviosismo.** ANT. **calma, tranquilidad, sosiego.**

histérico, ca *adj./m.* y *f.* **1.** Relativo a la persona que padece una enfermedad nerviosa grave que afecta su inteligencia, su sensibilidad y su capacidad de movimiento: *Los pacientes histéricos son atendidos por psiquiatras.* SIN. **neurótico. 2.** *Fam.* Relativo a la persona que reacciona de manera exagerada ante una situación anormal: *Cuando empezó el sismo un histérico pasó corriendo y me empujó peligrosamente.* SIN. **nervioso.**

histología *f.* Ciencia que estudia los tejidos de los seres vivos: *En la histología se usan microscopios para observar las formas de las células de los diferentes tejidos.*

historia *f.* **1.** Ciencia que estudia el pasado del hombre: *La historia es el relato de los sucesos ocurridos a los pueblos a lo largo de los siglos.* SIN. **crónica, anales. 2.** Relato ordenado de los acontecimientos del pasado: *En la historia del arte, se encuentran los datos y las fotografías que describen las obras de arte que produjeron las distintas culturas del mundo desde hace miles de años hasta nuestros días.* **3.** Relato de acontecimientos particulares: *La historia del rey inglés Enrique VIII y sus seis esposas es tan interesante, que hicieron un filme sobre su vida.* SIN. **vida, biografía. 4.** Narración inventada: *Mi padre me cuenta todos los domingos una **historia** con personajes fantásticos.* SIN. **cuento, fábula. 5.** pl. Cosas que no son ciertas: *Mónica nunca lee la lección y ha cansado a la maestra con sus **historias** sobre los accidentes que no le permiten estudiar.* SIN. **chisme, enredo, mentira.** ANT. **verdad.**

historiador, ra *m.* y *f.* Persona que se dedica a estudiar los acontecimientos relacionados con el pasado del hombre, y se encarga de registrar y analizar por escrito los hechos de la actualidad: *La **historiadora** va tres veces por semana a revisar los materiales de la Biblioteca Nacional, porque allí se encuentran reunidos muchos documentos.* SIN. **cronista.**

historial *m.* Reseña de los antecedentes de un negocio, de los servicios de un empleado, etc.: *Para conseguir ese trabajo, Doroteo llevó a la empresa un buen **historial** en el que señalaba sus estudios y su experiencia.* SIN. **informe, relato, currículum.**

histórico, ca *adj.* **1.** Se refiere a lo que tiene algún interés para la ciencia que estudia el pasado del hombre: *Esa iglesia antigua se considera como un monumento **histórico**.* **2.** Relativo a lo que existió realmente: *Simón Bolívar es un personaje **histórico**.* SIN. **auténtico, real, cierto. 3.** Se dice de lo que sucede por primera vez y es muy importante: *La llegada del hombre a la Luna fue un hecho **histórico**.*

historieta *f.* **1.** Relato agradable o divertido que cuenta sucesos de poca importancia: *El joven hacía reír a la muchacha con sus **historietas** sobre cómo consiguió trabajo.* SIN. **anécdota, chiste, cuento. 2.** Serie de dibujos con un texto que contiene un relato: *Todos los domingos mi padre me compra una revista con **historietas** muy divertidas.* SIN. **cómic, tebeo.**

histrión *m.* Actor de la tragedia antigua: *Los **histriones** usaban máscaras con la boca en forma de sonrisa o de mueca.* SIN. **actor, bufón.**

histriónico, ca *adj.* Relativo al teatro: *Sergio fue aceptado en la academia de teatro debido a sus cualidades **histriónicas**.* SIN. **teatral, expresivo.**

hito *m.* **1.** Poste de piedra o granito que se pone junto a las carreteras para ir señalando los kilómetros: *Según el **hito**, el automóvil ha recorrido 236 kilómetros en esta carretera.* SIN. **mojón. 2.** *Fam.* Hecho importante que marca una diferencia dentro de un contexto: *Obtener la copa mundial marcó un **hito** en la historia del fútbol de ese país.* **3. Mirar de hito en hito,** mirar fijamente: *Gregorio **miraba de hito en hito** la tarta que pronto comería.*

hobby *m.* **Palabra inglesa.** Pasatiempo favorito que sirve como distracción de los trabajos habituales: *El **hobby** del panadero es ir a pescar a la laguna.*

hocico *m.* **1.** Parte de la cabeza de algunos animales donde están la boca y la nariz: *El perro rastrea la liebre con su **hocico**.* SIN. **morro, jeta. 2.** *Vulg.* Boca del ser humano: *El **hocico** de Anel no deja de decir groserías.*

hocicón, na *adj.* **1.** *Chile* y *Méx.* Se aplica a la persona que exagera sus propias cualidades, no sabe guardar secretos y engaña a los demás. SIN. **fanfarrón, mentiroso. 2.** *Méx. Desp.* Se refiere a la persona que tiene la boca grande.

hociquera *f.* *Argent., Perú* y *Urug.* Correas que sujetan el hocico de los animales. SIN. **bozal.**

hockey *m.* **Palabra inglesa.** Deporte que se juega entre dos equipos que impulsan con un bastón una pelota o un disco que debe introducirse en la portería contraria: *El **hockey** se juega corriendo sobre hierba o patinando sobre hielo.*

hogar *m.* **1.** Sitio donde se enciende fuego o lumbre: *En invierno Carlos pone unos leños en el **hogar** y prende el fuego para calentar el ambiente de la casa.* SIN. **horno, chimenea, brasero. 2.** Lugar donde se vive con la familia: *Después de un largo viaje no hay nada más hermoso que volver al **hogar**.* SIN. **casa.**

hogareño, ña *adj.* Se aplica a la persona que disfruta la vida en familia: *Leopoldo es un hombre **hogareño**, le gusta convivir con sus hijos y su esposa.*

hogaza *f.* Pan grande de forma circular: *Julieta está cortando unas rebanadas de la **hogaza** de centeno para untarles mantequilla.*

hoguera *f.* Conjunto de materiales que se apilan al aire libre para hacerlos arder con llama: *La última noche del campamento hicieron una **hoguera** con ramas secas y cantaron acompañados de la guitarra.* SIN. **fogata, fuego.**

hoja *f.* **1.** Parte casi siempre verde, plana y delgada de una planta, que crece en el extremo de los tallos o de las ramas: *Hay árboles que pierden sus **hojas** en el otoño y hay otros que las conservan durante todo el año.* SIN. **follaje. 2.** Cada una de las partes planas y de diferentes colores que se unen al centro de una flor: *Allá está Carla quitándole las **hojas** a una margarita para saber si Bernardo la quiere.* SIN. **pétalo. 3.** Pieza de papel para escribir: *Claudio escribió un poema en una **hoja** de cuaderno.* **4.** Cada una de las piezas de papel que forman un libro: *El manual de matemáticas tiene 250 **hojas**.* SIN. **folio, página. 5.** Parte de metal, plana y filosa, de ciertas armas y herramientas: *La **hoja** del cuchillo es muy filosa.* **6.** En puertas y ventanas, cada una de las partes que se abren y se cierran: *Hubo que cambiar una **hoja** de la puerta porque no cerraba bien.* **7.** Lámina delgada de cualquier material: *En esa industria utilizan **hojas** de acero para fabricar máquinas.* SIN. **lámina, plancha, chapa.**

hojalata *f.* Trozo plano y delgado de acero bañado de estaño: *Los envases para conservas se hacen con **hojalata**.* SIN. **lata.**

hojalatería *f.* **1.** Taller donde se fabrican objetos de hojalata: *Las **hojalaterías** venden láminas de metal y diversos objetos hechos con hoja de lata.* **2.** *Méx.* Taller donde se reparan las carrocerías de los automóviles.

hojalatero *m.* **1.** Persona que trabaja la hojalata: *Compramos una lámina de metal y llamamos al **hojalatero** para que nos hiciera una le una puerta para el gallinero.* **2.** *Méx.* Persona que repara las carrocerías de los automóviles.

hojaldre *m.* y *f.* Masa de harina y mantequilla cocida al horno que forma hojas delgadas y superpuestas: *Mi tía Lidia hacía las tartas de **hojaldre** más deliciosas que he probado.*

hojarasca *f.* Conjunto de hojas secas de las plantas: *En otoño, el suelo del bosque se cubre de **hojarasca**.*

hojear *vb.* {tr.} **1.** Mover o pasar de manera ligera las hojas de un libro, revista, etc.: *Hay personas que mojan su dedo en la lengua para **hojear** un libro, en cambio Daniel **hojeaba** las páginas de la novela to-*

mándolas de manera delicada por el extremo superior. **2.** Leer de forma rápida: *Hojeé la revista antes de comprarla para saber si me interesaba lo que estaba escrito.*

hojuela *f.* **1.** Hoja pequeña: *Esa planta tiene unas cuantas hojuelas nuevas.* **2.** Masa crocante, pequeña y delgada, hecha a base de cereal: *Los niños quieren desayunar hojuelas de maíz con leche y fruta.*

¡hola! *interj.* Voz que se emplea para saludar: *"¡Hola! Hacía mucho tiempo que no te veía, ¿cómo estás?", le dije a Ricardo.* ANT. **adiós.**

holandés *m.* Idioma que se habla en Holanda: *En el holandés, la letra v suena como una f.*

holandés, sa *adj./m.* y *f.* Originario de Holanda, país de Europa.

holgado, da *adj.* **1.** Se aplica a lo que es amplio o ancho: *Este vestido me queda holgado, tendré que ajustarlo un poco para poder usarlo.* SIN. **grande.** ANT. **ceñido, apretado, estrecho.** **2.** Se refiere al que vive con bienestar: *Roberto gana un buen sueldo, por eso él y su familia llevan una vida holgada.*

holganza *f.* Descanso, vacación: *"Basta de holganza, ¡a trabajar todos!", exclamó el maestro.*

holgar *vb. irreg.* (intr. y prnl.) **Modelo 19. 1.** Estar sin hacer nada: *El hombre holgó todo el domingo porque trabajó mucho de lunes a sábado.* SIN. **descansar. 2.** Ser algo inútil: *Hay personas tan inconscientes que huelga decirles que no deben tirar la basura en la calle, porque siguen haciéndolo.* **3.** No ajustar una cosa: *Al niño pequeño le holgaban los zapatos de su padre.* **4.** Divertirse, alegrarse: *Rufino se holgó mucho cuando su prima Aurora llegó a visitarlo.*

holgazán, na *adj./m.* y *f.* Se aplica a la persona que no trabaja ni hace algo provechoso: *"No seas holgazana, ayúdame a recoger los platos para lavarlos", le dije a Graciela.* SIN. **vago, ocioso.**

holgazanear *vb.* (intr.) Permanecer sin trabajar por propia voluntad: *Pablo está holgazaneando mientras sus hermanos juegan baloncesto en el patio.*

holgazanería *f.* Calidad de holgazán, de quien no trabaja: *La echaron del trabajo debido a su holgazanería.* SIN. **vagancia, ociosidad.**

holgura *f.* **1.** Amplitud de las cosas: *Este mantel tan grande cubre con holgura la mesa.* **2.** Bienestar económico: *El comerciante vive con holgura porque en su negocio venden muchos productos.*

hollar *vb. irreg.* (tr.) **Modelo 5. 1.** Dejar una marca en el suelo al pisar: *Con sus botas nuevas, el muchacho huella el suelo de tierra mojada.* **2.** Hacer que alguien se sienta avergonzado: *Los gritos del capitán hollaron al infeliz soldado que cometió un grave error durante el entrenamiento.* SIN. **humillar, abatir, oprimir.**

hollejo *m.* Piel delgada que cubre algunas frutas, legumbres y tubérculos: *El jugo de uva se cuela para quitarle el hollejo.* SIN. **pellejo.**

hollín *m.* Substancia negra que se acumula por el paso del humo: *El interior de la chimenea está lleno de hollín.*

holmio *m.* Elemento metálico de número atómico 67 y símbolo Ho.

holocausto *m.* **1.** Entre los hebreos, sacrificio en que la ofrenda se consumía totalmente por el fuego. **2.** Con "H" mayúscula, designa la exterminación de más de 6 millones de judíos por los nazis entre 1939 y 1945 en los países ocupados por el Reich de Hitler; también se le conoce con el nombre de la *Shoah.*

holoceno *adj./m.* Segundo periodo cuaternario que abarca desde el pleistoceno hasta nuestros días.

hombre *m.* **1.** Ser dotado de inteligencia, razón y de lenguaje articulado: *El hombre se diferencia de los animales por su capacidad de razonar y de hablar.* SIN. **humanidad. 2.** Individuo de la especie humana: *El hombre tiene la capacidad de trabajar con sus manos.* SIN. **persona. 3.** Persona de sexo masculino: *Tanto los hombres como las mujeres de esta familia tienen estudios universitarios.* SIN. **macho, varón. 4.** Individuo adulto del sexo masculino: *Primero se es niño, luego hombre y más tarde, anciano.* SIN. **adulto. 5.** loc. **~ rana,** buzo: *Un hombre rana filmó los pececillos en el fondo del mar.*

hombrera *f.* **1.** Almohadilla cosida en los hombros de un vestido o traje: *El vestido con hombreras hace que Hilda parezca más grande de lo que es en realidad.* **2.** Protección que cubre los hombros de algunos trajes deportivos o militares: *Los jugadores de fútbol americano llevan cascos y hombreras de plástico, porque el juego es muy rudo.*

hombro *m.* **1.** Parte superior del tronco del hombre, de donde nace el brazo: *El albañil carga un saco de cemento al hombro.* **2.** loc. **Meter** o **arrimar el ~,** ayudar: *Se quedó sin trabajo y sus hermanos metieron el hombro hasta que consiguió un nuevo empleo.* **3.** loc. **Mirar por encima del ~,** creerse superior que los demás: *Ese chico mira a todos por encima del hombro, es un engreído.*

homenaje *m.* Acto o serie de actos que se celebran en honor de alguien: *La empresa ofreció una comida en homenaje a los trabajadores que cumplían 40 años de labores.* SIN. **celebración.**

homenajeado, da *m.* y *f.* Persona en cuyo honor se realiza una ceremonia o festejo: *La homenajeada recibió un automóvil que le regalaron sus padres por su cumpleaños.*

homenajear *vb.* (tr.) Celebrar un acto en honor de alguien: *Con motivo del día del maestro, los alumnos de la escuela homenajearon a sus profesores con una obra de teatro.*

homeópata *adj./m.* y *f.* Médico que cura por medio de un sistema que utiliza substancias naturales, similares a las que provocan la enfermedad que se quiere curar.

homeopatía *f.* Sistema terapéutico que consiste en curar por medio de substancias naturales parecidas a las que provocan la enfermedad que se quiere combatir: *La homeopatía fue creada en Alemania y su lema es "lo semejante se cura con lo semejante".*

homeopático, ca *adj.* Relativo a la medicina que cura por medio de substancias naturales parecidas a las que provocan la enfermedad que se quiere combatir: *Los medicamentos homeopáticos generalmente son gotas, o bien glóbulos de azúcar sumergidos en substancias medicinales.*

homicida *adj.* Relativo a lo que provoca la muerte de un ser humano, en especial cuando ésta es violenta y sin justificación: *El arma homicida fue encontrada en el jardín de la casa.*

homicida *m.* y *f.* Persona que da muerte a otra, en especial quien lo hace de manera violenta y sin jus-

HOM

tificación: *El **homicida** que asesinó al banquero fue condenado a veinte años de prisión.* SIN. **asesino.**

homicidio *m.* Acto de matar una persona a otra: *El **homicidio** se cometió con un cuchillo.* SIN. **asesinato, crimen.**

homínido *adj./m.* Suborden de mamíferos primates, cuya especie sobreviviente es el hombre actual.

homófono, na *adj.* Se aplica a las palabras de igual pronunciación, pero con significado diferente: *Las palabras ola y hola son **homófonas**.*

homogéneo, a *adj.* Que está formado por elementos de la misma naturaleza y condición o que son muy semejantes: *Daniel y Ricardo tienen gustos **homogéneos**: los dos prefieren leer novelas policíacas y ver filmes de acción.* SIN. **semejante, similar, uniforme.**

homógrafo, fa *adj.* Se aplica a las palabras que se escriben igual pero que tienen significados diferentes: *La palabra era, del verbo ser, y la palabra era, que significa un periodo, son **homógrafas**.*

homologar *vb. irreg.* (tr.) **Modelo 17.** Reconocer una autoridad que un producto se ajusta a las normas establecidas. SIN. **aprobar, autorizar.** ANT. **sancionar.**

homólogo, ga *adj.* Que se corresponde exactamente con otro: *El presidente de Francia y su **homólogo** alemán firmaron un acuerdo de comercio entre ambos países.*

homónimo, ma *adj.* **1.** Se aplica a las palabras que tienen la misma pronunciación y diferente ortografía, o la misma pronunciación y ortografía, pero que tienen significado diferente: *Las palabras azar y azahar son **homónimas**, así como la palabra desocupado, que significa vacío y que también significa alguien no tiene trabajo.* **2.** Se dice cuando dos personas se llaman igual: *Tengo un amigo llamado Alfonso Reyes que es **homónimo** del escritor mexicano Alfonso Reyes.*

homosexual *adj./m.* y *f.* Se refiere a la persona que siente atracción sexual por individuos de su mismo sexo.

honda *f.* Utensilio que sirve para lanzar piedras, formado por una tira de cuero, lana u otro material parecido: *El niño practicaba puntería con su **honda** tirando piedras a una botella que había colocado sobre un tronco.*

hondo *m.* Parte más baja o profunda de una cosa: *El submarino navega por lo **hondo** del mar.* SIN. **fondo.**

hondo, da *adj.* **1.** Se refiere a lo que tiene mucha profundidad: *El pozo de agua es **hondo**, habrá que ponerle una tapa para evitar que alguien caiga y se lastime.* SIN. **profundo. 2.** Se aplica a los sentimientos intensos: *cuando murió su mascota el joven sintió una **honda** tristeza.* SIN. **intenso.**

hondonada *f.* Parte más baja de un terreno: *La casa está situada en una **hondonada**, por eso está protegida del viento.*

hondura *f.* Medida que separa a la superficie del fondo: *Midieron la **hondura** del pozo arrojando al interior un cable con una piedra en un extremo.* SIN. **profundidad.** ANT. **altura.**

hondureño, ña *adj./m.* y *f.* Originario de Honduras, país de Centroamérica.

honestidad *f.* Cualidad que hace que una persona no engañe a nadie: *Josefina actuó con **honestidad** cuando confesó sin que nadie la obligara que ella había roto el florero.* SIN. **honradez.**

honesto, ta *adj.* **1.** Se refiere a la persona que no tiene mala intención: *Juliana es una chica **honesta** y pruden-*

te, no le gusta meterse en líos y siempre dice la verdad. SIN. **decente, casto, puro. 2.** Se refiere a la persona que actúa con rectitud y honradez, que se puede confiar en ella: *Gregorio es una persona **honesta**, por eso lo contrataron como cajero en la panadería.* SIN. **honrado, recto, íntegro.**

hongo *m.* **1.** Organismo diferenciado de las plantas y los animales, que puede ser microscópico o muy grande y crece en lugares húmedos y ricos en materia orgánica en descomposición: *El champiñón es un **hongo** comestible.* SIN. **seta. 2.** Sombrero de paño o fieltro de copa redonda: *El personaje más importante del cineasta Charles Chaplin se llamaba Charlot y usaba un **hongo** y bastón.* SIN. **bombín.**

honor *m.* **1.** Cualidad moral de la persona que actúa según lo que es debido para sí mismo y para los demás: *El **honor** de un caballero exige que sea respetuoso con las demás personas y se comporte de manera honesta.* SIN. **dignidad. 2.** Buena reputación: *Rigoberta Menchú tiene el **honor** de haber recibido el Premio Nobel de la Paz.* SIN. **fama, prestigio. 3.** Demostración de respeto. SIN. **distinción.**

honorable *adj.* Se refiere a la persona que merece respeto: *Estos hombres son queridos y respetados en todo el pueblo por su conducta **honorable**.* SIN. **respetable, digno.**

honorario, ria *adj.* Se refiere a lo que da mérito u honor.

honorarios *m. pl.* Pago que se percibe por un trabajo profesional: *Después de haber trabajado durante una semana, le pagaron los **honorarios** correspondientes.* SIN. **sueldo, retribución.**

honra *f.* **1.** Sentimiento de la propia dignidad: *Esa muchacha ha defendido su **honra** frente a las acusaciones injustas de robo que inventaron en su contra.* SIN. **dignidad. 2.** Circunstancia de ser alguien digno de aprecio y respeto por su conducta: *Es una gran **honra** para el país organizar los Juegos Olímpicos.* SIN. **honor, reconocimiento. 3.** Buena opinión y fama adquiridas por la buena conducta: *La **honra** que tiene el médico es bien merecida porque ha salvado muchas vidas.* SIN. **celebridad, fama. 4.** *pl.* Servicio religioso que se hace por los difuntos: *Las **honras** fúnebres se llevaron a cabo en la casa del muerto.* SIN. **funeral.**

honradez *f.* Calidad de honrado, de la persona en quien se puede confiar: *Su **honradez** no le permite hacer trampa en el juego.* SIN. **honestidad, rectitud, lealtad.**

honrado, da *adj.* **1.** Se refiere al que obra con justicia e imparcialidad. SIN. **justo, honesto, leal. 2.** Se refiere a lo que se realiza de manera honesta, decente: *Fue una acción **honrada** de parte de Felipe devolver al vendedor el dinero que le había dado de más.*

honrar *vb.* (tr. y prnl.) **1.** Manifestar respeto y estima a alguien o algo: ***Honraron** a sus invitados con una gran comida.* SIN. **respetar, venerar. 2.** Ser motivo de estima: *"Me **honra** que seas mi amigo", me dijo Laura.*

honroso, sa *adj.* Relativo a lo que da respeto y estima: *Fue una acción **honrosa** el ayudar a las víctimas del terremoto.*

hora *f.* **1.** Cada una de las veinticuatro partes en que se divide el día solar: *Una **hora** tiene sesenta minutos.* **2.** Momento determinado del día: *"¿A qué **hora** quieres que vaya a tu casa?", me preguntó mi novio.* **3.** Momento oportuno y determinado para hacer una cosa:

un día él quiso entrar a robar en la casa de los dueños del perro. **SIN. odio. 2.** pl. Conflicto armado: *Las hostilidades entre estos dos países han comenzado por un problema fronterizo.* **SIN. ataque, combate.**

hostilizar *vb. irreg.* {tr.} Modelo 16. Atacar a los enemigos.

hot dog *m.* **Palabra inglesa.** Palabra que en español significa *perro caliente* y que designa una salchicha que se sirve adentro de un pan blando y alargado y que va sazonada con mostaza, mayonesa y salsa de tomate: *Mi madre preparó hot dogs para darlos en la fiesta de mi hermanito.*

hotel *m.* Establecimiento donde se paga por recibir el servicio de hospedaje y comida: *El hotel que está junto al mar tiene muchas habitaciones, cada una con baño y algunas con un balcón.*

hotelero, ra *adj.* Relativo al establecimiento en que se ofrece alojamiento y comida a quienes pagan por estos servicios: *La industria hotelera es una fuente de ingresos para el país, pues muchos turistas van a hoteles.*

hotelero, ra *m.* y *f.* Dueño o encargado de un hotel: *En mi familia, dos primos son hoteleros y trabajan sobre todo en verano, cuando hay más turismo.*

hoy *adv.* **1.** En este día en que estamos: *Hoy iremos al cine, pues ayer no llegamos a tiempo.* **2.** En el tiempo presente: *Hoy es posible curar y evitar muchas enfermedades que antes eran mortales.* **SIN. ahora.**

hoya *f.* Cavidad formada en la tierra: *Este río corre por una hoya, la puedes ver desde lo alto del puente.*

hoyar *vb.* {tr.} Cuba. Hacer agujeros en la tierra para plantar.

hoyo *m.* Agujero en cualquier superficie: *El jardinero cavó un hoyo en la tierra para plantar un naranjo.* **SIN. agujero, cavidad, pozo.**

hoyuelo *m.* Pequeño hundimiento en el centro de la barba o en las mejillas: *Cuando Jacobo se ríe se le forman unos hoyuelos en las mejillas.*

hoz *f.* Herramienta con un mango de madera y una cuchilla semicircular de hierro afilada por el lado de adentro, que se usa para cortar el trigo: *La hoz es un instrumento indispensable en el campo.*

hoz *f.* Paso angosto de un valle, entre dos montañas: *La erosión forma hoces en las montañas.*

huaca o **guaca** *f.* **1.** Amér. C. y Amér. Merid. Tesoro enterrado. **2.** Amér. C. y Amér. Merid. Tumba o yacimiento arqueológico de la época precolombina. **3.** Bol., C. Rica y Cuba. Objeto en el que se guarda el dinero para ahorrarlo. **SIN. hucha, alcancía. 4.** C. Rica y Cuba. Hoyo donde se guardan frutas verdes para que maduren.

huacal o **guacal** *m.* **1.** Amér. C. Árbol que produce un fruto redondo con el que se hacen vasijas. **2.** Amér. C. y Méx. Recipiente hecho con el fruto de la planta del huacal. **3.** Colomb., Méx. y Venez. Caja o jaula de varillas o listones de madera que se utiliza para transportar mercancías.

huachinango *m.* Méx. Pez marino comestible, de color rojo y carne blanca, apreciado por su sabor.

huaino *m.* Argent., Bol. y Perú. Canto y baile tradicionales de tono triste.

huapango *m.* Baile y canciones de música mexicana que se toca con jaranas en algunos estados de la República Mexicana: *La bamba es un conocido huapango que se canta y se baila en Veracruz, México.*

huarache *m.* Méx. Zapato abierto hecho con tiras de cuero rústico: *Los huaraches son un calzado fresco y resistente.* **SIN. sandalia.**

huasca o **guasca** *f.* Amér. Merid. y Antill. Tiras de cuero crudo que se emplean como riendas o látigos y para trenzar.

huáscar *m.* Chile. Fam. Camión policial que dispara agua.

huasipungo *m.* Ecuad. y Perú. Terreno de una hacienda donde los peones siembran sus propios alimentos.

huaso *m.* Bol. y Chile. Hombre rudo del campo.

huauzontle *m.* Méx. Hierba comestible, sus racimos de flores pequeñas se guisan como alimento con queso y salsa.

huave *adj./m.* y *f.* Relativo a lo que es de un pueblo indígena que vive en Oaxaca, México: *Los huaves viven cerca del mar y son pescadores.*

huave *m.* Idioma de un pueblo indígena del mismo nombre, originario de Oaxaca, México.

hucha *f.* Objeto cerrado que sirve para guardar dinero. **SIN. alcancía.**

hueco *m.* **1.** Espacio vacío: *El cine estaba tan lleno que Jerónimo no encontró ni un hueco para sentarse.* **SIN. espacio, lugar. 2.** Abertura que se hace en algún material: *Hicieron un hueco en la pared para poner una ventana.* **SIN. agujero, hoyo.**

hueco, ca *adj.* **1.** Relativo a lo que está vacío en su interior: *Este árbol viejo está hueco, me escondí aquí cuando estuvimos jugando.* **SIN. vacío. ANT. lleno, macizo. 2.** Fam. Se aplica a lo que no tiene ningún interés o es superficial. **SIN. insignificante, superfluo. ANT. importante.**

huehuenche o **güegüenche** *m.* Méx. Entre los indígenas, anciano que tiene a su cargo la organización de las danzas festivas del pueblo.

huelga *f.* **1.** Suspensión del trabajo hecha por los trabajadores, casi siempre como protesta o en demanda de algo: *Los obreros hicieron huelga para pedir un aumento de salario.* **2.** loc. ~ de hambre, dejar de comer para protestar por alguna injusticia: *Los presos inocentes iniciaron una huelga de hambre para exigir su liberación.*

huella *f.* **1.** Señal que dejan en la tierra el pie del hombre, los animales, las ruedas, etc., al pasar: *Los cazadores siguen las huellas del animal al que persiguen.* **SIN. marca, señal. 2.** Señal que perdura a través del tiempo: *Las pinturas rupestres son huellas que los hombres primitivos dejaron en las cavernas.* **SIN. vestigio. 3.** Amér. Merid. Senda hecha por el paso de personas, animales o vehículos. **SIN. vereda, camino. 4.** R. de la P. Canto popular campesino que se baila por parejas sueltas. **5.** loc. ~ dactilar o digital, marca individual que deja la piel de los dedos o la palma de la mano: *Las huellas dactilares sirven para identificar a las personas, porque no hay dos iguales.*

huemul o **güemul** *m.* Ciervo que vive en la Cordillera de los Andes, en Chile y Argentina: *Los huemules son animales ágiles que comen hierbas y soportan bien el clima frío de las montañas andinas.*

huérfano, na *adj./m.* y *f.* Persona menor de edad cuyos padres han muerto: *Los huérfanos viven en el hospicio hasta que cumplen la mayoría de edad y pueden trabajar.*

HUE

huerta *f.* Terreno grande donde se cultivan vegetales y frutas: *La huerta de Tomás produce tomates, lechugas y también ciruelas.*

huerto *m.* Pequeña extensión de terreno, donde se cultivan vegetales y frutas: *El sobrino de Sofía tiene un huerto de naranjos en un terreno cercano a la ciudad.*

hueso *m.* **1.** Parte dura y sólida que forma el esqueleto del cuerpo del hombre y de los vertebrados: *Los huesos son blancos porque están hechos con una substancia blanca llamada calcio.* **2.** Envoltura sólida de las semillas de algunas frutas: *El hueso de una manzana es más pequeño que el hueso de un durazno.* Sin. **semilla, carozo.** **3.** *Méx. Fam.* Trabajo que se obtiene en la administración pública gracias a la recomendación de una persona con influencias. **4.** *Méx. Fam.* Trabajo circunstancial que un músico obtiene en una orquesta o grupo.

huésped, da *m.* y *f.* **1.** Persona alojada de manera gratuita en casa ajena: *La huéspeda trajo regalos para la familia que la recibió durante una semana.* Sin. **convidado.** **2.** Persona que se aloja en un hotel o posada: *Los huéspedes pagaron el cuarto por adelantado y pidieron que les llevaran la cena a la habitación.* Sin. **cliente.** **3.** Persona que recibe a otras en su casa: *El huésped ofreció una cena de bienvenida para los invitados a la fiesta.* Sin. **anfitrión.** **4.** Organismo vivo a cuyas expensas vive un parásito: *Los cerdos pueden ser huéspedes de un parásito llamado triquina.*

huestes *f. pl.* **1.** Ejército, grupo organizado de gente armada: *Las huestes del general atacaron en cuanto éste dio la orden.* Sin. **tropa.** **2.** Conjunto de personas que sigue a otra: *Las huestes del candidato triunfador celebraron su victoria en la plaza principal del pueblo.*

huesudo, da *adj.* Se aplica a la persona o animal que tiene los huesos grandes o muy marcados: *Las manos de Carmen son huesudas y fuertes.*

hueva *f.* Masa compacta que forman los huevos de ciertos peces: *El caviar es la hueva de un pez llamado esturión.* **2.** *Chile. Fam.* Testículo. **3.** *Méx. Fam.* Pereza, flojera.

huevería *f.* Local donde se venden huevos: *En la huevería venden huevos de gallina.*

huevero, ra *m.* y *f.* **1.** Persona que vende huevos: *El huevero le encargó seis cajas de huevos al granjero para venderlos a las amas de casa y al panadero.* **2.** Lugar donde se ponen los huevos para conservarlos o para transportarlos: *Lucía lleva una huevera de metal porque va a comprar huevos al mercado.* **3.** Copa pequeña en la que se sirven los huevos cocidos: *Mi madre conserva con mucho cariño las hueveras de plata que le heredó mi abuela.*

huevo *m.* **1.** Cuerpo orgánico de forma ovalada o redonda que ponen las hembras de algunos animales como las aves y los reptiles: *Adentro del huevo está el embrión del nuevo ser.* Sin. **embrión, blanquillo.** **2.** Célula que resulta de la unión del gameto femenino y masculino en la reproducción de las plantas y de los animales. Sin. **cigoto, embrión.** **3.** *Méx. Vulg.* Testículo. **4.** *loc. Amér. C.* y *Méx.* **~ tibio,** huevo hervido entero durante tres minutos para que se endurezca la clara y la yema quede blanda.

huevón, na *adj./m.* y *f.* **1.** *Méx. Desp.* Se aplica a la persona o animal perezoso o lento. Sin. **holgazán, flo-**jo. **2.** *Amér. Merid. Desp.* Se aplica al que es estúpido. Sin. **imbécil, pendejo.**

huichol *m.* Idioma que habla un pueblo indígena de Jalisco, Nayarit y Durango, en el occidente de la República Mexicana.

huichol, la *adj./m.* y *f.* Persona nacida en un pueblo indígena que habita en Jalisco, Nayarit y Durango, en México.

huida *f.* Fuga, escape de un lugar: *El joven emprendió la huida porque se dio cuenta de que los hombres que lo seguían querían asaltarlo.* Sin. **fuga, desbandada, evasión, disparada.**

huidizo, za *adj.* Relativo al que tiende a escaparse con rapidez y de manera fácil: *Pedro se hace el huidizo cuando su madre lo llama para pedirle un favor.* Sin. **escurridizo.**

huipil o **güipil** *m.* *Guat., Hond.* y *Méx.* Camisa de mujer tejida en telar, larga, sin mangas y adornada con bordados.

huir *vb. irreg.* **(tr., intr. y prnl.) Modelo 59.** **1.** Alejarse de un lugar para evitar un daño: *"Esto se está poniendo muy peligroso, hay que huir de aquí", dijo el galán del filme a su bella novia.* **2.** Escaparse o fugarse de un lugar: *Los presos huyeron de la cárcel escondidos en un camión de lavandería.* Sin. **fugarse.** **3.** Apartarse para no entrar en contacto con algo desagradable: *El niño les huye a los perros desde que uno lo mordió.* Sin. **evitar, rehuir.**

huitlacoche o **cuitlacoche** *m.* *Méx.* Hongo negro del maíz, que se utiliza en la elaboración de gran variedad de guisos.

huitrín *m.* *Chile.* Racimo de mazorcas de maíz.

huizache *m.* Árbol mexicano de cuyas vainas de color morado se extrae una substancia para elaborar tinta negra.

hule *m.* **1.** Árbol americano de hojas alargadas y brillantes del que se extrae una substancia lechosa y pegajosa: *Del hule se extrae una goma elástica con la que se fabrican neumáticos para automóvil y otros artículos.* Sin. **caucho, gomero.** **2.** Tela pintada y barnizada por uno de sus lados para que resulte impermeable: *Pusieron un hule en el patio para que la lluvia no interrumpiera la fiesta.*

hulla *f.* Mineral de color negro, parecido al carbón, que proviene de vegetales fosilizados y se usa como combustible: *Las locomotoras antiguas utilizaban hulla para caminar.*

humanidad *f.* **1.** Naturaleza y género humanos: *La humanidad se ha beneficiado con los progresos de la ciencia.* **2.** Consideración hacia los demás: *Los médicos salvaron la vida del asaltante en un gesto de humanidad.* **3.** *pl.* Conjunto de conocimientos y estudios que ayudan al hombre a entenderse a sí mismo, como la historia, la filosofía, la literatura y el arte: *Gregorio estudia humanidades en la Facultad de Filosofía y Letras.*

humanismo *m.* **1.** Estudio y cultivo de las humanidades: *La pintura, la poesía, el derecho y la sociología son partes del humanismo.* **2.** Movimiento cultural del Renacimiento que se preocupó, sobre todo, por el estudio del hombre y de la cultura griega y latina: *Leonardo da Vinci fue uno de los hombres importantes del Humanismo en Italia.*

humanista *adj.* Relativo al humanismo: *La Universidad tiene carreras humanistas y carreras científicas.*

humanista *m.* y *f.* **1.** Persona que se dedica al estudio de las disciplinas que ayudan al hombre a desarrollarse en lo mental y lo espiritual. **2.** Persona que se dedica a las carreras del área de humanidades: *Un humanista puede ser filósofo o historiador o dedicarse a la literatura.*

humanitario, ria *adj.* Relativo a la persona que ayuda a los demás, a lo que es caritativo: *Se ha organizado un festival con fines **humanitarios** y la gente ha participado llevando alimentos, ropa y dinero.*

humanizar *vb. irreg.* (tr. y prnl.) **Modelo 16.** **1.** Hacer que alguien se vuelva más generoso y comprensivo o que algo se adapte a las necesidades del hombre: *Los arquitectos buscan **humanizar** ciertos aspectos de la ciudad creando más parques y zonas de recreo.* SIN. **civilizar**. **2.** Volverse alguien más generoso y comprensivo o adaptarse algo a las necesidades humanas.

humano *m.* **1.** Hombre, persona: *En el libro de ciencia ficción, un **humano** llegaba a Marte y conocía a los marcianos.* **2.** pl. Grupo de todos los hombres: *Los **humanos** se visten, hablan diferentes idiomas, construyen casas para vivir y se alimentan de manera muy variada.*

humano, na *adj.* **1.** Relativo al hombre, a la mujer, a los niños y a los ancianos: *La vida **humana** se realiza en sociedad.* **2.** Relativo al que es generoso y comprensivo: *El ladrón tuvo un gesto **humano** al no agredir a los niños.* SIN. **bueno**. ANT. **inhumano**.

humareda *f.* Humo espeso y abundante: *El incendio del bosque produjo una gran **humareda**.*

humeante *adj.* Relativo a lo que echa humo o vapor por estar caliente: *Con este frío, un buen plato de sopa **humeante** resultará maravilloso.*

humear *vb.* (tr., intr. y prnl.) **1.** Exhalar humo o vapor: *La olla **humea** porque el agua ya está caliente.* **2.** Llenarse de humo: *La casa **se humea** cuando prenden la chimenea porque el tubo de salida debe estar sucio o tapado.* SIN. **ahumar**.

humectar *vb.* (tr.) Poner agua, aceite o crema a algo que está seco: *Con un algodón mojado, la enfermera **humectó** poco a poco los labios del sobreviviente de la travesía por el desierto.* SIN. **humedecer**.

humedad *f.* **1.** Calidad de húmedo: *El pañal absorbe la **humedad**.* ANT. **sequedad**. **2.** Agua que impregna un cuerpo: *Esta pared tiene **humedad**, porque el agua de la lluvia se filtra por el techo.* **3.** Cantidad de vapor de agua que hay en la atmósfera: *La **humedad** del ambiente no permite que la ropa lavada se seque.*

humedecer *vb. irreg.* (tr.) **Modelo 39.** Agregar agua a algo que está seco: *La madre **humedecía** un pañuelo y lo ponía en la frente caliente de su hijo, que tenía fiebre.* SIN. **mojar**. ANT. **secar**.

húmedo, da *adj.* **1.** Relativo a lo que está un poco mojado o cargado de vapor de agua: *Puse una semilla en un algodón **húmedo** para ver cómo germina y crece la planta.* **2.** Relativo al clima lluvioso: *Los mangos sólo se dan en climas **húmedos** y cálidos.*

húmero *m.* Hueso del brazo que une el hombro con el codo: *El **húmero** es un hueso fuerte que puede moverse en muchas direcciones.*

humidificador *f.* Aparato eléctrico en el que se pone agua para producir vapor: *Dora prendió el **humidificador** en el cuarto de los niños porque uno de ellos tiene tos.*

humildad *f.* **1.** Forma de ser que lleva a pensar que no somos mejores que los demás, ausencia de orgullo: *La **humildad** es una virtud apreciada, ya que permite reconocer los propios errores.* SIN. **modestia, sencillez, docilidad**. **2.** Pobreza: *Esa familia vivía con **humildad**, pues el padre no ganaba mucho dinero en su trabajo.*

humilde *adj.* **1.** Se dice de la persona sencilla, modesta, que no es orgullosa: *A pesar de que ha ganado un premio por ser la más bonita del grupo, Fabiana sigue siendo **humilde** y mantiene sus amistades como siempre.* SIN. **modesto, sencillo, dócil**. **2.** Se refiere a la persona que no tiene muchos recursos económicos: *Los niños que provienen de familias **humildes** reciben una beca de alimentación y material de estudio.* SIN. **pobre, necesitado**.

humillación *f.* Sensación de vergüenza: *Ludovico enrojeció a causa de la **humillación** que sintió cuando no pudo recordar una estrofa del poema en el homenaje a los maestros.*

humillar *vb.* (tr. y prnl.) **1.** Rebajar o rebajarse el orgullo de alguien, avergonzar: *Los niños **humillaban** a Gabriela burlándose de ella por ser gorda.* **2.** Adoptar una actitud de inferioridad ante los demás: *El soldado **se humillaba** frente a su capitán porque deseaba ganar su simpatía.* SIN. **avergonzarse, rebajarse**.

humita *f.* Amér. Merid. Comida hecha de maíz rallado y hervido, al que se agrega una salsa de ají o chile, tomate y cebolla frita.

humo *m.* **1.** Conjunto de productos gaseosos y partículas muy pequeñas que se desprenden de los cuerpos que se queman: *El **humo** del cigarrillo resulta molesto para las personas que no fuman.* **2.** Vapor que se desprende de los líquidos calientes. **3.** loc. **Subírsele los humos a alguien**, actitud de creerse mejor que los demás: *Desde que Sergio ganó el primer lugar en atletismo **se le han subido los humos** y ya nadie lo soporta.* SIN. **vanidad, orgullo, soberbia**. ANT. **modestia, sencillez**.

humor *m.* **1.** Disposición del ánimo habitual o pasajera: *Dorotea es una mujer que siempre está de buen **humor**: sonríe, habla con todos y a veces se le oye cantar mientras trabaja.* SIN. **carácter, temperamento, genio**. **2.** Asunto que hace reír o causa alegría: *Este cuento tiene **humor**, al personaje le suceden muchas cosas chistosas.* SIN. **gracia, ingenio, ironía**. **3.** Ganas de hacer algo: *Felipe hoy no tiene **humor** para ir al cine, prefiere quedarse leyendo.* SIN. **voluntad**. **4.** loc. **Sentido del ~**, temperamento que permite encontrarle el gusto a lo que sucede: *Ese hombre no tiene **sentido del humor** porque se enoja cuando alguien le juega una broma.*

humorada *f.* Acción caprichosa que busca hacer reír a otros: *Los estudiantes hicieron objeto de una **humorada** al compañero nuevo escondiéndole sus libros.* SIN. **chiste, broma**.

humorismo *m.* Manera de ser y de ver la vida relacionada con los asuntos que hacen reír o tienen gracia: *El **humorismo** es un mundo creado por escritores y actores en el que suceden cosas chistosas o irónicas.*

humorista *adj./m.* y *f.* Persona que actúa, escribe o expresa con dibujos cosas que hacen reír a otros, en especial quien lo hace de manera profesional: *Los **humoristas** que trabajan en el diario hacen dibujos divertidos que critican las noticias del día.*

humorístico, ca *adj.* Relativo a lo que resulta gracioso y hace reír: *En la obra de teatro había situaciones muy humorísticas que provocaron las carcajadas del público.* Sin. **divertido, cómico.**

humus *m.* Capa externa del suelo donde la materia orgánica se pudre formando la tierra fértil: *El humus es una tierra negra, rica en minerales, en la que pueden crecer muy bien las plantas.*

hundimiento *m.* **1.** Hecho de provocar que algo se introduzca por completo bajo el agua o la tierra: *El hundimiento del barco en el mar fue una tragedia.* Sin. **sumergir. 2.** Fracaso de una empresa: *El hundimiento del negocio de exportación se debe a la crisis económica.* Sin. **quiebra. 3.** Caída de algo, en especial una construcción o parte de ella: *El hundimiento del puente viejo fue provocado por una explosión.* Sin. **derrumbamiento, demolición.**

hundir *vb.* {tr. y prnl.} **1.** Hacer que algo se vaya al fondo: *Atamos una piedra en el hilo de un globo y lo arrojamos al agua para que se hundiera.* **2.** Introducir algo en una materia: *Hundieron piedras en el lodo del camino para que, pisando sobre ellas, pudieran pasar los automóviles.* Sin. **meter. 3.** Provocar que una persona se sienta abatida: *El entrenador pidió un tiempo fuera porque el equipo se hundía al no poder anotar los puntos necesarios para empatar al contrario.* Sin. **abatir, deprimir. 4.** Provocar la caída de un edificio, construcción, etc.: *Hundieron la vieja tienda para construir en su lugar un gran supermercado.* Sin. **demoler, derrumbar. 5.** Hacer que fracase una empresa: *El nuevo negocio hundió a la competencia, porque ofrece mejores precios.* Sin. **fundir, quebrar, arruinar. 6.** Sumir una superficie haciendo presión o dándole un golpe: *La puerta del automóvil se hundió a causa del choque.*

húngaro *m.* Idioma que se habla en Hungría.

húngaro, ra *adj./m.* y *f.* Originario de Hungría, país de Europa.

huno, na *adj./m.* y *f.* Originario y relativo a un pueblo asiático que invadió Europa en el siglo v.

huracán *m.* Viento de gran fuerza que avanza dando giros: *El huracán levantó los techos de las cabañas.* Sin. **ciclón, vendaval.**

huraño, ña *adj.* Se refiere a la persona o animal que rehúye el trato con la gente: *Javier era una persona sociable pero desde hace unos años se ha vuelto huraño y no quiere ver a sus amigos.* Sin. **arisco, intratable.**

hurgar *vb. irreg.* {tr. y prnl.} **Modelo 17. 1.** Remover las cosas guardadas buscando encontrar algo: *A Erlinda le encanta hurgar los cajones de su abuela, porque encuentra en ellos muchos objetos fascinantes.* Sin. **fisgar, fisgonear, curiosear. 2.** Remover en un hueco o cavidad: *Rogelio se hurga la nariz con el dedo y su madre siempre le dice que es mejor usar un pañuelo.*

hurgón *m.* Hierro que se usa para remover el carbón encendido y atizar el fuego: *Junto a la chimenea están el hurgón y la pala para recoger cenizas.*

hurón *m.* Animal pequeño mamífero y carnívoro, parecido a la comadreja, que despide un olor desagradable: *Antes se usaban hurones para cazar conejos, pero en la actualidad eso está prohibido y algunas personas los tienen como mascotas.*

¡hurra! *interj.* Grito de alegría y entusiasmo: *Los muchachos gritaron tres ¡hurras!, a su equipo favorito para celebrar su triunfo.*

hurtadillas. A ~, *loc.* A escondidas: *Entramos a hurtadillas a la cocina y tomamos algunas galletas de chocolate, porque saben deliciosas y no pudimos resistirnos.*

hurtar *vb.* {tr.} Robar sin violencia: *A Raúl le hurtaron la billetera cuando viajaba en el autobús.* Sin. **substraer, escamotear.**

hurto *m.* Robo sin violencia: *La vendedora no se dio cuenta del hurto de las manzanas, porque Agustín las tomó mientras ella atendía a otra persona.*

husmear *vb.* {tr.} **1.** Rastrear con el olfato una cosa: *Apoyando la nariz en la tierra, el perro husmea el rastro del conejo.* Sin. **oler, olfatear. 2.** Fam. Indagar, tratar alguien de enterarse de algo que no le incumbe: *A Mariana no le gusta que husmeen en su dormitorio, por eso siempre deja la puerta cerrada.* Sin. **fisgar, fisgonear, curiosear, chusmear.**

huso *m.* **1.** Instrumento que se usa en el hilado a mano para torcer o arrollar el hilo que se va formando a partir de una materia textil: *Junto a la rueca están los husos con el estambre hilado.* **2.** *loc.* **~ horario,** cada una de las 24 divisiones verticales que se aplican de manera ideal al globo terrestre, y que sirve para determinar la hora oficial de los países: *En algunos países se modifica el huso horario que les corresponde para ahorrar energía eléctrica durante el verano.*

¡huy! *interj.* Exclamación que indica dolor físico agudo, extrañeza o asombro: *"¡Huy, cómo ha subido el precio del litro de leche durante los últimos meses!", le dijo mi madre al vendedor de la tienda.*

Ii

i f. **1.** Novena letra del abecedario español y tercera de sus vocales. **2.** loc. **~ griega**, nombre de la letra y. **3.** loc. **~ latina**, nombre de la letra *i*.

I f. Cifra que en números romanos equivale a uno.

ibérico, ca adj. Relativo a lo que es de la antigua Iberia, hoy España y Portugal: *La Península Ibérica se encuentra en el suroeste de Europa*. SIN. **ibero**.

ibero m. Idioma hablado por los iberos, habitantes de la antigua Iberia, hoy España y Portugal.

ibero, ra o **íbero, ra** adj./m. y f. Originario de la antigua Iberia, hoy España y Portugal.

iberoamericano, na adj./m. y f. **1.** Se refiere a los países de América que fueron colonias de España y Portugal: *Los países iberoamericanos son aquéllos en los que se habla español o portugués.* **2.** Persona nacida en alguno de los países de América en que se habla español o portugués.

ibídem o **ibidem** adv. Allí mismo o en el mismo lugar: *Ibídem se usa en las notas bibliográficas para indicar que un texto ha sido tomado del mismo libro que ya se ha citado, y suele abreviarse así: ibid.*

ibirapitá f. *Amér. C.* y *Amér. Merid.* Árbol tropical muy alto, de tronco grueso y madera dura o rojiza, útil para la construcción de casas y techos.

ibis f. Ave zancuda de plumaje color blanco, con cabeza, cuello y cola negros y un pico muy delgado, curvo y largo, que habita en África y en las regiones cálidas de Europa: *Los antiguos egipcios veneraban a las ibis porque creían que eliminaban a los reptiles de las orillas del río Nilo.*

iceberg m. **Palabra inglesa.** Bloque de hielo de tamaño muy grande, que flota en los océanos polares: *El pico de un iceberg que se ve flotar sobre el mar es tan sólo una pequeña parte de su tamaño total.*

icono o **ícono** m. **1.** Imagen religiosa pintada sobre madera y recubierta parcialmente con oro, plata y adornos de gemas, clásica del arte ruso con tradición bizantina: *Un icono muy famoso es el que se encuentra en la Catedral de la Dormición en Vladimir, lugar que ha sido centro religioso desde el siglo XII, y que representa a la Virgen con el niño.* **2.** En computación, símbolo gráfico que aparece en la pantalla de una computadora y que simplifica las órdenes que un usuario indica a un programa en particular: *Poniendo la flecha sobre el icono y apretando dos veces el botón izquierdo del ratón se puede entrar al programa.*

iconoclasta adj./m. y f. **1.** Se aplica a las personas que durante el siglo VII destruían imágenes religiosas: *Los iconoclastas surgieron en el siglo VIII como una secta que asaltaba las iglesias y destruía las imágenes reli-*

giosas. **2.** *Fam.* Persona enemiga de los valores establecidos de forma tradicional.

iconografía f. Descripción, colección y estudio de las imágenes, pinturas y esculturas: *A través de la iconografía es posible conocer en la actualidad el aspecto de muchos personajes antiguos.*

icosaedro m. Cuerpo sólido de veinte caras: *En clase de geometría, la maestra nos mostró un icosaedro regular hecho de madera, sus caras eran triángulos equiláteros.*

ictericia f. Coloración amarilla de la piel producida por la mala eliminación de la bilis: *La ictericia indica que el enfermo padece del hígado.*

ictiología f. Parte de la zoología que estudia los peces: *Teresa estudia zoología y piensa especializarse en ictiología porque le gustan los animales marinos.*

ida f. Acción de ir de un sitio a otro: *Javier está organizando una ida a la playa con todos los amigos.*

idea f. **1.** Representación mental de una cosa que no necesariamente existe en el mundo real. SIN. **concepto, pensamiento.** **2.** Imagen que se forma en el pensamiento: *Tengo idea de cómo es Gerardo, ya que su hermana me ha platicado de él y lo ha descrito.* **3.** Proyecto o propósito de realizar algo: *Francisco tuvo la idea de hacer una cabaña en el árbol y entre él y sus amigos la construyeron.* SIN. **plan, propósito.** **4.** Punto de vista, opinión que se tiene con respecto a algo: *Andrés tiene la idea de que si su hijo juega con pistolas podría ser agresivo cuando crezca.* SIN. **opinión, juicio.** **5.** Conocimiento que se tiene sobre un tema: *Mi padre tiene idea sobre música porque le gusta mucho, aunque en realidad es matemático.* **6.** loc. **Hacerse a la ~ de algo,** aceptar que algo sucede o va a suceder: *Las vacaciones pronto terminarán, por eso hay que hacerse a la idea de regresar a clases.* **7.** loc. **No tener ni ~,** no tener ni el menor conocimiento acerca de un tema: *Julieta no tiene ni idea de lo que es la filosofía.*

ideal adj. **1.** Que sólo existe en la imaginación: *Ayer tuve un sueño en el que viajaba por un cielo ideal donde las estrellas me sonreían y la luna cantaba.* **2.** Excelente, perfecto: *Este automóvil nuevo fue la solución ideal para transportar a toda la familia.* SIN. **óptimo.**

ideal m. **1.** Aquello que se pretende o lo que se aspira: *El ideal de las buenas personas es vivir en paz y que no haya hambre en el mundo.* SIN. **aspiración.** **2.** Perfección que sólo existe en la imaginación. SIN. **modelo.**

idealismo m. **1.** Sistema de pensamiento que defiende las ideas por encima de lo práctico: *Andrés trabaja por idealismo en un asilo para ancianos, ya que no le pagan un salario.* **2.** Tendencia a creer que alguien o

IDE

algo es mejor de lo que es en realidad: *Su idealismo no le permite aceptar que su esposa lo engaña con otro hombre.*

idealista *adj./m. y f.* Relativo al idealismo y a los seguidores de esta doctrina: *El artista italiano Leonardo da Vinci fue un idealista que diseñó inventos para el progreso de la humanidad.*

idealizar *vb. irreg.* {tr.} **Modelo 16.** Considerar a alguien o algo mejor de lo que es en realidad: *Al principio Roberto idealizó a su maestro, pero pronto se dio cuenta de que era una persona con defectos.*

idear *vb.* {tr.} **1.** Formar en la mente la idea de una cosa: *Las autoridades han ideado un plan para atrapar al delincuente fugitivo.* **Sin. pensar, concebir. 2.** Crear algo nuevo: *Ese ingeniero ideó una máquina que va a facilitar la producción de automóviles.* **Sin. inventar, proyectar.**

ideático, ca *adj.* **1.** *Bol., Chile, Colomb., Méx. y Venez.* Se aplica a la persona que se obsesiona con una idea: *Ya todos le dijimos a Martha que se ve bien con vestido, pero es una ideática y sólo quiere usar pantalón.* **2.** *Hond.* Se aplica a la persona que tiene muchas ideas para resolver las cosas. **Sin. ingenioso, creativo.**

ídem o **idem** *pron.* Significa lo mismo, se usa para evitar repeticiones: *Le mandé una nota a mi novio que decía "te quiero", y él me la devolvió con el mensaje "yo ídem", o sea que él también me quiere.* **Sin. idéntico.**

idéntico, ca *adj.* Completamente igual o muy parecido: *"Siempre confundo estas dos llaves porque son idénticas y no sé cuál es la de mi casa y cuál es la de la oficina."* **Sin. igual, semejante. Ant. diferente, distinto.**

identidad *f.* **1.** Calidad de idéntico: *Mi amiga y yo tenemos identidad de gustos, por eso visitamos los mismos lugares.* **Sin. igualdad. Ant. diversidad. 2.** Conjunto de características por las que se reconoce una cosa o persona: *La identidad de una persona se conoce por su nombre, edad, aspecto físico, forma de vestir, gustos y también por el lugar donde vive.* **3.** loc. **Documento de ~**, documento oficial con fotografía en el que figura nombre, edad, domicilio, huella digital y firma de la persona a quien pertenece: *Antes de entrar a la disco le pidieron a Victoriano su documento de identidad para saber si era mayor de edad.* **Sin. credencial, identificación.**

identificación *f.* **1.** Acción de reconocer algo o a alguien a partir de un conjunto de características que le son propias: *La identificación de esta especie de hongos causó muchas dificultades a los biólogos.* **2.** Documento oficial con fotografía en el que figura nombre, edad, domicilio, huella digital y firma de la persona a quien pertenece: *Para abrir una cuenta en el banco es necesario llevar una identificación.*

identificar *vb. irreg.* {tr. y prnl.} **Modelo 17. 1.** Reconocer algo o a alguien a partir de un conjunto de características que le son propias: *La señora identificó al joven que le robó la billetera por una cicatriz que él tiene en la frente.* **Sin. reconocer. 2.** Hacer que dos o más cosas puedan considerarse en un grupo, por tener características parecidas: *El hipopótamo, la cebra y la jirafa se identifican con el caballo porque todos estos animales comen hierba.* **3.** Hacerse solidario: *"Me identifico contigo cuando dices que el dinero no da la felicidad", le dije a Román.* **4.** Proporcionar, cuando son solicitados, datos acerca de nuestra persona para

ser reconocidos: *Hermenegildo no tenía manera de identificarse cuando llegó a París porque en el aeropuerto perdió la billetera y el pasaporte.*

ideográfico, ca *adj.* Se refiere a la escritura que representa las ideas por medio de figuras o símbolos: *La escritura de los antiguos mexicanos era ideográfica, porque en lugar de letras se usaban dibujos.*

ideograma *m.* Figura que representa una idea: *La escritura china está formada por ideogramas que representan palabras y a veces frases completas.* **Sin. símbolo.**

ideología *f.* Conjunto de ideas y creencias de una persona o sociedad. **Sin. creencia, doctrina.**

ideoso, sa *adj.* *Guat. y Méx.* Se aplica a la persona que tiene muchas ideas para resolver las cosas. **Sin. ingenioso, creativo.**

idilio *m.* *Fam.* Aventura amorosa, romance: *Laura y Bernardo tuvieron un idilio durante las vacaciones de verano, después cada uno regresó a su ciudad y no volvieron a verse.* **Sin. noviazgo.**

idioma *m.* Lengua que se habla en una comunidad o nación: *El francés es un idioma que se habla en Francia, Canadá y en algunos otros países.* **Sin. lengua.**

idiosincrasia *f.* Manera de ser y de pensar: *El carácter festivo forma parte de la idiosincrasia de los brasileños.* **Sin. temperamento.**

idiota *adj./m. y f.* Se aplica al que es poco inteligente o padece un retraso mental. **Sin. tonto, estúpido.**

idiotez *f.* **1.** Falta de inteligencia debida a una enfermedad mental. **2.** *Desp.* Tontería: *Fue una idiotez no comprar el libro cuando estaba de oferta, ahora ya no puedo conseguirlo.* **Sin. estupidez.**

ido, da *adj.* **1.** *Fam.* Se refiere al que está muy distraído: *Francisca está ida desde que se enamoró de Rubén, todo el día piensa en él.* **Sin. distraído. Ant. atento. 2.** *Fam.* Se refiere al que está mal de la cabeza. **Sin. loco. Ant. cuerdo.**

idolatrar *vb.* {tr.} **1.** Adorar ídolos o figuras que representan fuerzas divinas. **Sin. adorar. 2.** Amar mucho a una persona o cosa: *Jacobito idolatra tanto a su madre que piensa que no tiene defectos.*

ídolo *m.* **1.** Representación física de un ser inanimado al que se le atribuyen poderes mágicos o divinos y se le rinde culto: *Los antiguos egipcios le rendían culto al ídolo llamado Gueb que simbolizaba la tierra y era representado como un hombre con una oca en la cabeza.* **2.** Persona admirada: *El ídolo de rock and roll saltó al escenario y sus admiradoras gritaron de emoción.*

idóneo, a *adj.* **1.** Se refiere al que tiene aptitud para algo: *Un enano resultó ser la persona idónea para sacar al niño de la pequeña cueva donde estaba atrapado.* **Sin. adecuado, conveniente, ideal. 2.** Se aplica a lo que resulta muy adecuado: *Un martillo es la herramienta idónea para clavar clavos.* **Sin. justo, adecuado, perfecto.**

igarapé *m.* *Colomb., Ecuad. y Perú.* Canal estrecho de gran extensión que atraviesa la selva amazónica.

iglesia *f.* **1.** Conjunto de las creencias que conforman la religión cristiana, así como del clero y los fieles que las siguen: *La palabra iglesia viene del latín "eclesia", que significa reunión, asamblea.* **2.** Edificio que se utiliza para llevar a cabo la misa o sermón: *La ciudad de Cholula en el estado de Puebla, México, tiene tantas iglesias que se llegó a afirmar que ahí había una para cada día del año.* **Sin. templo.**

320

iglú *m.* Casa temporal de los esquimales hecha con bloques de hielo: *El iglú tiene forma redondeada y una puerta pequeña cubierta con pieles.*

ignaro, ra *adj.* Se aplica a la persona que no sabe sobre algún tema: *Ese muchacho está ignaro de la raíz cuadrada porque no estudió sus lecciones de matemáticas.* SIN. **ignorante.**

ígneo, a *adj.* Se refiere a lo que es de fuego o que tiene algunas de sus propiedades: *Esta roca ígnea es producto de la erupción del volcán.*

ignominia *f.* **1.** Situación desagradable que causa vergüenza a quien la sufre. SIN. **descrédito.** ANT. **gloria. 2.** Mala acción que uno comete contra otro: *Fue una ignominia que lo despidieran del trabajo gritándole y empujándolo a la calle como si fuera un delincuente.*

ignorancia *f.* Falta de conocimiento acerca de una materia o asunto determinado: *Mi ignorancia sobre ortografía me impide saber escribir de manera correcta las palabras.* ANT. **cultura, saber.**

ignorante *adj./m.* y *f.* Se aplica a la persona que ignora algo: *La mujer permaneció ignorante de que le habían otorgado un premio importante, hasta que la gente comenzó a felicitarla en la calle.*

ignorar *vb.* (tr. y prnl.) **1.** No saber o no tener instrucción: *Como ignoraba que la clase de ciencias sería en el laboratorio, Susana fue al aula y no encontró a nadie.* SIN. **desconocer.** ANT. **conocer, saber. 2.** No prestar atención a alguien o a algo: *"Si Leandro fue grosero contigo, ignóralo, no le hables más y ya no te molestará", me dijo Ana.*

ignoto, ta *adj.* Se dice de lo que no es conocido ni ha sido descubierto: *Los astronautas viajaron al espacio ignoto para tomar fotografías y hacer experimentos.*

igual *adj.* **1.** Se aplica a lo que no difiere de otro por su naturaleza, cantidad o calidad: *Marta partió la pizza en ocho rebanadas iguales.* SIN. **idéntico, exacto.** ANT. **distinto, diferente, desigual. 2.** Se dice de lo que comparte la mayor parte de sus características con otro: *Mi padre y yo compramos dos camisas iguales, pero de diferente tamaño.* SIN. **parecido, semejante. 3.** Se refiere a lo que no varía: *La temperatura sigue igual, no ha bajado ni subido desde hace tres horas.* SIN. **invariable. 4.** Se refiere a lo que está liso: *Los niños buscaron un terreno que estuviera igual para poder jugar a la pelota.* SIN. **uniforme, plano. 5.** loc. Sin ~, loc. que es extraordinario: *Mi novia es una mujer sin igual, siempre está de buen humor, es inteligente y linda.*

igual *m.* Signo de igualdad, formado por dos rayas paralelas y horizontales (=): *El signo igual se usa para indicar que dos cantidades escritas de forma diferente valen lo mismo, como en 4 + 2 = 6.*

igual *m.* y *f.* Persona de la misma clase, condición, etc., que otra u otras.

igual *adv.* **1.** De manera posible, quizá: *La fiesta podría hacerse igual el sábado o el domingo.* **2.** De la misma manera: *Rosario y Josefa se ríen igual, a veces confundo sus risas.* **3.** Argent., Chile y Urug. A pesar de todo. **4.** loc. De ~ a ~, sin diferencia de clase o categoría: *El director trató de igual a igual a su empleado porque no le gusta discriminar a la gente.*

igualado, da *adj.* **1.** Guat. y Méx. Se dice de la persona que de manera abusiva se empeña en tener un tra-

to cercano y familiar con otra de clase social o jerarquía superior: *El joven del aseo es un igualado que cuando el jefe sale de su oficina, se mete a hablar por teléfono.* **2.** Guat. y Méx. Se dice de la persona que trata con más familiaridad de la debida a los demás: *Eliseo es un igualado que trata a los maestros como si formaran parte de su banda de amigos.*

igualar *vb.* (tr., intr. y prnl.) **1.** Hacer iguales entre sí a dos o más cosas: *El gerente igualó las horas de trabajo de los empleados de la empresa, a partir del lunes todos trabajarán ocho horas diarias.* SIN. **ajustar. 2.** Poner lisa una superficie: *Esta máquina aplanadora igualará el terreno para construir la cancha de fútbol.* SIN. **aplanar. 3.** Tener una persona o cosa las mismas características que otra: *Griselda era más baja que Lorenzo, pero se igualaron en estatura después de cumplir los doce años.*

igualdad *f.* **1.** Parecido que existe entre dos o más cosas o personas: *La Declaración Universal de los Derechos Humanos habla sobre la igualdad de derechos entre el hombre y la mujer.* SIN. **correspondencia. 2.** En matemáticas, expresión de la equivalencia de dos cantidades: *La igualdad se escribe utilizando el signo igual (=).*

iguana *f.* Reptil americano parecido al lagarto, grande como el brazo de un hombre adulto, que puede ser de color gris o verdoso con manchas amarillentas, con una cresta a lo largo del dorso: *Las iguanas viven en las regiones cálidas de América.*

ijada *f.* o **ijar** *m.* Cavidad del cuerpo del hombre y de algunos animales, que se encuentra entre las costillas falsas y las caderas: *La ijada es el lugar del cuerpo en el que se forma la cintura.*

ilación *f.* Relación entre ideas que se enlazan unas con otras: *Este discurso no tiene ilación, hay que corregirlo y ordenar las ideas porque no se entiende nada.*

ilegal *adj.* Se refiere a lo que es contrario a la ley: *Roberto cometió un acto ilegal cuando robó una botella de vino de la tienda.*

ilegible *adj.* Que no se puede o casi no se puede leer: *Los horarios de las obras de teatro están ilegibles porque la lluvia maltrató la publicidad.* SIN. **incomprensible.** ANT. **claro.**

ilegítimo, ma *adj.* Se refiere a lo que es falso o está fuera de la ley: *Este documento es ilegítimo porque no tiene la firma de las autoridades.*

íleon *m.* Tercero de los tres grandes tramos en que se divide el intestino delgado: *El íleon desemboca al intestino grueso.*

ileso, sa *adj.* Se refiere a la persona o cosa que no recibió heridas o daño al encontrarse en una situación peligrosa: *Ernesto salió ileso del accidente y pudo llegar a su casa caminando.* SIN. **intacto, salvo, sano.**

iletrado, da *adj.* Se refiere a quien le falta instrucción: *Don José es un albañil iletrado porque nunca pudo asistir a la escuela.* SIN. **analfabeto, inculto.**

iliaco, ca o **ilíaco, ca** *adj.* Se aplica a todo lo relativo al ilion: *El hueso iliaco forma parte de la cadera.*

ilícito, ta *adj.* Se refiere a lo que está prohibido por la ley o por la moral: *Es ilícito vender drogas.* SIN. **ilegal, prohibido.** ANT. **legal.**

ilimitado, da *adj.* Se dice de lo que no tiene un límite que marque su fin: *Tengo una confianza ilimitada en mi amigo, pues sé que nunca me traicionará.* SIN. **absoluto, infinito, total.**

ILI

ilion *m.* Parte del hueso iliaco que forma la saliente de la cadera: *El ilion es uno de los huesos más fuertes del esqueleto humano.*

ilógico, ca *adj.* Se dice de lo que no está bien razonado o no ha sido deducido con claridad: *Es ilógico que Fernando diga que no tiene dinero cuando pasa el tiempo comprando discos y revistas.*

iluminación *f.* **1.** Luz natural, o luces artificiales, que existen en un sitio: *Esta habitación no tiene buena iluminación porque tiene una ventana muy pequeña y una bombilla poco potente.* SIN. **luz.** **2.** Conjunto de luces destinadas a realzar un espectáculo, una obra teatral, etc.: *La iluminación de la obra de teatro acompañaba el estado de ánimo de los personajes, pues era menor en los momentos tristes y más brillante en los momentos alegres.* SIN. **alumbrado.** **3.** Adorno coloreado que se hacía en los manuscritos de la Edad Media: *Estos dibujos en miniatura son parte de la iluminación de un hermoso libro antiguo.* **4.** Estado espiritual en el que se cree tener contacto con la divinidad: *Alcanzar la iluminación es una de las metas de los monjes que meditan.*

iluminado, da *adj.* **1.** Se dice de lo que tiene luz: *El patio está iluminado por la luz solar.* SIN. **alumbrado.** **2.** Se refiere al dibujo que ha sido coloreado: *Le mostré a la maestra un paisaje iluminado con colores marrón, azul y verde.* SIN. **pintado.**

iluminado, da *m. y f.* Según algunas creencias religiosas, persona que está en contacto con la divinidad.

iluminar *vb.* **1.** Hacer que la luz pase hacia un lugar determinado, o que se produzca: *Abrí las cortinas y la casa se iluminó con la luz solar.* SIN. **alumbrar.** **2.** Usar luces para crear efectos que adornen: *Han iluminado las calles y las fachadas de las casas para festejar el aniversario del pueblo.* SIN. **alumbrar.** **3.** Poner color a las letras o dibujos de un libro: *La maestra pidió que iluminemos el mapa de América usando un color para cada país.* SIN. **colorear, pintar.** **4.** *Fam.* Mostrar una gran alegría: *A la pequeña se le iluminó la cara al ver los regalos de Navidad.*

ilusión *f.* **1.** Imagen de un objeto que aparece en la mente, de manera distinta de como es en realidad: *Los espejismos que sufren quienes caminan en el desierto, como ver plantas verdes y agua, son ilusiones ópticas.* SIN. **engaño, ficción.** **2.** Esperanza sin fundamento real: *La niña tiene la ilusión de que le crecerá el cabello a la muñeca que acaba de rapar.* SIN. **deseo, esperanza.** **3.** Sentimiento de satisfacción o gusto por algo que se hace o por una situación que se vive.

ilusionar *vb.* **1.** Provocar o sentir ilusiones o esperanzas: *Mario ilusionó a Fidelia cuando le dijo que le compraría un cachorro.* ANT. **desilusionar.** **2.** Causar alegría o satisfacción: *Toda la familia se ilusionó mucho cuando el vendedor les entregó las llaves de su nueva casa.*

ilusionismo *m.* Arte de producir fenómenos en aparente contradicción con las leyes naturales: *El joven aprendió algunos trucos en una clase de ilusionismo que impartió un mago de circo.* SIN. **magia.**

ilusionista *m.* Persona que realiza ejercicios de ilusionismo, es decir, los juegos que producen efectos visuales debido a la rapidez con que se mueven las manos, en especial quien lo hace de manera profesional: *Como parte de su espectáculo, el ilusionista hizo desaparecer a toda la orquesta del teatro durante unos segundos.*

iluso, sa *adj./m. y f.* Se refiere al que tiende a crearse esperanzas sin fundamento real: *La ilusa cree que cualquier día un productor de cine la descubrirá al salir de su casa y la convertirá en una estrella internacional.* SIN. **ingenuo, inocente.** ANT. **realista.**

ilusorio, ria *adj.* Se refiere a lo que tiende a engañar o no es posible que se realice: *El aspecto de ese automóvil es ilusorio, ya que por fuera tiene una pintura flamante pero el motor no funciona.*

ilustración *f.* **1.** Acción de complementar o decorar un texto con dibujos o fotografías: *Roberto es dibujante y se dedica a la ilustración de libros de anatomía.* **2.** Grabado, dibujo o foto que aparece en un libro, revista, diario, etc.: *Esta revista tiene muchas ilustraciones que ayudan a explicar el contenido de los artículos.* **3.** Movimiento cultural del siglo XVIII que daba mucha importancia a la razón humana: *Durante la Ilustración, el escritor y filósofo francés Denis Diderot dirigió una enciclopedia muy famosa.*

ilustrador, ra *adj./m. y f.* Se refiere a la persona que se dedica a decorar o complementar textos con dibujos o grabados: *El nuevo ilustrador no tenía experiencia y repetía muchas veces los dibujos porque no le quedaban bien.*

ilustrar *vb.* **1.** Aclarar un punto o materia: *El profesor ilustra con ejemplos los temas difíciles para que los alumnos entiendan mejor.* SIN. **explicar.** **2.** Adornar con dibujos o grabados: *Ilustraré mi composición sobre el maíz dibujando unas mazorcas.* SIN. **dibujar, pintar.** **3.** Dar u obtener conocimientos sobre un tema: *Las personas se ilustran al asistir a la escuela, visitando museos y consultando libros en las bibliotecas.*

ilustre *adj.* Se aplica a la persona que es célebre o famosa por la importancia de sus acciones: *El ilustre maestro fundador de nuestra escuela es un anciano querido por todos.*

imagen *f.* **1.** Representación de alguien o algo por medio de la pintura, la escultura, la fotografía, etc.: *Las imágenes captadas por estas fotografías muestran a unos equilibristas del circo.* SIN. **figura.** **2.** Representación mental de algo: *A veces, cuando pienso en mi abuela, veo su imagen en mi memoria.* **3.** Conducta y apariencia que alguien presenta ante los demás: *La actriz se operó la nariz y cambió el color de su cabello porque deseaba un cambio de imagen.*

imaginable *adj.* Relativo a lo que puede pensarse o imaginarse: *Intentaron resolver el problema por todos los medios imaginables, pero aún no logran solucionarlo.* SIN. **posible.**

imaginación *f.* **1.** Capacidad de la mente que le permite crear o representar cosas en el pensamiento: *La imaginación se desarrolla más cuando alguien es niño que cuando es adulto.* SIN. **fantasía.** **2.** Ilusión, fantasía, figuración: *"No hay nadie en la cocina, es tu imaginación, ya cálmate", le dije a Roberto.*

imaginar *vb.* **1.** Representarse algo en la mente: *La jovencita imaginaba que estaba vestida como una reina y que bajaba unas escaleras grandísimas de mármol blanco.* SIN. **visualizar.** **2.** Idear, concebir: *He imaginado cómo podría acomodar los muebles de mi* habitación para tener más espacio. **3.** Pensar, creer o suponer: *"Me imaginaba que vendrías a comer, por eso puse otro plato sobre la mesa", me dijo mi primo.*

imaginario, ria *adj.* Relativo a lo que sólo existe en la mente: *Mi hermana pequeña tiene una amiga imaginaria con quien habla y juega como si realmente estuviera acompañada.* SIN. **fantástico, irreal.**

imaginativa *f.* Capacidad para representar cosas en la mente.

imaginativo, va *adj.* Se aplica a la persona que tiene capacidad de crear: *Carlota es una muchacha imaginativa que utiliza restos de tela para fabricar muñecos.*

imago *m.* Insecto adulto que ha alcanzado todo su desarrollo: *Después de la metamorfosis, el imago de la mariposa vivirá unos días antes de reproducirse.*

imán *m.* **1.** Óxido de hierro que es magnético, es decir, puede atraer al hierro y a otros metales. **2.** Barra de acero magnetizada que tiene la propiedad de atraer objetos de hierro: *Los clavos se quedaron pegados al imán porque están hechos de hierro.*

imantar o **imanar** *vb.* (tr. y prnl.) Comunicar a algo las propiedades de un imán: *En el laboratorio imantamos un trozo de hierro para convertirlo en un imán.*

imbécil *adj./m. y f. Desp.* Se aplica al que es poco inteligente, tonto: *Ese niño imbécil me empujó y me caí por las escaleras.* SIN. **estúpido, huevón.**

imberbe *adj.* Se refiere al que no tiene barba o tiene muy poca: *Los niños, las mujeres y algunos hombres son imberbes.* SIN. **lampiño.** ANT. **barbado.**

imborrable *adj.* **1.** Relativo a lo que se fija sobre un material de tal manera que ya no se puede borrar: *Rubén escribió su trabajo con tinta imborrable y tuvo mucho cuidado para no equivocarse.* SIN. **permanente, indeleble. 2.** Relativo a lo que no se puede olvidar: *Alicia tiene recuerdos imborrables de su viaje a la playa.* SIN. **inolvidable.**

imbricar *vb. irreg.* (tr. y prnl.) **Modelo 17.** Poner parte de unas cosas sobre otras, de manera parecida a la colocación de las escamas en el cuerpo de los peces.

imbuir *vb. irreg.* (tr. y prnl.) **Modelo 59.** Infundir, inculcar: *El maestro de historia les imbuyó a sus alumnos la idea del amor a la patria.*

imitación *f.* **1.** Acción de imitar un modelo: *Muchos juegos de niños son imitaciones de las actividades de los adultos.* **2.** Producto hecho que imita a otro más valioso: *Este cuadro es una imitación del original que se encuentra en el museo.*

imitador, ra *adj./m. y f.* Relativo a la persona o animal que reproduce las acciones de un modelo: *El imitador del cantante famoso reproduce sus gestos y el tono de su voz con mucha fidelidad.*

imitar *vb.* (tr.) Hacer lo mismo o lo más parecido posible, a lo que hace otra persona o un animal: *Rogelio imita el canto de los pájaros cuando chifla.*

impaciencia *f.* Inquietud que se siente cuando se quiere que pase algo pronto: *Mi sobrino no pudo contener la impaciencia y abrió su regalo de Navidad antes que los demás.* SIN. **inquietud, ansiedad.** ANT. **paciencia, serenidad.**

impacientar *vb.* (tr. y prnl.) **1.** Hacer que alguien pierda la calma: *La lentitud con que David hace las cosas impacienta a su madre, que siempre está diciéndole que se apresure.* SIN. **desesperar. 2.** Perderse la calma:

La gente se impacientó porque el cantante no comenzó su concierto a tiempo. SIN. **desesperar.**

impaciente *adj.* Se refiere al que está inquieto porque desea que ocurra algo pronto: *Jonás está impaciente porque quiere que le quiten el yeso de la pierna para poder jugar y correr de nuevo.* SIN. **inquieto, ansioso, intranquilo.** ANT. **sereno.**

impacto *m.* **1.** Choque de un objeto con otro: *El impacto de la bala dejó una huella en la pared.* SIN. **golpe. 2.** Impresión que se siente al recibir una noticia: *El asesinato del cantante famoso produjo un gran impacto entre sus admiradores.* SIN. **efecto.**

impalpable *adj.* Se dice de lo que es tan suave o ligero que casi no se siente al tocarlo. SIN. **ligero, sutil.**

impar *adj.* Se dice del número que no es divisible entre dos: *Como había un número impar de niños, no pudimos formar dos equipos porque sobraba un jugador.*

impar *m.* Número que no es divisible entre dos: *Los impares son el uno, el tres, el cinco, el siete, etc.* SIN. **non.**

imparcial *adj./m. y f.* **1.** Se dice de la persona que no está ni a favor ni en contra de algo y puede juzgar con objetividad: *Los árbitros deportivos deben ser imparciales, no deben favorecer a ningún jugador.* **2.** Persona que busca la justicia a como dé lugar.

imparcialidad *f.* Carácter de quien no tiene inclinaciones o intereses propios en una situación y por lo tanto puede juzgar con justicia: *La imparcialidad es una condición que deben cumplir los jueces para no favorecer ni perjudicar a nadie.* SIN. **justicia.**

impartir *vb.* (tr.) Comunicar, repartir: *El maestro impartía sus conocimientos sobre primeros auxilios a los alumnos.*

impasible *adj.* Se aplica a la persona que no muestra sus sentimientos y es capaz de permanecer tranquila en una situación difícil o dolorosa: *Todos corrieron para ayudar a los accidentados y sólo Yolanda se quedó impasible, mirando sin intervenir.* SIN. **indiferente, imperturbable.**

impávido, da *adj.* Se aplica a la persona que no tiene miedo cuando se enfrenta a un riesgo: *El domador, impávido, entró a la jaula de los leones.* SIN. **valiente, atrevido.** ANT. **cobarde.**

impecable *adj.* Se refiere a lo que es perfecto: *Graciela se ve impecable porque siempre está bien peinada y con ropa limpia y planchada que combina con sus zapatos.* SIN. **intachable, limpio.** ANT. **defectuoso.**

impedimento *m.* Cosa o situación que no permite que se siga adelante o que se realice algo: *Si no surge ningún impedimento, llegaré a casa a las ocho de la noche.* SIN. **obstáculo.**

impedir *vb. irreg.* (tr.) **Modelo 47.** Estorbar o hacer imposible la realización de algo: *Los dueños pusieron una reja que impide a los ladrones entrar a la propiedad.* SIN. **dificultar, entorpecer.**

impeler *vb.* (tr.) **1.** Comunicarle movimiento a una cosa quieta: *El jugador impelió el balón con una fuerte patada y éste entró en la portería.* SIN. **empujar, impulsar. 2.** *Fam.* Sentir el impulso de realizar una acción: *El enojo impelía a Rogelio a golpear a su enemigo.* SIN. **incitar, animar.**

impenetrable *adj.* **1.** Se refiere a lo que no se puede atravesar o al lugar al que no se puede entrar: *Algunas* selvas de las zonas tropicales son tan tupidas e **impenetrables**, que la luz del sol no llega al suelo. Sin. **cerrado, espeso**. Ant. **abierto, accesible. 2.** Fam. Se dice cuando algo no se puede comprender o descifrar: *El asunto encierra un misterio **impenetrable**, ¿cómo fue posible que el pájaro abriera la jaula y escapara?* Sin. **incomprensible, oculto, inexplicable**. Ant. **claro, comprensible**.

impenitente adj. Fam. Se aplica al que persiste en su error: *Ese empleado es un **impenitente** que sigue llegando tarde al trabajo aunque le descuenten una parte de su salario.* Sin. **empedernido**.

impensable adj. **1.** Se aplica a lo que resulta absurdo o difícil de creer: *Es **impensable** que exista vida humana en Mercurio, porque ese planeta está demasiado cerca del Sol.* Sin. **absurdo, increíble. 2.** Se dice cuando algo resulta muy difícil de realizar: *Es **impensable** que pueda ir a la fiesta porque reprobé el curso y mis padres están muy enojados conmigo.* Sin. **imposible**.

impensado, da adj. Se aplica a los sucesos debidos a una casualidad: *La ida al cine fue **impensada**, simplemente ambos amigos se encontraron por la calle y decidieron ver un filme.* Sin. **inesperado, casual**.

imperante adj. Se refiere a la característica o persona que domina una situación: *Una lluvia **imperante** nos impidió salir en toda la tarde.* Sin. **dominante**.

imperar vb. (intr.) **1.** Ejercer la voluntad propia sobre la de los demás: *La opinión del presidente **impera** en la toma de decisiones del gobierno.* Sin. **dominar, mandar. 2.** Estar una situación dominada por una característica: *El bullicio de los niños jugando **imperó** durante toda la tarde, y desde que se durmieron **ha imperado** el silencio.* Sin. **regir, dominar**.

imperativo m. **1.** Forma verbal que se usa para expresar una orden: *"Vete" es el **imperativo** del verbo "ir". 2.** Asunto que tiene las características de una obligación: *Lo **imperativo** es comprar las medicinas y dárselas, porque el enfermo se encuentra grave.* Sin. **obligación, deber**.

imperativo, va adj. Se aplica a lo que tiene las características del mandato: *Las palabras **imperativas** de la madre acabaron con la pelea de los hijos.* Sin. **imperioso**.

imperceptible adj. Se aplica a la cosa que está ahí pero no se nota: *Hay una diferencia casi **imperceptible** entre el sonido de la viola y el del violonchelo, por eso te confundiste.* Sin. **minúsculo, inapreciable**. Ant. **perceptible, tangible**.

imperdible m. Alfiler de seguridad que se cierra de tal manera que la punta queda protegida para que no lastime: *A mi blusa se le cayó un botón y tuve que utilizar un **imperdible** para que no se abriera.* Sin. **seguro**.

imperdonable adj. Se refiere a lo que no se debe o no se puede disculpar. Sin. **grave**.

imperecedero, ra adj. Se aplica a aquello que no muere: *Los productos **imperecederos** son las ollas, los vasos, las telas, los cuadernos y todo lo que no sea fruta, verdura, granos o carne.* Sin. **inmortal, eterno, duradero**. Ant. **perecedero**.

imperfección f. **1.** Condición o calidad de lo que no es perfecto, que tiene errores o defectos: *Eulogia cambió la tela que había comprado porque tenía **imperfecciones** que hacían que se viera deshilada.* Sin. **defecto, error**. Ant. **perfección. 2.** Defecto o falla en el comportamiento de una persona: *El profesor*

de historia no soporta la **imperfección**, de modo que sus alumnos deben comportarse muy bien en su clase. Sin. **falta**.

imperfecto, ta adj. **1.** Se aplica a lo que no está completo o tiene defectos: *Ramiro olvidó acentuar las mayúsculas, de modo que su trabajo fue **imperfecto** y no obtuvo la mejor calificación.* Sin. **incompleto, defectuoso. 2.** loc. **Futuro ~**, tiempo verbal que expresa de un modo absoluto que la cosa existirá o la acción se realizará: *"Vendrá" es el **futuro imperfecto** de "venir". 3.** loc. **Pretérito ~**, tiempo verbal que sirve para expresar una acción pasada como contemporánea de otra que también ya pasó: *"Escribía" es el **pretérito imperfecto** de "escribir"*.

imperial adj. Se refiere a lo que pertenece a un emperador o a un imperio: *El palacio **imperial** estaba adornado con mármoles de distintos colores y estatuas que retrataban al emperador.*

imperialismo m. Sistema de relaciones que impone un país a otros cuando pretende dominarlos de manera política y económica: *Mediante el **imperialismo** un país se enriquece a costa de otros.*

imperialista adj. Se aplica a las ideas, hechos y países que están de acuerdo con el imperialismo: *La política **imperialista** de ese gobierno ha ignorado las necesidades del país al que pretende someter.*

imperio m. **1.** Forma de gobierno monárquico cuyo jefe es un emperador: *La decadencia del **imperio** se produjo cuando surgieron diferencias entre el emperador y sus ministros. 2.** Ejercicio del mando. Sin. **mandato, autoridad. 3.** Periodo que dura el gobierno de un emperador: *Durante su **imperio**, Carlomagno creó numerosas escuelas. 4.** Organización política en que un estado extiende su autoridad sobre otros países: *La Guyana se declaró independiente del **Imperio** Británico en el año 1966.*

imperioso, sa adj. **1.** Se dice de la persona que actúa con altanería y orgullo: *El capitán les habló a sus soldados en un tono **imperioso**, porque quería que le obedecieran de inmediato.* Sin. **arrogante, autoritario. 2.** Se aplica a la situación en que algo resulta necesario: *"Tengo una necesidad **imperiosa** de ir al baño, ya no aguanto más", me dijo Luis y salió corriendo del salón.* Sin. **urgente**.

impermeabilizar vb. irreg. (tr.) Modelo 16. Tratar una superficie o tela para que no deje pasar el agua: *Los albañiles **impermeabilizarán** el techo de la casa para que no se filtre el agua cuando llueva.*

impermeable adj. Se refiere al cuerpo que no puede ser atravesado por un líquido: *Rodrigo protege sus libros con plástico, porque este material es **impermeable** y evita que se mojen y se dañen.*

impermeable m. Abrigo hecho con tela que no permite el paso del agua: *Jacinto se puso su **impermeable** y salió a la calle llevando también un paraguas porque el cielo estaba cubierto de nubes.* Sin. **gabardina**.

impersonal adj. **1.** Se aplica a la persona o cosa que no tiene características que la distingan de manera clara de otras personas o cosas: *Un ejemplo de cosas **impersonales** son los cuartos de un hotel, pues todos son iguales. 2.** Se refiere al verbo que sólo se conjuga en tercera persona del singular: *"Nevar" y "llover" son verbos **impersonales**, no es correcto decir "yo lluevo".*

impertérrito, ta *adj.* Se dice de quien no se altera o se asusta ante nada: *A pesar del alto volumen con que tocaba el grupo de rock, el abuelo permaneció impertérrito y sus nietos pensaron que se había quedado sordo.* S**in.** **impávido.**

impertinencia *f.* Hecho o dicho que molesta porque resulta inoportuno. S**in.** **descaro.**

impertinente *adj.* **1.** Se dice de quien resulta molesto porque no corresponde al momento u ocasión: *"Sería impertinente llegar tarde a la ceremonia de graduación de tu amiga", me dijo mi abuela.* S**in.** **inoportuno. 2.** Se dice de quien no tiene respeto hacia los demás: *Joaquín es un impertinente que escucha la radio a un volumen demasiado alto y no le importa que todos estemos dormidos.*

impertinentes *m.* pl. Anteojos que en lugar de sujetarse atrás de las orejas tienen un mango largo que se sostiene con la mano: *En la fiesta de disfraces Josefina usó unos impertinentes que pertenecieron a su abuela.*

imperturbable *adj.* Se aplica al que no se altera: *Cristóbal estaba muy concentrado en su trabajo y por eso permaneció imperturbable cuando Palmira intentaba hacerlo reír.* S**in.** **tranquilo.**

ímpetu *m.* Gran intensidad de un movimiento o acción: *El atleta corrió muy rápido y logró el ímpetu necesario para saltar con la garrocha.* S**in.** **energía, fuerza, violencia.**

impetuoso, sa *adj.* **1.** Se refiere a lo que tiene gran intensidad de movimiento: *Los impetuosos torrentes del río arrastran a los animales que intentan cruzarlo.* S**in.** **violento, fuerte. 2.** Fam. Se aplica a la persona con carácter impulsivo: *Nicolás es demasiado impetuoso, no piensa antes de hablar y por eso se mete en problemas.* S**in.** **brusco.** A**nt.** **tranquilo, delicado, humilde.**

impío, a *adj./m.* y *f.* Se refiere al que carece de una fe religiosa o de compasión hacia los demás: *Durante la época de la Inquisición se perseguía a los impíos para obligarlos a adoptar la fe cristiana.* S**in.** **incrédulo, ateo.** A**nt.** **piadoso.**

implacable *adj.* Se refiere a lo que no se puede calmar o no se deja ablandar: *El juez fue implacable con los acusados porque el delito que cometieron fue muy grave.*

implantar *vb.* {tr. y prnl.} **1.** Poner en vigencia algo nuevo: *La cantante ha implantado la moda de llevar los cabellos pintados de color púrpura y peinados en picos.* S**in.** **establecer, instaurar, introducir. 2.** En medicina, realizar un trasplante: *El cirujano implantó una válvula del corazón de una persona que acababa de morir en el corazón del enfermo.*

implicación *f.* **1.** Participación en algún asunto, en especial un delito: *Eladio está detenido por su implicación en el robo.* **2.** Lo contenido en una cosa. S**in.** **consecuencia.**

implicar *vb.* irreg. {tr. y prnl.} Modelo 17. **1.** Meter a alguien en un asunto: *Implicaron a un señor muy rico en el caso de la niña secuestrada.* S**in.** **mezclar. 2.** Contener, llevar en sí: *Llegar puntualmente a la escuela implica ser responsable.* S**in.** **significar, suponer.**

implícito, ta *adj.* Se refiere a lo que se incluye en una propuesta sin necesidad de explicación: *La participación en este concurso lleva implícita la aceptación de las reglas del juego.* S**in.** **supuesto.** A**nt.** **explícito.**

implorar *vb.* {tr.} Pedir de manera humilde una cosa: *El delincuente imploró que no lo llevaran a la cárcel,* pero *el juez lo ignoró porque su delito era grave.* S**in.** **rogar, suplicar.**

impoluto, ta *adj.* Sin mancha. S**in.** **inmaculado.**

imponderable *adj.* Se refiere a lo que no puede pesarse: *La electricidad es imponderable.*

imponderable *m.* Circunstancia que no se puede determinar con anticipación: *Algunos imponderables no permitieron que los participantes asistieran a la reunión de hoy.*

imponencia *f.* **1.** Argent., Chile y Urug. Grandeza, majestuosidad. **2.** Colomb. Arrogancia, gallardía.

imponente *adj.* **1.** Se aplica a lo que impresiona porque tiene alguna cualidad extraordinaria: *Estar en las cataratas del Iguazú entre Argentina y Brasil es algo imponente, son tan altas y caen con tal fuerza que me sentí impresionada.* S**in.** **grandioso. 2.** Fam. Se refiere al que tiene muchos atractivos físicos: *Esa actriz es una mujer imponente, es alta, preciosa y además inteligente.*

imponer *vb.* irreg. {tr. y prnl.} Modelo 27. **1.** Obligar a alguien a la aceptación de algo: *La maestra impuso el orden en la clase porque todos los niños estaban gritando.* **2.** Causar respeto o miedo: *Cuando el juez entra al tribunal, su aspecto de severidad impone.* **3.** Hacerse obedecer o respetar: *Margarita se impuso en el concurso de canto y obtuvo el primer lugar.* S**in.** **sobresalir. 4.** Méx. Acostumbrarse: *Antes me quedaba dormido hasta las diez de la mañana, pero desde que entré a la escuela me impuse a levantarme temprano.*

impopular *adj.* Se dice de lo que no es grato para la mayoría: *Usar aerosoles debería ser impopular, pues dañan la capa de ozono.* S**in.** **antipático.** A**nt.** **popular.**

importación *f.* Introducción de un producto extranjero al mercado de un país: *La importación de herramientas y maquinarias ayuda al desarrollo de la industria nacional.* S**in.** **entrada, introducción.** A**nt.** **exportación, salida.**

importador, ra *adj.* Se refiere al que compra productos extranjeros para introducirlos al mercado nacional: *España es un país importador de petróleo porque en su territorio no lo hay.* S**in.** **comprador.** A**nt.** **exportador, vendedor.**

importador, ra *m.* y *f.* País, sociedad o persona que compra productos extranjeros para venderlos en el mercado nacional.

importancia *f.* **1.** Lo que hace que una cosa sea considerable: *El descubrimiento de la electricidad ha sido de gran importancia para la humanidad.* S**in.** **interés, valor. 2.** Autoridad: *El presidente de un país es una persona de importancia en todo el mundo.* **3.** loc. Darse ~, tener una alta opinión de sí mismo: *Joaquín se dio importancia durante toda la semana, sólo porque el lunes obtuvo una buena nota en matemáticas.* S**in.** **presumir.**

importante *adj.* **1.** Se aplica a lo que tiene valor o interés: *Para Hilario, sus amigos son lo más importante.* S**in.** **destacado, significativo.** A**nt.** **insignificante, nimio. 2.** Se refiere al que tiene autoridad: *Los embajadores son personas importantes, pues su trabajo sirve para mantener las buenas relaciones entre los países.*

importar *vb.* {tr. e intr.} **1.** Traer al mercado nacional productos de origen extranjero: *Estados Unidos de Norteamérica importa mucho petróleo de otros países.* S**in.** **comprar.** A**nt.** **exportar, vender. 2.** Ser considerable por su interés, su valor o por la influencia que ejerce sobre los demás: *A Norberto le importa aprobar con buena nota el próximo examen, ya que podrían darle una beca.*

importe *m.* Cantidad de dinero que marca un precio, crédito, deuda o saldo: *El importe que debe usted pagar por estas mercancías es de ochocientos pesos.* SIN. **costo, precio, valor.**

importunar *vb.* (tr.) Molestar: *Cuando estoy estudiando me importunan los ruidos.* SIN. **incomodar, fastidiar.**

importuno, na *adj.* Se refiere a lo que enfada o resulta poco apropiado en cierto momento: *Lidia se enoja con su madre por sus cuidados importunos, siempre le exige que se abrigue aunque haga calor.* SIN. **inoportuno, indiscreto.**

imposibilidad *f.* Falta de capacidad o de oportunidad, dificultad invencible: *La imposibilidad de juntar el dinero para pagar el precio no permite que esta familia pueda comprar la casa que desea.* SIN. **impotencia.**

imposibilitado, da *adj.* **1.** Se refiere a la persona que tiene alguna dificultad para moverse debido a un accidente o enfermedad: *El tío de Filomena está imposibilitado porque sufre parálisis.* SIN. **inválido. 2.** Se aplica al que por alguna razón no puede hacer algo: *Como tiene que cuidar a su bebé, Martha se halla imposibilitada para salir a pasear.*

imposibilitado, da *m.* y *f.* Persona que tiene alguna dificultad para moverse debido a un accidente o enfermedad: *Los imposibilitados reciben atención médica en el hospital.* SIN. **inválido.**

imposibilitar *vb.* (tr.) Quitar la oportunidad o la capacidad para realizar algo: *El mal estado del camino imposibilitó que el automóvil llegara a tiempo a su destino.* SIN. **impedir.**

imposible *adj.* **1.** Se refiere a lo que no puede ser o suceder: *Es imposible estudiar y jugar al mismo tiempo.* ANT. **posible. 2.** Se aplica a lo que es muy complicado de hacer: *A ciertas horas del día es imposible encontrar estacionamiento en el centro de la ciudad.* SIN. **difícil, dudoso.** ANT. **posible. 3.** Referido a lo que molesta y no se puede soportar: *Cuando mi tío discute sobre boxeo se pone imposible, por eso ya nadie habla de box delante de él.* SIN. **insoportable.** ANT. **razonable.**

imposible *m.* **1.** Lo que no se puede realizar: *"Es imposible que yo te pueda regalar una motocicleta porque no tengo dinero", le dije a Ricardo.* SIN. **absurdo, utopía. 2.** loc. **Hacer lo ~**, agotar todos los recursos tratando de lograr algo: *El médico hizo lo imposible por salvarle la vida a Rosario y logró curarla.*

imposición *f.* Acción y efecto de imponer o imponerse, exigencia: *El uso de uniforme entre los empleados de la cocina es una imposición del dueño del restaurante.* SIN. **exigencia, obligación.**

impostor, ra *adj./m.* y *f.* Se aplica a quien se hace pasar por quien no es: *Un impostor se hizo pasar por electricista para entrar a robar en un edificio.*

impotencia *f.* **1.** Falta de poder o de fuerza: *Cuando vi desmoronarse el edificio donde vivía a causa del terremoto, me invadió una sensación de impotencia por no poder evitarlo.* **2.** Incapacidad de un hombre para completar el acto sexual.

impotente *adj.* Se refiere a quien le falta fuerza o potencia para realizar alguna acción: *"No te preocupes,*

hasta un hombre grande y fuerte resultaría **impotente** para mover un bulto tan pesado", le dije a Daniela.* SIN. **débil, incapaz, inútil.**

impotente *m.* Hombre que no puede completar el acto sexual.

impracticable *adj.* Se aplica a lo que no se puede poner en práctica: *El proyecto para construir un lago artificial en el desierto del Sahara es impracticable porque en el desierto no llueve.*

imprecación *f.* Expresión exclamativa con que se evidencia el deseo de que a alguien le ocurra algo malo: *El hombre lanzó muchas imprecaciones al conductor del autobús que casi lo atropella.*

imprecisión *f.* Falta de exactitud: *Las respuestas al examen de historia tenían muchas imprecisiones, las fechas y algunos nombres estaban equivocados.* SIN. **confusión, vaguedad.**

impreciso, sa *adj.* Relacionado con lo que es poco claro, no preciso: *Al carpintero le dieron medidas imprecisas y ahora la puerta del mueble ha quedado chica.* SIN. **vago.**

impregnar *vb.* (tr. y prnl.) **1.** Mojar un cuerpo seco hasta empaparlo: *La enfermera impregnó de alcohol el algodón y curó la herida del enfermo.* **2.** Hacer que se distribuyan las partículas de un cuerpo entre las de otro: *Mi vestido se impregnó tanto de perfume que después de lavarlo todavía huele.*

imprenta *f.* **1.** Arte de reproducir textos, ilustraciones, etc., sobre papel, de tal manera que puedan obtenerse muchas copias: *En la actualidad se han modernizado las técnicas de imprenta gracias al uso de las computadoras.* **2.** Máquina con la que se hacen muchas copias sobre papel de los textos, ilustraciones, etc., usando una placa con el texto o ilustración original: *La imprenta a base de letras móviles fundidas en metal fue inventada por Gutenberg alrededor del año de 1436.* **3.** Lugar donde se imprime: *En la imprenta están las máquinas con las que se imprimen los libros, diarios, revistas y carteles.*

imprentar *vb.* (tr.) Chile. Planchar los cuellos, solapas o perneras para darles la forma debida.

imprescindible *adj.* Se aplica a aquello sin lo cual una cosa no puede existir o hacerse: *El agua es imprescindible para la vida.* SIN. **necesario, indispensable.**

impresión *f.* **1.** Acción de reproducir textos e imágenes sobre papel, y resultado de esta reproducción: *Estas impresiones tienen demasiada tinta, por eso las letras parecen gusanos aplastados.* SIN. **edición. 2.** Marca que deja algo en una cosa: *En el barro quedó la impresión de mi zapato.* SIN. **huella. 3.** Efecto que algo tiene sobre los sentidos de un animal o persona: *Sufrió una fuerte impresión cuando le dijeron que había ganado la lotería.* **4.** Opinión sobre un hecho, cosa, sentimiento, etc.: *Los maestros intercambiaron impresiones acerca del comportamiento de los alumnos.* SIN. **idea. 5.** loc. **Tener la ~,** imaginarse: *Tengo la impresión de que hoy hace más frío que ayer.*

impresionable *adj.* Se aplica al que es muy sensible o se asusta con facilidad. ANT. **indiferente.**

impresionar *vb.* (tr. y prnl.) **1.** Producir una marca en algo material: *La luz impresiona las placas fotográficas.* **2.** Producir una sensación en el espíritu: *El actor*

impresionó al público con su magnífica actuación. Sin. **conmover**.

impresionismo *m.* Movimiento pictórico y literario de finales del siglo XIX, que no se interesa por representar la realidad de un objeto sino que busca expresar la impresión que este objeto nos produce: *El impresionismo revolucionó el arte de su época y dio lugar al nacimiento de lo que se conoce como arte moderno.*

impresionista *adj./m.* y *f.* Se aplica al partidario del impresionismo y al artista que lo practica: *Claude Monet fue un pintor impresionista que se dedicaba a pintar un mismo paisaje a distintas horas del día.*

impreso *m.* Escrito o imagen reproducida por la imprenta: *Los impresos pueden ser folletos, carteles, revistas, diarios, etc.*

impreso, sa *adj.* Referido al texto o imagen reproducido en papel por la imprenta: *La obra impresa de este autor está formada por siete libros y numerosos artículos.*

impresor, ra *m.* y *f.* Persona que es dueña de una imprenta o trabaja en ella: *El impresor nos recomendó que compremos cartulina para nuestro trabajo porque es más resistente que el papel.*

impresora *f.* Máquina conectada a una computadora y que sirve para imprimir, en papel o acetato, la información que recibe de ésta: *La impresora está copiando en hojas de papel lo que aparece escrito en la pantalla de la computadora.*

imprevisible *adj.* Se refiere a lo que no se puede saber con anterioridad: *Las erupciones volcánicas y los terremotos son imprevisibles.*

imprevisto *m.* **1.** Asunto que ocurre sin haber sido planeado o esperado: *Un imprevisto que exigía solución inmediata lo detuvo en el trabajo y salió más tarde de lo normal.* **2.** pl. Gastos extraordinarios que afectan la economía de una casa, una empresa o un país: *No pudieron salir de vacaciones porque tuvieron muchos imprevistos: primero se enfermó la abuela, después se descompuso el automóvil y luego tuvieron que comprarle ropa nueva a Felipe.*

imprevisto, ta *adj.* Referido a lo que ocurre sin haber sido esperado: *El día soleado se obscureció de pronto y una lluvia imprevista hizo que los niños entraran corriendo a la casa.* Sin. **repentino, inesperado**.

imprimar *vb.* {tr.} **1.** Preparar con ciertos ingredientes las telas o tablas que se van a pintar: *Los artistas impriman los lienzos para que la pintura se fije mejor a la tela y conserve su luminosidad.* **2.** *Colomb.* y *Perú.* Cubrir la superficie de una carretera con material asfáltico. Sin. **pavimentar**.

imprimatura *f.* Pasta lechosa hecha a base de un pegamento o aglutinante y diferentes pigmentos blancos, que se aplica sobre las telas y tablas que se van a pintar: *La imprimatura es la base de un buen cuadro, pues da resistencia a la superficie en que se va a pintar.*

imprimir *vb.* {tr.} **1.** Reproducir textos, ilustraciones, etc., sobre papel de tal manera que puedan obtenerse muchas copias: *En los diarios necesitan mucha tinta y papel porque cada noche imprimen gran cantidad de ejemplares del diario que venderán al día siguiente.* Sin. **editar, publicar**. **2.** Dejar una huella por medio de la presión: *El esquimal imprimía sus pasos en la nieve a medida que se alejaba de su iglú.* Sin. **marcar**.

IMP

improbable *adj.* Se aplica a lo que es difícil que suceda: *Es improbable que llueva hoy, porque se ven muy pocas nubes en el cielo.* Sin. **raro**.

improcedente *adj.* Se dice de lo que resulta inadecuado: *Es improcedente querer comprar un vestido nuevo cuando no se tiene dinero suficiente para comer.*

improductivo, va *adj.* Se dice de aquello que no da fruto, ganancia o resultado: *Este campo es improductivo porque tiene demasiada piedra y poca tierra, no se puede sembrar nada.* Sin. **estéril, inútil**. Ant. **productivo, fértil, creativo**.

impronta *f.* **1.** Estampación de un sello o medalla en yeso, lacre, papel, etc.: *Antiguamente, los señores cerraban las cartas y con un anillo o un sello le ponían su impronta al lacre como una identificación personal.* **2.** *Fam.* Estilo personal: *La impronta de este novelista es inconfundible, pues su forma de usar los adjetivos es una característica que lo distingue de otros.*

improperio *m.* Palabra insultante: *El automovilista le lanzó un improperio al peatón que cruzó la avenida sin ningún cuidado.* Sin. **injuria, insulto**.

impropio, pia *adj.* **1.** Se aplica a lo que no tiene las cualidades necesarias para cumplir con una función: *"Un vestido tan liviano es impropio para esta época de frío, mejor ponte algo más abrigador", me dijo Enriqueta.* Sin. **inadecuado**. Ant. **adecuado**. **2.** Referido a lo que se sale de los usos y costumbres. Sin. **incorrecto, ajeno, extraño**. Ant. **correcto**.

improsulto, ta *adj.* **1.** *Chile.* Se dice de la persona descarada o pícara. Sin. **sinvergüenza**. **2.** *Hond.* Se aplica a lo malo o inútil.

improvisación *f.* Hecho de realizar algo de pronto y sin preparación anterior: *La improvisación que hizo la actriz fue una manera elegante de ocultar que había olvidado la parte que le tocaba decir.*

improvisar *vb.* {tr.} Hacer algo sin haberlo preparado antes: *Cuando fuimos de paseo al campo, mis padres improvisaron una mesa con una tabla vieja que encontraron y cuatro piedras.*

improviso, sa *adj.* **1.** Aplicado a lo que surge sin haberse previsto: *La llamada improvisa de un enfermo despertó al médico a media noche.* Sin. **imprevisto**. **2.** loc. **De ~**, de pronto, sin previo aviso: *El tío Joaquín llegó de improviso y tuve que dejarle mi cama y dormir en la cama de mi hermano.*

imprudencia *f.* **1.** Falta de prudencia, acción descuidada: *Es una imprudencia conducir una motocicleta sin usar un casco.* Sin. **descuido**. Ant. **prudencia, precaución**. **2.** Falta de discreción: *Fue una imprudencia decirle a la abuela que papá se accidentó, ahora la pobre anciana está enferma por el susto.* Sin. **indiscreción**.

imprudente *adj./m.* y *f.* Persona que no toma las precauciones necesarias cuando hace algo peligroso: *La imprudente se ha quemado una mano porque tocó la olla con agua hirviendo.* Sin. **descuidado**. Ant. **prudente, precavido**.

impúber *adj./m.* y *f.* Referido a la persona menor de diez o doce años, o al joven que aún no ha iniciado su desarrollo sexual: *Daniel es impúber, por eso todavía no le cambia la voz ni le crece la barba.* Sin. **niño**.

impúdico, ca *adj./m.* y *f.* Se refiere al que no respeta las reglas de la moral, el pudor y la castidad: *Se consi-*

IM

327

dera un acto **impúdico** desnudarse en la calle. Sin. inmoral.

impuesto *m.* Dinero que deben pagar los ciudadanos a
las autoridades para cubrir los gastos públicos: *El dinero reunido por el pago de impuestos se distribuye, entre
otras cosas, en los salarios de los trabajadores del gobierno y en la construcción de obras públicas, escuelas
y hospitales.*

impugnar *vb.* [tr.] Negar o contradecir las ideas con-
tenidas en un argumento, señalando sus errores:
*El abogado defensor impugnó las afirmaciones del fis-
cal y demostró que el acusado era inocente.* Sin. **atacar,
contradecir, refutar.**

impulsar *vb.* [tr. y prnl.] *1.* Dar empuje para producir
movimiento: *Entre todos los guerreros impulsaron un
tronco grande para que golpeara y abriera la puerta del
castillo.* Sin. **empujar.** *2.* Aumentar la actividad de algo:
*Las autoridades están impulsando a los jóvenes al estu-
dio ofreciéndoles becas y apoyo para comprar libros.*
Sin. **animar, fomentar.**

impulsión *f.* Fuerza de empuje: *Para quitar las piedras
grandes y el barro que cierran el camino es necesaria
la impulsión de una pala mecánica.* Sin. **impulso.**
Ant. **repulsión.**

impulsivo, va *adj./m.* y *f. Fam.* Se aplica al que se deja
arrastrar por la fuerza de sus pasiones, sin reflexionar:
*Nicolás es un jugador impulsivo, si el árbitro lo amones-
ta es capaz de golpearlo y crear muchos problemas.*

impulso *m.* *1.* Acción de empujar algo para que se
mueva: *El impulso de una locomotora es difícil de frenar.* Sin. **empuje, ímpetu.** *2. Fam.* Fuerza de ánimo que
mueve a actuar: *Joaquín no pudo resistir el impulso de
su corazón y le confesó su amor a Gabriela.*

impulsor, ra *adj./m.* y *f. 1.* Se aplica a lo que tiene
fuerza de empuje: *El mecanismo impulsor de la bala
se acciona con el disparador de la pistola.* *2.* Cosa o
persona que tiene fuerza de empuje: *La impulsora
del plan para pintar el edificio durante las vacaciones
fue la vecina del departamento nueve.*

impune *adj.* Se aplica a la acción mala o al delincuente que ha quedado sin castigo: *El asesinato de la bailarina sigue impune porque aún no atrapan al asesino.*

impunidad *f.* Condición de alguien que permanece
sin castigo después de cometer faltas graves.

impureza *f. 1.* Estado de una cosa que presenta suciedad o elementos extraños a su naturaleza: *La impureza de esta agua obliga a filtrarla y hervirla para que
pueda beberse.* Sin. **suciedad.** Ant. **pureza.** *2.* Substancia extraña en un cuerpo: *El oro en estado natural presenta impurezas, por eso es necesario lavarlo y refinarlo.*

impuro, ra *adj.* Se aplica a lo que está sucio o presenta elementos extraños a su naturaleza: *El aire de la
ciudad es impuro debido a la contaminación.* Sin. **sucio.** Ant. **puro, limpio.**

imputar *vb.* [tr.] Atribuir a otro una culpa: *Al pobre inocente le imputaron un robo que no cometió.* Sin. **acusar.**

in extremis, *loc.* En los últimos momentos de la existencia: *El sacerdote escuchó una confesión in extremis del
moribundo.*

in fraganti, *loc.* En el mismo instante en que se está
cometiendo un delito o falta: *Mi mamá me pescó in
fraganti cuando estaba abriendo una caja de chocolates que me habían prohibido tocar.*

inabarcable *adj.* Aplicado a lo que no se alcanza a
ver en su conjunto porque es muy grande: *Esa montaña es tan grande que si me coloco cerca de ella resulta inabarcable para mi vista.*

inabordable *adj.* Aplicado a lo que no se puede abordar o resulta inaccesible: *Un automóvil en movimiento
es inabordable.*

inacabable *adj.* Aplicado a lo que no se termina nunca. Sin. **interminable, infinito.**

inacabado, da *adj.* Se refiere a lo que no está terminado: *El poeta Virgilio dejó inacabada su obra llamada
Eneida.* Sin. **inconcluso.**

inaccesible *adj.* Referido a aquello a lo que no se
puede llegar con el cuerpo o con el entendimiento: *La
cumbre de la montaña nevada era inaccesible y los
alpinistas no pudieron escalarla.*

inacción *f.* Falta de acción o movimiento: *"¡Basta
de inacción, vayamos al cine, al teatro, hagamos algo!",
exclamé a mis amigos.* Sin. **ocio, desocupación.**

inaceptable *adj.* Se aplica a lo que no se puede aceptar o admitir: *Para la abuelita es inaceptable que su nieta
use vestidos cortos, dice que eso es inmoral.* Sin. **inadmisible.**

inactivo, va *adj.* Referido a lo que permanece quieto,
sin actividad: *El volcán permaneció inactivo durante
cientos de años pero ahora está arrojando humo y todos
temen una erupción.* Sin. **inerte, ocioso.** Ant. **activo,
dinámico.**

inadaptado, da *adj./m.* y *f. Fam.* Persona que no se
acostumbra a las circunstancias de la sociedad en que
vive: *Roberto es un inadaptado, no se siente bien con
sus compañeros de escuela, ni con los adultos, ni con su
familia.* Sin. **rebelde.**

inadecuado, da *adj.* Se aplica a lo que no resulta conveniente para algo: *Un tenedor es inadecuado para
tomar la sopa.* Sin. **inapropiado.** Ant. **adecuado.**

inadmisible *adj.* Se aplica a lo que no se puede admitir, aceptar o tolerar: *Es inadmisible que a los quince
años todavía lo chupes el dedo.* Sin. **inaceptable.**
Ant. **aceptable.**

inadvertido, da *adj.* Se refiere a lo que sucede o está
sin que se tome en cuenta o se note: *Roberto entró
a su casa y quería pasar inadvertido, pero estornudó y
con eso su mamá supo que había llegado.*

inagotable *adj. 1.* Se refiere a lo que no se puede
agotar. Sin. **interminable.** *2. Fam.* Se aplica a la persona que no se cansa nunca: *Este niño es inagotable,
corre, trepa, salta, sube, y nosotros nos cansamos de sólo
mirarlo.* Sin. **incansable, infatigable.**

inaguantable *adj. 1.* Se refiere al dolor o sufrimiento
que no se puede soportar porque es muy fuerte: *Cuando Pedro se fracturó las costillas, le dieron un medicamento para que durmiera porque el dolor era
inaguantable.* Sin. **insoportable.** *2.* Se refiere a la persona que resulta muy molesta.

inalámbrico, ca *adj.* Se refiere al sistema de comunicación eléctrica que no necesita cables: *El teléfono
inalámbrico es muy práctico porque se puede usar en
cualquier lugar de la casa.*

inalcanzable *adj.* Aplicado a lo que no se puede llegar a tener o a tocar: *La moneda que tenía Paulina se
ha caído al alcantarillado y está en un lugar inalcanzable
para nosotras.*

inalterable *adj.* **1.** Se refiere a lo que no se altera ni se modifica: *El oro es un metal inalterable, no se oxida y dura mucho tiempo.* SIN. **invariable, permanente. 2.** *Fam.* Se dice de quien permanece sereno en momentos de tensión: *El buen humor de la maestra permaneció inalterable aunque todos los alumnos gritaban a su alrededor.* SIN. **impasible, tranquilo.**

inamovible *adj.* Aplicado a lo que no se puede cambiar de lugar o remover de su sitio: *El pozo de agua es inamovible, ya que permanecerá en su sitio aunque la casa se derrumbe.*

inanición *f.* Estado de desnutrición debido a la falta de alimentos: *Los elefantes viejos mueren de inanición porque se quedan sin dientes y no pueden masticar hojas y ramas para alimentarse.* SIN. **hambre.**

inanimado, da *adj.* Se aplica a lo que no tiene vida: *Las piedras son seres inanimados porque no se mueven por sí solas, no crecen ni se reproducen, tampoco mueren.* ANT. **vivo.**

inapetencia *f.* Disminución o pérdida del deseo de comer: *Felisa no quiere comer, tiene inapetencia porque está triste.* SIN. **desgano.**

inapetente *adj.* Aplicado a quien no tiene ganas de comer: *En los primeros dos o tres meses de embarazo las mujeres se ponen inapetentes, pero después comen más de lo normal.*

inapreciable *adj.* **1.** Referido a lo que no se puede distinguir porque es muy pequeño: *A ciertas horas del día, hay una diferencia casi inapreciable entre el azul del cielo y el azul del mar.* **2.** Aplicado a lo que se tiene en alta estima: *Este joven pianista tiene un talento inapreciable, el director de la orquesta está orgulloso de él.* SIN. **valioso, precioso.**

inapropiado, da *adj.* Se aplica a lo que no resulta conveniente para algo: *Esta música tan fuerte resulta inapropiada para que mi abuelo pueda dormir.* SIN. **inadecuado.** ANT. **apropiado, adecuado.**

inarmónico, ca *adj.* Falto de unión, proporción y concordancia. SIN. **disonante.**

inarticulado, da *adj.* **1.** Se dice de los sonidos de voz que no forman palabras: *Estaba tan asustada que pronuncié unos sonidos inarticulados en lugar de gritar ¡auxilio!* **2.** Referido a lo que no tiene ilación o coherencia: *El pequeño Guillermo contó un cuento inarticulado, sin principio ni fin, en el que los personajes cambiaban de nombre o no tenían razón de ser.*

inasequible *adj.* Aplicado a lo que no se puede conseguir o alcanzar: *Un automóvil nuevo es inasequible; mejor compremos uno usado que es más barato.*

inasible *adj.* Referido a lo que no se puede agarrar: *Un pez en el agua es inasible, se escapa de las manos.*

inasistencia *f.* Falta a clases: *La maestra me ha felicitado porque en todo el año sólo he tenido una inasistencia.* SIN. **falta.** ANT. **asistencia.**

inaudito, ta *adj.* Se refiere a aquello de lo que nunca antes se ha oído hablar y resulta extraordinario, inverosímil o monstruoso: *En la época antigua era inaudito que las mujeres salieran a trabajar.*

inauguración *f.* Acto que celebra el comienzo de algo: *El biólogo pronunció un discurso en la inauguración del nuevo edificio del Museo de Historia Natural.* SIN. **estreno, principio.** ANT. **clausura, cierre.**

inaugural *adj.* Aplicado a los actos y ceremonias que marcan el inicio de algo: *La fiesta inaugural de los Juegos Olímpicos se realiza antes de que inicien las competencias.*

inaugurar *vb.* (tr.) Dar principio a una cosa: *Enrique inaugurará su restaurante la próxima semana. Ahora está ocupado arreglando los últimos detalles.* SIN. **abrir, comenzar, estrenar.** ANT. **cerrar, clausurar.**

inca *adj.* Perteneciente a un pueblo quechua de la región del Lago Titicaca, en Perú, que extendió su dominio en el oeste de América del Sur, desde el sur de Colombia hasta el norte de Argentina y Chile: *Los pueblos incas alcanzaron su apogeo en el siglo XV.*

inca *m.* y *f.* **1.** Título equivalente al de un rey, en los antiguos pueblos incaicos del Perú: *El Inca residía en Cuzco, que era la ciudad capital de los incas.* **2.** Habitante de los pueblos incaicos: *Los incas hablaban quechua, cultivaban maíz, papa, coca y algodón y eran excelentes arquitectos.*

incaico, ca *adj.* Relativo a los incas y a los pueblos quechuas que formaron la civilización inca: *El arte incaico se reflejó principalmente en la orfebrería, la poesía, la música y la danza.*

incalculable *adj.* Se refiere a lo que es tanto que no se puede contar: *Es incalculable la cantidad de estrellas que hay en el Universo.* SIN. **enorme, inmenso.**

incalificable *adj.* Aplicado a aquello que no puede considerarse bueno: *Lo que has hecho es incalificable, nunca pensé que dirías esas groserías.* SIN. **despreciable, vergonzoso, abominable.**

incandescencia *f.* Estado de un cuerpo que ha sido calentado hasta que desprende una luz rojiza: *Los restos del fuego en la chimenea son las brasas que, con su incandescencia, alumbran y calientan el salón obscuro.*

incandescente *adj.* Se dice del metal que ha sido calentado hasta ponerse rojo y brillante: *Los obreros de los altos hornos trabajan con hierro incandescente, por eso usan máscaras y equipos protectores.* SIN. **candente.**

incansable *adj.* Se dice de quien resiste mucho o que no se cansa: *Cuando se trata de saltar la cuerda Viviana es incansable, puede hacerlo durante horas.* SIN. **inagotable, infatigable, resistente.**

incapacidad *f.* Falta de capacidad para realizar alguna actividad: *Eliseo es inteligente, pero su incapacidad para las matemáticas se debe a que no estudia.* SIN. **impotencia.** ANT. **capacidad, habilidad.**

incapacitado, da *adj.* Aplicado a aquellas personas que no pueden ejercer sus derechos porque tienen algún problema de salud o de entendimiento: *Los locos están incapacitados para manejar su vida.*

incapacitar *vb.* (tr.) **1.** Ser causa de que alguien no pueda realizar alguna actividad: *Rodrigo sufrió una lesión en la rodilla que lo incapacitó para jugar fútbol durante un mes.* SIN. **impedir, imposibilitar.** ANT. **capacitar, habilitar. 2.** Declarar el juez la incapacidad de una persona para ocuparse de sus asuntos: *El juez incapacitó al niño para recibir la herencia de su abuelo hasta que cumpla dieciocho años.* SIN. **inhabilitar.**

incapaz *adj.* **1.** Se aplica a quien no tiene la habilidad o autoridad suficiente para realizar alguna actividad: *Mi hermana fue incapaz de contestar a mi pregunta y me dijo que le preguntara a mi papá.* SIN. **inepto, negado. 2.** Referido a quien no se atreve a hacer algo: *Elsa tiene tan buen corazón que es incapaz de matar a una mosca.*

incautarse vb. {prnl.} Apropiarse una autoridad de dinero o bienes. SIN. **embargar**.

incauto, ta adj./m. y f. Falto de precaución: *Por caminar **incauta** mirando la ropa que se quería comprar, un ladrón le robó la billetera*. SIN. **inocente, imprudente, distraído**. ANT. **cauto, prudente**.

incendiar vb. {tr. y prnl.} **1.** Prender fuego a una cosa: *El hombre **incendió** los muebles porque estaban viejos y llenos de gusanos*. SIN. **quemar**. **2.** Prenderse el fuego en algo: *El bosque comenzó a **incendiarse** a causa de un rayo que cayó durante la tormenta*. SIN. **quemarse**.

incendio m. Fuego grande que causa destrucción: *Después de que los bomberos apagaron el **incendio**, el edificio quedó ennegrecido y medio destruido*. SIN. **fuego**.

incensar vb. irreg. {tr.} Quemar incienso o resinas aromáticas: *Los monaguillos **incensan** el camino por el que pasará la procesión*. **Modelo 3.**

incensario m. Brasero usado para quemar el incienso o las resinas aromáticas.

incentivar vb. {tr.} Estimular a alguien para que haga algo: *Ricardo no quería estudiar una carrera, pero su padre lo **incentivó** ofreciéndole un viaje como regalo de fin de cursos*. SIN. **motivar, animar, incitar**.

incentivo m. Lo que motiva a hacer algo: *Los trabajadores que son puntuales reciben un **incentivo** económico al final de mes para que sigan siendo responsables*. SIN. **aliciente, estímulo**.

incertidumbre f. Falta de seguridad: *La **incertidumbre** acerca de quién sería el ganador del concurso mantenía al público nervioso y expectante*. SIN. **duda, vacilación**. ANT. **seguridad, certidumbre**.

incesante adj. Se dice de lo que no termina o no se detiene: *El movimiento de las olas del mar es **incesante***. SIN. **continuo, constante**.

incesto m. Relación sexual entre familiares cercanos.

incestuoso, sa adj./m. y f. Relativo a la persona que tiene relación sexual con familiares cercanos o siente atracción sexual por alguno de ellos.

incidencia f. **1.** Dirección según la cual un cuerpo choca con otro: *El detective mide la **incidencia** del impacto de bala en la pared para calcular desde dónde fue disparada el arma*. **2.** Consecuencia o repercusión que tiene algo: *La aplicación de la nueva ley de educación tuvo buenas **incidencias** en las escuelas*.

incidente m. Suceso de poca o mediana importancia que influye en el curso de otro: *El **incidente** del perro que se metió a la cancha a perseguir el balón hizo reír a la gente que estaba en el estadio*. SIN. **contratiempo, percance, aventura**.

incidir vb. {intr.} **1.** Caer en una falta o error. **2.** Llegar un rayo de luz a una superficie: *La luz **incide** sobre el espejo y refleja las imágenes*. **3.** Repercutir: *La pelea entre los dos hermanos **incidió** de manera negativa en toda la familia*. **4.** Hacer una incisión: *El médico **incidirá** la piel con el bisturí para abrir e iniciar la operación*. SIN. **cortar**.

incienso m. Substancia aromática que se obtiene de la resina y corteza de algunos árboles y que al quemarse desprende un olor fuerte y agradable: *Encendí un poco de **incienso** en mi incensario para perfumar la casa*.

incierto, ta adj. **1.** Se dice de lo que no se sabe con seguridad cómo va a ser: *Siempre resulta **incierto** pensar qué hará un niño cuando llegue a adulto*. SIN. **inse-**

guro, dudoso. ANT. seguro. **2.** Referido a lo que es falso: *En esta revista hay datos **inciertos** acerca de lo que sucedió el viernes, por ejemplo, dicen que el cantante estaba en una reunión y en realidad estaba en un concierto*. SIN. **falso**. ANT. **cierto, verdadero**.

incineración f. Hecho de quemar algo hasta reducirlo a cenizas: *La **incineración** de los cadáveres es una medida de higiene en las épocas de peste*.

incinerar vb. {tr.} Quemar algo hasta reducirlo a cenizas: *En la actualidad ya no **incineran** la basura porque contamina el ambiente*.

incipiente adj. Se refiere a aquello que empieza: *Mi hermano cumplió catorce años y ya tiene una barba **incipiente***.

incisión f. Corte hecho con un instrumento filoso: *El bisturí es el instrumento adecuado para hacer **incisiones** en el cuerpo que se va a operar*. SIN. **cortadura**.

incisivo m. Cada una de los dientes situados en la parte delantera del maxilar: *Los **incisivos** sirven para cortar la comida y las muelas para masticarla*.

incisivo, va adj. Se aplica a los comentarios o expresiones mordaces: *Juan le dio al maestro una respuesta **incisiva** que lo hizo palidecer*. SIN. **agudo**.

inciso m. **1.** Cada una de los párrafos en que está dividido un tema: *En el **inciso** a) del trabajo se explican los antecedentes, y en el **inciso** b) se desarrolla el tema*. **2.** Frase que tiene un sentido parcial y que se intercala en una oración para dar información: *Los **incisos**, explicó la maestra, deben escribirse entre dos comas*.

incitar vb. {tr.} Motivar a alguien para que realice algo: *El maestro de literatura **incitó** a los alumnos a montar en escena una obra de teatro*. SIN. **estimular, animar**.

inclemencia f. **1.** Falta de piedad o misericordia: *La **inclemencia** es la dureza del alma que no permite perdonar a los demás*. **2.** Rigor del clima, mal tiempo: *La **inclemencia** del invierno arruinó los campos cultivados*.

inclemente adj. **1.** Relativo al que no sabe perdonar: *No seas **inclemente**, reconoce que tu amigo te golpeó sin querer y perdónalo*. SIN. **riguroso**. ANT. **misericordioso**. **2.** Aplicado al clima frío, lluvioso y desagradable: *Con este tiempo tan **inclemente** no se puede salir a jugar a la calle*.

inclinación f. **1.** Posición de algo que no se encuentra vertical ni horizontal: *La **inclinación** del terreno hace que el agua se acumule en el lugar más bajo*. SIN. **pendiente**. **2.** Afición por algo o disposición natural para una cosa: *Su **inclinación** por los animales nos hace pensar que estudiará veterinaria*. SIN. **predilección, vocación, tendencia**. **3.** Saludo: *Don Julián hizo una **inclinación** de cabeza cuando se encontró con don Marcelo en la plaza*. SIN. **reverencia**.

inclinar vb. {tr. y prnl.} **1.** Desviar una cosa de su posición vertical u horizontal: *El viento **inclina** las ramas de los árboles*. SIN. **torcer**. **2.** Influir en alguien para que cambie de opinión o tome una decisión: *Rodolfo **inclinó** a su jefe en favor de su proyecto después de insistirle mucho*. SIN. **persuadir**. **3.** Cambiar de opinión o tomar una decisión: *Seguramente, después de probarse varios trajes, Catalina se **inclinará** por el negro. ¡Te has inclinado tantas veces o a menudo se viste de ese color?* SIN. **decidir, optar**. **4.** Estar dispuesto a algo: *Me **inclino** a pensar que es verdad lo que me dijo Graciela porque ella no dice mentiras*. SIN. **tender**.

5. Doblarse el cuerpo por la cintura en dirección al suelo: *Es necesario inclinarse para tocar los dedos de los pies.* SIN. **agacharse.**

incluir *vb. irreg.* {tr.} **Modelo 59. 1.** Poner una cosa dentro de otra: *Incluí una sandía en la lista de compras del mercado.* SIN. **agregar, meter, poner.** ANT. **excluir, quitar, sacar. 2.** Llevar dentro de sí: *El precio del automóvil de juguete incluye las pilas para que funcione.* SIN. **contener, comprender.** ANT. **excluir.**

inclusión *f.* Hecho de meter o agregar algo a una cosa: *La inclusión de leche en la alimentación de los niños es indispensable para el crecimiento.*

inclusive *adv.* Incluyendo el último objeto nombrado: *La biblioteca está abierta toda la semana, inclusive el domingo.*

inclusivo, va *adj.* Se dice de lo que incluye o encierra algo dentro de sí. ANT. **exclusivo.**

incluso *adv.* Agregando algo o a alguien: *En mi cumpleaños me regalaron juguetes, zapatos, libros e incluso una bicicleta.* SIN. **además, también.** ANT. **excepto.**

incluso *conj.* Expresa la existencia de una dificultad que no impide que algo se realice: *Voy a comer caldo de camarón incluso aunque no me gusta, pues tengo hambre.* SIN. **aun.**

incluso *prep.* **1.** Indica sorpresa por lo que se dice a continuación: *Aunque la fiesta en la playa fue de noche todos asistimos, incluso el bebé.* SIN. **hasta.** ANT. **excepto. 2.** Refuerza una comparación: *El invierno en Asia es frío, y en Alaska lo es incluso más.* SIN. **todavía.**

incógnita *f.* **1.** En matemáticas, cantidad desconocida que debe determinarse en una ecuación: *La incógnita de la ecuación "x + 25 = 32" es "x". 2. Fam.* Causa desconocida de un hecho: *El origen de la vida es una incógnita para todos.* SIN. **misterio, enigma.**

incógnito, ta *adj.* **1.** Se refiere a lo que permanece oculto o no se conoce: *El explorador italiano Marco Polo viajó a las regiones incógnitas de Oriente.* **2.** loc. **De ~,** situación de una persona que oculta su identidad: *El actor famoso viajó de incógnito a las playas del sur, porque necesitaba descansar sin ser molestado por los periodistas.*

incoherencia *f.* Falta de sentido o de relación entre varias cosas: *El borracho estuvo diciendo incoherencias y nadie entendió nada.* SIN. **necedad, absurdo.** ANT. **coherencia.**

incoherente *adj.* Se aplica a lo que carece de sentido o no tiene relación: *Los bebés pronuncian palabras incoherentes cuando están aprendiendo a hablar.*

incoloro, ra *adj.* Se refiere a lo que no tiene color: *El agua pura es incolora.* SIN. **transparente.**

incólume *adj.* Se aplica al que no ha sido dañado ni tiene lesión alguna: *El valiente guerrero salió incólume de la batalla, no tenía ni un rasguño.* SIN. **ileso.**

incombustible *adj.* Se dice de lo que no puede quemarse: *Los trajes de los bomberos están hechos de material incombustible.*

incomodar *vb.* {tr. y prnl.} **1.** Causar molestia: *Este colchón viejo incomoda a Eduardo cuando se acuesta a dormir.* SIN. **fastidiar, molestar. 2.** Sentir molestia: *Daniela se incomoda cuando pasa mucho tiempo sentada, entonces se levanta y se mueve para descansar.* SIN. **fastidiarse, molestar.**

incomodidad *f.* Lo que no permite sentirse cómodo: *Las personas que no fuman sienten incomodidad cuando alguien fuma cerca de ellas.* SIN. **fastidio, molestia.**

incómodo *m.* Asunto molesto o desagradable.

incómodo, da *adj.* **1.** Se aplica a lo que molesta: *El niño hizo preguntas incómodas a su maestro sobre los problemas que tiene con su esposa.* SIN. **desagradable, embarazoso. 2.** Se dice de lo que no proporciona bienestar o descanso: *Este sillón es incómodo porque es muy viejo y los alambres salen de la tela.* **3.** Se refiere a la persona que no se siente bien: *Alicia está incómoda porque le duele el estómago.*

incomparable *adj.* Se aplica a lo que no tiene o no admite comparación: *El brillo del sol es de una belleza incomparable.*

incompatibilidad *f.* Diferencia esencial que no permite la unión de dos o más cosas: *La incompatibilidad del aceite con el agua hace imposible mezclarlos.*

incompatible *adj.* Se dice de las cosas o personas que no pueden unirse entre sí porque tienen una diferencia esencial: *Alejandra y Rolando se divorciaron porque sus caracteres eran incompatibles y por eso no se entendían.*

incompetencia *f.* Falta de conocimientos suficientes: *El empleado demostró su incompetencia para el trabajo en cuanto se presentó la primera dificultad, porque no pudo resolverla.* SIN. **ineptitud, incapacidad.**

incompetente *adj.* Se aplica al que no tiene conocimientos suficientes para hacer algo o hablar de una cosa: *Ese cantante es incompetente en asuntos políticos; su especialidad es la música.* SIN. **inepto, incapaz.**

incompleto, ta *adj.* Se aplica a lo que no está entero o acabado: *Me vendieron un libro incompleto, le faltan dos páginas.* SIN. **defectuoso, inconcluso.** ANT. **íntegro, completo.**

incomprendido, da *adj./m. y f.* **1.** Se refiere a lo que no está entendido. **2.** Se aplica al que no es comprendido por los demás o que tiene cualidades que nadie aprecia: *Un genio como Albert Einstein, de niño fue un incomprendido; hasta creían que era tonto.*

incomprensible *adj.* **1.** Se dice de lo que no se entiende: *Si hablas cuando tienes la boca llena de comida, tus palabras son incomprensibles.* **2.** Aplicado a lo que resulta inexplicable: *Su actitud es incomprensible, acaba de sufrir un accidente y ya está arriesgando nuevamente su vida.*

incomprensión *f.* Falta de capacidad para entender a los demás: *Bernardo se siente solo y dice que es debido a la incomprensión de la gente hacia su comportamiento y sus gustos.*

incomunicación *f.* Falta de contacto hablado y físico entre las personas: *El problema de ese pueblo es la incomunicación, no hay teléfono, telégrafo ni carretera para llegar a él.* ANT. **comunicación.**

incomunicado, da *adj.* Se dice del que está aislado y no tiene contacto hablado o físico con otras personas: *El sistema de radio del barco tuvo un desperfecto y la tripulación quedó incomunicada durante unas horas.* SIN. **aislado, apartado.** ANT. **comunicado.**

incomunicar *vb. irreg.* {tr. y prnl.} **Modelo 17. 1.** Quedar las personas sin posibilidad de contacto hablado o físico con otras: *Incomunicaron al preso encerrándolo en una celda apartada porque golpeó a otro hombre.* SIN. **aislar, apartar. 2.** Apartarse alguien del trato con otras personas: *Cuando Berenice tiene que estudiar se encierra en su cuarto, incomunicándose de todos, porque si no se distrae con facilidad.* SIN. **aislar, apartar.**

inconcebible *adj.* **1.** Aplicado a lo que no puede pensarse o imaginarse: *Es inconcebible que existan chimpancés en Júpiter.* SIN. **imposible. 2.** *Fam.* Referido a lo que es tan extraordinario que resulta inaceptable: *La capacidad de Gilberto para cometer torpezas es inconcebible.* SIN. **incomprensible, inexplicable.**

inconciliable *adj.* Se aplica a las cosas o personas que no pueden ponerse juntas porque no concuerdan: *El calor y el frío son inconciliables: no pueden sentirse al mismo tiempo.* SIN. **incompatible.**

inconcluso, sa *adj.* Se dice de lo que no está terminado o completo: *Lorena salió a jugar dejando inconcluso su trabajo escolar, así que cuando regrese tendrá que terminarlo.* SIN. **inacabado, incompleto.**

incondicional *adj./m.* y *f.* **1.** Se dice de lo que no pone impedimento alguno o requisitos previos: *Hay muchas posibilidades de ser miembro de ese club porque la inscripción es incondicional.* SIN. **absoluto. 2.** Persona que acepta y defiende de manera total una idea o a una persona sin ejercer la crítica o la duda: *Óscar es un incondicional de su equipo de fútbol: va a todos los partidos, se viste con el uniforme y siempre lo defiende.* SIN. **partidario, adepto.**

inconexo, xa *adj.* Se aplica a la idea o suceso que no tiene relación o enlace con otra cosa: *El detective trataba de unir los hechos inconexos de la misteriosa desaparición de la mujer.* SIN. **obscuro, ininteligible.** ANT. **relacionado, claro.**

inconfesable *adj.* Aplicado a lo que no puede decirse porque es deshonroso: *Pamela me dijo que cometió un acto inconfesable pero no me dijo de qué se trató.*

inconfeso, sa *adj.* Se dice de la persona que no confiesa su culpa en el delito que se le imputa.

inconforme *adj.* Se refiere al que no está de acuerdo con algo o no está satisfecho de manera plena: *La vecina está inconforme con el arreglo que hizo el albañil en su baño y volverá a llamarlo para exigirle que haga un buen trabajo.*

inconforme *m.* y *f.* Persona que no está de acuerdo con todos o algunos de los principios morales, políticos, religiosos, etc., de la sociedad en la que vive: *Los inconformes con el régimen político escriben artículos criticando al gobierno.*

inconfundible *adj.* Aplicado a lo que tiene características propias tan claras que puede reconocerse de manera fácil: *Los argentinos tienen una forma de hablar que es inconfundible en otros países.* SIN. **peculiar, singular.**

incongruente *adj.* Aplicado al discurso que no tiene ilación porque las ideas que contiene están en desorden: *El borracho dijo algunas palabras incongruentes antes de quedarse dormido.*

inconmensurable *adj.* Se aplica a lo que no puede medirse: *El Universo es inconmensurable.* SIN. **enorme.**

inconsciencia *f.* Estado en el que una persona no puede darse cuenta de lo que está sucediendo a su alrededor ni puede gobernar sus propios actos: *El desmayo es un estado de inconsciencia.*

inconsciente *adj./m.* y *f.* **1.** Se refiere a la persona que ha quedado sin sentido: *El boxeador recibió un golpe en la cara y cayó inconsciente a la lona.* **2.** Se

aplica a la persona que actúa de modo irresponsable: *Fuiste un inconsciente al salir enfermo de casa.* SIN. **necio, irreflexivo.**

inconsciente *m.* Conjunto de procesos mentales que escapan a la conciencia del individuo y que, sin embargo, influyen en su personalidad.

inconsecuente *adj./m.* y *f.* Referido a la persona que se comporta en desacuerdo con sus propias ideas: *La actitud de Mario es inconsecuente, pues criticaba a la gente que fuma y ahora él está fumando.*

inconsistencia *f.* *Fam.* Falta de cohesión en las ideas: *El discurso no estaba bien argumentado y debido a su inconsistencia no convenció a la gente.*

inconsistente *adj.* Se aplica a lo que no tiene duración, estabilidad ni solidez: *Esta pared es inconsistente, no creo que pueda soportar el peso del techo.* SIN. **frágil.**

inconsolable *adj.* Se refiere a quien está muy triste y no hay nada que lo pueda alegrar: *Don Sergio está inconsolable desde que murió el perro que lo acompañó durante tantos años de su vida.*

inconstancia *f.* Falta de constancia o insistencia: *La inconstancia de Josefina en el estudio hace que a veces obtenga buenas calificaciones y a veces muy malas.* SIN. **variedad, volubilidad.**

inconstante *adj./m.* y *f.* **1.** Se refiere a la persona que no es constante o estable en sus actitudes o emociones: *Laura está gorda y no adelgaza porque es inconstante en su dieta.* **2.** *Fam.* Se refiere a las cosas que son cambiantes: *A lo largo del día hubo un clima inconstante, por momentos llovía mucho y al poco tiempo salía el sol.* SIN. **incierto, inestable.**

inconstitucional *adj.* Se aplica a los hechos que son contrarios a la Constitución de un país.

incontable *adj.* **1.** Referido a lo que es tanto que no se puede narrar o contar: *El personaje del cuento vivió incontables aventuras antes de llegar a besar la mano de su amada.* SIN. **innumerable. 2.** Aplicado a lo que es muy numeroso: *En el cielo brillan incontables estrellas.* SIN. **incalculable, innumerable.**

incontenible *adj.* Se dice de lo que no puede refrenarse: *Teresa tenía un deseo incontenible de comerse un helado, así que fue a comprarse uno.*

incontinencia *f.* **1.** Falta de control o moderación. **2.** Alteración del control en la expulsión de la orina o excrementos: *Algunos niños padecen incontinencia nocturna y se orinan en la cama.*

incontrolable *adj.* Se aplica a lo que no se puede controlar o manejar: *El automóvil se volvió incontrolable cuando fallaron los frenos.*

inconveniente *adj.* Se refiere a lo que no es adecuado: *Las comidas con mucha grasa son inconvenientes para mantener la buena salud.* SIN. **perjudicial.** ANT. **conveniente.**

inconveniente *m.* Dificultad u obstáculo en la realización de algo: *Es un inconveniente tener un perro grande en un departamento pequeño porque no hay espacio para que el animal viva de manera sana.* SIN. **complicación, estorbo.** ANT. **facilidad, ventaja.**

incordiar *vb.* (tr.) *Fam.* Molestar: *Era tan grosero que incordiaba hasta a sus mejores amigos.* SIN. **abrumar, fastidiar.**

incorporar *vb.* (tr. y prnl.) **1.** Unir unas cosas con otras para que formen un todo: *Para preparar el pan, primero mezcla la harina con la mantequilla y después incorpo-*

ra la leche. SIN. **agregar, añadir**. **2.** Levantar la parte superior del cuerpo el que está tendido: *El enfermo se incorporó en la cama para poder tomar sus alimentos.* SIN. **levantarse, reclinarse, sentarse**. **3.** Sumarse a una asociación, grupo, etc.: *Este año se incorporaron treinta alumnos al primer grado en mi escuela.* SIN. **alistar, integrar, ingresar**.

incorpóreo, rea *adj.* Aplicado a lo que no tiene volumen: *Las imágenes que vemos en la pantalla de televisión son incorpóreas.*

incorrección *f.* **1.** Error: *La maestra de lengua española me mostró las incorrecciones de mi redacción y me explicó cómo corregirlas.* SIN. **defecto, falta, falla**. **2.** Falta de cortesía: *Fue una incorrección de Leopoldo no ceder el asiento del autobús a la anciana.* SIN. **grosería**.

incorrecto, ta *adj.* **1.** Aplicado a lo que resulta erróneo: *El número telefónico que me diste es incorrecto; allí no vive Susana.* **2.** Se dice del que es descortés: *La señora no quiso invitar al amigo de su hijo a cenar porque los modales del chico son incorrectos.* SIN. **grosero**.

incorregible *adj.* **1.** Se aplica a lo que no se puede corregir: *Laura tendrá que usar siempre los anteojos porque su miopía es incorregible.* SIN. **irremediable**. **2.** Se refiere a quien no se quiere enmendar: *Berta es una traviesa incorregible, sus padres ya no saben qué hacer para que se comporte bien.* SIN. **terco**.

incorrupto, ta *adj.* **1.** Se dice de lo que está sin corromperse: *Los egipcios embalsamaban a los faraones para que sus cuerpos se mantuvieran incorruptos.* **2.** *Fam.* Se aplica a la persona honesta. SIN. **puro**.

incredulidad *f.* No aceptación de una idea o un hecho: *La señora ganó la lotería recibió la noticia con incredulidad, ya que antes había sido víctima de un engaño.* SIN. **desconfianza**.

incrédulo, la *adj.* Referido a quien no cree de manera fácil: *La muchacha, incrédula, tardó unos minutos en aceptar que su novio no estaba mintiendo.*

increíble *adj.* **1.** Referido a lo que no puede creerse porque no es verdad: *Tus mentiras son increíbles, nadie puede creer que llegaste tarde porque te encontraste un camello.* **2.** Aplicado a lo que no puede creerse aunque es verdad: *Estudié tanto y tan bien que me parece increíble haber reprobado el examen.* SIN. **extraño, raro**. **3.** Se aplica a un hecho extraordinario: *Hicimos una fiesta increíble, nos divertimos tanto que el tiempo pasó volando.*

incrementar *vb.* {tr. y prnl.} Aumentar: *Han incrementado el precio de ese producto, antes costaba cuatro colones y ahora cuesta seis.* SIN. **acrecentar**.

incremento *m.* Aumento: *En este siglo ha habido un gran incremento de la población mundial, ahora somos muchos más que antes.*

increpar *vb.* {tr.} Hablarle a alguien con dureza: *El director de la escuela increpó a unos jóvenes que pintaron la pared con aerosol.* SIN. **reprender, regañar**.

incriminar *vb.* {tr.} Acusar a alguien de un delito o falta grave: *La policía incriminó en el robo al empleado de la joyería porque era cómplice del ladrón.*

incrustación *f.* **1.** Hecho de meter piedras, metales o maderas preciosas en una superficie lisa: *La incrustación de rubíes, esmeraldas y zafiros en este cofre de plata es trabajo de un artista.* **2.** Objeto en cuya superficie se han metido piedras, metales o maderas preciosas: *Estas*

incrustaciones en la pared de la iglesia fueron hechas en el siglo pasado. **3.** Cosa que se mete en la superficie de otra: *El dentista ha puesto una incrustación en la muela para tapar el orificio de la curación.*

incrustar *vb.* {tr.} **1.** Meter en una superficie lisa y dura, piedras, metales, etc., formando dibujos: *En esta mesa de caoba han incrustado trocitos de madera de ébano y círculos de marfil.* **2.** Meter una cosa en la superficie de otra: *La flecha se ha incrustado en la manzana.*

incubadora *f.* Máquina que mantiene en buenas condiciones de temperatura, humedad y oxigenación a un bebé que ha nacido antes de tiempo: *Los médicos metieron al bebé a una incubadora porque pesaba menos de dos kilos.*

incubar *vb.* {tr.} **1.** Dar calor con el cuerpo: *La gallina incuba el huevo hasta que nace el polluelo.* SIN. **empollar**. **2.** Estar desarrollando algo de manera progresiva: *Muchas bacterias tardan algún tiempo en incubarse, por eso algunas personas ya tienen un microbio adentro del cuerpo y no saben que estarán enfermos.*

incuestionable *adj.* Se dice de lo que no admite duda o argumentación en su contra: *Es incuestionable el valor histórico de las pirámides.*

inculcar *vb. irreg.* {tr.} Modelo 17. Repetir con empeño una idea para fijarla en la mente de alguien: *Esa pareja ha inculcado a sus hijos el respeto a la naturaleza y el amor a los animales.* SIN. **enseñar, persuadir**.

inculpado, da *adj./m. y f.* Referido a alguien que ha sido señalado como culpable de un delito: *El hombre inculpado por robo ha sido puesto en libertad por falta de pruebas.* SIN. **acusado**.

inculpar *vb.* {tr.} Señalar a alguien como culpable de un delito: *Se inculpó por fraude al empleado del banco.* SIN. **acusar**.

inculto, ta *adj.* **1.** Se dice de lo que no está cultivado: *Aquellos terrenos permanecen incultos desde que sus propietarios se fueron a vivir a la ciudad.* ANT. **cultivado**. **2.** Aplicado a la persona que desconoce algunos aspectos de una cultura o que no ha estudiado: *Su falta de interés en la lectura y el estudio ha hecho de él un hombre inculto.* SIN. **ignorante, analfabeto**. ANT. **culto, instruido**.

incultura *f.* Falta de conocimientos sobre algunos aspectos de una cultura.

incumbir *vb.* {intr.} Estar una cosa a cargo de alguien, o interesarle personalmente a alguien una acción: *El cuidado del perro le incumbe a Alejandro porque él es su dueño.*

incumplir *vb.* {tr.} No llevar a cabo una acción: *Berenice incumplió su promesa de ayudarnos a estudiar para el examen.* SIN. **faltar**.

incurable *adj./m. y f.* Referido a lo que no puede sanarse: *Ella tiene una enfermedad incurable, pero si se cuida, vivirá muchos años.*

incurrir *vb.* {intr.} Hacer algo mal o reprobable: *Norma incurrió en el error de no hacer sus ejercicios de calentamiento y por eso se lastimó al correr.* SIN. **cometer, faltar**.

incursión *f.* **1.** Hecho de hacer algo mal o reprobable: *La incursión en un delito es castigada por la ley.* **2.** *Fam.* Penetración en un lugar nuevo: *La incursión en la cueva fue una aventura muy divertida.*

indagar *vb. irreg.* {tr.} Modelo 17. Tratar de llegar al conocimiento de algo: *Antes de tomar una decisión, los padres indagaron qué querían hacer sus hijos las próximas vacaciones.* Sin. **averiguar.**

indebido, da *adj.* Relativo a lo que no se debe hacer: *Rosario dijo una palabra indebida a su madre, por eso está castigada.* Sin. **incorrecto.**

indecencia *f.* Acto que va en contra de las reglas del pudor o de lo que se considera bueno. Sin. **vergüenza.**

indecente *adj.* **1.** Referido a lo que está sucio: *En esa cocina indecente y llena de cucarachas no se puede preparar la comida.* Sin. **asqueroso. 2.** Aplicado a lo que va en contra de las reglas del pudor o de lo que se considera bueno: *Nos parece indecente que mientas y que seas tan grosero.* Sin. **indigno, inmoral.** Ant. **honesto.**

indecisión *f.* Falta de seguridad para elegir una opción o para tomar una decisión: *Nuestra indecisión entre ir al teatro o al cine hizo que llegáramos tarde a la función.* Sin. **duda, incertidumbre, vacilación.** Ant. **decisión.**

indeciso, sa *adj./m. y f.* **1.** Se aplica a quien duda o le cuesta trabajo elegir una opción o tomar una decisión: *Algunos niños escogieron ir a nadar; otros prefirieron jugar a la pelota y los indecisos se quedaron mirando sin saber qué hacer.* **2.** Asunto que no ha quedado resuelto de manera clara: *El resultado del partido quedó indeciso porque tuvieron que suspenderlo a causa de la tormenta.*

indecoroso, sa *adj.* Referido a lo que va en contra de lo que se considera de buena educación: *Es indecoroso meterse los dedos a la nariz cuando estemos sentados a la mesa.* Sin. **indecente, indigno, impropio.**

indefectible *adj.* Aplicado a lo que no puede faltar o dejar de ser u ocurrir: *El pago de impuestos es indefectible: hay que hacerlo para evitar una sanción.*

indefendible o **indefensible** *adj.* Aplicado a lo que no es posible defender: *La voluntad de los niños de quedarse con el gato fue indefendible porque el animalito se orinaba sobre las camas.*

indefensión *f.* Falta de defensa: *La indefensión de los bebés humanos es mayor que la de cualquier otro cachorro, pues un bebé no puede sobrevivir sin ayuda de un adulto.*

indefenso, sa *adj./m. y f.* **1.** Referido a la persona, animal o cosa que no tiene defensa o protección: *Al caer la puerta, la ciudad amurallada quedó indefensa y los invasores pudieron entrar.* Sin. **desvalido. 2.** *Fam.* Aplicado a lo que no es agresivo: *Las lagartijas no muerden ni son venenosas, son animales indefensos ante los seres humanos.*

indefinido, da *adj.* **1.** Se refiere a lo que tiene características no muy claras: *Los ojos de Rubén eran de un color indefinido, entre el verde y el azul.* Sin. **vago. 2.** Aplicado a lo que no tiene límite: *Rodrigo le prestó su bicicleta a Julián por tiempo indefinido, no le dijo cuándo espera que se la devuelva.* Sin. **ilimitado. 3.** Se dice del artículo, adjetivo o pronombre que no se refiere a una persona o cosa en concreto, sino de una manera general: *Uno, una, son artículos indefinidos; alguno, cualquiera, cada, son adjetivos indefinidos; algo, todos, nadie son pronombres indefinidos.* **4.** *loc.* **Pretérito ~,** tiempo verbal que indica la acción pasada como independiente de otra: *"Dormí" es el pretérito indefinido del verbo "dormir".*

indeformable *adj.* Referido a lo que mantiene su forma: *Estas botas están hechas con un material indeformable, las he usado por mucho tiempo y siguen como nuevas.*

indeleble *adj.* Se refiere a lo que no se puede borrar o quitar: *Hermenegildo manchó su uniforme con tinta indeleble y su madre está enojada porque la mancha no se quita.* Sin. **permanente.**

indemne *adj.* Referido a quien está libre de daño: *El joven salió indemne del accidente y pudo ayudar a otras personas que resultaron lastimadas.* Sin. **salvo, ileso.**

indemnización *f.* Compensación que recibe quien ha sufrido un daño, de parte de quien se lo causó: *Rocío recibió dinero como indemnización por haber sido despedida del trabajo.*

indemnizar *vb. irreg.* {tr. y prnl.} Modelo 16. Compensar un daño o perjuicio: *El hombre que chocó contra nuestra casa nos indemnizará por los gastos de reparación de la puerta, la pared y la reja.*

independencia *f.* **1.** Situación del individuo que goza de libertad: *Desde que trabaja, Efraín goza de independencia económica y ya no necesita que sus padres le den dinero.* Sin. **autonomía, emancipación.** Ant. **dependencia. 2.** Situación de un Estado que se gobierna él mismo y que goza de libertad: *Hace pocos años algunos países africanos alcanzaron su independencia, ya que dejaron de ser colonias inglesas para tener su propio gobierno.* Sin. **autonomía, emancipación.** Ant. **dependencia.**

independentismo *m.* Movimiento político que busca producir la independencia de un país que se encuentra sometido a otro.

independiente *adj./m. y f.* **1.** Se refiere a lo que es libre o no está subordinado: *Nadar y andar en bicicleta son dos cosas independientes, puedes saber cómo se hace una sin saber cómo se hace la otra.* Sin. **autónomo. 2.** Se aplica al que actúa con libertad, ejerciendo sus propias ideas y valiéndose de sus propios recursos: *Los periodistas independientes no reciben dinero del gobierno, sino que ellos pagan todo lo que necesitan.* Sin. **autónomo, libre.** Ant. **dependiente.**

independizar *vb. irreg.* {tr. y prnl.} Modelo 16. **1.** Separar algo de una cosa, o una cosa de otra: *Artemio puso un biombo en su cuarto para independizar el lugar de estudio del lugar para dormir.* Sin. **separar.** Ant. **depender. 2.** Hacerse libre, dejar de depender de los demás: *Antes, Pantaleón trabajaba para el señor Torcuato, pero se independizó el año pasado y puso una tienda por su cuenta.* Sin. **emancipar, liberar.** Ant. **someter.**

indescifrable *adj.* Referido a lo que no puede leerse porque sus caracteres no se entienden o se desconoce su significado: *Los jeroglíficos egipcios fueron indescifrables hasta que Champollion pudo traducirlos.* Sin. **ilegible, incomprensible, ininteligible.**

indescriptible *adj.* Se refiere a lo que es tan extraordinario que no se puede explicar con palabras: *David tuvo una pesadilla en la que vio un monstruo indescriptible, tan raro que no me pudo explicar por qué lo asustó tanto.* Sin. **maravilloso.**

indeseable *adj./m. y f.* Aplicado al individuo cuya presencia no es aceptada o deseada por los demás. Sin. **maleante.**

indestructible *adj.* Aplicado a lo que no se rompe: *Antes teníamos una vajilla de porcelana y ahora compramos una* de material **indestructible** para evitar que los niños la rompan. Sin. **invulnerable, irrompible, inalterable.**

indeterminable *adj.* Se refiere a lo que no se puede precisar o determinar con facilidad: *La cantidad de agua que hay en el mar es **indeterminable**, es muy difícil saber cuánta es.*

indeterminación *f.* Falta de decisión o de precisión: *Laura tiene un problema de **indeterminación**, no sabe lo que quiere hacer, y siempre duda mucho para tomar una decisión.* Sin. **indecisión.**

indeterminado, da *adj.* **1.** Se dice de lo que no se sabe con certeza cuál es: *Daniel mezcló ocho colores diferentes y obtuvo un color **indeterminado**.* Sin. **incierto, impreciso.** **2.** Sé refiere al artículo que presenta algo que no necesita especificación: *Un, una, uno, unas y unos, son artículos **indeterminados** o indefinidos.*

indiada *f.* **1.** *Desp.* Muchedumbre de indios. **2.** *Desp.* Dicho o acción propia de indios. **3.** *Méx. Desp.* Gente del pueblo.

indiana *f.* Tela de algodón pintada por un lado: *Las muchachas llevaron unas **indianas** a la playa para ponerlas en la arena y tomar el sol.*

indiano, na *adj./m.* y *f.* **1.** *Esp.* Referido a lo que es de América, antes llamada Indias Occidentales. **2.** *Esp.* Se aplicaba al europeo que volvía enriquecido de América a su tierra.

indicación *f.* **1.** Instrucción que se da para realizar algo: *El médico me dio **indicaciones** de cómo tomar los medicamentos.* Sin. **consejo, advertencia. 2.** Señal que sirve para mostrar algo: *Poner el dedo índice sobre los labios es una **indicación** para guardar silencio.* **3.** *Chile.* Propuesta que se hace acerca de una cosa.

indicado, da *adj.* **1.** Referido a lo señalado: *Leímos los capítulos del libro **indicados** por el maestro.* **2.** Se aplica a lo que es conveniente o adecuado: *Cuando te sientes enfermo lo más **indicado** es ir al médico.*

indicar *vb. irreg.* {tr.} **Modelo 17. 1.** Dar a entender una cosa con señales, gestos o algo parecido: *¿Puedes **indicarme** en el mapa cuál es el camino que debo seguir?* Sin. **mostrar, señalar. 2.** Aconsejar algo: *El maestro **indicó** a los niños que se abrigaran durante el invierno para ir a la escuela.*

indicativo, va *adj./m.* **1.** Referido a lo que señala algo: *La fiebre es **indicativa** de que hay infección en el cuerpo.* **2.** Modo verbal que sirve para formar oraciones que expresan hechos reales: *"Yo soy" es el presente de **indicativo** del verbo "ser".*

índice *adj.* Referido al segundo dedo de la mano, respecto del pulgar: *Con el dedo **índice**, el niño señaló el juguete que quería que le compraran.*

índice *m.* **1.** Dedo segundo de la mano, contando desde el pulgar: *El lápiz se sostiene con el **índice** y el pulgar cuando se escribe.* **2.** Lista de los capítulos de un libro: *En el **índice** encontraré el número de página en que comienza el capítulo ocho.* **3.** Cifra que muestra la evolución de una cantidad: *El **índice** de precios señala que ha habido un aumento en el precio del litro de aceite.*

indiciado, da *adj.* Se aplica a la persona que se encuentra bajo un proceso penal por ser sospechosa de haber cometido un delito grave.

indicio *m.* Signo que permite suponer con fundamento algo: *Los vasos sucios, las botellas vacías, los restos de comida, los discos desordenados y los muebles fuera*

de su lugar, son **indicios** de que aquí hubo una fiesta. Sin. **indicación, muestra, seña.**

índico, ca *adj.* Relativo a lo que es de las Indias Orientales: *El Océano **Índico** se encuentra entre África, la India y Australia.*

indiferencia *f.* Estado de ánimo en el que algo no nos importa o no le damos valor: *Luisa no se enojó ni se alegró por los chistes que hizo Sergio, simplemente mostró una gran **indiferencia** y se fue sin decir ni adiós.* Sin. **apatía, desinterés, frialdad.**

indiferente *adj.* **1.** Aplicado a lo que no produce interés o preferencia: *Me es **indiferente** que me visites hoy o mañana, pero no dejes de hacerlo porque quiero verte.* Sin. **igual. 2.** Se refiere a lo que no tiene importancia porque no representa una diferencia real: *Estos dos caminos llevan a Roma, es **indiferente** tomar uno u otro porque los dos miden 20 km y el paisaje es igualmente bello.* Sin. **igual.**

indiferente *m.* y *f.* Persona que no muestra interés o preferencia por algo o alguien.

indígena *adj./m.* y *f.* Se refiere a lo que es originario del lugar del que se está hablando: *Esta planta medicinal es **indígena** de estas tierras, no crece en otro lugar.* Sin. **autóctono, aborigen, nativo.** Ant. **extranjero, forastero.**

indigencia *f.* Pobreza: *El gobierno ha destinado dinero para solucionar el problema de **indigencia** que afecta a los pueblos donde faltan alimentos.* Sin. **miseria.**

indigenismo *m.* Palabra española que proviene de una lengua indígena americana: *La palabra "quechua" es un **indigenismo**.*

indigente *adj./m.* y *f.* Se aplica al que es muy pobre: *En este barrio hay un albergue para **indigentes** donde se les regala comida y se les presta un lugar para dormir.*

indigestarse *vb.* (prnl.) Digerirse mal un alimento: *Wilfredo se **indigestó** por comer demasiadas golosinas; se sentía muy mal pero se mejoró cuando vomitó.* Sin. **empachar.**

indigestión *f.* Hecho de digerirse mal un alimento: *El dolor de estómago y el asco son síntomas de **indigestión**.* Sin. **empacho, descompostura.**

indigesto, ta *adj.* Referido al alimento casi siempre difícil de digerir: *Tomar chocolate caliente cuando hace calor suele ser **indigesto**, es mejor tomarlo cuando hace frío.*

indignación *f.* Enojo que se siente cuando sucede algo que se considera injusto: *Ciro se llena de **indignación** cuando ve que alguien trata mal a los demás.* Sin. **ira, irritación.**

indignante *adj.* Referido a lo que causa enojo porque es injusto: *Es **indignante** que le mientas a tu madre de esa manera.*

indignar *vb.* {tr. y prnl.} **1.** Enfadar a alguien por actuar de manera injusta o decir cosas irritantes: *La violencia con que tratan a las mujeres en ese país, **indignó** a los visitantes.* Sin. **enfurecer, irritar, enojar. 2.** Irritarse a causa de algo que se considera injusto: *Damián se **indignó** porque sus amigos se burlaban de él sin razón.* Sin. **enfurecer, irritar, enojar.**

indigno, na *adj.* **1.** Se refiere a lo que es inferior a la calidad y mérito de alguien o algo: *El maestro le dijo que hacer esas groserías era **indigno** de una persona bien educada y le pidió que no volviera a hacerlo.* Sin. **impropio. 2.** Se aplica al que no merece algo: *Ese mu-*

chacho es **indigno** de ser llamado ganador porque hizo trampa en el juego. **3.** Referido a lo que es despreciable o ruin: Anabel se comportó de forma **indigna** al insultar a los empleados que siempre la tratan bien.

índigo m. Color azul cercano a violeta, llamado también añil: Este cielo obscuro de color **índigo** anuncia una fuerte tormenta.

indio m. Elemento metálico de número atómico 49 y símbolo In: El **indio** es parecido al aluminio.

indio, dia adj. **1.** Referido a lo que es de la India, país de Asia: El arroz condimentado con comino es un guiso **indio**. SIN. **hindú**. **2.** Relativo al descendiente de alguno de los pueblos originarios de América, sin mezcla con otra raza: Las tribus **indias** de Estados Unidos viven en zonas protegidas llamadas reservas.

indio, dia m. y f. **1.** Persona nacida en la India: Para los **indios**, las vacas son animales sagrados, por eso las dejan libres y no las matan. SIN. **hindú**. **2.** Persona descendiente de alguno de los pueblos originarios de América: Los **indios** coras viven en el norte de México.

indirecta f. Forma de dar a entender algo sin decirlo con claridad: Con una **indirecta**, la madre de Julieta le dijo a Federico que ya había terminado la visita a su hija.

indirecto, ta adj. **1.** Que no va de manera recta a un fin, aunque se encamina a él: Georgina se enteró de forma **indirecta** que Ulises irá a visitarla: se lo dijo una amiga. **2.** loc. **Objeto ~**, elemento de la oración que recibe la acción del verbo: En la frase "Compré un vestido a la niña", "un vestido" es el complemento directo y "a la niña", el **complemento indirecto**.

indisciplina f. Falta de obediencia a las normas o reglas establecidas: La **indisciplina** no permite que se realicen trabajos rápidos y de buena calidad. SIN. **desobediencia**.

indisciplinado, da adj. Aplicado al que no obedece las normas o reglas establecidas: El caballo **indisciplinado** no saltó la valla y tiró al jinete. SIN. **desobediente, rebelde**.

indisciplinarse vb. {prnl.} Negarse a obedecer las normas o reglas establecidas: Hoy, los alumnos **se indisciplinaron** y salieron corriendo al patio antes de que terminara la clase.

indiscreción f. **1.** Revelación de un secreto: Emma supo que organizábamos una fiesta sorpresa para su cumpleaños por la **indiscreción** de Laura, que se lo dijo. **2.** Falta de delicadeza o buenos modales, grosería: Cometió una **indiscreción** cuando le preguntó a su amigo cómo había ocurrido el accidente en el que murió su madre.

indiscreto, ta adj./m. y f. Persona que no sabe guardar un secreto: A esa niña **indiscreta** no le cuentes nada de esto porque se lo dirá a los demás. SIN. **chismoso**. ANT. **discreto**.

indiscutible adj. Referido a lo que está fuera de toda duda: Es **indiscutible** que el cielo está por encima de nosotros y la tierra por debajo. SIN. **indudable, incuestionable**.

indisoluble adj. Referido a lo que no se puede disolver o separar: Por más de veinte años, un amor **indisoluble** ha unido a mis padres.

indispensable adj. Referido a lo que es absolutamente necesario para algo: El papel, las tijeras, la cinta para medir, el hilo y la aguja son **indispensables** para hacer el vestido. SIN. **necesario**.

indisponer vb. irreg. {tr. y prnl.} **Modelo 27. 1.** Causar una ligera molestia de salud: El frío en los pies **indispuso** a la niña y ahora tiene gripe. **2.** Fam. Causarse la enemistad de alguien: A causa de la indiscreción de Alejandro, su amigo **se indispuso** con él y ya no le habla. **3.** Sentirse una ligera molestia de salud: Marilú **se ha indispuesto**, por eso no vino a trabajar.

indisposición f. **1.** Enfermedad ligera y pasajera: Virginia tuvo una ligera **indisposición** a causa de la comida de ayer, pero ya está bien. **2.** Falta de voluntad de hacer algo: Con esa **indisposición** para el estudio, dudo que Filomena termine el tercer grado.

indispuesto, ta adj. Se refiere al que tiene alguna molestia ligera de salud: Joaquín no fue a la escuela porque se encuentra **indispuesto**, pero su madre le va a dar un medicamento.

indistinto, ta adj. **1.** Se aplica a lo que no se distingue con claridad: Su voz baja sonaba **indistinta** entre los ruidos del ambiente y nadie pudo escucharla. SIN. **confuso**. **2.** Aplicado a lo que no produce una preferencia clara: La presencia de Diego me es **indistinta** porque no lo conozco y no he podido platicar con él. SIN. **indiferente**. **3.** Se refiere a lo que no tiene importancia porque no representa una diferencia real: Para mí es **indistinto** usar pantalón o vestido, lo importante es sentirme cómoda. SIN. **similar**.

individual adj. Se aplica a lo que es propio de cada persona o individuo: En la casa hay tres dormitorios y tres niños, por eso cada uno tiene un dormitorio **individual**. SIN. **particular, personal, propio**. ANT. **colectivo, común, general**.

individualizar vb. irreg. {tr.} **Modelo 16** o **individuar** vb. irreg. {tr.} **Modelo 10.** Distinguir un individuo en una especie: Los veterinarios **han individualizado** a este león porque su comportamiento es extraño.

individuo m. **1.** Cada ser distinto. SIN. **espécimen, miembro. 2.** Persona: Unos **individuos** pasaron anoche cantando frente a mi ventana. SIN. **sujeto, tipo. 3.** Integrante de una población: Todos los **individuos** de esta especie de árboles dan fruto.

indivisible adj. Se refiere a lo que no se puede separar en partes. SIN. **inseparable**.

indócil adj. Se aplica al que no es fácil de educar: El perro del vecino resultó ser un animal **indócil** y cuando lo saca a pasear se escapa y no le obedece. SIN. **indisciplinado, obstinado, rebelde**.

indochino, na adj./m. y f. Aplicado a lo que es de Indochina: Birmania, Tailandia, una parte de Malasia; Vietnam del Norte y del Sur, Camboya y Laos son países **indochinos**.

indocumentado, da adj./m. y f. **1.** Se refiere al que no lleva consigo un documento que pruebe su identidad personal: La persona muerta estaba **indocumentada** y por eso no pudieron identificarla. **2.** Persona que vive y trabaja en un país extranjero sin permiso legal para hacerlo.

indoeuropeo, a adj./m. y f. Relativo a los pueblos que hacia el año 2000 a. de C. ocuparon el sureste europeo y el occidente de Asia.

índole f. Condición natural propia de algo o alguien.

indolente adj./m. y f. **1.** Se aplica al perezoso: No seas **indolente**, ya ve a trabajar. SIN. **flojo, insensible, ocioso. 2.** Se refiere a lo que no causa dolor. SIN. **indoloro**.

indoloro, ra *adj.* Se refiere a lo que no causa dolor: *Un corte de uñas o de pelo es algo indoloro.*

indomable *adj.* Se refiere al animal que no se puede domar o someter: *Ese caballo es indomable, por eso no se le puede montar.* SIN. **indócil, indómito.**

indómito, ta *adj.* **1.** Referido al animal que no se puede domar o someter: *Los animales indómitos no se relacionan con el hombre, viven en estado salvaje.* SIN. **salvaje. 2.** *Fam.* Aplicado a lo que es difícil de dominar o de contener: *Marcelo tiene un carácter indómito, pues es agresivo y fuerte y no le gusta aceptar consejos.* SIN. **rebelde.**

indonesio *m.* Idioma hablado en la República de Indonesia: *El indonesio es una lengua oriental.*

indonesio, sia *adj./m.* y *f.* Originario de Indonesia, país del Continente Asiático.

inducción *f.* **1.** Hecho de lograr que alguien realice una acción: *La inducción de los alumnos al estudio es una responsabilidad del maestro y de los padres.* **2.** Obtención de un razonamiento general a partir de casos particulares: *Las encuestas y las estadísticas utilizan la inducción para sacar conclusiones generales de los estudios que hacen a algunas personas.* SIN. **conclusión.** ANT. **deducción.**

inducir *vb. irreg.* {tr.} **Modelo 57. 1.** Hacer que alguien realice una acción: *Teófilo indujo a su hermano menor a que continuara estudiando y ahora el joven ya terminó una carrera.* SIN. **persuadir, invitar. 2.** Obtener un razonamiento general a partir de hechos aislados: *Después de observar que su hijo tenía la ropa mojada, la señora indujo que estaba lloviendo cuando el niño salió de la escuela.* SIN. **concluir.**

inductivo, va *adj.* Se refiere al razonamiento que se obtiene por inducción: *En el laboratorio de ciencias hicimos un experimento y aplicamos el método inductivo para obtener conclusiones a partir de los resultados del experimento.*

indudable *adj.* Se refiere a lo que no se puede poner en duda porque es cierto: *Es indudable que las vacas tienen cuatro patas.* SIN. **innegable, indiscutible.**

indulgencia *f.* Facilidad para perdonar: *La madre actúa con indulgencia frente a los errores de sus hijos pequeños; ella sabe que están creciendo y se equivocan porque no saben.*

indulgente *adj.* Se refiere a quien perdona de manera fácil: *El director de la escuela fue indulgente con los alumnos que hicieron la travesura, los perdonó y les pidió que repararan lo que habían roto.* SIN. **tolerante.**

indultar *vb.* {tr. y prnl.} **1.** Conceder el perdón: *Los jueces han indultado al acusado y por eso ya no irá a la cárcel.* SIN. **perdonar, absolver.** ANT. **castigar, condenar, sancionar. 2.** *Bol.* Entrometerse. **3.** *Cuba.* Salir de una situación comprometida.

indulto *m.* Perdón total o parcial que se concede a los condenados: *El preso obtuvo el indulto y en lugar de estar diez años en la cárcel sólo estará dos.* SIN. **absolución.** ANT. **castigo, condena.**

indumentaria *f.* Ropa que se lleva puesta: *La indumentaria de esa señorita consta de un vestido azul, zapatos negros, saco y sombrero.* SIN. **vestido, vestuario, ropa.**

industria *f.* **1.** Conjunto de actividades destinadas a transformar los materiales en productos, con ayuda de máquinas: *La industria textil es la que produce telas utilizando fibras naturales o sintéticas.* **2.** Parte de la economía de un país, que se nutre de las ganancias obtenidas por la elaboración de productos en la manufactura: *La industria de este país está basada en la elaboración de queso.* **3.** Habilidad para hacer algo: *Ese joven tiene industria para arreglar vehículos y por eso ya comienzan a llegarle clientes.* SIN. **inteligencia, destreza.**

industrial *adj.* Relativo a la industria: *La actividad industrial de esta región se limita a la fabricación de puré de tomate.*

industrial *m.* y *f.* Persona que es dueña de una industria o trabaja en ella ocupando un puesto directivo: *Los industriales se reunirán para solucionar los problemas de sus empresas.* SIN. **empresario, fabricante.**

industrializar *vb.* {tr. y prnl.} **1.** Dar carácter industrial a una actividad o a un país: *En esa región industrializan el algodón y fabrican telas e hilo con esa planta.* **2.** Convertirse un país en transformador de materias primas en productos, por medio de la ampliación de su sistema de industrias.

industrioso, sa *adj.* Se aplica al que es muy trabajador y obra con destreza: *La gente de este puerto es muy industriosa, siempre está activa cargando y descargando los barcos.* SIN. **diestro, trabajador.**

inédito, ta *adj.* Se refiere a lo que no ha sido publicado: *Este escritor ha hecho tres libros que ya están publicados y tiene uno inédito que se publicará el mes próximo.* SIN. **original.**

inefable *adj.* Se aplica a lo que no se puede expresar con palabras: *El alpinista sintió una dicha inefable cuando logró llegar a la cima de la montaña.* SIN. **indescriptible.**

ineficacia *f.* Falta de capacidad para obtener el fin deseado: *Es notable la ineficacia de esta medicina, el niño sigue enfermo a pesar de que ya tomó varios días la dosis indicada.* SIN. **inutilidad.**

ineficaz *adj.* Referido a lo que no tiene la capacidad para lograr el fin deseado: *Este producto para quitar manchas es ineficaz, lo usé siguiendo las instrucciones y la mancha sigue igual.* SIN. **inservible, inútil.**

ineludible *adj.* Aplicado a lo que no se puede evitar: *No puedo acompañarte a la fiesta porque tengo un compromiso ineludible en mi trabajo.* SIN. **inevitable.**

inenarrable *adj.* Se dice de lo que es imposible de contar o difícil de describir: *El viejo capitán del barco ha vivido inenarrables aventuras en el mar.*

inepto, ta *adj./m.* y *f.* Se dice de quien no tiene habilidad para algo: *Paulina es una gran bailarina pero es totalmente inepta para cocinar, pues siempre se le quema la comida.* SIN. **torpe, incapaz.**

inequívoco, ca *adj.* Referido a lo que no admite duda: *El humo negro es una señal inequívoca de que hay fuego.* SIN. **certeza.**

inercia *f.* **1.** Fuerza que hace que un cuerpo se siga desplazando cuando ha sido empujado, o continúe quieto si nada lo empuja: *La inercia hace que cuando un vehículo frena repentinamente, los cuerpos de las personas que van en él tiendan a irse hacia adelante.* **2.** Manera de hacer las cosas por costumbre y sin pensarlas: *Ricardo tomó la calle de la izquierda por la inercia de ir diario a la escuela, pero era domingo e iba al parque, así que regresó para tomar la calle de la derecha.*

inerme *adj.* Referido a quien está desprovisto de armas o defensas: *El protagonista del cuento es un valiente caballero que se sintió inerme ante las palabras de su amada y cayó vencido en sus brazos.*

inerte *adj.* Que no tiene actividad, energía o movimiento propios: *Una piedra es un cuerpo inerte.* SIN. **inactivo, pasivo.**

inescrutable *adj.* Referido a lo que no se puede examinar ni averiguar: *La mirada inescrutable del Conde Drácula llenó de inquietud a la muchacha.* SIN. **incomprensible.**

inesperado, da *adj.* Se aplica a lo que sucede sin haber sido previsto: *Una visita inesperada llegó a mi casa la semana pasada y sigue aquí todavía.* SIN. **imprevisto.**

inestable *adj.* Se dice de lo que no permanece en su sitio o está en riesgo de caer, descomponerse, cambiar o desaparecer: *Úrsula tiene un carácter inestable, a veces está enojada, de pronto está contenta, luego llora.* SIN. **inconstante.**

inestimable *adj.* Se aplica a lo que no se puede valorar de forma debida: *La sinceridad de mi amigo fue una ayuda inestimable para corregir mis errores.* SIN. **incalculable.**

inevitable *adj.* Se dice de lo que no se puede impedir: *La vacunación infantil es inevitable si se quiere que la población goce de buena salud.* SIN. **forzoso, obligatorio.**

inexactitud *f.* Falta de precisión o exactitud: *Dentro de las diez preguntas que contesté en el examen tuve dos inexactitudes.* SIN. **error.**

inexacto, ta *adj.* Se aplica a lo que no es exacto o preciso: *La fecha que dijiste es inexacta, la Revolución Francesa comenzó en 1789 y no en 1780.* SIN. **falso, aproximado.**

inexistencia *f.* Hecho de no haber o no existir: *La inexistencia de leche en la tienda me obligó a ir hasta el centro de la ciudad para conseguirla.* ANT. **existencia.**

inexistente *adj.* Se aplica a lo que no hay o no existe: *Las sirenas y los duendes son inexistentes en la vida real; ellos son personajes de cuento.*

inexorable *adj.* **1.** Se dice de quien no se deja vencer por ruegos: *Supliqué a mi padre que me dejara ir a la fiesta, pero él seguió inexorable y me dijo que no.* SIN. **severo. 2.** Se aplica a lo que sucede sin que se pueda impedir: *El movimiento de los planetas alrededor del Sol es inexorable.* SIN. **inevitable.**

inexperiencia *f.* No haber vivido o conocido una persona algo por sí misma: *La inexperiencia es la falta de práctica para hacer algo.*

inexperto, ta *adj./m. y f.* Se aplica a la persona que no ha conocido o vivido una experiencia por sí misma: *El bombero inexperto puso en riesgo su vida porque no sabía que las corrientes de aire aumentan el fuego.* SIN. **principiante.** ANT. **experto.**

inexplicable *adj.* Se dice de lo que no se puede explicar o entender: *Es inexplicable que esta puerta esté cerrada con llave, porque siempre la dejamos abierta.* SIN. **extraño.**

inexplorado, da *adj.* Se refiere al lugar que no ha sido recorrido y que por lo tanto aún no se conoce: *El lado obscuro de la Luna permanece inexplorado por el ser humano.* SIN. **desconocido.**

inexpresivo, va *adj.* **1.** Referido al que no muestra sus sentimientos con gestos o palabras: *La mirada inexpre-*

siva del anciano no mostraba alegría ni rechazo por la visita de sus nietos. **2.** Se aplica a lo que no produce un sentimiento o no transmite un significado claro.

inexpugnable *adj.* Referido a lo que no se puede vencer: *La muralla inexpugnable del castillo mantuvo alejados a los enemigos del reino porque era un obstáculo difícil de superar.*

inextricable *adj.* Se refiere a lo que es difícil de desenredar porque está enmarañado: *En la mitología, Teseo pudo salir del laberinto inextricable gracias a que antes de entrar Ariadna le dio un hilo para que marcara el recorrido.* SIN. **intrincado.**

infalible *adj.* Se aplica a lo que no falla nunca: *Ese jugador de baloncesto es un tirador infalible, siempre acierta la pelota en la canasta.* SIN. **seguro.**

infame *adj.* **1.** Se aplica a lo deshonroso: *Es infame ser acusado de un delito que no se ha cometido.* SIN. **vil. 2.** Fam. Se dice de lo que es muy malo: *Teresa apagó el televisor porque no pudo soportar ver ese infame programa.*

infame *m. y f.* Persona vil, que no cuida su honra: *Ese infame le dio una patada al perro, insultó a su novia y además se robó unos panes.*

infamia *f.* Hecho vergonzoso, vileza: *Es una infamia que hayan secuestrado a una persona para conseguir dinero.*

infancia *f.* **1.** Primer periodo de la vida humana, que va del nacimiento a los doce o catorce años: *La infancia termina cuando comienza el desarrollo sexual.* SIN. **niñez. 2.** Conjunto de los niños: *Uno de los derechos de la infancia es el derecho a la alimentación.*

infante, ta *m. y f.* **1.** Niño de corta edad: *Tengo dos hermanos infantes, uno tiene cuatro años y el otro tiene seis años.* **2.** Título de los hijos legítimos de los reyes de España, no herederos al trono: *En el cuadro titulado Las Meninas, el pintor Diego Velázquez pintó a la infanta Margarita.*

infantería *f.* En el ejército, tropa que combate a pie: *En el desfile marcharon primero los soldados de infantería, después la caballería y al final los tanques.*

infanticidio *m.* Asesinato de un niño.

infantil *adj.* **1.** Relativo a los niños: *Los libros infantiles tienen más ilustraciones que los libros para adultos.* **2.** Aplicado al adulto que tiene un carácter cándido e inocente: *Liliana todavía conserva su gracia infantil, aunque ya tiene veinte años de edad.*

infarto *m.* Lesión de los tejidos del corazón: *Cuando la sangre no circula de manera correcta y provoca que los tejidos del corazón se dañen, eso se llama infarto.*

infatigable *adj.* Aplicado a quien nunca se cansa: *Doña Filomena es una anciana infatigable, se levanta temprano, limpia, va al mercado, cocina y por la tarde cuida a sus nietos.* SIN. **incansable.**

infección *f.* Enfermedad producida por la aparición de microbios, virus o bacterias en el organismo: *La infección suele causar fiebre porque el organismo lucha por deshacerse del virus o del microbio.*

infeccioso, sa *adj.* Relativo al que produce infección: *El sarampión es una enfermedad infecciosa.* SIN. **contagioso.**

infectado, da *adj.* Se dice de lo que tiene microbios, bacterias o virus: *Se debe hervir el agua antes de beberla, ya que puede estar infectada por gérmenes que causan enfermedades.*

infectar vb. {tr. y prnl.} **1.** Contagiar una enfermedad: *Separaron a los animales enfermos para que no infecten a los que están sanos.* SIN. **contaminar.** ANT. **desinfectar. 2.** Producirse una infección: *Hay que lavar la herida para evitar que se infecte.* SIN. **contaminar.** ANT. **desinfectar.**

infecto, ta adj. Se aplica a lo que huele muy mal: *En ese pantano infecto se crían muchas moscas y mosquitos.* SIN. **maloliente.**

infeliz adj./m. y f. **1.** Aplicado al que está triste por algo o que da tristeza verlo: *Andrés se siente infeliz porque Daniela ya no lo quiere.* SIN. **desgraciado, desventurado.** ANT. **dichoso. 2.** Persona triste o que da tristeza ver: *Los infelices estaban sin trabajo y no tenían ni un pan para comer.*

infeliz adj./m. y f. Persona malvada: *El infeliz ladrón me robó unos libros.*

inferior adj./m. y f. **1.** Relativo a lo que es bajo o está situado más abajo con respecto a otra cosa: *En la parte inferior del automóvil están los neumáticos.* SIN. **bajo.** ANT. **superior. 2.** Referido a lo que es menor en mérito, categoría o valor. ANT. **mejor, superior. 3.** Se aplica a lo que tiene menos cantidad: *Este año se inscribió a primer grado un número de niños inferior al del año pasado.* SIN. **menor.** ANT. **superior.**

inferior m. y f. Persona subordinada a otra, subalterno: *El director dio órdenes a sus inferiores para que limpiaran las oficinas.* ANT. **subordinado.** ANT. **superior.**

inferioridad f. Desventaja en rango, fuerza, mérito, etc.

inferir vb. irreg. {tr. y prnl.} **Modelo 50.** Sacar una consecuencia a partir de la observación de un hecho: *Si Gregorio y Humberto no se hablan, podemos inferir que han reñido.* SIN. **concluir, resultar.**

infernal adj. **1.** Relativo al infierno. **2.** Fam. Se aplica a lo que causa disgusto: *Un ruido infernal no me dejó dormir anoche.*

infestar vb. {tr. y prnl.} **1.** Contaminar: *Los desechos químicos de ese laboratorio han infestado el agua del río.* SIN. **envenenar. 2.** Abundar algo en un lugar: *Las grandes ciudades están infestadas de gente.*

infidelidad f. Falta de fidelidad o de exactitud: *Este historiador cometió algunas infidelidades al escribir su libro: en algunas partes inventó hechos y en otras los cambió.* SIN. **traición.**

infiel adj./m. y f. **1.** Aplicado al que no es leal a una causa o persona: *El marido infiel engaña a su esposa con otra mujer.* **2.** Se dice de lo inexacto: *Estas medidas son infieles porque el instrumento de medición estaba roto.*

infiernillo m. Utensilio doméstico que sirve para calentar: *Jacobo puso una olla de agua en el infiernillo para preparar la sopa.*

infiernito m. Cuba. Luz de bengala.

infierno m. **1.** Lugar de castigo eterno, según la religión cristiana: *En su obra llamada "La divina comedia", el poeta italiano Dante Alighieri representó el infierno como él se lo imaginaba.* ANT. **cielo, paraíso. 2.** Situación desagradable: *El paseo se convirtió en un infierno cuando llegó la pesada de Genoveva.* **3.** loc. Desp. **Mandar algo o a alguien al ~,** rechazarlo, abandonarlo: *Mi hermano mandó al infierno a su novia porque lo engañaba con otro chico.*

infiltración f. Paso lento de un líquido a través de un cuerpo sólido y poroso: *El pozo tiene agua por infiltra-*

ción *de la lluvia que moja la montaña, pasa a través de la piedra y cae dentro de él.*

infiltrar vb. {tr. y prnl.} **1.** Pasar de manera lenta un líquido a través de un cuerpo sólido y poroso. **2.** Penetrar alguien u algo en un lugar sin que se note: *Los espías se infiltraron en el país extranjero utilizando pasaportes falsos.*

ínfimo, ma adj. Se refiere a lo que es muy bajo, muy pequeño o el último en situación: *Los granos de arena son ínfimos.* SIN. **pequeño.**

infinidad f. Gran cantidad de algo: *En el mar hay infinidad de peces.* SIN. **multitud.**

infinitesimal adj. Relativo a lo que es pequeño de manera infinita: *Un átomo es una partícula infinitesimal de materia.*

infinitivo m. Forma del verbo que expresa la acción de una manera general: *Los infinitivos terminan en ar, er, ir como en "bailar", "tener" y "salir".*

infinitivo, va adj. Relativo a la forma del verbo que expresa la acción de una manera general: *La maestra nos pidió una lista de veinte verbos infinitivos terminados en ar, como "amar" y "saltar".*

infinito m. Aquello que no tiene límites ni final: *El abuelo está con la mirada perdida en el infinito, nadie sabe en qué piensa.*

infinito adv. De manera excesiva, demasiado.

infinito, ta adj. **1.** Referido a lo que no tiene fin, o es tan largo o extenso que parece no tener fin: *Comparado con el tamaño del espacio infinito, un viaje a la Luna es muy pequeño.* **2.** Aplicado a lo que es mucho o muy grande: *Martha tiene una paciencia infinita con los niños; nunca se cansa de estar con ellos.*

infinitud f. Cualidad de lo que no tiene fin o límites: *Algunas cosas que tienen la cualidad de la infinitud son el Universo y los números.*

inflación f. **1.** Hecho de llenar de aire o gas un objeto vacío y blando: *La inflación de globos con el aire de los pulmones puede marear a quien los está inflando.* **2.** Desequilibrio económico de un país que causa la elevación de los precios: *La inflación se debe a que hay mucho dinero en circulación sin que existan en el banco nacional los fondos que lo respalden.*

inflacionario, ria adj. Relativo a la inflación monetaria: *La tendencia inflacionaria ha sido controlada y los productos han dejado de aumentar de precio.*

inflador m. Aparato que sirve para inflar las ruedas de las bicicletas: *Con el inflador, René llenó de aire el neumático de su bicicleta.*

inflamable adj. Se refiere a las cosas que tienden a prenderse en fuego con facilidad: *Los aerosoles son inflamables, no debemos acercarlos al fuego porque explotan.*

inflamación f. **1.** Hecho de prenderse fuego una substancia combustible: *La inflamación del alcohol produce una llama de color azul.* **2.** Hinchazón en alguna parte del cuerpo: *La inflamación es una reacción del cuerpo caracterizada por el enrojecimiento, el calor y el dolor en la parte afectada.*

inflamar vb. {tr. y prnl.} **1.** Encender una cosa con llama: *Los restos del cigarrillo encendido inflamaron una hoja de papel que estaba cerca.* **2.** Fam. Entusiasmar, encender los ánimos: *Con la fuerza de su discurso el político inflamó al público presente en el auditorio, que*

empezó a aplaudirle con entusiasmo. SIN. **excitar**.
3. Prenderse fuego una cosa. SIN. **incendiar, quemar**.
4. Hincharse una parte del cuerpo: *A Valentín se le inflamaron las piernas por estar sentado mucho tiempo*.

inflar *vb.* (tr. y prnl.) **1.** Llenar con aire o gas un objeto vacío y blando: *Teúl infló una bolsa de papel y luego la golpeó produciendo un estruendo*. SIN. **hinchar**. ANT. **desinflar**. **2.** Aumentar la importancia de algo o alguien: *Aníbal siempre infla las historias que me dice y las convierte en cuentos fantásticos*. SIN. **exagerar**.

inflexible *adj.* **1.** Aplicado a lo que es incapaz de doblarse: *El hierro es un material inflexible*. SIN. **rígido, duro**. **2.** Se dice del que no se deja conmover o influir: *El maestro fue inflexible con los alumnos que no aprobaron el examen; los castigó obligándolos a estudiar y a elaborar un trabajo*. SIN. **firme**.

inflexión *f.* **1.** Hecho de doblarse o inclinarse: *La señal muestra una inflexión del recorrido en este punto*. **2.** Cambio de tonos de voz: *Las inflexiones de voz que logra este actor son muy variadas, por eso lo contratan para imitar las voces de otros actores*.

infligir *vb. irreg.* (tr.) **Modelo 61.** Aplicar un castigo: *Le infligieron al ladrón una pena de un mes en prisión por haber robado la billetera de un hombre*.

inflorescencia *f.* Manera en que brotan las flores en una planta: *La inflorescencia de la rosa es muy diferente a la inflorescencia de la margarita*.

influencia *f.* Acción que ejerce algo o alguien sobre una persona o cosa: *Sergio ha sido una buena influencia para Jacinto, quien se ha vuelto más estudioso desde que son amigos*. SIN. **dominio**.

influenciar *vb.* (intr.) Ver **influir**: *Influenciar es un verbo considerado incorrecto, pero mucha gente lo usa y también algunos escritores*.

influenza *f.* Enfermedad viral que se presenta con fiebre y catarro: *Antes de que inventaran los antibióticos la gente moría de influenza*. SIN. **gripe**.

influir *vb. irreg.* (intr.) **Modelo 59.** Ejercer algo o alguien sus efectos o influencia sobre una persona o cosa: *Hacer ejercicio no sólo me ayudó a adelgazar, también influyó en mi estado de ánimo y ahora me siento más contenta*.

influjo *m.* Acción que ejerce algo o alguien sobre una persona o cosa: *El influjo que han tenido sus amigos sobre Joaquín lo ha ayudado a superar sus problemas*. SIN. **dominio**.

influyente o **influente** *adj.* Relativo a lo que ejerce sus efectos sobre una persona o cosa.

información *f.* **1.** Conjunto de noticias o datos sobre un tema: *En el diario leí toda la información sobre los juegos olímpicos*. SIN. **noticia, dato**. **2.** Lugar que forma parte de algunas oficinas, museos y otros organismos públicos, donde se pueden conseguir datos o resolver dudas: *En información me dijeron qué necesito hacer para entrar en la competencia*.

informal *adj./m.* y *f.* **1.** Se aplica a lo que no es muy serio o importante: *Ofreceremos una cena informal esta noche, no necesitas venir vestido con traje y corbata*. **2.** Se dice del que no cumple con sus obligaciones: *Paulina es muy informal, no se puede contar con ella porque falta a sus compromisos*.

informante *adj.* Se aplica a lo que da noticias o datos sobre un tema.

informante *m.* y *f.* Persona que facilita datos o da noticias sobre un tema: *El antropólogo llegó al pueblo y buscó un informante que le contara la historia del lugar*.

informar *vb.* (tr. y prnl.) **1.** Dar a alguien noticias o datos sobre algo: *Los diarios informan de lo que sucede en el mundo*. SIN. **comunicar, enterar, anunciar**. **2.** Enterarse, conseguir datos sobre un tema: *Nora necesita informarse más sobre el periodismo si quiere entrar a trabajar en el noticiero*. SIN. **instruir**.

informática *f.* Ciencia que estudia el tratamiento automático de la información por medio de computadoras: *La informática permite almacenar mucha información en un espacio muy pequeño y también hace posible acceder a la información con mucha rapidez*.

informático, ca *adj.* Relativo a las computadoras y al tratamiento automático de la información: *Con este nuevo programa informático podrán llevar la contabilidad de su negocio con rapidez y precisión*.

informativo, va *adj.* Se refiere a lo que informa o da noticias sobre un tema: *En el museo hay carteles informativos que anuncian las exposiciones y eventos que se van a realizar el mes próximo*.

informe *adj.* Se dice de lo que no tiene una forma definida: *El niño convirtió al muñeco de barro en una masa informe después de pisarlo*. SIN. **deforme**.

informe *m.* **1.** Hecho de informar: *El presidente recibió el informe de las actividades que realizaron sus ministros*. SIN. **relato, escrito, exposición**. **2.** Noticia o dato que se da sobre alguien o algo: *Mi padre contrató al muchacho porque le dieron informes de que es honrado y trabajador*. SIN. **referencia**.

infortunado, da *adj./m.* y *f.* Se aplica al que no tiene suerte o al hecho desdichado: *Por una maniobra infortunada el autobús se estrelló contra la pared*. SIN. **desgraciado**.

infortunio *m.* Desgracia: *En el programa de televisión, una anciana de Polonia narró los infortunios que ella y su familia pasaron durante la guerra*. SIN. **desdicha**.

infracción *f.* Quebrantamiento de una ley o norma moral: *El policía levantó una infracción al automovilista por exceso de velocidad*. SIN. **falta**.

infraccionar *vb.* (tr.) Méx. Multar.

infraestructura *f.* **1.** Conjunto de trabajos subterráneos que sostienen la construcción de un edificio: *La infraestructura del puente no se ve porque está bajo tierra, pero gracias a ella el puente no se cae*. **2.** Conjunto de servicios básicos en la creación de una organización: *La infraestructura de esta empresa consta de una oficina, los muebles, las computadoras, el teléfono y los permisos legales para funcionar*.

infrahumano, na *adj.* Se refiere a las condiciones que no son suficientes para cubrir las necesidades humanas mínimas: *Ese lugar es tan pobre que la gente vive en condiciones infrahumanas, ya que no hay agua, ni escuelas, ni hospitales*.

infranqueable *adj.* Imposible o difícil de atravesar: *El dormitorio de Javier era infranqueable debido a la cantidad de ropa y juguetes que obstruían el paso*.

infrarrojo, ja *adj.* Se refiere a las radiaciones de calor que no se ven porque se encuentran fuera de la escala de luz que el ojo humano es capaz de percibir.

infrecuente *adj.* Se dice de lo que no sucede a menudo: *Las lluvias son infrecuentes en el desierto.* Sin. escaso.

infringir *vb. irreg.* (tr.) Modelo 61. Quebrantar una ley: *El futbolista infringió el reglamento de juego al golpear a otro jugador y el árbitro lo expulsó.* Sin. desobedecer, violar.

infructuoso, sa *adj.* Se dice de lo que no da el resultado deseado: *Después de muchos esfuerzos infructuosos, se dieron por vencidos, pues el problema de matemáticas no tenía solución.* Sin. ineficaz, inútil, estéril.

ínfulas *f. pl. Fam.* Hecho de presumir de algo. Sin. vanidad.

infumable *adj.* 1. Se dice del tabaco que no se puede fumar: *Los cigarrillos quedaron infumables después de que la caja se mojó.* 2. *Méx. Fam.* Se refiere a la persona de carácter pesado, insoportable. Sin. antipático.

infundado, da *adj.* Se refiere a lo que no tiene una justificación o base real: *La niña se tranquilizó cuando sus padres le demostraron que su miedo a los fantasmas era infundado.* Sin. injustificado.

infundio *m.* Noticia falsa: *Lo del robo en la panadería fue un infundio, algún chismoso lo inventó.* Sin. mentira, embuste.

infundir *vb.* (tr.) Provocar cierto estado de ánimo o sentimiento: *El maestro infunde respeto a sus alumnos porque es una persona correcta y culta.* Sin. comunicar.

infusión *f.* Bebida preparada con plantas medicinales que se sumergen por unos minutos en agua hirviendo: *La infusión de manzanilla sirve para aliviar el dolor de estómago.*

ingeniar *vb.* (tr. y prnl.) 1. Inventar algo utilizando la imaginación: *Patricio ingenió un mueble para guardar sus discos.* 2. Inventarse el modo de conseguir algo: *Joaquín no tenía dinero y se las ingenió para que su amigo lo invitara al zoológico.*

ingeniería *f.* Aplicación de los conocimientos científicos a la invención y perfeccionamiento de la técnica industrial: *Braulio estudia ingeniería porque quiere dedicarse a la construcción de puentes.*

ingeniero, ra *m.* y *f.* Persona que se dedica a diseñar obras públicas como caminos, presas, aeropuertos, etc., y al perfeccionamiento de máquinas industriales y transportes como aviones, automóviles, barcos, etc.: *Los ingenieros diseñaron y supervisaron la construcción del nuevo edificio de oficinas.*

ingenio *m.* 1. Talento para inventar cosas o maña para conseguir algo: *Gracias al ingenio de Adalberto pudimos instalar el ventilador en el techo sin necesidad de romper las paredes.* Sin. inteligencia, inventiva, destreza. 2. Gracia o habilidad para realizar algo: *Ramona cuenta las cosas con tanto ingenio que siempre nos hace reír.* Sin. agudeza. 3. Explotación y fábrica de azúcar: *En el ingenio se cultiva y se muele la caña de azúcar.*

ingenioso, sa *adj.* 1. Referido al que tiene talento para inventar cosas o se da maña para conseguir algo: *Marcela es una cocinera ingeniosa que con pocos ingredientes prepara unos guisos deliciosos.* Sin. diestro, ocurrente. 2. Se aplica a la cosa que es producto de la inventiva de alguien: *Los robots son máquinas ingeniosas.*

ingente *adj.* Se aplica a lo que es muy grande: *Ese edificio ingente tiene ochenta pisos y mil oficinas.* Sin. enorme.

ingenuidad *f.* Franqueza natural, carencia de malas intenciones: *El niño preguntó con ingenuidad si las focas también pueden leer y escribir.* Sin. candor, inocencia, naturalidad.

ingenuo, nua *adj./m.* y *f.* Se aplica al que es sincero de manera natural y no tiene mala intención: *El hombre ingenuo ha sido engañado por un hombre malicioso.* Sin. sincero, inocente, sencillo. Ant. astuto, malicioso.

ingerir *vb. irreg.* (tr.) Modelo 50. Introducir al estómago a través de la boca alimentos o medicamentos: *Rodolfo ingirió una píldora para calmar el dolor de cabeza.* Sin. comer, tomar.

ingestión *f.* Hecho de tragar: *La ingestión se realiza por la boca.*

ingle *f.* Parte del cuerpo humano donde el muslo se une al abdomen: *La parte superior de la pierna se dobla en la ingle y la parte inferior se dobla en el tobillo.*

inglés *m.* Idioma que se habla en Inglaterra, Irlanda, Estados Unidos, Australia y Canadá, entre otros países: *La gente aprende inglés porque es un idioma muy útil cuando se quiere viajar por el mundo.*

inglés, sa *adj./m.* y *f.* Originario de Inglaterra, país de Europa.

ingobernable *adj.* Se aplica a lo que no se puede o no se deja dirigir: *El barco, ingobernable a causa de la fuerte tormenta, naufragó.*

ingratitud *f.* Falta de agradecimiento: *Esa persona actuó con ingratitud al no reconocer que obtuvo su trabajo debido a la ayuda de sus amigos.* Sin. egoísmo. Ant. gratitud, reconocimiento.

ingrato, ta *adj.* 1. Se dice de la persona que no agradece los favores recibidos: *¡Qué ingrato ha sido al no ayudarme ahora que yo lo necesito a él! ¡Y yo lo he ayudado tantas veces!* Sin. desagradecido. 2. Se refiere al trabajo que requiere de un esfuerzo que nadie valora: *Eloísa tiene un trabajo bastante ingrato: si hace mal un trabajo todos la regañan, y si trabaja bien nadie lo nota.*

ingravidez *f.* Calidad de ingrávido: *La ingravidez del globo hace que flote en el aire.* Sin. ligereza.

ingrávido, da *adj.* Relativo a lo que tiene poco o ningún peso: *Los astronautas se vuelven ingrávidos cuando están en el Espacio, por eso flotan.* Sin. leve, ligero.

ingrediente *m.* Cada uno de los elementos que se mezclan al cocinar un guiso, preparar una bebida, etc.: *El pan se hace con cuatro ingredientes básicos: agua, harina, sal y levadura.*

ingresar *vb.* (tr. e intr.) 1. Entrar: *La niña ingresó al curso de inglés.* 2. Empezar a formar parte de un grupo: *Loreta ha ingresado a una asociación que protege la naturaleza.* 3. Entrar como paciente en un hospital: *El enfermo ingresará el lunes para que lo operen el martes.* 4. Depositar dinero en una entidad bancaria o comercial: *Retiré una parte del dinero que había ingresado en mi cuenta de ahorros porque quería comprarle un regalo a mi esposo.*

ingreso *m.* 1. Hecho de entrar a un lugar: *El ingreso del actor a la sala de prensa estuvo acompañado de un fuerte aplauso.* Sin. entrada. 2. Hecho de empezar a formar parte de un grupo: *Con el ingreso de Felipe al equipo de natación, ahora ya son diez niños los que forman este equipo.* 3. Cantidad de dinero que se recibe cada cierto tiempo: *Este negocio produce muchos ingresos y* *ingresos* y tiene pocos gastos, por eso su dueño se está haciendo rico. **4.** loc. **Examen de ~**, prueba de conocimientos que se presenta para entrar a una escuela o a la Universidad: *El examen de ingreso tenía cien preguntas; Luciano tardó dos horas en resolverlo.*

íngrimo, ma *adj.* Amér. C., Colomb., Ecuad., Pan. y Venez. Relativo a quien se ha quedado solo. Sin. **solitario.**

inhábil *adj.* **1.** Relativo al que no tiene la destreza suficiente para realizar una actividad: *Tirso es inhábil para la natación porque no sabe nadar y no le gusta el agua.* Sin. **torpe. 2.** Se dice del día en que no se trabaja: *Los domingos son días inhábiles para la mayoría de la gente.*

inhabilitar *vb.* (tr.) Declarar a una persona incapaz para realizar alguna actividad: *El niño asmático no practica deportes porque el médico lo inhabilitó.* Sin. **incapacitar, prohibir.**

inhabitable *adj.* Se dice del lugar donde no se puede vivir: *Esta casa en ruinas es inhabitable.*

inhabitado, da *adj.* Referido al lugar donde nadie ha vivido: *Esta casa ha permanecido inhabitada, desde que los dueños se mudaron a otra ciudad.* Sin. **desierto, solitario.**

inhalación *f.* Acción de aspirar el aire por la nariz o la boca hacia dentro de los pulmones: *El médico le recetó inhalaciones de vapor de agua con eucalipto para aliviarse del resfrío.* Sin. **aspiración.** Ant. **exhalación.**

inhalar *vb.* (tr.) **1.** Respirar: *Inhalar gases tóxicos puede causar la muerte.* **2.** Absorber el aire por la nariz o la boca hacia adentro de los pulmones: *Cuando el médico te dice "inhala" debes llenar tus pulmones de aire, cuando te dice "exhala", debes dejar salir el aire.* Sin. **aspirar.** Ant. **exhalar.**

inherente *adj.* Relativo a lo que por naturaleza está unido de manera inseparable a algo: *La risa es inherente al ser humano.*

inhibición *f.* Impedimento psicológico para realizar una acción.

inhibir *vb.* (tr. y prnl.) **1.** Impedir: *El nerviosismo inhibió los reflejos del portero y por eso no pudo atrapar el balón aunque pasó cerca de él.* **2.** Abstenerse de intervenir: *Ulises se inhibe y no contesta las preguntas que la maestra le hace porque es tímido.*

inhóspito, ta *adj.* Relativo a lo que no ofrece seguridad ni abrigo: *El desierto es inhóspito para la vida humana porque hay poca agua y hace mucho calor.*

inhumación *f.* Entierro de un muerto: *La inhumación del cadáver será mañana en el cementerio.* Sin. **sepelio.**

inhumano, na *adj.* Se refiere al hecho o a la persona cruel: *Es inhumano dejar a un herido sin auxilio.* Sin. **despiadado, brutal.**

inhumar *vb.* (tr.) Dar sepultura a un muerto: *El viejo murió el jueves y lo inhumaron el viernes después de la velación.* Sin. **enterrar, sepultar.**

iniciación *f.* **1.** Acción y efecto de iniciar: *La iniciación del curso de inglés será el próximo lunes.* Sin. **comienzo. 2.** Acción de dar a alguien el conocimiento de ciertas cosas que ignora: *El maestro nos recomendó un libro de iniciación a las matemáticas, para que empecemos a aprender los conceptos básicos de esa materia.* Sin. **introducción.**

inicial *adj.* Relativo al origen o principio de las cosas: *Nuestra idea inicial era construir un barco, pero como*

no nos alcanzó la madera, terminamos construyendo una balsa. Sin. **primero.**

inicial *f.* Letra con que empieza una palabra: *Las iniciales de la Organización de Naciones Unidas son ONU.*

iniciar *vb.* (tr. y prnl.) **1.** Empezar: *La primavera inicia el 21 de marzo en los países del norte y el 21 de septiembre en los países del sur.* **2.** Enseñar los primeros conocimientos sobre un tema: *El entrenador inició al muchacho en el baloncesto con unos ejercicios sencillos.* Sin. **introducir, instruir. 3.** Aprender los primeros conocimientos sobre un tema: *Me inicié en la jardinería hace tres meses y ahora cultivo flores que vendo en el mercado.*

iniciativa *f.* **1.** Capacidad para emprender cosas: *A Rogelio le falta iniciativa, nunca se anima a hacer algo por sí mismo.* Sin. **decisión. 2.** Idea primera con que se comienza a hacer algo: *Ismael tuvo la iniciativa de comprar entre todos los alumnos un libro para regalárselo a la maestra.* Sin. **ocurrencia. 3.** loc. **Tomar la ~**, ser el primero en realizar una acción: *Todos miraban cómo caían las frutas del árbol y Horacio tomó la iniciativa de juntarlas para hacer mermelada.*

inicio *m.* Principio, primera parte: *No pudimos ver el inicio del filme por estar comprando golosinas.* Sin. **comienzo.** Ant. **fin, final, término.**

inicuo, cua *adj.* Referido al que no es equitativo o justo: *Ese hombre inicuo muestra preferencia por uno de sus hijos, y a los otros no los trata igual.* Sin. **injusto.**

ininteligible *adj.* Se aplica a lo imposible de entender: *Teodoro tiene tan mala letra que sus cartas son ininteligibles.* Sin. **ilegible.**

iniquidad *f.* Injusticia, falta de equidad o igualdad: *La iniquidad del rey, que todo se lo daba a sus favoritos y dejaba sin nada a los demás, provocó una revolución en el reino.*

injerencia *f.* Acción de intervenir en los asuntos de otros: *Los padres tienen injerencia en la vida de sus hijos hasta que se vuelven independientes.*

injerir *vb.* irreg. (tr. y prnl.) Modelo 50. **1.** Incluir una cosa en otra. **2.** Entrometerse: *Un embajador no debe injerirse en los asuntos intemos del país al que visita.*

injertar *vb.* (tr.) **1.** Introducir en una planta una parte de otra para que brote en ella: *Los agrónomos injertaron una rama de peral en un manzano para obtener una variedad de manzana con otro sabor.* **2.** Implantar tejido vivo en un cuerpo humano: *A Romualdo le injertaron un trozo de piel en la pierna que tenía quemada.*

injerto *m.* **1.** Rama de un vegetal que se fija a otro para que de su combinación se obtenga una nueva variedad de planta: *Por medio del injerto se logran algunos frutales como el cerezo, la vid y el manzano.* **2.** Tejido vivo que se pone en el cuerpo de un ser humano o de un animal para curar una zona herida: *El cirujano ha hecho un injerto de piel en el enfermo que sufrió graves quemaduras en el incendio.*

injuria *f.* Insulto u ofensa grave: *Fue una injuria para la novia que su prometido no llegara a la ceremonia el día de la boda.*

injuriar *vb.* (tr.) Insultar u ofender a alguien de manera grave.

injusticia *f.* Falta de justicia: *Es una injusticia que lleven a la cárcel a ese hombre que es inocente del robo.* Sin. **abuso.**

injustificable *adj.* Relativo a lo que no se puede defender con razones: *El haber lanzado una piedra a la ventana del vecino fue una conducta injustificable; ahora él está enojado y yo no puedo defenderte.*

injustificado, da *adj.* Se refiere a lo que no se apoya en una razón para ser o suceder de una manera y no de otra: *Todos los honores que recibe esa persona son injustificados porque no ha hecho nada para merecerlos.*

injusto, ta *adj.* **1.** Se dice del hecho o acción contraria al derecho, la justicia o la razón: *Es injusto que nadie quiera hablar con Manuel sólo porque no se viste con ropa cara.* **2.** Referido al que actúa sin honradez o equidad: *Tomás se portó injusto se quedó con la mayor parte de los dulces que repartió entre sus amigos.*

injusto, ta *m.* y *f.* Persona que actúa sin honradez o equidad: *Todavía no se castiga a los injustos que robaron dinero a los vecinos del edificio.*

inmaculado, da *adj.* Se aplica a lo que no tiene mancha: *El viento movía las sábanas inmaculadas que se estaban secando en el patio.*

inmadurez *f.* **1.** Falta de experiencia en una persona: *A causa de su inmadurez, a veces los jóvenes no saben lo que quieren.* **Sin. insensatez. 2.** Falta de maduración en un fruto: *Debido a la inmadurez de los granos, los campesinos esperarán quince días para empezar a segar los campos.*

inmaduro, ra *adj.* **1.** Se dice de la persona insensata o muy joven: *Doris es una chica inmadura que no cumple con sus responsabilidades y sólo piensa en divertirse.* **2.** Referido a la fruta que no ha alcanzado su sazón: *Estas manzanas inmaduras no tienen sabor y todavía están duras y verdes.*

inmaterial *adj.* Referido a lo que no tiene un cuerpo físico o una forma concreta: *Una idea es algo inmaterial hasta que se pone en práctica, entonces ya es algo concreto.*

inmediaciones *f. pl.* Alrededores: *El circo se instaló en las inmediaciones del pueblo, porque en el centro no había lugar.*

inmediato, ta *adj.* **1.** Referido a lo cercano en el tiempo: *El efecto del medicamento fue inmediato, el enfermo se curó muy rápido.* **2.** Se aplica a lo que está al lado de otra cosa, contiguo en el espacio: *Aquí no vive Federico, él es mi vecino y vive en la puerta inmediata.* **3.** loc. **De ~,** en el mismo momento, ya: *Los alumnos respondieron de inmediato a la pregunta del maestro porque todos habían estudiado.*

inmejorable *adj.* Se refiere a lo que es tan bueno que no puede ser mejor: *Raquel tiene unas calificaciones inmejorables porque es excelente estudiante.* **Sin. perfecto.**

inmemorial *adj.* Se refiere a lo que es tan antiguo que nadie recuerda: *En tiempos inmemoriales, cuando el hombre habitaba en cavernas, la escritura no estaba desarrollada.*

inmensidad *f.* Grandeza en extensión: *Las olas arrastraban al bote perdido en la inmensidad del mar.*

inmenso, sa *adj.* **1.** Se aplica a lo que no se puede medir: *La cantante tuvo un éxito inmenso, después del concierto mucha gente compró su disco.* **Sin. infinito, enorme. 2.** Referido a lo que es muy grande: *El Desierto del Sahara es inmenso, por eso si estás a la mitad de él resulta imposible ver dónde comienza y dónde termina.* **Sin. colosal, enorme.**

inmersión *f.* Hecho de sumergir o sumergirse un cuerpo en un líquido: *El barco debe navegar por encima del mar, pero un submarino puede realizar inmersiones muy profundas.*

inmerso, sa *adj.* **1.** Se refiere al cuerpo que se encuentra bajo un líquido: *En la fuente hay inmersas muchas monedas que la gente tira para pedir deseos.* **2.** Se aplica a quien está metido o concentrado en algo: *Esteban se hallaba inmerso en la lectura de una novela y no escuchó cuando sonó el teléfono.*

inmigración *f.* Movimiento de población entre dos países, considerado desde el punto de vista del país que recibe a las personas que llegan a vivir: *El Estado controla la inmigración de extranjeros por medio de permisos llamados "visas".* **ANT. emigración.**

inmigrante *adj./m.* y *f.* Se aplica a la persona que llega a vivir a un lugar desde un país extranjero o un territorio lejano: *Muchos inmigrantes llegaron de Europa a América a causa de la Segunda Guerra Mundial.*

inmigrar *vb.* {intr.} Llegar a un país para establecerse en él: *A causa de los problemas políticos que hubo en España a la mitad del siglo xx, muchas personas inmigraron a México.* **ANT. emigrar.**

inminente *adj.* Se refiere a lo que está por suceder de un momento a otro: *El cielo tiene muchas nubes obscuras, la lluvia es inminente.*

inmiscuirse *vb. irreg.* {prnl.} **Modelo 59.** Entrometerse en algún asunto.

inmobiliaria *f.* Empresa que construye, arrienda, vende y administra viviendas: *La inmobiliaria está ofreciendo en venta unos departamentos en el centro de la ciudad.*

inmobiliario, ria *adj.* Relativo a los bienes inmuebles, como casas, terrenos y departamentos: *Rogelio heredó una casa y un terreno, que eran los bienes inmobiliarios de su abuelo.*

inmolar *vb.* {tr. y prnl.} **1.** Sacrificar una víctima: *El rey mandó inmolar una vaca para ofrecerla a su dios en agradecimiento por la buena cosecha.* **2.** Sacrificarse, dar la vida a favor de una causa.

inmoral *adj./m.* y *f.* Contrario a los valores que se consideran buenos: *Mi abuela opina que esa revista es inmoral porque aparecen fotografías de personas desnudas.* **Sin. deshonesto. ANT. decente, honesto.**

inmoralidad *f.* Falta a los valores que se consideran buenos: *A principios del siglo xx las mujeres vestían con vestidos largos y se consideraba una inmoralidad que mostraran el tobillo.*

inmortal *adj.* Referido a lo que no muere nunca: *Según la mitología, los dioses griegos son inmortales.* **Sin. eterno. ANT. mortal.**

inmortalizar *vb. irreg.* {tr. y prnl.} **Modelo 16. 1.** Hacer que algo permanezca en la memoria de la gente por muchas generaciones: *La pintura llamada La Mona Lisa inmortalizó a su autor Leonardo da Vinci.* **2.** Hacerse digno de ser recordado por muchas generaciones: *Este joven escritor busca inmortalizarse con la novela que va a publicar.*

inmóvil *adj.* Relativo a lo que no se mueve: *La estatua inmóvil contrasta con la inquietud de la gente que camina a su alrededor.* **Sin. estático, quieto.**

inmovilidad *f.* Calidad de inmóvil: *La inmovilidad de mi perro se debe a que está enfermo de las piernas.* **Sin. quietud.**

inmovilizar *vb. irreg.* (tr.) **Modelo 16.** Impedir el movimiento: *El veterinario inmovilizó al gato para que éste no lo arañe al momento de la curación.* Sin. **parar.**

inmueble *adj.* Se dice de los bienes que no pueden ser trasladados, también se les llama "bienes raíces": *Los muebles pueden cambiarse de lugar, pero los bienes inmuebles como las casas o las oficinas, no.*

inmueble *m.* Edificio: *En ese inmueble hay diez departamentos, tres están deshabitados y en los otros siete viven varias familias.*

inmundicia *f.* Suciedad, basura: *"No sé cómo puedes vivir en la inmundicia, ya limpia tu habitación, lava tu ropa y dúchate", aconsejé a Jaime.*

inmundo, da *adj.* Referido a lo repugnante: *Ese edificio inmundo está lleno de ratas y cucarachas, ya nadie quiere vivir allí.* Sin. **sucio.**

inmune *adj.* Relativo al que no puede ser atacado por ciertas enfermedades: *Como ya me enfermé hace mucho tiempo de viruela, ahora soy inmune a esa enfermedad.*

inmunidad *f.* **1.** Resistencia natural o adquirida ante una enfermedad infecciosa o un agente tóxico: *El organismo crea unas substancias llamadas anticuerpos que le dan inmunidad contra muchas enfermedades.* **2.** Privilegio de ciertas personas ante algunas leyes.

inmunizar *vb. irreg.* (tr.) **Modelo 16.** Proteger contra una enfermedad: *Las vacunas inmunizan contra enfermedades graves como la poliomielitis, la tosferina y el sarampión, entre otras.*

inmutable *adj.* Se refiere a lo que no cambia: *El pueblo ha permanecido inmutable durante los últimos quince años, no se han construido casas nuevas y todo sigue igual.*

inmutar *vb.* (tr. y prnl.) **1.** Alterar una cosa. **2.** Alterarse: *Rodrigo permaneció sin inmutarse, serio y calmado, mientras Daniela le picaba las costillas con el dedo.*

innato, ta *adj.* Se refiere a lo que se posee desde el nacimiento: *Ana tiene un talento innato para la música, pues escucha canciones y las interpreta con su guitarra sin necesidad de estudiarlas.* Sin. **natural, propio.**

innecesaria *adj.* Se aplica a lo que no se necesita o es inútil: *La llave es innecesaria porque la puerta está abierta.* Ant. **necesario.**

innegable *adj.* Referido a lo que no se puede negar porque es totalmente cierto: *Hoy en día, es innegable que la Tierra gira alrededor del Sol, pero hace muchos años la gente no estaba dispuesta a aceptarlo.* Sin. **indiscutible, indudable.**

innovación *f.* Novedad o modificación que renueva algo: *Los fabricantes han hecho algunas innovaciones en los automóviles para que contaminen menos.*

innovador, ra *adj./m. y f.* Se dice de lo que es novedoso o de la persona que introduce novedades en algo: *Esta lavadora de ropa tiene un sistema innovador que facilitará el trabajo de las amas de casa.*

innovar *vb.* (tr.) Introducir novedades o hacer modificaciones que renuevan algo: *Esa bailarina innovó en la danza y ahora muchas academias enseñan la manera en que ella bailaba.*

innumerable *adj.* Referido a lo que no se puede contar porque es muy abundante: *Innumerables olas rompen en la playa.* Sin. **incontable.** Ant. **escaso.**

inocencia *f.* **1.** Condición de aquel que no tiene culpa de un delito: *El jurado reconoció la inocencia del* acusado y por eso fue liberado de inmediato. Ant. **culpa. 2.** Estado del ser que no comete mal alguno: *La inocencia es una característica de los niños.* Sin. **candor, ingenuidad.**

inocentada *f.* Broma que se gasta a alguien: *Le hicieron una inocentada a su amigo porque era el Día de los Inocentes.*

inocente *adj./m. y f.* **1.** Referido al que está libre de culpa: *Las personas inocentes fueron liberadas y las culpables fueron llevadas a la cárcel.* Ant. **culpable. 2.** Aplicado a lo que no tiene mala intención: *Jorge hizo un comentario inocente acerca del vestido de su novia, pero ella se enojó.* Sin. **ingenuo, cándido.** Ant. **malicioso.**

inocentón, na *adj.* Se dice de la persona fácil de engañar: *Es tan inocentona que el panadero le da pan de ayer diciéndole que está recién horneado, y ella le cree.*

inocular *vb.* (tr. y prnl.) Introducir en un organismo, por medios artificiales, el virus o germen de una enfermedad contagiosa con el fin de producir la inmunidad. Sin. **contagiar.**

inocuo, cua *adj.* Referido a lo que no hace daño: *Esta especie de víbora es inocua: como no tiene veneno, la puedes tocar sin peligro.* Sin. **inofensivo.** Ant. **nocivo.**

inodoro *m.* Mueble con forma de asiento que está en el baño y sirve para orinar y defecar: *El inodoro está diseñado para evitar los malos olores del excremento y la orina.* Sin. **retrete, excusado, taza, water.**

inodoro, ra *adj.* Se refiere a lo que no tiene olor: *El agua pura es inodora, incolora e insípida.*

inofensivo, va *adj.* Referido a lo que no hace daño: *No tengas miedo, mi perro es inofensivo.* Sin. **anodino, inocuo, pacífico.**

inolvidable *adj.* Aplicado a lo que no se puede olvidar: *Lucía pasó unas vacaciones inolvidables en compañía de sus amigas de la escuela.* Sin. **memorable.**

inoperante *adj.* Se dice de lo que no produce efecto, que es ineficaz: *El mecánico hizo un arreglo inoperante al automóvil, antes no servían los frenos y ahora sigue igual.* Sin. **ineficaz.**

inopia *f.* **1.** Pobreza grande: *La inopia en las aventuras de este cuento lo hacen aburrido.* Sin. **miseria. 2.** loc. **Estar en la ~,** estar distraído: *La maestra hizo una pregunta y Francisco, que estaba en la inopia, no la escuchó.*

inoportuno, na *adj.* Se refiere a lo que sucede en un mal momento: *Vicente llegó en un momento inoportuno porque su amigo estaba estudiando y no podía jugar con él.*

inorgánico, ca *adj.* Se refiere a la materia sin vida: *Las piedras son inorgánicas.*

inoxidable *adj.* Se aplica a lo que no se oxida: *Este cuchillo es de acero inoxidable, por eso puedes mojarlo y no se daña.*

inquietante *adj.* Se refiere a lo que pone nervioso porque representa una amenaza: *Es inquietante que se hagan pruebas atómicas porque algo puede fallar y causar un desastre.* Sin. **alarmante, amenazador.**

inquietar *vb.* (tr. y prnl.) Hacer que una persona o un animal ya no esté en calma: *El sonido del viento inquieta a los niños porque creen que están hablando un fantasma.* Sin. **preocupar, alarmar.**

inquieto, ta *adj.* **1.** Se aplica a quien no puede estarse quieto o tranquilo: *Mi abuelo es un viejo inquieto que se despierta muy temprano y siempre está ocupado en algo.* Ant. **tranquilo, sosegado. 2.** Se dice de quien está preocupado: *Mis padres están inquietos porque mi hermano todavía no regresa de la fiesta y ya son las cinco de la madrugada.* **3.** *Hond.* Referido al que es propenso a algo.

inquietud *f.* **1.** Falta de tranquilidad. Sin. **preocupación.** Ant. **calma. 2.** Interés por algo: *Horacio tiene muchas inquietudes, no sabe si va a estudiar astronomía, física, matemáticas, etc.* Sin. **curiosidad.**

inquilinaje *m.* **1.** *Chile.* Lugar o cosa por la que se paga dinero para habitar o usar. Sin. **arrendamiento, alquiler, inquilinato. 2.** *Chile.* Conjunto de personas que pagan dinero por habitar en una casa o edificio.

inquilinato *m.* **1.** *Argent., Colomb.* y *Urug.* Casa con departamentos pequeños donde vive la gente en vecindad, pagando una renta o alquiler. **2.** *Chile.* Modo de explotación de fincas agrícolas por inquilinos.

inquilino, na *m.* y *f.* **1.** Persona que paga dinero por vivir en una casa o disponer de un local que no le pertenece: *Los inquilinos del edificio pagan la mensualidad al dueño el día cinco de cada mes.* **2.** *Chile.* Persona que habita y trabaja en una finca rústica en beneficio de su propietario.

inquina *f.* Antipatía hacia otra persona: *Laura siente inquina hacia Daniel desde que descubrió que inventa chismes en su contra.*

inquirir *vb. irreg.* [tr.] **Modelo 62.** Preguntar para adquirir una información determinada: *Manuela inquirió a su maestro para que le explicara una parte de la clase que no había entendido.* Sin. **indagar, averiguar, preguntar.**

inquisición *f.* **1.** Hecho de investigar un tema: *Al final de la inquisición, las autoridades descubrieron quién era el culpable del crimen.* Sin. **investigación, averiguación. 2.** *loc.* **La ~,** con mayúscula, tribunal de la Iglesia Católica que castigaba la herejía: *La Inquisición obligó a Galileo Galilei a negar en público sus ideas científicas.*

inquisidor *m.* Miembro de un tribunal de la Inquisición: *Tomás de Torquemada fue el más cruel, intolerante y sanguinario inquisidor español del siglo xv.*

inquisidor, ra *adj.* Relativo al que investiga o averigua: *Juana miró a Raúl con ojos inquisidores porque quería que le contestara con la verdad.* Sin. **investigador.**

inquisitivo, va *adj.* Referido al que pregunta o inquiere: *Rolando es un chico inquisitivo que le pregunta todas sus dudas a los profesores y a sus padres.*

insaciable *adj.* Referido al que no se siente satisfecho o lleno: *Después de leer por primera vez una novela, nació en mí un deseo insaciable por la lectura.*

insalubre *adj.* Relativo a lo perjudicial para la salud: *La contaminación y el humo son insalubres, por eso la gente que vive en esta gran ciudad sufre dolor de cabeza y ardor en los ojos.*

inscribir *vb.* [tr. y prnl.] **1.** Anotar una cosa o un nombre en una lista o registro: *El profesor de biología inscribió al perro en la lista de los animales mamíferos y en la de los animales carnívoros.* **2.** Anotarse en una lista o registro: *Tengo que inscribirme hoy para participar en la competencia de natación de mi escuela.* Sin. **apuntar, matricular.**

inscripción *f.* **1.** Hecho de inscribir o inscribirse: *La inscripción de los músicos interesados en trabajar en la orquesta será la próxima semana.* **2.** Letrero o caracteres grabados en una superficie: *En esta cruz del* cementerio hay una *inscripción* con el nombre de mi abuelo porque después de morir lo enterraron aquí.

inscrito, ta o **inscripto, ta** *adj.* Relativo a lo que forma parte de una lista o registro: *Este año hay veinte alumnos inscritos en la clase de inglés.*

insecticida *adj.* Relativo a la substancia que sirve para matar insectos: *Los líquidos insecticidas son muy tóxicos, así que deben utilizarse con cuidado.*

insecticida *m.* Producto para matar insectos: *Este insecticida mata mosquitos y moscas, pero no mata cucarachas.*

insectívoro, ra *adj./m.* pl. Relativo al animal o planta que se alimenta de insectos: *Entre los animales insectívoros se encuentran los batracios y los reptiles.*

insecto *m.* Animal pequeño dotado de un par de antenas, seis patas, cabeza, tórax y abdomen: *Algunos insectos como las mariposas tienen alas.*

inseguridad *f.* **1.** Falta de protección: *La inseguridad en el laboratorio escolar provocó que una niña se quemara la mano con un ácido.* **2.** Falta de decisión: *Flavio respondió con inseguridad el examen porque no había estudiado.* Sin. **duda.**

inseguro, ra *adj./m.* y *f.* **1.** Se dice de lo que es peligroso: *Este barrio es inseguro porque hay muchos ladrones y drogadictos.* **2.** Se refiere al que duda mucho o tiene miedo: *Si Julia no fuera una persona insegura ya habría conseguido trabajo.* **3.** Aplicado a lo que no es estable o no tiene suficiente firmeza: *Esta mesa tiene patas inseguras, podría caerse si pones algo pesado encima.*

inseminación *f.* Depósito del semen del macho en las vías genitales de la hembra: *La inseminación artificial de las vacas se hace inyectándoles semen de un toro.*

insensatez *f. Fam.* Hecho falto de prudencia o buen juicio: *Fue una insensatez pagar tanto dinero por este vestido feo.* Sin. **locura.**

insensato, ta *adj./m.* y *f.* Referido al que actúa sin prudencia o sin reflexionar: *Ese muchacho insensato anda en motocicleta sin usar un casco que lo proteja.* Sin. **loco.** Ant. **sensato.**

insensibilidad *f.* **1.** Incapacidad para tener alguna sensación física: *Su insensibilidad al calor es grande, pues puede tocar cosas calientes y no se quema.* Ant. **sensibilidad. 2.** Incapacidad para tener un sentimiento hacia alguien: *En ese pueblo todavía se habla de la insensibilidad del tirano que golpeaba a su esposa.* Sin. **frialdad.**

insensibilizar *vb. irreg.* [tr.] **Modelo 16.** Hacer que alguien no pueda sentir una parte o todo su cuerpo: *El veterinario insensibilizó la pata del perro para poder curarla sin que el animal sufriera.*

insensible *adj.* **1.** Referido al que no tiene una sensación física: *Anabel tiene insensible una pierna desde que sufrió un accidente y los nervios de esa extremidad se dañaron.* **2.** Se aplica al que no tiene un sentimiento hacia alguien: *El hombre del que hablaba el libro era tan insensible que cuando murieron sus hijos no sintió ninguna pena.* **3.** Se dice de lo que no se diferencia con claridad porque es muy poco o muy pequeño: *Ha habido un cambio insensible de temperatura y aumentó tan poco que no se nota.* Sin. **imperceptible, gradual.**

inseparable *adj.* Se refiere a lo que está unido de manera tan firme que es difícil de separar: *Pablo y Roberto son amigos inseparables, siempre andan juntos.*

inserción *f.* Hecho de incluir algo en otra cosa: *La inserción de este anuncio en el diario hará saber a todo el pueblo que nuestro perro se perdió.*

insertar *vb.* {tr. y prnl.} *1.* Incluir o introducir algo en otra cosa: *Antes de entregar su investigación, el estudiante insertó un párrafo con información nueva.* *2.* Adherirse: *Las hojas del árbol se insertan en la rama.*

inserto, ta *adj.* Relativo a lo que se ha metido en otra cosa: *Hay un gusano verde inserto entre los pétalos de esta flor.*

inservible *adj.* Se refiere a lo que no sirve para nada: *Daniela tiró los juguetes rotos e inservibles.* SIN. **inútil.**

insidia *f.* Acción o palabra engañosa, con mala intención: *Los padres de Ana y Raúl los obligaron a romper su noviazgo a causa de las insidias que Manuel lanzó en contra de la pareja.*

insidiar *vb.* {tr.} Engañar usando palabras y acciones con mala intención: *La mala mujer insidiaba a sus vecinos para provocar problemas entre ellos.* SIN. **intrigar.**

insidioso, sa *adj.* Referido a quien crea intrigas o engaños, con mala intención: *Con sus gestos insidiosos daba a entender que su acompañante era una persona tramposa.* SIN. **chismoso.**

insigne *adj.* Se dice de quien es famoso por hacer algo bueno: *El insigne científico recibió un premio muy importante por sus aportaciones para combatir el cáncer.* SIN. **célebre.**

insignia *f.* Signo distintivo de un grupo, de un país o de un honor recibido: *La bandera es la insignia de un país.* SIN. **símbolo.**

insignificante *adj.* Relativo a lo que es tan pequeño que no tiene importancia: *Pon una flor en el ojal de tu saco, es un detalle insignificante pero le da alegría a tu vestimenta.*

insinuación *f.* *1.* Hecho de dar a entender algo como si no se quisiera. *2.* Manera sutil de indicar una cosa: *El hombre tomó su sombrero como una insinuación de que ya debía partir.*

insinuante *adj.* Relativo al que da a entender algo de manera sutil: *La actriz usaba unos vestidos insinuantes que resaltaban sus atractivos sensuales.* SIN. **sugerente.**

insinuar *vb. irreg.* {tr.} **Modelo 10.** Dar a entender algo con sólo indicarlo de manera ligera: *Rodrigo le insinuó algo a Jacobo para que se callara, pero Jacobo no entendió la señal y cometió una indiscreción.* SIN. **sugerir.**

insípido, da *adj.* *1.* Relativo a lo que le falta sabor: *Esta sopa está insípida, le falta un poco de sal.* SIN. **soso.** ANT. **sabroso.** *2. Fam.* Se aplica a quien es aburrido: *Las chicas no quieren hablar con Rafael porque es un hombre insípido y sin gracia.*

insistencia *f.* Hecho de repetir algo muchas veces: *La insistencia del niño para que le compraran el juguete tuvo su efecto en los padres que, por fin, se lo compraron.*

insistente *adj.* Referido a quien repite mucho una cosa: *El vendedor de la tienda es tan insistente que convence a los clientes para que compren ropa.* SIN. **obstinado, terco, tenaz.**

insistir *vb.* {intr.} Repetir varias veces una petición o acción para lograr lo que se intenta: *Rogelio insistía en tocar a la puerta porque sabía que había alguien en casa y tocó hasta que finalmente le abrieron.*

insociable *adj.* Referido a quien rehúye el trato con otras personas: *Clara es una mujer insociable que no tiene amigos y pasa el tiempo en su casa.* SIN. **huraño.**

insolación *f.* Malestar producido por permanecer mucho tiempo bajo el sol: *El dolor de cabeza puede ser un síntoma de insolación.*

insolencia *f.* Falta de respeto: *Arturo cometió la insolencia de gritarle a su madre.* SIN. **descaro, atrevimiento, impertinencia.**

insolente *adj.* Aplicado al que comete una falta de respeto: *Lorenzo le contestó de mala manera a la maestra y ella lo castigó por insolente.*

insólito, ta *adj.* Se aplica a lo que no sucede de manera frecuente: *Tener una víbora como mascota es algo insólito.* SIN. **raro, extraño, asombroso.** ANT. **normal, ordinario.**

insoluble *adj.* *1.* Aplicado a lo que no puede disolverse: *La pintura para automóvil es insoluble en agua; se necesita una substancia especial para disolverla.* *2.* Referido a lo que no tiene solución: *Le dije al maestro que el problema de matemáticas era insoluble, pero él me respondió que había hecho mal las operaciones.*

insolvencia *f.* Imposibilidad de pagar una deuda por falta de recursos: *La insolvencia económica de una empresa se debe a que tiene más gastos que ganancias.* SIN. **quiebra.**

insomnio *m.* Dificultad para conciliar el sueño: *Andrés padece insomnio porque el ruido de una discoteca cercana a su casa no lo deja dormir por las noches.* SIN. **vigilia.**

insondable *adj.* Relativo a lo que es tan hondo que su profundidad no puede medirse.

insoportable *adj.* Referido a lo que es difícil o imposible de aguantar: *Maximiliano está de un humor insoportable porque su equipo favorito perdió el campeonato.* SIN. **inaguantable.**

insospechado, da *adj.* Referido a lo que sorprende porque no se pensaba en su existencia: *Teresa tiene habilidades insospechadas, pues sabe hacer muchas cosas que nadie se imagina.*

inspección *f.* Hecho de examinar algo: *Las autoridades realizaron una inspección en la cocina del restaurante para saber si preparaban los alimentos de manera higiénica.* SIN. **revisión.**

inspeccionar *vb.* {tr.} Examinar, reconocer algo de manera atenta: *El ingeniero inspeccionó muy bien el terreno antes de comenzar a construir la carretera.* SIN. **revisar, investigar.**

inspector, ra *m. y f.* Persona que vigila el cumplimiento de pagos, leyes, reglamentos, etc.: *El inspector de transportes controla que los conductores no falten a las reglas y que los pasajeros paguen el pasaje.*

inspectoría *f.* *1. Chile.* Cuerpo de policía sometido al mando de un inspector. SIN. **comisaría.** *2. Chile.* Territorio vigilado por este cuerpo.

inspiración *f.* *1.* Acción de aspirar el aire por la nariz o la boca hacia adentro de los pulmones: *La inspiración y la espiración constituyen la respiración.* SIN. **aspiración, inhalación.** ANT. **espiración, exhalación.** *2.* Estímulo que favorece la creación artística: *Esa muchacha es la inspiración de Jaime, ya que cuando la ve siente deseos de crear poemas de amor.* *3.* Estado del artista que siente ganas de crear algo: *Las obras de muchos pintores famosos son producto de su inspiración, no son copias de otras obras.*

inspirar *vb.* {tr. y prnl.} *1.* Meter el aire a los pulmones por la nariz o por la boca: *Al hacer ejercicio es importante inspirar el aire por la nariz para evitar el agota-*

miénto excesivo. Sin. **aspirar, inhalar.** Ant. **espirar, exhalar. 2.** Comunicar sentimientos, ideas, etc. a alguien: *Los cachorros de mi perra me* **inspiran** *ternura.* **3.** Estimular a alguien para que haga cosas creativas: *Los recuerdos de sus viajes por Europa lo* **han inspirado** *para escribir este libro.* **4.** Sentirse con ganas de crear algo.

inspirado, da *adj.* Se aplica a quien está bajo la influencia de una inspiración: *Hoy mi mamá estaba* **inspirada** *y la comida que preparó sabe muy rica.*

inspirador, ra *adj.* Relativo a lo que motiva a crear o sentir algo: *Esta música cubana es* **inspiradora**, *al escucharla dan ganas de bailar.*

instalación *f.* **1.** Hecho de colocar algo en un lugar: *La* **instalación** *de las luces para la obra de teatro se realizó en tres horas.* **2.** Hecho de dar un empleo o un lugar a una persona: *La* **instalación** *de los nuevos vecinos fue el viernes.* **3.** Lugar que tiene todo lo necesario para llevar a cabo una actividad: *Las* **instalaciones** *de la escuela constan de un edificio con salones, una oficina de dirección, la biblioteca, el patio, el laboratorio y los baños.* **4.** Especialidad del arte moderno que aprovecha objetos y máquinas para crear espacios con un significado propio: *La* **instalación** *es un arte en el que pueden usar pinturas, madera, objetos de metal, muebles, juguetes o cualquier cosa que se le ocurra al artista.*

instalar *vb.* {tr. y prnl.} **1.** Colocar algo de forma adecuada para la función que se va a realizar: *Hoy el fontanero* **instaló** *el baño: puso el inodoro, el lavabo y colocó los grifos del agua.* **2.** Acomodar a una persona: *La anfitriona* **instaló** *a sus huéspedes en la habitación más grande de la casa.* **3.** Establecerse: *Mi amiga acaba de* **instalarse** *en un departamento del edificio donde vivo.*

instancia *f.* Escrito formal que se hace para solicitar algo: *Todos los vecinos firmaron una* **instancia** *en la que piden a las autoridades la construcción de un centro cultural en el barrio.*

instantánea *f.* Fotografía obtenida de forma rápida: *Le tomaron unas* **instantáneas** *al niño en las que se ve cómo estaba jugando.*

instantáneo, a *adj.* **1.** Relativo a lo que sólo dura un instante: *La luz del rayo durante la tormenta es* **instantánea**. **2.** Se aplica a lo que se puede hacer de manera rápida: *Voy a preparar café* **instantáneo**, *porque no tengo tiempo de poner café de grano en la cafetera.*

instante *m.* **1.** Porción brevísima de tiempo: *Hace un* **instante** *estaba aquí, pero ahora ya no está.* Sin. **momento. 2.** loc. **Al ~**, en seguida: *Llegué* **al instante** *a la escuela porque había pocos automóviles en la calle.*

instar *vb.* {tr.} Repetir una petición o súplica: *El maestro* **instó** *a los niños a que guardaran silencio porque iba a comenzar la clase.* Sin. **insistir.**

instauración *f.* Establecimiento de algo que comienza: *La* **instauración** *de la nueva escuela alegró a la población.* Sin. **fundación.**

instaurar *vb.* {tr.} Establecer algo nuevo: *Los países de América* **instauraron** *una nueva forma de gobierno después de que se independizaron de los gobiernos europeos.* Sin. **instituir, fundar.**

instigador, ra *adj./m.* y *f.* Relativo al que promueve una acción mala o violenta: *En la obra de William Shakespeare llamada Otelo, el villano Yago fue el* **instigador** *del asesinato de Desdémona.*

instigar *vb. irreg.* {tr.} **Modelo 17.** Hacer que uno haga una cosa mala o violenta: *Un vándalo* **instigó** *a sus compañeros para que rompieran los vidrios de un autobús.* Sin. **incitar, inducir.**

instintivo, va *adj.* Se refiere a lo que nace de un impulso natural: *Es* **instintivo** *que las hembras cuiden a sus crías.*

instinto *m.* Impulso natural que determina los actos de los animales y de las personas sin necesidad de aprendizaje o razonamiento: *Los animales se defienden y se alimentan de manera adecuada por* **instinto**. Sin. **intuición.**

institución *f.* **1.** Hecho de establecer algo que antes no existía: *La* **institución** *de la nueva escuela fue aprobada por las autoridades del pueblo.* **2.** Organismo que desarrolla una tarea social o cultural: *Los hospitales son* **instituciones** *de salud.*

institucional *adj.* Relativo al organismo que realiza una tarea social o cultural: *La educación* **institucional** *debe seguir las reglas que establece el gobierno de la nación.*

institucionalizar *vb. irreg.* {tr.} **Modelo 16.** Hacer que una actividad sea regulada por las formas propias de una institución: *El gobierno de ese país* **institucionalizó** *el reciclaje de plástico y ahora todas las empresas deben respetar esa ley.*

instituir *vb. irreg.* {tr.} **Modelo 59.** Iniciar algo que se seguirá haciendo en el futuro: *Alfred Nobel* **instituyó** *los premios Nobel.* Sin. **fundar, crear, constituir.**

instituto *m.* **1.** Organismo o asociación de personas que se dedican a una misma tarea: *Dentro de la universidad hay* **institutos** *de investigación científica e histórica.* **2.** Centro oficial de enseñanza secundaria: *Rodrigo terminó la educación básica y se inscribirá en un* **instituto** *para estudiar la educación media.*

institutor *m.* *Colomb.* Profesor.

institutriz *f.* Maestra que da clases a los niños de una familia en casa de éstos: *En los siglos xix y principios del xx, las familias ricas encargaban la educación de sus hijos a una* **institutriz** *que vivía con ellos y les enseñaba idiomas, música, reglas de educación y otras materias.*

instrucción *f.* **1.** Hecho de enseñar: *Una enfermera se encargó de la* **instrucción** *de los padres de familia para que puedan realizar primeros auxilios en caso de accidente.* **2.** Caudal de conocimientos adquiridos. **3.** Reglas o pasos a seguir para hacer algo: *Le di* **instrucciones** *de cómo llegar a mi casa para que no se pierda.*

instructivo *m.* Folleto impreso que acompaña a ciertos productos para explicar su funcionamiento: *El* **instructivo** *de la tostadora de pan está adentro de la caja.*

instructivo, va *adj.* Relativo a lo que sirve para enseñar: *Vimos un programa en la televisión que fue muy* **instructivo** *acerca de la vida de los animales.*

instructor, ra *m.* y *f.* Persona que se dedica a enseñar algo: *El* **instructor** *de baloncesto da clases todos los días a las ocho de la mañana en el gimnasio de mi escuela.*

instruido, da *adj.* Se refiere a la persona que tiene muchos conocimientos: *La Dra. Ruiz es una mujer* **instruida**: *ha estudiado en la universidad nacional y en el extranjero.* Sin. **culto, sabio.**

instruir *vb. irreg.* {tr. y prnl.} **Modelo 59. 1.** Dar conocimientos a otros: *El jefe de la oficina* **instruyó** *a los empleados sobre la forma de realizar el trabajo.* Sin. **enseñar, educar, formar. 2.** Formarse en alguna actividad o en el conocimiento de una materia: *Para ser un buen cirujano es necesario* **instruirse** *en muchas materias como anatomía, química y biología.* Sin. **aprender, estudiar, practicar.**

instrumentación f. Arreglo de una composición musical para que pueda ser interpretada por varios instrumentos: *La* **instrumentación** *de esta melodía para flauta incluye una trompeta, piano, y dos violines.*

instrumental adj. Relativo a los instrumentos de música: *Este concierto es de música* **instrumental***, así que no habrá cantantes.*

instrumental m. Conjunto de objetos y aparatos que necesita un médico para trabajar: *El* **instrumental** *del dentista se encuentra en su consultorio sobre una mesa pequeña.*

instrumento m. **1.** Objeto utilizado para realizar alguna cosa: *El rastrillo y el azadón son* **instrumentos** *de jardinería.* Sin. **herramienta, utensilio. 2.** Objeto fabricado para producir sonidos musicales: *El violín, el bajo y la guitarra son* **instrumentos** *de cuerda.* **3.** Medio para conseguir un fin: *El teléfono es el* **instrumento** *que utilizamos para hablar con alguien que está lejos.*

insubordinación f. Desobediencia: *La* **insubordinación** *de los soldados se castiga de manera severa.* Sin. **rebeldía.**

insubstancial adj. Se refiere a lo que no tiene interés o atractivo: *Que la bicicleta sea verde o roja es un asunto* **insubstancial***, lo importante es que funcione y puedas pasear en ella.*

insuficiencia f. Incapacidad para satisfacer una necesidad: *La* **insuficiencia** *renal es una enfermedad del riñón que hace que éste no alcance a cumplir su función.* Sin. **escasez, falta.**

insuficiente adj. Se refiere a lo que no alcanza a satisfacer una necesidad: *En este edificio la luz es* **insuficiente** *porque hay muy pocas ventanas y no sirven las bombillas.* Sin. **escaso, poco.**

insuficiente m. Valoración negativa del aprovechamiento de un alumno: *Está estudiando porque sacó un* **insuficiente** *y no quiere repetir el curso.*

ínsula f. Territorio rodeado de agua de mar, de río o de un lago: *Sancho Panza gobernó la* **ínsula** *de Barataria.* Sin. **isla.**

insular adj. Relativo a las islas y a las personas que viven en ellas: *Cuba se encuentra en un territorio* **insular.**

insular m. y f. Habitante de una isla: *En el mar Caribe, muchos* **insulares** *son descendientes de africanos que llegaron como esclavos para trabajar.* Sin. **isleño.**

insulina f. Substancia del cuerpo humano producida por el páncreas: *La* **insulina** *es una hormona que regula la cantidad de azúcar o glucosa en la sangre.*

insulso, sa adj. **1.** Se refiere a lo que le falta sabor: *Esta comida está* **insulsa** *porque le faltan hierbas y sal que la condimenten.* Sin. **soso, insípido, desabrido. 2.** Se aplica a la persona o cosa que le falta gracia o que no despierta interés: *Javier es un* **insulso** *que aburre a sus amigos con sus aventuras inventadas.* Sin. **aburrido, tonto.**

insultante adj. Aplicado a lo que produce una ofensa: *Es* **insultante** *que después de haber ayudado a José con su trabajo, ahora ya no quiera hablar contigo.*

insultar vb. {tr.} Dirigir a alguien palabras ofensivas: *El automovilista* **insultó** *al chófer del camión porque con-*

ducía de manera muy agresiva y estuvo a punto de chocar contra su automóvil. Sin. **ofender.**

insulto m. **1.** Palabra que se dice para ofender: *Mi hermano estaba tan enojado conmigo que me lanzó* **insultos** *durante un rato hasta que se tranquilizó.* **2.** Lo que ofende a alguien: *En tiempos de la monarquía era un* **insulto** *darle la espalda al rey.*

insumiso, sa adj./m. y f. Referido al que no está sometido a otros o que se halla en rebeldía: *Durante las guerras de independencia de América, muchos pueblos permanecieron* **insumisos** *hasta que conquistaron su libertad.*

insuperable adj. Aplicado a lo que es tan malo que no puede olvidarse, tan alto que no puede brincarse o tan bueno que no se puede mejorar: *Esa valla de un metro de alto es* **insuperable** *para mí, tendré que buscar otro camino para llegar a la meta.*

insurgente adj./m. y f. Referido a quien se ha sublevado y ya no obedece órdenes: *La batalla de Ayacucho representó el triunfo de los* **insurgentes** *sudamericanos en contra de los españoles.* Sin. **insurrecto.**

insurrección f. Rebelión, falta de obediencia a los mandatos de una autoridad: *La* **insurrección** *de los obreros se produjo porque los trataban de manera indigna y no les pagaban sueldo.* Sin. **revolución, levantamiento, sublevación.**

insurrecto, ta adj./m. y f. Se aplica a quien no obedece los mandatos de una autoridad: *Durante la Revolución Mexicana, Emiliano Zapata dirigió a muchos* **insurrectos** *que se rebelaron contra la injusticia en el campo.* Sin. **rebelde, revolucionario.**

insustancial adj. *Ver* **insubstancial.**

intachable adj. Referido a lo que no admite reproche o censura porque es correcto: *La conducta* **intachable** *de ese alumno es un buen ejemplo para sus compañeros.* Sin. **irreprochable.**

intacto, ta adj. Se aplica a lo que no ha sido tocado, alterado o dañado: *El reloj se cayó al suelo pero quedó* **intacto***: no está roto y funciona.* Sin. **completo, entero, íntegro.**

intangible adj. Se dice de lo que no puede o no debe tocarse. Sin. **sagrado.**

integración f. Hecho de unir o proceso de unificación de cosas: *Es importante la* **integración** *de los pueblos indígenas a la sociedad, pero sin alterar sus propias costumbres.*

integral adj. Relativo a lo que engloba todas las partes o aspectos de algo: *El desarrollo* **integral** *de una persona incluye alimentación, salud, trabajo, aprendizaje, ejercicio, diversión y descanso.* Sin. **entero.**

integrante adj. Relativo a lo que participa en la formación de un todo: *El monitor y el ratón son partes* **integrantes** *de un equipo de computación.*

integrante m. y f. Persona que forma parte de un grupo: *El grupo musical está formado por tres* **integrantes***, uno toca el violín, otro el violonchelo y el tercer músico toca el saxofón.*

integrar vb. {tr. y prnl.} **1.** Formar parte de un todo: *Los tambores, los platillos y las baquetas* **integran** *esta batería.* **2.** Construir un todo agrupando sus partes: *El entrenador* **integró** *un buen equipo para los juegos de esta temporada.* **3.** Introducirse de manera total en un grupo: *Verónica ya se* **integró** *a su escuela y mañana irá a una fiesta con sus nuevos amigos.*

integridad *f.* **1.** Calidad de íntegro, entereza de ánimo: *La integridad de Rolando hace de él una persona confiable.* **2.** Pureza, virginidad: *Los ecologistas piden que se respete la integridad de la naturaleza.*

íntegro, gra *adj.* **1.** Referido a lo que tiene o conserva todas sus partes: *Después del terremoto el edificio se conserva íntegro porque está bien construido.* SIN. **entero. 2.** Se aplica a quien actúa con rectitud y honradez: *Lucio es una persona íntegra, puedes confiar en su palabra.*

intelecto *m.* Entendimiento, capacidad de entender: *El intelecto permite que el ser humano razone.* SIN. **inteligencia.**

intelectual *adj.* Relativo al entendimiento o inteligencia: *El estudio es un trabajo intelectual porque requiere el trabajo de nuestra mente.*

intelectual *m.* y *f.* Persona cuyo trabajo exige un especial empleo de la inteligencia: *Los intelectuales investigan, escriben, leen, discuten y reflexionan.*

inteligencia *f.* Capacidad de entender o comprender: *La inteligencia distingue al ser humano de los animales porque ellos no la tienen.* SIN. **mente, comprensión, razón.**

inteligente *adj./m.* y *f.* Se refiere a quien entiende y razona: *Gonzalo es muy inteligente y capta todo de manera rápida.* SIN. **listo, sagaz.** ANT. **tonto, bobo.**

inteligible *adj.* Se refiere a lo que puede ser entendido: *La maestra se esforzó por hacer inteligible para sus alumnos ese complicado tema de filosofía.* SIN. **comprensible, claro.** ANT. **ininteligible, confuso.**

intemperie *f.* **1.** Desigualdad del clima. **2.** loc. **A la ~**, al aire libre, a cielo descubierto: *Tuvimos que dormir a la intemperie en la montaña porque no pudimos armar la tienda de campaña.*

intempestivo, va *adj.* Se aplica a lo que no es oportuno: *Comenzaba a quedarme dormido, cuando un ruido intempestivo me hizo despertar de golpe.* SIN. **inoportuno.**

intemporal *adj.* Relativo a lo que es independiente del curso del tiempo.

intención *f.* Propósito de hacer o conseguir algo: *Timoteo tiene la intención de salir de viaje pero aún no sabe a dónde ir.* SIN. **propósito, proyecto.**

intencionado, da *adj.* **1.** Se aplica a lo que se hace con el propósito de lograr algo: *El jugador le dio un golpe intencionado al otro jugador para poder pasar y por eso lo expulsaron del partido.* SIN. **voluntario, a propósito.** ANT. **casual. 2.** Referido a la persona que tiene el propósito para actuar de una manera: *Rafaela es una mujer bien intencionada que me ayudó sin esperar que le pagara algo.*

intencional *adj.* Se refiere a lo que se hace a sabiendas, de manera deliberada: *El encuentro entre Daniela y Jacobo fue intencional porque Jacobo quería conocerla.* SIN. **deliberado.** ANT. **involuntario.**

intendencia *f.* **1.** Dirección, gobierno de una cosa: *La intendencia de la empresa se encuentra a cargo de un hombre rico.* **2.** División territorial gobernada por un intendente.

intendente, ta *m.* y *f.* Persona encargada de dirigir una casa, una finca u otra cosa.

intensidad *f.* Fuerza que tiene un hecho natural, una cualidad, una expresión o un afecto: *Iban a salir a pasear pero llovía con tal intensidad que tuvieron que quedarse en casa.* SIN. **energía, fuerza.** ANT. **debilidad.**

intensificar *vb. irreg.* {tr. y prnl.} Modelo 17. **1.** Aumentar la energía o frecuencia de algo: *Voy a intensificar el estudio porque el examen será pronto.* **2.** Aumentarse la energía o frecuencia de algo: *Este año las lluvias se han intensificado, llueve más que el año pasado.*

intensivo, va *adj.* Relativo a lo que tiene una actividad muy frecuente y muy fuerte: *Tomé un curso intensivo de francés porque el próximo mes viajaré a París.*

intenso, sa *adj.* Relativo a lo que tiene mucha energía, mucha fuerza o mucha frecuencia: *Patricio siente un dolor intenso en el estómago porque ha comido muchos chocolates.* SIN. **fuerte, potente.** ANT. **débil, suave.**

intentar *vb.* {tr.} Hacer lo posible para lograr algo: *El alpinista intentará escalar el Monte Everest.* SIN. **procurar.**

intento *m.* **1.** Propósito de hacer algo: *Hubo un intento de robo en la farmacia, pero finalmente no pasó nada.* **2.** Lo que se quiere lograr: *Hice un par de intentos para ver si funcionaba el robot que construí.* SIN. **prueba, tentativa.**

intentona *f.* Fam. Propósito de lograr algo muy difícil, que finalmente no resulta: *La policía logró impedir la intentona de los ladrones para robar el banco.*

interacción *f.* Acción y respuesta entre varios seres o entre varias cosas: *La interacción de los animales en la naturaleza es admirable: todos están relacionados entre sí.*

interactivo, va *adj.* Relativo al modo de empleo de una computadora, en el cual el usuario "dialoga" o "se comunica" con los programas de la máquina.

intercalar *vb.* {tr. y prnl.} **1.** Poner una cosa entre otras: *El collar de perlas tiene intercaladas piedras de colores.* SIN. **interponer, agregar. 2.** Ponerse entre dos cosas o personas: *Los niños se intercalaron con las niñas para formar una rueda, de modo que quedaran colocados un niño, una niña, un niño, una niña, y así hasta terminar el círculo.*

intercambiar *vb.* {tr.} Dar algo a cambio de otra cosa: *Intercambié el filme que ya había visto por otro que no he visto todavía.* SIN. **canjear, cambiar.**

intercambio *m.* **1.** Hecho de dar algo para recibir otra cosa: *Fabiola hizo un intercambio de ropa con Susana.* SIN. **cambio, trueque. 2.** Hecho de prestar un servicio a cambio de otro servicio entre organismos o países: *En mi casa está viviendo una muchacha inglesa como parte de un programa de intercambio cultural con Inglaterra.*

interceder *vb.* {intr.} Hablar a favor de alguien: *Mi hermano intercedió por mí para que mis padres me dieran permiso de salir.* SIN. **abogar, intervenir.**

intercelular *adj.* Relativo a lo que hay entre dos o más células: *El espacio intercelular es muy pequeño, sólo se ve a través del microscopio.*

interceptar *vb.* {tr.} Detener una cosa en su camino: *El jugador del equipo contrario interceptó el balón que Rodolfo le arrojó a Pablo.* SIN. **obstaculizar, interrumpir, obstruir.**

intercomunicación *f.* Comunicación y respuesta entre dos personas, grupos o países que emiten y reciben señales: *La intercomunicación por radio o teléfono es útil en casos de emergencia.*

intercostal *adj.* Relativo a lo que está entre las costillas: *El anciano se queja de un dolor en la zona intercostal.*

interdependencia *f.* Relación de cooperación que se establece entre varios agentes que dependen entre sí:

INT

*Estos dos pueblos tienen una relación de **interdependencia**, cada uno produce cosas que el otro necesita.*

interdisciplinario, ria *adj.* Relativo a la relación y colaboración entre varias actividades, disciplinas o ciencias: *El sistema **interdisciplinario** de esa Universidad ayuda a que los alumnos tengan mayor conciencia del mundo en que viven.*

interés *m.* **1.** Lo que hace importante o valiosa una cosa: *El filme perdió su **interés** cuando me di cuenta de que el asesino era el mayordomo.* SIN. **importancia, valor. 2.** Inclinación del ánimo: *Leticia siempre ha tenido **interés** por los números, creo que va a estudiar la carrera de matemáticas.* SIN. **curiosidad, gana.** ANT. **desinterés. 3.** Beneficio de alguien: *La distribución de agua potable se hizo en **interés** de la población.* SIN. **conveniencia, provecho. 4.** Ganancia producida por un capital: *Los bancos dan **intereses** por el dinero que se ahorra en una cuenta.*

interesado, da *adj.* **1.** Se dice de quien se muestra curioso por algo: *Desde niño me he sentido **interesado** por la vida de los insectos y ahora voy a estudiar la carrera de biología.* **2.** Aplicado a quien hace las cosas por propia conveniencia: *No me gusta trabajar con él porque es **interesado** y sólo busca obtener ganancias de lo que hace.* SIN. **egoísta.** ANT. **desinteresado.**

interesante *adj.* Referido a lo que despierta la atención de alguien: *Ese investigador escribió un libro **interesante** sobre el origen de la vida.* SIN. **atractivo, sugestivo.** ANT. **indiferente.**

interesar *vb.* (intr. y prnl.) **1.** Ser algo motivo de interés: *Esta maquinaria **interesa** a los campesinos porque les ayuda en la cosecha de frutos.* SIN. **importar. 2.** Despertar la curiosidad o captar la atención: *El maestro contaba tan bien los cuentos que **interesaba** a todos los niños.* **3.** Mostrarse atento o curioso por algo o alguien: *Horacio **se interesa** por sus hijos, los cuida, los ayuda y los ama.*

interestelar *adj.* Se refiere al espacio que hay entre los astros: *La nave de los astronautas flotaba en el espacio **interestelar.***

interferencia *f.* **1.** Hecho de interponerse algo cuando se realiza una acción: *La falta de comunicación entre las personas es una **interferencia** para el desarrollo armónico de las relaciones humanas.* **2.** Mezcla de las señales de dos o más emisoras de radio o televisión: *No pude oír el programa de radio porque había **interferencia**, sólo se oían ruidos confusos.*

interferir *vb. irreg.* (intr., tr. y prnl.) Modelo 50. **1.** Producir una mezcla de señales de emisoras de radio o televisión: *Interfirieron la programación normal del canal para transmitir una noticia importante.* **2.** Interponerse algo o alguien cuando se realiza una acción.

interfón *m. Méx.* Aparato eléctrico en dos partes, una externa y otra dentro de la casa o departamento, que sirve para que quien llegue toque el timbre y para que la persona que está en la casa pueda preguntar quién es y abrir la puerta de la calle con sólo oprimir un botón.

interfono *m.* Aparato telefónico usado para la comunicación interna de un edificio o de una oficina: *La secretaria se comunica con su jefe por medio del **interfono**.*

ínterin *m.* Lapso que se encuentra entre dos acciones o hechos: *El **ínterin** entre la hora de la cita y la llegada de mi novia, duró cuarenta minutos.*

interino, na *adj./m.* y *f.* Se refiere a quien suple a otro de manera temporal: *Tenemos una maestra **interina** porque la maestra titular dio a luz.*

interior *adj.* **1.** Referido a lo que está en la parte de adentro de un lugar o cosa: *La parte **interior** de la sandía es roja, la parte exterior es verde.* SIN. **interno. 2.** Respecto de un edificio o casa, aquel departamento o habitación que no da a la calle: *Sergio estudia en una habitación **interior** para que no lo molesten los ruidos de la calle.* **3.** Relativo al alma o a la conciencia de una persona. **4.** loc. **Ropa interior**, ropa que se usa debajo de los pantalones, camisas y vestidos, para proteger los senos y los genitales: *Un juego de **ropa interior** para hombre está compuesto de camiseta y calzón.* **5.** *Argent., Colomb., Méx.* y *Urug.* Provincia: *Hizo un viaje al **interior** para visitar a sus parientes.*

interior *m.* **1.** Alma o conciencia de una persona: *Está muy enferma, pero en su **interior** existe la esperanza de que sanará pronto.* **2.** La parte de adentro: *En el **interior** de la Tierra hay material muy caliente.* **3.** Departamento o habitación de un edificio: *Julio vive en el edificio ocho, **interior** tres de la calle Bolívar.*

interjección *f.* Expresión o palabra que sirve para indicar un estado de ánimo, una orden o un aviso: *La palabra "¡Cuidado!", es una **interjección**.*

interlocutor, ra *m.* y *f.* Cada una de las personas que toman parte en un diálogo: *De los tres **interlocutores** que estaban conversando, uno se enojó y se retiró.*

interludio *m.* Pieza musical breve que sirve de introducción o intermedio en un concierto.

interlunio *m.* Luna nueva, fase de la Luna en que ésta no se ve desde la Tierra: *La noche de **interlunio** es obscura, mientras que la noche de plenilunio es clara.*

intermediario *m.* y *f.* Persona que compra los artículos a quien los produce y los lleva a vender a otro lugar: *Los **intermediarios** compran la fruta en el campo y la llevan al mercado de la ciudad para venderla.*

intermediario, ria *adj.* Referido al que media entre dos o más partes para lograr un acuerdo: *Para concertar la paz, los dos países en conflicto recurrieron a un país **intermediario**.*

intermedio *m.* Espacio que hay entre un tiempo y otro o entre una acción y otra: *En el **intermedio** de la obra de teatro fui al baño.* SIN. **intervalo.**

intermedio, dia *adj.* Referido a lo que está en medio de dos cosas o a la mitad de una escala: *Este zapato me queda grande y el otro me queda chico, necesito un número **intermedio**.*

interminable *adj.* Referido a lo que dura tanto que parece que no va a terminar nunca: *Hoy la clase de física se me hizo **interminable**, no pude concentrarme.* SIN. **inagotable, inacabable.** ANT. **breve.**

intermitente *adj.* Referido a lo que se interrumpe y prosigue a intervalos regulares: *El chorro de agua de esa fuente es **intermitente**: de pronto sube, después baja, luego vuelve a subir, a bajar, etc.*

intermitentes *f. pl. Méx.* Señal que enciende y apaga una luz de manera alternativa: *Las **intermitentes** del autobús se encendieron para indicar que estaba detenido por una falla mecánica.*

internacional *adj.* Relativo a dos o más naciones: *Los juegos olímpicos son un evento **internacional** en el que*

350

participan deportistas de muchos países. SIN. **mundial, universal**. ANT. **local, nacional**.

internacionalizar *vb. irreg.* {tr.} **Modelo 16.** Convertir algo en asunto de dos o más naciones: *La carta de derechos de la niñez ha sido internacionalizada y todos los países deben respetarla.*

internado *m.* Centro educativo donde los alumnos estudian, comen y se quedan a dormir: *Elvira está en un internado de señoritas y sólo visita a sus padres los fines de semana.*

internado, da *adj.* Relativo a quien está encerrado en un lugar del que no se puede salir sin permiso de una autoridad: *Doña Eulogia está internada en el hospital porque necesita atención médica.*

internado, da *m.* y *f.* Persona que está internada en una institución educativa, en un hospital, manicomio o cárcel: *Los internados de la prisión reciben visitas todos los sábados.*

internar *vb.* {tr. y prnl.} **1.** Hacer que alguien resida en una institución o local con determinada finalidad: *Los padres de Ramiro lo internaron en un colegio para que estudie la educación media.* **2.** Ingresar en un hospital: *Esta tarde internarán a mi abuela porque la van a operar.* **3.** Avanzar hacia adentro: *El viejo arqueólogo contó durante la conferencia sus aventuras de cuando se internaba en la selva buscando alguna ciudad perdida.* SIN. **adentrarse.**

internet *m.* **Palabra inglesa.** Sistema de computación que permite a los usuarios comunicarse entre sí desde cualquier parte del mundo: *Necesito tu dirección de internet, para poder enviarte un mensaje por correo electrónico.*

interno, na *adj.* **1.** Referido a lo que está en la parte de adentro de un lugar o cosa: *En la parte interna del tórax se encuentran el corazón y los pulmones.* SIN. **interior.** **2.** Aplicado al que vive en una institución educativa o está internado en un hospital, manicomio o cárcel: *Los alumnos internos estudian por las mañanas y practican deporte por las tardes.*

interpelar *vb.* {tr.} Dirigir la palabra a alguien pidiéndole explicaciones sobre un hecho: *Como ayer no asistió a la escuela, Joaquín interpeló a un compañero sobre los detalles de la clase que perdió.* SIN. **interrogar, preguntar.**

interponer *vb. irreg.* {tr. y prnl.} **Modelo 27. 1.** Poner algo entre dos cosas o personas: *Tomás interpuso una tabla en la puerta abierta para que su cachorro no entrara a la cocina.* **2.** Ponerse en medio para impedir o alterar el curso de una acción: *El maestro tuvo que interponerse entre dos alumnos que peleaban, para separarlos.* SIN. **intervenir.**

interposición *f.* Hecho de meter o meterse en medio: *La interposición de Luis entre los dos amigos detuvo la pelea cuando empezaron a golpearse.*

interpretación *f.* **1.** Explicación de algo según lo que uno entiende que es: *Cada testigo del asalto dio una interpretación distinta de lo que sucedió.* SIN. **explicación.** **2.** Lectura de un símbolo o de un idioma distinto al nuestro: *La interpretación de los jeroglíficos egipcios estará a cargo de un especialista.* **3.** Hecho de actuar representando un papel teatral o de cine: *Durante la obra de teatro mi hermano hizo una interpretación del personaje Macbeth de la obra de*

William Shakespeare. SIN. **actuación, representación. 4.** Hecho de ejecutar una pieza musical. SIN. **ejecución.**

interpretar *vb.* {tr.} **1.** Explicar el sentido de una cosa. **2.** Descifrar símbolos o idiomas distintos al nuestro: *El arqueólogo ha interpretado que esa pintura maya trata del sacrificio de un guerrero.* SIN. **traducir, descifrar. 3.** Representar los actores un papel: *Tomás está contento porque en su próximo filme interpretará el papel principal.* SIN. **actuar, representar. 4.** Ejecutar el artista una obra: *Esa pianista interpreta obras del músico alemán Bach.* SIN. **ejecutar.**

intérprete *m.* y *f.* **1.** Persona capaz de explicar lo que entiende acerca de algo: *El intérprete de los símbolos astrológicos se llama astrólogo.* **2.** Persona que explica a otras personas en un idioma que entienden, lo dicho en un idioma que no entienden: *Roberto trabaja como intérprete en una agencia de viajes porque habla francés, inglés e italiano.* **3.** Persona que representa un papel en una obra de teatro o en un filme o película: *Los intérpretes de la obra fueron aplaudidos calurosamente.* SIN. **actor. 4.** Persona que toca un instrumento musical o canta en público.

interpuesto *adj.* Se dice de lo que está en medio de otras cosas o cerrando el paso: *En el auditorio pusieron una valla interpuesta entre el cantante y los fanáticos.*

interrogación *f.* **1.** Pregunta: *No me gustan sus constantes interrogaciones sobre lo que hago cuando estoy afuera de casa.* **2.** Signo ortográfico (¿?) que expresa una pregunta directa: *Si quieres escribir una pregunta tienes que abrir y cerrar los signos de interrogación, como en la frase "¿Cómo estás?"*.

interrogante *adj.* Referido a quien hace preguntas.

interrogante *m.* y *f.* Pregunta: *El entrevistado respondió con claridad a las interrogantes del periodista.*

interrogar *vb. irreg.* {tr. y prnl.} **Modelo 17.** Preguntar: *Felipe interrogó a su amigo biólogo para enterarse sobre cómo alimentar a su tortuga.*

interrogativo, va *adj.* Relativo a la frase que contiene una pregunta: *"¿Cuántos años tienes?" es una frase interrogativa.*

interrogatorio *m.* Serie de preguntas formuladas a alguien: *En el interrogatorio policial, el detenido acabó confesándose culpable.*

interrumpir *vb.* {tr.} Impedir la continuación de una cosa: *Una falla eléctrica interrumpió el suministro de luz.* SIN. **detener, obstaculizar.** ANT. **continuar, proseguir, seguir.**

interrupción *f.* Suspensión o ruptura del curso de los acontecimientos: *La lluvia torrencial ocasionó la interrupción del partido.*

interruptor *m.* Aparato con que se abre o cierra un circuito eléctrico: *Antes de salir, revisa que todos los interruptores estén apagados para no desperdiciar la luz.*

intersección *f.* En geometría, punto o línea donde se cortan o cruzan dos líneas, superficies o volúmenes: *Los círculos que simbolizan los Juegos Olímpicos tienen varios puntos de intersección porque se tocan entre sí.*

intersticio *m.* Espacio pequeño abierto en una superficie: *Esa madera rugosa tiene muchos intersticios, que taparé con esta pasta y quedará lisa la superficie.* SIN. **grieta, resquicio, poro.**

intervalo *m.* Porción de espacio o de tiempo que media entre dos cosas: *Para cercar el jardín pusieron estacas a* **intervalos** *de dos metros.*

intervención *f.* **1.** Hecho de participar: *El maestro fomenta las* **intervenciones** *de los alumnos para que la clase sea más dinámica.* Sin. **participación.** **2.** Hecho de abrir un cuerpo vivo para operarlo: *La* **intervención** *quirúrgica fue un éxito; el paciente perdió el apéndice pero recuperará la salud.* Sin. **operación.** **3.** Hecho de entrar un ejército a un país para ocuparlo: *Durante la* **intervención** *alemana en París, los franceses organizaron la resistencia para recuperar su soberanía.*

intervenir *vb. irreg.* (intr.) **Modelo 49.** **1.** Tomar parte en un asunto: *Con motivo del festival para las madres,* **intervine** *en un baile regional.* Sin. **participar.** **2.** Hablar a favor de alguien: *Rodolfo* **intervino** *en defensa de Laura porque todos estaban molestándola.* Sin. **interceder, interponer.** **3.** Controlar las comunicaciones telefónicas para espiar: *La policía* **intervino** *los teléfonos del barrio para localizar al fugitivo por medio de sus llamadas telefónicas.* Sin. **interceptar.**

interventor *m.* Empleado que tiene la facultad de legalizar o controlar un asunto: *Elías es* **interventor** *en programas de concursos y vigila que los ganadores reciban sus premios.* Sin. **revisor.**

interventor, ra *adj.* Relativo a quien interviene para controlar: *El ejército* **interventor** *tuvo que retirarse del país que pretendía ocupar porque los ciudadanos defendieron su patria.*

interviú *f.* Palabra de origen inglés. *Esp.* Encuentro entre dos personas en el que una le hace preguntas a la otra para obtener información. Sin. **entrevista.**

intestado, da *adj.* Se dice de quien no ha hecho testamento o de las propiedades que no están incluidas en un testamento legal: *Boris no puede comprar la casa que le gusta porque está* **intestada** *y no hay forma de que puedan vendérsela.*

intestinal *adj.* Relativo al intestino: *Duodeno, yeyuno, íleon, colon, ciego, apéndice y recto son palabras que se refieren a las distintas partes* **intestinales.**

intestino *m.* **1.** Órgano en forma de tubo hueco que está en el vientre: *En el* **intestino** *se realiza la última parte de la digestión.* Sin. **tripa.** **2.** loc. ~ **delgado,** sección que procesa y absorbe los alimentos: *El duodeno, el yeyuno y el íleon forman parte del* **intestino delgado.** **3.** loc. ~ **grueso,** sección donde se forman las heces fecales o excremento, a partir de las substancias que no se absorbieron en el intestino delgado: *El ciego, el colon, el recto y el ano forman parte del* **intestino grueso.**

intestino, na *adj.* Se refiere a lo que está adentro del cuerpo o a lo que sucede en el ánimo de una persona o de una sociedad: *Las discusiones* **intestinas** *de los jugadores del equipo, han provocado que no jueguen bien durante los partidos.* Sin. **interno, interior.**

intimar *vb.* (intr.) Entablar amistad muy cercana con alguien: *Víctor* **intimó** *con Andrea y han decidido ser novios.*

intimidación *f.* Hecho de infundir miedo a alguien: *Ese hombre rico es autoritario y controla a la gente por medio de la* **intimidación.**

intimidad *f.* **1.** Lo más íntimo y reservado de una persona: *La actriz es muy celosa de su* **intimidad** *y no deja que los periodistas se metan en su vida privada.* Sin. **privacía.** **2.** Amistad muy cercana: *Entre Marcela y Claudia hay una gran* **intimidad,** *ven todos los días y se cuentan todos sus secretos.* Sin. **confianza.**

intimidar *vb.* (tr. y prnl.) **1.** Infundir miedo: *La maestra* **intimidaba** *tanto con sus gritos a las alumnas, que varias decidieron abandonar esa clase.* **2.** Sentir miedo: *Me* **intimida** *pensar que pudiera quedarme solo en una isla desierta.*

íntimo, ma *adj.* **1.** Se dice de lo más interior y profundo: *Los pensamientos* **íntimos** *de cada persona son un secreto que no sabe nadie más.* **2.** Se aplica a la amistad estrecha: *Mi hermana mayor tiene una amiga* **íntima** *y se encierran a solas para hablar, dejándome afuera.*

íntimo, ma *m.* y *f.* Amigo de confianza: *Jorge y yo somos* **íntimos** *desde que teníamos cinco años.*

intolerable *adj.* Se dice de lo que es tan fuerte o tan pesado que no se puede aguantar: *"Este dolor es* **intolerable,** *voy a llamar al médico", me dijo mi abuela.* Sin. **doloroso, insoportable, excesivo.**

intolerancia *f.* **1.** Incapacidad para asimilar cierta substancia: *Miguel Ángel tiene* **intolerancia** *a la leche, no la puede digerir.* Sin. **alergia.** **2.** Incapacidad para soportar un dolor. **3.** Incapacidad para aceptar las opiniones de otros que son contrarias a las nuestras: *La* **intolerancia** *religiosa ha provocado muchas guerras a lo largo de la historia.*

intolerante *adj./m.* y *f.* **1.** Referido a quien no puede soportar un dolor. **2.** Referido a quien no puede aceptar una idea contraria a la suya: *Rosario es una mujer* **intolerante,** *que no escucha las opiniones de otras personas si son diferentes a las suyas.*

intoxicación *f.* Enfermedad producida por haber comido, respirado o bebido alguna substancia venenosa para el cuerpo: *Apolonio comió unos camarones que no estaban frescos y sufrió una* **intoxicación** *que lo tuvo tres días en el hospital.*

intoxicar *vb. irreg.* (tr. y prnl.) **Modelo 17.** **1.** Contaminar algo o la salud de alguien con una substancia venenosa: *La fruta está fumigada contra la plaga, hay que lavarla muy bien porque podría* **intoxicarnos.** Sin. **envenenar.** **2.** Enfermarse por haber comido, bebido o respirado alguna substancia venenosa: *Dos trabajadores de la fábrica se* **intoxicaron** *con un producto químico que se derramó por falta de precaución.* Sin. **envenenarse.**

intracelular *adj.* Relativo a lo que está u ocurre dentro de una célula: *La mitocondria es un orgánulo* **intracelular.**

intramuros *adv.* Dentro de una ciudad, villa o lugar: *Los reyes se protegían de sus enemigos* **intramuros** *de sus castillos.*

intranquilidad *f.* Estado de inquietud o preocupación: *La tardanza de su hijo le causó* **intranquilidad,** *ya que eran las tres de la madrugada y el chico había prometido regresar a la una.*

intranquilizar *vb. irreg.* (tr. y prnl.) **Modelo 16.** **1.** Hacer que alguien pierda la calma: *El niño* **intranquilizó** *al perro porque lo estuvo molestando mucho, ahora el animal está un poco agresivo.* Sin. **inquietar.** **2.** Perderse la calma: *Me* **intranquiliza** *pensar que él está en altamar con esta tormenta.* Sin. **inquietarse.**

intranquilo, la *adj.* Referido a quien no está en calma o se siente preocupado: *Estoy* **intranquila** *porque no tengo trabajo y no sé qué hacer.*

intransigente *adj.* Referido a quien no acepta las opiniones de otro ni cede a los deseos de otra persona. Sɪɴ. **intolerante, terco.** Aɴᴛ. **transigente.**

intransitable *adj.* Se dice del camino que por alguna razón no se puede andar: *Había llovido tanto que el camino quedó intransitable.*

intransitivo, va *adj.* Se refiere al verbo que no lleva objeto directo: *"Ir" y "venir" son verbos intransitivos.*

intrascendente *adj.* Se aplica a lo que no tiene importancia porque sus efectos son pocos o mínimos: *La discusión entre Gregorio y Bernabé fue intrascendente, después de dos minutos olvidaron todo lo que habían dicho.*

intratable *adj.* Se refiere a la persona de carácter difícil: *Jorge es un hombre intratable, si sus amigos lo contradicen grita y le da la razón, los acusa de débiles.* Sɪɴ. **arisco, huraño, insociable.** Aɴᴛ. **abierto, amable, sociable.**

intrepidez *f.* Valentía necesaria para afrontar las circunstancias o adentrarse en lo desconocido: *Los antiguos marinos se lanzaban con intrepidez a recorrer el mar, en barcos pequeños y con pocos recursos de navegación.* Sɪɴ. **osadía, valor.**

intrépido, da *adj.* Se dice de quien no teme al peligro: *Esta niña intrépida tiene seis años y ya sabe trepar a los árboles y nadar en piscinas profundas.*

intriga *f.* **1.** Manejo secreto que se hace para conseguir algo: *En la telenovela, el galán descubrió las intrigas de la villana para adueñarse de la fortuna de su hermanastra y la envió a la cárcel.* Sɪɴ. **artimaña, maniobra, tejemaneje. 2.** Hechos que despiertan la curiosidad de la persona que los observa: *Fuimos al teatro a ver una comedia de intriga, en la que todos los personajes se enredaban en confusiones.* Sɪɴ. **enredo, embrollo.**

intrigado, da *adj.* Se refiere a quien siente curiosidad o se encuentra maravillado por algo: *Me quedé intrigado porque no pude ver el final del filme de terror.*

intrigante *adj.* **1.** Aplicado a la persona que se dedica a hacer manejos secretos para conseguir algo: *Estoy cansada de las personas intrigantes, me gusta que me hablen de frente y me digan la verdad.* Sɪɴ. **entremetido. 2.** Se dice de aquello que causa curiosidad: *La vida de las ballenas en el océano es intrigante, porque no se conocen sus costumbres.*

intrigar *vb. irreg.* {tr. e intr.} Modelo 17. **1.** Producir curiosidad una cosa: *El hecho de que las orugas se conviertan en mariposas, intriga a Romualdo.* **2.** Actuar con cautela y astucia para conseguir un fin: *El espía intrigó durante años para conseguir la fórmula secreta.*

intrincado, da *adj.* Se dice de lo que está enredado: *Un laberinto es un camino intrincado en el que te puedes perder.*

intríngulis *m.* Fam. Razón oculta o dificultad que tiene algo. Sɪɴ. **dificultad, enredo, nudo.**

intrínseco, ca *adj.* Referido a lo que es esencial de algo: *El bosque tiene un valor intrínseco por lo que significa para la vida y la naturaleza, no sólo por el dinero que se puede obtener al explotarlo.* Sɪɴ. **interior.**

introducción *f.* **1.** Hecho de meter algo en otra cosa: *La introducción del balón en la canasta requiere de mucha práctica.* **2.** Escrito o discurso de presentación: *Gloria hizo una pequeña introducción para explicar de* qué se trata su investigación. Sɪɴ. **prólogo.** Aɴᴛ. **conclusión, epílogo.**

introducir *vb. irreg.* {tr. y prnl.} Modelo 57. **1.** Entrar o dar entrada: *Rómulo introdujo a Lauro en el equipo de fútbol para que conociera mucha gente y comenzara a hacer deporte.* **2.** Meter una cosa en otra: *Ahora, el domador introducirá su cabeza en la boca del león.* **3.** Meterse: *Para estudiar a los murciélagos, el biólogo tuvo que introducirse en esa cueva obscura.*

intromisión *f.* Hecho de meterse una persona a donde no la llaman: *La intromisión de los niños en las conversaciones de los adultos enoja a estos últimos porque los interrumpe.*

introspección *f.* Observación de la propia conciencia: *La introspección sirve para el conocimiento de uno mismo y para reflexionar.*

introspectivo, va *adj.* Relativo a la observación de la propia conciencia: *Víctor hizo un análisis introspectivo de su conducta y descubrió que había cometido un error.*

introversión *f.* Hecho de penetrar con la conciencia en uno mismo, aislándose del mundo exterior: *Su introversión le permite crear muchas fantasías pero lo aleja de la realidad.*

introvertido, da *adj./m. y f.* Se aplica a quien tiende a concentrarse en su propio mundo interior: *Es raro que un introvertido como él se haya puesto a bailar y cantar.* Sɪɴ. **tímido.**

intruso, sa *adj./m. y f.* Referido a quien se ha metido en un lugar sin tener derecho o permiso: *¿Qué hace esa jirafa intrusa en la jaula de los elefantes?* Sɪɴ. **extraño.**

intuición *f.* Conocimiento claro de una idea o verdad, sin necesidad de razonamiento o información previa: *Mucha gente piensa que las mujeres tienen un sexto sentido que es la intuición.* Sɪɴ. **instinto.**

intuir *vb. irreg.* {tr.} Modelo 59. Conocer que algo es verdadero sin necesidad de razonamiento o información. Sɪɴ. **percibir, sospechar, presentir.**

intuitivo, va *adj.* **1.** Se refiere al conocimiento que se obtiene sin razonamiento o por medio de la percepción: *Algunos científicos tuvieron un conocimiento intuitivo antes de poder comprobar que un hecho era como ellos sospechaban.* **2.** Aplicado a quien actúa por intuición: *Él no es un músico profesional, es un guitarrista intuitivo; sin embargo, toca muy bien.*

inundación *f.* Desbordamiento de agua que cubre un lugar: *En esa región montañosa se producen inundaciones a causa de los deshielos durante la primavera.*

inundar *vb.* {tr. y prnl.} **1.** Cubrir el agua un lugar: *El Río Nilo inunda sus riberas todos los años y así se fertiliza la tierra.* Sɪɴ. **anegar, desbordar, sumergir. 2.** Llenarse un sitio por la abundancia de algo: *En vacaciones, los turistas inundan las playas.*

inusitado, da *adj.* Aplicado a lo que es poco habitual o poco frecuente: *Rosina nos hizo una visita, algo inusitado en ella porque nunca sale de su casa.* Sɪɴ. **insólito, raro.**

inútil *adj./m.* **1.** Referido a lo que no sirve o no funciona: *"¿Por qué guardas esa licuadora inútil que ya no funciona?"* Sɪɴ. **nulo, vano.**

inútil *m. y f.* Persona que no trabaja: *Es un inútil, no ayuda a nadie ni hace nada bueno.* Sɪɴ. **ocioso, improductivo.**

inutilidad *f.* Calidad de lo que no sirve o no funciona: *Ante la inutilidad de sus esfuerzos, los exploradores de-*

jaron de empujar la piedra que cerraba la cueva. Sin. **impotencia.**

inutilizado, da *adj.* Referido a lo que no se usa o ha perdido su utilidad: *El automóvil viejo, inutilizado por tres años, no funcionó cuando intentamos encenderlo.*

inutilizar *vb. irreg.* {tr.} **Modelo 16.** Hacer que algo deje de funcionar: *La tinta cayó sobre el teclado de la computadora y lo inutilizó.* Sin. **anular.**

invadir *vb.* {tr.} *1.* Entrar por la fuerza en un lugar: *La tropa que invadió el pueblo duraba un mes ya se retiró.* Sin. **asaltar, ocupar.** *2.* Llenar algo con otra cosa: *Los ratones invadieron la cocina y tuvimos que llamar al exterminador de plagas.* *3. Fam.* Llenar un sentimiento o emoción a alguien: *Me invadió la alegría cuando descubrí que mi arbolito retoñó después de que el perro lo había pisado.*

invalidar *vb.* {tr.} Hacer que una cosa no tenga valor o efecto: *El juez invalidó el matrimonio de Rómulo y Pilar porque se descubrió que él ya se había casado antes.* Sin. **anular.**

invalidez *f.* Falta de valor o efecto de una cosa. Ant. **validez, vigencia.**

inválido, da *m.* y *f.* Persona que no puede caminar o valerse por sí misma por tener algún defecto físico: *El inválido va en una silla de ruedas.*

inválido, da *adj.* *1.* Aplicado a lo que no tiene valor o efecto: *Todos estos papeles para el trámite son inválidos porque no tienen la firma de las autoridades.* Sin. **nulo.** *2.* Referido a quien sufre alguna clase de incapacidad a causa de un defecto físico: *Las personas inválidas a veces también practican deportes y ganan campeonatos.*

invariable *adj.* Relativo a lo que no cambia o no padece modificación: *La palabra verde es un adjetivo invariable, que no cambia de femenino a masculino; se dice "la casa verde" y "el mantel verde".* Sin. **inmutable, estable, inalterable.** Ant. **variable.**

invasión *f.* Hecho de entrar por la fuerza a un lugar para ocuparlo, o de llenar algo una cosa: *Ayer vi un filme de ciencia ficción muy emocionante, que trataba de una invasión de extraterrestres a la Tierra.*

invasor, ra *adj./m.* y *f.* Referido a quien entra por la fuerza a un lugar para ocuparlo: *Los invasores extraterrestres sólo existen en los libros de ciencia ficción.*

invectiva *f.* Discurso o escrito desagradable y violento: *Me molestaron las invectivas lanzadas por el locutor de radio contra mi cantante favorito.* Sin. **injuria.**

invencible *adj.* Relativo a lo que no puede ser derrotado: *Los guerreros de Atila eran considerados invencibles y muchos pueblos les temían.* Sin. **insuperable.** Ant. **superable, vencible.**

invención *f.* *1.* Hecho de crear algo nuevo: *La invención de un automóvil que no contamine sería un logro importante para el cuidado del medio ambiente.* *2.* Cosa descubierta o creada: *El gramófono fue una invención de Tomás Alva Edison.* *3.* Mentira, imaginación o cuento: *Las invenciones de Sara son fáciles de descubrir porque siempre se equivoca en algo.*

inventar *vb.* {tr. y prnl.} *1.* Crear una cosa nueva: *Gracias a la persona que inventó el teléfono podemos comunicarnos mejor.* *2.* Decir algo falso en lugar de la verdad: *No inventes más pretextos, mejor dime por qué no quieres ir a la fiesta.* *3.* Imaginar o imaginarse histo-

rias: *El abuelo inventaba historias divertidas para contarles a sus nietos.*

inventario *m.* Lista de cosas que alguien posee: *El dueño del supermercado hará un inventario para saber qué mercancías necesita comprar.*

inventiva *f.* Capacidad de crear o descubrir cosas nuevas: *Me gusta leer los cuentos de Horacio Quiroga porque fue un escritor con inventiva.*

inventivo, va *adj.* Aplicado a la persona que tiene capacidad para inventar cosas nuevas o descubrirlas: *Nicolás es un niño inventivo que resuelve sus dificultades usando su imaginación y habilidad.*

invento *m.* *1.* Hecho de crear una cosa nueva: *El invento de la imprenta permitió que los libros pudieran publicarse en gran número y llegar a más personas.* *2.* Cosa inventada: *Las computadoras son un invento del siglo xx.* *3.* Cosa falsa que se dice en lugar de la verdad: *Eso de que sus padres no los dejan jugar con nosotros es un invento suyo, lo que pasa es que ella no quiere estar con nosotros.*

inventor, ra *adj./m.* y *f.* Referido a la persona que crea cosas nuevas: *El inventor de la televisión a colores se llamó Guillermo González Camarena y era mexicano.* Sin. **creador.**

invernadero *m.* Lugar cubierto con cristales, donde se cultivan plantas y que cuenta con un sistema de calefacción para defender las plantas del frío: *En Holanda se cultivan tulipanes en los invernaderos.*

invernal *adj.* Relativo al invierno: *Esta temporada invernal iremos a las montañas a esquiar en la nieve.*

invernar *vb. irreg.* {intr.} **Modelo 3.** *1.* Pasar el invierno en un lugar: *Mientras el oso invernaba en su cueva, el bosque estaba cubierto de nieve.* *2.* Pasar el invierno en una región: *La expedición invernó en Groenlandia.*

invernazo *m.* *1. P. Rico.* Periodo de inactividad en los ingenios de azúcar. *2. P. Rico y R. Dom.* Periodo de lluvias de julio a septiembre.

inverosímil *adj.* Se refiere a lo que no se puede creer porque no parece ser verdad: *Eso de que viste un gallo andar en bicicleta es inverosímil, ¿estás seguro de que no lo soñaste?* Sin. **increíble.** Ant. **posible, verosímil.**

inversión *f.* *1.* Hecho de cambiar el orden de algo: *Con una inversión de palabras el poema puede quedar mejor. En lugar de "las hojas hablan en secreto", escribiré "en secreto hablan las hojas".* *2.* Hecho de usar el dinero para producir ganancias: *Según los expertos, hacer una inversión en esa empresa es buena idea porque tiene muchas ventas al año.*

inversionista *adj./m.* y *f.* Persona que emplea su dinero en un negocio o actividad destinada a producir ganancias: *El arquitecto necesita un inversionista que le dé el dinero para construir.* Sin. **inversor.**

inverso, sa *adj.* *1.* Se dice de lo que está en sentido contrario al orden natural: *Esta rueda gira en sentido inverso a las agujas del reloj.* Sin. **contrario, opuesto.** *2.* loc. **A la ~,** al revés: *Para quitar la tapa dale vuelta de izquierda a derecha, si quieres poner la tapa dale vuelta a la inversa.*

inversor *adj./m.* y *f.* Persona que invierte su dinero en una actividad o empresa con el objeto de obtener ganancias. Sin. **inversionista.**

invertebrado, da *adj.* Relativo al animal que no tiene huesos: *Los animales invertebrados no tienen columna vertebral.* Ant. **vertebrado.**

invertebrado *m.* Animal que no tiene esqueleto: *En la lista de los invertebrados pusimos a los gusanos y a los moluscos.*

invertido *m.* *Fam.* Persona que forma pareja con alguien de su mismo sexo. Sin. **homosexual.**

invertir *vb. irreg.* [tr.] **Modelo 50. 1.** Poner las cosas en orden opuesto al que tenían: *Omar invirtió las letras de su nombre y escribió "ramo".* Sin. **alterar, cambiar. 2.** Emplear dinero en un negocio para lograr provecho: *El dinero que invertiste en la construcción del edificio lo recuperarás cuando se vendan los departamentos.* **3.** Emplear el tiempo en alguna ocupación: *Invertí tres horas en hacer mi trabajo escolar.* Sin. **destinar.**

investigación *f.* Hecho de estudiar algo para aclararlo o entenderlo: *Sergio hizo una investigación sobre las abejas y ahora sabe muchas cosas sobre ellas.* Sin. **averiguación, estudio, exploración.**

investigador, ra *adj./m.* y *f.* Referido a quien estudia o averigua algo: *Los investigadores pueden ser historiadores, científicos, músicos, etcétera; según su profesión, buscan descubrir cosas que sirvan o que enseñen.*

investigar *vb. irreg.* [tr.] **Modelo 17. 1.** Hacer lo necesario para descubrir algo: *He investigado entre todos mis amigos y no logro descubrir quién me mandó este ramo de rosas.* Sin. **averiguar, buscar, indagar. 2.** Estudiar a fondo un saber o ciencia: *El equipo de científicos investigará las causas de esta enfermedad para tratar de crear una vacuna.*

investir *vb. irreg.* [tr.] **Modelo 47.** Conferir una dignidad o cargo importante.

invicto, ta *adj.* Referido a quien nunca ha perdido: *El boxeador invicto ha peleado diez veces y siempre ha ganado.*

invidente *adj./m.* y *f.* Referido a quien ha perdido la vista o nació sin esa capacidad: *Los invidentes aprenden a leer con un sistema llamado Braille, en que las letras se pueden tocar.* Sin. **ciego.**

invierno *m.* Una de las cuatro estaciones del año, la más fría, entre el otoño y la primavera: *En el Hemisferio Norte el invierno empieza en diciembre y en el Hemisferio Sur, en julio.*

inviolable *adj.* Relativo a lo que es tan importante que no se debe o no se puede penetrar o romper: *El número de la combinación de la caja fuerte es un secreto inviolable que sólo conoce mi padre.*

invisible *adj.* Referido a lo que no se ve a simple vista: *Los microbios son invisibles para el ojo humano, ya que sólo se pueden ver a través de un microscopio.* Sin. **imperceptible, oculto.** Ant. **visible.**

invitación *f.* **1.** Hecho de proponer a una persona que asista a un lugar: *La invitación para ir al cine que Patricio le hizo a Dora fue aceptada de inmediato.* Sin. **convite, proposición. 2.** Tarjeta con que se invita: *Las invitaciones para mi fiesta tienen forma de un globo.*

invitado, da *m.* y *f.* Persona a la que se ha propuesto que asista a un lugar: *Tú no pagues nada hoy en el cine porque eres mi invitado.* Sin. **convidado.**

invitar *vb.* [tr.] **1.** Comunicar a una persona el deseo de que asista a una celebración o a un lugar: *Invité a Paloma y a Gloria a cenar en mi casa.* Sin. **convidar. 2.** Obsequiar a alguien con el pago de una comida, bebida o entrada a un espectáculo: *Te invito a cenar por el día de tu cumpleaños.* Sin. **convidar. 3.** Provocar

un sentimiento o acción: *Con ese sol tan agradable, la tarde invitaba a caminar.* Sin. **animar, incitar, inducir.**

invocación *f.* Hecho de invocar.

invocar *vb. irreg.* [tr.] **Modelo 17. 1.** Pedir ayuda a un poder sobrenatural con oraciones: *"¡Señor, ayúdame a salir de este peligro!", invocaban los marineros en medio de la tempestad.* **2.** Solicitar la ayuda de alguien poderoso con ruegos o súplicas. Sin. **apelar, llamar.**

involución *f.* Retroceso en la evolución de algo.

involucrado, da *adj./m.* y *f.* Referido a la persona que está complicada en un asunto o se interesa de manera especial por algo: *Todos los involucrados en la construcción del edificio tuvieron una reunión esta mañana para decidir cuándo comenzarán las obras.*

involucrar *vb.* [tr. y prnl.] **1.** Mezclar en un escrito o discurso asuntos ajenos al tema principal: *Este artículo sobre lavadoras involucra comentarios sobre electricidad.* **2.** Complicar a alguien en un asunto. Sin. **envolver, implicar. 3.** Comprometer a alguien en un asunto o lograr que alguien se interese de forma personal por algo.

involuntario, ria *adj.* Relativo a lo que escapa al control de la voluntad: *El hipo provoca un movimiento involuntario.* Sin. **espontáneo, automático, inconsciente.** Ant. **voluntario, consciente.**

invulnerable *adj.* Aplicado al que no puede ser herido por nada: *Según el autor del personaje Supermán, éste sería invulnerable si no fuera porque la kriptonita lo daña.*

inyección *f.* **1.** Aplicación de un medicamento líquido que se introduce en el organismo mediante una aguja: *La inyección del suero se hace poco a poco.* **2.** Medicamento líquido que se introduce en el organismo mediante una aguja: *Con una jeringa, la enfermera le puso una inyección de penicilina.* **3.** loc. **Motor de ~**, motor de combustión interna: *Los motores de inyección no tienen carburador.*

inyectado, da *adj.* Se dice de los ojos que están enrojecidos: *Estaba tan furioso que tenía los ojos inyectados.*

inyectar *vb.* [tr.] Introducir a presión un líquido en un cuerpo valiéndose de una jeringa: *El veterinario inyectó al perro para combatir la infección que tiene en su pata herida.*

ion *m.* Átomo o grupo de átomos con carga eléctrica: *Los átomos tienen ion negativo o positivo, según hayan perdido o ganado un electrón.*

ionización *f.* Transformación de átomos o de moléculas neutras en partículas con carga eléctrica.

ionizar *vb. irreg.* [tr.] **Modelo 16.** Provocar que un átomo o molécula neutra adquiera una carga eléctrica.

ionosfera o **ionósfera** *f.* Parte alta de la atmósfera, donde el aire es conductor de electricidad: *La ionosfera se encuentra entre los 80 y los 400 km de altura.*

ipso facto, loc. Inmediatamente, en el acto: *Quiero que vengas ipso facto, no voy a esperarte un minuto más.*

ir *vb. irreg.* [intr. y prnl.] **Modelo 46. 1.** Moverse de un lugar a otro: *Ayer fui a la escuela caminando.* Sin. **desplazar, dirigir.** Ant. **volver. 2.** Ser algo adecuado para alguien: *A la joven le va muy bien ese vestido rosa.* Sin. **convenir, quedar, sentar. 3.** Tener algo determinada dirección o extensión: *El nuevo camino irá del pueblo a la ciudad.* Sin. **dirigirse, conducir, abarcar. 4.** Estar, funcionar, ser o suceder como se expresa: *La anciana iba vestida de negro todos los días a la iglesia.*

IRA

5. Asistir de manera cotidiana a un lugar: *Voy al parque todas las mañanas antes de desayunar.* Sin. **acudir, visitar. 6.** Dejar de estar donde se estaba: *Nos vamos porque ya es tarde.* Sin. **marcharse, ausentarse, largar.** Ant. **quedar. 7.** Morirse: *La abuela se nos fue cuando tenía ochenta años.* **8.** Apostar: *Yo le voy al equipo con camiseta roja y blanca.* **9.** loc. **~ a hacer algo,** indica que algo está a punto de hacerse o a punto de suceder: *Don Justino iba a comer cuando lo llamaron por teléfono.* Sin. **disponer. 10.** loc. **~ detrás de algo,** tratar de conseguir algo: *Hace dos meses que Martha va detrás de ese empleo y al fin se lo darán esta semana.* **11.** loc. **Irse abajo,** derrumbarse o abatirse. **12.** Méx. loc. **Irse de pinta,** faltar a la escuela sin tener permiso: *La maestra se quedó esperando a sus alumnos porque éstos se habían ido de pinta y no llegaron a la escuela.* **13.** loc. **Írsele a alguien la mano,** pasarse: *Se te fue la mano con la sal, la sopa está muy salada.*

ira f. Enojo muy violento: *En un ataque de ira arrojó el jarrón al suelo.* Sin. **cólera, furia, rabia.** Ant. **calma.**

iraca f. Colomb. Palma utilizada para tejer sombreros.

iracundia f. Propensión al enojo violento: *La iracundia del jefe de los guerreros le hizo tomar decisiones crueles, porque al enojo lo cegaba.* Sin. **irritabilidad.**

iracundo, da adj./m. y f. Se aplica a quien es propenso al enojo violento o a quien lo experimenta: *El perro iracundo atacó al ladrón que se había metido a la casa.* Sin. **colérico, furioso, irritado.**

iraní adj./m. y f. Originario de Irán: *El país donde viven los iraníes está en Asia.*

iraquí o **iraqués, esa** adj./m. y f. Originario de Irak o Iraq: *Los iraquíes viven en un país de Asia donde hay mucho petróleo.*

irascible adj. Se aplica a quien es propenso a irritarse: *Hicieron una jaula muy gruesa para el león porque es un animal irascible y puede lastimar a alguien.* Sin. **colérico, iracundo, furioso.** Ant. **tranquilo, apacible.**

iridio m. Elemento metálico de número atómico 77 y símbolo Ir: *El iridio es un metal blanco y duro que se usa para fabricar las puntas de los bolígrafos.*

iridiscente adj. Se refiere a lo que presenta un color brillante semejante al arco iris: *Para ir al club nocturno, Paola se puso un vestido iridiscente que brillaba con el reflejo de las luces.* Sin. **irisado.**

irire m. Bol. Calabaza que se usa como recipiente para tomar la chicha.

iris m. **1.** Membrana coloreada del ojo, en cuyo centro está la pupila: *Los ojos de Filomena tienen el iris de color verde.* **2.** loc. **Arco ~,** arco de colores que aparece en el cielo cuando llueve y al mismo tiempo hay sol: *El arco iris tiene siete colores.*

irisado, da adj. Se refiere a lo que presenta un color brillante semejante al arco iris: *Existen algunas perlas de mar que son irisadas.*

irlandés m. Idioma que se habla en Irlanda.

irlandés, sa adj./m. y f. Originario de Irlanda, país de Europa: *Dublín es la capital irlandesa.*

ironía f. Burla fina con la que se quiere dar a entender lo contrario de lo que se expresa: *Mi madre me dice con ironía que soy un gran cocinero, porque sabe que no soy capaz ni de freír un huevo.* Sin. **sarcasmo.**

irónico, ca adj. Se refiere a lo que quiere dar a entender lo contrario de lo que expresa: *Cuando Víctor le*

aseguró a Silvia que esta vez llegaría a tiempo a la cita, ella le mostró una sonrisa irónica, porque no le creía. Sin. **burlón, sarcástico.**

ironizar vb. irreg. {tr.} Modelo 16. Hablar dando a entender lo contrario de lo que se expresa, para burlarse: *Gregorio ironizaba acerca de su propia gordura para hacer reír a sus amigos.* Sin. **ridiculizar.**

iroqués m. Lengua de los iroqueses hablada también por otras tribus de América del Norte como los erie, cheroki, hurones y conestoga.

iroqués, sa adj./m. y f. Individuo de un pueblo amerindio de América del Norte que habitó en las orillas de los lagos Erie, Hurón y Ontario, entre Canadá y Estados Unidos de Norteamérica.

irracional adj. **1.** Relativo a lo que carece de capacidad para razonar: *Los animales son irracionales porque no piensan; en cambio el hombre es un ser racional, dotado de una inteligencia que le permite analizar y sacar conclusiones.* **2.** Se aplica a lo que se opone a la razón o no tiene sentido: *Tratar de apagar con agua un fuego producido por petróleo es algo irracional, además de peligroso.* Sin. **disparatado, absurdo.** Ant. **razonable, lógico. 3.** En matemáticas, raíz de un número que no puede expresarse como resultado de la división de dos números enteros: *La raíz cuadrada de 8 es un número irracional.*

irradiar vb. {tr.} Despedir un cuerpo rayos de luz, calor o partículas en todas direcciones: *Las estrellas irradian luz.* Sin. **despedir, difundir, esparcir.**

irreal adj. Aplicado a lo que no existe en la realidad: *Esas historias irreales que hablan de fantasmas me asustan aunque yo sé que no son ciertas.* Sin. **fantástico, ficticio, imaginario.** Ant. **real.**

irrealizable adj. Aplicado a lo que no puede hacerse realidad o llevarse a cabo: *Cruzar nadando el Océano Atlántico es una aventura irrealizable, si alguien lo intentara se ahogaría.*

irreconciliable adj. Se aplica a quien no quiere reconciliarse: *Por mucho que intentamos que volvieran a ser amigas, Judith y Carmela se comportan como enemigas irreconciliables.*

irreconocible adj. Referido a lo que no se puede saber con exactitud qué es porque cambió o porque no se había visto antes: *La casa siempre estaba sucia y desordenada, ahora que la limpiaron está irreconocible, parece otra.*

irrecuperable adj. Se refiere a lo que se ha perdido para siempre: *La calvicie es una pérdida irrecuperable del cabello.*

irreflexivo, va adj. Se aplica a quien no piensa lo que hace o lo que dice: *Una persona irreflexiva actúa por impulso y si se equivoca, es difícil que lo reconozca porque no reflexiona.*

irrefrenable adj. Se dice de lo que no se puede detener: *La fuerza irrefrenable del gorila enfurecido tuvo que ser controlada con una inyección que lo tranquiliza.* Sin. **irresistible, invencible.**

irregular adj. **1.** Se aplica a lo que no es liso o continuo: *Esta carretera tiene partes irregulares en las que resultaba difícil avanzar.* Sin. **disparejo, discontinuo. 2.** Se refiere a lo que no se hace de acuerdo con la ley o el uso establecidos: *El comercio estaba funcionando de forma irregular y lo clausuraron porque no tenía el*

356

permiso de la autoridad. SIN. **arbitrario, desordenado.**
3. Se dice del verbo cuya conjugación no sigue la norma general: *El verbo ir es **irregular**.* **4.** Aplicado a lo que es desigual o no es simétrico: *Un polígono **irregular** es el que tiene todos sus lados desiguales.* **5.** Referido a lo que no es constante: *Ernesto es un empleado **irregular**, no es puntual y a veces no trabaja con entusiasmo.*

irregularidad *f.* Calidad del hecho o cosa irregular: *Hubo algunas **irregularidades** en la administración de la empresa y están investigando qué sucedió, porque falta dinero.*

irrelevante *adj.* Se aplica a lo que no tiene importancia: *No te preocupes, un error tan pequeño es **irrelevante** y no se notará.*

irremediable *adj.* Se refiere a lo que no puede arreglarse o solucionarse: *El incendio causó un mal **irremediable** en el bosque, muchos árboles se perdieron para siempre.* SIN. **irreparable.** ANT. **remediable.**

irremisible *adj.* Se aplica a lo que no se puede perdonar.

irremplazable *adj.* Aplicado a lo que no puede ser substituido por otra cosa: *La leche materna es **irremplazable** para el bebé.*

irreparable *adj.* Aplicado a lo que no se puede arreglar o enmendar: *Después del accidente, el automóvil quedó **irreparable**, así que ya no lo podrán usar.* SIN. **irremediable.** ANT. **reparable.** .

irreprimible *adj.* Se dice de lo que no se puede controlar o refrenar: *Cuando me dijeron que mi perro había muerto tuve un deseo **irreprimible** de llorar.*

irreprochable *adj.* Referido a lo que es bueno o está bien hecho y por lo tanto no puede objetarse: *Ese alumno tiene una conducta **irreprochable**, siempre se comporta bien y estudia.* SIN. **intachable, justo, perfecto.**

irresistible *adj.* **1.** Se dice de lo que no se puede vencer: *El puente se cayó debido a la fuerza **irresistible** del río.* SIN. **invencible, irrefrenable. 2.** Aplicado a lo que muy atractivo y no puede evitarse o eludirse: *Tania tiene una sonrisa **irresistible** que pone de buen humor a todos.*

irresoluble *adj.* Referido a lo que no tiene solución: *Cuando tienes un problema que no puede resolverse, dices "tengo un problema **irresoluble**".* SIN. **insoluble.** .

irresolución *f.* Falta de decisión: *David estaba indeciso entre ir al teatro o ir al cine, y debido a su **irresolución**, al final no hizo ninguna de las dos cosas.* SIN. **indecisión.** ANT. **resolución, decisión, audacia.**

irresoluto, ta *adj.* **1.** Se aplica a quien le falta decisión: *Doris es una mujer **irresoluta**, nunca hace lo que quiere hacer porque no se decide.* ANT. **resuelto, decidido. 2.** Se aplica a lo que no ha sido resuelto: *De las siete divisiones que nos dejó el maestro de matemáticas, dejé dos **irresolutas** porque estaban muy difíciles.* ANT. **resuelto.**

irresoluto, ta *m.* y *f.* Persona que no se decide por nada. SIN. **indeciso.**

irrespetuoso, sa *adj.* Se dice de la persona grosera que no respeta a los demás: *Julia le habló a su padre de manera **irrespetuosa** gritándole palabras groseras.* SIN. **insolente.** ANT. **respetuoso.**

irrespirable *adj.* Se aplica a lo que no puede respirarse porque es venenoso o asfixiante: *Dentro del laboratorio hay substancias **irrespirables**, por eso la gente que entra ahí debe usar máscaras especiales.* SIN. **asfixiante.** ANT. **respirable.**

irresponsabilidad *f.* Falta de capacidad para cumplir con una obligación o deber: *La **irresponsabilidad** de Carlos lo obligó a repetir el curso pues sus calificaciones eran muy bajas.* SIN. **imprudencia, insensatez.** ANT. **responsabilidad, prudencia, sensatez.**

irresponsable *adj./m.* y *f.* Se aplica a la persona que no cumple con su obligación o deber: *Esa chica perdió su empleo por **irresponsable**, ya que pasaba el tiempo hablando por teléfono con sus amigas en lugar de trabajar.* SIN. **imprudente, insensato.** ANT. **responsable, prudente, sensato.**

irrestricto *adj.* Se aplica a lo que no tiene limitación: *Le dieron un permiso **irrestricto** para visitar ese país, de modo que se puede quedar ahí el tiempo que desee.* SIN. **ilimitado.**

irreverencia *f.* Falta de respeto a las cosas sagradas o a la autoridad: *La maestra explicó a los alumnos que es una **irreverencia** no ponerse de pie cuando el director de la escuela entra al salón.* SIN. **desacato.** ANT. **respeto.**

irreverente *adj./m.* y *f.* Se aplica al que no tiene respeto por las cosas sagradas o la autoridad: *Los jóvenes **irreverentes** han sido reprendidos por su falta de respeto hacia los mayores.* SIN. **irrespetuoso.** ANT. **respetuoso, educado.**

irreversible *adj.* Se refiere a lo que es o ha sucedido de tal modo que no puede repetirse en sentido inverso: *En algunas regiones, el daño ecológico es **irreversible**; la selva no volverá a ser como era antes.*

irrevocable *adj.* Referido a lo que no se puede anular o suspender porque es definitivo: *La decisión de Rodrigo es **irrevocable**, dejará la medicina y estudiará arquitectura aunque se enojen sus padres.* SIN. **definitivo, indiscutible.** ANT. **discutible, revocable.**

irrigación *f.* Hecho de rociar agua u otro líquido: *La **irrigación** de los campos de cultivo se lleva a cabo por medio de zanjas por las que circula el agua.*

irrigar *vb. irreg.* {tr.} Modelo 17. Rociar con agua u otro líquido: *Las venas y las arterias **irrigan** de sangre todo el cuerpo.* SIN. **regar.**

irrisorio, ria *adj.* **1.** Se aplica a lo que provoca risa: *El payaso llevaba un traje **irrisorio** con una larga cola de colores, que él pisaba enredándose hasta caer.* **2.** Se dice de lo que es muy pequeño: *Al final de la temporada de invierno puedes comprar ropa abrigadora a precios **irrisorios**.* SIN. **mínimo, insignificante.**

irritabilidad *f.* **1.** Capacidad del organismo para reaccionar ante los estímulos externos: *La **irritabilidad** de las células ante las substancias tóxicas se manifiesta con enrojecimiento, hinchazón y comezón.* **2.** Propensión al enojo: *La **irritabilidad** de Natalia se debe a que está enferma de los nervios y cualquier cosa la enoja.*

irritable *adj.* **1.** Referido a quien se enoja de manera fácil: *El hombre se ha vuelto **irritable** desde que se quedó sin trabajo y pasa el día gritando.* **2.** Aplicado al tejido orgánico sensible, que reacciona ante los estímulos externos: *El niño tiene la piel **irritable** y no puede tomar sol porque se pone rojo y hinchado.*

irritación *f.* **1.** Enojo: *Cuando mi padre se enteró de que le dije una mentira sintió **irritación** hacia mí.* SIN. **ira. 2.** Reacción de una parte del organismo que pica, duele o se pone roja o inflamada: *Rafaela tiene una **irritación** en la garganta, tose y no puede hablar porque le duele.* SIN. **inflamación, escozor.**

IRR

irritado, da *adj.* **1.** Se dice de quien está enojado: *Bernardo está irritado porque su amigo no lo invitó a su cumpleaños.* **2.** Referido a la parte del cuerpo que pica, está roja o se encuentra inflamada: *Tiene irritada la piel del brazo porque se quemó con una cacerola caliente.*

irritante *adj.* Se dice de lo que irrita: *Hay substancias irritantes que lastiman la piel, como el cloro.*

irritar *vb.* (tr. y prnl.) **1.** Causar algo escozor o inflamación en alguna parte del cuerpo: *Josefina no usa crema en la cara porque le irrita la piel.* **2.** Hacer sentir ira: *El anciano se irritó porque los jóvenes rompieron un vidrio de la ventana con el balón.*

irrompible *adj.* Referido a lo que no se rompe o tiene una gran resistencia: *Este vaso es irrompible porque es de plástico.*

irrumpir *vb.* (intr.) Entrar de manera violenta en un lugar: *Los niños irrumpieron en la sala para avisar que uno de sus amigos estaba arriba de un árbol y no podía bajar.*

irrupción *f.* Hecho de entrar de manera violenta en un lugar: *La irrupción de los bomberos que abrieron la puerta a golpes, salvó la vida del hombre accidentado.* SIN. **invasión.**

isla *f.* **1.** Porción de tierra rodeada de agua: *Cuba es una isla americana que está en el Mar Caribe.* SIN. **ínsula.** **2.** *Chile.* Terreno próximo a un río, que se cubre a veces de agua.

islam *m.* **1.** Religión y cultura de los musulmanes. SIN. **islamismo.** **2.** Se escribe con "I" mayúscula cuando designa el conjunto de los países musulmanes: *Los países del Islam se encuentran principalmente en Asia y algunos en África y Europa.*

islamismo *m.* Religión fundada por el profeta Mahoma, cuyos principios se encuentran en el libro sagrado llamado Corán: *El dios del islamismo es Alá.*

islandés *m.* Idioma hablado en Islandia: *El islandés es una lengua nórdica.*

islandés, sa *adj./m.* y *f.* Originario de Islandia: *La capital de la nación islandesa es Reykjavik.*

islario *m.* Mapa que describe islas: *Para reconocer los países de Oceanía recurrí a un islario.*

isleño, ña *adj./m.* y *f.* Referido a quien es o a lo que es de una isla: *Los isleños suelen ser buenos pescadores porque viven cerca del mar.* SIN. **insular.**

isleta *f. Argent.* Grupo de árboles en medio de la llanura.

islote *m.* Isla pequeña y despoblada: *En aquel islote sólo viven aves marinas.*

isobara o **isóbara** *f.* Línea imaginaria que une los puntos de igual presión atmosférica: *En el atlas hay un mapa con las isobaras que unen las distintas regiones del mundo.*

isoca *f. Argent.* Oruga muy perjudicial para los cereales.

isómero, ra *adj./m.* Referido a la substancia que tiene la misma composición química que otra, pero distintas propiedades físicas.

isópodos *m.* pl. Nombre bajo el que se agrupan los crustáceos pequeños que tienen el cuerpo chato y ancho: *Los isópodos se llaman así porque todas sus patas son del mismo tamaño.*

isósceles *adj.* Relativo al triángulo que tiene dos lados iguales: *En geometría, dibujamos un triángulo isósceles que medía 2 cm de base y tenía dos lados iguales que medían 3 cm cada uno.*

isótopo *m.* Nombre que se da a los elementos químicos idénticos con masas atómicas diferentes.

israelí o **israelita** *adj./m.* y *f.* Originario del Estado de Israel, país asiático del Cercano Oriente.

istmo *m.* Porción de tierra, más larga que ancha, que une dos continentes o una península con un continente: *América del Norte se une con América del Sur a través del istmo de Panamá.*

itacate *m. Méx.* Conjunto de alimentos o provisiones que se llevan al hacer un viaje.

italiano *m.* Idioma que se habla en Italia: *El italiano es una lengua derivada del latín.*

italiano, na *adj./m.* y *f.* Originario de Italia, país de Europa: *La pasta es una comida tradicional italiana.*

ítem *m.* Párrafo o artículo: *En este texto sobre la vida de las aves he agregado un ítem para explicar cómo hacen sus nidos.*

iteración *f.* Repetición de acciones semejantes o iguales.

iterativo, va *adj./m.* y *f.* **1.** Referido a lo que se repite. SIN. **reiterativo.** **2.** Se dice de la palabra que expresa una repetición de la acción: *"Pisotear" es un verbo iterativo, porque significa que se vuelve a pisar sobre lo que ya está pisado.*

iterbio *m.* Elemento metálico de símbolo Yb y número atómico 70.

itinerante *adj.* Se aplica a quien se desplaza de un lado a otro para ejercer sus funciones: *El circo es itinerante, así que pasa unos días en cada ciudad del país.* SIN. **ambulante.**

itinerario *m.* Descripción del recorrido que se hace para ir de un lugar a otro: *El itinerario del tren indica que se detendrá en tres pueblos antes de llegar a su destino final.* SIN. **recorrido, ruta, camino.**

itrio *m.* Elemento metálico de número atómico 39 y símbolo Y: *El itrio es un metal raro que forma un polvo negruzco y brillante.*

ixtle *m. Méx.* Fibra textil que se extrae de una de las especies de agave.

izar *vb. irreg.* (tr.) **Modelo 16.** Hacer subir algo tirando de la cuerda a que está sujeto: *El soldado izó la bandera que estaba en el mástil y ésta comenzó a ondear al viento.*

izquierda *f.* **1.** Pierna o mano situada del lado del corazón: *Ese futbolista patea el balón con la izquierda porque es zurdo.* SIN. **zurda.** ANT. **derecha, diestra.** **2.** Lugar o dirección que corresponde al lado del corazón de una persona. SIN. **siniestra.** ANT. **derecha, diestra.** **3.** Conjunto de organizaciones políticas y de personas de ideas progresistas, por oposición a la derecha conservadora: *Los partidos de izquierda se oponen a los conservadores o derechistas.*

izquierdo, da *adj.* **1.** Relativo a las partes del cuerpo que están situadas del lado del corazón: *Algunas personas escriben con la mano izquierda y muchas otras con la derecha.* SIN. **siniestro.** ANT. **derecho, diestro.** **2.** Relativo a las cosas que están situadas del lado correspondiente al corazón de una persona: *El Continente Americano se encuentra a la izquierda del Océano Atlántico.* SIN. **siniestro.** ANT. **derecho, diestro.**

J j

j *f.* Décima letra del abecedario español. Su nombre es *jota*.

jabalí, lina *m.* y *f.* Mamífero parecido al cerdo, de hocico alargado y colmillos desarrollados: *Los jabalíes son como cerdos salvajes que viven en los bosques.*

jabalina *f.* Vara para lanzamientos, parecida a una lanza, usada en atletismo: *El lanzamiento de jabalina es una disciplina olímpica.*

jabato *m.* Cachorro o cría del jabalí.

jabón *m.* Producto utilizado para lavar: *Antes y después de cada comida, hay que lavarse bien las manos con agua y jabón para evitar enfermedades estomacales.*

jabonada *f.* Acción de echar jabón para lavar o lavarse: *Cuando me ducho, primero me doy una jabonada y después me enjuago.*

jabonar *vb.* [tr., intr. y prnl.] Poner jabón, enjabonarse: *"Después de jabonar al perro, no olvides enjuagarlo bien para que después no le dé comezón", me dijo Samuel.* SIN. enjabonar.

jabonoso, sa *adj.* Que tiene jabón o que se parece al jabón: *No se deben regar las plantas con agua jabonosa porque podrían dañarse.*

jaca *f.* **1.** Caballo de poca alzada o altura. **2.** Yegua, hembra del caballo.

jacal *m.* Méx. y Venez. Choza o casa humilde: *Cuando íbamos por el camino rural vimos algunos jacales con gallinas alrededor.*

jacalón *m.* Méx. Cobertizo, tinglado: *Los campesinos guardan los objetos de trabajo para el campo en un jacalón al fondo del patio.*

jacarandá o **jacaranda** *f.* Árbol tropical de América, de flores color lila, cuya madera es muy estimada en ebanistería: *Las jacarandas empiezan a florear en febrero o marzo.*

jacarandoso, sa *adj.* Fam. Alegre, con temperamento tropical: *En la fiesta había una mujer jacarandosa que bailaba, cantaba y reía divertida.*

jachalí *m.* Árbol tropical de América, de fruto aromático y madera dura muy apreciada en ebanistería.

jacinto *m.* Planta que se cultiva por sus olorosas flores que pueden ser lilas, azules, rosadas o blancas: *Los bulbos de los jacintos se guardan para volver a sembrarlos al año siguiente.*

jaco *m.* Caballo pequeño y de mal aspecto: *El vaquero no apreciaba al feo jaco por su aspecto rechoncho y débil.*

jacobino, na *adj./m.* y *f.* **1.** Se aplica a los miembros del partido más radical y violento de la Revolución Francesa. **2.** Persona con ideas extremas sobre democracia política.

jactancia *f.* Presunción, alarde: *Su jactancia lo hace insoportable, ya que es una persona que todo el tiem-*

po está diciendo que no hay alguien más inteligente que él.

jactarse *vb.* [prnl.] Presumir de algo que uno tiene o se atribuye: *Se jacta de ser el autor latinoamericano que más libros ha vendido.*

jade *m.* Piedra preciosa de color verde: *El jade es una piedra que usaban los indígenas de Mesoamérica para elaborar joyas.*

jadear *vb.* [intr.] Respirar con dificultad por efecto del cansancio, calor o enfermedad: *Como no tiene buena condición física, llegó jadeando después de subir por la escalera.*

jadeo *m.* Acción de jadear, de respirar con dificultad a causa de una enfermedad, por calor o agotamiento: *Después de correr un buen rato, el perro traía la lengua afuera del hocico y no podía controlar el continuo jadeo.*

jaez *m.* Cintas con que se adornan las crines de las caballerías: *Los caballos del desfile llevaban jaeces de muchos colores.*

jaguar *m.* Mamífero felino carnívoro originario de América, con manchas en forma de anillo, parecido al leopardo: *Una diferencia entre el jaguar y el leopardo es que las manchas del jaguar tienen un espacio negro en el centro.* SIN. yaguar.

jagüey *m.* **1.** Bejuco de Cuba que crece enlazándose a un árbol al cual mata. **2.** Amér. C. y Amér. Merid. Balsa, pozo o zanja llena de agua: *El ganado va a beber al jagüey.*

jaiba *adj./m.* y *f.* **1.** Cuba. Perezoso, flojo. **2.** Cuba y P. Rico. Astuto, taimado.

jaiba *f.* Antill., Chile y Méx. Cangrejo de río.

jalada *f.* Méx. Vulg. Dicho o acción increíble, exageración: *"Es una jalada que me digas que tu gato pesa ochenta kilos cuando he visto que mi hermanito lo puede cargar."*

jalar *vb.* [tr.] **1.** Fam. Tirar o atraer una cosa hacia sí: *En el día de campo se organizaron dos equipos que jugaron a jalar la cuerda.* SIN. halar. **2.** Fam. Comer con ganas.

jalca *f.* Perú. Terrenos altos cercanos a la cordillera andina.

jalea *f.* Postre de consistencia gelatinosa, hecho con zumo o jugo de frutas y azúcar: *Mi abuelita prepara jaleas en el verano, cuando las frutas están frescas.*

jalear *vb.* [tr.] Esp. Animar con palmadas y voces a los que cantan o bailan.

jaleo *m.* Esp. Fam. Alboroto, barullo: *En la ciudad de Pamplona, en España, se arma un gran jaleo cuando sueltan a los toros en la calle.*

jalón *m.* **1.** Vara que se clava en la tierra como señal. **2.** Amér. Tirón: *Jugando fútbol, sintió de pronto un jalón en un músculo de la pierna.* **3.** Acontecimiento importante que sirve como punto de referencia para algo o alguien: *El invento de la locomotora fue un jalón para la*

Revolución Industrial. **4.** *Méx.* Trago de bebida alcohólica. **5.** *Méx.* Fumada de cigarrillo.

jalonear *vb.* {tr. y prnl.} *Guat., Méx* y *Nicar.* Dar tirones o jalones de alguien o algo: *Cuando llego a casa, mi perro jalonea mi pantalón y ladra en señal de saludo.*

jaloneo *m.* Serie de jalones bruscos: *Como había mucha gente sin billete de entrada, hubo jaloneos para entrar al estadio de fútbol.*

jamaica *f.* *Méx.* Flor seca de color rojo intenso, que se utiliza para preparar una bebida refrescante.

jamaicano, na o **jamaiquino, na** *adj./m.* y *f.* Originario de Jamaica, isla de las grandes Antillas: *El ron jamaicano es famoso por su buena calidad.*

jamás *adv.* Nunca, en ningún tiempo: *Después de pelearse con su mejor amigo, Pedro juró que jamás volvería a hablarle.*

jamelgo *m.* Caballo flaco y desgarbado: *Don Quijote, el famoso personaje del escritor español Miguel de Cervantes Saavedra, cabalgaba en un jamelgo viejo.* SIN. **penco.**

jamón *m.* **1.** Pierna entera de cerdo salada y preparada para su conservación: *En algunas tiendas pueden verse colgadas las piernas de jamón.* **2.** Carne que se extrae de la pierna del cerdo, salada y curada: *Hoy desayuné huevos con jamón, jugo de toronja, pan tostado y café.*

japonés *m.* Lengua hablada en Japón.

japonés, sa *adj./m.* y *f.* Originario de Japón, país de Asia Oriental. SIN. **nipón.**

jaque *m.* **1.** Jugada del ajedrez en que el rey está amenazado: *Le hizo jaque, pero el rey todavía pudo defenderse y no perdió el juego.* **2.** loc.. ~ **mate,** jugada del ajedrez en que el rey de un jugador no puede escapar y se da por muerto, lo que ocasiona el final del juego.

jaqueca *f.* Dolor de cabeza intenso: *Rubén fue al médico, porque sufre jaquecas desde que se cayó de la bicicleta.*

jarabe *m.* **1.** Bebida medicinal: *Está tomando un jarabe para la tos, y dice que sabe horrible.* **2.** *Méx.* Baile popular por parejas en el que se cantan temas graciosos: *Uno de los jarabes más famosos de México es el "jarabe tapatío".*

jarana *f.* **1.** Diversión ruidosa. SIN. **juerga, farra. 2.** Riña, pleito, trifulca. **3.** *Méx.* Guitarra pequeña de cuatro cuerdas: *Es común el uso de la jarana en la música tradicional del sureste de México.*

jarcia *f.* **1.** Conjunto de cabos y aparejos de un buque: *El marinero revisó que las jarcias que sujetaban las velas estuvieran bien apretadas, ya que se acercaba una tormenta.* **2.** Conjunto de instrumentos para pescar: *El pescador arrojó su jarcia a la canoa y se adentró en el lago para pescar lo que comería su familia más tarde.*

jardín *m.* **1.** Terreno donde se cultivan árboles, plantas y flores: *El jardín de mi casa tiene varios árboles frutales y una parte de césped donde me gusta acostarme a descansar.* **2.** loc. *Méx.* ~ **de niños,** escuela a la que asisten niños que tienen entre 3 y 5 años de edad: *Raulito está muy contento en el jardín de niños, porque ahí tiene amiguitos con quienes jugar.*

jardinera *f.* Lugar, mueble o estructura para colocar plantas o flores: *En todas las ventanas de la casa hay jardineras donde han sembrado rosales.*

jardinero, ra *m.* y *f.* Persona que cuida los jardines: *El jardinero le dio forma de jirafa a un árbol del jardín.*

jareta *f.* Dobladillo en la ropa para meter una cinta o goma: *Prefiero los pantalones con jareta a los que tienen elástico en la cintura, porque así puedo apretarlos o soltarlos hasta donde yo quiera.*

jarilla *f.* *Argent., Chile* y *Méx.* Nombre de diversas especies de arbustos que alcanzan los 2 m de altura y tienen pequeñas flores amarillas.

jarra *f.* Vasija de boca ancha, con una o dos asas: *En la jarra está el chocolate caliente que preparó mi mamá para el desayuno.*

jarrete *m.* **1.** Parte trasera de la rodilla. SIN. **corva. 2.** Parte alta y carnosa de la pantorrilla, en especial de la vaca.

jarro *m.* Vasija con una sola asa: *Vació el agua de limón en un jarro de cerámica y lo puso en la mesa donde comerían.*

jarrón *m.* Vasija de adorno: *En el centro de la mesa había un jarrón con unas rosas de color amarillo.*

jaspe *m.* Roca que combina en sí varios colores, empleada en joyería.

jaspeado, da *adj.* De varios colores entrelazados o combinados entre sí.

jauja *f.* Lugar o situación de bienestar y abundancia: *¡Esto es jauja!, estamos en la playa comiendo unos deliciosos mariscos y el clima es agradable.*

jaula *f.* Caja hecha de barrotes o alambres, que sirve para transportar o encerrar animales: *En el zoológico guardan a los pájaros en grandes jaulas de alambre.*

jauría *f.* Conjunto de perros que cazan juntos: *Los cazadores se llevaron a la jauría de sabuesos para cazar al zorro.* SIN. **perrada, perrería.**

jazmín *m.* **1.** Arbusto trepador de flores blancas o amarillas muy olorosas: *Los jazmines estaban cargados de flores y el olor se percibía en todo el jardín.* **2.** Flor de la planta del jazmín.

jazz *m.* **Palabra inglesa.** Género musical de ritmo cambiante, con mucha improvisación en la melodía: *Louis Armstrong fue uno de los grandes trompetistas de jazz del siglo xx.*

jazzista *m.* y *f.* Músico que toca o canta jazz: *En la ciudad de Nueva Orleáns, en Estados Unidos, se reúnen muchos jazzistas que tocan muy bien.*

jeans *m.* pl. **Palabra inglesa.** Pantalones de tela de algodón muy resistentes al uso continuo: *Los jeans fueron usados originalmente sólo por mineros, pero en la actualidad son la prenda informal que más usa la gente.* SIN. **vaqueros.**

jebe *m.* *Chile, Ecuad.* y *Perú.* Planta que produce caucho o hule: *El jebe es abundante en Brasil.*

jeep *m.* **Palabra inglesa.** Automóvil muy resistente que puede andar por toda clase de terrenos: *Fuimos de excursión por la montaña en un jeep que nos transportó a través de terrenos difíciles.*

jefatura *f.* Lugar en que se encuentran las oficinas principales de un organismo de gobierno: *Llevaron al delincuente a la jefatura de policía.*

jefe, fa *m.* y *f.* **1.** Persona que manda o es responsable de una empresa o grupo: *El jefe de la oficina de publicidad pidió a sus empleados que organizaran la campaña de anuncios para el nuevo libro.* **2.** Líder o cabeza de algo: *El jefe del grupo fue elegido por sus compañeros.* SIN. **cabecilla. 3.** Entre militares, categoría superior a la de capitán. **4.** *Méx.* Fam. Padre y madre: *Mi jefa me dio permiso para ir a la fiesta del sábado.*

jején *m.* Insecto con dos alas, abundante en América Central y del Sur, más pequeño que el mosquito.

jengibre *m.* Planta de tallo subterráneo aromático que se utiliza como especia: *En la India se usa mucho el jengibre para condimentar guisos.*

jeque *m.* Entre los musulmanes, jefe que gobierna un territorio: *Dentro del gobierno de un sultán, el jeque gozaba del segundo rango después del gran visir.*

jerarquía *f.* **1.** Organización en categorías o grados que existe en alguna actividad: *Daniel recorrió toda la jerarquía de su empresa, ya que comenzó siendo mensajero y ha llegado a ser gerente.* **2.** Cada uno de los grados o categorías en que se divide una empresa u organización: *En esta oficina existen tres jerarquías, la de los jefes, las secretarias y los mensajeros.*

jerez *m.* Vino blanco de fina calidad y alta graduación: *A muchos ingleses les gusta tomar jerez como aperitivo antes de la comida.*

jerga *f.* **1.** Lenguaje especial entre personas de una misma clase o profesión: *Entró a estudiar medicina y al poco tiempo hablaba la jerga de los médicos.* **2.** Lenguaje difícil de entender: *Los delincuentes hablaban entre sí una jerga que los policías no entendieron.* SIN. **jerigonza.** **3.** *Méx.* Tipo de tela muy absorbente que se usa para limpiar el piso y los muebles: *Con la jerga limpió todo el piso de la cocina.*

jergón *m.* Colchón de paja, esparto o hierba y sin hilvanes: *En esa cárcel los presos no tenían camas, apenas un viejo y sucio jergón en el suelo.*

jerigonza *f.* Lenguaje informal utilizado sólo por un grupo o clase de personas: *La palabra chamaco forma parte de la jerigonza mexicana.* SIN. **jerga.**

jeringa *f.* Instrumento que tiene diversos usos, en especial de succionar o inyectar líquidos: *Le pusieron la inyección con una jeringa desechable para evitar contagios infecciosos.*

jeringar *vb. irreg.* {tr. y prnl.} **Modelo 17.** *Fam.* Molestar, fastidiar.

jeringuilla *f.* Jeringa pequeña para poner inyecciones.

jeroglífico *m.* **1.** Cada uno de los signos de la escritura jeroglífica: *Existen jeroglíficos que representan sonidos y otros que representan ideas.* **2.** Pasatiempo que consiste en deducir frases a partir de unos signos dados.

jeroglífico, ca *adj.* Relativo a la escritura en la que se usan figuras o símbolos: *Los antiguos egipcios usaban una escritura jeroglífica.*

jersey *m.* **Palabra inglesa.** Prenda de vestir de lana u otro tejido, con mangas y sin botones que cubre hasta la cintura y se usa para protegerse del frío: *Como empezó a sentir calor, se quitó el jersey.* SIN. **suéter, chompa, tricota, pulóver.**

jesuita *m.* Religioso católico de la Compañía de Jesús: *Los jesuitas fueron expulsados de América en el siglo XVIII.*

jeta *f.* **1.** Boca con labios abultados. **2.** *Fam.* Cara: *Mirna tiene jeta de enojada porque perdió su dinero.*

jetón, na *adj.* **1.** *Méx. Fam.* Malhumorado, enojado: *Como lo despertaron antes de terminar su siesta, el niño se puso jetón.* **2.** *Méx. Fam.* Dormido: *Después de la abundante comida, mi primo se quedó jetón sentado en la silla.*

jíbaro *adj./m.* y *f.* Pueblo amerindio que habita en los alrededores del río Amazonas, en la parte comprendida entre Brasil y Ecuador: *Los jíbaros son famosos porque reducían las cabezas de sus adversarios muertos.*

jícama *f.* *Méx.* Tubérculo comestible parecido a una cebolla pero más grande, de pulpa blanca, jugosa y fresca, y cáscara color marrón claro: *Las jícamas son sabrosas con limón, chile y sal.*

jícara *f.* Vasija pequeña hecha con la cáscara de ciertas calabazas, que se utiliza para beber chocolate o para tomar o servir cualquier líquido: *María usa una jícara para tomar el chocolate todas las mañanas.*

jico *m.* **1.** *Colomb.* Cuerda que se ata a la cabeza de las caballerías para llevarlas o asegurarlas. SIN. **cabestro.** **2.** *Colomb.* Cuerda para enlazar. **3.** *Cuba.* Cuerda de muchos cordones con que se rematan los dos extremos de una hamaca.

jicote *m.* **1.** *Amér. C.* y *Méx.* Avispa gruesa de cuerpo negro y abdomen amarillo. **2.** *Hond.* y *Nicar.* Panal de la avispa llamada jicote.

jicotea *f.* *Cuba, Méx.* y *P. Rico.* Reptil de la familia de las tortugas.

jijona *m.* Especie de turrón blando hecho a base de almendras: *El turrón de jijona se come sobre todo durante la época de las fiestas navideñas.*

jilguero *m.* Pájaro de pequeño tamaño con el lomo de color pardo, la cabeza blanca con manchas rojas, y las alas y la cola negras con manchas amarillas y blancas: *Los jilgueros son animales comunes en España y tienen un canto melodioso muy agradable de escuchar.*

jineta *f.* Pequeño mamífero carnívoro de pelaje color claro con manchas negras: *La jineta vive en África y en Europa.*

jineta *f.* Manera de montar a caballo.

jinete, ta *m.* y *f.* Persona que va a caballo: *Al llegar a la valla, el caballo se frenó y el jinete salió de su lomo volando.*

jinetear *vb.* {tr. y prnl.} **1.** *Amér.* Domar caballos cerriles o salvajes. **2.** *Méx. Fam.* Tardar en pagar un dinero con el fin de sacar ganancia de él. **3.** *Colomb.* y *Méx.* Montarse en el caballo y asegurarse en la silla.

jiote *m.* *Méx.* Erupción cutánea de tono blanco acompañada de escozor y comezón: *A mi hermano le salió un jiote junto a la boca y no para de rascárselo.*

jira *f.* *Esp.* Comida campestre.

jirafa *f.* **1.** Mamífero rumiante de cuello largo y esbelto: *Las jirafas son los mamíferos más altos del mundo.* **2.** Brazo articulado que sostiene el micrófono durante las filmaciones de cine o programas de televisión.

jirajara *adj./m.* y *f.* Originario de un pueblo amerindio que habita en Venezuela.

jirón *m.* **1.** Trozo desgarrado de una tela: *Como la sábana ya no servía, la cortó en jirones para usarlos como trapos de limpieza.* **2.** *Perú.* Vía urbana compuesta de varias calles.

jitomate *m.* *Méx.* Palabra que viene del náhuatl *jitomatl*, que designa al fruto de la tomatera, de color rojo, forma alargada o redonda, de pulpa carnosa y con numerosas semillas de color claro dentro. SIN. **tomate.**

jobo *m.* *Amér. C., Antill., Colomb., Pan., P. Rico* y *Venez.* Árbol de gran follaje y flores grandes en racimos, de fruto parecido a la ciruela, comestible y agridulce: *Este año el jobo ha dado muchos frutos.*

jockey *m.* **Palabra inglesa.** Jinete profesional que monta caballos de carreras: *Los jockeys suelen ser hombres ligeros y pequeños porque esto ayuda a que el caballo se desplace a mayor velocidad.*

jocoso, sa *adj.* Gracioso, chistoso, humorístico: *Luis es un chico jocoso con quien paso ratos muy divertidos.*

joder *vb.* (tr. y prnl.) **1.** *Vulg.* Tener relaciones sexuales. **2.** *Vulg.* Molestar. **3.** *Vulg.* Dañarse o estropearse algo.

jofaina *f.* Recipiente de uso doméstico, de gran diámetro y poca altura: *Después de levantarse de la cama llenó la jofaina de agua y se lavó las manos y la cara.* SIN. **palangana.**

jojoba *f.* Arbusto originario de México del que se obtiene un aceite usado para fines cosméticos: *Le recomendaron que usara jojoba para lavarse el pelo porque lo tenía maltratado.*

jojoto *m.* *Venez.* Maíz cuando aún está tierno. SIN. **elote.**

jojoto, ta *adj.* *Venez.* Relativo al fruto verde, que no está maduro.

jolgorio *m.* *Fam.* Regocijo, fiesta: *Mis vecinos celebraron el cumpleaños de su mamá con un jolgorio que duró casi toda la noche.*

jónico, ca *adj.* Relativo al tipo de arquitectura griega que se caracteriza por una columna con ranuras, en cuya parte superior tiene un remate o capitel con relieves en forma de espirales.

jordano, na *adj./m.* y *f.* Originario de Jordania, país del Cercano Oriente.

jornada *f.* **1.** Camino recorrido de una sola vez: *Los viajeros harán el trayecto en dos jornadas porque es muy largo.* **2.** Duración del trabajo diario o semanal de un trabajador: *Su jornada se inicia antes de salir el sol y termina después del ocaso.*

jornal *m.* Dinero que cobra una persona por cada día de trabajo: *En ese país se ha establecido un jornal mínimo para los trabajadores de la industria.*

jornalero, ra *m.* y *f.* Persona que trabaja a jornal, en especial la que trabaja en el campo: *En épocas de cosecha contratan a jornaleros durante dos o tres meses.*

joroba *f.* **1.** Abultamiento en la espalda debido a una desviación de la columna vertebral. SIN. **corcova.** **2.** Abultamiento que tienen en el lomo ciertos animales como el cebú y el dromedario.

jorobado, da *adj.* Que se agacha tanto que se joroba: *"No te pongas jorobado cuando escribas, porque esa posición perjudica tu columna vertebral", me dijo mi abuelo.*

jorobado, da *adj./m.* y *f.* Que tiene un abultamiento en la espalda, una joroba: *El jorobado del cuento de Víctor Hugo estaba enamorado de la gitana Esmeralda.*

jorobar *vb.* (tr. y prnl.) **1.** *Fam.* Fastidiar, molestar: *"¡Niño, deja de jorobar al gato!", me gritó mi padre.* **2.** Agacharse y doblar la espalda.

jorongo *m.* **1.** *Méx.* Poncho con que se cubren los campesinos: *Mi abuela usa un jorongo cuando siente frío.* **2.** *Méx.* Colcha de lana.

joropo *m.* Música y baile típicos de Venezuela.

josefino, na *adj./m.* y *f.* Originario de San José, capital de Costa Rica.

jote *m.* **1.** Especie de buitre de Chile, de color negro, con cabeza y cola violáceas. **2.** *Chile.* Cometa grande y cuadrada.

joto *m.* **1.** *Colomb.* Bulto o paquete pequeño. **2.** *Méx. Fam.* Figura equivalente a la sota de la baraja española. **3.** *Méx. Desp.* Hombre homosexual.

joven *adj./m.* y *f.* **1.** Ser vivo que tiene menos edad que otro: *Diana tiene 12 años y es más joven que su* hermana de 17. **2.** Que tiene más edad que los niños y menos que los adultos: *Esteban es un joven que estudia la preparatoria.* SIN. **adolescente. 3.** Persona que tiene entre 18 y 26 años aproximadamente: *A muchos jóvenes les gusta ir a la discotecas.* ANT. **viejo.**

jovial *adj.* Alegre, risueño: *Es una persona jovial, siempre de buen humor y con ganas de divertirse.*

jovialidad *f.* Carácter alegre de una persona, o ambiente cordial donde todas las personas están contentas: *En la fiesta hubo mucha jovialidad entre los empleados, que brindaron y se intercambiaron regalos.*

joya *f.* Objeto de metal y piedras preciosas, por lo general de alto valor: *Cuando la familia cayó en desgracia la madre se vio obligada a vender todas sus joyas para pagar las deudas.* SIN. **alhaja.**

joyero *m.* Estuche para guardar joyas: *En un joyero que había sido de su mamá guardaba los anillos y aretes que más apreciaba.*

joyero, ra *m.* y *f.* Persona que hace o vende joyas: *Esa actriz tiene un joyero que diseña joyas especiales para ella.*

juanete *m.* Hueso que está en la base del dedo grueso del pie, cuando sobresale demasiado: *Mi tía Hortensia no puede usar zapatos ajustados porque le molestan los juanetes.*

jubilación *f.* **1.** Proceso mediante el cual un empleado se retira de trabajar a causa de la vejez, algún accidente o por antigüedad, y continúa recibiendo un sueldo: *Mi padre empezó a tramitar su jubilación porque ya trabajó veinticinco años en esa empresa.* **2.** Pago periódico que se le da a la persona que trabajó durante años: *Cada mes va al banco a cobrar la jubilación que le paga la empresa donde trabajó durante treinta años.*

jubilado, da *adj./m.* y *f.* Se refiere a la persona que ya no labora por vejez, por un accidente o por haber trabajado varios años en la misma empresa, y que continúa recibiendo un sueldo: *En ese parque se reúnen varios jubilados a jugar ajedrez, dominó y a conversar.*

jubilar *vb.* (tr. y prnl.) Liberar del trabajo a un empleado por vejez, por trabajar varios años en una misma empresa o imposibilidad física: *Jubilaron a don Manuel de la empresa donde trabajaba porque ya cumplió treinta años de laborar ahí.*

jubileo *m.* **1.** En la Biblia, año privilegiado que se festeja cada 50 años y que marcaba la redistribución igualitaria de las tierras. **2.** En el Catolicismo, año santo celebrado de forma periódica, en el que el Papa otorga el perdón completo. **3.** Aniversario importante, por lo general cada 50 años, de una boda a otra celebración.

júbilo *m.* Alegría muy intensa: *Con gran júbilo, alumnos y maestros dieron por concluido el curso.*

jubiloso, sa *adj.* Muy contento: *Jubilosa después de terminar la educación básica, Maribel se prepara para la educación media.*

jubón *m.* Antigua vestidura ajustada, con o sin mangas, que cubría hasta la cintura: *El bufón de la reina vestía un jubón a rayas y unas mallas amarillas.*

judaísmo *m.* Religión de los judíos basada en la idea de un Dios abstracto, único e indivisible.

judería *f.* *Esp.* Barrio donde habitaban los judíos.

judía *f.* **1.** Planta de fruto en vainas aplastadas, con varias semillas en forma de riñón dentro de cada vaina. SIN. **frijol, poroto. 2.** Fruto y semilla de esta planta.

judicial *adj./m.* y f. Relativo a la organización, ejercicio o administración de la justicia: *En ese país, algunos policías judiciales usan uniforme y otros visten de civiles.*

judío, a *adj.* **1.** Relativo a los habitantes de la antigua Judea. **2.** Relativo al judaísmo o religión de Moisés: *La religión judía es seguida por millones de personas en el mundo.*

judío, a *m.* y f. **1.** Originario de la antigua Judea. SIN. **hebreo, israelita. 2.** Persona perteneciente al pueblo judío: *Los judíos han hecho grandes aportaciones a las ciencias.* **3.** Persona que profesa la religión judía o judaísmo: *Los judíos fueron masacrados por los nazis durante la Segunda Guerra Mundial.*

judo *m.* Deporte de lucha japonés, que constituye un método de defensa sin emplear armas: *El joven tiene mucho tiempo tomando clases de judo y ya obtuvo la cinta negra.*

judoca o **judoka** *m.* y f. Persona que practica el judo: *El judoca aprovecha la fuerza de su contrario para derribarlo.*

juego *m.* **1.** Acción de jugar: *Los niños estaban en pleno juego, cuando de pronto uno de ellos se cayó y empezó a llorar.* **2.** Cualquier diversión que se realice siguiendo ciertas reglas: *Su tía Adelina le enseñó a Martín varios juegos de naipes.* **3.** Conjunto de piezas semejantes o para un mismo uso: *Compró dos juegos de sábanas para las camas de los niños.* **4.** Articulación de dos cosas de modo que tengan movimiento: *Desde que me caí por la escalera, me duele la rodilla cada vez que trato de hacer juego con ella.* **5.** loc. **Hacer ~,** combinar: *La corbata azul que se puso hace juego con la camisa blanca y el saco negro.* **6.** loc. **~ de palabras,** combinación ingeniosa de palabras con doble sentido: *Un juego de palabras es, por ejemplo "no es lo mismo tomar té, que tomarte de la mano".*

juerga *f.* Diversión bulliciosa: *Se fueron de juerga anoche y llegaron a las cinco de la madrugada.* SIN. **farra, jarana.**

jueves *m.* Cuarto día de la semana, empezando a contar a partir del lunes: *Los antiguos romanos dieron su nombre al jueves en honor al dios Júpiter.*

juez, za *m.* y f. Persona con potestad para juzgar y sentenciar: *El juez sentenció al delincuente a dos años de prisión por el robo que cometió.*

jugar *vb. irreg.* {tr., intr. y prnl.} **Modelo 7. 1.** Hacer algo como diversión: *Después de hacer el trabajo escolar, los niños juegan fútbol o baloncesto en el parque.* **2.** Tomar parte en un juego, deporte o sorteo: *Mi padre juega a la lotería desde hace años.* **3.** Llevar a cabo un juego: *"¿Jugamos una partida de ajedrez?", me dijo Esteban.* **4.** Apostar: *Jugó trescientos pesos en esa carrera de caballos y los perdió.* **5.** Exponerse a perder algo: *Daniel se la jugó y se lanzó a un negocio nuevo y riesgoso.*

jugarreta *f.* Fam. Engaño, mala pasada.

juglar, resa *m.* y f. Artista de la Edad Media que recitaba versos, cantaba y tocaba música.

jugo *m.* **1.** Líquido contenido en ciertos tejidos orgánicos: *Se necesitan muchas zanahorias para obtener un vaso de jugo.* SIN. **zumo. 2.** loc. **Sacar ~,** obtener lo mejor de algo: *Le sacó jugo a sus ahorros y logró comprarse un automóvil nuevo.*

jugoso, sa *adj.* **1.** Relativo a lo que tiene jugo en su interior: *Estas naranjas están muy jugosas, con dos de*

ellas basta para prepararme un gran vaso de jugo. **2.** Substancioso, interesante: *Compré un libro jugoso que todo el tiempo leo.*

juguete *m.* Objeto que sirve para que jueguen los niños: *Al cumplir Enrique cuatro años le regalaron varios juguetes, como carritos y grúas.*

juguetear *vb.* {intr.} Jugar de manera despreocupada: *Remigio no comía su sopa, sólo jugueteaba con ella.*

juguetero *m.* **1.** Caja donde se guardan los juguetes: *En la habitación de Joaquín hay un juguetero de madera para guardar los cubos, unos muñecos y otros juguetes.* **2.** Repisa donde se ponen adornos.

juguetón, na *adj.* Que le gusta jugar: *Los perros y gatos jóvenes son muy juguetones e inquietos.*

juicio *m.* **1.** Facultad del entendimiento por la que se conoce, valora y compara: *Según el juicio del ingeniero, esa casa no es buena opción porque está muy cara.* **2.** Opinión, criterio: *Luis Felipe tiene muy buen juicio para resolver situaciones complicadas.* **3.** Tramitación de un pleito ante un juez o tribunal correspondiente, y su resultado: *Elena está en medio de un juicio para resolver su divorcio.* **4.** loc. **Muela del ~,** tercer molar, que brota durante la juventud: *La muela del juicio no le salió de manera correcta, por lo que tuvieron que extraerla.*

julepear *vb.* {tr. y prnl.} **1.** Colomb. Insistir de manera molesta: *Por más que el niño julepeó toda la tarde, su madre no lo dejó salir a jugar.* **2.** P. Rico. Gastar bromas a alguien o molestarlo: *Maura julepea hasta que se pone de mal humor a los demás.* **3.** Argent., Par. y Urug. Asustar o asustarse: *Arturo se ha dedicado a julepearnos con una araña de plástico que trae.*

julio *m.* Séptimo mes del año: *El mes de julio fue llamado así en honor del antiguo emperador romano Julio César.*

julio *m.* Unidad de medida de trabajo y energía, en el Sistema Internacional.

jumarse *vb.* {prnl.} Colomb. y Cuba. Fam. Emborracharse.

jumento, ta *m.* y f. Asno, burro: *Ese campesino usa los jumentos para cargar leña.*

juncal *adj.* Delgado y flexible, como junco: *Esa actriz tenía una cintura juncal cuando era joven, su novio podía rodearla con las dos manos.*

junco *m.* Planta herbácea que crece a las orillas de ríos y lagos, de tallo recto y flexible: *Los juncos se usan para elaborar canastas y recipientes.*

jungla *f.* **1.** Lugar donde hay mucha vegetación y fauna variada: *El biólogo se internó en la jungla para buscar animales exóticos.* SIN. **selva. 2.** Lugar peligroso donde hay que ser valiente para sobrevivir: *Las grandes ciudades son una jungla para la gente que llega de provincia.*

junio *m.* Sexto mes del año: *Cuando se termina junio, estamos a la mitad del año.*

júnior *adj./m.* y f. Palabra de origen inglés. **1.** Se aplica a la persona más joven que otra y con el mismo nombre, en especial a un padre y su hijo: *Mi padre se llama Benjamín y mi hermano es el júnior, ya que también se llama Benjamín.* **2.** La categoría que abarca los deportistas jóvenes: *Ese deportista comenzó jugando en la categoría júnior y ahora es campeón profesional.* **3.** Méx. Joven orgulloso y frívolo de clase económicamente alta: *No lo invitaré a mi fiesta porque como es un júnior, sólo le gusta salir con los ricos de la escuela.*

junta *f.* **1.** Parte donde se unen dos o más cosas: *El motor arroja aceite por esa junta, que está mal apretada.* SIN. **juntura. 2.** Reunión de personas para tratar algún asunto: *"El licenciado está en una junta de trabajo con otros colegas", me informó la secretaria.*

juntar *vb.* (tr. y prnl.) **1.** Poner unas cosas en contacto con otras de manera que se toquen: *Para que quepan más sillas, hay que juntarlas, sin dejar espacios entre ellas.* **2.** Reunir, congregar: *Se juntó toda la familia en la casa del abuelo para celebrar sus ochenta años.* **3.** Vivir juntos un hombre y una mujer, sin matrimonio de por medio: *Se juntaron siendo jóvenes y nunca se casaron.*

junto *adv.* Seguido de la preposición a, indica cerca de: *Como hacía frío, se sentaron junto a la chimenea.*

junto, ta *adj.* **1.** Unido, cercano, que se toca con algo: *Pon los pies juntos para que veas que uno es ligeramente más grande que el otro.* **2.** En compañía de: *Cecilia y su esposo llegaron juntos a la fiesta.*

juntura *f.* Parte o lugar en que se unen dos o más cosas. SIN. **junta.**

jurado *m.* **1.** Grupo de personas que califican en concursos, exposiciones, etc.: *El jurado del concurso de cuento estará formado por escritores de fama reconocida.* **2.** Tribunal cuya misión consiste en determinar la culpabilidad o inocencia del acusado: *Como el jurado encontró al acusado culpable de asesinato van a llevarlo a la cárcel.*

juramento *m.* Acción de jurar: *Los jóvenes que terminaron su servicio militar prestaron juramento a la bandera.*

jurar *vb.* (tr.) Afirmar o prometer algo tomando por testigo a una persona o cosa que se considera sagrada: *Los testigos en el juicio juraron sobre la Biblia decir la verdad y toda la verdad.*

jurásico, ca *adj./m.* Segundo periodo de la era mesozoica, de gran diversidad y abundancia de vida. Fue el periodo de los dinosaurios y de los pterodáctilos (reptiles voladores), y durante el cual los mamíferos se multiplicaron en varias especies: *Durante el jurásico habitaron la Tierra los grandes reptiles conocidos como dinosaurios.*

jurel *m.* Pez marino de cabeza corta y cola en forma de horquilla que mide unos 20 cm de largo.

jurero, ra *m.* y *f.* Chile y Ecuad. Testigo falso.

jurídico, ca *adj.* Relativo al derecho, la justicia o las leyes: *Las modificaciones a la Constitución de un país son un problema jurídico que toca resolver a los legisladores.*

jurisdicción *f.* **1.** Poder para gobernar y aplicar las leyes. **2.** Territorio a cargo de una autoridad. **3.** Autoridad a la que están sometidos algunos asuntos o personas: *Los servicios públicos como alumbrado y alcantarillado son jurisdicción de cada municipio.*

jurista *m.* y *f.* Persona que se dedica al derecho: *El embajador recién nombrado es un jurista especializado en derecho internacional.*

justa *f.* **1.** Combate de la Edad Media que se realizaba a caballo y con lanza: *El triunfador de la justa se casó con la princesa.* **2.** Torneo, competición.

justamente *adv.* **1.** Con justicia. **2.** Con exactitud: *El maestro hizo la corrección justamente, ya que el resultado de la suma no era 578 sino 579.* **3.** En el mismo lugar o tiempo en que sucede una cosa: *Justamente ahí, en esa casa, donde ahora está la biblioteca, fue donde nació mi abuelo.*

justicia *f.* **1.** Cualidad que inclina a dar a cada uno lo que le pertenece: *Saúl ganó con justicia el primer premio, todos sabíamos que era el mejor.* **2.** Derecho y su aplicación, cumplimiento de la ley: *El hombre que aparece en esa fotografía es un criminal famoso perseguido por la justicia de su país.*

justiciero, ra *adj./m.* y *f.* Que observa y aplica la justicia de manera estricta, sobre todo para castigar criminales.

justificación *f.* Explicación o prueba que justifica un hecho: *Tuve que dar a la maestra una justificación de mis faltas de asistencia a la escuela.*

justificar *vb. irreg.* (tr. y prnl.) Modelo 17. Probar o demostrar la razón que se tuvo al hacer algo con razones, testigos, etc.: *No intentes justificar tu grosería, ya que no tenías ningún motivo para hacerla.*

justo *adv.* De manera justa, de manera precisa: *Justo en ese escalón fue donde se cayó mi abuela.*

justo, ta *adj.* **1.** Que actúa según la justicia, la moral o la ley: *El maestro resolvió de manera justa la pelea entre dos alumnos.* **2.** Exacto, preciso: *No me sobró dinero porque mi madre me dio lo justo para comprar el aceite.* **3.** Ajustado, apretado: *Ese vestido antes le quedaba grande a mi hermana, pero le queda justo ahora que ya creció.*

justo, ta *m.* y *f.* Persona que vive conforme a las leyes de Dios, persona sabia.

juvenil *adj.* Relativo a la juventud.

juventud *f.* **1.** Edad entre la pubertad o adolescencia y la edad adulta: *A los veinte años, una persona se encuentra en plena juventud.* **2.** Conjunto de jóvenes: *En la televisión hay un programa dedicado a la juventud que también es interesante para los adultos.*

juzgado *m.* Local donde se celebran los juicios: *Lo citaron en el juzgado como testigo del crimen.*

juzgado, da *adj.* Que ha sido resuelto por un juez: *El caso del asesinato fue juzgado, y ahora el homicida permanecerá veinte años en la cárcel.*

juzgar *vb. irreg.* (tr.) Modelo 17. **1.** Decidir en calidad de juez: *El juez y el jurado juzgarán al acusado inocente o culpable.* **2.** Creer, considerar: *Manuel juzgó que no era conveniente dejar a sus hijos ir a una fiesta en un lugar peligroso.*

Kk

k *f.* Undécima letra del abecedario español. Su nombre es *ka*.

kafkiano, na *adj.* Palabra derivada del apellido del escritor checo Franz Kafka, quien desarrolló sus novelas en ambientes absurdos o sin lógica; esta palabra se usa para indicar situaciones de este tipo: *Hacer ese trámite se convirtió en una situación* **kafkiana** *porque perdieron los documentos y en lugar de arreglar las cosas, cada vez se complicaban más.*

kagú *m.* Pájaro gris de Nueva Caledonia, que está en peligro de extinción.

káiser *m.* Emperador de Alemania.

kakemono *m.* Pintura o escritura japonesa o china, sobre seda o papel, que se desenrolla de forma vertical y se usa para decorar paredes.

kaki *m. Ver* **caqui.**

kamikaze *adj./m.* y *f.* Que se juega la vida: *En la Segunda Guerra Mundial se llamó* **kamikazes** *a los pilotos que, de manera voluntaria, estrellaban su avión cargado con explosivos sobre el enemigo.*

karate o **kárate** *m.* Modalidad de lucha japonesa, basada en golpes secos realizados con la mano, los codos y los pies: *El karateca partió con un golpe de* **karate** *un grueso bloque de hielo.*

karateca *m.* y *f.* Persona que practica el karate: *Los* **karatecas** *llevan cintas de un color determinado en la cintura para indicar el dominio que tienen de ese tipo de lucha; la cinta principal es la negra.*

katiusca *f.* Bota de caucho o hule usada para protegerse del agua.

katún *m.* Período de veinte años, de 360 días cada uno, del calendario maya.

kayak *m.* **1.** Canoa de los esquimales hecha con piel de foca. **2.** Embarcación liviana, de plástico, que se utiliza para practicar cierto deporte: *Ramiro fue al río para practicar con el* **kayak***, porque va a participar en una competencia.*

kea *m.* Papagayo de gran tamaño, de plumaje color verde oliva, azul y rojo.

kéfir *m.* Bebida preparada a base de leche de vaca, cabra u oveja, fermentada de manera artificial.

kelvin *m.* Unidad de medida de temperatura termodinámica.

kendo *m.* Arte marcial japonés que se practica con ayuda de sables: *En el programa de televisión que vi ayer, el héroe era un maestro de* **kendo** *y con su sable vencía a todos sus enemigos.*

keniano, na o **keniata** *adj./m.* y *f.* De Kenia, país de África Oriental.

kerosén o **kerosene** *m. Amér. Merid.* Queroseno.

khmer *m.* Lengua oficial de Camboya, país de Asia.

kilo *m.* Abreviatura de *kilogramo: Compré un* **kilo** *de papas para hacer puré.*

kilogramo *m.* Unidad de medida de peso equivalente a mil gramos.

kilométrico, ca *adj.* **1.** Relacionado con el kilómetro y las grandes distancias que se cuentan en kilómetros: *Si ves un mapa de América, te darás cuenta de que hay una distancia* **kilométrica** *entre México y Argentina.* **2.** *Fam.* Relativo a lo que es muy largo o dura mucho tiempo.

kilómetro *m.* Unidad de medida de longitud equivalente a mil metros: *El río Amazonas es larguísimo, mide aproximadamente 6 500* **kilómetros.**

kilotón *m.* Unidad empleada para evaluar la potencia de una bomba nuclear.

kilovatio o **kilowatio** *m.* Unidad de medida de potencia equivalente a mil vatios.

kínder *m.* Escuela donde los niños de 4 a 6 años aprenden a realizar diversas actividades: *A Cecilia le encanta ir al* **kínder** *porque dibuja, juega con sus compañeros y está aprendiendo las primeras letras.*

kiosco *m. Ver* **quiosco.**

kiowa *adj./m.* y *f.* Pueblo amerindio de América del Norte que habitó la zona de las Grandes Llanuras de Estados Unidos de Norteamérica, desde Canadá hasta el norte del Golfo de México: *Los* **kiowa***, cuervo, pawnee, dakotas, comanches y cheyenes vivían básicamente de la cacería del bisonte.*

kiwi *m.* **1.** Arbusto trepador, de flores blancas y amarillas. **2.** Fruto de esta planta, de piel color marrón claro, cubierta de pelillos y pulpa verde de sabor ácido.

kiwi o **quivi** *m.* Ave corredora de Nueva Zelanda, de unos 30 centímetros de altura, de alas diminutas, plumas pardas, pico largo y barbas desordenadas.

koala *m.* Mamífero marsupial que lleva a sus crías montadas en la espalda, tiene hocico corto, orejas grandes y redondas, pelo grisáceo y cola pequeña: *El* **koala** *es originario de Australia y come hojas de eucalipto.*

kriptón *m. Ver* **criptón.**

kurdo, da *adj./m.* y *f.* De un pueblo que vive en la región del Kurdistán, en Asia.

kwanza *m.* Moneda de Angola, país del sur de África.

LI

l *f.* Duodécima letra del abecedario. Su nombre es *ele*.
L *f.* Cifra que en números romanos equivale a 50.
la *m.* Sexta nota de la escala musical de *do*: *El la está entre el "sol" y el "si"*.
la *pron.* Pronombre personal femenino de tercera persona singular, que funciona como complemento directo: *La esperé hasta las nueve de la noche y como no llegó, me fui a mi casa*.
la *art.* Artículo determinado femenino singular que se antepone a los sustantivos para individualizarlos: *Ésta es la casa donde viví durante mi infancia*.
laberinto *m.* **1.** Lugar formado por caminos que se entrecruzan, de manera que es difícil orientarse: *Para no perderse en el laberinto, el niño fue dejando pedazos de pan que después lo guiaron para poder salir*. **2.** Estructura del oído interno.
labia *f. Fam.* Facilidad de palabra y gracia en el hablar: *Me vendió un vestido que yo no había pensado comprar, creo que es un vendedor con mucha labia para convencer*.
labiada *adj./f.* Relativo a las plantas herbáceas o a los arbustos con los pétalos en forma de labios.
labial *adj.* **1.** Relativo a los labios: *Las mujeres adultas usan a veces lápiz labial y sus labios se ven de colores fuertes*. **2.** Fonema en cuya articulación intervienen los labios: *La b es una letra labial*.
labio *m.* Cada uno de los bordes carnosos y móviles de la boca: *Las personas de raza negra tienen por lo general los labios gruesos y carnosos, y las de raza blanca los tienen delgados y pálidos*.
labiodental *adj.* Sonido que se articula mordiendo ligeramente el labio inferior con los incisivos superiores, como el de la letra f: *Al decir palabras como fiesta, foca y fruta, emitimos un sonido labiodental*.
labor *f.* **1.** Trabajo, acción de trabajar: *La labor de investigación que realizan los científicos es muy importante*. **2.** Operación agrícola: *Desde antes del amanecer se inician las labores en el campo*. **3.** Cualquier trabajo de costura, bordado, etc.: *Hasta principios del siglo xx muchas niñas aprendían labores que las ayudarían en su hogar cuando se casaran*. **4.** *loc.* **~ de parto**, proceso de la reproducción humana, que se inicia con la primera contracción del útero de la mujer embarazada y termina con la expulsión de la placenta después de nacer el bebé.
laborable *adj.* Relativo al día en que se trabaja, que no es festivo: *En muchos países, las oficinas de gobierno abren en días laborables y los fines de semana descansan*.
laboral *adj.* Relativo al trabajo o a los trabajadores: *En muchos lugares la semana laboral es de cinco días, en otros es de seis días y en otros hasta de siete*.

laboratorio *m.* Local dispuesto para realizar investigaciones científicas, análisis biológicos, trabajos fotográficos, etc.: *Tengo que ir al laboratorio a recoger los resultados de los análisis que me hicieron*.
laborioso, sa *adj.* **1.** Muy trabajador: *Desde que entró a la compañía se ha esmerado en su trabajo y ha mostrado ser un empleado laborioso*. **2.** Que cuesta trabajo hacerlo: *La comida tradicional mexicana es exquisita, pero muy laboriosa, pues lleva mucho tiempo y trabajo prepararla*.
labrador, ra *m.* y *f.* Persona que se dedica a labrar la tierra: *Desde que sale el sol se puede ver a los labradores trabajando en el campo*.
labranza *f.* Cultivo de los campos: *En la época en que la humanidad aprendió a usar la agricultura, la caza era tarea de los hombres y la labranza de las mujeres*.
labrar *vb.* {tr. y prnl.} **1.** Trabajar un material dándole una forma determinada: *En los siglos xvi al xviii en países como México, Colombia, Perú y Ecuador, había muchos artesanos que labraban piedra para las fachadas de los edificios de estilo barroco*. **2.** Cultivar la tierra: *Cuando los grupos humanos empezaron a labrar la tierra se volvieron sedentarios*. **3.** Arar: *Muchos campesinos se ayudan de bueyes para labrar sus terrenos de cultivo*.
labriego, ga *m.* y *f.* Labrador, persona que se dedica a labrar la tierra.
laburar *vb.* {intr.} *Argent.* y *Urug. Fam.* Trabajar.
laburo *m. Argent.* y *Urug. Fam.* Trabajo.
laca *f.* **1.** Sustancia resinosa obtenida de ciertos árboles orientales. **2.** Barniz preparado con la sustancia llamada laca: *La superficie de los muebles barnizados con laca es lisa y lustrosa*. **3.** Producto que se aplica para fijar el peinado: *En los años sesenta del siglo xx estuvieron de moda los peinados altos y fijados con mucha laca, de modo que el cabello quedaba muy duro*.
lacandón, na *adj./m.* y *f.* De un pueblo amerindio que vive en Guatemala y en el estado mexicano de Chiapas: *La selva lacandona es una reserva natural del Continente Americano donde viven hermosos animales como guacamayas y tapires*.
lacayo *m.* **1.** Criado que viste un traje elegante como uniforme: *Había cuatro lacayos en la carroza que transportó a Cenicienta al palacio del príncipe*. **2.** *Fam.* Persona servil: *No tiene dignidad, se porta como un lacayo con su jefe*.
lacerar *vb.* {tr. y prnl.} **1.** Herir, lastimar: *Después del incendio un bombero tenía la piel del brazo lacerada por el fuego*. **2.** Dañar, vulnerar: *Sus palabras ofensivas laceraron el honor de su novia*.
lacio, cia *adj.* **1.** Marchito: *Como no la había regado, la planta estaba lacia y triste*. **2.** Flojo, débil: *Se sintió*

lacio el primer día que se levantó después de la larga enfermedad. **3.** Relativo al pelo liso, que no tiene ondulaciones. SIN. **liso.**

lacónico, ca *adj.* Modo de hablar o de escribir que es conciso y corto: *El director del colegio pronunció un discurso* **lacónico** *que apenas duró tres minutos.*

lacra *f.* **1.** Señal o huella que deja una enfermedad: *Las* **lacras** *que dejó la poliomielitis en ese hombre se notan en su dificultad para caminar.* **2.** Defecto o vicio físico o moral: *El consumismo es una de las* **lacras** *de las sociedades modernas.*

lacrar *vb.* (tr.) Cerrar con lacre: *En el pasado las cartas se* **lacraban** *y sellaban.*

lacre *m.* Pasta que, derretida, sirve para sellar y cerrar cartas: *El conde, además de* **lacre,** *ponía un listón a su correspondencia.*

lacrimal *adj.* Relativo a las lágrimas.

lacrimal *m.* Pequeño orificio en el extremo interior del ojo, por donde salen las lágrimas: *Tuvo una infección en los* **lacrimales** *que le provocó un flujo abundante de legañas.* SIN. **lagrimal.**

lacrimógeno, na *adj.* **1.** Que produce lágrimas. **2.** Que provoca llanto: *Ese programa de televisión es* **lacrimógeno,** *por eso mi tía llora cada vez que lo ve.*

lacrimoso, sa *adj.* Que provoca el llanto: *La obra del escritor italiano Edmundo de Amicis "Corazón, Diario de un Niño", es un libro* **lacrimoso,** *cuando lo leo a veces lloro.*

lactancia *f.* Periodo de la vida en que los humanos y algunos animales maman: *La etapa de* **lactancia** *de los cachorros de mi perra duró alrededor de dos meses.*

lácteo, a *adj.* Perteneciente a la leche o parecido a ella: *Entre los productos* **lácteos** *están la crema, el yogur y el queso.*

lacustre *adj.* Relativo a los lagos: *En el norte de Inglaterra, en Europa, hay una zona* **lacustre** *famosa por su belleza natural.*

ladear *vb.* (tr., intr. y prnl.) **1.** Torcer hacia un lado: *La Torre de Pisa, en Italia,* **se ha ladeado** *más y más con el paso de los años.* **2.** *Chile. Fam.* Enamorarse.

ladera *f.* Bajada de un monte: *El pastor venía bajando con sus ovejas por la* **ladera** *del monte.*

ladero *m. Argent. y Urug.* Persona que acompaña o apoya a otra, en especial a un político.

ladilla *f.* **1.** Insecto parásito de las partes vellosas del cuerpo humano que produce una enfermedad parecida a la sarna. **2.** *Argent., Chile, Méx. y Urug. Vulg.* Persona molesta, impertinente.

ladino *adj.* Durante la Edad Media este adjetivo se utilizó para distinguir a la gente y los textos escritos en latín, de la gente y los escritos en lengua árabe.

ladino, na *adj.* Astuto, taimado: *Efraín es un hombre* **ladino** *que vendió una silla en el doble del precio que la compró.*

lado *m.* **1.** Costado del cuerpo humano: *Me di un golpe en el* **lado** *izquierdo al pasar por la puerta.* **2.** Parte de algo que está próxima a sus extremos, en oposición al centro: *"Suba usted al tercer piso por el ascensor del* **lado** *derecho", me dijo una empleada al señalar una puerta.* **3.** Cualquiera de las partes que limitan un todo. **4.** Lugar, sitio: *"No nos quedemos en casa, salgamos a algún* **lado** *a pasear", les dije a mis amigos.* **5.** Punto de vista: *Por un* **lado** *en la calle se siente mucho frío, pero*

por otro **lado,** tengo muchas ganas de salir a dar un paseo. **6.** Cada una de las líneas que limitan un ángulo o un polígono: *Los cuadrados tienen cuatro* **lados** *iguales.*

ladrar *vb.* (intr.) Dar ladridos el perro: *El perro del vecino* **ladró** *a un bandido que quería entrar a la casa y lo hizo huir.*

ladrido *m.* Voz que emite el perro: *Los perros de raza pastor alemán emiten unos* **ladridos** *muy fuertes.*

ladrillo *m.* Pieza de arcilla cocida, de forma rectangular: *Después de hacer la pared con* **ladrillos** *y argamasa la cubren con yeso.*

ladrón, na *m.* y *f.* **1.** Persona que roba: *Ayer entraron varios* **ladrones** *a la tienda y se llevaron ropa, dinero y perfumes.* SIN. **choro. 2.** Dispositivo eléctrico con tres salidas para enchufar más de un aparato: *Necesito un* **ladrón** *para conectar la televisión y la cafetera al mismo tiempo.*

lagaña *f.* Secreción de la glándula de los párpados. SIN. **legaña.**

lagar *m.* Lugar donde se prensa la aceituna o se pisa la uva.

lagartija *f.* Denominación de diversos saurios de menor tamaño que los lagartos: *La* **lagartija** *tuvo una lucha con un pájaro y perdió un pedazo de su cola, pero después le creció otra vez.* SIN. **quirque.**

lagarto, ta *m.* y *f.* **1.** Reptil de color verdoso y cola larga: *Los* **lagartos** *viven en los pantanos y los ríos.* **2.** *Méx.* Caimán.

lago *m.* Gran cantidad de agua depositada en depresiones del terreno: *El* **lago** *Titicaca, que se encuentra en Perú y Bolivia, es el que está a mayor altitud en el mundo.*

lagomorfo, fa *adj.* Relativo a un grupo de mamíferos roedores que tienen cuatro incisivos superiores en lugar de dos, como la liebre y el conejo.

lágrima *f.* Líquido salado producido por las glándulas lagrimales de los ojos: *Cuando se acuerda de su madre recién muerta, a Daniel se le llenan los ojos de* **lágrimas.**

lagrimal *m.* **1.** Órganos donde se forman y por donde salen las lágrimas. **2.** Extremidad del ojo cercana a la nariz: *Tienes una pestaña suelta cerca del* **lagrimal,** *por eso sientes que algo te pica.* SIN. **lacrimal.**

laguna *f.* Extensión natural de agua, menor que el lago.

laico, ca *adj.* Que no es eclesiástico ni religioso: *En las escuelas* **laicas** *no dan clases de religión.*

laísmo *m.* Uso de los pronombres *la* o *las* en las funciones de complemento indirecto, en lugar de *le, les:* Decir *"la besó" en vez de "le besó", es un ejemplo de* **laísmo.**

lama *f.* **1.** Barro o lodo del fondo acuático: *"Ten cuidado con la* **lama** *del fondo del río que es resbalosa", me dijo Daniela.* **2.** *Bol., Colomb. y Méx.* Moho. **3.** *Chile, Colomb., Hond., Méx. y P. Rico.* Musgo.

lama *m.* Monje budista del Tíbet: *Los* **lamas** *de los monasterios budistas visten túnicas de color azafrán y se rapan la cabeza como símbolo de su renuncia a la vanidad.*

lambetear *vb.* (tr.) *Amér. C. y Amér. Merid.* Lamer: *El perro* **lambeteó** *el caramelo del niño.*

lambiche *adj. Méx. Fam.* Adulador: *Juana es una* **lambiche** *que piensa que si halaga todos los días al maestro, él la aprobará aunque no estudie.* SIN. **lambiscón.**

lambiscón, na *adj. Méx. Fam.* Servil, adulador: *Le dijo a su jefa que se ve guapa porque es* **lambiscón,** *no porque piense que su jefa sea guapa.* SIN. **lambiche.**

lamelibranquio *adj./m.* Molusco de concha bivalva, como el mejillón.

lamentar *vb.* (tr. y prnl.) **1.** Sentir disgusto por algo: *Lamento que haya violencia entre las personas.* **2.** Quejarse: *En la sala de partos de los hospitales es normal oír a las mujeres lamentarse por los dolores que sufren cuando van a dar a luz.*

lamento *m.* Quejido: *Dicen que esa casa está embrujada porque se escuchan lamentos por las noches.*

lamer *vb.* (tr. y prnl.) Pasar la lengua por alguna cosa: *Para bañarse, los gatos se lamen con su lengua rasposa.*

lametón *m.* Cada movimiento de la lengua al lamer, en especial los rápidos y fuertes: *El perro tenía tanta sed después de correr que se bebió en cinco lametones la vasija de agua que le serví.*

lámina *f.* **1.** Pieza plana y delgada de cualquier material: *El carpintero cortó una lámina delgada de madera para forrar la mesa.* **2.** Ilustración, dibujo: *Me gustan las láminas de colores que tiene mi enciclopedia de animales.*

lampa *f.* C. Rica, Chile, Ecuad. y Perú. Pala, instrumento de construcción que se usa para remover tierra.

lámpara *f.* **1.** Utensilio para alumbrar: *Es útil traer en el automóvil una lámpara para emergencias.* **2.** Bombilla eléctrica o foco.

lamparón *m.* Mancha en la ropa: *Como había sudado mucho, traía dos lamparones en las axilas de la camisa.*

lampear *vb.* (tr.) **1.** Chile. Quitar los sobrantes de algo. **2.** Chile y Perú. Remover la tierra con la lampa o azada.

lampiño, ña *adj.* **1.** Que no tiene barba: *Mi hermano tiene doce años y todavía es lampiño.* **2.** De poco pelo o vello: *Los hombres de razas orientales tienden a ser lampiños; en cambio algunos europeos, como los españoles, son muy velludos.*

lamprea *f.* Pez comestible de cuerpo cilíndrico y alargado.

lana *f.* **1.** Pelo de las ovejas y carneros: *A las ovejas se les corta la lana en verano, para que en invierno estén otra vez cubiertas y no tengan frío.* **2.** Hilo y tejido elaborados con la lana: *Mi padre usa un traje de lana en época de frío.* **3.** Fam. Dinero: *"Mira el automóvil tan caro que tiene ese hombre, debe de tener mucha lana para haberlo comprado y mantenerlo", le dije a Noé.* SIN. **plata, feria, güita. 4.** Guat. y Hond. Persona de clase social muy baja.

lanar *adj.* Relativo al ganado que tiene lana.

lance *m.* **1.** Acción de lanzar. **2.** Riña: *Se enfrentaron en un lance de esgrima del que nadie salió herido.* **3.** En el juego, cada uno de los accidentes notables que ocurren durante una partida.

lanceolado, da *adj.* Relativo a las hojas con forma de lanza: *Las hojas del laurel son lanceoladas.*

lancero *m.* Soldado armado de lanza.

lancha *f.* **1.** Bote grande para servicios auxiliares de los barcos y puertos. **2.** Barco pequeño y sin cubierta: *Como se subieron muchas personas a la lancha al mismo tiempo, se hundió y todos se mojaron.* SIN. **bote.**

landa *f.* Llanura extensa donde sólo crecen plantas silvestres.

langosta *f.* **1.** Animal marino de largas antenas, muy apreciado por su carne. **2.** Insecto herbívoro saltador, parecido a los grillos: *Las plagas de langosta pueden acabar con cosechas enteras.* SIN. **chapulín, saltamontes.**

langostino *m.* Animal marino, de cuerpo comprimido y carne muy apreciada, parecido a un camarón grande o a una langosta chica.

languidez *f.* Decaimiento, estado en que falta energía: *Después de la tifoidea, una gran languidez atacó a mi hermana durante varios días.*

lánguido, da *adj.* **1.** Falto de fuerza: *La enferma tenía una mirada lánguida y triste.* **2.** Sin ánimos, decaído: *Después de la operación, Julián se sintió lánguido durante algunos días.*

lanolina *f.* Grasa extraída de la lana de oveja, utilizada en la industria farmacéutica y cosmética.

lantano *m.* Metal del grupo de las tierras raras, de símbolo La y número atómico 57.

lanza *f.* Arma blanca formada por un palo con una punta afilada en uno de sus extremos: *Los hombres antiguos cazaban animales con lanzas.*

lanzadera *f.* Instrumento que usan los tejedores para tramar los hilos.

lanzado, da *adj.* Decidido, audaz: *Javier es un muchacho muy lanzado, apenas dos días después de conocerla pidió a la vecina que fuera su novia.*

lanzamiento *m.* Acción y efecto de lanzar: *Ayer se llevó a cabo el lanzamiento del nuevo disco de mi cantante favorito.*

lanzar *vb. irreg.* (tr. y prnl.) **Modelo 16. 1.** Aplicar impulso a una cosa para que recorra una distancia en el aire: *En el juego de béisbol de ayer, un jugador lanzó una bola rápida que el bateador no pudo responder.* **2.** Proferir, expresar: *Cuando se entere de que se ganó la lotería, mi papá lanzará un grito de felicidad.* **3.** Divulgar, hacer público: *Una editorial lanzó un nuevo método de inglés.* **4.** Abalanzarse: *En cuanto supimos que en esa tienda la ropa está en oferta, nos lanzamos de compras.*

laosiano *m.* Lengua hablada en Laos, país del sureste de Asia.

laosiano, na *adj./m. y f.* De Laos, país del Sureste de Asia.

lapa *f.* **1.** Molusco comestible que vive adherido a las rocas. **2.** Fam. Persona molesta e insistente.

lapicera *f.* **1.** Amér. Merid. Utensilio con un cartucho de tinta usado para escribir. SIN. **bolígrafo, pluma, birome. 2.** Argent., Chile, Par. y Urug. Mango en donde se coloca la pieza que, mojada en tinta, sirve para pintar.

lapicero *m.* Lápiz al que le sale la punta cuando se hace girar un mecanismo: *Tengo que comprar minas para mi lapicero, porque ya se acabaron.*

lápida *f.* Piedra plana y de poco grosor en la que se graba información acerca de un difunto o un hecho importante: *En la tumba de mi bisabuela hay una lápida con su nombre y las fechas de su nacimiento y muerte.*

lapidar *vb.* (tr.) Matar a pedradas: *En la antigüedad era común que la gente lapidara a alguna persona que cometía un delito.*

lapidario, ria *adj.* **1.** Relativo a las inscripciones en lápidas o al trabajo en piedras preciosas. **2.** Digno de ser recordado por su perfección, solemnidad o carácter terminante.

lápiz *m.* **1.** Barra fina de grafito, envuelta en madera, que sirve para escribir o dibujar: *Hice un dibujo a lápiz y luego lo iluminé.* **2.** Barrita hecha de cera y colorante, usada como cosmético para pintar los labios:

*Mi madre usa un **lápiz** negro para delinear los párpados y un **lápiz** rojo para delinear los labios.*

lapón, na *adj./m.* y f. De Laponia, región más septentrional de Europa donde se encuentran Noruega, Suecia, Finlandia y Rusia.

lapso *m.* **1.** Curso de un espacio de tiempo: *El joven trabajador se esforzó y logró comprar una casa en el **lapso** de unos pocos años.* **2.** Equivocación cometida por descuido. Sin. **lapsus.**

lapsus *m.* **1.** Equivocación cometida por descuido: *En un **lapsus** célebre, el científico Luis Pasteur se bebió un vaso con agua en la que había lavado unas mientras explicaba en público la importancia de lavar la fruta para no ingerir microbios.* **2.** loc. **~ linguae,** error que alguien comete al hablar, sea por descuido o por querer decir algo muy de prisa.

laquear *vb.* {tr.} Aplicar laca: *La cajita para joyas casi está terminada, sólo me falta **laquearla.***

lar *m.* **1.** Según la mitología romana, cada uno de los dioses del hogar a los que se rendía culto en el interior de las casas. **2.** pl. *Fam.* Lugar donde habita y se desenvuelve una persona: *Si bien al principio fue difícil para él, ahora ya se aclimató a sus nuevos **lares.***

largar *vb. irreg.* {tr. y prnl.} Modelo 17. **1.** Soltar, dejar libre. **2.** Aflojar, ir soltando poco a poco: *La tripulación del barco **largó** las amarras antes de zarpar.* **3.** *Fam.* Marcharse: *Se **largó** a la calle después de comer y no dijo a dónde iba ni a qué hora regresaría.*

largo *m.* Longitud: *Tengo nueve años y mido un metro con veinte centímetros de **largo.***

largo *adv.* **1.** Mucho: *Las dos amigas hablaron **largo** después de no verse durante cinco años.* **2.** loc. **A lo ~ de,** durante: *A lo **largo** de su vida fue aprendiendo que la amistad de su madre era muy importante para ella.*

largo, ga *adj.* **1.** Que tiene mucha longitud: *La distancia entre Brasil y México es muy **larga.*** **2.** De mucha excesiva duración: *Es una obra de teatro **larga** que dura cuatro horas.* **3.** loc. **A la ~,** tarde o temprano: *"Más vale que le digas la verdad, porque a la **larga** tu madre se enterará de tus mentiras", le dije a Germán.*

largometraje *m.* Filme o película de cine de más de una hora de duración: *Antes de poder filmar un **largometraje,** los estudiantes de cine hacen ejercicios de corta duración.*

larguero *m.* En algunos deportes, travesaño que une los dos postes de una portería: *El portero tuvo suerte porque la pelota rebotó en el **larguero** y luego se salió de la portería.* Sin. **travesaño.**

laringe *f.* Órgano del aparato respiratorio, que contiene las cuerdas vocales.

laringitis *f.* Inflamación de la laringe: *La **laringitis** que tenía le impidió hablar durante cinco días.*

larva *f.* Fase de desarrollo por la que pasan determinadas especies de animales antes de alcanzar el estado adulto: *En clase de biología estudiaron una **larva** de mariposa que todavía no tenía alas y parecía un gusano peludo.*

las *pron.* Pronombre personal femenino de tercera persona plural, que funciona como complemento directo: *Compró dos muñecas de tela y se **las** regaló a sus sobrinas.*

las *art.* Artículo determinado femenino plural, que se antepone a los sustantivos para individualizarlos: *Me encantan **las** manzanas, podría comerlas diariamente y no me hartaría.*

lasca *f.* Trozo pequeño y delgado desprendido de una piedra.

lascivia *f.* Inclinación a la lujuria.

láser *m.* Aparato que produce una luz que se usa en diferentes áreas como la industria y la medicina: *Actualmente muchos médicos realizan operaciones con **láser,** por ejemplo para corregir la miopía o disolver cálculos biliares.*

lasitud *f.* Cansancio, falta de fuerzas: *Después de correr el maratón, una **lasitud** incontrolable hizo que se desmayara.*

lástima *f.* **1.** Sentimiento de compasión. **2.** Lamento, algo que causa pesar o disgusto: *¡Qué pena! Es una **lástima** que no hayas podido ver esa obra de teatro porque es muy buena.*

lastimar *vb.* {tr. y prnl.} **1.** Herir o hacer daño: *Se **lastimó** al caer de la bicicleta y ahora tiene una pierna vendada.* **2.** Ofender: ***Lastimamos** a mi hermana al no recordar que ayer era su cumpleaños.*

lastra *f.* Piedra plana y delgada.

lastrar *vb.* {tr.} Poner lastre o peso a una embarcación.

lastre *m.* **1.** Peso que se pone a una embarcación para darle estabilidad. **2.** Estorbo, inconveniente: *Cuidar a la anciana durante la larga enfermedad que padeció fue un **lastre** para la vida personal de esa mujer, por eso nunca se casó ni tuvo hijos.*

lata *f.* **1.** Hojalata. **2.** Envase de hojalata: *Las **latas** fueron un gran invento para conservar la comida por largo tiempo.* **3.** *Fam.* Molestia, pesadez: *Esa perra es una **lata,** tiene dos años y no ha aprendido a hacer pipi fuera de la casa.*

latacunga *m.* y f. De un pueblo amerindio que vivía en la región de Quito, Ecuador.

latente *adj.* Que no se manifiesta en forma externa: *Antes de manifestarse un resfrío, se encuentra en estado **latente** durante unos días.*

lateral *adj.* **1.** Relativo a lo que está en un lado o en la orilla de una cosa: *El choque ocurrió en la puerta **lateral** derecha del automóvil.* **2.** Dícese del sonido que se articula dejando escapar el aire por los lados de la lengua, como la *l* y la *ll.*

látex *m.* Jugo blanco o amarillo segregado por ciertos vegetales, parecido al plástico, con el que se hacen algunos guantes de uso doméstico u hospitalario, ligas y otros objetos.

latido *m.* Movimiento alternativo de dilatación y contracción del corazón y las arterias: *Como la niña estaba asustada se aceleraron los **latidos** de su corazón.*

latifundio *m.* Gran propiedad agrícola que se explota de manera extensiva: *En varios países de América existen **latifundios** que, a pesar de su gran extensión, pertenecen a un solo dueño.*

látigo *m.* Utensilio largo y flexible, de cuero u otro material, que se usa para azotar: *En tiempos de la esclavitud, los amos solían castigar a los esclavos golpeándolos con un **látigo.***

latiguillo *m.* Palabra o expresión que se repite de manera constante. Sin. **muletilla.**

latín *m.* Idioma de la antigua Roma, utilizado hasta los años setenta del siglo XX como lengua de la Iglesia Católica: *Del **latín** nacieron las lenguas romance como el español, el portugués, el francés y el italiano.*

latino, na *adj./m.* y f. **1.** De la región italiana del Lacio o de las demás regiones del Imperio Romano. **2.** Relativo a los países cuya lengua deriva del latín, y de sus hablantes: *En Europa, los países **latinos** son Italia, Portugal y Rumania.* **3.** Relativo al latín: *En los seminarios católicos y en algunas universidades todavía dan clases de lengua **latina**.* **4.** Relativo a los latinoamericanos, españoles o italianos que emigran a los Estados Unidos de Norteamérica.

latinoamericano, na *adj./m. y f.* De América Latina: *Pese a nuestras diferencias, los **latinoamericanos** tenemos muchas cosas en común; entre otras, el origen.*

latir *vb.* {intr.} Dar latidos en señal de corazón y las arterias: *El corazón del joven **latía** con intensidad por el esfuerzo de haber subido corriendo esa calle tan empinada.*

latitud *f.* Ángulo que se forma en un punto determinado por la vertical del lugar con respecto al ecuador: *El capitán informó que su barco navegaba a 40° de **latitud** norte.*

lato, ta *adj.* **1.** Dilatado, extendido. **2.** Se aplica al sentido extendido de las palabras, que muchas veces no tiene relación con el significado original: *En sentido **lato** la palabra relámpago significa también alguien que hace las cosas muy rápido.*

latón *m.* Aleación de cobre y cinc: *Los objetos de **latón** lucen mucho por su color dorado, pero hay que pulirlos con frecuencia porque se opacan fácilmente.*

latoso, sa *m. y f.* Pesado, molesto: *No resulta fácil cuidar a ese niño, porque es muy **latoso** e inquieto.*

latrocinio *m.* Robo o fraude.

laucha *adj.* **1.** *Chile.* Que es delgado y con la cara larga. **2.** *Argent. Fam.* Listo, pícaro.

laucha *m. Argent., Chile* y *Urug.* Ratón de poco tamaño.

laúd *m.* Instrumento musical de cuerda, con caja de forma oval, de la misma familia que la guitarra: *Al rey Enrique VIII le gustaban las canciones de amor acompañadas con **laúd**.*

laudable *adj.* Digno de aprobación o alabanza: *Fue **laudable** el comportamiento de la gente después del terremoto, ya que todos estuvieron dispuestos a ayudar a las víctimas.*

láudano *m.* Preparado farmacéutico a base de opio: *En el siglo pasado se usaba **láudano** para aliviar los dolores de cabeza.*

laudatorio, ria *adj.* Que alaba o contiene alabanza.

laurear *vb.* {tr.} **1.** Coronar con laurel en señal de gloria: *En los antiguos Juegos Olímpicos **laureaban** a los ganadores en las competencias, es decir, les ponían una corona de laureles.* **2.** Premiar a alguien.

laurel *m.* **1.** Árbol siempre verde cuyas hojas se utilizan como condimento. **2.** Gloria, fama. **3.** *loc. pl.* **Dormir(se) en los (sus) ~,** dejar de esforzarse porque se cree que los éxitos ya obtenidos son una conquista definitiva: *Jorge ganó el primer lugar en ortografía, pero se **durmió en sus laureles** y después su calificación bajó mucho.*

laurencio o **lawrencio** *m.* Elemento químico de símbolo Lr y número atómico 103.

lava *f.* Materia líquida hirviente que expulsa un volcán: *Los ríos de **lava** que salían del cráter del volcán quemaron los árboles que había en sus laderas.*

lavabo *m.* **1.** Pila con grifos o llaves que se usa para lavarse las manos, cara, etc.: *El **lavabo** tiene una gotera, debemos arreglarlo para no desperdiciar el agua.* **2.** Habitación destinada al aseo personal.

lavadero *m.* Lugar, habitación o recipiente donde se lava la ropa: *En mi casa, el **lavadero** está en el patio de la parte de atrás, donde también hay unas cuerdas para poner la ropa a secar.* SIN. **pileta.**

lavadora *f.* Máquina para lavar la ropa: *Se descompuso la **lavadora** y ahora hay que lavar la ropa a mano.*

lavanda *f.* **1.** Planta de flores azules muy aromáticas. **2.** Esencia que se extrae de la planta llamada lavanda: *Gabriel tiene una bolsa con flores de **lavanda** entre su ropa para que todo huela bien.*

lavandería *f.* Establecimiento industrial donde se lava la ropa a cambio de dinero: *A mi papá le gusta que laven su ropa en una **lavandería** para evitar que mi mamá se canse lavándola.*

lavandina *f. Argent.* y *Par.* Agua clorada, usada para limpiar y desinfectar ropa, pisos y otras cosas. SIN. **lejía.**

lavaplatos *m.* **1.** Máquina para lavar platos y otros utensilios de cocina: *En las casas de gente que tiene mucho dinero son comunes los **lavaplatos**.* SIN. **lavavajillas.** **2.** *Colomb.* y *Méx.* Depósito donde se lavan las vajillas, cacerolas y otros utensilios de cocina. **3.** Persona que lava los platos en restaurantes: *Efrén trabaja como **lavaplatos** en un restaurante para obtener dinero y poder continuar sus estudios.*

lavar *vb.* {tr. y prnl.} Limpiar con agua y jabón: *Por razones de higiene, hay que **lavarse** las manos antes de cada comida y después de ir al baño.*

lavativa *f.* **1.** Lavado que se hace a los intestinos: *Antes del estudio de colon, le hicieron al paciente una **lavativa** para que tuviera los intestinos bien limpios.* SIN. **enema, visitadora. 2.** Instrumento para administrarlo.

lavavajillas *m. y f.* Máquina para lavar platos y otros utensilios de cocina. SIN. **lavaplatos.**

laxante *adj.* Que ablanda, que relaja.

laxante *m.* Purgante de acción suave: *Me dieron un **laxante** porque no había evacuado los intestinos en tres días.*

laxar *vb.* {tr. y prnl.} **1.** Administrar un laxante: *Mi mamá me dio agua de tamarindo para **laxarme** porque no podía defecar.* **2.** Hacer laxo, aflojar: *El entrenador le aconsejó al atleta **laxar** sus músculos después del entrenamiento para evitar calambres.*

laxo, xa *adj.* Que no está firme: *Antes las reglas en esa escuela eran muy rígidas, pero se han vuelto **laxas** desde que llegó la nueva directora.*

lazada *f.* Nudo que se deshace de manera fácil tirando de uno de sus extremos: *Con una **lazada**, el vaquero ató a la vaquilla.*

lazarillo *m.* Muchacho que guía y dirige a un ciego: *El ciego iba acompañado de su **lazarillo** que lo ayudaba a caminar por la calle.*

lazo *m.* **1.** Nudo de cintas que sirve de adorno: *El jinete puso un **lazo** de colores en la cola de su caballo.* **2.** Lazada, nudo que se deshace de manera fácil tirando de uno de sus extremos. **3.** Cuerda con un nudo corredizo para cazar o sujetar animales: *El cerdo estaba amarrado a la valla con un **lazo**.* **4.** loc. **Echar el ~,** atrapar a una persona o animal. **5.** pl. Vínculo, relación: *Tiene **lazos** muy fuertes con ese país, donde pasó toda su infancia.* **6.** *Hond.* y *Méx.* Cualquier cuerda.

le *pron.* Pronombre personal masculino y femenino de tercera persona singular, que funciona como complemento indirecto: *Le quiero comprar un regalo por su cumpleaños.*

leal *adj./m. y f.* Persona fiel y noble: *Durante la crisis económica que sufrió Manuel, sólo estuvieron a su lado un puñado de amigos leales.* SIN. **fiel.**

lealtad *f.* Calidad de leal: *Durante la ceremonia de casamiento, los esposos se juran lealtad y respeto mutuos.* SIN. **fidelidad.**

lebrel *adj./m.* Perro de cuerpo esbelto que corre a gran velocidad y se utiliza para la caza de liebres.

lección *f.* **1.** Cada una de las partes en que se divide la materia de una disciplina: *Alfonsina toma lecciones de piano por las tardes en una academia.* **2.** Aquello que enseña o escarmienta: *Con ese castigo, su madre le dio una buena lección a la niña mentirosa.*

lechada *f.* Mezcla líquida de cal, yeso o argamasa: *Los albañiles echaron una lechada para aplanar el piso.*

lechal *adj./m.* Animal que aún mama, en especial los corderos.

leche *f.* **1.** Líquido alimenticio de color blanco, producido por las mamas de los mamíferos hembras: *La leche materna alimenta y protege a los bebés en contra de muchas enfermedades.* **2.** Cosmético en forma de crema líquida: *Compré una leche humectante para el cuerpo, pues se me ha resecado la piel a causa del frío.*

lechería *f.* Tienda o lugar donde se vende leche y por lo general otros productos lácteos: *Antes de regresar a la casa pasé a la lechería a comprar la leche para preparar el flan.*

lechiguana *f.* **1.** *Argent.* Avispa pequeña y negra. **2.** *Argent.* Nido colgante de la avispa llamada lechiguana.

lecho *m.* **1.** Cama para dormir: *Se tendió en el lecho para descansar antes de reiniciar su trabajo.* **2.** Fondo de un río, lago o mar: *Encontraron en el lecho del lago un automóvil que se hundió hace muchos años.*

lechón *m.* Cerdo que aún mama: *Desde la Edad Media es tradicional que el lechón se cocine de manera que quede tan suave que se pueda partir usando un plato en vez de un cuchillo.*

lechosa *f.* *R. Dom.* y *Venez.* Fruto del papayo, hueco y con semillas negruzcas en su interior, de pulpa dulce amarilla o anaranjada. SIN. **papaya.**

lechoso, sa *adj./m. y f.* Con apariencia o textura de leche: *Mucha gente que vive en Europa tiene piel lechosa de tan blanca.*

lechuga *f.* Planta de hojas grandes y comestibles, que suele prepararse en ensalada.

lechuguino *m.* *Fam.* Joven arreglado y presumido en exceso.

lechuza *f.* Ave rapaz nocturna, de cabeza redonda y ojos grandes, que se alimenta de roedores y otros animales.

lectivo, va *adj.* Tiempo y días destinados para impartir la enseñanza en los centros docentes: *Un año lectivo no tiene 365 días, porque no se cuentan las vacaciones y los fines de semana.*

lectura *f.* **1.** Acción de leer: *Teresa acostumbra dedicar una hora a la lectura todos los días.* **2.** Cosa leída: *Los lunes tenemos que dar un informe a la maestra de la lectura del fin de semana.*

leer *vb. irreg.* {tr.} **Modelo 32. 1.** Interpretar en la mente o en voz alta la palabra escrita: *Es importante fomentar que los niños lean como parte de sus hábitos*

diarios. **2.** En música, traducir en sonidos las notas y signos: *En la clase de música me enseñan a leer unos signos y a convertirlos en canciones.*

legación *f.* **1.** Empleo o cargo del legado. **2.** Oficina del legado: *Lo enviaron a trabajar a la legación de su país en la nación vecina.*

legado *m.* Persona enviada por una suprema autoridad ante otra para tratar un asunto: *El presidente envió a uno de sus ministros como legado ante la asamblea de la ONU.*

legado *m.* Lo que se transmite a los sucesores: *El legado de mi abuelo es una colección de arte que ahora tenemos sus nietos.*

legajo *m.* Conjunto de papeles, generalmente atado: *El expediente del acusado era un grueso legajo de documentos.*

legal *adj.* Establecido por la ley o de acuerdo con ella: *Sus acciones en ese negocio fueron legales, pues no quebrantó ninguna ley.*

legalidad *f.* Calidad de lo que está dentro de lo establecido por las leyes.

legalizar *vb. irreg.* {tr.} **Modelo 16.** Dar estado legal a algo: *Legalizó el certificado de estudios que obtuvo en el extranjero a fin de que tenga validez en este país y pueda continuar estudiando aquí.*

légamo *m.* Cieno, lodo, barro.

legaña *f.* Substancia que desechan las glándulas de los párpados: *Como se acababa de despertar, tenía los ojos llenos de legañas.* SIN. **lagaña.**

legar *vb.* {tr.} Dejar algo en testamento: *Antes de morir, el hombre rico legó todos sus bienes a su único hijo.*

legendario, ria *adj.* Relativo a las leyendas: *La Llorona y la Difunta Correa son personajes legendarios de la cultura popular.*

legible *adj.* Que se puede leer con facilidad. ANT. **ilegible.**

legión *f.* **1.** Tropa del ejército romano. **2.** Cuerpo de tropa.

legislación *f.* Conjunto de leyes de un estado o referentes a una materia determinada: *Mi hermana está estudiando leyes y tiene que aprenderse toda la legislación nacional.*

legislar *vb.* {intr.} Hacer, dictar o implantar leyes: *Parte de las tareas de los diputados es legislar, es decir, proponer o aprobar leyes.*

legislativo, va *adj.* Que tiene por misión hacer leyes: *El Congreso de un país tiene una función legislativa, ya que formula y aprueba las leyes.*

legislatura *f.* Tiempo durante el cual funcionan los órganos legislativos: *Fue diputado por su estado natal durante la xxx legislatura.*

legitimar *vb.* {tr.} Certificar o probar la autenticidad de una cosa.

legítimo, ma *adj.* **1.** Conforme a las leyes. **2.** Auténtico, verdadero: *"El abrigo es de lana legítima, no tiene fibras sintéticas", me dijo el vendedor de la tienda.*

lego, ga *m. y f.* **1.** Laico, no religioso. **2.** Ignorante: *El investigador dio una conferencia para legos en astronomía, así que todos le entendimos.*

legua *f.* Medida de longitud que equivale a 5 572 m: *El gato del cuento que estoy leyendo tiene unas botas mágicas con las que puede recorrer siete leguas con cada paso.*

leguleyo, ya *m.* y *f. Fam.* Abogado que habla y promete mucho, pero no hace bien su trabajo: *Era un leguleyo que no solucionó el problema y le cobró mucho dinero a mi padre.*

legumbre *f.* **1.** Todo género de fruto o semilla que se cría en vainas: *Las habas y las lentejas son legumbres.* **2.** Planta que se cultiva en una huerta.

leguminoso, sa *adj.* Relativo a una orden de plantas dicotiledóneas cuyo fruto se cría en vainas, como la arveja o chícharo.

leído, da *adj.* Culto: *En el siglo pasado, los hombres más leídos eran casi siempre los abogados.*

leísmo *m.* Uso del pronombre *le* en funciones de complemento directo, en lugar de *lo, la:* *Decir "yo le quiero mucho" en vez de "yo lo quiero mucho" es un ejemplo de leísmo.*

lejano, na *adj.* Que está a gran distancia: *Mi amigo se fue a vivir a un país muy lejano, al otro lado del mundo, así que no sé cuándo vuelva a verlo.*

lejía *f.* Agua que lleva disueltas sales alcalinas, usada para limpiar y desinfectar: *Mi madre desinfecta el piso con agua y lejía.* **SIN. lavandina.**

lejos *adv.* A gran distancia en el espacio o en el tiempo: *Ya habían caminado dos horas, pero el pueblo todavía quedaba lejos.*

lelo, la *adj./m.* y *f. Desp.* Tonto, lento en sus reacciones por no prestar atención o por falta de viveza: *Elías se quedó tan lelo mirando a esa mujer hermosa que no escuchó lo que le estaba contando.*

lema *m.* Frase que expresa una intención o regla de conducta: *El lema de muchos comerciantes es que el cliente siempre tiene la razón.*

lempira *m.* Moneda de Honduras.

lencería *f.* Ropa blanca y, en especial, ropa interior: *Mirna fue al departamento de lencería de la tienda y se compró una pijama y una bata.*

lengua *f.* **1.** Órgano carnoso y móvil de la cavidad bucal, que sirve para degustar, deglutir y articular sonidos: *Tomé café muy caliente y ahora tengo úlceras en la lengua.* **2.** Sistema de señales verbales propio de una comunidad, individuo, etc.: *En la mayor parte de los países latinoamericanos se habla la lengua española.*

lenguado *m.* Pez de mar comestible de cuerpo casi plano y oblongo.

lenguaje *m.* **1.** Capacidad humana de emplear sonidos articulados para comunicarse. **2.** Cualquier método de comunicación por medio de signos, señales y otras formas: *Mi maestra aprendió el lenguaje de los sordomudos porque quiere dar clases a personas que no oyen.* **3.** Manera de expresarse.

lengüeta *f.* **1.** Pieza delgada en forma de lengua: *Algunos zapatos tienen una lengüeta sobre la que se amarran los cordones.* **2.** Lámina movible que tienen algunos instrumentos musicales de viento.

lenidad *f.* Blandura en exigir el cumplimiento de los deberes o en castigar las faltas: *Un buen juez debe encontrar el término medio entre la lenidad y dureza para ser justo.*

lenificar *vb. irreg.* (tr.) **Modelo 17.** Suavizar, ablandar.

lenitivo, va *adj./m.* Que suaviza o mitiga un padecimiento físico o moral: *Un antiácido es un medicamento lenitivo y la penicilina es curativa.*

lente *f.* Cristal transparente y plano, limitado por dos superficies por lo general curvas: *Los telescopios funcionan con un sistema de lentes que permiten ver más cercanos los objetos que están lejos.*

lente *m.* **1.** pl. Anteojos, gafas: *Como su papá, Renato usa lentes desde los seis años.* **2.** loc. **➔ de contacto,** disco pequeño que se aplica directamente sobre la córnea para corregir defectos de la visión: *En la actualidad existen lentes de contacto que detienen y corrigen problemas que antes tenían que operarse, como el astigmatismo.* **SIN. lentilla.**

lenteja *f.* **1.** Planta trepadora de flores blancas y fruto que crece en vaina, dentro del cual hay dos o tres pequeñas semillas comestibles. **2.** Semilla de la planta de la lenteja.

lentejuela *f.* Lámina pequeña, redonda, de material brillante, que se aplica como adorno a los vestidos: *La cantante llevaba un vestido muy llamativo con lentejuelas de colores.*

lenticular *adj.* Relativo a lo que tiene forma de lenteja: *La lente de una lupa tiene forma lenticular, si la ves de costado puedes comprobarlo.*

lenticular *m.* Huesecillo del oído medio de los mamíferos, situado entre el martillo y el yunque.

lentilla *f.* Lente de contacto.

lentisco *m.* Arbusto que crece en la región mediterránea, cuyo tronco proporciona una resina que puede masticarse.

lentitud *f.* Característica de lo que es pausado o tardado en el movimiento o la acción: *Me desespera la lentitud de Rafael, se tardó horas peinándose y por su culpa llegamos tarde al cine.*

lento, ta *adj.* Tardo o pausado en el movimiento o acción: *Alicia llegó en el último lugar de la carrera porque fue la más lenta de todas las competidoras.*

leña *f.* Conjunto de ramas, matas y troncos secos para hacer fuego: *Como hacía mucho frío en la montaña, juntamos leña para hacer una hoguera.*

leñador, ra *m.* y *f.* Persona que tiene por oficio cortar leña.

leño *m.* Trozo de árbol cortado y despojado de ramas: *Ese leño no sirve para hacer fuego porque está verde y húmedo.*

leñoso, sa *adj.* Se dice de la planta de tallo resistente.

leo *adj./m.* y *f.* Uno de los doce signos zodiacales, comprendido entre el 23 de julio y el 22 de agosto, su símbolo es un león.

león, na *m.* y *f.* Mamífero carnívoro félido, de pelaje amarillo rojizo y, en el caso del macho, adornado por una melena.

leonado, da *adj.* De color rubio obscuro: *Todos nos sorprendimos cuando vimos llegar a la morena Gabriela con una cabellera leonada.*

leonés *m.* Dialecto romance que se hablaba en el antiguo reino de León, España.

leopardo *m.* Mamífero carnívoro félido, de pelaje rojizo o amarillo con manchas negras: *Los leopardos se parecen a los tigres, pero se distinguen de ellos porque en lugar de rayas tienen manchas.*

leotardo *m.* Pieza de malla que cubre el tronco del cuerpo y que se utiliza para hacer ejercicios o para el ballet.

leperada *f. Amér. C.* y *Méx. Fam.* Dicho o expresión grosera: *Hugo le dijo a su maestra "estúpida", eso es una leperada y sus papás lo castigaron.* **SIN. grosería.**

lépero, ra adj. *1.* Cuba. Astuto, perspicaz. *2.* Ecuad. Fam. Persona muy pobre y sin recursos. *3.* Amér. C. y Méx. Grosero, ordinario: *Mario es un lépero que ofende a cualquiera que se le cruza en la calle.*

lepidóptero, ra adj./m. Relativo a un orden de insectos que en estado adulto tienen cuatro alas, como la mariposa.

lepra f. Enfermedad infecciosa crónica, que cubre la piel de ampollas y escamas: *En algunos lugares de África hay colonias de enfermos de lepra que viven apartados del resto de la gente.*

leproso, sa m. y f. Enfermo de lepra: *En la antigüedad, los leprosos traían campanitas para anunciar cuando se acercaban, así daban tiempo a que los demás se retiraran y se evitaba el contagio.*

lerdo, da adj. *1.* Torpe, lento: *Los movimientos de las tortugas son lerdos.* *2.* Tonto, poco hábil: *Es un vendedor lerdo que no recuerda el precio de los productos que vende.*

les pron. Pronombre personal masculino y femenino de tercera persona plural, que funciona como complemento indirecto: *Cuando les dije que iríamos a la feria, todos aceptaron entusiasmados.*

lesbiana f. Mujer que se siente atraída de manera sexual por otra mujer.

lesear vb. (intr.) Chile. Tontear, hacer o decir leseras.

lesera f. Chile y Perú. Tontería.

lesión f. *1.* Daño corporal, herida: *Tenía varias lesiones en las piernas después del partido de fútbol.* *2.* Cualquier daño o perjuicio.

leso, sa adj. Que ha sido lesionado o perjudicado.

letal adj. Que mata, mortífero: *En muchos países se aplica una inyección letal a las personas condenadas a muerte.*

letanía f. *1.* Enumeración larga y molesta: *Para evitar que lo castigaran Antonio soltó una letanía de excusas, algunas ciertas y otras inventadas.* *2.* Oraciones formadas por una serie de frases cortas que los fieles católicos recitan o cantan en honor a Dios, a la Virgen o a los santos.

letargo m. *1.* Sueño profundo o prolongado: *Cuando la Bella Durmiente se pinchó el dedo, cayó en un profundo letargo del que la despertó el beso del príncipe cien años después.* *2.* Estado de sopor por el que atraviesan algunos animales durante determinadas épocas del año: *Los osos entran en letargo cuando hibernan en sus cuevas.*

letón m. Lengua báltica hablada en Letonia.

letón, na m. y f. De Letonia, país europeo ubicado a orillas del mar Báltico.

letra f. *1.* Cada uno de los signos con que se representan los sonidos de un alfabeto: *Antes la ch y la ll se consideraban letras; ahora se les considera combinaciones de las letras c y l.* *2.* Modo particular de escribir: *Julián escribe con una letra muy redonda y elegante.* *3.* Texto de una pieza musical: *Se puso a cantar una canción y a la mitad se le olvidó la letra.* *4.* Documento mercantil de pago: *Firmó cuatro letras en las que se compromete a pagar su deuda.*

letrado m. y f. Abogado.

letrado, da adj. Docto, instruido: *El obispo es un hombre muy letrado que posee una de las mejores bibliotecas de la ciudad.*

letrero m. Escrito que se coloca en determinado lugar para avisar o hacer pública alguna cosa: *Cuando llegamos al auditorio vimos un letrero avisando que se había cancelado el concierto.*

letrilla f. Composición poética de versos cortos.

letrina f. *1.* Retrete, lugar donde se orina y defeca. *2.* Lugar pestilente, sucio y repugnante.

leu m. Moneda de Rumania.

leucemia f. Enfermedad de la sangre que se manifiesta en un aumento excesivo de leucocitos, o sea glóbulos blancos, en la médula ósea, bazo y ganglios.

leucocito m. Célula de la sangre y de la linfa, que asegura la defensa contra las infecciones: *Los leucocitos son como los soldados del organismo, ellos combaten a los microbios que causan algunas enfermedades.*

lev m. Moneda de Bulgaria.

leva f. *1.* Acción y efecto de levantar el ancla. *2.* Palanca. *3.* Reclutamiento para formar parte del ejército: *En tiempos de guerra, en muchos países se establecía la leva obligatoria.*

levadizo, za adj. Que se levanta o puede levantarse con algún mecanismo: *En algunos castillos medievales rodeados de fosos había un puente levadizo para entrar y salir.*

levadura f. Masa formada por un tipo de hongos microscópicos, que hace fermentar el cuerpo con que se mezcla: *Después de mezclar la masa con la levadura, hay que dejarla reposar para que se esponje.*

levantamiento m. *1.* Acción y efecto de levantar o levantarse. *2.* Rebelión militar: *El presidente de ese país sólo estuvo en el poder un mes porque lo quitó de su cargo un levantamiento dirigido por un general.*

levantar vb. (tr. y prnl.) *1.* Mover de abajo hacia arriba: *El campeón de pesas del mundo levanta 250 kilos.* *2.* Llevar algo a un nivel más alto: *Como el niño ya empezó a caminar, levantamos las cosas delicadas para que no las toque.* *3.* Poner derecho o en posición vertical. *4.* Edificar, construir: *De manera ilegal levantaron un edificio habitacional en medio de un parque público.* *5.* Ponerse de pie: *De un salto, Ruperto se levantó de la silla al escuchar el timbre de la puerta.* *6.* Dejar la cama después de haber dormido: *Mi papá se levanta a las cinco de la mañana porque entra a trabajar a las siete.* *7.* Sublevarse: *Como no estaban de acuerdo con la política del gobierno, un grupo de militares se levantó en armas.*

levante m. *1.* Este, punto cardinal: *El sol sale por el levante.* *2.* Viento del este.

levantisco, ca adj. Turbulento o rebelde: *Después que se independizaron los países americanos a principios del siglo XIX, quedaron muchos grupos levantiscos dispuestos a protestar por los problemas políticos y sociales.*

levar vb. (tr. e intr.) Recoger el ancla: *El barco levó anclas y dejó el puerto para seguir su recorrido por el mar Caribe.*

leve adj. *1.* De poco peso: *Mi peso es leve si lo comparo con el de mi padre.* *2.* De poca importancia: *El médico me dijo que tengo una infección leve y que en dos días estaré sano.*

leviatán m. En el libro de Job, en la Biblia, monstruo marino gigantesco.

levita f. Prenda de vestir masculina con faldones rectos que se cruzan por delante, que estuvo de moda en el siglo XIX y todavía se usa en algunos uniformes: *Para el baile de gala don Rodrigo se puso una **levita** que lo hacía verse muy elegante.*

levitar *vb.* [intr.] Elevarse en el aire una persona o cosa, sin intervenir una causa física.

léxico, ca *adj./m.* **1.** Relativo a los lexemas o al vocabulario: *Los alumnos de primaria no entendían a ese maestro porque usaba un **léxico** propio de estudiantes universitarios.* **2.** Conjunto de palabras o giros de una lengua, o los usados por un individuo, grupo, etc.

lexicografía *f.* Arte y técnica de componer diccionarios.

lexicología *f.* Ciencia que estudia el léxico de una lengua.

ley *f.* **1.** Relación necesaria que enlaza entre sí fenómenos naturales y ley que expresa esta relación: *Isaac Newton descubrió la **ley** de la gravedad.* **2.** Precepto dictado por la suprema autoridad: *El gobierno promulgó una **ley** que ordena proteger los bosques del país.* **3.** Proporción de metal precioso que entra en una aleación.

leyenda *f.* **1.** Narración de sucesos fabulosos, a veces con una base histórica, que se transmiten por tradición oral o escrita: *Según la **leyenda**, la ciudad de Roma fue fundada por los gemelos Rómulo y Remo, quienes fueron amamantados por una loba.*

lezna *f.* Punzón que usan los zapateros para agujerear y coser: *Como Gerardo adelgazó tanto, tuvo que hacerle otro orificio a su cinto con una **lezna** porque le quedaba muy holgado.*

liana *f.* Nombre común de diversas especies de bejuco: *Tarzán se transportaba de un lugar a otro con las **lianas** que colgaban de los árboles.*

liar *vb. irreg.* [tr. y prnl.] **Modelo 9. 1.** Atar o envolver una cosa: *Mi cuñada **lió** el libro con papel y cuerda para enviármelo por correo.* **2.** Enredar, complicar un asunto. **3.** Confundir a alguien. **4.** Vivir con alguien sin estar casado, amancebarse.

libanés, sa *adj./m.* y *f.* De Líbano, país del Cercano Oriente.

libar *vb.* [tr.] **1.** Chupar el jugo de una cosa: *Las abejas y las mariposas **liban** el néctar de las flores.* **2.** Probar un licor.

libelo *m.* Escrito que critica y desprestigia: *De pronto en las calles empezó a circular un **libelo** contra la nueva obra de teatro y mucha gente decidió no ir a verla.*

libélula *f.* Insecto de abdomen largo, dotado de cuatro alas.

líber *m.* Tejido interior de la corteza del tronco de los vegetales encargado de transportar la savia.

liberación *f.* **1.** Hecho de dar la libertad: *La **liberación** del preso será mañana, sus familiares irán a buscarlo a la salida de la cárcel para acompañarlo a su casa.* **2.** Hecho de quitarle a alguien la obligación de algo.

liberal *adj.* **1.** Generoso, dadivoso. **2.** Partidario de la libertad y de la tolerancia.

liberal *m.* y *f.* **1.** Partidario del liberalismo. **2.** Partidario de la libertad y la tolerancia.

liberalismo *m.* Doctrina que defiende la primacía de la libertad individual.

liberar *vb.* [tr. y prnl.] **1.** Libertar, dar libertad: *Finalmente las autoridades liberaron al acusado porque descubrieron que no era culpable.* **2.** Liberar de una obligación o carga: *La secretaria estaba tan cargada de tra-*

bajo, que sus jefes decidieron **liberarla** de algunas de sus tareas.

libertad *f.* **1.** Capacidad que tiene el hombre de actuar de manera libre, sin obligación alguna. **2.** Estado de quien no está sujeto ni impedido para hacer algo. **3.** loc. pl. **Tomarse muchas (demasiadas) ~,** actuar con mucha familiaridad: *Daniel se **tomó** demasiadas **libertades** durante la primera visita a mi casa, como servirse comida tres veces y pedir prestado un abrigo.*

libertar *vb.* [tr. y prnl.] **1.** Dejar libre algo o a alguien que estaba sujeto o preso. **2.** Perdonar a alguien una obligación, sujeción o deuda. SIN. **liberar.**

libertario, ria *adj./m.* y *f.* Persona que practica o apoya la libertad total por medio de ausencia de gobierno y leyes.

libertinaje *m.* **1.** Conducta viciosa o inmoral. **2.** Falta de respeto a las leyes o a la religión.

liberto, ta *m.* y *f.* Antiguamente, esclavo a quien su señor otorgaba la libertad.

libidinoso, sa *adj.* Que muestra un deseo sexual exagerado.

libido *f.* Deseo sexual.

libio, bia *adj./m.* y *f.* De Libia, país de África, junto al Mediterráneo.

libra *adj./m.* y *f.* Uno de los doce signos del zodiaco, comprendido entre el 23 de septiembre y el 23 de octubre, su símbolo es una balanza.

libra *f.* **1.** Moneda del Reino Unido y de sus antiguas colonias. **2.** Medida de peso equivalente a 454 g.

librar *vb.* [tr. y prnl.] **1.** Evitar hacer una tarea molesta o protegerse de un peligro: *Como está enfermo se **libró** de tener que limpiar la casa.* **2.** Expedir letras, órdenes de pago o cualquier otro documento mercantil o bancario: *El banco **libró** pagarés a treinta días.*

libre *adj.* **1.** Que goza de libertad. **2.** Sin obstáculo: *Ya está **libre** la calle, por fin quitaron el autobús descompuesto que no permitía pasar.* **3.** Vacante, vacío: *Este asiento está **libre**, aquí puedes sentarte.*

libre *m.* Méx. Taxi.

librea *f.* Uniforme que llevan algunos empleados y criados.

librecambio *m.* Comercio internacional sin derechos aduaneros.

librepensador, ra *m.* y *f.* Persona que se encuentra libre de todo sometimiento religioso, de toda creencia en cualquier dogma.

librería *f.* **1.** Local donde se venden libros: *Fueron a la **librería** a comprar los libros de texto para el curso que va a empezar.* **2.** Esp. Mueble para guardar libros. SIN. **librero. 3.** Argent. Comercio donde se venden cuadernos, lápices y otros artículos de escritorio. SIN. **papelería.**

librero, ra *m.* y *f.* **1.** Comerciante de libros: *En el centro hay tres calles con negocios de **libreros** que venden libros usados.* **2.** Bol., Chile, Ecuad., Méx., Guat., Pan. y Perú. Mueble para guardar libros: *En el tercer **librero** de la derecha encontrarás los libros de literatura inglesa.* SIN. **librería.**

libreta *f.* **1.** Cuaderno en que se escriben anotaciones: *En mi **libreta** de matemáticas escribo los resúmenes de las clases y las operaciones que hago en mi casa.* **2.** loc. Argent. **~ cívica,** documento oficial con el que la mujer acredita su identidad.

libreto *m.* Texto que sirve de base a un drama musical o a un filme o película: *Después de escribir el* **libreto** *de la obra de teatro musical, el compositor adaptó la música.* SIN. **guión**.

libro *m.* **1.** Conjunto de hojas manuscritas o impresas, encuadernadas, y que forman un volumen ordenado para la lectura: *Antes los* **libros** *se hacían totalmente a mano y ahora se hacen mediante un proceso industrial.* **2.** Tercera parte del estómago de animales como la vaca, que lo tienen dividido en cuatro cavidades: *Los estómagos de los rumiantes se llaman panza, bonete,* **libro** *y cuajar.*

licencia *f.* **1.** Permiso: *A los dieciséis años sus padres le dieron* **licencia** *a Maura para llegar a casa a medianoche.* **2.** Documento en que consta el permiso para manejar: *Para conducir camiones, se necesita un tipo de* **licencia** *diferente a la de automovilista.*

licenciado, da *m.* y *f.* Persona que ha obtenido en una facultad universitaria el grado que le habilita para ejercer una profesión: *Para ocupar el puesto vacante en el juzgado se necesita a un* **licenciado** *en derecho.*

licenciatura *f.* Grado o título de licenciado: *Después de cuatro años de estudiar en la universidad, obtuvo una* **licenciatura** *en contabilidad.*

licencioso, sa *adj.* Que actúa en contra de las buenas costumbres establecidas, de manera especial en cuestiones sexuales: *La actitud de Ramiro es* **licenciosa**, *ya que tiene tres novias al mismo tiempo.* SIN. **disoluto**.

liceo *m.* **1.** En algunos países, centro de segunda enseñanza. **2.** Sociedad cultural o recreativa.

licitar *vb.* [tr.] Ofrecer precio por una cosa en subasta.

lícito, ta *adj.* Permitido por la ley o la moral: *Es* **lícito** *que ese empresario quiera recuperar la propiedad que su socio le quitó de manera ilegal.* ANT. **ilícito**.

licopodio *m.* Planta cuyas esporas se utilizan en farmacia y en ciertas artificiales.

licor *m.* Bebida alcohólica obtenida por destilación.

licuado *m.* Bebida mezclada en una licuadora: *A su hijo le gusta el* **licuado** *de leche con bananas como desayuno.*

licuadora *f.* Aparato eléctrico que sirve para moler o licuar diversos tipos de alimentos: *Puso en la* **licuadora** *trozos de piña, agua y azúcar y se preparó una bebida deliciosa.*

licuar *vb. irreg.* [tr. y prnl.] **Modelo 11.** Convertir en líquido algo sólido: *Licuamos unos tomates para ponérselos a la sopa.*

licuefacción *f.* Transformación de un gas en líquido.

lid *f.* **1.** Combate, pelea: *En el cuento que leí, el vencedor de la* **lid** *se casó con la princesa.* **2.** Discusión, controversia.

líder *adj.* Que va a la cabeza de una clasificación: *Esta marca de jabones es* **líder** *en el mercado, ya que vende tres veces más que sus competidores.*

líder *m.* y *f.* **1.** Persona o grupo que va a la cabeza de una clasificación: *Ese equipo de fútbol es el* **líder** *de su grupo en este momento, habrá que ver si llega a la final.* **2.** Jefe de un grupo, partido, etc.: *El* **líder** *del partido de oposición fue el encargado de dar respuesta al discurso del presidente.*

liderato o **liderazgo** *m.* Condición o actividad de líder.

lidia *f.* **1.** Corrida de toros: *Muchas personas se oponen a las* **lidias** *taurinas por la crueldad que representan para los toros y caballos.* **2.** Pelea.

lidiar *vb.* [tr. e intr.] **1.** Torear: *El segundo toro que* **lidió** *el torero era muy manso.* **2.** Batallar, pelear.

liebre *m.* y *f.* **1.** Mamífero roedor parecido al conejo pero de mayor tamaño, con largas patas traseras adaptadas a la carrera y con las puntas de las orejas de color negro. **2.** *Chile.* Autobús pequeño.

liendre *f.* Huevecillo del piojo.

lienzo *m.* **1.** Pieza grande de tela: *Compró dos* **lienzos** *de manta para hacer unas cortinas.* **2.** Tela sobre la que se pinta: *El pintor se enfrentó al* **lienzo** *en blanco antes de empezar a trabajar en su nueva pintura.*

liga *f.* Cinta elástica usada para sujetar, de manera especial para mantener medias o calcetines sin que se bajen por la pierna.

liga *f.* **1.** Asociación: *La* **liga** *de los defensores de animales se ha opuesto a las peleas de gallos.* **2.** Competencia deportiva entre varios equipos: *El campeón de la* **liga** *de primavera fue el mismo equipo que el año pasado.*

ligador, ra *adj./m.* y *f. Méx. Fam.* Persona que comienza relaciones amorosas con otras frecuentemente, por lo general sin deseo de comprometerse. SIN. **ligón**.

ligadura *f.* Acción y efecto de ligar: *Antes de inyectarle la vena le hicieron una* **ligadura** *en el brazo.*

ligamento *m.* Conjunto de fibras que une los huesos de las articulaciones del cuerpo: *Cuando cayó y se torció el tobillo, se le dañó un* **ligamento** *y ahora camina con dificultad.*

ligar *vb. irreg.* [tr. e intr.] **Modelo 17.** **1.** Atar: *Los vaqueros* **ataron** *las patas del caballo para que pudiera curarlo el veterinario.* **2.** Enlazar, unir: *Estimo a todos mis amigos, pero con Mario me* **liga** *un gran cariño desde hace varios años.* **3.** *Fam.* Entablar una relación amorosa, sobre todo si es pasajera: *En las pasadas vacaciones, mis primas* **ligaron** *con unos muchachos italianos y ahora ellos les escriben desde su país.*

ligereza *f.* **1.** Calidad de ligero: *Las gacelas saltan con una elegante* **ligereza**. **2.** Dicho o hecho que se hace sin reflexionar: *La señora criticó al director con mucha* **ligereza**, *sin conocer las razones por las que había regañado a su hijo.*

ligero, ra *adj.* **1.** Que pesa poco: *La espuma de plástico es un material* **ligero**, *un trozo del tamaño de un colchón pesa apenas dos o tres kilos.* **2.** Que obra con rapidez. **3.** *loc.* **Sueño ~**, sueño poco profundo: *Mi mamá tiene el* **sueño ligero** *y se despierta con cualquier ruido.*

lignito *m.* Carbón mineral de color negro o pardo: *El* **lignito** *es el resultado de la descomposición de residuos vegetales.*

ligón, na *adj./m.* y *f. Esp. Fam.* Que entabla con frecuencia relaciones amorosas. SIN. **ligador**.

liguano, na *m.* y *f.* **1.** *Chile.* Raza de carneros de lana gruesa y larga. **2.** *Chile.* Lana producida por el liguano y lo que se fabrica con esta lana.

liguero *m.* Especie de faja estrecha para sujetar las medias de las mujeres: *Los* **ligueros** *se han convertido en uno de los símbolos de la sensualidad femenina.*

lija *f.* **1.** Tiburón de pequeño tamaño y piel rasposa, que vive en el Océano Atlántico y en el Mar Mediterráneo. SIN. **pintarroja**. **2.** Papel con polvos de vidrio o esmeril adheridos, que se usa para pulir maderas o metales: *Pulí la madera de la puerta con papel de* **lija**.

lijar *vb.* {tr.} Pulir con lija u otro abrasivo: *Antes de barnizarla, hay que lijar la madera para que no le queden astillas.*

lila *adj.* De color morado claro o morado rosado.

lila *m.* **1.** Arbusto de flores olorosas de color morado claro, originario del Medio Oriente. **2.** Flor del arbusto llamado lila: *La esencia de las lilas es muy empleada para hacer perfumes.*

liliáceo, a *adj./f.* Relativo a una familia de plantas de raíz en bulbo, como el ajo.

liliputiense *adj./m.* y *f.* Palabra derivada del nombre de los diminutos habitantes de Liliput, que aparecen en el libro llamado *Los Viajes de Gulliver,* del escritor irlandés Jonathan Swift, y que se usa para señalar a personas, animales y vegetales de tamaño muy pequeño.

lima *f.* Fruto del limero: *La época de las limas en el hemisferio Norte es en los meses de noviembre y diciembre.*

lima *f.* Instrumento de acero con la superficie estriada, que se usa para desgastar metales, maderas, uñas, etc.: *La mujer que arregló mis manos empezó su trabajo con una lima para uñas.*

limar *vb.* {tr.} **1.** Pulir con la lima: *Voy a limar mis uñas para emparejarlas y evitar que se atoren en mi ropa.* **2.** loc. **~ asperezas,** poner fin a las diferencias, conciliar diferencias: *Al fin pude limar asperezas con mi amiga Estela, fuimos a comer, platicamos y descubrimos que nos enojamos por una tontería.*

limbo *m.* **1.** En el catolicismo, lugar al que van las almas de los niños pequeños que han muerto sin haber recibido el bautismo. **2.** En astronomía, borde de un astro: *El limbo del Sol se altera debido a las explosiones que producen llamaradas de muchos kilómetros de largo.* **3.** Parte aplanada y visible de las hojas de las plantas. **4.** loc. *Fam.* **Estar en el ~,** estar distraído: *Anoche dormí mal y hoy estuve en el limbo durante la clase de matemáticas porque no podía concentrarme.*

limeño, ña *adj./m.* y *f.* De Lima, Perú.

limero *m.* Árbol de flores blancas y olorosas, cuyo fruto es la lima.

limitar *vb.* {tr. y prnl.} **1.** Fijar o señalar límites: *Las horas de visita en los hospitales se limitan para proteger la tranquilidad de los enfermos.* **2.** Reducir, recortar: *Como no quería subir de peso, Magnolia se limitó a comer alimentos con poca grasa.* **3.** Tener un país, territorio, etc., límites comunes con otro: *Estados Unidos de Norteamérica limita al norte con Canadá y al sur con México.*

límite *m.* **1.** Línea real o imaginaria que señala la separación entre dos cosas: *El balón salió de los límites del campo.* **2.** Fin o grado máximo de algo: *El atleta que obtuvo el primer lugar se esforzó hasta el límite para ganar la carrera, por eso llegó tan agotado a la meta.*

limítrofe *adj.* Que limita o linda: *Costa Rica es un país limítrofe con Nicaragua.*

limo *m.* Cieno, lodo, barro.

limón *m.* Fruto del limonero, de forma esférica, color amarillo o verde y sabor ácido: *Preparó el aderezo de la ensalada con aceite, pimienta, sal y zumo de limón.*

limonada *f.* Refresco hecho con agua, azúcar y zumo o jugo de limón.

limonero *m.* Árbol de ramas espinosas, flores blancas color púrpura en el exterior y cuyo fruto es el limón.

limosna *f.* Lo que se da a los pobres por caridad: *Ayer vi a un hombre que pedía limosna afuera de una tienda lujosa.*

limosnero, ra *m.* y *f. Amér.* Mendigo, pordiosero: *Muchos limosneros viven en las calles porque carecen de hogar.*

limpiabotas *m.* y *f.* Persona que tiene por oficio lustrar el calzado: *A veces los limpiabotas usan unas sillas altas para sentar a sus clientes y lustrar sus zapatos con mayor comodidad.*

limpiador *m. Méx.* Limpiaparabrisas.

limpiaparabrisas *m.* Varilla articulada que limpia el parabrisas de los automóviles: *Es importante tener en buen estado los limpiaparabrisas y más durante la temporada de lluvias.*

limpiar *vb.* {tr. y prnl.} Quitar la suciedad de una cosa: *Antes de mudarse a su nueva casa, los González la limpiaron con mucho cuidado.*

límpido, da *adj.* Limpio, puro, claro, transparente: *El agua de ese arroyo es tan límpida y transparente, que puedo ver las piedras del fondo y los pececillos nadando.*

limpieza *f.* **1.** Calidad de limpio: *Hice una limpieza de la cocina a fondo porque estaba muy sucia.* **2.** Acción y efecto de limpiar: *Es bueno inculcar a los niños hábitos de limpieza, como lavarse las manos antes de comer y después de defecar.*

limpio, pia *adj.* Que no tiene suciedad: *Se puso ropa limpia y planchada para ir a la escuela.*

linaje *m.* Ascendencia o descendencia de una familia: *La familia de Diana tiene un largo linaje conocido que se remonta a 26 generaciones atrás.* SIN. **cepa, casta.**

linaza *f.* **1.** Semilla del lino. **2.** loc. **Aceite de ~,** aceite usado en pintura como disolvente: *El pintor utiliza aceite de linaza para diluir las pinturas y para limpiar los pinceles.*

lince *m.* y *f.* **1.** Mamífero carnívoro parecido a un gato, pero de mayor tamaño y con el rabo corto: *Los linces son famosos por su buena vista, que los ayuda a cazar.* **2.** Persona lista o sagaz: *Es un lince para las matemáticas, siempre termina los ejercicios antes que todos.*

linchar *vb.* {tr.} Ejecutar una muchedumbre a alguien sin un proceso regular previo.

lindar *vb.* {intr.} Tener límites dos terrenos, fincas, casas, etc.: *Esther y Mauro se conocen desde que eran niños, ya que sus casas lindan una con la otra.*

linde *m.* y *f.* Límite o línea que divide terrenos, fincas, etc.: *Los dos hombres pelearon durante años por los lindes entre sus terrenos, hasta que un día decidieron que asociarse era más productivo.*

lindo, da *adj.* Bonito, agradable a la vista.

línea *f.* **1.** Trazo continuo, real o imaginario, que señala la separación o el fin de algo. **2.** Raya: *Con la regla, puso líneas rojas a manera de márgenes en cada hoja del cuaderno.* **3.** Contorno, silueta: *Es un diseñador de líneas sencillas y elegantes.* **4.** Vía de comunicación terrestre, marítima o aérea: *Hay varias líneas de autobuses para ir al centro del país.* **5.** Sucesión continua de puntos en el espacio. **6.** Renglón: *Sólo leyó la primera línea de un conocido poema y le preguntó a su novia si reconocía quién era el autor.*

lineal *adj.* **1.** Relativo a la línea. **2.** Que sigue un desarrollo constante: *La vida de los animales y las plantas es lineal, primero nacemos, luego crecemos, después nos reproducimos y al final morimos.*

linfa f. Líquido orgánico coagulable que forma parte de la sangre, límpido e incoloro, que en el hombre se compone en un 97% de plasma y en 3% de leucocitos.

linfático, ca adj. **1.** Que abunda en linfa. **2.** Se dice de la parte del aparato circulatorio que interviene en la formación y circulación de la linfa.

lingote m. Barra o pieza de metal bruto fundido: *En la caja fuerte del banco central del país guardan oro en forma de lingotes.*

lingue m. *Argent.* y *Chile.* Árbol alto, frondoso y de madera flexible que se emplea en carpintería.

lingüística f. Ciencia que estudia el lenguaje como capacidad de comunicación y las lenguas en todos sus aspectos: *La palabra lingüística es más o menos moderna, pues comenzó a utilizarse en el año 1869.*

linimento m. Preparado farmacéutico de aceites y bálsamos, que se aplica en fricciones: *Para aliviar el dolor muscular, mi mamá le aplicó un linimento y le dio un masaje a mi hermano.*

lino m. **1.** Planta de flores azules grandes y vistosas, que se cultiva en zonas templadas. **2.** Fibra textil obtenida del tallo de la planta llamada lino y tejido de esta fibra: *El lino es una tela muy fresca, pero se arruga con facilidad.*

linóleo o **linóleum** m. Tela impermeable hecha a base de una capa de corcho en polvo, amasado con aceite de linaza y resina: *Decidieron poner linóleo en la cocina porque es más fácil de limpiar.*

linotipo m. En artes gráficas, máquina para componer textos.

linterna f. **1.** Farol portátil con una sola cara de vidrio: *Hace tiempo, los barcos empleaban una linterna para enviar mensajes en clave Morse.* **2.** Aparato eléctrico con pila y bombilla, que sirve para alumbrar: *Es importante llevar una linterna cuando se sale de campamento.*

linyera m. *Argent.* y *Urug.* Vagabundo, pordiosero: *La casa abandonada se ha llenado de linyeras porque no hay nadie que la cuide.*

lío m. **1.** Conjunto de ropas o de otras cosas atadas: *Ató su ropa en un lío, la colgó de un palo y se fue a buscar el éxito.* **2.** Situación o problema de difícil solución: *Todos hablaban al mismo tiempo y acabó armándose un lío donde nadie escuchaba a nadie.*

liofilizar vb. irreg. {tr.} Modelo 16. Deshidratar un alimento u otra substancia para asegurar su conservación.

lípido m. Substancia orgánica denominada comúnmente grasa.

liposucción f. Operación estética que consiste en extraer la grasa de algunas partes del cuerpo metiendo agujas gruesas bajo la piel: *El afán por verse delgadas ha llevado a muchas actrices y cantantes de la farándula a someterse a la liposucción aunque pueda ser peligroso.*

lipotimia f. Pérdida pasajera del sentido: *"Su desmayo no fue nada grave, se trataba sólo de una lipotimia", le dijo el médico a mi abuelo.*

liquen m. Planta constituida por la asociación de un hongo y un alga, que viven ayudándose uno a otro.

líquida adj./f. Fonema que participa a la vez del carácter vocálico y consonántico, como r en la palabra brazo.

liquidar vb. {tr. y prnl.} **1.** Licuar, hacer líquido algo que estaba sólido o gaseoso: *El vapor de agua que forma las nubes se liquida con el frío, por eso llueve.*

2. Pagar de manera total una cuenta o deuda: *Al cabo de tres años, pudo liquidar la hipoteca de su casa.* **3.** Poner fin, terminar con algo: *He liquidado el problema que tenía con mi vecino por el volumen con que escuchaba la música, ahora ya la pone más bajo.* **4.** *Fam.* Matar a alguien.

líquido m. **1.** Cuerpo cuyas moléculas se mueven de manera libre y se adaptan a la forma de la cavidad que las contiene: *El agua, el vino y la leche son líquidos.* **2.** Cantidad de dinero que resulta de comparar lo que se debe con lo que se tiene.

lira f. Instrumento musical antiguo compuesto de varias cuerdas tensadas en un marco, que se toca con las dos manos.

lira f. Moneda de Italia y Turquía.

lírica f. **1.** Género de poesía en que dominan los sentimientos del autor: *José Batres Montúfar es considerado la figura más sobresaliente de la lírica guatemalteca del siglo XIX.* **2.** En la antigüedad, poesía que se cantaba con acompañamiento musical, por lo general con la lira.

lírico, ca adj. **1.** Relativo a la lírica: *El poeta lírico dominicano Tomás Hernández Franco abordó en su obra el aspecto mágico del encuentro de dos razas que dio origen a los mulatos.* **2.** Relativo a las obras dramáticas cantadas, como la ópera.

lirio m. **1.** Planta de bulbo escamoso y flores de seis pétalos azules, morados o blancos. **2.** loc. ~ acuático, planta ornamental que se da en el agua, con flores amarillas, blancas o azules y hojas grandes: *En el cuadro hay un estanque donde flotan lirios acuáticos que rodean la cara de una mujer ahogada.*

lirón m. **1.** Mamífero roedor de aproximadamente 15 cm de largo, que hiberna enroscado en madrigueras que otros animales abandonan. **2.** loc. *Fam.* Dormir como un ~, dormir mucho o de continuo: *Estaba tan cansado al regreso del viaje que durmió como un lirón 14 horas seguidas.*

lis f. Lirio: *La figura de la flor de lis fue muy usada por reyes y caballeros para adornar sus escudos y ropajes.*

lisboeta adj./m. y f. De Lisboa, Portugal.

lisiado, da adj./m. y f. Que tiene una imperfección orgánica, en particular una lesión permanente: *En este edificio pusieron rampas para que puedan deslizarse los lisiados en sus sillas de ruedas.*

liso, sa adj. **1.** Sin desigualdades o arrugas: *La piel de los bebés es lisa y suave.* **2.** De un solo color: *Escogí esta blusa lisa, porque aquélla tiene flores de muchos colores y no combina con el pantalón a rayas.*

lisonjear vb. {tr.} Adular, halagar.

lista f. **1.** Tira de tela, papel, etc. **2.** Franja de color, de manera especial en los tejidos: *El uniforme de mi equipo de fútbol es blanco, con una lista roja en medio.* **3.** Relación de personas o cosas: *El primer día de clases la maestra pasó lista de los alumnos.*

listo, ta adj. **1.** Que comprende y asimila las cosas con rapidez y acierto: *Marcos es un niño muy listo, creo que va a obtener buenas calificaciones.* **2.** Preparado, dispuesto: *Cuando llegué a la casa de Luis, él ya estaba listo para ir a la fiesta.* **3.** Astuto, sagaz.

listón m. **1.** Tabla delgada y larga. **2.** Barra horizontal sobre la que se ha de saltar. **3.** Cinta de tela usada como adorno: *Su madre le puso a Ángela listones de color rojo en las trenzas.*

lisura f. *1.* Calidad de liso: *Me gusta acariciar las rosas por la **lisura** de sus pétalos. 2. Fam.* Sinceridad, franqueza. *3. Guat., Pan. y Perú. Fam.* Palabra o acción grosera e irrespetuosa: *El niño dijo una **lisura** a su maestra y su mamá lo reprendió. 4. Pan. y Perú. Fam.* Atrevimiento, desparpajo: *Con **lisura**, la muchacha entró en la oficina de su padre aunque él estaba en una reunión con otros jefes. 5. Perú. Fam.* Gracia.

litera f. Mueble formado por dos camas puestas una arriba de la otra: *Como en mi casa somos ocho hermanos y la casa es pequeña, mi papá compró **literas** para aprovechar mejor el espacio.* Sin. **cucheta.**

literal *adj.* Conforme a la letra del texto y al sentido exacto de las palabras que lo forman: *Tiene una gran memoria: puede repetir de manera **literal** la letra de una canción después de escucharla sólo una vez.*

literario, ria *adj.* Relativo a la literatura: *La crítica **literaria** se ocupa de estudiar los libros de poesía, de narrativa, de ensayo, etc.*

literatura f. *1.* Arte que emplea la palabra hablada o escrita como forma de expresión: *La novela llamada Cien años de soledad, del escritor Gabriel García Márquez, es una de las grandes obras de la **literatura** hispanoamericana. 2.* Conjunto de las obras literarias de un país, de una época, etc.

lítico, ca *adj.* Relativo a la piedra: *Las capas **líticas** sirven a los geólogos para conocer la historia de la evolución de nuestro planeta.*

litigio m. *1.* Disputa entre dos o más partes que se realiza ante un tribunal o juez para que dicte sentencia: *Los hijos del rico empresario se enfrascaron en un **litigio** por la herencia y pasaron varios años de un abogado a otro. 2.* Contienda, enfrentamiento.

litio m. Metal alcalino, el más ligero de todos los metales, blando de símbolo químico Li y número atómico 3.

litografía f. *1.* Arte de reproducir por impresión dibujos o grabados sobre una piedra caliza porosa. *2.* Reproducción obtenida por medio de la impresión de dibujos o grabados sobre una piedra caliza porosa.

litoral *adj.* Relativo a la costa: *Perú es uno de los países **litorales** del Océano Pacífico.*

litoral m. *1.* Costa de un mar o país: *Las playas del **litoral** Atlántico norte son más frías que las del Caribe. 2. Argent., Par. y Urug.* Franja de tierra al lado de los ríos.

litósfera o **litosfera** f. Capa exterior sólida del globo terrestre.

litro m. Unidad de medida de volumen para líquidos: *Como está creciendo, Héctor se toma un **litro** de leche al día.*

lituano m. Lengua báltica hablada en Lituania.

lituano, na *adj./m. y f.* De Lituania, país europeo.

liturgia f. Conjunto de prácticas y reglas de culto que las religiones establecen para adorar a Dios.

liviano, na *adj. 1.* De poco peso: *Cuando hace calor usamos vestidos de una tela **liviana** y fresca. 2.* De poca importancia.

lívido, da *adj. 1.* De color morado. *2.* Pálido: *El testigo del accidente estaba **lívido** del susto.*

liza f. Espacio dispuesto para que luchen dos o más personas.

llaga f. Úlcera de una persona o animal: *Le cayeron unas gotas de ácido en la mano y le salieron varias **llagas** en la piel.*

llama f. Masa gaseosa que se quema: *La **llama** estaba demasiado fuerte y la carne que cocinaba Elías se quemó.*

llama f. Mamífero rumiante doméstico de América: *Las **llamas** son originarias de la cordillera de los Andes.*

llamada f. *1.* Acción de llamar: *Las funciones de teatro empiezan después de la tercera **llamada**. 2.* Impulso, atracción. *3. Fam.* Comunicación telefónica: *"Dame una **llamada** mañana y te diré si puedo ir contigo a la fiesta o no."*

llamado m. Llamamiento.

llamamiento m. Acción de llamar, en especial al hacerlo de manera solemne.

llamar *vb.* {tr., intr. y prnl.} *1.* Invitar a alguien para que venga o atienda diciendo su nombre o por medio de una palabra, un grito o de cualquier otra forma: *La mamá de Julio lo **llamaba** desde la cocina para que entrara a comer. 2.* Convocar, citar: *El ministro **llamó** a los arquitectos para pedirles su opinión sobre el proyecto del nuevo museo que sería construido en las afueras de la ciudad. 3.* Poner un nombre a alguien o algo: *Al bebé recién nacido le **llamaron** Prudencio, como su abuelo. 4.* Comunicarse por teléfono: *"Entonces, ¿Me **llamas** tú o yo te **llamo**?", le pregunté a mi novio antes de despedirnos. 5.* Hacer sonar un timbre, golpear una puerta, etc.: *"Niña, ¿podrías ver quién **llama** a la puerta?", me dijo mi abuelita. 6.* Tener por nombre: *"Yo me **llamo** Martín, y usted ¿cómo se **llama**?", le pregunté al profesor.*

llamativo, va *adj.* Que llama la atención: *Traía un vestido de color rojo muy **llamativo** que la hacía verse muy guapa.*

llana *adj./f.* Relativo a la palabra que tiene su acento en la penúltima sílaba: *Las palabras cáliz y engaño son **llanas**.* Sin. **grave.**

llana f. Herramienta para extender el yeso o la argamasa.

llanca f. *1. Chile.* Cualquier mineral de cobre, de color verde azulado. *2. Chile.* Pequeñas piedras del mineral llamado llanca que usan los araucanos para hacer collares y adornar sus trajes.

llanero, ra *adj./m. y f.* Relativo a los llanos: *Los **llaneros** recorrían grandes distancias para trasladar al ganado.*

llaneza f. Sencillez, naturalidad: *Pese a tener un alto puesto diplomático, Jaime se comporta con **llaneza** y sinceridad.*

llano m. Llanura, extensión de terreno de escaso relieve. Sin. **planicie.**

llano, na *adj. 1.* Relativo a la superficie igual y lisa, sin desniveles. *2.* Natural, sencillo. *3.* Relativo al ángulo que mide 180°: *Un ángulo **llano** es la mitad de una circunferencia.*

llanque m. *Perú.* Sandalia rústica.

llanta f. *1.* Parte interior de las ruedas de los vehículos, formada por un tubo de caucho o hule lleno de aire. Sin. **cámara.** *2.* Cubierta de caucho o hule que rodea la rueda de un vehículo: *Se pinchó la **llanta** del automóvil y mi padre tuvo que poner la de refacción.* Sin. **neumático, goma.** *3. Méx. Fam.* Pliegue de grasa que se forma en el cuerpo, en especial en el área del tronco: *Felipe está gordo y se le ven varias **llantas** en la cintura.*

llanto m. Derramamiento de lágrimas: *En su primer día de clases, el niño rompió en **llanto** cuando vio que se alejaba su madre.*

llanura f. Gran extensión de terreno de escaso relieve. SIN. **llano, planicie, sabana.**

llapar vb. {tr.} Amér. Merid. En minería, añadir.

llareta f. Argent., Bol., Chile y Perú. Planta herbácea, cuyo tallo destila una resina balsámica de uso medicinal y estimulante.

llaucana f. Chile. Barra corta que usan los mineros para picar la veta de los minerales: Juan golpeó con la **llaucana** y encontró un trozo de cuarzo.

llave f. 1. Instrumento que abre o cierra una cerradura: Como perdió la **llave** del candado, tuvo que llamar a un cerrajero para que lo abriera. 2. Dispositivo para abrir o cerrar el paso de un fluido: Por la **llave** derecha sale agua fría y por la izquierda sale agua caliente. SIN. **grifo, canilla.** 3. Nombre de diversos instrumentos o herramientas que sirven para apretar o aflojar tuercas o tornillos. 4. Signo ortográfico representado de esta forma { }. 5. En deportes como la lucha y el judo, movimiento que inmoviliza al adversario.

llavero m. Utensilio que se utiliza para guardar o cargar las llaves: "¿Has visto mi **llavero**? No puedo salir mientras no lo encuentre porque ahí están las llaves del automóvil", le dije a Noé. SIN. **portallaves.**

llegada f. Hecho de llegar: El piloto anunció: "La **llegada** del avión será dentro de 5 minutos, aterrizaremos en la pista 4."

llegar vb. irreg. {intr.} Modelo 17. 1. Alcanzar el sitio donde se quiere ir al final de un recorrido o camino: Mis amigos italianos **llegaron** bien a Europa y desde ahí me enviaron una carta. 2. Durar o existir hasta una época o tiempo determinado: Mi abuelo ha **llegado** hasta los noventa años con energía y buen humor. 3. Alcanzar cierta altura, grado o nivel: El maremoto hizo que el mar **llegara** hasta las casas del pueblo. 4. Conseguir o lograr lo que se expresa: Anselmo **llegó** a ser un gran pianista después de estudiar y practicar por mucho tiempo.

llenador, ra adj. Argent., Colomb., Chile y Méx. Fam. Se dice del alimento que rápidamente produce saciedad.

llenar vb. {tr. y prnl.} 1. Ocupar por completo un espacio: Como era el partido final del campeonato, el estadio se **llenó** de aficionados. 2. Poner muchas cosas en un sitio: Tu cajón no cierra bien porque lo **llenaste** demasiado. 3. Hartarse de comida: No puedo comer ni una cucharada más de comida porque ya **me llené.**

lleno m. Gran asistencia de público a un espectáculo: Hubo **lleno** en el auditorio para escuchar al cantante de moda.

lleno, na adj. Que contiene algo tanto como permite su capacidad: La piscina está **llena** de gente cuando hace mucho calor.

llevar vb. {tr.} 1. Transportar algo de una parte a otra: Elena **llevó** los platos a la mesa mientras Jacinto preparaba la ensalada. 2. Guiar, dirigir, conducir: El padre **lleva** de la mano al niño cuando va a la escuela. 3. Vestir, lucir: **Llevaré** un vestido verde con zapatos negros a la fiesta del sábado. 4. Pasar tiempo en una misma situación o lugar: Los pacientes **llevan** una hora esperando y el doctor todavía no llega. 5. Soportar, sufrir: Ana María **lleva** la pena de la enfermedad de su madre con mucho valor.

lliclla f. Ecuad. y Perú. Prenda de vestir con que las mujeres indígenas se cubren los hombros y la espalda.

llorar vb. {intr.} Derramar lágrimas: Como la obra de teatro era muy triste, **lloré** un poco. SIN. **chillar.**

llorera f. Fam. Llanto fuerte y prolongado.

lloriquear vb. {intr.} Llorar de forma débil, desganada o monótona: Dejamos a la perra en el jardín y **lloriqueó** toda la noche.

lloriqueo m. Llanto débil: Con **lloriqueos** el niño intentaba convencer a su madre de que le comprara un juguete.

llorón, na adj./m. y f. Se dice de la persona o animal que se queja mucho o que llora por cualquier motivo: Es un niño **llorón**: le dices que ya no coma dulces y llora, lo mandas a dormir y llora, no le compras lo que quiere y llora.

llover vb. irreg. {impers. e intr.} Modelo 29. 1. Caer agua de las nubes: En esta región normalmente **llueve** durante el verano. 2. Venir u ocurrir de una sola vez muchas cosas: A ese pintor le **llovieron** las entrevistas y los reportajes después de que ganó el premio.

llovizna f. Lluvia ligera, uniforme y menuda: En algunas ciudades que se encuentran entre montañas es común una **llovizna** cotidiana durante las tardes del verano. SIN. **páramo, garúa.**

lloviznar vb. {intr.} Caer llovizna, es decir lluvia ligera formada por gotas pequeñas: **Lloviznó** toda la tarde, así que los niños jugaron dentro de la casa para no mojarse. SIN. **garuar, neblinear.**

lluvia f. 1. Precipitación líquida del agua de las nubes en forma de gotas: Las **lluvias** este año fueron escasas y resultó perjudicada la agricultura. 2. Gran cantidad o abundancia de algo: Una **lluvia** de fanáticas llegó al aeropuerto para recibir a la estrella de rock.

lluvioso, sa adj. Que se caracteriza por tener lluvias abundantes o frecuentes: Vas a pasar tus vacaciones en una región **lluviosa**, así que lleva paraguas e impermeable.

lo pron. Pronombre personal masculino singular de tercera persona, que funciona como complemento directo: Necesito un libro para la clase de francés y **lo** compraré hoy por la tarde.

lo art. Artículo determinado neutro que se antepone a los adjetivos para que funcionen como sustantivo: **Lo** bueno es que con el incidente, sus compañeros se dieron cuenta de qué clase de persona era.

loa f. Alabanza, elogio: El poeta muerto fue objeto de grandes **loas** de parte de todos los críticos.

loar vb. {tr.} Alabar las cualidades y las acciones de una persona: En la ceremonia **fue loado** el valor de los marineros que rescataron a los náufragos.

lobato o **lobezno** m. Cachorro de lobo.

lobera o **lobería** f. Argent. y Perú. Paraje de la costa donde los lobos marinos habitan.

lobo, ba m. y f. 1. Mamífero carnívoro de orejas erguidas y hocico puntiagudo, que vive en manadas y aúlla para comunicarse. 2. loc. ~ **de mar**, marinero muy experimentado. 3. loc. ~ **marino**, foca.

lóbrego, ga adj. 1. Obscuro, sombrío: Me dio mucho miedo pasar por esa calle **lóbrega.** 2. Triste, melancólico.

lobulado, da adj. Dividido en lóbulos.

lóbulo m. 1. Cada una de las partes redondeadas del borde de algo. 2. Parte inferior carnosa de la oreja: La cantante de rock tenía cinco aretes en el **lóbulo** de la oreja derecha.

lobuno, na adj. Argent. Relativo al caballo de pelaje grisáceo en el lomo, más claro en las verijas y el hocico y negro en la cara, crines y remos.

local *adj.* **1.** Relativo a un lugar: *El equipo local perdió frente al equipo visitante.* **2.** Municipal o provincial.

local *m.* Sitio cerrado y cubierto: *Joaquín quiere comprar un local en el centro de la ciudad porque va a abrir una tienda de fotografía.*

localidad *f.* **1.** Población o ciudad: *"¿En qué localidad se encuentra su casa?", le pregunté al viajero.* **2.** Asiento en los locales destinados a espectáculos públicos: *Las localidades más caras eran las más cercanas al escenario.* **3.** Billete, entrada que da derecho a ocupar un asiento en un local de espectáculos: *Las localidades para el concierto se agotaron desde el primer día en que se pusieron a la venta.*

localizar *vb. irreg.* (tr. y prnl.) Modelo 16. **1.** Averiguar el lugar donde se halla una persona o cosa: *"En cuanto la secretaria localice el expediente, lo estudiaremos", le dijo el licenciado a mi padre.* **2.** Reducir una cosa a ciertos límites. SIN. **centrar.**

loción *f.* **1.** Producto líquido para el cuidado de la piel o cabello: *Después de afeitarse, Emilio usa una loción que cierra sus poros de la cara.* **2.** Perfume suave: *Me gusta la loción de flor de azahar porque su aroma es muy fresco.*

loco *m.* Chile. Molusco, caracol marino de carne sabrosa pero dura, que se come guisado.

loco, ca *adj.* Sin juicio, descabellado: *Fue una idea muy loca ir a nadar en pleno invierno.*

loco, ca *m.* y *f.* Persona que ha perdido el juicio: *Los locos peligrosos están en un lugar especial del manicomio.*

locomoción *f.* Acción de desplazarse de un punto a otro: *El avión es el medio de locomoción más rápido y seguro que existe.*

locomotor, ra *adj.* Propio para la locomoción o que la produce.

locomotora *f.* Máquina que arrastra los vagones de un tren: *El maquinista conduce el tren desde una cabina que está en la locomotora.*

locomotriz *adj.* Forma femenina de **locomotor.**

locro *m.* Amér. Merid. Guiso de maíz con papas, carne, especias y otros ingredientes.

locuaz *adj.* Que habla mucho: *Don Manuel es un señor simpático pero muy locuaz, ya me tenía mareada con tantas palabras.*

locución *f.* **1.** Modo de hablar. **2.** Combinación de dos o más palabras que forman una frase con sentido fijo: *"Mirar por encima del hombro" es una locución que se usa para expresar que una persona actúa de manera soberbia.*

locura *f.* **1.** Pérdida o trastorno del juicio o del uso de la razón: *Durante el juicio, el acusado dijo que había matado a la mujer bajo un ataque de locura momentánea.* **2.** Dicho o hecho disparatado: *Sin entrenamiento previo, Juan quiere hacer alpinismo, es una locura ya que se requiere gran preparación.* **3.** Afecto o entusiasmo muy intenso: *En los años cincuenta, el cantante de rock and roll Elvis Presley provocaba la locura de las jovencitas.*

locutor, ra *m.* y *f.* Profesional de radio o televisión que se dedica a hablar dirigiéndose al público.

locutorio *m.* Departamento, dividido por lo general con una reja, donde reciben visitas las monjas o los presos.

lodazal *m.* Terreno lleno de lodo: *Nadia y Lorena se metieron a jugar en el lodazal y sus papás las regañaron porque llegaron a su casa muy sucias.*

lodo *m.* Mezcla de tierra y de agua, en especial la que resulta de la lluvia en el suelo: *"Límpiate el lodo de los zapatos antes de entrar a la casa."* SIN. **barro.**

logaritmo *m.* En matemáticas, exponente al que es necesario elevar una cantidad para obtener un número dado.

lógica *f.* **1.** Disciplina que estudia la estructura, el fundamento y el uso de las expresiones del conocimiento humano. **2.** Serie coherente de ideas y razonamientos.

lógico, ca *adj.* **1.** Relativo a la lógica: *Aristóteles fue el primer filósofo en establecer los principios lógicos más importantes.* **2.** Conforme a la razón. **3.** Natural, normal: *Es lógico que Susana espere una felicitación después de sus excelentes calificaciones.*

logística *f.* **1.** Parte de la ciencia militar que se ocupa del traslado, disposición, etc., de las tropas. **2.** Organización: *El Estado Mayor Presidencial se ocupa de la logística de las actividades del presidente de la nación.*

logos *m.* Razón o cualquiera de sus manifestaciones.

logotipo *m.* Símbolo o dibujo que distingue una marca o nombre de una empresa o de un producto: *El logotipo de los Juegos Olímpicos está formado por cinco aros entrelazados, de diferente color cada uno.*

lograr *vb.* (tr.) Conseguir lo que se pretende: *Después de mucho esforzarse, Jorge logró obtener el primer lugar de su clase.*

logro *m.* **1.** Acción y efecto de lograr: *Mi hermana no quería ir al cine y fue un logro convencerla de que lo hiciera.* **2.** Ganancia, lucro. **3.** Éxito: *Uno de los grandes logros del presidente Abraham Lincoln fue abolir la esclavitud en los Estados Unidos de Norteamérica.*

loica *f.* Argent. y Chile. Pájaro de color gris y blanco, con la cabeza y el pecho rojo escarlata, que se domestica con facilidad y es muy apreciado por su canto.

loísmo *m.* Uso del pronombre *lo* en funciones de complemento indirecto, en lugar de *le*: *Si digo "cuando vea a tu primo lo saludaré" en vez de "cuando vea a tu hermano le saludaré", estoy hablando con un loísmo.*

lolo, la *m.* y *f.* Chile. Chico, adolescente: *Durante la reunión en el jardín, los lolos jugaban mientras los adultos conversaban.*

loma *f.* Altura pequeña y alargada del terreno: *"Detrás de la loma hay un lago, ¿quieres subir a verlo?" le dije a mi amiga.*

lomada *f.* Amér. Merid. Loma, altura pequeña y alargada del terreno.

lombriz *f.* Gusano de cuerpo muy alargado y blando: *Algunas personas usan lombrices como carnada para atrapar peces.*

lomo *m.* **1.** Parte inferior y central de la espalda. **2.** Espinazo de los cuadrúpedos: *A los perros les gusta que les soben el lomo.* **3.** Carne de cerdo que se obtiene de la parte del espinazo: *El lomo de cerdo es una carne suave y con sabor fuerte.* **4.** Parte del libro opuesta al corte de las hojas: *En el lomo de un libro por lo común se indican el título y el nombre del autor.*

lona *f.* Tela resistente e impermeable para toldos, velas, etc.: *Para la fiesta en el jardín los anfitriones cubrieron la zona de las mesas con una lona, como protección en caso de que hiciera mucho sol o lloviera.*

loncha *f.* Trozo largo, ancho y delgado que se corta de algo: *Tenía tanta hambre que cortó una **loncha** de carne y se la comió en un segundo.* **Sin. lonja.**

londinense *adj./m.* y *f.* De Londres, Inglaterra, país de Europa.

longaniza *f.* Embutido largo y delgado hecho de carne de cerdo, parecido al chorizo.

longevo, va *adj.* Viejo, de edad muy avanzada: *Acaba de morir una de las mujeres más **longevas** del mundo, tenía 120 años de edad.*

longitud *f.* **1.** Dimensión mayor en un cuerpo plano o superficie: *La **longitud** de la carretera entre la ciudad y mi pueblo es de 50 kilómetros.* **2.** Distancia en forma de ángulo que se mide desde un punto cualquiera de la superficie terrestre hasta el primer meridiano o distancia que se considera como cero: *Para obtener la coordenadas de una embarcación, se necesita dar la **longitud** y la latitud.*

lonja *f.* **1.** Loncha. **2.** *Argent.* y *Urug.* Tira de cuero crudo. **3.** *Méx. Fam.* Protuberancia de grasa en el cuerpo. **Sin. llanta.**

lonja *f.* Edificio donde se realizan operaciones comerciales.

lontananza *f.* Lejanía, plano de un cuadro más distante del plano principal.

lord *m.* **Palabra inglesa.** Título de honor dado en Gran Bretaña: *El Parlamento de Gran Bretaña está formado por dos cámaras, la de los **Lores**, en la que los puestos son hereditarios y de por vida, y la de los Comunes, en la que los miembros son elegidos cada cinco años.*

loro *m.* **1.** Ave de plumaje verde, adornado con otros colores, que puede aprender a decir palabras. **Sin. guaro, perico. 2.** *Fam.* Persona que habla mucho: *La señora Ordóñez parece un **loro**, siempre que la veo está hablando.* **3.** *Chile.* Orinal para quien no puede levantarse de la cama. **4.** *Chile.* Persona enviada para que con cierto disimulo averigüe algo.

los *pron.* Pronombre personal masculino, de tercera persona plural, que funciona como complemento directo: *Había sólo tres metros de tela y **los** compré.*

los *art.* Artículo determinado plural masculino, que se antepone a los sustantivos para individualizarlos: *Los árboles de ese parque estaban cubiertos por una plaga y tuvieron que rociarlos de insecticida.*

losa *f.* Piedra lisa y delgada: *Los pisos de la cocina son **losas** de color amarillo.*

lote *m.* **1.** Cada una de las partes en que se divide un todo para su distribución. **2.** Conjunto de objetos parecidos que se agrupan con un fin.

lotería *f.* **1.** Juego de azar, administrado por el Estado, en que se premian varios billetes sacados a la suerte: *Las probabilidades de ganarse la **lotería** son muy bajas.* **2.** *Méx.* Juego de mesa que consta de una baraja formada por cartas con distintas figuras impresas, y varios cartones con casillas en las que aparecen las mismas figuras que en las cartas.

loto *m.* **1.** Planta acuática de flores blancas, grandes y olorosas. **2.** *loc.* **Flor de ~**, posición del yoga en que el practicante se sienta con las piernas paralelas al piso y cruzadas entre sí.

loza *f.* **1.** Barro fino, cocido y barnizado. **2.** Vajilla hecha de cerámica: *Hay que tratar con cuidado la **loza** porque se rompe con facilidad.*

lozano, na *adj.* **1.** Verde, frondoso: *El jardín de Rodrigo siempre está **lozano** porque lo riega y cuida muy bien.* **2.** De aspecto sano y juvenil: *La humedad del ambiente ayuda a tener un aspecto **lozano** en la piel.*

lubina *f.* Pez marino de color gris metálico, de hasta un metro de longitud, de carne muy apreciada: *La **lubina** es común en las costas mediterráneas.*

lubricar *vb. irreg.* {tr.} **Modelo 17.** Impregnar con una substancia grasosa las superficies que se frotan entre sí para facilitar su funcionamiento: *Es importante **lubricar** los motores de los automóviles para que funcionen bien.*

lucerna *f.* **1.** Claraboya. **2.** Lámpara grande con varios brazos.

lucero *m.* Astro grande y brillante.

lucha *f.* **1.** Acción y efecto de luchar. **2.** Batalla, combate: *Se entabló una **lucha** entre los dos países vecinos a causa de un problema territorial.*

luchador, ra *m.* y *f.* **1.** Persona que lucha físicamente: *Los **luchadores** tienen que aprender a caer y a dar y recibir golpes.* **2.** Persona que batalla por una causa noble: *Martin Luther King fue un gran **luchador** por los derechos de las personas de raza negra.*

luchar *vb.* {intr.} **1.** Contender cuerpo a cuerpo dos o más personas. **2.** Batallar, batirse: *Ese régimen **luchó** con valentía hasta el final por conservar el fuerte, pero finalmente lo perdieron.* **3.** Disputar: *Los diputados de un partido **lucharon** por imponer sus ideas, pero las ideas de la mayoría los vencieron.* **4.** Trabajar y arriesgarse por algo: *Admiro a las personas que aun teniendo todo en su contra **luchan** por ser mejores cada día.*

lucidez *f.* Claridad en el razonamiento, en el pensamiento, lenguaje, etc.: *El discurso del primer ministro fue claro, racional y lleno de **lucidez**.*

lúcido, da *adj.* Claro en el razonamiento, en el lenguaje, etc.: *Cuando se le pase el efecto del alcohol y esté **lúcido**, se podrá hablar con él.*

luciérnaga *f.* Insecto de cuerpo blando, cuya hembra carece de alas y está dotada de unos órganos que producen luz: *En el campo, durante las noches de verano pueden verse las **luciérnagas** volando y brillando cerca de los matorrales.*

lucio *m.* Pez de agua dulce, de cuerpo alargado y aplanado: *El **lucio** es un pez voraz que tiene una boca con 700 dientes.*

lucir *vb. irreg.* {tr., intr. y prnl.} **Modelo 58. 1.** Brillar, resplandecer. **2.** *Amér.* Ofrecer cierta imagen o aspecto exterior: *Es normal que la reina **luzca** muy anciana en fotos recientes, pues tiene cerca de cien años.* **3.** Mostrar una cosa o hacer ostentación de ella: *Ana **luce** con orgullo un gran anillo de diamantes que le regaló su novio.* **4.** Sobresalir, destacar: *El maestro de deportes **se lució** durante el festival del día de las madres: todo estuvo muy bonito.* **5.** *Fam.* Fracasar: *La sopa estaba salada, la carne quemada y el vino agrio; la pobre **se lució** con la cena para su jefe.*

lucrativo, va *adj./m.* y *f.* Que produce lucro, ganancias: *Ese grupo de beneficencia consigue dinero para ayudar a los pobres, no es una sociedad no **lucrativa**.*

lucro *m.* Ganancia o provecho que se obtiene de algo: *Es un comerciante sin escrúpulos al que sólo le interesa el **lucro**.*

LUC

luctuoso, sa *adj.* Relacionado con el luto, con la muerte: *En todos los diarios aparecieron las noticias luctuosas de la princesa muerta en un accidente.*

lúcuma *f.* Chile y Perú. Fruto del lúcumo, del tamaño de una manzana pequeña y muy usado en repostería.

lúcumo *m.* Árbol de Chile y Perú, de la familia de las sapotáceas.

lúdico, ca *adj.* Relativo al juego: *Aunque ya es un adulto, a mi maestro todo lo divierte, tiene una actitud lúdica hacia la vida.*

ludopatía *f.* Adicción enfermiza a los juegos de azar.

ludoteca *f.* Local acondicionado para que en él se practiquen juegos, sobre todo educativos: *El arquitecto ha planeado que haya una ludoteca en cada sala del nuevo museo para niños.*

luego *adv.* Después: *Al llegar a casa primero me puse las pantuflas y luego me senté a leer en el sofá.*

luego *conj.* **1.** Indica deducción o consecuencia: *Si los fantasmas no existen, luego no es verdad que viste uno.* **2.** loc. **Desde ~,** de manera indubable: *"Desde luego, cuando regreses estaré en el aeropuerto por recibirte", le dije a mi hermana al despedirme de ella.* **3.** loc. **Hasta ~,** expresión de despedida.

luengo, ga *adj.* Largo: *El anciano acariciaba sus luengas barbas que hacía años no se cortaba.*

lugar *m.* **1.** Porción de espacio ocupado o que puede ser ocupado: *Siéntate aquí, te guardé un lugar junto a mí.* **2.** Sitio, paraje o localidad: *Mi amiga vive en un lugar lindo lleno de árboles y campos verdes.* **3.** Situación relativa de algo en una serie o jerarquía: *El joven escritor ha ido conquistando un lugar importante en la literatura de su país.* **4.** Causa, motivo: *En esa escuela no había lugar a quejas, todo funcionaba bien.* **5.** loc. **Tener ~,** ocurrir, suceder: *"La ceremonia de inauguración de cursos tendrá lugar en el auditorio principal, a las diez de la mañana", anunció el director.*

lugarteniente *m.* Persona con autoridad para substituir a otro en algún cargo.

lúgubre *adj.* Triste, fúnebre: *Como acababa de morir el abuelo, había un ambiente lúgubre en la casa.*

luisa *f.* Planta aromática de jardín, cuyas hojas se usan preparadas en infusión.

lujo *m.* Suntuosidad, abundancia de riqueza: *El hotel Ritz de París es un hotel de lujo y muy caro.*

lujuria *f.* Apetito desordenado por el goce sexual.

lumbago *m.* Dolor en la zona lumbar: *Cuando se agachó, mi padre tuvo un ataque de lumbago y ya no se podía levantar.*

lumbar *adj.* Perteneciente a los lomos y caderas: *La anciana sufría de un fuerte dolor lumbar que la tenía en cama.*

lumbre *f.* **1.** Fuego encendido para cocinar o calentarse: *"No pongas las salchichas directamente en la lumbre porque se pueden quemar", me dijo mi madre.* **2.** Fam. Brillo o luz de algo.

lumbrera *f.* **1.** Abertura que se hace en el techo para proporcionar luz. **2.** Fam. Persona muy inteligente: *Como es una lumbrera, no le costó trabajo obtener la beca para ir a estudiar al extranjero.*

luminaria *f.* **1.** Luz que se pone en balcones, calles, etc., durante las fiestas. **2.** Méx. Actor o actriz muy famoso: *Varias luminarias asistieron al estreno del filme.*

luminiscencia *f.* Propiedad de numerosas substancias de transformar en luz la energía que reciben de otra radiación: *Los rayos catódicos son los que provocan la luminiscencia de la pantalla de un televisor.*

luminosidad *f.* Claridad, luz: *La luminosidad que entra en la habitación me ayudó a decidir que la usaré como lugar de estudio.*

luminoso, sa *adj.* Que despide luz: *Las cosas luminosas les llaman mucho la atención a los bebés.*

luminotecnia *f.* Técnica de iluminación con luz artificial.

lumpen *m.* Grupo social formado por los individuos más marginados de la sociedad.

luna *f.* **1.** Satélite natural de la Tierra: *La Luna gira alrededor de la Tierra.* **2.** Espejo o pieza de cristal de gran tamaño: *Compré una gran luna en la que uno se puede ver de cuerpo entero.* **3.** loc. Fam. **Estar en la ~,** estar distraído: *Javier está en la luna desde que se enamoró de Juliana.*

lunada *f.* Méx. Fiesta que se realiza cuando hay luna llena: *Cuando fuimos de vacaciones a la playa, mis hermanos y yo hicimos una lunada muy divertida.*

lunar *adj.* Relativo a la Luna: *Las fases lunares afectan las mareas.*

lunar *m.* **1.** Pequeña mancha en la piel: *En tiempos de María Antonieta, reina de Francia, los lunares eran considerados marcas de belleza.* **2.** En las telas, figura pequeña en forma de círculo: *Se puso un vestido de lunares blancos sobre fondo negro.*

lunarejo, ja *adj./m.* y *f.* Colomb. y Perú. Que tiene uno o más lunares en la cara.

lunático, ca *m.* y *f.* Loco, maniático.

lunes *m.* Primer día de la semana: *El lunes fue llamado así en honor a la Luna.*

lunfardo *m.* Jerga hablada en los barrios bajos de Buenos Aires, Argentina: *En la letra de muchos tangos se utilizan palabras del lunfardo, por ejemplo "piantao" para decir "loco".*

lupa *f.* Lente de aumento sujeta a un mango: *El relojero utiliza una lupa para observar con cuidado el mecanismo de los relojes.*

lupanar *m.* Prostíbulo, burdel.

lúpulo *m.* Planta trepadora cuyo fruto se emplea para aromatizar la cerveza y darle sabor amargo.

lusitano, na *adj./m.* y *f.* **1.** De la antigua Lusitania, hoy Portugal. **2.** De Portugal, país europeo. Sin. **luso.**

luso, sa *m.* y *f.* De Portugal, país europeo. Sin. **lusitano.**

lustrabotas *m.* Amér. Merid. Limpiabotas.

lustrador *m.* **1.** Argent., Chile y Urug. Persona que tiene por oficio lustrar muebles. **2.** Nic. Persona que tiene por oficio lustrar zapatos.

lustrar *vb.* {tr.} Dar brillo a algo: *Tengo que lustrar mis zapatos porque ya están sucios.*

lustre *m.* **1.** Brillo de las cosas tersas: *Con una tela limpia le di lustre a mis aretes de plata y quedaron relucientes.* **2.** Prestigio, fama: *La obra de ese pintor ha dado lustre internacional.*

lustrín *m.* Chile. Limpiabotas.

lustro *m.* Periodo de cinco años: *José ha vivido la mitad de sus diez años, es decir un lustro, junto al mar.*

lutecio *m.* Metal del grupo de las tierras raras, de símbolo Lu y número atómico 71.

luteranismo *m.* Conjunto de Iglesias protestantes que se unieron al religioso alemán Martín Lutero en el si-

382

glo XVI: *La Confesión de Habsburgo se redactó en el año 1530 y es el estatuto del **luteranismo**.*

luto *m.* Cualquier manifestación social de respeto por la muerte de una persona: *En tiempos de mi abuela la gente se vestía de negro durante un año en señal de **luto** cuando un ser querido moría.*

luxación *f.* Dislocación de un hueso: *Tuvo una **luxación** de rodilla que lo obligó a no moverla durante un mes.*

luxemburgués, sa *adj./m.* y *f.* De Luxemburgo, país de Europa.

luz *f.* ***1.*** Agente físico que hace visibles los objetos: *Las plantas crecen muy bien en esa habitación, porque les da la **luz** del sol por las mañanas.* **2.** Corriente eléctrica: *"Por favor enciende la **luz** que ya obscureció", me dijo mi padre.* **3.** pl. Fam. Inteligencia: *Ruth es una mujer de muchas **luces** que escribió un importante libro de antropología.* **4.** loc. **Dar a ~**, parir una mujer: *Como no alcanzó a llegar al hospital a tiempo, mi hermana **dio a luz** en el taxi.* SIN. **alumbrar, parir.**

Mm

m *f.* Decimotercera letra del abecedario español. Su nombre es *eme*.

M *f.* Cifra que en números romanos equivale a 1 000.

maca *f.* Señal o marca que presenta la fruta por algún daño recibido: *A veces las frutas con macas las venden un poco más baratas.*

macabro, bra *adj.* Que se relaciona con el aspecto terrorífico de la muerte: *La novela Drácula es una obra macabra.*

macachín *m.* *Argent.* y *Urug.* Pequeña planta de flores amarillas y cuerpo comestible.

macaco, ca *adj.* *Chile* y *Cuba.* Feo, deforme.

macaco, ca *m.* y *f.* Mono pequeño de cola corta.

macana *f.* **1.** Palo corto y grueso: *Los policías que cuidan el parque de mi barrio usan macana en vez de pistola.* **2.** *Amér.* Garrote de madera dura y pesada. **3.** *Argent., Bol., Chile, Par., Perú* y *Urug. Fam.* Disparate, mentira, exageración.

macanear *vb.* {tr. e intr.} **1.** *Cuba, Méx., P. Rico* y *R. Dom.* Golpear con la macana. **2.** *Argent., Bol., Chile, Par.* y *Urug.* Decir disparates o mentiras, exagerar: *No macanees y dime la verdad.* .

macanudo, da *adj./m.* y *f. Amér. C.* y *Amér. Merid.* Muy bueno, en sentido material y moral: *Eduardo se compró un automóvil macanudo, es un convertible nuevo de color rojo.*

macarra *adj. Esp.* De mal gusto.

macarrón *m.* Pasta alimenticia de harina de trigo en forma de pequeños tubos.

macarrónico, ca *adj.* Se dice del lenguaje incorrecto o vulgar: *Andreas es un griego que acaba de llegar de su país, por eso habla un español macarrónico.*

macedonia *f.* Postre preparado con diversas frutas cortadas en trozos pequeños y mezcladas a manera de ensalada.

macedonio, nia *adj./m.* y *f.* De Macedonia, país de la península de los Balcanes, en Europa.

macegual o **macehual** *m.* En México, antes de la llegada de los españoles, los indígenas libres que formaban la mayor parte de la población.

macerar *vb.* {tr.} Ablandar una cosa apretándola, golpeándola o poniéndola en remojo: *Mi mamá maceró la carne en un poco de vinagre con limón para que se suavice.*

maceta *f.* Vaso, recipiente de barro cocido en el que se cultivan plantas: *Las ventanas de mi casa se ven muy bonitas llenas de macetas con flores rojas.* SIN. **tiesto.**

macetero *m.* Soporte, base para colocar macetas de flores: *En el balcón hay un macetero de hierro en el que ponemos plantas pequeñas.*

machacar *vb. irreg.* {tr. e intr.} **Modelo 17. 1.** Hacer pedazos, desbaratar algo: *En la receta de cocina dice que se deben machacar los ajos y las cebollas en un mortero antes de ponérselos al guiso.* **2.** Estudiar mucho: *La maestra nos dijo que debemos machacar las tablas de multiplicar si queremos aprenderlas.* **3.** *Fam.* Producir daño algo: *Los zapatos nuevos me machacaron los pies.*

machacón, na *adj./m.* y *f.* Que repite las cosas más veces de las necesarias haciéndose pesado a los demás: *Mi mamá es machacona cuando me dice que me lave los dientes, pero lo hace por mi bien.*

machete *m.* **1.** Cuchillo grande: *Los campesinos usan el machete para cortar la caña de azúcar.* **2.** Arma blanca más corta que la espada, ancha y de un solo filo: *Los machetes pueden acoplarse a los fusiles.* **3.** *Argent.* Entre estudiantes, pequeño papel con información, que se lleva oculto para copiar cuando se hacen exámenes. SIN. **acordeón.**

machetero, ra *m.* y *f.* **1.** *Méx.* Persona que ayuda a los chóferes de camión en los transportes de carga. **2.** *Méx. Fam.* Persona que estudia mucho: *Laura es machetera y por eso casi nunca sale a jugar con sus amigos.* **3.** *Cuba.* Persona que tiene por oficio cortar la caña.

machigua *f. Hond.* y *Méx.* Agua con residuos de masa de maíz.

machincuepa *f. Méx.* Voltereta que se da poniendo la cabeza en el suelo y dejándose caer sobre la espalda. SIN. **marometa.**

machismo *m.* Actitud que considera al sexo masculino superior al femenino: *Gustavo es un típico representante del machismo porque cree que las mujeres no deben trabajar más que en su casa.*

machista *adj.* Quien sigue o aprueba las ideas del machismo: *Decir que las mujeres no necesitan estudiar una carrera porque se van a casar es una actitud machista.*

macho *m.* **1.** Persona o animal del sexo masculino: *La perra tuvo una camada de siete cachorros, cuatro hembras y tres machos.* ANT. **hembra. 2.** Pieza que se introduce y encaja en otra: *Una clavija es un macho y un tomacorriente es una hembra.* **3.** *Fam.* Hombre que se considera valiente, fuerte y masculino. **4.** *Fam.* Hombre que piensa que es superior a las mujeres, intenta dominarlas y presume de tener las características propias del sexo masculino: *Durante las décadas de 1940 y 1950, en México se hicieron muchos filmes con actores que representaban papeles de machos.*

machote *adj. Fam.* Que tiene las cualidades consideradas típicamente masculinas.

machote *m.* *1.* C. Rica, Hond., Méx. y Nicar. Borrador, modelo: *"Aquí está un machote de la carta para los clientes, se puede basar en ella para hacer la que necesita mandar"*, dijo la secretaria a la aprendiz. *2.* Méx. Formulario para rellenar: *"Para inscribir a su hijo en la escuela, tiene usted que llenar un machote con los datos del niño"*, le dijo la directora a mi mamá.

machucar *vb. irreg.* [tr.] **Modelo 17.** Golpear algo para deformarlo.

maciento, ta *adj.* Flaco, pálido y débil: *Esa niña se ve macilenta porque come poco y casi no sale de su casa.*

macizo *m.* Conjunto de montañas que tienen características parecidas: *La cordillera de los Andes es el macizo más largo del continente americano.*

macizo, za *adj.* Formado por una masa sólida y compacta, sin huecos en su interior: *Las bolas para jugar béisbol son macizas, en cambio los balones de fútbol son huecos.*

macondo *m.* Colomb. Árbol grande parecido a la ceiba, que alcanza de 30 a 40 metros de altura.

macrocefalia *f.* Enfermedad cuyo signo visible es tener la cabeza muy grande.

macrocéfalo, la *adj./m. y f.* Que tiene la cabeza muy grande.

macrocosmos *m.* En filosofía, el Universo considerado en comparación con el hombre. **Ant.** microcosmos

macroeconomía *f.* Estudio de los sistemas económicos en su conjunto.

macuco, ca *adj.* Chile. Se dice de la persona astuta, que actúa a escondidas.

mácula *f.* Mancha: *Después de lavarlo, el vestido quedó sin mácula, totalmente limpio.*

macuto *m.* Antill. y Venez. Bolsa, en especial la que usan los soldados para llevar víveres y ropa.

madalena *f.* Ver magdalena.

madeja *f. 1.* Hilo enrollado sobre sí mismo en vueltas flojas, listo para ser devanado: *Para tejer el gorro necesitó 2 madejas de estambre de 100 gramos cada una.* *2.* Sección de pelo: *Se necesita dividir el pelo en tres madejas para hacer una trenza.*

madera *f.* Substancia fibrosa y compacta de la que están hechos los troncos de los árboles.

maderero, ra *adj./m. y f.* De la madera: *La industria maderera debe ocuparse de volver a plantar árboles y saber cuáles están en peligro de desaparición para no cortarlos.*

madero *m.* Pieza larga de madera: *El arquitecto mandó comprar unos maderos para las vigas del techo de la casa que están construyendo.*

madrastra *f.* Esposa de un hombre, en relación con los hijos que él tuvo de un matrimonio anterior: *La madrastra de Maura cuidó de ella desde que su padre volvió a casarse luego de morir su madre.*

madre *f. 1.* Mujer respecto de sus hijos o cualquier hembra respecto de sus crías: *La leona es una madre que protege a sus cachorros de las agresiones de otros animales.* *2.* Origen o causa de algo: *Un dicho famoso dice: "La ociosidad es la madre de todos los vicios."* *3.* Cauce de un río: *Con las fuertes lluvias el río se salió de madre, es decir se desbordó.* *4.* Título usado a ciertas religiosas: *Las madres de ese convento son famosas por los ricos dulces que elaboran.* *5.* loc. Méx. Vulg. **A toda ~,** muy bonito, muy bien. *6.* loc. Méx. Vulg. **Im-**

portarle o **valerle** a alguien **madres** algo, no importar en absoluto algo a alguien.

madrejón *m.* Argent. Cauce seco de un río.

madreperla *f.* Molusco con dos valvas de bordes redondeados, adentro del cual se forma una perla.

madrépora *f.* Pólipo que vive formando colonias y juega un papel muy importante en la formación de los arrecifes de coral.

madreselva *f.* Planta silvestre que también puede cultivarse en jardines, trepadora como la hiedra, con flores blancas o amarillentas de un perfume agradable.

madrigal *m.* Composición poética o musical de carácter amoroso: *Ayer fuimos al teatro a escuchar un madrigal que resultó muy tierno y conmovedor.*

madriguera *f.* Guarida en la que habitan ciertos animales como el ratón y el conejo: *En cuanto la liebre olfateó a la zorra, se refugió en su madriguera para que no la atrapara.*

madrileño, ña *adj./m. y f.* De Madrid, capital de España, país europeo: *El Retiro es un parque madrileño muy visitado por los turistas.*

madrina *f.* Mujer que presenta y asiste a alguien en una ceremonia religiosa o en otras ocasiones importantes de su vida social: *La madrina de bodas dirigió unas palabras a los novios durante la ceremonia.*

madroño *m. 1.* Planta arbustiva de fruto esférico comestible. *2.* Fruto esférico de la planta llamada madroño.

madrugada *f. 1.* Amanecer: *Mi madre se levanta de madrugada para ir al trabajo, porque tiene que transportarse durante dos horas.* *2.* Horas que siguen a la medianoche: *Era ya de madrugada, la fiesta de mis vecinos seguía y yo no podía dormir.*

madrugar *vb. irreg.* [intr. y prnl.] **Modelo 17.** *1.* Levantarse muy temprano: *Mi tío Armando es un médico que siempre madruga, a las seis de la mañana ya está listo para empezar a recibir enfermos.* *2.* Méx. Fam. Adelantarse a alguien o a algo en realizar una cosa.

madurar *vb.* [tr., intr. y prnl.] *1.* Llegar los frutos al punto adecuado en el que se pueden comer: *Los mangos todavía están verdes, hay que dejarlos madurar unos días más hasta que se pongan amarillos.* *2.* Crecer en edad y prudencia: *Eloísa ha madurado desde que comenzó a trabajar y a pagar sus estudios.*

madurez *f. 1.* Estado de algunos alimentos y bebidas que han llegado a su mejor momento para ser consumidos: *"Es mejor esperar unos días para que los mangos lleguen a su madurez, pues todavía están verdes y saben ácidos."* *2.* Edad adulta: *Al llegar a la madurez, el músico alemán Beethoven perdió casi por completo el sentido del oído.* *3.* Fam. Equilibrio emocional, sensatez: *Es normal que a los quince años un chico no alcance la madurez, pero Daniel ya tiene treinta y se comporta como un niño.*

maduro, ra *adj. 1.* Relativo al fruto que está en el momento oportuno de ser recolectado o comido: *No te comas esa manzana todavía, porque no está madura y sabe ácida.* *2.* Se dice de la persona que ha completado su desarrollo físico o mental: *Mi padre es un hombre maduro ya tiene algunas canas y arrugas en la cara.* *3.* Prudente: *Dinorah se separó de unos amigos que empezaron a consumir drogas, mostró una actitud madura para sus quince años.*

MAD

M

385

maestre *m.* Superior de una orden militar o de caballería.

maestría *f.* **1.** Gran destreza, habilidad o capacidad en enseñar o ejecutar una cosa: *Con gran maestría, la patinadora hizo una triple vuelta en el aire.* **2.** Grado o título de maestro.

maestro, tra *adj.* Excelente o perfecto en su clase: *El ajedrecista ruso Garry Kasparov tiene la categoría de gran maestro del ajedrez en el mundo.*

maestro, tra *m.* y *f.* **1.** Persona que tiene por función enseñar, instruir: *Los maestros de escuelas básicas tienen la gran responsabilidad de educar y guiar a los niños.* **2.** Persona hábil, que tiene gran experiencia en alguna ciencia o arte: *Gabriela toma clases de piano con una maestra que le está enseñando a tocar melodías.* **3.** Compositor o director de una orquesta: *El maestro Luciano Pavarotti hace obras de beneficencia a favor de los niños pobres del mundo.* **4.** Jefe de albañiles.

mafia *f.* **1.** Organización secreta de carácter criminal: *Durante los años veinte en Estados Unidos de Norteamérica, cuando el consumo de alcohol estaba prohibido, las mafias controlaban el mercado ilegal que lo vendía.* **2.** Grupo de personas que se favorecen entre sí y que no permiten que alguien más entre en dicho grupo: *Para publicar cuentos en esa revista tienes que pertenecer a su mafia, porque de otro modo no se interesan por tus obras.*

mafioso, sa *m.* y *f.* Alguien que pertenece a alguna mafia: *La novela "El Padrino", del escritor italiano Mario Puzo, trata de una familia de mafiosos de origen italiano que vivían en los Estados Unidos de Norteamérica.*

magdalena *f.* Bollo pequeño hecho de harina, huevo y leche.

magenta *adj.* Palabra inglesa. De color rojo violáceo.

magenta *m.* **Palabra inglesa.** Color rojo violáceo utilizado en fotografía, pintura y artes gráficas.

magia *f.* Arte que por medio de ciertas prácticas se supone que produce efectos contrarios a las leyes naturales: *Según la leyenda la Mulata de Córdoba escapó del calabozo usando magia, se supone que pintó un barco en la pared, saltó en él y se fue navegando.*

mágico, ca *adj.* **1.** Relativo a la magia: *El mago desapareció a la muchacha después de decir la fórmula mágica "abracadabra".* **2.** Sobrenatural, asombroso: *El mundo de los cuentos de hadas es mágico, porque en él suceden cosas que nunca ocurrirán en el nuestro.*

magín *m.* *Fam.* Imaginación: *"Si quieres resolver el problema, tienes que echarle magín", me dijo mi maestro.*

magisterio *m.* Labor o profesión de un maestro: *El magisterio es una de las profesiones con más responsabilidad hacia la sociedad.*

magistrado *m.* **1.** Persona que ocupa un cargo elevado en el gobierno de un país. **2.** Miembro de un tribunal de justicia: *Todos los magistrados se reúnen para decidir sobre algún caso importante para la nación.* **3.** Dignidad o empleo de juez, en especial el que tiene un cargo elevado: *Ya se presentaron las pruebas y los testigos, ahora le toca al magistrado tomar una decisión.*

magistral *adj.* **1.** Relativo al ejercicio del magisterio. **2.** Hecho con maestría, hecho muy bien: *El Quijote de la Mancha" es la obra magistral del escritor español Miguel de Cervantes Saavedra.*

magistratura *f.* Oficio o dignidad de magistrado: *El licenciado estaba orgulloso de haber llegado a ocupar una magistratura en el gobierno de su país.*

magma *m.* Masa formada por minerales fundidos provenientes de las profundidades de la Tierra, que al enfriarse toman consistencia sólida: *El magma se encuentra a temperaturas altísimas cuando está dentro de la Tierra.*

magnanimidad *f.* Calidad de quien tiene grandeza de ánimo y generosidad, en especial al aplicar un castigo: *El director mostró magnanimidad hacia los estudiantes castigados al reducirles el castigo a la mitad.*

magnánimo, ma *adj.* Que muestra grandeza de ánimo y generosidad: *La decisión del juez fue magnánima con el joven delincuente al sentenciarlo a una pena ligera.*

magnate *m.* Persona con gran poder económico: *El estadounidense William Randolph Hearst era un magnate del mundo de los diarios a principios del siglo xx.*

magnesia *f.* Óxido de magnesio, substancia usada como laxante y antiácido.

magnesio *m.* Metal sólido maleable de color blanco plateado, símbolo Mg y número atómico 12.

magnético, ca *adj.* **1.** Que tiene propiedades como las de los imanes. **2.** Que atrae de manera irresistible: *La bella mujer tenía una mirada magnética por lo que ningún hombre en la fiesta podía dejar de verla.*

magnetismo *m.* **1.** Parte de la física que estudia las propiedades de los imanes. **2.** Fuerza de atracción de un imán: *Por el magnetismo, los clavos se pegan al imán.* **3.** Poder de atracción o influencia de una persona sobre otra u otras: *Gracias a su magnetismo, el nuevo profesor ha hecho que los niños estudien con más ánimo y obtengan mejores notas.*

magnetita *f.* Mineral pesado de color negro, muy magnético.

magnetización *f.* Acción y efecto de magnetizar.

magnetizar *vb. irreg.* (tr.) Modelo 16. Transmitir a un cuerpo propiedades magnéticas: *Si dejas alfileres pegados a un imán se magnetizan y con ellos puedes atraer más alfileres.*

magnetófono *m.* Aparato de registro y reproducción del sonido, por medio de una cinta magnética y con amplificadores: *Como regalo de cumpleaños mi padre me dio un magnetófono en el que escucho la música que me gusta.* Sin. **grabadora.**

magnetosfera *f.* Parte externa de la atmósfera dotada de campo magnético.

magnicidio *m.* Asesinato de una persona muy importante debido a su poder o cargo: *El asesinato del presidente de los Estados Unidos John F. Kennedy ha sido uno de los magnicidios más conocidos del siglo xx.*

magnificar *vb. irreg.* (tr.) Modelo 17. **1.** Elogiar a alguien: *La crítica magnificó el nuevo libro de poemas del escritor porque refleja un gran amor por la humanidad.* **2.** Exagerar: *El noticiario magnificó las consecuencias del leve sismo y en muchos países del mundo creyeron que había ocurrido una gran catástrofe.*

magnificencia *f.* Calidad de magnífico, esplendor: *La magnificencia de la ceremonia se debió a que era en honor al nuevo rey.*

magnífico, ca *adj.* Excelente, admirable: *Por sus valientes hazañas el rey le obsequió al joven guerrero un magnífico caballo de raza pura.* Sin. **súper.**

magnitud f. **1.** Cualquier característica de los cuerpos capaz de ser medida: *La temperatura es una magnitud física.* **2.** Grandeza o importancia de algo.

magno, na adj. Grande, importante: *A la magna coronación del príncipe asistió toda la corte y muchos invitados de otras ciudades.*

magnolia f. **1.** Árbol de jardín, de grandes flores blancas y aromáticas. **2.** Flor de la planta llamada magnolia.

mago, ga m. y f. **1.** Persona que realiza actos de magia: *Uno de los trucos usuales de los magos consiste en sacar un conejo de un sombrero de copa.* SIN. **prestidigitador.** **2.** Fam. Persona que por sus cualidades realiza alguna acción difícil: *Carlos es un mago de las finanzas y en sólo tres años logró pagar su casa nueva.*

magrebí adj./m. y f. Del Magreb, región del norte de África.

magro, gra adj. Con poca grasa: *Como quiere bajar de peso, Elías sólo come carne magra y verduras cocidas.*

maguey m. Amér. C., Méx. y Venez. Planta de gran tamaño y hojas carnosas, con forma parecida al copete del ananás o piña, que florece una vez en su vida: *El tequila es una bebida mexicana que se extrae del maguey.* SIN. **agave, pita.**

magullar vb. {tr. y prnl.} Causar lastimaduras; dar golpes: *Una motocicleta magulló al niño que iba caminando.*

maharajá m. Ver **marajá.**

mahometano, na adj./m. y f. Musulmán, seguidor de Mahoma: *Los mahometanos rezan varias veces al día orientados hacia La Meca, donde nació el profeta Mahoma.* SIN. **islámico, musulmán.**

mahometismo m. Islamismo, religión de Mahoma. SIN. **islamismo.**

mahonesa f. Ver **mayonesa.**

maicena f. Harina fina de maíz: *Si está muy ligera la sopa, le puedes agregar maicena para espesarla.*

maicillo m. Chile. Arena gruesa y amarillenta con que se cubre el pavimento de jardines y patios.

maitén m. Árbol chileno de gran altura, de hojas dentadas muy apreciadas por el ganado.

maíz m. **1.** Planta que se cultiva por sus granos que crecen en mazorca. **2.** Cereal que crece en mazorca y se emplea como alimento: *El maíz ha sido uno de los alimentos básicos en la dieta de varias culturas latinoamericanas.*

maizal m. Campo sembrado de maíz.

majada f. **1.** Sitio cubierto para guardar el ganado por las noches y que también sirve de albergue para los pastores. **2.** Argent., Chile y Urug. Manada de ganado lanar.

majadería f. Grosería, necedad, tontería.

majadero, ra adj./m. y f. **1.** Necio, terco. **2.** Méx. Grosero, poco respetuoso: *¡Muchacho majadero! ¡No le grites así a tu abuelita!* SIN. **guarango.**

majagua f. Antill., Colomb., Ecuad., Méx., Pan. y Salv. Árbol de madera fuerte que crece en terrenos pantanosos, con su fibra se hacen sogas muy resistentes.

majar vb. {tr.} Machacar una cosa aplastándola: *Para hacer esa salsa al estilo tradicional debes majar los tomates, no molerlos en licuadora.*

majara o **majareta** adj./m. y f. Esp. Fam. Chiflado, perturbado, loco.

majestad f. Título que se da a Dios, a los reyes y emperadores: *Su majestad el rey Juan Carlos de España*

pronunció un discurso el día de la inauguración de los Juegos Olímpicos de Barcelona, en 1992.

majestuosidad f. Calidad de lo que inspira admiración y respeto: *La majestuosidad con que se eleva el Taj Mahal, en la India, despierta la admiración de quien lo ve.*

majestuoso, sa adj. Que tiene majestad: *Las pirámides de Egipto se ven majestuosas en el paisaje del desierto.* SIN. **magnífico.**

majo, ja adj. **1.** Esp. Fam. Guapo, hermoso. **2.** Esp. Fam. Simpático.

mal adj. Apócope de malo: *Estoy de mal humor porque anoche no dormí bien.*

mal m. **1.** Lo contrario del bien y la virtud: *Las religiones promueven el bien y condenan el mal.* **2.** Daño moral o material: *Mimando tanto a su hijo, esa mujer acabó haciéndole un mal al convertirlo en un muchacho caprichoso y soberbio.* **3.** Enfermedad, dolor: *El sida es un mal incurable.* **4.** Argent. loc. ~ . Chagas, enfermedad infecciosa febril, transmitida por diversos insectos alados, muy arraigada en algunas regiones de América.

mal adv. De forma contraria a la debida: *Panchito se portó mal en clase y lo llevaron con el director.*

malabarismo m. **1.** Ejercicio de agilidad, destreza y equilibrio: *Los expertos en malabarismo pueden mantener hasta diez objetos en el aire al mismo tiempo.* **2.** Fam. Actuación hábil para sostener una situación difícil: *La madre de los cinco niños hacía malabarismos para alimentar a su familia con el poco dinero que ganaba.*

malabarista m. Persona que hace malabarismos: *El malabarista jugaba con cuatro platos en el aire mientras se equilibraba sostenido sobre un pie, en un alambre, a cinco metros por encima del suelo.*

malacate m. **1.** Mecanismo que, con la ayuda de caballerías, se usa para subir a la superficie el mineral extraído de las minas. **2.** Especie de ascensor rudimentario. **3.** Hond., Méx. y Nicar. Huso, instrumento para hilar.

malacología f. Estudio de los moluscos.

malacostumbrado, da adj. Que tiene malos hábitos, mimado: *Rodrigo está malacostumbrado a que su mamá prepare comida especial para él.*

malandrín, na adj./m. y f. Maleante, perverso o traidor: *Un malandrín le robó a mi padre la cartera llena de dinero cuando viajaba en el autobús.*

malaquita f. Carbonato natural de cobre, de color verde obscuro.

malaria f. Enfermedad contagiosa que se manifiesta con accesos de fiebre y anemia: *La malaria es una enfermedad transmitida por el mosquito anofeles.* SIN. **paludismo.**

malasio, sia o **malayo, ya** adj./m. y f. De Malasia, país del Sureste Asiático.

malaventura f. Desventura, desgracia, mala suerte.

malaventurado, da adj./m. y f. Se dice de la persona infeliz, desgraciada, que tiene mala suerte: *Este verano fue malaventurado para el campesino, pues primero perdió la mitad de la cosecha y luego se murió una de sus mejores vacas.*

malaya f. Chile y Perú. Corte de carne de vacuno correspondiente a la parte de encima de las costillas.

malayo m. Lengua indonesia.

malayo, ya adj./m. y f. Originario de Malaca, hoy conocida como Malasia, país que forma un archipiélago situado en el Sureste Asiático.

malbaratar *vb.* (tr.) Vender algo a muy bajo precio, con poca o ninguna ganancia: *Malbaraté mi televisor porque necesitaba comprar un libro urgentemente y no tenía dinero.* SIN. **malvender.**

malcriar *vb. irreg.* (tr.) Modelo 9. Educar mal a los hijos: *El pequeño Ramón ha sido malcriado y ahora no hay manera de controlarlo pues no obedece a sus maestros ni a sus padres.*

maldad *f.* **1.** Tendencia a hacer el mal: *Laura golpea a su perro por maldad, pues dice que el animal se porta mal, pero eso no es cierto.* **2.** Acción mala o que se realiza con mala intención.

maldecir *vb. irreg.* (tr.) Modelo 55. Expresar odio o cólera contra algo: *El pastor maldecía su mala suerte por la muerte de sus ovejas.*

maldición *f.* Palabras con las que se desea mal a alguien: *La maldición del hada mala consistió en que la princesa dormiría durante cien años hasta que un muchacho la despertara con un beso.*

maldito, ta *adj.* **1.** Expresión con la que se lanza una maldición o insulto hacia alguien. **2.** Reprobado, rechazado por la sociedad: *El principal "poeta maldito" del siglo XIX fue el francés Charles Baudelaire.* **3.** Que disgusta o molesta: *Un maldito mosco que zumbaba y me picaba impidió que durmiera anoche.*

maleable *adj.* **1.** Relativo al metal que puede extenderse en láminas: *El aluminio es uno de los metales más maleables que existen.* **2.** Relativo a la persona o carácter que puede moldearse con facilidad: *Efraín es un niño maleable que se adaptó fácilmente a su nueva escuela.*

maleado, da *adj.* Echado a perder, que ha adquirido malas costumbres.

maleante *adj./m.* y *f.* Delincuente, persona que comete delitos: *Una banda de maleantes secuestró al hijo del dueño de la fábrica de muebles.*

malear *vb.* (tr. y prnl.) **1.** Dañar, echar a perder algo: *Las cosechas de este año se malearon a causa de las inundaciones.* **2.** Pervertir, enseñar actitudes y conductas no deseables: *La muchacha está maleada, ya que bebe mucho alcohol y dejó de ir a la escuela desde que conoció a esos delincuentes.*

malecón *m.* Muralla o terraplén para defensa contra las aguas del mar o de un río: *Es agradable pasear al atardecer por el malecón, donde sopla la brisa marina.*

maledicencia *f.* Acción y efecto de maldecir o murmurar: *La maledicencia de la gente chismosa puede dañar la reputación de una buena persona.*

maleducado, da *adj./m.* y *f.* Descortés, malcriado: *Javier es un niño maleducado que dice groserías a los otros niños y no le importa que sus padres lo regañen.* SIN. **guarango.**

maleficio *m.* Daño causado por arte de hechicería y hechizo que provoca este daño: *Dicen que a ese cantante lo mató un maleficio porque encontraron un muñeco con su nombre y clavado con alfileres.*

malentendido *m.* Mala interpretación, error: *Hubo un malentendido entre los dos hermanos pero ya hablaron y solucionaron el problema.*

malestar *m.* Sensación de encontrarse mal, molesto o enfermo: *El kilo de chocolates que se comió le produjo malestar estomacal a la golosa muchacha.*

maleta *f.* Caja o bolsa de piel, lona u otro material, que se lleva durante un viaje para guardar ropa y otras cosas: *Lucía va a viajar durante una semana, pero como lleva diez maletas grandes, parece que se va por un mes.*

maletero *m.* **1.** Lugar en los vehículos que se ocupa para guardar equipaje: *El maletero de los automóviles viejos es muy amplio.* SIN. **cajuela, baúl. 2.** Persona que en algunos países tiene por oficio cargar las maletas en los aeropuertos, estaciones de tren, etc. SIN. **changador.**

maletudo, da *adj.* Cuba, Colomb. y Ecuad. Jorobado: *Si no te sientas derecho vas a volverte maletudo cuando seas mayor.*

malévolo, la *adj./m.* y *f.* Inclinado a hacer daño o que tiene mala intención: *Es un hombre malévolo que inventa mentiras, molesta a sus compañeros de trabajo y les causa daño cada vez que puede.*

maleza *f.* **1.** Abundancia de malas hierbas: *"Hay que podar el jardín porque ya está cubierto de maleza que perjudica los árboles", dijo mi padre.* **2.** Espesura de arbustos: *El ratón se escondió de la víbora entre la maleza.* **3.** Nicar. y R. Dom. Achaque, enfermedad.

malformación *f.* Deformación producida antes del nacimiento: *El niño nació con cuatro dedos en una mano, fue una malformación.*

malgache, cha *adj./m.* y *f.* De Madagascar, isla al sureste de África.

malgastar *vb.* (tr.) Gastar dinero, energía o tiempo en cosas malas o inútiles: *En lugar de ponerse a ahorrar, malgastó su dinero en unos zapatos que no necesitaba.*

malhablado, da *adj./m.* y *f.* Desvergonzado en el hablar, que utiliza malas palabras: *Esteban es tan malhablado que, de cuatro palabras que dice, tres son groserías o insultos.*

malhechor, ra *adj./m.* y *f.* Persona que comete acciones que dañan a los demás, en especial quien lo hace por costumbre.

malherir *vb. irreg.* (tr.) Modelo 50. Herir de manera grave: *El hombre trató de pelear con el ladrón y éste lo malhirió con su cuchillo.*

malhumor *m.* Sensación de enojo, de fastidio: *Como los ladridos de la perra no la dejaron dormir bien, Elia se levantó de malhumor.*

malhumorado, da *adj.* Que no está contento, que está de mal humor: *Cuando los niños duermen poco, se ponen malhumorados.* SIN. **chinchudo.**

malicia *f.* **1.** Inclinación a hacer el mal: *Con malicia, Ágata invitó a Bernardo a sentarse en la frágil silla con la intención de que se cayera.* **2.** Picardía.

malicioso, sa *adj./m.* y *f.* **1.** Que hace el mal. **2.** Que piensa mal o sospecha de los demás.

maligno, na *adj.* **1.** Se dice de quien por su naturaleza tiene tendencia a hacer el mal: *Este hombre tiene una mente maligna, pues siempre está pensando en la manera de perjudicar a los demás.* **2.** En medicina se aplica a las enfermedades graves, en especial a los tumores cancerosos: *Van a analizar el tumor que tiene en el cerebro para saber si es maligno o no.*

malinchismo *m.* Méx. Palabra derivada de la Malinche, quien fue una mujer indígena mexicana que aprendió español y servía de intérprete entre el conquistador español Hernán Cortés y los indígenas; se usa para designar el desprecio de lo hecho en el país por favorecer lo extranjero, originalmente lo español.

malinchista *adj./m.* y *f.* Méx. Que desprecia lo nacional y prefiere lo extranjero sin dudarlo: *Leonardo es un*

malinchista, dice que todo lo hecho aquí es de mala calidad y por eso sólo compra ropa de marcas extranjeras.

malla *f.* **1.** Cada uno de los cuadrados, anillos o eslabones que forman el tejido de una red. **2.** Tejido poco tupido, hecho con un hilo que va formando una especie de red: *El pescador tuvo que reparar la* **malla** *de su red para pescar porque un tiburón la había rasgado.* **3.** *Argent., Perú* y *Urug.* Prenda de vestir que se usa para nadar. **SIN. traje de baño.**

mallas *f. pl.* **1.** Prenda de vestir elástica y ajustada que cubre todo el cuerpo, como la que usan las bailarinas de ballet. **2.** *Méx.* Medias gruesas ajustadas que llegan a la cintura: *Cuando hace mucho frío me pongo unas* **mallas** *de lana para mantener calientes mis piernas.*

malo, la *adj.* **1.** Peligroso, perjudicial: *El pescado estaba malo pues olía mal y tenía un color extraño.* **2.** Que no es de buena calidad. **3.** Que no conviene, desfavorable, inoportuno. **4.** Que provoca una reacción desfavorable.

malo, la *adj.* **1.** Que hace el mal, sin cualidades morales: *Damián es un hombre* **malo** *que roba el dinero a su madre enferma para apostarlo en el juego.* **2.** Contrario a la moral o la ley: *Cometer un delito es una acción mala.* **3.** Que carece de cualidades, de talento: *Ayer vimos un filme* **malo** *que no hacía reír nada aun cuando la publicidad decía que es bueno.*

malograr *vb.* (tr. y prnl.) Provocar que algo no llegue a buen término: *Los niños se enfermaron el primer día que estuvimos en la playa y se* **malograron** *las vacaciones.*

maloliente *adj.* Que tiene mal olor: *Pietro llegó todo* **maloliente** *porque había jugado pelota durante muchas horas y estaba sudado y sucio.*

malón *m. Amér. Merid.* Ataque inesperado de indios: *El libro "Martín Fierro" de José Hernández, habla de los* **malones** *en Argentina.*

malparado, da *adj.* Que ha sufrido pérdidas en su reputación o daños en algún otro aspecto: *El cantante quedó* **malparado** *después del escándalo por su romance con una mujer casada.*

malpensado, da *adj./m.* y *f.* Que es desconfiado, que ve mala intención en lo que hacen o dicen los demás: *Noé es un* **malpensado,** *como vio a su novia Nicolasa platicando con un hombre, ahora dice que ella lo engaña con otro.*

malsano, na *adj.* **1.** Nocivo, perjudicial para la salud: *El medio ambiente tropical era* **malsano** *para los conquistadores que llegaron de España, porque no estaban acostumbrados a él.* **2.** Enfermizo: *El pequeño Alfredo tuvo una infancia* **malsana** *porque su cuerpo no tenía defensas contra las enfermedades.*

malta *f.* Cebada germinada para elaborar cerveza o infusión.

maltés, sa *adj./m.* y *f.* De Malta, isla del Mediterráneo.

maltón, na *adj./m.* y *f. Bol., Chile, Ecuad.* y *Perú.* Animal o persona joven: *Un* **maltón,** *por ejemplo, es un ternero menor de dos años.*

maltraído, da *adj. Bol., Chile* y *Perú.* Mal vestido, desaliñado: *Cerca del mercado vi varios vagos* **maltraídos** *que jugaban pelota.*

maltratar *vb.* (tr. y prnl.) **1.** Golpear, insultar o tratar mal a alguien o algo: *Los padres deben evitar* **maltratar** *a sus hijos.* **2.** Dañar una cosa o estropearla: *"El sobre que me enviaste llegó arrugado y roto, no hay*

duda de que lo **maltrataron** *en el correo", le dije por teléfono a mi amiga.*

maltrecho, cha *adj.* Maltratado, lastimado: *Como era corredor principiante, Alberto volvió de la carrera muy* **maltrecho,** *con llagas en los pies y dolor en todo el cuerpo.*

malva *adj.* De color llamado malva.

malva *f.* Planta de hojas y flores que se usan en infusiones laxantes y refrescantes: *Bañaron al bebé con agua de* **malva** *para que durmiera tranquilo.*

malva *m.* Color violeta claro parecido al rosa.

malvado, da *adj.* Muy malo, perverso: *La* **malvada** *bruja hizo engordar a Hansel para comérselo.*

malvavisco *m.* **1.** Planta de hojas dentadas y flores de un blanco ligeramente rosado. **2.** *Méx.* Golosina o dulce suave con consistencia de goma: *Cuando salimos de campamento nos gusta llevar* **malvaviscos** *y asarlos en el fuego de la hoguera.*

malvender *vb.* (tr.) Vender a bajo precio, con poca o ninguna ganancia: *Como necesitaba dinero, Rubén tuvo que* **malvender** *el reloj que le había heredado su padre.* **SIN. malbaratar.**

malversación *m.* Usar de manera indebida fondos públicos: *Faltaban quinientos mil pesos y acusaron al cajero de la oficina de gobierno por* **malversación.**

malversar *vb.* (tr.) Gastar de manera indebida los fondos públicos: *El gerente fue acusado por* **malversar** *el dinero de la caja de ahorros de todos los empleados.*

malvivir *vb.* (intr.) Vivir mal, en malas condiciones económicas: *La familia de Daniela* **malvive** *desde que su padre se quedó sin empleo.*

malvón *m. Argent., Méx., Par.* y *Urug.* Planta con flores de colores muy vivos y olor agradable, que se utiliza como adorno. **SIN. geranio.**

mama *f.* Glándula de los mamíferos, que en las hembras produce la leche para alimentar a las crías.

mamá *f.* Manera modificada y cariñosa de decir madre: *Mi* **mamá** *es una mujer cariñosa que me inspira amor y confianza.*

mamada *f.* **1.** Acción de tomar un bebé o una cría leche de las mamas de su madre. **2.** *Argent., Perú* y *Urug. Vulg.* Borrachera. **3.** *Méx. Vulg.* Cosa, hecho o dicho absurdo o con mala intención.

mamadera *f. Amér. C.* y *Amér. Merid.* Utensilio para dar de beber leche a los niños pequeños. **SIN. biberón, mamila.**

mamar *vb.* (tr.) Chupar, succionar un bebé o una cría de animal la leche de las mamas de su madre.

mamarracho *m.* **1.** Persona de aspecto raro o ridículo: *Eliseo se viste como* **mamarracho** *cuando va con sus amigos a una fiesta, porque dice que está de moda.*

mamboretá *m. Argent., Par.* y *Urug.* Insecto de unos 5 cm de largo, de color verde, con largas y robustas patas delanteras. **SIN. santateresa, mantis.**

mameluco *m.* **1.** *Méx.* Prenda de vestir especial para niños o bebés, que cubre el tronco, los brazos, las piernas y hasta los pies. **2.** *Amér. Merid.* y *Antill.* Overol de trabajo.

mameluco, ca *adj. Esp. Fam.* Necio, bobo.

mamey *m.* **1.** Planta arbórea americana, con flores blancas y fruto comestible. **2.** Fruto de la planta llamada mamey: *Cuando abrí la cáscara del* **mamey** *me encontré con una pulpa muy dulce de color marrón con la que preparé un sabroso postre.*

mameyero *m.* *Méx.* y *P. Rico.* Árbol de mamey.

mamífero, ra *adj./m.* Relativo a una clase de animales vertebrados que nacen de forma vivípara, cuyas hembras tienen glándulas mamarias: *La ballena es un animal **mamífero.***

mamila *f.* **1.** Teta de la hembra. **2.** Tetilla del hombre. **3.** *Méx.* Biberón, utensilio para dar leche a los niños pequeños. SIN. **mamadera, biberón, tetero, pacha.**

mamotreto *m.* **1.** Libro o conjunto de hojas muy abultado: *El libro que consulté ayer en la biblioteca era un **mamotreto** muy pesado de más de quinientas páginas.* **2.** Objeto grande e inútil: *El viejo automóvil de mi abuelo es un **mamotreto** que ya no funciona y que sólo estorba en la calle.* SIN. **armatoste.**

mampara *f.* Especie de tabique o biombo movible que sirve para aislar dos espacios que comparten el mismo techo: *La entrada al dormitorio estaba oculta tras una **mampara** de madera.* SIN. **biombo.**

mamporro *m.* *Fam.* Golpe de poca importancia.

mampostería *f.* Obra de albañilería hecha de piedra sin labrar.

mamut *m.* Animal de la época cuaternaria parecido al elefante.

maná *m.* **1.** Según la Biblia, alimento que Dios envió a los hebreos cuando estuvieron en el desierto. **2.** Substancia líquida y dulce que sale de algunos vegetales.

manada *f.* Conjunto de animales de una misma especie que viven juntos: *Las hienas no viven solas, sino en **manada.***

managua *adj./m.* y *f.* De Managua, la capital de Nicaragua, país de América Central. SIN. **managüense, managüero.**

managüense *adj./m.* y *f.* De Managua, capital de Nicaragua, país de América Central. SIN. **managua, managüero.**

managüero, ra *adj./m.* y *f.* De Managua, capital de Nicaragua, país de América Central. SIN. **managua, managüense.**

manantial *m.* **1.** Nacimiento de agua que brota de manera natural de rocas o de la tierra: *Como el agua del **manantial** es pura, la embotellan y venden.* **2.** Lugar de donde salen cosas abundantes: *La boca de ese cómico es un **manantial** de palabras y frases graciosas.*

manar *vb.* {intr. y tr.} Salir un líquido de forma fácil de algún sitio: *La herida del soldado era muy profunda y la sangre le **manaba** de forma abundante.*

manatí *m.* Mamífero acuático de cuerpo macizo que llega a medir 3 m de largo y puede pesar 500 kilos: *Los **manatíes** viven en los ríos de las zonas tropicales de América.*

manazas *m.* y *f.* Persona de ademanes torpes o desmañados: *Cuidado con Pedro, es un **manazas** que rompe todo lo que toca.*

mancha *f.* Señal, marca que hace algo en un cuerpo ensuciándolo: *Es muy difícil quitar las **manchas** de aceite de la ropa.*

manchar *vb.* {tr. y prnl.} **1.** Hacer que aparezcan o aparecer marcas de mugre: *Ismael **se manchó** el pantalón de verde jugando fútbol en el césped mojado.* **2.** Deshonrar: *Los chismes de los otros maestros no lograron **manchar** la limpia carrera del maestro de inglés.*

mancillar *vb.* {tr. y prnl.} Manchar, deshonrar: *Como todos los vecinos envidiosos hablaban mal de ella, **mancillaron** la reputación de la viuda y la echaron del edificio.*

manco, ca *adj./m.* y *f.* Que le falta un brazo o una mano: *El escritor español Miguel de Cervantes Saavedra es uno de los **mancos** más célebres en la literatura.* SIN. **tuco.**

mancomunidad *f.* En España, agrupación de municipios o provincias para resolver problemas comunes.

mancorna *f.* **1.** *Colomb.* Mancuerna. **2.** *Chile.* Par, pareja de animales o de dos cosas parecidas.

mancuerna *f.* **1.** *Colomb.* y *Cuba.* Porción del tallo de la planta del tabaco que tiene un par de hojas. **2.** *Amér. C.*, *Méx.* y *Venez.* Pieza que se usa en lugar de botón para cerrar y adornar los puños de la camisa. SIN. **gemelos, mancuernillas.**

mancuernillas *f. pl.* *Méx.* Mancuernas, gemelos.

manda *f.* **1.** *Argent.*, *Chile* y *Méx.* Voto o promesa hecha a Dios o a un santo. **2.** Herencia.

mandado, da *m.* **1.** Encargo, orden que se da a alguien para realizar alguna tarea: *Lázaro no está en la oficina porque su jefe lo envió a un **mandado**.* **2.** *Argent.*, *Méx.* y *Urug.* Compra de lo necesario para la comida: *Cuando no existían las neveras la gente tenía que ir a los **mandados** todos los días.*

mandamiento *m.* Mandato, orden: *En el libro bíblico llamado Éxodo se dice que Moisés escribió los diez **mandamientos**.*

mandar *vb.* {tr. e intr.} **1.** Imponer la realización de una cosa: *El general **mandó** al coronel a poner orden en el cuartel, porque los soldados estaban haciendo mucho ruido.* **2.** Enviar: *Mi hermana me **mandó** a comprar los tomates que necesitaba para preparar la comida.*

mandarín *m.* **1.** Antiguo alto funcionario de China: *Algunos **mandarines** se dejaban crecer el pelo, la barba y las uñas durante muchos años.* **2.** Dialecto chino.

mandarina *f.* Fruto parecido a una naranja pero de forma achatada, de color anaranjado, jugoso y de cáscara aromática: *Exprimí unas **mandarinas** y me tomé un vaso de una bebida deliciosa y refrescante.*

mandatario, ria *m.* y *f.* **1.** Persona que acepta de otra el encargo de representarla: *El **mandatario** del rey tenía la responsabilidad de hacer que se cumplieran sus órdenes.* **2.** Representante del gobierno de un país: *El **mandatario** de la nación recibió la visita del primer ministro del país vecino.*

mandato *m.* **1.** Orden, encargo: *El embajador lleva el **mandato** del presidente de establecer una base de cultura en el país donde va a trabajar.* **2.** Desempeño y duración de un cargo de poder: *Durante el **mandato** de este presidente se han firmado varios acuerdos comerciales con otros países.*

mandíbula *f.* Cada una de las dos piezas óseas o cartilaginosas que forman la boca de los vertebrados: *Moviendo las poderosas **mandíbulas**, el dinosaurio masticaba un huevo enorme en el filme que vi ayer.*

mandil *m.* Delantal de cuero o tela que cuelga desde el cuello y sirve para proteger la ropa cuando se realizan ciertos trabajos: *Antes de empezar a cocinar, hay que ponerse un **mandil** para no ensuciarse la ropa.*

mandilón *adj.* *Méx. Desp.* Se dice del hombre que realiza labores que otros hombres consideran exclusivas de las mujeres y que está sujeto a las decisiones de su esposa o novia.

mandinga *m.* Amér. C. y Amér. Merid. Fam. El diablo: *La niñera indígena contó a los niños un cuento en el que* **mandinga** *convertía en cerdo a un muchacho desobediente.*

mandioca *f.* Arbusto de 2 ó 3 m, de cuya raíz se extrae la tapioca.

mando *m.* **1.** Mandato, ejercicio de una autoridad: *El* **mando** *de esta empresa está a cargo del director.* **2.** Dispositivo que regula el funcionamiento de un mecanismo: *El capitán del avión tiene el* **mando** *de vuelo desde la cabina.*

mandoble *m.* Golpe que se da esgrimiendo un arma o algún instrumento con ambas manos: *El caballero derribó a su adversario con un fuerte* **mandoble** *de su espada.*

mandolina *f.* Instrumento musical de cuatro cuerdas dobles, con caja de resonancia abombada.

mandón, na *adj./m.* y *f.* Autoritario, que da muchas órdenes: *Él es un* **mandón** *no para de dar órdenes, cree que sólo estamos aquí para servirlo.*

mandrágora *f.* Planta herbácea usada como narcótico: *Las flores y los frutos de la* **mandrágora** *huelen mal.*

mandril *m.* Mono africano muy feroz de gran tamaño, con nariz roja y hocico alargado y grueso con rayas azules.

maneador *m.* Bol. y R. de la P. Tira larga de cuero, que sirve para atar al caballo por las patas.

manecilla *f.* Aguja que señala la hora en un reloj: "*Cuando la* **manecilla** *corta el reloj llegue a las nueve, será hora de que te vayas a dormir*", me dijo mi abuelo.

manejar *vb.* [tr. y prnl.] **1.** Usar una cosa con las manos: *Alberto es muy hábil para* **manejar** *la arcilla, mira qué bonitas ollas hizo.* **2.** Regir, dirigir: *Germán* **manejó** *a su grupo de amigos y todos estuvieron de acuerdo con su propuesta para ir de campamento.* **3.** Amér. Conducir, guiar un automóvil: "*Cuando* **manejes** *con mayor seguridad, puedes empezar a viajar en carretera*", le dijo Roberto a su hijo. **4.** Saber actuar en un negocio o situación: *Benito* **se manejó** *muy bien durante la entrevista, no se puso nervioso, respondió a las preguntas con seguridad y ahora ya tiene un nuevo empleo.*

manera *f.* Modo particular de ser, de hacer o de suceder algo: *Juan tiene una* **manera** *de caminar inconfundible, brinca un poco a cada paso.*

manga *f.* **1.** Parte de una prenda de vestir que cubre todo o una parte del brazo: *Mi perro le mordió las* **mangas** *a una blusa y la convirtió en una especie de chaleco.* **2.** Amér. Vía entre vallas para el paso del ganado. **3.** Argent. y Urug. Nube de langostas: *Una* **manga** *terminó con los sembrados de trigo.* **4.** Argent. y Urug. Desp. Grupo de personas: *La* **manga** *que había en la tienda me impidió hacer mis compras.* **5.** Méx. Capote, capa impermeable que se usa en el campo: *Cuando comenzó a llover, el campesino se puso una* **manga** *para no mojarse.*

manganeso *m.* Metal grisáceo, brillante, duro y quebradizo, de símbolo Mn y número atómico 25.

mangar *vb. irreg.* [tr.] Modelo 17. Fam. Robar, hurtar.

manglar *m.* Terreno muy húmedo donde abundan los mangles, árboles con ramas que llegan al suelo y echan raíces en él.

mangle *m.* Árbol propio de las regiones costeras tropicales, con ramas que llegan al suelo y echan raíces en él.

mango *m.* **1.** Parte estrecha y larga por la que se agarra un utensilio: *Estela tomó la cacerola por el* **mango** *y comenzó a revolver el guiso que estaba sobre el fuego.* **2.** Argent. y Urug. Dinero.

mango *m.* **1.** Árbol de las regiones tropicales, de fruto comestible dulce, carnoso y aromático, de color amarillo o anaranjado. **2.** Fruto del árbol llamado mango: *En México, los* **mangos** *están en su mejor época durante las estaciones de primavera y verano.* **3.** Méx. Fam. Persona muy guapa: *Julieta es un* **mango** *que a todos los chicos del salón atrae.*

mangonear *vb.* [tr. e intr.] Dominar a alguien: *El nuevo alumno es mayor que los demás niños y ha comenzado a* **mangonearlos** *para que lo obedezcan.*

mangrullo *m.* Argent. y Urug. En la antigüedad, torre rústica que servía para vigilar el campo o el mar.

manguera *f.* Tubo flexible por el que pasa el agua o algún otro líquido: *Para lavar un automóvil y no desperdiciar agua, es mejor usar un paño y un recipiente en lugar de una* **manguera**.

maní *m.* **1.** Planta leguminosa de unos 50 cm de altura que produce un fruto de cáscara dura. SIN. **cacahuate**. **2.** Fruto de la planta del maní, de cáscara dura y semillas grasosas que se comen tostadas y de las cuales también se obtiene aceite. SIN. **cacahuate**.

manía *f.* **1.** Afición fija y excesiva hacia algo: *Daniel tiene la* **manía** *de mantener prendida la televisión aunque no esté viéndola.* **2.** Idea fija que provoca una obsesión y puede llegar a causar trastornos mentales: *La* **manía** *de Gerardo por la limpieza es preocupante pues se baña cinco veces al día.* **3.** Fam. Rechazo, mala fe contra alguien.

maniatado *adj.* Imposibilitado, impedido para hacer algo.

maniatar *vb.* [tr.] Atar las manos: *Los delincuentes que asaltaron la tienda dejaron a la cajera sentada en una silla,* **maniatada** *y con la boca amordazada.*

maniático, ca *adj./m.* y *f.* Que tiene manías: *Berta es una* **maniática** *que sólo come en platos de vidrio porque piensa que los de plástico guardan suciedad.*

manicomio *m.* Hospital para enfermos mentales.

manicurista *m.* y *f.* Antill., Colomb., Méx., Pan. y Perú. Persona especializada en el cuidado de las manos y las uñas. SIN. **manicuro**.

manicuro, ra *m.* y *f.* **1.** Persona especializada en el cuidado de las manos y las uñas. SIN. **manicurista**. **2.** Cuidado de las manos y uñas: *María tomó clases de* **manicuro** *y ahora tiene varios clientes que van a su casa para que les arregle las uñas.*

manifestación *f.* **1.** Hecho de manifestar o manifestarse, demostración o señal de algo: *La fiebre es una* **manifestación** *de que el cuerpo tiene alguna infección o enfermedad.* **2.** Reunión pública al aire libre en favor de una causa o solicitud: *Hoy habrá una* **manifestación** *en la plaza del pueblo para solicitar a las autoridades la construcción de una biblioteca.*

manifestante *m.* y *f.* Persona que toma parte en una manifestación: *Los* **manifestantes** *se reunieron para pedir que haya más escuelas.*

manifestar *vb. irreg.* [tr. y prnl.] Modelo 3. **1.** Dar a conocer una opinión o un deseo: *A través de una nota en el diario, los maestros* **se manifestaron** *a favor de un cambio en los libros de texto.* **2.** Organizar o tomar parte en una manifestación: *Un grupo de jóvenes se* **manifestó en** *el monumento a la independencia para ped... dir que las autoridades no cerraran la universidad.*

manifiesto *m.* Declaración escrita: A... principios del siglo xx los artistas surrealistas escribier... on un **manifiesto** *en el que expusieron sus ideas acer... a del arte.*

manifiesto, ta *adj.* Visible, evidente: *El nerviosismo del boxeador antes de la pelea era* **manifiesto**, *pues no podía mantenerse quieto y le sudaban las manos.*

manilla *f.* **1.** Asa de un picaporte, manija: *En la casa embrujada que había en el filme de terror las* **manillas** *de las puertas giraban sin que alguien las moviera.* **2.** Grillete que se pone a los presos en las muñecas.

manillar *m.* Pieza de la bicicleta o de la motocicleta, en la cual el conductor apoya las manos para dirigir la máquina: *Los* **manillares** *de las bicicletas de carreras son muy bajos porque así ayuda a que los ciclistas alcancen mayores velocidades.* SIN. **manubrio.**

maniobra *f.* **1.** Operación manual o serie de movimientos necesarios para realizar algo: *Mudarse de casa es una* **maniobra** *que requiere de tiempo y mucho trabajo.* **2.** Operación que se ejecuta al manejar una máquina: *Como el espacio era pequeño tuvo que efectuar varias* **maniobras** *para poder sacar el automóvil.* **3.** Conjunto de ejercicios de un grupo de militares: *El quinto regimiento realizó* **maniobras** *todos los días en el campo militar desde un mes antes del desfile.*

maniobrar *vb.* {tr. e intr.} Hacer maniobras.

manipulador, ra *adj./m. y f.* Que manipula, que influye sobre los demás por lo general para beneficio propio.

manipular *vb.* {tr.} **1.** Manejar, mover con las manos: *Para preparar pizza, hay que* **manipular** *la masa hasta dejarla delgada.* **2.** Influir en alguien en provecho propio o ajeno.

maniqueísmo *m.* Doctrina y visión de la realidad basada en los principios del bien y del mal.

maniquí *m.* Muñeco con figura humana, usado para probar o exhibir prendas de vestir: *En las tiendas de ropa suelen tener* **maniquíes** *vestidos de acuerdo con las estaciones del año.*

manirroto, ta *adj./m. y f.* Derrochador, que gasta con facilidad el dinero: *Maru es una* **manirrota**, *gasta el dinero que le pagan el mismo día comprando cosas que no necesita.*

manivela *f.* Palanca o pieza que acciona un mecanismo: *El motor de los primeros automóviles se accionaba a través de una* **manivela**.

manjar *m.* Cualquier alimento, en especial la comida exquisita: *Entre los indios de la Amazonia, las tarántulas asadas son consideradas un* **manjar**.

mano *f.* **1.** Parte del cuerpo humano que va desde la muñeca hasta la punta de los dedos: *En cuanto Genaro vio a su viejo amigo le estrechó cariñosamente la* **mano**. **2.** En los animales cuadrúpedos, cada una de las patas delanteras. **3.** Lado en el que se halla una cosa: *Evaristo está a* **mano** *derecha de la profesora y Ana está a* **mano** *izquierda.* **4.** Cada jugada parcial de una partida de naipes: *Rafael propuso jugar otra* **mano** *porque quería reponer el dinero que había perdido durante la* **mano** *anterior.* **5.** Amér. C. y Amér. Merid. Cada uno de los grupos de diez o más frutos que forman el racimo de bananas o plátanos. **6.** Chile. Conjunto de cuatro

cosas del mismo tipo: *Compré una* **mano** *de cuchillos para carne.* **7.** loc. **~ derecha**, persona que es muy útil a otra: *Alberto es la* **mano derecha** *de su jefe porque lo ayuda en todo lo que necesita.* **8.** loc. Fam. **~ izquierda**, habilidad para resolver situaciones difíciles: *Con mucha* **mano izquierda**, *Alejandra logró solucionar el malentendido entre los dos amigos.* **9.** loc. **Echar una ~**, ayudar: *"Esta caja está muy pesada,* **échame una mano**, *por favor", le dije a mi primo.* **10.** loc. **Pedir la ~**, solicitar a la mujer en matrimonio: *Hoy es un día importante para Carla, ya que la familia de Joaquín irá a* **pedir su mano**.

manojo *m.* Conjunto de cosas, casi siempre alargadas, que se pueden agarrar con la mano: *"¿Cuánto vale el* **manojo** *de perejil?", le preguntó a la vendedora del mercado.*

manómetro *m.* Instrumento que sirve para medir la presión de un fluido: *Algunas máquinas para hacer café exprés tienen un* **manómetro**.

manopla *f.* Guante grande que no tiene separaciones para los dedos, como el usado en el béisbol: *Existen* **manoplas** *especiales para personas zurdas.*

manosear *vb.* {tr.} Tocar de manera repetida una cosa con las manos: *No se debe* **manosear** *la comida, es mejor usar los cubiertos.*

manotazo *m.* Golpe que se da con la mano extendida: *El maestro estaba tan molesto que dio un* **manotazo** *sobre la mesa para que los niños dejaran de gritar.*

mansalva. A ~, loc. Sin peligro: *Durante el entierro del militar, diez soldados hicieron tres disparos al aire,* **a mansalva**.

mansedumbre *f.* Condición de manso: *La* **mansedumbre** *es una característica de las reses.*

mansión *f.* Casa grande y lujosa: *En Beverly Hills, en Estados Unidos de Norteamérica, viven muchos actores y actrices de cine en grandes* **mansiones**.

manso, sa *adj.* **1.** Apacible: *Las aguas del lago son* **mansas** *porque el viento sopla suavemente.* **2.** Se dice del animal que no es bravo: *Los niños pueden jugar con este perro porque es* **manso** *y no hay peligro de que muerda.*

manta *f.* **1.** Pieza de tejido grueso para abrigarse en la cama: *En el invierno me cubro con dos* **mantas** *de lana durante la noche.* SIN. **cobertor, cobija.** **2.** Méx. Tela tosca, burda, de algodón: *Los pantalones que usan los indígenas de muchos lugares son de* **manta**.

mantear *vb.* {tr.} Lanzar repetidas veces hacia arriba con una manta entre varias personas a otra.

manteca *f.* **1.** Grasa del cerdo, de la leche o de algunos frutos: *La* **manteca** *de cerdo es muy dañina para la salud.* **2.** Argent. y Urug. Substancia grasa de color amarillo que se obtiene de la nata de la leche de vaca o de cabra. SIN. **mantequilla.**

mantecada *f.* o **mantecado** *m.* **1.** Bollo amasado con manteca de cerdo. SIN. **panqué.** **2.** Postre elaborado con leche, huevos y azúcar.

mantel *m.* **1.** Pieza de tela con que se cubre la mesa para comer. **2.** loc. **De manteles largos**, de fiesta: *Para celebrar la boda de su hija, la familia se puso de* **manteles largos**.

mantelería *f.* Juego de mantel y servilletas o conjunto de estos juegos: *En ese hotel mandan su* **mantelería** *y ropa de cama a una lavandería.*

mantener *vb. irreg.* (tr. y prnl.) **Modelo 26.** *1.* Costear las necesidades económicas de alguien: *Por lo general los padres* **mantienen** *a sus hijos hasta que ellos pueden ganar dinero por sí mismos.* **2.** Conservar: *Con una hora de ejercicio diario, Berenice* **se mantiene** *delgada y en forma.* **3.** Sostener: *"¿Cómo pueden* **mantenerse** *en el aire los aviones?", le pregunté a mi maestra.* **4.** Perseverar en una acción o posición: *Pepito* **se mantuvo** *firme en su petición y convenció a sus padres de que lo llevaran al cine.*

mantenimiento *m.* **1.** Conservación del buen estado de las cosas: *A los edificios hay que darles* **mantenimiento** *para que la gente que vive en ellos no corra peligro.* **2.** Subsistencia, alimento.

mantequería *f.* Fábrica de manteca o mantequilla y tienda donde se vende.

mantequilla *f.* Grasa comestible de color amarillo obtenida de la leche de vaca o cabra: *Harina, azúcar,* **mantequilla** *y huevos son la base de muchos postres.* SIN. **manteca.**

mantilla *f.* Prenda femenina que cubre la cabeza y parte de los hombros: *Antes, las mujeres se cubrían con una* **mantilla** *cuando iban a la iglesia.*

mantillo *m.* **1.** Capa superior del suelo. **2.** Estiércol fermentado.

mantis *f.* Insecto de unos 5 cm de longitud, con patas anteriores prensoras que le permiten atrapar a sus presas. SIN. **santateresa, mamboretá.**

manto *m.* **1.** Prenda amplia que se coloca sobre la cabeza o los hombros: *La reina usa un* **manto** *muy largo cuando asiste a ceremonias importantes.* SIN. **chal. 2.** Parte del globo terrestre comprendida entre la corteza y el núcleo. **3.** Capa de mineral de la Tierra, que se encuentra de manera casi horizontal entre la corteza y el núcleo.

mantón *m.* Prenda femenina que se lleva sobre los hombros o se usa de adorno: *En casa de mi tía Adela hay un gran* **mantón** *antiguo de seda bordada que cubre el piano.*

manual *adj.* Que se ejecuta con las manos: *La costura es una actividad* **manual,** *igual que la carpintería.*

manual *m.* Libro en que se resume lo más substancial de una materia: *Consulté el* **manual** *de la computadora para saber cómo usarla.*

manubrio *m.* **1.** Mango de un instrumento. **2.** Manivela: *"Dale vuelta al* **manubrio** *del molino para que se muelan los granos de café", me dijo mi abuelo.* **3.** *Argent., Méx., Par. y Urug.* Manillar de la bicicleta: *El panadero llevaba una canasta de pan sobre el* **manubrio.** SIN. **manillar. 4.** *Chile.* Volante de automóvil.

manufactura *f.* **1.** Obra hecha a mano o con la ayuda de máquinas: *La ropa tejida a mano es muy cara porque su* **manufactura** *requiere de muchas horas de trabajo.* **2.** Fábrica, industria.

manufacturar *vb.* (tr.) Elaborar o fabricar algún producto: *En el sureste de Asia se* **manufacturan** *muchos aparatos electrónicos.*

manumitir *vb.* (tr.) Dar la libertad a un esclavo o liberar de la servidumbre a cualquier persona.

manuscrito *adj.* Se dice de lo que está escrito a mano: *Antes de que se inventara la imprenta, todos los libros eran* **manuscritos.**

manuscrito *m.* **1.** Documento o libro escrito a mano: *La biblioteca del Vaticano, en Italia, guarda* **manuscritos** *muy antiguos.* **2.** Documento original de una obra que aún no se reproduce en imprenta: *El autor ya ter-*

minó el **manuscrito** *de la novela, ahora lo llevará con algún editor para que lo publique.*

manutención *f.* Hecho de mantener o mantenerse, dar lo necesario a alguien para cubrir sus necesidades: *Eduardo paga gastos de* **manutención** *de su esposa y sus hijos.*

manzana *f.* **1.** Fruto del manzano: *Las* **manzanas** *cubiertas de caramelo son uno de mis dulces favoritos.* **2.** Conjunto de casas contiguas, limitado por calles: *Don Salvador sale todos los días a darle tres vueltas a la* **manzana** *para ejercitarse.* SIN. **bloque, cuadra. 3.** *Fam.* Abultamiento que crece en la garganta de los adolescentes varones, cuando empiezan a cambiar de voz.

manzanilla *f.* **1.** Planta aromática de flores que se usan en infusión. **2.** Infusión que se hace con las flores de manzanilla: *El té de* **manzanilla** *sirve para aliviar algunos malestares estomacales.* SIN. **camomila. 3.** *Esp.* Vino blanco que se hace en Cádiz, España.

manzano *m.* **1.** Árbol de flores rosadas que da el fruto de la manzana. **2.** *Méx. y P. Rico.* Variedad de banana o plátano, de tamaño más pequeño que el común, rechoncho y muy dulce.

maña *f.* **1.** Destreza, habilidad: *Con* **maña,** *Lourdes logró abrir el frasco que tenía la tapa atorada.* **2.** Ardid, astucia: *El empleado holgazán está lleno de* **mañas** *pues siempre está pensando cómo trabajar lo menos posible.*

mañana *f.* Espacio de tiempo desde el amanecer hasta el mediodía: *Elizabeth trabaja por la* **mañana** *y va a la universidad por la tarde.*

mañana *m.* Tiempo futuro: *Tienes que estudiar mucho para que en el* **mañana** *puedas conseguir un buen empleo.*

mañana *adv.* En el día que seguirá al de hoy: *Voy a comprar un cuaderno que necesito para* **mañana** *en la clase de dibujo.*

mañanitas *f. pl. Méx.* Composición musical que se canta para celebrar el cumpleaños de alguien: *El día del cumpleaños de Rosalinda todos le cantamos las* **mañanitas** *y la felicitamos.*

mañerear *vb.* (intr.) **1.** *Argent., Chile y Urug.* Tener un animal malas mañas: *Ese caballo* **mañerea,** *le gusta tirar a los jinetes.* **2.** *Argent. y Urug.* Obrar, proceder con malas mañas: *Los albañiles* **mañerearon** *toda la semana para no terminar el trabajo y cobrar más.*

mañoso, sa *m. y f.* **1.** Hábil, diestro: *Mi hermano es* **mañoso** *para la carpintería, con unas tablas que todos consideraban inservibles hizo unos estantes para sus libros.* **2.** Se dice de la persona necia por actuar de una manera determinada o por hacer algo como ella quiere: *Felipe es un niño* **mañoso** *que casi siempre se las arregla para conseguir de sus padres lo que quiere.*

mapa *m.* Representación de la Tierra, un país, ciudad o barrio en un plano: *En mi clase de geografía me enseñaron con un* **mapa** *dónde están los continentes, los mares, los océanos y los ríos de nuestro planeta.*

mapache *m.* Mamífero carnívoro americano apreciado por su pelaje: *Los* **mapaches** *tienen una franja obscura en los ojos que parece una máscara.*

mapamundi *m.* Mapa de la superficie terrestre en el que puede verse todo el mundo.

mapuche *adj./m. y f.* Araucano, pueblo indígena que habita en el sur de la Argentina y de Chile.

maqueta *f.* **1.** Representación a escala reducida de un aparato, un edificio, etc.: *El arquitecto hizo una* **ma-**

queta del nuevo edificio que van a construir. [...] 2. Boceto de un libro, revista o disco.

maquiavélico, ca *adj.* **1.** Relativo al polít[...] italiano Nicolás Maquiavelo, quien esc[...]o y escritor sobre el arte de gobernar y la hab[...]ribió tratados **2.** *Fam.* Que actúa con astucia y des[...]ilidad política. [...]eo de engañar.

maquiladora *adj./f.* Méx. Taller don[...]e se producen manualmente ciertos productos com[...]o ropa, juguetes o aparatos electrónicos.

maquilar *vb.* [tr.] Méx. Real[...]ar algunos de los procesos de elaboración de un producto por medio de un contrato con otra industria mayor: *En varios países de Latinoamérica y Asia se maquilan productos de empresas europeas o estadounidenses.*

maquillar *vb.* [tr. y prnl.] **1.** Aplicar o aplicarse cosméticos en el rostro: *Antes de salir en televisión, la mayoría de los locutores y actores se maquillan.* **2.** *Fam.* Falsear, alterar para dar una idea más positiva de la realidad: *En el noticiero maquillaron la cantidad de víctimas del terremoto, pues dijeron una cifra menor a la real.*

máquina *f.* Conjunto de mecanismos combinados para transformar una forma de energía o para facilitar la realización de un trabajo.

maquinación *f.* Intriga secreta para obtener algún resultado.

maquinal *adj.* Relativo a los movimientos o actos involuntarios: *Rascarnos y parpadear son ejemplos de movimientos maquinales, es decir, que hacemos sin pensar.*

maquinar *vb.* [tr.] Tramar algo de manera oculta, en especial para perjudicar a alguien.

maquinaria *f.* **1.** Conjunto de máquinas. **2.** Mecanismo que mueve un aparato: *La maquinaria de un reloj de cuerda es menos precisa que la de un reloj digital.*

maquinilla *f.* *Esp.* Utensilio para afeitar. SIN. **rastrillo.**

maquinista *m.* y *f.* Persona que construye o dirige máquinas, en especial las relacionadas con las que mueven los ferrocarriles: *Mi hermano siempre juega con trenes de juguete, le gusta viajar en tren y dice que quiere ser maquinista cuando crezca.*

mar *m.* y *f.* **1.** Masa de agua salada que cubre la mayor parte de la superficie de la Tierra. **2.** *Fam.* Abundancia de algo: *En el siglo XIX, los europeos veían al Continente Americano como un mar de oportunidades.*

marabú *m.* Ave zancuda de África y Asia, de pico muy grande y cuello sin plumas.

marabunta *f.* **1.** Migración masiva de hormigas que devoran todo lo comestible que encuentran. **2.** *Fam.* Desorden, alboroto: *A la hora de salida de la escuela se arma una marabunta por todos los niños que salen al mismo tiempo.*

maraca *f.* Instrumento musical de percusión.

marajá *m.* Título que ostentaban ciertos soberanos de la India.

maraña *f.* **1.** Maleza, espesura: *Como hace tanto tiempo que no viene el jardinero, el jardín de la casa está hecho una maraña.* **2.** Enredo, asunto complicado: *El caso del asesinato es una verdadera maraña porque hay pistas que apuntan para muchos lados diferentes.*

maraquero, ra *m.* y *f.* **1.** *Amér.* Persona que toca las maracas. **2.** *loc. Fam.* **Pulso de ~,** pulso que tiene una persona a quien le tiemblan las manos: *Anselmo sirvió el agua, pero como tiene pulso de maraquero, regó la mitad sobre la mesa.*

marasmo *m.* **1.** Suspensión de una actividad física o mental: *Cuando fuimos a la playa sentíamos tanto calor que caímos en un marasmo que nos impedía movernos con facilidad.* **2.** Desorden, caos: *La casa es un marasmo cuando llegan mis primos a jugar.*

maratón *m.* Carrera a pie en la que se recorre una distancia muy larga: *En un maratón profesional los competidores deben recorrer una distancia de 42 km aproximadamente.*

maravedí *m.* Antigua moneda española.

maravilla *f.* **1.** Suceso o cosa extraordinaria: *El Faro de Alejandría era una de las siete maravillas del mundo antiguo.* **2.** Admiración, asombro: *Es una maravilla ver cómo se ha recuperado Jacinto después del accidente.*

maravillar *vb.* [tr. y prnl.] Admirar, asombrar: *"Niños y adultos por igual se maravillan ante los actos del mago ruso que se presenta en el Teatro del Pueblo", decía el anuncio de la radio.*

maravilloso, sa *adj.* Lleno de maravillas, que provoca asombro. SIN. **admirable.**

marca *f.* **1.** Señal hecha en una persona, animal o cosa para diferenciarla de otras de la misma especie: *Mis cuadernos tienen una marca con mi nombre para que no se confundan con los de los otros alumnos.* **2.** Resultado obtenido por un deportista en una prueba: *Nuestro equipo superó su propia marca en la competición.*

marcado, da *adj.* Notable, que se distingue.

marcador *m.* **1.** Tablero en que se anotan los puntos o tantos de una competencia deportiva: *El marcador final del partido entre los equipos de Brasil y Camerún fue cero-cero.* **2.** *Argent., Méx., Par.* y *Urug.* Rotulador, utensilio para pintar con tinta especial.

marcapasos *m.* Aparato eléctrico que regula el ritmo del corazón: *Como las válvulas del corazón no le funcionaban bien a mi papá, le pusieron un marcapasos.*

marcar *vb. irreg.* [tr.] **Modelo 17. 1.** Hacer una marca en algo para diferenciarlo: *Marqué todos mis útiles escolares con la figura de un astronauta para que mis amigos sepan que son míos.* **2.** Obtener un tanto en un juego: *El delantero marcó el gol que le sirvió al equipo para ganar el partido.*

marcha *f.* **1.** Acción de marchar, de caminar: *Los campesinos hicieron una marcha desde su pueblo hasta la capital para celebrar la fundación de su provincia.* **2.** Modo de andar y velocidad con que se hace: *La marcha de los niños se vuelve regular y firme alrededor de los tres años.* **3.** Ejercicio atlético que consiste en andar: *La marcha es una competencia que necesita de mucha resistencia y vigor.* **4.** Pieza musical destinada a indicar el paso de la tropa o de un cortejo: *Los soldados de caballería desfilaron al compás de la marcha Dragona.*

marchamo *m.* Señal que se pone en las aduanas a los paquetes: *Los marchamos de las cajas que vimos en la aduana indican que provienen de muchos países del mundo.*

marchante, ta *m.* y *f.* **1.** Persona que se dedica a comprar y vender artículos: *Julián es un marchante que vende vegetales en el mercado.* **2.** *Amér.* Cliente habitual de un comercio: *Mi madre es marchanta de esta carnicería porque dice que aquí la carne siempre está fresca y barata.*

marchar *vb.* [intr. y prnl.] **1.** Andar o funcionar una cosa o asunto: *Las ventas marchan bien en el restau-*

rante de la esquina, pues tienen clientes desde el día en que lo inauguraron. **2.** Irse de un lugar: *Lorenzo* **se marchó** *de su pueblo porque quiere conseguir un trabajo en la ciudad.*

marchista *m. y f.* Atleta que participa en una competencia de marcha: *El juez descalificó al* **marchista** *porque corrió durante la marcha.*

marchitar *vb.* {tr. y prnl.} **1.** Secarse, se refiere a la planta que pierde su verdor y aspecto vigoroso: *Jaime compró unas flores para su mamá, pero* **se marchitaron** *porque las olvidó en su automóvil durante todo el día.* **2.** *Fam.* Debilitar: *Demasiado trabajo y pocas diversiones* **marchitaron** *a la joven mujer antes de tiempo.*

marcial *adj.* **1.** Relativo a la guerra o a la milicia: *Los soldados deben someterse a las leyes* **marciales.** **2.** Gallardo: *El hombre de aspecto* **marcial** *se acercó a la bella muchacha y le ofreció una rosa.*

marciano, na *adj.* Del planeta Marte: *El suelo* **marciano** *tiene una coloración rojiza.*

marciano, na *m. y f.* Supuesto habitante de Marte: *Muchos filmes de ciencia ficción tratan de* **marcianos** *que atacan la Tierra.*

marco *m.* **1.** Cerco que rodea algunas cosas: *El* **marco** *de la puerta es de madera y se hinchó cuando le cayó agua de lluvia.* **2.** Unidad monetaria de Alemania y Finlandia.

marea *f.* Movimiento de ascenso y descenso de las aguas del mar: *Las fases de la Luna influyen en las* **mareas.**

marear *vb.* {tr., intr. y prnl.} **1.** Sentir mareo: *Siempre que Francisco sube a un avión* **se marea** *y siente deseos de vomitar.* **2.** Aturdir, molestar: *Me* **mareó** *el ruido de todas las personas que estaban en la sala.*

marejada *f.* Movimiento agitado del mar, que no llega a convertirse en una temporal: *Debido a la* **marejada** *el agua llegó hasta los hoteles que se encuentran en la playa.*

maremagno o **mare mágnum** *m.* Abundancia, confusión: *El aeropuerto es un* **maremagno** *durante los días de lluvia porque los vuelos se retrasan o se cancelan.*

maremoto *m.* Sismo o temblor en el mar: *El* **maremoto** *provocó olas de varios metros de alto.*

mareo *m.* Trastorno o malestar que puede provocar vómitos: *Cuando fuimos a pasear en balsa, mi hermana me dio una píldora para evitar los* **mareos.**

marfil *m.* **1.** Parte dura de los dientes cubierta por el esmalte. **2.** Material del que están hechos los colmillos de los elefantes: *Como el* **marfil** *de los elefantes vale mucho dinero, muchos de estos animales han sido sacrificados por robarles sus colmillos.*

marga *f.* Roca que se usa como abono y para fabricar cemento.

margarina *f.* Substancia grasa comestible, elaborada a partir de aceites vegetales: *La gente que tiene mucho colesterol en la sangre debe consumir* **margarina** *en lugar de manteca o mantequilla.*

margarita *f.* **1.** Nombre de diversas plantas herbáceas, de flores con el centro amarillo y pétalos blancos. **2.** De las plantas llamadas margarita.

margen *m. y f.* **1.** Extremidad u orilla de una cosa: *A mi hermana le gusta descansar en los* **márgenes** *de la piscina.* **2.** Espacio en blanco alrededor de una página: *La maestra escribió sus correcciones a mi trabajo en el* **margen** *derecho de las hojas.* **3.** Raya que se coloca en un extremo de la página que se va a escribir, para

crear un espacio lateral: *Durante los primeros días de escuela, los maestros nos pidieron dibujar* **márgenes** *rojos en los cuadernos.* **4.** *loc.* **Al ~,** apartado, sin intervenir: *Rosalba se quedó* **al margen** *del problema entre sus amigos porque a dos dos quiere mucho.* **5.** *loc.* **Dar de ~,** ofrecer oportunidad, espacio: *El maestro me pidió un trabajo para hoy, pero como estaba enfermo me* **dio margen** *un día más y se lo entregaré mañana.*

margesí *m.* *Perú.* Inventario de los bienes del Estado, de la Iglesia y de las corporaciones oficiales.

mariachi *m.* **1.** *Méx.* Integrante de un grupo de músicos, originalmente de Jalisco, México. **2.** *Méx. Fam.* Persona poco hábil para alguna actividad: *Daniel es un* **mariachi** *para jugar fútbol y cuando juega se pasa más tiempo en el césped que de pie.*

marginación *f.* Aislamiento.

marginal *adj.* **1.** Que se encuentra en el extremo de una cosa. **2.** Que no es importante: *Durante este mes las ganancias de la tienda fueron* **marginales,** *de sólo unos cuantos cientos de pesos.* **3.** Se dice de las personas que viven apartadas de la sociedad y también de sus costumbres: *Las personas con menos ingresos viven en las zonas* **marginales** *de las ciudades.*

marginar *vb.* {tr.} **1.** Dejar márgenes en un escrito. **2.** Poner a una persona o grupo en condiciones sociales o económicas de inferioridad: *El dueño de la empresa piensa que Luisa es culpable del robo y por eso trata de* **marginarla.**

mariano, na *adj.* En el catolicismo, relativo a la Virgen María y a su culto: *Las pinturas* **marianas** *fueron muy abundantes durante la época del Renacimiento.*

marica *m.* **1.** *Fam. Desp.* Hombre afeminado u homosexual. **2.** *Fam. Desp.* Hombre chismoso y cobarde.

maricón, na *m. y f.* **1.** *Fam. Desp.* Hombre homosexual. **2.** *Fam. Desp.* Persona despreciable. **3.** *Fam. Desp.* Persona cobarde.

maridaje *m.* Unión y conformidad de los cónyuges, grupos o partidos políticos: *Mis padres viven en* **maridaje** *desde hace veinte años y su relación es muy sólida.*

marido *m.* Hombre casado, con respecto a su mujer.

marihuana o **mariguana** *f.* Nombre del cáñamo índico, cuyas hojas fumadas producen efecto narcótico.

marimacha *f.* Mujer que por su forma de actuar es considerada poco femenina o parecida a un hombre.

marimba *f.* *Amér.* Instrumento musical que consiste en una serie de tablas delgadas de distintos tamaños, colocadas sobre unos tubos metálicos, las cuales se golpean con unas baquetas gruesas que tienen en la punta una bola dura: *La* **marimba** *es un instrumento muy utilizado en la música tradicional de los estados del sureste de México.*

marimorena *f.* *Esp.* Pelea, riña.

marina *f.* **1.** Arte o ciencia de la navegación: *Pedro estudia* **marina** *porque quiere aprender a conducir un barco.* **2.** Potencia naval de una nación: *En el siglo XVI, la* **marina** *española era una de las más poderosas de Europa.*

marinero *m.* Hombre que presta sus servicios en un barco: *Los* **marineros** *pueden pasar varias semanas sin tocar tierra firme.*

marinero, ra *adj.* Relativo a la marina: *Los pantalones* **marineros** *son acampanados en la parte baja de la pierna.*

marino *m.* **1.** Experto en navegación: *Abelardo es un* **marino** *que construyó su propio barco.*

marino, na *adj.* **1.** Relativo al mar: *Los salmones son peces marinos porque viven en el mar, pero también son de agua dulce porque nacen y ponen sus huevecillos en los ríos.* **2.** Zona de terreno próxima al mar: *Es peligroso construir casas en la franja marina porque los huracanes pueden destruirlas.*

marioneta *f.* Títere: *Las articulaciones de las marionetas se mueven por medio de hilos.*

mariposa *f.* **1.** Insecto con cuatro alas de vistosos colores: *Las mariposas monarca tienen alas de un vivo color anaranjado con manchas negras.* **2.** *loc.* **De ~,** modalidad de la natación en la que los brazos se proyectan juntos hacia adelante: *El nadador Mark Spitz fue campeón en la categoría de mariposa en las Olimpiadas de Munich, en 1972.*

mariquita *f.* Insecto de color anaranjado con siete puntos negros. SIN. **catarina.**

mariquita *m.* Fam. Marica, homosexual.

mariscal *m.* **1.** En algunos ejércitos, una de las más altas graduaciones. **2.** *loc.* **~ de campo,** en fútbol americano, quien da las indicaciones de las jugadas: *Joe Montana ha sido uno de los mejores mariscales de campo de todos los tiempos.*

marisco *m.* Animal marino invertebrado y comestible: *Carlos es alérgico a algunos mariscos como los camarones y los ostiones.*

marisma *f.* Terreno pantanoso cercano a la costa.

marital *adj.* Relativo al marido o a la vida conyugal: *Si se desea mantener una vida marital armónica, es importante que los esposos se comuniquen entre sí.*

marítimo, ma *adj.* Relativo al mar: *Buscando una vía marítima hacia las Indias, Colón llegó al lugar que hoy conocemos como América.*

marketing *m.* **Palabra inglesa.** Mercadotecnia.

marlo *m.* **1.** Amér. Merid. Mazorca de maíz desgranada. SIN. **olote.** **2.** Argent., Chile y Urug. Tronco de la cola de los caballos.

marmita *f.* Olla de metal con asas y tapa ajustada.

mármol *m.* Roca caliza, con vetas de colores variados: *Muchas esculturas famosas han sido hechas de mármol, como el David del artista italiano Miguel Ángel.*

marmolina *f.* Argent., Chile y Urug. Estuco de cal y polvo de mármol.

marmolista *m.* y *f.* Persona que trabaja el mármol o lo vende.

marmota *f.* **1.** Mamífero roedor de unos 50 cm de largo con hábitos nocturnos, que vive en pequeños grupos e hiberna durante varios meses. **2.** Fam. Persona que duerme mucho: *Juliana es una marmota que los fines de semana se despierta a las dos de la tarde.*

maroma *f.* **1.** Cuerda gruesa. **2.** Amér. Función y pirueta de un acróbata: *Cuando nadie lo esperaba, el equilibrista bajó del cable con una espectacular maroma.* **3.** Amér. Cambio oportunista de opinión o de partido político.

marometa *f.* Acrobacia: *La niña va a su clase de gimnasia y cuando regresa a casa le muestra a la familia las marometas que le enseñó la maestra.* SIN. **machincuepa.**

marqués, sa *m.* y *f.* Título nobiliario inferior al de duque y superior al de conde: *El marqués de Santillana fue un escritor español que vivió de 1398 a 1458, cuyo nombre era Íñigo López de Mendoza.*

marquesina *f.* **1.** Especie de cubierta que sobresale de los edificios para resguardarse de la lluvia. **2.** Espacio en la fachada de los cines o teatros, donde se anuncian los espectáculos del día: *El gran deseo de Anabel es ver su nombre en la marquesina de un teatro de Broadway, en Estados Unidos de Norteamérica.*

marquesote *m.* Hond. y Nicar. Postre cocido al horno con figura de rombo.

marquetería *f.* Trabajo con maderas finas: *Es un escritorio muy caro, pero además de ser antiguo tiene un fino trabajo de marquetería.*

marranear *vb.* {tr.} Colomb. Engañar: *Efraín nos marraneó, dijo que no estaría en casa y luego lo vimos por la ventana.*

marrano, na *m.* y *f.* **1.** Cerdo, cochino. SIN. **puerco, chancho.** **2.** Fam. Persona o animal sucio.

marrano, na *adj.* Fam. Se dice de la persona sucia y deseaseada: *Heriberto es un marrano que toma la comida con las manos y se limpia los dedos con la lengua.*

marraqueta *f.* Chile y Perú. Conjunto de varios panes pequeños que se cuecen en una sola pieza.

marrón *adj.* De color llamado marrón.

marrón *m.* Color castaño o café, parecido al de las barras de chocolate.

marroquí *adj./m.* y *f.* De Marruecos, país del Norte de África.

marroquinería *f.* Industria y comercio de artículos de piel.

marrueco *m.* Chile. Bragueta del pantalón.

marrullería *f.* Astucia para engañar: *Como no tiene talento para el trabajo, Julia usó marrullerías para que su jefe la ayude y le pague más.*

marrullero, ra *m.* y *f.* Persona con capacidad de engañar, embaucar: *El empleado de la bodega es un hombre marrullero que lleva sólo un mes trabajando en esta empresa y ya engañó a su jefe para que le pague más.*

marsopa *f.* Mamífero marino parecido al delfín, de alrededor de metro y medio de largo, común en el Océano Atlántico.

marsupial *m.* Mamífero cuya hembra posee una bolsa en el vientre donde las crías completan su desarrollo: *Los marsupiales más conocidos son los canguros.*

marta *f.* Mamífero carnívoro de piel muy estimada: *Por desgracia, las pieles de muchas martas se encuentran en los hombros de algunas señoras ricas y frívolas.*

martes *m.* Segundo día de la semana: *El martes fue llamado así en honor del dios Marte.*

martillero *m.* Argent., Chile y Perú. Dueño o encargado de un establecimiento para las subastas públicas.

martillo *m.* **1.** Herramienta que se utiliza para golpear, formada por una cabeza metálica y un mango: *Cuando trataba de introducir un clavo en la pared, me di un golpe en el pulgar con el martillo y se me puso morado.* **2.** Primer huesecillo del oído medio.

martinete *m.* Ave parecida a la garza, de alrededor de 50 cm de largo, con plumaje verde obscuro en el dorso.

martingala *f.* Esp. Artimaña, artificio, engaño.

martiniqués, sa *adj./m.* y *f.* De Martinica, isla de las pequeñas Antillas.

mártir *m.* y *f.* Persona que ha sufrido o sufre martirio por defender sus creencias religiosas: *San Esteban, a quien mataron a pedradas, fue el primer mártir cristiano.*

martirio *m.* **1.** Muerte o tormento que alguien padece a causa de sus opiniones o fe religiosa. **2.** Sufrimiento físico o moral: *Estos zapatos son un* **martirio** *porque cada vez que los uso me salen ampollas en los dedos.*

marxismo *m.* Doctrina de Carlos Marx, filósofo y economista alemán.

marzo *m.* Tercer mes del año: *En el hemisferio Norte el 20 ó 21 de* **marzo** *entra la primavera.*

mas *conj.* Pero: *"Quiero verte,* **mas** *hoy no puedo, ¿podríamos vernos mañana?", le dije a mi novio.*

más *m.* Signo de la suma (+): *Cinco* **más** *cinco es igual a diez.*

más *adv.* **1.** Denota mayor cantidad o intensidad: *La selección de fútbol de Brasil ha ganado* **más** *campeonatos mundiales que cualquier otra selección del mundo.* **2.** loc. **~ bien**, por el contrario: *Ruperto no es un niño grosero,* **más bien** *está educado.* **3.** loc. **Por ~ que**, aunque: *Por* **más que** *mi hermano diga que lavó su camisa, esa mugre en los puños demuestra lo contrario.*

masa *f.* **1.** Mezcla de un líquido con una substancia sólida: *Para preparar la* **masa** *de la pizza se necesita harina, agua, sal y levadura.* **2.** Volumen: *Se necesita mucha tela para forrar la gran* **masa** *de su gordo cuerpo.*

masacre *f.* **1.** Matanza colectiva: *El militar Adolfo Hitler fue el culpable de las* **masacres** *contra los judíos que ocurrieron durante la Segunda Guerra Mundial.* **2.** Fam. En algunos deportes, triunfo aplastante de un equipo sobre otro: *Fue una* **masacre**, *les ganaron por ocho goles a cero.*

masaje *m.* Fricción o golpecillos que se dan en alguna parte del cuerpo con fines terapéuticos e higiénicos: *Cuando uno está cansado, es muy agradable recibir un* **masaje** *en el cuello y la espalda.*

masajista *m.* y *f.* Persona que da masajes: *Un buen* **masajista** *no te lastima aunque apriete fuerte tus músculos.*

mascar *vb. irreg.* {tr.} **Modelo 17.** Partir y deshacer con los dientes: *Es importante* **mascar** *varias veces los alimentos para facilitar el proceso de la digestión.* SIN. **masticar.**

máscara *f.* **1.** Objeto con el que se cubre la cara: *Durante los carnavales mucha gente usa* **máscaras** *muy vistosas.* **2.** Disfraz.

mascarilla *f.* **1.** Máscara que sólo cubre la parte superior del rostro. **2.** Máscara de cirujano: *Para proteger al paciente de cualquier clase de contagio por bacterias, el cirujano se coloca una* **mascarilla** *desechable de tela que le cubre nariz y boca.* **3.** Máscara para inhalar gases: *Hace tiempo, para anestesiar a un paciente antes de una operación, se le colocaba una* **mascarilla** *a través de la cual aspiraba éter.* **4.** Substancias que se colocan en el rostro con fines de belleza: *Cada semana, Diana se pone una* **mascarilla** *de pepinos porque dice que le suaviza la piel.*

mascarón *m.* **1.** Máscara de fantasía usada en arquitectura para decorar las fachadas de los edificios. **2.** loc. **~ de proa**, figura decorativa colocada en la proa, que es la parte delantera de los barcos.

mascota *f.* **1.** Animal doméstico: *A Gonzalo le regalaron como* **mascota** *un perro.* **2.** Persona, animal o cosa que trae suerte, en especial las que usan los equipos deportivos.

masculino, na *adj.* **1.** Propio del hombre: *El bigote y la barba son características* **masculinas**. **2.** Relativo al varón o al ser dotado de órganos para fecundar: *Los órganos reproductores externos* **masculinos** *son los testículos y el pene.* **3.** Que tiene la forma atribuida gramaticalmente a los nombres que designan, en principio, seres del género masculino: *La palabra niño es del género* **masculino**.

mascullar *vb.* {tr.} Hablar entre dientes: *Es difícil entender lo que dice mi abuelo porque en lugar de hablar,* **masculla**.

masetero *m.* Músculo elevador de la mandíbula inferior.

masilla *f.* Mezcla pastosa usada para rellenar huecos o cavidades, mastique.

masita *f.* *Amér. Merid.* y *R. Dom.* Bizcocho suave: *La señora Johnson es una mujer inglesa que siempre toma el té a las cinco y lo acompaña con* **masitas**.

masivo, va *adj.* Que actúa o se hace en gran cantidad: *Como en todas las escuelas se utilizan los mismos libros de texto, la editorial hizo una edición* **masiva**.

masón *m.* Miembro de una asociación secreta internacional que propone principios de fraternidad.

masonería *f.* Asociación secreta internacional, cuyos miembros profesan principios de fraternidad.

masoquismo *m.* **1.** Perversión sexual de quien goza cuando sufre maltrato. **2.** Comportamiento de las personas que disfrutan al ser maltratadas o humilladas.

masoquista *adj./m.* y *f.* Persona a quien le gusta sufrir. ANT. **sádico.**

mastaba *f.* Monumento funerario egipcio en forma de pirámide truncada.

masticación *f.* Acción mediante la cual se trituran los alimentos en la boca, para comenzar a digerirlos.

masticar *vb. irreg.* {tr.} **Modelo 17.** Desmenuzar, triturar con los dientes: *Esta carne parece algodón de azúcar, la* **mastiqué** *dos veces y se deshizo.* SIN. **mascar.**

mástil *m.* **1.** Palo de un barco: *Desde lo alto de un* **mástil** *de la carabela Rodrigo de Triana, quien venía con Cristóbal Colón, fue el primer español en ver la tierra que ahora conocemos como América.* **2.** Parte más estrecha de algunos instrumentos de cuerda.

mastín, na *adj./m.* y *f.* Raza de perros guardianes: *La familia desataba a los bravos* **mastines** *por la noche para que cuidaran la casa.*

mastique *m.* Pasta que se utiliza para rellenar huecos o fijar cosas, como los vidrios de las ventanas. SIN. **masilla.**

mastodonte *m.* Mamífero extinto parecido al mamut.

mastuerzo *adj.* **1.** Planta comestible que se cultiva en huerta o jardín. **2.** Torpe, necio, grosero.

masturbación *f.* Acción y efecto de masturbarse.

masturbarse *vb.* {prnl.} Procurarse uno mismo goce sexual.

mata *f.* Cualquier arbusto de poca altura, de tallo leñoso muy ramificado.

matadero *m.* Lugar donde se mata al ganado: *En el* **matadero** *les quitan la piel y las vísceras a las vacas muertas.*

matador *m.* Torero: *El* **matador** *brindó el primer toro de la tarde a su bella novia.*

matambre *m.* **1.** *Argent.* y *Urug.* Lonja de carne que se saca de entre el cuero y las costillas del ganado vacuno. **2.** *Argent.* Plato hecho con la capa de carne llamada matambre: *Comimos un delicioso* **matambre** *frío relleno con huevo, pan rallado, ajo y perejil.*

matanza *f.* **1.** Acción y efecto de matar: *Hombres crueles realizaban* **matanzas** *de focas pequeñas para luego vender sus pieles, pero por fortuna hoy están protegidas.* **2.** Mortandad de personas. **3.** Acción y temporada de matar los cerdos y preparar su carne.

matar *vb.* {tr. y prnl.} Quitar la vida: *Matar a alguien es un delito muy grave.*

matarife *m.* Hombre que en los mataderos se encarga de matar y descuartizar a las reses.

matasellos *m.* Instrumento y marca usados para inutilizar los sellos de las cartas.

matasuegras *m. Méx.* Juguete que consiste en un tubo de papel enrollado, que se estira al soplarle y produce un sonido. SIN. **espantasuegras**.

matazón *f. Amér. C., Colomb., Cuba, Méx. y Venez. Fam.* Matanza de personas. SIN. **masacre**.

mate *adj.* Que no tiene brillo, opaco: *A Eugenia le gustan las fotografías impresas en papel mate porque dice que se aprecian mejor.*

mate *m.* En ajedrez, jugada que pone término a la partida cuando el rey queda acorralado: *Era muy hábil en el ajedrez, podía dar mate en pocos movimientos.*

mate *m.* **1.** Arbusto originario de América del Sur y conjunto de hojas secas de la planta de ese nombre. **2.** Infusión de yerba mate. **3.** *Amér. Merid.* Calabaza seca y sin pulpa que se utiliza para servir la infusión de yerba mate. **4.** *R. de la P.* Cualquier recipiente que se emplea para servir la infusión de yerba mate. **5.** *Bol.* y *R. de la P.* Infusión de cualquier hierba medicinal que se toma con bombilla. **6.** *Chile* y *R. de la P. Fam.* Cabeza humana. **7.** *Bol., Chile* y *R. de la P.* Juicio, talento.

matemáticas *f. pl.* Ciencia que trata de los números y de las figuras geométricas.

materia *f.* **1.** Substancia de la que están hechas todas las cosas: *La cantidad de materia que existe en el Universo es enorme.* **2.** Lo opuesto al espíritu. **3.** Tema que se trata o estudia: *En la educación básica estudié cuatro materias: lengua española, matemáticas, ciencias naturales y ciencias sociales.* **4.** loc. *Fam.* **~ gris**, inteligencia, ingenio.

material *adj.* **1.** Relativo a la materia: *En el mundo existe mucha gente pobre que no puede satisfacer sus necesidades materiales más importantes como comida y ropa.* **2.** Físico, opuesto a lo espiritual.

material *m.* **1.** Materia que se necesita para hacer una obra: *El camión trajo hoy el material para la construcción de la casa.* **2.** Substancia de la que algo está hecho: *La piedra era uno de los materiales más usados para construir casas hasta que comenzó a usarse el acero.*

materialismo *m.* Doctrina que considera la materia como la realidad más importante.

materialista *adj./m.* y *f.* **1.** Persona que valora en exceso los bienes materiales: *Ese empresario es un hombre materialista a quien sólo le interesa ganar dinero.* **2.** Relativo al materialismo. **3.** *Méx. Fam.* Camión que transporta materiales para construcción: *Hoy vino un camión materialista a dejar los ladrillos que necesita el albañil.*

materializar *vb. irreg.* {tr. y prnl.} Modelo 16. **1.** Representar algo bajo forma material. **2.** Realizar, llevar a cabo: *Sus sueños de tener una mascota se materializaron cuando le regalaron un perro.*

maternal *adj.* Que tiene el instinto de la madre: *Mi gata es maternal con sus cachorros: los cuida, los alimenta, los limpia y juega con ellos.*

maternidad *f.* **1.** Estado o calidad de madre: *Antes se consideraba que la maternidad era la única meta de todas las mujeres.* **2.** Hospital donde se atiende a las parturientas: *La mujer no alcanzó a llegar a la maternidad y el bebé nació en la ambulancia.*

materno, na *adj.* Relativo a la madre: *La leche materna es el mejor alimento para los bebés recién nacidos.*

matete *m.* **1.** *Argent.* y *Urug.* Desorden: *Mi hermano tiene un matete de cuarto, saca sus cosas y nunca las vuelve a guardar.* **2.** *Argent.* y *Urug.* Pelea, disputa, pleito: *Anoche se armó un matete porque unos muchachos rompieron las ventanas de una casa.* **3.** *Argent.* y *Urug.* Mezcla de substancias deshechas en un líquido que forma una masa sin consistencia.

matinal *adj.* Matutino, relativo a la mañana: *A las once de la mañana mi maestra bebe un café matinal acompañado con galletas.*

matiz *m.* **1.** Cada uno de los tonos o variaciones que puede tener un color: *Rogelio tiene los ojos de un color raro: es un matiz de azul.* **2.** Rasgo o aspecto que da a una cosa un carácter determinado: *Aunque es severa, Julia resultó ser una persona muy generosa, no conocía ese matiz de su personalidad.*

matizar *vb. irreg.* {tr.} Modelo 16. **1.** Armonizar los colores: *"Si pintas el techo de gris, debes matizar tu habitación pintando de un color claro las paredes para que no se vea obscura", me dijo mi padre.* **2.** Darle a un color un tono determinado: *Maticé la pintura roja con un poco de blanco y quedó un color claro y alegre.*

matojo *m. Desp.* Mata, hierba: *Los matojos que salieron en la huerta podían perjudicar los rosales, así que los arrancamos.*

matón, na *m.* y *f. Fam.* Hombre violento que provoca peleas o que trata de atemorizar a la gente.

matorral *m.* Terreno lleno de maleza o conjunto de arbustos de poca altura: *Ahí entre los matorrales se pueden encontrar animales pequeños, como conejos y ratones.*

matraca *f.* Instrumento de madera que produce un ruido estridente: *Los fanáticos del fútbol hacen mucho ruido en los estadios con sus matracas y cornetas.*

matraz *m.* Vasija esférica de cristal, terminada en un tubo: *En el laboratorio de química usamos un matraz para calentar substancias cuando hacemos experimentos.*

matrero, ra *adj.* **1.** Astuto: *Ese coyote matrero baja del monte todos los días para llevarse un pollo y nadie ha podido atraparlo.* **2.** *Amér. Merid.* Relativo al fugitivo que se refugia en el monte para huir de la justicia.

matriarcado *m.* Organización social en la que mandan las mujeres.

matricida *m.* y *f.* Asesino de su propia madre.

matricidio *m.* Acción de matar a la propia madre: *El emperador Nerón cometió matricidio y además incendió Roma.*

matrícula *f.* **1.** Lista de los nombres de las personas o cosas que se inscriben para un fin determinado: *La población ha crecido, por eso ha aumentado la matrícula de las escuelas primarias.* **2.** Placa metálica que contiene números y letras para identificar los vehículos: *"¿Alguien logró apuntar la matrícula del automóvil que chocó contra el de mi padre?"*, preguntó. SIN. **placa, patente**.

matricular *vb.* {tr. y prnl.} Inscribir a alguien o inscribirse uno en una matrícula o lista que tiene un fin determinado: *Cuando se fueron a vivir a otra ciudad, la mamá* matriculó a su hija en la escuela más cercana a su nueva casa.

matrimonial *adj.* Relacionado con el matrimonio: *Como ya se van a casar compraron una cama matrimonial, porque es más ancha que las camas individuales.*

matrimonio *m.* **1.** Acto solemne por el que un hombre y una mujer establecen entre sí una unión regida por las leyes en vigor en un país, por las leyes religiosas o por la costumbre: *Antes de la ceremonia religiosa tuvo lugar el matrimonio civil.* **2.** Unión de un hombre y una mujer ante la ley con el objeto de formar una familia: *Durante sus veinte años de matrimonio los señores Rodríguez han procreado cuatro hijos.* **3.** Ceremonia y fiesta organizadas para celebrar el acto solemne llamado matrimonio. **4.** Uno de los siete sacramentos de la Iglesia Católica. **5.** *Fam.* Pareja formada por un hombre y una mujer que se han casado: *Vino un matrimonio joven buscando un departamento para alquilar.*

matriz *f.* **1.** Órgano de gestación en la mujer y en las hembras de los mamíferos: *Dentro de la matriz se forman y crecen los bebés antes de nacer.* SIN. **útero.** **2.** Molde en que se vacían metales o plásticos fundidos, para producir muchos objetos iguales.

matrona *f.* **1.** Madre de familia. **2.** Comadrona, partera: *"Ya no hay tiempo para traer al doctor de la ciudad, busca a la matrona del pueblo para el parto de Ana."*

matute *m.* Introducción de productos de contrabando.

matutino, na *adj.* Relativo a las horas de la mañana: *Humberto va a la secundaria en horario matutino; otros niños tienen el turno de la tarde, o sea el vespertino.*

maula *adj.* **1.** *Argent., Perú y Urug.* Cobarde, despreciable: *Un perro maula se me acercó por detrás y me mordió la pierna.* **2.** *Chile.* Persona necia, hipócrita, disimulada.

maullar *vb. irreg.* [intr.] **Modelo 13.** Emitir sonidos el gato: *Cuando maúllan, algunos gatos se oyen como bebés llorando.*

maullido *m.* Voz del gato: *Cuando las gatas están en celo, sus maullidos son constantes y de gran volumen.*

mausoleo *m.* Monumento funerario: *El Taj Mahal, uno de los edificios más bellos del mundo, es un mausoleo que fue construido en memoria de la emperatriz Mumtaz-i-Mahall en la India.*

maxilar *adj.* Relativo a la mandíbula.

maxilar *m.* Cada uno de los huesos de la cara que forman la mandíbula.

máxime *adv.* Más aún, con mayor motivo o más razón.

máxima *f.* Sentencia que resume un principio moral o un juicio general: *"Haz el bien sin mirar a quién" es una máxima que predica la generosidad.*

máximo *m.* Límite superior o extremo a que puede llegar una cosa: *El cuerpo del corredor estaba preparado para dar el máximo en la competencia.*

máximo, ma *adj.* Mayor o más importante en su especie o clase: *El músico italiano Paganini fue uno de los máximos intérpretes del violín.*

maya *adj./m.* y *f.* De un pueblo amerindio que habita la península de Yucatán en México y parte de Guatemala: *La cultura maya fue una de las más importantes antes de que llegaran los españoles a América por sus importantes adelantos astronómicos y matemáticos.*

maya *m.* y *f.* Persona perteneciente al pueblo establecido en Yucatán y parte de Guatemala: *Como a los*

mayas les interesaba la astronomía construyeron observatorios que se conservan hasta nuestros días.

maya *m.* Lengua hablada por el pueblo establecido en Yucatán y parte de Guatemala: *En algunas regiones de Yucatán la gente todavía habla maya.*

mayate *m.* Coleóptero, escarabajo de color verde o negro que vive en México.

mayestático, ca *adj.* Relativo a la majestad: *Con un gesto mayestático, el príncipe iba saludando a la multitud.*

mayo *m.* Quinto mes del año.

mayonesa *f.* Salsa de aceite y yema de huevo: *El atún sabe bien preparado en ensalada, con mayonesa y verduras.*

mayor *adj.* **1.** Más grande: *La escuela donde estudia Clara tiene un tamaño mayor que donde estudia Cecilia.* **2.** De edad avanzada: *Mi abuelo es una persona mayor que tiene 65 años.*

mayor *m.* y *f.* **1.** Adulto: *Los mayores tienen conversaciones que a veces aburren a los niños.* **2.** loc. **Al por ~,** en gran cantidad: *Los grandes almacenes compran sus mercancías al por mayor.*

mayor *m.* Grado militar de algunos países, que equivale al de comandante.

mayoral *m.* Capataz en las cuadrillas de trabajadores del campo.

mayorazgo *m.* **1.** Institución que perpetúa en una familia la propiedad de ciertos bienes. **2.** Poseedor y conjunto de estos bienes. **3.** Hijo mayor de una familia, heredero de las propiedades.

mayordomo *m.* Jefe del servicio y administración de una casa: *En muchas novelas inglesas de misterio, el mayordomo resulta ser el asesino.*

mayoreo *m.* Comercio en grandes cantidades: *Ésa es una tienda de mayoreo, así que no puedes ir a comprar unos cuantos dulcecitos, sólo venden grandes paquetes.*

mayoría *f.* **1.** La mayor parte en un grupo de personas o cosas: *La mayoría de los alumnos prefirió ir al circo en vez de al cine.* **2.** Mayor número de votos que se obtiene en una elección: *José quedó como presidente de la sociedad de alumnos por haber obtenido la mayoría de votos.*

mayorista *m.* y *f.* Comerciante que vende o compra al por mayor, en grandes cantidades: *El padre de Manolito es mayorista ya que no vende una lata de leche, sino una caja de latas.*

mayoritario, ria *adj.* De la mayoría: *Las autoridades hicieron una votación entre los vecinos y la opinión mayoritaria resolvió que la necesidad más importante era una biblioteca.*

mayúscula *adj./f.* Letra de mayor tamaño que la minúscula: *Los nombres propios siempre se escriben con mayúscula inicial.*

mayúsculo, la *adj.* Muy grande: *Me parece que cometió un error mayúsculo al cambiarse de trabajo, ya que ahora gana menos y trabaja más.*

maza *f.* **1.** Arma antigua formada por una pesada cabeza de hierro con mango. **2.** Utensilio para golpear: *Los albañiles usan mazas para romper las piedras.*

mazacote *m.* *Desp.* **1.** Objeto tosco: *No creo que sea el mejor de los escultores, pues ese cisne que hizo parece un mazacote.* **2.** *Fam.* Cosa dura y pegajosa: *Estela no sabe cocinar, el flan le quedó como un mazacote y nadie quiso comérselo.*

mazamorra f. **1.** *Colomb.* y *Perú.* Revoltijo de ideas o de cosas. **2.** *Perú.* Comida compuesta por harina de maíz con azúcar o miel. **3.** *R. de la P.* Comida criolla fría hecha con maíz blanco partido y hervido: *La mazamorra con leche y azúcar es un delicioso postre criollo.*

mazapán m. Pasta de almendra o maní molido y mezclado con azúcar, cocida al horno.

mazateco, ca adj./m. y f. De un pueblo amerindio que habita Oaxaca, Guerrero y Veracruz, en México: *Las indias mazatecas bordan sus blusas en punto de cruz.*

mazmorra f. Prisión subterránea: *El conde de Montecristo estuvo injustamente encerrado veinte años en una mazmorra, de la que finalmente logró escapar.*

mazo m. **1.** Herramienta parecida a un martillo grande, que consiste en una cabeza pesada de hierro y un mango. **2.** Martillo de madera: *Aplana la carne con el mazo para que se suavice.* **3.** Conjunto de cosas atadas: *Compró un mazo de plumas de faisán para adornar un sombrero.*

mazorca f. Espiga con los granos muy juntos, como la del maíz: *Para empezar a hacer pan de maíz hay que desgranar cinco mazorcas y luego molerlas con poca leche.*

me pron. Pronombre personal masculino y femenino de primera persona singular, que funciona como complemento directo e indirecto: *A mí me gusta mucho ir a la playa.*

meandro m. Sinuosidad, curva que describe un río o un camino: *"Junto al primer meandro del camino encontrarás un árbol a cuya sombra podrás descansar", me dijo un hombre.*

mear vb. {tr., intr. y prnl.} *Fam.* Orinar.

mecánica f. Parte de la física que estudia el equilibrio y el movimiento de los cuerpos sometidos a una fuerza.

mecánico, ca adj. **1.** Relativo a la mecánica: *Hernán estudió para ser ingeniero mecánico y electricista.* **2.** Que se hace utilizando máquinas: *El proceso para enlatar alimentos es mecánico, no se hace con las manos.* **3.** Maquinal, automático: *Los movimientos de la cajera son mecánicos pues siempre hace lo mismo.*

mecánico, ca m. y f. Persona que maneja o repara máquinas: *El mecánico me recomendó cambiar la batería del auto porque dice que por eso no funciona.*

mecanismo m. Combinación de piezas o procesos para obtener un resultado: *Desarmé mi tren de juguete y pude ver el mecanismo que lo hace funcionar, lo malo es que no pude volver a armarlo.*

mecanizar vb. irreg. {tr. y prnl.} **Modelo 16.** Someter a elaboración mecánica: *A los conocedores les gustan los habanos hechos a mano y muchos piensan que el proceso jamás podrá mecanizarse.*

mecano m. Juguete compuesto de piezas que se articulan para formar objetos diversos.

mecanografía f. Técnica de escribir a máquina: *Las secretarias deben aprender mecanografía además de taquigrafía y otras habilidades.*

mecanografiar vb. irreg. {tr.} **Modelo 9.** Escribir a máquina.

mecanógrafo, fa m. y f. Persona que escribe a máquina.

mecapal m. *Amér. C.* y *Méx.* Faja de cuero con dos cuerdas en los extremos que, al ser sostenida con la frente, sirve para llevar carga en la espalda: *La mujer usaba su mecapal para llevar las naranjas que vendería en el mercado.*

mecapalero, ra m. y f. *Amér. C.* y *Méx.* Persona que lleva carga con un mecapal: *Camino al pueblo, vimos varios mecapaleros que cargaban leña en la espalda.*

mecate m. *Amér. C.*, *Méx.* y *Venez.* Cuerda rústica: *Tenían al cerdo amarrado con un mecate para que no se escapara.* SIN. **guato.**

mecedora f. Silla para mecerse: *Las mecedoras se usaban mucho en el siglo XIX y ahora todavía las usan algunas personas.* SIN. **balancín, hamaca.**

mecenas m. y f. Protector de las letras y las artes: *El compositor ruso Piotr Ilich Tchaikovski escribió gran parte de su producción musical gracias a que contaba con la ayuda de una mecenas a la que, por cierto, nunca llegó a conocer en persona.*

mecer vb. irreg. {tr. y prnl.} **Modelo 40.** Mover o moverse de manera rítmica de un lado a otro: *La mayoría de los bebés se duermen cuando los mecen.* SIN. **hamacar.**

mecha f. **1.** Cordel retorcido en el centro de velas y bujías, que sirve para prenderlas. SIN. **pabilo. 2.** Mechón: *Esa actriz era famosa por llevar una mecha rubia sobre la frente.* **3.** Cuerda con pólvora para dar fuego a un explosivo: *Una vez encendida la mecha, tienes cinco minutos para alejarte del explosivo antes de que ocurra la explosión.* **4.** *Amér. Merid.* Barra de metal con vueltas en espiral que tienen los taladros, barrenas, etc. **5.** *Colomb., Ecuad.* y *Venez.* Burla.

mechar vb. {tr.} Introducir trozos de verduras o grasa en la carne: *Javier mechó el trozo de carne con verduras y después lo metió al horno.*

mechero m. **1.** Utensilio provisto de mecha, para dar lumbre: *"No olvides llevar el mechero para encender el fuego ahora que vamos de campamento", me dijo Andrés.* **2.** Encendedor: *Antonio perdió su mechero, así que ahora usa fósforos para encender sus cigarrillos.*

mechón m. Porción de pelos, hebras o cosas parecidas: *Algunos jóvenes se pintan mechones de diferentes colores.*

mechoso, sa adj. Que tiene abundancia de mechas. SIN. **mechudo.**

mechudo m. *Méx.* Instrumento de limpieza formado por un palo largo al que se amarran varias tiras de tela porosa y resistente: *Después de lavar el piso con agua y jabón lo sequé con el mechudo y quedó reluciente.*

mechudo, da adj. *Amér. C., Argent., Chile, Colomb., Méx.* y *Urug.* Despeinado, desgreñado: *En su tiempo, muchos cantantes de rock fueron criticados por mechudos.* SIN. **mechoso.**

medalla f. **1.** Pieza de metal con un grabado: *Al niño le regalaron una medalla de oro cuando fue bautizado.* **2.** Premio honorífico: *Al niño aplicado le dieron una medalla por haber terminado la educación básica con muy buenas notas.*

medallón m. **1.** Adorno de piedra tallada, de forma redondeada o elíptica: *Sobre el portón de muchas iglesias antiguas hay un medallón en honor a un santo o virgen.* **2.** Joya en forma de caja pequeña: *La duquesa siempre llevaba al cuello un medallón de oro que había estado en su familia por generaciones.*

media adj. La mitad de algo que tiene unidad de medida: *La visita del médico a mi hermana duró sólo media hora.*

media f. **1.** Valor intermedio: *Si un niño mide 1.50 m y otro 1.40 m, la media es 1.45 m.* **2.** Prenda de nailon, seda u otro material que cubre hasta la rodilla, el muslo o la cintura, usada sobre todo por las mujeres. **3.** *Amér.* Prenda de vestir para cubrir los pies y parte de las pantorrillas: *Alejandra traía unas bonitas medias de rombos morados y azules.*

mediagua f. *Amér.* Construcción con el techo inclinado y de una sola vertiente.

mediana f. **1.** En un conjunto ordenado de datos, término que tiene igual número de datos a la derecha y a la izquierda. **2.** En un triángulo, recta que une un vértice con el punto medio del lado opuesto.

mediano, na adj. De calidad o tamaño intermedios: *A todos nos sorprendió que le dieran un premio tan importante a un escritor mediano y no a otros mejores.*

medianoche f. Las doce de la noche: *La carroza de Cenicienta se volvió calabaza a la medianoche.*

mediante adv. Por medio de: *Mediante algunos trámites en una oficina de gobierno, mi hermano consiguió su pasaporte y ahora viajará al extranjero.*

mediar vb. {intr.} **1.** Llegar a la mitad de algo: *Hay que mediar el agua de la ducha porque está demasiado caliente.* **2.** Intervenir alguien en una discusión o problema para tratar de conciliar entre dos partes: *Hugo y Paco no han podido llegar a un acuerdo, yo creo que Luis tendrá que mediar en la discusión.*

mediatizar vb. irreg. {tr.} **Modelo 16.** Influir de modo decisivo en el poder de otro, limitando su capacidad para actuar.

mediatriz f. Recta perpendicular a otra por su punto medio.

medicamento m. Substancia usada como remedio para una enfermedad: *Existen medicamentos de uso delicado que no deben tomarse durante más de una semana.* **Sin.** medicina.

medicina f. **1.** Ciencia que trata de las enfermedades, de su curación y prevención: *Quienes quieren estudiar medicina deben saber de química, biología, anatomía y de otras ciencias.* **2.** Medicamento: *Entre las medicinas que le recetaron a Pablo hay una que debe tomar diario para evitar el dolor.*

medicinal adj. Que tiene propiedades o usos curativos: *Muchas personas piensan que las infusiones de algunas hierbas tienen propiedades medicinales.*

medicinar vb. {tr.} Recetar o administrar medicinas: *El veterinario medicinó a mi perro para hacerlo arrojar los parásitos.*

medición f. Hecho de medir: *Para saber cuánta pintura van a utilizar, los albañiles hicieron la medición de la superficie de la casa que quieren pintar.*

médico, ca adj. Relativo a la medicina: *La torre de consultorios médicos queda junto al hospital.*

médico, ca m. y f. Persona que ejerce la medicina de manera profesional: *Si te sientes enfermo, tienes que ver a un médico para que te diga por qué estás así y para que te recete algún medicamento.* **Sin.** doctor.

medida f. **1.** Hecho de medir: *El sastre tomó las medidas del hombre para hacerle un traje.* **2.** Unidad usada para medir: *En Inglaterra siguen usando una medida de volumen llamada pinta, que equivale aproximadamente a medio litro.* **3.** Disposición, prevención: *Los gobiernos del mundo han tomado algunas medidas contra la destrucción de la naturaleza, pero todavía se necesita mucho más trabajo.* **4.** Grado, proporción: *Son nece-*

sarios muchos estudios para averiguar en qué **medida** afectan los contaminantes la salud de las personas.

medidor m. *Amér.* Contador de agua, gas o electricidad: *Para saber cuánta luz consume cada familia, el empleado de la compañía de electricidad revisa cada mes los medidores.*

medieval adj. De la Edad Media: *En varios países de Europa, los castillos medievales ahora funcionan como hoteles o museos.*

medievo m. Época histórica comprendida desde el siglo V hasta el siglo XV, en la que predominó un sistema económico, político, social y legal llamado feudalismo: *Después del medievo se originó otra época llamada Renacimiento.*

medio m. **1.** Que está entre dos extremos: *Buscamos un lugar en el medio del cine para ver mejor el filme.* **2.** Aquello que sirve para conseguir algo: *"¿De qué medios se habrá valido Héctor para lograr que le pagaran un viaje tan costoso?", le preguntó a Jacobo.* **3.** loc. ~ ambiente, conjunto de circunstancias físicas que rodean a los seres vivos: *Cuidar el medio ambiente es responsabilidad de todos.*

medio adv. No del todo, un poco: *Carolina es medio floja en los estudios, a veces hace los trabajos escolares y otras veces no.*

medio, día adj. Que es la mitad de algo: *Las 12:00 p. m. marcan el medio día.*

mediocre adj. Vulgar, de poca calidad o talento: *Los maestros de esa escuela son mediocres, ya que a ninguno le interesa que los alumnos aprendan y les gusta platicar en vez de dar clase.*

mediocridad f. Condición de lo que es de poca calidad o talento: *Angélica logró ingresar a la universidad a pesar de la mediocridad de la escuela donde estudió.*

mediodía m. **1.** Hora en que el sol está en su punto más alto: *Al mediodía nuestras sombras son pequeñas.* **2.** Espacio de tiempo alrededor de las doce de la mañana: *Los niños salieron de la escuela al mediodía y por la tarde hicieron sus trabajos escolares.* **3.** *Méx.* Espacio de tiempo alrededor de las dos o tres de la tarde, durante el que se come: *En esa industria los obreros comienzan a trabajar a las siete de la mañana, salen a comer al mediodía y regresan al trabajo a las cinco de la tarde.*

medioevo m. Ver medievo.

medir vb. irreg. {tr. y prnl.} **Modelo 47. 1.** Determinar la longitud, extensión, volumen o capacidad de algo: *El pintor midió la superficie de la casa que va a pintar para calcular cuánta pintura tiene que comprar.* **2.** Moderar: *Aunque se esté muy enojado con alguna persona, es mejor controlarse y medir las palabras.*

meditabundo, da adj. Pensativo, silencioso: *Desde que Adrián conoció a Juliana anda muy meditabundo, creo que está enamorado de ella.*

meditación f. Reflexión: *"Tienes que hacer una meditación antes de decidir si quieres o no estudiar en el extranjero", me aconsejó mi maestro.*

meditar vb. {tr.} Reflexionar sobre algún asunto para conocerlo, estudiarlo o resolverlo: *Es importante meditar mucho antes de decidir qué carrera se quiere estudiar.*

mediterráneo, a adj. Perteneciente o relacionado con el mar Mediterráneo: *Las playas mediterráneas son uno de los lugares favoritos del turismo de todo el mundo.*

médium *m.* y *f.* Persona a la que se considera dotada de facultades para comunicarse con los espíritus: *La viuda no se resignaba a la muerte de su marido y visitaba médiums para intentar comunicarse con él.*

medroso, sa *adj.* Miedoso.

médula *f.* **1.** Substancia del interior de los huesos: *A Joaquín le gusta comer sopa de médula, pero a mí me parece repulsiva.* **2.** Centro del tallo y la raíz de una planta. **3.** loc. ~ **espinal**, parte del sistema nervioso central que recorre el interior de la columna vertebral.

medusa *f.* Animal marino con forma de sombrilla, consistencia gelatinosa y sin esqueleto.

megabait *m.* **Palabra inglesa.** En computación, unidad de medida para determinar la memoria de un disco.

megáfono *m.* Aparato que amplifica la voz: *Como usaba un megáfono, los niños oían al profesor de educación física a pesar de que estaban en un campo de entrenamiento muy grande.*

megalito *m.* Monumento prehistórico formado por grandes bloques de piedra.

megalomanía *f.* Actitud de quien piensa que es mejor que los demás por tener más cualidades o riquezas aunque no las tenga: *Ese jugador de fútbol muestra signos de megalomanía cuando dice que el éxito de su equipo se debió sólo a él.*

meiosis *f.* Proceso de división celular en el que a partir de una célula madre se obtienen cuatro células hijas, reduciéndose a la mitad el número de cromosomas.

mejilla *f.* Parte carnosa de la cara, debajo de cada ojo: *Después de jugar, Elisa tenía las mejillas color tomate a causa del calor.* SIN. **carrillo.**

mejillón *m.* Molusco bivalvo comestible de caparazón alargado color negro azulado y carne apreciada de color amarillo o anaranjado.

mejor *adj.* Superior, que es más bueno que otros con los que se compara: *Esta blusa es una ganga, es de mejor calidad que aquélla y cuesta menos.*

mejor *adv.* **1.** Más bien o menos mal: *Cambió de trabajo y ahora le pagan mejor que en la otra empresa.* **2.** loc. Fam. **A lo ~**, expresa posibilidad: *Veo varias nubes en el cielo, a lo mejor lloverá más tarde.*

mejora *f.* Transformación de alguien o algo para entrar a un estado superior que antes: *Con las mejoras que le hicieron los vecinos a su casa, la podrán vender a mejor precio.*

mejorar *vb.* (tr., intr. y prnl.) **1.** Hacer que algo sea mejor de lo que era: *Para mejorar en el baloncesto, el equipo tiene que practicar mucho.* **2.** Restablecerse un enfermo: *Leoncio ha mejorado mucho desde que el médico le recetó este jarabe contra la tos.*

mejoría *f.* Mejora: *Con el nuevo tratamiento, el enfermo mostró una notable mejoría y pronto saldrá del hospital.*

mejunje o **menjurje** *m.* Bebida, alimento, cosmético o cualquier substancia de aspecto desagradable.

melancolía *f.* Tristeza vaga, profunda y permanente: *Hamlet, el personaje del escritor inglés William Shakespeare, sufría de una intensa melancolía desde la muerte de su padre.*

melanina *f.* Pigmento producido por algunos seres vivos que da color al cabello, la piel y los ojos: *Los albinos tienen un problema con la producción de melanina, por eso son tan blancos.*

melaza *f.* Especie de miel, residuo de la cristalización del azúcar: *Como ese pan lleva melaza en lugar de azúcar refinada tiene un color más obscuro.*

melcocha *f.* Miel de caña de azúcar, concentrada y caliente, que al enfriarse queda muy correosa.

melena *f.* **1.** Cabello largo y suelto. **2.** Crin del león: *Por la melena se puede distinguir al león de la leona.*

melifluo, flua *adj.* Demasiado amable al grado de ser desagradable: *La vendedora nos trató de manera tan meliflua que nos molestó y salimos de la tienda sin comprar algo.*

melindre *m.* **1.** Dulce de miel y harina. **2.** Delicadeza exagerada: *Ese niño es puro melindre y no quiere comer nada porque dice que todo sabe mal.*

melindroso, sa *m.* y *f.* Persona que pretende ser muy delicada y que se molesta por cosas sin importancia: *Es una niña muy melindrosa que no se pudo adaptar a la vida del campamento.*

mella *f.* **1.** Rotura en el borde de algo: *Mi taza favorita tiene una mella cerca del asa porque le di un golpe.* **2.** loc. **Hacer ~**, impresionar, afectar: *A Julio le hicieron mella los regaños y castigos de sus padres y ya dejó de decirles groserías a sus compañeros.*

mellar *vb.* (tr.) **1.** Hacer mellas a algo: *Después de la mudanza, varios platos se habían mellado por el traslado.* **2.** Menoscabar, disminuir: *La muerte de su madre ha mellado el ánimo alegre que siempre tenía Fermín.*

mellizo, za *adj./m.* y *f.* Cada uno de los hermanos nacidos en un mismo parto: *Esos mellizos son tan parecidos que ni su mamá puede distinguirlos.* SIN. **gemelo.**

melocotón *m.* Fruto en forma de esfera, de abundante pulpa, semilla dura y rugosa y de piel amarillenta y vellosa. SIN. **durazno.**

melocotonero *m.* Árbol cuyo fruto es el melocotón.

melodía *f.* Composición musical.

melodioso, sa *adj.* Que tiene una melodía, que es armónico, que suena bien: *La voz de esa anunciadora de radio es melodiosa y agradable.*

melodrama *m.* **1.** Obra dramática que trata de conmover. **2.** Obra teatral acompañada de música. **3.** Pieza literaria (obra de teatro, novela, fotonovela, etc.), donde los sentimientos son exagerados y cursis: *En los melodramas el villano siempre es castigado y el bueno es recompensado por sus sufrimientos.*

melomanía *f.* Afición muy grande por la música: *Desde pequeño empezó a desarrollar su melomanía y ahora tiene una gran colección de discos.*

melómano, na *m.* y *f.* Persona a quien le gusta demasiado la música: *Antonio es melómano como yo y siempre lo encuentro en los conciertos.*

melón *m.* **1.** Planta de tallo rastrero, de fruto grande y pulpa jugosa. **2.** Fruto de la planta llamada melón.

melopea *f.* Arte de componer melodías, habilidad para manejar las notas y los tiempos musicales.

melosidad *f.* Dulzura, suavidad: *Con gran melosidad la joven empezó a conquistar al muchacho.*

meloso, sa *adj.* **1.** Semejante a la miel: *Dejé el almíbar de las manzanas demasiado tiempo al fuego y quedó meloso en vez de líquido.* **2.** Persona que es empalagosa, demasiado dulce: *Armando es muy meloso cuando quiere conseguir un favor.*

membrana *f.* Lámina o piel muy delgada, elástica y resistente.

membrete *m.* Nombre, dirección o título de una persona o entidad, que va impreso en la parte superior del sobre o papel de escribir: *No sé quién me ha enviado esta caja, pues no tiene* **membrete**.

membrillo *m.* **1.** Árbol de fruto amarillo y muy aromático. **2.** Fruto del árbol llamado membrillo. **3.** Dulce que se elabora con el fruto llamado membrillo: *Como postre me dieron* **membrillo** *con queso.*

memela *f.* Méx. Tortilla gruesa de maíz rellena de porotos o frijoles con nopales, queso y salsa encima.

memo *m.* Apócope de memorándum: *El director envió un* **memo** *a todo el personal avisándoles que el próximo viernes saldremos dos horas antes.*

memo, ma *adj.* Necio, bobo: *Guillermo es tan* **memo** *que no se da cuenta cuando alguien se burla de él.*

memorable *adj.* Digno de recordar: *El gol del partido de ayer será* **memorable**.

memorándum *m.* **1.** Libro de apuntes: *Necesito un* **memorándum** *nuevo para mis notas de este año.* **2.** Nota diplomática: *Aquel país envió un* **memorándum** *a su vecino quejándose del maltrato a sus turistas.* **3.** Nota para recordar cosas importantes: *Como todos habían llegado tarde, el jefe envió un* **memorándum** *a sus empleados para insistir en que la hora de entrada era a las nueve y no a las nueve y media.*

memoria *f.* **1.** Capacidad de guardar en la mente ideas, palabras o impresiones pasadas: *Augusto tiene buena* **memoria**, *recuerda los números de teléfono de todos sus amigos.* **2.** Disertación o resumen escrito: *Después de la junta, la secretaria del despacho escribió una* **memoria** *con todos los asuntos que trataron los abogados.* **3.** Dispositivo de la computadora, capaz de almacenar información: *Para usar juegos en la computadora se necesita una máquina con mucha* **memoria**. **4.** loc. **Saber de ~**, poder repetir un texto de corrido: *Claudia* **sabe de memoria** *todos los poemas de su escritor favorito.*

memorial *m.* Libro o cuaderno en que se apunta algo con el fin de recordarlo.

memorias *f.* pl. Autobiografía, recuerdos que hace una persona de su propia vida: *Las* **memorias** *de los ancianos son más extensas que las* **memorias** *de los jóvenes porque han vivido más.*

memorización *f.* Hecho de fijar algo en la memoria: *Para aprender las tablas de multiplicar no hay otro recurso que la* **memorización** *a través de la repetición.*

memorizar *vb. irreg.* (tr.) Modelo 16. Fijar en la memoria: *El niño* **memorizó** *un poema a las madres y luego lo repitió durante el festival de la escuela.*

mena *f.* Mineral rico en metal sin procesar, tal como se extrae del yacimiento.

menaje *m.* **Palabra de origen francés.** Conjunto de muebles, utensilios y ropas de la casa: *Inés y Fernando se acaban de casar y necesitan comprar un* **menaje** *completo para su casa nueva.*

mención *f.* **1.** Hecho de nombrar a una persona o cosa. **2.** Reconocimiento que se da en los concursos a los participantes que destacan, pero no reciben el premio: *No pudo obtener el primer lugar, pero al menos le dieron una* **mención** *por su buen trabajo.*

mencionar *vb.* (tr.) Citar, nombrar: *Al principio de su nuevo libro de poemas, el joven escritor* **mencionó** *a sus padres y les expresó su amor y respeto.*

mendaz *adj.* Mentiroso: *Manuel es un hombre* **mendaz** *que le dice a su madre que va a trabajar, pero en realidad se va al billar.*

mendelevio *m.* Elemento químico de símbolo Md y número atómico 101.

mendelismo *m.* Teoría derivada de las leyes de Mendel, relativa a la transmisión hereditaria de los caracteres.

mendicidad *f.* Condición de mendigo: *La* **mendicidad** *es un problema grave de las grandes ciudades.*

mendigo, ga *m.* y *f.* Persona que vive de pedir limosna de manera habitual: *Afuera de la iglesia casi siempre hay* **mendigos** *que piden alguna moneda.*

méndigo, ga *m.* y *f.* Méx. Fam. Persona mala.

mendrugo *m.* Pedazo de pan duro: *La anciana guarda los* **mendrugos** *de pan para dárselos a los pájaros que se acercan a la ventana de su casa.*

menear *vb.* (tr. y prnl.) Mover, agitar: *El perro* **menea** *el rabo cuando ve que su dueña se acerca para acariciarlo.*

meneo *m.* Movimiento, agitación: *El* **meneo** *del barco me produjo mareos.*

menester *m.* **1.** Necesidad de algo: *"Es* **menester** *que compres todos tus cuadernos y libros antes de que empiece el año escolar", me dijo mi maestro.* **2.** pl. Ocupación, trabajo: *"En cuanto termine estos* **menesteres** *nos iremos al cine", le dije a Sebastián.*

menesteroso, sa *adj./m.* y *f.* Pobre, necesitado: *Cada vez hay más personas* **menesterosas** *en el mundo porque son tantos habitantes que no hay empleo para todos.*

mengano, na *m.* y *f.* Una persona cualquiera: *El* **mengano** *que vive en ese departamento siempre está enojado.*

menguante *adj.* **1.** Que va disminuyendo: *Mi bisabuelo es muy anciano y sus fuerzas están en proceso* **menguante**. **2.** Fase de la Luna cuando su parte iluminada va disminuyendo de tamaño. ANT. **creciente**.

menguar *vb. irreg.* (intr.) Modelo 11. Disminuir: *El dueño de la tienda ya no gana tanto dinero desde que las ventas comenzaron a* **menguar**.

menhir *m.* Monumento megalítico formado por una piedra alta clavada de manera vertical en el suelo.

menina *f.* En la antigua Corte española, mujer que desde niña estaba al servicio de la reina o las infantas, hijas de los reyes: *Uno de los cuadros más famosos del pintor español Diego Velázquez, pintado en 1656, representa a las* **meninas** *y parte de la familia real.*

meninge *f.* Cada una de las membranas que rodean el encéfalo y la médula espinal.

meningitis *f.* Infección por virus o microbios, que produce inflamación de las meninges: *La* **meningitis** *es una enfermedad peligrosa para los niños.*

menisco *m.* **1.** Lente convexa por un lado y cóncava por el otro. **2.** Cartílago de ciertas articulaciones, como la rodilla: *Desde aquel accidente en la bicicleta, el* **menisco** *de la rodilla derecha de Juana está lastimado.*

menopausia *f.* Etapa en la vida de la mujer en que deja de menstruar de manera definitiva: *Después de la* **menopausia** *las mujeres ya no pueden tener bebés.*

menor *adj.* **1.** Que tiene menos cantidad o tamaño que otra cosa con la que se compara: *El* **meñique** *es el dedo* **menor** *de la mano.* **2.** En una familia o grupo, la persona más joven: *María es la* **menor** *de las cuatro hijas de mi tía Amelia.*

menor *m.* y *f.* Quien no tiene la edad legal para ejercer todos los derechos civiles y asumir toda la respon-

MEN sabilidad jurídica como ciudadano: *Cuando los menores infringen la ley no los envían a la cárcel de adultos, sino a un lugar especial para personas de su edad.*

menos *m.* **1.** Signo de la resta (-): *Diez menos siete es igual a tres.* **2.** loc. **A ~ que,** a no ser que: *No iré a esa casa tenebrosa a menos que me acompañes.*

menos *adv.* Señala menor cantidad o intensidad: *"Tienes que platicar menos durante la clase y atender más a tu maestra", me dijo mi padre.*

menos *prep.* Excepto, salvo: *Asistimos todos los alumnos al festival, menos Eduardo, porque estaba enfermo.*

menoscabar *vb.* {tr. y prnl.} **1.** Mermar, disminuir: *La salud del atleta se menoscabó después de esa larga enfermedad que sufrió.* **2.** Desacreditar: *Los rumores de los malos tratos a sus empleados menoscabaron la reputación del empresario y ahora nadie quiere trabajar para él.*

menoscabo *m.* **1.** Reducción: *Tiene tanto dinero que compró una casa en la playa sin menoscabo grande de su gran fortuna.* **2.** Daño: *El feo color con que pintaron el edificio ha sido un menoscabo de su bonita apariencia colonial.*

menospreciar *vb.* {tr.} Tener a alguien o algo en menos de lo que merece, despreciar: *Por ignorancia, muchas personas de raza blanca menosprecian a las personas de raza negra o indígena.*

menosprecio *m.* Poco aprecio, desprecio: *La frívola duquesa miró con menosprecio al sirviente, sólo porque no estaba vestido de manera elegante como ella.*

mensaje *m.* Noticia o comunicación enviada a alguien: *Mi tío que vive en Francia me envió ayer un mensaje en el que me invita a París en las próximas vacaciones.*

mensajería *f.* Empresa que se dedica al servicio rápido de entrega de cartas, paquetes, etc.: *Como quiero que te llegue rápido el paquete, te lo enviaré por un servicio de mensajería en vez de utilizar el correo.*

mensajero, ra *m.* y *f.* Persona que lleva un mensaje: *Alberto no tiene experiencia como vendedor, así que en la tienda le dieron, para empezar, el puesto de mensajero.* SIN. **recadero.**

menso, sa *adj.* Colomb. y Méx. Fam. Tonto, bobo: *El menso de mi hermano jugaba pelota dentro de la casa y rompió el espejo del comedor.* SIN. **guagual.**

menstruación *f.* **1.** Fenómeno que ocurre aproximadamente cada mes, por el que la mujer y la hembra de ciertos animales que no han quedado preñadas eliminan una substancia viscosa compuesta de sangre y otros elementos: *Algunas mujeres padecen de fuertes dolores en el vientre durante la menstruación.* SIN. **período, regla. 2.** Substancia viscosa compuesta de sangre y otras substancias que la mujer y algunas hembras eliminan de manera periódica.

menstruar *vb. irreg.* {intr.} Modelo 10. Tener la menstruación: *Guadalupe empezó a menstruar cuando tenía once años.*

mensual *adj.* **1.** Que ocurre cada mes: *Esa revista es mensual porque aparece el primer día lunes de cada mes.* **2.** Que dura un mes: *Los cursos de computación en mi escuela son mensuales.*

mensual *m.* Argent. y Urug. Peón contratado por mes para labores del campo.

mensualidad *f.* **1.** Sueldo de un mes: *Luis recibe una mensualidad por su trabajo de reportero en la revis-*

ta. **2.** Pago mensual por algún servicio que dura un mes: *Hay que cubrir la mensualidad del alquiler durante los primeros días de cada mes.*

mensurable *adj.* Que se puede medir: *La cantidad de niños en una escuela es fácilmente mensurable, en cambio la cantidad de granos de arena en una playa no se puede contar.*

mensurar *vb.* {tr.} Medir: *Las autoridades mensuraron el terreno para saber cuánto debían repartir a cada campesino.*

menta *f.* **1.** Planta aromática usada como condimento y en infusión: *El té de menta es muy refrescante.* **2.** Sabor semejante al de la planta de la hierbabuena: *Le gusta masticar chicles de menta por su sabor a hierba.*

mental *adj.* Relativo a la mente: *En ese sanatorio se ocupan de los enfermos mentales.*

mentalidad *f.* Cultura y modo de pensar: *Por lo general, los jóvenes piensan que sus padres tienen una mentalidad anticuada.*

mentar *vb. irreg.* {tr.} Modelo 3. Nombrar, mencionar: *Durante la ceremonia la directora mentó los nombres de los niños que habían obtenido las mejores calificaciones.*

mente *f.* Conjunto de capacidades intelectuales humanas.

mentecato, ta *adj./m.* y *f.* **1.** Poco sensato: *Daniel se comportó como un mentecato al proponer un paseo por la playa cuando sabía que se aproximaba una tormenta.* **2.** Tonto, necio: *El mentecato de mi primo lleva tres años cursando el cuarto grado porque no le interesa estudiar.*

mentir *vb. irreg.* {intr.} Modelo 50. Decir algo distinto de lo que se piensa o se sabe: *No mientas, sé que fuiste tú quien rompió el florero.*

mentira *f.* Cosa contraria a la verdad, que se dice para engañar: *El empleado de la tienda me dijo una mentira cuando afirmó por teléfono que sí tenían el disco, pero cuando llegué a comprarlo, no había.*

mentiroso, sa *adj./m.* y *f.* Persona que dice falsedades: *A Pinocho le crecía la nariz por mentiroso.*

mentís *m.* Negación de algo que otros dijeron: *El noticiero anunció que la actriz se va a casar, pero ella lanzó un mentís diciendo que no pensaba casarse con nadie.*

mentón *m.* Extremo saliente de la mandíbula inferior: *Algunas brujas feas tienen el mentón puntiagudo y un lunar grande en la punta de la nariz.* SIN. **barba.**

mentor *m.* Consejero, guía: *Evaristo se puso muy triste cuando se enteró de que su mentor de la universidad había muerto.*

menú *m.* **1.** Lista de los diferentes guisos, postres y bebidas que ofrece un restaurante: *"¿Podría traer otra vez el menú? Quiero ver los postres", le dije al camarero.* **2.** En computación, presentación de las opciones de un programa y del modo de usarlas: *Por lo general el menú se encuentra en la parte superior y en la inferior de la pantalla de la computadora.*

menudear *vb.* {tr. e intr.} **1.** Hacer algo repetidas veces. **2.** Ocurrir una cosa con frecuencia: *En esta ciudad menudean las lluvias, por eso el clima es húmedo.*

menudencia *f.* **1.** Cosa de poco valor o importancia: *Cuando voy a tomar café con mis amigas, nos pasamos horas platicando de menudencias.* **2.** pl. Chile y Méx. Conjunto de vísceras de las aves: *Las sopas hechas con menudencias tienen un sabor fuerte y son muy nutritivas.* SIN. **menudillos.**

menudeo *m.* **1.** Hecho de hacer algo repetidas veces **2.** loc. **Venta al ~**, la que se realiza en pequeñas cantidades: *En esta tienda hay* **venta al menudeo**, *por eso es posible comprar pocas prendas de ropa.*

menudillos *m.* pl. Conjunto de vísceras de las aves. Sin. **menudencias.**

menudo **A ~**, loc. pl. Vientre, manos y sangre de las reses. **2.** *Méx.* Guiso que se prepara en varias regiones de México, compuesto de vísceras de res cocidas en un caldo picante: *Después de una desvelada, a mucha gente le gusta desayunar* **menudo** *con mucho chile, aunque sea dañino para el estómago.*

menudo. A ~, loc. Con frecuencia: *Ese empleado falta al trabajo* **a menudo** *con el cuento de que se siente enfermo.*

menudo, da *adj.* **1.** Pequeño, de tamaño pequeño: *Ese programa de juegos educativos está dirigido a la gente* **menuda**, *es decir, a los niños.* **2.** Poco importante: *No vale la pena pelear cuestiones* **menudas.**

meñique *m.* Quinto dedo de la mano, contando desde el pulgar: *El* **meñique** *es el dedo más pequeño de la mano.*

meollo *m.* **1.** Parte esencial de algo: *El* **meollo** *del asunto es saber cuánto tiempo tardarás en leer el libro, porque yo también lo necesito.* **2.** Seso, masa encefálica: *Es necesario poner a trabajar el* **meollo** *para resolver estos difíciles problemas de álgebra.*

mequetrefe *m.* y f. *Fam.* Persona de poco juicio, inútil: *Israel es un* **mequetrefe** *que hace lo que sus amigos quieren porque le da flojera actuar por sí mismo.*

mercader *m.* y f. Comerciante: *Me gustan mucho los días de mercado en mi pueblo porque llegan* **mercaderes** *a vender cosas nuevas que traen de la ciudad.*

mercado *m.* **1.** Conjunto de operaciones de compra y venta: *El* **mercado** *internacional de petróleo es muy inestable.* **2.** Edificio público destinado al comercio: *En el centro de la ciudad hay un* **mercado** *de artesanías, especial para turistas.*

mercadotecnia *f.* Conjunto de operaciones que contribuyen al desarrollo de las ventas de un producto o servicio: *Los expertos en* **mercadotecnia** *son capaces de presentar un producto de manera tan atractiva que se vende, aunque no sea de muy buena calidad.*

mercancía *f.* Cosa que se puede comprar o vender: *Los vendedores del mercado colocan las* **mercancías** *en sus puestos todos los días por la mañana.*

mercante *adj.* **1.** Relativo al comercio marítimo: *La economía de los fenicios se basaba en sus flotas* **mercantes.** **2.** loc. **Barco ~**, se aplica al buque que transporta mercancías y pasajeros.

mercantil *adj.* Relativo al comercio: *El derecho* **mercantil** *establece las reglas para las cuestiones de compra y venta de productos.*

mercantilismo *m.* Actitud en la que el interés del comercio se pone sobre todo lo demás: *Cuando el* **mercantilismo** *se apodera de algún empresario, lo único que quiere es ganar dinero a cualquier costo.*

mercar *vb. irreg.* [tr. y prnl.] **Modelo 17.** Comprar: *Doña Rosario salió a* **mercar** *unas telas para su taller de costura.*

merced *f.* **1.** Beneficio, favor que hace una persona a otra: *Mi maestro me hizo la* **merced** *de prestarme su máquina de escribir, pues la mía está descompuesta.* **2.** loc. **A ~ de**, bajo el control o dominio de: *Durante la ocupación nazi, mucha gente quedó* **a merced del** *ejército alemán.*

mercenario, ria *adj./m.* y f. Hombre con entrenamiento militar que combate por dinero: *Los* **mercenarios** *no pelean para defender causas o ideales, sino a cambio de dinero.*

mercería *f.* Tienda de artículos de costura: *Tengo que ir a la* **mercería** *a comprar unos botones y un carrete de hilo para coser.*

mercurio *m.* Metal líquido de color plateado brillante, de símbolo Hg y de número atómico 80, usado en la fabricación de termómetros.

merecedor, ra *adj.* Que es digno de algo: *Por sus buenas calificaciones durante todo el curso, Carlos se hizo* **merecedor** *a una computadora.*

merecer *vb. irreg.* [tr.] **Modelo 39.** Hacerse digno de premio o castigo: *Pablo se ha portado muy mal con Miguel,* **merecería** *que le dejara de hablar.*

merecido *m.* Castigo del que se juzga digna a una persona: *El villano del programa de televisión recibió su* **merecido** *cuando el héroe lo atrapó y lo entregó a la policía.*

merecimiento *m.* Acción digna de elogio: *Por haber salvado del fuego a una gata, recibió la medalla al* **merecimiento** *de la Sociedad Protectora de Animales.* Sin. **mérito.**

merendar *vb. irreg.* [intr.] **Modelo 3.** Tomar la merienda: *Me gusta ir a casa de mi abuela porque ahí* **merendamos** *cosas muy ricas que nos prepara.*

merendero *m.* Lugar donde se merienda o come: *Hay un* **merendero** *cerca de mi casa donde preparan emparedados y postres muy ricos.*

merengue *m.* **1.** Dulce elaborado con claras de huevo y azúcar: *Al comer un* **merengue** *se siente cómo se deshace en la boca.* **2.** Baile originario de la República Dominicana. **3.** *Argent., Par., Urug.* y *Méx. Fam.* Lío, trifulca, confusión: *La venta de entradas para el concierto era tan desorganizada, que se armó un* **merengue** *afuera de las taquillas.*

meretriz *f.* Prostituta.

meridiano *m.* En la esfera terrestre, círculo máximo que pasa por los polos: *En las afueras de Londres está el Observatorio de Greenwich, por donde pasa el* **meridiano** *del mismo nombre.*

meridiano, na *adj.* Relativo a la hora del mediodía.

meridional *adj./m.* y f. Del sur o del mediodía: *Australia es un país* **meridional.**

merienda *f.* **1.** Comida ligera que se toma por la tarde antes de la cena. **2.** *Méx.* Cena ligera: *Para la* **merienda**, *a los niños les gusta tomar chocolate caliente y galletas.*

merino, na *adj.* Relativo a una raza de carneros que dan una lana fina y rizada.

mérito *m.* Acción por la que alguien se merece un elogio: *Los demás niños le aplaudieron a Benjamín, pues fue mucho* **mérito** *que a sus 6 años hubiera aprendido un poema tan largo.* Sin. **merecimiento.**

meritorio, ria *adj.* Digno de valor y reconocimiento: *Aunque ese nadador no obtuvo el primer premio, su segundo lugar es* **meritorio.**

merluza *f.* Pez de color grisáceo, que mide de 30 a 80 cm de largo, de carne muy apreciada.

merma *f.* Hecho de disminuir o consumirse algo: *Cuando lo echaron de la empresa donde trabajaba, Ernesto sufrió una gran* **merma** *en su economía.*

405

mermar *vb.* {intr. y prnl.} Disminuir o consumirse una parte de algo: *Con sus viajes por todo el mundo y sus fiestas lujosas, el irresponsable joven **menguó** la gran fortuna de la familia.*

mermelada *f.* Conserva de fruta cocida con azúcar o miel: *Me gusta desayunar pan con **mermelada** de manzana y leche.*

mero *m.* Pez de color castaño rojizo, que llega a medir 130 cm de largo, de carne muy apreciada por su sabor.

mero, ra *adj.* **1.** Mismo, puro, simple. **2.** *Méx.* loc. **Ya ~**, pronto: *"Espérame un poco, **ya mero** termino de limpiar mi habitación", le dije a mi amigo.*

merodeador *m.* Alguien que merodea: *La policía vigila bien a los **merodeadores** en la zona de joyerías, ya que algunos pueden ser ladrones.*

merodear *vb.* {intr.} Vagar por un lugar, curiosear: *La empleada de la tienda llamó a la policía porque un hombre **merodeaba** desde hacia una hora.*

merolico *m.* *Méx.* Vendedor callejero que atrae a los paseantes con su discurso interminable: *El **merolico** captó la atención de mucha gente con los chistes que hacia para anunciar una substancia que, según él, hacia crecer el pelo.*

mes *m.* Cada una de las doce divisiones del año: *El **mes** más corto del año es febrero, pues tiene 28 días y cada cuatro años tiene 29.*

mesa *f.* **1.** Mueble compuesto por una tabla horizontal sostenida por una o varias patas: *La **mesa** del comedor de esa señora era tan grande que podían sentarse veinticuatro personas a su alrededor.* **2.** Presidencia de una asamblea o asociación: *La mamá de Enrique forma parte de la **mesa** de padres de familia de la escuela.* **3.** loc. *Argent.* y *Urug.* **- de luz**, mesilla de noche, buró: *Durante la noche me gusta leer a la luz de la lámpara que está en la **mesa de luz**.*

mesada *f.* **1.** Dinero que se paga todos los meses: *Los papás de Eduardo viven en otra ciudad y le envían una **mesada** para cubrir sus gastos.* **2.** *Argent.* Superficie plana que cubre la parte superior de los muebles de una cocina.

mesar *vb.* {tr. y prnl.} Arrancar o maltratar los cabellos o barbas con las manos: *Cuando murió la infanta, el rey **se mesaba** las barbas de dolor.*

mesero, ra *m.* y *f.* *Chile, Colomb., Ecuad., Guat.* y *Méx.* Persona que lleva los alimentos a los comensales de un restaurante. Sin. **camarero.**

meseta *f.* Terreno elevado y llano de gran extensión.

mesianismo *m.* Confianza absoluta en un líder como remedio para todos los problemas de la sociedad.

mesilla *f.* Mueble pequeño, que se coloca junto a la cama: *Antes de acostarse Elena colocaba una jarrita de agua sobre la **mesilla** para beber si durante la noche sentia calor.* Sin. **buró, mesa de luz.**

mesnada *f.* Grupo de gente armada al servicio de un señor: *El Rey Lear, la obra del escritor inglés William Shakespeare dice que dicho rey llegó acompañado de una **mesnada** al castillo de su hija.*

mesoamericano, na *adj./m.* y *f.* Originario de Mesoamérica, área cultural anterior a la llegada de los españoles a América, localizada entre la Cordillera Neovolcánica de México y el Istmo de Panamá.

mesocarpo *m.* Zona media de un fruto, entre la piel y el hueso o las semillas: *El **mesocarpio** de la manzana es la parte donde hincas sabrosamente los dientes.*

mesolítico, ca *adj./m.* Fase del desarrollo técnico del hombre prehistórico, que se ubica en la transición entre el paleolítico y el neolítico.

mesón *m.* **1.** Restaurante decorado al estilo rústico: *En el camino a los monasterios, nos detuvimos a comer en un **mesón** que era una casa antigua.* **2.** Posada: *Dulcinea trabajaba en un **mesón** cuando la conoció don Quijote.* **3.** *Chile.* Mostrador de los bares y cantinas, barra: *Recargado en el **mesón**, un hombre comía queso y bebía vino.*

mesonero, ra *m.* y *f.* Persona que atiende un mesón o es dueña de él.

mesosfera *f.* Capa atmosférica que se extiende entre la estratosfera y la termosfera.

mesozoico, ca *adj./m.* Tercera era geológica de la historia de la Tierra, en la que dominaron los reptiles. Está dividida en tres periodos: Triásico, Jurásico y Cretácico.

mester *m.* **1.** Arte, oficio: *La producción en las industrias ha provocado que muchos **mesteres**, como la ebanistería, estén desapareciendo.* **2.** loc. **~ de clerecía**, poesía cultivada en la Edad Media por las personas cultas. **3.** loc. **~ de juglaría**, poesía de los juglares.

mestizaje *m.* Mezcla de dos razas: *Las naciones latinoamericanas están pobladas con gente que es producto del **mestizaje** entre los españoles e indígenas.*

mestizo, za *adj./m.* y *f.* De padre y madre de raza diferente: *Los hijos de un inglés y una japonesa son **mestizos**.*

mesura *f.* **1.** Gravedad y compostura: *Con gran pausa y **mesura**, el maestro dio la bienvenida a los padres de familia al festival escolar.* **2.** Moderación: *Ignacio necesita más **mesura** al expresar sus opiniones, creo que es demasiado agresivo.*

meta *f.* **1.** Objetivo con que se realiza una acción: *Javier se impuso como **meta** llegar a ser ingeniero y lo logró.* **2.** Línea en que termina una carrera: *El corredor cruzó la **meta** con los brazos extendidos en señal de triunfo.* **3.** En el fútbol, portería.

metabolismo *m.* Conjunto de reacciones químicas que se dan en las células vivas.

metacarpo *m.* Parte de la mano formada por los huesos que se encuentran entre la muñeca y los dedos.

metafísica *f.* Disciplina filosófica que se ocupa de la esencia del ser y de la realidad.

metáfora *f.* Figura literaria que consiste en usar palabras con un sentido distinto del que le corresponde por medio de una comparación: *Cuando el novio de Amalia le prometió regalarle las estrellas y la luna usó una **metáfora** para expresar cariño, (no quiere decir que realmente se las fuera a obsequiar).*

metal *m.* Elemento químico sólido, de brillo característico, buen conductor del calor y de la electricidad: *El oro, la plata y el cobre son tres de los **metales** más conocidos.*

metalenguaje *m.* Lenguaje usado para hablar del lenguaje mismo.

metálico *m.* *Fam.* Dinero en efectivo: *"Aquí no se aceptan tarjetas de crédito, hay que pagar en **metálico**", me dijo mi hermano.*

metálico, ca *adj.* Relativo o parecido al metal: *El traje del cantante de rock era gris **metálico** y brillaba con las luces.*

metaloide *m.* Antigua denominación de los elementos químicos no metálicos.

metalurgia *f.* Arte de extraer y trabajar los metales: *El desarrollo de la metalurgia ha sido muy importante para el progreso industrial de la humanidad.*

metalúrgico, ca *m.* y *f.* Relacionado con los metales: *Raúl es un ingeniero metalúrgico que trabaja en una compañía fundidora de hierro.*

metamorfismo *m.* Conjunto de transformaciones de las rocas en el interior de la corteza terrestre.

metamorfosis *f.* **1.** Transformación de una cosa en otra: *Este pueblo sufrió una metamorfosis muy grande desde que construyeron una estación de trenes aquí.* **2.** Conjunto de cambios que experimentan ciertos animales durante su desarrollo biológico: *Las orugas sufren una metamorfosis dentro del capullo y se convierten en mariposas.*

metano *m.* Gas sin color, principal componente del gas natural.

metástasis *f.* Aparición nueva en otra parte del organismo de una enfermedad que ya se tiene: *Dos meses después de extraerle un tumor, al paciente le detectaron metástasis del cáncer que ya padecía.*

metatarso *m.* Parte del pie formada por los huesos que se encuentran entre el tarso y los dedos.

metate *m.* *Méx.* y *Guat.* Piedra plana con patas, que se utiliza con un rodillo para moler grano: *En las zonas rurales la gente muele el maíz en metates para preparar la masa con que se hacen las tortillas.*

metazoo *adj./m.* Animal pluricelular constituido por células diferenciadas y agrupadas en tejidos y órganos.

meteorismo *m.* *Fam.* Acumulación de gases en el intestino: *Bernarda comió mucha cebolla y col, por eso ahora sufre meteorismo.*

meteorito *m.* Cuerpo sólido procedente del espacio: *Algunos científicos creen que hace muchos años un gran meteorito cayó en la península de Yucatán, en México, y alteró el clima de modo que casi todos los animales, entre ellos los dinosaurios, murieron.*

meteoro o **metéoro** *m.* **1.** Fenómeno físico aéreo, acuoso, luminoso o eléctrico, que tiene lugar en la atmósfera: *Las lluvias, la nieve y los relámpagos son ejemplos de meteoros.* **2.** Cuerpo proveniente del espacio exterior que entra en la atmósfera de la Tierra y emite luz: *Los meteoros despiden luz porque se incendian al entrar en la atmósfera de la Tierra.*

meteorología *f.* Ciencia que estudia los fenómenos naturales de la atmósfera.

meteorólogo, ga *m.* y *f.* Persona que se dedica al estudio de la meteorología: *El meteorólogo del observatorio informó que se aproxima un ciclón.*

meter *vb.* {tr. y prnl.} **1.** Poner una cosa dentro de otras o entre otras: *"Mete la mano en la bolsa de papel y encontrarás una sorpresa", me dijo mi abuela.* **2.** Introducirse: *Un admirador logró meterse hasta los camerinos donde estaban los cantantes del grupo de rock.* **3.** Implicarse: *Por ambicioso, Daniel se metió en los negocios de un mafioso y ahora no ve la forma de salir del problema.*

metiche *adj./m.* y *f.* *Chile* y *Méx.* Persona que se mete en todo, aunque no le incumba: *No cuentes nada enfrente de Araceli porque es muy metiche y todo quiere saber.* SIN. **metido, metomentodo.**

meticulosidad *f.* Minuciosidad, orden: *Con meticulosidad, Enrique pega las pequeñas piezas del barco a escala que está construyendo.*

meticuloso, sa *adj.* Minucioso, ordenado: *Lorenzo es un chico meticuloso que limpia sus zapatos con mucho cuidado antes de ponérselos.*

metido, da *adj.* **1.** Abundante en algo: *La tía Hermelinda pesa 150 kilos, está muy metida en carnes.* **2.** *Amér. C.* y *Amér. Merid.* Metiche, que se mete en todo.

metódico, ca *adj.* **1.** Hecho con método: *Los experimentos de laboratorio son metódicos, deben hacerse paso a paso para que salgan bien.* **2.** Que actúa con gran orden: *Javier es un metódico que plancha durante media hora la camisa que va a ponerse.*

metodismo *m.* Movimiento religioso protestante fundado en Inglaterra en el siglo XVIII.

metodista *adj./m.* y *f.* Que pertenece al culto del metodismo o lo practica.

método *m.* **1.** Conjunto de operaciones ordenadas con que se pretende obtener un resultado: *Para obtener resultados válidos en la ciencia hay que seguir un método en las investigaciones.* **2.** Obra destinada a enseñar: *Nerón compró un método de inglés que promete enseñar a hablar ese idioma en cuatro semanas.*

metodología *f.* **1.** Ciencia que estudia el método. **2.** Aplicación de un método.

metomentodo *adj./m.* y *f.* Entrometido, chismoso: *El otro día sorprendí a una vecina metomentodo revisando las bolsas de basura que tiré después de mi fiesta.* SIN. **metiche.**

metonimia *f.* Figura retórica que designa una cosa con el nombre de otra, tomando el todo por la parte: *Si digo que habrá una exposición de Boteros en el museo estoy usando una metonimia para señalar las obras del pintor Fernando Botero.*

metraje *m.* Longitud de un filme o película cinematográfica: *Primero empezó haciendo cortometrajes, ahora ya hace cosas de más metraje y pronto estrenará un filme de noventa minutos.*

metralla *f.* Munición menuda con que se cargan ciertas armas que hacen disparos continuos.

metralleta *f.* Nombre de ciertas armas automáticas portátiles.

métrica *f.* Arte del ritmo, medida y combinación de los versos: *Para hacer un soneto clásico, hay que tener en cuenta la métrica.*

métrico, ca *adj.* Relativo al metro y las medidas: *En la mayor parte de los países se usa el sistema métrico decimal para medir distancias.*

metro *m.* **1.** Unidad de medida de longitud en el Sistema Internacional: *Wilfredo es un hombre muy alto que mide casi dos metros.* **2.** Medida de los versos. **3.** loc. ~ **cuadrado**, unidad de medida de superficie, equivalente al área de un cuadrado de un metro de lado. **4.** loc. ~ **cúbico**, unidad de medida de volumen, equivalente al volumen de un cubo de un metro de lado.

metro *m.* Apócope de metropolitano, que designa un ferrocarril urbano subterráneo: *"La estación más cercana del metro está en la siguiente esquina", le dije al señor.*

metrópoli o **metrópolis** *f.* **1.** Estado o ciudad, respecto de sus colonias: *España fue la metrópoli de las colonias americanas durante tres siglos.* **2.** Ciudad principal: *Sao Paulo es una de las grandes metrópolis de Brasil.*

metropolitano *m.* Ferrocarril eléctrico subterráneo o elevado, que se usa para el transporte de personas a través de las grandes ciudades.

metropolitano, na *adj.* Relativo a la metrópoli: *Los problemas metropolitanos más agudos son la falta de transporte, la basura, la escasez de agua y la contaminación del aire.*

mexicano, na *adj./m.* y *f.* De la República Mexicana, país de América.

mezcal *m.* **1.** Planta de la familia del agave, que se utiliza como alimento y para la industria. **2.** *Hond.* Fibra de la planta del agave, preparada para hacer cuerdas. **Sin.** pita. **3.** *Méx.* Bebida alcohólica obtenida de la destilación de ciertas especies de maguey o agave.

mezcla *f.* **1.** Acción y efecto de mezclar o mezclarse: *El color con que pintaron la pared es una mezcla de azul y blanco.* **2.** Substancia resultante de la combinación de varias: *Una vez preparada la mezcla de harina, huevo, leche y mantequilla, se pone encima fruta y miel y se hornea para obtener una tarta.*

mezclador, ra *m.* y *f.* Persona o máquina que mezcla: *En las construcciones utilizan unos camiones que son mezcladores de materiales.*

mezclar *vb.* {tr. y prnl.} **1.** Juntar varias cosas de manera que sus partes queden unas entre otras. **2.** Meterse una persona entre otras: *El policía vestido de civil se mezcló entre la gente para intentar localizar al delincuente.*

mezclilla *f.* Chile y Méx. Tipo de tela muy durable, usada sobre todo en la confección de pantalones vaqueros: *Antes sólo los mineros usaban ropa de mezclilla, ahora está de moda y mucha gente la usa.*

mezcolanza *f.* Fam. Mezcla extraña y confusa de cosas sin relación: *La decoración de esta casa es una mezcolanza de objetos modernos, europeos y prehispánicos.*

mezquinar *vb.* {tr.} Argent. Esquivar, apartar, hacer a un lado. *El futbolista mezquinó el cuerpo para evitar que su contrario lo derribara.*

mezquindad *f.* Avaricia, falta de generosidad, egoísmo: *Con gran mezquindad el obeso magnate se sirvió la mejor parte de la carne y les dejó las sobras a los sirvientes.*

mezquino, na *adj.* **1.** Escaso: *El gerente es un tacaño que paga sueldos mezquinos a sus empleados.* **2.** Ruin, despreciable: *Ese hombre es una persona mezquina que no conoce la nobleza ni los buenos sentimientos.* **3.** Avaro, tacaño, egoísta: *Rodolfo es mezquino con sus amigos, nunca comparte sus caramelos con ellos.* **Sin.** amarrado, codo.

mezquita *f.* Entre los musulmanes, edificio destinado al culto religioso.

mezquite *m.* Méx. Árbol de ramas espinosas, cuyas hojas y frutos se usan como forraje y contra la inflamación de los ojos.

mi *adj.* Apócope del adjetivo posesivo *mío*, cuando va antepuesto al nombre: *Llevé a mi perro al veterinario para que le pusieran la vacuna contra la rabia.*

mi *m.* Tercera nota de la escala musical.

mí *pron.* Pronombre personal de la primera persona singular, que funciona como complemento con preposición: *"Dame a mí el helado de fresa y a mi amigo el de chocolate", le dije al vendedor.*

miaja *f.* Ver migaja.

miasma *m.* Substancia que sale de las heridas infectadas o de la materia en estado de putrefacción: *De la pierna gangrenada salía un miasma maloliente.*

mica *f.* **1.** Mineral brillante que se puede separar en hojas. **2.** *Méx.* Especie de sobre de plástico transparente y rígido que sirve para proteger documentos. **3.** *Guat.* Mujer que coquetea.

micción *f.* Acción de orinar: *Como tomó mucha agua antes de dormir, mi hermano hizo cinco micciones durante la noche.*

micelio *m.* Aparato vegetativo de los hongos.

mico *m.* Nombre genérico de los monos que tienen cola larga, como el mono araña.

micología *f.* Parte de la botánica que estudia los hongos.

micosis *f.* Infección provocada por hongos: *La falta de higiene puede provocar micosis en la piel.*

micra *f.* Unidad de medida de longitud igual a la millonésima parte de un metro: *Las bacterias se pueden medir en micras porque son demasiado pequeñas.*

microbio *m.* Microorganismo: *Ducharse todos los días ayuda a quitar los microbios que pueden provocar enfermedades si se quedan en el cuerpo.*

microbús *m.* Autobús pequeño usado en el transporte urbano: *Los autobuses son más funcionales que los microbuses, porque pueden transportar a más gente.* **Sin.** buseta.

micrococo *m.* Bacteria de forma esférica o elíptica.

microcosmos *m.* En filosofía, ser considerado como un mundo en pequeño, reflejo del Universo o macrocosmos al que pertenece, en especial el hombre.

microeconomía *f.* Estudio de la economía en función de las actividades individuales.

microfilme o **microfilm** *m.* **Palabra de origen inglés.** Película de tamaño muy reducido: *En las hemerotecas, algunos diarios antiguos se guardan en microfilmes, así se evita que los maltraten las personas que los consultan.*

micrófono *m.* Aparato que transforma las ondas sonoras en oscilaciones eléctricas, para transmitirlas o registrarlas: *El micrófono no servía y no pudimos escuchar nada de lo que dijo la directora.*

micrón *m.* Micra.

microonda *f.* **1.** Onda electromagnética cuya longitud se halla comprendida entre 1 m y 1 mm. **2.** loc. pl. **Horno de ~**, aparato en que el calor está generado por ondas de alta frecuencia: *Los hornos de microondas son muy útiles para calentar rápidamente algunos tipos de alimentos.*

microorganismo *m.* Organismo microscópico, vegetal o animal: *Existen microorganismos muy útiles al hombre y otros que son dañinos.*

microprocesador *m.* Circuito integrado que hace las funciones de la unidad central de una computadora.

microscópico, ca *adj.* Que se puede ver sólo en el microscopio, muy pequeño.

microscopio *m.* Instrumento óptico para observar objetos muy pequeños: *La invención del microscopio por parte de Antonie van Leeuwenhoek fue un gran adelanto para la biología.*

miedo *m.* Perturbación angustiosa del ánimo ante un peligro: *Marcela no quiere subir a la torre porque le dan miedo las alturas.*

miedoso, sa *adj./m.* y *f.* Fam. Se dice de la persona o animal que se asusta o siente miedo con facilidad. **Sin.** gallina.

miel *f.* **1.** Substancia viscosa y dulce, elaborada por las abejas: *Hay quienes afirman que tomar yogur con miel todos los días ayuda a vivir muchos años.* **2.** Substancia muy dulce: *Para mi fiesta, mi mamá y yo prepara-mos una tarta bañada con **miel** de frutas.*

miembro m. 1. Extremidad del hombre o de los anima-les: *Los humanos tienen dos **miembros** inferiores y dos superiores.* **2.** Órgano sexual masculino. **3.** Cada uno de los individuos que forman parte de una sociedad o agrupación: *Es **miembro** de la Sociedad Protectora de Animales desde que ésta se fundó.*

mientras adv. Entretanto: ***Mientras** esperaba el auto-bús empezó a llover y me mojé.*

mientras conj. Une oraciones expresando simultanei-dad entre ellas: *Terminé de leer el libro **mientras** me tomaba un café.*

miércoles m. Tercer día de la semana a partir del lu-nes: *Al **miércoles** le pusieron ese nombre en honor del dios Mercurio.*

mierda f. 1. *Vulg.* Excremento de algunos animales y del hombre: *El bebé tenía **mierda** en su pañal, por eso lloraba.* **2.** *Vulg. Desp.* Suciedad, porquería.

mies f. 1. Cereal maduro. **2.** Campo sembrado: *El pin-tor holandés Vincent van Gogh hizo varios cuadros re-presentando **mieses** con brillantes tonos de color amarillo.*

miga f. 1. Parte blanda del pan. **2.** loc. *Méx.* **Hacer mi-gas,** hacerse de amigos: *Mi hijo **hizo migas** con algu-nos de los vecinos que se mudaron la semana pasada.*

migaja f. 1. Fragmento o partícula de pan: *Cuando terminamos de comer pan, el mantel estaba lleno de **mi-gajas.*** **2.** Porción pequeña de cualquier cosa: *No me des una rebanada completa, sírveme sólo una **migaja** por favor, pues tengo poca hambre.* **3.** pl. Sobras, resi-duos: *Ese hombre rico se siente tranquilo dando **miga-jas** a los pobres.*

migajón m. 1. Miga de pan o parte de ella. SIN. **molla. 2.** *Fam.* Meollo e interés de una cosa.

migración f. 1. Movimiento de población humana de un lugar a otro: *Desde hace varios años, las ciudades latinoamericanas han recibido **migraciones** de perso-nas del campo.* **2.** Viaje periódico que realizan las aves y otros animales: *Ya entrado el otoño, puedes ver las **migraciones** de los patos que vuelan hacia climas cáli-dos a pasar el invierno.*

migraña f. Dolor de cabeza muy intenso: *Coral sufre de **migrañas** tan fuertes que tiene que acostarse y ale-jarse por completo de la luz y del ruido durante varias horas.*

migrar vb. {intr.} Mudarse de un lado o país a otro, hacer migraciones: *Muchos campesinos de México y Cen-troamérica no encuentran trabajo en su país y **migran** hacia Estados Unidos de Norteamérica.*

mijo m. 1. Planta de grano redondo, cuyas semillas se utilizan como alimento de personas y animales do-mésticos. **2.** Semilla de la planta llamada mijo.

mil adj. 1. Número 1 000. **2.** *Fam.* Muchas veces: *Mi papá me ha dicho **mil** veces que tengo que cepillarme los dientes después de comer.*

mil m. Millar: *En la tienda hay varios **miles** de botones de todos tamaños y colores.*

milagro m. 1. Hecho admirable que se interpreta como acción divina: *En la Biblia, la zarza ardiente que vio Moisés es un **milagro**, porque a pesar de que ardía no se quemaba.* **2.** Cualquier hecho o cosa extraordi-naria y maravillosa: *Fue un **milagro** que los náufragos

hayan sobrevivido después de pasar ocho días en el mar.* **3.** loc. **De ~,** por casualidad: *Entré a esa librería y **de milagro** encontré el libro que quería desde hace mucho tiempo.*

milano m. Ave rapaz de cola y alas muy largas, propia de zonas cálidas o templadas, que se alimenta de ani-males pequeños y desperdicios.

milenario, ria adj. 1. Que tiene mil unidades o mil años. **2.** Muy antiguo, de más de mil años: *Esta pieza de cerámica egipcia es **milenaria** y muy hermosa.*

milenio m. Periodo que dura mil años: *En 1999 está-bamos cerca del final del segundo **milenio** según los calendarios que se basan en el nacimiento de Jesús.*

milésimo, ma adj./m. y f. 1. Adjetivo ordinal que co-rresponde en orden al número mil. **2.** Cada una de las mil partes iguales en que se divide un todo.

milibar m. Unidad de medida de presión atmosféri-ca, su abreviatura es *mb.*

milicia f. 1. Arte y técnica de la guerra: *Mucha gente consideraba al militar Napoleón Bonaparte un experto en la **milicia.*** **2.** Profesión militar: *Juan se quiere dedi-car a la **milicia** porque dice que le gustaría defender al país de algún enemigo.* **3.** Tropa o gente de guerra.

milico m. *Amér. Merid.* y *R. de la P. Desp.* Militar, sol-dado.

mililitro m. Milésima parte de un litro: *Le di 500 **milili-tros** de leche al borreguito huérfano, es decir, medio litro.*

milímetro m. 1. Medida de longitud equivalente a la milésima parte del metro. **2.** *Fam.* Distancia muy pe-queña.

militar adj. Relativo a las fuerzas armadas o a la gue-rra: *El día de la independencia de muchos países se ce-lebra con un desfile **militar.***

militar m. Persona que sirve en el ejército: *No se permi-te a los **militares** entrar a los bares cuando están uni-formados.*

militar vb. {intr.} **1.** Servir en el ejército o en una mili-cia. **2.** Pertenecer a un partido político, grupo, etc.: *El nuevo candidato a la presidencia no **milita** en ningún partido político, es independiente.*

militarismo m. Predominio de los militares en el go-bierno.

militarizar vb. irreg. {tr.} **Modelo 16.** Organizar un lu-gar u organismo de manera militar.

milla f. 1. Medida anglosajona de longitud equivalen-te a 1 609 m. **2.** Medida internacional de navegación marítima o aérea equivalente a 1 852 m.

millar m. Conjunto de mil unidades: *Un comerciante compra un **millar** de cuadernos para venderlos, yo com-pro uno para usarlo.*

millardo m. Mil millones.

millón m. Conjunto de mil veces mil unidades.

millonario, ria adj./m. y f. Muy rico, que cuenta su for-tuna por millones: *Algunos **millonarios** son dueños de gran parte de las riquezas del mundo.*

milonga f. Baile y canto popular de Río de la Plata.

milpa f. *Amér. C.* y *Méx.* Maíz o plantación de maíz: *Mi abuela tiene una **milpa** y vende las cosechas para man-tenerse.*

milpear vb. {intr.} **1.** *Amér. C.* y *Méx.* Comenzar a bro-tar el maíz. **2.** *Amér. C.* y *Méx.* Plantar, cultivar el maíz.

mimar vb. {tr.} **1.** Tratar a alguien con mimo: *Toda la familia **mima** a Jaime porque está enfermo.* SIN. **chiquear,**

acariciar, regalonear. 2. Maleducar, malcriar: *Nadie va a aguantar al pequeño Andrés si lo* **mimas** *tanto.*

mimbre *m.* Rama flexible de la mimbrera, usada para hacer canastas.

mimbrera *f.* Planta arbustiva de ramas largas y flexibles.

mimetismo *m.* Propiedad que poseen ciertos seres vivos de adoptar el color y la forma de objetos de su entorno: *El* **mimetismo** *se da sobre todo en insectos, reptiles y peces.*

mímica *f.* Arte de imitar o expresarse mediante gestos: *Como yo no lo podía escuchar, mi hermano me dijo con* **mímica**, *a través de la ventana, que me esperara afuera del edificio.* **SIN. gesto, pantomima.**

mimo *m.* Cariño, halago: *Elodia es una madre muy cariñosa y llena de* **mimos** *a su familia.* **SIN. caricia, chiqueo.**

mimo *m.* Actor que practica la mímica: *El* **mimo** *más famoso de la época moderna ha sido el francés Marcel Marceau.*

mimosa *f.* Planta muy apreciada en jardinería, de hojas pequeñas y flores amarillas.

mina *f.* **1.** Yacimiento de un mineral y excavación para extraerlo: *Durante la época colonial, España tenía especial interés en las* **minas** *americanas de oro y plata.* **2.** Aquello de lo que se puede sacar mucho provecho: *Muchos inventos sencillos como las máquinas de afeitar, se convirtieron en* **minas** *para sus fabricantes.* **3.** Artefacto explosivo: *Era muy peligroso cruzar el campo sin un detector de* **minas** *durante la época de guerra.* **4.** Pequeña barra de grafito del interior del lápiz.

minar *vb.* (tr.) **1.** Hacer excavaciones en un terreno. **2.** Colocar minas o artefactos explosivos: *El enemigo* **había minado** *los principales caminos hacia el mar para que los soldados no pudieran escapar.* **3.** Debilitar o destruir poco a poco: *En la novela La dama de las camelias, la tuberculosis va* **minando** *lentamente el organismo de la heroína, hasta que ella muere.*

minarete *m.* Torre de la mezquita o templo musulmán, desde donde se llama a la oración: *La famosa mezquita de Santa Sofía en Estambul tiene cuatro* **minaretes**.

mineral *adj.* Que está compuesto de substancias inorgánicas: *Las rocas y el agua pertenecen al reino* **mineral**.

mineral *m.* Substancia inorgánica que se encuentra en la corteza terrestre y que está formada por varios compuestos químicos.

mineralogía *f.* Ciencia que estudia los minerales.

minería *f.* Explotación de las minas o yacimientos de minerales: *El desarrollo de la* **minería** *en las colonias americanas fue muy importante para España.*

minero, ra *adj.* Relativo a las minas: *Chile es un país con gran actividad* **minera**.

minero, ra *m.* y *f.* Persona que trabaja en una mina.

mini *adj.* Pequeño, breve.

mini *f.* Apócope de minifalda.

mini-. Prefijo que significa *pequeño*: *A Esteban y a su mamá les gusta jugar* **minigolf** *en el patio de su casa.*

miniatura *f.* **1.** Reproducción a tamaño muy pequeño de una cosa: *Los bonsáis son árboles vivos en* **miniatura**. **2.** Pintura de pequeñas dimensiones: *A la princesa le llevaron una* **miniatura** *del que sería su futuro esposo para que lo conociera.*

minifalda *f.* Pollera o falda que queda varios centímetros arriba de las rodillas: *Las* **minifaldas** *estuvieron de moda en los años sesenta y en los noventa volvieron a estar de moda.*

minifundio *m.* Finca rústica de reducida extensión.

minimizar *vb. irreg.* (tr.) **Modelo 16.** Quitar importancia o valor a una cosa: *La enfermera de la escuela* **minimizó** *las consecuencias de la caída que sufrió Abel, pero en realidad, el niño tenía fracturada la pierna.*

mínimo, ma *adj.* **1.** Menor o menos importante en su especie: *Muchos obreros trabajan por el salario* **mínimo**. **2.** Grado más pequeño al que puede reducirse algo: *Guadalupe usa vestidos reducidos a su* **mínimo** *tamaño, parece que su cuerpo fuese a reventarlos.*

ministerio *m.* **1.** Cada uno de los departamentos en que se divide el gobierno de una nación: *Dos de los* **ministerios** *más importantes en un país son el de hacienda y el de educación.* **2.** Cargo de ministro. **3.** Edificio donde se encuentran las oficinas de un departamento de gobierno.

ministro, tra *m.* y *f.* **1.** Persona que administra un ministerio o departamento del gobierno: *El* **ministro** *de educación escuchó las necesidades de los maestros rurales.* **SIN. secretario.** **2.** Persona que ejerce un ministerio o función religiosa.

minorar *vb.* (tr. y prnl.) Aminorar, reducir: *"Tienes que* **minorar** *la velocidad en la curva, porque es peligroso ir tan rápido", le dije a Germán.*

minoría *f.* **1.** Parte menor de los componentes de una colectividad: *En esa zona de la costa había una* **minoría** *de diez habitantes blancos que vivía entre indígenas.* **2.** Conjunto de votos opuestos a los de la mayoría: *Si se suman los votos de todas las* **minorías** *pueden ser más que los de la mayoría.*

minorista *m.* y *f.* Comerciante que vende en pequeñas cantidades.

minoritario, ria *adj./m.* y *f.* Que pertenece a la minoría.

minucia *f.* Detalle pequeño, sin importancia: *Ya empacamos los muebles y la ropa, ahora falta empacar las* **minucias**.

minuciosidad *f.* Minucia, esmero, cualidad de quien pone atención en los detalles.

minucioso, sa *adj.* Que se detiene en los detalles: *El abuelo se tarda horas en contar una historia porque es muy* **minucioso**.

minué *m.* **Palabra de origen francés.** Baile clásico francés: *El* **minué** *estuvo de moda durante el siglo XVIII en Francia.*

minuendo *m.* En una resta, cantidad de la que ha de restarse otra llamada sustraendo: *Los tres elementos de la resta son:* **minuendo**, *sustraendo y resta.*

minúscula *f.* Letra de menor tamaño y diferente forma que la mayúscula: *La primera letra de un nombre propio se escribe con mayúscula y las demás con* **minúsculas**.

minúsculo, la *adj.* Muy pequeño: *El encuadernador logró hacer un libro* **minúsculo** *que cabe en la palma de la mano.*

minusválido, da *adj./m.* y *f.* Persona que por un defecto psíquico o físico tiene menor capacidad que otras para hacer algunas actividades: *En muchos edificios han hecho rampas para los* **minusválidos** *que usan silla de ruedas.*

minuta *f.* **1.** Extracto o borrador de un documento: *Para tener un control de las reuniones entre los licenciados, la secretaria elabora una **minuta** de cada reunión.* **2.** Cuenta de honorarios de ciertos profesionales. **3.** Menú, lista de platos o guisos de un restaurante.

minutero *m.* Manecilla grande del reloj, que señala los minutos: *El **minutero** avanza con menor rapidez que el segundero.*

minuto *m.* **1.** Unidad de tiempo que vale 60 segundos. **2.** *Fam.* Espacio de tiempo muy corto, momento: *"En un **minuto** estaré contigo, voy corriendo a tu casa", me dijo mi amiga por teléfono.*

mío, a *adj./pron.* Adjetivo y pronombre posesivo de primera persona del singular, que establece relación de posesión o pertenencia: *Para distinguirlos, compramos cepillos dentales diferentes, el rojo es **mío** y el azul es de mi hermana.*

miocardio *m.* Capa de fibras musculares del corazón.

mioceno *adj./m.* Cuarto periodo geológico de la era terciaria, durante el que aparecieron mamíferos como los simios y los rumiantes.

miopía *f.* Enfermedad de los ojos que hace que se vean borrosos los objetos alejados.

mira *f.* **1.** Pieza que sirve para mirar a un punto con más precisión: *Para tirar al blanco, se dispara una vez que se tiene en la **mira** el objeto deseado.* **2.** Intención, propósito: *Efraín tiene en la **mira** conseguir una beca.*

mirador *m.* **1.** Balcón cubierto y cerrado con cristales. **2.** Lugar bien situado para observar un paisaje: *En el kilómetro 50 de esa carretera hay un **mirador** desde donde se aprecia el mar.*

miramiento *m.* Consideración o cortesía que se observa ante alguien: *La señorita Alfonsina es una maestra muy buena, por eso los niños la tratan con tantos **miramientos**.*

mirar *vb.* {tr. y prnl.} **1.** Fijar la vista: *Como Katia llevaba puesto un gran sombrero morado con plumas, todos en el restaurante la **miraban**.* **2.** Estar algo orientado en determinada dirección: *La ventana de mi habitación **mira** hacia el oriente, por eso todos los días me despierta un rayito de sol.*

miriápodo, da *adj./m.* Relativo a una clase de artrópodos con el tronco dividido en segmentos, cada uno de los cuales tiene uno o dos pares de patas, como el ciempiés.

mirilla *f.* Pequeña abertura de una puerta para mirar hacia afuera: *Antes de abrir la puerta que da a la calle es recomendable ver por la **mirilla** quién toca.*

miriñaque *m.* **1.** Prenda interior femenina con que se daba volumen a las polleras o faldas: *Los **miriñaques** fueron populares en el siglo pasado.* SIN. **crinolina.** **2.** *Argent.* Defensa delantera de las locomotoras.

mirlo *m.* Ave de plumaje obscuro, que imita los sonidos.

mirra *f.* Resina aromática y medicinal: *El sabor de la **mirra** es muy amargo, pero su aroma es delicioso.*

mirto *m.* Arbusto de follaje siempre verde, con flores blancas y olorosas. SIN. **arrayán.**

misa *f.* En el catolicismo, representación del sacrificio del cuerpo y sangre de Jesucristo, que realiza el sacerdote en el altar: *Muchos católicos van a **misa** al menos una vez por semana.*

misantropía *f.* Aborrecimiento hacia los seres humanos y el trato con ellos: *La **misantropía** de Ernesto lo ha llevado a aislarse cada vez más de sus amigos.*

misántropo, pa *m.* y *f.* Persona que se aparta y aborrece el trato humano: *Nadie se le acerca a ese hombre ni le habla nunca porque es un **misántropo**.*

miscelánea *f.* *Méx.* Tienda donde se venden objetos de distintas clases: *En esa **miscelánea** venden cuadernos, bebidas refrescantes, pan, hilos para coser y hasta juguetes.*

miscible *adj.* Que se puede mezclar. *La sal y el azúcar son substancias **miscibles**.*

miserable *adj.* **1.** Muy pobre: *En las afueras de las grandes ciudades hay barrios **miserables**.* **2.** Escaso.

miserable *m.* **1.** Desgraciado, pobre. **2.** Malvado: *El villano de la telenovela es un **miserable** que abandonó a su esposa después de que nació su hijo.*

miseria *f.* **1.** Extrema pobreza: *Una tercera parte del mundo vive en la **miseria**, mientras poca gente posee la mayor parte de la riqueza que existe.* **2.** Suceso desafortunado que causa dolor. **3.** Tacañería, avaricia: *La **miseria** se apoderó de la vida de ese hombre, es muy rico pero vive en soledad.*

misericordia *f.* Compasión que impulsa a ayudar o perdonar: *El acusado pidió **misericordia** al juez para que no lo ejecutaran.*

misericordioso, sa *adj./m.* y *f.* Inclinado a sentir misericordia, compasión y perdón: *El juez **misericordioso** cambió la pena de muerte del acusado por veinte años de prisión.*

misia o **misiá** *f.* *Amér. Merid.* Tratamiento de cortesía equivalente a *señora*, que actualmente está casi en desuso.

misil o **mísil** *m.* Proyectil muy poderoso, que se puede dirigir hacia objetos distantes utilizando procedimientos electrónicos.

misión *f.* **1.** Acción de enviar. **2.** Cosa encomendada a alguien: *El comodoro Perry fue a Japón en el siglo XIX con la **misión** de entablar relaciones comerciales y diplomáticas entre los estadounidenses y los japoneses.* **3.** Organización encargada de la difusión de la fe: *Durante la Colonia, varios grupos jesuitas fueron en **misión** al Paraguay para intentar convertir al cristianismo a los indios guaraníes de esas tierras.*

misionero, ra *m.* y *f.* Sacerdote, pastor o religioso empleado en misiones extranjeras o interiores.

misiva *f.* Carta, escrito: *El ingeniero nunca habla por teléfono, se comunica con la gente por medio de **misivas**.*

mismo *adv.* Palabra que se usa para dar énfasis a otro adverbio o a una expresión: *Ahora **mismo** voy a comenzar mi trabajo para terminar pronto.*

mismo, ma *adj./pron.* Adjetivo y pronombre demostrativos que expresan identidad o semejanza: *Toda la semana vino vestida con la **misma** blusa.*

misoginia *f.* Aversión a las mujeres: *Mario no tiene amigas, sólo amigos, porque su **misoginia** no le permite relacionarse con mujeres.*

misterio *m.* Cosa incomprensible para la mente humana: *El asesinato de John F. Kennedy sigue siendo un **misterio** para la mayoría de la gente.*

misterioso, sa *adj.* **1.** Que encierra misterio: *Mis papás se miraron de manera **misteriosa** cuando pregunté cómo celebraríamos mi cumpleaños, ¿estarán preparando al-*

guna sorpresa para mí? **2.** Que acostumbra actuar con misterios: *Rubén es una persona **misteriosa** que no demuestra lo que piensa.*

mística *f.* Parte de la teología que trata de la unión espiritual del hombre con Dios, de lo espiritual y de la relación entre Dios y los hombres.

mistol *m. Argent.* y *Par.* Planta de flores pequeñas y fruto castaño ovoide, con el que se elaboran jarabes y otros alimentos.

mitad *f.* **1.** Cada una de las dos partes iguales en que se divide un todo: *Ernesto me dio la **mitad** de su naranja y él se comió la otra **mitad**.* **2.** Punto o parte que está a la misma distancia de los dos extremos de algo: *Para que ninguno recorra más distancia, si quieres nos encontramos a la **mitad** del camino entre tu casa y la mía.*

mitigar *vb. irreg.* [tr. y prnl.] *Modelo 17.* Moderar, calmar: *La aspirina que tomó Fabiola le **mitigó** el dolor de cabeza y pudo seguir con su trabajo.*

mitin *m.* Palabra de origen inglés. Reunión pública en la que se pronuncian discursos políticos o sociales: *Antes de obtener el voto, las mujeres organizaron muchos **mítines** para dar a conocer las razones por las cuales debían tener su derecho.*

mito *m.* **1.** Relato popular o literario que cuenta acciones imaginarias de dioses, seres fantásticos y héroes: *Uno de los **mitos** que más me gusta es el que narra cómo Minerva, la diosa de la sabiduría, nace de un dolor de cabeza de su padre Zeus.* **2.** Cosa fabulosa, inventada. **3.** Persona o cosa rodeada de extraordinaria estima: *Jorge Luis Borges es un **mito** no sólo de la literatura argentina sino de toda Latinoamérica.*

mitocondria *f.* Orgánulo en forma de grano o filamento, presente en el citoplasma de las células.

mitología *f.* **1.** Conjunto de los mitos y leyendas de un pueblo o una religión: *En la **mitología** nórdica, los guerreros que morían en batalla se iban al walhala.* **2.** Estudio de los mitos.

mitómano, na *m.* y *f.* Persona que tiende a crear y cultivar mitos, cosas imaginadas o inventadas: *Si Rosenda te cuenta de su carrera como actriz de cine créele la mitad, pues es **mitómana**.*

mitosis *f.* Proceso de división indirecta de la célula, que se caracteriza por la duplicación de todos sus elementos, y un reparto por igual entre las dos células hijas.

mitote *m.* **1.** *Guat.* y *Méx.* Fiesta casera: *Anoche había mucho ruido en casa de Gerardo porque organizaron un **mitote** para celebrar su cumpleaños.* **2.** *Amér.* Demostración exagerada de cuidado al hablar o comportarse: *Rosa hizo mucho **mitote** para comer ese guiso.* SIN. **melindre.** **3.** *Méx.* Situación en que impera el desorden o en que hay mucho ruido o alboroto: *Como los niños estaban muy alegres, el último día de clases fue un **mitote**.*

mitotero, ra *adj./m.* y *f.* **1.** *Amér.* Que hace mitotes o que muestra una delicadeza exagerada. **2.** *Guat.* y *Méx.* Bullanguero, amigo de diversiones: *Miguel va a todas las fiestas que puede, es un **mitotero** que siempre está bailando.*

mixomicete o **mixomiceto** *adj./m.* Especie con características tanto de hongo como de protozoario, se clasifican en mixomicetes acelulares y los celulares, aparecen como unas manchas viscosas y brillantes que se desarrollan en la materia en descomposición: *Los*

mixomicetes se alimentan de vegetales en estado de descomposición.

mixteca o **mixteco** *adj./m.* y *f.* Pueblo amerindio de México localizado en la Sierra Madre del Sur y las zonas costeras de los estados de Oaxaca y Guerrero, así como parte de Puebla: *La actual zona arqueológica de Monte Albán, en Oaxaca, fue un importante centro religioso de los **mixtecas**.*

mixto, ta *adj.* **1.** Formado por elementos de diferente naturaleza: *Se me antoja una ensalada **mixta**, de frutas con verduras, queso y nueces.* **2.** Mestizo: *Mi perro es **mixto** porque su padre es de raza pastor alemán y su madre es bóxer.*

mixtura *f.* Mezcla: *Para que oliera bien su ropa, Mariana puso en sus cajones una bolsita con una **mixtura** de flores aromáticas secas.*

mízcalo *m.* Ver níscalo.

mnemotecnia *f.* Arte de desarrollar la memoria.

mobiliario *m.* Conjunto de muebles pertenecientes a un estilo, época o lugar: *Su tía le heredó el **mobiliario** entero de su casa.*

moca *m.* Variedad asiática de café muy estimada.

mocasín *m.* Calzado plano, flexible y sin cordones: *Los indios pieles rojas utilizaban los **mocasines** de piel de bisonte.*

mocedad *f.* Edad o estado del mozo o moza, persona joven y soltera: *En sus **mocedades**, don Miguel viajó mucho por todo el país y tuvo varias novias.*

mochila *f.* Bolsa que se lleva a la espalda sujeta a los hombros: *Ricardo usa una **mochila** azul cuando sale de viaje.*

mocho, cha *adj.* **1.** Falto de punta: *Mi lápiz quedó **mocho** después de escribir varias páginas.* SIN. **romo.** **2.** *Méx.* Relativo a la persona, animal o cosa a la que le falta un miembro, una parte: *Esa muñeca está **mocha**, le falta la cabeza.* **3.** *Méx. Fam.* Relativo a la persona que es muy conservadora. **4.** *Venez.* Manco.

mochuelo *m.* Ave rapaz nocturna, de tamaño pequeño y color gris.

moción *f.* **1.** Acción y efecto de mover, moverse o ser movido. **2.** Proposición que se hace en una asamblea o congreso: *La **moción** de realizar el próximo congreso en Madrid fue aprobada por todos los participantes.*

moco *m.* **1.** Substancia pegajosa que segregan las membranas mucosas, especialmente la nariz: *Zacarías no se sonó y se le escurrieron los **mocos** en la camiseta.* **2.** *Méx. Fam.* Carnosidad roja y colgante que tienen los pavos o guajolotes en la cabeza.

mocoso, sa *adj.* Que tiene mocos en la nariz: *Estoy muy **mocoso** porque tengo gripe.*

mocoso, sa *m.* y *f.* **1.** *Fam.* Persona joven que presume de ser adulta o experta en algo. **2.** *Méx.* y *R. de la P. Fam.* Niño: *Los **mocosos** juegan fútbol por las tardes.*

moda *f.* **1.** Manera pasajera de actuar, pensar, etc., de una época: *Cuando mi mamá era joven, estaban de **moda** los hippies, los Beatles y los pantalones acampanados.* **2.** En estadística, dato que se presenta con mayor frecuencia.

modales *m.* pl. Conjunto de comportamientos que se consideran o no correctos: *Es importante aprender buenos **modales** desde niños, pues serán una carta de presentación en el futuro.*

modalidad f. Modo particular de ser o de manifestarse una cosa: *"Si a usted no le gusta el aparato de música tan grande, también lo tenemos en su* **modalidad** *pequeña", le dijo el vendedor a mi padre.*

modelar vb. (tr.) **1.** Dar forma artística a una substancia plástica: *Antes de meter la pieza de cerámica al horno, Gustavo la* **modela** *con las manos.* **2.** Trabajar como modelo: *Contrataron a Virginia para* **modelar** *la ropa de ese famoso modisto de París.*

modelo m. Cosa o persona que se imita: *Esa mujer es un* **modelo** *de virtudes: trabajadora, bondadosa, inteligente, amigable y simpática.*

modelo m. y f. Persona que posa para artistas, en desfiles de modas o en publicidad: *Las* **modelos** *que salen en las revistas son excesivamente delgadas.*

módem m. Equipo que permite la comunicación entre dos computadoras por medio del teléfono.

moderación f. Cualidad de la persona o cosa que no es exagerada, sino medida: *Hay que tomar el sol con* **moderación,** *para no quemarse la piel.*

moderador, ra m. y f. Persona que dirige un debate: *Al final del programa en el que participaron cinco escritores, el* **moderador** *hizo un resumen de lo que ahí se había discutido.*

moderar vb. (tr. y prnl.) **1.** Hacer que algo vuelva a una justa medida: *"Si ese niño no* **modera** *su lenguaje grosero, habrá que castigarlo", le dijo mi padre a mi madre.* **2.** Hacer de moderador en un debate: *Me invitaron a* **moderar** *en una mesa de discusión sobre la contaminación del agua.*

modernismo m. **1.** Gusto por lo moderno. **2.** Tendencia literaria y arquitectónica desarrollada a principios del siglo xx.

moderno, na adj. Actual o de época reciente: *Las computadoras son un invento* **moderno.**

modestia f. Sencillez y recato: *Omar carece de* **modestia,** *siempre está presumiendo sus habilidades.* Sᴵɴ. humildad.

modesto, ta adj. **1.** No lujoso: *Como no tenían mucho dinero para el viaje, los muchachos se alojaron en un hotel* **modesto.** **2.** Que actúa con sencillez y recato: *Antes, las mujeres* **modestas** *bajaban la vista cuando se acercaba un extraño.*

módico, ca adj. No excesivo: *En esta ciudad el precio del transporte es* **módico;** *en cambio los alimentos son muy caros.*

modificar vb. irreg. (tr. y prnl.) **Modelo 17. 1.** Hacer que algo sea diferente de como era, pero sin alterar su esencia: *El traje tiene las mangas demasiado holgadas, hay que* **modificarlas** *para que queden más justas.* **2.** Limitar el sentido de una palabra: *Los adjetivos* **modifican** *a los sustantivos, por ejemplo, no es lo mismo decir "niña bonita" que "niña fea".*

modismo m. Frase o locución propia de una lengua: *Una cosa es aprender una lengua en un salón de clase y otra, entender los* **modismos** *usados en la vida cotidiana.*

modisto, ta m. y f. Persona que confecciona o diseña vestidos.

modo m. **1.** Forma como es o se hace algo: *El* **modo** *de escribir de Julián se puede distinguir fácilmente por el gran tamaño de las letras que hace.* **2.** Manera de comportarse de una persona: *Esa secretaria tiene un* **modo** *muy grosero de tratar a las personas.* **3.** Accidente gramatical del verbo que expresa cómo se concibe la acción verbal: *La palabra comer es un verbo en* **modo** *infinitivo.*

modorra f. Somnolencia pesada: *Aunque ya había sonado el despertador, Roberto no se podía levantar de la cama por la* **modorra** *que sentía.*

modular adj. Relativo al módulo: *Mis vecinos se compraron muebles* **modulares** *y no paran de mover las partes para cambiar la apariencia de su sala.*

modular m. Méx. Equipo de sonido formado por diferentes partes, cada una con una función diferente, por ejemplo para tocar discos, casetes, escuchar radio, etc.

modular vb. (tr. e intr.) **1.** Variar el tono al hablar o cantar: *Como estudió canto, esa locutora sabe* **modular** *muy bien la voz.* **2.** En música, pasar de una tonalidad a otra.

módulo m. **1.** Modelo que se repite en serie: *Las casas del barrio están construidas siguiendo el mismo* **módulo** *de dos pisos con cuatro ventanas y un pequeño jardín.* **2.** Elemento que se puede combinar con otro que desempeña la misma función o tiene la misma naturaleza: *Mis padres compraron un librero de cinco* **módulos** *que se puede armar de varias formas diferentes.*

mofa f. Burla, escarnio: *El niño que declamaba se equivocó al pronunciar una palabra y sus compañeros hicieron* **mofa** *de él.*

mofarse vb. (prnl.) Burlarse, hacer escarnio: *Unos niños envidiosos* **se mofaron** *de Rubén cuando se cayó al intentar subir al escenario para recibir su diploma.*

mofeta f. Mamífero carnívoro que se defiende de sus enemigos lanzando un líquido fétido por vía anal. Sᴵɴ. zorrillo, yaguané.

mofletudo, da m. y f. Esp. Que tiene carrillos o cachetes gruesos y carnosos: *Mi sobrino tiene seis meses de edad y se ve* **mofletudo** *y gordo.*

mogolla f. Colomb. Pan moreno hecho de salvado.

mohín m. Gesto gracioso que expresa enfado aunque sea fingido: *Como no le compraron el juguete que quería, Adriana hizo un* **mohín** *y se salió de la tienda.*

mohíno, na adj. **1.** Triste, melancólico. **2.** Disgustado, molesto: *Héctor estaba* **mohíno** *porque no le quise prestar un disco que me pidió.*

moho m. **1.** Hongo que se desarrolla sobre la materia orgánica: *Dejé un trozo de pan dentro de una bolsa de plástico durante cinco días y ahora tiene* **moho** *de color azul.* **2.** Capa que se forma por alteración química en la superficie de algunos metales: *Antes la cúpula de ese edificio era de color cobre, ahora el* **moho** *hace que se vea de color verde.*

moisés m. Cuna de mimbre portátil: *Como va a nacer el bebé, sus padres se apuraron a comprar el* **moisés.**

mojado, da m. y f. Méx. Persona que pasa de manera ilegal la frontera entre México y Estados Unidos de Norteamérica, por lo general a través del Río Bravo. Sᴵɴ. bracero.

mojar vb. (tr. y prnl.) Hacer que un líquido penetre en un cuerpo o cubra su superficie: *Eloísa no llevaba paraguas, así que se* **mojó** *con la lluvia cuando regresaba a su casa.*

mojarra f. **1.** Pez marino comestible de color gris plateado con tornasoles y grandes fajas transversales negras. **2.** Lancha que se utiliza en la pesca del atún. **3.** Amér. C. Cuchillo ancho y corto. **4.** Argent. y Urug.

MOJ Nombre genérico para varias especies de peces pequeños de agua dulce que viven en América del Sur.

mojigato, ta adj./m. y f. Que se escandaliza fácilmente: *Un amigo de mi papá es tan mojigato, que no quiere que su hija de diecinueve años tenga novio.*

mojón m. Piedra o poste para señalar los límites o la dirección en los caminos: *El automóvil que derrapó en la carretera rompió tres mojones.*

moka m. Ver moca.

mol m. Unidad básica de cantidad de substancia, en el Sistema Internacional.

molar adj. Relativo a la muela.

molar m. Cada uno de los dientes posteriores que trituran los alimentos. SIN. muela.

molcajete m. Amér. C. y Méx. Recipiente grande de piedra o de barro cocido, con tres pies y una piedra con la que se trituran alimentos: *La salsa tradicional mexicana de ají o chile con cebolla y ajo se prepara en el molcajete.* SIN. mortero.

molde m. Instrumento hueco usado para dar forma a una materia: *Liliana preparó una gelatina de frutas en un molde con forma de corazón, para celebrar el Día de los Novios.*

moldura f. Parte saliente que sirve de adorno en arquitectura, ebanistería y otras artes.

mole f. Cuerpo pesado y grande: *Don Rafael nos dijo que su esposa estaba un poco gorda, pero cuando la vimos nos dimos cuenta de que era una mole como de doscientos kilos.*

mole m. **1.** Méx. Salsa espesa preparada con muchas clases de chiles secos que se mezclan con especias, ajonjolí, maní, chocolate y otros ingredientes: *Existen muchos tipos de mole, como el poblano, el negro y el verde.* **2.** Méx. Guiso de carne de pollo, de guajolote o de cerdo que se prepara con la salsa llamada mole: *Mi tía preparó mole con arroz para celebrar la boda de su hija.*

molécula f. Porción más pequeña de un cuerpo, que conserva las propiedades de la substancia original.

molejón m. Cuba. Roca alta y cortada en vertical que sobresale en el mar.

moler vb. irreg. {tr. e intr.} **Modelo 29.** **1.** Golpear o frotar algo hasta reducirlo a trozos muy pequeños o polvo. **2.** Cansar mucho: *Hacer la limpieza de la casa me molió.* **3.** Méx. Fam. Dar lata, causar molestias: *Daniel no deja de moler con que le preste mi disco favorito, pero yo no quiero porque sé que es descuidado.*

molestar vb. {tr. y prnl.} **1.** Causar molestia: *Me molesta que la gente sea impuntual.* **2.** Ofenderse: *Silvia se molestó con Virginia porque ésta le hizo una grosería.* **3.** Tomarse algún trabajo por alguien: *"No se moleste, yo sola puedo levantar la caja", le dije al señor.*

molestia f. Alteración de la tranquilidad o malestar físico que sufre alguien: *Los cachorros pueden ser una molestia hasta que aprenden a obedecer.*

molesto, ta adj. **1.** Que causa molestia: *"No quiero ser una visita molesta, así que dime con confianza a qué hora debo irme", le dije a mi amiga.* **2.** Que siente molestia: *El bebé está molesto porque le están saliendo los dientes y le duelen las encías.*

molibdeno m. Metal de color plomizo, maleable y poco fusible, de símbolo químico Mo y número atómico 42.

molienda f. **1.** Acción de moler. **2.** Cantidad de grano u otra cosa que se muele cada vez que se usa un molino. **3.** Época del año en que se muelen los productos cosechados como trigo, caña de azúcar, aceituna, etc.

molinillo m. **1.** Utensilio doméstico para moler: *Compré el café en grano, ahora hay que molerlo en el molinillo.* **2.** Méx. Instrumento de cocina, con aros sueltos, para mezclar el chocolate con la leche.

molino m. Máquina para moler o lugar donde se muelen diversas cosas.

molla f. **1.** Esp. Parte carnosa o suave de una cosa orgánica: *Ayer comimos un guiso delicioso con verduras y carne que tenía mucha molla y poco hueso.* **2.** Esp. Miga de pan: *Le quité la molla a mi pan y lo rellené con un trozo de queso.* SIN. migajón.

molleja f. **1.** Segundo estómago de las aves. **2.** Apéndice carnoso de las reses jóvenes.

mollera f. Parte más alta de la cabeza: *Los bebés tienen la mollera suave, porque los huesos del cráneo no han cerrado todavía.*

molo m. Chile. Malecón.

molote m. **1.** Amér. C., Antill., Colomb. y Méx. Alboroto, escándalo. **2.** Méx. Moño, chongo: *Doña Eulalia se peinó con un gran molote antes de ir a la fiesta.* **3.** Méx. Envoltura alargada, lío: *Ese joven se fue de vacaciones cargando su ropa en un molote.*

molusco adj./m. Relativo al animal invertebrado de cuerpo blando, protegido por un caparazón: *Los caracoles de jardín son moluscos.*

momentáneo, nea adj. Fugaz, breve, de muy poca duración: *Fue un dolor momentáneo, se me pasó en menos de cinco segundos.*

momento m. **1.** Espacio breve de tiempo: *"Espérame un segundo, en un momento estaré contigo", le dije a Juliana.* **2.** Punto determinado en el tiempo: *En el momento que Magdalena llegó, estaban cerrando la puerta de la escuela.* **3.** Oportunidad: *Aproveché el momento en que mi papá estaba de buen humor para pedirle permiso de ir a la fiesta.*

momia f. **1.** Cadáver desecado que se conserva sin descomponerse: *Las momias más conocidas son las de los faraones egipcios.* **2.** Fam. Persona muy vieja: *No quiero ir a casa de mi tía Luisa, porque en sus reuniones sólo hay momias de su edad.*

monacal adj. Relativo a la vida de los monjes o las monjas: *La vida monacal es austera y sin lujos.*

monada f. **1.** Acción propia de monos. **2.** Cosa bonita y pequeña: *Los recién casados consiguieron una monada de casita.*

monaguillo m. Niño que ayuda al cura en la celebración de la misa cristiana. SIN. acólito.

monarca m. Soberano de una monarquía: *El monarca de ese país va a inaugurar las competencias deportivas.* SIN. rey.

monarquía f. **1.** Forma de gobierno en que el poder supremo es ejercido de forma vitalicia por el rey: *En Francia, la revolución de 1789 puso fin a la monarquía.* **2.** Estado gobernado por una monarquía: *Inglaterra y España fueron monarquías.*

monasterio m. Casa o convento donde viven y trabajan los religiosos.

mondadientes m. Palito muy delgado de madera o plástico para limpiar los dientes. SIN. palillo.

mondador *m.* Aparato o cuchillo especial para mondar o pelar frutas y legumbres.

mondar *vb.* (tr.) Quitar la cáscara o vaina a las frutas y legumbres: *Si mondas la manzana, comerás menos fibra.*

mondongo *m.* **1.** Intestinos y panza de las reses y del cerdo. **2.** *Méx.* y *R. de la P.* Guiso picante, hecho con intestinos y panza de res o cerdo.

moneda *f.* Pieza de metal acuñada que sirve de medida común para el precio de las cosas: *"Para pagar el autobús necesitas las monedas exactas, porque no te pueden dar cambio", me dijo Diana.*

monegasco, ca *adj./m.* y *f.* De Mónaco, principado de Europa.

monema *m.* En lingüística, mínima unidad en que puede dividirse una palabra: *El lexema y el gramema son monemas.*

mónera *f.* Reino de la naturaleza que agrupa las bacterias y las cianobacterias, existen como células individuales o colonias de células.

monetario, ria *adj.* Relativo a la moneda: *La unidad monetaria de varios países de América Latina se llama peso.*

mongol, la *adj./m.* y *f.* **1.** De Mongolia, región del centro de Asia. **2.** De un grupo étnico de piel amarilla que habita en el centro de Asia.

mongolismo *m.* Enfermedad cromosómica que produce en la persona retraso intelectual y alteraciones del crecimiento. Sin. **síndrome de Down.**

monigote *m.* **1.** Muñeco o figura hecha de trapo o de papel: *A mi hermano le gusta hacer monigotes con la figura de los cantantes y actores famosos.* **2.** *Fam.* Persona de poco carácter: *Eduardo es un monigote que soporta los gritos y regaños injustos de su esposa.*

monitor *m.* **1.** Receptor de televisión para controlar las transmisiones. **2.** Aparato de una computadora o televisor que presenta la información de manera visual: *El monitor de esta computadora me gusta mucho porque se distinguen muy bien todas las letras e imágenes.*

monitor, ra *m.* y *f.* Persona que enseña ciertos deportes o actividades.

monja *f.* Religiosa que pertenece a una orden, sobre todo las católicas que viven en un convento: *La prima de Carlos es monja de la orden de las Carmelitas y su nombre religioso es sor Filotea.*

monje *m.* Religioso que vive en una orden en un monasterio: *Los monjes franciscanos de la época medieval vivían de limosnas y predicaban en las ciudades.*

mono *m.* *Chile.* Montón en que se exponen los frutos y mercancías en tiendas y mercados: *En el mercado vi apetitosas manzanas acomodadas en monos.*

mono, na *adj.* **1.** *Fam.* Simpático, gracioso, bonito: *Graciela se compró un vestido muy mono para su fiesta de cumpleaños.* **2.** *Colomb.* Rubio.

mono, na *m.* y *f.* **1.** Mamífero del orden de los primates. **2.** Traje de una sola pieza: *En la fábrica de autos, los mecánicos usan un mono azul como uniforme de trabajo.* **3.** *Chile* y *Méx.* Muñeco: *Mi hermana colecciona monos desde niña y ahora tiene 15 años y doscientos de ellos.*

monocorde *adj.* **1.** Se dice del instrumento musical de una sola cuerda. **2.** Se refiere a los sonidos que repiten una misma nota.

monocotiledóneo, a *adj./f.* Relativo a las plantas angiospermas cuyas semillas tienen un solo cotiledón.

monóculo *m.* Lente para un solo ojo: *El geógrafo alemán barón Von Richtofen usaba un monóculo que sujetaba con una cadena de oro.*

monogamia *f.* Sistema que prohíbe tener más de una pareja sexual.

monógamo, ma *adj.* Persona que sólo tiene una pareja sexual.

monografía *f.* Estudio sobre un tema concreto: *María Eugenia tiene que llevar mañana a la escuela una monografía sobre algún país sudamericano y eligió Venezuela.*

monograma *m.* Figura utilizada como abreviatura de un nombre, formada por dos o más de sus letras entrelazadas de manera artística: *La ropa de Sir Charles tenía bordado el monograma de sus iniciales.*

monoico, ca *adj.* Relativo a la planta que tiene las flores masculinas y femeninas en un solo pie o tallo.

monolingüe *adj.* Que está escrito en una sola lengua.

monolingüe *adj.* y *f.* Persona que habla una sola lengua.

monolito *m.* Monumento de piedra de una sola pieza: *La escultura de Tláloc, el dios de la lluvia de los mexicas, es un gran monolito que pesa más de una tonelada.*

monologar *vb. irreg.* (intr.) **Modelo 17.** Hablar consigo mismo: *Suelo monologar cuando trabajo porque me ayuda a concentrarme.*

monólogo *m.* **1.** Acción de hablar alguien consigo mismo. **2.** Obra dramática en que habla un solo personaje: *En los monólogos lo más importante es la actuación del único actor o actriz.*

monomio *m.* Expresión algebraica que comprende un solo término: *3x es un ejemplo de monomio.*

monopolio *m.* **1.** Privilegio exclusivo en la venta de un producto: *En mi pueblo hay una empresa que posee el monopolio de la venta de carne y no hay tiendas de otros dueños que vendan este producto.* **2.** Control exclusivo sobre algo: *A mi hermano le gusta tener el monopolio del control remoto de la televisión.*

monosílabo, ba *adj./m.* y *f.* Que tiene una sola sílaba: *La palabra si es monosílaba.*

monoteísmo *m.* Religión o doctrina que no admite más que un Dios al que se le considera único, abstracto e indivisible. Ant. **politeísmo.**

monoteísta *adj.* Relativo al monoteísmo o persona que lo profesa: *El primer pueblo monoteísta fue el hebreo.*

monotonía *f.* **1.** Uniformidad de tono: *Me produce sueño la monotonía con que habla ese maestro cuando da la clase.* **2.** Falta de variedad: *La monotonía de la existencia del médico del pueblo cambió cuando conoció a esa muchacha y se enamoró de ella.*

monótono, na *adj.* Sin variaciones ni cambios: *El trabajo de mi hermano en el restaurante es monótono pues siempre tiene que hacer exactamente lo mismo.*

monotrema *adj./m.* Relativo al conjunto de mamíferos primitivos que ponen huevos, amamantan a sus crías, están cubiertos de pelo o púas y tienen un pico sin dientes: *El ornitorrinco es un animal monotrema.*

monovalente *adj.* En química, que tiene valencia uno.

monseñor *m.* Título de ciertas dignidades eclesiásticas: *Es común dirigirse a obispos y cardenales como monseñor.*

monserga *f.* **1.** *Fam.* Lenguaje confuso. **2.** *Fam.* Tarea o trabajo fastidioso: *Cumplir con todos los trámites para obtener ese permiso es una monserga que parece interminable.*

415

monstruo *m.* Ser vivo de características físicas extrañas y contrarias a las comunes o normales: *Como era un monstruo, la criatura creada por el doctor Frankenstein sufría mucho.*

monta *f.* **1.** Hecho de montar una caballería. **2.** Importancia: *"No vale la pena pelearse por un asunto de tan poca monta", le dije al enojón de mi primo.* **3.** Importe total: *La vendedora me dijo que la monta por las verduras que le pedí era de diez pesos.* SIN. **monto.**

montacargas *m.* Ascensor para elevar o descender pesos: *En una biblioteca de más de dos pisos es importante tener un montacargas.*

montaje *m.* **1.** Hecho de montar. **2.** Selección y empalme en una sola cinta, de las escenas de un filme o película: *En el filme de ciencia ficción que vi ayer hicieron un montaje con imágenes de computadora y parecía que las personas caminaban sobre las nubes.*

montante *m.* Elemento vertical que sirve de soporte de una estructura.

montaña *f.* Elevación natural que sobresale del terreno, ya sea grande o pequeña.

montañismo *m.* Deporte de escalar montañas. SIN. **alpinismo.**

montar *vb.* {tr., intr. y prnl.} **1.** Subir sobre un animal o sobre una cosa: *Para colocar las cortinas, mi mamá tuvo que montarse en una escalera.* **2.** Cabalgar: *A mi amigo Pancho le gustaba mucho montar y una vez participó en una carrera de caballos.* **3.** Colocar los elementos de algo en condiciones de funcionar: *Se pasaron muchas semanas montando la galería que abrieron el domingo pasado.* **4.** Ascender una cantidad: *El precio del vestido y los zapatos montó de doscientos a trescientos pesos en los últimos seis meses.*

montaraz *adj.* **1.** Que se ha criado en los montes: *Si fuera menos citadina y un poco más montaraz, podría caminar sin tantas dificultades en el bosque cuando salgo de excursión.* **2.** Insociable: *Eliseo es un montaraz a quien no le gusta saludar a la gente ni tener amigos.*

monte *m.* **1.** Montaña: *Detrás de aquel monte está el siguiente pueblo.* **2.** Terreno sin arar, áspero y lleno de maleza: *El perro se fue para el monte y nunca lo volvimos a ver.* **3.** Naipes que quedan después de repartir a cada jugador los que le corresponden. SIN. **pozo.**

montenegrino, na *adj./m. y f.* De Montenegro, república federada de Yugoslavia.

montepío *m.* **1.** Fondo de dinero que forman los miembros de algún cuerpo para ayudas mutuas. **2.** Establecimiento fundado para prestar dinero a cambio de objetos o prendas que quien solicita un préstamo deja como garantía de pago.

montera *f.* Gorro de terciopelo negro que usan los toreros: *El torero le lanzó su montera a la famosa actriz de cine como señal de que le dedicaba esa faena.*

montés, sa *adj.* Que anda, se encuentra o se cría en el monte.

montevideano, na *adj./m. y f.* De Montevideo, Uruguay.

montículo *m.* Pequeña elevación del terreno: *En el béisbol, el lanzador arroja las pelotas desde un montículo.*

monto *m.* Cantidad total, suma: *¿A cuánto asciende el monto del adeudo de tu bicicleta?*

montón *m.* **1.** Conjunto de cosas puestas sin orden unas encima de otras: *No sé dónde está el papel que necesito, voy a buscar en ese montón de papeles.* **2.** Gran cantidad: *Como ya iban a empezar las clases, las librerías tenían montones de libros y cuadernos para vender.*

montonera *f.* **1.** *Amér. Merid.* En la época de las luchas por la independencia, guerrilla. **2.** *Colomb.* Montón de hierba o paja.

montonero *m.* **1.** Persona cobarde que provoca peleas cuando sabe que lleva la ventaja porque está rodeado de sus compañeros. **2.** *Amér. Merid.* Guerrillero perteneciente a la montonera.

montubio, bia *adj. Colomb., Ecuad.* y *Perú.* Salvaje, montaraz, agreste.

montubio, bia *m. y f. Colomb., Ecuad.* y *Perú.* Campesino de la costa.

montuno, na *adj. Amér. C.* y *Amér. Merid.* Salvaje, agreste.

montura *f.* **1.** Bestia para cabalgar: *Los camellos son la montura de muchas personas que viven en los desiertos de Asia y África.* **2.** Soporte de algunos objetos: *Fernando le regaló a Georgina un anillo que tiene esmeraldas sobre una montura de oro.* **3.** Conjunto de arreos de una caballería.

monumento *m.* **1.** Obra realizada en memoria de un personaje o acontecimiento: *Se erigió un monumento en honor a Mahatma Gandhi, para recordar sus esfuerzos por lograr la paz entre hindúes y musulmanes.* **2.** Edificio notable: *El Taj Mahal, en la India, es uno de los monumentos más conocidos y bellos del mundo.* **3.** Objeto histórico.

monzón *m.* Viento que sopla de forma periódica en el Océano Índico.

moño *m.* **1.** Cabello enrollado sobre la cabeza. **2.** *Méx.* Cinta o listón que se ata como adorno para la cabeza de las mujeres o para los regalos. **3.** *loc. pl.* **Ponerse sus ~,** portarse pesado: *Claudia se puso sus moños el día de su cumpleaños y no quiso bajar a su propia fiesta.*

moqueta *f.* Tejido fuerte para tapizar el suelo. SIN. **alfombra.**

moquillo *m.* Enfermedad contagiosa de algunos animales, en especial de los perros: *Los perros y gatos deben vacunarse contra el moquillo o podrían enfermarse y morir.*

mora *f.* **1.** Fruto de la morera y del moral, de tamaño pequeño, color morado o blanquecino y sabor agridulce. **2.** Fruto de la zarzamora.

morada *f.* Lugar donde se mora o habita: *Mi morada es una casa pequeña cerca del centro de la ciudad.*

morado *m.* Color violeta obscuro.

morado, da *adj./m.* Relativo a lo que es de color violeta obscuro.

moral *adj.* **1.** Relativo a las normas de conducta de una sociedad. **2.** Conforme a las reglas admitidas como honestas y justas.

moral *f.* **1.** Conjunto de reglas de conducta y de valores que funcionan como normas en una sociedad: *La moral de las poblaciones rurales es distinta a la de las ciudades.* **2.** Conducta adecuada a las normas socialmente aceptadas: *El libro "Madame Bovary" fue muy criticado por la dudosa moral de la protagonista de la obra.*

moral *m.* Árbol cuyo fruto es la mora: *Las hojas del moral son el alimento de los gusanos de seda.* SIN. **morera.**

moraleja *f.* Enseñanza que se deduce de un cuento o fábula: *La moraleja de la fábula de la liebre y la tortuga es que resulta más importante perseverar que ser veloz.*

moralidad f. Conformidad de la conducta de las personas con las normas de la moral.

morar vb. {intr.} Vivir, residir de manera habitual en un lugar: *La casa donde el gran pintor moró toda su vida es ahora un museo.*

morbo m. Atracción hacia lo prohibido, lo cruel o lo escandaloso.

morboso, sa adj. **1.** Que revela un estado físico o mental insano: *El asesino del filme que vi sentía un deseo morboso por torturar a sus víctimas antes de matarlas.* **2.** Que provoca emociones insanas o prohibidas: *Vimos un programa de televisión morboso en el que cincuenta vacas eran destrozadas por unas hormigas carnívoras.*

morcilla f. Embutido compuesto de sangre de cerdo, especias y otros ingredientes: *El caldo gallego se prepara con varios embutidos de cerdo como chorizo, morcilla y berza.* Sin. **moronga.**

mordaz adj. **1.** Que corroe: *El ácido sulfúrico es una substancia mordaz que debe manejarse con mucho cuidado.* **2.** Que critica con ironía y sarcasmo: *Ese locutor de radio es temido por los cantantes famosos porque hace críticas mordaces que a veces perjudican su imagen.*

mordaza f. Objeto con el que se tapa la boca de alguien para impedirle hablar: *En el filme que vimos ayer, los secuestradores le ponían una mordaza para que no pudiera pedir auxilio.*

morder vb. irreg. {tr. y prnl.} Modelo 29. Hincar los dientes en una cosa: *El cachorro es muy latoso, le gusta morder todo lo que encuentra.*

mordida f. **1.** Hecho de morder: *Todavía tengo la cicatriz de la mordida que me dio un perro en la pierna, hace más de diez años.* **2.** Argent., Bol., Colomb., Méx., Nicar., Pan. y Urug. Fam. Cantidad de dinero que un funcionario recibe indebidamente de un particular, por hacerle un servicio o evitarle una sanción.

morena f. Pez marino de cuerpo cilíndrico y alargado, como la anguila, que mide alrededor de 150 cm de largo y puede causar mordeduras peligrosas: *Las morenas habitan en los fondos rocosos del mar Mediterráneo.*

moreno, na adj. **1.** De color obscuro que se acerca al negro: *Comer azúcar morena es más sano que comer azúcar refinada.* **2.** Se dice de la persona que tiene la piel y el cabello de color obscuros.

morera f. Árbol cuyo fruto es la mora, con sus hojas se alimentan los gusanos de seda.

moretón m. Mancha de color morado que aparece en la piel después de haber recibido un golpe: *Después de la pelea, el boxeador tenía la cara cubierta de moretones.* Sin. **hematoma, cardenal.**

morfema m. En lingüística, el más pequeño de los elementos que da forma a las palabras: *En la palabra perro, el morfema "o" indica que la palabra es del género masculino.*

morfina f. Substancia narcótica y analgésica, alcaloide del opio: *Los dolores que sufría el herido eran tan fuertes que el médico le recetó morfina para calmárselos.*

morfología f. **1.** Estudio de la forma de los seres vivos. **2.** Estudio de la forma de las palabras.

moribundo, da adj./m. y f. Que está a punto de morir: *El abuelo estaba moribundo y la familia aguardaba con tristeza su muerte.*

morir vb. irreg. {intr. y prnl.} Modelo 51. **1.** Dejar de vivir, perder la vida. Ant. **nacer. 2.** Llegar algo a su fin: *El día muere en el crepúsculo.*

morisco, ca adj./m. y f. **1.** Moro, originario del norte de África. **2.** Dícese del moro bautizado que se quedó en España después de la Reconquista.

mormón, na m. y f. Persona que sigue el mormonismo.

mormonismo m. Movimiento religioso protestante fundado en 1830 en Estados Unidos de Norteamérica por Joseph Smith que en sus inicios profesaba la poligamia.

moro, ra adj. **1.** Originario del norte de África, donde se encontraba la provincia llamada Mauritania. **2.** Amér. Merid. Se aplica al caballo tordo, es decir, el que tiene pelaje mezclado de negro y blanco.

moro, ra m. y f. **1.** Persona originaria del norte de África, donde se encontraba la provincia llamada Mauritania. Sin. **morisco. 2.** Individuo de la población musulmana que invadió y habitó España en la Edad Media: *Los moros habitaron España entre los siglos VIII y XV.* **3.** loc. pl. Fam. **Haber ~ en la costa,** estar cerca una persona o personas cuya presencia obliga a otros a actuar con cuidado: *Tengo que decirte algo importante, pero ahora no puedo porque hay moros en la costa.*

morocho, cha adj. **1.** Argent., Perú y Urug. Dícese de la persona que tiene pelo negro y tez blanca. **2.** Venez. Gemelo: *Mi morocho se llama Daniel y yo me llamo Daniela.*

morona f. Colomb. y Méx. Migaja de pan: *La cama quedó llena de moronas después de que comimos panes mientras veíamos la televisión.*

moronga f. Guat., Hond. y Méx. Embutido compuesto de sangre de cerdo, especias y otros ingredientes. Sin. **morcilla.**

moroso, sa adj. **1.** Que se retrasa en un pago: *Los bancos tienen problemas en cobrarle a los clientes morosos.* **2.** Lento: *Ese hombre tiene un hablar moroso y para expresar una idea simple se tarda varios minutos.*

morral m. **1.** Saco para cargar las hierbas, que se cuelga de la cabeza de las bestias para que se alimenten. **2.** Bolsa que usan los cazadores. **3.** Méx. Bolsa abierta de material burdo, que se lleva colgada en un hombro. Sin. **zurrón.**

morralla f. **1.** Pescado menudo. **2.** Fam. Conjunto de personas o cosas inútiles y sin valor. **3.** Méx. Dinero menudo, cambio: *Carmen llegó a la tienda y se compró un juguete que pagó con una bolsa llena de morralla que ahorró durante varias semanas.*

morrear vb. {tr., intr. y prnl.} Esp. Vulg. Besar en la boca por largo tiempo.

morrena f. Conjunto de materiales transportados por un glaciar.

morriña f. Esp. Nostalgia, melancolía: *En los días grises y lluviosos a veces siento morriña.*

morro m. **1.** Hocico de los animales: *Por mordelón, al perro le tenían cerrado el morro con un bozal.* **2.** Labios de una persona, si son abultados.

morrocotudo, da adj. Fam. De mucha importancia o dificultad.

morrón adj. Relativo a una variedad de pimiento grande, muy grueso y carnoso.

morsa f. Mamífero marino parecido a la foca, pero con grandes colmillos, que habita en las regiones árticas.

morse *m.* Sistema de telegrafía que usa un alfabeto convencional, a base de puntos y rayas, inventado por Samuel Morse: *Durante la Segunda Guerra Mundial el Morse fue muy útil para enviar mensajes en clave.*

mortadela *f.* Embutido grueso de carne de cerdo picada: *La mortadela es muy pesada para el estómago porque está hecha con carne de cerdo y muchos condimentos.*

mortaja *f.* Tela en la que se envuelve a los muertos antes de sepultarlos: *La tradición marca que las mortajas sean de color blanco.* SIN. **sudario.**

mortal *adj.* **1.** Que ha de morir: *Las plantas son un ejemplo de seres mortales.* **2.** Que causa la muerte: *En el siglo XIX la tuberculosis era una enfermedad mortal.*

mortal *m.* y *f.* El ser humano: *Ese poeta griego se miraba todos los días en el espejo y se decía: "Buenos días, mortal".*

mortandad *f.* Multitud de muertes causada por la guerra, una epidemia u otra causa extraordinaria: *El cólera ha ocasionado una gran mortandad en los países donde no hay buenas medidas de higiene.*

mortecino, na *adj.* Falto de vigor o viveza: *Tengo que poner otra lámpara, porque con esta luz mortecina me cuesta mucho trabajo leer.*

mortero *m.* **1.** Vasija ancha de piedra o cerámica en la que se machacan especias, semillas, etc.: *"Se muele en el mortero comino, pimienta y paprika para mezclarlos con la carne molida", decía la cocinera en su programa de recetas.* SIN. **molcajete. 2.** Arma de artillería de gran calibre: *Los morteros mataron a muchos soldados durante la Primera Guerra Mundial.* **3.** Argamasa, mezcla hecha con arena, conglomerante y agua, que se usa en la construcción.

mortífero, ra *adj.* Que provoca o puede provocar la muerte: *El arsénico es una substancia mortífera si se consume en fuertes cantidades.*

mortificar *vb. irreg.* (tr. y prnl.) **Modelo 17. 1.** Castigar el cuerpo con penitencias. **2.** Producir algo aflicción o remordimiento: *No mortifiques a tu abuela contándole de tu accidente, pues ya está anciana y podría hacerle daño.*

mórula *f.* Uno de los primeros estadios del embrión animal, cuyo aspecto es el de una mora.

mosaico *m.* Obra hecha con pequeñas piezas de materiales diversos que se incrustan en un muro, un piso o un mueble: *Los mosaicos se utilizan en los baños porque se limpian fácilmente.*

mosca *f.* Insecto de dos alas con cuerpo negro: *Hay que proteger la comida para evitar que las moscas se paren en ella.*

moscardón *m.* Mosca grande y vellosa, de color negro o pardo obscuro: *Los moscardones son más lentos y torpes que las moscas pero su zumbido es muy fuerte.*

moscatel *adj./m.* Dícese de un tipo de uva muy dulce y del vino que se produce con ella.

moscovita *adj./m.* y *f.* De Moscú, capital de Rusia.

mosquearse *vb.* (prnl.) Fam. Molestarse o resentirse: *Como el primer día de clases unos niños se burlaron de él, Rafael se mosqueó y ya no quería volver a la escuela.*

mosquetón *m.* Carabina corta.

mosquitera *f.* o **mosquitero** *m.* Tejido fino con que se evita que los mosquitos entren en una casa: *En muchos países de clima cálido, las mosquiteras son indispensables durante los meses de verano.*

mosquito *m.* Insecto de dos alas, con aparato bucal perforador: *Un mosquito zumbador me impidió dormir tranquilamente anoche.*

mostacho *m.* Bigote, pelo grueso que cubre la piel que está arriba de los labios: *Mi hermano está dejándose crecer un mostacho muy tupido.*

mostaza *f.* Planta herbácea que proporciona la semilla y el condimento del mismo nombre: *La flor de la mostaza es de color amarillo intenso.*

mosto *m.* Zumo o jugo de la uva o de la manzana, antes de fermentar.

mostrador *m.* Mesa larga que se instala en las tiendas y sirve para mostrar y vender mercancías: *Sobre el mostrador el vendedor midió y cortó los tres metros de tela que mi mamá le pidió.*

mostrar *vb. irreg.* (tr. y prnl.) **Modelo 5. 1.** Indicar: *El policía le mostró a la señora el camino para llegar al museo.* **2.** Exponer a la vista: *"¿Podría mostrarme el vestido que está en la fotografía número dos del catálogo?", le dije a la vendedora.* **3.** Enseñar, hacer patente: *José nos mostró la parte del cuerpo donde le mordió el perro.* **4.** Portarse de cierta manera: *Javier se mostró muy amable con todos los invitados.*

mostrenco, ca *adj.* Sin hogar o dueño conocido: *Desde hace unos días un perro mostrenco merodea la manzana donde vivo.*

mota *f.* **1.** Porción muy pequeña de algo: *Ojalá la aspiradora logre levantar las motas de tela que están regadas.* **2.** Amér. Merid. Cabello corto, ensortijado y crespo, como el de las personas de raza negra. **3.** Méx. Fam. Marihuana.

mote *m.* **1.** Apodo: *La menor de mis tías se llama María Teresa, por eso tiene el mote de "la Nena".* **2.** Amér. Guiso de maíz desgranado, cocido y sin cascarilla. **3.** Chile. Postre que se prepara con trigo.

motel *m.* Hotel situado cerca de la carretera, especialmente destinado a recibir automovilistas de paso.

motín *m.* Alzamiento desordenado contra la autoridad: *Los marineros organizaron un motín en contra del capitán del barco porque era injusto y autoritario.*

motivar *vb.* (tr. y prnl.) **1.** Dar motivo: *"¿Qué lo motivó a componer esa canción, maestro?", le preguntó la periodista al músico.* **2.** Estimular para que se hagan cosas: *La maestra Gloria era muy hábil para motivar a los niños a trabajar en clase.*

motivo *m.* **1.** Causa o razón que determina que exista o se haga algo: *El motivo por el que Mercedes quiere estudiar biología es que desde niña le gustan los animales y las plantas.* **2.** Dibujo que se repite en una decoración: *Las lagartijas y los quetzales eran dos de los motivos más usados por los pueblos mesoamericanos para decorar la cerámica.*

motocicleta *f.* Vehículo de dos ruedas impulsado por un motor: *Para viajar en motocicleta es necesario ponerse un casco.*

motor *m.* Máquina que genera energía mecánica a partir de otro tipo de energía.

motor, ra *adj.* Que produce movimiento: *El cuerpo humano tiene muchos músculos motores a los que tenemos que dar alimento para que trabajen.*

motorizar *vb. irreg.* (tr. y prnl.) **Modelo 16.** Dotar de medios mecánicos de tracción: *Mi amigo Anselmo*

motorizó su silla de ruedas y ahora la usa para transportarse por todo el barrio sin cansarse.

motricidad f. Acción del sistema nervioso que permite el movimiento al provocar la contracción muscular.

motudo, da adj./m. y f. Amér. Merid. Relativo al cabello ensortijado o crespo y a la persona que lo tiene: Mi amigo Jacinto tiene el pelo **motudo** porque él es mulato.

mover vb. irreg. [tr. y prnl.] Modelo 29. **1.** Hacer que un cuerpo cambie de lugar o posición: Mientras dormimos **nos movemos** muchas veces sin darnos cuenta. **2.** Provocar que algo o alguien haga alguna cosa: La curiosidad de ese ingeniero lo **movió** a investigar más a fondo sobre la historia de la arquitectura. **3.** Agitar, menear: La bandera se **mueve** cuando sopla el viento.

móvil adj. Que puede moverse o ser movido: Las sillas **móviles** con ruedas se usan en las oficinas porque son fáciles de moverse.

móvil m. **1.** Circunstancia que motiva un hecho: No hay duda de que el **móvil** del marido para matar a esa actriz era cobrar el seguro de vida que ella tenía. **2.** Objeto decorativo compuesto por piezas colgadas de hilos y puestas en equilibrio, las cuales se mueven en el aire: Compré a mi sobrino un **móvil** con figuras de animales y una campana y lo puse arriba de su cuna.

movilización f. Movimiento, en especial de tropas o dinero.

movilizar vb. irreg. [tr. y prnl.] Modelo 16. Poner en actividad soldados o dinero: En vísperas de la guerra, el ejército **movilizó** a sus tropas cerca de la frontera con el país enemigo.

movimiento m. **1.** Acción de moverse o ser movido: El **movimiento** de automóviles en las ciudades aumenta durante las primeras horas del día. **2.** Tendencia de ciertos grupos de personas a la realización de determinadas acciones: Hace un mes hubo un **movimiento** muy grande que apoyaba la construcción de una nueva biblioteca en el pueblo. **3.** En música, una parte de una sinfonía, pieza, melodía, etc.: La mayor parte de las sinfonías tienen cuatro **movimientos**; la llamada "Inconclusa" de Schubert tiene dos.

mozalbete m. Joven de poca edad: El escudero que acompañaba al caballero era apenas un **mozalbete** de catorce años.

mozárabe adj./m. y f. Relativo al cristiano que vivía en los territorios que dominaban los musulmanes en la Península Ibérica: Los **mozárabes** heredaron a la civilización occidental hermosas pinturas en miniatura realizadas entre los siglos XI y XII d.C.

mozárabe m. Lengua romance hablada por los habitantes musulmanes de la Península Ibérica: El **mozárabe** se deriva del latín vulgar y del árabe.

mozo, za adj./m. y f. Joven, muchacho: En el mercado hay una **moza** de quince años que vende flores frescas y olorosas.

mozo, za m. y f. Persona que trabaja en tareas modestas: Emiliano fue contratado como **mozo** en la fonda, su trabajo consiste en limpiar pisos y lavar trastos.

mucamo, ma m. y f. **1.** Amér. Merid. Criado, servidor: La mansión del hombre millonario era tan grande que se necesitaban ocho **mucamas** para hacer la limpieza. **2.** Argent., Chile, Par. y Urug. Persona encargada de la limpieza en hospitales y hoteles: Cuando llegué al ho-

tel una **mucama** me dio dos toallas para secarme cuando me duchara.

muchacho, cha m. y f. **1.** Adolescente, joven: A muchas **muchachas** les gusta ir de compras. **2.** Méx. Fam. Empleada doméstica: Se fue la **muchacha** que trabajaba en mi casa porque se casó, ahora mi madre está buscando otra.

muchedumbre f. Conjunto o grupo numeroso de personas: Al inicio de la Revolución Francesa, la **muchedumbre** atacó la prisión de la Bastilla.

mucho adv. **1.** En gran cantidad: El suelo está mojado porque anoche llovió **mucho**. **2.** Largo tiempo: Mi hermano fue a comprar pan y tardó **mucho** en volver, por eso todos estábamos preocupados. **3.** loc. Por ~ que, aunque: "Por **mucho** que me insistas, no quiero ir a la fiesta, muchas gracias", le dije a Ramiro.

mucho, cha adj. Que abunda en número o intensidad: La casa estaba llena de jóvenes porque Rocío invitó a **muchos** amigos a su fiesta.

mucílago o **mucilago** m. Substancia viscosa de algunos vegetales.

mucosa f. Membrana que segrega una especie de moco.

mucoso, sa adj. Semejante al moco.

múcura adj. **1.** Bol., Colomb., Cuba y Venez. Ánfora de barro que sirve para transportar agua y conservarla fresca: Preparamos agua de sandía y la vaciamos a la **múcura** para que estuviera fresca a la hora de comer. SIN. cántaro. **2.** Colomb. Tonto, torpe.

muda f. **1.** Hecho de mudar o cambiar los animales sus dientes, pelo, plumas o piel por otros nuevos: Me doy cuenta de la **muda** de mi gato porque cuando barro encuentro bolas de pelo en los rincones. **2.** Juego de ropa interior: Llevo dos **mudas** para mi viaje de dos días en la playa.

mudar vb. [tr., intr. y prnl.] **1.** Cambiar el aspecto o el estado de una cosa. **2.** Renovar los animales la piel, el pelo o las plumas, o renovar los humanos los dientes: Mi hermana tiene nueve años y ya **mudó** casi todos los dientes. **3.** Cambiarse de ropa: Agustín tuvo que **mudarse** de ropa después de mojarse con la lluvia. **4.** Trasladar la residencia a otra casa o lugar: Los vecinos se **mudaron** a otra ciudad la semana pasada.

mudéjar adj./m. y f. Relativo a la población musulmana que vivía en los reinos cristianos de la Península Ibérica: Los **mudéjares** vivieron de los siglos XII al XVI en los territorios gobernados por la España cristiana.

mudéjar m. Estilo arquitectónico con influencias árabes, que floreció en la Península Ibérica entre los siglos XIII y XV: El **mudéjar** llegó a América en el siglo XVI y entre los edificios que lo representan está el Palacio de Torre Taple en Lima, Perú.

mudo, da adj./m. y f. **1.** Privado de la facultad de hablar: Helen Keller fue una mujer que aunque era ciega, sorda y **muda**, logró hacer grandes cosas. **2.** Relativo a la letra que no se pronuncia: La hache (h) es una letra **muda** en el idioma español, como en "hola".

mueble adj. Relativo a los bienes que se pueden trasladar: En su testamento, el señor González dejó dicho a quiénes heredaba sus bienes **muebles** y sus dos casas.

mueble m. Objeto móvil práctico o de adorno que equipa un espacio: Como los **muebles** nuevos son muy caros, creo que voy a reparar los que ya tengo.

419

mueca f. Gesto muy expresivo del rostro: *Hay actores que se vuelven famosos por las muecas que hacen en sus papeles cómicos.*

muela f. **1.** Cada uno de los dientes con superficie aplanada, que se encuentra detrás de los colmillos: *Fui al dentista porque tenía una caries en una muela.* Sin. **molar.** **2.** Piedra para moler o para afilar. **3.** loc. **~ del juicio,** cada una de las muelas que salen a las personas cuando ya son mayores.

muelle m. **1.** Pieza elástica en espiral: *"Se puede saltar sobre este colchón porque tiene muelles", les dije a mis hermanos.* Sin. **resorte.** **2.** Construcción a orillas del mar o de un río, para operaciones de carga y descarga: *En el muelle se encuentran las oficinas de la compañía que vende pescado.*

muermo m. **1.** Enfermedad contagiosa de los caballos y otros equinos. **2.** *Fam.* Aburrimiento, tedio: *El feo filme no produjo tanto muermo que preferimos salirnos del cine.*

muerte f. **1.** Final de la vida: *Algunas personas piensan que con la muerte se acaba todo y otras piensan que hay otra vida después.* **2.** Acto de matar: *En el cuento que leí, el caballero no dio muerte al dragón porque era su amigo.*

muerto, ta adj. **1.** Que ha dejado de vivir: *Al final de la obra de teatro el villano quedó muerto en medio del escenario.* **2.** Inactivo, apagado: *"No te pude llamar ayer porque mi teléfono estaba muerto", le dije a mi amiga.* **3.** Muy cansado: *Mi hermana llegó muerta de la excursión porque caminaron todo el día por el bosque.*

muerto, ta m. y f. Sin vida: *El muerto será enterrado en el cementerio.*

muesca f. Incisión o corte hecho como señal sobre alguna superficie. *En la prehistoria los hombres elaboraban puntas de espadas haciendo muescas en las rocas y en otros materiales duros.*

muestra f. **1.** Parte representativa de un conjunto: *En la tienda me dieron una muestra gratis del nuevo champú para probarlo.* **2.** Prueba, señal: *Como muestra de su cariño, Gilda le regaló unas flores a una amiga en su cumpleaños.* **3.** Modelo que se copia o imita: *Usaremos como muestra el dibujo del libro e intentaremos hacer otro igual o al menos parecido.*

muestrario m. Especie de cuaderno en el que se colocan ejemplos de muchos tipos de papeles, botones u otras cosas: *El vendedor me enseñó un muestrario en el que pude elegir la tela para el vestido.*

mugido m. Voz de las vacas, las reses y otros rumiantes: *La vaca lanzó un mugido cuando vio que el granjero se acercaba para darle su alimento.*

mugir vb. irreg. {intr.} Modelo 61. Soltar su voz las vacas y los toros: *Las reses mugen cuando les aplican el hierro candente en el muslo para marcarlas porque les duele.*

mugre f. Suciedad: *Al bañarse, Ernesto se restregó las rodillas para quitarse la mugre.*

mujer f. **1.** Persona del sexo femenino. **2.** Esposa: *Óscar llegó con su guapa mujer a la cena.*

mujeriego adj./m. Hombre muy aficionado a las mujeres: *Su esposa abandonó a Guillermo porque era un mujeriego que la engañaba con dos chicas.*

mújol m. Pez de cabeza grande y labios muy gruesos, apreciado por su carne y sus huevas.

mula f. **1.** Hembra del mulo. **2.** *Méx. Fam.* Persona obstinada y mala: *Ese empleado es una mula, sabía*

que me urgía el trámite y se encargó de retrasarlo sólo por molestarme.

muladar m. **1.** Sitio donde se tira el estiércol o la basura: *Los muladares de las ciudades por lo general se encuentran en las afueras.* **2.** Lugar muy sucio y desarreglado: *Las habitaciones de algunos adolescentes a veces parecen muladares.*

mulato, ta adj./m. y f. Que es hijo de hombre blanco y mujer negra o viceversa.

muleta f. **1.** Especie de bastón grande, con un travesaño para apoyar la axila, que sirve para ayudarse a andar: *Ricardo tenía enyesado el pie y necesitaba muletas para poder caminar.* **2.** Paño rojo usado para torear: *Los últimos pases del torero con la muleta, antes de la estocada, fueron muy afortunados.*

muletilla f. Expresión que se repite con frecuencia al hablar.

mullido, da adj. Blando, suave: *Entre una mullida almohada de plumas y una dura de borra, sin duda prefiero la primera.*

mullir vb. irreg. {tr.} Modelo 69. Ahuecar algo para que esté blando y esponjoso.

mulo, la m. y f. Mamífero híbrido resultante del cruce de yegua y asno: *Las mulas son útiles como bestias de carga.*

multa f. Sanción económica que se impone por haber cometido una infracción o delito: *Voy a tener que pagar una multa por haber dejado el automóvil en un lugar prohibido.*

multar vb. {tr.} Imponer a alguien una pena económica por una falta que cometió: *Se pasó la luz roja y el agente de tránsito lo multó con cien pesos.*

multicopista adj./f. Máquina que reproduce copias de un escrito, dibujo, etc.

multígrafo adj./m. *Méx. y Venez.* Multicopista.

multimedia adj. **1.** Referente a varios medios de comunicación. **2.** Que utiliza varios medios de comunicación: *Ahora se venden mucho las computadoras multimedia que tienen sonido, fax, módem y cd roms.*

multinacional f. Dícese de la empresa cuyas actividades se extienden a varios países: *Existen varias multinacionales que venden automóviles no sólo en su país de origen sino en muchas partes del mundo.*

multíparo, ra adj. **1.** Que tiene varios hijos en un solo parto: *Las perras, gatas, lobas y leonas son por lo general multíparas.* **2.** Dícese de la mujer que ha tenido más de un parto.

múltiple adj. Que no es simple o que ocurre muchas veces: *Mi vecino toma clases de múltiples cosas como guitarra, karate, natación y fútbol.*

multiplicación f. **1.** Acción y efecto de multiplicar. **2.** Operación aritmética que consiste en sumar de forma directa y abreviada un número, tantas veces como indica otro.

multiplicador m. Factor que en una operación matemática señala cuántas veces debe multiplicarse una cantidad.

multiplicando m. Factor que en una multiplicación debe tomarse como sumando tantas veces como indique el multiplicador.

multiplicar vb. irreg. {tr. y prnl.} Modelo 17. **1.** Aumentar mucho la cantidad o el número de una cosa. **2.** Efectuar la operación matemática llamada multiplicación: *Para saber cuánto te cuestan cinco dulces, **multiplica** el precio de un dulce por cinco.*

múltiplo, pla *adj./m.* Se dice del número o cantidad que contiene a otro u otra varias veces de manera exacta: *Cuatro es un **múltiplo** de dos.*

multitud *f.* **1.** Gran número de personas o cosas: *Cuando murió el cantante argentino Carlos Gardel, una **multitud** de admiradores asistió al entierro.* **2.** Gente: *La **multitud** que llenaba el estadio apoyó a sus respectivos equipos durante el partido.*

mundanal *adj.* Mundano, relativo al mundo y a la sociedad: *La obra "La Vida Retirada" del escritor español Fray Luis de León habla de quienes "huyen del **mundanal** ruido".*

mundano, na *adj.* Relativo al mundo y a la alta sociedad: *Federico se mueve en un círculo **mundano** y superficial donde lo único importante son las fiestas y la ropa lujosa.*

mundial *adj.* Relativo al mundo entero: *La contaminación del agua y del aire debe preocupar a todos los países de la Tierra, es un problema **mundial**.*

mundial *m.* Competición deportiva en la que participan atletas que representan a muchos países: *El **mundial** de fútbol se lleva a cabo cada cuatro años y en un país distinto cada vez.*

mundo *m.* **1.** La Tierra como planeta: *A principios del siglo pasado darle la vuelta al **mundo** era una hazaña, pues no existían barcos modernos ni aviones veloces.* **2.** Parte de lo que existe en que se incluye todo lo relativo a un campo, disciplina, área, etc.: *En el siglo xx se dieron adelantos espectaculares en el **mundo** de la comunicación.*

munición *f.* Carga de las armas de fuego.

municipal *adj.* Relativo al municipio: *Los problemas con servicios como la recolección de basura y el agua potable se arreglan en las oficinas **municipales**.*

municipal *m.* Cuerpo de policía dependiente de un ayuntamiento.

municipio *m.* **1.** División administrativa de un territorio que está regida por un ayuntamiento. **2.** Ayuntamiento.

munido, da *adj. Argent., Chile y Urug.* Provisto, que lleva algo consigo: *Cuando mi mamá fue a inscribirme a la escuela, iba **munida** con todos los documentos necesarios para el trámite.*

muñeco, ca *m.* y *f.* **1.** Figurilla humana usada como juguete. **2.** Parte del brazo donde la mano se articula con el antebrazo: *En el tenis, el brazo impulsa el golpe y la **muñeca** da la dirección de la pelota.* **3.** *Fam.* Bebé muy bonito: *Rodrigo es un **muñeco** que a todos nos gusta cargar y abrazar.*

muñón *m.* Parte de un miembro amputado que permanece en el cuerpo: *Para ocultar el **muñón** del brazo, el viejo militar usaba una camisa con la manga larga doblada.*

mural *m.* Pintura hecha o colocada sobre un muro o pared: *Alonso es un artista incomprendido que pintó un **mural** en la sala de su casa y su mamá se enojó.*

muralismo *m. Méx.* Tendencia artística mexicana de las décadas de 1940 y 1950, en la cual son utilizados muros o paredes para plasmar ideas: *Diego Rivera y José Clemente Orozco son dos exponentes del **muralismo**.*

muralla *f.* Muro de gran grosor que se construía alrededor de ciudades o castillos para defenderlos de ataques enemigos: *Una de las **murallas** más famosas del mundo es la de China.*

murciélago *m.* Mamífero volador de costumbres nocturnas, la mayoría de sus especies se alimentan de insectos: *Los **murciélagos** tienen una especie de radar integrado que les permite volar en la obscuridad.*

murga *f.* Conjunto de músicos callejeros: *Los chicos del vecindario organizaron una **murga** en el barrio para festejar el fin de sus cursos en la universidad.*

murmullo *m.* Ruido continuo, suave y confuso: *Al rey le gustaba tanto el **murmullo** del agua, que mandó construir una fuente en la habitación donde dormía.*

murmurar *vb.* {tr. e intr.} **1.** Hablar entre dientes: *Carlos se fue furioso a su cuarto, **murmurando** quién sabe qué cosas.* **2.** Hablar mal de alguien: *Deja que la gente **murmure** y ven conmigo a bailar este tango.*

muro *m.* **1.** Pared o tapia gruesa: *Los **muros** de los castillos medievales eran de piedra.* **2.** *Fam.* Obstáculo.

mus *m. Esp.* Juego de naipes que se practica entre dos parejas y que consiste en hacer creer a los contrarios que se tienen cartas superiores o inferiores, con el fin de sorprenderlos con un juego mejor al de ellos.

musa *f.* **1.** Inspiración de un poeta: *Amado dice que lo visitó una **musa**, acaba de escribir un poema.* **2.** En la mitología clásica occidental, cada una de las nueve diosas encargadas de cada una de las ciencias y artes: *Terpsícore es la **musa** de la danza.*

musaraña *f.* **1.** Mamífero insectívoro muy pequeño y voraz. **2.** *loc. pl.* Pensar en las ~, estar distraído: *José no está poniendo atención en clase, **piensa en las musarañas**.*

musculatura *f.* Conjunto de los músculos del cuerpo: *La halterofilia o levantamiento de pesas es un deporte encaminado a desarrollar la **musculatura** humana.*

músculo *m.* Órgano formado por tejido elástico que sirve para producir el movimiento en el hombre y en los animales.

muselina *f.* Tela de algodón o de seda, muy fina y transparente: *La joven usaba un ligero vestido blanco de **muselina** durante el verano caluroso.*

museo *m.* Edificio o lugar donde se guardan objetos científicos o artísticos para su estudio y exposición al público: *En un **museo** de historia natural pueden verse esqueletos de dinosaurios y animales disecados.*

musgo *m.* Tipo de plantas de tallos cortos y apretados, que forman una especie de alfombra.

música *f.* Arte de combinar los sonidos para producir un efecto expresivo o estético: *El **músico** alemán Juan Sebastián Bach fue uno de los más grandes artistas de la **música**.*

musical *adj.* Relativo a la música: *José tiene una gran inclinación **musical**, pues toca el piano desde los seis años.*

músico, ca *m.* y *f.* Persona que compone música o toca un instrumento: *Astor Piazzola fue un **músico** argentino que se considera clásico en el género del tango.*

musitar *vb.* {intr.} Hablar muy bajo: *En los templos, la gente **musita** por respeto a los lugares sagrados.*

muslo *m.* **1.** Parte de la pierna desde la cadera hasta la rodilla. **2.** En los animales, lugar donde se une la parte alta de la pata con el cuerpo: *No me gusta la pechuga del pollo, sólo las piernas y los **muslos**.*

mustio, tia *adj.* *1.* Se dice de las plantas o flores que han perdido su verdor: *Al final del día, las flores que venden en las esquinas de las calles se empiezan a ver* **mustias.** *2.* Hipócrita, falso; que parece lo que no es: *Alberto puso cara de ángel, pero en realidad es* **mustio** *porque él cometió la travesura y lo negó.*

musulmán, na *adj./m.* y *f.* Seguidor del islamismo.

mutación *f.* *1.* Hecho de cambiar, de sufrir una transformación. *2.* En biología, alteración genética en el conjunto de caracteres hereditarios de un ser vivo: *La radiactividad produce* **mutaciones** *en las personas que se exponen a ella.*

mutante *m.* y *f.* Ser que presenta mutaciones, cambios, que no es estable: *Como los virus de la gripe son* **mutantes,** *no se ha podido desarrollar una vacuna contra esa enfermedad.*

mutar *vb.* {tr. y prnl.} *1.* Transformar. *2.* En biología, ocurrir una mutación.

mutilar *vb.* {tr. y prnl.} Cortar un miembro del cuerpo: *El accidente le destrozó la pierna al corredor de autos y se la tuvieron que* **mutilar** *en el hospital.*

mutis loc. Hacer ~. Acción de retirarse de manera discreta: *Jorge llegó a la fiesta, comió, bebió e hizo* **mutis** *sin que nadie se diera'cuenta.*

mutismo *m.* Silencio voluntario o impuesto.

mutro, tra *adj.* *1.* Chile. Persona que al hablar pronuncia mal: *Ese locutor está* **mutro,** *no entiendo lo que dice.* *2.* Chile. Mudo: *Los* **mutros** *se expresan con señas.* *3.* Chile. Tartamudo: *Me pongo un poco* **mutro** *cuando estoy nervioso.* *4.* Chile. Individuo que no habla español: *Como Boris acaba de llegar de Rusia está* **mutro,** *no sabe más que unas cuantas palabras en español.*

mutuo, tua *adj.* Que se hace u ocurre entre dos o más personas o cosas de forma recíproca: *Luis ama a Tere y Tere ama a Luis, por lo tanto es* **mutuo** *el amor que se tienen.*

muy *adv.* Marca la intensidad de un adjetivo o de un adverbio llevada a su más alto grado: *Toda la familia está* **muy** *contenta porque ganaron el premio mayor de la lotería.*

Nn

n *f.* Decimocuarta letra del abecedario español. Su nombre es *ene.*

nabo *m.* Planta anual que se cultiva en huerta, de raíz blanca y comestible.

nácar *m.* Substancia blanca y dura, con reflejos de colores, que se forma en el interior del caparazón de los moluscos: *Me regalaron una caja de nácar que brilla cuando le da la luz.*

nacarado, da *adj.* Que tiene el brillo del nácar: *El lápiz de labios que trae puesto Genoveva es nacarado, por eso brilla como si fuera de varios colores.*

nacer *vb. irreg.* [intr.] **Modelo 39. 1.** Salir un ser del vientre de la madre si es vivíparo o de un huevo si es ovíparo: *A mi perra le nacieron cuatro cachorritos.* **2.** Tener principio: *La cultura occidental nació en Grecia.* **3.** Brotar, germinar: *Para que nazca una planta hay que poner una semilla en la tierra.* **4.** Salir, aparecer: *Según el noticiero, ha nacido un nuevo volcán cerca de la ciudad donde vivo.*

naciente *adj.* Que está surgiendo: *Cuando fui a la playa pude ver el Sol naciente en la madrugada.*

naciente *m.* Este, punto cardinal: *El Sol sale por el naciente y se oculta por el poniente.*

nacimiento *m.* **1.** Hecho de venir al mundo: *Mi hermana va a organizar una fiesta para festejar el nacimiento de su primer hijo.* **2.** Origen, principio: *El nacimiento de la radio y la televisión se dio con el descubrimiento de las ondas hertzianas.*

nación *f.* **1.** Conjunto de habitantes de un país, que se rige por una misma estructura política: *Las personas nacidas en Uruguay forman la nación uruguaya.* **2.** Territorio de un país: *A partir del siglo XIX las vías férreas empezaron a comunicar a toda la nación.*

nacional *adj.* Relativo a una nación o país: *Me compré dos vestidos, uno de tela nacional y otro de tela italiana.*

nacionalidad *f.* Condición de pertenecer a una nación: *Andrés nació en Brasil, pero luego decidió adoptar la nacionalidad de Uruguay, donde vive desde hace muchos años.*

nacionalismo *m.* **1.** Apego a la propia nación: *Su nacionalismo es tan fuerte que no compra nada producido fuera de su país.* **2.** Tendencia política que defiende la autonomía y la independencia de un país.

nacionalista *adj.* Que defiende la autonomía e independencia de un país: *Los autores nacionalistas escriben sobre temas de su propio país.*

nacionalización *f.* Hecho de absorber un gobierno ciertos bienes que eran de particulares: *En México se festeja la nacionalización de la industria petrolera cada 18 de marzo.*

nacionalizar *vb. irreg.* [tr. y prnl.] **Modelo 16. 1.** Conceder o adoptar la nacionalidad: *Octavio no nació en Perú, pero después de veinte años de vivir en este país decidió nacionalizarse peruano.* **2.** Hacer que determinados bienes pasen a manos del gobierno de una nación: *Durante las revoluciones es común que los nuevos gobiernos nacionalicen algunas empresas e industrias que habían pertenecido a particulares.*

nacionalsocialismo *m.* Doctrina nacionalista establecida por Adolfo Hitler, basada en la superioridad de la raza aria sobre las demás razas: *El nacionalsocialismo fue la política que provocó el comienzo de la Segunda Guerra Mundial.* **SIN. nazismo.**

naco *m.* **1.** *Amér. C. y Amér. Merid.* Hoja larga y enrollada de tabaco. **2.** *Colomb.* Puré de papa.

naco, ca *adj./m. y f. Méx. Fam. Desp.* Persona de gustos no refinados: *Hacer aspavientos sólo para llamar la atención sin motivo es una actitud de naco.*

nada *f.* **1.** Ausencia absoluta de seres o cosas: *No hay nada de comer en mi casa porque estuvimos fuera durante tres meses.* **2.** *loc.* **De ~,** expresión usada para responder a quien da las gracias: *Cuando le di las gracias por el regalo que me dio, Germán me contestó de nada.* **3.** *loc.* **Por ~,** en ningún caso: *No le prestaría mi bicicleta por nada, pues sé que es un niño muy descuidado.*

nada *pron.* Pronombre indefinido que significa "ninguna cosa": *Mi café no tenía nada de azúcar y me supo amargo.*

nada *adv.* En absoluto: *No me gusta nada la idea de tener que pasar el verano en un lugar frío, preferiría ir a la playa.*

nadador, ra *m. y f.* Persona que practica la natación: *Los nadadores se lanzaron a la piscina y un poco después comenzaron el juego de baloncesto en agua.*

nadar *vb.* [intr.] **1.** Sostenerse y avanzar dentro del agua: *A Germán le gusta mucho nadar y dice que cuando crezca competirá en las Olimpiadas.* **2.** Abundar en una cosa: *Ese señor nada en dinero, por eso tiene cuatro casas, seis automóviles nuevos, viaja por todo el mundo y se viste con ropa muy cara.*

nadería *f.* Cosa sin importancia: *Laura sólo consiguió que el vendedor le rebajara una nadería en el precio del jarrón, de 500 que costaba a 498 pesos.*

nadie *pron.* Pronombre indefinido que significa "ninguna persona": *Cuando llegué a la escuela, no había nadie porque era domingo.*

nadir *m.* Punto de la esfera celeste completamente opuesto al cenit: *Cuando ocurre el nadir la noche está en su momento de mayor obscuridad.*

nafta f. 1. Líquido volátil e inflamable obtenido del petróleo, se emplea como solvente. 2. Argent. y Urug. Combustible usado por varios tipos de motores, compuesto por una mezcla de hidrocarburos líquidos obtenidos del petróleo crudo. Sin. **gasolina**.

naftalina f. Substancia que se vende a veces en forma de bolitas, usada contra la polilla: Al guardar la ropa de invierno, mi madre la rodeó de **naftalina** para evitar que los bichos la dañaran.

nagual m. Amér. C. y Méx. Brujo, hechicero que se supone tiene la facultad de convertirse en animal.

naguas f. pl. Prenda interior femenina, por lo general de algodón, que también se usa como pollera o falda. Sin. **enagua**.

nahua adj./m. y f. De un pueblo amerindio de México y Centroamérica.

nahua m. Lengua hablada principalmente por los indígenas nahuas de México.

náhuatl m. Lengua derivada del nahua hablada en gran parte de México en el momento de la conquista española: Varias palabras del español, como "tomate" y "aguacate", provienen del **náhuatl**.

nailon m. Palabra de origen inglés. Material sintético con el que se fabrican tejidos: Las telas de **nailon** atraen mucha electricidad estática. Sin. **nylon, nilón**.

naipe m. Cartulina rectangular que, con otras similares, forma una baraja: El jugador de póquer pidió un juego nuevo de **naipes** para seguir la partida. Sin. **carta**.

nalga f. Cada una de las dos partes carnosas ubicadas debajo de la espalda de los humanos: Muchas inyecciones intramusculares se aplican en las **nalgas**. Sin. **glúteo, trasero**.

nalgada f. C. Rica y Méx. Golpe dado en las nalgas con la mano abierta.

nana f. 1. Canción para dormir a los niños: Mi mamá le canta **nanas** a mi hermanito cuando ya es hora de que se duerma. 2. Amér. C. Madre. 3. Amér. C., Méx. y Venez. Niñera o nodriza: Cuando sus padres salen de viaje la **nana** cuida a la pequeña Martha. 4. Argent., Chile, Par. y Urug. En lenguaje infantil, herida leve: Juan se cayó y se hizo una **nana** en la rodilla. 5. pl. Amér. Merid. Conjunto de achaques y dolencias sin importancia, en especial las de la vejez: Mi abuelita tiene las **nanas** típicas de su edad.

nao f. Nave, embarcación: Durante la época de la Colonia (siglos XVI al XIX), una **nao** de China llegaba cada cierto tiempo a las costas de la Nueva España con gran cantidad de artículos orientales y europeos.

napalm m. Substancia inflamable muy dañina para la salud que se usa para elaborar explosivos.

naranja adj. Fam. De color anaranjado: La camisa color **naranja** que trae Arturo lo distingue de entre la multitud.

naranja f. Fruto del naranjo, redondo, de cáscara dura y color entre amarillo y rojo, con pulpa que forma gajos: Desde hace varios siglos las **naranjas** de Jericó son famosas por su jugo dulce y abundante.

naranja m. Color que se obtiene de la combinación del rojo y el amarillo: El **naranja** es el color de la fruta del mismo nombre. Sin. **anaranjado**.

naranjada f. Bebida hecha a base de jugo o zumo de naranja: Después del juego, los niños disfrutaron una refrescante **naranjada** que ellos mismos habían preparado con jugo de naranja, agua y azúcar.

naranjo m. Árbol de flores blancas y olorosas que crece en las regiones tropicales y se cultiva por su fruto: Los azahares son las flores del **naranjo**.

narciso m. 1. Planta con bulbos y de flores blancas o amarillas: El **narciso** tiene las hojas estrechas y sus flores son muy olorosas. 2. Flor de la planta llamada narciso.

narcótico m. Substancia que provoca sueño y pérdida de la sensibilidad: El doctor recetó un ligero **narcótico** a Elisa porque desde hace varios días no puede dormir bien.

narcótico, ca adj. Relativo a la substancia que provoca sueño y pérdida de la sensibilidad: Para secuestrar a la princesa, el hombre malvado le dio una bebida **narcótica** que la hizo dormir.

narcotraficante m. y f. Persona dedicada al tráfico ilegal de drogas dañinas para el hombre.

narcotráfico m. Tráfico ilegal de drogas dañinas para el hombre.

nardo m. 1. Planta herbácea que crece en los jardines, de flores blancas muy olorosas. 2. Flor de la planta llamada nardo: El **nardo** es una flor de aroma muy fuerte y penetrante.

narigudo, da o **narigón, na** adj. De nariz grande: Cyrano de Bergerac, el famoso personaje de un libro de Edmundo Rostand, no se atrevía a conquistar a la mujer que amaba por ser muy **narigudo**.

nariz f. Parte saliente del rostro, por la que el aire penetra hacia los pulmones y en la que se encuentra el sentido del olfato: El boxeador quedó con la **nariz** hinchada y un ojo morado después de la pelea.

narración f. 1. Hecho de narrar: Mariana comenzó a las seis de la tarde la **narración** de sus vacaciones en Europa y la terminó dos horas después. 2. Escrito en prosa en que se relata una historia: Leí una **narración** muy interesante sobre la vida de unos piratas.

narrar vb. (tr.) Decir de palabra o por escrito alguna historia: Como ejercicio de redacción, la maestra le pidió a los niños que **narraran** en una página lo que habían hecho en vacaciones.

narrativa f. Género literario en prosa que abarca la novela, el relato y el cuento: Ese escritor no produce sólo poesías, su trabajo abarca toda la **narrativa**.

narrativo, va adj. Relativo a la narración: El escritor mexicano Juan Rulfo tuvo una gran capacidad **narrativa**.

nasa f. Cesta cilíndrica usada para pescar.

nasal adj. 1. Relativo a la nariz: No le gustaba su nariz, de modo que se hizo una operación de cirugía plástica **nasal**. 2. El sonido en cuya articulación el aire espirado pasa por la nariz, como el que representan m, n o ñ. 3. Con tono angustiado: Cuando llamé por teléfono a Ramiro, me contestó con una voz **nasal** porque estaba resfriado.

nassauense adj./m. y f. Originario de Nassau, capital de las Bahamas, islas del Mar Caribe.

nata f. 1. Capa cremosa que se forma en la superficie de la leche: El café con leche se enfrió tanto, que se le formó una **nata** color marrón. 2. Capa semisólida que se forma en la parte superior de algunos líquidos: En las orillas del pantano se forma una **nata** de plantas y pequeños animales. 3. loc. **La flor y ~** o **la crema y ~**, lo mejor de alguna cosa: Durante el festival de cine se reúne **la flor y nata** del mundo cinematográfico.

natación f. Deporte o ejercicio que consiste en mover pies y brazos dentro del agua para avanzar: La **natación** y los clavados son deportes acuáticos.

natal *adj.* Relativo al nacimiento: *Como está embarazada, Estela va todas las tardes a un curso sobre cuidados natales.*

natalicio, cia *adj./m.* Relativo al día del nacimiento: *"Hoy es día feriado porque se celebra el natalicio del héroe más importante de nuestro país", nos dijo la maestra.*

natalidad *f.* Número de nacimientos en un lugar y tiempo dados: *Entre los países con mayor natalidad del mundo se cuenta la India.*

natillas *f.* pl. Postre cremoso elaborado con huevos, leche y azúcar.

nativo, va *adj./m.* y *f.* Relativo al lugar de nacimiento: *Es mejor aprender inglés con alguien nativo de un país de habla inglesa.*

nato, ta *adj.* Que se tiene de nacimiento: *Julia tiene facilidad nata para la música, pues desde niña le ha gustado escucharla y tocar instrumentos.*

natural *adj.* **1.** Relativo a la naturaleza: *Me gusta comer productos naturales, ya que no han pasado por procesos químicos de conservación.* **2.** Propio de la naturaleza de un ser: *Elena posee una belleza natural, así que no necesita usar maquillaje ni adornos para verse bien.* **3.** No forzado, normal: *De una manera natural surgió entre los alumnos la idea de hacer una fiesta para celebrar el fin de cursos.* **4.** Originario de cierto lugar: *Beatriz es natural de Argentina pero vive en Perú desde que era niña.* **5.** Relativo a la persona que es sincera en lo que hace y dice: *Lalo es muy natural y siempre dice lo que piensa, por eso me gusta ser su amigo.* **6.** loc. **Número ~**, cada uno de los números enteros positivos: *Los números naturales son, por ejemplo, el 3, 19, 310 y 1857.*

naturaleza *f.* **1.** Conjunto de los seres y cosas que forman el Universo y existen de forma independiente del hombre: *Hay muy pocas partes en el mundo donde la naturaleza ha permanecido ajena a la intervención humana.* **2.** Conjunto de caracteres fundamentales propios de un ser o de una cosa: *Ernesto siempre ha mostrado una naturaleza amable y tranquila.*

naturalidad *f.* **1.** Calidad de natural: *Josefina pertenece a una escuela teatral que da gran importancia a la naturalidad en la actuación.* **2.** Espontaneidad, sencillez: *Los amigos se tratan con naturalidad, pues tienen diez años de conocerse.* SIN. **espontaneidad.**

naturalismo *m.* Escuela literaria y artística que trata de reflejar la realidad tal como es, incluyendo sus aspectos más desagradables: *El naturalismo se dio en el siglo XIX.*

naturalista *adj.* Que sigue la tendencia del naturalismo en el arte: *Emilio Zolá fue un escritor naturalista francés.*

naturista *adj.* Que prefiere los productos sin conservadores ni substancias químicas: *La comida naturista se prepara con alimentos que no tienen productos químicos ni conservadores.*

naufragar *vb. irreg.* [intr.] **Modelo 16. 1.** Perderse o hundirse una embarcación en el agua: *Tal vez el barco más grande y famoso que haya naufragado sea el Titanic.* **2.** Fracasar un intento o asunto: *El negocio de Ricardo naufragó porque no se ocupó mucho de él.*

naufragio *m.* Hundimiento de un barco: *Tras el naufragio, el único marinero sobreviviente llegó a la orilla de una isla deshabitada, desde donde vio cómo terminaba de hundirse su barco.*

náufrago, ga *m.* y *f.* Persona que sobrevivió al hundimiento de un barco: *Robinson Crusoe fue un náufrago que tuvo que sobrevivir en una isla casi desierta.*

náusea *f.* **1.** Necesidad de vomitar: *Bajando de la montaña rusa, el niño dijo que sentía náuseas y corrió al baño.* **2.** Repugnancia, rechazo hacia algo: *La violencia me produce náusea.*

nauseabundo, da *adj.* **1.** Que provoca asco, náuseas: *El olor a huevo podrido es nauseabundo.* **2.** Horrible, desagradable: *Ayer vi una película nauseabunda en la que un dinosaurio destrozaba a muchas personas.*

náutico, ca *adj.* Relativo a la navegación: *Cerca del puerto hay una tienda donde venden productos náuticos que sirven a los marineros.*

navaja *f.* Cuchillo plegable: *Las navajas suizas tienen muchos utensilios dentro como destornillador, cuchillo, cuchara, tenedor, lima y abridor de latas, por eso son muy útiles.*

navaja *f.* Molusco muy largo de caparazón rectangular.

naval *adj.* Relativo a las naves o a la navegación: *Como quiere ser marino, se inscribió a la escuela naval.*

nave *f.* **1.** Embarcación: *Cristóbal Colón partió con tres naves en busca de un camino más corto al Oriente y llegó al Nuevo Mundo.* **2.** Cada uno de los espacios que entre muros o columnas se extienden a lo largo de los templos, industrias, almacenes, etc. **3.** loc. **~ espacial**, vehículo que viaja fuera de la Tierra: *Las naves espaciales son cada vez de mayor tamaño, más sofisticadas y con características que les permiten llegar más lejos.*

navegación *f.* Sistema de transporte a través de ríos o mares: *Los antiguos fenicios desarrollaron gran parte de su comercio gracias a la navegación.*

navegar *vb. irreg.* [intr.] **Modelo 17. 1.** Viajar en una nave: *Navegamos por el Océano Atlántico para ir de América a Europa.* **2.** Trasladarse una nave: *El barco de vela navegaba a buena velocidad porque los vientos eran favorables.* **3.** Trasladarse de un lugar cibernético a otro, a través de la red internacional de comunicación por computadora, llamada por lo general Internet: *Ese joven se duerme muy tarde cuando navega en Internet porque le gusta conversar con gente de todo el mundo.*

navidad *f.* Fiesta católica que cada año celebra el nacimiento de Jesús: *Para celebrar la Navidad mucha gente se da regalos a sus seres queridos y prepara alimentos especiales.*

naviero, ra *m.* y *f.* Propietario de barcos: *Aristóteles Onassis fue uno de los navieros más ricos no sólo de Grecia, sino de todo el mundo.*

navío *m.* Embarcación de grandes dimensiones: *Ese navío está diseñado para transportar petróleo.*

nazi *adj./m.* y *f.* **1.** Relacionado con el nazismo: *Los nazis fueron responsables del asesinato de más de seis millones de judíos durante la Segunda Guerra Mundial.* **2.** Persona que cree en la superioridad de los blancos sobre las demás razas, seguidor del nazismo. SIN. **fascista.**

nazismo *m.* Doctrina del grupo dominante en Alemania desde 1933 (ascenso de Adolfo Hitler al poder) hasta 1945, la cual sostenía la superioridad de la raza aria por encima de las demás. SIN. **nacionalsocialismo.**

neblina *f.* Niebla ligera y baja: *La neblina provocó que un conductor no pudiera ver bien la carretera y chocara.*

neblinear *vb.* [impers.] *Chile.* Lloviznar.

425

NEB

nebulosa f. Gran masa celeste formada por materia cósmica: *Vistas al telescopio, las nebulosas parecen gigantescas nubes de colores flotando entre las estrellas.*

nebuloso, sa adj. **1.** Con neblina o con muchas nubes: *El día está nebuloso, espero que salga el sol para que podamos ir a la playa.* **2.** Borroso, no claro: *Tenía los lentes tan sucios que todo lo veía nebuloso.* SIN. **nublado.**

necedad f. **1.** Terquedad, acción de alguien necio: *Le dije cien veces a Noé que no se subiera a esa escalera, pero su necedad lo llevó a querer jugar ahí hasta que se cayó.* **2.** Tontería: *El borracho salió del bar diciendo necedades y tropezando con sus propios pies.*

necesario, ria adj. Que no puede dejar de ser o suceder: *"Si quieres aprender a tocar el piano es necesario que estudies música", me dijo mi maestro.*

neceser m. **Palabra de origen francés.** Caja o estuche con los objetos de aseo, costura o belleza: *Mi mamá lleva en su neceser jabón, papel higiénico, perfume, hilo, aguja y otras cosas necesarias para el viaje.*

necesidad f. **1.** Todo lo que es necesario o indispensable para alguien o algo. **2.** Hecho de ser necesaria o indispensable una cosa: *Las personas que padecen diabetes tienen necesidad de la insulina para mantenerse estables.* **3.** Escasez o pobreza: *La necesidad hizo que doña Adriana vendiera tartas aparte de trabajar en la industria.* **4.** loc. pl. Fam. **Hacer las ~,** orinar o defecar.

necesitado, da adj./m. y f. **1.** Que necesita algo. **2.** Persona que no tiene lo que requiere para vivir. SIN. **pobre.**

necesitar vb. [tr.] Requerir algo, tener necesidad de alguna cosa: *"Necesitas usar malla o traje de baño para que te dejen entrar en la piscina", me dijo el instructor.*

necio, cia adj./m. y f. **1.** Tonto, ignorante. SIN. **guaje, guajolote. 2.** Terco, obstinado: *No seas necio, ¡ya te dije que no puedes comer más chocolates!* SIN. **tozudo.** ANT. **prudente.**

nécora f. Cangrejo de mar de caparazón color rojo.

necrofagia f. Acción de alimentarse de cadáveres o carroña.

necrófago, ga adj. Que se nutre comiendo cadáveres: *Algunos animales como las hienas, los chacales y los buitres son necrófagos.*

necrofilia f. Inclinación o interés por la muerte.

necrología f. **1.** Biografía de una persona muerta recientemente: *Algunos diarios tienen una sección de necrologías, donde escriben información sobre personajes ya muertos.* **2.** Lista de personas muertas.

necrópolis f. En lenguaje de literatura y arqueología, lugar donde se depositan los muertos. SIN. **cementerio.**

néctar m. **1.** Jugo que contienen ciertas flores: *Las abejas se alimentan del néctar de las flores.* **2.** Licor delicioso.

neerlandés m. Lengua germánica hablada en los Países Bajos: *El neerlandés es de la misma familia que el alemán y el inglés.*

neerlandés, sa adj./m. y f. Originario de Holanda, país de Europa.

nefasto, ta adj. Que anuncia o causa desgracia: *La época más nefasta de mi vida fue cuando reprobé el curso y tuve que repetirlo.*

nefrología f. Rama de la medicina que se ocupa del riñón.

nefrólogo, ga m. y f. Médico especializado en las enfermedades relacionadas con el riñón: *El nefrólogo le recomendó a su paciente tomar más agua pura.*

negación f. **1.** Hecho de decir "no": *Cuando mi mamá me preguntó si yo había roto la lámpara le contesté con una negación, moviendo la cabeza de un lado al otro.* **2.** Hecho de ser algo lo contrario de lo que se afirma: *Ese florero es tan feo que es la negación de la belleza.*

negado, da adj./m. y f. Que no tiene capacidad o facilidad para algo: *Aunque a Jorge le gusta mucho el baile, es una actividad para la que está negado.* SIN. **inepto, incapaz.**

negar vb. irreg. [tr. y prnl.] Modelo 18. **1.** Decir que algo no existe o no es verdad: *Gabriel negó ser culpable de la muerte del perro y dijo que él mismo vio cuando un carro atropelló al animal.* **2.** No conceder lo que se pide: *Su papá le negó el permiso para ir a la fiesta debido a sus malas calificaciones.* **3.** No querer hacer una cosa: *Anastasia se negó a casarse con ese hombre, pues dice que no lo ama.*

negativa f. **1.** Acción de negar o negarse: *La negativa de los padres de comprar el juguete al niño provocó que llorara.* **2.** Palabra o gesto con que se niega.

negativo m. Primera imagen fotográfica que se obtiene: *Con los negativos se pueden hacer muchas copias de las mismas fotografías.*

negativo, va adj. **1.** Que expresa una negación: *Dio una respuesta negativa a la invitación para ir a la fiesta porque se siente enfermo.* **2.** El polo que posee menor potencial eléctrico: *Ten cuidado de colocar las pilas con el polo negativo en su lugar.* **3.** Los números reales menores que cero: *Si a 10 se le restan 15, el resultado es el número negativo menos cinco (-5).*

negligencia f. Falta de cuidado: *Osvaldo hizo su trabajo escolar con negligencia y obtuvo una calificación muy baja.*

negligente adj. Que es irresponsable, descuidado: *No puedo recomendarlo para un trabajo nuevo porque es una persona negligente que no cumple con sus deberes.*

negociado m. Amér. Merid. Negocio importante, ilícito y escandaloso.

negociar vb. [tr. e intr.] **1.** Tratar asuntos para llegar a un acuerdo: *Esos dos países están negociando un tratado de libre comercio.* **2.** Comprar o vender algo para obtener ganancias: *A Daniel le gusta negociar sus juguetes, vende uno que ya no usa para comprar otro que desea.*

negocio m. **1.** Cualquier operación de la que se espera o se obtiene un beneficio: *El negocio de José consiste en comprar televisores descompuestos para repararlos y después venderlos.* **2.** Local comercial: *En esa esquina han abierto varios negocios y todos han quebrado.*

negra f. En música, figura de duración que equivale a la mitad de una blanca.

negrero, ra adj./m. y f. **1.** Que comercia con esclavos negros. **2.** Persona con autoridad, que hace trabajar demasiado a sus empleados abusando de ellos.

negro m. Color más obscuro de todos debido a la ausencia total de luz: *En México y otros países hace tiempo se acostumbraba que la gente se vistiera de negro riguroso cuando estaba de luto.* ANT. **blanco.**

negro, gra adj. **1.** Del color más obscuro que existe: *Sebastián se puso una gabardina gris y un sombrero negro que no hacían parecer un fantasma.* ANT. **blanco.** **2.** Obscurecido, que tiene un color más obscuro que otros de la misma especie: *El pan negro es de color marrón obscuro.* ANT. **claro.**

426

negro, gra *m.* y *f.* Persona caracterizada por su piel de color obscuro.

negrura *f.* **1.** Obscuridad: *Cuando la Luna se coloca delante del Sol la* **negrura** *se apodera del día; eso es un eclipse total de Sol.* **2.** Color negro: *La* **negrura** *del pelaje de algunos caballos hace que los llamen "azabache".*

nematelminto, ta *adj./m.* y *f.* Relativo a un grupo de gusanos cilíndricos que en su mayoría viven como parásitos: *La lombriz intestinal o ascáride es un* **nematelminto**.

nematodo, da *adj./m.* y *f.* Relativo a una clase de gusanos que habitan en el suelo o como parásitos del hombre y de los mamíferos: *Los* **nematodos** *son la clase más importante de los nematelmintos.*

neme *m.* Colomb. Betún o asfalto.

nene, na *m.* y *f.* Niño muy pequeño: *Israel es un* **nene** *muy bonito y sonriente que tiene tres meses de edad.* SIN. **crío, criatura, guagua, bebé.**

nenúfar *m.* Planta acuática de flores blancas.

neocelandés, sa *adj./m.* y *f. Ver* **neozelandés.**

neoclasicismo *m.* Estilo artístico surgido a mediados del siglo XVIII e inspirado en la antigüedad grecolatina.

neodimio *m.* Elemento químico de símbolo Nd y número atómico 60, es un metal del grupo de las tierras raras.

neófito, ta *m.* y *f.* Persona recién incorporada a un grupo o actividad: *Como era* **neófita** *en el baile, a Gloria le daba trabajo seguir los pasos de sus compañeros de la academia.*

neógeno, na *adj./m.* Correspondiente al segundo periodo del cenozoico.

neolítico, ca *adj./m.* Correspondiente al segundo periodo de la Edad de Piedra, que se caracterizó por el uso de la piedra pulida: *Durante el* **neolítico**, *los hombres perfeccionaron la técnica para elaborar herramientas de piedra y comenzaron a fabricar cerámica.*

neologismo *m.* Palabra o sentido de una palabra nuevos en una lengua: *La computación ha introducido* **neologismos** *al español, como ratón en el sentido de "instrumento que dirige el movimiento del puntero en la pantalla".*

neón *m.* **1.** Gas noble existente en la atmósfera, de símbolo químico Ne y número atómico 10. **2.** Gas que produce una luz intensa, usado en algunas lámparas: *Los hoteles y restaurantes de la carretera se anuncian con luces de* **neón**.

neozelandés, sa *adj./m.* y *f.* Originario de Nueva Zelanda, país de Oceanía: *La mayoría de los* **neozelandeses** *hablan inglés.*

nepalés *m.* Lengua indoirania hablada en Nepal.

nepalés, sa *adj./m.* y *f.* Originario de Nepal, país asiático.

nepotismo *m.* Tendencia a favorecer con cargos, premios, etc., a familiares y conocidos.

neptunio *m.* Elemento químico radiactivo de símbolo Np y de número atómico 93.

nervadura *f.* Grupo de nervios, en especial de la hoja de un vegetal: *En la parte posterior de una hoja se puede apreciar su* **nervadura** *claramente.*

nervio *m.* **1.** Cada uno de los grupos de fibras que conducen los impulsos nerviosos: *Durante la cirugía, el dentista me quitó los* **nervios** *de una muela porque estaban dañados.* **2.** Grupo fibroso en la hoja de un vegetal o ala de insecto: *Si se observa el ala de una mosca de*

cerca y con cuidado, se pueden ver los **nervios**. **3.** Vigor, energía: *Mi tío es un hombre de mucho* **nervio** *que siempre está trabajando y haciendo ejercicio.* **4.** En arquitectura, moldura que sale del interior de una bóveda: *En algunas bóvedas de las iglesias se pueden observar los* **nervios** *que se unen en el centro.* **5.** pl. Preocupación, ansiedad: *Antes de salir al escenario, el cantante siente* **nervios** *porque teme cometer algún error.*

nerviosismo *m.* Tensión, preocupación: *Se notaba el* **nerviosismo** *en la cara de Blanca cuando presentó el examen final de su carrera.*

nervioso, sa *adj.* **1.** Relativo a los nervios: *Mi padre sentía un dolor en la espalda y el médico le dijo que era un padecimiento* **nervioso** *a causa de las presiones que tiene en el trabajo.* **2.** Impetuoso, vigoroso, inquieto: *Antes de comenzar la carrera, los caballos se movían* **nerviosos** *esperando la señal de arranque.* **3.** Fam. Preocupado, intranquilo.

neta *f.* Méx. Fam. Se usa por lo general con el artículo "la" y se emplea para hacer énfasis en que algo es cierto o verdadero: *La* **neta**, *no quiero ir a la discoteca contigo porque bailas muy mal.*

neto, ta *adj.* **1.** Que no está acompañado por otra cosa y no tiene deducciones: *El salario* **neto** *de un vendedor no es muy alto, pero gana más dinero gracias a las comisiones por las ventas que hace.* **2.** Claro, bien definido: *Es* **neta** *la diferencia entre un pan y una manzana.*

neumático *m.* Cubierta de caucho o hule que rodea la rueda de un vehículo: *Se pinchó el* **neumático** *del automóvil y mi padre tuvo que poner el de refacción.* SIN. **goma, llanta.**

neumología *f.* Rama de la medicina que se ocupa del estudio y cuidado de los pulmones.

neumólogo, ga *m.* y *f.* Doctor especializado en el estudio y cuidado de los pulmones: *El* **neumólogo** *le pidió que fuera al laboratorio a que le tomaran una radiografía de los pulmones.*

neumonía *f.* Inflamación de los pulmones producida por una bacteria o por un virus: *La* **neumonía** *es una especie de gripe grave.* SIN. **pulmonía.**

neuralgia *f.* Dolor en un nervio: *Un virus le ocasionó una fuerte* **neuralgia** *en la mitad de la cara.*

neurálgico, ca *adj.* **1.** Relacionado con el sistema nervioso: *El doctor le dijo a mi padre que su dolor de cabeza es* **neurálgico** *y que se debe a la gran cantidad de preocupaciones que tiene.* **2.** Lo que es central, muy importante: *El problema del agua en las ciudades es* **neurálgico** *para todos los habitantes.*

neurología *f.* Rama de la medicina que se ocupa del estudio del sistema nervioso.

neurológico, ca *adj.* Relacionado con los nervios: *El golpe que sufrió Mauro en la cabeza le produjo daño* **neurológico** *y tuvo que permanecer durante dos meses en el hospital.*

neurólogo, ga *m.* y *f.* Doctor especializado en las enfermedades relacionadas con los nervios: *Como se lastimó la columna vertebral en el accidente, llamaron a un* **neurólogo** *para que lo atendiera.*

neurona *f.* Célula nerviosa: *Las* **neuronas** *necesitan sangre y oxígeno para vivir y mantenerse en buen estado.*

neurosis *f.* Enfermedad del sistema nervioso sin causa física aparente, que afecta el comportamiento: *Entre* las **neurosis** más comunes están la angustia, las obsesiones y la histeria.

neurótico, ca *adj./m.* y *f.* Que tiene los nervios alterados: *Mi vecina es una* **neurótica** *que se enoja cuando hacemos cualquier ruido.*

neutral *adj.* Se dice de quien no está a favor ni en contra de algo: *Durante la Segunda Guerra Mundial, Suiza se mantuvo como un país* **neutral**, *es decir, no apoyaba a los países del Eje ni a los Aliados.*

neutralidad *f.* Estado en el que no se toma partido por un grupo u otro.

neutralizar *vb. irreg.* [tr. y prnl.] Modelo 16. **1.** Hacer algo neutro o neutral. **2.** Debilitar o anular el efecto de una acción con otra opuesta: *Para* **neutralizar** *las agruras en el estómago es bueno tomar antiácidos.*

neutro, tra *adj.* **1.** Que no presenta ni uno ni otro de dos caracteres opuestos: *Se puso un vestido de color* **neutro** *ni muy llamativo, como el rojo, ni muy obscuro, como el negro.* **2.** El género que no es ni masculino ni femenino: *La palabra lo es un artículo* **neutro**.

neutrón *m.* Partícula eléctricamente neutra que, junto con los protones, constituye el núcleo del átomo.

nevada *f.* Cantidad de nieve caída de una sola vez: *La última* **nevada** *apenas alcanzó a cubrir el suelo con una delgada capa de pocos centímetros de grosor.*

nevado *m. Amér.* Cumbre o área montañosa cubierta por nieves perpetuas.

nevado, da *adj.* Cubierto de nieve: *Ese volcán está* **nevado** *durante los meses invernales.*

nevar *vb. irreg.* [intr.] Modelo 3. Caer nieve: *Como mi amigo vive en un país tropical, nunca ha visto* **nevar**.

nevazón *f. Argent., Chile y Ecuad.* Tormenta de nieve.

nevera *f.* Aparato que sirve para conservar alimentos gracias a las bajas temperaturas: *Metí una jarra con agua a la* **nevera** *para que se enfríe.* SIN. **refrigerador, frigorífico, heladera.**

newton *m.* Unidad de fuerza en el Sistema Internacional.

nexo *m.* Nudo, unión, vínculo: *Gracias a los* **nexos** *que hay entre la escuela de música y otras escuelas en Estados Unidos y Europa, Martín logró irse a estudiar al extranjero.*

ni *conj.* Enlaza palabras o frases indicando negación: *Ni Juan ni Pedro han venido a la escuela porque ambos están enfermos.*

nicaragüense *adj./m.* y *f.* Originario de Nicaragua, país de América Central.

nicho *m.* **1.** Concavidad construida en un muro, usada para colocar cadáveres: *Una de las paredes de la catedral está cubierta de* **nichos** *que contienen cuerpos que fueron colocados ahí.* **2.** Hueco en una pared para colocar algún adorno: *A la entrada de la casa se ve un gran* **nicho** *donde colocaron un jarrón con flores naturales.* **3.** ~ **ecológico**, en ecología, zona ocupada por una especie, donde establece relaciones con otras especies y encuentra el alimento que necesita.

nicotina *f.* Substancia venenosa presente en las hojas del tabaco: *Los cigarrillos contienen* **nicotina** *y alquitrán, entre muchas otras substancias dañinas para el organismo.*

nido *m.* Construcción que hacen las aves para poner sus huevos: *Las lechuzas hacen sus* **nidos** *en los huecos de los troncos de los árboles.*

niebla *f.* Nube que reposa sobre la superficie terrestre: *Los aviones no podían aterrizar ni despegar a causa de la* **niebla** *que impedía una buena visibilidad.*

nieto, ta *m.* y *f.* Respecto de una persona, hijo de un hijo suyo: *Esa anciana conoció a sus* **nietos** *y también a dos bisnietos, es decir, a los hijos de sus* **nietos**.

nieve *f.* **1.** Precipitación de hielo que cae en forma de copos: *El campo amaneció totalmente cubierto de nieve después de la tormenta nocturna.* **2.** *Cuba, Méx. y P. Rico.* Golosina helada hecha con hielo picado y frutas: *Me gustan las* **nieves** *de limón pues son muy refrescantes.* SIN. **sorbete.**

nigromancia o **nigromancía** *f.* **1.** Invocación a los muertos para conocer el futuro. **2.** *Fam.* Magia negra.

nigua *f.* Insecto parecido a la pulga, pero más pequeño, que vive en América y en África: *El piquete de la* **nigua** *causa mucha comezón y úlceras graves en la piel de humanos y animales.*

nihilismo *m.* Negación de toda creencia.

nihilista *adj./m.* y *f.* Que no cree en nada.

nilón *m.* Palabra de origen inglés. Ver **nailon**.

nimbo *m.* **1.** Círculo luminoso que rodea la cabeza de las imágenes religiosas: *Los* **nimbos** *de muchos santos que hay en los templos son de color dorado.* SIN. **aureola.** **2.** Círculo que aparece alrededor de un astro.

nimiedad *f.* Cosa sin importancia e insignificante: *Julia y Roberto se reconciliaron pronto, ya que se enojaron por una* **nimiedad**.

nimio, mia *adj.* Insignificante, sin importancia: *El trabajo está casi terminado, sólo falta terminar detalles* **nimios**.

ninfa *f.* **1.** Deidad femenina de las aguas y los bosques según la mitología griega: *Las* **ninfas** *personificaban la fecundidad y la gracia.* **2.** En los insectos, estado transitorio entre la larva y el imago. **3.** Muchacha bella y graciosa: *La chica que llegó a la fiesta con un vestido blanco y vaporoso era hermosa como una* **ninfa**.

ninfómana *f.* Que padece ninfomanía.

ninfomanía *f.* Enfermedad de la mujer que consiste en un deseo sexual exagerado y violento.

ningún *adj.* Apócope del adjetivo posesivo *ninguno*. ANT. **algún.**

ninguno, na *adj.* Adjetivo indefinido que significa ni uno solo de lo que se expresa.

ninguno, na *pron.* Pronombre indefinido que significa ni uno solo de lo que se expresa: *Ninguno de los niños en la fiesta rechazó el helado.*

niña *f.* Pupila del ojo: *Si hay mucha luz, la* **niña** *del ojo se cierra y si hay poca, se abre.*

niñera *f.* Mujer encargada del cuidado de los niños: *Los Chávez se fueron de vacaciones con todo y la* **niñera**, *pues se ocupe de los niños.* SIN. **nana.**

niñería o **niñada** *f.* **1.** Acción realizada por niños, que es propia de la edad infantil. **2.** Acción o dicho impropio en personas adultas: *Blanca hizo una* **niñería** *al enojarse porque el día estaba nublado y ella quería ponerse un vestido primaveral.* **3.** Cosa, hecho o dicho de poca importancia: *Raúl tiene muy mal carácter y se enoja por cualquier* **niñería**.

niñez *f.* Periodo de la vida humana, desde la infancia hasta la pubertad: *Javier y Roberto son amigos desde la* **niñez**, *pues se conocieron cuando tenían cinco años.*

niño, ña *adj.* Persona que actúa de manera infantil: *César es muy* **niño**, *a veces da respuestas que daría alguien de 10 años aunque él ya cumplió 18.*

niño, ña *m.* y *f.* **1.** Persona en la etapa de la niñez: *"Tienes menos de 14 años, así que no puedes ver ese* filme, pues no es para **niños**", me dijo mi madre. **2.** Persona inmadura o caprichosa que se porta de manera infantil: *Aunque tiene veinticinco años, se comporta como un niño.* **3.** *Amér.* Tratamiento de respeto que dan las personas de servicio a sus empleadores, especialmente la señora que fue niñera de mi padre sigue refiriéndose a él como "el niño Pedro".

niobio *m.* Metal gris de símbolo Nb y de número atómico 41.

nipón, na *adj./m.* y f. Originario de Japón, país de Asia Oriental. SIN. **japonés.**

níquel *m.* Metal blanco grisáceo, brillante, maleable y dúctil, de símbolo químico Ni y número atómico 28.

nirvana *m.* En el budismo, estado de serenidad y felicidad caracterizado por la ausencia de dolor y por la posesión de la verdad.

níspero *m.* **1.** Árbol de tronco delgado, de fruto comestible: *Los frutos del níspero son pequeños, con dos semillas en su interior y su cáscara tiene pequeños vellos.* **2.** Fruto del árbol llamado níspero: *Los nísperos son de forma alargada, piel amarillenta y sabor muy dulce.* **3.** *Amér. C.* y *Amér. Merid.* Árbol del zapote. **4.** *Amér. C.* y *Amér. Merid.* Fruto del zapote.

nitidez *f.* Calidad de las cosas que permite verlas claramente, transparencia: *La televisión nueva nos permite ver las imágenes con tanta nitidez que parece que las estamos viendo a través de una ventana.*

nítido, da *adj.* Limpio, claro, transparente: *Lavé los cristales y quedaron nítidos, ahora sí se puede ver hacia afuera.*

nitrato *m.* **1.** Sal del ácido nítrico. **2.** loc. **~ de Chile,** compuesto que se usa como abono natural.

nítrico, ca *adj.* **1.** Relativo al nitro. **2.** Relativo al nitrógeno. **3.** loc. **Ácido ~,** compuesto oxigenado derivado del nitrógeno.

nitro *m.* Nitrato de potasio.

nitrógeno *m.* Elemento químico no metálico, gaseoso, sin color, olor ni sabor, de símbolo químico N y número atómico 7: *El nitrógeno forma alrededor de las tres cuartas partes del aire que respiramos.*

nitroglicerina *f.* Líquido explosivo componente de la dinamita.

nivel *m.* **1.** Altura o grado en que está una persona o cosa: *Después de estudiar alemán durante dos años, Óscar ha alcanzado un buen nivel en el conocimiento del idioma.* **2.** Aparato para comprobar la horizontalidad o verticalidad de un plano: *Los albañiles usan el nivel para verificar que las construcciones estén planas.* **3.** Estado de un plano horizontal. ANT. **desnivel.** **4.** Grado de elevación de la superficie de un líquido: *"El agua del río llega al nivel de las rodillas, así que podemos cruzarlo sin peligro", nos dijo el maestro.*

nivelar *vb.* {tr. y prnl.} **1.** Poner un plano en posición horizontal: *Para nivelar este terreno tuvieron que sacar muchos camiones llenos de tierra y piedras.* **2.** Poner a un mismo nivel, grado o altura: *El arquitecto mandó nivelar las dos torres para que quedaran del mismo tamaño.*

níveo, a *adj.* De nieve o semejante a ella: *El níveo cuello de la princesa contrastaba con su cabello color de fuego.* SIN. **blanco.**

nixtamal *m. Amér. C.* y *Méx.* Maíz preparado para hacer tortillas.

no *adv.* **1.** Expresa la idea de negación, y se opone a "sí": *"¿Quieres ser mi novia, sí o no?", le pregunté a Fernanda.* **2.** Se usa en frases interrogativas para expresar duda o extrañeza, o para pedir la confirmación de algo: *"Estamos de acuerdo en compartir la comida, ¿no?", le dije a mis amigos.*

nobelio *m.* Elemento químico llamado así en honor de Alfred Nobel, de número atómico 102 y símbolo químico No.

nobiliario, ria *adj.* Relativo a la nobleza: *En el cuento que leí, un rey le otorgaba un título nobiliario a uno de sus caballeros por haber salvado a su hija de las garras de un dragón.*

noble *adj.* **1.** De sentimientos elevados: *Como Javier es noble, no dudó en compartir su almuerzo con otro niño que no llevaba nada para comer.* **2.** Que tiene distinción o señorío: *Esa señora tiene aspecto noble, pues es elegante y de costumbres finas.* SIN. **aristócrata.** **3.** Relacionado con las substancias que no reaccionan con otras, y que no se alteran.

noble *m.* y f. Persona que goza de ciertos títulos: *Los nobles de España son los reyes, príncipes, condes, duques y marqueses.* SIN. **aristócrata.** ANT. **plebeyo.**

nobleza *f.* **1.** Calidad de noble: *Demostró la nobleza de su carácter al perdonar a quien lo había ofendido.* **2.** Conjunto de nobles de un país: *Muchos miembros de la nobleza fueron asesinados durante la Revolución Francesa.* SIN. **aristocracia.**

noche *f.* Tiempo durante el cual el cielo está obscuro, entre la puesta y la salida del Sol: *Viajaron de noche porque así no gastaban en hoteles y aprovechaban más el tiempo.*

nochebuena *f.* **1.** Noche del 24 de diciembre: *En algunos países la cena familiar tradicional se hace el 25 de diciembre, día de Navidad, y en otros se cena durante la nochebuena.* **2.** loc. **Flor de ~,** planta americana con hojas superiores que se ponen rojas en el invierno: *Adornó la casa con motivos navideños y en la mesa colocó flores de nochebuena.*

nochevieja *f.* Última noche del año, el 31 de diciembre: *Los invitaron a una gran fiesta de nochevieja para celebrar la llegada del año nuevo.*

noción *f.* Conocimiento o idea de algo: *En esa academia de informática enseñan nociones elementales de computación.*

nocivo, va *adj.* Que hace daño: *Fumar es nocivo para la salud.* SIN. **perjudicial, dañino.**

noctambulismo *m.* Costumbre o gusto por pasear o mantenerse activo durante la noche: *El noctambulismo de Pablo a veces no deja dormir a su familia, pues hace ruidos con sus actividades nocturnas.*

noctámbulo, la *adj./m.* y f. Que acostumbra salir o mantenerse activo durante la noche: *Como tiene costumbres noctámbulas, le parece normal visitar a sus amigos de noche, aunque sea muy tarde.*

nocturnal *adj.* Relacionado con la noche: *Nunca sale después de las ocho, porque el aire nocturnal le hace daño.*

nocturno, na *adj.* **1.** Relativo a la noche: *El domingo hay dos funciones más en el cine, una matutina y otra nocturna.* **2.** Relacionado con flores que se abren durante la noche, y con animales que desarrollan su actividad por la noche: *El búho es un ave nocturna que puede ver muy bien en la obscuridad.*

429

nodriza *f.* Mujer que alimenta a un recién nacido que no es hijo suyo: *Como la madre no podía amamantar al bebé, contrataron una* **nodriza** *que acababa de dar a luz.*

nódulo *m.* Acumulación de células que origina un bulto pequeño en alguna parte del cuerpo.

nogal *m.* Árbol de gran tamaño, cuyo fruto es la nuez: *Los* **nogales** *tardan varios años en dar nueces pero no importa, porque viven entre 300 y 400 años.*

nómada *adj./m.* y *f.* Que no tiene una vivienda fija: *Los indios pieles rojas de Estados Unidos de Norteamérica eran* **nómadas**, *pues no vivían en pueblos ni ciudades, sino que establecían sus campamentos en los diferentes lugares donde cazaban.*

nombradía *f.* Reputación, fama: *La novela "Pedro Páramo" le dio gran* **nombradía** *en muchos países al escritor mexicano Juan Rulfo.* SIN. **nombre, fama, celebridad.**

nombramiento *m.* Designación en un cargo o empleo: *Debido a su noble labor le han otorgado a ese bombero el* **nombramiento** *de superintendente.*

nombrar *vb.* {tr.} **1.** Decir o dar el nombre de una persona o cosa: *Mi hermana decidió* **nombrar** *Emiliano a su hijo recién nacido.* **2.** Elegir a alguien para un cargo o empleo: **Nombraron** *a mi hermano gerente de una sucursal bancaria.*

nombre *m.* **1.** Palabra que sirve para designar una persona o cosa: *Aún no saben qué* **nombre** *le pondrán al bebé.* SIN. **sustantivo. 2.** Fama, reputación: *Ese médico tiene un gran* **nombre** *en el hospital donde trabaja.* SIN. **celebridad, fama, nombradía.**

nomenclatura *f.* Conjunto de las palabras técnicas de una ciencia: *Según la* **nomenclatura** *internacional, el vatio es la unidad para medir la potencia eléctrica.*

nómina *f.* **1.** Relación de las personas que reciben un sueldo en una empresa: *Le advirtieron a mi padre que los trámites para que aparezca en la* **nómina** *de la empresa son largos.* **2.** Salario que recibe un trabajador.

nominal *adj.* Relativo al nombre: *Él es el dueño* **nominal** *de la fábrica, pero en realidad su hijo es quien controla todos los negocios.*

nominar *vb.* {tr.} Nombrar, designar: **Nominaron** *un filme italiano para ganar un Óscar en la categoría de mejor director.*

nomo *m.* Ver gnomo.

non *adj./m.* Número impar: *En la clase de aritmética me enseñaron a distinguir los números pares de los números* **nones**.

nonagenario, ria *adj./m.* y *f.* De edad comprendida entre los noventa y los cien años: *Mi abuela, una alegre* **nonagenaria**, *festejó sus 95 años con una fiesta muy animada.*

nonagésimo, ma *adj./m.* y *f.* Que corresponde en orden al número noventa: *Ese anciano celebró su* **nonagésimo** *aniversario junto con sus pocos amigos que aún están vivos.*

nones *m.* pl. *Fam.* Negación repetida de una cosa.

nono, na *adj.* Noveno.

nono, na *m.* y *f.* *Argent.* y *Urug.* Abuelo: *Mi* **nono** *me está enseñando algunas canciones de payador.*

nopal *m.* *Méx.* Planta cactácea comestible de tallos aplanados, cuya fruta es la tuna o higo chumbo: *Cuando fui a México comí un guiso hecho a base de* **nopales**, *champiñones, cebolla y queso.* SIN. **chumbera.**

nórdico, ca *adj./m.* y *f.* Originario de los países escandinavos: *Emil Nolde es uno de los pintores* **nórdicos** *más famosos.*

noreste o **nordeste** *m.* Punto del horizonte situado entre el norte y el este.

noria *f.* **1.** Máquina o conjunto de instalaciones para elevar agua. **2.** En ferias y parques de atracciones, gran rueda giratoria montada en forma vertical con cabinas para las personas. SIN. **rueda de la fortuna.**

norma *f.* Regla establecida para actuar bien: *"Si no cumples las* **normas** *del colegio te castigarán", me dijo un amigo.*

normal *adj.* **1.** Que se halla en su estado natural: *"Es* **normal** *que a su avanzada edad le empiece a fallar la salud", nos dijo el médico.* **2.** Corriente, ordinario: *El filme que acaban de estrenar es* **normal**, *ni obra de arte ni una porquería.*

normalidad *f.* Hecho de ser u ocurrir algo sin problemas: *Cuando dejó de llover, el clima volvió a la* **normalidad**.

normalizar *vb. irreg.* {tr. y prnl.} **Modelo 16. 1.** Hacer que algo sea normal: *Cuando* **se normalice** *el clima los niños podrán volver a la escuela.* **2.** Fijar normas: **Normalizamos** *nuestro proyecto antes de comenzar la investigación.*

noroeste *m.* Punto del horizonte situado entre el norte y el oeste.

norte *m.* **1.** Punto cardinal opuesto al sur: *Canadá está al* **norte** *de los Estados Unidos de Norteamérica.* **2.** Viento que sopla del norte: *Hemos comenzado a sentir frío porque hay* **norte**.

norteamericano, na *adj./m.* y *f.* **1.** Originario de América del Norte (Canadá, Estados Unidos de Norteamérica). **2.** Originario de los Estados Unidos de Norteamérica.

noruego *m.* Lengua hablada en Noruega.

noruego, ga *adj./m.* y *f.* Originario de Noruega, país del norte de Europa.

nos *pron.* Pronombre personal de la primera persona del plural, que funciona como complemento directo e indirecto: *A tu papá y a mí* **nos** *importa mucho que estudies y aprendas cosas útiles en la escuela.*

nosotros, tras *pron.* Pronombre personal de la primera persona del plural: *"Entonces ustedes irán al cine y* **nosotros**, *Pablo y yo, al teatro", les dije a mis amigos.*

nostalgia *f.* Tristeza que acompaña al recuerdo de épocas, personas o lugares queridos: *Ernesto siente* **nostalgia** *cuando recuerda su niñez en el pueblo al lado de su abuela.*

nostálgico, ca *adj.* Que siente tristeza, nostalgia por algo o alguien: *Cuando mi tío ve las fotos de mi tía difunta su mirada se pone* **nostálgica**.

nota *f.* **1.** Escrito breve para recordar o comentar algo: *"Su hijo le dejó una* **nota** *para avisarle que había salido al cine", le dijo la secretaria a mi padre.* **2.** Puntuación dada sobre un trabajo: *Javier obtuvo una de las* **notas** *más altas en el examen de geografía.* SIN. **calificación. 3.** Cada uno de los siete sonidos de la escala musical: *Do es la primera de las* **notas** *musicales.*

notabilidad *f.* Renombre: *Ese profesor ha alcanzado una gran* **notabilidad** *en el campo de las matemáticas gracias a sus importantes investigaciones.*

notable *adj.* **1.** Sobresaliente, digno de tomarse en cuenta: *Una de las obras más* **notables** *del escritor ar-*

gentino Julio Cortázar ha sido "Rayuela". **2.** Importante: *Albert Einstein ha sido un hombre* **notable** *por sus útiles inventos.*

notable *m.* **1.** Persona importante dentro de una comunidad: *En la época posterior a la guerra, fue nombrada una junta de* **notables** *para dirigir al país.* **2.** Calificación que se da en los exámenes, inmediatamente inferior a la más alta.

notación *f.* Sistema de signos empleado en una ciencia, arte, etc.: *La* **notación** *musical se basa en figuras cuya forma, color y ubicación representan sonidos y también el tiempo que duran.*

notar *vb.* (tr. y prnl.) **1.** Ver, sentir o darse cuenta de algo: *¿Ya* **notaste** *que por descuido Luis trae un calcetín color marrón y otro verde?* SIN. **advertir. 2.** Ser perceptible: *Se* **nota** *que Ismael se puso a dieta, ahora se ve muy delgado.*

notario, ria *m.* y *f.* Funcionario público que legaliza los contratos, testamentos y otros actos: *Fueron con el* **notario** *para firmar la escritura oficial de la casa.*

noticia *f.* Comunicación o información sobre un acontecimiento reciente: *Mi papá escucha las* **noticias** *en la radio todas las mañanas.*

noticiario *m.* Programa de radio o de televisión en el que se transmiten noticias: *Mis padres ven el* **noticiario** *de la noche para enterarse de lo que sucedió en el día.* SIN. **noticiero, noticioso.**

noticiero *m.* Programa de radio o de televisión en el que se dicen o dan noticias. SIN. **noticiario, noticioso.**

noticioso *m.* Amér. C. y Amér. Merid. Programa de radio o de televisión en el que se transmiten noticias. SIN. **noticiario, noticiero.**

notificación *f.* Comunicado, por lo general escrito, que avisa de algo o informa de alguna noticia: *Le llegó una* **notificación** *de las autoridades avisándole que tenía que pagar una multa.*

notificar *vb. irreg.* (tr.) Modelo 17. Comunicar una noticia o avisar algo formalmente.

notorio, ria *adj.* **1.** Evidente, manifiesto: *El embarazo de Claudia ya es* **notorio**, *pues le ha crecido mucho el vientre.* **2.** Conocido, famoso: *Le rindieron homenaje a un* **notorio** *escritor en el teatro de la ciudad.*

novatada *f.* Broma que en una colectividad hacen los compañeros antiguos a los que acaban de entrar: *En esa preparatoria la* **novatada** *consiste en rapar a los alumnos de nuevo ingreso.*

novato, ta *adj./m.* y *f.* Nuevo o principiante en algún oficio o actividad.

novecientos, tas *adj./m.* y *f.* Nueve veces cien.

novedad *f.* **1.** Hecho de ser nuevo: *La niña no dejaba de contemplar a la jirafa, para ella era una* **novedad**, *nunca antes había visto una.* **2.** Cambio en la moda: *Ahora la* **novedad** *es usar los colores anaranjado y verde; dentro de seis meses la* **novedad** *será usar el azul y el amarillo, así es la moda.* **3.** Noticia: *Como estuvo en el extranjero, al volver quiso conocer las* **novedades** *que había en su país.*

novel *adj.* Principiante: *Por ser un actor* **novel** *le dieron un pequeño papel en la obra de teatro.*

novela *f.* Obra literaria extensa, en prosa y de carácter narrativo: *"Don Quijote de la Mancha", del escritor Miguel de Cervantes Saavedra, es la* **novela** *más famosa escrita en español.*

novelista *m.* y *f.* Autor de novelas: *El* **novelista** *Fedor Dostoievski es conocido no sólo en su país, sino en toda América y en Europa.*

noveno *m.* Cada una de las nueve partes iguales en que se divide un todo: *Éramos nueve, así que nos tocó un* **noveno** *del galón de helado de chocolate a cada uno.*

noveno, na *adj./m.* y *f.* Que corresponde en orden al número nueve.

noventa *adj./m.* Nueve veces diez.

noviazgo *m.* **1.** Relación amorosa más o menos oficial. **2.** Periodo que pasan los enamorados antes del casamiento: *Llevaron un largo* **noviazgo** *de diez años, luego se casaron y tuvieron dos hijos.*

noviciado *m.* Periodo de prueba por el que pasan los religiosos antes de ingresar de manera definitiva a una orden: *Después de un año de* **noviciado** *se llevó a cabo la ceremonia de profesión.*

novicio, cia *m.* y *f.* Religioso que aún no ha ingresado de manera definitiva en una orden religiosa: *Los* **novicios** *pueden cambiar de opinión antes de tomar los votos y decidirse por la vida fuera del convento o sacerdocio.*

noviembre *m.* Undécimo mes del año: *Noviembre está después de octubre y antes de diciembre.*

noviero, ra *adj.* Que ha tenido o tiene muchos novios o novias uno tras otro: *De joven Ignacio fue muy* **noviero**, *pero sólo se casó una vez.*

novillo, lla *m.* y *f.* **1.** Toro o vaca de dos o tres años: *El becerro es al niño lo que el* **novillo** *es al adolescente y el toro al adulto.* **2.** loc. pl. *Esp. Fam.* **Hacer ~,** faltar a clase. SIN. **irse de pinta.**

novilunio *m.* Fase de la Luna en la que desde la Tierra no la vemos a causa de su posición con respecto al Sol.

novio, via *m.* y *f.* **1.** Persona, respecto a otra, con la que se mantienen relaciones amorosas con proyecto para casarse. **2.** Persona con la que se mantienen relaciones amorosas: *Laura tuvo su primer* **novio** *a los catorce años.*

novohispano, na *adj./m.* y *f.* Méx. Relativo al territorio del actual México, que era gobernado por los españoles y llamado Nueva España durante la Colonia (siglos XVI al XIX).

nube *f.* Masa de vapor de agua suspendida en la atmósfera: *Se están juntando* **nubes** *obscuras, parece que va a llover.*

nublado, da *adj.* **1.** Cubierto por nubes o por niebla: *Está muy* **nublado**, *mejor vayamos otro día a visitar el pueblo vecino.* **2.** Turbio, no claro: *Veía* **nublado** *porque no traía sus lentes puestos.*

nublar *vb. irreg.* (tr. y prnl.) Modelo 1. **1.** Cubrirse el cielo de nubes: *El cielo se está* **nublando** *y ya casi no se ve el Sol.* **2.** Empañar la vista: *Cuando se enteró de que su perro había muerto, abundantes lágrimas* **nublaron** *los ojos de la pequeña Martha.*

nuca *f.* Parte posterior del cuello: *La muchacha se cortó mucho el cabello y le quedó descubierta la* **nuca.**

nuclear *adj.* **1.** Relativo al núcleo, de manera especial al del átomo. **2.** loc. **Arma ~,** aquella que utiliza la energía nuclear, es decir, la producida por ciertas reacciones en los núcleos de los átomos de elementos como el uranio y el plutonio: *Durante la llamada Guerra Fría, Estados Unidos de Norteamérica y la Unión Soviética acumularon muchas* **armas nucleares.**

nucleico *adj.* Relativo a los ácidos que son uno de los constituyentes fundamentales del núcleo de la célula.

núcleo *m.* **1.** Parte central o fundamental de una cosa: *El sustantivo es el núcleo del sujeto.* **2.** Parte esencial de la célula: *El núcleo contiene la información genética de los seres vivos.* **3.** Parte central del átomo, formada por protones y neutrones.

nucléolo o **nucleolo** *m.* Cuerpo esférico que se encuentra en el interior del núcleo de las células.

nudillo *m.* Articulación de cada uno de los huesos de los dedos: *Al cerrar la mano tus nudillos se ven abultados y cuando la abres se arrugan.*

nudismo *m.* Doctrina que defiende la vida al aire libre en un estado de completa desnudez.

nudista *adj./m.* y *f.* Que practica el nudismo: *En esa playa hay una sección para nudistas y otra para las personas que no se desnudan cuando van a nadar.*

nudo *m.* **1.** Entrelazamiento de uno o más hilos, cuerdas o cables. **2.** Vínculo, lazo. **3.** Parte abultada del tronco o tallo de una planta, de donde salen las ramas y hojas: *Andrés arrancó una rama del nudo del árbol, la sembró y nació una nueva planta.* **4.** Unidad de velocidad equivalente a una milla marina por hora.

nudoso, sa *adj.* Lleno de nudos: *La madera de ese árbol no sirve para muebles porque está muy nudosa.*

nuera *f.* Esposa de un hombre, respecto a los padres de éste: *Mis papás tienen tres nueras porque mis tres hermanos ya se casaron.*

nuestro, tra *adj.* Adjetivo posesivo que indica posesión o pertenencia a la primera persona del plural: *Como en mi familia todos nos respetamos, nuestro hogar tiene un ambiente cordial.*

nuestro, tra *pron.* Pronombre posesivo que indica pertenencia a la primera persona del plural: *La casa de mis primos es nueva y la nuestra ya tiene veinte años.*

nueva *f.* **1.** Noticia reciente: *Vicente llegó a casa con la nueva de que su jefe lo mandó a Francia para que trabaje allá durante un año.* **2.** **loc. Buena ~,** noticia buena: *La buena nueva es que ascendieron a mi papá en el trabajo, ahora tendrá menos problemas económicos.*

nueve *adj./m.* **1.** Número que resulta de sumar ocho y uno: *El carpintero sólo tiene nueve dedos, porque perdió el meñique de la mano derecha en un accidente de trabajo.* **2.** Noveno.

nuevo. De ~, loc. Otra vez: *Cristina quiere ir de nuevo a la playa porque le gustó mucho.*

nuevo, va *adj.* **1.** Recién hecho, aparecido o conocido: *En la televisión anuncian un producto nuevo para evitar la caída del pelo.* **2.** Que se suma o substituye a lo de su misma clase: *Mi hermana compró una leche nueva que tiene poca grasa porque dice que no quiere engordar.* **3.** Poco o nada usado: *Se puso un vestido que es prácticamente nuevo, pues sólo se lo ha puesto dos veces antes.* **4.** Otro, distinto: *Un grupo de emigrantes dejó su patria para empezar una vida nueva en otro país.*

nuez *f.* **1.** Fruto del nogal: *En la mañana comí cereal de avena con nueces y pasas.* **2.** Abultamiento pequeño característico de los hombres, que forma la laringe en la parte exterior de la garganta: *Como está en plena adolescencia, a Francisco ya le salió una nuez en la garganta y le está cambiando la voz.*

nulidad *f.* **1.** Invalidez, calidad de nulo: *Los familiares del muerto pidieron a las autoridades la nulidad del testamento, pues decían que la firma era falsa.* **2.** Persona inútil: *Ismael es una nulidad en la educación de los niños, no ayuda a mi hermana en nada.*

nulo, la *adj.* **1.** Que no tiene validez legal: *Un contrato es nulo si no tiene la firma de las dos partes involucradas.* **2.** Incapaz, inepto.

numeración *f.* Forma de escribir los números y de contarlos: *La numeración romana se escribe con algunas letras como L, M y V.*

numerador *m.* Término superior de una fracción, que indica de cuántas partes de la unidad se compone dicha fracción: *En la fracción 3/4, el numerador es 3.*

numeral *adj.* Perteneciente o relativo al número.

numerar *vb.* {tr.} **1.** Contar las cosas de una serie según el orden de los números: *Hay que numerar los artículos del almacén para saber cuántos tenemos en existencia.* **2.** Marcar con números: *Los organizadores numeraron a los participantes en el maratón y a René le tocó el número 35.*

número *m.* **1.** Signo que representa una cantidad y que sirve para contar. **2.** Cantidad indeterminada de alguna cosa: *A la manifestación por la paz asistió un número muy grande de personas.* **3.** Parte de un espectáculo: *El primer número del festival fue un bailable de las niñas del quinto grado.* **4.** Accidente gramatical que permite la oposición entre el singular y el plural: *En la palabra niñas, el género es femenino y el número, plural.*

numeroso, sa *adj.* Que está formado por un gran número de cosas: *Un numeroso grupo de personas aguardaba en el aeropuerto la llegada del famoso actor de cine.*

numismática *f.* Ciencia que estudia las monedas y medallas.

nunca *adv.* En ningún tiempo, ninguna vez: *Nunca he comido ese tipo de queso porque lo elaboran sólo en Francia y no lo exportan.*

nuncio *m.* **1.** Mensajero. **2.** Representante del Vaticano en un país.

nupcial *adj.* Relacionado con la boda: *Los novios decidieron que en la ceremonia nupcial fueran testigos los hermanos de la novia.*

nupcias *f.* pl. Boda, casamiento: *Las nupcias de mi hermana se celebraron en el registro civil.*

nutria *f.* Mamífero carnívoro nadador, de pelaje pardo rojizo: *Como siempre han sido bien cotizadas por su pelo, muchas nutrias son asesinadas para hacer abrigos.*

nutrición *f.* Conjunto de funciones que realiza el organismo para convertir los alimentos en substancias necesarias para el desarrollo y la actividad de los seres vivos: *Una nutrición balanceada es indispensable para que los niños crezcan sanos.*

nutrido, da *adj.* Lleno, abundante, numeroso: *La asistencia al estreno de la obra de teatro fue muy nutrida, no había un solo lugar vacío.*

nutriente *m.* Substancia que sirve de alimento al organismo.

nutrimento o **nutrimiento** *m.* **1.** Nutrición. **2.** Substancia que alimenta al organismo: *Durante la digestión, el organismo toma los nutrimentos que requiere y desecha lo que no le sirve.*

nutriólogo, ga *m.* y *f.* *Méx.* Especialista en la buena nutrición: *El nutriólogo le dijo que el organismo requiere poca grasa, poca sal y mucha agua.*

nutrir *vb.* {tr. y prnl.} Proporcionar a un organismo el alimento que necesita para vivir: *Es importante consumir alimentos que nos nutran para mantener la buena salud.*

nylon *m.* Palabra inglesa. Ver nailon.

Ññ

ñ *f.* Decimoquinta letra del abecedario español. Su nombre es eñe.

ñame *m.* Planta trepadora que forma una gran raíz comestible.

ñanco *m. Chile.* Ave rapaz esbelta y robusta. Sɪɴ. **aguilucho**.

ñandú *m.* Ave corredora parecida al avestruz pero con tres dedos en cada pata: *El ñandú es más pequeño que el avestruz y vive en América.*

ñandutí *m. Amér. Merid.* Encaje que imita la tela de araña.

ñaño, ña *adj.* **1.** *Colomb. y Pan.* Consentido, mimado: *Entre todos los nietos, Julián es el ñaño del abuelo.* **2.** *Ecuad. y Perú.* Amigo muy cercano: *Patricia es mi ñaña, a ella le cuento todas mis confidencias.*

ñaño, ña *m. y f.* **1.** *Argent. y Chile. Fam.* Hermano, compañero: *Javier es mi ñaño desde que éramos niños y jugaba en su casa todas las tardes.* **2.** *Perú.* Niño: *Mis hermanos son dos ñaños juguetones y alegres que siempre me piden dulces y galletas.*

ñapa *f.* **1.** *Amér. C. y Amér. Merid.* Propina: *Joel no dejó ñapa en el restaurante porque el servicio era muy malo.* **2.** *Amér. C. y Amér. Merid.* Añadidura: *Compró un helado de chocolate y el vendedor le dio nueces como ñapa.* Sɪɴ. **pilón**.

ñata *f. Amér. C. y Amér. Merid.* Nariz: *Al caerme de la bicicleta me raspé la ñata con el piso.*

ñato, ta *adj. Amér.* Que tiene la nariz pequeña y chata.

ñire *m. Argent. y Chile.* Árbol de gran altura, con flores solitarias y hojas con borde como de sierra: *Los ñires llegan a medir 20 metros.*

ñizca *f. Perú. Fam.* Porción mínima de algo. Sɪɴ. **pizca**.

ño, ña *m. y f. Amér. C. y Amér. Merid.* Tratamiento respetuoso por don y doña, utilizado por gente de poca educación: *Ña Ramira tenía su telar a la sombra de un árbol.*

ñoco, ca *adj./m. y f. Colomb., P. Rico, R. Dom. y Venez.* Se dice de la persona a quien le falta un dedo o una mano: *El carnicero está ñoco porque mientras partía un costillar sufrió un accidente y se cortó el meñique.*

ñoñería *f.* Acto o manera de expresarse propio de alguien ñoño: *La ñoñería de Luisito le impide divertirse porque dice que si juega fútbol se le ensucian los zapatos y además no le gusta sudar.*

ñoño, ña *adj.* **1.** Recatado, remilgado: *Efraín es un ñoño a quien no le gusta que su hermana de veinte años salga a fiestas.* **2.** Sin gracia, soso: *Ese filme cuenta una historia ñoña que no logra mantener la atención de nadie.*

ñu *m.* Antílope que habita en África del Sur: *Los ñus tienen la cabeza ancha y cuernos curvados.*

Oo

o *f.* Decimosexta letra del abecedario español y cuarta de sus vocales.

o *conj.* **1.** Indica exclusión, alternativa o contraposición: *Se puede ser un buen estudiante o un mal estudiante.* **2.** Indica equivalencia: *Uno de los ingredientes de ese guiso es el ají verde o chile.*

oasis *m.* Sitio en medio de un desierto, donde hay agua y vegetación: *Los arqueólogos anduvieron todo el día por el desierto y en la noche descansaron en un oasis.*

obcecado, da *adj.* Que no puede razonar o apreciar algo a causa de un cierto estado de ánimo: *Gerardo es una persona obcecada que no escucha las opiniones de los demás aunque cometa errores.*

obcecar *vb. irreg.* (tr. y prnl.) **Modelo 17.** Cegar, ofuscar: *Julián se obcecó tanto cuando vio a su novia platicando con un joven guapo, que nunca quiso creer que se trataba de un primo de la muchacha.*

obedecer *vb. irreg.* (tr. e intr.) **Modelo 39. 1.** Cumplir lo que otro manda: *Los soldados deben obedecer las órdenes de sus superiores.* **2.** Originar, provenir: *El médico mandó hacer unos análisis para saber a qué obedecía la inflamación en el pecho del niño.*

obediencia *f.* Hecho de obedecer, de cumplir con lo que otro manda: *La obediencia de mi perro se debe a que fue educado en una escuela para mascotas.*

obediente *adj.* Que obedece: *Mi perro fue muy inquieto cuando era cachorro pero ahora es tranquilo y obediente.*

obelisco *m.* Piedra de base cuadrangular, tallada en forma de pirámide muy esbelta y con remate puntiagudo: *El conquistador francés Napoleón se llevó de Egipto un obelisco y lo colocó en el centro de París.*

obertura *f.* Pieza instrumental con que se inicia una ópera u otra composición musical: *Casi todas las óperas empiezan con una obertura y luego sigue el primer acto.*

obesidad *f.* Estado de una persona muy gorda: *La obesidad es peligrosa para la salud porque la acumulación de mucha grasa en el cuerpo provoca que algunos órganos se dañen.*

obeso, sa *adj.* Relativo a la persona demasiado gruesa o gorda.

óbice *m.* Inconveniente, obstáculo: *En la actualidad, no saber manejar una computadora es un óbice para el desarrollo profesional de muchas personas.*

obispo *m.* **1.** Hombre con un alto puesto en la Iglesia Católica y en las iglesias de rito oriental que tiene a su cargo una diócesis. **2.** Hombre con un cargo superior en la mayoría de las iglesias protestantes.

óbito *m.* En el lenguaje de los abogados, fallecimiento, muerte.

obituario *m.* Palabras que se escriben en relación con una persona recién fallecida: *Hoy leí en el diario un obituario sobre la muerte de un poeta muy famoso.*

objeción *f.* **1.** Inconveniente que se opone contra un plan o idea: *Puse objeción para ir a la playa porque tengo gripe.* **2.** loc. ~ de conciencia, negación por motivos religiosos o éticos, para hacer el servicio militar.

objetable *adj.* Algo que puede ser rechazado: *Los argumentos que dio Daniel a sus padres por llegar tarde a casa fueron objetables, así que lo castigaron.*

objetar *vb.* (tr.) Oponerse a algo: *El abogado del hombre acusado objetó la decisión del juez porque tenía pruebas de que era una injusticia.*

objetivo, va *adj.* **1.** Que juzga las cosas o situaciones como son en realidad, sin dejarse llevar por sus ideas personales: *Los jueces deben ser objetivos al momento de juzgar.* **2.** Fin, propósito: *El objetivo del ajedrez es dar jaque mate al rey del jugador contrario.* **3.** Lente de una cámara, un microscopio u objeto parecido, que se dirige hacia lo que se quiere fotografiar u observar: *Muchas cámaras fotográficas tienen objetivos de 35 mm.*

objeto *m.* **1.** Cosa material y determinada: *El escritorio de la secretaria está lleno de objetos como lápices, bolígrafos, papeles, caramelos, adornos y hasta un radio.* **2.** Motivo, finalidad: *El objeto de sacar toda mi ropa del armario es que voy a desechar la que ya no uso.* SIN. fin.

oblación *f.* Acción por la que se ofrece alguna cosa a Dios como ofrenda o sacrificio.

oblea *f.* Pasta hecha de harina y agua, aplanada en forma de lámina muy delgada: *En México existen unas golosinas que se hacen con dos obleas unidas con dulce de leche quemada de cabra.*

oblicuo, cua *adj.* Que no es perpendicular ni paralelo a un plano o recta.

obligación *f.* **1.** Aquello que se está obligado a hacer: *Los padres tienen la obligación de dar a sus hijos amor, educación, casa y alimentación mientras no puedan valerse por sí mismos.* **2.** Documento en el que se reconoce una deuda o se promete su pago.

obligar *vb. irreg.* (tr. y prnl.) **Modelo 17. 1.** Imponer como deber por medio de una ley, una norma, etc.: *El gobierno obliga a los ciudadanos a pagar impuestos descontándolos de sus salarios.* **2.** Comprometerse a cumplir una cosa: *Me obligué a terminar pronto mi trabajo, por eso me desvelé durante varios días.* **3.** Forzar: *Aunque el niño no quería ir a la escuela, sus padres lo obligaron a asistir.*

obligatorio, ria *adj.* Que debe hacerse de manera forzosa, que no permite elegir: *Para entrar a esa universidad es obligatorio hacer examen de admisión.*

oblongo, ga *adj.* De forma ovalada, como un círculo aplastado.

obnubilar *vb.* {tr. y prnl.} Confundir, atontar, ofuscar: *Como estaba tan nervioso y preocupado, Óscar se obnubiló y contestó el examen de manera equivocada.*

oboe *m.* **1.** Instrumento musical de viento, formado por un tubo cónico de madera con orificios y llaves: *Los oboes son de madera y tienen llaves plateadas para cubrir y descubrir los orificios por donde sale el aire.* **2.** Persona que toca el oboe: *Mi amigo es el oboe en la orquesta de la universidad.*

obra *f.* **1.** Cosa producida por una persona: *La mesa del comedor es obra de un carpintero.* **2.** Producto resultante de una actividad literaria o artística: *En el museo hay muchas obras como pinturas, esculturas y fotografías.* **3.** Edificio en construcción: *Muchos camiones y albañiles entran todos los días a ese terreno porque están haciendo una obra para construir una casa.* **4.** Reforma en un edificio: *La cocina de mi casa está en obra porque se rompió el tubo de desagüe.*

obraje *m.* **1.** Trabajo que se hace en la industria. **2.** *Argent., Bol.* y *Par.* Establecimiento de una explotación forestal. **3.** *Méx.* Obrador, despacho público de carnes porcinas.

obrar *vb.* {tr. e intr.} **1.** Hacer una cosa o trabajar en ella. **2.** Causar un efecto: *La nueva medicina ha obrado muy buenos efectos en el enfermo.* **3.** Comportarse de una manera determinada: *Eduardo obró mal cuando acusó a Julio sabiendo que era inocente.* **4.** Existir una cosa en un sitio determinado: *La escritura de la casa obra en poder del notario.* **5.** *Fam.* Evacuar el vientre. Sin. **defecar.**

obrero, ra *m.* y *f.* Trabajador manual que gana un salario: *En esa fábrica de autos los obreros trabajan en tres turnos distintos.*

obsceno, na *adj.* Deshonesto, contrario al pudor o a la decencia.

obscurecer u **oscurecer** *vb. irreg.* {tr.} Modelo 39. **1.** Privar de luz o claridad: *Javier obscureció la habitación para tomar una siesta por la tarde.* **2.** Anochecer: *Mi mamá me permite salir a jugar por las tardes y debo regresar a la casa cuando comienza a obscurecer.*

obscuridad u **oscuridad** *f.* Falta de luz: *El corte de la corriente eléctrica nos dejó en la obscuridad hasta que encendimos unas velas.*

obscuro, ra u **oscuro, ra** *adj.* **1.** Falto de luz o claridad: *Como el cuarto estaba muy obscuro no pude ver al perro que estaba echado y lo pisé.* **2.** Confuso: *El escrito que leí hoy era obscuro pues se entendía muy poco de lo que quería decir.* **3.** Se dice del color que se acerca al negro: *Liliana tiene el pelo castaño muy obscuro y su hermana, en cambio, lo tiene tan claro que casi es rubio.*

obsequiar *vb.* {tr.} Regalar, dar: *El día de su graduación los padres de Miguel le obsequiarán un automóvil nuevo.*

obsequio *m.* Cosa que se da o se hace para complacer a alguien: *El día de mi cumpleaños me hicieron varios obsequios.* Sin. **regalo.**

observación *f.* **1.** Hecho de mirar con atención algo para conocerlo y estudiarlo: *Carlos se pasa horas en la observación de los insectos porque le parecen muy interesantes.* **2.** Advertencia, consejo: *El director le hizo algunas observaciones al maestro sobre cómo tratar a los alumnos.*

observador, ra *adj.* Que mira con cuidado: *Un detective tiene que ser muy observador para encontrar información útil en sus investigaciones.*

observancia *f.* Cumplimiento exacto de lo que se manda: *La Constitución establece como obligación de todos los ciudadanos la observancia de las leyes.*

observante *adj.* Que sigue lo que se manda.

observar *vb.* {tr.} **1.** Examinar con atención: *Diane Fossey fue una investigadora que se dedicó a observar y estudiar a los gorilas en África.* **2.** Advertir, darse cuenta: *"He observado que desde hace una semana estás muy distraído en la clase", me dijo mi maestro.* **3.** Hacer lo que manda una ley, un reglamento, etc.: *Cuando uno visita un museo tiene que observar las reglas de no tocar los objetos ni dañarlos.*

observatorio *m.* Sitio apropiado para hacer observaciones, especialmente astronómicas o meteorológicas: *Para tener mejores resultados ese observatorio fue construido en lo alto de un monte, alejado de las luces de la ciudad.*

obsesión *f.* Idea o preocupación que no se puede alejar de la mente: *El hombre no podía librarse de la obsesión de descubrir quién había matado a su perro.*

obsesivo, va *adj.* Que sufre de una obsesión o idea que no puede alejar de su mente: *Ese empleado es una persona obsesiva acerca del paso del tiempo, pues ve su reloj cada cinco minutos.*

obsoleto, ta *adj.* Anticuado o que ya no se usa: *Los discos de acetato se volvieron obsoletos; hoy en día se escuchan discos compactos.*

obstaculizar *vb.* {tr.} Poner obstáculos o estorbos.

obstáculo *m.* Aquello que dificulta o impide el paso o la realización de algo: *Pese a los obstáculos que encontró en su camino, Javier logró terminar la carrera de medicina.*

obstante. No ~, *loc.* Sin que estorbe ni sea impedimento para algo: *Me parece bien tu idea de ir a la playa de vacaciones, no obstante déjame pensarlo unos días más.* Sin. **sin embargo, a pesar de que.**

obstetra *m.* y *f.* Médico especializado en el tratamiento del embarazo y el parto: *Dos obstetras atendieron a mi hermana cuando dio a luz.*

obstetricia *f.* Parte de la medicina que se ocupa del tratamiento y cuidado del embarazo y el parto.

obstinación *f.* Terquedad en mantener un pensamiento o idea aunque haya razones para pensar lo contrario.

obstinado, da *adj.* Relativo a la persona terca, que no cambia fácilmente su manera de pensar: *Ese señor es muy obstinado, no hay manera de convencerlo de que su hija tiene derecho a salir porque ya tiene veinte años.*

obstinarse *vb.* {prnl.} Mantenerse firme en una resolución u opinión.

obstrucción *f.* Obstáculo, barrera: *No pudimos regresar al pueblo porque unas rocas habían causado una obstrucción en la carretera durante el deslave.*

obstruir *vb. irreg.* {tr. y prnl.} Modelo 59. Estorbar el paso, cerrar un conducto: *Los automóviles no podían avanzar por la calle porque la obstruyó un autobús descompuesto.*

obtención *f.* Hecho de lograr, de conseguir algo: *Después de la obtención del certificado de educación básica, Julián se inscribió en una escuela técnica.*

obtener *vb. irreg.* {tr.} Modelo 26. Alcanzar, lograr: *Si quieres obtener el primer lugar en tu clase tienes que estudiar y trabajar mucho.*

O

obturación f. Acción de cerrar o tapar algún orificio o conducto con alguna cosa: *Tuvieron que operar de emergencia a mi tía para hacerle una obturación en el intestino porque se le había perforado.*

obturar vb. {tr. y prnl.} Tapar o cerrar un orificio o conducto: *Mi hermano tenía una caries en una muela y la dentista la obturó con amalgama.*

obtusángulo adj. Se dice del triángulo que tiene un ángulo obtuso.

obtuso, sa adj. **1.** Que no tiene punta: *Para que el niño no corriera peligro de cortarse la mamá le compró unas tijeras obtusas.* SIN. **romo. 2.** Torpe, lento de comprensión. **3.** Se dice del ángulo mayor que el recto.

obús m. **1.** Pieza de artillería de menor tamaño que el cañón. **2.** Proyectil disparado por la pieza de artillería llamada obús.

obvio, via adj. Que resulta claro o evidente: *Sus zapatos están rotos y viejos, es obvio que necesita unos nuevos.*

oca f. **1.** Nombre de varios tipos de aves a las que también se les llama ganso. **2.** Juego que consiste en avanzar los jugadores su ficha sobre un tablero con casillas formadas en espiral; en cada casilla hay una figura y cada nueve casillas está la figura de una oca.

ocasión f. **1.** Tiempo o lugar al que se asocian determinadas circunstancias: *La semana pasada fuimos a la playa y en esa ocasión gozamos de un clima espléndido.* **2.** Oportunidad: *Cuando Roberto se descuidó, el ladrón aprovechó la ocasión para robarle la billetera.*

ocasional adj. Que ocurre de manera accidental, de vez en cuando: *Julián es un trabajador ocasional en esa empresa, pues no va todos los días.*

ocasionar vb. {tr.} Ser causa de algo: *La mentira de Rolando ocasionó que Laura se enojara con él.*

ocaso m. **1.** Momento en el que se oculta el sol por el horizonte: *Los ocasos en el mar son un espectáculo muy bello.* **2.** Decadencia, descenso: *La cultura maya se encontraba en su ocaso cuando llegaron los españoles a América.* **3.** Oeste, punto cardinal.

occidental adj. Que pertenece al occidente.

occidente m. **1.** Oeste: *América está al occidente de Europa.* **2.** Conjunto de los países europeos, o países con influencia europea.

occipital adj. Relativo al occipucio: *La región occipital está en la parte posterior e inferior de la cabeza.*

occipital m. Hueso que forma la pared posterior e inferior del cráneo.

occipucio m. Parte posterior e inferior de la cabeza.

océano m. Gran extensión de agua salada que cubre unas tres cuartas partes de la superficie de la Tierra: *Para ir de América a Europa hay que cruzar el Océano Atlántico.*

oceanografía f. Estudio de los océanos, el fondo del mar y la vida marina: *Jacques Cousteau fue un marino francés que dedicó su vida a la oceanografía haciendo viajes a bordo de su barco llamado Calipso.*

ocelo m. Ojo simple de los artrópodos, como los insectos y las arañas: *El gran ojo de una mosca está formado por muchos ocelos pequeños.*

ocelote m. Mamífero carnívoro, parecido al leopardo, de aproximadamente 65 cm de largo, piel brillante gris claro con dibujos rojizos rodeados por una línea negra, muy apreciada para hacer prendas de vestir: *Aun-* que hay leyes que protegen a los ocelotes hay quien los caza y hace ropa con su piel.

ochenta adj./m. Ocho veces diez: *Mi abuelo es un anciano que a pesar de tener ochenta años todavía es muy activo.*

ocho adj./m. Número que resulta de sumar siete y uno: *Las arañas tienen ocho patas.*

ochocientos, tas adj. Ocho veces cien: *La conquista de los árabes en España duró ochocientos años, de los siglos VIII al XV.*

ochocientos, tas m. y f. Que corresponde en orden al número ochocientos: *Ochocientos es el número que sigue después del setecientos noventa y nueve.*

ocio m. **1.** Estado de la persona que no trabaja: *Rafael lleva en el ocio cuatro meses, no ha encontrado un nuevo empleo.* SIN. **vagancia. 2.** Tiempo libre: *Es muy constructivo dedicar los momentos de ocio a la lectura.*

ocioso, sa adj./m. y f. Persona que no tiene una ocupación o que tiene mucho tiempo libre: *Don Juvencio estaba ocioso desde que se jubiló, pero aprendió a hacer vitrales y ahora los elabora y vende muy bien.*

ocluir vb. irreg. {tr. y prnl.} **Modelo 59.** Cerrar u obstruir un conducto del organismo: *Se ocluyó mi faringe por tragar un trozo grande de carne y mi madre tuvo que golpearme la espalda para que lo escupiera.*

oclusión f. Hecho de cerrarse de forma anormal un conducto del organismo: *Una oclusión en el intestino hizo necesario que operaran al enfermo.*

oclusivo, va adj. Sonido consonántico que se pronuncia cerrando momentáneamente el paso del aire en la boca, como el que representan p, t, k, b, d y g.

ococial m. Perú. Terreno húmedo y hundido, con alguna vegetación.

ocote m. Guat. y Méx. Pino de distintas especies, de madera resinosa usada como combustible.

ocre adj. De color ocre: *En Roma abundan las casas y los edificios de color ocre que hacen un bello contraste con el verdor de las plantas.*

ocre m. **1.** Color amarillo obscuro. **2.** Variedad de arcilla de color amarillo obscuro.

octaedro m. Cuerpo de ocho caras triangulares: *La maestra nos pidió que hiciéramos un octaedro con ocho triángulos de cartulina.*

octagonal adj. Con forma de octágono.

octágono m. Polígono de ocho lados: *El edificio tenía la forma de un octágono y en cada una de sus ocho fachadas había un ventanal.*

octano m. Hidrocarburo saturado líquido existente en el petróleo: *La calidad del combustible para automóviles se mide, en parte, por los octanos que contiene.*

octavilla f. **1.** Octava parte de un pliego de papel. **2.** Impreso de propaganda política o social. **3.** Estrofa de ocho versos.

octavo, va adj. Adjetivo ordinal que corresponde en orden al número ocho.

octavo, va m. y f. Cada una de las ocho partes iguales en que se divide un todo: *Como eran ocho niños, a cada uno le tocó un octavo de tarta.*

octogésimo, ma adj./m. y f. Adjetivo ordinal que corresponde en orden al número ochenta.

octosílabo, ba adj./m. Se dice del verso de ocho sílabas: *"El viento cruzó el bosque" es un verso octosílabo.*

octubre *m.* Décimo mes del año: *En octubre, los países ubicados al norte del ecuador están en otoño y los países que se encuentran al sur están en primavera.*

ocular *adj.* Relativo a los ojos: *Ese señor sufrió una infección en el globo **ocular** y fue con un oculista para que lo curara.*

oculista *m.* y *f.* Especialista en las enfermedades de los ojos: *Julián fue al **oculista** porque no podía ver bien de lejos y ahora usa anteojos.* Sin. **oftalmólogo.**

ocultar *vb.* (tr. y prnl.) **1.** Esconder, impedir que alguien o algo sea visto: *El cuadro que está sobre la chimenea de esa casa **oculta** una caja fuerte en la que guardan las joyas de la familia.* **2.** Callar de manera intencionada alguna cosa: *Cuando Martín me platicó la obra de teatro me **ocultó** el final y me dijo que mejor fuera a verla.*

ocultismo *m.* Estudio y práctica de fenómenos que no pueden ser demostrados de manera científica.

oculto, ta *adj.* Que no se ve, no se nota o no se encuentra: *La casa queda **oculta** por los grandes árboles que hay en la calle.*

ocupación *f.* **1.** Acción y efecto de tomar posesión: *Las tropas efectuaron la **ocupación** de la ciudad conquistada.* **2.** Trabajo, oficio: *La **ocupación** de mi padre es la de bombero.*

ocupante *m.* y *f.* Persona que se instala en un lugar, en especial en una casa o un asiento: *Los **ocupantes** de ese edificio corren peligro porque la construcción quedó muy dañada después del sismo.*

ocupar *vb.* (tr. y prnl.) **1.** Tomar posesión: *Durante la Segunda Guerra Mundial, los nazis **ocuparon** varios países de Europa.* **2.** Llenar un espacio o lugar: *No cabe otra cosa en el cajón, pues los papeles **ocupan** todo el espacio.* **3.** Ejercer un empleo o cargo: *Julia **ocupa** el puesto de secretaria en esa oficina desde hace dos años.* **4.** Proporcionar trabajo: *Don José va a **ocuparme** para que le ayude a pintar su casa.* **5.** Encargarse, cuidar: *Hoy nos **ocuparemos** de estudiar los números negativos.*

ocurrencia *f.* **1.** Idea que se le ocurre a alguien, por lo general buena: *Mi tío tuvo la **ocurrencia** de salir a jugar fútbol y todos nos divertimos mucho.* **2.** Hecho de decir cosas graciosas, simpáticas u originales: *Aunque parece muy serio, mi jefe tiene unas **ocurrencias** que nos hacen reír y aligeran el trabajo.*

ocurrente *adj./m.* y *f.* Que tiene muchas ocurrencias.

ocurrir *vb.* (intr. y prnl.) **1.** Suceder, pasar o acontecer algo: *La historia cuenta lo que **ocurrió** en el pasado.* **2.** Venir a la mente una idea: *Mientras estaba en la bañera, al filósofo Arquímedes se le **ocurrió** una idea sobre el volumen de los cuerpos en el agua.*

oda *f.* Composición poética de tema lírico: *En su novena sinfonía, el músico alemán Beethoven utilizó la letra de la **Oda** a la Alegría de Schiller.*

odiar *vb.* (tr.) Experimentar una gran aversión o disgusto hacia algo o alguien.

odio *m.* Sentimiento vivo de antipatía o disgusto hacia algo o alguien: *El **odio** se reflejó en la cara de la mujer cuando supo que ese hombre era el ladrón que había entrado en su casa.*

odioso, sa *adj.* Desagradable, que produce rechazo o disgusto.

odisea *f.* Viaje o serie de sucesos penosos y molestos, llamados así por los viajes del personaje Odiseo o Ulises de las obras de Homero, la Ilíada y la Odisea: *Nuestro viaje al sur fue una verdadera **odisea**, estuvo lleno de problemas, accidentes y complicaciones.*

odonato *adj./m.* Relativo a un orden de insectos de larva que se desarrolla en el agua, como las libélulas.

odontología *f.* Estudio de los dientes y de su tratamiento: *Mi primo estudió **odontología** y ahora trabaja en un consultorio como dentista.*

odontólogo, ga *m.* y *f.* Médico que se especializa en el estudio y tratamiento de los dientes: *Los **odontólogos** que enderezan los dientes se llaman ortodoncistas.* Sin. **dentista.**

odre *m.* Cuero para contener líquidos: *Es común ver a personas que van a las plazas de toros con **odres** llenos de vino.*

oeste *m.* Punto cardinal por donde se oculta el Sol: *El Sol sale por el este y se oculta por el **oeste**.*

ofender *vb.* (tr. y prnl.) **1.** Hacer o decir algo que moleste o demuestre falta de respeto hacia otra persona: *Esteban me **ofendió** al acusarme de robo cuando extravió un disco.* **2.** Sentirse despreciado por alguien a causa de algo que dijo o hizo: *Luisa se **ofendió** porque sus amigos no la invitaron a la fiesta.*

ofensa *f.* Palabras o acciones que ofenden, que faltan al respeto: *Me enojó que Osvaldo me lanzara tantas **ofensas** cuando le dije que su corte de pelo no me gustaba.*

ofensiva *f.* Hecho de atacar: *El equipo rojo perdió el partido porque la **ofensiva** no atacó lo suficiente.* Ant. **defensiva.**

ofensivo, va *adj.* Que ofende o puede ofender: *Las palabras **ofensivas** de Roberto me obligaron a dejar de hablarle.*

oferta *f.* **1.** Proposición o promesa que se hace a alguien: *Una empresa le hizo una atractiva **oferta** de trabajo a mi padre.* **2.** Ofrecimiento de algo en venta: *La **oferta** de bienes raíces es muy amplia en este momento porque mucha gente quiere vender su casa.* **3.** Producto a precio rebajado: *Compré cinco kilos de mangos porque estaban en **oferta** a la mitad de su precio normal.* Sin. **barata.**

ofertar *vb.* (tr.) Ofrecer en venta un producto: *Las tiendas de ropa **ofertan** nuevas líneas de vestidos ligeros cuando se acerca el verano.*

oficial *adj.* Que procede del gobierno o de la autoridad competente: *La noticia de la muerte del escritor famoso ya no es un rumor, pues ha sido confirmada por medios **oficiales**.*

oficial *m.* **1.** Persona que en algún oficio tiene el grado intermedio entre aprendiz y maestro: *Se pasó un año como aprendiz de carpintero y ahora ya es **oficial**, en dos años más podrá ser maestro.* **2.** Militar o miembro de un cuerpo de seguridad que posee un grado o empleo, desde alférez o subteniente hasta capitán: *Los **oficiales** duermen en barracas diferentes a las de los soldados rasos.*

oficialista *m.* Argent., Chile y Urug. Partidario o servidor incondicional del gobierno.

oficina *f.* Local donde se trabaja, prepara o gestiona alguna tarea de administración de una empresa o del gobierno: *Luis fue a una **oficina** de abogados para que le ayuden a tramitar su divorcio.*

oficinista *m.* y *f.* Persona empleada en una oficina.

oficio *m.* **1.** Profesión mecánica o manual: *En las escuelas de educación media básica enseñan algunos ofi-*

cios como carpintería y herrería. **2.** Ocupación habitual: *El oficio de Rigoberto es mecánico.* **3.** Función de alguna cosa: *El oficio de este puente es comunicar a los dos pueblos que están a cada lado del río.* **4.** pl. Ceremonias religiosas. **5.** *Méx.* Documento oficial: *Me llegó un oficio de las autoridades en el que me piden que pague una multa.*

oficioso, sa *adj.* Que proviene del gobierno pero que no tiene carácter oficial: *Un diario oficioso divulgó una noticia que no ha sido confirmada por las oficinas del gobierno.*

ofidio *adj./m.* Reptil con escamas, de cuerpo alargado y sin extremidades, como la serpiente.

ofrecer *vb. irreg.* {tr. y prnl.} Modelo 39. **1.** Presentar algo, mostrar: *La vendedora de la tienda me ofreció varios vestidos y yo decidí comprar el de color verde.* **2.** Poner algo o ponerse a disposición de alguien: *Un vecino se ofreció para ayudarnos a organizar la fiesta del próximo sábado.*

ofrecido, da *adj. Méx.* Que se pone a disposición de los demás para ayudarlos, por lo general con actitud servil: *Genaro es un ofrecido que no cumple con su trabajo por hacerle favores a todos sus amigos.*

ofrecimiento *m.* Lo que se propone a alguien: *Mi padre aceptó el ofrecimiento que le hizo un amigo para trabajar con él.* Sin. **proposición.**

ofrenda *f.* Cosa que se da en señal de gratitud, en especial a Dios o a un ser divino: *En México se suelen poner ofrendas a los difuntos el 1 y 2 de noviembre.*

oftalmología *f.* Especialidad médica que trata las enfermedades de los ojos.

oftalmólogo, ga *m.* y *f.* Médico especializado en el tratamiento de las enfermedades de los ojos. Sin. **oculista.**

ofuscar *vb.* {tr. y prnl.} Impedir algo que funcione adecuadamente la vista o la razón: *El amor que el príncipe sentía por la princesa lo ofuscó y le impidió ver que se trataba de una bruja disfrazada.*

ogro *m.* **1.** Gigante legendario: *En el cuento, Juanito logró robarle al ogro la gallina de los huevos de oro.* **2.** *Fam.* Persona de mal carácter: *La maestra de geografía es un ogro que nos regaña todo el tiempo.*

¡oh! *interj.* Señala por lo general asombro, alegría o dolor: *¡Oh, ya son las once de la mañana y no me levanté para ir a la escuela!*

ohmio *m.* Unidad de medida de resistencia eléctrica en el Sistema Internacional.

oído *m.* **1.** Sentido de la audición: *Los cinco sentidos son la vista, el olfato, el oído, el tacto y el gusto.* **2.** Cada uno de los órganos de la audición: *Llevaron a la niña al doctor porque a causa del resfrío le duele el oído derecho.* **3.** Aptitud para la música: *Desde que era niño, Javier tiene oído y ahora ya estudia música y toca el piano.* **4.** loc. pl. **De oídas,** que no se conoce directamente: *Nunca he ido a esa ciudad, pero sé de oídas que es un lugar muy bonito.*

oír *vb. irreg.* {tr.} Modelo 53. **1.** Percibir los sonidos, escuchar: *Algunas noches oigo chirriar a los grillos en el jardín de mi casa.* **2.** Atender ruegos o avisos: *Durante la Colonia (siglos XVI al XIX) los reyes de España no quisieron oír las protestas y quejas de los indígenas americanos.*

ojal *m.* Corte o abertura en una tela, por donde entra el botón: *Hay que cerrar un poco el ojal de esa camisa, pues el botón se sale con facilidad.*

¡ojalá! *interj.* Denota vivo deseo de que suceda una cosa: *¡Ojalá hubiera paz en el mundo.*

ojeada *f.* Hecho de ojear: *Después de una ojeada a la revista me di cuenta de que está dedicada a las mujeres.*

ojear *vb.* {tr.} Dirigir los ojos hacia algo para mirar de manera rápida y superficial: *El profesor ojeó el patio escolar, donde estaban formados los niños, para ver si todo estaba en orden.*

ojera *f.* Sombra que aparece bajo el párpado inferior: *Por las profundas ojeras que tenía Martha, se notaba que no había dormido la noche anterior.*

ojeriza *f. Fam.* Antipatía, mala disposición que se tiene hacia alguien: *Desde que la maestra criticó la escuela, el director le tomó ojeriza.*

ojete *m.* **1.** Ojal redondo, por lo general con borde metálico, para meter por él un cordón: *Para que los zapatos queden bien sujetos al pie, los cordones deben pasar por todos los ojetes.* **2.** *Méx. Vulg.* Persona muy mala o abusiva.

ojiva *f.* **1.** Figura compuesta por dos arcos que se cortan formando un ángulo. **2.** Arco que tiene la figura de una ojiva.

ojival *adj.* Que tiene forma de ojiva: *En las catedrales góticas hay arcos ojivales.*

ojo *m.* **1.** Órgano de la visión: *Polifemo era un cíclope, pues tenía un solo ojo.* **2.** Abertura o agujero de ciertos objetos: *No es fácil meter el hilo por el ojo de la aguja.* **3.** loc. *Fam.* **No pegar el ~,** no poder dormir: *El perro ladró toda la noche, yo no pegué el ojo por su culpa y ahora estoy muy cansado.*

ojota *f. Amér. Merid.* Calzado rústico a modo de sandalia: *Las ojotas son todavía muy usadas entre los habitantes de los Andes.*

ola *f.* **1.** Onda que se forma en la superficie de las aguas: *Una ola grande tomó desprevenido al turista que estaba recostado en la playa y lo revolcó.* **2.** Fenómeno atmosférico que causa un cambio repentino en la temperatura: *Ayer entró una ola cálida al país, por eso hoy tenemos calor en pleno invierno.*

olán *m. Méx.* Adorno de cortinas o vestidos que consiste en una franja de tela con la costura fruncida para que haga pliegues: *La cantante usaba un vestido con tanto olán que parecía una lechuga gigante.*

¡olé! u **¡ole!** *interj.* Exclamación con que se anima y aplaude, originada en las corridas de toros.

oleáceo, a *adj.* Relativo a una familia de árboles o arbustos de flores hermafroditas que crecen en racimo, como el olivo.

oleaginoso, sa *adj.* Que tiene la naturaleza del aceite o que contiene aceite: *El maíz es una planta oleaginosa de la cual se puede obtener aceite para cocinar.*

oleaje *m.* Movimiento continuo y sucesivo de las olas: *Como el oleaje era fuerte, el barco se mecía de un lado a otro de manera violenta.*

óleo *m.* **1.** Pintura hecha con colores disueltos en aceite secante: *Algunos pintores prefieren pintar óleos y a otros les gustan las acuarelas.* **2.** Técnica para pintar y obra que se realiza utilizando el tipo de pintura llamada óleo.

oleoducto *m.* Tubería para conducir petróleo.

oler *vb. irreg.* {tr., intr. y prnl.} Modelo 33. **1.** Percibir los olores: *Esa leche huele un poco extraño, creo que está agria.* **2.** Sospechar: *Me olí que los niños habían hecho* una travesura cuando los vi demasiado quietos. **3.** Despedir olor: *Jorge* **huele** *a una loción que me gusta mucho.*

olfatear *vb.* (tr.) Aplicar el sentido del olfato: *Los sabuesos* **olfatean** *cada uno de los rincones del lugar donde viven.*

olfato *m.* Sentido que permite la percepción de los olores: *Genaro tiene muy buen* **olfato**, *pues en cuanto entró a la casa percibió la fuga de gas que ninguno había notado.*

oligarquía *f.* Forma de gobierno en la que el poder es controlado por un pequeño grupo de individuos o una clase social.

oligoceno *adj./m.* Relativo al tercer periodo geológico de la era terciaria.

oligoelemento *m.* Substancia necesaria, en muy pequeña cantidad, para el funcionamiento de los organismos vivos.

olimpiada u **olimpíada** *f.* Competencia mundial de juegos deportivos que se celebra cada cuatro años: *Las primeras* **olimpiadas** *de la Antigüedad se llevaban a cabo en Grecia; ahí también se celebraron las primeras olimpiadas de la era moderna a principios del siglo xx.*

olimpo *m.* Residencia de los antiguos dioses griegos, se escribe con "O" mayúscula: *Zeus y Hera son los principales dioses del* **Olimpo** *según la mitología griega.*

oliscar *vb. irreg.* (tr.) Modelo 17 u **olisquear** *vb.* (tr.) **1.** Olfatear de manera ligera: *El gato* **oliscó** *su comida y luego comenzó a tragarla.* **2.** Curiosear: *Me enojé con mi hermana porque la sorprendí* **oliscando** *en mi cartera.*

oliva *f.* Aceituna, fruto del olivo.

olivo *m.* Planta de los países cálidos, de tronco grueso y torcido, copa ancha y ramosa, su fruto es la aceituna: *En los países árabes y mediterráneos se cultivan muchos* **olivos** *de los que se extrae un aceite comestible muy sano.*

olla *f.* Vasija redonda más alta que ancha, que se utiliza para cocer alimentos: *Antes se cocinaba en* **ollas** *de barro; ahora existen* **ollas** *de muchos materiales.*

olmeca *adj./m.* y *f.* Pueblo y cultura prehispánicos de México que se localizaron en la zona costera de los actuales estados de Tabasco y Veracruz: *El juego de pelota y las esculturas de cabezas gigantes son rasgos característicos de la cultura* **olmeca**.

olmo *m.* Árbol de 20 a 30 metros de altura, de copa ancha y hojas dentadas, que proporciona una madera utilizada en la fabricación de muebles.

olor *m.* Emanación que producen ciertas substancias e impresión que producen en el olfato: *Un perro sabueso es capaz de encontrar a alguien a través del* **olor** *de la persona.*

oloroso, sa *adj.* Que despide de sí mismo una fragancia o aroma agradable: *Salí del baño muy* **olorosa** *a jabón y perfume.*

olote *m. Amér. C.* y *Méx.* Parte de la mazorca de maíz que queda después de quitarle los granos.

olvidadizo, za *adj.* Que olvida las cosas fácilmente.

olvidar *vb.* (tr. y prnl.) **1.** Dejar de tener algo presente en la memoria: *A los ancianos a veces se les* **olvidan** *los hechos recientes, pero se acuerdan bien del pasado lejano.* **2.** Descuidar: **Olvidé** *regar la planta que me regalaron y se murió.*

olvido *m.* **1.** Hecho de olvidar, de no recordar algo: *¡Qué* **olvido**! *No telefoneé a mi amiga el día de su cum-*

pleaños. **2.** Abandono: *Fernando tiene a su anciano padre en el* **olvido**, *pues casi nunca lo visita.*

omagua *adj./m.* y *f.* Pueblo amerindio de la familia lingüística tupí que habita en el norte de Perú.

ombligo *m.* **1.** Cicatriz profunda que queda en el vientre después de que se cae el cordón umbilical: *Me limpié el* **ombligo** *con un algodón mojado en crema para quitar la mugre que ahí se guarda.* **2.** *Fam.* Centro, lugar o persona importante: *Evaristo es un chico vanidoso que se siente el* **ombligo** *del mundo.*

omisión *f.* **1.** Hecho de no hacer o decir algo: *La* **omisión** *de algunos comentarios a veces es conveniente para no lastimar a las personas que nos rodean.* **2.** Cosa que deja de decirse o hacerse: *La* **omisión** *de una coma puede cambiar por completo el sentido de una frase, como en "El perro, que juega con la pelota, se llama Fito" y "El perro que juega con la pelota se llama Fito". En la primera lo importante es que el perro se llama Fito y en la segunda estamos diciendo que el perro se llama Fito cualquier perro que juega con una pelota.*

omitir *vb.* (tr.) **1.** Dejar de hacer alguna cosa: *Mandé una carta a mi amiga pero nunca llegó, pues por olvido* **omití** *escribir un dato de su domicilio.* **2.** Dejar de decir cierta cosa: *Ayer llegó mi hermano de viaje y nos contó qué había hecho, pero* **omitió** *los detalles porque estaba cansado y quería dormir.*

ómnibus *m.* Vehículo de gran capacidad para el transporte público: *En las grandes ciudades deberían utilizarse más* **ómnibus** *para evitar el uso excesivo de automóviles.*

omnívoro, ra *adj.* Relativo al animal que puede alimentarse con toda clase de comida: *Los humanos somos* **omnívoros**, *ya que comemos carne, vegetales, frutas, semillas, etcétera.*

omóplato u **omoplato** *m.* Hueso plano situado en la parte posterior del hombro: *Sergio tuvo una fractura en el* **omóplato** *y le enyesaron todo el brazo.*

ona *adj./m.* y *f.* Pueblo amerindio extinto que habitó en la isla Grande de Tierra de Fuego, en la parte meridional de América del Sur.

once *adj.* **1.** Número que resulta de sumar diez y uno. **2.** Undécimo.

oncología *f.* Parte de la medicina que trata de los tumores: *Paulo tiene cáncer y lo atienden en el hospital de* **oncología**.

onda *f.* **1.** Cada una de las elevaciones que se producen al perturbar la superficie de un líquido: *Cuando un objeto cae al agua se forman* **ondas** *alrededor del centro.* **2.** Cada una de las curvas de una superficie o línea sinuosa: *Le dio el sol a ese plástico y ahora tiene unas* **ondas** *que no se pueden quitar.* **3.** *Méx. Fam.* Asunto, tema: *La* **onda** *de este curso de verano es aprender a elaborar muñecos de tela.* **4.** *loc.* **~ luminosa**, *la que se origina en un cuerpo luminoso y transmite su luz, como una bombilla o foco.* **5.** *loc.* **~ sonora**, *la que se origina en un cuerpo elástico y transmite su sonido, como la cuerda de una guitarra.*

ondear *vb.* (intr.) Formar ondulaciones un cuerpo flexible: *La bandera de la plaza* **ondea** *cuando hay viento.*

ondulado, da *adj.* Con forma de curvas u ondas: *Gilberto tiene el pelo* **ondulado** *y se le forman espirales alrededor de la cara.*

ondular *vb.* {tr. e intr.} *1.* Hacer curvas u ondas. *2.* Moverse formando curvas u ondas.

oneroso, sa *adj. 1.* Molesto, pesado: *Hablar en público es una responsabilidad onerosa para las personas tímidas. 2.* Que es caro o costoso: *El pago de la hipoteca es una carga onerosa para la familia.*

ónice *m.* Variedad de ágata, mineral de la familia del cuarzo, con vetas de diversos colores y tonos.

onírico, ca *adj.* Relativo a los sueños: *Para el psicoanálisis son importantes las experiencias oníricas.*

ónix *m.* Ver **ónice.**

on line *adj.* **Palabra inglesa.** Se dice de las partes de equipos de computación conectados entre sí, cuando están listas para realizar alguna función que se desea.

onomástico *m.* Día en que una persona celebra su santo: *Como me llamo Carmen mi onomástico es el 16 de julio.* SIN. **santo.**

onomástico, ca *adj.* Relativo a los nombres propios de persona.

onomatopeya *f.* Imitación del sonido que produce una cosa para formar con él una palabra que lo exprese: *La onomatopeya del ladrido del perro es "guau".*

onomatopéyico, ca *adj.* Relacionado con las palabras que imitan los sonidos que producen las cosas: *Leí un cuento onomatopéyico en el que abundaban los guau de los perros, los miau de los gatos, los pío de los pollos, los muu de las vacas y los oinc de los cerdos.*

ontogenia *f.* Desarrollo de un ser vivo, desde que es engendrado hasta que nace.

ontología *f.* Parte de la metafísica que trata del ser en general.

onza *f.* Medida de peso o de volumen, equivalente a cerca de 30 gramos: *Cuando René era bebé, tomaba cinco onzas de leche cada cuatro horas.*

onza *f.* Animal mamífero parecido al leopardo pero más pequeño, originario de África y Asia.

opa *adj./m.* y *f. Argent., Bol.* y *Urug.* Tonto, idiota: *Como no estudié, cuando el maestro me hizo preguntas quedé como un opa frente a todos mis compañeros.*

opacar *vb. irreg.* {tr. y prnl.} *Modelo 17. Amér.* Hacer opaco, nublar: *El día se opacó a causa de las nubes obscuras.*

opaco, ca *adj. 1.* Que no deja pasar la luz: *Puse cortinas opacas en mi habitación para evitar que entre la luz de un farol que está fuera de mi ventana. 2.* Sin brillo: *Esa perra parece enferma, tiene el pelo muy opaco.*

ópalo *m.* Piedra semipreciosa, variedad de sílice que presenta diversos colores.

ópata *m.* y *f.* De un grupo amerindio formado por ópatas, cahítas y tarahumaras, que habita en México.

opción *f. 1.* Facultad de elegir: *"De postre tienes la opción de elegir entre helado, panqué, tarta o fruta", le dije a Fernando. 2.* Elección: *De entre todas las carreras disponibles, el joven se decidió por la mejor opción para él.*

ópera *f. 1.* Obra dramática escrita para ser cantada y representada con acompañamiento de orquesta: *El músico austriaco Wolfgang Amadeus Mozart fue un gran maestro de la ópera como lo demuestran "Las Bodas de Fígaro" y "La Flauta Mágica". 2.* Lugar donde se representa la obra llamada ópera: *Antes, la gente se vestía de gala para asistir a la ópera.*

operación *f. 1.* Realización de una cosa con un fin determinado: *La operación de girar la llave dentro de* un automóvil tiene como objetivo ponerlo en marcha. *2.* Intervención quirúrgica con fines curativos: *Los doctores dijeron que la operación de apéndice de mi mamá fue un éxito y que se recuperará muy pronto. 3.* Realización de un cálculo: *Para saber cómo repartir diez chocolates entre cinco niños, la operación que tengo que hacer es una división.*

operar *vb.* {tr., intr. y prnl.} *1.* Practicar, producir un resultado: *La reparación de carreteras ha operado un beneficio para los conductores. 2.* Practicar o someterse a una intervención quirúrgica: *Operaron de emergencia a Saúl porque tenía apendicitis. 3.* Negociar: *Joel tiene una empresa que exporta tomates y opera con varias empresas en otros países. 4.* Realizar cálculos matemáticos: *La maestra enseñó a los alumnos a operar con cifras de cuatro dígitos.*

operario, ria *m.* y *f.* Obrero.

operativo, va *adj.* Se dice de lo que funciona y surte efecto.

opérculo *m.* Pieza que tapa o cierra ciertas aberturas de algunos organismos, como las agallas de los peces.

opereta *f.* Ópera corta o ligera: *La Viuda Alegre es una de las operetas vienesas más famosas.*

opinar *vb.* {tr.} Expresar la idea u opinión: *Es mejor no opinar cuando uno no conoce el tema del que se habla.*

opinión *f.* Juicio, manera de pensar sobre un tema: *Me interesa conocer tu opinión sobre el último filme de ese director alemán.*

opio *m.* Narcótico y analgésico que se obtiene de la planta llamada adormidera verde.

opíparo, ra *adj.* Se dice de la comida abundante y espléndida: *El rey ofreció una cena opípara para festejar su cumpleaños en la que todos comimos mucha carne, ensaladas, frutas y postres.*

oponer *vb. irreg.* {tr. y prnl.} *Modelo 27. 1.* Poner en contra, obstaculizar: *Mis amigos y yo decidimos formar un grupo para oponernos a la tala de árboles en el parque del barrio. 2.* Ser una cosa contraria a otra: *Lo caliente se opone a lo frío.*

oportunidad *f.* Lo que sucede en el momento adecuado o lo que permite hacer algo: *Sin esperarlo, se presentó a Irma la oportunidad de un trabajo interesante en el extranjero.* SIN. **chance.**

oportuno, na *adj. 1.* Que se hace o sucede en el tiempo adecuado, en el lugar o circunstancia conveniente: *La herencia de su tío rico fue muy oportuna para Jaime, ya que tenía muchas deudas. 2.* Ingenioso: *Daniel siempre es oportuno para hacer bromas.*

oposición *f. 1.* Hecho de estar en contra de algo o alguien: *La oposición de Jorge para obedecer a su maestra provocó que lo castigaran. 2.* Concurso que consiste en una serie de ejercicios a los que se someten los aspirantes a un cargo o empleo: *Para dar clases en esa universidad, el profesor tuvo que ganar un concurso de oposición al que se presentaron tres concursantes más. 3.* Grupo o partido contrario a la política de un gobierno.

opresión *f. 1.* Hecho de ejercer presión. *2.* Hecho de someter a alguien con rigor y violencia.

oprimir *vb.* {tr.} *1.* Ejercer presión, apretar: *El enfermo lanzó un grito de dolor cuando el doctor le oprimió el vientre. 2.* Someter mediante el rigor excesivo o la violencia: *Los nazis oprimieron y asesinaron a muchos* judíos durante la Segunda Guerra Mundial. **3.** Causar ahogo o angustia: *Por el susto, Micaela sintió que algo muy pesado le* **oprimía** *el pecho y durante un momento no pudo respirar bien.*

oprobio *m.* Deshonor, vergüenza: *La gente irresponsable es un* **oprobio** *y un perjuicio para la sociedad.*

optar *vb.* (tr. e intr.) **1.** Elegir una entre varias posibilidades: *De entre ir al cine, al teatro, o quedarse en casa,* **optó** *por esto último, pues estaba muy cansado.* **2.** Aspirar a algo: *La maestra* **optó** *por el puesto de subdirectora después de diez años de trabajar en la escuela.*

optativo, va *adj.* Lo que se puede elegir, que no es obligatorio: *En mi escuela la clase de matemáticas es obligatoria, en cambio la clase de cerámica es* **optativa.**

óptica *f.* **1.** Parte de la física que estudia las leyes y los fenómenos de la luz. **2.** Lugar donde se hacen análisis de los ojos, se venden lentes, anteojos y otros objetos relacionados con la vista.

óptico, ca *adj.* Relativo a la óptica o a la visión: *Algunos tipos de dibujos producen ilusiones* **ópticas**, *es decir, engañan a la vista.*

óptico, ca *m.* y *f.* Persona que elabora o vende aparatos para la visión.

optimismo *m.* Tendencia a ver las cosas por su lado más favorable: *El* **optimismo** *de David le impide desanimarse y perder la esperanza cuando se presenta algún problema.*

optimista *m.* y *f.* Persona que ve las cosas del lado positivo.

óptimo, ma *adj.* Que es lo mejor en su género o línea: *Ese atleta está en el mejor momento de su carrera, pues su excelente condición física y su corta edad son* **óptimos** *para practicar el deporte.*

opuesto, ta *adj.* **1.** Contrario, que se opone a algo por estar enfrente: *El correo está en la acera* **opuesta** *a la carnicería.* **2.** Que está en contra o que contradice a alguien o algo: *El negro y el blanco son dos colores* **opuestos.**

opulencia *f.* Riqueza grande, abundancia de cosas: *La* **opulencia** *de la corte francesa de Luis XIV podía verse en su vestimenta, su palacio y sus lujosas fiestas.*

oquedad *f.* Espacio vacío en el interior de un cuerpo: *Durante la excursión por el monte nos refugiamos de la lluvia en la* **oquedad** *de una gran roca.*

ora *conj.* Expresa relación de alternancia entre acciones: *Enrique estaba muy inquieto;* **ora** *leía,* **ora** *paseaba.*

oración *f.* **1.** Discurso: *El primer ministro fue el encargado de pronunciar la* **oración** *fúnebre por la muerte del presidente.* **2.** Hecho de dirigirse a Dios o a un ser divino para expresarle adoración, una petición o agradecimiento: *La madre dirigió una* **oración** *a Dios para pedir que su hijo sanara.* **3.** Conjunto de elementos lingüísticos que forman una unidad sintáctica independiente y completa: *"El día es hermoso" es un ejemplo de* **oración** *en la que "El día" es el sujeto y "es hermoso" el predicado.* SIN. **frase.**

oráculo *m.* **1.** Respuesta o mensaje que los antiguos dioses romanos y griegos daban a los hombres, por lo general a través de sus sacerdotes: *Los antiguos griegos acudían al* **oráculo** *de Delfos para conocer el futuro.* **2.** *Fam.* Persona de gran sabiduría, cuyas opiniones se escuchan sin discusión.

orador, ra *m.* y *f.* Persona que pronuncia un discurso: *El ministro de cultura fue el principal* **orador** *en la ceremonia que se realizó en el museo.*

oral *adj.* **1.** Relativo a la boca: *Si un medicamento dice "por vía* **oral**", *significa que se toma por la boca, no que se inyecta.* **2.** Expresado de manera verbal, dicho con palabras: *La profesora nos dijo que va a evaluarnos con un examen* **oral.**

orangután *m.* Mono antropomorfo de Asia, que llega a medir 1.50 m de altura, con cabeza gruesa, pelo largo y rojizo, nariz chata, hocico saliente, cuerpo robusto y brazos tan largos que tocan el suelo cuando está erguido.

orar *vb.* (intr.) **1.** Hacer oración. SIN. **rezar.** **2.** Hablar en público: *El profesor* **oró** *durante más de dos horas y todo este tiempo los alumnos estuvieron atentos a su interesante discurso.*

orate *m.* y *f.* **1.** Loco, demente. **2.** *Fam.* Persona con poco juicio y prudencia.

oratoria *f.* Arte de hablar con elocuencia: *En muchas escuelas se organizan concursos anuales de* **oratoria** *para que los niños aprendan a hablar en público.*

oratorio *m.* Lugar destinado para orar.

orbe *m.* **1.** Universo o mundo: *Hoy en día, la información llega a casi todos los rincones del* **orbe** *gracias a los satélites y computadoras.* **2.** Esfera celeste o terrestre: *Alrededor del Sol giran nueve* **orbes**, *y uno de ellos es la Tierra.*

órbita *f.* **1.** Curva cerrada que describe un cuerpo celeste alrededor de otro: *La Luna describe una* **órbita** *de forma ovalada alrededor de la Tierra.* **2.** Cavidad del ojo: *A las calaveras se les ven las* **órbitas** *porque ya no tienen ojos ni piel.* SIN. **cuenca.**

orca *f.* Animal marino de gran tamaño, parecido a la ballena, negro por el lomo y blanco por el vientre, que vive en el Océano Atlántico Norte.

orden *f.* **1.** Mandato que se debe obedecer: *El director de la escuela dio la* **orden** *a los maestros para que iniciaran la ceremonia.* **2.** Cuerpo de personas unidas por alguna regla común o por una distinción honorífica: *Hicieron miembro de la* **Orden** *de Honor a ese científico por sus servicios al país.*

orden *m.* **1.** Organización y disposición regular de las cosas: *Quien acostumbra el* **orden** *evita pérdidas de tiempo.* **2.** Normalidad, tranquilidad: *La policía es la encargada de preservar el* **orden** *y la paz pública.* **3.** Cada uno de los estilos de la arquitectura clásica: *Las columnas clásicas son tres* **órdenes**: *dórico, jónico y corintio.* **4.** Categoría de clasificación de plantas y animales, intermedia entre la clase y la familia.

ordenada *adj./f.* En matemáticas, la coordenada vertical.

ordenado, da *adj.* Que presenta orden: *Josefina es una niña* **ordenada** *que mantiene limpia su habitación, la ropa guardada y los libros acomodados.*

ordenador *m. Esp.* Máquina electrónica de gran capacidad de memoria, dotada de métodos de tratamiento de la información. SIN. **computadora.**

ordenanza *f.* Conjunto de preceptos dictados para la reglamentación de una comunidad: *Si todas las personas siguieran las* **ordenanzas**, *la vida en las ciudades sería más cordial.*

ordenanza *m.* Empleado de oficina encargado de la mensajería interna y externa: *El* **ordenanza** *salió muy temprano a entregar varios sobres y paquetes.*

ordenar *vb.* {tr. y prnl.} *1.* Poner en orden, colocar de manera organizada: *Debo ordenar mis papeles, pues están tan revueltos que no puedo encontrar nada.* *2.* Mandar: *El maestro le ordenó que permaneciera de pie en la parte posterior del salón como castigo por la grosería que dijo.* *3.* En las religiones, otorgar o recibir el cargo de sacerdote, monja o monje.

ordeña *f.* Extracción de la leche de la ubre del animal que la produce: *En algunas granjas modernas la ordeña de vacas se lleva a cabo por medio de una máquina.*

ordeñar *vb.* {tr.} Extraer la leche de la ubre de un animal hembra exprimiendo sus tetas: *Mi tío tiene una vaca y la ordeña todas las mañanas muy temprano.*

ordinal *adj.* Se dice del adjetivo numeral que expresa el orden: *El ordinal del número tres es tercero.*

ordinario, ria *adj.* *1.* Común, corriente: *No podría describir al hermano de mi amiga, ya que es un chico ordinario sin alguna característica especial.* *2.* Vulgar, de baja calidad: *El campesino hizo unos sacos de tela ordinaria para meter los granos de maíz.*

ordovícico, ca *adj./m.* Segundo periodo de la era paleozoica.

orear *vb.* {tr.} Poner una cosa al aire y al sol para que se ventile o se seque: *Saqué la ropa de cama a orear porque llevaba mucho tiempo guardada y olía a humedad.*

orégano *m.* Planta herbácea aromática, que se usa como condimento: *El orégano se usa también en la industria de la perfumería.*

oreja *f.* *1.* Órgano del oído, en particular la parte externa situada a cada lado de la cabeza: *Los aretes suelen ponerse en los lóbulos de las orejas.* *2. Colomb.* Desviación circular que cruza la recta de una autopista a diferente altura que la recta. *3. Méx.* Asa de un recipiente: *Durante la mudanza se cayó la caja de la vajilla y se rompieron algunas orejas de las tazas.* *4. Méx. y Salv. Fam.* Espía, delator: *Ten cuidado de lo que hablas delante de Sofía, porque es oreja del jefe y todo le dice.*

orejón *m.* Trozo de durazno o albaricoque secado al aire o al sol, que se consume como dulce.

orfanato *m.* Asilo de huérfanos: *Ese orfanato funciona con dinero de los donativos de mucha gente.* SIN. **orfanatorio, orfelinato.**

orfanatorio *m. Méx.* Asilo de huérfanos. SIN. **orfanato, orfelinato.**

orfandad *f.* Situación del huérfano: *Los padres de Olga murieron en un accidente y la dejaron en estado de orfandad.*

orfebre *m.* Artesano que trabaja el oro o la plata: *Los orfebres colombianos son famosos por su fina joyería de oro.*

orfebrería *f.* *1.* Arte y oficio del orfebre. *2.* Obra hecha de oro o plata: *En esa pequeña ciudad encontré orfebrería de magnífica calidad, así que decidí comprarme unos aretes y una medalla.*

orfelinato *m.* Asilo de huérfanos. SIN. **orfanato, orfanatorio.**

orfeón *m.* Grupo organizado de personas que forman un coro de cantantes: *Como tiene buena voz, desde niño ha cantado en el orfeón de su escuela.*

orgánico, ca *adj.* *1.* Dícese del organismo vivo: *Los humanos, los animales y las plantas somos seres orgáni-* cos, en cambio las piedras son inorgánicas. *2.* Relativo a los órganos o al organismo de los seres vivos: *La respiración y la digestión son funciones orgánicas.*

organigrama *m.* Cuadro en el que se representa con una gráfica la estructura de una organización: *Para entender la distribución de tareas de una empresa es aconsejable ver el organigrama.*

organillero, ra *m.* y *f.* Persona que toca el organillo u órgano portátil con una manivela: *En la actualidad todavía existen algunos organilleros que en las plazas públicas tocan sus pesados y tradicionales instrumentos.*

organillo *m.* Órgano portátil, movido por una manivela: *Cada vez que se acababa una melodía del organillo, el señor que lo tocaba pedía dinero a la gente que caminaba por la calle.* SIN. **cilindro.**

organismo *m.* *1.* Ser vivo que tiene un conjunto de funciones propias: *La biología estudia los organismos animales y vegetales.* *2.* Conjunto de órganos que forman un ser vivo. *3.* Conjunto de dependencias relacionadas entre sí, que forman un cuerpo o institución: *La universidad es un organismo formado por escuelas, facultades e institutos.*

organista *m.* y *f.* Persona que tiene por oficio tocar el órgano.

organización *f.* *1.* Hecho de disponer las cosas o disponerse de manera conveniente para algo: *La organización del viaje fue un fracaso: salimos tarde, no encontramos hoteles disponibles y gastamos mucho dinero en comida.* *2.* Asociación constituida para determinado fin: *La Organización de las Naciones Unidas tiene como finalidad preservar la paz y la armonía entre sus miembros.*

organizar *vb. irreg.* {tr. y prnl.} **Modelo 16.** *1.* Disponer lo necesario para realizar algo y vigilar que se lleve a cabo: *Diego y Rodrigo serán los encargados de organizar la fiesta de fin de cursos.* *2.* Ordenar, colocar de manera conveniente: *Organicé mis discos según el tipo de música para poder encontrar con facilidad lo que quiera escuchar.*

órgano *m.* *1.* En los seres vivos, parte del cuerpo destinada a realizar una función determinada: *Uno de los órganos fundamentales de los mamíferos es el corazón.* *2.* Instrumento musical de viento y teclado: *El músico Juan Sebastián Bach escribió muchas piezas para órgano.*

orgánulo *m.* Estructura o parte de una célula, que cumple la función de un órgano de dicha célula.

orgasmo *m.* Culminación del placer sexual.

orgía *f.* *1.* Fiesta en que se cometen excesos en la comida y la bebida. *2. Fam.* Placer desenfrenado.

orgullo *m.* *1.* Sentimiento de estimación a sí mismo o a una cosa que es propia, que lleva a considerarse digno de admiración y superior a los demás: *El orgullo de César le impidió pedirle perdón a su hermano y dejaron de hablarse por diez años.* *2.* Sentimiento elevado de la propia dignidad: *Después del incendio todos nos dimos cuenta del orgullo que sentía el bombero por haber salvado a esa familia.*

orgulloso, sa *adj.* *1.* Persona que tiene un alto sentido de la estimación propia o satisfacción por algo: *Don Armando está orgulloso de su hijo porque lo aceptaron en la mejor universidad del país.* *2.* Persona que se cree superior a los demás y actúa con soberbia. SIN. **soberbio, soberbio, arrogante.**

orientación f. Posición de un objeto o edificio con relación a los puntos cardinales: *La orientación de mi casa es hacia el Norte.*

oriental adj. Relativo al oriente: *Visitamos una tienda de artículos orientales donde había muchas piezas de porcelana, lámparas de papel de china, palitos para comer y ropa de seda.*

orientar vb. {tr. y prnl.} **1.** Colocar una cosa en posición determinada respecto a los puntos cardinales. **2.** Determinar dónde está la dirección que se ha de seguir: *Espera, quiero orientarme para saber si hay que ir a la derecha o a la izquierda.* **3.** Dirigir una persona, cosa o acción hacia un fin determinado: *El maestro orientó a sus alumnos para que continuaran estudiando.*

oriente m. **1.** Punto cardinal del horizonte por donde aparece el Sol: *Su casa tiene muy buena luz y temperatura porque da hacia el oriente.* SIN. este. **2.** Asia y las partes de Europa y África contiguas al Continente Asiático: *Sus abuelos se fueron a un viaje por el Oriente que incluyó países como Japón, China, India, Arabia y Rusia.*

orificio m. Boca o agujero: *Los ratones entraban y salían de su madriguera por un orificio en la pared.*

origen m. **1.** Principio, causa, procedencia de algo: *Muchos astrónomos creen que el origen del Universo fue una gran explosión.* **2.** Ascendencia: *Al ver mi árbol genealógico, pude interpretar mi origen hasta cinco generaciones atrás.*

original adj. **1.** Relativo al origen. **2.** Singular, fuera de lo común: *Esa actriz usa unos grandes sombreros muy originales que ella misma confecciona.*

original m. Lo que no es copia, imitación o traducción: *El jefe de mi papá tiene en su sala un Picasso original, no es una reproducción.*

originar vb. {tr. y prnl.} **1.** Ser motivo u origen de algo: *Para curar una enfermedad, es importante saber qué la originó.* **2.** Iniciarse algo, comenzar: *Muchos incendios se originan por descuidos.*

originario, ria adj. **1.** Que es origen o principio de algo: *En su forma originaria esta casa era pequeña, pero con el tiempo han ido construyendo habitaciones que la hicieron más grande.* **2.** Procedente, oriundo: *El jitomate es originario de América.*

orilla f. **1.** Franja que separa la tierra de un mar, río, etc.: *Las mujeres de ese pueblo van a lavar ropa a la orilla del río.* **2.** Parte extrema o borde de una superficie, tela, etc.: *Marcela se agachó en el campo y se ensució la orilla del vestido.*

orillero, ra m. y f. Amér. C., Argent., Cuba, Urug. y Venez. Propio de las orillas o barrios pobres de una ciudad.

orín m. Ver orina.

orina f. Líquido amarillento expulsado por los riñones. SIN. orín.

orinal m. Recipiente para recoger la orina: *El anciano tenía un orinal portátil junto a su cama porque no podía levantarse para ir al baño.*

orinar vb. {intr. y prnl.} Vaciar del organismo la orina acumulada: *La pequeña Tania se orina en el pañal porque todavía no sabe avisar a su mamá.*

oriundo, da adj. Que es nativo o viene de cierto lugar: *El escritor Pablo Neruda fue oriundo de Chile.* SIN. originario.

ornamento m. Adorno: *Como ornamento, los jefes pieles rojas usan unos grandes penachos elaborados con plumas.*

ornar vb. {tr. y prnl.} Adornar.

ornato m. Adorno: *En esa tienda de plantas se pueden comprar flores de ornato en bonitas macetas.*

ornitología f. Parte de la zoología que estudia las aves.

ornitólogo, ga m. y f. Persona dedicada al estudio de las aves.

ornitorrinco m. Mamífero australiano, de pico parecido al del pato, patas palmeadas y cola ancha: *El ornitorrinco es uno de los pocos mamíferos que se producen por medio de huevos.*

oro m. **1.** Metal precioso de color amarillo, dúctil y maleable, de símbolo Au y número atómico 79: *Muchas personas acostumbran comprar sortijas de oro cuando se casan.* **2.** Fam. Dinero, riqueza.

oros m. pl. Uno de los cuatro palos de la baraja española.

orogenia f. Parte de la geología que estudia la formación de los sistemas montañosos.

orografía f. Estudio de la superficie de la Tierra y de sus accidentes, tales como montañas, llanos, altiplanos, etc.: *La orografía es una parte de la geografía.*

orondo, da adj. **1.** Grueso, gordo. **2.** Satisfecho de sí mismo: *El dueño de la próspera empresa entró a su oficina muy orondo y contento.*

oropel m. **1.** Lámina de latón que imita el oro. **2.** Fam. Cosa de poco valor y mucha apariencia: *No hay que dejarse engañar por el oropel, es mejor buscar el valor profundo de las cosas.*

oropéndola f. Ave de unos 24 cm de longitud, que tiene plumaje de color amarillo en el cuerpo y alas y cola negras.

orquesta f. Conjunto formado por músicos que tocan diferentes instrumentos y que interpretan obras musicales: *Las orquestas se componen de instrumentos de cuerda, aliento, metales y percusiones.*

orquídea f. **1.** Planta herbácea de flores muy vistosas. **2.** Flor de la planta llamada orquídea: *La orquídea pertenece a una familia de plantas formada por 17 500 especies y todas ellas caracterizadas por su gran belleza.*

ortiga f. Planta herbácea de flores poco visibles y hojas cubiertas de pelos que segregan un líquido irritante: *Al niño explorador le salió una erupción en el brazo porque pasó rozando una ortiga.*

ortodoncia f. Rama de la odontología que se ocupa de corregir los defectos de la dentadura: *"Sus dientes están muy mal colocados pero con ortodoncia quedarán juntos y derechos", me dijo el dentista.*

ortodoncista m. y f. Dentista que se ocupa de corregir defectos dentales: *El ortodoncista me puso unas ligas especiales para enderezar mis colmillos que están chuecos.*

ortodoxo, xa adj. **1.** Conforme a los principios de una determinada doctrina que se considera cierta. **2.** Relativo a ciertas iglesias católicas de la Europa Oriental, que se separaron de la romana en 1054, como la griega o la rusa.

ortografía f. **1.** Escritura correcta de las palabras: *Úrsula tiene buena ortografía pues desde pequeña lee y consulta su diccionario.* **2.** Parte de la gramática que enseña a escribir de manera correcta: *Las reglas de acentuación se pueden consultar en los manuales de ortografía.*

ortográfico, ca adj. Relacionado con la ortografía: *Los signos de interrogación y de admiración son signos ortográficos.*

ortopedia f. Corrección de las deformaciones de los huesos y articulaciones del cuerpo.

ortopédico, ca adj. Relacionado con la corrección de los defectos de los huesos y articulaciones del cuerpo: Gustavo se lastimó la columna vertebral y ahora tiene que usar una faja **ortopédica** que mantiene recta su espalda.

ortopedista m. y f. Médico especializado en corregir las deformaciones de los huesos y articulaciones del cuerpo: Jorge se lastimó una rodilla y tuvo que acudir con un **ortopedista** para que se la arreglara.

ortóptero, ra adj./m. Relativo a un orden de insectos masticadores con metamorfosis incompleta, como el grillo.

oruga f. Larva típica de las mariposas, en forma de gusano: Cuando la **oruga** se vuelve adulto se transforma en un bello insecto.

orujo m. 1. Residuo que se obtiene de prensar la uva, aceituna, etc. 2. Aguardiente que se fabrica con el residuo de la uva llamado orujo.

orzuela f. Fragilidad y debilidad del cabello que hace que se divida en las puntas: Iré a cortarme un poco el cabello porque lo tengo opaco y con **orzuela**.

orzuelo m. Pequeño grano que aparece en el borde del párpado: Se puso una pomada en el párpado cuando empezó a sentir que un **orzuelo** le estaba saliendo. SIN. **perrilla**.

os pron. Pronombre personal de segunda persona del plural, que funciona como complemento directo e indirecto: "Os agradezco vuestro homenaje", dijo el escritor español durante la ceremonia.

osadía f. 1. Temeridad, atrevimiento: "¿Quién cometió la **osadía** de comerse mi helado sin mi permiso?", les pregunté a mis hermanitos. 2. Falta de respeto: Con **osadía** el muchacho empezó a regañarme ¡sin tomar en cuenta que es mi alumno!

osado, da adj. Atrevido: Diego ha sido muy **osado** desde niño, apenas sabía nadar y ya se lanzaba desde el trampolín.

osamenta f. Esqueleto: En el museo de historia natural vimos una **osamenta** de mamut.

osar vb. (intr.) Atreverse a algo: El oso del cuento quería saber quién había **osado** comerse su avena.

oscilación f. Hecho de moverse algo de manera alternativa de un lado para el otro: La **oscilación** del péndulo de un reloj marca el paso de los segundos.

oscilar vb. (intr.) 1. Moverse de manera alternativa un cuerpo a un lado y otro: El péndulo de los relojes **oscila** para marcar el paso de los segundos. 2. Variar, cambiar algunas cosas dentro de unos límites: La temperatura en la zona donde vivo **oscila** entre los 21 y los 30 grados centígrados.

ósculo m. Beso respetuoso: El galán dio un último **ósculo** a su amada antes de partir para siempre.

oscurecer vb. irreg. (tr.) **Modelo 11**. Ver **obscurecer**.

oscuridad f. Ver **obscuridad**.

oscuro, ra adj. Ver **obscuro**.

óseo, a adj. Relativo a los huesos: La estructura **ósea** nos sostiene de pie.

osezno m. Cachorro del oso.

ósmosis u **osmosis** f. Separación de dos substancias que tienen distinta densidad al pasar o hacerlas pasar a través de una membrana permeable.

osmio m. Metal que se encuentra en el mineral de platino, de símbolo Os y número atómico 76.

oso, sa m. y f. 1. Mamífero carnívoro de cuerpo pesado y pelaje abundante, con grandes garras y cola reducida: En el zoológico vi **osos** pardos y **osos** polares. 2. loc. ~ **hormiguero**, mamífero sin dientes, de hocico alargado y lengua larga y flexible, que se alimenta de hormigas.

ostensible adj. Que se puede ver o percibir con facilidad: La nueva riqueza de mi vecino es **ostensible**, pues desde que se ganó la lotería se compra casas y automóviles nuevos muy seguido. SIN. **manifiesto, patente**.

ostentación f. Hecho de mostrar lo que se tiene con orgullo, con vanidad: Le encanta la **ostentación**, así que hace todo lo posible para que se vea que es rico.

ostentar vb. (tr.) 1. Mostrar, exhibir: El general **ostentaba** en el pecho todas sus medallas. 2. Demostrar grandeza y lujo de manera exagerada: A la guapa actriz le gusta **ostentar** sus joyas y ropa costosa cada vez que aparece en televisión. 3. Poseer: Esa escuela **ostenta** el primer lugar del país en ortografía.

ostentoso, sa adj. Alguien o algo que exhibe riqueza y lujo de manera exagerada: Esa señora se expone a un robo cuando camina por la calle usando joyas **ostentosas**.

ostra f. 1. Molusco bivalvo comestible, con caparazón rugoso con el interior nacarado. 2. loc. **Aburrirse como una ~**, aburrirse mucho: La maestra de historia daba unas clases horribles, por eso sus alumnos **se aburrían como ostras**.

ostracismo m. Acción de tener apartada a una persona que resulta desagradable: El **ostracismo** en la antigua Grecia consistía en desterrar por 10 años a las personas consideradas indeseables.

otear vb. (tr.) •1. Observar desde un lugar muy alto: Cuando llegamós a la cima de la montaña **oteamos** un pueblo a lo lejos. 2. Mirar con mucha atención, buscar algo con la mirada: Durante el festival los padres **oteaban** el patio de la escuela buscando a sus respectivos hijos.

otitis f. Inflamación del oído: Como resultado del resfrío tan fuerte me dio **otitis** y me dolían los oídos.

otomano, na adj./m. y f. Originario de Turquía: El Imperio **Otomano** controló gran parte de Asia y llegó hasta Viena en Europa.

otomí adj./m. y f. Pueblo amerindio mexicano, se considera de los más antiguos de la Meseta Central: Actualmente los **otomíes** viven en las zonas áridas de los estados de Querétaro, Guanajuato, Hidalgo y parte del Estado de México.

otoñal adj. Relacionado con el otoño: El ocre, el marrón, el amarillo y el anaranjado son considerados colores **otoñales** por relacionarse con el color que toman las hojas de los árboles durante esta época del año.

otoño m. Estación del año, comprendida entre el verano y el invierno: Durante el **otoño** se caen las hojas de los árboles y la temperatura desciende.

otorgar vb. irreg. (tr.) **Modelo 17**. Dar, conceder: El director le **otorgó** a Sebastián la medalla al mejor alumno de la escuela.

otorrinolaringología f. Parte de la medicina que se encarga del tratamiento de las enfermedades de los oídos, la nariz y la garganta.

otorrinolaringólogo, ga m. y f. Médico especializado en el tratamiento de enfermedades de los oídos, nariz y garganta: A causa de la contaminación, los **otorrinolaringólogos** tienen más pacientes que antes.

otro, tra *adj.* Distinto de aquello de lo que se habla: *"No fue usted con quien hablé ayer, fue otra persona", le dije por teléfono a una secretaria.*

otro, tra *pron.* Alguien o algo distinto: *Me gusta esta novela, pero preferiría volver a leer la otra, pues me gustó más.*

ovación *f.* Aplauso que se brinda a alguien con entusiasmo y de manera ruidosa: *El violinista recibió una gran ovación del público al final del concierto.*

ovacionar *vb.* {tr.} Aplaudir de manera entusiasta y ruidosa: *El público aprecia mucho a esa cantante y cuando salió a cantar la ovacionaron durante varios minutos.*

oval *adj.* Que tiene la forma de un óvalo o huevo: *La oficina del presidente de los Estados Unidos de Norteamérica en la Casa Blanca es famosa por su forma oval.* SIN. **ovalado.**

ovalado, da *adj.* Que tiene la forma de un óvalo o huevo: *El espejo que está encima de la mesa del salón es ovalado, no cuadrado ni redondo.* SIN. **oval.**

óvalo *m.* Curva cerrada semejante a la de un círculo aplastado.

ovario *m.* Órgano de reproducción femenino de algunos animales y plantas, que contiene los óvulos.

oveja *f.* **1.** Hembra del carnero: *El perro controlaba con ladridos a las ovejas para que no se perdieran y ellas balaban.* **2.** loc. ~ negra, persona que dentro de una colectividad no sigue las líneas de conducta aceptadas: *Adelina es la oveja negra de la familia, pues todos son abogados y ella decidió ser cantante.*

ovejero, ra *adj./m.* y *f.* Relacionado con las ovejas: *Los perros ovejeros son indispensables para facilitar la tarea de los pastores.*

overlock *m.* Palabra inglesa. Argent., Chile y Méx. Costura hecha con una máquina especial, que sirve para rematar los tejidos y evitar que se deshilen.

overol *m.* Palabra de origen inglés. *Amér.* Vestimenta para trabajos duros: *Antes, los overoles eran la ropa de trabajo de los obreros, pero después se pusieron de moda y ahora mucha gente los usa.*

oviducto *m.* Conducto por donde salen los óvulos del ovario, o los huevos al exterior de las hembras que los ponen.

ovillo *m.* Bola que se forma al arrollar un hilo o cuerda sobre sí misma: *De la madeja de estambre, mi hermana hacía un ovillo y luego empezaba a tejer.*

ovino, na *adj./m.* y *f.* Relativo al ganado lanar, compuesto de ovejas o corderos.

ovíparo, ra *adj./m.* y *f.* Relativo al animal que se reproduce por medio de huevo: *Las serpientes son ovíparas, igual que las aves.*

ovni *m.* Iniciales de Objeto Volador No Identificado, que designa un objeto volante de origen y naturaleza desconocidos: *Muchas personas afirman haber visto ovnis, casi siempre con forma de platillos.*

ovulación *f.* Desprendimiento natural del óvulo en el ovario: *La menstruación es signo de que en el cuerpo de la mujer ya empezó la ovulación.*

ovular *vb.* {intr.} Desprenderse los óvulos de los ovarios para la reproducción: *Cuando las hembras y las mujeres ovulan están listas para reproducirse.*

óvulo *m.* **1.** Célula femenina destinada a ser fecundada: *Cuando el óvulo femenino se une con el espermatozoide se produce un nuevo ser.* **2.** Substancia química en forma de huevo pequeño que se utiliza como método anticonceptivo para las mujeres.

oxácido *m.* Ácido que contiene oxígeno.

oxidación *f.* Proceso por el cual se forma una capa de óxido en los metales a causa del contacto con el oxígeno: *Por la oxidación, el techo de cobre de ese edificio ahora se ve de color verde.*

oxidar *vb.* {tr. y prnl.} **1.** Combinar un elemento con el oxígeno: *El aire oxida rápidamente las manzanas, por eso una vez partidas empiezan a ponerse obscuras.* **2.** Formarse una capa de óxido: *Se oxidó mi bicicleta porque la dejé varios días en el patio y durante ese tiempo le dio el sol y también se mojó con la lluvia.*

óxido *m.* **1.** Compuesto que resulta de la combinación de un metal u otro elemento con el oxígeno. **2.** Capa rojiza, verdosa o amarillenta del compuesto llamado óxido, que se forma sobre los metales expuestos al aire o a la humedad. SIN. **herrumbre.**

oxigenar *vb.* {tr. y prnl.} **1.** Oxidar, combinar un elemento o compuesto con oxígeno. **2.** Airearse, ventilarse: *El ejercicio oxigena al organismo y esto le ayuda a mantenerse sano.*

oxígeno *m.* Elemento químico gaseoso presente en la atmósfera terrestre, indispensable para la respiración, de símbolo O y de número atómico 8: *Es bueno tener plantas cerca, porque producen oxígeno y reducen el bióxido de carbono.*

oyamel u **oyamelete** *m.* Árbol que crece en México y América Central, apreciado por su madera.

oyente *adj./m.* y *f.* Que oye algo: *Los oyentes en la conferencia se aburrían, por eso no dejaban de bostezar.*

ozono *m.* **1.** Gas azuloso de olor fuerte, de poder muy oxidante. **2.** Capa de ~, Zona de la atmósfera de la Tierra que nos protege de las radiaciones ultravioleta del Sol: *Debido a la contaminación atmosférica, la capa de ozono está sufriendo graves daños.*

ozonosfera *f.* Capa de la atmósfera terrestre que contiene ozono.

Pp

p *f.* Decimoséptima letra del abecedario español. Su nombre es *pe*.

pabellón *m.* **1.** Edificio aislado que forma parte de un conjunto: *En los amplios jardines del castillo estaba el* **pabellón** *de juegos del príncipe.* **2.** Bandera de un país: *En la plaza central de mi ciudad ondea un gran* **pabellón** *nacional.* **3.** Parte exterior de la oreja: *Hilda se pone cinco aretes en el* **pabellón** *de la oreja derecha porque le gusta estar a la moda.*

pabilo o **pábilo** *m.* Mecha de una vela: *Para apagar la vela mi madre presionó el* **pabilo** *con los dedos húmedos.*

pábulo *m.* Lo que sirve para fomentar una acción: *La madera es* **pábulo** *para el fuego.*

paca *f.* Fardo o bulto prensado y atado de lana, algodón, etc.: *El camión llegó con* **pacas** *de hierba para darles de comer a las vacas.*

pacarana *f.* Mamífero roedor de cuerpo macizo y patas cortas, que vive en las selvas de Perú.

paceño, ña *adj.* Originario de La Paz, capital de Bolivia.

pacer *vb. irreg.* (tr. e intr.) Modelo 39. Comer el ganado la hierba del campo: *Mientras las vacas* **pacían** *en la pradera, el pastor aprendía a tocar la flauta sentado bajo un árbol.* SIN. **pastar.**

pacha *f.* Guat. y Nicar. Biberón. SIN. **mamila, mamadera.**

pachá o **pashá** *m.* **1.** Título que se daba a los gobernantes de provincias en el Imperio Otomano. **2.** Fam. Persona que se da la buena vida: *Daniel vive como* **pachá** *desde que se ganó la lotería porque ya no tiene que trabajar.*

pachanga *f.* Fiesta, jolgorio, diversión: *Todos los amigos llegamos a la casa de Juana y organizamos una* **pachanga** *muy divertida.*

pachocha *f.* **1.** Chile, Colomb., Cuba, Pan. y Perú. Lentitud, calma. SIN. **pachorra.** **2.** Méx. Fam. Dinero.

pachón, na *adj.* Chile, Hond., Méx. y Nicar. Peludo, lanudo: *En la casa de mi hermana hay un sofá* **pachón** *en el que es muy agradable recostarse.*

pachorra *f.* Lentitud para hacer algo aunque sea necesario apresurarse: *Ya sacúdete la* **pachorra** *y dúchate, que se nos hace tarde.*

pachorriento, ta *adj.* Amér. Merid. Lento, pesado. SIN. **pachorrudo.**

pachorrudo, da *adj.* Lento, pesado, que hace las cosas muy despacio: *Elías es un* **pachorrudo** *que tarda dos horas en hacer un trabajo que todos los demás hacemos en veinte minutos.* SIN. **pachorriento.**

pachucho, cha *adj.* **1.** Falto de frescura, que ya se pasó de maduro. **2.** Fam. Decaído, un poco enfermo: *Juan se siente* **pachucho** *porque está recuperándose de su larga enfermedad.*

paciencia *f.* **1.** Capacidad para esperar: *A los niños les falta* **paciencia** *y todo lo quieren al instante porque tienen mucha energía.* **2.** Capacidad para soportar trabajos y sufrimiento con resignación: *Se requiere* **paciencia** *y dedicación para ser artista o científico, ya que son profesiones difíciles.*

paciente *adj.* **1.** Que tiene paciencia: *Es un chico* **paciente** *que ha esperado al doctor una hora sin enojarse.* **2.** En gramática, el sujeto de las oraciones pasivas: *En la frase "La casa fue construida por el arquitecto", la casa es el* **paciente** *de la oración y el arquitecto es el agente.*

paciente *m. y f.* Enfermo que sigue un tratamiento: *El hospital de mi ciudad tiene buena fama y siempre hay muchos* **pacientes** *en las salas y en los consultorios.*

pacificar *vb. irreg.* (tr. y prnl.) Modelo 17. **1.** Poner paz entre quienes discuten, pelean o tienen alguna rivalidad: *El maestro* **pacificó** *a los dos chicos que estaban peleando afuera de la escuela.* **2.** Restablecer la paz en una ciudad o país que estuvo en guerra: *Un ejército de la ONU* **pacificó** *al país que estaba en guerra civil.* **3.** Fam. Volver a estar en reposo lo que estaba alterado: *El mar* **se pacificará** *cuando pase la tormenta.*

pacífico, ca *adj.* **1.** Que ama la paz y está en paz: *Miguel es un hombre* **pacífico** *que se aleja de las peleas y de los conflictos.* **2.** Se escribe con "P" mayúscula cuando se refiere al océano de ese nombre: *El explorador español Vasco Núñez de Balboa descubrió el Océano* **Pacífico** *en 1513.*

pacifismo *m.* Doctrina encaminada a mantener la paz: *Una de las ideas del* **pacifismo** *es la de oponerse al uso de las armas.*

pacifista *adj.* Relacionado con el movimiento a favor de la paz: *Mahatma Gandhi fue un líder* **pacifista** *que logró la independencia de la India sin tener que recurrir a métodos violentos.*

pacifista *m. y f.* Que está a favor de la paz y no de la guerra: *Durante la guerra de Vietnam, muchos* **pacifistas** *en Estados Unidos de Norteamérica organizaron manifestaciones en contra de la guerra.*

paco *m.* **1.** Nicar. Tamal de maíz lavado. **2.** Bol., Chile, Ecuad. y Pan. Fam. Policía uniformado: *Fuera de mi escuela vigilan dos* **pacos** *para cuidarla.*

pacotilla *f.* **1.** Mercancía que los tripulantes de un buque pueden embarcar sin pagar por el transporte. **2.** loc. De ~, de clase inferior: *El collar de brillantes que traía la actriz era* **de pacotilla**, *pues no eran auténticos sino falsos.* SIN. **pacota.**

pactar *vb.* (tr. y prnl.) Hacer un pacto, llegar a un arreglo: *Al final de la Segunda Guerra Mundial* **se pactó** *la paz entre los dos bandos que luchaban.*

pacto *m.* Acuerdo entre dos o varias partes: *Mi hermano y yo hicimos un pacto para que él me preste sus juguetes y yo le preste mi ropa.*

padecer *vb. irreg.* (tr. e intr.) Modelo 39. **1.** Recibir la acción de algo que causa dolor físico o moral: *Olivia visita con frecuencia al cardiólogo porque padece del corazón.* **2.** Soportar, aguantar: *El joven padeció desvelos, pero al fin se graduó con altas notas.*

padecimiento *m.* Alteración más o menos grave de la salud: *La señora Suárez sufre un padecimiento desde hace muchos años, por eso siempre debe tomar medicamentos.* SIN. **enfermedad.**

padrastro *m.* Marido de una mujer respecto de los hijos que ella tiene de un matrimonio anterior: *Mi padrastro me ha cuidado desde que mi padre murió hace cinco años.*

padre *m.* **1.** Hombre respecto de sus hijos, o cualquier macho respecto de sus crías: *Mi padre me enseñó a ser ordenado y esa costumbre me ha dado éxito en mi trabajo de archivista.* **2.** Creador de algo: *Luis Pasteur (1822-1895) es considerado el padre de la bacteriología moderna.* **3.** Título dado a ciertos religiosos: *Doña Filomena se confiesa cada mes con un padre dominico.* **4.** pl. El padre y la madre: *Mis padres se llaman Roberto y Juana.* SIN. **progenitores.**

padrillo *m.* Argent., Chile, Par., Perú y Urug. Caballo semental.

padrino *m.* Hombre que presenta o asiste a alguien en una ceremonia religiosa o en otras ocasiones importantes de su vida social: *El hombre que me llevó a bautizar es mi padrino y compadre de mis papás.*

padrón *m.* **1.** Censo, lista de habitantes de un municipio: *Para poder votar hay que registrarse en el padrón electoral.* **2.** Bol., Colomb., Nicar., Pan., P. Rico y Venez. Animal macho que se utiliza para procrear. SIN. **semental.**

padrote *m.* **1.** Amér. C., Colomb., P. Rico y Venez. Animal macho que se utiliza para procrear. SIN. **semental.** **2.** Méx. Hombre que vive de explotar a mujeres para que se prostituyan.

paella *f.* Guiso hecho con arroz, típico de la región valenciana, en España: *La paella lleva muchos ingredientes, entre ellos pollo, almejas, camarones, carnes, embutidos y se sazona con azafrán, que le da su color amarillo.*

paga *f.* **1.** Acción de pagar. **2.** Sueldo de un empleado: *La paga en esa fábrica es muy baja.* SIN. **salario.**

pagado, da *adj.* Engreído, antipático, que hace ostentación de lo que no tiene.

pagador, ra *m.* y *f.* Persona encargada de pagar: *Los empleados estaban preocupados porque el pagador no llegaba a pagarles su salario y ya era la hora de salida.*

paganismo *m.* Para el cristianismo a partir del siglo IX d. C. religión de los paganos, culto politeísta.

pagano, na *adj.* y *f.* **1.** Seguidor de los cultos politeístas de la Antigüedad, en particular del politeísmo grecolatino. **2.** Seguidor de una religión fetichista o politeísta.

pagar *vb. irreg.* (tr.) Modelo 17. **1.** Dar a alguien lo que se le debe: *Voy a pagarle a mi hermano el dinero que me prestó ayer.* **2.** Cumplir una pena o castigo por un delito o falta: *Condenaron al ladrón a cadena perpetua porque consideran que así pagará su delito.*

pagaré *m.* Documento por el cual una persona se compromete a pagar una cantidad en determinada fecha: *Para liquidar su deuda Ramiro firmó tres pagarés, lo que significa que pagará uno cada mes.*

página *f.* Cada una de las dos caras escritas de una hoja de un libro, cuaderno, etc.: *Tengo que leer diez páginas del libro de biología para mañana.*

paginar *vb.* (tr.) Poner número a las páginas de un escrito o impreso: *Un paquete de hojas escritas se cayó al piso y, como no las había paginado, me fue difícil ordenarlas.*

pago *m.* **1.** Entrega de lo que una persona debe a otra, en especial dinero: *No me han dado el pago por la traducción que hice, espero que me la paguen la semana próxima.* **2.** Recompensa: *Como pago por haber denunciado al ladrón, a Braulio le dieron una importante suma de dinero.*

pago *m.* Argent., Par., Perú y Urug. Lugar donde ha nacido o habita una persona: *En las vacaciones iré a mi pago para visitar a los abuelos.* SIN. **terruño.**

pagoda *f.* Templo oriental: *Las pagodas suelen tener techos de forma triangular.*

paila *f.* **1.** Vasija grande de metal, redonda y poco profunda: *Preparamos el arroz en una paila y la sopa en una cacerola profunda.* **2.** Amér. C. y Amér. Merid. Utensilio ancho y de poca profundidad utilizado por lo general para freír alimentos. SIN. **sartén.**

paipay *m.* Abanico en forma de pala y con mango.

país *m.* Territorio que constituye una unidad geográfica o política: *Venezuela es un país del continente americano.* SIN. **nación, estado.**

paisaje *m.* **1.** Extensión de terreno visto desde un sitio determinado: *Su casa está en lo alto de una montaña y desde la ventana se puede ver un paisaje muy bello hacia el valle.* **2.** Pintura o dibujo que representa el espacio de un terreno llamado paisaje: *José María Velasco fue uno de los mejores pintores de paisajes en México durante el siglo XIX.*

paisajista *adj./m.* y *f.* Artista que dibuja o pinta paisajes.

paisano *m.* **1.** Campesino. **2.** Persona que no es militar: *Los domingos, los militares se visten de paisanos para salir a la calle.*

paisano, na *adj./m.* y *f.* Persona que nació en el mismo país que otra, en especial en una región o provincia: *Cuando fui a España, reconocí a un paisano uruguayo por la forma en que hablaba.*

paja *f.* **1.** Caña o tallo seco de un cereal: *El trigo se trilla para separar el grano de la paja.* **2.** Conjunto de estas cañas o tallos: *La paja se usa como alimento para el ganado.* **3.** Cosa insignificante o de relleno: *Lo fundamental de este libro son diez páginas y el resto es paja.* **4.** loc. Guat. y Hond. ~ de agua, grifo, llave.

pajar *m.* Lugar donde se guarda la paja: *Atrás de la casa están la caballeriza y el pajar.*

pájara *f.* **1.** Hembra del pájaro. **2.** Fam. Mujer astuta.

pajarera *f.* Jaula grande donde se crían pájaros: *Mi tía Amelia tiene en su casa una gran pajarera donde viven muchos canarios.*

pajarero, ra *adj.* Relativo a los pájaros.

pajarero, ra *m.* y *f.* Persona que cría pájaros y comercia con ellos: *El pajarero tramposo le vendió a mi mamá un pájaro que decía que era cardenal y resultó ser un pájaro pintado de rojo.*

pajarita *f.* **1.** Figura de papel doblado que tiene forma de pájaro. **2.** Corbata anudada en forma de mariposa. SIN. **corbata de moño.**

pájaro *m.* Cualquier ave con capacidad para volar: *El gorrión, el mirlo y el papagayo son algunos de los distintos tipos de pájaros.*

pajarraco *m. Desp.* Cualquier pájaro grande: *Por más que el agricultor intentó ahuyentarlos, algunos pajarracos lograron comerse parte del trigo.*

paje *m.* Criado joven que en la antigüedad servía a la nobleza: *Cenicienta llegó al baile acompañada por sus pajes, que en realidad eran unos ratones transformados en personas.*

pajero, ra *m.* y *f. Nicar.* Fontanero, plomero. **SIN.** gásfiter.

pajilla *f.* Tubo delgado para sorber líquidos. **SIN.** popote, sorbete.

pajizo, za *adj.* **1.** Hecho o cubierto de paja. **2.** De color paja, amarillo o beige claro: *La mujer traía un sombrero color pajizo que combinaba con su vestido color marrón.*

pajonal *m. Argent., Chile, Urug.* y *Venez.* Sitio poblado de hierbas.

paquistaní o **pakistaní** *adj./m.* y *f.* Originario de Pakistán, país del Sur de Asia.

pala *f.* **1.** Herramienta compuesta por una especie de cuchara de hierro adaptada a un mango de madera: *Durante el invierno, en los países fríos es común ver a los hombres quitar con una pala la nieve que se ha acumulado a la entrada de sus casas.* **SIN.** lampa. **2.** Parte ancha y delgada de ciertos instrumentos.

palabra *f.* **1.** Conjunto ordenado de sonidos o de letras que representan un ser, una idea o una cosa. **2.** Facultad de hablar: *La palabra es exclusiva del ser humano.* **3.** Promesa: *Después del regaño, Sebastián le dio su palabra a la maestra de que no volvería a copiar en un examen.* **4.** loc. **- de honor**, expresión con que se asegura que se cumplirá lo que se dice: *Dio su palabra de honor de que trataría de mejorar sus calificaciones.*

palabrota *f.* Juramento, maldición o insulto groseros: *Ese comerciante es un hombre vulgar y grosero que no puede hablar sin decir alguna palabrota.* **SIN.** grosería.

palacio *m.* Edificio grande y suntuoso: *La reina de Inglaterra vive en el palacio de Buckingham.*

paladar *m.* **1.** Parte interior y superior de la boca: *Los perros no tienen el paladar liso, sino con arrugas.* **2.** Gusto, sabor: *Miguel tiene un buen paladar, puede reconocer todas las especias de un guiso con sólo probarlo.*

paladear *vb.* (tr. y prnl.) Saborear, deleitarse: *A mi padre le gusta paladear lentamente los licores finos.*

paladín *m.* **1.** Caballero valeroso: *Don Quijote era un paladín de causas perdidas, ya fueran reales o inventadas.* **2.** Defensor de una persona o causa: *Nelson Mandela ha sido un paladín que ha luchado por los derechos de los negros en Sudáfrica.*

paladio *m.* Metal blanco, dúctil y duro de símbolo Pd y número atómico 46.

palafrén *m.* Durante parte de la Edad Media y el Renacimiento (siglos XII al XVIII), caballo manso que se utilizaba para viajar y que servía en particular para mujeres y sacerdotes.

palafrenero *m.* Criado o sirviente de las caballerizas que cuidaba de los caballos llamados palafrenes.

palanca *f.* **1.** Barra que se apoya sobre un punto y sirve para transmitir la fuerza aplicada a uno de sus extremos: *Para liberar la rueda del barro usaron como palanca un tronco de árbol.* **2.** Influencia, enchufe: *Para conseguir un pasaporte en menos tiempo del reglamentario, recurrió a sus palancas en la oficina.*

palangana *f.* Vasija ancha y poco profunda que sirve para asearse: *Todas las mañanas el granjero llena la palangana con agua tibia y se lava la cara.* **SIN.** lebrillo, jofaina.

palanquear *vb.* (tr.) *Argent., Colomb., Chile y Urug. Fam.* Emplear alguien su influencia para conseguir algo.

palanqueta *f. Méx.* Dulce en forma de barra hecho con maní, nueces o semillas de calabaza mezcladas con miel de azúcar o de abeja.

palanquín *m.* Silla de manos usada en los países de Oriente: *En el filme que vi el domingo, el chino millonario viajaba en un palanquín que cargaban sus criados.*

palatal *adj.* **1.** Relativo al paladar: *Un amigo tiene un defecto palatal que le hace pronunciar de manera rara las palabras con "ese", parece que dice "ede".* **SIN.** palatino. **2.** Relativo al sonido que se articula con la lengua en el paladar, como el de la ñ.

palatino, na *adj.* **1.** Relativo al palacio: *La guardia palatina en Buckingham porta vistosos uniformes.* **2.** Relativo al paladar. **SIN.** palatal.

palco *m.* Parte de los teatros, plazas de toros, estadios, etc., en forma de balcón con varios asientos: *Como les gusta mucho la ópera, los López alquilaron un palco del segundo piso para la temporada en el Teatro Principal.*

palenque *m.* **1.** Valla de madera para defender o cerrar un terreno. **2.** *Amér. Merid.* Madero al que se atan los animales. **3.** *Méx.* Ruedo donde se realizan peleas de gallos u otros espectáculos.

paleoceno, na *adj./m.* y *f.* Relativo al primer periodo geológico de la era terciaria: *El paleoceno tuvo lugar hace aproximadamente 60 millones de años.*

paleógeno *m.* Periodo geológico que corresponde a la primera mitad del terciario: *El paleógeno comprende al paleoceno, al eoceno y al oligoceno.*

paleolítico, ca *adj./m.* Primer periodo de la Edad de Piedra: *En el museo de arqueología se pueden ver objetos del arte paleolítico.*

paleontología *f.* Ciencia que estudia los fósiles de los seres orgánicos.

paleontológico, ca *adj.* Relacionado con la paleontología: *En el trabajo paleontológico se realizan investigaciones en el campo y también en los laboratorios.*

paleontólogo, ga *m.* y *f.* Especialista en paleontología: *Le encantan los dinosaurios y de grande quiere ser paleontólogo.*

paleozoico, ca *adj.* Relativo a la segunda era geológica de la historia de la Tierra, dividida en seis periodos que abarcan desde hace 570 millones de años hasta hace 300 millones de años. Durante esta era aparecieron los primeros grandes animales con caparazón.

palestino, na *adj./m.* y *f.* Originario de Palestina, región asiática.

palestra *f.* **1.** Lugar donde se celebraban luchas en la antigüedad: *En esa vasija griega hay un dibujo de dos luchadores en la palestra.* **2.** Lugar donde se compite o discute sobre algún asunto: *La pena de muerte es un tema que ha estado en la palestra pública durante mucho tiempo.*

paleta *f.* **1.** Pala pequeña para usos diversos: *El jardinero usa una paleta para remover la tierra.* **2.** Utensilio plano y extendido, sobre el cual los pintores mezclan los colores: *A los pintores los representan con una boi-*

na, una bata, un pincel en una mano y una **paleta** en la otra. **3.** *Guat., Méx., Nicar. y Pan.* Dulce o pedazo de hielo de diferentes sabores sostenido con un palito: *En esta tienda venden* **paletas** *de mango, uva, naranja y limón.*

paletilla *f.* Cada uno de los dos huesos de forma triangular que se encuentran en la espalda. SIN. **omóplato.**

paliacate *m. Méx.* Pañuelo grande hecho de tela estampada, que sirve para adornar el cuello o cubrir la cabeza: *Guillermo se vistió con pantalones vaqueros, botas, un* **paliacate** *y un sombrero para la fiesta de disfraces.*

paliar *vb.* [tr.] **1.** Atenuar un sufrimiento: *El médico le recetó a mi maestra un medicamento para* **paliar** *su dolor de piernas.* **2.** Disminuir la importancia de algo: *Los trabajos de prevención que se habían realizado* **paliaron** *los efectos desastrosos del terremoto.*

paliativo *adj./m.* Que sirve para disminuir el dolor: *La aspirina es el* **paliativo** *más usado en el mundo.*

palidecer *vb. irreg.* [intr. y prnl.] Modelo 39. Perder color, ponerse pálido: *Renato* **palideció** *cuando le dieron la noticia de la muerte de su gato.*

palidez *f.* Calidad de pálido: *La vida desordenada que lleva Manuel se refleja en la* **palidez** *de su rostro y en sus grandes ojeras.*

pálido, da *adj.* Que tiene el color disminuido, poco intenso: *Mi hermanito ha estado enfermo y no le ha dado el sol últimamente, por eso tiene la piel muy* **pálida.**

palillo *m.* **1.** Instrumento de madera o plástico que sirve para limpiar los dientes: *Algunas personas piensan que es de mal gusto limpiarse los dientes con un* **palillo** *después de comer.* SIN. **mondadientes. 2.** Varita con que se toca el tambor: *Los chicos de la banda movían los* **palillos** *al mismo tiempo al tocar los redobles la marcha.* SIN. **baqueta.**

palíndromo o **palindroma** *m.* Escrito o palabra que tiene el mismo significado al ser leído de izquierda a derecha que a la inversa: *Las palabras anilina y radar son* **palíndromos** *porque dicen lo mismo si las lees de izquierda a derecha que de derecha a izquierda.*

palio *m.* Especie de cubierta colocada sobre cuatro o más varas largas utilizada para cubrir a ciertas personas importantes como un rey o a imágenes religiosas: *En el filme vi a un rey chino que iba bajo un* **palio** *cargado por cuatro esclavos.*

paliza *f.* **1.** Serie de golpes o azotes: *En esa casa maltratan a su perro, pues anoche oí que le dieron una* **paliza** *para que dejara de aullar.* **2.** *Fam.* Derrota con una gran diferencia entre el ganador y el perdedor: *El equipo visitante le dio una* **paliza** *de siete-cero al equipo de casa.*

palma *f.* **1.** Parte cóncava de la mano: *Como estaba muy nervioso, Pablo sentía que le sudaban las* **palmas** *de las manos.* **2.** Palmera: *El camino para llegar a la playa está bordeado con* **palmas. 3.** Hoja de la palmera: *Cuando voy a la playa me gusta recostarme bajo una pequeña construcción con techo de* **palma** *para que el sol no me queme.* **4.** Triunfo, victoria: *Elías se llevó la* **palma** *en la competencia de salto.* **5.** pl. Aplausos: *La obra de teatro recibió las* **palmas** *del público.*

palmáceo, a *adj.* Relativo a las plantas de tallo recto coronado por un penacho de grandes hojas, como la palmera.

palmada *f.* **1.** Golpe dado con la palma de la mano: *Al mismo tiempo que le daba la mano, el amigo de mi* papá *le daba una* **palmada** *en la espalda al saludarlo.* **2.** Golpe de una palma de la mano contra otra: *Con una* **palmada** *el hombre pudo terminar con el mosquito que le impedía dormir.*

palmar *adj.* Relativo a la palma de la mano: *La gitana dice que puede hacer una lectura* **palmar** *para adivinar el futuro.*

palmar *m.* Terreno poblado de palmas: *"Detrás de este* **palmar** *está la playa", señaló el pescador.*

palmar *vb.* [intr.] *Fam.* Morir: *Don Fernando* **palmó** *hace tres meses, por eso ya no lo había visto en el parque.*

palmarés *m.* **1.** Lista de vencedores en una competición. **2.** Historial de una persona: *El atleta tiene en su* **palmarés** *cinco medallas de oro.*

palmatoria *f.* Soporte en forma de plato pequeño que sirve para colocar velas: *La cera que escurre de la vela encendida se acumula en la* **palmatoria.**

palmeado, da *adj.* De forma de palma.

palmera *f.* Árbol largo y esbelto, con un penacho de hojas fuertes y fibrosas en su parte alta: *Diego se subió a la* **palmera** *para cortar unos cocos.* SIN. **palma.**

palmípedo, da *adj./f.* Relativo a un grupo de aves nadadoras, con dedos que están unidos por una membrana: *Los patos son aves* **palmípedas.**

palmito *m.* **1.** Palmera pequeña con hojas en forma de abanico. **2.** Brote tierno comestible de la planta llamada palmito: *Los* **palmitos** *se pueden comer preparados en ensalada.*

palmo *m.* Distancia que hay, con la mano abierta y extendida, desde el extremo del pulgar hasta el del meñique: *Compré una mesa pequeña que mide cuatro* **palmos.** SIN. **cuarta.**

palmotear *vb.* [tr.] Dar palmadas: *En el circo los niños* **palmoteaban** *de alegría y festejaban los chistes de los payasos.*

palo *m.* **1.** Trozo alargado y cilíndrico de madera: *A ese perro le gusta ir a recoger un* **palo** *y llevarlo de regreso a su amo.* **2.** Golpe dado con un palo. **3.** Cada serie de figuras en las que se divide la baraja de naipes: *Los* **palos** *de la baraja española son cuatro: oros, bastos, espadas y copas.* **4.** Poste largo y circular que sostiene las velas de un buque: *El* **palo** *más alto se quebró durante la fuerte tormenta en altamar.* **5.** *loc. Argent. y Urug.* ~ **borracho**, nombre de dos especies de árboles utilizados como adornos en las plazas, cuyas semillas recubiertas de pelos sedosos forman un copo blanco. **6.** *loc. Chile.* ~ **grueso**, persona influyente. **7.** *loc. Argent. y Par.* ~ **santo**, árbol de madera apreciada en ebanistería.

paloma *f.* **1.** Ave de cabeza pequeña, cola ancha y pico corto: *La plaza de San Marcos en Venecia siempre está llena de* **palomas. 2.** *Méx.* Petardo de forma triangular hecho con papel y pólvora.

palomar *m.* Sitio donde se crían palomas.

palomilla *f.* **1.** Mariposa pequeña, en especial las nocturnas: *En el sótano de mi casa hay* **palomillas** *y por la noche revolotean alrededor de las bombillas.* **2.** Tuerca con dos partes sobresalientes laterales en las que se apoyan los dedos para darle vueltas: *Las patas de algunas mesas se fijan con tornillos y* **palomillas. 3.** *Méx. Fam.* Banda, pandilla, grupo de amigos: *Cuando era niño pertenecía a una* **palomilla** *de quince amigos en el barrio donde vivía.* SIN. **banda, patota.**

palomita f. Grano de maíz que se abre al tostarlo: *Para ver el filme que pasaron por televisión me preparé una gran bolsa de palomitas.*

palomo m. Macho de la paloma.

palote m. Trazo que se hace como primer ejercicio de caligrafía para aprender a escribir.

palpable adj. *1.* Que puede tocarse: *Montaron una exposición especial de objetos palpables para que puedan apreciarlos las personas ciegas. 2.* Claro, evidente: *Aunque no me dijo nada, la tristeza de María era palpable, así que supuse que tenía un problema.*

palpar vb. {tr. y prnl.} Tocar con las manos algo o a alguien para reconocerlo: *Cuando ve un vestido que le gusta, Rosaura palpa la tela para saber si es de fibra natural o artificial.*

palpitación f. Latidos del corazón: *Mi abuelo ha sentido palpitaciones fuertes durante los últimos días, por lo que decidió ir al cardiólogo.*

palpitar vb. {intr.} Contraerse y dilatarse el corazón u otra parte interior del cuerpo: *Antes de comenzar el examen, Daniel estaba muy nervioso y sentía que le palpitaba el estómago.*

palpo m. Pequeño apéndice móvil que, formado en pares, tienen los artrópodos a los lados de la boca.

palta f. *Amér. Merid.* Fruto de forma ovalada, con cáscara verde o negra y pulpa cremosa color verde claro. SIN. **aguacate.**

palto m. *Amér. Merid.* Árbol originario de América cuyo fruto es la palta. SIN. **aguacate.**

paludismo m. Enfermedad contagiosa que produce fiebre muy alta y es transmitida por el mosquito anófeles: *Para curar el paludismo se debe administrar quinina.*

palurdo, da adj./m. y f. Tosco e ignorante: *Joaquín es un palurdo que no dejó de platicar y reir durante el concierto de música clásica.*

palustre adj. Relativo a las lagunas o pantanos.

pamba f. *Méx.* Serie de golpes leves que se dan con la palma de la mano en la cabeza de alguien en tono festivo fingiendo un castigo: *Cuando me equivoqué en la respuesta, los compañeros de mi equipo me dieron pamba.*

pamela f. Sombrero de mujer, de ala amplia y flexible.

pampa f. Llanura extensa que no tiene árboles, propia de algunas zonas de América Meridional: *A los gauchos se les suele representar galopando por la pampa montados en sus caballos.*

pámpano m. *1.* Brote de la vid. *2. Méx.* Pez marino comestible.

pampeño, ña adj./m. y f. Pampero.

pampero m. Viento fuerte, frío y seco que sopla en el Río de la Plata.

pampero, ra adj./m. y f. De La Pampa, provincia de Argentina, o de la llanura llamada pampa.

pamplina f. Tontería (se usa más en plural): *Deja de decir pamplinas y ponte a trabajar, o no terminaremos a tiempo el trabajo.*

pan m. *1.* Alimento hecho con masa de harina, por lo general de trigo, mezclada con agua y que se cuece en el horno después de fermentada: *El pan ha sido un alimento fundamental para los hombres desde la antigua Mesopotamia. 2.* Pieza del alimento llamado pan, por lo general con una forma determinada: *Me gusta mucho comer pan con queso y mostaza durante el descanso en*

la escuela. *3.* loc. *Fam.* Ser (algo) ~ comido, ser fácil de realizarse: *Resolví un examen de matemáticas que fue pan comido, así que no me preocupo por la nota.*

pana f. *1.* Tela gruesa parecida al terciopelo: *Hacía frío, así que Víctor se puso un traje de gruesa pana color gris. 2. Chile.* Hígado de los animales: *La pana de res es un alimento que contiene mucho hierro y proteínas, por eso es recomendable para niños pequeños y personas con anemia. 3. Chile.* Conjunto de desperfectos que provocan el mal funcionamiento de una máquina. *4. Chile.* Detención de un vehículo por alguna falla en su motor.

panacea f. Remedio para curar cualquier mal: *Ese médico es un charlatán que asegura haber inventado una panacea para todas las enfermedades.*

panadería f. Establecimiento donde se hace o vende pan: *En la panadería de la esquina hacen panes y tartas de manzana deliciosas.*

panadero, ra m. y f. Persona que tiene por oficio hacer o vender pan: *En algunos pueblos aún se ve por las mañanas que el panadero pasa en bicicleta con una gran canasta de pan en la cabeza.*

panal m. Conjunto de celdas hexagonales que construyen las abejas para habitarlo y depositar la miel: *Mi vecino se dedica a vender la miel que extrae de los panales que tiene en el patio de su casa.*

panameño, ña adj./m. y f. Originario de Panamá, país de América Central.

panamericanismo m. Movimiento encaminado a mejorar y desarrollar las relaciones entre los pueblos americanos, en especial las que existen entre Latinoamérica y los Estados Unidos de Norteamérica.

panamericano, na adj. *1.* Relativo a América: *Hace años hubo un proyecto para hacer una carretera panamericana que atravesara todo el continente. 2.* Perteneciente al panamericanismo.

panca f. *Bol. y Perú.* Conjunto de hojas que envuelve la mazorca de maíz.

pancarta f. Cartel grande con lemas políticos o de protesta: *Los manifestantes llegaron a la plaza con pancartas en las que pedían un aumento de sueldo.*

panceta f. Tejido grasoso del cerdo en el que están alternadas franjas de grasa y de carne: *La sopa de verduras con un poco de panceta sabe muy bien.* SIN. **tocino.**

pancho, cha adj. *1. Esp. Fam.* Tranquilo, calmado: *¿Por qué te quedas tan pancho si te estoy diciendo que la carne se está quemando en el asador? 2.* loc. *Méx. Fam.* Hacer un ~, hacer el ridículo: *Rodrigo hizo un pancho en la fiesta porque bebió demasiado alcohol.*

páncreas m. Glándula humana que segrega un jugo que ayuda a la digestión intestinal: *A las personas diabéticas no les funciona bien el páncreas.*

pancreático, ca adj. Relativo al páncreas: *Los jugos pancreáticos son fundamentales para la digestión.*

panda m. Mamífero carnívoro parecido al oso, de pelaje blanco y negro: *Es difícil que nazcan pandas en cautiverio, por ejemplo en un zoológico.*

pandeado, da adj. Encorvado, que ha tomado forma curva: *Las patas metálicas de la silla están un poco pandeadas por el gran peso de mi tío.*

pandearse vb. {prnl.} Curvarse, torcerse: *Las ramas del árbol se han pandeado a causa de los pesados frutos que cuelgan de ellas.*

pandereta *f.* Instrumento musical de percusión, formado por una piel estirada y unida a uno o dos aros superpuestos con sonajas. Sin. **pandero**.

pandero *m.* Instrumento musical de percusión formado por una piel estirada y unida a uno o dos aros superpuestos con sonajas: *Esmeralda era una gitana muy guapa que bailaba y tocaba su **pandero** en la novela "El jorobado de Notre Dame".* Sin. **pandereta**.

pandilla *f.* Grupo de personas que se reúne para algún fin: *Tiene una **pandilla** de amigos con los que juega fútbol por las tardes en el parque.* Sin. **palomilla, patota, banda**.

pando, da *adj.* Méx. Torcido, encorvado: *Como desde niño montaba mucho a caballo, ahora tiene las piernas **pandas**.*

panecillo *m.* Pieza pequeña de pan.

panegírico *m.* Discurso, escrito, etc., en el que se habla de las cualidades de una persona: *La directora se jubiló y en su homenaje fue pronunciado un **panegírico** por la maestra más joven de la escuela.*

panel *adj.* Méx. Se aplica a las camionetas cerradas para el transporte de mercancías: *En una camioneta **panel** Laura transporta las tartas que hace en casa y vende en diferentes escuelas.*

panel *m.* **1.** Cada una de las partes en que se dividen los lienzos de pared, las hojas de las puertas y otras cosas parecidas. **2.** Grupo de personas reunidas con alguna finalidad específica: *Lo invitaron a formar parte de un **panel** de vecinos para intentar solucionar el problema de la inseguridad del lugar donde vive.*

panela *f.* Azúcar sólida y no refinada, vendida por lo general en forma de cono. Sin. **piloncillo**.

panera *f.* Cesta o especie de caja que sirve para transportar o guardar el pan: *Traje pan, si quieres uno, tómalo de la **panera**.*

pánfilo, la *adj./m. y f.* **1.** Pausado, lento. **2.** Bobo.

panfleto *m.* Folleto que contiene propaganda política o de cualquier tipo: *Durante la campaña política, cada partido distribuía numerosos **panfletos** exponiendo sus programas.*

pánico *m.* Terror muy grande, por lo general de mucha gente: *En cuanto empezó el incendio el **pánico** se apoderó de la multitud.*

panícula *f.* Conjunto de espigas que nacen de un eje común.

paniculo *m.* Capa de tejido graso situada en la hipodermis o parte profunda de la piel.

panificadora *f.* Lugar donde se hace pan: *La familia de Manuel tiene varias **panificadoras** donde preparan panes de diferentes tamaños.*

panificar *vb. irreg.* [tr.] Modelo 17. Hacer pan.

panizo *m.* Planta herbácea de grano redondo y comestible.

panocha o **panoja** *f.* **1.** Mazorca del maíz. **2.** Conjunto de más de dos pescados pequeños que se fríen unidos por las colas.

panoli *adj.* Fam. Bobo, de poco carácter.

panoplia *f.* **1.** Armadura completa: *En los combates medievales los caballeros empleaban su **panoplia** y su caballo para luchar.* **2.** Colección de armas exhibida de manera ordenada, por lo general en una pared.

panorama *m.* Vista extensa de un horizonte: *Como Leonor vive en el décimo piso, el amplio **panorama** del valle se ve desde la ventana de su dormitorio.*

panorámico, ca *adj.* Relacionado con el panorama: *Desde lo alto de la torre se observa una vista **panorámica** de la ciudad.*

panqué *m.* Méx. Bizcocho alargado cocido en un molde de papel encerado: *Hay **panqués** que tienen dentro nueces, pasas, almendras y otros tipos de frutas.*

panqueque *m.* Palabra de origen inglés. Amér. C. y Amér. Merid. Torta delgada de harina, leche y huevos, rellena con ingredientes dulces o salados.

pantagruélico, ca *adj.* Palabra derivada de Pantagruel, personaje del escritor francés François Rabelais, que se usa para referirse a las comidas en las que hay exceso de manjares: *En la fiesta de casamiento de mi amiga ofrecieron un menú **pantagruélico** y todos comimos mucho.* Sin. **opíparo**.

pantaletas *f. pl.* Colomb., Méx. y Venez. Ropa interior femenina que cubre de la cintura al inicio de las piernas. Sin. **bragas**.

pantalla *f.* **1.** Lámina que se coloca delante o alrededor de la luz: *Ponle una **pantalla** a esa bombilla para que no dé la luz directamente.* **2.** Superficie sobre la que se proyectan imágenes: *Como no tenían una **pantalla** especial, los maestros proyectaban los filmes en una pared de la escuela que pintaron de blanco.*

pantalón *m.* Prenda de vestir ceñida a la cintura, que cubre por separado ambas piernas: *Las mujeres empezaron a usar **pantalones** de manera más cotidiana después de la Segunda Guerra Mundial.*

pantano *m.* **1.** Región cubierta por aguas poco profundas e invadida de vegetación: *Es una zona de **pantano** donde hay lagartos, serpientes de agua y muchos mosquitos.* **2.** Gran depósito que se forma de manera artificial para almacenar agua de ríos o arroyos. Sin. **embalse**.

pantanoso, sa *adj.* Relacionado con los pantanos: *A partir de aquí empieza el terreno **pantanoso** así que hay que tener cuidado de no resbalarnos.*

panteísmo *m.* Doctrina filosófica según la cual Dios se identifica con todas las cosas del mundo: *La palabra **panteísmo** proviene de dos palabras griegas: panthos, todo y theos, Dios.*

panteísta *adj./m. y f.* Seguidor del panteísmo: *Los **panteístas** se basan en la doctrina desarrollada por el filósofo holandés Baruch Spinoza (1623-1677), que identifica a Dios con la naturaleza.*

panteón *m.* **1.** Tumba grande para enterrar a varias personas. **2.** Cementerio, terreno destinado a sepultar muertos: *Mi abuela dejó instrucciones de que no la enterraran en un **panteón**, sino que la cremaran y echaran sus cenizas al mar.*

pantera *f.* Mamífero carnívoro de África y Asia, de cuerpo esbelto, zarpas con uñas muy filosas y fuertes y piel con manchas negras o totalmente negra. Sin. **leopardo**.

pantocrátor *m.* Representación de Jesús sentado en un trono y en actitud de bendecir, característica del arte bizantino y románico.

pantógrafo *m.* Instrumento que sirve para ampliar, copiar o reducir dibujos.

pantomima *f.* **1.** Representación teatral en la que no se habla y todo se da a entender por medio de gestos: *Los cómicos representaron una **pantomima** tan chistosa que a los niños les lloraban los ojos de tanta risa.*

451

SIN. **mímica. 2.** Comedia, farsa: *La niña armó un escándalo para tratar de mostrar a sus padres que estaba enferma, pero ellos se dieron cuenta de que era una **pantomima** y no le creyeron.*

pantorrilla *f.* Parte carnosa de la pierna que está por debajo de la corva.

pantufla *f.* Zapatilla cómoda sin talón que se usa para estar en la casa: *Cuando me levanto de la cama me pongo mis **pantuflas** para no sentir frío en los pies.*

panza *f.* **1.** En los animales, espacio en el que están los intestinos y otras vísceras. **2.** *Fam.* Vientre de las personas, en especial cuando es grande: *Abundio toma mucha cerveza, por eso tiene una gran panza.* SIN. **barriga.**

panzón, na *adj.* Que tiene un vientre muy grande: *Norma está muy **panzona** porque ya tiene ocho meses de embarazo.* SIN. **ventrudo.**

pañal *m.* Prenda absorbente que se pone a los bebés a manera de calzón, mientras no han aprendido a ir al baño: *Antes los **pañales** eran de tela y ahora también los hay de material desechable.*

pañalera *f.* **1.** *Argent.* Industria que hace pañales. **2.** *Méx.* Bolsa con asa para llevar los pañales y otros objetos del bebé: *En la **pañalera** traigo una crema para limpiar al niño, ¿puedes dármela?*

pañil *m.* *Chile.* Árbol cuyas hojas se utilizan para curar úlceras.

paño *m.* **1.** Tela de lana muy tupida: *Los soldados usan largas capas de **paño** para las frías noches de guardia.* **2.** Trapo para limpiar: *Para pulir los metales se usa un **paño** suave porque no los maltrata.* **3.** *loc. pl. Fam.* **En paños menores**, vestido solamente con ropa interior: *Rómulo entró a mi cuarto sin avisarme y me encontró en **paños menores**.* **4.** Manchas que salen en la cara, en especial a las personas enfermas del hígado o a mujeres embarazadas.

pañoleta *f.* Prenda femenina en forma de triángulo que se lleva sobre los hombros: *Como la noche estaba un poco fresca, Miriam se puso una **pañoleta** para cubrirse la espalda.* SIN. **chal.**

pañuelo *m.* Pieza cuadrada de tela que tiene diversos usos, en especial para limpiarse la nariz: *Mi abuelo usa grandes **pañuelos** de algodón bordados con sus iniciales.*

papa *adj.* *Argent.* y *Chile. Fam.* Entre el habla de los estudiantes, fácil.

papa *f.* **1.** *Amér.* Planta herbácea originaria de América, de flores blancas o moradas y con raíces fibrosas que tienen tubérculos carnosos comestibles. SIN. **patata. 2.** *Amér.* Tubérculo comestible de la planta llamada papa. SIN. **patata. 3.** *Chile* y *Méx.* Mentira, embuste: *Deja de decir **papas** y explícame por qué rompiste mi vestido nuevo.* **4.** *Argent., Chile, Urug.* y *Perú.* Agujero en la media: *Daniela tiene **papa** porque su perro la mordió mientras jugaba.*

papa *m.* **1.** Se escribe con "P" mayúscula y con el artículo "el" cuando designa al jefe electo de la Iglesia Católica Romana: *El **Papa** vive en el Vaticano, que es un Estado independiente dentro de Italia.* **2.** *loc.* **Ser** (alguien) **más papista que el Papa**, exagerar en el interés o defensa de algo, superando incluso a los principales interesados.

papá o **papa** *m.* Manera familiar de decir "padre": *Cuando éramos niños mi **papá** nos llevaba a explorar las barrancas.*

papada *f.* Abultamiento carnoso debajo de la barba: *La **papada** es común en las personas obesas, pero a veces también las personas delgadas la tienen.* SIN. **perigallo.**

papagayo *m.* **1.** Ave prensora de colores brillantes y pico grueso y curvo, que puede imitar el habla humana. **2.** *Argent.* Orinal de cama para varones. SIN. **pato.**

pápago *adj./m.* y *f.* Pueblo amerindio del grupo pima localizado sobre todo en Arizona, Estados Unidos de Norteamérica y una pequeña parte del norte de México.

papalote *m.* *Amér. C., Antill.* y *Méx.* Cometa, juguete volador de papel o plástico: *Como había viento, los niños se pusieron a volar sus **papalotes**.* SIN. **barrilete, cometa.**

papanatas *m.* y *f. Fam.* Persona simple y crédula.

papar *vb.* {tr.} Comer cosas blandas que no necesitan masticarse, como puré o sopa.

paparrucha *f. Fam.* Noticia falsa y desatinada: *Esa revista tiene muchos lectores a pesar de que publica puras **paparruchas** que buscan engañar al público.*

papaya *adj. Chile.* Fácil, sencillo.

papaya *f.* **1.** Fruto del papayo, de forma oblonga, carne dulce de color amarillo o anaranjado y pequeñas semillas obscuras. SIN. **lechosa. 2.** *Chile, Cuba* y *Méx. Vulg.* Órgano sexual femenino.

papayo *m.* Pequeño árbol tropical cuyo fruto es la papaya.

papel *m.* **1.** Lámina hecha con pasta de fibras vegetales, que puede ser de diferentes grosores: *El **papel** se obtiene de la madera de los árboles.* **2.** Trozo u hoja hecha del material llamado papel: *Saquen un **papel** y escriban su nombre porque voy a dictarles algunas preguntas que deberán contestar y entregarme.* **3.** Parte de la obra que representa cada actor: *Gonzalo es el protagonista pues tiene el **papel** más importante de la obra.* **4.** Función que uno cumple: *El **papel** de la maestra es enseñar y el de los alumnos aprender.* **5.** Documento: *Para contratar una nueva línea de teléfono es necesario llevar algunos **papeles** a las oficinas de la compañía, como un comprobante de domicilio y una identificación personal.*

papeleo *m.* Conjunto de trámites para resolver un asunto: *Para presentar el examen de licenciatura hay que pasar por un largo proceso de **papeleo**.*

papelera *f.* Cesto para echar papeles inservibles: *Arturo usa la **papelera** de su cuarto como canasta de baloncesto.*

papelería *f.* Tienda donde se vende papel y otros artículos de escritorio: *Voy a la **papelería** a comprar lápices de colores para hacer mi dibujo.* SIN. **librería.**

papelerío *m. Amér.* Documentación excesiva y molesta en los trámites administrativos: *Cuando no se paga a tiempo la luz, hay que pasar por un **papelerío** terrible para que la conecten de nuevo.*

papeleta *f.* Papel en que se acredita un derecho: *Después de marcar la **papeleta** para votar el joven la introdujo en la urna transparente.*

papelón *m. Fam.* Comportamiento ridículo de alguien ante una situación: *Irma hizo un **papelón** cuando empezó a echarle la culpa a la maestra por su baja calificación.*

papera o **paperas** *f.* Inflamación de las glándulas parótidas: *Evelia está en cama porque tiene **paperas** y el médico le recomendó reposo.*

papila *f.* Pequeña parte saliente en la superficie de la piel o las membranas mucosas, en especial en la lengua: *En la lengua hay **papilas** gustativas distintas: para lo salado, lo dulce, lo ácido y lo amargo.*

papilonáceo, a *adj./f.* Relativo a una familia de plantas con flores parecidas a una mariposa y de fruto en legumbre, como la lenteja.

papilionado, da *adj.* Relativo a la corola de cinco pétalos con forma de mariposa.

papilla *f.* **1.** Comida triturada para niños y enfermos: *Los bebés empiezan por comer **papillas** de frutas, como la de manzana o pera.* **2.** loc. fam. **Estar hecho ~,** estar decaído en lo físico o lo moral o estar muy cansado: *Hicimos limpieza de toda la casa y **estamos hechos papilla,** ahora nos toca descansar.*

papiro *m.* **1.** Planta de tallos largos de los que se sacaban láminas para escribir. **2.** Lámina de la planta llamada papiro usada para escribir: *Los **papiros** eran para los egipcios lo que el papel es para nosotros.*

papista *m.* y *f.* Desp. Católico romano. Ver **Papa.**

papo *m.* **1.** Parte abultada del animal y el hombre entre la barba y el cuello. **2.** Buche de las aves.

paporreta. **De ~,** loc. Perú. Desp. De memoria: *Genaro dijo **de paporreta** toda la lección, pero cuando el maestro le hizo una pregunta no supo qué decir porque no había entendido nada.*

paporrotear *vb.* [tr.] Perú. Repetir o aprender alguna cosa de memoria sin entenderla.

paquebote *m.* Palabra de origen inglés. **1.** Barco que transporta correo y pasajeros. **2.** Transatlántico.

paquete *m.* **1.** Objetos envueltos en cartón o papel para facilitar su transporte: *En la lavandería me entregaron las camisas planchadas en un **paquete** atado con un cordel.* **2.** loc. Méx. Fam. **Darse uno su ~,** darse importancia: *Juliana **se da su paquete** con los chicos, por eso muchos quieren salir con ella.*

paquetear *vb.* [intr.] Argent. y Urug. Presumir, ir bien vestido para lucirse ante los demás: *A mis vecinos les encanta comprarse ropa para **paquetear** en las fiestas.*

paquetería *f.* Tipo de mercancías que se guarda o vende en paquetes: *Esa compañía tiene un excelente servicio de entrega de **paquetería,** pues siempre llegan los paquetes a tiempo y sin daños.*

paquidermo, ma *adj./m.* y *f.* Relativo a los animales de piel gruesa como los elefantes, los rinocerontes y los hipopótamos.

par *adj.* **1.** Relativo al número exactamente divisible entre dos: *El número diez es **par** porque se puede dividir exactamente entre dos y dos y cinco.* **2.** Se aplica al órgano o miembro del cuerpo, o de otra cosa, de los que hay dos iguales: *Los riñones, los pulmones y los ojos son órganos **pares.*** **3.** loc. **A la ~,** además, a la vez: *Ramiro estudia **a la par** que trabaja.*

par *m.* **1.** Conjunto de dos personas o cosas: *Rodrigo se compró un **par** de camisas, una de color verde y otra de color blanco.* **2.** Fam. Cantidad pequeña que no se determina: *¿Quieres ir a tomar un **par** de cafés para que me platiques tu problema?* **3.** loc. **De ~ en ~,** Dejar totalmente abierta una puerta, ventana u otra cosa parecida: *Daniel salió tan de prisa que dejó **de par en par** la puerta de la casa.*

para *prep.* **1.** Denota utilidad, fin o destino de una acción: *El sacacorchos sirve, como su nombre lo indica, **para** sacar los corchos de las botellas.* **2.** Señala el tiempo en que finaliza u ocurre algo: *"Su vestido estará*

listo **para** el jueves", me dijo la costurera.* **3.** Con relación a: *Le pagan poco **para** lo mucho que trabaja.* **4.** Con el fin de: *Preparé un postre **para** regalárselo a mi madre por sus cumpleaños.*

parabién *m.* Felicitación, elogio: *El estudiante recibió los **parabienes** de su familia y compañeros por el premio que le otorgaron en la escuela.*

parábola *f.* **1.** Narración corta que encierra una enseñanza moral. **2.** Curva abierta, simétrica respecto de un eje, con un solo foco, su forma es así: ⊃.

parabrisas *m.* Cristal delantero de un vehículo: *Es importante limpiar el **parabrisas** antes de viajar en automóvil para ver bien el camino.*

paracaídas *m.* Dispositivo hecho con tela resistente que cuando se extiende toma forma de sombrilla y está destinado a suavizar la caída de una persona o cosa desde las alturas, o para frenar un avión o automóvil cuando falta espacio para hacerlo de manera normal: *Para lanzarse en **paracaídas** se necesita no temer a las alturas.*

paracaidismo *m.* Técnica o deporte de salto con paracaídas.

paracaidista *m.* y *f.* Persona entrenada para saltar en paracaídas: *El **paracaidista** saltó del avión antes de lo previsto, por lo que cayó en un árbol y no en el césped.*

parachoques *m.* Pieza delantera y trasera de algunos vehículos que los protege contra posibles golpes: *Fue un golpe ligero que sólo abolló un poco el **parachoques** del automóvil.* SIN. **defensa, paragolpes.**

parada *f.* **1.** Acción de parar o detenerse: *El autobús no hace **parada** en esta esquina sino en la siguiente.* **2.** Sitio donde se para: *Me bajaré del tren en la siguiente **parada,** que es donde está mi escuela.* **3.** Desfile: *Celebrarán el día de la independencia con una **parada** militar.* **4.** loc. Méx. **Hacer la ~,** hacer una seña a un vehículo de pasajeros para que se detenga: *Le **hice la parada** al taxi pero no se detuvo porque ya venía ocupado.*

paradero *m.* **1.** Sitio donde se para o se va a parar: *Mi amigo Iván se fue de aquí hace una semana y desconozco su **paradero** pues no me dijo a dónde iba.* **2.** Amér. Merid. y Méx. Lugar donde se detiene el ferrocarril o parada de autobuses: *Las personas que iban en el autobús ya estaban listas para bajar en el **paradero.***

paradigma *m.* **1.** Ejemplo que sirve de norma: *El dirigente hindú Mahatma Gandhi ha sido el **paradigma** del pacifismo.* **2.** En lingüística, conjunto de formas que sirven de modelo en los diversos tipos de flexión.

paradigmático, ca *adj.* Relativo al paradigma.

paradisíaco, ca *adj.* Muy agradable, hermoso: *Los recién casados fueron de luna de miel a una isla **paradisíaca** en el Océano Pacífico.*

parado, da *adj.* **1.** Se dice de lo que está detenido, que no está en movimiento: *Es importante bajar del ómnibus hasta que está **parado** totalmente.* **2.** Amér. De pie: *En esa esquina había muchas personas **paradas** esperando el autobús.* **3.** Chile, Perú y P. Rico. Orgulloso, engreído: *El **parado** de Joel se pasa el tiempo hablando de su nueva ropa y sus próximos viajes.* **4.** Esp. Que no tiene empleo: *Mi madre está **parada** desde que clausuraron la tienda donde trabajaba.*

parado, da *m.* y *f.* Esp. Persona que no tiene empleo.

paradoja *f.* Frase, situación, etc., que en apariencia encierra una contradicción: *Una paradoja es decir que todo tiene que cambiar para permanecer igual.*

paradójico, ca *adj.* Relacionado con una paradoja: *Una imagen paradójica en poesía es decir que el hielo es candente.*

parador *m.* Establecimiento donde se hospedan los viajeros, situado por lo general a orillas de la carretera: *Durante su viaje por España mis padres se alojaron en unos paradores muy agradables.*

parafernalia *f.* Conjunto de cosas que le dan lujo y solemnidad a un acontecimiento: *Los Gómez organizaron una fiesta con mucha parafernalia cuando se casó su única hija.*

parafina *f.* Mezcla de hidrocarburos que se emplea para hacer velas entre otras cosas: *Algunos fósforos vienen cubiertos de parafina en la vara que sostiene la cabeza.*

paráfrasis *f.* Interpretación o explicación ampliada de un texto: *Después de leer el cuento hicimos una paráfrasis de lo que habíamos entendido.*

paragolpes *m.* Argent., Par. y Urug. Parachoques. SIN. **defensa.**

paraguas *m.* Utensilio portátil semejante a una sombrilla que sirve para protegerse de la lluvia: *En los lugares húmedos llueve con frecuencia por lo que es importante cargar un paraguas.*

paraguayo, ya *adj./m.* y *f.* Originario de Paraguay, país de América del Sur.

paragüería *f.* Tienda donde se venden paraguas.

paragüero *m.* Mueble en el que se colocan los paraguas: *A la entrada de la casa, junto al perchero, había un paragüero.*

paraíso *m.* **1.** En el cristianismo, el judaísmo y otras religiones, lugar donde están las almas de los justos después de morir. **2.** loc. ~ **terrenal,** según el libro bíblico llamado Génesis, jardín de las delicias donde Dios puso a Adán y Eva. **3.** Lugar donde uno se encuentra muy a gusto: *Esa pequeña playa es un paraíso que no ha sido descubierto aún por las empresas turísticas.*

paraje *m.* Sitio, en especial el lejano o aislado: *Toda la familia fue a comer a un paraje alejado de la ciudad donde también jugaron y se divirtieron mucho.*

paralelas *f.* pl. Barras colocadas a cierta distancia una de la otra que se usan para practicar la gimnasia olímpica.

paralelo *m.* Cada uno de los círculos menores del globo terrestre que corren en la misma dirección del ecuador y sirven para determinar la latitud: *Los paralelos más importantes son el Círculo Polar Ártico, el Círculo Polar Antártico, el trópico de Cáncer y el de Capricornio.*

paralelo, la *adj.* Relativo a dos o más rectas que se encuentran en un mismo plano y no se cortan: *Las ruedas del automóvil dejaron dos líneas paralelas en la arena.*

paralelepípedo *m.* Sólido compuesto por seis caras o lados, siendo iguales y paralelos cada dos lados que se oponen: *Un ladrillo es un paralelepípedo.*

paralelogramo *m.* Cuadrilátero cuyos lados son paralelos dos a dos: *La página que estás leyendo es un paralelogramo.*

parálisis *f.* Privación o disminución del movimiento de una o varias partes del cuerpo: *Ese actor sufre de parálisis desde que se cayó de un caballo.*

paralítico, ca *adj./m.* y *f.* Persona paralizada de manera total o parcial: *A Mariano le dio poliomielitis cuando era niño y quedó paralítico, por lo que ahora anda con muletas.*

paralizado, da *adj.* Inmóvil: *Le afectó un virus y ahora tiene paralizada la mitad de la cara.*

paralizar *vb. irreg.* {tr. y prnl.} **Modelo 16.** **1.** Causar parálisis: *Se me paralizó el brazo por un momento después de estar recostada sobre él durante varias horas.* **2.** Detener una actividad o movimiento: *El gran apagón eléctrico que hubo en Nueva York hace algunos años paralizó por completo la ciudad.*

paramecio *m.* Protozoo ciliado común en aguas estancadas.

parámetro *m.* Valor o medida que se presenta como una constante y que sirve para comparar otros valores o medidas: *Los precios de esta tienda me sirvieron como parámetro para saber si las otras tiendas venden caro o barato.*

páramo *m.* **1.** Terreno árido donde casi no hay vegetación: *No pudieron sembrar en ese sitio porque era un páramo.* **2.** Colomb. y Ecuad. Llovizna. SIN. **garúa.**

parangón *m.* Comparación o semejanza: *La hazaña del astronauta que pisó por primera vez el suelo lunar no tuvo parangón pues nadie había hecho algo parecido.*

paraninfo *m.* Salón de actos de una universidad y otros centros de enseñanza.

paranoia *f.* Enfermedad mental crónica caracterizada por la fijación de ideas obsesivas en la mente: *La vecina sufre de paranoia pues piensa que todo el mundo la persigue y la odia.*

paranoico, ca *adj./m.* y *f.* Relativo a la paranoia: *Ya deja esa actitud paranoica de pensar que no tienes amigos porque todos quieren molestarte.*

paranomasia *f.* Ver **paronomasia.**

paranormal *adj.* Se dice del fenómeno que no puede explicarse por medio de principios científicos reconocidos: *Algunos psicólogos consideran la telepatía como un fenómeno paranormal.*

parapeto *m.* Barandal o pretil de una escalera, puente, etc.: *Los parapetos sirven para evitar que las personas se caigan.*

paraplejia o **paraplejía** *f.* Parálisis de la mitad inferior del cuerpo: *Adolfo se ha ido recuperando de la paraplejia que sufrió hace unas semanas, así que ya empieza a mover las piernas.*

parapsicología *f.* Estudio de los fenómenos que no tienen explicación científica: *La parapsicología se ocupa de cosas como la telepatía, la telequinesia, la levitación, las apariciones, etc.*

parar *vb.* {tr., intr. y prnl.} **1.** Cesar en el movimiento o en la acción: *El caballo iba corriendo y de repente se paró porque lo asustó una serpiente.* **2.** Amér. Estar o ponerse de pie: *Cuando la maestra entró al salón los alumnos se pararon en señal de respeto.* **3.** Llegar a un fin: *Todavía no se sabe dónde va a parar el problema de la contaminación del ambiente.* **4.** Detener un movimiento o acción: *A las ocho de la noche los obreros paran las máquinas y se van a sus casas a descansar.* **5.** Alojarse, hospedarse: *Cuando Gerardo viene a la ciudad para en mi casa.*

pararrayos *m.* Dispositivo de protección contra los rayos: *Benjamín Franklin inventó el pararrayos.*

parasimpático, ca *adj./m.* Relativo a una de las dos partes del sistema nervioso vegetativo: *El sistema para-simpático reduce el ritmo del corazón y acelera los movimientos digestivos.*

parasíntesis *f.* En lingüística, modo de formación de palabras en que se combinan la composición y la derivación.

parasitar *vb.* [tr.] Invadir un organismo animal o vegetal a otro para vivir de las substancias que elabora el organismo invadido. ANT. **desparasitar**.

parásito, ta *adj./m.* y *f.* **1.** Relativo al animal o vegetal que vive dentro o sobre otro organismo del que obtiene su alimento: *En los bosques y selvas abundan las plantas parásitas; algunas cuelgan de las ramas de los árboles y otras rodean los troncos.* **2.** Persona ociosa que vive de lo que les quita a los demás: *Bernardo es un parásito que tiene treinta años, no trabaja, no estudia y vive con su mamá.*

parasitología *f.* Estudio de los parásitos del hombre, de los animales y de las plantas.

parasol *m.* Especie de paraguas para protegerse del sol. SIN. **sombrilla**.

parathormona *f.* Hormona producida por las glándulas paratiroides que regula el nivel de fósforo y calcio del cuerpo.

paratiroides *f.* Glándula endocrina situada a los lados de la tiroides que produce la hormona paratiroidea.

parca *f.* Personificación de la muerte en la poesía y la pintura: *La parca se representa como un esqueleto cubierto por un manto que tiene una guadaña para cortar las vidas.* SIN. **muerte**.

parcela *f.* Porción pequeña de terreno: *Atrás de mi casa hay una pequeña parcela donde mi madre cultiva maíz y algunas verduras.*

parcelar *vb.* [tr.] **1.** Dividir o medir un terreno en porciones pequeñas llamadas parcelas. **2.** Fam. Dividir algo en partes.

parche *m.* Pedazo de cualquier material que se pega sobre una cosa, generalmente para cubrir una rotura o tapar un agujero: *A Juan se le rasgó el pantalón en la parte de la rodilla y su mamá le pegó un parche.*

parchís *m.* Juego que consta de un tablero en el que cada jugador avanza según la tirada de un dado.

parcial *adj.* **1.** Relativo a una parte del todo: *La maestra de lengua española obtiene nuestra calificación final con el promedio de los cuatro exámenes parciales.* **2.** Persona que se inclina por alguien o algo sin tener razones objetivas.

parco, ca *adj.* **1.** Sobrio, sin adornos: *Prefiero los vestidos parcos a los que tienen muchos adornos.* **2.** Escaso: *Como tenían poco dinero la comida en la casa del joven matrimonio no era abundante sino parca, pues sólo había frijoles y arroz.*

pardillo *m.* Pájaro de unos 15 cm de largo, de plumas pardas en el dorso y rojas en el pecho, se alimenta de granos y puede domesticarse: *Los pardillos son aves de canto melodioso.*

pardo, da *adj./m.* **1.** Del color de la tierra: *La piel de algunos animales como los castores y las nutrias es parda.* **2.** Obscuro: *Esas nubes pardas son anuncio de lluvia.*

pareado, da *adj./m.* Relativo a la estrofa compuesta por dos versos que riman entre sí: *"Entre la capa azul y la roja, su majestad escoja", es un verso pareado.*

parecer *m.* Manera de pensar: *Según mi parecer, sería mejor cambiar el vidrio de la ventana en vez de parcharlo.* SIN. **opinión**.

parecer *vb. irreg.* [intr., prnl. e impers.] **Modelo 39.** **1.** Tener determinada apariencia: *Julio parece mayor que Rodrigo, pero en realidad es dos años menor.* **2.** Tener parecido: *Cuando eran jóvenes Antonio se parecía mucho a su hermano Rafael, por eso la gente pensaba que eran gemelos.* **3.** Opinar, creer, ser posible: *Me parece que el filme que vimos es de gran calidad.*

parecido *m.* Semejanza, similaridad: *Dicen que tengo parecido con mi mamá y que mi hermano se parece a mi papá.* SIN. **analogía**.

parecido, da *adj.* Similar, semejante: *Como Daniel y Rosalía estudiaron en la misma escuela tienen educación parecida.*

pared *f.* Obra de albañilería que cierra o separa un espacio: *Puse un clavo en la pared para colgar el cuadro que compré en una galería.*

paredón *m.* Pared junto a la que se fusila a los condenados a muerte: *El emperador de México Maximiliano de Habsburgo murió en el paredón, en Querétaro, en el año 1867.*

pareja *f.* Conjunto de dos personas, animales o cosas, en especial si son varón y mujer: *Ruth y Luis son una pareja dispareja, pues ella es muy alta y él es muy bajo de estatura.*

parejo, ja *adj.* **1.** Igual, semejante. *Mi amigo Eduardo y yo estamos parejos pues los dos medimos lo mismo.* **2.** Liso, llano: *La mesa de trabajo de los arquitectos debe ser pareja para que realicen sus trazos correctamente.* ANT. **disparejo**.

parénquima *m.* **1.** Tejido que forma las glándulas. **2.** Tejido vegetal que realiza funciones de fotosíntesis y almacenamiento.

parentela *f.* Conjunto de los parientes de alguien: *Toda mi parentela viene a la casa para las fiestas de fin de año.*

parentesco *m.* Unión que existe entre personas de la misma familia: *Acabo de descubrir el parentesco que tengo con Aurelio: resulta que nuestros bisabuelos fueron primos.*

paréntesis *m.* **1.** Frase que se intercala en un discurso, con sentido independiente del mismo: *Después de declarar inaugurada la exposición, el orador hizo un paréntesis para hablar de la historia del museo.* **2.** Signo ortográfico ( ) en que suele encerrarse la frase llamada paréntesis. **3.** Signo que aísla una expresión algebraica.

paria *m.* y *f.* **1.** En la India, individuo que no pertenece a ninguna casta o linaje. **2.** Fam. y Desp. Persona que por ser considerada inferior, es excluida del trato con las demás.

paridad *f.* **1.** Igualdad o semejanza: *Es importante que haya paridad entre los pensamientos de las personas que se casan, pero que al mismo tiempo respeten sus propias diferencias.* **2.** Comparación. **3.** Relación que existe entre los valores de distintas monedas: *La paridad del dólar con respecto al franco no ha cambiado mucho en los últimos años.*

pariente, ta *m.* y *f.* Respecto de una persona, otra de su misma familia: *Ayer llegaron a visitarnos unos parientes que se mudaron a España hace varios años.*

parietal *adj./m.* Cada uno de los dos huesos que forman los lados y la parte media de la bóveda del cráneo.

parihuelas *f.* Artefacto compuesto de tablas atravesadas sobre dos varas para llevar una carga entre dos personas: *Los hombres armaron una parihuela para transportar de manera más fácil al herido.*

parir *vb.* {tr. e intr.} Dar nacimiento la hembra de los mamíferos al hijo concebido después de terminada la formación del feto en el útero: *La gata parió anoche seis cachorros.*

parisino, na *adj./m.* y *f.* Originario de París, capital de Francia, país de Europa: *En el siglo XIX, los vestidos parisinos eran muy apreciados en América.*

parking *m.* Palabra inglesa. Lugar donde se dejan acomodados los vehículos.

parlamentar *vb.* {intr.} **1.** Conversar, hablar entre sí dos o más personas. **2.** Entrar en negociaciones: *Los obreros parlamentaron con los patrones para llegar a un acuerdo con respecto al aumento de salario.*

parlamento *m.* **1.** Acción de parlamentar: *Hamlet, el protagonista de una tragedia del escritor inglés William Shakespeare, inició su parlamento con la famosa frase "ser o no ser, ése es el dilema".* **2.** Asamblea legislativa: *El parlamento de un país está formado por dos cámaras en las que trabajan los legisladores.*

parlanchín, na *adj./m.* y *f. Fam.* Muy hablador, platicador: *Desde pequeño Rubén ha sido un niño parlanchín a quien le gusta hablar con la gente de su edad y también mayor.*

parnaso *m.* Conjunto de todos los poetas de una lengua, país o época.

paro *m.* **1.** Hecho de parar, de hacer que algo se detenga: *El rayo que cayó en un transformador ocasionó un paro en el suministro de energía eléctrica.* **2.** *Esp.* Situación del que no tiene trabajo: *En algunos países, el gobierno da una pequeña cantidad de dinero a las personas que están en paro por no haber encontrado trabajo.* **3.** Huelga.

parodia *f.* Burla humorística que se hace imitando algo o a alguien: *Ese cómico se especializa en parodias de cantantes famosos y durante sus espectáculos se viste y hace los ademanes de varios de ellos.*

parótida *f.* Glándula salival situada en la parte lateral y posterior de la boca, cerca del oído: *Si se inflaman las parótidas uno se enferma de paperas*

paroxismo *m.* **1.** Ataque violento de una enfermedad. **2.** Exaltación extrema de las pasiones o emociones: *En el filme de terror que vi, a causa de un paroxismo de terror la joven se desmayó al ver entrar a Drácula por la ventana.*

parpadear *vb.* {intr.} **1.** Mover los párpados: *El bebé parpadeaba mucho porque acababa de despertar y le molestaba la luz de la bombilla encendida.* **2.** Oscilar una luz: *En la discoteca parpadean muchas luces de colores.*

parpadeo *m.* **1.** Breve tiempo en el que se cierran y abren los párpados. **2.** *Fam.* Breve periodo, instante: *Mi tía se cayó en un parpadeo pues vi cuando bajaba las escaleras y de pronto ya estaba en el suelo.*

párpado *m.* Repliegue cutáneo móvil que protege el ojo: *Antes se usaba maquillaje azul y verde para los párpados; ahora está de moda el marrón.*

parque *m.* Palabra de origen francés. **1.** Terreno cercado y con plantas, para recreo: *Angélica vive en la ciudad frente a un gran parque y puede ver los árboles desde su ventana.* **2.** Conjunto de máquinas, vehículos, etc., destinados a un servicio público: *Los funcionarios del gobierno utilizan un parque de vehículos que es propiedad de la nación.*

parqué *m.* Palabra de origen francés. Suelo hecho con tablas de madera unidas unas con otras: *Hay que pulir y barnizar el parqué con frecuencia para mantenerlo en buen estado.*

parquear *vb.* {tr.} Palabra de origen inglés. *Amér.* Acomodar los vehículos en un lugar especial para dejarlos o en cualquier otro lugar. SIN. **estacionar, aparcar.**

parquedad *f.* Moderación, sobriedad: *Hay quien considera que la parquedad es una virtud y otros la confunden con sequedad.*

parquímetro *m.* Aparato instalado en la calle en el que se introducen monedas para pagar el derecho a parquear o estacionar un automóvil.

parra *f.* Planta de la uva, vid levantada de manera artificial que se extiende mucho hacia los lados: *Los griegos y los árabes comen hojas de parra rellenas de arroz con carne.*

párrafo *m.* Cada una de las divisiones de un escrito separada del resto por un punto y aparte: *Le escribí una carta de tres párrafos, cada uno de diez líneas.* SIN. **acápite.**

parranda *f.* Diversión ruidosa, juerga, en especial cuando se va de un lugar a otro: *Los domingos despierta desvelado porque suele irse de parranda los sábados.*

parricida *m.* y *f.* Persona que mata a uno de sus progenitores, padre o madre, a su cónyuge o a su hijo: *En la obra Edipo Rey, de Sófocles, Edipo mató a su padre sin saber quién era y así se convirtió en parricida.*

parrilla *f.* Utensilio de cocina en forma de rejilla, que sirve para asar o tostar los alimentos: *Los muchachos sacaron la parrilla al jardín para preparar carne asada.*

parrillada *f.* **1.** Comida hecha con diversas clases de carnes o pescados, asados sobre una parrilla. **2.** *Argent., Chile* y *Urug.* Carne de vacuno asada en una parrilla.

párroco *m.* Sacerdote encargado de una parroquia. SIN. **cura.**

parroquia *f.* **1.** Territorio a cargo de un sacerdote. **2.** Templo en una población, donde un sacerdote brinda sus servicios a los habitantes: *Adornaron la parroquia de mi barrio con muchas flores para la celebración de la boda de Juan y María.*

parsimonia *f.* Calma, prudencia: *El nuevo maestro trata con gran parsimonia a los alumnos porque dice que no le gusta gritarle.*

parte *f.* **1.** Porción de un todo: *Ya terminé la primera parte de mi trabajo, ahora voy a comenzar la segunda.* **2.** En un reparto, cantidad que corresponde a cada quien: *Cuando el tío rico murió, le dejó una parte igual de su fortuna a cada uno de sus sobrinos.* **3.** Sitio, lugar: *Estoy aburrido, salgamos a pasear a alguna parte.* **4.** Cada una de las personas, equipos, ejércitos, etc., que dialogan, luchan o contienden: *Las tres partes involucradas en la guerra finalmente se sentaron a dialogar y a negociar.* **5.** loc. pl. *Fam.* **Partes nobles**, órganos genitales exteriores: *La ropa interior sirve para cubrir y proteger las partes nobles, por eso es importante que siempre esté bien limpia.*

parte *m.* Informe militar: *Después del primer día de batalla, el presidente recibió el **parte** militar entregado por el general a cargo.*

parteaguas *m.* Hecho que marca una diferencia entre lo que ocurrió antes que él y lo que ocurrirá después: *La Segunda Guerra Mundial fue un **parteaguas** en la historia del siglo xx.*

parteluz *m.* Columna que divide en dos un hueco de ventana.

partenogénesis *f.* Reproducción de ciertos organismos vivos que se realiza a partir de un óvulo no fecundado.

partero, ra *m.* y *f.* Persona que ayuda a las mujeres al momento del parto: *En algunos pueblos alejados de los hospitales y de los médicos las **parteras** atienden los nacimientos.*

participación *f.* Hecho de participar: *Aunque no ganó, Irma tuvo una **participación** destacada en el concurso de dibujo.*

participar *vb.* {tr. e intr.} **1.** Notificar: *Zaria y Carlos me **participaron** de su próxima boda en noviembre.* **2.** Tomar parte, intervenir en alguna actividad: *Para que el trabajo no sea demasiado pesado todos debemos **participar** con algo.*

participio *m.* Forma no personal del verbo que puede realizar la función de adjetivo y sustantivo: *El **participio** muerto funciona como adjetivo en la oración "estaba muerto" y como sustantivo en "descubrí un muerto".*

partícula *f.* **1.** Parte pequeña: *Al limar el hierro se desprenden pequeñas **partículas** de metal.* **2.** En gramática, parte que no varía en una oración, como la preposición y la conjunción. **3.** loc. ~ **elemental**, elemento constituyente del átomo: *Entre las **partículas elementales** conocidas hasta ahora están los electrones y los protones.*

particular *adj.* **1.** Propio de una persona o cosa: *Ese hotel tiene una playa **particular** en la que sólo pueden nadar las personas que se alojan ahí.* **2.** Que sale de lo común: *Franz tiene un talento **particular** para las matemáticas, por eso termina antes que todos las operaciones que nos deja la maestra.* **3.** Singular, individual: *El médico se interesó en ese caso porque el paciente sufría un tipo **particular** de reumatismo que no conocía.* **4.** Concreto, determinado: *En **particular**, la música es un tema que me gusta e interesa.*

particular *m.* Materia o asunto de que se trata: *El galán le preguntó a la joven sobre su noviazgo anterior y ella le contestó que no quería hablar de ese **particular**.*

particular *m.* y *f.* Persona que no tiene título o cargo oficial: *En la plática sobre seguridad pública intervinieron un policía, un funcionario del gobierno y un **particular** que representaba a la sociedad civil.*

particularidad *f.* Detalle, marca o característica que distingue a una cosa de otra de su misma clase: *Como **particularidad**, Facundo tiene una cicatriz en la mejilla derecha.*

partida *f.* **1.** Acción de partir o marcharse: *Desde la **partida** de su novio el marinero hace dos años, Margarita no ha dejado de esperar que regrese.* **2.** Porción de un producto o mercancía que se vende o envía de una vez: *Mañana se va a rematar una **partida** de doscientos vestidos en la tienda donde trabaja mi madre.* **3.** Asiento en el registro parroquial o civil de algún

acontecimiento como matrimonio, nacimiento, etc. **4.** Mano o conjunto de manos de un juego: *Natalia perdió la última **partida** de póquer y quería reponerse jugando otra.* **5.** Grupo, cuadrilla: *Una **partida** de trabajadores está arreglando el hormigón de la carretera.*

partidario, ria *adj./m.* y *f.* Persona que apoya o defiende a una persona, idea, etc., por considerarla buena: *Yo soy **partidario** de que haya paz en el mundo.*

partidismo *m.* Actitud exagerada a favor de un partido político u opinión.

partido *m.* **1.** Agrupación de personas que defiende unas ideas e intereses determinados: *Es un diputado independiente pues no pertenece a **partido** político alguno.* **2.** Provecho: *Sacó buen **partido** de la venta de juguetes y ahora va a comprar un automóvil.* **3.** Competencia deportiva entre dos jugadores o equipos: *Durante el Campeonato Mundial de Fútbol los equipos de muchos países juegan varios **partidos** para seleccionar al mejor.*

partir *vb.* {tr., intr. y prnl.} **1.** Separar en partes: *Mi mamá **partió** el pollo en ocho trozos.* **2.** Repartir: *Sus compañeros no llevaban nada para comer en la escuela de modo que Esteban **partió** su comida con ellos.* **3.** Rajar, romper: *Durante la mudanza se **partió** un hermoso y antiguo florero que había sido de mi abuela.* **4.** Alejarse de un lugar: *Ulises **partió** a la guerra de Troya dejando a su hijo recién nacido.* **5.** loc. Fam. **Partirse de risa**, Reírse mucho: *El filme que vimos ayer fue tan divertido que nos **partimos de risa** todo el tiempo que duró.*

partisano, na *m.* y *f.* Miembro de un grupo civil armado que lucha contra un ejército invasor: *Durante la ocupación de Francia en la Segunda Guerra Mundial hubo un grupo importante de **partisanos** que se opuso a los nazis.*

partitivo, va *adj./m.* Se dice del sustantivo y del adjetivo numeral que expresan una parte determinada de un todo: *Un medio, un cuarto, un quinceavo y un milésimo son ejemplos de **partitivos**.*

partitura *f.* Texto escrito de una obra musical, que contiene el conjunto de todas las partes vocales e instrumentales: *El director de la orquesta tiene la **partitura** en la que está escrito todo lo que debe tocar cada instrumento.*

parto *m.* Acción de parir: *Mi hermanito no nació por **parto** natural sino por una operación cesárea.*

parturienta *adj./f.* Mujer que está pariendo o acaba de parir: *A las **parturientas** se les recomienda descansar durante cuarenta días después de que ha nacido su bebé.*

parvada *f.* Méx. Conjunto de pájaros o murciélagos que vuelan juntos. SIN. **bandada**.

parvulario *m.* Centro de enseñanza preescolar.

párvulo, la *adj./m.* y *f.* Niño de corta edad, entre los tres y los seis años.

pasa *f.* Uva seca: *El dulce de arroz con leche lleva **pasas** y canela.*

pasada *f.* **1.** Acción de pasar: *Tengo que dar otra **pasada** de pintura a mi habitación pues todavía se alcanza a ver el color antiguo.* **2.** Fam. Jugada, acción mal intencionada que perjudica a alguien: *Su compañero de trabajo le jugó una **pasada** para hacer que lo despidieran.*

pasadizo *m.* Camino estrecho que comunica dos lugares: *La habitación de la reina tenía un **pasadizo** secreto por donde podía salir del castillo sin ser vista.*

pasado *m.* Tiempo ya transcurrido: *La historia estudia los hechos importantes del* **pasado**.

pasado, da *adj.* **1.** Periodo anterior al presente, lo que ya pasó: *El año* **pasado** *fuimos de vacaciones a la playa y este año visitaremos una ciudad colonial.* **2.** Estropeado por no ser reciente: *No te comas ese mango porque ya está* **pasado** *y sabe mal.*

pasador *m.* **1.** Pequeña pinza que se usa para sujetar el pelo: *La joven se peinó con dos trenzas que sostuvo en lo alto de su cabeza con un* **pasador**. SIN. **horquilla**. **2.** Barra corrediza para asegurar puertas, ventanas, etc.: *Pusimos un* **pasador** *en la puerta de la cocina para evitar que entre la perra.* SIN. **cerrojo**.

pasaje *m.* **1.** Sitio por donde se pasa: *Abrieron un* **pasaje** *entre una calle y otra y pusieron ahí varias tiendas de ropa.* **2.** Billete para hacer un viaje en barco o en avión: *Es conveniente comprar los* **pasajes** *unos días antes de salir de vacaciones para evitar que se agoten.* **3.** Fragmento de una obra literaria o musical: *Me gusta mucho el* **pasaje** *de la ópera Carmen en la que la protagonista comienza a enamorar a don José.*

pasajero, ra *adj.* Que dura poco tiempo: *Dicen que el entusiasmo por la pareja es* **pasajero**, *pero mis padres llevan veinte años de casados y todavía parecen novios.*

pasajero, ra *m.* y *f.* Persona que viaja en un vehículo sin conducirlo ella misma: *En este autobús caben treinta* **pasajeros** *sentados y cuarenta de pie.*

pasamanería *f.* Arte de adornar con galones, cordones, etc.: *Los trajes folklóricos de muchos países llevan hermosas labores de* **pasamanería**.

pasamano o **pasamanos** *m.* Parte superior de un barandal: *La anciana se aferraba al* **pasamanos** *para poder bajar la escalera.*

pasamontañas *m.* Prenda que cubre toda la cabeza y el cuello menos los ojos y la nariz: *Algunos alpinistas usan* **pasamontañas** *para protegerse la cara del intenso frío.*

pasaporte *m.* Licencia para pasar de un país a otro: *Los* **pasaportes** *tienen una fotografía e información personal sobre el dueño.*

pasar *vb.* (tr., intr. y prnl.) **1.** Trasladarse de un lugar a otro: *El tren* **pasa** *de una estación a otra.* **2.** Llevar o mover una cosa de un sitio a otro: *Por favor* **pásame** *la sal.* **3.** Atravesar, cruzar: *El transatlántico* **pasó** *por el Océano Atlántico y llegó a Europa.* **4.** Ir más allá de cierto punto o límite: *El atleta perdió la competencia porque se* **pasó** *de la línea en forma indebida.* **5.** Padecer, soportar: *Roberto* **ha pasado** *por una depresión muy grande desde que murió su padre.* **6.** Tolerar: *Mi madre nos* **pasa** *muchas travesuras pero no le gusta que seamos groseros.* **7.** Permanecer determinado tiempo en un lugar: **Pasamos** *unos días en el campo cuando a mi padre le dieron vacaciones en su trabajo.* **8.** Cambiar de actividad, estado o condición: *Los Rodríguez* **pasaron** *de la pobreza a la riqueza desde que se ganaron la lotería.* **9.** Suceder, ocurrir: *No sé qué* **pasó** *en la clase de ayer porque no fui a la escuela.* **10.** Transcurrir el tiempo: **Pasaron** *veinte minutos y decidí no continuar esperando al impuntual de Gerardo.* **11.** Cesar, tener fin: *Cuando* **pasó** *el terremoto, mucha gente salió de sus casas para ver cómo estaba la ciudad.* **12.** Estropearse las frutas, carnes, etc.: *Hay que comerse esas manzanas antes de que se* **pasen**.

pasarela *f.* Puente pequeño o provisional: *Las modelos mostraron la nueva colección de ropa de otoño caminando sobre una* **pasarela** *iluminada con muchas luces.*

pasatiempo *m.* Diversión, entretenimiento: *Uno de los* **pasatiempos** *favoritos de Patricia es leer cuentos de terror.*

pascal *m.* Unidad de presión en el Sistema Internacional.

pascua *f.* **1.** Se escribe con "P" mayúscula cuando designa la fiesta anual que dura ocho días, celebrada por los judíos para conmemorar la salida de Egipto del pueblo hebreo, su liberación y la promesa de la llegada del Mesías: *Durante los dos primeros días de la* **Pascua** *se lee en un libro llamado Hagadá la historia del cautiverio de los hebreos en Egipto y su salida guiados por Moisés.*

pascua *f.* **1.** Se escribe con "P" mayúscula cuando designa la fiesta anual de los cristianos que conmemora la resurrección de Jesucristo: *En los Estados Unidos de Norteamérica las mujeres acostumbran estrenar sombrero cuando van a la iglesia a celebrar la* **Pascua**. **2.** pl. Periodo de celebración cristiana comprendido entre las fiestas de Navidad y la adoración de los Reyes Magos al niño Jesús.

pascual *adj.* Relacionado con la pascua.

pase *m.* Hecho de pasar: *El futbolista envió un* **pase** *excelente a su compañero, que así pudo anotar un gol.*

pase *m.* Documento en que se concede un privilegio o permiso: *Como Diana fue al médico, le permitieron entrar a la escuela en horas de clase con un* **pase** *especial.*

paseador, ra *adj.* Que pasea mucho: *Jaime es un* **paseador** *que cada fin de semana sale a alguna ciudad o pueblo cercano.*

pasear *vb.* (tr., intr. y prnl.) **1.** Andar despacio por placer o por hacer ejercicio: *Los domingos la gente* **se pasea** *lentamente por la plaza.* **2.** Llevar de una parte a otra, exhibir: *Los niños* **paseaban** *por la calle la bandera de su equipo favorito de baloncesto.*

paseo *m.* **1.** Acción de pasear: *La familia salió a dar un* **paseo** *por el bosque.* **2.** Lugar adecuado para que la gente pasee: *Alrededor del lago construyeron un* **paseo** *para caminar o andar en bicicleta.*

paseriforme *adj.*/*m.* y *f.* Relativo a un orden de aves de talla pequeña que tienen patas con cuatro dedos, como el ruiseñor.

pasillo *m.* Lugar largo y angosto de cualquier construcción por donde se pasa de un lado a otro: *En mi escuela hay varios* **pasillos** *que llevan a los salones.*

pasión *f.* **1.** Inclinación exagerada por alguien o algo: *Evaristo siente* **pasión** *por su equipo de béisbol, va a todos los partidos en los que juega.* **2.** Sentimiento muy intenso que domina la razón: *La* **pasión** *que Rogelio sentía por esa chica lo llevó a casarse sin pensarlo y poco después se arrepintió.*

pasional *adj.* Relativo a la pasión, en especial la amorosa.

pasividad *f.* Cualidad de lo que no opone resistencia o de lo que recibe la acción de otro.

pasivo *m.* Conjunto de obligaciones y deudas de una persona, empresa, etc.

pasivo, va *adj.* **1.** Que recibe la acción de otro. **2.** Que no opone resistencia: *Es un animal muy* **pasivo** *pues no responde a premios ni a castigos.* **3.** Se dice de la forma verbal integrada por el auxiliar "ser" y el participio del verbo cuya acción se expresa: *Si digo "el* niño se comió una pera", es voz activa; si digo "la pera fue comida por el niño", es **pasiva**.

pasmar vb. {tr. y prnl.} **1.** Enfriar mucho: *La nevada de anoche* **pasmó** *los rosales del jardín, por eso sus hojas están secas y sus tallos negros.* **2.** *Fam.* Asombrar en extremo: *Irene* **se pasmó** *cuando le dijeron que se había ganado la lotería.*

pasmo m. **1.** Efecto de un enfriamiento: *Ayer salí de casa sin abrigarme y hoy tengo* **pasmo***, por eso me duelen las piernas y la espalda.* **2.** Admiración o asombro muy grandes: *Visitar las cataratas del Iguazú me produjo tal* **pasmo** *que me pasé horas contemplándolas.*

paso m. **1.** Movimiento de cada uno de los pies al caminar: *Cuando el niño cumplió un año dio sus primeros* **pasos** *solo.* **2.** Longitud del movimiento que se hace con los pies al caminar: *Para cruzar ese charco hay que dar un* **paso** *muy largo.* **3.** Lugar por donde se pasa o se puede pasar: *El* **paso** *para entrar al cine es por el lado derecho y para salir es por el izquierdo.* **4.** Cada uno de los movimientos del pie en un baile o danza: *Los* **pasos** *en el tango son largos y lentos.* **5.** Trámites que se realizan para obtener algo: *Para inscribirse en la escuela es necesario seguir varios* **pasos.** **6.** Acontecimiento en la vida de alguien: *La boda es un* **paso** *muy importante para la pareja que se casa.* **7.** *loc. Fam.* **Abrir** o **abrirse** ~, quitar lo que estorba el paso o conseguir una situación buena en la vida: *Aunque quedó huérfano desde muy pequeño,* **se abrió paso** *con su trabajo y su constancia.* **8.** *loc. Fam.* ~ **a** ~, poco a poco, de manera lenta: *La maestra nos explicó* **paso a paso** *el lenguaje de álgebra y luego nos pidió que resolviéramos unos ejercicios.* **9.** *loc. Fam.* **Salir al** ~, detener algo antes de que produzca alguna consecuencia o ir al encuentro de alguien para detenerlo: *Mi hermano* **salió al paso** *para defenderme cuando varios chicos mayores me estaban molestando.* **10.** *loc. Fam.* **Salir del** ~, librarse de un asunto, compromiso o dificultad: *No sabía cómo negarse a la invitación de ese chico pero logró* **salir del paso** *diciendo que estaba enferma.*

pasodoble m. Música y danza españolas a ritmo de marcha: *Los toreros entraron a la plaza acompañados por un alegre* **pasodoble.**

pasota adj./m. y f. *Esp. Fam.* Que muestra desinterés por las cosas o personas que están a su alrededor.

paspadura f. *Argent., Par. y Urug.* Agrietamiento de la piel: *Josefina tiene* **paspadura** *por haber pasado varios días en una ciudad con clima frío.*

pasquín m. Escrito anónimo en el que se critica algo, que suele colocarse en lugares públicos o se da a conocer de mano en mano.

pasta f. **1.** Masa blanda y moldeable de cualquier tipo: *Joaquín preparó una* **pasta** *para sellar las ventanas que al principio estaba blanda y luego se endureció.* **2.** Masa de harina trabajada con manteca, aceite, etc.: *Antes de rellenarla, se tiene que amasar muy bien la* **pasta** *de la empanada.* **3.** *Fam.* Dinero: *Alonso es un hombre rico que siempre trae mucha* **pasta** *en los bolsillos.*

pastar vb. {tr. e intr.} **1.** Conducir el ganado al pasto para que se alimente. **2.** Alimentarse del ganado con hierba: *Todas las mañanas dejamos salir a las vacas para que* **pasten** *en el campo.* Sin. **pacer.**

pastear vb. {tr.} *Perú.* Espiar.

pastel m. **1.** Masa de harina, azúcar, huevos, etc., cocida al horno: *Para su cumpleaños, a Beatriz le prepararon un* **pastel** *de chocolate.* Sin. **torta.** **2.** Barrita de pasta de color: *Esa pintora gusta de trabajar con* **pasteles** *pues no le agradan el óleo ni la acuarela.* **3.** *loc. Fam.* **Descubrirse el** ~, quedar a la vista algo que se quería ocultar: *Patricia no quería decirnos a dónde iría esta tarde pero* **se descubrió el pastel** *cuando su hermanito repitió lo que ella había dicho por teléfono.*

pastelería f. **1.** Arte de elaborar tortas o pasteles, tartas y otras clases de dulces. Sin. **repostería.** **2.** Comercio o lugar donde se preparan y venden tortas o pasteles, tartas y toda clase de productos de repostería: *En la* **pastelería** *había dos gelatinas que se me antojaron, una de naranja y otra de mango.* **3.** Conjunto de tartas y tortas o pasteles: *En ese lugar los precios son altos porque hacen* **pastelería** *fina.*

pastelero, ra adj./m. y f. **1.** Relativo a la pastelería: *Compré unos moldes* **pasteleros** *en forma de estrella.* **2.** Persona que prepara o vende tortas o pasteles.

pastelón m. *Chile.* Losa pequeña usada para pavimentar.

pasteurización o **pasterización** f. Proceso inventado por el francés Luis Pasteur, que consiste en esterilizar un líquido alimenticio calentándolo a una temperatura de unos 80°C: *La* **pasteurización** *destruye los gérmenes sin alterar demasiado el sabor ni el contenido nutrimental de los alimentos.*

pasteurizado, da adj. Que ha pasado por el proceso de pasteurización: *Es más sano beber jugos y leche* **pasteurizados** *pues esto ayuda a combatir enfermedades estomacales.*

pastilla f. **1.** Pequeña porción de pasta endurecida, de forma redonda o cuadrangular: *La* **pastilla** *de jabón del baño huele a rosas.* **2.** Caramelo: *Las* **pastillas** *de menta sirven para combatir el mal aliento.* **3.** Pequeña porción de pasta medicinal comprimida y endurecida: *Padece jaquecas, por eso carga* **pastillas** *de analgésicos en su cartera.* Sin. **píldora, tableta.**

pastina f. *Argent.* Mezcla de albañilería para sellar grietas o igualar junturas de mampostería.

pastizal m. Terreno abundante en pastos: *A las vacas les gusta pasearse entre los* **pastizales.**

pasto m. **1.** Prado o campo en que pasta el ganado. **2.** Hierba que comen los animales en el campo. **3.** *Argent., Chile, Méx., Perú y Urug.* Césped: *El* **pasto** *inglés tiene fama de ser verde, tupido y de excelente calidad.* Sin. **gramilla.**

pastor, ra m. y f. Persona que guarda y lleva a pastar el ganado: *Antes de llegar a ser presidente de México, Benito Juárez fue* **pastor.**

pastor, ra m. y f. Ministro de una Iglesia, en especial de la protestante.

pastorear vb. {tr.} Cuidar el ganado y llevarlo a los pastos.

pastorela f. **1.** Género poético que narra cómo un caballero encuentra a una pastora y se enamora de ella: *Las* **pastorelas** *se originaron en el siglo XII.* **2.** *Méx.* Función teatral en la que se representan supuestas situaciones alrededor del nacimiento del niño Jesús.

pastoril adj. Relativo a los pastores, a su vida y actividad de cuidar ganado.

pastoso, sa adj. Relativo a las cosas blandas y moldeables: *Como el perro era cachorro y no tenía los dientes muy fuertes, le daban de comer una mezcla* **pastosa.**

pata *f.* *1.* Pie y pierna de los animales: *Le enseñé a mi perra cómo levantar la* **pata** *cuando alguien se lo pida.* *2.* Pieza que soporta un mueble: *Hay que llamar al carpintero para que repare la* **pata** *rota de la mesa.* *3.* loc. *Fam.* **Estirar la ~,** morirse. *4.* loc. *Fam.* **Mala ~,** mala suerte: *¡Qué* **mala pata!** *Mi padre estaba a punto de vender la casa y el comprador se arrepintió en el último minuto.*

patada *f.* *1.* Golpe dado con el pie o con la pata: *Los futbolistas deben evitar darle* **patadas** *a sus contrincantes durante el juego.* *2.* loc. *Méx.* *Fam.* **De la ~,** muy mal: *Desde que perdió el empleo a Ernesto le va* **de la patada**; *tiene problemas con su esposa, no tiene dinero y ha acumulado muchas deudas.*

patalear *vb.* {intr.} *1.* Agitar las piernas: *Para nadar se necesita* **patalear** *y mover los brazos.* *2.* Golpear el suelo con los pies de manera violenta: *Un niño caprichoso comenzó a llorar y a* **patalear** *cuando sus papás no quisieron comprarle un dulce.*

pataleta *f.* Enfado violento y poco duradero producido en general por algo sin importancia: *Es un niño maleducado que cada cinco minutos hace una* **pataleta.**

patán *adj./m.* *Fam.* Hombre grosero y tosco: *Heriberto es un* **patán** *que golpea a su esposa y no se preocupa por sus hijos.*

patata *f.* *1.* *Esp.* Planta herbácea de tubérculos comestibles. SIN. **papa.** *2.* *Esp.* Tubérculo de esta planta. SIN. **papa.**

patatús *m.* *Fam.* Desmayo o ataque de nervios: *De pronto Elodia se puso muy pálida y le dio el* **patatús,** *después el médico dijo que le había bajado la presión.*

patay *m.* *Amér. Merid.* Pasta seca hecha de algarrobas: *El* **patay** *se parece a un mazapán.*

paté *m.* **Palabra de origen francés.** Pasta hecha de carne o hígado molido.

patear *vb.* {tr.} Golpear con los pies o las patas: *El jinete cayó del caballo y el animal lo* **pateó.**

patentar *vb.* {tr.} Conceder, obtener o expedir patentes: *Tu invento es muy ingenioso, ahora tienes que* **patentarlo** *para que nadie te copie y tú puedas venderlo.*

patente *adj.* Visible, evidente: *La pobreza en esa parte de la ciudad es* **patente,** *pues sólo hay casas de cartón donde vive mucha gente pobre.*

patente *f.* *1.* Documento expedido por una autoridad en que se concede a alguien el derecho exclusivo de poner en práctica una determinada invención: *Los inventos, los aparatos nuevos y las medicinas deben tener una* **patente** *registrada en una oficina del gobierno.* *2.* *Amér. Merid.* Matrícula de un vehículo. SIN. **placa.**

paternal *adj.* Que tiene una actitud similar a la de un padre: *Es un maestro muy querido por su actitud* **paternal** *hacia los alumnos.*

paternalismo *m.* Actitud protectora de un superior hacia la gente que está a sus órdenes.

paternalista *adj.* Que tiene una actitud de paternalismo: *Ese jefe tiene una actitud* **paternalista** *con sus trabajadores pues los aconseja, los regaña y los escucha.*

paternidad *f.* Estado de ser padre: *La* **paternidad** *no es nada más que procrear hijos, sino ocuparse de ellos, mantenerlos, educarlos y amarlos.*

paterno, na *adj.* Relativo al padre: *Mi abuelo* **paterno** *se llama Roberto y mi abuelo materno ya murió.*

patético, ca *adj.* Que produce tristeza o que conmueve: *Me parece* **patética** *la situación de los niños que mueren de hambre en el mundo.*

patetismo *m.* Cualidad de patético.

patíbulo *m.* Lugar donde se ejecuta la pena de muerte: *Durante la Revolución Francesa muchos nobles fueron llevados al* **patíbulo** *para cortarles la cabeza con la guillotina.*

patidifuso, sa *adj.* *Fam.* Atónito, asombrado: *La noticia de que se ganó el primer lugar en el concurso dejó* **patidifusa** *a Rosalía.*

patilla *f.* *1.* Franja de pelo que crece por delante de las orejas: *Elvis Presley puso de moda las* **patillas** *largas en la década de 1950.* *2.* Cada una de las dos varillas del armazón de las gafas: *Se sentó encima de sus anteojos y rompió una de las* **patillas.**

patilludo, da *adj.* Que tiene patillas espesas y largas.

patín *m.* *1.* Plancha adaptable a la suela del zapato para deslizarse sobre el hielo o sobre una superficie dura y lisa: *Los* **patines** *para piso tienen ruedas y los que son para hielo tienen una barra de metal.* *2.* loc. *Méx.* **~ del diablo,** juguete que consiste en una plataforma con dos ruedas y una barra de dirección. SIN. **patinete.**

pátina *f.* Capa de óxido verdoso que se forma sobre el bronce y otros metales por efecto de la humedad.

patinador, ra *m.* y *f.* Persona que practica el patinaje como deporte: *La* **patinadora** *estaba lista para la competencia y esperaba no sufrir ninguna caída.*

patinaje *m.* Acción de patinar, sea como ejercicio o como deporte: *El* **patinaje** *artístico requiere de muchas horas de práctica y dedicación.*

patinar *vb.* {intr. y prnl.} *1.* Deslizarse con patines: *Para llegar a ser patinador profesional antes hay que aprender a* **patinar** *muy bien.* *2.* Resbalar: *Virginia* **se patinó** *con una cáscara de mango y cayó sentada.*

patineta *f.* *Argent., Chile, Méx. y Urug.* Juguete que consiste en una plataforma montada sobre cuatro ruedas, la cual se impulsa con un pie.

patinete *m.* Juguete compuesto de una plancha con ruedas y un manillar para conducirlo. SIN. **patín del diablo.**

patio *m.* Espacio al aire libre en el interior de un edificio o casa: *En el centro del* **patio** *del restaurante hay una fuente y las mesas la rodean.*

patitieso, sa *adj.* *1.* *Fam.* Que no puede moverse o no siente alguna parte del cuerpo: *Me sentí* **patitiesa** *cuando me levanté después de haber estado sentada varias horas.* *2.* *Fam.* Que se queda sorprendido: *Me quedé* **patitieso** *cuando supe que tenía una baja nota en el examen, pues estaba seguro de haber contestado bien.*

patizambo, ba *adj.* Que tiene las piernas torcidas hacia afuera.

pato *m.* *1.* Ave palmípeda de pico ancho, patas pequeñas y palmeadas, excelente voladora y nadadora. *2.* *Cuba* y *Méx.* Orinal de cama para varón. SIN. **papagayo.** *3.* *Cuba, P. Rico* y *Venez.* Hombre afeminado. *4.* *Argent.* y *Urug.* Deporte en el que dos equipos, de cuatro jugadores cada uno, intentan introducir en el aro una pelota llamada pato.

patógeno, na *adj.* Que produce enfermedad: *Para evitar el ataque de bacterias* **patógenas** *es importante mantener la higiene.*

patojo, ja *adj. Amér. C. y Amér. Merid.* Falto de una pierna, que cojea: *Daniel está* **patojo** *desde que sufrió un accidente en el que perdió una pierna.* Sin. **cojo.**

patojo, ja *m. y f. Colomb. y Guat.* Niño, muchacho.

patología *f.* Parte de la medicina que estudia las enfermedades.

patológico, ca *adj.* Relacionado con las enfermedades físicas o mentales: *Ruperto tiene una actitud* **patológica**, *se siente perseguido y cree que todos quieren hacerle daño.*

patólogo, ga *m. y f.* Especialista en patología: *Mandaron la orina del enfermo al* **patólogo** *del hospital para que la analizaran.*

patota *f. Amér. Merid.* Pandilla de jóvenes que causa daños: *Una* **patota** *rompió los vidrios de la nueva tienda de ropa.* Sin. **palomilla.**

patotero, ra *adj./m. y f. Amér. Merid.* Que manifiesta o posee los caracteres propios de una pandilla de bribones o patota, o que es miembro de ella.

patraña *f.* Embuste, mentira que se dice como si fuera algo cierto: *El vendedor decía* **patrañas** *para vender sus productos de mala calidad.*

patria *f.* Tierra natal o adoptiva: *Adolfo es paraguayo, por eso Paraguay es su* **patria.**

patriada *f. Argent., Par. y Urug. Fam.* Acción en la que se arriesga algo en beneficio de los demás: *Fue una* **patriada** *la de quienes participaron en el rescate de los damnificados por la inundación.*

patriarca *m.* **1.** Según la Biblia, gran ancestro del pueblo de Israel: *Los tres grandes* **patriarcas** *de Israel fueron Abraham, Isaac y Jacob.* **2.** Anciano respetable que vive rodeado de una familia numerosa. **3.** Título de dignidad de algunos miembros de la Iglesia Ortodoxa, equivalente al de obispo.

patriarcado *m.* Forma de familia y de sociedad en las que el padre tiene el papel más importante dentro del grupo. Ant. **matriarcado.**

patricio, cia *adj./m. y f.* Relativo a los ciudadanos que, durante el Imperio Romano, pertenecían a las familias más antiguas y nobles.

patrimonio *m.* Conjunto de bienes adquiridos o heredados: *Esta casa es el* **patrimonio** *que mis padres nos heredaron a mis hermanos y a mí.*

patrio, ria *adj.* Relativo a la patria: *Se vistió con los colores* **patrios** *para celebrar la fiesta nacional más importante de su país.*

patriota *m. y f.* Persona que ama a su patria y quiere serle útil: *Los* **patriotas** *que se enlistaron en el ejército durante la guerra deseaban defender a su país.*

patriotismo *m.* Amor a la patria: *El* **patriotismo** *en los niños se fomenta desde la educación básica con las ceremonias de honor a la bandera, el canto del himno nacional, etc.*

patrocinador, ra *adj./m. y f.* Persona o empresa que paga los gastos para la realización de una actividad: *Muchos escritores sueñan con encontrar un* **patrocinador** *que les ayude a publicar sus obras.*

patrocinar *vb.* (tr.) **1.** Proteger, favorecer: *A través de la historia los reyes y reinas* **han patrocinado** *a los sabios y artistas, lo que ha permitido progresos en las ciencias y artes.* **2.** Pagar los gastos que origina la realización de una actividad: *Mi hermano quiere hacer un filme pero*

no tiene dinero, por eso necesita encontrar alguien que lo **patrocine.**

patrocinio *m.* Hecho de patrocinar: *Como ese atleta no tiene dinero, anda en busca del* **patrocinio** *de un empresario para seguir entrenando y compitiendo.*

patrón *m.* **1.** Lo que sirve de modelo o referencia para hacer otra cosa igual: *En esta tienda de telas venden* **patrones** *para hacer vestidos de varios tipos.* **2.** Hombre que gobierna una embarcación menor. **3.** loc. Fam. **Cortados por el mismo ~,** muy parecidos: *Ambos hermanos están* **cortados por el mismo patrón**, *pues los dos son morenos de ojos color marrón, tienen el cabello rizado, son altos y estudian medicina.*

patrón, na *m. y f.* **1.** Amo, señor: *El* **patrón** *de los campesinos visitaba y supervisaba regularmente sus tierras.* **2.** Dueño de una casa en que alguien se aloja. **3.** En la tradición católica, santo bajo cuya protección se halla una iglesia, un pueblo, un grupo de personas, etc.: *San Cristóbal es el* **patrón** *de los viajeros y caminantes.* Sin. **patrono.**

patronato *m.* **1.** Derecho, poder o facultad del patrón: *El socio más importante de la empresa hizo valer su* **patronato** *al tomar una decisión que los demás socios no aprobaban.* **2.** Corporación que forman los patronos: *El* **patronato** *de industriales se reúne cada mes para discutir los problemas de sus empresas.* **3.** Fundación benéfica: *Se fundó un* **patronato** *para proteger a los niños desamparados que viven en la calle.*

patronímico, ca *adj.* Relativo al apellido familiar que en la antigüedad se formaba del nombre de los padres: *El nombre* **patronímico** *de Gonzalo es González.*

patrono, na *m. y f.* Patrón.

patrulla *f.* **1.** Grupo de gente armada que ronda para mantener el orden y la seguridad en campamentos, ciudades, etc. **2.** *Méx.* Automóvil en que van los policías: *En mi barrio hay varios policías que pasan en sus* **patrullas** *vigilando.*

patrullar *vb.* (intr.) Circular en grupos por algún lugar para vigilar: *Los policías* **patrullan** *las calles de noche para prevenir delitos y también para combatirlos.*

patrullero, ra *adj./m. y f.* Relativo al soldado, avión o buque que forma parte de una patrulla.

patuleco, ca *adj. Argent.* Relativo a la persona que tiene un defecto físico en las piernas o en los pies: *Jerónimo anda* **patuleco** *desde que se cayó del caballo, pero los médicos dicen que volverá a caminar bien.*

paturro, rra *adj. Colomb.* Relativo a la persona rechoncha y de baja estatura.

paulatino, na *adj.* Lento, gradual: *La recuperación de mi madre después de su operación de hígado fue* **paulatina** *pues duró varias semanas.*

paupérrimo, ma *adj.* Muy pobre: *La gente que vive en esa zona de la ciudad no sólo es pobre sino* **paupérrima**, *ni siquiera usan zapatos.*

pausa *f.* **1.** Interrupción momentánea: *La maestra hizo una* **pausa** *en la lección para que los niños descansaran un momento.* **2.** Lentitud, tardanza: *Algunas técnicas orientales de ejercicio físico están basadas en la* **pausa** *con que se hacen los movimientos.*

pausado, da *adj.* Que se mueve con lentitud o que se produce con calma y sin precipitación: *La tortuga es un animal de andar* **pausado.**

pauta f. **1.** Raya hecha en el papel para poder escribir en líneas rectas: *Los niños que empiezan a escribir necesitan* **pautas** *para que sus palabras no parezcan serpientes.* **2.** Modelo, norma: *Las* **pautas** *de conducta en esa escuela militar son muy estrictas y rígidas.*

pava f. *Amér. Merid.* Recipiente de metal con asa en la parte superior usado para calentar agua: *Pon a calentar la* **pava** *con agua para preparar café.*

pavada f. *Argent., Perú y Urug.* Tontería, estupidez.

pavesa f. Partícula que salta de una materia encendida y acaba por convertirse en ceniza: *La chimenea tiene una reja para proteger los muebles de las* **pavesas** *que puedan saltar.*

pavimentación f. Hecho de cubrir el suelo con un revestimiento artificial para que sea más fácil transitar por él: *La* **pavimentación** *de los caminos ayuda a que los vehículos lleguen más rápido de un lugar a otro.*

pavimentar vb. {tr.} Recubrir el suelo con un revestimiento artificial para facilitar el tránsito: *Las autoridades* **pavimentaron** *un camino de tierra que unía a esos dos pueblos.*

pavimento m. Recubrimiento de asfalto u otro material resistente para el suelo: *En algunas zonas marginadas de la ciudad no hay* **pavimento** *y se tiene que caminar por la tierra suelta.*

pavo, va m. y f. **1.** Ave de la familia de las gallinas originaria de América del Norte, con la cabeza y el cuello cubiertos de carnosidades rojas colgantes: *En muchos países occidentales la gente cena* **pavo** *en la Nochebuena.* SIN. guajolote, chompipe. **2.** *Amér.* Polizón: *El capitán del barco encontró un* **pavo** *escondido en la bodega.* **3.** loc. ~ **real**, ave de la familia de las gallinas cuyo macho posee una larga cola de plumaje de muchos colores que extiende en forma de abanico.

pavonear vb. {intr. y prnl.} Presumir, lucirse o mostrar actitud de superioridad ante los demás: *Como se sentía el más guapo del salón Erick caminaba por todos lados* **pavoneándose.**

pavor m. Miedo muy grande: *Noé siente* **pavor** *por las arañas y cuando ve alguna le da un ataque de nervios a causa del miedo.*

pavoroso, sa adj. Que causa o inspira un miedo muy grande: *El monstruo del filme era* **pavoroso,** *tenía cuatro ojos, ácido en vez de sangre y la piel cubierta de llagas verdes.*

payada f. *Argent., Chile y Urug.* Canto del payador.

payador m. **1.** Pájaro originario de América Meridional, de pico curvo y que vive en los árboles. **2.** *Argent., Chile y Urug.* Cantor popular que acompañándose con una guitarra, improvisa sobre temas variados.

payasada f. **1.** Acción o dicho del payaso. **2.** *Chile, Méx. y R. de la P.* Fam. y Desp. Acción o cosa que no es digna de consideración: *¡No te enojes! Ya te he dicho que no debes hacer caso a las* **payasadas** *de Julián.*

payaso, sa m. y f. **1.** Artista de circo que hace y dice cosas que hacen reír al público: *Los* **payasos** *suelen vestir pantalones amplios con tirantes, un saco grande, zapatos largos, usan peluca y una gran nariz roja.* **2.** *Fam.* Persona poco seria en su comportamiento: *Jacobo es un* **payaso** *que siempre intenta hacer bromas de mal gusto.*

payo, ya adj. *Méx. Fam.* De mal gusto, corriente.

paz f. **1.** Ausencia de lucha o guerra: *Después de un año de combates, los dos países firmaron la* **paz. 2.** Tranquilidad, sosiego: *Adriana es muy inquieta y no se queda en* **paz** *ni un minuto del día.* **3.** loc. Desp. **Dejar en ~**, no molestar: *Déjame en* **paz** *porque tengo que terminar un trabajo de la escuela y tu plática me interrumpe.* **4.** loc. **Descansar** o **reposar en ~**, morirse. **5.** loc. **Descansar** o **reposar en ~**, morirse.

pazguato, ta adj. **1.** Que se queda pasmado o asombrado ante cualquier cosa. **2.** Persona que se escandaliza con facilidad.

PC f. Abreviatura de las palabras inglesas *Personal Computer* (computadora personal), que designa la computadora de capacidad relativamente reducida.

pe loc. *De ~ a pa*, De principio a fin: *La perra olfateó el jardín* **de pe a pa**, *hasta que encontró el hueso que había enterrado.*

peaje m. Dinero que se paga para poder pasar por una autopista, puente, etc.: *Al pasar por ese puente le cobran* **peaje** *a los automovilistas.*

peana f. Base o apoyo para colocar encima una figura u otro objeto: *Puse el adorno sobre una* **peana** *de madera fina para que luzca más.*

peatón, na m. y f. Persona que va a pie por una ciudad: *Para su protección, los* **peatones** *deben cruzar las calles por las zonas especiales para ellos.*

peatonal adj. Relacionado con los peatones: *Cerraron esa calle al paso de automóviles y ahora es una agradable zona* **peatonal.**

peca f. Mancha que sale en la piel, pequeña y de color pardo o marrón: *La piel de Blanca es delicada y cuando se asolea un poco le salen* **pecas** *en la cara y el pecho.*

pecado m. **1.** Según las religiones, transgresión voluntaria y consciente de la ley de Dios. **2.** Fam. Cualquier cosa que no es justa, correcta o conveniente: *Es un* **pecado** *no alimentar a los niños pobres del mundo.*

pecador, ra adj./m. y f. Persona que comete pecados por hábito o por gusto.

pecaminoso, sa adj. Relacionado con el pecado o con los pecadores: *Por los ojos que puso un hombre desagradable que había en la fila del cine al ver a unas chicas en minifalda, supe que tenía pensamientos* **pecaminosos.**

pecar vb. irreg. {intr.} Modelo 17. **1.** Cometer un pecado. **2.** Fam. Cometer cualquier tipo de falta: *Muchas personas* **pecan** *al contaminar el ambiente sin pensar que se dañan a sí mismos.* **3.** Fam. Tener en exceso una cualidad o defecto: *Saúl* **peca** *de ingenuo, por eso muchas veces lo engañan para perjudicarlo.*

pecarí m. *Amér. Merid.* Mamífero de América parecido al cerdo salvaje o jabalí.

pecera f. Recipiente de cristal con agua para mantener peces vivos: *En ese restaurante hay una gran* **pecera** *donde puede elegirse el pez que se desea comer.*

pechar vb. {tr.} **1.** *Amér. C y Amér. Merid.* Pedir algo sin intención de devolverlo: *Genaro siempre está* **pechando** *a todo mundo, por eso ya nadie quiere ser su amigo.* **2.** *Amér. C y Amér. Merid.* Empujar: *Cuando estábamos jugando, un niño* **pechó** *a otro y lo hizo caer.*

pechera f. En algunas prendas de vestir, parte que cubre el pecho: *A la niña le hicieron un vestido de cuadros rojos y azules con una* **pechera** *blanca para que protegiera su pecho del frío.*

pechina f. Caparazón vacío de un molusco.

pecho m. **1.** Parte del cuerpo entre el cuello y el abdomen, limitada por el esternón y las costillas: *Antonio tiene el pecho muy ancho y fuerte porque nada todos los días.* **2.** Parte exterior y delantera de la cavidad llamada pecho: *El soldado levantó el pecho de manera orgullosa mientras le colocaban la medalla.* **3.** Seno de la mujer.

pechuga f. Pecho del ave: *No me gusta comer pechuga de pollo porque la carne es muy seca, prefiero comer las piernas.*

pechugona adj./f. *Vulg.* Relacionado con la mujer que tiene los senos grandes.

peciolo o **pecíolo** m. Rabillo de la hoja de una planta que la une al tallo.

pecoso, sa adj. Que tiene pecas: *Mi amigo John es un niño de pelo rojo, ojos verdes, y piel blanca y pecosa.*

pectoral adj. Relativo al pecho: *Los mayas de Mesoamérica usaban unos collares pectorales muy elaborados y bellos para adornarse.*

pecuario, ria adj. Relativo al ganado: *La industria pecuaria argentina siempre ha gozado de fama internacional.*

peculiar adj. Característico o propio de cada persona o cosa: *Reconocí con facilidad la voz de Pablo de entre la gente porque tiene un tono muy peculiar.*

peculiaridad f. Característica propia de cada persona: *Como peculiaridad física, René tiene una oreja cortada a la mitad porque se la mordió un perro cuando era niño.*

pecuniario, ria adj. Relativo al dinero en efectivo.

pedagogía f. Ciencia que se ocupa de la educación: *Durante su preparación, las maestras de escuela deben tomar varios cursos de pedagogía para saber cómo enseñar.*

pedagógico, ca adj. Relacionado con la pedagogía, con la enseñanza.

pedagogo, ga m. y f. **1.** Persona que se ocupa de la educación como ciencia. **2.** Maestro, profesor.

pedal m. Palanca de un mecanismo, máquina o vehículo, que se acciona con el pie: *Para andar en bicicleta hay que hacer girar los dos pedales.*

pedalear vb. {intr.} Mover un pedal o los pedales: *A Sergio le costaba trabajo pedalear y al mismo tiempo mantenerse en equilibrio cuando estaba aprendiendo a andar en bicicleta.*

pedante adj. Engreído, que muestra de manera exagerada y desagradable sus conocimientos: *Es un hombre inteligente pero muy pedante, por eso a la gente no le gusta escucharlo.*

pedantería f. Dicho o hecho de quien presume de sus conocimientos: *¡Qué pedantería! Jazmín no tenía por qué decir que sabía cinco idiomas si nadie estaba hablando de ese tema.*

pedazo m. Porción de una cosa: *Rogelio me regaló un pedazo de su manzana porque hoy no llevé nada para comer en la escuela.*

pedernal m. Variedad de cuarzo que produce chispas al ser golpeado: *Frotando dos pedernales es posible encender fuego.*

pedestal m. Cuerpo que sostiene una columna, estatua, etc.: *La estatua del poeta fue colocada sobre un alto pedestal en una plaza del centro de la ciudad.*

pedestre adj. **1.** Que se hace a pie: *Por las tardes a mis abuelos les gusta dar un paseo pedestre para ayudar a*

hacer mejor la digestión de la comida. **2.** Vulgar, ordinario: *Luis es un pedestre, dice que la ópera no es más que un montón de gente gritando.*

pediatra m. y f. Médico que se ocupa de curar las enfermedades de los niños: *Los consultorios de los pediatras siempre están llenos de niños y mamás que esperan a los médicos.*

pediatría f. Rama de la medicina que se ocupa del estudio y tratamiento de las enfermedades de los niños: *Como a mi prima le gustan mucho los niños, decidió dedicarse a la pediatría.*

pediátrico, ca adj. Relativo a la pediatría: *Mi hermanito debe tomar medicamentos pediátricos porque todavía es un niño.*

pedicuro, ra m. y f. Persona que se dedica al cuidado de los pies: *El pedicuro extrajo de mi dedo gordo la uña enterrada que me causaba tanto dolor.*

pedido m. Encargo de artículos o productos hecho a un fabricante o vendedor: *Uno de los secretos para que los negocios progresen es surtir los pedidos con puntualidad.*

pedigrí m. *Palabra de origen inglés.* **1.** Conjunto de los antepasados de un animal de raza: *Venden muy caro ese cachorro porque su pedigrí dice que viene de una familia de perros campeones.* **2.** Documento que garantiza el conjunto de los antepasados de un animal de raza.

pedigüeño, ña adj. Demasiado aficionado a pedir: *Mi mascota es un perro pedigüeño que se sienta junto a la mesa a ver quién le da algo de comer.*

pedir vb. irreg. {tr.} Modelo 47. **1.** Solicitar a una persona que dé o haga cierta cosa: *Le pedí a mi hermano que me ayudara con mi trabajo de matemáticas porque estaba muy difícil.* **2.** Requerir algo como necesario o conveniente: *Los dueños de esa casa piden muchísimo dinero por ella a quien quiera comprarla.*

pedo m. **1.** *Vulg.* Gas maloliente que se expele por el ano. SIN. **flato, ventosidad.** **2.** *Fam. Vulg.* Borrachera. **3.** *Méx. Fam. Vulg.* Problema, lío.

pedorrera f. **1.** *Vulg.* Acción de expeler repetidamente ventosidades por el ano. **2.** *Vulg.* Serie de ventosidades expelidas por el ano.

pedorro, rra adj./m. y f. *Vulg.* Que expele ventosidades por el ano con frecuencia o sin importarle con quién esté.

pedrada f. **1.** Acción de arrojar una piedra: *A Javier le gusta lanzar pedradas al agua para ver cómo se forman círculos alrededor de las piedras al momento de caer.* **2.** Golpe que da una piedra que ha sido lanzada contra alguien o algo: *Un delincuente lanzó una pedrada al autobús en el que Laura viajaba y rompió una ventanilla.*

pedregal m. Terreno cubierto de piedras: *En la zona donde hace miles de años hizo erupción el volcán, ahora hay un pedregal.*

pedregullo m. *Amér. Merid.* Conjunto de piedras pequeñas, trituradas, que se usan para afirmar caminos.

pedrería f. Conjunto de piedras preciosas: *La corona de la princesa tiene una línea de pedrería con esmeraldas, rubíes, diamantes y zafiros.*

pedrisco m. Granizo grande que por la fuerza con que cae puede romper cosas, lastimar personas y animales y destruir plantas.

pedrusco *m. Fam.* Pedazo de piedra sin labrar.

pedúnculo *m.* **1.** Rabo que une la hoja, flor o fruto con el tallo: *El conejo se comió las flores y sólo dejó los pedúnculos y los tallos de las plantas.* **2.** Prolongación del cuerpo de algunos crustáceos que les sirve para fijarse a la superficie de los lugares donde viven.

peeling *m.* **Palabra inglesa.** Tratamiento que consiste en quitar-la capa superficial de la piel de la cara para alisarla.

peer *vb. irreg.* (intr. y prnl.) **Modelo 32.** Expeler por el ano los gases que se han acumulado en el intestino.

pega *f.* **1.** Acción de pegar o unir: *Los seguidores del candidato a gobernador realizaron una pega de propaganda en las paredes de diferentes calles de la ciudad.* **2.** *Chile.* Lugar donde se trabaja: *Esa cafetería es mi pega, ahí trabajo como ayudante por las tardes.* **3.** *Bol., Chile, Cuba y Perú. Fam.* Empleo, trabajo. **4.** *Cuba y P. Rico.* Especie de liga que se utiliza para cazar pájaros.

pegajoso, sa *adj.* Que se pega con facilidad: *Me quedaron las manos pegajosas después de agarrar una manzana con caramelo.*

pegamento *m.* Substancia que sirve para pegar: *Uriel y sus amigos utilizaron pegamento para fijar sus dibujos en las paredes de la escuela.*

pegar *vb. irreg.* (tr., intr. y prnl.) **Modelo 17.** **1.** Unir una cosa a otra con pegamento, cola, etc., de modo que no puedan separarse: *Pegué el asa rota de la taza con un pegamento especial para cerámica.* **2.** Contagiar: *Zaria me pegó su gripe cuando fui a su casa.* **3.** Maltratar con golpes: *Se nota que a ese animal le han pegado mucho porque es muy asustadizo.* **4.** Combinar, hacer juego una cosa con otra: *Como los colores de este pantalón y esta blusa pegan, los voy a usar juntos.* **5.** Arrimar, juntar: *El cachorro se pegaba a su mamá para buscar calor durante las noches de invierno.*

pegatina *f.* Lámina de papel adhesivo con un dibujo o letrero impreso en ella.

peinado *m.* Cada una de las diversas formas de arreglarse el pelo: *Elena me hizo un peinado especial para que me vea elegante en la boda de mi hermano.*

peinar *vb.* (tr. y prnl.) Desenredar o componer el cabello: *Ramiro no se peinó en su casa y llegó a la escuela con una melena de león.*

peine *m.* Utensilio con púas que sirve para peinar: *Adán es muy vanidoso y a cada momento saca el peine de su bolsillo para peinarse.*

peineta *f.* Peine curvado que usan las mujeres como adorno en el pelo o para sujetar el peinado: *El velo de la novia se sostenía con una alta peineta blanca.*

peinilla *f.* **1.** *Colomb. y Ecuad.* Especie de peine. **2.** *Colomb., Ecuad., Pan. y Venez.* Machete de hoja recta.

pejerrey *m. Argent., Chile y Urug.* Nombre de diversos peces marinos o de agua dulce muy apreciados por su carne, que tienen una banda plateada a lo largo del costado.

pejiguera *f. Fam.* Cosa que causa dificultades o molestias: *Dejé mi armario en desorden y ahora es una pejiguera encontrar las cosas que necesito.*

pela *f.* **1.** *Esp. Fam.* Peseta. **2.** *Méx.* Azotaina, zurra.

pelada *f.* **1.** Hecho de cortar el cabello, sobre todo cuando queda muy corto. **2.** *Argent. y Chile.* En sentido humorístico, la muerte representada por el esqueleto. SIN. **pelona.**

peladez *f. Méx.* Acto o dicho grosero, insultante: *Los jugadores de fútbol empezaron discutiendo de manera amable y terminaron gritándose peladeces.* SIN. **grosería.**

peladilla *f.* Almendra cubierta con un baño de azúcar de modo que queda como un confite blanco.

pelado, da *adj.* **1.** Cosa que no tiene lo que naturalmente la adorna, cubre o rodea: *Las bananas se comen peladas.* **2.** *Argent., Chile, Ecuad. y Urug.* Calvo: *Mi padre empezó a quedarse pelado, igual que su padre, desde que tenía treinta años.*

pelado, da *adj./m. y f.* **1.** *Méx. Desp.* Maleducado, grosero: *Armando es un pelado que se pasa el día gritando a su madre y ofendiendo a sus hermanos.* **2.** *Méx. Desp.* De clase social baja y sin educación.

pelagatos *m. y f. Fam.* Persona con escasos recursos económicos: *Alfredo parece pelagatos, pero en realidad es un hombre muy rico a quien no le gusta vestir de manera elegante.*

pelaje *m.* **1.** Conjunto de pelos de un animal: *El pelaje de los linces es uno de los más bellos que hay entre los animales felinos.* **2.** Naturaleza y calidad del pelo de un animal: *En la primavera los zorros cambian de pelaje.*

pelambre *m. y f.* **1.** Gran cantidad de pelo. **2.** Conjunto de pelo arrancado o cortado.

pelar *vb.* (tr. y prnl.) **1.** Cortar el pelo: *En la escuela le dijeron a Eduardo que ya tenía el pelo muy largo y que por favor se fuera a pelar.* **2.** Desplumar: *Para celebrar mi cumpleaños mataron`una gallina, la pelaron, la limpiaron y después la guisaron con verduras.* **3.** Quitar la piel o corteza a una cosa: *Antes de comerse un mango es necesario pelarlo.* **4.** Levantarse la piel por haber tomado mucho tiempo el sol: *A Santiago se le peló la nariz unos días después de volver de la playa.* **5.** *Argent. y Urug.* Desenvainar un arma: *El gaucho peló su daga y se dispuso a defenderse del feroz puma.* **6.** *Argent. y Urug. Fam.* Sacar, exhibir algo de manera rápida y sorpresiva: *Peló la billetera para pagar el vestido que compró y salió corriendo de la tienda porque tenía prisa.* **7.** *Chile. Fam.* Hablar mal de alguien: *Ayer que faltó al trabajo, sus compañeros pelaron a Víctor.* **8.** *Méx. Fam.* Hacer caso a alguien, prestar atención: *Por más que Jacinto declaraba su amor a Irma, ella nunca lo peló porque estaba enamorada de otro chico.*

peldaño *m.* Cada uno de los tramos de una escalera: *La casa de mis muñecas tiene una escalera pequeña de sólo tres peldaños.* SIN. **escalón.**

pelea *f.* **1.** Riña, pleito: *Traigo el ojo morado porque tuve una pelea a la salida de la escuela.* **2.** Encuentro de boxeo o de lucha libre: *Los sábados por la noche se llevan a cabo tres peleas en una plaza del centro de la ciudad.*

peleador, ra *m. y f.* **1.** Boxeador. **2.** Persona que acostumbra pelear con los demás.

pelear *vb.* (intr. y prnl.) **1.** Usar las armas o las propias fuerzas para vencer a otros: *Durante los primeros treinta años del siglo XIX muchos pueblos hispanoamericanos pelearon por conseguir su independencia de la Corona Española.* **2.** Enemistarse: *Cuando mis hermanos se pelean, se reconcilian diez minutos después.* **3.** *Fam.* Afanarse por conseguir algo: *La señora Olga siempre ha peleado por mantener a sus hijos y darles buena educación.*

pelele *m.* **1.** Muñeco de figura humana, hecho de paja o trapos. **2.** *Desp.* Persona que obedece de manera servil las órdenes de otro: *Ese niño es el **pelele** de la pandilla porque los demás hacen con él lo que quieren.*

peletería f. **1.** Arte de preparar pieles de animales para hacer prendas de vestir. **2.** Tienda donde se venden prendas de piel.

peletero, ra m. y f. Persona que prepara pieles de animales o las vende en una tienda ya convertidas en prendas de vestir.

peliagudo, da adj. Fam. Se dice del asunto difícil de resolver: *Este problema de matemáticas está **peliagudo** pues llevo tres horas tratando de resolverlo y todavía no lo consigo.*

pelícano o **pelicano** m. Ave con los dedos unidos por una membrana, de pico largo y ancho, con la piel de la mandíbula inferior en forma de bolsa: *Los **pelícanos** guardan en la bolsa de su pico los peces con que alimentan a sus crías.*

película f. **1.** Capa muy fina y delgada que cubre algo: *Esa crema cubre la piel con una fina **película** para protegerla del sol.* **2.** Cinta de celuloide perforada que se usa en fotografía y en cinematografía: *Se terminó la **película** de mi cámara a mitad de la fiesta y ya no pude tomar más fotografías.*

peligrar vb. {intr.} Correr peligro: *Muchas especies animales y vegetales **peligran** a causa de la contaminación ambiental.*

peligro m. Situación en la que puede ocurrir algún mal: *Los animales se vuelven agresivos y desconfiados cuando sienten que corren **peligro**.*

peligrosidad f. Carácter de peligroso: *Hay deportes con un alto grado de **peligrosidad** como el alpinismo, el buceo y las carreras de automóviles.*

peligroso, sa adj. **1.** Que puede dañar: *Entrar en la jaula de un león es una acción **peligrosa** y tonta.* **2.** Persona que provoca miedo por su tendencia a dañar a algo o a alguien: *Los delincuentes son personas **peligrosas**.*

pelirrojo, ja adj./m. y f. Que tiene el pelo rojo: *Escocia e Irlanda son las regiones del mundo donde hay más **pelirrojos**.*

pella f. **1.** Masa de cualquier material, de forma redondeada. **2.** Manteca del cerdo tal como se saca de este animal.

pellejo m. **1.** Piel de un animal, por lo general separada del cuerpo. **2.** Piel, por lo general de cabra o de cerdo, cosida de manera que pueda contener líquidos. SIN. odre. **3.** Fam. Piel del hombre: *Me caí de la bicicleta y se me levantó el **pellejo** de la pierna.*

pellín m. Chile. En el ambiente del campo, persona o cosa muy fuerte y de gran resistencia: *Mi burro es un **pellín** que aguanta toda la jornada por pesada que sea.*

pelliza f. Prenda de abrigo hecho o forrado de piel.

pellizcar vb. irreg. {tr. y prnl.} Modelo 17. **1.** Asir con dos dedos un trozo de carne o de piel apretándola hasta que cause dolor. **2.** Tomar una pequeña cantidad de una cosa: *Todavía no cenamos pero **pellizqué** un poco de ensalada porque tengo hambre.*

pellizco m. **1.** Acción y efecto de pellizcar: *Rogelio le dio tan fuerte **pellizco** a su hermano que lo hizo llorar.* **2.** Cantidad de una cosa que se toma con dos dedos: *Ponle un **pellizco** más de sal a la sopa porque sabe simple.* SIN. pizca.

pellón m. Amér. C. y Amér. Merid. Piel curtida que se usa sobre la silla de montar.

pelmazo, za adj./m. y f. Fam. Persona pesada y fastidiosa: *No invites a Juan a la fiesta porque es un **pelmazo** que hace bromas pesadas y se comporta irrespetuoso con los demás.*

pelo m. **1.** Filamento que nace y crece entre los poros de la piel de los mamíferos: *El **pelo** de mi perro se ve sano y brillante porque le doy un alimento muy nutritivo.* **2.** Conjunto de los filamentos llamados pelos, y en especial los que crecen en la cabeza del hombre: *Mucha gente cree que cepillar el **pelo** por la noche lo beneficia porque ayuda a mejorar la circulación en el cráneo.* **3.** loc. pl. Fam. **No tener uno ~ en la lengua**, decir lo que se piensa sin importar la reacción de los demás: *Juan Carlos **no tiene pelos en la lengua**, por eso cuando algo le molesta no se queda callado.* **4.** loc. Fam. **Por un pelito** o por muy poco: *Por un **pelito** me caigo de la bicicleta, me salvé porque pude sostenerme en el muro.* **5.** loc. Fam. **Tomar el ~**, burlarse con disimulo o desobedecer: *Como Aída es una niña muy ingenua sus compañeros le **toman el pelo** constantemente.*

pelona f. **1.** Ausencia o falta de pelo. **2.** Méx. Fam. La muerte, cuando se la representa en forma de esqueleto.

pelón, na adj./m. y f. **1.** Que no tiene pelo en la cabeza. **2.** Fam. Que no tiene dinero: *Esta semana me anda do **pelón** porque no me dieron dinero mis papás.*

pelota f. **1.** Bola hecha de algún material flexible, que sirve para jugar: *Esa **pelota** no sirve para jugar fútbol porque es demasiado blanda.* **2.** Juego que se realiza usando la pelota: *A mis primos les encanta jugar **pelota** cuando salimos al campo.* **3.** loc. pl. Fam. **En ~**, desnudo, sin ropa.

pelotear vb. {tr. e intr.} **1.** Jugar a la pelota como entrenamiento: *Antes de empezar el juego de tenis los jugadores **pelotearon** unos minutos para calentar sus músculos.* **2.** Reñir, pelear. **3.** Argent. Fam. Provocar que un asunto tarde más tiempo del debido: *A los malos empleados les gusta **pelotear** los asuntos ajenos para sentirse importantes.* **4.** Argent., Par. y Urug. Fam. Tratar a alguien sin consideración: *Durante el juicio el abogado **peloteó** al fiscal hasta que lo dejó sin argumentos.*

pelotera f. Fam. Riña, pelea: *Los muchachos que no pudieron entrar al concierto de rock armaron una **pelotera** en la puerta del auditorio.*

pelotón m. Grupo de soldados a las órdenes de un superior: *El sargento dio orden al **pelotón** de ayudar a las víctimas del terremoto.*

pelotudo, da adj. Argent., Par. y Urug. Vulg. Estúpido, imbécil.

peltre m. Aleación de cinc, plomo y estaño, que se usa en la industria para elaborar diferentes utensilios: *Mi tía compró un recipiente de **peltre** para calentar la leche del bebé.*

peluca f. Cabellera postiza: *En esa obra de teatro Ramiro usa una **peluca** rubia porque representa a un noble francés del siglo XVIII.*

peluche m. **1.** Tela aterciopelada, felpa: *La extravagante actriz de cine llegó al restaurante con un **peluche** morado con puntos rojos colgándole del cuello.* **2.** Muñeco hecho con la tela llamada peluche: *Le regalaré a mi amiga un **peluche** por su cumpleaños.*

465

peludo *m.* **1.** *Argent. y Urug.* Borrachera: *Como nunca había bebido vino, ayer que lo hice agarré un **peludo** tremendo.* **2.** *Argent. y Urug.* Cierta clase de armadillo que tiene pelo en el cuerpo.

peludo, da *adj.* Que tiene mucho pelo: *Mi gato de angora es tan **peludo** que tengo que cepillarlo todos los días por la mañana.*

peluquear *vb.* {tr. y prnl.} *C. Rica. y Méx.* Cortar o arreglar el cabello: *Mi mamá fue a que la **peluquearan** porque dijo que ya estaba cansada de su rebelde melena.*

peluquería *f.* **1.** Oficio del peluquero. **2.** Establecimiento donde cortan y arreglan el pelo: *Fui a la **peluquería** de la esquina para que me cortaran las puntas estropeadas del pelo.*

peluquero, ra *m.* y *f.* Persona que tiene por oficio peinar o cortar el pelo: *Ese **peluquero** sólo corta y arregla el pelo de los hombres.*

peluquín *m.* Peluca pequeña que sólo cubre una parte de la cabeza.

pelusa *f.* **1.** Vello ligero que apenas se ve y cubre la cara y otras partes del cuerpo humano. **2.** Vello ligero que cubre la cáscara de algunas frutas: *El durazno tiene una **pelusa** suave en su cáscara.* **3.** Pelo menudo que se desprende de las telas: *La **pelusa** del abrigo de mi abuelo me hace estornudar.* **4.** Polvo y suciedad que se forma bajo los muebles o en lugares que no se limpian de manera continua.

pelvis *f.* Cavidad ósea de los vertebrados situada en la parte inferior del tronco y formada por los huesos sacro y coxis: *Osvaldo se cayó esquiando y se fracturó la **pelvis**; ahora necesita quedarse acostado durante cuatro semanas.*

pena *f.* **1.** Castigo que se impone a alguien: *Al delincuente le dieron una **pena** de tres años en la cárcel por haber asaltado una tienda.* **2.** Tristeza producida por algo desagradable: *Desde el día en que murió su tortuga Joaquín sufre una gran **pena**.* **3.** Dificultad, trabajo: *Con muchas **penas** y trabajos logró terminar una carrera en la Universidad y ahora ya ha comenzado a trabajar en su profesión.* **4.** *Amér. C., Colomb., Méx. y Venez.* Vergüenza: *Serapio es muy tímido, por eso la da **pena** hablar en público.* **5.** *loc.* **Alma en ~,** espíritu que no descansa porque paga sus pecados, o persona que sufre mucho: *Héctor anda como **alma en pena** desde que murió su novia.*

penacho *m.* **1.** Grupo de plumas que tienen algunas aves en la cabeza. **2.** Ornamento de plumas que usan algunos grupos indígenas: *Los jefes de varias tribus pieles rojas de los Estados Unidos de Norteamérica usan **penachos** en algunas ceremonias como señal de su jerarquía.*

penal *adj.* Relativo a los delitos y a las penas que se asignan a dichos delitos: *Ese abogado es especialista en derecho **penal** y se dedica a defender a los acusados de robo.*

penal *m.* **1.** Lugar donde cumple una pena quien ha cometido algún delito grave: *El ladrón cumple su condena en un **penal** ubicado al norte de la ciudad.* **2.** Penalti, el peor castigo en el fútbol.

penalidad *f.* Dificultad que implica trabajo y sufrimiento.

penalista *adj./m.* y *f.* Abogado especializado en derecho penal.

penalizar *vb. irreg.* {tr.} Modelo 16. Castigar, sobre todo en el fútbol: *El árbitro **penalizó** al jugador por haber golpeado a un jugador del otro equipo.*

penalti *m.* Palabra de origen inglés. En fútbol y otros deportes, falta cometida por un equipo dentro del área de gol y sanción que corresponde a esta falta.

penar *vb.* {tr. e intr.} **1.** Imponer una pena, castigar. **2.** Padecer, sufrir un dolor o pena: *La leyenda cuenta que La Llorona es el fantasma de una mujer que **pena** por la muerte de sus hijos.*

penca *f.* **1.** Hoja carnosa de ciertas plantas como la de la pita o maguey. **2.** Tallo de ciertas hortalizas: *Mi madre quitó las **pencas** a varias hojas de acelga y las guisó con carne.*

penco *m.* **1.** *Fam.* Caballo desgarbado y mal proporcionado, con patas demasiado largas. SIN. **jamelgo.** **2.** *Fam.* Persona torpe, holgazana o inútil: *Ya sabes que Bulmaro es un **penco** al que no se le puede confiar ninguna tarea porque la hace mal.*

pendejada *f.* **1.** *Colomb. Fam.* Dicho o acción torpe, necedad. **2.** *Méx. Vulg.* Chuchería, cosa de poco valor. **3.** *Colomb. y Méx. Desp. Fam.* Tontería, idiotez.

pendejear *vb.* {intr.} *Colomb. y Méx. Vulg.* Hacer o decir necedades o tonterías.

pendejo *m.* **1.** Vello del pubis y las ingles. **2.** *Méx. Desp. Vulg.* Tonto. **3.** *Perú. Fam.* Astuto, mañoso.

pendencia *f.* Riña, pelea.

pendenciero, ra *adj.* Que con facilidad se mete en riñas o peleas: *Es un hombre **pendenciero** que todos los fines de semana sale de alguna fiesta con golpes en la cara.*

pender *vb.* {intr.} **1.** Estar colgada una cosa: *Del techo del castillo **pende** un gran candelabro con muchos cristales y luces.* **2.** Estar por resolverse un asunto: *Todos los testigos ya declararon y fueron presentadas todas las pruebas, ahora el caso de robo **pende** de la decisión del juez.*

pendiente *adj.* **1.** Que cuelga, que pende: *Manuel colocó un gran cuadro **pendiente** de un solo clavo y al poco tiempo se cayó.* **2.** Que aún no se ha resuelto o terminado: *Tengo un trabajo escolar **pendiente** porque no he podido conseguir un libro que necesito para terminarlo.*

pendiente *f.* Cuesta, declive o inclinación de un terreno: *A mis primos les gusta bajar con la bicicleta por una **pendiente** que hay en el parque para tomar un poco de velocidad.*

pendientes *m.* pl. Adorno que se pone en el lóbulo de la oreja: *Su abuelo le regaló unos **pendientes** con perlas que se ven muy bonitos colgando de sus orejas.* SIN. **aretes.**

pendón *m.* Bandera más larga que ancha que se usa como distintivo.

pendular *adj.* Relativo al péndulo: *Con un movimiento **pendular** de la medalla, la bruja hipnotizó al pobre conejo para poder cocinarlo con calma.*

péndulo *m.* Cuerpo pesado suspendido de un punto fijo, que se mueve de un lado a otro por acción de su propio peso: *El **péndulo** del reloj se mueve al ritmo de los segundos.*

pene *m.* Órgano genital externo masculino.

penetrable *adj.* Que puede penetrarse.

penetración *f.* Acción y efecto de penetrar.

penetrante *adj.* Que penetra: *Ese perfume tiene un olor muy* **penetrante** *y molesto, por eso cada vez que lo huelo me mareo.*

penetrar *vb.* [tr., intr. y prnl.] *1:* Introducir una cosa en el interior de otra: *El café* **penetró** *poco a poco el terrón de azúcar, hasta que éste se volvió de color marrón y se deshizo en el fondo de la taza.* **2.** Introducirse en el interior de un espacio: *Los policías* **penetraron** *en el bosque para buscar a los ladrones que habían escapado.* **3.** Comprender bien, profundizar: *Mi maestro* **ha penetrado** *en el estudio de la historia de la India y pronto viajará a ese país oriental a tomar varios cursos.*

penicilina *f.* Antibiótico que se extrae de una clase de moho, usado para combatir las enfermedades infecciosas: *El médico británico Alexander Fleming descubrió la* **penicilina** *en 1928.*

penillanura *f.* Superficie ondulada con escaso relieve que es formada a causa de la erosión.

península *f.* Tierra rodeada de agua por todas partes excepto una, por donde se une al continente: *España y Portugal comparten la* **península** *Ibérica.*

penique *m.* Moneda inglesa que equivale a la centésima parte de una libra.

penitencia *f.* **1.** En las religiones, arrepentimiento, pesar por haber ofendido a Dios acompañado de la firme intención de no volver a hacerlo. **2.** Uno de los siete sacramentos de la Iglesia Católica por el cual un sacerdote perdona los pecados de las personas. **3.** Pena que impone un confesor o que una persona se impone a sí misma por motivos religiosos.

penitenciaría *f.* Cárcel, prisión: *Los ladrones que asaltaron esa mansión fueron atrapados por la policía y acabaron encerrados en la* **penitenciaría.**

penitenciario, ria *adj.* Relacionado con las penas y con las penitenciarías: *Las autoridades* **penitenciarias** *ordenaron comprar camastros nuevos para los presos que están recluidos en la cárcel de mi ciudad.*

penitente *m.* y *f.* **1.** En las religiones, persona que confiesa sus pecados y se arrepiente de haberlos cometido. **2.** *Méx., Desp. y Vulg.* Tonto, torpe, estúpido.

penoso, sa *adj.* **1.** Que causa pena: *El director dio a los padres de Raúl la* **penosa** *noticia de que su hijo había reprobado cinco materias.* **2.** Que es muy trabajoso, que se hace con dificultad.

pensador, ra *m.* y *f.* **1.** Persona que piensa. **2.** Filósofo o persona en general que reflexiona sobre diferentes temas: *Sócrates fue uno de los* **pensadores** *más famosos de la antigua Grecia.*

pensamiento *m.* **1.** Acción, efecto y facultad de pensar: *El* **pensamiento** *es una capacidad que sólo poseemos los seres humanos.* **2.** Lo que se tiene en la mente: *Pude adivinar el* **pensamiento** *de mi amiga cuando vi su rostro alegre al salir del salón de clases.* **3.** Idea o sentencia de alguien o de algún texto: *El* **pensamiento** *del político sudafricano Nelson Mandela ha dado a muchas personas de raza negra conciencia de su dignidad como seres humanos.* **4.** Planta herbácea de flores que combinan en sus pétalos distintos colores y se cultiva en jardines.

pensar *vb. irreg.* [tr. e intr.] **Modelo 3. 1.** Formar y ordenar en la mente ideas y conceptos: *Hemos pensado ir a Río de Janeiro durante las próximas vacaciones ¿tú qué opinas?* **2.** Examinar con cuidado una idea, asunto, etc.: *Tienes que* **pensar** *bien antes de tomar una decisión sobre la carrera que vas a estudiar.* **3.** Hacer proyectos para poner en práctica alguna cosa: *Elena me dijo por teléfono que* **piensa** *venir mañana a visitarnos.* **4.** Imaginar, suponer: *Todos* **pensábamos** *que el mayordomo era el asesino de la anciana, pero al final del programa se descubrió que ella había muerto por enfermedad.*

pensativo, va *adj.* Que está sumergido en sus pensamientos: *Felipe estaba tan* **pensativo** *que no escuchó cuando mi mamá nos llamó para cenar.*

pensión *f.* **1.** Cantidad de dinero entregada de manera periódica a alguien por un trabajo que ya no realiza en la actualidad: *El jubilado recibe cada mes una escasa* **pensión** *con la que apenas le alcanza para vivir.* **2.** Establecimiento hotelero de categoría inferior al hotel: *La primera noche que Miguel pasó en la capital se alojó en una* **pensión** *porque no había lugar en ningún hotel.* **3.** Casa particular en la que se alojan huéspedes a cambio de un pago.

pensionado, da *adj./m.* y *f.* Persona que cobra una pensión: *Don Alfonso es un* **pensionado** *que trabajó durante treinta años como maestro.* SIN. **pensionista.**

pensionado *m.* Colegio en el que los alumnos viven y estudian. SIN. **internado.**

pensionista *m.* y *f.* **1.** Persona que cobra una pensión. SIN. **pensionado. 2.** Persona que se hospeda en una pensión: *Mi hermano fue* **pensionista** *en una casa mientras tomaba un curso de francés en la ciudad de París.*

pentaedro *m.* Cuerpo sólido de cinco caras.

pentágono *m.* Polígono de cinco lados: *Las oficinas militares de Estados Unidos de Norteamérica se alojan en un edificio con forma de* **pentágono***, por eso le llaman "El Pentágono".*

pentagrama *m.* En música, sistema de cinco líneas horizontales y paralelas sobre las que se escriben las notas musicales.

pentecostés *m.* **1.** Fiesta judía celebrada siete semanas después del segundo día de Pascua, que conmemora la entrega de las Tablas de la Ley a Moisés. **2.** Fiesta cristiana celebrada el séptimo domingo después de Pascua, que conmemora el descenso del Espíritu Santo sobre los apóstoles.

penúltimo, ma *adj./m.* y *f.* Inmediatamente antes del último: *Fui el* **penúltimo** *niño en salir porque después de mí salió Enrique y luego el salón se quedó vacío.*

penumbra *f.* Lugar, momento y situación en los que hay muy poca luz: *Cuando Enrique sufre de migraña deja su habitación en* **penumbras** *y descansa.*

penuria *f.* Escasez de las cosas más necesarias para vivir: *Muchos de los personajes de las novelas del escritor Eugenio Sue vivían sumidos en la* **penuria***, en los barrios más pobres de París.*

peña *f.* **1.** Roca de gran tamaño. **2.** *Fam.* Grupo de amigos que se reúnen con algún fin artístico o recreativo. **3.** *Fam.* Nombre que toman algunos grupos que se dedican a actividades recreativas. **4.** *Fam.* Especie de bar donde se toca música latinoamericana y se dicen bromas.

peñasco *m.* Peña grande y elevada.

peñón *m.* Monte con peñascos.

peón *m.* **1.** Obrero no especializado: *Cada año contratan peones temporales para la cosecha de la uva.* **2.** En los juegos de ajedrez y damas, pieza con menos valor: *Por lo general la primera pieza que se mueve en un juego de ajedrez es un peón.*

peonza *f.* Juguete de madera de forma cónica al que se enrolla una cuerda para lanzarlo y hacerlo bailar. Sin. **trompo.**

peor *adj.* De inferior calidad que aquello con lo que se compara: *Los dos bailan mal, pero Irma es peor bailarina que su hermano.*

peor *adv.* Más mal que aquello con lo que se compara: *Anteanoche dormí mal a causa de un mosco pero hoy dormí peor porque había varios.*

pepa *f.* Semilla del melón, calabaza, manzana, etc. Sin. **pepita, pipa.**

pepenador, ra *m.* y *f.* Méx. Persona que vive de recoger desechos de papel, metal, etc., que pueden venderse otra vez.

pepenar *vb.* {tr.} Amér. C. y Méx. Recoger cosas del suelo o de la basura con el fin de venderlas.

pepinillo *m.* Variedad de pepino pequeño de sabor fuerte.

pepino *m.* **1.** Planta de tallo rastrero con flores amarillas y fruto carnoso y cilíndrico. **2.** Fruto de la planta llamada pepino: *El pepino, el melón, la sandía y la calabaza son frutos de la familia de las cucurbitáceas porque todos crecen de plantas que se arrastran, son jugosos y tienen semillas planas y ovaladas.*

pepita *f.* **1.** Semilla de ciertos frutos como la calabaza, el melón, etc. Sin. **pepa, pipa.** **2.** Trozo redondeado de oro u otro metal: *De pronto el minero descubrió pepitas de oro revueltas con las piedras del río.*

pepsina *f.* Enzima del jugo gástrico que inicia la digestión de las proteínas.

pequeñez *f.* **1.** Cualidad de pequeño: *La pequeñez de los conejitos recién nacidos inspiró ternura en los niños.* **2.** Cosa sin importancia: *"No te molestes por pequeñeces y mejor ocúpate de los grandes problemas" es un consejo sabio.* **3.** Mezquindad, poca nobleza en los sentimientos o en las acciones.

pequeño, ña *adj.* **1.** De poco tamaño: *Julia usa zapatos pequeños porque tiene dos años de edad.* **2.** Se dice de las personas de baja estatura: *Mi tío es un hombre pequeño que mide un metro con treinta centímetros.*

pequeño, ña *m.* y *f.* Niño o niña: *Los pequeños necesitan dormir más horas que un adulto.*

pequinés, sa *adj./m.* y *f.* **1.** Originario de Pekín, capital de China. **2.** Raza de perros de tamaño pequeño, ojos saltones, hocico corto y pelo largo.

pera *f.* **1.** Fruto del peral, carnoso y suave. **2.** loc. pl. Pedir ~ al olmo, pedir lo imposible: *Su patrón quería que Rubén trabajara más tiempo, pero eso era pedirle peras al olmo porque ya tenía una jornada de doce horas.*

peral *m.* Árbol de flores blancas, cuyo fruto es la pera.

peralte *m.* En carreteras, vías de tren, etc., mayor elevación de la parte exterior de una curva con respecto a la interior: *El peralte de las curvas le da mayor seguridad a las personas que viajan por carretera.*

peralto *m.* Altura de una figura geométrica desde su base.

perborato *m.* Sal del ácido bórico que por lo general se usa como detergente.

perca *f.* Pez de agua dulce, de hasta 50 cm de largo, cuerpo oblongo con escamas duras y carne apreciada.

percal *m.* Tela de algodón fina y barata: *Las madres hicieron vestidos de percal para que los usen sus hijas en el baile del festival escolar.*

percance *m.* Contratiempo o daño imprevisto que entorpece la realización de algo: *No llegó a tiempo a clase por un percance que le ocurrió en el camino pues se descompuso el automóvil.*

percatar *vb.* {intr. y prnl.} Advertir, darse cuenta: *Mi papá llegó desde hace media hora pero como yo estaba dormido no me había percatado de ello.*

percebe *m.* Crustáceo marino comestible que crece adherido a las rocas o al casco de los barcos.

percepción *f.* Hecho de percibir: *Tenemos una percepción diferente de ese vaso con agua: yo creo que está medio lleno y Joaquín cree que está medio vacío.*

perceptible *adj.* Que se puede notar por medio de los sentidos: *Hay una diferencia perceptible entre el sonido de la guitarra y el del violín.*

percha *f.* **1.** Madero largo y delgado que se atraviesa en otro para sostener algo. **2.** Utensilio para colgar ropa: *Al entrar a la oficina, lo primero que hace mi padre es colgar su abrigo y sombrero en una percha.*

perchero *m.* Mueble donde se cuelga ropa o sombreros y se colocan los paraguas: *A la entrada del restaurante se halla un perchero de madera para que los clientes cuelguen sus abrigos.*

percherón, na *adj./m.* y *f.* Relativo a una raza de caballos de patas cortas y fuertes, cuerpo sólido y más robusto que el del caballo común: *Los percherones se usan por lo general para tirar de carretas porque son animales muy fuertes.*

percibir *vb.* {tr.} **1.** Recibir impresiones del exterior por medio de los sentidos: *Las personas ciegas perciben el mundo con el tacto, el olfato y el oído.* **2.** Recibir una cantidad de dinero a la que se tiene derecho: *Armando percibe un buen salario por su trabajo porque es un empleado eficiente.*

perclorato *m.* Sal de cloro que se utiliza en higiene dental.

percudir *vb.* {tr.} Penetrar la mugre en alguna prenda de vestir provocando que cambie su color original.

percusión *f.* **1.** Acción y efecto de percutir. **2.** loc. **Instrumento de ~,** instrumento musical que se toca golpeándolo con las manos, bastones, etc.: *Los tambores, los platillos y el piano son instrumentos de percusión.*

percutir *vb.* {tr.} Golpear una superficie o algo con una cosa, por lo general con un objeto adecuado: *Es muy especial el sonido que produce la baqueta al percutir el cuero del tambor.*

percutor o **percusor** *m.* **Palabra de origen francés.** Pieza que golpea, en especial la que provoca la explosión de la carga en las armas de fuego.

perdedor, ra *adj./m.* y *f.* Que pierde: *Este niño es un mal perdedor porque si no gana se enoja y se retira del juego.*

perder *vb.* irreg. {tr., intr. y prnl.} Modelo 24. **1.** Dejar de tener o no hallar una cosa: *No encuentro mis llaves, espero no haberlas perdido en la calle.* **2.** Verse privado de alguien a causa de su muerte: *Rodrigo* **perdió** *a su padre cuando apenas tenía dos años.* **3.** Desperdiciar, malgastar: *Ese delincuente* **ha perdido** *los mejores años de su juventud preso en la cárcel.* **4.** Resultar vencido en una competición, lucha, etc.: *Ese equipo* **pierde** *casi todos los partidos, por eso ya nadie espera ningún triunfo de él.* **5.** Errar el camino: *Me* **perdí** *y en lugar de encontrar la calle que buscaba llegué al sur de la ciudad.* **6.** Dejarse llevar por los vicios: *Las malas compañías* **perdieron** *a Juan y ahora es un joven drogadicto.*

perdición *f.* Perjuicio grave: *Era un poeta prometedor pero el alcohol fue su* **perdición.**

pérdida *f.* **1.** Hecho de dejar de tener lo que antes se tenía: *Fernando no ha logrado recuperarse de la* **pérdida** *que significó la muerte de su madre.* **2.** Cantidad o cosa perdida: *Fueron graves las* **pérdidas** *que sufrieron los agricultores a causa de la sequía.*

perdido, da *adj.* Que no tiene o no lleva destino determinado: *El niño estaba* **perdido** *en el gran almacén, no encontraba a su mamá y lloraba.*

perdido, da *m.* y *f.* Persona viciosa.

perdigón *m.* **1.** Pollo del ave llamada perdiz. **2.** Pequeño grano de plomo usado como munición de caza: *El rey cazaba patos con una escopeta de* **perdigones.**

perdiz *f.* Ave gallinácea de cabeza pequeña, con pico y patas rojas: *La carne de las* **perdices** *es muy apreciada para preparar con una gran variedad de guisos deliciosos.*

perdón *m.* Acción y efecto de perdonar: *Las autoridades otorgaron el* **perdón** *al acusado y pudo ser libre otra vez.*

perdonable *adj.* Que puede ser perdonado o merece perdón: *El niño cometió una travesura* **perdonable** *y por eso no lo castigaron.*

perdonar *vb.* (tr.) **1.** No tener en cuenta la falta que otro comete: *Reconozco que cometí un error y me comporté mal contigo, espero que me* **perdones.** **2.** Librar a alguien de una pena, deuda, castigo, tarea, etc.: *Como Federico estaba lastimado, el profesor le* **perdonó** *la clase de deportes.*

perdulario, ria *adj./m.* y *f.* Vicioso que no se corrige.

perdurable *adj.* Que dura mucho tiempo o para siempre.

perdurar *vb.* (intr.) Durar algo largo tiempo o un tiempo indefinido: *La lluvia* **perduró** *semanas debido a dos ciclones que azotaron la costa.*

perecedero, ra *adj.* Temporal, destinado a acabarse: *Pon los productos* **perecederos** *como la carne y las frutas a una temperatura baja para que se conserven.*

perecer *vb. irreg.* (intr.) **Modelo 39.** Morir, dejar de existir: *Olvidé regar las plantas durante una semana y algunas* **perecieron.**

peregrinación *f.* Hecho de peregrinar: *Los musulmanes van en* **peregrinación** *a La Meca por lo menos una vez en su vida porque ese lugar donde nació el profeta Mahoma en el año 570 d. C.* SIN. **romería.**

peregrinar *vb.* (intr.) **1.** Andar por tierras extrañas: *Después de terminar sus estudios universitarios en Argentina, Ramón se fue a* **peregrinar** *por el Oriente.* **2.** Ir por devoción a un lugar considerado santo.

peregrino, na *adj./m.* y *f.* Persona que peregrina: *Cada año una gran cantidad de* **peregrinos** *de todo el mundo visita Santiago de Compostela, en España.*

peregrino, na *adj.* **1.** Relativo a las aves de paso: *Algunas especies de patos son aves* **peregrinas** *que en el* invierno viajan a tierras cálidas. **2.** Singular, extravagante: *A Joel se le ocurrió la idea* **peregrina** *de usar ropa de papel durante la fiesta.*

perejil *m.* Planta herbácea aromática utilizada como condimento.

perengano, na *m.* y *f.* Una persona cualquiera, sin mencionar su nombre real: *¿Que con quién fue Beatriz al cine? —No sé, con fulano o* **perengano,** *ella nunca dice con quién sale.*

perenne *adj.* **1.** Indefinido, relativo a la cosa que no muere después de algún tiempo como ocurre con otras de la misma especie: *En la tumba de John F. Kennedy arde una llama* **perenne** *que no se apaga nunca.* **2.** En botánica, relativo a la planta que puede vivir tres años o más: *Los pinos son un ejemplo de árboles* **perennes.**

perentorio, ria *adj.* **1.** Urgente: *Mi padre tenía varias tareas* **perentorias** *y muy poco tiempo para realizarlas, así que andaba corriendo.* **2.** Relativo al último plazo que se concede para hacer algo: *La maestra me dio una fecha* **perentoria** *para cumplir con el trabajo pendiente.*

pereza *f.* **1.** Falta de ganas de hacer algo: *Micaela sentía* **pereza** *de hacer cualquier cosa porque llevaba tres días durmiendo mal.* **2.** Lentitud o descuido en las acciones o movimientos.

perezosa *f.* Argent., Perú y Urug. Silla articulada y extensible con asiento y respaldo de lona. SIN. **tumbona.**

perezoso *m.* Mamífero originario de América del Sur, de unos 60 cm de largo, con cabeza pequeña, que se mueve con gran lentitud: *Los* **perezosos** *pasan mucho tiempo colgados de los árboles.*

perezoso, sa *adj.* **1.** Que tiene pereza: *Guillermo es un joven* **perezoso** *que pasa todo el día tirado en la cama viendo televisión.* **2.** Lento o pesado: *Con movimientos* **perezosos** *el vendedor se levantó de su silla para mostrarme los zapatos que le había pedido media hora antes.*

perfección *f.* **1.** Cualidad de perfecto: *Laura habla francés a la* **perfección** *porque ha estudiado ese idioma durante varios años y le gusta mucho.* **2.** Cosa perfecta: *Muchos críticos consideran la estatua de David, del artista italiano Miguel Ángel, como una* **perfección** *escultórica.*

perfeccionamiento *m.* Acción de perfeccionar o perfeccionarse: *Alejandra fue a Londres a tomar unos cursos de* **perfeccionamiento** *en el idioma inglés.*

perfeccionar *vb.* (tr. y prnl.) **1.** Terminar una obra con el mayor grado de perfección posible. **2.** Mejorar algo buscando su perfección.

perfeccionismo *m.* Búsqueda excesiva de la perfección en todo.

perfecto, ta *adj.* **1.** Que tiene todas las cualidades requeridas: *A Josefina le dieron el trabajo en esa empresa pronto porque es* **perfecta** *para el puesto que necesitaba.* **2.** Se aplica al tiempo verbal que expresa la acción como acabada: *La frase "yo he comido" está escrita en presente* **perfecto.**

perfidia *f.* Deslealtad, traición.

pérfido, da *adj./m.* y *f.* Desleal, traidor: *El* **pérfido** *José abandonó a Rocío y a sus hijos por irse con otra mujer.*

perfil *m.* **1.** Contorno, línea que limita cualquier cuerpo. **2.** Contorno de alguna cosa no vista de frente, sino de lado: *Los antiguos egipcios pintaban las figuras con el cuerpo de frente, pero la cara de* **perfil.** **3.** Conjunto de rasgos que caracterizan a una persona o cosa: *La empresa requiere un empleado con el siguiente perfil: trabajador, honrado, soltero, joven e inteligente.*

perfilado, da adj. **1.** Relativo al rostro delgado y largo. **2.** Relativo a la nariz bien formada: *Esa actriz es una mujer de cara redonda, nariz perfilada, labios carnosos y cuello largo.*

perfilar vb. (tr. y prnl.) **1.** Precisar el perfil de una cosa, en especial de un dibujo. **2.** Perfeccionar: *Edith ya terminó el borrador de la novela y ahora lo está perfilando.* **3.** Comenzar algo a ser definido: *El cuento de Antonio se perfila como el ganador del primer premio en el concurso de literatura escolar.*

perforación f. Hecho de perforar: *Hicieron unas profundas perforaciones en el mar para buscar petróleo.* SIN. **orificio, agujero.**

perforar vb. (tr.) Hacer un orificio en algo atravesándolo en parte o totalmente: *Los colmillos del león perforaron la ropa, la piel y el músculo del brazo del cazador.*

perfumar vb. (intr.) Aromatizar, poner perfume: *Su novio le pidió a Sandra que se perfumara poco porque le daba dolor de cabeza el aroma tan fuerte de su perfume.*

perfume m. **1.** Substancia que despide olor agradable: *Muchas empresas de Francia tienen fama de elaborar perfumes de buena calidad.* **2.** Olor agradable: *El perfume de la rosa me fascina.*

perfumería f. **1.** Arte de hacer perfumes: *La perfumería es para gente con buen olfato.* **2.** Tienda o lugar de un local comercial donde se venden perfumes: *Por el olor es fácil saber cuándo se llega al departamento de perfumería de una tienda.*

perfumero m. Botella para el perfume.

pergamino m. **1.** Piel de carnero preparada para la escritura, encuadernación, etc.: *Antiguamente se escribía sobre pergaminos.* **2.** Antiguo documento escrito en el pergamino, que es el nombre de la piel de carnero.

pergenio m. **1.** Apariencia de una persona, pergeño. **2.** *Chile. Fam.* Persona de mala apariencia: *El pergenio que merodea por la escuela me inspira desconfianza.*

pérgola f. Galería con columnas y enrejados por donde trepan plantas de adorno: *En la pérgola del centro de la plaza toca una banda musical todos los domingos.*

periantio m. Conjunto de las envolturas llamadas cáliz y corola que rodean los estambres y el pistilo de las flores.

pericardio m. Membrana que envuelve el corazón.

pericarpio m. Parte interna del fruto que envuelve las semillas.

pericia f. Habilidad, cualidad del que es experto en algo: *Con pericia el conductor logró acomodar su automóvil en un lugar muy estrecho.*

pericial adj. Relacionado con el perito o experto: *En el documento pericial de un accidente automovilístico se dice cuáles pudieron ser las causas y el estado en que quedó el vehículo.*

perico m. Nombre dado a varios loros originarios de América, pequeños y de diferentes colores, que habitan en las regiones selváticas.

periferia f. Zona que rodea a un espacio cualquiera: *En la periferia, la ciudad va perdiendo sus características y se confunde con el campo.*

periférico, ca adj. Relacionado con la periferia: *Construyeron en la ciudad una avenida periférica para que los automovilistas que necesitan atravesarla no tengan que pasar por el centro.*

perifollo m. **1.** Planta aromática usada como condimento. **2.** pl. *Fam.* Conjunto de adornos innecesarios y por lo general de mal gusto.

perífrasis f. Figura retórica que consiste en usar muchas palabras para decir algo que podría expresarse en una sola o en pocas: *Decir "el águila surcaba los aires remontándose a las alturas" es una perífrasis por "el águila volaba".*

perigallo m. Pliegue de la piel que cuelga debajo de la barbilla. SIN. **papada.**

perigeo m. Punto en la órbita de la Luna en el que se encuentra más próxima a la Tierra.

perihelio m. Punto más cercano al Sol en la órbita de un planeta.

perilla f. **1.** Picaporte de la puerta: *Se trabó la perilla de la puerta y no puedo abrirla ni con la llave.* SIN. **pomo. 2.** Barba formada por los pelos que crecen en la barbilla.

perillán, na m. y f. Pícaro, persona que engaña.

perímetro m. En geometría, contorno de una figura: *Para obtener el perímetro de este triángulo sumé las medidas de sus tres lados.*

perinatología f. Rama de la medicina que se ocupa de atender al feto y al bebé recién nacido: *La perinatología moderna hace que sea posible atender a los bebés cuando están dentro del vientre de su madre.*

perineo o **periné** m. Región comprendida entre el ano y los órganos genitales externos.

perinola f. Juguete pequeño que se hace bailar con los dedos. SIN. **pirinola.**

periodicidad f. Regularidad, lo que sucede en tiempos que están separados entre sí por espacios de la misma duración: *El señor Antonio debe visitar al médico con periodicidad para que revise el marcapasos que le pusieron.*

periódico m. Publicación impresa que se vende de manera periódica, en especial la que se vende diariamente: *Todos los días mi padre compra el periódico y lo lee mientras desayuna.* SIN. **diario.**

periódico, ca adj. Que sucede o se hace con determinados espacios de tiempo: *Es importante hacer visitas periódicas al dentista para conocer el estado de salud de los dientes.*

periodismo m. Profesión de las personas que escriben en diarios o trabajan en programas informativos de radio y televisión: *Mi primo quiere trabajar en una estación de radio, por eso estudia periodismo.*

periodista m. y f. Persona que trabaja en los medios de comunicación: *Gran cantidad de periodistas visitan al cantante famoso para tratar de entrevistarlo.*

periodo o **período** m. **1.** Espacio de tiempo determinado: *Durante el periodo vacacional mi primo se fue a un campamento de verano.* **2.** Tiempo que una cosa tarda en volver al estado o posición que tenía al principio: *La Tierra le da la vuelta al Sol en un periodo de 365 días.* **3.** Ciclo de tiempo: *El periodo llamado Siglo de las Luces ocurrió en el siglo XVIII en Europa y durante él se escribió la primera enciclopedia.* **4.** Fenómeno periódico por el que la mujer y las hembras de ciertos animales que no han quedado preñadas eliminan un compuesto viscoso que contiene sangre y otras substancias: *Silvia no se siente muy bien cuando está en su periodo porque a veces le dan cólicos fuertes.* Sin. **menstruación.**

periostio *m.* Membrana fibrosa que rodea los huesos.

peripecia *f.* Suceso que acontece de manera imprevista: *El avión no despegó a tiempo, hizo una escala inesperada, el mal tiempo le impidió aterrizar donde debía; luego de todas esas peripecias llegó a su destino un día después.*

periplo *m.* Navegación, viaje: *Durante el siglo XVI muchos exploradores europeos realizaron arriesgados periplos por los mares y océanos del mundo.*

periquera *f.* Méx. Silla alta para los bebés y niños pequeños.

periquete. En un ~, loc. Fam. En un tiempo muy breve: *En un periquete Ana Luisa preparó la cena y arregló la mesa pues los invitados estaban a punto de llegar.*

periquito *m.* Ave de pequeño tamaño, con pico curvo y plumaje de vistosos colores.

periscopio *m.* Instrumento óptico que, por medio de prismas y espejos, permite ver por encima de un obstáculo: *El periscopio se usa para observar la superficie del mar estando el submarino sumergido.*

periodáctilo, la *adj./m.* Relativo a los mamíferos como el rinoceronte o el caballo que tienen un número impar de dedos, de los cuales el tercero está muy desarrollado.

peristáltico, ca *adj.* **1.** Que tiene la capacidad de contraerse. **2.** loc. **Movimiento ~,** contracción del intestino que permite el avance de los alimentos.

peritaje *m.* Evaluación de un perito, de un experto: *Los automovilistas que chocaron tienen que someterse a un peritaje para saber quién tuvo la culpa.*

perito, ta *adj./m.* y *f.* Experto en una ciencia o arte: *El coleccionista tenía duda sobre si era o no una pintura auténtica de Van Gogh, por lo que llamó a un perito en arte para que lo examinara.*

peritoneo *m.* Membrana que cubre la cavidad interior del abdomen y las vísceras.

peritonitis *f.* Inflamación del peritoneo: *Por lo general, la peritonitis es ocasionada por la propagación de una infección en algún órgano abdominal.*

perjudicar *vb. irreg.* (tr. y prnl.) **Modelo 17.** Causar daño material o moral.

perjudicial *adj.* Que perjudica o puede perjudicar: *Las plagas son perjudiciales para el hombre porque rompen el equilibrio ambiental.* Sin. **dañino.**

perjuicio *m.* Efecto de perjudicar o perjudicarse: *El incendio causó graves perjuicios al edificio y ahora habrá que invertir mucho dinero para dejarlo como estaba.*

perjurar *vb.* (intr. y prnl.) **1.** Jurar mucho o por costumbre. **2.** Jurar en falso. **3.** Faltar al juramento que se ha hecho.

perjuro, ra *m.* y *f.* Que jura en falso: *Las autoridades multaron al testigo por perjuro pues no dijo la verdad en sus declaraciones.*

perla *f.* Pequeño cuerpo de nácar, por lo general esférico, que se forma en el interior de algunos moluscos: *Las perlas más caras son las que tienen mejor forma y mayor cantidad de tonos irisados.*

perlado, da *adj.* **1.** De color perla, gris muy claro: *Pintaron la pared con un tono perlado que aclara la habita-*

ción. **2.** Que tiene el brillo de la perla. **3.** Lleno de gotas pequeñas: *Se notaba que el actor estaba muy nervioso durante la entrevista porque tenía la frente perlada de sudor.*

perlífero, ra *adj.* Que lleva o produce perlas: *El pescador me enseñó unas ostras perlíferas y vi cómo las abrió para sacar perlas redondas y magníficas.*

permanecer *vb. irreg.* (intr.) **Modelo 39. 1.** Mantenerse en un lugar durante un tiempo determinado: *Martha permaneció algunas semanas en el hospital porque estuvo muy delicada.* **2.** Continuar en el mismo estado, situación, etc.: *Mi hermano está enojado, por eso permanece en silencio aunque yo le hable.*

permanencia *f.* Hecho de mantenerse en un lugar o de continuar en el mismo estado: *La permanencia de Juana en el extranjero fue de tres años.*

permanente *adj.* Que permanece, que dura mucho tiempo o que no cambia: *Es importante mantener una lucha permanente en contra del maltrato a los niños.*

permanente *m.* y *f.* Ondulación artificial del cabello: *Laura siempre quiso tener el pelo ondulado, por eso le hicieron permanente.*

permeabilidad *f.* Propiedad física de ciertos objetos que permite la filtración de líquidos o gases a través de ellos.

permeable *adj.* Que puede ser penetrado por el agua u otro fluido: *Las plantas necesitan agua, por eso deben plantarse en un terreno permeable.*

pérmico, ca *adj./m.* Se aplica al sexto y último periodo de la era paleozoica, en el que abundaron los grandes reptiles, algunos de varios metros de longitud. En este periodo sucedieron cambios climáticos, entre ellos grandes sequías y largos periodos glaciares.

permisivo, va *adj.* Que muestra gran tolerancia ante comportamientos que en apariencia se salen de las reglas establecidas: *Dicen que la sociedad holandesa es permisiva porque ha legalizado el uso de ciertas drogas.*

permiso *m.* **1.** Acción y efecto de permitir. **2.** Posibilidad de dejar de manera temporal el trabajo u otra obligación: *A Rosa le dieron permiso de faltar al trabajo para asistir al funeral de su abuela.*

permitir *vb.* (tr. y prnl.) **1.** Manifestar alguien con autoridad que una persona puede hacer o dejar de hacer alguna cosa: *Maestra, ¿me permite ir al baño?* **2.** Hacer posible que algo se realice: *El dinero que me prestó mi hermana permitió que comprara los zapatos que necesito.* **3.** Tomarse con audacia o atrevimiento la libertad de hacer o decir algo: *Se permitió decirle al maestro que pensaba que su clase era mala.*

permuta *f.* Intercambio: *Hice una permuta con Juan, yo le di diez caramelos y él me dio cinco lápices.*

permutar *vb.* (tr.) **1.** Cambiar una cosa por otra: *Antes de que se inventara el dinero, las personas permutaban, por ejemplo, grano a cambio de un animal.* **2.** Variar el orden: *Los factores de una suma pueden permutarse y el resultado no cambia.*

pernera *f.* Cada una de las dos partes del pantalón que cubren las piernas: *El vaquero usaba perneras de cuero para protegerse de las reses.*

pernicioso, sa *adj.* Peligroso o muy perjudicial: *El uso de drogas es pernicioso para la salud física y mental.*

pernil *m.* Anca y muslo de un animal, en especial la del cerdo: *Faustino compró un pernil de cerdo para servirlo en la cena del sábado.*

perno *m.* Pieza metálica que por un extremo termina en una cabeza y en el otro tiene una rosca en que se atornilla una tuerca.

pernoctar *vb.* {intr.} Pasar la noche en algún lugar fuera del propio domicilio: *Durante sus visitas a otros países el presidente pernocta en varios hoteles diferentes.*

pero *m.* Defecto, inconveniente: *Al trabajo escolar de Samuel no podía encontrársele ningún pero, por eso recibió una nota muy buena.*

pero *conj.* **1.** Expresa contraposición u oposición: *María es muy inteligente pero le da flojera trabajar.* **2.** Se usa encabezando algunas frases para darle más peso a lo que se dice: *Pero, ¿cómo es posible que haya reprobado si estudié mucho?*

perogrullada *f.* Verdad demasiado conocida, por lo que resulta inútil o tonto repetirla: *Sé que es una perogrullada decirlo, pero debemos pensar que la vida es corta y hay que aprovecharla.*

perogrullesco, ca *adj.* Tan evidente y natural que es tonto decirlo.

perol *m.* **1.** Vasija semiesférica de metal que sirve para guisar: *La bruja del cuento quería cocinar a Hans en un gran perol.* **2.** *Venez.* Cosa, asunto.

perón *m.* *Méx.* Especie de manzana con cáscara amarillenta y sabor un poco ácido.

peroné *m.* Hueso largo y delgado de la parte externa de la pierna: *En el partido de fútbol patearon a Milton en el peroné y el dolor le impidió seguir jugando.*

perorar *vb.* {intr.} Pronunciar un discurso: *El maestro Márquez peroró una hora durante la inauguración del festival y todos nos aburrimos mucho.*

perorata *f.* Discurso inoportuno y aburrido para el oyente.

perpendicular *adj.* Que forma un ángulo recto con una recta o plano: *Las líneas que forman una cruz son perpendiculares entre sí.*

perpendicular *f.* Línea que forma ángulo recto con otra.

perpetración *f.* Acción y efecto de cometer un crimen, un atentado, etc.: *La perpetración del asalto ocurrió a las 12:35 horas.*

perpetrar *vb.* {tr.} Cometer un crimen, atentado, etc.: *Sorprendieron al ladrón perpetrando un robo a la casa de mi abuela.*

perpetuar *vb. irreg.* {tr. y prnl.} Modelo 10. Hacer perpetua o perdurable una cosa: *Barnizamos los muebles de madera cada dos años para perpetuarlos.*

perpetuidad *f.* **1.** Calidad de lo que dura para siempre o por un tiempo ilimitado. **2.** *loc.* **A ~,** para siempre, para toda la vida: *Después de haber trabajado treinta años la empresa le dará a mi abuelo una cantidad de dinero a perpetuidad.*

perpetuo, tua *adj.* **1.** Que dura mucho tiempo o por siempre: *En las cumbres de algunas montañas altas hay nieves perpetuas.* **2.** Que dura toda la vida: *Por sus múltiples delitos condenaron a cadena perpetua a ese peligroso delincuente.*

perplejidad *f.* Confusión, indecisión.

perplejo, ja *adj.* Sorprendido, confundido: *Cuando le anunciaron que había reprobado el examen profesional el joven se quedó perplejo y sin saber qué hacer.*

perra *f.* *Fam.* Rabieta, berrinche.

perrada *f.* **1.** Grupo de perros. SIN. **jauría. 2.** *Fam.* Mala jugada, perrería.

perrera *f.* Sitio donde se guardan o encierran los perros: *En algunas perreras públicas se puede adoptar un perro.*

perrería *f.* **1.** Conjunto de perros. SIN. **jauría. 2.** *Fam.* Mala pasada. SIN. **perrada.**

perrilla *f.* *Méx.* Pequeño grano que aparece en el borde del párpado: *Por más pomada que se puso en el párpado le salió una perrilla enorme.* SIN. **orzuelo.**

perro, rra *adj.* *Fam.* Muy malo, indigno: *Tuve una suerte perra en el aeropuerto pues mi equipaje fue el último en salir del avión.*

perro, rra *m. y f.* **1.** Mamífero carnívoro doméstico del que existen gran número de razas, tamaños y pelajes: *Los perros y los gatos son las mascotas más comunes.* **2.** Persona despreciable y malvada: *Hugo es un perro a quien le gusta ofender a los ancianos porque dice que es divertido.* **3.** *loc.* **Como el ~ y el gato,** mal avenidos, que se llevan mal: *No me gusta ir a casa de Lizet porque sus padres siempre están como el perro y el gato.* **4.** *loc.* **~ caliente,** bocadillo de pan con salchicha. SIN. **hot dog.**

persa *adj./m. y f.* De Persia, antiguo nombre de Irán: *Los tapetes persas son famosos y caros pero ninguno vuela como dicen los cuentos.*

persa *m.* **1.** Lengua hablada en Irán. **2.** De Irán, país del Medio Oriente. SIN. **iraní.**

persecución *f.* Acción de perseguir: *Al final de una larga persecución el policía logró atrapar al ladrón que había escapado de la cárcel.*

perseguidor, ra *adj./m. y f.* Persona que persigue: *El perro logró huir de sus perseguidores que querían meterlo a la perrera.*

perseguir *vb. irreg.* {tr.} Modelo 56. Seguir al que huye para alcanzarle: *La mujer intentó perseguir al chico que le arrebató el bolso pero pronto se dio cuenta de que era inútil.*

perseverancia *f.* Constancia para hacer las cosas: *No sólo es importante la inteligencia, también es fundamental tener perseverancia en lo que uno hace.*

perseverante *adj.* Que es constante y firme: *Elisa es una niña perseverante que aprendió a andar sola en bicicleta intentando una y otra vez hasta que lo consiguió.*

perseverar *vb.* {intr.} Mantenerse firme en una actitud u opinión: *Marcela perseveró y logró caminar de nuevo después del terrible accidente.*

persiana *f.* Especie de cortina formada por tablas largas y delgadas, unidas entre sí, que se coloca en ventanas, puertas y balcones: *Como le gusta dormir sin luz, Joel puso persianas en su habitación además de unas gruesas cortinas.*

persignar *vb.* {tr. y prnl.} Signar, hacer la señal de la cruz: *Al entrar a una iglesia católica, la gente suele persignarse.*

persistente *adj.* Que persiste: *Ricardo acabó siendo novio de Carmen porque es un muchacho persistente que la buscaba todos los días.*

persistir *vb.* {intr.} **1.** Mantenerse firme y constante en alguna cosa o idea: *Aunque se presenten problemas persistiré en mi deseo de llegar a ser un escritor famoso.* **2.** Durar largo tiempo: *Me gusta el pescado con ajo* pero mi mamá no lo prepara seguido porque su olor se impregna y **persiste** en la casa.

persona f. *1.* Individuo de la especie humana: *Cuando Graciela se cayó, muchas **personas** amables se acercaron a auxiliarla. 2.* Accidente gramatical del verbo y del pronombre, que hace referencia a la relación de los hablantes respecto al discurso: *La tercera **persona** del plural es ellos y ellas.*

personaje m. *1.* Persona importante: *El músico inglés John Lennon fue un **personaje** muy conocido en el mundo de la música en los años 70 del siglo xx. 2.* Cada uno de los seres que toma parte en la acción de una obra literaria, filme, etc.: *Al **personaje** más importante de una obra se le llama protagonista o actor principal.*

personal adj. Relativo a la persona o propio o particular de ella: *Los problemas que Rodrigo tiene con su esposa son un asunto **personal**.*

personal m. *1.* Conjunto de trabajadores de un mismo organismo o empresa: *El **personal** de esa empresa usa uniforme verde. 2.* loc. **Pronombre ~**, el que lleva o es indicador de persona gramatical: *Él es un **pronombre personal** de tercera persona, masculino y singular.*

personalidad f. *1.* Conjunto de características que constituyen y diferencian a una persona: *Ana tiene una **personalidad** muy abierta y amable, por eso le gusta tener amigos y conocer mucha gente. 2.* Persona que destaca en una determinada actividad o campo: *Como Miguel es una **personalidad** del cine y la televisión, muchos periodistas la entrevistan.*

personalista adj./m. y f. Que tiene muy en alto su valor como persona: *Ese jugador es muy **personalista**, por eso siempre quiere hacer él los goles y no da pases a sus compañeros.*

personalizar vb. irreg. (tr.) **Modelo 16.** Referirse a una persona determinada: *No quisiera **personalizar**, pero me refiero a Ignacio cuando hablo de gente irresponsable.*

personarse vb. (prnl.) Presentarse de forma personal en cierto lugar: *Obtener un pasaporte es un trámite para el que uno debe **personarse** porque no puede realizarse por correo ni por teléfono.*

personificación f. *1.* Acción y efecto de personificar. *2.* Representar una persona o cosa a otra, o representar una acción o movimiento: *El actor hizo una **personificación** de Drácula en la obra de teatro.*

personificar vb. irreg. (tr.) **Modelo 17.** *1.* Atribuir lo que es propio de los seres humanos a animales o cosas: *En las fábulas de Esopo, los animales están **personificados** porque hablan, se ríen, lloran, etc. 2.* Representar alguien o algo cierta idea o sistema que sirva de ejemplo o modelo para otros: *El líder hindú Mahatma Gandhi **personifica** la paz y la reconciliación entre los pueblos.*

perspectiva f. *1.* Forma de representar en un plano, por medio de dibujo, los objetos tal como aparecen a la vista: *La **perspectiva** en la pintura produce la ilusión de que lo representado está en tres dimensiones. 2.* Aquello que aparece ante la vista del que lo contempla: *Desde la **perspectiva** de lo alto del castillo, todo se veía pequeño y lejano. 3.* Desarrollo favorable o desfavorable que se prevé en un futuro: *Las **perspectivas** económicas en mi familia son positivas porque mi papá consiguió un excelente empleo.*

perspicaz adj. *1.* Que percibe a larga distancia: *Las águilas tienen una vista **perspicaz**, mientras que los to-*

pos ven muy poco. *2.* Que es agudo y astuto: *Rodolfo es muy **perspicaz** porque de inmediato se da cuenta de las malas intenciones de las personas.*

persuadir vb. (tr. y prnl.) Convencer, inducir a uno a creer o hacer algo: *Al principio Liliana no quería ir a la fiesta, pero logré **persuadirla** de que fuera con nosotros.*

persuasión f. Hecho de convencer, de inducir a uno a creer o hacer algo: *Martha tiene un enorme poder de **persuasión**, Noé estaba decidido a no ir a la fiesta y después de hablar un momento con ella, cambió de opinión y fue.*

pertenecer vb. irreg. (intr.) **Modelo 39.** *1.* Ser una cosa propiedad de uno: *Ese automóvil blanco me **pertenece** y el gris es de Carlos. 2.* Formar parte una cosa de otra: *Tito **pertenece** a un club dedicado a la lectura de obras de ciencia ficción.*

pertenencia f. Calidad de pertenecer a algo, a algún lugar: *¿Podría demostrar su **pertenencia** al club mostrándome su credencial por favor?*

pértiga f. Vara larga: *Esos hombres usan **pértigas** para hacer avanzar las canoas por el río.*

pertinaz adj. *1.* Duradero, persistente: *Tengo dos días con un dolor **pertinaz** de cabeza que no se me quita aunque ya tomé píldoras. 2.* Obstinado, terco: *A veces se necesita ser **pertinaz** en el trabajo para obtener buenos resultados.*

pertinencia f. *1.* Cualidad de lo que es adecuado para una situación: *Hizo una pregunta sin **pertinencia** con el tema del que todos estábamos hablando. 2.* Cualidad de lo que se refiere o es relativo a una cosa.

pertinente adj. *1.* Oportuno, adecuado: *Fue una visita muy **pertinente** porque la anciana estaba sola y necesitaba ayuda en ese momento. 2.* Que hace referencia o que tiene relación con una cosa o persona que se expresa: *En lo **pertinente** al caso del robo al banco, las autoridades informaron que ya habían capturado a los ladrones.*

pertrechos m. pl. Conjunto de útiles necesarios para un fin.

perturbación f. Molestia, alteración: *La **perturbación** de Gregorio se debe a que sus calificaciones en la materia de lengua española son muy bajas.*

perturbado, da m. y f. Enfermo mental: *En ese hospital cuidan desde simples **perturbados** hasta locos agresivos.*

perturbado, da adj. Inquieto: *El mal clima tuvo **perturbadas** a las vacas.*

perturbar vb. (tr. y prnl.) Producir desorden o intranquilidad: *Estábamos todos muy tranquilos estudiando hasta que llegó el inquieto cachorro a **perturbar** la paz.*

peruano, na adj./m. y f. Originario de Perú, país de América del Sur.

perversidad f. Maldad: *Su alma está llena de **perversidad** porque no conoce la ternura, la generosidad ni la compasión.*

perversión f. *1.* Acción y efecto de pervertir. *2.* Desviación y corrupción de las costumbres.

perverso, sa adj./m. y f. Que por placer realiza actos crueles o que dañan a los demás: *Es una niña **perversa** a quien le gusta maltratar a los animales.*

pervertir vb. irreg. (tr. y prnl.) **Modelo 50.** Transformar, volver malo a alguien o algo.

pervivencia *f.* Acción y efecto de pervivir: *Los biólogos han explicado la pervivencia de las cucarachas desde la era de los dinosaurios gracias a su capacidad de vivir con muy pocos recursos.*

pervivir *vb.* (tr.) Seguir viviendo: *Muchos pueblos del mundo tienen costumbres y tradiciones que han pervivido a través de muchos siglos.*

pesa *f.* **1.** Pieza de cierto peso, por lo general de cobre o hierro, usada para determinar lo que pesan otros objetos: *El vendedor puso en un lado de la báscula una pesa de un kilo y del otro lado cebollas hasta que hubo equilibrio.* **2.** Colomb., C. Rica, Nicar. y Venez. Carnicería, tienda.

pesadez *f.* **1.** Calidad de pesado. **2.** Sensación de cansancio o peso que se experimenta en algunas partes del cuerpo: *Después de comer demasiado puede sentirse pesadez en el estómago.*

pesadilla *f.* **1.** Sueño angustioso que se repite: *Mirna tuvo una pesadilla en la que la perseguían y ella no podía correr.* **2.** Disgusto continuo o preocupación intensa: *Mis vacaciones se volvieron una pesadilla cuando me dio diarrea y un poco después gripe.*

pesado, da *adj.* **1.** Que pesa mucho: *Mi cama es pesada y para levantarla se necesita la ayuda de tres personas adultas.* **2.** Insoportable: *Juan hace bromas muy pesadas que a nadie le caen bien.* **3.** Aburrido: *El filme que vi anoche era tan pesado que preferí apagar la televisión y dormirme antes de que terminara.*

pesadumbre *f.* Disgusto o padecimiento moral y su causa.

pésame *m.* Manifestación de sentimiento por la muerte de alguien.

pesar *m.* **1.** Sentimiento de dolor o pena: *Con gran pesar la madre vio partir a sus hijos que iban a estudiar a la capital, pero se consoló cuando los imaginó convertidos en ingenieros.* **2.** Arrepentimiento: *El hombre que culpó a otro de un delito no pudo sostener esa mentira porque el pesar no lo dejaba vivir tranquilo.* **3.** A ~ de que, aunque: *La joven se casó con el muchacho a pesar de que sus padres se oponían, porque estaba enamorada.*

pesar *vb.* (tr. e intr.) **1.** Determinar el peso de algo: *El vendedor pesó cinco kilos de manzanas con la báscula.* **2.** Tener gran influencia: *Las opiniones del maestro Manuel pesan mucho en la junta de la escuela.* **3.** Experimentar un sentimiento de pena: *Le pesa la enfermedad de su hija y dice que no es justo que alguien tan joven tenga que padecer leucemia.*

pesca *f.* Acción, efecto y arte de pescar: *La pesca es una industria importante para los países que tienen acceso al mar o cuentan con lagos y ríos.*

pescadería *f.* Sitio donde se vende pescado: *Siempre voy a la misma pescadería porque ahí venden pescado muy fresco y barato.*

pescadero, ra *m.* y *f.* Persona que tiene por oficio vender pescado: *El pescadero me recomendó un pescado barato y de buena calidad.*

pescado *m.* Pez comestible sacado del agua: *Algunos pescados como el bacalao son cubiertos con sal para conservarlos más tiempo.*

pescador, ra *adj./m.* y *f.* Se dice de la persona que pesca o se dedica a pescar.

pescante *m.* En los carruajes, asiento exterior en la parte delantera que usa el conductor: *El conductor iba sentado en el pescante de la diligencia y cantaba durante el camino.*

pescar *vb. irreg.* (tr.) Modelo 17. Sacar del agua peces u otros animales acuáticos: *Para pescar se pueden utilizar desde anzuelos muy sencillos hasta grandes redes en las que caben varias toneladas de pescado.*

pescozón *m.* Golpe que se da en el pescuezo o en la cabeza con la mano extendida.

pescuezo *m.* Parte del cuerpo de un animal, que va de la nuca hasta el tronco: *La carne picada del pescuezo de las reses se usa para hacer jugo.* SIN. **cuello.**

pesebre *m.* **1.** Especie de cajón donde come el ganado y lugar destinado para guardar estos animales. **2.** Representación del nacimiento del niño Jesús: *En la época de Navidad en la casa de mi tía ponen un pesebre con las figuras de María, San José, el niño y los animales del establo hechos de marfil.*

peseta *f.* **1.** Moneda de España. **2.** pl. *Esp. Fam.* Dinero, capital.

pesimismo *m.* Disposición para ver las cosas del lado desfavorable: *Rogelio demostró su pesimismo cuando ganó la lotería y comenzó a pensar que podrían robarle todo su dinero.* ANT. **optimismo.**

pesimista *adj./m.* y *f.* Persona que sufre de pesimismo: *Un pesimista siempre piensa que pasará lo peor y por eso deja de hacer muchas cosas.*

pésimo, ma *adj.* Muy malo: *Su comportamiento en la escuela era pésimo, por eso todos los días lo castigaban.*

peso *m.* **1.** Fuerza resultante de la acción de la gravedad sobre un cuerpo: *En la Luna uno tiene un peso menor que en la Tierra debido a que allí la fuerza de gravedad es menor.* **2.** Importancia de algo: *El peso de los argumentos del abogado convenció al juez sobre la inocencia del acusado.* **3.** Masa que sirve para hallar el valor de otra masa: *En un lado de la balanza hay un peso de cinco kilos y en el otro hay zanahorias que también pesan cinco kilos.* **4.** Balanza para pesar: *El peso del vendedor marca que esta sandía pesa cuatro kilos.* **5.** Moneda de México, Argentina, Colombia, Filipinas y otros países.

pespunte *m.* Labor de costura hecha mediante puntadas unidas: *Primero une la funda con un pespunte y luego la coses con la máquina.*

pesquero *m.* Barco de pesca.

pesquero, ra *adj.* Relativo a la pesca: *La actividad pesquera es parte importante de la economía de los países que tienen costas.*

pesquisa *f.* Indagación que se hace de una cosa para averiguarla: *Se inició una pesquisa para descubrir quién había puesto goma de mascar en la silla del profesor.*

pestaña *f.* Cada uno de los pelos que nacen en la orilla de cada párpado: *Las pestañas sirven para proteger los ojos del polvo y del exceso de luz.*

pestañear *vb.* (intr.) **1.** Parpadear: *Cuando ayudo a mi mamá a cortar cebolla pestañeo constantemente, porque el jugo me molesta los ojos.* **2.** loc. Sin ~, prestar mucha atención: *Cuando el maestro habló de la llegada del hombre a la Luna los alumnos lo miraban sin pestañear.*

peste *f.* **1.** Enfermedad infecciosa que ocasiona gran mortandad: *Durante la Edad Media varias epidemias de peste provocaron la muerte de mucha gente.* **2.** Olor muy desagradable: *¡Qué **peste**! la basura huele horrible.* SIN. **pestilencia**. **3.** *Fam.* Cualquier persona o cosa que resulta muy molesta: *Mi vecino es una **peste** que se pasa el día gritando y escucha la radio a todo volumen.*

pesticida *m.* Substancia que mata los parásitos de los sembradíos: *Algunos **pesticidas** son dañinos para los humanos.* SIN. **plaguicida.**

pestilencia *f.* Olor muy desagradable: *Del basurero emana una **pestilencia** insoportable porque ahí se pudren los desperdicios que toda la gente está.* SIN. **peste.**

pestillo *m.* Pasador con que se asegura una puerta o ventana: *Antes de irse a dormir, Liliana se asegura de echar el **pestillo** que cierra la ventana.* SIN. **cerrojo, pasador.**

pesto *m.* **1.** *Argent.* Pasta hecha a base de albahaca, piñones y ajo que se mezcla con aceite de olivo y se usa como condimento. **2.** *Argent. y Urug. Fam.* Paliza: *Por andar de peleonero, un niño mayor le puso un buen **pesto** a Ramón.*

petaca *f.* **1.** Estuche para tabaco. SIN. **cigarrera. 2.** *Méx.* Maleta: *Lucía lleva cinco **petacas** al viaje de dos días ¡qué exageración!* **3.** pl. *Méx. Fam.* Nalgas, trasero.

petacón, na *adj.* **1.** *Colomb. y Méx. Fam.* Que tiene las nalgas muy grandes. **2.** *Colomb.* Que tiene la barriga muy grande o que es muy flojo.

pétalo *m.* Cada una de las piezas que forman la corola de la flor: *Las flores que puse en el jarrón empezaron a deshojarse y la mesa estaba cubierta de **pétalos**.*

petardo *m.* Especie de sobre pequeño lleno de pólvora que provoca detonaciones.

petate *m.* **1.** Lío de ropa de los marineros, soldados, etc. **2.** *Méx.* Tejido flexible más largo que ancho y hecho de palma, que se usa para dormir sobre él: *Durante la Revolución Mexicana los soldados cargaban un **petate** que desenrollaban en cualquier lugar para descansar.*

petenera *f.* **1.** Canto flamenco de gran intensidad dramática. **2.** loc. pl. *Fam.* **Salirse por ~,** hacer o decir algo inoportuno.

petición *f.* **1.** Acción de pedir: *Hicimos una **petición** a la maestra para que nos permitiera ver el partido de fútbol del campeonato mundial en el que jugaría nuestro equipo.* **2.** Documento con que se pide algo: *Los empleados entregaron una **petición** por escrito al patrón, solicitándole mejoras salariales.*

petimetre, tra *m.* y *f.* Palabra de origen francés. Persona muy preocupada por su aspecto. SIN. **presumido, vanidoso.**

petirrojo *m.* Ave de unos 15 cm de largo, con plumaje de color marrón menos en el cuello y el pecho, que son rojos: *Los **petirrojos** son pájaros que viven en Europa y emigran hacia África y Asia.*

petizo, za *adj./m.* y *f.* **1.** *Amér. Merid.* Caballo de poca altura. **2.** *Amér. Merid.* Persona pequeña, baja de estatura: *El futbolista argentino Diego Armando Maradona es **petizo** de piernas cortas, pero muy ágil.*

peto *m.* Pieza del vestido que se coloca sobre el pecho.

petrel *m.* Ave con los dedos de las patas unidos por una membrana, de unos 20 cm de largo, que pasa la mayor parte de su vida en alta mar y va a tierra únicamente para reproducirse.

pétreo, a *adj.* **1.** Relativo a la piedra: *En esta cueva hay algunas formaciones **pétreas** que parecen esculturas.* **2.** Cubierto de piedra: *Debajo de una delgada capa de tierra hay una estructura **pétrea** que impide que el lugar sea adecuado para la agricultura.*

petrificado, da *adj.* **1.** Convertido en piedra: *Según la mitología griega, el salón donde vivía la Medusa estaba lleno de seres **petrificados**.* **2.** Inmóvil, paralizado: *En cuanto vio acercarse al perro guardián a toda velocidad, el cartero se quedó **petrificado** del susto.*

petrificar *vb. irreg.* [tr. y prnl.] **Modelo 17. 1.** Convertir algo en piedra: *Cuenta la mitología griega que cuando alguien veía a los ojos a Medusa, se **petrificaba**.* **2.** Dejar a alguien paralizado por el asombro o el miedo: *Se **petrificó** al encontrarse con un león en el jardín y luego supo que la fiera se había escapado del circo.*

petrogénesis *f.* Proceso geológico de formación de las rocas.

petróleo *m.* Mezcla combustible de hidrocarburos, de color obscuro y que se encuentra en estado líquido en el interior de la Tierra: *Las regiones que tienen más **petróleo** en el mundo son Medio Oriente, norte de África y norte de América del Sur.*

petrolero, ra *adj.* Relacionado con el petróleo: *Se hundió un barco **petrolero** y causó contaminación del agua y la muerte de muchos animales marinos.*

petroquímica *f.* Ciencia o industria de los productos químicos derivados del petróleo: *Gracias a la **petroquímica** es posible convertir una substancia negra y maloliente en una perfumada y suave crema para la cara.*

petulancia *f.* **1.** Insolencia, falta de respeto: *Con **petulancia** el alumno dijo al maestro que no iba a perder el tiempo quedándose en su clase.* **2.** Presunción excesiva.

petulante *adj.* Presuntuoso, que se siente superior a los demás.

petunia *f.* **1.** Planta de flores blancas o violáceas, grandes y olorosas. **2.** Flor de la planta llamada petunia: *Las **petunias** se usan como adorno para parques y jardines.*

peyorativo, va *adj.* Que expresa una idea desfavorable: *En México la palabra naco es un término **peyorativo** para referirse a personas de clase baja que no tienen cultura.*

peyote *m.* Pequeña planta cactácea del norte de México y sur de Estados Unidos de Norteamérica, sin espinas, cubierta de pelos sedosos, que contiene una substancia alucinógena llamada mescalina.

pez *f.* Materia obscura y pegajosa que se obtiene como residuo en la destilación de la trementina y otros productos.

pez *m.* Animal vertebrado acuático, de respiración branquial, de piel cubierta de escamas y con extremidades en forma de aleta: *El **pez** globo de Japón puede ser venenoso si no se corta su carne de manera adecuada antes de comerlo.*

pezón *m.* **1.** Parte central y más saliente de la glándula mamaria, de color un poco más obscuro que la piel: *Los bebés succionan el **pezón** para extraer la leche del pecho de su madre.* **2.** Rabillo de la hoja, la flor o el fruto de las plantas.

pezuña *f.* En los animales de pata hendida, conjunto de los dedos de una pata cubierto con sus uñas: *Animales como la vaca y la cabra tienen **pezuñas**.*

pH *m.* Abreviatura de *Potencial de Hidrógeno,* coeficiente que caracteriza el grado de acidez de un medio.

phylum *m.* En taxonomía, una categoría de clasificación.

pi f. **1.** Letra del alfabeto griego que equivale a la "p" del alfabeto español. **2.** Signo (π) que representa la relación entre el diámetro de una circunferencia y su longitud.

piadoso, sa adj. Inclinado a sentir compasión o piedad: *Es una mujer rica y piadosa que da escuela y trabajo a los pobres y ayuda a los animales abandonados.*

piafar vb. {tr.} Dar patadas el caballo con las patas delanteras rascando el suelo cuando está inquieto: *El caballo piafaba cuando el veterinario se le acercó para inyectarlo.*

pianista m. y f. Persona que toca o que tiene por profesión tocar el piano: *Cuando el pianista terminó su interpretación se levantó y agradeció los aplausos del público.*

piano m. Instrumento musical de cuerdas que son golpeadas por pequeños martillos accionados por unas teclas: *El músico húngaro Franz Liszt, además de compositor, era un talentoso intérprete de piano.*

pianola f. Piano que se toca por pedales o corriente eléctrica: *Las pianolas tienen un sonido más metálico que los pianos normales.*

piar vb. irreg. {intr.} **Modelo 9.** Emitir su sonido las aves y en especial el pollo.

piara f. Manada de cerdos.

piastra f. Moneda usada en Egipto, Siria y Turquía, entre otros países.

pibe, ba m. y f. *Argent.* y *Urug.* Muchacho, chico, joven: *Los pibes juegan fútbol en el parque del barrio todas las tardes.*

pica f. **1.** Vara para picar los toros. **2.** Lanza larga que en la antigüedad usaban los soldados de infantería. **3.** pl. Palo de la baraja francesa: *Las picas tienen forma de corazón negro con rabo.*

picada f. **1.** *Amér. C., Argent., Bol., C. Rica, Par.* y *Urug.* Senda que se abre en un bosque o en un monte espeso. **2.** *Amér. C., Argent., Bol., Chile, C. Rica, Par.* y *Urug.* Carrera ilegal de automóviles que se realiza en la vía pública. **3.** *Argent.* Aperitivo, alimento ligero que se come antes de la comida fuerte. **4.** *Colomb. Fam.* Punzada, dolor agudo.

picadero m. Escuela de equitación.

picadillo m. Guiso que se prepara con carne picada: *El picadillo con arroz y bananas fritas es un guiso propio del Caribe.*

picado, da adj. Que comienza a avinagrarse: *Ese vino está picado, por eso te supo ácido.*

picador, ra m. y f. **1.** Persona que doma los caballos. **2.** Torero a caballo que pica a los toros con una garrocha: *A veces los caballos de los picadores son lastimados por los toros aunque lleven protección.* **3.** Persona que arranca el mineral con el pico.

picadora f. Aparato que pica alimentos: *Es un postre muy fácil de hacer pues todos los ingredientes se ponen en la picadora, luego se hornea y ya está.*

picadura f. **1.** Acción de picar o picarse: *Por accidente, Josefina se hizo una picadura en la mano con un cuchillo.* **2.** Mordedura de ciertos insectos, aves o reptiles: *Las picaduras de víbora deben atenderse de inmediato.* **3.** Tabaco picado para fumar: *Mi padre compra picadura para pipa con aroma de vainilla.*

picaflor m. **1.** Colibrí, pequeña ave que vuela velozmente, se alimenta del néctar de las flores y puede

suspenderse en el aire. SIN. **chupamirto, quinde. 2.** *Amér. C.* y *Amér. Merid.* Hombre enamoradizo y que hace de galán: *Heraclio quiere que le dé un beso, pero yo le dije que no porque es un picaflor.*

picana f. *Amér. Merid.* y *Méx.* Vara para picar a los bueyes.

picante adj. **1.** Que pica la lengua y el paladar: *México, la India y Tailandia son algunos países donde los alimentos picantes forman parte de la dieta diaria de sus habitantes.* **2.** *Fam.* Lo que se dice con gracia maliciosa o inyectado de picardía.

picante m. Substancia que pica la lengua y el paladar: *En la cocina de ciertos países, como la mexicana y la hindú, se utiliza gran variedad de picantes.*

picapleitos m. y f. *Fam.* y *Desp.* Abogado, sobre todo el que hace mal su trabajo.

picaporte m. **1.** Aldaba, pieza que se fija a las puertas para llamar. **2.** Perilla de las puertas. SIN. **pomo.**

picar vb. irreg. {tr., intr. y prnl.} **Modelo 17. 1.** Morder las aves, los insectos y ciertos reptiles: *Ramón fue a la costa y le picaron los mosquitos.* **2.** Morder los peces el anzuelo: *Después de una hora de espera por fin picó un pez.* **3.** Cortar una cosa en trozos muy pequeños: *Para preparar esa sopa hay que picar las verduras en trozos muy pequeños.* **4.** Herir al toro con una pica desde el caballo: *Durante una corrida los picadores pican a los toros para restarles un poco de energía.* **5.** Sentir escozor en alguna parte del cuerpo: *Las piernas le pican porque se asoleó y se le está desprendiendo la piel quemada.* **6.** Agujerearse, cariarse: *Las manchas obscuras en un diente son señal de que se ha picado.* **7.** *Fam.* Enfadarse: *Valentín se picó porque su hermano se llevó su bicicleta sin pedírsela.* **8.** *Fam.* Engancharse en alguna actividad de manera irracional: *Dijo que jugaría sólo unos minutos pero luego se picó y siguió jugando toda la noche.* **9.** *Méx.* Producir picor en la boca una substancia irritante como ají o chile al comerla: *La salsa que le puse a la carne pica mucho.*

picardía f. **1.** Manera de obrar hábil y con cierto engaño. **2.** Dicho o hecho en el que hay malicia o intención pícara.

picaresco, ca adj. **1.** Relativo a los pícaros. **2.** loc. **Novela ~,** novela que consiste en un relato supuestamente autobiográfico en el que algún pícaro narra sus aventuras: *La novela picaresca española más famosa es "El Lazarillo de Tormes".*

pícaro, ra adj./m. y f. **1.** Persona que comete engaños para sobrevivir: *Esteban es un pícaro: pide dinero a todos sus amigos y les dice que lo ocupa para los medicamentos de su madre, pero su madre no está enferma.* **2.** *Fam.* Astuto.

picatoste m. Rebanada de pan, tostada con manteca o frita.

picazón f. **1.** Picor producido por algo que da comezón: *Cuando le dio sarampión la niña sentía picazón en todo el cuerpo.* **2.** *Fam.* Inquietud, temor.

pichi m. Vestido sin mangas que se usa con alguna otra prenda debajo.

pichincha f. *Amér. Merid.* Precio muy bajo, ganga: *Las botas que traigo fueron una pichincha, las compré a mitad de precio.*

pichón m. Palomo joven.

picnic *m.* **Palabra inglesa.** Comida que se hace en el campo: *Para celebrar el fin de cursos hicimos un* **picnic** *en el campo de la escuela.*

pico *m.* **1.** Órgano que se encuentra en la parte delantera de la cabeza de las aves, formado por dos mandíbulas recubiertas con piezas córneas: *La gaviota llevaba en el* **pico** *un pez recién capturado.* **2.** Cúspide de una montaña: *Los montañistas quieren conquistar el* **pico** *de esa montaña en tres días.* **3.** Herramienta formada por una pieza puntiaguda de acero y un mango de madera: *Los trabajadores rompieron el piso con unos pesados* **picos.**

picor *m.* **1.** Sensación en alguna parte del cuerpo, producida por algo que pica: *Me gusta mucho ese abrigo de lana pero me produce* **picor,** *por eso lo uso poco.* **2.** Escozor en la lengua y el paladar por haber comido algo picante: *En cuanto probó el primer bocado del guiso mexicano, mi amigo inglés sintió el* **picor** *que le incendiaba la boca.*

picota *f.* **1.** Columna donde se exhibían las cabezas de las personas ejecutadas: *Durante la guerra de independencia de México, las cabezas de algunos héroes fueron colocadas en* **picotas** *afuera de los palacios de gobierno.* **2.** Variedad de cereza más carnosa que la común.

picotazo *m.* Señal que deja al picar un ave, insecto o reptil: *El roedor, cubierto de* **picotazos,** *estaba a punto de ser comido por el hambriento halcón.*

picotear *vb.* {tr.} Picar algo las aves: *Por la tarde, las gaviotas* **picotean** *los restos de comida que hay en la playa.*

pictografía *f.* Tipo de escritura en la que se dibujan los objetos que se desea expresar: *En los aeropuertos se usa la* **pictografía** *para indicar algunas ideas porque los dibujos son entendidos por gente de cualquier país.*

pictograma *m.* Dibujo de una escritura pictográfica.

pictórico, ca *adj.* Relativo a la pintura: *Desde niño José Antonio tiene intereses* **pictóricos** *y ahora estudia en una escuela de artes plásticas.*

pie *m.* **1.** Extremidad de la pierna o de la pata: *A los adolescentes les crecen los* **pies** *muy rápido.* **2.** Base en que se apoya un objeto: *La gente puso flores al* **pie** *de la estatua del héroe para rendirle homenaje.* **3.** Chile. Cantidad de dinero que se da como garantía de lo que se ha comprado. Sin. **enganche. 4.** Tronco de las plantas y de los árboles: *Planté un* **pie** *de cedro en una maceta, espero que no se muera.* **5.** *loc.* A ~, caminando: *La tienda está muy cerca, por eso no es necesario ir en automóvil, mejor vayamos a* **pie.** **6.** *loc. Fam.* **Hacer** (algo) **con los pies,** hacerlo mal: *Jerónimo* **hizo** *el trabajo escolar* **con los pies** *y la maestra le dijo que lo hiciera otra vez.* **7.** *loc. pl. Fam.* **No tener** (una cosa) **ni pies ni cabeza,** ser completamente absurdo, ilógico: *Mario hizo un trabajo que* **no tenía ni pies ni cabeza** *porque hablaba de los Aztecas, después de los planetas y al final de la Revolución Francesa.*

piedad *f.* **1.** Apego respetuoso y ferviente hacia Dios y la religión: *Cecilia va a la iglesia todos los días a rezar con mucha* **piedad** *para que su hijo se cure.* **2.** Compasión ante una persona que sufre: *Siento* **piedad** *y me gustaría ayudar a las personas que son víctimas de las guerras.*

piedra *f.* **1.** Materia mineral: *El suelo de los pedregales es de* **piedras,** *por eso estos lugares se llaman así.* **2.** Cálculo, formación de cal: *El médico descubrió una* **piedra** *en un riñón de mi hermana y la disolvió con medicamentos.* **3.** *loc.* ~ **preciosa,** piedra fina y rara que se usa como adorno después de ser tallada: *Su marido le regaló a Georgina un hermoso collar con* **piedras preciosas** *que tiene rubíes, esmeraldas y zafiros.*

piel *f.* **1.** Tejido externo que recubre el cuerpo del hombre y de los animales: *Los bebés tienen la* **piel** *suave y delicada.* **2.** Parte exterior de ciertos frutos: *Los duraznos tienen una* **piel** *cubierta como por una ligera pelusa.* **3.** Cuero curtido: *La* **piel** *se utiliza para elaborar maletas, mochilas, billeteras y otros artículos.*

pienso *m.* Ración de alimento seco que se da al ganado: *Todas las mañanas Alfredo saca el* **pienso** *para alimentar a las vacas.*

pierna *f.* **1.** Extremidad inferior del hombre. *Me duele la rodilla porque me caí de la bicicleta y mi* **pierna** *recibió el golpe de todo mi cuerpo.* **2.** En los cuadrúpedos y las aves, muslo. **3.** *loc. Fam.* **Dormir a ~ suelta,** dormir de manera profunda: *Estaba muy cansada, así que cuando llegó a su casa se duchó y después* **durmió** *a* **pierna suelta** *hasta el día siguiente.*

pierna *m.* y *f. Argent. Fam.* Persona dispuesta a prestar compañía.

pieza *f.* **1.** Cada parte de un todo: *Ya no podremos seguir jugando, porque se perdieron dos* **piezas** *del dominó.* **2.** Composición breve y suelta de música vocal o instrumental: *En el festival escolar Jorge tocará una* **pieza** *para piano.*

pífano *m.* Flauta pequeña de tono muy agudo, flautín.

pifia *f.* **1.** *Fam.* Error, descuido: *Ese periodista se dedica a criticar las* **pifias** *de los personajes famosos.* **2.** *Fam.* Dicho o hecho indiscreto: *A los cinco minutos de haber conocido a la muchacha, Ernesto cometió la* **pifia** *de preguntarle cuántos kilos pesaba.*

pifiar *vb.* {tr. e intr.} Cometer un error o una indiscreción.

pigmentación *f.* Coloración producida por un ser vivo: *La* **pigmentación** *de la piel de las personas que viven en zonas muy cálidas es obscura, porque así su cuerpo se protege de los fuertes rayos solares.*

pigmento *m.* Substancia coloreada producida por un ser vivo: *Este artesano tiñe los vestidos que vende con* **pigmentos** *que se obtienen de algunos árboles.*

pigmeo, a *m.* y *f.* Miembro de diferentes pueblos de África y Asia caracterizados por su baja estatura.

pija *f. Méx.* Tornillo para madera.

pijama *m.* y *f.* **Palabra de origen inglés.** Conjunto de camisa y pantalón muy holgados que se usa para dormir: *Como hace mucho frío se puso una* **pijama** *de tela gruesa.*

pije *adj. Chile y Perú.* Cursi.

pijo, ja *adj./m.* y *f. Esp.* Se dice de los jóvenes con gestos, indumentaria, etc., que reflejan una buena posición social.

pila *f.* Acumulación de cosas: *Hice una* **pila** *con los libros que no cupieron en el mueble, porque todavía no sé dónde podría acomodarlos.*

pila *f.* **1.** Recipiente donde cae o se echa el agua: *Para regar las plantas cogemos agua de una* **pila** *que está en el jardín.* **2.** Generador de corriente eléctrica continua: *Mi radio portátil no funciona porque las* **pilas** *ya no tienen energía.* Sin. **batería.**

PIL

pilar *m.* Soporte vertical que sostiene una estructura: *La casa de mi tío está sostenida por cuatro gruesos pilares de metal con hormigón.*

pilastra *f.* Pilar pegado a una pared.

pilcha *f. 1. Amér. Merid.* Prenda de vestir, a veces pobre o en mal estado: *Recogé tus pilchas y lavalas porque toda tu habitación ya huele a mugre 2. Argent.* Prenda de vestir.

píldora *f.* Medicamento en forma esférica que se toma por vía oral: *El médico le recetó a Roxana píldoras para combatir la tos.* **Sin. pastilla, tableta.**

pileta *f. 1. Argent., Par. y Urug.* Pila de cocina o de lavar: *En la pileta se van acumulando todos los platos sucios que habrá que lavar después de la comida familiar.* **Sin. fregadero, lavadero. 2.** *loc. R. de la Plata.* **- de natación,** piscina: *En mi escuela hay una pileta de natación para que nademos los alumnos.* **Sin. alberca.**

pillaje *m.* Robo, rapiña: *Después del terremoto algunos delincuentes se dedicaron al pillaje de las casas destrozadas.*

pillar *vb.* {tr.} **1.** Robar. **2.** Pisar o machucar a alguien o algo: *Andando en bicicleta pilló sin querer el rabo del perro con el neumático.* **3.** *Fam.* Encontrar, sorprender: *Pillé a Santiago en la cocina comiendo sin permiso las galletas de chocolate.*

pillastre *m. y f. Fam.* Pillo, ladrón: *Un pillastre me arrebató la cartera en la calle y se fue corriendo.*

pillo, lla *adj./m. y f.* Aplicado a la persona que busca su provecho con habilidad: *Rubén es un pillo que le robó un lápiz al compañero, aunque sabía que era el único que el niño tenía.*

pilmama *f. Méx.* Nodriza, niñera, nana.

pilón *m. 1.* Columna, pilar. **2.** Abrevadero de las fuentes. **3.** *Méx.* Mercancía extra que el comerciante regala al cliente: *Compré medio kilo de manzanas y el vendedor me dio un pilón de dos ciruelas.* **Sin. ñapa. 4.** *loc. Méx.* **De ~,** por añadidura, además: *Nos perdimos y de pilón llovía, así que llegamos a la casa agotados y empapados.*

piloncillo *m. Méx.* Azúcar sólida y no refinada, vendida por lo general en forma de cono. **Sin. panela.**

píloro *m.* Orificio que comunica el estómago con el duodeno.

piloso, sa *adj. 1.* Relativo al pelo: *Están de moda los tratamientos pilosos para los hombres que empiezan a quedarse calvos.* **2.** Peludo, cubierto de pelo.

pilotar o **pilotear** *vb.* {tr.} Dirigir un vehículo, globo, avión, etc.: *Mi primo está aprendiendo a pilotar el automóvil de su papá.*

pilote *m.* Madero hincado en el suelo para asegurar los cimientos de una construcción: *Esa casa cerca de la playa está construida sobre pilotes para que no se inunde en caso de que la marea suba demasiado.*

piloto *m. 1.* Persona que dirige un vehículo, avión, etc.: *El piloto del avión nos indicó que llegaríamos en dos horas a nuestro destino.* **2.** Pequeña lámpara eléctrica de advertencia. **3.** *Argent. y Méx.* Pequeña flama encendida en los calentadores de gas.

piltrafa *f. 1.* Parte de carne flaca en la que casi todo es pellejo: *Elena sólo le da de comer a su perro piltrafas, por eso el pobre está muy flaco y débil.* **2.** Conjunto de residuos menudos de cualquier cosa. **3.** *Fam.* Persona de poca consistencia física o moral. **4.** *Méx. Fam.* **Estar hecho una ~,** estar agotado: *Estoy hecho una piltrafa*

478

porque no he parado de trabajar desde las cinco de la mañana y ya son las nueve de la noche.

pilucho, cha *adj. Chile.* Desnudo: *Anoche hubo un terremoto muy fuerte y varios vecinos asustados salieron piluchos a la calle.*

pima *adj./m. y f.* Pueblo amerindio que habita en el estado de Sonora, México.

pimentero *m. 1.* Arbusto que da una semilla aromática y picante. **2.** Recipiente para la pimienta.

pimienta *f.* Fruto del pimentero, usado como condimento: *La sal y la pimienta son condimentos muy usados en la preparación de guisos y ensaladas.*

pimiento *m. 1.* Planta herbácea de fruto en baya hueca, con multitud de semillas. **2.** Fruto de la planta llamada pimiento: *Hay pimientos de color rojo, verde y amarillo.*

pimpollo *m. 1.* Vástago, retoño de las plantas: *En primavera las plantas se llenan de pimpollos.* **Sin. retoños. 2.** Persona joven y atractiva: *José Luis llegó a la fiesta acompañado de un pimpollo al que todos sus amigos querían conocer.*

pimpón *m.* Deporte parecido al tenis que se juega sobre una mesa rectangular.

pinacate *m. Méx.* Escarabajo de color negro que despide un olor desagradable cuando es atacado: *El pinacate suele criarse en lugares húmedos de América Central.*

pinacoteca *f.* Galería o museo dedicado a la exposición de pintura: *En el centro de la ciudad hay una pinacoteca donde se exhiben cuadros de los pintores más famosos del siglo XVII.*

pináculo *m. 1.* Parte más alta de una construcción: *En el pináculo de muchos edificios de gobierno hay una bandera nacional.* **2.** Apogeo: *El actor estadounidense James Dean murió cuando estaba en el pináculo de su fama como galán joven.*

pinar *m.* Bosque formado por pinos: *El pinar de esa montaña morirá pronto si no dejan de talarlo de manera irresponsable.*

pincel *m.* Instrumento formado por un mechón de cerdas o pelo sujeto a un mango: *Los pintores usan pinceles de distintos grosores para crear efectos especiales en sus cuadros.*

pincelada *f. 1.* Cada una de las aplicaciones de pintura que se da con el pincel: *En los cuadros del pintor holandés Vincent Van Gogh se distinguen las pinceladas porque usaba grandes cantidades de pintura.* **2.** Frase o conjunto de frases con que se describe algo: *Sergio utilizó dramáticas pinceladas para explicarme su problema y me dijo que no sabía qué hacer.*

pinchar *vb.* {tr., intr. y prnl.} **1.** Introducir una cosa punzante en un cuerpo poroso: *La gata pinchó el globo con sus afiladas uñas y se asustó por el ruido que produjo la explosión.* **2.** *Fam.* Poner inyecciones: *Le dijeron a Uriel que la manera más rápida de curarse de la infección era que lo pincharan.* **3.** Sufrir un pinchazo en una rueda de un vehículo: *Camino a su trabajo se le pinchó el neumático y llegó retrasada.* **Sin. ponchar. 4.** *Esp. Fam.* Inyectarse una droga: *Pincharse produce adicción y daños terribles al cuerpo y a la mente.*

pinchazo *m. 1.* Huella que queda al pincharse algo: *Después de la inyección me quedó una pequeña marca del pinchazo.* **2.** Incisión en un neumático que le produce pérdida de aire: *El pinchazo al neumático fue* provocado por una botella de vidrio rota que estaba en el suelo.

pinche *adj. Méx. Fam. Vulg.* Despreciable, miserable, de mala calidad.

pinche *m. Chile. Fam.* Trabajo ocasional.

pinche *m.* y *f.* **1.** Ayudante de cocina: *Después de ser pinche durante varios años, Andrés llegó a ser jefe de la cocina de ese famoso hotel.* **2.** *Chile. Fam.* Persona con quien se forma pareja en una relación amorosa informal y de corta duración.

pincho *m.* **1.** Punta aguda de una cosa: *El cuchillo tiene un afilado pincho, por eso ten cuidado al usarlo.* **2.** Aperitivo que se sirve con un mondadientes o palillo, o con un pincho.

pindonguear *vb.* {intr.} *Esp. Fam.* Callejear.

pingajo *m.* Andrajo que cuelga: *Tengo que cambiar esa cortina porque está tan vieja que ya tiene varios pingajos.*

pingo *m.* **1.** Pingajo. **2.** *Argent., Chile* y *Urug.* Caballo. **3.** *Méx.* Muchacho travieso: *Ese niño es un pingo que no deja de hacer travesuras a sus hermanas para hacerlas enojar.*

ping-pong *m. Ver* **pimpón.**

pingüe *adj.* **1.** Graso, mantecoso. **2.** Abundante, cuantioso: *Esos rockeros han obtenido pingües ganancias con sus discos.*

pingüinera *f. Argent.* y *Chile.* Lugar de la costa donde se agrupan los pingüinos en la época en que hacen nidos y crían a sus hijos.

pingüino *m.* Ave que vive en la zona del círculo antártico, de color negro y blanco y con alas pequeñas e inútiles para volar: *Los pingüinos machos son los encargados de empollar los huevos que ponen las hembras.*

pinnípedo, da *adj.* Mamíferos acuáticos con cuerpo alargado y aletas, como la foca: *Los leones marinos y las morsas son animales pinnípedos.*

pino *m.* Árbol resinoso, de hojas en forma de aguja: *Los pueblos sajones y nórdicos introdujeron la idea de adornar los pinos durante la época de Navidad.*

pinol o **pinole** *m. Amér. C.* y *Méx.* Harina de maíz o amaranto tostado que se mezcla con cacao, azúcar y canela y se come como golosina o se usa para preparar una bebida refrescante y otros alimentos.

pinta *f.* **1.** Mota, lunar, mancha. **2.** Apariencia: *Con esa bata blanca, ese hombre tiene pinta de médico.* **3.** *loc. Méx. Fam. Irse de ~,* faltar a clases en la escuela sin tener permiso para ello: *Los jóvenes pensaban irse de pinta al lago, pero el maestro se enteró de sus planes y los castigó.*

pinta *f.* Medida de capacidad de poco menos o poco más de medio litro: *En Inglaterra miden la cerveza en pintas y no en litros.*

pintada *f.* Ave mayor que la gallina, de plumaje negro con manchas blancas.

pintada *f.* Acción de pintar en las paredes letreros o escritos.

pintado, da *adj.* **1.** Que tiene pintas o lunares. SIN. **pinto.** **2.** Que tiene color o pintura: *Quiero dejar esa pared pintada de blanco para que se vea más clara.*

pintalabios *m.* Barra para pintarse los labios.

pintar *vb.* {tr. y prnl.} **1.** Representar algo mediante líneas y colores: *La mujer pudiente pidió al artista que pintara un retrato de su hija.* **2.** Cubrir de pintura la

superficie de algo: *Entre todos pintamos la casa y nos quedó muy bien además de que ahorramos dinero.* **3.** Maquillarse el rostro: *Espera cinco minutos, voy a pintarme y salimos de inmediato.* **4.** Empezar a verse la calidad de algo: *El nuevo trabajo de mi padre pinta bien porque le pagan lo justo, su jefe es amable y el trabajo es interesante.*

pintarrajear *vb.* {tr. y prnl.} *Fam.* Pintar de cualquier forma, sin precisión: *Los niños pintarrajearon la pared de su habitación y después tuvieron que lavarla.*

pintarroja *f.* Pequeño tiburón de piel rasposa que vive en las costas atlánticas y mediterráneas. SIN. **lija.**

pinto, ta *adj.* Que tiene manchas o lunares: *Monté un caballo pinto muy bonito que tenía manchas negras y marrón sobre blanco.*

pintor, ra *m.* y *f.* **1.** Artista que se dedica a la pintura: *Pablo Picasso ha sido uno de los pintores más famosos del siglo xx.* **2.** Persona que tiene por oficio pintar paredes, puertas, ventanas, etc.: *Después de quitar la pintura vieja y limpiar los muebles, el pintor comenzó a pintarlos.*

pintoresco, ca *adj.* Original, extravagante: *Ese actor es una persona muy pintoresca que sale a pasear vestido con una capa roja, un sombrero alto, bastón y lleva a su gran perro con un moño.*

pintura *f.* **1.** Arte de pintar: *Javier estudia la historia de la pintura del siglo pasado.* **2.** Obra pintada: *Irma presentó su primera exposición de pinturas en la galería de la ciudad.* **3.** Materia colorante usada para pintar: *Para pintar mi habitación se necesitan tres litros de pintura.* **4.** *loc. Fam.* **No poder ver** algo o a alguien **ni en ~,** tenerle antipatía o aversión: *Cuando Victoria y Leticia se encontraban en algún lugar hacían cualquier cosa para no hablarse porque no podían verse ni en pintura.* **5.** *loc.* **~ rupestre,** la realizada sobre la roca, en especial en cuevas: *Gracias a las pinturas rupestres que se han descubierto, el hombre actual puede conocer un poco de la vida de los primeros hombres que poblaron la Tierra.*

pinza *f.* **1.** Instrumento cuyos extremos se aproximan para sujetar algo: *Se arrancó con pinzas la mayor parte de las cejas y ahora tiene dos líneas delgadísimas arriba de los ojos.* **2.** Miembro prensil de algunos artrópodos: *Los cangrejos tienen unas pinzas con las que toman los objetos y se defienden.*

piña *f.* **1.** Fruto del pino y otras plantas, en forma de cono. **2.** Grupo muy unido. **3.** Planta de unos 50 cm de alto, flores color morado y fruto de pulpa azucarada y jugosa, originaria de América tropical. **4.** Fruto de la planta llamada piña: *La piña es una fruta con pulpa color amarillo y cáscara dura que tiene un mechón de hojas verdes.* SIN. **ananás. 5.** *Argent., Bol.* y *Urug. Fam.* Golpe dado con el puño: *A Germán le dieron una piña en la cara durante la pelea callejera y llegó a la casa con un ojo morado.* **6.** *Méx. Fam.* Engaño, embuste.

piñata *f.* Olla adornada con papel, que se llena de dulces y otros regalos y se cuelga para ser rota con un palo durante algunas fiestas populares: *Los niños quebraron las dos piñatas en forma de estrella que había en la fiesta de cumpleaños de Armando.*

piñón *m.* **1.** Semilla del pino. **2.** *loc. Esp. Fam.* **Estar a partir un ~,** tener una buena relación cercana: *Desde que se conocen están a partir un piñón y van a todos lados juntos.*

piñón *m.* Rueda dentada que engrana con otra. Sin. **engrane**.

pío *m.* Voz que imita el sonido del pollo: *Los pollitos tenían frío; se les escuchaba decir pío, pío, todo el tiempo.*

pío, a *adj.* Piadoso: *El hombre que vive en esa mansión hace obras pías a favor de los pobres.*

piocha *f. Méx.* Barba terminada en punta que cubre únicamente la barbilla.

piojo *m.* Insecto parásito externo de los mamíferos cuya presencia causa mucha comezón: *La cabeza es la parte del cuerpo donde suelen vivir los piojos en los seres humanos.*

piola *adj. Argent.* Astuto, pícaro: *Vicente se cree muy piola, pero en realidad es bastante ingenuo.*

piola *f.* Soga, cuerda.

piolet *m.* **Palabra francesa.** Pico ligero que utilizan los alpinistas.

piolín *m. Amér. C.* y *Amér. Merid.* Cordel delgado de cáñamo, algodón u otra fibra.

pionero, ra *m.* y *f.* Persona que inicia una actividad nueva: *Benjamin Franklin fue un pionero en los experimentos relacionados con la electricidad.*

piorrea *f.* Flujo de pus, de manera especial en las encías.

pipa *f.* **1.** Utensilio formado por una cazoleta y una boquilla, usado para fumar: *Existen pipas de diferentes tipos de madera y con formas rectas, curvas y cuadradas.* **2.** Tonel para líquidos: *En la bodega hay una pipa llena de vino.* **3.** *Méx.* Camión que lleva un depósito grande para transportar líquidos: *Como en esa colonia no hay tuberías, tienen que contratar pipas que lleven el agua.*

pipa *f.* Semilla de algunas frutas como la sandía y el melón. Sin. **pepa, pepita**.

pipeta *f.* Tubo de cristal que sirve para trasvasar pequeñas cantidades de líquido en los laboratorios: *Con una pipeta el químico agregó la substancia que faltaba para iniciar el experimento.*

pipí *m.* y *f. Fam.* Orina: *¡Mamá, la perra se hizo pipí en mi cama!* Sin. **pis**.

pípila *f. Méx.* Pava, hembra del guajolote.

pipón, na *adj. Amér. Merid.* Harto de comida.

pique *m.* **1.** Resentimiento, disgusto. **2.** Sentimiento de rivalidad: *Tere y Angélica traen pique para ver quién obtiene la mejor calificación en la materia de literatura.* **3.** *Argent., Nicar.* y *Pan.* Camino estrecho que se abre en una selva. **4.** *Chile.* Juego infantil en el que se arrojan monedas u objetos pequeños a una pared. **5.** *Chile* y *Hond.* Orificio abierto con fines mineros. **6.** *loc.* **Irse a ~**, hundirse una embarcación: *Después de chocar con un iceberg el Titanic se fue a pique y se hundió en las frías aguas del norte del Océano Atlántico* **7.** *loc.* **Irse a ~**, frustrarse una cosa: *Queríamos salir a patinar pero la lluvia hizo que nuestros planes se fueran a pique.*

piqué *m.* Tejido de algodón con dibujos en relieve: *El día de su fiesta Adriana llevaba un lindo vestido blanco de piqué.*

piqueta *f.* Herramienta de albañil, con mango de madera y dos bocas opuestas, una plana y otra afilada.

piquete *m.* **1.** Herida pequeña de la mordida de un mosquito o algún otro animal: *Anoche los mosquitos me hicieron muchos piquetes en las piernas y*

ahora tengo comezón. **2.** Señal dejada por una inyección. **3.** Grupo de personas que intenta imponer una huelga.

pira *f.* Lugar donde se produce fuego. Sin. **hoguera**.

piragua *f.* Embarcación larga y estrecha, de fondo plano, mayor que la canoa y movida por remos o por el viento.

piramidal *adj.* En forma de pirámide, muy estrecho en la punta y ancho en la base.

pirámide *f.* **1.** Cuerpo sólido que tiene como base un polígono y cuyas caras son triángulos que se juntan en un vértice o punto común: *Para la clase de geometría nos dejaron construir una pirámide de cartulina.* **2.** Monumento con forma de pirámide: *Las pirámides más famosas del mundo son las de Egipto.*

piraña *f.* Pez de agua dulce, muy voraz: *Las pirañas tienen muchos dientes pequeños pero filosos.*

pirarse *vb.* {prnl.} **1.** *Fam.* Largarse, irse, marcharse: *Alfredo estuvo sólo media hora en la fiesta y luego se piró porque iba a salir con su novia.* **2.** *Méx. Fam.* Morirse. **3.** *Méx. Fam.* Perder la cabeza, enloquecer.

pirata *adj.* Clandestino, ilegal: *En ese mercado puedes conseguir casetes piratas más baratos que en las tiendas, pero no suenan bien.*

pirata *m.* y *f.* Persona que asalta y roba a barcos en el mar: *Algunos de los piratas más famosos de la antigüedad fueron británicos, como sir Francis Drake.*

piratería *f.* Clandestinidad, ilegalidad.

pirca *f. Amér. Merid.* Tapia o muro de piedras que en el campo suele separar propiedades.

pirético, ca *adj.* Relativo a la fiebre.

pirita *f.* Nombre del sulfuro de hierro: *A ciertos tipos de pirita se les llama "oro de bobos" por su gran parecido con este metal precioso.*

pirinola *f. Méx.* Perinola.

piromanía *f.* Gusto enfermizo por provocar incendios.

pirómano, na *m.* y *f.* Persona que tiene tendencia enfermiza a provocar incendios: *Liliana es pirómana así que no dejes fósforos cerca de ella porque puede provocar un incendio.*

piropear *vb.* {tr.} Decir alabanzas a una persona: *Leopoldo me piropeó cuando me vio vestida para la fiesta de gala.*

piropo *m.* Elogio, alabanza dicha a una persona: *Como Fernanda es muy guapa, cada vez que salía a la calle le decían muchos piropos.*

pirotecnia *f.* Arte de preparar fuegos de artificio: *Los antiguos chinos, inventores de la pólvora, eran hábiles en el arte de la pirotecnia.*

pirotécnico, ca *adj.* Relacionado con los fuegos de artificio: *Para celebrar el día de su independencia en muchos países se suelen lanzar vistosos juegos pirotécnicos.*

pirrarse *vb.* {prnl.} *Esp. Fam.* Gustarle a uno mucho algo o alguien: *Cuando Felipe conoció a la nueva vecina estaba que se pirraba por ella hasta que se enteró que era casada.*

pírrico, ca *adj.* Relativo al triunfo obtenido con más daño del vencedor que del vencido.

pirú o **pirul** *m. Méx.* Árbol de tronco torcido y fruto globoso, cuya semilla tiene un sabor parecido a la pimienta. *Se dice que si uno se duerme bajo un pirú le dolerá la cabeza.*

pirueta f. Vuelta ágil y rápida hecha sobre la punta de un pie: *La bailarina podía dar 40 piruetas sin parar ni perder el equilibrio.*

piruja f. 1. *Argent.* Mujer que imita de manera grosera una conducta educada. 2. *Méx. Desp.* Prostituta.

pirulí m. Caramelo en forma de cono con un palito que sirve de mango: *Me gustan los pirulíes de sabores combinados.*

pis m. y f. *Fam.* Orina: *El niño se hizo pis, por eso voy a cambiarle el pañal.* SIN. **pipí.**

pisada f. 1. Acción de pisar al andar: *Lo oigo cuando llega porque tiene una pisada muy fuerte.* 2. Huella dejada por el pie en el suelo al pisar: *En la Luna hay pisadas humanas desde 1969.*

pisapapeles m. Utensilio pesado que se pone sobre los papeles para que no se muevan: *Ese abogado usa una antigua plancha como pisapapeles.*

pisar vb. (tr.) 1. Poner un pie sobre alguna cosa: *Caminaba distraído y pisé excremento de perro.* 2. Apretar o estrujar algo con los pies o con algún instrumento: *En los viñedos se pisan las uvas para extraerles el jugo y hacer vino.* 3.° Pisotear: *Pisó la horrible cucaracha que salió de la basura y quedó hecha pomada.*

piscicultura f. Arte de criar peces en un río, estanque o lago: *Como tiene conocimientos de piscicultura, Marco cría truchas para venderlas.*

piscifactoría f. Establecimiento de piscicultura.

pisciforme adj. Que tiene forma de pez: *Los submarinos son naves pisciformes.*

piscina f. Estanque para bañarse o nadar: *Todas las mañanas el maestro nada en la piscina de la escuela durante media hora antes de comenzar las clases.* SIN. **alberca, pileta de natación.**

piscis adj./m. y f. Uno de los doce signos del zodiaco, comprendido entre el 19 de febrero y el 21 de marzo, se le representa con un par de peces.

piscívoro, ra adj. Que se alimenta de peces: *Muchos peces son piscívoros porque los grandes se comen a los más pequeños.*

pisco m. 1. *Bol., Chile y Perú.* Aguardiente de uva. 2. *Colomb. y Venez.* Pavo. SIN. **guajolote, chompipe.**

piscolabis m. *Esp. Fam.* Refrigerio o aperitivo: *El piscolabis que comí provocó que se abriera más mi apetito.*

piso m. 1. Suelo natural o artificial de casas, carreteras, etc.: *Cuando levantaron la alfombra vieron que el piso estaba cuarteado a causa del terremoto.* 2. *Esp.* Cada vivienda de un edificio: *Julieta ha comprado un piso en una zona muy cercana a su trabajo.* SIN. **departamento, apartamento.**

pisotear vb. (tr.) 1. Pisar algo de manera repetida: *Los soldados que caminaron sobre el césped terminaron pisoteándolo y dañándolo.* 2. Humillar, maltratar.

pispiar o **pispar** vb. (tr.) *Amér. Merid.* Observar lo que otros hacen sin ser visto. SIN. **espiar, vichar.**

pista f. 1. Rastro dejado por una persona o un animal: *El detective anda en busca de las pistas que lo puedan llevar al criminal.* 2. Indicio, señal: *No tengo idea de lo que contiene esa caja, dame una pista.* 3. Terreno donde despegan y aterrizan aviones. 4. Terreno donde se realizan las carreras de automóviles.

pistache o **pistacho** m. Fruto del árbol llamado pistachero, su semilla de color verde es usada en repostería y en cocina.

pistilo m. Órgano sexual femenino de una flor: *El pistilo está compuesto por el estilo, el estigma y el ovario.*

pisto m. 1. Guiso elaborado a base de pimientos, tomates, cebolla, calabacín, etc., fritos. 2. *Amér. C.* Dinero.

pistola f. 1. Arma de fuego, de cañón corto: *Es peligroso tener pistolas en casa cercanas a los niños y adolescentes.* 2. Objeto que sirve para rociar un líquido: *Pintó su automóvil con una pistola que esparcía la pintura de manera uniforme.*

pistolero m. Persona que utiliza una pistola para robar: *En el programa de televisión el pistolero guardaba su arma en una funda que ponía bajo su brazo.*

pistón m. 1. Émbolo, pieza cilíndrica de metal que se mueve de manera alternativa, necesaria para el funcionamiento de un motor: *Al automóvil se le rompió un pistón y ahora no funciona.* 2. Llave de ciertos instrumentos musicales: *Los pistones de las cornetas sirven para obtener distintos tonos.*

pita f. 1. Planta con hojas o pencas grandes, utilizada para hacer setos y que tiene diferentes derivados. SIN. **agave, maguey.** 2. Hilo que se hace de las hojas de la planta llamada pita. SIN. **mezcal.**

pitahaya f. Planta cactácea trepadora originaria de América Meridional que da hermosas flores rojas o blancas y, en algunas variedades, vistosos frutos comestibles.

pitanga f. *Argent.* Árbol de hojas olorosas y fruto comestible.

pitar vb. (tr. e intr.) 1. Hacer sonar el pito: *El policía le pitó al automovilista para indicarle que se detuviera.* 2. *Amér. Merid.* Fumar: *Está prohibido pitar en los aviones y en muchos lugares públicos.*

pitido m. 1. Sonido emitido con un pito. 2. Silbido de protesta: *La mala actuación de la actriz mereció un pitido del público.*

pitillera f. *Esp.* Estuche en que se guardan los cigarrillos. SIN. **cigarrera, cajetilla, petaca.**

pitillo m. Cigarrillo: *Fumaba pitillos uno tras otro sin pensar en el daño que le hacían.*

pito m. 1. Instrumento que al ser soplado produce un sonido agudo: *Los pitos que les dieron a los niños en la fiesta hacían mucho ruido.* SIN. **silbato.** 2. *Vulg.* Pene, miembro viril.

pitón m. 1. Parte sobresaliente de las vasijas que tiene un agujero por donde sale el líquido para beber. SIN. **pitorro.** 2. Extremo superior del cuerno del toro: *El pitón del toro embistió al torero y le perforó el muslo.* 3. *Chile, Ecuad. y Hond.* Boquilla metálica en la que remata la manguera.

pitón m. Serpiente de gran tamaño originaria de Asia y África, que mata a sus presas enrollándose alrededor de ellas y asfixiándolas.

pitonisa f. En la mitología griega, mujer dotada del don de la profecía: *En Delfos, en la antigua Grecia, había una pitonisa que predecía el futuro.*

pitorrearse vb. (prnl.) *Fam.* Burlarse: *Es un hombre bobo que se pitorrea de todo y de todos.*

pitorreo m. Hecho de burlarse o hacerle bromas a otro: *Cuando Cristina empezó a llorar Adrián le pidió disculpas y le dijo que todo había sido pitorreo.*

pitorro m. Parte sobresaliente de las vasijas que tiene un agujero por donde sale el líquido para beber: *Se acercó el pitorro a la boca para tomar un poco de vino y se le chorreó encima de la blusa.* SIN. **pitón.**

PIT

pituco, ca *adj./m.* y f. *1.* Amér. Merid. Cursi: *Vi unos muebles carísimos y* **pitucos** *en la tienda.* SIN. **ridículo, pije.** *2.* Amér. Merid. y Argent. Persona vestida de manera elegante: *Los* **pitucos** *sólo piensan en arreglarse y comprar ropa.*

pituitaria *f. 1.* Glándula situada en la base del cráneo que segrega varios tipos de hormonas, como la oxitocina. *2.* Membrana que recubre la cavidad nasal.

piure *m.* Chile. Animal comestible de color rojizo, en forma de saco con dos aberturas y de carne muy apreciada.

pivot *m.* y f. Palabra de origen francés. En baloncesto, jugador que se mueve cerca del aro.

pivote *m.* Extremo cilíndrico de una pieza, donde se inserta otra que gira.

pixel *m.* **Palabra inglesa.** Abreviatura de *Picture Element* (elemento pictórico), el menor de los elementos de una imagen al que se puede aplicar color o intensidad.

piyama *m.* y f. **Palabra de origen inglés.** Conjunto de camisa y pantalón que se usan para dormir.

pizarra *f. 1.* Roca sedimentaria de color gris o azulado: *Las casas de montaña tienen tejados de* **pizarra.** *2.* Trozo de la roca llamada pizarra preparado para escribir sobre él: *Hace años, cada niño tenía una pequeña* **pizarra** *y una tiza para trabajar en la escuela, ahora se usan cuadernos.* SIN. **encerado, pizarrón.**

pizarrón *m.* Amér. Pizarra, encerado: *La maestra escribió en el* **pizarrón** *el texto que teníamos que copiar en el cuaderno.*

pizca *f.* Fam. Porción pequeña: *La paella valenciana lleva una* **pizca** *de azafrán.* SIN. **pellizco, ñizca.**

pizcar *vb. irreg.* {tr.} **Modelo 17.** Méx. Recoger la cosecha de los sembradíos: *Muchos trabajadores temporales van a los Estados Unidos de Norteamérica para* **pizcar.**

pizpireto, ta *adj.* Fam. Relativo a quien es astuto o coqueto: *Tiene unos ojos* **pizpiretos** *que brillan y parecen sonreír.*

pizza *f.* Alimento italiano a base de masa delgada de pan a la que se le ponen tomate, queso e ingredientes variados: *César pidió una* **pizza** *de anchoas y Jacinto pidió una de champiñones.*

placa *f. 1.* Lámina delgada: *Desde que sufrió el accidente aéreo en el que se fracturó el cráneo, ese piloto lleva una* **placa** *de platino en la cabeza.* *2.* Pieza de metal con inscripciones. SIN. **matrícula, patente.** *3.* loc. ~ **dental,** substancia viscosa y pegajosa que se forma en la superficie de los dientes y que llega a ocasionar caries: *Cepíllate bien los dientes para eliminar toda la* **placa dental.**

placard *m.* **Palabra de origen francés.** Argent. y Urug. Armario empotrado. SIN. **clóset.**

placenta *f.* En los mamíferos, órgano que relaciona al embrión con el útero materno durante la gestación: *Después de que nace el bebé sale la* **placenta** *del útero de la madre y con esto termina la labor de parto.*

placentero, ra *adj.* Agradable, apacible: *Pasamos una* **placentera** *tarde en la terraza conversando y escuchando música.*

placer *m.* Sensación agradable, satisfacción: *Fue un* **placer** *poder entrar a estudiar a la Universidad.*

placer *m.* Depósito de arena que contiene minerales explotables.

placer *vb. irreg.* {tr.} **Modelo 39.** Agradar: *Me* **place** *mucho que hayas venido a ayudarme a limpiar la casa.*

482

placidez *f.* Sensación de placer: *A medida que se tomaba el café caliente lo invadía una agradable sensación de calor y* **placidez.**

plácido, da *adj.* Agradable, tranquilo: *El viento soplaba suavemente y el agua del lago se movía* **plácida.**

plafón *m.* Superficie que se coloca pegada al techo como decoración: *En lugar de tener los cables de las bombillas desnudos, podrías cubrirlos con* **plafones.**

plaga *f. 1.* Organismo animal o vegetal que perjudica a la agricultura: *La* **plaga** *de la langosta puede acabar con cosechas enteras.* *2.* Abundancia de algo perjudicial: *Los vándalos se han convertido en una* **plaga** *de las grandes ciudades.* *3.* Desgracia pública: *La sequía es una* **plaga** *que provoca la muerte del ganado y las plantas.*

plagado, da *adj.* Lleno de algo: *Las paredes de la escuela están* **plagadas** *con los dibujos que hicieron todos los alumnos para el concurso.*

plagar *vb. irreg.* {tr. y prnl.} **Modelo 17.** Llenar con abundancia de algo, en especial si es perjudicial: *Llegaron unos vecinos irrespetuosos al edificio donde vivo y ya lo* **plagaron** *con sus escándalos y basura.*

plagiar *vb.* {tr. y prnl.} Copiar una obra ajena presentándola como propia: *Descubrieron que ese escritor había* **plagiado** *párrafos enteros de otra novela de un escritor famoso.*

plagio *m.* Robo de una obra ajena.

plaguicida *adj./m.* Que combate las plagas del campo: *Muchos* **plaguicidas** *contaminan las plantas sobre las que se riegan.* SIN. **pesticida.**

plan *m. 1.* Proyecto, idea: *Tenemos el* **plan** *de ir a las montañas para las vacaciones de diciembre.* *2.* Programa de una obra o acción: *El alcalde presentó un* **plan** *para mejorar el drenaje de la ciudad.*

plana *f.* Cada una de las caras de una hoja de papel: *La maestra nos pidió que hagamos dos* **planas** *con la letra p.*

plancha *f. 1.* Lámina delgada: *Compró dos* **planchas** *de metal para reforzar la casita del perro.* *2.* Utensilio con asa para alisar y desarrugar prendas de vestir: *Antes las* **planchas** *se calentaban poniéndolas encima de las brasas y ahora son eléctricas.*

planchar *vb.* {tr.} Alisar y desarrugar las prendas de vestir con la plancha: *La ropa de algodón y de lino se arruga mucho y hay que* **plancharla** *con cuidado.*

plancton *m.* Conjunto de pequeños organismos que viven en el mar: *Algunos animales como las ballenas se alimentan del* **plancton** *marino.*

planeación *f.* Acción de planear.

planeador *m.* Avión sin motor que vuela usando las corrientes de aire: *Los* **planeadores** *son aviones muy ligeros.*

planear *vb.* {tr. e intr.} *1.* Hacer planes: *Estamos planeando hacer un viaje a Bariloche para fin de año.* *2.* Volar un avión con los motores parados: *Como a la avioneta se le terminó el combustible, tuvo que* **planear** *para poder aterrizar.*

planeta *m.* Astro que gira alrededor del Sol o de otra estrella: *La Tierra, hasta donde sabemos, es el único* **planeta** *habitado del Sistema Solar.*

planetario o **planetarium** *m.* Instalación que permite representar sobre una bóveda el aspecto del cielo y los movimientos de los astros. SIN. **plomero.**

planicie *f.* Llanura muy extensa, plana: *El pueblo estaba asentado en la* **planicie** *del valle, rodeado por colinas.* SIN. **llano, sabana, llanura.**

planificar *vb. irreg.* {tr.} **Modelo 17.** Elaborar un plan detallado con un objetivo: *Cada presidente nuevo* ***planifica*** *el desarrollo de la economía de su periodo.*

planilla *f. 1.* Documento que se rellena con datos. *2. Méx.* Cada uno de los grupos que contienden en un proceso electoral: *Aspiran a ocupar la mesa directiva dos* ***planillas****, la roja y la azul.*

planisferio *m.* Mapa que representa la esfera celeste o terrestre: *Para la clase de geografía debo colorear un* ***planisferio****.*

plano *m. 1.* Representación gráfica de las partes de un lugar: *El arquitecto presentó los* ***planos*** *para el proyecto de la casa. 2.* En el cine y la televisión, cada una de las partes rodadas de una sola vez: *El filme comienza con un prolongado* ***plano*** *del jardín después de la fiesta. 3.* Superficie que puede contener una línea recta en cualquier posición. *4. loc. De ~,* de manera clara y manifiesta: *Le dijo* ***de plano*** *que no lo quería porque ya estaba cansada de su insistencia.*

plano, na *adj.* Llano, liso: *Es mejor usar los patines en piso* ***plano*** *porque se evitan tropezones.*

planta *f. 1.* Parte inferior del pie: *Se quemó la* ***planta*** *de un pie porque pisó descalzo la arena que estaba muy caliente. 2.* Vegetal: *Tiene su casa llena de* ***plantas*** *de todos tipos y parece un bosque pequeño. 3.* Piso de un edificio: *Es un departamento muy amplio de dos* ***plantas****. 4.* Establecimiento industrial: *La* ***planta*** *donde se elabora ese producto está en la zona industrial de la ciudad.*

plantación *f. 1.* Acción y efecto de plantar: *La primavera es buena época para la* ***plantación*** *de rosales. 2.* Gran explotación agrícola o cultivo extensivo de ciertas plantas industriales: *En el siglo XIX en las* ***plantaciones*** *de algodón al sur de los Estados Unidos de Norteamérica trabajaban personas de raza negra como esclavos.*

plantar *vb.* {tr.} *1.* Introducir en la tierra una planta o una semilla: *En esta ciudad tan gris cada persona debería ocuparse de* ***plantar*** *un árbol y cuidarlo. 2. Fam.* Abandonar a alguien o dejarlo esperando: *Ya te* ***plantó****, ¿no ves que llevas más de una hora esperándola y no ha llegado?*

plante *m.* Protesta de un grupo para exigir o rechazar algo. SIN. **plantón.**

planteamiento *m.* Acción y efecto de plantear.

plantear *vb.* {tr.} Proponer o exponer un problema, un tema, etc.: *Mi padre* ***está planteando*** *la posibilidad de cambiar de trabajo.*

plantel *m. 1.* Institución donde se forman personas hábiles para cierta cosa: *En el* ***plantel*** *sur de esa universidad enseñan carreras como filosofía, historia y literatura. 2.* Criadero de plantas. *3. Argent.* Conjunto de animales que pertenecen a un establecimiento ganadero. *4. Argent.* Conjunto de integrantes de una empresa, equipo deportivo, etcétera.

plantígrado, da *adj.* Relativo al cuadrúpedo que al andar apoya en el suelo toda la planta del pie: *El* ***plantígrado*** *más conocido de todos es el oso.*

plantilla *f. 1.* Pieza usada como modelo: *Mi madre utilizó una* ***plantilla*** *de papel para hacer mi vestido. 2.* Personal fijo de una empresa. *3.* Pieza que cubre la planta del calzado: *En invierno mi mamá usa unas* ***plantillas*** *térmicas que le ayudan a conservar el calor de sus pies.*

plantío *m.* Lugar plantado de vegetales: *Los aviones del ejército rociaron los* ***plantíos*** *de marihuana con veneno para acabar con estas plantas.*

plantón *m. 1.* Acto de dejar a alguien esperando inútilmente. *2. Méx.* Grupo de gente que se reúne en un lugar público para protestar por algo: *Los maestros organizaron un* ***plantón*** *para protestar por el despido injusto de uno de ellos.* SIN. **plante.**

plañidera *f.* Mujer cuyo oficio es llorar en los entierros a cambio de un pago.

plañir *vb. irreg.* {intr. y prnl.} **Modelo 69.** Llorar y gemir.

plaqueta *f.* Elemento coagulador de la sangre: *Cuando el número de* ***plaquetas*** *es bajo, las heridas tardan más en cerrarse y cicatrizar.*

plasma *m.* Parte líquida de la sangre, que sirve de vehículo a los demás elementos sanguíneos.

plasmar *vb.* {tr. y prnl.} Expresar en una obra de arte algo que uno piensa y siente.

plasta *f. 1.* Cosa blanda o aplastada: *El helado se le cayó a Leni y quedó hecho una* ***plasta*** *en el suelo. 2. Fam.* Persona pesada: *Mi primo es una* ***plasta*** *que me distrae aunque vea que estoy muy ocupado.*

plástica *f.* Arte de plasmar en un lienzo o de modelar una materia blanda.

plástico *m. 1.* Substancia sintética que puede moldearse de manera fácil: *Forró todos sus libros con* ***plástico*** *para protegerlos. 2.* Substancia sintética de gran resistencia: *Compraron vasos de* ***plástico*** *para la fiesta de niños porque son más seguros.*

plástico, ca *adj.* Relativo a la plástica: *Es un museo nuevo de artes* ***plásticas*** *donde se exhiben pintura y escultura.*

plastilina *f. Argent. y Méx.* Substancia parecida a una pasta suave que sirve para hacer figuras: *Las niñas hicieron mesa, sillas, cama, sillón y dos muñecos con* ***plastilina*** *de distintos colores.*

plasto *m.* Orgánulo de las células vegetales que puede cargarse de diversas substancias nutritivas o de pigmentos.

plata *f. 1.* Elemento químico de símbolo Ag y número atómico 47, metal precioso, blanco, brillante e inalterable: *Se compró un juego de aretes y collar de* ***plata****. 2. Amér. C. y Amér. Merid. Fam.* Dinero en general, riqueza: *Su familia tiene mucha* ***plata*** *desde hace varias generaciones.*

plataforma *f. 1.* Superficie más elevada que lo que la rodea: *El presidente se dirigió al grupo de personas desde una* ***plataforma****. 2.* Organización que agrupa a personas con ideas e intereses comunes: *La* ***plataforma*** *del partido ecologista tiene como plan fundamental proteger el medio ambiente. 3. Argent.* Andén de una estación de tren: *Inútilmente el joven esperó en la* ***plataforma*** *de la estación a que su amada llegara, porque nunca llegaría.*

platanal o **platanar** *m.* Lugar poblado de bananos o plátanos.

plátano *m. 1.* Planta de hojas largas y frutos comestibles. SIN. **banano.** *2.* Fruto de la planta llamada plátano, de forma alargada y color amarillo: *Preparé un postre delicioso con* ***plátanos****, helado, mermelada y crema.* SIN. **banana.**

platea *f.* Parte baja de un teatro: *Los lugares de* ***platea*** *son más caros que los que están más alto y más lejos.*

plateado, da *adj.* **1.** Bañado de plata. **2.** De color de plata o parecido a ella: *El cantante de rock tenía un traje plateado con negro y se veía muy espectacular.*

platear *vb.* {tr.} Cubrir de plata un objeto.

platelminto *adj.* Relativo a unos gusanos de cuerpo aplanado, como la tenia.

plateresco, ca *adj.* Estilo arquitectónico desarrollado en España durante el primer tercio del siglo XVI.

platería *f.* Tienda donde se fabrican o venden artículos de plata: *Cerca de las minas de plata hay muchas platerías donde puedes encontrar adornos, pulseras, collares y otros objetos.*

platero *m.* Persona que vende objetos hechos con plata: *Le compraré al platero un regalo para mi prima.*

plática *f.* **1.** Conversación: *Sostuvimos una plática sabrosa y amena durante la comida.* **2.** Sermón breve: *La directora ofreció una plática de bienvenida a los alumnos de primer ingreso.*

platicar *vb. irreg.* {tr. e intr.} **Modelo 17.** Conversar: *Los castigaron por estar platicando en clase en lugar de poner atención a la maestra.*

platillo *m.* **1.** Pieza pequeña semejante al plato: *La balanza tiene dos platillos, en uno se ponen las pesas y en el otro los objetos que se quieren pesar.* **2.** Pieza metálica circular que forma un instrumento musical de percusión: *Las bandas militares usan platillos, trompetas y tambores.* **3.** *Méx.* Alimento preparado: *El banquete consistió de siete platillos y cinco postres.* **4.** loc. ~ volante o volador, objeto que vuela, supuestamente extraterrestre: *Rogelio asegura que vio un platillo volador encima de su casa de campo.*

platina *f.* Plataforma del microscopio en que se coloca el objeto que va a observarse: *Colocó la muestra de sangre en la platina para poder analizarla bajo el microscopio.*

platino *m.* **1.** Metal precioso de color blanco grisáceo de símbolo Pt y número atómico 78: *El platino es el metal más pesado de todos.* **2.** Pieza del motor del vehículo que sirve para que éste se encienda.

plato *m.* **1.** Recipiente de forma redonda con el centro más o menos hondo y que se emplea para poner comida: *Vamos a cenar cinco personas, por favor pon cinco platos en la mesa.* **2.** Alimento preparado: *Como segundo plato hay pescado al horno.*

plató *m.* Palabra de origen francés. Escenario de un estudio de cine o televisión.

platónico, ca *adj.* **1.** Relativo a la filosofía del antiguo pensador griego Platón. **2.** Se refiere a lo inalcanzable, al amor que se queda siempre en idea y no se hace realidad.

plausible *adj.* **1.** Digno de aplauso: *Cambiar de lugar la contaminante fábrica de papel fue una acción plausible del gobierno.* **2.** Admisible, justificado: *Tus razones son plausibles, así que esta vez permitiré que entregues el trabajo escolar mañana.*

play back *m.* **Palabra inglesa.** Interpretación mímica de una grabación previa: *Sus presentaciones públicas son con play back porque en realidad canta muy mal y no puede arriesgarse a hacer el ridículo.*

play boy *m.* **Palabra inglesa.** Hombre elegante de apariencia física atractiva, por lo general rico, que busca el éxito con las mujeres y la vida fácil.

playa *f.* **1.** Extensión casi plana y arenosa en la orilla del mar: *En esa playa hay que tener mucho cuidado porque las olas son altas y fuertes.* **2.** *Amér.* Lugar llano y espacioso.

playera *f.* *Méx.* Camiseta. SIN. **remera.**

playero, ra *adj.* De playa: *Tomará un crucero por el Caribe y necesita ropa playera para usar en los lugares calurosos.*

playo, ya *adj. Argent., Par. y Urug.* Que tiene poco fondo.

plaza *f.* **1.** Espacio libre y ancho en una población: *En el centro, frente a la catedral, hay una gran plaza con muchos árboles.* **2.** Mercado: *Antiguamente cuando no había máquinas para enfriar los alimentos las mujeres iban diario a la plaza a comprar comida.* **3.** Lugar donde se hacen corridas de toros: *Fuimos a la plaza de toros porque se presentó el torero preferido de Manolo.* **4.** Población fortificada.

plazo *m.* Espacio de tiempo señalado para hacer cierta cosa: *Le dieron un plazo de una semana para terminar de pagar su deuda.*

plazoleta *f.* Plaza pequeña: *En este jardín hay una plazoleta con una fuente en el centro.*

pleamar *f.* Altura máxima de la marea y tiempo que dura: *Se acostaron a descansar muy cerca del mar y cuando ocurrió la pleamar se mojaron.*

plebe *f.* Clase social más baja.

plebeyo, ya *adj./m. y f.* **1.** Persona que pertenece a la plebe. **2.** Persona no noble: *Hace años los nobles consideraban a los plebeyos seres inferiores.* **3.** Desp. Persona grosera.

plebiscito *m.* Modo de votación directa de todos los ciudadanos: *Antes de decidir si se debía cambiar la constitución para permitir la reelección se convocó a un plebiscito.*

plegable *adj.* Que se pliega, que se dobla: *El sol está maravilloso, saquemos las sillas plegables al jardín y sentémonos a descansar.*

plegamiento *m.* Deformación de los estratos de la corteza terrestre.

plegar *vb. irreg.* {tr. y prnl.} **Modelo 18. 1.** Hacer pliegues en una cosa: *No me gusta la cortina tan lisa, hay que plegarla un poco.* **2.** Ceder, someterse: *Terminaron plegándose a la voluntad del jefe y aceptando sus propuestas.*

plegaria *f.* Acto de piedad por el que una persona se dirige a Dios o a una divinidad para expresarle adoración, veneración, agradecimiento o una petición.

pleistoceno *m.* Primera época del periodo cuaternario.

pleitesía *f.* Muestra reverente de cortesía: *Antiguamente la gente de la corte rendía pleitesía a los monarcas con complicadas ceremonias.*

pleito *m.* **1.** Disputa: *La discusión entre los vecinos subió de tono hasta llegar a convertirse en pleito.* **2.** Controversia judicial entre las partes: *Después de un largo pleito mi familia logró recuperar unos terrenos que le habían robado.*

plenamar *f.* Ver **pleamar.**

plenario o plenaria *m. y f.* Reunión general: *La plenaria decidió que el sindicato se fuera a la huelga.*

plenario, ria *adj.* Completo, lleno, relativo a la totalidad de algo: *El sindicato llamó a una reunión plenaria para votar por la nueva mesa directiva, es decir, llamó a todos sus miembros.*

plenilunio *m.* Luna llena: *En las noches de plenilunio que no tienen nubes, la luz de luna ilumina mucho.*

plenitud *f.* **1.** Totalidad: *Olivia llenó la maleta a plenitud, así que tuvo que sentarse encima de ella para cerrarla.* **2.** Apogeo, mayor grado o intensidad: *Ese actor murió de manera accidental cuando estaba en la plenitud de su carrera.*

pleno *m.* Reunión general de una corporación: *Durante el pleno efectuado ayer se eligió al nuevo presidente de la sociedad.*

pleno, na *adj.* **1.** Lleno, completo: *Cuando voy de paseo al bosque me siento pleno de energía.* **2.** En el centro, en el medio de una acción: *En plena representación de la obra de teatro el actor olvidó algunas de sus líneas.*

pletina *f.* Aparato que reproduce y graba cintas de casete. **SIN. platina, grabadora.**

plétora *f.* Gran abundancia de alguna cosa: *Ese verano la cosecha fue espléndida y el pueblo pasó por una etapa de plétora.*

pletórico, ca *adj.* Pleno, lleno: *En la mesa hay una cesta pletórica de frutas de muchos tipos.*

pleura *f.* Membrana que envuelve los pulmones.

pleuresía *f.* Inflamación de la pleura: *Mauricio está en el hospital con una pleuresía que, por suerte, los doctores tienen bajo control.*

plexo *m.* Red de cordones vasculares o nerviosos.

pléyade *f.* Grupo de personas destacadas y contemporáneas entre sí: *En el congreso de literatura participó una pléyade de escritores internacionales.*

pliego *m.* Hoja de papel cuadrangular y doblada por la mitad: *Su amigo de Australia le escribió a Miriam una carta de dos pliegos.*

pliegue *m.* **1.** Doblez o arruga: *Ayer vi unos perros muy curiosos, de pelo corto y con pliegues en la piel.* **2.** Deformación de las capas geológicas en forma de ondulaciones.

plinto *m.* **1.** Aparato gimnástico usado para saltos y otros ejercicios. **2.** Parte cuadrada inferior de la base de una columna.

plisado, da *adj.* Con pliegues: *El uniforme de la escuela consistía en una falda plisada, una blusa y un chaleco.*

plisar *vb.* {tr.} Marcar pliegues en una tela: *Plisa la tela para ver cómo se verá la cortina.*

plomada *f.* Pesa metálica que se cuelga de un cordón y se usa para señalar la línea vertical: *Si los albañiles hubieran usado una plomada al construir la pared no habría quedado inclinada.*

plomero *m.* Amér. Fontanero: *Hay que llamar al plomero para que venga a arreglar el lavabo que gotea.* **SIN. gásfiter, pajero.**

plomizo, za *adj.* **1.** Que tiene plomo: *Por razones de salud pública ya no se usa la pintura plomiza en la cerámica.* **2.** De color o consistencia semejante al plomo: *El cielo está plomizo, estoy segura de que va a llover.*

plomo *m.* **1.** Metal pesado, de color gris azulado, dúctil y maleable, de símbolo químico Pb y número atómico 82: *Cuando los industriales se dieron cuenta de que el plomo es dañino para la salud, dejaron de usarlo para elaborar las latas de alimentos.* **2.** Fusible de hilo de plomo. **3.** Plomada. **4.** Fam. Persona o cosa pesada e insoportable.

pluma *f.* **1.** Órgano que forma parte de la piel de las aves, formado por un tubo provisto de barbas: *Las plumas conservan la temperatura del cuerpo de los pájaros* y los protegen del agua, son su abrigo y su impermeable. **2.** Méx. Instrumento con tinta para escribir. **SIN. bolígrafo, birome.**

plumaje *m.* Conjunto de plumas que cubren el cuerpo de un ave: *El plumaje de la cacatúa es de color blanco y forma un bonito penacho en su cabeza.*

plúmbeo, a *adj.* **1.** De plomo: *La soldadura de la reja es plúmbea, por eso tiene ese color obscuro.* **2.** Pesado como el plomo.

plumero *m.* **1.** Utensilio para limpiar el polvo hecho con plumas de ave atadas a un mango: *Esteban, por favor pasa el plumero encima de los libros para quitarles el polvo.* **2.** Adorno de plumas.

plumífero, ra *adj.* Que tiene o lleva plumas: *Los mexicas desarrollaron el arte plumífero en los bellos penachos que usaban sus sacerdotes y gobernantes.*

plumón *m.* **1.** Pluma fina de las aves que se encuentra bajo el plumaje exterior. **2.** Utensilio usado para rotular: *Haz el anuncio con plumones gruesos de colores atractivos para que llame la atención.*

plural *adj.* Que expresa pluralidad, diversidad: *El congreso de ese país es plural pues tiene diputados de todos los partidos políticos.*

plural *m.* Accidente gramatical que se refiere a dos o más personas, animales o cosas: *La palabra gusano es singular; la palabra gusanos es plural.*

pluralidad *f.* **1.** Circunstancia de ser más de uno: *Para realizar el trabajo de investigación los estudiantes deben analizar una pluralidad de temas.* **2.** Multitud de cosas o de ideas: *En el mundo existe una gran pluralidad de idiomas.*

pluralismo *m.* Sistema en que se admite la pluralidad, la diversidad de opiniones, de tendencias, etc.

pluricelular *adj.* Que consta de muchas células: *Los mamíferos somos animales pluricelulares.*

pluriempleo *m.* Ejercicio de varios empleos por una persona: *El pluriempleo es necesario cuando el sueldo que se gana en un solo trabajo no es suficiente para sobrevivir.*

plus *m.* Cualquier cantidad suplementaria, en especial la que se aplica al salario: *Con el plus que me dieron por trabajar los fines de semana voy a iniciar una cuenta de ahorros.* **SIN. extra.**

pluscuamperfecto *m.* Tiempo del verbo que expresa una acción pasada que se ha producido antes que otra acción pasada: *En la frase "Cuando el niño llegó ya había comido", había comido es el pluscuamperfecto del verbo "comer".*

plusmarca *f.* Récord deportivo.

plusvalía *f.* o **plusvalor** *m.* Aumento del valor de un bien, por razones distintas al trabajo.

plutocracia *f.* Régimen político en el que gobiernan los ricos.

plutónico, ca *adj.* Se dice de las rocas que han cristalizado lentamente a grandes profundidades de la Tierra, como el granito.

plutonio *m.* Elemento químico radiactivo, altamente tóxico, de símbolo Pu y número atómico 94: *El plutonio se ha usado en la tecnología nuclear.*

pluvial *adj.* Se refiere a lo que está relacionado con la lluvia.

pluviómetro *m.* Aparato para medir la cantidad de lluvia: *Con el pluviómetro se puede saber cuánta lluvia cae en un momento, día, mes o año sobre un lugar.*

pluviosidad *f.* Cantidad de lluvia caída en un lugar y tiempo determinados: *La pluviosidad en la selva tropical es abundante.*

población *f.* **1.** Conjunto de los habitantes de un país o comunidad: *La población del mundo ha crecido de manera alarmante en los últimos cincuenta años.* **2.** Conjunto de cosas de la misma especie o que son parecidas. **3.** loc. *Chile.* ~ **callampa,** barrio marginal de casas pobres.

poblado *m.* Lugar habitado: *Espero que en el poblado más próximo haya algún lugar dónde comer, porque me muero de hambre.*

poblar *vb. irreg.* {tr. y prnl.} **Modelo 5.** **1.** Ocupar la gente un lugar para vivir ahí: *El sitio que visitamos fue hace unos años casi un desierto pero llegaron personas, lo poblaron y ahora es un próspero pueblo minero.* **2.** Llenarse de una cosa: *En la época de lluvias los bosques se pueblan de diferentes clases de hongos.*

pobre *adj.* **1.** De poca calidad: *El diseño del vestido es bueno pero la confección es pobre, por eso no luce.* **2.** Que no tiene dinero, mendigo: *Un hombre pobre pedía limosna a los automovilistas que cruzaban esa calle.* **3.** Infeliz, desdichado: *El pobre muchacho está muy triste porque su novia lo plantó.*

pobre *m.* y *f.* Persona que no tiene lo necesario para vivir: *Muchos pobres viven en los alrededores de las grandes ciudades.*

pobreza *f.* **1.** Calidad o estado de pobre: *La pobreza es un gran problema mundial.* **2.** Escasez, estrechez: *Como el padre perdió el trabajo, la familia pasa por un periodo de pobreza.*

pocho, cha *adj.* **1.** Marchito, pasado: *La fruta pocha se llena de unos pequeños insectos que se alimentan de cosas fermentadas.* **2.** Pálido, descolorido.

pocho, cha *m.* y *f. Méx.* Persona de origen mexicano que vive en Estados Unidos de Norteamérica y ha adoptado las costumbres estadounidenses.

pochote *m. C. Rica, Hond.* y *Méx.* Árbol silvestre muy espinoso, cuyo fruto encierra una especie de algodón con el que se rellenan almohadas.

pocilga *f.* **1.** Lugar para mantener a los cerdos domesticados: *Atrás de la casa está la pocilga.* SIN. **chiquero, zahúrda.** **2.** *Fam.* Lugar sucio: *Hace mucho que no limpian ese cine, por eso parece una pocilga.*

pocillo *m.* Jícara, vasija o taza pequeña que puede estar hecha de peltre.

pócima *f.* Bebida medicinal hecha de materias vegetales: *La curandera me dio una pócima preparada con varias hierbas que debo tomar durante quince días.*

poción *f.* Cualquier líquido considerado medicinal o mágico para beber: *Me dijo que conseguiría una poción para que ese muchacho se enamorara de ella.*

poco *m.* Cantidad escasa de algo: *¿Quieres flan?, queda un poco.*

poco *adv.* **1.** Con escasez: *Evaristo es un poco lento para correr y siempre llega al último en las competiciones.* **2.** Con algunos verbos, indica corta duración: *Ana tardó poco en llegar hasta mi casa, apenas hizo quince minutos de camino.*

poco, ca *adj.* Escaso en cantidad o calidad: *Sólo quiero ensalada porque tengo poca hambre.*

podar *vb.* {tr.} Cortar las ramas inútiles de los árboles y plantas: *Ya está muy crecido el césped, hay que podarlo.*

podenco, ca *adj./m.* y *f.* Tipo de perro que ladra poco y que resulta adecuado para cazar.

poder *m.* **1.** Capacidad para hacer algo: *Elías tiene poder para convencerme de salir a jugar cuando me siento triste.* **2.** Dominio o influencia: *Elena es quien tiene más poder en la empresa porque es la socia con más acciones.* **3.** Gobierno de un Estado: *El poder de un país está representado por su presidente, o por un rey si se trata de una monarquía.* **4.** Fuerza de una cosa para producir cierto efecto: *Los detergentes tienen poder limpiador y desengrasante.* **5.** loc. ~ **adquisitivo,** cantidad de cosas o servicios que se pueden comprar con cierta suma de dinero: *Con la crisis, el poder adquisitivo de la población ha disminuido mucho, ahora apenas alcanza para cubrir las necesidades básicas.* **6.** loc. ~ **ejecutivo,** el que se encarga de aplicar las leyes hechas por el poder legislativo. **7.** loc. ~ **judicial,** el encargado de impartir justicia con base en las leyes que elabora el poder legislativo. **8.** loc. ~ **legislativo,** el que discute, aprueba, elabora y reforma las leyes que se aplican en un país.

poder *vb. irreg.* {tr., intr. e impers.} **Modelo 28.** **1.** Tener la facultad de hacer una cosa. **2.** Ser posible que suceda una cosa: *Puedes encontrar a mi hermano en esta calle porque estudia en una escuela del barrio.*

poderío *m.* **1.** Poder, dominio: *El poderío de la antigua Roma se extendió a través de toda Europa.* **2.** Conjunto de bienes, de los recursos económicos de un país, empresa o persona: *Japón es un país con gran poderío no sólo en Asia, sino también en todo el mundo.* **3.** Fuerza, energía física: *Los leones son animales de gran poderío.*

poderoso, sa *adj.* **1.** Activo, eficaz: *Te voy a dar una píldora poderosa que te quitará el dolor rápidamente.* **2.** Que tiene mucho poder o riquezas: *Uno de los hombres más poderosos del mundo durante el siglo XVI fue el sultán del Imperio Otomano llamado Solimán el Magnífico.*

poderoso, sa *m.* y *f.* Persona que tiene mucho poder o riquezas.

podio o **podium** *m.* Plataforma sobre la que se coloca al vencedor de una prueba deportiva para hacerle homenaje: *Los atletas que ganaron los tres primeros lugares pasaron al podio a recibir sus medallas.*

podología *f.* Rama de la medicina que trata del estudio y las enfermedades de los pies.

podredumbre *f.* Estado de aquello que está podrido: *A medida que se acerca uno al basurero se percibe el olor a podredumbre.*

podrido, da *adj.* Se dice de lo que resulta de pudrir o pudrirse: *Ya tira esas frutas porque están podridas y agusanadas.*

podrir *vb. irreg.* {tr. y prnl.} **Modelo 63.** Ver **pudrir.**

poema *m.* Texto oral o escrito, algunas veces compuesto en verso: *El escritor chileno Pablo Neruda escribió maravillosos poemas y llegó a recibir el Premio Nobel.*

poemario *m.* Libro que contiene una colección de poemas: *El primer poemario de la escritora chilena Gabriela Mistral se tituló Desolación y fue publicado en el año 1922.*

poesía *f.* Arte de evocar emociones e ideas mediante un uso especial del lenguaje, sujeto a unas reglas determinadas: *Para escribir **poesía** hay que cuidar el ritmo, la cadencia y la sonoridad de las palabras.*

poeta *m.* y *f.* Persona que compone poesía: *El escritor cubano José Martí fue un gran **poeta** de finales del siglo XIX.*

poética *f.* **1.** Arte de componer poesía. **2.** Tratado sobre las reglas de la poesía.

poético, ca *adj.* Relativo a la poesía o propio de ella: *Esta semana María está estudiando en su clase de literatura la obra **poética** del escritor nicaragüense Rubén Darío.*

poetisa *f.* Mujer que compone poesía: *Sor Juana Inés de la Cruz fue una famosa **poetisa** mexicana.*

póker *m.* Ver **póquer**.

polaco *m.* Lengua eslava hablada en Polonia.

polaco, ca *adj./m.* y *f.* Originario de Polonia, país de Europa.

polaina *f.* Especie de media que cubre la pierna hasta la rodilla: *Mi tío abuelo, que vivió a finales del siglo XIX, usaba **polainas**.*

polar *adj.* Relativo a uno de los polos: *El blanco pelaje de los osos **polares** les sirve para confundirse entre el paisaje nevado.*

polaridad *f.* Cualidad que permite distinguir entre sí cada uno de los polos de un imán o de un generador eléctrico.

polarización *f.* **1.** En electricidad, fenómeno producido por la aparición de dos polos en una cosa. **2.** Hecho de llevar algo a los extremos: *La **polarización** de los dos partidos políticos acerca de ese asunto ha impedido que lleguen a un acuerdo.*

polarizado, da *adj.* **1.** Que está en el extremo de una posición o punto de vista: *Las discusiones en torno al aborto están **polarizadas** desde hace años porque algunas personas piden legalizarlo y otras mantenerlo prohibido.* **2.** Se dice de los vidrios cubiertos por una capa que hace que por fuera se vean obscuros y desde adentro se pueda ver hacia afuera: *Las personas famosas que no quieren que las vean ponen vidrios **polarizados** a sus automóviles.*

polarizar *vb. irreg.* {tr. y prnl.} Modelo 16. **1.** Concentrar la atención en una cosa: *La bella modelo **polarizó** la atención de todos los asistentes a la fiesta.* **2.** Hacer que las posiciones se radicalicen, se hagan extremas.

polca *f.* Danza de origen polaco que se baila por parejas: *Un instrumento usado para tocar **polcas** es el acordeón.*

polea *f.* Rueda acanalada por la que pasa una cuerda y que sirve para elevar cuerpos: *Como el armario no cupo por las escaleras, lo alzaron al segundo piso con **poleas** y cuerdas.*

polémica *f.* Controversia, discusión: *El nuevo proyecto de ley ha desatado una **polémica** en los diarios con unas opiniones a favor y otras en contra.*

polen *m.* Conjunto de granos microscópicos producidos por los estambres de las flores: *El **polen** de las flores sirve para su reproducción.*

poleo *m.* Planta aromática que se usa para preparar infusiones o bebidas calientes.

poliamida *f.* Compuesto químico usado en la industria textil.

poliandria *f.* Estado de una mujer casada de forma legítima con varios hombres: *La **poliandria** es a la mujer lo que la poligamia es al hombre.*

policía *f.* Fuerza pública encargada de mantener el orden y brindar seguridad a los ciudadanos: *Le robaron su cartera y fue a la oficina de la **policía** a denunciar el delito.*

policía *m.* y *f.* Miembro de la fuerza pública encargada del orden y seguridad de los ciudadanos: *Hace una semana un **policía** atrapó a un ladrón en esta calle.* SIN. **cana.**

policiaco, ca o **policíaco, ca** *adj.* Relacionado con la policía: *Leo muchas novelas **policiacas** porque me gusta intentar resolver el misterio de los crímenes.* SIN. **policial.**

policial *adj.* Que tiene que ver con la policía: *Durante la noche hay vigilancia **policial** en las calles de mi barrio para prevenir delitos.* SIN. **policiaco.**

policlínica *f.* Clínica de diversas especialidades médicas.

policromía *f.* Cualidad de lo que es de muchos colores: *La **policromía** de la lámpara hace que se reflejen en las paredes luces de colores.*

policromo, ma o **policromo, ma** *adj.* Que tiene o está hecho con varios colores.

polideportivo *m.* Instalación destinada al ejercicio de distintos deportes.

poliedro *m.* Sólido limitado por varios polígonos llamados caras: *El cubo es un **poliedro** de seis caras.*

poliéster *m.* Material sintético usado en la fabricación de fibras y tejidos.

polifacético, ca *adj.* Que ofrece varias facetas o aspectos: *Es un artista **polifacético** que sabe bailar, cantar y actuar.*

polifonía *f.* Conjunto de sonidos simultáneos que forman un conjunto armónico: *Si escuchas con atención una sinfonía notarás la **polifonía**, o sea cómo hay varias melodías al mismo tiempo.*

polifónico, ca *adj.* Relacionado con la polifonía.

poligamia *f.* Forma de relación conyugal en la que se permite al varón tener varias esposas legítimas: *Entre los antiguos chinos estaba permitida la **poligamia**.*

políglota *m.* y *f.* Persona que habla varias lenguas.

polígloto, ta o **políglota** *adj.* Escrito en varias lenguas o que habla varias lenguas: *Mi amigo Iván es **políglota** porque habla húngaro, serbio, alemán, inglés, francés, italiano y ruso.*

polígono *m.* Porción de plano limitado por segmentos de recta: *El pentágono es un **polígono** de cinco lados.*

polilla *f.* Insecto nocturno cuyas larvas destruyen los tejidos y la madera: *Consuelo tuvo que fumigar su casa porque la **polilla** se estaba comiendo sus muebles de madera.*

polimerización *f.* Transformación de moléculas de poca masa molecular en otras moléculas gigantes.

polimorfismo *m.* Presencia en una sola especie de individuos de formas muy diferentes: *El amplio grupo de los perros muestra **polimorfismo**; los hay chicos, grandes, peludos, sin pelo, de distintos colores, etc.*

polinización *f.* Transporte del polen de los estambres hasta el estigma de la flor: *La **polinización** es necesaria para que se efectúe la fecundación de las plantas que tienen flores.*

polinizar *vb. irreg.* {tr.} Modelo 16. Hacer posible la polinización: *Las abejas **polinizan** las flores al transportar el polen entre sus patas.*

polinomio *m.* Suma algebraica de monomios: $3x + 4y - 2z$ es un ejemplo de *polinomio*.

poliomielitis *f.* Enfermedad producida por un virus que se fija en la médula espinal y provoca parálisis: *Juan sufrió de poliomielitis cuando era niño y desde entonces tiene que usar muletas.*

pólipo *m.* Tumor benigno: *Los médicos le encontraron pólipos en el intestino a Julián pero le dijeron que no era nada grave.*

polisacáridos *m.* pl. Hidratos de carbono.

polisemia *f.* Propiedad de una palabra que tiene diferentes significados: *La palabra cabeza es un ejemplo de polisemia pues tiene 23 acepciones.*

polisémico, ca *adj.* Relativo a la polisemia.

politécnico, ca *adj.* Que abarca diversas ciencias o artes: *Marco estudió biología en la escuela politécnica nacional y su hermano estudió ingeniería en el mismo plantel.*

politeísmo *m.* Religión que admite la existencia de muchos dioses: *Los antiguos griegos practicaban el politeísmo pues adoraban a Zeus, Atenea, Afrodita y otros dioses.*

politeísta *adj./m.* y *f.* Relativo al politeísmo, seguidor del politeísmo.

política *f.* Ciencia que trata del gobierno de un Estado.

político, ca *adj.* **1.** Relativo a la política: *Los ministros, diputados y senadores son personajes políticos.* **2.** Se dice del parentesco que lo es por afinidad y no por lazos de sangre: *La esposa de mi tío es mi tía política.*

político, ca *m.* y *f.* Persona que se dedica a la política.

polivalente *adj.* **1.** Que tiene varios usos o valores. **2.** En química, se dice del elemento que tiene varias valencias: *El carbono es un ejemplo de elemento polivalente, porque puede combinarse con otros elementos de varias maneras.*

póliza *f.* **1.** Documento que recoge las cláusulas de un contrato: *Mi papá compró una póliza para asegurar su automóvil.* **2.** Sello con que se paga en algunos documentos el impuesto correspondiente a la realización de un trámite.

polizón *m.* Persona que se embarca sin tener permiso para hacerlo, a escondidas: *En una de las bodegas del barco encontraron un polizón escondido.*

polizonte *m. Desp.* Agente de policía.

polla *f.* Gallina joven que todavía no está en edad de reproducirse.

pollera *f. Amér. Merid.* Prenda de vestir, en especial femenina, que cae de la cintura hacia abajo. Sin. **falda.**

pollería *f.* Tienda donde se venden pollos y huevos: *Ve a la pollería de la esquina y compra una pechuga para guisarla con verduras.*

pollino, na *m.* y *f.* Asno joven y sin domar.

pollo *m.* **1.** Cría de las aves: *Los pollos de las águilas se llaman aguiluchos.* **2.** Gallo joven: *El hombre vendía pollos muertos que colgaba de las patas en su tienda.*

polo *m.* **1.** Cualquiera de los extremos del eje de rotación de una esfera, en especial de la Tierra: *Robert E. Peary fue el primer explorador en llegar, en 1909, hasta el polo Norte de la Tierra.* **2.** Cada uno de los extremos de un generador de electricidad: *Las pilas tienen dos polos, uno positivo y el otro negativo.*

polo *m.* **1.** Juego que se practica a caballo y consiste en impulsar una pelota con la ayuda de un palo hasta la meta: *El polo se originó en la antigua Persia, era uno de los deportes favoritos en la India en el siglo XIV; y en el siglo XIX los soldados ingleses lo llevaron a su país, de donde se extendió a todo el mundo.* **2.** Suéter o jersey abrochado por delante hasta la altura del pecho y con cuello como de camisa. **3.** Helado alargado con un palo hincado en su base.

pololear *vb.* [tr.] **1.** *Amér. C.* y *Amér. Merid.* Molestar, importunar: *¡Ya no estés pololeando, que debo terminar este trabajo!* **2.** *Chile.* Coquetear, galantear: *Algunos muchachos van a las fiestas a comer, otros a bailar, otros pololean con quien pueden.*

pololo *m.* **1.** *Chile.* Insecto que al volar produce un zumbido como el moscardón. **2.** *Chile.* Individuo que sigue a una mujer con fines amorosos.

polonio *m.* Metal radiactivo de símbolo Po y número atómico 84.

poltrón, na *adj.* Perezoso, holgazán, flojo: *Artemio es tan poltrón que si no hay quien le sirva la comida prefiere quedarse sin comer.*

poltrona *f.* Butaca cómoda y ancha: *A mi abuelo le gusta sentarse a leer el diario en una mullida poltrona junto a la ventana.*

polución *f.* **1.** Derrame involuntario de semen: *Las poluciones durante el sueño son un hecho normal en los chicos adolescentes.* **2.** Contaminación del ambiente: *La polución es un problema grave en ciudades grandes como México, Caracas y Santiago.*

polvareda *f.* Gran cantidad de polvo: *Cuando las vacas echaron a correr se levantó una gran polvareda.*

polvera *f.* Pequeña caja, por lo general con espejo, en la que se guarda el polvo facial: *La mujer sacó la polvera para retocarse el maquillaje antes de que le tomaran las fotografías.*

polvo *m.* Tierra o materia en pequeñísimas partículas: *Carlos es alérgico al polvo porque le causa molestias en la nariz y garganta.*

pólvora *f.* Material explosivo que se utiliza para disparar proyectiles o para elaborar cohetes y juegos pirotécnicos: *La pólvora fue inventada por los antiguos chinos entre los años 1127 y 1279 d. C.*

polvorín *m.* **1.** Lugar donde se almacenan explosivos. **2.** Pólvora fina.

polvorón *m.* Dulce elaborado a base de harina con almendra o maní, manteca y azúcar: *Fui a la panadería y traje polvorones para comer de postre.*

polvoso, sa *adj.* Lleno de polvo: *Después de su viaje por el camino de tierra seca, el hombre llegó a la posada todo polvoso.*

pomada *f.* Ungüento de uso medicinal y de aplicación externa: *Ponte pomada en el músculo y te aminorará el dolor causado por la luxación.*

pomelo *m.* **1.** Árbol parecido al naranjo, cultivado en los países cálidos. **2.** Fruto del árbol llamado pomelo, mayor que las naranjas y de sabor un poco amargo y ácido. Sin. **toronja.**

pomo *m.* **1.** Perilla fija a los muebles, puertas, etc., de la que se tira para abrirlos: *Como se cayó el pomo de la puerta, ahora no la puedo abrir.* Sin. **picaporte.** **2.** Extremo por donde se toma la espada. **3.** *Argent.* Recipiente de material flexible en el que se expenden cosméticos, fármacos o pinturas. **4.** *Méx. Fam.* Botella que contiene alguna bebida alcohólica: *Julio César y* sus amigos compraron un **pomo** de tequila para tomar durante la fiesta.

pompa f. **1.** Ampolla líquida llena de aire: *Un alambre en forma de aro y agua jabonosa sirven como una pequeña máquina para hacer* **pompas** *de jabón.* SIN. **burbuja. 2.** Ostentación, grandeza: *A esa estrella de cine le gusta llevar a cabo los actos oficiales con gran* **pompa** *y lujo.* **3.** *Méx. Fam.* Asentadera, nalga, trasero.

pomposo, sa adj. **1.** Hecho con pompa y lujo: *A mí me gustan las reuniones sencillas y modestas, en cambio a mi amiga Lilia le gustan las* **pomposas** *y solemnes.* **2.** Estilo o lenguaje elaborado, formal y con algo de exageración.

pómulo m. Hueso saliente de cada una de las mejillas: *Giordano tiene los* **pómulos** *escondidos bajo sus grandes mejillas gordas.*

ponchada f. *Amér. Merid.* Cantidad importante de algo: *Ya tengo una* **ponchada** *de libros, necesito un nuevo mueble para guardarlos.*

ponchadura f. *Colomb., Guat.* y *Méx.* Picadura en un neumático, balón o cualquier otro objeto que se infle con aire o gas: *No pudieron seguir jugando porque el balón sufrió una* **ponchadura** *y se desinfló.*

ponchar vb. (tr. y prnl.) Palabra de origen inglés. **1.** *Colomb., Guat.* y *Méx.* Pincharse un neumático, balón o cualquier otro objeto que se infle con aire o gas: *Se* **ponchó** *un neumático del auto y nos llevó tanto tiempo cambiarlo que llegamos muy retrasados a la cita.* **2.** En el béisbol, mandar a la banca el lanzador de un equipo al bateador del contrario.

ponche m. Bebida hecha con agua caliente, frutas, azúcar y a veces licor: *En las épocas invernales mi mamá prepara* **ponche** *de manzana.*

poncho m. Manta cuadrada de lana o tela gruesa, con una abertura para pasar la cabeza y usarla sobre el cuerpo para abrigarse.

ponderar vb. (tr.) **1.** Pesar, determinar el peso de algo. **2.** Alabar con fuerza a alguien o algo: *Sebastián* **ponderó** *durante la reunión la rapidez y habilidad de su secretaria para resolver los problemas de la oficina.* **3.** Considerar con atención e imparcialidad un asunto: *Es importante* **ponderar** *lo bueno y lo malo de ese trabajo para decidir si debo aceptarlo o no.*

ponedora adj. Se dice del ave que pone muchos huevos: *Se murió la más* **ponedora** *de las gallinas de mi abuelo y desde entonces la producción de huevos en su granja ha bajado.*

ponencia f. Trabajo que se lee ante una asamblea o en una reunión académica: *Edith escribió con mucho cuidado las* **ponencias** *que va a leer en el congreso de arquitectura.*

ponente m. y f. Persona que presenta en una asamblea una propuesta o trabajo a discutir: *En el congreso sobre educación para niños, cincuenta* **ponentes** *hablaron de sus propuestas para reformarla.*

poner vb. irreg. (tr. y prnl.) **Modelo 27. 1.** Asignar a un objeto un lugar o un modo de estar en el espacio: **Puse** *la cama cerca de la ventana para que me refresque el viento que entra.* **2.** Preparar algo para un fin determinado: *Hoy los niños* **pusieron** *los platos en la mesa para la cena.* **3.** Dar un nombre: *¿Qué nombre van a* **ponerle** *al bebé?* **4.** Representar una obra teatral o proyectar un filme: *Mañana* **pondrán** *en el cine un fil-*

me de terror que quiero ir a ver. **5.** Soltar el huevo las aves y otros animales ovíparos: *Hay que recoger los huevos en cuanto los* **pongan** *las gallinas para que no los pisen.* **6.** Ocultarse el Sol bajo el horizonte: *En verano el sol* **se pone** *más tarde que en invierno.* **7.** Vestir alguien una prenda determinada: **Ponte** *un abrigo porque hace mucho frío en la calle.* **8.** loc. **~ en claro,** averiguar o explicar con claridad alguna cosa confusa: *Clementina le pidió a su novio que* **pusiera en claro** *sus intenciones porque después de diez años de noviazgo él seguía sin hablar de matrimonio.*

poni m. Palabra de origen inglés. Caballo de tamaño pequeño: *El enano tenía un* **poni** *del que subía y bajaba sin problemas porque le quedaba a la medida.*

poniente m. **1.** Oeste, punto cardinal: *El Sol se pone por el* **poniente,** *como su nombre lo indica.* **2.** Viento que sopla desde el oeste.

pontificar vb. irreg. (intr.) Modelo 17. Expresarse de una manera presuntuosa, con autoridad y sin admitir ninguna crítica sobre lo que se dice: *Víctor es muy pesado porque siempre* **pontifica** *en vez de conversar.*

pontífice m. En la Iglesia Católica, título dado a los obispos y en especial al Papa: *El sumo* **pontífice** *de la Iglesia Católica es el Papa y vive en la Santa Sede.*

ponzoña f. Substancia que intoxica el organismo: *La* **ponzoña** *de la abeja me provocó una inflamación dolorosa en el brazo.*

ponzoñoso, sa adj. Que tiene ponzoña, venenoso: *Me mordió una araña* **ponzoñosa** *y me produjo fiebre y una erupción en la piel.*

pop adj. Palabra inglesa, abreviatura de "popular". **1.** Relativo a una forma musical moderna y rítmica que deriva de la música hecha por gente de raza negra y por los campesinos ingleses. **2.** Relativo a un movimiento artístico de origen norteamericano caracterizado por la representación artística de objetos cotidianos: *El artista estadounidense Andy Warhol fue uno de los principales representantes del "pop art" durante la segunda mitad del siglo xx.*

popa f. Parte posterior de una embarcación: *Los turistas tomaban el sol en la cubierta de* **popa** *del transatlántico.* ANT. **proa.**

pope m. Título dado a los sacerdotes en las Iglesias Católicas Ortodoxas.

popote m. *Méx.* Tubo delgado para sorber líquidos. SIN. **pajilla.**

popular adj. **1.** Relativo al pueblo o propio de él: *La música* **popular** *se origina en las capas sociales bajas.* **2.** Muy conocido o extendido en una colectividad: *Como ese cantante es muy* **popular** *muchas personas quieren asistir a sus conciertos.*

popularidad f. Estimación y fama entre el pueblo: *El presidente mexicano Lázaro Cárdenas gozó de mucha* **popularidad** *en su país cuando gobernó del año 1934 a 1940.*

populismo m. Política gubernamental que promete beneficiar a los sectores populares como una manera de acercarse los gobernantes al pueblo.

populoso, sa adj. Se dice del lugar muy poblado: *La zona más* **populosa** *de la ciudad fue la que sufrió más a causa de las inundaciones.*

popurrí o **potpurrí** m. Palabra de origen francés. **1.** Composición musical que consiste en una serie de fragmentos de obras diversas: *El domingo la banda tocó un popurrí de canciones populares de moda*. **2.** Mezcolanza de cosas diversas: *Antonia hizo un popurrí con pétalos de diferentes flores y gotas de perfume y lo colocó en una canastita para aromatizar el baño de su casa*.

popusa *f. Bol., Guat. y Salv.* Tortilla de maíz con queso o trocitos de carne.

póquer *m.* Juego de naipes, de origen estadounidense, en que cada jugador recibe cinco cartas y debe formar combinaciones.

por *prep.* **1.** Forma el complemento agente de las oraciones pasivas: *La puerta fue abierta por el ladrón*. **2.** Determina el paso a través de un lugar: *Cuando fuimos a Europa viajamos por varios países como España, Francia, Italia e Inglaterra*. **3.** Indica fecha aproximada: *Por el día cinco de este mes tengo que pagar una deuda*. **4.** Indica parte o lugar concreto: *Jazmín tomó la cacerola por las asas para no quemarse*. **5.** Indica causa de algo: *Ese hombre está detenido en la oficina de la policía por el robo de un auto*. **6.** Indica medio o modo de ejecutar una cosa: *No puedes estudiar todas las materias al mismo tiempo, debes hacerlo por etapas si realmente deseas aprender*. **7.** Señala multiplicación de números: *Cinco por cinco es igual a veinticinco*. **8.** *loc.* ~ **qué**, por cuál causa o motivo: *¿Por qué no viniste a la escuela ayer?*

porcelana *f.* Tipo de cerámica fina, impermeable y cubierta con una capa de material parecido al vidrio: *La porcelana francesa de Sèvres es muy famosa y apreciada*.

porcentaje *m.* Proporción de una cantidad respecto a otra, evaluada sobre cien: *Si le prometiste a tu socio un porcentaje del diez por ciento de cincuenta pesos, significa que le darás cinco*.

porcentual *adj.* Relativo a la distribución calculada en tantos por ciento.

porche *m.* Entrada de un edificio o casa, cubierta con un techo: *Los abuelos estaban sentados conversando en el porche cuando llegamos a verlos*.

porcino, na *adj.* Relativo al cerdo: *En la industria alimentaria porcina se produce jamón, chuleta, chorizo, etc.*

porción *f.* Cantidad separada de otra mayor: *En casa de Sofía me dieron una porción grande de tarta porque saben que me gusta mucho*.

pordiosero, ra *adj./m. y f.* Mendigo.

porfiado, da *adj.* Empecinado, insistente, terco: *Rosaura tenía un pretendiente tan porfiado que pronto logró conquistarla y casarse con ella*.

porfiar *vb. irreg.* (intr.) **Modelo 9. 1.** Discutir con terquedad: *Me aburro cuando escucho porfiar a mis amigos sobre cuál jugador de fútbol es el mejor*. **2.** Rogar con insistencia: *Porfié y porfié hasta que convencí a mis padres de que me permitieran ir a la playa*.

porífero, ra *adj.* Relativo a un tipo de animales acuáticos cuyas paredes corporales están perforadas por canales de circulación como las esponjas.

pormenor *m.* **1.** Conjunto de pequeñas circunstancias: *Mañana no podré ir al cine contigo porque tengo que solucionar unos pormenores en mi casa*. **2.** Cosa secundaria: *Después de comprar la comida y las bebidas para la fiesta, arreglamos los pormenores como los adornos para la casa, el color de los vasos y los platos, etcétera*.

pornografía *f.* Representación grosera de actos sexuales en fotografías, filmes, etc.

pornográfico, ca *adj.* Relacionado con la pornografía.

poro *m.* **1.** Espacio que hay entre las partículas de los sólidos: *El barro crudo tiene muchos poros, por eso hay que barnizarlo antes de hornearlo*. **2.** Orificio de la piel de los animales o de la superficie de los vegetales: *Cuando uno tiene mucho calor emite sudor a través de los poros para que la piel se refresque*. **3.** Planta hortícola de hojas anchas y planas y bulbo comestible de sabor parecido al de la cebolla: *Mi madre usa el poro como condimento y para preparar sopas*. SIN. **puerro, porro**.

porongo *m.* **1.** *Argent., Par., y Urug.* Calabaza. **2.** *Bol., Chile, Pan., Par. y Urug.* Vasija para guardar la chicha u otro líquido. **3.** *Perú.* Recipiente metálico para vender leche.

poroto *m.* **1.** *Amér. Merid.* Planta leguminosa con frutos que crecen en forma de vaina y dentro de los cuales hay varias semillas comestibles con forma de riñón. SIN. **frijol, judía**. **2.** *Amér. Merid.* Semilla de la planta llamada poroto, es comestible y se seca o verde. SIN. **frijol, judía**.

porqué *m. Fam.* Causa, razón o motivo: *Es importante conocer el porqué de la conducta de las personas para poder comprenderlas*.

porque *conj.* Por causa o razón de algo: *Eduardo no vino porque estaba enfermo*.

porquería *f.* **1.** Suciedad, inmundicia: *Mi hermano vive en la porquería porque no limpia su habitación, no lava su ropa y no se baña*. **2.** *Fam.* Cosa de poco valor: *Tengo que arreglar mi habitación porque tiene una gran cantidad de porquerías que debo desechar*.

porra *f.* **1.** Palo más grueso por un extremo que por el otro: *El policía lleva una porra para intimidar a los delincuentes*. **2.** *Argent.* Maraña de cerdas, tierra y abrojos que se forma en la cola y crines de los caballos. **3.** *Argent. Fam.* Pelo abundante y enmarañado: *Los cantantes del nuevo grupo de rock traen una porra que parecen leones*. **4.** *Méx.* Frases fijas que se dicen con fuerza para animar a alguien: *La multitud en el estadio animaba al equipo nacional con porras muy alegres*. **5.** *Méx.* Conjunto de seguidores de un equipo deportivo: *Los de la porra siempre van a los juegos vestidos con los colores de su equipo favorito*.

porrazo *m.* **1.** Golpe dado con la porra: *El guardián le dio un porrazo al preso que intentaba fugarse*. **2.** Golpe fuerte que se recibe al caer: *Un hombre que corría bajo la lluvia se resbaló con el piso húmedo y se dio un porrazo en la espalda*.

porro *m.* Bulbo comestible. SIN. **poro, puerro**.

porrón *m.* Vasija de vidrio para beber a chorro, con un pitón o tubo que sirve para moderar la salida del líquido.

portada *f.* **1.** Adorno de la fachada de un edificio alrededor de la entrada principal. **2.** Primera plana de un libro, diario o revista: *En esa revista usan portadas muy atractivas para que la gente la compre*.

portafolios *m.* Carpeta o maleta para llevar papeles, documentos, etc.: *El ayudante que acompañaba al ministro cargaba un pesado portafolios lleno de todo tipo de documentos*.

portal *m.* **1.** Zaguán, entrada: *La muchacha espera a su novio todas las tardes parada en el portal del edificio donde vive*. **2.** Arco que corona una entrada.

portalámparas *m.* Dispositivo que sostiene la bombilla o foco.

portaligas *m.* *Argent., Chile, Perú y Urug.* Prenda de vestir que sirve para sostener las medias. SIN. **liguero.**

portallaves *m.* *Venez.* Utensilio de distintas formas que sirve para llevar las llaves. SIN. **llavero.**

portaminas *m.* Especie de lápiz cuya mina de grafito, o puntilla, va suelta y se puede cambiar.

portar *vb.* {tr. y prnl.} **1.** Llevar o traer una cosa: *El atleta portaba en la mano la antorcha con la llama olímpica.* **2.** Actuar de cierta manera: *Felipe se porta bien en la escuela y saca buenas notas en conducta.*

portátil *adj.* Fácil de ser llevado de una parte a otra: *El médico tiene una computadora portátil que lleva consigo cuando sale de viaje.*

portaviones *m.* Buque de guerra que transporta aviones: *Se necesita ser un piloto hábil para despegar y aterrizar en un portaviones.*

portavoz *m. y f.* Persona autorizada para representar y difundir noticias en nombre de un grupo, partido, etc.: *El portavoz de la presidencia informó que la salud del presidente va mejorando.* SIN. **vocero.**

portazo *m.* Golpe fuerte dado por una puerta al cerrarse: *El vecino siempre entra y sale de su casa dando un molesto portazo que se oye en todo el edificio.*

porte *m.* **1.** Acción de transportar: *Fue difícil el porte del armario porque era muy grande y las escaleras angostas.* SIN. **transporte.** **2.** Cantidad que se paga por un transporte: *El sobre no llegó a su destino porque el porte era insuficiente.* **3.** Aspecto, presencia: *Verónica es una muchacha alta y guapa, con muy buen porte.*

portear *vb.* {tr.} Transportar cosas a cambio de un pago.

portento *m.* Persona o cosa que tiene dotes extraordinarias: *Ese tenor llegará lejos porque tiene un portento de voz.*

portentoso, sa *adj.* Fuera de lo común: *Mario tiene una memoria portentosa, puede aprenderse poemas muy largos con sólo leerlos dos veces.* SIN. **extraordinario.**

porteño, ña *adj./m. y f.* **1.** De Buenos Aires, capital de Argentina, país de América del Sur. **2.** De Valparaíso, en Chile, país de América del Sur. **3.** Originario de algún puerto.

portería *f.* **1.** Parte de un edificio donde está el portero o cuidador: *Toca en la portería para que ahí entregues el paquete y no tengas que subir la escalera.* **2.** En ciertos deportes, armazón por donde ha de entrar el balón: *El arquero saltó para impedir que el balón entrara en la portería.*

portero, ra *m. y f.* **1.** Persona que custodia la puerta de una casa o edificio: *El portero se ocupa de la limpieza de las escaleras del edificio y de abrir y cerrar la puerta.* **2.** En ciertos deportes, jugador que defiende su portería: *Los porteros deben tener reflejos rápidos y ser muy flexibles y ágiles.* SIN. **guardameta, guardavalla, arquero.**

pórtico *m.* Espacio cubierto con columnas que se encuentra en la entrada de las construcciones: *Al museo de arte se entra por un atractivo pórtico semicircular.*

portón *m.* Puerta grande: *Para entrar a la casa primero se debe pasar por un gran portón de madera.*

portorriqueño, ña *adj./m. y f.* Ver **puertorriqueño.**

portuario, ria *adj.* Relativo a los puertos del mar.

portugués *m.* Lengua hablada en Portugal y en Brasil.

portugués, sa *adj./m. y f.* Originario de Portugal, país de Europa.

porvenir *m.* **1.** Hecho o tiempo futuro: *La difícil situación económica pone en riesgo el porvenir de todos los trabajadores de la empresa.* **2.** Situación futura: *El porvenir de la familia mejorará cuando el padre consiga un buen empleo.*

posada *f.* Establecimiento donde se hospedan y comen los viajeros: *La comida de la posada tenía un sabor casero muy rico.*

posadero, ra *m. y f.* Persona que atiende una posada: *El posadero le pidió a la moza que pusiera otra manta en nuestras camas porque la noche iba a ser fría.*

posar *vb.* {tr., intr. y prnl.} **1.** Dejar sobre el piso o un mueble la carga que se trae: *El joven posó su equipaje en el suelo para sujetarse del tubo del autobús.* **2.** Detenerse las aves en un sitio: *Después de volar un rato el pájaro se posó en una rama para comerse un gusano que había atrapado.* **3.** Depositarse en el fondo de algo lo que está suspendido: *El chocolate tiende a posarse en el fondo de la taza, por eso debe batirse o revolverse antes de beberlo.*

posar *vb.* {intr.} Servir de modelo a un artista o fotógrafo: *En la clase de escultura hay una mujer que posa para que todos los alumnos practiquen haciendo figuras humanas.*

posdata *f.* Texto que se añade a una carta ya concluida y firmada: *En la posdata de su carta Martha envía saludos para todos.*

pose *f.* Postura, actitud: *El fotógrafo colocó a la niña en una pose simpática antes de tomar las fotografías.*

poseedor, ra *adj./m. y f.* Persona que es dueña: *Mi padre es el poseedor de la casa donde vivimos toda la familia.*

poseer *vb. irreg.* {tr.} Modelo 32. Tener en propiedad: *La familia Martínez posee una casa en la playa y la ocupa para descansar durante las vacaciones.*

poseído, da *adj.* **1.** Dominado por cierto estado de ánimo. **2.** Que supuestamente es presa de una fuerza demoníaca u oculta. SIN. **poseso.**

posesión *f.* **1.** Hecho de poseer: *El campesino demostró que el terreno que ocupaba era una posesión legítima porque mostró documentos firmados y sellados por las autoridades.* **2.** Cosa poseída: *El anciano rico dejó todas sus posesiones a una posada para niños pobres.*

posesionar *vb.* {tr. y prnl.} **1.** Dar o adquirir posesión de algo: *Laura se posesionó de la casa de sus padres después de que éstos murieron y se leyó su testamento.* **2.** Apoderarse de algo de manera indebida: *Alonso se puso a ver televisión y se posesionó de la cama, así que los demás tuvimos que sentarnos en el piso.*

posesivo, va *adj.* **1.** Que indica posesión. **2.** Que es dominante y absorbente: *Rogelio está casado con una mujer posesiva que no le permite salir solo ni tener amigos.* **3.** Se dice del adjetivo o pronombre que expresa posesión: *Mi es el adjetivo posesivo que primero aprenden a usar los niños.*

poseso, sa *m. y f.* Persona que supuestamente es presa de una fuerza demoníaca u oculta. SIN. **poseído.**

posguerra *f.* Periodo posterior a una guerra: *Las posguerras son épocas difíciles, de escasez y hambre para los lugares que fueron atacados.*

posibilidad *f.* **1.** Algo que puede suceder: *Existe la posibilidad de que mi padre haga un viaje la próxima semana por asuntos de trabajo.* SIN. **probabilidad.** **2.** Recursos:

*Las becas son para los estudiantes que no tienen **posibilidades** económicas para pagar la colegiatura.*

posible *adj.* Que puede ser o suceder, o que se puede hacer: *Es **posible** realizar este trabajo en dos horas porque no es muy complicado.*

posición *f.* **1.** Situación, lugar: *El corredor chileno ocupó la segunda **posición** en la competencia de velocidad.* **2.** Actitud, postura: *Me gusta acostarme a dormir en **posición** lateral y con las piernas dobladas.* **3.** Categoría social: *Ese industrial ha trabajado toda su vida para llegar a ocupar una alta **posición** social.*

positivismo *m.* Sistema filosófico que no admite otra realidad aparte de los hechos que pueden captarse por los sentidos y la experiencia: *El **positivismo** floreció en Europa en la segunda mitad del siglo xix.*

positivo *m.* Copia fotográfica obtenida de un negativo.

positivo, va *adj.* **1.** Que se basa en los hechos. **2.** Se dice del polo en que hay falta de electrones: *Al colocar una pila en algún aparato se deben hacer coincidir los polos **positivos** con los polos negativos.* **3.** Se dice de los números reales mayores de cero: *Cuatro (4) es un número **positivo** y menos cuatro (-4) es número negativo.* **4.** Afirmativo: *El banco le dio una respuesta **positiva** a la solicitud de préstamo hipotecario que hizo Carlos.* **5.** Se dice de la persona que siempre busca algo bueno en las cosas o situaciones.

positrón *m.* Partícula elemental con carga eléctrica igual que la del electrón pero positiva.

poso *m.* Asiento de alguna substancia que se halla mezclada con el líquido contenido en una vasija: *Antes de tomar un café turco hay que dejar que el **poso** del café se deposite en el fondo de la taza.*

posología *f.* Estudio de las dosis y de las vías de administración de los medicamentos.

posponer *vb. irreg.* (tr.) Modelo 27. **1.** Poner una persona o cosa después de otra. **2.** Retrasar, aplazar: *Emiliano tuvo que **posponer** su viaje por dos meses debido a la enfermedad repentina de su madre.*

posta *f.* **1.** Conjunto de caballerías que se situaban en los caminos para servir de relevo a las del correo, diligencias, etc., que ya estuvieran cansadas. **2.** Bala de plomo, un poco más grande que la munición: *Los muchachos se fueron al basurero a cazar ratas con un rifle de **postas**.*

postal *adj.* Relativo al correo: *Mi tío es empleado **postal** en una oficina llamada "El correo central".*

postal *f.* Tarjeta ilustrada con dibujos o fotografías que se envía por correo sin sobre: *Melania me envió una **postal** de un famoso museo que visitó durante su viaje a París.*

poste *m.* **1.** Madero largo colocado de manera vertical: *Mi perro siempre hace pipí en un **poste** que está en la esquina de mi casa.* **2.** Cada uno de los dos palos verticales de la portería de fútbol: *El portero debe pararse en el centro de la portería para poder llegar antes que el balón a cualquiera de los dos **postes**.*

póster *m.* Palabra de origen inglés. Cartel o fotografía de formato grande y papel ligero, que se usa para anunciar algo o decorar paredes: *Mi hermana pone en su dormitorio **pósters** de sus cantantes preferidos.* SIN. **afiche**.

postergar *vb. irreg.* (tr.) Modelo 17. Hacer que una cosa sufra retraso: *Los exploradores **postergaron** el viaje a la isla a causa del huracán.*

posteridad *f.* Tiempo futuro y gente que vivirá entonces: *La fama del artista español Pablo Picasso ha pasado a la **posteridad** porque su gran talento tuvo oportunidad de expresarse.*

posterior *adj.* **1.** Que sigue en el orden del tiempo: *Mi arribo fue **posterior** al tuyo; tú llegaste a las 4 y yo llegué a las 5.* **2.** Que está detrás de algo: *En la parte **posterior** de la escuela se encuentra un patio para jugar y hacer deportes.* **3.** Relativo a la consonante cuya articulación se produce en la parte posterior de la boca, como en la letra "g".

postigo *m.* Puerta pequeña abierta en otra mayor: *Cuando alguien toca a la puerta Maruja abre el **postigo** para ver quién es antes de dejarlo entrar.*

postilla *f.* Costra que se forma en las llagas o granos al secarse.

postín *m.* **1.** Fam. Presunción, vanidad: *Desde hace varios días Octavio se ha dado mucho **postín** porque ganó el concurso de oratoria.* **2.** loc. Fam. **De ~**, de lujo: *Uriel no pudo ir a la fiesta de **postín** porque necesitaba un traje elegante y no tenía ninguno.*

postizo *m.* Añadido de pelo que suple una escasez: *El señor Vargas perdió parte del pelo por una enfermedad nerviosa, así que ahora utiliza un **postizo** para taparse la calva.*

postizo, za *adj.* Que suple una falta natural: *A causa del accidente se rompieron sus dientes y por eso ahora usa dentadura **postiza**.*

postor *m.* Persona que ofrece cantidades sucesivas de dinero en una subasta o remate público: *Le vendieron el jarrón al mejor **postor**, es decir, a quien ofreció más dinero por él.*

postrado, da *adj.* **1.** Debilitado, adormecido, en especial por una enfermedad: *La tifoidea dejó a Jaime **postrado** en su cama durante una semana.* **2.** Arrodillado: *El afligido hombre cayó **postrado** ante la cama cuando vio que su madre acababa de morir.*

postrar *vb.* (tr. y prnl.) **1.** Debilitar en lo físico o moral: *La fiebre muy alta **postra** a los enfermos y por eso no pueden levantarse de la cama.* **2.** Arrodillarse en señal de respeto, veneración o súplica: *El hijo arrepentido se **postró** ante su padre para suplicarle perdón por su grave falta.*

postre *m.* Fruta o dulce que se toma después de las comidas: *A Carlos lo que más le gusta de la comida es el **postre**, sobre todo cuando su mamá prepara galletas de chocolate.*

postrer *adj.* Apócope de postrero.

postrero, ra *adj.* Que es el último en una serie: *Ayer mi tulipán dio su flor **postrera** de este año y ya no volverá a florecer hasta la próxima primavera.*

postrimerías *f. pl.* Último periodo en la duración de algo: *En las **postrimerías** de su vida fue cuando más activo estuvo ese escultor.*

postulado *m.* **1.** Principio admitido como cierto sin necesidad de demostración. **2.** Idea o pensamiento que es defendido por alguna persona: *Los **postulados** del materialismo histórico fueron creados por el filósofo y economista alemán Carlos Marx.*

postular *vb.* (tr.) **1.** Pedir en una colecta: *La Cruz Roja **postula** cada año para obtener fondos que ayuden a continuar brindando ayuda en caso de emergencia.* **2.** Defender un principio o pensamiento: *Galileo **postuló** el movimiento de la Tierra alrededor del Sol.*

póstumo, ma *adj.* *1.* Que nace después de la muerte del padre: *Óscar fue un hijo póstumo, pues cuando él nació su padre acababa de morir.* *2.* Que aparece después de la muerte del autor: *Acaban de publicar un libro póstumo del escritor que murió el año pasado.*

postura *f.* *1.* Manera de estar o colocarse: *Durante mi viaje en autobús dormí en una postura incómoda y ahora me duele el cuello.* *2.* Actitud ante un asunto: *Es interesante saber cuál es la postura de los candidatos frente a problemas como la contaminación.*

potabilización *f.* Acción y efecto de hacer que se pueda beber agua u otro líquido sin que dañe a quien la bebe: *El agua que llega a la ciudad pasa antes por una planta de potabilización donde es purificada.*

potabilizar *vb. irreg.* [tr.] **Modelo 16.** Hacer que el agua u otro líquido se pueda beber sin dañar a quien la bebe: *Potabilizar el agua que corre por las tuberías es responsabilidad de los gobiernos.*

potable *adj.* Agua o cualquier líquido que se puede beber sin que haga daño a quien lo bebe: *El agua de los grifos no es potable, hay que desinfectarla o hervirla antes de beberla.*

potaje *m.* **Palabra de origen francés.** Guiso hecho con legumbres secas y otros ingredientes: *Con el frío se me antoja un potaje de habas caliente y nutritivo.*

potasa *f.* Nombre común del hidróxido de potasio y los carbonatos de potasio.

potasio *m.* Metal alcalino ligero, de símbolo químico K y número atómico 19, cuyos compuestos se usan como abono.

pote *m.* *1.* Vasija cilíndrica con asa. SIN. **bote.** *2.* Envase con tapa.

potencia *f.* *1.* Capacidad para hacer algo o producir un efecto. *2.* Fuerza, poder: *Un automóvil común no tiene potencia para correr a cuatrocientos kilómetros por hora.* *3.* Resultado de multiplicar una cantidad por sí misma cierto número de veces: *Cuando se eleva el cinco a la tercera potencia, se multiplica cinco por cinco por cinco y el resultado es ciento veinticinco.* *4.* loc. **En ~,** de manera virtual, que puede llegar a producirse o a ser producido.

potencial *adj.* *1.* Que sólo existe en potencia: *Mi boda es un proyecto potencial porque todavía no sé si voy a decidir casarme con mi actual novio.* *2.* Relativo a la potencia.

potencial *adj./m.* Forma verbal que indica posibilidad: *La frase "si tuviera dinero me compraría una bicicleta" está escrita en potencial.*

potencial *m.* *1.* Fuerza o poder disponibles: *Durante el periodo histórico llamado Guerra Fría los países con mayor potencial militar eran los Estados Unidos de Norteamérica y la Unión Soviética.* *2.* Cantidad de energía almacenada en un cuerpo y que puede liberarse.

potenciar *vb.* [tr.] Facilitar, fomentar: *Una de las tareas de los maestros consiste en potenciar las capacidades y cualidades de sus alumnos.*

potentado, da *m.* y *f.* Persona poderosa y muy rica: *Los potentados suelen usar sus propios aviones que usan igual que las personas comunes utilizan su automóvil.*

potente *adj.* *1.* Que tiene potencia: *El motor de esa motocicleta es muy potente pues alcanza velocidades de 300 km/h.* *2.* Poderoso, fuerte: *Le inyectaron a Joel un potente antibiótico para atacar la infección de su garganta.*

potestad *f.* Poder o facultad que se tiene sobre personas o cosas: *Los padres tienen la potestad de cuidar y tomar decisiones por los hijos pequeños.*

potestativo, va *adj.* Voluntario, no obligatorio: *Usar una determinada marca de ropa es potestativo, pero el uso de ropa para salir a la calle es obligatorio.*

potingue *m.* *1.* Fam. Medicamento de sabor desagradable. *2.* Fam. Cosmético, en especial cremas y tratamientos: *Macaria se llena de potingues antes de irse a dormir porque dice que así se conserva más bella.*

poto *m.* *1.* Argent., Bol., Chile y Perú. Fam. Nalgas, trasero. *2.* Perú. Vasija hecha de calabaza seca que se usa para contener líquido.

potosí *m.* Riqueza extraordinaria: *Durante la Conquista los españoles esperaban encontrar un potosí lleno de oro en cada población que dominaban.*

potranco, ca *m.* y *f.* Caballo pequeño de menos de tres años de edad.

potrero *m.* *1.* Amér. Terreno cercado destinado a criar ganado: *Los caballos y las vacas pastan en el potrero.* *2.* Argent. y Urug. Terreno sin construir ubicado en la ciudad.

potro *m.* Aparato de gimnasia para efectuar saltos: *Los saltos en el potro son obligatorios en la gimnasia olímpica.*

potro, tra *m.* y *f.* Caballo o yegua jóvenes: *Ese potro negro todavía no está listo para ser montado porque falta entrenarlo y domesticarlo.*

poyo *m.* Banco hecho de piedra, ladrillos u otro material parecido, que suele construirse junto a la pared en las casas de campo.

pozo *m.* Hoyo hecho en la tierra para sacar agua o petróleo o bajar a las minas: *El pozo se secó y tuvieron que perforar en otros lugares en busca de agua.*

pozole *m.* *1.* Guat. Alimento que se les da a las aves de corral. *2.* Méx. Guiso que consiste en un caldo hecho con granos de maíz, carne de cerdo o pollo y condimentado con ají o chile, cebolla, lechuga, rábano, etc.

práctica *f.* *1.* Acción de realizar un trabajo o una actividad: *Es muy fácil leer una receta de cocina pero puede ser muy complicado ponerla en práctica.* *2.* Destreza, habilidad: *El panadero hace los panes con rapidez porque tiene mucha práctica.* *3.* Aplicación de los conocimientos adquiridos: *Al salir de la universidad se pone en práctica lo que se estudió en los libros.*

practicante *adj./m.* y *f.* Que sigue las prácticas de su religión: *Los católicos practicantes van a misa los domingos, los días de fiestas religiosas y pagan su diezmo.*

practicante *m.* y *f.* Auxiliar médico que pone inyecciones y hace curas: *Como parte de su aprendizaje, los practicantes ayudan a los médicos en la sala de urgencias del hospital.*

practicar *vb. irreg.* [tr.] **Modelo 17.** *1.* Realizar una actividad: *Desde niño ha practicado la natación y ahora va a competir profesionalmente.* *2.* Hacer algo con regularidad: *Si quieres llegar a tocar el piano de manera profesional tienes que practicar todos los días.*

práctico *m.* Persona que dirige las entradas y salidas de los barcos en un puerto.

práctico, ca *adj.* Que produce utilidad material: *Es muy práctico saber hacer algunas reparaciones domésticas pues así se ahorra tiempo y dinero.*

493

pradera *f. 1.* Conjunto de prados. *2.* Prado grande: *La casa está en medio de una gran* **pradera**, *al fondo de la cual se ven las montañas.*

prado *m. 1.* Terreno en el que se deja crecer la hierba para alimento del ganado: *Sacaré a las vacas al* **prado** *porque ya es hora de que se alimenten. 2.* Lugar con árboles y césped que sirve de paseo: *Cerca de mi casa hay un* **prado** *donde llevo a pasear a mi perro todas las tardes.*

pragmática *f.* En lingüística, estudio de las relaciones del lenguaje, quienes lo usan y las condiciones en que se usan.

pragmático, ca *adj. 1.* Relativo a la acción y no a la teoría: *El ministro de educación realizará la parte* **pragmática** *de la ley educativa aprobada por los legisladores. 2.* Relativo a la pragmática y al pragmatismo.

pragmatismo *m. 1.* Doctrina filosófica propagada por el filósofo estadounidense William James (1842-1910), en la que el criterio para tomar algo como verdadero depende de su aplicación práctica. *2.* Habilidad para adaptarse rápidamente a diferentes condiciones.

praseodimio *m.* Metal del grupo de las tierras raras, de símbolo Pr y número atómico 59.

praxis *f.* Práctica, en oposición a teoría: *Una parte importante de la* **praxis** *de la medicina es el diagnóstico de enfermedades.*

preámbulo *m.* Introducción que se hace antes de entrar al tema principal de un texto, en especial cuando se trata de un discurso: *El* **preámbulo** *resultó ser más largo que la ceremonia porque quien habló fue un hombre que habla mucho y muy lento.*

preboste *m.* Persona que es cabeza o jefe de una comunidad.

precámbrico, ca *adj./m.* y *f.* Primera era geológica de la historia de la Tierra, que empezó hace 4 600 millones de años y terminó hace 570 millones de años aproximadamente. En esta era aparecieron las primeras formas de vida.

precariedad *f.* Estado de precario, inseguridad: *La* **precariedad** *de la salud del paciente hace temer a los médicos que pueda morir esta noche.*

precario, ria *adj.* Inestable, inseguro o escaso: *Su situación laboral es* **precaria** *porque lo pueden despedir en cualquier momento.*

precaución *f.* Medida que se toma para evitar un peligro: *Antes de hacer un viaje en automóvil hay que tener la* **precaución** *de revisar los neumáticos, el aceite y los frenos.* Sin. **cuidado.**

precaver *vb.* {tr. y prnl.} Tomar medidas para evitar un mal: *La radio anunció que debemos* **precavernos** *con alimentos porque se acerca un huracán y no podremos salir de las casas durante varios días.*

precavido, da *adj.* Cauteloso: *Benito es un niño* **precavido** *que voltea a ambos lados de la calle antes de cruzarla.*

precedente *m.* Acción anterior que justifica hechos posteriores: *En una acción sin* **precedentes**, *un juez ordenó que encarcelaran a un famoso cantante por pícaro.*

preceder *vb.* {tr. e intr.} *1.* Ir delante en tiempo, orden o lugar: *Una larga enfermedad* **precedió** *a la muerte de ese poeta. 2.* Tener preferencia o superioridad sobre una persona o cosa: *El sueldo más alto es para el director, quien* **precede** *al subdirector.*

preceptiva *f.* Conjunto de normas o preceptos aplicables a una materia.

preceptivo, va *adj.* Que obliga a hacer algo: *En la mayor parte de los empleos es* **preceptivo** *que los empleados entren a determinada hora.*

precepto *m.* Orden de obligado cumplimiento: *Pagar los impuestos es un* **precepto** *que deben cumplir todos los ciudadanos.*

preceptor, ra *m.* y *f.* Persona encargada de la educación de los niños en una casa: *Antiguamente la gente rica no iba a la escuela porque tenía un* **preceptor** *en casa.*

preces *f. pl.* Conjunto de ruegos o súplicas.

preciado, da *adj.* Valioso, digno de estimación: *Aunque el reloj no costaba mucho dinero era un objeto* **preciado** *para Gerardo porque se lo había regalado su hermana.*

preciarse *vb.* {prnl.} Presumir de algo: *Valentín* **se preciaba** *de ser el joven más guapo de su pueblo aunque no era el más listo.*

precinto *m.* Ligadura y sello que mantiene cerrado algo: *Cuando los envases que contienen alimentos tienen roto el* **precinto** *no debemos comprarlos.*

precio *m. 1.* Valor atribuido a una cosa, expresado en dinero: *La muchacha presumida se compró el vestido pese a que el* **precio** *era demasiado alto. 2.* Costo: *El* **precio** *que pagó Efraín por hacer trampa en el examen fue alto, porque el maestro lo descubrió y lo reprobó.*

preciosidad *f. 1.* Cualidad de precioso: *Los cachorritos de foca me parecen una* **preciosidad**, *no entiendo cómo hay gente capaz de matarlos. 2.* Cosa preciosa: *Micaela compró una figurilla de porcelana antigua que es una* **preciosidad.**

precioso, sa *adj. 1.* Que es muy valioso: *Cuando hay un accidente, el tiempo para atender a los heridos es* **precioso**. *2.* Hermoso, bonito: *El paraje que visitamos el domingo es un lugar* **precioso** *donde vale la pena construir una casa.*

preciosura *f.* Preciosidad: *¡Qué* **preciosura** *de niña es Teresa! Tiene bonita cara y es inteligente y simpática.*

precipicio *m.* Abismo o declive alto y profundo en un terreno: *Ese restaurante en la montaña tiene un mirador que asoma a un* **precipicio** *muy impresionante.* Sin. **barranco.**

precipitación *f. 1.* Acción y efecto de precipitar o precipitarse, de obrar con prisa: *No hay que obrar con* **precipitación**, *es mejor reflexionar. 2.* Cantidad total de agua precipitada por la atmósfera: *El verano ha sido muy seco porque ha habido poca* **precipitación** *de lluvia.*

precipitado *m.* Se dice de la substancia que se separa de su disolvente y se deposita en el fondo del recipiente que la contiene.

precipitado, da *adj.* Hecho con prisa: *Agustín tomó una decisión* **precipitada** *y después se arrepintió porque ahora se ha dado cuenta de que no quería estudiar esa carrera.*

precipitar *vb.* {tr. y prnl.} *1.* Arrojar desde un lugar alto: *El automóvil derrapó en la curva y* **se precipitó** *al abismo. 2.* Hacer que una cosa ocurra antes de tiempo. *3.* Actuar con prisa: *Antonia* **se precipitó** *a comprar el vestido de novia porque va a casarse mañana.*

precisar *vb.* {tr.} *1.* Necesitar: *Construir una casa* **precisa** *del trabajo de mucha gente durante varios meses. 2.* Expresar algo con detalle y exactitud: *La maestra* **precisó** *que las preguntas del examen sólo abarcarían un tema y no todo el curso.*

precisión *f.* *1.* Calidad de preciso, necesario. *2.* Exactitud: *La precisión de los relojes para dar la hora ha aumentado con el paso de los años.*

preciso, sa *adj.* *1.* Necesario: *Es preciso terminar este asunto antes de que termine la semana pues ya no tenemos más tiempo.* *2.* Exacto, justo: *Esperé al carpintero toda la tarde y llegó en el preciso momento en que yo salía de casa, por eso no pude atenderlo.* *3.* Claro: *Las instrucciones de la receta fueron precisas, por eso mi postre quedó bien.*

precocidad *f.* Hecho de producirse algo antes de tiempo: *La precocidad de Israel para leer hace que parezca mayor de lo que es.*

precolombino, na *adj.* Relativo a la América anterior a la llegada de Cristóbal Colón: *El cacao, la papa y el jitomate son cultivos que se han venido realizando desde tiempos precolombinos.* **SIN. prehispánico.**

preconcebir *vb. irreg.* (tr.) **Modelo 47.** Pensar o proyectar una cosa de manera previa a su realización: *Después de que el director preconcibió el nuevo plan de trabajo, lo expuso a los gerentes para conocer sus opiniones.*

preconizar *vb. irreg.* (tr.) **Modelo 16.** Recomendar con intensidad algo de interés general: *La nueva campaña de higiene preconiza la importancia de lavarse las manos antes de comer y después de defecar.*

precoz *adj.* Que se produce, desarrolla o madura antes de tiempo: *El músico austriaco Mozart fue un niño precoz que a los cuatro años de edad ya tocaba el piano y el violín.*

precursor, ra *adj.* Que anuncia o empieza algo: *Las ideas del político y escritor cubano José Martí fueron precursoras a fines del siglo XIX del movimiento artístico llamado Modernismo.*

precursor, ra *m.* y *f.* Que se adelanta o inicia algo que se desarrollará después: *El artista italiano Leonardo da Vinci puede ser considerado un precursor de la aviación, ya que ideó e hizo planos de helicópteros y aeroplanos varios siglos antes de que se construyeran estas naves.*

predecesor, ra *m.* y *f.* Persona que precede a otra en tiempo o lugar.

predecir *vb. irreg.* (tr.) **Modelo 55.** Anunciar algo que ha de suceder en el futuro: *Las quirománticas afirman que pueden predecir el futuro de alguien interpretando las líneas de su mano.*

predestinación *f.* *1.* Determinación fatal y definitiva de los acontecimientos futuros. *2.* En teología, decreto de Dios acerca del fin último de la creatura humana, ya sea la salvación o la condena eternas.

predestinado, da *adj.* Que está marcado por su propio destino para acabar de una forma determinada: *Rubén estaba predestinado a morir joven porque desde niño tuvo una enfermedad incurable.*

predial *adj.* Relativo a los predios, a las propiedades: *Cuando se posee una casa, departamento o terreno, se debe pagar impuesto predial.*

predicado *m.* Parte de la oración que dice algo del sujeto: *En la frase "La contaminación está muy alta", "está muy alta" es el predicado y el sujeto es "la contaminación".*

predicamento *m.* *1.* Prestigio, influencia de una persona sobre otras a causa del cariño que despierta. *2.* Problema: *Fabiola está en un predicamento porque*

los dos muchachos que le gustan la invitaron a salir el mismo día y no sabe por cuál decidirse.

predicar *vb. irreg.* (tr.) **Modelo 17.** *1.* Publicar o manifestar algo: *La frase célebre más conocida del político mexicano Benito Juárez predica "el respeto al derecho ajeno es la paz".* *2.* Anunciar o enseñar la palabra de Dios. *3. Fam.* Reprender, regañar: *Mi maestra predicó acerca del respeto que debemos a los profesores.*

predicativo, va *adj.* Relativo al predicado.

predicción *f.* *1.* Hecho de predecir, de anunciar un suceso futuro: *Todavía no es posible hacer una predicción de los terremotos.* *2.* Conjunto de palabras con que se predice: *Muchas revistas femeninas tienen una página de predicciones de acuerdo con los signos del zodiaco.*

predilección *f.* Preferencia por una persona o cosa entre otras: *Yo siento predilección por el helado de nuez y Martín prefiere el helado de chocolate.*

predilecto, ta *adj.* Se dice de alguien o algo que se prefiere con amor o afecto especial: *Los perros son mi mascota predilecta porque siempre están dispuestos a recibir cariño.*

predio *m.* Finca, casa, terreno o cualquier posesión inmueble: *Cuando se tiene un predio se deben tener unas escrituras oficiales que acrediten que uno es el dueño.*

predisponer *vb. irreg.* (tr. y prnl.) **Modelo 27.** *1.* Disponer de manera anticipada a una persona para alguna cosa: *Hoy el entrenador habló con nosotros casi una hora porque quería predisponernos a lograr el triunfo en la competición del viernes.* *2.* Poner a alguien a favor o en contra de algo: *Ese muchacho me era simpático pero mi hermana me predispuso contra él porque me dijo que era mentiroso.*

predisposición *f.* Tendencia: *Jesús tiene predisposición a enfermarse de las vías respiratorias porque fuma mucho.*

predispuesto, ta *adj.* Dispuesto de manera anticipada hacia algo: *Victoria estaba predispuesta a reprobar el examen, por eso aunque estudió mucho cometió errores graves que perjudicaron su calificación.*

predominar *vb.* (tr. e intr.) Notarse, destacar algo o alguien sobre otras cosas o personas: *En la cinematografía estadounidense predominan los filmes de ciencia ficción.*

predominio *m.* Superioridad, influencia: *En esa familia el predominio del hermano mayor es evidente pues nadie toma una decisión sin consultarlo antes.*

preescolar *adj.* *1.* Que precede a lo escolar. *2.* loc. **Educación ~,** primer nivel educativo que precede a la escolarización obligatoria: *A los cuatro años de edad los niños suelen empezar a recibir la educación preescolar.*

prefabricado, da *adj.* Se dice de las piezas para la construcción elaboradas de manera industrial antes de usarse en la construcción: *Como utilizaron piezas prefabricadas, los albañiles se tardaron muy poco en armar la casa.*

prefabricar *vb. irreg.* (tr.) **Modelo 17.** Fabricar las piezas de un edificio antes de usarlas en la construcción.

prefacio *m.* Introducción, lo que se dice o se escribe antes de entrar al tema principal de un libro: *En el prefacio del libro obtuve información acerca del autor y sobre el tema de la novela.* **SIN. prólogo.**

prefecto *m.* **1.** Integrante de una comunidad religiosa. **2.** Encargado de mantener la disciplina en una escuela.

preferencia *f.* Tendencia favorable hacia una persona o cosa: *Mucha gente en México tiene **preferencia** por comer alimentos picantes.*

preferir *vb. irreg.* {tr. y prnl.} Modelo 50. Gustar más una persona o cosa que otra: *Gracias por la invitación a cenar pero **prefiero** quedarme en casa a leer.*

prefijo *m.* **1.** Elemento antepuesto a una palabra, que modifica su sentido: *Las palabras anticonceptivo e inmaduro llevan un **prefijo** que convierte su significado en lo contrario de la palabra original.* **2.** Clave o señal telefónica que va antes que otra, necesaria para hacer llamadas de larga distancia: *El **prefijo** de México es 52.*

pregón *m.* Divulgación en voz alta de un hecho, aviso, etc.: *Cuando todavía no existían los diarios la gente se enteraba de las noticias a través del **pregón** de hombres que las decían en las plazas.*

pregonar *vb.* {tr.} **1.** Divulgar con un pregón: *La vendedora de pájaros **pregona** en el mercado las cualidades de sus aves.* **2.** Difundir algo que debía permanecer oculto: *Habría que **pregonar** las virtudes de ese invento que ayuda a disminuir la contaminación en el agua.* **3.** Alabar en público a alguien: *La orgullosa madre ha **pregonado** las excelentes calificaciones de su hija.*

pregonero, ra *adj.* Persona encargada de decir pregones: *Cuando no había radio ni televisión un **pregonero** anunciaba en la plaza pública de las poblaciones los hechos más importantes.*

pregunta *f.* Frase con que se pide información: *Hice la **pregunta** "¿quién me invita a comer?" y tres de mis compañeros se ofrecieron a hacerlo, así que fuimos los cuatro juntos.*

preguntar *vb.* {tr. y prnl.} Pedir información sobre algo que se desea saber o confirmar: *Me gustaría **preguntarle** a ese cineasta cuál es su filme favorito.*

preguntón, na *adj./m.* y *f.* Que hace muchas preguntas: *Los niños alrededor de los cuatro años de edad son muy **preguntones** porque quieren saberlo todo.*

prehispánico, ca *adj.* Se dice de las culturas que se desarrollaron en América antes de la llegada de los españoles: *Dos culturas **prehispánicas** sobresalientes fueron la maya y la incaica.* Sin. **precolombino.**

prehistoria *f.* Historia de la humanidad desde la aparición del hombre sobre la Tierra hasta los primeros escritos.

prehistórico, ca *adj.* **1.** Relacionado con la prehistoria: *En los tiempos **prehistóricos** las familias habitaban en cavernas.* **2.** *Fam.* Muy antiguo: *La máquina de escribir que uso es **prehistórica** pues me la heredó mi abuela.*

prejuicio *m.* Acción y efecto de hacer juicios antes de tiempo, antes de conocer o comprobar algo: *Raúl tiene el **prejuicio** de que ese niño es un tonto, ¿cómo puede saberlo si nunca ha hablado con él?*

prejuicioso, sa *adj.* Se dice de quien hace muchos juicios antes de tiempo, antes de comprobar algo: *Algunas personas **prejuiciosas** piensan que quienes no tienen dinero son inferiores.*

prejuzgar *vb. irreg.* {tr.} Modelo 17. Juzgar las cosas antes de conocerlas: *Quienes **prejuzgan** se cierran las puertas hacia muchos conocimientos.*

prelado *m.* Clérigo que ha recibido un cargo superior en la Iglesia Católica.

preliminar *adj.* Que sirve de preámbulo o introducción a una cosa: *Tomé un curso **preliminar** de danza para asegurarme de que quiero comenzar a estudiarla de manera profesional.*

preliminar *m.* Cosa que antecede o se antepone a algo.

preludio *m.* Aquello que precede o anuncia algo: *Las nubes obscuras y el viento son **preludio** de una tormenta.*

prematuro, ra *adj.* Que no está maduro u ocurre antes de tiempo: *El bebé de Juana fue **prematuro** porque nació a los siete meses de gestación en lugar de a los nueve meses.*

premeditación *f.* Reflexión previa a una acción: *Me inscribí en una escuela extranjera con **premeditación** y no en un arranque como piensa mi familia.*

premeditado, da *adj.* Lo que se ha reflexionado antes de hacerse: *La decisión de Ofelia de ser bailarina fue **premeditada** pues lo ha pensado desde que era niña.*

premeditar *vb.* {tr.} Reflexionar algo antes de hacerlo: *Antes de mudarse de la ciudad, Marcelino lo **premeditó** durante varios meses.*

premiación *f. Amér.* Acto en donde se da algo como reconocimiento o recompensa: *La ceremonia de **premiación** será después de que haya terminado la competencia.*

premiar *vb.* {tr. e intr.} Dar algo a alguien como reconocimiento o recompensa: *En mi escuela **premian** con una medalla al niño que obtenga las mejores calificaciones.*

premio *m.* Aquello que se da como reconocimiento o recompensa: *El señor Ramírez ganó el **premio** en el concurso de diseño de muebles porque presentó un modelo de armario muy funcional y elegante.*

premisa *f.* Supuesto a partir del cual se deduce una cosa: *El resultado de ese razonamiento es falso porque la **premisa**, que es el punto de partida, también lo es.*

premolar *m.* Cada uno de los dientes situados entre los caninos y los molares.

premonición *f.* Sentimiento vago, instintivo, que hace que una persona sepa lo que va a suceder antes de que ocurra. Sin. **presentimiento.**

premura *f.* Prisa, urgencia: *Sandra se vistió con tanta **premura** que se puso la blusa al revés.*

prenda *f.* **1.** Pieza de vestido o de calzado: *En el segundo piso de la tienda venden **prendas** de vestir y en el primero venden artículos para el hogar.* Sin. **ropa.** **2.** Aquello que se da como garantía o prueba de algo: *La dama dio al caballero su collar como **prenda** de su confianza en él.* **3.** *pl.* Juego en que el jugador que va perdiendo entrega un objeto como castigo.

prendar *vb.* {tr. y prnl.} **1.** Gustar mucho: *Desde que me la regaló mi mamá, estoy **prendada** de una colección de libros que hablan de la vida de los animales.* **2.** Enamorarse o entusiasmarse: *Romeo y Julieta se **prendaron** uno de la otra desde la primera vez que se vieron.*

prendedor *m.* Broche o alfiler, a menudo de adorno, que sirve para sujetar prendas de vestir: *Martina se puso un pañuelo en el cuello y lo abrochó con un **prendedor** de perlas.*

prender *vb.* {tr., intr. y prnl.} **1.** Agarrar: *La leona **prendió** a la pequeña gacela y llevó a sus cachorros para que* comieran. **2.** Poner preso: *Prendieron al ladrón cuando intentaba cruzar la frontera para huir del país.* **3.** Enredarse dos cosas: *Las astas de los venados se prendieron durante la lucha de ambos animales por el dominio del territorio.* **4.** Arraigar una planta: *La enredadera ya prendió y está creciendo rápido.* **5.** Hacer arder o comenzar a arder: *La fogata prendió lentamente porque la madera estaba un poco húmeda.* **6.** Conectar la luz o un aparato eléctrico: *Prende la televisión para que veamos el noticiero.*

prensa *f.* **1.** Máquina para comprimir: *Los agricultores pasan las cañas de azúcar por una prensa para extraerles el jugo.* **2.** Taller de imprenta o máquina para imprimir. **3.** Conjunto de publicaciones periódicas: *La prensa de todo el mundo publicó en primera plana la noticia de la muerte accidental de la princesa.* **4.** Periodismo. **5.** loc. *Esp.* ~ **del corazón,** revistas dedicadas a los enredos sentimentales protagonizados por personas famosas.

prensar *vb.* (tr.) Apretar, comprimir: *Después de cosechar las uvas hay que prensarlas para sacarles el jugo y preparar el vino.*

prensil *adj.* Que sirve para asir o prender: *Las águilas tienen unas garras prensiles para acarrear a sus presas y sujetarse de las ramas.*

prensor, ra *adj.* Que agarra: *Los picos de los loros son prensores y les sirven hasta para trepar.*

preñada *adj./f.* Embarazada: *La elefanta del zoológico ha quedado preñada y parirá dentro de veintidós meses, que es el tiempo que dura la gestación de un elefantito.*

preñar *vb.* (tr.) Fecundar un macho a una hembra o un hombre a una mujer: *No quiero que mi gata se preñe de nuevo, por eso el veterinario la operó para que ya no pueda tener más cachorros.*

preocupación *f.* Estado de intranquilidad, angustia o inquietud: *No tener dinero para pagar su deuda le causa una gran preocupación.*

preocupante *adj.* Que causa intranquilidad o inquietud: *Es preocupante que ese niño tenga tres años y todavía no diga ni una palabra.*

preocupar *vb.* (tr. y prnl.) Causar algo intranquilidad o inquietud: *Mi madre se preocupa cuando mis hermanos llegan tarde en la noche y no le avisan dónde están.*

preparación *f.* Acción y efecto de preparar, de poner o ponerse algo en condiciones para determinado fin: *Los futbolistas han recibido una excelente preparación física y están listos para el partido de mañana.*

preparado *m.* Medicamento: *El médico le recetó a Marisa un preparado vitamínico para fortalecer su organismo.*

preparado, da *adj.* Instruido: *Es una persona preparada que no tendrá problemas en conseguir trabajo pronto.*

preparar *vb.* (tr. y prnl.) **1.** Poner algo en condiciones para cierto fin: *Desde la noche anterior Elena preparó todo lo necesario para su viaje del día siguiente.* **2.** Entrenar: *El atleta se está preparando para participar en el maratón.* **3.** Estar algo próximo a suceder: *Por los temblores y fumarolas parece que se prepara una erupción del volcán.*

preparativo *m.* Cosa dispuesta y preparada para determinado fin: *Al fin terminamos de organizar los preparativos para la fiesta que daremos mañana.*

preponderante *adj./m. y f.* Que domina o tiene más fuerza que lo demás de su clase: *El cuidado de la naturaleza debería ser un asunto preponderante para los gobiernos y los ciudadanos de todo el mundo.*

preponderar *vb.* (intr.) Prevalecer, dominar o tener más fuerza. SIN. **sobresalir.**

preposición *f.* Partícula invariable que une palabras o frases: *La palabra con es una preposición separable.*

prepotencia *f.* Abuso de poder: *Con prepotencia el hombre influyente dejó su automóvil estacionado a mitad de la calle y produjo un congestionamiento vial.*

prepotente *adj./m. y f.* Que abusa de su poder: *Ese cantante es un prepotente porque ordena a sus guardaespaldas que golpeen a quienes intentan acercársele.*

prepucio *m.* Piel móvil que recubre el glande del pene de los animales machos y el hombre.

prerrogativa *f.* Ventaja o facultad de ciertos cargos: *El automóvil y el chófer están entre las prerrogativas que le da al señor Sáenz la empresa donde trabaja.*

presa *f.* **1.** Cosa cogida o apresada: *Los roedores y reptiles pequeños son presas de las águilas.* **2.** Pieza de pollo: *Mi mamá me sirvió dos presas de pollo asado porque le dije que tenía mucha hambre.*

presa *f.* Muro que sirve para detener una corriente de agua o para acumular este líquido: *La presa de Asuán, cuyas aguas forman el lago Nasser, contiene una de las reservas de agua más importantes de Egipto.*

presagiar *vb.* (tr.) Anunciar, pronosticar: *El silencio de mi madre después de ver mi travesura presagiaba algún regaño.* SIN. **vaticinar.**

presagio *m.* Señal que anuncia algo: *Las nubes obscuras y los truenos son presagio de lluvia.*

presbiterianismo *m.* Rama del protestantismo fundada por Juan Calvino en el siglo XVI, en la que el gobierno de la Iglesia se confía en todos los niveles al presbiterio, que está formado por los laicos y los pastores.

presbiteriano, na *adj.* Relacionado o perteneciente al presbiterianismo.

presbiterio *m.* **1.** Parte de los templos católicos donde está el altar mayor. **2.** Asamblea de los presbíteros y laicos que dirigen la Iglesia Presbiteriana.

presbítero *m.* Sacerdote o autoridad religiosa.

prescindible *adj.* Relativo a lo que puede dejarse de lado: *En esa ciudad el abrigo es prescindible porque es un sitio cálido.* ANT. **imprescindible.**

prescindir *vb.* (intr.) **1.** Dejar de utilizar o de tener algo. **2.** Dejar de tener en cuenta a una persona: *Le informaron en su trabajo que prescindían de sus servicios, es decir, lo despidieron.* **3.** No tomar en cuenta una cosa: *Durante la reunión, el director de la empresa prescindió de los temas secundarios y trató sólo lo importante.*

prescribir *vb.* (tr. e intr.) **1.** Recomendar que se haga o tome algo, en especial un medicamento para combatir infecciones y enfermedades: *El veterinario le prescribió penicilina a mi perro para combatir la infección que tiene en una pata.* **2.** Ordenar, mandar: *Las leyes prescriben pena de prisión para quien cometa algún delito grave.* **3.** En derecho, extinguirse un derecho o responsabilidad: *Como esa canción es muy antigua y mucha gente la canta, han prescrito sus derechos de autor y ahora ya es del dominio popular.*

prescripción *f.* **1.** Tratamiento ordenado por un médico. SIN. **receta.** **2.** En derecho, plazo que al terminar elimina la acción contra el criminal o el delincuente: *Ramiro quedará libre dentro de dos meses, que es la fecha de la **prescripción** de su condena.*

presencia *f.* *1.* Hecho de estar una persona o cosa en un lugar: *El público del auditorio aclamaba la **presencia** del grupo musical en el escenario.* *2.* Imagen que da una persona ante los demás: *En esa oficina solicitan una recepcionista con buena **presencia** y trato amable para atender al público.* *3.* loc. *~ de ánimo*, serenidad: *Todos estaban tan nerviosos que no podían resolver correctamente el examen; sólo Margarita mostró **presencia de ánimo** y logró obtener la mejor nota.*

presenciar *vb.* (tr.) Estar presente o asistir a algo: *La ilusión del anciano es **presenciar** el nacimiento de su primer bisnieto y verlo llorar.*

presentable *adj.* Relativo a la persona o cosa que se encuentra en estado o condiciones de mostrarse o ser mostrado: *Como su aspecto no era **presentable** después de jugar fútbol, Luis se duchó antes de ir a casa de Juliana.*

presentar *vb.* (tr. y prnl.) *1.* Poner algo ante alguien para que lo vea: ***Presentaron** a los sospechosos ante el testigo para que identificara al ladrón.* *2.* Conducir un programa de radio o televisión: *Una famosa actriz **presenta** el programa de entrevistas en ese canal de televisión.* *3.* Mostrar alguien una persona a otra para que la conozca: *Ernesto **me presentó** a su novia la semana pasada.* *4.* Acudir, estar presente: *Para recoger el pasaporte es necesario **presentarse** en la oficina de gobierno respectiva con una identificación.*

presente *adj.* *1.* Que está en un lugar determinado o en presencia de alguien: *Había sólo tres alumnos **presentes** en el salón cuando el maestro pasó lista de asistencia.* *2.* Que ocurre en el momento en que se está hablando: *En los tiempos **presentes** los adelantos tecnológicos son impresionantes.*

presente *m.* *1.* El tiempo actual: *Hay que vivir el **presente** recordando el pasado y preparándose para el futuro.* *2.* Tiempo verbal que indica que la acción expresada por el verbo se realiza en la actualidad: *Si digo yo como, estoy expresándome en **presente**.* *3.* Regalo: *Sus amigos le llevaron muchos **presentes** a Rodolfo con motivo de su graduación.*

presente *interj.* Fórmula con que se contesta al pasar lista: *Como Rocío estaba platicando no contestó "**presente**", la maestra no se dio cuenta de que estaba en la clase y le puso falta.*

presentimiento *m.* Sentimiento vago o instintivo de que algo bueno o malo va a suceder: *No sé por qué, pero tengo el **presentimiento** de que hoy recibiré una agradable sorpresa.* SIN. **premonición**.

presentir *vb. irreg.* (tr.) Modelo 50. Tener la sensación de que va a ocurrir algo: *Los animales han estado inquietos, como si **presintieran** que algo malo va a suceder.* SIN. **sospechar**.

preservación *f.* Conservación, protección: *Los historiadores del arte están conscientes de la importancia de la **preservación** del patrimonio cultural nacional.*

preservar *vb.* (tr. y prnl.) Proteger o resguardar de un daño o peligro: *Mantener fríos los alimentos ayuda a **preservarlos** durante más tiempo.*

preservativo *m.* Funda de goma con que se cubre el pene durante las relaciones sexuales para prevenir el embarazo, infecciones y enfermedades como el sida. SIN. **condón**.

presidencia *f.* *1.* Acción y efecto de presidir: *Mañana le tocará a mi papá la **presidencia** en la asamblea de vecinos.* *2.* Cargo de presidente y tiempo que dura: *En algunos países como Argentina y Colombia la **presidencia** dura cuatro años y en otros como México y Filipinas dura seis.* *3.* Oficina que ocupa un presidente: *Javier está intrigado porque lo llamaron de la **presidencia** de la empresa y le dijeron que quieren hablar con él.*

presidencial *adj.* Relativo a la presidencia o al presidente: *A las once pasarán por la televisión el informe **presidencial** correspondiente a este año.*

presidencialismo *m.* Régimen político en que el presidente de la república es también jefe del gobierno: *Algunos países tienen un régimen de **presidencialismo** mientras que otros han optado por un régimen parlamentario en el que el Poder Legislativo decide y supervisa lo que hace el presidente.*

presidente, ta *m.* y *f.* *1.* Superior de un consejo, junta u organización: *La junta de padres de familia eligió a su nuevo **presidente** para que los represente y dirija durante el mes próximo.* *2.* Se escribe con "P" mayúscula cuando designa el cargo de la presidencia de un país, por si está acompañado del nombre de la persona, por ejemplo, el Presidente de la República.*

presidiario, ria *m.* y *f.* Persona que está en presidio, en prisión: *En los filmes a veces presentan a los **presidiarios** con trajes de rayas y grilletes en los tobillos.*

presidio *m.* Cárcel: *Está en **presidio** desde hace seis meses por haber robado.* SIN. **prisión**, **chirona**.

presidir *vb.* (tr.) Tener el cargo de presidente: *El director de la escuela **presidió** una junta en la que dio instrucciones a los maestros sobre los métodos de enseñanza que deben seguir.*

presilla *f.* Tira de tela cosida al borde de una prenda, que sirve para abrochar o como adorno.

presión *f.* *1.* Acción de apretar u oprimir: *Con el exprimidor se ejerce **presión** sobre el limón y se obtiene el jugo.* *2.* Fuerza o coacción que se ejerce sobre una persona para que haga algo que no quiere: *No despidieron a Evelia de su empleo, pero ejercieron **presión** hasta que la hicieron renunciar.* *3.* Fuerza ejercida por un líquido: *El agua de las mangueras que usan los bomberos sale con mucha **presión** para que llegue lejos.*

presionar *vb.* (tr.) Ejercer una presión, empujar a alguien para que haga algo: *Amelia **presionó** a su hermana para que la acompañara a comprar ropa.*

preso, sa *m.* y *f.* Persona encarcelada: *En esa cárcel les permiten a las **presas** tener a sus hijos pequeños con ellas.* SIN. **recluso**, **cautivo**, **prisionero**.

prestación *f.* *1.* Acción de prestar un servicio. *2.* Servicio que el Estado, instituciones públicas o empresas privadas dan a sus empleados: *En la empresa donde trabaja Rodrigo hay buenas **prestaciones**, como ayuda para gastos médicos, vacaciones dos veces al año y becas para capacitación.*

prestado, da *adj.* Relativo a lo que se ha dejado a alguien por un tiempo: *"El tomo seis de la enciclopedia está **prestado**, por eso no lo encuentras en el anaquel", me indicó la bibliotecaria.*

prestamista *m.* y *f.* Persona que presta dinero y cobra interés por ello: *Jacinta me dijo que irá a ver al prestamista porque ninguno de sus amigos tenía dinero para prestarle.*

préstamo *m.* **1.** Hecho de prestar: *Le hice un préstamo de dinero a mi amigo para que comprara el caramelo que quería.* **2.** Cosa que se presta: *El disco no es mío, es un préstamo de mi novio, por eso no te lo puedo prestar.* **3.** Elemento que una lengua toma de otra: *El español ha tomado muchos préstamos del inglés, como las palabras show y stock.*

prestancia *f.* **1.** Calidad de lo que es superior a otras cosas de su misma clase. **2.** Aspecto de distinción: *Ese bello vestido le da a Patricia tanta prestancia que la hace parecer una princesa.*

prestar *vb.* {tr. y prnl.} **1.** Ceder algo por un tiempo para que después sea devuelto: *Arnoldo me prestó un libro y me dijo que se lo devolviera la semana próxima.* **2.** Dar u ofrecer algo, en especial una ayuda, un servicio, etc.: *La secretaria se prestó para ir al aeropuerto a recoger a los hijos de su jefe.*

presteza *f.* Prontitud, rapidez: *La respuesta de la gente después del terremoto fue de gran presteza, solidaridad y colaboración.*

prestidigitación *f.* Arte de hacer trucos con las manos. SIN. **ilusionismo, magia**.

prestidigitador, ra *m.* y *f.* Persona que domina el arte de hacer trucos con las manos: *En la feria hay un prestidigitador que sorprende mucho a los niños con sus actos.* SIN. **mago**.

prestigiar *vb.* {tr.} Dar fama, acreditar: *La belleza y funcionalidad del edificio que construyó prestigia a ese arquitecto en su país y en el extranjero.*

prestigio *m.* Fama o influencia de que goza una persona o cosa: *Ese profesor goza de un gran prestigio por las conferencias que da en el extranjero.* SIN. **reputación**.

prestigioso, sa *adj.* Que tiene fama: *El reloj que vimos es de marca prestigiosa, por eso su precio es elevado.*

presto *adv.* Pronto, en seguida: *Debemos encontrar una presta solución al problema del tubo roto porque el agua ya inundó toda la casa.*

presto, ta *adj.* **1.** Dispuesto para hacer algo: *En cuanto le ofrecieron un trabajo en el extranjero, Ricardo se mostró presto a partir.* **2.** Rápido para hacer cosas, diligente: *Preocupado por la salud de su madre, Daniel acudió presto al hospital.*

presumido, da *adj.* Se dice de quien se muestra demasiado orgulloso de sí mismo y de sus cosas: *Jonás es un presumido que siempre se está admirando en el espejo.* SIN. **vanidoso**.

presumir *vb.* {tr. e intr.} **1.** Creer que algo sucede o va a ocurrir porque se han observado señales de ello: *No estamos seguros, pero todos presumimos que mi hermana está embarazada por los cambios físicos que está sufriendo.* **2.** Vanagloriarse de sí mismo: *Sin que nadie le preguntara, Felipe se puso a presumirnos de sus premios deportivos.* **3.** Cuidar el arreglo personal de manera excesiva.

presunción *f.* **1.** Suposición fundada en indicios o señales: *Por los indicios que tiene, la policía parte de la presunción que el marido es el asesino de esa mujer.* SIN. **conjetura**. **2.** Acción de presumir: *Me molesta la*

presunción *de Rafael porque cree que todo lo sabe y se la pasa hablando de sus grandes conocimientos.*

presunto, ta *adj.* Que se cree o supone: *Mañana se inicia el juicio al presunto culpable del robo.*

presuntuoso, sa *adj.* Con muchas pretensiones: *Fue una fiesta presuntuosa en la que la familia trató de mostrar toda su riqueza a los invitados.*

presuntuoso, sa *adj./m.* y *f.* Vanidoso, presumido: *David es un presuntuoso que cree que yo soy afortunado al haberlo conocido.*

presuponer *vb. irreg.* {tr.} **Modelo 27.** Dar por supuesta una cosa.

presuposición *f.* Acción y efecto de presuponer, de suponer una cosa.

presupuestar *vb.* {tr.} Hacer un presupuesto, calcular cuánto costará algo: *Una buena costumbre es presupuestar los gastos del mes, así evitamos malgastar el dinero.*

presupuesto *m.* **1.** Hipótesis. **2.** Estimación anticipada de los gastos e ingresos de un país, empresa, etc.: *El presupuesto para la educación debe ser uno de los más importantes para un país.* **3.** Cálculo del costo previsto de una obra, reparación, etc.: *Irma pidió varios presupuestos de la reparación de los muebles para elegir el que más le conviniera.*

presuroso, sa *adj.* Rápido, ligero: *Salvador iba con paso presuroso porque apenas le quedaban unos minutos para llegar antes de que comenzara la función de cine.*

pretencioso, sa *adj.* Que quiere dar impresión de ser mejor que los demás. SIN. **presuntuoso, vanidoso**.

pretender *vb.* {tr.} **1.** Tratar de conseguir algo: *Emilio pretende obtener calificaciones altas, por eso estudia y cumple con los trabajos escolares y pone atención a las clases.* **2.** Cortejar a una mujer: *José pretende a Berenice desde que eran niños pero ella nunca le ha hecho caso.*

pretendiente *m.* Quien corteja a una mujer: *Como es guapa, simpática e inteligente, Liliana tiene muchos pretendientes.*

pretensión *f.* **1.** Intención, propósito: *Aprender a hablar francés antes de que termine este año es una pretensión personal.* **2.** Derecho que alguien cree tener sobre algo. **3.** Aspiración ambiciosa o vanidosa: *La pretensión de Rubén es ser jefe de la oficina, pero está equivocado porque todavía no tiene la capacidad suficiente.*

pretérito *m.* Tiempo verbal que presenta la acción como realizada en el pasado: *La palabra comeré es un verbo en tiempo futuro, la palabra comí es un verbo en tiempo pretérito.*

pretérito, ta *adj.* Pasado: *En tiempos pretéritos la ciudad era chica y sin medios de transporte.*

pretexto *m.* Razón fingida que se usa para ocultar la verdadera: *Como León no quería ver a Iris, le puso como pretexto que tenía mucho trabajo.*

pretil *m.* Barrera que se pone a los lados de un puente. SIN. **barandal**.

prevalecer *vb. irreg.* {intr.} **Modelo 39.** Imponerse una persona o cosa entre otras: *En los desiertos prevalece el clima seco porque casi nunca llueve.*

prevaler *vb. irreg.* {tr., intr. y prnl.} **Modelo 34.** **1.** Dominar o ganar una cosa sobre otras. **2.** Servirse de algo: *El abogado se prevalió de la enfermedad del acusado para pedir que el juicio se pospusiera.*

prevención f. Medida tomada para evitar un daño o peligro: *Las prevenciones que se tomaron fueron insuficientes, y mucha gente murió durante el último huracán.*

prevenir *vb. irreg.* (tr. y prnl.) Modelo 49. **1.** Preparar con anticipación las cosas: *Gonzalo necesita luz para realizar su trabajo, por eso se ha prevenido contra los apagones con varias lámparas de baterías.* **2.** Tomar las medidas precisas para evitar un mal. **3.** Advertir de algo: *¡Te prevengo: estudias o te quedas sin paseos!*

prever *vb. irreg.* (tr.) Modelo 31. **1.** Creer que algo va a ocurrir: *Preveo que los muchachos van a salir esta noche porque están arreglándose y vistiéndose con ropa moderna.* **2.** Tomar las medidas necesarias para afrontar algo.

previo, via *adj.* Que precede o sirve de preparación a algo: *Los trabajos previos a la boda de mi hermana fueron agotadores.*

previsión f. Acción y efecto de prever, de tomar medidas para afrontar algo: *Tener copias de nuestros documentos personales es una previsión para poder reponerlos con facilidad en caso de perder los originales.*

prez *m.* y f. Honor que proporciona una acción meritoria. Sin. **honra, consideración.**

prieto, ta *adj./m.* y f. **1.** *Amér.* Se dice del color entre marrón y negro: *La mula prieta es la más fuerte de la recua.* **2.** *Méx. Fam. Desp.* Persona de color de piel muy moreno, casi negro.

prieto, ta *adj.* Apretado, tenso, ajustado: *El pantalón de la muchacha estaba tan prieto que casi no podía sentarse.*

prima f. **1.** Dinero que se da como estímulo o como recompensa. **2.** Pago que da una persona o empresa a la compañía de seguros con quien han contratado un seguro.

prima f. Primera cuerda de algunos instrumentos.

primacía f. **1.** Hecho de ser el primero. **2.** Prioridad concedida a alguien o a algo: *Los ancianos y enfermos tienen primacía para abordar el tren y después suben los demás pasajeros.*

primaria f. *Méx.* Educación básica que consiste en los seis primeros grados que cursa un niño después de salir del nivel preescolar.

primario, ria *adj.* **1.** Principal o primero: *El descanso es una actividad primaria para la salud.* **2.** Primitivo, salvaje. **3.** Paleozoico.

primate *adj./m.* Relativo a un orden de mamíferos trepadores, de uñas planas y cerebro muy desarrollado: *Entre los primates se encuentran los gorilas y los chimpancés.*

primavera f. La primera de las cuatro estaciones del año: *En la primavera empiezan a florecer de nuevo las plantas y los árboles.*

primer *adj.* Apócope de *primero*, que se antepone al sustantivo: *El primer día de clases los niños están inquietos y nerviosos.*

primero *adv.* En primer lugar: *Primero termina de limpiar tu habitación y luego ya puedes jugar.*

primero, ra *adj.* Adjetivo ordinal que corresponde al número uno.

primero, ra *m.* y f. **1.** Elemento que precede a todos los demás en una serie: *Como nos acomodan por estaturas, el primero de la fila es el niño más bajo de mi clase.* **2.** Persona, animal o cosa que predomina en calidad o importancia: *Este mes Esteban fue el primero en la clase de inglés.*

primicia f. Noticia hecha pública por primera vez: *Los periodistas dieron la primicia de la boda de la princesa con el actor de cine.*

primigenio, nia *adj.* Primitivo, originario.

primitivo, va *adj./m.* y f. **1.** Del primer periodo de la historia: *Los hombres primitivos usaban huesos y piedras como armas para cazar y defenderse.* **2.** Poco desarrollado, rudimentario: *En muchos lugares todavía se usan herramientas primitivas para cultivar la tierra porque no pueden comprar máquinas modernas.* **3.** Se dice de las sociedades humanas de civilización poco desarrollada: *En la actualidad existen algunos grupos étnicos primitivos que sobreviven de la caza y la pesca.* **4.** Relativo a la palabra que no es derivada de otra en la misma lengua: *La palabra flor es primitiva y las palabras florería, florero y florista son sus derivadas.*

primo. Número ~, loc. Número entero que sólo es divisible entre sí mismo y entre la unidad: *Uno, dos, tres y cinco son números primos.*

primo, ma *adj.* Primero.

primo, ma *m.* y f. Respecto a una persona, hijo de un tío suyo: *Enrique se divierte mucho con su primo Francisco, que es el hijo de su tía Berenice.*

primogénito, ta *adj.* Relativo al hijo que nace primero: *Antiguamente el padre heredaba todos sus bienes al hijo primogénito.*

primogénito, ta *m.* y f. Primer hijo de una pareja: *El primogénito de la familia tomó el lugar del padre cuando éste falleció.*

primor *m.* **1.** Esmero con que se hace algo. **2.** Cosa hecha con cuidado.

primordial *adj.* Que es necesario, básico, esencial: *Es primordial que compre ese libro para hacer el trabajo escolar porque en él están todos los datos que necesito.*

primoroso, sa *adj.* Que está hecho con primor, con esmero.

princesa f. **1.** Título que se da a la hija de un rey. **2.** Esposa de un príncipe: *La princesa Grace fue esposa del príncipe Rainiero de Mónaco, un pequeño principado de Europa.* **3.** Soberana de un principado.

principado *m.* **1.** Título o dignidad de príncipe. **2.** Territorio sujeto a la autoridad de un príncipe.

principal *adj.* **1.** De más importancia o valor: *El papel principal de la obra lo tiene el actor más famoso.* **2.** Relativo a la oración de la que depende una subordinada: *En la frase "El señor de azul, que tiene sombrero negro, es mi tío", la parte "El señor de azul es mi tío" es la oración principal, y la otra parte "que tiene sombrero negro" es la subordinada.* **3.** Se dice del primer nivel o piso de una construcción, que está sobre la planta baja.

príncipe *m.* **1.** Título que se da al hijo de un rey o una reina. **2.** Título del soberano de un principado.

principeño, ña *adj./m.* y f. De Puerto Príncipe, capital de Haití, isla de las Antillas Mayores.

principesco, ca *adj.* Que es o parece propio de un príncipe: *Ese hombre rico compró una casa principesca con muchas habitaciones y grandes jardines.*

principiante, ta *adj./m.* y f. Que comienza a ejercer un arte u oficio: *Pedro es principiante en la música; apenas ayer comenzó sus clases de canto.*

principio *m.* *1.* Primera parte de una cosa: *Llegué tarde al cine y me perdí el* ***principio*** *del filme.* SIN. **comienzo, inicio.** *2.* Concepto que sirve de base a un razonamiento. *3.* Ley que regula un conjunto de fenómenos físicos. *4.* pl. Norma moral que rige la conducta: *Lo expulsaron de la escuela porque no seguía los* ***principios*** *establecidos en la institución.* SIN. **precepto, regla.** *5.* pl. Conjunto de primeras nociones de una ciencia o arte.

pringar *vb. irreg.* {tr. y prnl.} Modelo 17. *1.* Mojar el pan en pringue u otra salsa. *2.* Manchar con pringue.

pringue *m.* y *f.* *1.* Grasa producida por ciertos alimentos. *2. Fam.* Suciedad, porquería.

prior, ra *m.* y *f.* Superior de algunas comunidades religiosas.

prioridad *f.* Anterioridad de una cosa respecto de otra: *De entre todos los problemas de la escuela el director le dio* ***prioridad*** *a la pintura, ya que las paredes se ven viejas y despintadas.*

prisa *f.* *1.* Rapidez con que sucede algo: *El accidente ocurrió con tanta* ***prisa*** *que nadie pudo saber con seguridad qué pasó.* *2.* Necesidad de apresurarse: *Tengo mucha* ***prisa*** *y no puedo hablar contigo ahora.*

prisión *f.* Establecimiento donde se encuentran las personas privadas de su libertad por estar acusadas de haber cometido algún delito: *Llevaron al delincuente a una* ***prisión*** *de alta seguridad por ser un hombre peligroso.* SIN. **cárcel, chirona, presidio.**

prisionero, ra *m.* y *f.* Preso en poder de un enemigo. SIN. **cautivo.**

prisma *m.* Cuerpo formado por dos bases y varios lados paralelos.

prismático, ca *adj.* Que tiene forma de prisma.

prismáticos *m. pl.* Anteojos, instrumento óptico.

privacidad *f.* Cualidad de lo que se refiere a una persona de manera individual: *Los actores exigieron respeto a su* ***privacidad*** *porque ya estaban cansados de que sus problemas y asuntos personales fueran publicados.*

privado, da *adj.* *1.* Que pertenece a un particular: *Don Jacobo tiene dos automóviles: uno* ***privado*** *que compró el año pasado, y otro que le da la compañía para la que trabaja.* *2.* Personal, íntimo: *Eufemia no quiere contar nada de su vida* ***privada*** *porque es una persona reservada.*

privar *vb.* {tr., intr. y prnl.} *1.* Dejar a alguien o a algo sin alguna cosa: ***Privaron*** *a Remigio del premio del mejor estudiante porque su conducta no era buena.* *2.* Estar de moda una cosa: *Hay épocas en que* ***privan*** *los vestidos cortos y hay épocas en que la moda son los vestidos que llegan hasta el piso.* *3.* Renunciar a algo: *Manuel se* ***privó*** *de comer hamburguesas porque está a dieta.*

privatizar *vb. irreg.* {tr.} Modelo 16. Convertir en privados bienes o empresas públicas.

privilegiar *vb.* {tr.} Conceder una ventaja a alguien o algo sobre los demás: *El maestro* ***privilegió*** *a Sabina con un permiso para llegar tarde durante una semana porque obtuvo la calificación más alta de la clase.*

privilegio *m.* *1.* Ventaja que se da a uno: *María me concedió el* ***privilegio*** *de bailar la primera pieza de la fiesta con ella.* *2.* Documento en que consta la ventaja que se da a uno.

pro *m.* y *f.* Provecho, utilidad que ofrece alguna cosa o situación.

pro *prep.* En favor de: *Irma trabaja en una asociación* ***pro*** *ciegos donde les enseñan a valerse por sí mismos.*

proa *f.* Parte delantera de una nave: *La tripulación del barco puso* ***proa*** *hacia el occidente y se dispuso a emprender el viaje.*

probabilidad *f.* Calidad de lo que puede suceder: *Hay pocas* ***probabilidades*** *de que podamos salir de vacaciones porque mi hermana está enferma, mi madre está enojada y yo no tengo dinero.* SIN. **posibilidad.**

probable *adj.* *1.* Que se puede probar: *El hecho de que hay líquidos con diferente densidad es* ***probable***, *pues basta poner un poco de aceite a un vaso con agua para demostrarlo.* *2.* Que puede suceder: *Según esas nubes obscuras es* ***probable*** *que llueva pronto.*

probado, da *adj.* Acreditado por la experiencia: *La efectividad de la infusión de manzanilla para aliviar las irritaciones de los ojos está* ***probada*** *y desde hace siglos se ha venido usando.*

probador *m.* Habitación para probarse las prendas de vestir: *Voy al* ***probador*** *para ver si me queda bien esta blusa.*

probar *vb. irreg.* {tr. e intr.} Modelo 5. *1.* Demostrar la verdad de cierta cosa: *Jimena me* ***probó*** *que había ganado el premio de canto mostrándome el diario en el que habían dado la noticia.* *2.* Examinar las cualidades de una persona o cosa: ***Probarán*** *a las tres personas que solicitan el empleo para ver cuál está más capacitada.* *3.* Tomar una porción de comida o bebida para apreciar su sabor: ***Probé*** *un postre chino que estaba muy sabroso a pesar de su feo aspecto.* *4.* Hacer el intento de realizar una cosa.

probeta *f.* Recipiente de cristal parecido a un tubo, que se usa en los laboratorios.

problema *m.* *1.* Cuestión en que debe averiguarse una respuesta o que provoca preocupación: *La maestra les dejó cuatro* ***problemas*** *matemáticos a sus alumnos.* *2.* Hecho que impide o dificulta alguna cosa: *Jaime llegó tarde a su cita porque tuvo* ***problemas*** *con su automóvil.*

problemática *f.* Conjunto de problemas relativos a una ciencia, actividad o situación: *Todos los vecinos se reunieron para hablar sobre la* ***problemática*** *del edificio.*

problemático, ca *adj.* Que implica o causa problema. SIN. **difícil.**

probo, ba *adj.* Honrado, íntegro: *Designaron juez al licenciado Martínez porque es un hombre* ***probo*** *y justo.*

proboscidio, dia *adj./m.* Relativo a un orden de mamíferos ungulados provistos de una trompa prensil, como el elefante.

procaz *adj.* Desvergonzado, grosero: *No me gusta platicar con Tulio porque habla de una manera* ***procaz***, *diciendo una grosería cada dos palabras.*

procedencia *f.* Origen de donde procede alguien o algo: *Cuando se envía un paquete hay que indicar el país de* ***procedencia*** *y el de destino.*

procedente *adj.* Proveniente, que viene de un lugar determinado: *Acaba de aterrizar un avión* ***procedente*** *de Madrid.* SIN. **originario.**

proceder *m.* Manera de actuar: *Anastasia se ha portado muy grosera en los últimos días, creo que su* ***proceder*** *es incorrecto.*

proceder *vb.* {intr.} *1.* Tener una cosa su origen en algo: *Te llegó una carta que* ***procede*** *de Finlandia, ¿a quién* conoces allí? **2.** Comportarse, actuar: *Javier* **procedió** *con cautela cuando expuso su opinión porque sabía que el maestro estaba enojado.* **3.** Ser oportuno o conforme a unas normas: *El juez dijo que* **procedía** *la demanda de la comunidad para impedir que se construyan edificios en un área verde.* **4.** Iniciar un juicio contra alguien: *Las autoridades* **han procedido** *contra el hombre acusado de asesinato.*

procedimiento *m.* **1.** Acción de proceder, de actuar de un modo particular. **2.** Método: *El profesor nos indicó el* **procedimiento** *que había que realizar el experimento en el laboratorio.* **3.** Actuación por trámites judiciales o administrativos.

prócer *adj./m.* y *f.* Noble, majestuoso, persona ilustre: *En ese cementerio están enterrados los* **próceres** *de la patria.*

procesado, da *adj./m.* y *f.* Persona que es tratada y declarada como presunto reo en un proceso criminal: *El* **procesado** *está en la cárcel desde hace dos meses.*

procesador *m.* **1.** Circuito que funciona como unidad central en una computadora. **2.** En computación, programa de un sistema operativo que ejecuta una función.

procesar *vb.* {tr.} **1.** En Derecho, formar procesos: *La Corte* **procesará** *a los miembros de una banda de ladrones.* **2.** Desarrollar un proceso de datos: *La computadora ya tiene los datos, ahora es cuestión de que los* **procese** *para que tengamos el resultado.*

procesión *f.* Ceremonia de carácter religioso que consiste en un desfile solemne que se acompaña de cantos y oraciones.

procesionaria *f.* Oruga que se alimenta de las hojas del pino, roble y encina, a los que causa grandes daños: *Las* **procesionarias** *se llaman así porque suelen avanzar formando filas.*

proceso *m.* **1.** Desarrollo de las fases de un fenómeno: *El embarazo es un* **proceso** *de formación de un ser, que concluye con el nacimiento.* **2.** Método, sistema. **3.** En Derecho, conjunto de medidas que se toman para tratar una causa criminal: *Al terminar el* **proceso** *se sabrá si el acusado es culpable o inocente.* **4.** Conjunto de operaciones a que se someten los datos.

proclama *f.* **1.** Discurso político o militar. **2.** Notificación pública: *Los medios de comunicación lanzaron una* **proclama** *sobre los resultados definitivos de las votaciones para presidente de la república.*

proclamar *vb.* {tr. y prnl.} **1.** Mostrar algo de manera pública: *El famoso actor de cine* **proclamó** *que pronto se casará con una de sus sirvientas.* **2.** Hacer saber de forma pública y solemne el comienzo de un reinado, régimen político, etc.: *A principios del siglo XIX se* **proclamó** *la independencia de casi todos los países de América Latina.* **SIN. promulgar. 3.** Otorgar un título. **SIN. elegir, coronar.**

proclive *adj.* Propenso a una cosa negativa: *Daniela está preocupada porque dice que su hermano es* **proclive** *a la bebida.*

procrear *vb.* {tr.} Engendrar, crear un nuevo ser: *Teresa y Felipe* **procrearon** *dos hijos, Miguel y Adriana.*

procurador, ra *m.* y *f.* Persona que representa de manera legal a otra.

procurar *vb.* {tr. y prnl.} **1.** Hacer esfuerzos o diligencias para conseguir algo: **Procuraré** *terminar hoy mi trabajo escolar para tener libre el resto del fin de semana.* **2.** Proporcionar o facilitar a alguien una cosa: *Mi maestro me* **procuró** *los libros que debo consultar para hacer mi trabajo, porque no es fácil conseguirlos.*

prodigar *vb. irreg.* {tr. y prnl.} **Modelo 17. 1.** Dar mucho de algo: *La reina del carnaval* **prodigaba** *besos desde su carro alegórico.* **2.** Exhibirse: *El actor se* **prodigó** *ante toda la gente durante la fiesta por el estreno de su nuevo filme.*

prodigio *m.* **1.** Suceso muy raro que resulta difícil explicar. **2.** Mostrar algo de manera clara. **3.** Persona o cosa asombrosa por sus cualidades poco comunes: *Maura es un* **prodigio**, *desde niña sabe tocar piezas muy difíciles en guitarra.*

pródigo, ga *adj.* **1.** Persona que malgasta su dinero o sus bienes: *Saúl es tan* **pródigo** *que se acabó en un día el dinero que le dieron sus padres para toda la semana.* **2.** Generoso, que produce mucho: *La tierra es* **pródiga** *en este campo, por eso se pueden cosechar frutos sanos y grandes.*

producción *f.* **1.** Acción de producir: *Las industrias textiles se dedican a la* **producción** *de telas.* **2.** Cosa producida: *La mayor parte de la* **producción** *de frutas y hortalizas se exporta a otros países.*

producir *vb. irreg.* {tr. y prnl.} **Modelo 57. 1.** Hacer una cosa natural que otra salga de sí misma: *El árbol del naranjo* **produce** *naranjas.* **2.** Elaborar algo en una industria: *La industria vitivinícola* **produce** *vinos.* **3.** Causar: *Es frecuente que los medicamentos contra el resfrío* **produzcan** *sueño.* **4.** Organizar la realización de un filme, programa, etc.: *Con motivo de la celebración del aniversario, van a* **producir** *una serie de programas sobre las guerras de independencia.* **5.** Ocurrir: *Anoche se* **produjo** *un sismo de poca intensidad en mi ciudad y otras cercanas.*

productivo, va *adj.* **1.** Que tiene la virtud de producir: *El escritor estadounidense Stephen King es muy* **productivo** *pues no sólo ha escrito más de veinte novelas, sino que también hace argumentos para cine y televisión.* **2.** Que proporciona mucha utilidad: *El negocio de los juegos de vídeo es muy* **productivo**, *por eso el señor Tapia tiene tanto éxito en su local.*

producto *m.* **1.** Cosa producida: *Entre los* **productos** *derivados de la leche están la crema, el queso y el yogur.* **SIN. obra. 2.** Resultado de una multiplicación: *El* **producto** *de multiplicar diez por diez es cien.*

proemio *m.* Introducción de un libro. **SIN. prefacio.**

proeza *f.* Hazaña, acción hecha por un héroe: *El caballero realizó una* **proeza** *al acabar con el dragón y rescatar a la princesa cautiva.*

profanar *vb.* {tr.} Tratar una cosa sagrada o digna de respeto sin la debida consideración: *Unos ladrones* **profanaron** *las tumbas de ese cementerio en busca de un tesoro.* **SIN. violar.**

profano, na *adj.* Que no forma parte de cosas sagradas, que no le corresponde a la religión. **ANT. sagrado.**

profano, na *adj./m.* y *f.* Que no conoce algún tema: *Marcos es todavía* **profano** *en el uso de la computadora, por eso se equivoca tanto.* **SIN. ignorante.**

profecía *f.* **1.** Respuesta o mensaje que Dios da a través de un profeta: *Las profecías de Isaías en el Antiguo Tes-*

tamento son esperanzadoras. **2.** Predicción de lo que va a suceder.

proferir *vb. irreg.* {tr.} **Modelo 50.** Emitir palabras o sonidos: *Martha estaba tan enojada con su novio que profirió insultos en su contra.* SIN. **pronunciar, decir.**

profesar *vb.* {tr. e intr.} **1.** Entrar en una orden religiosa comprometiéndose a cumplir los votos o reglas. **2.** Ser adepto a una doctrina. **3.** Ejercer una profesión en especial la de abogados y médicos: *Mi hermano profesa la ingeniería en un laboratorio que hace medicamentos.*

profesión *f.* **1.** Acción y efecto de profesar. **2.** Oficio o empleo: *Sherlock Holmes, el detective de profesión, es el principal protagonista de las novelas policiacas escritas por Arthur Conan Doyle.*

profesional *adj.* **1.** Que cobra por ejercer su profesión: *A Isela siempre le gustó bailar en las fiestas, luego estudió danza y ahora es una profesional que se presenta en los teatros.* **2.** Que es responsable en su trabajo: *Noé es un hombre profesional que nunca falta.*

profesional *m.* y *f.* Persona que ejerce una profesión: *Los profesionales del diseño de modas se reunieron en París durante el mes de diciembre.*

profesor, ra *m.* y *f.* Persona que enseña una materia, ciencia o arte: *Por las tardes Beatriz va a casa de su profesora de piano para recibir clases.* SIN. **maestro.**

profeta, tisa *m.* y *f.* **1.** En la Biblia, persona que habla en nombre de Dios e inspirado por Él para dar a conocer su mensaje y orientar éticamente al pueblo. **2. El Profeta,** Mahoma, para los musulmanes. **3.** Persona que anuncia un acontecimiento futuro.

profiláctico, ca *adj.* Relativo a la acción que se realiza para prevenir la aparición y propagación de enfermedades o daños morales.

profilaxis *f.* Conjunto de medidas destinadas a impedir la aparición y la propagación de enfermedades: *La profilaxis para prevenir el cólera consiste en hervir el agua antes de beberla, lavarse las manos antes de comer y después de defecar, y lavar bien los vegetales que se comen crudos.*

prófugo, ga *adj./m.* y *f.* Persona que huye de la justicia: *El personaje principal de la novela es un prófugo, por eso viaja constantemente de un país a otro.* SIN. **fugitivo.**

profundidad *f.* **1.** Cualidad de lo que es hondo, profundo. **2.** Relación que hay entre la parte superficial y el fondo de cuerpos, recipientes y cuerpos geométricos: *Tengo que construir un cuerpo geométrico de 10 centímetros de largo, 7 de ancho y dos de profundidad.*

profundizar *vb. irreg.* {tr. e intr.} **Modelo 16. 1.** Hacer más profundo: *Los piratas profundizaron el agujero en la tierra para que nadie encontrara el cofre del tesoro.* **2.** Examinar o analizar algo a fondo: *Los estudios de maestría sirven para profundizar en el conocimiento de un tema específico.*

profundo, da *adj.* **1.** Que tiene el fondo muy distante del borde: *No se escucha la caída de la piedra porque es un pozo muy profundo.* **2.** Que penetra mucho: *El cuchillo me produjo una herida tan profunda en la pierna que tuve que ir al médico para que la cosiera.* **3.** Intenso, muy grande: *Con profunda satisfacción el padre asistió a la graduación de su hijo.*

profusión *f.* Abundancia excesiva: *La mesa estaba servida con una profusión de guisos muy apetitosos.* SIN. **multitud.** ANT. **escasez.**

profuso, sa *adj.* Abundante, en gran cantidad: *La profusa obra del compositor alemán Juan Sebastián Bach está formada por casi 224 cantatas, 140 preludios corales y casi 50 fugas aparte de oratorios y conciertos.*

progenitor, ra *m.* y *f.* **1.** Pariente en línea recta ascendente. SIN. **padre; antepasado. 2.** Madre o padre de alguien.

progenitores *m. pl.* Padre y madre de una persona: *Mis progenitores se llaman Estela y Benjamín.*

progesterona *f.* Hormona producida por el ovario de las hembras y la mujer.

programa *m.* **1.** Exposición de los proyectos de una persona, partido, etc.: *El candidato a la presidencia del grupo de vecinos expuso un programa de trabajo para arreglar el edificio.* **2.** Emisión de televisión, radio, etc.: *No cambies de canal porque quiero ver ese programa de policías y ladrones.* SIN. **emisión. 3.** Conjunto de instrucciones que permite ejecutar una serie de operaciones.

programación *f.* Hecho de programar: *La programación de este cine es muy mala porque nunca dan un solo filme interesante.*

programar *vb.* {tr.} Establecer un programa o fijar las diversas partes de una determinada acción: *Los novios programaron su boda para el mes próximo.*

progresar *vb.* {intr.} Hacer progresos: *Después de reprobar el curso pasado, Eduardo ha progresado en la escuela porque ahora estudia un rato todas las tardes.*

progresión *f.* **1.** Mejora o avance de una persona o cosa. **2.** Serie de números ordenados de acuerdo a un orden constante: *2, 4, 6, 8, 10 y 12 están en la progresión de números pares.* **3.** loc. ~ **aritmética,** aquella en que la diferencia entre un número y el anterior es una constante. **4.** loc. ~ **geométrica,** aquella en que el cociente entre un número y el anterior es una constante.

progresista *adj./m.* y *f.* De ideas avanzadas. SIN. **liberal.** ANT. **conservador.**

progresivo, va *adj.* Que progresa o avanza: *Esta serie de ejercicios tiene una dificultad progresiva, por eso cada vez se necesitan más fuerza y condición física para realizarlos.* SIN. **gradual.**

progreso *m.* **1.** Acción de ir hacia adelante. **2.** Desarrollo favorable: *Néstor ha tenido progresos en su clase de música, ya empieza a tocar obras difíciles.*

prohibición *f.* Hecho de prohibir: *En la ciudad donde vivo se ha establecido la prohibición de fumar en los lugares cerrados, ¡qué bueno!*

prohibido, da *adj.* Relativo a lo que no está permitido: *Está prohibido avanzar sobre una calle cuando el semáforo marca luz roja.*

prohibir *vb. irreg.* {tr.} **Modelo 72.** Vedar o impedir el uso o realización de algo: *El reglamento de la empresa prohíbe a los empleados ocupar el tiempo de trabajo en asuntos personales.*

prohibitivo, va *adj.* Relativo al precio de las cosas que no están al alcance de alguien o de la mayoría de las personas: *La industria del automóvil establece precios prohibitivos para la mayoría de la gente en muchos países.*

prohombre *m.* Hombre ilustre entre los demás de su profesión o actividad: *Luis Pasteur fue un prohombre en la química y la biología.*

503

prójimo, ma *m.* y *f.* Una persona con respecto a otra. SIN. **semejante**.

prolactina *f.* Hormona encargada de la secreción de leche materna en las hembras y la mujer.

prole *f.* Hijos, descendencia: *Maura salió de vacaciones con su esposo y su prole de tres hijos.*

proletariado *m.* Clase social formada por personas que venden su trabajo a cambio de un salario.

proletario, ria *adj.* Relativo al proletariado: *Hubo un desfile proletario el 1 de mayo para celebrar el Día del Trabajo.*

proletario, ria *m.* y *f.* Miembro del proletariado: *Para la doctrina de Carlos Marx los proletarios y los burgueses forman las dos clases sociales opuestas.*

proliferación *f.* Multiplicación rápida de cosas: *Para evitar su proliferación, las epidemias deben ser combatidas rápidamente.*

proliferar *vb.* (intr.) Multiplicarse de manera rápida: *En época de lluvias proliferan los hongos en los bosques.*

prolífico, ca *adj.* **1.** Capaz de reproducirse, sobre todo en gran cantidad: *Imelda y Enrique son una pareja muy prolífica que ha tenido ocho hijos.* **2.** Muy productivo, en especial cuando se habla de un escritor.

prolijo, ja *adj.* Demasiado largo y detallado: *Efraín dio una explicación tan prolija sobre su retraso que todo mundo sospechó que mentía.*

prólogo *m.* Texto que se escribe al inicio de una obra y que habla sobre el autor y a veces sobre la misma obra, pero no la escrito por otra persona que no es el autor: *En el prólogo el autor u otra persona explica por qué se escribió el libro y cuál es su tema principal.* SIN. **prefacio, introducción.**

prolongación *f.* Extensión, alargamiento: *Las autoridades hicieron una prolongación de la avenida principal para facilitar la circulación de automóviles.*

prolongado, da *adj.* **1.** Alargado, que es más largo de lo normal. **2.** Que dura mucho: *Después de una prolongada espera de seis meses, por fin han comenzado las vacaciones.*

prolongar *vb. irreg.* (tr. y prnl.) **Modelo 17.** Aumentar la longitud o duración de algo: *No pudimos prolongar las vacaciones porque mis papás debían volver al trabajo.*

promedio *m.* Cantidad o valor medio entre dos o más cantidades: *Hemos recorrido 320 kilómetros en 4 horas, lo que significa un promedio de 80 km por hora.*

promesa *f.* **1.** Acción de prometer: *El joven hizo a su novia la promesa de casarse con ella cuando terminara de estudiar.* **2.** Persona o cosa que promete o anuncia algo: *Este atleta es una promesa para su país en los próximos Juegos Olímpicos.*

prometer *vb.* (tr., intr. y prnl.) **1.** Decir alguien que se obliga a hacer o dar algo: *Antonio me prometió que vendrá mañana para ayudarme con mi trabajo escolar.* **2.** Dar señales una persona o cosa de que llegará a ser muy buena. **3.** Darse palabra de matrimonio, asegurar dos personas que van a casarse. SIN. **comprometer.**

prometido, da *m.* y *f.* Persona a la que se promete matrimonio: *La prometida de mi hermano es una muchacha muy inteligente y guapa que se llama Beatriz.*

prometio *m.* Metal del grupo de las tierras raras, de símbolo químico Pm y número atómico 61.

prominencia *f.* Abultamiento, elevación: *Isidro se dio un golpe en la cabeza y unos segundos después ya tenía una prominencia al lado de la oreja.*

prominente *adj.* **1.** Que sobresale más de lo normal. **2.** Se dice de la persona que destaca entre los demás en una actividad.

promiscuo, cua *adj.* **1.** Mezclado de manera confusa o indiferente. **2.** Que tiene relaciones sexuales con varias personas.

promoción *f.* **1.** Conjunto de personas que han obtenido al mismo tiempo un grado o título escolar: *Cada año mi madre tiene una cena con los compañeros de su promoción.* SIN. **generación. 2.** Ascenso en un empleo o cargo. **3.** Acción que se realiza para dar a conocer un producto y aumentar sus ventas: *Una chica pasó por mi casa repartiendo como promoción unas bolsitas de un nuevo detergente.*

promocionar *vb.* (tr. y prnl.) **1.** Dar impulso a una empresa, producto, etc., para que el público lo conozca. **2.** Hacer que alguien mejore en su cargo o categoría: *Promocionaron a Julio en su trabajo y ahora ganará más dinero y tiene más responsabilidades.*

promontorio *m.* Elevación del terreno de poca altura: *En las afueras del pueblo hay un promontorio donde algunas tardes subimos para ver desde ahí el paisaje.*

promotor, ra *m.* y *f.* Persona que promueve: *Me visitó el promotor de esa editorial para ver si quería comprar una nueva colección de libros.*

promover *vb. irreg.* (tr.) **Modelo 29. 1.** Iniciar o proponer cierta acción: *Los maestros están promoviendo un paseo por la playa para el próximo domingo.* **2.** Producir, causar: *La aparición de un perro en medio de la ceremonia promovió el alboroto entre los muchachos.*

promulgación *f.* Acción y efecto de promulgar.

promulgar *vb. irreg.* (tr.) **Modelo 17.** Publicar algo de manera oficial, en especial una ley. SIN. **proclamar.**

pronombre *m.* Parte de la oración que substituye al nombre o lo determina: *Los pronombres personales son yo, tú, él, ella, nosotros, ustedes o vosotros y ellos.*

pronominal *adj.* **1.** Relativo al pronombre. **2.** Se dice del verbo que en todas sus personas se conjuga con pronombres personales: *Los verbos peinarse y bañarse son pronominales.*

pronosticar *vb. irreg.* (tr.) **Modelo 17.** Conocer o prever el futuro a partir de la observación de algunos indicios o señales: *El enfermo ya no está grave y los médicos han pronosticado que sanará pronto.*

pronóstico *m.* **1.** Anuncio de una cosa futura que se hace basado en ciertos indicios: *El pronóstico del tiempo para hoy es que habrá lluvias ligeras y que la temperatura descenderá.* **2.** Juicio médico sobre la evolución de una enfermedad.

prontitud *f.* Rapidez en hacer una cosa: *Enriqueta respondió con prontitud a la pregunta del programa de radio y se ganó el disco que ofrecían.*

pronto *m.* *Fam.* Decisión o impulso repentino. SIN. **arrebato.**

pronto *adv.* En seguida: *Debo vestirme pronto o llegaré tarde a la escuela.*

pronto, ta *adj.* **1.** Rápido, inmediato: *Toda la familia espera con gusto el pronto retorno de mi hermano después de su viaje.* **2.** Dispuesto, preparado: *La secretaria de mi padre siempre está pronta para ayudarle en lo* que él necesita. **3.** loc. **De ~**, de repente: *Hacía un sol intenso y de pronto el cielo se nubló y empezó a llover.* **4.** loc. **Tan ~ como**, en el mismo momento: *Tan pronto comó suene mi despertador llamaré a tu casa para despertarte y así nos aseguraremos de llegar a tiempo.*

pronunciado, da *adj.* Que se nota de inmediato: *Cyrano de Bergerac tenía la nariz muy pronunciada, es decir, muy grande y larga.*

pronunciamiento *m.* **1.** Alzamiento militar. **2.** Acto de pronunciar la sentencia.

pronunciar *vb.* {tr. y prnl.} **1.** Emitir y articular sonidos para hablar: *Este niño pronuncia mal las palabras y no se entiende lo que dice porque apenas tiene dos años.* **2.** Dictar una sentencia judicial: *El juez pronunció la sentencia contra el asesino y lo condenó a cadena perpetua.* **3.** Declararse a favor o en contra de alguien o algo: *Muchos pueblos se pronuncian por la paz.*

propagación *f.* Hecho de extenderse una cosa o de hacerse más numerosa: *Para evitar la propagación de las enfermedades hay que vacunar a los niños.*

propaganda *f.* Publicidad para difundir un producto, espectáculo, etc., y convencer a la gente de sus cualidades: *La propaganda que realizan muchas empresas es exagerada y mentirosa, porque mienten acerca de las cualidades de lo que venden.*

propagar *vb. irreg.* {tr. y prnl.} Modelo 17. Extender, difundir o aumentar una cosa: *La epidemia de cólera se propagó entre la gente muy rápidamente a causa de la falta de higiene.*

propalar *vb.* {tr.} Divulgar algo que debía mantenerse oculto: *Ya no confío en César porque le dije un secreto y se dedicó a propalarlo por toda la escuela.*

propano *m.* Hidrocarburo gaseoso usado como combustible.

propasarse *vb.* {prnl.} **1.** Excederse de lo razonable: *Me propasé comiendo y ahora me duele el estómago.* **2.** Faltar al respeto: *Rubén se propasó con la maestra cuando le dijo que era una tonta.*

propender *vb.* {intr.} Tener una persona o cosa inclinación o impulso hacia algo.

propensión *f.* Tendencia: *Algunas personas deben cuidar su manera de comer, porque tienen propensión a subir de peso.*

propiciar *vb.* {tr.} Hacer favorables las condiciones para que se realice algo: *La música propicia mi concentración en el trabajo.*

propicio, cia *adj.* Adecuado, que se presta para hacer algo: *Es el momento propicio para ir de compras porque ya empezaron las ofertas en las tiendas.*

propiedad *f.* **1.** Cosa que se posee, sobre todo una casa o terreno: *Mis tíos tienen una propiedad en el campo y a veces voy el fin de semana con ellos para respirar aire fresco.* **2.** Cualidad, característica: *El agua tiene la propiedad de hervir a una temperatura de cien grados centígrados.*

propietario, ria *adj./m.* y *f.* Persona que tiene derecho de propiedad sobre una cosa: *La maestra preguntó muy enojada quién era el propietario de esa revista de chistes groseros.*

propina *f.* Dinero dado a una persona como gratificación por prestar un servicio: *Los empleados que cargan el equipaje en los hoteles de algunas ciudades esperan una propina por su trabajo.* Sin. **ñapa.**

propinar *vb.* {tr.} Dar: *Graciela se sintió ofendida y le propinó una bofetada a Rodrigo.*

propio, pia *adj.* **1.** Que es propiedad de una persona, que le pertenece: *Mi vecino tiene su propia computadora, así que no tiene que usar la de sus padres.* **2.** Se dice de lo que es característico o especial de un grupo determinado: *El cabello rizado es propio de la familia de Beatriz.* Sin. **típico. 3.** Apropiado, conveniente. **4.** Se dice del nombre que designa a un ser y no puede aplicarse a otro: *Luis, Colombia y América son nombres propios.*

proponer *vb. irreg.* {tr. y prnl.} Modelo 27. **1.** Exponer un proyecto para que sea aceptado: *El ingeniero propondrá la construcción de un dique para evitar los desbordamientos del río.* **2.** Presentar a una persona para un empleo, premio, etc. **3.** Tomar la decisión de lograr una cosa: *Giovanna se propuso terminar el trabajo escolar antes de que comenzara su programa preferido y lo consiguió.*

proporción *f.* **1.** Disposición o correspondencia entre las cosas: *Esta mesa es demasiado grande y no guarda proporción con estas sillas tan pequeñas.* **2.** Tamaño, medida: *Me quedé impresionado con las enormes proporciones del palacio que visitamos.*

proporcionado, da *adj.* Armonioso, equilibrado: *Las estatuas griegas son proporcionadas y bellas.*

proporcional *adj.* Relativo a la proporción, o a lo que la incluye en sí mismo: *El esfuerzo que realizó ese niño es proporcional a los resultados que obtuvo pues trabajó poco y consiguió notas bajas.*

proporcionar *vb.* {tr. y prnl.} **1.** Hacer que algo tenga la debida proporción: *Tu muñeco de arcilla tiene la cabeza demasiado grande para el cuerpo pequeño, tienes que proporcionarla más.* **2.** Poner a disposición de uno lo que necesita.

proposición *f.* Acción y efecto de proponer: *La proposición de Elena era que yo hiciera su trabajo escolar y ella me regalaría un caramelo, pero no acepté.* Sin. **propuesta, ofrecimiento.**

propósito *m.* **1.** Aquello que uno se propone hacer: *Mi propósito de año nuevo es no pelear con mis hermanos.* **2.** loc. **A ~**, de manera voluntaria o deliberada: *Perdóname por pisarte, no lo hice a propósito.*

propuesta *f.* Proposición que se expone con un determinado fin: *Los profesores aceptaron la propuesta de los alumnos sobre organizar una fiesta para celebrar el fin de cursos.* Sin. **ofrecimiento.**

propugnar *vb.* {tr.} Defender una idea que se considera conveniente.

propulsar *vb.* {tr.} Impulsar hacia adelante: *Los portaviones tienen catapultas que sirven para propulsar los aviones que van a despegar.*

propulsión *f.* Acción de impulsar hacia adelante: *Los aviones funcionan a propulsión gracias a un mecanismo que los hace avanzar al expulsar el combustible a gran velocidad.*

prorrata *f.* Parte proporcional que toca a cada uno en un reparto.

prorratear *vb.* {tr.} Dividir de manera proporcional: *El costo del agua que llega al edificio se prorratea entre todos los vecinos.*

prórroga *f.* Aplazamiento: *René no pudo pagar a tiempo la deuda de su automóvil y le concedieron una prórroga de quince días.*

prorrogar *vb. irreg.* (tr.) **Modelo 17.** Alargar la duración de algo: *Prorrogaron la fecha del examen y ya no tendrá lugar en enero sino en febrero.*

prorrumpir *vb.* (intr.) Emitir un grito, suspiro, etc.: *Una abeja picó a la niña y ella prorrumpió en llanto.*

prosa *f.* Forma natural del lenguaje, opuesta a la rima y al verso: *Cuando hablamos con las demás personas lo hacemos en prosa.*

prosaico, ca *adj.* Vulgar, sin gracia o interés.

proscenio *m.* Parte del escenario más cercana al público: *Desde el proscenio la compañía de ballet agradeció los aplausos del público.*

proscribir *vb.* (tr.) **1.** Echar a una persona de su patria por motivos políticos: *En el siglo xix, el filósofo Carlos Marx fue proscrito en Alemania y vivió en Inglaterra.* **2.** *Fam.* Prohibir: *Las autoridades proscribieron los paseos de los perros en ese parque porque sus amos no recogían el excremento de los animales.*

proscrito, ta *adj.* Prohibido.

proseguir *vb. irreg.* (tr. e intr.) **Modelo 56.** Continuar lo empezado: *La fiesta del pueblo comenzó ayer y proseguirá durante los próximos dos días.*

proselitismo *m.* Empeño en ganar seguidores para un movimiento social.

prosista *m.* y *f.* Escritor de obras en prosa: *La obra del prosista peruano Ciro Alegría se considera representativa de la novela revolucionaria de su país.*

prosodia *f.* Parte de la gramática que enseña la correcta pronunciación y acentuación.

prosopopeya *f.* Figura del lenguaje que consiste en atribuir cualidades de los seres animados a los seres inanimados y abstractos.

prospección *f.* **1.** Exploración de los yacimientos minerales de un terreno. **2.** Estudio de posibilidades futuras basado en indicios presentes.

prospectiva *f.* Ciencia que estudia las posibles condiciones científicas y sociales de la sociedad futura.

prospectivo, va *adj.* Relativo al futuro.

prospecto *m.* **1.** Anuncio breve de una obra, espectáculo, etc. **2.** Impreso informativo que acompaña a un medicamento, máquina, etc., para explicar cómo debe usarse: *Antes de tomar el medicamento es importante leer el prospecto.* Sin. **instructivo, folleto.**

prosperar *vb.* (intr.) **1.** Tener bienestar y éxito: *Mateo ha prosperado mucho gracias a su negocio y ahora vive tranquilo con su familia.* **2.** Imponerse una opinión: *El plan de vacaciones en la playa está prosperando y creo que la visita a la montaña se pospondrá para el mes próximo.*

prosperidad *f.* **1.** Bienestar material: *Se ve que los González gozan de prosperidad porque se acaban de comprar una casa en el campo.* **2.** Buena suerte, éxito: *La prosperidad de esa cafetería se nota pues siempre está atiborrada de clientes.*

próspero, ra *adj.* Que mejora y se enriquece de manera progresiva.

próstata *f.* Glándula del cuerpo de los animales machos y del hombre, que rodea el cuello de la vejiga y la uretra.

prostíbulo *m.* Casa de prostitución.

prostitución *f.* Acto por el cual una persona tiene relaciones sexuales con otra a cambio de un pago.

prostituir *vb. irreg.* (tr. y prnl.) **Modelo 59.** Hacer que alguien caiga en la prostitución.

prostituta *f.* Mujer que ejerce la prostitución.

prosudo, da *adj. Chile, Ecuad.* y *Perú.* Se dice del orador solemne que no habla con naturalidad sino utilizando palabras rebuscadas y elegantes.

protactinio *m.* Metal radiactivo de símbolo químico Pa y número atómico 91.

protagónico, ca *adj.* Principal, más importante: *Después de hacer varias actuaciones pequeñas, le ofrecieron a Darío el papel protagónico en una obra de teatro.*

protagonismo *m.* **1.** Condición de protagonista. **2.** Afán de mostrarse como la persona más calificada y necesaria en algo: *Las personas a quienes les gusta el protagonismo tratan de mostrar de manera exagerada sus cualidades.*

protagonista *m.* y *f.* Personaje principal de una obra: *Alicia es la protagonista de la novela Alicia en el país de las maravillas.*

protección *f.* **1.** Hecho de resguardar a alguien o algo de peligros o daños: *La perra da protección y alimento a sus cachorros mientras son pequeños.* **2.** Hecho de favorecer, de apoyar: *La protección de su padrino le ha servido a Jorge para conseguir mejores empleos.*

proteccionismo *m.* Sistema económico que protege la producción nacional de un país.

protector, ra *m.* y *f.* Que protege: *Es importante usar crema protectora cuando se está expuesto al sol.*

protector, ra *m.* y *f.* Alguien que apoya o favorece: *Andrés tuvo un protector misterioso, a quien nunca conoció, que le pagó todos sus estudios.*

protectorado *m.* **1.** Situación de un Estado que está bajo la protección de otro: *Durante muchos años Hong Kong estuvo bajo el protectorado de la Gran Bretaña.* **2.** Estado bajo la protección de otro.

proteger *vb. irreg.* (tr.) **Modelo 41.** **1.** Resguardar a alguien o algo de peligros o daños: *El paraguas nos protege de la lluvia.* **2.** Favorecer, apoyar: *La emperatriz Catalina II de Rusia protegió las artes, recibió al filósofo Denis Diderot en su corte y mantuvo correspondencia con Voltaire.*

protegido, da *m.* y *f.* Favorito, ahijado.

proteico, ca *adj.* **1.** Que cambia de forma, ideas o aspecto. **2.** Relativo a las proteínas.

proteína *f.* Substancia química que forma parte de la célula: *Las proteínas son importantes para la formación de los tejidos del organismo.*

prótesis *f.* **1.** Adición artificial para substituir un órgano del cuerpo: *Arturo usa prótesis para caminar porque perdió una pierna en un accidente de automóvil.* **2.** Adición de una letra al principio de una palabra.

protestante *m.* y *f.* Persona que sigue las ideas del protestantismo.

protestantismo *m.* **1.** Conjunto de las iglesias y comunidades cristianas surgidas del movimiento llamado Reforma iniciado por el religioso Martín Lutero en el siglo xvi. **2.** Doctrina de las iglesias y comunidades cristianas surgidas de la Reforma luterana.

protestar *vb.* (tr. e intr.) **1.** Mostrar con decisión un desacuerdo: *¡Protesto!, no estoy de acuerdo con que Araceli sea la representante del grupo.* **2.** Quejarse: *Mi hermano siempre protesta cuando le toca lavar el baño, pero al final tiene que hacerlo.* **3.** Jurar: *Elena protestó como médica durante una ceremonia en su honor.*

prótido *m.* Proteína.

protocolo *m.* **1.** Conjunto de reglas usadas en ciertas ceremonias: *El protocolo real japonés dice que la esposa del emperador tiene que caminar unos metros detrás de su marido.* **2.** Serie de documentos que un notario autoriza y vigila.

protohistoria *f.* Periodo de la historia de la humanidad que sigue a la prehistoria.

protón *m.* Partícula elemental cargada de electricidad positiva.

protoplasma *m.* Substancia que forma la parte viva de una célula.

prototipo *m.* **1.** Primer ejemplar, modelo: *En la exposición aeronáutica presentaron el prototipo de un avión que puede despegar como helicóptero.* **2.** Persona o cosa que tiene la mayor parte de las características de algo: *Mi primo Manuel es el prototipo de futbolista pues corre rápido, controla bien el balón y es ágil.*

protozoo *m.* Se dice de los seres microscópicos unicelulares de núcleo diferenciado, sin clorofila.

protuberancia *f.* Abultamiento: *Me salió un barro en la nariz, lo rasqué, se infectó y ahora es una gran protuberancia.*

provecho *m.* **1.** Beneficio, utilidad: *Con la venta del trigo el agricultor obtuvo provecho, así que ahora podrá hacer las reparaciones que tenía planeadas.* **2.** Buen rendimiento.

provechoso, sa *adj.* Que es de provecho o utilidad: *Sería provechoso que te pusieras a estudiar en lugar de estar dando vueltas sin saber en qué ocuparte.*

proveer *vb. irreg.* [tr. y prnl.] **Modelo 32.** Disponer o dar lo necesario para un fin: *El camión que provee de leche a las tiendas del barrio pasa todos los días para mantenerlas bien surtidas.*

provenir *vb. irreg.* [intr.] **Modelo 49.** Proceder, tener su origen: *El champán proviene de una región de Francia del mismo nombre.*

proverbial *adj.* Muy conocido o sabido de todos: *En la fiesta, Renata mostró su proverbial mal genio y empezó a pelearse con todo el mundo.*

proverbio *m.* Sentencia, refrán: *"Al mal tiempo buena cara" es un proverbio que nos recuerda no perder el ánimo en situaciones difíciles.*

providencia *f.* **1.** Suprema sabiduría que se atribuye a Dios y por medio de la cual gobierna todas las cosas. **2.** Se escribe con "P" mayúscula cuando designa a Dios como gobernante del mundo. **3.** pl. Medida que se toma para remediar un daño.

providencial *adj.* Suceso que al ocurrir libra de un peligro o una desgracia segura: *La llegada del maestro fue providencial porque los dos muchachos estaban a punto de golpearse.*

provincia *f.* División administrativa de algunos países: *Nicolás nació en un pequeño pueblo de la provincia más norteña del país.*

provisión *f.* **1.** Acción y efecto de proveer, de dar lo necesario para un fin. **2.** Conjunto de cosas necesarias o útiles para el mantenimiento de algo o alguien: *Los habitantes del pueblo en las montañas bajaron a la ciudad para comprar las provisiones necesarias para comer durante todo el invierno.* Sin. **reserva.**

provisional *adj.* No definitivo, temporal: *El albañil hizo un arreglo provisional en el techo de la casa y mañana regresará para hacer la reparación definitiva.*

provocación *f.* Hecho de provocar, de desafiar a alguien.

provocador, ra *adj.* Que provoca o tiene tendencia a provocar: *No hay que invitar a Rogelio a la fiesta porque es un provocador que siempre está buscando pelea.*

provocar *vb. irreg.* [tr.] **Modelo 17.** **1.** Desafiar a alguien para que haga una cosa. **2.** Ocasionar, causar: *La falta de sueño le provocó a Tomás un fuerte dolor de cabeza.* **3.** Colomb., Perú y Venez. Apetecer: *"¿Te provoca una limonada o un café?"*

provocativo, va *adj.* Que despierta deseo sexual en alguien: *Los vestidos provocativos que usaba la actriz estadounidense Marilyn Monroe la volvieron famosa.*

proxeneta *m.* y *f.* Persona que vive de inducir a otras personas a la prostitución y explotarlas.

próximo, ma *adj.* **1.** Que está poco distante en un espacio o tiempo: *Los vecinos del barrio se han quejado, pues una empresa quiere construir una fábrica de productos químicos próxima a la escuela.* **2.** Que está inmediatamente después de otro: *No se desespere, usted es el próximo de la fila.*

proyección *f.* Acción y efecto de proyectar: *Según el programa del cine, la proyección del filme de terror será a las nueve de la noche.*

proyectar *vb.* [tr. y prnl.] **1.** Arrojar algo a distancia: *Esteban logra proyectar la pelota muy lejos en el campo de béisbol porque sus brazos son muy fuertes.* **2.** Hacer planes o proyectos: *Mis tíos han proyectado arreglar la vieja casa del abuelo para usarla como casa de campo.* **3.** Formar sobre una pantalla una imagen óptica: *En mi escuela proyectaron un filme sobre la vida de los animales marinos.* **4.** En matemáticas, hacer una proyección. **5.** Hacer visible una figura.

proyectil *m.* Cuerpo que es lanzado contra algo: *Castigaron al niño que arrojó a su compañero un lápiz como si fuera un proyectil.*

proyecto *m.* **1.** Plan para realizar algo: *Enrique tiene el proyecto de ir a estudiar al extranjero cuando sea grande.* **2.** Redacción provisional de un tratado, ley, texto, etc. **3.** Conjunto de planos para construir algo: *El arquitecto entregó a mis padres el proyecto de la cabaña que quieren construir en el jardín de mi casa.*

proyector *m.* Dispositivo para proyectar imágenes sobre una pantalla: *En los cines suelen tener dos proyectores para no interrumpir la función durante el cambio de rollos.*

prudencia *f.* **1.** Cautela, sensatez: *Mi padre conduce con prudencia, por eso nunca ha sufrido algún accidente grave.* **2.** Moderación: *Leontina come y bebe con prudencia porque no quiere engordar.*

prudente *adj.* Se dice de la persona o actitud moderada, cuidadosa y sensata: *Debemos ser prudentes al cruzar la calle para evitar cualquier accidente.*

prueba *f.* **1.** Hecho de demostrar algo: *La publicidad de muchos aparatos electrodomésticos dice que el cliente puede hacer una prueba durante unos días para ver si le gusta el producto.* **2.** Cosa con que se demuestra algo: *La prueba de que el perro se comió las flores es que todavía tiene unos pétalos en el hocico.* **3.** Competencia deportiva: *Mañana se realizará la prueba para reunir la selección de baloncesto.*

prurito *m.* **1.** Picazón, comezón: *Comí tantos mariscos que me intoxiqué y ahora siento un prurito insoporta-*

ble. **2.** Deseo persistente de hacer una cosa lo mejor posible: *A Pablo le lleva mucho tiempo terminar los trabajos porque tiene el prurito de la perfección.*

psico-. Prefijo que significa *alma, mente.*

psicoanálisis *m.* **1.** Método y tratamiento de las enfermedades mentales basado en las teorías del psiquiatra austriaco de origen judío Sigmund Freud. **2.** Estudio de las diversas conductas humanas, para descubrir los significados que se ocultan en el inconsciente.

psicología *f.* Ciencia que estudia los procesos mentales como la percepción, la memoria, el pensamiento y los sentimientos: *La psicología utiliza pruebas de inteligencia y de personalidad para analizar la mente de las personas.*

psicosis *f.* Trastorno mental grave que hace perder contacto con la realidad a quien lo sufre.

psicoterapia *f.* Conjunto de medios utilizados para el tratamiento y cura de problemas psíquicos o mentales.

psicótico, ca *m.* y *f.* Enfermo mental: *Descubrieron que el vecino es psicótico, así que lo llevaron a un hospital especializado en enfermedades mentales.*

psique *f.* Conjunto de las funciones sensitivas, afectivas y mentales de un individuo.

psiquiatra o **psiquiátra** *m.* y *f.* Doctor especializado en el tratamiento de enfermedades mentales: *El psiquiatra le dijo a Elda que su problema no es serio pero que debe tomar medicamentos para evitar la depresión permanente.*

psiquiatría *f.* Parte de la medicina que estudia, previene y trata las enfermedades mentales y problemas emocionales y de conducta.

pteridófito, ta *adj./m.* y *f.* Relativo a un tipo de plantas sin flores que comprende los helechos y otras plantas similares.

púa *f.* **1.** Cuerpo rígido, delgado y puntiagudo: *Los agricultores pusieron un alambre con púas para que no entren animales al huerto.* **2.** Chapa triangular que se usa para tocar instrumentos de cuerda. SIN. **uña.**

pubertad *f.* Inicio de la adolescencia: *Durante la pubertad empiezan a manifestarse algunos cambios tanto físicos como de la conducta de los chicos.*

pubis *m.* **1.** Parte inferior del vientre. **2.** Parte media o anterior del coxis.

publicación *f.* **1.** Hecho de publicar algo, de darlo a conocer públicamente. **2.** Escrito impreso: *En esa librería se pueden conseguir muchas publicaciones como libros, diarios y revistas.*

publicar *vb. irreg.* (tr.) **Modelo 17. 1.** Difundir una cosa, darla a conocer: *El gobierno tiene la obligación de publicar las leyes nuevas que aprueban los legisladores.* **2.** Imprimir o editar una obra: *En los diarios publican las noticias que ocurrieron el día anterior a la publicación.*

publicidad *f.* Conjunto de medios usados para dar a conocer una cosa: *Se hace mucha publicidad de esta marca de televisiones porque los dueños de la empresa quieren que el público conozca su producto.*

publicista *m.* y *f.* Profesional de la publicidad: *Raúl quiere ser publicista porque le gusta inventar frases y situaciones para vender los productos que ve en la televisión.*

público *m.* Conjunto de personas que asiste a un lugar, espectáculo, etc.: *El público que acude a los partidos de fútbol suele gritar y vestirse con el color de su equipo preferido.* SIN. **auditorio.**

público, ca *adj.* **1.** Relativo a la comunidad: *Los impuestos sirven para mejorar los servicios públicos como luz, alcantarillado y seguridad pública.* **2.** Que puede ser usado o es conocido por todos: *Fue un hecho público y notorio la boda de los dos famosos actores de cine.*

puchero *m.* **1.** *Amér. Merid., Esp.* y *Méx.* Guiso, cocido: *Los lunes mi mamá prepara puchero de pollo con verduras y arroz porque viene a comer mi abuelo y es su guiso preferido.* **2.** pl. Gesto facial que ocurre antes que el llanto: *El bebé está haciendo pucheros porque ya empieza a sentir hambre.*

pucho *m.* **1.** *Amér. Merid.* Colilla de cigarrillo. **2.** *Amér. Merid.* Pequeña cantidad que sobra de alguna cosa.

puchusco, ca *m.* y *f.* *Chile.* Hijo menor de una familia. SIN. **benjamín.**

púdico, ca *adj.* Que tiene vergüenza o timidez, o que muestra recato en su comportamiento. ANT. **impúdico.**

pudiente *adj./m.* y *f.* Rico, poderoso: *Como Paula es una mujer pudiente, cambia de modelo de automóvil cada año.*

pudin o **pudín** *m.* **Palabra de origen inglés.** Postre hecho con bizcocho remojado en leche con azúcar y otros ingredientes como pasas y nueces. SIN. **budín.**

pudor *m.* Vergüenza, timidez o recato: *El pudor de la muchacha la hacía sonrojarse cuando algún hombre le hablaba.*

pudrir *vb. irreg.* (tr. y prnl.) **Modelo 63.** Corromper o echarse a perder una materia orgánica: *Estas frutas se han podrido y ya no pueden comerse.* SIN. **corromper, descomponer.**

pudú *m.* *Argent.* y *Chile.* Pequeño ciervo de los Andes.

pueblada *f.* *Amér. Merid.* Revuelta popular.

pueblo *m.* **1.** Conjunto de habitantes de un lugar que forman una comunidad o tienen la misma nacionalidad: *Dicen que el baile rítmico es una característica del pueblo brasileño.* **2.** Población pequeña: *Todos los habitantes de este pueblo se conocen entre sí.*

puelche *adj./m.* y *f.* Pueblo amerindio prácticamente extinto que habitó la zona de la pampa argentina.

puelche *m.* *Chile.* Viento que sopla de la cordillera de los Andes hacia el poniente.

puente *m.* **1.** Estructura construida sobre ríos, fosos, etc., para cruzarlos: *Cruzamos el río a través de un puente de piedra muy antiguo y bonito.* **2.** Parte del barco donde está el puesto de mando: *Desde lo alto del puente el oficial comunicaba a la tripulación las órdenes del capitán.* **3.** loc. ~ levadizo, el que se levanta mediante poleas, cuerdas o cadenas: *En los castillos medievales los puentes levadizos se utilizaban como protección, ya que los enemigos no podrían cruzar el foso cuando se levantaba el puente.*

puercada *f.* *Amér. C.* y *Méx. Fam.* Porquería, injusticia.

puerco, ca *adj.* Sucio, desaliñado: *Con esa camisa puerca parece como si Lorenzo se hubiera arrastrado por el barro.*

puerco, ca *m.* y *f.* **1.** Cerdo: *Mucha gente come carne de puerco, pero en exceso es dañina.* SIN. **chancho. 2.** loc. ~ espín, roedor de patas cortas, uñas fuertes y con cuerpo redondo cubierto de púas.

puericultura *f.* Estudio de los cuidados que deben proporcionarse a los niños pequeños.

pueril adj. 1. Propio de un niño. 2. Insignificante, sin importancia.

puerro m. Planta de bulbo comestible: El **puerro** se usa para preparar sopas y como condimento. Sin. **poro, porro**.

puerta f. 1. Abertura de comunicación, cerrada por una o más hojas de madera o de otro material: No encontré la llave de la **puerta** así que no pude entrar. 2. En algunos deportes, portería. 3. loc. pl. **Cerrársele** a uno **todas las ~**, ser rechazado por aquellos a quienes se acude en demanda de ayuda: Cuando Juan se quedó sin dinero **se le cerraron todas las puertas** y sus supuestos amigos ya no querían hablar con él.

puerto m. 1. Abrigo natural o artificial para las embarcaciones: El **puerto** de la Guaira está en Venezuela. 2. Punto de paso entre montañas: Debido a la gran cantidad de nieve que hay están cerrando todos los **puertos** de montaña y los vehículos no pueden circular.

puertorriqueño, ña m. y f. Originario de Puerto Rico, isla del Caribe. Sin. **boricua**.

pues conj. 1. Expresa causa o consecuencia: Rosa dijo que se dormiría temprano **pues** había decidido no ir a la fiesta. 2. Introduce expresiones exclamativas: ¡**Pues** si no quieres ir conmigo, no me importa!

puesta f. 1. Acción y efecto de poner o ponerse. 2. Acción de poner huevos las aves: En cada **puesta** mi gallina da dos huevos. 3. Acción de ocultarse un astro: Vimos una **puesta** de sol espectacular desde la playa. 4. loc. **~ en escena**, montaje de una obra de teatro: La **puesta en escena** de Don Juan Tenorio estuvo mejor que la del año pasado pues los actores eran más naturales y el vestuario más bonito.

puestero, ra m. y f. Argent., Chile, Par. y Urug. Persona que tiene a su cargo un puesto de estancia o hacienda agrícola y ganadera.

puesto m. 1. Lugar que ocupa o debe ocupar una persona o cosa. 2. Cargo, empleo: Recomendaron a Walter para un buen **puesto** con salario elevado. 3. Pequeña tienda, por lo general ambulante: Me gusta comprar helados en los **puestos** que están afuera de mi escuela. 4. Argent., Chile y Urug. Cada una de las partes en que se divide una estancia o hacienda agrícola y ganadera. 5. loc. **~ que**, expresión que introduce una oración con sentido de causa: No como carne de cerdo **puesto que** no me gusta ni me hace mucho daño.

puesto, ta adj. Se dice de quien va bien vestido o arreglado: El actor que condujo la ceremonia se veía muy **puesto** con un elegante traje negro.

púgil m. Boxeador: El **púgil** con el calzoncillo azul es el campeón que defiende esta noche su título.

pugilismo m. Boxeo.

pugna f. Pelea, diferencia.

pugnar vb. {intr.} 1. Luchar, pelear, sobre todo sin armas materiales: Las asociaciones ecologistas **pugnan** porque ya no se destruyan los bosques ni se contaminen los mares. 2. Hacer esfuerzos para conseguir una cosa: Ramiro está **pugnando** por juntar dinero para poder mudarse a otra ciudad.

pujanza f. Fuerza con que crece o se desarrolla algo.

pujar vb. {intr.} Hacer esfuerzos por proseguir una acción: El hombre **pujaba** hasta ponerse rojo pero no conseguía levantar ese pesado mueble.

pujar vb. {tr.} Aumentar el precio de una cosa que se subasta: **Pujó** y **pujó** en la subasta subiendo su oferta hasta que logró quedarse con la pintura que quería.

pulcritud f. Limpieza: Saúl es guapo, pero su **pulcritud** es su mejor cualidad.

pulcro, cra adj. 1. Aseado: Ernesto es una persona **pulcra** que se baña todos los días y se pone ropa limpia. 2. Delicado en la conducta, el habla o esmerado al hacer algo.

pulga f. Insecto parásito sin alas, de color obscuro y patas aptas para dar grandes saltos: El perro tenía **pulgas**, por eso se rascaba tanto.

pulgada f. Unidad de longitud, equivalente a algo más de 25 mm: En dos meses mi planta creció una **pulgada**.

pulgar m. El primer y más grueso dedo de la mano: Los humanos podemos tocar cuatro dedos de la misma mano con el **pulgar** pero los monos no.

pulgón m. Insecto cuyas hembras y larvas viven como parásitas en ciertas plantas.

pulguiento, ta adj. Méx. y R. de la P. Que tiene pulgas: Mi gato se fue a la calle y regresó **pulguiento**, ahora tendré que darle un buen baño con jabón insecticida.

pulido m. Acción y efecto de pulir, de sacar brillo a una superficie: El mueble está un poco dañado pero después de un **pulido** quedará como nuevo.

pulido, da adj. Arreglado con mucho cuidado y esmero.

pulimento m. 1. Hecho de pulir algo. Sin. **pulido**. 2. Substancia usada para sacarle brillo a una superficie.

pulir vb. {tr. y prnl.} 1. Suavizar, alisar o sacar brillo a una superficie: El piso de la casa quedó brillante y liso después de que lo **pulieron** y barnizaron. 2. Perfeccionar algo: Ya escribí toda la información de mi trabajo, ahora falta **pulirlo** para que quede listo. 3. Quitar la tosquedad a una persona: Alfonso era un hombre un poco rústico pero su esposa lo ha ido **puliendo** poco a poco desde que se casaron.

pulla f. Dicho con que de manera indirecta se reprende o censura: Me cansé de sus **pullas** así que le exigí que me dijera a la cara qué era lo que no le gustaba de mi trabajo. Sin. **indirecta**.

pulmón m. Víscera doble situada en el tórax, que constituye el órgano principal del aparato respiratorio: Al hacer ejercicio los **pulmones** trabajan muy rápido porque el cuerpo necesita más aire.

pulmonía f. Inflamación del pulmón: Teresa empezó con un resfrío, pero no se cuidó y ahora tiene **pulmonía**.

pulóver m. Palabra de origen inglés. Argent. y Urug. Jersey, suéter.

pulpa f. 1. Carne sin huesos. 2. Parte blanda e interior de las frutas: Para hacer puré de frutas se usa la **pulpa** y se desecha la cáscara.

pulpería f. Amér. C. y Amér. Merid. Tienda rural donde se vendían bebidas alcohólicas y artículos diversos.

púlpito m. Tribuna desde la que un profesor o predicador habla al público.

pulpo m. Molusco marino que tiene ocho tentáculos o brazos cubiertos de ventosas: Como defensa, los **pulpos** arrojan chorros de tinta obscura cuando se sienten amenazados.

pulque m. Méx. Bebida alcohólica obtenida del jugo del maguey fermentado, que suele mezclarse con jugos de frutas.

pulquería *f.* *Méx.* Local popular donde se vende y bebe pulque.

pulsar *vb.* {tr.} Tocar o presionar algo con la yema de los dedos: *El músico pulsó por un momento la guitarra para saber si estaba afinada.*

púlsar *m.* Estrella que despide su energía de forma parecida a un latido breve y regular.

pulsera *f.* Aro que se lleva como adorno en la muñeca de la mano.

pulso *m.* **1.** Latido de las arterias: *Cuando corro o hago ejercicio mi pulso se acelera.* **2.** Firmeza en la mano para realizar un trabajo delicado: *Los cirujanos deben tener muy buen pulso para realizar las operaciones.*

pulular *vb.* {intr.} Abundar y moverse en un sitio personas, animales o cosas: *Los fines de semana, los adolescentes pululan en grupos por el centro de la ciudad.*

pulverizado, da *adj.* Hecho polvo: *El chocolate pulverizado se disuelve con facilidad en la leche caliente.*

pulverizar *vb. irreg.* {tr. y prnl.} Modelo 16. **1.** Reducir a polvo: *Para hacer ese postre de chocolate necesitas pulverizar el azúcar y esparcirla sobre el pan.* **2.** Esparcir un líquido en gotas muy menudas: *Los atomizadores pulverizan el perfume y así podemos rociarlo en todo el cuerpo rápidamente.*

puma *m.* Mamífero carnívoro americano de cuerpo esbelto y musculoso, con la cabeza corta y ancha, pelo similar al del león, cola larga y pequeñas orejas redondas: *Los pumas pueden llegar a pesar 100 kg y a medir 2 m de longitud.*

puna *f.* **1.** *Amér. C.* y *Amér. Merid.* Tierra alta próxima a una cordillera. SIN. **altiplano.** **2.** *Amér. C.* y *Amér. Merid.* Páramo. **3.** *Amér. C.* y *Amér. Merid.* Malestar que se siente en sitios altos.

punción *f.* Introducción en el organismo de un instrumento con punta para obtener muestras.

punible *adj.* Que merece castigo: *El haber destruido esa obra de arte constituye una acción punible.*

púnico, ca *adj./m. y f.* Originario de Cartago, antigua ciudad del norte de África.

punta *f.* **1.** Extremo agudo de una cosa: *Danilo no se fijó y metió la punta de la manga de su camisa en la sopa.* **2.** Porción delgada de tierra que penetra en el mar. **3.** Clavo. **4.** *Amér. Merid.* Gran cantidad de algo: *Tengo una punta de revistas de historietas porque me gusta coleccionarlas.* SIN. **montón.** **5.** *Méx.* Conjunto: *Los amigos de mi hermano son una punta de mentirosos que siempre quieren engañarme.* **6.** pl. Puntilla, encaje.

puntada *f.* **1.** Cada uno de los agujeros hechos al coser. **2.** Porción de hilo que ocupa el espacio entre los agujeros hechos al coser: *Dale unas puntadas al dobladillo de tu vestido porque se desprendió y está colgando.* **3.** *Méx. Fam.* Chiste, gracia: *Joaquín me hace reír todo el tiempo con las puntadas que se le ocurren.*

puntal *m.* Madero sólido que sirve para sostener un muro o techo: *Para detener la pared que estaba a punto de caerse los albañiles pusieron unos puntales mientras la arreglaban.*

puntapié *m.* Golpe dado con la punta del pie: *Al jugar fútbol es fácil recibir o dar algún puntapié.*

puntear *vb.* {tr. e intr.} **1.** Marcar o dibujar puntos en una superficie. **2.** *Argent., Chile* y *Urug.* Remover la tierra con la punta de una pala. **3.** Tocar un instrumento pulsando cada cuerda con un dedo. **4.** *Amér. Merid.* y

Méx. Marchar a la cabeza de un grupo de personas o animales.

puntera *f.* Parte del calzado que cubre la punta del pie: *Manuel tiene unos zapatos de dos colores con la puntera de color blanco y lo demás de color negro.*

puntería *f.* Destreza para dar en el blanco o objetivo: *Rolando tiene muy buena puntería, siempre que practicamos tiro al blanco él gana.*

puntero *m.* **1.** Palo terminado en punta usado para señalar. **2.** *Amér. Merid.* y *Méx.* En algunos deportes, el que juega en primera fila.

puntero, ra *adj.* **1.** Que sobresale en alguna actividad: *Japón ha desarrollado una industria tecnológica puntera en el mundo.* **2.** *Amér. Merid.* y *Méx.* Se dice de la persona o animal que va delante de un grupo.

puntiagudo, da *adj.* Que acaba en punta aguda: *Hay que tener cuidado al manejar objetos puntiagudos porque podríamos herirnos.*

puntilla *f.* **1.** Encaje estrecho. **2.** Puñal usado para rematar al toro: *El torero no logró matar al toro y sus ayudantes tuvieron que usar la puntilla para que muriera.*

puntilloso, sa *adj.* **1.** Que tiene mucho amor propio. **2.** Que se fija mucho en los pequeños detalles, de una manera obsesiva.

punto *m.* **1.** Dibujo o relieve redondeado y muy pequeño: *En un esquema del Sistema Solar la Tierra aparece como un pequeño punto.* **2.** Signo de puntuación (.) que indica una pausa en un texto: *Después de un punto la primera letra de la siguiente palabra se escribe con mayúscula.* **3.** Cada una de las partes de un escrito o asunto: *En la reunión de profesores hablaron de tres puntos que fueron las cuotas, los uniformes y las excursiones.* **4.** Unidad con que se valoran juegos, notas escolares, etc.: *El equipo de Alemania ganó al equipo de Francia por dos puntos.* **5.** Puntada que se da al coser: *Todavía tendrás que darle tres puntos más para terminar tu costura.* **6.** Tipo de tela tejida. **7.** loc. **A ~ de,** expresa que un hecho está por suceder: *¡Espérame un momento! Estoy a punto de resolver este problema.* **8.** loc. **Estar en su ~ una cosa,** estar en su mejor momento o manera: *Esta fruta está en su punto así que hay que comerla ahora.* **9.** loc. **~ de vista,** modo de juzgar algo: *Cada persona tiene su punto de vista y es importante respetar cada forma de pensar, aunque no estemos de acuerdo.*

puntuación *f.* **1.** Acción y efecto de puntuar: *Ese periodista tiene mala puntuación, cuando escribe no sabe dónde poner los puntos y las comas.* **2.** Conjunto de los signos gráficos que sirven para puntuar un escrito: *Me dijo mi maestra que debo corregirle la puntuación a mi cuento si quiero participar en el concurso.*

puntual *adj.* **1.** Que llega a los sitios a tiempo o hace las cosas a su tiempo: *Como Rodrigo es una persona puntual, sufre al estar rodeado de gente que no llega a tiempo a sus citas.* **2.** Exacto, con detalle: *Fernando nos contó de manera tan puntual el filme que parecía que lo estábamos viendo.* SIN. **concreto.**

puntualización *f.* Precisión, hecho de especificar algo impreciso o general.

puntualizar *vb. irreg.* {tr.} Modelo 16. Especificar con exactitud algo: *El maestro comenzó hablando de todos los animales y luego puntualizó sobre los mamíferos y los reptiles.*

puntuar *vb. irreg.* {tr.} **Modelo 10.** Poner puntos, comas y otros signos ortográficos en la escritura: *Si quieres que se entienda tu texto debes* **puntuarlo** *de forma correcta.*

punzada *f.* **1.** Dolor súbito y agudo: *De pronto Roberto sintió una fuerte* **punzada** *en el vientre y luego se supo que tenía apendicitis.* **2.** loc. *Méx. Fam.* **Edad de la –,** pubertad: *Adrián está en la* **edad de la punzada** *y no sabes cómo va a reaccionar ni cuándo va a enojarse.*

punzar *vb. irreg.* {tr.} **Modelo 16.** **1.** Herir con un objeto puntiagudo. **2.** Causar dolor o aflicción: *Al chico le* **punzó** *mucho que su novia lo dejara por otro.*

punzón *m.* Instrumento alargado y puntiagudo para abrir orificios, grabar metales, etc.

puñado *m.* **1.** Cantidad de algo que cabe en un puño: *La masa está aguada, hay que ponerle un* **puñado** *más de harina.* **2.** Cantidad pequeña: *Tengo un* **puñado** *de verdaderos amigos y con ellos estoy muy contento.*

puñal *m.* Arma de acero parecida a un cuchillo pero con filo en ambos lados, de hoja corta y puntiaguda: *A la víctima le clavaron un* **puñal** *en la espalda.*

puñalada *f.* Herida causada con un puñal.

puñetazo *m.* Golpe dado con el puño: *El* **puñetazo** *que le dieron en la cara durante la pelea le rompió la nariz.*

puño *m.* **1.** Mano cerrada: *El disgusto que sentía se le notaba en los dos* **puños** *apretados y en el ceño fruncido.* **2.** Parte de un objeto por donde se le agarra: *El* **puño** *del bastón de mi abuelo tiene forma de cabeza de tigre.* **3.** Pieza de una prenda de vestir que rodea la muñeca: *Los* **puños** *de las camisas llevan botones para ajustarlos.*

pupa *f.* **1.** Erupción en los labios: *Antonio se mordió el labio, se le infectó la herida y se le hizo una* **pupa.** **2.** Cualquier lesión cutánea: *Tengo* **pupa** *en un pie porque mi zapato nuevo me molesta.*

pupila *f.* Parte negra y redonda del ojo: *La* **pupila** *se dilata cuando hay poca luz y se contrae cuando hay mucha.*

pupilo, la *m.* y *f.* Huérfano que se encuentra bajo la custodia de un tutor.

pupitre *m.* Mueble con tapa inclinada para escribir encima: *En mi escuela cada alumno tiene su propio* **pupitre.**

pupo *m.* *Argent., Bol. y Chile. Fam.* Ombligo: *Mi amiga Romina usa blusas cortas porque dice que le gusta enseñar el* **pupo.**

puré *m.* Pasta que se hace con alimentos cocidos y triturados: *Los niños pequeños comen* **purés** *porque aún no tienen dientes.*

purépecha *adj./m.* y *f.* Pueblo amerindio localizado en el estado de Michoacán, al occidente de México. SIN. **tarasco.**

pureza *f.* Cualidad de puro, de no estar mezclado, sucio o contaminado: *La* **pureza** *del aire en las ciudades modernas ha desaparecido.*

purga *f.* Purgante: *Tendré que tomar una* **purga** *pues ayer comí demasiado y tengo un horrible malestar.*

purgante *m.* Substancia que facilita la evacuación de excrementos: *A causa de su estreñimiento el médico le recetó un* **purgante** *a Norma.*

purgar *vb. irreg.* {tr. y prnl.} **Modelo 17.** **1.** Administrar un purgante. **2.** Purificar, limpiar: *El próximo domingo* **purgarán** *los depósitos de agua del edificio donde vivo.* **3.** Pagar con un castigo o penitencia una falta o delito.

purgatorio *m.* **1.** En el catolicismo, lugar donde las almas de los muertos purgan sus pecados: *Los católicos*

creen que las almas de la gente que ha cometido pecados leves van al **purgatorio.** **2.** *Fam.* Lugar donde se padecen penalidades.

purificación *f.* Proceso para quitar impurezas: *Antes de envasarse y venderse la leche se somete a un proceso de* **purificación.**

purificado, da *adj.* Que no tiene impurezas: *Es sano tomar agua* **purificada** *y hervida.*

purificar *vb. irreg.* {tr. y prnl.} **Modelo 17.** Quitar las impurezas: *Antes de comer la lechuga hay que lavarla y* **purificarla** *con alguna substancia desinfectante como el yodo.*

puritano, na *adj./m.* y *f.* **1.** Miembro de una comunidad de presbiterianos contrarios a la Iglesia anglicana que fueron perseguidos por la Corona Inglesa en el siglo XVI: *La mayoría de los* **puritanos** *emigraron de Inglaterra a lo que ahora es Estados Unidos de Norteamérica.* **2.** Persona que profesa una moral rigurosa: *Don Anselmo es un padre* **puritano,** *no deja que sus hijas vayan a fiestas aunque ya tienen dieciocho años.*

puro *m.* Rollo de hojas de tabaco, que se enciende por uno de sus extremos y se fuma: *Los puros más famosos son los cubanos, llamados habanos.* SIN. **cigarro.**

puro, ra *adj.* **1.** Sin mezcla ni impurezas: *¿Cómo va a estar* **puro** *el aire aquí si hay una industria química cerca?* **2.** Que significa solamente lo que se expresa.

púrpura *adj.* De color llamado púrpura.

púrpura *f.* Molusco que segrega un colorante rojo: *La* **púrpura** *es un tipo de caracol de mar.*

púrpura *m.* Color rojo que se parece al morado.

purpurina *f.* Polvo finísimo de bronce o de metal blanco.

purulento, ta *adj.* Que tiene aspecto semejante a la pus, que está infectado: *José no se desinfectó la herida y ahora ésta tiene un aspecto* **purulento** *muy desagradable.*

pus *m.* y *f.* Líquido amarillento o verdoso de olor desagradable que se forma en los lugares infectados: *A Ramiro se le formó* **pus** *en una uña por cortársela mal.*

pusilánime *adj.* Se dice de quien carece de valor, de audacia o de ánimo para hacer algo: *El carácter* **pusilánime** *de mi maestro hace que le dé miedo hablar en público.*

pústula *f.* Vesícula que contiene pus: *La fuerte infección del diente cariado le produjo a Rubén* **pústulas** *en la boca.*

puta *f.* *Vulg. y Desp.* Prostituta.

puteada *f.* *Amér. Vulg.* Insulto grosero.

putrefacción *f.* Acción y efecto de pudrir o pudrirse, de echarse a perder una materia orgánica: *Cuando fuimos al campo vimos el cadáver de un conejo en estado de* **putrefacción** *que olía horrible y tenía muchos gusanos.* SIN. **descomposición.**

pútrido, da *adj.* Echado a perder: *La basura despedía un olor* **pútrido,** *ya que llevaba dos días de acumulada en el depósito.*

puya *f.* **1.** Punta de la garrocha del picador con la que pica a las reses. **2.** loc. *Méx.* **Meter –,** incitar a la pelea.

puzzle *m.* Palabra inglesa. Rompecabezas: *Cuando termine de armar este* **puzzle** *se verá la cara de mi personaje favorito de historietas.*

Qq

q *f.* Decimoctava letra del abecedario español. Su nombre es *cu*.

quásar *m.* Palabra de origen inglés. Astro en estado de actividad muy intenso que tiene la apariencia de una estrella y emite radiaciones muy potentes: *Los quásares son los objetos más lejanos del Universo que se han podido observar hasta ahora.*

que *pron.* Pronombre relativo que sirve para reemplazar a un nombre o a otro pronombre que se ha mencionado con anterioridad: *"Éste es el perro que me mordió."*

que *conj.* **1.** Introduce oraciones subordinadas: *Quiero que vengas mañana a comer a mi casa.* **2.** Se utiliza para hacer comparaciones: *Me gusta más el frío que el calor.* **3.** Se utiliza para expresar una consecuencia: *Habla tan rápido que no se entiende lo que dice.*

qué *adj.* Adjetivo interrogativo que se utiliza para preguntar algo de manera directa o indirecta: *¿Qué vestido quieres usar esta noche?*

qué *pron.* **1.** Pronombre interrogativo que se utiliza para preguntar algo de manera directa o indirecta: *No sé qué dijo Andrés porque yo no contesté su llamada.* **2.** Se utiliza para dar énfasis: *¡Qué bellas son las flores!* **3.** loc. **¿— tal?**, se utiliza como saludo: *¿Qué tal?, ¿cómo has estado?*

quebrachal *m. Amér. Merid.* Lugar poblado por árboles llamados quebrachos.

quebracho *m.* Árbol americano muy alto, de madera dura usada en la construcción.

quebrada *f.* Abertura estrecha entre montañas: *Por esa quebrada pasaron los alpinistas.*

quebradizo, za *adj.* Fácil de quebrarse o romperse: *Tiene el pelo quebradizo, por eso debe cuidarlo y no exponerlo al sol por mucho tiempo.*

quebrado *m.* Número que expresa una o varias partes proporcionales de la unidad: *Tres cuartos (¾) es un quebrado.*

quebrado, da *adj.* **1.** Desigual, tortuoso: *Nos cansamos mucho porque caminamos por un terreno quebrado.* ANT. **parejo.** **2.** *Méx.* Relativo al cabello ondulado: *Mi hermana tiene el cabello quebrado y yo lo tengo liso.* ANT. **lacio.** **3.** Que su economía ha fracasado: *Está quebrado porque no llevó bien el negocio y lo tuvo que vender para pagar sus deudas.* SIN. **bancarrota.**

quebrantahuesos *m.* Ave rapaz diurna de gran tamaño, parecida al halcón, de plumaje gris obscuro y cabeza blanca.

quebrantado, da *adj.* Debilitado, en proceso de destrucción: *Tiene treinta años y ha fumado durante quince años, por eso tiene la salud muy quebrantada.*

quebrantar *vb.* {tr. y prnl.} **1.** Romper o dañar algo sin llegar a deshacerlo: *La vieja fotografía de familia se ha quebrantado y dañado por el paso de los años.* **2.** Violar una ley, palabra u obligación: *Al huir con el dinero, el mal empleado quebrantó la confianza que su jefe había depositado en él.* **3.** *Fam.* Hacer perder o debilitar la fuerza o la resistencia: *Tantos problemas le quebrantaron el ánimo, por eso está deprimido.*

quebrar *vb. irreg.* {tr., intr. y prnl.} **Modelo 3.** **1.** Romper con violencia: *El jarrón se cayó y se quebró en muchos pedazos.* **2.** *Méx. Fam.* Matar, asesinar: *Los ladrones llevaron a su víctima a un campo solitario y allí la quebraron.* **3.** Doblar o torcer: *Si sigue el viento tan fuerte se quebrarán las ramas de las plantas jóvenes.* **4.** Suspender una actividad o negocio: *La tienda de Marcos quebró porque no tenía clientes.* **5.** Entrecortarse la voz: *Por el llanto se le quebró la voz y ya no pudo seguir hablando.*

quebrazón *f. Amér. C., Chile, Colomb. y Méx.* Destrozo grande de objetos de vidrio o loza: *El perro entró corriendo a la cocina y ocasionó una quebrazón de vasos y platos.*

quechua o **quichua** *adj./m. y f.* Pueblo amerindio localizado en el norte y el centro de la región de los Andes, en Sudamérica: *Los quechua fundaron la civilización incaica.*

quechua *m.* Lengua precolombina que fue la dominante de América del Sur: *El quechua es hablado actualmente en Perú, Bolivia y algunas zonas de Colombia, Ecuador y Argentina.*

queda *f.* Hora de la noche señalada para que los habitantes de las ciudades se retiren a sus casas: *Las autoridades establecen queda cuando hay peligro de guerra.*

quedada *adj./f. Méx. Desp.* Mujer que no se casó. SIN. **solterona.**

quedar *vb.* {intr. y prnl.} **1.** Permanecer en cierto lugar o estado: *Quédate aquí, regresaré por ti dentro de diez minutos.* **2.** Haber todavía existencia de cierta cosa: *Ve a ver si todavía queda algo de arroz en la alacena.* **3.** Permanecer en cierta situación o estado: *Mi disco quedó torcido desde que lo puse al sol.* **4.** Acordar, convenir: *Todos los amigos quedamos en ir a la playa los próximos días libres.* **5.** Apoderarse de algo: *Le presté un libro hace tiempo y se quedó con él.* **6.** *Argent., Chile, Méx. y Urug. Fam.* Morirse, fallecer: *Se quedó a la mitad de la operación.* **7.** *Méx. Desp.* Permanecer soltera una mujer: *En esa familia todas las hermanas se casaron menos la mayor, que se quedó.*

quedo, da *adj.* Suave, silencioso: *La maestra nueva habla con una voz tan queda que casi nadie la escucha.*

512

quehacer *m.* Ocupación, negocio: *Numerosos* **quehaceres** *ocupan el tiempo de Ana y casi no tiene tiempo para divertirse.*

queja *f.* **1.** Expresión de dolor o pena: *Mientras le curaban la pierna, emitía algunas* **quejas** *porque le molestaba la herida.* **2.** Manifestación de desacuerdo: *Si piensa que el producto que compró no es de la calidad ofrecida, ponga su* **queja** *en la oficina correspondiente.*

quejarse *v.* [prnl.] **1.** Expresar el dolor o la pena que se siente: *Después de haberse caído, mi madre se* **quejaba** *de un dolor en la mano.* **2.** Manifestar disgusto o inconformidad: *Cuando vi que la televisión nueva no funcionaba llamé a la tienda para* **quejarme.**

quejido *m.* Exclamación lastimosa de pena o dolor: *Cuando le pisaron la pata accidentalmente la perra lanzó un* **quejido.**

quejoso, sa *adj.* Que se queja mucho: *Es un hombre muy* **quejoso** *a quien nada le parece bien.*

quejumbre *f.* Queja continuada.

quejumbroso, sa *adj.* **1.** Persona que se queja de todo, que todo critica: *Es desagradable viajar con él porque es muy* **quejumbroso** *y nada le parece bien.* **2.** Que expresa queja: *El tono* **quejumbroso** *de la voz del herido nos hizo darnos cuenta de que el dolor que sentía era fuerte.*

quelite *m. Méx.* Hierba silvestre, tierna y comestible.

quelonio *m.* Orden de reptiles de cuerpo protegido por un caparazón duro, como la tortuga.

queltehue *m. Chile.* Ave zancuda que se tiene en los jardines para que destruya los insectos nocivos.

queltro *m. Chile.* Suelo preparado para la siembra.

quema *f.* **1.** Acción y efecto de quemar o quemarse. **2.** Incendio, fuego. **3.** *Argent.* Lugar donde se queman basuras o residuos.

quemada *f.* **1.** Parte del monte quemada. **2.** *Argent., Méx. y Urug. Fam.* Acción que pone en ridículo: *¡Qué* **quemada** *sufrió Laura cuando dijo que odiaba los vegetales el día que la invitó a comer su amiga vegetariana!*

quemado, da *adj.* **1.** *Argent., Méx. y Urug.* Que tiene la piel morena por haber tomado el sol. **2.** *Méx. Fam.* Desacreditado.

quemadura *f.* Herida, señal o destrozo causado por el fuego o por algo que quema: *El aceite caliente que le cayó en la mano le produjo una* **quemadura.**

quemar *vb.* [tr., intr. y prnl.] **1.** Consumir o destruir con fuego: *Poco antes de morir* **quemó** *todas sus fotografías y documentos personales.* **2.** Estropearse por exceso de fuego: *Olvidé quitar la carne del fuego y se* **quemó. 3.** Causar lesión algo muy caliente: *Estaba tan caliente el café que* **me quemé** *la lengua al tratar de beberlo.* **4.** Estar una cosa muy caliente: *El sol en la playa* **quema** *durante el verano.* **5.** *Méx. Fam.* Hacer el ridículo.

quemarropa. A ~, *loc.* A poca distancia, muy cerca: *La víctima no tenía oportunidad de sobrevivir pues le dispararon a* **quemarropa.**

quemazón *f.* **1.** Calor excesivo. **2.** Sensación de ardor o picor: *Se puso una pomada para aliviar la* **quemazón** *que le producían las mordidas de hormiga.*

queratina *f.* Substancia que interviene en la constitución de las uñas, pelo, plumas de aves, etc.: *La falta de* **queratina** *en las uñas provoca que se debiliten.*

querella *f.* **1.** Oposición de maneras de pensar o de opinar: *En la obra "Romeo y Julieta" las familias Montesco*

y Capuleto tenían una **querella** antigua y profunda. Sin. **discordia, pleito. 2.** Acusación presentada ante el juez o tribunal: *Le robaron su automóvil y presentó una* **querella** *contra quien resultara responsable.*

querencia *f.* **1.** Acción de amar o querer bien. **2.** Tendencia de personas y animales a volver al lugar donde se criaron: *Vivió en el extranjero muchos años pero su* **querencia** *le hizo volver a su pueblo.*

querendón, na *adj. Amér.* Relativo a la persona muy cariñosa: *Es un niño* **querendón** *que siempre está besando y abrazando a su madre.*

querer *m.* Persona por la que se siente cariño: *La novia de su infancia fue su verdadero* **querer** *y no la ha olvidado.*

querer *vb. irreg.* [tr.] Modelo 25. **1.** Desear poseer o lograr algo: *Siempre* **ha querido** *tener una casa en la playa.* **2.** Tener amor o cariño: *El niño* **quiere** *mucho a sus abuelos porque ha crecido con ellos.*

querido, da *adj.* Alguien o algo a lo que se le tiene afecto: *Mañana vendrá a comer mi* **querida** *tía Eneida.*

querido, da *m. y f.* Amante: *Además de la esposa, el hombre tiene una* **querida** *con quien también ha procreado hijos.*

querosén *m. Amér.* Especie de nafta o gasolina. Sin. **queroseno.**

queroseno *m.* Hidrocarburo obtenido como producto intermedio entre la nafta o gasolina y el gasóleo. Sin. **querosén.**

querubín *m.* **1.** En la tradición cristiana, ángel de segundo rango de la primera jerarquía. **2.** *Fam.* Niño de gran belleza y buen comportamiento: *Robertito es un* **querubín** *a quien todos los adultos quieren abrazar y besar.*

quesadilla *f.* **1.** *Ecuad. y Hond.* Pan de maíz relleno de queso y azúcar y frito en manteca. **2.** *Méx.* Tortilla de maíz doblada, rellena de queso u otros guisos que se come fría o asada: *Las* **quesadillas** *son uno de los alimentos más populares en México.*

quesera *f.* Utensilio con una cubierta en forma de campana, por lo general de cristal o plástico, en el que se guarda y se sirve el queso.

quesero, ra *adj.* Relativo al queso: *La industria* **quesera** *ha tenido problemas económicos por el aumento en el precio del litro de leche en los últimos meses.*

quesero, ra *m. y f.* Persona que elabora quesos.

queso *m.* Alimento elaborado a partir de la leche cuajada.

quetro *m. Chile.* Pato grande que tiene alas sin plumas y no vuela.

quetzal *m.* **1.** Ave de vistoso plumaje que combina los colores verde y rojo escarlata: *Los* **quetzales** *son originarios de los bosques de México y Centroamérica.* **2.** Moneda de Guatemala.

quiaca *f. Chile.* Árbol que da flores blancas y pequeñas.

quicio *m.* **1.** Parte de una puerta o ventana en que se asegura la parte que se mueve. **2.** *loc.* **Sacar de ~,** desesperar a alguien: *El niño travieso* **saca de quicio** *a su pobre abuela que no sabe qué hacer con él.*

quid *m.* Punto más delicado o importante: *El* **quid** *del problema era que el niño no veía bien, por eso inventaba lo que el maestro escribía.*

quiebra *f.* **1.** Rotura de algo. **2.** Fracaso económico: *Ese hombre ha llevado a la* **quiebra** *su negocio a causa de su alcoholismo.*

quiebro m. **1.** Movimiento que se hace doblando el cuerpo por la cintura: *Las bailarinas de ballet hacen* **quiebros** *difíciles y muy bellos.* **2.** Trino o gorgorito hecho con la voz.

quien pron. **1.** Pronombre relativo que se refiere a personas: *"Ésta es la mujer de* **quien** *te hablé."* **2.** Pronombre indefinido que equivale a *el que*, y carece de antecedente expreso: *Puedes casarte con* **quien** *tú quieras, lo importante es que te sientas feliz.*

quién pron. **1.** Pronombre interrogativo que introduce frases: *¿***Quién** *llama a la puerta?* **2.** Introduce frases exclamativas: *¡Rafael obtuvo mala nota en inglés? ¡***Quién** *lo hubiera dicho, siempre había sido el mejor de su clase!*

quienquiera pron. Pronombre indefinido que señala a una persona indeterminada: **Quienquiera** *que haya sido el autor del robo debe recibir un buen castigo.*

quieto, ta adj. **1.** Que no se mueve ni cambia de lugar: *El entrenador le enseña al perro a quedarse* **quieto** *cuando se lo ordena.* **2.** Pacífico, tranquilo: *¿Por qué no damos un paseo en lancha? El mar está* **quieto** *y así no corremos riesgos.*

quietud f. **1.** Falta de movimiento: *La* **quietud** *de los niños debe preocupar a sus padres, no así su vigor.* **2.** Sosiego, reposo: *El contacto con la naturaleza me produce* **quietud.**

quijada f. Cada uno de los dos huesos del cráneo de los mamíferos en que están encajados los dientes y muelas: *Las vacas están moviendo las* **quijadas** *constantemente porque comen todo el día.*

quijote m. Hombre que interviene en asuntos que no le conciernen, en defensa de la justicia.

quilate m. **1.** Unidad de peso para perlas y piedras preciosas, que equivale a 205 mg. **2.** Cantidad de oro puro contenido en una aleación de este metal: *La cadena que se compró es de oro de 24* **quilates.**

quilla f. Pieza que va de proa a popa del barco y forma su base: *En las lanchas la* **quilla** *sirve para dirigir el rumbo.*

quillango m. *Argent.* y *Chile.* Cobertor, de origen indígena, confeccionado con retazos de pieles.

quillay m. *Argent.* y *Chile.* Árbol espinoso de gran tamaño, flores color blanco con tonos amarillos y con una gruesa corteza, que en medios rurales se emplea como jabón para lavar.

quilmahue m. *Chile.* Pequeño mejillón comestible de color negro o marrón obscuro.

quilmay m. *Chile.* Planta trepadora de hermosas flores, por lo general blancas.

quilo m. **1.** Líquido blanquecino, resultado de la digestión de los alimentos en el intestino delgado. **2.** *Chile.* Arbusto de tallos trepadores y fruto dulce. **3.** *Chile.* Fruto del arbusto llamado quilo.

quilo m. Ver **kilo.**

quilombo m. **1.** *Argent.* y *Urug. Vulg.* Desorden, lío, pleito. **2.** *Chile* y *R. de la Plata.* Casa de mujeres públicas. Sin. **prostíbulo, burdel. 3.** *Venez.* Cabaña campestre.

quilómetro m. Ver **kilómetro.**

quiltro adj./m. y f. *Chile. Fam.* Se dice de la persona despreciable y sin ninguna importancia.

quiltro m. *Chile.* Perro ordinario.

quimba f. **1.** *Chile* y *Perú.* Manera de caminar con elegancia y contoneo. **2.** *Colomb., Ecuad.* y *Venez.* Calzado rústico.

quimbayá adj./m. y f. De un pueblo amerindio actualmente extinto que ocupó el valle central del río Cauca, en Colombia.

quimbo m. *Cuba.* Cuchillo grande que se utiliza para desmontar, abrirse paso en bosques y selvas y para cortar leña. Sin. **machete.**

quimera f. **1.** Monstruo fabuloso con cabeza de león, vientre de cabra y cola de dragón. **2.** Creación de la mente, que se toma como algo real: *Desperdició su vida persiguiendo una* **quimera** *que lo alejaba de un proyecto real.*

quimérico, ca adj. **1.** Imaginario, irreal: *En el programa aparecen unos seres* **quiméricos** *que ayudan al héroe a vencer al dragón de tres cabezas.* **2.** Sin fundamento, imposible: *Es* **quimérico** *pensar que ese viejo mezquino te regale algo el día de tu cumpleaños.*

química f. Ciencia que estudia las propiedades, composición y transformación de los cuerpos: *Por los experimentos que realizaba, mi profesor de* **química** *a veces me parecía un mago.*

químico, ca adj. Relativo a la química: *Joaquín es biólogo y trabaja en un laboratorio que elabora medicamentos y otros productos* **químicos.**

químico, ca m. y f. Especialista en química: *El* **químico** *me dijo que tendría listos los resultados de los análisis de sangre el lunes próximo.*

quimioterapia f. Tratamiento de las enfermedades mediante substancias químicas: *La* **quimioterapia** *se aplica en algunos casos de cáncer.*

quimo m. Líquido contenido en el estómago, que resulta de la digestión de los alimentos.

quimono m. Túnica japonesa muy amplia de una sola pieza, que se cruza por delante y se sujeta con un ancho cinturón: *Las japonesas modernas usan* **quimonos** *sólo en ocasiones especiales, ya que en la vida diaria se visten como los occidentales.*

quina f. Árbol con corteza amarga que tiene propiedades medicinales, sobre todo contra la fiebre.

quincalla f. Artículo de metal, de poco precio o escaso valor.

quince adj./m. y f. Número que resulta de sumar diez y cinco.

quinceavo, va adj. Relativo a cada una de las quince partes iguales en que se divide un todo: *Me tocó la* **quinceava** *parte de la sandía.*

quincena f. **1.** Serie de quince días consecutivos: *El mes se divide en dos* **quincenas. 2.** Sueldo que se paga cada quince días: *Ayer recibí la* **quincena** *y ya no tengo dinero, porque he pagado todas las deudas que tenía.*

quincenal adj. Que se repite cada quince días: *Es una revista* **quincenal,** *por eso salen dos números por mes.*

quincha f. **1.** *Amér. Merid.* Tejido o trama de junco con que se afianza un techo o pared. **2.** *Argent., Chile* y *Perú.* Pared hecha de cañas o juncos recubiertos de barro.

quinchar vb. {tr.} *Amér. Merid.* Cercar o cubrir con quinchas.

quinchihue m. Planta herbácea americana olorosa y de usos medicinales.

quincho m. *Argent.* y *Urug.* Cobertizo para comidas al aire libre: *Bajo el* **quincho,** *la familia saboreó un rico almuerzo.*

quinchoncho m. Arbusto de semillas comestibles, originario de la India y cultivado en América.

quincuagésimo, ma adj. Adjetivo ordinal que corresponde en orden al número cincuenta: *Los abuelos ya tienen 50 años de casados y celebraron su* **quincuagésimo** *aniversario de matrimonio.*

quinde m. *Colomb., Ecuad.* y *Perú.* Colibrí.

quingombó m. Planta herbácea originaria de África y cultivada en América por sus frutos.

quiniela f. **1.** Juego de apuestas sobre los resultados del fútbol. **2.** *Argent., Par., R. Dom.* y *Urug.* Juego que consiste en apostar a las últimas cifras de los premios mayores de la lotería.

quinientos, tas adj. Cinco veces cien: *En 1992 se cumplieron* **quinientos** *años de la llegada de los españoles a América, pues fue en el año 1492.*

quinientos, tas m. y f. **1.** Número que corresponde en orden al quinientos. **2.** loc. **A las ~**, muy tarde: *Anoche se fue a una fiesta, llegó* **a las quinientas** *y sus papás estaban preocupados por él.*

quinina f. Substancia sacada de la quina, empleada para bajar la fiebre.

quinoa o **quinua** f. *Argent., Bol., Colomb., Chile* y *Perú.* Nombre de diversas plantas anuales de hojas tiernas comestibles y flores pequeñas en racimos: *Las semillas de la* **quinoa** *se comen cocidas o se prepara harina con ellas.*

quinoto m. **1.** *Argent.* y *Urug.* Arbusto de flores y pequeños frutos color anaranjado, que se usan para preparar dulces y licores. **2.** *Argent.* Fruto del arbusto llamado quinoto.

quinqué m. Lámpara con un depósito de aceite o petróleo, que tiene un tubo de cristal para proteger la llama: *Heredé un* **quinqué** *que era propiedad de mi bisabuelo y que todavía uso cuando se interrumpe la luz.*

quinquenio m. Periodo de cinco años: *En Rusia los periodos presidenciales duran un* **quinquenio.**

quinqui m. y f. *Esp.* Miembro de un grupo social marginal.

quinta f. **1.** *Esp.* Conjunto de hombres que cada año prestan el servicio militar. **2.** Casa de recreo en el campo: *Se pasarán las vacaciones en una* **quinta** *que es propiedad de unos amigos porque quieren alejarse un poco de la ciudad.* **3.** En música, intervalo de cinco notas: *Toqué la* **quinta** *de do, o sea un sol, y después la tercera, o sea un mi.*

quintal m. **1.** Antigua unidad de peso. **2.** loc. **~ métrico**, peso de 100 kg: *Compró un* **quintal** *de semillas para sus gallinas.*

quinteto m. **1.** Estrofa de cinco versos. **2.** En música, conjunto de cinco voces o cinco instrumentos: *Gerardo forma parte de un* **quinteto** *de piano y cuatro instrumentos de cuerdas, él toca el violín.*

quintillizo, za adj./m. y f. Cada uno de los cinco hermanos nacidos juntos en un parto quíntuple.

quinto m. *Esp.* Nombre tradicional del recluta del servicio militar. **SIN. recluta.**

quinto, ta adj. **1.** Adjetivo ordinal que corresponde en orden al número cinco: *Noé obtuvo el* **quinto** *lugar en el concurso nacional de escuelas, o sea que sólo hay cuatro estudiantes mejores que él.* **2.** Cada una de las cinco partes iguales en que se divide un todo: *Como en su casa eran cinco hijos a cada uno le tocaba una* **quinta** *parte de todo.*

quintuplicar vb. irreg. [tr.] Modelo 17. Hacer cinco veces mayor: *Ese comerciante* **quintuplicó** *su negocio pues ahora no tiene una, sino cinco tiendas.*

quíntuplo, pla adj. Que contiene un número cinco veces exactamente: *El número veinticinco es* **quíntuplo** *de cinco.*

quinzavo, va adj. Ver quinceavo.

quiñazo m. *Chile, Colomb., Ecuad., Pan.* y *Perú.* Golpe o choque violento. **SIN. empujón, encontronazo.**

quiosco m. **1.** Pabellón abierto que decora terrazas y jardines: *En esa plaza hay un* **quiosco** *donde los domingos una banda toca música.* **2.** Pequeña construcción donde se venden diarios, flores, etc.: *Todos los domingos mi papá pasa a comprar su revista favorita en el* **quiosco** *de la esquina.*

quipe m. *Perú.* Bulto que se lleva en la espalda.

quiquiriquí m. **1.** Palabra con la que se imita el canto del gallo: *En el festival, los niños vestidos de gallo no paraban de decir "quiquiriquí".* **2.** *Fam.* Mechón de pelo sobre la frente. **SIN. tupé, fleco.**

quirófano m. Sala donde se hacen operaciones: *En el* **quirófano** *todo debe estar muy limpio y libre de microbios.*

quiromancia o **quiromancía** f. Sistema de adivinación basado en el estudio de las líneas de la mano: *La lectura del café y la* **quiromancia** *son dos de los métodos que existen para intentar adivinar el futuro.*

quiromántico, ca m. y f. Persona que se supone adivina el futuro leyendo la palma de la mano: *En la feria había una tienda donde una* **quiromántica** *decía adivinar el futuro.*

quiróptero, ra adj. Relativo a un orden de mamíferos adaptados para el vuelo, como el murciélago.

quirque m. *Chile.* Lagarto pequeño de color pardo o con tonos verdes, come insectos. **SIN. lagartija.**

quirquincho m. *Amér. Merid.* Especie de armadillo, relativamente cubierto de cerdas sobre su caparazón: *Los* **quirquinchos** *son mamíferos que no tienen dientes.*

quirúrgico, ca adj. Relativo a la cirugía: *Quitar el apéndice es un procedimiento* **quirúrgico** *que se realiza en la sala de operaciones.*

quisca f. **1.** *Chile.* Espina grande, en especial de los cactos. **2.** *Chile.* Quisco.

quisco m. *Chile.* Cacto espinoso con aspecto de vela larga y gruesa.

quisicosa f. **1.** *Fam.* Acertijo que debe adivinarse a partir de unos datos que se dan en forma indirecta a veces en forma de verso. **SIN. adivinanza.** **2.** *Fam.* Cosa extraña.

quisquilloso, sa adj. Que le da mucha importancia a pequeñeces: *Es una mujer* **quisquillosa** *a tal punto que gusta que los platos siempre sean lavados con un jabón especial y secados con una tela blanca.*

quiste m. Formación patológica con contenido líquido, que se desarrolla en diferentes regiones del cuerpo: *Los médicos retiraron un* **quiste** *que tenía debajo de la piel, en la espalda.*

quitamanchas m. Substancia que se utiliza para quitar manchas de la ropa o muebles: *Compró un* **quitamanchas** *para ver si por fin podía deshacerse de ese círculo de grasa que tiene su pantalón.*

quitar vb. [tr. y prnl.] **1.** Separar o apartar una cosa de otra o de donde estaba: *Quita tu abrigo de ahí porque* está muy cerca del fuego de la chimenea y puede quemarse. **2.** Desaparecer o hacer desaparecer algo: *Hace años había ahí un restaurante pero ya lo* **quitaron**. **3.** Privar de una cosa: *Mi mamá* **me quitó** *el televisor que había en mi habitación porque estaban bajando mis notas en la escuela.* **4.** Impedir. **5.** Apartarse de un lugar: *Como estaban regando el pasto, Jaime* **se quitó** *de la banca del jardín para no mojarse.*

quitasol *m.* Sombrilla de gran tamaño: *En la playa había* **quitasoles** *para quienes no quisieran nadar ni asolearse demasiado.*

quite *m.* **1.** Movimiento con que se evita un golpe o ataque. **2.** loc. Fam. Méx. **Entrar al ~**, ayudar para alguna actividad: *Le pedimos a Joaquín que* **entrara al quite** *para completar el equipo de fútbol, porque nuestro defensa estaba enfermo.*

quiteño, ña *adj./m.* y *f.* Originario de Quito, Ecuador.

quitilipi *m. Argent.* Ave rapaz nocturna, parecida a un búho.

quitina *f.* Substancia orgánica que da dureza al caparazón de ciertos animales: *Los escarabajos, igual que otros insectos, tienen un caparazón duro gracias a la* **quitina**.

quizá o **quizás** *adv.* Expresa posibilidad o duda: *Quizá no haya venido hoy porque desde ayer se sentía un poco enfermo.*

quórum *m.* Número de miembros que una asamblea debe reunir para que sea válida una votación o deliberación: *Los alumnos no pudieron escoger un representante porque no había* **quórum**.

Rr

r f. Decimonovena letra del abecedario español. Su nombre es erre.

rabadilla f. **1.** Punta o extremidad de la columna vertebral. **2.** Parte saliente de las aves que se encuentra sobre el ano.

rábano m. Planta herbácea de raíz carnosa comestible.

rabel m. Instrumento medieval de cuerdas parecido al violín: *En la actualidad el **rabel** sólo se usa para interpretar música antigua.*

rabí m. Título dado a los doctores de la ley judía. Ver **rabino**: *El **rabí** más famoso fue rabí Moisés ben Maimón conocido también como Maimónides en la España del siglo XII.*

rabia f. **1.** Enfermedad transmitida por la mordedura de algunos animales, que provoca nerviosismo excesivo y parálisis: *El científico francés Luis Pasteur descubrió la vacuna para prevenir la **rabia**.* SIN. **hidrofobia**. **2.** Ira, enfado: *A Patricia le da mucha **rabia** que su hermano le jale el cabello, por eso él se lo jala cuando quiere hacerla enojar.*

rabiar vb. {intr.} **1.** Encolerizarse, enojarse: *La mujer estaba **rabiando** cuando se dio cuenta que la empleada doméstica había roto su antiguo jarrón.* **2.** Padecer un intenso dolor: *Cuando Martín se rompió la pierna lo llevaron al doctor **rabiando**, porque decía que le dolía muchísimo.*

rabieta f. Fam. Enfado o llanto corto y violento, por lo general causado por motivos sin importancia: *Ese niño está maleducado pues hace **rabietas** constantemente.*

rabillo m. **1.** Parte final del tallo de una planta. SIN. **pedúnculo**. **2.** Prolongación en forma de rabo de una cosa. **3.** loc. **Mirar con el ~ del ojo**, mirar de forma disimulada: *Lalo alcanzó a **mirar con el rabillo del ojo** a Germán, pero se volvió para no saludarlo porque no quería hablar con él.*

rabino m. **1.** Jefe religioso, guía espiritual y ministro de culto de una comunidad judía. **2.** loc. **Gran ~**, jefe de un consejo o asamblea israelita.

rabioso, sa adj. **1.** Que padece rabia: *Un perro **rabioso** mordió a Alejandro, por eso lo tuvieron que vacunar.* **2.** Fam. Que está furioso: *Edmundo se puso **rabioso** al saber que su hermano había descompuesto su televisor.*

rabo m. **1.** Cola de algunos animales: *A los perros de algunas razas como el bóxer y el doberman, les cortan el **rabo** cuando son pequeños.* **2.** Parte final del tallo de una planta. SIN. **peciolo, pedúnculo**.

rabón, na adj. **1.** Relativo al animal sin rabo o de rabo corto. **2.** Méx. Se dice de la prenda de vestir que queda corta: *Como Eduardo está creciendo, sus pantalones ya le quedan **rabones**.*

racha f. **1.** Ráfaga de viento: *Una repentina **racha** hizo volar mi sombrero.* **2.** Periodo corto de fortuna o desgracia: *El negocio de Noé pasó por una muy buena **racha** este año, por eso pudo comprarse un auto nuevo.*

racial adj. Relativo a la raza.

racimo m. Grupo de frutos que cuelgan de un mismo tallo: *Yolanda compró dos **racimos** de uvas y con ellas preparó una tarta.*

raciocinio m. Capacidad de pensar: *Si los humanos usáramos nuestro **raciocinio** antes de actuar se evitarían muchas peleas y conflictos.*

ración f. Cantidad de comida que se da a cada individuo: *En el comedor de esa escuela nos permiten servirnos dos **raciones** de cada alimento.*

racional adj. **1.** Relativo a la razón: *"Tienes que intentar solucionar los problemas de una manera **racional** y sensata en vez de hacer locuras."* ANT. **irracional**. **2.** Dotado de razón: *Los seres humanos somos los únicos animales **racionales**.* **3.** Se dice del número entero.

racionalismo m. Filosofía del conocimiento basada en la razón: *René Descartes inició el **racionalismo** moderno en el siglo XVII.*

racionalista m. y f. Seguidor del racionalismo.

racionamiento m. Restricción y división de algo como comida o agua: *Después de naufragar el barco, los sobrevivientes recurrieron al **racionamiento** del agua para que durara el mayor tiempo posible.*

racionar vb. {tr.} **1.** Distribuir raciones. **2.** Repartir algo de manera ordenada: *"Como quieres adelgazar, debes **racionar** lo que comes."*

racismo m. Ideología basada en la creencia de la superioridad de un grupo racial respecto a los demás: *Llevados por su mortal **racismo** los nazis exterminaron a más de seis millones de judíos durante la Segunda Guerra Mundial.*

racista adj. Relativo a la persona que cree que una raza es superior a otra: *En Sudáfrica muchos blancos **racistas** han perseguido a los negros.*

radar m. Dispositivo que detecta la presencia y la posición de objetos por medio de ondas: *En los aeropuertos hay **radares** para localizar a los aviones que llegan y salen.*

radiación f. **1.** Acción y efecto de emitir un cuerpo luz u otra energía: *Si uno se expone mucho tiempo a la **radiación** solar, la piel puede sufrir quemaduras y enfermedades como el cáncer.* **2.** Exposición a los rayos de una bomba de cobalto, con el fin de curar enfermedades como el cáncer: *Los médicos le descubrieron a Isabel un tumor canceroso y la sometieron a un tratamiento de **radiación**.*

RAD

radiactivo, va adj. Que emite radiaciones: *El material y los desechos* **radiactivos** *tienen que transportarse y almacenarse con cuidados especiales.*

radiado, da adj. Que tiene sus diversas partes colocadas a manera de radios, alrededor de un punto o eje: *Las ruedas de las carretas y de las bicicletas están* **radiadas** *porque así son más resistentes.*

radiador m. **1.** Aparato de calefacción: *Este invierno hará mucho frío, así que compramos* **radiadores** *para calentar la casa.* **2.** Dispositivo por el que circula el agua encargada de enfriar algunos motores: *Se descompuso el* **radiador**, *por eso se calentó mucho el motor del automóvil.*

radial adj. **1.** En geometría, relativo al radio. **2.** *Argent., Chile, Colomb.* y *Urug.* Relativo a la radiodifusión. SIN. **radiofónico.**

radián m. En geometría, unidad de medida angular que corresponde a un arco de longitud igual a su radio.

radiante adj. **1.** Que desprende rayos, que emite radiaciones. **2.** Resplandeciente, brillante: *El sol suele estar* **radiante** *en el verano.* **3.** Que manifiesta una gran alegría: *Carla se veía* **radiante** *el día de su boda.*

radiar vb. {tr. y prnl.} **1.** Despedir radiaciones. **2.** Difundir por radio: *La noticia de la muerte del famoso actor de cine* **se radió** *a todo el mundo y también se difundió por televisión.*

radical adj. **1.** Relativo a la raíz. **2.** Que afecta al origen mismo de una cosa o que se produce de manera completa: *El cáncer requiere de un tratamiento* **radical** *y agresivo.* **3.** Tajante, intransigente: *Por ser una persona* **radical**, *Fernando no permite que los demás le expresen su opinión.*

radical m. **1.** Signo de la raíz cuadrada (√). **2.** Parte de un compuesto molecular que puede existir en estado no combinado o que no sufre cambios en una reacción química.

radicar vb. irreg. {intr. y prnl.} **Modelo 17. 1.** Establecerse en algún lugar: *Arturo* **radicará** *en la costa donde consiguió un buen trabajo.* **2.** Estribar, consistir: *El problema* **radica** *en que para ese puesto exigen conocimiento del francés y yo no cumplo ese requisito.*

radier m. *Chile.* Losa de hormigón o concreto sin armar que se usa en la construcción.

radio f. **1.** Apócope de "radiodifusión": *Algunas personas escuchan la* **radio** *en su trabajo o en su casa durante muchas horas al día.* **2.** Apócope de "radioemisora": *Esa* **radio** *está haciendo un concurso en el que puedes ganar un automóvil.*

radio m. **1.** En una circunferencia, distancia entre uno de sus puntos y el centro. **2.** Cada varilla que una la rueda con el eje: *Mandé a componer mi bicicleta porque se rompió un* **radio** *de la rueda.* **3.** El más corto de los dos huesos del antebrazo: *Los dos huesos del antebrazo son el* **radio** *y el cúbito.* **4.** Aparato por el que se escuchan música, noticias, programas, etc.: *A muchas personas les gusta trabajar escuchando el* **radio.**

radio m. Metal radiactivo de símbolo Ra y número atómico 88: *Marie y Pierre Curie descubrieron el metal llamado* **radio** *y el fenómeno de la radiactividad.*

radioaficionado, da m. y f. Persona que por afición se dedica a transmitir y recibir mensajes por radio.

radiocomunicación f. Comunicación por medio de ondas electromagnéticas.

radiodifusión f. Emisión de noticias, música, etc., por medio de ondas hertzianas con destino al público en general.

radioelectricidad f. Técnica que permite la transmisión de mensajes y sonidos por medio de ondas electromagnéticas.

radioemisora f. Estación que transmite programas de radio: *No he podido escuchar mi estación favorita de radio, debido a una huelga de empleados en la* **radioemisora.**

radiofonía f. Ver radiotelefonía.

radiofónico, ca adj. Relativo a la radiodifusión. SIN. **radial.**

radiografía f. Fotografía del interior de los cuerpos que se obtiene por medio de rayos X: *Cuando el doctor vio la* **radiografía** *de mi pierna confirmó que el hueso estaba fracturado.*

radiología f. Utilización de los rayos X para diagnosticar enfermedades y para su curación.

radiólogo, ga m. y f. Doctor especializado en la interpretación de placas de rayos X: *La* **radióloga** *explicó su interpretación de lo que veía en las radiografías que le tomaron al paciente.*

radiotaxi m. Taxi que lleva un aparato de radio que permite al conductor enviar y recibir mensajes de una central: *Los* **radiotaxis** *llegan pronto cuando uno los llama por teléfono porque desde la central localizan al que se encuentre más cercano al cliente.*

radioteatro m. **1.** Programa radiofónico en el que se transmiten obras de teatro: *En los inicios de la radio, los* **radioteatros** *se hacían en vivo y no grabados como ahora.* **2.** *Argent.* y *Urug.* Obra dramática que se transmite por radio en forma de episodios. SIN. **radionovela.**

radiotelefonía f. Sistema de enlace telefónico por medio de ondas radioeléctricas.

radiotelegrafía f. Telegrafía sin hilos.

radioterapia f. Tratamiento de las enfermedades por medio de radiaciones: *El tumor canceroso de mi tío ha disminuido mucho gracias a la* **radioterapia** *que le están aplicando.*

radiotransmisor m. Aparato transmisor que envía y recibe ondas radioeléctricas: *La empresa utiliza* **radiotransmisores** *para comunicarse con sus vendedores que están en la calle.*

radionovela f. Novela que se transmite por radio en forma de episodios. SIN. **radioteatro.**

radón m. Elemento gaseoso radiactivo, de símbolo Rn y número atómico 86.

raer vb. irreg. {tr.} **Modelo 37.** Quitar algo que se encuentra adherido a una superficie usando un instrumento áspero o cortante. SIN. **raspar.**

ráfaga f. **1.** Golpe de viento de poca duración: *Una* **ráfaga** *de viento le tiró el sombrero al abuelo sin que tuviera tiempo de reaccionar.* SIN. **racha. 2.** Golpe de luz vivo e instantáneo: *Al mismo tiempo que se escucharon los truenos se vio la* **ráfaga** *de rayos que anunciaban la tormenta.* **3.** Serie de disparos sucesivos que efectúa un arma automática: *Los disparos de las ametralladoras son en* **ráfaga**, *es decir, muchos seguidos en muy poco tiempo.*

rafia f. Palmera que da una fibra muy resistente y flexible: *Los sombreros de* **rafia** *duran mucho tiempo.*

raído, da adj. Relativo al vestido o tela muy gastado por el uso: *Aunque ya está* **raído**, *el pantalón azul es mi preferido.*

raigambre f. **1.** Conjunto de raíces. **2.** Tradición o antecedentes que ligan a alguien a un sitio: *Su familia es de antigua raigambre, tiene una historia de trescientos años en este lugar.*

raíl m. Palabra de origen inglés. Carril de las vías del ferrocarril. SIN. **riel.**

raíz f. **1.** Órgano de los vegetales que fija la planta al suelo: *Esos árboles desarrollan unas grandes y fuertes raíces que terminan por levantar el piso a su alrededor.* **2.** Origen o causa de algo: *Los médicos encontraron la raíz de la enfermedad de mi madre y así pudieron recetarle los medicamentos apropiados.* **3.** Parte común a todas las palabras de una misma familia: *La raíz de las palabras amable y amar es am-.* **4.** loc. ~ cuadrada, en matemáticas, número que ha de multiplicarse por sí mismo para obtener una cantidad determinada: *La raíz cuadrada de dieciséis es cuatro.*

raja f. **1.** Abertura larga y fina: *La alcancía tiene una raja por la que meto las monedas que ahorro.* SIN. **rajada. 2.** Porción más o menos delgada: *Los vegetales se cortan en rajas pequeñas para preparar la sopa juliana.* SIN. **tira.**

rajada f. *Méx.* Abertura larga y fina: *La lámpara quedó con una rajada después de caerse.* SIN. **raja.**

rajadiablo adj. *Chile.* Relativo a la persona aficionada a hacer picardías y travesuras: *Mis hermanos son unos rajadiablos que ataron latas de soda a mi gato.*

rajadura f. Hendidura, resquebrajadura, rotura, grieta: *Después del último sismo aparecieron unas rajaduras en la pared.*

rajar vb. {tr. y prnl.} **1.** Agrietar, hender: *El golpe rajó este vaso; más vale no usarlo más.* **2.** Partir o romper en rajas: *"Rajemos este melón para comérnoslo."* **3.** *Chile. Fam.* Suspender a alguien en un examen. **4.** *Fam.* Fanfarronear; presumir. **5.** *Méx. Fam.* Acobardarse: *Primero dijo que sí iba a arrojarse con paracaídas, pero luego se rajó.* **6.** *Amér. C., Perú y P. Rico.* Dar con generosidad.

rajatabla. A ~, loc. Con todo rigor, a como dé lugar.

ralea f. **1.** Especie, clase: *A ese centro de baile acude gente de ralea peligrosa y agresiva, más vale no entrar.* **2.** *Fam.* Raza, casta.

ralentí m. Palabra de origen francés. Número de revoluciones por minuto del motor de un vehículo cuando trabaja a su menor capacidad.

rallado, da adj. **1.** Desmenuzado, cortado en tiras pequeñas y finas: *Mi madre prepara ensalada de zanahoria rallada mezclada con nueces y pasas.* **2.** *Fam.* Loco.

rallador m. Utensilio que sirve para rallar o desmenuzar queso, verduras, etc.: *Usé el rallador para rallar la cáscara de naranja que se necesita para el postre.*

rallar vb. {tr.} Desmenuzar algo restregándolo: *Casi está lista la comida, sólo falta rallar el queso para incorporarlo a la pasta.*

rally m. Palabra inglesa. Competencia de automóviles que se realiza en carreteras públicas.

ralo, la adj. Muy separado y escaso: *Germán siempre tuvo el cabello ralo y ahora ya comienza a quedarse calvo.*

RAM adj. Abreviatura de *Random Access Memory* (memoria de acceso directo), término de computación que se usa para designar lo relativo a la memoria cuyo contenido puede ser leído, borrado o modificado a voluntad: *Se necesita una computadora con mucha memoria RAM para que puedan funcionar los programas de diseño.*

rama f. **1.** Parte que nace del tronco o del tallo de una planta: *Podaron el árbol cortándole todas las ramas medianas.* **2.** Cada una de las divisiones de un arte o ciencia: *Algunas de las ramas de la medicina son la ginecología, la urología y la neurología.*

ramada f. **1.** *Amér. C. y Amér. Merid.* Cobertizo hecho con ramas de árboles: *Como el sol quemaba, los pescadores comieron bajo una ramada.* **2.** *Chile.* Puesto de feria construido con ramas.

ramadán m. Noveno mes del año musulmán, dedicado al ayuno: *Durante el ramadán los musulmanes no pueden tomar alimentos mientras el sol brilla.*

ramal m. **1.** Cada uno de los cabos de que están formadas las cuerdas, sogas, etc. **2.** Parte que arranca de la línea principal de algo: *Este camino pequeño es un ramal de la carretera que va a la ciudad.*

ramalazo m. **1.** Golpe dado con un ramal. **2.** Dolor repentino: *Saúl levantó sin cuidado una caja pesada y de pronto sintió un ramalazo en la espalda.* **3.** Leve locura. **4.** *Fam.* Golpe fuerte: *Darío se dio un ramalazo al caerse de la escalera.* **5.** *Esp. Fam.* Apariencia afeminada.

rambla f. **1.** Lecho natural de las aguas de lluvia. **2.** Avenida, paseo: *En Barcelona hay una calle muy amplia, arbolada, con mucha actividad, llamada Las Ramblas.*

ramera f. Prostituta.

ramificación f. Hecho de dividirse una cosa en ramas: *Las venas y las arterias que entran y salen del corazón tienen ramificaciones a lo largo de todo el cuerpo.*

ramificarse vb. irreg. {prnl.} Modelo 17. Dividirse en ramas: *Más adelante esa ancha calle se ramifica en tres calles más angostas.*

ramillete m. Ramo pequeño de flores o plantas: *Durante la boda de mi hermana regalaron ramilletes de claveles blancos a los invitados.*

ramo m. **1.** Rama que nace de una principal. **2.** Manojo de flores: *En la ceremonia de graduación le entregaron un ramo de rosas blancas a cada muchacha.* **3.** Parte en que se divide una ciencia o actividad: *El derecho se divide en ramos como el comercial, fiscal e internacional.*

rampa f. **1.** Plano inclinado que une dos superficies y sirve sobre todo para subir o bajar cargas con menos esfuerzo o para facilitar el tránsito de personas minusválidas: *En muchas ciudades, los restaurantes y lugares públicos tienen rampas para las personas minusválidas.* **2.** Terreno en pendiente, cuesta.

rampla f. **1.** *Chile.* Carrito de mano utilizado para transportar mercancías o muebles. **2.** *Chile.* Acoplado de un camión.

ramplón, na adj. Vulgar, ordinario: *La comida en ese restaurante caro resultó ser ramplona, no fina y deliciosa como me habían dicho.*

rana f. Animal anfibio de piel lisa, ojos saltones y patas traseras adaptadas al salto: *En el lago hay muchas ranas que croan por la noche.*

ranchera f. Canción popular mexicana: *El músico mexicano José Alfredo Jiménez ha sido uno de los más importantes compositores de rancheras.*

ranchería f. *Méx.* Población pequeña en el campo: *Los exploradores caminaron hasta la ranchería más cercana en busca de un poco de combustible para su automóvil que ya no funcionaba.*

ranchero, ra *m.* y *f.* Persona que habita, trabaja o posee y administra un rancho: *Ese ranchero tiene problemas con su vecino a causa de unas tierras por donde pasa un riachuelo.*

rancho *m.* **1.** Casa pobre construida con madera o paja, que se encuentra fuera de las ciudades. **2.** Antill. y Méx. Lugar donde se crían caballos y otros cuadrúpedos: *En las vacaciones fui a un rancho donde tenían vacas y cerdos.* SIN. **estancia, hacienda. 3.** Comida diaria que se hace para muchas personas, en especial a los soldados y presos: *En los cuarteles hay soldados cocineros que se encargan de preparar el rancho para los demás soldados.*

rancio, cia *adj.* Se dice del vino y de algunos comestibles que con el tiempo adquieren sabor y olor más fuerte: *El pan está tan rancio y duro que ya no se puede comer.*

rango *m.* Clase, categoría: *Mauro ha alcanzado un alto rango en el ejército, es coronel.*

rangoso, sa *adj.* Amér. C., Cuba y Chile. Generoso.

ranura *f.* Canal estrecho que tienen algunos objetos: *Los cajones de ese mueble se deslizan a través de ranuras.*

rapado, da *adj.* Que tiene el pelo a ras de piel: *En esa escuela militarizada exigen que los niños lleven el pelo tan corto que casi van rapados.*

rapar *vb.* {tr. y prnl.} **1.** Afeitar: *Los monjes budistas se rapan la cabeza como símbolo de renuncia a las vanidades del mundo.* **2.** Cortar mucho el pelo: *En esa prisión rapan a los presos cuando ingresan.*

rapaz *adj.* Inclinado al robo: *En las novelas del escritor inglés Charles Dickens aparecen varios muchachos rapaces que viven en las calles.*

rapaz *adj./f.* Relativo a un orden de aves carnívoras de pico y garras curvados y fuertes: *Las aves rapaces pueden ser cazadoras diurnas como el águila, o nocturnas como el búho.*

rape *m.* Pez comestible que puede medir 2 m de largo, de cabeza enorme y cubierto de espinas: *El rape es común en las costas mediterráneas y atlánticas.*

rapé *m.* **Palabra francesa.** Tabaco en polvo que se aspira por la nariz: *El uso del rapé estuvo de moda en los siglos XVIII y XIX.*

rapidez *f.* Velocidad acelerada: *Rafael limpió su habitación con mucha rapidez y luego se puso a jugar.*

rápido *m.* Parte de un río donde el agua corre con mucha fuerza: *Cuando se baja por un río en balsa hay que tener cuidado con los rápidos, porque la embarcación puede volcarse y uno caer al agua.*

rápido, da *adj.* Que ocurre, se hace o actúa en poco tiempo, muy de prisa: *Miriam tomó un medicamento de acción rápida porque ya no aguantaba el dolor de cabeza.*

rapiña *f.* **1.** Robo o saqueo: *Además de la derrota militar, el pueblo conquistado tuvo que sufrir la rapiña de los soldados vencedores.* **2.** loc. **Ave de ~,** ave rapaz: *Los halcones son aves de rapiña que se alimentan de carne.*

raposa *f.* Zorra.

raposo *m.* Macho de la zorra: *En Inglaterra se organizan cacerías de raposos en las que se utilizan sabuesos.*

rapsoda *m.* **1.** En la antigua Grecia, persona que iba de pueblo en pueblo recitando poemas. **2.** Poeta, persona que escribe poemas.

raptar *vb.* {tr.} Capturar y retener de manera ilegal a una persona, en especial para obtener un rescate: *Hace unos días raptaron a un importante empresario y los delincuentes pidieron mucho dinero por liberarlo.* SIN. **secuestrar.**

rapto *m.* Captura y retención ilegal de una persona en contra de su voluntad, casi siempre para obtener un rescate: *Hay bandas de maleantes dedicadas al rapto de personas ricas.*

raptor, ra *adj./m.* y *f.* Persona que realiza capturas y retenciones ilegales de personas en contra de su voluntad, casi siempre para obtener dinero: *Los raptores llamaron a los papás de la niña y exigieron mucho dinero a cambio de devolverles a su hija.*

raqueta *f.* Pala provista de una red, utilizada para jugar al tenis y a otros juegos de pelota: *La raqueta de tenis es más grande que la de pimpón.*

raquídeo, a *adj.* De la columna vertebral o raquis: *Dentro del conducto raquídeo se encuentra la médula espinal.*

raquis *m.* **1.** Columna vertebral. **2.** Eje de una espiga o racimo.

raquítico, ca *adj.* Fam. Débil, mezquino: *En esa tienda pagan sueldos raquíticos a los empleados, por eso los muchachos que trabajan ahí se van gustosos en cuanto consiguen otro empleo.*

raquítico, ca *adj./m.* y *f.* Que está enfermo de raquitismo: *Es triste saber que en muchos lugares del mundo hay niños raquíticos que no tienen nada de comer.*

raquitismo *m.* Enfermedad infantil caracterizada por deformaciones y debilidad en los huesos.

rarámuri *adj./m.* y *f.* Pueblo amerindio que habita en la sierra del estado de Chihuahua, México: *Los rarámuri son por tradición corredores de alta resistencia.* SIN. **tarahumara.**

rareza *f.* Cosa o acción rara, extraña: *El coleccionista consiguió una esmeralda que es una verdadera rareza por su color intenso y gran tamaño.*

raro, ra *adj.* **1.** Escaso en su clase: *Miguel está contento porque consiguió para su colección una rara mariposa de una especie que sólo vive en Australia.* **2.** Poco frecuente: *Algo debe de haberle pasado a Saúl porque es raro que llegue tarde sin avisar.* **3.** Extraño, extravagante: *El vecino de la esquina es un hombre raro que se viste siempre de negro, no habla con nadie y usa sombreros muy grandes.*

ras *m.* **1.** Igualdad en la superficie o altura de las cosas: *Beatriz alcanzó a cerrar la llave de la bañera cuando el agua llegaba al ras.* **2.** loc. **A ~ de,** casi tocando: *El perro enterró su hueso a ras de tierra y al otro día rascó sólo un poco y pudo sacarlo.*

rasante *adj.* Que pasa rozando el suelo u otra superficie: *Las gaviotas hacen un vuelo rasante antes de sumergir la cabeza en el agua y sacar un pez.*

rasca *adj.* Argent., Chile y Urug. Ordinario.

rasca *f.* Colomb., Chile y Venez. Borrachera, embriaguez: *En la fiesta los muchachos agarraron tal rasca que se quedaron dormidos en el jardín.*

rascacielos *m.* Edificio en forma de torre y con gran número de pisos: *Los rascacielos de la ciudad de Nueva York son famosos en todo el mundo.*

rascar *vb. irreg.* {tr. y prnl.} **Modelo 17. 1.** Restregar algo con una cosa aguda o áspera. SIN. **raer. 2.** Mitigar la comezón, frotando la piel con las uñas: *Los perros se rascan casi siempre con las patas traseras.*

rascuache *adj.* **1.** *Méx. Desp.* y *Fam.* Lugar pobre, miserable: *Como su familia tiene muy poco dinero, viven en un barrio rascuache.* **2.** *Méx. Desp.* y *Fam.* Cosa de baja calidad: *Lourdes se compró una mesa rascuache que duró poco tiempo porque estaba muy mal hecha.*

rasero *m.* **1.** Palo con que se nivelan las medidas de productos como maíz, arroz, etc.: *La vendedora de arroz llenó el bote y con el rasero retiró el sobrante.* **2.** Utensilio para rasar.

rasgado, da *adj.* **1.** Relativo a los ojos que tienen muy prolongados los bordes exteriores de los párpados: *Nuestra nueva compañera tiene los ojos rasgados porque sus padres son japoneses.* **2.** Relativo a las ventanas que son más anchas que altas.

rasgar *vb. irreg.* {tr. y prnl.} Modelo 17. Romper o hacer desgarrar telas, papel, etc.: *Al cruzar una puerta, a Rosa se le atoró el vestido en un clavo, se jaló y se rasgó la tela.*

rasgo *m.* **1.** Línea trazada al escribir: *Carmen usa unos rasgos muy grandes cuando escribe a su abuela porque ella ya no ve bien.* **2.** Línea característica del rostro: *Los rasgos de su cara indican que tiene antepasados de algún país oriental.* **3.** Aspecto de la personalidad: *Un rasgo que me gusta mucho del carácter de Ana es su generosidad.*

rasguñar *vb.* {intr.} Hacer heridas superficiales en la piel con las uñas o algún instrumento puntiagudo: *Cuando el gato saltó sobre Georgina la rasguñó con sus afiladas garras.*

rasguño *m.* Corte o herida superficial hecha con las uñas o por un roce violento con una superficie áspera o cortante: *El jardinero tenía los brazos llenos de rasguños después de haber podado los rosales.*

rasmillarse *vb.* {prnl.} *Chile.* Arañarse la piel de manera ligera.

raso *m.* Tela de seda, lisa y brillante: *Varias mujeres usaron elegantes vestidos de raso durante la fiesta.*

raso, sa *adj.* **1.** Llano, liso: *Este campo es raso, por lo que resulta fácil ver a lo lejos.* **2.** Que va a poca altura del suelo. **3.** loc. **Soldado –**, el soldado que no tiene títulos o funciones que lo distingan.

raspa *f.* Fibra de la cáscara del grano de los cereales.

raspadilla *f.* *Perú.* Hielo rallado y endulzado con jarabe de frutas. SIN. **raspado.**

raspado *m.* **1.** Acción y efecto de raspar: *Como la infección de la herida llegaba hasta el hueso, le tuvieron que hacer un raspado para quitarla.* **2.** *Méx.* Hielo rallado al que se añade jarabe de frutas para comerlo como helado. SIN. **raspadilla.**

raspado, da *adj.* *C. Rica.* Desvergonzado.

raspar *vb.* {tr. e intr.} **1.** Frotar o rascar una superficie: *Los albañiles rasparon la pintura antigua de la pared y después aplicaron la pintura nueva.* SIN. **raer.** **2.** *Venez.* Dar a un alumno una calificación menor a la que debe obtener para aprobar una materia. SIN. **reprobar.**

raspón *m.* Rayadura en una superficie o en la piel, lastimadura: *Efraín le dio un raspón al automóvil y ahora tiene que arreglarlo y pintarlo.*

raspo, sa *adj.* **1.** Áspero al tacto: *Las personas que no usan zapatos tienen las plantas de los pies rasposas porque les salen callos.* **2.** *Argent.* y *Urug.* Se dice de la

prenda de vestir raída y en mal estado, y también de la persona que lleva la ropa en mal estado.

rasposo, sa *adj./m.* y *f.* *Argent.* y *Urug.* Mezquino, tacaño: *El viejo rasposo prefirió perder los dientes que pagar un dentista.*

rasquetear *vb.* {tr. y prnl.} *Amér. Merid.* Cepillar el pelo a un caballo.

rasquiña *f.* *Amér. C* y *Méx.* Picor, escozor: *Ese niño debe tener piojos, por eso la rasquiña de su cabeza no lo deja tranquilo.*

rastra *f.* **1.** Rastrillo para la tierra. **2.** Cualquier cosa que va colgando o arrastrando. **3.** *Argent.* y *Urug.* Adorno del cinturón ancho que ajusta el pantalón del gaucho, por lo general decorado con monedas o medallas.

rastrear *vb.* {tr.} **1.** Buscar siguiendo el rastro: *Los guardias usaron perros sabuesos para que con el olfato rastrearan las huellas del preso que había huido.* **2.** Averiguar, investigar: *La policía está rastreando el origen de las armas compradas de manera ilegal.*

rastrero, ra *adj.* **1.** Que va arrastrándose: *Las serpientes son animales rastreros.* **2.** Vil, despreciable: *El empleado rastrero está dispuesto a alabar todo lo que haga su jefe aunque esté equivocado.* **3.** Relativo a los tallos que crecen extendidos sobre el suelo: *La planta de la sandía es rastrera, igual que la calabaza.*

rastrillada *f.* *Argent.* y *Urug.* Surco o huellas que dejan los grupos de animales sobre el césped o la tierra.

rastrillo *m.* **1.** Instrumento de la agricultura formado por un mango largo y una parte con púas o dientes: *Con el rastrillo reuní todas las hojas secas que han caído de los árboles.* **2.** *Méx.* Instrumento con una navaja, que sirve para afeitarse. SIN. **rastro.**

rastro *m.* **1.** Indicio, pista: *El ladrón huyó sin dejar rastro y hasta ahora la policía no ha podido dar con él.* **2.** Instrumento con una navaja, que sirve para afeitarse. SIN. **rastrillo.** **3.** *Esp.* Mercado de cosas viejas.

rastrojo *m.* Conjunto de restos que quedan de los granos y cereales cosechados.

rasurar *vb.* {tr. y prnl.} Afeitar, quitar los vellos: *En la peluquería le rasuraron la barba a mi papá con una navaja, como se hacía antes.*

rata *adj./m.* y *f.* *Fam.* Persona tacaña.

rata *f.* Mamífero roedor de cabeza pequeña, hocico puntiagudo y cola larga, muy nocivo y voraz: *Las ratas que viven en los alcantarillados y basureros son transmisoras de enfermedades.*

rata *m.* *Fam.* Ladrón, persona que roba cosas de poco valor. SIN. **ratero.**

ratero, ra *adj./m.* y *f.* Persona que se dedica a robar cosas de poco valor: *El policía logró atrapar a un ratero en la estación de autobuses.* SIN. **rata.**

ratificación *f.* Confirmación: *El jefe de mi padre ya lo ascendió, ahora sólo esperan que el director de la empresa ratifique el nombramiento.*

ratificar *vb. irreg.* {tr. y prnl.} Modelo 17. Confirmar la validez o verdad de algo: *Era el supervisor de la empresa durante la administración pasada, y en la nueva se acaban de ratificar en el mismo puesto.*

rato *m.* Espacio de tiempo, en especial cuando es corto: *Descansaré un rato y luego seguiré con mi trabajo.*

ratón *m.* **1.** Mamífero roedor de pelaje gris, parecido a la rata pero por más pequeño: *El ratón que había en la casa cayó en una trampa en la que pusimos un trocito* de queso. **2.** En computación, dispositivo manual que mueve el cursor en la pantalla.

raudal *m.* **1.** Caudal de agua que corre con fuerza: *Bajo el puente colgante se encuentra el **raudal** del gran río.* **2.** Abundancia: *Antes de irse Martha al extranjero, sus familiares le desearon **raudales** de felicidad en la nueva vida que emprendía.*

raudo, da *adj.* Rápido, veloz: *En cuanto escuchó la voz de su amo, la perra corrió **rauda** hacia él.*

raulí *m.* *Argent.* y *Chile.* Árbol de gran altura con madera resistente que se utiliza en construcción.

raya *f.* **1.** Señal larga y estrecha en un cuerpo o superficie: *En los filmes es común que representen a los presos vestidos con uniformes a **rayas**.* **2.** Guión largo (—) que se usa para separar oraciones, indicar un diálogo, etc. **3.** Límite: *Norberto se pasó de la **raya** al decirle esa grosería a la maestra, por eso su madre lo castigó.* **4.** *Méx.* y *Nicar.* Salario del obrero, campesino o albañil: *Por lo general a los albañiles les pagan su **raya** los sábados.* **5.** loc. *Méx.* **Tienda de ~,** tienda donde se obligaba a empleados o peones a comprar productos caros y a crédito, de modo que acumulaban grandes deudas impagables que los obligaban a seguir trabajando para el mismo patrón.

raya *f.* Pez marino de cuerpo aplanado y en forma de rombo.

rayado, da *adj.* Que tiene rayas: *La cebra tiene el pelaje **rayado** de colores negro o marrón con blanco.*

rayar *vb.* (tr. e intr.) **1.** Hacer rayas sobre una superficie: ***Rayé** una hoja blanca de papel antes de escribir para que las letras queden derechas.* **2.** Dañar algo haciéndole rayas: *Al mover los muebles **se rayó** un poco el piso.* **3.** Tachar lo escrito: *Norma no sabía qué escribir en la carta de amor y después de las primeras palabras, **rayaba** la hoja y comenzaba otra vez.* **4.** Limitar, lindar: *Carlos compró dos terrenos pequeños que **rayan** y ahora tiene un terreno mayor.* **5.** *Méx.* Pagar el salario al obrero o al campesino: *Los sábados **raya** los obreros de la fábrica de zapatos.* **6.** *Fam.* Hacer garabatos sin un sentido claro: *El niño pequeño se puso a **rayar** las hojas del cuaderno de su hermano.*

rayo *m.* **1.** Chispa eléctrica entre dos nubes o entre una nube y la Tierra: *Los **rayos** y truenos anunciaban la tormenta eléctrica que se acercaba.* **2.** Línea de luz procedente de un cuerpo luminoso: *Los **rayos** del sol se filtraban entre las ramas de los árboles.* **3.** loc. **Rayos X,** ondas electromagnéticas que atraviesan ciertos cuerpos: *Con los **rayos X** se pueden obtener fotografías de los huesos.*

rayuela *f.* Juego que consiste en tirar piedras o monedas a una raya pintada en el piso, en el que gana la moneda que se acerque más a la raya.

raza *f.* **1.** En biología, grupo en que se subdividen algunas especies animales y vegetales: *Hay muchas **razas** de perros, desde los más pequeños como los chihuahueños hasta los enormes gran danés.* **2.** *Méx. Fam.* Grupo formado por familiares o amigos: *El domingo pasado mi **raza** y yo nos fuimos al parque de diversiones.* **3.** *Perú.* Descaro: *Alberto me dijo con una **raza** a nuestra cita porque tenía pereza ¡qué **raza**!* **4.** loc. pl. **~ humanas,** agrupación de seres humanos que presentan rasgos físicos comunes.

razón *f.* **1.** Facultad propia del hombre por la que puede pensar: *Los seres humanos poseemos **razón**, en*

eso nos distinguimos de los demás seres vivos. SIN. **entendimiento, raciocinio.** **2.** Acierto en lo que se hace o dice: *Juan tiene **razón**, hay que salir más temprano para llegar a tiempo.* **3.** Causa, motivo: *No entiendo la **razón** por la que mi amigo está enojado conmigo.* **4.** Conjunto de palabras con que se expresa un pensamiento o argumento: *Benito dio **razones** suficientes para convencer a su madre de que debía dejarlo ir a la fiesta.* **5.** Resultado de una división: *La **razón** entre 10 y 5 es 2.* **6.** loc. **Dar la ~,** reconocer que uno ha dicho la verdad o ha actuado de manera adecuada: *El padre le **dio la razón** al hijo cuando se dio cuenta de que el paquete era demasiado pesado para una sola persona.* **7.** loc. **Perder la ~,** volverse loco: *Esa señora **perdió la razón** porque tenía amibas y le llegaron al cerebro.*

razonable *adj.* Conforme a la razón: *Leopoldo les hizo una propuesta **razonable** para un negocio, dividiremos las ganancias en dos partes iguales.*

razonamiento *m.* **1.** Acción y efecto de razonar, de pensar: *Después de un **razonamiento** claro, el joven llegó a la conclusión de que debería estudiar medicina.* **2.** Serie de conceptos encaminados a demostrar una cosa: *Con **razonamientos** la madre convenció a su hijo de la importancia de mantener su habitación en orden.*

razonar *vb.* (tr. e intr.) **1.** Pensar: *En esa escuela les piden a los niños no sólo aprender las cosas de memoria sino **razonarlas**.* **2.** Ofrecer razones en apoyo de algo.

re *m.* Segunda nota de la escala musical de *do: El re* está entre el *do* y el *mi.*

reacción *f.* **1.** Acción que ocurre en contra de otra que la provocó: *La **reacción** del perro ante la agresión del hombre fue una mordida.* **2.** Respuesta a un estímulo, en especial contra una enfermedad: *Los medicamentos deben ser probados antes de aplicarse en seres humanos para conocer la **reacción** que pueden producirles.* **3.** Sistema de propulsión de aeronaves mediante gases a presión. **4.** Fenómeno entre cuerpos químicos que al entrar en contacto entre sí dan lugar a nuevas substancias: *Después de un tiempo el cobre presenta una **reacción** con el oxígeno que lo hace cambiar de color, es decir, se oxida.*

reaccionar *vb.* (intr.) **1.** Producirse una reacción por efecto de un estímulo: *El enfermo **está reaccionando** de manera favorable al tratamiento médico que se le ha administrado.* **2.** Volver a recobrar actividad: *Ante la presencia de una araña, Rosario **reaccionó** dando un tremendo grito.*

reaccionario, ria *adj./m.* y *f.* **1.** *Desp.* En política, persona o acción contrario a cualquier reforma. **2.** *Desp.* Que es contrario a los cambios o progresos.

reacio, cia *adj.* Que muestra oposición o resistencia a algo: *Esa niña es **reacia** a comer guisos que no conoce y, sin embargo, casi siempre los disfruta cuando por fin se anima a comerlos.* SIN. **terco.**

reactivar *vb.* (tr. y prnl.) Activar de nuevo: *Después de las vacaciones de fin de año vuelve a **reactivarse**.*

reactor *m.* **1.** Motor de reacción: *En esa planta acaban de instalar un **reactor** nuclear que producirá energía eléctrica para la ciudad.* **2.** Avión con motor de reacción: *Los **reactores** no utilizan hélices para volar, sino turbinas.*

reafirmación *f.* Acción de volver a afirmar: *A los veinte años de casados, mis padres volvieron a hacer una* ceremonia religiosa como **reafirmación** de sus votos matrimoniales.

reafirmar *vb.* {tr. y prnl.} Afirmar de nuevo, ratificar: *En la ceremonia de fin de cursos el director **reafirmó** lo que había dicho en su primer discurso del año.*

reajustar *vb.* {tr.} *1.* Volver a ajustar: *El automóvil no quedó bien, hay que llevarlo de nuevo al taller para que lo **reajusten** de la caja de velocidades.* *2.* Aumentar o disminuir salarios, impuestos, etc.: *Cada año las autoridades **reajustan** los salarios de los trabajadores para que puedan seguir viviendo tranquilamente.*

reajuste *m.* Nuevo cambio realizado sobre una cosa: *Hicieron un **reajuste** en la empresa y despidieron a varios empleados.*

real *adj.* Perteneciente o relativo al rey: *Después de la fiesta, el monarca se retiró a sus habitaciones **reales** para descansar.*

real *adj.* *1.* Que tiene existencia verdadera y efectiva: *Los caballos son animales **reales**, pero los unicornios son imaginarios.* **ANT.** **irreal**. *2.* *loc. pl.* **Números ~**, conjunto de números racionales e irracionales.

real *m.* Moneda de Brasil.

realce *m.* Importancia, lustre, grandeza: *Para que el festival escolar tuviera más **realce** los maestros contrataron una banda militar.*

realidad *f.* *1.* Existencia real y efectiva: *La **realidad** es distinta de los sueños.* *2.* Mundo real: *Algunos enfermos mentales viven fuera de la **realidad**.* *3.* Lo que ocurre en verdad, fuera de las apariencias: *Los Gómez dicen que son ricos, pero la **realidad** es que se han quedado en la ruina.*

realismo *m.* *1.* Consideración de las cosas tal como son: *Daniel describió el accidente con tanto **realismo** que parecía que lo estábamos viendo.* *2.* Tendencia literaria y artística que representa la naturaleza tal como es: *El **realismo** en la literatura francesa se desarrolló en la primera mitad del siglo XIX.*

realizar *vb. irreg.* {tr. y prnl.} Modelo 16. *1.* Hacer, llevar a cabo: *Los niños **realizaron** una excursión a la montaña de la que ahora hablan con mucho entusiasmo.* *2.* Cumplir las propias aspiraciones: *Muchas personas dicen que cada quien tiene que buscar lo que más le guste y **realizarse** en esa actividad.*

realzar *vb. irreg.* {tr. y prnl.} Modelo 16. Hacer que algo o alguien parezca mayor, mejor o más importante: *La maquillista le enseñó a Daniela a **realzar** las cualidades de su cara y a cubrir sus defectos.*

reanimación *f.* Hecho de restablecer las fuerzas o el aliento: *En el curso de primeros auxilios les enseñan a los estudiantes las principales técnicas de **reanimación** a personas desmayadas.*

reanimar *vb.* {tr. y prnl.} Restablecer las fuerzas o el aliento: *Para **reanimar** a la señora desmayada los paramédicos la hicieron oler unas sales especiales.*

reanudación *f.* Continuación de una cosa que se había dejado de hacer: *La **reanudación** de los cursos de inglés será la próxima semana, después de que hayan dado los resultados de los exámenes anteriores.*

reanudar *vb.* {tr. y prnl.} Continuar haciendo algo que se había dejado de hacer: *Después de las vacaciones de verano los alumnos **reanudaron** su educación en la escuela.*

reavivar *vb.* {tr. y prnl.} Excitar o avivar de nuevo: *El fuego de la hoguera está extinguiéndose, debemos **reavivarlo** con leña nueva.*

rebaja *f.* Disminución, en especial del precio de una cosa: *Elena es muy hábil para regatear, consiguió una buena **rebaja** en la ropa que compró.* **SIN.** **descuento**.

rebajar *vb.* {tr. y prnl.} *1.* Hacer más bajo el nivel o la altura de algo: ***Rebajaré** las patas de la mesa porque está muy alta y resulta incómoda.* *2.* Bajar el precio o la cantidad de algo: *En enero los comerciantes suelen **rebajar** muchas mercancías sobrantes de la época navideña.* *3.* Humillar: *Hortensia **se rebajó** cuando le suplicó a Efraín que no rompiera su relación con ella aunque ya no la amara.* *4.* Reducir los grados de alcohol, de dulzor o de espesura de una bebida al añadirle agua: *Esta bebida está muy dulce, voy a **rebajarla** con un poco de agua mineral.*

rebalsar *vb.* {intr.} Argent., Chile y Urug. Rebosar, salir de los bordes: *"Cerró la canilla porque el agua comenzaba a **rebalsar**".*

rebanada *f.* Porción delgada que se saca de una cosa: *Como merienda tomo una **rebanada** de pan con mermelada y un vaso de leche.* **SIN.** **tajada**.

rebanar *vb.* {tr.} Cortar en rebanadas: ***Rebanamos** el pan antes de llevarlo a la mesa para que a cada quien le sea fácil tomar la cantidad que quiera.*

rebañar *vb.* {tr.} Recoger todo lo que hay de algo sin dejar nada.

rebaño *m.* Conjunto de animales que viven juntos, en especial vacas u ovejas: *El pastor saca el **rebaño** de ovejas al campo, temprano por la mañana.*

rebasar *vb.* {tr.} Pasar o exceder de un límite o señal: *Un policía detuvo a Manuel por **rebasar** el límite de velocidad.*

rebatinga *f.* Méx. Acción de recoger de manera arrebatada una cosa que se disputan varios: *En la barata de la tienda los clientes estaban a la **rebatinga** por los artículos a mitad de precio.* **SIN.** **rebatiña**.

rebatiña *f.* Acción de recoger de manera arrebatada algo que se disputan varios: *Las hienas estaban en la **rebatiña** por la carne del animal muerto.* **SIN.** **rebatinga**.

rebatir *vb.* {tr.} Refutar, discutir: *Los biólogos **rebatieron** la efectividad del nuevo medicamento, pues resulta imposible adelgazar cinco kilos en un día como afirmaba el inventor.*

rebeca *f.* Cierto tipo de suéter, chompa o jersey abrochado por delante: *Las **rebecas** se llaman así porque son la prenda que usaba Rebeca, un personaje de un famoso filme de Alfred Hitchcock.*

rebeco *m.* Mamífero rumiante de cuernos negros y con una curva cerca del anzuelo en la punta. **SIN.** **gamuza**.

rebelarse *vb.* {prnl.} *1.* Negarse a obedecer: *No es raro que en la adolescencia los jóvenes **se rebelen** contra la autoridad de sus padres y maestros.* *2.* Oponer resistencia a determinadas costumbres.

rebelde *adj./m. y f.* *1.* Persona que se opone o rebela a la autoridad, a una situación o a las costumbres establecidas. *2.* Difícil de manejar, educar o trabajar: *Hugo tiene el pelo muy **rebelde** y a pesar de sus esfuerzos por alisarlo siempre lo trae parado.*

rebelión *m.* Acción, por lo general armada, de un grupo que se opone al gobierno establecido.

rebenque *m.* Amér. Merid. Látigo de jinete.

rebobinar *vb.* {tr.} Enrollar al revés una tira de película o cinta, de manera que quede como estaba antes de

REB

usarse: *Cuando se termina de usar un rollo fotográfico, se rebobina y luego se saca de la cámara.*

reborde *m.* Borde saliente: *La cicatriz en la pierna de Jimena tiene un reborde donde antes tenía la herida.*

reborujar *vb.* {tr.} Méx. Desordenar, desarreglar: *La casa estaba tranquila hasta que llegaron los niños y reborujaron todo.*

reborujo *m.* Méx. Desorden, desarreglo: *René dejó su cajón hecho un reborujo después de buscar una camiseta.*

rebosante *adj.* Lleno hasta el desbordamiento: *Mi vaso estaba rebosante de leche porque mi madre lo llenó hasta que se derramó sobre el mantel.*

rebosar *vb.* {tr., intr. y prnl.} **1.** Salirse un líquido por los bordes de un recipiente: *No puso atención y el agua rebosó del vaso que se servía.* **2.** Abundar con exceso: *El bebé rebosa alegría cuando está sano.*

rebotar *vb.* {tr. e intr.} **1.** Botar de manera repetida un cuerpo al chocar con otro: *En el juego de tenis, la pelota rebota continuamente contra el piso.* **2.** Argent., Méx. y Urug. Rechazar el banco un cheque por falta de fondos: *Firmó un cheque sin fondos y lo rebotaron en el banco.*

rebozar *vb. irreg.* {tr. y prnl.} **Modelo 16. 1.** Cubrir el rostro. **2.** Pasar un alimento por huevo batido, harina, pan rallado, etc., y luego freírlo.

rebozo *m.* **1.** Parte de una prenda de vestir con que se cubre la cara. **2.** Amér. C y Méx. Manto amplio que usan las mujeres para cubrir la espalda, brazos y en ocasiones la cabeza: *En muchos pueblos las mujeres todavía usan el rebozo para cubrirse, abrigarse y cargar a los bebés.*

rebujo *m.* Envoltorio hecho de manera descuidada: *El vagabundo carga toda su ropa en un rebujo, pues no tiene un lugar para guardarla.*

rebullir *vb. irreg.* {intr. y prnl.} **Modelo 69.** Empezar a moverse lo que estaba quieto: *El volcán estuvo en calma durante muchos años pero recientemente ha comenzado a rebullir en su interior.*

rebuscado, da *adj.* Relativo al lenguaje al que le falta naturalidad: *Los niños no entendieron nada de lo que dijo la directora porque usó un lenguaje muy rebuscado al hablarles.*

rebuscar *vb. irreg.* {tr. y prnl.} **Modelo 17. 1.** Buscar algo con minuciosidad: *Mi hermano y yo rebuscamos en el armario hasta encontrar el arete que se le había perdido a mi mamá.* **2.** Argent., Chile y Par. Fam. **Rebuscársela** o **rebuscárselas**, ingeniarse para evitar o arreglar las cosas cotidianas.

rebusque *m.* **1.** Argent., Par. y Urug. Fam. Acción y efecto de rebuscársela. **2.** Argent., Par. y Urug. Fam. Solución ingeniosa con que se evitan o arreglan las dificultades cotidianas.

rebuznar *vb.* {intr.} Hacer sonidos el asno: *El campesino jalaba al asno pero éste rebuznaba en señal de queja.*

rebuzno *m.* Voz del asno: *En el campo se oyen los rebuznos de los asnos y los mugidos de las vacas.*

recabar *vb.* {tr.} **1.** Obtener con súplicas lo que se desea. **2.** Conseguir, recopilar, reunir: *Samuel está recabando datos sobre los escarabajos para su trabajo de biología.*

recadero, ra *m.* y *f.* Persona que tiene por oficio llevar y entregar recados o paquetes: *El recadero me entregó el libro que me envió mi amigo.* SIN. **mensajero.**

recado *m.* **1.** Mensaje que se da o envía a otro: *Cuando volví del viaje mi hermana me dio muchos recados que me habían dejado mis amigos.* **2.** Encargo, compra, etc., que debe hacer una persona: *Como debía hacer varios recados, el mensajero salió temprano.* **3.** Amér. C. y Amér. Merid. Silla de montar. **4.** Nicar. Picadillo con que se rellenan las empanadas.

recaer *vb. irreg.* {intr.} **Modelo 37. 1.** Caer nuevamente enfermo: *Sergio no había logrado sanar por completo de la diarrea, comió un guiso grasoso y recayó con fiebre.* **2.** Volver a cometer errores anteriores o retomar algún vicio: *El joven ya había dejado de beber alcohol pero la muerte de su madre fue un pretexto para recaer en el vicio.* **3.** Ir a parar sobre alguien cierta cosa: *La responsabilidad de la organización de la fiesta recaerá sobre Margarita, porque es una niña cumplida y cuidadosa.*

recaída *f.* **1.** Hecho de volver a enfermarse: *Óscar ya estaba sanando pero a causa del frío sufrió una recaída y ahora no puede salir de casa.* **2.** Hecho de cometer errores ya cometidos antes o de retomar un vicio.

recalar *vb.* {tr., intr. y prnl.} **1.** Empapar en líquido un cuerpo. **2.** Llegar una embarcación a tierra.

recalcar *vb.* {tr.} Decir algo acentuándolo con énfasis: *En el discurso de bienvenida el director recalcó la importancia que se da en la escuela a las propuestas de los alumnos.*

recalcitrante *adj.* Que insiste en sus opiniones o errores: *Me molesta mucho la actitud recalcitrante de Raúl pues aunque le ponga enfrente pruebas de que está equivocado, él lo niega.* SIN. **reacio, terco.**

recámara *f.* **1.** Habitación contigua a la principal. **2.** Parte del arma de fuego donde se coloca el proyectil. **3.** Amér. C., Colomb. y Méx. Alcoba, habitación, dormitorio: *Octavio subió a su recámara a descansar porque le duele la cabeza.* SIN. **cuarto.**

recamarera *f.* Méx. Sirvienta o empleada que se ocupa de la limpieza de las recámaras: *En el nuevo hotel están contratando recamareras y ayudantes de cocina.*

recambio *m.* Pieza que puede substituir a otra igual en una máquina. SIN. **refacción, repuesto.**

recapacitar *vb.* {tr. e intr.} Pensar de forma detenida antes de hacer una cosa.

recapitulación *f.* Resumen de lo ya dicho, escrito, etc.: *Al final del congreso de profesores el director hizo una recapitulación de todo lo que habían discutido.*

recapitular *vb.* {tr.} Resumir de manera ordenada lo ya manifestado: *Al final del mes la maestra recapituló sobre lo que nos había enseñado durante las cuatro semanas anteriores.*

recargar *vb. irreg.* {tr. y prnl.} **Modelo 17. 1.** Aumentar la carga: *El campesino consideró que el asno resistía más y lo recargó de leños.* **2.** Aumentar una cantidad que se debe pagar: *A Ernesto le recargaron con intereses el pago de su tarjeta de crédito porque no pagó antes de la fecha límite.* **3.** Volver a cargar: *Hay que recargar la batería del teléfono porque ya no funciona.*

recargo *m.* **1.** Malestar estomacal por comer demasiado: *Durante las fiestas de fin de año algunas personas sufren de recargo a causa de los abundantes guisos que se acostumbra comer en esos días.* **2.** Cargo extra por multa, etc.: *Yolanda no cubrió a tiempo la cuenta telefónica y tuvo que pagar un recargo de 30 pesos.*

recatado, da *adj.* Que muestra recato, pudor: *Como estudió en escuela de monjas, Mariana es una mujer recatada y seria.*

recato *m.* **1.** Honestidad, pudor: *La joven bajó los ojos con recato cuando el muchacho le dijo que era muy guapa.* **2.** Cautela, reserva: *El investigador temía que le robaran su idea, por eso hablaba con recato cuando le preguntaban sobre su nuevo proyecto.*

recauchaje *m.* Chile. Acción de volver a cubrir con caucho o hule un neumático desgastado.

recaudación *f.* Acción de cobrar o recibir dinero por alguna razón.

recaudar *vb.* {tr.} Reunir cierta cantidad de dinero: *Esa sociedad ha recaudado mucho dinero para los niños que no tienen padres.*

recaudería *f.* Méx. Tienda donde se venden frutas y verduras: *Necesito un poco de perejil y cilantro, iré a comprarlo a la recaudería.*

recaudo *m.* Recaudación. **2.** *loc.* **A buen ~,** bien cuidado o guardado: *Pondré este dinero a buen recaudo para evitar cualquier pérdida o robo.*

recelar *vb.* {tr. y prnl.} Temer, desconfiar: *Margarita es una persona desconfiada que recela de quien le parezca sospechoso.*

recelo *m.* Desconfianza: *El niño miró a la maestra nueva con recelo y no quería quedarse en el salón con ella.*

recensión *f.* Reseña de un libro, crítica: *En el diario publicaron una recensión sobre la última novela de mi escritor favorito.*

recepción *f.* **1.** Sitio donde se recibe a los clientes en hoteles, empresas, etc.: *El grupo de turistas se reunió en la recepción del hotel para después salir de paseo.* **2.** Reunión, fiesta formal: *Después de la ceremonia de la boda hubo una recepción en un gran jardín.*

receptáculo *m.* Cavidad que contiene algo: *El agua de la fuente caía en un receptáculo y de ahí se derramaba a otro recipiente mayor.*

receptor *m.* Aparato que recibe una señal de telecomunicación: *Gabriela tiene un receptor con el que escucha estaciones de radio de todo el mundo.*

receptor, ra *adj.* Que recibe: *En el partido de fútbol americano de anoche, el receptor atrapó un largo pase enviado por otro jugador.*

recesar *vb.* {tr. e intr.} **1.** Perú. Clausurar una cámara legislativa, una universidad, etc. **2.** Bol., Cuba, Nicar. y Perú. Suspender una corporación sus actividades de manera temporal.

recesión *f.* Disminución de la actividad económica: *Cuando los países pasan por un periodo de recesión muchas personas pierden sus empleos.*

receso *m.* **1.** Separación, desvío. **2.** Amér. Suspensión temporal de actividades en ciertas organizaciones, asambleas, etc., y tiempo que dura esta suspensión: *Como la reunión se había alargado más de la cuenta, todos acordaron que hubiera un receso de dos horas.*

receta *f.* **1.** Escrito en el que el médico escribe los nombres de los medicamentos e instrucciones que recomienda a su paciente: *Rita fue a la farmacia con la receta que le dio su médico pero no encontró uno de los medicamentos.* **2.** Apunte que indica el nombre de los ingredientes de un guiso y el modo de prepararlo: *Como es principiante en la cocina, Alicia tiene que seguir las recetas con mucho cuidado.*

recetar *vb.* {tr.} Ordenar el médico que un paciente tome un medicamento o siga un tratamiento para curarlo de su enfermedad: *El médico le recetó tranquilidad y descanso a mi abuela para que se fortalezca su corazón ya débil.*

recetario *m.* **1.** Talonario de recetas con el nombre y la dirección de un médico, en el que se escribe el nombre de los medicamentos que debe tomar un enfermo: *El médico escribió en el recetario lo que el enfermo debía comprar en la farmacia para curarse de su enfermedad.* **2.** Colección de recetas de cocina: *Georgina guarda un cuaderno que fue el recetario de su abuela y luego de su madre.*

rechazar *vb. irreg.* {tr.} **Modelo 16.** No admitir lo que alguien solicita, propone u ofrece: *Pablo está muy triste porque lo rechazaron en la escuela donde quería estudiar.* **ANT. aceptar.**

rechazo *m.* Acción mediante la cual no se acepta algo: *La propuesta de matrimonio del joven se topó con un rechazo definitivo porque la muchacha tenía novio.* **ANT. aceptación.**

rechifla *f.* Burla colectiva con la que se reciben las palabras o la actuación de alguien: *Cuando el niño propuso que las vacaciones escolares fueran más cortas, recibió la rechifla de todos sus compañeros.*

rechinar *vb.* {intr.} Producir cierto ruido el roce de algunos objetos, como un cuchillo en un plato: *Se nota que los zapatos de Marisa son nuevos porque rechinan cuando camina.*

rechinido *m.* Ruido molesto que se produce al rozar algunos objetos: *El automovilista frenó de manera tan brusca que se escuchó el fuerte rechinido de los neumáticos sobre el suelo.*

rechistar *vb.* {intr.} Hacer ademán de hablar: *Muy enojado, el maestro anunció que el grupo se quedaría sin descanso por la mala conducta y nadie rechistó porque todos se habían portado mal.* **SIN. chistar.**

rechoncho, cha *adj.* Fam. Grueso y de poca altura: *De pequeño Gerardo era rechoncho, pero ahora ha crecido y es alto y delgado.*

rechupete. De ~, *loc.* Fam. Muy bueno, muy agradable: *La tía Alfonsina preparó unos camarones con ajo que quedaron de rechupete, no dejamos ni uno en el plato.*

recibido, da *adj.* Que ha terminado un ciclo de estudios: *En la casa de Ángela todos están recibidos de sus carreras universitarias.*

recibidor *m.* Habitación que da entrada a un piso o al salón principal de una casa.

recibir *vb.* {tr. y prnl.} **1.** Tomar uno lo que le dan o envían: *Regina recibió flores de uno de sus admiradores el día de su cumpleaños.* **2.** Padecer uno el daño que otro le hace o que le sucede por casualidad: *Si Rafael sigue diciendo groserías, tendrá que recibir un castigo.* **3.** Salir al encuentro de alguien que llega: *Todos sus parientes recibieron en el aeropuerto al joven que regresaba del extranjero.* **4.** Terminar un ciclo de estudios: *Los padres están contentos porque el viernes se recibirá su hija como abogada.*

recibo *m.* Documento en el que alguien declara haber recibido dinero u otra cosa: *Cada vez que mi padre cobra el salario debe firmar un recibo que dice cuánto dinero le pagaron.*

reciclado, da *adj.* Que se vuelve a utilizar: *Usar papel reciclado contribuye a evitar que los bosques sean talados.*

reciclaje *m.* Proceso mediante el cual se recicla un material: *Para aprovechar mejor los recursos de la Tierra es buena idea participar en el reciclaje de vidrio, papel, etc.*

reciclar *vb.* (tr.) Someter una cosa a un proceso para que vuelva a ser utilizable: *Es importante separar la basura en desperdicios de papel, plástico y basura orgánica, porque así se puede reciclar con más facilidad.*

recién *adv.* **1.** Sucedido poco antes: *Este bebé es un recién nacido, por eso está tan pequeño y delgado.* **2.** *Amér.* Se emplea con todos los tiempos verbales indicando que la acción expresada por el verbo se acaba de realizar: *Llegamos al cine y el filme recién había empezado.*

reciente *adj.* **1.** Que ha sucedido poco antes: *En los meses recientes Adán ha crecido mucho, por eso la ropa le queda corta.* **2.** Acabado de hacer: *"¿Has leído el número más reciente de la revista de automóviles? Está muy interesante."*

recinto *m.* Espacio cerrado dentro de ciertos límites: *Óscar entró a tiempo al recinto donde se llevaría a cabo el concierto de jazz.* SIN. **ámbito.**

recio *adv.* Con fuerza o violencia: *Toqué despacio pero mi hermano estaba dormido y tuve que golpear recio la puerta para que despertara y me dejara entrar.*

recio, cia *adj.* Fuerte, robusto, vigoroso. ANT. **débil.**

recipiente *m.* Objeto que puede contener algo en su interior: *Los recipientes que contienen veneno deben marcarse con una calavera en la etiqueta, para indicar el peligro.*

recíproco, ca *adj.* **1.** Igual en la correspondencia de uno a otro: *El amor recíproco hace parejas duraderas.* **2.** Relativo al verbo pronominal que expresa la acción mutua de varios sujetos: *Si digo "mis amigos y yo nos queremos" estoy expresando una acción recíproca.*

recital *m.* Concierto dado por un solo intérprete: *El músico famoso ofreció un recital con motivo de sus treinta años como intérprete de piano.*

recitación *f.* Versos que se aprenden para decirlos en voz alta: *A Rosario le tocó decir una recitación a las madres durante el festival escolar.*

recitar *vb.* (tr.) Decir textos, versos u otras cosas parecidas en voz alta y con una entonación especial: *A mi abuela le ponían a recitar poemas en su casa cada vez que había visitas.*

reclamación *f.* Acción y efecto de reclamar: *Cuando Jesús se dio cuenta de que la televisión nueva no funcionaba, hizo una reclamación en la tienda donde había hecho su compra.*

reclamar *vb.* (tr. e intr.) **1.** Exigir algo a lo que se tiene derecho: *El obrero reclamó la parte de su salario que no le habían pagado a tiempo.* **2.** Protestar contra algo en forma oral o por escrito: *Mi padre reclamará al vecino por el daño que le hizo al jardín de nuestra casa con su automóvil.*

reclamo *m.* **1.** Voz con que un ave llama a otra, sobre todo en época de apareamiento: *El reclamo de los pavos reales es muy escandaloso.* **2.** Cosa que atrae la atención hacia otra, en especial para invitar a comprarla.

reclinar *vb.* (tr. y prnl.) Inclinar una cosa apoyándola en otra: *La niña se reclinó en el hombro de su madre y se durmió.*

recluir *vb. irreg.* (tr. y prnl.) **Modelo 59.** Encerrar o encerrarse alguien en un lugar: *Rocío decidió volverse monja, por eso se recluyó en un convento.*

recluso, sa *m.* y *f.* Preso: *En esa prisión hubo una protesta de reclusos por las malas condiciones en que viven.*

recluta *m.* Joven alistado para el servicio militar: *Los nuevos reclutas recibirán su adiestramiento en el campo militar.*

reclutar *vb.* (tr.) **1.** Alistar para el servicio militar: *En tiempos de guerra los gobiernos reclutan a los hombres jóvenes y sanos para el ejército.* **2.** Reunir personas para algún fin: *Esa asociación recluta personas que quieran llevar comida a las víctimas del terremoto.*

recobrar *vb.* (tr. y prnl.) **1.** Recuperar, volver a conseguir algo que se había perdido: *Después de una época de pobreza la familia trabajó mucho para poder recobrar su fortuna.* **2.** Restablecerse después de una acción, enfermedad, etc.: *No fue fácil, pero Cristóbal se recobró por completo después del accidente gracias a una terapia.*

recochineo *m.* *Esp. Fam.* Guasa, broma.

recodo *m.* Ángulo o curva muy marcada en calles, ríos, etc.: *Algunas ramas y basura quedaron atoradas en el recodo del río.*

recoger *vb. irreg.* (tr. y prnl.) **Modelo 41.** **1.** Tomar o agarrar algo que se ha caído: *Recogí una moneda que encontré tirada en la calle.* **2.** Reunir cosas que estaban separadas o dispersas: *Me gusta jugar con todos mis muñecos, pero me da flojera recogerlos cuando termino.* **3.** Ir a buscar a alguien o algo al lugar donde está: *Todos los días mi madre me recoge cuando salgo de la escuela.* **4.** Ordenar: *Iré a visitar a mi abuela después de recoger mi habitación.* **5.** Retirarse alguien a su casa o habitación: *Como había dormido mal la noche anterior, Antonio decidió recogerse temprano.*

recolección *f.* Acción de reunir, de recolectar: *En la prehistoria los hombres sobrevivían gracias a la caza y a la recolección de frutos.*

recolectar *vb.* (tr. y prnl.) **1.** Recoger los frutos de la tierra, en especial la cosecha: *Las manzanas que se recolectan de los árboles se colocan en canastas.* **2.** Reunir, juntar: *La Cruz Roja Internacional recolecta dinero una vez al año en todos los países donde tiene representación.*

recoleto, ta *adj.* **1.** Se dice de la persona que lleva una vida retirada y austera. **2.** Relativo a un sitio solitario y apartado donde hay tranquilidad.

recomendación *f.* **1.** Indicación, consejo u orientación que una persona da a otra. **2.** Palabras escritas o dichas que hablan en favor de una persona: *La secretaria traía unas cartas de recomendación de las empresas donde había trabajado antes.*

recomendar *vb. irreg.* (tr.) **Modelo 3.** **1.** Aconsejar: *En el restaurante el camarero nos recomendó la sopa de tomate con mariscos, dijo que era el mejor guiso que tenían.* **2.** Hablar en favor de una persona: *Todos en la empresa recomendaron a mi padre porque saben que es un hombre trabajador y responsable.*

recompensa *f.* Premio por una acción o servicio extraordinario: *La policía ofrece una gran recompensa a quien ayude a capturar a ese conocido delincuente.*

recompensar *vb.* {tr.} *1.* Premiar una acción o servicio que está fuera de lo común: *Las autoridades recompensarán a los bomberos por el gran valor que demostraron durante el incendio de la semana pasada.* *2.* Dar o hacer algo que compense un daño: *Como Daniel no pudo ir al paseo porque está enfermo sus padres lo recompensaron con dulces.*

reconciliación *f.* Reunión en que dos o más personas se encuentran de nuevo después de haberse disgustado entre sí: *Mis padres estaban enojados pero por fortuna ayer tuvieron una feliz reconciliación y fueron al teatro para celebrarla.*

reconciliar *vb.* {tr. y prnl.} Hacer que sean otra vez amigos dos o más personas, grupos, etc., que se habían disgustado: *Lilián y Andrés se reconciliaron después de dos meses en los que no se hablaron.*

recóndito, ta *adj.* Muy escondido y oculto: *La asustada gata se metió al lugar más recóndito de la casa, por eso no la encontrábamos.*

reconfortante *adj.* Que conforta, que alivia: *Es muy reconfortante para Hugo saber que no tendrá que pagar renta nunca más ahora que compró una casa.*

reconfortar *vb.* {tr.} Confortar, aliviar en lo físico o espiritual a alguien: *Los amigos de Cristina la reconfortaron por la reciente muerte de su padre.*

reconocer *vb. irreg.* {tr.} **Modelo 39.** *1.* Distinguir a una persona de las demás por sus rasgos propios: *Eliseo tiene siete meses de edad y ya reconoce a sus papás y a sus hermanos.* *2.* Examinar con cuidado: *El médico reconoció al paciente para saber qué enfermedad padecía.* *3.* Admitir, aceptar: *Gloria tuvo que reconocer su amor por Octavio después de que todos la vimos suspirando por él.* *4.* Mostrar gratitud por un beneficio recibido: *Antes de la jubilación del anciano maestro el colegio le reconocerá sus largos años de entrega.*

reconocible *adj.* Se dice de lo que se detecta fácilmente por una característica especial: *Verónica es reconocible por su larga cabellera roja y sus ojos verdes.*

reconocimiento *m.* *1.* Acción y efecto de reconocer. *2.* Gratitud: *En reconocimiento a su larga carrera en el hospital le obsequiaron una medalla al viejo médico.*

reconquista *f.* Hecho de tener de nuevo una cosa que había perdido.

reconquistar *vb.* {tr.} Recuperar algo que ya no se tenía: *Poco tiempo después de que las colonias españolas en América se independizaron, los españoles quisieron reconquistarlas pero fallaron en su intento.*

reconstrucción *f.* Hecho de volver a construir algo que estaba dañado o destruido: *Después del huracán se inició el largo y caro proceso de reconstrucción de casas en la zona afectada.*

reconstruir *vb. irreg.* {tr.} **Modelo 59.** *1.* Construir otra vez algo que se había destruido, en especial un edificio. *2.* Armar otra vez las partes de una cosa que se había deshecho: *El médico tendrá que reconstruir mi hueso quebrado pues quedó partido en tres pedazos.* *3.* Volver a componer el desarrollo de un hecho: *La policía reconstruirá el asesinato para comprender lo que pasó en el lugar del crimen.*

reconvenir *vb. irreg.* {tr.} **Modelo 49.** Reprender a alguien por sus actos o palabras: *La directora reconvino a la maestra por haber sido agresiva con sus alumnos.* **SIN. regañar.**

reconversión *f.* Transformación del sistema productivo de una parte de la economía que se encuentra en crisis para modernizarlo y hacerlo más productivo: *El plan de reconversión de la minería ha provocado protestas entre los trabajadores.*

recopilación *f.* Recolección, reunión: *Han publicado una recopilación de las canciones más famosas del músico que acaba de morir.*

recopilar *vb.* {tr.} Juntar, recoger diversas cosas: *José recopila las fotografías de su actriz de cine favorita para hacer un álbum con ellas.*

récord *m.* Palabra de origen inglés. *1.* Marca deportiva que supera las anteriores: *Durante los Juegos Olímpicos es común que los atletas establezcan nuevos récords mundiales.* *2.* Cualquier cosa que supera una realización anterior.

recordar *vb. irreg.* {tr. e intr.} **Modelo 5.** Traer algo a la memoria: *Rosario acababa de salir de la casa cuando recordó que había dejado la sopa en el fuego y tuvo que regresar para apagarla.*

recorrer *vb.* {tr.} Atravesar un lugar en toda su extensión o longitud: *Durante su visita el inspector recorrió todos los salones de la escuela.*

recorrido *m.* Trayecto por el que se ha viajado: *El fotógrafo hizo un largo recorrido por el Medio Oriente para tomar fotografías de los lugares más interesantes de cada país.*

recortar *vb.* {tr.} *1.* Cortar lo que sobra de una cosa: *Las cortinas están muy largas, hay que recortar un poco la tela.* *2.* Cortar figuras de un papel, cartón, etc.: *Los niños recortan triángulos, círculos y cuadrados en su clase de geometría.* *3.* Disminuir, reducir: *Ante la difícil situación económica la familia tuvo que recortar los gastos que eran menos importantes.*

recorte *m.* Acción y efecto de recortar: *El señor Rodríguez perdió su empleo durante el último recorte de personal en la empresa donde trabajaba.*

recortes *m.* pl. Conjunto de trozos que sobran al recortar algo: *En esa dulcería venden baratos los recortes que quedan después de cortar las barras de chocolate.*

recostar *vb. irreg.* {tr. y prnl.} **Modelo 5.** Apoyar el cuerpo o una cosa sobre algo: *La recostaron en la cama después del mareo que sufrió.*

recoveco *m.* *1.* Curva o vuelta en una calle, pasillo, etc. *2.* Sitio escondido, rincón: *La sirvienta de mi abuelita no limpia con frecuencia en los recovecos de los muebles, sólo en las partes más visibles.*

recreación *f.* Diversión, manera de pasar el tiempo libre: *Rodrigo pasa sus horas de recreación haciendo ejercicio en un gimnasio.*

recrear *vb.* {tr. y prnl.} *1.* Crear de nuevo: *Ese pintor ha recreado en su cuadro un paisaje de los Andes.* *2.* Divertir, deleitar: *Felipe se recrea leyendo libros y revistas en sus horas libres.*

recreo *m.* *1.* Actividad que se realiza para divertirse y tiempo que se dedica a esta diversión. *2.* Descanso en medio del horario de clases para que los alumnos coman algo y jueguen.

recriminación *f.* Reproche, censura: *El día que los novios pelearon ella le hizo a él todas las recriminaciones guardadas desde hacía meses.*

recriminar *vb.* {tr. y prnl.} Reprochar, censurar a alguien: *Cuando su madre llegó tarde a recogerlo el niño le recriminó su tardanza porque estaba asustado.*

recrudecer vb. irreg. (intr. y prnl.) **Modelo 39.** Aumentar un mal: *"Si no te abrigas antes de salir, el resfrío recrudecerá y te sentirás peor."*

recrudecimiento f. Empeoramiento de algo desagradable o molesto: *Esta semana ha habido recrudecimiento del frío que azota al país.*

recta f. Línea que no está torcida ni doblada: *Las rectas se trazan con una regla.*

rectangular adj. Que tiene forma de rectángulo: *Las páginas de este diccionario son rectangulares porque son más altas que anchas y sus cuatro esquinas forman ángulos rectos.*

rectángulo m. Paralelogramo de cuatro ángulos rectos y lados contiguos desiguales.

rectángulo, la adj. Que tiene uno o más ángulos rectos: *Un campo de fútbol tiene forma de rectángulo.*

rectificación f. Corrección: *El alumno tuvo tiempo de hacer algunas rectificaciones antes de entregar su examen al maestro.*

rectificar vb. irreg. (tr.) **Modelo 17. 1.** Poner recto: *Después de un tiempo de uso se deben rectificar las vías del tren para evitar accidentes.* **2.** Corregir defectos o errores: *Dije "naiden" y mi maestro me hizo rectificar, ahora ya digo "nadie".*

rectilíneo, a adj. Que se compone de líneas rectas: *Un cuadrado es una figura rectilínea porque no tiene ninguna curva.*

rectitud f. Cualidad de recto, justo: *La rectitud debe ser una cualidad de los jueces.*

recto m. Parte donde termina el intestino: *Al final del recto está el ano.*

recto, ta adj. **1.** Que no está quebrado, inclinado o torcido, ni hace ángulos o curvas: *Esa carretera es recta, mide 80 kilómetros en los que no hay una sola curva.* **2.** Justo, honrado: *El abogado Huesca es conocido en todo el pueblo por ser un hombre recto y honesto.* **3.** Relativo al ángulo de 90 grados.

rector m. Párroco o cura encargado de una parroquia.

rector, ra adj. Que rige, que gobierna: *La idea rectora de esa escuela es que los niños se sientan contentos y aprendan a razonar.*

rector, ra m. y f. Autoridad máxima de una comunidad, colegio o universidad: *El anterior rector de la Universidad es un médico y el de ahora es un químico.*

recua f. Conjunto de animales de carga que sirve para transportar cosas: *El campesino lleva todas las mañanas su recua de burros para acarrear la leña.*

recuadro m. **1.** En una pared, puerta o ventana, superficie limitada por una línea en forma de cuadrado o rectángulo. **2.** En los diarios, revistas y libros, parte del texto que va enmarcada para hacerla destacar.

recuento m. Acción y efecto de contar el número de personas o cosas que forman un conjunto: *Al subir al autobús la maestra hizo un recuento de los niños que había y así se dio cuenta que faltaba Adela.*

recuerdo m. **1.** Hecho de recordar, de traer algo a la memoria: *Han pasado muchos años desde la muerte del abuelo y su recuerdo sigue vivo en el joven.* **2.** Objeto que sirve para recordar a una persona, situación o lugar: *Mi abuelita guardaba sus recuerdos como fotografías, cartas y objetos personales en una caja pequeña.*

recular vb. (intr.) Caminar hacia atrás una persona o cosa: *Cuando el lobo vio el fuego reculó con miedo.* Sin. **retroceder.** Ant. **avanzar.**

recuperable adj. Que se puede recuperar o volver a usar: *Las botellas de vidrio son de material recuperable, por eso no deben desecharse con el resto de la basura.*

recuperación f. **1.** Hecho de volver a tener algo. **2.** Hecho de sanar: *Por fortuna la recuperación de mi abuelo después del accidente ha sido rápida.* Sin. **restablecimiento.**

recuperar vb. (tr. y prnl.) **1.** Tener otra vez algo que se había perdido: *Edna logró recuperar a su gato perdido después de una semana de buscarlo.* **2.** Sanar de una enfermedad o de un accidente: *Los niños se enferman de manera rápida pero se recuperan con igual velocidad.* Sin. **restablecer.**

recurrir vb. (intr.) Buscar ayuda con alguien o en algo: *Es importante tener amigos a quienes se pueda recurrir en caso de problemas.*

recurso m. Medio del que se echa mano para lograr algo: *El abogado utilizó como recurso a varios testigos para impedir que su cliente fuera a la cárcel.*

recursos m. pl. **1.** Conjunto de bienes o medios materiales. **2.** loc. **~ naturales,** elementos que produce la naturaleza y que el hombre aprovecha para su beneficio: *Es un país con muchos recursos naturales porque tiene minas, costas, selvas, extensas tierras cultivables, etc.* **3.** loc. **~ naturales no renovables,** los que no se producen de manera continua e interminable: *Los recursos naturales no renovables como el petróleo se podrían acabar pronto si no se usan de manera responsable.* **4.** loc. **~ naturales renovables,** los que se producen de manera continua, como los bosques.

recusar vb. (tr.) Rechazar: *Norma recusó la invitación a la fiesta porque está enferma.*

red f. **1.** Conjunto de cuerdas o alambres tejidos en forma de malla: *Los pescadores sacaron del mar la red llena de pescados.* **2.** Conjunto de vías de comunicación: *El país está comunicado por una red de carreteras a través de las que se puede viajar de una ciudad a otra.* **3.** Trampa o engaño: *La mujer cayó en la red del vendedor y acabó comprando una bolsa llena de productos que no necesitaba.* **4.** loc. **~ de teleproceso,** conjunto de elementos capaces de tratar información y que están conectados entre sí por líneas telefónicas. **5.** loc. **~ local,** soporte de telecomunicaciones por computadora. **6.** loc. **~ pública,** la que conecta varias computadoras entre sí, sin utilizar enlaces telefónicos.

redacción f. **1.** Acción y efecto de redactar: *En clase de lengua española hacemos ejercicios de redacción escribiendo, por ejemplo, lo que hicimos en las vacaciones.* **2.** Oficina donde se redacta: *Las noticias que reúnen los periodistas pasan por la redacción del diario antes de ser publicadas.* **3.** Conjunto de redactores de una publicación periódica: *Tres personas forman la redacción de esa revista.*

redactar vb. (tr.) Escribir cartas, artículos, discursos, etc.: *Contrataron a Francisco para redactar los discursos que dirá el secretario de educación.*

redactor, ra m. y f. Persona que trabaja en la redacción de un diario, revista, etc.: *Antes Jesús era redac-*

tor de un noticiero en la radio y ahora trabaja en la televisión.

redada f. **1.** Cantidad de pescado que se atrapa cada vez que se echa la red. **2.** Acción ·de capturar de una sola vez a un conjunto de personas: *La policía llevó a cabo una* **redada** *en un conocido barrio de delincuentes y atrapó a diez miembros de una banda.*

redecilla f. **1.** Tejido de malla con el que se hacen las redes: *La anciana se puso una* **redecilla** *en la cabeza después de peinar su larguísima cabellera.* **2.** Cavidad del estómago de los rumiantes.

redención f. Acción y efecto de redimir o redimirse.

redil m. Lugar cercado para guardar el ganado: *Las reses destruyeron la valla del* **redil** *porque se asustaron a causa del disparo.*

redimir vb. {tr. y prnl.} **1.** Rescatar de la esclavitud o la opresión. **2.** Poner fin a una situación penosa: *El honorable profesor se fue a ese pueblo lejano para* **redimir** *a sus habitantes de la ignorancia.* **3.** Liberar o liberarse de una deuda o multa: *Después de muchos esfuerzos, el padre de familia* **redimió** *su casa de la hipoteca.*

rédito m. Interés, renta que produce una inversión: *Cuando Fermín compró bonos de ahorro los* **réditos** *eran bajos, pero dejó pasar varios meses y ahora son muy altos.*

redoblar vb. {tr. y prnl.} Aumentar, intensificar algo: *Ante la magnitud de la catástrofe, las autoridades pidieron a los ciudadanos* **redoblar** *esfuerzos para rescatar a las víctimas del terremoto.*

redoble m. Toque vivo y sostenido en el tambor: *En el circo un* **redoble** *anuncia que el acróbata hará un ejercicio arriesgado.*

redoma f. Recipiente de laboratorio, ancho de base y estrecho de cuello.

redomado, da adj. **1.** Muy cauteloso y astuto: *La policía aún no logra atrapar a un delincuente* **redomado** *que parece escurrirse cada vez que los detectives se acercan.* **2.** Experto: *Pánfilo es un* **redomado** *futbolista: ¡de diez tiros que hace, ocho son goles!*

redonda f. **1.** En música, figura que equivale a cuatro negras. **2.** En tipografía, las letras que no muestran inclinación y que se usan con mayor frecuencia. *En el diccionario que estás leyendo ahora las definiciones están escritas en* **redondas.**

redondear vb. {tr. y prnl.} **1.** Poner redondo: *La cocinera* **redondeó** *porciones de carne para preparar hamburguesas.* **2.** Acercar un número a la decena más cercana: *En el estadio hay novecientos noventa y nueve personas pero, para* **redondear** *la cifra, digamos que hay mil personas.*

redondel m. **1.** Ruedo de las plazas de toros. **2.** Fam. Superficie en forma de círculo: *En el parque hay un* **redondel** *para patinar.*

redondo, da adj. **1.** De forma esférica o circular: *"Preparamos galletas* **redondas,** *cuadradas y en forma de rombos, ¿de cuáles quieres?"* **2.** Fam. Perfecto, sin fallas.

reducción f. Hecho de. disminuir algo en su tamaño, extensión, intensidad o importancia: *Después de dos semanas de ejercicio y dieta con alimentos sanos Liliana logró una* **reducción** *de un kilo en su peso.*

reducir vb. irreg. {tr. y prnl.} **Modelo 57. 1.** Hacer menor el tamaño, extensión, intensidad, etc.: *Los editores le pidieron al escritor que* **redujera** *un poco su cuento*

para que pudieran publicarlo. **2.** Dominar, someter: *El campeón de peso completo* **redujo** *rápidamente a su oponente.* **3.** Ceñirse a algo: **Me reduje** *a viajar sin lujos cuando se me estaba acabando el dinero.*

REF

reducto m. Lugar que tiene buenas condiciones para ser defendido: *Al final de la batalla el último* **reducto** *del ejército defensor era un convento abandonado.*

redundancia f. Repetición no necesaria de una palabra o concepto: *Una* **redundancia** *es "como comida".*

redundante adj. Repetitivo: *Jorge es un anciano que tiende a ser* **redundante** *porque se olvida rápidamente de lo que dice y tiene que repetir todo otra vez.*

redundar vb. {intr.} Resultar una cosa en beneficio o daño de alguno: *La directiva de la escuela espera que la compra de computadoras* **redunde** *en beneficio de los niños.*

reelección f. Hecho de elegir de nuevo: *En algunos países como México no está permitida la* **reelección** *de un presidente.*

reelegir vb. irreg. {tr.} **Modelo 60.** Volver a· elegir: *Los amigos y colaboradores del director estaban muy contentos cuando lo* **reeligieron** *para otro periodo al frente de· la escuela.*

reembolso m. Acción de devolver una cantidad a quien la había desembolsado: *Darío devolvió el aparato defectuoso a la tienda y le hicieron un* **reembolso** *del dinero que había pagado.*

reemplazar vb. irreg. {tr.} **Modelo 16.** Ocupar alguien o algo el lugar dejado por otro: *Como uno de los jugadores se lastimó, el entrenador lo* **reemplazó** *por otro.* SIN. **substituir.**

reemprender vb. {tr.} Reanudar algo que se había interrumpido: *Después de· un breve descanso, los exploradores* **reemprendieron** *su marcha hacia la montaña.*

reencarnación f. Encarnación de un alma en otro cuerpo: *Los hinduistas creen en la* **reencarnación** *y piensan que la vida continúa después de la muerte, aunque sea bajo otra forma.*

reencarnar vb. {intr. y prnl.} Encarnarse en otro cuerpo el alma de alguien que· muere: *Si la reencarnación existiera yo quisiera* **reencarnar** *en un pájaro, para poder volar.*

refacción f. Colomb. y Méx. Pieza de repuesto: *Iván tiene un automóvil antiguo y raro, por eso es difícil que consiga* **refacciones.** SIN. **repuesto.**

RE

refaccionaria f. Méx. Tienda donde venden partes para aparatos mecánicos: *El técnico le dijo a Melisa que compraría en una* **refaccionaria** *del centro la pieza que le faltaba para arreglar su máquina de coser.*

refaccionar vb. {intr. y prnl.} **1.** Comprar las cosas necesarias: *Antes de partir al campo los turistas pasaron a la tienda para* **refaccionarse** *de alimentos.* SIN. **abastecer. 2.** Guat. Comer entremeses o· aperitivos.

refalosa f. Chile. Baile popular.

referencia f. **1.** Mención que se hace a algo: *El nuevo jefe hizo una* **referencia** *elogiosa a quien fue director antes que él.* **2.** En un libro, catálogo de una biblioteca u otra cosa parecida, nota que sirve para señalar otro sitio donde se puede obtener más información sobre lo que se está buscando. **3.** Informe sobre las cualidades de alguien o algo: *El dueño de la tienda pidió* **referencias** *de mi hermano en los dos últimos lugares donde ha trabajado.*

529

referendo o **referéndum** *m.* Procedimiento por el que se somete al voto popular una ley o asunto: *Las decisiones que afectan a todo el país deberían someterse a un referendo para que los ciudadanos las conozcan y las aprueben.*

referí o **réferi** *m.* Palabra de origen inglés. *Amér.* Juez en una competencia o competición deportiva. SIN. **árbitro**.

referir *vb. irreg.* {tr. y prnl.} Modelo 50. **1.** Relatar, narrar: *Al volver de su viaje por Asia Edmundo nos refirió todo lo que había visto y hecho.* **2.** Indicar otro sitio donde el lector puede encontrar más información sobre lo que está buscando, en especial en un libro o catálogo de biblioteca. **3.** Mencionar de manera abierta o implícita a alguien o algo: *Aunque el maestro no mencionó a Ricardo todos supimos que se refería a él, porque nadie en el salón de clases tiene el cabello rojo y los ojos azules.* SIN. **aludir**.

refilar *vb.* {intr.} *Chile.* Pasar tocando algo de manera ligera.

refilón. De ~, *loc.* **1.** De lado: *El gato pasó de refilón por mi pierna y llenó mi pantalón de sus pelos.* **2.** De forma superficial: *En la tienda miré de refilón un libro acerca de los desiertos y pude apreciar que tiene muy buenas fotografías.*

refinado, da *adj.* **1.** Fino, elegante: *La decoración de la casa de Rodrigo es de un gusto refinado pues todas las cosas armonizan unas con otras.* **2.** Puro, que no tiene impurezas: *Los minerales mezclados con metales se extraen de las minas, llegan a la industria metalúrgica y de ahí salen refinados los metales.*

refinamiento *m.* Elegancia, cuidado, esmero: *Los reyes por lo general viven con refinamiento porque siempre hay gente que se encarga de cuidar todo lo que les rodea.*

refinar *vb.* {tr.} Hacer más pura una cosa quitándole los defectos: *Para elaborar el gasóleo se debe refinar el petróleo.*

refinería *f.* Instalación industrial donde se refina un producto: *La refinería de petróleo está cerca de los pozos de donde los extraen.*

reflectar *vb.* {intr.} Ver **reflejar**: *Los lagos reflectan el cielo, por eso se ven azules.*

reflector *m.* Aparato que proyecta rayos luminosos: *El reflector iluminó a la cantante dejando el resto del teatro a obscuras.*

reflejar *vb.* {tr., intr. y prnl.} **1.** Rechazar, rebotar una superficie en una determinada dirección alguna onda o radiación como la luz, el calor, el sonido, etc. **2.** *Fam.* Devolver una superficie brillante la imagen de un objeto: *Como el espejo estaba empañado, no se reflejaba con claridad mi cara.* **3.** Manifestar, mostrar: *La expresión de Inés refleja su felicidad por el premio que ha ganado.*

reflejo *m.* **1.** Luz reflejada: *El reflejo del sol en el agua es muy fuerte y hace que me lloren los ojos.* **2.** Imagen reflejada: *Según la mitología, Narciso se enamoró de su imagen la primera vez que vio su reflejo en el agua.* **3.** *pl.* Movimientos involuntarios que responden a un estímulo externo: *Los seres humanos tenemos muchos reflejos, por ejemplo cerrar los ojos cuando se escucha de repente un ruido intenso.*

reflejo, ja *adj.* Relativo al acto, movimiento, etc., involuntario que responde a un estímulo externo: *Le-*

vantar la pierna cuando se recibe un golpe leve en la rodilla es un movimiento reflejo.

reflexión *f.* **1.** Acción y efecto de reflejar: *Las imágenes que resultan de la reflexión de la luz en el agua se ven un poco distorsionadas.* **2.** Acción y efecto de reflexionar: *Necesito algún tiempo de reflexión antes de decidir qué carrera voy a estudiar.*

reflexionar *vb.* {tr.} Pensar o considerar algo con cuidado: *Santiago no ha tenido tiempo de reflexionar en lo que significa ganarse la lotería, porque todavía está gritando de la emoción.*

reflexivo, va *adj.* **1.** Que refleja. **2.** Que habla o actúa con reflexión: *Es un hombre reflexivo que no dice nada que no haya pensado antes con calma.* **3.** Relativo al pronombre personal átono que designa la misma persona o cosa que el sujeto: *En la frase "yo me siento", me es un pronombre reflexivo.* **4.** Relativo al verbo cuya acción recae sobre el sujeto: *Peinarse es un verbo reflexivo, igual que lavarse.*

reflujo *m.* **1.** Movimiento de descenso de la marea. **2.** Trastorno de la digestión que consiste en que los jugos gástricos o la comida regresan por el esófago.

reforestación *f.* Renovación de un bosque al plantar árboles pequeños criados en viveros, o por la siembra directa de semilla: *El gobierno municipal realizó una reforestación porque la montaña tenía pocos árboles después del incendio.*

reforestar *vb.* {tr.} Volver a plantar árboles en un lugar: *En muchos países reforestan las áreas taladas porque están conscientes de que el mundo no puede quedarse sin árboles.* SIN. **repoblar**.

reforma *f.* Acción que modifica algo para mejorarlo: *Nuestros vecinos han hecho reformas a su casa al agregar una habitación y pintar las paredes.*

reformar *vb.* {tr. y prnl.} **1.** Modificar algo con el fin de que mejore: *Algunos profesores han sugerido reformar las leyes para actualizar los libros de texto.* **2.** Enmendar, corregir la conducta: *En la escuela reformaron al niño rebelde a base de pláticas y convenciéndolo de que lo que hacía no era correcto.*

reformatorio *m.* Establecimiento para corregir a delincuentes menores de edad: *Como el ladrón apenas tenía doce años, el juez decidió enviarlo un año al reformatorio.*

reformismo *m.* Doctrina orientada a la transformación gradual de las estructuras políticas y sociales.

reforzar *vb. irreg.* {tr. y prnl.} Modelo 6. **1.** Añadir nuevas fuerzas a algo: *El entrenador reforzará el equipo con tres jugadores nuevos.* **2.** Dar más vigor o fuerza: *El pantalón se está rompiendo de la parte de las rodillas, necesito reforzarlo con más tela.* SIN. **fortalecer**.

refracción *f.* Cambio de dirección de una onda al pasar de un medio a otro: *Por el fenómeno de refracción la parte del lápiz que está dentro del agua parece como si estuviera doblada.*

refractar *vb.* {tr. y prnl.} Producir refracción: *La luz se refracta al pasar por el agua.*

refractario, ria *adj.* **1.** Opuesto a una idea, proyecto, etc. **2.** Que resiste la acción del fuego o que transmite mal el calor: *Vacié la pasta para la tarta en un plato refractario y la metí a cocer al horno.*

refrán *m.* Dicho popular que contiene una enseñanza moral: *"Más vale tarde que nunca" es un refrán* que señala que es mejor tardarse al hacer algo a nunca hacerlo.

refrenar vb. {tr. y prnl.} Evitar que se muestre de manera violenta un impulso o una pasión: *Eduardo me dijo una broma tan chistosa en el cine que* **me refrené** *para no soltar una carcajada.* SIN. **contener, reprimir.**

refrendar vb. {tr.} **1.** Confirmar algo que se había dicho: *Cada vez que hace el juramento a la bandera, el ciudadano* **refrenda** *la lealtad a su país.* **2.** Volver a autorizar un documento: *Tengo que* **refrendar** *mi credencial del colegio porque ya está vencida.*

refrendo m. Hecho de confirmar la autorización de un documento: *Después de dos* **refrendos** *se debe solicitar un pasaporte nuevo.*

refrescar vb. irreg. {tr., intr. y prnl.} Modelo 17. **1.** Disminuir el calor de algo: *Micaela se duchó para* **refrescarse** *en cuanto llegó de la escuela.* **2.** Descender la temperatura: *En algunos lugares* **refresca** *durante la noche aunque de día se sienta calor.* **3.** Hacer que se recuerden cosas olvidadas: *Mis hermanas y yo hablábamos de nuestra niñez y ellas me* **refrescaron** *la memoria con aventuras que ya tenía olvidadas.* **4.** Tomar el fresco: *Salí al jardín para* **refrescarme** *un poco porque en la habitación hace mucho calor.*

refresco m. **1.** Bebida fría y sin alcohol que se toma para quitar la sed: *Después de jugar bebimos* **refresco** *de naranja para quitarnos la sed y refrescarnos.* **2.** Alimento ligero que por lo general se toma en un descanso del trabajo. SIN. **refrigerio. 3.** Méx. Bebida embotellada, no alcohólica y por lo general con gas, que se toma fría. SIN. **soda, gaseosa.**

refriega f. **1.** Combate de poca importancia: *La verdadera batalla nunca ocurrió, los soldados sólo participaron en una* **refriega** *que duró algunas horas.* **2.** Riña violenta: *En la* **refriega** *Evaristo perdió un zapato y se le rompió la camisa.*

refrigerador m. Méx. Aparato que produce frío: *Hay alimentos como la carne y el pescado, que deben guardarse en el* **refrigerador** *porque se descomponen rápidamente.* SIN. **nevera, heladera, frigorífico.**

refrigerar vb. {tr. y prnl.} Hacer que las cosas se enfríen: *Puse el agua a* **refrigerar** *para que esté fresca a la hora de la comida.*

refrigerio m. Comida ligera que se hace para reparar fuerzas: *A las doce del día los obreros de esa industria toman un* **refrigerio** *y luego regresan a trabajar.*

refringencia f. Capacidad de los cuerpos transparentes para refractar la luz: *El vidrio es un material que posee* **refringencia**, *por eso es muy usado en objetos decorativos.*

refuerzo m. **1.** Cosa con que se hace más resistente o fuerte algo: *El carpintero puso un* **refuerzo** *a la mesa para que no se debilite.* **2.** Ayuda o complemento que se da o recibe en alguna necesidad: *El médico me recetó vitaminas como* **refuerzo** *para mi recuperación.*

refugiado, da m. y f. Persona que se ve obligada a buscar asilo fuera de su país por razones políticas, sociales, etc.: *Cuando hay guerra en algún país muchas personas se convierten en* **refugiados** *ya que tienen que huir de su patria para salvar sus vidas.*

refugiarse vb. {prnl.} Protegerse, acogerse: *Durante el huracán los habitantes* **se refugiaron** *en la escuela del pueblo porque es un edificio muy sólido.*

refugio m. **1.** Lugar o construcción que sirve para resguardarse del mal tiempo: *Los turistas buscaron un* **refugio** *para protegerse de la nevada.* **2.** Lugar para refugiarse de algún peligro, ataque, etc.: *El gobierno preparó un* **refugio** *para los damnificados por el terremoto.*

refulgente adj. Que brilla, que resplandece: *A lo lejos los exploradores vieron una hoguera* **refulgente** *que les indicó que pronto llegarían al campamento.*

refulgir vb. irreg. {intr.} Modelo 61. Resplandecer, brillar: *Por las tardes despejadas algunas estrellas empiezan a* **refulgir** *en el cielo.*

refunfuñar vb. {intr.} Emitir voces confusas en señal de enojo: *La señora que vende en la tienda no para de* **refunfuñar** *cuando llegan todos los niños haciendo alboroto.*

refunfuñón, na adj./m. y f. Fam. Que emite voces en señal de enojo y se queja de todo: *El taxista era un* **refunfuñón** *que regañó a mi madre cuando ella le dijo que no recordaba bien el domicilio a donde quería ir.*

refutación f. Presentación de una contradicción razonada a lo que otro dice: *El abogado presentará ante el juez una* **refutación** *de las acusaciones hechas en contra de su cliente.*

refutar vb. {tr.} Contradecir con argumentos lo que otro dice: *El maestro* **refutó** *con facilidad lo que con mucha seguridad había dicho el joven alumno.*

regadera f. **1.** Utensilio portátil para regar: *Salió con la* **regadera** *a echar agua a las macetas del patio.* **2.** Méx. Ducha, aparato que rocía el agua en forma de chorro o de lluvia para limpiar o refrescar el cuerpo.

regaderazo m. Méx. Ducha ligera y rápida: *Me doy un* **regaderazo**, *me visto, me peino y me voy.*

regadío adj./m. Relativo al terreno que se cultiva a base de riego: *En esa zona del país la agricultura es de* **regadío** *pues las lluvias son escasas.*

regalado, da adj. **1.** Agradable, con muchas comodidades o placeres: *Víctor tiene una vida* **regalada** *desde que su padre le heredó su fortuna.* **2.** Fam. Muy barato: *Compré unos discos* **regalados**, *¡por el precio de uno me llevé cinco!*

regalador, ra adj./m. y f. Persona que siente gusto al obsequiar cosas a los demás: *A Claudia no puedes decirle que una cosa suya te gusta porque es tan* **regaladora** *que te la da sin dudarlo.*

regalar vb. {tr. y prnl.} **1.** Dar algo a alguien como muestra de afecto o agradecimiento: *Lourdes* **regaló** *sesenta rosas a su mamá el día de su cumpleaños, cada flor representaba cada año que la señora cumplía.* **2.** Halagar, dar muestras de afecto o admiración. **3.** Procurarse uno comodidad: *Paola se* **regaló** *con un calentador porque su casa es fría.*

regaliz m. Planta leguminosa de raíz comestible y medicinal con sabor parecido al del anís: *En Europa los niños comen caramelos de* **regaliz**, *que allá es un sabor muy popular.*

regalo m. **1.** Cosa que se obsequia: *Romina recibió muchos* **regalos** *el día de su cumpleaños.* **2.** Comodidad o gusto que algo proporciona: *Meterme en la bañera con agua perfumada mientras escucho música es un* **regalo** *para mí.*

regalonear vb. {tr.} Argent. y Chile. Tratar con excesivo mimo. SIN. **consentir, mimar.**

regañadientes. A ~, loc. De manera forzada, de mala gana: *El primer día después de las vacaciones mi herma-*

no fue a la escuela **a regañadientes** porque ya se había acostumbrado a jugar todo el día.

regañar *vb.* [tr. e intr.] **1.** *Fam.* Reprender a una persona por haber hecho mal una cosa o por haber dejado de hacer algo: *La maestra* **regañó** *a los niños por las groserías que estaban haciendo.* **2.** Dar muestras de enfado. SIN. **refunfuñar**.

regaño *m.* Palabras con que se reprende a alguien que ha obrado mal: *Al volver a casa le esperaba un fuerte* **regaño** *por las bajas calificaciones que llevaba.*

regañón, na *adj./m.* y *f.* Que regaña o reprende más de la cuenta.

regar *vb. irreg.* [tr.] **Modelo 18. 1.** Echar agua sobre la tierra, las plantas, etc.: *Estas flores tienen que* **ser regadas** *cada dos o tres días.* **2.** Atravesar un río una comarca o territorio: *Ese largo río* **riega** *del oeste al este, o sea casi todo el país.* **3.** *Méx. Fam.* **Regarla,** hacer una tontería: *Juliana* **la regó** *cuando le dijo a Sonia que todos los banqueros son unos ladrones, pues el papá de Sonia es un banquero.*

regata *f.* Competencia entre varias embarcaciones: *Cada año, en ese puerto organizan una* **regata** *internacional de veleros.*

regate *m.* Movimiento rápido que se hace apartando el cuerpo de manera brusca para evitar un golpe.

regatear *vb.* [tr. e intr.] Negociar el comprador y el vendedor el precio de una mercancía: *Mi blusa costaba barata pero como* **regateé** *con el vendedor me salió todavía más barata.*

regateo *m.* Discusión entre comprador y vendedor sobre el precio de una mercancía: *Las tiendas de autoservicio están acabando con el* **regateo,** *pues en ellas venden a precios fijos.*

regazo *m.* Parte del cuerpo de una persona sentada, entre la cintura y la rodilla: *El gato se acomodó en el* **regazo** *de mi abuelita y ahí se durmió.*

regencia *f.* **1.** Acción de regir, gobernar o dirigir. **2.** Gobierno de un Estado monárquico durante la minoría de edad del rey: *Mientras el soberano fue niño su madre ocupó la* **regencia** *del país.*

regeneración *f.* Acción en la que algo o alguien se regenera, se recrea, se rehace: *Esa clínica se especializa en la* **regeneración** *de jóvenes adictos a las drogas.*

regenerado, da *adj.* Que se regeneró: *Javier salió de la clínica de alcohólicos completamente* **regenerado,** *no ha vuelto a tomar.*

regenerar *vb.* [tr. y prnl.] **1.** Volver a su estado original una cosa que se había dañado o estropeado: *Después de algunos meses* **se regeneró** *el tejido del brazo que se le había quemado en un accidente.* **2.** Hacer que una persona abandone un vicio: *En todo el mundo hay instituciones dedicadas a* **regenerar** *personas alcohólicas y drogadictas.*

regentar o **regentear** *vb.* [tr.] Dirigir un negocio: *Sebastián* **regentea** *un café ubicado en el centro de la ciudad.*

régimen *m.* **1.** Conjunto de normas que rigen una cosa o una actividad: *Elena y Marco se casaron bajo* **régimen** *mancomunado, eso quiere decir que todo lo que alguno de ellos compre es para los dos.* **2.** Forma de gobierno: *Varios países de Europa tienen un* **régimen** *monárquico y los habitantes son gobernados por un rey.* **3.** Conjunto de medidas sobre alimentación que ha

de seguir una persona por motivos de salud, para adelgazar, etc.: *Como el señor Ríos padece del corazón lleva un* **régimen** *alimenticio de poca sal y pocas grasas.* SIN. **dieta. 4.** Hecho de regir cierto complemento a un verbo, sustantivo, etc.

regimiento *m.* Unidad militar al mando de un coronel: *El coronel estaba listo para sorprender con su* **regimiento** *a los enemigos que iban a atacar la ciudad.*

regio, gia *adj.* **1.** Relativo al rey: *Durante muchos siglos las prendas* **regias** *han sido hechas con telas color púrpura y adornos de piel de armiño.* **2.** Lujoso, espléndido: *Las* **regias** *habitaciones de ese hotel de lujo tienen camas enormes y cuartos de baño elegantes.*

regio, gia *adj./adv. Argent., Chile y Urug. Fam.* Se dice de lo que es magnífico o está hecho de manera estupenda: *Fuimos a la playa el fin de semana y la pasamos* **regio.**

región *f.* **1.** Parte de un territorio definido por unas características propias: *En Perú la* **región** *montañosa es muy distinta a la región de la costa.* **2.** Cada una de las partes del cuerpo: *El médico dijo que Tomás tiene inflamación en la* **región** *abdominal, por eso tenía dolor de barriga.*

regional *adj.* Relacionado con la región: *Ese museo tiene una colección de trajes* **regionales** *del norte del país.*

regir *vb. irreg.* [tr. e intr.] **Modelo 60. 1.** Gobernar: *Ese presidente* **rigió** *su país de una manera solidaria con la gente pobre.* **2.** En lingüística, tener una palabra bajo su dependencia otra palabra de la oración: *El verbo volver* **rige** *las preposiciones "a" y "de".* **3.** Estar vigente: *La pena de muerte no* **rige** *en muchos países del mundo desde hace muchos años.*

registrar *vb.* [tr. y prnl.] **1.** Examinar con cuidado en busca de alguien o algo: **Registrarán** *a los pasajeros antes de abordar el avión para revisar que no porten armas.* **2.** Grabar la imagen o el sonido: *Los ingenieros* **registraron** *el concierto para luego producir un disco.* **3.** Inscribir en un libro, diario, lista, registro, etc.: *Al llegar a un hotel uno siempre tiene que* **registrarse** *en la administración.*

registro *m.* **1.** Acción y efecto de registrar: *La policía llevó a cabo un* **registro** *en la casa del ladrón para buscar las joyas desaparecidas.* **2.** Libro en que se anotan hechos y datos: *En la administración de ese restaurante llevan un* **registro** *semanal de sus clientes.* **3.** Lugar u oficina en donde se registra. **4.** loc. ~ **civil,** Libro y oficina donde se guardan los datos de los nacimientos, matrimonios y defunciones de una comunidad: *Cuando nace un bebé hay que llevarlo al* **registro civil** *para que las autoridades sepan de su nacimiento.*

regla *f.* **1.** Instrumento para trazar líneas o efectuar mediciones: *Su* **regla** *mide centímetros de un lado y pulgadas del otro.* **2.** Aquello que debe cumplirse por estar así establecido: *Una de las* **reglas** *de mi escuela es que no se deben llevar juguetes.* **3.** Menstruación: *Algunas mujeres sufren dolores durante la* **regla,** *otras no.* **4.** Método para realizar una operación matemática.

reglamentación *f.* Conjunto de reglas.

reglamentar *vb.* [tr.] Diseñar e imponer reglas: *El área del Derecho Espacial es relativamente nueva y aún está por* **reglamentarse** *internacionalmente.* SIN. **reglar.**

reglamentario, ria *adj.* Ordenado o aprobado por algún reglamento: *El uso del cinturón de seguridad al conducir un automóvil ya es* **reglamentario** *en muchos países.*

reglamento *m.* Conjunto de normas para la aplicación de una ley o la realización de una actividad, deporte, etc.: *El reglamento de fútbol dice que sólo el portero puede tomar el balón con las manos.*

reglar *vb.* [intr.] *1.* Trazar líneas con una regla. *2.* Someter algo a reglas para su realización. Sin. **reglamentar.** *3. Fam.* Pasar las mujeres y las hembras de los animales por el periodo de la menstruación: *La mayoría de las chicas empiezan a reglar a los once o doce años de edad.*

regocijarse *vb.* [prnl.] Alegrarse: *Los alumnos se regocijaron cuando se enteraron de que irán al museo infantil.*

regocijo *m.* Alegría, júbilo: *La cara de Camila reflejó gran regocijo cuando vio su regalo de cumpleaños.*

regodearse *vb.* [prnl.] *1.* Deleitarse, complacerse: *Faustino se regodea ante la idea de llegar a ganar algún campeonato de natación.* *2.* Alegrarse de manera perversa con un daño o mala situación que sufre otro.

regodeo *m.* Diversión, entretenimiento.

regresar *vb.* [tr. e intr.] *1.* Volver de nuevo al lugar de donde se había salido: *Después de muchos años de ausencia el médico regresó al pueblo donde nació.* *2. Amér.* Devolver a su dueño algo que prestó o que había perdido: *David regresó el libro que Lorenzo le había prestado hace un mes.*

regresión *f.* Retroceso, hecho de volver hacia atrás: *Cuando nació su hermano, Salma, que ya tenía ocho años, volvió a chuparse el dedo en una clara regresión infantil.*

regreso *m.* Vuelta, retorno: *Las despedidas por lo general son tristes y los regresos, felices.*

reguero *m.* *1.* Chorro o arroyo pequeño. *2. Fam.* Tiradero, desorden: *Podía verse dónde había estado el niño por el reguero de juguetes que dejaba a su paso.*

regulación *f.* Reglamentación: *Las regulaciones para importar y exportar productos alimenticios son muy estrictas.*

regular *adj.* *1.* Sujeto y conforme a una regla: *La recolección de basura es un servicio regular en las ciudades.* *2.* Sin cambios bruscos: *La mayoría de mis compañeros asiste a clases de manera regular pues casi nadie falta.* *3.* Mediano: *El trabajo fue regular, ni muy bueno ni muy malo.* *4.* Se aplica a las palabras formadas según la regla general de su clase: *Comer es un verbo regular, estar es un verbo irregular.* *5.* Relacionado con la figura en que los ángulos, lados, etc., son iguales entre sí: *Un ejemplo de figura regular es un triángulo equilátero.*

regular *vb.* [tr.] *1.* Poner en orden: *En la esquina hay un policía que regula la circulación de los vehículos.* *2.* Ajustar algo, en especial el funcionamiento de una máquina: *Si no llevo mi reloj al técnico para que lo regule va a seguir adelantándose.*

regularidad *f.* Calidad de regular: *Desde que comenzó a publicarse la revista, ha salido al mercado con regularidad, un número cada semana.*

rehabilitación *f.* Hecho de volver algo a su estado anterior: *Después del accidente, el obrero tuvo que seguir una terapia de rehabilitación para volver a usar el brazo de manera normal.*

rehabilitar *vb.* [tr. y prnl.] *1.* Restituir algo a su estado anterior: *Después de un tiempo de vida sedentaria he comenzado a hacer ejercicio para rehabilitar mi cuer-*

po. *2.* Restaurar o remodelar edificios: *Las autoridades rehabilitarán esa casa en ruinas para que sea un centro cultural.*

rehacer *vb. irreg.* [tr. y prnl.] **Modelo 23.** Volver a hacer lo que se había hecho, deshecho o hecho mal: *La maestra de geometría pidió a los alumnos que rehicieran el cuadrado porque no les había quedado bien.*

rehén *m.* Persona retenida para obligar a otra a cumplir ciertas condiciones: *Los delincuentes amenazaron con matar a los rehenes si las autoridades no liberaban a algunos de sus compañeros presos.*

rehilete o **rehuilete** *m.* *1. Méx.* Juguete para niños que consiste en una varilla en cuya punta hay una estrella de papel que gira movida por el viento: *Al correr la niña con el rehilete de colores, éste giraba a gran velocidad.* *2. Méx.* Aparato mecánico que echa agua en círculos y se usa para regar el césped: *Paseando por el parque, de pronto se activó el rehilete y me mojé.*

rehogar *vb. irreg.* [tr.] **Modelo 17.** Cocinar a fuego lento en manteca o aceite: *Es mejor no rehogar los alimentos pues así se ingiere menos grasa.*

rehuir *vb. irreg.* [tr., intr. y prnl.] **Modelo 59.** Procurar no tener relación con alguien o algo: *Yo rehuyo a los perros porque les tengo miedo.*

rehusar *vb. irreg.* [tr. y prnl.] **Modelo 13.** No aceptar una cosa: *En cuanto llegó a la adolescencia, Gilberto se rehusó a que sus padres lo siguieran llamando "el chiquito".*

reina *f.* *1.* Mujer que gobierna por derecho propio: *La reina Cristina de Suecia era una mujer muy culta.* *2.* Esposa del rey: *El rey y la reina fueron coronados en la catedral de la ciudad.* *3.* En ajedrez, segunda pieza en importancia después del rey.

reinado *m.* Ejercicio de las funciones de un rey o reina y tiempo que éste dura: *En Inglaterra el reinado de Victoria duró más de 50 años.*

reinar *vb.* [intr.] *1.* Ejercer su poder un rey, reina o príncipe de Estado: *Su Majestad Juan Carlos reina en España desde que se reinstauró la monarquía en ese país.* *2.* Predominar una o varias personas o cosas sobre otras: *En ese matrimonio reina la paz y el entendimiento después de que los esposos aclaran sus malentendidos.*

reincidencia *f.* Acción de reincidir, de volver a caer en un vicio, error o delito: *Cuando hay reincidencia en el robo los jueces son más severos con los delincuentes.*

reincidente *adj.* Que vuelve a incurrir en alguna actividad negativa: *Como ese hombre era un alcohólico reincidente sus familiares decidieron enviarlo a una clínica.*

reincidir *vb.* [intr.] Volver a incurrir en un vicio, error, falta o delito: *Las personas que intentan dejar de fumar dicen que es fácil reincidir porque se les antoja el olor de los cigarrillos de quienes fuman cerca.*

reino *m.* *1.* Territorio o estado sujeto al gobierno de un rey: *El rey Lear dividió su reino en dos partes para dos de sus hijas.* *2.* Cada uno de los tres grandes grupos en que se consideran divididos los seres naturales: *Los humanos somos parte del reino animal, las plantas, del vegetal, y las rocas, del mineral.*

reinsertar *vb.* [tr. y prnl.] *1.* Volver a poner, insertar de nuevo: *Alfonso había borrado un párrafo de su composición pero luego decidió reinsertarlo después de hacerle algunos cambios.* *2.* Integrar de nuevo a la sociedad a alguien que vive marginado.

REI

reintegración f. **1.** Hecho de volver a incorporarse a una corporación o actividad. **2.** Hecho de devolverle algo a alguien: *Leonardo logró que le reintegraran el dinero que había pagado por un aparato que no funcionó nunca.*

reintegrar vb. {tr. y prnl.} **1.** Volver a incorporar o incorporarse a alguien un trabajo, empleo, etc.: *Después de la rehabilitación se reintegró a su trabajo.* **2.** Devolver por completo una cosa.

reír vb. irreg. {intr. y prnl.} **Modelo 48. 1.** Expresar alegría con gestos, sonidos y movimientos: *El conserje del edificio donde vivo es una persona muy triste y sería que no ríe casi nunca.* **2.** Burlarse: *Cuando se mojó el niño con agua del charco sus amigos se rieron de él.*

reiteración f. Repetición: *El filme que vi ayer tenía muchas reiteraciones y eso lo volvió muy aburrido.*

reiterar vb. {tr. y prnl.} Repetir, volver a decir algo: *El director de la escuela reiteró la importancia de la puntualidad pues muchos niños siguen llegando tarde.* SIN. **redundar.**

reiterativo, va adj. Repetitivo, redundante: *Los niños piensan que las indicaciones de sus madres son reiterativas pero ellas lo hacen para crear hábitos en sus hijos.*

reivindicación f. **1.** Reclamación de aquello a lo que se tiene derecho. **2.** Hecho de regresar la buena fama a quien la había perdido.

reivindicar vb. irreg. {tr.} **Modelo 17. 1.** Reclamar alguien algo a lo que tiene derecho. **2.** Darle nuevamente la fama o el buen nombre a alguien que lo había perdido: *Cuando descubrieron que Rodrigo no había sido el ladrón lo reivindicaron anunciándolo a toda la escuela.*

reja f. Estructura formada por barras de hierro o madera que sirve para cerrar una abertura: *Para entrar a la casa hay que pasar por una gran reja negra.*

rejilla f. Red de metal, alambre, etc.: *Después de que Mauricio tocó la puerta se abrió una pequeña rejilla y vio cómo una cara se asomó a preguntar "¿quién es?"*

rejón m. Asta de madera con una punta de hierro usada para herir al toro en la fiesta taurina: *Hay quienes piensan que los rejones son instrumentos para torturar a los toros.*

rejoneador, ra m. y f. Persona que rejonea o hiere al toro en la fiesta taurina: *Para ser rejoneador se debe ser buen jinete y no temerle a los toros.*

rejonear vb. {tr.} Herir un jinete al toro con el rejón o asta durante una corrida.

rejuvenecer vb. irreg. {tr., intr. y prnl.} **Modelo 39.** Dar la energía o apariencia de la juventud: *Desde que esa actriz se pintó el pelo y se operó la cara parece que rejuveneció varios años.*

rejuvenecimiento m. Acción de hacer que una persona parezca o se sienta más joven: *En esa clínica de belleza ofrecen técnicas de rejuvenecimiento desde simples mascarillas hasta operaciones contra las arrugas.*

relación f. **1.** Situación que se da entre dos cosas, ideas, etc., cuando existe alguna circunstancia que las une: *Desde niños esos dos hombres fueron amigos y mantuvieron una muy buena relación hasta el final de sus vidas.* **2.** Trato o comunicación: *Como parte de su trabajo, Paola mantiene relaciones con otras industrias.* **3.** Lista: *Antonio miró en la relación de pasajeros y su nombre no aparecía registrado.* **4.** Narración, explica-

ción: *Al llegar la policía los vecinos hicieron una relación del accidente que acababa de ocurrir.*

relacionado, da adj. Que tiene alguna cercanía o relación con algo: *La clase de química está relacionada con la de biología.* SIN. **vinculado.**

relacionar vb. {tr. y prnl.} **1.** Poner en relación, vincular a personas o cosas unas con otras: *En la clase de geografía el profesor relacionó el clima con la agricultura del país.* **2.** Narrar, referir. **3.** Establecer relaciones de amistad, sociales, etc.: *En cuanto César llegó a la nueva escuela empezó a relacionarse con los demás niños y niñas.*

relajación f. Estado en el que se está relajado, nada tenso o en un estado de reposo: *Isela aprendió unos ejercicios de relajación que le han ayudado mucho a tranquilizarse cuando se siente tensa.*

relajar vb. {tr. y prnl.} Poner flojo o menos tenso: *Para relajarse Raquel se tiende en un sofá a escuchar música.*

relajo m. Méx. Fam. Diversión ruidosa: *Cuando el maestro entró al salón los niños estaban en el relajo, pero se calmaron en cuanto lo vieron.*

relámpago m. Resplandor intenso y breve producido en las nubes por una descarga eléctrica: *Primero se ve el relámpago y después se escucha el trueno, esto ocurre porque la luz viaja más rápido que el sonido.*

relampaguear vb. {intr.} Aparecer relámpagos en el cielo: *Se aproxima una tormenta porque está relampagueando y las nubes están muy obscuras.*

relampagueo m. Serie de relámpagos: *Durante la tormenta el continuo relampagueo hacía que en mi habitación se formaran unas sombras extrañas.*

relatar vb. {tr.} Contar, narrar: *En la entrevista que le hicieron por radio, el explorador relató las aventuras que corrió durante su viaje a Alaska.*

relatividad f. **1.** Calidad por la que una cosa puede ser valorada de distintas maneras. **2.** loc. **Teoría de la ~,** teoría formulada por el científico Albert Einstein sobre la imposibilidad de encontrar un sistema de referencia absoluto.

relativismo m. Doctrina que niega la existencia de verdades absolutas.

relativo adj./m. Partícula que introduce una proposición subordinada: *En la frase "el hombre del que te hablé", "que" es el pronombre relativo.*

relativo, va adj. **1.** Que hace referencia o que trata de algo: *Esteban me contó que leyó un libro relativo a los dinosaurios.* **2.** Que no es absoluto: *Lo que dicen en este noticiero es relativo porque es la opinión de un grupo de periodistas, habría que ver lo que dicen otros noticieros y los diarios.*

relato m. **1.** Hecho de relatar, de contar: *En su relato, el testigo dijo que había visto la cara de los ladrones del banco y los describió.* **2.** Narración breve: *Como ejercicio de redacción los niños escribieron un pequeño relato sobre sus vacaciones más recientes.*

relegar vb. irreg. {tr.} **Modelo 17.** Apartar, dejar de lado: *Poco a poco el adolescente ha relegado los juguetes y ahora ocupa el tiempo en otras actividades.*

relevante adj. **1.** Excelente: *La relevante actuación de esa actriz mereció un premio de la asociación de críticos.* **2.** Importante, significativo: *El señor Domínguez tiene un puesto relevante en la empresa donde trabaja, es uno de los gerentes.*

relevar vb. {tr.} *1.* Quitar a alguien un cargo y dárselo a otro: *Relevaron a Manuel de su puesto y él no sabe cuál fue la razón porque había trabajado tan bien como siempre. 2.* Substituir a una persona con otra: *El segundo corredor relevó al primero en el quinto kilómetro del recorrido.*

relevo m. *1.* Acción de relevar, de substituir: *El relevo de los policías que vigilan el banco se lleva a cabo cada ocho horas. 2.* loc. pl. **Carrera de ~**, competencia en la que participan varios corredores: *Ramiro, Julián, Pedro y Tomás participaron en la carrera de relevos de 400 metros y cada uno corrió un tramo de 100 m.*

relieve m. *1.* Cualquier parte que sobresale en una superficie plana: *En la entrada de la escuela hay figuras en relieve que representan a la patria. 2.* Renombre, prestigio: *Héctor ha escrito varios libros de relieve en el campo de la ciencia, por eso goza de gran reconocimiento. 3.* loc. **Poner de ~**, destacar: *La maestra puso de relieve la necesidad de leer al menos media hora cada día.*

religión f. *1.* Conjunto de creencias y de dogmas que definen la relación del hombre con lo sagrado. *2.* Conjunto de prácticas y ritos que son propios de cada una de las creencias llamadas religión. *3.* Seguimiento de una doctrina religiosa. SIN. **fe**.

religioso, sa adj. Relativo a la religión y a quien la practica.

religioso, sa m. y f. Persona que ha entrado a una orden religiosa: *En el pueblo vecino hay un convento de religiosos que guardan silencio y caminan descalzos.*

relinchar vb. {intr.} Emitir su voz el caballo: *El caballo no dejaba de relinchar porque estaba asustado a causa del incendio.*

relincho m. Voz del caballo: *Desde lejos se escuchan los relinchos de los caballos que están detrás de la casa.*

reliquia f. *1.* Vestigio de cosas pasadas: *Las pirámides de Tikal, en Guatemala, son reliquias de la civilización maya. 2.* Parte del cuerpo de un mártir, un personaje considerado santo o de un objeto histórico, que se conserva para su veneración.*

rellano m. Espacio plano y más amplio que los escalones, situado entre dos tramos de escalera: *Antes de llegar al cuarto piso tuve que detenerme en el rellano para reponerme del cansancio.* SIN. **descanso**.

rellenar vb. {tr. y prnl.} Volver a llenar algo que había perdido parte de su contenido: *El oso de Nadia se descosió y se le salió parte del relleno, por eso su mamá lo rellenó y cosió otra vez.*

rellena f. *Méx.* Embutido compuesto de sangre de cerdo y arroz con cebollas, cocidos y condimentados. SIN. **moronga, morcilla**.

relleno m. *1.* Cualquier material con que se llena algo: *La tela de la almohada se rasgó y se salió parte del relleno. 2.* Parte inútil, sobrante de algunas cosas, sobre todo en un discurso o un escrito: *El filme que vi ayer bien pudo haber durado diez minutos, el resto fue puro relleno para completar dos horas.*

relleno, na adj. Que ha sido llenado con algo: *El novio de Mirta le regaló chocolates rellenos de almendras.*

reloj m. Dispositivo o máquina que sirve para medir el tiempo: *Los primeros relojes que existieron fueron de sol y los modernos son electrónicos.*

relojería f. *1.* Sitio donde se venden y arreglan relojes: *En esa relojería pueden cambiar la pila de tu reloj que ya no funciona. 2.* Oficio de arreglar relojes: *El señor Juárez se dedica a la relojería, le voy a llevar mi reloj para que lo repare.*

relojero, ra m. y f. Persona que elabora, compone y vende relojes: *Mi reloj se adelanta, tengo que llevarlo al relojero para que lo ajuste.*

reluciente adj. Brillante, resplandeciente: *El automóvil quedó reluciente después de limpiarlo y encerarlo.* SIN. **relumbrante**.

relucir vb. irreg. {intr.} Modelo 58. Despedir o reflejar luz una cosa: *Los vidrios de mi casa están recién lavados y relucen al reflejar la luz del sol.*

reluctante adj. Que se resiste a algo. SIN. **reacio, reticente**.

relumbrante adj. Brillante, resplandeciente: *El uniforme blanco de los niños está relumbrante por las mañanas y por las tardes ya está un poco gris.* SIN. **reluciente**.

relumbrar vb. {intr.} Resplandecer, brillar: *Los ojos del gato relumbran en la obscuridad.*

remachar vb. {tr.} Machacar la punta o la cabeza de un clavo y clavado: *Para asegurarse de que estuviera firme, el carpintero remachó los clavos de la mesa.*

remache m. Pieza metálica con cabeza aplanada que sirve para unir partes de algo de manera permanente: *Las suelas del zapato están clavadas con remaches.*

remanente m. Parte que queda o se reserva de algo: *El tendero envió al chico a la bodega a buscar un remanente de aceite pues ya se había acabado el de la tienda.*

remangar vb. irreg. {tr. y prnl.} Modelo 17. Recoger hacia arriba las mangas o la ropa: *Matilde se remangó la blusa para poder lavar los platos sin mojarse la ropa.* SIN. **arremangar**.

remanso m. Lugar donde se detiene una corriente de agua: *Entre los rápidos del río hay zonas de remanso donde se puede nadar.*

remar vb. {intr.} Mover el remo o los remos para impulsar una embarcación: *El domingo iremos a remar al lago.*

remarcable adj. Notable, sobresaliente: *La inteligencia de Julio es remarcable, pues entiende en muy poco tiempo la teoría matemática más complicada.*

remarcar vb. irreg. {tr.} Modelo 17. Hacer notar algo de manera especial: *El maestro remarcó la importancia de acentuar correctamente las palabras.*

rematar vb. {tr.} *1.* Acabar de matar: *Los ayudantes del torero rematan al toro cuando se termina la faena. 2.* Concluir, finalizar: *Los niños remataron el festival escolar con un baile muy alegre. 3.* Vender una tienda más barata cierta mercancía que no ha podido venderse de manera regular.*

remate m. Fin, extremo o conclusión de algo: *Las columnas del edificio tienen hasta arriba un remate de flores con hojas talladas en mármol.*

rembolso m. Ver **reembolso**.

remedar vb. {tr.} *1.* Hacer una cosa tratando de que sea igual a otra: *En algunos museos permiten a los estudiantes de pintura remedar las obras maestras. 2.* Imitar o copiar, en especial con burla: *Ana se puso a llorar porque su hermana remedó su fea manera de caminar.*

remediar vb. {tr.} *1.* Reparar un daño: *La casa se incendió y ahora debemos remediar esa desgracia. 2.* Atender lo necesario para solucionar una urgencia o

REM

necesidad. **3.** Evitar que ocurra algo desagradable: *Si el ciclista hubiera tenido más cuidado, ese accidente podría haberse remediado.*

remedio m. 1. Medio que se toma para reparar o evitar un daño. **2.** Medicamento o procedimiento para curar o aliviar una enfermedad: *Le recetaron a mi madre un remedio para la tos y otro para la fiebre.*

remedo m. Copia de no muy buena calidad que se hace de algo: *Estafaron a mi amiga, le vendieron por bueno un remedo mal hecho de un reloj de marca famosa.*

rememorar vb. {tr.} Recordar, traer a la memoria: *A mi abuelo le gusta rememorar los tiempos pasados.*

remendar vb. irreg. {tr.} **Modelo 3.** Reforzar lo viejo o roto con un remiendo: *Mi abuelita era muy hábil para remendar los pantalones que tenían hoyos.*

remera f. Argent. y Urug. Camiseta de manga corta. SIN. playera.

remero, ra m. y f. Persona que rema en una embarcación: *Dimos un paseo en lancha por el lago y yo fui el remero en el trayecto de regreso.*

remesa f. 1. Hecho de enviar o remitir cartas o paquetes. **2.** Aquello que se envía de una sola vez: *En esa tienda recibieron una remesa de leche en mal estado y tuvieron que devolverla.*

remezón m. Amér. C. y Amér. Merid. Sismo de poca intensidad.

remiendo m. Pedazo de tela que se cose a una prenda vieja o rota: *Berenice le puso un remiendo a los pantalones de su hijo porque ya estaban rotos en la parte de la rodilla.*

remilgado, da adj. Que muestra una delicadeza exagerada: *Evaristo es un remilgado que durante la excursión no se quiso sentar por no ensuciar su ropa.*

remilgo m. Gesto o acción que muestra delicadeza o manía exagerada: *Norma hace remilgos cuando mi mamá prepara guisos con carne, revisa trozo por trozo y lo huele antes de comerlo.*

remilgoso, sa adj. Méx. Persona que muestra remilgos o delicadeza exagerada: *Verónica es muy remilgosa, no le gustó nada de la comida.*

reminiscencia f. Recuerdo vago e incompleto: *Entre mis reminiscencias de niña está aquella del viaje a un pueblo lejano para visitar a mis abuelos.*

remitente m. y f. Persona o empresa que envía una carta o un paquete: *Los empleados del correo no sabían adónde devolver la carta porque no llevaba escrito el nombre del remitente.*

remitir vb. {tr., intr. y prnl.} **1.** Hacer que algo llegue a determinado sitio o a una determinada persona: *Le remitieron a Luis una carta de la oficina del director.* SIN. enviar. **2.** Perder un fenómeno su intensidad, en especial la fiebre. **3.** Enviar a otro sitio: *En la burocracia es común que lo remitan a uno a muchas oficinas diferentes para arreglar un asunto.* **4.** Atenerse a lo dicho o a lo hecho: *Cuando digo que Julio y Rina son novios, me remito a las pruebas pues los vi dándose un beso y paseando tomados de la mano.*

remo m. Instrumento de madera alargado y terminado en forma de pala que sirve para impulsar una embarcación: *Los remos ayudan a que las lanchas avancen y vayan en la dirección deseada.*

remoción f. 1. Hecho de agitar algo o de moverlo del lugar donde estaba. **2.** Retiro, despido: *Después de la*

536

remoción de la directora de la revista, la publicación bajó de calidad.

remodelación f. Restauración de edificios y de obras de un lugar: *No me gustó la remodelación que hicieron del viejo cine Robles, le quitaron su estilo antiguo y elegante.*

remodelar vb. {tr.} Realizar restauraciones y reformas a algo que ya estaba hecho: *La costurera remodeló un vestido de mamá para modernizarlo.*

remojar vb. {tr. y prnl.} Empapar o cubrir con agua una cosa: *Están tan sucios los pantalones que habrá que dejarlos remojando en jabón todo un día para que queden limpios.*

remojo m. 1. Acción de poner en agua: *Hay que poner las semillas en remojo antes de cocerlas para que queden suaves.* **2.** Méx. Fam. Festejo por el estreno de algo nuevo que se ha comprado: *Marcial invitó a sus amigos a su casa nueva para darles el remojo.*

remojón m. Mojadura causada por un accidente como la lluvia o la caída en un sitio con agua: *Saúl cayó vestido a la fuente y se dio un buen remojón.* SIN. chapuzón.

remolacha f. Planta con raíz carnosa de la que se extrae azúcar: *La remolacha es otra forma de obtener azúcar aparte de la caña.*

remolcar vb. irreg. {tr.} **Modelo 17. 1.** Llevar una embarcación a otra: *El guardacostas remolcó al pequeño pesquero descompuesto hasta la playa.* **2.** Llevar por tierra un vehículo a otro: *La grúa tuvo que remolcar el automóvil de Pamela después de que se descompuso.*

remoler vb. irreg. {intr.} **Modelo 29. 1.** Chile y Perú. Irse de fiesta, divertirse. **2.** Guat. Fastidiar, incomodar, molestar.

remolino m. Movimiento giratorio y rápido del aire, el agua, etc.: *El remolino de viento trajo consigo polvo, hojas de árboles y basura.*

remolón, na adj./m. y f. 1. Perezoso: *Jaime es remolón porque levantarlo para ir a la escuela resulta toda una hazaña.* **2.** Persona que se hace del rogar: *Nidia quería ir al cine con Fernando pero se hizo la remolona para que no descubriera que el muchacho le gustaba.*

remolque m. 1. Hecho de remolcar, de llevar un vehículo a otro tirando de él. **2.** Cosa o vehículo que es remolcado.

remontar vb. {tr. y prnl.} **1.** Superar una dificultad: *Aunque el momento es difícil los médicos están seguros de que el paciente remontará la crisis de la enfermedad.* **2.** Ir hacia arriba: *No fue fácil remontar esa montaña pero después de varias horas lo conseguimos.* **3.** Subir muy alto las aves o los aparatos que vuelan: *El águila se remontó hacia las alturas después de comer a su presa en el valle.*

rémora f. 1. Pez marino de hasta 40 cm de largo, que se adhiere a otros peces mayores para que éstos lo transporten. **2.** Persona o situación que disminuye la velocidad o el avance de otro.

remorder vb. irreg. {tr.} **Modelo 29.** Sentir que se ha actuado mal: *Pedro empujó a su hermano para que se cayera, luego le remordió la conciencia y ofreció disculpas.*

remordimiento m. Sensación desagradable de inquietud o pesar que sufre quien ha obrado mal: *El remordimiento y la culpa llevaron al hombre que robó en el asilo de ancianos a confesar su delito.*

remoto, ta *adj.* **1.** Lejano, apartado: *La casa de mi amigo está en un* **remoto** *lugar del campo, el camino para llegar hasta ahí es largo y complicado.* Sin. **apartado, distante. 2.** Poco probable: *En el* **remoto** *caso de que me gane la lotería, me compraré una casa en la playa.*

remover *vb. irreg.* {tr.} **Modelo 29.** Mover una cosa agitándola o dándole vueltas: *Hay que* **remover** *el café para que se disuelva el azúcar que se le pone.*

remozar *vb. irreg.* {tr.} **Modelo 16.** Dar aspecto más nuevo o moderno: *Federico* **remozó** *su casa para cambiar su estilo y además compró muebles nuevos.*

remplazar *vb. irreg.* {tr.} **Modelo 16.** Ver reemplazar.

remuneración *f.* Pago, recompensa: *En su nuevo trabajo el señor López cobra una* **remuneración** *alta.*

remunerar *vb.* {tr.} Pagar, recompensar: *El jardinero preguntó con cuánto se le iba a* **remunerar** *por podar el árbol y el césped.*

renacer *vb. irreg.* {intr.} **Modelo 39.** Volver a nacer: *Muchas plantas* **renacen** *y florean en la primavera.*

renacimiento *m.* **1.** Hecho de volver a nacer. **2.** Movimiento cultural europeo de los siglos XV y XVI, inspirado en la antigüedad clásica de Grecia y Roma: *Leonardo da Vinci, Rafael Sanzio y Miguel Ángel Buonarroti son famosos artistas del* **Renacimiento.**

renacuajo *m.* **1.** Larva de la rana desde que sale del huevo hasta que desaparece su cola: *En el lago hay* **renacuajos** *que luego serán ranas.* **2.** *Desp.* Persona pequeña o raquítica.

renal *adj.* Relativo al riñón: *Descubrieron que el dolor de la espalda de Joel se debía a cálculos o piedras* **renales** *y ahora está en tratamiento para eliminarlas.*

rencilla *f.* Enemistad o desacuerdo entre dos o más personas: *Romualdo y Esteban tienen* **rencillas** *porque los dos quieren ser el mejor estudiante del grupo.*

rencor *m.* Sentimiento tenaz de odio o antipatía de alguien hacia otro que lo ha perjudicado: *Es difícil dejar de sentir* **rencor** *hacia quien nos ha ofendido.*

rencoroso, sa *adj.* Que guarda odio o antipatía durante largo tiempo: *Aldo es un niño* **rencoroso** *que se sigue acordando tres meses después de una pequeña ofensa en su contra.*

rendido, da *adj.* **1.** Sumiso, galante: *En cuanto Carlos conoció a Rocío se convirtió en su* **rendido** *admirador.* **2.** Muy cansado: *El primer día de clases Alberto regresó* **rendido** *a su casa y durmió toda la tarde.*

rendija *f.* Abertura estrecha y larga: *Los niños se asomaron al jardín de la casa abandonada por una* **rendija** *que hay en el muro.* Sin. **ranura, raja.**

rendimiento *m.* Utilidad, ganancia: *Ese banco da mayor* **rendimiento** *a mi dinero que el otro banco donde estaba antes.* Sin. **rinde.**

rendir *vb. irreg.* {tr., intr. y prnl.} **Modelo 47. 1.** Vencer al enemigo y obligarle a entregarse. **2.** Cansar, fatigar: *Ese paseo por el bosque* **ha rendido** *a los niños así que van a dormirse temprano.* **3.** Dar utilidad o provecho una cosa: *El buen alumno estudia y razona las clases, por eso* **rinde** *en las calificaciones.* **4.** Estar obligado a entregar tropas, plazas o embarcaciones a los enemigos: *Los soldados no tuvieron otra opción que* **rendirse** *cuando se les terminaron las municiones.*

renegado, da *adj./m. y f.* Que ha abandonado por su voluntad su religión, sus creencias, su doctrina o un modo de vida: *Leí una novela en la que un aristócrata* **renegado** *decide dejar a su familia y se vuelve ermitaño.*

renegar *vb. irreg.* {tr. e intr.} **Modelo 18. 1.** Negar con insistencia: *Juan niega y* **reniega** *que él haya roto el jarrón.* **2.** Rechazar alguien su patria, raza, religión, creencias o modo de vida: *El famoso cantante* **renegó** *de su vida libertina y se fue al Tibet para entregarse a la meditación.* **3.** *Fam.* Refunfuñar: *Sus padres no dejaron salir de casa a Reynaldo y se quedó* **renegando** *y rascando el césped con el pie.*

renegón, na *adj./m. y f. Fam.* Que reniega o refunfuña con frecuencia: *Alonso es un muchacho* **renegón** *que no está contento ni cuando le ponen un premio.*

renegrido, da *adj.* **1.** Ennegrecido por el humo o la mugre: *Las paredes de la chimenea están* **renegridas** *por el hollín que produce el fuego.* **2.** Relativo a la piel muy obscura: *Estuve diez días en la playa y regresé* **renegrido** *porque pasé demasiado tiempo asoleándome.*

renglón *m.* Serie de palabras escritas en una sola línea recta: *Como la hoja no tenía rayas, los* **renglones** *de palabras que escribí quedaron chuecos.*

renio *m.* Metal blanco de símbolo químico Re y número atómico 75.

reno *m.* Mamífero rumiante parecido al ciervo, de astas muy ramosas y pelaje espeso, que vive en Siberia, Escandinavia, Groenlandia y Canadá: *Según la tradición en algunos países el trineo de Santa Claus es tirado por ocho* **renos.**

renombrado, da *adj.* Que es célebre, famoso: *Un* **renombrado** *diseñador de ropa elaboró el vestido de novia de la princesa.*

renombre *m.* Fama, celebridad: *James Dean fue un actor que gozó de* **renombre** *a nivel internacional.*

renovación *f.* Hecho de continuar algo que había sido interrumpido: *Después del fin de semana me parece difícil la* **renovación** *de mis actividades los lunes.* Sin. **reanudación.**

renovar *vb. irreg.* {tr. y prnl.} **Modelo 5. 1.** Cambiar una cosa por otra nueva: *Como Alejandra engordó y subió dos tallas tuvo que* **renovar** *su ropa.* **2.** Reanudar, dar nueva validez: *Mi padre va a* **renovar** *su tarjeta de crédito porque ya dejó de ser válida la que tenía.*

renquear *vb.* {intr.} Cojear, caminar con dificultad: *Marisela* **renquea** *porque se acaba de torcer el tobillo.*

renta *f.* **1.** Beneficio anual que rinde una cosa: *La familia de Manolo tiene muchas propiedades e inversiones, por eso se mantienen de sus* **rentas.** **2.** *Chile y Méx.* Lo que se paga por un arrendamiento: *El dueño de la casa viene a recoger la* **renta** *el primer día de cada mes.* Sin. **alquiler.**

rentable *adj.* Que produce ganancias: *Le propusieron a Carlota un negocio* **rentable** *y dice que ganará tanto dinero que me invitará de vacaciones a Europa.*

rentar *vb.* {tr.} **1.** Producir algo algún beneficio: *El dinero que tenía en el banco me* **rentaba** *muy pocas ganancias al año, por eso preferí ocuparlo para comprar una computadora.* **2.** Pagar una cantidad por habitar u ocupar un lugar: *Como los Ramírez no podían comprar casa,* **rentaron** *un apartamento.*

renuevo *m.* Brote que echa un árbol o una planta después de haber sido podado o cortado.

renuncia *f.* **1.** Hecho de dejar algo o apartarse de ello por voluntad propia. **2.** Manifestación, escrita u oral, de que se abandonará un empleo: *Sofía presentó su* **renuncia** *al empleo que tenía en esta empresa cuando le ofrecieron otro mejor.*

renunciación f. Acción de renunciar a algo de forma sacrificada: *El padre tuvo que hacer un acto de* **renunciación** *hacia sus hijos cuando se enteró de que tenía una enfermedad contagiosa.*

renunciar vb. {tr. e intr.} **1.** Apartarse de algo, dejarlo o abandonarlo por voluntad propia: *Cuando el jefe de Rosaura dejó la empresa, ella también* **renunció** *y se fue a trabajar con él a su nuevo negocio.* **2.** No querer aceptar algo: *Antonio* **renunciará** *a su herencia porque no quiere saber nada de ese tío rico y deshonesto.* SIN. **rechazar.**

reñido, da adj. Discutido, peleado: *El primer premio del concurso fue muy* **reñido** *porque los dos finalistas eran muy buenos.*

reñir vb. irreg. {tr. e intr.} **Modelo 66. 1.** Reprender, regañar: *La abuelita* **riñó** *a Óscar porque entró a la casa con los zapatos llenos de barro.* **2.** Discutir, pelear: *Pablo* **riñó** *con su novia, por eso no la ha visto desde hace dos semanas.* **3.** Enemistarse, deshacer la amistad que se tenía con otro.

reo, a m. y f. En un proceso penal, persona a la que se acusa o es culpable de un delito: *Los* **reos** *más peligrosos están sujetos a mayor vigilancia que los delincuentes normales.*

reojo. Mirar de ~, loc. Mirar con disimulo, sin volver la cabeza: *Cuando el inspector entró a la escuela* **miró de reojo** *a los alumnos que jugaban en el patio.*

reóstato m. Instrumento que sirve para hacer variar la resistencia en un circuito eléctrico.

repantigarse o **repanchigarse vb. irreg.** {prnl.} **Modelo 17.** Extenderse o acomodarse en el asiento con comodidad: *La joven se* **repantigó** *en la silla, cruzó las piernas y encendió la televisión.*

reparación f. Hecho de arreglar, de componer algo roto o estropeado: *La* **reparación** *de la televisión fue barata y rápida porque sólo se habían desconectado unos cables.*

reparar vb. {tr. e intr.} **1.** Arreglar algo roto o estropeado: *Llevamos a* **reparar** *el radio porque ya no funcionaba.* **2.** Darse cuenta de algo, fijarse: *Cuando la maestra llegó distraída al salón de clases, no* **reparó** *en que todos los niños estaban vestidos de flores para celebrar la primavera.* SIN. **advertir.**

reparo m. Objeción, traba: *La maestra puso* **reparo** *al proyecto de experimentos que le propuso el grupo de niños porque le pareció peligroso.*

repartición f. 1. Acción y efecto de repartir: *La* **repartición** *del dinero fue justa pues se dividió en partes iguales para cada niño.* **2.** Amér. C. y Amér. Merid. Cada una de las dependencias de una organización administrativa: *Fui a la* **repartición** *de aguas para reportar una alcantarilla tapada.*

repartidor, ra m. y f. Persona que trabaja repartiendo mercancías, publicaciones, etc.: *El* **repartidor** *de diarios pasa muy temprano por la casa.*

repartir vb. {tr. y prnl.} Distribuir algo entre varios: *Mi madre* **repartió** *la comida entre toda la familia.*

repasador m. Argent., Par. y Urug. Tela de cocina.

repasar vb. {tr.} **1.** Volver a examinar, estudiar o mirar algo: *Antes de dormirse Esteban* **repasó** *los temas de*

matemáticas para el examen del día siguiente. SIN. **revisar. 2.** Volver a pasar por un mismo lugar: *Andrés pasa y* **repasa** *por la calle donde vive la muchacha que le gusta.*

repaso m. Acción de examinar de nuevo: *Siempre es bueno darle un* **repaso** *a los cuadernos antes de guardarlos durante el fin de semana.*

repatriación f. Hecho de hacer que alguien que se había ido, vuelva a su patria.

repatriar vb. irreg. {tr., intr. y prnl.} **Modelo 9.** Hacer que uno regrese a su patria: *El gobierno* **ha repatriado** *a las personas que tuvieron que huir del país antes de la guerra.*

repecho m. Cuesta muy empinada pero corta.

repelente adj. 1. Repugnante, asqueroso: *Al pasar cerca del alcantarillado se percibe un olor* **repelente. 2.** Insoportable: *La conducta de ese hombre es* **repelente** *pues siempre está hablando de las mujeres de manera vulgar y agresiva.*

repelente m. Substancia que sirve para alejar insectos, etc.: *Como le pican mucho los moscos Lidia se pone* **repelente** *para que no se le acerquen.*

repeler vb. {tr. y prnl.} **1.** Rechazar, hacer que un atacante retroceda: *Los soldados lograron* **repeler** *el ataque enemigo.* **2.** Causar repugnancia: *Las cucarachas* **me repelen** *tanto que no puedo ni verlas.*

repelón, na adj. Méx. Que rezonga o que refunfuña: *Estela es una niña* **repelona** *que no se cansa de quejarse por todo.*

repelús o **repeluzno m.** Escalofrío producido por temor, asco, etc.: *La rata que pasó cerca de Estela le produjo tal* **repelús** *que se le puso la carne de gallina.*

repente m. 1. Fam. Movimiento súbito de personas o animales. **2.** loc. **De ~,** de manera repentina o inesperada: *De* **repente** *el gato salió corriendo y después vi que seguía a un ratón.*

repentino, na adj. Inesperado, no previsto: *Tito gozaba de buena salud pero sufrió de una muerte* **repentina** *que nadie imaginó.* SIN. **súbito.**

repercusión f. Consecuencia: *La baja del precio del petróleo tuvo muchas* **repercusiones** *negativas para ese país, pues la base de su economía es la venta de petróleo.*

repercutir vb. {intr.} **1.** Producir eco un sonido: *El volumen del sonido en ese cine es tan alto que la música* **repercute** *en la cabeza y el estómago del público.* **2.** Causar efecto una cosa en otra: *Fumar* **repercute** *negativamente en la salud.*

repertorio m. Lista de obras que tiene preparada un actor, compañía, etc.: *Esa compañía tiene un* **repertorio** *de quince obras ensayadas y las puede representar en cualquier momento.*

repetición f. Hecho de volver a decir o hacer algo que ya se hizo o dijo: *Después de varias* **repeticiones** *el coro logró cantar sin errores.* SIN. **reiteración.**

repetir vb. irreg. {tr. y prnl.} **Modelo 47. 1.** Volver a hacer o decir lo que se había hecho o dicho: *Tuve que* **repetir** *el ejercicio porque la primera vez lo hice mal.* SIN. **reproducir. 2.** Subir a la boca gases de la digestión con el sabor de lo que se ha comido o bebido antes. SIN. **eructar.**

repetitivo, va adj. Que se produce una y otra vez de forma monótona: *La plática de Gerardo es* **repetitiva** *pues siempre te cuenta lo mismo.*

repicar *vb. irreg.* {tr.} Modelo 17. Tañer o sonar de manera repetida y rápida las campanas en señal de fiesta o para llamar la atención por alguna emergencia: *Las campanas repicaron mucho el día de la fiesta del santo patrono de la iglesia de mi pueblo.*

repique *m.* Sonido repetido y rápido de las campanas: *El repique de campanas anunció que hoy era día de fiesta en nuestro pueblo.*

repisa *f.* Estante, anaquel, superficie plana que se fija de manera perpendicular a la pared y que se usa para sostener cosas: *En la repisa de la cocina están el café, el azúcar, el arroz y otros alimentos.*

replegar *vb. irreg.* {tr. y prnl.} Modelo 18. 1. Plegar muchas veces: *Ningún papel del tamaño que sea puede replegarse más de ocho veces.* 2. Retirarse de manera ordenada las tropas: *Cerca del final de la batalla las tropas comenzaron a replegarse hacia su base de operaciones.*

repleto, ta *adj.* Lleno hasta el límite, sin que quepa nada más: *El estadio estaba repleto el día del juego por el campeonato mundial.*

réplica *f.* 1. Respuesta, reacción: *Después del terremoto hubo varias réplicas de menor intensidad.* 2. Reproducción exacta de una obra de arte: *Como ejercicio muchos estudiantes de pintura hacen réplicas de cuadros famosos.*

replicar *vb. irreg.* {intr.} Modelo 17. 1. Responder a una afirmación, propuesta o argumento: *El periodista recibió réplicas negativas de otros periodistas a su artículo publicado en el diario.* 2. Poner objeciones a lo que se dice o manda.

repliegue *m.* 1. Pliegue doble: *Los vestidos para mujeres embarazadas llevan un repliegue debajo del pecho que sirve para evitar que se apriete el vientre abultado.* 2. Acción de retiro de las tropas: *El repliegue de las tropas alentó al enemigo a atacar con más fiereza.*

repoblar *vb. irreg.* {tr. y prnl.} Modelo 5. 1. Volver a poblar: *Cuando se agotó la mina el pueblo quedó abandonado, pero ha comenzado a repoblarse ahora que abrieron una fábrica.* 2. Plantar árboles: *Si las autoridades no hubieran repoblado la montaña ahora parecería un desierto.* SIN. reforestar.

repollo *m.* 1. Cabeza formada por las hojas de algunas plantas. 2. Variedad de col que tiene las hojas muy apretadas.

reponer *vb. irreg.* {tr. y prnl.} Modelo 27. 1. Volver a poner algo que se había quitado: *Mi papá ya repuso el dinero que había sacado de su cuenta en el banco, así que la cantidad es la misma que antes.* 2. Recobrar la salud: *Aníbal tomó medicamentos y se repuso rápidamente del resfrío que padecía.* 3. Substituir, cambiar: *Como el bolígrafo resultó defectuoso se lo repusieron en la tienda por otro nuevo.* 4. Contestar, replicar: *Cuando le pregunté a Dionisio dónde estaba el café él repuso que no lo sabía.*

reportaje *m.* Trabajo periodístico, cinematográfico, etc., de carácter informativo: *Enviaron a varios periodistas al país donde hay guerra para que realicen reportajes sobre la situación.*

reportar *vb.* {tr. y prnl.} 1. Obtener alguna ventaja o beneficio: *El negocio que comenzó Rafael hace dos años empieza a reportarle dinero.* 2. Dar información: *El noticiero de la radio reportó que hay un incendio en*

la fábrica de jabones. 3. Refrenar, contener o moderar un impulso o pasión.

reporte *m.* Amér. Informe: *El presidente pidió a las autoridades un reporte sobre el estado de la población después del paso del huracán.*

reportero, ra *m. y f.* Periodista que acude al sitio donde se genera una noticia: *Román empezó como reportero de asuntos sociales, pero ahora se ocupa de temas deportivos.*

reposado, da *adj.* 1. Calmado, tranquilo, lento: *Ese maestro tiene una manera tan reposada de hablar que da sueño al escucharlo.* 2. Relativo a los licores añejados: *A mi padre le gusta más el ron reposado porque dice que sabe menos fuerte.*

reposar *vb.* {intr. y prnl.} 1. Tomar un descanso, recostarse: *Adriana se retiró a su habitación a reposar un momento porque había trabajado muchas horas sin parar.* 2. Depositarse una substancia en el fondo de un líquido: *Hay que dejar reposar el café turco antes de tomarlo para que se asiente el polvo de café.*

reposera *f.* Argent., Par. y Urug. Silla que se extiende.

reposo *m.* 1. Tranquilidad: *Después del infarto el médico le recomendó a mi abuelo que mantuviera reposo y paz.* 2. Inmovilidad de un cuerpo: *Las lagartijas se pasan largos ratos en reposo tomando el sol.*

repostar *vb.* {tr. y prnl.} Reponer provisiones, combustible, etc.

repostería *f.* Oficio y técnica de hacer postres, tartas, dulces, etc.: *Conozco una panadería famosa por su repostería donde venden las tartas deliciosas.*

repostero, ra *m. y f.* Persona que tiene por oficio hacer dulces, postres, tartas, etc.: *Lo que más le interesa a Enrique son los postres, por eso estudia para repostero y quiere trabajar en la cocina de un hotel famoso.*

reprender *vb.* {tr.} Amonestar o regañar a alguien desaprobando su conducta: *Mi madre me reprendió porque le dije una grosería a la maestra.*

represión *f.* Acción y efecto de reprender: *El empleado perdió unos documentos importantes, por eso recibió una dura represión de su jefe.*

represa *f.* Muro muy grueso y resistente para contener el curso de las aguas: *Las autoridades construyeron una represa para controlar el agua del río.*

represalia *f.* Daño que se causa a otro para vengar otro daño que causó el primero: *El juez envió a la cárcel a un mafioso, pero ahora que el delincuente salió libre, teme sus represalias.*

representación *f.* 1. Acción y efecto de representar. 2. Persona o personas que representan a una colectividad: *La señora Chávez habló con las autoridades en representación de todos los vecinos.* 3. Imagen que substituye a la realidad: *No me gustó la representación del amanecer que el pintor hizo en su cuadro, pues los colores no se parecen a los reales.* 4. En el teatro, puesta en escena: *La obra tuvo mucho éxito, llegó a las quinientas representaciones en el mismo teatro.*

representar *vb.* {tr. y prnl.} 1. Ser imagen o símbolo de algo: *Vi un dibujo que representa el paisaje de la región de los Andes chilenos.* 2. Actuar oficialmente en nombre de otro: *Joel representará a la escuela en las competencias nacionales de natación.* 3. Interpretar una obra dramática: *La actriz principal dice que ese personaje del teatro antiguo es muy difícil de representar,* *porque cuando lo dramático se hace mal se vuelve ridículo.* **4.** Hacer presente en la imaginación a alguien o algo: *Tengo tanta hambre que me representé en la mente la imagen de un suculento pollo frito con papas.*

represión *f.* Falta de libertad.

reprimenda *f.* Regaño severo: *Los niños que causaron el incendio en el laboratorio recibieron una fuerte reprimenda por parte de la directora.*

reprimir *vb.* {tr. y prnl.} Impedir que se manifieste un sentimiento o impulso: *Los psicólogos dicen que no hay que reprimir los sentimientos, sino dejarlos salir.* SIN. **refrenar.**

reprobación *f.* Rechazo, censura: *Los cuadros de ese pintor recibieron la reprobación de toda la crítica y tenían razón porque son muy feos.*

reprobado, da *adj.* Que no fue aprobado, que no alcanzó la calificación suficiente en un examen: *Tendrá que repetir el tercer año, porque está reprobado.*

reprobar *vb. irreg.* {tr.} Modelo 5. **1.** Censurar o no aprobar, dar por malo. **2.** Amér. No aprobar un curso o examen: *"Si no estudias vas a reprobar el examen."* SIN. **raspar.**

reprochar *vb.* {tr. y prnl.} Reconvenir, echar en cara a alguien sus acciones: *Marisa le reprochó a Rosa que no haya asistido a su boda a pesar de que son casi como hermanas.*

reproche *m.* Censura, crítica: *Mercedes merecía los reproches de su padre porque su conducta hacia él ha sido grosera.*

reproducción *f.* **1.** Copia o imitación: *Los alumnos de pintura hicieron la reproducción de un cuadro famoso como examen final.* **2.** Función por la cual los seres vivos se multiplican para perpetuar su especie: *En la clase de biología empezamos a estudiar el proceso de reproducción de las plantas.*

reproducir *vb. irreg.* {tr. y prnl.} Modelo 57. **1.** Volver a producir: *La grabadora reproduce el sonido registrado en un casete.* **2.** Volver a hacer o a decir lo que se había hecho o dicho antes. SIN. **repetir. 3.** Sacar copia de algo: *Las máquinas fotocopiadoras reproducen textos o dibujos.* **4.** Procrear una especie: *Los pájaros se reproducen por medio de huevos.*

reprografía *f.* Reproducción de documentos por medios mecánicos como la fotocopia, la fotografía, etc.

reptar *vb.* {intr.} Andar arrastrándose como lo hacen los reptiles y otros animales.

reptil *adj./m.* Animal vertebrado de sangre fría, ovíparo, con respiración pulmonar, que repta: *Las víboras, las lagartijas y los caimanes son reptiles.*

república *f.* Forma de gobierno en la que el poder del jefe de Estado o presidente viene del voto de los ciudadanos: *Venezuela, Brasil y Colombia son repúblicas.*

republicano, na *adj.* Relacionado con la república: *Ese país tiene un gobierno republicano, porque eligen a su presidente a través de los votos directos.*

republicano, na *m. y f.* Defensor de la república: *En esa época los republicanos luchaban fieramente contra los monarquistas.*

repudiar *vb.* {tr.} Rechazar algo, no aceptarlo: *Cuando asesinaron a ese presidente los gobiernos de todo el mundo repudiaron la violencia.*

repudio *m.* Rechazo, repulsión: *La matanza de los indígenas inocentes levantó el repudio de toda la sociedad.*

repuesto *m.* **1.** Provisión de víveres u otros artículos guardados para usarlos en determinada ocasión. **2.** Recambio, pieza de un mecanismo que substituye a otra que se ha averiado o que se ha acabado: *Necesito un repuesto de mi bolígrafo porque ya se le terminó la tinta.* SIN. **recambio, refacción. 3.** loc. De ~, cosa preparada para substituir a la que ya se descompuso o dañó: *La rueda de repuesto nos salvó de quedarnos tirados a la mitad de la carretera.*

repuesto, ta *adj.* Que se ha recuperado de una enfermedad: *Después de un mes en el hospital mi tío volvió a su trabajo repuesto y con muchas ganas de trabajar.*

repugnancia *f.* Asco, aversión, rechazo que produce algo: *Julia siente repugnancia por las vísceras animales que se comen, como tripas, riñones, hígado, etc.*

repugnante *adj.* Que produce asco, repulsión: *Los perros a veces comen algunos alimentos que a los humanos pueden parecernos repugnantes como las carne descompuesta.*

repugnar *vb.* {prnl.} Repeler, sentir asco: *No entiendo cómo Fernando puede trabajar en una tienda donde venden pescado si dice que le repugnan los olores fuertes y desagradables.*

repujado *m.* Técnica con la que se labran a martillo chapas metálicas o cuero: *Los artesanos hacen billeteras y bolsos con cuero repujado.*

repujar *vb.* {tr.} Labrar a martillo chapas metálicas o cuero: *Ismael repujó unas piezas de estaño para hacer la réplica de un icono.*

repulsa *f.* Condena enérgica: *Las intenciones de unos empresarios para abrir una discoteca merecieron la repulsa de todos los vecinos del barrio.*

repulsión *f.* **1.** Acción y efecto de repeler, producir rechazo: *La sangre la causa tal repulsión a Iris que se desmaya cuando la ve.* **2.** Repugnancia: *Con repulsión la mujer sacó de su cocina el cadáver de una rata.*

repuntar *vb.* {tr.} **1.** Argent., Chile y Urug. Reunir el ganado que está disperso. **2.** Argent., Chile, Colomb., Hond., Méx. y Urug. Recobrar intensidad un hecho o fenómeno que había disminuido. **3.** Argent., Chile y Urug. Recuperar una posición favorable: *Al principio se retrasó pero en la recta final el caballo al que le aposté repuntó y llegó en segundo lugar.*

repunte *m.* En economía, recuperación de una posición favorable: *El repunte en la Bolsa de Valores puso felices a muchos hombres de negocios.*

reputación *f.* Fama, crédito: *Esa tienda tiene mala reputación porque se dice que la ropa que venden es cara y de mala calidad.*

reputar *vb.* {tr.} Estimar, juzgar la calidad de alguien o algo.

requerimiento *m.* Solicitud de parte de la autoridad: *La oficina de impuestos envía requerimientos a quienes no han pagado sus contribuciones.*

requerir *vb. irreg.* {tr.} Modelo 50. **1.** Pedir la autoridad o una persona algo que debe cumplirse sin excusa. **2.** Necesitar alguna cosa de algo: *El rosal es una planta que requiere mucha agua y sol.*

requesón *m.* **1.** Parte sólida de la leche cuajada: *El requesón es un tipo de queso blanco muy suave que se usa para rellenar bollos y otros alimentos.* **2.** Cuajada que se saca de la leche después de haber hecho el queso.* SIN. **ricota.**

réquiem *m.* **1.** En la Iglesia Católica, oración para los muertos. **2.** Música que se compone para la oración llamada réquiem: *Muchos músicos famosos han compuesto un* **réquiem**, *el de Mozart es uno de los más emotivos que hay.*

requisar *vb.* {tr.} Expropiar una autoridad competente ciertos bienes: *Las autoridades del puerto* **requisaron** *un cargamento de camarón contaminado que un pescador pretendía vender.*

requisito *m.* Condición necesaria para una cosa: *Para darle el empleo a Javier el director de la empresa le exigió como* **requisito** *el título profesional.*

res *f.* Animal cuadrúpedo herbívoro y rumiante de las especies domésticas de ganado vacuno y lanar, o salvajes como antílopes, venados, etc.

resabio *m.* **1.** Sabor desagradable: *No me gusta ese tipo de lechuga porque deja un* **resabio** *un poco amargo después de comerla.* **2.** Vicio o mala costumbre: *La empleada doméstica de la señora Suárez tiene el* **resabio** *de guardar húmedas las toallas de cocina.*

resaca *f.* **1.** Movimiento de retroceso de las olas: *Cuando hay* **resaca** *es peligroso nadar en el mar, porque las olas pueden regresar de repente y arrastrar al nadador.* **2.** Malestar que se siente al día siguiente de haber bebido alcohol en exceso: *Cuando la gente toma alcohol no piensa en la* **resaca** *que sufrirá al día siguiente.* **SIN. cruda.**

resaltado, da *adj.* Que resalta, que sobresale: *Los números que colocamos en la puerta de la casa están* **resaltados** *para que se vean desde lejos.*

resaltador *m. Argent.* Instrumento para escribir o dibujar con punta de fibra que hace trazos más gruesos que un bolígrafo y que sirve para señalar partes de un texto. **SIN. rotulador, marcador.**

resaltar *vb.* {intr.} Destacar o distinguirse una cosa entre otras: *Como es la única casa pintada de verde en la calle,* **resalta** *de las otras pintadas con colores claros.*

resarcir *vb. irreg.* {tr. y prnl.} **Modelo 64.** Compensar, reparar un daño o perjuicio: *El seguro* **resarció** *la mayor parte del valor del automóvil robado.*

resbaladilla *f. Méx.* Tobogán pequeño para niños: *En ese parque hay* **resbaladillas** *de varios tamaños y también hay otros juegos para niños.* **SIN. resbalín.**

resbaladizo, za *adj.* **1.** Que se resbala o escurre con facilidad: *La piel de los peces es* **resbaladiza**, *por eso es muy difícil sujetarlos.* **2.** Relativo al lugar donde es fácil resbalar: *Hay que tener cuidado al caminar cuando llueve porque el agua vuelve* **resbaladiza** *la calle.*

resbalar *vb.* {intr. y prnl.} **1.** Deslizarse o escurrirse algo: *Mi papá puso aceite en las ranuras de la puerta corrediza para que* **resbale** *bien al abrirla o cerrarla.* **2.** Perder el equilibrio al andar sobre una superficie húmeda, lisa, helada, etc.: *No se fijó que el piso estaba mojado, por eso* **se resbaló** *y cayó.*

resbalín *m. Chile.* Tobogán pequeño para niños. **SIN. resbaladilla.**

resbalón *m.* Acción de deslizarse algo sobre una superficie de manera violenta: *Pisó una cáscara de mango y a causa del* **resbalón** *terminó sentado en el suelo y con dolor en el trasero.*

rescatar *vb.* {tr. y prnl.} **1.** Recuperar aquello que se encontraba en poder de otro: *La policía nunca logró* **rescatar** *las joyas que le robaron a mi tía.* **2.** Librar de un daño, peligro, etc.: *Los salvavidas* **rescataron** *al*

bañista que no podía volver a la playa a causa del fuerte oleaje.

rescate *m.* **1.** Lo que se paga por liberar aquello que ha caído en poder de otro: *Para recuperar al empresario secuestrado su familia pagó un* **rescate** *de muchos miles de dólares.* **2.** Acción en la que se salva a alguien o algo: *Fue espectacular el* **rescate** *que hicieron los bomberos del niño que estaba en el árbol en medio de la inundación.*

rescindir *vb.* {tr.} Dejar sin efecto una obligación, un contrato, etc.: *Carlos cometió muchos errores en su trabajo y por eso su jefe* **rescindió** *su contrato, ahora está desempleado.*

rescoldo *m.* Resto de brasa que queda bajo las cenizas: *Cuando se apagó la fogata, echaron agua a los* **rescoldos** *para que no pudiera reavivarse el fuego.*

resentido, da *adj.* **1.** Que siente molestia o dolor como consecuencia de algún padecimiento pasado. **2.** Debilitado: *Los árboles están* **resentidos** *por las heladas del invierno pasado.* **3.** Molesto, rencoroso: *Francisco está* **resentido** *con Bettina porque ella no lo llamó el día de su cumpleaños para felicitarlo.*

resentimiento *m.* Sentimiento de molestia o disgusto con algo de tristeza: *Mi tía Ana le guardó* **resentimiento** *varias semanas a su hermano Miguel y durante este tiempo no se hablaban.*

resentirse *vb. irreg.* {prnl.} **Modelo 50. 1.** Debilitarse: *Las paredes de mi casa* **se resintieron** *después del terremoto.* **2.** Sentir dolor o molestia a causa de una enfermedad pasada: *Con la caída que sufrió* **se resintió** *la vieja fractura de su pierna.* **3.** Sentir disgusto o pena por algo: *Leonor* **ha resentido** *la deslealtad de su novio, por eso va a terminar con él.*

reseña *f.* **1.** Breve exposición crítica sobre una obra literaria, científica, etc.: *En la* **reseña** *del libro publicada en el diario del domingo dijeron que la nueva novela de mi autor favorito es muy buena.* **2.** Relato breve.

reseñar *vb.* {tr.} **1.** Describir a una persona o animal a partir de sus señas características. **2.** Describir algo por escrito y de manera breve. **3.** Hacer reseña de una obra literaria.

resero *m. Argent. y Urug.* Persona que lleva las tropas de ganado de un lugar a otro. **SIN. vaquero.**

reserva *f.* **1.** Hecho de pedir con anticipación un lugar en algún avión, tren, etc.: *Si quiere uno salir en las vacaciones de diciembre hay que hacer las* **reservas** *varios meses antes.* **SIN. reservación. 2.** Conjunto de cosas que se tienen guardadas para cuando sean necesarias: *Si se acaba el cereal que hay en la mesa tengo una* **reserva** *en la cocina.* **SIN. provisión. 3.** Prudencia, cautela: *Le tiene muchas* **reservas** *a lo que dice ese señor porque lo ha oído prometer cosas que no ha cumplido.* **4.** Parte del ejército que no está en servicio activo: *Todos los hombres que han hecho el servicio militar forman parte de las* **reservas** *del ejército de su país.* **5.** Parque nacional: *El gobierno decretó que esta zona del país es* **reserva** *nacional y ahora cuidan las plantas y animales que ahí viven.* **6.** Hecho de callar alguna cosa por discreción o prudencia: *El inspector de policía ha guardado* **reserva** *sobre el caso del asalto porque no quiere entorpecer las investigaciones.*

reservación *f.* Hecho de pedir con anticipación un lugar en algún espectáculo, restaurante, etc.: *Para poder* entrar en ese famoso restaurante se necesita **reservación** pues siempre está lleno. SIN. **reserva**.

reservado m. Compartimento destinado a determinados usos o personas: *Ese restaurante tiene unos **reservados** donde algunas personas pueden comer sin ser vistas.*

reservado, da adj. **1.** Cauteloso, callado: *Rosalía es una mujer muy **reservada** que no habla con nadie sobre su vida personal.* **2.** Destinado de manera exclusiva a ciertas personas: *En el archivo **reservado** del ejército hay documentos que ningún civil puede ver.*

reservar vb. {tr.} **1.** Hacer una reserva o reservación: ***Reservé** los billetes de entrada con anticipación para tener un buen lugar durante el concierto.* **2.** Apartar o guardar una cosa para alguien o para otro momento: *Raúl no se come toda la barra de chocolate de una vez, le gusta **reservar** un trozo para más tarde.* **3.** Destinar un lugar o cosa para una persona o uso determinados: *Los coordinadores del evento **reservaron** unas sillas al frente del auditorio para el presidente y su familia.*

resfriado m. Trastorno de las vías respiratorias que se caracteriza por fiebre, abundancia de fluido nasal y tos: *"Abrígate bien antes de salir porque el invierno es época de **resfriados**."* SIN. **catarro, resfrío**.

resfriarse vb. irreg. {prnl.} **Modelo 9.** Enfermarse de resfrío, coger un catarro: *Pepe salió de noche sin abrigarse y se **resfrió**.*

resfrío m. Inflamación de las vías respiratorias acompañada de fiebre, malestar en el cuerpo y flujo nasal: *Los ancianos sufren de **resfríos** fuertes y prolongados.* SIN. **catarro, resfriado**.

resguardar vb. {tr. y prnl.} Defender o proteger: *El techo de la casa nos **resguarda** del sol, la lluvia, el frío y el viento.*

resguardo m. **1.** Protección, amparo: *Antes de morir la anciana rica entregó las piezas prehispánicas de su colección para que quedaran al **resguardo** del museo nacional.* **2.** Documento que acredita haber realizado una gestión, pago o entrega.

residencia f. **1.** Acción y efecto de residir: *La **residencia** de Néstor en los Estados Unidos de Norteamérica es temporal pues regresará a su casa dentro de seis meses.* **2.** Lugar en que se reside o habita: *Antonio y su familia fijaron su **residencia** en una ciudad de provincia.* **3.** Casa donde residen y conviven personas afines. **4.** Méx. Fam. Casa grande de personas con mucho dinero: *Mi amigo vive en una zona de **residencias** donde no hay edificios de departamentos sino solamente casas con enormes jardines.*

residencial adj. Méx. y R. de la P. Relativo a residencias, a casas para habitar: *El pago por el servicio de teléfono **residencial** cuesta menos que el comercial.* SIN. **doméstico**.

residente adj./m. y f. Persona que reside o vive en un lugar: *Aunque Xóchitl es mexicana, es **residente** de los Estados Unidos de Norteamérica.*

residir vb. {intr.} Vivir de manera habitual en un lugar: *Paula **residió** ocho años en el extranjero y hace dos semanas volvió a su país.*

residual adj. Relacionado con el residuo: *Las aguas **residuales** de industrias químicas son dañinas para el agua y los peces.*

residuo m. Lo que resulta de la descomposición o destrucción de algo: *Estas cenizas son el **residuo** del guiso que olvidé en el fuego y se quemó.*

resignación f. Capacidad para soportar con paciencia situaciones negativas e irremediables: *Mariana enfrentó con **resignación** la pérdida de su fortuna pues no podía hacer nada para evitarla.*

resignarse vb. {prnl.} Conformarse ante un hecho que no puede remediarse, por lo general una desgracia: *Leoncio se **resignó** cuando sus padres le dijeron que no podía acompañarlos a una reunión de adultos y se puso a leer un cuento.*

resina f. Substancia orgánica vegetal de consistencia pastosa: *El ámbar es una **resina** de color amarillo que se endurece y se usa como adorno.*

resistencia f. **1.** Acción y efecto de resistir o resistirse. **2.** Capacidad para resistir: *Los corredores del maratón tienen una gran **resistencia** física, por eso aguantan las carreras largas.* **3.** Causa que se opone a la acción de una fuerza. **4.** Elemento que se intercala en un circuito eléctrico para dificultar el paso de la corriente o hacer que ésta se transforme en calor: *La cafetera tiene una **resistencia** eléctrica que calienta el agua.*

resistente adj. Que aguanta, que presenta resistencia: *Esos pantalones son buenos para los muchachos porque están hechos de una tela muy **resistente** que no se rompe con los juegos bruscos.*

resistir vb. {tr., intr. y prnl.} **1.** Aguantar un cuerpo la acción de una fuerza que quiere moverlo o deformarlo: *El barco está viejo pero **resistió** la tormenta sin hundirse.* **2.** No destruirse una persona o cosa a pesar del tiempo u otros factores dañinos: *Mi pantalón vaquero está muy viejo pero todavía **resiste** mis partidos de fútbol.* **3.** Oponerse con fuerza: *Los soldados **resistieron** el ataque hasta donde pudieron, pero finalmente tuvieron que rendirse.* **4.** Negarse a algo: *Aunque ese árbol parece muerto **me resisto** a cortarlo, mejor esperaré hasta la próxima primavera para ver si retoña.*

resma f. Conjunto de 500 pliegos u hojas de papel.

resolana f. Amér. Luz y calor producidos por el reflejo del sol: *La **resolana** también broncea, así que no es raro que tengas la cara bronceada a pesar de que no te quitaste el sombrero.*

resollar vb. irreg. {intr.} **Modelo 5.** Respirar con fuerza y haciendo ruido: *Los caballos que participaron en la carrera **resollaban** y les salía vapor de la nariz.*

resolución f. **1.** Cosa que se decide: *La **resolución** de Anabel es no comer chocolates durante un tiempo porque dice que no quiere engordar.* **2.** Decisión de una autoridad: *El tribunal entregó al acusado la **resolución** que le notificaba que iría a la cárcel.*

resolver vb. irreg. {tr. y prnl.} **Modelo 29.** **1.** Hallar la solución a algo: *Ese maestro es muy bueno para resolver con claridad las dudas de sus alumnos.* **2.** Decidir: *Después de pensarlo mucho, **resolvió** pasar sus vacaciones en las montañas.*

resonancia f. **1.** Prolongación de un sonido que va disminuyendo de manera gradual: *La caja de **resonancia** de los tambores es el hueco que tienen dentro.* **2.** Gran divulgación que adquiere un hecho: *La noticia de la visita del Papa a los países orientales tuvo gran **resonancia** internacional.*

resonante adj. Que suena fuerte o retumba: *La voz de los tenores es tan **resonante** que a veces no necesitan micrófono para cantar.*

resonar vb. irreg. {intr.} **Modelo 5.** Producirse un sonido como consecuencia de otro, retumbar: *Emiliano* toca la batería en su habitación y los golpes **resuenan** en toda la casa.

resorte m. **1.** Pieza elástica: *Ese colchón tiene fuertes resortes de metal en su interior.* SIN. **muelle. 2.** Fam. Medio del que uno se vale para lograr un fin.

resortera f. Méx. Juguete que consiste en una vara en forma de "Y" a la que se le pone una cinta elástica y sirve para disparar pequeños proyectiles: *Francisco tira piedras a las botellas viejas con su resortera para practicar su puntería.* SIN. **tirachinas, gomera.**

respaldar m. Respaldo, apoyo para la espalda: *El anciano tiene un respaldar en la cama para ver la televisión y tomar sus alimentos sin necesidad de levantarse.*

respaldar vb. (tr. y prnl.) Apoyar o proteger: *Sus padres respaldaron al joven cuando se quedó sin empleo.*

respaldo m. **1.** Parte de un asiento en que se apoya la espalda: *Gregorio se sentó en una banca sin respaldo y la acercó a la pared cuando pudo poder recargarse.* **2.** Apoyo, amparo: *En su campaña por la presidencia, el candidato buscó el respaldo económico de muchos empresarios.*

respectivo, va adj. Correspondiente: *En el recorrido por el museo cada grupo de alumnos iba con su respectivo maestro.*

respecto m. Relación de una cosa con otra: *Ricardo todavía no ha pensado nada respecto a su futuro, creo que no le interesa seguir estudiando.*

respetable adj. **1.** Que es digno de respeto: *Tomamos en cuenta una opinión tan respetable como la del abuelo y decidimos comprar el automóvil de la marca que el nos aconsejó.* **2.** Que es más o menos grande o lejano: *"Mi casa está a una distancia respetable de aquí, no pienses que llegaremos pronto."*

respetado, da adj. Admirado, apreciado: *Evaristo es un médico muy respetado en el campo de la neurología gracias a sus importantes investigaciones.*

respetar vb. (tr.) **1.** Tratar con la debida consideración: *Es importante enseñar a los niños a respetar a las demás personas.* **2.** Aceptar y obedecer algo establecido: *Luis siempre respeta las reglas de la escuela, por eso tiene buena calificación en conducta.*

respeto m. **1.** Acción o actitud de respetar. **2.** Miedo, temor: *Alfonso no se acerca a los perros porque se tiene mucho respeto desde que uno lo mordió.*

respetuoso, sa adj. Que se porta con respeto: *Miguel Ángel es un hombre respetuoso de la naturaleza porque no desecha basura en la calle, no desperdicia el agua y prefiere usar bicicleta en vez del automóvil.*

respingada adj. Se dice de la nariz que tiene la punta un poco levantada: *A muchas actrices les gusta tener la nariz respingada y se hacen operar para darle esa forma.* SIN. **respingona.**

respingar vb. irreg. (intr. y prnl.) **Modelo 17. 1.** Sacudirse un animal y gruñir: *El perro se despertó y respingó cuando le pisaron la cola.* **2.** Fam. Levantarse el borde de una prenda de vestir por estar mal cortada o cosida: *Respíngate un poco el fondo porque se te asoma debajo del vestido.*

respingo m. **1.** Sacudida violenta del cuerpo debida a una sorpresa, susto, etc.: *Cuando la asustó su hermano, Teresa pegó un respingo tan grande que casi se cae de la silla.* **2.** Chile y Méx. Arruga, pliegue.

respingona adj. Se dice de la nariz con la punta hacia arriba. SIN. **respingada.**

respiración f. Función vital de los seres vivos que consiste en absorber y expulsar aire: *Mi respiración es irregular porque tengo tapada la nariz a causa del resfrío.*

respirar vb. (tr. e intr.) Absorber y expulsar el aire los seres vivos: *El perro que atropellaron no se ha muerto, todavía respira, así que debemos llamar rápido al veterinario.*

respiratorio, ria adj. Qué facilita la respiración o que se relaciona con ella: *Antes de iniciar la carrera hicimos algunos ejercicios respiratorios en medio del bosque.*

respiro m. **1.** Descanso en el trabajo: *En un respiro que tuvo se sentó y se tomó un café.* **2.** Fam. Alivio: *Las palabras de mi amiga fueron un respiro en los momentos de tristeza.*

resplandecer vb. irreg. (intr.) **Modelo 39.** Despedir rayos de luz, ya sean propios o reflejados: *Las estrellas resplandecen en la noche obscura.* SIN. **brillar.**

resplandeciente adj. Que despide rayos de luz: *Cuando Alicia se levantó el sol ya estaba resplandeciente en lo alto del cielo porque eran las once de la mañana.* SIN. **brillante.**

resplandor m. **1.** Luz muy clara: *Cuando amanece se empieza a ver poco a poco el resplandor que sale detrás del horizonte.* **2.** Brillo muy intenso: *El resplandor del sol sobre la nieve hace que me lloren los ojos.*

responder vb. (tr. e intr.) **1.** Expresar algo para satisfacer una duda, pregunta, etc.: *Pedro no pudo responder a la pregunta de la maestra porque no había estudiado.* SIN. **contestar. 2.** Contestar uno a quien le llama o busca: *Llevo cinco minutos tocando a la puerta y nadie responde, tal vez la familia de Ana salió.* **3.** Replicar, poner objeciones: *Esa niña es una maleducada que responde de forma grosera cada vez que alguien le pide algo.* **4.** Reaccionar algo a una determinada acción: *El enfermo respondió muy bien a ese tratamiento, el doctor piensa que podrá salir del hospital mañana.*

respondón, na adj./m. y f. Que replica mucho: *¡Qué muchacho tan respondón, no puede quedarse callado cuando se le regaña!*

responsabilidad f. Obligación, deber: *La maestra dijo que era responsabilidad de los niños entregar los trabajos que ella pidiera.*

responsabilizar vb. irreg. (tr. y prnl.) **Modelo 16.** Hacer o hacerse responsable de algo o alguien: *Cuando sus padres murieron Rodrigo se responsabilizó de sus dos hermanos pequeños.*

responsable adj. Relativo a la persona que responde por sus acciones y cumple con sus compromisos: *Federico es un hombre responsable y trabajador que siempre ha mantenido la estabilidad económica y moral de su familia.*

responsable m. y f. **1.** Persona que tiene autoridad, capacidad para tomar decisiones, dirigir alguna actividad, etc.: *El responsable del grupo mantuvo a los niños ocupados hasta que la maestra regresó de su reunión con los otros maestros.* **2.** Culpable: *La vecina está buscando al responsable de la pedrada que rompió un vidrio de su casa.*

responso m. Oración que se hace por los muertos: *Ante la tumba el sacerdote pronunció un responso por el alma del difunto.*

respuesta f. **1.** Acción y efecto de responder: *Pepita no pudo dar la respuesta adecuada a la pregunta del maes-*

tro porque no había puesto atención a la clase. **2.** Reacción de un ser vivo a un estímulo: *La respuesta del perro ante un suculento trozo de carne es babear.*

resquebrajadura *f.* Fisura, grieta o hendidura: *A causa del terremoto se le hizo una resquebrajadura en forma de rayo a una pared de mi habitación.*

resquebrajamiento *m.* Hecho de hacerse grietas en una cosa: *Mi abuela dice que las buenas costumbres han sufrido un resquebrajamiento durante los últimos años.*

resquebrajarse *vb.* (prnl.) Producirse grietas en algo: *El jarrón de cerámica se resquebrajó con el golpe que Romualdo le dio cuando lo lavaba.*

resquemor *m.* Sentimiento no expresado que causa inquietud, pena, etc.: *Aunque siguen hablándose, Elena guarda resquemor hacia Lourdes por el chisme que inventó en su contra.*

resquicio *m.* Abertura entre el quicio y la puerta: *El cartero arroja las cartas por el resquicio bajo la puerta.*

resta *f.* Operación de restar: *La suma y la resta son las primeras operaciones matemáticas que aprenden los niños.* SIN. **sustracción.**

restablecer *vb. irreg.* (tr. y prnl.) Modelo 39. **1.** Volver a establecer, poner en marcha o en orden: *Han sido restablecidos los vuelos hacia la costa que se habían suspendido a causa de la lluvia.* **2.** Recobrar la salud: *Deseo que te restablezcas pronto de tu enfermedad.* SIN. **recuperar.**

restablecimiento *m.* Lo que se vuelve a establecer: *Todos deseamos el pronto restablecimiento de la salud del tío Armando.* SIN. **restitución. 2.** Curación, recuperación de la salud.

restar *vb.* (tr. e intr.) **1.** Quitar parte de alguna cosa: *La enfermedad restó fuerzas a la gran vitalidad de Jaime.* **2.** Hallar la diferencia entre dos cantidades: *Si a diez le restamos tres, quedan siete.* **3.** Quedar, faltar: *Restan seis meses de clases para que termine el año escolar.*

restauración *f.* Acción por la cual se restaura algo, se le devuelve su aspecto o forma original: *Después del proceso de restauración la vieja fotografía de mis abuelos quedó como nueva.*

restaurador, ra *adj./m. y f.* Persona que restaura, en especial obras de arte: *El restaurador trabajó en el cuadro dañado por la humedad y al final quedó como si nunca le hubiera caído una gota de agua.*

restaurante o **restorán** *m.* Establecimiento comercial donde se preparan y sirven alimentos: *En el restaurante de doña Encarnación se come rico y barato, por eso siempre vamos todos los amigos.*

restaurar *vb.* (tr.) Devolver una cosa a su estado anterior.

restinga *f.* Banco de arena en el mar a poca profundidad.

restirador *m. Méx.* Mesa que puede cambiar de inclinación, usada por los dibujantes y los arquitectos: *Trabajó toda la noche sobre el restirador porque al día siguiente debía entregar un proyecto de arquitectura.*

restitución *f.* Acción de restituir, de devolver: *La nota de compra dice que si el cliente no está satisfecho con el producto tiene derecho a la restitución total de su dinero.* SIN. **restablecimiento.**

restituir *vb. irreg.* (tr.) Modelo 59. Volver a dar una cosa a quien la tenía antes, o volver algo a su estado anterior: *Esa crema promete restituir a las mujeres maduras la piel que tenían a los quince años.*

resto *m.* **1.** Parte que queda de una cosa o de un todo: *Hoy comimos la mitad del postre y el resto quedará para mañana.* **2.** Resultado de una resta. **3.** pl. Conjunto de residuos o sobras de comida: *El dueño del restaurante da los restos de comida a los perros.*

restregar *vb. irreg.* (tr. y prnl.) Modelo 18. Frotar con fuerza una cosa sobre otra: *Cuando las camisas están muy sucias hay que restregar los cuellos y puños para que queden limpias.* SIN. **tallar.**

restricción *f.* Acción y efecto de restringir: *En tiempos de sequía las autoridades imponen restricciones en el uso del agua, sólo se puede usar para lo necesario.*

restringir *vb. irreg.* (tr. y prnl.) Modelo 61. Reducir, limitar una cosa: *La entrada a la fiesta se restringió a las personas que llevaban invitación.*

resucitación *f.* En medicina, acto por el que se devuelve la energía física a una persona: *En el curso de primeros auxilios me enseñaron las técnicas de resucitación que se deben aplicar a las personas ahogadas.*

resucitar *vb.* (tr. e intr.) **1.** Hacer que un muerto vuelva a la vida. **2.** *Fam.* Reanimar, volver a energía física o anímica: *Este sabroso caldo caliente nos resucitará después de habernos empapado con la fría lluvia.* **3.** *Fam.* Poner nuevamente en uso algo que ya había desaparecido o que no se usaba: *Mi hermana resucitó unos viejos vestidos de mi madre y ahora se ve muy moderna con ellos.*

resuello *m.* Hecho de resollar, de respirar con fuerza y haciendo ruido: *Estaba solo en mi casa y me asustó un ruido extraño hasta que descubrí que era el resuello de mi perro dormido.*

resuelto, ta *adj.* **1.** Solucionado: *Ya no temas pues nuestro problema económico quedó resuelto gracias al nuevo empleo de tu padre.* **2.** Que actúa con decisión, audaz: *Gonzalo es un hombre resuelto que decidió estudiar en el extranjero y no se detuvo hasta conseguir una beca.* SIN. **decidido.**

resultado *m.* Efecto o consecuencia de algo: *Hoy informaron en la televisión cuál fue el resultado del sorteo mayor de la lotería.*

resultar *vb.* (intr.) **1.** Producirse una cosa como consecuencia o efecto de otra cosa: *La casa con tres dormitorios resultó pequeña para una familia de ocho hijos.* **2.** Producir algo un efecto positivo o negativo: *Mi respuesta resultó la correcta y el maestro me felicitó.* **3.** Ocurrir algo que no se esperaba o no se tenía previsto: *La señora que conocí ayer en la fiesta resultó ser una tía lejana.* **4.** Tener una cosa un resultado, por lo general se usa en sentido positivo: *Si el negocio de mi papá resulta podremos ir de viaje a Europa el próximo verano.*

resumen *m.* Exposición en pocas palabras de algo que es más largo: *En la clase de literatura nos pidieron hacer un resumen de dos páginas de alguna novela que nos guste.* SIN. **síntesis.**

resumidero *m. Amér.* Conducto por el que se desechan las aguas residuales o de lluvia.

resumir *vb.* (tr. y prnl.) Exponer algo extenso de forma más breve: *"No me cuentes en detalle todo lo que pasó durante la fiesta, mejor resúmelo para no perder tiempo."*

resurgimiento *m.* Hecho de volver a aparecer, surgir o animarse: *Durante el Renacimiento hubo en Europa un resurgimiento del interés por las antiguas culturas griega y romana.*

resurgir vb. irreg. [intr.] Modelo 61. Aparecer de nuevo: *Cuando ya todos se habían olvidado de ese actor éste resurgió en un excelente filme que le devolvió la fama.*

resurrección f. Hecho de resucitar: *Según el Evangelio la resurrección de Jesucristo tuvo lugar al tercer día después de su muerte.*

retablo m. En arquitectura, serie de figuras pintadas o talladas que representan una historia, en especial con motivos religiosos: *En el retablo de la iglesia está representada la vida de San Martín de Porres.*

retaco m. 1. Escopeta corta. 2. Persona baja y rechoncha. SIN. bajo, chaparro, petizo.

retacón, na adj. Amér. Se dice de la persona baja y robusta. SIN. rechoncho.

retaguardia f. Conjunto de tropas que van al final de una marcha: *Durante una batalla los soldados de la retaguardia atienden a los soldados heridos en el frente.*

retahíla f. Serie de cosas que se dicen o suceden con monotonía: *El vendedor dijo una retahíla acerca de las cualidades del producto que vendía.*

retal m. Pedazo sobrante de piel, tela, etc. SIN. retazo.

retama f. Arbusto de flores pequeñas y amarillas en racimos.

retar vb. [tr.] 1. Desafiar: *El conde retó al barón a un duelo cuando se dio cuenta de que lo había traicionado.* 2. Amér. Merid. Regañar: *La mamá de Laura la retó por haber dejado la ropa húmeda en la lluvia.*

retardar vb. [tr. y prnl.] Hacer que algo se lleve a cabo más tarde de lo que se había planeado: *Decidió retardar su viaje hasta que su hija sanara de la enfermedad que padecía.* SIN. retrasar, diferir.

retardo m. Hecho de llegar tarde: *Después de cinco retardos al trabajo, le descuentan a uno el sueldo de un día.* SIN. retraso.

retazo m. Pedazo sobrante de una tela: *A la entrada de la tienda de telas siempre venden retazos baratos.* SIN. retal.

retén m. 1. Provisión de algo. 2. Tropa que refuerza un puesto militar. 3. Chile. Pequeño cuartel de carabineros. 4. Méx. Puesto militar o policial para controlar las carreteras: *Como esa zona es peligrosa hay un retén militar cada cincuenta kilómetros.*

retención f. Lo que se conserva, lo que se retiene: *El gobierno realiza por medio de los impuestos la retención de una parte del sueldo de cada trabajador para ocuparlo en obras públicas.*

retener vb. irreg. [tr.] Modelo 26. 1. Hacer que alguien o algo permanezca donde estaba: *Tomás no llegó a tiempo porque lo retuvo una vecina haciéndole preguntas.* 2. Conservar, no devolver: *En la empresa retienen a los empleados parte del sueldo para pagar el impuesto personal.* 3. Guardar en la memoria: *El nuevo vecino me ha dicho su nombre tres veces pero no lo retengo y cuando lo veo no sé cómo llamarlo.*

retentiva f. Memoria, facultad de recordar: *Mi amiga tiene buena retentiva, por eso a ella le toca recitar los poemas durante los festivales.*

reticencia f. Hecho de decir una cosa sólo en parte.

reticente adj. Que muestra reticencia, desconfianza hacia algo: *Pese a que Nora estaba reticente a ir a la fiesta, al final logramos convencerla de que nos acompañara.* SIN. reacio.

retícula o **retículo** m. y f. Tejido en forma de red.

retina f. Membrana interna del globo ocular, sensible a la luz: *Por el golpe que recibió Daniel se le desprendió la retina y tuvo que estar en reposo, boca arriba, durante varias semanas.*

retirar vb. [tr. y prnl.] 1. Quitar, apartar, llevar algo a otro lugar: *"Por favor retira los platos de la mesa y llévalos a la cocina."* 2. Dejar de prestar servicio activo en una profesión: *Mi padre se retirará a los sesenta años y se dedicará a pintar los cuadros que tanto le gustan.* 3. Recogerse, irse: *El licenciado ya no está en la oficina, se retiró a su domicilio porque está enfermo.* 4. Abandonar una competición, concurso, etc.: *La corredora tuvo que retirarse de la competencia porque se lastimó un tobillo.*

retiro m. 1. Acción de retirarse o de ser retirado: *Como ha pasado la situación de emergencia, ayer se inició el retiro de los socorristas de la zona dañada por el sismo.* 2. Situación de la persona retirada: *En esa empresa dejan que el empleado sea quien decida su retiro, es decir cuándo quiere que sea y cómo quiere manejarlo.* 3. Lugar apartado y tranquilo: *Efrén pasó el fin de semana en un retiro en el bosque para escribir y meditar.*

reto m. 1. Hecho de retar o desafiar: *Juan retó a Pablo a un juego de ajedrez.* 2. Bol. y Chile. Insulto, injuria.

retocar vb. [tr. y prnl.] 1. Tocar de manera repetida. 2. Perfeccionar una cosa haciéndole las últimas correcciones: *La actriz retocó su peinado antes de salir al escenario.*

retoñar vb. [intr.] Sacar una planta retoños, nuevos brotes: *El jardinero podó el árbol en primavera para que las ramas retoñen en poco tiempo.*

retoño m. 1. Vástago, tallo o rama nueva que echa la planta: *Al comienzo de la primavera empiezan a salir los retoños de muchos árboles.* 2. Fam. Hijo de corta edad.

retoque m. Perfeccionamiento, pulimiento: *El postre de frutas ya está casi listo, le faltan los últimos retoques, como la crema batida y las cerezas de adorno.*

retorcer vb. irreg. [tr. y prnl.] Modelo 30. Torcer mucho una cosa dándole vueltas: *Como era tímido y le daba vergüenza, Anselmo retorcía su sombrero mientras hablaba con la joven.*

retorcido, da adj. Que tiene malas intenciones e intenta ocultarlas: *No confío en ese hombre porque ya me di cuenta de que tiene pensamientos retorcidos y podría hacerme daño.*

retórica f. Arte que enseña a expresarse de manera correcta para deleitar, conmover o convencer.

retornable adj. Que se regresa, que se devuelve: *Mi abuela tiene un envase de leche retornable que lleva a la lechería cada vez que compra.*

retornar vb. [tr., intr. y prnl.] 1. Devolver, restituir. 2. Volver al lugar o a la situación de se estuvo: *Las golondrinas se van de mi pueblo en otoño pero retornan cada primavera.*

retorno m. 1. Vuelta en una carretera o avenida por la que uno se puede regresar: *Mi padre tomó un retorno para llegar a la casa que estaba en el otro lado de la avenida.* 2. Regreso: *El retorno de Felipe después de sus vacaciones nos puso muy felices a todos sus amigos.*

retortijón m. Dolor agudo en el abdomen: *El niño se aprieta la panza y se queja a causa de un retortijón, seguramente comió otra vez alguna cosa en la calle.*

545

retozar vb. irreg. {intr.} Modelo 16. Saltar de forma alegre: *Cuando llega mi hermano a su casa su perro retoza por el gusto de volver a verlo.*

retractar vb. {tr. y prnl.} Volverse atrás de una cosa que se ha dicho: *El testigo había dicho que el acusado era el culpable pero luego se retractó y dijo que era inocente.*

retráctil adj. Que puede retraerse o esconderse por sí mismo: *Las uñas de los gatos y otros felinos son retráctiles.*

retraer vb. irreg. {tr. y prnl.} Modelo 38. **1.** Retirar, esconder, hacer hacia atrás o hacia dentro: *Las tortugas retraen la cabeza en su caparazón cuando tienen miedo.* **2.** Apartarse del trato con la gente: *Después de la muerte de su madre Gerardo se retrajo de toda vida social durante algunas semanas.*

retraído, da adj. Que gusta de la soledad: *Carlos es retraído, vive solo y tiene pocos amigos.*

retransmisión f. Hecho de volver a transmitir: *Hernán no pudo ver en vivo el partido, por eso ve ahora la retransmisión por televisión.*

retransmitir vb. {tr.} **1.** Volver a transmitir: *Todos los canales de televisión han retransmitido el mensaje del presidente varias veces en el día.* **2.** Difundir emisiones de radio o televisión procedentes de otra emisora: *Muchas emisoras en lugares de provincia retransmiten programas de una emisora mayor a la que están asociadas.*

retrasado, da adj. **1.** Que va atrás de los demás: *Este alumno va un poco retrasado porque estuvo enfermo y no vino a la escuela durante 15 días.* **2.** loc. ~ mental, que tiene deficiencias mentales: *Como el joven es retrasado mental debe ir a una escuela especial para niños como él.*

retrasar vb. {tr., intr. y prnl.} **1.** Hacer que algo suceda, se realice, etc., más tarde de lo planeado: *El gobernador retrasó su regreso porque el mal tiempo impidió que su avión despegara.* **2.** Llegar más tarde: *Me he retrasado en llegar a la escuela porque el reloj despertador no sonó.*

retraso m. Hecho de suceder algo con retardo, después de la hora programada: *El tren llegó con retraso de una hora a la estación.*

retratar vb. {tr. y prnl.} Hacer retratos utilizando técnicas de fotografía, pintura, dibujo o escultura: *El día de su boda la retrató un fotógrafo profesional.*

retrato m. **1.** Dibujo, fotografía, etc., que representa la figura de alguien o algo: *Encima de su escritorio mi maestra tiene el retrato de sus hijos.* **2.** Descripción de una persona o cosa: *Las autoridades han publicado un retrato hablado de la persona que asaltó el banco.*

retreta f. Toque militar para señalar la retirada o el momento en que la tropa debe regresar a su cuartel.

retrete m. **1.** Cuarto de baño: *Fui al retrete del restaurante porque necesitaba orinar.* **2.** Recipiente de loza con forma de asiento que sirve para defecar y orinar: *Eloy tiene la costumbre de llevarse una revista al baño y no se levanta del retrete hasta que termina de leerla.* SIN. excusado, water, escusado, inodoro, taza.

retribución f. Recompensa o pago por un servicio o trabajo: *Me parece justa la retribución que pidió el herrero para hacer la puerta de metal pues su trabajo fue muy bueno.*

retribuir vb. irreg. {tr.} Modelo 59. Recompensar o pagar por un servicio o trabajo: *Mi mamá retribuyó al* joven con un disco por haberla ayudado a rescatar a nuestro perro.

retroactivo, va adj. Que obra o tiene fuerza sobre lo que ya ha pasado: *Las autoridades decidieron implantar una ley retroactiva, es decir, que se aplica a las faltas pasadas.*

retroceder vb. {intr.} Volver hacia atrás: *Los tanques enemigos hicieron retroceder a los soldados.* SIN. recular.

retroceso m. Acción y efecto de moverse hacia atrás: *En vez de mejorar, mi abuelo ha sufrido un retroceso en su enfermedad porque no ha querido comer.*

retrógrado, da adj. **1.** Desp. En política, pensamiento o acción contrario a cualquier reforma. **2.** Desp. Que se niega a cualquier cambio.

retrospección f. Hecho de mirar o reflexionar sobre el tiempo pasado: *Mi abuelita hizo una retrospección de su vida y todos escuchamos atentos lo que nos platicó sobre su infancia, juventud y su edad adulta.*

retrospectivo, va adj. Que se refiere al tiempo pasado: *Hoy se inaugura la exposición retrospectiva del famoso pintor que acaba de morir.*

retrotraer vb. irreg. {tr. y prnl.} Modelo 38. Retroceder con la memoria a un tiempo o época pasada: *Muchas personas se retrotraen cuando están tristes para recordar algún momento feliz de su niñez o juventud.*

retrovisor m. Espejo de un vehículo que permite al conductor ver lo que hay detrás: *Cuando uno conduce debe mirar el retrovisor con frecuencia.*

retrucar vb. irreg. {intr.} Modelo 17. Argent., Chile, Perú y Urug. Fam. Replicar con acierto y energía: *El entrevistado retrucó hábilmente a la pregunta maliciosa del periodista.*

retumbar vb. {intr.} Sonar una cosa de manera muy fuerte y repetida: *Cuando explotó la industria de telas retumbaron los vidrios de muchas casas cercanas.*

reuma o **reúma** m. y f. Dolores ocasionados por el reumatismo: *Mi abuelo tiene reuma y casi no puede moverse porque le duelen mucho las articulaciones.*

reumático, ca adj. Relativo al reumatismo o que padece reumas: *A la pobre anciana reumática le cuesta sentarse y levantarse a causa de los dolores.*

reumatismo m. Enfermedad caracterizada por inflamación y dolores en las articulaciones: *Muchos ancianos padecen de reumatismo, por eso en invierno pasan mucho tiempo sentados al sol.*

reunión f. **1.** Acción y efecto de reunir o reunirse: *El director llamó para una reunión a todos los padres de los alumnos.* **2.** Conjunto de personas reunidas: *Nos divertimos mucho anoche en la reunión en casa de Raquel.*

reunir vb. irreg. {tr. y prnl.} Modelo 72. **1.** Volver a unir: *La familia entera logró reunirse en las vacaciones después de muchos años de no hacerlo.* **2.** Poner a personas o cosas en un lugar formando parte de un conjunto: *Desde pequeño he reunido todos los muñecos que me regalan y ahora ya tengo una gran colección.*

revancha f. Venganza, desquite.

revelación f. **1.** Hecho de descubrir lo que estaba oculto: *La revelación de que sus padres lo adoptaron fue una noticia difícil de aceptar para Octavio.* **2.** Persona o cosa en la que la gente descubre de repente cualidades especiales. **3.** En la religión, manifestación de un misterio o descubrimiento de una verdad llevàda a cabo por Dios o por un hombre inspirado en Dios.

revelado *m.* Conjunto de operaciones para hacer visible la imagen impresa en una placa fotográfica: *Con las máquinas modernas el **revelado** de las películas lleva solamente una hora.*

revelar *vb.* {tr.} **1.** Descubrir lo que se mantenía secreto u oculto: *Al final de la novela el detective **revela** quién es el asesino del rico anciano.* **2.** Efectuar un revelado: *Tengo que llevar a **revelar** varias películas de fotografías que tomamos en las vacaciones.*

revenirse *vb. irreg.* {prnl.} **Modelo 49.** Ablandarse algo por la humedad o el calor: *La barra de chocolate **se revino** porque sin darme cuenta la puse muy cerca del horno.*

reventadero *m.* **1.** *Chile.* Lugar donde las olas del mar se deshacen: *Los bañistas se sentaron cerca del **reventadero** y se mojaron por las olas que rompían ahí.* **2.** *Méx.* Manantial del que brota el agua a borbollones.

reventado, da *adj.* **1.** Se dice de lo que se rompe estallando, que explota. **2.** Cansado: *Los viernes Fabián termina **reventado** por todo el trabajo de la semana.* **3.** *Méx. Fam.* Que asiste a muchas fiestas, sobre todo nocturnas y comete excesos en el baile y la bebida.

reventar *vb. irreg.* {tr., intr. y prnl.} **Modelo 3. 1.** Abrirse una cosa de manera violenta por un impulso interior: *El globo **se reventó** cuando lo tocó el cigarrillo encendido.* **2.** Deshacer o aplastar con violencia: *El accidentado murió instantáneamente porque al chocar **se le reventaron** el estómago y los pulmones.* **3.** *Fam.* Fastidiar: *Me **revienta** que los perros de los vecinos se pongan a aullar por la noche.* **4.** Cansar, fatigar: *Aunque **reviente** debo trabajar toda la tarde y noche para terminar mi trabajo escolar.*

reverberación *f.* Reflejo de luz o de sonido: *La **reverberación** de la luz sobre la arena produce espejismos en el desierto.*

reverberar *vb.* {intr.} Reflejarse la luz de un cuerpo luminoso en otro: *La luz de la bombilla **reverbera** en los pequeños prismas de la lámpara.*

reverencia *f.* **1.** Respeto o admiración hacia alguien: *Manuel siente **reverencia** por el maestro que le enseñó y lo llevó a ser concertista de piano.* **2.** Inclinación del cuerpo en señal de respeto o cortesía: *El embajador japonés y el presidente de mi país se saludaron con una **reverencia** cuando se encontraron en el aeropuerto.*

reverendo, da *adj.* Se aplica como tratamiento de respeto a religiosos y religiosas: *El **reverendo** Miguel predica los domingos en el templo que está cerca del jardín botánico.*

reversa *f. Chile, Colomb. y Méx.* Marcha hacia atrás de un vehículo: *Para salir de este lugar reducido tienes que meter **reversa** pues el auto no tiene espacio para dar vuelta.*

reversible *adj.* **1.** Que puede volver al estado anterior: *"Esa decisión es **reversible** ya que puedes aceptar el trabajo y si ves que no te conviene, renuncias y ya."* **2.** Se dice de las prendas que pueden usarse por el derecho y también por el revés: *El abrigo que compré es **reversible**, por un lado tiene cuadros y por el otro tiene rayas.*

reverso *m.* Revés de una moneda o medalla: *En el **reverso** de las medallas que usan algunas personas está grabada la fecha de su nacimiento.*

revertir *vb. irreg.* {intr.} **Modelo 50. 1.** Volver una cosa al estado que tuvo antes: *La nueva rutina del atleta **revirtió** su óptima condición física.* **2.** Volver una cosa a la propiedad del dueño que tuvo antes.

revés *m.* **1.** Lado opuesto al principal: *En el **revés** de mi cuaderno anoté la dirección y el teléfono del museo que queremos visitar.* **2.** Golpe que se da con el dorso de la mano o con una raqueta: *Ese campeón de tenis tiene un poderoso golpe de **revés** que le ha ayudado a conquistar varios títulos.* **3.** Desgracia, contratiempo: *Adolfo tenía planeado un viaje pero tuvo unos **reveses** que se lo impidieron.* **4.** *loc.* **Al ~,** de manera opuesta o contraria a la normal: *Por las prisas, Josefina se puso la blusa al **revés** sin darse cuenta.*

revestimiento *m.* Capa protectora o de adorno: *Cada dos años mi padre pone en el techo de la casa un **revestimiento** que impide las filtraciones de agua.*

revestir *vb. irreg.* {tr.} **Modelo 47.** Cubrir con una capa protectora o de adorno: *A Susana no le gustaron los muros pintados, por eso los **revistió** con papel floreado.*

revisada *f. Amér.* Revisión, acción de revisar: *Es importante darle una **revisada** al automóvil antes de salir a carretera.* **SIN. revisión.**

revisar *vb.* {tr.} Examinar una cosa con cuidado: *El maestro **revisa** diariamente los trabajos de sus alumnos.*

revisión *f.* **1.** Hecho de revisar: *Antes de sacar a la venta los productos que usamos deben pasar por una **revisión** de calidad.* **SIN. inspección. 2.** Reconocimiento médico: *Ya tengo que ir a mi **revisión** semestral con el dentista.*

revisor, ra *adj.* Persona o grupo de personas que examinan con cuidado una cosa: *Los expertos **revisores** de la editorial decidirán si el libro que escribió Samuel puede o no publicarse.*

revisor, ra *m. y f.* Persona que revisa, en especial un transporte público como tren, autobús y otros.

revista *f.* **1.** Publicación que se hace de manera periódica: *Hace dos años Carlos y Federico fundaron una **revista** de arte que publican cada semana.* **2.** Espectáculo teatral en el que se representan escenas cómicas y musicales. **3.** Inspección que realiza una autoridad militar para supervisar el estado de las tropas, las instalaciones y el equipo.

revivir *vb.* {intr.} **1.** Nacer otra vez: *La planta **revivió** cuando le echamos agua suficiente y un buen fertilizante.* **2.** Volver en sí el que parecía muerto: *El socorrista **revivió** al hombre inconsciente poniéndole una mascarilla de oxígeno.* **3.** Traer a la memoria: *Al contarnos su viaje por el mundo mi tío **revivía** lo que le había sucedido durante todas sus aventuras.*

revocar *vb. irreg.* {tr.} **Modelo 17.** Anular un mandato, una resolución, etc.: *Los diputados **revocaron** una ley que acababa de entrar en vigencia cuando se dieron cuenta de que era injusta.*

revolcar *vb. irreg.* {tr. y prnl.} **Modelo 19. 1.** Derribar a alguien y maltratarlo: *Estaba distraída en la playa y de repente una ola **me revolcó** en la arena.* **2.** Echarse sobre una cosa restregándose en ella: *Algunos luchadores **se revuelcan** sobre el barro como parte de su espectáculo.*

revolotear *vb.* {intr.} Volar o moverse algo en el aire dando vueltas: *Una abeja **revoloteó** sobre la flor antes de posarse sobre ella para extraer su néctar.*

revoltijo o **revoltillo** *m.* Conjunto de muchas cosas desordenadas: *No sé cómo Laura encuentra la ropa en ese revoltijo que tiene en su armario.*

revoltoso, sa *adj.* **1.** Travieso, inquieto: *La maestra siempre castiga a Bernardo porque es el más revoltoso de sus alumnos.* **2.** Rebelde, alborotador: *Los revoltosos que se aprovecharon durante el desfile para saquear tiendas fueron detenidos por la policía.*

revolución *f.* **1.** Cambio violento en la estructura social o política de un Estado: *La revolución cubana derrocó al militar Fulgencio Batista y a su régimen.* **2.** Cambio total y radical: *El uso de la energía eléctrica en vez de vapor fue una revolución en la historia de la industria y las máquinas.* **3.** Giro que da una pieza sobre su eje: *Mi papá tiene una colección de discos de acetato de los que tocan a 33 revoluciones por minuto.*

revolucionar *vb.* (tr.) **1.** Alborotar, alterar el orden establecido. **2.** Cambiar, mejorar: *El invento de las computadoras revolucionó el desarrollo de la tecnología durante el siglo xx.*

revolucionario, ria *adj.* Relativo a la revolución: *La lucha revolucionaria por la independencia de México duró once años, de 1810 a 1821.*

revolucionario, ria *m. y f.* Partidario de la revolución.

revolvedora *f.* *Méx.* Máquina en forma de recipiente giratorio que sirve para mezclar los materiales de construcción.

revolver *vb. irreg.* (tr. y prnl.) **Modelo 29. 1.** Mezclar varias cosas dándoles vueltas: *Revolví una cucharada de chocolate en polvo en el vaso de leche fría y me lo tomé como desayuno.* **2.** Enredar lo ordenado: *La ropa estaba en orden sobre la cama, pero llegó el bebé y revolvió todo.* **3.** Moverse de un lado para otro: *Eliseo es muy inquieto para dormir, se revuelve en la cama constantemente y despierta con las sábanas en el piso.* **4.** Volverse turbio un líquido como consecuencia de remover algo que estaba en el fondo.

revólver *m.* Arma corta de fuego, con un cilindro giratorio en el que se colocan las balas.

revuelo *m.* **1.** Agitación, turbación: *El famoso actor de cine ocasionó un revuelo entre las mujeres cuando entró al restaurante.* **2.** Acción y efecto de revolotear: *¡El revuelo de los mosquitos sobre mi cabeza me tiene harta!*

revuelta *f.* Alteración del orden: *La policía tuvo que intervenir para apaciguar la revuelta que estalló en la cárcel.*

revuelto, ta *adj.* **1.** Desordenado: *La habitación de Ricardo siempre está revuelta con los juguetes y la ropa tirados por todas partes.* **2.** Intranquilo, agitado: *Las aguas revueltas del río traían mucha basura, ramas y barro.*

revulsivo, va *adj./m.* En medicina, se dice de la substancia o medicamento que provoca una reacción brusca, como los purgantes y vomitivos.

rey *m.* **1.** Monarca o príncipe que gobierna un reino: *El príncipe heredero llegará a ser rey su país cuando su padre abdique o muera.* **2.** Pieza principal del juego de ajedrez: *Cuando uno de los jugadores da jaque mate al rey se termina la partida de ajedrez.*

reyerta *f.* Contienda, riña: *Anoche atraparon a todos los delincuentes que participaron en la reyerta de la semana pasada.*

rezagarse *vb. irreg.* (prnl.) **Modelo 17.** Quedarse atrás: *Juan estuvo estudiando un año en Estados Unidos de*

548

Norteamérica y aprendió muchas cosas pero se **rezagó** en algunas materias de español.

rezago *m.* Retraso: *Es imposible cubrir en unas horas el rezago de meses que se acumuló en el trabajo mientras estuve enfermo.*

rezar *vb. irreg.* (tr. e intr.) **Modelo 16. 1.** Decir una oración: *Su mamá le enseñó a Benito a rezar todas las noches antes de dormir.* **Sin. orar. 2.** *Fam.* Decir un escrito algo: *El refrán que me dijo mi padre ayer reza así: "Gallo que no canta, algo tiene en la garganta."*

rezo *m.* Oración: *Los rezos de algunos devotos budistas consisten en repetir la misma palabra miles de veces.*

rezongar *vb. irreg.* (intr.) **Modelo 17.** Gruñir, refunfuñar: *"Aunque rezongues de todos modos tienes que comerte esta sopa de verduras."*

rezumar *vb.* (intr. y prnl.) Salir un líquido a través de los poros del recipiente que lo contiene: *Como la olla de barro no estaba barnizada rezumaba el agua que tenía dentro.*

ría *f.* Valle bajo en la desembocadura de un río, que está parcialmente invadido por el mar.

riachuelo *m.* Río pequeño que lleva poca cantidad de agua: *Este año han caído tan pocas lluvias que el riachuelo se secó.*

riada *f.* **1.** Crecida repentina del caudal, es decir, de la cantidad de agua que lleva un río. **2.** Inundación que provoca la crecida del río.

rial *m.* Moneda de Irán.

ribera *f.* **1.** Orilla del mar o de un río: *Las mujeres del pueblo lavan la ropa en la ribera del río.* **2.** Tierra cercana a un río: *Cuando el río se desbordó, el torrente arrastró las plantas que habían crecido en las riberas.*

ribete *m.* **1.** Cinta con que se adorna la orilla de una prenda de vestir, calzado, etc. **2.** loc. **De ~**, además de, encima: *Se cayó cuando caminaba cargando la olla de la sopa y de ribete, se derramó la comida caliente encima del sofá.* **3.** *Fam.* pl. Indicios, asomos de la cosa que se expresa: *Hugo tiene ribetes de artista, su sentido del color es admirable para un niño de su edad.*

ribosoma *m.* Partícula interna de las células vivas que asegura la síntesis de las proteínas.

ricachón, na *adj./m. y f. Fam.* y *Desp.* Muy rico: *Llegó una mujer ricachona al restaurante con su abrigo de pieles y sus joyas deslumbrantes dando órdenes como si todos fueran sus esclavos.*

ricino *m.* Planta con semillas de las que se extrae un aceite purgante: *Algunas personas acostumbran purgarse con aceite de ricino cuando sienten el estómago recargado.*

rico, ca *adj.* **1.** Que posee grandes bienes o gran fortuna: *Después de muchos años de trabajar intensamente el escritor se volvió un hombre rico gracias al éxito de su tercera novela.* **2.** Abundante: *Ese país es rico en petróleo, por eso puede exportarlo a otros países.* **3.** Sabroso: *Mi madre preparó una sopa de mariscos tan rica, que todos nos servimos otro plato.* **4.** *Fam.* Gracioso, guapo.

rico, ca *m. y f.* Persona que tiene bienes abundantes o mucho dinero: *Esa escuela es tan cara que sólo la pueden pagar los ricos.*

ricota *f. Argent.* y *Urug.* Requesón.

rictus *m.* Contracción de la boca que da al rostro una expresión de risa forzada, dolor, burla, etc.: *Angélica* torció la boca en un cómico **rictus** cuando su mamá le ordenó apagar la televisión y ponerse a estudiar.

ridiculez *f.* **1.** Dicho o hecho ridículo: *Es una ridiculez que ese empresario rico diga que el precio del transporte público resulta muy caro para su bolsillo.* **2.** Cosa demasiado pequeña o sin importancia: *Pablo ganó la competencia por una ridiculez, 890 puntos contra los 888 de Roberto.*

ridiculizar *vb. irreg.* (tr.) Modelo 16. Poner a alguien en ridículo: *Ramiro ridiculizó a su novia delante de sus amigos cuando dijo que era una tonta que nunca entendía nada.*

ridículo *m.* Situación que provoca el desprecio, la burla o la risa de los demás: *Al decir que se conformaba con viajar a Francia o a París, Norma se puso en ridículo porque demostró que ella piensa que se trata de los nombres de dos países diferentes.*

ridículo, la *adj.* **1.** Que por su aspecto o sus acciones provoca risa o burla: *Isabel se puso un ridículo sombrero con plumas que hizo que todos la voltearan a ver en la calle.* **2.** Insignificante, escaso: *El aumento de salario que les dieron a los empleados fue ridículo, pues sólo se servirá para pagar su transporte público.*

riego *m.* Acción y efecto de regar: *Como en esa región no llueve mucho hay que programar el riego para llevar agua a los campos.*

riel *m.* **1.** Barra pequeña de metal: *La reja se abre y se cierra con un riel clavado al techo.* **2.** Carril de tren. **3.** Moneda de Camboya, país de Asia.

rienda *f.* **1.** Cada una de las dos correas para conducir las caballerías: *Para manejar un caballo hay que dominarlo con las riendas y las piernas.* **2.** loc. Ant. A ~ suelta, sin freno ni regla: *Los padres de esos niños no se ocupan mucho de ellos y ahí andan a rienda suelta haciendo lo que se les da la gana.*

riendas *f. pl.* Dirección o gobierno de algo: *Cuando el padre murió su hijo tomó las riendas de la familia.*

riesgo *m.* Peligro o inconveniente posible: *"Si te cuelgas del árbol sin sujetarte bien corres el riesgo de caerte."*

riesgoso, sa *adj. Amér.* Arriesgado, peligroso: *El señor Hernández se metió en un negocio riesgoso pero tuvo suerte y todo le salió bien.*

rifa *f.* Sorteo de una cosa por medio de billetes numerados: *Mi tía Lilia se ganó la televisión de la rifa, tuvo muy buena suerte.*

rifar *vb.* (tr.) Sortear mediante una rifa: *A fin de obtener dinero para el viaje, el ingeniero decidió rifar su automóvil entre todos sus conocidos.*

rifle *m.* Tipo de fusil con el interior del cañón rayado: *Los niños no deben jugar con rifles ni con ninguna otra arma.*

riflero *m. Chile.* Persona que hace negocios ocasionales, por lo general deshonestos o ilícitos.

rigidez *f.* Calidad de lo que no puede doblarse o torcerse.

rígido, da *adj.* **1.** Que es muy difícil de doblarse o torcerse: *Esa barra de metal es muy rígida, así que deja de soñar que vas a doblarla como si fueras Supermán.* **2.** Severo, que no perdona fácilmente: *El director es tan rígido que castiga de manera muy severa a quien desobedece las reglas del colegio.*

rigor *m.* **1.** Severidad, dureza: *Tratar con rigor excesivo a los hijos puede dañarlos tanto como no atenderlos.*

2. Gran exactitud y precisión: *El libro de astronomía que leo fue escrito con un enorme rigor científico, pues todos los datos son ciertos y exactos.*

riguroso, sa *adj.* Que implica rigor: *El invierno en algunas zonas de Canadá es tan riguroso que a veces la gente no puede salir de sus casas durante varias semanas.*

rima *f.* **1.** Repetir los sonidos dos o más veces al final de las palabras. **2.** Tipo de composición poética: *El escritor español Gustavo Adolfo Bécquer escribió un libro de poesías llamado "Rimas".*

rimador, ra *adj./m. y f.* Se refiere a quien es mal poeta: *Julián cree que escribe poesía bellísima, pero en realidad es un rimador sin ningún futuro literario.*

rimar *vb.* (tr. e intr.) **1.** Hacer que dos o más palabras o versos terminen con sonidos iguales o muy parecidos: *El niño rimó los versos de su poema terminándolos con llave, ave, nave y clave.* **2.** Haber rima entre dos o más palabras: *La palabra Pedro rima con cedro porque tienen la misma terminación.* **3.** Componer en verso.

rimbombante *adj.* Muy aparatoso y ostentoso: *El vestido de boda de esa actriz era demasiado rimbombante, a mí me gustan más sencillos.*

rímel *m.* Nombre comercial de una pasta cosmética que se aplica en las pestañas: *Eva no se maquilla mucho, sólo se pone rímel y un ligero toque de color en los labios.*

rin *m.* Palabra de origen inglés. *Méx.* Aro metálico de la rueda de un automóvil al cual se ajusta el neumático.

rincón *m.* **1.** Ángulo que resulta del encuentro de dos superficies: *Una araña tejió su tela en un rincón de mi cuarto.* **2.** Lugar alejado o retirado: *El científico se fue a escribir su libro a un rincón apartado del país donde nadie lo conocía.* **3.** Espacio pequeño: *El mensajero tiene un rincón en la oficina donde acomoda los papeles que debe repartir.*

rinconera *f.* Mueble pequeño, de forma adecuada para colocarlo en un rincón: *En la rinconera de su habitación puso un florero y algunos libros.*

rinde *m. Argent.* Provecho que da una cosa. SIN. **rendimiento.**

ring *m.* Palabra inglesa. Cuadrilátero, espacio de forma cuadrada limitado por cuerdas, donde se llevan a cabo los combates de boxeo o de lucha: *Cuando el campeón de boxeo subió al ring el público lo ovacionó de pie.*

ringletear *vb.* (intr.) *Chile.* Corretear, callejear.

rinoceronte *m.* Mamífero de gran tamaño y piel gruesa, que tiene uno o dos cuernos sobre la nariz: *A los rinocerontes les gusta refrescarse a las orillas de los ríos.*

riña *f.* Hecho de reñir, de pelear: *Cuando las personas toman mucho alcohol no es difícil que se involucren en riñas absurdas.*

riñón *m.* **1.** Órgano que segrega la orina formado por dos partes iguales: *Operaron a Raquel para extraerle una piedra que tenía en uno de los riñones y le causaba gran dolor.* **2.** pl. Parte del cuerpo que corresponde a la pelvis.

río *m.* Curso de agua que desemboca en el mar: *Muchas ciudades europeas como París tienen un río en la parte céntrica y para cruzarlo se atraviesa por algunos hermosos puentes.*

riolita *f.* Roca volcánica compuesta principalmente de cuarzo: *El estuche de geología que le regalaron a mi*

549

RIP

hermano traía una especie de martillo y muestras de rocas de volcán, como *riolita* y obsidiana.

ripio *m.* *1.* Palabra innecesaria que se emplea para completar un verso: *Los malos poetas usan ripios para crear versos sin esfuerzo.* *2.* Argent., Chile y Perú. Piedra menuda que se usa para pavimentar.

riqueza *f.* *1.* Cualidad de rico: *Muchos países de África tienen una gran riqueza mineral.* *2.* Abundancia de bienes, fortuna: *Esa familia posee una gran riqueza que ha heredado de una generación anterior.*

risa *f.* *1.* Acción de reír. *2.* Sonido que produce la acción de reír: *Alma tiene una risa muy sonora que se escucha por toda la casa.*

risco *m.* Roca o peña grande, alta y con una pendiente: *Las cabras andan con facilidad entre los riscos debido a la particular forma de sus pezuñas.*

riscoso, sa *adj.* Relativo al lugar inclinado y lleno de rocas o peñas grandes: *No sé por qué Mateo quiere comprar ese terreno riscoso donde no se puede construir nada, ¿querrá criar cabras?*

ristra *f.* *1.* Trenza hecha con ajos o cebollas. *2.* Serie de cosas no materiales que van o se suceden una tras otra: *Le ha sucedido una ristra de desgracias desde que empezaron sus vacaciones; primero se enfermó, luego le robaron su dinero y al final lo acusaron de ladrón.*

ristre *m.* *1.* Hierro del peto de la armadura, en el que se afianzaba el cabo de la lanza para atacar. *2.* *loc.* **En ~,** actitud de levantar una lanza para atacar: *El caballero, con una armadura plateada y con su lanza en ristre, picó al caballo para que avanzara hacia el enemigo.*

risueño, ña *adj.* *1.* Que tiene la cara sonriente: *Elisa es una niña risueña que cae bien a mucha gente.* *2.* Propenso a reír: *Da gusto pasear con Romualdo porque es muy risueño y simpático.*

rítmico, ca *adj.* Que tiene ritmo: *La música caribeña es muy rítmica y se puede bailar.*

ritmo *m.* *1.* Orden armonioso de un conjunto de sonidos, un movimiento, una acción, etc. *2.* Orden y tiempo en la sucesión de algo: *Victoria va detrás de Bertha porque no puede caminar a su ritmo.* *3.* En el lenguaje, armonía entre los diferentes tipos de sílabas, en especial en un verso. *4.* En música, proporción de los tiempos: *Los bailarines danzan al ritmo de la música.*

rito *m.* *1.* Conjunto de ceremonias que se llevan a cabo en una religión. *2.* Costumbre o hábito. *3.* En algunas sociedades, acto o ceremonia mágica que se repite y está destinada a orientar una fuerza oculta hacia una acción determinada.

ritón *m.* En arqueología, vasija para beber en forma de cuerno o de cabeza de animal: *En el museo de arqueología vi un ritón del siglo v a. C. que tenía un adorno en forma de cabeza de cabra.*

ritual *adj.* Que se lleva a cabo según determinado rito: *Javier compró un disco de música ritual africana durante su viaje por Senegal.*

ritual *m.* *1.* Conjunto de ritos de una religión. *2.* Conjunto de comportamientos basados en la creencia.

rival *m.* y *f.* Quien compite con otro por una misma cosa: *Susana y José son rivales en el concurso de ajedrez que organiza la escuela.*

rivalidad *f.* Competencia por la misma cosa o persona: *La rivalidad tradicional entre esas dos universidades se demuestra en el juego anual de fútbol.*

rivalizar *vb. irreg.* {intr.} **Modelo 16.** Intentar igualar o sobrepasar a alguien: *Rafael rivaliza con Sergio por el amor de Ramona pero ella no le hace caso a ninguno de los dos.*

riyal *m.* Moneda de Arabia Saudita, país de Asia.

rizar *vb. irreg.* {tr. y prnl.} **Modelo 16.** Formar o formarse mechones de pelo en forma de onda: *Para ir al baile, Virginia se rizó el cabello y se puso un adorno en la cabeza.*

rizo *m.* Mechón de pelo en forma de onda.

rizófago, ga *adj.* Se refiere al animal que se alimenta de raíces.

rizoma *m.* Tallo horizontal y subterráneo de ciertas plantas: *Los lirios y otras plantas similares tienen rizomas.*

roast-beef *m.* Palabra inglesa. Ver rosbif.

róbalo o **robalo** *m.* Especie de pez marino comestible de hasta 1 m de longitud, de piel color gris con aspecto metálico. SIN. lubina.

robar *vb.* {tr. y prnl.} Quitar a alguien algo que le pertenece: *A Roberto le impusieron una multa por haber intentado robarse un libro de la biblioteca.*

robín *m.* Capa de herrumbre que se forma en los metales: *Cuando digo que el martillo tiene robín quiero decir que está oxidado.*

roble *m.* Árbol de gran tamaño y copa ancha, madera dura y fruto en bellota: *"¿Sabías que los robles llegan a vivir hasta mil años? Por eso se consideran símbolos de fortaleza."*

robledal o **robledo** *m.* Lugar poblado por robles.

robo *m.* Hurto, delito cometido por alguien que toma con violencia lo que no le pertenece: *Durante la época navideña hay robos a las casas que se quedan solas mientras sus dueños salen de vacaciones.*

robot *m.* Máquina de aspecto humano o que es capaz de realizar algunas funciones humanas: *Leonor sueña con el día en que un robot haga toda la limpieza de su casa.*

robótica *f.* Conjunto de teorías y técnicas destinadas al diseño, construcción y utilización de robots: *La robótica japonesa se distingue por manufacturar robots en miniatura.*

robustecer *vb. irreg.* {tr. y prnl.} **Modelo 39.** Hacer más fuerte o vigoroso: *El ejercicio es bueno porque robustece, por ejemplo Ángel se convirtió de niño flaco en un joven fuerte y saludable gracias a la natación.*

robusto, ta *adj.* Fuerte, resistente, de gran vigor: *Como Manuel es un joven robusto nos ayudó a cargar los muebles más pesados.*

roca *f.* *1.* Materia mineral que forma parte de la corteza terrestre. *2.* Piedra dura y sólida: *Los albañiles no pudieron seguir cavando el pozo porque se toparon con una gran roca que tuvieron que dinamitar.*

roce *m.* *1.* Acción de rozar o rozarse: *Aurora tiene la piel tan irritada por el sol que el mínimo roce con la ropa le duele.* *2.* Fam. Trato frecuente: *Todos los vecinos del edificio tenemos roce unos con otros y a veces nos juntamos para comer o para una fiesta.*

rochar *vb.* {tr.} Chile. Sorprender a alguien en alguna cosa prohibida.

rochela *f.* Colomb. y Venez. Bullicio, tumulto, alboroto.

rociada *f.* Hecho de arrojar o caer cosas esparcidas: *Todas las mañanas mi madre da una rociada de agua a sus plantas para que no pierdan humedad.*

rociador m. Instrumento que sirve para rociar: *Mis plantas están bonitas porque además de mojar la tierra les echo agua con un rociador que humedece todas sus hojas.*

rociar vb. irreg. {tr.} Modelo 9. Esparcir un líquido en pequeñas gotas sobre una superficie: *Si se rocía la ropa con agua antes de plancharla queda más lisa.* SIN. **salpicar.**

rocín m. Caballo de mala raza y de poca alzada o estatura: *El caballo de Don Quijote, que su dueño imaginaba como un fuerte corcel era en realidad un rocín.*

rocío m. Vapor que se condensa en la atmósfera en gotas muy menudas: *Muy temprano por la mañana es posible ver gotas de rocío en los pétalos de las flores.*

rock m. Palabra inglesa. **1.** Estilo musical derivado del jazz y del blues. **2.** Baile que se practica con la música llamada rock.

rococó adj./m. Estilo artístico europeo del siglo XVIII que se caracterizó por ser exagerado y amanerado en los adornos.

rocoso, sa adj. Abundante en rocas: *Esa playa tiene una parte rocosa es bonita pero no muy cómoda, y otra llena de arena donde podemos tomar el sol.*

rodaballo m. Pez marino de cuerpo aplanado y asimétrico de carne muy apreciada.

rodada f. Señal que deja impresa la rueda en el suelo al pasar: *Las rodadas de las bicicletas en la tierra prueban que por aquí pasaron los niños.*

rodado m. Argent., Chile, Urug. y Par. Cualquier vehículo de ruedas.

rodado, da adj. Relacionado con el tránsito de vehículos de ruedas.

rodaja f. Rebanada circular, rueda: *Edelmira le puso al pescado frito rodajas de limón como adorno.*

rodaje m. **1.** Acción de filmar un filme o película: *El rodaje del filme se iniciará cuando el director contrate a los actores.* **2.** Acción de hacer funcionar un motor nuevo para ajustarlo.

rodamiento m. Pieza que permite que gire un determinado dispositivo.

rodar vb. irreg. {tr., intr. y prnl.} Modelo 5. **1.** Dar vueltas un cuerpo alrededor de su eje: *El niño hizo rodar el juguete cuando tiró de la cuerda que estaba enrollada.* SIN. **girar. 2.** Moverse por medio de ruedas: *Las bicicletas se apoyan en dos neumáticos que ruedan cuando se mueven unos pedales.* **3.** Caer dando vueltas: *Por subir sin precaución Roberto se cayó de la escalera y rodó golpeándose en los escalones.* **4.** Llevar a cabo el rodaje de un filme: *Paulina está muy contenta porque pronto rodará su primer filme en el que actuarán artistas famosos.*

rodear vb. {tr., intr. y prnl.} **1.** Poner algo alrededor de una persona o cosa: *Para sujetar las flores el vendedor las rodeó con un papel y luego con un trozo de cordel.* **2.** Andar alrededor: *El gato rodeaba a sus dueños y maullaba mientras le preparaban la cena.* **3.** Dar un rodeo: *Rodearemos para llegar al hotel pues el camino principal está en reparación.*

rodeo m. **1.** Camino más largo o desvío de un camino recto: *Como no pudo pasar por esa calle inundada, Jesús tuvo que dar un rodeo para llegar a la escuela.* **2.** Forma indirecta de hacer o decir algo: *Ana es tímida, hace muchos rodeos antes de pedir algo.* **3.** Argent., Chi-

le y Urug. Acción de contar o separar el ganado. **4.** Fiesta de vaqueros donde se montan vaquillas, se hacen suertes con lazos, etc., similar a las fiestas mexicanas de charros. **5.** loc. pl. **Andarse** (alguien) **con rodeos,** no decir algo de manera directa: *"No te andes con rodeos y dime lo que piensas de mi nuevo vestido."*

rodilla f. Articulación del muslo con la pierna: *Cada vez que Martha dobla la pierna le truena la rodilla, porque una vez se cayó y le quedó lastimada.*

rodillazo m. Golpe dado con la rodilla o recibido en ella: *Cuando Francisco jugaba un partido de hockey le dieron un rodillazo en el estómago que lo dejó sin aire.*

rodillera f. Venda elástica que protege las rodillas: *Alberto no puede jugar sin rodillera desde que se lastimó la rodilla izquierda en un accidente.*

rodillo m. Cilindro de madera u otro material para diversos usos: *Con el rodillo extendió la masa, que luego cortó para hacer galletas.*

rodio m. Metal parecido al cromo, de símbolo químico Rh y número atómico 45.

rododendro m. **1.** Arbusto de montaña cultivado por sus flores que se usan como adorno. **2.** Flor de la planta llamada rododendro.

roedor, ra adj. Que roe: *Los ratones, ratas, castores y conejos son animales roedores.*

roedor, ra m. y f. Orden de mamíferos que poseen largos dientes incisivos para roer, como la rata: *Los roedores con frecuencia son perjudiciales para los cultivos.*

roer vb. irreg. {tr. y prnl.} Modelo 44. **1.** Cortar menuda y superficialmente con los dientes una cosa dura: *La perra royó y royó el cable del teléfono hasta que dejó los alambres pelados.* **2.** Desgastar poco a poco: *Después de tantos años, las ventanas de metal se royeron por estar al aire libre.*

rogar vb. irreg. {tr.} Modelo 19. **1.** Pedir a alguien alguna cosa como gracia o favor. **2.** Solicitar con súplicas: *A pesar de que Maribel les rogó a sus padres que la dejaran ir a la fiesta, no le dieron permiso.*

rogón, na adj./m. y f. Méx. Fam. Persona que ruega mucho: *Héctor ya le dijo que no quiere ser su novio pero la rogona de Josefina lo llama todos los días.*

roído, da adj. Carcomido, gastado: *"Creo que en esta casa hay un ratón, mira cómo están roídas las páginas de este libro."*

rojizo, za adj. Que se parece al color rojo: *"Mira esa tierra rojiza; con ella hacen las vasijas que vimos en el mercado."*

rojo m. Primer color del espectro solar: *Si al rojo le pones un poco de blanco, obtienes color rosado.*

rojo, ja adj. De color rojo: *La sangre es de color rojo.*

rolar vb. {intr.} **1.** Dar vueltas en círculos, sobre todo los barcos. **2.** Méx. Fam. Andar sin rumbo fijo: *Estuve rolando unos meses por Estados Unidos de Norteamérica y durante ese tiempo pude aprender inglés.*

rol m. **1.** Lista, nómina. **2.** Parte que se actúa: *Le dieron un rol pequeño en la obra de teatro porque era la primera vez que actuaba.* **3.** Función: *"¿Qué rol desempeña tu padre en la empresa donde trabaja?"*

rollizo m. Madero redondo sin corteza.

rollizo, za adj. Robusto y grueso: *El bebé de Guadalupe tiene piernas tan rollizas que le marcan unos hoyitos en las rodillas.*

ROL

RI

551

rollo *m.* **1.** Cilindro de cualquier material: *Hay que poner otro rollo de papel sanitario en el baño porque ya se acabó el que había.* **2.** Porción de cuerda, hilo, etc., acomodada dando vueltas alrededor de un eje central: *En esa industria de prendas de lana compran muchos rollos de estambre cada semana.* **3.** Carrete de película: *En la bodega del cine hay muchos rollos que contienen filmes famosos.* **4.** *Fam.* Persona o cosa pesada, aburrida: *A veces estudiar es un rollo, pero es importante hacerlo para aprender.* **5.** *Fam.* Discurso: *Para intentar convencerla Valentín le dijo a Estela un rollo que duró dos horas.*

ROM *f.* Abreviatura de *Read Only Memory* (memoria de sólo lectura) que designa en informática a la memoria cuya información no puede ser modificada una vez introducida en una computadora.

romana *f.* Balanza de dos brazos desiguales.

romance *adj.* Románico, se dice de las lenguas derivadas del latín: *Entre las lenguas romances se encuentran el español, el italiano, el catalán y el rumano.*

romance *m.* **1.** Idioma español. **2.** Composición poética con rima asonante en los versos pares. **3.** Aventura amorosa: *Dicen que de joven el señor Cardoso tuvo un romance con una mujer que ahora es actriz famosa.*

romancero *m.* Colección de romances.

románico, ca *adj.* **1.** Relativo a las lenguas derivadas del latín: *El español, el francés, el italiano y el portugués son lenguas románicas.* **2.** Relativo al arte que se desarrolló en Europa desde el siglo xi hasta el xiii: *Las iglesias románicas son pequeñas si se comparan con las iglesias góticas.*

romano, na *adj.* **1.** De Roma o del Imperio Romano: *El Imperio Romano llegó a dominar casi toda Europa.* **2.** De la Iglesia Católica.

romano, na *adj./m.* y *f.* Originario de Roma, Italia: *Las calles del centro de la ciudad romana son estrechas y sinuosas.*

romanticismo *m.* **1.** Movimiento intelectual y artístico surgido en Europa a fines del siglo xviii. **2.** Calidad de romántico, sentimental: *Eva dice que hacen falta elementos de romanticismo para que una relación se mantenga, por ejemplo que los novios manden flores.*

romántico, ca *adj.* **1.** Relativo al romanticismo: *El escritor alemán Goethe es uno de los más famosos escritores románticos de la literatura.* **2.** Sentimental: *Carmen anda muy romántica desde que un chico la visita todas las tardes.*

romántico, ca *m.* y *f.* Escritor, pintor, arquitecto, etc., que refleja el carácter del romanticismo.

romanza *f.* Canción de carácter sencillo y tierno.

rombo *m.* Cuadrilátero de lados iguales y con dos ángulos mayores que los otros dos.

romboide *m.* Paralelogramo cuyos lados, iguales dos a dos, no son perpendiculares.

romería *f.* **1.** Marcha que se hace a un santuario por devoción. SIN. peregrinación. **2.** Fiesta popular que se lleva a cabo junto a una ermita o santuario: *El día de la fiesta del santo del pueblo se organizó una romería en la plaza principal.*

romero *m.* Arbusto de hojas aromáticas y flores con tonos lilas y blancos: *Las hojas del romero se emplean en la fabricación de perfumes.*

romero, ra *m.* y *f.* Peregrino que va en romería: *Desde la Edad Media en Santiago de Compostela, en España,* pueden verse muchos **romeros** que van en peregrinación a ese lugar.

romo, ma *adj.* Sin punta, no afilado: *Los niños pequeños aprenden a cortar papel usando tijeras con punta roma que no es peligrosa para ellos.* SIN. chato.

rompecabezas *m.* **1.** Juego que consiste en componer determinada figura repartida en pedazos, a cada uno de los cuales hay una parte de la figura: *A Germán le gustan los rompecabezas muy complicados, ha armado algunos con más de mil piezas.* **2.** *Fam.* Cualquier cosa que resulta difícil de entender o resolver: *La policía se enfrentó con un rompecabezas por ese crimen tan misterioso.*

rompehielos *m.* Buque acondicionado para navegar entre agua con hielo: *Las autoridades utilizaron un rompehielos para quitar el hielo que había en el canal y que impedía el paso libre a los barcos.*

rompeolas *m.* Construcción levantada a la entrada de un puerto para protegerlo contra la fuerza del mar.

romper *vb.* (tr., intr. y prnl.) **1.** Hacer pedazos una cosa: *Con el choque se rompió el parabrisas del automóvil.* **2.** Separar con violencia las partes de un todo: *Como le urgía ver el contenido de la carta Irma rompió el sobre en lugar de cortarlo con cuidado por una esquina.* **3.** Hacer en una cosa, sobre todo en una prenda de vestir, un agujero o una abertura: *Había roto las rodillas del pantalón, pero ya les puso unos pedazos de tela que cubren los hoyos.* **4.** En el mar, deshacerse las olas en espuma: *Las olas rompen con fuerza en el muelle.* **5.** Empezar aquello que se expresa: *Fernando estaba muy triste por la muerte de su perro y al recordarlo rompió en llanto.* **6.** Interrumpir una amistad, relación, noviazgo, etc.: *Se iban a casar pero rompieron una semana antes de la boda porque Susana le dijo a Daniel que no lo amaba.*

rompible *adj.* Que puede romperse: *Los vasos de vidrio son más rompibles que los vasos de plástico.* ANT. irrompible.

rompimiento *m.* Hecho de terminar alguna amistad o relación entre personas, países, etc.: *Ricardo está muy triste desde su rompimiento con Nora.*

rompope *m.* *Amér. C.* y *Méx.* Bebida alcohólica suave hecha con aguardiente, huevos, leche, azúcar y vainilla: *Los adultos brindaron por los novios con champaña y los niños con una copa de rompope.*

ron *m.* Bebida alcohólica obtenida de la caña de azúcar: *Cuba es un importante productor de ron a nivel mundial.*

roncar *vb. irreg.* (intr.) **Modelo 17.** Hacer un sonido ronco al respirar mientras se duerme: *¡Mi papá ronca tan fuerte que a veces no deja dormir a mi mamá!*

roncear *vb.* (tr.) *Argent.* y *Chile.* Mover una cosa de un lado a otro ladeándola con las manos o por medio de palancas.

roncha *f.* Bulto pequeño que sale en la piel: *Betty no puede comer camarones porque le salen ronchas en las piernas y los brazos.*

ronco, ca *adj.* **1.** Que padece ronquera o que tiene la voz grave y áspera: *El maestro no pudo dar la clase ayer porque estaba ronco y casi no podía hablar.* **2.** Se dice de la voz o sonido áspero y bronco: *Cuando Carlos era niño tenía la voz aguda, pero al llegar a la adolescencia su voz se volvió ronca y grave.*

ronda f. 1. Grupo de muchachos que canta por las calles. Sin. **rondalla**. 2. Paseo, calle o carretera que rodea una ciudad. 3. Cada serie de cosas que consume un grupo de personas: *En el restaurante Daniel pagó la ronda de cafés y Paco pagó la ronda de galletas para todos.*

rondador m. Instrumento musical de Ecuador, similar a una flauta recta.

rondalla f. Grupo de muchachos que toca y canta por las calles. Sin. **ronda**.

rondar vb. (tr. e intr.) 1. Andar de noche vigilando o paseando: *El policía que ronda en mi barrio descubrió a un ladrón que estaba a punto de entrar en una casa.* 2. Pasear los muchachos por las calles donde viven las chicas a las que cortejan o enamoran. 3. Dar vueltas alrededor de una cosa: *La idea de mudarse a otro lugar rondó a Laura por mucho tiempo y finalmente se decidió y ya no vive aquí.*

rondín m. 1. *Bol.* y *Chile.* Individuo que ronda de noche para vigilar. 2. Ronda militar para vigilar: *El soldado terminó su rondín nocturno por el campamento sin novedad, es decir, tranquilamente.*

ronquera f. Padecimiento de la laringe que hace rasposo y grave el timbre de la voz: *Claudia tiene tal ronquera que no reconocí su voz cuando me llamó por teléfono.*

ronquido m. Ruido que se hace al roncar: *Al dormir Rodolfo produce horribles ronquidos que con frecuencia despiertan a sus hermanos.*

ronrón m. 1. *Amér. C.* Planta de propiedades medicinales. 2. *Amér. C.* Especie de escarabajo.

ronronear vb. (intr.) Emitir el gato cierto sonido ronco: *Cuando los gatos ronronean, parece que les funcionara un pequeño motor dentro.*

ronroneo m. Ruido que producen los gatos cuando están contentos: *Con el gato encima de mis piernas no sólo escuchaba su ronroneo, sino que sentía las vibraciones de su garganta.*

roña f. 1. Mugre en forma de capa que se pega sobre alguna superficie. 2. Enfermedad de la piel que produce comezón: *Se dieron cuenta de que tenía roña porque se rascaba mucho todo el cuerpo.*

roña m. y f. *Fam.* Persona a quien no le gusta gastar dinero. Sin. **tacaño**.

roñoso, sa adj. 1. *Desp.* y *Fam.* Se dice de quien es sucio. 2. *Desp.* y *Fam.* Tacaño, avaro. 3. *Ecuad.* y *Méx.* Áspero, sin pulimento: *Antes de armar la mesa tienes que lijar las tablas pues están roñosas y raspan.*

ropa f. 1. Cualquier prenda de tela: *En el centro abrieron una nueva tienda donde sólo venden ropa para mascotas.* 2. Prenda de vestir: *Irma tiene debilidad por la ropa de seda.* 3. loc. ~ **blanca**, la de uso doméstico, como sábanas y toallas. 4. loc. ~ **interior**, conjunto de prendas que se llevan debajo del vestido o del traje exterior: *Preparó su equipaje pero olvidó guardar la ropa interior, ahora que está en otra ciudad tendrá que ir a comprar calzones y camisetas nuevas.*

ropaje m. 1. Vestido elegante usado en ocasiones y ceremonias solemnes: *En las fiestas del rey todos los invitados lucían ropajes de la mejor calidad.* 2. Conjunto de ropas: *Para la mudanza Estefanía guardó su ropaje en cajas de cartón porque las maletas fueron insuficientes.*

ropavejero, ra m. y f. Persona que tiene por oficio comprar y vender ropa, baratijas y otras cosas usadas.

ropero adj./m. 1. Armario o habitación en la que se guarda ropa: *A Felisa le gusta guardar pastillas de jabón en su ropero para que su ropa huela bien.* Sin. **armario**. 2. *Méx.* y *R. de la P. Fam.* Persona muy corpulenta, grande y gruesa: *El novio de Renata es un ropero que mide 1.90 metros y pesa como 120 kilos.*

ros m. Gorro militar duro, más alto por delante que por detrás y con visera.

rosa adj. 1. De color rojo muy claro, parecido al de la rosa común: *Las rosas son de color rosa, pero también las hay color amarillo, blanco y rojo.* 2. loc. **Novela** ~, género literario en el que el amor triunfa a pesar de todas las adversidades.

rosa f. Flor del rosal: *Las rosas amarillas son más raras y costosas que las blancas.*

rosa m. *Amér.* Color que se obtiene de la combinación del rojo y el blanco.

rosado, da adj. Relativo al color rosa: *Me dio un poco el sol y mis mejillas pálidas se pusieron rosadas.*

rosal m. Arbusto espinoso cultivado por sus flores bellas y aromáticas: *En el jardín frente a su casa Edith tiene dos rosales, uno da rosas blancas y el otro da rosas rojas.*

rosaleda o **rosalera** f. Sitio plantado de rosales: *En ese parque hay una rosaleda muy grande donde crecen rosas blancas, rojas, amarillas y rosadas.*

rosario m. 1. Rezo de la Iglesia Católica: *Rezaron un rosario diariamente durante nueve días para pedir a Dios por el alma de su pariente muerto.* 2. Serie de cuentas usada para el rezo llamado rosario: *Victoria heredó de su abuela un rosario de fina madera.* 3. Serie o sucesión de cosas: *En cuanto llegó soltó un largo rosario de explicaciones por su tardanza.*

rosbif m. **Palabra de origen inglés.** Trozo de carne de buey o de vaca cocinado de modo que el interior queda algo crudo: *Las rebanadas de rosbif se ven rosadas en el centro y color marrón en los bordes.*

rosca f. 1. Máquina compuesta de tornillo y tuerca. 2. Cualquier cosa redonda que se cierra en forma de aro o círculo dejando en medio un espacio vacío. 3. Pan que tiene forma de rosca: *En algunos países el 6 de enero se come un delicioso pan dulce llamado Rosca de Reyes.* 4. loc. *Méx. Fam.* **Hacerse** ~, hacerse el disimulado, hacerse tonto: *En el momento que todos debíamos pagar la cuenta en el restaurante Romualdo se hizo rosca y no pagó su comida.*

rosedal m. *Argent.* y *Urug.* Sitio plantado de rosales. Sin. **rosaleda**.

rosetón m. 1. Cualquier adorno parecido a una flor, de forma redonda. 2. En arquitectura, gran ventana circular cerrada por vidrieras: *Las catedrales góticas tienen grandes rosetones con vitrales, por donde entra la luz de colores.*

rosquilla f. Bollo o pan dulce en forma de rosca pequeña, con un hoyo en el centro: *En las series de televisión estadounidenses los policías siempre toman rosquillas con café.* Sin. **dona**.

rosticería f. *Chile, Méx.* y *Nicar.* Lugar público donde se asan y venden pollos.

rostro m. 1. Cara, semblante humano: *Desde joven Francisco ha tenido el rostro lleno de pecas.* 2. Pico del ave: *El rostro del albatros es largo y curvo en la punta.*

rotación f. Acción y efecto de rodar o girar, de moverse sobre el eje: *Por el movimiento de rotación de la Tierra tenemos noche y día.*

rotar vb. [intr.] Cambiar de lugar, rodar: *Es importante rotar los neumáticos de un automóvil poniendo los de atrás, adelante para que su desgaste sea parejo y así duren más.*

rotativa adj./f. Máquina que imprime un diario, cuyo movimiento rotatorio permite una gran velocidad de impresión.

rotativo, va adj. Que rota: *El trabajo de vendedor de dulces durante el descanso es rotativo pues todos los alumnos de la escuela deben hacerlo en algún momento.*

rotisería f. Argent., Chile y Urug. Tienda donde se venden fiambres, carnes asadas, vinos, etc.

roto, ta adj. Quebrado, con una rajada o desgarrón: *Después de la caída Mirta se dio cuenta de que tenía la blusa rota a causa del tirón.*

roto, ta m. y f. 1. Persona que lleva la ropa desgarrada. 2. Chile. Individuo de clase baja. 3. Chile. Maleducado.

rotonda f. 1. Edificio o sala de forma circular. 2. Plaza circular: *Los héroes de la patria están sepultados en la rotonda de los hombres y mujeres ilustres del cementerio.*

rotoso, sa adj. Amér. Merid. Se dice de quien lleva la ropa desgarrada. SIN. **harapiento.**

rotoso, sa m. y f. Chile. Desp. Persona de baja condición cultural o social.

rótula f. Hueso aplanado y móvil de la rodilla: *Amado tuvo un accidente en la bicicleta en el que se fracturó la rótula, por eso ahora trae un yeso que no le permite doblar la pierna.*

rotulador m. Instrumento para escribir o dibujar, con punta de material poroso que se impregna de tinta. SIN. **marcador, resaltador.**

rótulo m. Cartel que anuncia o indica algo: *La tienda de ropa tiene un gran rótulo que dice "La moda de Antonio" pintado con letras rojas.*

rotundo, da adj. Categórico, sin discusión: *El muchacho supo que la negativa de su padre para que fuera a la fiesta fue rotunda, por eso no insistió más.*

rotura f. Acción y efecto de romper o romperse: *La caída que sufrió Martín cuando estaba aprendiendo a esquiar le ocasionó varias roturas de huesos.*

roturar vb. [tr.] Arar por primera vez las tierras que nunca antes se han cultivado.

rouge m. Palabra francesa. 1. Lápiz grasoso que usan las mujeres para pintarse los labios. 2. Chile. Maquillaje que se pone en las mejillas. SIN. **colorete.**

round m. Palabra inglesa. En el boxeo, cada uno de los episodios de tres minutos en que se divide una pelea: *Durante el encuentro de boxeo el campeón del mundo venció al contrincante en el tercer round.*

roya f. Enfermedad provocada por hongos que afecta sobre todo a los cereales: *Hay roya en este plantío pues los tallos y las hojas tienen manchas amarillas.*

rozadura f. 1. Herida superficial de la piel producida por el roce con alguna superficie áspera o puntiaguda: *Al cruzar Ulises la cerca de alambre se hizo algunas rozaduras en las piernas, por eso se le ven esas marcas como de arañazo de gato.* 2. Fam. Especie de quemadura producida en la piel de los bebés por contacto prolongado con la humedad del pañal.

rozamiento m. 1. Disgusto ligero entre dos personas. 2. Resistencia que se opone a la rotación o al deslizamiento de un cuerpo sobre otro.

rozar vb. irreg. [tr., intr. y prnl.] **Modelo 16. 1.** Tocar ligeramente una persona o cosa a otra: *Ramiro le dio un beso tan rápido a María que apenas alcanzó a rozarle la mejilla.* 2. Lastimarse la piel: *Los bebés se rozan con mucha facilidad porque su piel es muy delicada.*

rozón m. Roce ligero: *No fue un choque fuerte, el autobús sólo le dio un ligero rozón a la portezuela del automóvil de mi padre.*

ruana f. Colomb., Ecuad. y Venez. Especie de poncho: *Mi amigo me trajo una bella y caliente ruana desde Quito para que me abrigue cuando haga frío.*

ruano adj./m. Argent. y Urug. Se dice del caballo alazán con crin y cola de color más claro.

rubéola o **rubeola** f. Enfermedad contagiosa producida por un virus, que provoca la aparición de manchitas rojas en la cara y el cuerpo: *Hubo una racha de rubéola en la escuela y todos los niños se enfermaron.*

rubí m. Piedra preciosa de color rojo vivo: *Los rubíes del collar de la sultana están considerados como los más caros del mundo.*

rubicundo, da adj. 1. Rubio con tonos rojos. 2. De aspecto saludable: *La orgullosa madre nos mostró un bebé rubicundo y hermoso.*

rubidio m. Metal parecido al potasio, aunque más pesado, de símbolo Rb y número atómico 37.

rubio, bia adj. Del color del oro: *Las rubias mieses se mecían al viento esperando ser cosechadas.*

rubio, bia m. y f. Persona que tiene el pelo de color dorado: *Alejandro llegó a la fiesta con una rubia de ojos azules muy alta que resultó ser sueca.*

rublo m. Unidad monetaria de Rusia, Estonia, Georgia y otros países.

rubor m. 1. Color que sube al rostro por vergüenza: *Cuando la gente le dice que está muy guapa, a Alejandra se le sube el rubor a la cara.* 2. Vergüenza. 3. Méx. Maquillaje que se pone en las mejillas para que se vean rosadas.

ruborizar vb. irreg. [tr. y prnl.] **Modelo 16.** Provocar que el rostro se ponga rojo por vergüenza: *Eva se ruborizó cuando el chico que le gusta la invitó a salir.*

rúbrica f. Especie de garabato siempre igual que al firmar acompaña el nombre de alguien.

rubricar vb. irreg. [tr.] **Modelo 17. 1.** Poner uno su rúbrica, su firma: *El notario le pidió al señor que nos vendió la casa rubricar cada una de las páginas de las escrituras.* 2. Apoyar o confirmar algo que otro dijo.

rubro m. 1. Amér. C. y Amér. Merid. Título o rótulo: *Estaba buscando en un libro la receta de galletas de chocolate y la encontré en el rubro de "Postres".* 2. Amér. Merid. y Méx. Conjunto de artículos de consumo de un mismo tipo: *En el inventario que hicimos en la tienda pusimos los cosméticos en el rubro de perfumería.*

ruca f. Argent. y Chile. Cabaña indígena, choza.

ruco, ca adj./m. y f. 1. Amér. C. Viejo, inútil, en particular referido a las caballerías. 2. Méx. Fam. Desp. Relativo a la persona de edad, a los ancianos: *La ruca de la casa de la esquina no quiso devolverme mi balón, porque dijo que ya estaba cansada del ruido que hacíamos.*

ruda *f.* Planta herbácea de olor fuerte y dulzón y flores amarillas con tonos verdes que se utiliza en perfumería y medicina.

rudeza *f.* Calidad de rudo: *Joaquín regañó a su hijo con una rudeza que no era necesaria, pues hubiera bastado con que le explicara todo de manera tranquila.*

rudimentario, ria *adj.* Simple, poco desarrollado: *Los países latinoamericanos tienen una tecnología rudimentaria comparada con la de los países desarrollados.*

rudo, da *adj.* **1.** Tosco, áspero, duro: *Esta blusa es de tela ruda, prefiero comprar una de tela suave como el algodón.* **2.** Grosero, descortés, sin educación ni delicadeza. **3.** Violento, agresivo: *El luchador rudo arrojó a su rival sobre el público.*

rueca *f.* Utensilio con una rueda que sirve para hilar: *La Bella Durmiente se picó el dedo con el huso de una rueca y durmió durante cien años.*

rueda *f.* **1.** Pieza circular que gira alrededor de un eje: *La invención de la rueda fue importantísima para el inicio del transporte.* **2.** Círculo: *Las niñas formaron una rueda, se tomaron de las manos y empezaron a caminar de un lado a otro acompañándose con canciones.* **3.** Rodaja de algunas frutas, carnes o pescados: *Comí una rueda de pescado acompañada con ensalada.*

ruedo *m.* **1.** Espacio destinado a torear en las plazas de toros: *El primer toro de la tarde salió con gran energía al ruedo, sin saber lo que le esperaba.* **2.** Borde de una cosa redonda: *Adornaré el ruedo de mi falda con unas flores bordadas.* **3.** Círculo formado por personas.

ruego *m.* Súplica, petición que se hace con deseo de obtener algo: *¡Tantos ruegos a la madre para que no la castigara y al final Herminia no consiguió nada!*

rufián *m.* Hombre despreciable, malvado, que engaña y estafa: *Dicen que el dueño de esa tienda es un rufián así que no conviene comprar nada allí.*

rugby *m.* **Palabra inglesa.** Deporte que se practica con un balón ovalado que se impulsa con manos y pies: *El rugby es un juego que tiene características del fútbol soccer y del fútbol americano.*

rugido *m.* **1.** Ruido que emiten los felinos grandes: *El león estaba tranquilo pero de vez en cuando lanzaba un rugido de advertencia para que nadie se le acercara.* **2.** Sonido fuerte, parecido al rugir de una fiera, producido por el mar o el viento: *El rugido del viento anunció la tormenta.*

rugiente *adj.* Que ruge: *En el zoológico, un tigre rugiente y nervioso daba vueltas de un lado a otro de su jaula.*

rugir *vb. irreg.* [intr.] **Modelo 61. 1.** Producir un sonido ronco y fuerte el león, el tigre y otros animales: *Cuando los leones rugen atemorizan a otros animales.* **2.** Emitir gritos y voces una persona muy enojada: *Como se quemó el guiso que estaba preparando para la reunión mi madre rugía de ira.*

rugoso, sa *adj.* Que tiene arrugas: *Cuando hace mucho frío mis manos se ponen rugosas porque se resecan.*

ruido *m.* Sonido irregular, confuso y no armonioso: *Los padres siempre opinan que a sus hijos les gusta el ruido, no la música.*

ruidoso, sa *adj.* Se dice de la persona o cosa que hace mucho ruido: *Los cachorros de mi perra son ruidosos y casi toda la noche se la pasan jugando y ladrando.*

ruin *adj.* **1.** Vil, despreciable: *Robar es una acción ruin porque daña a otras personas.* **2.** Avaro, tacaño: *Ese*

hombre rico nunca regala nada porque es una persona ruin que sólo piensa en guardar su dinero.

ruina *f.* **1.** Hecho de destruirse algo: *La vieja carretera se ha convertido en una ruina desde que construyeron la nueva.* **2.** Pérdida de los bienes: *La familia se vio sumida en la ruina después de que el padre se quedó sin trabajo.* **3.** *pl.* Conjunto de restos de una construcción destruida: *En Guatemala se encuentra Tikal que son unas ruinas prehispánicas que pertenecieron a los mayas.* **4.** *loc.* **En ruinas,** en muy mal estado: *La casa cercana al mercado ya está en ruinas, pues hace mucho tiempo que nadie vive en ella.*

ruindad *f.* Hecho ruin, despreciable: *En el programa de televisión que vi ayer los hijos cometen la ruindad de no ocuparse de su madre enferma, después de todos los esfuerzos que hizo por ellos.*

ruiseñor *m.* Ave de plumaje color pardo con tonos rojos y canto melodioso: *Según el cuento el emperador chino sanó cuando volvió a escuchar el canto del ruiseñor natural, no del ruiseñor mecánico.*

rulemán *m. Argent. y Urug.* Pieza que funciona como cojinete: *Mi papá y yo hicimos un carrito de madera con rulemanes como ruedas.*

rulenco, ca *adj. Chile.* Flaco y débil, referido tanto a personas como a animales.

rulero *m. Amér. Merid.* Rulo, cilindro para rizar el pelo. SIN. **tubo.**

ruleta *f.* **1.** Juego de azar en el que el ganador es designado por una bola que gira sobre una rueda con casillas numeradas. **2.** *loc.* ~ **rusa,** juego suicida en el que dos o más personas se disparan por turnos con un revólver que tiene sólo una bala, hasta que una de ellas muere.

ruletear *vb.* [intr.] *Méx. y Venez. Fam.* Conducir un taxi.

ruletero, ra *m. y f.* **1.** *Méx. y Venez. Fam.* Taxi: *Evaristo tiene un ruletero que maneja todos los días para mantener a su familia.* **2.** *Méx. y Venez. Fam.* Persona que conduce un taxi: *Los ruleteros deben conocer muchos nombres de calles y avenidas de la ciudad donde trabajan.* SIN. **taxista.**

rulo *m.* **1.** Rizo de cabello: *De niña Marisol tenía la cabeza cubierta de rulos pero su cabello se volvió liso cuando creció.* **2.** Cilindro hueco para rizar el cabello: *Isabel se pone rulos después de lavarse el pelo porque le gusta tener rizos.* SIN. **tubo, rulero. 3.** *Chile.* Tierra seca o sin riego.

rumano *m.* Lengua románica hablada en Rumania: *El rumano es un idioma de la misma familia lingüística que el español, el italiano y el francés.*

rumano, na *adj./m. y f.* Originario de Rumania, país de Europa Oriental: *Vlad Tepes, un sanguinario noble rumano, fue en quien se inspiró el personaje Drácula de la novela de Bram Stoker.*

rumba *f.* Baile popular cubano de origen africano y música de este tipo.

rumbear *vb.* [intr.] **1.** *Amér.* Orientarse, tomar un rumbo. **2.** Bailar la rumba.

rumbero, ra *m. y f.* Persona que baila, canta o toca la rumba: *En los filmes mexicanos de los años cincuenta actuaban muchas rumberas que bailaban ritmos tropicales.*

rumbo *m.* Dirección que se sigue al andar o navegar: *Los Chávez salieron esta mañana a vacacionar rumbo al norte del país.*

rumboso, sa *adj. Fam.* Desprendido, generoso: *Como Fabiola es su única hija, don Polo le organizó una* **rumbosa** *fiesta de bodas.*

rumia *f.* Tipo de digestión de los rumiantes en que almacenan en la panza la hierba no masticada, la regurgitan o regresan a la boca para triturarla, y la llevan a las otras partes de sus estómagos, llamadas libro y cuajar.

rumiante *adj./m.* Mamífero herbívoro que tiene el estómago dividido en tres o cuatro cavidades, como el camello: *Las vacas y las cabras son* **rumiantes** *que están masticando todo el día.*

rumiar *vb.* (tr.) **1.** Acción de masticar por segunda vez los alimentos los animales llamados rumiantes: *Los ciervos* **rumian** *la comida todo el día.* **2.** *Fam.* Considerar o pensar algo de forma cuidadosa: *Ambrosio se quedó en su casa a* **rumiar** *qué decisión debía tomar respecto a cuál carrera seguir.*

rumor *m.* **1.** Noticia no confirmada, ya sea verdadera o no: *Ha corrido el* **rumor** *de que el famoso tenor perdió su privilegiada voz.* SIN. **chisme. 2.** Ruido sordo y continuado: *El* **rumor** *de las conversaciones entre el público se acabó en cuanto empezó el concierto.*

rumorar o **rumorear** *vb.* (intr. y prnl.) Difundir rumores u opiniones no confirmadas: *Se* **rumora** *que el presidente sufrió un infarto, pero la noticia no se ha dado a conocer de manera oficial.*

rumoroso, sa *adj.* Que hace un ruido suave: *Desde la ventana de la cabaña se escuchaba correr el río* **rumoroso** *que daba descanso al espíritu.*

runa *f. Argent.* y *Bol.* Papa pequeña que necesita mucho tiempo para cocerse.

runrún *m.* **1.** *Fam.* Rumor, ruido confuso: *Mi mamá dice que ya llegó el* **runrún** *de que el director de la escuela va a renunciar.* **2.** *Argent., Colomb., Chile* y *Perú.* Juguete que se hace girar para que produzca un zumbido.

rupestre *adj.* Relativo a las rocas: *En las cuevas de Altamira, en España, hay unas pinturas* **rupestres** *muy antiguas y famosas.*

rupia *f.* Moneda de la India, Indonesia y otros países.

ruptura *f.* Acción y efecto de romper o romperse: *Afortunadamente la* **ruptura** *de las pláticas de paz entre esos dos países no duró mucho tiempo y ahora ya las reanudaron.*

rural *adj.* Relativo al campo: *La vida urbana (de las ciudades) es muy distinta a la* **rural** *(del campo).*

ruso *m.* Lengua hablada en Rusia: *El* **ruso** *se escribe con el alfabeto llamado cirílico.*

ruso, sa *adj./m.* y *f.* Originario de Rusia, país que se extiende por Europa Oriental y Asia del Norte.

rústico, ca *adj.* **1.** Relativo al campo: *Los campesinos que saludé viven en unas cabañas* **rústicas** *en la parte baja de la montaña.* **2.** Tosco, persona que no tiene cultura o educación: *Ese hombre es un* **rústico** *que no está acostumbrado a tratar con la gente.* **3.** No muy trabajado ni sofisticado: *David compró una cama* **rústica** *que no es elegante pero está cómoda.*

rústico, ca *m.* y *f.* Persona del campo: *Una vez al mes los* **rústicos** *vienen a mi pueblo para vender verduras, miel y quesos.*

ruta *f.* Camino establecido para un viaje, expedición, etc.: *El grupo de turistas tomó la* **ruta** *más larga hacia la montaña porque por ahí el paisaje se ve espectacular.*

rutenio *m.* Metal perteneciente al grupo del platino, de símbolo Ru y número atómico 44.

rutherfordio *m.* Elemento químico de símbolo Rf y número atómico 104.

rutilar *vb.* (intr.) Brillar mucho, resplandecer: **Rutilar** *es un verbo que se utiliza sobre todo cuando se escribe poesía.*

rutina *f.* Costumbre de hacer cosas siempre de la misma forma aunque pueda o deba cambiarse esta costumbre: *Su* **rutina** *de cada mañana es bañarse, vestirse, desayunar y salir a trabajar.*

rutinario, ria *adj./m.* y *f.* Que se hace por costumbre o por rutina: *"Me aburre la vida* **rutinaria** *que llevo, tengo ganas de algo diferente: un viaje, una mudanza, un cambio..."*

Ss

s *f.* Vigésima letra del abecedario español. Su nombre es *ese.*

sábado *m.* Sexto día de la semana, empezando a contar a partir del lunes: *El sábado me voy a la playa y regreso el domingo en la noche para ir a la escuela el lunes.*

sabana *f.* Espacio natural extenso con pocos árboles y vegetación formada por hierbas y arbustos: *En la sabana africana viven cebras, leones, elefantes y otros animales.* SIN. **planicie, llano, llanura.**

sábana *f.* Pieza o lienzo de tela que se usa como ropa de cama: *Con la sábana de abajo se cubre el colchón, y con la de arriba se tapa la persona que va a dormir.*

sabandija *f.* **1.** Animal pequeño que resulta asqueroso o molesto: *Durante las noches de verano algunas sabandijas entran a la habitación atraídas por la luz.* **2.** *Desp. Fam.* Persona de malas costumbres con quien no se quiere convivir: *"No sé por qué sales con esa sabandija que te engaña con otra muchacha."*

sabañón *m.* Inflamación acompañada de picor que produce el frío en pies, manos y orejas.

sabat *m.* Según la ley de Moisés, día de descanso obligatorio y consagrado a Dios, que va de la noche del viernes a la noche del sábado de cada semana.

sabático, ca *adj.* **1.** Relativo al sábado. **2.** Relativo al sabat. **3.** *loc.* **Año ~,** año de descanso que tienen los investigadores de las universidades cada seis años: *Durante el año sabático los investigadores cobran su sueldo pero no tienen la obligación de ir al lugar de trabajo, sino que laboran en el sitio que escojan o en su casa.*

sabelotodo *m.* y *f. Fam.* Persona que cree tener siempre una respuesta para todo porque piensa que sabe mucho: *Rubén es un sabelotodo que no desaprovecha ocasión para presumir sus supuestos conocimientos.* SIN. **sabihondo.**

saber *m.* Sabiduría, conocimiento firme: *Es grande el saber de mi maestro pues ha estudiado toda su vida.* SIN. **sabiduría.**

saber *vb. irreg.* [tr. e intr.] Modelo 36. **1.** Tener conocimientos sobre alguna materia o sobre muchas en general: *Jacinto sabe hablar francés, inglés y alemán porque ha estudiado estos idiomas durante varios años y le gustan mucho.* SIN. **dominar, entender.** ANT. **ignorar. 2.** Conocer una cosa, poder hacerla: *Elena no sabe cómo llegar a casa de su amiga porque siempre la ha llevado su mamá.* ANT. **ignorar, desconocer. 3.** Tener noticias de alguien o algo: *Supe sobre los problemas en el Medio Oriente al leer el diario.* SIN. **informarse, enterarse, conocer.** ANT. **ignorar, desconocer. 4.** Tener capacidad para hacer algo: *Ricardo no sabía andar*

en bicicleta pero ya aprendió después de mucha práctica. SIN. **dominar. 5.** Tener algo determinado sabor: *Este helado sabe a chocolate.* **6.** *loc.* **A ~,** es decir, por ejemplo: *Para aprobar el curso el alumno tiene que responder a varios exámenes, a saber: matemáticas, física y química.*

sabido, da *adj.* Se dice de lo que ya se sabe: *Es sabido que las aves y los reptiles nacen de un huevo.*

sabiduría *f.* **1.** Conocimiento profundo y sólido en ciencias, letras o artes: *La sabiduría no sólo se obtiene estudiando mucho, también viajando y visitando museos.* SIN. **erudición, cultura.** ANT. **ignorancia. 2.** Prudencia, hecho de saber qué hacer en diferentes situaciones: *La sabiduría nace del trato con otras personas y de las experiencias bien aprovechadas.*

sabiendas. A ~, *loc.* De un modo cierto o consciente: *Braulio me regaló unas botas el día de mi cumpleaños a sabiendas de que me encanta tener muchos pares de zapatos.*

sabihondo, da o **sabiondo, da** *adj./m.* y *f. Fam.* Se aplica a la persona que presume de saber mucho pero que en realidad no sabe tanto. SIN. **sabelotodo.**

sabio, bia *adj./m.* y *f.* **1.** Se dice del que es sensato o de la cosa hecha con sensatez: *Con sus palabras sabias, el jefe tranquilizó a la gente asustada por la erupción del volcán.* SIN. **prudente, cuerdo.** ANT. **necio. 2.** Se aplica a quien posee un conocimiento profundo en ciencias, letras o artes: *La maestra Orozco es una mujer sabia de quien sus alumnos aprenden algo nuevo cada día.* SIN. **culto, instruido.** ANT. **ignorante.**

sablazo *m.* **1.** Golpe dado con el sable y herida que este golpe produce: *El pirata recibió un sablazo profundo en la pierna y perdió mucha sangre.* **2.** *Fam.* Hecho de obtener con maña dinero de otro: *"Ten cuidado con Pedro pues sólo busca la oportunidad para darte un sablazo, hace seis meses me pidió dinero y todavía no me lo paga."*

sable *m.* Arma blanca un poco curva parecida a la espada pero con un solo filo.

sablear *vb.* [intr.] *Fam.* Pedir dinero a otro, ya sea prestado o regalado: *Mi abuelita ya se cansó de que yo la sablee y me dijo que si quiero dinero debo ayudarle con la limpieza de la casa.*

sabor *m.* Sensación que una cosa produce al meterla en la boca: *Percibimos el sabor de la comida y de la bebida con el sentido del gusto.* SIN. **gusto.**

saborear *vb.* [tr. y prnl.] Disfrutar del sabor de algo de manera lenta: *El niño saborea su postre en lugar de comérselo rápido porque le gusta disfrutarlo.* SIN. **gustar.**

sabotaje *m.* **Palabra de origen francés.** Ejecución defectuosa de un trabajo o destrucción de instalaciones

557

SAB

o máquinas como procedimiento de lucha o de protesta: *La falta de transporte público se debe a un sabotaje organizado por los chóferes como protesta por una injusticia cometida contra un compañero.* SIN. **daño, estrago.**

sabotear *vb.* {tr.} Impedir que un trabajo o una actividad se lleve a cabo de manera normal, maltratando la maquinaria o las instalaciones en las que se hace: *Los obreros dicen que sabotearán la producción si no obtienen el aumento de sueldo.* SIN. **dañar, averiarse, destruir.**

sabroso, sa *adj.* Se aplica a lo que resulta agradable al sentido del gusto: *La comida estaba tan sabrosa que la pedí un poco más a mi madre.* SIN. **delicioso.** ANT. **insípido.**

sabueso *m.* **1.** Perro de olfato y oído muy finos: *Los sabuesos persiguieron al zorro durante la cacería.* **2.** *Fam.* Persona que tiene gran habilidad para investigar crímenes y seguir las pistas para localizar delincuentes: *El sabueso seguía de cerca al ladrón y sólo fue cuestión de horas para que lograra atraparlo.* SIN. **detective.**

sabueso, sa *adj.* Se dice de un tipo de perro que tiene olfato y oído muy finos: *Para encontrar a la persona que se perdió en el bosque se necesitarán varios perros sabuesos que sigan su rastro.*

saca *f.* Bolsa grande, más larga que ancha, hecha de tela fuerte y rústica: *La saca se usa para transportar la correspondencia.*

sacacorchos *m.* Instrumento formado por un mango y una punta con forma de espiral, que sirve para quitar los tapones de corcho que cierran las botellas: *Cuando fuimos a comer al campo no pudimos abrir la botella de vino porque olvidamos el sacacorchos, así que bebimos agua.*

sacapuntas *m.* Instrumento con una navaja en el que se introduce la punta del lápiz para afilarlo: *Hay sacapuntas pequeños que pueden llevarse a la escuela y hay sacapuntas de escritorio que tienen varias navajas.*

sacar *vb. irreg.* {tr.} **Modelo 17. 1.** Hacer salir algo o a alguien fuera del lugar o situación en que estaba: *Saqué los pantalones que ya no uso y los regalaré a los niños pobres.* SIN. **extraer.** ANT. **meter, devolver, poner. 2.** En matemáticas, resolver un problema, operación, etc.: *Dorotea sacó la cuenta para saber cuánto había gastado en el mercado.* **3.** Conseguir, obtener: *El aceite de olivo se saca de las aceitunas.* SIN. **obtener, extraer. 4.** Dar a conocer algo que había estado oculto: *Teresa sacó sus cualidades de cantante durante la fiesta y nos deleitó con su hermosa voz.* SIN. **mostrar, descubrir, revelar. 5.** *R. de la P.* Excluir algo de un todo: *Sacando los semitonos, la escala musical tiene siete notas: do, re, mi, fa, sol, la y si.* SIN. **exceptuar.** ANT. **incluir. 6.** Inventar, crear: *Los diseñadores han sacado unos modelos de ropa muy bonitos para esta temporada.* **7.** Poner en juego el balón durante un partido: *En el balonvolea, el equipo que saca es el que puede anotar puntos.* **8.** Ganar en determinados juegos de azar: *Rosario se sacó la lotería.* SIN. **obtener. 9.** Copiar algo: *Saqué este poema en cartulina y lo colgué en mi habitación porque es mi favorito.* SIN. **tomar, extraer. 10.** Captar una imagen con una cámara fotográfica: *Los exploradores llevan su cámara para sacar unas fotografías del volcán.* SIN. **fotografiar. 11.** Mencionar un tema en la conver-

sación: *"No saques el tema de la comida podrida cuando estamos comiendo porque me produce asco."* SIN. **citar, nombrar. 12.** *loc.* **~ adelante,** llevar a buen fin: *La viuda sacó adelante a sus hijos después de la muerte de su esposo.* **13.** *loc.* **~ de quicio** o **de sus casillas,** hacer que alguien pierda el control de sí mismo.

sacarina *f.* Endulzante artificial que no tiene relación con el azúcar y carece de calorías e hidratos de carbono: *La sacarina fue descubierta en el año 1879 por los investigadores norteamericanos Fahlberg y Remsen.*

sacarosa *f.* Azúcar de caña o de remolacha: *La sacarosa está formada por una molécula de glucosa y una de fructosa.*

sacerdocio *m.* Dignidad y funciones de un sacerdote.

sacerdotal *adj.* Relacionado con el sacerdocio o con los sacerdotes: *La vestimenta sacerdotal de los curas católicos es diferente según la celebración.*

sacerdote *m.* Ministro de una religión.

sacerdotisa *f.* Mujer o joven consagrada al culto de una divinidad.

saché *m.* Palabra de origen francés. **1.** *Argent.,* *Chile y Urug.* Envase de plástico o de papel que se usa para contener líquidos. **2.** *Méx.* Bolsita rellena de pétalos u hojas aromáticas o perfumadas: *Mariana puso un saché entre su ropa limpia para que oliera a hierbas.*

saciable *adj.* Referido a lo que puede satisfacerse: *Nuestro hijo tiene necesidades saciables, pues en general hemos podido darle lo que nos pide.* ANT. **insaciable.**

saciar *vb.* {tr. y prnl.} **1.** Satisfacer el hambre o la sed: *En cuanto el jinete sació su hambre montó en su caballo y continuó su viaje.* SIN. **llenar. 2.** *Fam.* Satisfacer de manera plena las ambiciones o deseos: *Como Juana no pudo ir a la fiesta, sació sus ganas de bailar moviéndose al compás de un disco.* SIN. **cumplir.**

saco *m.* **1.** Bolsa grande hecha de tela, cuero u otro material, que se usa para transportar cosas: *Usaré este saco vacío para poner la ropa sucia y llevarla al cesto.* SIN. **costal, fardo, talego. 2.** Cualquier órgano con forma de bolsa: *El saco amniótico es la bolsa llena de agua que guarda al feto.* **3.** Prenda de vestir que se pone sobre la camisa, cubre la espalda y los brazos, y por adelante se cierra con botones: *Los trabajadores del banco deben ir vestidos con saco y corbata.* SIN. **chaqueta. 4.** *loc.* **No echar en ~ roto,** no olvidar algo, tenerlo en cuenta para poder obtener algún provecho: *"No eches en saco roto los consejos de tu abuelo, trata de seguirlos pues son por tu bien."* **5.** *loc.* **~ de dormir,** bolsa de tejido impermeable que sirve para dormir cuando se está de viaje en el campo: *Llevé un saco de dormir para mis vacaciones en el campamento.*

sacralizar *vb. irreg.* {tr.} **Modelo 16.** Dar carácter sagrado a una cosa que no lo era: *Las autoridades religiosas sacralizaron las grutas de Lourdes, en Francia, desde las apariciones de la Virgen María ocurridas allí en 1858.*

sacramental *adj.* Relativo a los sacramentos de la Iglesia Católica.

sacramento *m.* En el catolicismo, acto religioso destinado a santificar algún suceso en la vida de las personas: *En las iglesias católica y ortodoxa existen siete sacramentos: bautismo, confirmación, eucaristía, penitencia, extremaunción, orden sacerdotal y matrimonio.*

sacrificar *vb. irreg.* {tr. y prnl.} **Modelo 17. 1.** Ofrecer a una divinidad una víctima en sacrificio: *Los antiguos romanos sacrificaban animales para honrar a sus dio-*

ses. **2.** Matar animales para consumirlos como alimento o porque se encuentran muy enfermos y no van a sanar: *Mauricio nunca imaginó que a causa de una enfermedad tendría que* **sacrificar** *a su hermoso caballo para que el animal no sufriera más.* **3.** Dejar de hacer algo importante para hacer otra cosa: *Horacio* **sacrificó** *toda la tarde haciendo fila para realizar un trámite.* **4.** Renunciar a algo por generosidad hacia otro: *Enrique quería seguir jugando, pero* **se sacrificó** *y dejó su lugar a un niño que no había jugado.*

sacrificio m. **1.** Ofrenda hecha a una divinidad, en especial la inmolación de víctimas. **2.** Hecho de matar un animal para consumirlo como alimento o porque se encuentra muy enfermo y no va a sanar: *El* **sacrificio** *de las reses que consume la población se realiza en un lugar especial.* SIN. **muerte. 3.** Aquello que necesita de mucho esfuerzo para realizarse: *Atravesar ese desierto a pie sería un gran* **sacrificio** *para una persona.* SIN. **padecimiento, sufrimiento. 4.** Acto de generosidad en el que se renuncia a algo para beneficiar a otro. SIN. **abnegación, renuncia.**

sacrilegio m. Profanación de leyes, objetos, imágenes o personas que se consideran sagradas.

sacristán m. En los templos católicos, empleado encargado de la conservación de una iglesia y de los objetos de culto: *El* **sacristán** *apaga las velas del altar y cierra las puertas de la iglesia por la noche.*

sacro m. Hueso situado en el extremo inferior de la columna vertebral: *El* **sacro** *es un hueso duro y casi triangular que se encuentra donde termina la espalda y empiezan las nalgas.*

sacro, cra adj. **1.** Ver **sagrado. 2.** Relativo al hueso situado en el extremo inferior de la columna vertebral: *El hueso* **sacro** *está formado por varias vértebras unidas.*

sacrosanto, ta adj. Fam. Que es objeto de un respeto casi religioso.

sacudida f. **1.** Movimiento fuerte de alguna cosa de un lado a otro: *El terremoto provocó fuertes* **sacudidas** *en los edificios de la ciudad.* SIN. **estremecimiento. 2.** Fam. Impresión fuerte que causa un daño en la salud o en un orden establecido: *Saber que tenía esa grave enfermedad fue una* **sacudida** *para Eliseo.*

sacudidor m. Instrumento con que se sacude el polvo de las casas: *Después de barrer el piso, utilizo un* **sacudidor** *para limpiar los muebles de mi casa.* SIN. **plumero.**

sacudir vb. {tr. y prnl.} **1.** Agitar en el aire una cosa o golpearla con fuerza para limpiarla: *En mi casa todos los domingos* **sacudimos** *la ropa de cama para quitarle el polvo.* **2.** Mover con fuerza algo hacia uno y otro lado. SIN. **agitar. 3.** Fam. Golpear, pegar: *"Si no te portas bien perro travieso, te voy a* **sacudir** *con el diario."* SIN. **golpear, pegar. 4.** Fam. Causar una impresión fuerte. **5.** Quitarse una cosa de encima con violencia: *Andrés se* **sacudió** *la araña que había subido a su brazo.*

sádico, ca adj./m. y f. Referido a la persona que disfruta haciendo sufrir a otras. SIN. **cruel.** ANT. **masoquista.**

sadismo m. Perversión sexual de quien siente placer al hacer sufrir a otros. SIN. **crueldad.** ANT. **masoquismo.**

saeta f. **1.** Proyectil de forma alargada y punta de metal que se dispara con un arco: *La* **saeta** *que disparó el arquero zumbó veloz en el aire.* SIN. **flecha, dardo. 2.** Esp. Manecilla de reloj: *"Las* **saetas** *marcan las ocho*

en punto, eso quiere decir que ya debo regresar a mi casa." SIN. **aguja, minutero, segundero.**

safari m. **1.** Expedición que se hace para cazar animales de gran tamaño, sobre todo en África y Asia: *El* **safari** *estaba formado por tres cazadores, un guía y varios ayudantes.* **2.** Parque donde se cuidan y exhiben distintas especies de animales salvajes en libertad: *Para visitar un* **safari** *hay que ir en automóvil y obedecer todas las indicaciones de seguridad.*

saga f. **1.** Leyenda poética de los pueblos escandinavos: *Algunas* **sagas** *fueron redactadas en Islandia entre los siglos XII y XIV.* **2.** Relato de la historia de dos o más generaciones de una familia: *La* **saga** *que leí narra lo que sucedió a los Robinson desde que el hombre llegó siendo joven al país hasta que, ya viejo, presenció el bautizo de su primer bisnieto.*

sagacidad f. Capacidad para descubrir un engaño o para prevenir algún suceso: *Gracias a su* **sagacidad** *se dio cuenta de que ese hombre era un ladrón que lo quería asaltar y se escapó a tiempo.* SIN. **lucidez.**

sagaz adj. Se aplica a quien es inteligente, prudente y listo: *Una persona* **sagaz** *es difícil de engañar.* SIN. **astuto.** ANT. **torpe.**

sagitario adj./m. y f. Signo del zodiaco, comprendido entre el 22 ó 23 de noviembre y el 21 de diciembre, su símbolo es un centauro apuntando con su arco y flecha.

sagrado, da adj. **1.** Que tiene relación con lo divino: *El Corán es el libro* **sagrado** *para los seguidores de la religión islámica.* SIN. **sacro, santo.** ANT. **profano. 2.** Se aplica a lo que merece respeto: *Para mí la amistad es* **sagrada** *y por eso cuido y enriquezco la relación con mis amigos.* SIN. **respetable, venerable.**

sagrario m. Parte interior de un templo, donde se depositan y guardan los objetos sagrados.

sahumador m. Objeto de metal o arcilla, con forma de vaso o copa, que se usa para quemar maderas y resinas aromáticas: *El* **sahumador** *encendido está muy caliente y despide humo con un agradable aroma.*

sahumerio m. Materia aromática que se quema en un recipiente para perfumar algo con el humo que despide: *El incienso, la mirra y el copal son* **sahumerios** *que se utilizan en diferentes ceremonias.*

sainete m. Obra de teatro popular que presenta enredos que hacen reír: *Los actores del* **sainete** *que vi ayer en el teatro de la ciudad eran tres cómicos famosos.* SIN. **comedia.**

sajón, na adj./m. y f. Relativo a lo que es de Sajonia, pueblo de origen alemán que invadió Gran Bretaña en el siglo V: *Los* **sajones** *habitaban las tierras cercanas a la desembocadura del Río Elba.*

sal f. Substancia cristalina, blanca y de sabor característico que se disuelve en agua y se emplea como condimento para realzar el sabor de los alimentos: *El agua de mar tiene mucha* **sal***, por eso no debe beberse.*

sala f. **1.** Habitación principal de una casa que normalmente se usa para recibir visitas o convivir con la familia: *En la* **sala** *de mi casa hay sofás, una mesa pequeña y un mueble con adornos.* SIN. **estancia, salón. 2.** Local de gran tamaño destinado al uso público o a un espectáculo: *Los maestros se reunieron en la* **sala** *de juntas de la escuela para hablar sobre el nuevo programa de estudios.*

salado, da adj. **1.** Se aplica a lo que contiene sal o tiene mucha sal: *El jamón es* **salado** *y la sandía es dulce.* **2.** *Amér. Fam.* Se dice de quien tiene mala suerte, poco afortunado, desgraciado: *Dorotea debe estar* **salada** *pues le han pasado muchas cosas desagradables últimamente.* **3.** *Esp.* Se dice de la persona o cosa que hace reír: *Ese hombre cuenta unas historias muy* **saladas** *que hacen reír a todos.* Sin. **gracioso, agudo.** **4.** *Amér. Merid. Fam.* Se refiere a lo que tiene un precio demasiado alto. Sin. **caro.**

salamandra f. Animal parecido al lagarto, de piel lisa color negro con manchas amarillas, que vive en el agua y en la tierra: *La* **salamandra** *es un animal anfibio.*

salame m. y f. **1.** *R. de la P.* Alimento hecho de carne muy salada metida en una tripa alargada y gruesa, que se corta en rebanadas redondas y delgadas y se come frío. Sin. **salami. 2.** *Argent., Par. y Urug. Desp.* Persona tonta o ingenua.

salami m. Alimento hecho de carne muy salada metida en una tripa alargada y gruesa, que se corta en rebanadas redondas y delgadas y se come frío: *El* **salami** *es de color rojo obscuro con manchas blancas.*

salamín m. **1.** *Argent., Par. y Urug.* Variedad de salami de tamaño más pequeño y molido más fino que el normal. **2.** *Argent., Par. y Urug. Desp.* Persona tonta o ingenua.

salar vb. {tr.} **1.** Preparar con sal carnes y pescados: *En Noruega* **salan** *el bacalao para secarlo y así evitar que se descomponga pronto.* **2.** Sazonar con sal: *Salé la sopa antes de servirla porque cuando la cociné no había sal.*

salarial adj. Relativo al dinero que se gana por trabajar: *Las autoridades anunciaron que el aumento* **salarial** *para los obreros será del 10 por ciento.*

salario m. Paga que recibe una persona por su trabajo o sus servicios: *Los empleados cobran un* **salario** *determinado por cada semana de trabajo.* Sin. **sueldo.**

salchicha f. Alimento hecho de carne de cerdo molida con especias y metida en una tripa delgada.

salchichería f. Tienda donde se vende jamón, salami, salchichón, salchicha y otras carnes frías: *En la* **salchichería** *hay una máquina que corta el jamón en rebanadas muy delgadas.* Sin. **charcutería, salchichonería.**

salchichón m. Alimento hecho de jamón, tocino y pimienta molidos, metidos en una tripa alargada y muy gruesa y que se corta en rebanadas redondas y puede comerse frío o caliente.

salchichonería f. *Méx.* Tienda donde se vende jamón, salami, salchichón, salchicha y otras carnes frías. Sin. **charcutería, salchichería.**

saldo m. **1.** Diferencia entre lo que se suma y se resta en una cuenta: *Cuando una cuenta de banco tiene* **saldo** *a favor quiere decir que el dueño de la cuenta tiene dinero guardado en ese banco.* Sin. **remanente. 2.** Mercancía que se vende a bajo precio porque es lo último que queda de una cantidad grande que ya se vendió: *Elena y Cristina compraron unos vestidos de* **saldo** *a precios muy rebajados.* Sin. **resto, liquidación.**

salero m. Frasco o recipiente para servir o guardar la sal: *En la mesa siempre hay un* **salero** *por si alguien quiere agregarle sal a su comida.*

saleroso, sa adj. *Esp. Fam.* Se dice de quien tiene simpatía al hablar y gracia al moverse: *En el carnaval de*

Río de Janeiro, en Brasil, se reúne mucha gente **salerosa** que baila espléndidamente.

salicílico, ca adj. Relativo a un ácido que posee propiedades curativas, en especial para evitar infecciones e inflamaciones: *Esas ungüento contiene ácido* **salicílico** *y por eso sirve para desinflamar los músculos.*

salida f. **1.** Acto de pasar de estar adentro a estar afuera: *La* **salida** *de los niños de la escuela es muy ruidosa y alegre.* Sin. **marcha, partida.** Ant. **entrada. 2.** Acto de partir hacia otro lugar: *La hora de* **salida** *del tren que va a mi pueblo es a las doce con cuatro minutos.* Sin. **marcha, partida.** Ant. **llegada. 3.** Lugar por donde se sale: *"Siga por este pasillo y en la puerta de la derecha encontrará la* **salida***", me indicó la empleada del teatro.* **4.** Solución: *Para encontrar una* **salida** *a mi problema de dinero debo conseguir otro empleo.* **5.** Ocurrencia, dicho oportuno: *Ese chico es tan ocurrente que para todo tiene una* **salida** *ingeniosa.*

salido, da adj. Se dice de lo que sobresale: *Daniel usa la camisa* **salida** *por debajo del saco y eso le da un aspecto informal a su manera de vestir.*

saliente adj. Se refiere a la persona que se retira o deja el cargo: *El presidente* **saliente** *de la empresa dejará el mando al nuevo presidente la próxima semana.*

saliente f. Parte que sobresale de una cosa: *Las* **salientes** *que adornan los techos de ese edificio tienen forma de flor de lis.* Sin. **borde.**

salina f. Lugar donde se pone a evaporar el agua de mar para obtener sal: *En la* **salina** *están cargando un camión con sacos llenos de sal gruesa.*

salino, na adj. **1.** Relativo a lo que tiene las características de la sal. **2.** Se dice de lo que contiene sal: *En tierras* **salinas** *no se pueden sembrar hortalizas porque no crecen.*

salir vb. irreg. {intr. y prnl.} Modelo 52. **1.** Pasar de adentro hacia afuera: *"Cuando* **salgo** *de casa siempre llevo un abrigo."* Ant. **entrar. 2.** Partir de un lugar: *El vuelo del avión que* **saldría** *la mañana del sábado se retrasó para el domingo a causa del mal tiempo.* Sin. **marchar, ir.** Ant. **llegar, regresar, volver. 3.** Mostrarse o manifestarse: *En invierno el sol* **sale** *más tarde que en verano.* Sin. **surgir, aparecer.** Ant. **ocultarse. 4.** Tener algo su origen en otra cosa: *El vino* **sale** *de la uva.* **5.** Empezar a crecer algo: *Con la lluvia* **ha salido** *más hierba en el campo.* Sin. **nacer, brotar. 6.** Estar algo más alto o más afuera que lo demás. Sin. **sobresalir, destacar. 7.** Desaparecer las manchas: *Las manchas de tinta no* **salen** *de la ropa, por eso debemos tener cuidado de no ensuciarnos al escribir.* Sin. **quitar. 8.** Quedar libre de algo: *Rubén no pudo* **salir** *del problema en que se metió.* Sin. **escapar. 9.** Funcionar o resultar algo como se esperaba: *No me* **ha salido** *la cuenta, tendré que repetir la operación.* Sin. **resultar. 10.** Costar algo una cantidad de dinero: *"¿En cuánto* **sale** *ese pantalón?"* Sin. **valer. 11.** En ciertos juegos, ser el primero que juega: *En el ajedrez siempre* **salen** *las blancas.* Sin. **empezar, iniciar. 12.** Resultar elegido por sorteo o votación o quedar en primer lugar en una competencia: *Ese caballo* **salió** *ganador en la carrera.* **13.** Ir a dar a un lugar: *"¿Este camino* **sale** *a la carretera?"* Sin. **desembocar. 14.** Divertirse fuera de casa: *Los sábados* **salgo** *con amigos.* **15.** Mantener una relación sentimental con alguien: *Lorenzo dice que no* **sale**

con Susana pero todos creemos que sí son novios.
16. Aparecer a la venta un producto: *Esta revista sale una vez al mes.* **17.** Parecerse a alguien: *El niño salió a su padre pues tiene la cara muy parecida a la de él.*

saliva *f.* Líquido que se produce en la boca y que se mezcla con los alimentos al masticarlos: *Si alguien habla mucho se queda con poca saliva en la boca, por eso les dan vasos con agua a los conferencistas.* SIN. **baba.**

salivación *f.* Secreción de saliva: *La salivación se produce en la boca.*

salivadera *f.* Amér. Merid. Recipiente para escupir. SIN. **escupidera.**

salival o **salivar** *adj.* Relativo al líquido transparente llamado saliva que se produce en la boca: *Las glándulas salivales producen la saliva.*

salivar *vb.* (intr.) Producir saliva: *Cuando tengo hambre y pienso en comida empiezo a salivar mucho.*

salivazo *m.* Porción de saliva que se escupe de una sola vez: *La mamá sorprendió a los niños echando salivazos desde el balcón a la gente que pasaba por la calle y los castigó.*

salmo *m.* Cántico litúrgico de la religión de Israel, formado por una serie de versos que varían en la métrica: *Los salmos del rey David pueden recitarse o cantarse.*

salmón *adj.* Se refiere al color rosa anaranjado, como el de la carne del pez llamado salmón.

salmón *m.* Pez de mar parecido a la trucha, de piel grisácea y carne de color rosa anaranjado, que en la edad adulta nada contra la corriente de los ríos para poner sus huevos y reproducirse en agua dulce: *El salmón es un pez comestible muy estimado por su carne sabrosa y firme.*

salmonella *f.* Género de bacterias que producen infecciones intestinales: *José está enfermo de salmonella y por eso tiene que tomar antibióticos.*

salmuera *f.* Agua preparada con sal que se usa para hacer conservas de alimentos: *Luis compró un frasco de pepinillos en salmuera y lo puso en la alacena.*

salobre *adj.* Se aplica a lo que por su naturaleza tiene sabor de sal: *Algunos líquidos del cuerpo tienen sabor salobre, por ejemplo las lágrimas y la sangre.*

salón *m.* **1.** Habitación de una casa que normalmente se usa para recibir visitas o convivir con la familia: *La fiesta de cumpleaños de Irma se hizo en el salón porque se queda en la habitación más grande de la casa.* SIN. **estancia, sala. 2.** Local donde se celebran reuniones, juntas, actos, etc.: *La junta de directores de la empresa se realizó en un salón del hotel.* **3.** Local destinado a una actividad específica: *Esas dos señoras primero fueron al salón de belleza a peinarse y más tarde tomaron una taza de té con tarta en el salón de té.* **4.** Cada uno de los espacios cerrados de una escuela donde se lleva a cabo una clase: *En cada salón de clases hay un profesor y muchos asientos y mesas para los niños.* SIN. **aula.**

salpicadera *f.* Méx. Protección que cubre las ruedas de los automóviles y de las bicicletas para que al moverse no salpiquen la suciedad que hay en el camino.

salpicadero *m.* Esp. Parte de los automóviles situada frente al conductor, en que se hallan algunos mandos e indicadores: *El velocímetro y el cuentakilómetros están en el salpicadero del ómnibus.*

salpicadura *f.* Mancha que deja un líquido al caer sobre una superficie: *Por no usar mandil mientras cocinaba el pollo mi blusa quedó con salpicaduras de aceite.*

salpicar *vb.* (tr. e intr.) **1.** Dispersar en gotas un líquido: *El agua salpica en la fuente.* SIN. **rociar. 2.** Esparcir una cosa: *Salpiqué algunos pétalos de rosa sobre la mesa como adorno.*

salpullido *m.* Granos pequeños y rojos que salen en la piel a causa de una intoxicación: *El salpullido es una reacción alérgica pasajera.*

salsa *f.* **1.** Mezcla líquida o pastosa hecha de especias y algunos comestibles que se usa para acompañar ciertas comidas: *A Darío le gusta la carne con salsa de tomate.* **2.** Méx. Mezcla picante con la que se condimentan algunas comidas: *En México muchos guisos se preparan con salsa de tomate verde o de jitomate.* **3.** Fam. Aquello que hace que algo sea más agradable: *La presencia de Gonzalo fue la salsa de la fiesta porque es muy simpático y alegre.* **4.** Género musical que resulta de la unión de varios tipos de ritmos que se tocan en los pueblos del Caribe: *Cuando el grupo empezó a tocar salsa todos se pusieron a bailar.*

salsera *f.* Recipiente en que se sirve la salsa: *Alicia puso la salsera en la mesa para que sus invitados se sirvieran salsa al gusto.*

saltado, da *adj.* Amér. Merid. Se refiere al alimento cocido o crudo que se fríe un poco para calentarlo.

saltador, ra *adj.* Se refiere a lo que salta o al que tiene facilidad para saltar: *Las ranas son animales saltadores igual que las pulgas.*

saltamontes *m.* Insecto de color pardo o verde, con dos pares de alas y las patas de atrás largas y grandes que usa para saltar. SIN. **chapulín.**

saltar *vb.* (tr., intr. y prnl.) **1.** Levantar los pies del suelo con impulso. SIN. **brincar. 2.** Arrojarse desde cierta altura: *Los paracaidistas saltaron del avión que se encontraba en vuelo.* **3.** Moverse una cosa a gran velocidad: *Cuando los herreros estaban soldando metales saltaban muchas chispas.* **4.** Salir un líquido hacia arriba con fuerza: *La champaña saltó cuando destaparon la botella.* SIN. **brotar. 5.** Desprenderse una cosa de otra a la que estaba unida: *Con el roce del mueble ha saltado la pintura de la puerta.* **6.** Manifestar enfado de manera brusca: *Cuando Ignacio está de mal humor salta por cualquier cosa.* SIN. **estallar. 7.** Pasar de un brinco un espacio o distancia. SIN. **atravesar. 8.** Omitir parte de algo: *La muchacha hojeaba distraídamente la revista saltando algunas páginas.* SIN. **olvidar. 9.** Hacer que algo explote o se rompa: *Los bomberos saltaron la cerradura para entrar a la casa en llamas.* SIN. **estallar.**

saltarín, na *adj./m.* y *f.* Se aplica a lo que salta o al que tiene habilidad para saltar: *Los canguros son animales saltarines que brincan en vez de caminar.*

salteador, ra *m.* y *f.* Ladrón que roba en los caminos: *Los salteadores llevaban el rostro cubierto con un pañuelo.* SIN. **asaltante, bandido.**

saltear *vb.* (tr.) **1.** Salir a robar en los caminos: *Los ladrones que saltearon el tren fueron atrapados por la policía.* SIN. **robar, asaltar. 2.** Hacer una cosa sin continuidad: *El mes pasado Víctor salteaba sus clases de guitarra porque tenía mucho que estudiar para los exámenes de la escuela.* **3.** Freír un poco la comida en aceite para calentarla: *Ramona* **salteó** *las espinacas y las sirvió calientes para acompañar el pescado.*

saltimbanqui *m. y f. Fam.* Persona que realiza ejercicios de acrobacia: *Los* **saltimbanquis** *que trabajan en el circo hacen equilibrio en la cuerda floja, saltan y caminan sobre pelotas.*

salto *m.* **1.** Hecho de levantar los pies del suelo con impulso para caer en otro lado o en el mismo lugar: *La pulga da unos* **saltos** *enormes comparados con su tamaño tan pequeño.* SIN. **brinco, rebote. 2.** Acto de lanzarse alguien desde una parte alta: *No puedo bajar la escalera de un* **salto** *porque es peligroso.* **3.** Espacio o distancia que se salta: *El* **salto** *del atleta fue de dos metros.* **4.** Lugar que no se puede atravesar sin saltar. **5.** Omisión de una parte de algo: *Di un* **salto** *en la lectura para enterarme del final del cuento.* **6.** Caída del agua de un río desde una altura: *Cuando fuimos de expedición a la montaña vimos un* **salto** *de agua.* SIN. **cascada. 7.** *loc.* **~ mortal,** brinco en el que se da vuelta de cabeza en el aire: *El clavadista dio un triple* **salto mortal** *antes de llegar al agua.*

saltón, na *adj.* Se dice de lo que sobresale demasiado: *Ese chico tiene los ojos tan* **saltones** *que parece una rana.* SIN. **prominente.**

salubre *adj.* Se dice de lo que es sano: *El agua que se bebe debe ser* **salubre** *para evitar infecciones en el estómago.* SIN. **saludable.** ANT. **insalubre.**

salubridad *f.* **1.** Limpieza necesaria para mantener la salud: *La* **salubridad** *en los hospitales evita que los enfermos se contagien unos a otros.* SIN. **higiene. 2.** Organismo del gobierno de un país que tiene la tarea de vigilar y propiciar la salud de la población: *El personal de* **salubridad** *está haciendo una campaña de vacunación contra la polio.*

salud *f.* **1.** Estado de un ser vivo que no tiene ninguna enfermedad. **2.** Condiciones físicas de un organismo en un determinado momento: *Le hicieron un chequeo a mi abuelo para revisar su* **salud** *y por fortuna salió bien.*

salud *interj.* Se usa como saludo o como deseo de bienestar que se expresa a alguien: *Después de estornudar me dicen "¡*salud*!"*

saludable *adj.* **1.** Referido a lo que conserva, aumenta o restablece la salud: *El aire puro de las montañas es mucho más* **saludable** *que el aire de las ciudades.* SIN. **sano, benéfico, higiénico.** ANT. **nocivo, dañino, perjudicial. 2.** Aplicado al que goza de buena salud: *Desde que Eva come más verduras y frutas tiene un aspecto más* **saludable** *pues su piel se ve fresca y sus ojos brillantes.* SIN. **sano, vigoroso, lozano.** ANT. **enfermo.**

saludar *vb.* {tr.} Dirigir palabras o gestos de cortesía a una persona al encontrarla: *Al ver llegar a su cliente, el abogado se acercó a* **saludarlo,** *le dio la mano y le preguntó cómo estaba.*

saludo *m.* Palabras corteses o gesto amable que se dirige a una persona al encontrarla: *"¿Qué tal?", "¿cómo estás?", "hola" y "buenos días" son* **saludos.**

salva *f.* **1.** Serie de disparos que se hace para rendir honores o saludos: *En la conmemoración de los soldados muertos por la patria se dispararon* **salvas** *con cañones.* **2.** *loc.* **Bala de ~,** disparo que suena pero que no lanza un proyectil: *En los filmes usan* **balas de salva** *para fingir los tiroteos.*

salvación *f.* Hecho de librar o librarse de un peligro o daño: *La* **salvación** *de los náufragos la realizó la tripulación del barco más cercano.* SIN. **rescate.**

salvado *m.* Cáscara desmenuzada del grano de los cereales: *El* **salvado** *es un alimento que contiene mucha fibra.*

salvador, ra *adj./m. y f.* Se aplica a la persona o cosa que ayuda a salir de un peligro o daño: *Cuando me desmayé el perro fue mi* **salvador** *porque ladró tanto que llamó la atención de los vecinos.*

salvadoreño, ña *adj./m. y f.* Originario de El Salvador, país de Centroamérica y de su capital, San Salvador: *Los* **salvadoreños** *hablan español.*

salvaguardar *vb.* {tr.} Hacer algo para evitar que un bien o una persona sean dañados: *El policía vigila para* **salvaguardar** *el banco de los ladrones.*

salvajada *f.* Hecho o dicho cruel o que demuestra poca educación: *Cortar los bigotes al gato es una* **salvajada** *porque el animal los necesita para conservar el equilibrio.*

salvaje *adj.* **1.** Referido al terreno cuya vegetación crece de forma natural: *Los terrenos* **salvajes** *tienen un equilibrio ecológico natural.* SIN. **silvestre. 2.** Se aplica al animal que no está domesticado: *El puma es un animal* **salvaje** *que se encuentra en peligro de extinción.* ANT. **doméstico. 3.** Relativo a la persona que vive en estado primitivo, sin contacto con la civilización: *Los guaica son un pueblo* **salvaje** *de la selva del Amazonas que vive al sur de Venezuela, en la frontera con Brasil.* **4.** *Fam.* Se dice de la persona cruel o que demuestra poca educación: *Ese hombre es un* **salvaje:** *le pega a su esposa e hijos cuando hacen algo que no le gusta.*

salvaje *m. y f.* **1.** Persona que vive en estado primitivo, sin contacto con la civilización: *Los* **salvajes** *no cultivan la tierra sino que cazan, pescan y recolectan las frutas y raíces que encuentran.* **2.** *Fam.* Persona cruel o que demuestra poca educación: *Un* **salvaje** *rompió un teléfono público sin pensar en que él mismo podría necesitarlo.*

salvajismo *m.* Manera de comportarse de una persona cruel o que demuestra poca educación.

salvamanteles *m.* Objeto de madera, loza u otro material que se coloca sobre la mesa para apoyar las ollas: *"Si no pones el* **salvamanteles** *la sartén caliente va a quemar el mantel."*

salvamento *m.* Acciones destinadas a librar a alguien de un peligro o daño: *Se ocuparon dos helicópteros y varias ambulancias para realizar el* **salvamento** *de los accidentados en la carretera.* SIN. **rescate.**

salvar *vb.* {tr. y prnl.} **1.** Librar un daño, peligro o riesgo: *Marcela* **salvó** *a su hermanito que había caído a la piscina.* SIN. **rescatar. 2.** Evitar una dificultad: *¡Si pudiera algo* **me salvara** *del examen de matemáticas!* SIN. **librar. 3.** Tomar algo de un todo y dejar el resto aparte: *Lo único que* **salva** *el espectáculo es la excelente actuación de la protagonista, lo demás es un desastre.* **4.** Vencer un obstáculo: *El héroe del filme* **salvó** *todas las dificultades que se interpusieron en su camino y llegó a su casa cansado pero gozando de buena salud.*

salvavidas *m.* **1.** Objeto lleno de aire utilizado para flotar en el agua: *Cuando el pescador cayó al mar sus compañeros le arrojaron un* **salvavidas** *para que no se hundiera.* **2.** Persona que trabaja en las playas y piscinas cuidando a la gente y ayudando a quien esté en peligro de ahogarse: *Los **salvavidas** deben ser excelentes nadadores y tener conocimientos de primeros auxilios.*

salvedad f. Excusa al decir algo para evitar que pudiera ofender o perjudicar a otro. Sin. **excepción**.

salvia f. Planta aromática con flores de tonos azules: *La **salvia** es una hierba que se usa como condimento en algunas comidas, por ejemplo en salsa para pastas.*

salvo prep. Menos: *Todos vinieron a la fiesta **salvo** Eduardo, que se quedó en su casa.* Sin. **menos**, **excepto**.

salvo, va adj. **1.** Se aplica a quien se ha librado de un peligro sin lastimarse: *Afortunadamente todos los accidentados se encuentran sanos y **salvos**.* Sin. **ileso**, **intacto**. **2.** loc. A ~, fuera de peligro: *Durante la fuerte tormenta nos pusimos a **salvo** bajo un techo.*

salvoconducto m. Documento expedido por una autoridad para que quien lo posea pueda transitar libremente por determinado territorio: *En épocas de guerra son necesarios los **salvoconductos** para la gente pueda abandonar su país.* Sin. **pase**, **permiso**.

samario m. Metal del grupo de tierras raras, de símbolo químico Sm, cuyo número atómico es 62.

samba f. Música y baile originarios de Brasil: *La **samba** es una danza de ritmo rápido que se acompaña con instrumentos de percusión.*

samurái o **samuray** m. Miembro de una antigua clase de guerreros japoneses que se regía por un estricto código de honor: *Los **samuráis** eran hombres valientes y honorables que peleaban con una espada llamada katana.*

samuro m. Colomb. y Venez. Ave parecida al buitre, de gran tamaño, plumaje negro y cabeza pelada: *El **samuro** es un ave rapaz que come carroña y también puede cazar.*

san adj. Apócope de santo.

sanar vb. {tr. e intr.} **1.** Recobrar la salud: *Paola **sanará** pronto pues su enfermedad no es grave.* Sin. **curarse**, **mejorar**, **reponerse**. **2.** Ayudar a alguien a recobrar la salud: *Los medicamentos y los cuidados **sanaron** al enfermo.* Sin. **curar**, **restablecer**.

sanatorio m. Clínica destinada a la permanencia y cura de los enfermos que necesitan recibir un tratamiento médico: *Rafael fue operado de una rodilla y tuvo que pasar una semana en el **sanatorio**.* Sin. **clínica**, **hospital**.

sanción f. Castigo que se establece para quien no cumple una ley o reglamento: *El juez no mandará a la cárcel al automovilista por haber violado esa regla de tránsito, pero sí le impondrá una **sanción** económica.* Sin. **pena**, **multa**, **condena**.

sancionar vb. {tr.} **1.** Aprobar una ley o autorizar una costumbre. **2.** Aplicar un castigo al que no cumple con una ley o reglamento: *El director **sancionó** al alumno que se comportó muy mal.* Sin. **castigar**, **multar**, **condenar**.

sancochar vb. {tr.} Cocer de manera ligera un alimento antes de condimentarlo.

sandalia f. Zapato abierto formado por una suela que se asegura al pie con cintas o correas: *Como hacía calor me puse un vestido ligero y me calcé unas **sandalias** de cuero.* Sin. **huarache**.

sándalo m. Árbol de Asia, de madera olorosa: *Del **sándalo** se extrae un aceite de aroma muy agradable.*

sandez f. Tontería, necedad: *El conductor del programa de radio sólo decía **sandeces**, así que lo apagué y puse un disco.* Sin. **disparate**.

sandía f. **1.** Planta que crece al ras del suelo y se cultiva por su fruto de pulpa roja y refrescante: *La **sandía** se cultiva en los países mediterráneos.* **2.** Fruta grande y ovalada, sobre todo de cáscara verde e interior rojo y jugoso con muchas semillas pequeñas y negras, aunque también las hay de cáscara e interior de color amarillo: *En verano una rebanada de **sandía** fresca es lo mejor para quitarse el calor y la sed.*

sándwich m. **Palabra de origen inglés.** Alimento hecho con dos rebanadas de pan de caja que encierran un relleno de jamón y queso u otros ingredientes: *Cuando vamos de paseo al campo llevamos **sándwiches** para comer.* Sin. **emparedado**.

sanear vb. {tr.} **1.** Dar a un lugar las condiciones de limpieza necesarias para mantener la salud de quienes lo ocupan: *Se han construido nuevas redes de alcantarillado para **sanear** las calles de la ciudad.* Sin. **limpiar**. Ant. **ensuciar**. **2.** Reparar una cosa o remediar un problema: *Para superar la crisis es necesario que se **sanee** la economía nacional.* Sin. **arreglar**, **corregir**.

sangrante adj. Se aplica a lo que despide sangre: *Un hombre llegó al hospital con una gran herida **sangrante**, por eso tuvieron que atenderlo de urgencia.*

sangrar vb. {tr. e intr.} **1.** Salir sangre del cuerpo: *Como la cortada que se hizo Sergio **sangraba** mucho, llamaron al médico.* **2.** En trabajos de imprenta, comenzar a escribir la primera línea de un párrafo un poco más adentro que las otras: *"El tipógrafo no **sangró** esta línea, hay que pedir que corrija el error", pidió el editor.*

sangre f. **1.** Líquido de color rojo que circula por las venas y arterias del cuerpo: *La **sangre** se compone de plasma, glóbulos rojos, glóbulos blancos y plaquetas.* **2.** Líquido del organismo de los animales invertebrados: *La **sangre** de muchos insectos puede ser de color verde, marrón, amarillo o a veces transparente, según el medio en que vivan.* **3.** Familia a la que se pertenece: *Uno de los rasgos característicos de mi **sangre** es un lunar rojo en la frente.* Sin. **linaje**, **raza**. **4.** loc. ~ azul, familia de la nobleza: *Durante mucho tiempo los reyes y sus familiares fueron considerados de **sangre** azul y por eso no podían casarse con personas que no fueran nobles.* **5.** loc. ~ fría, serenidad: *Durante el incendio del edificio la madre de un niño atrapado actuó con **sangre** fría y logró salvarlo.* Sin. **entereza**. Ant. **descontrol**.

sangría f. **1.** Abertura que se hace en una vena para sacar sangre: *Antiguamente los médicos hacían **sangrías** a los enfermos como método de curación.* **2.** Bebida refrescante compuesta de vino, azúcar, limón y otros ingredientes.

sangriento, ta adj. **1.** Se dice de lo que echa sangre o está manchado de sangre: *Después del combate las armas **sangrientas** quedaron tiradas junto a los cadáveres.* **2.** Se aplica a los hechos en que se derrama sangre: *El encuentro de boxeo fue una pelea **sangrienta** y cruel en la que los dos rivales casi se mataban.*

sanguijuela f. Gusano que se alimenta chupando la sangre de otros organismos: *Las **sanguijuelas** viven en las lagunas y arroyos.*

sanguina f. Lápiz de color rojo óxido, que usan los artistas para dibujar.

SAN

sanguinario, ria *adj.* Se aplica al que goza derramando sangre ajena: *El tirano* **sanguinario** *mandó matar a miles de personas.* SIN. **cruel, perverso, inhumano.**

sanguíneo, a *adj.* Relativo a la sangre: *El médico ordenó un análisis* **sanguíneo** *para saber si su paciente tenía anemia.*

sanguinolento, ta *adj.* Se aplica a lo que es del color de la sangre, que está manchado o mezclado con ella: *La venda blanca quedó hecha un trapo* **sanguinolento** *después de limpiar la herida abierta.*

sanidad *f.* Conjunto de servicios que tiene un país o región para cuidar y mejorar la salud de sus habitantes: *Los trabajadores de* **sanidad** *no sólo son médicos y enfermeras, también hay administradores, constructores e investigadores, entre otros.*

sanitario *m.* **1.** Cuarto de baño: *En el* **sanitario** *de la escuela hay retretes para defecar y lavabos para lavarse las manos.* SIN. **servicio. 2.** Recipiente de loza con forma de asiento que sirve para defecar y orinar: *Cada año se pierden millones de litros de agua por fugas en los* **sanitarios**, *es importante evitarlas.* SIN. **excusado, inodoro, retrete.**

sanitario, ria *adj.* **1.** Perteneciente o relativo a los servicios que tiene un país o región para cuidar la salud de sus habitantes: *El gobierno tomó medidas* **sanitarias** *para evitar una epidemia después de las fuertes inundaciones.* **2.** Se refiere a los aparatos de higiene instalados en el cuarto de baño: *El lavabo, el retrete y la bañera son aparatos* **sanitarios** *que deben mantenerse muy limpios.*

sano, na *adj./m. y f.* **1.** Referido a quien goza de salud: *Felipe es un muchacho fuerte y* **sano** *que casi nunca se enferma.* SIN. **saludable, vigoroso, lozano. 2.** Se refiere a lo que es beneficioso para la salud: *Bañarse y practicar algún deporte son actividades* **sanas.** SIN. **saludable, benéfico.** ANT. **perjudicial, tóxico. 3.** Se dice de lo que está en buen estado: *Todos los árboles de este bosque están* **sanos,** *en cambio los del parque están llenos de plagas.* **4.** loc. **~ y salvo,** sin daño: *A pesar de la fuerte tormenta todos llegamos* **sanos y salvos** *a casa.* **5.** loc. **Cortar por lo ~,** terminar con algo que resulta molesto: *Como el señor Vargas no estaba contento en su trabajo* **cortó por lo sano** *y renunció antes de tener algún problema.*

sánscrito, ta *adj./m.* Idioma antiguo y sagrado de los brahmanes o sacerdotes de la India: *El* **sánscrito** *es un idioma que ya nadie habla en el mundo.*

sanseacabó *interj. Fam.* Expresión con que se da por acabada una discusión o un asunto: *"Si no te gusta el pantalón que te regalé, no lo uses y* **sanseacabó.**"

sansón *m. Fam.* Hombre con mucha fuerza física: *Rigoberto es un* **sansón** *que puede levantar 20 kilos con una sola mano.*

santarrita *f. R. de la P.* Planta trepadora de hojas ovaladas y flores de color morado, rojo, amarillo o blanco de tres pétalos, que se siembra para adornar los jardines. SIN. **buganvilla.**

santateresa *f.* Insecto de unos 5 cm de largo, de color verde, con patas anteriores prensoras. SIN. **mantis, mamboretá.**

santería *f. Cuba.* Práctica religiosa ritual derivada de antiguos cultos africanos.

santiaguino, na *adj./m. y f.* Originario de Santiago, capital de Chile, país de América del Sur.

santiamén. En un ~, loc. *Fam.* En un instante: *En un* **santiamén** *Regina guardó sus útiles de costura y salió para ir a casa con sus amigas.*

santidad *f.* **1.** Cualidad de santo: *Francisco de Asís fue un hombre que por su* **santidad** *y bondad fue reconocido en muchos lugares.* SIN. **virtud. 2.** loc. **Su Santidad,** tratamiento honorífico dado al Papa de la Iglesia Católica: *Su Santidad* *vive en el Vaticano, que es un Estado independiente de Italia.*

santificar *vb. irreg.* [tr.] Modelo 17. **1.** Hacer santo a alguien. **2.** Purificar, convertir en santa una cosa: "*La Iglesia* **ha santificado** *la tierra de Belén porque ahí nació Jesús.*"

santiguar *vb. irreg.* [tr. y prnl.] Modelo 11. Entre los católicos, hacer el signo de la cruz sobre uno mismo, sobre otra persona o sobre una cosa: *Para* **santiguarse** *Filemón se toca con la mano la frente, el pecho y los hombros formando una cruz.*

santo *m.* Día en que una persona celebra la festividad del santo de su mismo nombre: *El* **santo** *de Gabriela es en el mes de marzo.* SIN. **onomástico.**

santo, ta *adj.* **1.** Se dice de Dios en cuanto a que se le considera absolutamente puro, perfecto. SIN. **divino.** ANT. **profano. 2.** En algunas religiones, se dice de quien ha llevado una vida ejemplar y de acuerdo a las normas de su religión o de la moral. **3.** Que tiene carácter sagrado.

santo, ta *m. y f.* **1.** Cristiano que ha sido santificado por su vida ejemplar y a quien se le rinde culto de manera pública. **2.** Imagen de un santo: *El sacerdote del pueblo le encargó al escultor que hiciera un* **santo** *para ponerlo en la iglesia.* **3.** Celebración que hace una persona el día que se festeja a un santo que tiene su mismo nombre. **4.** loc. **¿A ~ de qué?,** ¿con qué motivo? **5.** loc. **Írsele a alguien el ~ al cielo,** olvidar completamente algo que se tenía que hacer: *Disculpa, se me fue el santo al cielo y no traje el libro que debo devolverte.* **6.** loc. **No ser ~ de la devoción de uno,** no caerle bien a uno: *Ese político parece simpático pero no es santo de mi devoción; no votaré por él.* **7.** loc. **~ y seña,** palabra secreta que sirve como contraseña para entrar a un lugar defendido por un guardia: *Cuando el hombre dijo el* **santo y seña,** *el vigilante lo dejó pasar.*

santoral *m.* **1.** Libro en el que se narra la vida de los santos: *Leí la vida de Santa Teresa en el santoral.* **2.** Lista de los santos que se conmemoran en cada día del año: *Consulté el* **santoral** *para saber qué día es mi santo.*

santuario *m.* **1.** Parte de una iglesia, situada alrededor del altar, donde se realizan las ceremonias litúrgicas. **2.** Edificio religioso, lugar santo en general. **3.** Lugar protegido por su valor ecológico: *En esa montaña está el santuario de las mariposas que llegan allí para reproducirse.*

santurrón, na *adj./m. y f.* Persona que actúa con excesiva fidelidad a su religión: *Ése es un* **santurrón** *que pasa el día rezando y critica a los demás porque se divierten de vez en cuando.* SIN. **puritano.**

saña *f.* Insistencia cruel en causar un daño: *Jaime no rompió el jarrón por accidente, lo rompió con* **saña** *porque estaba enojado y quería desquitarse de su hermana.* SIN. **ira.** ANT. **cariño.**

sapo *m.* Animal que vive en el agua y en la tierra, de cuerpo grueso, ojos saltones y piel rugosa de color verde o pardo: *Los **sapos** son anfibios y se alimentan de insectos.*

saque *m.* En algunos deportes, acción de sacar la pelota para iniciar el juego o para cambiar de turno entre jugadores o equipos: *En el balonvolea sólo puede anotar puntos el equipo que tiene el **saque**.*

saquear *vb.* [tr.] **1.** Apoderarse los soldados de los objetos de valor que encuentran en una ciudad conquistada. **2.** Robar en gran cantidad, apoderarse de todo lo que se encuentra en un lugar: *Los ladrones **saquearon** la casa y se llevaron hasta las cortinas.*

saqueo *m.* Hecho de apoderarse de todo lo que hay en un lugar: *Durante el **saqueo** a la ciudad vencida el ejército enemigo se llevó armas, víveres y objetos de oro y plata que encontraron en las casas.* SIN. **robo.**

sarampión *m.* Enfermedad infecciosa propia de la infancia, que se caracteriza por la aparición de manchas rojas en la piel: *El niño no fue a la escuela porque tiene **sarampión** y debe quedarse en cama durante algunos días.*

sarao *m. Esp.* Reunión o fiesta de sociedad que se hace de noche, con baile y música.

sarape *m. Guat.* y *Méx.* Manta de lana o algodón con franjas de colores vivos, que puede o no tener una abertura al centro para pasar la cabeza.

sarcasmo *m.* Burla cruel que se hace con intención de ofender o humillar a alguien. SIN. **ironía, sátira.**

sarcástico, ca *adj.* **1.** Se aplica a lo que se dice como burla cruel para ofender: *Pablo le dijo a Germán en un tono **sarcástico** que su gran inteligencia no le serviría para aprobar la materia.* SIN. **irónico. 2.** Se refiere a la persona que tiende a hablar con sarcasmos.

sarcófago *m.* Especie de caja grande, por lo general decorada, en la que antiguamente se colocaba el cuerpo de las personas importantes para sepultarlo: *Los **sarcófagos** de los faraones egipcios estaban tallados con el retrato del muerto, se decoraban con pinturas de la historia de su vida y se escribía en ellos el monto de sus riquezas.* SIN. **ataúd, féretro.**

sardina *f.* Pequeño pez de mar de color azul con reflejos plateados, que vive cerca de la costa y es muy apreciado como alimento.

sardinero, ra *adj.* Perteneciente a las sardinas: *Ese marino trabaja en un barco **sardinero**, él y sus compañeros pescan las sardinas en el mar y vienen a venderlas al puerto.*

sardinero, ra *m.* y *f.* Persona que vende sardinas.

sardónico, ca *adj.* **1.** Se aplica a la risa burlona: *Roberto se dio cuenta de que se había equivocado al recitar la lección cuando vio la sonrisa **sardónica** de un compañero.* **2.** Relativo a la burla cruel: *Con un discurso en tono **sardónico** el filósofo puso en ridículo a sus críticos.* SIN. **sarcástico, mordaz.**

sargento *m.* **1.** Grado militar superior al de cabo e inferior al de alférez o subteniente: *El **sargento** cuida del orden y la disciplina de los soldados.* **2.** *Fam.* Persona autoritaria a quien le gusta mandar a los demás usando malos modos: *La jefa de mi hermana es un **sargento** que le grita a todas las empleadas si algo no sale bien.*

sarmiento *m.* Rama de la planta que da las uvas, larga, flexible y nudosa: *Para reproducir la vid se plantan **sarmientos** en tierra fértil.*

sarna *f.* Enfermedad muy contagiosa de la piel en la que salen pequeñas ampollas que producen mucha comezón: *Los perros pueden transmitir la **sarna** al ser humano.*

sarnoso, sa *adj./m.* y *f.* Relativo al que está enfermo de sarna: *Los **sarnosos** deben lavarse con un jabón medicinal y mantener la higiene para poder curarse.*

sarpullido *m.* Ver salpullido.

sarro *m.* **1.** Depósito de materia sólida que dejan algunos líquidos en los recipientes que los contienen: *El agua que se guarda en vasijas de arcilla forma **sarro** de color blanco.* SIN. **sedimento. 2.** Placa de color obscuro que se deposita sobre el esmalte de los dientes: *Cada seis meses Leopoldo va al dentista para que le quiten el **sarro** de su dentadura.*

sarta *f.* **1.** Serie de cosas sujetas una tras otra en un hilo o cuerda: *El vendedor ambulante traía una **sarta** de relojes para mostrarlos a los clientes.* SIN. **cadena, rosario. 2.** Serie de personas acomodadas en fila una detrás de otra: *Una **sarta** de muchachos venía bajando la montaña rumbo al río.* SIN. **fila. 3.** Serie de cosas no materiales o de sucesos que se siguen unos a otros y están relacionados entre sí: *Al pobre hombre le ha sucedido una **sarta** de calamidades desde que perdió su empleo.* SIN. **sucesión, retahíla.**

sartén *m.* y *f.* **1.** Utensilio de cocina hecho de metal, redondo y poco profundo con mango largo: *El **sartén** se usa para freír los alimentos.* **2.** loc. **Salir de la olla para caer en la ~,** salir de una situación mala para caer en otra peor: *Quise solucionar el problema con mi amiga pero **salí de la olla para caer en la sartén** y ahora ya no quiere ni hablar conmigo.* **3.** loc. **Tener la ~ por el mango,** tener el control de una situación.

sartorio *adj./m.* Relativo al músculo de la parte delantera del muslo: *El **sartorio** permite abrir y cerrar la pierna en los movimientos laterales.*

sastre, tra *m.* y *f.* Persona que tiene por oficio confeccionar y arreglar trajes: *Mi padre fue a visitar al **sastre** para pedirle que recortara el pantalón de un traje porque le quedaba largo.*

sastrería *f.* **1.** Taller donde se confeccionan, remiendan y venden trajes: *En la **sastrería** hay varias máquinas de coser, cintas para medir, telas, tijeras, hilo y muchas agujas.* **2.** Oficio que consiste en hacer y arreglar trajes: *Humberto quiere dedicarse a la **sastrería** porque le gusta mucho diseñar y coser ropa.*

satánico, ca *adj.* **1.** Diabólico, demoníaco. **2.** *Fam.* Se dice de lo que es muy perverso: *Esos asesinos tenían un plan **satánico** para hacerle daño a la población.*

satélite *m.* **1.** Astro sin luz propia que gira alrededor de un planeta: *La Tierra tiene un solo **satélite** llamado Luna, en cambio Júpiter tiene dieciséis.* **2.** loc. **~ artificial,** vehículo espacial que se lanza al espacio exterior para que dé vueltas alrededor de un planeta: *Los **satélites artificiales** fotografían y registran los cambios que sufre la Tierra, por ejemplo el clima o la vegetación.*

satén o **satín** *m.* Tela de seda o algodón parecida al raso: *El **satén** es una tela brillosa que se usa para forrar abrigos y algunos vestidos.*

satinado, da *adj.* Se dice de lo que tiene superficie brillosa o sedosa: *Los muebles de doña Zoila tienen un brillo **satinado** porque ella los pule con cera y los lustra con una franela.*

satinar *vb.* (tr.) Dar brillo a una superficie: *Para satinar la madera el carpintero usa un barniz brillante.*

sátira *f.* **1.** Obra literaria que critica o ridiculiza a alguien o una situación: *En el teatro antiguo la sátira era una manera de criticar los errores del gobierno haciendo reír al público.* **2.** Discurso dicho o escrito que se burla duramente de una situación o una persona: *Ese hombre ingenioso pasó toda la velada haciendo sátiras sobre el comportamiento de los cantantes famosos.* SIN. ironía, sarcasmo.

satírico, ca *adj.* Relativo a la sátira: *El Decamerón es una obra satírica que escribió el italiano Giovanni Boccaccio.*

satirizar *vb. irreg.* (tr. e intr.) Modelo 16. **1.** Hacer a una persona o situación objeto de burla o ridiculización: *Como su hermano está muy enojado con Claudia, satiriza todo lo que ella dice o hace.* SIN. ridiculizar. **2.** Escribir una obra literaria que censura o ridiculiza a alguien o algo: *Horacio fue un poeta latino que satirizó los vicios y defectos de la sociedad de su época.*

sátiro *m.* En la mitología griega, ser con medio cuerpo de hombre, orejas puntiagudas, dos cuernitos, rabo y patas de cabra: *Los sátiros eran unos semidioses que acompañaban al dios Baco.*

satisfacción *f.* **1.** Sensación de contento o de placer: *Saber que mi madre va a sanar de su enfermedad nos llenó de satisfacción y felicidad.* SIN. alegría. ANT. disgusto. **2.** Compensación que se ofrece por haber cometido un daño: *El caballero demandó una satisfacción a su vecino porque éste había maltratado su jardín.* SIN. disculpa. ANT. agravio.

satisfacer *vb. irreg.* (tr. e intr.) Modelo 23. **1.** Complacer o aquietar un deseo o apetito: *Comiéndose un trozo de tarta Elena ha satisfecho su deseo de probar algo dulce.* **2.** Pagar una deuda o compensar un daño cometido: *Con el dinero de su primer sueldo el joven satisfizo todas sus deudas.* SIN. pagar. ANT. deber. **3.** Dar solución a una necesidad o dificultad: *Esta casa ya no satisface nuestras necesidades de espacio pues la familia ha crecido.* SIN. solucionar. **4.** Hacer que otros estén contentos con uno: *Nicolás estudió medicina para satisfacer a sus padres, pero él hubiera preferido estudiar astronomía.* SIN. gustar. ANT. disgustar.

satisfactorio, ria *adj.* Se aplica a lo que cumple con los requisitos necesarios para agradar o estar bien: *Las respuestas que dio Rosa fueron satisfactorias y por eso aprobó el examen.* SIN. aceptable. ANT. insuficiente.

satisfecho, cha *adj.* **1.** Referido a quien está contento o complacido: *Teresa está muy satisfecha porque sus hijos han aprendido mucho en la escuela.* SIN. conforme. **2.** Se aplica a quien ha calmado alguna necesidad o deseo: *Hoy he comido muy bien, por eso estoy satisfecho y ya no deseo comer otra cosa.* SIN. lleno, harto, cumplido.

saturación *f.* En química, resultado de haber mojado un cuerpo hasta su máxima capacidad o de haber disuelto en un líquido la mayor cantidad posible de una substancia: *La esponja ha absorbido tanta agua que se encuentra en estado de saturación, eso quiere decir que no podrá absorber una sola gota más.*

saturado, da *adj.* **1.** En química, se dice de un líquido en el que se ha disuelto una substancia a tal grado que ya no se puede disolver más: *Esta solución de*

agua ya está **saturada** de sal. **2.** *Fam.* Se aplica a lo que está lleno o tiene mucho de algo: *Eduardo está saturado de trabajo, por eso no tiene ni un rato libre para descansar.*

saturar *vb.* (tr. y prnl.) **1.** Llenar algo por completo: *Los cargadores han saturado de muebles el camión de la mudanza y ya no le cabe ni un libro.* **2.** En química, disolver en un líquido la mayor cantidad posible de una substancia o mojar un cuerpo hasta su máxima capacidad: *El niño le puso tanta azúcar a su leche que la saturó y ésta comenzó a tener consistencia espesa.*

sauce *m.* **1.** Árbol que crece junto a los ríos, de hojas más largas que anchas: *La madera del sauce es blanca y ligera.* **2.** loc. ~ llorón, árbol de hojas más largas que anchas y con ramas delgadas y largas que caen hacia el suelo: *El sauce llorón se siembra en los parques como adorno.*

sauna *f.* **1.** Baño de calor seco que hace sudar al cuerpo: *Para tomar una sauna es necesario desnudarse y cubrirse con una toalla.* **2.** Construcción de madera que tiene un mecanismo para generar calor seco, al que entran las personas para darse un baño de calor: *Es importante no entrar a la sauna por más de veinte minutos continuos, pues podría ser peligroso.*

saurio *adj./m.* Relativo a los animales reptiles con cuatro patas, cola larga y cuerpo escamoso: *La lagartija es un saurio que vive en los bosques y jardines, corre muy rápido y trepa los árboles.*

savia *f.* Líquido que circula por el interior de los vegetales y los nutre: *En primavera la savia de las plantas circula con mayor intensidad que en invierno.*

saxofón o **saxófono** *m.* Instrumento musical de viento, hecho de metal, con forma de J, que tiene una boquilla y varias llaves para producir el sonido.

saxofonista *m. y f.* Músico que toca el saxofón: *El conjunto de jazz necesita contratar un saxofonista que sepa improvisar.*

saya *f.* Prenda de vestir femenina que cubre la cadera y las piernas: *A mi hermana le gusta ponerse una saya roja con blusa blanca.* SIN. falda, pollera.

sayo *m.* **1.** Prenda de vestir que cubre los brazos y el cuerpo, larga hasta debajo de las caderas y sin botones. SIN. casaca. **2.** *Fam.* Cualquier vestido amplio: *Las mujeres de ese pueblo lavan sus sayos en el río cercano.*

sazón *f.* **1.** Punto de madurez de una fruta o de otra cosa: *El huerto de manzanas está en sazón por eso ya es hora de cosechar.* **2.** Sabor que se da a las comidas: *Doña Dorotea guisa con buen sazón, por eso a sus hijos les encanta comer en su casa.* SIN. gusto.

sazonado, da *adj.* Se dice de lo que está bien condimentado: *No hay nada más rico que un guiso bien sazonado.*

sazonar *vb.* (tr.) Poner condimentos a la comida para darle buen sabor: *Sergio sazonó la carne con sal y pimienta antes de ponerla a cocer.* SIN. aderezar, condimentar.

scanner *m.* Palabra inglesa. Ver escáner.

se pron. **1.** Pronombre personal de tercera persona, forma reflexiva que funciona como complemento directo e indirecto y equivale a él, ella, ellos y ellas: *El niño se lava las manos con agua y jabón.* **2.** Marca impersonalidad o indeterminación: *En la oficina de mi padre hay un anuncio que dice "Se ruega no fumar."* **3.** Forma del objeto indirecto en combinación con el objeto directo: *Se lo di porque sabía que necesitaba el libro.*

sebáceo, a *adj.* Relativo a la grasa de los animales, en especial de las reses: *La substancia blanca que se ve en la carne de vaca es el tejido sebáceo de este animal.*

sebo *m.* Grasa sólida que se saca de los animales, en especial de las reses: *Con sebo se hacen velas y jabón.*

seborrea o **seborragia** *f.* Enfermedad de la piel en que las glándulas que segregan la grasa que protege el pelo y la piel trabajan más de lo normal: *Joaquín se está quedando calvo pues tiene seborrea y con tanta grasa en la cabeza se le cae mucho el pelo.*

seboso, sa *adj.* Referido a lo que tiene grasa o sebo: *No quise tomar ese caldo porque estaba seboso y el exceso de grasa hace daño.*

seca *f.* Época en que no llueve: *Durante la seca la tierra no produce hierba.* SIN. **sequía.**

secadero *m.* Lugar donde se pone algo a secar: *El patio abierto y asoleado de mi casa es el secadero de la ropa mojada.*

secado *m.* Hecho de que deje de estar mojado algo que lo estaba: *El secado de la ropa lavada se hace colgándola en un lugar ventilado.*

secador *m.* Nombre que se da a varios aparatos que sirven para secar el pelo, la ropa, las manos, etc.: *El secador de pelo de mi mamá parece una pistola que echa aire.*

secadora *f.* Máquina en la que se mete la ropa lavada para secarla: *En la lavandería hay lavadoras y secadoras que funcionan con aire caliente.*

secano *m.* Terreno para siembra que no se riega sino que produce con el agua de lluvia que recibe de manera natural: *En ese campo de secano han sembrado trigo.* ANT. **regadío.**

secante *adj.* **1.** Se dice de lo que es tan absorbente que puede usarse para secar algo: *Fidelia usó una tela secante para recoger el agua que se había derramado sobre la mesa.* **2.** En matemáticas, se refiere a la línea o superficie que corta a otra: *El profesor de matemáticas les pidió a sus alumnos que trazaran una línea secante que cortara un círculo.*

secante *f.* En matemáticas, línea o superficie que corta a otra.

secar *vb. irreg.* {tr. y prnl.} Modelo 17. **1.** Dejar o quedar sin líquido algo que estaba húmedo o mojado: *Después de bañarme uso una toalla para secarme y luego la cuelgo detrás de una silla.* ANT. **mojar. 2.** Consumirse el jugo de un cuerpo: *Las flores se secaron porque no las regué durante dos semanas.* SIN. **deshidratar, marchitar. 3.** Evaporarse el agua que había en un lugar: *Ese río se seca cuando no llueve.* SIN. **vaciar.** ANT. **inundar. 4.** Endurecerse una substancia: *Como no cerré bien la tapa del frasco se secó el pegamento y ahora tendré que comprar otro.*

sección *f.* **1.** Cada una de las partes o divisiones de un todo: *La bodega está dividida en secciones para conservar orden en los productos que en ella se guardan.* SIN. **división, departamento. 2.** Hecho de dividir un todo y separar sus partes con un instrumento afilado: *Con un bisturí el veterinario llevó a cabo la sección del tumor del animal enfermo.* SIN. **corte.** ANT. **unión, costura.**

seccionar *vb.* {tr.} **1.** Dividir un todo o separar sus partes con un instrumento afilado: *El gato seccionó la cola*

de la lagartija con sus filosas uñas. SIN. **cortar. 2.** Dividir un todo en partes o secciones: *Para que la empresa funcionara mejor los patrones decidieron seccionarla en diferentes departamentos según las distintas actividades que tiene.*

secesión *f.* Acción de separarse de una nación parte de su pueblo o territorio: *Entre los años 1860 y 1865 la guerra de secesión en los Estados Unidos de Norteamérica enfrentó a los habitantes del norte contra los del sur.* SIN. **separación.** ANT. **unión.**

seco, ca *adj.* **1.** Referido a lo que no tiene nada de líquido o humedad: *Guardé los platos y vasos porque ya estaban secos.* ANT. **húmedo. 2.** Relativo a lo que le falta agua: *El niño no pudo jugar con su barco de juguete porque la fuente estaba seca.* **3.** Se refiere a lo que no tiene grasa: *Las personas que tienen los labios secos necesitan usar una crema humectante.* **4.** Se dice de las plantas sin vida: *En otoño las hojas secas de los árboles cubren el suelo.* **5.** Se aplica al país o clima de escasa lluvia: *El desierto es un lugar seco, en cambio la selva es húmeda.* SIN. **árido.** ANT. **lluvioso. 6.** *Fam.* Referido a una persona con muchos huesos y pocas musculatura y grasa. SIN. **flaco. 7.** *Fam.* Aplicado a la persona poco cariñosa: *Aunque mi abuelo tiene un carácter seco, es un hombre noble y humanitario.* SIN. **áspero, duro.** ANT. **amable, cariñoso.**

secreción *f.* **1.** Función de un cuerpo vivo por la cual una célula o tejido produce una substancia necesaria para el organismo: *La secreción de saliva se realiza en la boca.* **2.** Substancia necesaria para el organismo producida por una célula o tejido: *El sudor es una secreción que producen las glándulas sudoríparas.*

secretar *vb.* {tr.} Producir las glándulas del cuerpo ciertas substancias necesarias para el funcionamiento del organismo: *El hígado secreta la bilis.* SIN. **segregar, producir, fabricar.**

secretaría *f.* **1.** Institución del gobierno que se encarga de una parte de la administración del Estado: *La Secretaría de Salud organiza y administra los hospitales y servicios médicos de todo el país.* SIN. **ministerio. 2.** Oficina en la que se llevan a cabo labores de administración: *En la secretaría de la escuela se realizan las inscripciones de los alumnos.*

secretario, ria *m.* y *f.* **1.** Persona encargada de organizar las citas, llamadas telefónicas y asuntos administrativos de otra para quien trabaja: *No pude hablar con el jefe de la empresa, me atendió su secretaria y me dio cita para otro día.* **2.** Persona que dirige una parte de la administración del Estado: *El secretario de Educación Pública dará un discurso a los maestros sobre las nuevas reglas educativas.* SIN. **ministro.**

secreter *m.* **Palabra de origen francés.** Mueble parecido a un pequeño armario, con cajones y un tablero para escribir que por lo general puede ocultarse con una tapa.

secreto *m.* Lo que se tiene oculto: *Durante toda su vida la vieja dama guardó el secreto del apoyo que enviaba de forma anónima al joven artista.* SIN. **misterio, intimidad.**

secreto, ta *adj.* Referido a lo que sólo algunos conocen y no se comunica a los demás: *El científico tenía una fórmula secreta guardada en su caja fuerte.* SIN. **misterioso.**

secta *f.* **1.** Grupo de personas que profesa la misma doctrina filosófica, religiosa, etc. **2.** Agrupación religiosa derivada de una religión dominante y que difiere en algunos puntos de lo que esa religión predica.

sectario, ria *adj.* **1.** Se dice de quien rechaza o se niega a admitir las ideas que son diferentes a las que él profesa. **2.** Relativo a las sectas religiosas.

sectario, ria *m.* y *f.* Seguidor de una doctrina religiosa, filosófica y en especial al miembro de una secta religiosa.

sector *m.* **1.** Parte delimitada de un todo: *Ayer un sector de la ciudad se quedó sin luz a causa de la lluvia.* Sin. **porción, fragmento.** Ant. **conjunto, totalidad.** **2.** Parte de una clase de cosas, de una comunidad o de una actividad que presenta caracteres peculiares. Sin. **esfera, campo. 3.** En matemáticas, porción de círculo limitado por dos radios y el arco que los une: *Al marcar el sector de una circunferencia me di cuenta que se parecía a una porción de queso redondo.*

secuaz *adj./m.* y *f.* Aplicado a la persona que sigue el partido o doctrina de otro: *Jorge y sus secuaces estuvieron mojando a las niñas con una manguera.*

secuela *f.* Consecuencia negativa de algo que sucedió: *Las secuelas de la tormenta se pudieron ver al día siguiente pues todo estaba inundado y algunas casas se habían quedado sin techo.* Sin. **resultado, efecto.**

secuencia *f.* **1.** Sucesión ordenada de cosas o acciones que guardan cierta relación entre sí: *El niño pronunció sin equivocarse la secuencia del uno al cien durante la clase de matemáticas.* **2.** En cine y televisión, serie de acciones o imágenes que se desarrollan en un mismo lugar y durante un mismo tiempo narrativo: *Esta secuencia tiene seis escenas que se desarrollan en la cocina de una casa durante una tarde de verano.*

secuestrador, ra *m.* y *f.* Persona que priva de la libertad a otra para esconderla en un lugar y exigir dinero u otra cosa por su rescate: *Los secuestradores encerraron a su víctima en un sótano.* Sin. **raptor.**

secuestrar *vb.* {tr.} Privar de la libertad a una persona o apoderarse de una nave para exigir dinero u otra cosa por su rescate: *Los delincuentes secuestraron un avión para pedir la libertad de sus compañeros presos a cambio de liberar a los pasajeros.* Sin. **raptar.**

secuestro *m.* Privación de la libertad a una persona o acción de apoderarse de una nave para exigir dinero u otra cosa por su rescate: *El secuestro es un delito grave que se paga con muchos años de prisión.* Sin. **rapto.**

secular *adj.* **1.** Se dice de lo que dura cien años o sucede cada cien años: *Ese bosque está formado por árboles seculares, algunos de ellos tienen alrededor de 110 años.* **2.** Se dice de lo que no es religioso.

secundar *vb.* {tr.} Ayudar a alguien en sus propósitos: *"Si te animas a montar la obra de teatro, yo te secundaré en todo, sólo dime qué hacer."* Sin. **apoyar, asistir, colaborar.**

secundaria *f.* Ciclo educativo que comienza al terminar la educación básica o primaria.

secundario *adj.* Relativo a la era geológica comprendida entre el último período de la era primaria y el primer período de la era terciaria.

secundario, ria *adj.* **1.** Segundo en orden: *Los lujos son un asunto secundario, lo más importante es resolver problemas primarios como la alimentación y el vesti-*

do. **2.** No principal: *Esa actriz tiene un papel secundario en el filme, la estrella es una mujer muy famosa.*

sed *f.* **1.** Necesidad de beber: *Quiero agua pues tengo sed y siento la boca seca.* **2.** *Fam.* Ansia por conseguir algo, deseo fuerte: *Ese deportista tiene sed de triunfo, por eso practica todos los días con mucho empeño.*

seda *f.* **1.** Substancia viscosa que, en forma de hilos, segregan las glándulas de algunos animales artrópodos: *La oruga y la araña producen seda, la oruga para envolverse en un capullo y la araña para tejer su tela.* **2.** Hilo formado con la substancia llamada seda: *El gusano de seda produce el hilo suave y brillante llamado seda, con el cual se tejen bellas y finas telas.* **3.** Tejido fabricado con el hilo llamado seda: *La seda tiene un brillo y una suavidad que la han hecho uno de los materiales favoritos de la industria del vestido.*

sedal *m.* Hilo de la caña de pescar: *Al pescador se le rompió el sedal y el pez que había mordido el anzuelo logró huir.*

sedante o **sedativo, va** *adj./m.* Relativo a lo que adormece o apacigua: *El médico le inyectó un sedante al paciente para que descansara después de la operación.*

sedar *vb.* {tr.} Hacer que alguien deje de estar nervioso o inquieto, en particular usando algún medicamento: *Para poder trasladar al elefante desde África hasta Europa lo sedaron con un tranquilizante.* Sin. **calmar, apaciguar, sosegar.**

sede *f.* **1.** Lugar donde tiene su domicilio principal una empresa, organismo, etc.: *La Oficina Nacional de Derechos Humanos tiene su sede en la capital del país.* Sin. **residencia. 2.** Lugar donde se realiza un evento importante: *En 1992 la sede de las Olimpiadas fue Barcelona, en España.*

sedentario, ria *adj.* **1.** Referido al oficio o modo de vida de poco movimiento: *Muchas personas llevan una vida sedentaria porque no les gusta hacer deporte ni viajar.* Sin. **quieto, inactivo. 2.** Aplicado a quien permanece sentado mucho tiempo y prefiere no salir: *La mayoría de los ancianos son sedentarios porque les cuesta trabajo caminar.* Sin. **inmóvil. 3.** Relativo a las comunidades que permanecen en un lugar fijo: *Los pueblos que viajaban todo el tiempo se volvieron sedentarios cuando comenzaron a cultivar la tierra.* Ant. **nómada.**

sedente *adj.* Referido a quien está sentado: *La famosa escultura del artista francés Augusto Rodin "El Pensador" representa a un hombre sedente con la cabeza apoyada en una mano en señal de reflexión.*

sedición *f.* Rebelión violenta contra la autoridad: *Los actos de sedición son ilegales.* Sin. **levantamiento, motín.**

sedicioso, sa *adj./m.* y *f.* Aplicado a la persona que promueve o participa en una rebelión contra la autoridad: *Los sediciosos corrieron a esconderse porque la policía los perseguía.*

sediento, ta *adj.* Referido al que quiere o necesita tomar agua: *Los animales están sedientos porque este año ha llovido poco y los ríos están secos.*

sedimento *m.* Materia que, habiendo estado suspendida en un líquido, se posa en el fondo por su mayor peso o densidad: *En el fondo de mi taza de café hay sedimentos de azúcar porque no la revolví bien con la cuchara.* Sin. **depósito, residuo.**

sedoso, sa *adj.* Se aplica a lo que es suave al tacto, como la seda: *Da gusto acariciar la piel sedosa del bebé.* SIN. suave. ANT. áspero.

seducción *f.* Acción de seducir: *La hermosa actriz, con su poder de seducción, cautiva a jóvenes y ancianos por igual.*

seducir *vb. irreg.* (tr.) Modelo 57. **1.** Empujar a alguien de manera sutil hacia el mal: *Ese hombre fue seducido por alguien que alimentó su ambición de poder y lo impulsó a cometer robos.* SIN. tentar, engañar. **2.** Cautivar el ánimo, gustar mucho: *La muchacha sedujo al joven con su sonrisa coqueta y su bella cara.* SIN. enamorar, fascinar.

seductor, ra *adj./m. y f.* Se aplica a la persona que cautiva el ánimo de los demás: *Víctor tiene muchas amigas porque es un seductor, a todas les hace pensar que está enamorado de ellas.*

segador, ra *m. y f.* Persona que se dedica a cortar la hierba o los cereales maduros que se cultivan en el campo: *Los segadores usan como instrumentos de trabajo unas cuchillas curvas unidas a un palo largo llamadas guadañas.*

segadora *f.* Máquina que sirve para cortar la hierba o los cereales maduros: *La segadora se usa en el campo y parece un tractor con grandes cuchillos por delante.*

segar *vb. irreg.* (tr.) Modelo 18. Cortar los cereales maduros o la hierba: *Ese campesino está segando el trigo maduro con la hoz.* SIN. cortar, cosechar.

segmento *m.* **1.** Pedazo cortado de una cosa: *Un segmento del cuello de la botella rota cayó dentro del vaso al momento de servir el vino.* SIN. pedazo, trozo. **2.** En matemáticas, porción de una línea recta comprendida entre dos puntos: *Esta recta de 10 cm de largo está dividida en 5 segmentos de 2 cm cada uno.*

segregar *vb. irreg.* (tr.) Modelo 17. **1.** Separar una cosa de otra u otras: *Muchos barrios que antes estaban segregados de la ciudad ahora forman parte de ella.* **2.** Producir las glándulas del cuerpo ciertas substancias necesarias para el funcionamiento del organismo: *Las glándulas sudoríparas segregan el sudor.* SIN. secretar, producir, excretar.

seguidilla *f.* Composición poética formada de una estrofa que puede tener cuatro o siete versos.

seguido *adv.* Con frecuencia, a menudo: *Vamos seguido al campo porque nos gusta mucho estar en contacto con la naturaleza.*

seguido, da *adj.* **1.** Continuo, sin interrupción: *Katia ha estornudado cinco veces seguidas a causa del polvo.* SIN. continuo, consecutivo, sucesivo. **2.** *loc.* **En seguida**, sin perder tiempo: *"Ya es tarde, tenemos que salir en seguida si queremos llegar a tiempo al cine."*

seguidor, ra *m. y f.* Persona que asiste continuamente a cierto tipo de espectáculo porque le gusta mucho: *Los seguidores del equipo visitante llegaron en autobús al partido de fútbol.* SIN. aficionado, fan.

seguir *vb. irreg.* (tr., intr. y prnl.) Modelo 56. **1.** Ir después o detrás de alguien o algo: *El número dos sigue al uno, el número tres sigue al dos.* SIN. suceder. ANT. preceder, anteceder. **2.** Ir detrás de una persona o un animal para atraparlo: *El cazador siguió las huellas que dejó el tigre sobre la tierra mojada.* SIN. perseguir, rastrear. **3.** Continuar una actividad que ya se ha comenzado: *"¿Quieres seguir jugando o prefieres ver la televisión?"* SIN. proseguir, reanudar. ANT. interrum-

pir, dejar, abandonar. **4.** Tomar un camino o dirección: *Roberto se perdió durante la excursión porque siguió una ruta equivocada.* **5.** Tener algo como modelo e imitarlo: *El joven siguió el ejemplo de su padre y se convirtió en abogado como él.* SIN. imitar. **6.** Ser partidario de alguien o algo: *"Tú no te preocupes si los demás no están de acuerdo contigo, yo te sigo porque creo que tu idea es original e interesante."* SIN. apoyar. **7.** Actuar según determinados criterios, consejos, órdenes, sentimientos, etc.: *Noemí siguió el tratamiento que le recetó el médico y ahora ya está sana otra vez.* **8.** Permanecer alguien o alguien en un lugar, actitud o actividad: *Le pedí que se callara pero ha seguido hablando aunque ya comenzó el concierto, eso es una falta de respeto.* **9.** Obtenerse una información como consecuencia de una cosa: *"De tus respuestas se sigue que has estudiado la lección."*

según *adv.* **1.** De acuerdo con algo: *El lanzamiento de la nave espacial ocurrió según estaba previsto.* **2.** Indica que algo depende de otra cosa que se expresa: *Compraré dos o tres dulces según el dinero que me den mis padres.*

según *prep.* **1.** Expresa un punto de vista: *Según este investigador los anillos de Saturno están formados por materia en estado gaseoso.* SIN. conforme. **2.** Indica que dos cosas están sucediendo al mismo tiempo: *Faustino iba sintiéndose cada vez más triste según su novia le decía las razones para terminar su relación.*

segundero *m.* Manecilla del reloj que señala los segundos: *El segundero da una vuelta al reloj cada minuto.*

segundo *m.* Cada una de las sesenta partes iguales en que se divide un minuto: *Un anuncio de televisión dura por lo general treinta segundos, es decir, medio minuto.*

segundo, da *adj./m. y f.* Relativo a lo que corresponde en orden al número dos: *Georgina vive en el segundo piso de este edificio, Ramiro vive en el primero y Remedios, en el tercero.*

seguridad *f.* **1.** Confianza que se siente cuando no hay ningún peligro que temer. SIN. tranquilidad, protección. ANT. inseguridad. **2.** Certeza que se tiene acerca de algo: *Tengo la seguridad de que Antonio vendrá a la fiesta porque es una persona cumplida.* ANT. duda. **3.** Estado de lo que está protegido de algún peligro: *La función de la policía es dar seguridad a los ciudadanos.* **4.** *loc.* **~ social**, conjunto de leyes y organismos que tienen por objeto proteger a los individuos y a las familias contra ciertos riesgos.

seguro *m.* **1.** Contrato por el que se garantiza una compensación a una persona o cosa en caso de sufrir algún daño o perjuicio: *El automóvil tiene seguro, por eso si sufre algún accidente la aseguradora pagará los gastos.* **2.** Dispositivo que impide el funcionamiento de una máquina, mecanismo, etc., para evitar accidentes: *La pistola tiene el seguro puesto para que no se dispare con facilidad.* **3.** *Méx.* Alfiler de seguridad que se cierra quedando con la punta protegida para que no lastime. SIN. imperdible.

seguro, ra *adj.* **1.** Relativo a lo que está libre de todo daño, peligro o riesgo: *Puse el colchón en el piso para que el bebé duerma seguro contra alguna caída.* **2.** Aplicado a lo que no admite duda: *"Mira qué grises están las nubes, es seguro que lloverá."* **3.** Se dice de lo que es firme o estable: *"Esta escalera es segura, por eso puedes subir por ella con toda confianza."*

seis *adj./m.* Número que resulta de sumar cuatro y dos.

seiscientos *adj./m.* Seis veces cien: *Este pueblo tiene seiscientos habitantes, hasta ayer eran 598 pero acaban de nacer unos mellizos.*

selección *f.* **1.** Hecho de elegir a una persona o cosa entre otras: *El jurado hizo la selección de las tres mejores fotografías que enviaron los concursantes.* **2.** Conjunto de personas o cosas elegidas: *Esta selección de quince cuentos infantiles es una maravilla.* **3.** En deportes, equipo formado por jugadores elegidos entre muchos de los equipos nacionales y que representa a un país en un juego internacional: *Durante el Campeonato Mundial de Fútbol participan las selecciones nacionales de varios países.*

seleccionado, da *adj./m. y f.* **1.** Referido a la persona o cosa que ha sido elegida de entre muchas otras: *Los poemas seleccionados por los jueces serán publicados en una antología.* **2.** En deportes, jugador que ha sido escogido para formar parte de un equipo nacional en una competencia internacional: *Los seleccionados partieron hoy hacia donde van a realizarse los Juegos Panamericanos porque la semana próxima iniciarán las competencias.*

seleccionar *vb.* (tr.) Escoger a una persona o cosa de entre otras muchas porque se la considera que es mejor que las demás: *Felisa seleccionó su vestido más nuevo para ir a la fiesta.* SIN. **escoger.**

selectivo, va *adj.* Se aplica al que elige muy bien lo que quiere de entre muchas cosas o personas: *Yolanda es una chica muy selectiva a quien no le gusta salir con cualquier chico que conoce.*

selecto, ta *adj.* Referido a lo que está entre lo mejor de su especie: *El señor Chávez compró semillas selectas para sembrarlas en su huerto porque quiere cosechar frutas muy finas.* SIN. **excelente.** ANT. **común.**

selenio *m.* Elemento químico no metálico, de símbolo Se y número atómico 34: *El selenio es un elemento sólido parecido al azufre que se funde a los 217°C.*

selenita *m. y f.* Supuesto habitante de la Luna: *Ni los selenitas ni los marcianos existen en realidad, pero en los libros de ciencia ficción muchas veces se habla de ellos.*

sellar *vb.* (tr.) **1.** Imprimir un sello sobre una cosa: *El cajero selló el recibo de luz para indicar que ya estaba pagado.* **2.** Cerrar algo muy bien: *Los campesinos han sellado el pozo seco porque hubo un accidente y no quieren que ocurra otra desgracia.*

sello *m.* **1.** Utensilio que sirve para estampar lo que está grabado en dicho utensilio: *El sello se pone en la almohadilla de tinta y después se presiona contra un papel, así deja impresa la imagen o texto que tiene grabado.* **2.** Imagen o letra que queda estampada con el utensilio llamado sello: *Fíjate cuál es la fecha del sello y sabrás cuándo pagaste la cuenta del teléfono.* **3.** Trozo pequeño de papel que se usa como señal de pago de algún derecho: *Los sellos postales sirven para clasificar la correspondencia.* SIN. **timbre, estampilla. 4.** Chile, Colomb. y Perú. Reverso de las monedas.

selva *f.* Bosque extenso muy poblado de árboles y animales salvajes, que crece de manera natural en las zonas cálidas del planeta: *La selva es tan importante*

para la vida en la Tierra como los pulmones para los seres humanos. SIN. **jungla.**

selvático, ca *adj.* Se dice de lo que pertenece a la selva: *Junto al Río Amazonas, los territorios de Brasil, Guyanas, Colombia, Venezuela, Ecuador, Perú y Bolivia se extiende el territorio selvático más grande del planeta.* SIN. **silvestre.**

semáforo *m.* Aparato eléctrico que se coloca en las esquinas de las calles para regular la circulación por medio de señales luminosas de diferentes colores: *Cuando el semáforo está en rojo los automóviles deben detenerse y cuando está en verde, pueden avanzar.*

semana *f.* **1.** Periodo de siete días consecutivos fijado por el calendario: *Los días de la semana son lunes, martes, miércoles, jueves, viernes, sábado y domingo.* **2.** loc. Entre ~, los días de lunes a viernes: *A la escuela se va entre semana, los sábados y domingos se descansa.* **3.** loc. Fin de ~, los días sábado y domingo: *Los fines de semana salimos de paseo.* **4.** loc. Semana Santa, para los católicos, la última semana de la Cuaresma, que comienza el Domingo de Ramos y termina el Domingo de Resurrección y conmemora la muerte y resurrección de Jesucristo: *La Semana Santa a veces se celebra a finales de marzo y a veces a principios de abril.*

semanal *adj.* Se dice de lo que dura una semana o se repite cada semana: *Los miércoles por la noche vemos un programa semanal en la televisión.*

semanario *m.* Publicación que aparece cada semana: *Mi padre está leyendo el semanario que recibe todos los martes.*

semántica *f.* Ciencia que estudia el significado de las palabras: *La semántica es una parte de la gramática que estudia, entre otras cosas, los sinónimos y los antónimos.*

semántico, ca *adj.* Relativo al significado de las palabras: *Las obras de los dos filósofos que ahora consulto usan la misma palabra con significados distintos, esto plantea un problema semántico muy interesante.*

semblante *m.* Apariencia del rostro: *Gonzalo trae el semblante risueño porque la maestra lo felicitó por sus buenas calificaciones.* SIN. **cara, faz, aspecto.**

semblantear *vb.* (tr. e intr.) Argent., Chile, Méx., Nicar., Par., Salv. y Urug. Mirar a alguien a la cara para adivinar sus intenciones y pensamientos.

semblanza *f.* Breve historia que cuenta la vida y obra de alguien: *La maestra nos pidió que redactáramos una semblanza de Simón Bolívar.* SIN. **biografía.**

sembradío *m.* Campo cultivado: *Los sembradíos de alfalfa se han puesto tan verdes con las lluvias que da gusto mirarlos.* SIN. **cultivo, sembrado.**

sembrado *m.* Campo cultivado: *El agricultor está echando abono al sembrado para que el trigo crezca sano.* SIN. **cultivo, parcela, sembradío.**

sembrador, ra *m. y f.* Persona que siembra semillas en la tierra: *Los sembradores de arroz tienen que meter sus pies en el agua porque el arroz crece en lugares inundados.*

sembrar *vb. irreg.* (tr.) Modelo 3. Poner las semillas en la tierra preparada para que germinen: *Margarita sembró unas semillas de tomate en una maceta grande hace unos meses y hoy cosechó el primer tomate.*

semejante *adj.* **1.** Se dice de las personas o cosas que se parecen entre sí: *Tengo un juguete semejante* al tuyo y aunque es más pequeño y de otro color tiene la misma forma y funciona igual. Sin. **parecido, similar.** Ant. **diferente, distinto. 2.** En matemáticas, se aplica a las figuras parecidas pero de diferente tamaño: *Este cuadrado pequeño es semejante a este más grande.*

semejante *m.* Cualquier persona con respecto a otra: *"Si queremos ser respetados debemos hacer lo mismo hacia nuestros semejantes."* Sin. **prójimo.**

semejanza *f.* Calidad de semejante o parecido: *Es increíble la gran semejanza que existe entre Clotilde y su hermana, algunos piensan que son gemelas pero Clotilde es mayor.* Sin. **analogía, parecido.**

semejar *vb.* {intr.} Parecer o parecerse una cosa a otra: *Esta planta artificial está muy bien hecha y semeja tanto a una natural que hasta la gente se acerca para querer apreciar su olor.*

semen *m.* Substancia líquida segregada por los órganos sexuales masculinos: *Si se pone una muestra de semen en el microscopio, pueden verse unos como animalitos con cola que son los espermatozoides.* Sin. **esperma.**

semental *m.* Animal macho que se cría especialmente para la reproducción: *Los caballos y toros campeones se venden como sementales para que se aparen con las hembras y éstas tengan crías fuertes y sanas.*

semestral *adj.* Se refiere a lo que dura seis meses o sucede cada seis meses: *Esta semana serán los exámenes semestrales y tenemos mucho que estudiar.*

semestre *m.* Periodo de seis meses: *Jorge estuvo en Europa alrededor de un semestre pues se fue en enero y regresó a finales de junio.*

semicircular *adj.* Relativo al semicírculo o a lo que se parece a un semicírculo.

semicírculo *m.* Cada una de las dos mitades del círculo: *Cuando la Luna está en cuarto creciente parece un semicírculo brillante.*

semicorchea *f.* En música, nota que dura la mitad de una corchea: *Dos corcheas equivalen a una negra y cuatro semicorcheas también equivalen a una negra.*

semidiós *m.* Héroe de la mitología griega a quien los antiguos colocaban entre sus dioses aunque su origen era humano: *Según la mitología romana Hércules era un semidiós que tenía gran fuerza física.*

semidormido, da *adj.* Se dice del que no está del todo despierto ni del todo dormido: *El niño estaba semidormido pero en cuanto oyó que los demás irían a tomar un helado se despertó de inmediato.*

semifinal *f.* Uno de los dos últimos partidos de un campeonato: *Los jugadores o equipos que ganan la semifinal pasan a la final y pueden aspirar al primer premio.*

semifusa *f.* En música, nota que dura la mitad de una fusa: *Las semifusas son notas muy cortas y rápidas.*

semilla *f.* **1.** Parte del fruto que da origen a una nueva planta: *Hay plantas cuyo fruto es la semilla misma, como el trigo.* Sin. **simiente, grano, hueso, carozo. 2.** Fam. Cosa que causa u origina algo: *Mi compañero de mesa es la semilla del desorden en la clase pues siempre inicia todas las travesuras que hacemos.* Sin. **origen.** Ant. **consecuencia.**

semillero *m.* **1.** Lugar donde se siembran y crían plantas para trasplantarlas más tarde: *Mi abuelo tiene un semillero de árboles frutales y compró un sobre con semillas para sembrar manzanos.* **2.** Fam. Origen o punto donde

se inicia una cosa: *La escuela infantil de fútbol es un semillero de campeones.*

seminal *adj.* **1.** Relativo al semen: *A ese señor le acaban de practicar un examen seminal para determinar si puede o no tener hijos.* **2.** Relativo a la semilla: *Muchas plantas se reproducen por vía seminal pero hay algunas que se reproducen mejor si se siembra un gajo o rama.*

seminario *m.* **1.** Lugar donde estudian los hombres jóvenes que se preparan para ser sacerdotes: *Felipe acaba de ingresar al seminario porque decidió que quiere ser sacerdote.* **2.** Serie de actividades organizadas para que un grupo de profesores y alumnos se reúnan a investigar un tema determinado: *Durante el seminario sobre ecología se habló del problema de la contaminación y se presentaron opciones posibles para solucionarlo.*

semiplano *m.* En matemáticas, porción de un plano limitado por una recta: *Al trazar una línea dividiendo este rectángulo hemos creado dos semiplanos.*

semirrecta *f.* En matemáticas, cada una de las dos partes de una recta dividida en un punto: *Podemos convertir una línea en dos semirrectas con sólo marcar un pequeño punto.*

semita *adj./m. y f.* Se aplica a los árabes, hebreos, sirios y otros pueblos que habitaron Israel: *Los semitas son llamados así porque se considera que esos pueblos están formados por los hijos del personaje bíblico Sem.*

semita *f.* Méx. Pan redondo no muy dulce, que contiene anís y está espolvoreado de harina de maíz molida con azúcar y canela.

semitono *m.* En música, mitad del intervalo de un tono: *Entre do y re hay un tono, y entre si y do hay un semitono.*

sémola *f.* Harina o fécula de trigo molida en granos muy finos: *La sémola se usa para hacer ravioles, macarrón, espagueti y otro tipo de pastas.*

senado *m.* **1.** Grupo de personas elegidas en forma democrática que se reúne en asamblea para discutir y aprobar las leyes de un país: *El senado aprobó la nueva ley de educación que propuso el presidente de la nación.* **2.** Local donde se reúnen los senadores: *El senado es un edificio grande y elegante que se encuentra en el centro de la ciudad.*

senador, ra *m. y f.* Miembro de un senado, que se ocupa junto con otros de aprobar o modificar las leyes de su país: *Los senadores y los diputados forman el organismo conocido como Poder Legislativo.*

senaduría *f.* Cargo de senador: *Varios candidatos de este partido obtuvieron la senaduría en las últimas votaciones.*

sencillez *f.* **1.** Falta de complicación: *Me gusta leer las obras de ese autor porque escribe con sencillez y entiendo bien todo lo que dice.* Sin. **simpleza.** Ant. **complicación. 2.** Ausencia de adornos: *Julieta no usa collares, aretes, pulseras o pinturas y la sencillez con que se arregla realza su belleza natural.* **3.** Actitud de una persona que no es presumida: *A pesar de que es un científico notable, la sencillez del profesor Anaya hace de él una persona de trato amable y llano.* Sin. **modestia, naturalidad.** Ant. **vanidad, soberbia.**

sencillo *m.* Amér. C. y Amér. Merid. Dinero en monedas de pequeña denominación. Sin. **suelto, cambio.**

sencillo, lla *adj.* **1.** Referidó a lo que se compone de una sola cosa, no de varias: *Viviana se compró un hela-*

do **sencillo**, de un solo sabor, porque los helados dobles le parecen demasiado grandes. **2.** Se aplica a lo que no tiene adornos o no es de lujo: *Para su habitación Hugo prefirió una decoración* **sencilla**, *sin adornos en las paredes ni muebles innecesarios.* **3.** Se dice de lo que no presenta dificultad o complicación: *Sumar 1 + 1 es algo muy* **sencillo** *pues todos sabemos que el resultado es 2.* SIN. **fácil.** ANT. **difícil, complicado. 4.** Relativo a la persona de carácter natural y espontáneo. SIN. **humilde, modesto.** ANT. **vanidoso, orgulloso, soberbio.**

senda *f.* Camino angosto de tierra formado por el paso de personas o animales: *Siguiendo la* **senda** *que se interna en el bosque se llega a un hermoso río.* SIN. **sendero.**

sendero *m.* Camino angosto sin pavimentar. SIN. **senda.**

sendos, das *adj.* Se dice de aquellas cosas de las que hay una para cada cosa o persona: *Los cinco amigos obtuvieron* **sendos** *trabajos en la tienda de sombreros y ahora todos trabajan ahí.*

senectud *f.* Edad en que una persona ya es muy vieja: *Mi tatarabuelo está en la* **senectud** *y ya le cuesta mucho trabajo caminar.* SIN. **vejez.**

senegalés, sa *adj./m. y f.* Relativo a lo que es de Senegal, país de África.

senil *adj.* Relativo a la vejez: *Los geriatras son los médicos que se ocupan de atender a las personas* **seniles** *o ancianas.* SIN. **anciano.** ANT. **joven.**

sénior *adj./m. y f.* **1.** Se aplica a la persona de más edad respecto a otra del mismo nombre y apellido: *"¿Busca usted a Ulises Martínez hijo o* **sénior**?" **2.** Se refiere a la categoría deportiva que abarca a los deportistas de más edad: *Ese atleta corre en la categoría* **sénior** *porque tiene más de 21 años de edad.*

seno *m.* **1.** Espacio hueco que existe en el interior de una cosa: *En el* **seno** *de esa montaña hay un manantial de agua fría y limpia.* **2.** Parte del pecho de la mujer que produce leche cuando tiene un bebé: *Durante la pubertad se desarrollan los* **senos** *de las mujeres.* SIN. **pecho, mama. 3.** Espacio del cuerpo de la mujer o de la hembra de algunos animales en el que se desarrollan los hijos antes de nacer: *Antes de nacer los bebés se desarrollan en el* **seno** *materno.* SIN. **útero, matriz. 4.** *Fam.* Parte interior de algo: *Hay respeto y amor en el* **seno** *de mi familia.*

sensación *f.* **1.** Impresión que las cosas producen en los sentidos: *Al tocar la pared de ladrillos el niño tuvo la* **sensación** *de aspereza en la yema de sus dedos.* SIN. **percepción. 2.** Emoción que produce en el ánimo un suceso o una noticia: *Yolanda causó* **sensación** *entre sus compañeras cuando se pintó el cabello de rojo.* SIN. **asombro. 3.** Idea que se tiene a partir de un hecho: *Tengo la* **sensación** *de que va a llover por todas esas nubes que hay en el cielo.* SIN. **impresión, presentimiento.**

sensacional *adj.* Se aplica a lo que produce en el ánimo una emoción extraordinaria y buena: *La actuación de los trapecistas del circo fue* **sensacional**, *el público casi no se movió mientras duraba la presentación.*

sensatez *f.* Conocimiento de lo que está bien y de lo que está mal y prudencia que se tiene al hacer o decir las cosas. SIN. **prudencia, acierto, seriedad.** ANT. **imprudencia, desacierto, desatino.**

sensato, ta *adj.* Referido al que piensa, actúa y habla con prudencia de acuerdo a la situación en la que se encuentra: *Fuiste* **sensato** *al aceptar sus disculpas y no continuar el pleito.* SIN. **prudente.** ANT. **insensato.**

sensibilidad *f.* **1.** Capacidad de experimentar impresiones físicas: *La* **sensibilidad** *de la piel nos permite percibir el frío y el calor.* **2.** Capacidad de sentir algo vivamente: *Vicente tiene una gran* **sensibilidad** *para la música, creo que si practica será un buen violinista.* **3.** Cualidad de una cosa que le permite recibir impresiones exteriores: *En un laboratorio químico se necesita una balanza de gran* **sensibilidad** *que mida substancias con peso muy pequeño.*

sensibilización *f.* Hecho de lograr que alguien experimente una emoción, una impresión física o un sentimiento moral: *En mi pueblo hay una campaña de* **sensibilización** *de los pobladores para acabar con el maltrato a los animales.*

sensibilizar *vb. irreg.* [tr.] **Modelo 16. 1.** Hacer que algo pueda recibir una impresión externa: *En el laboratorio fotográfico* **sensibilizan** *los rollos con una substancia que se quema al contacto con la luz.* **2.** Hacer que alguien adquiera la capacidad de sentir: *El médico inyectó un medicamento que* **sensibilizará** *la pierna paralizada del paciente.*

sensible *adj.* **1.** Se aplica al que tiene la capacidad de experimentar sensaciones físicas: *Las plantas y los animales somos seres* **sensibles.** ANT. **insensible. 2.** Referido a la persona que tiene la capacidad de sentir vivamente algo. SIN. **emotivo.** ANT. **insensible. 3.** Aplicado a lo que puede recibir o captar una impresión externa: *Este rollo fotográfico es muy* **sensible**, *con él puedes tomar fotografías en el interior de una casa sin necesidad de que haya mucha luz.* **4.** Se dice de lo que puede experimentarse por medio de los sentidos: *Los objetos pertenecen al mundo* **sensible** *y las hadas pertenecen al mundo de la fantasía.* SIN. **visible, palpable. 5.** Referido a lo que resulta fácil de observar: *El médico notó una* **sensible** *mejoría en su paciente después de algunos días de reposo.*

sensiblería *f.* Exageración en la manera de sentir una emoción: *Esa novela tiene éxito porque provoca la* **sensiblería** *del público.*

sensiblero, ra *adj.* Aplicado a quien exagera en su manera de sentir una emoción: *Ricardo es un* **sensiblero** *que llora de manera escandalosa cuando su madre intenta corregirlo.*

sensitivo, va *adj.* **1.** Relativo a los sentidos del cuerpo: *La facultad* **sensitiva** *del ser humano y de algunos animales se debe al desarrollo de su sistema nervioso.* **2.** Aplicado al que es capaz de sentir: *Todos los seres vivos somos* **sensitivos** *pues reaccionamos al calor, al frío, al cariño, al rechazo, etc.*

sensorial *adj.* Relativo a las sensaciones como fenómenos del cuerpo y de la mente: *Los oídos, los ojos y la piel son órganos* **sensoriales.**

sensual *adj.* **1.** Relativo a los sentidos del cuerpo: *Tocar las cosas con las manos es una forma* **sensual** *de percibir el mundo.* SIN. **sensitivo. 2.** Relativo al deseo sexual. SIN. **erótico.**

sensualidad *f.* Carácter de aquello que despierta el placer de los sentidos: *La voz de esa cantante tiene una gran* **sensualidad** *y es un placer escucharla.*

sentar *vb. irreg.* {tr., intr. y prnl.} **Modelo 3. 1.** Poner a alguien o ponerse uno en un sitio, apoyado sobre las nalgas: *La señora sentó al niño para darle de comer.* **2.** Colocar algo de manera firme en el lugar donde debe estar: *Los albañiles sentaron las rocas que servirían de mampostería y después procedieron a la construcción de las paredes.* **3.** Establecer algo de forma definitiva: *Para no discutir por cualquier detalle, hay que sentar las reglas del juego antes de empezar.* Sin. **establecer. 4.** *Fam.* Caer bien o mal una cosa: *Si te duele el estómago, este medicamento te sentará bien.*

sentencia *f.* **1.** Dicho breve que contiene un principio moral: *"No hay mal que por bien no venga" es una sentencia.* Sin. **refrán. 2.** Decisión que toma un juez al terminar un proceso judicial: *La sentencia fue muy estricta y el delincuente deberá ir a la cárcel por veinte años.* Sin. **condena.**

sentenciar *vb.* {tr.} Decirle a alguien qué castigo debe cumplir por haber cometido un delito: *El jurado encontró culpable al acusado y el juez lo sentenció a diez años de trabajos forzados en prisión.* Sin. **condenar.** Ant. **absolver.**

sentido *m.* **1.** Cada una de las capacidades que tiene un organismo vivo para recibir información sobre el medio exterior a través de ciertos órganos: *Los seres humanos tenemos cinco sentidos: la vista, el oído, el olfato, el gusto y el tacto.* **2.** Capacidad de darse cuenta de lo que sucede: *Isabel perdió el sentido a causa de su caída por la escalera y tuvieron que auxiliarla para que despertara.* Sin. **conocimiento, conciencia. 3.** Capacidad para hacer o entender algo: *Nicolás tiene un gran sentido de la orientación pues nunca se pierde en las calles de la ciudad.* **4.** Significado de las palabras: *No me gusta que me hablen con doble sentido, prefiero que me digan las cosas de manera clara.* **5.** Razón de ser de algo: *"Llueve mucho, no tiene sentido salir, mejor quedémonos y juguemos baraja."* Sin. **finalidad, objeto. 6.** Lado de un cuerpo o dirección de una cosa: *Esta calle es de un solo sentido, por eso los vehículos circulan únicamente de sur a norte.*

sentido, da *adj.* Referido a lo que contiene sentimiento: *Nos gusta escuchar a este cantante porque tiene una manera sentida de interpretar las canciones.* Sin. **emotivo.**

sentimental *adj.* Relativo al sentimiento: *Un noviazgo es una relación sentimental porque los novios sienten amor y ternura mutuos.* Sin. **amoroso, romántico.**

sentimental *adj./m. y f.* Se aplica a quien pone antes sus sentimientos que lo razonable: *Gerardo es tan sentimental que no quiere cambiar los viejos muebles de su casa porque dice que están llenos de recuerdos.* Sin. **sensible.** Ant. **insensible.**

sentimentalismo *m.* Carácter sentimental de una cosa: *El profesor de biología le pidió a sus alumnos que dejaran el sentimentalismo a un lado e hicieran la disección del pollo.*

sentimiento *m.* **1.** Sensación, impresión o estado de ánimo que es percibido o experimentado: *El amor, el odio, el miedo y la confianza son sentimientos humanos.* Sin. **emoción, sensación. 2.** Parte del ser humano que recibe y genera afecto y emociones: *La joven no quiso herir los sentimientos de su amiga y recibió el regalo sin decirle que pronto partiría para no volver.* Sin. **afecto, pasión.**

sentir *m.* **1.** Estado de ánimo: *Bernardo no comprende el sentir de su amada, por eso ella se encuentra confundida y melancólica.* Sin. **sentimiento, emoción, sensación. 2.** Parte del ser humano que recibe y genera afecto: *El rencor afectó su sentir y desde aquel malentendido ya no le habla a su amigo.* Sin. **sentimiento, afecto.**

sentir *vb. irreg.* {tr. y prnl.} **Modelo 50. 1.** Recibir una sensación con los sentidos: *Cuando el cuerpo siente calor comienza a producir sudor para refrescarse.* **2.** Experimentar determinada emoción: *En cuanto supo que su nieto vendría a visitarla, la abuela sintió gran alegría.* **3.** Lamentar un suceso: *Sentimos mucho que no puedas acompañarnos al circo, estoy segura de que ibas a divertirte mucho.* **4.** Tener la sospecha de que puede ocurrir algo: *Siento que va a hacer buen tiempo pues el viento está alejando las nubes obscuras.* Sin. **presentir, sospechar. 5.** Hallarse en determinado estado: *No voy a ir a la fiesta porque todavía me siento un poco enferma.* **6.** *Chile* y *Méx.* Creer que uno ha sido despreciado o malentendido, ofenderse por algo.

seña *f.* **1.** Detalle de una cosa que la distingue de otras: *En la fiesta, Hilario le puso una seña a su vaso para no confundirlo con los vasos de los demás invitados.* Sin. **marca, señal. 2.** Gesto o ademán para comunicarse: *Rocío hizo una seña con el dedo para indicarle a Ignacio que guardara silencio.* Sin. **señal. 3.** pl. Calle y número donde vive alguien: *Dame tus señas, así podré ir a visitarte.* Sin. **dirección, domicilio.**

señal *f.* **1.** Aquello que indica la existencia de algo: *Catalina está sana pues no hay señales de enfermedad en los resultados de sus análisis médicos.* Sin. **síntoma, indicio. 2.** Detalle de una cosa que la distingue de otras: *Ese árbol con las ramas quemadas es la señal para encontrar el camino de regreso.* Sin. **seña, marca, signo. 3.** Gesto o ademán para comunicarse: *Te hice la señal de que vinieras pero no me viste.* Sin. **seña, indicación. 4.** Signo que se pone en una cosa para advertir, anunciar o indicar algo: *Las señales de tránsito previenen accidentes.* **5.** Restos que quedan de una cosa y que permiten saber qué fue o qué sucedió: *Esta ceniza es la señal de que aquí hubo una hoguera.* Sin. **prueba. 6.** Huella que queda en la piel después de una herida o de una enfermedad: *Este niño tiene una señal en su pierna desde que se cayó del árbol.* Sin. **cicatriz, marca.**

señalador *m. Argent., Méx.* y *Urug.* Tira de papel, tela u otro material que se pone entre las páginas de un libro para marcar el lugar en que se suspendió la lectura: *Cuando compré esta novela me regalaron un bonito señalador de cartulina color azul.*

señalamiento *m.* Acto de señalar: *El señalamiento de los culpables del robo se hará a través de un espejo obscuro para que los testigos no sean reconocidos.*

señalar *vb.* {tr.} **1.** Ser señal o indicio de algo: *Las huellas sobre mis papeles señalan que el gato se subió a la mesa con las patas mojadas.* Sin. **apuntar. 2.** Hacer o poner marcas para reconocer o recordar algo: *Antes de cerrar el libro señalé la página que estaba leyendo con una cinta de tela.* Sin. **marcar. 3.** Poner signos para advertir, anunciar o indicar algo: *Mi maestro señala las faltas de ortografía con un lápiz rojo.* **4.** Llamar la atención sobre algo con un gesto o con palabras: *El niño*

SEÑ

ha **señalado** con el dedo cuál de todos los juguetes quiere que le compren. SIN. **indicar, mostrar. 5.** Determinar algo con una finalidad, SIN. **fijar, indicar.**

señalización f. f. **1.** Conjunto de señales: *Las señalizaciones que se colocan en las carreteras ayudan a que las personas que viajan no sufran accidentes.* **2.** Instalación de señales de tránsito en una carretera, en una vía de ferrocarril o en un aeropuerto: *La señalización de las calles de esta ciudad está hecha con un sistema muy moderno que ayuda a la mejor circulación de los vehículos.*

señalizar vb. irreg. {tr.} Modelo 16. Poner señales de tránsito en una calle, carretera, vía de ferrocarril o aeropuerto: *Las autoridades señalizan la calle pintando flechas y líneas amarillas o blancas para separar los carriles.*

señor, ra m. y f. **1.** Tratamiento de respeto que se da a los adultos: *El señor Amezcua, quien es mi vecino, ha comenzado una campaña contra la basura en mi barrio.* **2.** Hombre: *"Mira mamá, ese amable señor me ayudó a cruzar la calle."* **3.** Mujer: *La señora que vimos en la tienda es la directora de la escuela.* **4.** Mujer casada: *El ministro llegó al aeropuerto acompañado de su señora y sus hijos.* SIN. **esposa. 5.** Tratamiento que se da a la mujer casada y que se usa por lo general antes del apellido de su marido: *La señora Téllez vendrá a visitar a mi abuelita mañana.* **6.** Propietario de unas tierras, en especial los antiguos dueños de un feudo en la Edad Media.

señorear vb. {tr.} Dominar o mandar en una cosa: *Don Gonzalo señorea la casa de campo mientras los dueños están en la ciudad.*

señoría f. Tratamiento que se da a personas que ocupan un puesto importante, como el de juez.

señorial adj. Se refiere a lo que es majestuoso: *En muchas ciudades hay casas señoriales con más de veinte habitaciones.* SIN. **elegante.** ANT. **vulgar.**

señorío m. **1.** Dominio o mando sobre algo: *El anciano padre todavía tiene fuerzas para ejercer su señorío sobre la familia.* SIN. **autoridad. 2.** Elegancia propia de un noble: *El comportamiento reservado y elegante del rey es una muestra del señorío que heredó de sus antepasados.* SIN. **dignidad, distinción.**

señorito, ta m. y f. **1.** Nombre que daban los criados al amo joven. **2.** Tratamiento dado a la mujer soltera: *A mi hermana le dicen señorita porque es soltera y a mi madre le dicen señora porque está casada y tiene hijos.*

señuelo m. Cosa que se usa para atraer animales o personas: *La policía secreta utilizó un collar de piedras falsas como señuelo para que los asaltantes pensaran que allí estaban las joyas.* SIN. **cebo.**

sépalo m. Hoja pequeña que, formando conjunto con otras iguales situadas debajo de los pétalos, forman el cáliz de la flor: *Los sépalos de las rosas y crisantemos son alargados y se doblan hacia abajo cuando se abre la flor.*

separable adj. Referido a lo que está junto pero puede desunirse y ponerse aparte: *Los vagones del tren son separables entre sí.* ANT. **inseparable.**

separación f. **1.** Hecho de poner distancia entre dos personas o cosas que estaban juntas: *Los amigos se dieron un fuerte abrazo al volver a encontrarse después de su separación que duró dos años.* **2.** Espacio que existe entre dos cosas que no están juntas: *Entre*

la mesa y la puerta hay una **separación** de dos metros. **3.** Lo que hace que una cosa esté lejos o aislada de otra: *Puse una pared de madera como separación en medio de la habitación grande para hacer dos habitaciones pequeñas.* **4.** Interrupción de la vida matrimonial manteniendo el vínculo legal: *Durante una separación los esposos siguen casados pero ya no viven juntos.*

separado, da adj. **1.** Referido a lo que está a cierta distancia de otra cosa. **2.** Aplicado a la persona que ha suspendido la vida matrimonial: *Lucio y Verónica están separados y ahora él vive en otra casa.*

separar vb. {tr. y prnl.} **1.** Establecer distancia entre personas o cosas que están juntas: *Beatriz separó la yema de la clara del huevo para preparar el postre.* SIN. **alejar, apartar.** ANT. **juntar, unir. 2.** Interrumpir la vida matrimonial: *Cristina va a separarse de su esposo porque descubrió que en realidad no lo quiere.*

sepelio m. Entierro de una persona muerta: *El sepelio de mi abuela se realizó en el cementerio del pueblo.* SIN. **sepultura.**

sepia adj. Referido a lo que tiene un color entre marrón y amarillo: *Las fotografías muy viejas se ponen color sepia porque se oxida la plata que contienen.*

sepia f. Animal marino parecido al calamar: *La sepia produce una materia colorante que se usa en pintura.*

septentrional adj. Relativo al norte: *Noruega es un país situado en la parte septentrional de Europa.* ANT. **meridional.**

septiembre o **setiembre** m. Noveno mes del año: *Septiembre está entre agosto y octubre y tiene treinta días.*

séptimo, ma adj./m. y f. **1.** Referido a lo que corresponde en orden al número siete: *Rebeca llegó en séptimo lugar en la carrera, así que no obtuvo ningún premio.* **2.** Se aplica a cada una de las siete partes iguales en que se divide un todo: *La séptima parte de veintiuno es tres.* **3.** Cada una de las siete partes en que ha sido dividido un todo: *Dividí el papel en siete pedazos, pinté dos séptimos de color azul y cinco séptimos de color rojo.* **4.** loc. ~ arte, el cine: *El séptimo arte tiene sólo cien años de existir, mientras que la arquitectura, por ejemplo, tiene miles de años.*

septuagenario, ria adj./m. y f. Referido a la persona, animal o cosa que tiene una edad comprendida entre los setenta y los ochenta años: *Una septuagenaria que conozco se casó por quinta vez en su vida y su esposo también tiene 75 años.*

septuagésimo, ma adj./m. y f. Referido a lo que corresponde en orden al número setenta: *Hoy celebran el septuagésimo aniversario del nacimiento de ese gran poeta.*

sepulcral adj. **1.** Relativo al monumento que se construye para enterrar a una o varias personas muertas: *Los adornos sepulcrales casi siempre son velas, floreros y fotografías.* **2.** Se dice de lo que resulta de una atmósfera y sentimiento similares a los que nos produce la muerte: *Al entrar al viejo y obscuro edificio en medio de un silencio sepulcral, el detective le temblaron las piernas.* SIN. **fúnebre, lúgubre.**

sepulcro m. Monumento que se construye sobre el sitio donde está enterrado uno o varios muertos: *En ese sepulcro descansan los restos de una familia que fue muy importante en la historia del país.* SIN. **tumba.**

sepultar *vb.* {tr.} *1.* Poner en la sepultura un cadáver: *En los cementerios sepultan a los muertos.* SIN. **inhumar.** *2.* *Fam.* Ocultar, sumir algo muy bien: *Las aguas desbordadas del río sepultaron los campos de cultivo.* SIN. **cubrir.**

sepultura *f.* *1.* Acción y efecto de sepultar: *La sepultura del muchacho muerto en el accidente fue ayer por la mañana.* SIN. **sepelio, entierro.** *2.* Hoyo hecho en la tierra para enterrar un cadáver: *El jardinero cavó una sepultura bajo el árbol para enterrar al perro muerto.* SIN. **tumba, fosa.**

sepulturero *m.* Hombre que trabaja enterrando a los muertos en los cementerios.

sequedad *f.* *1.* Calidad de seco: *La sequedad del ambiente se debe a que no ha llovido en dos meses.* SIN. **seca, sequía.** ANT. **humedad.** *2.* *Fam.* Trato poco amable hacia los demás. SIN. **aspereza.** ANT. **amabilidad.**

sequía *f.* Falta de lluvias durante un tiempo muy largo: *La sequía está afectando al ganado porque el río ya casi no tiene agua y las reses no pueden beber.* SIN. **sequedad.**

séquito *m.* Grupo de gente que acompaña a una persona importante: *La actriz llegó acompañada por un séquito de hombres fuertes que la cuidan.* SIN. **comitiva, corte, cortejo.**

ser *m.* *1.* Principio propio de las cosas que les da vida o existencia. SIN. **naturaleza, esencia.** *2.* Lo que tiene vida: *En la Tierra vivimos millones de seres entre humanos, animales y plantas.* SIN. **ente, organismo.** *3.* Persona: *Rosalía es un ser muy amable que siempre está al pendiente de los demás.* SIN. **criatura, individuo, sujeto.**

ser *vb. irreg.* {intr.} **Modelo 21.** *1.* Verbo auxiliar que sirve para la conjugación de todos los verbos en la voz pasiva: *En la frase "El diamante ha sido robado" el verbo está conjugado en voz pasiva.* *2.* Haber o existir: *Los fantasmas no son de este mundo.* *3.* Suceder, ocurrir un hecho: *El cumpleaños de Marcos fue ayer y la fiesta será mañana.* *4.* Pertenecer a uno: *Esta bicicleta era de mi hermana y ahora es mía.* *5.* Servir para algo: *El lápiz es para escribir.* *6.* Corresponder, tener relación una cosa con otra: *A pesar de su juventud, el comportamiento de Alberto es el de una persona mayor.* *7.* Formar parte de algo: *Cuando era pequeña fui alumna de la escuela de mi barrio y ahora soy alumna de la universidad.* *8.* Tener una naturaleza o un modo de ser determinado: *Rosaura es una mujer honesta que no engaña a la gente.* *9.* Provenir de un lugar: *La familia de Roberto es de Colombia pues todos nacieron ahí.* *10.* Tener las propiedades, condiciones, etc., que se expresan con un sustantivo, adjetivo o participio: *El hombre había sido honesto hasta que se dejó llevar por las malas compañías y robó.* *11.* Se utiliza para indicar tiempo: *Eran las dos de la mañana cuando oímos los gritos de la vecina.* *12.* Valer algo una cantidad de dinero: *"¿Cuánto es por los manzanas y las naranjas?"* SIN. **costar.** *13.* Tener como resultado: *Cuatro más cuatro son ocho.*

serafín *m.* *1.* En la religión cristiana, espíritu que habita en el cielo. *2.* Persona muy hermosa: *Mi hermana dice que su hijo es un serafín, yo le digo que todas las madres piensan eso de sus hijos.*

serbio *m.* Idioma que se habla en Serbia, país de Europa.

serbio, bia *adj./m.* y *f.* Originario de Serbia, país de Europa.

serenar *vb.* {tr., intr. y prnl.} *1.* Poner o ponerse en calma: *Raquel acariciaba a su perro para serenarlo mientras el veterinario le curaba la pata.* SIN. **tranquilizar, sosegar, apaciguar.** *2.* Enfriar el agua exponiéndola al fresco de la noche: *En ese pueblo las mujeres acostumbran serenar el agua, por eso ves todas esas vasijas en los balcones.*

serenata *f.* Conjunto de composiciones musicales que se tocan en la calle por la noche y en honor a alguien: *Antes se acostumbraba llevar serenata a la novia para enamorarla.*

serenidad *f.* Calma, estado de la persona que no se altera. SIN. **tranquilidad, sosiego.** ANT. **intranquilidad, nerviosismo.**

sereno *m.* *1.* Humedad de la atmósfera durante la noche: *Pepe llegó a la casa con la ropa húmeda porque había sereno.* *2.* Vigilante de las calles que trabaja en el horario nocturno: *En América, durante la Colonia (siglos XVI al XIX), el sereno se ocupaba de prender y apagar el alumbrado público y de vigilar las calles por la noche.* SIN. **vigilante, velador.**

sereno, na *adj.* *1.* Aplicado a quien es tranquilo o está en paz o quieto: *Después de la fiebre tan intensa, la niña por fin descansa serena en su cama.* *2.* Se aplica al cielo sin nubes. SIN. **claro.**

seri *adj./m.* y *f.* Pueblo amerindio localizado en la costa del estado de Sonora y en la Isla Tiburón, México.

seriar *vb.* {tr.} Poner en orden un conjunto de cosas relacionadas entre sí: *La secretaria serió los billetes de la rifa numerándolos del uno al mil.*

serie *f.* *1.* Conjunto de cosas relacionadas que van una detrás de otra: *Leopoldo tomó una serie de lecciones para aprender a jugar ajedrez.* SIN. **sucesión.** *2.* Programa de radio o televisión que se transmite por partes: *Hoy me perdí un capítulo de la serie de televisión en diez partes sobre la vida de Leonardo da Vinci.* *3.* *loc.* **En ~,** se aplica a la forma de fabricar muchos objetos iguales entre sí: *Estos floreros de cerámica están hechos en serie, por eso son todos iguales.*

seriedad *f.* *1.* Capacidad y voluntad que se tiene para cumplir con las responsabilidades: *La seriedad del joven inspiró confianza a su nuevo jefe.* *2.* Actitud o comportamiento serios, falta de sentido del humor: *"¿Por qué no te has reído con los chistes, a qué se debe tanta seriedad?"*

serigrafía *f.* Método de impresión que consiste en hacer pasar la tinta a través de una pantalla de seda, o de un tamiz o colador metálico fino sobre el que está dibujada una figura: *En el museo de estampas vimos unas hermosas serigrafías japonesas.*

serio, ria *adj.* *1.* Se aplica a quien no se ríe: *Felipe es demasiado serio y cuando hacemos bromas sólo nos mira sin sonreír.* SIN. **adusto.** ANT. **alegre, sonriente.** *2.* Se refiere a quien actúa con responsabilidad: *Eduardo es un estudiante serio que siempre obtiene buenas calificaciones.* SIN. **responsable.** ANT. **informal.** *3.* Importante, grave, digno de consideración: *El médico ha dicho que Joel padece una enfermedad seria y que tendrán que operarlo.* SIN. **grave.** ANT. **insignificante.**

sermón *m.* *1.* Discurso que se pronuncia durante una misa: *El sermón de esta mañana trató de la caridad.* *2.* *Fam.* Lo que se dice a alguien para que obedezca o se comporte de forma correcta: *Mi padre nos dio un sermón por haber llegado tarde a casa.* SIN. **regaño.**

sermonear vb. (tr.) Fam. Decirle algo a alguien para que obedezca o se porte bien: El director **sermoneó** a los alumnos que habían untado miel en la silla del maestro. SIN. **reprender, amonestar, regañar.**

seropositivo, va adj./m. y f. Se aplica al análisis de sangre o al enfermo que presenta un diagnóstico positivo de enfermedad, en particular para el virus del sida: Los **seropositivos** pueden vivir varios años en forma normal antes de enfermar de sida.

serpentear o **serpear** vb. (intr.) **1.** Moverse formando ondulaciones: Las víboras **serpentean** mientras avanzan. **2.** Tener una trayectoria que va y viene de un lado a otro: El camino **serpentea** rodeando la montaña.

serpentina f. Tira de papel enrollada que se lanza en las fiestas: El patio de la escuela quedó cubierto de **serpentinas** de colores que los niños arrojaron durante el festival.

serpentino, na adj. **1.** Relativo a las víboras o serpientes: El veneno **serpentino** se usa para fabricar algunas vacunas y antídotos. **2.** Referido a lo que tiene una trayectoria que va y viene de un lado a otro: El curso **serpentino** del río podía apreciarse desde el mirador en lo alto de la montaña. SIN. **sinuoso, ondulado.**

serpiente f. Animal sin patas, de cuerpo alargado con piel escamosa, que se arrastra para ir de un lado a otro: La **serpiente** es un reptil. SIN. **víbora, culebra.**

serrado, da adj. Se dice de lo que tiene dientes pequeños y afilados como la sierra o el serrucho: Para cortar el pan es mejor usar un cuchillo **serrado.**

serranía f. Territorio formado por montañas y sierras: En la **serranía** habitan animales como venados, ardillas, lobos y linces.

serrano, na adj./m. y f. Relativo a lo que es de la sierra: Don Zebedeo nació en un pueblo **serrano**, por eso es tan bueno para caminar largas distancias.

serrar vb. irreg. (tr.) Modelo 3. Cortar algo usando una sierra: Cuando **sierres** esa tabla ten mucho cuidado al usar la sierra, no vayas a cortarte con sus filosos dientes.

serrín m. Conjunto de residuos de la madera que se desprenden al cortarla con una sierra: Después de cortar los trozos de madera, el suelo quedó lleno de **serrín** porque habían cortado muchas tablas.

serrote m. Méx. Herramienta que consta de un mango de madera y de una hoja de metal ancha y corta con dientes y que se usa para cortar madera. SIN. **serrucho.**

serruchar vb. (tr.) Argent., Chile, Cuba, Méx., Perú, P. Rico y Urug. Cortar algo usando un serrucho.

serrucho m. Herramienta que consta de un mango y de una hoja de metal con dientes, ancha y corta, que se usa para cortar madera: Nuestro vecino utilizó un **serrucho** para cortar la rama del árbol. SIN. **serrote.**

servicial adj. Aplicado al que sirve o ayuda con gusto a los demás: Por fortuna nos atendió un empleado **servicial** y gracias a él conseguimos lo que necesitábamos. SIN. **atento, solícito.** ANT. **descortés.**

servicio m. **1.** Acción de servir: El **servicio** en ese restaurante es excelente y la comida sabrosa. **2.** Uso que se hace de algo: Tiré esa televisión vieja porque ya no daba ningún **servicio.** SIN. **provecho, rendimiento.** **3.** Conjunto de personas que realizan el trabajo doméstico de un lugar: El dueño de la casa hizo sonar una campana para llamar al **servicio** y pedirles que sirvieran la cena. SIN. **servidumbre. 4.** Estado de alguien que

sirve en algo a lo que está obligado: Los soldados están al **servicio** de la patria. **5.** Lugar de una casa o edificio al que se va cuando se quiere orinar o defecar: En este restaurante los **servicios** están al fondo a la izquierda. SIN. **retrete, sanitario. 6.** Conjunto de personas organizadas para cubrir las necesidades de un grupo de gente: El **servicio** de urgencias del hospital está abierto toda la noche. **7.** Cosa útil o necesaria que se ofrece a una comunidad: Los **servicios** de agua y luz de la nueva población serán instalados la próxima semana. **8.** Favor o ayuda que se brinda a alguien: "Me harás un gran **servicio** cuidando al bebé mientras voy a la farmacia." SIN. **asistencia, auxilio. 9.** Conjunto de vasos, tazas, platos y otros objetos que forman un juego completo de utensilios para comer: Un amigo nos trajo del Japón un inmenso **servicio** de té. **10.** loc. **~ militar**, periodo en que un ciudadano realiza prácticas y entrenamiento militar a fin de estar preparado para defender a su país en caso de necesidad: En muchos países el **servicio militar** se hace a los diecicho años.

servidor, ra adj. **1.** Relativo a la persona que realiza trabajos domésticos: El mayordomo es el **servidor** principal de la casa y ordena a los cocineros y jardineros lo que deben hacer. SIN. **criado, lacayo, sirviente. 2.** Tratamiento que emplea una persona para referirse a sí misma con humildad: "Su **servidor** se dedica a la sastrería y busca trabajo."

servidumbre f. Conjunto de personas que realizan el trabajo doméstico de un lugar: La **servidumbre** se ocupa de cocinar, planchar y limpiar la casa. SIN. **servicio.**

servil adj. **1.** Relativo a los sirvientes: Ese joven tonto dice que barrer es un trabajo **servil** y por eso no quiere ayudar a su familia a limpiar la casa. **2.** Aplicado a quien muestra demasiado interés y apego hacia la persona que le da órdenes: El caballero desconfiaba de los trabajadores **serviles** porque sabía que podían traicionarlo en cualquier momento. SIN. **sumiso.**

servilleta f. Pieza de tela o papel que se usa durante la comida para limpiarse la boca y las manos.

servilletero m. Objeto que se usa para poner las servilletas: Los **servilleteros** para las servilletas de tela tienen forma de aro y se coloca una en cada uno.

servir vb. irreg. (tr., intr. y prnl.) Modelo 47. **1.** Trabajar para alguien en tareas domésticas o como empleado: Esa secretaria **ha servido** a la empresa durante diez años. SIN. **trabajar, asistir. 2.** Ser de utilidad para algo: El mapa te **servirá** para no perderte cuando llegues a esa ciudad. **3.** Atender a los clientes en un comercio: Mi padre contrató a una muchacha para que **sirva** en la tienda cuando él no puede. SIN. **ayudar, auxiliar, asistir. 4.** Poner en la mesa comida o bebida para alguien: En la posada **sirvieron** una buena cena a los viajeros que llegaban de otra ciudad. SIN. **presentar. 5.** Utilizar una cosa o valerse de una persona para un fin: Rodrigo se **sirvió** de un cuchillo para cortar el pan.

sésamo m. Planta herbácea que llega a medir un metro de altura, con pequeñas semillas comestibles de color amarillo claro, de las que se obtiene aceite comestible. SIN. **ajonjolí.**

sesenta adj./m. **1.** Referido a lo que corresponde en orden al número 60. **2.** Número que resulta de sumar 59 y 1: Seis veces diez es igual a **sesenta.**

sesera *m.* Fam. Parte de la cabeza en la que está el cerebro o sesos.

sesgar *vb. irreg.* [tr.] **Modelo 17.** Cortar en forma inclinada o torcida: *Un clavo sesgó la tela del vestido de Lidia cuando ella pasó caminando cerca de la pared.*

sesgo, ga *adj.* Referido a lo que está cortado o colocado en forma inclinada o torcida.

sesión *f.* **1.** Tiempo durante el cual permanece reunido un grupo que habla o trabaja sobre un tema: *Los socios del club celebraron una sesión para hablar sobre la ampliación de las canchas de tenis.* SIN. **reunión, junta, asamblea. 2.** Representación que se realiza ante un público: *Cada tarde hay dos sesiones de cine, una a las cuatro y otra a las siete.*

seso *m.* **1.** Masa encefálica: *Los sesos son la masa de tejido nervioso que forma el cerebro de los animales.* SIN. **cerebro. 2.** Fam. Sensatez, buen juicio: *Paola no quiere tener amistad con ese muchacho de poco seso que comete tantas imprudencias.*

sestear *vb.* [intr.] **1.** Dormir la siesta: *No hagan ruido porque el abuelo está sesteando y podrían despertarlo.* **2.** Recogerse el ganado a la sombra durante el calor: *Al mediodía las vacas sestean junto al árbol frondoso.*

sesudo, da *adj.* Se dice de la persona que es inteligente, juiciosa y reflexiva para actuar. SIN. **prudente.**

set *m.* **Palabra inglesa. 1.** En algunos deportes como el tenis, el pimpón y el volibol, cada una de las partes en que se divide un partido: *En este juego de tenis jugaron cinco sets.* **2.** En cine y televisión, escenario que se construye durante un estudio o local cerrado.

seta *f.* Hongo con forma de sombrero sostenido por un pie: *Algunas setas como los champiñones son comestibles, otras como la Amanita virosa son venenosas.*

setecientos, tas *adj./m.* **1.** Se aplica a lo que corresponde en orden al número 700: *Alejandro fue el visitante número setecientos del museo.* **2.** Número que resulta de sumar 699 y 1: *Siete veces cien es igual a setecientos.*

setenta *adj./m.* **1.** Referido a lo que corresponde en orden al número 70. **2.** Número que resulta de sumar 69 y 1: *Siete veces diez es igual a setenta.*

seto *m.* Especie de pared hecha con arbustos o plantas frondosas sembradas una junto a otra: *El seto que rodea el jardín impide que la gente entre y pise las flores.* SIN. **valla, cerca.**

seudónimo *m.* Nombre falso que usa una persona para ocultar su identidad: *En el concurso de novela todos los autores deben participar usando un seudónimo.* SIN. **apodo, sobrenombre, alias.**

severidad *f.* Exigencia y rigidez en el cumplimiento de las reglas: *Todos los alumnos temían a ese maestro por su gran severidad, pero cuando fueron adultos se dieron cuenta de lo útiles que fueron sus enseñanzas.* SIN. **rigor.**

severo, ra *adj.* **1.** Referido a quien es exigente e inflexible en el cumplimiento de las reglas o de las obligaciones: *La directiva del club contrató a un entrenador más severo para poner en orden al equipo de fútbol.* SIN. **estricto, rígido, intransigente.** ANT. **benévolo, tolerante, amable. 2.** Aplicado a lo que no tiene adornos: *La vieja mansión estaba decorada con un gusto severo pues carecía de adornos y sólo tenía algunos muebles obscuros.* SIN. **austero.**

sevillanas *f. pl.* Música y danza propios de Sevilla, en España: *Los músicos tocaron unas sevillanas para entretener a los turistas.*

sexagenario, ria *adj./m. y f.* Referido a la persona, animal o cosa que tiene una edad comprendida entre los sesenta y los setenta años: *Esta silla sexagenaria la compré en un bazar.*

sexagésimo *m.* Cada una de las sesenta partes en que se divide un todo: *Un sexagésimo de 600 equivale a 10.*

sexagésimo, ma *adj.* Relativo a lo que corresponde en orden al número sesenta: *Después del invitado número 59 llegó el sexagésimo invitado.*

sexenal *adj.* Relativo a lo que dura seis años o sucede cada seis años: *En México las elecciones presidenciales son sexenales, ha habido en 1988, en 1994, en el 2000, y habrá en el 2006, etc.*

sexenio *m.* Periodo que dura seis años: *Los ingenieros hidráulicos presentaron un proyecto de presa que tardó un sexenio en construirse, empezaron en el año 1990 y terminaron en 1996.*

sexismo *m.* Actitud de rechazo de los hombres hacia las personas de sexo femenino o de las mujeres hacia las personas de sexo masculino: *En los últimos años las mujeres se han organizado para luchar contra el sexismo y obtener igualdad de derechos en el trabajo.*

sexo *m.* **1.** Diferencia en la forma del cuerpo y en la constitución física de un ser vivo que distingue al macho de la hembra y al hombre de la mujer: *No pude averiguar de qué sexo es mi tortuga, sigo sin saber si es macho o hembra.* **2.** Conjunto de individuos que son todos machos o todas hembras: *En esta peluquería se atienden personas de ambos sexos, es decir, hombres y mujeres.* **3.** Conjunto de los órganos sexuales externos masculinos y femeninos: *Vimos un cuadro con la imagen de Adán y Eva en el que sus sexos aparecen cubiertos con una hoja de parra.*

sexología *f.* Estudio de la sexualidad y de los diferentes comportamientos relacionados con ella: *Ese libro sobre sexología explica cómo cambia el cuerpo de los niños y de las niñas cuando crecen y entran a la pubertad.*

sexólogo, ga *m. y f.* Persona que se especializa en el estudio de la sexualidad y de los diferentes comportamientos relacionados con ella: *Los sexólogos realizan estudios para comprender cómo los machos y las hembras se relacionan entre sí para reproducirse.*

sexteto *m.* Composición musical para seis instrumentos o voces y conjunto integrado por ellos: *Mireya toca en un sexteto formado por un violonchelo, dos violines, dos flautas y un bajo.*

sexto *m.* Cada una de las seis partes iguales en que se divide un todo: *"La mitad de ese costal de maíz es mucho, véndame sólo un sexto para alimentar a mis gallinas."*

sexto, ta *adj.* **1.** Adjetivo ordinal que corresponde en orden al número seis: *Esteban es el sexto niño que se enferma de paperas este año en esta escuela, los primeros cinco niños ya se curaron.* **2.** Se dice de cada una de las seis partes iguales en que se divide un todo: *Como éramos seis, cada uno comió la sexta parte de la pizza.*

sexuado, da *adj.* Aplicado al ser vivo con órganos para reproducirse que son diferentes en el macho y en la hembra: *Los animales sexuados tienen que aparearse para poder reproducirse.* ANT. **asexuado.**

sexual *adj.* Relativo al sexo de los seres humanos, de los animales y de las plantas: *Los órganos sexuales de las plantas son las flores.* SIN. **genital.**

sexualidad *f.* **1.** Conjunto de características en la forma del cuerpo y en la constitución física de un ser vivo que distinguen al macho de la hembra, al hombre de la mujer: *En la escuela nos dieron lecciones sobre sexualidad y nos explicaron cómo nacen los niños.* **2.** Instinto que lleva a los seres sexuados a buscar reproducirse.

sexy *adj.* Palabra inglesa. *Fam.* Se dice de la persona que tiene mucho atractivo sexual. SIN. **sensual.**

shekel *m.* Unidad monetaria de Israel, país de Asia.

shock *m.* Palabra inglesa. En medicina, impresión violenta e imprevista que trastorna a una persona: *El paciente se encuentra en estado de shock, por eso no puede hablar ni reconoce a las personas.* SIN. **choque, conmoción.**

short *m.* Palabra inglesa. Pantalón corto que llega arriba de las rodillas: *Se puso un short y una camiseta para ir a la playa.*

show *m.* Palabra inglesa. Espectáculo en el que hay cantos, bailes y otras variedades: *El show del cómico hizo reír a todo el público.* SIN. **función.**

si *m.* Séptima nota de la escala musical de do: *En la escala ascendente, después de la sigue si.*

si *conj.* **1.** Expresa la condición necesaria para que se produzca algo: *Saldrás a jugar si antes ordenas tu habitación.* **2.** Introduce oraciones interrogativas indirectas: *Los médicos todavía no saben si el enfermo sanará.* **3.** Indica una afirmación: *Si me dijiste que te gusta el chocolate, ¿por qué ahora dices que lo odias?* **4.** Después de como, indica comparación: *Ese muchacho camina como si estuviera pisando huevos, creo que le lastiman los zapatos.* **5.** Se usa para aumentar la fuerza de una expresión: *¡Si seré distraída, pasé horas buscando el libro y estaba sobre la mesa!* **6.** loc. **~ no,** de lo contrario: *Toma el medicamento porque si no seguirás enfermo.*

sí *pron.* Pronombre personal, forma reflexiva de la tercera persona que se usa para referirse a él, ella, ellos o ellas: *El niño corría arrastrando un camión de juguete tras de sí.*

sí *adv.* **1.** Responde de manera afirmativa a una pregunta: *Luego que le pedí permiso mi mamá me contestó "Sí, puedes ir a jugar".* ANT. **no. 2.** Sirve para aumentar la fuerza de una expresión: *Jorge sí que es divertido, siempre que hablo con él río como loca.*

siamés, sa *adj./m.* y *f.* Se aplica al hermano gemelo que está unido al otro por alguna parte del cuerpo: *Esos niños siameses nacieron unidos por la cadera.*

sibarita *adj./m.* y *f.* Se dice de quien es muy aficionado a los placeres de la vida: *Los sibaritas odian el trabajo y el esfuerzo.*

sic *adv.* Indica que una cita es textual aunque parezca incorrecta: *En su nota el periodista puso un sic entre paréntesis para marcar que el entrevistado era quien cometía el error de decir "subir para arriba".*

sicario *m.* Persona que cobra dinero por matar a alguien: *El jefe de la mafia ordenó a uno de sus sicarios matar a una persona que le estorba.*

sicología *f.* Ver **psicología.**

sicológico, ca *adj.* Ver **psicológico.**

sicólogo, ga *m.* y *f.* Ver **psicólogo, ga.**

sicu *m. Amér. Merid.* Instrumento musical de viento formado por dos hileras de tubos de carrizo ordenados en forma decreciente para obtener las notas graves y las agudas.

sida *m.* Enfermedad de transmisión sexual o sanguínea que altera y destruye el sistema de defensa del organismo: *Los científicos están investigando para encontrar un remedio o vacuna contra la sida pues hasta ahora es incurable.*

sideral *adj.* Relativo a los astros: *En el espacio sideral están los planetas y las estrellas.* SIN. **cósmico, celeste, estelar.**

siderurgia *f.* Conjunto de técnicas y métodos para obtener el hierro y transformarlo: *La siderurgia permite la elaboración de herramientas, vigas, máquinas y motores.*

sidra *f.* Bebida alcohólica que se obtiene de la fermentación del zumo o jugo de manzana: *La sidra natural es una bebida espumosa y de color amarillo traslúcido.*

siega *f.* **1.** Acto de cortar las hierbas y los cereales cuando ya están maduros: *La siega del trigo se hace con un instrumento afilado y curvo llamado hoz.* **2.** Tiempo de cortar los cereales cuando ya están maduros: *Durante la siega los agricultores cortan el trigo, la cebada y la alfalfa sembrados en los campos de cultivo.*

siembra *f.* **1.** Acto de echar semillas en la tierra para que germinen: *La siembra del maíz se hace metiendo las semillas en la tierra a una distancia de casi un metro entre cada semilla.* **2.** Tiempo en que algunas semillas deben sembrarse para que la planta crezca bien: *Según los métodos tradicionales de cultivo, a finales del otoño es la siembra del trigo.*

siempre *adv.* **1.** En todo tiempo: *Jerónimo es paraguayo y siempre ha vivido en Asunción.* ANT. **nunca. 2.** En cualquier momento: *El perro siempre está dispuesto a salir a pasear, con sólo oír abrirse la puerta llega moviendo la cola.* ANT. **nunca. 3.** En cualquier caso: *Quizá no ganemos el partido pero siempre podremos decir que lo intentamos.* **4.** loc. **~ que,** con una condición: *"Iremos al cine siempre que les pida permiso a tus padres."*

siempreviva *f.* Planta de hojas gruesas y flores de nueve pétalos: *Las hojas de la siempreviva tardan mucho en marchitarse.*

sien *f.* Parte lateral de la cabeza ubicada entre la frente y la mejilla: *La sien se encuentra al costado de la ceja.*

sierpe *f.* Animal sin patas y de cuerpo alargado, que se arrastra para ir de un lado a otro: *Las sierpes tienen la punta de la lengua partida en dos.* SIN. **serpiente, víbora, culebra.**

sierra *f.* **1.** Herramienta formada por una hoja de acero con el borde dentado que sirve para cortar madera, metales y piedra. **2.** Cordillera montañosa, sobre todo de picos que forman una fila: *México cuenta con dos grandes conjuntos de montañas: la Sierra Madre Oriental y la Sierra Madre Occidental.* SIN. **cordillera.**

siervo, va *m.* y *f.* **1.** Persona que vivía en las tierras del señor para el que trabajaba: *Durante el feudalismo los siervos eran vendidos junto con la tierra en la que vivían.* **2.** Persona que pertenecía a otra y que debía obedecerle y trabajar para ella durante toda su vida: *El amo compró tres nuevos siervos al capitán de ese barco que llegó de un país lejano.* SIN. **esclavo.**

siesta f. Sueño corto que se hace después de la comida fuerte del día: *La abuelita está durmiendo su siesta acostumbrada de quince minutos después de comer.*

siete adj./m. **1.** Se aplica a lo que corresponde en orden al número 7. **2.** Número que resulta de sumar 6 y 1: *Son siete los días de la semana.*

sietemesino, na adj./m. y f. Referido al ser humano que ha nacido a los siete meses de embarazo, en lugar de a los nueve meses: *El niño sietemesino pesó sólo un kilo y medio y está un poco débil.*

sífilis f. Enfermedad infecciosa que se transmite por contacto sexual: *La sífilis se cura con penicilina.*

sifón m. **1.** Tubo doblado que sirve para cambiar los líquidos de envase: *En la clase de física construimos un sifón para pasar agua de un recipiente lleno a otro vacío.* **2.** Tubo doblado que se coloca en algunas cañerías para obstruir la salida de gases: *Vino un hombre a cambiar el sifón del lavabo porque estaba roto.* **3.** Botella con agua gasificada que tiene un tubo doblado en la parte superior y una llave que se aprieta para que salga el líquido a presión: *El sifón contiene soda.*

sifonero m. *Argent.* Persona que va de casa en casa tomando los sifones vacíos y dejando a cambio sifones llenos de soda.

sigilo m. **1.** Actitud que se toma al tratar una cosa o asunto para que nadie más lo sepa: *La policía llevó el caso del crimen con mucho sigilo para proteger a la familia de la víctima.* SIN. **discreción.** ANT. **franqueza.** **2.** Actitud que se toma para realizar un movimiento sin hacer ruido o sin hacerse notar: *El gato caminaba con sigilo para que el ratón no lo oyera acercarse.* SIN. **silencio, disimulo.** ANT. **ruido.**

sigla f. **1.** Letra inicial de un nombre propio, que se usa como abreviatura: *Margarita Paredes firma con sus siglas: "M. P."* **2.** Palabra que se forma con las letras iniciales de varias palabras que significan algo: *La palabra sida es una sigla que se formó con las iniciales de Síndrome de Inmuno Deficiencia Adquirida.*

siglo m. Periodo de cien años: *El siglo XIX comenzó el primero de enero de 1801 y terminó el 31 de diciembre de 1900.*

signar vb. {tr.} Escribir a mano el nombre de uno al pie de un documento o de un escrito: *Cuatro testigos signaron el testamento para que sea válido ante el juez.* SIN. **firmar.**

significación f. Sentido que tiene algo y que permite que sea entendido: *En esa obra de teatro el vestido blanco de la actriz tiene la significación de que ella es inocente.*

significado m. Idea, concepto o representación mental que expresa una palabra, un signo u otra cosa: *Estaba leyendo un libro y como no entendí el significado de algunas palabras consulté un diccionario.* SIN. **sentido, acepción.**

significar vb. irreg. {tr. e intr.} Modelo 17. **1.** Ser una cosa signo o representación de otra: *La luz roja del semáforo significa que no se debe avanzar.* SIN. **expresar.** **2.** Tener importancia: *Este anillo significa mucho para mí pues es un recuerdo de mis padres.* SIN. **representar, simbolizar, valer.**

significativo, va adj. **1.** Relativo a lo que expresa algo. SIN. **expresivo.** **2.** Referido a lo que tiene un valor particular: *El color pálido en la cara del niño y su falta de*

apetito son hechos **significativos**, *voy a llevarlo al médico porque podría estar enfermo.* SIN. **importante.** ANT. **insignificante.**

signo m. **1.** Cosa que representa la idea de otra: *La risa es un signo de alegría.* SIN. **indicio, señal, gesto.** **2.** Letra o símbolo usado en la escritura: *La coma, el punto y coma y el punto son signos de puntuación que representan las pausas que se hacen al hablar.* **3.** En matemáticas, símbolo que representa una operación: *El signo + se usa para sumar y el signo × para multiplicar.* **4.** Cada una de las doce divisiones del zodiaco y la figura que la representa: *Aries es el primer signo del zodiaco.*

siguiente adj. Se aplica a lo que ocurre en orden después de otro: *El número siguiente al dos es el tres.* SIN. **posterior.** ANT. **anterior.**

sílaba f. Sonido o conjunto de sonidos que se pronuncian con una sola emisión de voz y que forman una palabra: *La palabra mesa tiene dos sílabas: me y sa.*

silabario m. Libro que se usa para enseñar a leer con palabras divididas en sílabas: *Mi abuela aprendió a leer con un silabario que todavía conserva.*

silabear vb. {intr.} Pronunciar por separado las sílabas de una palabra: *Para saber dónde tengo que cortar la palabra al final del renglón silabeo en voz baja, por ejemplo man-za-na.*

silábico, ca adj. Relativo a las sílabas que forman una palabra: *La maestra nos dio una lista de palabras para que hiciéramos la división silábica de cada una.*

silba f. Acción de silbar para mostrar disgusto o desaprobación: *La silba que lanzó el público durante el concierto fue por las fallas en el sonido que no permitían oír al cantante.* SIN. **silbatina.**

silbador, ra adj. Se aplica a la persona, animal o cosa que silba: *Muchos pájaros son silbadores, otros gorjean.*

silbante adj. Se refiere a lo que produce un sonido agudo con el paso del aire: *Las copas silbantes de los árboles se movían con la caricia del viento.*

silbar vb. {tr. e intr.} **1.** Producir sonidos agudos haciendo pasar el aire por la boca o las manos: *Para disimular que Rosa le gusta, Víctor silbaba una canción mirando para otro lado.* SIN. **chiflar.** **2.** Producir un elemento duro un sonido muy agudo al cortar el aire: *La flecha silbó en su trayectoria veloz hacia el blanco.* **3.** Fam. Manifestar desaprobación con silbidos: *El público silbó la mala actuación del cantante.* SIN. **protestar.** ANT. **aprobar, aplaudir.**

silbatina f. Amér. Merid. Acción de silbar para mostrar disgusto o desaprobación. SIN. **silba.**

silbato m. Instrumento que produce un silbido al soplar por él: *El árbitro sopló su silbato para marcar una falta en el juego de fútbol.* SIN. **pito.**

silbido o **silbo** m. **1.** Sonido agudo que hace el aire o se produce con la boca o las manos: *Erasto dio un fuerte silbido para llamar a sus amigos que estaban en el otro lado del parque.* **2.** Voz aguda de algunos animales: *El mandarín se deleitaba oyendo el silbido del ruiseñor.*

silenciador m. Aparato que sirve para disminuir el ruido de un motor: *Esa motocicleta no tiene silenciador, por eso hace ruido tan fuerte.*

silenciar vb. {tr.} Estarse callado o hacer callar.

silencio m. **1.** Ausencia de todo ruido: *De noche la casa permanece en silencio porque todos duermen.*

SIN. **calma, paz, sosiego.** ANT. **ruido, alboroto, escándalo. 2.** Hecho de estar callado: *En los hospitales debemos guardar silencio para no molestar a los enfermos.* SIN. **mutismo. 3.** loc. **En ~,** sin hablar: *Hicimos todo el trabajo en silencio para concentrarnos mejor.*

silencioso, sa *adj.* **1.** Se aplica a lo que no produce ruido: *El andar del gato es silencioso.* **2.** Se refiere al que no habla: *Federico ha estado muy silencioso toda la tarde, creo que está preocupado por algo.*

silente *adj.* Se aplica a la persona, animal o cosa que permanece sin hacer ruido: *Durante la ceremonia los asistentes eran figuras silentes e inmóviles, parecían estatuas.*

sílex *m.* Piedra muy dura: *Los arqueólogos encontraron unos antiguos cuchillos de sílex junto con huesos humanos.* SIN. **pedernal.**

sílfide *f.* **1.** Según la mitología, deidad femenina del aire: *Las sílfides eran bellas mujeres que tenían características humanas y también divinas.* **2.** Fam. Mujer bella y delgada: *Muchas actrices de cine parecen sílfides por su esbeltez.*

silfo *m.* Genio del aire según las mitologías celta y germánica.

silicato *m.* Sal del ácido silícico: *La mayor parte de la corteza de la Tierra está formada por silicatos de diferentes clases.*

sílice *f.* Óxido no metálico de silicio: *El cuarzo cristalizado y la arena son dos de las formas en que la sílice se presenta en la naturaleza.*

silícico, ca *adj.* **1.** Relativo a la sílice. **2.** Se aplica al ácido de color blanco compuesto de silicio, oxígeno e hidrógeno.

silicio *m.* Elemento químico no metálico de símbolo Si y número atómico 14: *El silicio es muy importante como materia prima en la industria electrónica.*

silicona *f.* Compuesto químico formado por silicio y oxígeno: *La silicona es un material sintético que se usa entre otras cosas para hacer cosméticos y sellar acuarios.*

silla *f.* **1.** Asiento para una sola persona con respaldo y patas: *Para comer nos sentamos en las sillas y apoyamos los platos en la mesa.* **2.** Objeto hecho de cuero que se pone sobre el caballo para que el jinete se siente en él: *La silla del jinete es sujetada por debajo del cuerpo del caballo con una cinta de cuero.*

sillón *m.* Asiento con respaldo, brazos y patas, más grande que la silla, por lo general suave y amplio: *Cuando lee Diego se sienta en el sillón para estar más cómodo que en la silla.*

silo *m.* Cavidad subterránea hecha para almacenar cantidades grandes de cosas, en especial cereales: *El campesino llena con cereal el silo por su parte superior y lo vacía por la parte inferior.* SIN. **granero, depósito.**

silueta *f.* **1.** Figura o dibujo del contorno de algo, sin detalles interiores: *Entre la niebla pude distinguir la silueta del campanario de la iglesia.* SIN. **perfil, contorno. 2.** Línea del contorno del cuerpo humano: *La señora gorda está haciendo dieta porque quiere recuperar su silueta delgada.* SIN. **figura.**

silúrico *adj./m.* Tercer periodo de la era paleozoica, comprendido entre los periodos Ordovícico y Devónico.

silvestre *adj.* Relativo a lo que crece o se cría de forma natural, sin el cuidado del ser humano: *El tomillo es una planta silvestre que crece sin ser cultivada.* SIN. **natural, salvaje.**

silvicultor, ra *m.* y *f.* Persona que estudia cómo crecen las selvas y bosques para cuidarlos y explotarlos de manera racional: *El silvicultor le explicó a las autoridades qué especies de árboles convenía plantar para reforestar el bosque.*

silvicultura *f.* Estudio de los bosques y selvas para su cultivo y explotación racional: *Los estudiantes de silvicultura investigan cuáles terrenos pueden destinarse al cultivo de plantas alimenticias y cuáles se mantienen con árboles.*

sima *f.* Grieta grande y profunda en un terreno. SIN. **abismo, profundidad.** ANT. **cima, altura.**

simbiosis *f.* Asociación de organismos de distinta especie en la que cada individuo saca provecho de la vida en común: *La simbiosis entre algunos pájaros y algunos animales grandes como los búfalos, permite a los primeros tener alimento, y a los segundos estar limpios de parásitos y piojos.*

simbiótico, ca *adj.* Relativo a la asociación de organismos de distinta especie: *La convivencia simbiótica de los animales y las plantas que habitan los bosques permite la vida equilibrada de las especies.*

simbólico, ca *adj.* **1.** Referido al objeto o figura que tiene un significado especial: *La paloma blanca es un animal simbólico que representa la paz.* **2.** Se aplica a lo que tiene valor por su significado, no por su apariencia: *Como son personas pobres le dieron a Roberto una cantidad simbólica de dinero en agradecimiento por su ayuda.*

simbolizar *vb. irreg.* {tr.} Modelo 16. Expresar una idea por medio de un objeto o de una figura: *En pintura y escultura, una mujer con los ojos vendados que sostiene una balanza simboliza a la justicia.* SIN. **representar.**

símbolo *m.* Letra o signo que representa una idea o concepto: *Un corazón atravesado por una flecha suele ser el símbolo del amor.* SIN. **emblema, imagen, representación.**

simetría *f.* Proporción que guardan entre sí las partes de un cuerpo que ha sido dividido por una línea central: *En términos generales el lado derecho del cuerpo humano guarda una relación de simetría con el lado izquierdo.* SIN. **concordancia, equilibrio.** ANT. **asimetría.**

simétrico, ca *adj.* Relativo a lo que es igual de un lado y del otro de una línea central: *Las alas de las mariposas son simétricas en relación a su cuerpo.*

simiente *f.* Semilla de la que nacerá una nueva planta: *El granjero aparta las mejores simientes del trigo para sembrarlas otra vez.* SIN. **semilla, germen.**

simiesco, ca *adj.* Relativo al mono o a lo que tiene aspecto de mono: *El andar simiesco del actor cómico hacía reír mucho a los niños.*

símil *m.* Comparación entre dos cosas: *El maestro explicó las fases de la luna haciendo un símil con un balón y una lámpara.*

similar *adj.* Se dice de lo que se parece a algo: *"Estos dos medicamentos producen un efecto similar, cualquiera de los dos te aliviará el dolor."* SIN. **semejante.** ANT. **diferente, distinto.**

similitud *f.* Parecido que hay entre dos o más cosas: *La similitud entre las costumbres de estos dos pueblos lejanos ha llamado la atención de los antropólogos.* SIN. **semejanza, analogía.**

simio, mia *m.* y *f.* Animal de rostro desnudo y cuerpo peludo, con manos que le sirven para colgarse de las ramas de los árboles y que anda en dos o cuatro patas: *Los simios como el orangután, el gorila o el chimpancé, son mamíferos con un cerebro muy desarrollado.*

simpatía *f.* **1.** Modo de ser de una persona que la hace agradable para otras personas: *Tomás tiene tanta simpatía que muchos amigos lo visitan en su casa y siempre está acompañado de alguien.* Sin. **gracia.** Ant. **antipatía. 2.** Inclinación o afecto natural que se siente por una persona: *Verónica me inspira una gran simpatía desde que me di cuenta de que es una persona honesta y amable.* Sin. **afecto, cariño, afinidad.** Ant. **antipatía, repulsión.**

simpático, ca *adj.* Se dice de la persona o animal que es agradable e inspira simpatía: *¡Qué cachorros tan simpáticos, parecen de juguete!* Sin. **agradable, encantador.** Ant. **antipático, desagradable.**

simpático *adj./m.* Se refiere a una de las dos partes del sistema nervioso vegetativo del ser humano, la otra parte es el parasimpático.

simpatizante *adj./m.* y *f.* Se refiere a quien manifiesta su gusto o simpatía por algo o alguien: *Los simpatizantes de Abel aplaudieron mucho su interpretación del villano en la obra de teatro.* Sin. **partidario.**

simpatizar *vb. irreg.* (intr.) Modelo 16. Sentir afecto natural hacia alguien o algo: *No conozco bien a Manuel pero me simpatiza, creo que con el tiempo podremos ser amigos.* Sin. **congeniar.**

simple *adj.* **1.** Se aplica a lo que no está compuesto de partes o combinado con otra cosa: *Los elementos químicos que aparecen en la tabla periódica son cuerpos simples.* Sin. **sencillo, elemental, puro.** Ant. **complejo, compuesto. 2.** Se dice de lo que es poco complicado o no tiene adornos: *Quisiera unos muebles más simples y cómodos, pues éstos tan adornados no me gustan.* Sin. **sencillo, fácil.** Ant. **complejo, complicado. 3.** Se aplica a quien no tiene malicia: *Héctor es tan simple que nunca se da cuenta de que le están jugando una broma.* Sin. **ingenuo, inocente.** Ant. **inteligente, listo, malicioso.**

simpleza *f.* **1.** Cualidad de lo que no está compuesto de partes o no es complicado: *La simpleza del curso de costura me ha ayudado a aprender muy rápido.* Sin. **sencillez, simplicidad. 2.** Tontería, bobería o cosa sin importancia.

simplicidad *f.* Calidad de simple o sencillo: *Era un problema de tal simplicidad que Ricardo lo resolvió en un minuto.* Sin. **sencillez, pureza, simpleza.**

simplificable *adj.* Se aplica a lo que puede volverse más sencillo: *"Estas ecuaciones matemáticas no son simplificables pues para resolverlas tienes que seguir todos los pasos."*

simplificación *f.* Hecho de volver algo más sencillo: *La simplificación del trámite nos permitió ahorrar tiempo y todo fue más rápido y fácil.*

simplificador, ra *adj.* Referido a lo que hace más sencillo algo: *Los aparatos de uso doméstico como la licuadora o la lavadora de ropa son herramientas simplificadoras del trabajo de las amas de casa.*

simplificar *vb. irreg.* (tr.) Modelo 17. Hacer o volver algo más sencillo o más fácil: *La computadora simplifica*

los trabajos de investigación y de archivo de información. Sin. **facilitar, allanar.** Ant. **complicar, dificultar.**

simposio *m.* Reunión de investigadores o científicos para estudiar o discutir asuntos relacionados con un tema: *En el simposio participaron matemáticos y físicos que trabajan en investigaciones sobre viajes espaciales.* Sin. **congreso, asamblea, junta.**

simulación *f.* Acto de hacer aparecer como real algo que no lo es: *La mamá descubrió que el dolor de estómago de su hijo era una simulación porque no quería ir a la escuela.* Sin. **imitación, engaño.**

simulacro *m.* Representación de un hecho que no es real pero se hace como si lo fuera: *Para que estemos preparados en caso de sismo o incendio, las autoridades hicieron un simulacro de evacuación del edificio escolar.* Sin. **ensayo.**

simulado, da *adj.* Referido a lo que se presenta como real aunque no lo es: *Daniel me dijo que su cansancio era simulado para que su hermanito no lo molestara.*

simulador *m.* **1.** Aparato que reproduce el funcionamiento de otro que se quiere estudiar: *Los astronautas están en el simulador espacial haciendo una práctica para saber cómo comportarse en el Espacio.* **2.** En informática, programa que representa el funcionamiento de una máquina, de un sistema o de un fenómeno antes de su construcción: *Los ingenieros calcularon si la estructura del puente resistiría huracanes ayudándose con el simulador de su computadora.*

simulador, ra *adj./m.* y *f.* Se aplica a la persona que hace pasar por cierto o real algo que no lo es: *Como Fabiola es una niña simuladora de enfermedades ya nadie le cree cuando algo le duele de verdad.*

simular *vb.* (tr.) Hacer aparecer algo falso como si fuera real o verdadero: *Pedro simulaba que estudiaba matemáticas pero en realidad estaba leyendo un cuento.* Sin. **fingir, aparentar, imitar.**

simultaneidad *f.* Situación en la que dos o más hechos ocurren al mismo tiempo: *La simultaneidad con que los dos corredores llegaron a la meta provocó un empate.*

simultáneo, a *adj.* Se refiere a lo que ocurre o se realiza al mismo tiempo que otra cosa: *Para que una tabla gimnástica luzca deben ser simultáneos los movimientos de todos los que toman parte en ella.* Sin. **sincrónico.**

simún *m.* Viento muy caliente y fuerte que sopla en el desierto: *Los camellos resisten el simún, pero los caballos, no.*

sin *prep.* **1.** Sirve para indicar que algo falta o no está: *Yolanda salió sin sus llaves, por eso cuando regrese tocará el timbre para que le abramos.* **2.** Indica que una acción no se realiza: *Federico pasó la noche sin dormir porque le dolía mucho el estómago.* **3.** Además de, fuera de: *Este perfume cuesta cien pesos sin impuestos, pero con impuestos cuesta ciento veinte.*

sinagoga *f.* Edificio donde se lleva a cabo el culto de la religión judía.

sinalefa *f.* Pronunciación en una sola sílaba de la vocal final de una palabra y la vocal inicial de la siguiente: *En la frase "hacía alarde de su fuerza" hay una sinalefa entre las palabras hacía y alarde.*

sincerarse *vb.* (prnl.) Decir la verdad acerca de algo, sobre todo en cuestiones personales: *Orlando se sinceró con su amigo y le explicó que no quería ir a la fiesta porque tenía diarrea.*

sinceridad *f.* Capacidad que tiene alguien para decir la verdad o para actuar con franqueza. SIN. **franqueza, veracidad, honestidad.** ANT. **hipocresía, falsedad.**

sincero, ra *adj.* Se aplica a quien se expresa como piensa o siente, sin mentir ni fingir. SIN. **franco, honesto, veraz.** ANT. **hipócrita, falso.**

síncopa *f.* *1.* Supresión de un sonido o grupo de sonidos en el interior de una palabra: *La palabra Navidad es una síncopa de la palabra natividad.* *2.* En música, nota que se toca en un tiempo débil y continúa en un tiempo fuerte: *Una línea curva que en el pentagrama une dos notas por arriba indica que allí se forma una síncopa.*

síncope *m.* Suspensión repentina de la actividad del corazón y de la respiración, con pérdida del conocimiento: *El hombre sufrió un síncope y fue trasladado al hospital de urgencia.*

sincronía *f.* Circunstancia de coincidir o hacer que coincidan hechos en el tiempo.

sincrónico, ca *adj.* Se refiere a lo que ocurre al mismo tiempo: *Al final del libro de historia hay un cuadro sincrónico en el que puedes consultar qué sucedía en Europa mientras en América comenzaban las guerras de independencia.* SIN. **simultáneo.**

sincronización *f.* Hecho de coincidir en el tiempo: *La sincronización de los relojes se hizo antes de iniciar la carrera para que todos marcaran la misma hora.*

sincronizada *f.* Méx. Comida hecha con tortilla de harina de trigo rellena de queso y jamón.

sincronizar *vb. irreg.* {tr. y prnl.} Modelo 16. Hacer que dos o más cosas coincidan en el tiempo: *Si queremos hacer bien el trabajo debemos sincronizar nuestras acciones, de modo que yo termine de armar un juguete a tiempo para que tú comiences a pintarlo.*

sindical *adj.* Relativo a la organización de trabajadores: *Los obreros eligen sus representantes sindicales.*

sindicalismo *m.* Sistema de organización obrera por sindicatos: *El sindicalismo fue resultado de la lucha continua de los trabajadores pues los patrones no querían aceptar que se agruparan en organizaciones sindicales.*

sindicato *m.* Agrupación de trabajadores formada para defender los intereses profesionales comunes: *El sindicato consiguió que la empresa aumentara los salarios de los trabajadores.* SIN. **gremio, federación, liga.**

síndico *m.* Persona elegida por una asociación de trabajadores para cuidar de sus intereses: *El síndico se reunió con las autoridades y consiguió un aumento de salario para los trabajadores de su corporación.*

síndrome *m.* Conjunto de síntomas de una enfermedad: *El médico analizó el síndrome que presentaba el enfermo y diagnosticó que padecía leucemia.*

sinfín *m.* Abundancia de algo: *El niño le hizo un sinfín de preguntas a su papá pues no entendía el porqué de muchas cosas.* SIN. **infinidad, sinnúmero.**

sinfonía *f.* Composición instrumental para orquesta, de tres o cuatro movimientos bastante largos: *Hoy la orquesta tocó la novena sinfonía de Beethoven y cuando el coro comenzó a cantar sentimos una gran emoción.*

sinfónico, ca *adj.* Relativo a la sinfonía.

singular *adj.* *1.* Se aplica a lo que está o va solo: *El uso del cepillo de dientes es singular pues cada persona debe tener el suyo.* SIN. **único, particular.** ANT. **común.** *2.* Se dice de lo que es poco frecuente que exista o que suceda: *Ernesto encontró un libro de cuentos muy*

singular *que está hecho a mano y con historias desconocidas.* SIN. **extraordinario, raro.** ANT. **común.** *3.* Relativo a la palabra que señala una sola persona o cosa: *Flor es una palabra en singular y flores es una palabra en plural.* ANT. **plural.**

singular *m.* Palabra que señala una sola persona o cosa: *El singular de la palabra cosas es cosa.*

singularidad *f.* *1.* Carácter de lo que se relaciona con una sola cosa o persona. *2.* Carácter de lo que es poco frecuente que exista o suceda: *Las singularidades que presenta cada eclipse ofrecen a los astrónomos mucho material de estudio.*

singularizar *vb. irreg.* {tr. y prnl.} Modelo 16. Distinguir o distinguirse de los demás: *El artista español Pablo Picasso se singularizó al crear un estilo propio de representar la realidad.* SIN. **sobresalir.**

sinhueso *f.* Fam. Órgano carnoso que está adentro de la boca y sirve para degustar, deglutir y articular sonidos: *"Ya no le des tanto trabajo a la sinhueso y guarda un poco de silencio, por favor."* SIN. **lengua.**

siniestra *f.* Mano que corresponde al lado del corazón: *Una persona zurda escribe con la siniestra, o sea, con la izquierda.*

siniestro *m.* Destrucción grande o pérdidas materiales y humanas a causa de un accidente o fenómeno del clima: *Un incendio y una inundación son siniestros.* SIN. **catástrofe, desastre.**

siniestro, tra *adj.* *1.* Relativo a lo que corresponde al lado del corazón: *El domador golpeó la tierra con el látigo que tenía en su mano diestra y con una silla en la siniestra trataba de someter al león.* SIN. **izquierdo.** ANT. **diestro, derecho.** *2.* Se aplica a lo que es malo, causa miedo o aterroriza: *El vampiro del filme de terror tenía una mirada siniestra que me dio miedo.* SIN. **perverso, espeluznante.**

sinnúmero *m.* Número incalculable o muy grande: *En este bosque hay un sinnúmero de árboles.* SIN. **multitud, sinfín.**

sino *m.* Fatalidad o poder superior que decide los sucesos, la vida de una persona, etc.: *El sino de los ríos es bajar de la montaña y llegar al mar.* SIN. **destino, providencia, devenir.**

sino *conj.* *1.* Contrapone a un concepto negativo y otro afirmativo: *Este regalo no lo traje yo sino Roberto.* *2.* Indica una excepción: *Este secreto no lo sabe nadie, sino tú.* *3.* Después de la forma no sólo, sirve para agregar algo a lo que ya se dijo: *Este niño no sólo es amable, sino también inteligente.*

sinónimo *m.* Palabra que significa lo mismo que otra o algo muy parecido: *En un diccionario encontré la palabra gracia como sinónimo de simpatía.*

sinónimo, ma *adj.* Se dice de las palabras que tienen un significado igual o muy parecido: *Las palabras hombre y varón son sinónimas.*

sinopsis *f.* Resumen esquemático de una materia o ciencia: *Como el tema es muy largo la maestra hizo una sinopsis para explicarle a sus alumnos las partes más importantes de la lección.* SIN. **síntesis.**

sinóptico, ca *adj.* Relativo a lo que permite entender a primera vista un conjunto de cosas: *Los alumnos hicieron un cuadro sinóptico de la Revolución Francesa, de un lado pusieron las fechas importantes y del otro los hechos que correspondían a esas fechas.*

sinrazón f. Acción injusta y fuera de lo debido: *"No cometas una sinrazón, mejor cálmate y piensa bien dónde dejaste el dinero antes de acusar de robo a Manuel."*

sinsabor m. *Fam.* Hecho o sentimiento desagradable: *La señora se ha sentido triste a causa de tantos sinsabores que ha pasado.* SIN. **disgusto, pesar, desazón.**

sintáctico, ca adj. Relativo a la parte de la gramática que enseña a coordinar y unir las palabras para formar oraciones: *Federico hizo el análisis sintáctico de la oración al localizar el verbo, el sujeto y los complementos.*

sintagma m. En lingüística, unidad elemental con la que se construye una frase u oración.

sintaxis f. Parte de la gramática que estudia el orden de las palabras y cómo se relacionan entre sí en la estructura de la oración: *El maestro corrigió los errores de sintaxis que cometieron sus alumnos cuando escribieron oraciones.*

síntesis f. 1. Expresión breve de las ideas más importantes de una materia o ciencia: *Después de escuchar la explicación del maestro hicimos una síntesis del tema con nuestras propias palabras.* SIN. **resumen, sinopsis, compendio.** ANT. **análisis. 2.** En biología, proceso por el que se producen materias complejas a partir de moléculas simples: *La síntesis de elementos como el carbono y el hidrógeno es la base de la petroquímica.*

sintético, ca adj. 1. Relativo al resumen que toma las ideas más importantes de un tema: *Elías contó en un minuto y de manera muy sintética cómo sucedió el accidente.* **2.** Se refiere a lo que se parece a un producto natural pero que se obtiene por un procedimiento industrial o químico: *Estas botas son de cuero sintético, es decir, no se obtuvieron de la piel de un animal, sino de un material artificial.* SIN. **artificial.** ANT. **natural.**

sintetizador m. Instrumento musical electrónico parecido al órgano, que sirve para imitar el sonido de muchos otros instrumentos musicales: *En el estudio de sonido tienen un sintetizador muy moderno que puede imitar el sonido de muchos instrumentos y hasta el de la voz humana.*

sintetizar vb. irreg. {tr.} Modelo 16. Reunir los asuntos más importantes de varios temas en un discurso claro y breve: *El profesor sintetizó la historia de las revoluciones en América Latina en una clase de media hora.* SIN. **resumir.** ANT. **analizar.**

síntoma m. 1. Alteración en las funciones del organismo, que revela la existencia de una enfermedad: *Los síntomas del resfrío son la fiebre, el dolor del cuerpo y los mocos abundantes.* SIN. **indicio, señal, signo. 2.** *Fam.* Lo que muestra que algo está sucediendo o va a suceder: *El que Felipe se arregle tanto para salir es síntoma de que le gusta alguna chica.* SIN. **indicio, evidencia.**

sintomático, ca adj. 1. Relativo a los síntomas que revelan la existencia de una enfermedad: *Esas ronchas rojas son sintomáticas del sarampión.* **2.** *Fam.* Se aplica a lo que muestra que algo muy particular está sucediendo o va a suceder: *En cuanto su padre le puso un poco más de atención, la mejoría en las calificaciones de César fue sintomática.*

sintonía f. Ajuste de la frecuencia de las distintas transmisiones radiofónicas o televisivas que permite que un aparato receptor capte una señal clara: *Mi radio está en sintonía con la señal de esa emisora que trans-* mite música clásica, pero si quiero escuchar otra cosa, giro un botón y busco la *sintonía* de otra estación.

sintonización f. Sistema de ajuste de un aparato radiofónico o televisivo para captar con claridad las señales de una emisora: *En las ciudades grandes y pobladas la sintonización de algunas señales de radio es difícil pues unas se enciman con las otras.*

sintonizador m. Botón que permite ajustar la manera en que un aparato de televisión o de radio recibe la señal de una emisora: *"Mueve un poco el sintonizador de la radio para aclarar el sonido."*

sintonizar vb. irreg. {tr.} Modelo 16. Hacer coincidir la frecuencia de un aparato de televisión o de radio con la de la estación emisora para recibir una señal clara: *Débora sintonizó la televisión en el canal adecuado para ver su programa preferido.*

sinuosidad f. Calidad de lo que se tuerce de un lado a otro: *La sinuosidad del camino obliga al conductor del automóvil a manejar despacio.* ANT. **rectitud.**

sinuoso, sa adj. Referido a lo que se tuerce de un lado a otro: *Por su caminar sinuoso se dieron cuenta de que estaba borracho.*

sinusitis f. Inflamación de la parte interna de los senos frontales del cráneo donde se produce el moco: *Ella está enferma de sinusitis, por eso le duelen la frente y los ojos.*

sinvergüenza adj./m. y f. 1. Se aplica a la persona que actúa en provecho propio sin importarle perjudicar a otros o se comporta con descaro: *Ese muchacho sinvergüenza no pide permiso para salir a la calle.* SIN. **bribón. 2.** Persona que actúa solamente en provecho propio o se comporta con descaro: *Ese sinvergüenza se quedó con el libro que le presté y ahora dice que es suyo.*

siquiatra m. y f. Ver psiquiatra.

siquiatría f. Ver psiquiatría.

síquico m. Ver psíquico.

siquiera adv. Por lo menos, tan sólo: *Me siento tan cansado que desearía tener siquiera un día más de descanso este mes.*

siquiera conj. Introduce una objeción a pesar de la cual puede ser u ocurrir una cosa: *Ven a la fiesta siquiera un momento.* SIN. **aunque.**

sirena f. 1. Ser mitológico que se representa con la mitad superior del cuerpo con forma de mujer y de la cintura para abajo con forma de ave o con cola de pez: *Según la mitología griega, las sirenas viven en el mar y hechizan a los hombres con la belleza de su canto.* **2.** Instrumento que produce un sonido fuerte usado en ambulancias, fábricas, etc., para avisar de diferentes situaciones, sobre todo de peligro: *Una sirena suele anunciar el paso de los bomberos o de una ambulancia.* SIN. **alarma.**

siringa f. 1. Árbol sudamericano de gran tamaño, del que se extrae un jugo lechoso que produce un caucho o hule de excelente calidad. SIN. **caucho. 2.** Instrumento musical de viento compuesto de varias flautas de carrizo ordenadas para producir los sonidos agudos y graves: *El pastor toca la siringa mientras las ovejas pastan.*

sirio, ria adj./m. y f. Originario de Siria, país de Asia: *El territorio sirio se encuentra limitado por Turquía, Iraq, Jordania, Israel y Líbano.*

siroco *m.* Viento fuerte, seco y cálido que sopla desde el Desierto del Sahara hacia el Mar Mediterráneo: *El siroco levanta la arena del desierto y entonces se vuelve difícil respirar.*

sirviente, ta *m.* y *f.* Persona que trabaja al servicio de otra, en especial en las tareas domésticas: *El mayordomo, el jardinero y el cocinero eran los principales sirvientes del palacio.* **SIN.** criado, servidor. **ANT.** patrón.

sisa *f.* Corte que se hace en una prenda de vestir. para que ajuste al cuerpo, en especial donde se ponen las mangas: *La sisa de esa blusa está muy grande, por eso se ve la ropa interior a través de la amplia manga.*

sisal *m.* Fibra que se extrae de una variedad de agave originario de México y América Central con la que se elaboran cuerdas, sacos y otros objetos.

sisear *vb.* {tr. e intr.} Pronunciar el sonido de *s* y *ch*, para llamar a alguien o para expresar desaprobación.

sísmico, ca *adj.* Relativo a los movimientos que sacuden la corteza terrestre: *En aquella región se produjo un movimiento sísmico que provocó daños en algunas casas.*

sismo *m.* Movimiento que hace temblar la superficie terrestre: *El sismo sacudió la ciudad durante un minuto y la gente se asustó mucho.* **SIN.** terremoto, temblor.

sismógrafo *m.* Aparato que registra la amplitud de los movimientos que hacen temblar la tierra: *El especialista observa si el sismógrafo marca algún movimiento, pues está haciendo un estudio sobre la actividad volcánica.*

sismología *f.* Ciencia que estudia los movimientos que hacen temblar la superficie terrestre: *La sismología es una parte de la geología.*

sismológico, ca *adj.* Relativo a la ciencia que estudia los movimientos que hacen temblar la superficie terrestre: *El sismógrafo es un instrumento sismológico.*

sistema *m.* **1.** Conjunto de pasos ordenados que deben seguirse para lograr algo: *Este maestro tiene un nuevo sistema para enseñar inglés y a todos nos está resultando más fácil aprender.* **SIN.** método, procedimiento, técnica. **2.** Conjunto de órganos conectados entre sí para realizar una determinada función: *El cerebro forma parte del sistema nervioso del ser humano.* **3.** Conjunto de elementos que cumplen juntos una función determinada: *El Sistema Solar está formado por nueve planetas, un sol y bastantes lunas.* **4.** loc. ~ operativo, en informática, programa o conjunto de programas que efectúan los procesos básicos de una computadora y permiten la ejecución de otros programas.

sistemático, ca *adj.* Relativo a un sistema o que se ajusta a él: *La enseñanza de las matemáticas requiere de un programa sistemático que vaya de lo más simple a lo más complejo.*

sistematización *f.* Hecho de unir distintos elementos para que formen un conjunto ordenado que cumpla una función: *La sistematización del archivo de la biblioteca hace más fácil localizar los libros.*

sistematizar *vb.* {tr.} Organizar distintos elementos, ideas o cosas para que formen un conjunto ordenado que cumpla una función: *El investigador sistematizó sus ideas para poder explicarlas en una conferencia.* **SIN.** estructurar.

sístole *f.* Movimiento de contracción del corazón y las arterias: *Uno de los latidos del corazón corresponde*

a la *sístole* y el otro a la *diástole*, y así sucesivamente. **ANT.** diástole.

sitiado, da *adj.* Se refiere al lugar habitado que se encuentra rodeado por un ejército enemigo que impide la entrada o salida de personas y cosas: *La ciudad sitiada ya no tenía comida ni agua y tuvo que rendirse al enemigo.*

sitiador, ra *adj./m.* y *f.* Se aplica al que rodea un lugar habitado para impedir la entrada o salida de personas y cosas: *El ejército sitiador vigilaba día y noche los límites de la ciudad que tenían rodeada.*

sitiar *vb.* {tr.} Cercar un lugar habitado para impedir la entrada o salida de personas o cosas y obligar a sus habitantes a rendirse. **SIN.** cercar, asediar, aislar.

sitio *m.* **1.** Porción de espacio que puede ser ocupada por algo o alguien: *"Hazme un sitio en el sofá para que también pueda sentarme a ver la televisión."* **SIN.** lugar, hueco. **2.** Lugar que le corresponde a algo o a alguien: *Ese libro no estaba en su sitio pues lo encontré debajo de la cama.* **SIN.** puesto, lugar. **3.** Porción de espacio que tiene o podría tener un uso determinado: *En un sitio del parque donde antes había césped construirán una fuente.* **SIN.** punto, parte, zona.

sitio *m.* Hecho de rodear tropas un lugar habitado para impedir la entrada o salida de personas y cosas. **SIN.** asedio, cerco, bloqueo. **ANT.** liberación.

situación *f.* **1.** Disposición geográfica de una cosa respecto al lugar que ocupa: *La torre de control del aeropuerto recibió el mensaje que informaba la situación exacta del avión.* **SIN.** posición. **2.** Manera de estar o colocarse alguien: *El entrenador organizó la situación de los jugadores en el campo.* **SIN.** colocación. **3.** Estado o condición de una persona o de una cosa: *Enrique goza de buena situación económica ahora que tiene un nuevo empleo.*

situar *vb. irreg.* {tr. y prnl.} Modelo 10. **1.** Poner en determinado lugar o situación: *En la fila Ricardo se sitúa entre Ignacio y Pedro.* **SIN.** colocar. **2.** Encontrar un lugar determinado: *Diego situó la capital del país en el mapa y lo señaló con el dedo.* **SIN.** localizar. **3.** Conseguirse una buena posición económica o social: *Federico logró situarse como escritor desde que publicaron su novela.*

siux o **sioux** *adj./m.* y *f.* Grupo de pueblos amerindios de América del Norte, originarios de las regiones de las Grandes Praderas, la costa atlántica de Estados Unidos y los alrededores de la parte baja del río Mississippi.

siux o **sioux** *m.* Conjunto de lenguas y dialectos hablados por el grupo de pueblos amerindios del mismo nombre.

sketch *m.* Palabra inglesa. Escena breve, por lo general cómica, intercalada en una obra de teatro o cine o entre uno y otro número musical en el caso del teatro de revista: *El nuevo sketch del cómico hizo reír al público.*

slálom o **eslalon** *m.* Palabra de origen inglés. Prueba deportiva de esquí que se realiza en una pendiente nevada con obstáculos artificiales que la hacen muy sinuosa: *Los competidores del slálom bajan uno por uno y para determinar quién es el ganador, se les toma el tiempo que tardan en hacer el recorrido.*

slip *m.* Palabra inglesa. Calzoncillo corto y ajustado: *El slip es una prenda de vestir masculina que se usa debajo del pantalón.*

slogan *m.* Palabra inglesa. Ver **eslogan**.

smog *m.* Palabra inglesa. Ver **esmog**.

smoking *m.* Palabra inglesa. Ver **esmoquin**.

snob *adj./m.* y *f.* Palabra inglesa. Ver **esnob**.

snorkel *m.* Palabra inglesa. Tubo del que, al nadar, se pone un extremo en la boca y el otro se mantiene por encima de la superficie del agua para poder respirar: *Con el snorkel no es necesario aguantar la respiración bajo el agua.*

so *prep.* Bajo, debajo de: *So pena de no salir de vacaciones el joven rebelde aprobó sus exámenes.*

¡so! *interj.* Se usa para hacer que se detengan las caballerías: *El campesino le dijo a su mula: "¡So, so!" y la mula se detuvo.*

sobaco *m.* Hueco que forma el brazo al unirse con el cuerpo: *"Lávate bien el sobaco para que no huela mal."* SIN. **axila**.

sobado, da *adj.* Se refiere a lo que se encuentra en mal estado porque ha sido muy usado o tocado muchas veces: *El pasamanos de la escalera está gastado pues la madera que lo cubre está muy sobada y ya se empieza a romper.*

sobajar *vb.* {tr.} *Méx.* Rebajar el orgullo de alguien. SIN. **humillar, ofender**.

sobandero *m.* *Colomb.* Persona que se dedica a arreglar los huesos dislocados. SIN. **huesero**.

sobar *vb.* {tr.} *1.* Tocar y oprimir una cosa de manera repetida: *No sobes tanto esa manzana o la vas a estropear.* SIN. **manosear**. *2. Argent.* y *Méx.* Dar masajes: *Como me dolía la espalda le pedí a mi hermana que me sobara.*

soberanía *f.* Estado político de un país que no está sometido al control de otra nación: *Ningún país debe decirle a otro país lo que debe hacer, ya que la soberanía de cada nación debe ser respetada.*

soberano, na *adj.* *1.* Se dice de lo que es muy bueno o excelente: *Fue una fiesta soberana en la que había muchos invitados y la comida que ofrecieron fue de primera calidad.* SIN. **magnífico, superior, espléndido**. ANT. **pésimo**. *2.* Se refiere a lo que no está sometido al control de otro: *En el mundo hay muchas naciones libres y soberanas.* SIN. **independiente, autónomo**. ANT. **dependiente**. *3.* Aplicado al que ejerce la autoridad suprema en una nación. SIN. **gobernante**.

soberano, na *m.* y *f.* Rey, reina, príncipe o princesa gobernante de un país: *El rey es el soberano en una monarquía.* SIN. **monarca, majestad**. ANT. **vasallo, súbdito**.

soberbia *f.* Estimación excesiva de uno mismo en menosprecio hacia los demás: *La soberbia de Germán le impide reconocer que se ha equivocado.* SIN. **altanería, orgullo**. ANT. **modestia, humildad**.

soberbio, bia *adj.* Se aplica a lo que es muy bueno o estupendo: *El vestido que Raquel lució en la fiesta era soberbio pues no había otro más bello.* SIN. **magnífico, espléndido, admirable**.

soberbio, bia *adj./m.* y *f.* Se refiere a quien sólo ve sus propias cualidades y las hace más grandes de lo que son, al mismo tiempo que considera inferiores a los demás: *Los soberbios sólo escuchan los halagos y son sordos a las críticas.* SIN. **arrogante, orgulloso, vanidoso**. ANT. **modesto**.

sobornar *vb.* {tr.} Dar dinero a alguien para que haga algo fuera de la ley: *Los ladrones sobornaron al vigilante para que les abriera la puerta de la casa que iban a robar.*

soborno *m.* *1.* Hecho de dar dinero a alguien para que haga algo fuera de la ley: *El soborno es un delito que debe castigarse.* *2.* Dinero que se da para conseguir que alguien haga algo fuera de la ley: *Ese hombre se hizo rico porque recibió un soborno muy grande por dejar escapar a un delincuente que estaba en la cárcel.* SIN. **mordida**.

sobra *f.* *1.* Lo que está de más en una cosa: *Esta sobra de tela alcanzará para hacer una muñeca.* *2.* loc. De ~, de más: *"Toma más hojas, yo tengo de sobra."* *3.* pl. Parte que queda de una comida: *Recogí las sobras de la cena y se las di a los cerdos para que comieran.*

sobrado, da *adj.* *1.* Abundante en cantidad o calidad mayor a lo necesario: *Nora no debería preocuparse demasiado, todos sabemos que tiene capacidad sobrada para realizar ese trabajo.* SIN. **abundante**. ANT. **escaso, insuficiente**. *2. Chile. Desp. Fam.* Se aplica a la persona que se cree más importante que todos los demás. SIN. **arrogante, soberbio, orgulloso**. ANT. **humilde, modesto**.

sobrante *adj./m.* Relativo a lo que está de más o queda de una cosa: *La pintura sobrante que encontré guardada en el sótano la alcanzó para pintar una silla.*

sobrar *vb.* {tr. e intr.} *1.* Haber más de lo necesario de algo: *La mesa estaba puesta para seis personas y sólo llegaron cuatro, de modo que sobraron dos lugares.* SIN. **abundar, exceder**. ANT. **faltar**. *2.* Estar algo de más en una cosa o situación: *El director de la obra de teatro mandó quitar el mueble que sobraba en la decoración del escenario.* *3.* Quedar algo de una cosa de la que hubo suficiente: *Éste es el dinero que sobró después de pagar la compra.* SIN. **restar**. ANT. **faltar**. *4. Argent.* Burlarse de alguien mostrando superioridad.

sobre *m.* *1.* Bolsa plana de papel que se usa para meter una carta o documento que va a enviarse por correo. *2.* Envoltura pequeña de papel: *Bertha colecciona los sobres de azúcar que dan en los hoteles y restaurantes.*

sobre *prep.* *1.* Señala una posición superior a la de otra cosa: *Irma puso el florero sobre la mesa.* *2.* Significa "acerca de": *El examen de historia será sobre la Primera Guerra Mundial.* *3.* Indica que una cosa se sumó a otra: *Catalina cometió un error sobre otro, por eso la calificación del examen fue tan baja.* *4.* Expresa superioridad: *Sobre todos los sabores de helado prefiero el de vainilla.* *5.* Señala aproximación en una cantidad o número: *Llegaremos sobre las tres de la tarde al aeropuerto.* SIN. **hacia, alrededor**.

sobrealimentación *f.* Hecho de comer o de dar de comer más de lo normal: *La sobrealimentación de los animales domésticos puede causarles enfermedades, pues no es sano comer en exceso.*

sobrealimentar *vb.* {tr. y prnl.} Dar de comer a alguien más de lo normal: *El médico dijo que para que ese niño desnutrido se recupere hay que sobrealimentarlo durante unas semanas.*

sobrecama *f.* Pieza de tela que se pone en las camas como adorno para cubrir las sábanas y almohadas: *La sobrecama que hay en mi dormitorio es de tela floreada.* SIN. **colcha, cubrecama**.

sobrecarga *f.* Peso o carga más grande de lo normal: *El camión transportaba una sobrecarga de mercancía y por eso se volcó en una curva cerrada de la carretera.*

sobrecargar *vb. irreg.* [tr.] **Modelo 17.** Poner en algo más peso o carga de la que puede soportar: *"Si sobrecargas la barca, se hundirá."* SIN. **recargar.** ANT. **aligerar.**

sobrecargo *m. y f.* Miembro de la tripulación de un avión o barco encargado de atender a los pasajeros o de cuidar el cargamento: *Las sobrecargos sirvieron a los pasajeros una taza de café poco después de que el avión despegó.*

sobrecogedor, ra *adj.* Se refiere a lo que causa una impresión fuerte o sorprende: *Vi un programa de televisión sobre la Segunda Guerra Mundial que me pareció sobrecogedor.* SIN. **conmovedor, estremecedor.** ANT. **indiferente.**

sobrecoger *vb. irreg.* [tr. y prnl.] **Modelo 41. 1.** Tomar por sorpresa a alguien que está desprevenido: *El sonido de los cañones sobrecogió a los soldados que estaban escondidos.* SIN. **sorprender, asustar. 2.** Sorprenderse o asustarse por algo: *El niño se sobrecogía cada vez que escuchaba los truenos de la tormenta.*

sobrecogimiento *m.* Emoción que se tiene al ser sorprendido o asustado por algo: *El hijo del guardabosques palidecía de sobrecogimiento cuando escuchaba aullar a los lobos hambrientos.*

sobredosis *f.* Dosis mayor de la necesaria que se toma de un medicamento o de una droga: *Una sobredosis de píldoras para dormir puede causar la muerte.*

sobreentender *vb.* [tr. y prnl.] *Ver* **sobrentender.**

sobreesdrújulo, la *adj. Ver* **sobresdrújulo.**

sobreexcitación *f.* Gran inquietud: *La sobreexcitación de esa gente se debe a la noticia del accidente sufrido por el avión en que viajaban sus familiares.* SIN. **angustia.** ANT. **calma, tranquilidad.**

sobreexcitar *vb.* [tr.] Causar algo mucha inquietud o angustia: *Beber mucho café sobreexcita el sistema nervioso.* SIN. **inquietar, agitar.** ANT. **calmar, tranquilizar.**

sobregirado, da *adj.* Se dice del cheque o de la orden de pago que sobrepasa el límite de los fondos disponibles en una cuenta: *El banco no paga los cheques sobregirados.*

sobregirar *vb.* [tr.] Sobrepasar el límite de los fondos de una cuenta bancaria al hacer un cheque o una orden de pago: *El banco le cobró una multa porque sobregiró un cheque.*

sobrehumano, na *adj.* Referido a lo que supera las fuerzas humanas. SIN. **agotador, agobiante.** ANT. **fácil.**

sobrellevar *vb.* [tr.] Soportar una dificultad con paciencia: *El jefe de Elisa tiene muy mal carácter pero ella lo sobrelleva bien.* SIN. **aguantar, tolerar, resistir.**

sobremanera *adv.* Muy o mucho más de lo normal.

sobremesa *f.* Tiempo después de comer que se está todavía en la mesa, charlando: *Durante la sobremesa tomaron una taza de café y conversaron sobre asuntos sin importancia.*

sobrenatural *adj.* Se refiere a lo que no sigue las leyes de la naturaleza: *El protagonista del cuento tenía poderes sobrenaturales que le permitían revivir a los animales muertos.* SIN. **extraordinario.** ANT. **natural.**

sobrenombre *m.* Nombre usado para distinguir de manera especial a una persona que se llama de otra manera: *Piedrita era el sobrenombre con que sus hermanos lo llamaban de cariño, pero su verdadero nombre era Pedro Pablo.* SIN. **apodo, mote.**

sobrentender o **sobreentender** *vb. irreg.* [tr. y prnl.] **Modelo 24.** Entender una cosa que no está dicha pero que se deduce de otras: *Cuando hablas de "aquel que es dueño de mi corazón" sobrentiendo que se trata de tu novio.*

sobrepasar *vb.* [tr.] Superar una cosa a otra en algún sentido: *El automóvil sobrepasó a la bicicleta en velocidad.* SIN. **aventajar, exceder.**

sobrepeso *m.* **1.** Peso o carga más grande de lo normal: *"Si tu equipaje tiene sobrepeso tendrás que pagar más dinero para poder subirlo al avión."* SIN. **sobrecarga. 2.** Aumento de la grasa del cuerpo que hace que la persona tenga un peso superior al normal: *Rosario tiene problemas de sobrepeso, por eso ahora está haciendo dieta y ejercicios.* SIN. **obesidad, gordura.**

sobreponerse *vb. irreg.* [prnl.] **Modelo 27.** No dejarse vencer por las desgracias o problemas: *Después del susto que nos dio el ladrón que entró a la casa logramos sobreponernos y ahora estamos tranquilos.*

sobreproducción *f.* Conjunto de cosas que se producen o se fabrican por encima de la cantidad normal: *Este año ha habido una sobreproducción de café, por eso ha bajado el precio en el mercado.*

sobresaliente *adj.* Se aplica a lo que se destaca entre los demás: *La bailarina realizó una danza sobresaliente y se ganó un fuerte aplauso de toda la gente en el teatro.* SIN. **superior, excelente.** ANT. **malo.**

sobresaliente *m.* En un examen, nota superior a "notable" y sólo superada por "excelente": *Hugo obtuvo sobresaliente en matemáticas y su mamá lo felicitó.*

sobresalir *vb. irreg.* [intr.] **Modelo 52. 1.** Quedar algo por encima de los demás: *Los rascacielos sobresalen de entre los demás edificios de la ciudad.* SIN. **superar, resaltar. 2.** Distinguirse de los demás por algo: *Entre todos los alumnos Andrés sobresale por su inteligencia.* SIN. **destacar.**

sobresaltar *vb.* [tr. y prnl.] **1.** Causar un susto a alguien sorprendiéndolo cuando está desprevenido: *El ruido sobresaltó al hombre que estaba dormido.* SIN. **asustar, estremecer.** ANT. **tranquilizar, apaciguar. 2.** Asustarse por algo que sucede sin que uno lo espere: *Luciano se sobresaltó cuando escuchó los ladridos de su perro guardián.*

sobresalto *m.* Sorpresa o alteración que se siente a causa de un suceso inesperado: *Saber que gané un automóvil en el concurso me produjo un sobresalto pues no lo esperaba.* SIN. **emoción, estremecimiento, susto.**

sobrescrito *m.* Lo que se escribe en un sobre o en la parte exterior de un paquete indicando la dirección: *El cartero lee el sobrescrito para entregar la carta en la dirección correcta.*

sobresdrújulo, la o **sobreesdrújulo, la** *adj./f.* Se refiere a la palabra acentuada en la sílaba anterior a la antepenúltima: *La palabra repítemelo es sobresdrújula.*

sobrestimación *f.* Hecho de apreciar algo o a alguien más de lo que en realidad vale o merece: *La sobrestimación de las cualidades de su novio puede causarle desilusión cuando conozca sus defectos.*

sobrestimar *vb.* [tr.] Apreciar algo o a alguien por encima de su valor: *Roberto sobrestimó las posibilidades del negocio y no ha obtenido las ganancias que esperaba.*

sobretodo *m.* Prenda de vestir parecida a un saco grande y largo que se pone sobre el traje o el vestido: *En* invierno Raúl usa un **sobretodo** para cubrirse del frío. SIN. **abrigo**.

sobrevenir vb. irreg. {intr.} Modelo 49. Suceder una cosa de manera repentina: *La nieve de la montaña se derritió con el calor y al bajar al valle sobrevino el desbordamiento del río.*

sobreviviente adj./m. y f. Referido al que queda vivo después de un accidente o enfermedad grave: *Los niños sobrevivientes de la epidemia están todavía en el hospital.* SIN. **superviviente**.

sobrevivir vb. {intr.} **1.** Vivir después de un suceso grave o después de la muerte de alguien: *Mi abuelo ya murió hace tres años y la abuela sobrevive.* SIN. **subsistir, continuar.** ANT. **morir. 2.** Vivir con lo justo para cubrir sus necesidades: *Sobrevivieron gracias a que tenían un poco de agua que les alcanzó para salir del desierto.*

sobrevolar vb. irreg. {tr.} Modelo 5. Volar sobre un lugar: *El helicóptero sobrevolaba el bosque en busca de los niños perdidos.*

sobriedad f. **1.** Equilibrio que se mantiene al comer y al beber: *La sobriedad en la alimentación ayuda a mantener la salud.* SIN. **moderación, mesura.** ANT. **exceso. 2.** Falta de adornos o de exageración: *La sobriedad del decorado de la casa daba un aspecto de limpieza y de orden.*

sobrino, na m. y f. Con respecto a una persona, hijo o hija de un hermano o hermana, y también hijo o hija de un primo o prima: *Tengo dos nuevos sobrinos porque ayer mi hermana dio a luz gemelos.*

sobrio, bria adj. **1.** Se aplica a quien mantiene la medida justa al comer y al beber: *Sabina lleva una dieta sobria, con pocas grasas, algunos cereales y muchas verduras y frutas.* SIN. **frugal. 2.** Se dice de lo que no tiene adornos ni exageraciones: *Las casas sobrias se ven más amplias que las casas con muchos muebles y adornos.* **3.** Se refiere a quien no está borracho: *Cuando Rafael sale con sus amigos y ellos beben alcohol él se mantiene sobrio para poder conducir el automóvil de regreso a casa.* ANT. **ebrio, borracho, bebido.**

socarrón, na adj./m. y f. Se aplica al que se burla con palabras o gestos de aparente seriedad.

socarronería f. Burla que se hace con astucia o ingenio: *Todos están hartos de las socarronerías de Ana pues nunca se sabe cuándo habla en serio.* SIN. **sarcasmo.**

socavar vb. {tr.} Excavar por debajo de algo: *Ese grupo de trabajadores socava la calle para instalar los tubos para el agua.*

socavón m. **1.** Cueva excavada en la ladera de un monte: *Todavía quedan en la montaña los socavones de la mina abandonada.* SIN. **galería, mina. 2.** Hoyo o hundimiento que se produce en el suelo: *Esa carretera está en mal estado pues tiene muchos socavones.* SIN. **bache, agujero, zanja.**

sociabilidad f. Lo que hace que alguien esté cómodo entre otras personas y pueda relacionarse con ellas sin dificultad: *La sociabilidad se adquiere manteniendo contacto con otras personas.*

sociable adj. Se aplica al que se siente bien entre los demás y puede relacionarse con ellos sin dificultad: *Pablo es un niño sociable que tiene muchos amigos y también convive con los adultos.*

social adj. Relativo al conjunto de personas que forman la sociedad: *La atención de los niños que viven en la calle es un problema social que se debe resolver entre todos.*

socialismo m. Conjunto de ideas políticas que dan más importancia a los intereses colectivos que a los particulares: *El socialismo propone que todas las personas tengan lo necesario para vivir bien, reduciendo la gran diferencia que hay entre ricos y pobres.*

socialista adj./m. y f. Referido a la persona que es partidaria del socialismo.

socialización f. Proceso por el cual pasan a ser propiedad colectiva las instituciones que pertenecían a la propiedad privada: *La socialización de los hospitales ha beneficiado a la población, pues ahora también la gente pobre puede ser atendida ahí.*

socializar vb. irreg. {tr.} Modelo 16. Transferir al Estado o a organizaciones colectivas las propiedades particulares: *Desde que socializaron ese parque que antes era sólo para miembros de un club todos los vecinos pueden ir.*

sociedad f. **1.** Reunión permanente de personas, pueblos o naciones que conviven bajo unas leyes comunes. SIN. **humanidad, colectividad. 2.** Grupo organizado de seres: *Las hormigas viven en sociedad y cada una de ellas tiene una tarea que cumplir.* **3.** Personas u organismos que se agrupan para realizar una tarea o a para cumplir un fin: *Mi papá y sus amigos formaron una sociedad para construir y vender casas.* SIN. **asociación, agrupación, compañía.**

socio, cia m. y f. **1.** Persona asociada con otra u otras para realizar un trabajo o cumplir algún fin: *Los socios de la empresa se reunieron para resolver los problemas.* **2.** Miembro de un grupo organizado que tiene actividades comunes: *Los socios del club deportivo se reúnen cada viernes para jugar tenis.*

socioeconómico, ca adj. Relativo a la sociedad desde el punto de vista de su economía: *Los problemas socioeconómicos de ese país son la falta de oportunidades de trabajo y el aumento de la importación de productos.*

sociología f. Ciencia que estudia las sociedades humanas.

sociólogo, ga m. y f. Persona que estudia las sociedades humanas, sus problemas y relaciones: *Una socióloga famosa opinó sobre la rebelión de trabajadores en aquella ciudad.*

socorrer vb. {tr.} Apoyar, ayudar a alguien que está en peligro o que tiene una necesidad: *Bernabé socorrió a un niño que se estaba ahogando en el río.* SIN. **auxiliar, asistir, salvar.** ANT. **abandonar.**

socorrido, da adj. **1.** Aplicado a lo que tiene mucho de alguna cosa: *Esta ciudad es muy socorrida en verano por sus playas pues mucha gente de las ciudades va de vacaciones ahí.* **2.** Se dice de lo que se usa o se dice mucho: *La pregunta "¿Cómo te va?" es muy socorrida para iniciar conversación con alguien que acabamos de conocer.*

socorrismo m. Conjunto de técnicas de primeros auxilios para la ayuda inmediata en un accidente: *Ana tomó un curso de socorrismo y aprendió cómo ayudar a alguien que tiene una herida abierta y sangrante.*

socorrista m. y f. Persona que se dedica a prestar ayuda a las personas que han sufrido accidentes: *El socorrista limpió las heridas de los accidentados.*

587

SOC

socorro *m.* Ayuda que se da a alguien que se encuentra en peligro o que tiene una necesidad: *Los bomberos prestaron socorro a las personas encerradas en el ascensor.* SIN. **auxilio.**

¡socorro! *interj.* Voz con que se pide ayuda en caso de necesidad o peligro: *"¡Socorro, siento que me ahogo!"* SIN. **auxilio.**

soda *f.* Agua efervescente que contiene una combinación de carbono y oxígeno: *La soda es una bebida gaseosa.* SIN. **gaseosa, refresco.**

sodio *m.* Elemento metálico de símbolo Na y número atómico 11: *El sodio es un metal blando y muy ligero de color plateado.*

soez *adj.* Se dice de lo que resulta grosero o de mal gusto: *Sus palabras soeces hicieron sonrojar de vergüenza a quienes lo escuchaban.* SIN. **vil, ordinario, insultante.** ANT. **cortés, educado.**

sofá *m.* Asiento largo con respaldo y brazos, para varias personas: *En este sofá pueden sentarse tres personas.*

sofisma *m.* Razonamiento que pretende hacer pasar lo falso por verdadero.

sofisticación *f.* **1.** Hecho de falsificar o complicar algo para causar un engaño. **2.** Hecho de ser muy rebuscado o refinado: *La sofisticación de esa ropa hace que la use sólo la gente rica.*

sofisticado, da *adj.* Se dice de lo que no tiene naturalidad: *Hicieron un plan tan sofisticado que al final todos se confundieron y nadie sabía qué hacer, yo prefiero las reuniones sencillas.* ANT. **natural, sencillo.**

sofisticar *vb. irreg.* **(tr.) Modelo 17. 1.** Falsificar o complicar una cosa para que no se entienda y lleve al engaño. **2.** Dar exceso de rebuscamiento o de refinamiento: *Esa actriz sofisticó tanto su imagen que ahora en vez de parecer una mujer parece un personaje de historieta.*

sofocante *adj.* Se aplica a lo que produce una sensación de ahogo: *Este verano ha hecho un calor sofocante que no nos permite estar dentro de casa sin aire acondicionado.*

sofocar *vb. irreg.* **(tr. y prnl.) Modelo 17. 1.** Apagar o dominar algo. SIN. **extinguir, contener.** ANT. **avivar, encender. 2.** Hacer perder o perderse el ritmo de respiración al grado de sentir ahogo: *Me sofoqué de tanto correr.* **3.** Causar o sentir una emoción fuerte: *Tomás es muy tímido y se sofoca cuando habla en público.* SIN. **turbar, abochornar.**

sofoco *m.* **1.** Pérdida del ritmo respiratorio que causa una sensación de ahogo: *La abuela sufrió sofoco porque caminó mucho esta tarde.* **2.** Sensación de calor: *"¡Qué sofoco, en esta habitación se siente mucho calor, abran las ventanas por favor!"*

sofreír *vb. irreg.* **(tr.) Modelo 48.** Freír un alimento de forma ligera: *Mamá sofríe espinacas con mantequilla y cebolla y las sirve con carne.*

sofrenar *vb.* **(tr.) 1.** Tirar el jinete bruscamente de las riendas para detener a su caballo: *Tomás sofrenó su caballo para que una señora pudiera cruzar la calle.* SIN. **sujetar, contener.** ANT. **soltar. 2.** Fam. Controlar un sentimiento muy fuerte. SIN. **moderar.**

software *m.* **Palabra inglesa.** Conjunto de programas de una computadora: *El sistema operativo de una computadora forma parte del software.*

soga *f.* Cuerda gruesa hecha con la fibra de una planta llamada esparto: *La balsa está sujeta al muelle con una soga.* SIN. **cabo, amarra.**

soja o **soya** *f.* Planta de flores violetas o blancas, parecida al poroto o frijol, de cuyas semillas se obtienen aceite, harina y otros productos alimenticios: *En ese restaurante japonés sirven salsa de soja para aderezar los guisos.*

sojuzgar *vb. irreg.* **(tr.) Modelo 17.** Dominar o mandar con violencia: *Un hombre autoritario ha sojuzgado a todos en ese pueblo y nadie se atreve a contradecirlo porque le temen.* SIN. **someter, subyugar.** ANT. **liberar.**

sol *m.* Quinta nota de la escala musical de do: *Do, re, mi, fa, sol, la, si..., entonaba una y otra vez la cantante.*

sol *m.* **1.** Estrella luminosa, centro de un sistema planetario: *La Tierra gira alrededor del Sol, igual que los demás planetas de nuestro Sistema Solar.* **2.** Fam. Luz y calor que llega a la Tierra desde el Sol: *Paula puso a secar la ropa al sol.* **3.** Fam. Persona muy querida y amable. **4.** loc. **De ~ a ~,** todo el día: *Los trabajos de sol a sol son muy cansados y no permiten que los trabajadores convivan con sus familias.*

solamente *adv.* Nada más, únicamente: *Yo tengo siete hermanos y ella solamente dos.* SIN. **sólo.**

solana *f.* Lugar donde da el sol de lleno: *No pongas la jarra de agua en la solana porque se va a calentar mucho.*

solapa *f.* **1.** Parte de una prenda de vestir que está junto al cuello y va doblada hacia afuera. **2.** Parte de la cubierta de un libro que se dobla hacia adentro: *En la solapa del libro aparece una fotografía del autor y un comentario sobre la novela.*

solapado, da *adj.* Se aplica a la persona astuta y cautelosa, que actúa como si ocultara algo: *Rita era una mujer de aspecto solapado que causaba mucha desconfianza a sus vecinos.*

solapar *vb.* **(tr.) 1.** Poner dos cosas de modo que una cubra parcialmente a la otra: *Patricio solapó las dos fotos de modo que pareciera que su amigo tenía cuerpo de caballo.* **2.** Ocultar algo: *Elvira había estado solapando las travesuras de su amiga pero la maestra la descubrió y las regañó a las dos.* SIN. **disimular.**

solar *adj.* Relativo al Sol y a la energía que proporciona: *Muchos procesos vitales de los animales y las plantas se realizan gracias a la luz solar.*

solar *m.* Terreno en que está construido un edificio o en el que se va a construir: *Esos ladrillos que están apilados en el solar son para la construcción que pronto iniciará.*

solar *vb. irreg.* **(tr.) Modelo 5. 1.** Revestir el suelo con ladrillos, losas u otro material: *Los albañiles solarán el piso de la casa la próxima semana.* **2.** Ponerle suelas a los zapatos: *El zapatero soló mis zapatos porque ya tenían un orificio en la suela.*

solárium o **solario** *m.* Lugar preparado para tomar el sol: *Los niños juegan en el solárium del hotel mientras los adultos conversan debajo de las sombrillas.*

solaz *m.* Descanso y recreo del cuerpo o del espíritu. SIN. **diversión, entretenimiento.** ANT. **aburrimiento.**

solazar *vb. irreg.* **(tr. y prnl.) Modelo 16.** Descansar y dar recreo al cuerpo o al espíritu: *El anciano se solaza mirando su colección de monedas de distintos países porque le recuerda sus viajes.*

solazo *m. Fam.* Luz y calor del sol muy fuertes: *El solazo que había en la playa me quemó la piel y ahora siento ardor.*

soldada *f.* Sueldo de un soldado o marinero: *Los marineros se fueron de fiesta al pueblo después de recibir su soldada.*

soldadesco, ca *adj.* Relativo a los soldados: *Aunque dejó el ejército hace años todavía tiene actitudes soldadescas al caminar y hablar.*

soldado *m.* Persona que forma parte del ejército de un país: *Los soldados rasos se adiestran bajo las órdenes del sargento.* SIN. **militar.**

soldador *m.* **1.** Instrumento que sirve para unir dos metales con soldadura. **2.** Persona que se dedica a soldar.

soldadura *f.* **1.** Acción y efecto de soldar: *Esta soldadura no está bien hecha pues las piezas ya se están separando.* **2.** Mezcla de metales que se usa para soldar: *El fontanero usa soldadura de plomo y estaño para unir los tubos para el agua.*

soldar *vb. irreg.* [tr. y prnl.] *Modelo 5.* **1.** Unir de manera sólida entre sí dos cosas de metal mezclando metales derretidos por el calor: *El herrero soldó la puerta de metal que se había desprendido.* SIN. **pegar. 2.** Unirse: *Los huesos rotos se sueldan solos, lo único que necesitan es tiempo.*

soleado, da *adj.* Se aplica al clima sin nubes y con sol: *Como es una tarde soleada saldremos a caminar.*

soledad *f.* **1.** Carencia de compañía: *No me gusta la soledad, prefiero estar acompañado.* **2.** Lugar solitario: *Ese hombre vive en la soledad del campo a muchos kilómetros del pueblo más cercano.*

solemne *adj.* **1.** Se aplica a lo que se celebra siguiendo ciertas reglas por ser muy importante o muy serio para un grupo o comunidad: *En un acto solemne el alcalde entregó las llaves de la ciudad al visitante distinguido.* SIN. **formal, ceremonioso. 2.** Se usa para exagerar un hecho negativo: *Lo que acaba de decir es una solemne estupidez.* SIN. **enorme.**

solemnidad *f.* Calidad de solemne o formal: *La solemnidad con que el rey entró a palacio impresionó a los embajadores que, de inmediato, se inclinaron.* SIN. **formalidad, ceremonia.**

soler *vb. irreg.* [intr.] *Modelo 29.* **1.** Ocurrir algo con frecuencia: *En los países al norte del mundo suele nevar en invierno.* **2.** Hacer algo con frecuencia o por costumbre: *Mi padre suele acudir los viernes a un café para charlar con sus amigos.* SIN. **acostumbrar.**

solera *f.* **1.** Cualidad que da carácter especial a alguien o algo: *Mario pertenece a una familia de solera pues su bisabuelo fue uno de los fundadores de este pueblo.* SIN. **tradición. 2.** *Argent., Chile y Urug.* Prenda de vestir femenina a modo de vestido ligero e informal que deja descubiertos los hombros y parte de la espalda. **3.** *Chile.* Faja de piedra que forma el borde de las aceras. SIN. **cordón, bordillo. 4.** *Méx.* Ladrillo o losa que se usa para cubrir el suelo. SIN. **baldosa.**

solfear *vb.* [tr.] Cantar una pieza pronunciando el nombre de las notas: *Los estudiantes de canto solfean las piezas musicales para memorizarlas.*

solfeo *m.* Sistema de lectura de las notas musicales: *Voy a clase de solfeo para poder leer partituras para piano.*

solicitante *adj./m. y f.* Se aplica a quien pide algo: *Los solicitantes de ingreso a la escuela deben llenar una hoja con sus datos y resolver un examen.*

solicitar *vb.* [tr.] Pedir algo siguiendo ciertas reglas o pasos necesarios: *El maestro solicitó a la directora de la escuela que le permitiera llevar a los alumnos al museo.*

solícito, ta *adj.* Se aplica al que muestra un gusto especial por servir o ser agradable: *El jefe de la empresa necesita una secretaria solícita que haga bien su trabajo y con rapidez.* SIN. **diligente.**

solicitud *f.* **1.** Lo que hace que una persona sienta gusto por servir o ser agradable: *La madre cuida a su pequeño hijo con solicitud.* SIN. **cuidado, diligencia.** ANT. **indiferencia, descuido. 2.** Hecho de pedir algo: *El jefe aprobó mi solicitud de permiso para ausentarme dos días del trabajo.* SIN. **petición. 3.** Documento formal con que se pide algo a una instancia o autoridad: *Para ingresar a esta academia llené una solicitud, la firmé y la entregué.*

solidaridad *f.* Sentimiento que hace que los seres humanos se ayuden entre sí: *Cuando tuvo un problema grave sus compañeros mostraron una gran solidaridad con él y lo ayudaron en todo momento.*

solidario, ria *adj.* Se aplica a la persona que ayuda o apoya a los demás: *La gente solidaria ofreció alimento y ayuda económica a quienes se quedaron sin casa a causa del terremoto.*

solidarizar *vb. irreg.* [tr. y prnl.] *Modelo 16.* Unir a los demás o unirse a otros para ayudarse mutuamente.

solidez *f.* Cualidad de las cosas que son resistentes, duras o que mantienen su firmeza: *Los ingenieros comprobaron la solidez de la construcción antes de dar por terminada la obra.* SIN. **resistencia.** ANT. **fragilidad.**

solidificación *f.* Paso del estado líquido al estado sólido: *El frío produce la solidificación del agua, que se convierte en hielo.*

solidificar *vb. irreg.* [tr. y prnl.] *Modelo 17.* **1.** Hacer que un líquido o fluido pase a estado sólido: *El frío solidificó la crema y ahora tenemos un rico postre.* SIN. **endurecer.** ANT. **licuar, derretir. 2.** Pasar un líquido o fluido al estado sólido: *Este pegamento se solidifica al contacto con el aire.*

sólido *m.* Cuerpo con forma propia que no es líquido ni gaseoso: *Un sólido es más denso que un líquido porque sus moléculas están más apretadas entre sí.*

sólido, da *adj.* **1.** Se aplica a lo que es firme, macizo y fuerte: *Esta mesa antigua, de madera de caoba, es un mueble sólido que durará todavía muchos años más.* SIN. **robusto, duro. 2.** Relativo al cuerpo con forma propia que opone resistencia a ser dividido: *El fierro es un metal sólido que al calentarse a altas temperaturas se funde y se vuelve líquido.*

soliloquio *m.* Discurso de una persona consigo misma: *El soliloquio del anciano se trataba de las nuevas plantas que sembraría en su jardín, pero no había nadie que lo escuchara.* SIN. **monólogo.**

solista *m. y f.* Músico o cantante que toca o canta solo, sin acompañamiento.

solitaria *f.* Gusano largo y plano que vive en el intestino de algunos animales y puede contagiarse al ser humano: *Mi primo comía mucho y estaba flaco porque tenía solitaria: ¡ese gusano aprovechaba toda la comida!* SIN. **tenia.**

589

solitario *m.* Juego de baraja que puede jugar una sola persona: *"Ya me cansé de jugar solitario, mejor le hablaré a mi amigo para jugar con él."*

solitario, ria *adj./m.* y *f.* **1.** Se aplica al que está solo, sin compañía: *En toda la llanura un árbol grande y solitario daba su sombra generosa.* SIN. **solo. 2.** Se refiere al lugar donde no hay gente o que no está habitado: *Después del ruido nocturno el bar permanece solitario y silencioso por la mañana.* SIN. **desierto. 3.** Se dice del que ama la soledad: *En esa casita en la montaña, lejos de todos, vive un hombre solitario que se dedica a hacer esculturas.* SIN. **ermitaño, anacoreta.**

soliviantar *vb.* {tr. y prnl.} **1.** Hacer que alguien se rebele contra la autoridad: *El caudillo solivianto a los campesinos para que iniciaran la revolución.* SIN. **incitar, sublevar, alborotar. 2.** Alterar el ánimo de una persona. ANT. **calmar, tranquilizar.**

sollozar *vb. irreg.* {intr.} Modelo 17. Llorar mucho y con la respiración agitada: *"Ya no solloces pequeño, pronto vendrá tu mamá."* SIN. **llorar.**

sollozo *m.* Llanto fuerte que agita la respiración: *No entiendo lo que dice porque sus sollozos no la dejan hablar, se le corta la respiración y vuelve a llorar.*

solo *m.* Composición musical que canta o toca una sola persona: *En este concierto hay un solo de violín.*

sólo *adv.* Solamente, nada más: *Sólo faltan dos días para que empiecen las vacaciones.*

solo, la *adj.* **1.** Relativo a lo que es único en su especie y no hay otro igual: *En el florero hay una sola rosa.* SIN. **único, singular. 2.** Se refiere a quien está sin compañía: *Rodrigo quiere estar solo para poder estudiar sin distraerse.* SIN. **solitario. 3.** Se aplica a algo a lo que no se le agrega nada: *A Carlos le gusta el pan solo, sin queso, mermelada u otra cosa parecida.*

solomillo *m.* Carne que hay entre las costillas y el lomo de algunos animales: *La señora compró un solomillo de vaca para preparar el guiso.*

solsticio *m.* Tiempo en que el Sol está más lejos del ecuador terrestre: *Hay dos solsticios al año: el de verano y el de invierno.*

soltar *vb. irreg.* {tr. y prnl.} Modelo 5. **1.** Quitar lo que sujeta algo: *Soltó la cinta que recogía las cortinas y la habitación quedó obscura.* **2.** Dar salida o dejar en libertad: *Todavía no se sabe si soltarán al sospechoso de robo.* **3.** Dejar de sostener: *El jinete soltó las riendas del caballo y se cayó.* **4.** Expresar algo de manera repentina: *Después de oír el chiste Daniel soltó una carcajada.* **5.** Decir: *"No te cuento mis secretos porque los sueltas por ahí."* SIN. **contar, divulgar. 6.** Dejar salir una cosa su contenido: *El café suelta un aroma delicioso.* **7.** Volverse desenvuelta una persona: *Raquel se ha soltado con sus nuevos compañeros y ya no es tímida como antes.* **8.** Empezar a hacer algo que antes no se hacía: *Me solté a patinar y después de unas leves caídas ahora lo hago muy bien.* **9.** Empezar a suceder algo de forma repentina: *El día estaba soleado pero llegaron muchas nubes y se soltó la lluvia.*

soltería *f.* Estado del que no se ha casado: *Dice que no se quiere casar, que prefiere la soltería porque así se siente más libre.*

soltero, ra *adj./m.* y *f.* Referido a quien no ha contraído matrimonio: *Mi hermana es soltera pero ya tiene novio y se van a casar pronto.*

solterón, na *adj./m.* y *f.* *Fam.* Se aplica a quien ya es viejo y todavía no se ha casado.

soltura *f.* Agilidad o desenvoltura con que se hace una cosa: *La agil bailarina se movía con soltura en el escenario.* SIN. **habilidad.** ANT. **torpeza.**

soluble *adj.* **1.** Se aplica a lo que se deshace en el agua o en otros líquidos hasta mezclarse por completo: *El azúcar es una substancia soluble.* ANT. **insoluble. 2.** Se dice de lo que se puede resolver: *Si un problema es soluble no hay de qué preocuparse.* ANT. **insoluble.**

solución *f.* **1.** Hecho de disolver, y cosa que resulta de esta acción: *La solución de un poco de café y azúcar en una taza de leche es una bebida sabrosa.* **2.** Hecho de solucionar y lo que resulta de esta acción. SIN. **remedio, explicación. 3.** En matemáticas, resultado que se obtiene después de realizar una operación: *Ya encontré la solución de esta suma, es 354.*

solucionar *vb.* {tr.} Aclarar un asunto o hallar la respuesta a un problema: *Gonzalo solucionó por el momento el problema de la gotera poniendo una olla debajo para que el agua cayera allí.* SIN. **resolver, remediar.**

solvencia *f.* **1.** Hecho de pagar una deuda: *La solvencia de la deuda debe hacerse antes de que termine el mes.* **2.** Capacidad de pagar lo que se debe: *El banco no le prestó dinero a Mario porque consideró que no tiene solvencia.*

solventar *vb.* {tr.} **1.** Dar solución a una dificultad: *El problema es complicado pero Mauricio es capaz de solventarlo porque es inteligente e ingenioso.* SIN. **resolver, solucionar. 2.** Pagar una deuda: *"Yo no voy a solventar tus gastos, si quieres ir de vacaciones conmigo tendrás que llevar dinero para ti."*

solvente *adj.* Se aplica a quien está libre de deudas o puede pagarlas: *Ese cliente tiene crédito en esta tienda porque es una persona solvente que tiene con qué pagar sus deudas.*

solvente *m.* Substancia líquida que sirve para deshacer o disolver otros materiales: *Existen muchos solventes que se mezclan con pintura hecha a base de aceite.* SIN. **disolvente.**

soma *m.* Conjunto de células no reproductoras que forman el cuerpo de los seres vivos: *Los cromosomas y ribosomas forman parte del soma.*

somalí *adj./m.* y *f.* Originario de Somalia, país de África.

somalí *m.* Idioma que se habla en Somalia.

somático, ca *adj.* Relativo al cuerpo de un ser vivo.

sombra *f.* **1.** Falta de luz: *La casa se veía en sombras porque todas las cortinas estaban cerradas.* **2.** Imagen obscura que proyecta un cuerpo del lado opuesto al que le llega la luz: *Si te colocas delante de la luz tu sombra me cubre.* **3.** Nombre de algunos colores obscuros usados en pintura: *Éste es un retrato pintado a base de sombras, por eso tiene un color parecido a la tierra o a la madera.* **4.** *loc. pl.* ~ chinescas o teatro de ~, espectáculo teatral en que los personajes son siluetas negras fuertemente iluminadas por detrás, y que aparecen en una pantalla translúcida: *En el teatro de sombras sólo se ven las siluetas de las figuras que se mueven detrás de la pantalla.* **5.** *loc.* A la ~, en la cárcel: *Hacía tiempo que no veía a Pedro y luego supe que estaba a la sombra por haber cometido un delito.* SIN. **preso.**

sombrear *vb.* {tr. e intr.} *1.* Dar o producir sombra: *Es muy agradable caminar bajo los árboles que **sombrean** el camino.* *2.* Poner tonos obscuros a un dibujo para que dé la impresión de tener volumen: *El pintor **sombreaba** su dibujo utilizando un lápiz negro.* *3.* Empezar a crecer el bigote o la barba: *Sergio tiene catorce años y ya le **sombrea** el bigote.*

sombrerera *f.* Caja con forma de cilindro que sirve para guardar sombreros: *En cada **sombrerera** cabe un solo sombrero.*

sombrerillo *m.* Parte redonda y amplia que algunos hongos tienen en la parte de arriba: *Los champiñones son unos hongos blancos que tienen **sombrerillo** carnoso.*

sombrero *m.* *1.* Prenda de vestir que sirve para cubrir la cabeza, formada por una copa y un ala: *Hay **sombreros** de muchos tipos y formas, algunos son para mujer, otros para hombres, unos elegantes, otros ridículos.* *2.* loc. ~ **de copa**, sombrero que originalmente usaban los hombres, formado por una copa alta en forma de cilindro: *El **sombrero de copa**, que tiene plana la parte de arriba, es el que usan los magos para hacer trucos.*

sombrilla *f.* Objeto parecido al paraguas utilizado para protegerse del sol: *En la playa hay **sombrillas** para que la gente descanse y se proteja del sol.*

sombrío, a *adj.* *1.* Se dice del lugar en que casi siempre hay sombra: *Es una casa bonita pero **sombría** donde de pocas ventanas reciben la luz del sol.* SIN. **obscuro.** ANT. **claro, luminoso.** *2.* Se aplica a lo que resulta triste o tétrico: *Cuando Hugo recuerda al amigo que lo traicionó, su rostro se ve **sombrío**.* ANT. **alegre.**

somero, ra *adj.* Se refiere a lo que está o pasa por encima de las cosas: *Hice una lectura **somera** de ese documento para enterarme de su contenido, más tarde lo analizaré a fondo.* SIN. **superficial.** ANT. **profundo.**

someter *vb.* {tr. y prnl.} *1.* Poner a otro o ponerse alguien bajo la autoridad de una persona: *Aunque los soldados enemigos habían tomado la ciudad sus habitantes no se **sometieron**, sino que resistieron hasta recuperar su libertad.* SIN. **dominar.** ANT. **liberar.** *2.* Mostrar o exponer algo a la consideración de otros: *Felipe **sometió** su trabajo a la opinión de su maestro antes de mandarlo al concurso.* SIN. **consultar.**

somier *m.* Palabra de origen francés. Armazón de la cama sobre el que se coloca el colchón: *El **somier** es un soporte de metal hecho con resortes que le dan flexibilidad.*

somnífero, ra *adj./m.* Se aplica a lo que produce sueño: *Ha estado muy nervioso y no puede dormir, por eso su médico le recetó un **somnífero**.*

somnolencia *f.* Ganas de dormir, adormecimiento: *La **somnolencia** es un estado intermedio entre estar despierto y estar dormido.* SIN. **sopor, letargo.** ANT. **vigilia.**

son *m.* *1.* Sonido agradable: *Laura bailaba al **son** de la música.* *2.* Composición musical de origen afroantillano, que se canta y se baila: *El **son** es una música que invita a bailar.* *3.* loc. **Sin ton ni ~**, sin motivo o razón: *"Estás cortando ese papel **sin ton ni son**, mejor dibuja una figura y luego recórtala, podrías hacer algo bonito."*

sonado, da *adj.* Se aplica a lo que tiene fama o a aquello de lo que se habla mucho, que tiene resonancia entre la gente: *Honorato de Balzac fue un autor muy **sonado** en su época.* SIN. **famoso.**

sonaja *f.* *1.* Par de chapas de metal unidas por un alambre que suenan al agitarlas. *2.* Juguete con man-

go que sostiene una esfera o cilindro cerrado, en su interior hay cascabeles. SIN. **sonajero.**

sonajero *m.* Juguete con un mango que sostiene una esfera o cilindro cerrado en cuyo interior hay cascabeles: *El **sonajero** hace un ruido que distrae al bebé cuando está llorando.* SIN. **sonaja.**

sonambulismo *m.* Movimientos automáticos que se producen durante el sueño y que pueden llegar al extremo de que la persona camine dormida: *Esa mujer padece **sonambulismo**, a veces se levanta durante la noche y hace cosas sin darse cuenta.*

sonámbulo, la *adj./m.* y *f.* Aplicado a la persona que camina y hace cosas mientras está dormida y que al despertarse no lo recuerda: *Dicen que no hay que despertar a los **sonámbulos** para no asustarlos.*

sonante *adj.* Se aplica a lo que produce algún sonido: *"Quiero que me pagues con dinero **sonante**, o sea con monedas, porque no acepto cheques."*

sonar *vb. irreg.* {tr., intr. y prnl.} Modelo 5. *1.* Producir algo un sonido. *2.* Hacer que algo produzca un sonido: *Mi madre **suena** la campana para llamarnos a comer.* *3.* Tener un recuerdo poco claro: *Me **suena** el nombre de este libro, pero no recuerdo quién es el autor.* *4.* Soplar hacia afuera el aire de la nariz para limpiarse los mocos: *"Toma un pañuelo y **suénate** para que no escurran los mocos."*

sonata *f.* Composición musical para instrumentos formada por tres o cuatro partes diferentes: *El músico austriaco Mozart compuso **sonatas** muy hermosas.*

sonatina *f.* Composición musical para instrumentos, más corta que la sonata.

sonda *f.* *1.* Instrumento usado para la exploración de zonas inaccesibles: *Hay muchas clases de **sondas**, una de ellas se usa para conocer la profundidad del mar.* *2.* Instrumento alargado y fino que se usa en medicina para introducirlo en el cuerpo: *Como el enfermo se encuentra inconsciente, lo alimentan por medio de una **sonda**.*

sondar o **sondear** *vb.* {tr.} *1.* Examinar con una sonda zonas inaccesibles: *Lanzaron una nave al espacio para **sondear** el terreno de Marte.* SIN. **explorar, reconocer.** *2.* Introducir la sonda en una parte del cuerpo: *La enfermera **sondó** al paciente para que éste pudiera orinar.* *3.* Averiguar algo con discreción: *Como no me dice lo que le pasa, **sondearé** un poco a ver si logro enterarme de algo.* SIN. **tantear, indagar, preguntar.**

sondeo *m.* *1.* Hecho de examinar con una sonda zonas inaccesibles: *Antes de construir el camino será necesario hacer un **sondeo** del terreno.* SIN. **exploración, reconocimiento.** *2.* Introducción de una sonda en una parte del cuerpo: *El médico practicó un **sondeo** al paciente con un instrumento que tiene una cámara que transmite las imágenes del interior del cuerpo a una pantalla.* *3.* Serie de preguntas que se hacen para obtener información sobre algo: *Se ha hecho un **sondeo** entre los habitantes de la ciudad para saber quién es el candidato con mayor oportunidad de ganar las elecciones.* SIN. **encuesta, investigación.**

soneto *m.* Composición poética de catorce versos, que se distribuyen en dos grupos de cuatro versos y dos grupos de tres versos: *El **soneto** se considera una de las formas más perfectas de la poesía en español.*

sonidista *m.* y *f.* Chile, Méx. y R. de la P. Persona que trabaja grabando sonidos: *El sonidista graba las voces, los ruidos y la música de un filme.*

sonido *m.* *1.* Sensación que se puede percibir por el oído: *Oigo el sonido de una campana lejana.* *2.* Toda emisión de ruido, voz, música, etc.: *En el bosque se escucha el sonido de las aves y del viento que pasa entre las hojas de los árboles.* *3.* Pronunciación de cada letra: *El sonido de la letra c es suave cuando está antes de la e y la i, y es fuerte cuando está antes de la a, la o y la u.*

sonoridad *f.* Lo que hace que algunos cuerpos produzcan un sonido: *La sonoridad de la guitarra se debe a la forma de su caja de madera.*

sonorización *f.* *1.* Hecho de ponerle sonido a algo que no lo tenía: *La sonorización del filme se hará en un estudio de grabación.* *2.* Instalación de aparatos que amplifican el sonido: *El técnico y sus ayudantes trabajaron toda la tarde en la sonorización del estadio en el que tocará el grupo de rock.*

sonorizar *vb. irreg.* [tr.] **Modelo 16.** *1.* Hacer que algo tenga sonido: *La persona que sonoriza esta obra de teatro se encarga de hacer los ruidos que imitan el viento, la tormenta y el galope de los caballos.* *2.* Instalar en un lugar aparatos y equipos que amplifican el sonido: *El hombre que sonorizó el concierto de ese cantante debe ser un experto, porque la música se oyó muy bien.*

sonoro, ra *adj.* *1.* Se aplica a lo que suena o puede sonar: *La flauta es un instrumento sonoro.* **ANT. silencioso.** *2.* Relativo al sonido: *En los edificios vacíos se producen interesantes efectos sonoros a causa del eco.*

sonreír *vb. irreg.* [intr. y prnl.] **Modelo 48.** *1.* Reírse levemente, sin emitir sonido: *Sergio sonrió cuando vio a Berta porque ella le resulta simpática.* *2.* Ser algo favorable para alguien.

sonriente *adj.* Se aplica al que sonríe o tiene un gesto alegre.

sonrisa *f.* Gesto que consiste en curvar los labios hacia arriba suavemente, en señal de alegría o de simpatía: *Los animales no pueden hacer una sonrisa, sólo los humanos tenemos ese placer.*

sonrojar *vb.* [tr. y prnl.] *1.* Hacer que a alguien se le ponga la cara roja de vergüenza: *Mi abuela se sonroja cuando alguien habla de sexo.* **SIN. ruborizar, enrojecer.** *2.* Ponérsele a uno la cara roja de vergüenza: *Raúl se sonrojó cuando vio pasar a la muchacha de la que está enamorado.*

sonrosado, da *adj.* Aplicado a lo que es de color rosa, en especial el rostro de las personas. **SIN. saludable, sano.**

sonsacador, ra *adj./m.* y *f.* Se aplica a quien consigue algo con maña y disimulo: *"Yo sé que eres un sonsacador y quieres que te diga el secreto que me contaron, pero no te lo diré."*

sonsacar *vb. irreg.* [tr.] **Modelo 17.** Lograr algo con maña y disimulo: *Fue muy inteligente y le sonsacó toda la verdad con engaños.*

sonsonete *m.* Sonido repetido y monótono: *El vecino ha puesto tantas veces esa canción que ahora recuerdo el sonsonete aunque no quiera.*

soñador, ra *adj.* Se aplica a quien sólo piensa en fantasías: *Paulina fue una niña soñadora que imaginaba*

historias fantásticas para entretenerse cuando no tenía con quién jugar. **SIN. imaginativo.**

soñar *vb. irreg.* [tr. e intr.] **Modelo 5.** *1.* Representarse en la imaginación cosas mientras se está dormido: *Anoche soñé que volaba.* *2.* Imaginar como verdad cosas que no lo son: *Ella sueña que una nave extraterrestre aterrizará en su jardín algún día.* **SIN. divagar.** *3.* Desear mucho alguna cosa: *Desde niño Elías siempre soñó con ser un cantante profesional y ahora lo ha logrado.* **SIN. anhelar, ansiar.**

soñoliento, ta *adj.* Se refiere a quien tiene muchas ganas de dormir: *Hoy Víctor está soñoliento porque anoche se quedó estudiando hasta muy tarde.*

sopa *f.* *1.* Alimento que se prepara con agua y verduras, pasta o arroz: *La sopa se toma con cuchara porque es más líquida que sólida.* *2.* loc. **Darle a alguien una ~ de su propio chocolate,** vengarse de una persona usando sus mismas armas: *Como él siempre se burla de nosotras frente a los chicos que nos gustan, esta vez le dimos una sopa de su propio chocolate y lo hicimos quedar como un bobo frente a su novia.* *3.* loc. **Hasta en la ~,** en todas partes y a todas horas: *Margarita ya ve a Sergio hasta en la sopa, el pobre chico está enamorado y la busca siempre.* *4.* loc. **Hecho una ~,** muy mojado: *Teresa está hecha una sopa porque caminó bajo la lluvia durante media hora.*

sopapear *vb.* [tr.] Dar golpes sobre la cara con la mano abierta: *Cayó desmayada y su madre la sopapeó despacio para que despertara.* **SIN. abofetear, cachetear.**

sopapo *m.* Golpe dado entre la barbilla y la nariz con la mano abierta. **SIN. bofetada, cachetada.**

sopear *vb.* [tr.] Mojar el pan en la leche o en otro líquido: *Felipe sopea su galleta en el café con leche.*

sope *m.* Méx. Tortilla de maíz gruesa cubierta con algún guiso, crema, salsa picante y queso.

sopera *f.* Recipiente grande y profundo con tapa, en el que se lleva la sopa a la mesa antes de servirla a cada persona: *El cocinero vació el contenido de la olla en la sopera de porcelana.*

sopero, ra *adj.* *1.* Se dice del plato individual que se usa para servir la sopa: *La señora puso un cucharón de sopa en el plato sopero y se lo acercó a su hijo.* *2.* Cuchara que se usa para comer sopa.

sopesar *vb.* [tr.] *1.* Levantar una cosa para conocer su peso: *El cargador sopesó el costal de naranjas y el de maíz para saber cuál de los dos era el más ligero.* *2.* Considerar las ventajas e inconvenientes de una cosa: *He sopesado bien las cosas y pienso que todavía no debemos salir de viaje.*

sopetón *m.* *1.* Golpe fuerte dado con la mano: *El hombre era muy rudo y para saludar a su amigo le dio un sopetón en la espalda.* *2.* loc. **De ~,** de repente: *Estaban solos en casa cuando de sopetón llegaron varios amigos a visitarlos.*

soplado *adj./m.* Se refiere a la técnica y al objeto de vidrio que se sopla al momento de elaborarse: *Este jarrón es de vidrio soplado y parece un globo azul.*

soplamocos *m.* Golpe dado en la nariz.

soplar *vb.* [tr., intr. y prnl.] *1.* Hacer salir con fuerza el aire por la boca: *Sopló la vela para apagarla.* *2.* Moverse el aire: *Las nubes se mueven porque el viento sopla.* *3.* Fam. Pasar información sin que nadie se dé cuenta: *Cuando el maestro se distrajo, el niño le sopló* la respuesta a su compañero. **4.** *Fam.* Aguantar algo de principio a fin: *Era un programa de televisión horrendo pero se lo sopló porque no tenía otra cosa que hacer.*

soplete *m.* Instrumento que produce una llama y que sirve para fundir y unir metales: *Para soldar algún objeto de metal se necesita un soplete.*

soplido *m.* Acto de sacar aire con fuerza por la boca: *Apagó todas las velas de un soplido fuerte.* Sin. **soplo.**

soplo *m.* **1.** Hecho de sacar aire por la boca con fuerza: *Con cada soplo el globo se inflaba más.* **2.** Movimiento del aire: *Un soplo de viento levantó los papeles que estaban sobre la mesa.* **3.** Lapso muy breve: *Tardó un soplo en vestirse porque tenía mucha prisa.* Sin. **instante, momento. 4.** Información que se da a las autoridades sin que nadie sepa: *Alguien dio el soplo a la policía y atraparon a los ladrones.* Sin. **delación, aviso.**

soplón, na *adj./m.* y *f.* Se aplica a la persona que pasa información en secreto: *No seas soplón, no le digas a la maestra que mi mamá me ayudó a resolver el ejercicio.* Sin. **delator, chismoso, chivato.**

soponcio *m.* *Fam.* Pérdida de la conciencia a causa de un susto o de una impresión fuerte: *A mi tía le va a dar un soponcio cuando se entere de que su hija va a repetir el grado escolar.* Sin. **desmayo.**

sopor *m.* Estado físico en el que se siente mucho sueño y pesadez: *Estaba tan cansado que se hundió en un sopor y durmió por más de diez horas.* Sin. **somnolencia, letargo.**

soporífero, ra *adj.* **1.** Se dice de lo que provoca sueño: *El investigador del filme puso una substancia soporífera en la copa de su enemigo para poder escapar.* **2.** Se aplica a lo que resulta aburrido: *"¡Uf!, este programa es soporífero, voy a apagar la televisión y me pondré a leer."*

soporífero *m.* Substancia que provoca sueño: *Los soporíferos no deben ingerirse sin receta médica.*

soportable *adj.* Se refiere a lo que se puede sostener sin que se caiga o a lo que se puede aguantar con paciencia: *No me molesta que mi vecino ensaye con su grupo de música porque lo hace a un volumen soportable.* Ant. **insoportable.**

soportar *vb.* {tr.} **1.** Sostener una carga o peso: *Cuatro columnas de acero soportan el techo de la casa.* Sin. **aguantar. 2.** Aguantar algo con paciencia: *Orlando soporta que el dentista lo cure sin aplicarle anestesia.*

soporte *m.* Lo que sirve para apoyar o sostener algo: *El soporte de la silla son tres patas.* Sin. **base.**

soprano *m.* La voz más aguda que puede emitir un ser humano, propia de mujer o de niño.

soquete *m.* *Argent., Chile, Par.* y *Urug.* Prenda de vestir que cubre el pie hasta el tobillo. Sin. **calcetín.**

sor *f.* Tratamiento que se da a algunas religiosas o monjas: *Sor Ángela es una monja muy amable.* Sin. **hermana, monja.**

sorber *vb.* {tr.} **1.** Beber algo aspirándolo poco a poco: *Al sorber la sopa caliente hace ruido con la boca.* **2.** Meter al niño hacia los pulmones del cuerpo. **3.** Absorber algo un líquido: *La tierra seca sorbe el agua de la lluvia.* Sin. **absorber.**

sorbete *m.* **1.** Bebida helada de consistencia pastosa, hecha con frutas. **2.** *Amér. C.* y *Amér. Merid.* Tubo pequeño que se usa para tomar líquidos sorbiendo por él. Sin. **popote, pajilla.**

sorbo *m.* **1.** Acción de sorber: *Tomó su té a sorbos porque estaba muy caliente.* **2.** Cantidad de líquido que se toma de una sola vez: *Tenía tanta sed que bebió medio vaso de agua de un sorbo.* Sin. **trago. 3.** Cantidad muy pequeña de líquido que se toma: *En la fiesta, Álvaro bebió sólo un sorbo de vino para brindar por la novia.*

sordera *f.* Pérdida o disminución considerable del sentido del oído: *Usa un aparato atrás de la oreja para poder oír porque padece sordera.*

sórdido, da *adj.* **1.** Se refiere a lo que es sucio, pobre y miserable. Sin. **repugnante, ruin. 2.** Se dice de la persona que acumula riquezas sin compartirlas con los demás: *Es un viejo sórdido que perdió a todos sus amigos por su mal carácter y su egoísmo.*

sordina *f.* Pieza colocada en un instrumento musical para disminuir su sonoridad: *El trompetista usa sordina cuando quiere dar un timbre diferente al instrumento.*

sordo, da *adj./m.* y *f.* **1.** Se refiere al sonido apagado o seco. **2.** Se aplica a la persona que no oye o que oye mal.

sordomudo, da *adj./m.* y *f.* Se refiere a quien no oye desde que nació y por eso no puede hablar: *Los sordomudos se expresan con un lenguaje de señas.*

sorgo *m.* Planta originaria de la India, se cultiva por sus semillas que se ocupan para preparar pan y alimento para aves; la planta sirve para alimentar vacas y otros animales: *El sorgo está maduro, ya es tiempo de cosecharlo.*

sorna *f.* Burla o disimulo con que se hace o se dice algo: *Lo miró con sorna porque no creía ni una palabra de lo que le estaba diciendo.*

soroche *m.* *Amér. Merid.* Dificultad para respirar que se siente en ciertos lugares elevados.

sorprendente *adj.* Se refiere a lo que causa admiración o sorpresa: *Es sorprendente lo que ha crecido este niño en sólo un par de meses.* Sin. **asombroso, extraordinario.**

sorprender *vb.* {tr. y prnl.} **1.** Causar algo impresión o extrañeza: *Me sorprende que hayas llegado tarde, tú siempre llegas temprano a la escuela.* **2.** Encontrar o tomar desprevenido a alguien: *La lluvia nos sorprendió cuando caminábamos por el parque y tuvimos que correr a la casa.* **3.** Descubrir lo que alguien oculta: *Lo sorprendí metiendo el dedo en la crema del postre.* Sin. **atrapar, pillar.**

sorpresa *f.* **1.** Impresión que causa algo que sucede sin ser esperado: *Fue toda una sorpresa encontrar a Gerardo en la ciudad, porque pensábamos que estaba de viaje.* **2.** Cosa que se recibe sin ser esperada: *La sorpresa fue que mis abuelos me trajeron un regalo sólo porque tuvieron ganas de darme algo.*

sorpresivo, va *adj.* *Amér.* Se dice de lo que no se espera que suceda y que de pronto ocurre. Sin. **imprevisto, repentino.**

sortear *vb.* {tr.} **1.** Someter algo a la decisión de la suerte: *En el programa de televisión sortearon tres bicicletas y a Sergio le tocó una.* Sin. **rifar. 2.** Evitar un obstáculo, un compromiso o una dificultad: *Los esquiadores que participaban en la competencia descendieron sorteando los obstáculos que había en la pista.* Sin. **esquivar, eludir.**

sorteo *m.* Procedimiento por el que se decide a quién se le va a dar algo usando la suerte: *Cecilia compró un* billete con el número veinte para participar en el **sorteo** de un automóvil. SIN. **rifa, lotería**.

sortija *f.* Tira de metal cerrada en forma de círculo que se pone en los dedos de la mano: *Durante la ceremonia de la boda, los novios se pusieron sus **sortijas** de oro en el dedo.* SIN. **anillo, aro**.

sortilegio *m.* Acción realizada por arte de magia o superstición: *El héroe del cuento deshizo el **sortilegio** con que el brujo mantenía encantada a la doncella.* SIN. **maleficio, hechizo**.

S.O.S. *m.* Señal que, por convenio internacional, se usa para pedir socorro: *El barco transmitió un **S.O.S.** por radio porque se hallaba en situación de emergencia.*

sosa *f.* Hidróxido de sodio: *La sosa es un granulado blanco que se mezcla con agua caliente y se echa al alcantarillado para limpiarlo.*

sosegado, da *adj.* Se refiere a lo que se encuentra en calma: *Después de la tormenta, el bosque tiene un ambiente **sosegado**, los animales y los árboles están durmiendo tranquilos.* SIN. **tranquilo, apacible**. ANT. **intranquilo, inquieto**.

sosegar *vb. irreg.* {tr. y prnl.} Modelo 18. Hacer que algo o alguien esté en calma. SIN. **tranquilizar, apaciguar**.

sosiego *m.* Estado en que las cosas o las personas están quietas y silenciosas: *Gustavo se ha ido de la ciudad al campo a buscar un poco de **sosiego**.* SIN. **quietud, reposo, serenidad**.

soslayar *vb.* {tr.} Evitar una dificultad: *El hombre **soslayó** a sus enemigos pasando junto a ellos sin provocarlos.*

soslayo. De ~, *loc.* De costado, de manera oblicua: *La joven miró **de soslayo** a Ricardo porque no quería demostrarle que ella también lo quería.*

soso, sa *adj./m. y f.* **1.** Se refiere a lo que le falta sal o sabor: *Este caldo de pollo está **soso**, le pondré un poco de sal y alguna hierba.* SIN. **insípido, desabrido**. **2.** Aplicado a lo que no tiene gracia: *Ese hombre tiene una conversación tan **sosa** que todos se aburren cuando habla.*

sospecha *f.* Suposición de un asunto o cosa a partir de ciertas apariencias: *Tengo la **sospecha** de que me está mintiendo porque se puso nervioso cuando me dijo que él no había roto el jarrón.* SIN. **presentimiento**. ANT. **certeza**.

sospechar *vb.* {tr. e intr.} **1.** Suponer algo a partir de ciertas apariencias o conjeturas: *No **sospechaban** que vendrían a buscarlos, y cuando los vieron llegar, se alegraron.* SIN. **imaginar**. **2.** Pensar que alguien ha hecho algo a partir de ciertas señales o apariencias.

sospechoso, sa *adj./m. y f.* **1.** Se aplica a lo que da motivos para pensar que algo va mal: *El motor del automóvil está haciendo un ruido **sospechoso**, llamaré al técnico para que revise si funciona bien.* **2.** Referido a la persona de la que se cree que ha hecho algo a partir de ciertas señales o apariencias: *Por sus actitudes **sospechosas** la gente empezó a desconfiar de Andrés.*

sostén *m.* **1.** Persona o cosa que sujeta, apoya o mantiene algo: *La columna es el **sostén** del techo.* **2.** Prenda interior femenina que se usa para sujetar y cubrir el pecho: *Cuando a mi hermana le creció el busto, empezó a usar **sostén**.* SIN. **corpiño, brasier**.

sostener *vb. irreg.* {tr. y prnl.} Modelo 26. **1.** Sujetar a alguien o algo para impedir que caiga: *Al cruzar el río, su mamá lo **sostuvo** de la mano.* **2.** Defender con firmeza una posición o idea: *Yo pienso que el perro se comió mi juguete, pero mi madre **sostiene** que yo lo*

olvidé en algún lugar. SIN. **afirmar**. **3.** Mantener en lo económico: *La pobre anciana no tiene a nadie que la **sostenga**, por eso tiene que seguir trabajando.* SIN. **ayudar**.

sostenido *m.* Signo que indica que una nota musical es un semitono más alta que la de su sonido natural: *En música, el **sostenido** se indica con el signo #.*

sostenido, da *adj.* **1.** Se refiere a la nota musical que con entonación que es un semitono más alta que la de su sonido natural: *El re **sostenido** es un poco más agudo que el re natural.* **2.** Se dice de lo que dura mucho: *Rafael puede correr durante una hora a velocidad **sostenida** porque tiene buena condición física.*

sota *f.* Décima carta de cada palo de la baraja española: *La **sota** tiene la figura de un paje.*

sotana *f.* Vestidura negra y larga hasta los pies, con botones que cierran por delante, que usan algunos sacerdotes católicos: *El cura lleva puesta su **sotana** cuando celebra las misas.*

sótano *m.* Piso o habitación de un edificio situada bajo el nivel de la calle: *En el **sótano** de mi casa guardamos los objetos viejos que no usamos.*

sotavento *m.* Costado del barco opuesto al lado al que le da el viento: *Si quieres tirar ese recipiente de agua al mar, hazlo a **sotavento** para que el viento no la empuje y te mojes la ropa.* ANT. **barlovento**.

soterrar *vb.* {tr.} **1.** Meter debajo de la tierra: *Osvaldo cavó un hoyo para **soterrar** el trozo de madera que sostendrá la canasta de baloncesto.* SIN. **enterrar**. **2.** Esconder una cosa: *La anciana **soterró** sus recuerdos para que nadie se enterara de su pasado.*

soto *m.* Lugar lleno de árboles a orillas de un río: *Cuando fuimos a comer al campo mis padres descansaron en el **soto**, mientras nosotros nadábamos en el lago.*

soufflé *m.* Palabra francesa. Guiso de origen francés que se prepara con clara de huevo batida y verduras y se cuece en el horno.

soviet *m.* En la antigua Unión Soviética, consejo formado por delegados de los obreros, campesinos y soldados: *Los primeros **soviets** se formaron durante la revolución de 1905 e hicieron posible la revolución socialista de 1917.*

soviético, ca *adj./m. y f.* Originario de la antigua Unión Soviética: *Los **soviéticos** podían ser de origen ruso, lituano, ucraniano o de cualquiera de los países que formaban parte de la Unión de Repúblicas Socialistas Soviéticas.*

soya *f.* Ver soja.

spaghetti *m.* Ver espagueti.

sparring *m.* Palabra inglesa. Persona que trabaja peleando con los boxeadores en el entrenamiento para el combate: *El **sparring** usa protección para no salir lastimado del ring.*

sport *adj.* Palabra inglesa. Se dice de la prenda de vestir cómoda y sencilla de tipo deportivo: *Julio se viste con ropa **sport** cuando no va a trabajar a la oficina.*

spot *m.* Palabra inglesa. Espacio publicitario de televisión o de radio: *El **spot** que anuncia la marca de jabón en televisión dura quince segundos.*

spray *m.* Palabra inglesa. Envase para líquidos que en su parte superior tiene un botón para permitir la salida del líquido mezclado con un gas a presión: *El líquido sale del **spray** en forma de nube de gotas pequeñísimas.*

sprint *m.* **Palabra inglesa.** Esfuerzo para la aceleración del ritmo de carrera, que hace un corredor cuando está cerca de llegar a la meta: *Eduardo iba en segundo lugar de la carrera, pero hizo un **sprint** y quedó primero.*

squash *m.* **Palabra inglesa.** Deporte que se juega entre dos o cuatro personas con raquetas y una pelota que bota contra la pared: *El **squash** es un juego que se practica en un espacio cerrado.*

stand *m.* **Palabra inglesa.** Cada uno de los espacios reservados para que los participantes en una exposición o feria muestren sus productos: *En el **stand** de libros infantiles encontré el cuento que quería leer y le pedí a mi madre que me lo comprara.*

status *m.* Ver estatus.

stick *m.* **Palabra inglesa.** Palo que usan los jugadores de hockey para impulsar la pelota: *El **stick** tiene una curva en la parte de abajo que sirve para golpear la pelota.*

stock *m.* **Palabra inglesa.** Cantidad que hay en existencia de un producto o material que se va a vender: *En ese comercio tienen un gran **stock** de productos de limpieza.*

stop *m.* **Palabra inglesa.** Señal roja de tráfico que indica que el vehículo debe detenerse y ceder el paso: *El accidente se produjo porque uno de los conductores no respetó el **stop**.* SIN. **parada, alto.**

stop *interj.* **Palabra inglesa.** Palabra que se usa para dar la orden de detenerse por completo: *En este ejercicio, cuando el maestro grita "**stop**", todos deben quedarse quietos en la posición en que estaban.* SIN. **alto.**

strip-tease *m.* **Palabra inglesa.** Espectáculo para adultos durante el cual una persona se desnuda.

su *adj.* Apócope del adjetivo posesivo suyo de la tercera persona singular y plural: *Su vestido es de color amarillo y el mío es negro.*

suave *adj.* **1.** Se aplica a lo que es liso y blando al tacto: *El terciopelo es una tela suave.* ANT. **áspero. 2.** Referido a lo que resulta agradable: *La luz de la vela es más suave que la luz eléctrica.* SIN. **tenue, dulce.** ANT. **fuerte, intenso. 3.** Se dice de lo que no opone resistencia: *Mueve tu mano de manera **suave** para que tu compañero de baile pueda guiarte.*

suavidad *f.* **1.** Calidad de aquello que al tocarse resulta liso y blando: *La suavidad de la seda contrasta con la aspereza de la lana.* **2.** Característica que hace que algo resulte agradable: *La suavidad de esta pieza musical invita a relajarse y descansar.*

suavizante *adj.* Se refiere a lo que hace que algo pierda su aspereza.

suavizante *m.* Producto que se usa para remojar la ropa después de lavarla con jabón, para que ésta quede blanda al tacto y más fácil de planchar: *Este suavizante para ropa huele a hierbas frescas.*

suavizar *vb. irreg.* **(tr. y prnl.) Modelo 16. 1.** Hacer liso algo áspero: *Con un papel de lija, Federico **suavizó** la superficie de la madera.* **2.** Hacer blando algo duro: *He suavizado este trozo de cuero frotándolo contra un palo.*

subalterno, na *adj./m.* y *f.* Se aplica a la persona que en su trabajo o actividad depende de otra y debe obedecerle: *Como el jefe saldría de viaje, dio órdenes al subalterno para que se encargara del negocio.*

subarrendar *vb. irreg.* **(tr.) Modelo 3. 1.** Pagar una cantidad de dinero por usar una cosa que a su vez alguien renta o arrienda. **2.** Cobrar una cantidad de dinero por permitir el uso de una cosa que uno mismo alquila: *Como este departamento es muy grande para mí solo, pienso **subarrendar** una o dos habitaciones.*

subasta *f.* Forma de venta pública en que se adjudica una cosa a quien ofrece más dinero por ella: *En la subasta se pregunta "¿quién da más?", y si nadie ofrece un precio más alto que el de la última propuesta, se cierra la venta del objeto.* SIN. **remate.**

subastar *vb.* **(tr.)** Vender algo a quien más dinero ofrezca: *Ayer **subastaron** la hermosa mansión de una familia rica que no pudo pagar sus deudas a tiempo.* SIN. **rematar.**

subcampeón, na *adj./m.* y *f.* Se aplica al deportista o al equipo que obtiene el segundo lugar en una competencia: *El **subcampeón** olímpico gana la medalla de plata.*

subclase *f.* Categoría de clasificación de animales o plantas ubicada entre la clase y el orden.

subconsciencia *f.* Estado de la conciencia en que la persona no se da cuenta de ciertas percepciones y estímulos que recibe: *Los instintos y los comportamientos mecánicos pertenecen al mundo de la **subconsciencia** del ser humano.*

subconjunto *m.* En matemáticas, conjunto que tiene la característica de que todos sus elementos pertenecen a otro conjunto mayor: *El conjunto de los números pares es un **subconjunto** de los números naturales.*

subconsciente *adj./m.* Conjunto de contenidos de la mente que no están presentes en la conciencia de la persona: *El psicoanálisis explora el **subconsciente** humano usando técnicas de relajación y de asociación de ideas.*

subcutáneo, nea *adj.* Se refiere a lo que está, se introduce o se desarrolla debajo de la piel: *Esta inyección es de aplicación **subcutánea**.*

subdesarrollado, da *adj.* Se aplica a los países o zonas del mundo que no tienen muchos recursos económicos ni grandes industrias: *Los países **subdesarrollados** deben comprar muchos productos porque no tienen dinero para producirlos por sí mismos.* SIN. **pobre.** ANT. **rico.**

subdesarrollo *m.* **1.** Falta de desarrollo o crecimiento: *El **subdesarrollo** de algunos niños se debe a la falta de alimentación, por eso no crecen bien.* **2.** Situación de atraso y pobreza en que viven algunas zonas del mundo.

subdirector, ra *m.* y *f.* Persona que substituye y ayuda a quien dirige una empresa, una escuela o alguna organización: *Cuando el director de la escuela no está, el **subdirector** tiene la máxima autoridad.*

súbdito, ta *adj.* Se aplica a la persona que está sujeta a la autoridad de un superior y debe obedecerle. SIN. **vasallo.**

súbdito, ta *m.* y *f.* **1.** Persona sujeta a la autoridad de un superior a quien debe obedecer: *En los países que tienen monarquía, los **súbditos** del rey reciben las órdenes del monarca y las llevan a cabo.* **2.** Ciudadano de un país: *Los **súbditos** de la Corona británica son los ingleses.* SIN. **habitante, natural.**

subdividir *vb.* **(tr. y prnl.)** Partir o separar en partes nuevamente lo que ya está partido o separado: *Como no alcanzó el pan para todos, Apolonio **subdividió** su pedazo para darle un poco a su hermano.*

subdivisión *f.* **1.** Hecho de volver a partir o separar en partes algo que ya estaba dividido: *Los dos piratas divi-*

SUB

dieron el botín y luego, cada uno de ellos hizo la **sub-división** de su parte entre sus compañeros. **2.** Cosa que se usa para subdividir algo: *El albañil puso una **subdivisión** en la habitación grande para hacer dos dormitorios para Luis y Javier.*

subempleado, da *adj.* Se aplica a la persona que tiene poco trabajo o que, debido a la falta de oportunidades de empleo, ocupa un puesto inferior al que le correspondería: *Esteban estudió en la universidad pero está **subempleado** como mensajero en una oficina.*

subempleo *m.* Falta o escasez de trabajo para la población que está en edad de trabajar: *Algunos países tienen problemas de **subempleo** y mucha gente se ve obligada a hacer trabajos que no les dan lo suficiente para vivir.*

subestimar *vb.* {tr. y prnl.} Estimar a alguien o algo en menos de lo que vale: *El boxeador **subestimó** a su contrario y perdió la pelea porque en realidad el otro era mejor.* SIN. **menospreciar.**

subibaja o **sube y baja** *m.* Barra larga de metal o madera que está apoyada en el centro sobre un soporte y que se mueve de arriba hacia abajo cuando dos personas se sientan cada una en un extremo: *Dos niños se subieron al **subibaja** y el que estaba más pesado hacía que el otro quedara siempre en lo alto.*

subida *f.* **1.** Hecho de subir: *La **subida** de los nueve pisos por la escalera le provocó cansancio.* SIN. **ascenso.** ANT. **descenso, bajada. 2.** Camino o terreno que se va elevando desde un lugar hacia otro más alto: *Después de esta bajada viene una **subida** muy difícil y luego estaremos en la cumbre de la montaña.* SIN. **cuesta, pendiente.**

subido, da *adj.* Se refiere a lo que es muy fuerte o muy elevado: *Este vestido es de un rojo **subido**; yo prefiero un tono más pálido, menos llamativo.*

subíndice *m.* Número o letra de tamaño pequeño situado en la parte inferior derecha de un signo matemático o de una palabra: *El **subíndice** sirve para indicar diferencias entre palabras o signos que aparentemente son iguales.*

subir *vb.* {tr., intr. y prnl.} **1.** Ir desde un lugar a otro más alto: *El gato **subió** al árbol para protegerse del perro que lo perseguía.* SIN. **ascender, escalar.** ANT. **bajar, descender. 2.** Crecer la altura, el volumen o el precio de algo: ***Subió** el precio del litro de leche y por eso el dinero que llevaba no le alcanzó.* SIN. **incrementar.** ANT. **bajar. 3.** Recorrer un espacio hacia arriba: *Subí por ese camino hasta llegar a una cabaña muy bonita.* SIN. **trepar, ascender, remontar.** ANT. **bajar, descender. 4.** Hacer más alto. SIN. **erguir, levantar. 5.** Poner algo en un lugar más alto: *Sube las cortinas que entre la luz.* **6.** Entrar a un vehículo o ponerse encima: *Paola se **ha subido** a esa lancha, pero yo no **me subiré** porque me da miedo.* SIN. **ascender.** ANT. **bajar, descender. 7.** Cabalgar sobre un animal: *El niño se **subió** al caballo y se fue a pasear.* SIN. **montar.** ANT. **bajar, descender. 8.** Fam. Colocarse en una mejor posición o empleo: *En cuanto Mario se graduó de la carrera, su jefe lo **subió** de categoría en el trabajo.* SIN. **progresar, promover.** ANT. **empeorar.**

súbito, ta *adj.* Se dice de lo que sucede de pronto y sin haberlo esperado: *Todo el día se sintió templado el clima, pero al anochecer hubo un **súbito** descenso de*

596

la temperatura y comenzó a hacer frío. SIN. **repentino, inesperado.**

subjefe, fa *m.* y *f.* Persona que substituye y ayuda a quien manda en una organización o grupo: *Como el jefe se encontraba ocupado, los atendió la **subjefa**.*

subjetividad *f.* Lo que hace que alguien sólo tenga en cuenta los hechos desde un punto de vista personal: *Un buen juez debe evitar la **subjetividad** para actuar de manera justa.* ANT. **objetividad.**

subjetivo, va *adj.* Relativo a la propia forma de pensar o sentir: *Su narración de los hechos fue bastante **subjetiva**, nunca tuvo en cuenta lo que pensaban o sentían los demás.* SIN. **individual, parcial.** ANT. **objetivo, imparcial.**

subjuntivo, va *adj./m.* Se aplica al modo del verbo que sirve para formar oraciones que expresan duda, deseo o posibilidad: *En la oración "deseo que seas feliz", "seas" es el presente de **subjuntivo** del verbo "ser".*

sublevación *f.* Hecho de resistirse a obedecer a la autoridad: *Los marinos son muy rebeldes y el capitán teme una **sublevación**.* SIN. **insurrección, alzamiento.**

sublevar *vb.* {tr. y prnl.} **1.** Hacer que una persona se resista a obedecer a una autoridad: *El hombre **sublevó** a sus compañeros y juntos se enfrentaron a la autoridad para pedir justicia.* **2.** Resistirse a obedecer a una autoridad: *Los soldados se **sublevaron** porque el jefe de regimiento los trataba mal.* **3.** Causar indignación o enfado: *Me **sublevó** la manera grosera en que me habló esa niña, voy a decirle a su madre que la corrija.* SIN. **enfurecer, irritar.**

sublimación *f.* Fam. Acción de elevar el concepto que se tiene de algo hasta lo divino o lo máximo: *La **sublimación** de su amor le ha hecho olvidar que debe alimentarse, trabajar y convivir con los demás.*

sublimar *vb.* {tr. y prnl.} **1.** Hacer que un cuerpo sólido pase de forma directa al estado gaseoso, sin hacerse líquido. **2.** Elevar el concepto que se tiene de algo hasta lo divino o lo máximo: *Enrique **ha sublimado** las teorías de su filósofo favorito y ahora no quiere escuchar otras opiniones.* SIN. **engrandecer, exaltar.**

sublime *adj.* Se aplica a los conceptos o a las personas que se consideran excelentes o admirables: *Lee este libro, encontrarás pensamientos **sublimes**.* SIN. **elevado, grandioso.** ANT. **vulgar, común.**

subliminal *adj.* Se dice de ciertas percepciones o estímulos que recibimos sin darnos cuenta: *En ese programa explicaban cómo algunos anuncios tienen imágenes **subliminales** para que la gente se sienta inclinada a comprar el producto.*

submarino *m.* Barco capacitado para navegar bajo el agua.

submarino, na *adj.* Relativo a lo que está, se desarrolla o se realiza bajo la superficie del mar: *Me gustaría ser buzo para explorar la vida **submarina**.*

submúltiplo, pla *adj./m.* Relativo al número o cantidad que está contenido en otro un número exacto de veces: *3 es **submúltiplo** de 9.*

subnormal *adj./m.* y *f.* Se dice de las personas con edad mental que no alcanza la que les corresponde según su edad física: *Las personas **subnormales** tienen sentimientos al igual que la gente sana.* SIN. **anormal.**

suboficial *m.* Militar que tiene un grado inferior al de oficial y superior al de sargento.

suborden *m.* Cada una de las subdivisiones de un orden bajo el cual se clasifican las plantas y los animales.

subordinación *f.* Dependencia de alguien hacia una autoridad a la que debe obediencia: *La subordinación de los soldados a su jefe es una obligación militar.* ANT. **insubordinación**.

subordinada *f.* Oración que depende de otra para completar su significado: *En la oración "La obra de teatro, que te recomiendo, trata sobre un viaje espacial", la oración "que te recomiendo" es una subordinada.*

subordinado, da *adj.* **1.** Se refiere a la persona que depende de alguien a quien debe obedecer. SIN. **subalterno, ayudante, dependiente.** ANT. **superior, jefe. 2.** Relativo a la oración que depende de otra para completar su significado: *La oración subordinada tiene un significado incompleto en sí misma.*

subordinado, da *m.* y *f.* Persona que está bajo la autoridad de alguien a quien debe obedecer: *Los subordinados deben cumplir las órdenes del jefe.*

subordinar *vb.* {tr. y prnl.} **1.** Hacer que una persona dependa de otra y la obedezca: *Cuando el nuevo director de la empresa asumió su cargo tuvo que subordinar al personal que no cumplía debidamente con su trabajo.* SIN. **someter, sujetar. 2.** Depender uno de una persona a quien se obedece: *Mauricio era un muchacho rebelde que tuvo que subordinarse y cumplir con las órdenes del sargento cuando entró a una escuela militar.*

subrayado, da *adj./m.* Se refiere a la palabra escrita que tiene una línea por debajo y a la letra que en un impreso va en cursiva: *Debo buscar en el diccionario el significado de todas estas palabras subrayadas.*

subrayar *vb.* {tr.} **1.** Trazar una línea por debajo de una palabra escrita: *Subrayé con un lápiz verde todos los verbos que aparecen en este texto.* SIN. **marcar, señalar. 2.** Decir o expresar algo insistiendo en su importancia: *Mi madre por fin me dio el permiso, pero subrayó que no le gustaba la idea de que saliera de la ciudad.* SIN. **recalcar, destacar.** ANT. **disimular.**

subrepticio, cia *adj.* Se dice de lo que está oculto o de lo que se hace a escondidas: *Los dos amigos hicieron un trato subrepticio porque no querían que los demás se enteraran.*

subsanar *vb.* {tr.} Reparar un daño o corregir un error: *Don Alfonso les devolverá el balón en cuanto sepa quién subsanará la rotura del cristal de su ventana.* SIN. **remediar, arreglar, enmendar.**

subscribir o **suscribir** *vb.* {tr. y prnl.} **1.** Firmar al pie de un escrito: *Subscribió la carta de solicitud, la dobló y la metió en un sobre.* **2.** Pagar por adelantado la compra de una publicación periódica. *Me subscribí a la revista que siempre compro, porque así me costará más barata y la recibiré en mi casa.*

subscripción o **suscripción** *f.* **1.** Hecho de firmar al pie de un escrito: *La subscripción de este documento por todos los ciudadanos ayudará a que el gobierno considere seriamente lo que entre todos estamos solicitando.* **2.** Pago por adelantado de la compra de una publicación periódica: *Joaquín quiere una subscripción por un año a la revista de medicina.*

subscriptor, ra o **suscritor, ra** *m.* y *f.* Persona que paga por adelantado la compra de una publicación periódica: *Los subscriptores reciben en su domicilio la revista o diario que han comprado.*

subsecretario, ria *m.* y *f.* Persona que substituye y ayuda al secretario: *El secretario se encuentra en una gira pero, si usted gusta, puede recibirlo el subsecretario.*

subsecuente *adj.* Se aplica a lo que sigue inmediatamente después de algo: *El maestro leyó el primer párrafo del libro y pidió a un alumno que leyera el párrafo subsecuente.* SIN. **siguiente.**

subsidiar *vb.* {tr.} Ayudar en lo económico a completar los ingresos de un organismo o de un individuo de manera oficial: *El gobierno subsidiará los gastos del nuevo hospital hasta que éste pueda sostenerse de manera independiente.*

subsidio *m.* Ayuda económica de carácter oficial que sirve para completar los ingresos de un organismo o de un individuo: *Para que los alimentos básicos no suban de precio, el gobierno ha concedido un subsidio a los distribuidores de leche y huevo.* SIN. **subvención, asistencia, apoyo.**

subsiguiente *adj.* Referido a lo que sigue inmediatamente después de algo: *Este capítulo del libro trata de los números positivos; el capítulo subsiguiente trata de los números negativos.* SIN. **subsecuente, siguiente.**

subsistencia *f.* Permanencia de una cosa o de la vida humana: *Con ese trabajo gana lo suficiente para la subsistencia de su familia.*

subsistir *vb.* {intr.} **1.** Durar, conservarse: *La ciudad ha cambiado mucho, pero algunas construcciones viejas subsisten todavía entre los altos edificios nuevos.* SIN. **perdurar.** ANT. **perecer. 2.** Vivir: *Los peces no subsisten fuera del agua.* SIN. **sobrevivir.** ANT. **perecer, morir.**

substancia o **sustancia** *f.* **1.** Materia que forma los cuerpos, ya sean gaseosos, líquidos o sólidos: *El vinagre es una substancia líquida y agria.* **2.** Esencia de las cosas. **3.** Valor o importancia de una cosa: *Ese discurso no tiene substancia, sólo repite frases vacías que no dicen realmente nada.* **4.** Jugo o caldo que se obtiene de algunos alimentos: *Prepara la sopa con un trozo de carne para que tenga más substancia.*

substancial o **sustancial** *adj.* **1.** Relativo a la materia y a la esencia que forma las cosas. **2.** Referido a lo que es importante o fundamental. SIN. **esencial, básico.**

substancioso, sa o **sustancioso, sa** *adj.* **1.** Se dice de lo que tiene substancia o materia: *Un vaso de leche es un alimento más substancioso que una limonada.* SIN. **nutritivo. 2.** Aplicado a lo que es esencial o importante: *Hugo renunció a su trabajo y aceptó otro con un sueldo más substancioso.* SIN. **valioso, interesante.** ANT. **insignificante.**

substitución o **sustitución** *f.* Cambio en el que alguien o algo se pone en lugar de otro: *El carpintero realizó la substitución de la puerta dañada por una puerta nueva.* SIN. **reemplazo.**

substituible o **sustituible** *adj.* Se aplica a lo que puede cambiarse por otra cosa: *Si se termina la vela, no te preocupes, es substituible.*

substituir o **sustituir** *vb. irreg.* {tr.} Modelo 59. Poner a alguien o algo en lugar de otro: *Alguien ha substituido un cuadro original por uno falso, ¡llamen a la policía!* SIN. **reemplazar.**

substitutivo o **sustitutivo** *adj./m.* Se refiere a lo que sirve para reemplazar una cosa.

substituto, ta o **sustituto, ta** *m.* y *f.* Persona que reemplaza a otra en un empleo: *El profesor se fue de vacaciones y ahora nos está dando clases un substituto.* SIN. **reemplazante.**

substracción o **sustracción** *f.* **1.** Hecho de quitar o separar algo de un todo. SIN. **separación.** ANT. **incorporación. 2.** Hecho de tomar algo que no es de uno sin que nadie lo note: *La substracción del dinero que se encontraba en la joyería fue una noticia muy desagradable para el dueño.* SIN. **robo, hurto, despojo.** ANT. **devolución. 3.** En matemáticas, operación que consiste en quitar una cantidad de otra: *La maestra anotó una serie de substracciones para resolver.* SIN. **resta.** ANT. **suma.**

substraendo o **sustraendo** *m.* En matemáticas, cantidad que hay que quitar o restar de otra: *En la operación 6 − 4 = 2, 4 es el substraendo.*

substraer o **sustraer** *vb. irreg.* {tr.} **Modelo 38. 1.** Tomar algo que no es de uno sin que nadie se dé cuenta: *Quiero devolverte el lápiz que substraje de tu escritorio mientras estabas ocupado. Estoy muy avergonzado de haberlo hecho.* SIN. **robar, hurtar, despojar. 2.** Quitar o separar algo que formaba parte de un todo: *El médico substrajo la bala del brazo del policía herido.* **3.** En matemáticas, realizar la operación que consiste en quitar una cantidad de otra. SIN. **restar.** ANT. **sumar.**

substrato o **sustrato** *m.* Parte del suelo situada debajo del terreno superficial.

subsuelo *m.* Terreno que está debajo de la capa de tierra de la superficie: *En el pueblo hicieron un pozo para obtener agua del subsuelo.*

subte *m. Argent.* Apócope de subterráneo, tren que circula por debajo de las calles de la ciudad. SIN. **metro, subterráneo.**

subterfugio *m.* Excusa o pretexto que se da cuando no se quiere hacer o cumplir algo: *El joven sospechó de los subterfugios de su novia y comprendió que ella no quería casarse con él.* SIN. **evasiva, pretexto.**

subterráneo m. 1. Lugar situado bajo la superficie de la tierra: *Durante los bombardeos, los ciudadanos se refugiaban en subterráneos.* **2.** *Argent.* Tren que circula por debajo de las calles de la ciudad. SIN. **metro, subte.**

subterráneo, a *adj.* Relativo a lo que está debajo de la tierra: *El castillo tenía un camino subterráneo que comunicaba con el exterior de manera secreta.*

subtitulado, da *adj.* Se aplica al programa o filme en otro idioma, en que la traducción aparece escrita en la parte de abajo de la pantalla: *Este filme no está subtitulado, y como es en francés, no entiendo lo que dicen los personajes.*

subtitular *vb.* {tr.} **1.** Agregar un título secundario a una obra escrita o a una de sus partes: *Para que tu cuento quede más claro, debes subtitular las partes en las que está dividido.* **2.** Poner subtítulos que traducen lo que se dice en un filme o programa hablados en otro idioma.

subtítulo m. 1. Título secundario que se agrega a una obra escrita o a una de sus partes: *El nuevo libro de Angélica se llama "Un Hombre Fuerte", y lleva el subtítulo de: "La verdadera historia de Elvis Presley".* **2.** Texto escrito que aparece en la parte inferior de la pantalla y que traduce los diálogos de filmes y programas hablados en otro idioma: *Tienes que leer más rápido si quieres entender lo que está escrito en los subtítulos.*

suburbano, na *adj.* Relativo al terreno o la zona que está muy cerca de la ciudad, sin formar parte de ésta: *Elvira tomó un transporte suburbano para ir a visitar a su abuelita que vive en las afueras de la ciudad.*

suburbio m. Barrio situado en los alrededores de una ciudad: *Eduardo vive en un suburbio de la ciudad y le toma dos horas llegar al centro.* SIN. **afueras.**

subvención f. Ayuda económica de carácter oficial que se da a un organismo o un individuo que realiza obras de interés público: *La empresa que construye casas para la gente pobre recibe una subvención del gobierno.* SIN. **subsidio, asistencia, apoyo.**

subvencionar *vb.* {tr.} Ayudar en lo económico a un organismo o individuo que realiza obras de interés público: *Una empresa subvencionará la filmación de este programa sobre la historia.* SIN. **subsidiar, apoyar.**

subversión f. Hecho de alterar el orden social: *Los inconformes detenidos por la policía fueron acusados de subversión.*

subversivo, va *adj.* Relativo a lo que intenta alterar el orden social.

subvertir *vb. irreg.* {tr.} **Modelo 50.** Alterar el orden establecido: *Las revoluciones subvierten las formas de gobierno antiguas para dar lugar a un cambio en la sociedad.* SIN. **trastornar, revolver.**

subyacer *vb.* {intr.} Existir algo debajo de una cosa o como trasfondo: *Aunque el tema de la novela es triste, la idea que subyace a lo largo de todo el libro es una gran esperanza.*

subyugar *vb.* {tr. y prnl.} Obligar a alguien a obedecer a una autoridad: *Por medio de la guerra ese país intentó subyugar a la nación vecina.* SIN. **someter, dominar, oprimir.**

succión f. Hecho de chupar: *Los bebés se alimentan por medio de la succión de la leche materna.*

succionar *vb.* {tr.} **1.** Apretar con fuerza los labios contra una cosa para sacar la substancia: *El cachorro nació muy débil y no puede succionar la teta de su madre.* SIN. **chupar, sorber. 2.** Obtener el líquido de un cuerpo haciendo presión: *Esta máquina succiona el petróleo que está bajo la tierra.*

sucedáneo, nea *adj.* Relativo a la substancia que puede reemplazar a otra: *La sacarina es una substancia sucedánea del azúcar que también endulza.*

suceder *vb.* {tr., intr. y prnl.} **1.** Producirse un hecho, ocurrir algo. SIN. **acontecer, pasar, acaecer. 2.** Ir algo después de otra cosa, en orden: *El verano sucede a la primavera.* SIN. **seguir. 3.** Ocupar alguien el trabajo o el lugar de otra persona: *Todos los empleados dieron la bienvenida al director que sucedería al anterior.* SIN. **reemplazar. 4.** Heredar a alguien: *Los hijos suceden a los padres.* **5.** Seguirse una cosa a otra: *Los días se suceden uno tras otro sin detenerse.*

sucesión f. 1. Serie de hechos que ocurren uno después de otro y que están relacionados entre sí: *Durante la semana en que Rafael estuvo hospitalizado, recibió una sucesión de visitas.* SIN. **cadena, sarta. 2.** Serie de cosas que van una después de otra, siguiendo un orden: *La escala musical es una sucesión de siete notas.* **3.** Conjunto de bienes materiales que pasan a ser propiedad de los hijos cuando los padres mueren: *El abogado llamó a la familia del difunto para la sucesión.* SIN. **herencia.**

sucesivo, va *adj.* **1.** Se refiere a lo que sucede o sigue a otra cosa: *Enrique escribió tres cartas sucesivas a su novia y no recibió contestación de ella.* SIN. **seguido. 2.** loc. **En lo ~,** de ahora en adelante.

suceso *m.* Hecho que sucede u ocurre, en especial si tiene algún interés: *Los diarios publican todos los días muchos sucesos del país y del mundo.* SIN. **hecho, acontecimiento.**

sucesor, ra *adj./m.* y *f.* Se aplica a la persona que sigue o sucede a otra en un trabajo o herencia: *El dueño de la fábrica ha muerto y los sucesores piensan venderla.* SIN. **heredero.**

suciedad *f.* Falta de limpieza: *Para quitar la suciedad del piso hay que lavarlo con agua y jabón.* SIN. **porquería.** ANT. **limpieza.**

sucinto, ta *adj.* Se refiere a lo que se dice en pocas palabras: *Mi padre me explicó de manera sucinta, en tres minutos, cómo es que nacen los niños.* SIN. **breve, conciso.** ANT. **extenso, largo.**

sucio, cia *adj.* **1.** Se aplica a lo que tiene manchas o no está limpio: *Tu camisa está sucia de chocolate.* SIN. **chorreado.** ANT. **limpio. 2.** Se dice de lo que se ensucia de manera fácil: *Los colores obscuros no son tan sucios como los claros.* **3.** Se aplica a quien no cuida de su aseo personal: *No seas sucio, deja de arrojar basura en la calle.* SIN. **cochino, puerco, chancho.** ANT. **limpio, aseado. 4.** Referido a lo que está fuera de la ley: *Ese jugador es muy sucio, cuando el árbitro no lo ve patea a los jugadores contrarios.* SIN. **tramposo.**

sucre *m.* Antigua unidad monetaria de Ecuador, país de América del Sur.

suculento, ta *adj.* Se aplica al alimento o comida abundante y de buen sabor: *Mi abuelita me preparó un suculento plato de carne con verduras, me gustó mucho.* SIN. **sabroso, nutritivo, substancioso.**

sucumbir *vb.* {intr.} **1.** No resistir: *Jacinta sucumbió a la tentación de comerse un helado.* SIN. **ceder. 2.** Morir, dejar de existir: *Dos personas sucumbieron en el accidente.* SIN. **perecer, fallecer.** ANT. **sobrevivir.**

sucursal *f.* Establecimiento o industria que depende de otro principal: *Esta oficina bancaria es una sucursal; la oficina central se encuentra en la capital del país.* SIN. **filial, dependencia.**

sudación *f.* Producción de sudor en el cuerpo: *Algunos desodorantes tienen componentes químicos que controlan y perfuman la sudación.* SIN. **transpiración.**

sudadera *f.* Méx. Prenda de vestir deportiva hecha de algodón, que cubre el pecho, la espalda y los brazos. SIN. **buzo.**

sudafricano, na *adj./m.* y *f.* Originario de África del Sur o también, de la República de Sudáfrica: *Angola, Zambia y Rhodesia son países sudafricanos.*

sudamericano, na o **suramericano, na** *adj./m.* y *f.* Originario de América del Sur: *Bolivia es un país sudamericano.*

sudanés, sa *adj./m.* y *f.* Originario de Sudán, país de África: *Los sudaneses se independizaron de Inglaterra en el año 1956.*

sudar *vb.* {tr. e intr.} **1.** Expulsar el cuerpo un líquido llamado sudor a través de los poros de la piel: *El calor y el ejercicio físico hacen sudar.* SIN. **transpirar, exudar. 2.** Fam. Trabajar con esfuerzo: *Si quieres conseguir el aumento de sueldo, tendrás que sudar bastante.*

sudario *m.* Lienzo en que se envuelve a un difunto. SIN. **mortaja.**

sudestada *f.* Argent. y Urug. Viento fuerte acompañado de lluvia que viene del sureste.

sudeste o **sureste** *m.* Punto del horizonte situado entre el sur y el este.

sudoeste o **suroeste** *m.* Punto del horizonte situado entre el sur y el oeste: *Las ventanas de esa habitación dan al sudoeste, por donde se pone el sol, por eso reciben luz en la tarde.*

sudor *m.* Líquido transparente y salado que sale por los poros de la piel: *Usó un pañuelo para secarse el sudor de la frente.*

sudoríparo, ra *adj.* Se refiere a lo que produce o segrega sudor: *El cuerpo humano tiene glándulas sudoríparas.*

sudoroso, sa *adj.* Se refiere al que está cubierto de sudor: *Corrió mucho y llegó a su casa sudoroso y cansado.*

sueco *m.* Idioma hablado en Suecia.

sueco, ca *adj./m.* y *f.* Originario de Suecia, país de Europa: *Estocolmo es una ciudad sueca y allí se celebra la entrega del Premio Nobel.*

suegro, gra *m.* y *f.* Con respecto a una persona casada, padre y madre de su esposo o esposa: *Mis abuelos maternos son los suegros de mi papá.*

suela *f.* Parte del zapato que toca el suelo: *Las suelas de sus zapatos están gastadas de tanto caminar.*

sueldo *m.* Cantidad fija de dinero que se recibe por un trabajo: *El último día de cada mes Joaquín cobra su sueldo.* SIN. **salario, paga.**

suelo *m.* **1.** Superficie por la que se camina: *Pilar está botando el balón en el suelo.* **2.** Superficie de la tierra: *Éste es un suelo apropiado para sembrar maíz.* SIN. **terreno. 3.** Piso, hormigón o concreto: *Esa casa tiene suelo de ladrillo.*

suelto *m.* Dinero en moneda de metal, de baja denominación: *Pagó con un billete porque no tenía suelto.* SIN. **cambio, monedas.**

suelto, ta *adj.* **1.** Aplicado a lo que no está unido a otra cosa: *Este libro tiene tres páginas sueltas, voy a pegarlas con las demás.* SIN. **separado. 2.** Referido al que está libre, no sujeto: *Me gusta tener el cabello suelto y no atado en una trenza.* SIN. **desatado. 3.** Se refiere al dinero en moneda de metal, de baja denominación: *El abuelo me dio unas monedas sueltas para comprar chocolates.* SIN. **cambio, sencillo.**

sueño *m.* **1.** Acto de dormir: *Los adultos hablaban en voz baja para no turbar el sueño de los niños.* **2.** Hecho de imaginar cosas o sucesos mientras se duerme: *Anoche tuve un sueño en el que viajaba en un globo.* **3.** Ganas de dormir: *El niño llora porque tiene sueño, su madre lo va a llevar a la cama.* **4.** Fantasía, cosa que no se puede realizar: *Su sueño era ser astronauta, pero cuando creció estudió medicina y se casó.* SIN. **ilusión, deseo, ambición.**

suero *m.* Líquido hecho con agua, sales y otras substancias que se inyecta en la sangre como medicina o se bebe como alimento: *Cuando estuvo en el hospital le pusieron suero mientras no podía comer.*

suerte *f.* **1.** Fuerza que hace que las cosas sucedan de una manera determinada: *La suerte ha sido cruel con ese señor, su esposa acaba de morir y sólo tenía 25 años.* SIN. **destino, sino. 2.** Casualidad a la que se fía la resolución de una cosa: *Como no podían decidir a quién de los dos le tocaba barrer la casa, lo dejaron a la suerte y echaron una moneda al aire.* SIN. **azar. 3.** Fuerza que hace que algo resulte favorable o contrario para alguien: *No compro billetes de lotería porque tengo mala suerte y nunca gano nada.* SIN. **estrella, fortuna, ventura. 4.** Género o clase de cosas: *En esa tienda venden toda suerte de vestidos.* SIN. **especie. 5.** loc. **Por ~**, casualidad favorable: *Por suerte te encuentro, tenía deseos de verte.*

suertudo, da *adj. Fam.* Se aplica a la persona que tiene muy buena suerte.

suéter *m.* Palabra de origen inglés. Prenda de vestir tejida, por lo general de lana, que cubre el pecho, la espalda y los brazos: *Se puso un suéter porque hace frío.* SIN. **jersey, pulóver, chompa, tricota.**

suficiencia *f.* **1.** Aptitud o habilidad que se tiene para hacer algo. **2.** Creencia que tiene uno de ser mejor que los demás. SIN. **presunción, engreimiento.**

suficiente *adj.* **1.** Relativo a lo que no es ni mucho ni poco: *Hay leche suficiente para que todos los niños tomen un vaso.* SIN. **bastante.** ANT. **insuficiente. 2.** Se refiere a lo que sirve para una cosa. SIN. **apto, idóneo, aceptable.**

suficiente *m.* Calificación de aprobado: *Raquel aprobó la materia porque obtuvo suficiente en el examen.*

sufijo *m.* Elemento que se coloca al final de ciertas palabras para modificar su sentido o función: *Los sufijos -ito e -ita sirven para expresar que algo es pequeño, como en las palabras zapatito y casita.*

sufragar *vb. irreg.* [tr. e intr.] Modelo 17. **1.** Hacerse cargo de los gastos que ocasiona algo: *El suegro de Fernando sufragó los gastos de la boda.* SIN. **costear. 2.** *Amér.* Elegir a un candidato por medio del voto. SIN. **votar.**

sufragio *m.* **1.** Sistema para elegir un candidato por medio del voto: *En muchos países, el sufragio es el sistema usado para elegir al presidente.* SIN. **votación. 2.** Opinión que se expresa para elegir a alguien por mayoría: *Cuando termina la votación, las personas autorizadas cuentan los sufragios para saber quién ganó las elecciones.* SIN. **voto.**

sufrido, da *adj.* Se aplica a la persona que soporta con paciencia algo: *La hija mayor era la más sufrida, quizás por eso tomó la responsabilidad de criar a sus hermanas pequeñas cuando sus padres murieron.*

sufrimiento *m.* Sensación de tristeza o de dolor: *La muerte de mi perro me causó sufrimiento.*

sufrir *vb.* [tr. e intr.] **1.** Sentir dolor o tristeza a causa de algo: *El veterinario le inyectó un tranquilizante a la perra para que no sufriera mientras la operaba.* SIN. **padecer. 2.** Soportar algo doloroso o difícil: *Tú no tienes por qué sufrir su mal humor, él tiene que aprender a respetarte.* SIN. **soportar, aguantar, tolerar.**

sugerencia *f.* Idea que se da a alguien: *Leer un cuento cada noche... ¡Qué buena sugerencia!* SIN. **propuesta, consejo.**

sugerente *adj.* Se refiere a lo que provoca o inspira una idea: *Esta música es muy sugerente, me hace sentir mucha alegría.*

sugerir *vb. irreg.* [tr.] Modelo 50. Provocar en alguien una idea. SIN. **proponer, aconsejar.**

sugestión *f.* **1.** Sugerencia. **2.** Proceso de la mente que consiste en pensar o actuar bajo la influencia de otra persona.

sugestionar *vb.* [tr.] Influir en la voluntad de alguien dominando sus ideas: *Algunos psicólogos sugestionan a sus pacientes por medio de la hipnosis para curarlos.*

sugestivo, va *adj.* Se dice de lo que resulta muy atractivo o prometedor: *Hacer el viaje en grupo era una idea sugestiva, pero por desgracia no pudimos realizarlo.* SIN. **seductor, fascinante.**

suicida *adj./m.* y *f.* Se aplica a las acciones que pueden ocasionar la muerte de la persona que las lleva a cabo: *Cruzar caminando un desierto tan grande es un acto suicida.*

suicidarse *vb.* [prnl.] Quitarse la vida de manera voluntaria: *Algunas personas se suicidan porque piensan que ya no vale la pena vivir.*

suicidio *m.* Acción de quitarse de manera voluntaria la vida: *Entre la antigua nobleza del Japón, el suicidio era una manera de mantener el honor.*

suizo, za *adj./m.* y *f.* Originario de Suiza, país de Europa: *Los suizos no participaron en la Segunda Guerra Mundial, se mantuvieron neutrales.*

sujetador *m. Esp.* Prenda de vestir femenina que sujeta el pecho y se usa debajo de la ropa. SIN. **brasier, sostén, corpiño, ajustadores.**

sujetar *vb.* [tr. y prnl.] **1.** Agarrar algo o a alguien con fuerza: *Sujeta bien la bolsa de huevos, no se vayan a caer.* **2.** Mantener algo seguro para que no se mueva: *El hombre sujetó al perro con una cuerda para que no se fuera a la calle.* **3.** Agarrarse de algo o de alguien con fuerza: *Cuando crucemos el río sujétate de mí para que no te lleve la corriente del agua.* **4.** Comprometerse a cumplir con algo: *Todos los ciudadanos deben sujetarse a la ley.*

sujeto *m.* **1.** Persona, sin especificar quién: *Es importante no hablar con cualquier sujeto que se nos acerque en la calle.* SIN. **individuo, tipo. 2.** Palabra o conjunto de palabras sobre las que el predicado enuncia algo y función que realizan en la oración: *En la oración "Todos esos jóvenes tocan piano", "todos esos jóvenes" es el sujeto.*

sujeto, ta *adj.* **1.** Referido a lo que está puesto de tal manera que no se mueve o no se cae: *La tabla está sujeta con clavos.* **2.** Se dice de lo que depende de otra cosa o puede recibir el efecto de algo: *El plan del viaje está sujeto a cualquier idea nueva.*

sulfato *m.* Sal del ácido sulfúrico.

sulfurar *vb.* [tr. y prnl.] *Fam.* Hacer enojar a alguien o enojarse uno: *Si alguien se burla de ti, no te sulfures, mejor ignora la broma.* SIN. **irritar, encolerizar.**

sultán, na *m.* y *f.* En algunos países musulmanes, príncipe o gobernador: *El antiguo imperio turco estaba gobernado por un sultán.*

sultana *f.* Mujer del sultán.

suma *f.* **1.** Operación aritmética que consiste en reunir varias cantidades en una sola: *La maestra dictó varias sumas a los alumnos para que las resolvieran.* SIN. **adición.** ANT. **resta. 2.** Resultado de la operación llamada suma: *Seis es la suma de cuatro y dos.* SIN. **total, resultado. 3.** Cantidad de dinero: *Para iniciar su negocio tuvo que invertir una suma elevada.* **4.** loc. **En ~**, en resumen o como conclusión.

sumando *m.* Nombre que se da a cada una de las cantidades que se suman: *En la operación 3 + 5 = 8, los números 3 y 5 son los sumandos.*

sumar *vb.* {tr. y prnl.} *1.* Reunir varias cantidades en una sola por medio de una operación aritmética: *Para saber cuánto dinero había gastado, sumé los precios de los productos que compré. 2.* Juntar o reunir algo: *El famoso escritor tiene una biblioteca que suma cerca de cinco mil libros. 3.* Participar en algo: *Los hermanos de varios compañeros del grupo se sumaron a nuestro viaje.* SIN. **agregarse, adherirse.**

sumario *m.* Texto corto que reúne sólo los asuntos más importantes relacionados con un tema: *Hice un sumario de biología con el que estudié para el examen.* SIN. **resumen, compendio.**

sumario, ria *adj.* Se dice de lo que es resumido o breve: *Tengo una versión sumaria de esta novela, que me va a servir para recordar las partes más importantes.*

sumergir *vb. irreg.* {tr. y prnl.} **Modelo 61.** *1.* Poner algo dentro de un líquido hasta que esté totalmente cubierto por dicho líquido: *Rosalía sumergió la ropa en el agua, le puso jabón y la dejó un rato antes de lavarla. 2.* Meterse en el agua: *Los buceadores se sumergieron en el mar para buscar los restos del barco hundido.* ANT. **emerger.**

sumersión *f.* Hecho de meter algo o meterse debajo del agua o de un líquido.

sumidero *m.* Canal que sirve de desagüe: *En las calles hay sumideros por los que se va el agua de lluvia.* SIN. **cloaca, alcantarilla.**

suministrar *vb.* {tr.} Proporcionar a alguien lo necesario: *Esos trabajadores están colocando las tuberías para suministrar agua al barrio nuevo.* SIN. **proveer, abastecer, surtir.**

suministro *m.* Hecho de dar a alguien lo necesario: *Los empleados de la compañía de luz cortarán el suministro de energía eléctrica porque van a reparar los cables.* SIN. **abastecimiento.**

sumir *vb.* {tr. y prnl.} *1.* Poner algo dentro de un líquido hasta que esté totalmente cubierto por dicho líquido: *Ulises sumió las verduras en el agua y las puso a hervir. 2.* Meterse en el agua: *El delfín dio un brinco y volvió a sumirse en el mar.* ANT. **emerger.** *3. Méx.* Abollar alguna cosa: *Con el golpe, se sumió la cacerola.*

sumisión *f.* *1.* Hecho de poner a alguien bajo la autoridad de otro: *La sumisión del enemigo se logró después de una cruel batalla. 2.* Hecho de cumplir lo que otro manda: *En el ejército, los soldados deben mostrar sumisión hacia los oficiales.* SIN. **obediencia.** ANT. **rebeldía.**

sumiso, sa *adj.* Obediente, fácil de dirigir o manejar por otros: *Rufo es un perro sumiso que obedece a su amo.* SIN. **dócil.** ANT. **rebelde.**

sumo, ma *adj.* *1.* Se aplica a lo que es muy grande o muy superior: *Si vas a mover cosas de vidrio, hazlo con sumo cuidado para que no se rompan. 2.* loc. **A lo ~**, si acaso, al límite que puede llegar algo o alguien.

suntuario, ria *adj.* Relativo al lujo o abundancia de riqueza: *Los bienes suntuarios, como las joyas, pagan más impuestos que los bienes de primera necesidad, como una cama.*

suntuoso, sa *adj.* Se refiere a lo que es muy lujoso: *Esa familia de aristócratas vivía en un palacio suntuoso.* SIN. **ostentoso, rico.** ANT. **pobre.**

súper *adj. Fam.* **Palabra de origen inglés.** Se dice de lo que es muy bueno o superior: *No te pierdas ese filme de ciencia ficción, está súper.* SIN. **magnífico.**

súper *m. Fam.* **Palabra de origen inglés.** Apócope de supermercado, tienda grande en la que se venden artículos para el hogar, alimentos, ropa, etc.: *Juliana está escribiendo una lista de artículos que necesita comprar en el súper.*

superable *adj.* Se aplica a lo que se puede hacer mejor o aquello cuyas dificultades se pueden vencer: *Estos obstáculos son superables, los caballos podrán saltarlos sin riesgo de lastimarse.* ANT. **insuperable.**

superación *f.* Hecho de mejorar algo o de vencer las dificultades que algo presenta: *La superación de la prueba le permitió pasar al ejercicio siguiente.*

superar *vb.* {tr. y prnl.} *1.* Ser algo o alguien de más calidad o categoría que otra persona o cosa: *Esta tela de seda natural supera en calidad a ésta, que es de fibra artificial.* SIN. **aventajar, ganar.** *2.* Vencer dificultades: *El hombre superó sus problemas después de mucho esfuerzo. 3.* Hacer una cosa mejor que otras veces: *Si quiero ganar una beca tengo que superarme, estudiaré más para obtener mejores calificaciones.*

superávit *m.* Diferencia favorable entre los ingresos y los gastos: *La empresa ganó cinco mil pesos y gastó tres mil, así que tuvo un superávit de dos mil pesos.* SIN. **ganancia.**

superchería *f.* Dicho o acción alejado de la verdad que se dice o se hace para engañar a alguien: *Decir que los monstruos se comen a los niños son supercherías.* SIN. **engaño.**

superdotado, da *adj./m.* y *f.* Se aplica al que tiene cualidades que exceden a las normales: *Ésa es una escuela para superdotados a la que asisten los estudiantes que son mucho más inteligentes que los normales.*

superficial *adj.* *1.* Relativo a la superficie: *Las plantas crecen en la parte más superficial de la Tierra. 2.* Aplicado a lo que es poco profundo: *"No te preocupes, es una herida superficial y sanará muy pronto".* SIN. **exterior, externo.** ANT. **profundo.** *3. Fam.* Se dice de la persona que se fija en el aspecto externo de las cosas y de los demás, sin tener en cuenta lo más profundo: *Rosa es una chica muy superficial que sólo piensa en ropa, joyas, maquillajes, fiestas.* SIN. **frívolo, trivial.** ANT. **profundo.**

superficie *f.* *1.* Parte externa que limita un cuerpo: *El barco navega por la superficie del mar.* ANT. **fondo.** *2.* Extensión de tierra: *En esta superficie hemos sembrado semillas de manzana. 3.* Espacio geométrico plano: *Una superficie se expresa en dos dimensiones, largo y ancho.* SIN. **área.**

superfluo, flua *adj.* Se refiere a lo que no es necesario: *Sergio no tiene mucho dinero así que no compra cosas superfluas, sino lo que realmente necesita.*

superíndice *m.* Letra o número pequeño situado en la parte superior derecha de una palabra o de un símbolo matemático.

superior *adj.* *1.* Se refiere a lo que está situado encima de otra cosa: *La parte superior de un árbol es la copa, formada por ramas y hojas.* ANT. **inferior.** *2.* Aplicado a lo que es de más calidad o categoría: *Roberto se cree superior a los demás, pero en realidad es como todos nosotros. 3.* Relativo a quien tiene personas bajo su mando: *El director de la escuela ocupa un puesto superior al de los maestros.*

superior *m.* Persona que tiene a otros bajo su mando: *Para solucionar esta queja, el empleado debe consultar con el superior.*

superior, ra *adj./m. y f.* Aplicado a quien dirige una comunidad religiosa: *La monja consultó con la superiora antes de tomar una decisión.*

superioridad *f.* Estado o condición de lo que tiene más calidad o cantidad: *Ellos están en superioridad numérica porque son siete y nosotros, sólo tres.* ANT. **inferioridad.**

superlativo, va *adj./m.* Relativo a lo que es muy grande o excelente en su línea: *En la frase "Julieta es simpatiquísima", "simpatiquísima" es el superlativo de "simpática".*

supermercado *m.* Establecimiento comercial de grandes dimensiones: *En el supermercado puedes comprar artículos para el hogar, alimentos, ropa y muchas otras cosas.*

superponer *vb. irreg.* (tr. y prnl.) Modelo 27. Poner una cosa sobre otra: *El bibliotecario superpuso los libros que estaban en su escritorio para hacer espacio.*

superposición *f.* Hecho de poner una cosa sobre otra: *La superposición de cubos en equilibrio es un juego de destreza para bebés y niños pequeños.*

superproducción *f.* Filme o película que costó mucho dinero filmar: *Las compañías estadounidenses filman muchas superproducciones iguales entre sí.*

supersónico, ca *adj.* Relativo a la velocidad superior a la del sonido: *Actualmente existen muchos aviones supersónicos.*

superstición *f.* Creencia en lo sobrenatural que no está basada en la razón o en la religión: *La superstición hace que la gente crea en cosas falsas y tenga miedo de lo que no existe en realidad.*

supersticioso, sa *adj.* Se aplica a quien cree en lo sobrenatural sin formarse un juicio racional o religioso: *Los supersticiosos no pasan por debajo de una escalera porque dicen que trae mala suerte.*

supervisar *vb.* (tr.) Examinar que algo se está haciendo como es debido: *El arquitecto supervisa la construcción de la casa para asegurarse de que todo está bien.* SIN. **revisar.**

supervisión *f.* Examen que se hace de un trabajo para comprobar que está bien realizado: *La supervisión del funcionamiento de las máquinas la hacen los ingenieros que trabajan en la industria.*

supervisor, ra *adj./m. y f.* Referido a la persona que trabaja revisando que algo esté bien hecho: *La supervisora revisó los nombres de todos los alumnos para comprobar que no había ningún error.*

supervivencia *f.* Hecho de mantenerse con vida: *Los animales huyen del peligro gracias a su instinto de supervivencia.*

superviviente *adj./m. y f.* Referido al que sobrevive a algo, por lo general a un accidente o enfermedad grave: *Esos tres viajeros son los supervivientes del choque del autobús.* SIN. **sobreviviente.**

supino; na *adj.* **1.** Se refiere a la posición en que el cuerpo está acostado sobre la espalda: *La posición supina es lo que suele llamarse "estar boca arriba".* **2.** Necio, tonto.

suplantar *vb.* (tr.) Ocupar de manera ilegal el lugar de otro: *El aventurero suplantó al príncipe para engañar al embajador.*

suplementario, ria *adj.* Se dice de lo que sirve para completar la falta de algo: *Como no le alcanza el sueldo consiguió un trabajo suplementario que realiza en sus ratos libres.* SIN. **accesorio.**

suplemento *m.* **1.** Aquello que completa, suple o amplía otra cosa. SIN. **accesorio. 2.** Cuaderno u hoja adicional de un diario o revista: *Los domingos, este diario publica un suplemento cultural.*

suplencia *f.* Hecho de reemplazar a alguien en su trabajo: *La maestra realiza una suplencia porque el maestro titular está enfermo.*

suplente *adj.* Se aplica a la persona que realiza de forma temporal el trabajo de alguien: *La estrella del equipo se lesionó y en su lugar entró un jugador suplente.*

súplica *f.* Pedido que se hace de modo humilde e insistente: *Las súplicas de la madre no detuvieron al hijo que quería ser marinero y se fue en un barco.* SIN. **ruego.**

suplicante *adj.* Relativo al pedido que se hace de modo humilde e insistente: *La joven esclava con voz suplicante, pidió permiso a su severo amo para contraer matrimonio con el joven que amaba.*

suplicar *vb. irreg.* (tr.) Modelo 17. Pedir algo de modo humilde e insistente: *Te suplico que me perdones, no quise lastimarte.* SIN. **rogar, implorar.**

suplicio *m.* Dolor físico o moral intenso y prolongado: *Tener que quedarse en casa a estudiar cuando todos están jugando es un verdadero suplicio.* SIN. **martirio, tortura.** ANT. **placer, gozo.**

suplir *vb.* (tr.) **1.** Completar la falta de algo: *Marta suple su poca fuerza con habilidad.* SIN. **remediar. 2.** Hacer el trabajo que por lo general hace otro: *Rodrigo no quiere faltar a su trabajo porque sabe que no hay nadie que pueda suplirlo.* SIN. **reemplazar.**

suponer *vb. irreg.* (tr.) Modelo 27. **1.** Creer que algo es cierto o que tiene muchas probabilidades de suceder: *Si no han llegado aún, supongo que ya vendrán en camino.* SIN. **creer. 2.** Tener como consecuencia: *Reprobar este examen supondría la pérdida de mi beca de estudios.* SIN. **implicar. 3.** Tener algo importancia o valor determinado para alguien: *Su familia supone mucho para él.* SIN. **representar, significar.**

suposición *f.* Opinión de que algo es de una manera. SIN. **conjetura, sospecha.**

supositorio *m.* Medicamento sólido que se introduce por el ano: *El médico le recetó unos supositorios para curar la fiebre.*

suprarrenal *adj.* Se refiere a cada una de las dos glándulas situadas encima de los riñones: *Las glándulas suprarrenales producen hormonas llamadas corticoides.*

supremacía *f.* Grado más alto de superioridad: *La supremacía de uno de los ajedrecistas sobre el otro fue notable, ganó el juego en pocos minutos.* SIN. **predominio, hegemonía.**

supremo, ma *adj.* Relativo al grado máximo de algo. SIN. **máximo.** ANT. **inferior.**

suprimir *vb.* (tr.) Hacer que desaparezca algo: *Suprime algunos adjetivos y tu poema será más impactante.* SIN. **quitar, eliminar, substraer.**

supuesto, ta *adj./m.* Se refiere a lo que se considera cierto aunque no sea verdadero o a lo que todavía no se ha comprobado que es verdad: *Para elaborar una* teoría, los científicos deben comprobar que sus **supuestos** son verdaderos. SIN. **hipótesis.**

supuración f. Producción de pus en una herida: Está tomando fuertes antibióticos para detener la **supuración.**

supurar vb. (intr.) Salir pus de una herida: Como no se lavó después de que se lastimó, ahora su herida **supura.**

sur adj. Se aplica a lo que se encuentra en el punto cardinal opuesto al norte.

sur m. Punto cardinal opuesto al norte: Argentina está al **sur** del Continente Americano.

surcar vb. irreg. (tr.) Modelo 17. **1.** Volar por el espacio o navegar por el mar: He soñado muchas veces que **surcaba** el cielo en una nave espacial. **2.** Hacer surcos en la tierra: El campesino **surca** la tierra con el arado y los campos quedan como si un gigante les hubiera pasado un peine. SIN. **arar.**

surco m. **1.** Marca que deja en la tierra el arado: Desde arriba, los **surcos** se ven como líneas paralelas trazadas sobre la tierra. SIN. **zanja. 2.** Señal que deja una cosa al pasar sobre otra. SIN. **huella.**

surgir vb. irreg. (intr.) Modelo 61. **1.** Nacer o brotar algo: El agua **surge** de los manantiales. SIN. **salir. 2.** Presentarse algo: No pudo ir a la fiesta porque **surgió** un problema que lo detuvo en su casa.

surinamés, sa adj./m. y f. Originario de Suriname, en América del Sur.

surrealismo m. Movimiento literario y artístico que se inició en Europa a principios del siglo xx y que intentaba expresar el pensamiento puro sin valerse de la lógica, la moral o la estética: Algunos representantes del **surrealismo** son André Bréton y Paul Éluard en literatura, y Salvador Dalí y René Magritte en pintura.

surrealista adj./m. y f. Relativo al movimiento literario y artístico que intenta expresar el pensamiento puro, sin valerse de la lógica, la moral o la estética, así como a los partidarios de este movimiento: En esta obra **surrealista** del pintor español Salvador Dalí, los relojes están pintados como si se estuvieran derritiendo.

surtido m. Conjunto de cosas variadas: En esa tienda hay un gran **surtido** de ropa, puedes encontrar desde ropa infantil hasta vestidos para damas y ropa para caballeros. SIN. **diversidad, variedad.**

surtido, da adj. Se dice del conjunto de cosas de una misma clase que tiene variedad: En esta caja hay chocolates **surtidos**: unos tienen pasas, otros están rellenos de miel, otros de café.

surtidor m. **1.** Chorro de agua: El **surtidor** de la fuente se eleva tres metros. **2.** Aparato que distribuye nafta o gasolina: El conductor estacionó su automóvil junto al **surtidor** para tomar combustible.

surtir vb. (tr., intr. y prnl.) **1.** Proporcionar lo necesario: El mercado central **surte** de alimentos a todo el pueblo. SIN. **proveer, suministrar, proporcionar. 2.** Brotar un líquido.

surubí m. Pez de agua dulce, muy común en los ríos de las zonas templadas de América Meridional: El **surubí** es un pez comestible de piel plateada con manchas negras que abunda en el río Paraná.

susceptible adj. **1.** Referido a lo que es capaz de recibir una modificación o una impresión: Este cuento que has escrito es **susceptible** de mejorarse si le haces algunos cambios. **2.** Se dice de la persona que se ofende con facilidad: No seas tan **susceptible**, te dije tonta en broma, no llores.

suscitar vb. (tr.) Provocar o causar algo: El terremoto **suscitó** una gran cantidad de problemas de vivienda en la ciudad.

suspender vb. (tr.) **1.** Sostener algo en alto de modo que quede sujeto por un punto y lo demás quede en el aire: El electricista **suspendió** la lámpara del techo con un cable. SIN. **colgar. 2.** Detener de manera temporal una cosa: **Suspendieron** el espectáculo al aire libre a causa de la lluvia. SIN. **interrumpir.**

suspensión f. **1.** Interrupción temporal de una cosa: La **suspensión** del viaje se debe a que mi padre está enfermo. **2.** Acto de sostener algo en alto de modo que quede colgado: La **suspensión** del cable para construir el puente fue un trabajo difícil. **3.** Mezcla formada por un sólido molido en pequeñas partículas y un líquido: Este medicamento es una **suspensión** que se toma con cuchara.

suspenso, sa adj. Se refiere a la expectación impaciente y ansiosa que se siente al seguir el desarrollo de un suceso del que no se sabe el final: Vimos un filme de **suspenso** que nos hizo sentir muy nerviosos. SIN. **misterio.**

suspensores m. pl. Chile, Perú y P. Rico. Par de tirantes que sujetan los pantalones.

suspicaz adj. Se aplica a quien tiende a desconfiar o sospechar: De joven era un chico confiado, pero a medida que se ha hecho viejo se ha vuelto **suspicaz.**

suspirar vb. (tr.) Respirar de manera profunda y larga soltando al aire con un sonido que muestra emoción: Felipe debe estar enamorado porque siempre que ve a Paola, **suspira.**

suspiro m. Respiración profunda y larga que se hace soltando el aire con un sonido que muestra emoción: Un **suspiro** expresa pena, deseo o descanso.

sustancia f. Ver substancia.

sustantivo m. Palabra que sirve para nombrar animales, cosas, hechos y personas: Las palabras perro, lápiz y Gregorio son **sustantivos.** SIN. **nombre.**

sustentar vb. (tr. y prnl.) **1.** Mantener o sostener una opinión: El filósofo **sustentó** su discurso con argumentos muy interesantes. **2.** Alimentar o alimentarse: La leona caza para **sustentar** al león, a los cachorros y a sí misma. SIN. **nutrir.**

sustento m. Alimento y conjunto de cosas necesarias para vivir: El padre trabaja para conseguir el **sustento** de los hijos.

susto m. Impresión repentina causada en el ánimo por temor, sorpresa, etc.: Cuando el bebé cayó al agua nos dimos un gran **susto**, pero afortunadamente lo rescatamos a tiempo.

sustraendo m. En una resta, cantidad que hay que restar de otra que se llama minuendo.

susurrar vb. (intr.) Hablar en voz muy baja: Ellos **susurraban** para no despertar a los que dormían. SIN. **murmurar, cuchichear.** ANT. **vociferar.**

susurro m. Voz muy baja o ruido muy suave: Me pareció oír un **susurro**, debe ser el viento. SIN. **murmullo.**

sutil adj. **1.** Se dice de lo que es fino o delicado: Con una **sutil** sonrisa le demostró la alegría de volverlo a ver. SIN. **tenue. 2.** Se dice de lo que resulta ingenioso: *Ese cómico tiene un humor **sutil** que hace reír.* Sin. **agudo, perspicaz.**

sutura *f.* Costura con que se cierra una herida de operación: *En una semana le quitarán los puntos de la **sutura** que tiene por la operación del apéndice.*

suturar *vb.* (tr.) Coser una herida en el cuerpo: *El cirujano pidió a la enfermera la aguja y el hilo para **suturar** la herida de mi pierna.*

suyo, ya *adj./pron.* **1.** Adjetivo y pronombre posesivos que señalan que una cosa pertenece a la tercera persona del singular o del plural: *Ellos dicen que el perro es **suyo**, pero yo sé que pertenece a otra persona.* **2.** Señala que una cosa pertenece a la segunda persona del singular y del plural del pronombre usted: *Oiga, señor, ¿es **suyo** este automóvil?*

Tt

t *f.* Vigésima primera letra del abecedario español. Su nombre es *te.*

tabaco *m.* **1.** Arbusto originario de América, con grandes hojas que se emplean para fabricar cigarros, cigarrillos, etc.: *En algunos usos como en lociones contra las reumas el **tabaco** tiene propiedades medicinales, pero en forma de cigarrillo es nocivo para la salud.* **2.** Hoja de la planta del tabaco: *Con las hojas de **tabaco** picadas se elaboran los cigarrillos.* **3.** Cigarro o cigarrillo: *Mi tío fue a la tienda a comprar una caja de **tabacos**.*

tábano *m.* Tipo de mosca que se alimenta de la sangre que chupa: *Es común encontrar **tábanos** pegados a la piel de las vacas.*

tabaquería *f.* **1.** Cuba y Méx. Taller donde se elaboran los cigarros o puros: *El personaje Carmen, de la ópera del mismo nombre, trabajaba en una **tabaquería**.* **2.** Tienda o espacio de una tienda donde se venden cigarrillos, cigarros o puros y tabaco: *En esa tienda grande la sección de **tabaquería** está detrás de la sección de ropa.*

tabaquismo *m.* Enfermedad de quienes son adictos al tabaco: *Como resultado del **tabaquismo** se pueden desarrollar varias enfermedades graves como el cáncer.*

tabarra *f. Esp. Fam.* Molestia, pesadez.

taberna *f.* Establecimiento público de ambiente popular donde se sirven bebidas alcohólicas y algunas veces alimentos: *Los amigos de mi padre quedaron de verse en una **taberna** para brindar por el cumpleaños de mi tío Paco.* **SIN. estanquillo.**

tabernero, ra *m.* y *f.* Persona que atiende en una taberna: *¡**Tabernera**, puede traer otra jarra de vino por favor!*

tabique *m.* **1.** Pared delgada. **2.** Méx. Ladrillo de caras rectangulares. **3.** Superficie plana que separa dos espacios: *El deportista se cayó, se le fracturó el **tabique** nasal y lo tuvieron que operar para arreglárselo.*

tabla *f.* **1.** Trozo de madera plano y de poco grosor: *Como el huracán estaba a punto de llegar al pueblo, cubrieron las ventanas con **tablas** de madera para que el aire no rompiera los vidrios.* **2.** Pliegue que se hace como adorno a la tela de los vestidos y las faldas o polleras. **3.** Lista de cosas dispuestas en un determinado orden: *Durante la educación básica se aprenden de memoria las **tablas** de multiplicar.*

tablado *m.* Suelo hecho de tablas construido en alto: *El profesor se dirigió a los alumnos desde un **tablado** construido para la ceremonia.* **SIN. tarima.**

tablas *pl.* **1.** En los juegos de ajedrez y damas, situación en que nadie puede ganar la partida: *En la serie de cuatro juegos entre el campeón y la computadora, dos juegos ganó el jugador, uno la computadora y en otro quedaron **tablas**.* **SIN. empate.** **2.** Escenario de un teatro. **3.** *loc.* **Tener ~,** tener soltura al hablar o actuar en público: *Es un orador con muchas **tablas** y experiencia, por eso no se pone nervioso en público.*

tablero *m.* **1.** Plancha de madera: *Los piratas acababan con sus enemigos obligándolos a caminar, atados de las manos, por un **tablero** de madera cuya única salida era el mar.* **2.** Plancha que sujeta la canasta de baloncesto: *La pelota no entró a la canasta porque pegó en el **tablero** y luego cayó al piso.* **3.** Superficie cuadrada para jugar al ajedrez o a las damas. **4.** Conjunto de indicadores que permiten pilotar, por ejemplo, un avión o un barco: *El piloto verificó en el **tablero** que todo estuviera en orden antes de despegar.*

tableta *f.* **1.** Píldora: *Este medicamento puede tomarse en **tabletas** o inyecciones, yo prefiero las primeras.* **SIN. pastilla.** **2.** Barra de chocolate que tiene el tamaño de una porción individual.

tablilla *f.* Tabla pequeña para exponer una lista o un anuncio.

tablón *m.* **1.** Tabla grande y gruesa: *El carpintero cortaba un **tablón** para hacer una puerta.* **2.** Colomb., R. Dom. y Venez. Faja de tierra preparada para la siembra.

tabú *m.* Aquello que no se puede hacer, mencionar o tratar debido a ciertas reglas sociales, prejuicios, etc.: *Para algunas personas hablar sobre el sexo es un **tabú**, es decir, un tema prohibido.*

tabulación *f.* **1.** Hecho de expresar valores por medio de tablas. **2.** Posición donde puede situarse el cursor de un monitor de computadora.

tabulador *m.* Dispositivo de la máquina de escribir y de las computadoras que fija los márgenes en el lugar deseado.

tabular *vb.* {tr. e intr.} **1.** Expresar valores, magnitudes, conceptos, etc., por medio de tablas. **2.** Accionar el tabulador de una máquina de escribir o de una computadora.

taburete *m.* Asiento individual sin brazos ni respaldo: *Me senté en el **taburete** de la sala porque ya no había lugar en los sofás.*

tacana *adj.* De un grupo de pueblos amerindios establecidos principalmente en Bolivia, Perú y la amazonia brasileña.

tacañería *f.* Mezquindad, falta de generosidad: *En el "Cuento de Navidad" del escritor inglés Charles Dickens, el personaje llamado Scrooge muestra una **tacañería** terrible.*

tacaño, ña *adj.* Mezquino, avaro: *El dueño de ese taller es un hombre **tacaño** que nunca presta dinero a sus amigos aunque lo necesiten mucho.* **SIN. codo, amarrado, avaro.**

tacha *f.* **1.** Falta o defecto. **2.** Tachuela grande.

tachar *vb.* {tr.} **1.** Borrar o cruzar algo en un escrito: *Mi maestra tacha con rojo las faltas de ortografía que encuentra en los trabajos que le entregamos.* **2.** Atribuir a alguien o algo una falta o defecto: *Cuando el genio de la física Albert Einstein era niño e iba a la escuela, sus maestros lo tachaban de tonto.*

tacho *m.* **1.** *Amér. Merid.* Recipiente que sirve para calentar agua y para otros usos en la cocina. **2.** *Amér. Merid.* Recipiente para depositar la basura. SIN. **caneca.** **3.** *Argent. Fam.* Taxi. **4.** *Argent. y Chile.* Cualquier recipiente de latón, plástico, etc.

tachuela *f.* Clavo corto y de cabeza ancha: *Fijé la fotografía en la pared con tachuelas de cabeza transparente para que no se notaran.*

tácito, ta *adj.* **1.** Silencioso. **2.** Que no se expresa de manera clara y abierta.

taciturno, na *adj.* **1.** Callado, silencioso: *Marco volvió muy taciturno de la visita que hizo a su madre, lo cual indica que la señora sigue enferma.* **2.** Triste, melancólico: *Después de la muerte de su mejor amigo ha estado taciturna y llorosa.*

taco *m.* **1.** Pedazo de madera que se usa para rellenar un orificio, fijar algo, etc.: *He tapado el agujero en la pared con un taco de madera.* SIN. **tarugo.** **2.** Palo del billar. **3.** *Amér. Merid. y P. Rico.* Pieza de la suela de los zapatos que corresponde al talón: *Laura usa zapatos con tacos muy altos porque le gusta parecer más alta.* SIN. **tacón. 4.** *Esp. Fam.* Mala palabra, grosería: *Javier es un grosero que no puede hablar sin soltar un taco cada dos palabras.* SIN. **grosería, lisura. 5.** *Méx.* Tortilla de maíz a la que se le pone una porción de cualquier guiso y se enrolla para comerla.

tacón *m.* Pieza de la suela del calzado correspondiente al talón: *Marcela usa unos tacones tan altos que le cuesta trabajo caminar.* SIN. **taco.**

taconear *vb.* {intr.} **1.** Caminar sonando los tacones: *Todos saben cuando llega Maribel porque va taconeando muy fuerte sobre el piso.* **2.** Zapatear mientras se baila.

taconeo *m.* Ruido que se hace con los tacones al caminar o bailar: *En la música flamenca los taconeos suelen acompañar al canto y la música de guitarra.*

táctica *f.* Método que se sigue para conseguir un objetivo: *El entrenador de la selección tiene que cambiar de táctica para mejorar el desempeño del equipo.*

táctil *adj.* Relativo al tacto: *Las sensaciones táctiles se reciben sobre todo a través de las terminaciones nerviosas en las yemas de los dedos.*

tacto *m.* **1.** Sentido corporal con el que se percibe la forma, aspereza, etc., de los objetos: *Los ciegos desarrollan más el sentido del tacto y así aprenden a leer para suplir su falta de visión.* **2.** Habilidad para tratar con alguien, llevar un asunto, etc.

tacuara *f.* *Argent., Par. y Urug.* Especie de bambú o caña muy resistente.

tacurú *m.* **1.** *Argent. y Par.* Hormiga pequeña. **2.** *Argent., Par. y Urug.* Nido resistente y muy alto que hacen las hormigas o las termitas con sus excrementos mezclados con tierra y saliva como material de construcción.

tafilete *m.* Cuero curtido de cabra.

tagalo *m.* Lengua nacional de Filipinas: *En las Islas Filipinas se habla tagalo y también español e inglés.*

tahona *f.* Establecimiento donde se elabora y vende pan. SIN. **panadería.**

tahúr *m. y f.* Persona que se dedica al juego de apuestas como oficio: *Su papá era un tahúr que ganaba o perdía dinero jugando póquer, veintiuno y muchos otros juegos de naipes.*

tailandés, sa *adj./m. y f.* Originario de Tailandia, país del Sureste Asiático.

taimado, da *adj.* Astuto: *Se dice que es difícil cazar zorros porque son animales taimados.*

taimarse *vb.* {prnl.} Obstinarse, aferrarse.

taíno o **taino, na** *adj.* De un pueblo amerindio que durante la época de la llegada de Colón a América habitaba en La Española, Puerto Rico, el este de Cuba y parte de Jamaica.

taiwanés, sa *adj./m. y f.* Originario de Taiwán, isla de Asia Oriental.

tajada *f.* Porción cortada de una cosa: *"Córtame una tajada de sandía por favor."* SIN. **rebanada.**

tajamar *m.* **1.** Tablón de forma curva que corta el agua cuando navega la embarcación. **2.** *Argent. y Perú.* Zanja en la ribera de los ríos para hacer menos grave el efecto de las crecidas. **3.** *Argent., Chile, Ecuad. y Perú.* Muralla que protege la entrada de un puerto.

tajante *adj.* **1.** Se aplica a la cosa que corta. **2.** Que no admite discusión: *"¡A sus salones niños!" fue la orden de la directora, seca y tajante.* **3.** Sin término medio.

tajo *m.* **1.** Corte hecho con un instrumento afilado: *De un tajo, la guillotina cortaba las cabezas de los condenados durante la Revolución Francesa.* **2.** Corte profundo y vertical del terreno.

tal *adj.* **1.** Igual, semejante: *Nunca he visto tal cosa como un elefante de color rosa.* **2.** Tan grande: *El deseo de Manuel por conquistar a Rosa es tal que le lleva serenata todas las noches.* **3.** No especificado: *"Lo vino a buscar un tal señor Cardoso."*

tal *adv.* Así, de esta manera: *Hice la tarea escolar tal como me dijo la maestra que la hiciera.*

tala *f.* **1.** Acción y efecto de cortar los árboles por el pie o tronco: *No hay que permitir la tala inmoderada de los bosques porque todos necesitamos de los árboles para vivir.* **2.** *Chile.* Acción de comer los animales la hierba que no puede ser cortada con las hoz.

talabartería *f.* Lugar donde se hacen o venden productos de piel: *Mi tío fue a la talabartería del pueblo y encargó que le hicieran una silla de piel para montar a caballo.*

talabartero, ra *m. y f.* Persona que produce o vende productos de piel como cinturones, cinchos, bolsos, botas, billeteras, etc.: *Mi tío Octavio conoce a un talabartero que hace botas de piel a la medida de los pies de sus clientes.*

talacha *f.* **1.** *Méx. Fam.* Tarea pequeña, en especial la relacionada con el cuidado de algo: *No es complicado lo que me queda por hacer en la cocina, pero sí es talacha aburrida.* **2.** *Méx. Fam.* Reparación, en especial la de automóviles. **3.** loc. **Hacer —,** hacer pequeños trabajos, sobre todo en reparaciones o cuidado de las cosas.

taladrar *vb.* {tr.} **1.** Agujerear, en especial con un taladro: *Los hombres empezarán a taladrar la calle para hacer los arreglos en la tubería del agua.* **2.** *Fam.* Herir los oídos un sonido agudo: *Mis abuelos dicen que la música de los jóvenes les taladra los oídos.*

taladro *m.* Instrumento que sirve para hacer agujeros: *Usaremos un taladro para poner los clavos en los que colgaremos mis cuadros.*

tálamo *m.* *1.* Lecho o cama matrimonial. *2.* Parte del encéfalo situada en la base del cerebro: *Encima del tálamo hay una glándula que se llama hipotálamo.*

talante *m.* *1.* Humor, estado de ánimo: *El día del concierto, Corina estaba de muy mal talante porque le dolía la cabeza.* *2.* Gana, agrado, gusto.

talar *vb.* (tr.) Cortar los árboles desde el pie dejando sólo una pequeña parte de tronco casi al ras de la tierra.

talco *m.* Silicato de magnesio, blando y suave al tacto: *Mi madre pone talco a Robertito para que no se roce cuando se orina en el pañal.*

talego *m.* Bolsa o saco largo y estrecho de tela tosca: *El viajero llevaba sus monedas en un talego atado a la cintura.*

talento *m.* *1.* Capacidad intelectual: *Es una niña con un gran talento para las ciencias, siempre ha obtenido las mejores notas en biología, física y química.* *2.* Don para alguna actividad artística: *Catalina tiene un talento extraordinario para la música y desde los cuatro años ya tocaba el piano.*

talentoso, sa *adj.* *1.* Que tiene una gran capacidad intelectual. *2.* Que tiene una gran facilidad para alguna actividad.

talero *m.* *Argent., Chile* y *Urug.* Látigo para azotar a los caballos formado por un mango corto y una tira ancha de cuero.

talio *m.* Metal que puede extenderse en láminas, de símbolo químico Tl y número atómico 81, usado en sistemas de comunicación.

talión *m.* Castigo en el que alguien sufre el mismo daño que ha causado: *La ley del talión dice "ojo por ojo y diente por diente", y el religioso hindú Gandhi dijo que si se aplicara esta ley todo el mundo acabaría ciego.*

talismán *m.* Objeto al que se atribuye un poder protector sobrenatural: *La bruja le dio al héroe del cuento un talismán que lo protegería de la gente que quisiera perjudicarlo.* **SIN. amuleto.**

talla *f.* *1.* Hecho de dar forma a los objetos al desgastarlos con instrumentos rasposos y cortantes. *2.* Escultura: *En un pequeño taller artesanal compró una talla de madera rústica que representa a una mujer con un niño.* *3.* Estatura: *Artemisa es de talla mayor que la mayoría de sus compañeras, por eso parece de más edad.* *4.* Importancia: *En ese filme actúan personajes de la talla del famoso Laurence Olivier.* *5.* Medida de una prenda de vestir: *Catalina hizo dieta y ejercicio, así que pronto logró bajar dos tallas.*

tallador, ra *m.* y *f.* *1.* Persona que talla: *Un ebanista es un tallador que diseña figuras con diversos tipos de madera.* *2.* *Argent., Chile, Guat., Mex., Perú* y *Urug.* Persona que da las cartas o lleva las apuestas en una mesa de juego.

tallar *vb.* (tr. y prnl.) *1.* Dar forma a un material al desgastarlo con un instrumento rasposo y cortante: *A Ricardo le gusta tallar pequeñas esculturas de madera con un trozo de metal.* *2.* Medir la estatura. *3.* *Méx.* Restregar, frotar: *Por más que Cenicienta tallaba el piso con la escobilla seguía viéndose sucio y manchado.*

talle *m.* *1.* Cintura de una persona: *En el siglo XIX estuvieron de moda los talles esbeltos, por eso las mujeres usaban apretadas fajas.* *2.* Disposición del cuerpo humano.

taller *m.* *1.* Sitio donde se realizan trabajos manuales o artísticos: *Desde que Arturo entró a trabajar en una empresa editorial asiste a un taller de lectura y redacción.* *2.* Sitio donde se reparan aparatos, máquinas, etc.: *Llevé mi auto al taller porque se averió.*

tallo *m.* Órgano de las plantas que sirve de soporte a hojas, flores y frutos: *Las rosas traían unos tallos muy largos que tuve que recortar cuando las puse en el florero.*

talmud *m.* De la raíz hebrea *lamad*, que significa estudio, colección de libros del judaísmo que reúne comentarios sobre la ley de Moisés, a partir de las enseñanzas de las grandes escuelas rabínicas: *En el talmud dice: "Si yo no soy por mí, ¿quién por mí? y si no ahora, ¿entonces cuándo?"*

talo *m.* Cuerpo de algunas plantas en el que no se diferencian raíz, tallo y hojas.

talofito, ta *adj.* Relativo a las plantas con cuerpo constituido por un talo, como las algas.

talón *m.* *1.* Parte posterior del pie humano: *Mariana se compró unos zapatos cubiertos del frente pero que dejan el talón desnudo para sus vacaciones en la playa.* *2. loc.* ~ **de Aquiles**, punto débil: *Ariadna obtiene diez de calificación en todas las materias menos en química que es su talón de Aquiles.*

talón *m.* *1.* Cheque. *2.* Parte de un documento que complementa a la otra parte y sirve para comprobar algo: *Le dieron a mi madre un talón que demostraba que había comprado un billete del sorteo.*

talonario *m.* *1.* Libro de cheques: *A mi padre se le terminaron los cheques, por eso pidió un nuevo talonario al banco.* *2.* Libro de recibos que tiene talones para comprobar y controlar los documentos que se entregan, como los de honorarios.

talud *m.* Inclinación de un terreno o de un muro: *Al llegar junto al río el terreno formaba un talud por el que era divertido deslizarse para caer al agua.*

tamal *m.* *Amér.* Harina de maíz mezclada con manteca y rellena de carne de cerdo, pollo o alguna fruta, que se envuelve en una hoja de maíz o banano y se cuece al vapor: *Los tamales pueden ser de sabor dulce o salado.* **SIN. paco.**

tamaño *m.* Conjunto de las medidas físicas de alguien o algo: *Encontré una araña de un tamaño enorme y comencé a gritar llamando a mi madre.*

tamaño, ña *adj.* Semejante, tal: *"No te creo tamaña mentira, yo sé que no tienes quince años sino once."*

tamarindo *m.* *1.* Árbol que da frutos en legumbre, con vaina dura y quebradiza, pulpa agridulce y semillas redondas. *2.* Fruto comestible del árbol llamado tamarindo: *Comí unos dulces de tamarindo cubiertos de azúcar que estaban deliciosos pero me provocaron un poco de diarrea.*

tambalearse *vb.* (prnl.) Moverse de un lado a otro: *Durante el terremoto los edificios se tambalearon peligrosamente.*

tambero, ra *adj.* *Amér. Merid.* Relativo al tambo.

tambero, ra *m.* y *f.* *Amér. Merid.* Persona que tiene un tambo o se encarga de él.

también *adv.* Afirma la relación de una cosa con otra: *Rosario quiere ir al cine y Alicia también, en cambio yo prefiero ir al teatro.*

tambo *m.* *1.* *Argent.* Establecimiento ganadero destinado a ordeñar vacas y vender su leche. **SIN. establo, vaque-**

TAM ría. **2.** *Perú.* Posada, casa donde se hospedan viajeros. **3.** *Méx.* Recipiente cilíndrico de gran capacidad para basura, agua, etc.: *Cuando pasa el camión a recoger la basura se ven los **tambos** llenos alineados en la calle.*

tambor *m.* Instrumento musical de percusión formado por una caja cilíndrica hueca y con las bases cubiertas por un trozo de cuero.

tamborito *m.* Baile nacional de Panamá, de origen africano.

tamiz *m.* Especie de colador con orificios muy pequeños.

tampoco *adv.* Sirve para negar una cosa después de haberse negado otra: *Ayer mi amiga no vino a la escuela ni hoy **tampoco**, tal vez esté enferma.*

tampón *m.* **1.** Almohadilla que se usa para manchar de tinta o humedecer sellos, estampillas, etc.: *En la oficina de correos tienen un **tampón** para humedecer las estampillas.* **2.** Artículo higiénico femenino en forma de cilindro pequeño, usado por las mujeres durante la menstruación.

tan *adv.* **1.** Apócope de *tanto*, que aumenta el significado de un adjetivo o un adverbio: *Es un automóvil **tan** caro que sólo la gente rica puede comprarlo.* **2.** Denota idea de equivalencia o igualdad: *El acero es **tan** duro como el hierro.*

tanate *m.* **1.** *Amér. C.* y *Méx.* Cesto cilíndrico de palma o tule tejidos: *En mi casa usan un **tanate** hecho con bejuco para poner el pan.* **2.** *Amér. C.* Lío, envoltorio.

tanates pl. *Amér. C.* Conjunto de trastos, de objetos viejos.

tanatorio *m.* Edificio destinado a servicios funerarios, velatorio.

tanda *f.* **1.** Turno, partida: *Anabel participa en una **tanda** de dinero en la que cada semana pone una suma y después de tres meses le tocará a ella recibir el total de lo que ahorrará.* **2.** Serie de cosas que se dan seguidas: *En ese teatro popular se pueden ver dos **tandas** de espectáculos por poco dinero.*

tándem *m.* Bicicleta para dos o más personas: *Mis abuelitos tenían un **tándem** para salir a pasear al parque.*

tanga *f.* **1.** Parte inferior de tamaño mínimo, de una malla o traje de baño. **2.** Prenda interior muy pequeña que sólo cubre los genitales.

tangencial *adj.* Que toca lo fundamental pero de una manera breve: *La clase del maestro de lengua española es **tangencial**, que cinco minutos habla de lengua y durante una hora nos platica su vida personal.*

tangente *adj.* Que está en contacto con otra cosa.

tangente *f.* **1.** Línea que toca en un solo punto una curva o superficie pero sin cortarla. **2.** loc. Fam. **Salirse por la ~**, no responder de manera directa, evadirse: *El cantante se sintió incómodo y **se salió por la tangente** cuando el reportero le preguntó sobre su divorcio.*

tangerina *f.* Variedad de mandarina.

tangible *adj.* Que se puede tocar: *Los libros son cosas **tangibles**, las palabras son cosas abstractas.* **Ant. intangible.**

tango *m.* **1.** Baile argentino de ritmo lento y muy marcado: *Carlos Gardel ha sido el cantante de **tangos** más famoso de la historia.* **2.** loc. *Méx.* Fam. **Hacer un ~**, hacer una rabieta con gritos y actitudes exageradas: *Cuando le dijeron que no podía ir a la fiesta **hizo un tango** porque tenía muchos deseos de ir.*

tano *adj./m.* y *f.* De un grupo de pueblos amerindios establecidos en Nuevo México, Estados Unidos de Norteamérica.

tanque *m.* **1.** Vehículo terrestre muy resistente de uso militar: *Los **tanques** se comenzaron a usar de manera regular durante la Segunda Guerra Mundial.* **2.** Depósito de agua u otro líquido preparado para su transporte: *El camión lleva varios **tanques** llenos de agua para ese pueblo donde no llega el agua entubada.* Sin. **tambo.**

tántalo *m.* Metal muy duro de símbolo Ta y número atómico 73.

tantear *vb.* (tr.) **1.** Calcular de manera aproximada. **2.** Pensar, considerar: *No he decidido aún porque quiero **tantear** mejor la situación.*

tanteo. Al ~, loc. Al cálculo, de manera aproximada: *Mi hermano me dijo **al tanteo** cuántas monedas había en mi bolsa y le faltó poco para acertar.*

tanto *m.* **1.** Unidad de cuenta en muchos juegos o deportes: *El equipo visitante acaba de anotar un **tanto** a su favor.* Sin. **punto.** **2.** loc. **~ por ciento**, porcentaje.

tanto *adv.* Hasta tal punto: *No griten **tanto** que después les va a doler la garganta.*

tanto, ta *adj.* **1.** En correlación con *como*, introduce una comparación de igualdad: *Mauricio come **tanto** como su papá porque está en pleno crecimiento.* **2.** Expresa una cantidad o número indeterminado: *Le pregunté cuánto costaba y me dijo que **tanto**, no recuerdo la cantidad exacta.*

tanto, ta *pron.* Equivale a eso: *Por más que Milton se esfuerce en igualar al gran futbolista Pelé, no podría llegar a **tanto** a sus quince años de edad.*

tañer *vb. irreg.* (tr.) **Modelo 42.** Tocar un instrumento de percusión o de cuerda: *El cantante bohemio se puso a **tañer** la guitarra para acompañar su triste canción.*

tañido *m.* Sonido que emite un instrumento de percusión o de cuerda: *A lo lejos se escuchaba el **tañido** de las campanas que anunciaban el inicio de la fiesta del pueblo.*

tapa *f.* **1.** Pieza que cierra la abertura de un recipiente: *No olvides ponerle una **tapa** al guiso para que no se le acerquen las moscas.* **2.** Cubierta de un libro: *El libro es tan viejo y la **tapa** está tan dañada que ya no se puede leer el título.* **3.** *Esp.* Pequeña cantidad de comida que se sirve como aperitivo: *Como **tapas** hay jamón, setas y calamares.* Sin. **botana.**

tapacubos *m.* Tapa de la cara exterior de la rueda de un vehículo: *Compró unos **tapacubos** de metal brillante para su nuevo automóvil deportivo.* Sin. **tapón.**

tapadera *f.* Pieza que sirve para cubrir de manera ajustada a la boca de un recipiente: *La **tapadera** de la olla tiene un asa hecha de un material que no se calienta.*

tapado *m.* **1.** *Amér. Merid.* Abrigo o capa de señora o de niño. **2.** *Argent., Bol.* y *Perú.* Tesoro enterrado.

tapado, da *adj./m.* y *f.* *Argent., Méx.* y *Urug.* Relativo al candidato político cuyo nombre se mantiene en secreto hasta el momento propicio.

tapanco *m.* *Méx.* Piso de madera que se pone sobre vigas o columnas en habitaciones con gran altura, para dividirlas a lo alto en dos espacios: *En el **tapanco** del pequeño departamento hay una cama y en la parte de abajo los demás muebles.*

tapar *vb.* (tr. y prnl.) **1.** Cubrir o cerrar lo que está descubierto o abierto: *Tapa el recipiente para que el* pan no se endurezca. **2.** Encubrir, ocultar: *El empresa-rio* **tapó** *el escándalo de su principal colaborador para que nadie se enterara.* **3.** Abrigar o cubrir con ropas: *Hoy el niño* **se tapó** *con el abrigo porque hace más frío que ayer.*

taparrabos *m.* Pieza de tela, piel, etc., con que los miembros de ciertos pueblos se tapan los órganos genitales: *En la ciudad se veía raro alguien que sólo usara un* **taparrabos**, *pero entre algunas tribus de indios es lo normal.*

tape *adj./m.* y *f.* Argent. Desp. y Urug. Fam. Persona que parece indígena.

tapete *m.* **1.** Cubierta pequeña o mediana hecha con tela o algún tejido, que no se fija al piso: *A la entrada de su casa tiene un pequeño* **tapete** *para limpiarse los zapatos.* **2.** Tela que se pone sobre la mesa: *Encima de la mesa de madera hay un* **tapete** *y sobre el* **tapete**, *un florero.*

tapia *f.* **1.** Pared que sirve como valla o cerca: *Al fondo del patio hay una* **tapia** *que divide mi casa de la casa de los vecinos.* **2.** loc. **Sordo como ~**, completa-mente sordo: *Mi tía María Luisa estaba* **sorda como una tapia** *pues no oía ni los ruidos más fuertes.*

tapiar *vb.* {tr. e intr.} Cerrar un espacio con una pared: *Antiguamente esas dos casas tenían una conexión, pero por alguna razón* **tapiaron** *después la puerta que las comunicaba.*

tapicería *f.* Oficio e industria de fabricar tapices o de tapizar: *En el taller de* **tapicería** *forran con tela sillas, sofás, etc.*

tapicero, ra *m.* y *f.* Artesano que se dedica a la tapice-ría: *Le encargué al* **tapicero** *que cambiara la tela de la silla porque se había roto.*

tapioca *f.* Substancia harinosa comestible obtenida de la mandioca: *Mi tía Lilia hacía un dulce de* **tapioca** *con cerezas, leche y azúcar.*

tapir *m.* Mamífero de cabeza grande, trompa peque-ña y orejas redondas, propio de Asia y de América: *El* **tapir** *parece primo de los cerdos y de los jabalíes.*

tapisca *f.* Amér. C. y Méx. Recolección del maíz.

tapiz *m.* Paño tejido con lana, lino, etc., usado para decorar: *Además de adornar las paredes los* **tapices** *sir-ven para reducir el frío de las habitaciones.*

tapizar *vb. irreg.* {tr.} Modelo 16. Cubrir las paredes o muebles con tapices o telas: *Como parte de la remo-delación de la casa, van a* **tapizar** *el sofá con tela azul.*

tapón *m.* **1.** Pieza que tapa la boca de botellas y otros recipientes: *Se perdió el* **tapón** *de la botella de la bebi-da gaseosa y ahora parece agua dulce porque se le es-capó todo el gas.* **2.** Acumulación de cera en el oído: *Para que mi tío pudiera oír mejor el médico le extrajo un* **tapón** *de cera del oído.* **3.** Méx. Tapa de la cara exterior de la rueda de un vehículo. SIN. **tapacubos**.

taponar *vb.* {tr. y prnl.} Cerrar un orificio con un ta-pón: **Taponamos** *la tubería rota con plástico para que no se escape el agua y mañana llamaremos al fontanero.*

tapujo *m.* Fam. Disimulo, engaño.

taquería *f.* Méx. Restaurante o casa de comidas don-de se preparan y venden tacos: *En esa* **taquería** *venden tacos de carne y tacos de res.*

taquicardia *f.* Ritmo cardiaco acelerado: *Debido a la* **taquicardia** *que ha sufrido recientemente, mi padre decidió ir a que lo revisara un cardiólogo.*

taquigrafía *f.* Sistema de escritura rápida y abreviada, a base de signos especiales: *Las secretarias aprenden* **taquigrafía**, *mecanografía, organización de archivos y últimamente computación.*

taquígrafo, fa *m.* y *f.* Persona especializada en taqui-grafía: *Un* **taquígrafo** *rápido puede escribir a la misma velocidad a la que uno habla.*

taquilla *f.* **1.** Ventana pequeña donde se venden bille-tes para transporte o entradas para un espectáculo: *Había una larga fila en la* **taquilla** *para entrar al concier-to de rock.* **2.** Armario pequeño en el que se guardan objetos personales o papeles. **3.** Amér. C. Taberna. **4.** Chile, C. Rica y Ecuad. Clavo pequeño.

taquillero, ra *adj.* Se dice del artista o del espectácu-lo que tiene mucho éxito con el público y por eso se venden muchos billetes de entrada para sus presenta-ciones: *A esa obra de teatro le ha ido muy bien porque la primera actriz es muy* **taquillera**.

taquillero, ra *m.* y *f.* Empleado que se encarga de vender los billetes o entradas en una taquilla.

taquímetro *m.* Instrumento usado para medir distan-cias y ángulos: *Los ingenieros usan* **taquímetros** *para calcular las distancias.*

tara *f.* **1.** Defecto físico o psíquico grave: *Hay una* **tara** *en esa familia pues todos tienen una pierna más corta que la otra.*

tara *f.* **1.** Chile y Perú. Arbusto de cuya madera se ex-trae un tinte. **2.** Colomb. Serpiente venenosa. **3.** Venez. Langosta de tierra de mayor tamaño que la común.

tarado, da *adj./m.* y *f.* **1.** Que sufre de un defecto mental o físico grave. **2.** Desp. Fam. Tonto, lento de entendimiento.

tarahumara *adj./m.* y *f.* De un pueblo amerindio que habita en Chihuahua, México: *Los* **tarahumaras** *tienen fama de ser buenos corredores de largas distancias.* SIN. **rarámuri**.

tarantín *m.* **1.** Amér. C., Cuba y P. Rico. Cachivache, trasto. **2.** Venez. Tienda muy pobre.

tarántula *f.* Araña de tórax y patas vellosos de picadu-ra peligrosa: *En Brasil se encuentran las* **tarántulas** *más grandes, peludas e impresionantes del mundo, algu-nas llegan a medir hasta 25 cm.*

tararear *vb.* {tr.} Cantar en voz baja repitiendo sílabas como ta y ra en vez de las palabras de la canción: *A Miguel le gusta* **tararear** *las canciones que escucha en su radio mientras hace la comida.*

tararira *f.* Argent. y Urug. Pez que vive en los grandes ríos de América del Sur, de carne muy apreciada por su sabor.

tarasca *f.* Chile y C. Rica. Boca grande.

tarascada *f.* Mordida: *En cuanto el león vio la carne que le acercaban lanzó una gran* **tarascada**.

tarasco *adj./m.* y *f.* Nombre que los conquistadores españoles dieron al pueblo purépecha del estado de Michoacán, México.

tarascón *m.* Argent., Bol., Chile, Ecuad. y Perú. Mordedura: *En medio de la pelea Ricardo le dio un* **ta-rascón** *a Alfredo.*

tardado, da *adj.* Méx. Fam. Lento: *Es una cocinera bue-na pero muy* **tardada** *a quien le lleva dos horas preparar la sopa.* SIN. **tardón**.

tardanza *f.* Hecho de retrasarse o tardarse: *Me preo-cupa la* **tardanza** *de Estela pues siempre es puntual.*

tardar *vb.* (intr. y prnl.) *1.* Invertir un tiempo determinado en hacer una cosa: *¿Cuánto vas a tardar en terminar de comer?* *2.* Emplear más tiempo del previsto en hacer algo: *Verónica se está tardando mucho en arreglarse y ya va a empezar la función, debemos apresurarla.*

tarde *f.* Tiempo desde el mediodía hasta el anochecer: *Quedamos de vernos por la tarde para ir al cine.*

tarde *adv.* *1.* A una hora avanzada del día o la noche: *Se quedaron trabajando en la oficina hasta muy tarde y llegaron a sus casas en la madrugada.* *2.* Después del momento previsto: *Eres una persona informal porque siempre llegas una hora tarde a tus citas.*

tardío, a *adj.* *1.* Relativo a los frutos que tardan más que otros de su misma clase en madurar: *Se dice que el vino de las uvas tardías es particularmente dulce.* *2.* Que ocurre o se realiza después del tiempo debido: *Tres meses después de morir el escritor le hicieron un reconocimiento tardío por su gran obra.*

tardón *adj.* Lento. SIN. **tardado**.

tarea *f.* *1.* Trabajo que ha de hacerse en un tiempo limitado. *2.* Argent., Chile, Méx. y Urug. Trabajo escolar que los estudiantes realizan en casa.

tareco *m.* Cuba, Ecuad. y Venez. Cachivache, trasto.

tarifa *f.* Lista de precios o impuestos: *El gobierno municipal es el encargado de fijar la tarifa que se paga por el agua.*

tarima *f.* Plataforma de madera, a poca altura del suelo: *Como la fiesta sería en el jardín, colocaron sobre el césped una tarima para que la gente bailara.* SIN. **tablado**.

tarjar *vb.* (tr.) Chile. Tachar parte de un escrito.

tarjeta *f.* *1.* Hoja pequeña de cartulina en la que se escriben los datos de una persona: *Al llegar al despacho del licenciado, el hombre le mostró su tarjeta a la secretaria para que lo anunciara.* *2.* Pequeña hoja de papel en la que se anota cualquier cosa: *Para realizar su investigación llenó cientos de tarjetas con datos que consiguió en la biblioteca.*

tarjetero *m.* Caja donde se guardan tarjetas: *Mi hermano me regaló un tarjetero de madera con divisiones en orden alfabético.*

tarro *m.* Recipiente cilíndrico, por lo general más alto que ancho: *Los tarros se usan para envasar mermeladas, conservas y cremas para el cuerpo entre otras cosas.*

tarso *m.* Región posterior del pie: *Andaba descalzo, pisó unas ramas secas y se hizo cortadas en el tarso.*

tarta *f.* Torta o pastel grande y relleno de frutas, crema, etc.: *La tarta que dieron en la fiesta de cumpleaños de Berenice era muy dulce y cremosa.*

tartajear *vb.* (intr.) Fam. Hablar pronunciando mal las palabras.

tartamudear *vb.* (intr.) Hablar con pronunciación entrecortada y repitiendo varias veces las sílabas o sonidos: *Cuando niño, ese actor era tan nervioso y tímido que tartamudeaba todo el tiempo.*

tartamudo, da *adj./m.* y *f.* Persona que habla con sonidos entrecortados, repitiendo las sílabas o las palabras.

tartana *f.* *1.* Carruaje de dos ruedas tirado por caballos, con asientos laterales y toldo. *2.* Embarcación pequeña de vela.

tártaro, ra *adj./m.* y *f.* De un conjunto de pueblos de origen mongol y turco.

tartera *f.* Recipiente para llevar comida: *Mi papá se lleva su almuerzo al trabajo en una tartera.*

tarugo *m.* *1.* Pedazo grueso y corto de madera o pan. SIN. **taco**. *2.* Desp. Fam. Tonto.

tasa *f.* *1.* Hecho de tasar o medir. *2.* Precio que se fija de manera oficial.

tasajo *m.* Carne que se pone a secar untada con sal como conservador. SIN. **cecina**, **charqui**.

tasar *vb.* (tr.) *1.* Fijar la autoridad competente el precio o cantidad de algo. *2.* Valorar, evaluar: *Antes de vender las joyas las llevaron a tasar para conocer su precio.* SIN. **valuar**. *3.* Poner límite a algo para evitar excesos.

tasca *f.* *1.* Taberna, lugar donde se venden alimentos y bebidas alcohólicas: *Después del trabajo se fueron a una tasca para tomar unas copas de vino.* *2.* Perú. En el mar, conjunto de corrientes encontradas y oleaje fuerte que dificultan un desembarco.

tata *f.* Fam. Mujer que cuida niños. SIN. **nana**, **niñera**.

tata *m.* Amér. Padre, papá y a veces, abuelo.

tatarabuelo, la *m.* y *f.* Respecto a una persona, el padre o la madre de su bisabuelo o su bisabuela: *El tatarabuelo de Nora llegó desde Italia a Argentina el siglo pasado y ahí ha nacido toda su familia.*

tataranieto, ta *m.* y *f.* Respecto a una persona, hijo o hija de su bisnieto o de su bisnieta.

tatú *m.* Argent., Bol., Chile, Par. y Urug. Especie de armadillo de gran tamaño.

tatuaje *m.* Palabra o dibujo grabado en la piel del cuerpo: *El hombre lleva en el pecho un gran tatuaje en forma de corazón atravesado por una flecha.*

taumaturgia *f.* Facultad del taumaturgo.

taumaturgo, ga *m.* y *f.* *1.* Persona que hace o pretende hacer milagros. *2.* Fam. Mago, hechicero.

taurino, na *adj.* Relativo a los toros o a las corridas de toros: *A mucha gente la fiesta taurina le parece un espectáculo cruel en el que se atormenta a los toros.*

tauro *adj./m.* y *f.* Segundo signo del zodiaco, comprendido entre el 20 de abril y el 21 de mayo, su signo es un toro.

tauromaquia *f.* Técnica y arte de torear: *La tauromaquia existe desde la antigua Grecia.*

tautología *f.* Repetición inútil de un mismo pensamiento: *Decir que un abridor abre es una tautología.*

taxi *m.* Automóvil público con chófer: *Cuando llueve en esta ciudad es imposible conseguir un taxi, ¡todos están ocupados!*

taxidermia *f.* Arte de disecar animales muertos y arreglarlos en posiciones parecidas a las que tenían cuando estaban vivos.

taxidermista *m.* y *f.* Persona que diseca animales muertos.

taxímetro *m.* Contador que, en los taxis, indica el precio que se debe pagar por la distancia recorrida: *Es ilegal que los taxis no tengan el taxímetro funcionando correctamente.*

taxista *m.* y *f.* Chófer de taxi. SIN. **ruletero**.

taxonomía *f.* Ciencia que se ocupa de la clasificación de las especies animales y vegetales, ordenándolos de acuerdo a sus características.

taza *f.* *1.* Vasija con asa que sirve para beber de ella. *2.* Cantidad de cualquier cosa que cabe en una taza: *Mi padre toma una taza de café todas las mañanas.* *3.* Mueble del baño que sirve para orinar y defecar:

la **taza** se tapó y se empezó a derramar el agua con orina por los lados. Sɪɴ. **excusado, inodoro, water, retrete, escusado.**

te *pron.* Pronombre personal masculino y femenino de la segunda persona del singular, que funciona como complemento directo e indirecto: *"¿Te quieres quedar a tomar un café conmigo?"*

té *m.* **1.** Planta que se cultiva por sus hojas aromáticas y un poco estimulantes: *En la India se produce mucho té para consumo interno y para exportación.* **2.** Hojas de la planta del té, secadas, enrolladas y tostadas. **3.** Bebida o infusión que se hace con hojas de té: *Los chinos, indios e ingleses toman mucho té.*

tea *f.* Astilla muy resinosa que, encendida, sirve para alumbrar: *Al entrar a la obscura cueva Indiana Jones llevaba una tea para ver el camino.*

teatral *adj.* **1.** Relativo al teatro: *Ese periodista escribe cada sábado una crítica teatral en un diario.* **2.** Exagerado: *Le dio las gracias con gestos teatrales que parecían fingidos.*

teatro *m.* **1.** Edificio donde se representan obras dramáticas. **2.** Género literario cuyas obras están pensadas para ser representadas: *Lope de Vega fue uno de los grandes autores del teatro español.*

tebeo *m. Esp.* Revista infantil con historietas: *De niño le encantaba leer tebeos y los compraba cada semana.* Sɪɴ. **historietas, cómics.**

techar *vb.* {tr.} Poner techo: *Ya construyeron las paredes de la casa nueva, sólo falta techarla.*

techo *m.* **1.** Parte interior de la cubierta de una habitación, edificio, etc.: *En las zonas cálidas las casas tienen techos muy altos para que el ambiente se mantenga fresco.* **2.** Tejado, cubierta de una construcción: *A través del techo de lámina se escuchan a veces los pasos de los gatos.* Sɪɴ. **techumbre.**

techumbre *f.* Cubierta de un edificio. Sɪɴ. **techo.**

tecla *f.* Pieza que, pulsada con los dedos, hace sonar un instrumento musical o funcionar un mecanismo: *El piano estaba tan viejo que varias teclas no sonaban.*

teclado *m.* **1.** Grupo ordenado de teclas de un instrumento o aparato: *La maestra de piano le sugirió a Felipe que consiguiera un teclado para practicar en casa.* **2.** Dispositivo formado por teclas que se utiliza para introducir datos y dar órdenes a una computadora.

teclear *vb.* {tr.} Oprimir las teclas.

tecnecio *m.* Elemento químico que se obtiene de manera artificial, de símbolo Tc y número atómico 43.

técnica *f.* **1.** Conjunto de métodos de una ciencia, arte, etc.: *La fotografía tiene una parte inicial de técnica que hay que estudiar antes de empezar a tomar fotos.* **2.** Conjunto de las aplicaciones prácticas de las ciencias. **3.** Sistema para conseguir algo: *Fabiola tiene una técnica interesante para preparar un desayuno rápido y sabroso.*

tecnicismo *m.* **1.** Cualidad de técnico. **2.** Palabra propia de una técnica: *Le pedí al mecánico que no me hablara con tecnicismos y que me explicara con palabras sencillas el problema del motor del automóvil.*

técnico, ca *adj.* **1.** Relativo a la aplicación de las ciencias y de las artes. **2.** Relativo a los términos propios del lenguaje de un arte, una ciencia, etc.: *Es un manual técnico que sólo entienden los especialistas en agricultura.*

técnico, ca *m.* y *f.* Persona que posee los conocimientos de una técnica: *En la oficina se necesita un técnico en computación.*

tecnocracia *f.* Gobierno de los técnicos o especialistas.

tecnología *f.* Estudio de los medios, de las técnicas y de los procesos empleados en las diferentes ramas de la industria: *Muchos países de América Latina carecen de una tecnología propia y por eso dependen de la extranjera.*

tecolote *m. Amér. C.* y *Méx.* Búho.

tecomate *m.* **1.** *Guat.* y *Méx.* Planta de aplicaciones medicinales, de fruto comestible y corteza utilizada para hacer vasijas. **2.** *Méx.* Vasija de forma similar a la jícara, por lo general hecha con el fruto del tecomate.

tectónica *f.* Parte de la geología que estudia las deformaciones de la corteza terrestre y los movimientos que han originado estas deformaciones: *Los sismólogos, quienes estudian los terremotos, deben conocer necesariamente la tectónica.*

tectónico, ca *adj.* Relativo a la corteza terrestre: *Cuando las capas tectónicas se acomodan se producen sismos.*

tedio *m.* Aburrimiento, fastidio: *Durante las vacaciones algunos niños caen en el tedio y pasan el tiempo pensando en regresar a clases.*

tedioso, sa *adj.* Que resulta aburrido, cansado: *Hacer ejercicios de caligrafía es una actividad tediosa pero necesaria para adquirir destreza al escribir a mano.*

tegucigalpense *adj./m.* y *f.* Originario de Tegucigalpa, capital de Honduras, país de América Central.

tegumento *m.* Tejido que recubre algunas partes de un ser vivo.

tehuelche *adj./m.* y *f.* Pueblo amerindio prácticamente extinto que, junto con los ona, habitó en la parte meridional de América del Sur, desde la cordillera chilena hasta Tierra del Fuego.

teísmo *m.* Doctrina que afirma la existencia personal y única de un Dios creador y conservador del mundo.

teísta *m.* y *f.* Seguidor del teísmo.

teja *f.* Pieza de barro cocido o de cerámica, con forma de canal, usada para cubrir los techos: *En ese pueblo la mayor parte de las casas se hacen de teja roja.*

tejado *m.* Superficie que recubre la parte superior de las casas y que suele estar recubierta por tejas.

tejamanil *m. Cuba, Méx.* y *P. Rico.* Tabla delgada que se coloca como teja en los techos de las casas.

tejedor, ra *m.* y *f.* **1.** Persona que tiene por oficio tejer. **2.** *Chile Fam.* Intrigante, enredador.

tejedora *f.* Máquina que sirve para tejer punto: *Mi tía Luisa compró una tejedora y ahora se dedica a elaborar ropa.*

tejemaneje *m.* **1.** *Fam.* Actividad y destreza para realizar algo: *El jefe se puso a enseñarle el tejemaneje de la tienda al nuevo empleado.* **2.** *Fam.* Intriga y manejos poco honestos para conseguir algo.

tejer *vb.* {tr. y prnl.} **1.** Formar prendas de vestir en el telar: *Los rebozos mexicanos se tejen en un telar llamado de cintura.* **2.** Entrelazar hilos para formar alfombras, esteras, prendas de punto, etc.: *Mi tía Gracia tejía muy bonito y era capaz de hacer una bufanda en un rato.*

tejido *m.* **1.** Prenda textil obtenida por entrecruzamiento ordenado de hilos: *Todavía se conservan tejidos que fueron hechos hace miles de años en la época de los antiguos egipcios.* **2.** Grupo organizado de células con la misma estructura y función: *El tejido del estómago es distinto del de los huesos.* **3.** *loc.* ~ **conjuntivo,** en anatomía, tejido que sirve como sostén o protección.

tejocote *m.* Méx. Planta de fruto amarillo comestible y sabor agridulce.

tejón *m.* Mamífero carnívoro que también come algunos frutos, mide unos 70 cm de largo y 20 kg de peso, es de color gris y patas cortas: *El tejón es común en los bosques, donde excava madrigueras.*

tela *f.* **1.** Tejido fabricado en un telar: *Hoy en día las telas se hacen en máquinas especiales a gran velocidad.* **2.** Lienzo pintado: *El pintor llevó las telas a enmarcar para la exposición.* **3.** loc. **~ de araña**, tejido que forman las arañas: *Se ve que desde hace mucho no sacuden las esquinas de la casa, pues están cubiertas de telas de araña.* SIN. **telaraña.**

telar *m.* **1.** Máquina que se utiliza para tejer: *En ese taller de ropa tienen cuatro telares que ponen a trabajar durante todo el día.* **2.** Parte superior del escenario de un teatro, de donde bajan telones y bambalinas.

telaraña *f.* Tela que forma la araña con el hilo que segrega: *Al entrar a la vieja casa abandonada se encontró con telarañas que se le pegaban a la cara.*

telecomunicación *f.* Transmisión a distancia de mensajes hablados, sonidos, imágenes o señales convencionales: *Gracias a un sistema de telecomunicación es posible recibir canales de televisión de otro continente.*

teledirigir *vb. irreg.* {tr.} Modelo 61. Conducir o mandar a distancia.

telefacsímil *m.* Telefax, fax.

telefax *m.* **1.** Servicio de copia a distancia que emplea copiadoras y los circuitos de la red telefónica. **2.** Documento enviado o recibido con el instrumento llamado telefax. SIN. **fax.**

teleférico *m.* Medio de transporte formado por uno o varios cables que cargan cabinas suspendidas en un carril.

telefilme o **telefilm** *m.* Filme realizado especialmente para la televisión.

telefonazo *m.* Fam. Llamada telefónica.

teléfono *m.* **1.** Instalación y aparato conectado a un circuito eléctrico que permite hablar de un lugar a otro a dos personas situadas en lugares lejanos entre sí: *Alejandro Graham Bell y Tomás Alva Edison inventaron el teléfono prácticamente al mismo tiempo.* **2.** loc. **~ celular**, aquel que transmite y recibe la señal telefónica por medio de microondas: *Hoy en día se puede localizar a una persona donde se encuentre si tiene un teléfono celular.* **3.** loc. **~ inalámbrico**, aquel que carece de alambres y recibe de medio de ondas electromagnéticas envía la señal a la red telefónica: *Con un teléfono inalámbrico se puede telefonear desde cualquier lugar de la casa.*

telegrafía *f.* Sistema de telecomunicación para enviar mensajes escritos mediante la utilización de un código de señales: *La telegrafía fue el primer medio rápido para transmitir mensajes, ahora ya ha sido reemplazado por otros sistemas más modernos.*

telegráfico, ca *adj.* **1.** Relativo al telégrafo o a la telegrafía. **2.** Breve: *Mi novio me mandó una carta de amor tan telegráfica que sólo decía: "Te quiero mucho, Gerardo".*

telegrafista *m.* y *f.* Empleado que se ocupa de enviar y recibir mensajes a través del telégrafo: *Cuando era joven, el abuelo de Tomás fue telegrafista en su pueblo natal.*

telégrafo *m.* Conjunto de aparatos que permiten transmitir mensajes escritos con rapidez y a distancia: *El barco Titanic envió muchos mensajes a través del telégrafo solicitando ayuda.*

telegrama *m.* Mensaje transmitido por telégrafo: *A mi hermano le llegaron varios telegramas de felicitación por su cumpleaños.*

telele *m.* Fam. Desmayo ostentoso: *Cuando la mujer se enteró de que su hijo se había casado durante las vacaciones le dio un telele.* SIN. **soponcio, patatús.**

telemática *f.* Conjunto de técnicas y servicios basados en redes que asocian la telecomunicación y la ciencia de la computación.

telémetro *m.* Aparato que permite medir la distancia a la que se encuentra un objeto lejano.

telenque *adj.* Chile. Que es débil y enfermizo. SIN. **enclenque.**

teleobjetivo *m.* Lente fotográfico para captar objetos lejanos.

teleósteo *adj.* Relativo a un orden de peces de esqueleto óseo y escamas lisas.

telepatía *f.* Transmisión de pensamientos sin necesidad de hablar, que se realiza de una persona a otra a veces a gran distancia: *"Parece que nos comunicamos por telepatía pues pensaba en ti cuando me llamaste."*

telera *f.* **1.** Cuba. Galleta delgada y de forma rectangular. **2.** Méx. Pan blanco, de forma ovalada y con hendiduras a lo largo: *Comí una rica telera rellena de jamón y queso.*

telescopio *m.* Aparato óptico astronómico que permite la observación de cuerpos muy lejanos: *Algunos astrónomos aficionados han hecho importantes descubrimientos con telescopios no muy potentes.*

teletipo *m.* Aparato telegráfico que permite la impresión a distancia de un escrito: *El día que empezó la guerra los teletipos de todos los diarios funcionaron todo el tiempo recibiendo información sobre el asunto.*

televisión *f.* **1.** Transmisión a distancia de imágenes y sonidos. **2.** Aparato que recibe a distancia sonidos e imágenes en movimiento: *"Prende la televisión para ver las noticias."* SIN. **televisor.**

televisor *m.* Aparato que recibe a distancia sonidos e imágenes en movimiento: *Muchas personas gustan de comer frente al televisor mientras ven algún programa.* SIN. **televisión.**

télex *m.* Servicio telegráfico por medio de teletipos.

telón *m.* Lienzo o cortina grande del escenario de un teatro: *Ese teatro tenía un gran telón de terciopelo rojo, con flecos dorados en las puntas.*

telúrico, ca *adj.* Relativo a la Tierra: *En muchos lugares del planeta hay movimientos telúricos o sismos.*

telurio o **teluro** *m.* Cuerpo simple no metálico de color blanco azulado, en forma de lámina, frágil, de símbolo químico Te y número atómico 52.

tema *m.* **1.** Asunto o materia de que trata una obra de arte, un escrito, etc.: *El tema de esa serie de televisión es la Guerra Civil Española.* **2.** Idea musical formada por una melodía: *En el primer movimiento de esa sinfonía se plantea el tema, luego se desarrolla en el segundo movimiento y al final se retoma.*

temática *f.* Tema de una obra, ciencia, autor, etc.: *La temática de las obras del escritor colombiano Gabriel García Márquez gira en torno a la soledad.*

temático, ca *adj.* Relativo al tema: *En la clase de literatura nos dejaron localizar el contenido temático de un cuento que leímos.*

temazcal *m.* En México y América Central, construcción de piedra y argamasa en la que se toman baños de vapor: *En los temazcales se echa agua a las piedras calientes para producir vapor.*

temblar *vb. irreg.* (intr.) **Modelo 3.** **1.** Moverse con sacudidas cortas y rápidas: *Carmen temblaba de miedo y de frío.* **2.** *Méx.* Ocurrir un movimiento sísmico: *Cuando tembló mi tía Luisa gritaba y todos tratamos de calmarla.*

temblor *m.* **1.** Agitación involuntaria y repetida del cuerpo: *El enfermo tenía una fiebre tan alta que su cuerpo se sacudía con temblores.* **2.** Sismo: *En el año 1985, en la Ciudad de México se unió un fuerte temblor que causó muchos daños.* SIN. **terremoto.**

tembloroso, sa *adj.* Que tiembla: *Patiné durante tres horas y me quedaron temblorosas las piernas, ¡las tengo muy cansadas!*

temer *vb.* (tr., intr. y prnl.) **1.** Sentir temor o miedo: *A pesar de la diferencia de tamaños, muchos adultos le temen a las arañas.* **2.** Recelar de alguien o algo, sospechar: *Con esas nubes tan obscuras me temo que va a llover.*

temerario, ria *adj.* **1.** Atrevido: *Es un niño temerario y audaz que a veces se arriesga más de la cuenta.* **2.** Que se hace sin fundamento: *Pilar lanzó un juicio temerario al acusar a Leticia de haber robado su anillo cuando en realidad lo había olvidado en el baño.*

temeroso, sa *adj.* Que siente temor o miedo por algo o acostumbra sentirlo: *La niña se ocultó temerosa de que se burlaran de ella por el diente que se había caído.*

temible *adj.* Capaz de causar temor o digno de ser temido: *El oso es una fiera temible con la que no quisiera toparme.*

temor *m.* **1.** Miedo. **2.** Recelo, desconfianza hacia alguien o algo: *Sentimos temor de que la lluvia se convierta en tormenta y destruya casas.*

témpano *m.* Plancha flotante de hielo: *En la región antártica hay muchos témpanos que flotan en el mar.*

temperamental *adj.* Que tiene constantes cambios de humor o carácter: *Es una mujer temperamental que de pronto está de buen humor y al otro momento se enoja.* SIN. **caprichoso.**

temperamento *m.* **1.** Manera de ser, carácter: *Desde niño tuvo un temperamento dominante y fuerte.* **2.** Vitalidad, vivacidad.

temperatura *f.* **1.** Sensación de calor o frío. **2.** Clima: *La temperatura es suave a pesar de que estamos en plena época de invierno.* **3.** Grado de calor de un cuerpo: *Lo primero que hizo el médico fue medirle la temperatura al enfermo.*

tempestad *f.* **1.** Tormenta: *Los truenos y relámpagos avisaron la llegada de la tempestad.* **2.** Agitación violenta del agua del mar: *Los guardacostas avisaron a las embarcaciones que se acercaba una tempestad.*

tempestuoso, sa *adj.* **1.** Relativo al clima que amenaza una tempestad: *Es mejor no salir a la mar cuando el clima es tempestuoso.* **2.** Tenso, agitado, violento: *Se sentía un ambiente tempestuoso en esa reunión, así que me retiré del lugar antes de que estallara la pelea.*

templado, da *adj.* **1.** Que actúa con moderación, sin irse a los extremos: *Los militares de altos mandos deben ser personas templadas y sensatas.* **2.** Que no está

ni frío ni caliente: *Me gusta lavarme los dientes con agua templada porque así no me duelen.* **3.** *Fam.* Valiente, sereno: *El jefe de la expedición debe tener un carácter templado para enfrentar y solucionar los problemas.*

templar *vb.* (tr. y prnl.) **1.** Moderar la fuerza o violencia de algo. **2.** Afinar un instrumento: *Después de templar la guitarra el trovador cantó unas canciones.* **3.** Calentar de forma ligera: *Templaré un poco la leche para no tomarla tan fría.* SIN. **entibiar.**

temple *m.* **1.** Carácter o estado de ánimo de alguien: *En los momentos de adversidad y crisis se conoce el verdadero temple de las personas.* **2.** Serenidad para afrontar dificultades: *Con gran temple, Pablo logró liberar a su perra del ataque de un perro bravo.* **3.** Tratamiento térmico al que se someten ciertos materiales para mejorar sus propiedades físicas.

templete *m.* **1.** Construcción pequeña en forma de templo: *Se casaron en un templete que instalaron en el jardín.* **2.** Quiosco. **3.** Plataforma: *Para el espectáculo popular montaron un templete en la plaza principal.*

templo *m.* Edificio destinado al culto de una divinidad. SIN. **iglesia.**

temporada *f.* Espacio indeterminado de tiempo: *El verano se considera temporada importante de vacaciones en Europa porque es cuando van más turistas.*

temporal *adj.* **1.** Que dura sólo cierto tiempo: *Le pidió a su hijo que se consiguiera un trabajo temporal para ocuparse durante las vacaciones de verano.* **2.** Relativo a las sienes o partes laterales de la cabeza: *A mi padre ya empezaron a salirle canas en la zona temporal.*

temporal *m.* **1.** El hueso del cráneo situado en la sien: *El golpe en la cabeza fue lateral y fracturó el temporal.* **2.** Tempestad de tierra, aire o mar: *Después del temporal regresaron la calma y el buen tiempo.*

temprano *adv.* **1.** En las primeras horas del día o de la noche. **2.** Muy pronto: *El niño empezó a caminar temprano, sólo tenía once meses cuando dio sus primeros pasos.*

temprano, na *adj.* Que es el primero en aparecer: *El vino más ácido es el que se hace con la uva temprana.*

tenaz *adj.* **1.** Difícil de quitar, separar o romper: *Una lluvia tenaz les impidió proseguir el paseo por el campo.* **2.** Firme, inflexible, terco: *Los entrenadores de perros tienen que ser personas tenaces para que los animales aprendan a obedecer las órdenes.*

tenaza *f.* **1.** Instrumento compuesto de dos piezas cruzadas y articuladas, que se pueden cerrar para sujetar objetos: *En algunos laboratorios usan tenazas para tomar frascos con substancias peligrosas.* **2.** Órgano parecido a una pinza que poseen algunos crustáceos como la langosta: *Miguel metió el dedo a un hoyo en la arena y un pequeño cangrejo se lo pellizcó con una de sus tenazas.*

tenca *f.* **1.** Pez de agua dulce, con cuerpo alargado de color verde, que vive en los fondos de barro o lodo. **2.** *Argent.* y *Chile.* Ave similar a la alondra. **3.** *Chile.* Mentira.

tendajón *m. Méx.* Tienda pequeña.

tendal *m.* **1.** Lugar soleado donde se coloca el café y otros granos para secarlos. **2.** *Argent., Chile* y *Urug.* Cantidad de cosas o seres que por causa violenta han quedado tendidas. **3.** *Chile.* Tienda ambulante. **4.** *Ecuad.* Especie de mesa con superficie enrejada que se usa en las estancias o haciendas para tender al sol el cacao.

TEN

TE

613

tendedero *m.* Lugar donde se tiende la ropa lavada para que se seque: *En algunos lugares en vez de* ***tendederos*** *la gente usa máquinas secadoras de ropa.*

tendencia *f.* **1.** Fuerza por la que un cuerpo se mueve hacia otro: *Los metales tienen* ***tendencia*** *de acercarse a los imanes.* **2.** Inclinación del hombre hacia ciertos fines: *Germán tiene* ***tendencia*** *a enojarse con facilidad.*

tendencioso, sa *adj.* Que presenta algo de manera parcial o subjetiva: *Como José Luis representa a una empresa su opinión sobre sus productos no es objetiva sino* ***tendenciosa****, pues lo que quiere es que uno le compre.*

tender *vb. irreg.* {tr., intr. y prnl.} **Modelo 24. 1.** Colgar la ropa mojada para que se seque: *La ropa que* ***tendió*** *por la mañana se secó rápido porque había sol y viento.* **2.** Colocar a alguien o ponerse extendido a lo largo sobre una superficie: *Se* ***tendió*** *en la arena para contemplar la puesta de sol sobre el mar.* **3.** Estar alguien inclinado hacia algún fin: *Germán es un niño de buen corazón que* ***tiende*** *a las buenas acciones.*

tenderete *m.* **1.** Puesto de venta callejero: *Por esa calle no se puede caminar a causa de tantos* ***tenderetes****.* **2.** Juego de naipes.

tendero, ra *m.* y *f.* Dueño o dependiente de una tienda: *Don Venancio el* ***tendero*** *siempre atiende a sus clientes con gusto y rapidez.*

tendido *m.* **1.** Acción y efecto de tender un cable: *En esa colonia nueva ya han empezado a poner el* ***tendido*** *de cables de luz y teléfono.* **2.** Lugar de las plazas de toros donde hay asientos al descubierto: *Los lugares de* ***tendido*** *son más baratos que los de sombra.*

tendido, da *adj.* **1.** Que crece de forma paralela al suelo. **2.** loc. **A galope ~,** al galope muy veloz del caballo o de otro animal: *El caballo se espantó con una serpiente y salió* ***a galope tendido****.* **3.** loc. **Hablar largo y ~,** hablar mucho: *Como hacía dos años que no nos veíamos,* ***hablamos largo y tendido*** *de lo que habíamos hecho durante ese tiempo.*

tendón *m.* Conjunto de tejidos que unen los músculos a los huesos: *Se cayó, se dobló el tobillo y se rasgó un* ***tendón****.*

tenebroso, sa *adj.* **1.** Cubierto de sombras: *La falta de luna hacía* ***tenebrosa*** *la noche.* **Sɪɴ. obscuro. 2.** Cargado de misterio: *Para averiguar si había fantasmas los jóvenes decidieron pasar la noche en la* ***tenebrosa*** *casa abandonada.*

tenedor *m.* Instrumento de mesa que sirve para pinchar alimentos sólidos: *En los banquetes muy elegantes se ponen varios* ***tenedores*** *y cuchillos que sirven para comer distintos alimentos.*

tenedor, ra *m.* y *f.* Persona que tiene o posee algo: *El contador de la empresa es el* ***tenedor*** *de los libros de cuentas.*

tener *vb. irreg.* {tr. y prnl.} **Modelo 26. 1.** Poseer algo: *Además de la casa en la ciudad ese hombre rico* ***tiene*** *un departamento en Nueva York.* **2.** Asir, sujetar. **3.** Contener, guardar: *Esta lata* ***tiene*** *azúcar y esta otra, sal, no te vayas a confundir.* **4.** Expresa una relación de cercanía física, intelectual, etc., entre el sujeto y el complemento: *El niño* ***tuvo*** *mucho miedo de los truenos y relámpagos.* **5.** Estimar, considerar: *Su jefe la* ***ha tenido*** *siempre por un gran empleado y en realidad es la secretaria quien ha hecho todo el trabajo.* **6.** Con que y un

infinitivo, expresa obligación: ***Tienes que venir*** *a mi fiesta de cumpleaños, no puedes faltar.*

tenia *f.* Gusano plano, parásito del intestino delgado de los mamíferos: *Las* ***tenias*** *causan mareos, diarreas y malestar general.* **Sɪɴ. solitaria.**

tenida *f.* Chile. Traje.

teniente *m.* y *f.* Grado militar inferior al de capitán.

tenis *m.* Palabra de origen inglés. **1.** Deporte que se practica entre dos o cuatro jugadores provistos de raquetas y una pelota: *En Wimbledon, Inglaterra, hay un campeonato anual de* ***tenis*** *sobre césped.* **2.** Méx. Zapato de lona u otro material, especial para hacer deporte: *La moda entre los niños es no usar zapatos, sino* ***tenis****.* **3.** loc. **~ de mesa,** pimpón.

tenista *m.* y *f.* Jugador de tenis: *Es común que los* ***tenistas*** *se vistan de blanco.*

tenor *m.* Voz más aguda entre las masculinas: *El cantante mexicano Ramón Vargas es uno de los* ***tenores*** *más famosos de habla hispana.*

tensar *vb.* {tr.} Hacer que algo se ponga tenso, estirar: *Si quieres que suene bien, tienes que* ***tensar*** *y afinar las cuerdas de la guitarra.*

tensión *f.* **1.** Estado emocional de la persona que siente temor, angustia, etc.: *En las ciudades grandes mucha gente sufre de* ***tensión*** *por la vida agitada y llena de peligros.* **2.** Estado de un cuerpo sometido a la acción de dos fuerzas contrarias: *Si se estira demasiado una liga la* ***tensión*** *puede llegar a romperla.* **3.** Diferencia de potencial eléctrico. **4.** loc. **~ arterial,** presión de la sangre sobre las arterias: *Después de los cuarenta años de edad es prudente medirse la* ***tensión arterial*** *de manera regular.*

tenso, sa *adj.* Que se halla en tensión: *La cuerda del arco estaba tan* ***tensa*** *que se rompió cuando quise ponerle una flecha.*

tentación *f.* Impulso que induce a hacer algo: *A Darío le cuesta mucho trabajo resistir la* ***tentación*** *de comerse un buen chocolate.*

tentáculo *m.* Apéndice móvil de algunos animales como los pulpos, calamares y sepias, que les sirve para agarrarse o como órgano sensorial.

tentar *vb. irreg.* {tr. y prnl.} **Modelo 3. 1.** Tocar una cosa para reconocerla o examinarla por medio del tacto: *La mujer ciega* ***tentó*** *la cara del joven para imaginarse sus facciones.* **2.** Inducir a la tentación: *¡No me* ***tientes*** *con ese postre pues estoy a dieta!*

tentativa *f.* Acción de intentar, experimentar o tantear algo: *En su segunda* ***tentativa*** *de salto el atleta logró superar su propio récord.*

tentempié *m.* Fam. Alimento ligero que se toma entre comidas para calmar el hambre por un rato: *Cómete un* ***tentempié*** *porque todavía falta una hora para que la comida esté lista.*

tenue *adj.* **1.** Delgado, fino, de poco grosor. **2.** Delicado, débil, sutil: *Iba vestida muy elegante, con joyas discretas y un perfume* ***tenue*** *que acariciaba al olfato.*

teñir *vb. irreg.* {tr. y prnl.} **Modelo 66.** Dar a algo un color diferente del que tenía mediante un tinte: *Tiñó de verde el vestido amarillo que ya había perdido color con el uso y le quedó como nuevo.*

teocracia *f.* Régimen político en el que se considera que el poder proviene directamente de Dios y es ejercido por las personas con autoridad religiosa.

teología *f.* *1.* Estudio de la divinidad y, de forma más general, de la religión. *2.* Doctrina religiosa de una escuela o un autor.

teólogo, ga *m.* y *f.* Especialista en teología.

teorema *m.* Proposición científica que puede demostrarse.

teoría *f.* *1.* Conocimiento de las reglas de una ciencia, independiente de toda aplicación: *En la clase de química primero se estudia la teoría y luego se practica.* *2.* Conjunto de teoremas sometidos a la verificación experimental y encaminados a una demostración científica: *En matemáticas estudiamos la teoría de conjuntos.*

tepalcate *m.* Méx. Fam. Trasto de barro, sobre todo si está maltratado.

tepetate *m.* Méx. Piedra amarillenta, porosa, que cortada en bloques se usa en construcción.

tequiar *vb.* (tr.) Amér. C. Dañar, perjudicar.

tequila *m.* Bebida alcohólica mexicana que se obtiene por la destilación de los jugos de una especie de agave, llamado maguey tequilero: *El tequila es una de las bebidas más famosas en el mundo.*

terapeuta *m.* y *f.* Persona que se especializa en la aplicación de una terapia: *Para volver a caminar después del accidente, necesitó contratar los servicios de un terapeuta que le ayudó a rehabilitarse.* Sin. **terapista.**

terapéutica *f.* Parte de la medicina que se ocupa del tratamiento de las enfermedades.

terapéutico, ca *adj.* Relativo a la terapia o la terapéutica, ciencias que estudian el tratamiento de las enfermedades: *Le dijeron que pintar es terapéutico para las enfermedades nerviosas.*

terapia *f.* Tratamiento o curación de una enfermedad: *El médico le recomendó que vaya a descansar a la playa como terapia para su enfermedad.*

terapista *m.* y *f.* Persona que se especializa en la aplicación de una terapia: *Margarita es terapista de niños con problemas para caminar.* Sin. **terapeuta.**

terbio *m.* Metal del grupo de las tierras raras, de símbolo Tb y número atómico 65.

tercer *adj.* *1.* Apócope de *tercero:* Germán vive en el *tercer* piso de un edificio. *2.* Loc. ~ **mundo,** conjunto de países con subdesarrollo económico y social: *América Latina forma parte del tercer mundo.*

tercero, ra *adj./m.* y *f.* Que corresponde en orden al número tres: *En la fila Rogelio es el tercero pues va luego de Luis, que es el segundo, y antes de Rafael, que es el cuarto.*

terceto *m.* *1.* Estrofa de tres versos de once sílabas o endecasílabos. *2.* En música, conjunto de tres voces o tres instrumentos: *Tres cantantes, la soprano, la contralto y el tenor, cantaron un lindo terceto de una ópera.*

terciar *vb.* (intr. y prnl.) *1.* Intervenir para solucionar una pelea o contienda: *Como Armando y Enrique no lograban resolver su problema, la maestra tuvo que terciar.* *2.* Presentarse la ocasión de hacer algo.

terciario, ria *adj.* *1.* Que ocupa el tercer lugar en un orden. *2.* Que corresponde a la era cenozoica.

tercio *m.* Cada una de las tres partes iguales en que se divide un todo: *Como éramos tres, nos tocó a cada uno un tercio del queso.*

terciopelo *m.* Tela de superficie velluda.

terco, ca *adj.* Necio, obstinado: *Es una perra muy terca que no entiende que no se debe subir al sofá.*

tereque *m.* Ecuad., Nicar., P. Rico y Venez. Trasto, cacharro.

tergiversar *vb.* (tr.) Alterar o deformar los hechos: *El periodista está tergiversando lo que pasó para que parezca una noticia escandalosa.*

termales. Aguas ~, loc. Aguas de manantiales calientes, utilizadas para el tratamiento de algunas enfermedades: *Muchos ancianos toman baños de aguas termales para disminuir sus dolores musculares.*

termas *f.* pl. Baños públicos de los antiguos romanos: *En Bath, una ciudad al sur de Inglaterra, quedan ruinas de unas termas romanas.*

termes *m.* Insecto que se alimenta de madera. Sin. **termita.**

térmico, ca *adj.* Relativo al calor y a la temperatura: *Dicen que ese abrigo está relleno de un material térmico que es ligero y ayuda a conservar el calor.*

terminación *f.* *1.* Acción y efecto de terminar, de acabar: *En algunos países poco antes de que entre el verano se llega a la terminación del año escolar.* *2.* Conclusión, extremo. *3.* Final de una palabra, sufijo: *Los adverbios de modo tienen la terminación* mente, *como claramente.*

terminal *adj.* Que pone término o fin a algo: *Está en una etapa terminal de la enfermedad, pronto morirá.*

terminal *f.* Se dice del lugar de donde salen y donde llegan los autobuses, ferrocarriles, etc., de una línea de transporte público: *Después de llegar a la terminal del autobús tengo que tomar un taxi para llegar a casa de Ana.* Sin. **estación.**

terminal *m.* y *f.* Dispositivo que permite la entrada de datos en la computadora: *Para conectarse en el internet, mi computadora llama a la terminal en la Universidad.*

terminante *adj.* Que no admite ser discutido o modificado: *Dio la orden terminante de que no se le molestara mientras estaba en su casa.* Sin. **categórico, contundente, rotundo, preciso.**

terminar *vb.* (tr., intr. y prnl.) *1.* Acabar una cosa: "En cuanto termines el trabajo escolar nos vamos al cine." *2.* Tener fin una cosa: *En Inglaterra, cuando termina la última función de cine, tocan el himno nacional.*

término *m.* *1.* Extremo, límite, fin: *El viaje llegó a feliz término y volvimos a casa.* *2.* Vocablo, palabra: *No entiendo lo que dice pues usa términos muy complicados para mí.* *3.* Cada una de las cantidades que componen una suma, una expresión algebraica, etc.

terminología *f.* Conjunto de palabras o vocablos propios de una materia: *Una de las primeras cosas que se aprende en una disciplina nueva es la terminología, es decir, las palabras que se usan y cómo se usan.*

termita o **térmite** *f.* Insecto que come madera o papel y vive en colonias parecidas a los hormigueros: *Los libros de mi bisabuelo muestran marcas de termitas.* Sin. **termes.**

termo *m.* Botella que conserva la temperatura de lo que contiene: *En las mañanas llena el termo con café caliente y lo bebe durante el día.*

termodinámica *f.* Parte de la física que estudia la acción mecánica del calor.

termoeléctrica *f.* Industria donde se produce electricidad a partir de calor: *Las termoeléctricas hacen que haya luz eléctrica en las grandes ciudades.*

termoelectricidad *f.* Energía eléctrica producida por el calor.

termómetro *m.* Instrumento que sirve para medir la temperatura: *"Pon el termómetro al niño pues parece que tiene fiebre."*

termosfera *f.* Capa de la atmósfera que se encuentra por encima de los 80 km de altura.

termostato *m.* Dispositivo para mantener constante la temperatura: *Los congeladores tienen un termostato para mantener el frío.*

terna *f.* Conjunto de tres personas entre las que se elige una: *Los dueños de la empresa eligieron al director después de entrevistar a una terna de aspirantes.*

ternejo, ja *adj.* Ecuad. y Perú. Que es fuerte, vigoroso y valiente.

ternero, ra *m.* y *f.* Cría de la vaca cuando todavía tiene dientes de leche: *En el campo vimos a una vaca con un ternero pequeño que la seguía.*

ternura *f.* Actitud cariñosa y amable: *Con gran ternura y cuidado la madre levantó al bebé de la cuna para alimentarlo.*

tero *m.* Argent. y Urug. Ave zancuda de alrededor de 30 cm de largo, de plumaje color blanco mezclado con negro y pardo.

terracería *f.* 1. Méx. Tierra que se acumula en caminos en construcción: *Es una carretera rural que hay que recorrer de día, porque es de terracería y no tiene señales para orientarse.* 2. loc. Méx. **Camino de ~**, el que no está asfaltado.

terracota *f.* Arcilla cocida en el horno y objeto hecho con este material: *Puso en la cocina un simpático sol hecho de terracota.*

terrado *m.* Cubierta plana de un edificio. SIN. **terraza.**

terraplén *m.* Desnivel del terreno con cierta pendiente.

terráqueo, a *adj.* Relativo a la Tierra: *Viendo un globo terráqueo se da uno idea de la cantidad de agua que cubre el planeta.*

terrario *m.* Instalación para la cría y cuidado de reptiles, anfibios, etc.: *En el zoológico hay una sección de insectos con un terrario donde crían hormigas.*

terrateniente *m.* y *f.* Propietario de tierras o fincas en el campo: *Su abuelo era un terrateniente pero su padre vendió las tierras heredadas para irse a vivir a la ciudad.*

terraza *f.* 1. Cubierta de un edificio. SIN. **terrado.** 2. Balcón grande: *El hotel tiene una terraza en cada habitación desde donde se puede ver el mar.*

terrazo *m.* Piso con aspecto de granito, mosaico o mármol.

terregal *m.* 1. Méx. Tierra suelta: *Como en esa zona de la ciudad no hay pavimento, las calles son terregales.* 2. Méx. Polvareda: *Con el viento se levantó un terregal que nos obliga a cubrirnos los ojos.*

terremoto *m.* Movimiento de tierra: *Nicaragua y México han sufrido fuertes terremotos en su historia.* SIN. **sismo, temblor.**

terrenal *adj.* Relativo a la tierra.

terreno *m.* 1. Espacio de tierra destinado a un uso específico: *Mi padre compró un terreno donde será construida una casa.* 2. Campo o esfera de acción: *Fernando es biólogo y su terreno es la biología nuclear.*

terreno, na *adj.* 1. Relativo a la Tierra o al que vive en ella. SIN. **terrestre.** 2. Relativo a la tierra. SIN. **terrenal.**

térreo, a *adj.* De tierra o parecido a ella.

terrera *adj.* P. Rico. Relativo a la casa de un solo piso.

terrestre *adj.* 1. Relativo a la Tierra: *La órbita terrestre alrededor del Sol tiene forma ovalada.* 2. Que vive en la tierra: *La jirafa es un animal terrestre y el delfín es acuático.*

terrestre *m.* y *f.* Habitante de la Tierra: *En ese filme que vimos los terrestres se encontraban de manera amistosa con los marcianos y otros seres del Espacio.* SIN. **terrícola.**

terrible *adj.* 1. Que inspira o puede inspirar terror: *Los japoneses que vivieron en Nagasaki durante la Segunda Guerra Mundial saben lo terrible que es una bomba atómica.* 2. Demasiado fuerte: *Hacía un viento terrible así que preferimos no salir a pasear.* 3. Que casi no puede soportarse: *Un niño terrible que siempre se porta mal y molesta continuamente a los demás.*

terrícola *m.* y *f.* Persona que vive en la Tierra: *En el filme que vimos, ¡las terrícolas estaban feas y las extraterrestres guapísimas!* SIN. **terrestre.**

territorial *adj.* Que se mueve o vive en un territorio determinado: *Los lobos son animales territoriales que marcan el área donde viven.*

territorio *m.* Porción de tierra delimitada: *Los ingleses que llegaron a lo que hoy son los Estados Unidos de Norteamérica fueron apoderándose del territorio de los indios americanos.*

terrón *m.* Trozo o porción de tierra, azúcar, etc.: *Me gusta tomar té con dos terrones de azúcar.*

terror *m.* Miedo muy grande e intenso: *María no sólo le tiene miedo a volar en avión, le tiene verdadero terror a las alturas.*

terrorismo *m.* Conjunto de actos de violencia que pretenden crear inseguridad o derribar al gobierno establecido: *Los actos de terrorismo sólo siembran muerte y destrucción que afectan a personas inocentes.*

terrorista *adj./m.* y *f.* Relativo a la persona o agrupación que se dedica a hacer actos de violencia para derribar al gobierno establecido: *La policía detuvo a dos terroristas que pusieron una bomba en una zona turística.*

terso, sa *adj.* 1. Limpio, brillante. 2. Liso, sin arrugas: *Como tiene cinco años, la piel de Laura es tersa.*

tersura *f.* 1. Lozanía, frescura: *Mi abuelo no ha perdido la tersura de su piel aunque ya tiene sesenta años.* 2. Calidad de liso y suave: *Prefiero esta tela por su tersura pues la otra es muy áspera al tacto.*

tertulia *f.* Reunión de personas que se juntan para conversar: *Habrá una tertulia en casa del autor después de la presentación de su nuevo libro.*

tesina *f.* Tesis breve que en ocasiones es necesaria para obtener un grado universitario: *Para recibir el título de licenciado en letras Juan presentó una tesina y un examen oral.*

tesis *f.* 1. Proposición que se mantiene con argumentos: *Si una hipótesis se demuestra se convierte en una tesis.* 2. Trabajo de investigación que se presenta para obtener el grado de licenciado, maestro o doctor universitario: *Después que Mario defendió su tesis frente a un jurado de maestros universitarios, la publicó en forma de libro.*

tesitura *f.* 1. Actitud o disposición del ánimo: *La tesitura que dominó en la reunión de padres de familia fue de cordialidad.* 2. Extensión o alcance de una voz o instrumento.

tesón m. Constancia, perseverancia: *Con decisión y tesón Carmen ha cumplido las metas que se ha propuesto.*

tesonero, ra adj. Tenaz, constante: *Aurora es una mujer tesonera que siempre ha logrado lo que ha deseado gracias a sus deseos de salir adelante.*

tesorero, ra m. y f. Persona que guarda el dinero de un grupo de personas: *El tesorero de la asociación entregó las cuentas de lo que habían ganado y lo que habían gastado durante el mes.*

tesoro m. **1.** Cantidad reunida y guardada de dinero, joyas u objetos preciosos. **2.** Fam. Persona o cosa digna de estimación: *El pequeño Braulio es el tesoro de su madre.*

test m. Palabra inglesa. Prueba para valorar alguna cosa: *Para ser contratado en la empresa debes presentar unos tests psicológicos y de inteligencia.*

testa f. Cabeza del hombre y de los animales: *El caballo que me gusta montar tiene una mancha blanca en la testa, junto al ojo.*

testamento m. **1.** Documento en el que una persona explica lo que hay que hacer con sus bienes cuando muera: *Se dará a conocer el testamento del muerto una semana después del entierro.* **2.** Documento en que consta la declaración llamada testamento.

testar vb. (intr.) Hacer testamento: *Si uno tiene propiedades, es mejor testar para evitar discordias y problemas legales entre los familiares.*

testarudo, da adj./m. y f. Terco, obstinado, necio: *Es difícil hacer cambiar de opinión a Mario pues es muy testarudo.*

testículo m. Glándula genital masculina que segrega la testosterona u hormona masculina y produce los espermatozoides.

testificar vb. irreg. (tr.) Modelo 17. **1.** Declarar como testigo: *Yo puedo testificar que la señora estaba en mi casa en el momento en que se cometió ese crimen en la calle.* **2.** Probar algo con testigos: *Con las declaraciones de tres testigos y varios documentos el fiscal testificó la culpabilidad del hombre que se decía inocente del fraude.*

testigo m. y f. **1.** Persona que declara en un juicio o da testimonio de algo: *En Estados Unidos de Norteamérica se les pide a los testigos jurar sobre una Biblia que dirán la verdad.* **2.** Persona que presencia una cosa: *Yo fui testigo de la boda de Corina y Antonio, estuve ahí y firmé para comprobar el hecho.*

testigo m. Objeto que un corredor entrega a otro en ciertas pruebas de atletismo.

testimonio m. Explicación de un testigo: *El testimonio de la mujer permitió comprobar la inocencia del acusado.*

testuz m. y f. En algunos animales, frente, y en otros, nuca.

teta f. **1.** Mama. SIN. chiche, pecho, seno. **2.** Pezón de la mama.

tétano o **tétanos** m. Enfermedad infecciosa que produce contracciones convulsivas de los músculos: *Raquel se cortó con un clavo oxidado y tuvieron que ponerle una vacuna contra el tétano.*

tetera f. **1.** Vasija para hacer y servir té: *Rosalía tiene una tetera china de porcelana con asa de mimbre.* **2.** Amér. C y P. Rico. Tetilla de la botella que se usa para dar de beber a los niños pequeños. SIN. tetilla.

tetero m. Colomb. Utensilio que se usa para dar de beber a los niños pequeños. SIN. biberón, mamadera, mamila, pacha.

tetilla f. **1.** Teta de los mamíferos machos. **2.** Tetilla de la botella que se usa para dar de beber a los niños pequeños. SIN. tetera.

tetraedro m. Sólido de cuatro caras.

tetrágono m. Polígono de cuatro lados.

tetraplejía f. Parálisis de los cuatro miembros del cuerpo: *Como una persona con tetraplejía no puede mover los brazos ni las piernas.*

tétrico, ca adj. Lúgubre, obscuro, triste: *La casa vieja y abandonada es tétrica, ¿quién querría vivir ahí?*

teutón, na adj./m. y f. **1.** De un antiguo pueblo germánico que habitó cerca de la desembocadura del Río Elba. **2.** Fam. Originario de Alemania, país de Europa.

textil adj. Relativo a los tejidos y al arte de tejer: *Las artesanías textiles de Guatemala son apreciadas en todo el mundo.*

texto m. Grupo de palabras que componen un escrito: *Como parte del trabajo escolar de civismo nos pidieron que entregáramos un texto corto sobre los derechos humanos.*

textual adv. **1.** Al pie de la letra, literal: *La ley hay que entenderla en un sentido textual, en cambio un cuento se puede entender en sentido figurado.* **2.** Relacionado con el texto: *El profesor hizo un análisis textual del poema durante la clase de literatura.*

textura f. **1.** Disposición de los hilos en un tejido: *Como está hecho con hilos gruesos y delgados la textura del tapete es irregular.* **2.** Sensación que produce al tacto una materia: *La seda tiene una textura suave y fría.*

tez f. Piel, cutis: *Como hay mucha humedad en los Países Bajos, las holandesas tienen la tez suave y tersa.*

tezontle m. Méx. Piedra volcánica de color rojizo usada en la construcción: *En el centro de la Ciudad de México varios edificios están construidos con tezontle.*

ti pron. Pronombre personal de la segunda persona singular, que funciona como complemento con preposición: *"A mí me regalaron un libro por mi cumpleaños, ¿y a ti?"*

tianguis m. Méx. Mercado, principalmente el que se instala de manera periódica en la calle: *Los jueves llega un tianguis al barrio donde vivo, en él compramos alimentos, ropa y otras cosas.*

tiara f. **1.** Corona alta que utiliza el Papa. **2.** Especie de diadema que usan algunas mujeres de la nobleza: *El día de su coronación la reina lució una tiara de diamantes.*

tibia f. Hueso anterior de la pierna, entre la rodilla y el pie: *Jugando fútbol Héctor recibió una patada en la espinilla que le lastimó la tibia.*

tibio, bia adj. Templado, ni frío ni caliente: *A Emilio le gusta tomar la sopa tibia, en cambio, yo la prefiero caliente.*

tiburón m. Pez de mar de gran tamaño, cuerpo esbelto, con la boca provista de varias hileras de dientes y muy voraz: *Los tiburones se sienten atraídos por la sangre.* SIN. escualo.

tic m. Contracción brusca e involuntaria de ciertos músculos: *Lucía tiene el tic de parpadear de manera rápida y frecuente.*

ticket m. Palabra inglesa. Ver tique.

tictac o **tic-tac** m. Voz que imita el sonido del reloj: *En la casa silenciosa se oía claramente el tictac del viejo reloj.*

tiempo m. **1.** Momento o etapa de la vida de una persona o de una acción: *Diana considera que la niñez* fue el **tiempo** más feliz de su vida. **2.** Estado de la atmósfera: *"Si el **tiempo** está agradable mañana, iremos a la playa."* SIN. **clima. 3.** En lingüística, accidente del verbo que expresa el momento en que se realiza la acción: *Yo como está expresado en **tiempo** presente; yo comí está expresado en pasado.*

tienda f. **1.** Establecimiento comercial: *La pescadería es la **tienda** donde se vende todo tipo de pescados y mariscos.* **2.** loc. ~ de campaña. Especie de casa desmontable que se arma al aire libre: *Algunos pueblos del desierto, que pasan su vida viajando, viven y duermen en **tiendas de campaña**.* SIN. **carpa.**

tiento m. **1.** Acción y efecto de tocar o palpar algo: *Por medio del **tiento** los médicos pueden percibir síntomas importantes del vientre, del estómago y los intestinos.* **2.** Tacto, prudencia o cuidado al obrar: *"Dile lo que piensas, pero con **tiento** y amabilidad para no herirlo."* **3.** Argent., Chile y Urug. Tira delgada de cuero sin curtir.

tierno, na adj. **1.** Blando, fácil de romper: *Como el tallo de la planta estaba **tierno** se quebró con la lluvia.* **2.** Afectuoso, cariñoso: *Juan lanzó una **tierna** mirada a su novia después de darle un beso.*

tierra f. Tercer planeta del Sistema Solar, el único habitado por el hombre; se escribe con "T" mayúscula cuando se refiere al planeta en el que vivimos.

tierra f. **1.** Parte sólida del planeta Tierra: *La mayor parte del planeta está cubierta de agua, el resto es **tierra**.* **2.** Materia inorgánica de que se compone el suelo natural: *No han sembrado nada en el jardín, todavía se ve **tierra**.* **3.** Terreno cultivable: *Para sus abuelos, cultivar la **tierra** era lo más importante.*

tieso, sa adj. **1.** Erguido, firme: *Los soldados marchaban muy **tiesos** y serios durante el desfile.* **2.** Poco flexible: *La rebanada de pan estaba **tiesa** y seca, así que el niño la remojó en la leche para poder comerla.* **3.** Desp. Fam. Engreído, orgulloso: *Graciela es una mujer muy **tiesa** y formal que se comporta de manera agresiva con los demás.*

tiesto m. Recipiente en el que se siembran plantas: *El **tiesto** con las rosas estaba mal puesto en la ventana, por eso se cayó y se rompió.* SIN. **maceta.**

tifoideo, a adj. Relativo al tifus, enfermedad intestinal: *Por fortuna ya es posible combatir la fiebre **tifoidea** con antibióticos.*

tifón m. Remolino de agua que se forma en el mar: *El barco estuvo a punto de naufragar porque se topó con un **tifón**.*

tifus m. Enfermedad intestinal contagiosa que produce fiebre.

tigre, gresa m. y f. Mamífero carnicero de gran tamaño y piel rayada: *En ese zoológico tienen un raro **tigre** blanco.*

tigrillo m. Amér. C., Colomb., Ecuad., Perú y Venez. Mamífero carnicero de tamaño pequeño, parecido al gato montés.

tijera f. Instrumento con dos brazos u hojas móviles usado para cortar: *La maestra pidió a los niños que llevaran **tijeras** con las puntas romas o redondeadas.*

tijereta f. **1.** Insecto de cuerpo alargado y abdomen terminado en pinzas. **2.** Ave migratoria de América Meridional, con una cola parecida a los brazos u hojas de la tijera.

tila f. **1.** Flor del tilo. **2.** Infusión calmante que se hace con las flores del tilo: *Para dormir con tranquilidad, la*

tía Eneida se toma una taza de té de **tila** antes de ir a la cama. SIN. **tilo.**

tildar vb. (tr.) **1.** Aplicar a alguien una falta o defecto: *Galileo Galilei fue **tildado** de loco cuando dijo que la Tierra gira alrededor del Sol.* **2.** Poner tildes y acentos: *No te olvides de **tildar** las "eñes", o serán "enes".*

tilde m. y f. Acento gráfico, como el palito de la ñ y los acentos en las vocales, como en á: *Algunas máquinas de escribir de Estados Unidos de Norteamérica no tienen **tildes**, así que en vez de escribir niño ágil escriben nino agil.*

tiliche m. Amér. C. y Méx. Baratija, cachivache: *Esa caja está llena de **tiliches** viejos e inservibles, voy a llevarla al sótano.*

tílico, ca adj. **1.** Bol. Débil, cobarde. **2.** Bol. y Méx. Flaco, enclenque.

tilingo, ga adj. Argent. y Urug. Que se comporta de manera afectada.

tilma f. Méx. Manta hecha de tela de algodón que llevaban los hombres del campo, a modo de capa, anudada sobre el hombro: *La leyenda dice que la Virgen de Guadalupe quedó impresa en la **tilma** del indio Juan Diego.*

tilo m. Árbol que se cultiva para adornar parques y avenidas, sus flores blanquecinas, olorosas y medicinales se utilizan como calmante de los nervios.

timador, ra m. y f. Persona que tima, engaña, estafa.

timar vb. (tr.) Cometer estafa o engaño: *El hombre que me vendió la televisión me **ha timado**, dijo que era nueva y se ve muy mal.*

timbal m. Tambor hecho con una caja metálica semiesférica: *Los soldados hicieron sonar los **timbales** cuando entró el emperador a la plaza.*

timbre m. **1.** Aparato que sirve para llamar: *Laura usó una campana como **timbre** para llamar al cocinero y pedirle que sirviera la comida.* **2.** Sonido de una voz: *Además de tener buen volumen Sofía tiene un **timbre** muy agradable de voz.* **3.** Sello postal: *Los **timbres** casi siempre se colocan en el extremo superior derecho de los sobres.* SIN. **estampilla.**

timidez f. Cualidad de tímido, inseguro: *A causa de su **timidez** Regina no hacía nuevos amigos.*

tímido, da adj. Falto de seguridad en sí mismo: *Entró a la clase un niño nuevo que es muy **tímido** y no habla con nadie.*

timo m. Engaño, estafa: *Que hagan pagar esa cantidad tan grande por ese ramo de flores es un **timo**.*

timón m. **1.** Pieza que sirve para conducir la nave: *El capitán le ordenó al marinero girar el **timón** a babor para evitar un golpe contra las rocas.* **2.** Colomb. Volante de un automóvil.

timorato, ta adj. **1.** Tímido: *Servando no podría ser buen orador pues tiene una personalidad **timorata**.* **2.** Mojigato, de moralidad exagerada: *La tía Renata es una **timorata** que se espanta por todo, no importa lo que digas, ella se persigna escandalizada.*

tímpano m. **1.** Membrana del oído: *Un ruido demasiado fuerte es capaz de romperle el **tímpano** a cualquiera.* **2.** Instrumento musical de percusión formado por tiras de vidrio.

tina f. **1.** Vasija grande de madera, plástico u otro material: *El tío Francisco, que trabaja en una tintorería,* usa **tinas** para teñir la ropa. **2.** Bañera: *A mi prima Tere le encanta tomar baños calientes en* **tina** *cuando se siente cansada.*

tinaco *m.* *Amér. C. y Méx.* Depósito de agua situado sobre el techo de la casa: *Hay que lavar los* **tinacos** *al menos una vez por año para evitar que se acumule el sarro.*

tinaja *f.* Vasija grande de boca ancha hecha de barro cocido.

tincar *vb.* (tr. e intr.) **1.** *Argent., Bol. y Chile.* Dar un golpe a algo para lanzarlo con fuerza. **2.** *Chile.* Tener un presentimiento, intuir algo.

tinglado *m.* **1.** Cobertizo. **2.** Tablado puesto a bastante altura: *Montaron un gran* **tinglado** *en la plaza para el concierto de rock.*

tiniebla *f.* Obscuridad o insuficiencia de luz en algún lugar: *Muchos científicos piensan que los dinosaurios murieron después de que cayó un gran meteorito en la Tierra que la sumió en* **tinieblas** *por el polvo que levantó.*

tino *m.* **1.** Destreza al disparar: *José tiene muy buen* **tino** *porque desde pequeño ha practicado el tiro al blanco.* **2.** Juicio, cordura, acierto: *Efraín decidió, con gran* **tino**, *estudiar medicina, ha resultado ser un excelente médico.*

tinta *f.* **1.** Líquido de color que sirve para escribir, imprimir, etc.: *Le gusta la* **tinta** *color esmeralda pero le es difícil conseguirla porque no la venden en todas partes.* **2.** Substancia con que se tiñe. **3.** Líquido obscuro que despiden los calamares, pulpos, etc., como protección.

tinte *m.* **1.** Hecho de teñir o pintar: *Mi madre me ayudó a aplicar un* **tinte** *en mi cabello y ahora lo tengo rojizo.* **2.** Substancia con que se tiñe: *Nayeli se puso un* **tinte** *color rubio y ahora parece actriz de cine.* SIN. **tintura**.

tintero *m.* Recipiente en que se pone la tinta de escribir: *En su escritorio mi abuelo tiene como adorno un antiguo* **tintero** *de vidrio muy pesado, que era de su padre.*

tintinear *vb.* (intr.) Sonar las campanas pequeñas o los objetos de cristal cuando golpean unos contra otros: *Los cristales del candelabro* **tintinean** *cuando se tocan entre sí.*

tintineo *m.* Sonido que producen las campanas pequeñas o los objetos de cristal cuando pegan unos contra otros: *La niña tenía una linda pulsera de campanitas que producían un* **tintineo** *cuando ella movía la mano.*

tinto *adj.* Vino de color oscuro: *Mucha gente acostumbra tomar* **tinto** *cuando come carne roja y vino blanco con la carne blanca como el pescado.*

tinto *m.* *Colomb.* Infusión de café.

tinto, ta *adj.* Que está teñido: *El hombre salió del automóvil accidentado con la camisa* **tinta** *en sangre.*

tintorería *f.* Establecimiento donde se tiñen telas y se lavan prendas de vestir que necesitan un cuidado especial: *Llevé el abrigo de lana a la* **tintorería** *para que lo laven y lo planchen.*

tintorero, ra *m. y f.* Persona que es dueña o trabaja en una tintorería: *Mi mamá conoce un* **tintorero** *que recoge y entrega la ropa a domicilio.*

tintura *f.* Substancia para cambiar de color telas, pelo, etc.: *Se tiene que dejar la tela dentro de la* **tintura** *durante una hora para que haga efecto y el vestido blanco se tiña de verde.* SIN. **tinte**.

tiña *f.* **1.** Enfermedad contagiosa de la piel del cráneo: *Hubo una epidemia de* **tiña** *en la escuela y todos*

los niños se rascaban constantemente. **2.** Tacañería, falta de generosidad.

tío, a *m. y f.* Con respecto a una persona, hermano o hermana de su padre o madre: *Nuestro* **tío** *Miguel nos mima todo el tiempo porque le gustan mucho los niños.*

tiovivo *m.* Artefacto de feria en el que giran figuras de madera: *La feria tenía un* **tiovivo** *con caballitos y jirafas de madera que giraban al ritmo de la música.* SIN. **carrusel**.

tipa *f.* **1.** Árbol leguminoso sudamericano de madera dura y amarillenta, usada en ebanistería: *Las* **tipas** *llegan a medir 20 m de altura.* **2.** *Argent. y Urug.* Cesto de varillas o de mimbre sin tapa.

típico, ca *adj.* Que caracteriza a algo o a alguien: *El samba es una música* **típica** *de Brasil.*

tipificar *vb. irreg.* (tr.) **Modelo 17.** Adaptar algo a un tipo o norma común.

tiple *f.* Cantante o bailarina de un coro, en el teatro musical: *Esa artista entró al teatro como* **tiple** *hace diez años y ahora ya es la cantante principal.*

tiple *m.* Voz más aguda entre las humanas.

tipo *m.* **1.** Modelo: *Este* **tipo** *de automóvil es demasiado grande y utiliza mucho combustible, será mejor comprar un* **tipo** *pequeño y ahorrador.* **2.** Conjunto de las características que distinguen entre una raza y otra: *Esa muchacha debe ser oriental por el* **tipo** *de rasgos de su cara y su color de piel.* **3.** Silueta del cuerpo de una persona: *Silvia luce la ropa porque su* **tipo** *alto y delgado le ayuda.* **4.** *Fam.* Persona, individuo: *Me da miedo pasar por esa calle porque hay un* **tipo** *sospechoso en la esquina.*

tipografía *f.* Procedimiento de impresión con formas en relieve: *Antes la* **tipografía** *de los libros se hacía letra por letra en moldes de metal, en cambio ahora se forma en computadoras.*

tipógrafo, fa *m. y f.* En la imprenta, persona encargada de formar los textos con los tipos.

tipología *f.* **1.** Estudio y clasificación de tipos. **2.** Estudio de los caracteres del hombre, comunes a las diferentes razas.

tipoy *m.* Especie de túnica larga y sin mangas que visten las indias y campesinas guaraníes, en Sudamérica.

tique o tiquete *m.* **Palabra de origen inglés.** Vale, cédula o recibo que acredita ciertos derechos: *Después de pagar la cantidad que me pidió la taquillera, me entregó los* **tiques** *para la obra de teatro.* SIN. **boleto**.

tira *f.* Pedazo largo y estrecho de una materia: *La costurera cortó una* **tira** *de tela para hacer el cinto del vestido.*

tira *f.* *Méx. Fam.* Se usa con el artículo "la" cuando designa a la policía: *El ladrón gritó "¡ahí viene la tira!" y salió corriendo junto con sus compañeros.*

tira *m.* *Chile y Méx. Fam.* Agente de policía.

tirabuzón *m.* **1.** Utensilio de metal formado por un mango y una punta en espiral que sirve para destapar botellas con corcho: *Con los* **tirabuzones** *antiguos se tenía que hacer mucha fuerza para sacar el corcho de una botella; ahora los hay de manejo más sencillo.* **2.** Rizo de pelo largo en espiral.

tirachinas *m.* Juguete en forma de "Y" con mango y dos gomas elásticas para disparar piedras. SIN. **resortera**.

tirada *f.* **1.** Distancia o espacio más o menos largo entre dos lugares. **2.** Número de ejemplares de una edición: *Hicieron una* **tirada** *pequeña de su libro porque todavía nadie conoce al joven escritor.*

tirado, da adj. *1. Fam.* Muy barato. *2. Fam.* Sencillo, fácil. *3. Fam.* Desordenado: *Nadia tiene su habitación muy tirada y su mamá le dijo que si no la arreglaba, no le daría permiso de ir al cine.*

tirador m. *1.* Asa o jaladera, sobre todo las de los muebles. *2. Argent. Chile* y *Urug.* Cinturón de cuero curtido propio de la vestimenta del gaucho. *3. Argent.* y *Urug.* Tirante para sujetar el pantalón.

tirador, ra m. y f. Persona que arroja, lanza o dispara: *Durante la ceremonia había tiradores escondidos en lo alto de varios edificios para proteger al presidente.*

tiraje m. *1.* Acción y efecto de tirar una obra literaria: *Todas las noches hacen un tiraje muy grande de ese diario porque los editores saben que se vende mucho. 2. Amér.* Tiro de la chimenea por donde sale el humo del fuego.

tiralíneas m. Instrumento de dibujo para trazar líneas.

tiranía f. *1.* Gobierno en el que no se respetan las leyes porque sólo se obedecen las órdenes del gobernante. *2.* Abuso excesivo de autoridad.

tirano, na m. y f. Gobernante que no respeta las leyes porque toma las decisiones según su propio criterio: *Julio César fue un tirano que terminó siendo asesinado.*

tirante adj. *1.* Tenso, estirado: *Hay que poner tirante la cuerda del tendedero para que resista el peso de la ropa húmeda. 2.* Tenso, difícil: *En el trabajo las relaciones con el jefe están muy tirantes desde que despidieron a tres empleados.*

tirante m. Cada una de las dos tiras elásticas que sostienen desde los hombros una prenda de vestir como el pantalón: *Mi abuelo no usa cinturón, él prefiere los tirantes de vivos colores.*

tirar vb. {tr., intr. y prnl.} *1.* Arrojar en una dirección determinada: *Si tiras la pelota la perra irá a recogerla. 2.* Derribar una cosa: *El gato pasó corriendo sobre la mesa, tiró la lámpara y la rompió. 3.* Desechar algo: *Cuando Erasmo se mudó aprovechó para tirar muchos papeles y objetos que ya no utilizaba. 4.* Imprimir un libro, diario, etc.: *Todas las noches, las editoriales tiran el diario que venderán a la mañana siguiente. 5.* Disparar la carga de un arma de fuego. *6.* Hacer fuerza para traer hacia sí: *"Tira de la cuerda para hacer que el caballo se detenga."* Sin. **jalar.** *7.* Abalanzarse: *Cuando se rompió la piñata los niños se tiraron para apoderarse de los regalos que llevaba dentro.*

tiritar vb. {intr.} Temblar de frío o por efecto de la fiebre: *Cuando Lupita comenzó a tiritar su madre se dio cuenta de que su hija tenía alta la temperatura.*

tiro m. *1.* Disparo de un arma de fuego: *Una noche un tiro perdido rompió el vidrio de la ventana de la cocina. 2.* Corriente de aire en un conducto: *El tiro de la chimenea está sucio de hollín, por eso se ve todo negro. 3.* Conjunto de caballerías que tiran de un carruaje: *El tiro de la diligencia era de seis caballos.*

tiroides m. Glándula endocrina que regula el metabolismo: *Los médicos descubrieron que la tiroides no le funciona bien a Martín, por eso engorda con facilidad.*

tirón m. Acción y efecto de tirar de manera brusca de algo: *Tuve que dar un tirón a mi perro para que no cruzara la calle cuando se acercaban los automóviles.*

tirotear vb. {tr. y prnl.} Disparar de forma repetida contra alguien: *Con saña, el maleante tiroteó a su víctima, disparándole seis veces.*

tiroteo m. Intercambio de tiros: *Durante el asalto hubo un tiroteo entre policías y ladrones.*

tirria f. *Fam.* Antipatía sin justificación hacia alguien: *Es absurdo que sientas tirria por Genoveva pues no la conoces.*

tísico, ca m. y f. Enfermo de tuberculosis: *En un grado avanzado de la enfermedad los tísicos tosen y arrojan sangre.*

tisis f. Nombre clásico de la tuberculosis: *Margarita Gautier, el personaje de la novela de Alejandro Dumas "La Dama de las Camelias", murió de tisis.*

tisú m. Palabra de origen francés. *1.* Tela de seda entretejida con hilos de oro y plata: *El rey de ese poema llevaba un gran manto de tisú muy elegante. 2.* Pañuelo de papel suave: *Siempre lleva una caja de tisúes en el automóvil.*

titán m. Persona excepcional en algún aspecto: *El empresario Rockefeller es considerado como un titán de los negocios en los Estados Unidos de Norteamérica.*

titanio m. Metal blanco y duro de símbolo Ti y número atómico 22.

títere m. Figurilla que es movida con las manos por medio de hilos: *Las funciones de títeres son una manera de que los niños conozcan el teatro.* Sin. **marioneta.**

titiritero, ra m. y f. Persona que maneja títeres: *Ese titiritero no sólo sabe mover los títeres, también los elabora.*

titubeante adj. Que duda, que es o está indeciso: *Los movimientos del bebé son titubeantes porque apenas comenzó a caminar hace unos días.*

titubear vb. {intr.} *1.* Oscilar, no decidirse por una opción: *No sabe todavía qué quiere estudiar, titubea entre historia y paleontología. 2.* Hablar sin seguridad: *El empleado titubeó algunas palabras incomprensibles, pues ignoraba la respuesta a las preguntas de su jefe.*

titulado, da adj./m. y f. Que tiene un título académico o nobiliario: *Para ese trabajo se necesita a un ingeniero titulado y no a un estudiante de ingeniería.*

titular m. Encabezado de una noticia en un diario: *El nombramiento del nuevo premio Nobel de literatura ocupó los titulares de los diarios de todo el mundo.*

titular m. y f. Persona que ocupa un cargo con su título correspondiente: *La carta para mi padre venía firmada por la titular del departamento de salud.*

titular vb. {tr. y prnl.} *1.* Poner título o nombre a algo: *Ese editor es muy bueno para titular libros, los nombres que les pone siempre son ingeniosos y divertidos. 2.* Obtener un título académico: *El día que sus hijos se titularon, los padres de Miguel y Ramón se sintieron muy contentos.*

título m. *1.* Nombre o frase más o menos explicativa del contenido de un texto, libro, etc.: *El título del libro que nos pidieron en la escuela es "Geografía física y humana". 2.* Testimonio dado para demostrar que se está capacitado para ejercer un empleo, dignidad o profesión: *En la pared de la oficina de Aníbal está colgado su título de abogado. 3.* Documento que prueba la posesión de algo como una casa o un automóvil: *Para comprobar que era el dueño de la casa mi padre mostró en el banco su título de propiedad.* Sin. **escritura.**

tiza f. Barra de arcilla blanca usada para escribir en las pizarras o pizarrones: *El maestro se sacudió la tiza* de las manos después de que escribió las operaciones matemáticas. SIN. **gis**.

tizne m. y f. Hollín, humo que se pega a los objetos: *El área cercana a la chimenea de la fábrica está llena de tizne*.

tizón m. Palo a medio quemar que arde produciendo mucho humo.

tlaconete m. *Méx.* Babosa, molusco gasterópodo.

tlacuilo m. *Méx.* Entre los nahuas, individuo que se dedicaba a dibujar los signos de la escritura náhuatl.

tlapalería f. *Méx.* Establecimiento comercial donde se venden pinturas, artículos de ferretería, albañilería y material eléctrico: *Necesito que vayas a la tlapalería a comprar unos clavos y tuercas*. SIN. **ferretería**.

toalla f. Pieza de tejido suave y esponjoso que sirve para secar: *En ese hotel lujoso ponen en el baño toallas de cinco tamaños distintos*.

toallero m. Barra o aro donde se cuelgan las toallas: *Como la casa es de estilo rústico los toalleros son de madera*.

toar vb. (tr.) Remolcar un barco.

tobiano, na adj. *Argent. Chile y Urug.* Relativo al caballo con pelaje que presenta manchas blancas en la parte superior del cuerpo.

tobillera f. **1.** Venda elástica con que se sujeta o protege el tobillo: *Desde que sufrió una torcedura Ernesto debe usar una tobillera elástica*. **2.** *Méx.* Prenda de vestir corta que cubre el pie y llega al tobillo: *Cuando era adolescente me gustaba usar las tobilleras lo más cortas posible*.

tobillo m. Parte ósea en la que la pierna se junta con el pie: *Cuando mi hermano se tropezó no llegó a caerse pero se lastimó el tobillo y ahora no puede caminar a causa de la inflamación*.

tobogán m. **1.** Aparato inclinado por el que bajan los niños deslizándose: *En esa piscina tienen un tobogán por el que me encanta deslizarme antes de caer en el agua*. SIN. **resbaladilla**. **2.** Especie de trineo bajo.

tocadiscos m. Aparato que reproduce los sonidos grabados en un disco: *Primero apareció el fonógrafo, luego el tocadiscos, y ahora el aparato para discos compactos*.

tocado m. Prenda que cubre o adorna la cabeza: *El día de su boda la joven llevaba un bello tocado de flores naturales que sujetaban su blanco velo*.

tocado, da adj. *Fam.* Se dice de quien está un poco perturbado de sus facultades mentales.

tocador m. Mueble con espejo ante el cual se arreglan las personas: *Los muebles de la habitación de mi abuelita incluyen un tocador, dos mesas de noche, una cama y dos sillas*.

tocador, ra adj. Que toca un instrumento musical.

tocar vb. irreg. (tr., intr. y prnl.) **Modelo 17.** **1.** Entrar en contacto una parte del cuerpo con otra cosa: *La primera vez que toqué una rosa se me clavó una espina*. **2.** Hacer sonar un timbre, una campana o un instrumento musical: *Pídele a Maura que toque el piano, lo hace muy bien*. **3.** Estar una cosa en contacto con otra: *Las casas de esa calle se tocan una con otra*. **4.** Estar en relación con algo: *En lo que toca a la contaminación, el problema es mundial*. **5.** Corresponder, ser la obligación de alguien: *A ti te toca decidir si vamos al cine o al teatro*.

tocata f. Forma de composición musical, por lo general para instrumentos de teclado como el piano o el órgano: *Muchas personas conocen la obra llamada "Tocata y fuga en re menor" del músico alemán Juan Sebastián Bach*.

tocayo, ya m. y f. Persona con el mismo nombre que otra: *La maestra es mi tocaya pues las dos nos llamamos Rosa*.

tocho m. Lingote rústico y tosco.

tocineta f. *Colomb. y P. Rico.* Carne grasa del cerdo, en especial la salada. SIN. **panceta, tocino**.

tocino m. Carne grasa del cerdo, en especial la salada: *La sopa de verduras sabe bien con un poco de tocino frito*. SIN. **panceta, tocineta**.

toco adj. *Perú.* Hundido: *Fabiola tiene diarrea desde hace tres días, está pálida y con los ojos tocos*.

toco m. *Perú.* Nicho rectangular muy usado en la arquitectura del pueblo incaico.

tocología f. Ciencia que se ocupa del aparato reproductor femenino. SIN. **obstetricia**.

todavía adv. **1.** Expresa la duración de una acción o un estado hasta un momento determinado: *Todavía está lloviendo, por eso no podemos salir a jugar*. **2.** No obstante, sin embargo: *Te estoy ayudando y todavía te quejas*. **3.** Con más, menos, mejor, etc., expresa un grado mayor: *Eva es bonita pero su hermana es todavía más bella*.

todo m. Cosa íntegra, lo que está completo.

todo. Del ~, loc. Por completo: *Se curó mi herida del todo y ahora sólo queda la cicatriz*.

todo, da adj. **1.** Lo considerado en el conjunto de sus partes: *Santiago se comió toda la tarta, no dejó ni una migaja y después de un rato le dolía el estómago*. **2.** Cada uno: *Javier juega tenis todos los martes*.

todopoderoso m. Se escribe con "T" mayúscula cuando se refiere a Dios y su poder infinito: *Rezó al Todopoderoso para que lo ayudara a salir de sus problemas*. SIN. **Dios**.

todopoderoso, sa adj. Que todo lo puede: *El autor es todopoderoso cuando escribe un texto literario, porque toma todas las decisiones en lugar de sus personajes*.

toga f. Traje hasta los tobillos usado por los magistrados y abogados, así como en algunas graduaciones: *En ese país los magistrados usan toga y peluca cuando trabajan en un juicio*.

tojolabal adj./m. y f. De un pueblo amerindio de México y Guatemala.

toldería f. Campamento de algunos pueblos amerindios de Argentina, Bolivia y Chile, formado por toldos, casas hechas de pieles y ramas.

toldo m. **1.** Cubierta que se extiende para dar sombra: *Para cubrirse un poco del sol mi padre puso un toldo en el patio mientras arreglaba su automóvil*. **2.** *Argent., Chile y Urug.* Tienda de algunos pueblos amerindios hecha con pieles y ramas.

tolerancia f. Respeto a la libertad de pensar o actuar de los demás: *La tolerancia entre los pueblos y las personas es muy importante para mantener la armonía y la paz*. ANT. **intolerancia**.

tolerante adj. Persona que ejerce la tolerancia: *Para ser maestro de niños pequeños hay que ser tolerante hacia su necesidad excesiva de atención*. ANT. **intolerante**.

tolerar *vb.* (tr.) *1.* Soportar, aguantar: "*No sé cómo puedes tolerar a esa mujer soberbia que busca cualquier oportunidad para humillarte delante de los demás.*" *2.* Permitir, consentir: *La maestra dijo que no iba a tolerar que los estudiantes intentaran hacer trampa en el examen.*

tolete *adj./m.* y *f. Cuba.* Persona torpe, lenta de entendimiento.

tolete *m. Amér. C., Colomb., Cuba y Venez.* Garrote corto.

tololoche *m. Méx.* Contrabajo: *Jaime toca el tololoche en un trío que canta por las calles.*

tolteca *adj./m.* y *f.* Pueblo amerindio prehispánico que habitó parte de los estados mexicanos de Hidalgo, Puebla y México, entre los siglos VIII y X: *Los atlantes de Tula son un ejemplo de la cultura tolteca.*

tolueno *m.* Hidrocarburo líquido semejante al benceno, empleado en la preparación de colorantes y medicamentos: *El tolueno también se usa en la construcción de ciertos termómetros.*

toma *f. 1.* Porción de una cosa tomada de una sola vez: *El año próximo le tocará al niño otra toma de la vacuna como refuerzo para la que ahora le inyectaron.* *2.* Conquista, ocupación: *Muchos moros y cristianos murieron en la toma de Granada, en España.* *3.* Acción y efecto de filmar: *En una sola toma del filme se llevaron dos días porque era muy complicada.* *4. Colomb.* Cauce, canal.

tomacorriente *m. Argent., Perú y Urug.* Enchufe de corriente eléctrica.

tomador, ra *m.* y *f. Amér.* Aficionado a la bebida: *Rafael no ha podido conservar ningún trabajo porque es tomador y a veces llega borracho a la oficina.*

tomar *vb.* (tr., intr. y prnl.) *1.* Agarrar, asir, coger: "*Toma esta taza y colócala en su lugar, allá en la cocina.*" *2.* Aceptar, admitir algo: *El muchacho tomó la propina que mi padre le dio.* *3.* Comer, beber: *La invitaron a tomar un café con tarta.* *4.* Beber alcohol: *Nadie quiere invitar a una fiesta a Germán porque toma mucho y siempre acaba borracho y peleándose con todos.* SIN. **chupar.** *5.* Utilizar un medio de transporte público: "*Si tomas un taxi llegarás antes que si vas en ómnibus.*" *6.* Conquistar, ocupar: *Los nazis tomaron varios países europeos durante la Segunda Guerra Mundial.* *7.* Filmar, fotografiar: *Los fotógrafos toman mucho a las modelos durante los festivales de modas.* *8.* Seguir una dirección determinada: "*Tomen la primera calle a la derecha y luego sigan hasta la fuente, ahí está la tienda que buscan.*" *9. loc. ~ a bien o a mal*, interpretar algo en buen o en mal sentido: *No le tomo a mal que sea tan sincera conmigo porque sé que lo hace por el cariño que siente hacia mí.* *10. loc. ~ por*, creer algo equivocado: *Manuel tomó por su amigo Juan a un joven que encontró en la calle y le preguntó cosas que no entendía.*

tomate *m. 1.* Planta herbácea originaria de América que se cultiva por su fruto, el tomate. SIN. **jitomate.** *2.* Fruto rojo de la tomatera, comestible y carnoso: "*Preparé una ensalada de tomate, queso de cabra y aceite de oliva, ¿quieres un poco?*" SIN. **jitomate.**

tomate *m. 1. Guat.* y *Méx.* Planta herbácea con fruto parecido a una ciruela y de color amarillo verdoso. *2. Guat.* y *Méx.* Fruto de la planta del tomate, que se

usa para preparar salsas: *Muchos guisos mexicanos se preparan con salsa picante de tomates y ají o chile.*

tomatera *f.* Planta herbácea cuyo fruto es el tomate: *Rodrigo aventó un tomate podrido al jardín y poco después ahí creció una tomatera porque las semillas germinaron.*

tomavistas *m. Esp.* Cámara de filmar para uso doméstico.

tómbola *f.* Rifa pública de objetos, y local donde se celebra esta rifa: *Mi tía Carmen tenía mucha suerte y con frecuencia ganaba el primer premio en las tómbolas.*

tomillo *m.* Arbusto de flores blancas o rosadas usado en perfumería, cocina y farmacología.

tomo *m.* División de una obra que corresponde a un volumen o libro: *Para la biblioteca de la escuela compraron una enciclopedia de animales en veinte tomos.*

ton *m. 1.* Apócope de tono. *2. loc. Sin ~ ni son*, sin sentido: *René se puso a bailar como loco sin ton ni son y no le atinó al ritmo.*

tonada *f. 1.* Composición poética para ser cantada: *Esa canción tiene una tonada muy pegajosa, por eso es tan popular. 2. Amér.* Entonación, pronunciación al hablar: *Por su tonada se nota que el muchacho que acabo de conocer es uruguayo.*

tonadilla *f.* Tonada o canción ligera.

tonalidad *f. 1.* Conjunto de sonidos que sirve de base en una composición musical: *Esa canción está en una tonalidad muy común: sol mayor. 2.* Sistema de colores y tonos: *Ese cuadro tiene tonalidades de azules y verdes.*

tonel *m.* Recipiente grande, abombado y de base circular: *En grandes toneles de roble añejan el vino para producir un licor llamado brandy.* SIN. **barril, cuba.**

tonelada *f. 1.* Unidad de masa que vale mil kilos. *2. Fam.* Peso muy grande: "*Ayúdame con esta caja que pesa una tonelada y se me va a caer.*"

tongo *m.* Trampa realizada en competiciones deportivas, que consiste en que uno de los contendientes se deja ganar a cambio de un pago.

tónica *f.* Bebida gaseosa refrescante de sabor ligeramente amargo.

tónica *f.* Tendencia general: *La tónica de la reunión fue de amabilidad y cordialidad.*

tónico *m. 1.* Loción para la piel del rostro o para el cuero cabelludo: *Los fabricantes de ese tónico afirman que ayuda a que crezca rápidamente el cabello. 2.* Medicina fortalecedora: *Cuando éramos niños a mi hermano y a mí nos daban tónicos con vitaminas para que creciéramos fuertes y sanos.*

tónico, ca *adj. 1.* Que recibe el tono o acento: *La palabra tonelada tiene el acento tónico en la segunda sílaba, contando de derecha a izquierda.* ANT. **átono.** *2.* Que tiene un efecto estimulante: *Para abrirle el apetito, el médico le recetó un jarabe tónico al niño.*

tonificar *vb. irreg.* (tr.) **Modelo 17.** Dar fuerza y vigor al organismo: *Para tonificarse no basta tomar vitaminas, también hay que llevar una dieta balanceada, dormir bien y hacer ejercicio.*

tono *m. 1.* Intensidad de un sonido o color. *2.* Modo particular de hablar y de expresarse: *Cuando mi maestro habla usa un tono de autoridad que a todos los alumnos nos inspira respeto.*

tontería f. Dicho o hecho falto de inteligencia: *Esperanza irrita a todos en las reuniones porque se pasa el tiempo diciendo **tonterías**.*

tonto, ta adj. **1.** Se aplica a la cosa o frase falta de sentido o finalidad: *Se rompió la pierna de la manera más **tonta** al levantarse de la cama.* **2.** loc. **Hacerse el ~**, fingir que no se entienden las cosas: *Gerardo **se hacía el tonto** cuando dijo que no hablaba inglés, pues lo sabe pero no quería ayudarnos con la traducción.*

tonto, ta adj./m. y f. Se dice de la persona de poca inteligencia o entendimiento.

topacio m. Piedra fina, amarilla y transparente.

topar vb. {tr., intr. y prnl.} **1.** Chocar una cosa contra otra. **2.** *Amér.* Echar a pelear los gallos para probarlos. **3.** Encontrar, hallar algo o a alguien de forma casual: *Saliendo del edificio donde vivo **me topé** con un amigo que hace varios años no veía.*

tope m. **1.** Límite, extremo a que se puede llegar: *"Hay que ponerle un **tope** a las travesuras de mi perro con un buen castigo".* **2.** Pieza que sirve para detener el movimiento de un mecanismo. **3.** *Méx.* Especie de boya en las calles para que los automóviles disminuyan la velocidad: *Si no se ven los **topes**, puede uno pasarlos rápido y dañar los neumáticos y la suspensión del automóvil.* **4.** *Fam.* Golpe dado con la cabeza: *Jugando baloncesto, dos niños brincaron al mismo tiempo y se dieron un **tope** que provocó que sangraran las cabezas de ambos.*

tópico m. **1.** Asunto muy repetido o conocido. **2.** *Amér.* Tema de conversación: *Últimamente el único **tópico** de conversación de Rosalía es su próximo viaje a Europa.* SIN. **tema.**

tópico, ca adj. **1.** Relativo a lo que casi toda la gente sabe o conoce: *El locutor de radio hizo un comentario **tópico** y cree que descubrió algo extraordinario.* **2.** Medicamento de uso externo: *El medicamento que le recetaron a Susana es de uso **tópico** pues debe untarlo en su pierna.*

topo m. **1.** Mamífero insectívoro que excava galerías en el suelo, donde caza insectos y larvas: *Los **topos** tienen fuertes y grandes dientes para roer.* **2.** Lunar de una tela: *Maura trae un vestido blanco con **topos** negros.* **3.** Carácter de imprenta, empleado por lo general como adorno. **4.** *Argent., Chile y Perú.* Alfiler grande que remata en forma de cuchara con grabados regionales.

topografía f. Representación en un plano del relieve de un terreno con los detalles naturales y artificiales que tiene, como ríos, barrancas, montañas, etc.

topógrafo, fa m. y f. Persona dedicada a la representación del relieve de un terreno en un plano.

topónimo m. Nombre propio de lugar: *El **topónimo** de París en la época de los romanos era Lutecia.*

toque m. **1.** Acción de tocar. **2.** Hecho de aplicar en la piel alguna substancia cosmética o médica: *Para desinfectar mi herida mi madre me dio unos **toques** con un algodón empapado en agua oxigenada.* **3.** Golpe suave: *El campeón de tenis le dio un **toque** ligero a la pelota y así logró ganar el punto.* **4.** *Méx.* Calambre que produce en el cuerpo el contacto con una corriente eléctrica: *Tomó la plancha con las manos húmedas y sintió un **toque**.*

toquetear vb. {tr.} Manosear, tocar de manera repetida: *"Si no vas a comprar la fruta, no la **toquetees** porque se daña."*

TOR

toquilla f. Pañuelo de lana que usan las mujeres alrededor de los hombros y los bebés para cargarlos. SIN. **chal.**

torá f. Se escribe con "T" mayúscula y designa a la ley de los judíos, formada por cinco libros bíblicos: Génesis, Éxodo, Deuteronomio, Números y Levítico.

torácico, ca adj. Relativo al tórax: *El médico dijo que necesitaba un análisis **torácico** de Maruja para examinarle los pulmones.*

tórax m. **1.** Pecho: *Como Jaime hace mucho ejercicio tiene el **tórax** muy fuerte y duro.* **2.** Segunda parte del cuerpo de los insectos.

torbellino m. Remolino formado por una masa de viento o polvo que se eleva girando sobre sí misma: *El viento levantó un **torbellino** de polvo y basura.*

torcaz adj. Variedad de paloma de cuello verdoso y blanquecino: *Las palomas **torcaces** son un poco más ruidosas que las demás.*

torcedura f. Lastimadura de las partes blandas que rodean las articulaciones del cuerpo: *Es frecuente que los atletas sufran **torceduras** en los tobillos.*

torcer vb. irreg. {tr. y prnl.} **Modelo 30. 1.** Inclinar una cosa o doblarla: *El electricista **torció** el alambre con unas pinzas.* **2.** Retorcer: *"Para que no se salten los hilos **tuerce** la cuerda."* **3.** Desviar algo de su posición o dirección: *La planta del jardín **se torció** hacia la ventana para recibir más luz y sol.* **4.** Dificultarse o frustrarse algo: *El negocio iba bien pero lo **torció** la muerte de uno de los empresarios.*

torcido, da adj. **1.** Que no es o no está recto: *Mi gata tiene **torcida** la cola desde que se la machucó en la puerta.* **2.** *Desp. Fam.* Persona que no obra con rectitud. **3.** *Amér.* Desafortunado: *Mateo tiene la suerte **torcida** con sus novias pues las relaciones que entabla no duran más de una semana.*

tordo m. **1.** Pájaro pequeño de plumaje negro, pico amarillo y patas rojizas: *Al atardecer vi una mancha negra en el cielo cuando pasó una bandada de **tordos** que regresaban a sus nidos.* **2.** *Chile y R. de la P.* Pájaro de cuerpo negro y brillante.

tordo, da adj. Relativo a los caballos que tienen el color del pelo mezclado negro con blanco: *El caballo **tordo** destacaba entre ese grupo de caballos negros.*

torear vb. {tr. e intr.} **1.** Lidiar un torero al toro en una plaza y después matarlo: *Después de la faena llevaron en hombros al torero por el excelente manera en que había **toreado** a la res.* **2.** *Argent., Chile, Guat., Hond., Méx., Nicar. y Urug.* Provocar, dirigir a alguien de manera insistente palabras que pueden molestarle. **3.** *Chile.* Azuzar, provocar. **4.** *Argent. y Par.* Ladrar un perro y amenazar con morder. **5.** *Méx. Fam.* Salir con bien de una situación difícil: *El muchacho **toreó** bien las complicadas preguntas de su maestro y aprobó el examen.*

torera f. Chaqueta corta y ajustada al cuerpo: *El bailarín de flamenco traía una **torera** corta, de color negro, muy elegante.*

torero, ra m. y f. Persona que lidia toros: *Manolete ha sido uno de los **toreros** más conocidos de la historia.*

toril m. En las plazas de toros, lugar donde están las reses.

torio m. Metal blanco y cristalino, de símbolo Th y número atómico 90.

torito m. **1.** *Argent. y Perú.* Nombre de diversas especies de insectos coleópteros que van del color casta-

TO

623

ño al negro y cuyo macho tiene un cuerno curvo en la frente. **2.** Cuba. Pez con dos espinas como cuernos. **3.** *Ecuad.* y *Nicar.* Especie de orquídea.

tormenta *f.* **1.** Perturbación de la atmósfera, con descargas eléctricas, aire y lluvia: *Nos empapamos porque nos sorprendió la* **tormenta** *y no llevábamos paraguas.* SIN. **tempestad. 2.** Manifestación violenta del estado de ánimo: *El abandono por parte de su novio sumió a Rosaura en una* **tormenta** *de sentimientos de tristeza y dolor.*

tormento *m.* **1.** Dolor físico: *La pobre anciana sufre de terribles* **tormentos** *en sus brazos y piernas a causa de la artritis.* SIN. **tortura. 2.** Aflicción, congoja: *Otelo, el personaje de la tragedia del escritor inglés William Shakespeare, sufría por el* **tormento** *de los celos.*

tormentoso, sa *adj.* **1.** Que ocasiona o que se relaciona con la tormenta: *El servicio meteorológico aconsejó precaución a los barcos por el tiempo* **tormentoso** *que se aproximaba.* **2.** Complicado, conflictivo: *Finalmente Diana logró poner fin a una relación* **tormentosa** *que la hacía sufrir.*

tornado *m.* Huracán: *El fuerte* **tornado** *arrancó árboles e incluso algunos techos de casas.*

tornar *vb.* {tr., intr. y prnl.} **1.** Regresar: *Ese famoso artista siempre ha querido* **tornar** *al pueblo donde nació.* **2.** Devolver. **3.** Cambiar, volverse de otra forma: *Desde que envejeció, mi abuelita* **se ha tornado** *más olvidadiza y enojona.*

tornasol *m.* **1.** Reflejo en algunas telas que las hace cambiar de color según la luz que reciben. **2.** Planta de grandes flores amarillas y abundantes semillas comestibles de las que se obtiene aceite: *Los* **tornasoles** *van girando porque buscan el calor del sol.* SIN. **girasol.**

tornasolado, da *adj.* Que cambia de color con el reflejo de la luz: *Para la fiesta elegante, mi madre se puso un traje* **tornasolado** *que a veces se veía de color rosa y otras veces, azul.*

tornear *vb.* {tr.} Labrar o dar forma a una cosa con el torno: *Poco a poco el alfarero empezó a* **tornear** *la arcilla hasta convertirla en una bonita vasija.*

torneo *m.* Competencia deportiva: *Después de ser campeón nacional mi equipo favorito de baloncesto participará en su primer* **torneo** *internacional.*

tornillo *m.* **1.** Pieza cilíndrica de metal parecida a un clavo, pero con rosca o espiral: *"La puerta está suelta, hay que apretar los* **tornillos.**" **2.** *loc. Fam.* **Faltar un ~,** estar mal de la cabeza, loco.

torniquete *m.* Instrumento quirúrgico que sirve para impedir el sangrado de una herida: *Antes de llevarlo al hospital le aplicaron un* **torniquete** *en el brazo para que ya no le saliera sangre de la mano.*

torno *m.* **1.** Máquina que hace girar un objeto para labrarlo o tallarlo: *Los ceramistas usan un* **torno** *para dar forma a las vasijas y otros objetos de arcilla.* **2.** *loc.* **En ~ a,** alrededor: *La Tierra gira* **en torno** *al Sol.*

toro *m.* **1.** Macho adulto del ganado vacuno, provisto de dos cuernos: *Los* **toros** *son una especie de maridos de las vacas.* **2.** *Fam.* Hombre muy fuerte y robusto: *Óscar es un* **toro** *que pesa cien kilos de puro músculo y mide un metro con noventa centímetros.* **3. Tomar el ~ por los cuernos** o **por las astas,** enfrentar algo con valor: *Patricia decidió* **tomar el toro por los cuernos** *y se fue a estudiar sola al extranjero.* **4.** *pl.* Corrida de toros: *Mi tía va a los* **toros** *los domingos por la tarde.*

toronja *f.* Fruto cítrico del árbol llamado toronjo o pomelo, de sabor ácido ligeramente amargo y tamaño mayor que el de las naranjas: *Desayuné la mitad de una* **toronja** *con azúcar y un plato de cereal con fibra porque estoy a dieta.* SIN. **pomelo.**

torpe *adj.* Falto de agilidad y destreza: *Como el bebé es todavía un poco* **torpe** *se cae con frecuencia.*

torpedero *m.* Embarcación que carga y lanza torpedos, que son proyectiles submarinos explosivos.

torpedo *m.* **1.** Pez marino parecido a la raya y que produce descargas eléctricas. **2.** Proyectil explosivo submarino: *El* **torpedo** *causó mucho daño al submarino enemigo pero no logró derrotarlo.*

torpeza *f.* **1.** Cualidad de quien es torpe. **2.** Expresión o hecho tonto, fuera de lugar: *Con una* **torpeza** *increíble se burló de los tartamudos ¡olvidando que uno de sus amigos es tartamudo!*

torrar *vb.* {tr.} Tostar al fuego.

torre *f.* **1.** Cuerpo de un edificio más alto que ancho, que sobresale del resto de la construcción: *La fachada de la iglesia tiene dos* **torres** *simétricas, una en cada lado.* **2.** En el ajedrez, pieza con forma de torre: *La* **torre** *puede moverse el número de cuadros que quiera por siempre en sentido vertical u horizontal, no diagonal.*

torreja *f.* Rebanada de pan frita, empapada en leche y rociada con azúcar. SIN. **torrija.**

torrente *m.* **1.** Curso impetuoso de agua: *El* **torrente** *del río era tan fuerte que acarreaba ramas enteras de árboles.* **2.** *Fam.* Abundancia: *Te deseo para este año nuevo un* **torrente** *de dicha y felicidad.*

torrentoso, sa *adj. Amér.* Se dice de los ríos y arroyos de corriente impetuosa.

torreón *m.* Torre fortificada para la defensa de una plaza: *En lo alto del* **torreón** *del castillo vencido ondea ahora la bandera de los vencedores.*

tórrido, da *adj.* Muy caliente: *En las zonas* **tórridas** *las personas tienen la piel tostada por el sol.*

torrija *f.* **1.** Rebanada de pan frita, empapada en leche y azúcar. SIN. **torreja. 2.** *Chile.* Rodaja de limón o naranja que se pone en las bebidas.

torsión *f.* Hecho de torcer o torcerse: *Con una* **torsión** *de su delgado cuerpo, la bailarina pareció hacerse nudo con otra, se deshizo.*

torso *m.* Tronco o parte central del cuerpo humano: *De esa antigua estatua sólo se conserva el* **torso** *pues ya no tiene brazos, piernas, ni cabeza.*

torta *f.* **1.** Masa de harina que se cuece a fuego lento. **2.** *Fam.* Bofetada: *La mujer se molestó tanto que le dio una* **torta** *al hombre que le decía palabras ofensivas.* **3.** *Argent., Chile* y *Urug.* Postre hecho con pan relleno de crema o frutas y decorado: *De postre comimos una* **torta** *de chocolate.* SIN. **pastel. 4.** *Méx.* Pieza de pan blanco rellena de huevo, jamón, queso u otros ingredientes.

tortícolis *f.* Dolor de los músculos del cuello: *Dormí torcido y me levanté con una fuerte* **tortícolis.**

tortilla *f.* **1.** Plato hecho con huevos batidos y fritos: *La* **tortilla** *española clásica se prepara con huevos, papas y cebolla.* **2.** *Amér. C., Antill.* y *Méx.* Pieza delgada y circular de masa de maíz cocida: *En México la* **tortilla** *es una de las bases más importantes en la alimentación de la gente.* **3.** *Argent.* y *Chile.* Panecillo en forma de disco chato, por lo común salado, hecho con harina de trigo o maíz y cocido.

tortillería f. *Amér. C., Antill.* y *Méx.* Establecimiento donde se hacen y venden tortillas: *Fui a la tortillería y compré un kilo de tortillas para hacer tacos.*

tórtola f. Ave parecida a la paloma pero más pequeña y de plumaje gris rojizo: *En el balcón vi a unas tórtolas que parecían besarse porque unían continuamente sus picos.*

tortuga f. Reptil de cuerpo corto y caparazón óseo que se mueve de manera muy lenta: *En la fábula que leí la tortuga lenta ganó la carrera a la veloz liebre gracias a su constancia.*

tortuoso, sa adj. **1.** Con muchas curvas: *El camino para llegar al pueblo minero es tortuoso, por eso siento que me estoy mareando.* SIN. **sinuoso. 2.** Con complicaciones y problemas: *Ese cantante tuvo una juventud tortuosa pues se quedó huérfano desde niño y vivió en muchos lugares.*

tortura f. Sufrimiento físico o moral que se provoca a alguien. SIN. **tormento.**

tos f. **1.** Expulsión violenta y ruidosa del aire de los pulmones: *Primero me dio gripe y ahora tengo una fuerte tos que me ha obligado a quedarme en casa.* **2.** loc. **~ ferina,** enfermedad contagiosa común entre los niños, que se distingue por los ataques violentos de tos: *Julia está enferma de tos ferina y no podemos visitarla porque también podríamos enfermarnos nosotros.*

tosco, ca adj. **1.** Cosa hecha con poca habilidad y con material barato: *La tela que cubre las sillas es tosca porque resiste más.* **2.** Rústico, carente de cultura: *El joven se había criado en un medio tosco pero era muy inteligente y pronto aprendió los modales de la ciudad.*

tosedera f. *Colomb., Ecuad., Guat., Méx.* y *Nicar.* Tos persistente: *Anoche la tosedera no dejó dormir a María.*

tostada f. **1.** Rebanada de pan tostado: *Me gusta cenar tostadas con mantequilla y mermelada de frambuesa.* **2.** *Méx.* Tortilla de maíz frita en aceite a la que se le pone encima carne, pollo, palta o aguacate, crema, porotos o frijoles, lechuga, queso, etc.

tostado, da adj. Que tiene color obscuro: *Fernando se pasó diez días en la playa y regresó con la piel tostada.*

tostar vb. irreg. [tr. y prnl.] Modelo 5. **1.** Exponer algo al fuego hasta que se dora: *En invierno se tuestan las castañas al fuego.* **2.** *Chile.* Golpear, azotar.

tostón m. Trozo de pan frito.

total adj. Completo: *El concierto tuvo un éxito total pues al final el público no se cansaba de aplaudir y gritar "bravo".*

total m. **1.** Resultado de una suma: *El total de sumar 10 más 10 es 20.* **2.** Totalidad: *El total de los niños de mi grupo está enfermo de gripe.*

total adv. En conclusión: *"Total, ¿quieres salir a cenar conmigo o no?"*

totalidad f. Todo, el total, el conjunto de todos los componentes de algo: *La totalidad de los estudiantes de ese grupo logró entrar a la universidad.*

totalitario, ria adj. Lo que se refiere a la totalidad, en especial al régimen político que concentra todo el poder en el Estado: *La antigua Unión Soviética tenía un régimen económico totalitario.*

tótem m. Animal o planta considerado como antepasado mítico o pariente lejano de los individuos que

pertenecen a un determinado grupo humano, sobre todo un clan: *Los indios iroqueses de Canadá esculpieron tótems y otras figuras en madera.*

totonaca o **totonaco** adj./m. y f. Pueblo prehispánico de México que se desarrolló en la región central del estado de Veracruz: *Las estatuillas de niños sentados y las figuras de caritas sonrientes son típicas de los totonacas.*

totora f. *Amér. Merid.* Especie de junco que crece a orillas de los lagos y junto al mar.

totuma f. **1.** *Amér. C.* y *Antill.* Fruto del totumo. **2.** *Amér. C.* y *Antill.* Vasija hecha con el fruto llamado totumo.

totumo m. *Amér. C.* y *Amér. Merid.* Planta cuyo fruto es una calabaza.

tóxico, ca adj. Venenoso: *El juguete estaba pintado con una substancia tóxica que le hizo daño al niño cuando lo chupó.*

toxicomanía f. Adicción a ingerir substancias tóxicas: *La toxicomanía, si no se atiende a tiempo, puede llegar a causar la muerte.*

toxicómano, na m. y f. Persona que es adicta a alguna substancia tóxica: *Algunos cantantes de rock han sido toxicómanos y han muerto por ello.*

toxina f. Substancia tóxica que producen los seres vivos: *Muchas toxinas del cuerpo se eliminan a través de la orina y el sudor.*

tozudo, da adj. Que sostiene fijamente una actitud u opinión: *No creo que puedas convencer a Daniel porque es una persona tozuda.* SIN. **terco, necio, obstinado.**

traba f. **1.** Cosa que sujeta a otras, asegurándolas: *Los zapatos de la niña tienen dos trabas paralelas.* **2.** Lo que dificulta o es obstáculo para alguien o algo.

trabajador, ra adj. Relativo a quien trabaja mucho y disfruta al hacerlo: *Lalo es un muchacho trabajador que cuando no está estudiando le ayuda a sus padres en la huerta.*

trabajador, ra m. y f. Empleado, persona asalariada: *Los trabajadores de esta industria están recibiendo un curso de capacitación.*

trabajar vb. [intr.] **1.** Realizar un esfuerzo en una actividad física o mental: *Como Jacobo se quedó huérfano, tuvo que empezar a trabajar desde niño.* **2.** Tener una ocupación, oficio o profesión: *"¿En qué trabaja el papá de Enrique?" "Es piloto."*

trabajo m. **1.** Ocupación pagada que permite ganarse la vida: *Mi prima Cristina se tardó seis meses en volver a encontrar trabajo después de que se fue de la empresa.* **2.** Obra resultante de una actividad física o intelectual: *Ya entregamos el trabajo de historia, lo hicimos sobre el Imperio Romano.*

trabajoso, sa adj. **1.** Que da o cuesta mucho trabajo: *El guiso de hojas de parra rellenas es trabajoso de preparar pero sabe muy rico.* **2.** *Colomb.* Que es poco complaciente y muy exigente.

trabalenguas m. Palabra o frase muy difícil de pronunciar: *A los niños pequeños les cuesta trabajo decir los trabalenguas como "Pablito clavó un clavito" o "tres tristes tigres comían trigo en un trigal".*

trabar vb. [tr. y prnl.] **1.** Juntar dos cosas para reforzarlas: *Hay que trabar los nudos que sujetan la carga del camión para que no se caiga durante el viaje.* **2.** Comen-

TRA

zar algo: *Trabó relación con una secretaria de su empresa y parece que se está enamorando de ella.* **3.** Entorpecérsele a uno la lengua al hablar: *A causa de su nerviosismo se le trabó la lengua durante el discurso y dijo una palabra en vez de otra.*

trabilla f. Pequeña tira de tela por la que se pasa una correa: *Después de tanto uso la trabilla de mi pantalón se descosió cuando me apreté el cinto.*

trabuco m. Arma de fuego más corta que la escopeta y de boca ancha.

traca f. Serie de petardos o cohetes que estallan de forma sucesiva.

trácala f. *Méx. y P. Rico. Fam.* Trampa, engaño: *La trácala que le hicieron a Servando consistió en hacerlo pagar como nuevo un disco usado.*

tracción f. **1.** Acción de tirar o arrastrar algo para moverlo: *El arado se movía gracias a la tracción de dos bueyes que tiraban de él.* **2.** Acción de poner tirante una cuerda, cable, etc.

tractor m. Máquina que se utiliza en trabajos agrícolas: *Desde que Raymundo compró un tractor los trabajos en el campo son más fáciles y rápidos.*

tractor, ra adj. Que produce tracción.

tradición f. Transmisión de creencias, costumbres, etc., de unas generaciones a otras: *Los pueblos indígenas tienen tradiciones que se remontan a mucho antes de la llegada de los españoles a lo que hoy es América.*

tradicional adj. Apegado a la tradición: *El día de su boda mi amiga Citlali estaba vestida con la ropa tradicional de su grupo indígena.*

traducción f. Resultado de expresar algo en un idioma distinto del original: *En clase hicimos la traducción del inglés al español de un pequeño cuento.*

traducir vb. irreg. {tr.} Modelo 57. Pasar un texto de un idioma a otro: *El escritor argentino Julio Cortázar traducía textos para mantenerse y así poder crear su propia obra.*

traductor, ra m. y f. Persona que pasa un texto de una lengua a otra.

traer vb. irreg. {tr.} Modelo 38. **1.** Llevar algo desde un lugar a otro más cercano al que está hablando: *Tengo frío, por favor tráeme una manta.* **2.** Causar, provocar: *El divorcio de sus padres le trajo a Martín muchas consecuencias para su vida posterior.* **3.** Llevar puesto: *Mi padre trae una corbata que le regalé.*

traficante m. y f. Persona que vende y compra diversas mercancías o substancias ilegales: *La policía logró atrapar a los traficantes de aparatos electrónicos.*

traficar vb. irreg. {intr.} Modelo 17. Comerciar, en especial con mercancías ilegales: *Se enriqueció rápido porque se dedicó a traficar con armas pero ahora ya se encuentra en la cárcel.*

tráfico m. **1.** Circulación de vehículos por calles y carreteras: *Esa carretera está en mal estado por el intenso tráfico de camiones que la atraviesa.* **2.** Transporte de personas, mercancías, etc.

tragaluz m. Ventana situada en el techo o en la parte alta de la pared de una habitación: *Mi habitación está bien iluminada gracias a un tragaluz que mi padre puso.* SIN. **claraboya.**

tragaperras m. y f. *Esp.* Máquina de juego que funciona con monedas. SIN. **tragamonedas.**

tragar vb. irreg. {tr. y prnl.} Modelo 17. **1.** Hacer que algo pase de la boca al estómago: *En vez de tirar la goma de mascar la tragó, por eso ahora le duele el estómago.* **2.** Creer con ingenuidad: *¿Crees que el papá de Raúl se tragará esa historia y no lo castigará por llegar tarde?* **3.** Tener que aguantar algo: *Isabel tuvo que tragarse los insultos porque no quería provocar una pelea.*

tragedia f. **1.** Obra dramática de asunto serio y final desdichado: *La obra Romeo y Julieta, del escritor inglés William Shakespeare, es una tragedia porque los enamorados sufren y al final mueren.* **2.** Género de obras llamadas tragedias. **3.** Suceso desgraciado de la vida: *La tragedia de la muerte de su padre marcó la vida de Andrés para siempre.*

trágico, ca adj. Relativo a la tragedia: *Prefiero las obras cómicas a las trágicas pues con aquéllas me divierto.*

tragicomedia f. **1.** Obra dramática que mezcla los elementos de la comedia y de la tragedia. **2.** Género de obras dramáticas llamadas tragicomedias.

trago m. Cantidad de líquido que se bebe de una sola vez: *Le dio un buen trago al agua fresca porque hacía calor y tenía sed.* SIN. **sorbo.**

traición f. Violación de la lealtad y fidelidad debidas a alguien o algo.

traicionar vb. {tr.} **1.** Violar la lealtad y fidelidad debidas a alguien o algo: *Carlitos traicionó la confianza de Juliana cuando le contó a René lo que ella le había dicho como su gran secreto.* **2.** Ser algo o alguien causa de que se fracase en un intento: *Los nervios traicionaron a Félix y no pudo responder el examen a pesar de que había estudiado mucho.*

traicionero, ra adj. Persona, animal o cosa en la que no se puede tener confianza: *No te fíes de esta calma, porque el mar es traicionero y podrías correr peligro.* SIN. **traidor.**

traidor, ra adj. Que traiciona. SIN. **traicionero.**

tráiler m. Palabra de origen inglés. **1.** Remolque de un camión: *El chófer del tráiler daba las vueltas con mucha precaución por el gran tamaño del vehículo.* **2.** *Esp. y Méx.* Avance de un filme. SIN. **cortos.**

trainera f. Barco usado para la pesca de sardinas con red.

traje m. **1.** Vestido exterior completo de alguien: *Para su examen profesional Ricardo se puso un traje nuevo con corbata.* SIN. **vestido. 2.** Forma de vestir la gente de un determinado país o de una época. **3.** loc. ~ de baño, prenda que se utiliza para bañarse en piscinas, playas, etc. SIN. **malla.**

trajín m. Actividades numerosas e intensas: *Mi novio y yo no nos hemos visto por el trajín de todos los días.*

trajinar vb. {tr. e intr.} **1.** Llevar mercancías de un lugar a otro. **2.** Desarrollar una actividad intensa: *La secretaria de ese doctor trajina de un lado para otro todo el día.*

trajinera f. *Méx.* Especie de lancha impulsada por una vara larga: *En los canales de Xochimilco, en el Distrito Federal en México, las mujeres venden flores que transportan en las trajineras.*

trama f. **1.** Conjunto de hilos horizontales que al cruzarse con otros verticales forman una tela: *La trama del vestido es de cuatro colores.* **2.** Disposición interna de las partes de un asunto. **3.** Argumento de una obra: *La trama de ese filme es tan complicada que cuesta* trabajo entender lo que pasa. Sin. **guión. 4.** Enredo, confabulación: *Nunca se descubrirá completamente la **trama** que hubo detrás del asesinato del presidente estadounidense John F. Kennedy.*

tramar *vb.* {tr.} **1.** Cruzar los hilos de la trama, o sea los horizontales con los verticales o urdimbre, para tejer una tela. **2.** Preparar algo de manera oculta: *Algo **traman** los niños pues están demasiado silenciosos.*

tramitar *vb.* {tr.} Dar los pasos necesarios para resolver un asunto: *Ya tengo los papeles necesarios para **tramitar** mi pasaporte.*

trámite *m.* Conjunto de pasos o acciones que hay que realizar para la resolución de un asunto: *Desde que entró ese nuevo director los **trámites** se han multiplicado y todo es más lento y complicado.*

tramo *m.* Parte de una línea o de una superficie más larga que ancha: *Durante un **tramo** de carretera avanzamos menos porque había trabajos de composturas.*

tramontana *f.* Viento del norte, frío y seco.

tramoya *f.* Maquinaria teatral con la que se realizan los cambios de decorado y los efectos especiales: *La **tramoya** para esa ópera era muy complicada y costosa pues había muchos cambios de escenas.*

tramoyista *m.* y *f.* Persona que se ocupa de la tramoya en los teatros: *La escenografía para esta obra es muy sencilla, por eso un solo **tramoyista** puede manejarla.*

trampa *f.* **1.** Puerta abierta en el suelo que comunica con una habitación inferior. **2.** Instrumento usado para cazar animales: *Al pobre oso se le rompió la pata con la **trampa** que le pusieron los cazadores.* **3.** Plan para engañar a alguien: *En el filme que vi los estafadores le tendieron una **trampa** a la rica viuda para que comprara una empresa que no existía en la realidad.* **4.** Truco malicioso en el juego o la competencia con el fin de obtener provecho: *No me gusta jugar naipes con Mariana porque siempre quiere hacerme **trampa**.*

trampolín *m.* Tabla flexible que sirve a los nadadores y a los gimnastas para impulsarse en un salto: *En las Olimpiadas hay pruebas de clavados en el **trampolín** y en la plataforma.*

tramposo, sa *adj.* Que hace trampas o tretas: *Paulo es un **tramposo** que siempre gana el juego de manera ilegal.*

tranca *f.* Palo con que se aseguran puertas y ventanas: *Todas las noches mi padre pone la **tranca** a la puerta de entrada a la casa.*

trancazo *m.* **1.** Golpe dado con una tranca: *El pastor hizo huir a **trancazos** al coyote que pretendía comerse a un cordero.* **2.** Fam. Catarro, gripe, resfrío. **3.** Cuba. Trago largo de licor. **4.** Méx. Fam. Golpe muy fuerte: *Elías entró al edificio cuando Samuel salía y la puerta le dio un **trancazo** en la cara.*

trance *m.* Momento crítico, decisivo y difícil: *Después de la quiebra de su negocio el empresario pasó por un **trance** económico muy difícil.*

tranquera *f.* Amér. Merid. Puerta rústica de un alambrado, hecha con maderos.

tranquilizante *adj.* Que calma, que tranquiliza: *La voz de esa mujer es grave, suave y **tranquilizante**.*

tranquilizante *adj.* y *m.* Substancia química que tranquiliza, que calma: *Como sufría de angustia, el psiquiatra le recetó un **tranquilizante** que debe tomar por la noche.*

tranquilizar *vb. irreg.* {tr. y prnl.} Modelo 16. Poner o ponerse tranquilo, calmado, sosegado: *Esa maestra tiene una gran capacidad para **tranquilizar** a los inquietos alumnos de segundo grado.*

tranquilo, la *adj.* **1.** Que está en calma: *"El mar está **tranquilo**, podemos salir a navegar."* **2.** Que no está nervioso: *No entiendo, mi prima se casará dentro de una hora y está tan **tranquila** como si se fuera al cine.*

transa *adj./m.* y *f.* Méx. Fam. Persona que engaña o tima: *Ese comerciante es un **transa** que te cobra un kilo de verduras y en realidad te da 800 g.*

transa *f.* Méx. Fam. Engaño, en especial el que se hace para despojar a alguien de sus bienes.

transacción *f.* Negocio, trato: *Esa compañía realiza muchas **transacciones** todos los días.*

transar *vb.* {tr., intr. y prnl.} **1.** Ceder, tolerar cierta cosa o situación. **2.** Méx. Fam. Despojar a uno de algo mediante trampas: *El carpintero **transó** a José cuando le pidió dinero adelantado y luego desapareció dejando el trabajo incompleto.*

transatlántico *m.* Barco de grandes dimensiones destinado al transporte de pasajeros en largas travesías: *El Titanic fue un **transatlántico** de gran tamaño y lujo, construido a principios de siglo.*

transbordar *vb.* {tr. e intr.} Trasladar cosas o trasladarse personas de un vehículo a otro: *Tomás debe viajar en tren y luego **transbordar** a un autobús para llegar a la empresa donde trabaja.*

transcribir *vb.* {tr.} **1.** Copiar un escrito: *El manuscrito antiguo casi no se podía leer, por eso tuvieron que **transcribirlo**.* **2.** Escribir lo que se oye: *El periodista **transcribió** una cinta en la que estaba grabada la conversación que sostuvo con el deportista.*

transcripción *f.* Texto en el que se ha escrito lo que se habló, leyó o en música, lo que se tocó: *Hay una **transcripción** de todo lo que dijeron los testigos y abogados durante el juicio.*

transcurrir *vb.* {intr.} Pasar, correr el tiempo: *Para los niños el tiempo **transcurre** lentamente, en cambio para los adultos todo es rápido.*

transeúnte *adj./m.* y *f.* **1.** Persona que transita por un lugar: *Los **transeúntes** deben cruzar la calle por una zona especial para que no corran peligro de ser atropellados.* **2.** Persona que está de paso por un lugar.

transexual *adj./m.* y *f.* Relativo a la persona que adquiere los caracteres sexuales del sexo opuesto por medio de cirugía y tratamientos médicos.

transferencia *f.* Acción de pasar algo de un lugar a otro: *El empleado del banco se ocupará de hacer una **transferencia** del dinero de un banco extranjero a uno nacional.*

transferir *vb. irreg.* {tr.} Modelo 50. **1.** Pasar a alguien o algo de un lugar a otro: *El jefe de mi hermano lo **transfirió** a otra ciudad, por eso se va a mudar la semana próxima.* **2.** Ceder a otro el derecho sobre una cosa.

transfiguración *f.* Cambio de aspecto o de figura: *Cuando el espía del filme salió de la cirugía plástica había sufrido una verdadera **transfiguración** y resultaba difícil reconocerlo.*

transfigurar *vb.* {tr. y prnl.} Cambiar o hacer cambiar de figura o aspecto a una persona o cosa.

transformación *f.* **1.** Cambio, modificación notable que sufre un ser vivo: *Cuando pasó de la niñez a la* adolescencia sufrió una **transformación** profunda en lo físico y lo emocional. **2.** Alteración de una substancia o material en la que adquiere características diferentes a las que tenía originalmente: *La transformación del hierro en acero ha sido una de las bases de la industria moderna.*

transformador *m.* Aparato que transforma la corriente eléctrica de un voltaje a otro.

transformar *vb.* (tr. y prnl.) **1.** Cambiar o hacer cambiar de forma: *Las orugas se transforman en mariposas.* **2.** Convertir una cosa en otra mediante un proceso: *Por la acción del calor el agua se transforma de un estado líquido a un estado gaseoso.*

tránsfuga *m.* y *f.* Persona que pasa de un partido político a otro: *Eduardo es un tránsfuga que cambió del partido de derecha al partido de izquierda.*

transfundir *vb.* (tr.) Hacer pasar un líquido de un recipiente a otro: *Antes de servir el vino en copas, a mi mamá le gusta transfundirlo para que se oxigene.*

transfusión *f.* **1.** Acción y efecto de transfundir, de hacer pasar un líquido de un recipiente a otro. **2.** loc. **– de sangre**, introducción de sangre de un individuo al cuerpo de otro: *Después del accidente, le pusieron varias transfusiones de sangre para reponer la que había perdido.*

transgénico *adj.* Relativo a los organismos que han sido creados por ingeniería genética, al mezclar ADN de otros organismos en sus genes: *Algunos científicos piensan que los alimentos transgénicos serán el futuro alimenticio de la humanidad.*

transgredir *vb.* (tr.) Violar o quebrantar una ley o norma: *Al robar se transgreden las leyes.*

transgresión *f.* Violación o quebranto de una ley o una norma: *Las transgresiones a las leyes de tránsito son castigadas con multas o con cárcel, según sean leves o graves.*

transgresor, ra *m.* y *f.* Persona que transgrede, viola o quebranta una ley o una norma: *La policía logró atrapar al transgresor que se había metido en una propiedad privada sin permiso.*

transición *f.* Acción y efecto de pasar de un estado a otro: *La transición de niño a adolescente se nota por los cambios físicos y mentales del individuo.*

transigente *adj.* Referido al que acepta las opiniones de otro o que cede a los deseos de otra persona. Ant. **intransigente.**

transigir *vb. irreg.* (intr.) Modelo 61. Ceder a los deseos u opiniones de otro: *Después de una larga discusión el profesor transigió a la petición del grupo y aceptó que los niños salieran al patio cinco minutos antes.*

transistor *m.* Dispositivo electrónico que sirve para rectificar y ampliar los impulsos eléctricos: *Desde que se inventaron los transistores pudieron construirse radios muy pequeños.*

transitar *vb.* (intr.) Ir por una vía pública: *El autobús transitaba de norte a sur cuando chocó contra un automóvil que venía en sentido contrario.*

transitivo, va *adj.* Relativo al verbo que puede llevar objeto directo: *El verbo regalar es transitivo.*

tránsito *m.* Movimiento de gente y vehículos por calles, carreteras, etc.: *En el centro de la ciudad siempre hay mucho tránsito, si quieres llegar a tiempo a la función, tienes que salir con una hora de anticipación.*

transitorio, ria *adj.* Que dura poco tiempo o no es definitivo: *La estancia del escritor en ese país es transitoria pues tarde o temprano volverá a su patria.*

transmigración *f.* Paso del alma de un cuerpo a otro: *Algunas religiones como la hinduista creen en la transmigración de las almas.*

transmigrar *vb.* (intr.) **1.** Emigrar, salir del lugar natal para vivir en otro. **2.** Según ciertas creencias, pasar un alma de un cuerpo a otro.

transmisión *m.* Acción y efecto de transmitir, comunicar un mensaje: *De pronto la transmisión del partido de fútbol por televisión se interrumpió a causa de la lluvia.*

transmisor *m.* Aparato telegráfico o radiofónico que sirve para transmitir señales: *Durante la guerra era importante destruir los transmisores de señales de los enemigos.*

transmitir *vb.* (tr.) **1.** Comunicar, hacer llegar a alguien un mensaje, un sentimiento, etc.: *Edith fue la encargada de transmitirle al director la felicitación de los maestros.* **2.** Comunicar por radio, telégrafo, etc.: *Han estado transmitiendo anuncios por la radio para advertir sobre la tormenta que se aproxima.* **3.** Contagiar una enfermedad: *El bacilo del cólera se transmite a través del agua y alimentos no purificados.*

transmutación *f.* Transformación de una cosa en otra.

transmutar *vb.* (tr. y prnl.) Convertir una cosa en otra: *Durante la Edad Media algunos sabios pretendían transmutar diversas substancias en oro.*

transparencia *f.* Carácter de transparente, de traslúcido: *La tela de las cortinas tiene una transparencia adecuada porque deja pasar la luz pero no se ve lo que pasa dentro de la casa.*

transparentar *vb.* (tr., intr. y prnl.) **1.** Dejar un cuerpo que a través de sí mismo se vea una cosa: *El agua clara transparenta el fondo del arroyo.* **2.** Notarse o descubrirse algo que no se dice abiertamente: *Aunque Evaristo no quiso decirnos qué calificación obtuvo se transparentaba la alegría en su rostro.*

transparente *adj.* Relativo al cuerpo a través del cual pueden verse de forma clara los objetos: *El vidrio de la ventana es transparente pues desde afuera se ve hacia adentro de la casa y viceversa.*

transpiración *f.* Sudor: *Hacía tanto calor que la transpiración empezó a humedecernos la ropa.*

transpirar *vb.* (intr.) **1.** Expulsar a través de la piel un líquido orgánico: *Los desodorantes ayudan a las personas que transpiran a no oler mal.* Sin. **sudar. 2.** Expulsar las plantas vapor de agua.

transportación *f.* Acción de llevar personas o cosas de un lugar a otro: *Como en ese país hay muchos ríos gran parte de la transportación se hace por vía fluvial, es decir a través de los ríos.*

transportador *m.* Semicírculo graduado que sirve para medir y trazar ángulos: *Para la clase de geometría me pidieron una regla, un compás y un transportador.*

transportador, ra *adj./m.* y *f.* Se refiere al barco o nave que lleva carga o personas: *En muchos aeropuertos el equipaje de los pasajeros se carga y descarga de los aviones usando bandas transportadoras.*

transportar *vb.* (tr. y prnl.) **1.** Llevar personas o cosas de un lugar a otro: *Ante la amenaza de erupción del volcán, habrá que transportar a muchas personas fuera* de la zona de peligro. **2.** Encantarse, cautivarse: *La música clásica le gusta tanto a mi hermana que parece **transportarse** a otro mundo cuando la escucha.*

transporte *m.* **1.** Hecho de transportar, de llevar de un lado a otro. **2.** Medio o vehículo usado para transportar personas o cosas: *Los barcos, aviones, trenes, automóviles y bicicletas son medios de **transporte**.*

transversal *adj.* Que atraviesa una cosa de un lado a otro de manera perpendicular.

tranvía *m.* Vehículo para el transporte urbano de personas, que se mueve por electricidad a través de raíles o rieles.

tranviario, ria *adj.* Relacionado con los tranvías: *El transporte **tranviario** no contamina porque no usa combustible, sino electricidad.*

trapeador *m. Chile* y *Méx.* Tela o utensilio para limpiar el suelo.

trapear *vb.* {tr.} *Amér.* Fregar el suelo con un trapo o un utensilio especial: *Ya lavé los trastos, nada más me falta **trapear** y la limpieza de la casa estará terminada.*

trapecio *m.* **1.** Palo horizontal colgado del techo o de una estructura por dos cuerdas: *El trapecista dio tres vueltas en el aire y después se aferró del **trapecio** nuevamente.* **2.** Músculo situado en la parte posterior del cuello. **3.** Cuadrilátero que sólo tiene dos lados paralelos.

trapecista *m.* y *f.* Artista de circo que actúa en el trapecio: *Algunos **trapecistas** realizan sus piruetas en el aire sin red que los proteja de alguna caída.*

trapezoide *m.* Cuadrilátero irregular que no tiene ningún lado paralelo a otro.

trapiche *m.* **1.** Molino para prensar frutas y extraer su zumo o jugo. **2.** *Argent.* y *Chile.* Molino para reducir a polvo los minerales. **3.** *Méx.* Ingenio azucarero.

trapichear *vb.* {intr.} *Fam.* Buscar medios para lograr algo.

trapo *m.* **1.** Trozo de tela vieja o inútil: *Esa bolsa está llena de **trapos** que podemos usar para limpiar los muebles.* **2.** Paño usado para limpiar. **3.** *loc.* **Sacar los trapos al sol**, recordarle a alguien las cosas que ha hecho mal antes: *Estaba tan enojada que empezó a **sacarle los trapos al sol** a su esposo en pleno restaurante.* **4.** pl. *Fam.* Conjunto de prendas de vestir: *¡Bettina dice que sólo tiene algunos **trapos**, pero necesita una habitación entera para guardarlos!*

tráquea *f.* Conducto que comunica la laringe con los bronquios.

traqueotomía *f.* Abertura que se hace en la tráquea para evitar la asfixia: *Cuando era niña tuvieron que hacerle una **traqueotomía**, por eso Laura tiene esa cicatriz en el cuello.*

traro *m. Argent.* y *Chile.* Carancho, ave rapaz.

tras *prep.* **1.** Después de, a continuación: *Tras darles la bienvenida a los alumnos el director de la escuela les mostró dónde estaban los salones de clase.* **2.** Detrás de: *Tras los niños más pequeños venían en la fila los más grandes.* **3.** En busca de: *Tras el joven cantante va **tras** la fama.*

trascendencia *f.* Consecuencia de magnitud grave o importante que tiene un hecho o suceso: *El presidente hizo un anuncio de gran **trascendencia** para el país: va a renunciar a su cargo.*

trascendental *adj.* Muy importante, interesante o valioso: *El cuidado de los recursos naturales de la Tierra es **trascendental** para la vida de todos.*

trascendente *adj.* Que tiene consecuencias importantes: *Los resultados en el examen que presentó son **trascendentes** para su ingreso en la Universidad, por eso Benjamín está nervioso.*

trascender *vb. irreg.* {intr.} **Modelo 24.** **1.** Empezar a conocerse lo que estaba oculto: *A través de la radio **trascendió** la noticia de que esa estrella de cine había sufrido un ataque cardiaco.* **2.** Extender las consecuencias de algo: *Lo llevaron al hospital cuando se dieron cuenta de que lo que parecía una simple caída **había trascendido** y ahora tenía una hemorragia grave.*

trasegar *vb. irreg.* {tr.} **Modelo 18.** **1.** Desordenar cosas: *A esos niños les encanta **trasegar** los cajones de la cómoda de sus papás.* **2.** Cambiar de vasija un líquido: *Trasegó el vino para que se oxigenara y para lucir su linda licorera.*

trasero *m. Fam.* Nalgas.

trasero, ra *adj.* Situado detrás: *Los niños van más seguros en el asiento **trasero** del automóvil.*

trashumancia *f.* Migración del ganado para buscar nuevos pastos.

trashumante *adj.* Que cambia de lugar, que migra: *Ernesto forma parte de un grupo de actores **trashumantes** que viaja por todo el país.*

traslación *f.* **1.** Hecho de trasladar, de cambiar de lugar. **2.** Movimiento de la Tierra cuando gira alrededor del Sol: *A causa del movimiento de **traslación**, ocurren las estaciones del año.*

trasladar *vb.* {tr. y prnl.} **1.** Hacer pasar a alguien de un puesto a otro de la misma categoría: *Pidió que lo **trasladaran** a una sucursal en una ciudad más pequeña porque su salud le impedía seguir en una ciudad tan grande.* **2.** Cambiar de lugar o de tiempo: *En ese cuento el héroe se **trasladaba** rápidamente de un país a otro volando en una alfombra mágica.*

traslúcido, da *adj.* Que deja pasar la luz pero no permite ver lo que hay detrás: *El vidrio de la ventana es **traslúcido**, por eso la habitación es clara pero nadie puede verte desde afuera.*

traslucir *vb. irreg.* {tr. y prnl.} **Modelo 58.** **1.** Dejar pasar la luz un cuerpo sin que se distinga lo que hay detrás. **2.** Permitir una cosa que se conozca algo a través de ella: *La cara de Marcos **trasluce** la tristeza que siente por la muerte de su perro.*

trasluz. Al ~, *loc.* Relativo a la forma de mirar una cosa, poniéndola entre la luz y el ojo: *Llegó un sobre para Pablo y quiero saber de quién es, pero por más que lo pongo **al trasluz**, no alcanzo a leer quién firma la carta que está dentro.*

trasminante *adj. Chile.* Se dice del frío o viento penetrante e intenso.

trasnochado, da *adj.* **1.** Que se desvela o se acuesta muy tarde: *¡Cómo no va a levantarse a mediodía si es un **trasnochado** que se va a la cama a las cuatro de la mañana!* **2.** Absurdo, sin sentido: *Me salió con una explicación **trasnochada** para justificarse, por supuesto que no le creí nada.*

trasnochar *vb.* {intr.} Pasar la noche sin dormir o acostarse muy tarde: *Efraín detesta **trasnochar**, él prefiere acostarse temprano para sentirse con energía por la mañana.*

traspapelar *vb.* {tr. y prnl.} Perder o perderse un papel entre otros: *Es una persona muy desorganizada que con frecuencia **traspapela** documentos importantes.*

traspasar *vb.* {tr.} *1.* Atravesar, pasar de una parte a otra: *La lanza de su enemigo traspasó al caballero quien, herido en el pecho, cayó del caballo.* *2.* Pasar más allá de un límite. *3.* Ceder el alquiler de un local: *Mi padre va a traspasar la tienda porque vamos a mudarnos a otra ciudad.*

traspatio *m.* *Amér.* Patio interior de la casa, situado tras el patio principal.

traspié *m.* *1.* Resbalón o tropezón: *Al bajar la escalera dio un traspié y casi se cae.* *2.* Error o indiscreción.

trasplantar *vb.* {tr.} *1.* Trasladar plantas de un terreno a otro: *Trasplantó los rosales de un recipiente al patio trasero y se pusieron muy bonitos, ahora florecen más que antes.* *2.* Realizar un trasplante: *Un médico sudafricano fue de los primeros en trasplantar un corazón humano.*

trasplante *m.* *1.* Hecho de trasplantar. *2.* Substitución de un órgano enfermo o dañado por otro sano: *José está en lista de espera en el hospital para un trasplante de riñón porque uno de los suyos ya no funciona.*

trasponer *vb. irreg.* {tr. y prnl.} **Modelo 27.** *1.* Poner a alguien o algo en un lugar diferente. *2.* Atravesar, pasar de un lugar a otro.

trasquilar *vb.* {tr.} *1.* Cortar el pelo o la lana de un animal: *En verano es tiempo de trasquilar las ovejas para comercializar su lana.* **SIN. esquilar.** *2.* Cortar mal el cabello a una persona: *Juana me trasquiló, mira cómo todas las puntas de mi cabello están disparejas.* **SIN. tusar.**

trastada *f.* *Fam.* Mala pasada: *René le hizo una trastada a Rocío cuando la invitó a una fiesta y luego apareció acompañado de otra amiga.*

traste *m.* *1.* Cada uno de los salientes colocados a lo largo del mástil de una guitarra u otro instrumento de cuerda. *2.* Utensilio de cocina: *Necesito un traste hondo para este guisado.* **SIN. trasto.**

traste *m.* *Vulg.* Trasero, nalgas.

trastear *vb.* {tr. e intr.} *1.* Poner los trastes a la guitarra o a otro instrumento musical. *2.* Pisar las cuerdas de los instrumentos musicales de trastes. *3.* Mover trastos de un lado a otro. *4.* Hacer travesuras.

trastero *m.* *1.* Habitación donde se guardan trastos, muebles, etc. *2.* Mueble del comedor o de la cocina donde se guardan trastos: *La vajilla de uso diario está en el trastero de la cocina.*

trastienda *f.* Habitación situada detrás de una tienda: *El tendero fue a la trastienda a ver si le quedaba harina para vender.*

trasto *m.* *1.* Utensilio viejo o inútil: *Tiene el sótano de la casa lleno de trastos viejos e inútiles, pero no se decide a tirarlos.* *2.* Utensilio de cocina. **SIN. traste.** *3.* pl. Conjunto de utensilios propios de alguna actividad.

trastocar *vb. irreg.* {tr. y prnl.} **Modelo 17.** *1.* Desordenar las cosas: *Cuando la empleada limpia el escritorio de mi padre trastoca todos sus papeles y después ya no encuentra nada.* *2.* Enloquecer. **SIN. trastornar.**

trastornado, da *adj.* Perturbado, alterado: *Quedó trastornado después de la noticia de la muerte de su padre.*

trastornar *vb.* {tr. y prnl.} *1.* Perjudicar, causar un daño. *2.* Inquietar, quitar la tranquilidad: *Mis primos se quedaron en casa durante un mes, lo cual trastornó por completo nuestra tranquilidad familiar.* *3.* Perturbar las facultades mentales: *El médico cree que el accidente*

que *Alberto sufrió de niño lo trastornó y por eso no puede hablar.* **SIN. trastocar.**

trastorno *m.* *1.* Acción y efecto de trastornar o trastornarse. *2.* Alteración leve de la salud: *Juventino empezó a sentir unos trastornos estomacales, así que decidió ir al médico.*

trasvasar *vb.* {tr.} Pasar un líquido de un recipiente a otro: *Algunas personas recomiendan trasvasar el vino un rato antes de tomarlo para que se oxigene.*

trata *f.* Compra y venta de seres humanos: *En el siglo XIX muchos comerciantes inhumanos se hicieron ricos con la trata de personas africanas que vendían como esclavos.*

tratado *m.* *1.* Acuerdo entre naciones y documento en el que consta este acuerdo: *Brasil, Paraguay y Argentina tienen firmado un tratado para explotar la energía eléctrica de la hidroeléctrica de Itaipú.* *2.* Obra sobre determinada materia: *Sobre la anatomía se han escrito muchos voluminosos tratados.*

tratamiento *m.* *1.* Acción y efecto de tratar o tratarse: *Las aguas sucias deben recibir un tratamiento de purificación para poder utilizarlas nuevamente.* *2.* Título de cortesía: *A los reyes se les da el tratamiento de "Su Majestad".* *3.* Método para curar una enfermedad: *El tratamiento que seguirá mi madre para curarse de las piernas consiste en hacer ciertos ejercicios durante media hora diaria.*

tratar *vb.* {tr., intr. y prnl.} *1.* Comportarse con alguien de una determinada manera: *Da gusto ver la dulzura con que Adela trata a su abuela.* *2.* Dirigirse a una persona de una forma determinada: *"No me trates de usted, puedes hablarme con más familiaridad."* *3.* Someter a cuidados médicos: *Las heridas infectadas deben tratarse con antibióticos.* *4.* Discutir sobre un asunto: *Los profesores trataron con el director el tema de los salarios.* *5.* Relacionarse con alguien: *Elia y Alfonso se conocen muy bien porque se han tratado desde niños.* *6.* Hablar o escribir sobre cierto asunto: *La novela trata sobre las relaciones entre los padres y los hijos.* *7.* Intentar o pretender algo: *El vendedor trató de engañarme pero no lo logró, yo descubrí que estaba mintiéndome.*

tratativas *f.* pl. *Argent., Chile, Perú y Urug.* Etapa preliminar de una negociación.

trato *m.* *1.* Relación, amistad: *El tenor que escuchamos fue amigo mío y tuvimos trato continuo durante varios años de nuestra infancia.* *2.* Manera de dirigirse a una persona: *Georgina tiene un trato grosero y poco amable hacia sus compañeros de trabajo.* *3.* Acuerdo entre dos personas o partes: *Esa compañía tiene un trato con el restaurante vecino: sus empleados van a comer ahí y les hacen descuentos.*

trauma *m.* *1.* Herida que provoca un objeto en cualquier parte del cuerpo de manera accidental. *2.* Trastorno emocional: *El choque en el que murieron dos de sus compañeros le ocasionó un fuerte trauma a Mario del que todavía no se recupera.*

traumar *vb.* Ver **traumatizar**.

traumático, ca *adj.* Que ocasiona un trauma: *De niño sufrió una experiencia traumática que todavía le produce pesadillas algunas noches.*

traumatizar *vb. irreg.* {tr. y prnl.} **Modelo 16.** Provocar un trauma.

traumatismo *m.* Herida provocada por un golpe, accidente, etc.: *Desde que Cristina sufrió el **traumatismo** en la cabeza, sufre mareos y dolores.*

través *m.* **1.** Inclinación o torcimiento. **2.** loc. **A ~ de**, por medio de: *El vidrio está tan sucio que ya no se puede ver **a través de** él.*

travesaño *m.* Pieza que atraviesa algo de una parte a otra: *Pusimos un tronco de árbol como **travesaño** para poder cruzar el río y continuar nuestro camino.*

travesía *f.* **1.** Vía que atraviesa una cosa de un lado a otro de forma perpendicular. **2.** Viaje por mar o aire: *Mis padres hicieron una larga **travesía** en barco a través del mar Caribe.* **3.** *Argent.* Región vasta y desértica. **4.** *Chile.* Viento oeste que sopla desde el mar.

travesti *m.* y *f.* Persona que utiliza vestiduras del sexo contrario.

travesura *f.* Acción realizada por niños, con afán de divertirse y sin malicia, con que causan algún trastorno: *Una de las **travesuras** de José fue darle de comer chile a un gato.*

traviesa *f.* **1.** Cada una de las piezas sobre las que se asientan los rieles del ferrocarril. **2.** loc. **A campo ~**, a través del campo: *Para hacer más corto el recorrido, el conductor de la camioneta salió de la carretera y avanzó **a campo traviesa**.*

travieso, sa *adj.* Inquieto o revoltoso: *Rodrigo es un niño tan **travieso** que ayer se le ocurrió soltar al canario que estaba dentro de una jaula.*

trayecto *m.* **1.** Espacio que se recorre de un punto a otro: *Durante el **trayecto** de la casa a la playa podremos detenernos a comer algo.* **2.** Acción de recorrer dicho espacio.

trayectoria *f.* **1.** Línea descrita en el espacio por un punto en movimiento: *La **trayectoria** del cometa Halley describe una parábola, que es como una curva alargada.* **2.** Conducta u orientación del comportamiento: *Ese maestro ha tenido una **trayectoria** honesta durante todos sus años de trabajo en la escuela.*

traza *f.* **1.** Diseño, plano o proyecto de una obra de construcción: *Apenas han hecho la **traza** de la casa, todavía falta mucho para que esté terminada.* **2.** Aspecto, apariencia: *A juzgar por su ropa Álvaro no tiene **traza** de ser un hombre rico.* **3.** Habilidad para hacer algo.

trazar *vb. irreg.* (tr.) Modelo 16. **1.** Hacer trazos, líneas sobre una superficie. **2.** Representar a grandes líneas: *Carlos es un buen dibujante que con unas cuantas líneas **traza** un retrato muy parecido a la realidad.* **3.** Disponer los medios oportunos para conseguir algo.

trazo *m.* **1.** Línea dibujada sobre una superficie. **2.** En la escritura, cada una de las partes en que se considera dividida una letra: *"¿En cuántos **trazos** hiciste la letra a?"*

trébol *m.* Planta de hojas agrupadas de tres en tres: *Se dice que es de buena suerte encontrarse un **trébol** de cuatro hojas.*

trece *adj./m.* Número que resulta de sumar diez y tres: *Para algunas personas el **trece** es un número de mala suerte; para otras, de buena suerte.*

treceavo, va *adj.* Cada una de las trece partes iguales en que se divide un todo.

trecho *m.* Espacio de lugar o de tiempo: *Aunque los jóvenes ya habían caminado un rato faltaba todavía un **trecho** para llegar al pueblo.*

tregua *f.* **1.** Interrupción temporal de hostilidades: *Durante esa guerra las partes en conflicto acordaron una **tregua** para las fiestas navideñas.* **2.** Descanso temporal en una actividad: *Después de tres juegos de tenis, Pablo pidió una **tregua** para reponerse.*

treinta *adj.* **1.** Tres veces diez: *Mario se siente un anciano y eso que apenas va a cumplir **treinta** años.* **2.** Que corresponde en orden al número treinta. Sin. **trigésimo.**

treinta *m.* Número que resulta de sumar 29 y 1: *Invitaron a veinte personas y llegaron **treinta**, ahora no tienen comida para ofrecer a las otras diez personas.*

tremebundo, da *adj.* Que causa terror: *Un **tremebundo** incendio en el bosque amenazaba con llegar al sur de la ciudad.*

tremendo, da *adj.* **1.** Digno de ser temido: *Con esos **tremendos** colmillos es fácil suponer que el oso es un animal que come carne.* **2.** Muy grande: *Una **tremenda** explosión en la tienda despertó a mis vecinos.*

trementina *f.* Resina que se extrae del abeto y otros árboles: *La **trementina** se usa entre otras cosas para elaborar barnices para muebles.*

tremolar *vb.* (tr.) Llevar en alto banderas, etc.: *Bajo el balcón presidencial desfilaron los bomberos mientras **tremolaban** sus banderas.*

trémulo, la *adj.* **1.** Que tiembla: *Estaba tan emocionado que hablaba con la voz **trémula**.* **2.** Que tiene un movimiento parecido al temblor.

tren *m.* **1.** Conjunto de una locomotora y de los vagones arrastrados por ella: *Mi papá le regaló un **tren** eléctrico a mi hermano y ahora ya es su juguete preferido.* **2.** Conjunto de aparatos para realizar una operación.

trenza *f.* Conjunto de tres mechones de pelo que se entrecruzan: *María Isabel se hace dos **trenzas** a los lados, que remata con cintas de colores.*

trepador, ra *adj.* **1.** Que trepa, que sube: *Las hiedras son plantas **trepadoras**.* **2.** Relativo a los animales que tienen el dedo externo hacia atrás para trepar con facilidad por los árboles: *Los papagayos son animales **trepadores**.*

trepanación *f.* Operación que consiste en perforar el cráneo: *Hay evidencias de que los antiguos egipcios realizaban **trepanaciones** con fines médicos.*

trepanar *vb.* (tr.) Perforar el cráneo.

trepar *vb.* (tr. e intr.) **1.** Subir a un lugar ayudándose de los pies y las manos: *La pirámide era tan inclinada que había que subir sus escaleras había que **treparlas**.* **2.** Crecer las plantas agarrándose a los árboles u otros objetos: *La hiedra es una planta que **trepa** por las paredes.*

tres *adj./m.* **1.** Número que resulta de sumar dos y uno: *Andrés pidió un helado de **tres** sabores: chocolate, vainilla y manzana.* **2.** Tercero: *Basualdo es el niño **tres** de la lista; antes de él aparecen Aburto y Álvarez.*

trescientos, tas *adj./m.* Número que va entre el doscientos noventa y nueve y el trescientos uno.

tresillo *m.* **1.** Conjunto de un sofá y dos butacas. **2.** En música, grupo de tres notas de igual valor que se ejecutan en el tiempo correspondiente a dos de ellas.

treta *f.* Engaño, trampa: *Con una **treta**, Ana logró engañar a su jefe para que la dejara salir temprano del trabajo.*

triángulo *m.* **1.** Polígono de tres lados: *Las paredes de las pirámides tienen forma de **triángulo**.* **2.** Instrumento

TRI

musical de percusión que consiste en tres lados hechos con varas metálicas: *El **triángulo** suena como una campana de metal.*

triásico, ca *adj./m.* Primer periodo de la era mesozoica, en el que evolucionaron los reptiles que después originaron a los dinosaurios y a los reptiles voladores, además de los antepasados de mamíferos.

tribal *adj.* Relativo a las tribus: *En la televisión vi una ceremonia **tribal** de un pueblo africano, en la que los guerreros bailaban y pedían favores a sus dioses.*

tribu *f.* Agrupación política, social y económica propia de los pueblos primitivos, dirigida por un jefe: *A la llegada de los europeos, los indios de Norteamérica estaban organizados en **tribus**.*

tribulación *f.* **1.** Disgusto, pena: *Después de caerse delante del público a la bailarina se le notaba la **tribulación** en la cara.* **2.** Dificultad: *La infancia de esa cantante estuvo llena de **tribulaciones** pero finalmente se volvió famosa.*

tribuna *f.* **1.** Plataforma elevada desde donde se habla al público: *El diputado subió a la **tribuna** para dirigir un discurso a los funcionarios de gobierno.* **2.** En los campos deportivos, lugar mejor localizado para ver todos los movimientos de los deportistas.

tribunal *m.* **1.** Órgano del gobierno formado por uno o varios magistrados que juzgan de manera conjunta. **2.** Conjunto de magistrados que componen el órgano del gobierno llamado tribunal. **3.** Conjunto de personas reunidas para juzgar en un concurso, examen u oposición: *El **tribunal** le dio el primer lugar a la niña que recitó un poema de Pablo Neruda.*

tributar *vb.* (tr.) **1.** Pagar un impuesto o tributo. **2.** Dar muestras de admiración o gratitud: *El día que se jubiló todos los profesores de la escuela **tributaron** un homenaje al anciano maestro.*

tributario, ria *adj.* Relacionado con los impuestos: *El sistema **tributario** del país debe ser revisado para evitar abusos y desvíos de dinero.*

tributo *m.* **1.** Impuesto u otra obligación fiscal: *En la época prehispánica los mexicas del centro de México imponían **tributos** a los pueblos vecinos, quienes debían darles cacao y otras mercancías.* **2.** Carga que se impone a alguien por el disfrute de algo.

tríceps *m.* Se dice de los músculos con tres tendones.

triciclo *m.* Vehículo de tres ruedas: *Los niños pequeños andan en **triciclos** y los mayores aprenden a usar bicicletas.*

tricornio *m.* Sombrero de tres puntas, usado en ocasiones por la Guardia Civil Española.

tricota *f.* Argent., Chile y Urug. Prenda tejida que sirve para cubrir la parte superior del cuerpo. SIN. **chompa, jersey, suéter, pulóver.**

tricotar *vb.* (tr. e intr.) **Palabra de origen francés.** Hacer prendas de vestir de punto, tejidas: *Cada vez menos niñas aprenden a **tricotar**, ahora la ropa tejida se compra ya hecha.*

tridimensional *adj.* Que tiene tres dimensiones: *Los cuadros son bidimensionales y las esculturas son **tridimensionales** porque tienen altura, anchura y profundidad.*

triedro *adj.* Relativo al ángulo formado por tres planos que concurren en un punto.

trienio *m.* **1.** Periodo de tres años: *El profesor Martínez será presidente de la mesa directiva por un **trienio**, del año* 2000 al 2003. **2.** Incremento económico de un sueldo, correspondiente a cada tres años de servicio activo.

trifulca *f.* Fam. Pelea, riña: *A la puerta del concierto de rock se armó una **trifulca** entre los guardias y un grupo de personas que querían entrar sin pagar.*

trigésimo, ma *adj./m. y f.* Adjetivo ordinal que corresponde en orden al número treinta: *Para un adolescente alguien que llega a su **trigésimo** aniversario es un adulto grande.*

trigo *m.* **1.** Planta que proporciona un grano del que se obtiene harina: *El **trigo** ha sido fundamental para la alimentación de muchas culturas, pues con su fruto se hace el pan.* **2.** Grano de la planta llamada trigo.

trigonometría *f.* Estudio de las relaciones que se establecen entre los lados y los ángulos de un rectángulo.

trilita *f.* Dinamita, trinitrotolueno (TNT): *La **trilita** es una substancia explosiva.*

trillado, da *adj.* Muy conocido o sabido: *Ese cómico debería renovar sus bromas pues siempre cuenta chistes **trillados** que ya todos conocemos.*

trillar *vb.* (tr.) Triturar la mies y separar el grano de la paja: *Después de cosechar el trigo hay que **trillarlo**.*

trillizo, za *adj./m. y f.* Cada uno de los tres hermanos nacidos en un mismo parto: *El primero de los **trillizos** es el más fuerte, los otros dos son más pequeños y débiles.*

trillo *m.* **1.** Instrumento para trillar. **2.** Amér. C. y Antill. Senda que por lo general se forma a causa del continuo tránsito de peatones. SIN. **sendero, vereda.**

trilobites *m.* Cierta clase de artrópodos marinos fósiles de la era primaria, con cuerpo dividido en tres partes.

trilogía *f.* Conjunto de tres obras de un autor, que forman una unidad: *El músico escribió una **trilogía** de canciones que se llaman Fe, Esperanza y Caridad.*

trimestre *m.* Periodo de tres meses: *Esa revista sale cada **trimestre**, así que publican cuatro números al año.*

trinar *vb.* (intr.) **1.** Cantar las aves: *Como Ruth vive frente a un parque, por las mañanas escucha **trinar** muchos pájaros.* **2.** Fam. Estar muy enfadado: *Cuando se enteró de que su hija había reprobado el curso, don José **trinaba** de coraje.*

trinca *f.* **1.** Conjunto de tres cosas de una misma clase. **2.** Cabo de cuerda que sujeta una cosa.

trinchador *m.* Mueble del comedor donde se puede partir la comida antes de servirla. SIN. **trinche.**

trinchar *vb.* (tr.) Partir en trozos la comida antes de servirla: *Beatriz **trinchó** la carne en la cocina y luego la llevó al comedor para servirla en cada plato.*

trinche *m.* **1.** Chile y Ecuad. Mueble en el que se trincha. SIN. **trinchador. 2.** Colomb., Ecuad. y Méx. Tenedor.

trinchera *f.* **1.** Zanja defensiva que permite resguardándose del enemigo: *La Primera Guerra Mundial fue una guerra de **trincheras**.* **2.** Gabardina, impermeable: *Ese famoso actor usó en muchos filmes policiacos una **trinchera** color beige con el cuello levantado.*

trineo *m.* Vehículo que se desliza sobre la nieve y el hielo: *A muchos niños les gusta bajar las colinas nevadas sobre un **trineo**.*

trinidad *f.* Se escribe con "T" mayúscula y en el cristianismo designa la imagen de Dios en tres personas distintas con una sola e indivisible naturaleza: *La **Trinidad** está formada por el Padre, el Hijo y el Espíritu Santo.*

trinitaria f. *Colomb., P. Rico y Venez.* Planta trepadora de flores moradas o rojas.

trinitrotolueno m. Compuesto que constituye un potente explosivo (TNT). SIN. **trilita**.

trino m. Gorjeo o canto de los pájaros: *Vivo cerca de un parque y todas las mañanas escucho los trinos de los pájaros que viven en los árboles.*

trinquete m. **1.** *Méx.* Maniobra sucia que se hace para obtener algo: *El contador de la empresa hizo un trinquete con el dinero de los impuestos, pero lo descubrieron y ya está en la cárcel.* SIN. **fraude. 2.** En navegación, palo de proa. **3.** Palo mayor de una embarcación y vela que se sujeta a él: *La vela que se sujeta al trinquete se llama trinquetera.*

trío m. **1.** Grupo de tres personas o cosas: *Julio, Jaime y Juana eran un trío de amigos muy cercanos.* **2.** En música, conjunto de tres voces o tres instrumentos: *Un trío para música de cámara puede componerse de un violín, una flauta y un piano.*

tripa f. **1.** Intestino: *En algunos países se preparan guisos con tripas de res en distintas salsas.* SIN. **chinchulín. 2.** Parte abultada de ciertos objetos. **3.** *Colomb. y Venez.* Tubo circular de caucho o hule que se introduce en los neumáticos y se llena de aire. SIN. **cámara, llanta.**

tripartito, ta adj. Dividido en tres partes, órdenes o clases: *Después de su independencia ese país estuvo gobernado por una junta tripartita formada por un militar, un sacerdote y un civil.*

triple adj. Que contiene un número tres veces exactamente: *Samuel ganó la lotería tres veces, por eso es un triple ganador.*

trípode m. Armazón de tres pies, para sostener ciertos instrumentos.

tríptico m. **1.** Pintura o grabado que se compone de tres más pequeños: *Algunos trípticos están pintados en tres hojas de madera unidas y por lo general el cuadro del centro es más grande que los otros dos.* **2.** Tratado o libro que consta de tres partes.

triptongo m. Grupo de tres vocales que forman una sola sílaba.

tripulación f. Grupo de personas al servicio de un barco o una aeronave: *La tripulación de los aviones está compuesta por los pilotos y los sobrecargos.*

tripular vb. (tr.) **1.** Conducir o prestar servicio en una embarcación o aeronave: *El hombre que tripula un avión tiene una gran responsabilidad.* **2.** Dotar de tripulación.

tripulina f. *Chile.* Confusión, barullo.

triquina f. Gusano parásito del intestino de ciertos mamíferos, como el hombre y el cerdo.

triquiñuela f. *Fam.* Treta, engaño: *Mediante una triquiñuela, el vago logró que el pobre anciano le entregara su dinero. ¡Eso fue un robo!* SIN. **artimaña, ardid.**

tris m. **1.** Leve sonido que hace una cosa delicada al quebrarse: *El tris de la rama al romperse alertó al cuervo, que salió volando antes de que cayera.* **2.** loc. *Fam.* **En un ~,** en una porción muy pequeña de tiempo o lugar: *Después de telefonearme, mi novio llegó en un tris porque estaba muy cerca de mi casa.*

triste adj. **1.** Se dice de la persona que está afligida, con pena: *Estaba muy triste porque su novia lo había dejado por otro muchacho.* **2.** Que ocasiona aflicción o pena: *Recibió la triste noticia de la muerte de un amigo cercano.* **3.** Insignificante, insuficiente: *La meda-*

lla que le dieron fue un triste consuelo por no haber ganado el primer premio.

triste m. *Amér.* Composición popular de tema amoroso que se canta al son de la guitarra.

tristeza f. Aflicción, lo opuesto a la felicidad: *Cuando se mudó de escuela sintió una gran tristeza por dejar a sus amigos.*

tritón m. **1.** Animal anfibio parecido a la salamandra, que mide entre 10 y 20 cm y tiene la cola aplastada de forma lateral como si fuera un listón: *Los tritones viven en charcas y estanques.* **2.** Ser de la mitología griega, con cuerpo de hombre barbado y cola de pez: *Los tritones son el complemento masculino de las sirenas.*

triturador, ra adj./m. y f. **1.** Que reduce una materia sólida a trozos pequeños: *Las piezas trituradoras de nuestra boca son las muelas.* **2.** Máquina que sirve para despedazar: *En el fregadero de trastos hay una máquina trituradora para la basura de la comida.*

triturar vb. (tr.) Reducir una materia sólida a trozos pequeños: *En el procesador de alimentos trituramos cubos de hielo para preparar bebidas refrescantes.* SIN. **chancar.**

triunfador, ra adj./m. y f. Persona que triunfa, que gana: *Renato es un triunfador que siempre ha logrado lo que se propone.*

triunfar vb. (intr.) Quedar victorioso, tener éxito: *En la Segunda Guerra Mundial los países aliados triunfaron venciendo a los países del Eje.*

triunfo m. **1.** Acción y efecto de triunfar: *Después del partido los ganadores se fueron a festejar su triunfo a un restaurante.* **2.** Éxito en cualquier asunto: *Después de esa horrible enfermedad José considera su salud como el mayor triunfo de su vida.*

triunvirato m. Gobierno formado por tres personas.

trivial adj. Que carece de toda importancia o interés: *Rocío es una persona que sólo se ocupa de cosas triviales como la moda y la dieta.*

trivializar vb. irreg. (tr. y prnl.) Modelo 16. Restar importancia o interés: *Javier trivializa su problema diciendo que no es grave, pero todos sabemos que tiene muchas deudas y no puede pagarlas.*

triza f. **1.** Trozo pequeño de algo. **2.** loc. **Hacer trizas,** despedazar: *Se me cayó un vaso y se hizo trizas, ahora voy a recoger con cuidado los trozos de vidrio.*

trocar vb. irreg. (tr. y prnl.) Modelo 19. **1.** Cambiar una cosa por otra. **2.** Variar una cosa en otra distinta: *Cuando vio al cachorro que le regaló su madre, la niña trocó el llanto en alegre sonrisa.*

trocear vb. (tr.) Dividir algo en trozos.

trocha f. **1.** Camino abierto en la maleza. **2.** Senda por donde se acorta el camino. SIN. **atajo. 3.** *Argent. y Chile.* Ancho de la vía ferroviaria.

trofeo m. **1.** Objeto que se tiene como recuerdo de un éxito o una victoria: *Algunas tribus de indios pieles rojas guardaban las cabelleras de sus víctimas como trofeos de guerra.* **2.** Premio que se entrega en una competencia: *Como fue un excelente atleta, tiene una pared de su casa cubierta con los trofeos que ganó.*

troglodita adj./m. y f. **1.** Que habita en cavernas: *Los trogloditas se vestían y alimentaban con los animales que cazaban.* **2.** *Fam.* Que es brusco, salvaje y grosero: *"¡Pareces troglodita comiendo la ensalada con las manos!"*

trola f. *Fam. Esp.* Mentira, engaño.

trolebús *m.* Autobús que se mueve mediante un mecanismo eléctrico: *Los **trolebuses** ayudan a mejorar la calidad del ambiente porque no contaminan.*

tromba *f.* Lluvia abundante y repentina: *La **tromba** que cayó anoche ocasionó inundaciones en varias calles de la ciudad.*

trombo *m.* Coágulo sanguíneo que se forma en una vena o vaso del cuerpo.

trombocito *m.* Elemento de la sangre que participa en la coagulación. SIN. **plaqueta**.

trombón *m.* Instrumento musical de viento, de la familia de los metales, semejante a una trompeta pero con una parte que se mueve o corre.

trombosis *f.* Formación de un trombo o coágulo en el interior de un vaso sanguíneo: *Hospitalizaron a mi abuelita porque sufrió una **trombosis** en la pierna.*

trompa *f.* **1.** Instrumento musical de viento compuesto de un tubo cónico enrollado sobre sí mismo. SIN. **corno francés**. **2.** Juguete de madera de forma cónica al que se le enrolla una cuerda para lanzarlo. SIN. **trompo, peonza**. **3.** Prolongación de la nariz de algunos animales: *Los elefantes tienen una larga **trompa** que les sirve para tomar objetos.* **4.** Aparato chupador de algunos insectos: *Las mariposas tienen una **trompa** a través de la cual toman el néctar de las flores.* **5.** loc. **– de Eustaquio**, conducto que comunica la faringe con el oído medio: *Una fuerte infección en la **trompa de Eustaquio** lo dejó casi sordo.* **6.** loc. **~ de Falopio**, cada uno de los conductos que permite el paso del óvulo desde el ovario al útero: *Cuando se cortan las **trompas de Falopio** de una mujer ya no puede tener hijos.*

trompada *f.* Puñetazo, golpe fuerte. SIN. **trompazo**.

trompazo *m.* Golpe fuerte y violento: *El boxeador derribó a su oponente con un **trompazo** en la quijada.* SIN. **trompada**.

trompear *vb.* {tr. y prnl.} Dar trompazos o puñetazos: *Miguel Ángel y Jorge **se trompeaban** cuando eran chicos porque los dos querían ser el jefe de la banda de amigos.*

trompeta *f.* Instrumento musical de viento formado por un tubo de metal, que va ensanchándose desde la boquilla: *Louis Armstrong fue un excelente intérprete de la **trompeta** en el jazz.*

trompetilla *f.* **1.** Instrumento en forma de trompeta empleado por los sordos para oír mejor. **2.** Méx. Gesto de burla que consiste en hacer ruido al sacar con fuerza el aire de la boca colocando la lengua entre los labios: *Cuando la niña pedante dijo que ella vivía para aprender y no para jugar, sus compañeros le lanzaron **trompetillas**.*

trompetista *m.* y *f.* Músico o intérprete que toca la trompeta: *La **trompetista** tocó tan bien que el público le aplaudió durante cinco minutos.*

trompo *m.* Juguete de madera de forma cónica al que se le enrolla una cuerda para lanzarlo y gira sobre una extremidad en punta. SIN. **peonza, trompa**.

trompudo, da *adj.* **1.** Amér. Se dice de la persona de labios prominentes. **2.** Méx. Fam. De mal humor, enojado: *Óscar anda **trompudo** porque no le dieron permiso de ir al cine.*

tronar *vb. irreg.* {impers. e intr.} Modelo 5. **1.** Producirse o sonar truenos: *Parece que hay una tormenta eléctrica porque se ven los relámpagos y se escuchan*

tronar las nubes. **2.** Méx. Fam. No aprobar un curso un estudiante: *Valentina **tronó** física, ahora tendrá que repetir el curso.* **3.** Méx. Fam. Romper relaciones una pareja: *"–¿Y tu novio, no vendrá a la fiesta? –No, ya **tronamos**."*

tronchar *vb.* {tr. y prnl.} **1.** Partir el tronco, tallo o ramas de una planta: *El perro pasó corriendo y **tronchó** los tallos de las flores en el jardín.* **2.** Fam. Reírse mucho sin poder contenerse.

troncho *m.* Tallo de las hortalizas.

tronco *m.* **1.** Tallo principal de los árboles o plantas: *Se tronchó el **tronco** del árbol debido al fuerte viento.* **2.** Parte central del cuerpo, sin la cabeza ni las extremidades.

tronera *f.* **1.** Ventana pequeña y angosta. **2.** Cada uno de los agujeros de la mesa de billar: *En el juego de billar la bola blanca no debe caer nunca en una **tronera**.*

trono *m.* Asiento para ser usado por un rey o reina: *El rey se sienta en el **trono** durante las ceremonias reales.*

tropa *f.* **1.** Conjunto de soldados, cabos y sargentos: *La **tropa** sale a hacer ejercicio todos los días, temprano por la mañana.* **2.** Multitud, grupo grande de personas. **3.** Amér. Merid. Ganado. **4.** pl. Conjunto de cuerpos que componen un ejército, división, etc.

tropel *m.* **1.** Muchedumbre que se mueve con desorden y gran ruido: *El último día de clases los niños salieron de la escuela en **tropel**.* **2.** Conjunto revuelto y desordenado de cosas: *Abrió los cajones de su ropa y salió un **tropel** de todo tipo de objetos.*

tropelía *f.* Atropello, acto violento e ilegal: *Esos hombres tomaron alcohol de más y empezaron a hacer **tropelías**; aventaron los vasos, rompieron mesas y golpearon a otros clientes, por eso los detuvo la policía.*

tropezar *vb. irreg.* {intr. y prnl.} Modelo 4. **1.** Topar con algún obstáculo al caminar: *Los bebés **se tropiezan** con frecuencia porque no tienen seguridad en sus movimientos.* **2.** Fam. Encontrar de manera casual a una persona a otra: *Nunca pensé que **me tropezaría** con mi maestra en el teatro.*

tropezón *m.* **1.** Acción y efecto de tropezar: *Elisa sufrió una rasgadura en el músculo como consecuencia de un **tropezón** en la calle.* SIN. **tropiezo**. **2.** Fam. Trozo pequeño de carne que se mezcla con la sopa o las legumbres.

tropical *adj.* Relativo al trópico: *"El lugar donde vas de vacaciones es una ciudad de clima **tropical**, así que debes llevar ropa ligera."*

trópico *m.* **1.** Cada uno de los dos círculos menores en los que se considera dividida la Tierra, que son paralelos al ecuador: *Los **trópicos** son el de Cáncer y el de Capricornio.* **2.** Región situada entre los dos círculos menores llamados trópicos.

tropiezo *m.* **1.** Acción y efecto de tropezar: *Iba leyendo mientras caminaba, no vio el escalón, sufrió un **tropiezo** y se cayó.* SIN. **tropezón**. **2.** Contratiempo: *Si no hay ningún **tropiezo** el festival se llevará a cabo el día 10, como está planeado.*

tropilla *f.* Argent., Chile y Urug. Conjunto de caballos de un mismo dueño.

tropismo *m.* Orientación del crecimiento de plantas y microorganismos en respuesta a determinados estímulos externos: *Uno de los **tropismos** se llama fototropismo y consiste en que las plantas se mueven siguiendo la luz.*

tropo *m.* Figura retórica que consiste en emplear las palabras en sentido distinto al habitual, como la metáfora: "Te lo he dicho un millón de veces" es un *tropo* que se llama hipérbole o exageración, porque en realidad han sido muchas, pero no un millón.

troposfera o **tropósfera** *f.* Primera capa de la atmósfera, en contacto con la superficie de la Tierra.

troquel *m.* Molde para acuñar monedas, medallas, etc.: *El diseñador hizo un troquel a partir del cual se reproducirán muchas joyas iguales.*

trotamundos *m.* y *f. Fam.* Persona aficionada a viajar: *Durante su juventud Daniel fue un trotamundos, ahora me gusta mucho escucharlo cuando habla de sus aventuras por África, Oriente, Europa, etc.*

trote *m.* **1.** Modo de andar calmado con ligeros saltos, característico de los caballos y otros cuadrúpedos: *Cuando Elsa monta a caballo prefiere andar al trote que al galope porque le da miedo correr.* **2.** *Fam.* Ocupación muy intensa.

trova *f.* **1.** Verso o poesía. **2.** Canción amorosa compuesta o cantada por los trovadores.

trovador *m.* Poeta medieval de la región francesa de Provenza.

troyano, na *adj./m.* y *f.* Originario de Troya, antigua ciudad de Asia Menor.

trozo *m.* Parte o porción de una cosa separada del todo: *Guardaré un trozo de carne para dárselo a mi perro porque ya tiene hambre.*

trucar *vb. irreg.* [tr.] *Modelo 17.* **1.** Arreglar las cartas para hacer trampas en los juegos de naipes, o hacer trucos en el juego de billar: *Melesio trucaba los dados para que siempre salieran los números que él quería, era un tramposo.* **2.** Alterar o falsificar una cosa, como documentos: *En el filme de espías había un hábil delincuente que se dedicaba a trucar pasaportes.*

trucha *f.* **1.** Pez de agua dulce, con dos aletas dorsales, de carne muy apreciada: *En ese restaurante tienen un recipiente grande de agua donde hay truchas vivas que uno puede escoger para comérselas.* **2.** *loc. Méx. Fam.* **Ponerse ~**, mantenerse alerta, ser astuto: *"Pagas con este billete, pero ponte trucha con el cambio para que no te den menos."*

trucha *f. Amér. C.* Pequeña tienda, por lo general portátil, de mercería.

truco *m.* **1.** Engaño o trampa para lograr un fin: *Germán utilizó el viejo truco del dolor de estómago para faltar a la escuela.* **2.** Procedimiento para producir un efecto que no es real pero que se ve como verdadero: *Vimos un mago que hacía trucos espectaculares, como aparecer de repente un elefante.* **3.** *Argent.* y *Urug.* Juego de naipes.

truculento, ta *adj.* Se dice de lo que asusta porque es horrible, espantoso, cruel: *En la novela que estoy leyendo aparece un truculento personaje que hace daño a su familia.*

trueno *m.* **1.** Ruido fuerte que se oye segundos después de que aparece un rayo en el cielo: *Primero se ve el resplandor, así que ya sabes que debes taparte los oídos si no quieres escuchar el trueno.* **2.** Explosión: *Un súbito trueno del depósito de gas fue el inicio del incendio en la bodega.*

trueque *m.* Acción y efecto de cambiar unas cosas por otras: *Antes de que se inventara el dinero las personas hacían trueques, por ejemplo una lanza por un trozo de carne.* SIN. **cambio.**

trufa *f.* **1.** Hongo comestible muy apreciado, de color negruzco y forma redonda, que crece bajo tierra. **2.** Golosina de chocolate con forma parecida al hongo llamado trufa.

truhán, na *m.* y *f.* Granuja, delincuente que comete robos y estafas: *Ese barrio es muy peligroso pues está lleno de truhanes que pueden asaltarte.*

trumao *m. Chile.* Tierra arenisca muy fina procedente de rocas volcánicas.

truncar *vb. irreg.* [tr.] *Modelo 17.* Cortar una parte de una cosa o dejarla incompleta: *Mi amiga truncó sus estudios por la muerte de su padre pues tuvo que ponerse a trabajar.*

trunco, ca *adj.* Que le falta una parte o está incompleto: *¿Cómo voy a saber lo que quiso decirme si esta carta llegó trunca? ¡Le falta la última página!*

trusa *f. Méx.* y *Perú.* Prenda interior que usan los hombres debajo de los pantalones: *Ernesto traía puesta una trusa de corazoncitos rojos.* SIN. **calzoncillos.**

tse-tse *f.* Mosca africana que transmite la enfermedad del sueño.

tu *adj.* Apócope del adjetivo posesivo tuyo, cuando va antepuesto al nombre: *¿Cuál es tu nombre?, el mío es Juana.*

tú *pron.* Pronombre personal masculino y femenino que indica la segunda persona del singular y funciona como sujeto: *"Jerónimo dice que la maestra no vendrá; ¿tú qué crees?"*

tubérculo *m.* **1.** Porción engrosada de un tallo subterráneo, como la papa: *La zanahoria es un tubérculo.* **2.** Pequeño tumor que se forma en el interior de los tejidos provocado por alguna enfermedad.

tuberculosis *f.* Enfermedad infecciosa caracterizada por la formación de tubérculos o tumorcitos, por lo general en los pulmones: *La tuberculosis es producida por el bacilo de Koch.*

tuberculoso, sa *adj./m.* y *f.* Se dice de quien padece tuberculosis: *Supimos que el héroe del filme era tuberculoso porque le daban accesos de tos y llenaba de sangre su pañuelo.*

tubería *f.* **1.** Conducto formado por tubos o cañerías: *Se rompió la tubería del baño y salía tanta agua que parecía fuente.* **2.** Conjunto de tubos: *La tubería del gas está picada, por eso hay una fuga, hay que repararla de inmediato.*

tubo *m.* **1.** Pieza cilíndrica, hueca y alargada: *Hizo un tubo con el cartón y se dedicó a mirar a través de él como si fuera un telescopio.* **2.** Recipiente alargado de forma cilíndrica: *En el baño encontrarás un tubo con la crema que necesitas.*

tucán *m.* Ave trepadora originaria de América, con plumaje colorido y pico muy grande: *Los tucanes pertenecen a una especie que está protegida por estar en peligro de extinción.*

tuco *m.* **1.** *Amér. C., Ecuad.* y *P. Rico.* Parte que queda después de que se ha cortado un brazo o una pierna. SIN. **muñón.** **2.** *Argent., Chile* y *Urug.* Salsa de tomate cocida con cebolla, orégano, perejil, ají o chile y otros ingredientes. **3.** *Perú.* Especie de búho.

tuco, ca *adj. Bol., Ecuad.* y *P. Rico.* Falto de un brazo. SIN. **manco.**

tucumá *m.* Palmera de la que se obtiene una fibra textil, de su fruto se extrae aceite: *Los* **tucumás** *crecen en la cuenca de los ríos Orinoco y Amazonas.*

tucutuco *m. Amér. Merid.* Mamífero roedor de unos 20 cm de largo, similar al topo, que vive en túneles subterráneos: *Los* **tucutucos** *viven en América del Sur, desde Brasil hasta Cabo de Hornos.*

tuerca *f.* Pieza metálica con un orificio en el centro con un surco en espiral en el que se ajusta la rosca de un tornillo: *Fijó el mueble con* **tuercas** *y tornillos porque dijo que así quedaría más firme.*

tuerto, ta *adj./m.* y *f.* Que le falta un ojo: *A los piratas suelen pintarlos como* **tuertos** *y con un parche en un ojo.*

tuétano *m.* Médula que está dentro de los huesos.

tufo *m.* Olor desagradable: *La basura que se ha acumulado durante varios días desprende un* **tufo** *ácido y fuerte.*

tugurio *m.* Vivienda o habitación pequeña y miserable: *Algunos pintores que después de su muerte fueron famosos vivieron en* **tugurios** *porque no tenían dinero para pagar otra cosa.*

tul *m.* Tejido o tela formado por una malla: *El vestido de la bailarina de ballet está hecho con varias capas de* **tul** *blanco.*

tule *m. Méx.* Planta de tallos largos y rectos que crece a la orilla de los ríos y lagos.

tulio *m.* Metal del grupo de las tierras raras, de símbolo Tm o Tu y número atómico 69.

tulipán *m.* **1.** Planta con bulbos, que tiene flores grandes en forma de copa. **2.** Flor de la planta llamada tulipán: *Los* **tulipanes** *son típicos de Holanda, al igual que los molinos de viento y los zapatos de madera.*

tullido, da *adj.* Que ha perdido el movimiento del cuerpo o de algún miembro: *Un automóvil atropelló a mi perro, por eso quedó* **tullido** *de una pata.*

tulpa *f. Colomb., Ecuad. y Perú.* Cada una de las piedras que forman el fogón de las cocinas campesinas.

tumba *f.* Hoyo hecho en la tierra para depositar cadáveres. SIN. **sepulcro, sepultura.**

tumbado *m. Colomb. y Ecuad.* Techo interior plano y liso.

tumbado, da *adj.* Tirado, echado: *La perra estaba* **tumbada** *a la entrada de la casa, vigilando.*

tumbar *vb.* (tr. y prnl.) **1.** Hacer caer a alguien o algo: *Mi perro es un animal tan fuerte que le brincó encima a un niño y lo* **tumbó.** **2.** *Fam.* Tenderse, recostarse: *Llegó tan cansado después de la escuela que se* **tumbó** *en un sofá.*

tumbo *m.* Vaivén o movimiento violento: *El paquete se cayó por las escaleras dando* **tumbos.**

tumbona *f.* Silla extensible y articulada para estar recostado: *Alrededor de la piscina había unas cómodas* **tumbonas** *de colores brillantes.*

tumefacción *f.* Inflamación de alguna parte del cuerpo: *Los golpes fuertes casi siempre producen* **tumefacciones** *y dolor.*

tumefacto, ta *adj.* Inflamado: *Después de la pelea el boxeador tenía el rostro* **tumefacto** *por los golpes.*

tumor *m.* Aumento del volumen de los tejidos o de un órgano, debido a un aumento anormal de células: *Los médicos analizaron el* **tumor** *que le extrajeron a mi papá y afortunadamente no era canceroso.*

túmulo *m.* **1.** Sepultura en forma de loma pequeña: *Cuando visitan la tumba del tío, le ponen flores sobre* el **túmulo. 2.** Armazón sobre el que se coloca el ataúd para celebrar las ceremonias religiosas de un muerto: *Los* **túmulos** *tienen ruedas para poder mover los ataúdes sin cargarlos.*

tumulto *m.* **1.** Alboroto de una multitud. **2.** Agitación ruidosa: *En el estadio no podía oír lo que me decía Agustín por el* **tumulto** *que provocó entre la gente ese gol.*

tuna *f.* Fruto de la chumbera o nopal.

tunante, ta *adj./m.* y *f.* Que engaña, que es ladino y abusivo: *No le abras la puerta a cualquiera, podría ser algún* **tunante.** SIN. **granuja, pícaro.**

tunda *f. Fam.* Serie de golpes, paliza.

tundra *f.* Formación vegetal propia de climas fríos, en la que sólo hay unos pocos árboles enanos y el suelo se cubre de musgo y liquen: *En Rusia hay una gran extensión cubierta por* **tundra.**

tunecino, na *adj./m.* y *f.* Originario de Túnez, país de África.

túnel *m.* Pasaje subterráneo abierto de manera artificial: *Los presos se escaparon por un* **túnel** *que habían cavado desde hacía meses.*

tungsteno *m.* Tipo de metal pesado, de color gris muy obscuro, denso y difícil de fundir, de símbolo químico Tu y número atómico 74: *El* **tungsteno** *se usa para fabricar los filamentos de las bombillas eléctricas.* SIN. **volframio.**

túnica *f.* Vestido más o menos holgado y largo: *Se puso una* **túnica** *de algodón antes de ir a la playa porque sabía que así no sentiría demasiado calor.*

tuntún. Al ~, *loc. Fam.* Sin reflexión, sin conocimiento del asunto: *Como resolvió el examen* **al tuntún** *la calificación de Pablo es muy baja.*

tupé *m.* Mechón de cabello que cae sobre la frente. SIN. **fleco.**

tupí-guaraní *adj./m.* y *f.* Grupo de pueblos amerindios de América del Sur que abarca Brasil, Paraguay, la cuenca del río Amazonas y la costa atlántica de esa parte del continente americano.

tupí-guaraní *m.* Conjunto de lenguas amerindias de América del Sur, habladas por los pueblos del mismo nombre.

tupido, da *adj.* **1.** Denso, apretado: *Algunos bosques son tan* **tupidos** *que las ramas de los árboles no dejan pasar los rayos del sol.* **2.** *Argent., Chile, Méx. y Urug.* Abundante, copioso: *La lluvia era tan* **tupida** *que no podíamos cruzar la calle.*

turba *f.* Carbón fósil que se forma por la descomposición de residuos vegetales.

turba *f.* Grupo de gente sin control: *La* **turba** *que quería entrar al estadio por la fuerza logró derribar las puertas.*

turbación *f.* Estado de alteración o nerviosismo: *Cuando le preguntaron si tenía novio la* **turbación** *hizo que se le pusieran rojas las mejillas.*

turbante *m.* Adorno de tela que se enrolla a la cabeza y se usa sobre todo en algunos países asiáticos: *El genio apareció vestido con* **turbante,** *chaleco y pantalones anchos cuando Aladino frotó la lámpara.*

turbar *vb.* (tr. y prnl.) **1.** Alterar el orden o estado natural de algo: *Los niños estaban jugando hasta que llegó Santiago con un perro a* **turbar** *la tranquilidad.* **2.** Aturdir a alguien de modo que no se acierte a reaccionar: *El piloto se* **turbó** *tanto después del accidente que parecía no darse cuenta de lo que había pasado.*

turbina *f.* Máquina compuesta por una rueda móvil sobre la que se aplica la energía del agua, del vapor, del gas, etc.: *Las turbinas de los jets son muy potentes.*

turbio, bia *adj.* **1.** Sucio o revuelto: *Hay que limpiar ese depósito porque el agua se ve turbia.* **2.** *Fam.* Confuso, no legal: *Ese hombre se ha hecho millonario con negocios algo turbios, parece que vendía productos extranjeros sin pagar los permisos para vender en el país.*

turbulencia *f.* Movimiento brusco, agitación del aire o del agua: *Las numerosas y constantes turbulencias mecían al avión como si estuviera en un tobogán.*

turco *m.* Lengua hablada en Turquía: *El turco se escribe con caracteres similares a los árabes.*

turco, ca *adj./m.* y *f.* Originario de Turquía, país de Asia.

turismo *m.* **1.** Práctica de viajar por placer: *Mucha gente jubilada hace turismo por todo el mundo.* **2.** Automóvil particular.

turista *m.* y *f.* Persona que recorre diferentes lugares por placer: *Los turistas son inconfundibles por sus cámaras al cuello y sus libros de guía en los que se enteran de los atractivos del lugar que visitan.*

turnar *vb.* {tr., intr. y prnl.} **1.** Establecer un orden en combinación con otras personas para la realización de algo: *Durante la enfermedad de la abuelita los nietos se turnaron para cuidarla.* **2.** *Méx.* Pasar un expediente o asunto de un funcionario a otro: *El empleado turnó la solicitud al departamento de ventas, porque él trabajaba en el mercadotecnia.*

turno *m.* **1.** Orden por el que se suceden unas a otras las personas para realizar alguna actividad: *Después de esperar quince minutos, al fin es mi turno para que me atiendan el banco.* **2.** Momento en el que corresponde de actuar a cada uno: *Mis papás me ayudaron a terminar mis estudios y ahora es mi turno de ayudarlos.*

turquesa *f.* Piedra preciosa opaca de color azul verdoso, muy apreciada para la industria joyera.

turrón *m.* Masa hecha de almendras, piñones, avellanas o nueces tostados, molidos y mezclados con miel o azúcar: *Los turrones se consumen de manera más frecuente durante las fiestas navideñas.*

tusa *f.* **1.** *Argent.* y *Chile.* Crin recortada del caballo. **2.** *Argent.* y *Chile.* Acción de tusar, de cortar las crines a los caballos. **3.** *Bol., Colomb.* y *Venez.* Mazorca de maíz desgranada. **4.** *Chile.* Conjunto de filamentos o pelos de la mazorca del maíz. **5.** *Colomb.* Marca de viruela. **6.** *Cuba.* Cigarrillo que se prepara utilizando hojas de maíz. **7.** *Cuba.* Mazorca de maíz.

tusar *vb.* {tr.} **1.** *Amér. Fam.* Cortar mal el pelo, el vellón o la lana: *Mi hermano fue al peluquero y lo tusaron, el pobre quedó como si un burro le hubiera cortado el pelo a mordidas.* Sin. **trasquilar.** **2.** *Argent.* y *Chile.* Cortar las crines al caballo.

tute *m.* Juego de naipes con baraja española: *En el tute gana quien reúna los cuatro reyes o los cuatro caballos de la baraja.*

tutear *vb.* {tr. y prnl.} Dirigirse a alguien de *tú* y no de *usted: Algunos hijos no tutean a sus padres, sino que les hablan de usted.*

tutela *f.* **1.** Autoridad y cargo de tutor: *Como los padres del niño murieron, las autoridades encargaron su tutela al tío más cercano.* **2.** Amparo, protección: *Desde que el nuevo empleado entró a trabajar aquí ha estado bajo la tutela del coordinador.*

tutor, ra *m.* y *f.* **1.** Persona que representa a un menor de edad en los actos civiles: *Las calificaciones escolares debe firmarlas el padre, la madre, o el tutor del alumno.* **2.** Profesor encargado de orientar a los alumnos: *Esteban obtuvo calificaciones tan bajas en matemáticas que sus padres contrataron un tutor para que le diera clases especiales.*

tutuma *f.* *Chile.* Bulto que sobresale en el cuerpo de una persona o en su vestimenta.

tuyo, ya *adj./pron.* Adjetivo y pronombre posesivos que indican que algo pertenece a la segunda persona del singular: *"Éste es mi pedazo de tarta, ¿cuál es el tuyo?"*

tuza *f.* *Méx.* Pequeño roedor parecido al topo que también construye túneles por abajo de la tierra.

tzotzil o **chamula** *adj./m.* y *f.* De un pueblo amerindio que habita en Chiapas, México.

U u

u *f.* Vigésima segunda letra del abecedario español y quinta de sus vocales.

u *conj.* Se emplea en vez de "o" ante palabras que empiezan con "o" o con "ho": *No puedes comprar los dos chocolates, tienes que escoger uno **u** otro.*

uapití *m.* Ciervo de gran tamaño que vive en Alaska y Siberia.

ubí *m.* Especie de bejuco originario del Caribe, usado para hacer canastas.

ubicación *f.* Lugar donde se encuentra algo o alguien: *El chófer del taxi le pidió a mi papá la **ubicación** del lugar donde debía llevarlo.*

ubicar *vb. irreg.* (tr., intr. y prnl.) **Modelo 17. 1.** Estar o encontrarse en un lugar o espacio: *Dime dónde **se ubica** la casa en la que será la fiesta del viernes.* **2.** *Amér.* Situar o instalar algo en determinado espacio o lugar.

ubicuidad *f.* Cualidad de poder estar en todos los lugares al mismo tiempo.

ubicuo, cua *adj.* Que está en todos los sitios a la vez, se refiere en especial a Dios.

ubre *f.* Glándula mamaria: *La leche de las vacas se produce en las **ubres**.*

ucraniano *m.* Lengua eslava hablada en Ucrania.

ucraniano, na *adj./m. y f.* Originario de Ucrania, Estado de Europa Oriental: *Los **ucranianos** eran miembros de la Unión Soviética pero ya no, porque ésta dejó de existir en 1989.*

¡uf! *interj.* Expresa cansancio, fastidio, sofocación, repugnancia: *¡Uf! ¡Qué calor hace hoy!*

ufanarse *vb.* (prnl.) Alabarse a sí mismo, jactarse: *Ramón es un odioso que todo el tiempo **se ufana** de lo rico, guapo e inteligente que es.* SIN. **presumir.**

ufano, na *adj.* **1.** Se dice de la persona soberbia, presumida. **2.** Satisfecho, alegre: *Javier se sentía **ufano** el día que obtuvo el primer lugar de su clase.*

ugandés, sa *adj./m. y f.* Originario de Uganda, país de África.

¡újule! *interj.* *Méx. Fam.* Expresión que indica sorpresa, delicadeza exagerada o queja: *¡Újule!, ¡el precio del litro de leche subió al doble de la semana pasada a hoy!*

ukelele *m.* Instrumento musical de cuerdas parecido a la guitarra pero más pequeño: *El **ukelele** es originario de Indonesia.*

úlcera *f.* Herida que no cicatriza, por lo general acompañada de secreción de pus: *Como no se cuidó la gastritis, le salió una **úlcera** en el estómago.*

ulcerar *vb.* (tr. y prnl.) Causar o formar úlcera: *El mazo **ulceró** las manos del albañil novato, pues aún no se acostumbra a usarlo.*

uliginoso, sa *adj.* Se aplica a los lugares húmedos y a las plantas que crecen en este tipo de lugares.

ulmo *m.* **1.** *Chile.* Árbol grande de flores blancas cuya corteza se emplea para curtir. **2.** *Chile.* Madera del árbol llamado ulmo.

ulterior *adj.* Que se dice, sucede o se hace después de otra cosa: *Por suerte después de la noticia del accidente llegó otra **ulterior** que desmintió la primera.*

ultimar *vb.* (tr.) **1.** Terminar algo, finalizar una obra: *Los novios **ultimaron** los preparativos para la boda justo a tiempo, ahora deben organizarse para la ceremonia.* **2.** *Amér.* Matar, asesinar: *Encontraron un cadáver al borde de la carretera y la policía informó que el hombre **fue ultimado** de un disparo.*

ultimátum *m.* Último plazo o condición que debe cumplirse para no tener consecuencias negativas: *El director le dio un **ultimátum** a Fernando, o mejoraba sus calificaciones o se iba de la escuela.*

último, ma *adj.* **1.** Que está después que todos los demás en el espacio o en el tiempo: *En la fila se forman por tamaños, de menor a mayor y el **último** es el niño más alto de todos.* **2.** Se refiere a la cosa que es más nueva o reciente en el tiempo: *En el **último** número de esa revista hay un reportaje sobre mi escritor favorito.* **3.** Que no queda otra posibilidad: *El padre le advirtió a su hijo que debía ser la **última** vez que le mostraba calificaciones tan bajas.*

ultra *adj.* Relativo a las ideas o pensamientos que llevan al extremo sus opiniones. SIN. **radical.**

ultra *m. y f.* Persona que tiene ideas o pensamientos radicales.

ultrajador, ra *adj./m. y f.* Que ofende o humilla.

ultrajar *vb.* (tr.) **1.** Agredir, ofender de manera grave. **2.** Humillar: *El novio **ultrajó** a Marina al tratarla como si nunca la hubiera querido.*

ultraje *m.* Ofensa o humillación grave: *Violar los derechos de los niños es un **ultraje** para su dignidad.*

ultramar *m.* País o territorio situado al otro lado del mar: *Para los habitantes de América, las cosas que llegan de Europa son productos de **ultramar**.*

ultramarinos *m.* pl. Víveres traídos del otro lado del mar que se venden en tiendas de comestibles: *Compré esta botella de vino francés en la tienda de **ultramarinos** de la esquina.*

ultranza. A ~, loc. Firme, sin detenerse ante las dificultades: *Manuel es ecologista **a ultranza**, siempre reprende a quienes ve tirando basura en las calles.*

ultrarrojo, ja *adj.* Radiación que se utiliza en calefacción, fotografía aérea, etc. SIN. **infrarrojo.**

ultrasonido *m.* Onda sonora no audible para el oído humano, que se usa, entre otras cosas, para hacer estudios médicos: *Le hicieron un **ultrasonido** a la mujer embarazada para verificar el estado de su bebé.*

ultratumba *f.* Aquello que se cree está más allá de la tumba y de la muerte: *Los espiritistas afirman que pueden comunicarse con voces de **ultratumba**.*

ultravioleta *adj.* Relativo a las radiaciones situadas en el espectro más allá del violeta: *Debido a los hoyos en la capa de ozono de la atmósfera, los rayos **ultravioleta** están causando daños a los seres vivos.*

ulular *vb.* (intr.) *1.* Dar aullidos o alaridos. *2. Fam.* Sonar el viento: *Ese filme de terror empieza con una imagen del viento **ululando** sobre un castillo a mitad de la noche.*

umbela *f.* Forma parecida a un paraguas en que se agrupan las flores de ciertas plantas.

umbelífero, ra *adj.* Relativo a una familia de plantas con flores dispuestas en umbelas, como la zanahoria y otras muy usadas en la alimentación y la medicina.

umbilical *adj. 1.* Relativo al ombligo: *Mi sobrino tenía una leve infección **umbilical** y mi hermana le lavó y le puso desinfectante. 2. Ver cordón umbilical.*

umbral *m. 1.* Pieza inferior de una puerta. *2.* Comienzo, principio en cualquier actividad o proceso: *Mi abuelo ya está en el **umbral** de la vejez pues ha cumplido 70 años.*

umbrío, a *adj.* Se dice del lugar donde da poco el sol: *La selva es **umbría** a causa de la especie de techo que forman las ramas de los frondosos árboles.*

un *adj.* Número cardinal apócope de *uno*: *Fui a la tienda y compré **un** dulce y dos galletas.*

un, una *art.* Sirve para indicar una persona o cosa de un modo indeterminado: *Había **una** vez, hace mucho tiempo, **un** niño que se llamaba Juan.*

unánime *adj.* Que tiene o expresa un mismo parecer o sentimiento: *Le dieron el premio a Roberto por decisión **unánime** del jurado, es decir, todos opinaron que él se lo merecía.*

unanimidad *f.* Hecho de que un grupo de personas coincida en una decisión, sin oposición: *Pasó el examen por **unanimidad**, todos los profesores estuvieron de acuerdo en aprobarlo.*

unción *f. 1.* Acción y efecto de ungir. *2.* Ceremonia católica en la que se administran los santos óleos o aceites santificados a los moribundos: *El sacerdote le administró la **unción** a la tía Julia justo a tiempo porque a las pocas horas murió. SIN. extremaunción.*

undécimo, ma *adj.* Que corresponde en orden al número once: *Tiene el número **undécimo** en la lista del salón, que va por orden alfabético.*

ungir *vb. irreg.* (tr. y prnl.) **Modelo 61.** *1.* Untar. *2.* Hacer la señal de la cruz con aceite santificado sobre una persona: *En las ceremonias religiosas para ordenar sacerdotes, los **ungen** con los santos óleos.*

ungüento *m.* Substancia que sirve para untar, en especial con fines curativos: *Para el dolor muscular le recetaron un **ungüento** en el que debe darse masajes.*

unguiculado, da *adj./m. y f.* Relativo a los animales con dedos que terminan en uñas.

ungulado, da *adj.* Relativo a los mamíferos con dedos que terminan en cascos o pezuñas: *Los burros y los caballos son animales **ungulados**.*

unicelular *adj.* Relativo al organismo formado por una sola célula.

único, ca *adj. 1.* Solo y sin otro de su especie: *Ese artesano hace joyas **únicas**, cada una es diferente y no se repite. 2.* Fuera de lo común y corriente: *Gerardo tiene una inteligencia **única**, en seis meses él pudo aprenderlo en tres. SIN. excepcional.*

unicornio *m.* Animal fabuloso con cuerpo de caballo y un cuerno en la frente: *La leyenda dice que el **unicornio** sólo podía ser atrapado por una joven pura e ingenua.*

unidad *f. 1.* Cada una de las cosas que forman un conjunto: *Mi novio me regaló una caja de chocolates que contenía diez **unidades** deliciosas. 2.* Magnitud tomada como referencia de comparación para medir otra de la misma especie: *El kilogramo es una **unidad** de peso. 3.* Propiedad de lo que constituye un todo que no se divide: *La **unidad** entre todos los vecinos ayudó a que las autoridades tomaran en cuenta sus peticiones.*

unifamiliar *adj.* Que corresponde a una sola familia: *Las chozas de este pueblo africano son **unifamiliares**, sólo las habitan personas que son parientes entre sí.*

unificar *vb. irreg.* (tr. y prnl.) **Modelo 17.** *1.* Reunir varias cosas o personas para crear un todo sin divisiones: *En el siglo xix varios reinos europeos se **unificaron** para formar lo que hoy es Italia. 2.* Eliminar las diferencias entre determinadas cosas: *Las autoridades **unificarán** los programas de estudio en todo el país para que todos los niños estudien las mismas materias.*

uniformar *vb.* (tr.) *1.* Igualar varias cosas entre sí. *2.* Poner uniforme a alguien: *La dirección del colegio decidió que los alumnos deberán **uniformarse** a partir del próximo año escolar.*

uniforme *adj.* Se dice de dos o más cosas que tienen la misma forma: *Durante el desfile los soldados marcharon de manera **uniforme**.*

uniforme *m.* Vestido distintivo e igual de un cuerpo militar, colegio, etc.: *En esa escuela tienen un **uniforme** para todos los días y otro más elegante para las fechas especiales.*

uniformidad *f.* Hecho de tener la misma forma: *Mi letra tiene **uniformidad** gracias a que hago ejercicios de caligrafía.*

unigénito, ta *adj.* Relativo al hijo único: *Los hijos **unigénitos** no tienen hermanos ni hermanas.*

unilateral *adj.* Relativo a un solo aspecto de un asunto: *Luis había decidido de manera **unilateral** vender la casa, pero no pudo hacerlo porque su esposa no lo apoyó.*

unión *f. 1.* Acción y efecto de unir. *2.* Alianza, asociación: *La **unión** entre los países europeos ha sido importante no sólo para Europa, sino para el resto del mundo. 3.* Relación entre dos personas, en especial en el matrimonio.

uníparo, ra *adj. 1.* Que produce un solo cuerpo, flor, etc. *2.* Persona o animal que sólo tiene un hijo o cría en cada parto o camada: *Los humanos normalmente somos **uníparos**, aunque algunas veces nacen gemelos y en muy raras ocasiones nacen tres o más niños en un mismo parto.*

unipersonal *adj. 1.* Que pertenece a una persona o es para una sola persona: *La presidencia de un país es un cargo **unipersonal**. 2.* Relativo a los verbos que sólo se conjugan en la tercera persona del singular, tam-

UNI

U

639

bién son llamados impersonales o defectivos: *"Llover"* y *"nevar"* son ejemplos de verbos **unipersonales**.

unir *vb.* {tr. y prnl.} Hacer que dos o más personas o cosas queden juntas o formando una unidad: *El puente* **unió** *las dos orillas de tierra que estaban separadas por el río*.

unisex *adj.* Que puede ser utilizado de igual manera por un hombre o por una mujer: *Hace algunos años los jóvenes usaban ropa* **unisex**, *así que se compraban los mismos artículos hombres y mujeres*.

unísono, na *adj./m.* **1.** Que tiene el mismo tono que otra cosa. **2.** loc. **Al ~,** al mismo tiempo: *Los cadetes respondieron* **al unísono** *que sí juraban defender la bandera*.

unitario, ria *adj.* Que tiende a la unidad o que la conserva.

universal *adj.* **1.** Relativo al Universo o al espacio celeste: *El científico Isaac Newton descubrió la ley de la gravitación* **universal**. **2.** Que se extiende a todos los casos posibles: *El escritor español Miguel de Cervantes Saavedra ha sido uno de los grandes novelistas de la literatura* **universal**. **3.** Que se refiere o es común a todo el mundo, todas las épocas o todos los hombres: *Los derechos humanos deben ser* **universales**.

universalizar *vb. irreg.* {tr.} **Modelo 16.** Generalizar, hacer universal: *Deberían* **universalizarse** *las leyes sobre la reducción de armamento que tienen muchos países*.

universidad *f.* Institución y edificio donde se imparte la enseñanza superior o universitaria: *Raúl quiere estudiar en la* **universidad** *para llegar a ser ingeniero en electrónica*.

universitario, ria *adj.* Relacionado con la universidad: *Los directores de las facultades forman parte del congreso* **universitario**.

universitario, ria *m.* y *f.* **1.** Persona que asiste a una universidad: *Mi hermano es* **universitario** *y yo estoy todavía en educación básica*. **2.** Persona que asistió a una universidad: *Los* **universitarios** *de la generación 1960-1964 se reunieron ayer en un restaurante para comer y recordar viejos tiempos*.

universo *m.* **1.** A veces se escribe con "U" mayúscula cuando se refiere al conjunto de todo lo que existe en lo material: *Hasta donde se sabe, en el* **Universo** *somos los únicos seres racionales*. **2.** Conjunto de todo lo que existe en lo inmaterial: *Voy a estudiar matemáticas porque me gusta mucho el* **universo** *de los números*.

unívoco, ca *adj.* Que sólo tiene un significado: *La palabra "investigador" es* **unívoca** *porque no tiene más de un significado*.

uno *m.* Indica el primero de los números naturales: *Como Camila apenas empieza a contar dice "**uno**, dos, tes, cuato"*.

uno, una *adj.* **1.** Primero: *El primer día de clases la maestra nos dijo: "por favor abran su libro de ciencias naturales en la página* **uno***."* **2.** Único, sin ningún otro: *Sólo tengo* **un** *libro de biología, por eso te lo prestaré cuando termine de leerlo*.

uno, una *pron.* **1.** Pronombre indefinido singular, de género masculino o femenino, que indica una persona indeterminada: *"Llamó* **uno** *preguntando por ti, pero no dijo quién era."* **2.** En relación con otro, indica contraposición: *"**Uno** de tus pretendientes estudia y otro trabaja, ¿a cuál prefieres?"*

untar *vb.* {tr.} **1.** Cubrir con materia grasa una superficie: *Camelia* **untó** *queso y miel a una rebanada de pan y se la comió como desayuno*. **2.** *Fam.* Sobornar, corromper a una autoridad con dinero y regalos: *Intentó* **untar** *a un policía para que no lo multara por conducir a exceso de velocidad pero no lo consiguió*.

unto *m.* **1.** Materia que se emplea para untar, en especial si es comida o medicamento. **2.** *Chile.* Betún para limpiar el calzado.

untuoso, sa *adj.* **1.** Que es pegajoso y se desliza, como el jabón o la grasa. **2.** Persona o actitudes de una persona que son demasiado suaves y empalagosas: *Como le había dicho que no, empezó a rogarme con voz* **untuosa** *creyendo que así me convencería*.

uña *f.* **1.** Lámina curva que recubre la parte superior de la punta de los dedos de ciertos animales y el hombre: *Hace una semana me cayó un bulto pesado en la punta de un dedo del pie y hoy se me cayó la* **uña** *lastimada*. **2.** Casco de los animales que no tienen dedos separados. **SIN. pezuña. 3.** Parte de una hoja que sobresale del canal de un libro para poder abrirlo por una página determinada: *A este diccionario se le cayó la* **uña** *que indicaba el inicio de la letra "C" y ahora cuesta más trabajo encontrar dónde comienza esa letra*. **4.** loc. *Fam.* **Enseñar** o **mostrar las uñas,** amenazar o dejar ver que se tiene carácter agresivo: *Juana es muy tranquila pero* **enseña las uñas** *cuando alguien se atreve a insultar a alguno de sus familiares*.

uñero *m.* **1.** Inflamación de la raíz de la uña. **2.** Herida que produce una uña cuando crece introduciéndose en la carne: *Los* **uñeros** *aparecen cuando uno no se corta bien las uñas y éstas crecen metiéndose en la carne*.

¡upa! *interj.* Se utiliza para animar o estimular a hacer un esfuerzo: *La niña le decía "¡**upa**!, ¡**upa**!", al caballo pero el animal no se movía porque estaba muy cansado*.

¡upe! *interj. C. Rica.* Se utiliza para llamar a los habitantes de una casa cuando se entra en ella.

uranio *m.* Metal radiactivo duro y muy denso, de símbolo químico U y número atómico 92: *El* **uranio** *se usa para producir energía nuclear*.

urbanidad *f.* Comportamiento que demuestra buena educación: *Leí un manual de* **urbanidad** *que indica cómo comportarse de manera correcta en los lugares públicos*.

urbanismo *m.* Grupo de conocimientos y acciones que se ocupa de la construcción y desarrollo de las ciudades y de sus espacios.

urbanización *f.* Hecho de acondicionar terrenos para construir zonas habitacionales.

urbanizar *vb. irreg.* {tr.} **Modelo 16.** Acondicionar un terreno para crear una ciudad o agrandar la que ya existe: *En las afueras de la ciudad quieren* **urbanizar** *una zona que está en las faldas de un monte*.

urbano, na *adj.* Relativo a la ciudad: *Soy una persona* **urbana** *que siempre ha vivido en la ciudad y me parece que la vida en los pueblos es demasiado lenta*.

urbe *f.* Ciudad de gran tamaño e importancia: *Durante el siglo pasado, Londres era una de las grandes* **urbes** *europeas*.

urdimbre *f.* Conjunto de hilos paralelos en sentido vertical por los que se pasa la trama, o hilos horizontales, en las telas.

urdir *vb.* {tr.} **1.** Preparar los hilos de la urdimbre. **2.** Preparar un chisme o intriga contra alguien: *La conflictiva empleada estaba **urdiendo** un nuevo chisme contra sus compañeros, pero por fortuna nadie le creyó.

urdu *m.* Lengua hablada en Pakistán, país de Asia.

urea *f.* Substancia que se halla en la orina: *Los médicos sospechan que los riñones no le funcionan muy bien porque apareció mucha* **urea** *en sus análisis de orina.*

uréter *m.* Cada uno de los conductos que transportan la orina desde los riñones hasta la vejiga.

uretra *f.* Conducto por donde sale la orina: *Por la uretra de los hombres no sólo pasa la orina sino también el esperma.*

urgencia *f.* **1.** Emergencia: *Los médicos siempre deben estar preparados para atender las llamadas de* **urgencia.** **2.** Prisa: *Se fue de repente porque dijo que tenía urgencia de ir al banco y ya se acercaba la hora de cierre.* **3.** pl. Zona de los hospitales donde se atienden casos de gravedad: *La ambulancia llevó al atropellado a* **urgencias** *y minutos después los médicos decidieron operarlo.*

urgente *adj.* Que urge o se realiza con más rapidez de lo común: *Estando en la playa le llegó un mensaje* **urgente** *de un familiar y por eso tuvo que interrumpir sus vacaciones.*

urgir *vb. irreg.* [intr.] Modelo 61. Exigir algo una rápida ejecución o remedio: *Me* **urge** *ir al baño.*

úrico, ca *adj.* Relativo a la orina o al ácido incoloro y poco soluble que se halla en la orina.

urinario *m.* Local para orinar, en especial en lugares públicos: *Los* **urinarios** *públicos suelen tener un olor penetrante y desagradable.*

urinario, ria *adj.* Relativo a la orina: *El médico le dijo que tenía una infección en las vías* **urinarias** *y le recetó antibiótico.*

urna *f.* **1.** Vasija usada para guardar las cenizas de los muertos: *Después de la cremación del cadáver en un horno, entregaron a la viuda las cenizas de su marido dentro de una* **urna** *metálica.* **2.** Caja de cristal para guardar objetos. **3.** Para elecciones, caja de algún material transparente usada para depositar los votos: *Al final de la votación la gente responsable del conteo vació las* **urnas** *para clasificar y sumar los votos.*

uro *m.* Especie de buey salvaje, extinto en la actualidad.

urogallo *m.* Ave de la familia de las gallinas que vive sobre todo en los bosques de Europa: *Los* **urogallos** *emiten un sonido que parece el mugido de un toro cuando llaman a su pareja.*

urología *f.* Estudio de las enfermedades de las vías urinarias: *Renata estudiará la especialidad de* **urología** *después de terminar la carrera de medicina.*

urólogo, ga *m.* y *f.* Médico especializado en el tratamiento de enfermedades de las vías urinarias: *Como tenía una infección en los riñones, le recomendaron que visitara a un* **urólogo.**

urpila *f. Argent., Bol.* y *Ecuad.* Especie de paloma pequeña.

urraca *f.* **1.** Nombre dado a varios tipos de aves de la familia de los cuervos, de plumaje color negro y blanco, pico y patas negruzcos y cola larga. **2.** *Amér.* Ave de dorso pardo y vientre blancuzco, que suele vivir en parques y jardines.

urticaria *f.* Erupción cutánea, por lo general en forma de ronchas rojizas, que produce gran picazón y apa-

rece como reacción alérgica: *Andrea no puede comer carne de cerdo porque le produce* **urticaria.**

uruguayo, ya *adj./m.* y *f.* Originario de Uruguay, país de América del Sur.

urutaú *m. Argent., Par.* y *Urug.* Ave nocturna de plumaje pardo obscuro, muy similar a la lechuza.

usado, da *adj.* Desgastado por el uso: *Durante los fines de semana me gusta ponerme mi ropa más* **usada** *para sentirme cómoda.*

usanza *f.* Uso, moda, costumbre: *Mis amigos organizaron una fiesta donde había que disfrazarse a la* **usanza** *del siglo* XVII, *con vestidos largos, abanicos y pelucas.*

usar *vb.* [tr., intr. y prnl.] **1.** Hacer que sirva una cosa para algún fin: *Usa las escaleras para subir porque el ascensor está descompuesto.* **2.** Consumir: *El automóvil* **usa** *mucho aceite porque tiene una falla en el motor.* **3.** Llevarse, estar de moda: *El sombrero es una prenda que actualmente se* **usa** *poco.*

usina *f.* **Palabra de origen francés.** *Argent., Bol., Chile, Colomb., Nicar., Par.* y *Urug.* Instalación industrial, en especial la destinada a producir gas, energía eléctrica, etc. Sin. **fábrica.**

uslero *m. Chile.* Palo cilíndrico de madera utilizado en la cocina para extender la masa: *El panadero extendió la masa con el* **uslero** *y luego cortó trozos pequeños con forma de estrellas.* Sin. **rodillo.**

uso *m.* **1.** Acción y efecto de usar: *A causa del* **uso** *las suelas de mis zapatos ya están desgastadas.* **2.** Capacidad para usar algo: *La gran quemadura que tiene le impide el* **uso** *de la mano derecha.* **3.** Modo de usar algo: *Lee el instructivo para que sepamos si ese aparato tiene otro* **uso** *además de abrir latas.* **4.** Costumbre propia de un país: *El* **uso** *en México es que los días 2 de noviembre se prepare una ofrenda a los muertos.*

usted *pron.* Pronombre personal masculino y femenino de la segunda persona, que se emplea como tratamiento de respeto y se usa con el verbo y formas pronominales en 3ª persona: *Por favor pase, está* **usted** *en su casa.*

usual *adj.* De uso frecuente, común o fácil: *Es* **usual** *que los adolescentes tengan problemas con sus padres y con sus maestros.*

usuario, ria *m.* y *f.* Persona que usa una cosa de manera habitual: *Los* **usuarios** *de los teléfonos celulares se quejaron por el aumento a las tarifas.*

usufructo *m.* **1.** Derecho de uso que tiene una persona sobre el bien de otra, percibiendo sus beneficios: *La casa es de su hermano pero ella tiene el* **usufructo** *de la propiedad, por eso le pagan el alquiler a ella.* **2.** Utilidad o provecho que se obtiene de alguna cosa.

usura *f.* Infracción cometida al prestar dinero cobrando un alto interés: *La* **usura** *es ilegal, pero algunas personas la practican aprovechándose de la necesidad de los demás.*

usurero, ra *m.* y *f.* Persona que presta dinero cobrando un alto interés: *Como le urgía dinero, tuvo que recurrir a un* **usurero** *que le prestó poco dinero por su joya y le cobrará altos intereses para devolvérsela.*

usurpación *f.* Apropiación injusta de una cosa.

usurpador, ra *m.* y *f.* Persona que se apodera de manera injusta de lo que pertenece a otro: *La historia medieval europea narra muchos casos de* **usurpadores** *que ocuparon tronos sin que les correspondiera.*

usurpar *vb.* {tr.} Apoderarse de manera injusta de lo que pertenece a otro: *Algunos personajes de la antigüedad llegaron a asesinar a sus familiares en el poder para usurpar el trono.*

usuta *f.* *Argent., Bol. y Perú.* Sandalia de cuero o fibra vegetal usada por los campesinos.

utensilio *m.* Objeto usado para trabajos, labores u oficios: *Entre los utensilios que emplea el cocinero están las sartenes, las cucharas y las cacerolas.*

uterino, na *adj.* Relativo al útero: *La doctora quiso hacer un análisis porque pensaba que Delia podía tener un problema uterino que le impedía embarazarse.*

útero *m.* Órgano de la gestación en la mujer y en las hembras de los mamíferos: *Los bebés y los cachorros se forman y crecen dentro del útero de sus madres.* SIN. **matriz.**

útil *adj.* Que produce provecho o sirve para algo.

útil *m.* Utensilio, herramienta: *El martillo, el serrucho y la sierra son útiles que emplea el carpintero en su trabajo.*

utilidad *f.* **1.** Calidad de útil: *"No veo la utilidad de hablar sobre el aborto si está claro que nunca estaremos de acuerdo", señaló Jimena.* **2.** Provecho que se obtiene de una cosa: *La computadora ha sido de gran utilidad para controlar los inventarios de la tienda.*

utilitario, ria *adj.* Que antepone la utilidad a todo lo demás: *Pánfilo es un utilitario sin sentimientos a quien lo único que le importa son las cosas materiales.*

utilización *f.* Uso, empleo: *Por más que leí el manual de utilización, no tengo idea de cómo funciona este aparato.*

utilizar *vb. irreg.* {tr. y prnl.} **Modelo 16.** Valerse de alguien o algo de forma útil: *Para preparar el postre utilicé huevos, leche, harina, azúcar, manzanas, una cacerola, un cuchillo y una cuchara.*

utillaje *m.* **Palabra de origen francés.** Conjunto de útiles necesarios para una actividad: *Finalmente logró comprar todo el utillaje para establecer su taller de carpintería.*

utopía *f.* Sistema o proyecto que no se puede realizar.

utópico, ca *adj.* Algo que no puede realizarse.

uva *f.* Fruto comestible de la vid, más o menos redondo y jugoso, que nace en grupos formando racimos: *El último día del año se acostumbra comer doce uvas al dar las doce de la noche.*

uveral *m.* *Amér. C. y Antillas.* Lugar donde abundan unos árboles llamados uveros.

uvero *m.* *Amér. C. y Antillas.* Árbol cuyo fruto es la uva de playa.

úvula *f.* Pequeña masa carnosa situada al final del paladar e inicio de la garganta. SIN. **campanilla.**

uxoricidio *m.* Delito que comete el hombre que mata a su mujer.

¡uy! *interj.* Expresa dolor, sorpresa o agrado: *¡Uy! ¡qué guapa te ves hoy!*

V v

v f. Vigésima tercera letra del abecedario español. Su nombre es *ve*.

V f. Cifra que en números romanos equivale a 5.

vaca f. Hembra adulta del toro: *De la vaca se obtienen muchos productos como leche, carne y cuero.*

vacación f. Suspensión temporal del trabajo o de los estudios por descanso y tiempo que dura esta suspensión: *Esteban irá a la playa durante las vacaciones de verano.*

vacacionar vb. (intr.) Salir de vacaciones: *Vacacionará en las montañas porque quiere descansar y sabe que en las playas hay mucha gente.*

vacante adj. Relativo al empleo, cargo o plaza que está desocupado: *"Hay un puesto vacante de secretaria en la empresa donde trabajo. ¿Te interesa trabajar ahí?"*

vacante f. Puesto disponible para ocuparse: *Fue a preguntar a una oficina si había vacantes y le dijeron que volviera la siguiente semana para una entrevista.*

vaciado m. Acto de vaciar determinado material en un molde para reproducir algún objeto, como una escultura, joya, etc.

vaciado, da adj. Méx. Fam. Simpático, divertido, chistoso: *En la reunión había un muchacho vaciado que nos hizo reír toda la tarde con sus bromas.*

vaciar vb. irreg. (tr., intr. y prnl.) **Modelo 9. 1.** Dejar algo vacío, quitar el contenido de un recipiente: *Cuando se vacíe la olla de sopa, iré por más a la cocina.* **2.** Desaguar en alguna parte los ríos o corrientes: *El gran Río Amazonas se vacía en el Océano Atlántico.*

vacilación f. Duda, titubeo, indecisión: *Durante un examen es fácil saber quién no ha estudiado porque muestra vacilación.*

vacilante adj. Se dice de la persona que no toma una decisión: *No sé si me van a dejar ir o no, pues mis padres tuvieron una actitud vacilante cuando les pedí permiso.*

vacilar vb. (intr.) **1.** Moverse una cosa por falta de estabilidad: *Las lámparas de la calle vacilaban por el fuerte viento que las hacía inclinarse de un lado a otro.* Sin. **oscilar. 2.** Dudar, estar indeciso: *Gerardo vacila entre estudiar física o química, ambas carreras le gustan mucho.* **3.** Amér. C. y Méx. Divertirse, estar de juerga, hablar en broma: *Los viernes sale con sus amigos a vacilar a alguna fiesta.*

vacile m. Fam. Broma que se hace para engañar, burla.

vacilón m. Amér. C. y Méx. Juerga, fiesta, diversión: *René y Sergio se fueron de vacilón y llegaron hasta la madrugada.*

vacío m. **1.** Espacio en el que no hay atmósfera: *Los astronautas flotaban en el vacío, atados con una larga cuerda que los unía a su nave.* **2.** Espacio libre: *Tengo mucha hambre, siento un vacío en el estómago.* **3.** Abismo, precipicio: *Perdió el equilibrio y cayó al vacío, ése fue el fin del malo del programa de televisión.*

vacío, a adj. **1.** Falto de contenido: *La botella de leche está vacía, voy a la tienda a comprar otra.* **2.** Desocupado, que está sin gente o con muy pocas personas: *Cuando llegaron a la sala de cine, todavía estaba vacía porque era muy temprano.*

vacuna f. Virus u otra substancia biológica que se da a un individuo o animal para volverlo resistente a una enfermedad: *Las vacunas son importantes para evitar enfermedades contagiosas.*

vacunación f. Acción de administrar substancias para evitar enfermedades: *Al niño le dieron en el hospital su vacunación gratuita contra la poliomielitis.*

vacunar vb. (tr., intr. y prnl.) Administrar una substancia para evitar enfermedades: *Durante la época de clima cálido es importante vacunarse contra el cólera.*

vacuno, na adj. Relacionado con las reses. Sin. **bovino.**

vacuo, cua adj. Vacío, falto de contenido: *El cantante hizo comentarios vacuos cuando le preguntaron sobre su divorcio porque no quería hablar de ese tema.*

vacuola f. Cavidad del citoplasma de las células que encierra diversas substancias en un líquido.

vadear vb. (tr.) Atravesar un río u otra corriente de agua por un sitio de fondo firme y poco profundo: *Para llegar a la otra orilla vadearon el río por un camino que sólo tenía medio metro de profundidad.*

vado m. **1.** Parte de un río que tiene fondo firme y poco profundo: *El río era muy ancho y profundo, pero pudimos cruzarlo por un vado.* **2.** En la vía pública, espacio en la acera destinado al acceso de vehículos a locales situados frente al mismo.

vagabundear vb. (intr.) Viajar de un lado a otro sin destino fijado de antemano: *Tiene varios años de vagabundear por el mundo, la última carta que recibí de ella venía de África.* Sin. **vagar.**

vagabundo, da adj. Que anda sin una dirección determinada: *Recogí un perro vagabundo en la calle y ahora es mi mascota.*

vagabundo, da m. y f. Persona que no tiene trabajo ni lugar dónde vivir: *Debajo de ese puente para automóviles viven varios vagabundos.* Sin. **indigente.**

vagancia f. Estado de quienes no tienen oficio ni ocupación.

vagar m. **1.** Tiempo libre. **2.** Tranquilidad, lentitud, calma.

vagar vb. irreg. (intr.) **Modelo 17. 1.** Ir sin destino ni rumbo fijo: *Estuve vagando por ese barrio y por casua-*

encontré un museo muy interesante. **2.** Estar sin hacer nada: *Como ya terminé mi tarea escolar, voy a **vagar** un rato antes de cenar.*

vagina *f.* Órgano de la mujer formado por un conducto que va desde la vulva hasta el útero: *Cuando nacen los bebés salen del útero y pasan por la **vagina** hasta llegar al exterior.*

vaginal *adj.* Relacionado con la vagina: *Las infecciones **vaginales** pueden evitarse si se mantienen algunas normas de higiene.*

vago, ga *adj.* **1.** Que anda de una parte a otra sin dirección fija: *No he podido localizar a Mauricio, es tan **vago** que su madre nunca sabe dónde encontrarlo.* **2.** Falto de precisión: *No pude llegar porque me dio unas indicaciones muy **vagas** de la dirección de su casa.* SIN. **impreciso.**

vago, ga *m. y f.* **1.** Poco trabajador: *Los **vagos** siempre buscan pretextos para no tomar los trabajos que les ofrecen.* **2.** Persona que no tiene trabajo.

vagón *m.* Carro de un tren o ferrocarril: *El último de los **vagones** del ferrocarril se llama cabús.*

vaguada *f.* Parte más honda de un valle por donde van las aguas: *Desde lo alto de la montaña la **vaguada** parecía un hilo de plata que brillaba por los reflejos de la luz del Sol.*

vaguedad *f.* Hecho de ser impreciso, vago: *Me contestó con tanta **vaguedad** que me dejó con la impresión de que ocultaba algo.*

vahído *m.* Desvanecimiento, desmayo, pérdida momentánea del conocimiento: *El médico dijo que el **vahído** que sufrió Araceli se debió a que no había comido en muchas horas.*

vaho *m.* **1.** Vapor que despiden los cuerpos: *El agua hirviendo despide mucho **vaho**.* **2.** Aliento: *Eché **vaho** en la ventana y se empañó el vidrio por algunos segundos.*

vaina *f.* **1.** Funda de algunas armas: *El guerrero sacó un gran sable de su **vaina** y se dispuso a luchar contra el enemigo.* **2.** Amér. Contrariedad, molestia: *Esto es una **vaina**, me pidieron que fuera a trabajar el domingo.* **3.** Envoltura en la que están las semillas de ciertas leguminosas, como la arveja o chícharo: *Para preparar las arvejas, deben sacarse de sus **vainas** y ponerse a cocer en agua con un poco de sal.*

vainilla *f.* **1.** Planta trepadora que se cultiva por su fruto: *La **vainilla** se cultiva en las zonas tropicales de América, África y Asia.* **2.** Fruto de la planta llamada vainilla, usado como condimento y aromatizante: *A Elena le gusta el helado de chocolate y a Marta le gusta el de **vainilla**.*

vaivén *m.* Movimiento alternativo de un cuerpo en una y otra dirección: *Durante el trayecto a la ciudad mi tía se durmió arrullada con el **vaivén** del tren.*

vajilla *f.* Conjunto de platos y tazas usados en el servicio de la mesa: *Sólo usa la **vajilla** inglesa que le heredó su abuela cuando ofrece comidas elegantes.*

vale *m.* **1.** Papel que se canjea por ciertos artículos: *Como parte del salario a mi padre le dan **vales** para que compre productos para su casa.* **2.** Nota firmada que se da en una entrega para certificarla y hacerla válida: *Joaquín firmó un **vale** por el dinero que le debe a Manuel.*

valedura *f.* Cuba. En un juego, regalo que hace el ganador a quien pierde o a quien mira.

valencia *f.* Número que representa la capacidad de unión de un elemento químico para combinarse con otros.

valentía *f.* **1.** Calidad de valiente: *Se necesita mucha **valentía** para trabajar con leones en el circo.* **2.** Hecho heroico: *La **valentía** del bombero lo llevó a entrar en la casa en llamas y a salvar al nieto de la anciana.*

valer *m.* Valor, valía.

valer *vb. irreg.* [tr. e intr.] Modelo 31. **1.** Tener las cosas un precio determinado: *"¿Cuánto **vale** un kilo de peras?"* **2.** Equivaler: *En matemáticas, dos cuartos **valen** lo mismo que un medio.* **3.** Ser válido, estar permitido: *No **valió** la salida de los corredores porque uno de ellos arrancó antes.* **4.** Ser útil: *Esos billetes de cien dólares no **valen** porque son de juguete.* **5.** Tener ciertas cualidades: *El filme **vale** mucho por el vestuario y la actuación de los actores principales, te recomiendo que lo veas.* **6.** Servirse de algo o de alguien, utilizar: *Desde que se rompió la pierna, mi amigo **se vale** de muletas para caminar.* SIN. **servir.**

valeriana *f.* Planta de flores rosas o blancas que crece en lugares húmedos y tiene usos medicinales.

valeroso, sa *adj.* Se dice de la persona que muestra valor. SIN. **valiente.**

valía *f.* Valor, cualidad de la persona o cosa que vale: *Reconocieron la **valía** de ese deportista otorgándole una medalla.*

validar *vb.* [tr.] Hacer válida alguna cosa: *Las autoridades **validaron** la rifa de un automóvil que organizó un canal de televisión.*

valido *m.* Persona que gozaba de la amistad de un rey o reina y ejercía gran influencia en el gobierno.

válido, da *adj.* Que tiene valor o fuerza legal: *Mi pasaporte es **válido** para viajar por todo el mundo.*

valiente *adj.* Que tiene valor, ánimo: *Enrique enfrentó la enfermedad de su esposa de una manera **valiente** pues siempre la ayudó y cuidó para que sanara.*

valiente *m. y f.* Persona con valor y ánimo: *Eli es un **valiente**, pues arriesgó su vida por salvar a la niña de un secuestrador.*

valija *f.* **1.** Utensilio para transportar objetos personales durante un viaje: *Como se iba de viaje por mucho tiempo, llevaba dos **valijas** llenas.* **2.** Saco de cuero donde se lleva el correo: *Llegó el cartero con la **valija** llena y entre todas las cartas estaba una para mí.*

valioso, sa *adj.* Que vale mucho o que tiene mucho valor: *Le dio un **valioso** anillo de brillantes para formalizar su compromiso de matrimonio.*

valla *f.* **1.** Cerca hecha de madera u otros materiales que pone límite a un lugar: *Pusieron una **valla** provisional para impedir que la gente se acercara a la estrella del filme.* **2.** Cartelera publicitaria.

vallar *vb.* [tr.] Cercar o delimitar con vallas: *Vallaron el terreno para que no escaparan las vacas.*

valle *m.* Llanura de terreno entre montañas: *Desde las alturas veíamos correr el río a través del **valle** que se formaba entre las dos montañas.*

valor *m.* **1.** Cualidad de una persona o cosa por la que merece ser apreciada: *Julieta tiene muchos **valores**, entre ellos la honestidad y la humildad.* **2.** Importancia: *Las palabras de aliento de mi maestra fueron de gran **valor** para mí.* **3.** Cualidad de quien afronta sin miedo los peligros: *Luis se lanzó con gran **valor** a* la piscina para salvar al niño. **4.** Precio de una cosa: *El* **valor** *de este diamante es muy alto.* **5.** Duración de una nota musical. **6.** pl. Conjunto de títulos o acciones bancarias: *Andrés su tiene dinero en efectivo pues todo lo tiene invertido en* **valores.**

valoración f. Evaluación, atribución de un valor: *Para ingresar a esa escuela, antes se debe hacer una* **valoración** *de conocimientos y otra psicológica.*

valorar vb. (tr.) **1.** Fijar el precio de una cosa: **Han valorado** *la casa en ochocientos mil pesos.* **2.** Apreciar el valor de alguien o algo: *La crítica* **valoró** *la obra de ese nuevo pintor.*

valquiria f. Cada una de ciertas divinidades de la mitología escandinava: *Las* **valquirias** *elegían a los héroes que debían morir en una batalla.*

vals m. Baile y música de origen austriaco, de ritmo vivo y rápido: *Uno de los compositores más famosos de* **valses** *fue Johann Strauss.*

valsear vb. (intr.) Bailar el vals: *Las parejas* **valsean** *por todo el salón de baile.*

valuación f. Valoración, evaluación: *Para que lo asciendan en el trabajo tiene que pasar por un estricto proceso de* **valuación** *para que sus jefes sepan si merece o no el ascenso.*

valuador, ra m. y f. Persona que evalúa joyas, propiedades, etc.: *Eduardo espera al* **valuador** *que le dirá el valor comercial del edificio que va a vender.*

valuar vb. irreg. (tr.) **Modelo 10.** Valorar, evaluar: *María no sabe el precio de unas joyas que desea vender, por eso las mandó* **valuar** *antes.*

valva f. Cada parte del caparazón de un molusco: *Las ostras tienen dos* **valvas** *que se abren y se cierran.*

válvula f. **1.** Especie de tapa usada para regular el paso de un fluido o un gas. **2.** Repliegue de algunos vasos para impedir el retroceso de sangre en sentido opuesto al de la corriente: *La* **válvula** *mitral en el corazón regula la corriente de sangre.*

vampiresa f. **Palabra de origen inglés.** Mujer frívola y sin sentimientos que enamora a los hombres para dañarlos y luego abandonarlos, en especial la que actúa en filmes de terror: *Esa* **vampiresa** *quiere ser novia de Renato, espero que él se dé cuenta de que la mujer lo va a dejar como a los demás después de quitarle todo su dinero.*

vampirizar vb. (tr.) **1.** Chupar la sangre como lo hacen los vampiros. **2.** Fam. Aprovecharse de alguien hasta debilitarlo de manera física o mental.

vampiro m. **1.** Murciélago insectívoro que chupa la sangre de las personas y animales dormidos: *Vi en la televisión cómo un* **vampiro** *chupaba la sangre de la pata de un burro.* **2.** Cadáver que, según la superstición, sale de su tumba para chupar la sangre de los seres humanos: *Entre los* **vampiros,** *el conde Drácula es el más conocido.*

vanadio m. Metal blanco de símbolo químico V y número atómico 23, usado para aumentar la resistencia del acero.

vanagloria f. Presunción o jactancia de una cualidad que uno tiene o se atribuye: *Germán es un vanidoso, todo lo que dice y hace es para su propia* **vanagloria.**

vanagloriarse vb. (prnl.) Jactarse, presumir, alabarse o mostrarse muy orgulloso de algo: *Al volver de la competencia internacional, el atleta* **se vanaglorió** *de todas las medallas que ganó.*

vandalismo m. Inclinación a destruir todo: *Al final de la fiesta los jóvenes rebeldes dejaron un rastro de* **vandalismo:** *sillas rotas, vidrios de botellas por todos lados, mesas puestas de cabeza...*

vándalo, la m. y f. **1.** De un pueblo bárbaro procedente de Escandinavia: *Los* **vándalos** *invadieron España en el siglo v.* **2.** Bárbaro, de espíritu destructivo: *El incendio del bosque fue provocado por un grupo de* **vándalos** *que desean destruir la naturaleza.* SIN. **gamberro.**

vanguardia f. **1.** Parte de un ejército que va delante del cuerpo principal: *Las tropas que marchaban a la* **vanguardia** *iban apoyadas por tanques.* **2.** Aquello que se anticipa a su propio tiempo: *Ese diario defiende ideas de* **vanguardia** *que no son conocidas ni apoyadas por mucha gente.*

vanguardismo m. Posición adelantada a su tiempo.

vanguardista adj./m. y f. Que abre nuevos caminos en el arte, la ciencia, etc.: *El escritor francés Paul Eluard perteneció a un movimiento* **vanguardista** *de principios del siglo xx llamado surrealismo.*

vanidad f. **1.** Calidad de vano: *Es una* **vanidad** *que te preocupes por tu aspecto físico cuando te esperan cosas más importantes, como ganar dinero para mantener a tu familia.* **2.** Orgullo inspirado en un alto concepto de los propios méritos: *La* **vanidad** *le impide aceptar las críticas de los demás.*

vanidoso, sa adj. Que se cree más inteligente y guapo que los demás: *Es un hombre* **vanidoso,** *siempre se está mirando en el espejo.* SIN. **presuntuoso, frívolo.**

vano m. Hueco de una pared. SIN. **nicho.**

vano, na adj. **1.** Falto de realidad, substancia o entidad: *Joel hace proyectos* **vanos** *que nunca llegan a realizarse.* **2.** Sin fundamento, sin razón. **3.** Presuntuoso, frívolo: *Es un hombre* **vano** *que sólo habla de sí mismo y de sus supuestos logros.* **4.** loc. **En ~,** de manera inútil, de manera ineficaz: **En vano** *intentó convencer a su padre de que la dejara ir al día de campo, el "no" fue definitivo.*

vapor m. **1.** Gas en que se transforma un líquido o un sólido al absorber calor: *El* **vapor** *del agua caliente en la ducha empañó los cristales de los vidrios del baño.* **2.** Embarcación que se mueve gracias al gas llamado vapor: *Para ir de la ciudad de Venecia a la estación de tren se toma un* **vapor.**

vaporización f. Hecho de aspirar el vapor que despide el agua hirviendo mezclada con alguna medicina, con fines curativos: *El médico me recomendó hacer* **vaporizaciones** *para curar la enfermedad respiratoria.*

vaporizador m. Aparato que expulsa algún líquido en gotas muy pequeñas: *Ese perfumero tiene un* **vaporizador** *con el que rocío el perfume en toda mi blusa.*

vaporizar vb. irreg. (tr. y prnl.) **Modelo 16. 1.** Convertir un líquido en vapor: *Cuando llueve y hace calor al mismo tiempo, el agua* **se vaporiza.** **2.** Dispersar en gotas muy pequeñas: **Vaporizó** *el desodorante ambiental en la casa para eliminar el olor de grasa que había quedado después de freír carne.*

vaporoso, sa adj. Ligero y muy fino o transparente: *Se puso un vestido de tela* **vaporosa** *para mantenerse fresca a pesar del calor.*

vapulear vb. (tr.) **1.** Golpear, azotar de manera repetida y violenta: *El león* **vapulea** *a su presa hasta que* muere, luego se la come. **2.** Reprender de manera dura. **3.** Humillar: *En el partido, el equipo de casa vapuleó al visitante con un espeluznante siete-cero.*

vaquería *f.* Lugar donde hay vacas o donde se vende su leche. Sin. **establo.**

vaquero, ra *adj.* Propio de los pastores de ganado bovino: *La jornada vaquera comienza muy temprano por la mañana.*

vaquero, ra *m.* y *f.* Pastor de ganado vacuno: *El vaquero vestía unos anchos pantalones de cuero y traía una soga para atrapar al toro.*

vaqueros *adj./m.* pl. Relativo al pantalón de tela de algodón o mezclilla, muy resistente: *Rosaura dijo que iba a una reunión informal, por eso se puso unos vaqueros y se fue a encontrarse con sus amigos.* Sin. **jeans.**

vaquetón, na *m.* y *f.* Méx. Fam. Persona floja, vaga o dejada: *Es un vaquetón que tiene 28 años y su familia todavía lo mantiene porque él no estudia, no trabaja ni ayuda a su madre con los quehaceres de la casa.*

vaquilla *f.* **1.** Res joven que es toreada por aficionados en festejos populares. **2.** Chile y Nicar. Ternera entre el año y medio y los dos años.

vaquillona *f.* Argent., Chile, Nicar., Perú y Urug. Ternera de dos a tres años.

váquiro *m.* Colomb. y Venez. Mamífero de América similar al jabalí, de pelo espeso. Sin. **pecarí.**

vara *f.* **1.** Rama delgada, larga y sin hojas: *Como podaron el árbol, el jardín está cubierto de varas y hojas secas.* **2.** Palo largo: *Mi bisabuelo me dijo que cuando él iba a la escuela, el maestro guardaba una vara para castigar a los alumnos que se portaran mal.*

varadero *m.* Lugar donde se ponen en seco las embarcaciones: *En el varadero pintan y arreglan las lanchas y los barcos.*

varado, da *adj.* Relativo a las embarcaciones que se quedan detenidas por bancos de arena o entre piedras: *El barco pesquero quedó varado entre las rocas y los hombres están luchando por sacarlo de ahí.*

varapalo *m.* **1.** Golpe dado con una vara o palo. **2.** Disgusto grande.

varar *vb.* {tr., intr. y prnl.} **1.** Sacar del mar a la playa una embarcación: *Vararon ese barco porque tienen que hacerle composturas.* **2.** Atorarse o encallar una embarcación: *Si no regresan antes de que la marea baje, la lancha se varará en el banco de arena.* **3.** Detenerse, inmovilizarse, atascarse: *Obtenía muy buenas calificaciones, pero de pronto se varó y empezó a reprobar exámenes.*

varear *vb.* {tr.} **1.** Golpear las ramas de ciertos árboles con una vara o palo para recolectar el fruto. **2.** Argent., Chile y Urug. Entrenar un caballo de competencia.

variabilidad *f.* Inestabilidad, hecho de ser inconstante, de cambiar con frecuencia: *En Escocia la variabilidad del clima es alta; en un momento hace viento, de pronto llueve, luego hace frío.*

variable *adj.* Que varía o es capaz de variar: *Tiene un carácter muy variable, por eso puede llorar de tristeza y dos minutos después reír como si ya no se acordara de su pena.*

variable *f.* Término indefinido que puede tomar distintos valores: *Para hacer tu investigación sobre la economía del país tienes que tomar en cuenta variables como el clima, la población y la salud.*

variación *f.* Hecho de variar o cambiar: *Si no hay variación en los planes, nos iremos de vacaciones en agosto.* Sin. **alteración.**

variante *f.* **1.** Cada una de las diferentes formas en que se presenta algo: *Esa canción tiene variantes, según se cante en una región o en otra.* **2.** Variedad o diferencia: *Preparó una variante del famoso postre de chocolate de su tía Gracia.* **3.** Desviación de un camino.

variar *vb. irreg.* {tr. e intr.} **Modelo 9. 1.** Hacer que una cosa sea diferente a como era antes: *Para variar, por qué no llegas tú a mi casa, siempre soy yo quien va a buscarte.* **2.** Dar variedad. **3.** Cambiar, ser diferente: *El agua varía según el estado en el que se encuentre: sólido, líquido o gaseoso.*

varice o **várice** *f.* Dilatación permanente de las venas, sobre todo de las piernas: *El doctor le recomendó usar unas medias ajustables para controlar las várices.*

varicela *f.* Enfermedad infecciosa que produce fiebre y erupciones en la piel: *Cuando a José le dio varicela, se la contagió a sus hermanos y amigos.*

variedad *f.* **1.** Calidad de vario, de distinto: *La variedad de tipos de sangre hace necesario un análisis antes de hacer una transfusión.* **2.** Cada una de las distintas clases de algo: *En ese mercado hay una variedad amplia de tipos de lechuga.* **3.** pl. Espectáculo compuesto por diversos números: *Ese programa de variedades presenta cantantes, bailarines, entrevistas y reportajes.*

varilla *f.* Barra larga y delgada: *Unas varillas metálicas mantienen abierto y extendido el paraguas.*

vario, ria *adj.* **1.** Diverso, diferente, variado: *Se compró varias camisas de distintos colores: azul, amarillo, negro, etc.* **2.** pl. Relativo a una cantidad indeterminada: —*¿Hace cuánto que no la ves?* —*Varios meses.*

varón *m.* **1.** Persona del sexo masculino: *Gerardo estudia en una escuela religiosa, nada más para varones.* **2.** Hombre de autoridad.

varonil *adj.* Propio del hombre: *Roberto tiene una agradable voz grave y varonil.*

varsoviano, na *adj./m.* y *f.* Originario de Varsovia, capital de Polonia, en Europa.

vasallaje *m.* **1.** Estado de la persona que está sometida a un señor. **2.** Fam. Sumisión humillante, obediencia excesiva: *Esa señora vive en una situación de vasallaje, su esposo no la deja hacer nada sin su autorización.*

vasallo, lla *m.* y *f.* **1.** Persona que está sujeta a un señor por un feudo: *En la Edad Media, los señores feudales tenían vasallos que trabajaban para ellos a cambio de protección.* **2.** Súbdito de un soberano: *El rey entró en el gran salón y sus vasallos se inclinaron para saludarlo.*

vascular *adj.* Relativo a los vasos sanguíneos de animales: *El sistema vascular es el que regula la circulación de la sangre por el organismo.*

vasectomía *f.* Operación quirúrgica para evitar que el varón tenga hijos: *Algunos hombres deciden hacerse la vasectomía cuando ya tienen el número de hijos que querían.*

vaselina *f.* Substancia lubricante extraída del petróleo: *Le gusta ponerse vaselina en el pelo y le queda muy brillante.*

vasija *f.* Recipiente para contener líquidos o alimentos: *Ese artesano hace y vende vasijas artesanales de barro.*

vaso *m.* **1.** Recipiente cóncavo y cilíndrico que sirve para beber. **2.** Conducto por donde circula un líquido orgánico: *Los vasos sanguíneos de los ancianos no son tan flexibles como los de los jóvenes.* **3.** loc. Fam. **Ahogarse en un ~ de agua,** preocuparse mucho por algo que no tiene importancia: *"No te ahogues en un vaso de agua, tu problema tiene una solución fácil y rápida", me indicó el médico.* **4.** loc. pl. **~ comunicantes,** vasos unidos por conductos que permiten el paso de un líquido de unos a otros.

vástago *m.* **1.** Rama tierna de una planta: *En la primavera, el rosal empieza a dar vástagos.* **2.** Hijo o descendiente: *Liliana llegó a la fiesta con sus tres vástagos, todos se parecen a ella.*

vasto, ta *adj.* Muy grande o extenso: *Desde lo alto de la montaña se aprecia el vasto valle.*

váter *m.* Palabra de origen inglés. Ver **water.**

vaticano, na *adj.* De Ciudad del Vaticano, dentro de Roma, en Italia: *Eliseo me envió una postal con un atardecer vaticano que compró afuera del palacio donde vive el Papa.*

vaticinar *vb.* {tr.} Adivinar, predecir: *Es fácil vaticinar que a Jorge le irá mal en el examen, no ha estudiado nada.*

vaticinio *m.* Predicción, profecía: *Muchas personas creen en los vaticinios de los adivinadores.*

vatio *m.* Unidad de potencia eléctrica: *Esa bombilla tiene una potencia de 40 vatios.* SIN. **watt.**

vecindad *f.* **1.** Calidad de vecino, de cercano: *La vecindad de esas casas permite que compartan el jardín.* **2.** Conjunto de personas que viven en un mismo edificio o barrio: *La falta de agua afecta a toda la vecindad.* **3.** *Méx.* Conjunto de viviendas populares con patio común: *Muchas viejas vecindades del centro de la ciudad se dañaron durante el último sismo.*

vecindario *m.* Conjunto de los vecinos de una población o de un barrio: *Los habitantes del vecindario se organizaron para cuidarse de los ladrones.*

vecino, na *adj.* Cercano: *La población vecina hacia el norte está a una hora de distancia.*

vecino, na *m.* y *f.* **1.** Persona que vive en la misma casa o barrio: *Mi familia tiene una relación respetuosa y distante con los vecinos.* **2.** Persona que tiene casa en una población: *Desde hace muchos años es vecino de esta ciudad.*

vector *m.* Segmento de recta en el que se distingue un origen y un extremo: *En la clase de física se estudian los vectores.*

veda *f.* **1.** Hecho de vedar, de prohibir. **2.** Tiempo en que está prohibido cazar o pescar: *Si se respeta la veda de pesca de algunas especies marinas, se las protege de una pronta extinción.*

vedar *vb.* {tr.} **1.** Prohibir: *Normalmente, en las tiendas se veda la entrada con alimentos.* **2.** Impedir: *Las autoridades quieren vedar la entrada de mascotas al parque cuando no traigan correa.*

vega *f.* Tierra baja fértil: *En las vegas del valle se producen las mejores legumbres.*

vegetación *f.* Conjunto de plantas de un área determinada: *En los bosques y las selvas hay muchas plantas, mucha vegetación.*

vegetal *adj.* Relativo a las plantas: *En la clase de biología estamos estudiando las especies del mundo vegetal, o sea, los distintos tipos de plantas.*

vegetal *m.* Ser orgánico que crece y vive, pero no cambia de lugar por impulso voluntario: *Los vegetales necesitan agua, luz y tierra para desarrollarse.*

vegetar *vb.* {intr. y prnl.} **1.** Crecer las plantas. **2.** Vivir alguien sin interés moral o intelectual: *Desde que se jubiló, el anciano está en su casa vegetando, sin hacer nada.*

vegetariano, na *adj.* Relativo a las verduras, a los vegetales: *El doctor le recetó un régimen vegetariano para limpiarse de las toxinas animales que le estaban haciendo mucho daño.*

vegetariano, na *m.* y *f.* Persona que se alimenta de forma exclusiva de alimentos de origen vegetal: *Mi hermana es vegetariana porque dice que matar a los animales es una crueldad.*

vegetativo, va *adj.* Que realiza funciones vitales, excepto las reproductoras.

vehemencia *f.* Impulso o ímpetu intenso: *Javier tiene una gran vehemencia, por eso se emociona tanto cuando habla de música, que es su interés principal en la vida.* SIN. **pasión.**

vehemente *adj.* Que obra con ímpetu o de manera impulsiva: *El abogado hizo una defensa vehemente y fiel de su cliente, hasta que lo declararon inocente.*

vehicular *adj.* Relacionado con los vehículos: *En ese taller se ocupan del mantenimiento vehicular de los policías.*

vehículo *m.* **1.** Medio de transporte terrestre, aéreo o acuático: *El avión, el tren y el automóvil son vehículos modernos; las carretas se usaron más en siglos pasados.* **2.** Aquello que sirve de transmisor o conductor de algo: *La bruja dice que ella es el vehículo a través del cual se manifiestan los espíritus.*

veinte *adj.* **1.** Dos veces diez. **2.** Vigésimo.

veinte *m.* Número que resulta de sumar diecinueve y uno.

veintena *f.* Veinte de algo: *A la fiesta asistió una veintena de niños con sus mamás.*

vejación *f.* Humillación, maltrato: *En los Estados Unidos de Norteamérica, la raza negra ha sido objeto de muchas vejaciones por parte de los blancos.*

vejar *vb.* {tr.} Maltratar o molestar humillando: *El jefe vejó a la secretaria cuando le dijo que era una tonta.*

vejestorio *m.* Desp. Persona muy vieja: *Mi abuela se refiere a sus amigas como "las muchachas", pero en realidad todas son unos vejestorios.*

vejez *f.* **1.** Calidad de viejo: *Mi bisabuelo murió de vejez, tenía noventa y ocho años.* **2.** Último periodo de la vida humana: *Ahora se refieren a la vejez como la tercera edad; la primera es la infancia y la segunda es la edad adulta.*

vejiga *f.* Receptáculo abdominal en el que se acumula la orina: *Como había tomado muchos líquidos y no había orinado, sentía la vejiga inflamada.*

vela *f.* **1.** Cilindro de cera con pabilo que puede encenderse e iluminar un lugar. **2.** Lona fuerte que sirve para impulsar una embarcación por la acción del viento: *Las velas se rasgaron por la fuerza de la tormenta y el barco se movía tanto que parecía que iba a hundirse.* **3.** loc. **En ~,** quedarse despierto por la noche: *Se pasaron la noche en vela estudiando para el examen del día siguiente.*

velación f. Acción de pasar la noche acompañando a un muerto: *Se pasaron la noche en la velación del difunto.*

velada f. Reunión nocturna: *Pasamos una velada muy divertida en casa de Clicerio, sólo que hoy me desperté tarde porque me acosté en la madrugada.*

velado, da adj. **1.** Cubierto con un velo: *Las novicias que profesarán como monjas entraron veladas a la iglesia como si fueran novias.* **2.** Indirecto: *Me hizo una insinuación velada de que quería invitarse a comer a mi casa.* **3.** Fotografía borrada: *No pudo mostrarnos las fotografías de su viaje porque salieron veladas.*

velador m. **1.** *Amér. Merid.* Mesa de noche: *Puso en el velador una lámpara que le permite leer cuando ya está acostada.* SIN. buró, mesa de luz. **2.** *Argent.* Lámpara que suele colocarse en la mesilla de noche.

velador, ra m. y f. *Méx.* Vigilante nocturno de un edificio: *El velador de esas oficinas trabaja desde las diez de la noche hasta las seis de la mañana.* SIN. celador.

veladora f. **1.** *Urug.* Lámpara que suele colocarse en la mesilla de noche. **2.** *Méx.* Vela gruesa y corta que se prende ante un santo por devoción: *En la iglesia encendió una veladora por el alma de su tío recién fallecido.*

velamen o **velaje** m. Conjunto de las velas de una embarcación: *Como no había viento, el capitán ordenó bajar el velamen del barco.*

velar adj. **1.** Relativo al velo del paladar: *Con el golpe se hizo una herida en la región velar, por eso no puede hablar bien.* **2.** Relativo al sonido cuyo punto de articulación es el velo del paladar, como el que representan *u* y *k*.

velar vb. {tr. e intr.} **1.** Asistir de noche a un enfermo o pasar la noche con un difunto: *En algunos lugares se acostumbra velar al difunto toda la noche.* **2.** Permanecer despierto por la noche: *Se quedó velando anoche porque tenía un examen difícil hoy.*

velar vb. {tr. e intr.} **1.** Cubrir con un velo: *La lámpara tiene una bombilla demasiado intensa; habría que velarla un poco.* **2.** Borrarse una imagen fotográfica: *Abrió la cámara con el rollo puesto y se velaron varias fotos.*

velatorio m. Acto y lugar donde se vela a un difunto: *Cuando alguien muere, una agencia funeraria recoge el cuerpo y lo lleva a un velatorio, de donde sale al cementerio.*

veleidad f. Naturaleza inconstante y caprichosa.

velero m. Buque de vela.

veleta f. **1.** Pieza giratoria que indica la dirección del viento: *Sobre el edificio hay una veleta en forma de flecha que señala hacia dónde sopla el viento.* **2.** Persona inconstante: *Ayer dijo que lo odiaba, hoy, que lo ama; es una veleta.*

veliz o **velís** m. *Méx.* Maleta de mano de cuero o de metal: *Cargó sus velices y se fue de la casa.*

vello m. **1.** Pelo corto y suave que cubre algunas partes del cuerpo humano: *Juan tiene tanto vello, que para los cinco de la tarde ya le creció la barba a pesar de que se afeita por la mañana.* **2.** Pelusa de algunas frutas y plantas, como el durazno o melocotón.

velo m. **1.** Tejido muy fino y transparente: *Para la ceremonia de boda, algunas novias se ponen un velo que le cubre la cara.* **2.** loc. ~ del paladar, especie de cortina muscular que separa la boca de la faringe.

velocidad f. **1.** Magnitud física que representa el espacio recorrido en una unidad de tiempo: *En clase de física resuelven problemas en los que calculan la velocidad de un automóvil, si se conocen la distancia y el tiempo recorridos.* **2.** Ligereza o prontitud en el movimiento: *Caminó a gran velocidad porque le urgía ir al baño.* **3.** Cada una de las combinaciones de engranaje de un motor de automóvil: *Los automóviles automáticos son más fáciles de manejar que los que tienen velocidades.*

velocípedo m. Vehículo con dos o tres ruedas que constituyó el origen de la bicicleta.

velódromo m. Pista para determinadas carreras de bicicleta: *La competencia ciclista de velocidad se llevó a cabo en el velódromo.*

velorio m. **1.** Sesión nocturna en la que se vela a un difunto: *Anoche estuve en el velorio del papá de una amiga, ella está muy triste.* **2.** Acto y lugar donde se vela a un difunto.

veloz adj. Que se mueve o puede moverse con rapidez: *Pese a ser más veloz que la tortuga, la liebre de la fábula perdió la carrera por haberse confiado.*

vena f. **1.** Vaso que conduce la sangre o la linfa al corazón. **2.** Filón de roca o de una masa mineral encajado en una roca de distinta naturaleza: *En la mina acaban de descubrir una importante vena de oro.* **3.** Nervio de la hoja de las plantas: *Por las venas de las hojas fluye la savia, que es como la sangre de las plantas.*

venado m. Rumiante de hasta 1.50 m de altura que vive en manadas en los bosques de Europa, Asia y América: *En el zoológico había dos venados adultos con su cría.* SIN. ciervo, gamo.

vencedor, ra m. y f. Persona que vence o gana: *El vencedor de la carrera de cien metros planos fue un corredor de Canadá.*

vencejo m. Ave parecida a la golondrina, pero de alas más estrechas y cola más corta: *El vencejo caza insectos durante su rápido vuelo.*

vencer vb. irreg. {tr., intr. y prnl.} Modelo 40. **1.** Derrotar al enemigo: *El ejército del país vencerá a las fuerzas extranjeras que quieren apoderarse de la ciudad.* **2.** Resultar el primero en una competencia: *El chino venció a los otros clavadistas y ganó la medalla de oro.* **3.** Producir su efecto en uno aquello a lo que es difícil resistir: *Como llevaba varios días durmiendo mal, anoche finalmente lo venció el sueño a las seis de la tarde.* **4.** Dominar las pasiones: *Evaristo logró vencer su timidez y habló en público.* **5.** Terminar un plazo: *Antes de que se venciera el plazo, logró terminar el cuento para el concurso.*

vencible adj. Que puede derrotarse: *No te preocupes, ese jugador es vencible, así que tienes posibilidades de ganar.* ANT. invencible.

vencido, da adj. Que ha sido derrotado: *El boxeador estaba tan golpeado que su entrenador decidió darlo por vencido para que no tuviera que seguir peleando.*

vencimiento m. Cumplimiento de un plazo: *Tiene que pagar el alquiler al vencimiento del mes.*

venda f. Tira de tela o gasa que sirve para cubrir heridas: *Su mamá le lavó y curó la rodilla golpeada y después se la cubrió con una venda.*

vendaje m. Conjunto de vendas: *Las antiguas momias egipcias eran envueltas con un complicado vendaje.*

vendar vb. {tr.} Poner una venda: *Vendé mi pierna porque me la lastimé cuando jugaba fútbol.*

vendaval *m.* Viento fuerte: *Las hojas de las palmeras casi llegaban al suelo, azotadas por el* **vendaval.**

vendedor, ra *m.* y *f.* Persona que vende o tiene por oficio vender: *El* **vendedor** *me convenció de que esa aspiradora era una gran compra. ¡Ahora me doy cuenta de que en realidad no me hacía falta!*

vender *vb.* (tr. y prnl.) *1.* Ceder a otro algo a un determinado precio. *2.* Dejarse sobornar o corromper: *Ese juez* **se vendió** *a los narcotraficantes.*

vendido, da *adj.* *1.* Lo que ha pasado a manos de otro propietario, después de un pago monetario: *Me gustó un cuadro de la exposición, pero ya estaba* **vendido.** *2.* Corrupto: *Ese mal equipo ganó porque el árbitro estaba* **vendido.**

vendimia *f.* Recolección de la uva y tiempo en que se efectúa: *Durante la* **vendimia,** *mucha gente llega a trabajar en los campos sembrados de vides.*

veneno *m.* Substancia que, introducida en el cuerpo, ocasiona la muerte o graves trastornos: *Está probado que la nicotina es* **veneno** *para los pulmones.*

venenoso, sa *adj.* Que tiene una substancia que causa la muerte o graves trastornos: *Los frascos con substancias* **venenosas** *están marcados con una calavera.*

venerable *adj.* Digno de veneración, de respeto.

veneración *f.* Devoción, adoración: *Quedó muy triste después de la muerte de su madre adoptiva, porque sentía* **veneración** *por ella.*

venerar *vb.* (tr.) *1.* Sentir y mostrar respeto y devoción por alguien. *2.* Dar culto a Dios, a los santos o a las cosas sagradas: *En varias iglesias de América Latina* **se veneran** *imágenes del arcángel Miguel, quien simboliza la defensa de la fe cristiana.*

venéreo, a *adj.* *1.* Relativo al placer o al acto sexual. *2.* Relativo a las enfermedades infecciosas contraídas por vía sexual: *La sífilis es una enfermedad* **venérea** *para la que no había cura en el siglo* XIX.

venezolano; na *adj./m.* y *f.* Originario de Venezuela, país de América del Sur: *El ron* **venezolano** *tiene fama de ser bueno y sabroso.*

venganza *f.* Hecho de dar respuesta a un agravio o daño: *El deseo de* **venganza** *envenena el alma de las personas que lo sienten.*

vengar *vb. irreg.* (tr. y prnl.) **Modelo 17.** Dar respuesta a un agravio o daño.

vengativo, va *adj.* Que se venga: *Es mejor no tener problemas con ese señor, porque es muy* **vengativo.**

venia *f.* Permiso, licencia: *"Con su* **venia,** *saldré a descubrir nuevas tierras para el reino", dijo el caballero a la soberana.*

venial *adj.* Que de manera leve es contrario a la ley o precepto: *Lo que hiciste es una falta* **venial** *que no afectará a nadie, pero es mejor que no lo hagas otra vez.*

venidero, ra *adj.* Que está por venir o suceder, futuro: *En los años* **venideros** *creceré y me convertiré en modelo profesional, dijo la niña de 14 años.*

venir *vb. irreg.* (intr. y prnl.) **Modelo 49.** *1.* Moverse, trasladarse de allá para acá: *Si le dices* **"ven"** *a mi perra, obedece y viene a sentarse a mis pies.* *2.* Estar próximo en el tiempo: *El año que* **viene** *vamos a hacer un viaje a Alaska.* *3.* Tener su origen: *El cabello rizado de Julio le* **viene** *de familia.* SIN. **proceder.** *4.* Llegar al sitio donde está quien habla: **Vinieron** *a visitarnos al campo mis primos de la ciudad.* *5.* Seguir inmediatamente

una cosa de otra: *Después del capítulo uno del libro* **vendrá** *el capítulo dos y después, el tres.* *6.* Suceder, ocurrir: *Después de que abandonó la escuela le* **vinieron** *grandes dificultades como trabajos donde la trataban mal o le pagaban poco, deudas que no podía pagar, etcétera.* *7.* Ajustarse, acomodarse bien o mal: *Ese pantalón te* **viene** *muy bien, no dudes en comprarlo.* *8.* Estar, hallarse, encontrarse: *¿Ya viste la fotografía de Amalia que* **viene** *en el diario?*

venta *f.* *1.* Hecho de vender: *Después de mucho negociar, el vendedor logró la* **venta** *del edificio.* *2.* Cantidad de cosas que se venden: *En diciembre hay buenas* **ventas** *de juguetes.* *3.* Posada: *El autobús se detuvo en una* **venta** *donde los viajeros pudieron comer y descansar un poco.*

ventaja *f.* *1.* Hecho de ir o estar delante de otro en una actividad: *Con respecto a los demás aspirantes a ese trabajo, él tiene la* **ventaja** *de saber inglés y alemán.* *2.* Provecho, utilidad: *Vendió la bicicleta que había comprado hace seis meses con una* **ventaja** *del 10 por ciento: le costó 1000 pesos y la vendió en 1100.*

ventajear *vb.* (tr.) *Argent., Colomb., Guat. y Urug.* Obtener ventaja de alguien mediante procedimientos no correctos.

ventajoso, sa *adj.* Que representa un beneficio, una ventaja: *Le propusieron una compra muy* **ventajosa,** *dos pantalones por el precio de uno.*

ventana *f.* *1.* Abertura hecha en la pared, para dar luz y ventilación: *Como se levanta tarde, cubrió las* **ventanas** *con gruesas cortinas que no dejan entrar la luz.* *2.* Hoja con que se cierra la abertura en la pared llamada ventana: *Después de levantarme, siempre abro las* **ventanas** *para airear la habitación.*

ventanal *m.* Ventana grande, desde el techo hasta el piso: *En su oficina del piso veinte, desde sus grandes* **ventanales** *tiene una hermosa vista de la ciudad.*

ventilación *f.* Aire en circulación: *Siento que me ahogo en este cuarto porque no tiene* **ventilación.**

ventilador *m.* Aparato que tiene un eje con aspas, que sirve para ventilar o hacer circular el aire: *En esa región cálida se usan los* **ventiladores** *pegados al techo.*

ventilar *vb.* (tr. y prnl.) *1.* Exponer al viento: *Colgué la ropa en el patio para que se* **ventile.** *2.* Renovar el aire de un lugar: *Por las mañanas es bueno* **ventilar** *las habitaciones para que se vayan los olores nocturnos.* *3. Fam.* Hacer que la gente conozca un asunto privado: *Nina* **ventila** *sus problemas matrimoniales, por eso todos los vecinos saben lo que ocurre en su vida privada.*

ventisca *f.* Borrasca o tempestad de viento y nieve: *Durante la última* **ventisca** *en esa zona canadiense, se cayeron varios postes de luz y de teléfono.*

ventisquero *m.* *1.* Parte del monte más expuesta a las ventiscas. *2.* Masa de nieve o hielo que hay en ese lugar.

ventosa *f.* *1.* Objeto cóncavo de caucho o hule que, al ser apretado contra una superficie, queda adherido a ella: *El gancho del que se cuelga el trapo de la cocina, se pega a la pared con una* **ventosa.** *2.* Órgano de fijación y succión de algunos animales, como el pulpo: *En lugar de comerlo, el niño contaba las* **ventosas** *del pulpo que tenía en el plato.*

ventosear *vb.* (intr.) Expulsar gases intestinales por el ano.

ventosidad f. Gas intestinal expulsado por el ano: *Ya puedes acostar al bebé, no eructó, pero ya expulsó* **ventosidades**. SIN. **flato, pedo.**

ventrículo m. Cada una de las dos cavidades del corazón que recibe sangre de las aurículas: *El corazón tiene dos aurículas y dos* **ventrículos**.

ventrílocuo, cua m. y f. Persona que puede hablar sin mover los labios y los músculos faciales, de manera que parezca que es otra persona o muñeco el que habla: *Es un* **ventrílocuo** *tan bueno, que puede hacer que su muñeco hable mientras él toma agua.*

ventrudo, da adj. Que tiene el vientre muy abultado: *Ya deberías dejar de comer pan y grasas, mira cómo te has vuelto* **ventrudo**. SIN. **panzón.**

ventura f. **1.** Felicidad: *Los invitados desearon todo tipo de* **venturas** *a los recién casados.* **2.** Suerte: *Su padre le deseó a Julián buena* **ventura** *en los estudios que comenzaba.* **3.** Casualidad: *Si por* **ventura** *llegas a ver a Laura en la escuela, salúdala de mi parte.*

venturoso, sa adj. Dichoso, afortunado, que causa felicidad: *Nunca olvidará aquel* **venturoso** *día en que su hijo se recuperó de la horrible enfermedad que lo atacaba.*

ver m. **1.** Sentido de la vista: *Para algunas personas,* **ver** *es más importante que oír.* **2.** Aspecto, apariencia: *Es una joven de buen* **ver**, *bien vestida y arreglada.*

ver vb. irreg. {tr. y prnl.} Modelo 31. **1.** Percibir mediante el sentido de la vista: *Mi abuelo está anciano y no* **ve** *bien de lejos.* **2.** Observar, examinar: *En clase de biología* **vimos** *unas bacterias a través del microscopio.* **3.** Comprender, entender, darse cuenta de algo: *Genaro no quiere* **ver** *que su esposa lo engaña con otro hombre.* **4.** Considerar, juzgar: *Quiero* **ver** *a mi tía Angélica, hace mucho que no sé de ella.* **6.** Hallarse en determinada situación: *Sin quererlo, de pronto* **se vio** *envuelto en una situación difícil en el trabajo.* **7.** Someterse a control por parte de un técnico o especialista: *Es importante que lo* **vea** *el médico, porque no es normal que todos los días sienta dolor de cabeza y mareos.*

vera f. **1.** Orilla de un mar, río, etc. **2.** loc. **A la ~,** bajo la protección: *Joaquín vivió la infancia* **a la vera** *de su padrino desde que murieron sus padres.*

veranear vb. {intr.} Pasar el verano de vacaciones: *Nos vamos a* **veranear** *a Río de Janeiro, donde tenemos familia.*

veraneo. De ~, loc. De vacaciones, de paseo: *La familia rica se fue* **de veraneo** *al Medio Oriente.*

veraniego, ga adj. Relacionado con el verano: *Se fue a comprar ropa* **veraniega** *para sus vacaciones en la playa.*

verano m. Estación del año entre la primavera y el otoño: *En* **verano** *hace mucho calor, por eso la gente busca pasar las vacaciones en las playas.* SIN. **estío.**

veras. De ~, loc. Verdad en aquello que se dice o hace: *¿De* **veras** *vamos a ir al cine hoy por la tarde?*

veraz adj. Que dice la verdad: *La información que dio ese diario con respecto a la visita del Papa fue* **veraz**; *en cambio, los de la radio inventaron todo.*

verbal adj. **1.** Relativo a la palabra: *Pedro tiene una expresión* **verbal** *muy buena porque le gusta mucho leer.* **2.** Relativo al verbo: *En clase de lengua española estudiamos modos* **verbales** *como el indicativo y el impera-*

tivo. **3.** Que se hace de palabra y no por escrito: *Me dijo de manera* **verbal** *que el libro estaba aprobado, falta que me lo diga por escrito.*

verbena f. Fiesta popular nocturna: *El día del triunfo del candidato, se organizó una* **verbena** *popular en la plaza que duró hasta altas horas de la madrugada.*

verbigracia adv. Por ejemplo: *No le gusta comer verduras,* **verbigracia** *las espinacas.*

verbo m. **1.** Palabra: *Ese sacerdote dice que desea dar a conocer el* **verbo** *divino.* **2.** Categoría lingüística que expresa dentro de la oración la acción o estado del sujeto: *Correr es un* **verbo** *escrito en modo infinitivo.*

verborrea f. Fam. Tendencia a utilizar más palabras de las necesarias: *A Laura le gusta usar* **verborrea** *cuando habla porque dice que quiere ser política cuando crezca.*

verdad f. **1.** Principio aceptado como cierto: *Una* **verdad** *es que la Tierra es redonda.* **2.** Conformidad entre lo que se dice y lo que se piensa: *Es* **verdad** *que Miguel salió de casa ayer, yo lo vi en el cine.* **3.** Existencia real de una cosa: *La historia que representan en ese filme es* **verdad**, *realmente sucedió.*

verdadero, ra adj. **1.** Que es o contiene verdad: *La razón que dio por haber llegado tarde es* **verdadera**, *en la calle ocurrió un accidente y los automóviles estuvieron detenidos durante una hora.* **2.** Real, verídico: *Esa historia se basa en una historia* **verdadera**. **3.** Sincero, veraz: *Siente* **verdadero** *amor por su perro, no sabes cómo sufrió cuando estuvo perdido y qué felicidad le dio cuando el animal regresó.*

verde adj. **1.** De color verde: *Compré una blusa* **verde** *chillante y ya me arrepentí, porque voy a parecer un loro.* **2.** Relativo a la fruta que no está madura: *No te comas esa manzana, todavía está* **verde**.

verde m. **1.** Color que resulta de combinar el amarillo y el azul: *El color predominante de las plantas es el* **verde**. **2.** pl. Movimientos ecologistas y sus miembros: *Los* **verdes** *se preocupan mucho por la limpieza y conservación del medio ambiente.*

verdear vb. {intr. y prnl.} Empezar a brotar plantas en los campos o cubrirse los árboles de tallos y hojas: *En primavera, el paisaje* **verdea** *y después las flores empiezan a aparecer.*

verderón m. Ave cantora de plumaje verde olivo, de 15 cm de longitud: *Los* **verderones** *son comunes en los jardines y bosques de Europa.*

verdín m. Moho que se encuentra en el agua dulce, en las paredes, en los lugares húmedos y en la corteza de los frutos cuando se pudren.

verdolaga f. Planta de hojas carnosas comestibles y flores amarillentas o rojas: *Las* **verdolagas** *son comestibles y se pueden preparar en guisos con carne.*

verdor m. Color verde vivo de las plantas: *¡Mira todo ese* **verdor**! *¿No es un bosque maravilloso?*

verdoso, sa adj. De color que se acerca al verde o que tiene algo de verde: *Tiene los ojos claros, más bien* **verdosos**, *y la tez un poco morena.*

verdugo m. **1.** Tallo verde o brote de un árbol. **2.** Funcionario de justicia que ejecuta las penas de muerte: *Durante la Revolución Francesa, el* **verdugo** *era el encargado de accionar la guillotina; ahora es un médico que pone la inyección mortal a los condenados.*

verdugón m. Roncha o señal que dejan en el cuerpo los azotes: *En el filme, la heroína, una esclava negra, es* castigada con latigazos y después se le ven los **verdugones** marcados en la espalda.

verdulera f. Fam. Mujer ordinaria: Dice groserías como si fuera una **verdulera**.

verdulería f. Tienda o puesto donde se venden verduras, hortalizas, frutas, etc.

verdulero, ra m. y f. Persona que vende verduras: Después de pasar con el **verdulero**, quiero ir con la frutera a comprar peras.

verdura f. Vegetales de color verde: En la parte de atrás de la casa, mi madre cultiva **verduras** como lechugas, tomates, espinacas y cebollas.

vereda f. **1.** Camino angosto: Por esa **vereda** puedes llegar al río. SIN. **senda, sendero, trillo, huella. 2.** Amér. Merid. y Cuba. Lugar reservado para el tránsito de peatones. SIN. **acera.**

veredicto m. Fallo pronunciado por un jurado: En la sala de la Corte, todos esperaban el **veredicto** del jurado y cuando se supo, saltaban de gusto porque declararon inocente a Romualdo.

verga f. **1.** Palo colocado en un mástil para asegurar la vela. **2.** Vulg. Pene del hombre.

vergel m. Huerto con flores y árboles frutales: Vive en medio de un **vergel** entre naranjos, limoneros y otras plantas.

vergonzoso, sa adj. **1.** Que causa vergüenza: La maestra le dijo a Pedro que engañar a la gente es **vergonzoso. 2.** Propenso a sentir vergüenza: Maura es **vergonzosa**, por eso no usa vestidos cortos. SIN. **penoso.**

vergüenza f. **1.** Sentimiento ocasionado por alguna falta cometida o por el temor a la humillación: Como estaba de visita, le dio mucha **vergüenza** que se le cayera el guiso en el mantel. **2.** Timidez: A Federico le da mucha **vergüenza** hablar en público. SIN. **pena. 3.** Fam. pl. Órganos genitales: Una ola le arrancó la tanga, por lo que salió del mar tapándose las **vergüenzas** con las manos.

vericueto m. **1.** Lugar o paraje alto e inclinado. **2.** Complicaciones, obstáculos: Para llegar a ocupar ese puesto, tuvo que pasar por muchos **vericuetos** y dificultades.

verídico, ca adj. **1.** Que dice o incluye verdad: El testigo juró que lo que iba a declarar era **verídico. 2.** Auténtico, real: Vi un reportaje **verídico** sobre una avalancha de nieve que sepultó un pueblo en la montaña.

verificación f. Acción de verificar: En la embajada sometieron los documentos a **verificación**, para asegurarse de que eran auténticos.

verificar vb. irreg. (tr.) **Modelo 17. 1.** Probar que es verdadero algo de lo que se dudaba: El policía dijo que **verificaría** las acusaciones en contra de esa persona antes de llevarla a la cárcel. **2.** Comprobar la verdad de algo que ya se sabía: Hay que **verificar** esas sumas antes de entregarlas a la maestra, para evitar cualquier error.

verija f. Amér. C. y Amér. Merid. Lugar entre las costillas y el hueso de la cadera. SIN. **ijada.**

verja f. Enrejado que se emplea como puerta, ventana o cerca: La **verja** de entrada a la casa está pintada de color marrón.

vermú o **vermut** m. Licor compuesto de vino blanco, ajenjo y otras substancias.

vernáculo, la adj. Se dice de lo que es originario del país de que se trata: No tendrá problemas durante su viaje, porque habla la lengua **vernácula** del país al que va.

sverosímil adj. Que parece verdadero o puede ser creíble: Contó la historia de una manera tan **verosímil**, que todos pensamos que era real; después nos confesó que la había inventado. ANT. **inverosímil.**

verosimilitud f. Calidad de lo que es verdadero, creíble: La **verosimilitud** es una cualidad apreciada en la literatura.

verraco m. Cerdo que se utiliza para que preñe o embarace a las cerdas.

verruga f. Abultamiento rugoso que sale en la piel: Tenía una **verruga** cerca del ojo y fue al médico para que se la quitara.

versado, da adj. Conocedor a fondo de alguna materia: Maruja es una persona **versada** en la lengua griega, le gusta mucho y la ha estudiado durante diez años.

versar vb. (intr.) Tener como asunto o tema la materia que se expresa: El curso que dará el profesor de literatura **versará** sobre la novela latinoamericana.

versátil adj. **1.** Que cambia con facilidad de gustos, opiniones o sentimientos. SIN. **voluble. 2.** Méx. Artista que domina varias artes como la danza, el canto, la actuación, etc.: El artista español Pablo Picasso fue **versátil**, dominaba la pintura, la escultura y la cerámica.

versatilidad f. Capacidad de presentar distintos aspectos: Como funcionario posee gran **versatilidad**, es administrador, político y jefe.

versículo m. **1.** Cada una de las divisiones breves de un capítulo de la Biblia y de otros libros sagrados. **2.** Cada uno de los versos de un poema sin rima ni metro fijo y determinado.

versificación f. Arte de hacer versos: Dominar la **versificación** no es igual a ser poeta.

versificar vb. irreg. (tr. e intr.) **Modelo 17. 1.** Poner en verso un escrito que estaba en prosa: Como ejercicio literario, le pidieron **versificar** el cuento que estaba en prosa. **2.** Componer versos.

versión f. **1.** Traducción de un texto: Le pidieron hacer una **versión** al castellano de una novela de éxito en Inglaterra. **2.** Interpretación particular de un hecho: El fiscal le pidió al testigo su **versión** de los hechos. **3.** Adaptación de una obra musical, teatral, etc.: Acaban de hacer en teatro una **versión** musical de un viejo filme.

verso m. Conjunto de palabras combinadas según ciertas reglas, y sujetas a un ritmo: La obra teatral Don Juan Tenorio, del escritor José Zorrilla, está escrita en **verso.**

versus prep. Por oposición a, frente a.

vértebra f. Cada uno de los huesos de la columna vertebral: Mi abuela tiene un problema entre dos **vértebras** de la región de la cintura, por eso no puede caminar.

vertebrado, da adj. Relativo al animal provisto de columna vertebral: Los humanos somos animales **vertebrados.**

vertebral adj. **1.** Relativo a las vértebras: El médico me dijo que el dolor que siento en la espalda se debe a un problema **vertebral. 2.** loc. **Columna ~**, conjunto óseo formado por una serie de vértebras articuladas entre sí.

vertebrar vb. (tr.) Articular una cosa con otra, por lo general en un todo: En lugar de **vertebrar** con lógica su redacción, presentó un texto que no tenía ni pies ni cabeza.

verter vb. irreg. (tr., intr. y prnl.) **Modelo 24. 1.** Vaciar un líquido fuera del recipiente que lo contiene: El ga-

VER

lán *vertió* vino en la copa de su amada y se la dio a beber. **2.** Desembocar una corriente de agua en otra, o en el mar: *El gran río Amazonas* **vierte** *sus aguas en el Océano Atlántico.*

vertical *adj.* Lo que sigue una línea perpendicular al horizonte: *En el triángulo rectángulo, uno de sus lados es* **vertical** *con respecto al otro, y el tercer lado es diagonal.*

vertical *f.* Perpendicular al horizonte o al plano horizontal: *El pobre hombre perdió la* **vertical** *y cayó al suelo.*

vértice *m.* Punto en que concurren los dos lados de un ángulo o las aristas de tres o más planos de un poliedro: *Los dos lados de un ángulo se unen en un punto que se llama* **vértice.**

verticilo *m.* Conjunto de hojas, flores o ramas dispuestas en un mismo plano alrededor del tallo.

vertiente *f.* Modo de presentarse una cosa entre varias posibles: *El problema del transporte en la ciudad tiene al menos dos* **vertientes,** *la de los usuarios y la de los transportistas.*

vertiente *m.* y *f.* Pendiente o declive por donde corre el agua: *Los turistas se detuvieron a beber agua en una* **vertiente** *y después continuaron su camino.*

vertiginoso, sa *adj.* **1.** Relativo al vértigo o a lo que lo causa: *Las alturas me provocan una desagradable sensación* **vertiginosa.** **2.** Rápido, veloz: *Al tirarse con paracaídas de un avión, se siente que la caída es* **vertiginosa.**

vértigo *m.* Sensación de falta de equilibrio en el espacio: *Cuando se asomó desde el piso 20 del edificio sintió* **vértigo** *y mareo.*

vesícula *f.* **1.** Ampolla pequeña de la epidermis: *Le salió una* **vesícula** *donde se quemó con aceite hirviendo.* Sin. **ampolla. 2.** Órgano en forma de saco que contiene líquido.

vespertino, na *adj.* Relativo a la tarde: *Como no alcanzó lugar en el turno matutino en la universidad, tomó el* **vespertino:** *va a clases de las 3 a las 8 p.m.*

vestíbulo *m.* **1.** Lugar dentro de un edificio que se encuentra cercano a la puerta de entrada: *La puerta del hotel lujoso se abre hacia un gran* **vestíbulo,** *rodeado de columnas de mármol.* **2.** Cavidad central del oído interno de los vertebrados.

vestido *m.* **1.** Conjunto de piezas que sirven para cubrir el cuerpo: *Esa familia lleva todos sus* **vestidos** *en varias maletas.* Sin. **ropa, vestuario. 2.** Traje femenino de una sola pieza: *A Emma no le gustan los pantalones, siempre usa* **vestido.**

vestidor *m.* Lugar para vestirse: *Dentro de la habitación hay un* **vestidor** *donde guardo toda mi ropa.* Sin. **vestuario.**

vestigio *m.* **1.** Señal o memoria que queda de algo: *Desapareció de su casa y de su trabajo, sin dejar* **vestigios.** **2.** Indicio, seña por donde se sigue una averiguación: *El único* **vestigio** *del criminal es un trozo de tela roja.*

vestimenta *f.* Vestido, ropa: *La moda de la* **vestimenta** *cambia según la época, la ropa que usamos ahora es muy diferente a la que usaban hace algunos años*

vestir *vb. irreg.* [tr., intr. y prnl.] **Modelo 47. 1.** Cubrir el cuerpo con un vestido: *Como todavía es muy pequeña, su mamá la* **viste** *porque ella no puede hacerlo sola.* **2.** Cubrir, adornar: *Vistió la mesa con un mantel de*

dibujos navideños. **3.** Llevar tal o cual vestido: *Se* **viste** *con la ropa más cara que encuentra en las tiendas.*

vestuario *m.* **1.** Conjunto de vestidos: *Los actores de la obra de teatro guardan el* **vestuario** *en varios cajones grandes.* **2.** Lugar para cambiarse de ropa. Sin. **vestidor.**

veta *f.* **1.** Franja que se distingue en ciertas maderas y piedras: *La madera tiene* **vetas** *que se ven bien en el diseño de la mesa.* **2.** Filón de metal: *Joel está muy contento porque encontró una* **veta** *de plata en su mina.*

vetar *vb.* [tr.] Poner veto o prohibición: *Cada uno de los miembros del consejo de seguridad de las Naciones Unidas tiene derecho a* **vetar** *las decisiones de los demás.*

veterano, na *adj./m.* y *f.* Que es experimentado en una cosa: *Lleva muchas temporadas como mariscal de campo, es un* **veterano** *del fútbol americano.*

veterinario, ria *adj.* Relacionado con la cura de animales: *Puso una clínica* **veterinaria** *especializada en perros y gatos.*

veterinario, ria *m.* y *f.* Médico especializado en curar animales: *Mi hermano es un* **veterinario** *que se ocupa de animales acuáticos.*

veto *m.* **1.** Derecho para vedar o prohibir una cosa: *Si el Presidente no está de acuerdo con una ley propuesta por los diputados, tiene derecho de* **veto.** **2.** Prohibición.

vetusto, ta *adj.* Muy viejo o antiguo: *Tiene en su casa una* **vetusta** *mesa que perteneció a un rey en el siglo XVIII.*

vez *f.* **1.** Cada realización de un suceso en momentos distintos: *Repitan diez* **veces:** *"No se dice «él forza», se dice «él fuerza»".* **2.** Tiempo en que se ejecuta una acción: *Vi el mar por primera* **vez** *cuando cumplí quince años.* **3.** loc. **A la ~,** de manera simultánea: *Veía el filme sin parpadear,* **a la vez** *que comía rosetas de maíz.* **4.** loc. **Tal ~,** de manera posible: *Tal vez salga de vacaciones, aún no lo sé con seguridad.*

vía *f.* **1.** Camino, recorrido que conduce de un punto a otro: *Por esa* **vía** *llegas al parque.* **2.** Riel del ferrocarril: *La* **vía** *del tren es de fierro.* **3.** Medio de transporte o comunicación: *Como ese país tiene muchos ríos, la* **vía** *fluvial es de las más utilizadas.* **4.** Sistema para realizar una cosa: *La única* **vía** *para conseguir ese dinero es pedir un préstamo.*

vía crucis *m.* En el catolicismo, camino señalado con catorce paradas que representan los pasos que dio Jesús hacia el Calvario: *En muchos lugares, los católicos cada Semana Santa representan el* **vía crucis.**

viabilidad *f.* Posibilidad de llevarse a cabo, de realizarse: *El plan de ir a la playa es bueno, habría que ver cuál es su* **viabilidad** *en la práctica.*

viable *adj.* **1.** Que tiene probabilidades de llevarse a cabo: *Con la cantidad de dinero que tengo es* **viable** *salir de vacaciones a otra ciudad, pero no es posible salir a otro país.* **2.** Capaz de vivir: *Si nacen a los seis meses de gestación, los fetos ya son* **viables.**

viaducto *m.* Puente con arcos sobre una hondonada: *El tren atravesó el río por un* **viaducto.**

viajar *vb.* [intr.] Desplazarse de un lugar a otro: *Como no le gusta viajar en avión, usa el tren o el barco.*

viaje *m.* **1.** Acción y efecto de viajar: *Por razones de trabajo, hace un* **viaje** *a Europa cada año.* **2.** Recorrido que se hace andando y volviendo de un lugar a otro: *Compró un billete de avión para un* **viaje** *a España y otro de regreso.*

viajero, ra adj./m. y f. Persona que viaja: *Don Gustavo trabaja como agente viajero de productos farmacéuticos.*

vial adj. Relativo a la vía.

vial m. Frasco que contiene un medicamento inyectable.

vialidad f. Lo relacionado con las vías públicas: *El encargado de la organización de la vialidad de esa ciudad es el departamento de tránsito.*

vianda f. Alimento que sirve de sustento al hombre: *Al llegar del viaje, en casa los aguardaban unas ricas viandas.*

viandero m. Recipiente donde se lleva comida: *Todos los días le lleva la comida a su papá en un viandero a su lugar de trabajo*

viaraza f. *Argent., Colomb., Guat.* y *Urug.* Acción irreflexiva y repentina.

víbora f. **1.** Serpiente venenosa con cabeza triangular. **2.** Serpiente, culebra: *Raquel siente un temor irracional hacia las víboras.*

vibración f. Movimiento que conmociona, que cimbra: *Al despegar de la Tierra los cohetes que van al espacio, los astronautas sienten una fuerte vibración.*

vibrador m. *Méx.* Pequeños obstáculos en las calles, que obligan a los automóviles a disminuir la velocidad.

vibrar vb. {intr.} **1.** Moverse un cuerpo a uno y otro lado de sus puntos de equilibrio: *La explosión en la fábrica hizo que vibraran los vidrios de las casas cercanas.* **2.** Conmoverse: *El público vibró con el concierto de rock de ese nuevo grupo.*

vicario m. Sacerdote que ejerce su ministerio en una parroquia bajo la autoridad de un párroco: *El párroco envió al vicario a celebrar misa en el pueblo lejano.*

vicario, ria m. y f. Persona que substituye o representa a otra en determinados asuntos: *Los sacerdotes se consideran, de alguna manera, como los vicarios de Dios en la Tierra.*

vicepresidencia f. Puesto que corresponde a la persona inmediata inferior a la presidencia: *Después de tener la vicepresidencia, muchos funcionarios aspiran a la presidencia.*

vicepresidente, ta m. y f. Persona que suple al presidente: *En Estados Unidos de Norteamérica, el vicepresidente asume la jefatura del país en caso de muerte del presidente.*

viceversa adv. Invirtiendo el orden de los términos: *Compró un billete de avión para hacer un viaje Madrid-Londres y viceversa, o sea, Londres-Madrid.*

vichar vb. {tr.} *Argent.* y *Urug. Fam.* Observar con disimulo, en especial para obtener información secreta. SIN. **espiar.**

viciado, da adj. Pervertido, corrompido: *Como no hay ventilación y está lleno de gente, el aire dentro de ese salón se siente viciado.*

viciar vb. {tr. y prnl.} **1.** Alterar, falsear. **2.** Hacer que alguien tome malos hábitos. **3.** Aficionarse con exceso a algo: *Luis se vició con los juegos de vídeo y no quiere estudiar.*

vicio m. **1.** Afición excesiva por algo: *Su excesivo gusto por los chocolates llega al vicio.* **2.** Costumbre censurable: *Ismael cayó víctima del vicio de la televisión.*

vicioso, sa adj. **1.** Que tiene una afición excesiva por algo: *Es importante ayudar a las personas viciosas de las drogas para que dejen de hacerse daño.* **2.** loc.

Círculo ~, situación de la que no se puede salir: *El paciente está encerrado en un círculo vicioso; si no le dan penicilina no cederá la infección, pero es alérgico a la penicilina.*

vicioso, sa m. y f. Persona que tiene algún vicio: *Evaristo es un vicioso de la ópera, tiene una gigantesca colección de discos.*

vicisitud f. Accidente o suceso que por lo general trae cambios bruscos y repentinos.

víctima f. Persona que sufre las consecuencias de una acción: *La inundación de la ciudad produjo cien víctimas.*

victimar vb. {tr.} Matar, asesinar, quitar la vida a alguien: *El mafioso victimó a tres de sus principales enemigos.*

victoria f. Triunfo que se consigue sobre el contrario: *La victoria del partido fue para el equipo local.*

victorioso, sa adj. Triunfador: *En una guerra nuclear nadie saldría victorioso, todos perderíamos.*

vicuña f. **1.** Mamífero originario de los Andes, de color leonado, apreciado por su fina lana: *Las vicuñas son parientes de las llamas.* **2.** Lana del animal llamado vicuña: *Le regalaron un abrigo de vicuña, comprado en Bolivia.* **3.** Tejido fabricado con lana del animal llamado vicuña: *Los bolivianos afirman que la vicuña es más caliente que la lana de oveja.*

vid f. Planta cultivada por su fruto, la uva: *De la vid se come la uva y, en algunas culturas, las hojas.*

vida f. **1.** Conjunto de las propiedades características de los seres humanos, animales y plantas, que se transmiten a la descendencia: *La madre y el padre dieron vida a un pequeño niño que acaba de nacer.* **2.** Espacio de tiempo entre el nacimiento y la muerte: *Toda su vida la pasó en un pequeño pueblo, nunca viajó a otro lugar.* **3.** Duración de las cosas: *Se calcula que la vida de ese tipo de sartén es de cinco años.* **4.** Modo de vivir: *Como tiene mucho dinero, lleva una vida cómoda y sin preocupaciones.* **5.** Energía, vigor: *El paisaje que pintó ese artista tiene mucha vida, parece que los árboles se mueven con el viento.* **6.** Biografía: *La maestra nos contó la vida de uno de los héroes del país.* **7.** Persona o ser humano: *Los médicos se sienten muy satisfechos cuando logran salvar una vida.*

vidalita f. *Argent.* y *Urug.* Canción popular de carácter melancólico.

videncia f. Capacidad de ver, de adivinar el futuro: *Se necesita una verdadera capacidad de videncia para saber qué sucederá en el mundo dentro de cien años, pero dudo que alguien la tenga.*

vidente m. y f. Persona que es capaz de adivinar cosas ocultas: *Elba consulta a esa adivina porque piensa que es una verdadera vidente, dice que siempre le han pasado las cosas que le ha predicho.*

vídeo o **vídeo** m. **1.** Técnica de grabación y reproducción de imágenes y sonidos a través de una cámara, una televisión y un aparato que registra y reproduce el sonido y las imágenes en una cinta. **2.** Cinta grabada con la técnica llamada vídeo: *Me prestaron un vídeo con un filme japonés de un director muy famoso.* **3.** Aparato que graba o reproduce sobre una cinta grabada con la técnica llamada vídeo: *Se descompuso mi vídeo y no he podido ver la grabación de mi boda.*

videoclub *m.* Comercio dedicado a la venta o alquiler de filmes de vídeo: *Hay que hacerse socio de ese video-club para poder rentar los filmes de estreno.*

videodisco *m.* Disco en el que se graban imágenes y sonidos para su posterior reproducción en televisión.

videojuego *m.* Aparato que permite reproducir en una pantalla diversos juegos contenidos en un disquete o casete, y juego contenido en dicho aparato: *Algunos niños y adolescentes son fanáticos de todo tipo de videojuegos.*

videoteca *f.* **1.** Colección de casetes de vídeo: *En esa biblioteca tienen una buena sección de videoteca.* **2.** Mueble o lugar donde se guardan los vídeos.

vidriera *f.* **1.** Especie de marcos con vidrios con que se cierran puertas y ventanas: *Ese mueble antiguo tiene dos grandes vidrieras, puedes ver los libros que hay sin necesidad de abrir las puertas.* **2.** Escaparate de una tienda. Sin. **aparador, vitrina.**

vidriería *f.* Tienda donde se venden vidrios y objetos del mismo material: *Tengo que ir a la vidriería a comprar un vidrio que se rompió.*

vidrio *m.* Cuerpo sólido, mineral, por lo general transparente y frágil, que resulta de la solidificación de ciertas substancias: *Jugando béisbol, unos chicos rompieron el vidrio de la ventana del vecino.* Sin. **cristal.**

vidrioso, sa *adj.* **1.** Que tiene el aspecto del vidrio: *Aunque se vea vidrioso, en realidad el vaso es de plástico.* **2.** Relativo a la mirada o los ojos que parecen no mirar a ningún punto: *Estaba tan borracho que tenía la mirada vidriosa.*

vieira *f.* **1.** Molusco comestible que puede nadar en el mar cerrando sus valvas de manera brusca. **2.** Caparazón del molusco llamado vieira.

vieja *f.* Méx. Fam. Mujer: *Joel fue a la fiesta con su vieja y sus hijos.*

viejo, ja *adj.* **1.** Antiguo: *Hay una tienda de muebles viejos, donde a veces se encuentra uno verdaderas joyas.* Sin. **ancestral.** **2.** Deslucido, estropeado: *Ya quiero deshacerme de ese abrigo porque está muy viejo.* **3.** De mucha edad: *Ese hombre es el más viejo del pueblo, tiene 98 años.*

viejo, ja *m.* y *f.* **1.** Persona de mucha edad: *Un viejo se me acercó en la librería y me pidió que lo acompañara a cruzar la calle porque él no podía hacerlo solo.* Sin. **anciano.** Ant. **joven.** **2.** Amér. Apelativo cariñoso que se aplica a los padres y también entre cónyuges y amigos: *Mis viejos se quedaron en el pueblo; nosotros los hijos, vivimos en la ciudad.*

vienés, sa *adj./m.* y *f.* Originario de Viena, capital de Austria, país de Europa.

viento *m.* **1.** Aire que se desplaza: *El viento sopla frío en esta mañana de invierno.* Sin. **chiflón. 2.** Cuerda con que se sujeta algo. **3.** Rumbo de una embarcación. **4.** loc. **Instrumentos de ~,** instrumentos musicales que se tocan soplando en ellos: *La trompeta y la flauta son instrumentos de viento.*

vientre *m.* Cavidad del cuerpo de los vertebrados que contiene principalmente el estómago y los intestinos: *El fuerte dolor en el vientre resultó ser apendicitis.* Sin. **panza.**

viernes *m.* Contando desde el lunes, quinto día de la semana: *Se pone contento los viernes, porque ya viene el fin de semana.*

vietnamita *adj./m.* y *f.* Originario de Vietnam, país del Sureste Asiático: *Los vietnamitas sufrieron mucho durante la guerra con los Estados Unidos.*

vietnamita *m.* Lengua hablada en Vietnam.

viga *f.* **1.** Pieza horizontal de una construcción, destinada a soportar una carga: *Esa casa de tipo colonial tiene unas bellas vigas de madera.* **2.** Prensa para exprimir la aceituna.

vigencia *f.* Calidad de lo que está en vigor y puede aplicarse: *El abogado investigó si esa ley todavía está en vigencia o ya fue cancelada.*

vigente *adj.* Que está en vigor y observancia: *Para viajar fuera del país hay que hacerlo con un pasaporte vigente, porque si se venció no es posible salir del país ni entrar a un país extranjero.*

vigésimo, ma *adj./m.* Que corresponde en orden al número veinte: *Se casó muy joven, al cumplir su vigésimo aniversario.*

vigía *f.* Parte alta de una torre, desde la cual se vigila. Sin. **atalaya.**

vigía *m.* y *f.* Persona que trabaja desde un puesto alto para observar lo que ocurre en el lugar: *Rodrigo de Triana, vigía de la carabela de Colón, fue el primero en ver tierra.*

vigilante *m.* y *f.* Persona que vigila, que cuida algún lugar: *Contrataron tres vigilantes para cuidar la bodega por las noches.*

vigilar *vb.* [tr. e intr.] Estar atento, cuidar con solicitud: *El trabajo del capataz en la hacienda es vigilar que los peones hagan su labor correctamente.*

vigilia *f.* **1.** Acción de estar despierto o en vela: *La familia pasó la noche en vigilia, cuidando al enfermo.* **2.** Falta de sueño o dificultad en dormirse: *Cuando vi que eran las dos de la mañana y yo seguía en vigilia, me levanté a preparar una bebida de plantas relajantes.* Sin. **insomnio. 3.** Víspera, en especial la de una festividad religiosa.

vigor *m.* **1.** Fuerza o capacidad con la que se lleva a cabo algo: *El hombre que fue atacado por los ladrones se defendió con vigor.* **2.** Validez legal de las leyes: *Esa ley ya está aprobada, pero entrará en vigor hasta el próximo año.* **3.** Vitalidad, energía: *¡Qué vigor los de los niños, no han parado de jugar y correr todo el día y todavía no se cansan!*

vigorífico, ca *adj.* Que promueve la vitalidad y la energía: *Le recomendaron un tónico vigorífico que puede ayudarlo a sentirse menos débil.*

vigoroso, sa *adj.* Que tiene vitalidad y energía: *Como siempre ha hecho trabajo físico, sigue siendo un hombre vigoroso aunque ya es mayor.*

vikingo, ga *adj./m.* y *f.* De un antiguo pueblo de navegantes y guerreros escandinavos: *Los vikingos creían que si morían en batalla, se irían al walhalla o cielo de los guerreros.*

vil *adj.* Digno de desprecio: *Golpear a esa anciana para robarle su bolso es una acción vil que merece un castigo.*

vilano *m.* Limbo del cáliz de una flor, que sirve para transportar las semillas con ayuda del viento.

vileza *f.* Ruindad, acción infame: *Fue una vileza echarle la culpa del robo a su compañero, cuando él era el ladrón.*

vilipendiar *vb.* [tr.] Despreciar, insultar o tratar con desdén: *El jefe lo vilipendió delante de los demás empleados, le dijo que nunca había conocido a alguien tan tonto e incapaz.*

villa *f.* **1.** Casa aislada de las demás, con jardín o huerta: *En esa parte de la ciudad las villas están construidas en grandes terrenos.* **2.** Denominación dada a ciertas poblaciones: *Pasaremos el fin de semana en una villa minera que está ubicada a cuatro horas de la capital.* **3.** loc. Argent. **~ miseria**, barrio marginal de casas pobres.

villancico *m.* Canción de tema religioso, que se canta en Navidad: *Durante los últimos días de diciembre, el coro de la iglesia canta villancicos en las calles.*

villanía *f.* Bajeza, ruindad, infamia: *¡Qué villanía!, metió a su madre a un asilo y no ha ido a verla en cuatro años.*

villano, na *m.* y *f.* **1.** Vecino de una villa o aldea, que no es noble o hidalgo. **2.** Persona ruin, infame: *El villano de ese filme mudo vestía de negro, tenía bigote y barba y mirada de malvado.*

vinagre *m.* Líquido agrio, resultante de la fermentación del vino o de la caña: *El vinagre se usa como condimento de ensaladas y guisos.*

vinagrera *f.* **1.** Vasija destinada a contener vinagre: *Los Pérez tienen muchas ensaladas, por eso siempre ponen la vinagrera en la mesa.* **2.** pl. Utensilio compuesto de una vasija para el aceite y otra para el vinagre: *En ese restaurante ponen vinagreras sobre cada mesa.*

vinagreta *f.* Aderezo para la ensalada.

vinatera, ro *adj.* Relacionado con los vinos: *Como a los europeos les gusta mucho tomar vino, el comercio vinatero es intenso e importante en Europa.*

vinatería *f.* Lugar donde se venden o producen vinos: *Como Joel es un buen cliente de la vinatería, el dueño le avisa cuando llegan buenos vinos.*

vinatero, ra *m.* y *f.* Persona que vende vinos: *Mi padre conoce un vinatero que le vende vinos de toda Europa.*

vincha *f.* Amér. Merid. Cinta o pañuelo que se ciñe a la cabeza para sujetar el pelo.

vinculación *f.* Relación.

vinculado, da *adj.* Relacionado: *La biología está vinculada con la química.*

vincular *vb.* [tr. y prnl.] Unir con vínculos una cosa con otra: *La primera parte de ese texto está completamente separada de la segunda, habría que vincularlas de alguna manera.*

vínculo *m.* Unión o atadura que une una persona o cosa con otra: *En la ceremonia religiosa, el sacerdote subrayó que los vínculos matrimoniales eran permanentes para la ley de Dios.*

vindicar *vb. irreg.* [tr. y prnl.] **Modelo 17. 1.** Tomar venganza. **2.** Defender o rehabilitar a quien ha sido acusado de manera injusta.

vinicultura *f.* Técnica para la elaboración y crianza de vinos.

vino *m.* Bebida alcohólica que se obtiene del zumo o jugo fermentado de las uvas: *Cuando Manolo era niño, su abuelo le dejaba tomar un vaso de vino rebajado con agua y un poco de azúcar.*

viña *f.* Terreno plantado de vides: *Ante sus ojos se extendía la magnífica viña donde había trabajado durante tantos años y que producía uvas de la mejor calidad.* SIN. **viñedo.**

viñatero, ra *m.* y *f.* Argent., Chile y Urug. Persona que se dedica al cultivo de la vid.

viñedo *m.* Terreno plantado de vides: *Los viñedos de esa familia producen un magnífico vino.* SIN. **viña.**

viñeta *f.* Cada uno de los recuadros de una serie en la que se hace una historieta o un cómic o tebeo con dibujos y texto: *En la primera viñeta se ve a un hombre que va caminando y que se acerca a una cáscara de mango tirada en el piso; en la segunda se ve cómo la pisa sin darse cuenta, y en la tercera está en el suelo después de haberse resbalado.*

viola *f.* Instrumento musical de cuerda y arco, parecido al violín: *Los tonos de la viola son más graves que los del violín y más agudos que los del violonchelo.*

violáceo, a *adj.* **1.** De color violeta: *Después del golpe, el ojo se le empezó a poner de tonos violáceos.* **2.** Relativo a una familia de plantas como la violeta.

violación *f.* **1.** Hecho de actuar contra una regla o ley: *Ese conductor cometió una violación al reglamento de tránsito al ir a exceso de velocidad.* **2.** Delito que consiste en que una persona obliga a otra, usando violencia, a tener una relación sexual.

violador *m.* Hombre que comete una violación sexual.

violador, ra *m.* y *f.* Persona que actúa contra alguna regla o ley: *El nuevo jefe de la policía prometió castigar severamente a todos los violadores de las leyes y del orden público.*

violar *vb.* [tr.] **1.** Infringir una ley o precepto: *Al contarle el secreto a Juan, Pedro violó su promesa de guardar silencio.* **2.** Cometer violación sexual.

violencia *f.* **1.** Ímpetu o gran fuerza de alguien o algo: *La violencia del huracán derrumbó varias casas.* **2.** Manera de actuar agresiva y brutal con el propósito de cambiar algo por la fuerza o de destruirlo: *La violencia no es la manera de resolver los conflictos porque destruye lo bueno de las personas.*

violentar *vb.* [tr., intr. y prnl.] **1.** Hacer que algo ceda mediante la fuerza y la violencia: *Los ladrones violentaron la cerradura para entrar a esa casa.* **2.** Obligar a alguien a que haga algo en contra de su voluntad. **3.** Méx. Fam. Enojarse mucho: *Se violenta de una manera irracional cuando alguien lo critica.*

violento, ta *adj.* **1.** Que se hace o sucede con brusquedad: *Salió de la habitación de manera violenta, azotando la puerta.* **2.** Persona, carácter o acción que tiende a dañar haciendo uso de la fuerza: *El papá de Beto es un hombre violento que lo golpea por cualquier razón.*

violeta *f.* **1.** Planta apreciada por sus flores. **2.** Flor de la planta llamada violeta.

violeta *m.* Color que resulta de la combinación del azul y el rojo: *El violeta es como un morado claro.*

violín *m.* Instrumento musical de cuerdas que se frotan con un arco: *Paganini no sólo compuso música para violín, sino que también la interpretaba.*

violinista *m.* y *f.* Músico que toca el violín: *Cuando terminó el concierto, el violinista agradeció los aplausos del público con una inclinación.*

violista *m.* y *f.* Músico que toca la viola.

violón *m.* Instrumento musical de cuerda que se toca con arco y que es el más grave de esta familia: *El violón es el más grande de los instrumentos de cuerdas.* SIN. **contrabajo, bajo.**

violonchelista o **violoncelista** *m.* y *f.* Músico que toca el violonchelo: *Los violonchelistas tocan sentados, con el violonchelo entre las piernas.*

violoncelo o **violoncello** *m.* Ver **violonchelo.**

violonchelo *m.* Instrumento musical de cuerda y arco, más pequeño que el contrabajo y más grande que el violín y la viola: *El catalán Pablo Casals ha sido uno de los ejecutantes de* **violonchelo** *más conocidos.*

vira vira *f.* *Argent., Chile, Perú y Venez.* Planta cubierta de una pelusa blanca, que se emplea en infusión o té para curar la tos.

virar *vb.* [tr. e intr.] Girar un barco cambiando de dirección: *Al ver el iceberg el Titanic intentó* **virar**, *pero ya era demasiado tarde.*

viraró *m.* *Argent. y Urug.* Árbol de la familia de las leguminosas, de hojas brillosas, que llega a medir veinte metros de altura.

virgen *adj.* **1.** Que se conserva en su estado original: *Por el bien de la naturaleza, es necesario preservar la selva* **virgen**. **2.** Genuino, sin substancias extrañas: *El aceite de oliva* **virgen** *se hace con la primera presión de las aceitunas.*

virgen *f.* Para los cristianos, María, madre de Jesús: *Para los católicos, la* **virgen** *María no sólo es la madre de Jesús, sino de todos los cristianos.*

virgen *m. y f.* Persona que no ha tenido unión sexual.

virginal *adj.* **1.** Relacionado con la virgen. **2.** Puro, intacto: *Esa jovencita tiene una cara* **virginal** *e inocente.*

virginidad *f.* Estado o cualidad de virgen: *El vestido blanco que usan las novias el día de su boda simboliza su pureza y su* **virginidad**.

virgo *adj./m. y f.* Uno de los doce signos del zodiaco, comprendido del 23 de agosto al 22 de septiembre, su signo es una virgen.

virgo *m.* Membrana genital que está intacta en las vírgenes y se rompe cuando dejan de serlo. SIN. **himen**.

virgulilla *f.* Raya o trazo usado en la escritura, como la cedilla, el apóstrofo, etc.

vírico, ca *adj.* Relativo a los virus: *Como tenía una infección* **vírica**, *no le recetaron antibióticos porque no le sirven.* SIN. **viral**.

viril *adj.* Propio de hombre: *La voz de Ignacio es* **viril**, *grave y sonora.*

virreinal *adj.* Relacionado con el periodo histórico en el que había virreyes, durante las colonias españolas en América: *La arquitectura* **virreinal** *de la Nueva España produjo magníficos edificios.*

virrey *m.* Hombre que con este título gobierna en nombre del rey: *En las colonias americanas, el rey de España estaba representado por los* **virreyes**.

virtual *adj.* **1.** Que es en potencia pero no en la realidad: *A escasos minutos de que termine el partido, el ganador* **virtual** *es el equipo local.* **2.** loc. **Realidad ~**, simulación de algo real por medio de imágenes y sonidos de vídeo.

virtud *f.* **1.** Disposición constante a hacer el bien: *La mayor parte de las religiones promueve la* **virtud** *y reprueba la maldad.* **2.** Facultad de producir un efecto: *Ese maestro tiene la* **virtud** *de despertar la curiosidad y el interés de sus alumnos.* **3.** Castidad, pureza: *Para preservar la* **virtud** *de la joven, la metieron interna en una escuela de monjas.* **4.** loc. **En ~ de**, debido a: *En virtud de que obtuvo las calificaciones más altas, ganó el primer lugar de su grupo.*

virtuosismo *m.* Habilidad excepcional en un arte o ejercicio: *En el concierto de ayer, el solista mostró un verdadero* **virtuosismo** *al tocar su violín.*

virtuoso, sa *adj./m. y f.* **1.** Que tiene disposición a hacer el bien: *Los monjes de ese monasterio son hombres* **virtuosos** *que ayudan a la gente necesitada.* **2.** Artista que sobresale en la técnica de su arte: *Ese pianista ya es un* **virtuoso** *a sus trece años.*

viruela *f.* Enfermedad viral muy contagiosa, que se manifiesta con la aparición de marcas rojas: *Muchos indios americanos murieron con la* **viruela** *que trajeron los españoles, porque esa enfermedad no existía aquí.*

virulento, ta *adj.* **1.** Violento, mordaz: *El diputado de oposición pronunció la semana pasada un discurso* **virulento**, *criticando fuertemente al gobierno.* **2.** Ocasionado por un virus: *El sida es una enfermedad de origen* **virulento**. **3.** Infectado, que tiene pus: *El doctor tiene que curar esta herida* **virulenta** *para evitar que la infección se complique.*

virus *m.* **1.** Microorganismo no celular que sólo puede desarrollarse en el interior de una célula viva: *La mayor parte de los resfríos y las gripas son producidos por* **virus**. **2.** Programa que se introduce en la memoria de una computadora y produce daños en dicha memoria: *Un* **virus** *nuevo destruyó toda la información del disco duro de su computadora.*

viruta *f.* **1.** Lámina fina desprendida de la madera, el metal, etc.: *El piso de la carpintería está cubierto de* **virutas** *y trocitos de madera.* **2.** *C. Rica. Fam.* Mentira, embuste.

visa *f.* *Amér.* Autorización para entrar a un país extranjero: *Antes, para viajar a España se necesitaba una* **visa**; *ahora, no.* SIN. **visado**.

visado *m.* **1.** Acción y efecto de visar: *Para obtener el* **visado** *de ese país hay que llenar una forma, pagar una cuota y esperar el trámite.* **2.** Sello o certificación que se pone en un documento al visarlo: *Como a Enrique no le han dado el* **visado**, *no ha podido viajar al extranjero.*

visar *vb.* [tr.] Examinar un documento la autoridad competente, poniéndole la certificación necesaria para que tenga validez: *Se pasó toda la mañana en el consulado de ese país, pero al fin* **visaron** *su pasaporte y ahora podrá pasar un año allá.*

víscera *f.* Órgano contenido en una cavidad del cuerpo: *El corazón y el estómago son* **vísceras** *de los humanos y de los animales.*

visceral *adj.* **1.** Relativo a las vísceras. **2.** Profundo, inconsciente: *Roberto siente un miedo* **visceral** *a cualquier clase de insecto.*

viscosidad *f.* Cualidad de lo que es pegajoso y pastoso: *El pegamento que usó para armar la silla le dejó una sensación de* **viscosidad** *en los dedos.*

viscoso, sa *adj.* De consistencia pastosa y pegajosa: *Después de comer galletas saladas, la saliva se siente* **viscosa**.

visera *f.* Ala pequeña de las gorras, para protegerse del sol: *El jugador se pone una* **visera** *para que no lo deslumbre el sol mientras juega tenis.*

visibilidad *f.* Calidad de lo que puede verse: *La* **visibilidad** *para que aterricen los aviones no es buena, así que sobrevolarán la ciudad hasta que se quite la neblina.*

visible *adj.* **1.** Que se puede ver: *Después del choque tenía daños* **visibles** *en los brazos y las piernas.* **2.** Que no ofrece dudas: *Es* **visible** *que Anabel dejó de ser una niña y es ya una mujer.*

visigodo, da *adj./m.* y *f.* Relativo a una de las dos ramas del pueblo germánico de los godos, que fundó un reino en España.

visillo *m.* Cortina de tela fina y transparente: *Mi madre colocó un fino visillo blanco en la ventana de la sala, que deja pasar la luz.*

visión *f.* **1.** Percepción por el órgano de la vista: *Fue perdiendo la visión desde que era niño hasta quedar ciego.* **2.** Cosa que se ve o aparece. **3.** Hecho de ver o de representarse algo: *Martin Luther King tenía la visión de un país en el que negros y blancos pudieran convivir en paz e igualdad.*

visionario, ria *adj.* Que puede anticipar el futuro: *El escritor Julio Verne era un visionario que anticipó muchos adelantos de la ciencia en sus novelas.*

visir *m.* Ministro principal de los soberanos musulmanes: *En el cuento de Aladino, el visir es malvado e intenta dominar al sultán.*

visita *f.* **1.** Acción de ir a ver a alguien al lugar donde se encuentra: *Cuando vamos al pueblo, hacemos muchas visitas a todos los familiares y amigos que viven ahí.* **2.** Persona que va a ver a alguien: *Anoche las visitas de mi hermano se quedaron hasta muy tarde y no pude dormir.*

visitadora *f.* *Hond., P. Rico, R. Dom.* y *Venez.* Inyección de un líquido en el recto, a través del ano, con fines médicos. SIN. lavativa.

visitar *vb.* {tr.} **1.** Ir a ver a alguien al lugar donde se encuentra: *Vinieron a visitarnos nuestros parientes que radican en España.* **2.** Ir a un lugar para conocerlo: *En ese viaje visitaron tres ciudades importantes de Francia.* **3.** Ir el médico a casa del enfermo para atenderlo: *Como Julia no puede salir de su casa porque se siente enferma, vendrá un médico a visitarla.*

vislumbrar *vb.* {tr.} **1.** Ver algo de manera imprecisa debido a la distancia o a la falta de luz: *Por la niebla, apenas logramos vislumbrar el barco que se acercaba.* **2.** Presentir, tener indicio de algo.

viso *m.* Aspecto, apariencia: *Ese juicio tiene visos de no resolverse pronto.*

visón *m.* Mamífero carnívoro de piel muy apreciada, que vive en Europa, Asia y América: *¿Cuántos pobres visones se necesitan matar para hacer un abrigo?*

visor *m.* **1.** Dispositivo montado en una cámara fotográfica o cinematográfica, que sirve para delimitar la imagen: *Sara miró por el visor de la cámara y tomó la fotografía.* **2.** Anteojos que se usan para ver debajo del agua: *Aunque iba a nadar en una piscina y no en el mar, el niño se puso aletas y visor para buscar monedas en el fondo.*

víspera *f.* **1.** Día anterior a otro determinado: *La víspera del día en que salí de viaje no pude dormir por la emoción y los nervios.* **2.** pl. Tiempo anterior a un suceso: *Recuerdo muy bien cuando murió la tía Adelina, porque era las vísperas del año nuevo.*

vista *f.* **1.** Sentido corporal localizado en los ojos, mediante el cual es posible percibir la luz, los objetos, etc.: *La vista, el oído, el gusto, el tacto y el olfato son los cinco sentidos.* **2.** Mirada: *Iba distraído y con la vista baja, por eso no me vio.* **3.** Aspecto, apariencia: *El automóvil que compró Adela tiene buena vista, pero el motor está muy dañado.* **4.** Habilidad para percibir las cosas: *Ese doctor tiene buena vista para diagnosticar enfermedades.*

vistazo *m.* Ojeada, mirada rápida y superficial: *El director echó un rápido vistazo a los alumnos que estaban formados en el patio, y entró a su oficina.*

visto, ta *adj.* **1.** Llevado ya antes por mucha gente, anticuado: *Ese tipo de vestido está muy visto, mejor cómprate uno más moderno.* **2.** Cuando se usa con las palabras bien o mal, significa considerado: *Está mal visto que los hombres usen trajes de color claro para asistir a una cena elegante.*

vistoso, sa *adj.* Que atrae la atención: *Los jugadores de ese equipo llevaban trajes muy vistosos, de color rojo y amarillo.*

visual *adj.* Relativo a la vista: *José Manuel tiene buena memoria visual; se acuerda de las caras, aunque no de los nombres de las personas que conoce.*

visual *f.* Línea recta imaginaria que va desde el ojo del espectador al objeto observado.

visualizar *vb. irreg.* {tr.} Modelo 16. **1.** Hacer visible lo que no se puede ver a simple vista. **2.** Formar en la mente la imagen de un concepto abstracto. SIN. imaginar.

vital *adj.* **1.** Relativo a la vida: *Es común referirse al agua como "el vital líquido".* **2.** Muy importante: *Es vital que apruebes los exámenes, de otra manera no podrás cursar el siguiente grado escolar.* **3.** Dotado de grandes ganas de vivir, de desarrollarse o de actuar: *A pesar de que es una anciana, la señora Genoveva es una persona muy vital que siempre está haciendo algo.*

vitalicio, cia *adj.* Que dura desde que se obtiene hasta el fin de la vida: *La designación de Papa, en el mundo católico, es vitalicia.*

vitalidad *f.* **1.** Circunstancia de ser muy importante una cosa. **2.** Gran energía para hacer cosas: *Ese funcionario siempre ha desplegado una gran vitalidad en su trabajo y en su vida, haciendo múltiples actividades.*

vitamina *f.* Substancia orgánica indispensable para el desarrollo y buen funcionamiento del organismo: *Muchas personas toman dosis altas de vitamina C cuando se sienten afectadas por algún resfrío o catarro.*

vitaminar *vb.* {tr.} Administrar vitaminas: *Después de la anemia que sufrió, el doctor sugirió vitaminarlo además de indicarle una buena alimentación.*

vitamínico, ca *adj.* Relacionado con las vitaminas: *Como no como muy bien, le recetaron un complemento vitamínico una vez al día.*

vitelo *m.* Citoplasma o parte fundamental de las células de los animales.

viticultura *f.* Cultivo de la vid: *Italia, Francia y España son algunos países europeos donde hay mucha viticultura y una importante industria productora de vino.*

vitola *f.* **1.** Marca con que se distinguen, según su tamaño, los cigarros puros. **2.** Faja o banda que llevan como distintivo de fábrica los cigarros puros.

vitorear *vb.* {tr.} Aplaudir o aclamar: *El público vitoreó al corredor del maratón cuando entró al estadio en primer lugar.*

vitral *m.* Especie de cuadro hecho con trozos de vidrio de colores y metal, que puede servir también como ventana: *Los vitrales de esa capilla son famosos por su belleza y antigüedad.*

vítreo, vb. De vidrio, parecido a él o con sus propiedades: *Como perdió el ojo, le pusieron uno hecho con un material vítreo.*

vitrina f. Escaparate o mueble con puertas y paredes de cristal para exponer objetos o artículos de comercio: *Esa tienda cambia sus vitrinas cada estación del año.* SIN. **aparador, vidriera.**

vitualla f. Conjunto de víveres: *Se llevaron vituallas suficientes para comer durante una semana en el campo.*

vituperación f. Crítica, censura: *Ese funcionario fue objeto de la vituperación general cuando se descubrió que había robado dinero de los fondos públicos.*

vituperar vb. {tr.} Criticar, censurar o reprender duramente a alguien: *Sus amigos lo vituperaron por fallar a la promesa de guardar el secreto de la banda.*

viudez f. Estado de la persona a la que se le ha muerto su cónyuge o pareja y no ha vuelto a casarse: *La viudez de Amelia duró un año, pero ya pronto se casará otra vez.*

viudita f. *Argent.* y *Urug.* Ave de plumaje blanco que tiene el extremo de la cola y los bordes de las alas de color negro.

viudo, da adj./m. y f. Relativo a la persona a quien se le ha muerto su cónyuge, mientras que no vuelve a casarse: *Roberto se casó con una mujer viuda que tiene dos hijos de su anterior matrimonio.*

¡viva! interj. Expresa alegría o aplauso: *¡Viva!, gritaron los invitados cuando los novios salieron de la iglesia.*

vivac o **vivaque** m. **1.** Campamento provisional que instalan los viajeros para dormir. **2.** Voz que dan los soldados, por la noche, para identificarse: *Los soldados de guardia tenían orden de disparar si alguien no les respondía al vivac con el que todos se reconocían.*

vivales m. *Fam.* Persona que vive a costa de los demás o que se aprovecha de los demás: *Es un vivales, siempre se las arregla para no pagar sus cuentas en los restaurantes y espectáculos a los que vamos juntos.*

vivar vb. {tr.} *Amér. C.* y *Amér. Merid.* Vitorear, aclamar con vivas.

vivaracho, cha adj. *Fam.* Que es joven y de carácter alegre y travieso: *La nueva empleada de la tienda es vivaracha y amable.*

vivaz adj. **1.** Eficaz, vigoroso. **2.** Perspicaz, agudo, que muestra vivacidad. **3.** Relativo a las plantas que viven varios años, pero cuyos órganos aéreos mueren cada dos años.

vivencia f. Hecho o experiencia propios de cada persona: *Ese niño ha tenido vivencias muy difíciles que lo han hecho madurar pronto.*

víveres m. pl. Conjunto de alimentos o provisiones: *Ya hicieron la lista de víveres que comprarán para la excursión del próximo fin de semana: frutas, verduras, carnes frías, quesos y botellas de agua.*

vivero m. **1.** Terreno donde se crían plantas: *Queremos ir al vivero a comprar plantas para la casa.* **2.** Lugar donde se crían peces, moluscos, etc.

viveza f. **1.** Rapidez, agilidad: *El anciano subió al estrado a recibir el premio, con una viveza digna de un joven de veinte años.* **2.** Intensidad: *La orquesta tocó esa marcha con mucha viveza y buen ritmo.* **3.** Agudeza de ingenio: *A la crítica que le hicieron, el artista respondió con viveza y humor.*

vividor, ra adj./m. y f. Que vive a expensas de los demás: *Esa mujer se casó con un vividor que se mantiene del dinero de su familia y nunca ha trabajado.*

vivienda f. Refugio natural, o construido por el hombre, en el que éste habita de modo temporal o permanente: *El gobierno construyó viviendas para personas de bajos recursos económicos.*

vivificar vb. irreg. {tr.} *Modelo 17.* **1.** Dar vida. **2.** Dar fuerza y vigor: *Se dice que una temporada en esos baños termales vivifica y revitaliza el cuerpo.*

vivíparo, ra adj. Relativo al animal cuyas crías se desarrollan en el interior de la hembra durante el periodo fetal: *Nosotros somos vivíparos, las gallinas son ovíparas.*

vivíparo, ra m. y f. Animal, como el humano, cuyas hembras llevan a las crías dentro del útero: *Vivíparos como perros y gatos pueden tener hasta ocho crías en una sola camada o parto.*

vivir vb. {intr.} **1.** Tener vida: *El perro está malherido a causa del accidente, pero aún vive.* **2.** Mantenerse, obtener de algo los medios de subsistencia: *Desde muy joven vive de su propio trabajo.* **3.** Habitar: *Eugenia vivirá en una casa pequeña, en las afueras de la ciudad.*

vivisección f. Disección practicada en un animal vivo.

vivo m. Borde, canto u orilla de algo.

vivo, va adj. **1.** Que tiene vida: *Cuando vio al monstruo moverse, el doctor Frankenstein gritó: "¡Está vivo!"* **2.** Que tiene vivacidad. **3.** Que se manifiesta con fuerza: *Quiere pintar su casa de un color vivo, como el rojo.*

vivo, va adj./m. y f. Astuto, listo: *Ese perro es muy vivo, ya aprendió a abrir y cerrar la puerta.*

vizcacha f. Roedor de unos 80 centímetros de longitud que vive en América del Sur, de pelaje grisáceo con el vientre blanco, y la cara blanca y negra.

vizcachera f. Madriguera de la vizcacha.

vizconde, desa m. y f. Título nobiliario inmediatamente inferior al de conde.

vocablo m. Palabra: *El origen del vocablo "suéter" es inglés.*

vocabulario m. **1.** Conjunto de palabras ordenadas alfabética o sintácticamente, que hace referencia a una lengua, ciencia, etc.: *Ese filósofo utiliza un vocabulario tan técnico, que sólo lo entienden otros filósofos.* **2.** Diccionario. SIN. **glosario.**

vocación f. **1.** Inclinación de una persona hacia un arte o profesión: *Aún no ha definido su vocación profesional, pero tiene tiempo para elegir.* SIN. **inclinación.** **2.** Llamada al sacerdocio o a la vida religiosa: *Siguió su vocación religiosa y hoy es obispo.*

vocacional adj. Relacionado con la vocación: *A los muchachos que van a ingresar a la universidad les dan orientación vocacional para ayudarlos a elegir carrera u ocupación.*

vocal adj. Relativo a la voz: *No pudo cantar porque tenía las cuerdas vocales inflamadas.*

vocal f. **1.** Sonido del lenguaje producido por las vibraciones de las cuerdas vocales. **2.** Letra que representa el sonido de una vocal, como a, e, i, o y u, en español.

vocal m. y f. Persona que en una junta o asociación tiene derecho a opinar y a veces a votar: *Fue elegida vocal para formar parte de la comisión que elabora los planes de estudio.*

vocalista m. y f. Cantante de un conjunto musical: *En ese grupo los músicos no son muy buenos, pero el vocalista canta muy bien.*

vocalización *f.* Ejercicios con la voz, ejecutados por los cantantes: *Antes de la función de ópera, los cantantes hacen vocalizaciones para preparar su voz.*

vocalizar *vb. irreg.* (intr.) **Modelo 16.** Hacer ejercicios los cantantes con la voz: *En clase de canto, lo primero que se hace es vocalizar.*

vocativo *m.* Caso de la declinación usado para invocar, mandar, llamar o suplicar: *Si digo "Juana, ven", la palabra "Juana" está en vocativo.*

voceador, ra *m.* y *f. Méx.* Vendedor callejero de diarios: *Los voceadores recogen los diarios en las editoriales muy temprano por la mañana.*

vocear *vb.* (tr. e intr.) *1.* Anunciar algo en voz alta: *A medida que el director voceaba los nombres de los graduados, éstos se acercaban al profesor que les entregaba su diploma. 2.* Dar voces o gritos: *La maestra voceó a sus alumnos, que jugaban en el patio, para que volvieran al salón.*

vocero, ra *m.* y *f.* Persona que habla en nombre de otro u otros: *El vocero de la presidencia declaró que el presidente haría un viaje de trabajo al día siguiente.* **SIN. portavoz.**

vociferar *vb.* (intr.) Hablar a grandes voces o dando gritos: *Los vecinos se pelean algunas noches y se les escucha vociferar.*

vocinglero, ra *adj./m.* y *f.* Que grita o habla muy alto: *En la reunión había una mujer vocinglera, su voz se escuchaba en todo el restaurante.*

vodevil *m.* Palabra de origen francés. Comedia ligera y divertida: *Fueron al teatro a ver un vodevil y salieron de muy buen humor de tanto que rieron.*

vodka *m.* y *f.* Aguardiente de centeno, maíz o cebada: *Los rusos, finlandeses y suecos elaboran y toman vodka.*

voladizo *m.* Parte que sobresale del muro de un edificio: *Se resguardó de la lluvia debajo del voladizo.*

volado *m. Méx. Fam.* Hecho de lanzar una moneda al aire e intentar adivinar si va a caer en cara o cruz: *Andrea le llevaba ganados cinco volados a Fernando.*

volado, da *adj.* Que parece volar: *La escalera de la casa de mi tío es volada, no tiene barandales.*

volador, ra *adj.* Que vuela: *Los peces voladores salen del agua, avanzan un momento en el aire y vuelven a sumergirse.*

volandas. En ~, *loc.* Por el aire o levantado del suelo: *Cuando empezaron los balazos, los guardaespaldas se llevaron en volandas al primer ministro.*

volante *m. 1.* Rueda de mano que sirve para accionar y guiar el mecanismo de dirección de un automóvil: *El automovilista giró un poco el volante para dar vuelta a la derecha. 2.* Hoja de papel en que se manda un aviso: *Un chico reparte en las calles volantes que anuncian la llegada del circo al pueblo. 3.* Adorno de tela en una prenda de vestir: *Para el festival en el que Liliana será la bailarina principal, su madre le hizo un amplio vestido de volantes.*

volantín *m. 1.* Cordel con varios anzuelos, que se usa para pescar. *2.* Juego mecánico para niños, consistente en un poste central del que salen trapecios para colgarse, girando: *Los niños muy pequeños no alcanzan el volantín y además sería un juego peligroso para ellos.*

volar *vb. irreg.* (tr., intr. y prnl.) **Modelo 5.** *1.* Ir, moverse o mantenerse en el aire: *El artista italiano Leonardo da Vinci diseñó unas alas para volar, pero no logró elevarse. 2.* Transcurrir rápidamente el tiempo: *Como estuvimos tan contentos, el tiempo voló. 3. Méx. Fam.* Sustraer, robar: *¡Me volaron mi billetera!*

volatería *f. 1.* Conjunto de aves de diversas especies. *2.* Caza de aves que se hace con otras aves enseñadas para ello.

volátil *adj. 1.* Voluble, versátil: *Un día dice una cosa, otro día dice otra; es una persona de opiniones volátiles. 2.* Relacionado con la substancia que tiene la propiedad de volverse vapor: *Los gases volátiles se dispersan rápidamente en el aire. 3.* Que vuela o puede volar: *Es un juguete volátil que funciona con un control remoto.*

volatilidad *f.* Calidad de lo que se vuelve gaseoso: *Por su alta volatilidad hay que tener ese gas tapado, para que no se escape.*

volatilizar *vb. irreg.* (tr. y prnl.) **Modelo 16.** *1.* Transformar un cuerpo sólido o líquido en gaseoso. *2. Fam.* Desaparecer rápidamente una cosa: *El mago pareció volatilizarse debajo de las mantas.*

volcán *m. 1.* Abertura en la corteza terrestre, por la que salen a la superficie materias a alta temperatura: *Ese volcán hizo erupción el siglo pasado y últimamente ha estado arrojando humo y cenizas. 2. Colomb.* Deslizamiento de tierra. *3. P. Rico.* Conjunto de cosas amontonadas.

volcar *vb. irreg.* (tr. y prnl.) **Modelo 19.** *1.* Inclinar o invertir un recipiente de manera que se caiga o vierta su contenido: *El camión de basura volcó su carga sobre el depósito municipal. 2.* Caer de costado un vehículo: *Al chocar contra el autobús, el pequeño automóvil se volcó. 3. Fam.* Poner el máximo interés en alguien o algo: *Volcó toda su atención y energía en aprobar el examen de admisión a la universidad.*

volea *f.* En algunos deportes, acción de golpear el balón antes de que caiga.

voleibol *m.* Palabra de origen inglés. Deporte que se disputa entre dos equipos, lanzando un balón que se golpea con la mano por encima de una red: *Los brasileños son buenos en voleibol de playa, que se juega sobre la arena.*

voleo *m.* Golpe dado en el aire a algo antes que caiga: *El tenista le dio de voleo a la pelota, pegándole con la mano derecha.*

volframio *m.* Metal de color gris, muy duro, denso y difícil de fundir, de símbolo químico W o Tu y número atómico 74. **SIN. tungsteno.**

volitivo, va *adj.* Relativo a la voluntad: *Estudiar danza fue para Hilda un acto volitivo, nadie la obligó.*

voltaico, ca *adj.* Relativo a la electricidad de las pilas.

voltaje *m.* Tensión eléctrica: *El voltaje usado en Europa es distinto al que se usa en América.*

voltear *vb.* (tr. y prnl.) *1.* Dar vueltas a una persona o cosa hasta colocarla al revés de como estaba: *Voltea el vaso bocabajo para que no le caiga polvo. 2. Amér. Merid.* y *Méx.* Derribar con violencia, derramar: *Luciano no se fijó y se volteó la jarra con el agua de frutas encima. 3. Amér.* Volver, cambiar la posición o dirección de algo: *Pensé que era mi prima, pero cuando volteó vi que era otra niña.*

volteo *m. 1.* Acción de voltear. *2. Méx. loc.* **Camión de ~,** camión que puede vaciar su carga cambiando el gulo de la caja: *El camión de volteo levantó su caja y dejó caer la arena para la construcción.*

voltereta *f.* Vuelta dada en el aire: *El gato dio una voltereta y cayó en sus cuatro patas.*

voltímetro *m.* Aparato que sirve para medir una diferencia de potencial en voltios.

voltio *m.* Unidad de potencial eléctrico en el sistema internacional.

volubilidad *f.* Hecho de cambiar frecuentemente de actitud o manera de pensar: *Es muy difícil tratar con él por su volubilidad, un día me habla de manera amable y el otro ni me saluda.* Sin. **variabilidad, inconstancia.**

voluble *adj.* **1.** Que cambia con frecuencia de actitud: *Es una persona inmadura y voluble, sin opiniones firmes.* **2.** Relacionado con el tallo y la planta que crecen en espiral.

volumen *m.* **1.** Espacio y medida del espacio ocupado por un cuerpo: *Después de darnos las características y medidas, la maestra nos pidió calcular el volumen de un cubo.* **2.** Cuerpo material de un libro: *Como esa novela es muy larga se publicó en tres volúmenes.* **3.** Intensidad de los sonidos o de la voz: *Está muy alto el volumen del aparato de sonido, por favor bájale un poco.*

voluminoso, sa *adj.* Que tiene un gran volumen o tamaño: *Esa mujer es tan voluminosa, que tiene que entrar de lado por la puerta.*

voluntad *f.* **1.** Capacidad de determinarse a hacer o no hacer algo: *Con la fuerza de voluntad que posee, estoy seguro que dejará de fumar cuando se lo proponga.* **2.** Energía con la que se ejerce la facultad llamada voluntad: *Como tiene la voluntad de tener éxito con su negocio, trabaja mucho.* **3.** Deseo, aquello que se quiere: *Hizo los ejercicios por su propia voluntad, nadie lo obligó.*

voluntario, ria *adj.* Que nace de la propia voluntad o decisión: *Los lunes mi dentista hace trabajo voluntario con gente que no tiene dinero.*

voluntario, ria *m.* y *f.* Persona que se presta voluntariamente a hacer algo: *Después del terremoto, muchos voluntarios se ofrecieron a remover escombros y ayudar a las víctimas.*

voluntarioso, sa *adj.* **1.** Que pone voluntad y entusiasmo en lo que hace. **2.** Caprichoso, necio, obstinado, que se sale siempre con la suya: *Es un niño voluntarioso que controla a sus padres.*

voluptuosidad *f.* Deleite en el placer sexual o de otro tipo.

voluptuoso, sa *adj.* Que inspira o expresa placer: *Algunos anuncios de la televisión usan a modelos voluptuosas y muy atractivas para poder vender sus productos.*

voluta *f.* **1.** Adorno en forma de espiral que se pone en la parte superior de algunas columnas. **2.** Algo con forma de anillo: *Al expulsar el humo del cigarrillo formó una voluta en el aire.*

volver *vb. irreg.* (tr., intr. y prnl.) Modelo 29. **1.** Dar la vuelta, cambiar de sentido o dirección: *Ya iba a media cuadra de su casa, cuando se volvió porque se le había olvidado la lista de las compras.* **2.** Cambiar o hacer que alguien o algo cambie de estado: *Antes era muy simpática, pero algo le pasó y se ha vuelto una pesada.* **3.** Regresar al lugar del que se salió: *Después de vivir en el extranjero durante cinco años, volvió a su país natal.* **4.** Repetirse un suceso, situación, etc.: *Llovió ayer y hoy volvieron las nubes y otra tormenta.*

vomitada *f.* Vómito: *Como estaba enfermo, la ropa del bebé olía a vomitada.*

vomitado, da *adj.* Manchado por vómito: *Después del viaje por una carretera con muchas curvas, el automóvil quedó todo vomitado por los niños.*

vomitar *vb.* (tr.) **1.** Arrojar por la boca lo contenido en el estómago: *En el parque de diversiones, Raúl vomitó después de comer muchísima comida y dulces.* **2.** Arrojar o lanzar una cosa algo de sí misma de manera violenta: *El volcán vomitó lava y la gente se alejó a toda velocidad de las cercanías.*

vomitivo *m.* Substancia que se administra para provocar vómito: *La ipecacuana es un poderoso vomitivo.*

vomitivo, va *adj.* **1.** Que produce vómito: *Le dieron una pócima vomitiva para que se le compusiera rápidamente el estómago.* **2.** Repulsivo: *El filme que acabamos de ver no sólo es malo, es vomitivo.*

vómito *m.* Contenido del estómago que se arroja por la boca: *La intoxicación con mariscos le produjo vómito y diarrea.*

voracidad *f.* Hambre ávida e intensa: *Cuando regresan los muchachos de jugar fútbol, su voracidad es muy grande y arrasan con todo lo que hay en la cocina.*

vorágine *f.* **1.** Remolino fuerte de las aguas. **2.** Pasión desenfrenada: *En esa telenovela decían que la villana era presa de una vorágine de celos y odios.*

voraz *adj.* **1.** Que come mucho y con avidez: *Como está creciendo y hace mucho ejercicio, tiene un apetito voraz.* **2.** Que consume con rapidez: *Un incendio voraz casi acaba con el bosque ayer.*

vos *pron.* **1.** Pronombre personal masculino y femenino de segunda persona, antigua forma de tratamiento en lugar de *usted.* **2.** *Amér.* Tú.

voseo *m.* Empleo hispanoamericano de vos por tú: *En Guatemala, El Salvador, Uruguay y Argentina se usa el voseo.*

vosotros, tras *pron.* Pronombre personal de segunda persona del plural, que funciona como sujeto o como complemento con preposición: *Yo no quiero ir, pero id vosotras.*

votación *f.* Acto en el que se vota: *La votación fue secreta, nadie sabe quién votó por quién.*

votar *vb.* (tr. e intr.) Dar uno su voto o decir su dictamen: *En ese país, los jóvenes empiezan a votar cuando cumplen diecinueve años.*

voto *m.* **1.** Opinión de cada persona en una elección: *Cada ciudadano tiene el derecho y la obligación de emitir su voto en las elecciones de su país.* **2.** Derecho a votar: *Como es invitado y no miembro de esa comisión, no tiene derecho a voto.* **3.** Promesa religiosa: *Cuando Abel fue ordenado sacerdote hizo votos de castidad, pobreza y obediencia.*

voz *f.* **1.** Sonido emitido por el hombre y los animales: *Como está en plena adolescencia, le está cambiando la voz de niño a joven.* **2.** Manera de expresarse una colectividad: *Ese diario se ha convertido en la voz de un amplio sector de la población.* **3.** Grito: *Llamó a voces a su hijo, que estaba jugando en la calle y no la escuchaba.* **4.** Derecho a opinar: *Las mujeres han hecho escuchar su voz en el mundo desde hace tiempo.* **5.** Mexicanismo: "jitomate" es una voz de origen náhuatl. **6.** Forma que adopta el verbo según la acción sea realizada o sufrida por el sujeto: *La frase "yo como* tarta" está en *voz* activa; "la tarta es comida por mí" está en *voz* pasiva.

vudú *m.* Culto muy difundido entre los negros de las Antillas y de los estados del sur de Estados Unidos de Norteamérica.

vuelco *m.* *Fam.* Alteración, trastorno: *Cuando vio que estaban a punto de chocar, le dio un vuelco el corazón.*

vuelo *m.* **1.** Hecho de volar: *El vuelo de la cometa no duró mucho tiempo, porque el aire dejó de soplar.* **2.** Desplazamiento en el aire de diversos animales, por medio de alas: *Las golondrinas remontan el vuelo al sur cuando se acerca el invierno.* **3.** Espacio que de una vez se recorre volando: *El vuelo en avión entre las dos ciudades se lleva a cabo en dos horas.* **4.** Amplitud de un vestido: *Las polleras o faldas de muchos trajes típicos de América Latina, como las de Perú, tienen mucho vuelo debido a su corte circular.*

vuelta *f.* **1.** Movimiento circular completo de un cuerpo alrededor de un punto o sobre sí mismo: *El paso de baile es así: dos pasos adelante, uno para atrás y luego das una vuelta a la derecha.* **2.** Paseo: *Está linda la tarde, vayamos a dar una vuelta por el centro.* **3.** Regreso, retorno: *No comas nada antes de salir, a la vuelta preparamos algo.* **4.** Repetición: *No sigas dándole vueltas al asunto, ya dile a tus padres que vas a casarte.* **5.** Dinero sobrante que se devuelve al pagar algo. Sin. **vuelto, cambio.**

vuelto *m.* *Amér.* Cambio, dinero sobrante de un pago: *Fíjate bien en el vuelto que te den en la tienda.* Sin. **vuelta.**

vuestro, tra *adj.* Adjetivo posesivo que indica posesión de o pertenencia a la 2ª persona.

vuestro, tra *pron.* Pronombre posesivo que indica pertenencia de la 2ª persona: *Éste es mi carruaje, ¿y el vuestro dónde está?*

vulcanismo *m.* Conjunto de manifestaciones volcánicas.

vulcanización *f.* Operación que consiste en mejorar el caucho o hule, tratándolo con azufre.

vulcanizadora *f.* *Méx.* Negocio en el que se arreglan los neumáticos de automóvil: *Se dañó el neumático del automóvil y mi padre lo llevó a arreglar a una vulcanizadora.*

vulcanizar *vb. irreg.* [tr.] Modelo 16. Hacer el caucho o hule más impermeable y duradero, al combinarlo con azufre.

vulcanología *f.* Estudio de los volcanes y de los fenómenos volcánicos: *La vulcanología tiene mucho que aprender de los volcanes aún activos que existen en el mundo.*

vulcanólogo, ga *m.* y *f.* Especialista en vulcanología: *Un equipo de vulcanólogos vigilan ese volcán, porque recientemente ha dado muestras de actividad.*

vulgar *adj.* **1.** Relativo al vulgo o pueblo. **2.** Común o general, por oposición a científico o técnico: *Una superstición vulgar es la que dice que pasar por debajo de una escalera trae mala suerte.* **3.** Impropio de personas cultas y educadas: *Tiene unos modales vulgares, como escupir en el piso y mascar con la boca abierta.*

vulgaridad *f.* Falta de elegancia: *¡Qué vulgaridad! Llevó zapatos de deportes a una reunión elegante.*

vulgarismo *m.* Palabra o frase propia de la lengua popular.

vulgo *m.* Capa inferior de la población: *El vulgo lee poco; en cambio, escucha más la radio y ve mucho la televisión.* Sin. **pueblo.**

vulnerabilidad *f.* Debilidad, fragilidad: *La vulnerabilidad de Aquiles se localizaba en el talón.*

vulnerable *adj.* Que puede dañarse con facilidad: *Los bebés son seres vulnerables que necesitan cuidados y protección.* Ant. **invulnerable.**

vulnerar *vb.* [tr.] **1.** Causar daño a alguien, lastimarlo. **2.** Quebrantar una ley.

vulva *f.* Parte externa del aparato genital de las mujeres y de las hembras de los mamíferos, que constituye la entrada de la vagina.

Ww

w *f.* Vigésima cuarta letra del abecedario español, llamada *uve doble, doble u o doble ve.*

water *m.* **Palabra inglesa.** Lugar y recipiente en el que se defeca y se orina: *"¿Dónde queda el water?", preguntó con una voz en la que se notaba que ya no aguantaba las ganas de hacer pis.* Sin. **retrete, escusado, inodoro, excusado, taza.**

waterpolo *m.* **Palabra de origen inglés.** Deporte acuático en el que juegan dos equipos y que consiste en introducir un balón en la portería contraria: *Para jugar waterpolo hay que saber nadar bien, ser fuerte y resistente.*

watt *m.* **Palabra inglesa.** Nombre del vatio en la Nomenclatura Internacional: *A mi tía María Luisa no le gustaba la luz intensa, por eso utilizaba bombillas de pocos watts.* Sin. **vatio.**

weber *m.* Unidad de medida de flujo magnético en el Sistema Internacional, nombrada así en honor del físico alemán Wilhelm Eduard Weber, quien en 1846 formuló la ley de las fuerzas que ejercen las partículas electrizadas en movimiento.

whisky *m.* **Palabra inglesa.** Licor obtenido de la fermentación de cereales: *Se considera que el whisky escocés es de los mejores del mundo.*

wolframio *m. Ver* **volframio.**

won *m.* Moneda de Corea del Norte y Corea del Sur, países asiáticos.

X x

x *f.* **1.** Vigésima quinta letra del abecedario español. Su nombre es *equis*. **2.** En matemáticas, signo de la incógnita: *El maestro de matemáticas nos pidió que encontráramos el valor que tenía "x" en la fórmula.* **3.** Denominación que se da a los filmes pornográficos y a las salas donde los proyectan: *Mi mamá me dijo que no podía ver ese filme x porque todavía soy pequeño.* **4.** loc. ~ **o y**, uno u otro, sin importar cuál: *Voy a comer x o y guiso, lo que me importa es comer algo porque tengo hambre.*

X *f.* Cifra que en números romanos equivale a 10.

xenofobia *f.* Odio o desprecio hacia los extranjeros: *En tiempos de guerras internacionales, los pueblos desarrollan un alto nivel de xenofobia.*

xenófobo, ba *adj.* Que odia o desprecia a los extranjeros: *La actitud xenófoba provoca conflictos terribles.*

xenón *m.* Gas inerte, incoloro e inodoro, de símbolo Xe y número atómico 54: *El xenón se encuentra en el aire en cantidades muy pequeñas.*

xerocopia *f.* Copia obtenida por un tipo de impresión con el que se hacen fotocopias: *Saqué una xerocopia de mi pasaporte, pues la necesitaba para un trámite.*

xerófilo, la *adj.* Se dice de las plantas que viven en medios secos: *Los cactos son xerófilas que pueden almacenar gran cantidad de agua en sus tallos.*

xerografía *f.* Procedimiento de impresión sin contacto en el que intervienen el calor y la electricidad.

xilófono *m.* Instrumento musical de percusión compuesto de láminas de madera o metal.

xilografía *f.* Impresión o grabado que se realiza con la ayuda de una plancha de madera grabada.

xocoyote *m.* *Méx.* Benjamín, último de los hijos de una familia: *La mamá juega mucho con el xocoyote de cinco años, porque su otro hijo ya tiene veinticinco años y está a punto de casarse.*

xoxalero, ra *m.* y *f.* *Méx.* Hechicero, brujo: *La palabra xoxalero se deriva del náhuatl "xoxalli", que significa "tumor".*

Y y

y *f.* Vigésima sexta letra del abecedario español. Su nombre es ye o i griega.

y *conj.* Une palabras, sintagmas u oraciones con la misma función: *Compró peras y manzanas para mezclarlas con yogur y cereal.*

ya *adv.* **1.** Expresa el tiempo pasado: *Como preparación para el examen, el maestro nos dio un repaso de los temas que ya habíamos estudiado antes.* **2.** Indica el tiempo presente pero con relación al pasado: *Hace algunos años era rico pero ahora ya es pobre.* **3.** En tiempo u ocasión futura: *"Ahora no puedo conversar mucho contigo pero ya tendremos tiempo de hacerlo."*

ya *conj.* Indica que cada una de varias alternativas conduce a la misma consecuencia: *Ya con gozo, ya con dolor, el poeta siempre escribe versos.*

yabuna *f. Cuba.* Hierba muy abundante en las sabanas que da sus frutos en espiga.

yacaré *m. Argent., Bol., Par. y Urug.* Reptil parecido al cocodrilo pero de menor tamaño: *Los yacarés se alimentan sobre todo de peces.*

yacer *vb. irreg.* {intr.} **Modelo 43.** **1.** Estar acostado o tendido: *Cuando llegué a su casa de campo, él yacía en una cómoda hamaca leyendo una novela de suspenso.* **2.** Estar enterrado: *Bajo este sepulcro yacen los restos de mis antepasados.*

yacimiento *m.* Acumulación natural de minerales, rocas o fósiles: *Unos paleontólogos acaban de descubrir cerca de aquí un gran yacimiento de restos de dinosaurios.*

yagua *f.* **1.** *Venez.* Palma de la que se obtienen fibras textiles. **2.** *Cuba y P. Rico.* Tejido fibroso que envuelve la parte más tierna de las palmas llamadas reales.

yagual *m. Amér. C. y Méx.* Especie de anillo que se hace con tela u otro material y se coloca sobre la cabeza para cargar cosas: *La mujer indígena se puso su yagual y en él colocó una vasija llena de agua.*

yaguané *adj. Argent., Par. y Urug.* Referido al ganado vacuno o caballar que tiene el pescuezo y los costillares de distinto color al del resto del cuerpo.

yaguané *m. Argent., Par. y Urug.* Mamífero de pelaje negro con blanco, originario de América que arroja un líquido apestoso cuando se siente perseguido. SIN. **mofeta, zorrillo.**

yaguar o **jaguar** *m.* Mamífero carnívoro americano, parecido al leopardo, que mide alrededor de 1.50 m de longitud.

yaguareté *m. Argent., Par. y Urug.* Jaguar.

yaguasa *f. Cuba, Hond. y P. Rico.* Ave acuática similar al pato salvaje.

yak o **yac** *m.* Animal asiático de gran tamaño, de largo pelaje, que se utiliza como animal de carga y para montura: *Los yaks parecen toros peludos y se utilizan en el Tíbet como animales de trabajo y para alimentarse con su leche.*

yanqui *adj./m. y f.* **Palabra de origen inglés.** *Fam.* Originario de los Estados Unidos de Norteamérica: *A las playas de este país vienen sobre todo turistas yanquis.*

yapa *f. Amér. C. y Amér. Merid.* Propina, añadidura.

yarará *f. Amér. Merid.* Serpiente venenosa, de 1.50 m de longitud, de color pardo claro con dibujos más obscuros, cuya mordedura puede ser mortal: *El hombre fue mordido por una yarará y su estado es de extrema gravedad.*

yaraví *m. Bol. y Perú.* Canto melancólico de origen incaico.

yarda *f.* **Palabra de origen inglés.** Medida inglesa de longitud equivalente a 91.4 centímetros.

yareta *f. Amér. Merid.* Planta que crece en los páramos de los Andes: *La yareta es una planta pequeña.*

yataí o **yatay** *m. Argent., Par. y Urug.* Planta de cuyos frutos se obtiene aguardiente y sus yemas terminales son utilizadas como alimento para el ganado.

yate *m.* Embarcación de vela o motor que se usa para pasear: *Es dueño de un gran yate en el que le gusta realizar viajes de placer por los distintos mares del mundo.*

yedra *f.* Planta trepadora que vive adherida a las paredes o a los árboles: *Reconocerás fácilmente mi casa porque la fachada está cubierta de yedras.* SIN. **hiedra.**

yegua *adj. Amér. C. y P. Rico.* Estúpido, tonto.

yegua *f.* **1.** Hembra del caballo: *La yegua acaba de parir un lindo potrillo.* **2.** *Amér. C.* Colilla de cigarrillo.

yeguarizo, za *adj. Argent. y Urug.* Caballar, relativo al caballo.

yeísmo *m.* Pronunciación de la ll como y.

yelmo *m.* Parte de la armadura que se usaba para cubrirse la cabeza y la cara: *Los soldados medievales usaban yelmos para evitar que los hirieran en el rostro durante los enfrentamientos de armas.*

yema *f.* **1.** Parte central, casi siempre de color amarillo, del huevo de los animales: *La yema de huevo tiene una alta concentración de colesterol.* **2.** Dulce de azúcar y yema de huevo. **3.** Parte del dedo opuesta a la uña: *En la yema de los dedos existen unas marcas llamadas huellas dactilares, que son distintas para cada persona.* **4.** Brote que aparece en el tallo de las plantas.

yen *m.* Moneda de Japón, país de Asia Oriental, que está formado por un conjunto de islas.

yerba *f.* **1.** Planta pequeña de tallo tierno: *Pusimos el mantel sobre la yerba y nos dispusimos a comer en medio del campo.* **2.** *R. de la Plata.* Producto industrializado, elaborado a partir de la planta yerba mate, que se consume como bebida caliente: *Mi amiga argentina bebió yerba y yo, café.* **3.** loc. *Argent., Par.* y *Urug.* **~ mate**, planta americana de hojas lampiñas y aserradas, fruta roja y flores blancas, con sus hojas se prepara una infusión. **4.** *Méx. Fam.* Marihuana.

yerbatero, ra *adj.* **1.** *R. de la Plata.* Relativo a la yerba mate o a sus usos industriales. **2.** *Chile, Colomb., Ecuad., Méx., P. Rico.* y *Venez.* Relativo al médico o curandero que cura con hierbas. Sin. **yerbero**.

yerbatero, ra *m.* y *f.* **1.** *Chile, Colomb., Ecuad., Méx., P. Rico.* y *Venez.* Vendedor de hierbas para alimentar al ganado. **2.** *R. de la Plata.* Persona que se dedica al cultivo, industrialización o venta de la yerba mate.

yerbera *f.* **1.** *Argent., Par.* y *Urug.* Recipiente en el que se guarda la yerba mate. **2.** *Argent., Par.* y *Urug.* Conjunto de dos recipientes para la yerba y el azúcar con que se prepara el mate.

yerbero, ra *m.* y *f. Méx.* Curandero. Sin. **hierbero**.

yermo, ma *adj./m.* Despoblado, inhabitado: *A lo largo de la carretera vimos un paisaje yermo hasta que llegamos al siguiente pueblo.*

yerno *m.* Respecto de una persona, marido de su hija.

yerra *f. R. de la Plata.* Hecho de marcar con hierro el ganado.

yerro *m.* Falta o equivocación: *Hay que reconocer y corregir los yerros personales.*

yerto, ta *adj.* Tieso, rígido: *Ahí estaba el cadáver de la víctima, yerto y frío.*

yesca *f.* Material muy seco en el que prende cualquier chispa: *Muchos exploradores cargan yesca como parte de su equipo para poder encender fogatas.*

yeso *m.* Sulfato de calcio que se emplea en escultura, construcción, etc.: *Después de colocar las placas de hormigón, las paredes y el techo se cubren con yeso.*

yeta *f. Argent.* y *Urug.* Desgracia, mala suerte: *Bruno dice que pasar bajo una escalera es yeta, pero yo creo que más bien es una falta de precaución.*

yeyuno *m.* Parte del intestino delgado que se encuentra a continuación del duodeno.

yo *m.* Lo que constituye la personalidad, la individualidad.

yo *pron.* Pronombre personal de primera persona del singular, masculino y femenino que funciona como sujeto: *"Yo quisiera ser bailarina algún día."*

yodo o **iodo** *m.* Cuerpo simple no metálico de color gris negruzco, de símbolo químico I y número atómico 53, que se usa como desinfectante.

yoga *m.* Disciplina espiritual y corporal hindú destinada a alcanzar la perfección del espíritu a través de técnicas de concentración mental: *Julián practica yoga y además es vegetariano.*

yogur *m.* Producto lácteo preparado con leche fermentada: *Todas las mañanas Rocío desayuna yogur con frutas y miel.*

yola *f.* Embarcación estrecha y ligera que se puede hacer avanzar con remos o velas.

yoyo *m.* Juguete que consiste en un disco con un canal, al que se hace subir y bajar a lo largo de un hilo atado a su eje.

yuan *m.* Moneda de China, país de Asia Oriental.

yuca *f.* Planta americana que se cultiva por sus raíces, las cuales sirven para elaborar una harina alimenticia.

yudo *m. Ver* **judo**.

yugo *m.* Instrumento de madera que se fija a la cabeza de los animales de tiro: *Los bueyes van unidos por un yugo que los mantiene juntos para realizar el trabajo del campo.*

yugoslavo, va *adj./m.* y *f.* Originario de Yugoslavia, país de Europa.

yugular *adj.* Relativo al cuello: *Ese perro guardián está entrenado para atacar la región yugular de los intrusos.*

yugular *f.* Una de las grandes venas del cuello que lleva sangre del cerebro al corazón: *Si se corta la yugular a una persona, se puede desangrar rápidamente y morir.*

yugular *vb.* (tr.) Cortar la garganta o el cuello. Sin. **degollar**.

yuma *adj./m.* y *f.* Pueblo amerindio de América del Norte que se localiza desde California y Arizona, en Estados Unidos de Norteamérica, hasta una parte del norte de México: *Algunas tribus yuma se han extinguido; entre las más conocidas están los cochimí, los mohare y los diegueño.*

yunque *m.* **1.** Bloque de hierro sobre el que se forjan los metales: *El herrero golpea el metal caliente sobre el yunque.* **2.** Segundo huesecillo del oído medio.

yunta *f.* Par de bueyes o mulas que sirven en la labor del campo: *El campesino va detrás de la yunta preparando el campo para sembrarlo.*

yurumí *m. Amér. Merid.* Tipo de oso hormiguero.

yuxtaponer *vb.* (tr. y prnl.) Colocar una cosa junto a otra o colocar dos cosas juntas.

yuxtaposición *f.* **1.** Unión de palabras u oraciones sin utilizar preposiciones ni conjunciones. **2.** Colocación de una cosa junto a otra de modo que se unan.

yuyero, ra *adj.* **1.** *Argent.* y *Urug.* Aficionado a las hierbas medicinales. **2.** *Argent.* y *Urug.* Se dice del curandero que utiliza hierbas medicinales.

yuyo *m.* **1.** *Amér. Merid.* Hierba. **2.** *Perú.* Conjunto de hierbas tiernas comestibles.

Z z

z *f.* Vigésima séptima letra del abecedario español. Su nombre es zeta.

zabordar *vb.* (intr.) Poner un barco en tierra.

zacate *m.* **1.** *Amér. C. y Méx.* Hierba, pasto, alimento para el ganado. **2.** *Méx.* Estropajo, trozo de algún material como plástico o fibra que se usa para lavar el cuerpo u otra superficie: *Cuando se duchan, algunas personas usan* **zacate** *en lugar de esponja.*

zafado, da *adj./m. y f.* **1.** *Argent.* Atrevido, descarado. **2.** *Méx.* Loco, chiflado: *Está* **zafado**, *quiere cursar una carrera que dura cinco años en sólo uno.*

zafarrancho *m.* **1.** Disposición de una parte de la embarcación para determinado trabajo. **2.** *Fam.* Riña o pelea: *Durante el* **zafarrancho** *que hubo en la calle varios hombres resultaron golpeados.*

zafarse *vb.* (prnl.) **1.** Escaparse, esconderse: *El héroe* **se zafó** *de las cuerdas con que lo habían amarrado y elaboró un plan para acabar con su enemigo.* **2.** Excusarse de hacer algo: *Quiere* **zafarse** *de ir a esa fiesta familiar porque prefiere salir con sus amigos.* **3.** *Amér.* Dislocarse un hueso.

zafio, fia *adj.* Tosco, inculto o grosero en los modales: *Berenice es buena chica pero un poco* **zafia** *porque nunca ha ido a la escuela.*

zafiro *m.* Piedra preciosa de color azul.

zafra *f.* Cosecha de la caña de azúcar: *La* **zafra** *de este año será la mitad de la que hubo el pasado porque las heladas dañaron la caña.*

zafra *f.* Vasija grande de metal, con tapa, para almacenar aceite.

zaga *f.* **1.** Parte de atrás de una cosa. **2.** Jugadores que forman la defensa en un equipo deportivo. **3.** *loc. a la ~*, estar retrasado: *Como no es maestro no se ha actualizado va a la* **zaga** *de los más jóvenes que tienen conocimientos nuevos.*

zaguán *m.* **1.** Habitación cubierta, inmediata a la entrada de un edificio o una casa: *Esa casa tiene un* **zaguán** *en el que pusieron muchas plantas.* **2.** *Méx.* Puerta grande para entrar al patio o garaje de una casa.

zaguero, ra *m. y f.* Jugador que tiene la defensiva en un equipo: *Como no es bueno para meter goles, el entrenador puso al nuevo jugador de* **zaguero**, *donde hace una excelente defensa.*

zaherir *vb. irreg.* (tr.) **Modelo 50.** Reprender con humillación o malos tratos.

zahón *m.* Prenda que llevan los cazadores y la gente de campo para cubrir su traje.

zahúrda *f.* **1.** Cobertizo para guardar cerdos. SIN. **pocilga, chiquero. 2.** Vivienda sucia y miserable: *Mi madre*

me dijo que mi habitación es una **zahúrda** *y que debía limpiarla y recoger toda la ropa.*

zaino, na *adj.* **1.** Traidor, falso. **2.** Relacionado con la caballería de pelaje color castaño obscuro: *Le prestaron una yegua* **zaina** *para cruzarla con el caballo negro.* **3.** Relacionado con la res vacuna de color negro.

zaire *m.* Moneda de Zaire, país de África.

zaireño, ña o **zairense, sa** *adj./m. y f.* Originario de Zaire, país de África.

zalamería *f.* Halago, demostración exagerada de cariño.

zalamero, ra *adj./m. y f.* Persona que tiene demostraciones exageradas y falsas de cariño o admiración.

zamarra *f.* Chaleco hecho de piel con lana o pelo.

zamarro *m.* **1.** Chaleco hecho de piel con lana o pelo. **2.** *pl. Colomb., Ecuad. y Venez.* Especie de calzón hecho de cuero o paño que llevan los cazadores y la gente del campo para proteger el traje cuando montan a caballo.

zamba *f.* *Amér. Merid.* Danza popular que se baila en pareja suelta y con revuelo de pañuelos.

zambo, ba *adj./m. y f.* **1.** Que tiene torcidas las piernas hacia afuera y las rodillas juntas. **2.** *Amér.* Se dice del hijo de negro e india o viceversa.

zambomba *f.* Instrumento musical popular que produce un sonido fuerte y áspero.

¡zambomba! *interj.* Expresión de sorpresa: *¡Zambomba, no me había dado cuenta de que era tan tarde!* SIN. **¡recórcholis!**

zambullida *f.* Inmersión de golpe en el agua: *Después de la* **zambullida** *Marcela comenzó a nadar con gran energía.*

zambullir *vb. irreg.* (tr. y prnl.) **Modelo 69.** Meter de golpe algo debajo del agua: *Como el agua estaba fría prefirió* **zambullirse** *en vez de entrar poco a poco.*

zampabollos *m. y f. Fam.* Persona glotona.

zampar *vb.* (tr., intr. y prnl.) **1.** Meter de manera brusca una cosa en un líquido o en un sitio. **2.** Comer de prisa y con exageración: *Tenía tanta hambre que* **se zampó** *tres panes casi sin masticarlos.*

zampoña *f.* Instrumento musical rústico a modo de flauta o gaita.

zamuro *m. Colomb. y Venez.* Especie de buitre del tamaño de una gallina, negro, con las patas rojizas y cabeza y cuello rojoazulados. SIN. **zopilote, gallinazo.**

zanahoria *f.* **1.** Planta herbácea cultivada por su raíz comestible. **2.** Raíz de la planta de la zanahoria, de color anaranjado: *"Las* **zanahorias** *son buenas para la vista, ¿cuándo has visto un conejo con anteojos?"*

zanate *m. C. Rica, Guat., Hond., Méx. y Nicar.* Pájaro de plumaje negro que se alimenta de semillas: *El cam-*

pesino puso un espantapájaros para evitar que los **zanates** se comieran su cosecha.

zancada f. Paso de gran tamaño: *Como tiene las piernas tan largas, en tres* **zancadas** *salió de la habitación.*

zancadilla f. Acción de cruzar uno su pierna por entre las de otro para hacerle perder el equilibrio y caer: *El futbolista le metió una* **zancadilla** *a su adversario y le lastimó la pierna.*

zanco m. Cada uno de los dos palos altos con soportes donde se ponen los pies, sobre los que se anda en algunos juegos: *En el circo algunos payasos caminaban en altos* **zancos** *que cubrían con larguísimos pantalones.*

zancón, na adj. Colomb., Guat., Méx. y Venez. Se refiere a la ropa demasiado corta para la persona que la usa: *Al papá de Martha no le gustó el vestido de su hija, le pareció demasiado* **zancón**.

zancudo m. Amér. Mosquito.

zancudo, da adj. Relativo a las aves de largas patas: *Los flamencos y las garzas son aves* **zancudas**.

zángano m. Abeja macho: *Los* **zánganos** *fecundan a la abeja reina, después de lo cual mueren.*

zángano, na m. y f. Fam. Persona holgazana que vive del trabajo de otras: *La pobre mujer no sabía que el hombre con el que se casó es un* **zángano** *que no hace nada.*

zanguango, ga m. y f. Amér. Merid. Persona que se comporta de manera estúpida y torpe.

zanja f. **1.** Excavación larga y estrecha que se hace en la tierra: *Como era de noche no vio la* **zanja** *y cayó en ella.* **2.** Amér. C. y Amér. Merid. Surco que abre en la tierra la corriente de un arroyo.

zanjar vb. {tr.} **1.** Abrir zanjas: *Los trabajadores* **zanjaron** *el terreno donde luego se colocarán los cables telefónicos.* **2.** Resolver un asunto o problema: *Edith* **zanjó** *el problema porque encontró una solución que convenía a todos.*

zanjón m. Chile. Precipicio, despeñadero.

zapa f. **1.** Especie de pala que usan los zapadores. **2.** Excavación de una galería subterránea o de una zanja al descubierto.

zapador m. Soldado que se ocupa de abrir trincheras o lugares que sirven para protegerse del enemigo mientras se está en batalla: *Durante la Primera Guerra Mundial los* **zapadores** *avanzaban para preparar las trincheras de la infantería.*

zapallo m. **1.** Amér. Merid. Planta herbácea, trepadora o rastrera, de tallo largo y hueco. SIN. **calabacera**. **2.** Amér. Merid. Fruto de la planta del zapallo. SIN. **calabaza**.

zapata f. **1.** Calzado que llega a media pierna. **2.** Pieza del mecanismo que sirve para frenar en algunos vehículos.

zapateado m. Golpes dados con los pies en el suelo como parte de una danza o por una rabieta: *Una parte importante del baile andaluz es el* **zapateado**.

zapatear vb. {tr.} Dar golpes en el suelo con los pies calzados.

zapatería f. **1.** Industria donde se hacen zapatos: *Esa* **zapatería** *produce zapatos de tela, piel y plástico.* **2.** Tienda donde se venden zapatos: *Fue a la* **zapatería** *a comprar unas pantuflas y salió con unos zapatos muy elegantes y sin dinero.*

zapatero, ra m. y f. Persona que tiene por oficio hacer, componer o vender zapatos: *Le llevé los zapatos al* **zapatero** *para que les ponga suelas nuevas.*

zapatilla f. **1.** Zapato cómodo para estar en casa: *Su perro está entrenado para llevarle las* **zapatillas** *en cuanto llega a su casa.* SIN. **pantufla**. **2.** Calzado deportivo. SIN. **tenis**. **3.** Zapatos especiales para bailar ballet.

zapatismo m. Méx. Movimiento militar y campesino de la época de la Revolución Mexicana, que seguía las ideas de Emiliano Zapata.

zapatista adj./m. y f. Seguidor del zapatismo.

zapato m. Calzado que cubre el pie hasta el tobillo: *Ese vecino se hartó de escuchar maullar al gato y le aventó un* **zapato**.

zapote m. Árbol americano con fruto esférico y blando que es comestible y de sabor muy dulce, con una pulpa suave: *Mi tía Lilia prepara dulce de* **zapote** *con jugo de naranja.*

zapoteca o **zapoteco** adj./m. y f. Pueblo amerindio que habita en el estado de Oaxaca, parte de Veracruz, Chiapas y Guerrero, México: *En la época prehispánica, la cultura* **zapoteca** *tuvo su centro más importante en Monte Albán.*

zar m. Título que hasta el siglo XIX se daba al emperador de Rusia y a los soberanos de Bulgaria y Serbia: *Nicolás fue el último* **zar** *de todas las Rusias.*

zarandear vb. {tr. y prnl.} **1.** Mover a alguien o algo de un lado a otro con rapidez y energía: *La tormenta hizo que el gran barco se* **zarandeara** *como si fuera de papel.* **2.** Chile, Méx., Perú, P. Rico y Venez. Caminar moviendo mucho los hombros y las caderas: *Mira cómo camina esa mujer, se* **zarandea** *como barco en alta mar.* SIN. **contonearse**.

zarandeo m. Movimiento enérgico y rápido: *Los* **zarandeos** *de los viajes en avión me ponen nervioso.*

zarcillo m. **1.** Pendiente o arete en forma de aro. SIN. **arracada**. **2.** Hoja o brote en forma de hilo que se enrosca alrededor de un soporte.

zarigüeya f. Mamífero marsupial parecido a la rata: *Las* **zarigüeyas** *tienen una cola prensil y cargan a sus crías sobre su lomo.*

zarina f. Emperatriz de Rusia: *Alexandra fue la última* **zarina** *de Rusia.*

zarpa f. Mano con dedos y uñas afiladas de ciertos animales: *A algunos felinos de circos, como leones y tigres, les retiran las* **zarpas** *y les liman los colmillos.* SIN. **garra**.

zarpar vb. {tr. e intr.} **1.** Levar anclas: *El barco* **zarpó** *en cuanto la marea y los vientos lo permitieron.* **2.** Irse un barco de un lugar: *El novio se quedó en el muelle hasta que el barco en el que iba su amada* **zarpó** *y se perdió en el horizonte.*

zarpazo m. Araño producido con una zarpa: *La leona se enojó con su entrenador y le tiró un* **zarpazo**.

zarrapastroso, sa adj./m. y f. Fam. Se dice de las personas que visten con ropa sucia y descuidada: *Es natural que los niños que viven en la calle, sin familia, anden* **zarrapastrosos**.

zarza f. Planta espinosa que da como fruto la zarzamora.

zarzal m. Lugar donde hay zarzas: *Ten cuidado con las espinas del* **zarzal** *cuando recojas las zarzamoras.*

zarzamora f. Fruto de la zarza, de color morado: *Con **zarzamoras** se pueden hacer mermeladas y postres muy ricos.*

zarzaparrilla f. Arbusto de tallo espinoso, del que se obtiene la bebida refrescante del mismo nombre: *Tomé un litro de **zarzaparrilla** porque tenía mucha sed.*

zarzuela f. **1.** Obra dramática española en la que alternan los fragmentos hablados y los cantados: *"Luisa Fernanda" es una **zarzuela** que le gustaba mucho a mi abuelo.* **2.** Guiso hecho con varias clases de pescado y mariscos, condimentado con una salsa de tomate.

zedilla f. Ver **cedilla**.

zéjel m. Composición poética antigua de los árabes españoles.

zepelín m. Globo dirigible de estructura metálica: *A principios del siglo xx, los vuelos de los **zepelines** eran grandes acontecimientos.*

zeta f. **1.** Nombre de la letra "Z". **2.** loc. **X, y o ~**, uno u otro, lo que no se conoce.

zigoto m. Célula resultante de la fecundación.

zigzag m. Línea hecha por segmentos que forman alternativamente ángulos entrantes y salientes: *Esa parte montañosa de la carretera parece estar dibujada en **zigzag**.*

zinc m. Ver **cinc**.

zíper m. **Palabra de origen inglés.** *Méx.* Cremallera, cierre: *Niño, traes el **zíper** del pantalón abierto.*

zipizape m. *Fam.* Riña, discusión: *En el noticiero informaron de un **zipizape** que se dio entre policías y ladrones, en el cual resultaron heridas cuatro personas.*

zloty m. Moneda de Polonia, país de Europa.

zócalo m. **1.** Cuerpo inferior de un edificio, que sirve para elevar los basamentos o cimientos a un mismo nivel. **2.** Banda que se coloca en la pared a ras de suelo: *El piso de esta habitación tendrá un **zócalo** de color negro.* **3.** *Méx.* Plaza central de una ciudad: *El festival se llevó a cabo en el **zócalo** de la capital.*

zoco m. En los países árabes, mercado.

zodiacal adj. Relacionado con el zodiaco: *¿Cuál es tu signo **zodiacal**? El mío es Sagitario.*

zodiaco o **zodíaco** m. Zona de la esfera celeste en la que se desplazan los principales planetas del Sistema Solar, y que está dividida en doce partes llamadas signos del zodiaco.

zombi m. Según el vudú, cadáver desenterrado y revivido.

zompopo m. *Amér. C.* Hormiga de cabeza grande que se alimenta de hojas.

zona f. **1.** Extensión o superficie con límites determinados: *A unos kilómetros de aquí hay una **zona** militar donde sólo pueden entrar soldados.* **2.** Parte de una cosa: *La **zona** baja de la espalda me duele cuando me agacho.* **3.** Cada una de las divisiones de la Tierra determinadas por los trópicos y los círculos polares: *La mayoría de la gente vivimos en la **zona** tropical del planeta.*

zoncera f. **1.** *Amér.* Comportamiento tonto: *A algunos niños les da por hacer **zonceras** con las que parecen divertirse mucho.* **2.** *Argent.* Dicho, hecho u objeto de poco o ningún valor.

zonda m. *Argent.* Viento cálido y seco proveniente del oeste, que sopla en el área de la cordillera y alcanza particular intensidad en la región argentina de Cuyo.

zonzo, za adj./m. y f. Tonto: *Más que ser **zonzo**, lo que le pasa a Daniel es que no pone atención.*

zoo m. Abreviatura de parque zoológico: *El domingo fuimos al **zoo** y nos divertimos mucho viendo jugar a los monos.* SIN. **zoológico**.

zoófago, ga adj. Que se alimenta de materias animales: *Los humanos somos **zoófagos** porque comemos reses, conejos y otros animales.*

zoología f. Rama de las ciencias naturales que estudia los animales: *Los estudiantes de veterinaria tienen que estudiar **zoología**, entre otras disciplinas.*

zoológico m. Establecimiento especial donde viven animales salvajes, que pueden ser visitados por el público. SIN. **parque zoológico, zoo**.

zoológico, ca adj. **1.** Relativo a la zoología. **2.** loc. **Parque ~**, establecimiento acondicionado para que vivan en él animales salvajes a fin de exponerlos al público: *Queremos ir al **parque zoológico** a ver un par de cachorros de león recién nacidos.*

zootecnia f. Ciencia que estudia la cría y mejoramiento de los animales domésticos.

zopenco, ca adj./m. y f. *Fam.* Muy torpe, tonto, bruto.

zopilote m. *C. Rica, Guat., Hond., Méx. y Nicar.* Ave de color negro parecida al buitre pero de menor tamaño. SIN. **gallinazo, zamuro**.

zoquete adj./m. y f. *Fam.* Torpe, tardo para entender: *Al muy **zoquete** le dije que quería que pintara la mesa de color verde y la pintó de azul.*

zoquete m. Trozo de madera que sobra del extremo de un madero cuando éste ha sido cortado.

zorra f. **1.** Hembra del zorro: *La **zorra** caminaba por el campo seguida por sus dos cachorros.* **2.** *Desp. Vulg.* Ramera, prostituta.

zorrillo o **zorrino** m. **1.** *Amér.* Mamífero carnívoro que se defiende de sus enemigos lanzando un líquido fétido por vía anal: *El olor del **zorrillo** es tan penetrante que puede percibirse a 50 metros de distancia.* SIN. **mofeta, yaguané**. **2.** *Méx. Fam.* Tonto: *"No seas **zorrillo**, no te quedes en casa y ven con nosotros a la fiesta."*

zorro m. Mamífero carnívoro de cola tupida y hocico puntiagudo: *En Inglaterra, jinetes a caballo y perros sabuesos solían cazar **zorros** como deporte.*

zorzal m. Ave de formas esbeltas, color grisáceo o marrón y canto melodioso.

zozobra f. Angustia, temor, inquietud: *Cuando su marido sale de viaje, su mujer se llena de **zozobra** porque piensa que quizás le ocurra algo malo.*

zozobrar vb. {intr.} **1.** Naufragar una embarcación: *El barco **zozobró** y los sobrevivientes fueron rescatados en un bote salvavidas.* **2.** Fracasar un proyecto: *El negocio prometía ser bueno pero todo parece indicar que **zozobrará**.*

zueco m. **1.** Zapato de madera de una sola pieza: *Los campesinos suecos y del norte de Francia usaban **zuecos** hace muchos años.* **2.** Zapato de cuero con suela de madera o de corcho.

zumbar vb. {intr.} Producir un sonido continuado: *Como ya no es nuevo, el motor de la lavadora **zumba** cuando la prendo.*

zumbido m. Acción y efecto de zumbar: *El **zumbido** de los mosquitos no me dejó dormir anoche.*

zumo m. Líquido que se extrae exprimiendo frutas: *La tarta de frutas se prepara con el **zumo** de dos naranjas y de dos manzanas.* SIN. **jugo**.

zurcido *m.* Cosido, remiendo.

zurcir *vb. irreg.* (tr.) **Modelo 64.** Coser la rotura o desgaste de una tela: *Por las noches, junto al fuego, la madre* **zurce** *los calcetines de sus hijos.*

zurdo, da *m.* y *f.* Persona que usa la mano o el pie izquierdos para hacer lo que, en general, se hace con la derecha o el derecho: *Hace años, los* **zurdos** *eran obligados a aprender a escribir con la mano derecha.*

zurra *f.* **1.** Acción de zurrar o curtir las pieles. **2.** *Fam.* Paliza, tunda: *Un niño abusivo y mayor le dio a Jaime una* **zurra** *al salir de la escuela.*

zurrar *vb.* (tr.) **1.** Golpear a una persona o animal: *Carlos le dio una* **zurra** *al perro callejero que había mordido a su hijo.* **2.** Curtir las pieles. **3.** *Méx. Fam.* Defecar: *El gato se* **zurró** *en una maceta y mi mamá le pegó con la escoba.*

zurriago *m.* Látigo que se emplea para golpear.

zurrón *m.* Bolsa para llevar o guardar la caza o provisiones: *Los marineros usan* **zurrones** *para guardar sus pertenencias.* Sin. **morral.**

zutano, na *m.* y *f.* Una persona cualquiera, en correlación con *fulano* o *mengano.*

MODELOS DE CONJUGACIÓN

En el siguiente manual se ofrecen 72 modelos de conjugación, tres de ellos corresponden a los verbos regulares ejemplificados con *amar* (modelo 1), *comer* (modelo 20) y *vivir* (modelo 45), y sesenta y nueve pertenecen a los irregulares.

Dentro del diccionario los verbos regulares están señalados con la marca **vb.** y corresponden a uno de los tres modelos regulares; la marca **vb. irreg.** indica que el verbo es irregular y a continuación remite al número de modelo que le corresponde, por ejemplo: **calificar vb. irreg.** {tr.} **Modelo 17.**

Se presenta la conjugación de cada verbo modelo en todos los tiempos de los modos indicativo, subjuntivo e imperativo y con un número que lo identifica.

Modelo 1

AMAR

Presente	Pretérito	Futuro	Copretérito	Pospretérito
amo	amé	amaré	amaba	amaría
amas	amaste	amarás	amabas	amarías
ama	amó	amará	amaba	amaría
amamos	amamos	amaremos	amábamos	amaríamos
amáis	amasteis	amaréis	amabais	amaríais
aman	amaron	amarán	amaban	amarían

Antepresente	Antepretérito	Antefuturo	Antecopretérito	Antepospretérito
he amado	hube amado	habré amado	había amado	habría amado
has amado	hubiste amado	habrás amado	habías amado	habrías amado
ha amado	hubo amado	habrá amado	había amado	habría amado
hemos amado	hubimos amado	habremos amado	habíamos amado	habríamos amado
habéis amado	hubisteis amado	habréis amado	habíais amado	habríais amado
han amado	hubieron amado	habrán amado	habían amado	habrían amado

MODO SUBJUNTIVO

Presente	Pretérito	Futuro
ame	amara o amase	amare
ames	amaras o amases	amares
ame	amara o amase	amare
amemos	amáramos o amásemos	amáremos
améis	amarais o amaseis	amareis
amen	amaran o amasen	amaren

Antepresente	Antepretérito	Antefuturo
haya amado	hubiera o hubiese amado	hubiere amado
hayas amado	hubieras o hubieses amado	hubieres amado
haya amado	hubiera o hubiese amado	hubiere amado
hayamos amado	hubiéramos o hubiésemos amado	hubiéremos amado
hayáis amado	hubierais o hubieseis amado	hubiereis amado
hayan amado	hubieran o hubiesen amado	hubieren amado

MODO IMPERATIVO

ama (tú)
ame (usted)
amad (vosotros-as)
amen (ustedes)

Modelo 2

ESTAR

MODO INDICATIVO

Presente	Pretérito	Futuro	Copretérito	Pospretérito
estoy	estuve	estaré	estaba	estaría
estás	estuviste	estarás	estabas	estarías
está	estuvo	estará	estaba	estaría
estamos	estuvimos	estaremos	estábamos	estaríamos
estáis	estuvisteis	estaréis	estabais	estaríais
están	estuvieron	estarán	estaban	estarían

Antepresente	Antepretérito	Antefuturo	Antecopretérito	Antepospretérito
he estado	hube estado	habré estado	había estado	habría estado
has estado	hubiste estado	habrás estado	habías estado	habrías estado
ha estado	hubo estado	habrá estado	había estado	habría estado
hemos estado	hubimos estado	habremos estado	habíamos estado	habríamos estado
habéis estado	hubisteis estado	habréis estado	habíais estado	habríais estado
han estado	hubieron estado	habrán estado	habían estado	habrían estado

MODO SUBJUNTIVO

Presente	Pretérito	Futuro
esté	estuviera o estuviese	estuviere
estés	estuvieras o estuvieses	estuvieres
esté	estuviera o estuviese	estuviere
estemos	estuviéramos o estuviésemos	estuviéremos
estéis	estuvierais o estuvieseis	estuviereis
estén	estuvieran o estuviesen	estuvieren

Antepresente	Antepretérito	Antefuturo
haya estado	hubiera o hubiese estado	hubiere estado
hayas estado	hubieras o hubieses estado	hubieres estado
haya estado	hubiera o hubiese estado	hubiere estado
hayamos estado	hubiéramos o hubiésemos estado	hubiéremos estado
hayáis estado	hubierais o hubieseis estado	hubiereis estado
hayan estado	hubieran o hubiesen estado	hubieren estado

MODO IMPERATIVO

está (tú)
esté (usted)
estad (vosotros-as)
estén (ustedes)

Modelo 3

PENSAR

MODO INDICATIVO

Presente	Pretérito	Futuro	Copretérito	Pospretérito
pienso	pensé	pensaré	pensaba	pensaría
piensas	pensaste	pensarás	pensabas	pensarías
piensa	pensó	pensará	pensaba	pensaría
pensamos	pensamos	pensaremos	pensábamos	pensaríamos
pensáis	pensasteis	pensaréis	pensabais	pensaríais
piensan	pensaron	pensarán	pensaban	pensarían

Antepresente	Antepretérito	Antefuturo	Antecopretérito	Antepospretérito
he pensado	hube pensado	habré pensado	había pensado	habría pensado
has pensado	hubiste pensado	habrás pensado	habías pensado	habrías pensado
ha pensado	hubo pensado	habrá pensado	había pensado	habría pensado
hemos pensado	hubimos pensado	habremos pensado	habíamos pensado	habríamos pensado
habéis pensado	hubisteis pensado	habréis pensado	habíais pensado	habríais pensado
han pensado	hubieron pensado	habrán pensado	habían pensado	habrían pensado

MODO SUBJUNTIVO

Presente	Pretérito	Futuro
piense	pensara o pensase	pensare
pienses	pensaras o pensases	pensares
piense	pensara o pensase	pensare
pensemos	pensáramos o pensásemos	pensáremos
penséis	pensarais o pensaseis	pensareis
piensen	pensaran o pensasen	pensaren

Antepresente	Antepretérito	Antefuturo
haya pensado	hubiera o hubiese pensado	hubiere pensado
hayas pensado	hubieras o hubieses pensado	hubieres pensado
haya pensado	hubiera o hubiese pensado	hubiere pensado
hayamos pensado	hubiéramos o hubiésemos pensado	hubiéremos pensado
hayáis pensado	hubierais o hubieseis pensado	hubiereis pensado
hayan pensado	hubieran o hubiesen pensado	hubieren pensado

MODO IMPERATIVO

piensa (tú)
piense (usted)
pensad (vosotros-as)
piensen (ustedes)

Modelo 4

COMENZAR

MODO INDICATIVO

Presente	Pretérito	Futuro	Copretérito	Pospretérito
comienzo	comencé	comenzaré	comenzaba	comenzaría
comienzas	comenzaste	comenzarás	comenzabas	comenzarías
comienza	comenzó	comenzará	comenzaba	comenzaría
comenzamos	comenzamos	comenzaremos	comenzábamos	comenzaríamos
comenzáis	comenzasteis	comenzaréis	comenzabais	comenzaríais
comienzan	comenzaron	comenzarán	comenzaban	comenzarían

Antepresente	Antepretérito	Antefuturo	Antecopretérito	Antepospretérito
he comenzado	hube comenzado	habré comenzado	había comenzado	habría comenzado
has comenzado	hubiste comenzado	habrás comenzado	habías comenzado	habrías comenzado
ha comenzado	hubo comenzado	habrá comenzado	había comenzado	habría comenzado
hemos comenzado	hubimos comenzado	habremos comenzado	habíamos comenzado	habríamos comenzado
habéis comenzado	hubisteis comenzado	habréis comenzado	habíais comenzado	habríais comenzado
han comenzado	hubieron comenzado	habrán comenzado	habían comenzado	habrían comenzado

MODO SUBJUNTIVO

Presente	Pretérito	Futuro
comience	comenzara o comenzase	comenzare
comiences	comenzaras o comenzases	comenzares
comience	comenzara o comenzase	comenzare
comencemos	comenzáramos o comenzásemos	comenzáremos
comencéis	comenzarais o comenzaseis	comenzareis
comiencen	comenzaran o comenzasen	comenzaren

Antepresente	Antepretérito	Antefuturo
haya comenzado	hubiera o hubiese comenzado	hubiere comenzado
hayas comenzado	hubieras o hubieses comenzado	hubieres comenzado
haya comenzado	hubiera o hubiese comenzado	hubiere comenzado
hayamos comenzado	hubiéramos o hubiésemos comenzado	hubiéremos comenzado
hayáis comenzado	hubierais o hubieseis comenzado	hubiereis comenzado
hayan comenzado	hubieran o hubiesen comenzado	hubieren comenzado

MODO IMPERATIVO

comienza (tú)
comience (usted)
comenzad (vosotros-as)
comiencen (ustedes)

Modelo 5

SOÑAR

MODO INDICATIVO

Presente	Pretérito	Futuro	Copretérito	Pospretérito
sueño	soñé	soñaré	soñaba	soñaría
sueñas	soñaste	soñarás	soñabas	soñarías
sueña	soñó	soñará	soñaba	soñaría
soñamos	soñamos	soñaremos	soñábamos	soñaríamos
soñáis	soñasteis	soñaréis	soñabais	soñaríais
sueñan	soñaron	soñarán	soñaban	soñarían

Antepresente	Antepretérito	Antefuturo	Antecopretérito	Antepospretérito
he soñado	hube soñado	habré soñado	había soñado	habría soñado
has soñado	hubiste soñado	habrás soñado	habías soñado	habrías soñado
ha soñado	hubo soñado	habrá soñado	había soñado	habría soñado
hemos soñado	hubimos soñado	habremos soñado	habíamos soñado	habríamos soñado
habéis soñado	hubisteis soñado	habréis soñado	habíais soñado	habríais soñado
han soñado	hubieron soñado	habrán soñado	habían soñado	habrían soñado

MODO SUBJUNTIVO

Presente	Pretérito	Futuro
sueñe	soñara o soñase	soñare
sueñes	soñaras o soñases	soñares
sueñe	soñara o soñase	soñare
soñemos	soñáramos o soñásemos	soñáremos
soñéis	soñarais o soñaseis	soñareis
sueñen	soñaran o soñasen	soñaren

Antepresente	Antepretérito	Antefuturo
haya soñado	hubiera o hubiese soñado	hubiere soñado
hayas soñado	hubieras o hubieses soñado	hubieres soñado
haya soñado	hubiera o hubiese soñado	hubiere soñado
hayamos soñado	hubiéramos o hubiésemos soñado	hubiéremos soñado
hayáis soñado	hubierais o hubieseis soñado	hubiereis soñado
hayan soñado	hubieran o hubiesen soñado	hubieren soñado

MODO IMPERATIVO

sueña (tú)
sueñe (usted)
soñad (vosotros-as)
sueñen (ustedes)

Modelo 6

FORZAR

MODO INDICATIVO

Presente	Pretérito	Futuro	Copretérito	Pospretérito
fuerzo	forcé	forzaré	forzaba	forzaría
fuerzas	forzaste	forzarás	forzabas	forzarías
fuerza	forzó	forzará	forzaba	forzaría
forzamos	forzamos	forzaremos	forzábamos	forzaríamos
forzáis	forzasteis	forzaréis	forzabais	forzaríais
fuerzan	forzaron	forzarán	forzaban	forzarían

Antepresente	Antepretérito	Antefuturo	Antecopretérito	Antepospretérito
he forzado	hube forzado	habré forzado	había forzado	habría forzado
has forzado	hubiste forzado	habrás forzado	habías forzado	habrías forzado
ha forzado	hubo forzado	habrá forzado	había forzado	habría forzado
hemos forzado	hubimos forzado	habremos forzado	habíamos forzado	habríamos forzado
habéis forzado	hubisteis forzado	habréis forzado	habíais forzado	habríais forzado
han forzado	hubieron forzado	habrán forzado	habían forzado	habrían forzado

MODO SUBJUNTIVO

Presente	Pretérito	Futuro
fuerce	forzara o forzase	forzare
fuerces	forzaras o forzases	forzares
fuerce	forzara o forzase	forzare
forcemos	forzáramos o forzásemos	forzáremos
forcéis	forzarais o forzaseis	forzareis
fuercen	forzaran o forzasen	forzaren

Antepresente	Antepretérito	Antefuturo
haya forzado	hubiera o hubiese forzado	hubiere forzado
hayas forzado	hubieras o hubieses forzado	hubieres forzado
haya forzado	hubiera o hubiese forzado	hubiere forzado
hayamos forzado	hubiéramos o hubiésemos forzado	hubiéremos forzado
hayáis forzado	hubierais o hubieseis forzado	hubiereis forzado
hayan forzado	hubieran o hubiesen forzado	hubieren forzado

MODO IMPERATIVO

fuerza (tú)
fuerce (usted)
forzad (vosotros-as)
fuercen (ustedes)

Modelo 7

JUGAR

MODO INDICATIVO

Presente	Pretérito	Futuro	Copretérito	Pospretérito
juego	jugué	jugaré	jugaba	jugaría
juegas	jugaste	jugarás	jugabas	jugarías
juega	jugó	jugará	jugaba	jugaría
jugamos	jugamos	jugaremos	jugábamos	jugaríamos
jugáis	jugasteis	jugaréis	jugabais	jugaríais
juegan	jugaron	jugarán	jugaban	jugarían

Antepresente	Antepretérito	Antefuturo	Antecopretérito	Antepospretérito
he jugado	hube jugado	habré jugado	había jugado	habría jugado
has jugado	hubiste jugado	habrás jugado	habías jugado	habrías jugado
ha jugado	hubo jugado	habrá jugado	había jugado	habría jugado
hemos jugado	hubimos jugado	habremos jugado	habíamos jugado	habríamos jugado
habéis jugado	hubisteis jugado	habréis jugado	habíais jugado	habríais jugado
han jugado	hubieron jugado	habrán jugado	habían jugado	habrían jugado

MODO SUBJUNTIVO

Presente	Pretérito	Futuro
juegue	jugara o jugase	jugare
juegues	jugaras o jugases	jugares
juegue	jugara o jugase	jugare
juguemos	jugáramos o jugásemos	jugáremos
juguéis	jugarais o jugaseis	jugareis
jueguen	jugaran o jugasen	jugaren

Antepresente	Antepretérito	Antefuturo
haya jugado	hubiera o hubiese jugado	hubiere jugado
hayas jugado	hubieras o hubieses jugado	hubieres jugado
haya jugado	hubiera o hubiese jugado	hubiere jugado
hayamos jugado	hubiéramos o hubiésemos jugado	hubiéremos jugado
hayáis jugado	hubierais o hubieseis jugado	hubiereis jugado
hayan jugado	hubieran o hubiesen jugado	hubieren jugado

MODO IMPERATIVO

juega (tú)
juegue (usted)
jugad (vosotros-as)
jueguen (ustedes)

Modelo 8

DAR

MODO INDICATIVO

Presente	Pretérito	Futuro	Copretérito	Pospretérito
doy	di	daré	daba	daría
das	diste	darás	dabas	darías
da	dio	dará	daba	daría
damos	dimos	daremos	dábamos	daríamos
dais	disteis	daréis	dabais	daríais
dan	dieron	darán	daban	darían

Antepresente	Antepretérito	Antefuturo	Antecopretérito	Antepospretérito
he dado	hube dado	habré dado	había dado	habría dado
has dado	hubiste dado	habrás dado	habías dado	habrías dado
ha dado	hubo dado	habrá dado	había dado	habría dado
hemos dado	hubimos dado	habremos dado	habíamos dado	habríamos dado
habéis dado	hubisteis dado	habréis dado	habíais dado	habríais dado
han dado	hubieron dado	habrán dado	habían dado	habrían dado

MODO SUBJUNTIVO

Presente	Pretérito	Futuro
dé	diera o diese	diere
des	dieras o dieses	dieres
dé	diera o diese	diere
demos	diéramos o diésemos	diéremos
deis	dierais o dieseis	diereis
den	dieran o diesen	dieren

Antepresente	Antepretérito	Antefuturo
haya dado	hubiera o hubiese dado	hubiere dado
hayas dado	hubieras o hubieses dado	hubieres dado
haya dado	hubiera o hubiese dado	hubiere dado
hayamos dado	hubiéramos o hubiésemos dado	hubiéremos dado
hayáis dado	hubierais o hubieseis dado	hubiereis dado
hayan dado	hubieran o hubiesen dado	hubieren dado

MODO IMPERATIVO

da (tú)
dé (usted)
dad (vosotros-as)
den (ustedes)

Modelo 9

ENVIAR

MODO INDICATIVO

Presente	Pretérito	Futuro	Copretérito	Pospretérito
envío	envié	enviaré	enviaba	enviaría
envías	enviaste	enviarás	enviabas	enviarías
envía	envió	enviará	enviaba	enviaría
enviamos	enviamos	enviaremos	enviábamos	enviaríamos
enviáis	enviasteis	enviaréis	enviabais	enviaríais
envían	enviaron	enviarán	enviaban	enviarían

Antepresente	Antepretérito	Antefuturo	Antecopretérito	Antepospretérito
he enviado	hube enviado	habré enviado	había enviado	habría enviado
has enviado	hubiste enviado	habrás enviado	habías enviado	habrías enviado
ha enviado	hubo enviado	habrá enviado	había enviado	habría enviado
hemos enviado	hubimos enviado	habremos enviado	habíamos enviado	habríamos enviado
habéis enviado	hubisteis enviado	habréis enviado	habíais enviado	habríais enviado
han enviado	hubieron enviado	habrán enviado	habían enviado	habrían enviado

MODO SUBJUNTIVO

Presente	Pretérito	Futuro
envíe	enviara o enviase	enviare
envíes	enviaras o enviases	enviares
envíe	enviara o enviase	enviare
enviemos	enviáramos o enviásemos	enviáremos
enviéis	enviarais o enviaseis	enviareis
envíen	enviaran o enviasen	enviaren

Antepresente	Antepretérito	Antefuturo
haya enviado	hubiera o hubiese enviado	hubiere enviado
hayas enviado	hubieras o hubieses enviado	hubieres enviado
haya enviado	hubiera o hubiese enviado	hubiere enviado
hayamos enviado	hubiéramos o hubiésemos enviado	hubiéremos enviado
hayáis enviado	hubierais o hubieseis enviado	hubiereis enviado
hayan enviado	hubieran o hubiesen enviado	hubieren enviado

MODO IMPERATIVO

envía (tú)
envíe (usted)
enviad (vosotros-as)
envíen (ustedes)

Modelo 10

ACTUAR

MODO INDICATIVO

Presente	Pretérito	Futuro	Copretérito	Pospretérito
actúo	actué	actuaré	actuaba	actuaría
actúas	actuaste	actuarás	actuabas	actuarías
actúa	actuó	actuará	actuaba	actuaría
actuamos	actuamos	actuaremos	actuábamos	actuaríamos
actuáis	actuasteis	actuaréis	actuabais	actuaríais
actúan	actuaron	actuarán	actuaban	actuarían

Antepresente	Antepretérito	Antefuturo	Antecopretérito	Antepospretérito
he actuado	hube actuado	habré actuado	había actuado	habría actuado
has actuado	hubiste actuado	habrás actuado	habías actuado	habrías actuado
ha actuado	hubo actuado	habrá actuado	había actuado	habría actuado
hemos actuado	hubimos actuado	habremos actuado	habíamos actuado	habríamos actuado
habéis actuado	hubisteis actuado	habréis actuado	habíais actuado	habríais actuado
han actuado	hubieron actuado	habrán actuado	habían actuado	habrían actuado

MODO SUBJUNTIVO

Presente	Pretérito	Futuro
actúe	actuara o actuase	actuare
actúes	actuaras o actuases	actuares
actúe	actuara o actuase	actuare
actuemos	actuáramos o actuásemos	actuáremos
actuéis	actuarais o actuaseis	actuareis
actúen	actuaran o actuasen	actuaren

Antepresente	Antepretérito	Antefuturo
haya actuado	hubiera o hubiese actuado	hubiere actuado
hayas actuado	hubieras o hubieses actuado	hubieres actuado
haya actuado	hubiera o hubiese actuado	hubiere actuado
hayamos actuado	hubiéramos o hubiésemos actuado	hubiéremos actuado
hayáis actuado	hubierais o hubieseis actuado	hubiereis actuado
hayan actuado	hubieran o hubiesen actuado	hubieren actuado

MODO IMPERATIVO

actúa (tú)
actúe (usted)
actuad (vosotros-as)
actúen (ustedes)

Modelo 11

AVERIGUAR

MODO INDICATIVO

Presente	Pretérito	Futuro	Copretérito	Pospretérito
averiguo	averigüé	averiguaré	averiguaba	averiguaría
averiguas	averiguaste	averiguarás	averiguabas	averiguarías
averigua	averiguó	averiguará	averiguaba	averiguaría
averiguamos	averiguamos	averiguaremos	averiguábamos	averiguaríamos
averiguáis	averiguasteis	averiguaréis	averiguabais	averiguaríais
averiguan	averiguaron	averiguarán	averiguaban	averiguarían

Antepresente	Antepretérito	Antefuturo	Antecopretérito	Antepospretérito
he averiguado	hube averiguado	habré averiguado	había averiguado	habría averiguado
has averiguado	hubiste averiguado	habrás averiguado	habías averiguado	habrías averiguado
ha averiguado	hubo averiguado	habrá averiguado	había averiguado	habría averiguado
hemos averiguado	hubimos averiguado	habremos averiguado	habíamos averiguado	habríamos averiguado
habéis averiguado	hubisteis averiguado	habréis averiguado	habíais averiguado	habríais averiguado
han averiguado	hubieron averiguado	habrán averiguado	habían averiguado	habrían averiguado

MODO SUBJUNTIVO

Presente	Pretérito	Futuro
averigüe	averiguara o averiguase	averiguare
averigües	averiguaras o averiguases	averiguares
averigüe	averiguara o averiguase	averiguare
averigüemos	averiguáramos o averiguásemos	averiguáremos
averigüéis	averiguarais o averiguaseis	averiguareis
averigüen	averiguaran o averiguasen	averiguaren

Antepresente	Antepretérito	Antefuturo
haya averiguado	hubiera o hubiese averiguado	hubiere averiguado
hayas averiguado	hubieras o hubieses averiguado	hubieres averiguado
haya averiguado	hubiera o hubiese averiguado	hubiere averiguado
hayamos averiguado	hubiéramos o hubiésemos averiguado	hubiéremos averiguado
hayáis averiguado	hubierais o hubieseis averiguado	hubiereis averiguado
hayan averiguado	hubieran o hubiesen averiguado	hubieren averiguado

MODO IMPERATIVO

averigua (tú)
averigüe (usted)
averiguad (vosotros-as)
averigüen (ustedes)

Modelo 12

ANDAR

MODO INDICATIVO

Presente	Pretérito	Futuro	Copretérito	Pospretérito
ando	anduve	andaré	andaba	andaría
andas	anduviste	andarás	andabas	andarías
anda	anduvo	andará	andaba	andaría
andamos	anduvimos	andaremos	andábamos	andaríamos
andáis	anduvisteis	andaréis	andabais	andaríais
andan	anduvieron	andarán	andaban	andarían

Antepresente	Antepretérito	Antefuturo	Antecopretérito	Antepospretérito
he andado	hube andado	habré andado	había andado	habría andado
has andado	hubiste andado	habrás andado	habías andado	habrías andado
ha andado	hubo andado	habrá andado	había andado	habría andado
hemos andado	hubimos andado	habremos andado	habíamos andado	habríamos andado
habéis andado	hubisteis andado	habréis andado	habíais andado	habríais andado
han andado	hubieron andado	habrán andado	habían andado	habrían andado

MODO SUBJUNTIVO

Presente	Pretérito	Futuro
ande	anduviera o anduviese	anduviere
andes	anduvieras o anduvieses	anduvieres
ande	anduviera o anduviese	anduviere
andemos	anduviéramos o anduviésemos	anduviéremos
andéis	anduvierais o anduvieseis	anduviereis
anden	anduvieran o anduviesen	anduvieren

Antepresente	Antepretérito	Antefuturo
haya andado	hubiera o hubiese andado	hubiere andado
hayas andado	hubieras o hubieses andado	hubieres andado
haya andado	hubiera o hubiese andado	hubiere andado
hayamos andado	hubiéramos o hubiésemos andado	hubiéremos andado
hayáis andado	hubierais o hubieseis andado	hubiereis andado
hayan andado	hubieran o hubiesen andado	hubieren andado

MODO IMPERATIVO

anda (tú)
ande (usted)
andad (vosotros-as)
anden (ustedes)

Modelo 13

AULLAR

	Presente	Pretérito	Futuro	Copretérito	Pospretérito
MODO INDICATIVO	aúllo	aullé	aullaré	aullaba	aullaría
	aúllas	aullaste	aullarás	aullabas	aullarías
	aúlla	aulló	aullará	aullaba	aullaría
	aullamos	aullamos	aullaremos	aullábamos	aullaríamos
	aulláis	aullasteis	aullaréis	aullabais	aullaríais
	aúllan	aullaron	aullarán	aullaban	aullarían

	Antepresente	Antepretérito	Antefuturo	Antecopretérito	Antepospretérito
	he aullado	hube aullado	habré aullado	había aullado	habría aullado
	has aullado	hubiste aullado	habrás aullado	habías aullado	habrías aullado
	ha aullado	hubo aullado	habrá aullado	había aullado	habría aullado
	hemos aullado	hubimos aullado	habremos aullado	habíamos aullado	habríamos aullado
	habéis aullado	hubisteis aullado	habréis aullado	habíais aullado	habríais aullado
	han aullado	hubieron aullado	habrán aullado	habían aullado	habrían aullado

	Presente	Pretérito	Futuro
MODO SUBJUNTIVO	aúlle	aullara o aullase	aullare
	aúlles	aullaras o aullases	aullares
	aúlle	aullara o aullase	aullare
	aullemos	aulláramos o aullásemos	aulláremos
	aulléis	aullarais o aullaseis	aullareis
	aúllen	aullaran o aullasen	aullaren

	Antepresente	Antepretérito	Antefuturo
	haya aullado	hubiera o hubiese aullado	hubiere aullado
	hayas aullado	hubieras o hubieses aullado	hubieres aullado
	haya aullado	hubiera o hubiese aullado	hubiere aullado
	hayamos aullado	hubiéramos o hubiésemos aullado	hubiéremos aullado
	hayáis aullado	hubierais o hubieseis aullado	hubiereis aullado
	hayan aullado	hubieran o hubiesen aullado	hubieren aullado

MODO IMPERATIVO

aúlla (tú)
aúlle (usted)
aullad (vosotros-as)
aúllen (ustedes)

Modelo 14

ERRAR

	Presente	Pretérito	Futuro	Copretérito	Pospretérito
MODO INDICATIVO	yerro	erré	erraré	erraba	erraría
	yerras	erraste	errarás	errabas	errarías
	yerra	erró	errará	erraba	erraría
	erramos	erramos	erraremos	errábamos	erraríamos
	erráis	errasteis	erraréis	errabais	erraríais
	yerran	erraron	errarán	erraban	errarían

	Antepresente	Antepretérito	Antefuturo	Antecopretérito	Antepospretérito
	he errado	hube errado	habré errado	había errado	habría errado
	has errado	hubiste errado	habrás errado	habías errado	habrías errado
	ha errado	hubo errado	habrá errado	había errado	habría errado
	hemos errado	hubimos errado	habremos errado	habíamos errado	habríamos errado
	habéis errado	hubisteis errado	habréis errado	habíais errado	habríais errado
	han errado	hubieron errado	habrán errado	habían errado	habrían errado

	Presente	Pretérito	Futuro
MODO SUBJUNTIVO	yerre	errara o errase	errare
	yerres	erraras o errases	errares
	yerre	errara o errase	errare
	erremos	erráramos o errásemos	erráremos
	erréis	errarais o erraseis	errareis
	yerren	erraran o errasen	erraren

	Antepresente	Antepretérito	Antefuturo
	haya errado	hubiera o hubiese errado	hubiere errado
	hayas errado	hubieras o hubieses errado	hubieres errado
	haya errado	hubiera o hubiese errado	hubiere errado
	hayamos errado	hubiéramos o hubiésemos errado	hubiéremos errado
	hayáis errado	hubierais o hubieseis errado	hubiereis errado
	hayan errado	hubieran o hubiesen errado	hubieren errado

MODO IMPERATIVO

yerra (tú)
yerre (usted)
errad (vosotros-as)
yerren (ustedes)

Modelo 15

ENRAIZAR

MODO INDICATIVO

Presente	Pretérito	Futuro	Copretérito	Pospretérito
enraízo	enraicé	enraizaré	enraizaba	enraizaría
enraízas	enraizaste	enraizarás	enraizabas	enraizarías
enraíza	enraizó	enraizará	enraizaba	enraizaría
enraizamos	enraizamos	enraizaremos	enraizábamos	enraizaríamos
enraizáis	enraizasteis	enraizaréis	enraizabais	enraizaríais
enraízan	enraizaron	enraizarán	enraizaban	enraizarían

Antepresente	Antepretérito	Antefuturo	Antecopretérito	Antepospretérito
he enraizado	hube enraizado	habré enraizado	había enraizado	habría enraizado
has enraizado	hubiste enraizado	habrás enraizado	habías enraizado	habrías enraizado
ha enraizado	hubo enraizado	habrá enraizado	había enraizado	habría enraizado
hemos enraizado	hubimos enraizado	habremos enraizado	habíamos enraizado	habríamos enraizado
habéis enraizado	hubisteis enraizado	habréis enraizado	habíais enraizado	habríais enraizado
han enraizado	hubieron enraizado	habrán enraizado	habían enraizado	habrían enraizado

MODO SUBJUNTIVO

Presente	Pretérito	Futuro
enraíce	enraizara o enraizase	enraizare
enraíces	enraizaras o enraizases	enraizares
enraíce	enraizara o enraizase	enraizare
enraicemos	enraizáramos o enraizásemos	enraizáremos
enraicéis	enraizarais o enraizaseis	enraizareis
enraícen	enraizaran o enraizasen	enraizaren

Antepresente	Antepretérito	Antefuturo
haya enraizado	hubiera o hubiese enraizado	hubiere enraizado
hayas enraizado	hubieras o hubieses enraizado	hubieres enraizado
haya enraizado	hubiera o hubiese enraizado	hubiere enraizado
hayamos enraizado	hubiéramos o hubiésemos enraizado	hubiéremos enraizado
hayáis enraizado	hubierais o hubieseis enraizado	hubiereis enraizado
hayan enraizado	hubieran o hubiesen enraizado	hubieren enraizado

MODO IMPERATIVO

enraíza (tú)
enraíce (usted)
enraizad (vosotros-as)
enraícen (ustedes)

Modelo 16

CAZAR

MODO INDICATIVO

Presente	Pretérito	Futuro	Copretérito	Pospretérito
cazo	cacé	cazaré	cazaba	cazaría
cazas	cazaste	cazarás	cazabas	cazarías
caza	cazó	cazará	cazaba	cazaría
cazamos	cazamos	cazaremos	cazábamos	cazaríamos
cazáis	cazasteis	cazaréis	cazabais	cazaríais
cazan	cazaron	cazarán	cazaban	cazarían

Antepresente	Antepretérito	Antefuturo	Antecopretérito	Antepospretérito
he cazado	hube cazado	habré cazado	había cazado	habría cazado
has cazado	hubiste cazado	habrás cazado	habías cazado	habrías cazado
ha cazado	hubo cazado	habrá cazado	había cazado	habría cazado
hemos cazado	hubimos cazado	habremos cazado	habíamos cazado	habríamos cazado
habéis cazado	hubisteis cazado	habréis cazado	habíais cazado	habríais cazado
han cazado	hubieron cazado	habrán cazado	habían cazado	habrían cazado

MODO SUBJUNTIVO

Presente	Pretérito	Futuro
cace	cazara o cazase	cazare
caces	cazaras o cazases	cazares
cace	cazara o cazase	cazare
cacemos	cazáramos o cazásemos	cazáremos
cacéis	cazarais o cazaseis	cazareis
cacen	cazaran o cazasen	cazaren

Antepresente	Antepretérito	Antefuturo
haya cazado	hubiera o hubiese cazado	hubiere cazado
hayas cazado	hubieras o hubieses cazado	hubieres cazado
haya cazado	hubiera o hubiese cazado	hubiere cazado
hayamos cazado	hubiéramos o hubiésemos cazado	hubiéremos cazado
hayáis cazado	hubierais o hubieseis cazado	hubiereis cazado
hayan cazado	hubieran o hubiesen cazado	hubieren cazado

MODO IMPERATIVO

caza (tú)
cace (usted)
cazad (vosotros-as)
cacen (ustedes)

Modelo 17

EDUCAR

MODO INDICATIVO

Presente	Pretérito	Futuro	Copretérito	Pospretérito
educo	eduqué	educaré	educaba	educaría
educas	educaste	educarás	educabas	educarías
educa	educó	educará	educaba	educaría
educamos	educamos	educaremos	educábamos	educaríamos
educáis	educasteis	educaréis	educabais	educaríais
educan	educaron	educarán	educaban	educarían

Antepresente	Antepretérito	Antefuturo	Antecopretérito	Antepospretérito
he educado	hube educado	habré educado	había educado	habría educado
has educado	hubiste educado	habrás educado	habías educado	habrías educado
ha educado	hubo educado	habrá educado	había educado	habría educado
hemos educado	hubimos educado	habremos educado	habíamos educado	habríamos educado
habéis educado	hubisteis educado	habréis educado	habíais educado	habríais educado
han educado	hubieron educado	habrán educado	habían educado	habrían educado

MODO SUBJUNTIVO

Presente	Pretérito	Futuro
eduque	educara o educase	educare
eduques	educaras o educases	educares
eduque	educara o educase	educare
eduquemos	educáramos o educásemos	educáremos
eduquéis	educarais o educaseis	educareis
eduquen	educaran o educasen	educaren

Antepresente	Antepretérito	Antefuturo
haya educado	hubiera o hubiese educado	hubiere educado
hayas educado	hubieras o hubieses educado	hubieres educado
haya educado	hubiera o hubiese educado	hubiere educado
hayamos educado	hubiéramos o hubiésemos educado	hubiéremos educado
hayáis educado	hubierais o hubieseis educado	hubiereis educado
hayan educado	hubieran o hubiesen educado	hubieren educado

MODO IMPERATIVO

educa (tú)
eduque (usted)
educad (vosotros-as)
eduquen (ustedes)

Modelo 18

CEGAR

MODO INDICATIVO

Presente	Pretérito	Futuro	Copretérito	Pospretérito
ciego	cegué	cegaré	cegaba	cegaría
ciegas	cegaste	cegarás	cegabas	cegarías
ciega	cegó	cegará	cegaba	cegaría
cegamos	cegamos	cegaremos	cegábamos	cegaríamos
cegáis	cegasteis	cegaréis	cegabais	cegaríais
ciegan	cegaron	cegarán	cegaban	cegarían

Antepresente	Antepretérito	Antefuturo	Antecopretérito	Antepospretérito
he cegado	hube cegado	habré cegado	había cegado	habría cegado
has cegado	hubiste cegado	habrás cegado	habías cegado	habrías cegado
ha cegado	hubo cegado	habrá cegado	había cegado	habría cegado
hemos cegado	hubimos cegado	habremos cegado	habíamos cegado	habríamos cegado
habéis cegado	hubisteis cegado	habréis cegado	habíais cegado	habríais cegado
han cegado	hubieron cegado	habrán cegado	habían cegado	habrían cegado

MODO SUBJUNTIVO

Presente	Pretérito	Futuro
ciegue	cegara o cegase	cegare
ciegues	cegaras o cegases	cegares
ciegue	cegara o cegase	cegare
ceguemos	cegáramos o cegásemos	cegáremos
ceguéis	cegarais o cegaseis	cegareis
cieguen	cegaran o cegasen	cegaren

Antepresente	Antepretérito	Antefuturo
haya cegado	hubiera o hubiese cegado	hubiere cegado
hayas cegado	hubieras o hubieses cegado	hubieres cegado
haya cegado	hubiera o hubiese cegado	hubiere cegado
hayamos cegado	hubiéramos o hubiésemos cegado	hubiéremos cegado
hayáis cegado	hubierais o hubieseis cegado	hubiereis cegado
hayan cegado	hubieran o hubiesen cegado	hubieren cegado

MODO IMPERATIVO

ciega (tú)
ciegue (usted)
cegad (vosotros-as)
cieguen (ustedes)

Modelo 19

COLGAR

MODO INDICATIVO

Presente	Pretérito	Futuro	Copretérito	Pospretérito
cuelgo	colgué	colgaré	colgaba	colgaría
cuelgas	colgaste	colgarás	colgabas	colgarías
cuelga	colgó	colgará	colgaba	colgaría
colgamos	colgamos	colgaremos	colgábamos	colgaríamos
colgáis	colgasteis	colgaréis	colgabais	colgaríais
cuelgan	colgaron	colgarán	colgaban	colgarían

Antepresente	Antepretérito	Antefuturo	Antecopretérito	Antepospretérito
he colgado	hube colgado	habré colgado	había colgado	habría colgado
has colgado	hubiste colgado	habrás colgado	habías colgado	habrías colgado
ha colgado	hubo colgado	habrá colgado	había colgado	habría colgado
hemos colgado	hubimos colgado	habremos colgado	habíamos colgado	habríamos colgado
habéis colgado	hubisteis colgado	habréis colgado	habíais colgado	habríais colgado
han colgado	hubieron colgado	habrán colgado	habían colgado	habrían colgado

MODO SUBJUNTIVO

Presente	Pretérito	Futuro
cuelgue	colgara o colgase	colgare
cuelgues	colgaras o colgases	colgares
cuelgue	colgara o colgase	colgare
colguemos	colgáramos o colgásemos	colgáremos
colguéis	colgarais o colgaseis	colgareis
cuelguen	colgaran o colgasen	colgaren

Antepresente	Antepretérito	Antefuturo
haya colgado	hubiera o hubiese colgado	hubiere colgado
hayas colgado	hubieras o hubieses colgado	hubieres colgado
haya colgado	hubiera o hubiese colgado	hubiere colgado
hayamos colgado	hubiéramos o hubiésemos colgado	hubiéremos colgado
hayáis colgado	hubierais o hubieseis colgado	hubiereis colgado
hayan colgado	hubieran o hubiesen colgado	hubieren colgado

MODO IMPERATIVO

cuelga (tú)
cuelgue (usted)
colgad (vosotros-as)
cuelguen (ustedes)

Modelo 20

COMER

MODO INDICATIVO

Presente	Pretérito	Futuro	Copretérito	Pospretérito
como	comí	comeré	comía	comería
comes	comiste	comerás	comías	comerías
come	comió	comerá	comía	comería
comemos	comimos	comeremos	comíamos	comeríamos
coméis	comisteis	comeréis	comíais	comeríais
comen	comieron	comerán	comían	comerían

Antepresente	Antepretérito	Antefuturo	Antecopretérito	Antepospretérito
he comido	hube comido	habré comido	había comido	habría comido
has comido	hubiste comido	habrás comido	habías comido	habrías comido
ha comido	hubo comido	habrá comido	había comido	habría comido
hemos comido	hubimos comido	habremos comido	habíamos comido	habríamos comido
habéis comido	hubisteis comido	habréis comido	habíais comido	habríais comido
han comido	hubieron comido	habrán comido	habían comido	habrían comido

MODO SUBJUNTIVO

Presente	Pretérito	Futuro
coma	comiera o comiese	comiere
comas	comieras o comieses	comieres
coma	comiera o comiese	comiere
comamos	comiéramos o comiésemos	comiéremos
comáis	comierais o comieseis	comiereis
coman	comieran o comiesen	comieren

Antepresente	Antepretérito	Antefuturo
haya comido	hubiera o hubiese comido	hubiere comido
hayas comido	hubieras o hubieses comido	hubieres comido
haya comido	hubiera o hubiese comido	hubiere comido
hayamos comido	hubiéramos o hubiésemos comido	hubiéremos comido
hayáis comido	hubierais o hubieseis comido	hubiereis comido
hayan comido	hubieran o hubiesen comido	hubieren comido

MODO IMPERATIVO

come (tú)
coma (usted)
comed (vosotros-as)
coman (ustedes)

Modelo 21

SER

MODO INDICATIVO

Presente	Pretérito	Futuro	Copretérito	Pospretérito
soy	fui	seré	era	sería
eres	fuiste	serás	eras	serías
es	fue	será	era	sería
somos	fuimos	seremos	éramos	seríamos
sois	fuisteis	seréis	erais	seríais
son	fueron	serán	eran	serían

Antepresente	Antepretérito	Antefuturo	Antecopretérito	Antepospretérito
he sido	hube sido	habré sido	había sido	habría sido
has sido	hubiste sido	habrás sido	habías sido	habrías sido
ha sido	hubo sido	habrá sido	había sido	habría sido
hemos sido	hubimos sido	habremos sido	habíamos sido	habríamos sido
habéis sido	hubisteis sido	habréis sido	habíais sido	habríais sido
han sido	hubieron sido	habrán sido	habían sido	habrían sido

MODO SUBJUNTIVO

Presente	Pretérito	Futuro
sea	fuera o fuese	fuere
seas	fueras o fueses	fueres
sea	fuera o fuese	fuere
seamos	fuéramos o fuésemos	fuéremos
seáis	fuerais o fueseis	fuereis
sean	fueran o fuesen	fueren

Antepresente	Antepretérito	Antefuturo
haya sido	hubiera o hubiese sido	hubiere sido
hayas sido	hubieras o hubieses sido	hubieres sido
haya sido	hubiera o hubiese sido	hubiere sido
hayamos sido	hubiéramos o hubiésemos sido	hubiéremos sido
hayáis sido	hubierais o hubieseis sido	hubiereis sido
hayan sido	hubieran o hubiesen sido	hubieren sido

MODO IMPERATIVO

sé (tú)
sea (usted)
sed (vosotros-as)
sean (ustedes)

Modelo 22

HABER

MODO INDICATIVO

Presente	Pretérito	Futuro	Copretérito	Pospretérito
he	hube	habré	había	habría
has	hubiste	habrás	habías	habrías
ha (hay)	hubo	habrá	había	habría
hemos	hubimos	habremos	habíamos	habríamos
habéis	hubisteis	habréis	habíais	habríais
han	hubieron	habrán	habían	habrían

Antepresente	Antepretérito	Antefuturo	Antecopretérito	Antepospretérito
——	——	——	——	——
ha habido	hubo habido	habrá habido	había habido	habría habido
——	——	——	——	——
——	——	——	——	——
——	——	——	——	——

MODO SUBJUNTIVO

Presente	Pretérito	Futuro
haya	hubiera o hubiese	hubiere
hayas	hubieras o hubieses	hubieres
haya	hubiera o hubiese	hubiere
hayamos	hubiéramos o hubiésemos	hubiéremos
hayáis	hubierais o hubieseis	hubiereis
hayan	hubieran o hubiesen	hubieren

Antepresente	Antepretérito	Antefuturo
——	——	——
haya habido	hubiera o hubiese habido	hubiere habido
——	——	——
——	——	——
——	——	——

MODO IMPERATIVO

—— (tú)
—— (usted)
—— (vosotros-as)
—— (ustedes)

Modelo 23

HACER

MODO INDICATIVO

Presente	Pretérito	Futuro	Copretérito	Pospretérito
hago	hice	haré	hacía	haría
haces	hiciste	harás	hacías	harías
hace	hizo	hará	hacía	haría
hacemos	hicimos	haremos	hacíamos	haríamos
hacéis	hicisteis	haréis	hacíais	haríais
hacen	hicieron	harán	hacían	harían

Antepresente	Antepretérito	Antefuturo	Antecopretérito	Antepospretérito
he hecho	hube hecho	habré hecho	había hecho	habría hecho
has hecho	hubiste hecho	habrás hecho	habías hecho	habrías hecho
ha hecho	hubo hecho	habrá hecho	había hecho	habría hecho
hemos hecho	hubimos hecho	habremos hecho	habíamos hecho	habríamos hecho
habéis hecho	hubisteis hecho	habréis hecho	habíais hecho	habríais hecho
han hecho	hubieron hecho	habrán hecho	habían hecho	habrían hecho

MODO SUBJUNTIVO

Presente	Pretérito	Futuro
haga	hiciera o hiciese	hiciere
hagas	hicieras o hicieses	hicieres
haga	hiciera o hiciese	hiciere
hagamos	hiciéramos o hiciésemos	hiciéremos
hagáis	hicierais o hicieseis	hiciereis
hagan	hicieran o hiciesen	hicieren

Antepresente	Antepretérito	Antefuturo
haya hecho	hubiera o hubiese hecho	hubiere hecho
hayas hecho	hubieras o hubieses hecho	hubieres hecho
haya hecho	hubiera o hubiese hecho	hubiere hecho
hayamos hecho	hubiéramos o hubiésemos hecho	hubiéremos hecho
hayáis hecho	hubierais o hubieseis hecho	hubiereis hecho
hayan hecho	hubieran o hubiesen hecho	hubieren hecho

MODO IMPERATIVO

haz (tú)
haga (usted)
haced (vosotros-as)
hagan (ustedes)

Modelo 24

PERDER

MODO INDICATIVO

Presente	Pretérito	Futuro	Copretérito	Pospretérito
pierdo	perdí	perderé	perdía	perdería
pierdes	perdiste	perderás	perdías	perderías
pierde	perdió	perderá	perdía	perdería
perdemos	perdimos	perderemos	perdíamos	perderíamos
perdéis	perdisteis	perderéis	perdíais	perderíais
pierden	perdieron	perderán	perdían	perderían

Antepresente	Antepretérito	Antefuturo	Antecopretérito	Antepospretérito
he perdido	hube perdido	habré perdido	había perdido	habría perdido
has perdido	hubiste perdido	habrás perdido	habías perdido	habrías perdido
ha perdido	hubo perdido	habrá perdido	había perdido	habría perdido
hemos perdido	hubimos perdido	habremos perdido	habíamos perdido	habríamos perdido
habéis perdido	hubisteis perdido	habréis perdido	habíais perdido	habríais perdido
han perdido	hubieron perdido	habrán perdido	habían perdido	habrían perdido

MODO SUBJUNTIVO

Presente	Pretérito	Futuro
pierda	perdiera o perdiese	perdiere
pierdas	perdieras o perdieses	perdieres
pierda	perdiera o perdiese	perdiere
perdamos	perdiéramos o perdiésemos	perdiéremos
perdáis	perdierais o perdieseis	perdiereis
pierdan	perdieran o perdiesen	perdieren

Antepresente	Antepretérito	Antefuturo
haya perdido	hubiera o hubiese perdido	hubiere perdido
hayas perdido	hubieras o hubieses perdido	hubieres perdido
haya perdido	hubiera o hubiese perdido	hubiere perdido
hayamos perdido	hubiéramos o hubiésemos perdido	hubiéremos perdido
hayáis perdido	hubierais o hubieseis perdido	hubiereis perdido
hayan perdido	hubieran o hubiesen perdido	hubieren perdido

MODO IMPERATIVO

pierde (tú)
pierda (usted)
perded (vosotros-as)
pierdan (ustedes)

Modelo 25

QUERER

MODO INDICATIVO

Presente	Pretérito	Futuro	Copretérito	Pospretérito
quiero	quise	querré	quería	querría
quieres	quisiste	querrás	querías	querrías
quiere	quiso	querrá	quería	querría
queremos	quisimos	querremos	queríamos	querríamos
queréis	quisisteis	querréis	queríais	querríais
quieren	quisieron	querrán	querían	querrían

Antepresente	Antepretérito	Antefuturo	Antecopretérito	Antepospretérito
he querido	hube querido	habré querido	había querido	habría querido
has querido	hubiste querido	habrás querido	habías querido	habrías querido
ha querido	hubo querido	habrá querido	había querido	habría querido
hemos querido	hubimos querido	habremos querido	habíamos querido	habríamos querido
habéis querido	hubisteis querido	habréis querido	habíais querido	habríais querido
han querido	hubieron querido	habrán querido	habían querido	habrían querido

MODO SUBJUNTIVO

Presente	Pretérito	Futuro
quiera	quisiera o quisiese	quisiere
quieras	quisieras o quisieses	quisieres
quiera	quisiera o quisiese	quisiere
queramos	quisiéramos o quisiésemos	quisiéremos
queráis	quisierais o quisieseis	quisiereis
quieran	quisieran o quisiesen	quisieren

Antepresente	Antepretérito	Antefuturo
haya querido	hubiera o hubiese querido	hubiere querido
hayas querido	hubieras o hubieses querido	hubieres querido
haya querido	hubiera o hubiese querido	hubiere querido
hayamos querido	hubiéramos o hubiésemos querido	hubiéremos querido
hayáis querido	hubierais o hubieseis querido	hubiereis querido
hayan querido	hubieran o hubiesen querido	hubieren querido

MODO IMPERATIVO

quiere (tú)
quiera (usted)
quered (vosotros-as)
quieran (ustedes)

Modelo 26

TENER

MODO INDICATIVO

Presente	Pretérito	Futuro	Copretérito	Pospretérito
tengo	tuve	tendré	tenía	tendría
tienes	tuviste	tendrás	tenías	tendrías
tiene	tuvo	tendrá	tenía	tendría
tenemos	tuvimos	tendremos	teníamos	tendríamos
tenéis	tuvisteis	tendréis	teníais	tendríais
tienen	tuvieron	tendrán	tenían	tendrían

Antepresente	Antepretérito	Antefuturo	Antecopretérito	Antepospretérito
he tenido	hube tenido	habré tenido	había tenido	habría tenido
has tenido	hubiste tenido	habrás tenido	habías tenido	habrías tenido
ha tenido	hubo tenido	habrá tenido	había tenido	habría tenido
hemos tenido	hubimos tenido	habremos tenido	habíamos tenido	habríamos tenido
habéis tenido	hubisteis tenido	habréis tenido	habíais tenido	habríais tenido
han tenido	hubieron tenido	habrán tenido	habían tenido	habrían tenido

MODO SUBJUNTIVO

Presente	Pretérito	Futuro
tenga	tuviera o tuviese	tuviere
tengas	tuvieras o tuvieses	tuvieres
tenga	tuviera o tuviese	tuviere
tengamos	tuviéramos o tuviésemos	tuviéremos
tengáis	tuvierais o tuvieseis	tuviereis
tengan	tuvieran o tuviesen	tuvieren

Antepresente	Antepretérito	Antefuturo
haya tenido	hubiera o hubiese tenido	hubiere tenido
hayas tenido	hubieras o hubieses tenido	hubieres tenido
haya tenido	hubiera o hubiese tenido	hubiere tenido
hayamos tenido	hubiéramos o hubiésemos tenido	hubiéremos tenido
hayáis tenido	hubierais o hubieseis tenido	hubiereis tenido
hayan tenido	hubieran o hubiesen tenido	hubieren tenido

MODO IMPERATIVO

ten (tú)
tenga (usted)
tened (vosotros-as)
tengan (ustedes)

Modelo 27

PONER

MODO INDICATIVO

Presente	Pretérito	Futuro	Copretérito	Pospretérito
pongo	puse	pondré	ponía	pondría
pones	pusiste	pondrás	ponías	pondrías
pone	puso	pondrá	ponía	pondría
ponemos	pusimos	pondremos	poníamos	pondríamos
ponéis	pusisteis	pondréis	poníais	pondríais
ponen	pusieron	pondrán	ponían	pondrían

Antepresente	Antepretérito	Antefuturo	Antecopretérito	Antepospretérito
he puesto	hube puesto	habré puesto	había puesto	habría puesto
has puesto	hubiste puesto	habrás puesto	habías puesto	habrías puesto
ha puesto	hubo puesto	habrá puesto	había puesto	habría puesto
hemos puesto	hubimos puesto	habremos puesto	habíamos puesto	habríamos puesto
habéis puesto	hubisteis puesto	habréis puesto	habíais puesto	habríais puesto
han puesto	hubieron puesto	habrán puesto	habían puesto	habrían puesto

MODO SUBJUNTIVO

Presente	Pretérito	Futuro
ponga	pusiera o pusiese	pusiere
pongas	pusieras o pusieses	pusieres
ponga	pusiera o pusiese	pusiere
pongamos	pusiéramos o pusiésemos	pusiéremos
pongáis	pusierais o pusieseis	pusiereis
pongan	pusieran o pusiesen	pusieren

Antepresente	Antepretérito	Antefuturo
haya puesto	hubiera o hubiese puesto	hubiere puesto
hayas puesto	hubieras o hubieses puesto	hubieres puesto
haya puesto	hubiera o hubiese puesto	hubiere puesto
hayamos puesto	hubiéramos o hubiésemos puesto	hubiéremos puesto
hayáis puesto	hubierais o hubieseis puesto	hubiereis puesto
hayan puesto	hubieran o hubiesen puesto	hubieren puesto

MODO IMPERATIVO

pon (tú)
ponga (usted)
poned (vosotros-as)
pongan (ustedes)

Modelo 28

PODER

MODO INDICATIVO

Presente	Pretérito	Futuro	Copretérito	Pospretérito
puedo	pude	podré	podía	podría
puedes	pudiste	podrás	podías	podrías
puede	pudo	podrá	podía	podría
podemos	pudimos	podremos	podíamos	podríamos
podéis	pudisteis	podréis	podíais	podríais
pueden	pudieron	podrán	podían	podrían

Antepresente	Antepretérito	Antefuturo	Antecopretérito	Antepospretérito
he podido	hube podido	habré podido	había podido	habría podido
has podido	hubiste podido	habrás podido	habías podido	habrías podido
ha podido	hubo podido	habrá podido	había podido	habría podido
hemos podido	hubimos pedido	habremos podido	habíamos podido	habríamos podido
habéis podido	hubisteis podido	habréis podido	habíais podido	habríais podido
han podido	hubieron podido	habrán podido	habían podido	habrían podido

MODO SUBJUNTIVO

Presente	Pretérito	Futuro
pueda	pudiera o pudiese	pudiere
puedas	pudieras o pudieses	pudieres
pueda	pudiera o pudiese	pudiere
podamos	pudiéramos o pudiésemos	pudiéremos
podáis	pudierais o pudieseis	pudiereis
puedan	pudieran o pudiesen	pudieren

Antepresente	Antepretérito	Antefuturo
haya podido	hubiera o hubiese podido	hubiere podido
hayas podido	hubieras o hubieses podido	hubieres podido
haya podido	hubiera o hubiese podido	hubiere podido
hayamos podido	hubiéramos o hubiésemos podido	hubiéremos podido
hayáis podido	hubierais o hubieseis podido	hubiereis podido
hayan podido	hubieran o hubiesen podido	hubieren podido

MODO IMPERATIVO

puede (tú)
pueda (usted)
poded (vosotros-as)
puedan (ustedes)

Modelo 29

VOLVER

MODO INDICATIVO

Presente	Pretérito	Futuro	Copretérito	Pospretérito
vuelvo	volví	volveré	volvía	volvería
vuelves	volviste	volverás	volvías	volverías
vuelve	volvió	volverá	volvía	volvería
volvemos	volvimos	volveremos	volvíamos	volveríamos
volvéis	volvisteis	volveréis	volvíais	volveríais
vuelven	volvieron	volverán	volvían	volverían

Antepresente	Antepretérito	Antefuturo	Antecopretérito	Antepospretérito
he vuelto	hube vuelto	habré vuelto	había vuelto	habría vuelto
has vuelto	hubiste vuelto	habrás vuelto	habías vuelto	habrías vuelto
ha vuelto	hubo vuelto	habrá vuelto	había vuelto	habría vuelto
hemos vuelto	hubimos vuelto	habremos vuelto	habíamos vuelto	habríamos vuelto
habéis vuelto	hubisteis vuelto	habréis vuelto	habíais vuelto	habríais vuelto
han vuelto	hubieron vuelto	habrán vuelto	habían vuelto	habrían vuelto

MODO SUBJUNTIVO

Presente	Pretérito	Futuro
vuelva	volviera o volviese	volviere
vuelvas	volvieras o volvieses	volvieres
vuelva	volviera o volviese	volviere
volvamos	volviéramos o volviésemos	volviéremos
volváis	volvierais o volvieseis	volviereis
vuelvan	volvieran o volviesen	volvieren

Antepresente	Antepretérito	Antefuturo
haya vuelto	hubiera o hubiese vuelto	hubiere vuelto
hayas vuelto	hubieras o hubieses vuelto	hubieres vuelto
haya vuelto	hubiera o hubiese vuelto	hubiere vuelto
hayamos vuelto	hubiéramos o hubiésemos vuelto	hubiéremos vuelto
hayáis vuelto	hubierais o hubieseis vuelto	hubiereis vuelto
hayan vuelto	hubieran o hubiesen vuelto	hubieren vuelto

MODO IMPERATIVO

vuelve (tú)
vuelva (usted)
volved (vosotros-as)
vuelvan (ustedes)

Modelo 30

COCER

MODO INDICATIVO

Presente	Pretérito	Futuro	Copretérito	Pospretérito
cuezo	cocí	coceré	cocía	cocería
cueces	cociste	cocerás	cocías	cocerías
cuece	coció	cocerá	cocía	cocería
cocemos	cocimos	coceremos	cocíamos	coceríamos
cocéis	cocisteis	coceréis	cocíais	coceríais
cuecen	cocieron	cocerán	cocían	cocerían

Antepresente	Antepretérito	Antefuturo	Antecopretérito	Antepospretérito
he cocido	hube cocido	habré cocido	había cocido	habría cocido
has cocido	hubiste cocido	habrás cocido	habías cocido	habrías cocido
ha cocido	hubo cocido	habrá cocido	había cocido	habría cocido
hemos cocido	hubimos cocido	habremos cocido	habíamos cocido	habríamos cocido
habéis cocido	hubisteis cocido	habréis cocido	habíais cocido	habríais cocido
han cocido	hubieron cocido	habrán cocido	habían cocido	habrían cocido

MODO SUBJUNTIVO

Presente	Pretérito	Futuro
cueza	cociera o cociese	cociere
cuezas	cocieras o cocieses	cocieres
cueza	cociera o cociese	cociere
cozamos	cociéramos o cociésemos	cociéremos
cozáis	cocierais o cocieseis	cociereis
cuezan	cocieran o cociesen	cocieren

Antepresente	Antepretérito	Antefuturo
haya cocido	hubiera o hubiese cocido	hubiere cocido
hayas cocido	hubieras o hubieses cocido	hubieres cocido
haya cocido	hubiera o hubiese cocido	hubiere cocido
hayamos cocido	hubiéramos o hubiésemos cocido	hubiéremos cocido
hayáis cocido	hubierais o hubieseis cocido	hubiereis cocido
hayan cocido	hubieran o hubiesen cocido	hubieren cocido

MODO IMPERATIVO

cuece (tú)
cueza (usted)
coced (vosotros-as)
cuezan (ustedes)

Modelo 31

VER

MODO INDICATIVO

Presente	Pretérito	Futuro	Copretérito	Pospretérito
veo	vi	veré	veía	vería
ves	viste	verás	veías	verías
ve	vio	verá	veía	vería
vemos	vimos	veremos	veíamos	veríamos
veis	visteis	veréis	veíais	veríais
ven	vieron	verán	veían	verían

Antepresente	Antepretérito	Antefuturo	Antecopretérito	Antepospretérito
he visto	hube visto	habré visto	había visto	habría visto
has visto	hubiste visto	habrás visto	habías visto	habrías visto
ha visto	hubo visto	habrá visto	había visto	habría visto
hemos visto	hubimos visto	habremos visto	habíamos visto	habríamos visto
habéis visto	hubisteis visto	habréis visto	habíais visto	habríais visto
han visto	hubieron visto	habrán visto	habían visto	habrían visto

MODO SUBJUNTIVO

Presente	Pretérito	Futuro
vea	viera o viese	viere
veas	vieras o vieses	vieres
vea	viera o viese	viere
veamos	viéramos o viésemos	viéremos
veáis	vierais o vieseis	viereis
vean	vieran o viesen	vieren

Antepresente	Antepretérito	Antefuturo
haya visto	hubiera o hubiese visto	hubiere visto
hayas visto	hubieras o hubieses visto	hubieres visto
haya visto	hubiera o hubiese visto	hubiere visto
hayamos visto	hubiéramos o hubiésemos visto	hubiéremos visto
hayáis visto	hubierais o hubieseis visto	hubiereis visto
hayan visto	hubieran o hubiesen visto	hubieren visto

MODO IMPERATIVO

ve (tú)
vea (usted)
ved (vosotros-as)
vean (ustedes)

Modelo 32

LEER

MODO INDICATIVO

Presente	Pretérito	Futuro	Copretérito	Pospretérito
leo	leí	leeré	leía	leería
lees	leíste	leerás	leías	leerías
lee	leyó	leerá	leía	leería
leemos	leímos	leeremos	leíamos	leeríamos
leéis	leísteis	leeréis	leíais	leeríais
leen	leyeron	leerán	leían	leerían

Antepresente	Antepretérito	Antefuturo	Antecopretérito	Antepospretérito
he leído	hube leído	habré leído	había leído	habría leído
has leído	hubiste leído	habrás leído	habías leído	habrías leído
ha leído	hubo leído	habrá leído	había leído	habría leído
hemos leído	hubimos leído	habremos leído	habíamos leído	habríamos leído
habéis leído	hubisteis leído	habréis leído	habíais leído	habríais leído
han leído	hubieron leído	habrán leído	habían leído	habrían leído

MODO SUBJUNTIVO

Presente	Pretérito	Futuro
lea	leyera o leyese	leyere
leas	leyeras o leyeses	leyeres
lea	leyera o leyese	leyere
leamos	leyéramos o leyésemos	leyéremos
leáis	leyerais o leyeseis	leyereis
lean	leyeran o leyesen	leyeren

Antepresente	Antepretérito	Antefuturo
haya leído	hubiera o hubiese leído	hubiere leído
hayas leído	hubieras o hubieses leído	hubieres leído
haya leído	hubiera o hubiese leído	hubiere leído
hayamos leído	hubiéramos o hubiésemos leído	hubiéremos leído
hayáis leído	hubierais o hubieseis leído	hubiereis leído
hayan leído	hubieran o hubiesen leído	hubieren leído

MODO IMPERATIVO

lee (tú)
lea (usted)
leed (vosotros-as)
lean (ustedes)

Modelo 33

OLER

MODO INDICATIVO

Presente	Pretérito	Futuro	Copretérito	Pospretérito
huelo	olí	oleré	olía	olería
hueles	oliste	olerás	olías	olerías
huele	olió	olerá	olía	olería
olemos	olimos	oleremos	olíamos	oleríamos
oléis	olisteis	oleréis	olíais	oleríais
huelen	olieron	olerán	olían	olerían

Antepresente	Antepretérito	Antefuturo	Antecopretérito	Antepospretérito
he olido	hube olido	habré olido	había olido	habría olido
has olido	hubiste olido	habrás olido	habías olido	habrías olido
ha olido	hubo olido	habrá olido	había olido	habría olido
hemos olido	hubimos olido	habremos olido	habíamos olido	habríamos olido
habéis olido	hubisteis olido	habréis olido	habíais olido	habríais olido
han olido	hubieron olido	habrán olido	habían olido	habrían olido

MODO SUBJUNTIVO

Presente	Pretérito	Futuro
huela	oliera u oliese	oliere
huelas	olieras u olieses	olieres
huela	oliera u oliese	oliere
olamos	oliéramos u oliésemos	oliéremos
oláis	olierais u olieseis	oliereis
huelan	olieran u oliesen	olieren

Antepresente	Antepretérito	Antefuturo
haya olido	hubiera o hubiese olido	hubiere olido
hayas olido	hubieras o hubieses olido	hubieres olido
haya olido	hubiera o hubiese olido	hubiere olido
hayamos olido	hubiéramos o hubiésemos olido	hubiéremos olido
hayáis olido	hubierais o hubieseis olido	hubiereis olido
hayan olido	hubieran o hubiesen olido	hubieren olido

MODO IMPERATIVO

huele (tú)
huela (usted)
oled (vosotros-as)
huelan (ustedes)

Modelo 34

VALER

MODO INDICATIVO

Presente	Pretérito	Futuro	Copretérito	Pospretérito
valgo	valí	valdré	valía	valdría
vales	valiste	valdrás	valías	valdrías
vale	valió	valdrá	valía	valdría
valemos	valimos	valdremos	valíamos	valdríamos
valéis	valisteis	valdréis	valíais	valdríais
valen	valieron	valdrán	valían	valdrían

Antepresente	Antepretérito	Antefuturo	Antecopretérito	Antepospretérito
he valido	hube valido	habré valido	había valido	habría valido
has valido	hubiste valido	habrás valido	habías valido	habrías valido
ha valido	hubo valido	habrá valido	había valido	habría valido
hemos valido	hubimos valido	habremos valido	habíamos valido	habríamos valido
habéis valido	hubisteis valido	habréis valido	habíais valido	habríais valido
han valido	hubieron valido	habrán valido	habían valido	habrían valido

MODO SUBJUNTIVO

Presente	Pretérito	Futuro
valga	valiera o valiese	valiere
valgas	valieras o valieses	valieres
valga	valiera o valiese	valiere
valgamos	valiéramos o valiésemos	valiéremos
valgáis	valierais o valieseis	valiereis
valgan	valieran o valiesen	valieren

Antepresente	Antepretérito	Antefuturo
haya valido	hubiera o hubiese valido	hubiere valido
hayas valido	hubieras o hubieses valido	hubieres valido
haya valido	hubiera o hubiese valido	hubiere valido
hayamos valido	hubiéramos o hubiésemos valido	hubiéremos valido
hayáis valido	hubierais o hubieseis valido	hubiereis valido
hayan valido	hubieran o hubiesen valido	hubieren valido

MODO IMPERATIVO

vale (tú)
valga (usted)
valed (vosotros-as)
valgan (ustedes)

Modelo 35

CABER

MODO INDICATIVO

Presente	Pretérito	Futuro	Copretérito	Pospretérito
quepo	cupe	cabré	cabía	cabría
cabes	cupiste	cabrás	cabías	cabrías
cabe	cupo	cabrá	cabía	cabría
cabemos	cupimos	cabremos	cabíamos	cabríamos
cabéis	cupisteis	cabréis	cabíais	cabríais
caben	cupieron	cabrán	cabían	cabrían

Antepresente	Antepretérito	Antefuturo	Antecopretérito	Antepospretérito
he cabido	hube cabido	habré cabido	había cabido	habría cabido
has cabido	hubiste cabido	habrás cabido	habías cabido	habrías cabido
ha cabido	hubo cabido	habrá cabido	había cabido	habría cabido
hemos cabido	hubimos cabido	habremos cabido	habíamos cabido	habríamos cabido
habéis cabido	hubisteis cabido	habréis cabido	habíais cabido	habríais cabido
han cabido	hubieron cabido	habrán cabido	habían cabido	habrían cabido

MODO SUBJUNTIVO

Presente	Pretérito	Futuro
quepa	cupiera o cupiese	cupiere
quepas	cupieras o cupieses	cupieres
quepa	cupiera o cupiese	cupiere
quepamos	cupiéramos o cupiésemos	cupiéremos
quepáis	cupierais o cupieseis	cupiereis
quepan	cupieran o cupiesen	cupieren

Antepresente	Antepretérito	Antefuturo
haya cabido	hubiera o hubiese cabido	hubiere cabido
hayas cabido	hubieras o hubieses cabido	hubieres cabido
haya cabido	hubiera o hubiese cabido	hubiere cabido
hayamos cabido	hubiéramos o hubiésemos cabido	hubiéremos cabido
hayáis cabido	hubierais o hubieseis cabido	hubiereis cabido
hayan cabido	hubieran o hubiesen cabido	hubieren cabido

MODO IMPERATIVO

cabe (tú)
quepa (usted)
cabed (vosotros-as)
quepan (ustedes)

Modelo 36

SABER

MODO INDICATIVO

Presente	Pretérito	Futuro	Copretérito	Pospretérito
sé	supe	sabré	sabía	sabría
sabes	supiste	sabrás	sabías	sabrías
sabe	supo	sabrá	sabía	sabría
sabemos	supimos	sabremos	sabíamos	sabríamos
sabéis	supisteis	sabréis	sabíais	sabríais
saben	supieron	sabrán	sabían	sabrían

Antepresente	Antepretérito	Antefuturo	Antecopretérito	Antepospretérito
he sabido	hube sabido	habré sabido	había sabido	habría sabido
has sabido	hubiste sabido	habrás sabido	habías sabido	habrías sabido
ha sabido	hubo sabido	habrá sabido	había sabido	habría sabido
hemos sabido	hubimos sabido	habremos sabido	habíamos sabido	habríamos sabido
habéis sabido	hubisteis sabido	habréis sabido	habíais sabido	habríais sabido
han sabido	hubieron sabido	habrán sabido	habían sabido	habrían sabido

MODO SUBJUNTIVO

Presente	Pretérito	Futuro
sepa	supiera o supiese	supiere
sepas	supieras o supieses	supieres
sepa	supiera o supiese	supiere
sepamos	supiéramos o supiésemos	supiéremos
sepáis	supierais o supieseis	supiereis
sepan	supieran o supiesen	supieren

Antepresente	Antepretérito	Antefuturo
haya sabido	hubiera o hubiese sabido	hubiere sabido
hayas sabido	hubieras o hubieses sabido	hubieres sabido
haya sabido	hubiera o hubiese sabido	hubiere sabido
hayamos sabido	hubiéramos o hubiésemos sabido	hubiéremos sabido
hayáis sabido	hubierais o hubieseis sabido	hubiereis sabido
hayan sabido	hubieran o hubiesen sabido	hubieren sabido

MODO IMPERATIVO

sabe (tú)
sepa (usted)
sabed (vosotros-as)
sepan (ustedes)

Modelo 37

CAER

MODO INDICATIVO

Presente	Pretérito	Futuro	Copretérito	Pospretérito
caigo	caí	caeré	caía	caería
caes	caíste	caerás	caías	caerías
cae	cayó	caerá	caía	caería
caemos	caímos	caeremos	caíamos	caeríamos
caéis	caísteis	caeréis	caíais	caeríais
caen	cayeron	caerán	caían	caerían

Antepresente	Antepretérito	Antefuturo	Antecopretérito	Antepospretérito
he caído	hube caído	habré caído	había caído	habría caído
has caído	hubiste caído	habrás caído	habías caído	habrías caído
ha caído	hubo caído	habrá caído	había caído	habría caído
hemos caído	hubimos caído	habremos caído	habíamos caído	habríamos caído
habéis caído	hubisteis caído	habréis caído	habíais caído	habríais caído
han caído	hubieron caído	habrán caído	habían caído	habrían caído

MODO SUBJUNTIVO

Presente	Pretérito	Futuro
caiga	cayera o cayese	cayere
caigas	cayeras o cayeses	cayeres
caiga	cayera o cayese	cayere
caigamos	cayéramos o cayésemos	cayéremos
caigáis	cayerais o cayeseis	cayereis
caigan	cayeran o cayesen	cayeren

Antepresente	Antepretérito	Antefuturo
haya caído	hubiera o hubiese caído	hubiere caído
hayas caído	hubieras o hubieses caído	hubieres caído
haya caído	hubiera o hubiese caído	hubiere caído
hayamos caído	hubiéramos o hubiésemos caído	hubiéremos caído
hayáis caído	hubierais o hubieseis caído	hubiereis caído
hayan caído	hubieran o hubiesen caído	hubieren caído

MODO IMPERATIVO

cae (tú)
caiga (usted)
caed (vosotros-as)
caigan (ustedes)

Modelo 38

TRAER

MODO INDICATIVO

Presente	Pretérito	Futuro	Copretérito	Pospretérito
traigo	traje	traeré	traía	traería
traes	trajiste	traerás	traías	traerías
trae	trajo	traerá	traía	traería
traemos	trajimos	traeremos	traíamos	traeríamos
traéis	trajisteis	traeréis	traíais	traeríais
traen	trajeron	traerán	traían	traerían

Antepresente	Antepretérito	Antefuturo	Antecopretérito	Antepospretérito
he traído	hube traído	habré traído	había traído	habría traído
has traído	hubiste traído	habrás traído	habías traído	habrías traído
ha traído	hubo traído	habrá traído	había traído	habría traído
hemos traído	hubimos traído	habremos traído	habíamos traído	habríamos traído
habéis traído	hubisteis traído	habréis traído	habíais traído	habríais traído
han traído	hubieron traído	habrán traído	habían traído	habrían traído

MODO SUBJUNTIVO

Presente	Pretérito	Futuro
traiga	trajera o trajese	trajere
traigas	trajeras o trajeses	trajeres
traiga	trajera o trajese	trajere
traigamos	trajéramos o trajésemos	trajéremos
traigáis	trajerais o trajeseis	trajereis
traigan	trajeran o trajesen	trajeren

Antepresente	Antepretérito	Antefuturo
haya traído	hubiera o hubiese traído	hubiere traído
hayas traído	hubieras o hubieses traído	hubieres traído
haya traído	hubiera o hubiese traído	hubiere traído
hayamos traído	hubiéramos o hubiésemos traído	hubiéremos traído
hayáis traído	hubierais o hubieseis traído	hubiereis traído
hayan traído	hubieran o hubiesen traído	hubieren traído

MODO IMPERATIVO

trae (tú)
traiga (usted)
traed (vosotros-as)
traigan (ustedes)

Modelo 39

CRECER

MODO INDICATIVO

Presente	Pretérito	Futuro	Copretérito	Pospretérito
crezco	crecí	creceré	crecía	crecería
creces	creciste	crecerás	crecías	crecerías
crece	creció	crecerá	crecía	crecería
crecemos	crecimos	creceremos	crecíamos	creceríamos
crecéis	crecisteis	creceréis	crecíais	creceríais
crecen	crecieron	crecerán	crecían	crecerían

Antepresente	Antepretérito	Antefuturo	Antecopretérito	Antepospretérito
he crecido	hube crecido	habré crecido	había crecido	habría crecido
has crecido	hubiste crecido	habrás crecido	habías crecido	habrías crecido
ha crecido	hubo crecido	habrá crecido	había crecido	habría crecido
hemos crecido	hubimos crecido	habremos crecido	habíamos crecido	habríamos crecido
habéis crecido	hubisteis crecido	habréis crecido	habíais crecido	habríais crecido
han crecido	hubieron crecido	habrán crecido	habían crecido	habrían crecido

MODO SUBJUNTIVO

Presente	Pretérito	Futuro
crezca	creciera o creciese	creciere
crezcas	crecieras o crecieses	crecieres
crezca	creciera o creciese	creciere
crezcamos	creciéramos o creciésemos	creciéremos
crezcáis	crecierais o crecieseis	creciereis
crezcan	crecieran o creciesen	crecieren

Antepresente	Antepretérito	Antefuturo
haya crecido	hubiera o hubiese crecido	hubiere crecido
hayas crecido	hubieras o hubieses crecido	hubieres crecido
haya crecido	hubiera o hubiese crecido	hubiere crecido
hayamos crecido	hubiéramos o hubiésemos crecido	hubiéremos crecido
hayáis crecido	hubierais o hubieseis crecido	hubiereis crecido
hayan crecido	hubieran o hubiesen crecido	hubieren crecido

MODO IMPERATIVO

crece (tú)
crezca (usted)
creced (vosotros-as)
crezcan (ustedes)

Modelo 40

VENCER

MODO INDICATIVO

Presente	Pretérito	Futuro	Copretérito	Pospretérito
venzo	vencí	venceré	vencía	vencería
vences	venciste	vencerás	vencías	vencerías
vence	venció	vencerá	vencía	vencería
vencemos	vencimos	venceremos	vencíamos	venceríamos
vencéis	vencisteis	venceréis	vencíais	venceríais
vencen	vencieron	vencerán	vencían	vencerían

Antepresente	Antepretérito	Antefuturo	Antecopretérito	Antepospretérito
he vencido	hube vencido	habré vencido	había vencido	habría vencido
has vencido	hubiste vencido	habrás vencido	habías vencido	habrías vencido
ha vencido	hubo vencido	habrá vencido	había vencido	habría vencido
hemos vencido	hubimos vencido	habremos vencido	habíamos vencido	habríamos vencido
habéis vencido	hubisteis vencido	habréis vencido	habíais vencido	habríais vencido
han vencido	hubieron vencido	habrán vencido	habían vencido	habrían vencido

MODO SUBJUNTIVO

Presente	Pretérito	Futuro
venza	venciera o venciese	venciere
venzas	vencieras o vencieses	vencieres
venza	venciera o venciese	venciere
venzamos	venciéramos o venciésemos	venciéremos
venzáis	vencierais o vencieseis	venciereis
venzan	vencieran o venciesen	vencieren

Antepresente	Antepretérito	Antefuturo
haya vencido	hubiera o hubiese vencido	hubiere vencido
hayas vencido	hubieras o hubieses vencido	hubieres vencido
haya vencido	hubiera o hubiese vencido	hubiere vencido
hayamos vencido	hubiéramos o hubiésemos vencido	hubiéremos vencido
hayáis vencido	hubierais o hubieseis vencido	hubiereis vencido
hayan vencido	hubieran o hubiesen vencido	hubieren vencido

MODO IMPERATIVO

vence (tú)
venza (usted)
venced (vosotros-as)
venzan (ustedes)

Modelo 41

COGER

MODO INDICATIVO

Presente	Pretérito	Futuro	Copretérito	Pospretérito
cojo	cogí	cogeré	cogía	cogería
coges	cogiste	cogerás	cogías	cogerías
coge	cogió	cogerá	cogía	cogería
cogemos	cogimos	cogeremos	cogíamos	cogeríamos
cogéis	cogisteis	cogeréis	cogíais	cogeríais
cogen	cogieron	cogerán	cogían	cogerían

Antepresente	Antepretérito	Antefuturo	Antecopretérito	Antepospretérito
he cogido	hube cogido	habré cogido	había cogido	habría cogido
has cogido	hubiste cogido	habrás cogido	habías cogido	habrías cogido
ha cogido	hubo cogido	habrá cogido	había cogido	habría cogido
hemos cogido	hubimos cogido	habremos cogido	habíamos cogido	habríamos cogido
habéis cogido	hubisteis cogido	habréis cogido	habíais cogido	habríais cogido
han cogido	hubieron cogido	habrán cogido	habían cogido	habrían cogido

MODO SUBJUNTIVO

Presente	Pretérito	Futuro
coja	cogiera o cogiese	cogiere
cojas	cogieras o cogieses	cogieres
coja	cogiera o cogiese	cogiere
cojamos	cogiéramos o cogiésemos	cogiéremos
cojáis	cogierais o cogieseis	cogiereis
cojan	cogieran o cogiesen	cogieren

Antepresente	Antepretérito	Antefuturo
haya cogido	hubiera o hubiese cogido	hubiere cogido
hayas cogido	hubieras o hubieses cogido	hubieres cogido
haya cogido	hubiera o hubiese cogido	hubiere cogido
hayamos cogido	hubiéramos o hubiésemos cogido	hubiéremos cogido
hayáis cogido	hubierais o hubieseis cogido	hubiereis cogido
hayan cogido	hubieran o hubiesen cogido	hubieren cogido

MODO IMPERATIVO

coge (tú)
coja (usted)
coged (vosotros-as)
cojan (ustedes)

Modelo 42

TAÑER

MODO INDICATIVO

Presente	Pretérito	Futuro	Copretérito	Pospretérito
taño	tañí	tañeré	tañía	tañería
tañes	tañiste	tañerás	tañías	tañerías
tañe	tañó	tañerá	tañía	tañería
tañemos	tañimos	tañeremos	tañíamos	tañeríamos
tañéis	tañisteis	tañeréis	tañíais	tañeríais
tañen	tañeron	tañerán	tañían	tañerían

Antepresente	Antepretérito	Antefuturo	Antecopretérito	Antepospretérito
he tañido	hube tañido	habré tañido	había tañido	habría tañido
has tañido	hubiste tañido	habrás tañido	habías tañido	habrías tañido
ha tañido	hubo tañido	habrá tañido	había tañido	habría tañido
hemos tañido	hubimos tañido	habremos tañido	habíamos tañido	habríamos tañido
habéis tañido	hubisteis tañido	habréis tañido	habíais tañido	habríais tañido
han tañido	hubieron tañido	habrán tañido	habían tañido	habrían tañido

MODO SUBJUNTIVO

Presente	Pretérito	Futuro
taña	tañera o tañese	tañere
tañas	tañeras o tañeses	tañeres
taña	tañera o tañese	tañere
tañamos	tañéramos o tañésemos	tañéremos
tañáis	tañerais o tañeseis	tañereis
tañan	tañeran o tañesen	tañeren

Antepresente	Antepretérito	Antefuturo
haya tañido	hubiera o hubiese tañido	hubiere tañido
hayas tañido	hubieras o hubieses tañido	hubieres tañido
haya tañido	hubiera o hubiese tañido	hubiere tañido
hayamos tañido	hubiéramos o hubiésemos tañido	hubiéremos tañido
hayáis tañido	hubierais o hubieseis tañido	hubiereis tañido
hayan tañido	hubieran o hubiesen tañido	hubieren tañido

MODO IMPERATIVO

tañe (tú)
taña (usted)
tañed (vosotros-as)
tañan (ustedes)

Modelo 43

YACER

MODO INDICATIVO

Presente	Pretérito	Futuro	Copretérito	Pospretérito
yazco o yazgo	yací	yaceré	yacía	yacería
yaces	yaciste	yacerás	yacías	yacerías
yace	yació	yacerá	yacía	yacería
yacemos	yacimos	yaceremos	yacíamos	yaceríamos
yacéis	yacisteis	yaceréis	yacíais	yaceríais
yacen	yacieron	yacerán	yacían	yacerían

Antepresente	Antepretérito	Antefuturo	Antecopretérito	Antepospretérito
he yacido	hube yacido	habré yacido	había yacido	habría yacido
has yacido	hubiste yacido	habrás yacido	habías yacido	habrías yacido
ha yacido	hubo yacido	habrá yacido	había yacido	habría yacido
hemos yacido	hubimos yacido	habremos yacido	habíamos yacido	habríamos yacido
habéis yacido	hubisteis yacido	habréis yacido	habíais yacido	habríais yacido
han yacido	hubieron yacido	habrán yacido	habían yacido	habrían yacido

MODO SUBJUNTIVO

Presente	Pretérito	Futuro
yazca o yazga	yaciera o yaciese	yaciere
yazcas o yazgas	yacieras o yacieses	yacieres
yazca o yazga	yaciera o yaciese	yaciere
yazcamos o yazgamos	yaciéramos o yaciésemos	yaciéremos
yazcáis o yazgáis	yacierais o yacieseis	yaciereis
yazcan o yazgan	yacieran o yaciesen	yacieren

Antepresente	Antepretérito	Antefuturo
haya yacido	hubiera o hubiese yacido	hubiere yacido
hayas yacido	hubieras o hubieses yacido	hubieres yacido
haya yacido	hubiera o hubiese yacido	hubiere yacido
hayamos yacido	hubiéramos o hubiésemos yacido	hubiéremos yacido
hayáis yacido	hubierais o hubieseis yacido	hubiereis yacido
hayan yacido	hubieran o hubiesen yacido	hubieren yacido

MODO IMPERATIVO

yace o yaz (tú)
yazca o yazga (usted)
yaced (vosotros-as)
yazcan o yazgan (ustedes)

Modelo 44

ROER

MODO INDICATIVO

Presente	Pretérito	Futuro	Copretérito	Pospretérito
roo o roigo	roí	roeré	roía	roería
roes	roíste	roerás	roías	roerías
roe	royó	roerá	roía	roería
roemos	roímos	roeremos	roíamos	roeríamos
roéis	roísteis	roeréis	roíais	roeríais
roen	royeron	roerán	roían	roerían

Antepresente	Antepretérito	Antefuturo	Antecopretérito	Antepospretérito
he roído	hube roído	habré roído	había roído	habría roído
has roído	hubiste roído	habrás roído	habías roído	habrías roído
ha roído	hubo roído	habrá roído	había roído	habría roído
hemos roído	hubimos roído	habremos roído	habíamos roído	habríamos roído
habéis roído	hubisteis roído	habréis roído	habíais roído	habríais roído
han roído	hubieron roído	habrán roído	habían roído	habrían roído

MODO SUBJUNTIVO

Presente	Pretérito	Futuro
roa o roiga	royera o royese	royere
roas o roigas	royeras o royeses	royeres
roa o roiga	royera o royese	royere
roamos o roigamos	royéramos o royésemos	royéremos
roáis o roigáis	royerais o royeseis	royereis
roan o roigan	royeran o royesen	royeren

Antepresente	Antepretérito	Antefuturo
haya roído	hubiera o hubiese roído	hubiere roído
hayas roído	hubieras o hubieses roído	hubieres roído
haya roído	hubiera o hubiese roído	hubiere roído
hayamos roído	hubiéramos o hubiésemos roído	hubiéremos roído
hayáis roído	hubierais o hubieseis roído	hubiereis roído
hayan roído	hubieran o hubiesen roído	hubieren roído

MODO IMPERATIVO

roe (tú)
roa o roiga (usted)
roed (vosotros-as)
roan o roigan (ustedes)

Modelo 45

VIVIR

	Presente	Pretérito	Futuro	Copretérito	Pospretérito
MODO INDICATIVO	vivo	viví	viviré	vivía	viviría
	vives	viviste	vivirás	vivías	vivirías
	vive	vivió	vivirá	vivía	viviría
	vivimos	vivimos	viviremos	vivíamos	viviríamos
	vivís	vivisteis	viviréis	vivíais	viviríais
	viven	vivieron	vivirán	vivían	vivirían

	Antepresente	Antepretérito	Antefuturo	Antecopretérito	Antepospretérito
	he vivido	hube vivido	habré vivido	había vivido	habría vivido
	has vivido	hubiste vivido	habrás vivido	habías vivido	habrías vivido
	ha vivido	hubo vivido	habrá vivido	había vivido	habría vivido
	hemos vivido	hubimos vivido	habremos vivido	habíamos vivido	habríamos vivido
	habéis vivido	hubisteis vivido	habréis vivido	habíais vivido	habríais vivido
	han vivido	hubieron vivido	habrán vivido	habían vivido	habrían vivido

	Presente	Pretérito	Futuro
MODO SUBJUNTIVO	viva	viviera o viviese	viviere
	vivas	vivieras o vivieses	vivieres
	viva	viviera o viviese	viviere
	vivamos	viviéramos o viviésemos	viviéremos
	viváis	vivierais o vivieseis	viviereis
	vivan	vivieran o viviesen	vivieren

	Antepresente	Antepretérito	Antefuturo
	haya vivido	hubiera o hubiese vivido	hubiere vivido
	hayas vivido	hubieras o hubieses vivido	hubieres vivido
	haya vivido	hubiera o hubiese vivido	hubiere vivido
	hayamos vivido	hubiéramos o hubiésemos vivido	hubiéremos vivido
	hayáis vivido	hubierais o hubieseis vivido	hubiereis vivido
	hayan vivido	hubieran o hubiesen vivido	hubieren vivido

MODO IMPERATIVO

vive (tú)
viva (usted)
vivid (vosotros-as)
vivan (ustedes)

Modelo 46

IR

	Presente	Pretérito	Futuro	Copretérito	Pospretérito
MODO INDICATIVO	voy	fui	iré	iba	iría
	vas	fuiste	irás	ibas	irías
	va	fue	irá	iba	iría
	vamos	fuimos	iremos	íbamos	iríamos
	vais	fuisteis	iréis	ibais	iríais
	van	fueron	irán	iban	irían

	Antepresente	Antepretérito	Antefuturo	Antecopretérito	Antepospretérito
	he ido	hube ido	habré ido	había ido	habría ido
	has ido	hubiste ido	habrás ido	habías ido	habrías ido
	ha ido	hubo ido	habrá ido	había ido	habría ido
	hemos ido	hubimos ido	habremos ido	habíamos ido	habríamos ido
	habéis ido	hubisteis ido	habréis ido	habíais ido	habríais ido
	han ido	hubieron ido	habrán ido	habían ido	habrían ido

	Presente	Pretérito	Futuro
MODO SUBJUNTIVO	vaya	fuera o fuese	fuere
	vayas	fueras o fueses	fueres
	vaya	fuera o fuese	fuere
	vayamos	fuéramos o fuésemos	fuéremos
	vayáis	fuerais o fueseis	fuereis
	vayan	fueran o fuesen	fueren

	Antepresente	Antepretérito	Antefuturo
	haya ido	hubiera o hubiese ido	hubiere ido
	hayas ido	hubieras o hubieses ido	hubieres ido
	haya ido	hubiera o hubiese ido	hubiere ido
	hayamos ido	hubiéramos o hubiésemos ido	hubiéremos ido
	hayáis ido	hubierais o hubieseis ido	hubiereis ido
	hayan ido	hubieran o hubiesen ido	hubieren ido

MODO IMPERATIVO

ve (tú)
vaya (usted)
id (vosotros-as)
vayan (ustedes)

Modelo 47

PEDIR

MODO INDICATIVO

Presente	Pretérito	Futuro	Copretérito	Pospretérito
pido	pedí	pediré	pedía	pediría
pides	pediste	pedirás	pedías	pedirías
pide	pidió	pedirá	pedía	pediría
pedimos	pedimos	pediremos	pedíamos	pediríamos
pedís	pedisteis	pediréis	pedíais	pediríais
piden	pidieron	pedirán	pedían	pedirían

Antepresente	Antepretérito	Antefuturo	Antecopretérito	Antepospretérito
he pedido	hube pedido	habré pedido	había pedido	habría pedido
has pedido	hubiste pedido	habrás pedido	habías pedido	habrías pedido
ha pedido	hubo pedido	habrá pedido	había pedido	habría pedido
hemos pedido	hubimos pedido	habremos pedido	habíamos pedido	habríamos pedido
habéis pedido	hubisteis pedido	habréis pedido	habíais pedido	habríais pedido
han pedido	hubieron pedido	habrán pedido	habían pedido	habrían pedido

MODO SUBJUNTIVO

Presente	Pretérito	Futuro
pida	pidiera o pidiese	pidiere
pidas	pidieras o pidieses	pidieres
pida	pidiera o pidiese	pidiere
pidamos	pidiéramos o pidiésemos	pidiéremos
pidáis	pidierais o pidieseis	pidiereis
pidan	pidieran o pidiesen	pidieren

Antepresente	Antepretérito	Antefuturo
haya pedido	hubiera o hubiese pedido	hubiere pedido
hayas pedido	hubieras o hubieses pedido	hubieres pedido
haya pedido	hubiera o hubiese pedido	hubiere pedido
hayamos pedido	hubiéramos o hubiésemos pedido	hubiéremos pedido
hayáis pedido	hubierais o hubieseis pedido	hubiereis pedido
hayan pedido	hubieran o hubiesen pedido	hubieren pedido

MODO IMPERATIVO

pide (tú)
pida (usted)
pedid (vosotros-as)
pidan (ustedes)

Modelo 48

REÍR

MODO INDICATIVO

Presente	Pretérito	Futuro	Copretérito	Pospretérito
río	reí	reiré	reía	reiría
ríes	reíste	reirás	reías	reirías
ríe	rió	reirá	reía	reiría
reímos	reímos	reiremos	reíamos	reiríamos
reís	reísteis	reiréis	reíais	reiríais
ríen	rieron	reirán	reían	reirían

Antepresente	Antepretérito	Antefuturo	Antecopretérito	Antepospretérito
he reído	hube reído	habré reído	había reído	habría reído
has reído	hubiste reído	habrás reído	habías reído	habrías reído
ha reído	hubo reído	habrá reído	había reído	habría reído
hemos reído	hubimos reído	habremos reído	habíamos reído	habríamos reído
habéis reído	hubisteis reído	habréis reído	habíais reído	habríais reído
han reído	hubieron reído	habrán reído	habían reído	habrían reído

MODO SUBJUNTIVO

Presente	Pretérito	Futuro
ría	riera o riese	riere
rías	rieras o rieses	rieres
ría	riera o riese	riere
riamos	riéramos o riésemos	riéremos
riáis	rierais o rieseis	riereis
rían	rieran o riesen	rieren

Antepresente	Antepretérito	Antefuturo
haya reído	hubiera o hubiese reído	hubiere reído
hayas reído	hubieras o hubieses reído	hubieres reído
haya reído	hubiera o hubiese reído	hubiere reído
hayamos reído	hubiéramos o hubiésemos reído	hubiéremos reído
hayáis reído	hubierais o hubieseis reído	hubiereis reído
hayan reído	hubieran o hubiesen reído	hubieren reído

MODO IMPERATIVO

ríe (tú)
ría (usted)
reíd (vosotros-as)
rían (ustedes)

Modelo 49

VENIR

MODO INDICATIVO

Presente	Pretérito	Futuro	Copretérito	Pospretérito
vengo	vine	vendré	venía	vendría
vienes	viniste	vendrás	venías	vendrías
viene	vino	vendrá	venía	vendría
venimos	vinimos	vendremos	veníamos	vendríamos
venís	vinisteis	vendréis	veníais	vendríais
vienen	vinieron	vendrán	venían	vendrían

Antepresente	Antepretérito	Antefuturo	Antecopretérito	Antepospretérito
he venido	hube venido	habré venido	había venido	habría venido
has venido	hubiste venido	habrás venido	habías venido	habrías venido
ha venido	hubo venido	habrá venido	había venido	habría venido
hemos venido	hubimos venido	habremos venido	habíamos venido	habríamos venido
habéis venido	hubisteis venido	habréis venido	habíais venido	habríais venido
han venido	hubieron venido	habrán venido	habían venido	habrían venido

MODO SUBJUNTIVO

Presente	Pretérito	Futuro
venga	viniera o viniese	viniere
vengas	vinieras o vinieses	vinieres
venga	viniera o viniese	viniere
vengamos	viniéramos o viniésemos	viniéremos
vengáis	vinierais o vinieseis	viniereis
vengan	vinieran o viniesen	vinieren

Antepresente	Antepretérito	Antefuturo
haya venido	hubiera o hubiese venido	hubiere venido
hayas venido	hubieras o hubieses venido	hubieres venido
haya venido	hubiera o hubiese venido	hubiere venido
hayamos venido	hubiéramos o hubiésemos venido	hubiéremos venido
hayáis venido	hubierais o hubieseis venido	hubiereis venido
hayan venido	hubieran o hubiesen venido	hubieren venido

MODO IMPERATIVO

ven (tú)
venga (usted)
venid (vosotros-as)
vengan (ustedes)

Modelo 50

SENTIR

MODO INDICATIVO

Presente	Pretérito	Futuro	Copretérito	Pospretérito
siento	sentí	sentiré	sentía	sentiría
sientes	sentiste	sentirás	sentías	sentirías
siente	sintió	sentirá	sentía	sentiría
sentimos	sentimos	sentiremos	sentíamos	sentiríamos
sentís	sentisteis	sentiréis	sentíais	sentiríais
sienten	sintieron	sentirán	sentían	sentirían

Antepresente	Antepretérito	Antefuturo	Antecopretérito	Antepospretérito
he sentido	hube sentido	habré sentido	había sentido	habría sentido
has sentido	hubiste sentido	habrás sentido	habías sentido	habrías sentido
ha sentido	hubo sentido	habrá sentido	había sentido	habría sentido
hemos sentido	hubimos sentido	habremos sentido	habíamos sentido	habríamos sentido
habéis sentido	hubisteis sentido	habréis sentido	habíais sentido	habríais sentido
han sentido	hubieron sentido	habrán sentido	habían sentido	habrían sentido

MODO SUBJUNTIVO

Presente	Pretérito	Futuro
sienta	sintiera o sintiese	sintiere
sientas	sintieras o sintieses	sintieres
sienta	sintiera o sintiese	sintiere
sintamos	sintiéramos o sintiésemos	sintiéremos
sintáis	sintierais o sintieseis	sintiereis
sientan	sintieran o sintiesen	sintieren

Antepresente	Antepretérito	Antefuturo
haya sentido	hubiera o hubiese sentido	hubiere sentido
hayas sentido	hubieras o hubieses sentido	hubieres sentido
haya sentido	hubiera o hubiese sentido	hubiere sentido
hayamos sentido	hubiéramos o hubiésemos sentido	hubiéremos sentido
hayáis sentido	hubierais o hubieseis sentido	hubiereis sentido
hayan sentido	hubieran o hubiesen sentido	hubieren sentido

MODO IMPERATIVO

siente (tú)
sienta (usted)
sentid (vosotros-as)
sientan (ustedes)

Modelo 51

MORIR

MODO INDICATIVO

Presente	Pretérito	Futuro	Copretérito	Pospretérito
muero	morí	moriré	moría	moriría
mueres	moriste	morirás	morías	morirías
muere	murió	morirá	moría	moriría
morimos	morimos	moriremos	moríamos	moriríamos
morís	moristeis	moriréis	moríais	moriríais
mueren	murieron	morirán	morían	morirían

Antepresente	Antepretérito	Antefuturo	Antecopretérito	Antepospretérito
he muerto	hube muerto	habré muerto	había muerto	habría muerto
has muerto	hubiste muerto	habrás muerto	habías muerto	habrías muerto
ha muerto	hubo muerto	habrá muerto	había muerto	habría muerto
hemos muerto	hubimos muerto	habremos muerto	habíamos muerto	habríamos muerto
habéis muerto	hubisteis muerto	habréis muerto	habíais muerto	habríais muerto
han muerto	hubieron muerto	habrán muerto	habían muerto	habrían muerto

MODO SUBJUNTIVO

Presente	Pretérito	Futuro
muera	muriera o muriese	muriere
mueras	murieras o murieses	murieres
muera	muriera o muriese	muriere
muramos	muriéramos o muriésemos	muriéremos
muráis	murierais o murieseis	muriereis
mueran	murieran o muriesen	murieren

Antepresente	Antepretérito	Antefuturo
haya muerto	hubiera o hubiese muerto	hubiere muerto
hayas muerto	hubieras o hubieses muerto	hubieres muerto
haya muerto	hubiera o hubiese muerto	hubiere muerto
hayamos muerto	hubiéramos o hubiésemos muerto	hubiéremos muerto
hayáis muerto	hubierais o hubieseis muerto	hubiereis muerto
hayan muerto	hubieran o hubiesen muerto	hubieren muerto

MODO IMPERATIVO

muere (tú)
muera (usted)
morid (vosotros-as)
mueran (ustedes)

Modelo 52

SALIR

MODO INDICATIVO

Presente	Pretérito	Futuro	Copretérito	Pospretérito
salgo	salí	saldré	salía	saldría
sales	saliste	saldrás	salías	saldrías
sale	salió	saldrá	salía	saldría
salimos	salimos	saldremos	salíamos	saldríamos
salís	salisteis	saldréis	salíais	saldríais
salen	salieron	saldrán	salían	saldrían

Antepresente	Antepretérito	Antefuturo	Antecopretérito	Antepospretérito
he salido	hube salido	habré salido	había salido	habría salido
has salido	hubiste salido	habrás salido	habías salido	habrías salido
ha salido	hubo salido	habrá salido	había salido	habría salido
hemos salido	hubimos salido	habremos salido	habíamos salido	habríamos salido
habéis salido	hubisteis salido	habréis salido	habíais salido	habríais salido
han salido	hubieron salido	habrán salido	habían salido	habrían salido

MODO SUBJUNTIVO

Presente	Pretérito	Futuro
salga	saliera o saliese	saliere
salgas	salieras o salieses	salieres
salga	saliera o saliese	saliere
salgamos	saliéramos o saliésemos	saliéremos
salgáis	salierais o salieseis	saliereis
salgan	salieran o saliesen	salieren

Antepresente	Antepretérito	Antefuturo
haya salido	hubiera o hubiese salido	hubiere salido
hayas salido	hubieras o hubieses salido	hubieres salido
haya salido	hubiera o hubiese salido	hubiere salido
hayamos salido	hubiéramos o hubiésemos salido	hubiéremos salido
hayáis salido	hubierais o hubieseis salido	hubiereis salido
hayan salido	hubieran o hubiesen salido	hubieren salido

MODO IMPERATIVO

sal (tú)
salga (usted)
salid (vosotros-as)
salgan (ustedes)

Modelo 53

OÍR

MODO INDICATIVO

Presente	Pretérito	Futuro	Copretérito	Pospretérito
oigo	oí	oiré	oía	oiría
oyes	oíste	oirás	oías	oirías
oye	oyó	oirá	oía	oiría
oímos	oímos	oiremos	oíamos	oiríamos
ois	oísteis	oiréis	oíais	oiríais
oyen	oyeron	oirán	oían	oirían

Antepresente	Antepretérito	Antefuturo	Antecopretérito	Antepospretérito
he oído	hube oído	habré oído	había oído	habría oído
has oído	hubiste oído	habrás oído	habías oído	habrías oído
ha oído	hubo oído	habrá oído	había oído	habría oído
hemos oído	hubimos oído	habremos oído	habíamos oído	habríamos oído
habéis oído	hubisteis oído	habréis oído	habíais oído	habríais oído
han oído	hubieron oído	habrán oído	habían oído	habrían oído

MODO SUBJUNTIVO

Presente	Pretérito	Futuro
oiga	oyera u oyese	oyere
oigas	oyeras u oyeses	oyeres
oiga	oyera u oyese	oyere
oigamos	oyéramos u oyésemos	oyéremos
oigáis	oyerais u oyeseis	oyereis
oigan	oyeran u oyesen	oyeren

Antepresente	Antepretérito	Antefuturo
haya oído	hubiera o hubiese oído	hubiere oído
hayas oído	hubieras o hubieses oído	hubieres oído
haya oído	hubiera o hubiese oído	hubiere oído
hayamos oído	hubiéramos o hubiésemos oído	hubiéremos oído
hayáis oído	hubierais o hubieseis oído	hubiereis oído
hayan oído	hubieran o hubiesen oído	hubieren oído

MODO IMPERATIVO

oye (tú)
oiga (usted)
oid (vosotros-as)
oigan (ustedes)

Modelo 54

DECIR

MODO INDICATIVO

Presente	Pretérito	Futuro	Copretérito	Pospretérito
digo	dije	diré	decía	diría
dices	dijiste	dirás	decías	dirías
dice	dijo	dirá	decía	diría
decimos	dijimos	diremos	decíamos	diríamos
decís	dijisteis	diréis	decíais	diríais
dicen	dijeron	dirán	decían	dirían

Antepresente	Antepretérito	Antefuturo	Antecopretérito	Antepospretérito
he dicho	hube dicho	habré dicho	había dicho	habría dicho
has dicho	hubiste dicho	habrás dicho	habías dicho	habrías dicho
ha dicho	hubo dicho	nabrá dicho	había dicho	habría dicho
hemos dicho	hubimos dicho	habremos dicho	habíamos dicho	habríamos dicho
habéis dicho	hubisteis dicho	habréis dicho	habíais dicho	habríais dicho
han dicho	hubieron dicho	habrán dicho	habían dicho	habrían dicho

MODO SUBJUNTIVO

Presente	Pretérito	Futuro
diga	dijera o dijese	dijere
digas	dijeras o dijeses	dijeses
diga	dijera o dijese	dijere
digamos	dijéramos o dijésemos	dijéremos
digáis	dijerais o dijeseis	dijereis
digan	dijeran o dijesen	dijeren

Antepresente	Antepretérito	Antefuturo
haya dicho	hubiera o hubiese dicho	hubiere dicho
hayas dicho	hubieras o hubieses dicho	hubieres dicho
haya dicho	hubiera o hubiese dicho	hubiere dicho
hayamos dicho	hubiéramos o hubiésemos dicho	hubiéremos dicho
hayáis dicho	hubierais o hubieseis dicho	hubiereis dicho
hayan dicho	hubieran o hubiesen dicho	hubieren dicho

MODO IMPERATIVO

di (tú)
diga (usted)
decid (vosotros-as)
digan (ustedes)

Modelo 55

BENDECIR

<table>
<tr><td rowspan="12">MODO INDICATIVO</td></tr>
<tr><th>Presente</th><th>Pretérito</th><th>Futuro</th><th>Copretérito</th><th>Pospretérito</th></tr>
<tr><td>bendigo</td><td>bendije</td><td>bendeciré</td><td>bendecía</td><td>bendeciría</td></tr>
<tr><td>bendices</td><td>bendijiste</td><td>bendecirás</td><td>bendecías</td><td>bendecirías</td></tr>
<tr><td>bendice</td><td>bendijo</td><td>bendecirá</td><td>bendecía</td><td>bendeciría</td></tr>
<tr><td>bendecimos</td><td>bendijimos</td><td>bendeciremos</td><td>bendecíamos</td><td>bendeciríamos</td></tr>
<tr><td>bendecís</td><td>bendijisteis</td><td>bendeciréis</td><td>bendecíais</td><td>bendeciríais</td></tr>
<tr><td>bendicen</td><td>bendijeron</td><td>bendecirán</td><td>bendecían</td><td>bendecirían</td></tr>
<tr><th>Antepresente</th><th>Antepretérito</th><th>Antefuturo</th><th>Antecopretérito</th><th>Antepospretérito</th></tr>
<tr><td>he bendecido</td><td>hube bendecido</td><td>habré bendecido</td><td>había bendecido</td><td>habría bendecido</td></tr>
<tr><td>has bendecido</td><td>hubiste bendecido</td><td>habrás bendecido</td><td>habías bendecido</td><td>habrías bendecido</td></tr>
<tr><td>ha bendecido</td><td>hubo bendecido</td><td>habrá bendecido</td><td>había bendecido</td><td>habría bendecido</td></tr>
<tr><td>hemos bendecido</td><td>hubimos bendecido</td><td>habremos bendecido</td><td>habíamos bendecido</td><td>habríamos bendecido</td></tr>
</table>

habéis bendecido	hubisteis bendecido	habréis bendecido	habíais bendecido	habríais bendecido
han bendecido	hubieron bendecido	habrán bendecido	habían bendecido	habrían bendecido

<table>
<tr><td rowspan="12">MODO SUBJUNTIVO</td></tr>
<tr><th>Presente</th><th>Pretérito</th><th>Futuro</th><th></th></tr>
<tr><td>bendiga</td><td>bendijera o bendijese</td><td>bendijere</td><td></td></tr>
<tr><td>bendigas</td><td>bendijeras o bendijeses</td><td>bendijeres</td><td></td></tr>
<tr><td>bendiga</td><td>bendijera o bendijese</td><td>bendijere</td><td></td></tr>
<tr><td>bendigamos</td><td>bendijéramos o bendijésemos</td><td>bendijéremos</td><td rowspan="5">MODO IMPERATIVO</td></tr>
<tr><td>bendigáis</td><td>bendijerais o bendijeseis</td><td>bendijereis</td></tr>
<tr><td>bendigan</td><td>bendijeran o bendijesen</td><td>bendijeren</td></tr>
<tr><th>Antepresente</th><th>Antepretérito</th><th>Antefuturo</th></tr>
<tr><td>haya bendecido</td><td>hubiera o hubiese bendecido</td><td>hubiere bendecido</td></tr>
</table>

MODO IMPERATIVO:
bendice (tú)
bendiga (usted)
bendecid (vosotros-as)
bendigan (ustedes)

hayas bendecido	hubieras o hubieses bendecido	hubieres bendecido
haya bendecido	hubiera o hubiese bendecido	hubiere bendecido
hayamos bendecido	hubiéramos o hubiésemos bendecido	hubiéremos bendecido
hayáis bendecido	hubierais o hubieseis bendecido	hubiereis bendecido
hayan bendecido	hubieran o hubiesen bendecido	hubieren bendecido

Modelo 56

SEGUIR

<table>
<tr><td rowspan="12">MODO INDICATIVO</td></tr>
<tr><th>Presente</th><th>Pretérito</th><th>Futuro</th><th>Copretérito</th><th>Pospretérito</th></tr>
<tr><td>sigo</td><td>seguí</td><td>seguiré</td><td>seguía</td><td>seguiría</td></tr>
<tr><td>sigues</td><td>seguiste</td><td>seguirás</td><td>seguías</td><td>seguirías</td></tr>
<tr><td>sigue</td><td>siguió</td><td>seguirá</td><td>seguía</td><td>seguiría</td></tr>
<tr><td>seguimos</td><td>seguimos</td><td>seguiremos</td><td>seguíamos</td><td>seguiríamos</td></tr>
<tr><td>seguís</td><td>seguisteis</td><td>seguiréis</td><td>seguíais</td><td>seguiríais</td></tr>
<tr><td>siguen</td><td>siguieron</td><td>seguirán</td><td>seguían</td><td>seguirían</td></tr>
<tr><th>Antepresente</th><th>Antepretérito</th><th>Antefuturo</th><th>Antecopretérito</th><th>Antepospretérito</th></tr>
<tr><td>he seguido</td><td>hube seguido</td><td>habré seguido</td><td>había seguido</td><td>habría seguido</td></tr>
<tr><td>has seguido</td><td>hubiste seguido</td><td>habrás seguido</td><td>habías seguido</td><td>habrías seguido</td></tr>
<tr><td>ha seguido</td><td>hubo seguido</td><td>habrá seguido</td><td>había seguido</td><td>habría seguido</td></tr>
<tr><td>hemos seguido</td><td>hubimos seguido</td><td>habremos seguido</td><td>habíamos seguido</td><td>habríamos seguido</td></tr>
</table>

habéis seguido	hubisteis seguido	habréis seguido	habíais seguido	habríais seguido
han seguido	hubieron seguido	habrán seguido	habían seguido	habrían seguido

<table>
<tr><td rowspan="12">MODO SUBJUNTIVO</td></tr>
<tr><th>Presente</th><th>Pretérito</th><th>Futuro</th><th></th></tr>
<tr><td>siga</td><td>siguiera o siguiese</td><td>siguiere</td><td></td></tr>
<tr><td>sigas</td><td>siguieras o siguieses</td><td>siguieres</td><td></td></tr>
<tr><td>siga</td><td>siguiera o siguiese</td><td>siguiere</td><td></td></tr>
<tr><td>sigamos</td><td>siguiéramos o siguiésemos</td><td>siguiéremos</td><td rowspan="5">MODO IMPERATIVO</td></tr>
<tr><td>sigáis</td><td>siguierais o siguieseis</td><td>siguiereis</td></tr>
<tr><td>sigan</td><td>siguieran o siguiesen</td><td>siguieren</td></tr>
<tr><th>Antepresente</th><th>Antepretérito</th><th>Antefuturo</th></tr>
<tr><td>haya seguido</td><td>hubiera o hubiese seguido</td><td>hubiere seguido</td></tr>
</table>

MODO IMPERATIVO:
sigue (tú)
siga (usted)
seguid (vosotros-as)
sigan (ustedes)

hayas seguido	hubieras o hubieses seguido	hubieres seguido
haya seguido	hubiera o hubiese seguido	hubiere seguido
hayamos seguido	hubiéramos o hubiésemos seguido	hubiéremos seguido
hayáis seguido	hubierais o hubieseis seguido	hubiereis seguido
hayan seguido	hubieran o hubiesen seguido	hubieren seguido

Modelo 57

PRODUCIR

MODO INDICATIVO

Presente	Pretérito	Futuro	Copretérito	Pospretérito
produzco	produje	produciré	producía	produciría
produces	produjiste	producirás	producías	producirías
produce	produjo	producirá	producía	produciría
producimos	produjimos	produciremos	producíamos	produciríamos
producís	produjisteis	produciréis	producíais	produciríais
producen	produjeron	producirán	producían	producirían

Antepresente	Antepretérito	Antefuturo	Antecopretérito	Antepospretérito
he producido	hube producido	habré producido	había producido	habría producido
has producido	hubiste producido	habrás producido	habías producido	habrías producido
ha producido	hubo producido	habrá producido	había producido	habría producido
hemos producido	hubimos producido	habremos producido	habíamos producido	habríamos producido
habéis producido	hubisteis producido	habréis producido	habíais producido	habríais producido
han producido	hubieron producido	habrán producido	habían producido	habrían producido

MODO SUBJUNTIVO

Presente	Pretérito	Futuro
produzca	produjera o produjese	produjere
produzcas	produjeras o produjeses	produjeres
produzca	produjera o produjese	produjere
produzcamos	produjéramos o produjésemos	produjéremos
produzcáis	produjerais o produjeseis	produjereis
produzcan	produjeran o produjesen	produjeren

Antepresente	Antepretérito	Antefuturo
haya producido	hubiera o hubiese producido	hubiere producido
hayas producido	hubieras o hubieses producido	hubieres producido
haya producido	hubiera o hubiese producido	hubiere producido
hayamos producido	hubiéramos o hubiésemos producido	hubiéremos producido
hayáis producido	hubierais o hubieseis producido	hubiereis producido
hayan producido	hubieran o hubiesen producido	hubieren producido

MODO IMPERATIVO

produce (tú)
produzca (usted)
producid (vosotros-as)
produzcan (ustedes)

Modelo 58

LUCIR

MODO INDICATIVO

Presente	Pretérito	Futuro	Copretérito	Pospretérito
luzco	lucí	luciré	lucía	luciría
luces	luciste	lucirás	lucías	lucirías
luce	lució	lucirá	lucía	luciría
lucimos	lucimos	luciremos	lucíamos	luciríamos
lucís	lucisteis	luciréis	lucíais	luciríais
lucen	lucieron	lucirán	lucían	lucirían

Antepresente	Antepretérito	Antefuturo	Antecopretérito	Antepospretérito
he lucido	hube lucido	habré lucido	había lucido	habría lucido
has lucido	hubiste lucido	habrás lucido	habías lucido	habrías lucido
ha lucido	hubo lucido	habrá lucido	había lucido	habría lucido
hemos lucido	hubimos lucido	habremos lucido	habíamos lucido	habríamos lucido
habéis lucido	hubisteis lucido	habréis lucido	habíais lucido	habríais lucido
han lucido	hubieron lucido	habrán lucido	habían lucido	habrían lucido

MODO SUBJUNTIVO

Presente	Pretérito	Futuro
luzca	luciera o luciese	luciere
luzcas	lucieras o lucieses	lucieres
luzca	luciera o luciese	luciere
luzcamos	luciéramos o luciésemos	luciéremos
luzcáis	lucierais o lucieseis	luciereis
luzcan	lucieran o luciesen	lucieren

Antepresente	Antepretérito	Antefuturo
haya lucido	hubiera o hubiese lucido	hubiere lucido
hayas lucido	hubieras o hubieses lucido	hubieres lucido
haya lucido	hubiera o hubiese lucido	hubiere lucido
hayamos lucido	hubiéramos o hubiésemos lucido	hubiéremos lucido
hayáis lucido	hubierais o hubieseis lucido	hubiereis lucido
hayan lucido	hubieran o hubiesen lucido	hubieren lucido

MODO IMPERATIVO

luce (tú)
luzca (usted)
lucid (vosotros-as)
luzcan (ustedes)

Modelo 59

CONCLUIR

MODO INDICATIVO

Presente	Pretérito	Futuro	Copretérito	Pospretérito
concluyo	concluí	concluiré	concluía	concluiría
concluyes	concluiste	concluirás	concluías	concluirías
concluye	concluyó	concluirá	concluía	concluiría
concluimos	concluimos	concluiremos	concluíamos	concluiríamos
concluis	concluisteis	concluiréis	concluíais	concluiríais
concluyen	concluyeron	concluirán	concluían	concluirían

Antepresente	Antepretérito	Antefuturo	Antecopretérito	Antepospretérito
he concluido	hube concluido	habré concluido	había concluido	habría concluido
has concluido	hubiste concluido	habrás concluido	habías concluido	habrías concluido
ha concluido	hubo concluido	habrá concluido	había concluido	habría concluido
hemos concluido	hubimos concluido	habremos concluido	habíamos concluido	habríamos concluido
habéis concluido	hubisteis concluido	habréis concluido	habíais concluido	habríais concluido
han concluido	hubieron concluido	habrán concluido	habían concluido	habrían concluido

MODO SUBJUNTIVO

Presente	Pretérito	Futuro
concluya	concluyera o concluyese	concluyere
concluyas	concluyeras o concluyeses	concluyeres
concluya	concluyera o concluyese	concluyere
concluyamos	concluyéramos o concluyésemos	concluyéremos
concluyáis	concluyerais o concluyeseis	concluyereis
concluyan	concluyeran o concluyesen	concluyeren

Antepresente	Antepretérito	Antefuturo
haya concluido	hubiera o hubiese concluido	hubiere concluido
hayas concluido	hubieras o hubieses concluido	hubieres concluido
haya concluido	hubiera o hubiese concluido	hubiere concluido
hayamos concluido	hubiéramos o hubiésemos concluido	hubiéremos concluido
hayáis concluido	hubierais o hubieseis concluido	hubiereis concluido
hayan concluido	hubieran o hubiesen concluido	hubieren concluido

MODO IMPERATIVO

concluye (tú)
concluya (usted)
concluid (vosotros-as)
concluyan (ustedes)

Modelo 60

ELEGIR

MODO INDICATIVO

Presente	Pretérito	Futuro	Copretérito	Pospretérito
elijo	elegí	elegiré	elegía	elegiría
eliges	elegiste	elegirás	elegías	elegirías
elige	eligió	elegirá	elegía	elegiría
elegimos	elegimos	elegiremos	elegíamos	elegiríamos
elegis	elegisteis	elegiréis	elegíais	elegiríais
eligen	eligieron	elegirán	elegían	elegirían

Antepresente	Antepretérito	Antefuturo	Antecopretérito	Antepospretérito
he elegido	hube elegido	habré elegido	había elegido	habría elegido
has elegido	hubiste elegido	habrás elegido	habías elegido	habrías elegido
ha elegido	hubo elegido	habrá elegido	había elegido	habría elegido
hemos elegido	hubimos elegido	habremos elegido	habíamos elegido	habríamos elegido
habéis elegido	hubisteis elegido	habréis elegido	habíais elegido	habríais elegido
han elegido	hubieron elegido	habrán elegido	habían elegido	habrían elegido

MODO SUBJUNTIVO

Presente	Pretérito	Futuro
elija	eligiera o eligiese	eligiere
elijas	eligieras o eligieses	eligieres
elija	eligiera o eligiese	eligiere
elijamos	eligiéramos o eligiésemos	eligiéremos
elijáis	eligierais o eligieseis	eligiereis
elijan	eligieran o eligiesen	eligieren

Antepresente	Antepretérito	Antefuturo
haya elegido	hubiera o hubiese elegido	hubiere elegido
hayas elegido	hubieras o hubieses elegido	hubieres elegido
haya elegido	hubiera o hubiese elegido	hubiere elegido
hayamos elegido	hubiéramos o hubiésemos elegido	hubiéremos elegido
hayáis elegido	hubierais o hubieseis elegido	hubiereis elegido
hayan elegido	hubieran o hubiesen elegido	hubieren elegido

MODO IMPERATIVO

elige (tú)
elija (usted)
elegid (vosotros-as)
elijan (ustedes)

Modelo 61

DIRIGIR

MODO INDICATIVO

Presente	Pretérito	Futuro	Copretérito	Pospretérito
dirijo	dirigí	dirigiré	dirigía	dirigiría
diriges	dirigiste	dirigirás	dirigías	dirigirías
dirige	dirigió	dirigirá	dirigía	dirigiría
dirigimos	dirigimos	dirigiremos	dirigíamos	dirigiríamos
dirigis	dirigisteis	dirigiréis	dirigíais	dirigiríais
dirigen	dirigieron	dirigirán	dirigían	dirigirían

Antepresente	Antepretérito	Antefuturo	Antecopretérito	Antepospretérito
he dirigido	hube dirigido	habré dirigido	había dirigido	habría dirigido
has dirigido	hubiste dirigido	habrás dirigido	habías dirigido	habrías dirigido
ha dirigido	hubo dirigido	habrá dirigido	había dirigido	habría dirigido
hemos dirigido	hubimos dirigido	habremos dirigido	habíamos dirigido	habríamos dirigido
habéis dirigido	hubisteis dirigido	habréis dirigido	habíais dirigido	habríais dirigido
han dirigido	hubieron dirigido	habrán dirigido	habían dirigido	habrían dirigido

MODO SUBJUNTIVO

Presente	Pretérito	Futuro
dirija	dirigiera o dirigiese	dirigiere
dirijas	dirigieras o dirigieses	dirigieres
dirija	dirigiera o dirigiese	dirigiere
dirijamos	dirigiéramos o dirigiésemos	dirigiéremos
dirijáis	dirigierais o dirigieseis	dirigiereis
dirijan	dirigieran o dirigiesen	dirigieren

Antepresente	Antepretérito	Antefuturo
haya dirigido	hubiera o hubiese dirigido	hubiere dirigido
hayas dirigido	hubieras o hubieses dirigido	hubieres dirigido
haya dirigido	hubiera o hubiese dirigido	hubiere dirigido
hayamos dirigido	hubiéramos o hubiésemos dirigido	hubiéremos dirigido
hayáis dirigido	hubierais o hubieseis dirigido	hubiereis dirigido
hayan dirigido	hubieran o hubiesen dirigido	hubieren dirigido

MODO IMPERATIVO

dirige (tú)
dirija (usted)
dirigid (vosotros-as)
dirijan (ustedes)

Modelo 62

ADQUIRIR

MODO INDICATIVO

Presente	Pretérito	Futuro	Copretérito	Pospretérito
adquiero	adquirí	adquiriré	adquiría	adquiriría
adquieres	adquiriste	adquirirás	adquirías	adquirirías
adquiere	adquirió	adquirirá	adquiría	adquiriría
adquirimos	adquirimos	adquiriremos	adquiríamos	adquiriríamos
adquiris	adquiristeis	adquiriréis	adquiríais	adquiriríais
adquieren	adquirieron	adquirirán	adquirían	adquirirían

Antepresente	Antepretérito	Antefuturo	Antecopretérito	Antepospretérito
he adquirido	hube adquirido	habré adquirido	había adquirido	habría adquirido
has adquirido	hubiste adquirido	habrás adquirido	habías adquirido	habrías adquirido
ha adquirido	hubo adquirido	habrá adquirido	había adquirido	habría adquirido
hemos adquirido	hubimos adquirido	habremos adquirido	habíamos adquirido	habríamos adquirido
habéis adquirido	hubisteis adquirido	habréis adquirido	habíais adquirido	habríais adquirido
han adquirido	hubieron adquirido	habrán adquirido	habían adquirido	habrían adquirido

MODO SUBJUNTIVO

Presente	Pretérito	Futuro
adquiera	adquiriera o adquiriese	adquiriere
adquieras	adquirieras o adquirieses	adquirieres
adquiera	adquiriera o adquiriese	adquiriere
adquiramos	adquiriéramos o adquiriésemos	adquiriéremos
adquiráis	adquirierais o adquirieseis	adquiriereis
adquieran	adquirieran o adquiriesen	adquirieren

Antepresente	Antepretérito	Antefuturo
haya adquirido	hubiera o hubiese adquirido	hubiere adquirido
hayas adquirido	hubieras o hubieses adquirido	hubieres adquirido
haya adquirido	hubiera o hubiese adquirido	hubiere adquirido
hayamos adquirido	hubiéramos o hubiésemos adquirido	hubiéremos adquirido
hayáis adquirido	hubierais o hubieseis adquirido	hubiereis adquirido
hayan adquirido	hubieran o hubiesen adquirido	hubieren adquirido

MODO IMPERATIVO

adquiere (tú)
adquiera (usted)
adquirid (vosotros-as)
adquieran (ustedes)

Modelo 63

PUDRIR O PODRIR

MODO INDICATIVO

Presente	Pretérito	Futuro	Copretérito	Pospretérito
pudro	pudrí	pudriré	pudría	pudriría
pudres	pudriste	pudrirás	pudrías	pudrirías
pudre	pudrió	pudrirá	pudría	pudriría
pudrimos	pudrimos	pudriremos	pudríamos	pudriríamos
pudrís	pudristeis	pudriréis	pudríais	pudriríais
pudren	pudrieron	pudrirán	pudrían	pudrirían

Antepresente	Antepretérito	Antefuturo	Antecopretérito	Antepospretérito
he podrido	hube podrido	habré podrido	había podrido	habría podrido
has podrido	hubiste podrido	habrás podrido	habías podrido	habrías podrido
ha podrido	hubo podrido	habrá podrido	había podrido	habría podrido
hemos podrido	hubimos podrido	habremos podrido	habíamos podrido	habríamos podrido
habéis podrido	hubisteis podrido	habréis podrido	habíais podrido	habríais podrido
han podrido	hubieron podrido	habrán podrido	habían podrido	habrían podrido

MODO SUBJUNTIVO

Presente	Pretérito	Futuro
pudra	pudriera o pudriese	pudriere
pudras	pudrieras o pudrieses	pudrieres
pudra	pudriera o pudriese	pudriere
pudramos	pudriéramos o pudriésemos	pudriéremos
pudráis	pudrierais o pudrieseis	pudriereis
pudran	pudrieran o pudriesen	pudrieren

Antepresente	Antepretérito	Antefuturo
haya podrido	hubiera o hubiese podrido	hubiere podrido
hayas podrido	hubieras o hubieses podrido	hubieres podrido
haya podrido	hubiera o hubiese podrido	hubiere podrido
hayamos podrido	hubiéramos o hubiésemos podrido	hubiéremos podrido
hayáis podrido	hubierais o hubieseis podrido	hubiereis podrido
hayan podrido	hubieran o hubiesen podrido	hubieren podrido

MODO IMPERATIVO

pudre (tú)
pudra (usted)
pudrid (vosotros-as)
pudran (ustedes)

Modelo 64

ZURCIR

MODO INDICATIVO

Presente	Pretérito	Futuro	Copretérito	Pospretérito
zurzo	zurcí	zurciré	zurcía	zurciría
zurces	zurciste	zurcirás	zurcías	zurcirías
zurce	zurció	zurcirá	zurcía	zurciría
zurcimos	zurcimos	zurciremos	zurcíamos	zurciríamos
zurcís	zurcisteis	zurciréis	zurcíais	zurciríais
zurcen	zurcieron	zurcirán	zurcían	zurcirían

Antepresente	Antepretérito	Antefuturo	Antecopretérito	Antepospretérito
he zurcido	hube zurcido	habré zurcido	había zurcido	habría zurcido
has zurcido	hubiste zurcido	habrás zurcido	habías zurcido	habrías zurcido
ha zurcido	hubo zurcido	habrá zurcido	había zurcido	habría zurcido
hemos zurcido	hubimos zurcido	habremos zurcido	habíamos zurcido	habríamos zurcido
habéis zurcido	hubisteis zurcido	habréis zurcido	habíais zurcido	habríais zurcido
han zurcido	hubieron zurcido	habrán zurcido	habían zurcido	habrían zurcido

MODO SUBJUNTIVO

Presente	Pretérito	Futuro
zurza	zurciera o zurciese	zurciere
zurzas	zurcieras o zurcieses	zurcieres
zurza	zurciera o zurciese	zurciere
zurzamos	zurciéramos o zurciésemos	zurciéremos
zurzáis	zurcierais o zurcieseis	zurciereis
zurzan	zurcieran o zurciesen	zurcieren

Antepresente	Antepretérito	Antefuturo
haya zurcido	hubiera o hubiese zurcido	hubiere zurcido
hayas zurcido	hubieras o hubieses zurcido	hubieres zurcido
haya zurcido	hubiera o hubiese zurcido	hubiere zurcido
hayamos zurcido	hubiéramos o hubiésemos zurcido	hubiéremos zurcido
hayáis zurcido	hubierais o hubieseis zurcido	hubiereis zurcido
hayan zurcido	hubieran o hubiesen zurcido	hubieren zurcido

MODO IMPERATIVO

zurce (tú)
zurza (usted)
zurcid (vosotros-as)
zurzan (ustedes)

Modelo 65

DELINQUIR

MODO INDICATIVO

Presente	Pretérito	Futuro	Copretérito	Pospretérito
delinco	delinquí	delinquiré	delinquía	delinquiría
delinques	delinquiste	delinquirás	delinquías	delinquirías
delinque	delinquió	delinquirá	delinquía	delinquiría
delinquimos	delinquimos	delinquiremos	delinquíamos	delinquiríamos
delinquís	delinquisteis	delinquiréis	delinquíais	delinquiríais
delinquen	delinquieron	delinquirán	delinquían	delinquirían

Antepresente	Antepretérito	Antefuturo	Antecopretérito	Antepospretérito
he delinquido	hube delinquido	habré delinquido	había delinquido	habría delinquido
has delinquido	hubiste delinquido	habrás delinquido	habías delinquido	habrías delinquido
ha delinquido	hubo delinquido	habrá delinquido	había delinquido	habría delinquido
hemos delinquido	hubimos delinquido	habremos delinquido	habíamos delinquido	habríamos delinquido
habéis delinquido	hubisteis delinquido	habréis delinquido	habíais delinquido	habríais delinquido
han delinquido	hubieron delinquido	habrán delinquido	habían delinquido	habrían delinquido

MODO SUBJUNTIVO

Presente	Pretérito	Futuro
delinca	delinquiera o delinquiese	delinquiere
delincas	delinquieras o delinquieses	delinquieres
delinca	delinquiera o delinquiese	delinquiere
delincamos	delinquiéramos o delinquiésemos	delinquiéremos
delincáis	delinquierais o delinquieseis	delinquiereis
delincan	delinquieran o delinquiesen	delinquieren

Antepresente	Antepretérito	Antefuturo
haya delinquido	hubiera o hubiese delinquido	hubiere delinquido
hayas delinquido	hubieras o hubieses delinquido	hubieres delinquido
haya delinquido	hubiera o hubiese delinquido	hubiere delinquido
hayamos delinquido	hubiéramos o hubiésemos delinquido	hubiéremos delinquido
hayáis delinquido	hubierais o hubieseis delinquido	hubiereis delinquido
hayan delinquido	hubieran o hubiesen delinquido	hubieren delinquido

MODO IMPERATIVO

delinque (tú)
delinca (usted)
delinquid (vosotros-as)
delincan (ustedes)

Modelo 66

CEÑIR

MODO INDICATIVO

Presente	Pretérito	Futuro	Copretérito	Pospretérito
ciño	ceñí	ceñiré	ceñía	ceñiría
ciñes	ceñiste	ceñirás	ceñías	ceñirías
ciñe	ciñó	ceñirá	ceñía	ceñiría
ceñimos	ceñimos	ceñiremos	ceñíamos	ceñiríamos
ceñís	ceñisteis	ceñiréis	ceñíais	ceñiríais
ciñen	ciñeron	ceñirán	ceñían	ceñirían

Antepresente	Antepretérito	Antefuturo	Antecopretérito	Antepospretérito
he ceñido	hube ceñido	habré ceñido	había ceñido	habría ceñido
has ceñido	hubiste ceñido	habrás ceñido	habías ceñido	habrías ceñido
ha ceñido	hubo ceñido	habrá ceñido	había ceñido	habría ceñido
hemos ceñido	hubimos ceñido	habremos ceñido	habíamos ceñido	habríamos ceñido
habéis ceñido	hubisteis ceñido	habréis ceñido	habíais ceñido	habríais ceñido
han ceñido	hubieron ceñido	habrán ceñido	habían ceñido	habrían ceñido

MODO SUBJUNTIVO

Presente	Pretérito	Futuro
ciña	ciñera o ciñese	ciñere
ciñas	ciñeras o ciñeses	ciñeres
ciña	ciñera o ciñese	ciñere
ciñamos	ciñéramos o ciñésemos	ciñéremos
ciñáis	ciñerais o ciñeseis	ciñereis
ciñan	ciñeran o ciñesen	ciñeren

Antepresente	Antepretérito	Antefuturo
haya ceñido	hubiera o hubiese ceñido	hubiere ceñido
hayas ceñido	hubieras o hubieses ceñido	hubieres ceñido
haya ceñido	hubiera o hubiese ceñido	hubiere ceñido
hayamos ceñido	hubiéramos o hubiésemos ceñido	hubiéremos ceñido
hayáis ceñido	hubierais o hubieseis ceñido	hubiereis ceñido
hayan ceñido	hubieran o hubiesen ceñido	hubieren ceñido

MODO IMPERATIVO

ciñe (tú)
ciña (usted)
ceñid (vosotros-as)
ciñan (ustedes)

Modelo 67

CERNIR

MODO INDICATIVO

Presente	Pretérito	Futuro	Copretérito	Pospretérito
cierno	cerní	cerniré	cernía	cerniría
ciernes	cerniste	cernirás	cernías	cernirías
cierne	cernió	cernirá	cernía	cerniría
cernimos	cernimos	cerniremos	cerníamos	cerniríamos
cernís	cernisteis	cerniréis	cerníais	cerniríais
ciemen	cernieron	cernirán	cernían	cernirían

Antepresente	Antepretérito	Antefuturo	Antecopretérito	Antepospretérito
he cernido	hube cernido	habré cernido	había cernido	habría cernido
has cernido	hubiste cernido	habrás cernido	habías cernido	habrías cernido
ha cernido	hubo cernido	habrá cernido	había cernido	habría cernido
hemos cernido	hubimos cernido	habremos cernido	habíamos cernido	habríamos cernido
habéis cernido	hubisteis cernido	habréis cernido	habíais cernido	habríais cernido
han cernido	hubieron cernido	habrán cernido	habían cernido	habrían cernido

MODO SUBJUNTIVO

Presente	Pretérito	Futuro
cierna	cerniera o cerniese	cerniere
ciernas	cernieras o cernieses	cernieres
cierna	cerniera o cerniese	cerniere
cernamos	cerniéramos o cerniésemos	cerniéremos
cernáis	cernierais o cernieseis	cerniereis
ciernan	cernieran o cerniesen	cernieren

Antepresente	Antepretérito	Antefuturo
haya cernido	hubiera o hubiese cernido	hubiere cernido
hayas cernido	hubieras o hubieses cernido	hubieres cernido
haya cernido	hubiera o hubiese cernido	hubiere cernido
hayamos cernido	hubiéramos o hubiésemos cernido	hubiéremos cernido
hayáis cernido	hubierais o hubieseis cernido	hubiereis cernido
hayan cernido	hubieran o hubiesen cernido	hubieren cernido

MODO IMPERATIVO

cierne (tú)
cierna (usted)
cernid (vosotros-as)
ciernan (ustedes)

Modelo 68

ERGUIR

MODO INDICATIVO

Presente	Pretérito	Futuro	Copretérito	Pospretérito
irgo o yergo	erguí	erguiré	erguía	erguiría
irgues o yergues	erguiste	erguirás	erguías	erguirías
irgue o yergue	irguió	erguirá	erguía	erguiría
erguimos	erguimos	erguiremos	erguíamos	erguiríamos
erguís	erguisteis	erguiréis	erguíais	erguiríais
irguen o yerguen	irguieron	erguirán	erguían	erguirían

Antepresente	Antepretérito	Antefuturo	Antecopretérito	Antepospretérito
he erguido	hube erguido	habré erguido	había erguido	habría erguido
has erguido	hubiste erguido	habrás erguido	habías erguido	habrías erguido
ha erguido	hubo erguido	habrá erguido	había erguido	habría erguido
hemos erguido	hubimos erguido	habremos erguido	habíamos erguido	habríamos erguido
habéis erguido	hubisteis erguido	habréis erguido	habíais erguido	habríais erguido
han erguido	hubieron erguido	habrán erguido	habían erguido	habrían erguido

MODO SUBJUNTIVO

Presente	Pretérito	Futuro
irga o yerga	irguiera o irguiese	irguiere
irgas o yergas	irguieras o irguieses	irguieres
irga o yerga	irguiera o irguiese	irguiere
irgamos o yergamos	irguiéramos o irguiésemos	irguiéremos
irgáis o yergáis	irguierais o irguieseis	irguiereis
irgan o yergan	irguieran o irguiesen	irguieren

Antepresente	Antepretérito	Antefuturo
haya erguido	hubiera o hubiese erguido	hubiere erguido
hayas erguido	hubieras o hubieses erguido	hubieres erguido
haya erguido	hubiera o hubiese erguido	hubiere erguido
hayamos erguido	hubiéramos o hubiésemos erguido	hubiéremos erguido
hayáis erguido	hubierais o hubieseis erguido	hubiereis erguido
hayan erguido	hubieran o hubiesen erguido	hubieren erguido

MODO IMPERATIVO

irgue o yergue (tú)
irga o yerga (usted)
erguid (vosotros-as)
irgan o yergan (ustedes)

Modelo 69

PLAÑIR

MODO INDICATIVO

Presente	Pretérito	Futuro	Copretérito	Pospretérito
plaño	plañí	plañiré	plañía	plañiría
plañes	plañiste	plañirás	plañías	plañirías
plañe	plañó	plañirá	plañía	plañiría
plañimos	plañimos	plañiremos	plañíamos	plañiríamos
plañís	plañisteis	plañiréis	plañíais	plañiríais
plañen	plañeron	plañirán	plañían	plañirían

Antepresente	Antepretérito	Antefuturo	Antecopretérito	Antepospretérito
he plañido	hube plañido	habré plañido	había plañido	habría plañido
has plañido	hubiste plañido	habrás plañido	habías plañido	habrías plañido
ha plañido	hubo plañido	habrá plañido	había plañido	habría plañido
hemos plañido	hubimos plañido	habremos plañido	habíamos plañido	habríamos plañido
habéis plañido	hubisteis plañido	habréis plañido	habíais plañido	habríais plañido
han plañido	hubieron plañido	habrán plañido	habían plañido	habrían plañido

MODO SUBJUNTIVO

Presente	Pretérito	Futuro
plaña	plañera o plañese	plañere
plañas	plañeras o plañeses	plañeres
plaña	plañera o plañese	plañere
plañamos	plañéramos o plañésemos	plañéremos
plañáis	plañerais o plañeseis	plañereis
plañan	plañeran o plañesen	plañeren

Antepresente	Antepretérito	Antefuturo
haya plañido	hubiera o hubiese plañido	hubiere plañido
hayas plañido	hubieras o hubieses plañido	hubieres plañido
haya plañido	hubiera o hubiese plañido	hubiere plañido
hayamos plañido	hubiéramos o hubiésemos plañido	hubiéremos plañido
hayáis plañido	hubierais o hubieseis plañido	hubiereis plañido
hayan plañido	hubieran o hubiesen plañido	hubieren plañido

MODO IMPERATIVO

plañe (tú)
plaña (usted)
plañid (vosotros-as)
plañan (ustedes)

Modelo 70

ASIR

MODO INDICATIVO

Presente	Pretérito	Futuro	Copretérito	Pospretérito
asgo	así	asiré	asía	asiría
ases	asiste	asirás	asías	asirías
ase	asió	asirá	asía	asiría
asimos	asimos	asiremos	asíamos	asiríamos
asís	asisteis	asiréis	asíais	asiríais
asen	asieron	asirán	asían	asirían

Antepresente	Antepretérito	Antefuturo	Antecopretérito	Antepospretérito
he asido	hube asido	habré asido	había asido	habría asido
has asido	hubiste asido	habrás asido	habías asido	habrías asido
ha asido	hubo asido	habrá asido	había asido	habría asido
hemos asido	hubimos asido	habremos asido	habíamos asido	habríamos asido
habéis asido	hubisteis asido	habréis asido	habíais asido	habríais asido
han asido	hubieron asido	habrán asido	habían asido	habrían asido

MODO SUBJUNTIVO

Presente	Pretérito	Futuro
asga	asiera o asiese	asiere
asgas	asieras o asieses	asieres
asga	asiera o asiese	asiere
asgamos	asiéramos o asiésemos	asiéremos
asgáis	asierais o asieseis	asiereis
asgan	asieran o asiesen	asieren

Antepresente	Antepretérito	Antefuturo
haya asido	hubiera o hubiese asido	hubiere asido
hayas asido	hubieras o hubieses asido	hubieres asido
haya asido	hubiera o hubiese asido	hubiere asido
hayamos asido	hubiéramos o hubiésemos asido	hubiéremos asido
hayáis asido	hubierais o hubieseis asido	hubiereis asido
hayan asido	hubieran o hubiesen asido	hubieren asido

MODO IMPERATIVO

ase (tú)
asga (usted)
asid (vosotros-as)
asgan (ustedes)

Modelo 71

ABOLIR

	Presente	Pretérito	Futuro	Copretérito	Pospretérito
MODO INDICATIVO	————	abolí	aboliré	abolía	aboliría
	————	aboliste	abolirás	abolías	abolirías
	————	abolió	abolirá	abolía	aboliría
	abolimos	abolimos	aboliremos	abolíamos	aboliríamos
	abolís	abolisteis	aboliréis	abolíais	aboliríais
	————	abolieron	abolirán	abolían	abolirían

	Antepresente	Antepretérito	Antefuturo	Antecopretérito	Antepospretérito
	he abolido	hube abolido	habré abolido	había abolido	habría abolido
	has abolido	hubiste abolido	habrás abolido	habías abolido	habrías abolido
	ha abolido	hubo abolido	habrá abolido	había abolido	habría abolido
	hemos abolido	hubimos abolido	habremos abolido	habíamos abolido	habríamos abolido
	habéis abolido	hubisteis abolido	habréis abolido	habíais abolido	habríais abolido
	han abolido	hubieron abolido	habrán abolido	habían abolido	habrían abolido

	Presente	Pretérito	Futuro
MODO SUBJUNTIVO	————	aboliera o aboliese	aboliere
	————	abolieras o abolieses	abolieres
	————	aboliera o aboliese	aboliere
	————	aboliéramos o aboliésemos	aboliéremos
	————	abolierais o abolieseis	aboliereis
	————	abolieran o aboliesen	abolieren

	Antepresente	Antepretérito	Antefuturo
	haya abolido	hubiera o hubiese abolido	hubiere abolido
	hayas abolido	hubieras o hubieses abolido	hubieres abolido
	haya abolido	hubiera o hubiese abolido	hubiere abolido
	hayamos abolido	hubiéramos o hubiésemos abolido	hubiéremos abolido
	hayáis abolido	hubierais o hubieseis abolido	hubiereis abolido
	hayan abolido	hubieran o hubiesen abolido	hubieren abolido

MODO IMPERATIVO

———— (tú)
———— (usted)
abolid (vosotros-as)
———— (ustedes)

Modelo 72

REUNIR

	Presente	Pretérito	Futuro	Copretérito	Pospretérito
MODO INDICATIVO	reúno	reuní	reuniré	reunía	reuniría
	reúnes	reuniste	reunirás	reunías	reunirías
	reúne	reunió	reunirá	reunía	reuniría
	reunimos	reunimos	reuniremos	reuníamos	reuniríamos
	reunís	reunisteis	reuniréis	reuníais	reuniríais
	reúnen	reunieron	reunirán	reunían	reunirían

	Antepresente	Antepretérito	Antefuturo	Antecopretérito	Antepospretérito
	he reunido	hube reunido	habré reunido	había reunido	habría reunido
	has reunido	hubiste reunido	habrás reunido	habías reunido	habrías reunido
	ha reunido	hubo reunido	habrá reunido	había reunido	habría reunido
	hemos reunido	hubimos reunido	habremos reunido	habíamos reunido	habríamos reunido
	habéis reunido	hubisteis reunido	habréis reunido	habíais reunido	habríais reunido
	han reunido	hubieron reunido	habrán reunido	habían reunido	habrían reunido

	Presente	Pretérito	Futuro
MODO SUBJUNTIVO	reúna	reuniera o reuniese	reuniere
	reúnas	reunieras o reunieses	reunieres
	reúna	reuniera o reuniese	reuniere
	reunamos	reuniéramos o reuniésemos	reuniéremos
	reunáis	reunierais o reunieseis	reuniereis
	reúnan	reunieran o reuniesen	reunieren

	Antepresente	Antepretérito	Antefuturo
	haya reunido	hubiera o hubiese reunido	hubiere reunido
	hayas reunido	hubieras o hubieses reunido	hubieres reunido
	haya reunido	hubiera o hubiese reunido	hubiere reunido
	hayamos reunido	hubiéramos o hubiésemos reunido	hubiéremos reunido
	hayáis reunido	hubierais o hubieseis reunido	hubiereis reunido
	hayan reunido	hubieran o hubiesen reunido	hubieren reunido

MODO IMPERATIVO

reúne (tú)
reúna (usted)
reunid (vosotros-as)
reúnan (ustedes)

Esta obra se terminó de imprimir y encuadernar
en el mes de Julio de 2007, en los talleres de
Representación de Impresores Nacionales, S.A. de C.V.
Parque Industrial Puebla 2000, Puebla, Pue.

Sistema nervioso
Comprende al cerebro, la médula espinal, los nervios, los ojos y los oídos.

Sistema endocrino
Produce las hormonas que coordinan las funciones del cuerpo.

Aparato respiratorio
Comprende la nariz, la garganta, los bronquios y los pulmones.

Aparato muscular
Tiene relación estrecha con el tejido óseo.

Aparato circulatorio
Comprende el corazón, las venas, las arterias y la sangre.

Aparato digestivo
Comprende la boca, los dientes, el estómago, los intestinos y el hígado.

Aparato reproductor
Permite la reproducción y en el caso de la mujer la gestación.

Aparato urinario
Comprende los riñones y la vejiga. Limpia la sangre y, a través de la orina expulsa los desechos del cuerpo.

Esqueleto
Sirve de estructura al cuerpo y junto con los músculos permite que éste se mueva.

ASTRONÁUTICA

Satélite de telecomunicaciones

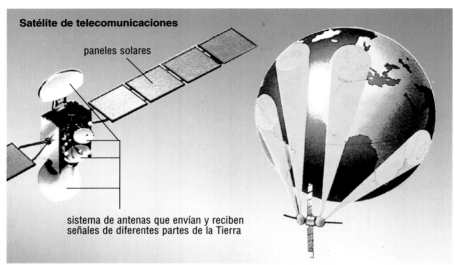

paneles solares

sistema de antenas que envían y reciben
señales de diferentes partes de la Tierra

Estación espacial *Mir*

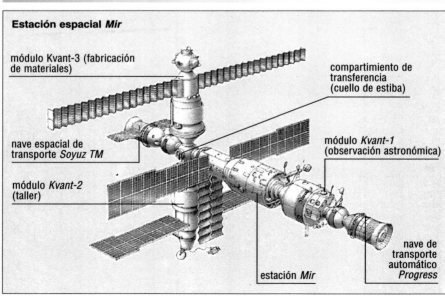

módulo Kvant-3 (fabricación
de materiales)

compartimiento de
transferencia
(cuello de estiba)

nave espacial de
transporte *Soyuz TM*

módulo *Kvant-1*
(observación astronómica)

módulo *Kvant-2*
(taller)

nave de
transporte
automático
Progress

estación *Mir*

Escala de las distancias en el universo

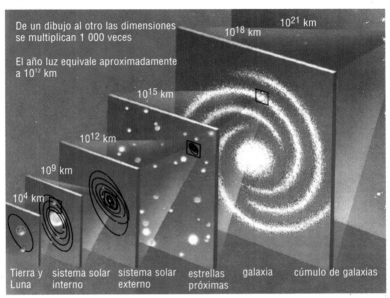

De un dibujo al otro las dimensiones se multiplican 1 000 veces

El año luz equivale aproximadamente a 10^{13} km

10^{21} km
10^{18} km
10^{15} km
10^{12} km
10^{9} km
10^{4} km

Tierra y Luna · sistema solar interno · sistema solar externo · estrellas próximas · galaxia · cúmulo de galaxias

Representación esquemática de la galaxia

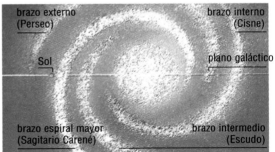

brazo externo (Perseo)
brazo interno (Cisne)
Sol
plano galáctico
brazo espiral mayor (Sagitario Carené)
brazo intermedio (Escudo)

Vista superior frontal

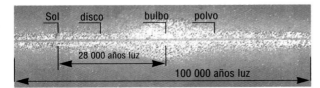

Sol · disco · bulbo · polvo

28 000 años luz

100 000 años luz

Vista de perfil

Las constelaciones son conjuntos de estrellas en los que los hombres han creído ver figuras. A lo largo del año y en cada hemisferio se ven constelaciones diferentes debido al movimiento de traslación de la Tierra.

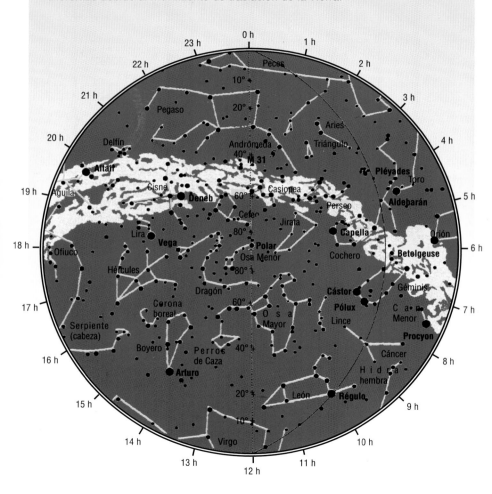

Las constelaciones son conjuntos de estrellas en los que los hombres han creído ver figuras. A lo largo del año y en cada hemisferio se ven constelaciones diferentes debido al movimiento de traslación de la Tierra.

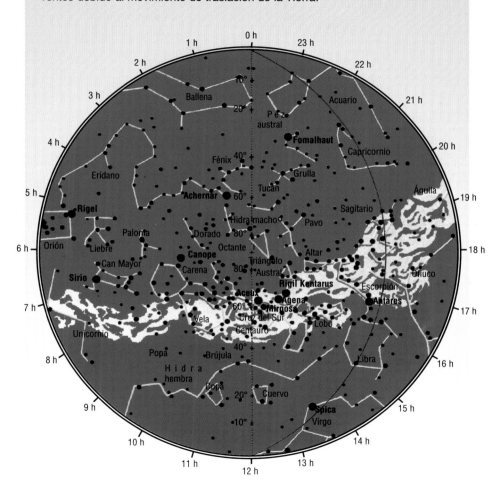

ASTRONOMÍA

sistema solar, fases de la luna y mareas

Sistema Solar

El Sistema Solar está formado por el Sol (en la parte superior) y los planetas (en la parte inferior). Los nombres de los planetas de izquierda a derecha son: Mercurio, Venus, Tierra, Marte, Júpiter, Saturno, Urano, Neptuno y Plutón.

Fases de la Luna

Las fases de la Luna se deben a que cuando ésta gira alrededor de la Tierra, los rayos solares iluminan una mayor o menor área de su superficie.

Las fases de la Luna vistas desde la Tierra.

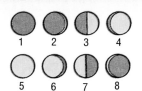

| 1 | 2 | 3 | 4 |
| 5 | 6 | 7 | 8 |

dirección del Sol

1
Luna nueva

2   8

Cuarto creciente   Cuarto menguante

3   TIERRA   7

4   6

5
Luna llena

Mareas

Las mareas son un fenómeno por el cual el océano invade o se aleja de la costa debido a la atracción conjunta que sobre él ejercen la Luna y el Sol.

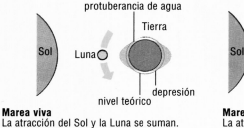

protuberancia de agua

Tierra

Sol   Luna ○

depresión
nivel teórico

Luna

Sol   Tierra

Marea viva
La atracción del Sol y la Luna se suman.

Marea muerta
La atracción del Sol y la Luna son contrarias.

Estaciones

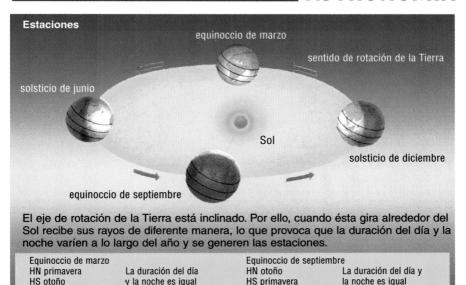

El eje de rotación de la Tierra está inclinado. Por ello, cuando ésta gira alrededor del Sol recibe sus rayos de diferente manera, lo que provoca que la duración del día y la noche varíen a lo largo del año y se generen las estaciones.

Equinoccio de marzo		Equinoccio de septiembre	
HN primavera	La duración del día	HN otoño	La duración del día y
HS otoño	y la noche es igual	HS primavera	la noche es igual
Solsticio de junio		Solsticio de diciembre	
HN verano	El día más largo del año	HN invierno	El día más corto del año
HS invierno	El día más corto del año	HS verano	El día más largo del año
	HN = Hemisferio Norte	HS = Hemisferio Sur	

Eclipse de Sol

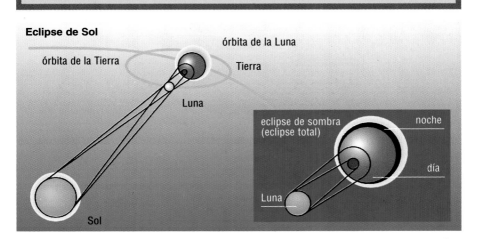

BIOLOGÍA

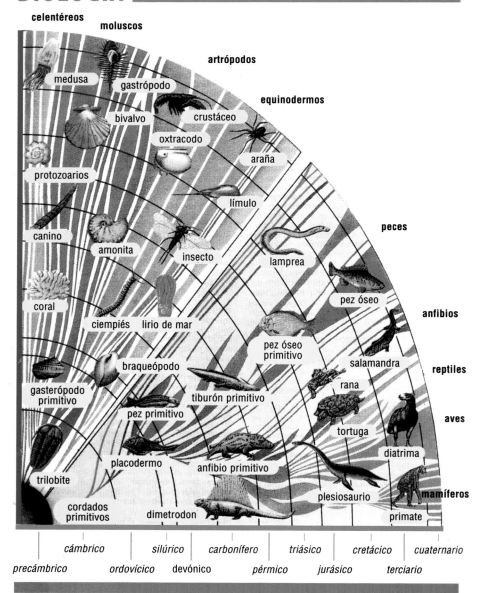

celentéreos

moluscos

artrópodos

equinodermos

peces

anfibios

reptiles

aves

mamíferos

medusa

gastrópodo

bivalvo

crustáceo

oxtracodo

araña

protozoarios

límulo

canino

amonita

insecto

lamprea

pez óseo

coral

ciempiés   lirio de mar

pez óseo primitivo

salamandra

braqueópodo

rana

gasterópodo primitivo

tiburón primitivo

tortuga

pez primitivo

diatrima

placodermo

anfibio primitivo

trilobite

plesiosaurio

cordados primitivos

dimetrodon

primate

cámbrico   silúrico   carbonífero   triásico   cretácico   cuaternario

precámbrico   ordovícico   devónico   pérmico   jurásico   terciario

BIOLOGÍA

El carbono y el nitrógeno son elementos fundamentales de los seres vivos. Gracias a los ciclos naturales estos elementos nunca se pierden.

Ciclo del carbono

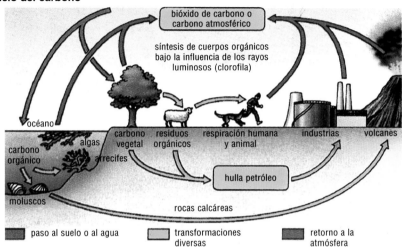

bióxido de carbono o carbono atmosférico

síntesis de cuerpos orgánicos bajo la influencia de los rayos luminosos (clorofila)

océano

carbono orgánico

algas

arrecifes

carbono vegetal

residuos orgánicos

respiración humana y animal

industrias

volcanes

moluscos

hulla petróleo

rocas calcáreas

paso al suelo o al agua   transformaciones diversas   retorno a la atmósfera

Ciclo del nitrógeno

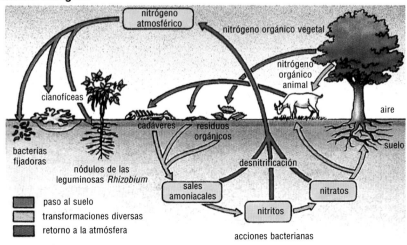

nitrógeno atmosférico

nitrógeno orgánico vegetal

nitrógeno orgánico animal

cianofíceas

aire

bacterias fijadoras

cadáveres

residuos orgánicos

desnitrificación

suelo

nódulos de las leguminosas *Rhizobium*

sales amoniacales

nitritos

nitratos

paso al suelo

transformaciones diversas

retorno a la atmósfera

acciones bacterianas

Ciclo del agua

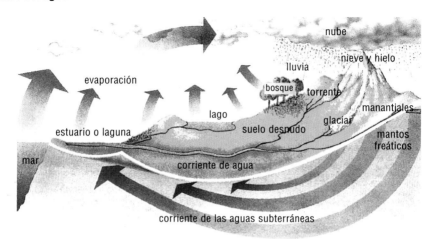

El ciclo del agua permite que ésta se renueve continuamente en la naturaleza.

Pirámide alimentaria

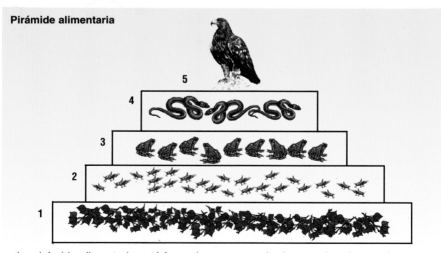

La pirámide alimentaria está formada por una serie de especies vivas en las que los organismos situados en primer lugar en la pirámide formada constituye el alimento de aquellos otros que le siguen, y éstos lo serán a su vez de los siguientes.

La energía es todo aquello capaz de producir trabajo. Puede manifestarse de muchas formas: movimiento, luz, calor, etc. La energía no puede crearse ni destruirse, pero sí se transforma; en la ilustración puede verse cómo un cierto tipo de energía (la fuerza muscular del hombre, el viento, el combustible) se transforman en movimiento o (la electricidad) en luz.

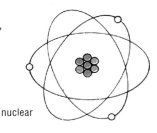

nuclear

química

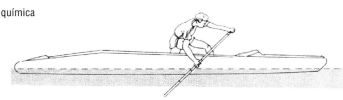

mecánica

calorífica

eléctrica

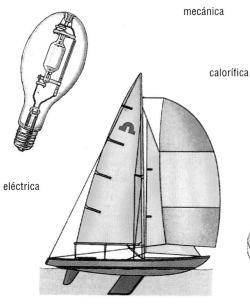

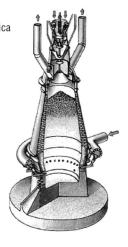

eólica

Color luz

Si se proyectan luces de colores (azul, verde y rojo) se obtendrá una luz blanca en idéntica proporción en una pantalla blanca.

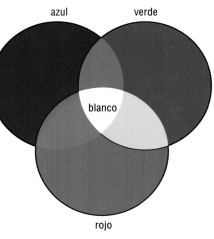

azul   verde

blanco

rojo

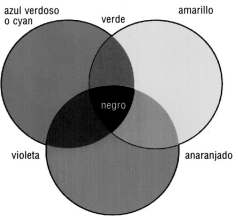

azul verdoso o cyan   verde   amarillo

negro

violeta   anaranjado

rojo violáceo o magenta

Color pigmento

Al mezclar colores llamados primarios (amarillo, rojo violáceo y azul verdoso) podemos obtener los colores llamados secundarios (anaranjado, violeta y verde) y obtendremos el negro si mezclamos los tres colores primarios.

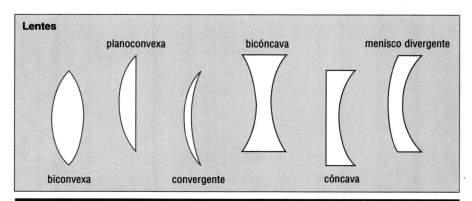

Lentes

biconvexa   planoconvexa   convergente   bicóncava   cóncava   menisco divergente

Coordenadas terrestres

Longitud

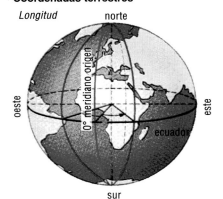

La longitud es la ubicación de un lugar con respecto al meridiano terrestre.

Latitud

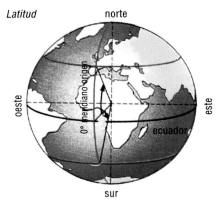

La latitud es la ubicación de un lugar con respecto al ecuador.

Corrientes marinas

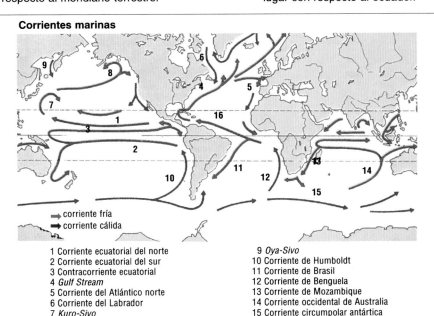

⟹ corriente fría
➡ corriente cálida

1 Corriente ecuatorial del norte
2 Corriente ecuatorial del sur
3 Contracorriente ecuatorial
4 *Gulf Stream*
5 Corriente del Atlántico norte
6 Corriente del Labrador
7 *Kuro-Sivo*
8 Corriente septentrional del Pacífico

9 *Oya-Sivo*
10 Corriente de Humboldt
11 Corriente de Brasil
12 Corriente de Benguela
13 Corriente de Mozambique
14 Corriente occidental de Australia
15 Corriente circumpolar antártica
16 Corriente de Guyana

GEOLOGÍA

estructura del volcán y la tierra

Volcán

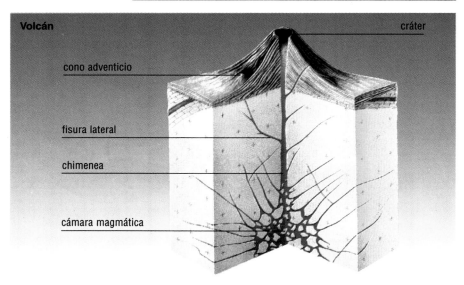

cráter

cono adventicio

fisura lateral

chimenea

cámara magmática

Estructura de la Tierra

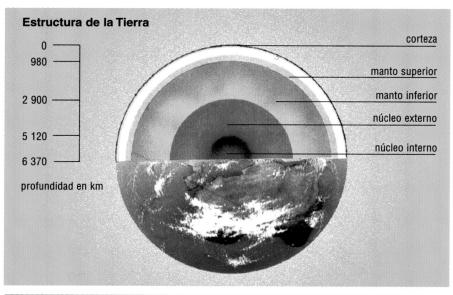

0
980
2 900
5 120
6 370

profundidad en km

corteza

manto superior

manto inferior

núcleo externo

núcleo interno

recto

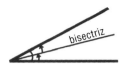

agudo

obtuso

adyacentes

complementarios

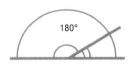

suplementarios

opuestos

en el centro

inscrito

interior

exterior

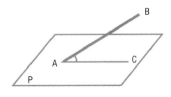

BAC ángulo de la recta
AB con el plano P

GEOMETRÍA áreas de las principales superficies geométricas

triángulo rectángulo

$$S = \frac{b \times h}{2}$$

triángulos escalenos

$$S = \frac{b \times h}{2}$$

triángulo isósceles

$$S = \frac{b \times h}{2}$$

rectángulo

$$S = b \times h$$

paralelogramo

$$S = b \times h$$

rombo

$$S = \frac{D \times d}{2}$$

trapecio

$$S = \frac{B + b}{2} \times h$$

triángulo equilátero

$$S = \frac{c^2 \sqrt{3}}{4}$$

cuadrado

$$S = c^2$$

pentágono

hexágono

$$S = \frac{P \times a}{2}$$

heptágono

(P, *perímetro*; a, *apotema*)

octágono

círculo

$$S = \pi R^2$$

elipse

$$S = \pi\, ab$$

cilindro

$$S.\ lat = 2\,\pi\, Rh$$

cono

$$S.\ lat = \pi\, Ra$$

esfera

$$S = 4\,\pi\, R^2$$

toro

$$S = 4\pi^2\, Rr$$

V = volumen
B, b, área de la base
H, altura
D, d, diámetro
R, r, radio
a, arista
c, cuerda
l, anchura

cubo

$$V = a^3$$

paralelepípedo

$$V = B \times H$$

tetraedro

$$V = \frac{1}{3} B \times H$$

esfera

$$V = \frac{4}{3} \pi R^3 \text{ o } \frac{1}{6} \pi D^3$$

segmento esférico

$$V = \frac{1}{6} \pi H^3 + \frac{B + b}{2} \times H$$

anillo esférico

$$V = \frac{1}{6} \pi c^2 H$$

sector esférico

$$V = \frac{2}{3} \pi R^2 \times H$$

romboedro

$$V = B \times H$$

montón de arena

$$V = \frac{H}{6} [l (2a + a') + l'(2a' + a)]$$

prisma recto

prisma oblicuo

$$V = B \times H$$

tonel

$$V = \pi l \left[\frac{d}{2} + \frac{2}{3} \left(\frac{D}{2} - \frac{d}{2} \right)^2 \right]$$

prisma truncado

$$V = B \frac{(H + H' + H'')}{3}$$

pirámide truncada

$$V = \frac{H}{3} (B + b + \sqrt{Bb})$$

pirámide

$$V = \frac{1}{3} B \times H$$

cono oblicuo

$$V = \frac{1}{3} B \times H$$

cono truncado

$$V = \pi \frac{H}{3} (R^2 + r^2 + Rr)$$

cilindro truncado

$$V = \pi R^2 \frac{(H + H')}{2}$$

cilindro oblicuo

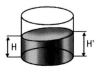

$$V = B \times H$$

MATEMÁTICAS | gráficas

Las gráficas permiten visualizar, analizar e interpretar la información numérica.

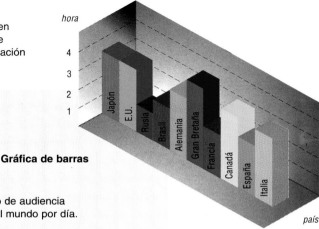

Gráfica de barras

Datos: Tiempo de audiencia televisiva en el mundo por día.

1. Japón	3h 30'
2. E.U.	3h 30'
3. Rusia	1h 30'
4. Brasil	2h 10'
5. Alemania	2h 25'
6. Gran Bretaña	3h 25'
7. Francia	2h 20'
8. Canadá	2h 55'
9. España	2h 50'
10. Italia	2h 40'

Gráfica de coordenadas

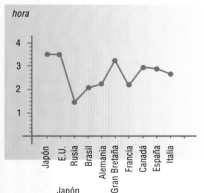

Gráfica de pastel

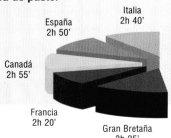
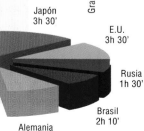

Nubes: conjunto de las formaciones nubosas que acompañan a una depresión.

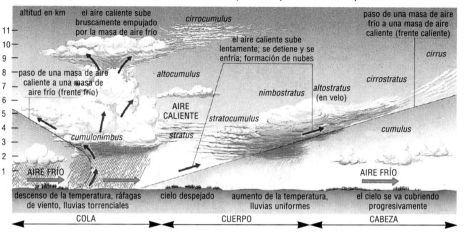

Atmósfera: estructura de la atmósfera terrestre.

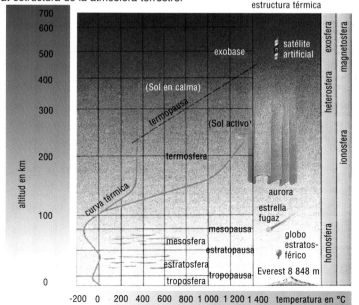

MINERALOGÍA

topacio

ópalo

zafiro

diamante

turquesa

amatista

esmeralda

aguamarina

ágata

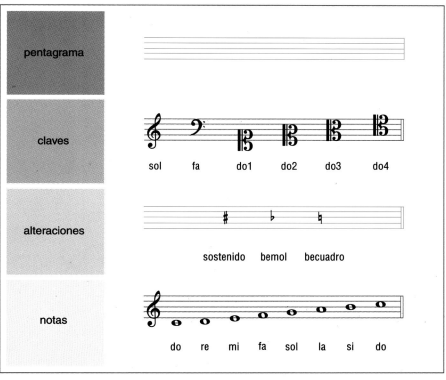

pentagrama

claves

sol   fa   do1   do2   do3   do4

alteraciones

sostenido   bemol   becuadro

notas

do   re   mi   fa   sol   la   si   do

valor de las notas

redonda   blanca   negra   corchea   semicorchea   fusa   semifusa

valor de los silencios

de redonda   de blanca   de negra   de corchea   de semicorchea   de fusa   de semifusa

PALEONTOLOGÍA

Esqueletos o fósiles de seres vivos que han poblado la Tierra en distintas épocas geológicas.

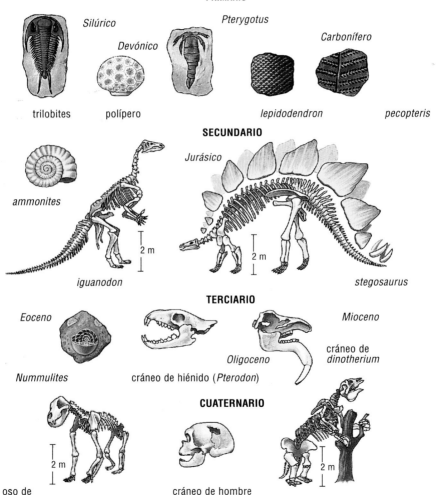

PRIMARIO

Silúrico

Pterygotus

Devónico

Carbonífero

trilobites — polípero — lepidodendron — pecopteris

SECUNDARIO

Jurásico

ammonites

2 m

2 m

iguanodon — stegosaurus

TERCIARIO

Eoceno

Mioceno

Oligoceno

cráneo de dinotherium

Nummulites — cráneo de hiénido (*Pterodon*)

CUATERNARIO

2 m

2 m

oso de
las cavernas

cráneo de hombre
La Chapelle-aux-Saints

megatherium

Átomo

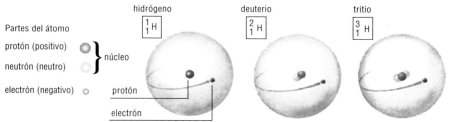

Partes del átomo

protón (positivo) ⟩ núcleo
neutrón (neutro) ⟩

electrón (negativo) ⟶ protón
⟶ electrón

hidrógeno $_1^1 H$ deuterio $_1^2 H$ tritio $_1^3 H$

El átomo más simple y sus tres isótopos.

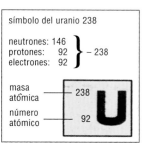

símbolo del uranio 238

neutrones: 146 ⟩
protones: 92 ⟩ – 238
electrones: 92 ⟩

masa atómica — 238 **U**

número atómico — 92

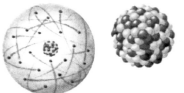

En un átomo hay el mismo número de electrones y protones

El átomo natural más pesado y el núcleo del isótopo 238.

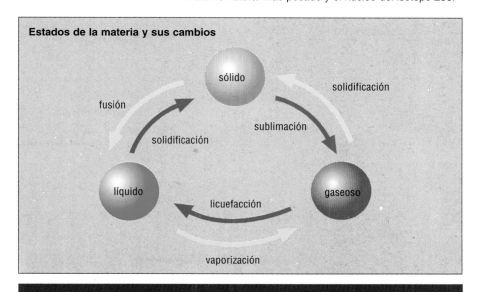

Estados de la materia y sus cambios

sólido

fusión

solidificación

solidificación

sublimación

líquido

licuefacción

gaseoso

vaporización

QUÍMICA — tabla periódica

Una de las herramientas fundamentales en química es la tabla periódica. En ella se clasifican todos los elementos que existen en la naturaleza. Esta es la forma moderna "extendida" de la tabla periódica.

bloque p no metales

						VIII
						2 4,0026 He
III	IV	V	VI	VII		
5 10,811 B	6 12,011 C	7 14,0067 N	8 15,9994 O	9 18,9984 F	10 20,1797 Ne	
13 26,9815 Al	14 28,0855 Si	15 30,9737 P	16 32,066 S	17 35,4527 Cl	18 39,948 Ar	
31 69,723 Ga	32 72,61 Ge	33 74,9216 As	34 78,96 Se	35 79,904 Br	36 83,80 Kr	
49 114,818 In	50 118,710 Sn	51 121,757 Sb	52 127,60 Te	53 126,9045 I	54 131,29 Xe	
81 204,3833 Tl	82 207,2 Pb	83 208,9804 Bi	84 (209) Po	85 (210) At	86 (222) Rn	

bloque s metales

bloque d metales de transición

	I	II
1	1 1,0079 H	
2	3 6,941 Li	4 9,0122 Be
3	11 22,9898 Na	12 24,3050 Mg
4	19 39,0983 K	20 40,078 Ca
5	37 85,4678 Rb	38 87,62 Sr
6	55 132,9054 Cs	56 137,327 Ba
7	87 (223,0197) Fr	88 (226,0254) Ra

21 44,9559 Sc	22 47,88 Ti	23 50,9415 V	24 51,9961 Cr	25 54,9380 Mn	26 55,847 Fe	27 58,9332 Co	28 58,6934 Ni	29 63,546 Cu	30 65,39 Zn
39 88,9058 Y	40 91,224 Zr	41 92,9064 Nb	42 95,94 Mo	43 98 Tc	44 101,07 Ru	45 102,9055 Rh	46 106,42 Pd	47 107,8682 Ag	48 112,411 Cd
57 138,9055 La	72 178,49 Hf	73 180,9479 Ta	74 183,84 W	75 186,207 Re	76 190,23 Os	77 192,22 Ir	78 195,08 Pt	79 196,9665 Au	80 200,59 Hg
89 (227,0278) Ac	104 (261) Unq	105 (262) Unp	106 (263) Unh	107 (262) Uns	108 (265) Uno	109 (266) Une			

bloque f

lantánidos

58 140,115 Ce	59 140,9076 Pr	60 144,24 Nd	61 (145) Pm	62 150,36 Sm	63 151,965 Eu	64 157,25 Gd	65 158,9253 Tb	66 162,50 Dy	67 164,9303 Ho	68 167,26 Er	69 168,9342 Tm	70 173,04 Yb	71 174,967 Lu

actínidos

90 232,0381 Th	91 231,0359 Pa	92 238,0289 U	93 237,0482 Np	94 (244) Pu	95 (243) Am	96 (247) Cm	97 (247) Bk	98 (251) Cf	99 (252) Es	100 (257) Fm	101 (258) Md	102 (259) No	103 (260) Lr

número atómico
masa atómica
SÍMBOLO